ibel
ng der Bibel in heutigem Deutsch
elübersetzung im Auftrag
rtung von:
esellschaft (Evangelisches Bibelwerk)
lwerk e. V. Stuttgart
Bibelgesellschaft
Katholisches Bibelwerk
Bibelgesellschaft
Katholisches Bibelwerk

tung: Rainer Kiess
m Salzmann

438-01634-6
438-01634-8
e Bibelgesellschaft, Stuttgart
© Vandenhoeck & Ruprecht, Göttingen
htturm © Getty Images
H, Würzburg
derseiten: Dell'Arte Werbeagentur, Leonberg
g: Bercker, Kevelaer
ehalten

Landry
Sophie

Leuchtfe

Gute Nachr
Themenbi

Altes und Neues Testa

Ohne die Spätschriften des Alte
(Deuterokanonische Schriften /

Mit einem Themenführer dur
von Rainer Kiess

Deutsche Bibelgesel

Gute Nachric
Revidierte Fa
Gemeinsame
und in Verant
Deutsche Bib
Katholisches
Österreichisc
Österreichisc
Schweizerisc
Schweizerisc

Themenseiten
Idee und Erart
Redaktion: Be

ISBN-10:
ISBN-13: 978-

Skizze Seite 8
Einbandfoto Le
Satz: Stürtz Gr
Einband und S
Gesamtherstel

Inhalt

ZUR ORIENTIERUNG

DER THEMENFÜHRER

GUTE NACHRICHT BIBEL

Ein kommentiertes Inhaltsverzeichnis findet sich auf den Farbseiten 9–11.

ANHANG

Abkürzungen der biblischen Bücher

(A = Altes Testament, N = Neues Testament)

Spätschriften des AT (in dieser Ausgabe nicht enthalten): Bar – Baruch, BrJer – Brief Jeremias, DanZ – Zusätze zu Daniel, EstG – Ester griechisch, Jdt – Judit, 1/2 Makk – 1./2. Makkabäer, Sir – Sirach, Tob – Tobit, Weish – Weisheit

Steig ein in die Bibel

Viele Leute denken: »Die Bibel ist ein uraltes Buch. Was geht sie uns heute noch an?« Es stimmt, die Texte der Bibel sind 2000 bis 3000 Jahre alt! Und doch: Viele der Themen, die in der Bibel zur Sprache kommen, sind heute wie damals aktuell. In ihren Texten kommen wir selber vor – über den Abstand von Jahrtausenden hinweg – mit den Sonnen- und den Schattenseiten unseres Lebens.

Allerdings findet nicht jede/r den Zugang zu dieser Erfahrungsquelle. Denn die Bibel ist ein dickes und schwer überschaubares Buch, in dem man sich ohne Vorkenntnisse nicht leicht zurechtfindet. Viele, vor allem junge Menschen, tun sich schwer mit dem Einstieg. Manche fangen vorne bei Adam und Eva zu lesen an, steigen aber über kurz oder lang bei Namenslisten oder schwer verständlichen Textpassagen wieder aus. Andere versuchen es mit einem Bibelleseplan, kommen sich aber bald vor wie bei einem Langstreckenlauf, auf dem ihnen die Puste auszugehen droht. Das passt nicht zu einem Buch, das nicht langweilen oder überanstrengen, sondern Interesse wecken, Kraft geben und erfrischen will.

Leuchtfeuer, die Gute Nachricht Themenbibel, eröffnet mit sechzig Themenseiten einen neuen Zugang zu Bibeltexten, in denen Gottes Geschichte mit uns und mit dieser Welt erzählt wird. Wer sich darauf einlässt, entdeckt: Ich bin in diesen Texten keine Randfigur, ich bin mittendrin. Und wer nicht nur die angegebenen Verse liest, sondern auch den Zusammenhang anschaut, findet sich unvermittelt an den spannendsten und wichtigsten Stellen der Bibel wieder.

Außerdem enthält diese Bibelausgabe auf den einleitenden Farbseiten kompakte Informationen zum Inhalt und zur Entstehung der Bibel, Tipps zum Bibellesen sowie Hinweise auf wichtige Hilfsmittel. Damit gewinnen auch Einsteiger schnell die Orientierung und die Sachkenntnis, die sie für eine selbstständige Bibellektüre brauchen. Die Gute Nachricht Themenbibel kann so wie ein »Leuchtfeuer« auf dem Weg in und durch die Bibel sein. Damit will sie zugleich dem Wort Gottes dienen, das selbst als ein Licht auf unseren Lebensweg scheint und uns wie ein Feuer wärmt und verwandelt.

Herzlich danke ich Herrn Dr. Bertram Salzmann von der Deutschen Bibelgesellschaft, der mit seinen sachkundigen Anregungen und vielen kreativen Textvorschlägen zum Gelingen der Themenbibel beigetragen hat. Ebenso danke ich Mitarbeiterinnen und Mitarbeitern aus dem Bereich der Jugendarbeit für ihre wichtigen Anregungen.

Filderstadt, im Mai 2002 *Rainer Kiess*

Wie die Bibel wurde, was sie ist

DIE BIBEL – EINE BIBLIOTHEK

Die Bibel ist ein Buch, das einer ganzen Bibliothek gleicht. Sie enthält 39 Schriften im Alten Testament und 27 im Neuen Testament. Außerdem gibt es 11 so genannte Spätschriften des Alten Testaments, die sich nur in dessen griechischer Überlieferung finden. Sie sind in dieser Ausgabe der Gute Nachricht Bibel nicht enthalten.

Die Anordnung der Bücher in der Bibel folgt nicht der Reihenfolge, in der sie entstanden sind, und auch nur teilweise der Abfolge der dargestellten Ereignisse. Wie in einer großen Bibliothek sind die Bücher vielmehr nach Sachgruppen geordnet. So gibt es im Alten Testament *Gesetzesbücher* (Die 5 Mosebücher, Genesis bis Deuteronomium), Geschichtsbücher (Josua bis Ester), *Lehrbücher und Bücher in poetischer Form* (Ijob / Hiob bis Hoheslied) sowie die Bücher der *Propheten.* Im Neuen Testament finden sich zunächst ebenfalls *geschichtliche Bücher,* die von Jesus und den ersten Christen erzählen (Evangelien und Apostelgeschichte), darauf folgen *Briefe* des Apostels Paulus und anderer Autoren (Römerbrief bis Judasbrief) und am Ende als *prophetisches Buch* die Offenbarung an Johannes.

Manche der biblischen Schriften füllen viele Seiten, andere sind nur ganz kurz. Manche erzählen eine fortlaufende Geschichte und lesen sich wie ein spannender Roman, andere enthalten Sammlungen von Texten aus ganz verschiedenen Zeiten und müssen auf dem Hintergrund bestimmter historischer Ereignisse gelesen werden.

DIE ENTSTEHUNG DES ALTEN TESTAMENTS

Die Vielfalt der in der Bibel enthaltenen Schriften hängt mit ihrer über 1000-jährigen Entstehungsgeschichte zusammen. Sie beginnt lange vor der Entwicklung der Schriftkultur, als wesentliche Erfahrungen der Menschen mit Gott und der Welt noch mündlich von einer Generation zur nächsten weitergegeben wurden. Im Laufe der Zeit bekamen die alten Erzählungen feste Formen. Irgendwann wurden sie gesammelt, zusammengestellt und danach kaum noch verändert. Die schriftliche Überlieferung beginnt erst in der Zeit des Staates Israel um 1000 v. Chr.

An ganz verschiedenen Orten und aus unterschiedlichen Anlässen wurden Texte, die Eingang in unser Altes Testament gefunden haben, in hebräischer Sprache aufgeschrieben. So ließen die Könige Israels eine Geschichte Gottes mit seinem Volk Israel anfertigen (vgl. 1 Kön 11,41). Für die Rechtsprechung wurden Gesetzestexte gesammelt und mit Ausführungsbestimmungen versehen. Gottesdienstordnungen entstanden, um den Kult am Tempel zu regeln. Auch Gebete (Psalmen) für den Gottesdienst, vor allem für die großen Feste, schrieb man auf.

Ab dem 8. Jahrhundert traten Propheten in Israel auf, die ihre Worte zum Teil schriftlich festhielten oder aufschreiben ließen (vgl. Jer 45,1). Daneben entstanden kleine Sammlungen von im Volk umlaufenden Geschichten (z. B. die Simsonerzählung, Ri 13–16), Fabeln, Liedern und Lebensregeln. Als Israel im 7. Jahrhundert dann nur noch aus einem kleinen Territorium bestand, besann es sich neu auf seine Grundlagen. Deshalb fasste man zu dieser Zeit viele bisher getrennt überlieferte Schriften zusammen. Manche Überlieferungen wurden auch erst jetzt aufgeschrieben und bekamen so neue Bedeutung.

Nach der Zerstörung Jerusalems (587 v. Chr.) waren die gesammelten Texte ein wichtiges Verbindungsglied unter den im babylonischen Exil Lebenden. Zum ersten Mal wurden die überlieferten Texte hier als »Heilige Schrift« gebraucht. Zugleich entstanden neue Schriften, die die zurückliegende Geschichte deuteten und Gottes Macht in der Welt unterstrichen (z. B. das erste Kapitel der Bibel).

Nach der Rückkehr aus dem babylonischen Exil wurden die gesammelten Texte nochmals überarbeitet und mit anderen kombiniert (darum gibt es z. B. zwei Schöpfungserzählungen am Anfang der Bibel). Zunächst wurde dann als erster Teil der hebräischen Bibel die Tora (zu Deutsch: Weisung = die 5 Bücher Mose des Alten Testaments) kanonisiert, d. h. der Textbestand als »Heilige Schrift« verbindlich festgelegt. Als zweiter Teil kamen um 200 v. Chr. die geschichtlichen und die prophetischen Bücher (ohne Rut, Klagelieder und Daniel) hinzu. Die übrigen Schriften wurden erst im 1. Jahrhundert n. Chr. kanonisiert. Längst nicht alle religiösen Schriften, die zur Zeit der Kanonisierung vorlagen, wurden auch in die Sammlung der »Heiligen Schriften« aufgenommen. Das Buch Ester z. B. war sehr umstritten, weil darin nirgends ausdrücklich von Gott die Rede ist. Im Neuen Testament wird stellenweise sogar aus für heilig gehaltenen Schriften zitiert, die später keine Aufnahme in den Kanon fanden.

DIE ENTSTEHUNG DES NEUEN TESTAMENTS

Das Neue Testament, das in Griechisch abgefasst ist, hat eine wesentlich kürzere, aber ebenfalls etappenweise Entstehungsgeschichte: Während der ersten zwanzig Jahre nach Ostern gab es im Christentum nur mündliche Überlieferungen, weil das nahe Ende der Welt erwartet wurde und man eine Niederschrift der Texte deshalb nicht mehr für nötig hielt. Als Bibel gebrauchten die ersten Christen ganz selbstverständlich die Heilige Schrift Israels.

Erst im Rahmen der Missionstätigkeit (ab 50 n. Chr.) entstanden zunächst Briefe an Gemeinden, die später zusammengestellt wurden. Sammlungen von Jesus-Worten und Jesus-Geschichten bildeten die Grundlage für die Abfassung der Evangelien (ca. 70–100 n. Chr.). Dabei lässt der Anfang des Lukas-Evangeliums noch gut erkennen, dass die offensichtlich nicht immer im gewünschten Maß zuverlässige Weitergabe der Botschaft von Jesus Christus ein entscheidender Grund dafür war, »all diesen Überlieferungen bis hin zu den ersten Anfängen« selbst »sorgfältig nachzugehen«, um sie sodann »in der rechten Ordnung und Abfolge niederzuschreiben« (Lukas 1,3).

Parallel zu den heute in der Bibel enthaltenen Schriften wurden noch viele weitere verfasst. Sie fanden jedoch aus theologischen Gründen keinen Eingang in den Kanon des Neuen Testaments.

GOTTES WORT IM MENSCHENWORT

Der Blick auf die Entstehungsgeschichte der Bibel zeigt, dass Gott die biblischen Bücher nicht einzelnen Autoren Wort für Wort »diktiert« hat, sondern dass viele Menschen auf unterschiedliche Weise und zu verschiedenen Zeiten an ihrer Entstehung mitgewirkt haben. Dennoch nennen Juden und Christen die Bibel auch »Wort Gottes«, »Heilige Schrift« oder »vom Heiligen Geist durchdrungen«. Wie ist das zu verstehen?

Es gibt Erfahrungen, die wie Fenster sind, in denen unsere »normale« Lebenswirklichkeit plötzlich ganz anders erscheint als zuvor, in denen sie auf einmal durchsichtig wird auf einen Grund, der sie trägt, auf einen Sinn, der unverlierbar ist: auf die Hand Gottes, in der die Welt und alles Leben stehen. Solche Erfahrungen sind nicht nur angenehm. Viele Menschen haben Gottes Nähe gerade in Zeiten der Not erfahren – mitunter auch solche, die zuvor mit der Botschaft der Bibel gar nicht viel anfangen konnten. Die Bibel erzählt an vielen Stellen von solchen Erfahrungen – und mehr noch: Wer sich intensiv auf ihre Botschaft einlässt, kann selbst die Erfahrung machen, dass hier Gott zu ihm, zu ihr spricht. Dann werden die Worte der Bibel zum erlösenden Wort, das aus Ängsten und Zweifeln befreit, zum Sinn stiftenden Wort, das dem Leben Halt gibt. So gesehen ist die Bibel Gottes Wort, ist sie Heilige Schrift. Aber dieses Wort wir höher und erfahrbar in Menschenworten.

Einige biblische Autoren betonen ausdrücklich, dass das, was sie zu sagen haben, eine Botschaft ist, die Gott ihnen aufgetragen hat. Dies gilt natürlich besonders für die Propheten, z. B. wenn der Prophet Ezechiel im Bericht von seiner Berufung erzählt, wie Gott ihm befahl: »Du Mensch, geh nun zu den Leuten von Israel und verkünde ihnen die Worte, die ich dir sage« (Ez/Hes 3,4). Aber auch wenn es – wie in großen Teilen des Alten Testaments – um scheinbar ganz weltliche Geschichte geht, wurde sie aufgeschrieben, weil Menschen in ihr das Wirken Gottes erkannten und weil die Erzählung davon anderen die Augen für Gottes Wirken auch in ihrem Leben öffnen kann.

Was steht drin?

ALTES TESTAMENT

GESETZBÜCHER

GESCHICHTSBÜCHER

LEHRBÜCHER UND BÜCHER IN POETISCHER FORM

NEUES TESTAMENT

GESCHICHTLICHE BÜCHER

DIE BRIEFE DES APOSTELS PAULUS

WEITERE BRIEFE AUS DER ZEIT DER FRÜHEN CHRISTENHEIT

DAS PROPHETISCHE BUCH

Wie finde ich mich zurecht?

Der Text einer gedruckten Bibel enthält heute eine ganze Reihe von Orientierungshilfen und zusätzlichen Informationen. Wer sie zu nutzen weiß, findet sich nicht nur schneller zurecht, sondern hat auch zahlreiche Hilfen zum besseren Verständnis des Bibeltextes zur Hand.

1. Kapitel- und Verszählung

Alle Bücher der Bibel sind eingeteilt in Kapitel und Verse (einige ganz kurze Bücher nur in Verse). Diese Zählung gehört nicht zum ursprünglichen Bibeltext, sondern wurde erst im späten Mittelalter eingeführt.

Die Kapitel- und Versangaben erlauben es, jede Bibelstelle sehr rasch aufzufinden. Eine Stellenangabe ist folgendermaßen aufgebaut:

2 Samuel 3,12-17

Nummer des Buches (wenn es mehrere Bücher mit gleichem Namen gibt)

Name des Buches

Nummer des Kapitels

Angabe der Verse

Vollständige Stellenangaben werden durch Semikolon (Strichpunkt) voneinander getrennt. Bei der Angabe eines Bereiches steht zwischen mehreren vollständigen Stellenangaben oder zwischen Kapiteln ohne Versangabe ein längerer Strich. Es bedeutet also:

5,2; 7,6-13 Kapitel 5, Vers 2 und Kapitel 7, Verse 6-13

12,23–14,2 Der Text von Kapitel 12, Vers 23 bis Kapitel 14, Vers 2.

2. Kolumnentitel

Zur schnelleren Orientierung nennt der Kolumnentitel am oberen Seitenrand den Namen des Buches und das bzw. die Kapitel, die auf der aufgeschlagenen Seite zu finden sind.

3. Abschnittsüberschriften

Sie gliedern den Bibeltext in Sinnabschnitte. In den ursprünglichen Handschriften mit dem hebräischen bzw. griechischen Text der Bibel gibt es noch keine Überschriften. Sie wurden erst später zur besseren Orientierung hinzugefügt und unterscheiden sich daher in verschiedenen Bibelausgaben oft deutlich voneinander.

4. Zitate aus alttestamentlichen Büchern
Sie sind in Anführungszeichen gesetzt. Die zugehörigen Stellenangaben finden sich in den Fußnoten.

5. Abschnittsparallelen
Bei den Geschichtsbüchern des Alten und Neuen Testaments kommt es vor, dass dieselbe Geschichte in verschiedenen Büchern gleich lautend oder ähnlich überliefert ist. Auf solche »Abschnittsparallelen« verweisen Stellenangaben unter der Überschrift.

6. Vergleichsstellen
Oft wird ein Thema an verschiedenen Stellen der Bibel behandelt, oder es gibt Anklänge und Anspielungen auf andere Bibelstellen, die für das Verständnis wichtig sind. Dies wird durch so genannte Vergleichsstellen jeweils am Fuß der Seite angegeben. Die fett gesetzten Stellenangaben verweisen jeweils auf die Bezugsstelle im Bibeltext.
Wenn ein Vers gleich mehrere Themen oder Stichwörter enthält, zu denen Vergleichsstellen geboten werden, werden die Stellen in der Reihenfolge der Themen angeordnet.
Der Buchstabe S (= Sammelstelle) hinter einer Stellenangabe bedeutet, dass sich an der angegebenen Stelle weitere Querverweise finden.
Besonders interessant sind Vergleichsstellen, die den Zusammenhang zwischen dem Alten und dem Neuen Testament aufzeigen. Die Kenntnis des alttestamentlichen Hintergrunds macht es oft leichter, eine Aussage im Neuen Testament zu verstehen. Auf direkte oder abgewandelte Zitate wird in den Vergleichsstellen mit *zit* und *nach* verwiesen.

7. Fußnoten
In den Fußnoten findet man Erklärungen, die für das Verständnis des Textes nötig sind, und in bestimmten Fällen auch Hinweise auf andere Übersetzungsmöglichkeiten. Kleine hochgestellte Buchstaben im Bibeltext weisen auf sie hin. Ein Teil der Fußnoten betrifft darüber hinaus die Überlieferung des Bibeltextes. Die verschiedenen Handschriften aus dem Altertum, in denen uns die Bibel überliefert ist, stimmen nicht immer überein. Manchmal wurde beim Abschreiben etwas hinzugefügt oder weggelassen. Wichtige Abweichungen werden in den Fußnoten angegeben.

8. Mit einem Sternchen (*) gekennzeichnete Wörter
Zu jedem so gekennzeichneten Wort gibt es im Anhang auf den Seiten 349–413 eine Erklärung.

9. Weitere Hilfsmittel im Anhang
Eine Zeittafel zur Geschichte Israels und zu den Anfängen des Christentums (S. 415–422) bietet einen guten Überblick über die geschichtlichen Hintergründe der biblischen Texte.
Kartenskizzen zum Land der Bibel und Stadtpläne von Jerusalem (S. 445–450) helfen, sich die geographischen Gegebenheiten vorzustellen, von denen in der Bibel die Rede ist.

In der Bibel lesen – aber wie?

Verschiedene Texte verlangen verschiedene Lesehaltungen. Es ist ein Unterschied, ob ich z. B. die Zeitung, einen Roman, einen persönlichen Brief oder eine Gebrauchsanweisung lese. Mal bin ich darauf aus, möglichst rasch viele Informationen aufzunehmen, mal möchte ich meine Phantasie anregen und mich in eine andere Welt entführen lassen. In manchen Fällen kann ich innerlich distanziert und ohne alle Emotionen lesen, an anderen Stellen werden meine Gefühle und meine Assoziationen direkt angesprochen. Welche Lesehaltung entspricht der Bibel?

DIE BIBEL LESEN HEISST: UNTERSCHEIDEN

Die Bibel ist kein Buch aus einem Guss. Ganz unterschiedliche Arten von Texten finden sich in ihr: Erzählungen, Namenslisten, Sprichwörter, Gebete, Gedichte, Parabeln, Berichte, Briefe und vieles mehr. Jeder Künstler und Handwerker weiß, dass er für unterschiedliche Materialien unterschiedliche Werkzeuge braucht. Bei den Texten ist es nicht anders. Es kommt darauf an, zum jeweiligen Text den passenden Zugang zu finden. Der zweite Teil der Apostelgeschichte, der die Missionsreisen des Paulus schildert, ist in der Art seiner Darstellung durchaus einem Bericht ähnlich. Er berichtet sachlich die Ereignisse. Ganz anders ist z. B. das Hohelied. Nicht die Information, sondern die poetische Form zeichnen diesen Text aus.

Es hilft also, beim Lesen die Frage mitzudenken: Welche Textart habe ich vor mir? Welches Instrument brauche ich, um sie zu erschließen? Geht es diesmal mehr um Informationen oder mehr um Bilder, die in mir anklingen, nachklingen wollen? Muss ich mehr mit dem Markierstift arbeiten oder mehr mit dem inneren Auge?

DIE BIBEL LESEN HEISST: VERWEILEN

Die Bibel will mich ansprechen, in meinen Alltag hineinsprechen. Die Worte wollen etwas auslösen, mich verwandeln. Sie wollen zu Bildern werden, in der eigenen Vorstellung erstehen und Kraft vermitteln. Das Wort »Quelle« z. B. bedeutet nicht nur einen Ort der natürlichen Wasserproduktion. Es ist ein Bild, ein Symbol für Leben, Erfrischung, unerschöpfliche Energie, das in mir nachklingen will.

Die Bibel ist ein großes Bilderbuch. Von Gott wird oft in Bildern gesprochen (→ *Wie soll ich mir Gott vorstellen?,* S. 58). Gott wird z. B. Quelle, Fels, Hirt genannt. Damit kommt zum Ausdruck: Gott ist unerschöpflich wie eine Quelle, zuverlässig wie ein Fels, auf dem ich sicher stehe, umsichtig und fürsorgend wie ein Hirte. Wo ich mich auf diese Bilder einlasse und es einübe, bei ihnen zu verweilen, verspüre ich mit der Zeit ihre Kraft.

DIE BIBEL LESEN HEISST: DAS EIGENTLICHE ENTDECKEN

Die Bibel ist das große Buch vom Glauben. In ihr berichten Menschen aus über zwei Jahrtausenden über ihre Erfahrungen mit Gott. Nicht in allem, was dabei zur Sprache kommt, können wir uns heute noch wiederfinden. Religiöse Praktiken wie das Opferwesen oder Dämonenaustreibungen sind uns fremd geworden, manche Vorstellung, z. B. das antike Weltbild, das hinter den Schöpfungsberichten am Anfang der Bibel steht, sind überholt. Es gilt also zu entdecken, wo die Botschaft der Bibel mich und mein Leben heute trifft.

Die Kernfragen des Glaubens sind heute wie damals dieselben: Worauf kann ich mich wirklich verlassen? Was gibt meinem Leben Sinn und Halt? Die Bibel gibt Antwort auf diese Fragen nicht in Form einer Sachinformation, sondern in Form einer Einladung – als Einladung, das eigene Leben im Vertrauen auf Gott zu leben und sich in allen Dingen auf ihn zu verlassen. Nur wer diese Einladung annimmt, kann auch die befreiende und lebensprägende Wirkung der biblischen Botschaft entdecken. Die Glaubenstexte der Bibel bringen dich auf die Spur (→ *Vertrauen finden, Glauben entdecken,* S. 60).

DIE BIBEL LESEN HEISST: NACHDENKEN UND NEU DENKEN

»Die Bibel enthält lauter alte Geschichten, die jeden Tag neu geschehen.« (Ricarda Huch)
Die Bibel ist einerseits voller Erzählungen und Worte aus Zeiten, die längst Geschichte sind. Manche Orte und Plätze, viele Lebensweisen und Bräuche sind längst Vergangenheit. Andererseits stehen in den alten Geschichten aber ganz aktuelle Wahrheiten.

Ein Beispiel: Die Geschichte vom barmherzigen Samariter (Lk 10,29-37, NT 92/93) ereignet sich heute nicht mehr so wie damals zwischen Jerusalem und Jericho. Priester, Leviten, Räuber und ein Reisender, unterwegs auf einem Esel, bestimmen nicht mehr die Szenen unserer Städte. Dass Juden und Samariter sich damals Feind waren, spielt heute keine Rolle mehr. Aber jeden Tag neu stellt sich mir die Herausforderung: Für wen nehme ich mir Zeit? Wie viel zählt der Mensch in seiner Not für mich? Wo werden heute Menschen ausgebeutet, links liegen gelassen? Wo passieren Überraschungen, geschieht Nächstenliebe von Menschen, denen das gar nicht zugetraut wurde? Die Bibel lädt dazu ein, den alten Geschichten nachzudenken und sie für die Zeit heute neu zu denken, für die Welt und Situation, in der ich lebe.

DIE RAHMENBEDINGUNGEN MÜSSEN STIMMEN

Äußere Bedingungen sind nicht ganz unwichtig, wenn etwas gelingen soll. Die Bibel liest sich anders in einer überfüllten U-Bahn als an einem lauschigen Plätzchen. Darum brauchen folgende Fragen die passenden Antworten:

- Wo ist der Raum oder der Platz, an dem ich mich am besten zurückziehen kann und am wenigsten abgelenkt werde?
- Wann ist die Tageszeit, in der ich mich am besten konzentrieren kann? Ist es eher morgens oder abends?
- Wie kann ich mich einstellen oder einstimmen? Brauche ich einen Augenblick, in dem ich die Augen schließe und ein paar Mal ruhig durchatme? Hilft mir der Blick zum Himmel oder der Blick auf das Licht einer Kerze, meine Gedanken zu sammeln?
- Was hilft mir am besten, den Bibeltext zu erschließen? Unterstreiche ich, was mir aufgegangen ist, oder schreibe ich Gedanken dazu lieber in ein Tagebuch? Schaue ich eine Themenseite am Wochenende komplett an oder wähle ich für jeden Tag ein Wort und eine Geschichte aus?
- Hilft es mir, ein Stück zu gehen und dabei zu lesen? (In Klöstern gibt es den alten Brauch, dass die Mönche beim Herumgehen im Kreuzgang murmelnd die Psalmen lesen; manche können sich beim Gehen am besten einen Text einprägen.)
- Welche Form (»Ritual«) brauche ich, um mit der Zeit in diesem Buch zu Hause zu sein, damit meine Seele heimisch werden kann?

Es gibt bei alledem kein Rezept für alle. Jeder und jede muss selbst herausfinden, was für ihn oder für sie am besten passt. Es geht nicht um Perfektion, nicht um Leistung oder Vollständigkeit. Solche Einstellungen blockieren nur. Wichtig ist, eine eigene Form, ein persönliches »Ritual« zu finden. Das hat nichts mit einengender Gesetzlichkeit zu tun, aber viel mit entlastender Gewohnheit. Es geht darum, dass ich entdecke, was mir gut tut, was mir beim Lesen und Meditieren hilft.

Wie ein persönliches Bibellese-Ritual zum Beispiel aussehen kann:

- Eine Minute still sein, auf den Atem achten
- Vor dem Lesen beten, z. B. so: »Gott, hilf mir, dass ich dein Wort verstehe und mir aufgeht, was du mir sagen willst.«
- Den Bibeltext lesen (manchmal ist es eine Hilfe, ihn laut zu lesen)
- Aussagen, die mir wichtig sind, markieren oder/und Gedanken in ein Tagebuch aufschreiben
- Fragen notieren, die ich später klären oder in einer Gruppe ansprechen will
- Einen Satz aus dem Bibeltext auswählen und am Ende nochmals laut sprechen

WEITERE ANREGUNGEN UND TIPPS

Die richtigen Fragen stellen

Martin Luther sprach von einem »vierfachen Kränzlein« von Fragen, mit denen man die Bibel lesen sollte:

- Was steht geschrieben?
- Wofür habe ich zu danken?
- Wo soll ich umkehren?
- Worum darf ich bitten?

Eine fünfte Frage lässt sich noch dazunehmen:

- Was soll ich tun?

Eine andere Möglichkeit: An folgenden Stichworten und Fragen entlanggehen

- *Wahrnehmen*
  Was lese ich? Was verstehe ich? Was lasse ich stehen, weil ich es im Augenblick nicht verstehe?
- *Annehmen*
  Was ist von Gott aus geschehen? Womit beschenkt er mich? Was ist über den Glauben ausgesagt?
- *Aufnehmen*
  Was sagt dieser Text mir persönlich?

Oder einfach: Was fällt mir auf, was fällt mir ein?

- *Gegensätze von damals und heute anschauen*
  Was steht im Text – wo stehe ich?
- *Übereinstimmungen suchen*
  Wo stimme ich zu? Wo geht es mir ganz ähnlich?
- *Reibungspunkte aufspüren*
  Was macht mir zu schaffen? Wo fühle ich mich in Frage gestellt?
- *Ideen, Assoziationen zulassen*
  Was sehe ich an Bildern, wenn ich die Augen schließe?
  Bei diesem Satz denke ich an ... (z. B. Menschen, die ich anrufen, besuchen, für die ich beten kann).

Ein besonderer Zugang: Bilder erschließen

- Z. B. Ps 36,10: »Du selbst bist die Quelle, die uns Leben schenkt. Deine Liebe ist die Sonne, von der wir leben.« – Was für Gefühle, Stimmungen, Erfahrungen wecken Quelle und Sonne in mir? Wo tun sie mir gut?
- Die Ich-bin-Worte Jesu (→ *Jesus? – Wer ist das?,* S. 62) eignen sich besonders gut für das Meditieren und Erschließen der Bilder.

Hilfe, das versteh ich nicht!

Es kann sehr spannend sein, wenn die Texte der Bibel beim Lesen lebendig werden und zu uns sprechen. Aber wie komme ich weiter, wenn mir Stellen unverständlich und fremd vorkommen?

1. Den Zusammenhang anschauen

Zu den Grundregeln des Bibellesens gehört, dass Bibelstellen in ihrem Zusammenhang gesehen werden müssen. Oft hilft der Kontext, eine einzelne Stelle besser zu verstehen.

2. Parallelstellen nachschlagen

Bei Verständnisproblemen empfiehlt es sich, andere Bibelstellen heranzuziehen, in denen dasselbe Thema behandelt wird. Die Vergleichsstellen am Fuß der Seite, die Themenseiten dieser Ausgabe und das Stichwortverzeichnis im Anhang geben dafür zahlreiche Hinweise.

3. Hilfsmittel nutzen

In den Anmerkungen und Sacherklärungen dieser Ausgabe finden sich wichtige Hintergrundinformationen. Bei geographischen und historischen Orientierungsproblemen helfen die Zeittafel und die Kartenskizzen im Anhang.

4. Bilder erkennen

Die Bibel redet oft in bildhafter Sprache. Das können einzelne Formulierungen aber auch ganze Geschichten wie z. B. die Gleichnisse sein. Also aufgepasst: Nicht alles ist wörtlich gemeint. Oft hilft es, sich zu fragen, wofür eine Aussage ein Bild sein könnte.

5. Zeitbedingtes und Überzeitliches unterscheiden

Die Opfergesetze des Alten Testaments befolgen wir z. B. nicht mehr; die Zehn Gebote, die ebenfalls in den Mosebüchern stehen, halten wir aber nach wie vor für gültig. Es ist also nötig zu unterscheiden, was nur in einer bestimmten Situation, wegen besonderer Umstände oder zu einer bestimmten Person bzw. Gruppe gesagt ist und was über die Zeiten hinweg und für alle gilt.

6. Von Christus her lesen

Die Texte der Bibel sind nicht alle gleich zentral. Manchmal scheinen sich ihre Aussagen sogar zu widersprechen. Bei der Entscheidung, woran ich mich halten soll, ist es hilfreich, von Jesus Christus her zu lesen. An dem, was die Bibel von ihm und über ihn sagt, muss sich alles andere messen lassen.

7. Das Gespräch suchen

Andere haben dieselben Fragen und Schwierigkeiten. Im Gespräch (z. B. in Bibelkreisen) können unterschiedliche Sichtweisen ausgetauscht und Verstehensprobleme ausgeräumt werden. Im Gottesdienst wird jeden Sonntag ein Bibeltext ausgelegt. Und die Pfarrerin oder der Pfarrer sind Ansprechpartner auch für persönliche Fragen zur Bibel.

Wie nutze ich den Themenführer?

Der folgende Themenführer bietet einen alltagsnahen und erfahrungsbezogenen Einstieg in den Text der Bibel. Bei der Auswahl der Themen und der Art, wie sie formuliert wurden, waren vor allem junge Menschen im Blick. Über das Inhaltsverzeichnis auf Seite 3 lassen sich Themen, die in der augenblicklichen Lebenssituation besonders aktuell sind, rasch auffinden und entsprechende Bibeltexte aufschlagen. Weder bei der Themenauswahl noch bei der Auswahl der Bibeltexte wurde Vollständigkeit angestrebt.

Jedes einzelne Thema wird in drei Schritten entfaltet:

- Eine knappe Einführung stellt das Thema vor und den Bezug zur biblischen Überlieferung her. Wer diese Sätze liest, merkt sofort, ob er/sie auf diesen Seiten gerade richtig ist.
- Kurze Worte, die weiterführen, bringen die Botschaft der Bibel zum jeweiligen Thema auf den Punkt. Meditiert oder auswendig gelernt, können sie zu hilfreichen Begleitern im Alltag werden.
- Längere Geschichten und Texte zum Weiterlesen entfalten unterschiedliche Facetten des Themas, manchmal einander ergänzend, manchmal in Spannung zueinander. Ob einzeln oder im Zusammenhang gelesen – immer werfen diese Texte ein neues Licht auf eigene Erfahrungen und Lebenssituationen.

Die Bibelstellen werden mit Schlagzeilen und Untertiteln eingeführt, Titel, die anregen oder auch aufregen, neugierig, stutzig, nachdenklich machen, manchmal witzig, quer, geheimnisvoll klingen. Manche von ihnen sind persönlich zugespitzt formuliert. Wenn im Bibeltext die Gemeinschaft mit »ihr« angeredet wird, wird im Titel meistens ein »du« daraus. Dadurch soll sich der einzelne Leser und die einzelne Leserin in der jeweiligen Lesesituation direkt angesprochen wissen.

Ziel des Themenführers ist, dass der Bibeltext selbst gelesen wird und dass sich die einzelnen gelesenen Stellen im Laufe der Zeit immer mehr zu einem Bild des Ganzen zusammensetzen. Auch wo unter den Worten, die weiterführen, nur einzelne Verse angegeben sind, ist es sinnvoll, diese in ihrem Kontext zu lesen. Die Themenbibel will also nicht das ausführliche Lesen in der Bibel ersparen, sondern dazu anregen. Damit das Aufsuchen der Texte von Anfang an möglichst problemlos geschehen kann, sind zu jeder Bibelstelle die Seitenzahlen und der Bibelteil (AT oder NT) angegeben. Niemand soll schon bei der Textsuche die Lust am Lesen verlieren.

Manche Themen hängen miteinander zusammen oder werfen ein Licht auf ein Thema, das an anderer Stelle behandelt wird. Darum steht am Ende jeder Themeneinheit der Hinweis auf »Verwandte Themen«. Meist lohnt es sich, auch auf den dort angegebenen Seiten nachzuschlagen.

Einmalig gut – ich mag mich, wie mich Gott gemacht hat

Was ist der Mensch? Manchmal stellen wir diese Frage beim Anblick eines Menschen, der hilflos daliegt und von Schmerzen gezeichnet ist. Sie fasst dann die menschliche Hinfälligkeit und Vergänglichkeit ins Auge.

Wenn diese Frage in der Bibel auftaucht (Ps 8,5), hat sie ein ganz anderes Bild vom Menschen im Blick: Es ist zum Staunen, wie Gott den Menschen gemacht hat, mit wie viel Würde und Macht er ihn ausgestattet hat. So verschwindend klein der Mensch im Vergleich zum Weltall ist, so groß ist er im Vergleich zu allen anderen Geschöpfen – und so groß in Gottes Augen. »Du bist wertvoll«, steht über Gottes Schöpfung und über jedem Leben. Das gilt für Gesunde wie für Kranke, für behinderte wie für nicht behinderte Menschen. Das trifft dich aber auch da, wo du dich mit dir selbst schwer tust, mit deiner Lebensgeschichte, deinem Aussehen, deinen Schwächen. Was dir vielleicht manchmal wie eine Benachteiligung vorkommt, ist ganz anders gedacht. Es ändert nichts an Gottes Wertschätzung für dich: »Einmalig gut!« Nicht makellose und perfekte Typen, sondern lauter Originale schafft Gott. Und du bist eines davon. Schön, wenn du dich über dich selbst freust. Gott freut sich mit.

WORTE, DIE WEITERFÜHREN

Sehr gut! … **Gen /1 Mose 1,31** … AT 4
Die beste Note für die Schöpfung und für dich

Mannsbild, Weibsbild, Gottes Bild … **Gen /1 Mose 1,27** … AT 4
Originale aus des Schöpfers Hand

… wie dich selbst … **Lev/3 Mose 19,18; Mt 22,39** … AT 115, NT 34
Der Maßstab der Nächstenliebe **Röm 13,9; Gal 5,14; Jak 2,8** 210, 251, 303

Viel zu wertvoll … **Ps 116,15** … AT 579
Deine Versicherung gegen den Untergang

Trotzdem bin ich schön … **Hld 1,5-6** … AT 631
Selbstachtung beim Blick in den Spiegel

Wie Gott dich wertschätzt … **Jes 43,1** … AT 674
Was für sein Volk gilt, gilt auch für dich

Wertvoll bis in die Haarspitzen … **Lk 12,6-7** … NT 96
Von Spatzen und Menschen

Gott lässt mich gelten … **Röm 15,7** … NT 211
Ein Ja-Wort mit Folgen

GESCHICHTEN UND TEXTE ZUM WEITERLESEN

Ein Platz in Gottes Plan … **Jer 1,4-10** … AT 696
Schon pränatal reserviert

Fast so groß wie Gott … **Ps 8** … AT 514/515
Ich staune, wie nahe ich dran bin

Ein Tüftler bis ins Detail … **Ps 104** … AT 571/572
Ich staune, wie viel sich Gott dabei gedacht hat

Von allen Seiten umgeben und geborgen … **Ps 139** … AT 591
Ich staune, wie Gott mich kennt und sieht

Du bist es wert … **Lk 13,10-17** … NT 98
Für Jesus zählt der Mensch mehr als die Vorschriften

Nicht aus eigener Kraft … **2 Kor 2,14 – 3,5** … NT 235
Paulus über den Grund seines Selbstvertrauens

Verwandte Themen: • *Mit Leib und Seele (22)*
• *Leben mit Grenzen (36)*

Mit Leib und Seele

Essen und Trinken hält Leib und Seele zusammen, sagt ein Sprichwort. Aber auch sonst bilden Leib und Seele eine Einheit.

Die Bibel sieht ihre Verbindung viel enger als z. B. die griechische Philosophie, die zwischen Materie, also dem Körper, und dem Geist trennt. Ein Beispiel dafür, wie Leib und Seele zusammenspielen, ist das Wort Seele selbst. In der hebräischen Sprache ist die Seele kein geistiges Wesen, sondern der Schlund, die Kehle. Der Durst nach Wasser und der Durst nach Leben liegen also ganz nahe beieinander.

Die Seele ist nicht nur das Gemüt, sondern steckt im ganzen Menschen. Gott hat den Menschen als eine »lebendige Seele« erschaffen (Gen/1 Mose 2,7) – eben mit Leib und Seele. Darum gehören Körperkultur und Zeit für die Seele wie gute Geschwister zusammen.

WORTE, DIE WEITERFÜHREN

GESCHICHTEN UND TEXTE ZUM WEITERLESEN

Verwandte Themen: • *Kann denn Liebe Sünde sein? (28)*
• *Genießen und verzichten (30)*

Ich bin so frei

Ich bin so frei: Das ist nicht nur eine Anstandsformel. Wer das wirklich von sich sagen kann, ist gut dran. Frei sein gehört zu den Grundbedürfnissen des Lebens. Da geht es den Menschen wie den Zugvögeln. Sie lassen sich nicht einsperren.

Von Anfang an hat Gott die Welt als Raum der Freiheit gemacht. Er hat den Menschen Raum zur Entfaltung gegeben und sie mit einem freien Willen ausgestattet. Gerade um ihre Freiheit zu schützen, hat er ihnen aber auch Grenzen gesetzt. Der Mensch hat diese Grenze überschritten und seine Freiheit damit verspielt. Das ist seit Adam und Eva so. Wir sind nicht mehr so frei, wir stehen unter dem Zwang unserer selbstsüchtigen Natur. Damit können wir andere verletzen, unterdrücken, bevormunden. Die Freiheit, die sich alles erlaubt, führt zur schlimmsten Gefangenschaft.

Gott aber lässt die Freiheit nicht los. Darum befreit er sein Volk aus der Unterdrückung und dem Sklavendasein in Ägypten. Es soll frei in einem neuen Land leben können. Auch als das Volk Israel später von den Babyloniern deportiert wird, ermöglicht Gott einen Neuanfang. Mit Jesus Christus kommt die Freiheit noch einmal neu auf die Welt. Durch ihn verlieren wir den Zwang, unsere Freiheit aus eigenen Kräften durchsetzen zu müssen. Er befreit uns von der Diktatur des ungebremsten Egoismus und macht uns sensibel für den Nächsten. Jetzt geht es darum, in dieser Freiheit zu leben und sie im Alltag anzuwenden, damit auch die anderen Menschen gut mit unserer Freiheit leben können.

WORTE, DIE WEITERFÜHREN

Jetzt schlägt die Stunde der Freiheit .... **Jes 61,1; Lk 4,18-19** ..... AT 690, NT 79
Jesus sagt eine neue Zeit an

Alles erlaubt? .... **1 Kor 6,12** .... NT 219
Lass die Freiheit nicht verkommen

Nach göttlichem Maß .... **1 Kor 7,23** .... NT 220
Wie Freie unfrei und Unfreie frei sein können

Freiwillig abhängig .... **1 Kor 9,19** .... NT 223
Selbstbeschränkung für ein großes Ziel

Dranbleiben an der Freiheit .... **Gal 5,1** .... NT 250
Lass dich nicht wieder einspannen

Missbrauch schädlich .... **1 Petr 2,16-17** .... NT 308
Freiheit darf nicht zum Deckmäntelchen werden

GESCHICHTEN UND TEXTE ZUM WEITERLESEN

Sein wie Gott .... **Gen/1 Mose 2,4b – 3,24** .... AT 5/6
Wie der Mensch seine Freiheit verspielte

Hinaus in die Freiheit .... **Ex/2 Mose 12,29 – 13,22** .... AT 67/68
Die Nacht, in der alles anders wurde

Sklaven und Herren .... **Jer 34,8-17** .... AT 734/735
Geschichte einer doppelten Freilassung

Durch Fremde befreit .... **Jer 37,1 – 39,18** .... AT 737–740
Ein Prophet unter dem Verdacht des Hochverrats

Heimkehr aus der Gefangenschaft .... **Esra 1,1-11** .... AT 445/446
Gott bleibt seinem Volk treu

Befreiende Wahrheit .... **Joh 8,31-36** .... NT 132
Wie Jesus in die Freiheit führt

Manchmal braucht es einen Schubs .... **Apg 12,1-18** .... NT 168
Ein Engel führt ins Freie

Von dir selbst befreit .... **Röm 8,1-17** .... NT 202/203
Wenn Gottes Geist die Regie übernimmt

Liebe hat Vorfahrt .... **1 Kor 10,23 – 11,1** .... NT 224
Ein Alltagskonflikt ums Essen

Verwandte Themen: • *Genießen und verzichten (30)*
• *Leben mit Grenzen (36)*

Nichts geht über die Liebe

Liebe ist der Schlüssel in jeder Beziehung. Sie ist in der Gottesbeziehung und in den zwischenmenschlichen Beziehungen die entscheidende Größe.

Liebe kann verschiedene Gesichter haben. Die freundschaftliche Liebe, die erotische Liebe, die Kinder-/Elternliebe, die Nächstenliebe, und ganz gegen den Strich der Sympathie die Liebe zu Feinden.

Auf diesen Seiten geht es um die hingebende Liebe, die keine Grenzen kennt und auch den Menschen liebt, der mir nicht sympathisch ist, ja der mir gegenüber vielleicht sogar ablehnend und feindlich eingestellt ist.

Wie soll da noch Liebe möglich sein? – In Jesus Christus ist solche grenzenlose Liebe sichtbar geworden. In ihm bündelt sich die Liebe Gottes zu dieser Welt und zu jedem Menschen. Wer diese Menschenliebe Gottes erfahren hat, wird fähig, auch im anderen nicht zuerst den Feind oder Gegner, sondern einen von Gott geliebten Menschen zu sehen.

WORTE, DIE WEITERFÜHREN

GESCHICHTEN UND TEXTE ZUM WEITERLESEN

Verwandte Themen:
- *Von Geschwisterneid, Feinden, Rivalen und Teamkonflikten (40)*
- *Wie geht das – sich versöhnen? (42)*
- *Den Alltag bestehen – praktische Tipps für weniger Stress (44)*

Kann denn Liebe Sünde sein?

»Mit der Sünde hat es die Kirche gerne. Und wenn dann noch die Liebe ins Spiel kommt, dann ist schon alles gelaufen. Ich kenne Christen, die Sex nur misstrauisch und verkrampft sehen.«

Es stimmt schon: In der Geschichte der Kirche wurde die Sexualität oft mit vielen Vorbehalten befrachtet. Die Lust am andern Geschlecht wurde vorschnell mit der Sünde in Verbindung gebracht. Fehldeutungen der Erzählung vom Sündenfall (vgl. Gen/1 Mose 3), aber z. B. auch die Lebensgeschichte Augustins (354–430), der vor seiner Bekehrung ein ausschweifendes Leben führte und danach die Begierde des Menschen als die Grundsünde ansah, waren Gründe für eine verengte und negative Betrachtungsweise.

Die Bibel dagegen redet gut und wertschätzend von der Sexualität: Gott hat den Menschen gut geschaffen. Nicht Sexualität an sich ist Sünde, sondern ihr Missbrauch. Sie darf nicht das Glück und die Würde des anderen beschädigen. Sie darf auch nicht in eine andere bestehende Beziehung einbrechen. Wie die ganze Schöpfung eine gute Ordnung widerspiegelt, in der sich Leben entfalten soll, so soll sich auch die Sexualität zwischen Mann und Frau in einer geordneten Beziehung wie der Ehe entfalten.

WORTE, DIE WEITERFÜHREN

Verschieden beieinander .... **Gen/1 Mose 1,27-28** .... AT 4
Die beiden Ebenbilder Gottes

Wenn zwei eins werden .... **Gen/1 Mose 2,24** .... AT 5
… ziehen die Eltern nicht mit um

Genieße die Liebe .... **Koh/Pred 9,9** .... AT 628
Vom Glück im Alltag zu zweit

Unüberwindlich wie der Tod .... **Hld 8,6** .... AT 637
Die Kraft der Liebe

Grenzen der Lust .... **Mt 5,27-28** .... NT 8
Wo der Spaß aufhört

Manches geht nur exklusiv .... **1 Kor 7,1-2** .... NT 219/220
Vom Sinn der Bindung an einen Partner

Was schön ist, soll man nicht beschmutzen .... **1 Thess 4,3-5** .... NT 270
Miteinander leben, wie es Gott gefällt

GESCHICHTEN UND TEXTE ZUM WEITERLESEN

Er konnte nicht warten .... **Gen/1 Mose 34,1-31** .... AT 36/37
Sexuelle Ungeduld stürzt eine Stadt ins Unglück

Sie hatte ein Auge auf ihn geworfen .... **Gen/1 Mose 39,1-20a** .... AT 41/42
Eine Frau blitzt ab und rächt sich dafür

Er konnte sich nicht beherrschen .... **2 Sam 11,1–12,25** .... AT 295–297
Ein König wird von seinen Leidenschaften hingerissen

Liebe sieht alles schöner .... **Hld 1–8** .... AT 632–637
Biblische Liebespoesie

Was hältst du von der Ehe? .... **Mt 19,3-12** .... NT 28/29
Jesus schiebt der Willkür einen Riegel vor

Sex in der Ehe .... **1 Kor 7,3-7** .... NT 220
Was Paulus Christen empfiehlt

Singles und Doppels .... **1 Kor 7,8-15** .... NT 220
Vom Alleinbleiben und Zusammenhalten

Verwandte Themen:
- *Einmalig gut – ich mag mich, wie mich Gott gemacht hat (20)*
- *Mit Leib und Seele (22)*
- *Nichts geht über die Liebe (26)*

Genießen und verzichten

Das Leben bietet viele schöne Seiten zum Genießen: ein gutes Frühstück am Morgen, eine erfrischende Dusche an einem heißen Tag, ein stiller Augenblick auf einer Parkbank, ein klarer Wintertag mit strahlend blauem Himmel. Wer nicht genießen kann, wird selbst ungenießbar, sagt eine Redensart. Gott ist kein Griesgram, der den Menschen das Leben mies macht. Er schafft viele Gelegenheiten, die du genießen und an denen du dich freuen kannst. Denn »die Seele ernährt sich von dem, woran sie sich freut« (Augustin). Genießen um jeden Preis ist aber nicht immer »im Sinne des Erfinders«. Wenn du die volle Lautstärke deiner Hi-Fi-Anlage genießt und dein Nachbar keinen klaren Gedanken mehr fassen kann, wird der Genuss zum Verdruss. Manchmal ist nicht genießen, sondern verzichten dran. Christen lassen sich darauf ein, vom andern aus zu denken und nicht nur sich selbst zu sehen. Und Christen leben beweglich. Sie können verzichten, wenn es damit gelingt, andere für Jesus Christus zu gewinnen.

Damit ist das Genießen nicht abgeschafft. Aber alles zu seiner Zeit. Wer richtig genießen kann, kann auch verzichten. Und wer verzichten kann, kann richtig genießen. (Erdbeeren schmecken immer noch im Sommer am besten, oder?)

WORTE, DIE WEITERFÜHREN

Sieben Tage Fete .... **Dtn/5 Mose 16,13-15** .... AT 179
Gemeinsam Gottes Gaben genießen

Das hast du dir verdient .... **Ps 128,2** .... AT 587
Ein Segenswort für Eifrige

Freu dich des Lebens! .... **Koh/Pred 3,12-13** .... AT 624
Lebensgenuss ist ein Geschenk

Verdirb dir nicht den Appetit! .... **Spr 25,16** .... AT 616/617
Permanenten Genuss hält niemand aus

Jesus war auch ein Gourmet .... **Lk 7,34** .... NT 85
Böses Geschwätz über gutes Genießen

Ich kann auf beiden Klavieren spielen .... **Phil 4,12** .... NT 263
Von der Freiheit zu verzichten

Zum Verzehr freigegeben .... **1 Tim 4,4** .... NT 277
Dankbarkeit ist die Tür zum Genießen

GESCHICHTEN UND TEXTE ZUM WEITERLESEN

Alles, nur nicht das .... **Gen/1 Mose 2,4b-17** .... AT 5
Warum Adam und Eva besser verzichtet hätten

Du kommst nicht zu kurz .... **Gen/1 Mose 13,1-13; 19,15-29** .... AT 14,19
Manchmal ist es kein Nachteil, andern den Vortritt zu lassen

Schmecken muss es auch .... **2 Kön 4,38-41** .... AT 351/352
Ein Prophet am Kochtopf

Wie schön ist die Welt .... **Ps 104** .... AT 571/572
Gott gibt Anlass zum Genuss

Wo alle das Leben genießen können .... **Jes 65,16b-25** .... AT 694
Gottes große Neuschöpfung

Das Fest geht weiter! .... **Joh 2,1-10** .... NT 121
Jesus rettet eine Hochzeitsfeier

Liebe kann verzichten .... **1 Kor 9,1-27** .... NT 222/223
Warum Paulus nicht in Anspruch nimmt, was ihm zusteht

Denk mal in die andere Richtung .... **1 Kor 10,23-33** .... NT 224
Rücksicht auf das Gewissen anderer Christen

Verwandte Themen: • *Mit Leib und Seele (22)*
• *Ich bin so frei (24)*
• *Kann denn Liebe Sünde sein? (28)*

Ich muss mich entscheiden

Manchmal gibt es fast unendlich viele Möglichkeiten, manchmal nur zwei. Es kann ganz schön knifflig sein, die richtige Entscheidung zu treffen.

Die Bibel ist kein Orakelbuch, das uns die Entscheidung abnehmen will. Aber sie gibt Anhaltspunkte für gutes und überlegtes Entscheiden. Sie erzählt von Menschen, die eine schwierige Entscheidung treffen mussten. Manchmal waren es gute Entscheidungen, manchmal Fehlentscheidungen. Und sie erzählt von der schwersten Entscheidung, die jemals ein Mensch vor sich hatte.

WORTE, DIE WEITERFÜHREN

Die Führungsfrage .... **Ps 37,5** .... AT 531
Eine Entscheidung vor allen anderen

Trotzdem geborgen .... **Ps 73,23-24** .... AT 553
Was in jedem Falle gilt

Gut beraten .... **Spr 8,12-16** .... AT 602
Eine biblische Ratgeberin stellt sich vor

Schluss mit dem Spagat! .... **Mt 6,24** .... NT 10
Wo Entscheidungen notwendig sind

Alles in einem Satz .... **Mt 7,12** .... NT 11
Die »goldene Regel«

Die Liebe mischt immer mit .... **1 Kor 16,14** .... NT 232
Der Schlüssel für jede Entscheidung

Mutig entscheiden .... **2 Tim 1,7** .... NT 280
Ein Wort gegen die Entscheidungsangst

GESCHICHTEN UND TEXTE ZUM WEITERLESEN

Wem wollt ihr dienen? .... **Jos 24,14-28** .... AT 223
Ein Volk vor der Führungsfrage

Weise entscheiden .... **1 Kön 3,16-28** .... AT 319
Das salomonische Urteil

Stur daneben .... **1 Kön 12,1-19** .... AT 331/332
Eine Fehlentscheidung und ihre Folgen

Wie kann ich mein Leben meistern? .... **Ps 119,9-16** .... AT 581
Gottes Leitplanken (nicht nur) für junge Leute

Nicht wie ich will .... **Mk 14,32-36** .... NT 68
Eine schwere Entscheidung

Schieb es nicht auf .... **Lk 9,57-62** .... NT 91
Jesus ruft zur Entscheidung (vgl. 1Kön 19,19-21) AT 341

Gerettet oder gerichtet .... **Joh 12,44-48** .... NT 139
Was sich an Jesus entscheidet

Verwandte Themen: • *Nichts geht über die Liebe (26)*
• *Den Alltag bestehen – praktische Tipps für weniger Stress (44)*

Wozu das Ganze?

Manchmal kommt diese Frage wie ein unangemeldeter Gast. Wenn die Arbeit über den Kopf wächst, wenn eine Freundschaft zerbrochen ist oder eine Katastrophe die Welt erschüttert. Was soll das alles? Was hat das Leben für einen Sinn? Die Frage nach dem Sinn ist auch die Frage nach dem Ziel. Ganz persönlich gefragt: Wozu lebst du? Mit welchem Ziel bist du unterwegs im Leben?

Die Bibel antwortet auf die Frage nach dem Sinn des Lebens nicht mit einer passenden Antwort für alle Fälle. Aber an vielen Stellen macht sie deutlich, dass der Sinn nicht einfach im privaten Glück liegt, sondern darüber hinausgeht: Für Gott und für den Mitmenschen zu leben ist sinnvoll. Sich für die Schöpfung einzusetzen und die Gute Nachricht zu bezeugen macht Sinn.

Niemand ist für sich allein in die Welt gestellt. Wer in seinem Leben, seiner Arbeit, seinem freiwilligen Engagement einen Sinn erkennt, gewinnt Perspektiven über den Augenblick hinaus. Und wer das Ziel kennt, kann den Weg gehen.

WORTE, DIE WEITERFÜHREN

Pflegen und schützen wird vielen nützen .... **Gen/1 Mose 2,15** .... AT 5
Gartenarbeit als Lebensaufgabe

Gib das nie wieder her .... **Spr 23,23** .... AT 615
Errungenschaften, die ihren Preis wert sind

Mit vollem Einsatz .... **Koh/Pred 9,10**. .... AT 628
Tu, was du kannst, solange du es kannst

Was gut ist .... **Mi 6,8** .... AT 856
Gott selbst gibt das Ziel vor

Du lebst nicht für dich allein .... **Röm 14,7-9** .... NT 210
Sinn über den Tod hinaus

Alles für ein Halleluja .... **Eph 1,12** .... NT 253
Die Bestimmung deines Lebens

GESCHICHTEN UND TEXTE ZUM WEITERLESEN

Es hat doch alles keinen Sinn .... **Ijob/Hiob 7** .... AT 485/486
Ein Ruf nach Gott aus dem Dunkel der Sinnlosigkeit

Licht sogar in dunklen Stunden .... **Ps 112** .... AT 578
Wie ein glücklicher Mensch aussieht

Leuchten und würzen .... **Mt 5,13-16** .... NT 7
Der Auftrag der Christen

Was hättest du denn davon? .... **Lk 9,23-25** .... NT 89/90
Du bist mehr wert als die ganze Welt

Einer hatte es begriffen .... **Lk 10,25-37** .... NT 92/93
Was am wichtigsten ist

Nur eins ist nötig .... **Lk 10,38–42** .... NT 93
Ein Streit um die richtigen Prioritäten

Zusammen etwas bauen .... **Röm 12,3-8** .... NT 208/209
Vom Sinn einer gemeinsamen Aufgabe

Dann wäre alles vergeblich .... **1 Kor 15,12-20** .... NT 230
Was an der Auferstehung alles hängt

Ich schaue nur noch nach vorn .... **Phil 3,12-14** .... NT 262
Zielorientiert leben

Verwandte Themen: • *Nichts geht über die Liebe (26)*
• *Ich krieg die Krise (48)*
• *Wenn die Angst mich packt (50)*
• *Warum lässt Gott das zu? (68)*

Leben mit Grenzen

Grenzenlose Freiheit verspricht die Werbung, grenzenlose Kommunikation bekommen wir an jeder Ecke angeboten. Wir können reisen, wohin wir wollen, sind am Südpol wie in der Sahara zu jeder Tages- und Nachtzeit erreichbar. Jede Grenze, so scheint es, kann heute durch Technik überwunden und von den Menschen abgeschafft werden.

Aber im Leben werden manchmal Grenzen gesetzt, die einem ganz schön zu schaffen machen. Wie ist das zum Beispiel, wenn ich das, was ich mir wirklich wünsche, einfach nicht bekommen kann? Wenn andere mich ausstechen und ich dabei benachteiligt werde? Oder wenn ich schon von Anfang an die schlechteren Startbedingungen ins Leben bekommen habe? Wie kann ich damit leben? Und wie kann ich da noch glauben?

Die Bibel erzählt von Menschen, die mit Grenzen leben mussten, die an ihren Grenzen gescheitert oder gewachsen sind. Viele haben ihre Grenzen vor Gott beklagt, sich mit ihren Grenzen Gott anvertraut. Gott aber ist grenzenlos. Auch in meinen eng gesteckten Grenzen kann er seine Kraft entfalten. Er kann – trotzdem! – mein Leben reicher und weiter machen, als ich mir es vorstellen kann. Selbst an der äußersten Grenze, dem Tod, kommt Gott nicht an seine Grenzen. Wo ich Gottes grenzenlose Kraft in meinem Leben erfahre und über den Augenblick hinaus glaube, kann ich mit Grenzen leben.

WORTE, DIE WEITERFÜHREN

Auszug aus dem Paradies .... **Gen/1 Mose 3,16-19** .... AT 6
Gott setzt dem Menschen Grenzen

Keine vier Quadratmeter .... **Mt 8,20; Mk 6,7-9** .... NT 12, 53
Jesus lebte nicht im Grandhotel

Eine außergewöhnliche Todesanzeige .... **Mk 8,31-33** .... NT 58
Jesus schaut der Grenze ins Gesicht

Eine heilsame Kettenreaktion .... **Röm 5,3-5** .... NT 199
Was Belastungen anstoßen können

Blick über die Genze .... **Röm 8,22-23** .... NT 203
Hoffen auf angstfreie Zeiten

Deine Schwäche, seine Stärke .... **2 Kor 12,7-10** .... NT 243
Gottes Gnade lässt sich nicht ausbremsen

GESCHICHTEN UND TEXTE ZUM WEITERLESEN

Ich bin viel zu unbeholfen .... **Ex/2 Mose 4,10-16** .... AT 58
Mose spürt seine Grenzen

Verachtet – missverstanden – befreit .... **1 Sam 1,1-20** .... AT 252/253
Eine kinderlose Frau findet Hilfe

Zu jung und unerfahren .... **1 Kön 3,4-15** .... AT 318/319
Salomo bringt seine Grenzen vor Gott

Grenzenloses Glück .... **Jes 35,1-10** .... AT 666
Wenn alle Grenzen fallen

Am Rande des Todes .... **Jes 38,10-16** .... AT 669/670
Lass mich doch nicht im besten Alter sterben

Ein Wort wie Feuer .... **Jer 20,7-11** .... AT 718
Gottes Auftrag als Grenze

Vergeblicher Heilungsversuch .... **Mt 17,14-20** .... NT 26
Die Jünger stoßen an ihre Grenzen

Zerbrechlich verpackt .... **2 Kor 4,7-15** .... NT 236
Gottes Schatz, unsere Grenzen

Es geht dir wie ihm .... **1 Petr 4,12-19** .... NT 311
Glückwunsch an Leute, die beschimpft werden

Verwandte Themen:
- *Ich bin so frei (24)*
- *Von Geschwisterneid, Feinden, Rivalen und Teamkonflikten (40)*
- *Nachts weine ich (52)*
- *Mag Gott nur die Anständigen? (56)*

Ich will hier rein

Du gehst zu einer Party, hast dich schick gemacht, denkst dir schon auf dem Weg aus, wen du da alles treffen wirst. Mit jedem Meter, den du zurücklegst, steigen deine Erwartungen an den Abend. Dann die böse Enttäuschung: Du kommst nicht rein. Nein, nicht dass du an der Türe abgewiesen wirst wie in bestimmten Discos. Im Haus bist du schon. Aber innendrin bleibst du außen vor. Du spürst das an den Blicken, an den Grüppchen, an den Cliquen. Alle unterhalten sich, lachen, feixen. Aber du stehst alleine da, einsam, fremd. Und plötzlich merkst du, wie hart es ist, nicht dazuzugehören.

Die Bibel erzählt von Menschen, die fremd waren, ausgegrenzt oder an den Rand gedrückt wurden. Die Israeliten waren selbst Fremde in Ägypten. Sie wurden wie Sklaven gehalten, bedrückt und ausgebeutet. Darum steht der Fremde in der Bibel seither unter einem besonderen Schutz. Aber auch Kultur, Lebensstil oder das Zurückbleiben hinter gesellschaftlichen Normen und Erwartungen können Menschen aus einer Gemeinschaft ausgrenzen. Jesus ist gerade auf solche Leute zugegangen, die nicht mehr reinkamen – z. B. auf Zöllner, die mit den verhassten Besatzern, den Römern, zusammenarbeiteten, und auf Prostituierte. Er öffnete ihnen den Weg zurück in die Gemeinschaft mit Gott.

In der frühen Kirche entsteht vor allem durch die Missionstätigkeit des Paulus eine neue Gemeinschaft. Der Bund Gottes ist nun nicht mehr auf sein Volk, die Juden, beschränkt. Auch die Nichtjuden (Heiden) gehören jetzt zu Gottes Familie. Alle können durch Umkehr, Taufe und Glauben in sein Reich kommen. Wer rein will, braucht nur anzuklopfen.

WORTE, DIE WEITERFÜHREN

Jenseits von Eden .... **Gen/1 Mose 3,23** .... AT 6
Wie der Mensch Gott fremd wurde

Erinnere dich, wie es dir selber ging .... **Ex/2 Mose 22,20** .... AT 78
Gegen Ausbeutung und Unterdrückung

Bekannte tun, als wär ich ihnen fremd .... **Ijob/Hiob 19,13-15** .... AT 493/494
Klage eines von seinen Freunden Geschnittenen

Wir sind hier alle fremd .... **Ps 39,13** .... AT 533
Nur Gäste auf Zeit

Ein Fest für alle .... **Jes 25,6** .... AT 657
Wo niemand mehr außen vor bleibt

Anklopfen genügt .... **Mt 7,7-8** .... NT 11
Gottes Türen sind nur angelehnt

Er lässt sie alle rein .... **Lk 15,1-2** .... NT 101
Jesus zieht Ausgegrenzte an

Egal aus welchem Volk .... **Apg 10,34-36** .... NT 166
Gott liebt international

Gottes WG .... **Eph 2,19** .... NT 254
Warum es in der Kirche keine Fremden gibt

Früher fremd, jetzt im Frieden .... **Kol 1,21-22** .... NT 265
Wie Christus das Verhältnis zu Gott verwandelt

Fremd in der Welt .... **Hebr 13,14** .... NT 301
Warum Christen auf der Erde nie ganz zu Hause sind

GESCHICHTEN UND TEXTE ZUM WEITERLESEN

Fremdenfeindlichkeit pur .... **Gen/1 Mose 19,1-11** .... AT 18/19
Wie Gäste zu Gequälten werden

Unter besonderem Schutz .... **Dtn/5 Mose 10,17-19; Ps 146,6-9** .... AT 174, 595
Die Fremdenliebe Gottes

Allein in einem fremden Land .... **Rut 1–4** .... AT 249–252
Eine Immigrantin in Israel

Krümel waren ihre Rettung .... **Mt 15,21-28** .... NT 24
Eine Ausländerin lässt sich nicht abwimmeln

Einladung an alle .... **Lk 14,15-24** .... NT 100
Ein Festmahl auch für Fremde

Frag mal den Fremden .... **Apg 8,26-40** .... NT 162/163
Eine Reisebekanntschaft mit Folgen fürs Leben

Verwandte Themen: • *Mag Gott nur die Anständigen? (56)*
• *Wozu soll denn Kirche gut sein? (76)*

Von Geschwisterneid, Feinden, Rivalen und Teamkonflikten

Der erste Totschlag steht ganz vorne in der Bibel: Kain erschlägt seinen Bruder Abel, der von Gott bevorzugt wurde. Wenn einer Erfolg hat und der andere benachteiligt wird, kann das wehtun und eine Wut im Bauch auslösen, die bis zum Schlimmsten führt. Aber auch gute Freunde können zu Feinden werden und Mitarbeiter, die im besten Einvernehmen miteinander angefangen haben, können hart aneinander geraten. Schließlich kann es auch unter Christen zu einem Personenkult kommen, bei dem Menschen wie Stars auf der Bühne emporgehoben, andere aber damit zurückgesetzt werden.

Die Bibel malt kein Idealbild in rosa-hellblauen Farben vom harmonischen Zusammenleben der Menschen. Ehrgeiz, Neid, Konkurrenzängste und die Sorge, zu kurz zu kommen, sind ihr nicht fremd. Nicht immer lösen sich Rivalitäten auf. Viel öfter bleibt die Aufgabe, mit schwierigen Menschen und Umständen zu leben und zurechtzukommen. Lebensklugheit und ein Verhalten im Geist Jesu Christi helfen hier weiter.

WORTE, DIE WEITERFÜHREN

GESCHICHTEN UND TEXTE ZUM WEITERLESEN

Wie geht das – sich versöhnen?

»Wir kriegen immer mal wieder Streit. Manchmal fliegen die Fetzen, und wenn's ganz dick kommt, die Blumenvasen. Aber nach einer Weile kriegen wir wieder den Dreh, schließen uns in die Arme und kehren die Scherben auf.«

»Wir kriegen nie richtig Streit miteinander. Wir vermeiden das so gut, wie es geht. Aber es geht eigentlich nicht gut. Es gibt so viel, was wir unter der Decke halten wollen und was doch irgendwann hochkommt. Und wenn es dann passiert ist, zieht sich jeder in seine Schmollecke zurück und wartet, bis der andere kommt und um Verzeihung bittet.«

Zwei unterschiedliche Erfahrungen, wie Menschen mit Streit umgehen. Versöhnung bleibt nicht beim Scherbenhaufen stehen und findet sich nicht damit ab, alles unter den Teppich zu kehren. Versöhnung geht auf den anderen zu. Sie stoppt die Spirale, die sich durch Hass und Gewalt immer weiter hochschraubt.

Die Bibel erzählt, wie Menschen Versöhnung gewagt und erfahren haben. Die größte Versöhnung hat Gott ermöglicht. Durch Jesus Christus versöhnte er die Welt und die Menschen mit sich. Das ist Grund genug, sich auch untereinander zu versöhnen.

WORTE, DIE WEITERFÜHREN

Heißer Kopf und ruhiges Blut .... **Spr 15,18** .... AT 608
Wie Streit beginnt und wie er enden kann

Vor dem Dammbruch eingreifen .... **Spr 17,14** .... AT 609
Aus dem Leitfaden für Streitschlichter

Gott kann warten .... **Mt 5,23-24** .... NT 8
Was im Streitfall zuerst dran ist

Nur im Doppelpack zu haben .... **Mt 6,12** .... NT 9
Die zwei Seiten der Vergebung

Versöhnung global .... **2 Kor 5,19** .... NT 237
Warum Christus der Welt-Meister der Versöhnung ist

Nimm deinen Zorn nicht mit ins Bett .... **Eph 4,26-27** .... NT 256
Gegen den Sonnenuntergang im Herzen

Statt nachtragen lieber ertragen .... **Kol 3,13-15** .... NT 267
Jesus zeigt, wie's geht

GESCHICHTEN UND TEXTE ZUM WEITERLESEN

Sich endlich wieder in die Arme schließen .... **Gen/1 Mose 33,1-16** .... AT 35/36
Wenn zerstrittene Geschwister aufeinander zugehen

Und alles wurde wieder gut .... **Gen/1 Mose 37 – 50** .... AT 39 – 54
Böse Geschichte mit Happy End

Versöhnung dank einer weisen Frau .... **2 Sam 13,38 – 14,33** .... AT 299 – 301
Ein Sohn überwindet den Zorn seines Vaters

Nur zum Weitergeben .... **Mt 18,21-35** .... NT 28
Ein mieser Typ hat nichts begriffen

Finger weg von Racheplänen .... **Lk 9,51-56** .... NT 91
Jesus weist den andern Weg

Versöhnung und Verständigung .... **Apg 6,1-7** .... NT 158/159
Von Streitfällen unter den ersten Christen **1 Kor 6,1-8** NT 219

Verwandte Themen: • *Von Geschwisterneid, Feinden, Rivalen und Teamkonflikten (40)*
• *Wohin mit meiner Schuld? (54)*

Den Alltag bestehen – praktische Tipps für weniger Stress

Wie kriege ich meinen Alltag geregelt? Wie komme ich mit unbequemen Leuten und schwierigen Situationen klar? Die Bibel bietet keine graue Theorie für rauchende Köpfe. Sie spricht ins Leben hinein, in den ganz konkreten Alltag, der hier und heute bewältigt sein will. Sie weiß um Klippen und Engpässe, die plötzlich vor uns stehen. Sie weiß vor allem, dass wir Menschen sind, die mit beiden Beinen auf dem Boden durch den Tag kommen müssen.

Da geht es um Gelassenheit statt besinnungsloser Hektik, um das richtige Wort zur richtigen Zeit, um Zurückhaltung beim Urteil über andere, um Dankbarkeit statt Bitterkeit. Es ist erstaunlich, wie viele praktische Lebensfragen in der Bibel angesprochen werden. Die Tipps, die es dazu gibt, gehören zum großen Teil in den Bereich der Lebensweisheit. Dafür stehen vor allem das Buch Kohelet/Prediger und die Sprüche Salomos – eine Fundgrube für Lebensweisheiten. Aber auch in der Bergpredigt und an anderen Stellen im Neuen Testament kommen immer wieder Weisheitsworte vor. Es lohnt sich, sich darauf einzulassen. Oder wie es am Anfang von Salomos Spruchsammlung heißt: »Den HERRN ernst nehmen ist der Anfang aller Erkenntnis. Wer ihn missachtet, verachtet auch Weisheit und Lebensklugheit« (Spr 1,7).

WORTE, DIE WEITERFÜHREN

Gold und Silber gewinnen .... **Spr 25,11** .... AT 616
Das passende Wort zur richtigen Zeit

Weniger ist mehr .... **Koh/Pred 4,6** .... AT 624/625
Was reicht und was nichts bringt

Nicht gleich kündigen .... **Koh/Pred 10,4** .... AT 629
Wenn Vorgesetzte ausrasten

Nicht immer an morgen denken .... **Mt 6,34** .... NT 10
Es reicht, was du heute zu tun hast

Wie ich es selbst gerne hätte .... **Mt 7,12** .... NT 11
Die goldene Regel fürs Leben

Nicht mosern, sondern machen .... **Phil 2,14** .... NT 261
Handeln statt hin- und herreden

Arbeiten und vor der eigenen Türe kehren .... **1 Thess 4,11-12** .... NT 271
Ein geregeltes Leben soll die Regel sein

Danken in jeder Lebenslage .... **1 Thess 5,18** .... NT 272
Es hängt nicht alles vom Erfolg ab

GESCHICHTEN UND TEXTE ZUM WEITERLESEN

Gut geplant ist halb gewonnen .... **Gen/1 Mose 41,37-49 ; 47,13-26** .... AT 44, 50/51
Ein kluger Mann denkt weit voraus

Abgeben können .... **2 Mose/Ex 18,13-27** .... AT 73/74
Management für Vielbeschäftigte

Ganz genau hinsehen .... **Mt 7,1-5** .... NT 10
Gegen die verschobene Optik beim Urteilen über andere

Wissen, worauf es ankommt .... **Eph 5,15-16** .... NT 257
Lebensstil und Zeitplanung

Brandgefährlich .... **Jak 3,1-12** .... NT 304
Was die Zunge alles anrichten kann

Verwandte Themen:
- *Ich muss mich entscheiden (32)*
- *Leben mit Grenzen (36)*
- *Wie geht das – sich versöhnen? (42)*
- *Guten Morgen, liebe Sorgen (46)*

Guten Morgen, liebe Sorgen

Da sind sie wieder, die Sorgen. Gestern Abend noch habe ich mich von ihnen verabschiedet. Ich wollte nichts mehr von diesen quälenden Fragen wissen, nur noch schlafen. Aber heute Morgen sind sie wieder da. Entsetzlich aufdringlich sind sie. Wie Bälle an einem Gummischnürchen, die wieder zurückkehren, kaum dass sie abgeworfen wurden. Manchmal umkreisen sie mich so heftig, dass ich kaum noch einen anderen Gedanken fassen kann und nur noch dem nachgrüble, was alles sein könnte. Kann ich denn gar nichts dagegen machen?

Ein Wundermittel gegen die Sorge gibt es nicht. Aber die Bibel bietet gute Worte, die über den verengten Blickwinkel der Sorgen hinausschauen lassen. Leben geschieht in einem viel größeren Horizont, als du im Augenblick der Sorge siehst. Jesus stellt ein sichtbares Argument gegen das Sorgen: Wenn Gott bis ins Detail so verschwenderisch für seine Schöpfung sorgt, dass sogar die einfachen Blumen auf dem Feld prächtig dastehen – wie sollte er dann die Menschen übersehen? Du brauchst dir wirklich keine Sorgen zu machen, dass Gott dich vergisst. Aber wenn du Sorgen hast, dann wirst du sie bei Gott am besten los. Wie unnötigen Ballast kannst du sie bei ihm abwerfen.

WORTE, DIE WEITERFÜHREN

Abwerfen statt sich abschleppen .... **Ps 55,23** .... AT 542
Gott kümmert sich um deine Lasten

Vergebliche Sorge .... **Ps 127,2** .... AT 587
Warum du ruhig schlafen kannst

Runter und rauf .... **Spr 12,25** .... AT 606
Von der Kraft eines guten Wortes

Was soll ich bloß sagen? .... **Mt 10,19-20** .... NT 15
Wo es um Jesus geht, findest du die richtigen Worte

Die Botschaft der Spatzen .... **Mt 10,29-31** .... NT 16
Gott nimmt sich Zeit für Kleinigkeiten

Mach aus Sorgen ein Gebet .... **Phil 4,6** .... NT 262
Die Kehrtwende der Gedanken

Die beste Ent-Sorgung .... **1 Petr 5,6-7** .... NT 311
Anti-Kummer-Lösung aus einer Hand

GESCHICHTEN UND TEXTE ZUM WEITERLESEN

Wie kann ich ihm nur helfen? .... **1 Sam 20,24-34** .... AT 274/275
Sorge um einen guten Freund

Wie lange noch sollen mich die Sorgen quälen? .... **Ps 13** .... AT 517
Wenn Menschen dich bedrängen

Ganz ruhig werden .... **Ps 131** .... AT 588
Wie ein Kind im Arm seiner Mutter

Lass das mal Gottes Sorge sein .... **Mt 6,25-34** .... NT 10
Wo unsre Sorge angebracht ist und wo nicht

Außen Feinde, innen Sorgen .... **2 Kor 7,5-7** .... NT 238
Hilfe durch einen guten Freund

Was ist bloß mit euch los? .... **Gal 4,8-20** .... NT 249/250
Sorge um eine Gemeinde auf Abwegen

Verwandte Themen:
- *Wozu das Ganze (34)*
- *Ich krieg die Krise (48)*
- *Wenn die Angst mich packt (50)*
- *Beten in meiner Sprache (70)*

Ich krieg die Krise

Krisen können sich ganz plötzlich melden, aber vielleicht schon eine lange Vorgeschichte haben. Sie können in ganz unterschiedlichen Lebenssituationen auftauchen: Beziehungskrisen, Ehekrisen, Krisen am Arbeitsplatz, Glaubenskrisen. Krisen nach einem Umzug oder durch plötzliche Krankheit können das bisher als so ruhig empfundene Leben ganz schön durcheinander bringen.

Krisen fordern zu neuen, manchmal ungewohnten Schritten heraus. Sie können z. B. anzeigen, dass Veränderungen anstehen. Niemand kann auf Dauer in der Krise leben, Krisen sind Übergänge. Die Bibel erzählt von Menschen, die in große Schwierigkeiten und massive Krisen gekommen sind und Angst um ihr Leben und ihre Zukunft hatten. Und sie erzählt, wie Gott gerade in der Krise ihnen nahe war und ihnen half. Krisen bergen auch die Chance für neue Gotteserfahrungen.

WORTE, DIE WEITERFÜHREN

Ich weiß nicht mehr aus noch ein .... **Ps 42,6** .... AT 535
Ein Beter auf der Suche nach Gott

Zeig mir, dass du es gut mit mir meinst .... **Ps 86,4-5** .... AT 561
Hilfeschrei eines Bedrohten

Auf die Probe gestellt .... **1 Kor 10,13** .... NT 224
Von der Grenze der Qual

Als es aussah, als ob alles aus wäre .... **2 Kor 1,8-10** .... NT 233
Rettung aus größter Gefahr

Nicht aufgeben! .... **Hebr 10,35-36** .... NT 297
Zuversicht ist keine Wegwerfware

GESCHICHTEN UND TEXTE ZUM WEITERLESEN

Rettung kann ganz klein beginnen .... **Ex/2 Mose 1,1–3,17** .... AT 55–57
Gott wendet die Not seines Volkes

Es ist zum Davonlaufen .... **1 Kön 19,1-18** .... AT 340/341
Ein Prophet will aufgeben

Wenn plötzlich die Krankheit einbricht .... **2 Kön 20,1-11** .... AT 372
Die Ohnmacht eines Königs

War denn alles umsonst? .... **Jer 15,10-21** .... AT 713
Jeremia in der Krise

Ich habe jämmerlich versagt .... **Mk 14,26-31.66-72** .... NT 68/69
Geschichte einer Beziehungskrise

Und ich hatte so gehofft .... **Lk 24,13-27** .... NT 116/117
In der Stunde der Enttäuschung

Cool bleiben im Chaos .... **Apg 27** .... NT 190/191
Von Krisenmanagement in Ketten

Verwandte Themen:
- *Wenn die Angst mich packt (50)*
- *Nachts weine ich (52)*
- *Wohin mit meiner Schuld? (54)*
- *Zeit für einen Lebens-Check (72)*

Nachts weine ich

»Nachts weine ich. Tagsüber habe ich keine Zeit dazu. Da muss ich funktionieren und meinen Job machen. Und ich muss meine Rolle spielen. Das große Theaterspiel – Bühne frei! Aber nachts, wenn ich alleine bin...

Manchmal denke ich: Wenn die anderen wüssten, wie es in mir aussieht! Dann würden sie den Kopf schütteln oder sich zurückziehen. Alle zeigen sich nur von der besten Seite, erscheinen als makellose Typen, bei denen immer alles klappt. Ich dagegen falle immer wieder an denselben Stellen auf die Nase. Wie eine alte Langspielplatte, die immer an derselben Rille hängen bleibt – so komme ich mir vor. Wie oft habe ich mir schon vorgenommen, Dinge anders zu machen, mich zu ändern und alte Fehler zu vermeiden? Aber ich komme nicht weiter, scheitere immer wieder bei denselben Geschichten. Kann ich da überhaupt Christ sein?«

Die Bibel erzählt nicht von perfekten Siegertypen, die nichts aus der Fassung bringen konnte. Sie erzählt von Menschen, die mit sich und ihren ganz persönlichen Schwächen zu kämpfen hatten wie z. B. Petrus, der Jesus dreimal verriet. Aber gerade sie haben erfahren: Gott ist größer. Wo andere mit dem Finger auf dich zeigen, streckt er dir seine offene Hand entgegen. Er lässt dich nicht fallen, er gibt dich nicht auf. Wenn er schon so barmherzig mit dir ist, kannst du es nicht auch sein?

WORTE, DIE WEITERFÜHREN

GESCHICHTEN UND TEXTE ZUM WEITERLESEN

Verwandte Themen: • *Ich krieg die Krise (48)*
• *Wohin mit meiner Schuld? (54)*
• *Nochmals neu beginnen (74)*

Wohin mit meiner Schuld?

Die Frage hört sich nach einem Entsorgungsproblem an, lässt an Sondermüll und Ähnliches denken. Da ist etwas, das wir loswerden wollen, ja loswerden müssen, wenn es uns nicht kaputtmachen soll. Schuld kann uns belasten wie Giftmüll, der in den Boden sickert. Dabei gibt es beides: dass wir durch aktives Handeln an anderen Menschen schuldig werden oder passiv durch Schweigen, Nichtstun und Gleichgültigkeit ihnen etwas schuldig bleiben. Wir verhalten uns nicht immer so, wie Gott es will. Ja, manchmal verhalten wir uns nicht einmal so, wie wir selbst es gewollt haben.

Die Bibel spricht in diesem Zusammenhang von Sünde. Dabei geht es nicht um Anstand oder Moral, aber auch nicht um eine harmlose Kleinigkeit. Sünde meint vielmehr eine tief greifende Beziehungsstörung. Misstrauen, Neid, Falschheit, Arroganz, Egoismus, Selbstgerechtigkeit, aber auch missbrauchte Frömmigkeit – Sünde hat viele Gesichter. Wo Sünde herrscht, wird die Beziehung zu Gott und zu den Menschen belastet und unterbrochen. Wie ein riesiger Graben trennt die Sünde Gott und Mensch voneinander. Gott findet sich damit nicht ab. Er ignoriert die Sünde nicht, aber er lässt sie auch nicht herrschen. Stattdessen vergibt er sie und befreit damit von Schuld. Während im Alten Testament stellvertretend für die Menschen Tiere geopfert wurden, um Sühne zu erwirken, stirbt im Neuen Testament Jesus Christus stellvertretend für alle Menschen den Tod am Kreuz. Für Christen ist deshalb das Kreuz der Ort, wo sie Vergebung, Versöhnung und einen Neubeginn erfahren.

WORTE, DIE WEITERFÜHREN

Wer weiß, wie oft .... **Ps 19,13** .... AT 521
Verfehlung ohne Vorsatz

So was gibt's sonst nirgendwo .... **Mi 7,18-19** .... AT 857/858
Gottes einzigartige Vergebung

Sprich's aus .... **Mt 6,12** .... NT 9
Wie Schuld zur Sprache gebracht werden kann

Die Gute Nachricht .... **Mk 1,4; Lk 1,77** .... NT 46, 75
Gott will vergeben

Einer für alle, so oder so .... **Röm 5,18** .... NT 200
Jesus bringt in Ordnung, was Adam verdarb

Ich bin wieder o.k. .... **1 Petr 2,24** .... NT 309
Wie Wunden Heilung bringen können

Wegdrücken hilft nicht .... **1 Joh 1,8-9** .... NT 315
Warum Zugeben und Vergeben zusammengehören

GESCHICHTEN UND TEXTE ZUM WEITERLESEN

Wie Menschen schuldig werden .... **Gen/1 Mose 3,1-24** .... AT 5/6
Die alte Geschichte von Adam und Eva

Endlich kann ich wieder aufleben .... **Ps 32** .... AT 527
Danklied eines von Schuld Befreiten

Gott, gib mir ein neues Herz! .... **Ps 51** .... AT 540
Verdrängung macht krank, Vergebung befreit

Er trug unsere Schuld .... **Jes 52,13–53,12** .... AT 604/605
Leiden, das Sinn gibt **Apg 8,26-35** NT 162/163

Deine Schuld ist dir vergeben .... **Mk 2,1-12** .... NT 48
Was kein Mensch kann

Worauf du dich verlassen kannst .... **Röm 3,22b-26** .... NT 197
Freispruch aus reiner Gnade

Ich will eigentlich ganz anders .... **Röm 7,14-25** .... NT 202
Was ich nicht hinkriege, hat Gott gelöst

Endlich schuldenfrei .... **Kol 2,13-15** .... NT 266
Warum sie dir nichts mehr anhaben können

Verwandte Themen: • *Wie geht das – sich versöhnen? (42)*
• *Mag Gott nur die Anständigen? (56)*
• *Nochmals neu beginnen (74)*

Mag Gott nur die Anständigen?

Auf den ersten Blick könnte es so aussehen, als ob Gott nur die Anständigen mag: Wer die Gebote befolgt und sich an die Anweisungen Gottes hält, kommt in der Bibel gut weg. Aber schon am Anfang der Bibel wird von Jakob erzählt, der seinen Bruder Esau betrogen und ihn um sein Erstgeburtsrecht gebracht hat. Trotz dieses Unrechts verweigert Gott ihm nicht den Segen.

Oder da ist Rahab, eine Prostituierte aus Jericho. Sie deckt und versteckt die Spione aus Israel, die auskundschaften, wie sie das Land am besten erobern können. Rahab taucht später sogar im Stammbaum Jesu auf.

Zu Jesus selbst kamen Zöllner, die wegen ihrer Zusammenarbeit mit den Römern und ihren überzogenen Geldforderungen verhasst waren. Er wandte sich ihnen zu – gegen den Protest der Leute, die streng nach den Weisungen Gottes leben wollten und meinten, durch solchen Umgang unrein zu werden. Wer Jesus vertraut, kann erfahren, dass Gott ihn mit offenen Armen aufnimmt.

Paulus schließlich erkannte, dass sein ganzer religiöser Ehrgeiz und sein tadelloses Verhalten ihm nichts nützten, weil die Richtung seines Lebens falsch war. Nicht die Anständigkeit ist also entscheidend, sondern die Umkehr.

WORTE, DIE WEITERFÜHREN

Gottes Gerechtigkeit – seine Gnade .... **Ps 130,3-4** .... AT 588
Worauf sich alle Menschen verlassen können

Wer ist schon »anständig«? .... **Spr 20,9** .... AT 612
Ein Wort gegen die Selbstgerechtigkeit

Einladung in Gottes neue Welt .... **Lk 5,32** .... NT 81
Wem die Botschaft Jesu gilt

GESCHICHTEN UND TEXTE ZUM WEITERLESEN

Ein betrogener Betrüger wandelt sich .... **Gen/1 Mose 27–33** .... AT 27–36
Wie einer seinen Bruder übers Ohr haut
und sich am Ende doch mit ihm versöhnt

Zuflucht im Hurenhaus .... **Jos 2,1-24; 6,17** .... AT 200, 203
Warum die Prostituierte Rahab **Mt 1,5; Hebr 11,31** NT 3, 298
im Stammbaum von Jesus steht

Der Prophet im Sündenpfuhl .... **Jona 3–4** .... AT 852
Gottes Erbarmen geht weiter als erwartet

Wenn er wüsste, was das für eine ist .... **Lk 7,36–50** .... NT 86
Eine stadtbekannte Frau beschämt einen ehrenwerten Gastgeber

Finderglück .... **Lk 15,1-7** .... NT 101
Gottes Freude über einen Menschen, der umkehrt

Rettung in letzter Minute .... **Lk 23,39-43** .... NT 115
Ein Verbrecher findet ins Paradies

Begegnung ohne Berührungsängste .... **Joh 4,1-42** .... NT 123/124
Was ein Brunnengespräch in der Mittagshitze auslösen kann

Ein Apostel pfeift auf seine Anständigkeit .... **Phil 3,4-8** .... NT 261/262
Warum Paulus alles Dreck nennt, was ihm früher so wichtig war

Verwandte Themen: • *Ich will hier rein (38)*
• *Zeit für einen Lebens-Check (72)*
• *Nochmals neu beginnen (74)*

Wie soll ich mir Gott vorstellen?

Von vielen Dingen kann ich mir eine Vorstellung machen. Die Menschen, die ich kenne, tauchen wie ein Bild vor mir auf, wenn ich ihren Namen höre oder an sie erinnert werde. Wen oder was ich schon einmal gesehen habe, ist mir bekannt. Da kann ich anknüpfen. Aber Gott? Wie soll ich ihn mir vorstellen? Als alten Mann mit dem langen grauen Bart? Oder gestaltlos als Wolke oder Nebel, wie eine Momentaufnahme aus der Milchstraße? Oder muss ich auf jede Vorstellung verzichten, weil ich mit meinem Bild immer danebenliegen werde?

Die Bibel sagt: Kein Mensch hat Gott je gesehen. Zugleich schiebt sie allen Versuchen, ihn auf ein Bild festzulegen, einen Riegel vor. So verbietet sie die im Altertum gängige Praxis, sich ein Gottesbild anzufertigen und dieses anzubeten. Denn jedes noch so schöne Bild von Gott ist ein Machwerk und verführt dazu, sich Gott so zurechtzulegen, wie man ihn gerne hätte. Aber Gott ist viel größer, als unser Denken je erfassen kann.

Statt Gott konkret zu beschreiben, spricht die Bibel deshalb in Vergleichen und Bildern von ihm. Diese Bilder drücken menschliche Erfahrungen mit Gott aus, z. B. die Kraft, die Nähe, die Lebendigkeit, die Unerschöpflichkeit Gottes. Auch dort, wo Gott selbst in der Bibel auftritt, ist er keine nebulöse Idee oder ein unbestimmtes Wesen. Dem Mose stellt er sich als der vor, der für die Israeliten da sein wird, und in Jesus Christus hat er ein menschliches Gesicht bekommen. Christen bekennen Jesus Christus als den Mensch gewordenen Sohn Gottes. Er hat Gott gesehen. Und in ihm hat sich Gott sehen lassen.

WORTE, DIE WEITERFÜHREN

Darf ich mich vorstellen .... **Ex/2 Mose 3,14-15** .... AT 57
Was Gott von sich selbst sagt

Gottesbild, Götzenbild .... **Ex/2 Mose 20,4** .... AT 75
Vorsorge gegen Versuche, Gott in ein Bild zu pressen

Wie ein Adler .... **Dtn/5 Mose 32,11-12** .... AT 195
Gott als Fluglehrer

Fest und stark .... **Ps 18,2-3** .... AT 519
Gott als Bodyguard

Licht im Dunkeln .... **Ps 27,1**................. AT 524
Gott als Befreier

Sprudelnd und strahlend .... **Ps 36,10** .... AT 530
Gott als Lebensquelle

Zeig mir Gott .... **Joh 1,18** .... NT 119/120
Der Unsichtbare teilt sich mit

Das wahre Gottesbild .... **Kol 1,15** .... NT 264
Wo Gott sich sehen lässt

GESCHICHTEN UND TEXTE ZUM WEITERLESEN

Ein selbst gebastelter Gott .... **Ex/2 Mose 32,1-8** .... AT 88
Der Gott zum Anfassen ist bald am Ende

Ein Hauch vom Himmel .... **1 Kön 19,11-13** .... AT 341
Wie unscheinbar Gott daherkommt

Gut geleitet .... **Ps 23** .... AT 522/523
Man muss kein Schaf sein, um Gott als Hirten zu sehen

Von Angesicht zu Angesicht .... **Jes 6,1-13** .... AT 642/643
Jesaja schaut Gott im himmlischen Thronsaal

Bilder, die nicht helfen können .... **Jes 44,9-20** .... AT 675/676
Die Götterbilder sind so hohl wie die, die sie bauen

Einer auf dem Thron .... **Offb 4,1-11** .... NT 327/328
Bilder aus der Vision des Sehers Johannes

Verwandte Themen: • Jesus? – Wer ist das? (62)

Vertrauen finden, Glauben entdecken

Glauben – was ist das eigentlich? Eine vage Meinung, die zutreffen kann oder auch nicht? Wenn ich glaube, dass das Wetter schön wird, ist das so eine ungewisse Einschätzung. Ich weiß es nicht sicher. Ich kann mich auch täuschen.

Vielleicht sieht es auf den ersten Blick so aus, als ginge es in der Bibel beim Glauben ähnlich zu. Man weiß es nicht sicher. Es könnte auch ganz anders sein. Ist Glauben also nur etwas für Gutgläubige, die nicht nachfragen und so gut wie alles schlucken, was man ihnen vorsetzt?

Beim Glauben, wie ihn die Bibel versteht, geht es nicht um Leichtgläubigkeit, sondern um Vertrauen. Das ist Beziehungssache. Sich jemandem anvertrauen, sich auf ihn verlassen, ihn beim Wort nehmen, ist glauben. Glaube ist der Weg, um Gott zu erfahren. In der Bibel spricht Gott Menschen an und ermutigt sie, sich auf ihn einzulassen. Dabei entdecken sie, wie treu er ist und wie zuverlässig er zu seinen Zusagen steht. Jesus war oft überrascht, wie Menschen außerhalb der Religionsgemeinschaft Israels, denen es gar nicht zugetraut wurde, ihm Glauben schenkten, ihm also vertrauten. »Wahrhaftig, solch ein Vertrauen habe ich in Israel nirgends gefunden!«, sagt er zum Beispiel bei einem heidnischen Hauptmann (Mt 8,10) und stellt zugleich klar: Vertrauender Glaube rettet.

WORTE, DIE WEITERFÜHREN

Er glaubte ihm einfach.................................... **Gen/1 Mose 15,6** .... AT 15
Abrahams vertrauender Glaube **Röm 4,3; Gal 3,6; Jak 2,23** NT 198, 248, 304

Gott genügt .... **Ps 62,2** .... AT 545
Im Vertrauen ruhig werden

Rechnen ohne Unbekannte .... **Ps 118,8-9** .... AT 580
Wer sich auf Gott verlässt, wird nicht verlassen

Glaube rettet .... **Mk 16,16; Joh 5,24** .... NT 71, 126
Von der Kraft Gottes, die im Glauben am Werk ist **Röm 1,16-17; Eph 2,8** 194/195, 254

Halte dich an den Richtigen .... **Joh 3,36** .... NT 123
Wie du Leben XXL findest

Vertrauen lässt sich nicht erzwingen .... **Röm 10,17** .... NT 206
Woher der Glaube kommt

Glaube will nicht einsam bleiben .... **1 Kor 13,2** .... NT 227
Vertrauender Glaube sucht die Liebe

Ich sehe nichts und glaube doch .... **Hebr 11,1** .... NT 297
Eine kleine Definition des Glaubens

GESCHICHTEN UND TEXTE ZUM WEITERLESEN

Im Vertrauen verbündet .... **Gen/1 Mose 15** .... AT 15/16
Gott schließt einen Bund mit Abraham

Wenn Löwen der Appetit vergeht .... **Dan 6,2-29** .... AT 821/822
Daniel vertraute und Gott hielt ihm die Treue

Der Mann, dem nur ein Wort genügte .... **Mt 8,5-13** .... NT 12
Das einzigartige Vertrauen eines »Ungläubigen«

Mut zum Glauben .... **Mk 5,21-42** .... NT 52/53
Jesus lässt menschliches Vertrauen nicht ins Leere laufen

Hilf mir vertrauen .... **Mk 9,14-27** .... NT 59
Wenn Glauben zum Kampf wird

Menschenweisheit reicht nicht .... **1 Kor 2,5-12** .... NT 216
Glaube in der Kraft Gottes

Der Sieg ist schon errungen .... **1 Joh 5,1-5** .... NT 319
Glaube überwindet die Welt

Verwandte Themen: • *Wie soll ich mir Gott vorstellen? (58)*
• *Und wenn ich meine Zweifel habe? (64)*
• *Beten in meiner Sprache (70)*

Jesus? – Wer ist das?

Die Frage »Wer ist Jesus?« ist schon vielmals und von vielen gestellt worden. Alles Mögliche soll er gewesen sein: Rebell, Pazifist, Anarchist, Patriot, Prophet, Vegetarier und Vagabund. Immer wieder kommen Bücher und Filme auf den Markt, die manchmal die abenteuerlichsten Phantasien und Spekulationen verkaufen.

Dass Jesus lebte und am Kreuz starb, wird auch außerhalb der Bibel bezeugt. Aber wer Jesus ist, kommt am ausführlichsten im Neuen Testament zur Sprache. Es verschweigt nicht, dass seine Zeitgenossen Jesus verschieden gesehen haben. Für die Leute aus Nazaret war er nur der Sohn eines Zimmermanns, für andere ein großer Lehrer, ein Prophet, ein Wundertäter. Einige wenige haben in ihm schon vor seiner Auferweckung den lange versprochenen Retter, den Messias, erkannt. Genau dies wird von den Zeugen des Neuen Testaments, von den Aposteln und den Verfassern der Evangelien und Briefe, in den Mittelpunkt gestellt: Jesus ist der im Alten Testament angekündigte Messias (auf Griechisch heißt Messias »Christus«), der Sohn Gottes, der Herr. Die Hinweise und Spuren im Alten Testament sehen sie in Jesus erfüllt. Alles kommt nun darauf an, Jesus Christus als den von Gott eingesetzten Herrn zu erkennen und anzuerkennen.

WORTE, DIE WEITERFÜHREN

GESCHICHTEN UND TEXTE ZUM WEITERLESEN

Verwandte Themen: • *Mag Gott nur die Anständigen? (56)*
• *Wie soll ich mir Gott vorstellen? (58)*

Und wenn ich meine Zweifel habe?

»Niemals werde ich das glauben!« Das ist nicht die Aussage eines modernen Atheisten. Das hat einer gesagt, der mit Jesus ging. Die Nachricht von dessen Auferstehung konnte er einfach nicht glauben. Und Jesus? Er stellt ihn nicht als misstrauischen Menschen hin. Er nimmt ihn mit seinem Zweifel ernst und hilft ihm weiter. So wird der Zweifler schließlich doch noch zum Zeugen.

»Zweifel und Glauben schließen einander nicht aus, sondern sind, wie Einatmen und Ausatmen, nur die zwei Seiten ein und derselben geistigen Lebensregung« (T.S. Eliot). Niemand muss bei Gott seinen Verstand opfern und unehrlich oder halbherzig nur Ja sagen. Der Glaube kann sich das Denken und damit auch den Zweifel leisten. Allerdings ist ehrliches Nachfragen und Nachhaken etwas anderes als das notorische Misstrauen gegenüber Gottes Zusagen und seiner Treue. Wer seinen Zweifel dazu benutzt, sich Gott vom Hals zu halten, versperrt sich selbst den Weg zur Wahrheit, die befreit.

WORTE, DIE WEITERFÜHREN

Hat Gott sich aus dem Staub gemacht? .... **Ps 74,9-11** .... AT 554
Fragen eines (Ver-)Zweifelnden

Sei kein Grünschnabel .... **Spr 14,15** .... AT 607
Leichtgläubigkeit ist keine christliche Tugend

Sie konnten es zunächst nicht glauben .... **Mt 28,16-17** .... NT 45
Wie einige Jünger ihre Zweifel hatten

Nicht an Gottes Versprechen zweifeln .... **Röm 4,19-22** .... NT 199
Abrahams beispielhaftes Vertrauen

Helfen statt höhnen .... **Jud 22** .... NT 323
Wenn andere im Glauben unsicher werden

GESCHICHTEN UND TEXTE ZUM WEITERLESEN

Wie soll das möglich sein? .... **Gen/1 Mose 18,1-15** .... AT 17/18
Als Sara sich das Lachen nicht verkneifen konnte

Wasser aus dem Felsen .... **Num/4 Mose 20,1-13** .... AT 145/146
Zweifel auf dem Weg ins Gelobte Land

Spart euch die frommen Sprüche .... **Ijob/Hiob 13,1-28** .... AT 489/490
Ijob fordert Gott heraus

Schläft Gott? .... **Ps 44,10-27** .... AT 536
Ein Beter kämpft gegen den Zweifel

An seinen Fähigkeiten zweifeln .... **Jer 1,4-8** .... AT 696
Der Prophet, der zuerst nicht wollte

Gegen alle Erfahrung .... **Mt 11,2-6** .... NT 16
Ein großer Prediger wird von Zweifeln geplagt

Mehr vertrauen, weniger zweifeln .... **Mt 14,22-33** .... NT 23
Was nach unten zieht und was über Wasser hält

Enttäuscht und voller Zweifel .... **Lk 24,13-35** .... NT 116/117
Als alles aus war, fing alles neu an

Ist es nur Täuschung? .... **Lk 24,36-43** .... NT 117
Zwischen Freude und Ungläubigkeit

Ich muss es selbst sehen .... **Joh 20,24-29** .... NT 149
Wie Jesus einem Skeptiker begegnet

Vom Winde gedreht .... **Jak 1,2-8** .... NT 302
Das Hin und Her macht dich kaputt

Verwandte Themen:
- *Wozu das Ganze? (34)*
- *Vertrauen finden, Glauben entdecken (60)*
- *Warum lässt Gott das zu? (68)*
- *Wozu soll denn Kirche gut sein? (76)*

Traurige Tage

Traurige Tage – die gibt es. Auch wenn in den Werbespots und auf den Anzeigen der Magazine alles nur bunt und fröhlich aufgemacht ist. Auch wenn die Standardantwort auf die Frage »Wie geht es dir?« »Gut!« lautet. Wo Fun und Coolness angesagt sind, soll kein Fünkchen Traurigkeit den Traum vom unbeschwerten Leben stören – denn Traurigkeit zwingt zum Innehalten und schwächt die Kauflust.

Aber das Leben ist nun einmal anders. Wenn ein Mensch gestorben ist, der dir nahe war, trauerst du um ihn. Du fühlst den Schmerz, dass er nicht mehr da ist. Es tut dir in der Seele weh. Warum ist das so, dass alle Menschen sterben müssen? Und wie ist das, wenn du selbst mal dran bist? Leben wir nur, um zu sterben? Hat der Tod das letzte Wort?

Bereits im ersten Teil der Bibel, im Alten Testament, gibt es Spuren für die Hoffnung auf ein Leben nach dem Tod. Im Neuen Testament findet diese Hoffnung in Jesus Christus eine neue Grundlage: Die Wende ist geschehen, die Diktatur des Todes gebrochen. Weil Gott Jesus von den Toten auferweckt hat, kannst du die begründete Hoffnung haben, dass auch bei dir mit dem Tod nicht alles aus ist. Wenn du dich an Jesus Christus hältst, kommst du an traurigen Tagen zwar nicht vorbei, aber anders hindurch. Die gute Aussicht verschafft dir jetzt schon Lichtblicke im Dunkel.

WORTE, DIE WEITERFÜHREN

Warum sterben wir alle? .... **Gen/1 Mose 2,16; 3,19** .... AT 5/6
Es war anders geplant

In den Krallen des Todes .... **Ps 49,16** .... AT 539
Wer spricht das letzte Wort?

Es kann auch eine Maske sein .... **Spr 14,13** .... AT 607
Hinter Lachfalten steckt manchmal die Traurigkeit

Wie die Faust aufs Auge .... **Spr 25,20** .... AT 617
Lustige Lieder zur falschen Zeit

Wie der Tau am Morgen .... **Jes 26,19** .... AT 658
Wenn die Erde die Toten herausgibt

Den Tod schon hinter sich .... **Joh 5,24** .... NT 126
Was Hören und Glauben bewirken

Ich lasse mich auf dich ein .... **Röm 12,15** .... NT 209
Mitfühlen in Freude und Traurigkeit

Das größte Taschentuch hat Gott .... **Offb 21,4** .... NT 340/341
Vom Ende aller Traurigkeit

GESCHICHTEN UND TEXTE ZUM WEITERLESEN

Wenn einem das Liebste genommen wird ... **Ijob/Hiob 1,13-22; 3,1-26** .... AT 481–483
Eine Hiobsbotschaft nach der anderen

Das bisschen Leben ist so kurz .... **Ps 39** .... AT 532/533
Ein Gebet, wenn dir die Zeit davonläuft

Wenn nichts bleibt als Knochen .... **Ez/Hes 37,1-14** .... AT 799/800
Gott zeigt, wie es weitergeht

Die beste Fehlanzeige aller Zeiten .... **Lk 24,1-5** .... NT 116
Zwei Frauen kamen zu spät

Die Auferstehung in Person .... **Joh 11,17-44** .... NT 136/137
Leben, auch wenn du stirbst

Warum weinst du? .... **Joh 20,11-18** .... NT 148
Eine Jüngerin wird von Trauer befreit

Auferstehung – wie soll das gehen? .... **1 Kor 15** .... NT 229–231
Ein Kapitel für Skeptiker

Und wenn sie schon gestorben sind? .... **1 Thess 4,13-18** .... NT 271
Was mit den Toten wird, wenn Jesus wiederkommt

Verwandte Themen: • *Nachts weine ich (52)*
• *Warum lässt Gott das zu? (68)*
• *Wenn morgen die Welt unterginge (78)*

Warum lässt Gott das zu?

Warum stirbt eine Mutter von drei kleinen Kindern an Krebs, und ein alter Mensch, der sterben möchte, muss weiterleben? Warum werden Kinder entführt, missbraucht, ermordet? Warum trifft es die Armen doppelt und dreifach, kommen Tausende bei einem Erdbeben ums Leben?

Die Frage hinter diesen Fragen ist uralt: Wenn Gott allmächtig ist, wie kann es dann das Böse geben? Lässt Gott es geschehen? Verhält er sich passiv oder neutral, schaut er vom Himmel aus zu, was auf der Erde passiert? Wenn Gott das Gute will und tut, wie kann es dann so viel Leid und Böses in der Welt geben? Oder ist Gott gar nicht mehr Herr der Lage und hat die Regie längst abgegeben?

In der Bibel ringen Menschen mit der Frage, wie sie im Angesicht von Leid und Unrecht an Gott festhalten können. Eine Antwort, die alle Zweifel beseitigt, finden sie nicht. Sie halten vielmehr gegen ihre Erfahrung an Gott fest, geben das Vertrauen nicht auf, auch wenn alles in ihrer Lage dagegen spricht. Jesus hat in der Gottverlassenheit des Kreuzes geschrien: »Warum hast du mich verlassen?« Aber er stellte die Frage an »seinen« Gott. An Jesus können wir uns denn auch halten, wenn wir Gott nicht mehr verstehen. An ihm können wir ablesen, dass am Ende nicht die Verzweiflung steht, sondern Liebe und Leben in der Auferstehung von den Toten.

WORTE, DIE WEITERFÜHREN

Warum hast du nichts unternommen? .... **Ex/2 Mose 5,20 – 6,1** .... AT 59/60
Mose versteht Gott nicht mehr

Was soll denn dieses Leben? .... **Ijob/Hiob 6,8** .... AT 484
Ijob versteht die Welt nicht mehr

Wach endlich auf! .... **Ps 44,24-27** .... AT 536
Im Berufungsverfahren gegen Gott

Versprochen ist versprochen .... **Jes 43,12-13** .... AT 674
Was keine Macht der Welt verhindern kann

Willst du uns für immer vergessen? .... **Klgl 5,20-21** .... AT 763
Wenn es nur wieder wie früher wäre

Mein Gott – warum? .... **Mk 15,34** .... NT 70
Ein Schrei aus tiefster Verlassenheit

Es kam ganz anders .... **1 Kor 1,18** .... NT 215
Wofür das Kreuz steht

GESCHICHTEN UND TEXTE ZUM WEITERLESEN

Warum lässt Gott die Bösen weiterleben? .... **Ijob/Hiob 21,7-18** .... AT 495
Wie Ijob ins Schleudern kommt

Mein Gott, warum antwortest du nicht? .... **Ps 22** .... AT 521/522
SOS in der Talsohle des Lebens

Dennoch halte ich an dir fest .... **Ps 73,21-26** .... AT 553
Trotzdem vertrauen

Kraft zum Durchhalten .... **Jes 40,27-31** .... AT 671
Wie Gott müde Menschen mutig macht

Willst du denn gar nichts mehr von uns wissen? .... **Jer 14,17-22** .... AT 712
Jeremia ringt mit Gott

Warum nimmt mein Leiden kein Ende? .... **Jer 15,10-21** .... AT 713
Jeremia fühlt sich im Stich gelassen

Was hat sich denn verändert? .... **Mt 11,2-6** .... NT 16
Die Frage des Täufers Johannes

Kannst du mir das nicht ersparen? .... **Mt 26,36-46** .... NT 41
Jesus geht Gottes Weg

Auch das Leiden hat seine Zeit .... **Röm 8,18-25** .... NT 203
Die Sinnlosigkeit behält nicht das letzte Wort

Verwandte Themen: • *Wie soll ich mir Gott vorstellen? (58)*
• *Vertrauen finden, Glauben entdecken (60)*
• *Und wenn ich meine Zweifel habe? (64)*
• *Traurige Tage (66)*

Beten in meiner Sprache

Wo deine Sprache gesprochen und verstanden wird, da bist du zu Hause. Bei Gott findest du so ein Zuhause. Er versteht deine Sprache. Du kannst deine Sehnsucht, deine Freude, deine Angst in Worte fassen. Wenn du betest, musst du keine kirchliche Formelsprache beherrschen und feierliche Redewendungen benutzen. Du musst weder Gott noch irgendjemand sonst beeindrucken. Du sollst es so sagen, wie es dir aus dem Herzen kommt, unverkrampft und frei.

Gott versteht auch das, wofür du keine Worte findest. Manchmal kann es eine Hilfe sein, sich Worte von anderen zu leihen. Die Psalmen sind das große Buch der Gebete in der Bibel. Das Vaterunser ist das Gebet, das alle Christen in der Welt verbindet.

Beten kann loben und danken, kann für andere und für sich selbst bitten sein. Es kann laut oder leise geschehen, persönlich für dich allein oder zusammen mit anderen. Wo du betest, kommt Gott mit dir in Verbindung und du mit ihm. Das Gebet hat die Zusage, dass Gott hört und handelt. »Nicht alle unsere Wünsche, aber alle seine Verheißungen erfüllt Gott« (Dietrich Bonhoeffer).

WORTE, DIE WEITERFÜHREN

Dein Notruf kommt durch .... **Ps 50,15** .... AT 539
Wen du in jedem Fall anrufen kannst

Er ist dir nahe .... **Ps 145,18** .... AT 594
Wer aufrichtig betet, findet bei Gott Gehör

Wenn zwei zusammen bitten .... **Mt 18,19-20** .... NT 28
Von der Kraft des gemeinsamen Gebets

Zieh dich mal zurück .... **Mk 1,35** .... NT 47
Jesus nahm sich Zeit zum Beten

GESCHICHTEN UND TEXTE ZUM WEITERLESEN

Verwandte Themen:
- *Guten Morgen, liebe Sorgen (46)*
- *Ich krieg die Krise (48)*
- *Wenn die Angst mich packt (50)*

Zeit für einen Lebens-Check

Solange du nicht drüber nachdenkst, scheint alles in Ordnung: Du lebst von Tag zu Tag und versuchst, das Beste aus dem zu machen, was dir begegnet. Aber dann gibt es Stunden, in denen du dich plötzlich fragst: Was mach ich eigentlich? Wohin bewegt sich mein Leben? Bin ich überhaupt auf dem richtigen Weg? Das sind oft Situationen, in denen der Alltag unterbrochen wird – im Urlaub, bei Krankheit oder wenn jemand aus dem Bekanntenkreis gestorben ist. Da ist der tägliche Trott auf einmal weit weg und man kommt ins Nachdenken.

Die Bibel fordert zu solchem Innehalten immer wieder auf. Es bietet die Chance, ins Steuer zu greifen und den Kurs des eigenen Lebens zu korrigieren – auch im Hinblick auf das eigene Verhältnis zu Gott. Eine radikale Kurskorrektur, mit der das eigenes Leben neu auf Gott ausgerichtet wird, nennt die Bibel »Umkehr«. Im Alten Testament sind es vor allem die Propheten, die zu solcher Umkehr aufrufen – oft ohne Erfolg. Jesus hat Umkehr dann in ganz neuer Weise ermöglicht, indem er sich Menschen, die auf einem falschen Weg waren, bedingungslos zugewandt hat. Damit zeigt er, dass jeder Mensch, der in eine falsche Richtung gelaufen ist und das Ziel verfehlt hat, bei Gott eine neue Chance bekommt. Niemand muss also auf einem als falsch erkannten Weg weitergehen. Für jeden, der sich auf Gott einlässt, kann der Lebens-Check zu einer Lebenswende werden.

WORTE, DIE WEITERFÜHREN

Denk doch mal nach .... **Ps 4,5** .... AT 513
Rettung wächst aus der Stille

Warum willst du nicht hören? .... **Jer 35,15** .... AT 736
Gottes (vergebliche) Liebesmühe

GESCHICHTEN UND TEXTE ZUM WEITERLESEN

Verwandte Themen: • *Wohin mit meiner Schuld? (54)*
• *Mag Gott nur die Anständigen? (56)*
• *Nochmals neu beginnen (74)*

Nochmals neu beginnen

Nochmals neu beginnen – das hört sich an wie ein Traum: Noch nicht auf bestimmte Dinge festgelegt sein, aus der eigenen Rolle ausbrechen können und die eigene Vergangenheit mit allen Verfehlungen und bösen Erinnerungen weit hinter sich lassen.

Aber so einfach ist das nicht. Niemand kann aus seiner Haut und keiner wird seine eigene Geschichte los. Was passiert ist, lässt sich nicht mehr ungeschehen machen, was versäumt wurde, lässt sich oft nicht mehr nachholen. So ist das nun mal.

Dennoch: Die Bibel berichtet von der Möglichkeit, noch einmal ganz neu zu beginnen. Sie erzählt von Menschen, die in ihrem Leben eine radikale Kehrtwende erfahren haben und sich danach wie ein neuer Mensch fühlten – so ging es zum Beispiel dem Apostel Paulus, nachdem ihm Christus erschienen war. Sie erzählt zugleich davon, dass jeder Mensch jederzeit die Chance hat, vor Gott einen Neuanfang zu machen. In seinen Augen bist du nicht festgelegt auf das, was das Leben bisher aus dir gemacht hat, bei ihm musst du nicht eine einmal übernommene Rolle bis zum Ende spielen. Du bist frei, neue Wege zu gehen, und was dich aus deiner eigenen Vergangenheit bedrückt, nimmt Gott dir ab. Niemand – auch nicht du selbst – darf dir einreden, dass es keinen neuen Anfang für dich geben kann. Gott selbst schenkt dir die Kraft für die Veränderung. Du kannst nochmals neu beginnen.

WORTE, DIE WEITERFÜHREN

Gott, schaffe mich neu .... **Ps 51,12** .... AT 540
Wie der Neuanfang beginnen kann

Es ist nie zu spät .... **Ez/Hes 18,27-28** .... AT 778/779
Gott gibt dir immer noch eine Chance

Ein neues Herz .... **Ez/Hes 36,26-27** .... AT 799
Gott selbst greift ein

Vergangen und vergessen .... **Apg 17,30** .... NT 177
Gott ist nicht nachtragend

Wie ganz Neues beginnt .... **2 Kor 5,17** .... NT 237
Das Alte ist vorbei und das Neue ist schon da

Neu geboren .... **1 Petr 1,3** .... NT 306/307
Was Glauben bedeutet

GESCHICHTEN UND TEXTE ZUM WEITERLESEN

Von Schuld befreit .... **Ps 103** .... AT 570/571
Gott ermöglicht den Neubeginn

Ich muss mich erbarmen .... **Jer 31,18-20** .... AT 730
Aufgewühlt vor Liebe

Vom Netzflicker zum Menschenfischer .... **Mk 1,16-18** .... NT 47
Neustart mit Jesus

Lieber spät als nie .... **Mt 21,28-32** .... NT 32
Auch ein später Neuanfang zählt

Nochmals geboren werden .... **Joh 3,1-21** .... NT 122/123
Neues entsteht durch Wasser und Geist

Ich verurteile dich nicht .... **Joh 8,1-11** .... NT 130/131
Eine Frau bekommt die Chance zum Neuanfang

Gestürzt und verwandelt .... **Apg 9,1-25; Gal 1,13-24** .... NT 163, 245
Die Lebenswende des Paulus

Durch Christus befreit zu neuem Leben .... **Röm 6,3-14** .... NT 200
Was in der Taufe schon geschehen ist

Zieh den neuen Menschen an .... **Eph 4,22-32** .... NT 256
Erneuerung durch Gottes Geist

Verwandte Themen:
- *Wohin mit meiner Schuld? (54)*
- *Mag Gott nur die Anständigen? (56)*
- *Zeit für einen Lebens-Check (72)*

Wozu soll denn Kirche gut sein?

Es stimmt schon: An Gott glauben kannst du auch alleine. Keiner muss davon was wissen und du bist niemandem Rechenschaft schuldig. Du brauchst nicht in den Gottesdienst zu gehen und keine Kirchensteuer zu bezahlen. Wie ein einsamer Baum in der Wüste kannst du dich ganz allein dem Himmel entgegenstrecken.

Die Bibel aber erzählt davon, dass Gott selbst nie nur den einzelnen Menschen im Blick hat, sondern jeden immer auch als Teil einer Gemeinschaft sieht. So sind z. B. die großen Persönlichkeiten des Alten Testaments wie Noach, Abraham, Mose oder David nie nur individuelle Helden, sondern immer hervorgehobene Vertreter des ganzen Volkes Israel. Dieses ganze Volk erwählt Gott, mit ihm schließt er seinen Bund.

Im Neuen Testament tritt Jesus zwar als Einzelner auf, sammelt aber Jünger um sich und verbindet sich mit ihnen in besonderer Weise. Als sich die Botschaft von der Auferweckung verbreitet, wächst diese Gemeinschaft weit über die Grenzen Israels hinaus weiter. Um ihr Zusammenleben zu organisieren und dem Auftrag Jesu gemäß zu leben, werden Ämter und Strukturen notwendig.

Obwohl Jesus selbst keine »Kirche« gründen wollte, ist sie doch folgerichtig aus seinem Wirken entstanden. Er selbst hat seinen Geist nicht dem Einzelnen verheißen, sondern denen, die in seinem Namen zusammenkommen. Als weltliche Institution ist die Kirche freilich fehlerhaft und fordert zu Kritik heraus. Dennoch: Wie sonst könnten wir die Aufgaben, die Jesus uns gestellt hat, bewältigen?

WORTE, DIE WEITERFÜHREN

Du und ich .... **Mt 18,20** .... NT 28
Wo Kirche anfängt

Ein Beispiel für die Welt .... **Mk 10,42-45** .... NT 62
Was in der Kirche anders sein soll

Frucht bringen .... **Joh 15,12-16** .... NT 142
Jesu Auftrag an seine Freunde

Einander helfen .... **Apg 4,34-35** .... NT 156
Wie die ersten Christen es machten

Gottes Bauwerk .... **1 Kor 3,16** .... NT 217
Wo der Geist Gottes zu Hause ist

Keine Diskriminierung .... **Gal 3,28** .... NT 249
Was durch Christus gleichgültig wurde

GESCHICHTEN UND TEXTE ZUM WEITERLESEN

Jeder ein Priester .... **Ex/2 Mose 19,1-8** .... AT 74
Was es heißt, zu Gottes Eigentum zu gehören

Beten allein genügt nicht .... **Jer 7,1-11** .... AT 704
Wie Jeremia Gottesdienstbesucher in Aufruhr versetzt

Ein Auftrag an alle .... **Mt 20,16-20** .... NT 45
Was die Kirche der Welt schuldig ist

Frucht bringen .... **Joh 15,1-17** .... NT 141/142
Jesu Vermächtnis für die Gemeinschaft seiner Freunde

Gottes Geist kennt keine Grenzen .... **Apg 2,1-13** .... NT 152/153
Vom »Geburtstag« der Kirche

Gute Nachricht für alle .... **1 Tim 2,3-6** .... NT 275/276
Was die Kirche zu bezeugen hat

Verwandte Themen: • *Mag Gott nur die Anständigen? (56)*
• *Vertrauen finden, Glauben entdecken (60)*

Wenn morgen die Welt unterginge

Zunächst sieht es aus wie ein bloßes Gedankenspiel: Wenn morgen die Welt unterginge… Was bliebe dann von mir und meinem irdischen Dasein übrig? Was würde aus den Menschen, die mir wichtig sind? Gäbe es dann überhaupt noch etwas, das Bestand hätte? So theoretisch diese Fragen auf den ersten Blick klingen mögen, so praktisch sind sie in Wirklichkeit. Man muss kein Weltuntergangsprophet sein, um zu wissen, dass jeder Tag der Weltgeschichte zugleich ihr letzter sein kann. Nur: Wie kann ich mit diesem Bewusstsein leben?

Für die Bibel steht fest, dass das Ende der Welt – ebenso wie ihr Anfang – allein in Gottes Hand liegt. Panik ist deshalb fehl am Platz. Gott setzt der Welt nicht nur ein Ende, sondern er gibt ihr auch ein Ziel: Er schafft einen neuen Himmel und eine neue Erde. Der dabei als Herrscher und Richter kommt, ist nach der Bibel kein anderer als Jesus Christus, Gottes Liebe in Person. Wer ihm vertraut, kann dem Ende gelassen entgegensehen.

Auch Bibeltexte wie die Visionen des Danielbuches oder der Offenbarung, die das Ende in zum Teil drastischen Bildern ausmalen, wollen damit nicht Angst und Schrecken verbreiten. Ihr Ziel ist vielmehr, die – seinerzeit bedrängten und verfolgten – Leser zu ermutigen, auf die Durchsetzung von Gottes Herrschaft zu vertrauen. Jesus selbst ruft dazu auf, im Hinblick auf das Weltende nicht in Furcht zu verfallen, sondern wachsam zu bleiben und die Zeit zu nutzen. So ist der Blick auf das Ende auch heute nur dann hilfreich, wenn er zugleich die eigene Gegenwart verändert. Mit Martin Luther formuliert: »Wenn morgen die Welt unterginge, würde ich heute noch ein Apfelbäumchen pflanzen.«

WORTE, DIE WEITERFÜHREN

Dankbar genießen .... **Koh/Pred 5,17-19** .... AT 626
Nutze die Zeit

Die letzte Entscheidung.. **Dan 12,1-3** .... AT 828/829
Eine Vision des Endes

GESCHICHTEN UND TEXTE ZUM WEITERLESEN

Verwandte Themen: • *Traurige Tage (66)*
• *Warum lässt Gott das zu? (68)*

Wo finde ich bekannte Texte?

(A = Altes Testament, N = Neues Testament)

Ein ausführlicheres Stichwortverzeichnis zu Namen, Orten und Themen der Bibel findet sich im Anhang dieser Bibelausgabe auf S. 423–440. Zu einzelnen Personen siehe auch die Artikel in den Sacherklärungen auf S. 349–413.

GUTE NACHRICHT BIBEL

Altes und Neues Testament

Ohne die Spätschriften des Alten Testaments
(Deuterokanonische Schriften/Apokryphen)

INHALT

Das Alte Testament

INHALT

Das Neue Testament

Anhang

ABKÜRZUNGEN IN DEN ANMERKUNGEN UND VERGLEICHSSTELLEN

A, B, C	(usw.) bei Verweisen auf die Spätschriften anstelle von Kapitelziffern
E	Einheitsübersetzung der Bibel
G	Griechischer Text des Alten Testaments (Septuaginta)
H	Hebräischer Text des Alten Testaments, offizielle Fassung der jüdischen Schriftgelehrten (Masoretischer Text)
Kap	Kapitel
L	Lutherbibel, revidierte Fassung 1984
nach	Zitat aus dem Alten Testament mit teilweise abweichendem Wortlaut
par	Hinweis auf parallele Aussage(n) bei Mehrfachüberlieferung
S	Hinweis auf »Sammelstellen«; siehe dazu Seite 13*
zit	zitiert wird … (im Neuen Testament aus dem Alten)

DAS ALTE TESTAMENT

DAS ERSTE BUCH MOSE (GENESIS)

Inhaltsübersicht

DIE URGESCHICHTE VON WELT UND MENSCH (Kapitel 1–11)

Die Erschaffung der Welt

1 Am Anfang schuf Gott Himmel und Erde[a].
2 Die Erde war noch leer und öde,
Dunkel bedeckte sie und wogendes Wasser,
und über den Fluten schwebte Gottes Geist*.

3 Da sprach Gott: »Licht entstehe!«,
und das Licht strahlte auf.
4 Und Gott sah das Licht an: Es war gut.
Dann trennte Gott das Licht von der Dunkelheit
5 und nannte das Licht Tag,
die Dunkelheit Nacht.
Es wurde Abend und wieder Morgen:
der erste Tag.

6 Dann sprach Gott:
»Im Wasser soll ein Gewölbe[b] entstehen,
eine Scheidewand zwischen den
Wassermassen!«
7 So geschah es: Gott machte ein Gewölbe
und trennte so das Wasser
unter dem Gewölbe
von dem Wasser, das darüber war.
8 Und Gott nannte das Gewölbe Himmel.
Es wurde Abend und wieder Morgen:
der zweite Tag.

9 Dann sprach Gott:
»Das Wasser unter dem Himmelsgewölbe
soll sich alles an *einer* Stelle sammeln,
damit das Land hervortritt.«
So geschah es.
10 Und Gott nannte das Land Erde,
die Sammlung des Wassers nannte er Meer.
Und Gott sah das alles an: Es war gut.

11 Dann sprach Gott:
»Die Erde lasse frisches Grün aufsprießen,
Pflanzen und Bäume von jeder Art,
die Samen und samenhaltige Früchte tragen!«
So geschah es:
12 Die Erde brachte frisches Grün hervor,
Pflanzen jeder Art mit ihren Samen
und alle Arten von Bäumen
mit samenhaltigen Früchten.
Und Gott sah das alles an: Es war gut.
13 Es wurde Abend und wieder Morgen:
der dritte Tag.

14 Dann sprach Gott:
»Am Himmel sollen Lichter entstehen,
die Tag und Nacht voneinander scheiden,
leuchtende Zeichen,
um die Zeiten zu bestimmen:
Tage und Feste und Jahre.
15 Sie sollen am Himmelsgewölbe leuchten,
damit sie der Erde Licht geben.«
So geschah es:
16 Gott machte zwei große Lichter,

a Das Begriffspaar *Himmel und Erde* bezeichnet die Welt in ihrer Gesamtheit. Vers 1 ist als Überschrift zur folgenden Schöpfungsgeschichte zu verstehen. *b* Vgl. Sacherklärung »Himmelsgewölbe« im Anhang.

1,1–2,4a Ps 8; 104; Ijob 38,1–39,30; Joh 1,1-4; Sir 16,26–17,10; 42,15–43,33

ein größeres, das den Tag beherrscht,
und ein kleineres für die Nacht,[a]
dazu auch das ganze Heer der Sterne.
17 Gott setzte sie an das Himmelsgewölbe,
damit sie der Erde Licht geben,
18 den Tag und die Nacht regieren
und Licht und Dunkelheit voneinander
scheiden.
Und Gott sah das alles an: Es war gut.
19 Es wurde Abend und wieder Morgen:
der vierte Tag.

20 Dann sprach Gott:
»Das Wasser soll von Leben wimmeln,
und in der Luft[b] sollen Vögel fliegen!«
21 So schuf Gott die Seeungeheuer
und alle Arten von Wassertieren,
ebenso jede Art von Vögeln
und geflügelten Tieren.
Und Gott sah das alles an: Es war gut.
22 Und Gott segnete seine Geschöpfe und sagte:
»Seid fruchtbar, vermehrt euch
und füllt die Meere,
und ihr Vögel, vermehrt euch auf der Erde!«
23 Es wurde Abend und wieder Morgen:
der fünfte Tag.

24 Dann sprach Gott:
»Die Erde soll Leben hervorbringen:
alle Arten von Vieh und wilden Tieren
und alles, was auf der Erde kriecht.«
So geschah es.
25 Gott machte die wilden Tiere und das Vieh
und alles, was auf dem Boden kriecht,
alle die verschiedenen Arten.
Und Gott sah das alles an: Es war gut.

26 Dann sprach Gott:
»Nun wollen wir Menschen machen,
ein Abbild von uns, das uns ähnlich ist!
Sie sollen Macht haben über die Fische
im Meer,
über die Vögel in der Luft,
über das Vieh und alle Tiere auf der Erde[c]
und über alles, was auf dem Boden kriecht.«
27 So schuf Gott die Menschen nach
seinem Bild,
als Gottes Ebenbild schuf er sie
und schuf sie als Mann und als Frau.[d]
28 Und Gott segnete die Menschen
und sagte zu ihnen:
»Seid fruchtbar und vermehrt euch!
Füllt die ganze Erde und nehmt sie in Besitz![e]
Ich setze euch über die Fische im Meer,
die Vögel in der Luft
und alle Tiere, die auf der Erde leben,
und vertraue sie eurer Fürsorge an.«

29 Weiter sagte Gott zu den Menschen:
»Als Nahrung gebe ich euch die Samen
der Pflanzen
und die Früchte, die an den Bäumen wachsen,
überall auf der ganzen Erde.
30 Den Landtieren aber und den Vögeln
und allem, was auf dem Boden kriecht,
allen Geschöpfen, die den Lebenshauch
in sich tragen,
weise ich Gräser und Blätter zur Nahrung zu.«
So geschah es.

31 Und Gott sah alles an, was er geschaffen hatte,
und sah: Es war alles sehr gut.
Es wurde Abend und wieder Morgen:
der sechste Tag.

2 So entstanden Himmel und Erde
mit allem, was lebt.
2 Am siebten Tag hatte Gott sein Werk vollendet
und ruhte von aller seiner Arbeit aus.
3 Und Gott segnete den siebten Tag
und erklärte ihn zu einem heiligen* Tag,
der ihm gehört,
denn an diesem Tag ruhte Gott,
nachdem er sein Schöpfungswerk
vollbracht hatte.

4a Dies ist die Geschichte der Entstehung
von Himmel und Erde;
so hat Gott sie geschaffen.

a Die Namen »Sonne« und »Mond« werden vermieden, weil sie bei manchen Nachbarn Israels als Namen für Götter verwendet wurden. Sie werden als *Lichter* (Lampen) bezeichnet, um klarzustellen, dass sie keine schicksalsbestimmende Macht haben – und natürlich erst recht nicht die anschließend genannten Sterne.
b in der Luft: wörtlich *über die Erde, am Himmelsgewölbe;* entsprechend in den Versen 26 und 28 *am Himmelsgewölbe.*
c und alle Tiere ...: mit einer alten Übersetzung; H *und die ganze Erde.*
d Wörtlich *männlich und weiblich schuf er sie.*
e nehmt sie in Besitz: Die herkömmliche Übersetzung *macht sie euch untertan* hat oft Anlass gegeben zu dem Missverständnis, die Schöpfung sei der Willkür des Menschen ausgeliefert. Nach hebräischem Verständnis gehören Herrschaft und Fürsorge zusammen; die Könige und Fürsten im Alten Orient galten als »Hirten« des Volkes. Deshalb wird die Fortsetzung, die wörtlich lautet *Herrscht über (die Fische usw.),* wiedergegeben durch *Ich setze euch über ... und vertraue sie eurer Fürsorge an.*

1,27 Mk 10,6 par; Kol 3,10; Weish 2,23 **1,28** Weish 9,2 **1,29** 9,3 **1,31** 1 Tim 4,4 **2,2-3** Ex 20,8-10 S; Hebr 4,9-10

Der Mensch im Garten Eden (Das Paradies)

4b Als Gott, der HERR,[a] Erde und Himmel mach-
te, 5 gab es zunächst noch kein Gras und keinen
Busch in der Steppe; denn Gott hatte es noch
nicht regnen lassen. Es war auch noch niemand
da, der das Land bearbeiten konnte. 6 Nur aus
der Erde stieg Wasser auf und tränkte den
Boden.

7 Da nahm Gott, der HERR, Staub von der
Erde, formte daraus den Menschen[b] und blies
ihm den Lebensatem in die Nase. So wurde der
Mensch ein lebendes Wesen.[c]

8–9 Dann legte Gott im Osten, in der Land-
schaft Eden*, einen Garten an. Er ließ aus der
Erde alle Arten von Bäumen wachsen. Es waren
prächtige Bäume und ihre Früchte schmeckten
gut. Dorthin brachte Gott den Menschen, den er
gemacht hatte.

In der Mitte des Gartens wuchsen zwei
besondere Bäume: der Baum des Lebens, dessen
Früchte Unsterblichkeit schenken, und der
Baum der Erkenntnis, dessen Früchte das Wissen
verleihen, was für den Menschen gut und was
für ihn schlecht ist.[d]

10 In Eden entspringt ein Strom. Er bewässert
den Garten und teilt sich dann in vier Ströme.
11 Der erste heißt Pischon; er fließt rund um das
Land Hawila, wo es Gold gibt. 12 Das Gold dieses
Landes ist ganz rein, außerdem gibt es dort kost-
bares Harz und den Edelstein Karneol. 13 Der
zweite Strom heißt Gihon; er fließt rund um das
Land Kusch*. 14 Der dritte Strom, der Tigris,
fließt östlich von Assur.[e] Der vierte Strom ist der
Eufrat.

15 Gott, der HERR, brachte also den Menschen
in den Garten Eden. Er übertrug ihm die Auf-
gabe, den Garten zu pflegen und zu schützen.
16 Weiter sagte er zu ihm: »Du darfst von allen
Bäumen des Gartens essen, 17 nur nicht vom
Baum der Erkenntnis.[f] Sonst musst du sterben.«

Die Erschaffung der Frau

18 Gott, der HERR, dachte: »Es ist nicht gut, dass
der Mensch so allein ist. Ich will ein Wesen
schaffen, das ihm hilft und das zu ihm passt.«
19 So formte Gott aus Erde die Tiere des Feldes
und die Vögel. Dann brachte er sie zu dem Men-
schen, um zu sehen, wie er jedes Einzelne nen-
nen würde; denn so sollten sie heißen.

20 Der Mensch gab dem Vieh, den wilden Tie-
ren und den Vögeln ihre Namen, doch unter
allen Tieren fand sich keins, das ihm helfen
konnte und zu ihm passte.

21 Da versetzte Gott, der HERR, den Menschen
in einen tiefen Schlaf, nahm eine seiner Rippen
heraus und füllte die Stelle mit Fleisch. 22 Aus der
Rippe machte er eine Frau und brachte sie zu
dem Menschen. 23 Der freute sich und rief:

»Endlich! Sie ist's!
Eine wie ich![g]
Sie gehört zu mir,
denn von mir ist sie genommen.«[h]

24 Deshalb verlässt ein Mann Vater und Mut-
ter, um mit seiner Frau zu leben. Die zwei sind
dann eins, mit Leib und Seele.[i]

25 Die beiden waren nackt, aber sie schämten
sich nicht voreinander.

Die Menschen müssen den Garten Eden verlassen

3 Die Schlange* war das klügste von allen Tie-
ren des Feldes, die Gott, der HERR, gemacht
hatte. Sie fragte die Frau: »Hat Gott wirklich ge-
sagt: ›Ihr dürft die Früchte von den Bäumen im
Garten nicht essen‹?«

a Eigentlich *der HERR Gott;* ebenso in der Fortsetzung bis 3,24. »Der HERR« in dieser Schreibweise steht in der Übersetzung stets für den Gottesnamen; siehe dazu die Sacherklärung »HERR«.
b Im Hebräischen gehören *Mensch* (adam) und *Erde* (adama) auch sprachlich zusammen. Später wird Adam zum Eigennamen des ersten Menschen (siehe Anmerkung zu 3,17). *Staub* ist ein Hinweis auf die Hinfälligkeit des Menschen; vgl. 3,19.
c Wörtlich *eine lebende nefesch.* Das hebräische Wort *nefesch* wird herkömmlich mit »Seele« übersetzt. Gemeint ist damit ein Lebewesen wie Mensch oder Tier im Unterschied zu den Pflanzen (vgl. auch Sacherklärung »Seele«).
d Wörtlich *der Baum des Lebens und der Baum der Erkenntnis des Guten und Schlechten* (siehe dazu Anmerkung zu Vers 17).
e Gemeint ist die Stadt dieses Namens; siehe Sacherklärung.
f Erkenntnis: wörtlich *Erkenntnis des Guten und Schlechten.* Gemeint ist nicht die Fähigkeit, zu unterscheiden, was sittlich gut oder böse ist, sondern ein umfassendes Wissen von allem, was für das menschliche Leben nützlich oder schädlich ist. Ein solches Wissen kann den Menschen zu der Meinung verführen, sein Leben in eigener Regie führen zu können. Das würde ihn überfordern und die ihm anvertraute Schöpfung zerstören, weil er der Versuchung zum Missbrauch der damit gegebenen Möglichkeiten nicht gewachsen ist (vgl. 4,1-8.23; 6,5; 11,1-9 sowie Ez 28,1-19).
g Endlich ...: wörtlich *Gebein von meinem Gebein, Fleisch von meinem Fleisch.*
h Sie gehört ...: Die Zugehörigkeit ist im Hebräischen in der Namengebung ausgedrückt. Diese enthält ein Wortspiel, das sich im Deutschen nicht nachahmen lässt: »Sie wird *ischa* (= Frau) genannt werden, denn vom *isch* (= Mann) ist sie genommen.«
i sind dann eins ...: wörtlich *sind dann ein Fleisch,* womit die volle leiblich-seelische Einheit bezeichnet wird.

2,7 Ijob 33,4; Ps 104,29-30; Koh 12,7; 1 Kor 15,45-49 **2,8-9** Offb 22,14 **2,24** Mk 10,7 par; Eph 5,31 **3,1-5** Weish 2,24

2 »Natürlich dürfen wir sie essen«, erwiderte
die Frau, 3 »nur nicht die Früchte von dem Baum
in der Mitte des Gartens. Gott hat gesagt: ›Esst
nicht davon, berührt sie nicht, sonst müsst ihr
sterben!‹«
4 »Nein, nein«, sagte die Schlange, »ihr
werdet bestimmt nicht sterben! 5 Aber Gott
weiß: Sobald ihr davon esst, werden euch die
Augen aufgehen; ihr werdet wie Gott sein und
wissen, was gut und was schlecht ist. Dann wer-
det ihr euer Leben selbst in die Hand nehmen
können.«[a]
6 Die Frau sah den Baum an: Seine Früchte
mussten köstlich schmecken, sie anzusehen war
eine Augenweide und es war verlockend, dass
man davon klug werden sollte! Sie nahm von
den Früchten und aß. Dann gab sie auch ihrem
Mann davon und er aß ebenso.
7 Da gingen den beiden die Augen auf und sie
merkten, dass sie nackt waren. Deshalb flochten
sie Feigenblätter zusammen und machten sich
Lendenschurze.
8 Am Abend, als es kühler wurde, hörten sie,
wie Gott, der HERR, durch den Garten ging. Da
versteckten sich der Mensch und seine Frau vor
Gott zwischen den Bäumen. 9 Aber Gott rief
nach dem Menschen: »Wo bist du?«
10 Der antwortete: »Ich hörte dich kommen
und bekam Angst, weil ich nackt bin. Da habe
ich mich versteckt!«
11 »Wer hat dir gesagt, dass du nackt bist?«,
fragte Gott. »Hast du etwa von den verbotenen
Früchten gegessen?«
12 Der Mensch erwiderte: »Die Frau, die du
mir an die Seite gestellt hast, gab mir davon; da
habe ich gegessen.«
13 Gott, der HERR, sagte zur Frau: »Was hast
du da getan?«
Sie antwortete: »Die Schlange ist schuld, sie
hat mich zum Essen verführt!«
14 Da sagte Gott, der HERR, zu der Schlange:

»Verflucht sollst du sein wegen dieser Tat!
Auf dem Bauch wirst du kriechen
und Staub fressen dein Leben lang –
du allein von allen Tieren.
15 Und Feindschaft soll herrschen
zwischen dir und der Frau,
zwischen deinen Nachkommen und den ihren.[b]
Sie werden euch den Kopf zertreten,
und ihr werdet sie in die Ferse beißen.«

16 Zur Frau aber sagte Gott:

»Ich verhänge über dich,
dass du Mühsal und Beschwerden hast,
jedes Mal wenn du schwanger bist;
und unter Schmerzen bringst du Kinder
zur Welt.
Es wird dich zu deinem Mann hinziehen,
aber er wird über dich herrschen.«

17 Und zum Mann[c] sagte Gott: »Weil du auf
deine Frau gehört und mein Verbot übertreten
hast, gilt von nun an:

Deinetwegen ist der Acker verflucht.
Mit Mühsal wirst du dich davon ernähren,
dein Leben lang.
18 Dornen und Disteln werden dort wachsen,
und du wirst die Pflanzen des Feldes essen.
19 Viel Schweiß musst du vergießen,
um dein tägliches Brot zu bekommen,
bis du zurückkehrst zur Erde,
von der du genommen bist.
Ja, Staub bist du,
und zu Staub musst du wieder werden!«

20 Der Mensch nannte seine Frau Eva,[d] denn sie
sollte die Mutter aller Menschen werden.
21 Und Gott, der HERR, machte für den Men-
schen und seine Frau Kleider aus Fellen.
22 Dann sagte Gott: »Nun ist der Mensch wie
einer von uns[e] geworden und weiß, was gut und
was schlecht ist.[f] Es darf nicht sein, dass er auch
noch vom Baum des Lebens isst. Sonst wird er
ewig leben!«
23 Und er schickte den Menschen aus dem
Garten Eden* weg, damit er den Ackerboden be-
arbeite, aus dem er gemacht war.

a *Dann werdet ihr …:* verdeutlichender Zusatz; vgl. Anmerkung zu 2,17.
b Das hebräische Wort für *Nachkommen* ist der grammatischen Form nach Einzahl: *Same*, d.h. Nachkommenschaft. In der Alten Kirche wurde die Einzahl auf eine Einzelperson bezogen und auf Christus oder Maria gedeutet, die Schlange entsprechend auf den Teufel.
c Wörtlich *zum Menschen.* In H wird das Wort durch die zugesetzten Vokale schon hier (nicht erst ab 4,1) als Eigenname gedeutet (ebenso in Vers 21; die Vorkommen in den Versen 20, 22, 23 und auch 24, wo wörtlich die Einzahl steht, lassen beide Deutungen zu). Ursprünglich ist Adam kein Name, sondern das hebräische Wort für »Mensch« (vgl. Anmerkung zu 2,7).
d Der Name *Eva* klingt im Hebräischen wie das Wort für »Leben«.
e *uns* ist wahrscheinlich ein Hinweis auf den himmlischen Hofstaat; vgl. Sacherklärung »Gottessöhne«.
f Vgl. Anmerkung zu 2,17.
3,4 Joh 8,44; Offb 20,2 **3,5** Jes 14,14; Ez 28,2; 2Thess 2,4 **3,19** 2,7; Ps 90,3; Koh 3,20-21 S

24 So trieb Gott, der HERR, die Menschen hin-
aus und stellte östlich von Eden die Keruben*
und das flammende Schwert als Wächter auf.
Niemand sollte zum Baum des Lebens gelangen
können.

Der Bruder erhebt sich gegen den Bruder

4 Adam schlief mit seiner Frau Eva,[a] und sie
wurde schwanger. Sie brachte einen Sohn
zur Welt und sagte: »Mit Hilfe des HERRN habe
ich einen Mann hervorgebracht.«[b] Darum
nannte sie ihn Kain. 2 Später bekam sie einen
zweiten Sohn, den nannte sie Abel. Abel wurde
ein Hirt, Kain ein Bauer.

3 Einmal brachte Kain von seinem Ernteertrag
dem HERRN ein Opfer. 4 Auch Abel brachte ihm
ein Opfer; er nahm dafür die besten von den erst-
geborenen Lämmern seiner Herde.[c] Der HERR
blickte freundlich auf Abel und sein Opfer, 5 aber
Kain und sein Opfer schaute er nicht an.

Da stieg der Zorn in Kain hoch und er blickte
finster zu Boden. 6 Der HERR fragte ihn: »Warum
bist du so zornig? Warum starrst du auf den
Boden? 7 Wenn du Gutes im Sinn hast, kannst du
den Kopf frei erheben; aber wenn du Böses
planst, lauert die Sünde vor der Tür deines
Herzens und will dich verschlingen. Du musst
Herr über sie sein!«

8 Kain aber sagte zu seinem Bruder Abel:
»Komm und sieh dir einmal meine Felder an!«[d]
Und als sie draußen waren, fiel er über seinen
Bruder her und schlug ihn tot.

9 Der HERR fragte Kain: »Wo ist dein Bruder
Abel?«

»Was weiß ich?«, antwortete Kain. »Bin ich
vielleicht der Hüter meines Bruders?«[e]

10 »Weh, was hast du getan?«, sagte der HERR.
»Hörst du nicht, wie das Blut deines Bruders von
der Erde zu mir schreit? 11 Du hast den Acker mit
dem Blut deines Bruders getränkt, deshalb stehst
du unter einem Fluch und musst das fruchtbare
Ackerland verlassen. 12 Wenn du künftig den
Acker bearbeitest, wird er dir den Ertrag verwei-
gern. Als heimatloser Flüchtling musst du auf der
Erde umherirren.«

13 Kain sagte zum HERRN: »Die Strafe ist zu
hart, das überlebe ich nicht! 14 Du vertreibst
mich vom fruchtbaren Land und aus deiner
schützenden Nähe. Als heimatloser Flüchtling
muss ich umherirren. Ich bin vogelfrei, jeder
kann mich ungestraft töten.«

15 Der HERR antwortete: »Nein, sondern ich
bestimme: Wenn dich einer tötet, müssen dafür
sieben Menschen aus seiner Familie sterben.«
Und er machte an Kain ein Zeichen, damit jeder
wusste: Kain steht unter dem Schutz des HERRN.

16 Dann musste Kain aus der Nähe des HERRN
weggehen. Er wohnte östlich von Eden* im
Land Nod.[f]

Kulturentwicklung und menschliche Überheblichkeit

17 Kain schlief mit seiner Frau, da wurde sie
schwanger und gebar einen Sohn: Henoch.
Danach gründete Kain eine Stadt und nannte sie
Henoch nach dem Namen seines Sohnes.

18 Henochs Frau gebar ihm einen Sohn: Irad.
Dieser Irad zeugte Mehujaël, Mehujaël zeugte
Metuschaël, und Metuschaël zeugte Lamech.

19 Lamech nahm sich zwei Frauen: Ada und
Zilla.

20 Ada gebar ihm Jabal; von dem stammen alle
ab, die mit Herden umherziehen und in Zelten
wohnen. 21 Sein jüngerer Bruder war Jubal, von
dem kommen die Zither- und Flötenspieler her.

22 Auch Zilla gebar einen Sohn: Tubal Kain.
Er wurde Schmied und machte alle Arten von
Waffen und Werkzeugen aus Bronze und Eisen.
Seine Schwester war Naama.

23 Lamech sagte zu seinen Frauen:

»Ihr meine Frauen, Ada, Zilla, hört!
Passt auf, wie Lamech sich sein Recht
verschafft:[g]
Ich töte einen Mann für meine Wunde
und einen Jungen, wenn mich jemand schlägt!
24 Ein Mord an Kain – so hat es Gott bestimmt –
verlangt als Rache sieben Menschenleben;
für Lamech müssen siebenundsiebzig sterben!«

Ersatz für Abel

25 Adam schlief wieder mit Eva, und sie gebar
noch einmal einen Sohn. Sie nannte ihn Set,
denn sie sagte: »Gott hat mir wieder einen Sohn

a *schlief mit ...:* wörtlich *erkannte Eva, seine Frau;* ebenso in den Versen 17 und 25. Das hebräische Wort bedeutet »erkennen/kennen lernen« in der persönlichen Begegnung. Zu *Adam* siehe Anmerkung zu 3,17.
b *hervorgebracht:* oder *erworben.* Im Hebräischen ein Wortspiel mit dem Namen Kain. *Abel* (Vers 2) bedeutet »Windhauch, Flüchtigkeit«. *Mit Hilfe des HERRN:* Deutung unsicher.
c Oder *er nahm die fetten Stücke von den erstgeborenen ...*
d *»Komm und sieh ...«:* mit alten Übersetzungen; in H fehlt der Satz.
e *Hüter:* Anspielung auf den Hirtenberuf des Bruders. f *Nod* klingt wie das hebräische Wort für »ruhelos«.
g *wie Lamech ...:* verdeutlichender Zusatz; H *(Passt auf) auf meine Rede.*
4,4 Hebr 11,4 **4,10** Ijob 16,18S; Hebr 12,24 **4,23** Ex 21,23-25 **4,24** Mt 18,22

geschenkt![a] Der wird mir Abel ersetzen, den Kain erschlagen hat.«

26 Auch Set wurde ein Sohn geboren, den nannte er Enosch.

Damals fingen die Menschen an, im Gebet den Namen* des HERRN anzurufen.

Die Nachkommen Adams durch Set

(1 Chr 1,1-4)

5 Hier ist die Liste der Nachkommen von Adam.[b]

Als Gott die Menschen erschuf, machte er sie nach seinem Bild; 2 und er erschuf sie als Mann und als Frau. Er segnete sie und gab ihnen den Namen »Mensch«.

3 Als Adam 130 Jahre alt war, zeugte er einen Sohn nach seinem Bild, als sein Ebenbild, und gab ihm den Namen Set. 4–5 Danach zeugte er noch weitere Söhne und Töchter und starb im Alter von 930 Jahren.

6–8 Als Set 105 Jahre alt war, zeugte er Enosch. Danach zeugte er noch weitere Söhne und Töchter und starb im Alter von 912 Jahren.

9–11 Als Enosch 90 Jahre alt war, zeugte er Kenan. Danach zeugte er noch weitere Söhne und Töchter und starb im Alter von 905 Jahren.

12–14 Als Kenan 70 Jahre alt war, zeugte er Mahalalel. Danach zeugte er noch weitere Söhne und Töchter und starb im Alter von 910 Jahren.

15–17 Als Mahalalel 65 Jahre alt war, zeugte er Jered. Danach zeugte er noch weitere Söhne und Töchter und starb im Alter von 895 Jahren.

18–20 Als Jered 162 Jahre alt war, zeugte er Henoch. Danach zeugte er noch weitere Söhne und Töchter und starb im Alter von 962 Jahren.

21 Als Henoch 65 Jahre alt war, zeugte er Metuschelach. 22 Danach lebte er noch 300 Jahre und zeugte weitere Söhne und Töchter. 23 Er wurde 365 Jahre alt. 24 Henoch hatte in enger Verbindung mit Gott gelebt. Dann war er plötzlich nicht mehr da; denn Gott hatte ihn von der Erde weggenommen.

25 Als Metuschelach 187 Jahre alt war, zeugte er Lamech. 26 Danach lebte er noch 782 Jahre und zeugte weitere Söhne und Töchter. 27 Er starb im Alter von 969 Jahren.

28 Als Lamech 182 Jahre alt war, zeugte er einen Sohn. 29 Er sagte: »Der wird uns Trost verschaffen bei der harten Arbeit, die uns auferlegt ist, weil der HERR den Acker verflucht hat.« Deshalb gab er ihm den Namen Noach.[c] 30 Danach lebte er noch 595 Jahre und zeugte weitere Söhne und Töchter. 31 Er starb im Alter von 777 Jahren.

32 Als Noach 500 Jahre alt war, zeugte er Sem, Ham und Jafet.

Gott entschließt sich zum Eingreifen

6 Die Menschen begannen sich zu vermehren und sich über die Erde auszubreiten. Es wurden ihnen auch viele Töchter geboren. 2 Da sahen die Gottessöhne*, dass die Töchter der Menschen sehr schön waren. Sie nahmen die von ihnen als Frauen, die ihnen am besten gefielen, und zeugten mit ihnen Kinder.

3 Der HERR aber sagte: »Ich lasse meinen Lebensgeist nicht für unbegrenzte Zeit im Menschen wohnen, denn der Mensch ist schwach und anfällig für das Böse.[d] Ich begrenze seine Lebenszeit auf 120 Jahre.«

4 Damals und auch noch später lebte auf der Erde das Geschlecht der Riesen. Sie waren aus der Verbindung der Gottessöhne mit den Menschentöchtern hervorgegangen und sind als die großen Helden der Vorzeit bekannt.

5 Der HERR sah, dass die Menschen auf der Erde völlig verdorben waren. Alles, was aus ihrem Herzen kam, ihr ganzes Denken und Planen, war durch und durch böse. 6 Das tat ihm weh, und er bereute, dass er sie erschaffen hatte. 7 Er sagte: »Ich will die Menschen wieder von der Erde ausrotten – und nicht nur die Menschen, sondern auch die Tiere auf der Erde, von den größten bis zu den kleinsten, und auch die Vögel in der Luft. Es wäre besser gewesen, wenn ich sie gar nicht erst erschaffen hätte.«

8 Noach war der Einzige, der vor den Augen des HERRN bestehen konnte.

Gott gibt Noach den Befehl zum Bau der Arche

9 Dies ist die Geschichte Noachs und seiner Nachkommen: Im Gegensatz zu seinen Zeitgenossen war Noach ein rechtschaffener, durch und durch redlicher Mann; er lebte in enger Verbindung mit Gott. 10 Er hatte drei Söhne: Sem, Ham und Jafet. 11 Alle anderen Menschen konnten vor Gott nicht bestehen; die Erde war voll von Unrecht und Gewalt. 12 Wohin Gott auch

a *geschenkt:* wörtlich *gesetzt.* Im Hebräischen ein Wortspiel mit dem Namen Set.
b Wörtlich *Dies ist das Buch der Geschichte Adams.* Das hebräische Wort, das hier mit *Geschichte* wiedergegeben ist, steht auch in 2,4a; 6,9; 10,1; 11,10.27; 25,12; 36,1.9; 37,2.
c *Noach* erinnert an das hebräische Wort für »ausruhen«.
d *schwach und …:* wörtlich *Fleisch**.

5,22-24 Hebr 11,5 **6,4** Bar 3,26-28 **6,5-14** Weish 10,4; Mt 24,37-39; Hebr 11,7; 1 Petr 3,20-21

sah: überall nichts als Verdorbenheit. Denn die
Menschen waren alle vom rechten Weg abge-
kommen.
13 Da sagte Gott zu Noach: »Mit den Men-
schen[a] mache ich ein Ende. Ich will sie vernich-
ten samt der Erde; denn die Erde ist voll von dem
Unrecht, das sie tun.
14 Bau dir ein Schiff, eine Arche*. Mach sie
aus festem Holz und dichte sie innen und außen
mit Pech ab. Im Innern soll sie viele Räume
haben. 15 Sie muss 150 Meter lang sein, 25 Meter
breit und 15 Meter hoch.[b] 16 Mach oben ein
Dach darüber,[c] zieh zwei Zwischendecken ein,
sodass es dreistöckig wird, und bring an der Seite
eine Tür an.
17 Ich werde eine Flut über die Erde herein-
brechen lassen, in der alles Lebendige umkom-
men soll. Weder Mensch noch Tier wird mit
dem Leben davonkommen. 18 Mit dir aber
schließe ich meinen Bund*. Ich verspreche dir:
Du sollst gerettet werden.[d]
Geh mit deiner Frau, deinen Söhnen und dei-
nen Schwiegertöchtern in die Arche! 19 Nimm
von allen Tieren ein Männchen und ein Weib-
chen mit, damit sie mit dir gerettet werden.
20 Von jeder Tierart sollst du ein Paar in die
Arche bringen, damit sie am Leben bleiben, alle
Arten von Landtieren und Vögeln. 21 Nimm
jedem Tier sein Futter mit, und auch genug zu
essen für dich und deine Familie.«
22 Noach tat alles genau so, wie Gott es ihm
befohlen hatte.

Noach, seine Familie und die Tiere gehen in die Arche

7 Dann sagte der HERR zu Noach: »Geh mit
deiner Familie in die Arche*! Du bist der
Einzige unter den Menschen, der vor mir als
gerecht* bestehen kann. 2 Nimm von allen
reinen* Tieren je sieben Paare mit, aber von den
unreinen Tieren nur jeweils ein Männchen und
ein Weibchen. 3 Auch von den verschiedenen
Vögeln nimm je sieben Paare mit. Ich möchte,
dass jede Art erhalten bleibt und sich wieder auf
der Erde fortpflanzen kann. 4 Noch sieben Tage,
dann werde ich es vierzig Tage und Nächte lang
ununterbrochen regnen lassen. Alles Leben auf
der Erde, das ich geschaffen habe, wird dann
ausgelöscht.«
5 Noach machte alles genau so, wie der HERR
es befohlen hatte. 6 Er war damals 600 Jahre alt,
als die große Flut über die Erde hereinbrach.

Die Sintflut* kommt auf die Erde

7 Noach ging also mit seiner Frau, seinen Söhnen
und seinen Schwiegertöchtern in die Arche*.
8 Von allen reinen* und unreinen Landtieren so-
wie von allen Vögeln und den am Boden krie-
chenden Tieren 9 ließ er je ein Paar mit sich in
die Arche gehen, ein Männchen und ein Weib-
chen, wie Gott es befohlen hatte. 10 Sieben Tage
später kam die große Flut über die Erde.
11 Im 600. Lebensjahr Noachs, am 17. Tag des
2. Monats, öffneten sich die Schleusen des Him-
mels und die Quellen der Tiefe brachen von
unten aus der Erde hervor. 12 Vierzig Tage und
vierzig Nächte lang regnete es von da an in
Strömen auf die Erde.
13 An jenem Tag ging Noach mit seiner Frau,
mit seinen Söhnen Sem, Ham und Jafet und mit
den Frauen seiner Söhne in die Arche, 14 dazu je
ein Paar von allen Tierarten: den wilden und
den zahmen Tieren, den Tieren, die am Boden
kriechen, und allen geflügelten Tieren. 15 Von
allen Tierarten, allem, was auf der Erde lebt,
gingen je zwei zu Noach in die Arche, 16 immer
ein Männchen und ein Weibchen, so wie Gott es
befohlen hatte.
Und der HERR schloss hinter Noach die Tür zu.
17 Vierzig Tage lang regnete es ununterbro-
chen. Das Wasser stieg an und hob die Arche
vom Boden ab. 18 Es stieg immer weiter, und die
Arche schwamm jetzt frei auf dem Wasser. 19 Es
stieg höher und höher, und schließlich waren
auf der Erde sogar die Berge bedeckt; 20 das
Wasser stand sieben Meter[e] über den höchsten
Gipfeln.
21 Da starb alles, was auf der Erde lebte und
sich regte: Vögel, zahme und wilde Tiere, all die
kleinen Tiere, von denen es auf der Erde wim-
melte, und alle Menschen. 22 Alles, was Lebens-
geist in sich trug[f] und auf dem Land lebte, fand
den Tod.
23 So vernichtete der HERR alles Leben auf der
Erde, vom Menschen bis zum kriechenden Ge-
tier, vom Vieh bis zu den Vögeln. Nur Noach
und alle, die bei ihm in der Arche waren, blieben
übrig.

a Wörtlich *Mit allem Fleisch**. b Hebräische Maßangaben *300, 50, 30 Ellen**.
c Möglich auch *ein Fenster*. Es folgt, nicht sicher zu deuten: *eine Elle* hoch sollst du es machen von oben her.*
d *Ich verspreche ...*: verdeutlichender Zusatz.
e Hebräische Maßangabe *15 Ellen**. f Wörtlich *was den Atem des Lebensgeistes in der Nase hatte*.
7,2-3 Lev 11,1-47 **7,11** Ez 31,4

Gott denkt an die Überlebenden in der Arche

24 Hundertfünfzig Tage lang war das Wasser auf
8 der Erde gestiegen. 1 Da dachte Gott an
Noach und an all die Tiere, die bei ihm in
der Arche* waren. Er ließ einen Wind über die
Erde wehen, sodass das Wasser fiel. 2 Er ließ die
Quellen der Tiefe versiegen und schloss die
Schleusen des Himmels, sodass es zu regnen auf-
hörte.
3 So fiel das Wasser nach hundertfünfzig
Tagen. 4 Am 17. Tag des 7. Monats setzte die
Arche auf einem Gipfel des Araratgebirges auf.
5 Das Wasser fiel ständig weiter, bis am 1. Tag des
10. Monats die Berggipfel sichtbar wurden.
6 Nach vierzig Tagen öffnete Noach die Dach-
luke, die er gemacht hatte, 7 und ließ einen
Raben hinaus. Der flog so lange hin und her, bis
die Erde trocken war.
8 Noach ließ auch eine Taube fliegen, um zu
erfahren, ob das Wasser von der Erde abgeflos-
sen war. 9 Sie fand aber keine Stelle, wo sie sich
niederlassen konnte; denn die ganze Erde war
noch von Wasser bedeckt. Deshalb kehrte sie zur
Arche zurück. Noach streckte die Hand aus und
holte sie wieder herein.
10 Er wartete noch einmal sieben Tage, dann
ließ er die Taube zum zweiten Mal fliegen. 11 Sie
kam gegen Abend zurück und hielt einen fri-
schen Ölbaumzweig im Schnabel. Da wusste
Noach, dass das Wasser abgeflossen war.
12 Er wartete noch einmal sieben Tage, dann
ließ er die Taube zum dritten Mal fliegen. Dies-
mal kehrte sie nicht mehr zurück.

Noachs Opfer und Gottes Zusage

13 Am ersten Tag des Jahres, in dem Noach sechs-
hundertundein Jahr alt wurde, hatte sich das
Wasser verlaufen. Noach öffnete das Dach und
hielt Ausschau. Da sah er, dass auf der Erde kein
Wasser mehr stand. 14 Am 27. Tag des 2. Monats
war die Erde schließlich ganz trocken.
15 Da sagte Gott zu Noach: 16 »Verlass die
Arche* mit deiner Frau, deinen Söhnen und
deinen Schwiegertöchtern! 17 Lass auch alle
Tiere hinaus, die in der Arche sind, die Vögel, die
großen Landtiere und alles, was am Boden
kriecht. Es soll wieder von ihnen wimmeln auf
der Erde; sie sollen fruchtbar sein und sich
vermehren auf der Erde.«[a]
18 Da ging Noach mit seiner Familie aus der
Arche, 19 und auch die Tiere kamen heraus, alle
die verschiedenen Arten.
20 Noach baute einen Opferaltar für den
HERRN. Dann nahm er welche von allen reinen*
Tieren und allen reinen Vögeln und opferte sie
darauf als Brandopfer* für den HERRN.
21 Der HERR roch den besänftigenden Duft des
Opfers und sagte zu sich selbst: »Ich will die Erde
nicht noch einmal bestrafen, nur weil die Men-
schen so schlecht sind! Alles, was aus ihrem Her-
zen kommt, ihr ganzes Denken und Planen, ist
nun einmal böse von Jugend auf. Ich will nicht
mehr alles Leben auf der Erde vernichten, wie
ich es getan habe.

22 Von jetzt an gilt,
solange die Erde besteht:
Nie werden aufhören
Saat und Ernte,
Frost und Hitze,
Sommer und Winter,
Tag und Nacht.«

Gottes Friedensbund mit den Menschen und Tieren

9 Gott segnete Noach und seine Söhne und
sagte zu ihnen: »Seid fruchtbar, vermehrt
euch und füllt die ganze Erde! 2 Alle Tiere wer-
den sich vor euch fürchten müssen: die großen
Landtiere, die Vögel, die Tiere, die am Boden
kriechen, und die Fische im Meer. Ich gebe sie in
eure Gewalt.
3 Ihr dürft von jetzt an Fleisch essen, nicht
nur Pflanzenkost; alle Tiere gebe ich euch als
Nahrung. 4 Nur Fleisch, in dem noch Blut* ist,
sollt ihr nicht essen; denn im Blut ist das Leben.
5 Euer eigenes Blut darf auf keinen Fall vergos-
sen werden. Ich wache darüber und fordere
Leben für Leben, vom Tier und erst recht vom
Menschen. 6 Wer einen Menschen tötet, muss
von Menschenhand sterben;[b] denn der Mensch
ist nach dem Bild Gottes geschaffen. 7 Also seid
fruchtbar, vermehrt euch, sodass es von euch
wimmelt auf der Erde!«
8 Weiter sagte Gott zu Noach und zu seinen
Söhnen: 9 »Ich schließe meinen Bund[c] mit euch

a Bewusster Anklang an 1,28; ebenso später in 9,1.7; 17,6.20; 28,3; 35,11; 48,4.
b *von Menschenhand:* Zu erwägen ist die Übersetzung *(als Ausgleich) für den (getöteten) Menschen.*
c Das hebräische Wort für *Bund* (siehe Sacherklärung) kommt in den Versen 8-17 siebenmal vor. Es hat oft die Bedeutung »Zusage« oder »Versprechen«; das wird durch die variierende Übersetzung verdeutlicht.

9,1-3 1,28-29 **9,4** Lev 17,10-14 S; Apg 15,20 **9,5** Ex 21,28-29 **9,6** 1,27

und mit euren Nachkommen 10 und auch mit
allen Tieren, die bei euch in der Arche* waren
und künftig mit euch auf der Erde leben, den
Vögeln, den Landtieren und allen kriechenden
Tieren. 11 Ich gebe euch die feste Zusage: Ich will
das Leben nicht ein zweites Mal vernichten. Die
Flut soll nicht noch einmal über die Erde herein-
brechen.

12–13 Das ist der Bund, den ich für alle Zeiten
mit euch und mit allen lebenden Wesen bei
euch schließe. Als Zeichen dafür setze ich
meinen Bogen[a] in die Wolken. Er ist der sicht-
bare Garant für die Zusage, die ich der Erde
mache. 14 Jedes Mal, wenn ich Regenwolken
über der Erde zusammenziehe, soll der Bogen in
den Wolken erscheinen, 15 und dann will ich an
das Versprechen denken, das ich euch und allen
lebenden Wesen gegeben habe: Nie wieder soll
das Wasser zu einer Flut werden, die alles Leben
vernichtet. 16 Der Bogen wird in den Wolken
stehen, und wenn ich ihn sehe, wird er mich an
den ewigen Bund erinnern, den ich mit allen
lebenden Wesen auf der Erde geschlossen habe.
17 Dieser Bogen«, sagte Gott zu Noach, »ist das
Zeichen für den Bund, den ich jetzt mit allen
lebenden Wesen auf der Erde schließe.«

Scheidung unter Noachs Söhnen

18 Zusammen mit Noach waren seine Söhne
Sem, Ham und Jafet aus der Arche* gegangen.
Ham war übrigens der Vater Kanaans. 19 Die
Nachkommen der drei Söhne Noachs haben sich
dann über die ganze Erde ausgebreitet.

20 Noach trieb Ackerbau. Er war der Erste,
der einen Weinberg anlegte. 21 Als er von dem
Wein trank, wurde er betrunken, und in seinem
Rausch lag er unbedeckt in seinem Zelt.

22 Ham, der Vater Kanaans, sah es und ließ
seinen Vater nackt daliegen, er ging sogar zu sei-
nen Brüdern und erzählte es ihnen. 23 Da nah-
men Sem und Jafet eine Decke, legten sie über
ihre Schultern, gingen rückwärts ins Zelt und
deckten ihren Vater damit zu. Sie hielten dabei
das Gesicht von ihm abgewandt, um ihn nicht
nackt zu sehen.

24 Als Noach aus seinem Rausch erwachte
und erfuhr, was sein Sohn Ham ihm angetan
hatte, 25 sagte er:

»Fluch über Kanaan*!
Er wird seinen Brüdern dienen
als der letzte ihrer Knechte.
26 Gepriesen sei der HERR, der Gott Sems!
Er mache Kanaan zu Sems Knecht!
27 Gott schaffe Jafets Leuten weiten Wohnraum,[b]
bis mitten unter die Leute Sems.
Er mache Kanaan zu Jafets Knecht!«

28 Nach der großen Flut lebte Noach noch 350
Jahre; 29 er starb im Alter von 950 Jahren.

Völker, die von Noach abstammen

(1 Chr 1,5-23)

10 Hier ist die Liste der Nachkommen
Noachs:

Noach hatte drei Söhne: Sem, Ham und Jafet.
Deren Kinder wurden nach der großen Flut ge-
boren.

2 *Jafets* Söhne sind: Gomer, Magog, Madai,
Jawan, Tubal,[c] Meschech und Tiras. 3 Von Go-
mer stammen Aschkenas, Rifat und Togarma,
4 von Jawan Elischa, Tarschisch, die Kittäer und
die Rodaniter.[d] 5 Die Nachkommen Jawans
besiedelten die Küstenländer bis zum Rand der
Erde.

Diese alle wurden zu Völkern, von denen
jedes nach Sippen geordnet in seinem Gebiet lebt
und seine eigene Sprache hat.

6 *Hams* Söhne sind: Kusch, Mizrajim, Put und
Kanaan.[e] 7 Von Kusch stammen Seba, Hawila,
Sabta, Ragma und Sabtecha; von Ragma stam-
men Saba* und Dedan*.

8 Kusch zeugte einen Sohn namens Nimrod,
der war der Erste, der fremde Völker seiner Herr-
schaft unterwarf. 9 Er war auch ein kühner
Jäger; deshalb sagt man noch heute von jemand:
»Er ist ein gewaltiger Jäger vor dem HERRN wie
Nimrod.« 10 Zuerst herrschte er über die Städte
Babel, Erech und Akkad, die alle[f] im Land Schi-
nar* liegen. 11 Von da aus zog er ins Land Assur.
Dort baute er die Städte Ninive*, Rehobot-Ir und
Kelach 12 sowie Resen, das zwischen Ninive und
Kelach liegt. Ninive ist die bekannte große Stadt.

a Gemeint ist der Bogen als Kriegswaffe, mit der (bildhaft gesehen) Gott im Unwetter die Blitze wie Pfeile auf die Erde schießt.
b Im Hebräischen ein Wortspiel zwischen *weiten Raum schaffen* und dem Namen *Jafet.*
c *Madai* = Meder, *Jawan* = Jonier; *Tubal* siehe Sacherklärung.
d *Rodaniter* (= Bewohner von Rhodos) mit den alten Übersetzungen und 1 Chr 1,7; H *Dodaniter;* zu *Elischa* usw. siehe Sacherklärungen.
e *Mizrajim* = Ägypten, *Put* = Libyen. *Kusch* und *Kanaan* siehe Sacherklärungen.
f *die alle:* vermutlicher Text; H *und Kalne.*
9,26 Ri 1,28.30.33.35

13 Von Mizrajim stammen die Luditer, Anami-
ter, Lehabiter, Naftuhiter, 14 Patrositer und Kaslu-
hiter sowie die Kaftoriter, von denen die Phi-
lister* herkommen.[a]
15 Kanaans Söhne sind: Sidon, sein Erstgebo-
rener, und Het*, 16 außerdem stammen von ihm
die Jebusiter, Amoriter*, Girgaschiter, 17 Hiwiter,
Arkiter, Siniter, 18 Arwaditer, Zemariter und
Hamatiter. Die Sippen der Kanaaniter breiteten
sich so stark aus, 19 dass ihr Gebiet von Sidon
südwärts bis nach Gerar und Gaza reichte und
ostwärts bis nach Sodom* und Gomorra, Adma,
Zebojim und Lescha.
20 Diese alle sind Nachkommen Hams. Sie
wurden zu Völkern, von denen jedes nach
Sippen geordnet in seinem Gebiet lebt und seine
eigene Sprache hat.
21 Auch *Sem*, dem ältesten Bruder Jafets,
wurden Kinder geboren. Von ihm stammen alle
Nachkommen Ebers ab. 22 Sems Söhne sind:
Elam*, Assur*, Arpachschad, Lud* und Aram*.
23 Von Aram stammen Uz, Hul, Geter und
Masch. 24 Arpachschad zeugte Schelach, Sche-
lach zeugte Eber.
25 Eber wurden zwei Söhne geboren. Der
eine hieß Peleg (Teilung), denn zu seiner Zeit ver-
teilte sich die Menschheit über die Erde; der an-
dere hieß Joktan. 26 Die Söhne Joktans sind Al-
modad, Schelef, Hazarmawet, Jerach, 27 Hado-
ram, Usal, Dikla, 28 Obal, Abimaël, Saba,
29 Ofir*, Hawila und Jobab. Sie alle sind Nach-
kommen Joktans. 30 Ihr Gebiet reicht von
Mescha über Sefar bis an das Gebirge im Osten.
31 Diese alle sind Nachkommen Sems. Sie
wurden zu Völkern, von denen jedes nach
Sippen geordnet in seinem Gebiet lebt und seine
eigene Sprache hat.
32 Alle diese Stämme und Völker sind Nach-
kommen der Söhne Noachs. Von den Söhnen
Noachs stammen sie ab und haben sich nach
der großen Flut über die ganze Erde ausge-
breitet.

Die Menschheit will es mit Gott aufnehmen (Der babylonische Turm)

11 Die Menschen hatten damals noch alle die-
selbe Sprache und gebrauchten dieselben
Wörter. 2 Als sie nun von Osten aufbrachen,
kamen sie in eine Ebene im Land Schinar* und
siedelten sich dort an.
3 Sie sagten zueinander: »Ans Werk! Wir ma-
chen Ziegel aus Lehm und brennen sie!« Sie
wollten die Ziegel als Bausteine verwenden und
Asphalt* als Mörtel.
4 Sie sagten: »Ans Werk! Wir bauen uns eine
Stadt mit einem Turm, der bis an den Himmel
reicht! Dann wird unser Name in aller Welt
berühmt. Dieses Bauwerk wird uns zusammen-
halten, sodass wir nicht über die ganze Erde
zerstreut werden.«
5 Da kam der HERR vom Himmel herab, um
die Stadt und den Turm anzusehen, die sie bau-
ten. 6 Als er alles gesehen hatte, sagte er: »Wohin
wird das noch führen? Sie sind ein einziges Volk
und sprechen alle dieselbe Sprache. Wenn sie
diesen Bau vollenden, wird ihnen nichts mehr
unmöglich sein. Sie werden alles ausführen, was
ihnen in den Sinn kommt.«
7 Und dann sagte er: »Ans Werk! Wir steigen
hinab und verwirren ihre Sprache, damit
niemand mehr den anderen versteht!«
8 So zerstreute der HERR sie über die ganze
Erde und sie konnten die Stadt nicht weiter-
bauen. 9 Darum heißt diese Stadt Babel,[b] denn
dort hat der HERR die Sprache der Menschen
verwirrt und von dort aus die Menschheit über
die ganze Erde zerstreut.

Die Nachkommen Sems bis zu Abraham (Abram)[c]

(1 Chr 1,24-27)

10 Hier ist die Liste der Nachkommen Sems:
Als Sem 100 Jahre alt war, zeugte er Arpach-
schad. Das war zwei Jahre nach der großen Flut.
11 Danach lebte er noch 500 Jahre und zeugte
weitere Söhne und Töchter.
12–25 Als Arpachschad 35 Jahre alt war, zeugte
er Schelach und lebte danach noch 403 Jahre.
Als Schelach 30 Jahre alt war, zeugte er Eber
und lebte danach noch 403 Jahre.
Als Eber 34 Jahre alt war, zeugte er Peleg und
lebte danach noch 430 Jahre.
Als Peleg 30 Jahre alt war, zeugte er Regu und
lebte danach noch 209 Jahre.
Als Regu 32 Jahre alt war, zeugte er Serug und
lebte danach noch 207 Jahre.
Als Serug 30 Jahre alt war, zeugte er Nahor
und lebte danach noch 200 Jahre.
Als Nahor 29 Jahre alt war, zeugte er Terach
und lebte danach noch 119 Jahre.

a von denen …: steht in H hinter *Kasluhiter;* vgl. jedoch Am 9,7; Jer 47,4.
b Babel wird hier durch einen Anklang an das hebräische Wort für »verwirren« gedeutet; im Akkadischen bedeutet der Name »Tor Gottes«.
c Zu den Namensformen siehe Anmerkung zu 17,5.
11,10 10,21-22

Sie alle zeugten nach ihrem Erstgeborenen noch weitere Söhne und Töchter.

26 Als Terach 70 Jahre alt war, zeugte er Abram, Nahor und Haran.

27 Hier ist die Liste der Nachkommen Terachs: Seine Söhne waren Abram, Nahor und Haran. Haran zeugte Lot; 28 er starb noch vor seinem Vater Terach in seiner Heimatstadt Ur in Chaldäa.[a] 29 Abram heiratete Sarai und Nahor heiratete Milka, die Tochter Harans und Schwester Jiskas. 30 Sarai aber bekam keine Kinder.

31 Terach brach aus Ur in Chaldäa auf, um ins Land Kanaan* zu ziehen. Er nahm seinen Sohn Abram, seinen Enkel Lot und seine Schwiegertochter Sarai mit. Sie kamen bis nach Haran und siedelten sich dort an. 32 Terach wurde 205 Jahre alt; er starb in Haran.

DIE VÄTER UND MÜTTER ISRAELS VON ABRAHAM BIS JAKOB

(Kapitel 12–36)

Gott beruft Abraham (Abram)[b]

12 Da sagte der HERR zu Abram: »Verlass deine Heimat, deine Sippe und die Familie deines Vaters und zieh in das Land, das ich dir zeigen werde!

2 Ich will dich segnen und dich zum Stammvater eines mächtigen Volkes machen. Dein Name soll in aller Welt berühmt sein. An dir soll sichtbar werden, was es bedeutet, wenn ich jemand segne.

3 Alle, die dir und deinen Nachkommen Gutes wünschen, haben auch von mir Gutes zu erwarten. Aber wenn jemand euch Böses wünscht, bringe ich Unglück über ihn. Alle Völker der Erde werden Glück und Segen erlangen, wenn sie dir und deinen Nachkommen wohlgesonnen sind.«[c]

4 Abram folgte dem Befehl des HERRN und brach auf, und Lot ging mit ihm. Abram war 75 Jahre alt, als er seine Heimatstadt Haran verließ. 5 Seine Frau Sarai und Lot, der Sohn seines Bruders, begleiteten ihn. Sie nahmen ihren ganzen Besitz mit, auch die Menschen, die sie in Haran in Dienst genommen hatten.[d] So zogen sie in das Land Kanaan*, 6 in dem damals noch das Volk der Kanaaniter wohnte. Sie durchquerten das Land bis zu dem heiligen Baum[e] bei Sichem.

7 Dort erschien dem Abram der HERR und sagte zu ihm: »Deinen Nachkommen will ich dieses Land geben!« Da baute Abram dem HERRN einen Altar* an der Stelle, wo er ihm erschienen war.

8 Von dort aus zog er in das Bergland östlich von Bet-El. Seine Zelte standen zwischen Bet-El im Westen und Ai im Osten. Auch dort baute er einen Altar und rief im Gebet den Namen* des HERRN an.

9 Dann zog er von Lagerplatz zu Lagerplatz immer weiter nach Süden.

Abraham (Abram) und Sara (Sarai)[f] in Ägypten bewahrt

10 Damals brach im Land Kanaan* eine schwere Hungersnot aus. Darum suchte Abram Zuflucht in Ägypten. 11 Als er an die ägyptische Grenze kam, sagte er zu Sarai: »Ich weiß, dass du eine schöne Frau bist. 12 Wenn die Ägypter dich sehen, werden sie sagen: ›Das ist seine Frau‹, und sie werden mich totschlagen, um dich zu bekommen. 13 Sag deshalb, du seist meine Schwester, dann werden sie mich deinetwegen gut behandeln und am Leben lassen.«

14 In Ägypten traf ein, was Abram vorausgesehen hatte. Überall fiel Sarai durch ihre Schönheit auf. 15 Die Hofleute priesen sie dem Pharao in den höchsten Tönen, und er ließ sie in seinen Palast holen. 16 Ihr zuliebe war er freundlich zu Abram und schenkte ihm Schafe und Ziegen, Rinder, Esel und Kamele, Sklaven und Sklavinnen.

17 Doch weil der Pharao sich die Frau Abrams genommen hatte, bestrafte der HERR ihn mit einer schweren Krankheit, ihn und alle andern in seinem Palast. 18 Da ließ der Pharao Abram rufen und sagte zu ihm: »Warum hast du mir das angetan? Du hättest mir doch sagen können, dass sie deine Frau ist! 19 Aber du hast sie für deine Schwester ausgegeben, nur deshalb habe

a Wörtlich *Ur der Chaldäer;* ebenso in Vers 31 (siehe Sacherklärung »Chaldäa«).
b Zu den Namensformen siehe Anmerkung zu 17,5.
c *Alle Völker ...:* Andere Übersetzungsmöglichkeit *Alle Völker der Erde werden sich wünschen, so gesegnet zu werden, wie ich dich gesegnet habe;* vgl. 22,18; 26,4. G entspricht der jüdischen Auslegung, der auch Paulus (Gal 3,8) folgt: *Durch dich wird Gott alle Völker auf der Erde segnen.*
d *die Menschen ...:* wörtlich *die Seelen (= Lebendigen), die sie in Haran erworben hatten;* vgl. Sacherklärung »Sklave«.
e Wörtlich *dem Wahrsagebaum* (Baum = Terebinthe oder Eiche*).
f Zu den Namensformen siehe 17,5 und 17,15.

11,30 15,2-4; 17,15-19; 21,1-2 **12,1** Hebr 11,8; Weish 10,5; Sir 44,19-21 **12,2** 13,16; 15,5; 17,4-6; 22,17; Hebr 11,12 **12,3** 18,18; 28,14 **12,7** (Land) 13,15; 15,18-20; 17,8; 28,13; Dtn 34,4; Ps 105,11; (Altar) Gen 35,7; Ex 17,15; Ri 6,24 **12,10-20** 20,1-18; 26,1-11

ich sie mir zur Frau genommen. Nun, sie gehört
dir; nimm sie und geh!«
20 Der Pharao bestellte eine Abteilung Solda-
ten und ließ Abram mit seiner Frau und seinem
ganzen Besitz über die Grenze bringen.

Abraham (Abram)[a] und Lot trennen sich

13 Abram kehrte mit seiner Frau und seinem
ganzen Besitz an Tieren und Menschen in
den südlichsten Teil des Landes Kanaan* zurück.
Auch sein Neffe Lot begleitete ihn.
3 [b]Von dort zog er von Lagerplatz zu Lager-
platz bis zu der Stelle zwischen Bet-El und Ai,
wo er zuerst seine Zelte aufgeschlagen hatte.
4 Das war auch der Ort, an dem er den Altar
gebaut hatte. Dort rief er im Gebet den Namen*
des HERRN an.
2 Abram war sehr reich. Er besaß große Vieh-
herden und viel Silber und Gold. 5 Auch Lot, der
mit ihm zog, hatte viele Schafe, Ziegen und
Rinder und viele Zelte, in denen seine Hirten mit
ihren Familien lebten.[c] 6 Das Weideland reichte
nicht aus für die Viehherden der beiden; sie
konnten auf die Dauer nicht zusammenbleiben.
7 Es gab immer Streit zwischen den Hirten
Abrams und den Hirten Lots. Außerdem wohn-
ten damals noch die Kanaaniter und die Perisiter
im Land.
8 Da sagte Abram zu seinem Neffen: »Es soll
doch kein Streit zwischen uns sein, auch nicht
zwischen unseren Hirten. Wir sind doch Brüder!
9 Das Beste ist, wir trennen uns. Das ganze Land
steht dir offen: Du kannst nach Norden gehen,
dann gehe ich nach Süden; du kannst auch nach
Süden gehen, dann gehe ich nach Norden.«
10 Lot schaute sich nach allen Seiten um. Er
sah, dass es in der Jordanebene reichlich Wasser
gab. Bevor der HERR Sodom* und Gomorra zer-
störte, war es dort wie im Garten Gottes oder
wie am Nil in Ägypten – bis hinab nach Zoar.
11 Deshalb entschied sich Lot für die Jordan-
gegend und zog nach Osten.
So trennten sich die beiden: 12 Abram blieb
im Land Kanaan, Lot ging ins Gebiet der Jordan-
städte und kam im Lauf der Zeit mit seinen Zel-
ten bis nach Sodom. 13 Die Bewohner Sodoms
aber führten ein schändliches Leben, das dem
HERRN missfiel.
14 Nachdem Lot sich von Abram getrennt
hatte, sagte der HERR zu Abram: »Sieh dich von
hier aus nach allen Seiten um, nach Norden,
nach Süden, nach Osten und nach Westen!
15 Das ganze Land, das du siehst, will ich für
immer dir und deinen Nachkommen geben.
16 Und ich werde deine Nachkommen so zahl-
reich machen wie den Staub auf der Erde, den
niemand zählen kann. 17 Durchzieh das Land
nach allen Richtungen; dir und keinem anderen
gebe ich es.«
18 Abram zog mit seinen Zelten weiter und
nahm seinen Wohnsitz in Hebron, bei den
Eichen* von Mamre.[d] Dort baute er einen Altar
für den HERRN.

Abraham (Abram)[e] rettet Lot

14 1–2 Um diese Zeit brach im Land Kanaan*
ein Krieg aus. Vier Großkönige – Amrafel
von Schinar*, Arjoch von Ellasar, Kedor-Laomer
von Elam* sowie Tidal, der König vieler Völker –
zogen ins Feld gegen die fünf Stadtkönige Bera
von Sodom*, Birscha von Gomorra, Schinab von
Adma, Schemeber von Zebojim* und den König
von Bela, das jetzt Zoar heißt. 3 Diese fünf hatten
sich zusammengeschlossen und waren mit
ihren Truppen in das Siddimtal gezogen, wo
heute das Tote Meer ist. 4 Zwölf Jahre lang hat-
ten sie unter der Oberherrschaft Kedor-Laomers
gestanden, im dreizehnten waren sie von ihm
abgefallen.
5 Jetzt im vierzehnten Jahr rückten Kedor-
Laomer und die mit ihm verbündeten Groß-
könige heran. Zuerst besiegten sie die Rafaïter in
Aschterot-Karnajim, die Susiter in Ham, die Emi-
ter in der Ebene von Kirjatajim 6 und die Horiter
in ihrem ganzen Gebiet vom Bergland Seïr* bis
hinunter nach El-Paran am Rand der Wüste.
7 Von dort wandten sie sich nordwärts nach En-
Mischpat, das jetzt Kadesch heißt, und ver-
wüsteten das ganze Gebiet der Amalekiter* und
die von Amoritern* besiedelte Gegend von
Hazezon-Tamar.
8 Im Siddimtal stellten sich ihnen die abge-
fallenen Stadtkönige entgegen; 9 mit vier Groß-
königen mussten es die fünf kleinen Stadtkönige
aufnehmen.
10 Nun ist das Siddimtal voll von Asphalt-
gruben*. In diese Gruben fielen die Könige von
Sodom und Gomorra, als sie sich zur Flucht
wandten; die anderen Stadtkönige flohen auf
das Gebirge. 11 Die Großkönige plünderten

a Zu den Namensformen siehe Anmerkung zu 17,5.
b Die Verse 3 und 4 sind des besseren Zusammenhangs wegen vor Vers 2 gestellt.
c *in denen ...:* verdeutlichender Zusatz.
d Bei *Mamre* handelt es sich um einen Ortsnamen, nur in 14,13 um einen Personennamen.
e Zu den Namensformen siehe Anmerkung zu 17,5.

13,13 18,20S **13,15** 12,7S **13,16** 12,2S

Sodom und Gomorra und nahmen alle Lebens-
mittelvorräte mit und alles, was wertvoll war.
12 Auch Abrams Neffen Lot, der damals in Sodom
wohnte, schleppten sie mit, dazu seinen ganzen
Besitz.

13 Einer von denen, die sich retten konnten,
kam zu dem Hebräer* Abram und berichtete
ihm alles. Abram wohnte damals bei den
Eichen* des Amoriters Mamre, der war ein
Bruder von Eschkol und Aner; alle drei waren
mit Abram verbündet. 14 Als Abram hörte, dass
sein Neffe in Gefangenschaft geraten war, rief er
seine kampferprobten Leute zusammen, 318
zuverlässige Männer, die alle in seinen Zelten
geboren worden waren. Mit ihnen jagte er hin-
ter den siegreichen Königen her.

In der Gegend von Dan holte er sie ein. 15 Er
teilte seine Männer in zwei Gruppen, überfiel
die vier Könige bei Nacht, schlug sie in die Flucht
und verfolgte sie bis nach Hoba nördlich von
Damaskus. 16 Er nahm ihnen die ganze Beute ab
und befreite seinen Neffen Lot samt den
verschleppten Frauen und den übrigen Ge-
fangenen.

Die Begegnung mit Melchisedek

17 Als Abram nach seinem Sieg über Kedor-Lao-
mer und die anderen Großkönige heimkehrte,
zog ihm der König von Sodom* entgegen ins
Schawetal, das jetzt Königstal heißt.

18 Auch Melchisedek, der König von Salem,[a]
kam dorthin und brachte Brot und Wein. Melchi-
sedek diente dem höchsten Gott als Priester*.
19 Er segnete Abram und sagte zu ihm: »Glück
und Segen schenke dir der höchste Gott, der
Himmel und Erde geschaffen hat! 20 Der höchste
Gott sei dafür gepriesen, dass er dir den Sieg über
deine Feinde gegeben hat!«

Abram aber gab Melchisedek den zehnten
Teil von allem, was er den Königen abgenom-
men hatte.

21 Der König von Sodom sagte zu Abram:
»Gib mir meine Leute zurück, alles andere
kannst du behalten!«

22 Aber Abram erwiderte: »Ich schwöre beim
HERRN, dem höchsten Gott, der Himmel und Er-
de gemacht hat: 23 Ich behalte nichts von dem,
was dir gehört, auch nicht einen Faden oder
Schuhriemen! Gott ist mein Zeuge! Du sollst
nicht sagen können: ›Ich habe Abram reich
gemacht.‹ 24 Ich nehme nichts für mich. Nur das
nehme ich von dir an, was meine Leute verzehrt
haben und was von der Beute auf meine Bundes-
genossen Aner, Eschkol und Mamre entfällt. Die
sollen ihren Anteil behalten.«

Gottes Bund mit Abraham (Abram)[b]

15 Einige Zeit danach erging das Wort des
HERRN an Abram, und er empfing eine
Offenbarung*. Der HERR sagte zu ihm: »Hab
keine Angst, Abram, ich bin dein Schutz! Du
sollst reich belohnt werden.«

2 »Herr, mein Gott«, erwiderte Abram, »wo-
mit willst du mich denn belohnen? Ich sterbe
ohne Kinder, und meinen Besitz erbt Eliëser aus
Damaskus.«[c] 3 Weiter sagte Abram: »Sieh doch,
du hast mir keine Kinder gegeben, und mein
eigener Sklave* wird mich beerben!«

4 Da erging an Abram das Wort des HERRN:
»Nein, nicht Eliëser wird dich beerben! Du
wirst einen Sohn bekommen; der soll dein Erbe
sein.«

5 Und der HERR führte Abram aus dem Zelt
und sagte: »Sieh hinauf zu den Sternen am Him-
mel! Kannst du sie zählen? So unzählbar werden
deine Nachkommen sein.«

6 Abram glaubte der Zusage des HERRN, und
der HERR rechnete ihm dies als Beweis der Treue
an.[d]

7 Weiter sagte der HERR zu Abram: »Ich bin
es, der dich aus Ur in Chaldäa[e] geführt hat, um
dir dieses Land zu geben, ich, der HERR!«

8 »Herr, mein Gott«, erwiderte Abram, »kann
ich denn sicher sein, dass ich es je besitzen
werde? Gib mir doch eine Bestätigung dafür!«

9 Der HERR sagte: »Bring mir eine dreijährige
Kuh, eine dreijährige Ziege, einen dreijährigen
Schafbock, eine Turteltaube und eine junge
Taube!«

10 Abram holte die Tiere, zerteilte jedes der
Länge nach in zwei Hälften und legte die Teile
einander gegenüber; nur die Vögel zerteilte er
nicht.[f] 11 Raubvögel fielen über die Stücke her,
aber Abram verscheuchte sie.

a Wahrscheinlich = Jerusalem. *b* Zu den Namensformen siehe Anmerkung zu 17,5.

c *und meinen Besitz …:* H enthält ein nicht deutbares Wort: *und der MESCHEK-Sohn meines Hauses, das ist Damaskus Eliëser.*

d Wörtlich *und er rechnete es ihm als Gerechtigkeit* an* (so verstanden und zitiert von Paulus; siehe Vergleichsstellen). Wird *er* auf Abram bezogen, so ergibt sich der Sinn: *und Abram sah darin* (in der Zusage) *einen Beweis der Treue des HERRN.*

e Siehe Anmerkung zu 11,28.

f Dies ist die Vorbereitung einer Schwurhandlung (vgl. Jer 34,18-20): Der Schwörende – nach Vers 17 Gott – schreitet zwischen den Teilen hindurch und will im Fall eines Meineids das gleiche Schicksal erleiden wie die Tiere.

14,18-20 Ps 110,4; Hebr 7,1-10 **15,5** 12,2 S; Röm 4,18 **15,6** Röm 4,3 S

12 Als die Sonne unterging, fiel Abram in einen tiefen Schlaf, und eine unheimliche, erdrückende Angst legte sich auf ihn. 13 Der HERR sagte zu ihm: »Du sollst jetzt erfahren, wie es deinen Nachkommen ergehen wird. Sie werden als Fremde in einem Land leben, das ihnen nicht gehört. Man wird sie unterdrücken und zu Sklavendiensten zwingen. Das dauert vierhundert Jahre. 14 Dann werde ich über das Volk, dem sie dienen müssen, ein Strafgericht halten, und sie werden von dort mit reichem Besitz wegziehen. 15 Du selbst wirst ein hohes Alter erreichen und dann in Frieden sterben und begraben werden. 16 Erst die vierte Generation wird hierher zurückkehren; denn die Schuld der Amoriter*, die jetzt dieses Land bewohnen, hat ihr volles Maß noch nicht erreicht.«

17 Als die Sonne untergegangen und es ganz dunkel geworden war, sah Abram auf einmal einen rauchenden Schmelzofen* und eine brennende Fackel, die fuhren zwischen den zerteilten Tieren hindurch. 18 Auf diese Weise schloss der HERR damals mit Abram einen Bund* und gab ihm die Zusage: »Deinen Nachkommen gebe ich dieses Land, von der Grenze* Ägyptens bis an den Eufrat, 19 das ganze Gebiet, in dem jetzt noch andere Völker wohnen: die Keniter*, die Kenasiter und Kadmoniter, 20 die Hetiter*, Perisiter und Rafaïter, 21 die Amoriter, Kanaaniter*, Girgaschiter und Jebusiter.«

Sara (Sarai)[a] will Gott nachhelfen: Hagar und Ismaël

16 Abrams Frau Sarai blieb kinderlos. Sie hatte aber eine ägyptische Sklavin* namens Hagar. 2 So sagte sie zu ihrem Mann: »Du siehst, der HERR hat mir keine Kinder geschenkt. Aber vielleicht kann ich durch meine Sklavin zu einem Sohn kommen.[b] Ich überlasse sie dir.«

Abram war einverstanden, 3 und Sarai gab ihm die ägyptische Sklavin zur Frau. Er lebte damals schon zehn Jahre im Land Kanaan*.

4 Abram schlief mit Hagar und sie wurde schwanger. Als sie merkte, dass sie ein Kind bekommen würde, begann sie auf ihre Herrin herabzusehen. 5 Da sagte Sarai zu ihrem Mann: »Mir geschieht Unrecht, und du trägst dafür die Verantwortung! Ich habe dir meine Sklavin überlassen. Seit sie weiß, dass sie ein Kind bekommt, verachtet sie mich. Ich rufe den HERRN als Richter an!«

6 Abram erwiderte: »Sie ist deine Sklavin. Mach mit ihr, was du für richtig hältst!«

Sarai ließ daraufhin Hagar die niedrigsten Arbeiten verrichten; da lief sie davon.

7 In der Wüste rastete Hagar bei dem Brunnen, der am Weg nach Schur liegt. Da kam der Engel* des HERRN zu ihr 8 und fragte sie: »Hagar, Sklavin Sarais! Woher kommst du? Wohin gehst du?«

»Ich bin meiner Herrin davongelaufen«, antwortete sie.

9 Da sagte der Engel: »Geh zu deiner Herrin zurück und ordne dich ihr unter! 10 Der HERR wird dir so viele Nachkommen geben, dass sie nicht zu zählen sind. 11 Du wirst einen Sohn gebären und ihn Ismaël (Gott hat gehört) nennen; denn der HERR hat deinen Hilferuf gehört. 12 Ein Mensch wie ein Wildesel wird er sein, im Streit mit allen und von allen bekämpft; seinen Brüdern setzt er sich vors Gesicht.«[c]

13 Hagar rief: »Habe ich wirklich den gesehen, der mich anschaut?« Und sie gab dem HERRN, der mit ihr gesprochen hatte, den Namen »Du bist der Gott, der mich anschaut«.[d] 14 Darum nennt man jenen Brunnen Beer-Lahai-Roi (Brunnen des Lebendigen, der mich anschaut). Er liegt zwischen Kadesch und Bered.

15 Hagar gebar Abram einen Sohn, und Abram nannte ihn Ismaël. 16 Abram war damals 86 Jahre alt.

Gottes Bund mit Abraham (Abram) und das Bundeszeichen der Beschneidung

17 Als Abram 99 Jahre alt war, erschien ihm der HERR und sagte zu ihm: »Ich bin Gott, der Gewaltige*. Führe dein Leben in enger Verbindung mit mir und halte dich ganz an mich! 2 Ich schließe mit dir einen Bund* und mache dir die feste Zusage: Ich will dir unermesslich viele Nachkommen geben.«

3 Abram warf sich vor Gott nieder, und Gott sagte weiter zu ihm: 4 »Ich verbürge mich dafür: Du wirst zum Vater vieler Völker werden. 5 Deshalb sollst du nicht mehr Abram heißen, sondern

a Zu den Namensformen siehe Anmerkung zu 17,15.
b Das Kind der persönlichen Sklavin galt rechtlich als eigenes Kind.
c Gemeint ist, dass diese Wüstenstämme durch ihre strategisch äußerst günstige Position für ihre Nachbarn eine ständige Provokation sind. Sie können ihnen »auf der Nase herumtanzen«.
d Der Name ist nicht sicher zu deuten. In der Bezeichnung *der mich anschaut* ist die helfende Zuwendung mit eingeschlossen.

15,13 Ex 1,11-14 **15,14** Ex 3,21-22; 12,29-30.35-36 **15,18** 12,7S **16,1-3** 30,3-5 **16,4-6** Spr 30,23 **17,1** Ex 6,2-3S **17,4** 12,2S **17,5** Röm 4,17

Abraham;[a] denn ich habe dich zum ›Vater vieler
Völker‹ bestimmt. 6 Ich werde dich überaus
fruchtbar machen.[b] Du wirst so viele Nachkom-
men haben, dass sie zu ganzen Völkern werden,
und sogar Könige sollen von dir abstammen.
7 Meine Zusage gilt dir und deinen Nachkom-
men in jeder Generation; sie ist unumstößlich
für alle Zeiten: Ich bin euer Gott 8 und werde
euch das ganze Land Kanaan* geben, in dem du
jetzt als Fremder lebst. Für immer soll es deinen
Nachkommen gehören, und ich werde ihr Gott
sein.«

9–10 Weiter sagte Gott: »Mein Bund mit dir
und deinen Nachkommen legt euch eine Ver-
pflichtung auf, die ihr erfüllen müsst, in jeder
kommenden Generation: Jeder von euch, der
männlichen Geschlechts ist, muss beschnitten
werden. 11 Ihr müsst bei allen die Vorhaut am Ge-
schlechtsteil entfernen. Dies soll das Zeichen
dafür sein, dass ich meinen Bund mit euch
geschlossen habe. 12 An jedem männlichen Neu-
geborenen muss am achten Tag diese Beschnei-
dung* vollzogen werden. Das gilt auch für die
Sklaven*, die bei euch geboren werden oder
die ihr von Fremden kauft; 13 auch sie müssen
unbedingt beschnitten werden. Ihr alle sollt
das Zeichen meines Bundes an eurem Körper
tragen. Das ist eine Bestimmung für alle Zei-
ten, so gewiss mein Bund für alle Zeiten gilt.[c]
14 Wer von euch nicht beschnitten ist, hat sein
Leben verwirkt und muss aus dem Volk aus-
gestoßen werden, denn er hat meinen Bund ge-
brochen.«

15 Dann sagte Gott zu Abraham: »Deine Frau
Sarai sollst du von jetzt an Sara[d] nennen. 16 Ich
will sie segnen und dir auch durch sie einen
Sohn schenken. Ich segne sie so, dass sie die
Mutter ganzer Völker wird, sogar Könige werden
von ihr abstammen.«

17 Abraham warf sich vor Gott nieder, aber er
lachte in sich hinein und dachte bei sich: »Ich
bin hundert Jahre alt, da soll mir noch ein Sohn
geboren werden? Und Sara ist neunzig, da soll
sie noch ein Kind zur Welt bringen?« 18 Er sagte
zu Gott: »Wenn nur Ismaël am Leben bleibt! Lass
doch deine Zusage für *ihn* gelten!«

19 Aber Gott sagte: »Nein! Deine Frau Sara
wird dir einen Sohn gebären, den sollst du Isaak
nennen. Ihm und seinen Nachkommen gilt
meine Zusage für alle Zeiten. 20 Doch auch deine
Bitte für Ismaël will ich erfüllen: Ich werde ihn
segnen und fruchtbar machen und ihm sehr
viele Nachkommen geben. Zwölf Fürsten wird
er zeugen, und ich lasse ihn zum Vater eines
großen Volkes werden. 21 Aber meinen Bund
mache ich mit Isaak, den dir Sara gebären wird.
Nächstes Jahr, genau um diese Zeit, wird es so
weit sein.«

22 Als Gott ausgeredet hatte, fuhr er von Abra-
ham in den Himmel empor.

23 Noch am gleichen Tag beschnitt Abraham
seinen Sohn Ismaël und alle seine Sklaven, die
bei ihm geboren oder bei Fremden gekauft wor-
den waren, genau wie Gott es angeordnet hatte.
24 Auch Abraham selbst ließ sich beschneiden.
Er war damals 99 Jahre alt, 25 und sein Sohn
Ismaël war 13, als er beschnitten wurde. 26 Vater
und Sohn wurden am gleichen Tag beschnitten,
27 zusammen mit allen anderen Männern, die zu
Abrahams Haushalt gehörten.

Gott kündigt Abraham und Sara einen Sohn an

18 Abraham wohnte bei den Eichen* von
Mamre. Dort erschien ihm der HERR.

Abraham saß gerade in der Mittagshitze am
Eingang seines Zeltes. 2 Als er aufblickte, sah er
wenige Schritte vor sich drei Männer stehen.
Sofort sprang er auf, warf sich vor ihnen nieder
3 und sagte: »Mein Herr, wenn ich Gnade vor dir
gefunden habe, dann geh nicht hier vorüber. Ich
stehe dir zu Diensten! 4 Man wird euch sogleich
Wasser bringen. Ihr könnt euch die Füße
waschen und es euch unter dem Baum bequem
machen. 5 Ich will inzwischen eine kleine Erfri-
schung holen, damit ihr euch stärken und dann
euren Weg fortsetzen könnt. Wozu sonst seid ihr
bei eurem Diener vorbeigekommen?«

»Es ist gut«, sagten die Männer. »Tu, was du
vorhast!«

6 Abraham lief sogleich ins Zelt und sagte zu
Sara: »Schnell, nimm drei Backschüsseln[e] von
deinem feinsten Mehl, mach einen Teig und
backe Fladenbrot*!« 7 Dann lief er zum Vieh,
suchte ein schönes, gesundes Kalb aus und
befahl dem Knecht, es zuzubereiten. 8 Er holte
süße und saure Milch, nahm das gekochte
Fleisch und trug alles hinaus unter den Baum.
Mit eigener Hand bediente er seine Gäste und
stand dabei, während sie aßen.

a Die beiden Namensformen können gedeutet werden als »Der Vater (d. h. Gott) ist groß« und »Vater einer großen Menge«.
b Siehe Anmerkung zu 8,17.
c *Ihr alle sollt …:* wörtlich *Mein Bund soll an eurem Körper sein als ein immer währender Bund.*
d Die erste Namensform bedeutet »meine Fürstin«, die zweite einfach »Fürstin« (als Mutter der »Könige« in Vers 16).
e Hebräische Maßangabe *3 Sea* (= 1 Efa* = ca. 12 kg).

17,8 12,7 S **17,9-14** Ex 4,24-26; Dtn 10,16; Jer 4,4; Röm 4,11 S **17,20** 25,12-18 **18,2** Hebr 13,2

9 Nach dem Mahl fragten die Männer Abraham: »Wo ist deine Frau Sara?«

»Drinnen im Zelt«, antwortete er.

10 Da sagte der HERR: »Nächstes Jahr um diese Zeit komme ich wieder zu dir, dann wird deine Frau einen Sohn haben.«

Sara stand im Rücken Abrahams am Zelteingang und horchte. 11 Die beiden waren damals schon alt, und Sara war schon lange über die Wechseljahre hinaus. 12 Sie lachte in sich hinein und dachte: »Jetzt, wo ich alt und verwelkt bin, soll ich noch ein Kind empfangen? Und mein Mann ist auch viel zu alt!«

13 Da sagte der HERR zu Abraham: »Warum hat Sara gelacht? Warum zweifelt sie daran, dass sie noch ein Kind gebären wird? 14 Ist für den HERRN irgendetwas unmöglich? Nächstes Jahr um die verabredete Zeit komme ich wieder, dann hat Sara einen Sohn.«

15 »Ich habe doch nicht gelacht«, leugnete Sara. Sie hatte Angst bekommen. Aber der HERR sagte: »Doch, du hast gelacht!«

Abraham bittet für Sodom

16 Die Männer machten sich auf den Weg und Abraham begleitete sie ein Stück weit. Als sie an eine Stelle kamen, von der aus die Stadt Sodom* zu sehen war, 17 dachte der HERR: »Soll ich wirklich vor Abraham verheimlichen, was ich mit Sodom vorhabe? 18 Ich habe ihm doch zugesagt, er soll der Vater eines großen und mächtigen Volkes werden; und am Verhalten zu ihm und seinen Nachkommen wird sich für alle Völker der Erde Glück und Segen entscheiden.[a] 19 Ich habe ihn ausgewählt, damit er seine Söhne und seine weiteren Nachkommen dazu anhält, meinen Geboten zu folgen; er soll sie lehren, zu tun, was recht ist, sodass ich meine Zusage an ihn einlösen kann.«

20 Darum sagte der HERR zu Abraham: »Über die Leute von Sodom und Gomorra sind schwere Klagen zu mir gedrungen. Ihre Schuld schreit zum Himmel. 21 Deshalb will ich jetzt hingehen und mit eigenen Augen sehen, ob das wahr ist, was ich gehört habe. Ich will wissen, ob sie es wirklich so schlimm treiben.«

22 Zwei der Männer gingen in Richtung Sodom, während der HERR bei Abraham zurückblieb.[b]

23 Abraham trat an ihn heran und sagte: »Willst du wirklich Schuldige und Schuldlose ohne Unterschied vernichten? 24 Vielleicht gibt es in Sodom fünfzig Leute, die kein Unrecht getan haben. Willst du sie auch umkommen lassen und nicht lieber die ganze Stadt verschonen wegen der fünfzig? 25 Du kannst doch nicht die Unschuldigen zusammen mit den Schuldigen töten und die einen genauso behandeln wie die andern? Du bist der oberste Richter der ganzen Erde, darum darfst du nicht selbst gegen das Recht verstoßen!«

26 Der HERR sagte: »Wenn ich in Sodom fünfzig Unschuldige finde, will ich ihretwegen die ganze Stadt verschonen.«

27 Abraham wandte sich noch einmal an den HERRN: »Ich habe es gewagt, dir dreinzureden, Herr, obwohl ich Staub und Asche bin. 28 Vielleicht gibt es wenigstens fünfundvierzig, die nicht schuldig geworden sind. Willst du dann wegen der fehlenden fünf die ganze Stadt vernichten?«

Der HERR antwortete: »Ich verschone sie, wenn ich fünfundvierzig finde.«

29 Abraham gab sich noch nicht zufrieden. »Und wenn es nur vierzig sind?«, fragte er.

Der HERR erwiderte: »Dann verschone ich sie wegen der vierzig.«

30 »Bitte, Herr«, sagte Abraham, »werde nicht zornig über mich, wenn ich noch weitergehe. Vielleicht sind es nur dreißig.«

»Dann verschone ich sie wegen der dreißig.«

31 Noch einmal fing Abraham an: »Ich habe es nun einmal gewagt, dir dreinzureden, Herr! Vielleicht sind es nur zwanzig.«

»Ich verschone sie auch wegen zwanzig.«

32 »Nur noch ein einziges Mal lass mich reden, Herr«, sagte Abraham; »werde nicht zornig! Vielleicht sind es auch nur zehn.«

Und der HERR sagte: »Ich verschone sie auch wegen zehn.«

33 Damit brach der HERR das Gespräch ab. Er ging weiter und Abraham kehrte heim.

Die Verdorbenheit der Männer von Sodom

19 Es war schon gegen Abend, als die beiden Engel* nach Sodom* kamen. Lot saß gerade beim Tor der Stadt.

Als er sie kommen sah, ging er ihnen entgegen, warf sich vor ihnen nieder, das Gesicht zur

a Vgl. 12,3 und die Anmerkung dazu.
b Ursprünglicher Text: *während der HERR vor Abraham stehen blieb.* H hat: *während Abraham vor dem HERRN stehen blieb* – eine bewusste Änderung der Abschreiber, die den ursprünglichen Wortlaut als anstößig empfanden.

18,10 21,1-2; Röm 9,9 **18,11-13** 25,21 S; Röm 4,19-21 **18,14** (nichts unmöglich) Ijob 42,2 S **18,15** 21,6 **18,18** 12,2 S; 12,3 S **18,20** 19,5-9; Dtn 32,32; Jes 1,10; 3,9; Jer 23,14; Klgl 4,6; Ez 16,48-50; Sir 16,8; Jud 7; Offb 11,8 **18,32** Jer 5,1 S

Erde, 2 und sagte: »Ich bin euer Diener, mein
Haus steht euch offen! Ihr könnt eure Füße wa-
schen und bei mir übernachten. Und morgen
früh könnt ihr weiterziehen.«
»Nein, nein«, sagten die beiden, »wir wollen
hier auf dem Platz übernachten.« 3 Aber Lot re-
dete ihnen so lange zu, bis sie mit ihm ins Haus
kamen. Er ließ ein Mahl für sie bereiten und un-
gesäuertes Brot* backen, und sie aßen.
4 Die beiden wollten sich eben schlafen legen,
da kamen die Männer von Sodom, alle miteinan-
der, alte und junge, und umstellten das Haus.
5 »Lot, Lot«, riefen sie, »wo sind die Männer, die
heute Abend zu dir gekommen sind? Gib sie her-
aus, wir wollen mit ihnen Verkehr haben!«
6 Lot trat zu ihnen vor das Haus, die Tür
schloss er hinter sich zu. 7 »Meine Brüder«, rief
er, »begeht doch nicht ein solches Verbrechen!
8 Ich habe zwei Töchter, die noch kein Mann be-
rührt hat. Ich will sie zu euch herausbringen;
macht mit ihnen, was ihr wollt. Aber diese bei-
den Männer behelligt mir nicht; sie sind meine
Gäste und stehen unter meinem Schutz.«
9 Sie aber schrien: »Mach, dass du weg-
kommst! Du bist ein Fremder und willst uns Vor-
schriften machen? Wir werden dir noch ganz
anders mitspielen als denen!«
Sie fielen über Lot her und versuchten, die
Tür aufzubrechen. 10 Da zogen die beiden Män-
ner Lot ins Haus und verschlossen die Tür. 11 Sie
schlugen die Leute draußen allesamt mit Blind-
heit, sodass sie die Tür nicht mehr finden konn-
ten.

Lot und seine Töchter werden gerettet

12 Darauf sagten die beiden zu Lot: »Hast du viel-
leicht noch andere Verwandte hier, einen
Schwiegersohn, Söhne und Töchter oder sonst
wen? Nimm deine ganze Familie und führe sie
von hier weg! 13 Wir müssen diese Stadt vernich-
ten, dazu hat der HERR uns hergeschickt. Denn
es sind schwere Klagen über ihre Bewohner vor
ihn gekommen.«
14 Da ging Lot zu den Verlobten seiner Töchter
und sagte zu ihnen: »Rettet euch, verlasst diese
Stadt; denn der HERR wird sie vernichten.« Aber
sie dachten, er wolle sie zum Besten halten.
15 Als die Morgenröte kam, drängten die
Engel* Lot zur Eile: »Schnell, nimm deine Frau
und deine beiden Töchter, sonst trifft die Strafe
für diese Stadt euch mit!« 16 Während Lot noch
überlegte, ergriffen sie ihn, seine Frau und seine
Töchter bei der Hand, führten sie aus der Stadt
hinaus und ließen sie erst draußen vor dem Tor
wieder los. Denn der HERR wollte Lot und die
Seinen retten.
17 Als alle auf dem freien Feld waren, sagte
der HERR:[a] »Lauft jetzt, so schnell ihr könnt! Es
geht um euer Leben! Bleibt nicht stehen und
schaut nicht zurück! Rettet euch auf die Berge,
sonst seid ihr verloren!«
18 »Ach, Herr«, sagte Lot, 19 »erlaube mir eine
Bitte! Du bist so freundlich zu mir gewesen und
hast mir die große Gnade erwiesen, mein Leben
zu retten. Aber auf die Berge ist es zu weit,
wir kommen nicht dorthin, bevor das Unheil
hereinbricht; und dann sind wir verloren. 20 Sieh
doch, hier in der Nähe ist eine kleine Stadt,
dorthin könnten wir uns retten. Verschone sie
doch, sie ist ja so klein! Dann bleiben wir am
Leben.«
21 »Gut«, sagte der HERR, »ich will dir auch
das gewähren und die Stadt nicht vernichten.
22 Flieh schnell dorthin! Ich kann nichts tun,
bevor du dort bist.«
Weil Lot die Stadt »klein« nannte, erhielt sie
den Namen Zoar.[b]

Der Untergang von Sodom und Gomorra. Lots Frau schaut zurück

23 Die Sonne ging gerade auf, als Lot in Zoar an-
kam. 24 Da ließ der HERR Schwefel und Feuer
vom Himmel auf Sodom* und Gomorra herab-
fallen. 25 Er vernichtete die beiden Städte und
die ganze Gegend, ihre Bewohner und alles, was
dort wuchs.
26 Lots Frau aber schaute zurück; da erstarrte
sie zu einer Salzsäule.
27 Früh am Morgen ging Abraham an die
Stelle, wo er mit dem HERRN gesprochen hatte.
28 Als er auf Sodom und Gomorra und das ganze
Gebiet am Jordan hinunterschaute, sah er von
dort eine Rauchwolke aufsteigen wie von einem
Schmelzofen*.
29 Aber Gott hatte an Abraham gedacht: Als er
die Städte in der Jordangegend vernichtete,
sorgte er dafür, dass Lot, der dort wohnte, der
Katastrophe entging.

Lot und seine Töchter: Über die Herkunft der Moabiter und Ammoniter

30 Lot hatte Angst, in Zoar zu bleiben. Deshalb
ging er mit seinen beiden Töchtern ins Bergland
hinauf und lebte dort mit ihnen in einer Höhle.

a *der HERR:* wörtlich *er;* Gott spricht durch seine Boten und wird in ihnen angeredet (Vers 18).
b *Zoar* erinnert im Hebräischen an das Wort »klein«.

19,5 Lev 18,22 S **19,11** 2 Kön 6,18 **19,24-25** Dtn 29,21-22; Lk 17,29; 2 Petr 2,6-9 **19,26** Weish 10,7; Lk 17,32

31 Eines Tages sagte die ältere Tochter zur jün-
geren: »Unser Vater wird alt, und weit und breit
gibt es keinen Mann, der uns heiraten könnte.
32 Komm, wir geben unserem Vater Wein zu trin-
ken und legen uns zu ihm, damit wir von ihm
Kinder bekommen!«

33 Noch am selben Abend machten sie ihren
Vater betrunken. Die Ältere ging in sein Zelt und
legte sich zu ihm, und er merkte nichts, weder
wie sie zu ihm kam noch wie sie von ihm auf-
stand.

34 Am anderen Tag sagte sie zu ihrer Schwes-
ter: »Ich habe heute Nacht mit unserem Vater ge-
schlafen. Wir wollen ihm auch diesen Abend
Wein zu trinken geben; dann legst *du* dich zu
ihm, damit wir alle beide von ihm Kinder be-
kommen.«

35 Am Abend machten sie ihren Vater wieder
betrunken. Die Jüngere ging in sein Zelt und
legte sich zu ihm, und er merkte nichts, weder
wie sie zu ihm kam noch wie sie von ihm auf-
stand.

36 So wurden die beiden Töchter Lots von
ihrem eigenen Vater schwanger. 37 Die Ältere
gebar einen Sohn und gab ihm den Namen
Moab. Er wurde der Stammvater der Moabiter*.
38 Auch die Jüngere bekam einen Sohn und
nannte ihn Ben-Ammi.[a] Er wurde der Stamm-
vater der Ammoniter*.

Abraham und Sara bei Abimelech

20 Abraham zog von dort[b] in den Süden des
Landes. Eine Zeit lang blieb er in der
Gegend zwischen Kadesch und der Wüste
Schur, dann fand er Aufnahme in der Stadt
Gerar. 2 Seine Frau Sara gab er als seine
Schwester aus.

Da ließ Abimelech, der König von Gerar, sie
in sein Haus holen. 3 In der Nacht aber kam Gott
im Traum zu Abimelech und sagte: »Du musst
sterben, weil du diese Frau genommen hast. Sie
ist verheiratet und gehört einem anderen.«

4 Abimelech hatte Sara jedoch nicht berührt,
und er erwiderte: »Herr, willst du wirklich un-
schuldige Menschen töten? 5 Er hat gesagt: ›Sie
ist meine Schwester‹, und sie hat bestätigt: ›Er ist
mein Bruder.‹ Ich habe in gutem Glauben gehan-
delt, mein Gewissen ist rein.«

6 Gott antwortete Abimelech: »Ich weiß, du
hast in gutem Glauben gehandelt. Deshalb habe
ich dich davor bewahrt, vor mir schuldig zu wer-
den, und habe dir nicht erlaubt, sie zu berühren.
7 Gib sie jetzt zurück! Ihr Mann ist ein Prophet*;
er wird für dich beten, dann bleibst du am
Leben. Wenn du sie aber behältst, musst du
sterben, und alle in deinem Haus mit dir.«

8 Am nächsten Morgen rief Abimelech seine
Leute zusammen und berichtete ihnen, was ge-
schehen war. Alle bekamen große Angst. 9 Dann
rief er Abraham und hielt ihm vor: »Wie konntest
du uns das antun? Womit habe ich mich an dir
versündigt, dass du mich und mein Volk in diese
schwere Schuld gestürzt hast? Es ist unerhört,
was du mir angetan hast! 10 Was hast du dir dabei
gedacht?«

11 Abraham erwiderte: »Ich dachte: In dieser
Stadt nehmen sie Gott bestimmt nicht ernst und
werden mich wegen meiner Frau töten. 12 Übri-
gens ist sie wirklich meine Schwester: Sie ist die
Tochter meines Vaters, stammt aber von einer
anderen Mutter; darum konnte sie meine Frau
werden. 13 Als Gott mich aus meiner Heimat in
die Fremde schickte, sagte ich zu ihr: ›Tu mir den
Gefallen und gib mich überall, wohin wir kom-
men, als deinen Bruder aus.‹«

14 Abimelech schenkte Abraham viele Schafe,
Ziegen, Rinder, Sklaven und Sklavinnen und gab
ihm seine Frau Sara zurück. 15 Er sagte zu ihm:
»Mein ganzes Land steht dir offen; du kannst
dich ansiedeln, wo es dir gefällt.« 16 Und zu Sara
sagte er: »Ich gebe deinem Bruder 1000 Silber-
stücke*. Damit wird vor allen euren Leuten er-
wiesen, dass deine Ehre nicht angetastet worden
ist, und niemand darf dir etwas nachsagen.«

17 Nun betete Abraham zu Gott, und er nahm
die Strafe von Abimelech und von seiner Frau
und seinen Sklavinnen, sodass in seinem Haus
wieder Kinder geboren wurden. 18 Der HERR
hatte nämlich in Abimelechs Haus jeden Mutter-
leib verschlossen, weil der König die Frau Abra-
hams zu sich genommen hatte.

Sara bekommt einen Sohn

21 Der HERR dachte an Sara und tat an ihr,
was er angekündigt hatte. 2 Sie wurde
schwanger und gebar Abraham noch in seinem
Alter einen Sohn. Es war genau zu der Zeit, die
Gott angegeben hatte. 3 Abraham nannte den
Sohn, den Sara ihm geboren hatte, Isaak. 4 Als
Isaak acht Tage alt war, beschnitt* er ihn, genau
wie Gott es angeordnet hatte.

5 Abraham war bei Isaaks Geburt 100 Jahre alt.
6 Sara aber sagte: »Gott hat dafür gesorgt, dass
ich lachen kann. Alle, die davon hören, werden

a Moab klingt im Hebräischen ähnlich wie »von meinem Vater«, *Ben-Ammi* heißt »Sohn meines Verwandten«.
b von dort: d. h. nach 13,18; 18,1 von den Eichen in Mamre bei Hebron.

19,33 Lev 18,6 **20,1-18** 12,10-20 S **21,2** Hebr 11,11 **21,4** 17,9-14 S

mit mir lachen.[a] 7 Noch nie hat Abraham es er-
lebt, dass ihm einer die Nachricht brachte: ›Deine
Frau Sara stillt ein Kind.‹ Aber jetzt in seinem
Alter habe ich ihm noch einen Sohn geboren!«

8 Isaak wuchs und gedieh. Als er von der
Mutterbrust entwöhnt wurde, feierte Abraham
mit seinen Leuten ein großes Fest.

Hagar und Ismaël werden verstoßen und gerettet

9 Eines Tages sah Sara den Sohn der Ägypterin
Hagar spielen, das Kind, das diese Abraham ge-
boren hatte. 10 Da sagte sie zu ihrem Mann: »Jag
diese Sklavin und ihren Sohn fort! Der Sohn der
Sklavin darf nicht mit meinem Sohn Isaak zu-
sammen erben!«

11 Abraham missfiel das sehr, denn auch
Ismaël war ja sein Sohn. 12 Aber Gott sagte zu
Abraham: »Gräme dich nicht wegen des Jungen
und deiner Sklavin! Tu, was Sara von dir
verlangt; denn die Nachkommen Isaaks sollen
als deine rechtmäßigen Nachkommen gelten.
13 Aber auch den Sohn der Sklavin werde
ich zu einem Volk machen, weil er von dir ab-
stammt.«

14 Am nächsten Morgen nahm Abraham Brot
und einen Schlauch mit Wasser, legte beides
Hagar auf die Schulter, übergab ihr das Kind und
schickte sie fort. Hagar ging weg und irrte ziellos
in der Wüste bei Beerscheba umher. 15 Als das
Wasser im Schlauch aufgebraucht war, warf sie
das Kind unter einen Strauch 16 und setzte sich
etwa einen Bogenschuss davon entfernt auf die
Erde. Denn sie sagte: »Ich kann nicht mit
ansehen, wie der Junge stirbt!« So saß sie in
einiger Entfernung und weinte laut.

17 Aber Gott hörte das Kind schreien. Da rief
der Engel* Gottes vom Himmel aus Hagar zu:
»Warum bist du verzweifelt, Hagar? Hab keine
Angst, Gott hat das Schreien des Kindes gehört!
18 Steh auf und nimm den Jungen bei der Hand;
denn ich werde seine Nachkommen zu einem
großen Volk machen.«

19 Gott öffnete Hagar die Augen, da sah sie
einen Brunnen. Sie ging hin, füllte den Schlauch
mit Wasser und gab dem Kind zu trinken.

20 Auch weiterhin half Gott dem Jungen. Er
wuchs heran und wurde ein Bogenschütze. 21 Er
lebte in der Wüste Paran und seine Mutter gab
ihm eine Ägypterin zur Frau.

Ein Vertrag zwischen Abraham und Abimelech

22 Damals kam Abimelech mit seinem Heerfüh-
rer Pichol zu Abraham und sagte zu ihm: »Ich
sehe: Gott steht dir bei und lässt dir alles gelin-
gen, was du tust. 23 Darum schwöre mir jetzt bei
Gott, dass du an mir und meinem Sohn und allen
meinen Nachkommen nicht treulos handeln
wirst. Ich habe dir nur Gutes erwiesen; handle
du nun ebenso an mir und an dem Land, in dem
du als Fremder lebst!«

24 »Das schwöre ich dir«, sagte Abraham.
25 Er beklagte sich aber bei Abimelech darüber,
dass dessen Knechte ihm einen Brunnen weg-
genommen hatten. 26 »Ich weiß nicht, wer das
war«, sagte Abimelech. »Du hast mir bisher
nichts davon gesagt. Ich höre heute zum ersten
Mal davon!«

27 Abraham gab Abimelech Schafe, Ziegen
und Rinder, und sie schlossen einen Vertrag.
28 Dann sonderte Abraham noch sieben Lämmer
aus seiner Herde aus. 29 »Was sollen diese Läm-
mer?«, fragte Abimelech. 30 Abraham erwiderte:
»Die musst du von mir annehmen! Damit
bezeugst du, dass ich den Brunnen gegraben
habe und er mir gehört.«

31 Der Ort erhielt den Namen Beerscheba,[b]
weil Abraham und Abimelech hier ihren Vertrag
mit einem Schwur bekräftigt hatten.

32 Nachdem sie in Beerscheba den Vertrag
geschlossen hatten, kehrten Abimelech und sein
Heerführer Pichol in das Land der Philister*
zurück. 33 Abraham aber pflanzte in Beerscheba
einen Tamariskenbaum und rief im Gebet den
Namen* des HERRN, des ewigen Gottes, an.
34 Lange Zeit lebte Abraham als Fremder im
Land der Philister.

Gott stellt Abraham auf die Probe

22 Einige Zeit danach geschah es: Gott stellte
Abraham auf die Probe.

»Abraham!«, rief er.

»Ja?«, erwiderte Abraham.

2 »Nimm deinen Sohn«, sagte Gott, »deinen
einzigen, der dir ans Herz gewachsen ist, den
Isaak! Geh mit ihm ins Land Morija auf einen
Berg, den ich dir nennen werde, und opfere ihn
mir dort als Brandopfer*.«

3 Am nächsten Morgen stand Abraham früh

a Anspielung auf den Namen *Isaak* (= er/sie lacht); vgl. 17,17; 18,12-15. Vermutlich bedeutet der Name: »Gott möge (freundlich) lächeln«.

b *Beerscheba* kann als »Schwurbrunnen« oder als »Siebenbrunnen« (Vers 28; 26,33) gedeutet werden.

21,8 (entwöhnt) 1 Sam 1,24; 1 Kön 11,20; 2 Makk 7,28 **21,10** Gal 4,29-30 **21,12** Röm 9,7; Hebr 11,18 **21,13** 25,12-18 **21,22** 26,26 **22,1-18** 1 Makk 2,52; Weish 10,5; Sir 44,20; Hebr 11,17-19; Jak 2,21-22

auf. Er spaltete Holz für das Opferfeuer, belud
seinen Esel und machte sich mit seinem Sohn
auf den Weg zu dem Ort, von dem Gott gespro-
chen hatte. Auch zwei Knechte nahm er mit.
4 Am dritten Tag erblickte er den Berg in der
Ferne. 5 Da sagte er zu den Knechten: »Bleibt
hier mit dem Esel! Ich gehe mit dem Jungen dort
hinauf, um mich vor Gott niederzuwerfen; dann
kommen wir wieder zurück.«
6 Abraham packte seinem Sohn die Holz-
scheite auf den Rücken; er selbst nahm das
Becken mit glühenden Kohlen und das Messer.
So gingen die beiden miteinander.
7 Nach einer Weile sagte Isaak: »Vater!«
»Ja, mein Sohn?«
»Feuer und Holz haben wir, aber wo ist das
Lamm für das Opfer?«
8 »Gott wird schon für ein Opferlamm
sorgen!«
So gingen die beiden miteinander. 9 Sie
kamen zu dem Ort, von dem Gott zu Abraham
gesprochen hatte. Auf dem Berg baute Abraham
einen Altar und schichtete die Holzscheite auf.
Er fesselte Isaak und legte ihn auf den Altar, oben
auf den Holzstoß.
10 Schon fasste er nach dem Messer, um sei-
nen Sohn zu schlachten, 11 da rief der Engel* des
HERRN vom Himmel her: »Abraham! Abraham!«
»Ja?«, erwiderte er, 12 und der Engel rief:
»Halt ein! Tu dem Jungen nichts zuleide! Jetzt
weiß ich, dass du Gott gehorchst. Du warst be-
reit, mir sogar deinen einzigen Sohn zu opfern.«
13 Als Abraham aufblickte, sah er einen einzel-
nen[a] Schafbock, der sich mit seinen Hörnern im
Gestrüpp verfangen hatte. Er ging hinüber,
nahm das Tier und opferte es anstelle seines Soh-
nes auf dem Altar. 14 Er nannte den Ort »Der
HERR sorgt vor«. Noch heute sagt man: »Auf dem
Berg des HERRN ist vorgesorgt.«
15 Noch einmal rief der Engel des HERRN vom
Himmel her 16 und sagte zu Abraham: »Ich
schwöre bei mir selbst, sagt der HERR: Weil du
mir gehorcht hast und sogar bereit warst, mir
deinen einzigen Sohn zu geben, 17 werde ich
dich segnen! Deine Nachkommen mache ich so
zahlreich wie die Sterne am Himmel und die
Sandkörner am Meeresstrand. Sie werden ihre
Feinde besiegen und ihre Städte erobern. 18 Bei
allen Völkern der Erde werden die Leute zuein-
ander sagen: ›Gott segne dich wie die Nachkom-
men Abrahams!‹[b] Das ist die Belohnung dafür,
dass du meinem Befehl gehorcht hast.«
19 Abraham kehrte wieder zu seinen Knech-
ten zurück und sie gingen miteinander nach
Beerscheba. Dort blieb Abraham wohnen.

Die Nachkommen Nahors

20 Bald danach erhielt Abraham die Nachricht:
»Auch Milka hat deinem Bruder Nahor Söhne
geboren.« 21–23 Es waren acht, die sie dem Bruder
Abrahams geboren hatte: Uz, der Erstgeborene,
Bus, Kemuël, von dem die Aramäer* abstam-
men, Kesed, Haso, Pildasch, Jidlaf und Betuël,
der Vater von Rebekka. 24 Außerdem hatte Na-
hors Nebenfrau Rëuma ihm die Söhne Tebach,
Gaham, Tahasch und Maacha geboren.

Sara stirbt und Abraham erwirbt ein Familiengrab im Land Kanaan

23 Sara wurde 127 Jahre alt, 2 dann starb sie
in Hebron, das damals Kirjat-Arba hieß,
im Land Kanaan*. Abraham trauerte um sie und
hielt die Totenklage. 3 Dann ging er von der Toten
weg, setzte sich zu den Hetitern* im Tor[c] und
sagte zu ihnen: 4 »Ich bin ein Fremder* und habe
nur Gastrecht bei euch. Verkauft mir ein Stück
Land als Grabstätte für meine Familie, damit ich
dort meine Frau zur letzten Ruhe betten kann!«[d]
5 Die Hetiter antworteten Abraham: 6 »Höre,
was wir dir vorschlagen, Herr! Wir ehren dich
als einen Mann, dem Gott Macht und Reichtum
gegeben hat. Bestatte doch deine Frau im vor-
nehmsten unserer Gräber! Jeder von uns wird
dir gerne sein Grab zur Verfügung stellen.«
7 Abraham stand auf, verneigte sich vor ihnen
8 und sagte: »Wenn ihr also damit einverstanden
seid, dass ich meine Frau hier bei euch bestatte,
dann legt bei Efron, dem Sohn Zohars, ein Wort
für mich ein! 9 Ich bitte ihn um die Höhle Mach-
pela am Ende seines Feldes. Er soll sie mir um
den vollen Preis verkaufen, damit ich hier bei
euch ein Familiengrab besitze.«
10 Efron saß selbst mitten unter den Hetitern,
die sich im Tor der Stadt versammelt hatten, und
in Gegenwart aller sagte er zu Abraham:
11 »Nein, mein Herr, hör mich an: Ich schenke
dir die Höhle und das Feld dazu! Hier vor allen
meinen Landsleuten schenke ich sie dir, damit
du deine Frau bestatten kannst!«
12 Abraham verneigte sich wieder vor den

a *einzelnen:* mit zahlreichen Handschriften und alten Übersetzungen; H *hinter sich.*
b *Bei allen Völkern ...:* oder *Durch deine Nachkommen werde ich alle Völker der Erde segnen* (siehe Anmerkung zu 12,3).
c *setzte sich ...:* wörtlich *sagte zu den Hetitern* (vgl. die Verse 7 und 10).
d Die Erwähnung einer Höhle (Vers 19) spricht für die Annahme, dass die Tote nicht in der Erde »begraben«, sondern in einer offenen Grablege in der Höhle beigesetzt werden sollte.

22,16 Hebr 6,13 **22,17** 12,2S **22,18** 26,4; 48,20 **22,20** 11,29 **23,4** Hebr 11,9.13

Hetitern 13 und sagte zu Efron in Gegenwart
aller: »Bitte, hör mich an: Ich zahle den Kauf-
preis für das Feld. Nimm ihn von mir an und lass
mich dort meine Frau bestatten.«

14 Efron erwiderte: 15 »Ach, mein Herr, hör
mich an: Ein Stück Land im Wert von 400 Silber-
stücken* – was bedeutet eine solche Kleinigkeit
schon zwischen uns beiden? Du kannst dort
deine Frau bestatten.«

16 Abraham ging darauf ein und wog Efron die
Summe ab, die dieser vor den versammelten
Hetitern genannt hatte, 400 Silberstücke nach
dem Gewicht, das die reisenden Händler benut-
zen. 17–18 So ging das Feld Efrons bei Machpela
östlich von Mamre in den Besitz Abrahams über.
Vor den Augen aller Männer, die im Tor versam-
melt waren, wurde das Feld samt der Höhle und
allen Bäumen darauf als Abrahams Eigentum be-
stätigt.

19 Dort in der Höhle bei Mamre, in Hebron im
Land Kanaan, legte Abraham seine Frau Sara zur
letzten Ruhe. 20 Das Feld mit der Höhle war nun
also von den Hetitern in den Besitz Abrahams
übergegangen, als Grabstätte für seine Familie.

Abrahams Knecht sucht eine Frau für Isaak

24 Abraham war sehr alt geworden. Der
HERR hatte ihn gesegnet und ihm alles
gelingen lassen. 2 Eines Tages sagte er zu seinem
ältesten Knecht, der seinen ganzen Besitz
verwaltete: »Leg deine Hand zwischen meine
Beine[a] 3 und schwöre mir! Versprich mir beim
HERRN, dem Gott des Himmels und der Erde,
dass du für meinen Sohn Isaak keine Frau aus-
wählst, die hier aus dem Land Kanaan* stammt.
4 Gib mir dein Wort, dass du in meine Heimat
gehst und ihm eine Frau aus meiner Verwandt-
schaft suchst.«

5 Der Besitzverwalter sagte: »Was soll ich aber
tun, wenn die Frau mir nicht hierher folgen will?
Soll ich dann deinen Sohn wieder in deine
Heimat zurückbringen?«

6 »Auf keinen Fall!«, sagte Abraham. »Das
darfst du niemals tun! 7 Der HERR, der Gott des
Himmels, wird seinen Engel* vor dir her-
schicken, sodass dein Auftrag gelingt und die
Frau dir folgen wird. Er hat mich aus meiner
Sippe und Heimat weggeholt und mir mit einem
Schwur zugesagt, dass er meinen Nachkommen
dieses Land geben wird. 8 Wenn die Frau dir
nicht folgen will, bist du nicht mehr an deinen
Schwur gebunden. Aber auf keinen Fall darfst du
meinen Sohn dorthin zurückbringen!«

9 Da legte der Verwalter seine Hand zwischen
die Beine Abrahams und schwor ihm, alles so
auszuführen, wie er es verlangt hatte. 10 Dann
machte er zehn von den Kamelen seines Herrn
reisefertig, nahm wertvolle Geschenke mit und
reiste nach Mesopotamien, in die Stadt, in der
die Familie von Abrahams Bruder Nahor lebte.

11 Als er dort ankam, hielt er an der Quelle vor
der Stadt an und ließ die Kamele niederknien. Es
war gegen Abend, um die Zeit, wenn die Frauen
zum Wasserholen herauskommen.

12 »HERR, du Gott meines Herrn Abraham«,
betete er, »gib mir Glück zu meinem Vorhaben!
Sei gut zu meinem Herrn und erfülle seinen
Wunsch! 13 Gleich werden die jungen Mädchen
aus der Stadt hierher kommen und Wasser
schöpfen. 14 Dann will ich eins von ihnen bitten:
›Reiche mir deinen Krug, damit ich trinken
kann!‹ Wenn das Mädchen sagt: ›Trink nur; ich
will auch deinen Kamelen zu trinken geben‹,
dann weiß ich: Sie ist es, die du für deinen
Diener Isaak bestimmt hast. Daran werde ich
erkennen, dass du zu meinem Herrn gut bist und
seinen Wunsch erfüllt hast.«

15 Kaum hatte er zu Ende gebetet, da kam aus
der Stadt ein Mädchen mit einem Wasserkrug
auf der Schulter. Es war Rebekka, die Tochter
von Betuël und Enkelin von Milka, der Frau von
Abrahams Bruder Nahor. 16 Sie war sehr schön
und noch nicht verheiratet; kein Mann hatte sie
berührt. Sie ging die Stufen zum Wasser hinab,
füllte ihren Krug, hob ihn auf die Schulter und
kam wieder herauf.

17 Schnell trat der Verwalter Abrahams auf sie
zu und bat sie: »Gib mir doch einen Schluck
Wasser aus deinem Krug!«

18 »Trink nur, Herr!«, sagte das Mädchen, ließ
sogleich den Krug auf ihre Hand herunter und
hielt ihn so, dass er trinken konnte. 19 Als er ge-
nug getrunken hatte, sagte sie: »Ich will noch
mehr Wasser holen, damit auch deine Kamele
trinken können!« 20 Sie leerte den Krug in die
Tränkrinne, stieg rasch wieder zur Quelle hinab
und schöpfte so lange, bis alle Kamele genug
hatten.

21 Abrahams Verwalter stand schweigend da-
bei und schaute ihr zu. Er wartete gespannt, ob
der HERR seine Reise gelingen lassen würde.

a Die Berührung des Zeugungsgliedes als »Quelle des Lebens« gibt dem Eid eine besondere Verbindlichkeit, und zwar besonders im Blick auf das nahe Ende Abrahams (entsprechend in 47,29 bei Jakob).

23,20 25,9-10; 47,30; 49,29-30; 50,13 **24,1** 12,2 **24,3** (keine fremdstämmige Frau) 26,34-35; 27,46; 28,6-9; 36,2-3; Dtn 7,1-4S **24,4** 28,1-2 **24,7** 12,1.7S **24,15** 22,21-23

22 Als die Kamele getrunken hatten, holte er für
Rebekka einen kostbaren goldenen Nasenring
und zwei schwere goldene Armreifen hervor
23 und sagte zu ihr: »Wessen Tochter bist du? Hat
dein Vater in seinem Haus vielleicht Platz für
uns, damit wir übernachten können?«

24 »Ich bin die Tochter von Betuël«, antwor-
tete sie; »es ist der Betuël, den die Milka dem
Nahor geboren hat. 25 Wir haben Platz genug
und auch Stroh und Futter für die Tiere.«

26 Da warf sich der Verwalter Abrahams vor
dem HERRN nieder und betete: 27 »Dank sei dir,
HERR, du Gott meines Herrn Abraham! Du hast
ihm deine Güte und Treue bewahrt und hast
mich geradewegs zu den Verwandten meines
Herrn geführt.«

Die Werbung um Rebekka

28 Das Mädchen lief inzwischen nach Hause zu
ihrer Mutter und erzählte, was sie erlebt hatte.
29–30 Sie hatte einen Bruder, der hieß Laban. Als
der den goldenen Schmuck sah und hörte, was
der Mann zu ihr gesagt hatte, lief er hinaus an
die Quelle. Dort wartete Abrahams Besitzver-
walter noch mit den Kamelen.

31 »Komm herein zu uns!«, rief Laban. »Du
bringst den Segen des HERRN mit. Warum bleibst
du hier draußen? Ich habe schon alles herrichten
lassen, auch für deine Kamele ist genug Platz.«

32 Da ging der Verwalter mit ins Haus. Laban
ließ die Kamele abzäumen und Streu und Futter
für sie holen. Dem Gast und seinen Leuten
brachte man Wasser, damit sie sich die Füße
waschen konnten. 33 Als sie ihm aber etwas zu
essen brachten, sagte er: »Ich esse erst, wenn ich
meinen Auftrag ausgerichtet habe.«

Laban forderte ihn auf zu reden, 34 und er
begann:

»Ich bin Abrahams Besitzverwalter. 35 Der
HERR hat meinen Herrn reich gesegnet und zu
hohem Ansehen gebracht. Er hat ihm viele
Schafe, Ziegen und Rinder gegeben, dazu Silber
und Gold, Sklaven und Sklavinnen, Kamele und
Esel. 36 Auch hat Sara, die Frau meines Herrn,
ihm in ihrem Alter noch einen Sohn geboren,
dem er seinen ganzen Besitz vermacht hat.

37 Nun hat mein Herr mich einen Eid schwö-
ren lassen und hat mir aufgetragen: ›Du darfst
für meinen Sohn Isaak keine Frau aus dem Land
Kanaan* wählen. 38 Geh zu meinen Verwand-
ten, zur Familie meines Vaters, und hole ihm
von dort eine Frau.‹

39 Als ich einwandte, dass die Frau mir viel-
leicht nicht in das fremde Land folgen werde,
40 da sagte er: ›Der HERR, nach dessen Willen ich
mich immer gerichtet habe, wird seinen Engel*
mit dir schicken und deine Reise gelingen lassen,
sodass du für meinen Sohn eine Frau aus meiner
Verwandtschaft, aus der Familie meines Vaters,
findest. 41 Wenn meine Verwandten dir aber
keine Frau für meinen Sohn geben wollen, bist
du nicht mehr an deinen Schwur gebunden.‹

42 Als ich nun heute an die Quelle kam, betete
ich zum HERRN und sagte: ›Gott Abrahams,
meines Herrn, wenn du doch meine Reise
gelingen lassen wolltest! 43 Ich stehe hier an der
Quelle und bitte dich um ein Zeichen: Zu dem
ersten heiratsfähigen Mädchen, das heraus-
kommt, will ich sagen: Gib mir doch einen
Schluck aus deinem Krug! 44 Wenn sie darauf
sagt: Trink nur, und auch deinen Kamelen will
ich zu trinken geben – dann weiß ich: Sie ist es,
die du, HERR, für den Sohn meines Herrn
bestimmt hast.‹

45 Kaum hatte ich diese Worte in meinem
Herzen gesprochen, da kam Rebekka mit dem
Krug auf der Schulter, stieg die Stufen zur Quelle
hinab und schöpfte Wasser. Ich sagte zu ihr: ›Gib
mir doch etwas zu trinken!‹ 46 Da ließ sie
sogleich ihren Krug von der Schulter herunter
und sagte: ›Trink nur, und auch deinen Kamelen
will ich zu trinken geben!‹

Als alle Tiere getrunken hatten, 47 fragte
ich sie nach ihrem Vater, und sie sagte mir,
dass es Betuël sei, der Sohn Nahors von seiner
Frau Milka. Da legte ich ihr den goldenen Ring
an die Nase und die Goldreifen um ihre Arme.
48 Und dann warf ich mich nieder und dankte
dem HERRN, dem Gott meines Herrn Abraham,
dass er mich geradewegs zum Bruder meines
Herrn geführt hat und ich jetzt dessen Tochter[a]
als Frau für den Sohn meines Herrn erbitten
kann.

49 Sagt mir nun also, ob ihr meinem Herrn
gut seid und seinen Wunsch erfüllen wollt!
Wenn nicht, dann muss ich anderswo suchen.«

50 Laban und seine Familie[b] erwiderten: »Das
hat der HERR gefügt! Wir können seine Entschei-
dung nur annehmen. 51 Hier ist Rebekka, nimm
sie mit! Sie soll den Sohn deines Herrn heiraten,
wie der HERR es bestimmt hat.«

52 Als Abrahams Verwalter das hörte, warf er
sich auf die Erde und dankte dem HERRN. 53 Dar-
auf packte er Silber- und Goldschmuck und fest-

a *Tochter* wird hier für die Enkeltochter gebraucht.
b Wörtlich *Laban und Betuël.* Betuël tritt sonst nirgends in dieser Geschichte auf. Die Rolle, die Rebekkas Bruder Laban spielt (Verse 29-33 und 54-55), lässt darauf schließen, dass er zu diesem Zeitpunkt nicht mehr lebt.

liche Kleider aus und gab sie Rebekka. Auch
ihrem Bruder und ihrer Mutter gab er kostbare
Geschenke.

Rebekka kommt zu Isaak

54 Dann aßen und tranken die Gäste und legten
sich schlafen. Am anderen Morgen sagte Abra-
hams Verwalter zum Bruder des Mädchens und
zu seiner Mutter: »Lasst mich jetzt zu meinem
Herrn zurückkehren!«

55 Die beiden baten ihn: »Lass sie doch noch
eine Weile bei uns bleiben, nur zehn Tage; dann
kann sie mit dir gehen!«

56 Er aber sagte: »Haltet mich nicht auf! Gott
in seiner Güte hat meine Reise gelingen lassen.
Ich möchte jetzt zu meinem Herrn zurück-
kehren.«

57 »Wir rufen das Mädchen«, sagten die
beiden, »sie soll selbst entscheiden.«

58 Sie riefen Rebekka und fragten sie: »Willst
du mit diesem Mann mitgehen?«

Rebekka sagte: »Ja, das will ich.«

59 Da verabschiedeten sie Rebekka und ihre
Amme und auch den Verwalter Abrahams mit
seinen Leuten. 60 Sie segneten Rebekka und
sagten: »Schwester, du sollst die Mutter von
vielen Tausenden werden! Mögen deine Nach-
kommen ihre Feinde besiegen und ihre Städte
erobern!«

61 Rebekka und ihre Dienerinnen machten
sich reisefertig, setzten sich auf die Kamele und
zogen mit dem Besitzverwalter Abrahams. So
brach er mit Rebekka in seinem Gefolge auf.

62 Isaak wohnte zu der Zeit im südlichsten
Teil des Landes in der Nähe des Brunnens Lahai-
Roi.[a] 63 Eines Abends, als er gerade auf dem Feld
war,[b] sah er auf einmal Kamele daherkommen.

64 Auch Rebekka hatte Isaak erblickt. Schnell
stieg sie vom Kamel und fragte den Verwalter
Abrahams: 65 »Wer ist der Mann, der uns dort
entgegenkommt?«

»Es ist mein Herr«, erwiderte er; und Rebekka
bedeckte ihr Gesicht mit dem Schleier.

66 Der Besitzverwalter erzählte Isaak, wie
alles gegangen war, 67 und Isaak führte Rebekka
in das Zelt seiner Mutter Sara. Er nahm sie zur
Frau und gewann sie lieb. So wurde er über den
Verlust seiner Mutter getröstet.

Abrahams weitere Nachkommen und sein Tod

(1 Chr 1,32-33)

25 Abraham heiratete noch einmal, die Frau
hieß Ketura. 2 Sie gebar ihm die Söhne
Simran, Jokschan, Medan, Midian*, Jischbak
und Schuach. 3 Jokschan zeugte Saba* und
Dedan*, und von Dedan stammen die Aschuri-
ter, die Letuschiter und Lëummiter ab. 4 Midians
Söhne waren Efa, Efer, Henoch, Abida und
Eldaga. Sie alle stammen von Abrahams Frau
Ketura.

5 Abraham übergab Isaak seinen gesamten
Besitz. 6 Den Söhnen seiner Nebenfrauen gab er
eine Abfindung und schickte sie noch zu seinen
Lebzeiten in das Land im Osten. Sie sollten nicht
mit seinem Sohn Isaak zusammenbleiben.

7 Abraham wurde 175 Jahre alt; 8 dann starb
er, gesättigt von einem langen und erfüllten
Leben, und wurde im Tod mit seinen Vorfahren
vereint. 9 Seine Söhne Isaak und Ismaël bestat-
teten ihn in der Höhle Machpela. Sie liegt auf
dem Feld östlich von Mamre, das dem Hetiter*
Efron gehört hatte 10 und das Abraham von den
Hetitern erwarb. Dort waren nun also Abraham
und seine Frau Sara zur letzten Ruhe gebettet.[c]

11 Nach Abrahams Tod segnete Gott dessen
Sohn Isaak. Isaak wohnte beim Brunnen Lahai-
Roi.

Die Nachkommen Ismaëls

(1 Chr 1,28-31)

12 Dies ist die Geschichte Ismaëls, des Sohnes
Abrahams, den Hagar, die ägyptische Sklavin
Saras, ihm geboren hatte:

13 Von den Söhnen Ismaëls kommen die
Ismaëliter mit ihren Stämmen. Ismaëls Söhne
waren: Nebajot, der Erstgeborene, Kedar,
Adbeel, Mibsam, 14 Mischma, Duma, Massa,
15 Hadad, Tema, Jetur, Nafisch und Kedma.
16 Nach ihnen werden die Stämme der Ismaëliter
benannt, die in Dörfern und Zeltlagern wohnen;
zwölf Stämme mit je einem Oberhaupt an der
Spitze.

17 Ismaël wurde 137 Jahre alt; dann starb er
und wurde im Tod mit seinen Vorfahren vereint.
18 Seine Nachkommen wohnten im Gebiet zwi-
schen Hawila und Schur, das östlich von Ägyp-

a *in der Nähe ...:* vermutlicher Sinn; H *er kam vom Kommen vom Brunnen Lahai-Roi;* G *er ging durch die Wüste zum Brunnen Lahai-Roi.*

b Es folgt noch die Angabe *um zu ...* Die Bedeutung des ausgelassenen Wortes ist unbekannt; alte Übersetzungen: *um nachzudenken/zu beten.*

c Siehe Anmerkung zu 23,4.

24,60 22,17 **24,62** 16,14 **25,9-10** 23,20 S **25,11** 24,1; 26,3.12 **25,12** 16,11; 21,13 **25,18** 16,12

ten am Karawanenweg nach Assur* liegt. Von
ihnen gilt, was über Ismaël gesagt wurde:
»Seinen Brüdern setzt er sich vors Gesicht.«[a]

Rebekka bekommt Zwillinge

19 Dies ist die Geschichte Isaaks, des Sohnes
Abrahams:

Abraham zeugte Isaak. 20 Als Isaak 40 Jahre
alt war, heiratete er Rebekka, die Tochter von
Betuël aus dem oberen Mesopotamien, die
Schwester Labans. 21 Rebekka aber bekam keine
Kinder. Deshalb betete Isaak zum HERRN, und
der HERR erhörte seine Bitte. Rebekka empfing
Zwillinge.[b]

22 Als die Kinder im Mutterleib heftig gegen-
einander stießen, sagte sie: »Wenn es so steht,
warum bin ich dann schwanger geworden?«[c]
Sie ging, um den HERRN zu befragen, 23 und der
HERR gab ihr die Antwort:

»Zwei Völker trägst du jetzt in deinem Leib,
in deinem Schoß beginnen sie zu streiten.
Das eine wird das andere unterwerfen:
der Erstgeborene wird dem Zweiten dienen.«

24 Als die Zeit der Entbindung kam, brachte
Rebekka tatsächlich Zwillingsbrüder zur Welt.
25 Der erste, der herauskam, war am ganzen Kör-
per mit rötlichen Haaren bedeckt; sie nannten
ihn Esau.[d] 26 Danach kam sein Bruder heraus,
der hielt Esau an der Ferse fest; darum nannten
sie ihn Jakob.[e]

Ihr Vater Isaak war 60 Jahre alt, als die beiden
geboren wurden.

Esau verkauft sein Erstgeburtsrecht

27 Die Kinder wuchsen heran. Esau wurde ein
Jäger, der am liebsten in der Steppe umher-
streifte. Jakob wurde ein häuslicher, ruhiger
Mensch, der bei den Zelten blieb. 28 Ihr Vater,
der gerne Wild aß, hatte eine Vorliebe für Esau;
Jakob aber war der Liebling der Mutter.

29 Als Esau einmal erschöpft nach Hause kam,
hatte Jakob gerade Linsen gekocht. 30 »Gib mir
schnell etwas von dem roten Zeug da, dem
roten«, rief Esau, »ich bin ganz erschöpft!« Da-
her bekam Esau den Beinamen Edom.[f]

31 Jakob sagte: »Nur wenn du mir vorher dein
Erstgeburtsrecht abtrittst!«

32 »Ich sterbe vor Hunger«, erwiderte Esau,
»was nützt mir da mein Erstgeburtsrecht!«

33 »Das musst du mir zuvor schwören!«, sagte
Jakob.

Esau schwor es ihm und verkaufte so sein
Erstgeburtsrecht an seinen Bruder. 34 Dann gab
ihm Jakob eine Schüssel gekochte Linsen und
ein Stück Brot. Als Esau gegessen und getrunken
hatte, stand er auf und ging weg. Sein Erstge-
burtsrecht war ihm ganz gleichgültig.

Isaak und Rebekka in Gerar

26 Wieder einmal, wie schon zur Zeit Abra-
hams, brach über das Land eine Hungers-
not herein. Isaak suchte bei dem Philisterkönig*
Abimelech in Gerar Zuflucht.

2 Der HERR war ihm erschienen und hatte
gesagt: »Geh nicht nach Ägypten! Ich will dir
sagen, wo du bleiben kannst. 3 Lebe hier im
Land Kanaan* als Fremder, dann werde ich dir
beistehen und dich segnen. Dir und deinen
Nachkommen will ich alle diese Landstriche
geben. Ich halte den Eid, den ich deinem Vater
Abraham geschworen habe. 4 Ich mache deine
Nachkommen so zahlreich wie die Sterne am
Himmel und gebe ihnen dieses ganze Land. Bei
allen Völkern der Erde wird man dann zueinan-
der sagen: ›Gott segne dich wie die Nachkom-
men Isaaks!‹[g] 5 Das ist der Lohn dafür, dass
Abraham meinem Befehl gehorcht und alle
meine Gebote und Weisungen befolgt hat.«

6 So blieb Isaak in Gerar. 7 Als die Männer
dort seine Frau Rebekka sahen, fragten sie ihn
nach ihr. Da fürchtete er, sie könnten ihn ihret-
wegen umbringen, weil sie so schön war. Des-
halb sagte er: »Sie ist meine Schwester.«

8 Isaak lebte mit seiner Frau schon längere
Zeit in Gerar, da schaute König Abimelech eines
Tages zum Fenster hinaus und sah, wie Isaak
und Rebekka sich umarmten. 9 Er rief ihn zu sich
und hielt ihm vor: »Sie ist ja deine Frau! Warum
hast du sie für deine Schwester ausgegeben?«

»Ich hatte Angst, es würde mich sonst das
Leben kosten«, erwiderte Isaak.

10 Doch Abimelech sagte: »In welche Gefahr

a *Von ihnen gilt …:* wörtlich *Er setzte sich seinen Brüdern vors Gesicht;* siehe 16,12 und Anmerkung dort.
b *Zwillinge:* verdeutlichender Zusatz. c Wörtlich *»Wenn so, warum ich?«*
d Der Name wird nicht erklärt; das Wort für *rötlich* erinnert an den Namen Edom (das Volk, als dessen Stammvater Esau gilt; vgl. 36,1), das Wort für *mit Haaren bedeckt* an den Namen Seïr (Bergland, Wohnsitz der Edomiter*).
e *Jakob* wird hier als »Fersenhalter«, an anderer Stelle als »Betrüger« gedeutet (27,36). Der ursprüngliche Sinn ist vermutlich »Gott möge (dich) schützen«.
f *Edom* klingt ähnlich wie das hebräische Wort für *rot.* g Siehe Anmerkung zu 22,18.

25,21 (keine Kinder) 11,30; 18,11-14; 29,31; Ri 13,2-3; 1 Sam 1,2; Lk 1,7 **25,23** 27,29.37; Mal 1,2-3; Röm 9,10-12 **25,26 a** Hos 12,4 **25,33 b** Hebr 12,16 **26,1-11** 12,10-20 S **26,3-4** 12,2 S; 12,7 S; 22,18 S

hast du uns da gebracht! Wie leicht hätte es
geschehen können, dass einer meiner Männer
mit ihr geschlafen hätte! Dann hättest du uns in
schwere Schuld gestürzt.«
11 Allen seinen Leuten ließ Abimelech
bekannt geben: »Wer diesen Mann oder seine
Frau antastet, muss sterben.«

Streit mit den Philistern um die Brunnen

12 Isaak säte in Gerar Getreide aus und erntete in
diesem Jahr hundertmal so viel, wie er gesät
hatte. Denn der HERR segnete ihn. 13 Auch
weiterhin vermehrte sich Isaaks Besitz, und er
wurde ein sehr reicher Mann. 14 Er hatte so viele
Schafe, Ziegen, Rinder und Knechte, dass die
Philister* neidisch wurden. 15 Deshalb schütte-
ten sie alle Brunnen zu, die von den Knechten
seines Vaters Abraham gegraben worden waren.
16 Abimelech sagte zu Isaak: »Zieh von uns
weg! Du bist uns zu mächtig geworden.« 17 So
verließ Isaak das Stadtgebiet und schlug sein
Lager im Tal von Gerar auf. 18 Er legte die
Brunnen wieder frei, die von den Leuten
Abrahams gegraben und nach dessen Tod von
den Philistern zugeschüttet worden waren, und
er gab ihnen wieder die alten Namen, die sein
Vater ihnen gegeben hatte.
19 Als die Knechte Isaaks im Tal gruben,
stießen sie auf eine Quelle. 20 Die Hirten von
Gerar machten den Hirten Isaaks die Quelle
streitig und erklärten: »Das Wasser gehört uns!«
Deshalb nannte Isaak den Brunnen Esek (Streit).
21 Seine Leute gruben einen weiteren Brunnen,
und auch um den gab es Streit; deshalb nannte
er ihn Sitna (Zank).
22 Dann zog er von dort weg und grub an
anderer Stelle einen Brunnen. Diesmal gab es
keinen Streit. Da sagte Isaak: »Jetzt hat der HERR
uns freien Raum gegeben; hier werden wir uns
ausbreiten können.« Deshalb nannte er den
Brunnen Rehobot (Weite).

Die Philister erkennen, dass Gott Isaak segnet

23 Von da aus zog Isaak weiter nach Beerscheba.
24 In der ersten Nacht erschien ihm dort der
HERR und sagte zu ihm: »Ich bin der Gott deines
Vaters Abraham. Hab keine Angst; ich stehe dir
bei! Ich will dich segnen und dir viele Nachkom-
men geben, wie ich es meinem Diener Abraham
versprochen habe.«
25 Isaak baute an der Stelle einen Altar* und
rief im Gebet den Namen* des HERRN an. Er
schlug sein Lager dort auf, und seine Knechte
begannen einen Brunnen zu graben.
26 Da besuchte ihn König Abimelech aus
Gerar mit seinem Ratgeber Ahusat und seinem
Heerführer Pichol. 27 »Warum kommt ihr zu
mir?«, fragte Isaak. »Ihr habt mich doch wie
einen Feind behandelt und von euch fortgejagt!«
28 Sie antworteten: »Wir haben erkannt, dass
der HERR auf deiner Seite steht. Deshalb haben
wir gedacht, wir sollten einen Friedensvertrag
schließen und ihn durch einen feierlichen Eid
bekräftigen. 29 Versprich uns, dass du uns keinen
Schaden zufügen willst! Wir haben dir ja auch
nichts zuleide getan; wir haben dir nur Gutes
erwiesen und dich in Frieden ziehen lassen. Es
ist offenkundig, dass der HERR dich segnet.«
30 Isaak ließ ein Festmahl zubereiten und sie
aßen und tranken miteinander. 31 Am anderen
Morgen schworen sie einen feierlichen Eid, sich
gegenseitig keinen Schaden zu tun. Isaak verab-
schiedete die drei und ließ sie in Frieden ziehen.
32 Am selben Tag kamen die Knechte, die den
Brunnen gruben, zu Isaak und berichteten: »Wir
sind auf Wasser gestoßen!« 33 Da nannte Isaak
den Brunnen Schiba (Schwur). Deshalb heißt der
Ort bis zum heutigen Tag Beerscheba.[a]

Esaus Frauen

34 Als Esau 40 Jahre alt war, heiratete er zwei
Hetiterinnen*, Jehudit, die Tochter von Beeri,
und Basemat, die Tochter von Elon. 35 Darüber
waren Isaak und Rebekka sehr bekümmert.

Isaak will seinen Erstgeborenen segnen. Rebekkas List

27 Isaak war alt geworden und konnte nicht
mehr sehen. Da rief er eines Tages seinen
älteren Sohn Esau zu sich und sagte: »Mein
Sohn!«
»Ja, Vater?«, erwiderte Esau.
2 Isaak sagte: »Ich bin alt und weiß nicht, wie
lange ich noch lebe. 3 Deshalb nimm Pfeil und
Bogen, jage ein Stück Wild 4 und bereite mir ein
leckeres Gericht, wie ich es gern habe. Ich will
mich stärken, damit ich dich segnen kann, bevor
ich sterbe.«
5 Rebekka hatte das Gespräch mit angehört.
Als Esau gegangen war, um für seinen Vater das
Wild zu jagen, 6 sagte sie zu Jakob: »Ich habe
gehört, wie dein Vater zu deinem Bruder Esau
sagte: 7 ›Jage mir ein Stück Wild und bereite mir
ein leckeres Gericht! Ich will mich stärken und

a Siehe Anmerkung zu 21,31.

26,24 12,2S **26,26** 21,22 **26,33** 21,31 **26,34-35** 24,3S **27,3** 25,28

dich segnen, bevor ich sterbe.‹ 8 Darum hör auf
mich, mein Sohn, und tu, was ich dir sage: 9 Hol
mir von der Herde zwei schöne Ziegenböck-
chen! Ich werde daraus ein leckeres Gericht
bereiten, wie es dein Vater gern hat. 10 Das
bringst du ihm dann, damit er dich vor seinem
Tod segnet.«

11 »Aber Esaus Haut ist behaart und meine ist
glatt«, erwiderte Jakob. 12 »Wenn mich nun mein
Vater betastet, merkt er den Betrug, und statt
mich zu segnen, verflucht er mich.«

13 Doch seine Mutter beruhigte ihn: »Der
Fluch soll auf mich fallen, mein Sohn! Tu, was
ich dir gesagt habe, und bring mir die Böck-
chen!«

14 Jakob holte sie, und seine Mutter bereitete
ein Gericht zu, wie sein Vater es gern hatte.
15 Darauf holte Rebekka das Festgewand Esaus,
ihres Älteren, das sie bei sich aufbewahrte, und
zog es ihrem jüngeren Sohn Jakob an. 16 Die Felle
der Böckchen legte sie ihm um die Handgelenke
und um den glatten Hals. 17 Dann gab sie ihm
das leckere Fleischgericht und dazu Brot, das sie
frisch gebacken hatte.

Jakob wird anstelle seines Bruders gesegnet

18 Jakob ging zu Isaak ins Zelt und sagte: »Mein
Vater!«

»Ja«, sagte Isaak; »welcher von meinen
Söhnen bist du?«

19 »Esau, dein Erstgeborener«, antwortete
Jakob. »Ich habe deinen Wunsch erfüllt. Setz
dich auf und iss von meinem Wild, damit du
mich segnen kannst.«

20 »Wie hast du so schnell etwas gefunden,
mein Sohn?«, fragte Isaak.

Jakob erwiderte: »Der HERR, dein Gott, hat es
mir über den Weg laufen lassen.«

21 »Tritt näher«, sagte Isaak, »ich will fühlen,
ob du wirklich mein Sohn Esau bist.«

22 Jakob trat zu seinem Vater. Der betastete
ihn und sagte: »Die Stimme ist Jakobs Stimme,
aber die Hände sind Esaus Hände.« 23 Er er-
kannte Jakob nicht, weil seine Hände behaart
waren wie die seines Bruders. Darum wollte er
ihn segnen.

24 Aber noch einmal fragte Isaak: »Bist du
wirklich mein Sohn Esau?«

Jakob antwortete: »Ja, der bin ich.«

25 »Dann bring mir das Gericht!«, sagte Isaak.
»Ich will von dem Wild meines Sohnes essen
und ihn dann segnen.«

Jakob gab ihm das Gericht und sein Vater aß,
dann reichte er ihm Wein und er trank.

26 Darauf sagte Isaak: »Komm her, mein
Sohn, und küsse mich!«

27 Jakob trat heran und küsste ihn. Isaak roch
den Duft seiner Kleider, da sprach er das Segens-
wort:

»Mein Sohn, du duftest kräftig wie die Flur,
wenn sie der HERR mit seinem Regen tränkt.
28 Gott gebe dir den Tau vom Himmel
und mache deine Felder fruchtbar,
damit sie Korn und Wein in Fülle tragen!
29 Nationen sollen sich vor dir verneigen,
und Völker sollen deine Diener werden.
Du wirst der Herrscher deiner Brüder sein,
sie müssen sich in Ehrfurcht vor dir beugen.
Wer dich verflucht, den soll das Unglück treffen;
doch wer dir wohl will, soll gesegnet sein!«

Isaak kann den Segen nicht rückgängig machen

30 So segnete Isaak seinen Sohn Jakob. Kaum
aber war er damit fertig und kaum war Jakob aus
dem Zelt gegangen, da kam auch schon sein
Bruder Esau von der Jagd zurück. 31 Auch er
bereitete ein leckeres Gericht, brachte es zu
seinem Vater und sagte: »Mein Vater, setz dich
auf und iss von meinem Wild, damit du mich
segnen kannst!«

32 »Wer bist denn *du*?«, fragte Isaak.

»Dein Sohn Esau, dein Erstgeborener«, war
die Antwort.

33 Da begann Isaak vor Schreck heftig zu
zittern. »Wer?«, rief er. »Wer war dann der, der so-
eben von mir ging? Er hat ein Wild gejagt und es
mir gebracht, und ich habe davon gegessen, bevor
du kamst. Ich habe ihn gesegnet und kann es
nicht mehr ändern – er wird gesegnet bleiben!«

34 Esau schrie laut auf, als er das hörte, voll
Schmerz und Bitterkeit. »Vater«, rief er, »segne
mich auch!«

35 Aber Isaak erwiderte: »Dein Bruder ist ge-
kommen und hat dich mit List um deinen Segen
gebracht.«

36 »Zu Recht trägt er den Namen Jakob«, sagte
Esau. »Schon zum zweiten Mal hat er mich be-
trogen:[a] Erst nahm er mir das Erstgeburtsrecht
und jetzt auch noch den Segen. Hast du denn
keinen Segen mehr für mich übrig?«

37 Isaak antwortete: »Ich habe ihn zum Herr-
scher über dich gemacht; alle seine Brüder müs-
sen ihm dienen. Mit Korn und Wein habe ich

a Siehe Anmerkung zu 25,26.

27,27-29 Hebr 11,20; Sir 44,22-23 **27,29** 25,23; 12,3S **27,35-36** 25,26.29-34

ihn reichlich versehen. Was bleibt mir da noch
für dich, mein Sohn?«

38 Esau sagte: »Hast du nur den *einen* Segen,
Vater? Segne mich auch!« Und er begann laut zu
weinen.

39 Da sagte Isaak:

»Weit weg von guten Feldern wirst du wohnen,
kein Tau vom Himmel wird dein Land
befeuchten,
40 ernähren musst du dich mit deinem Schwert!
Du wirst der Sklave deines Bruders sein;
doch eines Tages stehst du auf und wehrst dich
und wirfst sein Joch* von deinen Schultern ab!«

Rebekka rät Jakob zur Flucht

41 Esau konnte es Jakob nicht vergessen, dass er
ihn um den väterlichen Segen gebracht hatte. Er
dachte: »Mein Vater lebt nicht mehr lange.
Wenn die Trauerzeit vorüber ist, werde ich mei-
nen Bruder Jakob umbringen.«

42 Rebekka wurde zugetragen, dass ihr älterer
Sohn Esau solche Reden führte. Da ließ sie Jakob,
den jüngeren Sohn, rufen und sagte zu ihm:
»Dein Bruder Esau will sich an dir rächen und
dich umbringen. 43 Darum hör auf mich, mein
Sohn! Flieh nach Haran zu meinem Bruder
Laban! 44 Bleib einige Zeit dort, bis sich der Zorn
deines Bruders gelegt hat – 45 bis er dir nicht
mehr so böse ist und nicht mehr daran denkt,
was du ihm angetan hast. Ich werde dir Nach-
richt schicken, wenn du wieder zurückkehren
kannst. Ich will euch doch nicht beide an *einem*
Tag verlieren!«

Jakob soll eine Frau aus der alten Heimat heiraten

46 Rebekka sagte zu Isaak: »Das Leben ist mir verlei-
det, weil Esau diese Hetiterinnen* geheiratet hat.
Wenn auch noch Jakob eine Frau aus dem Land
hier nimmt, möchte ich lieber gleich sterben.«

28 Da rief Isaak seinen Sohn Jakob zu sich.
Er segnete ihn und sagte: »Du darfst auf
keinen Fall eine Frau aus dem Land Kanaan* hei-
raten! 2 Geh nach Mesopotamien zur Familie
Betuëls, des Vaters deiner Mutter, und nimm dir
eine von den Töchtern Labans, des Bruders
deiner Mutter, zur Frau. 3 Gott, der Gewaltige*,
wird dich segnen. Er wird dich fruchtbar
machen[a] und dir viele Nachkommen schenken,
sodass aus dir eine ganze Schar von Völkern
wird. 4 Auf dich und deine Nachkommen wird
der Segen übergehen, den Abraham empfangen
hat: Sie werden das Land in Besitz nehmen, in
dem du noch als Fremder lebst und das Gott einst
Abraham zugesprochen hat.«

5 Nachdem Isaak ihn verabschiedet hatte,
ging Jakob ins obere Mesopotamien zu Laban,
dem Sohn des Aramäers* Betuël, dem Bruder
von Rebekka, seiner und Esaus Mutter.

6 Das alles erfuhr Esau: Sein Vater Isaak hatte
seinen Bruder Jakob gesegnet und nach Mesopo-
tamien geschickt, damit er sich dort eine Frau
suche. Als er ihn segnete, hatte er ihm befohlen:
»Du darfst auf keinen Fall eine Frau aus dem
Land Kanaan heiraten!« 7 Und Jakob hatte
seinem Vater und seiner Mutter gehorcht und
war nach Mesopotamien gegangen.

8 Da begriff Esau, dass die Frauen Kanaans
seinem Vater zuwider waren. 9 Er ging zu Ismaël
und nahm zu seinen anderen Frauen hinzu noch
dessen Tochter Mahalat, die Schwester Nebajots
und Enkelin Abrahams, zur Frau.

Jakobs Traum von der »Himmelsleiter«

10 Jakob machte sich auf den Weg von Beer-
scheba nach Haran. 11 Er kam an einen Platz und
übernachtete dort, weil die Sonne gerade unter-
gegangen war. Hinter seinen Kopf legte er einen
der großen Steine, die dort umherlagen.

Während er schlief, 12 sah er im Traum eine
breite Treppe, die von der Erde bis zum Himmel
reichte. Engel* stiegen auf ihr zum Himmel
hinauf, andere kamen zur Erde herunter.

13 Der HERR selbst stand ganz dicht bei Jakob[b]
und sagte zu ihm: »Ich bin der HERR, der Gott
deiner Vorfahren Abraham und Isaak. Das Land,
auf dem du liegst, will ich dir und deinen Nach-
kommen geben. 14 Sie werden so unzählbar sein
wie der Staub auf der Erde und sich nach allen
Seiten ausbreiten, nach West und Ost, nach
Nord und Süd. Am Verhalten zu dir und deinen
Nachkommen wird sich für alle Menschen
Glück und Segen entscheiden.[c] 15 Ich werde dir
beistehen. Ich beschütze dich, wo du auch hin-
gehst, und bringe dich wieder in dieses Land
zurück. Ich lasse dich nicht im Stich und tue
alles, was ich dir versprochen habe.«

16 Jakob erwachte aus dem Schlaf und rief:

a Siehe Anmerkung zu 8,17.
b Wörtlich *stand über ihm* (dem Liegenden); die Deutung *über ihr* (der Treppe) ist weniger wahrscheinlich.
c Siehe Anmerkung zu 12,3.

27,38 Hebr 12,17 **27,40** 2 Kön 8,20 **27,42** Weish 10,10 **27,43** 24,29 **27,46** 24,3S **28,2** 24,4 **28,3** 12,2S **28,4** 12,7S **28,6-9** 24,3S **28,12** Joh 1,51; Weish 10,10 **28,13** 12,7S **28,14** 12,2S; 12,3S

»Wahrhaftig, der HERR ist an diesem Ort, und ich
wusste es nicht!« 17 Er war ganz erschrocken
und sagte: »Man muss sich dieser Stätte in Ehr-
furcht nähern. Hier ist wirklich das Haus Gottes,
das Tor des Himmels!«

18 Früh am Morgen stand Jakob auf. Den
Stein, den er hinter seinen Kopf gelegt hatte,
stellte er als Steinmal auf und goss Öl darüber,
um ihn zu weihen. 19 Er nannte die Stätte Bet-El
(Haus Gottes); vorher hieß der Ort Lus.

20 Dann legte Jakob ein Gelübde* ab: »Wenn
der HERR mir beisteht«, sagte er, »wenn er mich
bewahrt auf der Reise, die ich jetzt antrete, wenn
er mir Nahrung und Kleidung gibt 21 und wenn
ich wohlbehalten wieder nach Hause zurück-
komme, dann soll er allein mein Gott sein. 22 Hier
an dieser Stelle, wo ich den Stein aufgestellt habe,
soll dann ein Heiligtum für ihn errichtet werden.
Von allem Besitz, den er mir schenken wird, wer-
de ich ihm den zehnten Teil geben.«

Jakob kommt zu Laban

29 Jakob machte sich auf den Weg und
wanderte weiter, dem Steppenland im
Osten zu.

2 Eines Tages kam er am Rand der Steppe zu
einem Brunnen, aus dem die Hirten der Gegend
ihr Vieh tränkten. Drei Herden Schafe und
Ziegen lagerten dort; aber der große Stein lag
noch auf dem Brunnenloch. 3 Die Hirten
warteten für gewöhnlich, bis alle Herden bei-
sammen waren; dann schoben sie den Stein
weg, tränkten die Tiere und schoben den Stein
wieder an seinen Platz.

4 »Meine Brüder, wo seid ihr zu Hause?«,
fragte Jakob die Hirten.

»In Haran«, antworteten sie.

5 Er fragte weiter: »Kennt ihr dort Laban, den
Sohn[a] Nahors?«

»Gewiss«, sagten sie.

6 »Geht es ihm gut?«, wollte Jakob wissen.

»O ja«, war die Antwort; »da drüben kommt
gerade seine Tochter Rahel mit ihrer Herde!«

7 »Warum wartet ihr eigentlich hier?«, sagte
Jakob. »Die Sonne steht noch hoch und es ist
zu früh, um die Herden zusammenzutreiben.
Tränkt sie und lasst sie wieder weiden!«

8 Die Hirten erwiderten: »Das geht nicht! Erst
müssen die anderen Herden hier sein. Dann
schieben wir miteinander den Stein weg und
geben dem Vieh zu trinken.«

9 Während er noch mit ihnen redete, war
auch schon Rahel mit der Herde herangekom-
men. Sie war Hirtin und hütete die Schafe und
Ziegen ihres Vaters.

10 Jakob sah Rahel und ihre Herde, und er
sagte sich: »Sie ist die Tochter Labans, des
Bruders meiner Mutter, und das hier sind die
Schafe und Ziegen Labans, des Bruders meiner
Mutter!« Und er ging zum Brunnen, schob den
Stein zur Seite und tränkte die Tiere Labans, des
Bruders seiner Mutter.

11 Dann küsste er Rahel und weinte laut. 12 Er
sagte ihr, dass er der Neffe ihres Vaters und ein
Sohn von Rebekka sei; und sie lief zu ihrem
Vater und erzählte es ihm.

13 Als Laban hörte, dass der Sohn seiner
Schwester gekommen war, lief er Jakob ent-
gegen. Er umarmte und küsste ihn und nahm
ihn mit sich in sein Haus.

Jakob erzählte ihm, was ihn hergeführt hatte.
14a Als Laban alles gehört hatte, sagte er zu ihm:
»Ja, du bist wahrhaftig mein eigen Fleisch und
Blut!«

Jakobs Heirat mit Lea und Rahel

14b Jakob war nun schon einen Monat lang im
Haus seines Onkels. 15 Eines Tages sagte Laban
zu ihm: »Du sollst nicht umsonst für mich
arbeiten, nur weil du mein Verwandter bist. Was
willst du als Lohn haben?«

16 Nun hatte Laban zwei Töchter, die ältere
hieß Lea, die jüngere Rahel. 17 Lea hatte glanz-
lose Augen, Rahel aber war ausnehmend schön.
18 Jakob liebte Rahel und so sagte er: »Gib mir
Rahel, deine jüngere Tochter, zur Frau! Ich will
dafür sieben Jahre bei dir arbeiten.«

19 Laban sagte: »Ich gebe sie lieber dir als
einem Fremden. Bleib also die Zeit bei mir!«

20 Jakob arbeitete bei Laban sieben Jahre für
Rahel, und weil er sie so sehr liebte, kamen ihm
die Jahre wie Tage vor. 21 Danach sagte er zu
Laban: »Die Zeit ist um. Gib mir jetzt die Frau,
um die ich gearbeitet habe! Ich will mit ihr Hoch-
zeit halten.«

22 Laban lud alle Leute im Ort zur Hochzeits-
feier ein. 23 Aber am Abend führte er nicht
Rahel, sondern Lea ins Brautgemach und Jakob
schlief mit ihr. 24 Als Dienerin gab Laban ihr
seine Sklavin Silpa.

25 Am Morgen sah Jakob, dass es gar nicht
Rahel, sondern Lea war. Da stellte er Laban zur
Rede: »Warum hast du mir das angetan? Ich habe
doch um Rahel gearbeitet! Warum hast du mich
betrogen?«

26 »Es ist bei uns nicht Sitte«, erwiderte Laban,

a *Sohn* wird hier für Enkel gebraucht; vgl. 25,20 und 28,5.

»die Jüngere vor der Älteren wegzugeben. 27 Verbringe jetzt mit Lea die Hochzeitswoche, dann geben wir dir Rahel noch dazu. Du wirst dann um sie noch einmal sieben Jahre arbeiten.«

28 Jakob ging darauf ein. Nachdem die Woche vorüber war, gab Laban ihm auch Rahel zur
Frau. 29 Als Dienerin gab er Rahel seine Sklavin Bilha.

30 Jakob schlief auch mit Rahel, und er hatte sie lieber als Lea. Er blieb noch einmal sieben Jahre lang bei Laban und arbeitete für ihn.

Gott schenkt Lea Söhne

31 Der HERR sah, dass Jakob Lea zurücksetzte, deshalb schenkte er ihr Kinder, während Rahel kinderlos blieb.

32 Als Lea ihren ersten Sohn geboren hatte, sagte sie: »Der HERR hat meinen Kummer gesehen; jetzt wird mein Mann mich lieben.« Deshalb nannte sie das Kind Ruben.[a]

33 Danach wurde sie wieder schwanger und gebar einen zweiten Sohn. Sie sagte: »Der HERR hat mir auch noch diesen gegeben, weil er gehört hat, dass mein Mann mich zurückgesetzt hat.« So nannte sie ihn Simeon.

34 Wieder wurde sie schwanger und gebar einen Sohn. »Jetzt habe ich meinem Mann drei Söhne geboren«, sagte sie; »nun wird er vielleicht doch an mir hängen.« Deshalb nannte sie[b] ihn Levi.

35 Als sie schließlich ihren vierten Sohn zur Welt brachte, sagte sie: »Jetzt will ich dem HERRN danken«, und nannte ihn Juda. Dann bekam sie lange Zeit keine Kinder mehr.

Die Söhne der beiden Nebenfrauen

30 Als Rahel sah, dass Lea Kinder bekam und sie nicht, wurde sie eifersüchtig auf ihre Schwester und sagte zu Jakob: »Sorge dafür, dass ich Kinder bekomme, sonst will ich nicht länger leben!«

2 Jakob wurde zornig und sagte: »Kann denn ich etwas dafür? Ich bin doch nicht Gott, der dir Kinder versagt!«

3 Da sagte Rahel: »Hier hast du meine Dienerin Bilha. Schlafe mit ihr, damit sie an meiner Stelle ein Kind bekommt. Wenn sie es auf meinem Schoß zur Welt bringt, ist es wie mein eigenes.«

4 So gab Rahel ihm ihre Dienerin Bilha zur
Frau und er schlief mit ihr. 5 Bilha wurde
schwanger und gebar Jakob einen Sohn. 6 Rahel
sagte: »Gott hat mir zu meinem Recht verholfen, er hat meine Bitten gehört und mir einen Sohn geschenkt.« Darum nannte sie ihn Dan.[c]

7 Danach wurde Rahels Dienerin Bilha noch einmal schwanger und gebar Jakob einen weiteren Sohn. 8 Rahel sagte: »Mit Gottes Hilfe habe ich gegen meine Schwester gekämpft und habe gesiegt.« Und sie nannte ihn Naftali.

9 Als Lea sah, dass sie keine Kinder mehr bekam, gab sie Jakob ihre Dienerin Silpa zur
Frau. 10 Auch Silpa gebar Jakob einen Sohn.
11 »Er bringt Glück«, sagte Lea und nannte ihn Gad.[d]

12 Danach gebar Silpa noch einen zweiten
Sohn, 13 und Lea sagte: »Ich bin glücklich! Alle Frauen werden mich beneiden.« Darum nannte sie ihn Ascher.

Gott schenkt Rahel einen Sohn

14 Zur Zeit der Weizenernte ging Ruben einmal aufs Feld. Er fand dort Alraunfrüchte* und brachte sie seiner Mutter Lea.

Da bat Rahel ihre Schwester: »Gib mir doch ein paar von diesen Zauberfrüchten, die dein Sohn gefunden hat.«

15 Aber Lea sagte: »Reicht es dir nicht, dass du mir meinen Mann weggenommen hast? Musst du mir auch noch die Liebesäpfel meines Sohnes nehmen?«

Rahel erwiderte: »Wenn du sie mir gibst, soll Jakob meinetwegen heute Nacht bei dir schlafen.«

16 Als Jakob am Abend vom Feld nach Hause kam, ging ihm Lea entgegen und sagte: »Heute musst du bei *mir* schlafen; ich habe dafür mit den Liebesäpfeln meines Sohnes bezahlt.«

Jakob schlief bei ihr, 17 und Gott erhörte Leas
Bitte. Sie wurde schwanger und gebar Jakob
einen fünften Sohn. 18 Sie sagte: »Gott hat mich dafür belohnt, dass ich meinem Mann meine Dienerin gegeben habe.« Darum nannte sie ihn Issachar.[e]

19 Sie wurde noch einmal schwanger und
gebar Jakob einen sechsten Sohn. 20 Und sie
sagte: »Gott hat mir ein kostbares Geschenk gemacht. Jetzt endlich wird mein Mann mich an-

a *Ruben* (eigentlich »Seht, ein Sohn!«) wird hier durch ein hebräisches Wortspiel mit »Kummer sehen« gedeutet. Die drei folgenden Namen enthalten Anklänge an die hebräischen Wörter für Hören, Anhängen und Danken.
b *sie* mit alten Übersetzungen; H *er.*
c Die Namen in Vers 6 und 8 werden durch Anklänge an »Recht verschaffen« und »kämpfen« gedeutet.
d Die Namen in Vers 11 und 13 werden durch Anklänge an »Glück« und »glücklich« gedeutet.
e Die Namen in Vers 18 und 20 werden durch Anklänge an »belohnen« und »annehmen« gedeutet.
29,31 25,21 S **30,3** 16,2

nehmen, nachdem ich ihm sechs Söhne geboren habe.« Darum nannte sie ihn Sebulon.

21 Danach gebar sie noch eine Tochter und nannte sie Dina.

22 Da endlich dachte Gott an Rahel: Er erhörte ihr Gebet und öffnete ihren Mutterschoß. 23 Sie wurde schwanger und brachte einen Sohn zur Welt. Da sagte sie: »Gott hat meine Schande von mir genommen.« 24 Sie nannte ihn Josef und sagte: »Möge der HERR mir noch einen Sohn dazugeben!«[a]

Jakob kommt zu seinem verdienten Lohn

25 Nachdem Rahel Josef geboren hatte, sagte Jakob zu Laban: »Lass mich nun frei! Ich möchte in meine Heimat zurückkehren. 26 Gib mir meine Frauen und Kinder, die ich mit meiner Arbeit verdient habe, und lass mich ziehen! Du weißt, wie ich mich mit aller Kraft für dich eingesetzt habe.«

27 Aber Laban erwiderte: »Erweise mir die Gunst, noch zu bleiben! Ich habe genau gemerkt, dass der HERR mich deinetwegen gesegnet und mir Wohlstand geschenkt hat. 28 Was willst du künftig als Lohn? Ich gebe dir, was du verlangst.«

29 Jakob sagte: »Du weißt ja, was ich für dich getan habe und wie dein Vieh sich vermehrt hat. 30 Bevor ich kam, hattest du nur ein paar Tiere, und nun sind daraus so riesige Herden geworden. Für jeden meiner Schritte hat der HERR dich gesegnet. Jetzt muss ich endlich einmal an mich selbst denken und für meine Familie sorgen!«

31 »Sag doch, was verlangst du als Lohn?«, fragte Laban.

»Gar nichts«, sagte Jakob; »du musst nur eine einzige Bedingung erfüllen, dann werde ich auch weiterhin für deine Herden sorgen: 32–33 Ich werde heute aus deiner Herde alle schwarzen, schwarz gefleckten und schwarz gesprenkelten Schafe und alle weiß gescheckten und weiß gesprenkelten Ziegen entfernen. Wenn danach trotzdem noch ein gesprenkeltes oder geflecktes Ziegenlamm oder ein schwarzes Schaflamm geworfen wird, soll es mir als Lohn gehören. Du wirst künftig auf *einen* Blick sehen können, ob ich ehrlich gegen dich bin oder ob ich dich bestohlen habe: Die Farbe meiner Tiere wird für mich zeugen.«

34 »Einverstanden!«, antwortete Laban. »Wir machen es, wie du vorgeschlagen hast.« 35 Er suchte noch am gleichen Tag aus seiner Herde alle Ziegen und Ziegenböcke heraus, an denen etwas Weißes war, und alle Schafe, an denen etwas Schwarzes war. Er gab sie seinen Söhnen, 36 und die mussten damit drei Tagereisen weit wegziehen. Die restliche Herde blieb unter der Aufsicht Jakobs.

37 Nun schnitt sich Jakob Zweige von Pappeln, Mandelbäumen und Platanen und schälte Streifen von der Rinde ab. Diese weiß gestreiften Stecken 38 legte er in die Tränkrinnen, wenn die Tiere zum Trinken kamen; denn er wusste, dass sie sich dort paarten. 39 Und weil die Tiere beim Anblick der Stäbe begattet wurden, warfen sie lauter gestreifte, gesprenkelte und gescheckte Junge. 40 Außerdem ließ Jakob die Tiere bei der Paarung in Richtung auf die gestreiften und dunkelfarbigen Tiere der Herde Labans blicken. Die jungen Tiere nahm Jakob beiseite und bildete eine eigene Herde daraus.

41 Er legte die Stecken aber nur dann in die Tränkrinnen, wenn die kräftigen Tiere sich begatteten; 42 bei den schwächlichen Tieren tat er es nicht. So bekam Jakob die kräftigen Jungtiere und Laban die schwachen.

43 Auf diese Weise wurde Jakob sehr reich und besaß schließlich viele Herden, dazu Esel, Kamele, Sklaven und Sklavinnen.

Jakob, Rahel und Lea beschließen, Laban heimlich zu verlassen

31 Jakob kam zu Ohren, wie die Söhne Labans über ihn redeten. »Sein ganzer Reichtum gehört eigentlich unserem Vater«, sagten sie. »Alles, was er hat, hat er uns weggenommen.«

2 Auch Laban war ihm nicht mehr so wohlgesinnt wie früher. Wenn Jakob ihn sah, konnte er es deutlich an seinem Gesicht ablesen.

3 Da sagte der HERR zu Jakob: »Kehre in das Land deiner Vorfahren und zu deinen Verwandten zurück! Ich werde dir beistehen.«

4 Jakob ließ Rahel und Lea zu sich auf die Weide rufen. 5 Er sagte zu ihnen: »Ich merke genau, dass euer Vater mir nicht mehr so freundlich begegnet wie früher. Aber ich bin nur deshalb so reich geworden, weil[b] der Gott meines Vaters mir zur Seite stand.

6 Ihr wisst selbst, wie ich mit meiner ganzen Kraft für euren Vater gearbeitet habe. 7 Er hat mich betrogen und meinen Lohn zehnmal verändert; aber Gott hat nicht zugelassen, dass er

a *Josef* wird doppelt gedeutet: durch Anklang an »wegnehmen« (Vers 23) und an »hinzufügen« (Vers 24).
b *ich bin nur deshalb ...*: verdeutlichender Zusatz.

31,3 28,15

mir schaden konnte. 8 Wenn euer Vater sagte:
›Du bekommst die Gesprenkelten als Lohn‹,
wurden lauter gesprenkelte Tiere geboren; und
wenn er sagte: ›Nein, die Gestreiften‹, gab es
lauter gestreifte.

9 Gott selbst hat die Herden eurem Vater ge-
nommen und mir gegeben. 10 Während der
Brunstzeit der Tiere sah ich im Traum, dass alle
Böcke, die die Schafe und Ziegen besprangen, ge-
streift, gesprenkelt und gescheckt waren. 11 Der
Engel* Gottes rief mich im Traum beim Namen,
und als ich antwortete, 12 sagte er: ›Sieh genau
hin: Alle Böcke sind gestreift, gesprenkelt und ge-
scheckt; denn ich habe gesehen, was Laban dir
antut. 13 Ich bin der Gott, der dir in Bet-El begeg-
net ist; dort hast du mir einen Stein geweiht und
ein Gelübde* getan. Zieh jetzt aus diesem Land
fort und geh in deine Heimat zurück.‹«

14 Rahel und Lea antworteten Jakob: »Was ha-
ben wir noch von unserem Vater zu erwarten?
15 Er hat uns wie Fremde behandelt, verkauft hat
er uns und das Geld hat er für sich verbraucht.
16 Uns und unseren Kindern steht zu, was Gott
unserem Vater weggenommen hat. Tu, was Gott
dir gesagt hat!«

17 Da setzte Jakob seine Frauen und Kinder
auf die Kamele, 18 nahm sein ganzes Vieh und
alles, was er in Mesopotamien erworben hatte,
und machte sich auf den Weg ins Land Kanaan*
zu seinem Vater Isaak.

19 Laban war gerade zur Schafschur gegangen.
Rahel benutzte die Gelegenheit und entwendete
ihm seinen Hausgott*.

20 Jakob hielt seinen Aufbruch vor dem
Aramäer Laban geheim. 21 Fluchtartig machte er
sich auf und davon, überquerte den Eufrat und
zog in Richtung auf das Bergland Gilead*.

Gott schützt Jakob vor Laban. Rahels List

22 Zwei Tage später erfuhr Laban, dass Jakob
geflohen war. 23 Mit allen Männern aus seiner
Familie jagte er hinter ihm her, und nach sieben
Tagen holte er ihn im Bergland Gilead* ein.

24 Gott aber erschien dem Aramäer* Laban in
der Nacht im Traum und sagte zu ihm: »Hüte
dich, mit Jakob anders als freundlich zu reden!«

25 Als Laban Jakob einholte, hatte Jakob ge-
rade seine Zelte im Bergland aufgeschlagen.
Auch Laban und seine Verwandten schlugen
dort ihre Zelte auf.

26 Laban sagte zu Jakob: »Warum hast du mich
hintergangen und meine Töchter wie Kriegsge-
fangene weggeschleppt? 27 Warum hast du dich
heimlich davongemacht und mir nichts gesagt?
Ich hätte dir gerne mit Gesang und Zithern und
Handpauken das Geleit gegeben. 28 Warum hast
du mir nicht erlaubt, meine Töchter und Enkel
zum Abschied zu küssen? Das war nicht klug von
dir! 29 Ich hätte ja die Macht, mich an euch zu
rächen; aber der Gott eures Vaters hat mich heute
Nacht gewarnt: ›Hüte dich, mit Jakob anders als
freundlich zu reden!‹ 30 Nun gut, du hast mich
verlassen, weil es dich nach Hause zog; aber war-
um hast du mir auch noch meinen Hausgott* ge-
stohlen?«

31 Jakob erwiderte: »Ich hatte Angst, du
würdest nicht zulassen, dass deine Töchter mit-
kommen. 32 Aber deinen Hausgott? Wenn du ihn
hier bei irgendjemand findest – die Person muss
sterben! Durchsuche alles in Gegenwart der
Männer, die du mitgebracht hast, unserer Ver-
wandten, und nimm dir, was dir gehört.« Jakob
wusste nämlich nicht, dass Rahel den Hausgott
mitgenommen hatte.

33 Laban durchsuchte das Zelt Jakobs, das Zelt
Leas und das Zelt der beiden Nebenfrauen – ver-
geblich. Dann ging er zu Rahel. 34 Sie hatte
den Hausgott in den korbförmigen Sattel ihres
Kamels gelegt und sich darauf gesetzt.

Ihr Vater durchsuchte das ganze Zelt; 35 sie
aber sagte zu ihm: »Sei nicht böse, wenn ich
nicht vor dir aufstehe! Ich habe gerade meine
Tage.« Laban durchsuchte alles, konnte aber
nichts finden.

36 Da wurde Jakob zornig und begann mit
Laban abzurechnen. »Was für ein Verbrechen
habe ich begangen«, sagte er, »dass du mir so
wild nachgejagt bist? 37 Meinen ganzen Hausrat
hast du durchwühlt; hast du etwas gefunden,
was dir gehört? Lege es hier vor meinen und dei-
nen Leuten auf die Erde, damit sie entscheiden,
wer von uns beiden im Recht ist!

38 Zwanzig Jahre lang bin ich nun bei dir ge-
wesen, und während der ganzen Zeit haben
deine Schafe und Ziegen keine Fehlgeburt ge-
habt. Nicht einen einzigen Bock von deiner Her-
de habe ich für mich geschlachtet. 39 Wenn ein
Schaf von Raubtieren gerissen wurde, durfte ich
es nicht zu dir bringen, um meine Unschuld zu
beweisen; ich musste es selbst ersetzen, ganz
gleich, ob es bei Tag oder bei Nacht geraubt wor-
den war. 40 Tagsüber litt ich unter der Hitze und
nachts unter der Kälte, und oft fand ich keinen
Schlaf.

41 Zwanzig Jahre habe ich das nun auf mich
genommen; vierzehn habe ich um deine Töchter

31,13 28,18-22 **31,34-35** Lev 15,19-20 **31,39** Ex 22,11-12

gearbeitet und sechs um die Herde, und du hast
meinen Lohn zehnmal verändert. 42 Wenn der
Gott meines Großvaters Abraham und der
Gott, vor dem mein Vater Isaak zitterte,[a] mir
nicht geholfen hätte, dann hättest du mir alles
genommen und mich mit leeren Händen ziehen
lassen.

Aber Gott hat gesehen, wie ich mich für dich
abgearbeitet habe und wie schlecht du mich
behandelt hast; deshalb hat er sich in der
vergangenen Nacht auf meine Seite gestellt.«

Ein Vertrag zwischen Jakob und Laban

43 Laban sagte zu Jakob: »Meine Töchter gehö-
ren mir, ihre Söhne gehören mir und diese Herde
gehört mir; alles, was du hier siehst, ist mein
Eigentum. Aber was kann ich jetzt noch für
meine Töchter tun und für die Söhne, die sie
geboren haben? 44 Wir wollen einen Vertrag mit-
einander schließen und ein Zeichen errichten,
das uns beide daran erinnert.«

45 Dann nahm Jakob einen großen Stein und
stellte ihn als Erinnerungszeichen auf. 46 Er for-
derte seine Verwandten auf, Steine zu sammeln
und sie zu einem Hügel zusammenzutragen. Auf
diesem Steinhügel hielten sie ein gemeinsames
Mahl. 47 Laban nannte ihn Jegar-Sahaduta und
Jakob Gal-Ed.

48 Laban sagte: »Dieser Hügel ist Zeuge für un-
sere Abmachung.« Daher bekam er den Namen
Gal-Ed (Zeugenhügel).[b] 49 Er wird aber auch
Mizpa (Wachtturm) genannt, weil Laban fort-
fuhr: »Möge der HERR ein wachsames Auge auf
jeden von uns haben, nachdem wir auseinander
gegangen sind! 50 Nimm dich davor in Acht,
meine Töchter schlecht zu behandeln oder noch
weitere Frauen zu nehmen. Kein Mensch ist hier
als Zeuge für unsere Abmachung, Gott ist unser
Zeuge!«

51 Weiter sagte Laban zu Jakob: »Dieser Stein-
hügel und dieses Steinmal, das ich zwischen uns
errichtet habe, 52 sie sollen uns warnen, dass
keiner von uns die Grenze zum andern in böser
Absicht überschreitet. 53 Der Gott Abrahams und
der Gott Nahors[c] sollen den bestrafen, der sich
nicht daran hält!«

Jakob schwor bei dem Gott[d] seines Vaters
Isaak, sich an diese Abmachung zu halten.
54 Dann schlachtete er dort im Bergland ein
Opfertier und lud seine Verwandten zum Opfer-
mahl* ein. Sie aßen mit ihm und blieben dort
über Nacht.

32 Am anderen Morgen küsste Laban seine
Töchter und Enkel zum Abschied und
segnete sie. Dann kehrte er in seine Heimat zu-
rück.

Jakob bereitet sich auf die Begegnung mit Esau vor

2 Als Jakob weiterzog, begegneten ihm Engel*
Gottes. 3 Erstaunt rief er: »Hier ist das Lager
Gottes!« Deshalb nannte er den Ort Mahanajim
(Doppellager).

4 Dann sandte er Boten voraus zu seinem
Bruder Esau, der sich im Gebirge Seïr* im Land
Edom aufhielt. 5 Sie sollten Esau, seinem Herrn,
ausrichten: »Dein ergebener Diener Jakob lässt
dir sagen: ›Ich bin die ganze Zeit über bei Laban
gewesen und komme jetzt zurück. 6 Ich habe
reichen Besitz erworben: Rinder, Esel, Schafe
und Ziegen, Sklaven und Sklavinnen. Ich lasse es
dir, meinem Herrn, melden und bitte, dass du
mich freundlich aufnimmst.‹«

7 Die Boten kamen zurück und berichteten
Jakob: »Wir haben deinem Bruder Esau die
Botschaft ausgerichtet. Er ist schon auf dem Weg
zu dir; vierhundert Mann hat er bei sich.«

8 Als Jakob das hörte, erschrak er. Er verteilte
seine Leute und das Vieh und die Kamele auf
zwei Karawanen; 9 denn er dachte: Wenn Esau
auf die eine trifft und alles niedermetzelt, wird
wenigstens die andere gerettet.

10 Dann betete Jakob: »HERR, du Gott meines
Großvaters Abraham und meines Vaters Isaak!
Du hast zu mir gesagt: ›Kehr in deine Heimat
und zu deiner Familie zurück; ich beschütze
dich und lasse es dir gut gehen.‹ 11 Ich bin es
nicht wert, dass du mir, deinem Diener, so viel
Gutes getan und deine Zusage wahr gemacht
hast. Ich besaß nur einen Wanderstock, als ich
den Jordan überschritt, und nun komme ich
zurück mit zwei großen Karawanen. 12 Rette
mich doch jetzt vor meinem Bruder Esau! Ich
habe solche Angst vor ihm. Er wird uns alle
umbringen, auch die Frauen und Kinder. 13 Du
hast mir doch versprochen: ›Ich beschütze dich;
ich lasse es dir gut gehen. Deine Nachkommen

a *der Gott, vor dem ...:* wörtlich *der Schrecken Isaaks.* Es handelt sich um einen alten Gottesnamen; möglich ist auch die Deutung *vor dem die Feinde Isaaks zittern.*

b *Jegar-Sahaduta* (Vers 47) ist die aramäische Form desselben Namens. *Gal-Ed* erinnert zugleich an den Landschaftsnamen Gilead (vgl. Vers 23).

c So mit zwei Handschriften und G; H hat zusätzlich *der Gott ihres Vaters,* was wohl nicht zum ursprünglichen Text gehört.

d Wörtlich *bei dem Schrecken;* siehe Anmerkung zu Vers 42.

32,10 31,3 **32,13** 12,2S; 28,13-15

sollen wie der Sand am Meer werden, den niemand zählen kann.‹«

14 Jakob blieb die Nacht über an diesem Ort. Dann stellte er aus seinem Besitz ein Geschenk für seinen Bruder Esau zusammen. 15 Er nahm 200 Ziegen und 200 Schafe, dazu 20 Ziegenböcke und 20 Schafböcke, 16 30 Kamelstuten mit ihren Jungen, 40 Kühe, 10 Stiere, 20 Eselinnen und 10 Esel. 17 Die gab er seinen Hirten, jedem eine Herde, und befahl ihnen: »Zieht voraus und lasst einen Abstand zwischen den Herden!«

18 Zum ersten sagte er: »Wenn mein Bruder Esau dir entgegenkommt, wird er dich fragen: ›Wer ist dein Herr? Wohin ziehst du? Wem gehört das Vieh, das du vor dir hertreibst?‹ 19 Antworte ihm: ›Es gehört Jakob, deinem ergebenen Diener. Er möchte es dir, meinem Herrn, schenken; er selbst kommt gleich hinterher.‹«

20 Dasselbe befahl er auch dem zweiten und dritten und allen übrigen, und er schärfte ihnen ein: »Ihr müsst zu Esau sagen: 21 ›Dein ergebener Diener Jakob kommt gleich hinter uns her.‹« Er dachte nämlich: Ich will zurückbleiben und ihn erst mit meinen Geschenken günstig stimmen; vielleicht nimmt er mich dann freundlich auf.

22 Jakob blieb also die Nacht über am Lagerplatz, während die Herden, die er als Geschenk für seinen Bruder bestimmt hatte, vorauszogen.

Jakob ringt mit Gott

23 Mitten in der Nacht stand Jakob auf und nahm seine beiden Frauen und die beiden Nebenfrauen und seine elf Söhne und brachte sie an einer seichten Stelle über den Jabbok; 24 auch alle seine Herden brachte er über den Fluss. 25 Nur er allein blieb zurück.

Da trat ihm ein Mann entgegen und rang mit ihm bis zum Morgengrauen. 26 Als der andere sah, dass sich Jakob nicht niederringen ließ, gab er ihm einen Schlag auf das Hüftgelenk, sodass es sich ausrenkte. 27 Dann sagte er zu Jakob: »Lass mich los; es wird schon Tag!«

Aber Jakob erwiderte: »Ich lasse dich nicht los, bevor du mich segnest!«

28 »Wie heißt du?«, fragte der andere, und als Jakob seinen Namen nannte, 29 sagte er: »Du sollst von nun an nicht mehr Jakob heißen, du sollst Israel[a] heißen! Denn du hast mit Gott und mit Menschen gekämpft und hast gesiegt.«

30 Jakob bat ihn: »Sag mir doch deinen Namen!«

Aber er sagte nur: »Warum fragst du?«, und segnete ihn.

31 »Ich habe Gott von Angesicht gesehen«, rief Jakob, »und ich lebe noch!« Darum nannte er den Ort Penuël.[b]

32 Als Jakob den Schauplatz verließ, ging die Sonne über ihm auf. Er hinkte wegen seiner Hüfte. 33 Bis zum heutigen Tag essen die Leute von Israel, wenn sie Tiere schlachten, den Muskel über dem Hüftgelenk nicht, weil Jakob auf diese Stelle geschlagen wurde.

Das Wiedersehen mit Esau

33 Als Jakob aufblickte, sah er Esau kommen und hinter ihm seine vierhundert Mann. Da stellte er die Kinder zu ihren Müttern, zu Lea und zu Rahel und zu den beiden Nebenfrauen. 2 Dann ließ er die Nebenfrauen mit ihren Kindern vorangehen, dahinter ging Lea mit ihren Kindern, und zum Schluss kam Rahel mit Josef.

3 Jakob selbst ging an der Spitze des Zuges und warf sich siebenmal auf die Erde, bis er zu seinem Bruder kam.

4 Esau aber lief ihm entgegen, umarmte und küsste ihn. Beide weinten vor Freude. 5 Als Esau die Frauen mit ihren Kindern sah, fragte er seinen Bruder: »Wen hast du da bei dir?«

»Das sind die Kinder, die Gott mir geschenkt hat«, sagte Jakob. 6 Die Nebenfrauen mit ihren Kindern traten herzu und warfen sich vor Esau nieder, 7 ebenso Lea mit ihren Kindern, und zuletzt Rahel mit Josef.

8 »Was wolltest du denn mit den Herden, die du mir entgegenschicktest?«, fragte Esau seinen Bruder.

»Ich wollte dir, meinem Herrn, ein Geschenk machen, damit du mich freundlich aufnimmst«, erwiderte Jakob.

9 »Lieber Bruder«, sagte Esau, »ich habe selbst genug. Behalte es nur!«

10 »Nein, nein!«, sagte Jakob. »Wenn du mir wieder gut bist, musst du mein Geschenk annehmen. Wie man vor Gott tritt, um Gnade zu finden, so bin ich vor dich getreten, und du hast mich freundlich angesehen. 11 Darum nimm mein Geschenk an! Gott hat mir Glück gegeben, ich bin sehr reich geworden.«

Jakob drängte seinen Bruder so lange, bis er alles annahm. 12 Dann schlug Esau vor: »Wir wollen weiterziehen! Ich werde dich begleiten.«

13 Aber Jakob sagte: »Hör deinen Diener! Du

a *Israel* (»Gott möge herrschen«) wird hier als »Gotteskämpfer« gedeutet. Zur Bedeutung von *Jakob* vgl. Anmerkung zu 25,26.

b *Penuël* wird aufgrund eines Anklangs als »Angesicht Gottes« gedeutet.

32,23-33 Hos 12,4-5 **32,29** 35,10 **32,30** Ex 3,13-14; Ri 13,17-18 **32,31** Ex 33,20 S

siehst ja, dass die Kinder nicht so schnell gehen
können. Außerdem muss ich die säugenden
Schafe und Rinder schonen. Wenn ich sie nur
einen Tag lang zu schnell treibe, wird mir die
ganze Herde vor Erschöpfung sterben. 14 Zieh
darum ruhig voraus; ich werde dir nach Seïr* fol-
gen, so schnell es mit den Kindern und Tieren
möglich ist.«

15 Esau wollte wenigstens ein paar von seinen
Leuten als Begleitung zurücklassen, aber Jakob
sagte: »Ich brauche sie wirklich nicht. Es genügt
mir, wenn du, mein Herr, mir auch künftig gut
bist.«

16 Esau machte sich auf den Rückweg nach
Seïr, 17 und Jakob zog weiter nach Sukkot (Hüt-
ten). Dort baute er sich ein Haus; für das Vieh
machte er Schutzdächer aus geflochtenen Zwei-
gen. Davon hat der Ort seinen Namen.

18 Schließlich kam Jakob wohlbehalten nach
Sichem. Hier war er am Ziel seiner Reise, die er
in Mesopotamien begonnen hatte. Vor der Stadt
schlug er auf freiem Feld seine Zelte auf 19 und
kaufte das Grundstück für den Lagerplatz für 100
große Silberstücke* von den Söhnen Hamors,
des Gründers der Stadt. 20 Er errichtete dort ei-
nen Altar und gab ihm den Namen ›Gott ist der
Gott Israels‹.

Vergewaltigung Dinas und Konflikt mit den kanaanitischen Bewohnern des Landes

34 Dina, die Tochter Leas und Jakobs, ging
einmal aus dem Zeltlager, um Frauen der
Landesbewohner zu besuchen. 2 Sichem, der
Sohn des Hiwiters Hamor, des führenden Man-
nes der Gegend, sah sie, fiel über sie her und ver-
gewaltigte sie.

3 Er hatte aber eine echte Zuneigung zu Dina
gefasst; deshalb suchte er ihr Herz zu gewinnen.
4 Zu seinem Vater Hamor sagte er: »Sieh zu, dass
ich dieses Mädchen zur Frau bekomme!«

5 Jakob hörte, dass seine Tochter Dina ge-
schändet worden war; aber weil seine Söhne
gerade draußen bei den Herden waren, unter-
nahm er nichts und wartete ihre Rückkehr ab.
6 Sichems Vater kam zu Jakob, um mit ihm über
die Sache zu reden.

7 Als die Söhne Jakobs heimkamen und davon
erfuhren, waren sie tief verletzt und es packte sie
der Zorn, weil Sichem die Tochter Jakobs ver-
gewaltigt hatte. Das galt in Israel als Schandtat;
so etwas durfte nicht geschehen!

8 Hamor aber redete ihnen zu und sagte:
»Mein Sohn Sichem liebt das Mädchen; gebt sie
ihm doch zur Frau! 9 Warum sollen wir uns nicht
miteinander verschwägern? Gebt uns eure Töch-
ter, und heiratet ihr unsere Töchter! 10 Unser Ge-
biet steht euch zur Verfügung. Werdet hier bei
uns ansässig und tauscht eure Erzeugnisse gegen
die unseren. Wenn ihr wollt, könnt ihr auch
Grund und Boden erwerben.«

11 Sichem sagte zu Dinas Vater und zu ihren
Brüdern: »Schlagt meine Bitte nicht ab! Ich will
euch alles geben, was ihr verlangt. 12 Ihr könnt
den Brautpreis* und die Hochzeitsgabe für die
Braut so hoch ansetzen, wie ihr wollt; ich zahle
alles, wenn ich nur das Mädchen zur Frau
bekomme.«

13 Die Söhne Jakobs gaben Sichem und sei-
nem Vater Hamor eine hinterlistige Antwort,
weil Sichem ihre Schwester Dina geschändet
hatte. 14 Sie sagten: »Wir können unsere Schwes-
ter nicht einem unbeschnittenen Mann geben;
das geht gegen unsere Ehre. 15 Wir werden
auf eure Bitte nur eingehen, wenn ihr uns
gleich werdet und alle männlichen Bewohner
eurer Stadt sich beschneiden* lassen. 16 Dann
geben wir euch unsere Töchter, und wir kön-
nen eure Töchter heiraten; dann wollen wir bei
euch bleiben und mit euch zusammen ein ein-
ziges Volk bilden. 17 Wenn ihr darauf nicht
eingeht, nehmen wir das Mädchen und ziehen
weg.«

18 Hamor und sein Sohn Sichem fanden den
Vorschlag gut. 19 Der junge Mann nahm die
Angelegenheit sogleich in die Hand, denn er
liebte das Mädchen, und alle in seiner Familie
hörten auf ihn. 20 Hamor und Sichem gingen
zum Versammlungsplatz am Tor und trugen die
Sache den Männern ihrer Stadt vor.

Sie sagten: 21 »Diese Leute kommen in friedli-
cher Absicht zu uns; lassen wir sie doch bei uns
wohnen und ihren Geschäften nachgehen. Es ist
Platz genug für sie im Land. Wir wollen uns
durch gegenseitige Heirat mit ihnen verbinden.
22 Sie sind bereit, bei uns zu bleiben und sich mit
uns zu einem einzigen Volk zu vereinen. Nur
eine Bedingung stellen sie: dass alle männlichen
Bewohner unserer Stadt beschnitten werden, so
wie es bei ihnen Brauch ist. 23 Wir wollen ihnen
diese Bedingung erfüllen, dann werden sie unter
uns wohnen und ihre Herden und ihr ganzer
Besitz werden uns gehören!«

24 Die Männer der Stadt hörten auf die
beiden, und alles, was männlich war, wurde
beschnitten. 25 Am dritten Tag aber, als sie im

33,19 Jos 24,32; Joh 4,5 **34,1** 30,21 **34,15** 17,9-14 S **34,25-29** 49,5-7

Wundfieber lagen, nahmen Dinas Brüder
Simeon und Levi ihre Schwerter, drangen in die
unbewachte Stadt ein und töteten alle männ-
lichen Bewohner. 26 Sie erschlugen auch Hamor
und Sichem, holten ihre Schwester aus Sichems
Haus und nahmen sie mit.

27 Dann raubten die Söhne Jakobs die Erschla-
genen aus und plünderten die Stadt. So rächten
sie sich dafür, dass Sichem ihre Schwester
geschändet hatte. 28 Sie nahmen alle Schafe und
Ziegen, Rinder, Esel und was sonst noch an
Tieren in der Stadt und auf dem freien Feld war
29 und raubten alles, was sie in den Häusern
fanden. Auch die Frauen und Kinder schleppten
sie als Beute weg.

30 Jakob aber sagte zu Simeon und Levi: »Ihr
habt mich ins Unglück gebracht! Die Bewohner
des Landes, die Kanaaniter* und die Perisiter,
werden mich jetzt hassen wie einen Todfeind.
Ich habe nur eine Hand voll Leute. Wenn sich
alle gegen uns zusammentun, ist es um uns
geschehen; sie bringen mich um mit meiner
ganzen Familie!«

31 Aber die beiden erwiderten: »Wir konnten
doch nicht hinnehmen, dass er unsere Schwester
wie eine Hure behandelt hat!«

Jakob kommt nach Bet-El

35 Gott sagte zu Jakob: »Zieh von hier weg
und geh nach Bet-El! Bleib dort und baue
mir einen Altar; denn dort bin ich dir erschie-
nen, als du vor deinem Bruder Esau fliehen
musstest.«

2 Da befahl Jakob seiner ganzen Familie samt
den Sklaven und Sklavinnen: »Schafft alles fort,
was mit fremden Göttern zu tun hat! Reinigt
euch und zieht frische Kleider an! 3 Wir gehen
miteinander nach Bet-El. Dort will ich einen
Altar bauen für den Gott, der mich in der Not
gehört hat und mir auf dem ganzen Weg zur
Seite gestanden ist.«

4 Alle gaben Jakob ihre Götterfiguren* und
die Ohrringe, die sie als Amulette trugen, und er
vergrub sie unter der großen Eiche bei Sichem.
5 Dann machten sie sich auf den Weg. Gott aber
ließ über die Bewohner der umliegenden Städte
einen solchen Schrecken kommen, dass sie es
nicht wagten, sie zu verfolgen.

6 So kam Jakob mit allen seinen Leuten nach
Lus im Land Kanaan*, das auch Bet-El heißt. 7 Er
baute dort einen Altar und nannte die Opfer-
stätte El-Bet-El (Gott von Bet-El); denn hier war
ihm Gott erschienen, als er vor seinem Bruder
fliehen musste.

8 Damals starb Debora, die Amme Rebekkas.
Sie begruben sie unter der Eiche bei Bet-El, die
davon den Namen Klageeiche erhielt.

Gott wiederholt sein Versprechen

9 Als Jakob aus Mesopotamien zurückkehrte, er-
schien ihm Gott ein zweites Mal. Er segnete ihn
10 und sagte: »Du sollst von jetzt an nicht mehr
Jakob heißen, sondern Israel.« So gab er ihm den
Namen Israel.[a]

11 Weiter sagte Gott: »Ich bin der Gewaltige*.
Sei fruchtbar und vermehre dich![b] Deine Nach-
kommen sollen zu einem ganzen Volk, ja zu
einem Verband von Völkern werden, und sogar
Könige werden von dir abstammen. 12 Dir und
deinen Nachkommen will ich das Land geben,
das ich Abraham und Isaak zugesprochen habe.«

13 Als Gott zu Ende gesprochen hatte, fuhr er
von dem Ort, an dem er mit Jakob geredet hatte,
in den Himmel empor. 14 Jakob errichtete an die-
ser Stelle ein Steinmal, goss darüber Wein als
Trankopfer* aus und besprengte es mit Öl. 15 Er
nannte den Ort, an dem Gott mit ihm gespro-
chen hatte, Bet-El (Haus Gottes).

Rahel stirbt bei Benjamins Geburt

16 Dann zog Jakob mit seiner Familie von Bet-El
weiter. Als sie nur noch ein kleines Stück von
Efrata entfernt waren, setzten bei Rahel die
Wehen ein. Sie hatte eine sehr schwere Geburt.

17 Während sie sich unter großen Schmerzen
abmühte, rief ihr die Hebamme zu: »Hab keine
Angst! Du hast wieder einen Sohn!« 18 Aber
Rahel spürte, dass es mit ihr zu Ende ging.
Deshalb nannte sie das Kind Ben-Oni; aber sein
Vater nannte es Benjamin.[c]

19 Rahel starb, und Jakob begrub sie dort an
der Straße nach Efrata, das jetzt Betlehem heißt.
20 Er stellte auf ihrem Grab einen Denkstein auf;
der steht dort noch heute als Grabmal Rahels.

21 Dann zog er weiter und schlug seine Zelte
hinter Migdal-Eder auf. 22a Dort geschah es, dass
Ruben einmal zu Bilha, der Nebenfrau seines
Vaters, ging und mit ihr schlief. Als Jakob davon
erfuhr, empfand er es als eine schwere Krän-
kung.[d]

a Siehe die Anmerkungen zu 25,26 und 32,29. *b* Siehe Anmerkung zu 8,17.
c Die Namen bedeuten »Schmerzenskind« und »Glückskind«.
d So mit G; H hat nur *Israel* (= Jakob) *erfuhr davon.*

35,1 28,11-17 **35,2** Ex 19,10 **35,4** Jos 24,26 **35,8** 24,59 **35,10** 32,29 **35,11** 12,2 S **35,12** 12,7 S; 26,3 **35,14-15** 28,18-19
35,22 a 49,4; Lev 18,8

Liste der Söhne und Frauen Jakobs. Isaaks Tod

(1 Chr 2,1-2)

22b Jakob hatte zwölf Söhne. 23 Die Söhne, die Lea
geboren hatte, waren: Ruben, der Erstgeborene,
Simeon, Levi, Juda, Issachar und Sebulon. 24 Die
Söhne, die Rahel geboren hatte, waren: Josef und
Benjamin. 25 Die Söhne von Bilha, der Dienerin
Rahels, waren Dan und Naftali, 26 die von Silpa,
der Dienerin Leas, waren Gad und Ascher.

Das sind die Söhne Jakobs, die ihm in Mesopotamien geboren wurden.

27 Zuletzt kam Jakob zu seinem Vater Isaak
nach Mamre bei Kirjat-Arba, das jetzt Hebron
heißt. Dort hatten Abraham und Isaak als
Fremde in diesem Land gelebt.

28 Isaak wurde 180 Jahre alt. 29 Dann starb er,
gesättigt von einem langen und erfüllten Leben,
und wurde im Tod mit seinen Vorfahren vereint.
Seine beiden Söhne Esau und Jakob begruben
ihn.

Esau und seine Frauen. Ihre Nachkommen: die Edomiter

(1 Chr 1,34-37)

36 Hier ist die Liste der Nachkommen[a]
Esaus, der auch Edom heißt:

2 Esau hatte drei Frauen aus dem Land
Kanaan* geheiratet: die Hetiterin Ada, eine Tochter Elons, die Hiwiterin Oholibama, eine Tochter
Anas und Enkelin Zibons, 3 sowie Basemat, eine
Tochter Ismaëls und Schwester Nebajots. 4 Ada gebar Elifas, Basemat gebar Reguël, 5 und Oholibama gebar Jëusch, Jalam und Korach. Alle diese
Söhne wurden Esau im Land Kanaan geboren.

6 Später zog Esau von seinem Bruder Jakob
weg in ein anderes Land. Seine Frauen, seine
Söhne und Töchter und alle seine Leute nahm er
mit, ebenso seine Herden und seinen ganzen
Besitz, den er im Land Kanaan erworben hatte.
7 Die beiden Brüder waren zu reich, um auf die
Dauer zusammenbleiben zu können; es gab im
Land nicht genügend Weide für ihre großen
Viehherden. 8 Deshalb nahm Esau – das ist Edom
– seinen Wohnsitz im Bergland Seïr*.

9 Dies ist die Liste der Nachkommen Esaus,
des Stammvaters der Edomiter*, die auf dem
Bergland Seïr leben: 10 Von seinen Frauen Ada
und Basemat hatte Esau je einen Sohn: Elifas
und Reguël. 11 Elifas wurde der Vater von Teman,
Omar, Zefo, Gatam und Kenas. 12 Seine Nebenfrau Timna gebar ihm außerdem noch Amalek.
Diese alle stammen von Esaus Frau Ada ab.
13 Reguël wurde der Vater von Nahat, Serach,
Schamma und Misa. Sie alle stammen von Esaus
Frau Basemat ab. 14 Oholibama aber, die Tochter
Anas und Enkelin Zibons, gebar Esau die Söhne
Jëusch, Jalam und Korach.

15 Von Esau leiten sich die Stämme der Edomiter mit ihren Oberhäuptern her. Von Elifas, dem
Erstgeborenen Esaus, stammen: Teman, Omar,
Zefo, Kenas, 16 Gatam und Amalek.[b] Sie alle gehen auf Esaus Frau Ada zurück. 17 Von Esaus
zweitem Sohn Reguël stammen: Nahat, Serach,
Schamma und Misa. Sie gehen auf Esaus Frau
Basemat zurück. 18 Von Esaus Frau Oholibama,
der Tochter Anas, stammen: Jëusch, Jalam und
Korach. 19 Alle diese Stämme und ihre Oberhäupter sind Nachkommen Esaus. Sie bilden zusammen das Volk der Edomiter.

Die Nachkommen Seïrs

(1 Chr 1,38-42)

20–21 Die ursprünglichen Bewohner des Landes
Edom* sind Nachkommen des Horiters Seïr.
Dessen Söhne waren: Lotan, Schobal, Zibon,
Ana, Dischon, Ezer und Dischan. Von ihnen
leiten sich die Stämme der Horiter ab.

22 Der Stamm Lotan verzweigt sich in die
Sippen Hori und Hemam; auch die Stadt Timna
gehört zu diesem Stamm.[c]

23 Der Stamm Schobal verzweigt sich in die
Sippen Alwan, Manahat, Ebal, Schefi und
Onam.

24 Der Stamm Zibon verzweigt sich in die
Sippen Aja und Ana. Ana war es, der in der
Wüste eine Quelle[d] fand, als er die Esel seines
Vaters Zibon hütete.

25 Der Stamm Ana verzweigt sich in die
Sippen Dischon und Oholibama. Oholibama
war eine Tochter von Ana.

26 Der Stamm Dischon verzweigt sich in die
Sippen Hemdan, Eschban, Jitran und Keran.

27 Der Stamm Ezer verzweigt sich in die
Sippen Bilhan, Saawan und Akan.

28 Der Stamm Dischan verzweigt sich in die
Sippen Uz und Aran.

a Wörtlich *Dies ist die Geschichte.* Im Hebräischen steht dasselbe Wort wie in 5,1; vgl. die Anmerkung dort.
b So mit einigen Handschriften und 1 Chr 1,36. H nennt vor *Gatam* noch *Korach;* vgl. aber Vers 18.
c *Timna* wird hier wörtlich als »Schwester Lotans« bezeichnet, so wie *Hori* und *Hemam* als dessen »Söhne« (die wörtliche Übersetzung des an beiden Stellen gleich lautenden Textes findet sich in 1 Chr 1,39; dasselbe gilt für die Verse 23–28 und 1 Chr 1,40-42). Volkszusammenhänge werden im ganzen Kapitel als Verwandtschaftsbeziehungen dargestellt.
d *eine Quelle:* Das hebräische Wort ist nicht sicher zu deuten.

35,27 13,18 **36,2-3** 24,3S **36,7** 13,6 **36,20-21** Dtn 2,12

29–30 Dies also sind die Stämme der Horiter
im Land Seïr nach der Reihenfolge ihrer Stamm-
väter: Lotan, Schobal, Zibon, Ana, Dischon,
Ezer, Dischan.

Die Könige der Edomiter

(1 Chr 1,43-50)

31 In der Zeit, bevor es in Israel einen König gab,
herrschten über das Land Edom* nacheinander[a]
die folgenden Könige:

32 Bela, der Sohn Beors, in der Stadt Dinhaba;
33 Jobab, der Sohn Serachs, aus der Stadt Bozra;
34 Huscham aus dem Gebiet des Stammes
Teman;
35 Hadad, der Sohn Bedads, in der Stadt Awit; er
besiegte die Midianiter* in einer Schlacht auf
dem Gebiet von Moab*;
36 Samla aus der Stadt Masreka;
37 Schaul aus der Stadt Rehobot am Fluss;
38 Baal-Hanan, der Sohn Achbors;
39 Hadad in der Stadt Pagu; seine Frau Mehetabel
war eine Tochter Matreds und Enkelin Me-
Sahabs.

Noch eine Stammesliste der Edomiter

(1 Chr 1,51-54)

40 Dies sind die Oberhäupter der Nachkommen
Esaus, die auch ihren Stämmen und Städten den
Namen gegeben haben: Timna, Alwa, Jetet,
41 Oholibama, Ela, Pinon, 42 Kenas, Teman, Mib-
zar, 43 Magdiël und Iram. Dies sind die Stämme
Edoms und ihre Wohnsitze in dem Land, das sie
in Besitz genommen haben.

Dies ist die Nachkommenschaft Esaus, von
dem die Edomiter* abstammen.

JOSEF UND SEINE BRÜDER

(Kapitel 37–50)

Josef hat prophetische Träume

37 Jakob nahm seinen Wohnsitz im Land
Kanaan*, dem Land, in dem schon sein
Vater als Fremder gelebt hatte. 2 Dies ist die
Familiengeschichte Jakobs:

Jakobs Sohn Josef war noch ein junger
Bursche von siebzehn Jahren. Er half seinen
Brüdern, den Söhnen von Bilha und Silpa, beim
Hüten der Schafe und Ziegen. Er hinterbrachte
seinem Vater immer, was die Leute sich von dem
Treiben seiner Brüder erzählten.

3 Jakob[b] hatte Josef von allen seinen Söhnen
am liebsten, weil er ihm erst im Alter geboren
worden war. Deshalb ließ er ihm ein prächtiges
Gewand machen. 4 Als seine Brüder sahen, dass
der Vater ihn mehr liebte als sie alle, begannen
sie ihn zu hassen und konnten kein freundliches
Wort mehr mit ihm reden.

5 Einmal hatte Josef einen Traum. Als er ihn
seinen Brüdern erzählte, wurde ihr Hass noch
größer. 6 »Ich will euch sagen, was ich geträumt
habe«, fing Josef an. 7 »Wir waren miteinander
auf dem Feld, schnitten Getreide und banden es
in Garben. Auf einmal stellt sich meine Garbe
auf und bleibt stehen. Und eure Garben, die
stellen sich im Kreis um sie herum und verneigen
sich vor meiner.«

8 Seine Brüder sagten zu ihm: »Du willst wohl
noch König werden und über uns herrschen?«
Wegen seiner Träume und weil er sie so offen
erzählte, hassten ihn seine Brüder noch mehr.

9 Er hatte nämlich noch einen anderen
Traum, und auch den erzählte er ihnen. »Ich
habe noch einmal geträumt«, sagte er. »Ich sah
die Sonne, den Mond und elf Sterne. Stellt euch
vor: Die alle verneigten sich vor mir.«

10 Als er das seinem Vater und seinen Brüdern
erzählte, fuhr sein Vater ihn an und sagte: »Was
ist das für ein dummer Traum, den du da
geträumt hast? Ich und deine Mutter und deine
Brüder, wir alle sollen uns vor dir nieder-
werfen?«

11 Die Brüder waren eifersüchtig auf Josef;
aber sein Vater behielt die Sache im Gedächtnis.

Die Brüder verkaufen Josef nach Ägypten

12 Einmal waren Josefs Brüder unterwegs; sie
weideten die Schafe und Ziegen ihres Vaters in
der Nähe von Sichem. 13 Da sagte Jakob[c] zu
Josef: »Du weißt, deine Brüder sind mit den
Herden bei Sichem. Ich will dich zu ihnen
schicken.«

»Ich bin bereit«, antwortete Josef.

14 Sein Vater gab ihm den Auftrag: »Geh hin
und sieh, ob es deinen Brüdern gut geht und ob
auch bei den Herden alles in Ordnung ist. Dann
komm wieder und bring mir Nachricht!«

So schickte Jakob ihn aus dem Tal von Hebron
nach Sichem.

a *nacheinander:* verdeutlichender Zusatz im Blick auf die Verse 32–39, die wörtlich jeweils die Form haben *X wurde König … X starb, und Y wurde König …*

b Wörtlich *Israel**. c Wörtlich *Israel**.

37,2 b (Josef) 30,22-24; (Bilha, Silpa) 30,4-13

15 Dort traf ihn ein Mann, wie er auf dem Feld umherirrte, und fragte ihn: »Was suchst du?«

16 »Ich suche meine Brüder«, sagte Josef, »kannst du mir sagen, wo sie ihre Herden weiden?«

17 Der Mann antwortete: »Sie sind nicht mehr hier. Ich hörte, wie sie sagten: ›Wir wollen nach Dotan gehen!‹«

Da ging Josef ihnen nach und fand sie in Dotan.

18 Die Brüder sahen Josef schon von weitem. Noch bevor er herangekommen war, stand ihr Entschluss fest, ihn umzubringen. 19 Sie sagten zueinander: »Da kommt der Kerl, dem seine Träume zu Kopf gestiegen sind! 20 Schlagen wir ihn doch tot und werfen ihn in die nächste Zisterne! Wir sagen einfach: Ein Raubtier hat ihn gefressen. Dann wird man schon sehen, was aus seinen Träumen wird!«

21 Als Ruben das hörte, wollte er Josef retten. »Lasst ihn am Leben!«, sagte er. 22 »Vergießt kein Blut! Werft ihn in die Zisterne da drüben in der Steppe, aber vergreift euch nicht an ihm!« Er hatte die Absicht, Josef heimlich herauszuziehen und zu seinem Vater zurückzubringen.

23 Als Josef bei ihnen ankam, zogen sie ihm sein Obergewand aus, das Prachtgewand, das er anhatte. 24 Dann packten sie ihn und warfen ihn in die Zisterne. Die Zisterne war leer; es war kein Wasser darin. 25 Dann setzten sie sich zum Essen.

Auf einmal sahen sie eine Karawane von ismaëlitischen Kaufleuten aus der Richtung von Gilead* herankommen. Die Ismaëliter waren auf dem Weg nach Ägypten; ihre Kamele waren mit den kostbaren Harzen Tragakant, Mastix und Ladanum* beladen.

26 Da sagte Juda zu seinen Brüdern: »Was nützt es uns, wenn wir unseren Bruder umbringen? Wir werden nur schwere Blutschuld auf uns laden. 27 Lassen wir ihn leben und verkaufen ihn den Ismaëlitern; er ist doch unser Bruder, unser eigen Fleisch und Blut!«

Die anderen waren einverstanden. 28 Als die reisenden Kaufleute herankamen, zogen sie Josef aus der Zisterne. Sie verkauften ihn[a] für 20 Silberstücke* an die Ismaëliter, die ihn nach Ägypten mitnahmen.

29 Als nun Ruben wieder zur Zisterne kam, war Josef verschwunden. Entsetzt zerriss er seine Kleider, 30 ging zu seinen Brüdern und rief: »Der Junge ist nicht mehr da! Was mache ich nur? Wo bleibe ich jetzt?«

31 Die Brüder schlachteten einen Ziegenbock und tauchten Josefs Prachtgewand in das Blut. 32 Sie brachten das blutbefleckte Gewand zu ihrem Vater und sagten: »Das haben wir gefunden! Ist es vielleicht das Gewand deines Sohnes?«

33 Jakob erkannte es sogleich und schrie auf: »Mein Sohn! Es ist von meinem Sohn! Ein Raubtier hat ihn gefressen! Zerfleischt ist Josef, zerfleischt!«

34 Er zerriss seine Kleider, band den Sack* um seine Hüften und betrauerte Josef lange Zeit. 35 Alle seine Söhne und Töchter kamen zu ihm, um ihn zu trösten, aber er wollte sich nicht trösten lassen. »Nein«, beharrte er, »voll Kummer und Gram gehe ich zu meinem Sohn in die Totenwelt* hinunter!« So sehr hatte ihn der Verlust getroffen.

36 Die Kaufleute[b] aber brachten Josef nach Ägypten und verkauften ihn dort an Potifar, einen Hofbeamten des Pharaos, den Befehlshaber der königlichen Leibwache.

Die mutige Tamar holt sich ihr Recht

38 Um diese Zeit trennte sich Juda von seinen Brüdern und zog hinunter ins Hügelland. Er wohnte in Adullam bei einem Mann namens Hira. 2 Dort sah er die Tochter des Kanaaniters* Schua und heiratete sie. 3 Sie wurde schwanger und gebar einen Sohn, dem er den Namen Er gab. 4 Dann wurde sie wieder schwanger und gebar einen zweiten Sohn; den nannte sie Onan. 5 Und den dritten Sohn nannte sie Schela. Als dieser geboren wurde, war Juda gerade in Kesib.

6 Juda verheiratete Er, seinen erstgeborenen Sohn, mit einer Frau namens Tamar. 7 Aber sein Erstgeborener tat, was dem HERRN missfällt, und der HERR ließ ihn sterben. 8 Da sagte Juda zu Onan: »Dein Bruder hat deine Schwägerin kinderlos hinterlassen. Du bist verpflichtet, für deinen Bruder einen Sohn zu zeugen, damit sein Geschlecht nicht ausstirbt.«

9 Onan war es klar, dass das Kind nicht ihm gehören würde. Deshalb ließ er jedes Mal, wenn er mit Tamar schlief, seinen Samen auf die Erde fallen, um seinem Bruder keine Nachkommen zu verschaffen. 10 Das missfiel dem HERRN und er ließ auch Onan sterben.

11 Da sagte Juda zu seiner Schwiegertochter

a Als die reisenden ...: wörtlich *Da kamen midianitische Kaufleute vorbei, zogen Josef aus der Zisterne und verkauften ihn ...*

b Wörtlich *Die Medaniter;* vgl. Anmerkung zu Vers 28 (Medan und Midian sind nach 25,2 arabische Bruderstämme).

37,28 Ps 105,17 **38,8** Dtn 25,5-10

Tamar: »Bleib jetzt als Witwe im Haus deines
Vaters, bis mein Sohn Schela alt genug ist.« In
Wahrheit aber dachte er: »Ich will nicht auch
noch den letzten Sohn verlieren.« So kehrte
Tamar ins Haus ihres Vaters zurück und blieb
dort.

12 Nach einiger Zeit starb Judas Frau, die Toch-
ter Schuas. Als die Trauerzeit vorüber war, ging
Juda mit seinem Freund Hira auf die Berge nach
Timna, um nach den Männern zu sehen, die
gerade seine Schafe schoren.

13 Als Tamar hörte, dass ihr Schwiegervater
auf dem Weg nach Timna war, 14 legte sie ihre
Witwenkleider ab, verhüllte ihr Gesicht mit
einem Schleier und setzte sich an die Straße nach
Timna, dort, wo der Weg nach Enajim abzweigt.
Sie hatte genau gemerkt, dass Schela inzwischen
erwachsen war und Juda nicht von ferne daran
dachte, sie nun seinem Sohn zur Frau zu geben.

15 Als Juda sie verschleiert am Wegrand sitzen
sah, hielt er sie für eine Prostituierte. 16 Er ging
zu ihr hin und sagte: »Lass mich mit dir schla-
fen.« Er wusste ja nicht, dass es seine Schwieger-
tochter war.

»Was gibst du mir dafür?«, fragte sie.

17 Er sagte: »Ich schicke dir ein Ziegenböck-
chen von meiner Herde.«

»Gut, aber du musst mir ein Pfand dalassen.«

18 »Was soll es sein?«

»Das Band mit deinem Siegelring und der
geschnitzte Stock in deiner Hand.«

Juda gab ihr, was sie wollte. Dann schlief er
mit ihr und sie wurde schwanger. 19 Sie ging
wieder weg, legte den Schleier ab und zog ihre
Witwenkleider an.

20 Juda schickte seinen Freund aus Adullam
mit dem Ziegenböckchen, um die Pfänder ein-
zulösen. Aber die Frau war nicht mehr zu
finden. 21 Der Freund fragte die Leute aus
Enajim: »Wo ist denn die geweihte* Frau, die
hier an der Straße saß?«

Sie sagten: »Hier gibt es keine geweihte Frau.«

22 Er kehrte zu Juda zurück und berichtete
ihm: »Ich habe sie nicht gefunden, und auch die
Leute dort erinnern sich nicht an eine solche
Frau.«

23 »Soll sie die Sachen behalten«, sagte Juda.
»Wenn wir weiter nachforschen, komme ich
noch ins Gerede. Ich habe mein Versprechen
gehalten, aber du hast sie nicht gefunden.«

24 Nach etwa drei Monaten bekam Juda die
Nachricht: »Deine Schwiegertochter Tamar hat
Hurerei getrieben und ist davon schwanger ge-
worden!«

»Führt sie vor das Dorf!«, befahl Juda. »Sie
muss verbrannt werden.«

25 Als man sie hinausführen wollte, schickte
Tamar ihrem Schwiegervater die Pfänder und
ließ ihm sagen: »Sieh dir einmal den Siegelring
und den Stock da an! Von dem Mann, dem das
gehört, bin ich schwanger.«

26 Juda sah sich die Sachen genau an und
sagte dann: »Sie ist im Recht, die Schuld liegt bei
mir. Ich hätte sie meinem Sohn Schela zur Frau
geben müssen.«

Er nahm sie in sein Haus, schlief aber nicht
wieder mit ihr.

27 Als für Tamar die Zeit der Entbindung kam,
zeigte es sich, dass sie Zwillinge hatte. 28 Wäh-
rend der Geburt streckte der eine seine Hand
heraus. Die Hebamme band einen roten Faden
um das Handgelenk und sagte: »Der ist der Erst-
geborene.«

29 Er zog seine Hand aber wieder zurück und
sein Bruder kam zuerst heraus. Die Hebamme
sagte: »Mit was für einem Riss hast du dir den
Vortritt erzwungen!« Deshalb nannte man ihn
Perez.

30 Erst dann kam der mit dem roten Faden
heraus; ihn nannte man Serach.[a]

Josef bei Potifar.
Konflikt mit dessen Frau

39 Josef war von den ismaëlitischen Kauf-
leuten nach Ägypten gebracht worden.
Ein Mann namens Potifar, ein Hofbeamter des
Pharaos, der Befehlshaber der königlichen Leib-
wache, kaufte ihn den Ismaëlitern ab. 2 Josef
wurde in seinem Haus beschäftigt. Gott[b] aber
half ihm, sodass ihm alles glückte, was er tat.

3 Weil der Ägypter sah, dass Gott Josef bei-
stand und ihm alles gelingen ließ, 4 fand Josef
seine Gunst. Er machte ihn zu seinem persön-
lichen Diener, übergab ihm sogar die Aufsicht
über sein Hauswesen und vertraute ihm die Ver-
waltung seines ganzen Besitzes an.

5 Von diesem Zeitpunkt an lag der Segen Got-
tes auf Potifar; Josef zuliebe ließ Gott im Haus
und auf den Feldern alles gedeihen. 6 Sein Herr
überließ Josef alles und kümmerte sich zu Hause
um nichts mehr außer um sein eigenes Essen.

Josef war ein ausnehmend schöner Mann.

a Perez bedeutet »Riss«; *Serach* wird durch Anklang an »dieser« (= *Der;* Vers 28) gedeutet.

b Gott: In den Versen 2-5 steht in H der Gottesname (nicht in Vers 9). Seine Wiedergabe durch *der HERR* (siehe Sacherklärung) wird hier vermieden, damit der Titel nicht irrigerweise auf Potifar als Josefs »Herrn« bezogen wird.

38,24b Jos 7,15S **39,1** Weish 10,13-14

7 So kam es, dass Potifars Frau ein Auge auf ihn warf. Eines Tages forderte sie ihn auf: »Komm mit mir ins Bett!«

8 Josef wies sie ab: »Mein Herr hat mir seinen ganzen Besitz anvertraut und kümmert sich selbst um nichts mehr in seinem Haus. 9 Er gilt hier nicht mehr als ich. Nichts hat er mir vorenthalten außer dich, seine Frau! Wie könnte ich da ein so großes Unrecht begehen und mich gegen Gott versündigen?«

10 Tag für Tag redete sie auf Josef ein, aber er gab ihr nicht nach. 11 Einmal hatte Josef im Haus zu tun; niemand von der Dienerschaft war gerade in der Nähe. 12 Da hielt sie ihn an seinem Gewand fest und sagte: »Komm jetzt mit ins Bett!« Er riss sich los und lief hinaus; das Gewand blieb in ihrer Hand zurück.

13 Als sie merkte, dass Josef fort war und sie sein Gewand in der Hand hielt, 14 rief sie die Dienerschaft herbei und sagte: »Seht euch das an! Mein Mann hat uns diesen Hebräer* ins Haus gebracht, der nun seinen Mutwillen mit uns treibt. Er drang bei mir ein und wollte mit mir ins Bett. Da habe ich laut geschrien. 15 Und als er mich schreien hörte, ließ er sein Gewand neben mir liegen und rannte davon.«

16 Sie legte Josefs Gewand neben sich und wartete, bis ihr Mann nach Hause kam. 17 Auch zu ihm sagte sie: »Dein hebräischer Knecht, den du ins Haus gebracht hast, drang bei mir ein und wollte sein Spiel mit mir treiben; 18 und als ich laut zu schreien anfing, ließ er sein Gewand neben mir liegen und rannte davon.«

19 Als Potifar das hörte, packte ihn der Zorn. 20a Er ließ Josef festnehmen und in das königliche Gefängnis bringen.

Im Gefängnis deutet Josef Träume

20b Josef war nun also im Gefängnis. 21 Aber der HERR in seiner Treue stand ihm bei. Er verschaffte ihm die Gunst des Gefängnisverwalters.

22 Der Verwalter übertrug Josef die Aufsicht über alle anderen Gefangenen, und alle Arbeiten im Gefängnis geschahen unter Josefs Leitung. 23 Der Verwalter vertraute ihm völlig und gab ihm freie Hand; denn er sah, dass der HERR ihm beistand und alles gelingen ließ, was er tat.

40 1–2 Bald danach ließen sich zwei höhere Beamte des Pharaos etwas gegen den Pharao zuschulden kommen, der oberste Mundschenk und der oberste Bäcker. Ihr Herr, der Pharao, wurde zornig auf sie 3 und ließ sie im Haus des Befehlshabers seiner Leibwache in Haft halten, in dem Gefängnis, in dem auch Josef war. 4 Der Befehlshaber der Leibwache teilte ihnen Josef als Diener zu.

Nach einiger Zeit 5 hatte jeder der beiden in der Nacht einen Traum, der für ihn von Bedeutung war. 6 Als Josef am Morgen bei ihnen eintrat, sah er gleich, dass sie in schlechter Stimmung waren. 7 »Warum lasst ihr heute den Kopf hängen?«, fragte er sie.

8 »Wir haben geträumt«, antworteten sie, »und hier im Gefängnis haben wir keinen Traumdeuter, der uns sagen kann, was es bedeutet.«

Josef sagte: »Träume zu deuten ist Gottes Sache. Erzählt mir doch einmal, was ihr geträumt habt!«

9 Zuerst erzählte der oberste Mundschenk seinen Traum: »Ich sah vor mir einen Weinstock, 10 und an dem Weinstock waren drei Ranken. Der Saft stieg in die Knospen, sie blühten auf, und schon reiften die Trauben. 11 Ich hatte den Becher des Pharaos in der Hand. Ich nahm die Trauben, presste sie über dem Becher aus und reichte den Becher dem Pharao.«

12 Josef sagte: »Hier ist die Deutung: Die drei Ranken sind drei Tage. 13 Heute in drei Tagen wird der Pharao dich erhöhen[a] und dich wieder in dein Amt einsetzen. Dann wirst du wieder wie früher sein Mundschenk sein und ihm den Becher reichen. 14 Aber vergiss mich nicht, wenn es dir gut geht! Tu mir den Gefallen und empfiehl mich dem Pharao! Bring mich aus diesem Kerker heraus! 15 Man hat mich aus dem Land der Hebräer* entführt, und auch hier in Ägypten habe ich nichts Unrechtes getan. Ich bin ohne jede Schuld in diesem Loch.«

16 Als der oberste Bäcker sah, dass Josef dem Traum eine günstige Deutung gegeben hatte, sagte er: »Auch ich hatte einen Traum, in dem ich selber vorkam! Auf dem Kopf trug ich drei Körbe mit Gebäck, einen über dem andern. 17 Im obersten lagen Backwaren für die Tafel des Pharaos. Da kamen Vögel und fraßen den Korb leer.«

18 Josef sagte: »Hier ist die Deutung: Die drei Körbe sind drei Tage. 19 Heute in drei Tagen wird der Pharao dich erhöhen[b] und an einen Baum hängen. Dann werden die Vögel dein Fleisch fressen.«

20 Drei Tage später feierte der Pharao seinen Geburtstag. Er lud alle seine Hofbeamten zu einem Festmahl ein. Da erhöhte er den obersten Mundschenk und den obersten Bäcker vor ihnen allen: 21 Den einen setzte er wieder in sein Amt ein und er durfte ihm den Becher reichen, 22 den

a *dich erhöhen:* wörtlich *dein Haupt erheben.*
b *dich erhöhen:* wörtlich *dein Haupt erheben von dir weg;* ein Wortspiel mit der entsprechenden Formulierung in Vers 13.

andern ließ er hängen, genau wie Josef es vorausgesagt hatte.

23 Aber der oberste Mundschenk dachte nicht an Josef; er hatte ihn schon vergessen.

Der Pharao träumt

41 Zwei volle Jahre waren vergangen, da hatte der Pharao einen Traum. In dem Traum stand er am Ufer des Nils, 2 und er sah: Aus dem Nil stiegen sieben schöne, wohlgenährte Kühe und weideten in dem Gras, das am Ufer wuchs. 3 Danach sah er sieben andere Kühe aus dem Nil steigen, hässlich und mager, die stellten sich neben sie. 4 Und die mageren Kühe fielen über die fetten her und fraßen sie auf.

Der Pharao wachte auf 5 und schlief noch einmal ein. Wieder hatte er einen Traum, und er sah: Auf einem einzigen Halm wuchsen sieben dicke, volle Ähren. 6 Nach ihnen wuchsen sieben andere Ähren auf, die blieben kümmerlich und waren vom Ostwind ausgedörrt. 7 Und die kümmerlichen Ähren verschlangen die sieben dicken, vollen Ähren.

Da erwachte der Pharao und merkte, dass es ein Traum gewesen war.

8 Am Morgen war er sehr beunruhigt und ließ alle Gelehrten und Wahrsager Ägyptens rufen. Er erzählte ihnen, was er geträumt hatte, aber keiner von ihnen konnte ihm sagen, was es bedeuten sollte.

9 Da wandte sich der oberste Mundschenk an den Pharao und sagte: »Ich muss den Pharao heute an meine früheren Verfehlungen erinnern. 10 Mein Herr, der Pharao, war unzufrieden mit seinen Dienern, mit mir und mit dem obersten Bäcker, und ließ uns im Haus des Befehlshabers der Leibwache gefangen halten. 11 Dort hatte einmal jeder von uns beiden einen Traum, der für ihn wichtig war, in derselben Nacht.

12 Nun hatten wir im Gefängnis als Diener einen jungen Hebräer*, einen Sklaven des Befehlshabers der Leibwache; dem erzählten wir unsere Träume, und er erklärte jedem, was sein Traum bedeutete. 13 Und es ist alles genauso eingetroffen, wie er es vorausgesagt hatte: Ich wurde wieder in mein Amt eingesetzt und der andere wurde gehängt.«

Josef deutet die Träume des Pharaos

14 Sofort sandte der Pharao nach Josef und sie holten ihn aus dem Kerker. Er ließ sich die Haare schneiden, zog seine guten Kleider an und trat vor den Pharao. 15 Der sagte zu ihm: »Ich habe etwas geträumt, und niemand kann mir sagen, was es bedeutet. Man hat mir gesagt, dass du jeden Traum auf der Stelle deuten kannst.«

16 »Nicht ich!«, erwiderte Josef. »Die Antwort kommt von Gott, und er wird dem Pharao bestimmt etwas Gutes ankündigen.«

17 Da erzählte der Pharao: »In meinem Traum stand ich am Nil 18 und sah sieben schöne, wohlgenährte Kühe aus dem Wasser steigen und im Ufergras weiden. 19 Und dann stiegen sieben andere Kühe heraus, ganz elend und bis auf die Knochen abgemagert; ich habe in ganz Ägypten noch nie so hässliche gesehen. 20 Die mageren Kühe fraßen die fetten; 21 aber es half ihnen nichts, sie blieben so dürr und hässlich wie zuvor. Da wachte ich auf.

22 Dann hatte ich einen zweiten Traum: Ich sah, wie auf einem einzigen Halm sieben prächtige, volle Ähren wuchsen. 23 Danach sah ich sieben schwache, kümmerliche Ähren aufwachsen, ganz vom Ostwind ausgedörrt. 24 Und die kümmerlichen Ähren verschlangen die sieben vollen.

Ich habe es schon den Wahrsagern erzählt«, schloss der Pharao, »aber keiner konnte mir sagen, was es bedeutet.«

25 Da antwortete Josef: »Gott hat dem Pharao im Traum gezeigt, was er vorhat. Beide Träume bedeuten dasselbe; 26 es ist eigentlich ein einziger Traum. Die sieben fetten Kühe und die sieben prächtigen Ähren bedeuten sieben fruchtbare Jahre. 27 Die sieben mageren, hässlichen Kühe und die sieben kümmerlichen, vertrockneten Ähren bedeuten ebenso viele Hungerjahre.

28 Ich habe es schon gesagt: Damit will Gott dem Pharao ankündigen, was er in Kürze geschehen lässt. 29 In den nächsten sieben Jahren wird in ganz Ägypten Überfluss herrschen. 30–31 Aber dann kommen sieben Hungerjahre, da wird es mit dem Überfluss vorbei sein; man wird nichts mehr davon merken, und drückende Hungersnot wird im Land herrschen.

32 Dass der Pharao zweimal das Gleiche geträumt hat, bedeutet: Gott ist fest entschlossen, seinen Plan unverzüglich auszuführen.

33 Darum rate ich dem Pharao, einen klugen, einsichtigen Mann zu suchen und ihm Vollmacht über ganz Ägypten zu geben. 34 Der Pharao sollte in den kommenden guten Jahren den fünften Teil der Ernte als Abgabe erheben. Er sollte dafür Beamte einsetzen, 35 die unter der Aufsicht des Pharaos das Getreide in den Städten sammeln und speichern. 36 Dann ist ein Vorrat

41,8 Dan 2,1-2 **41,14** Ps 105,20-21

da für die sieben schlechten Jahre, und das Volk im ganzen Land Ägypten wird nicht vor Hunger zugrunde gehen.«

Josef wird der Stellvertreter des Pharaos

37 Der Pharao fand den Vorschlag gut, und alle seine Berater ebenso. 38 Er sagte zu den Beratern: »In diesem Mann ist der Geist* Gottes. So einen finden wir nicht noch einmal.«

39 Zu Josef sagte er: »Gott hat dir dies alles enthüllt. Daran erkenne ich, dass keiner so klug und einsichtig ist wie du. 40 Du sollst mein Stellvertreter sein und mein ganzes Volk soll deinen Anordnungen gehorchen.[a] Nur die Königswürde will ich dir voraushaben. 41 Ich gebe dir die Vollmacht über ganz Ägypten.«

42 Mit diesen Worten zog er seinen Siegelring vom Finger und steckte ihn Josef an. Dann ließ er ihn in feinstes Leinen kleiden und legte ihm eine goldene Halskette um. 43 Er ließ ihn den Wagen besteigen, der für den Stellvertreter des Königs bestimmt war, und die Läufer, die vor ihm her den Weg bahnten, riefen den Leuten zu: »Abrek! Aus dem Weg!«

So machte der Pharao Josef zum Herrn über ganz Ägypten. 44 »Ich bin und bleibe der Pharao«, sagte er zu ihm, »aber ohne deine Erlaubnis darf niemand im ganzen Land auch nur die Hand oder den Fuß bewegen.« 45 Er verlieh Josef den Namen Zafenat-Paneach[b] und gab ihm Asenat, die Tochter des Priesters Potifera von On,[c] zur Frau. So wurde Josef Herr über ganz Ägypten. 46 Er war 30 Jahre alt, als er vor dem Pharao, dem König von Ägypten, stand.

Josef bereiste sofort das ganze Land. 47 Es begannen jetzt die sieben fruchtbaren Jahre und die Felder brachten einen überreichen Ertrag. 48 Josef ließ während dieser Jahre alles Getreide, das geerntet wurde, in die Städte bringen, in jede Stadt den Ertrag der Felder, die in ihrer Umgebung lagen. 49 In den Speichern häufte sich das Getreide wie der Sand am Meer. Josef musste schließlich darauf verzichten, es abmessen zu lassen, weil es jedes Maß überstieg.

50 Noch ehe die Hungerjahre begannen, gebar Asenat dem Josef zwei Söhne. 51 »Gott hat mich alle Not und den Verlust meiner Familie vergessen lassen«, sagte er und nannte den Erstgeborenen Manasse. 52 Den zweiten nannte er Efraïm, denn er sagte: »Gott hat mir im Land meines Unglücks Kinder geschenkt.«[d]

Josefs Brüder reisen nach Ägypten

53 Als die sieben reichen Jahre vorüber waren, 54 brachen die Hungerjahre an, genau wie Josef es vorausgesagt hatte.

In allen Ländern rings um Ägypten herrschte Hungersnot, nur in Ägypten gab es Vorräte. 55 Aber auch dort hungerten die Menschen und verlangten vom Pharao Brot. Da ließ der Pharao im ganzen Land verkünden: »Wenn ihr Brot wollt, dann wendet euch an Josef und tut, was er euch sagt.«

56 Die Not wurde immer drückender. Josef ließ alle Kornspeicher öffnen und verkaufte den Ägyptern Getreide. Denn die Hungersnot war drückend im ganzen Land und ebenso in allen anderen Ländern. 57 Deshalb kamen Leute aus aller Welt nach Ägypten zu Josef, um Getreide zu kaufen; denn überall herrschte Hungersnot.

42 Als Jakob erfuhr, dass es in Ägypten Getreide zu kaufen gab, sagte er zu seinen Söhnen: »Was steht ihr da und schaut einander an? 2 Ich habe gehört, dass es in Ägypten Getreide gibt. Reist hin und kauft uns welches, sonst werden wir noch verhungern!«

3 Da reisten die zehn Brüder Josefs nach Ägypten, 4 nur Benjamin, den zweiten Sohn Rahels, behielt sein Vater zu Hause. Denn er dachte: »Es könnte ihm unterwegs etwas zustoßen!«

5 Weil im Land Kanaan* Hungersnot herrschte, zogen viele den gleichen Weg. Mit ihnen kamen die Söhne Jakobs nach Ägypten.

Die Brüder erkennen Josef nicht

6 Josef war der Machthaber im Land; wer Getreide kaufen wollte, musste zu ihm gehen. Als nun seine Brüder hereinkamen und sich vor ihm zu Boden warfen, 7 erkannte er sie sofort. Er ließ sich aber nichts anmerken und behandelte sie wie Fremde.

»Woher kommt ihr?«, fragte er sie streng.

»Wir kommen aus dem Land Kanaan*«, antworteten sie, »wir möchten Getreide kaufen.«

8 Die Brüder erkannten Josef nicht, aber er wusste genau Bescheid. 9 Er musste daran den-

a deinen Anordnungen gehorchen: Dies ist die wahrscheinliche Bedeutung der hebräischen Redewendung *auf deinen Mund soll all mein Volk dich küssen*.

b Die wahrscheinliche Bedeutung dieses Namens ist »Gott spricht – er lebt«. *c On:* griechisch Heliopolis.

d Die beiden Namen werden durch Anklänge an »vergessen« und »fruchtbar machen« (= Kinder schenken) gedeutet.

41,42 Est 3,10; 8,2; Dan 5,7.29 **42,4** 35,16-18 **42,9** 37,5-10

ken, was er einst in seiner Jugend von ihnen
geträumt hatte, und er fuhr sie an: »Spione seid
ihr! Ihr wollt erkunden, wo das Land unge-
schützt ist.«

10 »Nein, nein, Herr!«, riefen sie. »Wir sind
nur hierher gekommen, um Getreide zu kaufen.
11 Wir alle sind Söhne *eines* Vaters, ehrliche
Leute! Wir sind keine Spione!«

12 Aber Josef blieb hart: »Das ist nicht wahr«,
sagte er, »ihr wollt erkunden, wo das Land un-
geschützt ist.«

13 Sie verteidigten sich: »Wir sind zwölf
Brüder, deine ergebenen Diener, Söhne *eines*
Mannes im Land Kanaan. Der Jüngste blieb bei
unserem Vater, und einer ist tot.«

14 Doch Josef sagte: »Ich bleibe dabei: Ihr seid
Spione! 15 Ich werde eure Behauptung prüfen:
Euer jüngster Bruder muss her; sonst kommt ihr
nie mehr nach Hause. Das schwöre ich beim
Pharao! 16 Einer von euch soll euren Bruder
holen; ihr anderen bleibt so lange gefangen.
Dann wird man sehen, ob ihr die Wahrheit
gesagt habt. Aber beim Pharao: Ihr seid ja doch
Spione!«

17 Josef ließ sie für drei Tage ins Gefängnis
bringen. 18 Am dritten Tag sagte er zu ihnen:
»Tut, was ich euch sage, dann bleibt ihr am
Leben. Auch ich ehre Gott. 19 Wenn ihr wirklich
ehrliche Leute seid, dann lasst mir einen von
euch als Geisel im Gefängnis zurück. Ihr ande-
ren zieht nach Hause und bringt euren hungern-
den Familien Getreide. 20 Aber schafft mir euren
jüngsten Bruder her! Dann will ich euch glauben
und ihr müsst nicht sterben.«

Die Brüder waren einverstanden. 21 Sie sagten
zueinander: »Das ist die Strafe für das, was wir
unserem Bruder angetan haben. Seine Todes-
angst ließ uns ungerührt. Er flehte uns um Erbar-
men an, aber wir hörten nicht darauf. Dafür
müssen wir nun selbst solche Angst ausstehen.«

22 Ruben erinnerte die anderen: »Ihr wolltet
ja nicht hören, als ich zu euch sagte: ›Vergreift
euch nicht an dem Jungen!‹ Jetzt werden wir für
seinen Tod zur Rechenschaft gezogen!«

23 Weil Josef sich mit ihnen durch einen
Dolmetscher verständigte, ahnten sie nicht, dass
er alles verstand. 24 Die Tränen kamen ihm und
er musste sich abwenden. Als er wieder sprechen
konnte, ließ er Simeon festnehmen und vor
ihren Augen fesseln. 25 Dann befahl er seinen
Leuten, die Säcke der Brüder mit Getreide zu
füllen und jedem das Geld, mit dem er bezahlt
hatte, wieder oben in den Sack zu legen. Er ließ
ihnen auch noch Verpflegung für die Reise
mitgeben.

Als das geschehen war, 26 luden die Brüder
ihre Säcke auf die Esel und machten sich auf den
Heimweg.

Heimkehr und Sorgen

27 Am Abend öffnete einer von ihnen in der Her-
berge seinen Sack, um seinen Esel zu füttern. Da
sah er obenauf sein Geld liegen. 28 »Mein Geld
ist zurückgekommen!«, berichtete er seinen Brü-
dern. »Hier ist es, in meinem Sack!« Sie erschra-
ken. Ganz niedergeschlagen sahen sie einander
an und sagten: »Warum hat Gott uns das ange-
tan?«

29 Als sie zu ihrem Vater Jakob nach Kanaan*
kamen, berichteten sie ihm alles, was sie erlebt
hatten.

30 »Der Mann, der in Ägypten die Macht hat,
empfing uns sehr ungnädig«, erzählten sie. »Wir
seien Spione, sagte er. 31 Wir wehrten uns und
sagten: ›Wir sind ehrliche Leute und keine
Spione, 32 zwölf Brüder sind wir; einer von uns
ist tot, und der Jüngste ist bei unserem Vater im
Land Kanaan geblieben.‹

33 Da sagte er: ›Ich werde sehen, ob ihr ehr-
liche Leute seid. Einer von euch bleibt hier bei
mir; ihr anderen nehmt Getreide, damit eure
Familien nicht hungern müssen, und zieht
nach Hause. 34 Aber schafft mir euren jüngsten
Bruder her! Daran werde ich erkennen, dass ihr
keine Spione seid, sondern ehrliche Leute. Dann
gebe ich auch euren anderen Bruder wieder frei
und ihr dürft euch ungehindert im Land
bewegen.‹«

35 Als sie die Säcke leeren wollten, fand jeder
seinen Geldbeutel oben im Sack. Jakob stand
dabei, und alle erschraken. 36 Ihr Vater Jakob
sagte: »Ihr raubt mir meine Kinder! Josef ist
weg, Simeon ist weg, und jetzt wollt ihr mir auch
noch Benjamin nehmen. Nichts bleibt mir
erspart!«

37 Da sagte Ruben zu seinem Vater: »Wenn
ich Benjamin nicht gesund zurückbringe, darfst
du dafür meine beiden Söhne töten. Vertraue
ihn mir an! Ich bringe ihn dir bestimmt wieder
zurück.«

38 Aber Jakob sagte: »Mein Sohn Benjamin
wird nicht mit euch gehen! Sein Bruder Josef ist
tot, er ist der Letzte von den Söhnen Rahels. Ich
bin ein alter Mann; wenn ihm unterwegs etwas
zustößt – der Kummer würde mich ins Grab
bringen!«

42,22 37,21-22

Jakob lässt Benjamin mitziehen

43 Die Hungersnot lag weiter schwer auf
dem Land. 2 Als das Getreide, das die
Brüder aus Ägypten mitgebracht hatten, aufge-
zehrt war, sagte ihr Vater zu ihnen: »Geht wie-
der nach Ägypten und kauft uns zu essen!«
3 Aber Juda gab zu bedenken: »Der Ägypter
hat ausdrücklich erklärt: ›Kommt mir nicht unter
die Augen ohne euren Bruder!‹ 4 Deshalb gehen
wir nur, wenn du uns Benjamin mitgibst, 5 sonst
bleiben wir hier. Ohne ihn dürfen wir uns nicht
vor dem Mann blicken lassen.«
6 »Warum habt ihr ihm auch verraten, dass
ihr noch einen Bruder habt?«, klagte Jakob.[a]
7 Sie verteidigten sich: »Er hat sich so genau
nach uns und nach unserer Familie erkundigt.
›Lebt euer Vater noch?‹, wollte er wissen. ›Habt
ihr noch einen Bruder?‹ Da haben wir ihm wahr-
heitsgemäß Auskunft gegeben. Wir konnten
doch nicht ahnen, dass er verlangen würde:
›Bringt euren Bruder her!‹«
8 Juda schlug seinem Vater vor: »Vertrau den
Jungen *mir* an, damit wir gehen können und
nicht alle vor Hunger umkommen, wir Brüder,
du selbst und unsere Familien! 9 Ich will Bürge
für ihn sein, von mir sollst du ihn fordern. Mein
Leben lang soll die Schuld auf mir lasten, wenn
ich ihn dir nicht hierher zurückbringe. 10 Wir
wären schon zweimal wieder da, wenn wir nicht
so lange gezögert hätten!«
11 Ihr Vater[b] erwiderte: »Wenn es unbedingt
sein muss, dann nehmt ihn mit. Aber bringt dem
Ägypter als Geschenk etwas von den Schätzen
unseres Landes: Honig, Pistaziennüsse, Mandeln
und dazu die kostbaren Harze Mastix, Tragakant
und Ladanum*. 12 Nehmt auch doppelt Geld
mit, damit ihr das, was ihr in euren Säcken wie-
dergebracht habt, zurückgeben könnt; vielleicht
war es ein Versehen.
13 Und dann nehmt euren Bruder Benjamin
und macht euch auf den Weg. 14 Ich bete zu Gott,
dem Gewaltigen*, dass der Ägypter Erbarmen
mit euch hat und Benjamin und euren anderen
Bruder wieder mit euch heimkehren lässt. Muss
ich denn alle meine Kinder verlieren?«

Josef empfängt die Brüder fürstlich

15 Die Brüder nahmen das doppelte Geld und die
Geschenke und reisten mit Benjamin zu Josef
nach Ägypten. 16 Als Josef sah, dass sie Benjamin
mitgebracht hatten, sagte er zu seinem Hausver-
walter: »Führe diese Männer in meinen Palast!
Schlachte ein Rind und bereite es zu! Sie werden
heute Mittag mit mir essen.«
17 Als der Verwalter die Brüder in den Palast
führen wollte, 18 bekamen sie Angst und sagten
zueinander: »Das ist wegen des Geldes, das wie-
der in unsere Säcke geraten ist! Die Ägypter wer-
den über uns herfallen, uns unsere Esel wegneh-
men und uns zu Sklaven machen.«
19 Noch vor dem Tor sprachen sie den Haus-
verwalter an: 20 »Auf ein Wort, Herr! Wir waren
früher schon einmal hier, um Getreide zu kau-
fen. 21 Als wir auf der Heimreise in der Herberge
unsere Säcke aufmachten, fanden wir obenauf
das ganze Geld liegen, das wir bezahlt hatten.
Wir haben alles wieder mitgebracht 22 und dazu
neues Geld für das Getreide, das wir jetzt kaufen
wollen. Wir wissen nicht, wer unser Geld in die
Säcke gelegt hat.«
23 »Es ist alles gut«,[c] erwiderte der Verwalter,
»macht euch deshalb keine Sorgen! Euer Gott,
der Gott eures Vaters, hat euch einen Schatz in
eure Säcke gelegt. Ich habe euer Geld erhalten.«
Dann brachte er Simeon zu ihnen heraus.
24 Nachdem sie in den Palast eingetreten
waren, ließ der Verwalter ihnen Wasser bringen,
damit sie ihre Füße waschen konnten, und ihren
Eseln ließ er Futter geben. 25 Während die Brüder
auf Josef warteten, legten sie ihre Geschenke
zurecht. Sie hatten nämlich erfahren, dass sie zu
Mittag dort essen sollten.
26 Als nun Josef nach Hause kam, brachten sie
ihm die Geschenke und warfen sich vor ihm nie-
der. 27 Josef erkundigte sich nach ihrem Ergehen
und fragte dann: »Wie geht es eurem alten Vater,
von dem ihr mir erzählt habt? Lebt er noch?«
28 Sie antworteten: »Unserem Vater, deinem
ergebenen Diener, geht es gut; er ist noch am
Leben.« Noch einmal erwiesen sie ihm Ehre und
warfen sich vor ihm nieder.
29 Da erblickte Josef seinen Bruder Benjamin,
den Sohn seiner eigenen Mutter. »Das ist also
euer jüngster Bruder, von dem ihr mir erzählt
habt!«, sagte er, und zu Benjamin: »Gott segne
dich, mein Sohn!«
30 Dann lief er schnell hinaus. Er war den Trä-
nen nahe, so sehr bewegte ihn das Wiedersehen
mit seinem Bruder. Er eilte in sein Privatzimmer,
um sich dort auszuweinen. 31 Dann wusch er
sich das Gesicht und kam zurück. Er nahm sich
zusammen und befahl seinen Dienern: »Tragt
das Essen auf!«
32 Josef aß allein an einem Tisch, die Brüder
an einem anderen, und an einem dritten die

a Wörtlich *Israel**. b Wörtlich *Ihr Vater Israel**.
c Wörtlich *Frieden* für euch*. Dieses Stichwort fällt auch in den Versen 27 und 28.

Ägypter, die zum Haushalt Josefs gehörten. Ägypter essen nämlich nicht an einem Tisch mit Hebräern*, weil sie meinen, dadurch unrein* zu werden.

33 Die Brüder saßen Josef gegenüber. Die Plätze hatte man ihnen genau nach ihrem Alter angewiesen. Als sie es bemerkten, sahen sie einander verwundert an. 34 Josef ließ ihnen von den Gerichten servieren, die auf seinem eigenen Tisch aufgetragen wurden. Benjamin erhielt fünfmal so viel wie die anderen Brüder. Sie tranken mit Josef Wein, bis sie in ausgelassener Stimmung waren.

Josef stellt seine Brüder auf die Probe

44 Später befahl Josef seinem Hausverwalter: »Fülle ihre Säcke mit Getreide. Gib ihnen so viel, wie sie gerade noch tragen können. Das Geld kommt wieder obenauf. 2 Und in den Sack des Jüngsten legst du dazu meinen Becher, du weißt, den silbernen!«

Der Verwalter tat genau, was Josef befohlen hatte.

3 Früh am Morgen durften die Brüder mit ihren Eseln heimreisen. 4 Sie waren noch nicht weit von der Stadt entfernt, da befahl Josef seinem Hausverwalter: »Los, jag ihnen nach, und wenn du sie erreicht hast, sag zu ihnen: ›Warum habt ihr Gutes mit Bösem vergolten? 5 Ihr habt den Becher mitgenommen, aus dem mein Herr trinkt und aus dem er die Zukunft voraussagt! Da habt ihr ein schweres Unrecht begangen!‹«

6 Als der Verwalter sie eingeholt hatte, stellte er sie mit diesen Worten zur Rede.

7 »Wie kannst du uns das zutrauen?«, antworteten sie. »So etwas würde uns nie einfallen! 8 Das Geld, das wir in unseren Säcken fanden, haben wir aus dem Land Kanaan* wieder mitgebracht – wie kämen wir darauf, aus dem Haus deines Herrn Silber oder Gold zu stehlen? 9 Wenn sich der Becher bei einem von uns findet, soll der Betreffende sterben, und wir anderen wollen deine Sklaven sein.«

10 »Gut«, sagte der Verwalter, »wir wollen sehen. Der, bei dem der Becher gefunden wird, soll mein Sklave sein; die andern können unbehelligt weiterreisen.«

11 So schnell sie konnten, luden sie ihre Säcke ab und öffneten sie. 12 Der Verwalter ging der Reihe nach vom Ältesten bis zum Jüngsten, und der Becher fand sich im Sack Benjamins.

13 Die Brüder zerrissen entsetzt ihre Kleider, beluden ihre Esel und kehrten allesamt in die Stadt zurück. 14 So kamen sie zu Josef, der in seinem Palast wartete, und warfen sich, Juda voran, vor ihm zu Boden.

15 »Was habt ihr euch eigentlich gedacht?«, herrschte Josef sie an. »Ihr musstet doch wissen, dass ein Mann wie ich so etwas mit Leichtigkeit herausfindet!«[a]

16 »Was sollen wir sagen, Herr?«, ergriff Juda das Wort. »Womit könnten wir uns rechtfertigen? Gott hat unsere Schuld ans Licht gebracht. Wir alle sind jetzt deine Sklaven, genau wie der, bei dem sich der Becher gefunden hat.«

17 Aber Josef sagte: »So ungerecht werde ich nicht handeln! Der, bei dem der Becher gefunden wurde, soll mein Sklave sein; ihr anderen könnt in Frieden zu eurem Vater heimkehren.«

Juda tritt für seinen Bruder ein

18 Da trat Juda vor und sagte: »Herr, du bist so mächtig wie der Pharao! Erlaube mir, dass ich trotzdem das Wort an dich richte, und zürne mir nicht!

19 Das letzte Mal hast du uns gefragt: ›Habt ihr noch einen Vater oder Bruder?‹ 20 Und wir haben ehrlich geantwortet: ›Wir haben zu Hause noch einen alten Vater und einen Bruder, der ihm im Alter geboren wurde. Der Junge ist der Letzte von den beiden Söhnen seiner Mutter; der ältere ist tot, darum hängt der Vater so an seinem Jüngsten.‹

21 Da befahlst du uns, ihn herzubringen; 22 aber wir gaben zu bedenken: ›Es wäre der Tod für unseren Vater, wenn er den Jungen hergeben müsste. Er muss bei seinem Vater bleiben.‹ 23 Doch du bestandest darauf: ›Ohne ihn dürft ihr mir nicht wieder unter die Augen kommen!‹

24 Als wir nach Hause kamen, berichteten wir das alles unserem Vater. 25 Und als er uns dann wieder zum Getreidekauf hierher schicken wollte, 26 wandten wir ein: ›So können wir unmöglich reisen. Benjamin muss mit. Sonst dürfen wir uns vor dem Ägypter nicht mehr sehen lassen.‹

27 Da sagte mein Vater, dein ergebener Diener: ›Ihr wisst doch, dass meine Lieblingsfrau mir nur zwei Söhne geboren hat. 28 Der eine ist fort, ein Raubtier muss ihn zerrissen haben; bis heute habe ich ihn nicht wiedergesehen. 29 Nun wollt ihr mir auch noch den zweiten nehmen. Ich bin ein alter Mann. Wenn ihm unterwegs etwas zustößt – der Kummer würde mich ins Grab bringen!‹

a Wörtlich *dass ein Mann wie ich wahrsagen kann.*

44,27 30,22-24; 35,16-20

30 So sprach mein Vater, dein ergebener Die-
ner. Wenn wir nun zu ihm zurückkommen und
er sieht, dass der Junge, an dem er so hängt,
nicht bei uns ist, 31 wird er auf der Stelle tot um-
fallen. Dann haben wir es auf dem Gewissen,
wenn unser alter Vater stirbt und mit Kummer
beladen zu den Toten hinunter muss.

32 Außerdem habe ich mich dafür verbürgt,
dass ich den Jungen wieder zurückbringe; ich
habe die ganze Schuld auf mich genommen.
33 Erlaube mir also, Herr, dass ich anstelle des
Jungen hier bleibe und dein Sklave werde. Ihn
aber lass mit den anderen heimkehren! 34 Ich
darf nicht ohne ihn zurückkommen. Ich könnte
das Unglück nicht mit ansehen, das meinen
Vater treffen würde.«

Josef gibt sich seinen Brüdern zu erkennen

45 Da konnte Josef nicht länger an sich hal-
ten. Er schickte alle Ägypter aus dem
Raum. Kein Fremder sollte dabei sein, wenn er
sich seinen Brüdern zu erkennen gab.

2 Als er mit ihnen allein war, brach er in
Tränen aus. Er weinte so laut, dass die Ägypter
es hörten, und bald wusste der ganze Hof des
Pharaos davon.

3 »Ich bin Josef!«, sagte er zu seinen Brüdern.
»Lebt mein Vater noch?«

Aber sie brachten kein Wort heraus, so
fassungslos waren sie.

4 Er rief sie näher zu sich und wiederholte:
»Ich bin Josef, euer Bruder, den ihr nach Ägyp-
ten verkauft habt! 5 Erschreckt nicht und macht
euch keine Vorwürfe deswegen. Gott hat mich
vor euch her nach Ägypten gesandt, um viele
Menschen am Leben zu erhalten.

6 Zwei Jahre herrscht nun schon Hungersnot,
und es kommen noch fünf Jahre, in denen man
die Felder nicht bestellen und keine Ernte ein-
bringen kann. 7 Deshalb hat Gott mich vorausge-
schickt. Es ist sein Plan, euch und eure Nach-
kommen überleben zu lassen, damit er eine
noch größere Rettungstat an euch vollbringen
kann.

8 Nicht ihr habt mich hierher gebracht, son-
dern Gott. Er hat es so gefügt, dass ich die rechte
Hand des Pharaos geworden bin[a] und sein
ganzer Hof und ganz Ägypten mir unterstellt ist.

9 Macht euch schnell auf den Weg und bringt
meinem Vater die Botschaft: ›Dein Sohn Josef
lässt dir sagen: Gott hat mich zum Herrn über
ganz Ägypten gemacht. Komm hierher zu mir,
besinn dich nicht lange! 10 Du sollst in der Pro-
vinz Goschen wohnen, ganz in meiner Nähe.
Bring deine Kinder und Enkel mit, deinen Besitz
und all dein Vieh, Schafe, Ziegen und Rinder.
11 Die Hungersnot dauert noch fünf Jahre. Ich
werde für euch sorgen, damit ihr keine Not
leidet.‹

12 Ihr seht doch mit eigenen Augen«, fuhr
Josef fort, »dass ich es bin, der mit euch redet,
auch du, mein Bruder Benjamin! 13 Ihr müsst
meinem Vater alles erzählen, was ihr hier
gesehen habt. Sagt ihm, was für eine Stellung ich
hier in Ägypten habe. Bringt ihn hierher, so
schnell es geht!«

14 Dann umarmte Josef seinen Bruder Benja-
min, und beide weinten dabei vor Freude. 15 Da-
nach küsste er unter Tränen auch die anderen.
Erst jetzt fanden die Brüder die Sprache wieder
und sie redeten mit Josef.

Der Pharao lässt Jakob nach Ägypten holen

16 Als am Hof des Pharaos bekannt wurde, dass
Josefs Brüder gekommen waren, nahmen der
Pharao und seine Minister die Nachricht wohl-
wollend auf. 17 Der Pharao gab Josef die Anwei-
sung: »Sag deinen Brüdern, sie sollen ihre Tiere
beladen, ins Land Kanaan* reisen 18 und ihren
Vater und ihre Familien herbringen. Sie dürfen
im fruchtbarsten Gebiet Ägyptens wohnen und
bekommen das Beste zu essen, was in Ägypten
wächst. 19 Mache Gebrauch von deiner Voll-
macht und gib ihnen auch Wagen mit für die
kleinen Kinder und die Frauen und besonders
für euren Vater, damit sie bequem hierher reisen
können. 20 Sie sollen ihren Hausrat ruhig zurück-
lassen. Sie werden dafür hier das Beste bekom-
men, was Ägypten zu bieten hat.«

21 Die Brüder waren damit einverstanden.
Nach der Weisung des Pharaos gab Josef ihnen
die Wagen und auch Verpflegung für die Reise
mit. 22 Er schenkte jedem ein Festgewand. Benja-
min aber bekam fünf Festgewänder und noch
300 Silberstücke* dazu. 23 Seinem Vater schickte
Josef zehn Lastesel mit den kostbarsten Erzeug-
nissen Ägyptens und zehn Eselinnen mit Getrei-
de, Brot und anderen Lebensmitteln für die
Reise.

24 Dann verabschiedete er seine Brüder und
sie machten sich auf den Weg. »Streitet euch
nicht unterwegs«, rief er ihnen nach.

25 Die Brüder kamen ins Land Kanaan zu
ihrem Vater Jakob 26 und berichteten ihm: »Josef
lebt! Denk doch, er ist Herr über ganz Ägypten!«

Aber ihr Vater rührte sich nicht; er glaubte

a *Er hat es so gefügt ...*: wörtlich *Er hat mich zum Vater des Pharaos gemacht.*

45,5 50,20; Ps 105,16-17 **45,7** Ex 13,17–14,31

ihnen nicht. 27 Sie erzählten ausführlich, wie es ihnen ergangen war und was Josef ihnen aufgetragen hatte. Sie zeigten ihm auch die Wagen, die er für ihn mitgeschickt hatte.

Da endlich kam Leben in Jakob. 28 »Kein Wort mehr!«, rief er.[a] »Josef lebt noch! Ich muss hin und ihn sehen, ehe ich sterbe!«

Gott macht Jakob Mut für die Reise

46 Jakob[b] machte sich auf den Weg; seinen ganzen Besitz nahm er mit. Als er nach Beerscheba kam, opferte er dort dem Gott seines Vaters Isaak Tiere von seinen Herden und hielt ein Opfermahl*.

2 In der Nacht erschien ihm Gott und sagte: »Jakob! Jakob!«

»Ja?«, antwortete er.

3 Gott sagte zu ihm: »Ich bin Gott, der Gott deines Vaters. Hab keine Angst, nach Ägypten zu ziehen! Ich will deine Nachkommen dort zu einem großen Volk machen. 4 Ich selbst werde mit dir gehen, ich werde dich auch wieder zurückbringen; und wenn du stirbst, wird dir Josef die Augen zudrücken.«

5 Von Beerscheba aus ging die Reise weiter. Die Söhne Jakobs[c] setzten ihren Vater, ihre Frauen und ihre kleinen Kinder in die Wagen, die der Pharao mitgeschickt hatte. 6 Mit ihren Herden und ihrem ganzen Besitz, den sie im Land Kanaan* erworben hatten, kamen sie nach Ägypten, Jakob und seine ganze Familie, 7 die Söhne und Töchter, die Enkel und Enkelinnen. Seine ganze Nachkommenschaft brachte Jakob mit sich nach Ägypten.

Eine Liste der Jakobsfamilie

8–15 Dies sind die Namen der Söhne Jakobs, die mit ihrem Vater, der auch Israel heißt, nach Ägypten kamen. An der Spitze stehen die Söhne, die ihm Lea in Mesopotamien geboren hatte:

Ruben, der Erstgeborene, und seine Söhne Henoch, Pallu, Hezron und Karmi;
Simeon und seine Söhne Jemuël, Jamin, Ohad, Jachin, Zohar und Schaul, der Sohn einer Kanaaniterin*;
Levi und seine Söhne Gerschon, Kehat und Merari;
Juda und seine Söhne Er, Onan, Schela, Perez und Serach; die ersten beiden waren schon in Kanaan gestorben; Perez hatte zwei Söhne: Hezron und Hamul;
Issachar und seine Söhne Tola, Puwa, Jaschub und Schimron;
Sebulon und seine Söhne Sered, Elon und Jachleel;
dazu eine Tochter: Dina

Nachkommen Jakobs von Lea: 33 Personen

16–18 Von der Sklavin Silpa, die Laban seiner Tochter Lea mitgegeben hatte, stammten:

Gad und seine Söhne Zifjon, Haggi, Schuni, Ezbon, Eri, Arod und Areli;
Ascher und seine Söhne Jimna, Jischwa, Jischwi und Beria, dazu seine Tochter Serach; Beria hatte zwei Söhne: Heber und Malkiël

---

Nachkommen Jakobs von Silpa: 16 Personen

19–22 Von Jakobs Lieblingsfrau Rahel stammten:

Josef mit seinen Söhnen Manasse und Efraïm, die ihm Asenat, die Tochter des Priesters Potifera aus On in Ägypten geboren hatte.
Benjamin und seine Söhne Bela, Becher, Aschbel, Gera, Naaman, Ehi, Rosch, Muppim, Huppim und Ard

---

Nachkommen Jakobs von Rahel: 14 Personen

23–25 Von der Sklavin Bilha, die Laban seiner Tochter Rahel mitgegeben hatte, stammten:

Dan und sein Sohn Huschim;
Naftali und seine Söhne Jachzeel, Guni, Jezer und Schillem

Nachkommen Jakobs von Bilha: 7 Personen

26 Mit Jakob siedelten 66 Kinder und Enkel nach Ägypten über, dazu noch die Frauen seiner Söhne. 27 Zählt man Josef und seine Söhne hinzu, so kamen – Jakob selbst eingeschlossen – insgesamt 70 Angehörige der Jakobsfamilie nach Ägypten.[d]

Jakobs Familie kommt nach Ägypten

28 Jakob kam also mit seiner ganzen Familie nach Ägypten. Er hatte Juda vorausgeschickt, um Josef seine Ankunft anzukündigen und ihn zu

a *er:* wörtlich *Israel**. *b* Wörtlich *Israel**. *c* Wörtlich *Israels**.
d G hat in den Versen 19-22 fünf zusätzliche Namen und kommt so zur Gesamtzahl 75; vgl. Apg 7,14. Bei den 33 Nachkommen von Lea ist entweder Jakob mitgezählt oder statt Dina sind es die beiden verstorbenen Söhne von Juda.

46,3 12,2S **46,6-7** Ps 105,23 **46,8-27** Ex 1,1-5 **46,28** 45,10

sich nach Goschen zu rufen. 29 Josef ließ seinen Wagen anspannen und fuhr seinem Vater[a] entgegen.

Als Jakob ihn sah, schloss er ihn in die Arme und weinte lange. 30 »Jetzt sterbe ich gern«, sagte Jakob. »Ich habe dich wiedergesehen und weiß, dass du noch am Leben bist.«

31 Dann sagte Josef zu seinen Brüdern und ihren Angehörigen: »Ich gehe jetzt zum Pharao und melde ihm, dass ihr aus Kanaan* zu mir gekommen seid. 32 Ich sage ihm, dass ihr Viehhirten seid und eure Schafe, Ziegen, Rinder und euren übrigen Besitz mitgebracht habt.

33 Wenn der Pharao euch zu sich rufen lässt und euch nach eurem Beruf fragt, 34 dann antwortet ihm: ›Wir sind von Jugend an Viehhirten gewesen wie unsere Vorfahren.‹ Dann wird er euch erlauben, hier in der Provinz Goschen zu bleiben.«

Die Ägypter haben nämlich einen Abscheu vor Schaf- und Ziegenhirten; sie gelten bei ihnen als unrein*.

47 Josef ging zum Pharao und berichtete ihm: »Mein Vater und meine Brüder sind aus dem Land Kanaan hierher gekommen. Ihre Herden und ihren ganzen Besitz haben sie mitgebracht. Sie sind in der Provinz Goschen.«

2 Josef hatte fünf von seinen Brüdern mitgebracht und stellte sie dem Pharao vor.

3 »Was ist euer Beruf?«, fragte der Pharao, und sie antworteten: »Wir sind Schafhirten, großer König, wie es schon unsere Vorfahren waren.«

4 Weiter sagten sie: »Wir möchten gern eine Zeit lang als Gäste in Ägypten leben. Im Land Kanaan finden unsere Herden wegen der Dürre keine Weide mehr. Erlaube uns, mächtiger Herr, dass wir in der Provinz Goschen bleiben.«

5 Der Pharao sagte zu Josef: »Dein Vater und deine Brüder sind also zu dir gekommen! 6 Ganz Ägypten steht dir zur Verfügung. Lass sie im besten Teil des Landes wohnen; sie können in Goschen bleiben. Und wenn unter ihnen tüchtige Leute sind, dann vertraue ihnen die Verantwortung für meine eigenen Herden an.«

Jakob steht vor dem Pharao

7 Josef brachte auch seinen Vater Jakob zum Pharao. Jakob begrüßte den Herrscher mit einem Segenswunsch.

8 Der Pharao fragte ihn nach seinem Alter 9 und Jakob erwiderte: »Hundertunddreißig Jahre lebe ich jetzt als Fremder auf dieser Erde. Mein Leben ist kurz und leidvoll im Vergleich zu dem meiner Vorfahren, die heimatlos wie ich auf dieser Erde lebten.«

10 Jakob verabschiedete sich vom Pharao mit einem Segenswunsch.

11 Wie der Pharao befohlen hatte, ließ Josef seinen Vater und seine Brüder in der Gegend von Ramses, im besten Teil des Landes, wohnen und gab ihnen dort Grundbesitz. 12 Er sorgte auch dafür, dass seine Angehörigen Brot zugeteilt bekamen, jede Familie nach ihrer Kopfzahl.

Die Ägypter verkaufen sich an den Pharao

13 Die Hungersnot war sehr drückend, weil im ganzen Land kein Getreide mehr wuchs. Nicht nur in Kanaan*, sondern auch in Ägypten waren die Menschen ausgezehrt vom Hunger. 14 Sie konnten zwar bei Josef Getreide bekommen, aber sie mussten dafür bezahlen; und so kam es, dass schließlich alles Geld aus Kanaan und Ägypten in der Hand Josefs war. Josef brachte es in den Palast des Pharaos.

15 Als sie ihr ganzes Geld ausgegeben hatten, kamen die Ägypter alle miteinander zu Josef und sagten zu ihm: »Gib uns Korn! Oder sollen wir hier vor deinen Augen verhungern? Wir haben kein Geld mehr.«

16 »Bringt mir statt Geld euer Vieh«, antwortete ihnen Josef, »dann will ich euch dafür Getreide geben.« 17 Sie brachten ihm all ihr Vieh: Pferde, Esel, Rinder, Schafe und Ziegen, und Josef versorgte sie dafür das ganze Jahr über mit Nahrung.

18 Im folgenden Jahr kamen sie wieder zu Josef und sagten zu ihm: »Wir müssen dir, unserem Herrn, unsere ganze Not sagen. Unser Geld ist zu Ende, unser Vieh ist in deinem Besitz; wir haben nur noch uns selbst und unsere Felder. 19 Sollen wir hier vor deinen Augen sterben und sollen unsere Felder veröden? Kaufe uns und unsere Felder für den Pharao! Das Land soll ihm gehören und wir wollen seine Sklaven sein. Gib uns dafür Getreide, von dem wir leben können, und Saatgut, damit die Felder nicht zur Wüste werden!«

20 Weil die Hungersnot so groß war, musste jeder Ägypter seinen Grundbesitz verkaufen. Josef kaufte alles auf und machte das ganze Land zum Eigentum des Pharaos. 21 Die Bewohner Ägyptens machte er zu dessen Sklaven.[b] 22 Nur die Priester mussten ihre Felder nicht verkaufen, weil sie von dem Einkommen leben konnten, das der Pharao für sie festgesetzt hatte.

a Wörtlich *Israel**.

b *machte er …:* mit G; H *ließ er in die Städte ziehen.*

46,30 45,28

23 Josef sagte zu den Ägyptern: »Ich habe heute euch und euer Land für den Pharao erworben. Lasst euch nun dafür Saatgut geben und sät es aus. 24 Von der Ernte gehört der fünfte Teil dem Pharao; das Übrige ist für euch und eure Familien. Ihr könnt davon leben und neues Saatgut zurücklegen.«

25 Sie sagten: »Du rettest uns das Leben! Wenn du damit einverstanden bist, wollen wir gerne Sklaven des Pharaos sein.«

26 Josef legte gesetzlich fest, dass in ganz Ägypten der fünfte Teil jeder Ernte an den Pharao abzuliefern war. Dieses Gesetz gilt dort bis zum heutigen Tag. Nur der Grundbesitz der Priester wurde nicht Eigentum des Pharaos.

Jakobs letzter Wille

27 Nun war also das Israel-Volk nach Ägypten gekommen und lebte in der Provinz Goschen. Sie waren fruchtbar, vermehrten sich und wurden sehr zahlreich.[a]

28 Jakob lebte noch siebzehn Jahre in Ägypten und erreichte ein Alter von 147 Jahren. 29 Als er sein Ende nahen fühlte, ließ er seinen Sohn Josef rufen und sagte zu ihm: »Wenn du gut zu mir sein willst, dann leg deine Hand zum Schwur zwischen meine Beine.[b] Erweise mir Güte und Treue und begrabe mich nicht in Ägypten! 30 Lass mich im Tod mit meinen Vorfahren vereint sein: Bring mich von hier weg und begrabe mich dort, wo sie begraben sind.«

Josef versprach ihm: »Ich werde deinen Wunsch erfüllen.«

31 »Schwöre es mir!«, sagte Jakob, und Josef schwor es ihm. Darauf verneigte sich Jakob[c] anbetend auf seinem Bett.

Jakob segnet vor seinem Ende die Söhne Josefs

48 Nach einiger Zeit erhielt Josef die Nachricht, dass sein Vater krank sei. Da nahm er seine beiden Söhne Manasse und Efraïm und machte sich auf den Weg. 2 Als Jakob gesagt wurde: »Dein Sohn Josef ist da«, nahm er[d] alle seine Kräfte zusammen und setzte sich im Bett auf.

3 Er sagte zu Josef: »Gott, der Gewaltige*, erschien mir in Lus im Land Kanaan*. Er segnete mich 4 und sagte: ›Ich will dich fruchtbar machen und vermehren[e] und dich zu einer ganzen Schar von Völkern machen. Und dieses Land will ich deinen Nachkommen für alle Zeiten zum Besitz geben.‹ Das hat er mir zugesagt.

5 Deine beiden Söhne Efraïm und Manasse aber, die dir hier in Ägypten geboren wurden, bevor ich ins Land kam, die nehme ich als meine eigenen Söhne an; sie sollen mir genauso viel gelten wie Ruben und Simeon. 6 Deine späteren Söhne und ihre Nachkommen sollen als deine Nachkommenschaft gelten, doch bekommen sie ihren Anteil am Landbesitz im Gebiet ihrer älteren Brüder.

7 Ich tue das deiner Mutter Rahel zuliebe. Sie starb, als ich aus Mesopotamien ins Land Kanaan zurückkam, kurz vor der Stadt Efrata, und ich begrub sie dort am Wegrand.« – Efrata heißt jetzt Betlehem.

8 Jakobs Blick fiel auf Manasse und Efraïm, die Söhne Josefs. »Wen bringst du da mit?«, fragte er Josef. 9–10 Seine Augen waren altersschwach geworden und er konnte nicht mehr deutlich sehen.

»Es sind die Söhne, die Gott mir hier in Ägypten geschenkt hat«, erwiderte Josef.

»Bring sie her«, sagte Jakob, »ich will sie segnen!«

Jakob zog sie an sich, umarmte und küsste sie. 11 Er sagte zu Josef: »Ich hätte nie geglaubt, dich wiederzusehen, und jetzt lässt Gott mich sogar noch deine Kinder sehen.«

12 Josef nahm die beiden von Jakobs Knien und beugte sich vor seinem Vater bis zur Erde.

13 Dann nahm er Efraïm an die rechte Hand, sodass er von Jakob aus gesehen links stand, und an seine linke Hand nahm er Manasse. So brachte er sie zu seinem Vater. 14 Jakob aber kreuzte seine Hände und legte die rechte auf den Kopf des jüngeren Bruders Efraïm und die linke auf den Kopf Manasses, obwohl Manasse der Erstgeborene war.

15 Dann segnete er die Söhne Josefs[f] und sagte: »Ich bete zu dem Gott, nach dessen Willen meine Väter, Abraham und Isaak, sich stets gerichtet haben. Ich bete zu dem Gott, der mich wie ein Hirt mein Leben lang geführt und beschützt hat. 16 Ich bete zu dem Gott,[g] der in aller Not zur Stelle war und mich gerettet hat. Er segne diese Kinder, damit mein Name und der meiner Väter Abraham und Isaak in ihnen und

a Siehe Anmerkung zu 8,17. *b* Siehe Anmerkung zu 24,2. *c* Wörtlich *Israel**.
d er: wörtlich *Israel*;* entsprechend für *Jakob* in den Versen 8, 12, 13 und 14.
e Siehe Anmerkung zu 8,17. *f die Söhne Josefs:* wörtlich *Josef.* *g* Wörtlich *Engel**.

47,27 12,2S **47,29-31** 49,29-32; 50,5-6 **47,29** 24,2 **47,30** 23,20 **47,31** 1 Kön 1,47 **48,4** 12,2S; 12,7S **48,7** 35,16-19 **48,8-22** Hebr 11,21

ihren Nachkommen fortlebe. Er lasse ihre Nach-
kommen zahlreich werden, damit sie das Land
füllen.«
17 Josef gefiel es nicht, dass sein Vater die
rechte Hand auf Efraïm gelegt hatte. Deshalb
nahm er sie und wollte sie auf Manasse legen.
18 »Du irrst, Vater«, sagte er, »dieser ist der Erst-
geborene, auf ihn musst du die rechte Hand
legen!«
19 Aber Jakob wehrte ab: »Das weiß ich«,
sagte er. »Sei unbesorgt, auch die Nachkommen
Manasses sollen zu einem großen Volk werden.
Aber sein jüngerer Bruder soll noch größer wer-
den als er; seine Nachkommen sollen zu einer
Menge von Völkern werden.«
20 So segnete Jakob die Söhne Josefs und sagte
zu ihm: »Du und deine Kinder, ihr werdet in
Israel ein Beispiel besonderen Segens sein. Wenn
die Leute in Israel einander Glück wünschen,
werden sie sagen: ›Gott segne dich wie Efraïm
und Manasse!‹« Ganz bewusst nannte er dabei
Efraïm an erster Stelle.
21 Dann sagte er: »Ich sterbe jetzt. Gott wird
euch beistehen und euch in das Land zurück-
bringen, das er euren Vorfahren versprochen
hat. 22 Dir aber gebe ich einen Bergrücken[a] hoch
über den Wohnsitzen deiner Brüder. Ich habe
ihn den Amoritern* mit Schwert und Bogen
weggenommen.«

Jakob schaut die Zukunft der zwölf Stämme Israels

49 Jakob rief alle seine Söhne zu sich und
sagte zu ihnen: »Kommt her, ich will
euch wissen lassen, wie es euren Nachkommen
ergehen wird. 2 Kommt und hört, meine Söhne,
was euer Vater Israel euch zu sagen hat:

3 Du, *Ruben*, bist mein Erstgeborener,
das Zeugnis meiner besten Kraft,
weil ich dich als den Ersten zeugte;
du bist der Erste auch an Macht und Hoheit!
4 Und doch kannst du nicht Erster bleiben;
denn zügellos wie wilde Fluten
bist du einst auf mein Bett gestiegen
und hast dich dadurch selbst geschändet.

5–6 Ihr beiden Brüder, *Simeon* und *Levi*,
ihr könnt mich nie dafür gewinnen,
mich euren Plänen anzuschließen;
denn ihr kennt nichts als Wut und Willkür!
Ganz sinnlos habt ihr Männer abgeschlachtet
und starke Stiere ohne Grund verstümmelt.
7 Verflucht sei euer wildes Wüten,
weil es so roh und grausam ist.
Das Urteil über euch hat Gott gesprochen:
›Ihr dürft nicht mehr zusammenbleiben;
ich werde euch in Israel zerstreuen!‹

8 Dich, *Juda*, preisen deine Brüder!
Voll Freude jubeln sie dir zu,
weil du den Feind im Nacken packst,
und in den Staub hinunterzwingst.
9 Mein Sohn, du gleichst dem jungen Löwen,
der niemals leer vom Raubzug heimkehrt:
Er legt sich neben seine Beute,
und keiner wagt ihn aufzustören.
10 Nur dir gehören Thron und Zepter,
dein Stamm wird stets den König stellen,
bis Schilo[b] kommt, der große Herrscher,
dem alle Völker dienen sollen.
11 Ja, Juda lebt im Überfluss:
Ganz achtlos bindet er sein Reittier
am allerbesten Weinstock fest
und wäscht im Traubenblut den Mantel.
12 Der Wein macht seine Augen funkeln
und Milch die Zähne blendend weiß.

13 Du, *Sebulon*, wohnst nah beim Meer,
dort, wo die Schiffe einen Hafen finden;
bis hin nach Sidon reicht dein Land!

14–15 Du, *Issachar*, beugst deinen Rücken
und schleppst als Sklave schwere Lasten.
Genauso wie ein dürrer Esel
brichst du darunter in die Knie.
Du zahlst den Preis für deine Sehnsucht
nach einem schönen, ebnen Land
und einem Leben ohne Mühe!

16 Du, *Dan*, bewahrst das Recht des Volkes!
Deswegen wird dein Stamm geachtet
von allen Stämmen Israels.
17 Gefährlich bist du wie die Schlange,
die auf der Lauer liegt am Wegrand:
Sie beißt das Pferd in seine Fesseln,
dann stürzt der Reiter rücklings ab.
So siegst du über deine Feinde!

18 Ich warte, HERR, auf deine Hilfe!

a In dem hebräischen Wort für *Bergrücken* (wörtlich: Schulter, Schulterstück) klingt der Ortsname Sichem an (vgl. 33,18; 35,4; 37,12-14). *b* Das Wort ist nicht sicher zu deuten; vielleicht *Der, dem es* (das Zepter) *zusteht,* oder *sein* (Judas) *Erbetener,* oder *sein Herrscher.*

48,20 22,18S **49,1-27** Dtn 33,6-25 **49,3** 29,32 **49,4** 35,22 **49,5-6** 34,25-31 **49,7** Jos 19,1-9; 21,1-42 **49,8** Num 10,14-16; Ri 1,1-2 **49,9** Offb 5,5 **49,10** 1 Chr 5,2; 28,4; Hebr 7,14 **49,11-12** Joël 4,18

19 Du, *Gad*, von Räubern oft bedrängt,[a]
lässt dich von ihnen nie berauben;
du wehrst sie ab und jagst sie fort!

20 Die Felder *Aschers* tragen reiche Frucht;
in seinem Land wächst nur das Beste,
die Speise für des Königs Tisch.

21 Du, *Naftali*, gleichst einer Hirschkuh,
die auf den Bergen frei umherläuft
und schöne, starke Junge hat.[b]

22 Du, *Josef*, bist dem Weinstock gleich,
der an der Quelle üppig treibt
und seine Mauer überwuchert.
23 Die Feinde fordern dich zum Kampf,
beschießen dich mit ihren Pfeilen;
24 doch du bleibst unerschüttert stehen
und schießt mit rascher Hand zurück.
Bei dir ist Jakobs starker Gott;
deswegen führst du Israel
und bist des Volkes Schutz und Stärke.
25 Gott, der Gewaltige*, ist es, der dir hilft;
dich segnet deines Vaters Gott.
Er gibt dir Regen aus dem Himmel,
gibt Quellen aus der Erdentiefe.
Das Leben mehrt und segnet er
mit Fruchtbarkeit des Mutterleibes,
mit Überfluss aus Mutterbrüsten.
26 Du siehst die Berge, fest und ewig,
die hoch bis in die Wolken ragen;
dein Reichtum überragt sie alle.[c]
Dies alles ist dir vorbehalten,
weil du den Segen erben sollst,
den ich, dein Vater, einst empfing.
Du, Josef, bist der Auserwählte
inmitten aller deiner Brüder!

27 Du, *Benjamin*, bist wie der Wolf,
der morgens seinen Raub verschlingt
und abends seine Beute teilt.«

28 Mit diesen Worten segnete Jakob seine Söhne.
Er gab jedem zum Abschied ein besonderes
Segenswort. In die Zukunft blickend, sprach er
von den zwölf Stämmen Israels.
29–30 Danach ordnete er an: »Wenn ich
tot bin, dann bringt mich ins Land Kanaan*
und bettet mich zur letzten Ruhe neben meinen
Vorfahren, in der Höhle auf dem Feld Machpela
östlich von Mamre. Dieses Grundstück hat
Abraham von dem Hetiter* Efron als Grabstätte
für seine Familie erworben. 31 Dort wurden
Abraham und Sara zur letzten Ruhe gebettet,
dort liegen Isaak und Rebekka, und auch Lea
habe ich dort beigesetzt. 32 Das Feld und die
Höhle darauf sind unser rechtmäßiges Eigen-
tum; wir haben es von den Hetitern gekauft.«
33 Während Jakob seinen Söhnen diese
letzten Anweisungen gab, saß er auf dem Rand
seines Bettes. Nun hob er seine Füße aufs Bett
und legte sich zurück. Bald darauf starb er und
wurde im Tod mit seinen Vorfahren vereint.

Die Totenfeier für Jakob

50 Josef warf sich über seinen Vater, weinte
um ihn und küsste ihn. 2 Dann befahl er
den Ärzten, die in seinem Dienst standen,
Jakob[d] einzubalsamieren. 3 Wie üblich brauch-
ten sie dazu vierzig Tage. Ganz Ägypten trauerte
um Josefs Vater siebzig Tage lang.
4 Danach wandte sich Josef an die Hofleute
des Pharaos und sagte zu ihnen: »Wenn ihr mir
eine Gunst erweisen wollt, dann richtet dem
Pharao aus: 5 ›Ich musste meinem Vater schwö-
ren, ihn im Land Kanaan* beizusetzen, in dem
Grab, das er selbst für sich vorbereitet hat. Des-
halb möchte ich nun hinreisen und ihn zur letz-
ten Ruhe betten, dann werde ich wieder zurück-
kommen.‹«
6 Der Pharao ließ ihm antworten: »Mach es
so, wie du es deinem Vater geschworen hast.«
7 Josef machte sich auf den Weg, und die
hohen Beamten des Pharaos und alle führenden
Männer Ägyptens begleiteten ihn. 8 Auch seine
Brüder kamen mit, dazu alle aus dem Haus Josefs
und aus der Großfamilie seines Vaters, nur die
Kinder und die Gebrechlichen und das Vieh
blieben in der Provinz Goschen zurück. 9 Sogar
eine Abteilung Elitetruppen mit Streitwagen*
gab dem Toten das Geleit; es war ein gewaltiger
Trauerzug.
10 Unterwegs hielten sie in Goren-Atad östlich
des Jordans eine große Trauerfeier ab; sieben
Tage lang ließ Josef seinen Vater beweinen.
11 Die Kanaaniter, die dort wohnten, wunderten
sich und sagten zueinander: »Die Ägypter halten
aber eine große Trauerfeier ab!« Deshalb heißt
der Ort auch Abel-Mizrajim (Trauer der Ägyp-
ter).[e]

a *Gad* erinnert im Hebräischen an das Wort für »bedrängen«.
b *und schöne ...:* oder *Du verstehst es, gut zu reden.*
c *Du siehst die Berge ...:* nach G; wörtlich *Die Segnungen deines Vaters überragen die Segnungen der ewigen Berge;* H ... *überragen die Segnungen meiner Erzeuger bis zur Grenze der ewigen Berge.*
d Wörtlich *Israel**.
e *Trauer der Ägypter:* eigentlich *Bach Ägyptens* (vgl. Num 34,5). Wortspiel mit *abel* = Fluss und *ebel* = Trauer.

49,25 Gen 7,11; 8,2 **49,27** Ri 20,21.25 **49,29-30** 23,3-20 **49,31** 25,9-10; 35,29 **50,5** 47,29-31

12 Dann erfüllten die Söhne Jakobs den letzten
Wunsch ihres Vaters: 13 Sie brachten ihn in das
Land Kanaan und bestatteten ihn östlich von
Mamre in der Höhle auf dem Feld Machpela, die
Abraham von dem Hetiter Efron als Grabstätte
für seine Familie erworben hatte.

14 Nachdem Josef seinen Vater beigesetzt
hatte, kehrte er mit seinen Brüdern und allen,
die ihn begleitet hatten, nach Ägypten zurück.

Der Mensch denkt, Gott lenkt

15 Weil nun ihr Vater tot war, gerieten die Brüder
Josefs in Sorge. »Wenn Josef uns nur nichts mehr
nachträgt!«, sagten sie zueinander. »Sonst wird
er uns jetzt heimzahlen, was wir ihm einst ange-
tan haben.«

16 Sie ließen Josef ausrichten: »Dein Vater hat
uns vor seinem Tod die Anweisung gegeben:
17 ›Bittet Josef, dass er euch verzeiht und euch
nicht nachträgt, was ihr ihm angetan habt.‹ Des-
halb bitten wir dich: Verzeih uns unser Unrecht!
Wir bitten dich bei dem Gott deines Vaters, dem
auch wir dienen!«

Als Josef das hörte, musste er weinen.

18 Danach gingen die Brüder selbst zu Josef,
warfen sich vor ihm zu Boden und sagten: »Wir
sind deine Sklaven!«

19 Aber Josef erwiderte: »Habt keine Angst!
Ich werde doch nicht umstoßen, was Gott selbst
entschieden hat! 20 Ihr hattet Böses mit mir vor,
aber Gott hat es zum Guten gewendet; denn er
wollte auf diese Weise vielen Menschen das Le-
ben retten. Das war sein Plan, und so ist es ge-
schehen. 21 Habt also keine Angst! Ihr könnt
euch auf mich verlassen, ich werde für euch und
eure Familien sorgen.«

So beruhigte Josef seine Brüder und gab ihnen
wieder Mut.

Josefs Ende

22 Josef blieb mit allen Nachkommen seines
Vaters in Ägypten. Er wurde 110 Jahre alt 23 und
sah noch die Enkel seines Sohnes Efraïm; er er-
lebte es auch noch, wie seinem Enkel Machir,
dem Sohn Manasses, Söhne geboren wurden,
und nahm sie feierlich in seine Sippe auf.[a]

24 Als Josef sein Ende kommen fühlte, sagte er
zu seinen Brüdern: »Gott wird euch nicht verges-
sen. Er wird euch aus diesem Land wieder in das
Land zurückbringen, das er Abraham, Isaak und
Jakob mit einem Eid versprochen hat. 25 Wenn
das geschieht, dann nehmt auch meine Gebeine
von hier mit.«

Die Brüder[b] mussten es Josef schwören.
26 Dann starb er im Alter von 110 Jahren. Sein
Leichnam wurde einbalsamiert und in Ägypten
in einen Sarg gelegt.

a Die Aufnahme in die Sippe wird im Hebräischen ausgedrückt durch die Wendung *sie wurden auf den Knien Josefs geboren.*

b Wörtlich *Die Söhne Israels* (= Jakobs).

50,13 23,1-20 **50,20** 45,5 **50,24** 12,7S **50,25** Ex 13,19; Jos 24,32; Hebr 11,22 **50,26** Sir 49,15

DAS ZWEITE BUCH MOSE (EXODUS)

Inhaltsübersicht

DIE BEFREIUNG ISRAELS AUS ÄGYPTEN (1,1–15,21)

Der Pharao bekommt Angst vor den Israeliten

1 Zusammen mit Jakob, der auch Israel heißt,
waren elf seiner zwölf Söhne mit ihren Fami-
lien nach Ägypten ausgewandert, nämlich:
2 Ruben, Simeon, Levi und Juda,
3 Issachar, Sebulon und Benjamin,
4 Dan und Naftali,
Gad und Ascher.
5 Josef war schon vorher nach Ägypten gekom-
men. Insgesamt waren es mit Kindern und En-
keln siebzig direkte Nachkommen Jakobs.
6 Dann waren Josef und seine Brüder gestor-
ben. Von ihrer ganzen Generation lebte nie-
mand mehr. 7 Aber ihre Nachkommen, die Israe-
liten, waren fruchtbar und vermehrten sich;[a] sie
nahmen überhand und wurden so zahlreich,
dass sie das Land füllten.
8 Da kam in Ägypten ein neuer König an die
Macht, der von Josef nichts mehr wusste. 9 Er
sagte zu seinen Leuten: »Die Israeliten sind so
zahlreich und stark, dass sie uns gefährlich wer-
den. 10 Wir müssen etwas unternehmen, damit
sie nicht noch stärker werden. Sie könnten sich
sonst im Kriegsfall auf die Seite unserer Feinde
schlagen, gegen uns kämpfen und dann aus dem
Land fortziehen.«
11 Die Ägypter setzten deshalb Aufseher ein,
um die Israeliten mit Fronarbeit* unter Druck zu
halten. Die Männer mussten für den Pharao die
Vorratsstädte Pitom und Ramses bauen. 12 Aber
je mehr man die Israeliten unterdrückte, desto
zahlreicher wurden sie und desto mehr breite-
ten sie sich aus. Den Ägyptern wurde das un-
heimlich.
13–14 Darum ließen sie die Männer Israels als
Sklaven für sich arbeiten, misshandelten sie und
machten ihnen das Leben zur Hölle. Sie zwan-
gen sie, aus Lehm Ziegel herzustellen und harte
Feldarbeit zu verrichten.

Die Hebammen durchkreuzen den Plan des Pharaos

15 Doch nicht genug damit: Der König von Ägyp-
ten ließ die beiden hebräischen Hebammen
Schifra und Pua rufen und befahl ihnen:
16 »Wenn ihr den hebräischen Frauen bei der Ge-
burt beisteht, dann achtet darauf, ob sie einen
Sohn oder eine Tochter zur Welt bringen. Die
männlichen Nachkommen müsst ihr sofort um-
bringen, nur die Mädchen dürft ihr am Leben
lassen.«
17 Die Hebammen aber gehorchten Gott und
befolgten den Befehl des Königs nicht. Sie ließen
auch die Söhne am Leben.
18 Da ließ der König die Hebammen kommen
und fragte sie: »Warum widersetzt ihr euch mei-
nem Befehl und lasst die Jungen am Leben?«
19 Sie antworteten dem Pharao: »Die hebräi-
schen Frauen sind kräftiger als die ägyptischen.
Bis die Hebamme zu ihnen kommt, haben sie ihr
Kind schon längst zur Welt gebracht.«
20 So vermehrte sich das Volk Israel auch wei-
terhin und wurde immer mächtiger. Gott aber
ließ es den Hebammen gut gehen. 21 Weil sie ihm
gehorcht hatten, schenkte er ihnen zahlreiche
Nachkommen.

a Siehe Anmerkung zu Gen 8,17; zu *dass sie das Land füllten* vgl. Gen 1,28; 9,1.
1,1-5 Gen 46,8-27 **1,7** Gen 1,28S **1,11** 1 Kön 5,27-30; 9,15; 12,4

22 Nun gab der Pharao seinem ganzen Volk
den Befehl: »Werft jeden Jungen, der den
Hebräern* geboren wird, in den Nil! Nur die
Mädchen dürfen am Leben bleiben.«

Israels künftiger Retter wird aus dem Wasser gerettet

2 Ein Mann aus der Nachkommenschaft
von Levi heiratete eine Frau, die ebenfalls zu
den Nachkommen Levis gehörte. 2 Sie wurde
schwanger und brachte einen Sohn zur Welt. Als
sie sah, dass es ein gesundes, schönes Kind war,
hielt sie es drei Monate lang versteckt.

3 Länger konnte sie es nicht verbergen. Des-
halb besorgte sie sich ein Kästchen aus Binsen,
dichtete es mit Pech ab, sodass es kein Wasser
durchließ, und legte das Kind hinein. Dann
setzte sie das Kästchen ins Schilf am Ufer des
Nils. 4 Die Schwester des Kindes versteckte sich
in der Nähe, um zu sehen, was mit ihm ge-
schehen würde.

5 Da kam die Tochter des Pharaos an den Nil,
um zu baden. Ihre Dienerinnen ließ sie am Ufer
zurück. Auf einmal sah sie das Kästchen im
Schilf. Sie schickte eine Dienerin hin, um es zu
holen. 6 Als sie es öffnete, fand sie darin einen
weinenden Säugling, einen kleinen Jungen. Vol-
ler Mitleid rief sie: »Das ist einer von den
Hebräerjungen!«

7 Die Schwester des Kindes kam aus ihrem
Versteck und fragte: »Soll ich eine hebräische
Frau rufen, die das Kind stillen kann?«

8 »Ja, tu das!«, sagte die Tochter des Pharaos.

Da holte das junge Mädchen die Mutter des
Kindes, 9 und die Tochter des Pharaos sagte zu
ihr: »Nimm dieses Kind und stille es für mich!
Ich werde dich dafür bezahlen.«

So kam es, dass die Frau ihr eigenes Kind mit
nach Hause nehmen und stillen konnte. 10 Als
der Junge groß genug war, brachte sie ihn wieder
zurück. Die Tochter des Pharaos nahm ihn als
ihren Sohn an. Sie sagte: »Ich habe ihn aus dem
Wasser gezogen.« Darum gab sie ihm den
Namen Mose.[a]

Der Sohn der Königstochter entdeckt seine Brüder

11 Als Mose erwachsen war, ging er einmal zu
seinen Brüdern, den Israeliten, hinaus und sah,
wie sie Fronarbeiten* verrichten mussten. Er
wurde Zeuge, wie ein Ägypter einen Hebräer*,
einen von seinen Brüdern, totschlug.[b] 12 Da
schaute er sich nach allen Seiten um, und als er
sah, dass niemand in der Nähe war, erschlug er
den Ägypter und verscharrte ihn im Sand.

13 Am nächsten Tag ging er wieder hinaus. Da
sah er zwei Hebräer, die miteinander stritten. Er
sagte zu dem, der im Unrecht war: »Warum
schlägst du einen Mann aus deinem eigenen
Volk?«

14 Der antwortete: »Wer hat dich zum Auf-
seher und Richter über uns eingesetzt? Willst du
mich auch umbringen wie den Ägypter?«

Da bekam Mose Angst, denn er dachte: »Es
ist also doch bekannt geworden!«

Der Flüchtling findet ein Zuhause

15 Als der Pharao von dem Vorfall erfuhr, wollte
er Mose töten lassen. Mose aber floh vor ihm in
das Land Midian*. Dort setzte er sich an einen
Brunnen, um auszuruhen.

16 Der Priester* des Landes hatte sieben Töch-
ter; die kamen zu dem Brunnen, um die Schafe
und Ziegen ihres Vaters zu tränken. Als sie ge-
rade die Tränkrinnen voll Wasser geschöpft
hatten, 17 kamen Hirten und drängten sie weg.
Mose stand auf und nahm die Mädchen in
Schutz. Er legte selbst Hand an beim Tränken
der Tiere.

18 Als die Mädchen nach Hause zu ihrem
Vater Reguël[c] kamen, fragte er: »Warum seid ihr
heute schon so früh wieder da?«

19 Sie antworteten: »Ein Ägypter hat uns vor
den Hirten in Schutz genommen. Er hat uns
beim Tränken geholfen und sogar selbst Wasser
geschöpft.«

20 »Wo ist er?«, fragte Reguël seine Töchter.
»Warum habt ihr ihn nicht mitgebracht? Holt
ihn! Er soll mit uns essen.«

21 Reguël lud Mose ein, bei ihm zu bleiben,
und Mose war damit einverstanden. Der Priester
gab ihm seine Tochter Zippora zur Frau. 22 Als
sie einen Sohn zur Welt brachte, sagte Mose: »Er
soll Gerschom (Gast-dort) heißen, denn ich bin
Gast in einem fremden Land geworden.«

Gott hört den Hilferuf der Israeliten

23 So verging eine lange Zeit. Inzwischen war
der König von Ägypten gestorben. Aber die Lage
der Israeliten hatte sich nicht gebessert. Sie

a *Mose* erinnert im Hebräischen an »herausziehen«.

b *totschlug:* Das Wort kann auch nur »schlagen« bedeuten, doch wäre dann Moses Reaktion übermäßig; er handelt nicht im Affekt (Vers 12).

c Von Kapitel 3 ab trägt der Priester den Namen Jitro.

2,1-2 6,20 **2,2** Hebr 11,23 **2,11** Hebr 11,24-26 **2,15** Hebr 11,27

stöhnten unter der Zwangsarbeit und schrien um
Hilfe.

Ihr Schreien drang zu Gott, 24 und er erin-
nerte sich an den Bund*, den er mit Abraham,
Isaak und Jakob geschlossen hatte. 25 Er wandte
sich den Israeliten zu und kümmerte sich um
sie.[a]

Gott braucht Mose für seinen Plan

3 Mose hütete die Schafe und Ziegen seines
Schwiegervaters Jitro, des Priesters von
Midian*. Als er die Herde tief in die Wüste hin-
eintrieb, kam er eines Tages an den Gottesberg*,
den Horeb.

2 Dort erschien ihm der Engel* des HERRN in
einer lodernden Flamme, die aus einem Dorn-
busch schlug. Mose sah nur den brennenden
Dornbusch, aber es fiel ihm auf, dass der Busch
von der Flamme nicht verzehrt wurde.

3 »Das ist doch seltsam«, dachte er. »Warum
verbrennt der Busch nicht? Das muss ich mir aus
der Nähe ansehen!«

4 Als der HERR sah, dass Mose näher kam, rief
er ihn aus dem Busch heraus an: »Mose! Mose!«

»Ja«, antwortete Mose, »ich höre!«

5 »Komm nicht näher!«, sagte der HERR. »Zieh
deine Schuhe aus, denn du stehst auf heiligem
Boden.«

6 Dann sagte er: »Ich bin der Gott, den dein
Vater verehrt hat, der Gott Abrahams, Isaaks
und Jakobs.«

Da verhüllte Mose sein Gesicht, denn er
fürchtete sich, Gott anzusehen.

7 Weiter sagte der HERR: »Ich habe genau ge-
sehen, wie mein Volk in Ägypten unterdrückt
wird. Ich habe gehört, wie es um Hilfe schreit ge-
gen seine Antreiber. Ich weiß, wie sehr es lei-
den muss, 8 und bin herabgekommen, um es von
seinen Unterdrückern zu befreien. Ich will es
aus Ägypten führen und in ein fruchtbares und
großes Land bringen, ein Land, das von Milch
und Honig überfließt. Ich bringe es in das Land
der Kanaaniter*, Hetiter*, Amoriter*, Perisiter,
Hiwiter und Jebusiter.

9 Ich habe den Hilfeschrei der Leute von Israel
gehört, ich habe gesehen, wie grausam die
Ägypter sie unterdrücken. 10 Deshalb geh jetzt,
ich schicke dich zum Pharao! Du sollst mein
Volk, die Israeliten, aus Ägypten herausführen.«

11 Aber Mose wandte ein: »Ich? Wer bin ich
denn! Wie kann ich zum Pharao gehen und das
Volk Israel aus Ägypten herausführen?«

12 Gott antwortete: »Ich werde dir beistehen.
Und das ist das Zeichen, an dem du erkennst,
dass ich dich beauftragt habe: Wenn du das Volk
aus Ägypten herausgeführt hast, werdet ihr mir
an diesem Berg Opfer* darbringen und mich an-
beten.«

Gott gibt sich Mose zu erkennen

13 Mose sagte zu Gott: »Wenn ich nun zu den
Leuten von Israel komme und zu ihnen sage:
›Der Gott eurer Vorfahren hat mich zu euch ge-
schickt‹, und sie mich dann fragen: ›Wie ist sein
Name?‹ – was soll ich ihnen sagen?«

14 Gott antwortete: »Ich bin da«,[b] und er fügte
hinzu: »Sag zum Volk Israel: ›Der Ich-bin-da hat
mich zu euch geschickt: 15 der HERR! Er ist der
Gott eurer Vorfahren, der Gott Abrahams, Isaaks
und Jakobs.‹ Denn ›HERR‹ (Er-ist-da) ist mein
Name für alle Zeiten. Mit diesem Namen sollen
mich auch die kommenden Generationen an-
sprechen, wenn sie zu mir beten.

16 Geh nun und rufe die Ältesten* des Volkes
Israel zusammen! Sag zu ihnen: ›Der HERR, der
Gott eurer Vorfahren, ist mir erschienen, der
Gott Abrahams, Isaaks und Jakobs. Er hat zu mir
gesagt: Ich habe genau gesehen, was man euch
in Ägypten antut. 17 Darum bin ich entschlossen,
euch aus diesem Land herauszuführen, in dem
ihr so unterdrückt werdet. Ich bringe euch in das
Land der Kanaaniter*, Hetiter*, Amoriter*, Peri-
siter, Hiwiter und Jebusiter, ein Land, das von
Milch und Honig überfließt.‹

18 Wenn du so zu ihnen sprichst, werden die
Ältesten des Volkes auf dich hören. Dann musst
du mit ihnen zum König von Ägypten gehen,
und ihr sollt zu ihm sagen: ›Der HERR, der Gott
der Hebräer*, ist uns erschienen. Deshalb wol-
len wir drei Tagereisen weit in die Wüste gehen
und dort dem HERRN, unserem Gott, Opfer* dar-
bringen.‹

19 Ich weiß, dass der König von Ägypten euch
nicht gehen lässt; er wird sich durch keine Macht
der Welt dazu zwingen lassen. 20 Aber dann wer-
de ich meine Hand ausstrecken und die Ägypter
schlagen, ich werde Schrecken erregende Wun-
der in ihrer Mitte vollbringen. Und dann wird er
euch ziehen lassen.

21 Ich werde sogar dafür sorgen, dass die Ägyp-

a Wörtlich *und erkannte (sie)*.
b Der hebräische Wortlaut enthält einen Anklang an den Gottesnamen *Jahwe*, der in dieser Übersetzung nach alter Tradition durch HERR (siehe Sacherklärung) wiedergegeben wird.

2,24 Gen 17,1-14; 26,3-4; 28,13-22 **3,1** (Gottesberg) 4,27; 18,5; 24,13; 1 Kön 19,3 **3,5** Jos 5,15 **3,6** 6,2-3S; Mt 22,32 **3,8** (Milch und Honig) Num 14,8; Dtn 26,9.15; Jos 5,6; Sir 46,8 **3,11** 4,10 **3,21-22** 11,2-3; 12,35-36; Gen 15,14; Weish 10,17.20

ter euch wohlgesinnt sein werden und ihr nicht
mit leeren Händen wegziehen müsst. 22 Alle
Frauen aus Israel sollen sich vor dem Aufbruch
von ihren ägyptischen Nachbarinnen Silber- und
Goldschmuck erbitten und festliche Kleider. Das
können dann eure Söhne und Töchter tragen.
Auf diese Weise sollt ihr die Ägypter berauben.«

Mose macht Einwendungen

4 Mose erwiderte: »Und was ist, wenn die
Leute von Israel mir nicht glauben und
nicht auf mich hören, sondern behaupten: ›Der
HERR ist dir nicht erschienen!‹ Was soll ich dann
tun?«

2 »Was hast du da in deiner Hand?«, fragte der
HERR.

»Einen Stock«, sagte Mose.

3 »Wirf ihn auf die Erde!«, befahl der HERR.

Mose tat es. Da wurde der Stock zu einer
Schlange, und Mose lief vor ihr davon.

4 Der HERR befahl ihm: »Pack sie beim
Schwanz!«

Mose fasste zu, und sie wurde in seiner Hand
wieder zum Stock.

5 Da sagte der HERR: »Tu das vor ihren Augen,
damit sie glauben, dass ich dir erschienen bin –
ich, der Gott ihrer Vorfahren Abraham, Isaak
und Jakob.«

6 Dann befahl er Mose: »Steck die Hand in
dein Gewand!«

Mose gehorchte, und als er seine Hand wie-
der hervorzog, war sie voll Aussatz*, weiß wie
Schnee.

7 »Steck deine Hand noch einmal in dein Ge-
wand«, befahl der HERR.

Mose tat es, und als er sie wieder hervorzog,
war sie so gesund wie der übrige Körper.

8 Der HERR sagte: »Wenn sie sich durch das
Wunder mit dem Stock nicht überzeugen lassen,
dann wird dieses zweite Wunder sie überzeugen.
9 Wenn sie aber immer noch nicht glauben und
nicht auf dich hören wollen, dann nimm Wasser
aus dem Nil und schütte es auf den Boden, und
es wird zu Blut werden.«

10 Doch Mose erwiderte: »Ach Herr, ich habe
doch noch nie gut reden können, und auch seit
du mit mir, deinem Diener, sprichst, ist das nicht
besser geworden. Ich bin im Reden viel zu
schwerfällig und unbeholfen.«

11 Der HERR antwortete: »Wer hat den Men-
schen die Sprache gegeben? Wer macht die
Menschen stumm oder taub? Wer macht sie
sehend oder blind? Ich bin es, der HERR! 12 Also,
geh jetzt! Ich werde dir helfen und dir sagen,
was du reden sollst.«

13 Doch Mose erwiderte: »Nimm es mir nicht
übel, Herr, aber schicke einen andern!«

14 Da wurde der HERR zornig auf Mose und
sagte: »Du hast doch noch einen Bruder, den
Leviten Aaron![a] Ich weiß, dass er gut reden
kann. Er ist auf dem Weg zu dir und wird sich
freuen, wenn er dich wiedersieht.

15 Du sagst ihm alles, was er reden soll. Ich
helfe dir dabei, und ihm helfe ich auch. Ich sage
euch, was ihr tun und reden sollt. 16 Wenn
Aaron für dich zum Volk spricht, wird das so
sein, wie wenn ein Prophet* die Botschaften
seines Gottes weitergibt.

17 Und den Stock hier nimm in die Hand! Mit
ihm wirst du die Wunder tun, die dich auswei-
sen.«

Mose macht sich auf den Weg nach Ägypten

18 Mose kehrte zurück zu seinem Schwieger-
vater Jitro und sagte: »Ich möchte wieder zu
meinen Brüdern, den Israeliten, nach Ägypten
gehen und sehen, ob sie noch am Leben sind.«

Jitro sagte: »Glückliche Reise! Zieh in Frie-
den*!«

19 Noch im Land Midian* sagte der HERR zu
Mose: »Du kannst jetzt nach Ägypten zurück-
kehren, denn alle, die dich umbringen wollten,
sind gestorben.« 20 So ließ Mose seine Frau mit
den kleinen Kindern auf den Esel steigen und
machte sich mit ihnen auf den Weg nach Ägyp-
ten. Den Stock nahm er mit.

21 Noch einmal sprach der HERR zu Mose; er
sagte: »Wenn du nach Ägypten kommst, dann
vollbringe vor dem Pharao die Wunder, zu
denen ich dich bevollmächtigt habe. Ich werde
ihn so starrsinnig machen, dass er das Volk nicht
gehen lässt. 22 Dann sollst du dem Pharao ver-
künden: ›So spricht der HERR: Israel ist mein erst-
geborener Sohn, 23 und ich befehle dir, ihn zie-
hen zu lassen, damit er mir Opfer* darbringen
kann. Wenn du dich weigerst, bekommst du es
mit mir zu tun: Dann werde ich *deinen* erstge-
borenen Sohn töten.‹«

Moses Erstgeborener wird beschnitten

24 Als sie einmal unterwegs übernachteten, fiel
der HERR über Mose her und wollte ihn töten.
25 Da nahm Zippora einen scharfen Stein, schnitt

a Aaron wird hier *Levit** genannt, um auf seine künftige Rolle als Priester hinzuweisen (vgl. 28,1).

4,10 3,11; 6,12.30; Jer 1,6-10 **4,12** Mt 10,19-20 **4,15-16** 7,1-2 **4,20** 18,3-4 **4,22** Dtn 1,31; 14,1; 32,6; Jer 31,9; Hos 11,1 **4,23** 12,29 S **4,24** Gen 32,25-33 **4,25** Gen 17,9-14 S; Jos 5,2-3

die Vorhaut am Glied ihres Sohnes ab und
berührte damit Moses Beine. Dabei sagte sie:
»Du bist für mich ein Blutbräutigam*.«
26 So nannte sie ihn wegen der geschehenen
Beschneidung*. Da ließ der HERR von Mose ab.

Mose und Aaron als Führer der Israeliten

27 Der HERR sagte zu Aaron: »Geh Mose ent-
gegen in die Wüste!«
Aaron machte sich auf den Weg. Beim Gottes-
berg* traf er Mose und küsste ihn. 28 Mose er-
zählte ihm, welchen Auftrag er vom HERRN
erhalten hatte und was für Wunder er tun sollte.
29 Dann gingen die beiden nach Ägypten und
versammelten alle Ältesten* des Volkes Israel.
30 Aaron berichtete ihnen alles, was der HERR zu
Mose gesagt hatte, und Mose vollbrachte vor
den Augen des ganzen Volkes die Wunder, zu
denen Gott ihn bevollmächtigt hatte.
31 Da glaubten ihm die Israeliten. Sie begrif-
fen, dass der HERR ihre Unterdrückung gesehen
hatte und ihnen helfen wollte. Und sie warfen
sich anbetend vor dem HERRN nieder.

Mose und Aaron gehen zum Pharao

5 Nun gingen Mose und Aaron zum Pharao
und sagten: »So spricht der HERR, der Gott
Israels: ›Lass mein Volk ziehen, damit es in der
Wüste ein Fest für mich feiern kann!‹«
2 »Der HERR? Wer ist das?«, erwiderte der
Pharao. »Was hat er mir zu befehlen? Ich kenne
keinen ›HERRN‹ und denke gar nicht daran, das
Volk Israel gehen zu lassen.«
3 Mose und Aaron sagten: »Er ist der Gott der
Hebräer*, und er ist uns erschienen. Deshalb
wollen wir jetzt drei Tagereisen weit in die
Wüste gehen und ihm dort Opfer* darbringen.
Sonst wird er uns mit Krankheit oder Krieg stra-
fen.«
4 Der Ägypterkönig fuhr sie an: »Was denkt
ihr euch eigentlich, dass ihr das Volk von der
Arbeit abhalten wollt? Macht, dass ihr fort-
kommt! An eure Fronarbeit*!«
5 Und er sagte noch: »Sie sind schon so zahl-
reich, und da wollt ihr ihnen auch noch eine
Arbeitspause verschaffen!«

Die Not wird größer

6 Am selben Tag befahl der Pharao den ägypti-
schen Antreibern und den Listenführern aus
dem Volk Israel: 7 »Ihr dürft den Leuten jetzt
nicht mehr das Stroh liefern, das sie zur Herstel-
lung der Ziegelsteine brauchen. Sie sollen es sich
selbst zusammensuchen! 8 Aber sie müssen ge-
nau so viele Ziegel abliefern wie bisher. Ihr dürft
ihnen nichts erlassen. Faul sind sie, deshalb
schreien sie: ›Wir wollen in die Wüste und unse-
rem Gott Opfer* darbringen.‹ 9 Sie stehen nicht
genug unter Druck. Verlangt von ihnen noch
mehr, dann werden sie sich von diesen Verfüh-
rern nichts vormachen lassen.«
10 Die Antreiber und die Listenführer gingen
hin und sagten zu den Israeliten: »So spricht der
Pharao: ›Ich lasse euch von jetzt ab kein Stroh
mehr liefern. 11 Geht selbst und sucht euch wel-
ches! Ihr müsst aber genau so viele Ziegel ablie-
fern wie bisher.‹«
12 So verteilten sich die Männer Israels über
das ganze Land und sammelten Stroh auf den
Feldern. 13 Die Ägypter aber trieben sie an und
sagten: »Ihr müsst jeden Tag genau so viele Ziegel
abliefern wie früher, als euch noch Stroh gestellt
wurde!« 14 Die Antreiber schlugen die Listenfüh-
rer der Israeliten, die sie eingesetzt hatten, und
schrien sie an: »Ihr habt heute schon wieder zu
wenig Ziegel abgeliefert!«
15 Da beschwerten sich die Listenführer beim
Pharao: »Warum tust du uns das an? Wir sind
doch immer deine treuen Diener gewesen!
16 Man hat unseren Leuten kein Stroh geliefert
und doch sollen sie Ziegel herstellen. Sogar ge-
schlagen hat man uns. Die Schuld liegt bei dei-
nen eigenen Leuten!«
17 Der Pharao antwortete: »Faul seid ihr, ganz
einfach faul! Deswegen schreit ihr: ›Wir wollen
in die Wüste und unserem Gott Opfer darbrin-
gen.‹ 18 Macht, dass ihr wieder an eure Arbeit
kommt! Stroh bekommt ihr nicht; aber die vor-
geschriebene Anzahl Ziegel wird abgeliefert!«
19 Da sahen die Listenführer aus dem Volk,
dass alles nichts half: Die Israeliten mussten pro
Tag die gleiche Menge Ziegel herstellen wie bis-
her.

Gott kündigt sein Eingreifen an

20 Als die Listenführer der Israeliten vom Pharao
kamen, trafen sie auf Mose und Aaron, die auf
sie warteten. 21 Sie überhäuften die beiden mit
Vorwürfen: »Ihr habt uns beim Pharao und sei-
nen Leuten nur verhasst gemacht! Ihr habt ihnen
eine Waffe in die Hand gegeben, mit der sie uns
töten werden. Der HERR soll euch dafür strafen!«
22 Mose wandte sich an den HERRN und sagte:
»Herr, warum handelst du so schlecht an dei-
nem Volk? Wozu hast du mich überhaupt hier-
her geschickt? 23 Seit ich zum Pharao gegangen

4,27 b 3,1S **5,3** 3,12

bin und ihm deinen Befehl überbracht habe, hat er das Volk nur noch mehr misshandelt. Und du hast nichts getan, um dein Volk zu retten!«

6 Darauf sagte der HERR zu Mose: »Jetzt wirst du erleben, was ich mit dem Pharao machen werde. Ich werde ihn zwingen, die Israeliten gehen zu lassen, ja, er wird sie sogar mit Gewalt aus seinem Land forttreiben.«

Mose wird noch einmal beauftragt

2 Da sprach Gott zu Mose und sagte: »Ich bin der HERR. 3 Als Gott, der Gewaltige,[a] bin ich Abraham, Isaak und Jakob erschienen; aber unter meinem Namen ›der HERR‹ habe ich mich ihnen noch nicht zu erkennen gegeben. 4 Doch ich habe meinen Bund* mit ihnen geschlossen und ihnen das Land Kanaan* zugesagt, in dem sie als Fremde lebten.

5 Ich habe das Schreien der Leute von Israel gehört, die von den Ägyptern zur Arbeit gezwungen werden. Deshalb will ich jetzt meine Zusage einlösen. 6 Richte deinem Volk aus:

›Ich bin der HERR! Ich werde euch aus dem Frondienst* für die Ägypter wegholen und aus der Zwangsarbeit befreien, die sie euch auferlegt haben. Mit meinem ausgestreckten Arm werde ich euch retten und eure Unterdrücker hart bestrafen. 7 Ich will euch als mein Volk annehmen und will euer Gott sein. Dann werdet ihr erkennen, dass ich der HERR bin, euer Gott, der euch aus dem Frondienst für die Ägypter befreit. 8 Ich bringe euch in das Land, das ich Abraham, Isaak und Jakob mit einem Eid versprochen habe; ich gebe es euch, ihren Nachkommen, als bleibenden Besitz. Ich bin der HERR!‹«

9 Mose sagte dies alles den Israeliten, aber sie glaubten ihm nicht, so erschöpft waren sie von der harten Arbeit; sie waren völlig entmutigt.

10 Da sagte der HERR zu Mose: 11 »Geh jetzt zum Pharao, dem König von Ägypten, und verlange, dass er das Volk Israel aus seinem Land ziehen lässt!«

12 Aber Mose erwiderte: »Nicht einmal die Leute von Israel haben mir geglaubt, wie sollte da der Pharao auf mich hören? Ich bin ja auch so ungeschickt im Reden.«

13 Der HERR aber schickte Mose und Aaron von neuem zu den Israeliten und zum Pharao, weil er sein Volk aus Ägypten herausführen wollte.

Mose und Aaron als Nachkommen von Levi

14 Hier ist die Liste der Sippenhäupter des Volkes Israel:

Die Nachkommen *Rubens*, des erstgeborenen Sohnes Jakobs,[b] gliederten sich in die Sippen seiner Söhne Henoch, Pallu, Hezron und Karmi, 15 die Nachkommen *Simeons* in die Sippen seiner Söhne Jemuël, Jamin, Ohad, Jachin, Zohar und Schaul – Schaul war der Sohn einer Kanaaniterin* –, 16 und die Nachkommen *Levis* in die Sippen seiner Söhne Gerschon, Kehat und Merari.

Levi selbst war 137 Jahre alt geworden. 17 Die Sippe seines Sohnes *Gerschon* gliederte sich in die Familien von dessen Söhnen Libni und Schimi, 18 die Sippe seines Sohnes *Kehat* in die Familien von dessen Söhnen Amram, Jizhar, Hebron und Usiël – Kehat wurde 133 Jahre alt –, 19 und die Sippe seines Sohnes *Merari* in die Familien von dessen Söhnen Machli und Muschi.

20 Kehats Sohn *Amram* heiratete Jochebed, die Schwester seines Vaters. Sie gebar ihm die beiden Söhne Aaron und Mose. Amram wurde 137 Jahre alt. 21 Kehats Sohn *Jizhar* hatte drei Söhne: Korach, Nefeg und Sichri, 22 und sein Sohn *Usiël* hatte ebenfalls drei Söhne: Mischaël, Elizafan und Sitri.

23 *Aaron* heiratete Elischeba, eine Tochter Amminadabs und Schwester Nachschons. Sie gebar ihm die vier Söhne Nadab und Abihu, Eleasar und Itamar. 24 *Korach* hatte drei Söhne, nach denen sich die Familien der Korachiten benennen: Assir, Elkana und Abiasaf. 25 Aarons Sohn *Eleasar* heiratete eine Tochter Putiëls, die ihm einen Sohn namens Pinhas gebar.

Damit sind alle Familienhäupter der Leviten* aufgezählt. 26 Aaron und Mose, die dabei genannt wurden, sind eben die, denen der HERR befohlen hatte: »Führt das Volk Israel in geordneten Scharen aus Ägypten!« 27 Sie sind es, die mit dem Pharao, dem Ägypterkönig, verhandeln und die Israeliten aus Ägypten herausführen sollten.

Fortsetzung des Berichts über die Beauftragung Moses

28 Gott hatte also zu Mose in Ägypten gesagt: 29 »Ich bin der HERR! Sag dem Pharao, dem König von Ägypten, alles, was ich dir auftrage!«

a Gott, der Gewaltige:* wörtlich *El-Schaddai*. Unter diesem Namen offenbarte sich Gott nach Gen 17,1; 28,3; 35,11; 48,3. Zum Gottesnamen *HERR* vgl. die Sacherklärung und Ex 3,13-15.
b Wörtlich *Israels**.

6,1 11,1; 12,33 **6,4** 2,24 S; Gen 12,7 S **6,12** 4,10 S **6,14-16 a** Gen 46,8-15 **6,16-19** Num 3,17-20; 1 Chr 5,27-30; 6,1-4 **6,20** 2,1-2

30 Mose aber hatte eingewandt: »Ich bin doch so ungeschickt im Reden, wie sollte da der Pharao auf mich hören?«

7 Darauf sagte der HERR zu Mose: »Ich bevollmächtige dich, vor den Pharao hinzutreten, als wärst du Gott, und dein Bruder Aaron wird dein Prophet* sein. 2 Du sagst Aaron alles, was ich dir auftrage, und er fordert dann vom Pharao, dass er die Israeliten aus seinem Land ziehen lässt.

3 Ich werde jedoch den Pharao starrsinnig machen, damit ich umso mehr meine Macht durch Staunen erregende Wundertaten erweisen kann. 4 Der Pharao wird eure Forderung ablehnen, und dann werden die Ägypter meine Hand zu spüren bekommen. Durch schwere Strafgerichte werde ich es so weit bringen, dass ich mein Volk, die Israeliten, aus Ägypten führen kann.

5 Wenn ich so meine Hand gegen die Ägypter erhebe und das Volk Israel mitten aus ihrem Land wegführe, dann werden die Ägypter erkennen, dass ich der HERR bin.«

6 Mose und Aaron folgten genau den Anweisungen des HERRN. 7 Mose war damals 80 und Aaron 83 Jahre alt.

Die ägyptischen Plagen (7,8–11,10 und 12,29-30)

8 Der HERR sagte zu Mose und Aaron: 9 »Wenn euch der Pharao auffordert, euch durch ein Wunder auszuweisen, dann sagst du, Mose, zu Aaron: ›Nimm deinen Stock und wirf ihn vor dem Pharao auf den Boden!‹ Dann wird er zu einer Schlange werden.«

10 Mose und Aaron gingen zum Pharao und taten, was ihnen der HERR aufgetragen hatte. Aaron warf seinen Stock vor dem Pharao und seinen Ministern auf den Boden und er wurde zur Schlange.

11 Aber der Pharao rief seine Magier und Beschwörer, und sie vollbrachten mit ihren Zauberkünsten dasselbe. 12 Jeder von ihnen warf seinen Stock auf den Boden und er wurde zu einer Schlange.

Doch Aarons Stock verschlang die Stöcke der Ägypter. 13 Trotzdem blieb der Pharao starrsinnig und schlug ihre Forderung ab, genau wie der HERR es vorausgesagt hatte.

Erste Plage: Wasser wird Blut

14 Darauf sagte der HERR zu Mose: »Der Pharao ist trotzig; er weigert sich, das Volk ziehen zu lassen. 15 Geh morgen früh zu ihm, wenn er gerade zum Nil hinuntergeht, und tritt ihm am Ufer des Flusses entgegen. Nimm den Stock mit, der sich in eine Schlange verwandelt hat.

16 Dann sag zum Pharao: ›Der HERR, der Gott der Hebräer*, hat mich zu dir geschickt und fordert dich auf: Lass mein Volk in die Wüste ziehen, damit es mir dort Opfer* darbringen kann! Bis jetzt hast du nicht darauf gehört. 17 Aber jetzt sollst du erkennen, dass du es mit dem HERRN zu tun hast. In seinem Auftrag werde ich mit dem Stock in meiner Hand in das Wasser des Nils schlagen und es wird zu Blut werden. 18 Alle Fische werden sterben und der Fluss wird so sehr stinken, dass die Ägypter nicht mehr von seinem Wasser trinken können.‹«

19 Weiter sagte der HERR zu Mose: »Aaron soll seinen Stock ausstrecken über alle Gewässer Ägyptens, über die Flüsse und Kanäle, die Teiche und alle Wasserstellen. Alles Wasser in Ägypten wird dann zu Blut werden, sogar in den Gefäßen aus Holz und Stein.«

20 Mose und Aaron taten, was der HERR ihnen befohlen hatte. Vor den Augen des Pharaos und seiner Minister erhob Mose[a] seinen Stock und schlug in das Wasser des Nils. Da wurde alles Wasser im Strom in Blut verwandelt. 21 Die Fische starben und das Wasser begann so sehr zu stinken, dass die Ägypter es nicht mehr trinken konnten. Im ganzen Land war das Wasser zu Blut geworden.

22 Aber die ägyptischen Magier brachten mit ihren Zauberkünsten dasselbe fertig. Deshalb blieb der Pharao starrsinnig und ließ das Volk nicht ziehen, genau wie der HERR es vorausgesagt hatte.

23 Der Pharao ging in seinen Palast zurück und nahm auch diesen Machterweis des HERRN nicht ernst. 24 Die Ägypter aber gruben an den Ufern des Nils nach Trinkwasser, denn das Nilwasser war ungenießbar geworden.

Zweite Plage: Frösche

25 Sieben Tage waren vergangen, seit der HERR den Nil verseucht hatte. 26 Da sagte der HERR zu Mose: »Geh zum Pharao und sage zu ihm: ›So spricht der HERR: Lass mein Volk ziehen, damit es mir Opfer* darbringen kann! 27 Wenn du dich weigerst, werde ich über dein ganzes Land eine Froschplage hereinbrechen lassen. 28 Im Nil wird es von Fröschen wimmeln und sie werden das Wasser verlassen und in deinen Palast kommen, sogar in dein Schlafzimmer und auf dein

a Wörtlich *er.*

6,30 4,10S **7,1-2** 4,15-16 **7,9** 4,3 **7,13** 4,21 **7,14-24** Ps 78,44; 105,29; Weish 11,6-8 **7,20-21** Offb 8,8; 16,3-6 **7,22** 4,21 **7,27-29** Ps 78,45; 105,30; Weish 16,3; 19,10

Bett. Auch in die Häuser deiner Minister und
deines ganzen Volkes werden sie eindringen
und werden sich in die Backtröge und Backöfen
setzen. 29 Dich und alle deine Untertanen wird
diese Froschplage treffen.‹«

8 Weiter sagte der HERR zu Mose: »Aaron soll
die Hand mit dem Stock über die Flüsse,
Kanäle und Teiche ausstrecken, damit Frösche
herauskommen und das Land heimsuchen.«

2 Aaron streckte seine Hand über die Gewäs-
ser Ägyptens aus, da kamen so viele Frösche her-
aus, dass sie das ganze Land bedeckten.

3 Aber die ägyptischen Magier vollbrachten
mit ihren Zauberkünsten dasselbe und ließen
ebenfalls in ganz Ägypten Frösche aus dem Was-
ser kommen.

Froschplage abgewendet – der Pharao bleibt hart

4 Da ließ der Pharao Mose und Aaron rufen und
sagte zu ihnen: »Bittet doch den HERRN für mich,
dass er mich und mein Volk von den Fröschen
befreit! Dann will ich die Israeliten ziehen las-
sen, damit sie dem HERRN ihre Opfer* darbrin-
gen.«

5 Mose antwortete dem Pharao: »Ich bin be-
reit! Du brauchst mir nur zu sagen, wann ich für
dich, deine Minister und dein Volk zum HERRN
beten soll. Ich werde ihn bitten, dass die Frösche
aus euren Häusern verschwinden und nur noch
im Nil welche zu finden sind.«

6 »Morgen«, sagte der Pharao, und Mose ant-
wortete: »Gut, es wird geschehen, wie du
wünschst; und daran sollst du erkennen, dass
niemand es mit dem HERRN, unserem Gott, auf-
nehmen kann. 7 Ihr alle werdet von den Frö-
schen befreit werden, nur im Nil werden noch
welche übrig bleiben.«

8 Mose und Aaron verließen den Pharao, und
Mose betete zum HERRN, dass er der Froschplage
ein Ende mache. 9 Der HERR erhörte sein Gebet,
und in allen Häusern, auf den Höfen und Feldern
starben die Frösche. 10 Haufenweise kehrte man
sie zusammen und das ganze Land war voll von
dem Gestank.

11 Als der Pharao sah, dass die Froschplage
vorbei war, wurde er wieder trotzig wie zuvor
und ließ das Volk nicht ziehen. Aber so hatte der
HERR es vorausgesagt.

Dritte Plage: Stechmücken

12 Nun sagte der HERR zu Mose: »Aaron soll sei-
nen Stock ausstrecken und damit auf die Erde
schlagen. Dann wird der Staub in ganz Ägypten
zu Stechmücken.«

13 Aaron tat es, da wurde aller Staub in Ägyp-
ten zu Stechmücken, die den Menschen und
Tieren zusetzten. 14 Die ägyptischen Magier ver-
suchten, mit ihren Zauberkünsten ebenfalls
Stechmücken hervorzubringen; aber sie konnten
es nicht. 15 Da sagten sie zum Pharao: »Dieser
Stock ist Gottes Finger!«

Aber der Pharao blieb starrsinnig und ließ
auch jetzt das Volk nicht ziehen, genau wie der
HERR es vorausgesagt hatte.

Vierte Plage: Ungeziefer

16 Da sagte der HERR zu Mose: »Geh morgen früh
zum Pharao, wenn er gerade zum Nil hinabgeht,
und sag zu ihm: ›So spricht der HERR: Lass mein
Volk ziehen, damit es mir Opfer* darbringen
kann! 17 Sonst werde ich dich, deine Minister
und dein ganzes Volk mit Ungeziefer plagen. Im
ganzen Land und in allen Häusern wird es davon
wimmeln.

18 Nur die Provinz Goschen, in der mein Volk
wohnt, werde ich verschonen. Daran sollst du
erkennen, dass ich, der HERR, in deinem Land
meine Macht zeige. 19 Ich werde mein Volk von
dem Ungeziefer freihalten, von dem dein Volk
geplagt wird. Gleich morgen soll das gesche-
hen.‹«

20 Am nächsten Tag ließ der HERR große
Schwärme von Ungeziefer in den Palast des
Pharaos und in die Häuser seiner Minister ein-
dringen. Im ganzen Land richteten sie schweren
Schaden an.

Der Pharao macht vorübergehend Zugeständnisse

21 Da ließ der Pharao Mose und Aaron rufen und
sagte zu ihnen: »Ihr könnt eurem Gott eure
Opfer* darbringen, aber es muss in diesem Land
geschehen!«

22 Mose entgegnete: »Das geht nicht; denn
unsere Art zu opfern würde bei den Ägyptern
Anstoß erregen. Wenn sie das zu sehen be-
kämen, würden sie uns bestimmt steinigen*.
23 Nein, wir müssen drei Tagereisen weit in die
Wüste ziehen und dort dem HERRN, unserem
Gott, die Opfer darbringen, die er haben will.«

24 Der Pharao sagte: »Gut, ich will euch gehen
lassen, aber entfernt euch nicht zu weit! Und
betet für mich, dass die Plage aufhört.«

25 Mose antwortete: »Wenn ich jetzt von dir
weggehe, werde ich zum HERRN beten, und

8,2 Offb 16,13-14 **8,11** 4,21 **8,12-13** Ps 105,31; Weish 19,10 **8,15a** Lk 11,20 **8,15b** 4,21 **8,17-20** Ps 78,45; 105,31

morgen werdet ihr alle von dem Ungeziefer befreit sein, du, deine Minister und dein ganzes Volk. Aber täusche uns nicht wieder! Nicht dass du uns hinterher doch nicht ziehen und dem HERRN unsere Opfer darbringen lässt!«

26 Mose verließ den Pharao und betete zum HERRN. 27 Der HERR erhörte sein Gebet und befreite den Pharao, seine Minister und sein Volk von dem Ungeziefer. Nicht der kleinste Rest blieb davon übrig.

28 Aber der Pharao wurde wieder trotzig und ließ das Volk auch diesmal nicht ziehen.

Fünfte Plage: Viehpest

9 Der HERR befahl Mose: »Geh zum Pharao und sage zu ihm: ›So spricht der HERR, der Gott der Hebräer*: Lass mein Volk ziehen, damit es mir Opfer* darbringen kann! 2 Wenn du dich weigerst und es daran hinderst, 3 wird der HERR eine schwere Seuche über dein Vieh kommen lassen, über Pferde, Esel, Kamele, Rinder, Schafe und Ziegen. 4 Er wird genau unterscheiden zwischen dem Vieh der Israeliten und dem Vieh der Ägypter: Von dem Vieh, das den Israeliten gehört, wird kein einziges Tier sterben. 5 Der HERR hat auch die Zeit dafür festgelegt und gesagt: Morgen lasse ich das geschehen.‹«

6 Am nächsten Tag führte der HERR aus, was er angekündigt hatte. Alles Vieh der Ägypter verendete; aber von dem Vieh der Israeliten kam kein einziges Tier um. 7 Als der Pharao hinschickte und es nachprüfen ließ, ergab sich, dass bei den Israeliten tatsächlich nicht ein Tier verendet war.

Dennoch blieb er trotzig und ließ das Volk nicht ziehen.

Sechste Plage: Geschwüre

8 Der HERR sagte zu Mose und Aaron: »Nehmt beide Hände voll Ofenruß! Mose soll ihn vor den Augen des Pharaos in die Luft werfen. 9 Dann wird er sich wie feiner Staub über ganz Ägypten ausbreiten und an Menschen und Tieren Geschwüre hervorrufen, die zu offenen Wunden werden.«

10 Mose und Aaron nahmen Ruß aus einem Ofen und traten vor den Pharao, und Mose warf den Ruß in die Luft. Da entstanden an Menschen und Tieren Geschwüre, die zu offenen Wunden wurden. 11 Auch die ägyptischen Magier wurden von den Geschwüren nicht verschont und konnten Mose nicht gegenübertreten.

12 Aber der HERR machte den Pharao so starrsinnig, dass er auch diesmal das Volk nicht ziehen ließ – genau wie der HERR es Mose im Voraus angekündigt hatte.

Siebte Plage: Hagel

13 Der HERR befahl Mose: »Geh morgen früh zum Pharao und sage zu ihm: ›So spricht der HERR, der Gott der Hebräer*: Lass mein Volk ziehen, damit es mir Opfer* darbringen kann!

14 Wenn du auch diesmal nicht hörst, lasse ich eine so schwere Plage über dich, deine Minister und dein Volk hereinbrechen, dass du endlich erkennen musst: Niemand in der ganzen Welt kann es mit mir aufnehmen!

15 Ich hätte schon lange meine Hand ausstrecken und dich und dein Volk mit Seuchen vernichten können. 16 Aber ich habe dich noch am Leben gelassen, um dir meine Macht zu zeigen und meinen Namen in der ganzen Welt bekannt zu machen.

17 Noch glaubst du, mit meinem Volk nach deiner Willkür verfahren zu können. 18 Aber morgen um diese Zeit werde ich einen so schweren Hagel schicken, wie man ihn seit Bestehen Ägyptens noch nie erlebt hat. 19 Darum lass dein Vieh in Sicherheit bringen und sorge dafür, dass keiner von deinen Leuten auf freiem Feld bleibt. Denn alle Menschen und Tiere, die nicht unter ein festes Dach flüchten, wird der Hagel erschlagen.‹«

20 Einige Minister des Pharaos nahmen die Ankündigung des HERRN ernst und brachten ihre Hirten und ihr Vieh in Sicherheit. 21 Andere aber kümmerten sich nicht darum und ließen ihre Herden draußen auf dem Feld.

22 Nun sagte der HERR zu Mose: »Streck deine Hand zum Himmel aus, damit in ganz Ägypten Hagel fällt, auf die Menschen, die Tiere und alle Pflanzen auf dem Feld.«

23 Mose erhob seinen Stock, da ließ der HERR ein Gewitter mit schwerem Hagel über Ägypten niedergehen. Es donnerte, 24 der Hagel prasselte auf die Erde und dazwischen zuckten die Blitze. Ein so heftiges Unwetter hatten die Ägypter in ihrer ganzen Geschichte noch nie erlebt. 25 Überall tötete der Hagel die Menschen und Tiere, die auf freiem Feld waren. Er zerschlug alle Pflanzen und riss die Äste von den Bäumen.

26 Nur die Provinz Goschen, wo das Volk Israel wohnte, wurde verschont.

9,3-7 a Ps 78,48 **9,4** 8,18 **9,7 b** 4,21 **9,9-10** Offb 16,2.11 **9,12** 4,21 **9,16** Röm 9,17 **9,18-26** Ps 78,47; 105,32; Weish 16,15-23; Offb 16,21 **9,26** 8,18

Der Pharao gibt vorübergehend nach

27 Da ließ der Pharao Mose und Aaron rufen und
sagte zu ihnen: »Diesmal bekenne ich mich
schuldig! Der HERR ist im Recht, ich und mein
Volk sind im Unrecht. 28 Betet für uns zum
HERRN! Wir können seinen schrecklichen Don-
ner und den Hagel nicht mehr ertragen. Ich will
euch ja ziehen lassen und nicht länger hier fest-
halten!«

29 Mose antwortete: »Sobald ich die Stadt ver-
lassen habe, werde ich meine Arme zum HERRN
ausbreiten und zu ihm beten. Dann wird der
Donner aufhören und kein Hagel mehr fallen.
Daran sollst du erkennen, dass unser Gott der
Herr der ganzen Erde ist. 30 Aber ich weiß, dass
du dich immer noch nicht vor ihm fürchtest und
deine Minister genauso wenig.«

31 Der Flachs und die Gerste waren schon ver-
nichtet; denn die Gerste hatte gerade Ähren an-
gesetzt und der Flachs stand in Blüte. 32 Aber
Weizen und Dinkel blieben verschont, weil sie
später wachsen.

33 Mose verließ den Pharao und ging zur Stadt
hinaus. Er breitete die Arme zum Gebet aus, da
hörte es auf zu donnern und zu hageln und es
regnete auch nicht mehr.

34 Aber als der Pharao sah, dass das Unwetter
aufgehört hatte, wurde er wieder so trotzig wie
zuvor. Er widersetzte sich dem HERRN und
ebenso seine Minister. 35 Er blieb starrsinnig und
ließ die Israeliten nicht ziehen – genau wie der
HERR es durch Mose angekündigt hatte.

Der Pharao bleibt hart

10 Nun sagte der HERR zu Mose: »Geh zum
Pharao! Ich selbst habe ihn und seine
Minister so trotzig gemacht, damit ich alle diese
Wunder unter ihnen vollbringen konnte 2 und
damit du deinen Kindern und Enkeln erzählen
kannst, wie ich den Ägyptern meine Macht ge-
zeigt habe. Denn daran sollt ihr erkennen, dass
ich der HERR bin.«

3 Mose und Aaron gingen wieder zum Pharao
und sagten zu ihm: »So spricht der HERR, der
Gott der Hebräer*: ›Wie lange sträubst du dich
noch, meine Macht anzuerkennen? Lass mein
Volk ziehen, damit es mir Opfer* darbringen
kann!

4 Sonst lasse ich morgen Heuschrecken in
dein Land einfallen. 5 Sie werden das ganze Land
bedecken, sodass der Boden nicht mehr zu sehen
ist. Alles Grün, das der Hagel übrig gelassen hat,
werden sie auffressen, auf den Feldern und an
den Bäumen. 6 Auch in deinen Palästen und in
den Häusern deiner Minister und aller Ägypter
wird es von Heuschrecken wimmeln. Solange
deine Vorfahren auch schon in diesem Land
wohnen – solch eine Katastrophe haben sie
nicht erlebt.‹«

Nachdem Mose das gesagt hatte, verließ er
den Pharao.

7 Da sagten die Minister zum Pharao: »Wie
lange wollen wir uns noch solchen Gefahren
aussetzen? Lass die Leute ziehen und dem
HERRN, ihrem Gott, ihre Opfer darbringen!
Siehst du denn nicht, dass Ägypten zugrunde
geht?«

8 Darauf wurden Mose und Aaron zum Pha-
rao zurückgeholt. »Geht und bringt dem HERRN,
eurem Gott, eure Opfer!«, sagte der Pharao zu
ihnen. Aber dann fragte er: »Wer soll denn mit-
gehen?«

9 Mose antwortete: »Alle, die Jungen und die
Alten, unsere Söhne und Töchter, unsere Schafe,
Ziegen und Rinder. So gehört es sich, wenn wir
ein Fest für den HERRN feiern.«

10 Der Pharao spottete: »Der HERR gebe seinen
Segen dazu! Ich denke nicht daran, eure Frauen,
Kinder und Alten mitgehen zu lassen! Es ist doch
klar, was ihr im Schilde führt! 11 Wenn ihr wirk-
lich dem HERRN Opfer darbringen wollt und
sonst nichts, dann genügt es, wenn die Männer
gehen.«

Und der Pharao ließ Mose und Aaron hinaus-
werfen.

Achte Plage: Heuschrecken

12 Da sagte der HERR zu Mose: »Streck deine
Hand aus über Ägypten, um die Heuschrecken
herbeizurufen. Sie sollen das Grün, das der
Hagel übrig gelassen hat, bis auf den letzten Rest
auffressen.«

13 Mose streckte seinen Stock über Ägypten
aus, und der HERR ließ den ganzen Tag und die
ganze Nacht einen Ostwind wehen. Als der
Morgen kam, waren die Heuschrecken da. 14 Sie
fielen in ganz Ägypten ein und ließen sich in
riesigen Schwärmen nieder. Eine so große
Menge Heuschrecken wurde noch nie gesehen,
und man wird sie auch nie wieder zu sehen
bekommen.

15 Der ganze Boden war bedeckt, das Land
war schwarz von Heuschrecken. Sie fraßen alle
Pflanzen, auch die Früchte an den Bäumen,

9,35 4,21 **10,2** Dtn 4,9; Ps 22,31-32; 71,18; Jos 4,6-7S **10,12-20** Ps 78,46; 105,34-35; Weish 16,9; Offb 9,1-11

alles, was der Hagel verschont hatte. Weder auf den Bäumen noch am Boden ließen sie irgendetwas Grünes übrig.

16 Der Pharao ließ in aller Eile Mose und Aaron rufen. Er bekannte: »Ich bin vor dem HERRN, eurem Gott, schuldig geworden und auch vor euch. 17 Vergebt mir nur noch dies eine Mal meine Schuld! Bittet den HERRN, euren Gott, dass er dieses tödliche Verderben abwendet!«

18 Als Mose vom Pharao weggegangen war, betete er zum HERRN. 19 Da ließ der HERR den Wind drehen und in einen starken Westwind umschlagen. Der nahm die Heuschrecken mit und wehte sie ins Rote Meer; in ganz Ägypten blieb nicht eine Heuschrecke übrig.

20 Aber der HERR machte den Pharao auch jetzt wieder starrsinnig, sodass er das Volk nicht ziehen ließ.

Neunte Plage: Finsternis

21 Darauf sagte der HERR zu Mose: »Streck deine Hand zum Himmel aus, und es wird eine Finsternis über Ägypten kommen, so dicht, dass sie mit den Händen zu greifen ist.«

22 Da erhob Mose seine Hand, und drei Tage lang wurde es in Ägypten stockfinster. 23 Die Ägypter konnten einander nicht sehen, und drei Tage lang verließ niemand sein Haus. Nur wo die Israeliten wohnten, blieb es hell.

24 Der Pharao ließ Mose rufen und sagte: »Geht und bringt dem HERRN eure Opfer*! Auch eure Familien könnt ihr mitnehmen; nur die Schafe, Ziegen und Rinder müsst ihr hier lassen.«

25 Mose erwiderte: »Wirst vielleicht *du* uns Tiere zur Verfügung stellen, die wir dem HERRN, unserem Gott, als Brandopfer* und Mahlopfer* darbringen können? 26 Nein, auch unser Vieh muss mit uns gehen! Kein einziges Tier bleibt zurück. Erst wenn wir an Ort und Stelle sind, können wir wissen, welche Tiere wir zum Opfer für den HERRN, unseren Gott, brauchen.«

27 Da machte der HERR den Pharao von neuem starrsinnig, sodass er das Volk Israel nicht ziehen ließ. 28 Der Pharao sagte zu Mose: »Verschwinde! Wenn du mir noch *einmal* unter die Augen kommst, bist du ein toter Mann.«

29 »Wie du sagst!«, erwiderte Mose. »Ich werde dir nie wieder unter die Augen kommen.«

Gott kündigt dem Pharao den schwersten Schlag an

11 Da sagte der HERR zu Mose: »Noch einen einzigen Schlag werde ich gegen den Pharao und gegen ganz Ägypten führen. Danach wird er euch ziehen lassen. Ja, er wird euch nicht nur ziehen lassen, er wird euch von hier fortjagen!

2 Deshalb sag deinem Volk, dass Männer und Frauen sich von ihren ägyptischen Nachbarn und Nachbarinnen Schmuckstücke aus Silber und Gold erbitten sollen.«

3 Der HERR sorgte dafür, dass die Ägypter den Israeliten wohlgesinnt waren. Mose genoss sogar hohes Ansehen bei den Ministern des Pharaos und beim ganzen ägyptischen Volk.

4 Bevor Mose ging, sagte er zum Pharao: »So spricht der HERR: ›Um Mitternacht werde ich durch Ägypten gehen. 5 Dann werden alle Erstgeborenen in Ägypten sterben, von deinem eigenen Sohn, der dein Nachfolger auf dem Thron werden soll, bis zum Sohn der Sklavin, die an der Handmühle* kniet. Auch beim Vieh werden alle Erstgeburten sterben. 6 In ganz Ägypten wird es ein Wehklagen geben, wie man es noch nie gehört hat und auch nie wieder hören wird.‹

7 Aber den Leuten von Israel wird kein Haar gekrümmt werden, auch ihren Tieren wird nichts geschehen. Daran sollt ihr Ägypter erkennen, dass der HERR zwischen euch und den Israeliten genau unterscheidet.

8 Dann werden alle deine Minister zu mir kommen und mich auf den Knien anflehen: ›Geh endlich fort, du und dein ganzes Volk!‹ Und dann werde ich das Land verlassen.«

So ging Mose voll Zorn vom Pharao weg.

9 Der HERR hatte zu Mose gesagt: »Der Pharao wird nicht auf eure Forderung hören, damit ich in Ägypten durch viele Wunder meine ganze Macht zeigen kann.« 10 Alle diese Wunder hatten Mose und Aaron vor den Augen des Pharaos getan; aber der HERR hatte den Pharao starrsinnig gemacht, sodass er das Volk Israel nicht aus dem Land gehen ließ.

Vor dem Aufbruch feiern die Israeliten das Passafest

12 Der HERR sagte zu Mose und Aaron, als sie noch in Ägypten waren: 2 »Dieser Monat soll für euch der Beginn des Jahres sein.[a]

a Gemeint ist der Frühlingsmonat Abib bzw. Nisan (Mitte März bis Mitte April); vgl. Sacherklärung »Kalender«.

10,16 9,27 **10,20** 4,21 **10,21-23** Ps 105,28; Weish 17,1–18,4; Offb 16,10 **10,27** 4,21 **11,1** 6,1 S **11,2** 3,21-22 S **11,5** 12,29 S **11,10** 4,21 **12,1-14** (Passafest) 12,43-49; Lev 23,5; Num 9,1-14; 28,16; Dtn 16,1-2; Jos 5,10; 2 Kön 23,21-23; 2 Chr 30,1-27; 35,1-18; Esra 6,9-21; Mt 26,17-29

3 Sagt der ganzen Gemeinde Israel, dass jeder Familienvater am 10. Tag des Monats für seine Familie ein Lamm auswählt.

4 Ist die Familie zu klein, um ein ganzes Tier zu verzehren, so soll sie sich mit der Nachbarfamilie zusammentun. Sie sollen sich vorher überlegen, wie viel jeder essen kann, damit nichts übrig bleibt. 5 Das Tier muss einjährig und männlich sein und darf keine Fehler haben. Ihr könnt ein Schaf- oder ein Ziegenböckchen nehmen.

6 Das Tier wird bis zum 14. Tag des Monats von der übrigen Herde gesondert gehalten. Gegen Abend schlachten dann alle Familien in der ganzen Gemeinde ihr Lamm. 7 Von dem Blut nehmen sie etwas und streichen es an die beiden Türpfosten und den oberen Türbalken der Häuser, in denen sie das Mahl halten. 8 Sie braten das Lamm am Feuer und essen es in derselben Nacht, zusammen mit ungesäuertem Brot* und bitteren Kräutern.

9 Ihr dürft nichts von dem Lamm roh oder gekocht essen. Es muss am Feuer gebraten sein, und zwar ganz, mit Kopf, Beinen und Innereien. 10 Ihr dürft auch nichts davon bis zum andern Morgen übrig lassen. Die Reste müsst ihr verbrennen.

11 Beim Essen sollt ihr reisefertig gekleidet[a] sein, die Sandalen an den Füßen und den Wanderstab in der Hand. In Hast und Eile sollt ihr essen. Dies ist das Passafest* für mich, den HERRN.

12 In dieser Nacht werde ich durch Ägypten gehen und alle Erstgeborenen töten, bei Mensch und Vieh. An allen Göttern Ägyptens werde ich mein Gericht vollstrecken, ich, der HERR. 13 Eure Türen aber sollen durch das Blut bezeichnet sein. Überall, wo ich dieses Blut sehe, werde ich vorübergehen, und so werdet ihr verschont bleiben, wenn ich strafend durch ganz Ägypten gehe.

14 Dieser Tag soll für euch ein Gedenktag sein, der in allen kommenden Generationen als Festtag für mich gefeiert wird. Das ist eine Anweisung für alle Zeiten.

15 Vom Passa-Abend an sollt ihr sieben Tage lang ungesäuertes Brot essen. Vor Beginn des Festes müsst ihr den Sauerteig* aus euren Häusern entfernen. Wer während dieser sieben Tage Brot isst, das mit Sauerteig zubereitet wurde, hat sein Leben verwirkt und muss aus dem Volk Israel ausgestoßen werden.

16 Der erste und der siebte Tag sind heilige* Tage, an denen jede Arbeit ruhen muss. Nur das Essen darf zubereitet werden.

17 Jahr für Jahr sollt ihr das Fest der Ungesäuerten Brote* feiern, weil ich euch am ersten Tag dieses Festes in geordneten Scharen aus Ägypten herausgeführt habe. Alle kommenden Generationen sollen diesen Festtag begehen. 18 Vom Abend des 14. Tages bis zum Abend des 21. Tages im 1. Monat dürft ihr nur ungesäuertes Brot essen. 19 Sieben Tage lang darf kein Sauerteig in euren Häusern sein. Wer in dieser Zeit gesäuertes Brot isst, hat sein Leben verwirkt und muss aus der Gemeinde Israel ausgestoßen werden, der Israelit genauso wie der Fremde, der bei euch lebt. 20 Ihr dürft in dieser Zeit nichts essen, das mit Sauerteig zubereitet ist. Das gilt für alle eure Wohnsitze.«

Das Blut des Passalammes

21 Mose rief die Ältesten* Israels zusammen und befahl ihnen: »Jeder Familienvater soll sich ein Schaf- oder Ziegenböckchen aussuchen und es für das Passamahl* schlachten. 22 Er soll das Blut in einer Schüssel auffangen, ein Büschel Ysop* hineintauchen und die beiden Türpfosten und den oberen Türbalken mit dem Blut bestreichen. Danach darf niemand mehr das Haus verlassen bis zum Morgen. 23 Wenn der HERR in der Nacht vorbeikommt, um den Schlag gegen Ägypten zu führen, wird er das Blut an den Türpfosten und Türbalken sehen und vorübergehen. Er wird nicht zulassen, dass der Todesengel eure Häuser betritt.

24 Diese Anweisungen sollt ihr auch künftig befolgen; sie gelten für eure Nachkommen zu allen Zeiten.

25 Auch wenn ihr in das Land kommt, das der HERR euch zugesagt hat, sollt ihr an diesem Brauch festhalten. 26 Und wenn euch eure Kinder fragen, was das bedeutet, 27 dann antwortet ihnen: ›Wir schlachten am Passafest ein Tier für den HERRN, weil er in Ägypten an den Häusern der Israeliten vorüberging[b] und uns verschonte, als er den Schlag gegen die Ägypter führte.‹«

Die Leute von Israel warfen sich anbetend vor dem HERRN nieder. 28 Dann gingen sie und

a *reisefertig gekleidet:* wörtlich *mit gegürteten Lenden,* d.h. das fußlange Obergewand* mit einem Gurt um die Hüften hochgerafft (vgl. Lk 12,35).

b *Passa* (päsach) erinnert im Hebräischen an das Wort für »vorübergehen«.

12,13 Hebr 11,28 **12,15-20** (Fest der Ungesäuerten Brote) 23,15; 34,18; Lev 23,6-8; Num 28,17-25; Dtn 16,3-4; Jos 5,11; Mt 26,17 **12,23** Hebr 11,28 **12,26** Dtn 6,20 S

taten alles genau so, wie der HERR es Mose und
Aaron befohlen hatte.

Zehnte Plage: Tötung der Erstgeburt

29 Um Mitternacht tötete der HERR alle Erstge-
borenen in Ägypten, angefangen vom erstgebo-
renen Sohn des Pharaos, der sein Nachfolger auf
dem Thron werden sollte, bis zum Erstgebo-
renen des Gefangenen im Kerker, auch jede Erst-
geburt beim Vieh.

30 In jener Nacht wurden der Pharao, seine
Minister und alle Ägypter aus dem Schlaf auf-
geschreckt. Lautes Wehgeschrei erhob sich, denn
es gab kein Haus bei den Ägyptern, in dem nicht
ein Toter war.

Der Auszug des Volkes Israel aus Ägypten

31 Noch in derselben Nacht ließ der Pharao Mose
und Aaron rufen und drängte sie: »Schnell, ver-
lasst das Land! Geht fort von meinem Volk, ihr
und die anderen Israeliten! Bringt dem HERRN
eure Opfer*, wie ihr es verlangt habt. 32 Nehmt
eure Schafe, Ziegen und Rinder mit, aber geht!
Bittet euren Gott, dass er auch mich segnet!«

33 Die Ägypter drängten das Volk, schleunigst
das Land zu verlassen. »Sonst kommen wir noch
alle um!«, sagten sie.

34 Die Israeliten nahmen ihren Brotteig un-
gesäuert* in den Backtrögen mit, die Männer
trugen die Tröge in ihr Obergewand* gewickelt
auf ihren Schultern.

35 Nach der Anweisung Moses hatten die
Leute von den Ägyptern Schmuckstücke aus
Silber und Gold und festliche Kleider erbeten.
36 Der HERR hatte dafür gesorgt, dass die Ägypter
ihnen wohlgesinnt waren und ihnen alles gaben,
was sie verlangten. Auf diese Weise beraubten
sie die Ägypter.

37 Die Israeliten brachen von Ramses auf und
zogen nach Sukkot. Es waren etwa sechs-
hunderttausend, die Frauen, Kinder und Alten
nicht mitgezählt. 38 Auch eine erhebliche Zahl
von Fremden schloss sich ihnen an. Große Her-
den von Schafen, Ziegen und Rindern führten sie
mit.

39 Aus dem Teig, den sie ungesäuert aus Ägyp-
ten mitgenommen hatten, backten sie Fladen-
brote*. Sie hatten aus Ägypten aufbrechen müs-
sen, noch ehe der Sauerteig dem Brotteig zuge-
setzt war, und hatten auch keine Verpflegung für
unterwegs vorbereitet.

40 Vierhundertunddreißig Jahre lang hatten
die Israeliten in Ägypten gelebt. 41 Nach Ablauf
dieser Zeit, an dem genannten Tag, zog das Volk
des HERRN in geordneten Scharen aus Ägypten
aus.

42 Während der Nacht, in der sie der HERR aus
Ägypten herausführte, wachte er über sie. Seit-
dem ist diese Nacht für alle in Israel eine Nacht,
in der sie zur Ehre des HERRN wach bleiben.

Vorschriften für das Passafest

43 Der HERR sagte zu Mose und Aaron: »Beim
Passamahl* müsst ihr folgende Vorschriften
beachten: Kein Ausländer darf daran teilneh-
men. 44 Ein ausländischer Sklave*, den ein
Israelit gekauft hat, darf mitessen, wenn er vor-
her beschnitten* worden ist. 45 Aber die Fremd-
arbeiter* und die Lohnarbeiter* dürfen nicht
teilnehmen.

46 Das Lamm muss in demselben Haus ge-
gessen werden, in dem es zubereitet worden ist;
kein Stück davon darf aus dem Haus gebracht
werden.

Dem Tier darf kein Knochen gebrochen wer-
den.

47 Die ganze Gemeinde Israel soll dieses Mahl
feiern. 48 Wenn ein Fremder für immer bei euch
lebt und das Passafest für den HERRN mitfeiern
will, müssen alle männlichen Angehörigen sei-
ner Familie beschnitten werden. Dann rechnet
er zu den Einheimischen und darf das Passa
feiern; aber ein Unbeschnittener darf auf keinen
Fall teilnehmen. 49 Für den Fremden, der sich
beschneiden lässt, gilt dasselbe Gesetz wie für
die Israeliten.«

50 Die Leute von Israel befolgten alles, was
der HERR ihnen durch Mose befohlen hatte.

51 An jenem Tag führte der HERR das Volk
Israel in geordneten Scharen aus Ägypten
heraus.

Die Erstgeburten gehören Gott

13 Der HERR sagte zu Mose: 2 »Weihe mir alle
Erstgeburten*! Jedes männliche Kind, das
als erstes von einer Frau geboren wird, und jedes
männliche Tier, das als erstes von einem Mutter-
tier zur Welt gebracht wird, gehört mir.«[a]

Das Fest der Ungesäuerten Brote*

3 Mose sagte zum Volk: »Feiert jedes Jahr den
Tag, an dem ihr aus Ägypten gezogen seid, und
erinnert euch daran, wie der HERR euch mit star-

a *männliche* ist beide Male verdeutlichender Zusatz entsprechend den Versen 12 und 15.

12,29 4,23; 11,5; 12,12; Ps 78,51; 105,36; 135,8; Weish 18,5-19 **12,35-36** 3,21-22 S **12,39** Dtn 16,3 **12,40** Gen 15,13 **12,44** Gen 17,12-13 **12,46 b** Joh 19,36 **12,49** Lev 24,22 **13,2** 13,11-16 S **13,3-7** 12,15-20 S

ker Hand aus dem Land herausgeführt hat, in dem ihr Sklaven gewesen seid. Esst an diesem Tag kein Brot, das mit Sauerteig* gebacken ist!

4 Ihr zieht jetzt im Frühlingsmonat[a] aus Ägypten fort. 5 Wenn der HERR euch in das Land bringt, das er euren Vorfahren mit einem Eid zugesagt hat – das Land der Kanaaniter*, Hetiter*, Amoriter*, Hiwiter und Jebusiter, ein Land, das von Milch und Honig überfließt –, dann sollt ihr jedes Jahr in diesem Monat dieses Fest begehen. 6 Sieben Tage lang dürft ihr nur solches Brot essen, das ohne Sauerteig zubereitet ist, 7 und am siebten Tag feiert ihr als abschließenden Höhepunkt ein Fest für den HERRN. Im ganzen Land darf es in dieser Zeit keinerlei Sauerteig geben.

8 Bei dieser Gelegenheit sollt ihr euren Söhnen erklären: ›Wir halten diesen Brauch zur Erinnerung an das, was der HERR für uns getan hat, als er uns aus Ägypten herausführte.‹ 9 Dieser Brauch hat für euch dieselbe Bedeutung wie die Zeichen am Arm und auf der Stirn. So wie diese Zeichen erinnert er euch daran, das Gesetz* des HERRN immer wieder zu lesen und zu lernen.[b] Der HERR hat euch mit starker Hand aus Ägypten herausgeführt. 10 Darum sollt ihr jährlich zu dieser Zeit diese Vorschrift befolgen.«

Bestimmungen für die Erstgeburten

11 Weiter sagte Mose: »Wenn der HERR euch nun in das Land der Kanaaniter* bringt und es euch gibt, wie er das euren Vorfahren und euch selbst mit einem Eid versprochen hat, 12 dann sollt ihr jede Erstgeburt* dem HERRN als Eigentum übergeben.

Jedes männliche Tier, das als erstes von einem Muttertier geboren wird, gehört dem HERRN und muss ihm als Opfer* dargebracht werden. 13 Nur bei Eseln sollt ihr dem HERRN als Ersatz ein Schaf oder eine Ziege opfern. Wenn ihr das nicht tun wollt, müsst ihr dem Eselsfohlen das Genick brechen. Auch für die menschliche Erstgeburt, für den Jungen, den eine Frau als erstes Kind zur Welt bringt, sollt ihr dem HERRN einen Ersatz geben.

14 Wenn eure Söhne euch künftig fragen werden, warum ihr diesen Brauch befolgt, dann sagt ihnen: ›Dieser Brauch geht zurück auf die Zeit, als der HERR uns mit starker Hand aus Ägypten, wo wir Sklaven waren, herausgeführt hat. 15 Damals weigerte sich der Pharao hartnäckig, uns ziehen zu lassen, und deshalb tötete der HERR alle Erstgeborenen in Ägypten, unter den Menschen wie unter dem Vieh. Deshalb opfern wir dem HERRN jede männliche Erstgeburt; unsere erstgeborenen Söhne aber kaufen wir durch ein Ersatzopfer frei.‹

16 Dieser Brauch hat für euch dieselbe Bedeutung wie die Zeichen am Arm und auf der Stirn; denn mit starker Hand hat der HERR uns aus Ägypten herausgeführt.«

Gott begleitet sein Volk

17 Als der Pharao das Volk endlich ziehen ließ, führte Gott sie nicht am Mittelmeer entlang und durch das Land der Philister*, obwohl das der kürzeste Weg gewesen wäre. Gott dachte: »Wenn das Volk dort auf Widerstand stößt und kämpfen muss, ändert es seine Meinung und kehrt wieder nach Ägypten zurück.« 18 Darum ließ er das Volk einen Umweg machen und führte es durch die Wüste den Weg zum Schilfmeer*.

Geordnet wie eine Armee zogen die Israeliten aus Ägypten. 19 Mose nahm die Gebeine Josefs mit, wie dieser es vor seinem Tod ausdrücklich erbeten hatte. Damals hatte Josef zu seinen Brüdern gesagt: »Gott wird euch nicht vergessen. Dann müsst ihr meine Gebeine von hier mitnehmen.«

20 Von Sukkot zogen die Israeliten weiter nach Etam, wo die Wüste beginnt. Dort schlugen sie ihr Lager auf. 21 Während der Wanderung ging der HERR tagsüber in einer Wolkensäule vor ihnen her, um ihnen den Weg zu zeigen, und nachts in einer Feuersäule, um ihnen zu leuchten. So konnten sie Tag und Nacht unterwegs sein. 22 Jeden Tag war die Wolkensäule an der Spitze des Zuges und jede Nacht die Feuersäule.

Die Ägypter jagen den Israeliten nach

14 Der HERR sagte zu Mose: 2 »Befiehl den Israeliten, dass sie vom direkten Weg abgehen und vor Pi-Hahirot ihr Lager aufschlagen, zwischen Migdol und dem Meer, gegenüber von Baal-Zefon. 3 Der Pharao wird denken: ›Sie haben sich verlaufen und sitzen in der Wüste fest.‹ 4 Ich werde ihn so starrsinnig machen, dass er euch verfolgen wird. Dann will ich an ihm und seinem Heer durch einen vernichtenden

a Der hebräische Name ist *Abib**; vgl. Anmerkung zu 12,2.
b *hat für euch dieselbe Bedeutung ...:* wörtlich *sei euch ein Zeichen an der Hand und zwischen den Augen, damit das Gesetz des HERRN (immer) in deinem Mund sei* – eine Anspielung auf die in Dtn 6,6-9 erwähnten »Zeichen«.

13,4 12,2 **13,9** Dtn 6,6-9 S **13,11-16** 13,2; 22,28-29; 34,19-20; Num 3,13; 8,16-18; 18,15-18; Dtn 15,19-20; Lk 2,23 **13,14** Dtn 6,20 S **13,19** Gen 50,25 S **13,21** 40,36-38; Num 9,15-23; Dtn 1,33; Jes 4,5-6; Ps 78,14; 105,39; Weish 18,3 **14,4** 4,21

Schlag meine ganze Macht erweisen. Die Ägypter sollen endlich erkennen, dass ich der HERR bin.«

Die Israeliten taten, was der HERR gesagt hatte, und änderten ihre Marschrichtung.

5 Als dem König von Ägypten gemeldet wurde, dass die Israeliten geflohen waren, bereuten er und seine Minister ihre Nachgiebigkeit. Sie sagten: »Was für eine Dummheit haben wir gemacht! Wir haben die Israeliten laufen lassen, unsere Arbeitskräfte!«

6 Der Pharao ließ seinen Wagen anspannen und bot seine ganze Kriegsmacht auf. 7 Alle verfügbaren Streitwagen* Ägyptens nahm er mit, auch die sechshundert, die seine Elitetruppe bildeten. Jeder Wagen war nicht nur mit dem Wagenlenker und dem Bogenschützen, sondern auch noch mit einem Schildträger besetzt.

8 Der HERR machte den Pharao, den König von Ägypten, so starrsinnig, dass er den Israeliten nachjagte, die unter dem Schutz ihres Gottes weiterzogen.

9 Die ganze ägyptische Streitwagenmacht verfolgte die Israeliten und holte sie ein, während sie bei Pi-Hahirot gegenüber Baal-Zefon am Meer lagerten.

Das Vertrauen der Israeliten reicht nicht weit

10 Als die Leute von Israel sahen, wie der Pharao mit seinem Heer heranrückte, packte sie die Angst und sie schrien zum HERRN um Hilfe.

11 Zu Mose aber sagten sie: »Hast du uns aus Ägypten geführt, damit wir hier in der Wüste sterben? Gab es in Ägypten keine Gräber? Wozu hast du uns von dort weggeführt? 12 Haben wir nicht gleich gesagt, du sollst uns in Ruhe lassen, wir wollen lieber den Ägyptern dienen? Wir wären besser Sklaven der Ägypter, als dass wir hier in der Wüste umkommen!«

13 Mose antwortete ihnen: »Habt keine Angst! Wartet ab und seht zu, wie der HERR euch heute retten wird. Ihr werdet Zeugen sein, wie die Ägypter ihre größte Niederlage erleben. 14 Der HERR wird für euch kämpfen, ihr selbst braucht gar nichts zu tun.«

15 Der HERR sagte zu Mose: »Warum schreist du zu mir um Hilfe? Befiehl den Israeliten, dass sie weiterziehen! 16 Du aber streck deine Hand aus und erhebe deinen Stock über das Meer und spalte es, damit die Leute von Israel trockenen Fußes ins Meer hineingehen können! 17 Ich werde die Ägypter so starrsinnig machen, dass sie hinter ihnen her ins Meer gehen. Dann will ich am Pharao und seinem Heer, an allen seinen Streitwagen* und Wagenkämpfern, meine ganze Macht erweisen. 18 Die Ägypter sollen erkennen, dass ich der HERR bin, wenn ich am Pharao und seinem ganzen Heer meine Macht zeige!«

19 Der Engel* Gottes, der sonst ständig vor dem Volk Israel herging, trat nun an das Ende des Zuges. Auch die Wolkensäule, die sonst immer vor ihnen war, stellte sich hinter sie, 20 sodass sie zwischen den Ägyptern und den Israeliten stand. Auf der Seite der Ägypter war sie dunkel, aber auf der Seite der Israeliten erhellte sie die Nacht. So konnten die Ägypter den Leuten von Israel die Nacht über nicht näher kommen.

Gott rettet die Israeliten vor ihren Verfolgern

21 Nun streckte Mose seine Hand über das Meer aus, und der HERR ließ die ganze Nacht über einen starken Ostwind wehen, der das Wasser zurücktrieb. So verwandelte sich das Meer in trockenes Land.

Das Wasser teilte sich, 22 es stand auf beiden Seiten wie eine Mauer, und die Israeliten gingen trockenen Fußes mitten durchs Meer. 23 Die Ägypter verfolgten sie; und alle Streitwagen* des Pharaos mit den Pferden und Wagenkämpfern jagten hinter ihnen her ins Meer hinein.

24 Kurz vor Morgengrauen sah der HERR aus der Feuer- und Wolkensäule auf das Heer der Ägypter und stürzte es in Verwirrung. 25 Er hemmte[a] die Räder ihrer Wagen, sodass sie nur mit Mühe vorwärts kamen. Die Ägypter sagten: »Der HERR steht auf der Seite Israels! Er kämpft gegen uns. Nur fort von hier!«

26 Nun sagte der HERR zu Mose: »Streck deine Hand über das Meer aus! Dann wird das Wasser zurückfluten und die ägyptischen Streitwagen und Wagenkämpfer unter sich begraben.«

27 Mose streckte seine Hand aus, und so strömte das Wasser bei Tagesanbruch zurück. Die fliehenden Ägypter rannten geradewegs hinein; der HERR trieb sie mitten ins Meer. 28 Das Wasser bedeckte die Streitwagen und Wagenkämpfer, die gesamte Armee des Pharaos, die den Israeliten ins Meer gefolgt war. Kein einziger von den Ägyptern kam mit dem Leben davon.

29 Die Israeliten aber waren auf trockenem Grund mitten durchs Meer gegangen, während

a *hemmte* mit alten Übersetzungen; H *entfernte*.

14,11-12 15,24; 16,3; 17,2-3; Num 11,1.4-6; 14,1-4; 20,2-5; 21,5; Ps 78,40; 106,7 **14,14** Sach 14,3 S **14,19** 13,21 S **14,21-29** Ps 66,6; 77,14-21; 78,13; 106,9-11; 114,1-5; Jes 43,16; Weish 19,6-8; 1 Kor 10,1-2; Hebr 11,29 **14,22** Jos 4,23; 2 Kön 2,8

links und rechts das Wasser wie eine Mauer
stand.
30 So rettete der HERR an diesem Tag das Volk
Israel vor seinen Verfolgern. Als die Leute von
Israel die Leichen am Strand liegen sahen, 31 er-
kannten sie, dass der HERR die Ägypter durch
seine große Macht vernichtet hatte. Das erfüllte
sie mit Furcht und Staunen, und sie fassten festes
Vertrauen zu ihm und zu Mose, seinem Diener
und Bevollmächtigten*.

Das Danklied der Befreiten

15 Damals sangen Mose und die Israeliten
dem HERRN dieses Lied:

Dem HERRN zu Ehren will ich singen,
denn er hat siegreich seine Macht gezeigt:
Ins Meer geworfen hat er Ross und Mann!
2 Mit meinem Lobgesang will ich ihn preisen,
den HERRN, der mir in Not zu Hilfe kam!
Mein Gott ist er, ich rühme seine Macht;
ich preise ihn, den schon mein Vater ehrte.
3 Welch großer Kämpfer ist er, dieser Gott!
Das kündet uns sein Name: »Ich bin da!«[a]
4 Die Streitmacht Pharaos warf er ins Meer,
die schnellsten Wagen und die besten Krieger –
im Schilfmeer* sind sie allesamt versunken.
5 Die Wasserfluten überrollten sie,
sie sanken in die Tiefe wie ein Stein.

6 HERR, deine Hand erringt den Sieg,
sie ist voll ungeheurer Macht,
und sie zerschmettert jeden Feind.
7 In großer Hoheit zeigst du dich,
und wer sich gegen dich erhebt,
den wirfst du nieder in den Staub.
Dein Zorn ist eine Feuersglut,
die jeden Feind wie Stroh verbrennt.
8 Mit deinem Atem bliesest du aufs Meer
und türmtest seine Wassermassen auf.
Die Fluten standen aufrecht wie ein Damm,
erstarrt wie Mauern mitten in dem Meer.
9 Die Feinde prahlten: ›Auf und ihnen nach!
Los, holt sie ein, wir teilen uns die Beute!
Für jeden gibt's genug! Auf, zieht das Schwert,
und löscht sie aus bis auf den letzten Mann!‹
10 Jedoch, HERR, nur ein Atemstoß von dir,
und schon bedeckte sie der Wasserwirbel;
sie sanken auf den Meeresgrund wie Blei.

11 Wer von den Göttern kann sich dir
vergleichen?
Wer ist so heilig, HERR, und so gewaltig?
Wer sonst weckt Furcht und Staunen
durch sein Tun?
12 Du brauchtest nur die rechte Hand zu heben,
und schon verschlang die Erde deine Feinde.
13 Mit starker Hand hast du dein Volk befreit,
in deiner Güte hast du es geführt,
du bringst es hin zu deiner heiligen Wohnung.
14 Die Nachbarvölker haben das gehört,
sie haben keine Ruhe mehr und zittern.
Ein kalter Schauder schüttelt die Philister,
15 die Edomiterfürsten sind bestürzt,
den Führern Moabs* ist der Mut entfallen,
die Völker Kanaans* sind voller Angst.
16 Sie sind von Furcht und Schrecken wie
gelähmt,
dein starker Arm lässt sie wie Stein erstarren,
damit dein Volk vorüberziehen kann,
das Volk, das du zum Eigentum erwähltest.
17 Du selber bringst es hin zu deinem Berg
und pflanzt es ein am Ort, an dem du wohnst,
beim Heiligtum, das du geschaffen hast.
18 HERR, du bist König, jetzt und allezeit!

Der Siegesreigen der Frauen

19 Die Pferde und Streitwagen* des Pharaos samt
allen Wagenkämpfern waren also hinter dem
Volk Israel ins Meer hineingezogen, und der
HERR hatte das Wasser über sie zurückfluten las-
sen. Aber die Leute von Israel waren trockenen
Fußes ans andere Ufer gelangt. Darum sangen
sie dieses Lied.
20 Die Prophetin* Mirjam, die Schwester
Aarons, nahm ihre Handpauke, und alle Frauen
schlossen sich ihr an. Sie schlugen ihre Hand-
pauken und tanzten im Reigen. 21 Mirjam sang
ihnen vor und sie antworteten im Chor:

»Singt, alle, singt, dem HERRN zu Ehren,
denn er hat siegreich seine Macht gezeigt:
Ins Meer geworfen hat er Ross und Mann!«

DER WEG DURCH DIE WÜSTE ZUM BERG SINAI (15,22–18,27)

Gott macht das Bitterwasser genießbar

22 Mose führte das Volk vom Schilfmeer* aus in
die Wüste Schur. Drei Tage lang wanderten die
Israeliten durch die Wüste, ohne Wasser zu
finden. 23 Dann kamen sie nach Mara, wo es
Wasser gab. Aber sie konnten es nicht trinken,
weil es bitter war. Deshalb hatte der Ort auch
den Namen Mara (Bitterwasser) erhalten.

a Zum *Namen* Gottes vgl. 3,13-15.
15,1 a Ps 106,12; Offb 15,3 **15,17** Ps 76,3 S; 1 Kön 8,13 **15,20-21** 1 Sam 18,6-7 S

24 Die Leute von Israel rotteten sich gegen Mose zusammen und murrten: »Was sollen wir trinken?«

25a Mose schrie zum HERRN um Hilfe, und der HERR zeigte ihm ein Stück Holz. Das warf Mose in das Wasser, da konnten sie es trinken.

»Ich bin euer Arzt!«

25b An diesem Ort gab Gott dem Volk Gesetze und stellte seinen Gehorsam auf die Probe. 26 Er sagte zu den Leuten von Israel: »Achtet genau auf das, was ich, euer Gott, euch sage, und handelt danach! Befolgt alle meine Anordnungen und Gebote und tut, was ich für recht erklärt habe! Dann werde ich euch keine von den Krankheiten schicken, mit denen ich die Ägypter geplagt habe. Ich, der HERR, bin euer Arzt!«

27 Das Volk zog weiter in die Oase Elim und schlug dort sein Lager auf. Es gab in Elim zwölf Quellen und siebzig Palmen.

Gott sorgt für sein Volk

16 Von Elim zogen die Israeliten weiter in die Wüste Sin, die zwischen Elim und dem Berg Sinai liegt. Sie kamen dorthin am 15. Tag im 2. Monat nach dem Aufbruch aus Ägypten.

2 Hier in der Wüste rottete sich die ganze Gemeinde Israel gegen Mose und Aaron zusammen. Sie murrten. 3 »Hätte der HERR uns doch getötet, als wir noch in Ägypten waren! Dort saßen wir vor vollen Fleischtöpfen und konnten uns an Brot satt essen. Aber ihr habt uns herausgeführt und in diese Wüste gebracht, damit die ganze Gemeinde verhungert!«

4 Der HERR sagte zu Mose: »Ich werde euch Brot vom Himmel regnen lassen. Die Leute sollen vors Lager hinausgehen und so viel sammeln, wie sie für den Tag brauchen – aber nicht mehr, damit ich sehe, ob sie mir gehorchen. 5 Am sechsten Tag sollen sie so viel sammeln, wie sie finden. Wenn sie es zubereiten, werden sie entdecken, dass es doppelt so viel ist, wie sie sonst gesammelt haben.«

6 Mose und Aaron sagten nun zu allen Israeliten: »Heute Abend werdet ihr erkennen, dass der HERR es war, der euch aus Ägypten herausgeführt hat. 7 Und morgen früh werdet ihr die Herrlichkeit* des HERRN sehen. Er hat euer Murren gehört. Denn ihn habt ihr angeklagt, nicht uns. Wer sind wir schon, dass ihr euch über uns beschwert? 8 Er wird euch am Abend Fleisch geben und am Morgen Brot, dass ihr euch satt essen könnt. Gegen ihn habt ihr Klage geführt, nicht gegen uns. Wer sind denn schon wir?«

9 Dann sagte Mose zu Aaron: »Befiehl der ganzen Gemeinde Israel: ›Kommt her und stellt euch vor dem HERRN auf, denn er hat euer Murren gehört!‹«

10 Kaum hatte sich das Volk mit dem Blick zur Wüste aufgestellt, da erschien auch schon von dort her die Herrlichkeit des HERRN in der Wolke. 11 Der HERR sagte zu Mose: 12 »Ich habe das Murren der Israeliten gehört und lasse ihnen sagen: ›Gegen Abend werdet ihr Fleisch zu essen bekommen und am Morgen so viel Brot, dass ihr satt werdet. Daran sollt ihr erkennen, dass ich der HERR, euer Gott, bin.‹«

13 Am Abend kamen Wachteln und ließen sich überall im Lager nieder, und am Morgen lag rings um das Lager Tau. 14 Als der Tau verdunstet war, blieben auf dem Wüstenboden feine Körner zurück, die aussahen wie Reif.

15 Als die Leute von Israel es sahen, sagten sie zueinander: »Was ist denn das?«[a] Denn sie wussten nichts damit anzufangen.

Mose aber erklärte ihnen: »Dies ist das Brot, mit dem der HERR euch am Leben erhalten wird. 16 Und er befiehlt euch: ›Sammelt davon, so viel ihr braucht, pro Person einen Krug voll.[b] Jeder soll so viel sammeln, dass es für seine Familie ausreicht.‹«

17 Die Leute gingen und sammelten, die einen mehr, die andern weniger. 18 Als sie es aber abmaßen, hatten die, die viel gesammelt hatten, nicht zu viel, und die, die wenig gesammelt hatten, nicht zu wenig. Jeder hatte gerade so viel gesammelt, wie er brauchte.

19 Mose sagte zu ihnen: »Niemand soll etwas davon bis zum anderen Morgen aufheben!«

20 Einige hörten nicht auf ihn und legten etwas für den anderen Tag zurück, aber am Morgen war es voller Maden und stank. Da wurde Mose zornig, weil sie nicht auf ihn gehört hatten.

21 Morgen für Morgen sammelte nun jeder, so viel er brauchte. Sobald die Sonne höher stieg, zerschmolz der Rest, der nicht aufgesammelt worden war.

a *Was ist denn das:* hebräisch *Man hu,* ein Wortspiel mit dem Begriff *Manna* * (vgl. Vers 31).
b *einen Krug voll:* wörtlich *ein Gomer* (= 1/10 Efa* = ca. 2 l).

15,24 14,11-12 S **15,25 a** Sir 38,5 **15,26** Dtn 7,15 **16,3** 14,11-12 S **16,4** 16,31 S; Joh 6,22-59 **16,7** 24,16-17; 33,18-23; 40,34-35; Lev 9,6.23; Num 14,10; 16,19; 17,7; 20,6 **16,13** (Wachteln) Num 11,21-23.31-34; Ps 78,26-31; 105,40; Weish 16,2-4; 19,11-12 **16,15 b** 1 Kor 10,3 **16,18** 2 Kor 8,15

Gott sorgt für den Sabbat vor

22 Am sechsten Tag stellten sie fest: Sie hatten
doppelt so viel gesammelt wie an den anderen
Tagen, zwei Krüge pro Person. Die führenden
Männer der Gemeinde kamen zu Mose und
berichteten es ihm. 23 Er sagte zu ihnen: »Damit
ist genau das eingetroffen, was der HERR
angekündigt hatte. Denn morgen ist Ruhetag,
der heilige Tag, der dem HERRN gehört, der
Sabbat*. Backt und kocht von dem Gesammel-
ten so viel ihr heute essen wollt; den Rest be-
wahrt für morgen auf.«

24 Nach der Weisung Moses legten die Leute
beiseite, was überschüssig war, und siehe da:
Am anderen Morgen stank es nicht und es fand
sich keine Made darin.

25 Mose sagte: »Esst das heute! An diesem Tag
ist Sabbat, der Tag, der dem HERRN gehört; da
werdet ihr draußen nichts finden. 26 Jeweils
sechs Tage lang sollt ihr sammeln, aber am
siebten Tag, dem Sabbat, ist nichts da.«

27 Trotzdem gingen ein paar von ihnen am
siebten Tag hinaus und wollten sammeln; aber
sie fanden nichts. 28 Da sagte der HERR zu Mose:
»Wie lange weigert ihr euch noch, mir zu ge-
horchen und meine Gebote und Anordnungen
zu befolgen? 29 Weil ich euch den Sabbat als
Ruhetag gegeben habe, darum gebe ich euch am
sechsten Tag Nahrung für zwei Tage. Am siebten
Tag sollt ihr alle im Lager bleiben, niemand darf
hinausgehen.«

30 So beging das ganze Volk den siebten Tag
als Ruhetag.

Eine Probe Manna zur Erinnerung

31 Die Leute von Israel nannten diese Speise das
Manna*. Es war weiß wie Koriandersamen und
schmeckte wie Honigkuchen.

32 Mose sagte zum Volk: »Der HERR hat befoh-
len, eine Tagesration Manna für eure Nachkom-
men aufzubewahren. Sie sollen sehen, womit er
euch in der Wüste am Leben erhielt, nachdem er
euch aus Ägypten herausgeführt hatte.«

33 Dann sagte er zu Aaron: »Nimm einen Krug
und fülle ihn mit einer Tagesration Manna! Stelle
ihn im Heiligtum des HERRN auf, als Erinnerung
für die künftigen Generationen.«

34 Aaron tat es und stellte den Krug vor die
Lade mit dem Bundesgesetz*.

35 Vierzig Jahre lang aßen die Israeliten
Manna, die ganze Zeit, während der sie in der
Wüste umherzogen, bis sie in das Land Kanaan*
kamen.[a]

In Massa und Meriba gibt Gott dem Volk zu trinken

(Num 20,1-13)

17 Auf Befehl des HERRN zog die ganze Ge-
meinde Israel von der Wüste Sin aus wei-
ter, von einem Lagerplatz zum andern. Einmal
schlugen sie ihr Lager bei Refidim auf. Dort gab
es kein Trinkwasser.

2 Da machten die Israeliten Mose schwere
Vorwürfe und forderten: »Gib uns Wasser zum
Trinken!«

Mose erwiderte: »Warum macht ihr mir Vor-
würfe? Warum stellt ihr den HERRN auf die
Probe?«

3 Aber die Leute von Israel hatten großen
Durst, deshalb murrten sie gegen Mose und sag-
ten: »Wozu hast du uns eigentlich aus Ägypten
herausgeführt? Nur damit wir hier verdursten,
samt unseren Kindern und dem Vieh?«

4 Da schrie Mose zum HERRN: »Was soll ich
mit diesem Volk machen? Es fehlt nicht viel und
sie steinigen* mich!«

5 Der HERR antwortete ihm: »Rufe ein paar
von den Ältesten* Israels zu dir und geh mit
ihnen dem Volk voran. Nimm den Stock in die
Hand, mit dem du ins Nilwasser geschlagen hast.
6 Dort drüben auf dem Felsen, am Berg Horeb*,
werde ich dich erwarten. Schlag an den Felsen,
dann wird Wasser herauskommen und das Volk
kann trinken.«

Vor den Augen der Ältesten Israels tat Mose,
was der HERR ihm gesagt hatte.

7 Der Ort wurde Massa und Meriba (Ort der
Probe und Anklage) genannt, weil dort die
Israeliten Mose angeklagt und den HERRN auf die
Probe gestellt hatten. Denn sie hatten gefragt:
»Ist der HERR mitten unter uns oder nicht?«

Erhobene Hände bringen den Sieg

8 Bei Refidim geschah es auch, dass die Amaleki-
ter* anrückten, um gegen die Israeliten zu kämp-
fen. 9 Mose sagte zu Josua: »Biete die kampffähi-
gen Männer auf! Morgen sollt ihr gegen die
Amalekiter kämpfen. Ich selbst werde oben auf
dem Hügel stehen und den Stock in der Hand
halten, durch den Gott bisher so große Wunder
getan hat.«

a Vers 36 lautet: *Ein Gomer ist der zehnte Teil eines Efa* (vgl. Anmerkung zu Vers 16). Der Vers nimmt Bezug auf Vers 33, wo für *Tagesration* wörtlich die Maßangabe *1 Gomer* steht.

16,23 20,8-10 S **16,31** (Manna) Num 11,6-9; Dtn 8,3.16; Ps 78,18-25; 105,40; Weish 16,20-29 **16,33** Hebr 9,4 **16,35** Jos 5,12 **17,2-3** 14,11-12 S **17,5** 7,20 **17,6** Jes 43,20; Ps 78,15-16; 105,41; Weish 11,4-14; 1 Kor 10,4 **17,7** Ps 81,8; 95,8; 106,32

10 Josua tat, was ihm Mose befohlen hatte.
Er rückte zum Kampf gegen die Amalekiter
aus, während Mose, Aaron und Hur auf den
höchsten Punkt des Hügels stiegen. 11 Solange
Mose die Hand mit dem Stock emporhob, waren
die Männer Israels überlegen. Ließ er sie aber
sinken, so waren die Amalekiter überlegen.

12 Als Mose die Hände immer schwerer wurden, brachten Aaron und Hur einen Stein herbei,
auf dem Mose sitzen konnte. Sie selbst standen
rechts und links von ihm und stützten seine
Hände, bis die Sonne unterging. 13 So konnte
Josua das Heer der Amalekiter völlig vernichten.

14 Darauf sagte der HERR zu Mose: »Ich werde
die Amalekiter so vollständig von der Erde ausrotten, dass niemand mehr an sie denken wird.
Schreib das auf, damit es niemals in Vergessenheit gerät, und präge es Josua ein!«

15 Mose baute dort einen Altar und nannte
ihn: »Unser Feldzeichen ist der HERR!« 16 Er
sagte: »Schwört dem HERRN treue Gefolgschaft![a]
Zwischen ihm und den Amalekitern ist Krieg für
alle Zeiten.«

Der Besuch des midianitischen Priesters

18 Jitro, der Priester* von Midian*, der Schwiegervater von Mose, erfuhr, was
Gott alles für Mose und für sein Volk Israel getan
und dass er die Israeliten aus Ägypten herausgeführt hatte.

2 Da machte er sich mit seiner Tochter Zippora auf den Weg. Mose hatte nämlich seine
Frau Zippora vorsichtshalber zu ihrem Vater
zurückgeschickt. 3 Jitro nahm auch die beiden
Söhne Zipporas mit. Der ältere hieß Gerschom
(Gast-dort), weil Mose bei seiner Geburt gesagt
hatte: »Ich bin Gast in einem fremden Land
geworden«; 4 der jüngere hieß Eliëser (Gott
hilft), denn Mose hatte gesagt: »Der Gott meines
Vaters hilft mir, er hat mich vor dem Schwert des
Pharaos gerettet.«

5 Moses Schwiegervater kam also mit den
Familienangehörigen Moses zu ihm an den
Lagerplatz in der Wüste, zum Gottesberg*. 6 Er
ließ Mose ausrichten: »Dein Schwiegervater Jitro
ist gekommen! Auch deine Frau ist da und bringt
deine beiden Söhne mit!«

7 Da ging Mose seinem Schwiegervater entgegen, beugte sich nieder und küsste ihn. Nachdem sie einander begrüßt hatten, gingen sie in
Moses Zelt. 8 Mose berichtete seinem Schwiegervater, was der HERR alles gegen den Pharao und
die Ägypter getan hatte, um das Volk Israel zu
befreien, und wie er sie unterwegs in allen Nöten und Gefahren beschützt hatte.

9–10 Jitro freute sich, dass der HERR den Israeliten so viel Gutes erwiesen hatte, und sagte: »Gepriesen sei der HERR, der euch aus der Gewalt
des Pharaos und der Ägypter gerettet und das
Volk von der Unterdrückung befreit hat! 11 Jetzt
weiß ich: Der HERR ist größer als alle anderen
Götter; denn er hat sich als stärker erwiesen als
die Ägypter in ihrer Vermessenheit.«

12 Dann opferte er Gott Tiere als Brand- und
Mahlopfer*, und Aaron und alle Ältesten* Israels kamen dazu und hielten mit ihm das Opfermahl vor Gott.

Einsetzung von Schiedsleuten als Helfer Moses

(Dtn 1,9-18)

13 Am nächsten Tag setzte sich Mose hin, um in
Streitfällen Recht zu sprechen. Die Leute drängten sich vor ihm vom Morgen bis zum Abend.

14 Als sein Schwiegervater sah, wie viel Arbeit
Mose damit hatte, fragte er ihn: »Was machst du
dir da für eine Mühe? Die Leute drängen sich vor
dir vom Morgen bis zum Abend. Musst du das
alles alleine tun?«

15 Mose sagte: »Was soll ich machen? Sie wollen eine Entscheidung von Gott haben. 16 Wenn
zwei von ihnen Streit haben, kommen sie zu
mir. Ich entscheide ihren Fall und sage ihnen die
Gesetze und Weisungen Gottes.«

17 Sein Schwiegervater erwiderte: »Du musst
das anders anfassen. 18 Es ist einfach zu viel für
dich; du kannst nicht alles alleine tun. Du reibst
dich sonst noch auf, und auch für die Leute ist es
viel zu anstrengend. 19 Pass auf, was ich dir rate
– Gott möge seinen Segen dazu geben!

Deine Aufgabe soll es sein, in schwierigen
Rechtsfällen die Entscheidung Gottes einzuholen. 20 Du sollst ihnen auch die Gebote und
Anordnungen Gottes erklären und ihnen sagen,
welche Regeln für das Zusammenleben des
Volkes gelten sollen.

21 Für die leichteren Streitfälle aber wählst du
angesehene Männer aus, die nach Gottes Geboten leben, zuverlässig und unbestechlich sind.
Setze sie ein als Verantwortliche für jeweils tausend, hundert, fünfzig und zehn. 22 Sie sollen
dem Volk jederzeit als Schiedsleute zur Verfügung stehen und die gewöhnlichen Rechtsfälle
entscheiden; nur mit den schwierigeren Fällen
kommen sie zu dir. Mach dir die Last leichter,
lass sie daran mittragen!

a *Schwört ...:* wörtlich *Die Hand am Thron des HERRN.*

17,14 (Amalekiter) Num 24,20; Dtn 25,17-19; Ri 6,3; 1 Sam 15,2-9; 30,1-20; 1 Chr 4,43 **18,2-3** 2,21-22; 4,20 **18,13-27** Num 11,11-29

23 Wenn Gott damit einverstanden ist und du so verfährst, wirst du unter der Last deines Amtes nicht zusammenbrechen, und die Leute werden immer zufrieden nach Hause gehen.«

24 Mose nahm den Rat seines Schwiegervaters an und handelte danach. 25 Er wählte aus allen Stämmen Israels angesehene Männer aus und setzte sie als Verantwortliche über je tausend, hundert, fünfzig und zehn. 26 Sie entschieden von nun an die einfacheren Streitfälle und legten Mose nur die schwierigen Fälle zur Entscheidung vor.

27 Darauf verabschiedete Mose seinen Schwiegervater, und Jitro kehrte wieder in sein Land zurück.

DER BUNDESSCHLUSS AM BERG SINAI (19,1–24,11)

Vorbereitung auf die Begegnung mit Gott

19 Am dritten Neumondstag[a] nach dem Auszug der Israeliten aus Ägypten kamen sie in die Wüste Sinai. 2 Sie waren von ihrem Lagerplatz bei Refidim dorthin aufgebrochen und schlugen nun ihr Lager vor dem Berg Sinai* auf. 3 Mose stieg zu Gott auf den Berg.

Der HERR rief ihm vom Berg aus zu: »Sag dem Volk Israel, den Nachkommen Jakobs: 4 ›Ihr habt gesehen, wie ich an den Ägyptern meine Macht erwiesen habe. Und ihr habt erlebt, dass ich euch getragen habe wie ein Adler seine Jungen; ich habe euch wohlbehalten hierher zu mir gebracht.

5 Wenn ihr mir nun treu bleibt und auf mich hört, sollt ihr mein ganz persönliches Eigentum sein unter allen Völkern. Die ganze Erde gehört mir; 6 aber ihr sollt ein Volk von Priestern sein, das mir ganz zur Verfügung steht und mir ungeteilt dient.‹[b] Das sollst du den Leuten von Israel sagen.«

7 Als Mose zurückkam, rief er die Ältesten* des Volkes zusammen und richtete ihnen aus, was der HERR ihm aufgetragen hatte. 8 Das ganze Volk stimmte zu: »Wir wollen alles tun, was der HERR gesagt hat!«

Mose überbrachte dem HERRN die Antwort des Volkes, 9 und der HERR sagte zu ihm: »Ich werde in einer dunklen Wolke zu dir kommen, damit das Volk hören kann, wie ich mit dir rede, und damit es nie mehr daran zweifelt, dass ich dich beauftragt habe.«[c]

10 Weiter sagte der HERR: »Geh zum Volk und sorge dafür, dass sie sich heute und morgen auf die Begegnung mit mir vorbereiten. Sie sollen alles meiden, was unrein* macht,[d] und sollen ihre Kleider waschen. 11 Übermorgen sollen sie bereit sein. Denn an diesem Tag werde ich vor den Augen des ganzen Volkes auf den Berg Sinai herabkommen.

12 Du musst rings um den Berg eine Grenze ziehen und zu ihnen sagen: ›Nehmt euch in Acht! Steigt nicht auf den Berg, berührt auch nicht seinen Fuß! Wer es tut, ist dem Tod verfallen. 13 Er muss gesteinigt oder mit Speeren und Pfeilen umgebracht werden. Das gilt für Mensch und Tier in gleicher Weise. Erst wenn die Posaune[e] ertönt, dürfen die, die ich dafür bestimmen werde, auf den Berg steigen.‹«

14 Mose stieg wieder hinab zum Volk. Er befahl den Israeliten, sich auf die Begegnung mit dem HERRN vorzubereiten und ihre Kleider zu waschen. 15 Er sagte zu ihnen: »Macht euch für übermorgen bereit. Kein Mann darf in der Zwischenzeit mit einer Frau Verkehr haben.«

Gott kommt auf den Berg Sinai

16 Am Morgen des dritten Tages, als es gerade hell wurde, begann es zu donnern und zu blitzen, eine dichte Wolke bedeckte den Berg und mächtiger Posaunenschall war zu hören. Das Volk im Lager zitterte vor Angst. 17 Da führte Mose das Volk aus dem Lager heraus, Gott entgegen. Am Fuß des Berges stellten sie sich auf.

18 Der ganze Berg Sinai war in Rauch gehüllt, weil der HERR im Feuer auf ihn herabgekommen war. Der Rauch stieg auf wie der Rauch eines Schmelzofens* und der ganze Berg bebte. 19 Der Posaunenschall wurde immer lauter. Mose rief und Gott antwortete ihm mit einer Stimme, die wie Donner klang.

20 Nachdem der HERR auf den Gipfel des Berges herabgekommen war, rief er Mose zu sich und der stieg hinauf. 21 Doch der HERR sagte zu ihm: »Geh noch einmal zurück und warne das Volk! Schärfe ihnen ein, dass sie auf keinen Fall die Grenze überschreiten, um mich zu sehen. Sonst werden viele von ihnen den Tod finden.

a Vgl. 12,2-3. Der Neumond* bezeichnete den Monatsanfang.
b *ein Volk von …:* wörtlich *ein Königreich von Priestern* und ein heiliges* Volk.*
c Hier folgt noch einmal *Mose teilte dem HERRN die Antwort des Volkes mit.*
d *dass sie sich auf die Begegnung …:* wörtlich *dass sie sich heiligen;* vgl. Sacherklärung »heilig«.
e Wörtlich *das Widderhorn*,* das einen dumpfen, durchdringenden Ton gibt; ebenso in den Versen 16 und 19.

19,4 Dtn 32,11 **19,5-6** Dtn 4,20; 7,6; 14,2; 26,18-19; Ps 135,4; Tit 2,14; 1 Petr 2,9; Offb 1,6 **19,9** (Wolke) 13,21 S; 24,15-18; 33,9; 34,5; 40,34-35; 1 Kön 8,10; Jes 4,5-6 **19,12** 34,3; Hebr 12,20 **19,15** 1 Sam 21,4-5 **19,16-18** Dtn 4,10-12; Hebr 12,18-19

22 Auch die Priester*, die beim Opferdienst in
meine Nähe kommen, müssen sich durch be-
sondere Handlungen darauf vorbereiten, sonst
ist es um ihr Leben geschehen.«

23 Mose erwiderte: »Das Volk kann gar nicht
heraufkommen, denn du selbst hast uns befoh-
len, eine Grenze um den Berg zu ziehen und ihn
damit für heilig* und unbetretbar zu erklären.«

24 Doch der HERR sagte zu ihm: »Geh hinun-
ter! Und dann komm mit Aaron wieder herauf.
Die Priester aber und das Volk dürfen die Grenze
nicht überschreiten, um zu mir heraufzusteigen.
Sonst richte ich ein Blutbad unter ihnen an.«
25 So ging Mose noch einmal hinunter und
warnte das Volk.

Die Zehn Gebote Gottes für sein Volk

(Dtn 5,1-21)

20 Dann gab Gott dem Volk seine Gebote.
Er sagte:[a]

[1] 2 »Ich bin der HERR, dein Gott! Ich habe
dich aus Ägypten herausgeführt, ich habe dich
aus der Sklaverei befreit. 3 Du sollst keine ande-
ren Götter neben mir haben.

[-/2] 4 Du sollst dir kein Gottesbild anfertigen.
Mach dir überhaupt kein Abbild von irgend-
etwas im Himmel, auf der Erde oder im Meer.

5 Wirf dich nicht vor fremden Göttern nieder
und diene ihnen nicht. Denn ich, der HERR, dein
Gott, bin ein leidenschaftlich liebender Gott und
erwarte auch von dir ungeteilte Liebe.[b] Wenn
sich jemand von mir abwendet, dann ziehe ich
dafür noch seine Nachkommen zur Rechen-
schaft bis in die dritte und vierte Generation.
6 Wenn mich aber jemand liebt und meine Ge-
bote befolgt, dann erweise ich auch noch seinen
Nachkommen Liebe und Treue, und das über
Tausende von Generationen hin.

[2/3] 7 Du sollst den Namen des HERRN, deines
Gottes, nicht missbrauchen; denn der HERR wird
jeden bestrafen, der das tut.

[3/4] 8 Halte den Ruhetag in Ehren, den sieb-
ten Tag der Woche! Er ist ein heiliger* Tag, der
dem HERRN gehört. 9 Sechs Tage sollst du arbei-
ten und alle deine Tätigkeiten verrichten; 10 aber
der siebte Tag ist der Ruhetag[c] des HERRN, deines
Gottes. An diesem Tag sollst du nicht arbeiten,
auch nicht dein Sohn oder deine Tochter, dein
Sklave* oder deine Sklavin, dein Vieh oder der
Fremde, der bei dir lebt. 11 Denn in sechs Tagen
hat der HERR Himmel, Erde und Meer mit allem,
was lebt, geschaffen. Am siebten Tag aber ruhte
er. Deshalb hat er den siebten Tag der Woche
gesegnet und zu einem heiligen Tag erklärt, der
ihm gehört.

[4/5] 12 Du sollst deinen Vater und deine Mut-
ter ehren. Dann wirst du lange in dem Land
leben, das dir der HERR, dein Gott, gibt.

[5/6] 13 Du sollst nicht morden.

[6/7] 14 Du sollst nicht die Ehe brechen.

[7/8] 15 Du sollst nicht stehlen.

[8/9] 16 Du sollst nichts Unwahres über deinen
Mitmenschen sagen.[d]

[9-10/10] 17 Du sollst nicht versuchen, etwas
an dich zu bringen, das deinem Mitmenschen
gehört,[e] weder seine Frau noch seinen Sklaven
oder seine Sklavin, sein Rind oder seinen Esel
noch irgendetwas anderes, das ihm gehört.«

Mose als Mittler zwischen Gott und Volk

(Dtn 5,22-33)

18 Als das ganze Volk erlebte, wie es blitzte und
donnerte, Posaunenschall[f] ertönte und der Berg
rauchte, bekam es große Angst und blieb zit-
ternd in weiter Ferne stehen. 19 Die Leute sagten
zu Mose: »Wir haben Angst, wenn Gott so mit
uns redet. Wir werden noch alle umkommen!
Sprich du an seiner Stelle zu uns, wir wollen auf
dich hören.«

20 Da sagte Mose zum Volk: »Ihr müsst keine
Angst haben. Gott ist nur gekommen, um euch
auf die Probe zu stellen. Er will, dass ihr ihn ehrt
und euch davor hütet, ihm ungehorsam zu sein.«

21 Das Volk blieb also in der Ferne stehen.
Mose aber näherte sich der dunklen Wolke, in
der Gott war.

Anweisung für den Altarbau

22 Der HERR sagte zu Mose: »Richte den Israeli-
ten aus: ›Ihr habt erlebt, wie ich vom Himmel
her mit euch gesprochen habe. 23 Darum sollt ihr

a *Dann gab ...:* wörtlich *Gott sagte alle die folgenden Worte.* Zur Zählung der Gebote siehe Sacherklärung »Zehn Gebote«.
b *ein leidenschaftlich ...:* wörtlich *ein »eifersüchtiger« Gott.* c Wörtlich *Sabbat*.*
d Wörtlich *Du sollst (vor Gericht) keine falsche Zeugenaussage gegen deinen Mitmenschen machen.*
e *etwas, das deinem Mitmenschen gehört:* wörtlich *das Haus deines Mitmenschen.* Mit »Haus« ist nicht das Gebäude, sondern der gesamte Besitz gemeint.
f Siehe Anmerkung zu 19,13.

20,2-3 Ri 6,8; Jer 25,6 S; Hos 13,4; Ps 81,11.10 **20,4** 34,17; Lev 19,4; 26,1; Dtn 4,15-20; 27,15 **20,5-6** 34,7; Num 14,18; Dtn 5,9-10; 7,9-10 **20,5** 34,14; Dtn 4,24; 6,15; Jos 24,19 **20,7** Lev 19,12 **20,8-10** 23,12; 31,12-17; 34,21; 35,2-3; Lev 19,3; 23,3; Mk 2,27-28 S **20,11** Gen 2,2-3 S **20,12** 21,17; Lev 19,3; 20,9; Dtn 27,16; Sir 3,1-16; Mt 15,4-6; Eph 6,2-3 **20,13** 21,12-14; Gen 9,5-6; Lev 24,17; Mt 5,21-22 **20,14** Lev 20,10; Dtn 22,22; Mt 5,27-28 **20,15** 21,16; Lev 19,11; Dtn 24,7 **20,16** 23,1-3; Lev 19,15-16; Dtn 19,16-20 **20,17** Mi 2,2 **20,19** Hebr 12,19 **20,23** 20,4 S

keine anderen Götter neben mir haben. Macht
euch keine silbernen und goldenen Götzenbil-
der!
24 Macht mir einen Altar aus aufgeschütteter
Erde! Darauf sollt ihr mir eure Opfer* darbrin-
gen, die Brand- und Mahlopfer von euren Scha-
fen, Ziegen und Rindern. Ihr könnt das an jedem
Ort tun, den ich zum Heiligtum für mich bestim-
men werde.[a] Überall dort werde ich euch nahe
sein und werde euch Glück und Segen schenken.
25 Wenn ihr aber einen Altar aus Steinen für
mich bauen wollt, dürft ihr nur unbehauene Stei-
ne verwenden. Wenn der Stein mit dem Meißel
in Berührung gekommen ist, ist er entweiht.
26 Baut mir keine hohen Altäre mit Stufen,
damit der Priester nicht hinaufsteigen muss und
dabei seine Scham entblößt.‹«

GESETZE FÜR DAS LEBEN DES VOLKES (Kapitel 21–23)

21 Der HERR gab Mose für das Zusammenleben der Israeliten die folgenden Gesetze:

Schutzbestimmungen für Sklaven

(Dtn 15,12-18)

2 Wenn ein Israelit einen hebräischen Sklaven*
kauft, darf er ihn höchstens sechs Jahre lang für
sich arbeiten lassen. Im siebten Jahr muss er ihn
freilassen und darf kein Lösegeld verlangen.
3 War er verheiratet, als er Sklave wurde, so
wird seine Frau mit ihm freigelassen. War er
unverheiratet, so wird er allein freigelassen.
4 Wenn sein Herr ihm eine Frau gegeben hat,
bleiben die Frau und ihre Kinder Eigentum des
Herrn; nur er selbst wird frei.
5 Wenn aber der Sklave ausdrücklich erklärt:
»Ich liebe meinen Herrn, meine Frau und meine
Kinder; ich will nicht freigelassen werden«,
6 dann soll in der Gegenwart Gottes ein neues
Rechtsverhältnis begründet werden. Sein Herr
stellt ihn an die Tür oder an den Türpfosten und
bohrt eine Ahle durch sein Ohrläppchen ins
Holz. Der Mann ist dann für immer ein Glied
der Hausgemeinschaft und Sklave seines Herrn.

Schutzbestimmungen für Sklavinnen

7 Verkauft ein Israelit seine Tochter als Sklavin,
so darf sie nicht wie ein Sklave* im siebten Jahr
einfach freigelassen werden.
8 Hatte der Käufer sie als Frau für sich selbst
bestimmt, aber sie gefiel ihm nicht, so muss er
ihrer Familie Gelegenheit geben, sie zurück-
zukaufen. Er darf sie nicht an Ausländer weiter-
verkaufen, weil er seine Zusage ihr gegenüber
nicht gehalten hat.
9 Hat er sie als Frau für seinen Sohn bestimmt,
so muss er ihr die gleichen Rechte gewähren wie
einer eigenen Tochter.
10 Heiratet er selbst sie und nimmt später
noch eine zweite Frau, so darf er ihr die Ver-
sorgung mit Nahrung und Kleidung und den ehe-
lichen Umgang nicht verkürzen.
11 Vernachlässigt er eine dieser drei Pflichten,
so muss er sie ohne Lösegeld freilassen.

Gesetze über todeswürdige Vergehen

12 Wer einen anderen so schwer schlägt, dass er
stirbt, wird mit dem Tod bestraft.
13 Hat er ihn nicht vorsätzlich getötet, sondern
die Hand ist ihm ausgeglitten, weil Gott es so zu-
gelassen hat, so kann er an einen Ort fliehen,
den der HERR dafür bestimmen wird.
14 Wenn er aber seinen Mitmenschen vorsätz-
lich und hinterhältig getötet hat, kann er auch
am Altar* des HERRN keinen Schutz finden; ihr
müsst ihn von dort wegholen und hinrichten.
15 Wer seinen Vater oder seine Mutter schlägt,
wird mit dem Tod bestraft.
16 Wer einen Menschen geraubt hat, wird mit
dem Tod bestraft, gleichgültig, ob er ihn schon
verkauft oder noch in seiner Gewalt hat.
17 Wer seinen Vater oder seine Mutter ver-
flucht, wird mit dem Tod bestraft.

Gesetze über Körperverletzung

18 Wenn Männer sich streiten und einer verletzt
dabei den andern mit einem Stein oder einer
Hacke, sodass er bettlägerig wird, 19 aber später
wieder aufstehen und draußen am Stock umher-
laufen kann, dann wird der Täter nur zu einer
Ersatzleistung verurteilt. Er muss dem Verletzten
ein Entgelt für die Arbeitsunfähigkeit geben und
ihm die Heilungskosten erstatten.
20–21 Wenn jemand seinen Sklaven* mit
einem Stock schlägt und er auf der Stelle stirbt,
verfällt er der Blutrache*. Wenn jedoch der Ge-
schlagene noch ein oder zwei Tage am Leben
bleibt, geht der Besitzer straffrei aus; es handelt
sich ja um sein Eigentum. Diese Regelung gilt
genauso bei einer Sklavin.

a *den ich zum Heiligtum …:* wörtlich *an dem ich meines Namens* * (durch Anrufung und Opfer) *gedenken lasse.*

20,25 Dtn 27,5-6; Jos 8,31 **21,2-4** Lev 25,39-43 **21,12** 20,13 S **21,13-14** Num 35,9-28 S **21,15** 20,12 S; Spr 19,26 **21,16** 20,15; Dtn 24,7 **21,17** 20,12 S

22 Wenn Männer sich streiten und sie stoßen dabei eine schwangere Frau und sie hat eine Fehlgeburt, es ist aber kein weiterer Schaden entstanden, dann soll der Schuldige eine Geldstrafe zahlen, die der Mann der betreffenden Frau festlegen kann. Die Zahlung der Ersatzsumme muss gerichtlich bestätigt werden.

23 Trägt jedoch die Frau einen Schaden davon, so gilt für das Strafmaß der Grundsatz: Leben für
Leben, 24 Auge für Auge, Zahn für Zahn, Hand
für Hand, Fuß für Fuß, 25 Brandwunde für Brandwunde, Verletzung für Verletzung, Strieme für Strieme.

26–27 Wenn jemand seinem Sklaven ein Auge ausschlägt, soll er ihn zur Entschädigung freilassen. Auch wenn er ihm einen Zahn ausschlägt, soll er ihn dafür freilassen. Diese Regelung gilt genauso bei einer Sklavin.

28 Wenn ein Rind einen Mann oder eine Frau stößt, sodass sie sterben, muss das Rind gesteinigt werden, sein Besitzer aber bleibt straffrei. Das Fleisch des Tieres darf nicht gegessen werden.

29 War jedoch das Rind schon längere Zeit stößig und sein Besitzer hat es nicht eingesperrt, obwohl man ihn darauf aufmerksam gemacht hat, so muss nicht nur das Rind gesteinigt, sondern auch sein Besitzer getötet werden. 30 Wenn
ihm die Zahlung eines Sühnegeldes erlaubt wird, kann er sich damit freikaufen, aber er muss den vollen Betrag zahlen, der ihm auferlegt wird.

31 Stößt das Rind einen Jungen oder ein Mädchen zu Tode, muss genauso verfahren werden.
32 Bei einem Sklaven oder einer Sklavin soll der Besitzer des Rindes dem Besitzer des Sklaven dreißig Silberstücke* zahlen. Das Rind muss auch in diesem Fall gesteinigt werden.

Schaden an fremdem Vieh

33 Wenn jemand eine Zisterne oder Vorratsgrube offen lässt oder eine gräbt und nicht abdeckt, und ein Rind oder ein Esel fällt hinein und verendet,
34 dann muss er das Tier seinem Eigentümer in Geld ersetzen; den Kadaver kann er behalten.

35 Wenn jemandes Rind das Rind eines anderen stößt, sodass es eingeht, sollen die Besitzer der beiden Tiere das lebende verkaufen und den Erlös teilen. Auch das tote Tier sollen sie teilen.

36 War es jedoch bekannt, dass das Rind schon längere Zeit stößig war, und sein Besitzer hat es trotzdem nicht eingesperrt, so soll er vollen Ersatz leisten, und zwar ein lebendes Rind für das tote. Das tote darf er behalten.

Gesetze über Eigentumsvergehen

37 Wenn jemand ein Rind, ein Schaf oder eine Ziege stiehlt und das Tier schlachtet oder verkauft, muss er für das Rind fünffachen Ersatz geben und vierfachen für das Schaf oder die Ziege.

22 Wenn ein Dieb bei einem nächtlichen Einbruch ertappt und so geschlagen wird, dass er stirbt, dann gilt der, der ihn geschlagen
hat, nicht als Mörder. 2 War jedoch die Sonne
schon aufgegangen, zählt es als Mord.

Ein Dieb muss für das Gestohlene vollen Ersatz leisten. Falls er dazu nicht imstande ist,
muss er selbst als Sklave* verkauft werden. 3 Hat
er ein Stück Vieh – Rind, Esel, Schaf oder Ziege – gestohlen und es wird noch lebend bei ihm gefunden, muss er doppelten Ersatz leisten.

4 Wenn ein Mann sein Vieh auf seine Felder oder in seinen Weinberg treibt und es nicht beaufsichtigt, sodass es auch das Feld eines anderen abweidet, muss er Ersatz leisten. Er muss dem Geschädigten das Beste vom Ertrag seines eigenen Feldes oder Weinbergs geben.[a]

5 Wenn jemand Feuer macht und es erfasst eine Dornenhecke und greift auf ein Getreidefeld oder aufgestellte Garben über oder vernichtet irgendetwas anderes auf dem Feld, dann muss er für den Schaden vollen Ersatz leisten.

Haftung für fremdes Eigentum

6 Wenn ein Mann einem anderen Geld oder Wertsachen zur Aufbewahrung anvertraut und etwas davon wird aus dem Haus dieses anderen gestohlen, dann muss der Dieb, wenn er gefasst
wird, den doppelten Betrag erstatten. 7 Kann er
nicht ermittelt werden, muss der Besitzer des Hauses einen Eid vor Gott schwören, dass er nicht selbst das Eigentum des anderen an sich genommen hat.

8 Immer wenn zwei Männer sich um etwas streiten, um ein Rind, einen Esel, ein Schaf oder eine Ziege, ein Kleidungsstück oder irgendetwas sonst, und jeder behauptet, es sei sein Eigentum, dann sollen sie sich einem Gottesurteil* unterwerfen. Wer als schuldig daraus hervorgeht, muss dem anderen das Doppelte erstatten.

9 Wenn ein Mann einem anderen einen Esel, ein Rind, ein Schaf oder ein anderes Tier zur Aufsicht übergibt und es stirbt, bricht sich ein Bein oder wird von Feinden weggetrieben, ohne dass
er einen Zeugen dafür hat, 10 dann muss der,

a G und die samaritanische Überlieferung fügen ein: *muss er von seinem eigenen Feld Ersatz leisten, je nach dem Umfang des Schadens. Hat sein Vieh jedoch das ganze Feld abgefressen, so muss er das Beste ...*

21,23-25 Lev 24,19-20; Dtn 19,21; Mt 5,38 **21,37–22,14** Lev 5,21-26; Num 5,5-10

dem das Tier anvertraut wurde, dem anderen einen Eid beim HERRN schwören, dass er sich nicht am fremden Eigentum vergriffen hat. Der andere muss das gelten lassen und darf keinen Ersatz fordern.

11 Ist es dagegen nachweislich gestohlen worden, so muss der, dem es anvertraut war, dafür Ersatz leisten. 12 Ist es von wilden Tieren gerissen worden und er kann es beweisen, muss er keinen Ersatz leisten.

13 Leiht sich ein Mann von einem anderen ein Tier und es bricht sich ein Bein oder stirbt, während der Eigentümer nicht zugegen ist, so muss er vollen Ersatz leisten. 14 War jedoch der Eigentümer zugegen, muss er keinen Ersatz leisten. War das Tier gemietet, so ist der Verlust durch den Mietpreis abgegolten.

Folgen bei Verführung eines Mädchens

15 Wenn ein Mann ein unberührtes Mädchen verführt, das noch nicht verlobt ist, muss er den Brautpreis* bezahlen und sie heiraten.

16 Weigert sich ihr Vater, sie ihm zu geben, so muss er trotzdem den üblichen Brautpreis für eine Jungfrau bezahlen.

Weitere todeswürdige Vergehen

17 Eine Zauberin darf nicht am Leben bleiben.

18 Wer mit einem Tier Verkehr hat, wird mit dem Tod bestraft.

19 Wer anderen Göttern opfert außer dem HERRN, muss aus Israel ausgerottet werden.

Rücksicht gegenüber den Schwachen

20 Weiter ließ der HERR dem Volk Israel durch Mose sagen:[a]

»Ihr dürft die Fremden*, die bei euch leben, nicht ausbeuten oder unterdrücken. Vergesst nicht, dass ihr selbst in Ägypten Fremde gewesen seid.

21 Nutzt die Schutzlosigkeit der Witwen und Waisen nicht aus! 22 Wenn ihr es dennoch tut und sie zu mir um Hilfe schreien, werde ich, der HERR, bestimmt darauf hören. 23 Ich werde in furchtbaren Zorn geraten und euch durch das Schwert eurer Feinde töten. Eure Frauen werde ich zu Witwen machen und eure Kinder zu Waisen.

24 Wenn du einem Armen aus meinem Volk Geld leihst, verhalte dich ihm gegenüber nicht wie ein Wucherer. Verlange keine Zinsen von ihm!

25 Falls du von einem anderen Israeliten das Obergewand* zum Pfand nimmst, so gib es vor Sonnenuntergang wieder zurück. 26 Denn sein Obergewand ist das Einzige, womit er sich warm halten kann. Worin soll er sonst schlafen? Wenn er sich bei mir über dich beklagt, werde ich ihn hören; denn ich bin barmherzig.«

Achtung vor Gott

27 »Ihr sollt Gott nicht lästern und ein Oberhaupt eures Volkes nicht verfluchen.

28 Von euren Ernteerträgen an Getreide und Wein dürft ihr mir meinen Anteil nicht vorenthalten.

Eure erstgeborenen Söhne müsst ihr mir übereignen[b] 29 und ebenso die Erstgeburten eurer Rinder, Schafe und Ziegen. Sieben Tage lang soll das erstgeborene Jungtier bei seiner Mutter bleiben; am achten Tag sollt ihr es mir übereignen.

30 Weil ihr mir als ein heiliges* Volk gehört, sollt ihr kein Fleisch von einem Tier essen, das von einem Raubtier gerissen und auf freiem Feld tot aufgefunden worden ist. Ihr sollt es den Hunden hinwerfen.«

Gerechtigkeit und Mitmenschlichkeit

23 »Bring bei einem Gerichtsverfahren keine Gerüchte vor. Lass dich von jemand, der Unrecht getan hat, nicht für eine falsche Zeugenaussage gewinnen. 2 Schließ dich nicht der Mehrheit an, wenn sie auf der Seite des Unrechts steht. Musst du in einer Gerichtsverhandlung als Zeuge aussagen, so beuge dich nicht einer Mehrheit, die das Recht verdreht. 3 Du darfst aber auch nicht den Armen und Schwachen widerrechtlich begünstigen.

4 Wenn du siehst, dass ein Tier deines Feindes sich verlaufen hat, ein Rind oder ein Esel, dann bring es ihm ohne Zögern zurück! 5 Ist der Esel deines Feindes unter seiner Last zusammengebrochen und du kommst gerade dazu, so geh nicht weiter, sondern hilf ihm, das Tier wieder auf die Beine zu bringen.

6 Bei einem Gerichtsverfahren darfst du niemand sein Recht vorenthalten, nur weil er arm ist. 7 Verweigere deine Mitwirkung bei einem betrügerischen Prozess. Verurteile keinen Un-

a Verdeutlichender Zusatz. *b* Was das bedeutet, geht aus 13,11-13 hervor.

22,12 Gen 31,39 **22,15** Dtn 22,28-29 **22,17** Lev 19,26 S **22,18** Lev 18,23 S **22,19** Dtn 17,2-7 **22,20** 23,9; Lev 19,33-34; Dtn 10,18-19; 24,17-20 **22,21** Dtn 10,18; 24,17.19-21; 27,19; Jes 1,17 S **22,24** Lev 25,35-37; Dtn 23,20-21; Ps 15,5; Ez 22,12 **22,25-26** Dtn 24,12-13.17; Ijob 22,6; 24,9-10; Am 2,8 **22,27** Lev 24,10-16; 1 Kön 21,10.13; Joh 18,22; Apg 23,2-5 **22,28-29** 13,11-16 S; 23,19 S **22,29** Lev 22,27 **22,30** Lev 17,15 S; 19,2 b S **23,1-3** 20,16 S; Dtn 1,16-17; 16,18-20 **23,4-5** Dtn 22,1-4 **23,6** Ps 82,3-4; Dtn 1,17 S

schuldigen zum Tod; ein solches Unrecht lasse
ich nicht durchgehen. 8 Nimm von den Prozes-
sierenden keine Geschenke an; denn das trübt
das Urteilsvermögen und verführt die ehrenwer-
testen Männer dazu, das Recht zu verdrehen.
9 Beutet die Fremden* nicht aus, die bei euch
leben. Ihr wisst doch, wie es einem Fremden zu-
mute ist, weil ihr selbst in Ägypten als Fremde
gelebt habt.«

Anweisungen für Sabbatruhe und Feiertage

10 »Sechs Jahre lang sollst du dein Land bearbei-
ten und den Ertrag ernten, den es dir bringt.
11 Aber im siebten Jahr lass es brachliegen. Was
dann von selbst wächst, sollen die Armen essen,
den Rest überlass dem Wild. Ebenso sollst du es
mit deinen Weingärten und Ölbäumen halten.
12 Sechs Tage lang sollst du deine Arbeit ver-
richten, aber am siebten Tag sollst du alles ruhen
lassen. Auch dein Rind und dein Esel sollen sich
ausruhen; dein Sklave[a] und der Fremde, der bei
dir lebt, sollen sich erholen können.
13 Richtet euch nach allem, was ich, der HERR,
euch gesagt habe! Betet nicht zu anderen
Göttern, erwähnt nicht einmal ihre Namen!
14 Dreimal im Jahr sollt ihr mir zu Ehren ein
großes Fest feiern. 15 Haltet als erstes das Fest der
Ungesäuerten Brote*. Zur festgesetzten Zeit im
Frühlingsmonat,[b] dem Monat eures Auszugs aus
Ägypten, sollt ihr sieben Tage lang nur solches
Brot essen, das ohne Sauerteig* zubereitet ist, so
wie ich es euch befohlen habe. Niemand soll mit
leeren Händen zu meinem Heiligtum kommen.
16 Wenn die ganze Getreideernte eingebracht ist,
sollt ihr das Pfingstfest* feiern und im Herbst,
wenn ihr die Früchte von euren Weinstöcken
und Bäumen abgelesen habt, das Fest der Lese.
17 Dreimal im Jahr, zu diesen drei Festen, sol-
len alle Männer Israels zu mir, dem HERRN, an
mein Heiligtum kommen.
18 Zum Blut eines Mahlopfers* dürft ihr mir
nicht Brot darbringen, das mit Sauerteig zube-
reitet ist.
Das Fett des Opfertieres muss am selben Tag
verbrannt werden; es darf nicht bis zum nächs-
ten Morgen aufbewahrt werden.
19 Die erstgeernteten Früchte* eurer Felder
sollt ihr zum Haus des HERRN, eures Gottes, brin-
gen.
Ihr dürft ein Böcklein nicht in der Milch
seiner Mutter kochen.«

Heilszusage und Warnung

20 Der HERR sagte: »Ich verspreche euch, ich
werde einen Engel* vor euch hersenden, der
euch unterwegs beschützt und euch sicher in das
Land bringt, das ich für euch bestimmt habe.
21 Haltet euch genau an seine Weisungen!
Wenn ihr euch gegen ihn auflehnt, wird er euch
das nicht vergeben, denn in seiner Person bin
ich selbst mitten unter euch. 22 Wenn ihr ihm
aufs Wort gehorcht und alles tut, was ich euch
durch ihn sage, werde ich eure Feinde nieder-
werfen und jeden in die Enge treiben, der euch
bedrängt.
23 Mein Engel geht vor euch her und bringt
euch in das Land der Amoriter*, Hetiter*, Peri-
siter, Kanaaniter*, Hiwiter und Jebusiter. Ich
werde alle diese Völker vernichten. 24 Folgt nicht
ihrem schlimmen Beispiel! Werft euch nicht vor
ihren Göttern nieder, dient ihnen nicht! Stürzt
ihre Götzenbilder um und zerschlagt ihre Stein-
male*.
25 Ehrt mich allein, den HERRN, euren Gott,
dann werde ich dafür sorgen, dass es in eurem
Land genug zu essen gibt und ihr reichlich Was-
ser habt. Ich werde auch alle Krankheiten von
euch fern halten. 26 Es wird dann in eurem Land
keine Frau geben, die eine Fehlgeburt hat oder
kinderlos bleibt. Niemand wird vor der Zeit aus
dem Leben gerissen werden.
27 Angst und Schrecken werde ich vor euch
hersenden. Ich werde die Völker, zu denen
ihr kommt, in Verwirrung stürzen; alle eure
Feinde werden vor euch die Flucht ergreifen.
28 Panik werde ich vor euch her verbreiten[c] und
so die Hiwiter, Kanaaniter und Hetiter ver-
treiben.
29 Allerdings werde ich sie nicht schon im
ersten Jahr vollständig vertreiben, sonst bleiben
weite Landstriche unbestellt und verwildern,
und das Wild vermehrt sich so stark, dass ihr
nicht mehr Herr darüber werdet. 30 Deshalb
werde ich sie nur nach und nach vor euch ver-
treiben, in dem Maß, in dem ihr euch vermehrt
und das Land in Besitz nehmen könnt.
31 Zuletzt aber werdet ihr ein Gebiet besitzen,
das vom Roten Meer bis zum Mittelmeer und
von der Wüste im Süden bis an den Eufrat reicht.

a Wörtlich *der Sohn deiner Sklavin**. b Hebräischer Monatsname *Abib**.
c Andere Deutung mit den alten Übersetzungen *Ich werde Hornissen vor euch hersenden.*

23,8 Dtn 16,19; 27,25; Ps 15,5; Jes 1,23; 5,23; Mi 3,11; Sir 20,29 **23,9** 22,20 S **23,10-11** Lev 25,1-7 S **23,12** 20,8-10 S **23,13** Jos 23,7 **23,15** 12,15-20 **23,16** (Pfingstfest) 34,22; Lev 23,15-21; Num 28,26-31; Dtn 16,9-11; Apg 2,1; (Lese = Laubhüttenfest) 34,22; Lev 23,33-36.39-43; Num 29,12-38; Dtn 16,13-15 **23,18** 34,25 **23,19 a** (Früchte) 34,26; Lev 23,9-11; Dtn 18,4; 26,1-11 **23,19 b** (Böcklein) 34,26; Lev 22,28; Dtn 14,21 **23,20** 14,19 **23,24** 20,5 S **23,28** Dtn 7,20; 11,25; Jos 24,12; 1 Sam 7,10; 14,15

Alle Bewohner dieses Landes gebe ich in eure
Hand, sodass ihr sie vertreiben könnt.
32 Schließt keinen Bund mit ihnen und lasst
euch nicht mit ihren Göttern ein. 33 Sie dürfen
nicht mit euch zusammen in eurem Land leben,
sonst werden sie euch dazu verleiten, mir untreu
zu werden und ihre Götter zu verehren. Und das
würde euch den Untergang bringen.«

Gott schließt seinen Bund mit Israel

24 Der HERR sagte zu Mose: »Komm zu mir
herauf auf den Berg! Nimm Aaron,
Nadab und Abihu mit und siebzig von den
Ältesten* Israels. Werft euch in gebührender
Entfernung vor mir nieder. 2 Nur du allein darfst
in meine Nähe kommen. Das Volk darf über-
haupt nicht auf den Berg steigen.«
3 Mose trat vor das versammelte Volk und
sagte ihm die Gebote und Gesetze des HERRN.
Das ganze Volk antwortete einmütig: »Wir
wollen alles tun, was der HERR uns befiehlt!«
4 Darauf schrieb Mose die Gebote und Gesetze
in ein Buch.

Am nächsten Morgen errichtete er am Fuß
des Berges einen Altar und stellte zwölf
Steinmale auf, für jeden Stamm Israels eines.
5 Er beauftragte einige junge Männer, dem
HERRN Brandopfer* darzubringen und für das
Opfermahl* Stiere zu schlachten. 6 Die Hälfte
des Blutes tat Mose in Schalen, die andere Hälfte
goss er an den Altar*.
7 Dann nahm er das Buch, in dem er das Bun-
desgesetz* aufgeschrieben hatte, und las es den
versammelten Israeliten laut vor. Sie verspra-
chen: »Wir wollen alles gehorsam tun, was der
HERR uns befiehlt.«
8 Darauf sprengte Mose aus den Schalen Blut
über das Volk und sagte dazu: »Durch dieses Blut
wird der Bund* in Kraft gesetzt, den der HERR
jetzt mit euch auf der Grundlage dieser Gebote
und Gesetze schließt.«
9 Danach stieg Mose den Berg hinauf, und die
anderen begleiteten ihn: Aaron, Nadab und
Abihu und siebzig von den Ältesten Israels.
10 Droben sahen sie den Gott Israels. Der
Boden zu seinen Füßen war wie mit blauem
Edelstein ausgelegt, klar und leuchtend wie der
Himmel.
11 Gott erlaubte den ausgewählten Vertre-
tern des Volkes, in seine Nähe zu kommen; er
streckte nicht die Hand gegen sie aus, um sie zu
töten.[a] Sie durften Gott sehen und aßen und
tranken in seiner Gegenwart.

ANWEISUNGEN FÜR DEN BAU DES HEILIGEN ZELTES UND DEN PRIESTERDIENST

(24,12–31,11)

Mose wird auf den Berg gerufen

12 Nun sagte der HERR zu Mose: »Steig zu mir auf
den Berg herauf und bleib eine Zeit lang hier! Ich
werde dir die Steintafeln geben, auf die ich
meine Gebote geschrieben habe. Das Volk soll
genau wissen, was ich von ihm verlange.«
13 Mose und sein Diener Josua machten sich
bereit, um auf den Gottesberg* zu steigen. 14 Zu
den Ältesten* des Volkes sagte Mose: »Wartet
hier auf uns, bis wir zurückkommen! Aaron und
Hur bleiben bei euch. Wer einen Streitfall hat,
soll sich an sie wenden.«
15 Dann stieg Mose den Berg hinauf. Die Wol-
ke verhüllte den Gipfel 16–17 und die Herrlich-
keit* des HERRN kam auf den Berg Sinai* herab.
Für die Israeliten sah sie aus wie ein loderndes
Feuer auf dem Berggipfel.

Sechs Tage lang blieb der Berg so von der Wol-
ke verhüllt. Dann rief der HERR am siebten Tag
aus der Wolke heraus Mose zu sich. 18 Jetzt ging
Mose mitten in die Wolke hinein und stieg auf
den Gipfel des Berges hinauf. Dort oben blieb er
vierzig Tage und vierzig Nächte.

Aufruf zu einem Opfer für das Heilige Zelt

(35,4-9)

25 Der HERR befahl Mose: 2 »Sag den Leuten
von Israel, sie sollen mir eine freiwillige
Abgabe leisten. Jeder, der etwas geben möchte,
soll es herbringen.
3 Es kann Gold, Silber und Bronze sein,
4 blaue, rote und karmesinrote Wolle, Leinen
und Ziegenhaar, 5 rot gefärbte Widderfelle,
Delphinenhäute, Akazienholz, 6 Öl für die
Lampen, wohlriechende Zutaten für das Salböl
und für die Weihrauchmischung 7 oder Karneol-
steine und andere Edelsteine zum Schmuck für
Amtsschurz* und Brusttasche des Obersten
Priesters*.
8 Mithilfe dieser Gaben sollen die Israeliten
mir ein Heiligtum errichten, denn ich will unter

a *Gott erlaubte …:* wörtlich *Er streckte seine Hand nicht aus gegen die Vornehmen der Israeliten.*

23,32-33 34,12 **24,4b** Jos 4,3.9.20; 1 Kön 18,31 **24,7** 2 Kön 23,2.21; 2 Chr 25,4; 34,30; 35,12 **24,8** Mk 14,24 par; Hebr 9,19-20; 10,29 **24,10** Ez 1,26; Offb 4,2-3 **24,12** (Steintafeln) 25,16.21; 31,18; 32,15-16.19; 34,1.28-29; Dtn 4,13; 1 Kön 8,8-9 **24,15-18** 19,9 S **24,18** (vierzig) 34,28; Dtn 9,9.18

ihnen wohnen. 9 Ich zeige dir jetzt das Modell
meiner Wohnung und der dazugehörigen Ge-
räte, damit ihr es genau nach diesem Muster
herstellen könnt.«

Die Bundeslade*

(37,1-9)

10 »Die Israeliten sollen eine Lade aus Akazien-
holz anfertigen: eineinviertel Meter lang, drei
viertel Meter breit und ebenso hoch. [a] 11 Außen
und innen soll sie mit reinem Gold überzogen
sein und ringsum mit einer Goldleiste verziert.

12 Lass vier Ringe aus Gold gießen und sie an
den vier Ecken anbringen, sodass an jeder Längs-
seite zwei Ringe sind. 13 Weiter lass Stangen aus
Akazienholz machen und sie mit reinem Gold
überziehen. 14 Die Stangen sollen durch die
Ringe an den Seiten der Lade gesteckt werden,
damit man die Lade tragen kann. 15 Die Stangen
müssen in den Ringen bleiben und dürfen nicht
entfernt werden. 16 In die Lade legst du die zwei
Tafeln mit dem Bundesgesetz*, die ich dir geben
werde.

17 Lass eine Deckplatte aus reinem Gold her-
stellen, die in den Maßen genau auf die Lade
passt. 18–19 An den beiden seitlichen Enden der
Deckplatte werden zwei geflügelte Keruben-
figuren* aus getriebenem Gold angebracht.
20 Sie stehen einander zugewandt, den Blick auf
die Deckplatte gerichtet, ihre Flügel halten sie
schirmend über der Platte ausgebreitet.

21 In der Lade verwahrst du die zwei Tafeln
mit dem Bundesgesetz und legst die Deckplatte
darauf. 22 Dort will ich dir begegnen. Von der
Deckplatte aus, von der Stelle zwischen den bei-
den Keruben, werde ich mit dir reden und dir
alle Anweisungen für das Volk Israel geben.«

Der Tisch für die geweihten Brote

(37,10-16)

23 »Lass einen Tisch aus Akazienholz machen,
einen Meter lang, einen halben Meter breit und
drei viertel Meter hoch. 24 Er soll mit reinem
Gold überzogen und die Tischplatte soll ringsum
mit einer goldenen Schmuckleiste eingefasst
sein. 25 Außerdem soll auf die Tischplatte rings-
um noch eine Randleiste von zehn Zentimeter
Höhe aufgesetzt werden, die ebenfalls mit einer
goldenen Schmuckleiste einzufassen ist.

26 Lass vier goldene Ringe machen und sie
oben an den Kanten der vier Beine anbringen,
27–28 dicht unter der umlaufenden Randleiste.
Dann lass zwei Stangen aus Akazienholz ma-
chen und sie mit Gold überziehen. Sie werden
durch die Ringe gesteckt, sodass man den Tisch
tragen kann.

29 Schließlich lass aus reinem Gold die Geräte
für das Trankopfer* machen, die zu dem Tisch
gehören: die Schalen, Schüsseln, Becher und
Kannen.

30 Auf diesem Tisch sollen ständig die geweih-
ten Brote* vor mir ausgelegt sein.«

Der goldene Leuchter

(37,17-24)

31 »Lass einen Leuchter aus reinem Gold ma-
chen. Er soll mit allen seinen Teilen aus einem
Stück gearbeitet sein. 32 Von seinem Schaft sol-
len nach beiden Seiten je drei Arme ausgehen,
33 jeder mit drei Blütenkelchen verziert. 34 Auf
dem Schaft selber befinden sich vier Blüten-
kelche, 35 drei davon an den Ansatzstellen der
Arme, jeweils unterhalb der Stelle, von der ein
Armpaar abzweigt. 36 Der ganze Leuchter soll
aus reinem Gold bestehen und aus einem Stück
gearbeitet sein.

37 Lass für den Leuchter sieben Lichtschalen*
machen, die mit Öl gefüllt und so aufgesetzt wer-
den, dass der Einschnitt für den Docht bei allen
nach vorn zeigt. 38 Aus reinem Gold sollen auch
die Dochtscheren und Reinigungsnäpfe ange-
fertigt werden. 39 Für den Leuchter mit allem
Zubehör sollt ihr einen Zentner* reines Gold ver-
arbeiten.

40 Gib Acht, dass alles genau nach dem
Modell angefertigt wird, das ich dir hier auf dem
Berg gezeigt habe.«

Die Zeltdecken für das Heiligtum

(36,8-19)

26 »Für meine Wohnung sollst du zehn kost-
bare Zeltbahnen anfertigen lassen. Sie
sollen aus gezwirnten Leinenfäden gewebt sein
und mit Bildern von Keruben* geziert, die mit
blauer, roter und karmesinroter Wolle darauf ge-
stickt sind. [b]

2 Jede Bahn soll 14 Meter lang und 2 Meter
breit sein. 3 Je fünf Bahnen werden auf der Lang-

a Hebräische Maßangabe *2½* bzw. *1½ Ellen** (1 Elle = ca. 50 cm); entsprechend bei den übrigen Längenmaßen in Kap 25–27.

b Deutung von Material und Herstellungstechnik unsicher, ebenso in den Versen 31 und 36 und weiterhin an den entsprechenden Stellen der Kapitel 26–28 und 35–39. Bei *blau* und *rot* handelt es sich um die damals äußerst wertvollen Farbstoffe der Purpurschnecke.

25,9 25,40; 26,30; 27,8; Ez 40,4 **25,16** 24,12S **25,22** Lev 16,1-2; Num 7,89; 1 Sam 4,4; Ps 99,1 **25,23** 1 Kön 7,48-50 **25,30** Lev 24,5-8 **25,31-39** 1 Kön 7,48-50 **25,40** 25,9S; Hebr 8,5

seite miteinander zu einem größeren Stück ver-
näht.
4–5 Auch diese beiden Stücke sollen miteinan-
der verbunden werden können. Zu diesem
Zweck werden bei jedem an einer Langseite fünf-
zig Schlaufen aus blauer Wolle angebracht, die
sich genau gegenüberstehen, wenn man die
Stücke nebeneinander legt. 6 Dann lässt du fünf-
zig goldene Klammern machen, die die Schlau-
fen zusammenhalten und so die beiden Teile zu
einem Ganzen verbinden.
7 Weiter lässt du für die Überdachung elf Zelt-
bahnen herstellen, die aus Ziegenhaar gewebt
sind. 8 Jede Bahn soll 15 Meter lang und 2 Meter
breit sein. 9 Die Bahnen werden wieder zu zwei
größeren Stücken zusammengenäht, von denen
das eine aus fünf, das andere aus sechs Bahnen
besteht. Die sechste Bahn des größeren Stücks,
die beim Aufstellen des Zeltes über dem Eingang
ausgespannt wird, soll doppelt gelegt werden.
10 An dem Ende, wo die beiden Stücke zusam-
mengefügt werden sollen, lässt du bei jedem
fünfzig Schlaufen anbringen, genau einander ge-
genüber, 11 und dann fünfzig bronzene Klam-
mern anfertigen, die die Schlaufen zusammen-
halten und so die beiden Teile zu einem Ganzen
verbinden.
12–13 Das Zeltdach aus Ziegenhaar wird so
über die wollenen Zeltbahnen gelegt, dass an der
Rückseite eine halbe Bahnbreite übersteht und
an den Seiten rechts und links je ein Stück von
einem halben Meter, an der Rückseite das Dop-
pelte. 14 Darüber werden noch zwei Schutz-
decken gelegt. Die untere soll aus rot gefärbten
Widderfellen, die obere aus Delphinenhäuten
bestehen.«

Die Holzwände des Heiligtums

(36,20-34)

15 »Weiter lass Bretter aus Akazienholz zu-
rechtsägen, die unter dem Zeltdach als die Wän-
de meiner Wohnung aufgestellt werden. 16 Jedes
Brett soll fünf Meter lang und 75 Zentimeter breit
sein 17 und an der unteren Schmalseite zwei Zap-
fen tragen.
18–21 Die nördliche und die südliche Seiten-
wand sollen jeweils aus zwanzig aufgestellten
Brettern bestehen. Jedes Brett steht auf zwei sil-
bernen Bodenplatten, in die es mit den hölzer-
nen Zapfen gesteckt wird.
22 Für die Rückwand nach Westen sollen
sechs Bretter geschnitten werden, 23–24 dazu
rechts und links für die Ecken noch je ein Win-
kelbrett.[a] 25 Die Rückwand wird also aus insge-
samt acht Brettern gebildet und auch hier steht
jedes Brett auf zwei silbernen Bodenplatten.
26–27 Weiter lass Querstangen aus Akazien-
holz machen, die die Bretter zusammenhalten,
und zwar jeweils fünf Stangen für jede Wand.
28 Die mittlere Stange soll genau auf halber Höhe
angebracht werden und für jede Wand aus einem
einzigen Stück gefertigt sein. 29 Die Stangen wer-
den durch goldene Ringe gesteckt, die an den
Brettern angebracht sind. Bretter und Stangen
sollen ganz mit Gold überzogen sein.
30 Aus diesen Teilen sollst du meine Wohnung
errichten lassen, genau nach dem Modell, das
ich dir hier auf dem Berg gezeigt habe.«

Die Vorhänge für das Heiligtum

(36,35-38)

31 »Lass einen Vorhang aus gezwirntem Leinen
machen, auf den mit blauer, roter und karmesin-
roter Wolle Bilder von Keruben* gestickt sind.
32–33 Er soll eine Scheidewand bilden zwischen
dem Allerheiligsten* und dem übrigen Heilig-
tum. Aufgehängt wird er an vier Säulen aus Aka-
zienholz, die mit Gold überzogen sind und auf
silbernen Sockeln stehen. Auch die Haken, an
denen der Vorhang oben an den Säulen befestigt
wird, sollen von Gold sein.
Hinter den Vorhang stellst du die Lade* mit
dem Bundesgesetz 34 und legst die Deckplatte
darauf. 35 Vor den Vorhang stellst du links den
Tisch für die geweihten Brote* und rechts den
goldenen Leuchter.
36 Für den Eingang des Zeltes lass einen Vor-
hang aus gezwirntem Leinen machen, in das
blaue, rote und karmesinrote Wollfäden einge-
webt sind. 37 Er wird mit goldenen Haken an
fünf Säulen aus Akazienholz aufgehängt, die mit
Gold überzogen sind und auf bronzenen Sockeln
stehen.«

Der tragbare Brandopferaltar*

(38,1-7)

27 »Weiter lass aus Akazienholz einen Altar
machen, zweieinhalb Meter lang und
ebenso breit und eineinhalb Meter hoch. 2 An
seinen oberen Ecken sollen vier Hörner* aufra-
gen, die mit dem übrigen Altar aus einem Stück
gefertigt sind. Der ganze Altar soll mit Bronze-
blech beschlagen werden.
3 Lass auch alle Geräte herstellen, die beim
Opferdienst gebraucht werden, die Schalen zum
Auffangen des Blutes, die Fleischgabeln und

[a] Die genauere Beschreibung der beiden Winkelbretter in Vers 24 ist wegen unbekannter Fachausdrücke nicht zu deuten.

26,30 25,9 S **26,31-33** Mk 15,38 par; Hebr 6,19; 9,3 **27,1** 1 Kön 8,64; 2 Chr 4,1; Ez 43,13-17

Kohlenbecken, die Schaufeln und Kübel zum Be-
seitigen der Asche. Alle diese Geräte sollen aus
Bronze sein.
4–5 Mache für den Altar einen gitterförmigen
Bronzerahmen, der auf seinen vier Seiten vom
Boden bis zur halben Höhe reicht und dort auf
die Einfassung trifft, die außen rings um den
Altar läuft. An den vier Ecken dieses Rahmens
wird je ein bronzener Ring angebracht. 6 Weiter
lässt du zwei Stangen aus Akazienholz machen
und mit Bronze beschlagen. 7 Für den Transport
des Altars werden sie durch die Ringe gesteckt.
8 Der Altar soll nicht aus massivem Holz be-
stehen, sondern aus Brettern zusammengefügt
werden, sodass er innen hohl ist. Lass ihn genau-
so machen, wie ich es dir gezeigt habe.«

Die Abgrenzung des heiligen Bereichs

(38,9-20)

9–10 »Weiter sollst du den Vorhof* rings um
meine Wohnung mit einer Abgrenzung umge-
ben. Auf der Südseite werden auf einer Länge
von 50 Metern leinene Planen angebracht; sie
werden von zwanzig Holzsäulen gehalten, die
auf Sockeln aus Bronze stehen; die Haken und
Stangen zum Aufhängen der Planen sind aus Sil-
ber. 11 Genauso wird auf der Nordseite verfahren,
ebenfalls auf einer Länge von 50 Metern.
12 Auf der Westseite ist der Vorhof 25 Meter
breit; die leinenen Planen werden von zehn Säu-
len auf bronzenen Sockeln gehalten.
13 Auf der Eingangsseite im Osten ist der Vor-
hof ebenfalls 25 Meter breit. 14–15 Rechts und
links vom Eingang sind zwischen je drei Säulen
jeweils siebeneinhalb Meter Planen angebracht.
16 Der Eingang in der Mitte ist 10 Meter breit.
Der Vorhang am Eingang soll aus gezwirntem
Leinen sein, in das blaue, rote und karmesinrote
Wollfäden eingewebt sind; er wird an vier Säulen
aufgehängt.
17 Alle Säulen rings um den Vorhof sollen auf
bronzenen Sockeln stehen; die Tücher werden
an Haken und Stangen aus Silber aufgehängt.
18 Der ganze Vorhof ist also 50 Meter lang und
25 Meter breit. Die Höhe der Abgrenzung soll
zweieinhalb Meter betragen.
19 Wie die Geräte, die für den Dienst am Hei-
ligtum gebraucht werden, sollen auch die Pflö-
cke, die das Zelt und die Abgrenzung des Vorhofs
halten, aus Bronze sein.«

Öl für die Lampe im Heiligtum

(Lev 24,1-4)

20 Der HERR sagte zu Mose: »Die Israeliten sollen
dir reines Öl aus gepressten Oliven geben, damit
es stets für die Lampe im Heiligtum zur Ver-
fügung steht. 21 Aaron und seine Söhne sollen
dafür sorgen, dass die Lampe im Heiligen Zelt*

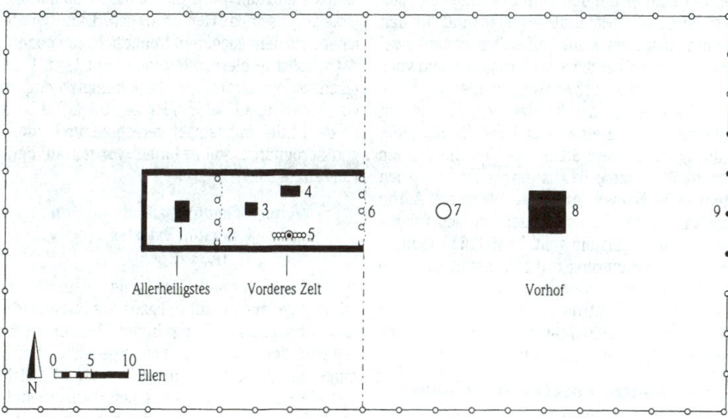

Grundriss des Heiligen Zeltes

1 Lade mit Deckplatte und Keruben
2 Vorhang vor dem Allerheiligsten
3 Räucheraltar
4 Tisch für die geweihten Brote
5 siebenarmiger Leuchter
6 äußerer Vorhang
7 Becken
8 Brandopferaltar
9 Eingang

27,8 25,9S

vom Abend bis zum Morgen leuchtet. Sie hat
ihren Platz vor dem Vorhang, der die Lade* mit
dem Bundesgesetz verdeckt. Auch in allen kom-
menden Generationen sind die Israeliten zu die-
ser Abgabe verpflichtet.«

Die Amtskleidung des Obersten Priesters

(39,1-7)

28 Weiter sagte der HERR zu Mose: »Rufe
Aaron und seine Söhne Nadab und
Abihu, Eleasar und Itamar zu dir. Ich sondere sie
aus den übrigen Israeliten aus, damit sie mir als
Priester* dienen.

2 Lass für deinen Bruder Aaron kostbare Pries-
terkleider machen, die der Würde seines Amtes
angemessen sind 3 und mit denen er den Pries-
terdienst ausüben kann. Übertrage ihre Anferti-
gung fähigen Leuten, denen ich die Weisheit*
dafür gegeben habe.

4 Folgende Kleidungsstücke sollen sie für
Aaron und seine Nachfolger herstellen: die Brust-
tasche, den Amtsschurz*, das Obergewand, das
Hemd mit eingewebten Mustern, den Gürtel
und den Turban. 5 Als Material sollen sie Gold,
blaue, rote und karmesinrote Wolle und ge-
zwirntes Leinen nehmen.

6 Den Amtsschurz sollen sie aus gezwirntem
Leinen weben und kunstvoll mit Goldfäden und
den farbigen Wollfäden besticken. 7-8 Der Gür-
tel, mit dem er um den Leib befestigt wird, soll
aus demselben Material bestehen und an den
Schurz angewebt sein. Außerdem sollen zwei
breite Bänder über die Schultern gelegt und vorn
und hinten am Schurz befestigt werden.

9-12 Auf jedem der Bänder lässt du oben in
goldener Fassung einen kostbaren Karneolstein
anbringen. In diese Steine werden die Namen
der zwölf Stämme Israels eingraviert, in jeden
Stein sechs Namen. Auf diese Weise soll Aaron
die Namen der Stämme Israels an sich tragen,
wenn er ins Heiligtum geht. Er soll die Israeliten
bei mir in Erinnerung bringen, damit ich mich
ihnen freundlich zuwende.

13-14 Weiter lässt du zwei goldene Ösen an
den Schulterbändern anbringen und zwei gol-
dene Kettchen daran befestigen.«

Die Brusttasche des Obersten Priesters

(39,8-21)

15 »Aus demselben Material wie den Amts-
schurz* sollst du die Brusttasche machen lassen,
in der die heiligen Lose* aufbewahrt werden.
16 Sie hat eine Größe von 25 auf 25 Zentimeter[a]
und besteht aus einem zusammengefalteten
Stück Gewebe.

17-20 Auf der Vorderseite soll sie mit zwölf
goldgefassten Edelsteinen besetzt werden, die in
vier Reihen angeordnet sind: in der ersten Reihe
ein Rubin, ein Topas, ein Smaragd; in der zwei-
ten Reihe ein Karfunkel, ein Saphir, ein Jaspis; in
der dritten Reihe ein Achat, ein Hyazinth, ein
Amethyst; in der vierten Reihe ein Chrysolith,
ein Karneol und ein Onyx.[b]

21 In die Steine werden die Namen der zwölf
Stämme Israels eingraviert, in jeden Stein ein
Name.

22-25 An den oberen Ecken der Tasche werden
zwei Goldringe angebracht und mit den golde-
nen Kettchen verbunden, die an den Ösen auf
den Schulterbändern befestigt sind. 26 Zwei wei-
tere Goldringe werden an den unteren Ecken
der Tasche angebracht, und zwar auf der Rück-
seite, 27 und noch einmal zwei Goldringe unten
auf den Schulterbändern, dicht über dem Gürtel,
der den Schurz hält. 28 Wenn dann die beiden
unteren Ringe auf jeder Seite, die an der Tasche
und die auf dem Schulterband, jeweils mit einer
blauen Schnur verbunden werden, sitzt die
Tasche fest über dem Gürtel des Schurzes und
kann sich nicht verschieben.

29 Auf diese Weise soll Aaron jedes Mal, wenn
er ins Heiligtum geht, die Namen der Stämme
Israels auf seinem Herzen tragen. Dann werde
ich mich den Israeliten freundlich zuwenden.
30 Du sollst in die Brusttasche die heiligen Lose
legen, damit Aaron auch diese immer, wenn er
vor mich tritt, auf seinem Herzen trägt. Die Lose
als das Mittel, mit dem ich gerechte Entscheidun-
gen herbeiführe, soll er immer vor mir auf dem
Herzen tragen.«

Weitere Kleidungsstücke für den Obersten Priester

(39,22-26.30-31)

31 »Das Obergewand, das unter dem Amts-
schurz* getragen wird, soll ganz aus blau gefärb-
tem Leinen sein. 32 Es hat in der Mitte eine Öff-
nung für den Kopf, die mit einer gewebten Borte
eingefasst ist, damit sie nicht einreißt – ähnlich
wie die Halseinfassung bei einem Panzerhemd.
33 Am Saum des Gewandes werden Granatäpfel
aus blauer, roter und karmesinroter Wolle be-
festigt und zwischen den Granatäpfeln goldene
Glöckchen aufgehängt, 34 sodass immer auf

a Hebräische Maßangabe je *1 Spanne* (= ½ Elle*).
b Die Namen der Edelsteine können nur vermutungsweise wiedergegeben werden.
28,4-43 Lev 8,7-9.13; Sir 45,6-13 **28,30** Lev 8,8; Num 27,20-21; Dtn 33,8; Esra 2,63 par

einen Granatapfel ein Glöckchen folgt, und das
ringsherum.
35 Aaron soll dieses Gewand bei seinem
Dienst im Heiligtum tragen. Wenn er hineingeht
und wenn er herauskommt, werden die Glöck-
chen erklingen und so kann er ungefährdet die
Schwelle des Heiligtums überschreiten.
36 Lass ein kleines Schild aus reinem Gold
machen und darauf eingravieren: ›Dem HERRN
geweiht!‹ 37 Es soll mit einer blauen Schnur vorn
an Aarons Turban befestigt werden, 38 sodass es
über seiner Stirn hängt. Wenn er damit vor mich
tritt, werde ich die Verstöße, die die Israeliten
bei der Darbringung ihrer Opfer* begangen
haben, vergeben und mich ihnen freundlich
zuwenden.
39 Weiter lass für Aaron noch das leinene
Hemd mit eingewebten Mustern anfertigen und
den Turban, ebenfalls aus Leinen, und schließ-
lich den prachtvoll gewebten Gürtel.«

Kleidungsstücke für die übrigen Priester

(39,27-29)

40 »Für die Söhne Aarons lass Hemden, Gürtel
und kleinere Turbane anfertigen, die der Würde
ihres Amtes angemessen sind. 41 Dann sollst du
Aaron und seinen Söhnen die Priesterkleider an-
legen und sollst sie mit Salböl besprengen und in
den Priesterdienst* einsetzen.
42 Lass noch leinene Kniehosen für sie anferti-
gen, damit ihre Scham bedeckt ist. 43 Aaron und
seine Söhne sollen sie tragen, wenn sie in das
Heilige Zelt* gehen oder am Brandopferaltar*
Dienst tun, damit sie nicht schuldig werden und
sterben müssen. Diese Vorschrift gilt auch für
alle ihre Nachkommen, die künftig den Priester-
dienst versehen werden.«

Anweisungen für die Einsetzung der Priester

(Lev 8,1-36)

29 »Auf die folgende Weise sollst du Aaron
und seine Söhne in den Priesterdienst*
einsetzen:
Wähle einen Stier und zwei Schafböcke aus,
lauter fehlerfreie Tiere, 2–3 und lege in einen
Korb Rundbrote, mit Öl zubereitete Ringbrote*
und mit Öl bestrichene Fladenbrote*, alles aus
Weizenmehl und ohne Sauerteig* gebacken.
4 Dann führe Aaron und seine Söhne zum
Eingang des Heiligen Zeltes* und wasche sie mit
Wasser. 5 Nimm die Priesterkleider und bekleide
Aaron mit dem Priesterhemd, dem Obergewand
und dem Amtsschurz* mit der Brusttasche. Be-
festige den Schurz mit dem daran angewebten
Gürtel. 6 Setze Aaron den Turban auf und be-
festige daran vorne das goldene Schild. 7 Dann
nimm Salböl, gieße es auf Aarons Kopf und
weihe ihn so zum Priesterdienst.
8 Darauf lässt du die Söhne Aarons heran-
treten. Du bekleidest sie mit dem Priesterhemd,
9 legst ihnen den Gürtel an[a] und windest ihnen
den Turban um den Kopf. So setzt du sie in das
Priesteramt ein und überträgst ihnen das Pries-
tertum für alle Zeiten.
10 Nun holst du den Stier herbei, und Aaron
und seine Söhne legen ihre Hände auf seinen
Kopf. 11 Dann schlachtest du den Stier bei mei-
nem Altar* vor dem Eingang des Heiligen Zeltes.
12 Nimm von dem Blut und streiche es mit dem
Finger an die Hörner* des Altars; das übrige Blut
schütte unten an den Altar. 13 Verbrenne für
mich auf dem Altar die besten Stücke des Stieres:
das Fett an den Eingeweiden, den Fettlappen an
der Leber und die beiden Nieren mit dem
Nierenfett. 14 Das Fleisch, die Haut und die
Eingeweide samt Inhalt musst du außerhalb des
Lagers verbrennen. Es handelt sich um ein
Sühneopfer*.
15 Dann holst du den einen Schafbock, und
Aaron und seine Söhne legen ihre Hände auf sei-
nen Kopf. 16 Du schlachtest das Tier und sprengst
sein Blut ringsum an den Altar. 17 Darauf zerlegst
du das Tier und legst die Stücke samt dem Kopf
auf den Altar. Die Eingeweide und Unterschen-
kel säuberst du vorher mit Wasser. 18 Dann wird
das ganze Tier auf dem Altar verbrannt. Es ist ein
Brandopfer* für mich, den HERRN, ein Opfer,
das mich gnädig stimmt.
19 Hol dann den zweiten Schafbock und lass
Aaron und seine Söhne die Hände auf seinen
Kopf legen. 20 Schlachte den Schafbock, nimm
etwas von seinem Blut und betupfe damit das
rechte Ohrläppchen, den rechten Daumen und
die rechte große Zehe Aarons und seiner Söhne;
das übrige Blut sprengst du ringsum an den Altar.
21 Nimm dann etwas von diesem Blut und etwas
Salböl und besprenge damit Aaron und seine
Kleider und auch seine Söhne und deren Kleider,
damit sie samt ihren Kleidern dem HERRN ge-
weiht sind.
22 Dieser zweite Schafbock ist für das Einset-
zungsopfer bestimmt. Du nimmst nun von ihm
den Fettschwanz und das Fett an den Einge-
weiden, den Fettlappen an der Leber und die bei-
den Nieren mit dem Nierenfett, ebenso die

a Es folgt noch *Aaron und seinen Söhnen,* was in G (vermutlich zu Recht) fehlt.

28,36 Sach 14,20 **28,42** 20,26

rechte Hinterkeule, 23 und dazu aus dem Korb
mit den ungesäuerten Broten, der vor dem Altar
steht, ein Rundbrot, ein mit Öl zubereitetes Ring-
brot und ein Fladenbrot.
24 Das alles legst du Aaron und seinen Söhnen
in die geöffneten Hände, damit sie es mir, dem
HERRN, darbieten. 25 Dann nimmst du es ihnen
wieder aus den Händen und verbrennst es für
mich auf dem Altar, wo du schon das Brandopfer
dargebracht hast, als ein Opfer, das mich gnädig
stimmt.
26 Das Bruststück des zweiten Schafbocks
nimmst du selbst in die Hand, um es mir symbo-
lisch zu übereignen*; es fällt dir als dein Anteil
an dem Opfer zu.
27–28 Von allen Mahlopfern* der Israeliten
sollen das Bruststück und die Keule für alle Zei-
ten den Nachkommen Aarons als Anteil zuste-
hen, weil beim Schafbock des Einsetzungsopfers
für Aaron und seine Söhne das Bruststück mir,
dem HERRN, übereignet und die Keule vor dem
Altar emporgehoben worden ist. Du sollst des-
halb diese Stücke für heilig* erklären und den
Priestern zusprechen.
29 Die Priesterkleider Aarons gehen später an
seine Nachfolger über. In ihnen sollen sie mit
Salböl geweiht und in den Priesterdienst einge-
setzt werden. 30 Jeweils der von Aarons Nach-
kommen, dem die Nachfolge Aarons zufällt und
der den Dienst im Innern des Heiligen Zeltes zu
versehen hat, soll sie bei der Feier seiner Einset-
zung sieben Tage lang tragen.
31 Das Fleisch des zweiten Schafbocks kochst
du im Bereich des Heiligtums. 32 Aaron und seine
Söhne sollen es am Eingang des Heiligen Zeltes
essen, zusammen mit dem Opferbrot aus dem
Korb. 33 Es ist als Opfer bei ihrer Einsetzung dar-
gebracht worden, deshalb dürfen sie es essen;
aber niemand sonst darf davon essen, denn es
ist heilig*. 34 Was von dem Fleisch und dem
Brot am anderen Morgen noch übrig ist, darf
nicht gegessen werden; es muss verbrannt wer-
den.
35 An sieben Tagen nacheinander sollst du
dieses Einsetzungsopfer wiederholen. 36 Jeden
Tag schlachtest du einen Stier als Sühneopfer
und reinigst mit seinem Blut den Altar von
der Befleckung durch menschliche Verfehlun-
gen. Außerdem bestreichst du den Altar mit
Salböl und machst ihn dadurch heilig. 37 An
sieben Tagen sollst du das wiederholen, dann
wird der Altar in besonderem Maße heilig
sein; jeder Unbefugte, der ihn berührt, muss
sterben.«

Die täglichen Opfer

(Num 28,1-8)

38 »Tag für Tag sollst du auf dem großen Altar
zwei einjährige Schafe als Brandopfer* darbrin-
gen lassen, 39 das eine am Morgen, das andere
in der Abenddämmerung.[a] 40–41 Dazu kommen
jeweils als Speiseopfer* 1/10 Efa* (gut 1 Kilo) Wei-
zenmehl, das mit 1/4 Hin* (knapp 1 Liter) feins-
tem Olivenöl vermengt wird, und als Trank-
opfer* 1/4 Hin Wein. So ist es ein Opfer, das mich
gnädig stimmt. 42a Als regelmäßiges tägliches
Opfer sollt ihr und eure Nachkommen es mir in
alle Zukunft am Eingang des Heiligen Zeltes
darbringen.

Die Bedeutung des Heiligtums

42b Hier in diesem Heiligtum komme ich euch
nahe, hier rede ich mit dir. 43 Hier soll es zur Be-
gegnung zwischen mir und den Israeliten kom-
men.
Das Heilige Zelt wird durch die Gegenwart
meiner Herrlichkeit* zu einer heiligen Stätte
werden 44 und genauso wird der Altar durch
meine Gegenwart heilig*. Auch Aaron und seine
Söhne mache ich heilig, damit sie mir als Priester
dienen können.
45 Ich werde mitten unter dem Volk Israel
wohnen und als ihr Gott bei ihnen sein. 46 Dann
werden sie erkennen, dass ich der HERR, ihr
Gott, bin, der sie aus Ägypten herausgeführt hat,
um in ihrer Mitte zu wohnen. Ich bin der HERR,
ihr Gott.«

Der Altar für das Räucheropfer

(37,25-28)

30 Weiter sagte der HERR: »Lass einen Altar
aus Akazienholz machen, auf dem Weih-
rauch* als Opfer für mich verbrannt wird. 2 Er
soll einen halben Meter lang und genauso breit
und einen Meter hoch sein. Er muss samt seinen
Hörnern* aus einem Stück gefertigt werden.
3 Lass ihn außen mit reinem Gold überziehen
und bringe ringsum eine goldene Leiste an. 4 Un-
ter der Leiste sollen auf zwei einander gegen-
überliegenden Seiten je zwei goldene Ringe be-
festigt werden, durch die die Tragstangen ge-
steckt werden können. 5 Die Tragstangen sollen
aus Akazienholz sein und ebenfalls mit Gold
überzogen werden.

a Wörtlich *zwischen den beiden Abenden;* vgl. jedoch Sacherklärung »Abendopfer«.

29,26 Lev 7,30; 8,27.29; 9,21; 10,15; 23,11.20 **29,29-30** Num 20,28 **29,37** (sterben) 30,29; Lev 6,11.20; Num 4,18-20; 8,19; Jer 30,21; Ez 44,19 **29,45** 25,8 **30,1** 1 Kön 6,20; 7,48-50; Ez 41,22; Offb 8,3-5 **30,6** 25,21-22

6 Stell diesen Altar vor dem Vorhang auf, hin-
ter dem sich die Lade* mit dem Bundesgesetz
befindet,[a] wo ich dir begegnen will.
7 Jeden Morgen, wenn Aaron die Lampen*
neu herrichtet, soll er wohlriechenden Weih-
rauch* auf diesem Altar verbrennen 8 und ge-
nauso jeden Abend, wenn er die Lampen an-
zündet. Für alle Zukunft erwarte ich von euch
dieses regelmäßige Räucheropfer.
9 Ihr dürft auf diesem Altar keine anderen
Duftstoffe verbrennen, als ich euch vorgeschrie-
ben habe, und auch kein Brand-, Speise- oder
Trankopfer darbringen. 10 Einmal im Jahr soll
Aaron die Hörner des Altars mit dem Blut des
Sühneopfers* bestreichen und ihn so von aller
Entweihung reinigen. Er gehört zu den Dingen,
die in besonderem Maße heilig* sind.«

Die Kopfsteuer für das Heiligtum

11 Der HERR sagte zu Mose: 12 »Wenn du die Zahl
der wehrfähigen Männer in Israel feststellst,
muss jeder der Gezählten mir ein Sühnegeld für
sein Leben zahlen. Sonst könnte zur Strafe eine
schwere Seuche unter ihnen ausbrechen.
13–14 Jeder männliche Israelit ab 20 Jahren
muss mir als Opfergabe ein halbes Silberstück*
zahlen, gewogen nach dem Gewicht des Heilig-
tums, das Silberstück zu zwölf Gramm.[b] 15 Ein
Reicher soll nicht mehr zahlen und ein Armer
nicht weniger.

Mit dieser Abgabe leistet ihr Sühne, damit ihr
am Leben bleibt. 16 Du nimmst das Geld von den
Männern Israels in Empfang und gibst es den
Priestern* für den Dienst am Heiligen Zelt*. Es
soll die Israeliten bei mir in Erinnerung bringen,
damit ich mich ihnen freundlich zuwende und
sie verschone.«

Das Wasserbecken

17 Weiter sagte der HERR zu Mose: 18 »Lass ein
Wasserbecken aus Bronze anfertigen und auf
einem bronzenen Untersatz zwischen dem Heili-
gen Zelt und dem Brandopferaltar* aufstellen.
Fülle es mit Wasser, 19–20 damit Aaron und seine
Söhne sich die Hände und Füße waschen kön-
nen, wenn sie ins Heilige Zelt gehen oder an den
Altar treten, um ein Opfer darauf zu verbrennen.
21 Wenn sie das unterlassen, müssen sie sterben.
Diese Anweisung gilt auch für ihre Nachkom-
men in aller Zukunft.«

Das heilige Salböl

22 Weiter erhielt Mose vom HERRN die Anwei-
sung: 23–24 »Besorge dir kostbare Duftstoffe,
sechs Kilo Myrrhe*, drei Kilo Zimt, drei Kilo Kal-
mus*, sechs Kilo Kassia*, gewogen nach dem Ge-
wicht des Heiligtums, und dazu dreieinhalb Liter
Olivenöl.[c] 25 Lass daraus das wohlriechende
Salböl bereiten, das für die Weihe von Personen
und Gegenständen gebraucht wird.
26–28 Salbe mit dem Öl das Heilige Zelt, die
Lade* mit dem Bundesgesetz, den Tisch für die
geweihten Brote* mit allen Geräten und den
Leuchter mit allem Zubehör, weiter den Räu-
cher- und den Brandopferaltar* mit allen zuge-
hörigen Geräten und das Wasserbecken samt Un-
tersatz. 29 Dadurch wird dies alles mir geweiht
und in besonderem Maße heilig*. Wer als Unbe-
fugter eines dieser geweihten Dinge berührt,
muss sterben.
30 Auch Aaron und seine Söhne sollst du mit
dem Öl salben, wenn du sie in den Priester-
dienst* einsetzt. 31 Den Israeliten aber musst du
sagen: ›Das Öl, das nach dieser Anweisung
bereitet wird, ist dem HERRN allein vorbehalten.
Dies gilt für alle Zukunft. 32 Es darf nicht auf die
Haut gewöhnlicher Menschen kommen und ihr
dürft es überhaupt nicht für den Gebrauch
außerhalb des Heiligtums herstellen. Es ist heilig
und ihr sollt es gebührend achten. 33 Wer unbe-
fugt solches Öl herstellt oder einen gewöhn-
lichen Menschen damit salbt, hat sein Leben
verwirkt und muss aus dem Volk ausgestoßen
werden.‹«

Das Räucheropfer

34 Weiter sagte der HERR zu Mose: »Besorge dir
wohlriechende Stoffe: Stakte*, Räucherklaue*,
Galbanum*, Gewürzkräuter und reines Weih-
rauchharz. Nimm von jedem die gleiche Menge
35 und lass daraus die Mischung für das Räucher-
opfer* bereiten. Füge auch etwas Salz hinzu und
verwende nur reine Stoffe. 36 Zerstoße jeweils
einen Teil davon zu Pulver und verbrenne ihn
im Heiligen Zelt vor der Lade* mit dem Bundes-
gesetz, wo ich dir begegnen werde.

Diese Weihrauchmischung soll euch als etwas
besonders Heiliges* gelten. 37 Deshalb ist sie mir
allein vorbehalten; ihr dürft sie nicht für euren
eigenen Gebrauch herstellen. 38 Wer es tut, um

a Es folgt noch *vor der Deckplatte auf der Lade;* wohl eine Randnotiz oder versehentliche Doppelschreibung, die in zahlreichen Handschriften sowie G fehlt.

b Hebräische Maßangabe *20 Gera* (1 Gera = 1/20 Schekel*).

c Hebräische Maßangabe *500* bzw. *250 Schekel** und *1 Hin**.

30,10 Lev 16,18-19 **30,12** 2 Sam 24,10-15 **30,13-14** 38,25-26; Mt 17,27 **30,18** 38,8; 1 Kön 7,23-26 **30,29** 29,37S

selbst diesen Duft zu genießen, hat sein Leben verwirkt und muss aus dem Volk ausgestoßen werden.«

Die ausführenden Künstler und Handwerker

(35,30–36,1)

31 Dann sagte der HERR zu Mose: 2 »Ich habe Bezalel, den Sohn von Uri und Enkel von Hur vom Stamm Juda, dazu berufen, alle diese Arbeiten auszuführen. 3 Ich habe ihn mit meinem Geist* erfüllt, ihm Weisheit* und Einsicht gegeben und ihn zu jeder künstlerischen Tätigkeit befähigt.

4 Er kann Bilder und Gegenstände entwerfen und sie in Gold, Silber oder Bronze ausführen; 5 er kann Edelsteine schneiden und fassen und Holz kunstvoll bearbeiten; in jeder künstlerischen Technik ist er erfahren.

6 Ihm zur Seite stelle ich Oholiab, den Sohn Ahisamachs vom Stamm Dan, und zu ihren Helfern bestimme ich alle kunstfertigen Handwerker in Israel.

Ich habe sie dazu befähigt, alles herzustellen, was ich angeordnet habe: 7–11 das Heilige Zelt, die Lade für das Bundesgesetz mit ihrer Deckplatte, den Tisch für die geweihten Brote mit seinen Geräten, den Leuchter mit allem Zubehör, den Räucher- und den Brandopferaltar mit allen Geräten, das Wasserbecken mit seinem Untersatz, die Priesterkleidung für Aaron und seine Söhne, das Salböl und die Weihrauchmischung für den Gebrauch im Heiligtum. Sie sollen alles genau so ausführen, wie ich es dir befohlen habe.«

BUNDESBRUCH UND ERNEUERUNG DES BUNDES (31,12–34,35)

Letzte Weisung und Übergabe der Gesetzestafeln

12–13 Abschließend ließ der HERR dem Volk Israel durch Mose sagen: »Beachtet bei all diesen Arbeiten stets meinen Ruhetag! Ich habe den Sabbat* eingesetzt als Zeichen für den Bund* zwischen mir und euch in allen kommenden Generationen. Daran sollen alle anderen erkennen, dass ich der HERR bin, der euch als sein heiliges* Volk ausgesondert hat.

14–15 Beachtet also den Sabbat*! Er soll euch ein heiliger Tag sein. Sechs Tage in der Woche sollt ihr eure Arbeit tun. Der siebte Tag aber ist der Ruhetag, der mir gehört. Wer an diesem Tag irgendeine Arbeit tut und ihn dadurch entweiht, muss mit dem Tod bestraft werden. Ein solcher Mensch hat sein Leben verwirkt und soll aus seinem Volk ausgerottet werden.

16–17 Dies soll für euch in alle Zukunft ein unverbrüchliches Gesetz sein. Für alle Zeiten ist der Sabbat ein Zeichen des Bundes* zwischen mir und dem Volk Israel. Denn in sechs Tagen habe ich Himmel und Erde geschaffen, aber am siebten Tag habe ich geruht und mich von meiner Arbeit erholt.«

18 Nachdem der HERR zu Ende gesprochen hatte, übergab er Mose auf dem Berg Sinai* die beiden Steintafeln, auf die er selbst das Bundesgesetz* geschrieben hatte.

Der selbst gemachte Gott: das Goldene Kalb

(Dtn 9,9-12)

32 Das Volk Israel unten im Lager hatte lange auf die Rückkehr von Mose gewartet. Als er immer noch nicht kam, liefen alle Männer bei Aaron zusammen und forderten: »Mach uns einen Gott, der uns schützt und führt! Denn was aus diesem Mose geworden ist, der uns aus Ägypten hierher geführt hat – niemand weiß es.«

2 Aaron sagte zu ihnen: »Nehmt euren Frauen, Söhnen und Töchtern die goldenen Ringe ab, die sie an den Ohren tragen, und bringt sie her!«

3 Alle nahmen ihre goldenen Ohrringe ab und brachten sie zu Aaron. 4 Er schmolz sie ein, goss das Gold in eine Form und machte daraus das Standbild eines Jungstiers.

Da riefen alle: »Hier ist dein Gott, Israel, der dich aus Ägypten hierher geführt hat!«

5 Aaron errichtete vor dem goldenen Stierbild* einen Altar* und ließ im Lager bekannt machen: »Morgen feiern wir ein Fest für den HERRN!« 6 Früh am nächsten Morgen brachten die Leute Tiere, die als Brandopfer* dargebracht oder für das Opfermahl* geschlachtet wurden. Sie setzten sich zum Essen und Trinken nieder und danach begannen sie einen wilden Tanz.

7 Da sagte der HERR zu Mose: »Steig schnell hinunter! Dein Volk, das du aus Ägypten hierher geführt hast, läuft ins Verderben. 8 Sie sind sehr schnell von dem Weg abgewichen, den ich ihnen mit meinen Geboten gewiesen habe: Ein gegossenes Kalb haben sie sich gemacht, sie haben es angebetet und ihm Opfer dargebracht und gerufen: ›Hier ist dein Gott, Israel, der dich aus Ägypten hierher geführt hat!‹«

31,12-17 20,8-10 S; Gen 2,2-3 **31,18** 24,12 S **32,1-8** 1 Kön 12,26-32; Ps 106,19-22; Apg 7,39-41 **32,6** 1 Kor 10,7

Mose tritt bei Gott für sein Volk ein

(Dtn 9,13-14.26-29)

9 Weiter sagte der HERR zu Mose: »Ich habe er-
kannt, dass dies ein widerspenstiges Volk ist.
10 Deshalb will ich meinen Zorn über sie aus-
schütten und sie vernichten. Versuche nicht,
mich davon abzubringen! Mit dir will ich neu
beginnen und deine Nachkommen zu einem
großen Volk machen.«

11 Mose aber suchte den HERRN, seinen Gott,
umzustimmen und sagte: »Ach HERR, warum
willst du deinen Zorn über dein Volk ausschüt-
ten, das du eben erst mit starker Hand aus Ägyp-
ten herausgeführt hast? 12 Du willst doch nicht,
dass die Ägypter von dir sagen: ›Er hat sie nur
herausgeführt, um sie dort am Berg zu töten und
völlig vom Erdboden auszurotten!‹ Lass ab von
deinem Zorn, lass dir das Unheil Leid tun, das du
über dein Volk bringen willst! 13 Denk doch an
Abraham, Isaak und Jakob,[a] die dir treu gedient
haben und denen du mit einem feierlichen Eid
versprochen hast: ›Ich will eure Nachkommen
so zahlreich machen wie die Sterne am Himmel;
ich will ihnen das ganze Land, von dem ich zu
euch gesprochen habe, für immer zum Besitz
geben.‹«

14 Da sah der HERR davon ab, seine Drohung
wahr zu machen, und vernichtete sein Volk nicht.

Mose zerbricht die Bundestafeln

(Dtn 9,15-17.21)

15–16 Mose stieg den Berg hinunter. In der Hand
hatte er die zwei Steintafeln, die auf beiden Sei-
ten beschrieben waren. Gott selbst hatte die
Tafeln gemacht und mit eigener Hand das Bun-
desgesetz* darauf geschrieben.

17 Als Josua das Lärmen und Schreien im
Lager hörte, sagte er zu Mose: »Es ist Krieg aus-
gebrochen!«

18 »Nein«, widersprach Mose, »das hört sich
nicht an wie Siegesjubel und auch nicht wie das
Klagegeschrei nach einer Niederlage. Ich höre
Festgesang!«

19 Als Mose näher kam, sah er das Stierbild
und das wild tanzende Volk. Da packte ihn der
Zorn und er zerschmetterte die Tafeln auf dem
Felsboden am Fuß des Berges. 20 Das Götterbild,
das sie gemacht hatten, schmolz er ein und zer-
stampfte es dann zu Pulver. Das Pulver ver-
mischte er mit Wasser und gab es den Leuten
von Israel zu trinken.

21 Zu Aaron aber sagte er: »Was hat dir das
Volk getan, dass du es in so schwere Schuld ge-
stürzt hast?«

22 Aaron erwiderte: »Sei nur nicht zornig! Du
weißt doch, wie sehr das Volk zum Bösen neigt.
23 Sie drängten mich: ›Mach uns einen Gott, der
uns schützt und führt! Denn was aus diesem
Mose geworden ist, der uns aus Ägypten hier-
her geführt hat – niemand weiß es.‹ 24 Da sagte
ich zu ihnen: ›Wer goldenen Schmuck hat, soll
ihn herbringen!‹ Sie gaben mir das Gold, ich
warf es ins Feuer und herausgekommen ist die-
ser Stier!«

Bestrafung der Israeliten und Fürbitte Moses

25 Mose sah, dass das Volk zügellos geworden
war; denn Aaron hatte die Zügel schleifen lassen,
zur Schadenfreude ihrer Feinde. 26 Darum stellte
Mose sich ans Lagertor und rief: »Her zu mir,
wer zum HERRN hält!«

Alle Leviten* sammelten sich um ihn 27 und
er sagte zu ihnen: »So spricht der HERR, der Gott
Israels: ›Nehmt euer Schwert und geht durch
das ganze Lager, von einem Tor zum andern!
Tötet alle, die schuldig geworden sind, selbst
eure Brüder, Verwandten und Freunde!‹«

28 Die Leviten führten den Befehl aus und tö-
teten an jenem Tag dreitausend Mann. 29 Darauf
sagte Mose zu den Leviten: »Weiht euch heute
zum Priesterdienst* für den HERRN! Weder Sohn
noch Bruder habt ihr geschont, darum wird der
HERR seinen Segen auf euch legen.«

30 Am folgenden Tag sagte Mose zum Volk:
»Ihr habt schwere Schuld auf euch geladen. Dar-
um will ich jetzt zum HERRN hinaufsteigen. Viel-
leicht kann ich erreichen, dass er euch die Schuld
vergibt.«

31 Mose kehrte zum HERRN zurück und sagte:
»Ach Herr, das Volk hat sich schwer gegen dich
vergangen! Einen Gott aus Gold haben sie
gemacht. 32 Vergib doch ihre Schuld! Wenn
nicht, dann streiche meinen Namen aus dem
Buch, in dem die Namen der Deinen eingetragen
sind.«

33 Der HERR aber sagte: »Ich streiche nur den
Namen dessen aus meinem Buch, der sich gegen
mich vergangen hat. 34 Geh jetzt und führe das
Volk an den Ort, den ich dir gesagt habe. Mein
Engel* wird vor dir hergehen. Wenn die Zeit
gekommen ist, werde ich dieses Volk für seine
Verfehlung bestrafen.«

a Jakob: wörtlich *Israel**.

32,9 Jes 48,4 **32,10** Num 14,12; Gen 12,2S **32,11-14** Num 14,13-20; Ps 106,23 **32,13** Gen 12,2S; 12,7S **32,15-16** 24,12S **32,26-29** Dtn 33,9-11 **32,32** (Buch) Ps 69,29; Mal 3,16S; Lk 10,20; Röm 9,3; Offb 3,5S

35 Der HERR aber ließ eine Seuche unter den
Israeliten wüten, weil sie Aaron dazu verleitet
hatten, für sie das Götzenbild zu machen.

Die Israeliten suchen Gott gnädig zu stimmen

33 Der HERR sagte zu Mose: »Ihr brecht jetzt
auf! Bring das Volk, das du aus Ägypten
hierher geführt hast, in das Land, das ich Abra-
ham, Isaak und Jakob mit einem Eid als Besitz
für ihre Nachkommen versprochen habe, 2–3 die-
ses Land, das von Milch und Honig überfließt!

Ich werde einen Engel* mitsenden, der vor
euch hergeht, und werde die Völker im Land vor
euch vertreiben, die Kanaaniter*, Amoriter*,
Hetiter*, Perisiter, Hiwiter und Jebusiter. Aber
ich selbst werde nicht mit euch ziehen. Ihr seid
ein widerspenstiges Volk und ich müsste euch
deshalb bestimmt unterwegs vernichten.«

4 Als die Leute das hörten, wurden sie traurig,
und zum Zeichen ihrer Trauer legten alle ihren
Schmuck ab.

5 Da sagte der HERR zu Mose: »Sag den Leuten
von Israel: ›Ihr seid zwar ein widerspenstiges
Volk, und wenn ich auf dem Weg ins Land auch
nur einen Augenblick in eurer Mitte weilen wür-
de, müsste ich euch vernichten. Aber wenn ihr
jetzt euren Schmuck für immer ablegt, will ich
sehen, was ich für euch tun kann.‹«

6 Da trennten sich die Leute von Israel noch
am Berg Horeb* von ihrem Schmuck.

Gott gewährt den Israeliten seine Nähe

7 Von da an schlug Mose jedes Mal, wenn das
Volk Rast machte, außerhalb des Lagers ein Zelt
auf. Er nannte es das Zelt der Begegnung mit
Gott.[a] Wer von den Leuten im Volk eine Wei-
sung oder Entscheidung des HERRN suchte,
musste dorthin gehen.

8 Immer wenn Mose zu diesem Zelt ging,
standen alle auf und traten an den Eingang ihrer
Zelte. Sie blickten ihm nach, bis er in dem Zelt
verschwunden war. 9 Wenn Mose in das Zelt
ging, kam die Wolkensäule herab und blieb am
Eingang des Zeltes stehen. Dann redete der HERR
mit Mose. 10 Wenn die Leute von Israel die
Wolkensäule über dem Zelt stehen sahen, war-
fen sich alle anbetend am Eingang ihrer Zelte
nieder.

11 Der HERR sprach mit Mose Auge in Auge
wie ein Mensch mit einem andern. Darauf
kehrte Mose ins Lager zurück. Sein Diener Josua
aber, der Sohn Nuns, damals noch ein junger
Mann, blieb stets als Hüter im Zelt.

Mose bittet um Gottes Mitkommen

12 Mose sagte zum HERRN: »Du befiehlst mir:
›Führe das Volk in sein Land!‹, aber du hast mir
nicht gesagt, wen du mitschicken wirst. Dabei
hast du mir doch versichert, dass ich in deiner
Gunst stehe und dass du mich als deinen Vertrau-
ten betrachtest. 13 Wenn das stimmt, dann bestä-
tige es mir jetzt und sag mir, was du vorhast.
Und vergiss nicht, dass diese Leute dein Volk
sind!«

14 Der HERR erwiderte: »Ich werde mitge-
hen,[b] du kannst ruhig sein.«

15 Mose sagte: »Wenn du nicht mitgehst, wäre
es besser, du ließest uns hier bleiben. 16 Woran
sollen wir denn erkennen, dass wir in deiner
Gunst stehen, ich und dein Volk? Doch nur dar-
an, dass du mit uns ziehst und uns dadurch vor
allen anderen Bewohnern der Erde auszeichnest,
nicht nur mich, sondern auch dein ganzes
Volk!«

17 Der HERR antwortete: »Ich werde auch
diese Bitte erfüllen, weil du in meiner Gunst
stehst und mein Vertrauter bist.«

Mose möchte Gottes Herrlichkeit schauen

18 Nun bat Mose den HERRN: »Lass mich doch
den Glanz deiner Herrlichkeit* sehen!«

19 Der HERR erwiderte: »Ich werde in meiner
ganzen Pracht und Hoheit an dir vorüberziehen
und meinen Namen ›der HERR‹ vor dir ausrufen.
Es liegt in meiner freien Entscheidung, wem ich
meine Gnade erweise; es ist allein meine Sache,
wem ich mein Erbarmen schenke. 20 Trotzdem
darfst du mein Gesicht nicht sehen; denn nie-
mand, der mich sieht, bleibt am Leben.«

21 Weiter sagte der HERR: »Hier auf dem Fel-
sen neben mir kannst du stehen. 22 Wenn meine
Herrlichkeit vorüberzieht, werde ich dich in
einen Felsspalt stellen und dich mit meiner Hand
bedecken, bis ich vorüber bin. 23 Dann werde
ich meine Hand wegnehmen und du kannst mir
nachschauen. Aber von vorn darf mich niemand
sehen.«

a *Zelt der Begegnung …:* Der hebräische Ausdruck wird sonst durch *Heiliges Zelt* wiedergegeben (28,43; 29,4 usw.), doch handelt es sich hier offenbar um ein andersartiges Zelt, in dem kein Opferdienst verrichtet wird.

b Wörtlich *Mein Angesicht wird mitgehen* (ebenso im folgenden Vers), d. h. die den Menschen zugewandte Seite Gottes.

33,1 Gen 12,7S **33,9** 19,9S **33,11** Num 12,6-8; Dtn 34,10 **33,18-23** 16,7S **33,19** Röm 9,15 **33,20** Gen 32,31; Lev 16,1-2; Dtn 5,24; Ri 6,22; 13,22; Jes 6,5 **33,22** 1 Kön 19,13

Mose in Gottes Nähe

(Dtn 10,1-5)

34 Dann sagte der HERR zu Mose: »Hau dir
zwei Steintafeln zurecht wie die ersten,
die du zerbrochen hast. Ich werde die Worte dar-
auf schreiben, die schon auf den ersten Tafeln
standen.

2 Mach dich für morgen bereit und steig in
der Frühe auf den Berg Sinai*. Stell dich auf den
Gipfel und erwarte mich dort. 3 Du sollst nie-
mand mit hinaufnehmen, überhaupt darf kein
Mensch den Berg betreten. Auch das Vieh darf
nicht an seinem Fuß weiden.«

4 Mose machte die beiden Steintafeln zurecht
und nahm sie am nächsten Morgen mit auf den
Berg, wie der HERR es befohlen hatte.

5 In einer Wolke kam der HERR auf den Berg
herab, stellte sich neben Mose und rief seinen
Namen aus. 6 Er ging an Mose vorüber und rief:
»Ich bin der HERR! ›Ich bin da‹ ist mein Name![a]
Ich bin ein Gott voll Liebe und Erbarmen. Ich
habe Geduld, meine Güte und Treue sind gren-
zenlos. 7 Ich erweise Güte über Tausende von
Generationen hin, ich vergebe Schuld, Verfeh-
lung und Auflehnung; aber ich lasse auch nicht
alles ungestraft hingehen. Wenn sich jemand ge-
gen mich wendet, dann bestrafe ich dafür noch
seine Kinder und Enkel bis in die dritte und
vierte Generation.«

8 Da warf sich Mose anbetend vor dem HERRN
nieder.

Bitte um Vergebung der Schuld und erneuter Bundesschluss

9 Mose sagte: »Herr, wenn ich in deiner Gunst
stehe, dann sei doch in unserer Mitte und zieh
mit uns in das Land! Es ist ein widerspenstiges
Volk, aber vergib uns unsere Schuld und unse-
ren Ungehorsam und nimm uns als dein Volk
an!«

10 Darauf sagte der HERR: »Ich schließe einen
Bund* mit euch und werde vor euren Augen
Wunder tun, wie sie noch niemand vollbracht
hat unter allen Völkern der Erde. Das ganze
Volk, in dessen Mitte du stehst, soll meine Taten
sehen. Furcht und Staunen erregend werden die
Wunder sein, die ich für euch tun will.

11 Befolgt genau die Gebote, die ich euch
heute gebe. Ich werde die Bewohner des Lan-
des, in das ich euch führe, vor euch vertreiben,
die Amoriter*, Kanaaniter*, Hetiter*, Perisiter,
Hiwiter und Jebusiter. 12 Ihr dürft mit ihnen
keinen Bund schließen, wenn ihr in ihr Land
kommt, sonst könnten sie euch zum Verderben
werden. 13 Ihr müsst ihre Altäre* zerstören, die
heiligen Steinmale* zerschlagen und die geweih-
ten Pfähle* umhauen.

14 Ihr dürft euch vor keinem anderen Gott nie-
derwerfen, denn ich, der HERR, bin ein leiden-
schaftlich liebender Gott und erwarte auch von
euch ungeteilte Liebe.[b]

15 Schließt keinen Bund mit den Bewohnern
des Landes, damit ihr nicht mit ihrem Götzen-
dienst in Berührung kommt. Lasst euch nicht zu
ihren Opfermählern* einladen 16 und verheiratet
eure Söhne nicht mit ihren Töchtern, sonst ver-
leiten sie eure Söhne dazu, hinter ihren Götzen
herzulaufen.

17 Ihr dürft keine gegossenen Götterbilder
machen.

18 Ihr sollt das Fest der Ungesäuerten Brote*
halten, wie ich es euch befohlen habe. Sieben
Tage lang dürft ihr nur solches Brot essen, das
ohne Sauerteig zubereitet ist. Feiert dieses Fest zur
festgesetzten Zeit im Frühlingsmonat;[c] denn in
diesem Monat seid ihr aus Ägypten weggezogen.

19 Jede Erstgeburt* gehört mir. Wenn eure
Rinder, Schafe und Ziegen als erstes Junges ein
männliches Tier werfen, müsst ihr es für mich
aussondern. 20 Für ein erstgeborenes Eselsfohlen
sollt ihr mir als Ersatz ein einjähriges Schaf oder
eine einjährige Ziege geben oder ihr müsst ihm
das Genick brechen. Für eure erstgeborenen
Söhne sollt ihr mir ein Lösegeld geben.

Niemand soll mit leeren Händen zu meinem
Heiligtum kommen.

21 Sechs Tage in der Woche sollt ihr arbeiten;
aber am siebten Tag dürft ihr keine Arbeit tun.
Das gilt auch für die Zeit des Pflügens und Ern-
tens.

22 Ihr sollt das Pfingstfest* feiern, wenn die
Weizenernte vorüber ist, und im Herbst das Fest
der Lese.

23 Dreimal im Jahr sollen alle Männer zum
Heiligtum des HERRN, des Gottes Israels, kom-
men. 24 Ihr braucht keine Angst zu haben, dass
in dieser Zeit jemand in euer Land einfällt; denn
ich werde alle fremden Völker vor euch vertrei-
ben.

25 Zum Blut eines Mahlopfers* dürft ihr mir
nicht Brot darbringen, das mit Sauerteig zuberei-
tet ist. Das Fleisch des Passalamms* darf nicht
bis zum anderen Morgen aufbewahrt werden.

a Siehe 3,13-15. *b* Siehe Anmerkung zu 20,5. *c* Hebräischer Monatsname *Abib**.

34,1 24,12 S **34,3** 19,12-13 **34,6** Num 14,18; Joël 2,13; Jona 4,2; Ps 86,15; 103,8; 145,8; Neh 9,17.31 **34,7** 20,5-6 S **34,11-16** Num 33,50-52 S **34,14** 20,5 S **34,17** 20,4 S **34,18** 12,15-20 S **34,19-20** 13,11-16 S **34,21** 20,8-10 S **34,22** 23,16 S

26 Die erstgeernteten Früchte* eurer Felder
sollt ihr in das Heiligtum des HERRN, eures Got-
tes, bringen.
Ihr dürft ein Böcklein nicht in der Milch sei-
ner Mutter kochen.«
27 Der HERR sagte zu Mose: »Schreib alle diese
Anordnungen auf! Auf ihrer Grundlage schließe
ich meinen Bund mit dir und dem Volk Israel.«
28 Vierzig Tage und vierzig Nächte blieb Mose
auf dem Berg beim HERRN, ohne zu essen und zu
trinken. Er schrieb auf die Steintafeln die Grund-
regeln des Bundes zwischen Gott und seinem
Volk, die Zehn Gebote.

Mose muss sein Gesicht verhüllen

29 Als Mose mit den beiden Tafeln den Berg
Sinai* hinabstieg, wusste er nicht, dass sein Ge-
sicht einen strahlenden Glanz bekommen hatte,
während der HERR mit ihm sprach.
30 Aaron und das ganze Volk sahen das Leuch-
ten auf Moses Gesicht und fürchteten sich, ihm
nahe zu kommen. 31 Erst als Mose sie zu sich
rief, kamen Aaron und die führenden Männer
der Gemeinde herbei und er redete mit ihnen.
32 Dann kamen auch die anderen Israeliten, und
Mose gab ihnen alle Anordnungen weiter, die
der HERR ihm auf dem Berg Sinai gegeben hatte.
33 Als Mose ihnen alles gesagt hatte, verhüllte
er sein Gesicht. 34-35 Sooft er ins Zelt ging, um
mit dem HERRN zu reden, nahm er die Ver-
hüllung ab. Wenn er dann herauskam, um den
Leuten von Israel zu sagen, was der HERR ihm
aufgetragen hatte, musste er sein Gesicht wieder
bedecken; denn die Leute konnten das Leuchten
auf seinem Gesicht nicht ertragen. So hielt Mose
sein Gesicht verhüllt, bis er wieder zum HERRN
hineinging, um mit ihm zu reden.

HERSTELLUNG, AUSSTATTUNG UND ERRICHTUNG DES HEILIGEN ZELTES

(Kapitel 35–40)

Mose erinnert an das Sabbatgebot

35 Mose rief die ganze Gemeinde Israel zu-
sammen und sagte zu ihnen: »Der HERR
hat euch befohlen: 2 ›Sechs Tage in der Woche
sollt ihr arbeiten; aber der siebte Tag, der Sab-
bat*, ist der Ruhetag, der mir gehört. Wer an
diesem Tag irgendeine Arbeit tut, muss mit dem
Tod bestraft werden. 3 Ihr dürft auch kein Herd-
feuer anzünden. Das gilt für alle eure Wohn-
sitze.‹«

Aufforderung zu Spenden und Auftrag an die Handwerker

(25,1-9; 39,32-43)

4 Mose sagte zur ganzen Gemeinde Israel: »Der
HERR hat befohlen: 5 ›Ihr sollt mir eine freiwillige
Abgabe leisten; alle, die etwas geben möchten,
sollen es herbringen. Gebraucht werden Gold,
Silber und Bronze, 6 blaue, rote und karmesin-
rote Wolle, Leinen und Ziegenhaar, 7 rot gefärbte
Widderfelle, Delphinenhäute, Akazienholz, 8 Öl
für die Lampen, wohlriechende Zutaten für das
Salböl und für die Weihrauchmischung 9 sowie
Karneolsteine und andere Edelsteine zum
Schmuck für Amtsschurz* und Brusttasche des
Obersten Priesters*.‹
10 Alle, die sich auf ein Handwerk verstehen,
sollen nun kommen und alles herstellen, was der
HERR angeordnet hat: 11 das Zelt und die Schutz-
decken darüber, die Haken, die Bretter und die
Querstangen, die Säulen und Sockel; 12 weiter die
Bundeslade* mit Tragstangen und Deckplatte,
den Vorhang, der das Allerheiligste* verdeckt,
13 den Tisch für die geweihten Brote mit den
Tragstangen und allen zugehörigen Geräten so-
wie die Brote selbst, 14 den Leuchter mit seinen
Lampen und mit den zur Wartung nötigen Gerä-
ten sowie das Öl für die Lampen, 15 den Altar für
das Räucheropfer* mit seinen Tragstangen, das
Salböl und die Weihrauchmischung; weiter den
Vorhang am Eingang des Zeltes, 16 den Brand-
opferaltar* mit dem kupfernen Traggestell, den
Tragstangen und allen zugehörigen Opfergerä-
ten, das Wasserbecken mit seinem Untersatz,
17 die Abgrenzung rings um den Vorhof* mit
ihren Säulen und deren Sockeln, den Vorhang
am Eingang des Vorhofs, 18 die Pflöcke und Stri-
cke zur Befestigung des Zeltes und der Abgren-
zung 19 und schließlich die heiligen Gewänder,
die Aaron und seine Söhne beim Priesterdienst
tragen sollen.«

Freiwillige Spenden für das Heiligtum

20 Die versammelte Gemeinde ging auseinander,
21 und alle, die es dazu trieb, brachten ein frei-
williges Opfer für das Heilige Zelt*, seine Aus-
stattung und die Priesterkleider.
22 Männer und Frauen opferten dem HERRN
aus freiem Antrieb goldene Schmucksachen:
Spangen, Ohrringe, Fingerringe und Halsketten.
23 Sie brachten auch blaue, rote und karmesin-
rote Wolle, Flachs, Ziegenhaar, rot gefärbte Wid-

34,26 a 23,19a S **34,26 b** 23,19b S **34,28** 24,18 S; 24,12 S **34,29-35** 2 Kor 3,7-18 **35,2-3** 20,8-10 S

derfelle und Delphinenhäute, 24 außerdem Sil-
ber, Bronze und Akazienholz.

25–26 Die Frauen, die die Fertigkeit besaßen
und sie gerne ausübten, verspannen die Wolle
zu Wollfäden und den Flachs zu gezwirnten Lei-
nenfäden und spannen Fäden aus dem Ziegen-
haar.

27 Die Stammesoberhäupter brachten Karneol-
steine und andere Edelsteine, die die Schulter-
bänder am priesterlichen Amtsschurz* Aarons
und seine Brusttasche schmücken sollten,
28 außerdem Olivenöl für den Leuchter und für
das Salböl und Duftstoffe für das Salböl und die
Weihrauchmischung.

29 Viele aus dem Volk trieb es, etwas zu
dem Werk beizutragen, das der HERR durch
Mose angeordnet hatte. Sie alle, Männer wie
Frauen, brachten dem HERRN ein freiwilliges
Opfer.

Mose beauftragt die Künstler und Handwerker

(31,1-11)

30 Nun sagte Mose zum Volk: »Der HERR hat
Bezalel, den Sohn von Uri und Enkel von Hur
vom Stamm Juda, dazu bestimmt, die Arbeiten
für sein Heiligtum in eigener Verantwortung
durchzuführen.

31 Er hat ihn mit seinem Geist* erfüllt, ihm
Weisheit* und Einsicht gegeben und ihn zu jeder
handwerklichen und künstlerischen Tätigkeit
befähigt. 32 So kann er Bilder und Gegenstände
entwerfen und sie in Gold, Silber oder Bronze
ausführen; 33 er kann Edelsteine schneiden und
fassen und Holz kunstvoll bearbeiten; in jeder
künstlerischen Technik ist er erfahren. 34 Der
HERR hat ihn auch dazu befähigt, andere zu
solchen Arbeiten anzuleiten.

Dasselbe gilt von Oholiab, dem Sohn Ahisa-
machs vom Stamm Dan.

35 Der HERR hat ihnen beiden auch die Fähig-
keit gegeben, blaue, rote und karmesinrote
Wolle und gezwirnte Leinenfäden zu verar-
beiten, und das in allen Arten von kunstvoller
Weberei und Stickerei; sie können für alles Ent-
würfe machen und sie ausführen.

36 Bezalel, Oholiab und alle, die Fertig-
keiten besitzen, weil der HERR ihnen
Weisheit und Einsicht gegeben hat, sollen nun
ausführen, was er angeordnet hat.«

2 Mose rief Bezalel, Oholiab und alle, die
der HERR fähig und bereit gemacht hatte, ans
Werk. 3 Er übergab ihnen alles, was die Israeliten
für die Herstellung des Heiligtums gespendet
hatten.

Auch weiterhin brachten die Leute zu Mose
jeden Morgen freiwillige Gaben. 4 Da kamen alle
kunstfertigen Männer, die an dem Werk beteiligt
waren, zu Mose, jeder von seiner Arbeit, 5 und
sagten: »Das Volk bringt mehr, als wir für die
aufgetragene Arbeit brauchen!«

6 Darauf ließ Mose im Lager ausrufen: »Nie-
mand, weder Mann noch Frau, soll von jetzt an
noch eine Spende für das Heiligtum abliefern!«
So hörte der Spendenfluss auf.

7 Was bisher abgeliefert worden war, reichte
als Material für alle Arbeiten aus und es blieb
sogar noch davon übrig.

Die Bestandteile für das Heilige Zelt

(26,1-37)

8 Zusammen mit den Männern, die sich auf diese
Arbeiten verstanden, stellte Bezalel die Einzel-
teile her, aus denen die Wohnung des HERRN auf-
gebaut werden sollte.

Sie webten zehn kostbare Zeltbahnen aus ge-
zwirnten Leinenfäden und stickten darauf mit
blauer, roter und karmesinroter Wolle Bilder von
Keruben*. 9 Jede Bahn war 14 Meter lang und
2 Meter breit.[a] 10–13 Je fünf Bahnen wurden auf
der Langseite miteinander vernäht und die bei-
den so entstandenen größeren Teile durch je
fünfzig einander gegenüberstehende Schlaufen
aus blauer Wolle und fünfzig goldene Klammern
verbunden.

14 Weiter webten die Männer elf Zeltbah-
nen aus Ziegenhaar, 15 jede 15 Meter lang und
2 Meter breit. 16 Sie wurden zu zwei größeren
Stücken aus fünf und sechs Teilen zusammen-
genäht 17–18 und diese wieder durch je fünfzig
Schlaufen und fünfzig bronzene Klammern zu
einem Stück verbunden. 19 Dann machten sie
noch zwei Schutzdecken, die untere aus rot ge-
färbten Widderfellen, die obere aus Delphinen-
häuten.

20 Weiter sägten sie Bretter aus Akazienholz,
die unter dem Zeltdach als Wände für die Woh-
nung des HERRN aufgestellt werden sollten, 21 je-
des Brett fünf Meter lang und 75 Zentimeter
breit, 22 mit zwei Zapfen an der unteren Schmal-
seite.

23–26 Je zwanzig Bretter machten sie für die
nördliche und südliche Seitenwand und zu je-
dem Brett zwei silberne Bodenplatten, in die es
mit seinen Zapfen eingesteckt werden konnte.

27–30 Für die Rückwand nach Westen mach-

a Hebräische Maßangabe in *Ellen** (vgl. Anmerkung zu 25,10), so auch weiterhin in Kap 36–38.

ten sie sechs Bretter und dazu für die Ecken zwei
Winkelbretter, insgesamt also acht Bretter und
sechzehn Bodenplatten.

31–32 Weiter machten sie Querstangen aus
Akazienholz, je fünf für eine Wand. 33 Die mitt-
lere Stange, die in halber Höhe anzubringen
war, bestand durchlaufend aus einem einzigen
Stück. 34 Als Halter für die Stangen brachten sie
an den Brettern goldene Ringe an und überzogen
die Bretter und Stangen mit Gold.

35 Sie webten den Vorhang vor dem Allerhei-
ligsten* aus gezwirnten Leinenfäden und stick-
ten darauf mit blauer, roter und karmesinroter
Wolle Bilder von Keruben*, 36 weiter machten
sie aus Akazienholz die vier Trägersäulen des
Vorhangs, die mit Gold überzogen wurden,
dazu die goldenen Haken und die silbernen
Sockel.

37 Aus demselben Material webten sie einen
Vorhang für den Eingang des Zeltes, 38 machten
seine fünf Trägersäulen mit ihren bronzenen
Sockeln und überzogen die Kapitelle und die
Stangen, an denen der Vorhang aufgehängt wer-
den sollte, mit Gold.

Die Bundeslade*

(25,10-22)

37 Dann machte Bezalel die Lade aus Aka-
zienholz, eineinviertel Meter lang, drei
viertel Meter breit und ebenso hoch. 2 Er über-
zog sie außen und innen mit reinem Gold und
verzierte sie ringsum mit einer Goldleiste.

3 Er goss vier Ringe aus Gold und brachte sie
an den vier Ecken der Lade an, zwei Ringe auf
jeder Längsseite, 4 machte zwei Stangen aus
Akazienholz, überzog sie mit Gold 5 und steckte
sie durch die Ringe, sodass man die Lade tragen
konnte.

6 Er machte eine Deckplatte aus reinem Gold,
die in den Maßen genau auf die Lade passte,
7–8 sowie zwei geflügelte Kerubenfiguren* aus
getriebenem Gold, die an den seitlichen Enden
der Deckplatte angebracht wurden. 9 Sie standen
einander zugewandt, den Blick auf die Deck-
platte gerichtet; ihre Flügel hielten sie schirmend
über der Platte ausgebreitet.

Der Tisch für die geweihten Brote*

(25,23-30)

10 Dann machte Bezalel den Tisch aus Akazien-
holz, einen Meter lang, einen halben Meter breit
und drei viertel Meter hoch. 11 Er überzog ihn mit
reinem Gold und fasste die Tischplatte ringsum
mit einer goldenen Schmuckleiste ein. 12 Außer-
dem setzte er auf die Tischplatte ringsum eine
Randleiste von zehn Zentimeter Höhe auf und
fasste auch sie mit einer goldenen Schmuckleiste
ein.

13 Er goss vier goldene Ringe und befestigte sie
oben an den Kanten der vier Beine, 14–15 dicht
unter der umlaufenden Randleiste. Er machte
zwei Stangen aus Akazienholz, überzog sie mit
Gold und steckte sie durch die Ringe, sodass man
den Tisch tragen konnte.

16 Außerdem machte er aus reinem Gold die
Geräte für das Trankopfer*, die auf dem Tisch
stehen sollten: die Schalen, Schüsseln, Becher
und Kannen.

Der goldene Leuchter

(25,31-40)

17 Weiter machte Bezalel den Leuchter aus rei-
nem Gold, und zwar mit allen seinen Teilen aus
einem Stück. 18 Von seinem Schaft gingen nach
beiden Seiten je drei Arme aus, 19 jeder mit drei
Blütenkelchen verziert. 20 Auf dem Schaft selber
befanden sich vier Blütenkelche, 21 drei davon an
den Ansatzstellen der Arme, jeweils unterhalb
der Stelle, von der ein Armpaar abzweigte.
22 Der ganze Leuchter bestand aus reinem Gold
und war aus einem Stück gearbeitet.

23 Bezalel machte für den Leuchter auch die
sieben Lichtschalen* sowie die Dochtscheren
und die Reinigungsnäpfe, alles aus reinem Gold.
24 Für den Leuchter und sein Zubehör verarbeite-
te er einen Zentner* reines Gold.

Der Altar für das Räucheropfer. Salböl und Weihrauch

(30,1-5.22-38)

25 Bezalel machte aus Akazienholz den Altar für
das Räucheropfer*, einen halben Meter lang und
ebenso breit und einen Meter hoch, samt seinen
Hörnern* aus einem Stück gefertigt. 26 Er über-
zog ihn außen mit reinem Gold und brachte
ringsum eine goldene Leiste an. 27 Unter der
Leiste befestigte er die goldenen Ringe für die
Tragstangen, 28 machte aus Akazienholz die
Stangen und überzog auch sie mit Gold.

29 Durch kundige Männer ließ er das heilige
Salböl und den wohlriechenden Weihrauch* be-
reiten.

Der Brandopferaltar

(27,1-8)

38 Weiter machte Bezalel aus Akazienholz
den Altar für die Brandopfer*, zweiein-
halb Meter lang und ebenso breit und einein-
halb Meter hoch. 2 An seinen oberen Ecken
hatte er vier Hörner*, die mit ihm aus einem

Stück gefertigt waren. Der ganze Altar wurde
außen mit Bronze überzogen.
3 Bezalel ließ auch die zugehörigen Geräte
herstellen, alle aus Bronze: die Schalen zum Auf-
fangen des Blutes, die Fleischgabeln und Kohlen-
becken sowie die Schaufeln und Kübel zum Be-
seitigen der Asche.
4–5 Für den Transport wurde der Altar auf sei-
nen vier Seiten mit einem gitterförmigen Bronze-
rahmen eingefasst, der vom Boden bis zur hal-
ben Höhe reichte und dort auf die Einfassung
traf, die außen rings um den Altar lief. An den
vier Ecken dieses Rahmens wurde je ein bronze-
ner Ring angebracht, um die Tragstangen hin-
durchzustecken. 6 Die Tragstangen wurden aus
Akazienholz gefertigt, mit Bronze überzogen
7 und durch die Ringe gesteckt.

Der Altar war innen hohl, da er aus Brettern zusammengefügt war.

Das Wasserbecken

(30,18)

8 Weiter machte Bezalel das Becken aus Bronze
und seinen bronzenen Untersatz. Er fertigte bei-
des aus den Bronzespiegeln der Frauen, die am
Eingang des Heiligen Zeltes* ihren Dienst ver-
richteten.

Die Abgrenzung des heiligen Bereichs

(27,9-19)

9–17 Als Abgrenzung des Vorhofs* machte Bezal-
el leinene Planen und Säulen, zwischen denen
sie angebracht werden sollten. Auf der Nord- und Südseite waren es je zwanzig Säulen auf jeweils fünfzig Meter Länge, auf der Westseite zehn Säulen auf fünfundzwanzig Meter. Die Säulen erhielten bronzene Sockel; die Haken und Stangen zum Befestigen der Tücher wurden aus Silber gemacht. Auf der Ostseite kamen links und rechts des Eingangs je drei Säulen auf einer Breite von jeweils siebeneinhalb Metern. Die Kapitelle der Säulen waren mit Silber überzogen.
18–19 Den Vorhang am Eingang machten die
Männer aus gezwirntem Leinen und webten blaue, rote und karmesinrote Wollfäden hinein. Er wurde zwischen vier Säulen aufgehängt, die genau wie die übrigen Säulen gefertigt waren; seine Höhe war wie die der gesamten Abgren-
zung zweieinhalb Meter. 20 Alle Pflöcke, die das
Zelt und die Abgrenzung halten sollten, wurden aus Bronze hergestellt.

Summe der aufgewendeten Metalle

21–23 Bezalel, der Sohn von Uri und Enkel von Hur aus dem Stamm Juda, hatte nun alle Anweisungen ausgeführt, die Mose vom HERRN bekommen hatte. Oholiab, der Sohn Ahisamachs aus dem Stamm Dan, war ihm dabei zur Seite gestanden, ein erfahrener Handwerker, der sich insbesondere auf das kunstvolle Weben und Sticken mit blauer, roter und karmesinroter Wolle und gezwirntem Leinen verstand.

Da befahl Mose dem Priester* Itamar, dem Sohn Aarons, mithilfe der Leviten* eine Aufstellung zu machen, wie viel Gold, Silber und Bronze für das Heilige Zelt*, die Wohnstätte des Bundesgesetzes*, aufgewendet worden war.
24 Die Goldmenge, die für das Heiligtum ge-
spendet und bei seiner Herstellung verarbeitet worden war, betrug mehr als 29 Zentner,[a] gewogen nach dem Gewicht des Heiligtums.
25–26 Die 603550 Männer der Gemeinde, die
20 Jahre und älter waren, hatten jeder ein halbes Silberstück* beigesteuert; das machte nach dem Gewicht des Heiligtums zusammen über 100
Zentner Silber. 27 Genau 100 Zentner wurden für
die hundert silbernen Bodenplatten verbraucht, die die Wandbretter des Heiligtums trugen; auf
jede Platte kam ein Zentner Silber. 28 Aus den
darüber hinausgehenden 13 Kilo wurden die silbernen Haken und Stangen und die Verkleidung der Kapitelle hergestellt.
29 Die gestiftete Kupfermenge betrug fast
71 Zentner. 30–31 Daraus fertigten sie den Metall-
überzug und den Rahmen des Brandopferaltars und alle zum Altardienst nötigen Geräte sowie die Sockel der Säulen am Eingang des Zeltes und der Säulen rund um den Vorhof, und schließlich noch die Pflöcke, mit denen das Zelt und die Abgrenzung des Vorhofs befestigt wurden.

Die Priesterkleider

(28,1-43)

39 1–2 Nach der Anweisung, die Mose vom
HERRN erhalten hatte, machten die kunstfertigen Männer auch die Priesterkleider für Aaron. Aus gezwirntem Leinen webten sie den Amtsschurz* des Obersten Priesters* und bestickten ihn kunstvoll mit Goldfäden und Fäden aus blauer, roter und karmesinroter
Wolle. 3 Zur Gewinnung der Goldfäden hämmer-
ten sie dünne Goldbleche und zerschnitten sie in

a 1 Zentner = 34,5 kg. Hebräische Maßangaben *29 Zentner* und 730 Schekel** (= 1000,5 + 8,4 kg), in den Versen 25-26 *100 Zentner und 1170 Schekel* (= 34500 + 13,5 kg), in Vers 29 *70 Zentner und 2400 Schekel* (= 2415 + 27,6 kg).

38,8 1 Sam 2,22 **38,25-26** 30,11-16

schmale Streifen. 4–5 Der Gürtel, mit dem der
Schurz um den Leib befestigt wird, wurde aus
demselben Material gemacht und an den Schurz
angewebt. Die beiden Schulterbänder wurden
vorn und hinten an ihm befestigt, genau wie der
HERR es Mose befohlen hatte.

6 Dann fassten sie zwei Karneolsteine in
Gold, gravierten in die Steine die Namen der
zwölf Stämme Israels ein 7 und brachten sie auf
den Schulterbändern an, um die Israeliten beim
HERRN in Erinnerung zu bringen – alles genauso,
wie der HERR es Mose befohlen hatte.

8 Aus demselben Material wie den Amts-
schurz machten sie die Brusttasche, 9 25 auf 25
Zentimeter groß[a] aus einem zusammengefalte-
ten Stück Gewebe. 10–13 Die Vorderseite wurde
mit zwölf in Gold gefassten Edelsteinen besetzt,
die in vier Reihen angeordnet waren: in der ers-
ten Reihe ein Rubin, ein Topas und ein Smaragd;
in der zweiten Reihe ein Karfunkel, ein Saphir,
ein Jaspis; in der dritten Reihe ein Achat, ein
Hyazinth, ein Amethyst; in der vierten Reihe ein
Chrysolith, ein Karneol und ein Onyx. 14 In die
Steine wurden die Namen der zwölf Stämme
Israels eingraviert, in jeden Stein ein Name.

15–18 Dann machten sie zwei goldene Kett-
chen, brachten an den Schulterbändern zwei
goldene Ösen an und an den oberen Enden der
Brusttasche zwei Goldringe. Öse und Ring wur-
den auf jeder Seite durch eines der Kettchen ver-
bunden; so wurde die Tasche an den Schulter-
bändern aufgehängt. 19–21 An den unteren Ecken
der Tasche und unten an den Schulterbändern,
dort, wo sie auf den Gürtel des Schurzes treffen,
wurden ebenfalls Goldringe angebracht und die
Ringe auf beiden Seiten jeweils mit einer blauen
Schnur verbunden, sodass die Tasche fest über
dem Gürtel des Schurzes saß und sich nicht ver-
schieben konnte. So hatte der HERR es Mose be-
fohlen.

22 Dann machten sie das Obergewand, das
unter dem Amtsschurz getragen wird; es war
ganz aus blau gefärbtem Leinen. 23 Die Öffnung
für den Kopf wurde mit einer Borte eingefasst,
damit sie nicht einreißen konnte, ähnlich wie
die Halseinfassung bei einem Panzerhemd.
24–26 Am Saum des Gewandes wurden ringsum
Granatäpfel aus blauer, roter und karmesin-
roter Wolle befestigt und jeweils zwischen zwei
Granatäpfeln ein goldenes Glöckchen aufge-
hängt. So hatte der HERR es für den Dienst im
Heiligtum angeordnet.

27–29 Weiter machten sie für Aaron und seine
Söhne die Hemden, Kopfbedeckungen und Knie-
hosen aus Leinen und für Aaron den prächtigen
Gürtel, alles, wie der HERR es Mose befohlen
hatte.

30 Sie machten das goldene Schild als Stirn-
schmuck für Aaron und gravierten darauf ein:
»Dem HERRN geweiht!« 31 An dem Schild brach-
ten sie eine blaue Schnur an, die man um den
Turban binden und so das Schild über der Stirn
befestigen konnte, alles nach der Anordnung des
HERRN.

Die Vollendung der Arbeiten für das Heiligtum

(35,10-19)

32 Schließlich war die ganze Arbeit am Heiligen
Zelt*, der Wohnung des HERRN, vollendet. Die
Israeliten hatten alles genauso gemacht, wie der
HERR es Mose aufgetragen hatte.

33–34 Nun brachten sie alles zu Mose: die Bret-
ter für die Wände der Wohnung mit den Vorrich-
tungen für ihre Aufstellung, das Zeltdach mit sei-
nen Schutzdecken und den inneren Vorhang,
35 die Lade* für das Bundesgesetz mit den Trag-
stangen und der Deckplatte, 36 den Tisch mit den
geweihten Broten* und allen seinen Geräten,
37 den Leuchter mit seinen Lampen*, dem Öl
und allem Zubehör, 38 den goldenen Altar für das
Räucheropfer*, das Salböl und den Weihrauch
sowie den Vorhang am Eingang des Zeltes,
39 weiter den bronzenen Altar für die Brand-
opfer* mit seinem Rahmen und mit allen Gerä-
ten, das Wasserbecken mit seinem Untersatz,
40 die Abgrenzung des Vorhofs* mit allem, was
zu ihrer Aufstellung benötigt wird, und alle Ge-
räte, die sonst noch im Heiligen Zelt gebraucht
werden, 41 auch die Priesterkleider, die Aaron
und seine Söhne beim Dienst im Heiligtum
tragen sollten.

42 Die Israeliten hatten alles genauso ausge-
führt, wie der HERR es ihnen durch Mose befoh-
len hatte. 43 Und Mose sah alles an, was sie
gemacht hatten, das ganze Werk: Es war alles
genauso geworden, wie der HERR es angeordnet
hatte. Und Mose segnete sie.[b]

Anweisung zur Aufrichtung des Heiligen Zeltes

40 Der HERR sagte zu Mose: 2 »Am 1. Tag des
1. Monats sollst du meine Wohnung, das
Heilige Zelt, aufrichten. 3 Bringe in den hinteren
Teil die Lade* mit dem Bundesgesetz und hänge
den Vorhang davor. 4 Dann stelle im vorderen

a Vgl. Anmerkung zu 28,16.
b Der Vers enthält deutliche Anspielungen auf den Schluss der Schöpfungsgeschichte in Gen 1,31; 2,2-3.

Teil den Tisch mit den geweihten Broten* und
den Gefäßen für das Trankopfer* auf. Bring auch
den Leuchter dorthin und setze die Lichtscha-
len* darauf. 5 Stelle in den vorderen Teil auch
den goldenen Altar für das Räucheropfer*, direkt
gegenüber der Stelle, wo hinter dem Vorhang die
Lade mit dem Bundesgesetz steht, und hänge
auch den Vorhang am Eingang meiner Wohnung
auf.

6 Stelle davor den Altar für die Brandopfer*
7 und zwischen Zelt und Altar das große Becken
und fülle es mit Wasser. 8 Errichte die Abgren-
zung rings um den Vorhof* und hänge den Vor-
hang an seinem Eingang auf.

9–11 Nimm das Salböl und salbe damit meine
Wohnung und alles, was darin ist. Salbe auch
den Brandopferaltar mit allen seinen Geräten
und ebenso das Wasserbecken und seinen Unter-
satz. Weihe auf diese Weise das Zelt und alles,
was dazugehört, sodass es heilig* wird. Der Altar
aber wird durch diese Weihe in besonderem
Maße heilig.

12 Lass dann Aaron und seine Söhne an den
Eingang des Zeltes treten und sich waschen.
13 Lege Aaron die heiligen Gewänder an, salbe
ihn mit dem Öl und weihe ihn dadurch zum
Priesterdienst* für mich. 14 Auch seine Söhne
lass herantreten und lege ihnen die Priesterhem-
den an. 15 Salbe auch sie mit dem Öl, damit sie
mir als Priester dienen können. Damit überträgst
du ihnen und ihren Nachkommen das Priester-
tum für alle Zukunft. Auch ihre Nachkommen
sollen durch Salbung in ihren Dienst eingesetzt
werden.«

Das Heilige Zelt wird aufgerichtet

16 Mose tat, was der HERR ihm aufgetragen hatte.
17 Am 1. Tag des 1. Monats, genau ein Jahr, nach-
dem das Volk Israel Ägypten verlassen hatte,
wurde die Wohnung des HERRN aufgestellt.

18 Mose steckte die Bretter mit den Zapfen in
die Bodenplatten, fügte aus ihnen die Wände
zusammen und verband sie durch die Quer-
stangen. Er stellte auch die Säulen auf, die den
Vorhang tragen sollten. 19 Dann breitete er das
Zelt über dieses Gehäuse und legte noch die
Schutzdecke oben darüber, wie der HERR es ihm
befohlen hatte.

20 Darauf nahm Mose die Tafeln, auf denen
das Bundesgesetz geschrieben stand, und legte
sie in die Lade*, steckte die Tragstangen in die
Ringe an der Lade und legte die Deckplatte dar-
auf. 21 Er brachte die Lade in den hinteren Teil
des Zeltes und hängte den trennenden Vorhang
davor, wie der HERR es angeordnet hatte.

22 Dann brachte er den Tisch ins Zelt und
stellte ihn außerhalb des Vorhangs an der rech-
ten Seite auf. 23 Er legte die geweihten Brote*
darauf, wie der HERR es befohlen hatte. 24 Auf
die linke Seite stellte er den Leuchter 25 und
setzte die Lichtschalen* darauf, wie der HERR es
angeordnet hatte. 26–27 Nach der Anweisung des
HERRN stellte er genau in der Mitte vor dem Vor-
hang den goldenen Altar auf und verbrannte dar-
auf wohlriechenden Weihrauch*.

28 Dann brachte er den Vorhang am Eingang
des Zeltes an. 29 Davor stellte er den großen Altar
auf und verbrannte darauf Brandopfer* und
Speiseopfer*, wie der HERR es angeordnet hatte.

30 Das Wasserbecken stellte er zwischen das
Zelt und den Altar und füllte es mit Wasser.
31 Mose selbst, Aaron und seine Söhne wuschen
sich darin Hände und Füße. 32 Immer bevor sie
in das Heilige Zelt gingen oder an den Altar tra-
ten, wuschen sie sich, wie der HERR es befohlen
hatte.

33a Zuletzt errichtete Mose die Abgrenzung
des Vorhofs*, der das Heilige Zelt und den Altar
umgibt, und brachte den Vorhang am Eingang
des Vorhofs an.

Der Herr nimmt Wohnung unter dem Volk Israel

33b Als Mose das ganze Werk vollendet hatte,
34–35 kam die Wolke vom Berg Sinai herab[a] und
verhüllte das Heilige Zelt*. Die Herrlichkeit* des
HERRN erfüllte mit ihrem Glanz die ganze Woh-
nung. Deshalb konnte Mose nicht in das Zelt
hineingehen.

36–37 Während der ganzen Wanderschaft rich-
teten sich die Israeliten nach der Wolke über der
Wohnung des HERRN. Solange die Wolke auf ihr
ruhte, blieben sie an ihrem Lagerplatz. Sobald
sie sich erhob, zogen sie weiter.

38 Immer wenn die Israeliten ihr Lager aufge-
schlagen hatten, konnten sie tagsüber die Wolke
des HERRN über der Wohnung sehen und nachts
leuchtete Feuer in der Wolke.

a *kam die Wolke …:* verdeutlichender Zusatz; vgl. 24,15-18.

40,9-11 29,36-37 **40,34-35** 19,9S; 16,7S **40,36-37** 13,21S

DAS DRITTE BUCH MOSE (LEVITIKUS)

Inhaltsübersicht

OPFERGESETZE FÜR DAS VOLK
(Kapitel 1–5)

Anweisungen für das Brandopfer

1 Der HERR rief Mose zum Heiligen Zelt* und redete von dorther zu ihm. 2 Mose sollte dem Volk Israel im Auftrag des HERRN sagen:

Wenn jemand von euch dem HERRN ein Opfer darbringen möchte, soll er dafür ein Rind, ein Schaf oder eine Ziege nehmen.

3 Will er ein Brandopfer* darbringen und wählt dafür ein Rind, so muss es ein männliches und fehlerfreies Tier sein, sonst verschafft es ihm nicht das Wohlwollen des HERRN. Er muss das Tier zum Eingang des Heiligen Zeltes bringen 4 und seine Hand auf dessen Kopf legen; dann nimmt der HERR sein Opfer an und vergibt ihm seine Schuld.

5 Darauf schlachtet er das Tier dort vor dem Heiligen Zelt. Ein Priester[a] aus der Nachkommenschaft Aarons nimmt das Blut des Opfertieres und sprengt es ringsum an den Altar*, der am Eingang des Heiligen Zeltes steht.

6 Während das Tier von dem, der es gebracht hat, enthäutet und in Stücke zerlegt wird, 7 facht der Priester die Glut auf dem Altar an und schichtet Brennholz darüber. 8 Dann legt er die Stücke oben darauf, auch den Kopf und die Fettteile. 9 Die Eingeweide und Unterschenkel muss der Betreffende vorher mit Wasser säubern. Der Priester lässt alles auf dem Altar verbrennen. So ist es ein Brandopfer, das den HERRN gnädig stimmt.

10 Will jemand als Brandopfer ein Schaf oder eine Ziege darbringen, so muss es ebenfalls ein männliches und fehlerfreies Tier sein. 11 Er schlachtet es rechts neben dem Altar, der vor dem Heiligen Zelt steht. Ein Priester aus der Nachkommenschaft Aarons sprengt das Blut ringsum an den Altar. 12–13 Darauf zerlegt der, der es gebracht hat, das Tier und säubert die Eingeweide und Unterschenkel mit Wasser. Dann legt der Priester die Stücke, auch den Kopf und die Fettteile, auf den Holzstoß und lässt alles auf dem Altar verbrennen. So ist es ein Brandopfer, das den HERRN gnädig stimmt.

14 Will jemand als Brandopfer ein Stück Geflügel darbringen, so muss es eine Turteltaube oder eine andere Taube sein. 15 Der Priester bringt sie zum Altar, reißt ihr den Kopf ab und verbrennt ihn im Altarfeuer. Das Blut presst er an der Altarwand aus. 16 Den Kropf mit Inhalt entfernt er und wirft ihn auf den Aschenhaufen vor dem Altar, auf der Seite, die vom Heiligen Zelt abgewandt ist. 17 Die Flügel soll er am Körper des Tieres einreißen, aber nicht abreißen, und dann das Tier auf dem Altar verbrennen. So ist es ein Brandopfer, das den HERRN gnädig stimmt.

Anweisungen für das Speiseopfer

2 Wenn jemand dem HERRN ein Speiseopfer* darbringen möchte, soll er Weizenmehl nehmen, Olivenöl darüber gießen und Weihrauch* dazulegen. 2 Dann bringt er alles zu den Priestern* aus der Nachkommenschaft Aarons. Einer von ihnen nimmt eine Hand voll von dem öldurchtränkten Mehl und den gesamten Weihrauch und verbrennt diesen Teil der Gabe auf dem Altar* zum Zeichen, dass die ganze Opfergabe dem HERRN gehört. So ist es ein Brandopfer, das den HERRN gnädig stimmt.

3 Der Rest des Speiseopfers fällt den Priestern zu. Es ist etwas besonders Heiliges*, weil es dem HERRN als Opfergabe dargebracht worden ist.

a Im hebräischen Text steht hier und ebenso in den Versen 7, 8 und 11 die Mehrzahl, was jedoch nicht bedeutet, dass mehrere Priester (siehe Sacherklärung) an der Handlung beteiligt waren. Es soll vielmehr der ausschließliche Anspruch der Nachkommen Aarons* auf das Priesteramt unterstrichen werden.

1,1 Ex 25,22 **1,3-17** 6,1-6; 22,17-20; Ps 51,18-21; Hos 6,6; Mk 12,33 **2,1-16** 6,7-11; 10,12-13 **2,3** Num 18,8-10 S

4 Will jemand als Speiseopfer etwas im Ofen Gebackenes darbringen, so muss es aus Weizenmehl zubereitet sein, ohne Verwendung von Sauerteig*; entweder als Ringbrot* aus Mehl, das mit Öl vermengt wurde, oder als Fladenbrot*, das mit Öl bestrichen ist.

5 Will jemand etwas auf einer Eisenplatte Gebackenes als Speiseopfer darbringen, so muss es aus Weizenmehl zubereitet sein, das mit Öl vermengt wurde, ebenfalls ohne Verwendung von Sauerteig. 6 Er soll es in Stücke brechen und Öl darüber gießen. So gehört es sich für ein Speiseopfer.

7 Will jemand etwas in der Pfanne Gebackenes als Speiseopfer darbringen, so soll es aus Weizenmehl zubereitet sein und in Öl gebacken werden.

8 Was nach diesen Vorschriften zubereitet wurde, kann dem HERRN als Speiseopfer dargebracht werden. Es wird dem Priester überreicht, der es dann zum Altar bringt. 9 Der Priester verbrennt einen Teil davon auf dem Altar zum Zeichen, dass die ganze Opfergabe dem HERRN gehört. So ist es ein Opfer, das den HERRN gnädig stimmt.

10 Der Rest des Speiseopfers fällt den Priestern zu. Es ist etwas besonders Heiliges, weil es dem HERRN als Opfergabe dargebracht worden ist.

11 Kein Speiseopfer, das ihr dem HERRN darbringt, darf mit Sauerteig zubereitet sein; ihr dürft auch keinen Honig verwenden. 12 Wenn ihr die ersten Früchte* eurer Ernte zum HERRN bringt, dürfen Sauerteig und Honig nicht fehlen; aber als Opfer, das auf dem Altar verbrannt wird, sind sie ausgeschlossen. 13 Doch muss jedes Speiseopfer, überhaupt jedes Opfer, gesalzen werden; denn das Salz ist ein Zeichen dafür, dass der Bund* Gottes mit euch von ewiger Dauer ist.

14 Wenn jemand dem HERRN vom ersten Ernteertrag ein Speiseopfer darbringen möchte, soll er frische Getreidekörner nehmen und sie über dem Feuer rösten und zerstoßen. 15 Dann gießt er Olivenöl darauf und gibt Weihrauch dazu. So gehört es sich für ein Speiseopfer. 16 Der Priester verbrennt einen Teil der Körner mit dem gesamten Weihrauch auf dem Altar zum Zeichen, dass das ganze Opfer dem HERRN gehört. So ist es eine Gabe für den HERRN.

Anweisungen für das Mahlopfer

3 Für das Opfer, das mit einem Mahl verbunden ist, gelten folgende Anweisungen:

Wer dem HERRN als Mahlopfer* ein Rind darbringen möchte, kann ein männliches oder ein weibliches Tier nehmen, doch muss es fehlerfrei sein. 2 Er legt seine Hand auf den Kopf des Tieres und schlachtet es am Eingang des Heiligen Zeltes*. Ein Priester[a] aus der Nachkommenschaft Aarons sprengt das Blut ringsum an den Altar. 3 Die besten Teile des Tieres müssen als Opfer für den HERRN verbrannt werden, nämlich alles Fett an den Eingeweiden, 4 die beiden Nieren mit dem Nierenfett und der Fettlappen an der Leber.[b] 5 Der Priester legt alle diese Teile auf das Altarfeuer und verbrennt sie zusammen mit den Brandopfern*. So ist es ein Opfer, das den HERRN gnädig stimmt.

6 Wer als Mahlopfer ein Schaf oder eine Ziege darbringen möchte, kann ein männliches oder ein weibliches Tier nehmen, doch muss es fehlerfrei sein. 7–16 Er bringt das Opfertier zum Heiligtum, legt die Hand auf den Kopf des Tieres und schlachtet es. Der Priester sprengt das Blut ringsum an den Altar*. Die besten Teile werden als Opfer für den HERRN verbrannt, nämlich alles Fett an den Eingeweiden, die beiden Nieren mit dem Nierenfett und der Fettlappen an der Leber. Beim Schaf kommt noch der Fettschwanz hinzu, der dicht an der Schwanzwurzel abgetrennt werden muss. Dies alles verbrennt der Priester für den HERRN auf dem Altar. So ist es eine Gabe für den HERRN.[c]

Grundsätzlich ist alles Fett für den HERRN bestimmt, als eine Gabe, die ihm Freude macht. 17 Niemand von euch darf Fett oder Blut* essen. Diese Anordnung gilt für alle eure Nachkommen und an allen euren Wohnsitzen.

Anweisungen für das Sühneopfer

4 Der HERR befahl Mose, 2 dem Volk Israel zu sagen:

Wenn jemand ohne Absicht gegen irgendein Gebot des HERRN verstößt und etwas tut, was er verboten hat, dann gelten folgende Anweisungen:

3 Ist es der Oberste Priester,[d] der unbeabsichtigt gegen ein Gebot des HERRN verstößt und da-

a Siehe Anmerkung zu 1,5.
b Die hier noch folgenden Angaben sind nicht sicher zu deuten: *an* (oder *samt*) *den Nieren soll man es abtrennen.*
c Die Opferanweisungen für das Schaf (Verse 7-11) und die Ziege (Verse 12-16a) sind im hebräischen Text getrennt, aber wörtlich gleich lautend formuliert; nur die Angabe über den Fettschwanz findet sich nur beim Schaf (in Vers 9).
d Wörtlich *der gesalbte* Priester;* vgl. Ex 29,29-30.

2,10 Num 18,8-10 S **2,13** Num 18,19; 2 Chr 13,5; Ez 43,24; Mk 9,49 par **3,1-17** 7,11-21.28-36; 19,5-8; 22,21-25 **3,16b-17** 7,22-25; 17,10-14 S **4,1-35** 5,1-13; 6,17-23; Num 15,22-29

durch Schuld über das ganze Volk bringt, so muss er dem HERRN als Sühneopfer* einen fehlerfreien Stier darbringen.

4 Er führt den Stier zum Eingang des Heiligen Zeltes*, legt seine Hand auf dessen Kopf und schlachtet ihn dort vor dem Zelt. 5 Dann bringt er einen Teil des Blutes in einer Schale ins Heiligtum. 6 Er sprengt mit dem Finger siebenmal etwas von dem Blut auf den Boden vor dem Vorhang, der das Allerheiligste* verdeckt. 7 Dann streicht er etwas von dem Blut an die Hörner* des Räucheraltars*, der im vorderen Teil des Zeltes steht. Den Rest des Blutes schüttet er unten an den Brandopferaltar* am Eingang des Zeltes.

8 Dann schneidet er alle Fettstücke des Tieres heraus, das gesamte Fett an den Eingeweiden, 9 die beiden Nieren mit dem Nierenfett und den Fettlappen an der Leber, 10 genauso wie es beim Rind des Mahlopfers* gemacht wird. Er verbrennt diese Stücke auf dem Brandopferaltar.

11–12 Das ganze übrige Tier – Haut, Fleischteile und Knochen, auch Kopf, Schenkel und die Eingeweide samt Inhalt – wird aus dem Lager an den abgegrenzten Ort gebracht, wo man die Opferasche hinschüttet. Dort wird alles in einem Holzfeuer verbrannt.

13 Ist es die ganze Gemeinde Israel, die unbeabsichtigt gegen ein Gebot des HERRN verstößt und dadurch Schuld auf sich lädt, 14 so muss sie, sobald die Verfehlung bekannt wird, einen Stier als Sühneopfer darbringen. Das Opfertier wird vor das Heilige Zelt gebracht 15 und die Ältesten* der Gemeinde legen ihre Hände auf seinen Kopf und schlachten es dort vor dem Zelt. 16–21 Mit dem Blut, dem Fett und dem übrigen Opfertier verfährt der Oberste Priester genauso wie bei dem Sühneopfer für sich selbst. Auf diese Weise bringt er die Sache wieder ins Reine und der HERR vergibt der ganzen Gemeinde ihre Schuld.

22 Ist es das Oberhaupt eines Stammes, das unbeabsichtigt gegen ein Gebot des HERRN, seines Gottes, verstößt und dadurch Schuld auf sich lädt, 23 so muss der Betreffende, sobald er darauf aufmerksam wird, als Opfer einen fehlerfreien Ziegenbock darbringen. 24 Er legt die Hand auf den Kopf des Ziegenbocks und schlachtet ihn als Sühneopfer vor dem Heiligen Zelt, an der Stelle, wo die Tiere für das Brandopfer geschlachtet werden. 25 Dann streicht der Priester mit dem Finger etwas von dem Blut an die Hörner des Brandopferaltars und schüttet den Rest des Blutes unten an den Altar. 26 Das ganze Fett verbrennt er auf dem Altar, wie es beim Mahlopfer geschieht. Auf diese Weise bringt er die Sache wieder ins Reine und der HERR vergibt dem Stammesoberhaupt seine Schuld.

27 Wenn irgendjemand aus dem Volk unbeabsichtigt gegen ein Gebot des HERRN verstößt und dadurch Schuld auf sich lädt, 28 muss der Betreffende, sobald er darauf aufmerksam wird, als Opfer eine fehlerfreie Ziege darbringen. 29 Er legt seine Hand auf den Kopf des Opfertieres und schlachtet es an der Stelle, wo man die Tiere für das Brandopfer* schlachtet. 30 Dann streicht der Priester mit dem Finger etwas von dem Blut an die Hörner des Brandopferaltars und schüttet den Rest des Blutes unten an den Altar. 31 Die Fettstücke werden herausgeschnitten wie beim Mahlopfer, und der Priester verbrennt sie als ein Opfer, das dem HERRN Freude macht. Auf diese Weise bringt er die Sache wieder ins Reine und der HERR vergibt dem Betreffenden seine Schuld.

32–35 Anstelle einer Ziege kann als Sühneopfer auch ein Schaf, ein weibliches, fehlerfreies Tier, dargebracht werden. Es wird mit ihm genauso verfahren wie mit der Ziege. Die Fettstücke verbrennt der Priester auf dem Altar, im Anschluss an die übrigen Opfergaben. Auf diese Weise bringt er die Sache wieder ins Reine und der HERR vergibt dem Betreffenden seine Schuld.

Weitere Bestimmungen für das Sühneopfer

5 Ein Sühneopfer* wird auch in den folgenden Fällen erforderlich:[a]

wenn jemand unter einem Fluch* steht, weil er einem öffentlichen Aufruf zur Zeugenaussage nicht Folge leistete und verschwieg, was er gesehen oder gehört hat;

2 wenn jemand etwas Unreines* berührt, zum Beispiel das Aas von irgendeinem Tier, und das erst später bemerkt;

3 wenn jemand etwas Unreines berührt, das an einem Menschen ist oder von einem Menschen herrührt, und das erst später bemerkt;

4 wenn jemand unbedacht einen Meineid schwört, gleichgültig, ob es zu seinem Vorteil oder Nachteil ist, und er erst später darauf aufmerksam wird.

5 In diesen Fällen muss der Schuldige, ob Mann oder Frau,[b] zum Priester* gehen und vor ihm bekennen, was er getan hat. 6 Darauf muss er zur Wiedergutmachung dem HERRN ein Schaf oder

a Der Satz ist verdeutlichender Zusatz.
b *ob Mann oder Frau:* verdeutlichender Zusatz, da die Anweisungen sinngemäß – d. h. abgesehen von der *Zeugenaussage,* zu der Frauen nicht zugelassen waren – für beide galten.

5,1-13 4,1-35S

eine Ziege opfern, und zwar soll es ein weibliches Tier sein. Mit diesem Sühneopfer bringt der Priester die Sache wieder ins Reine und befreit ihn von seiner Schuld.

7 Ist der Schuldige zu arm, um ein Schaf oder eine Ziege zu geben, so soll er dem HERRN stattdessen zwei Turteltauben oder zwei andere Tauben darbringen, eine als Sühneopfer und eine als Brandopfer*. 8 Der Priester nimmt zuerst die zum Sühneopfer bestimmte Taube, bricht ihr das Genick, trennt aber den Kopf nicht ab, 9 und sprengt etwas von ihrem Blut an die Altarwand. Das restliche Blut presst er am Fuß des Altars aus. So gehört es sich für ein Sühneopfer. 10 Danach opfert der Priester die zweite Taube nach den Vorschriften für das Brandopfer. Auf diese Weise bringt er die Sache wieder ins Reine und der HERR vergibt dem Schuldigen seine Verfehlung.

11 Ist der Schuldige auch noch zu arm, um zwei Tauben aufzubringen, so soll er dem HERRN stattdessen $\frac{1}{10}$ Efa* (gut 1 Kilo) Weizenmehl darbringen. Er darf jedoch weder Öl darüber gießen noch Weihrauch* dazutun, weil es ein Sühneopfer und kein Speiseopfer* ist. 12 Der Priester nimmt eine Hand voll von dem Mehl und verbrennt diesen Teil auf dem Altar im Anschluss an die übrigen Opfergaben, als ein Zeichen dafür, dass das ganze Opfer dem HERRN gehört. So gehört es sich für ein Sühneopfer. 13 Auf diese Weise bringt der Priester die Sache wieder ins Reine und der HERR vergibt dem Schuldigen seine Verfehlung. Das übrige Mehl gehört dem Priester wie beim Speiseopfer.

Anweisungen für das Wiedergutmachungsopfer

14 Der HERR gab Mose noch weitere Anweisungen:

15 Wenn jemand ohne böse Absicht versäumt, die Abgaben für den HERRN zu entrichten und dadurch schuldig wird, muss er dem HERRN als Wiedergutmachungsopfer* einen fehlerfreien Schaf- oder Ziegenbock darbringen. Das Tier muss so viele Silberstücke* wert sein, wie du festlegst; als Maßeinheit gilt das Gewicht des Heiligtums. 16 Die Abgaben, die der Betreffende schuldig geblieben ist, muss er dem Priester abliefern und muss noch einen Aufschlag von einem Fünftel dazugeben. Mit dem Opfer bringt der Priester die Sache wieder ins Reine und der HERR vergibt dem Betreffenden seine Verfehlung.

17 Wenn jemand unbeabsichtigt gegen irgendein Gebot des HERRN verstößt und etwas Verbotenes tut, so hat er damit Schuld auf sich geladen, auch wenn es ohne Wissen geschehen ist. 18-19 Er muss dafür dem Priester* als Wiedergutmachungsopfer einen fehlerfreien Schaf- oder Ziegenbock bringen, dessen Wert du festlegst. Damit bringt der Priester die Sache wieder ins Reine und der HERR vergibt die Schuld. Das Opfer dient als Wiedergutmachung, denn der Betreffende hat sich gegen den HERRN vergangen, auch wenn es unwissend geschehen ist.

20 Der HERR gab Mose noch eine Anweisung:

21-22 Es kann sein, dass jemand für seinen Mitbürger etwas aufbewahrt, von ihm geliehen, ihm geraubt oder von ihm erpresst hat oder etwas gefunden hat, das dem anderen gehört. Wenn er das ableugnet und die Lüge – in diesen oder weiteren Fällen – auch noch mit einem Eid bekräftigt, dann vergeht er sich gegen den HERRN. 23-24 Wenn er auf diese Weise schuldig geworden ist, muss er dem anderen sein Eigentum zurückgeben oder es ersetzen und muss zu dem vollen Betrag noch ein Fünftel hinzufügen. Die Erstattung muss an dem Tag erfolgen, an dem er für seine Schuld das Wiedergutmachungsopfer* darbringt. 25 Dieses Opfer besteht in einem fehlerfreien Schaf- oder Ziegenbock, dessen Wert du festlegst. Er gibt das Tier dem Priester 26 und der Priester bringt damit die Sache vor dem HERRN wieder ins Reine. Dann vergibt der HERR dem Betreffenden die Schuld, die er auf sich geladen hat.

OPFERGESETZE FÜR DIE PRIESTER
(Kapitel 6–7)

Zusätzliche Vorschriften für Brand- und Speiseopfer

6 1-2 Der HERR redete weiter mit Mose und gab ihm Anweisungen für Aaron und seine Söhne. Er sollte ihnen sagen:

Für das Brandopfer* gilt folgende Vorschrift: Das Opfer bleibt die ganze Nacht über auf dem Altar und die Glut darf nicht verlöschen. 3 Am Morgen zieht der Priester* sein Leinenhemd an und dazu die leinenen Kniehosen. Er nimmt die Asche des Brandopfers von der Glut und schüttet sie neben den Altar*. 4 Dann wechselt er seine Kleider und bringt die Asche aus dem Lager an einen abgegrenzten Ort. 5-6 Über der Glut auf dem Altar schichtet er Holz auf und legt oben auf das Holz das Brandopfer und die Fettstücke der

5,7 12,7-8 S **5,15-26** 7,1-7; 19,21 **5,21-26** Ex 21,37–22,14 S **6,1-6** 1,3-17 S

Mahlopfer*. So facht er das Feuer auf dem Altar jeden Morgen neu an. Es muss stets in Brand gehalten werden und darf nie verlöschen.

7 Für das Speiseopfer* gilt folgende Vorschrift: Ein Priester aus der Nachkommenschaft Aarons tritt damit an den Altar, um es dem HERRN darzubringen. 8 Er nimmt eine Hand voll von dem öldurchtränkten Mehl und den gesamten Weihrauch* und verbrennt diesen Teil der Gabe auf dem Altar zum Zeichen, dass die ganze Opfergabe dem HERRN gehört. So ist es ein Opfer, das den HERRN gnädig stimmt.

9-10 Den Rest des Speiseopfers dürfen die Priester essen. Es muss ohne Sauerteig* verbacken und an geweihter Stätte, im Vorhof* des Heiligen Zeltes, verzehrt werden. Der HERR hat es den Nachkommen Aarons als ihren Anteil am Opfer zugesprochen. Es ist etwas besonders Heiliges*, genauso wie das Fleisch des Sühneopfers* und des Wiedergutmachungsopfers*. 11 Wer unbefugt damit in Berührung kommt, muss sterben. Nur die männlichen Nachkommen Aarons dürfen davon essen; es ist für alle Zukunft ihr festgesetzter Anteil an den Opfern des HERRN.

12 Weiter erhielt Mose vom HERRN die Anweisung: 13 Nachdem Aaron zum Priester gesalbt* worden ist, müssen er und seine Nachkommen dem HERRN von da an täglich ¹/₁₀ Efa* (gut 1 Kilo) Weizenmehl als Speiseopfer darbringen, die eine Hälfte am Morgen, die andere Hälfte am Abend. 14 Das Mehl wird mit Olivenöl vermengt und auf einer eisernen Platte zu Fladen verbacken; die Fladen werden in Stücke gebrochen und dem HERRN dargebracht. So ist es ein Opfer, das den HERRN gnädig stimmt. 15 Wer jeweils in der Nachfolge Aarons den Priesterdienst versieht, muss dieses Speiseopfer zubereiten und für den HERRN auf dem Altar verbrennen. Diese Anordnung gilt für alle Zukunft.

16 Überhaupt muss jedes Speiseopfer, das ein Priester für sich selbst darbringt, ganz verbrannt werden; es darf nichts davon gegessen werden.

Zusätzliche Vorschriften für Sühne- und Wiedergutmachungsopfer

17–18 Auch die folgenden Anweisungen erhielt Mose für Aaron und seine Söhne:

Für das Sühneopfer* gilt die Vorschrift: Genau wie beim Brandopfer* muss das Opfertier rechts neben dem Altar, der vor dem Heiligen Zelt steht, geschlachtet werden.

Das Fleisch des Sühneopfers ist etwas besonders Heiliges*. 19 Der Priester*, der das Opfer darbringt, soll es essen, aber nur an geweihter Stätte, im Vorhof* des Heiligtums.

20 Jeder, der unbefugt damit in Berührung kommt, muss sterben. Kommt ein Spritzer von dem Blut auf ein Kleidungsstück, so muss der Fleck an geweihter Stätte ausgewaschen werden. 21 Wird das Fleisch in einem Tongefäß gekocht, so muss dieses anschließend zerschlagen werden; bei einem Metallgefäß genügt es, wenn es gescheuert und gründlich mit Wasser gespült wird.

22 Nur die männlichen Mitglieder der Priesterfamilien dürfen das Fleisch essen; es ist etwas besonders Heiliges. 23 Wenn jedoch das Blut des Opfertieres ins Heilige Zelt gebracht wurde, um damit Sühne zu schaffen, darf niemand von dem Fleisch essen; es muss verbrannt werden.

7 Für das Wiedergutmachungsopfer* gilt die Vorschrift: Das Fleisch dieses Opfers ist etwas besonders Heiliges. 2 Genau wie beim Brandopfer muss das Opfertier rechts neben dem Altar vor dem Heiligen Zelt geschlachtet werden. Der Priester sprengt das Blut ringsum an den Altar. 3–5 Die besten Stücke gehören dem HERRN, nämlich der Fettschwanz, das Fett an den Eingeweiden, die beiden Nieren mit dem Nierenfett und der Fettlappen an der Leber. Sie werden vom Priester auf dem Altar als Wiedergutmachungsopfer verbrannt. 6 Das Fleisch dürfen die männlichen Mitglieder der Priesterfamilien essen, aber nur an geweihter Stätte; denn es ist etwas besonders Heiliges.

7 Wie beim Sühneopfer, so fällt auch beim Wiedergutmachungsopfer das Fleisch dem Priester zu, der das Opfer darbringt. 8 Beim Brandopfer eines Einzelnen gehört dem amtierenden Priester das Fell des Opfertieres. 9 Auch jedes Speiseopfer*, das im Ofen gebacken oder in der Pfanne oder auf einer Platte zubereitet ist, fällt dem Priester zu, der es darbringt. 10 Die übrigen Speiseopfer dagegen, ob mit oder ohne Öl dargebracht, werden unter allen Priestern aufgeteilt.

Weitere Anweisungen für Mahlopfer

11 Für das Mahlopfer* gilt folgende Vorschrift:

12 Wird es als Dankopfer* dargebracht, so sollen außer dem Opfertier noch Ringbrote* aus Weizenmehl, das mit Olivenöl vermengt ist, und mit Öl bestrichene Fladen dargebracht werden. Beides muss ohne Sauerteig* zubereitet werden. Dazu kommt Ringbrot aus feinem Mehl, das mit Öl verrührt worden ist. 13 Zusätzlich kann auch noch Brot mit Sauerteig dargebracht werden.

6,7-11 2,1-16 S **6,11** Ex 29,37 S **6,17-23** 4,1-35 S; Num 18,8-10 S **6,20** Ex 29,37 S **7,1-7** 5,15-26 S; Num 18,8-10 S **7,11-21** 3,1-17 S

14 Von jeder Art Brot hebt der Opfernde ein
Stück vor dem Altar des HERRN in die Höhe; die-
ser Anteil fällt dem Priester zu, der das Blut des
Opfertieres an den Altar sprengt. 15 Das Fleisch
eines Dankopfers muss an dem Tag gegessen
werden, an dem das Opfer dargebracht wird. Es
darf nichts bis zum anderen Morgen übrig blei-
ben.

16 Wird das Mahlopfer aufgrund eines Gelüb-
des* oder aus freien Stücken dargebracht, so
kann auch noch am folgenden Tag von dem
Fleisch gegessen werden. 17 Aber was am dritten
Tag übrig ist, muss verbrannt werden. 18 Wenn
jemand trotzdem noch von dem Fleisch des
Opfertieres isst, bringt das Opfer ihm nicht das
Wohlwollen des HERRN; es wird ihm nicht ange-
rechnet. Noch schlimmer: Es ist dem HERRN zu-
wider, und wer davon isst, muss es büßen.
19 Auch Fleisch, das mit etwas Unreinem in Be-
rührung kommt, darf nicht gegessen, sondern
muss verbrannt werden.

Nur wer rein* ist, darf am Opfermahl teilneh-
men. 20 Das Opferfleisch ist dem HERRN geweiht.
Wer im Zustand der Unreinheit davon isst, hat
sein Leben verwirkt und muss aus seinem Volk
ausgestoßen werden. 21 Dasselbe gilt für jemand,
der etwas Unreines berührt, irgendeine mensch-
liche Ausscheidung oder ein unreines Tier, und
trotzdem von dem Opferfleisch isst; ein solcher
Mensch hat sein Leben verwirkt und muss aus
seinem Volk ausgestoßen werden.

Verbot des Genusses von Fett und Blut

22-23 Für das ganze Volk erhielt Mose vom
HERRN die Anweisung:

Ihr dürft keinerlei Fett essen, weder vom Rind
noch vom Schaf noch von der Ziege. 24 Fett von
verendeten oder gerissenen Tieren dürft ihr für
alle möglichen Zwecke verwenden, aber auf kei-
nen Fall essen. 25 Wer von dem Fett eines Tieres
isst, das dem HERRN als Opfer dargebracht wer-
den kann, hat sein Leben verwirkt und muss aus
seinem Volk ausgestoßen werden.

26 Genauso wenig dürft ihr Blut* essen, we-
der von Vögeln noch von anderen Tieren. Das
gilt für euch an allen euren Wohnsitzen. 27 Auch
wer Blut isst, hat sein Leben verwirkt und muss
aus seinem Volk ausgestoßen werden.

Der Anteil der Priester

28-29 Noch eine weitere Anweisung erhielt Mose
für das ganze Volk:

Wer ein Opfermahl* feiert, muss einen Teil
des Opfertieres dem HERRN darbringen. 30 Mit
eigener Hand bringt er die Teile herbei, die für
den HERRN bestimmt sind: die Fettstücke und die
Fleischstücke von der Brust. Die Bruststücke
übereignet* er symbolisch dem HERRN; 31 dann
bekommen sie die Priester* als ihren Anteil. Die
Fettstücke werden auf dem Altar verbrannt.

32 Auch die rechte Hinterkeule zählt zum
Priesteranteil. 33 Sie fällt dem Priester zu, der
dem HERRN das Blut und das Fett des Mahlopfer-
tieres darbringt.

34-36 Die Brust und die rechte Hinterkeule der
Tiere, die die Israeliten dem HERRN als Mahl-
opfer darbringen, bestimmt der HERR zum Anteil
des Priesters Aaron und seiner Söhne. Diese
Stücke stehen Aaron und allen seinen Nachkom-
men als Anteil am Opfer zu, sobald sie in den
Priesterdienst eingesetzt sind. Die Israeliten sind
verpflichtet, den Priestern diesen Anteil zu ge-
ben. Diese Vorschrift gilt für alle Zukunft.

37 Dies sind die Anordnungen für das Brand-
opfer, das Speiseopfer, das Sühneopfer, das Wie-
dergutmachungsopfer, das Mahlopfer und das
Opfer bei der Einsetzung der Priester. 38 Der
HERR gab diese Anweisungen Mose auf dem Berg
Sinai*. Damals befahl er den Israeliten, ihm
Opfergaben darzubringen.

EINRICHTUNG DES OPFERDIENSTES AM BERG SINAI (Kapitel 8–10)

Aaron und seine Söhne werden als Priester eingesetzt

(Ex 29,1-37)

8 Der HERR sagte zu Mose: 2-3 »Komm mit
Aaron und seinen Söhnen zum Eingang des
Heiligen Zeltes*! Bring auch die Priesterkleider
mit, das Salböl, den Stier für das Sühneopfer*,
die beiden Schafböcke und den Korb mit den un-
gesäuerten Broten*. Ruf die ganze Gemeinde
dorthin zusammen.«

4 Mose tat, was der HERR ihm befohlen hatte,
und die Gemeinde versammelte sich am Eingang
des Heiligen Zeltes. 5 Mose sagte zu ihnen: »Was
ihr mich jetzt tun seht, hat der HERR mir aufge-
tragen.«

6 Er ließ Aaron und seine Söhne vortreten und
begoss sie mit Wasser. 7 Dann zog er Aaron das
Priesterhemd an, band ihm den Gürtel um, legte
ihm das Obergewand an und band den Amts-
schurz* mit dem daran angewebten Gürtel fest.
8 An den Schulterbändern machte er die Brust-

7,22-25 3,16b-17 S **7,26** 17,10-14 S **7,28-36** 3,1-17 S **7,30** Ex 29,26 S **7,34-36** Dtn 18,3 **8,7-8** Ex 28,1-39

tasche fest und legte die heiligen Lose* hinein.
9 Er setzte Aaron den Turban auf und befestigte
daran vorne das goldene Schild, genau wie der
HERR es ihm befohlen hatte.
10–11 Danach nahm Mose das Salböl und
weihte damit das Heiligtum und den Altar*. Er
besprengte mit dem Öl die Wohnung des HERRN
und alles, was darin war. Siebenmal sprengte er
von dem Öl gegen die Altarwand und besprengte
auch alle Opfergeräte und das große Wasser-
becken mit seinem Untersatz.
12 Dann goss er Salböl auf Aarons Kopf und
weihte ihn zum Priester. 13 Er ließ Aarons Söhne
vortreten und bekleidete sie mit Priesterhemd,
Gürtel und Kopfbedeckung, wie der HERR es ihm
befohlen hatte.
14 Mose ließ nun den Stier herbeibringen, der
als Sühneopfer bestimmt war. Aaron und seine
Söhne legten ihre Hände auf den Kopf des Tieres
15 und Mose schlachtete es. Er nahm von dem
Blut und strich es mit dem Finger an die Hörner*
des Altars; das übrige Blut schüttete er unten an
den Altar. So weihte er den ganzen Altar und rei-
nigte ihn von der Befleckung durch menschliche
Verfehlungen. 16 Die Fettstücke des Opfertieres –
alles Fett an den Eingeweiden, den Fettlappen
an der Leber und die beiden Nieren mit dem Nie-
renfett – verbrannte er auf dem Altar. 17 Den Rest
des Tieres – Haut, Fleisch und Eingeweide – ver-
brannte er außerhalb des Lagers, wie der HERR es
ihm befohlen hatte.
18 Dann ließ er den Schafbock herbeibringen,
der als Brandopfer* bestimmt war. Aaron und
seine Söhne legten ihre Hände auf den Kopf des
Tieres. 19 Mose schlachtete es und sprengte das
Blut ringsum an den Altar. 20 Dann zerlegte er
das Tier und verbrannte die Stücke samt dem
Kopf und dem Fett auf dem Altar. 21 Die Einge-
weide und Unterschenkel säuberte er mit Wasser
und verbrannte auch sie auf dem Altar. Genau
wie der HERR es befohlen hatte, wurde das Tier
als Brandopfer dargebracht, als eine Gabe, die
den HERRN gnädig stimmt.
22 Dann ließ Mose den zweiten Schafbock
bringen, der als Opfer zur Einsetzung der Pries-
ter bestimmt war. Aaron und seine Söhne leg-
ten ihre Hände auf den Kopf des Tieres 23 und
Mose schlachtete es. Er nahm etwas von dem Blut
und betupfte damit Aarons rechtes Ohrläppchen,
seinen rechten Daumen und seine rechte
große Zehe. 24 Dann ließ er die Söhne Aarons
vortreten und betupfte auch bei ihnen das rechte
Ohrläppchen, den rechten Daumen und die
rechte große Zehe mit Blut. Das übrige Blut
sprengte er ringsum an den Altar.
25 Darauf nahm er den Fettschwanz, die übri-
gen Fettstücke, die Nieren und dazu die rechte
Hinterkeule. 26 Aus dem Korb mit den unge-
säuerten Broten*, der vor dem Altar stand, nahm
er ein gewöhnliches Ringbrot* und ein solches,
das mit Öl zubereitet war, sowie ein Fladen-
brot*. Er legte die Brote auf die Fettstücke und
auf die Keule 27 und gab alles zusammen Aaron
und seinen Söhnen in die Hände. Diese boten es
dem HERRN dar.
28 Darauf nahm Mose ihnen alles wieder aus
den Händen, legte es auf den Altar und ver-
brannte es wie zuvor das Brandopfer. So wurde
es ein Einsetzungsopfer, wie es den HERRN gnä-
dig stimmt.
29 Dann nahm Mose die Bruststücke und
übereignete* sie symbolisch dem HERRN. Der
HERR hatte bestimmt, dass dieser Teil des Einset-
zungsopfers Mose gehören sollte.
30 Danach nahm Mose noch einmal Salböl
und etwas Blut vom Altar und sprengte beides
auf Aaron und seine Söhne sowie auf deren Klei-
der. So weihte er sie und ihre Kleider.
31 Dann sagte Mose zu Aaron und seinen Söh-
nen: »Kocht das Fleisch des zweiten Schafbocks
am Eingang zum Heiligen Zelt. Esst es dort
zusammen mit dem Opferbrot aus dem Korb.
So hat der HERR es mir befohlen. 32 Was von
dem Fleisch und Brot übrig bleibt, müsst ihr ver-
brennen.
33 Solange die Einsetzungsfeier dauert, dürft
ihr euch nicht vom Eingang des Zeltes entfernen
– sieben Tage lang. 34 Der HERR hat angeordnet,
die Opfer des heutigen Tages an den folgenden
Tagen zu wiederholen, damit eure Schuld weg-
genommen wird. 35 Bleibt also sieben Tage und
Nächte lang am Eingang des Heiligen Zeltes.
Wenn ihr diese Anweisung nicht befolgt, müsst
ihr sterben. So hat der HERR es mir befohlen.«
36 Aaron und seine Söhne taten alles, was der
HERR durch Mose angeordnet hatte.

Der erste Opfergottesdienst

9 Als die sieben Tage um waren, rief Mose
Aaron und seine Söhne sowie die Ältesten*
Israels zu sich 2 und sagte zu Aaron: »Hol dir
einen jungen Stier für ein Sühneopfer* und
einen Schafbock für ein Brandopfer* und bring
sie zum Heiligen Zelt*! Beide Tiere müssen feh-
lerfrei sein.
3 Sag den Leuten von Israel, sie sollen eben-

8,10-11 Ex 40,9-11 **8,29** Ex 29,26 S

falls Opfertiere bringen: für das Sühneopfer
einen Ziegenbock und für das Brandopfer einen
einjährigen Stier und ein einjähriges Schaf, bei-
des fehlerfreie Tiere.
4 Sie sollen auch einen Stier und einen Schaf-
bock bringen für das Opfermahl*, das wir vor
dem HERRN feiern wollen, und außerdem noch
Mehl und Öl für das Speiseopfer*. Denn heute
will der HERR sich euch zeigen.«

Aaron opfert für sich selbst

5 Man brachte alles, wie Mose es angeordnet
hatte, vor das Heilige Zelt*, und die ganze Ge-
meinde versammelte sich dort vor dem HERRN.
6 Mose sagte: »Heute dürft ihr die Herrlichkeit*
des HERRN sehen. Tut deshalb, was der HERR
euch befohlen hat!«
7 Zu Aaron sagte er: »Geh jetzt an den Altar*
und opfere für dich selbst das Sühneopfer* und
das Brandopfer*, damit deine Schuld weggenom-
men wird. Anschließend bringst du die Opfer für
die Schuld des Volkes dar. Tu alles, wie der HERR
es vorgeschrieben hat.«
8 Aaron ging zum Altar und schlachtete den
jungen Stier, den er als Sühneopfer für sich selbst
mitgebracht hatte. 9 Seine Söhne fingen das Blut
auf und brachten es ihm. Mit dem Finger strich
er von dem Blut an die Hörner* des Altars; das
übrige Blut schüttete er unten an den Altar.
10 Die Fettstücke, die Nieren und den Fettlappen
an der Leber verbrannte er auf dem Altar, genau
wie der HERR es Mose aufgetragen hatte. 11 Das
Fleisch und die Haut verbrannte er außerhalb
des Lagers.
12 Nun schlachtete Aaron den Schafbock für
das Brandopfer. Seine Söhne fingen das Blut auf
und er sprengte es ringsum an den Altar. 13 Dann
zerlegten sie das Opfertier und reichten ihm die
Stücke, zuletzt den Kopf. Aaron verbrannte alles
auf dem Altar. 14 Die Eingeweide und die Unter-
schenkel säuberte er mit Wasser und legte sie
oben auf die brennenden Stücke.

Aaron opfert für das Volk

15 Danach brachte Aaron dem HERRN die Opfer-
gaben des Volkes. Er schlachtete den Ziegen-
bock, der als Opfer für die Verfehlungen des Vol-
kes bestimmt war, und verfuhr damit wie bei
dem Sühneopfer* für sich selbst. 16 Er besorgte
das Brandopfer* genau nach der Anordnung.
17 Vom Speiseopfer* nahm er eine Hand voll und
verbrannte diesen Teil auf dem Altar*, zusätzlich
zu dem Speiseopfer, das zum Morgenbrandopfer
gehört.
18 Dann schlachtete er den Stier und den
Schafbock für das Opfermahl* des Volkes. Seine
Söhne fingen das Blut auf und Aaron sprengte es
ringsum an den Altar. 19–20 Die besten Stücke der
beiden Opfertiere legten seine Söhne auf die
Fleischstücke von der Brust: das Fett an den Ein-
geweiden, die beiden Nieren mit dem Nieren-
fett, den Fettlappen an der Leber und dazu vom
Schafbock den Fettschwanz. Aaron verbrannte
alle Fettstücke auf dem Altar; 21 die Bruststücke
und die rechte Hinterkeule aber übereignete* er
symbolisch dem HERRN, genau wie Mose es be-
fohlen hatte.
22 Als Aaron alle Opfer dargebracht hatte, hob
er seine Hände empor und segnete das Volk.
Dann stieg er vom Altar herab. 23 Zusammen
mit Mose ging er in das Heilige Zelt*. Als sie wie-
der herauskamen und das Volk segneten, zeigte
sich die Herrlichkeit* des HERRN dem ganzen
Volk. 24 Flammen gingen von ihr aus und ver-
zehrten die Brandopferstücke und die Fettstücke
auf dem Altar. Bei diesem Anblick brach das Volk
in Jubel aus und alle warfen sich anbetend zu
Boden.

Ein schwerer Verstoß gegen die Opfervorschriften

10 Zwei Söhne Aarons, Nadab und Abihu,
nahmen ihre Räucherpfannen*, legten
Glut und Weihrauch hinein und gingen damit
ins Heilige Zelt*. Aber sie hatten die Weisung
des HERRN nicht beachtet und die Glut nicht vom
Altar* des HERRN genommen.[a] 2 Da ging Feuer
vom HERRN aus und tötete sie.
3 Mose sagte zu Aaron: »Hier erfüllt sich, was
der HERR gesagt hat:

›Ich erweise mich als der heilige Gott
an denen, die mir nahen dürfen;
und meine Macht und Hoheit zeige ich
vor meinem ganzen Volk.‹«

Aaron war vor Schreck wie gelähmt. 4 Mose rief
Mischaël und Elizafan, die Söhne von Aarons
Onkel Usiël, und befahl ihnen: »Schafft die
Leichen eurer Verwandten aus dem Heiligtum!
Bringt sie vors Lager hinaus!« 5 Sie gehorchten
und schafften die Toten in ihren Priesterhemden
an einen Platz außerhalb des Lagers.

a *Aber sie hatten ...:* Deutung unsicher; wörtlich *Sie brachten fremdes Feuer vor den HERRN, das er ihnen nicht befohlen hatte.*

9,6 Ex 16,7S **9,7** Hebr 5,3S **9,16** 1,10-13 **9,21** Ex 29,26S **9,22** Num 6,22-26 **9,23** Ex 16,7S **9,24** Ri 6,21; 1Kön 18,38; 1Chr 21,26; 2Chr 7,1 **10,2** Num 11,1; 16,35; 2Kön 2,10-14

6 Mose sagte zu Aaron und dessen Söhnen Eleasar und Itamar: »Lasst eure Brüder, die anderen Israeliten, um die beiden Männer trauern, die der HERR bestraft hat! Ihr aber dürft eure Haare nicht ungepflegt hängen lassen und eure Kleider nicht zerreißen. Sonst müsst auch ihr sterben und der Zorn des HERRN kommt über die ganze Gemeinde. 7 Entfernt euch auf keinen Fall vom Eingang des Heiligen Zeltes, sonst müsst ihr sterben; denn ihr seid mit heiligem Öl zu Priestern des HERRN geweiht.«

Aaron und seine Söhne befolgten diese Anweisung.

Einschärfung der Priesterpflichten

8 Der HERR sagte zu Aaron: 9 »Wenn ein Priester*, du selbst oder einer deiner Söhne, ins Heilige Zelt* geht, darf er vorher weder Wein noch Bier trinken, sonst muss er sterben. Diese Vorschrift gilt für alle Zukunft.

10 Ihr müsst unterscheiden zwischen gewöhnlichen Orten und meinem Heiligtum, zwischen reinen* Dingen und unreinen. 11 Ihr müsst den Israeliten alle Gesetze einprägen, die ich durch Mose verkündet habe, und müsst sie ihnen erklären.«

12–13 Mose sagte zu Aaron und den beiden Söhnen, die ihm geblieben waren, Eleasar und Itamar: »Was von den Speiseopfern* übrig bleibt, die dem HERRN dargebracht werden, dürft ihr nehmen und daraus Brot backen, aber ohne Sauerteig*. Esst es an geweihter Stätte, neben dem Altar*, denn es ist etwas besonders Heiliges*. So hat der HERR es mir befohlen. Es ist der Anteil, der dir, Aaron, und deinen Nachkommen von den Speiseopfern des HERRN zusteht.

14 Die Brust und die Keule, die dir und deinen Nachkommen von den Mahlopfern* der Israeliten zustehen, könnt ihr an einem anderen reinen Ort verzehren, nicht nur du und deine Söhne, sondern auch die Frauen. 15 Die Priester sollen aber zuerst Keule und Brust zusammen mit den Fettstücken des Opfertieres zum Altar bringen und sie dem HERRN symbolisch übereignen*. Danach gehören sie dir und deinen Söhnen. Das steht euch für alle Zukunft als euer Anteil zu. So hat der HERR es befohlen.«

16 Als Mose nach dem Ziegenbock fragte, der als Sühneopfer* dargebracht worden war, stellte sich heraus, dass man auch Fleisch und Fell des Tieres verbrannt hatte.

Da wurde Mose zornig auf Eleasar und Itamar, die beiden Söhne, die Aaron geblieben waren, und sagte: 17 »Warum habt ihr das getan? Ihr hättet das Fleisch des Sühneopfers an geweihter Stätte essen sollen; denn es ist etwas besonders Heiliges. Der HERR hat es euch gegeben, weil ihr zwischen ihm und der Gemeinde alles wieder ins Reine bringen und die Schuld der Gemeinde wegschaffen sollt. 18 Nur wenn das Blut des Opfertieres ins Heiligtum vor den HERRN gebracht worden wäre, hätte das Tier verbrannt werden dürfen. So aber hättet ihr das Fleisch im Heiligtum essen müssen, wie ich es angeordnet hatte.«

19 Aaron antwortete Mose: »Du weißt doch, meine Söhne haben ihr Sühneopfer und ihr Brandopfer* dem HERRN heute ordnungsgemäß dargebracht und trotzdem ist so etwas Fürchterliches geschehen. Meinst du, es hätte dem HERRN gefallen, wenn wir ausgerechnet heute das Fleisch des Sühneopfers gegessen hätten?«

20 Mose ließ sich das sagen und hieß es gut.

BEDINGUNGEN FÜR DIE TEILNAHME AM OPFERGOTTESDIENST

(Reinheitsvorschriften; Kapitel 11–15)

Welche Tiere die Israeliten essen dürfen und welche nicht

(Dtn 14,3-21)

11 1–3 Der HERR befahl Mose und Aaron, den Leuten von Israel zu sagen:

»Folgende Tiere dürft ihr essen: Von den großen Landtieren sind euch alle erlaubt, die deutlich gespaltene Klauen haben und zugleich ihre Nahrung wiederkäuen. 4–6 Dagegen sollt ihr Kamele, Hasen und Klippdachse meiden. Sie sind zwar Wiederkäuer, haben aber keine gespaltenen Klauen. 7 Auch das Schwein ist für euch verboten. Es hat zwar gespaltene Klauen, ist aber kein Wiederkäuer. 8 Esst keins von diesen Tieren und berührt sie auch nicht, wenn sie verendet sind. Sie alle gelten für euch als unrein*.

9–12 Von den Tieren, die im Wasser leben, in Flüssen, Seen und Meeren, dürft ihr nur die essen, die Flossen und Schuppen haben, die übrigen sollen euch als ungenießbar gelten. Esst keins von diesen Tieren und wendet euch voll Ekel davon ab, wenn ihr irgendwo ein verendetes findet.

13–19 Folgende Vögel dürft ihr auf keinen Fall essen; sie sollen euch als ungenießbar gelten: Adler, Geier, Eulen und alle anderen Raubvögel,

10,9 Jes 28,7; Ez 44,21 **10,10** 11,1–15,33; Ez 22,26; 44,23 **10,12-13** 2,10; 6,9-11; Num 18,8-10 S **10,14-15** 7,28-36 **10,15** Ex 29,26 S **11,1-47** Apg 10,11-16 **11,7** Jes 65,4; 66,17; 2 Makk 6,18-20

außerdem Krähen, Strauße, Schwalben, Möwen, Störche, Reiher, Wiedehopfe und Fledermäuse.

20 Auch alle vierfüßigen geflügelten Insekten
sollt ihr verabscheuen, 21 mit Ausnahme derer, die Sprungbeine haben und damit auf der Erde hüpfen können. 22 Ihr dürft also alle Heuschreckenarten essen; 23 aber alles andere Ungeziefer mit Flügeln und Füßen ist für euch ungenießbar.

24–28 Die folgenden Tiere dürft ihr nicht berühren, wenn sie verendet sind: alle großen Landtiere, die nicht deutlich gespaltene Hufe haben und zugleich Wiederkäuer sind, und alle Tiere, die vier Füße haben und auf Tatzen gehen. Wer eines dieser Tiere berührt, ist unrein bis zum Abend, und wer das Aas eines solchen Tieres wegschafft, muss außerdem noch seine Kleider waschen.

29–31 Von den kleinen Landtieren, die auf der Erde kriechen, gelten für euch als unrein die Mäuse und Maulwürfe, alle Eidechsenarten und das Chamäleon. Wer sie berührt, nachdem sie verendet sind, ist bis zum Abend unrein.

32 Alle Gegenstände, auf die ein totes Tier dieser Art fällt, werden unrein, gleichgültig, ob sie aus Holz, Leinen, Leder oder Ziegenhaar sind, und gleichgültig, wofür sie gebraucht werden. Sie müssen sogleich in Wasser getaucht werden und bleiben unrein bis zum Abend.

33 Fällt ein totes Tier dieser Art in ein Tongefäß, so wird dessen Inhalt unrein und ihr müsst das Gefäß zerschlagen. 34 Jede Speise, die mit Wasser aus solch einem Gefäß zubereitet wird, ist unrein, und auch alle Getränke sind unrein, die aus solch einem Gefäß getrunken werden.

35 Wenn das tote Tier auf einen Herd oder Backofen fällt, muss er eingerissen werden; er ist unrein und für immer unbenutzbar geworden.
36 Jedoch ein Brunnen oder eine wassergefüllte Zisterne bleibt rein. Unrein wird nur, wer das tote Tier herausholt.

37 Fällt Aas auf Saatgut, das gerade ausgesät werden soll, so bleibt das Saatgut rein; 38 war es aber zum Vorkeimen in Wasser gelegt worden, so wird es unrein.

39 Wenn ein Tier, das ihr eigentlich essen dürft, verendet, darf es nicht berührt werden; wer es berührt, wird bis zum Abend unrein.
40 Wer das verendete Tier wegträgt oder etwas davon isst, muss außerdem seine Kleider waschen.

41–42 Alle kleinen Landtiere müsst ihr verabscheuen und dürft sie auf keinen Fall essen, gleichgültig, ob sie auf dem Bauch kriechen oder sich auf vier oder mehr Füßen fortbewegen.
43 Sonst werdet ihr unrein und erregt meinen Abscheu. 44 Ich bin der HERR, euer Gott! Ich bin heilig*, deshalb sollt auch ihr rein und heilig sein. Verunreinigt euch nicht durch irgendetwas, was auf der Erde kriecht.

45 Ich bin der HERR, der euch aus Ägypten geführt hat, um euer Gott zu sein. Ihr sollt heilig sein, weil ich heilig bin.«

46 Dies sind die Anweisungen zur Beurteilung der verschiedenen Tierarten. 47 Sie sind gegeben, damit unterschieden wird zwischen rein und unrein, zwischen Tieren, die gegessen werden dürfen, und solchen, die nicht gegessen werden dürfen.

Reinheitsvorschriften für Wöchnerinnen

12 1–2 Der HERR befahl Mose, den Leuten von Israel zu sagen:

Wenn eine Frau einen Sohn zur Welt bringt, ist sie 7 Tage unrein*, genau wie während ihrer monatlichen Blutung. 3 Am 8. Tag soll der Sohn beschnitten werden. 4 Danach muss die Frau noch 33 Tage warten, bis sie wieder ganz rein ist. In dieser Zeit darf sie nicht zum Heiligtum kommen und auch nichts berühren, was als Opfer oder Abgabe für das Heiligtum bestimmt ist.

5 Hat sie eine Tochter zur Welt gebracht, wird sie 14 Tage unrein und muss dann noch 66 Tage warten, bis sie wieder ganz rein ist.

6 Sind die 33 oder 66 Tage um, so soll die Frau ein einjähriges Schaf als Brandopfer* und eine Taube oder Turteltaube als Sühneopfer* zum Priester* an den Eingang des Heiligen Zeltes bringen. 7–8 Ist sie zu arm, um ein Schaf zu opfern, so soll sie zwei Turteltauben oder zwei andere Tauben[a] nehmen, eine als Brandopfer und eine als Sühneopfer. Der Priester bringt ihre Opfergaben dem HERRN dar und nimmt damit ihre Unreinheit weg; dann ist sie wieder rein.

Dies sind die Reinheitsvorschriften für Wöchnerinnen.

Bestimmungen über die Feststellung von Aussatz

13 Der HERR gab Mose und Aaron folgende Anweisungen:

2 Wenn sich auf der Haut eines Menschen eine Schwellung zeigt oder Schuppen oder ein heller Fleck und somit der Verdacht auf Aussatz* besteht, muss die betreffende Person zum Pries-

a andere Tauben: wörtlich *Kinder der Taube,* d. h. Tiere von der Gattung Taube. In G wurde dies als *junge Tauben* verstanden (so auch in Lk 2,24).

11,22 Mk 1,6 par **11,44-45** 19,2b S **12,3** Gen 17,4-14 S **12,7-8** 5,7; 14,21-22; 27,8

ter*, zu Aaron oder einem seiner Söhne, gebracht werden. 3 Der Priester muss sich den Fall ansehen. Ist die Behaarung an der kranken Stelle weiß und liegt diese tiefer als die umgebende Haut, so handelt es sich um Aussatz. Sobald der Priester das festgestellt hat, erklärt er die betreffende Person für unrein*. 4 Ist es aber ein heller Fleck auf der Haut, der nicht tiefer liegt als die umgebende Haut und dessen Behaarung nicht weiß geworden ist, so soll der Priester die erkrankte Person eine Woche lang isolieren. 5 Dann soll er sie sich wieder ansehen. Wenn die Stelle noch genauso aussieht wie vorher und der Befall sich nicht ausgebreitet hat, soll er sie noch einmal sieben Tage isolieren. 6 Ist dann der Fleck dunkler geworden und hat sich nicht weiter ausgebreitet, so war es ein harmloser Ausschlag und der Priester erklärt die Person für rein. Sie muss nur noch ihre Kleider waschen. 7 Wenn der Ausschlag sich später doch wieder ausbreitet, muss sie sich ein zweites Mal dem Priester zeigen. 8 Findet der Priester den Verdacht auf Aussatz bestätigt, muss er sie für unrein erklären.

9–10 Wenn sich auf der Haut eines Menschen eine weiße Schwellung zeigt, muss die betreffende Person zum Priester gebracht werden, damit der sich den Fall ansieht. Ist auch die Behaarung an der kranken Stelle weiß geworden und es wuchert darauf wildes Fleisch, 11 so handelt es sich um Aussatz im fortgeschrittenen Stadium. Der Priester muss die betreffende Person für unrein erklären; der Fall ist eindeutig. 12–13 Wenn aber der Priester sieht, dass der Ausschlag den ganzen Körper von Kopf bis Fuß bedeckt, soll er die erkrankte Person für rein erklären. Weil die ganze Haut weiß geworden ist, gilt die Person als rein. 14–15 Sobald jedoch irgendwo wildes Fleisch wuchert, muss sie für unrein erklärt werden. Wucherndes Fleisch ist ein Zeichen für Aussatz. 16–17 Wenn die Wucherung zurückgeht und alles weiß wird, soll sie wieder zum Priester gehen und der Priester erklärt sie für rein.

18 Wenn auf der Haut eines Menschen ein Geschwür entsteht und wieder abheilt, 19 aber an der Stelle des Geschwürs bildet sich eine weiße Schwellung oder ein rotweißer Fleck, dann muss die betreffende Person sich dem Priester zeigen. 20 Liegt die Stelle tiefer als die umgebende Haut und ist die Behaarung darauf weiß geworden, so soll der Priester die Person für unrein erklären. Es handelt sich um Aussatz, der mit einem Geschwür angefangen hat. 21 Kann der Priester jedoch keine solchen Anzeichen feststellen und die Färbung ist sogar zurückgegangen, so soll er die betreffende Person sieben Tage isolieren. 22 Hat der Fleck sich danach ausgedehnt, so ist es Aussatz und der Priester muss die erkrankte Person für unrein erklären. 23 Ist der Fleck jedoch nicht größer geworden, so ist es nur die Narbe von dem Geschwür und der Priester erklärt die Person für rein.

24 Wenn jemand eine Brandwunde auf der Haut hat und sich darin ein rotweißer oder weißer Fleck bildet, 25 muss die betreffende Person die Wunde dem Priester zeigen. Stellt sich heraus, dass die Behaarung auf dem Fleck weiß geworden ist und die Stelle tiefer liegt als die umgebende Haut, so ist in der Brandwunde Aussatz ausgebrochen und der Priester muss die Person für unrein erklären. 26 Kann der Priester jedoch keine solchen Anzeichen feststellen und die Färbung ist sogar zurückgegangen, so soll er sie eine Woche lang isolieren 27 und sich dann wieder ansehen. Hat der Fleck sich in der Zwischenzeit ausgedehnt, so ist es Aussatz und der Priester muss die erkrankte Person für unrein erklären. 28 Ist der Fleck jedoch nicht größer geworden und die Haut hat wieder ihre normale Färbung, so ist es nur die Narbe von der Brandwunde und der Priester erklärt die Person für rein.

29 Wenn ein Mann oder eine Frau einen Ausschlag auf der Kopfhaut bekommt oder der Mann unter dem Bart, 30 dann muss der Priester sich den Fall ansehen. Liegt der Ausschlag tiefer als die umgebende Haut und die Haare an der Stelle sind gelblich geworden und haben ihre Festigkeit verloren, so ist es Aussatz, wie er auf dem Kopf oder im Bart auftritt, und der Priester muss die erkrankte Person für unrein erklären. 31 Liegt der Ausschlag zwar nicht tiefer als die umgebende Haut, aber das Haar an der Stelle ist gelblich geworden, so soll der Priester die Person eine Woche lang isolieren 32 und sich dann wieder ansehen. Hat sich der Ausschlag in der Zwischenzeit nicht weiter ausgebreitet, haben sich keine gelblichen Haare mehr gebildet und erscheint die Stelle nicht tiefer als die umgebende Haut, 33 so soll die Person das Haar rund um die Stelle abrasieren lassen. Der Priester isoliert sie noch einmal sieben Tage 34 und sieht sich den Fall danach wieder an. Hat sich der Ausschlag nicht weiter ausgebreitet und die Stelle liegt nicht tiefer als die umgebende Haut, so erklärt er die betreffende Person für rein. Sie muss nur noch ihre Kleider waschen. 35 Wenn der Befall sich später doch noch weiter ausbreitet, 36 muss der Priester sich die Person noch einmal ansehen. Hat sich der Ausschlag wirklich ausgebreitet, so braucht er nicht erst nach gelblich gewordenen Haaren zu suchen. Der Fall ist ein-

deutig: Die erkrankte Person ist unrein. 37 Findet jedoch der Priester, dass der Ausschlag sich nicht weiter ausgebreitet hat, und sprossen an der Stelle wieder schwarze Haare, so ist der Ausschlag geheilt und der Priester erklärt die Person für rein.

38 Zeigen sich bei einem Mann oder einer Frau weiße Flecken auf der Haut, 39 so muss der Priester sich den Fall ansehen. Sind es nur blassweiße Flecken, so ist es ein harmloser Ausschlag und die betreffende Person ist rein.

40–41 Verliert ein Mann die Haare auf seinem Kopf, an der Stirnseite oder auf dem Hinterkopf, wird er dadurch nicht unrein. 42–43 Zeigt sich aber auf der kahlen Stelle ein rotweißer Ausschlag, so muss der Priester sich den Fall ansehen. Stellt er fest, dass der rotweiße Fleck genauso aussieht wie Aussatz am Körper, 44 so handelt es sich tatsächlich um Aussatz und der Priester muss den Betreffenden für unrein erklären. Es ist Aussatz am Kopf.

Über das Verhalten von Aussätzigen

45 Alle, die von Aussatz[a] befallen sind, müssen zerrissene Kleider tragen und ihr Haar frei hängen lassen; Männer müssen den Bart verhüllen. Sie müssen andere, die in ihre Nähe kommen, mit dem Ruf »Unrein, unrein!« warnen. 46 Solange der Zustand anhält, bleiben sie unrein. Sie müssen abgesondert leben und sich außerhalb des Lagers aufhalten.

Bestimmungen für den Befall von Gebrauchsgegenständen

47–49 Wenn an einem Kleid oder Gewebe aus Wolle oder Leinen oder an gegerbten Fellen oder an Gegenständen aus Leder ein Fleck auftritt und dieser Fleck gelblich grün oder rötlich ist, dann kann es sich um fressenden Schimmel handeln und das Stück muss dem Priester* gezeigt werden. 50 Der Priester sieht es sich an und schließt es sieben Tage ein. 51 Hat sich danach der Fleck vergrößert, so ist es tatsächlich fressender Schimmel. Der Priester erklärt das Stück für unrein* 52 und es muss verbrannt werden.

53 Stellt der Priester jedoch fest, dass der Fleck sich nicht ausgebreitet hat, 54 so lässt er das befallene Stück waschen und schließt es noch einmal sieben Tage ein. 55 Ist danach das Aussehen an der Stelle unverändert, so ist das Stück unrein, auch wenn der Fleck sich nicht weiter ausgebreitet hat. Es muss verbrannt werden, weil der Schimmel so tief sitzt, gleichgültig, ob es auf der Außenseite oder auf der Innenseite ist.

56 Stellt der Priester fest, dass der Fleck nach der Reinigung verblasst ist, so reißt er das befallene Stück von dem Kleid, dem Leder oder dem Gewebe ab. 57 Tritt der Befall danach an den übrigen Teilen auf, so muss der Gegenstand verbrannt werden. 58 Ist jedoch der Fleck bei der Reinigung ganz verschwunden, so muss das Stück ein zweites Mal gewaschen werden und ist dann rein.

59 Nach diesen Regeln muss bei Schimmel an einem Kleid oder Gewebe aus Wolle oder Leinen oder an Gegenständen aus Leder entschieden werden, ob etwas für rein oder unrein zu erklären ist.

Bestimmungen für die Reinerklärung von Aussätzigen

14 1–2 Der HERR sagte Mose auch, wie zu verfahren ist, damit ein Aussätziger,[b] der geheilt ist, wieder als rein gelten kann.[c]

Der Betreffende wird zum Priester* gebracht, 3 der dazu vor das Lager hinausgeht. Wenn der Priester feststellt, dass der Kranke von seinem Aussatz geheilt ist, 4 ordnet er an, dass zwei lebende reine Vögel, Zedernholz, Karmesinfarbe und Ysop* gebracht werden. 5 Er lässt den einen Vogel über einer Tonschale mit Quellwasser schlachten. 6 Dann wirft er das Zedernholz, die Karmesinfarbe und den Ysop in das mit dem Wasser vermischte Blut und taucht auch den lebenden zweiten Vogel hinein. 7 Mit der Mischung besprengt er den Genesenen siebenmal und erklärt ihn für rein; den Vogel lässt er fortfliegen.

8 Dann wäscht der Genesene seine Kleider, er lässt sein gesamtes Haar scheren und spült sich mit Wasser ab. Nun ist er rein und er darf ins Lager kommen, muss aber noch sieben Tage außerhalb seines Zeltes zubringen. 9 Am siebten Tag muss er sein Haar nochmals scheren lassen, das Kopf- und Barthaar, die Augenbrauen und die Haare am übrigen Körper, er muss seine Klei-

[a] *Aussatz:* Im Hebräischen steht ein Wort, das »Schlag, (unheimliche) Berührung« bedeutet. Im Blick ist nicht die Ansteckungsgefahr, sondern die Gefahr eines dämonischen Einflusses; siehe Sacherklärungen »Aussatz« und »rein«.

[b] Es ist anzunehmen, dass die Vorschriften singgemäß auch für Frauen galten, auch wenn sich im Unterschied zu Kap 13 (Verse 29 und 38) kein Hinweis darauf findet.

[c] Reinheit (siehe Sacherklärung) ist nicht schon mit dem Verschwinden der Symptome gegeben, sondern muss durch die im Folgenden beschriebenen Maßnahmen hergestellt werden.

14,1-2 Mk 1,44 par

der waschen und seinen Körper mit Wasser ab-
spülen. Dann ist er endgültig rein.
10 Am achten Tag nimmt der Genesene zwei
fehlerfreie junge Schafböcke und ein fehlerfreies
einjähriges Schaf sowie als Speiseopfer* $^{3}/_{10}$ Efa*
(3,5 Kilo) Weizenmehl mit Olivenöl vermengt
und außerdem $^{1}/_{12}$ Hin* ($^{1}/_{3}$ Liter) Olivenöl. 11 Der
Priester führt ihn mit seinen Opfergaben zum
Eingang des Heiligen Zeltes* und stellt ihn vor
den HERRN.
12 Der erste Schafbock und das Öl sind für das
Wiedergutmachungsopfer* bestimmt. Der Pries-
ter übereignet* diese Opfergaben symbolisch
dem HERRN 13 und schlachtet dann den Schaf-
bock an geweihter Stätte, dort, wo die Sühne-
und Brandopfertiere geschlachtet werden. Ge-
nau wie das Sühneopfer* fällt das Wiedergut-
machungsopfer dem Priester zu; es ist etwas
besonders Heiliges*.
14 Der Priester nimmt etwas von dem Blut des
Opfertieres und betupft damit dem Genesenen
das rechte Ohrläppchen, den rechten Daumen
und die rechte große Zehe. 15 Von dem Öl gießt
er sich etwas in die hohle linke Hand, 16 taucht
den rechten Zeigefinger hinein und sprengt da-
mit siebenmal an den Altar. 17 Dann betupft er
damit dem Genesenen das rechte Ohrläppchen,
den rechten Daumen und die rechte große Zehe
18 und streicht ihm den Rest des Öls in seiner
Hand auf den Kopf. So sorgt er dafür, dass
zwischen dem Genesenen und dem HERRN alles
wieder ins Reine gebracht wird.
19 Dann bringt der Priester das Schaf als
Sühneopfer dar und befreit so den Genesenen
von dem Makel, der ihm wegen seiner Unrein-
heit anhaftet. Danach schlachtet er den zweiten
Schafbock für das Brandopfer* 20 und verbrennt
ihn zusammen mit dem Speiseopfer auf dem
Altar. So nimmt der Priester die Unreinheit des
Genesenen weg und er ist wieder rein.
21 Ist jemand zu arm für diese Opfergaben, so
muss er nur den einen Schafbock aufbringen,
der als Wiedergutmachungsopfer dient und dem
HERRN symbolisch übereignet wird, damit alles
ins Reine kommt. Dazu nimmt er als Speiseopfer
$^{1}/_{10}$ Efa (gut 1 Kilo) Mehl mit Öl vermengt und
$^{1}/_{12}$ Hin ($^{1}/_{3}$ Liter) Öl 22 sowie zwei Turteltauben
oder zwei andere Tauben, die eine für das Sühne-
opfer, die andere für das Brandopfer.
23 Er bringt dies alles am achten Tag zum
Priester an den Eingang des Heiligen Zeltes und
tritt damit vor den HERRN. 24 Der Priester nimmt
den Schafbock für das Wiedergutmachungsopfer
sowie das Öl und übereignet beides symbolisch
dem HERRN. 25–31 Darauf schlachtet er den Bock
und verfährt mit dem Blut und dem Öl genau
wie im vorangehenden Fall. Dann bringt er
die eine Taube als Sühneopfer dar, die andere
als Brandopfer, und dazu das Speiseopfer. So
sorgt er dafür, dass zwischen dem Genesenen
und dem HERRN alles wieder ins Reine gebracht
wird.
32 Nach dieser Vorschrift ist zu verfahren,
wenn jemand vom Aussatz genesen, aber zu arm
ist, um ein größeres Opfer für seine Reinigung
aufzubringen.

Bestimmungen für Befall an Häusern

33 Weiter sagte der HERR zu Mose und Aaron:
34 Wenn ihr in das Land kommt, das der HERR
euch zum Eigentum gibt, und der HERR lässt an
einem Haus Schwamm auftreten, 35 dann muss
der Besitzer des Hauses zum Priester* gehen und
melden: »An meinem Haus ist etwas, das wie
Aussatz* aussieht.«
36 Bevor der Priester in das Haus geht, lässt er
es ausräumen. Sonst muss, wenn der Verdacht
zutrifft, der ganze Hausrat für unrein* erklärt
werden. Erst danach geht er hinein und sieht
sich das Haus an.
37 Stellt er fest, dass an der Wand gelblich
grüne oder rötliche Flecken sind, die tiefer liegen
als die übrige Wand, 38 so versperrt er das Haus
für sieben Tage. 39 Stellt er danach fest, dass die
Flecken an der Wand sich ausgedehnt haben,
40 so lässt er die Steine, die davon befallen sind,
herausreißen und außerhalb der Stadt an einen
unreinen Platz werfen. 41 Die Innenwände wer-
den ringsum abgekratzt und der Putz wird eben-
falls an einen unreinen Platz vor der Stadt ge-
worfen. 42 Dann werden andere Steine anstelle
der alten eingesetzt und das Haus wird neu ver-
putzt.
43 Kommen die Flecken danach wieder zum
Vorschein 44 und der Priester stellt fest, dass sie
sich ausbreiten, so ist es fressender Schwamm.
Das Haus ist unrein; 45 es muss niedergerissen
werden. Steine, Balken und Putz werden an
einen unreinen Platz außerhalb der Stadt ge-
schafft.
46 Wer das Haus betritt, während es abge-
sperrt ist, wird unrein bis zum Abend. 47 Wer
dort schläft oder isst, wird unrein und muss seine
Kleider waschen.
48 Stellt der Priester jedoch fest, dass die
Flecken nicht wieder aufgetreten sind, nachdem

14,13 Num 18,8-10 S **14,21-22** 12,7-8 S

der Putz erneuert wurde, erklärt er das Haus für
rein; der Befall ist völlig beseitigt.
49 Um das Haus vollends rein zu machen,
nimmt er zwei Vögel, Zedernholz, Karmesin-
farbe und Ysop. 50 Er schlachtet den einen Vogel
über einer Tonschale mit Quellwasser, 51 wirft
das Zedernholz, den Ysop und die Karmesin-
farbe in das mit dem Wasser vermischte Blut
und taucht auch den anderen Vogel hinein.
Mit der Mischung besprengt er das Haus sie-
benmal. 52–53 Dann lässt er den lebenden Vogel
aus der Stadt hinausfliegen. So nimmt er die Un-
reinheit von dem Haus und es ist wieder rein.

54–57 Nach diesen Weisungen soll der Priester
Hautausschläge bei Menschen und Flecken an
Stoffen und Häusern beurteilen und entschei-
den, ob der erkrankte Mensch oder der befallene
Gegenstand rein oder unrein ist.

Bestimmungen über körperliche Unreinheit

15 1–2 Der HERR befahl Mose und Aaron, den
Leuten von Israel zu sagen:
Jeder Mann, der einen krankhaften Ausfluss
aus seinem Glied hat, wird dadurch unrein*,
3 gleichgültig, ob der Ausfluss wässrig oder dick-
flüssig ist. 4 Auch alles, worauf der Kranke liegt
oder sitzt, wird unrein. 5–6 Wer dessen Lager be-
rührt oder sich auf etwas setzt, worauf er geses-
sen hat, muss die Kleider waschen und sich mit
Wasser abspülen und bleibt unrein bis zum
Abend.

7–11 Dasselbe gilt, wenn einer den Kranken
selbst berührt, von ihm bespuckt wird, etwas be-
rührt oder wegträgt, worauf dieser gesessen hat,
oder wenn er von dem Kranken angefasst wird,
ohne dass dieser sich zuvor die Hände gewa-
schen hat. Auch der Sattel, auf dem der Kranke
reitet, wird unrein. 12 Ein Tongefäß, das der
Kranke berührt, muss zerschlagen, ein Holzge-
fäß muss mit Wasser abgespült werden.

13 Wird der Kranke von seinem Ausfluss ge-
heilt, so wartet er noch sieben Tage. Dann
wäscht er seine Kleider, spült seinen Körper mit
frischem Wasser[a] ab und ist wieder rein. 14 Am
achten Tag nimmt er zwei Turteltauben oder
zwei andere Tauben und tritt damit vor den
HERRN am Eingang des Heiligen Zeltes*. Die
Tauben gibt er dem Priester. 15 Der opfert die
eine als Sühneopfer*, die andere als Brandopfer*
und bringt so zwischen dem Kranken und
dem HERRN alles wieder in Ordnung.

16 Hat ein Mann im Schlaf einen Samen-
erguss, so muss er seinen ganzen Körper mit
Wasser abspülen und ist bis zum Abend unrein.
17 Jedes Kleidungsstück oder Fell, woran etwas
von dem Samen gekommen ist, muss mit Wasser
gereinigt werden und ist unrein bis zum Abend.
18 Hat er den Samenerguss im Verkehr mit einer
Frau, so müssen sich beide mit Wasser abspülen
und bleiben bis zum Abend unrein.

19 Wenn eine Frau ihre monatliche Blutung
hat, ist sie sieben Tage lang unrein. Jeder, der sie
berührt, wird unrein bis zum Abend. 20 Auch
alles, worauf sie sich während dieser Zeit legt
oder setzt, wird unrein. 21–22 Wer ihr Lager oder
etwas, worauf sie gesessen hat, berührt, muss
seine Kleider waschen, sich selbst mit Wasser
abspülen und bleibt bis zum Abend unrein.
23 Auch wer irgendetwas auf ihrem Lager oder
ihrer Sitzgelegenheit berührt, wird unrein bis
zum Abend. 24 Hat ein Mann während dieser
Zeit mit ihr Geschlechtsverkehr, wird er selbst
für sieben Tage unrein. Jedes Lager, auf dem er
liegt, wird unrein.

25 Dauert die monatliche Blutung länger als
sieben Tage oder hat eine Frau außerhalb ihrer
Periode einen Ausfluss, der längere Zeit anhält,
so ist sie während dieser Zeit genauso unrein wie
während ihrer Monatsblutung. 26 Jedes Lager,
auf dem sie liegt, und jeder Gegenstand, auf den
sie sich setzt, wird unrein. 27 Wer diese Dinge be-
rührt, wird selbst unrein. Er muss seine Kleider
waschen und sich mit Wasser abspülen und
bleibt unrein bis zum Abend.

28 Wird sie von dem Ausfluss geheilt, so
wartet sie noch sieben Tage und ist dann wie-
der rein. 29 Am achten Tag bringt sie zwei Turtel-
tauben oder zwei andere Tauben zum Priester
an den Eingang des Heiligen Zeltes. 30 Der
Priester opfert die eine als Sühneopfer, die an-
dere als Brandopfer und bringt so zwischen der
Kranken und dem HERRN alles wieder in Ord-
nung.

31 Abschließend sagte der HERR zu Mose und
Aaron: »Schärft den Leuten von Israel ein, dass
sie diese Reinheitsvorschriften beachten. Denn
wenn sie in unreinem Zustand meiner Woh-
nung, die mitten in ihrem Lager ist, nahe kom-
men, müssen sie sterben.«

32–33 Nach diesen Anordnungen ist zu verfah-
ren, wenn jemand, ob Mann oder Frau, einen
Ausfluss aus seinem Geschlechtsteil hat oder
wenn ein Mann mit einer Frau schläft, die ihre
monatliche Blutung hat.

a Wörtlich *fließendem* (im Gegensatz zu stehendem) *Wasser.*
15,25 Mk 5,25 par

DAS JÄHRLICHE HAUPTFEST UND DIE HAUPTREGEL FÜR DAS OPFER (Kapitel 16–17)

Bestimmungen für den Versöhnungstag

16 1–2 Nachdem die beiden Söhne Aarons ge-
storben waren, weil sie sich dem HERRN
auf eigenmächtige Weise genähert hatten, sagte
der HERR zu Mose:
»Sag deinem Bruder Aaron, dass er nur zu
bestimmten Zeiten durch den Vorhang in das
innerste Heiligtum, das Allerheiligste*, geht.
Sonst muss er sterben. Denn dort zeige ich mich
in einer Wolke über der goldenen Deckplatte,
die auf der Bundeslade* liegt.
3 Er darf auf keinen Fall hineingehen, bevor
er einen Stier als Sühneopfer* und einen Schaf-
bock als Brandopfer* dargebracht hat.
4 Zuerst soll er sich waschen und besondere
Kleider anziehen: ein Priesterhemd und Knie-
hosen, Turban und Gürtel, alles aus einfachem
Leinen. 5 Dann lässt er sich von der Gemeinde
Israel zwei Ziegenböcke als Sühneopfer und ei-
nen Schafbock als Brandopfer geben. 6 Er selbst
hält als Sühneopfer für die eigene Schuld und die
Schuld seiner Familie den Stier bereit.
7 Die beiden Böcke bringt er zu mir an den
Eingang des Heiligen Zeltes*. 8 Das Los soll ent-
scheiden, welcher Bock mir und welcher Asasel*
gehört. 9 Der Bock, den das Los für mich be-
stimmt, wird mir von Aaron als Opfer für die
Schuld des Volkes dargebracht; 10 der andere soll
lebend vor mich gestellt und mit der Schuld des
Volkes beladen zu Asasel in die Wüste getrieben
werden.
11 Zuvor aber muss Aaron den Stier opfern, da-
mit seine Schuld und die seiner Familie wegge-
schafft wird. Nachdem er das Tier geschlachtet
hat, 12 nimmt er eine Pfanne voll glühender Koh-
len vom Altar* vor dem Heiligen Zelt und dazu
zwei Hand voll zerstoßenen Weihrauch und geht
damit durch den Vorhang in das Allerheiligste.
13 Dort streut er den Weihrauch über die Glut,
damit der aufsteigende Rauch die Deckplatte
über der Lade mit dem Bundesgesetz* verhüllt
und er nicht sterben muss. 14 Dann holt er etwas
von dem Blut des geschlachteten Stieres und
sprengt es mit dem Finger einmal gegen die Vor-
derseite der Deckplatte und siebenmal vor ihr
auf die Erde.
15 Darauf schlachtet er den Ziegenbock, der
als Sühneopfer für die Schuld des Volkes be-
stimmt ist, bringt sein Blut hinter den Vorhang
und sprengt davon auf die Deckplatte der Lade
und vor ihr auf die Erde, genau wie er es mit
dem Blut des Stieres gemacht hat. 16 Auf diese
Weise reinigt er das Allerheiligste, das durch die
Sünden der Israeliten befleckt worden ist, und
anschließend reinigt er das ganze Heilige Zelt,
das mitten im Lager der Israeliten steht und
durch ihre Verfehlungen unrein* wird.
17 Niemand darf im Heiligen Zelt anwesend
sein, während Aaron in das Allerheiligste geht
und für sich, seine Familie und ganz Israel diese
Sühnehandlung vollzieht.
18 Anschließend geht Aaron zum Altar, der
vor dem Heiligen Zelt steht, und reinigt auch
ihn. Er bestreicht die Hörner* des Altars mit
dem Blut der beiden Opfertiere 19 und sprengt
mit dem Finger siebenmal Blut an den Altar. Auf
diese Weise reinigt er ihn von der Befleckung
durch die Sünden des Volkes.«

Der Sündenbock

20 »Wenn Aaron das Allerheiligste, das Zelt und
den Altar gereinigt hat, bringt er den zweiten
Ziegenbock herbei. 21 Er legt seine beiden Hände
auf den Kopf des Bockes und spricht über ihm
alle Verfehlungen aus, durch die sich die Leute
von Israel schuldig gemacht haben. So legt er alle
Sünden des Volkes dem Bock auf den Kopf und
lässt dann das Tier durch einen dazu bestellten
Mann in die Wüste jagen. 22 Der Bock trägt alle
diese Sünden weg und bringt sie in eine unbe-
wohnte Gegend.
23 Dann geht Aaron in das Heilige Zelt* und
legt die leinenen Kleider ab, die er für diese
Sühnehandlung angezogen hat. Sie werden im
Zelt aufbewahrt. 24 Er wäscht sich im Bereich
des Heiligtums, legt seine Priesterkleider an und
bringt für sich und für das Volk die beiden Schaf-
böcke als Brandopfer* dar. Auch damit schafft er
Sühne für sich selbst und für das Volk. 25 Die
Fettstücke der Sühneopfer verbrennt er ebenfalls
auf dem Altar.
26 Der Mann, der den Bock zu Asasel* in die
Wüste gejagt hat, muss seine Kleider und sich
selbst mit Wasser abspülen, bevor er ins Lager
zurückkehrt. 27 Die Reste des Stieres und des an-
deren Ziegenbocks, mit deren Blut das Heiligtum
gereinigt worden ist, bringt man vor das Lager
hinaus und verbrennt dort alles, Fell, Fleisch und
Eingeweide. 28 Der Mann, der es verbrennt, darf
ebenfalls erst ins Lager zurückkehren, wenn er

16,1-17 Hebr 9,7.12 **16,1-2** 10,1-2; Ex 29,37S; 19,8-9S; 25,22S **16,27** Hebr 13,11

sich und seine Kleider mit Wasser abgespült
hat.«

Weitere Vorschriften für den Versöhnungstag

29 »Am 10. Tag des 7. Monats sollt ihr diesen Feier-
tag begehen. Die Bestimmungen dafür gelten für
alle Zukunft. Ihr müsst euch Bußübungen* auf-
erlegen und dürft an diesem Tag keine Arbeit
verrichten. Das gilt auch für die Fremden*, die
bei euch leben. 30 An diesem Tag wird für eure
Sünden Sühne* geleistet und eure Unreinheit
wird von euch genommen; ihr werdet wieder
rein* vor dem HERRN. 31 Darum ist dieser Tag
für euch ein strenger Ruhetag, an dem ihr euch
Bußübungen auferlegt. Diese Anordnung gilt für
alle Zukunft.

32 Der Priester, der als Nachfolger Aarons ge-
salbt* und in dessen Priesteramt eingesetzt wird,
hat die vorgeschriebenen Handlungen zu vollzie-
hen. In den leinenen Kleidern, die eigens dafür
bestimmt sind, 33 soll er das Allerheiligste*, das
ganze Heilige Zelt* und den Altar* von aller Be-
fleckung reinigen und die übrigen Priester und
das ganze Volk von ihrer Schuld befreien. 34 Ein-
mal im Jahr müssen auf diese Weise alle Verfeh-
lungen der Leute von Israel gesühnt werden. So
sollt ihr es halten für alle Zukunft.«

Aaron führte alles so aus, wie der HERR es
Mose befohlen hatte.

Schlachtung von Tieren nur am Heiligtum

17 Der HERR befahl Mose, 2 zu Aaron und
seinen Söhnen sowie zu allen Israeliten
zu sagen:

»Hört, was der HERR angeordnet hat! 3 Wenn
ein Israelit ein Rind, ein Schaf oder eine Ziege
schlachten will, darf er es nicht an einem beliebi-
gen Platz innerhalb oder außerhalb des Lagers
tun. 4 Er muss das Tier an den Eingang des Heili-
gen Zeltes* bringen und es dort vor der Woh-
nung des HERRN als Opfergabe für ihn schlach-
ten. Wer es anderswo schlachtet, handelt wie
jemand, der das Blut eines Menschen vergießt,
und lädt schwere Schuld auf sich. Er hat sein
Leben verwirkt und muss aus seinem Volk aus-
gestoßen werden.

5 Deshalb sollen die Leute von Israel die
Opfertiere, die sie bis jetzt auf freiem Feld
geschlachtet haben, zum HERRN bringen, zu
seinem Priester* an den Eingang des Heiligen
Zeltes. Dort sollen sie die Tiere für das Opfer-
mahl* mit dem HERRN schlachten. 6 Der Priester
sprengt das Blut an den Altar* des HERRN, der
am Eingang des Heiligen Zeltes steht, und ver-
brennt auf dem Altar die Fettstücke als ein Opfer,
das den HERRN gnädig stimmt.

7 Die Leute von Israel sollen ihre Tiere nicht
mehr als Opfer für die Dämonen* schlachten,
denen sie nachlaufen. Diese Anordnung gilt für
alle Zukunft.«

Verbot von Blutgenuss

8–9 Weiter ließ der HERR dem Volk durch Mose
sagen:

»Wer anderen Göttern ein Brandopfer* oder
ein anderes Opfer darbringt, statt es mir am Ein-
gang des Heiligen Zeltes* zu opfern, hat sein
Leben verwirkt und muss aus seinem Volk aus-
gestoßen werden. Das gilt auch für die Frem-
den*, die bei euch leben.

10 Genauso ergeht es jedem Israeliten und
jedem Fremden unter euch, der irgendwelches
Blut* isst: Ich selbst wende mich gegen ihn und
rotte ihn aus seinem Volk aus. 11 Denn im Blut ist
das Leben. Ich habe bestimmt, dass alles Blut
zum Altar gebracht wird, um Schuld zu sühnen.
Weil im Blut das Leben ist, schafft es Sühne* für
verwirktes Leben. 12 Darum habe ich zu den Leu-
ten von Israel gesagt: Niemand von euch darf
Blut essen, auch nicht die Fremden, die bei euch
leben.

13 Wenn ein Israelit oder ein Fremder Wild
oder Vögel jagt, die ihr essen dürft, dann muss er
das Blut der erlegten Tiere auslaufen lassen und
mit Erde bedecken. 14 Denn im Blut ist das
Leben, und deshalb habe ich euch verboten, Blut
zu essen. Jeder, der Blut isst, muss sterben.

15 Wenn irgendjemand, ein Israelit oder ein
Fremder, ein verendetes oder gerissenes Tier isst,
muss er seine Kleider und sich selbst mit Wasser
abspülen und bleibt bis zum Abend unrein*.
16 Wenn er es unterlässt, muss er die Folgen tra-
gen.«

GESETZE FÜR GOTTES HEILIGES VOLK
(Kapitel 18–20)

Verbot geschlechtlicher Verirrungen

18 Der HERR sagte zu Mose: 2 »Richte den
Leuten von Israel aus, was ich ihnen zu
sagen habe:

›Ich bin der HERR, euer Gott. 3 Lebt nicht so,
wie die Leute in Ägypten leben, woher ihr

16,29-34 23,26-32; Num 29,7-11 **17,10-14** (Blut) 3,17; 7,26; 19,26; Gen 9,4; Dtn 12,16.23; Apg 15,20 **17,11** Hebr 9,22 **17,15** 11,40; 22,8; Ex 22,30; Dtn 14,21 **18,3** 20,22-24; Dtn 18,9

kommt, auch nicht so, wie sie in Kanaan* leben, wohin ich euch bringe. Die Sitten dieser Völker gehen euch nichts an. 4 Ihr sollt euch nach meinen Ordnungen richten und meinen Anweisungen gehorchen. Ich bin der HERR, euer Gott. 5 Wer meine Gebote und Weisungen befolgt, bewahrt sein Leben. Ich bin der HERR!

6 Kein Mann unter euch darf mit einer Blutsverwandten geschlechtlich verkehren. Ich bin der HERR!

7 Du darfst nicht mit deiner Mutter schlafen und dadurch deinen Vater entehren; denn sie ist deine Mutter.

8 Du darfst nicht mit einer anderen Frau deines Vaters schlafen; denn auch dadurch entehrst du deinen Vater.

9 Du darfst nicht mit deiner Schwester oder Halbschwester schlafen, gleichgültig, ob sie die Tochter deines Vaters oder deiner Mutter ist und ob sie in der gleichen Ehe geboren ist oder nicht.

10 Du darfst nicht mit deiner Enkeltochter schlafen; denn dadurch entehrst du dich selbst.

11 Du darfst nicht mit einem Mädchen schlafen, das die Tochter deines Vaters und einer seiner Frauen ist; denn sie ist deine Schwester.

12 Du darfst nicht mit einer Schwester deines Vaters schlafen; denn sie ist mit deinem Vater blutsverwandt.

13 Du darfst nicht mit einer Schwester deiner Mutter schlafen; denn sie ist mit deiner Mutter blutsverwandt.

14 Du darfst nicht mit der Frau deines Onkels, des Bruders deines Vaters, schlafen; denn sie ist deine Tante.

15 Du darfst nicht mit deiner Schwiegertochter schlafen; denn sie ist die Frau deines Sohnes.

16 Du darfst nicht mit deiner Schwägerin schlafen; denn dadurch entehrst du deinen Bruder.

17 Wenn du mit einer Frau verkehrst, darfst du nicht gleichzeitig mit ihrer Tochter oder Enkeltochter schlafen. Sie sind mit ihr blutsverwandt, deshalb ist das so viel wie Blutschande.

18 Du darfst nicht die Schwester deiner Frau zur Nebenfrau nehmen, solange deine Frau noch lebt.

19 Du darfst nicht mit einer Frau schlafen, die ihre monatliche Blutung hat; denn in dieser Zeit ist sie unrein*.

20 Du darfst nicht mit der Frau eines anderen Mannes schlafen; denn dadurch wirst du unrein.

21 Du darfst keines deiner Kinder als Opfer für den Götzen Moloch* verbrennen; denn dadurch beleidigst du deinen Gott. Ich bin der HERR!

22 Kein Mann darf mit einem anderen Mann geschlechtlich verkehren; denn das verabscheue ich.

23 Kein Mann und keine Frau dürfen mit einem Tier geschlechtlich verkehren. Das ist widerwärtig und macht unrein.

24 Verunreinigt* euch nicht durch alle diese Verirrungen, wie es die Völker getan haben, die ich vor euch vertreibe. 25 Sie haben das Land unrein gemacht; aber ich sorge dafür, dass es seine Bewohner ausspuckt und so wieder rein wird.

26 Ihr aber sollt euch nach meinen Geboten und Weisungen richten* und genauso die Fremden*, die bei euch leben. Tut nicht solche abscheulichen Dinge 27 wie die Leute, die vor euch das Land bewohnten und es unrein machten. 28 Sonst wird euch das Land genauso ausspucken, wie es jetzt seine bisherigen Bewohner ausspuckt. 29 Wer irgendeine von diesen Abscheulichkeiten tut, hat sein Leben verwirkt und muss aus seinem Volk ausgestoßen werden.

30 Gehorcht meinen Anweisungen und richtet euch nicht nach den abscheulichen Sitten der Völker, die vor euch das Land bewohnten. Verunreinigt euch nicht durch ein solches Verhalten. Ich bin der HERR, euer Gott!‹«

»Ihr sollt heilig sein, denn ich bin heilig!«

19 Der HERR sagte zu Mose: 2 »Richte der ganzen Gemeinde Israel aus, was ich ihr zu sagen habe:

›Ihr sollt heilig* sein; denn ich, der HERR, euer Gott, bin heilig.

3 Jeder soll seine Mutter und seinen Vater ehren und den wöchentlichen Ruhetag, meinen Sabbat*, beachten. Ich bin der HERR, euer Gott!

4 Wendet euch nicht anderen Göttern zu und macht euch keine Götterbilder. Ich bin der HERR, euer Gott!

5 Wenn ihr mir zu Ehren ein Opfermahl* feiert, dann haltet euch an die Vorschriften, damit euer Opfer euch mein Wohlwollen bringt.

18,5 Dtn 4,1 S; Neh 9,29; Ez 18,9; 20,11.13; Spr 3,1-2 S; Lk 10,28 S **18,6-23** 20,11-21 **18,8** Gen 35,22; 2 Sam 16,22; 1 Kor 5,1 **18,9** Dtn 27,22; 2 Sam 13,1-14; Ez 22,11 **18,15** Gen 38,16 **18,16** Mk 6,18 par **18,19** 15,19.24; Ez 22,10 **18,21** (Kinderopfer) 20,1-5; Dtn 12,31; 18,10-11; 2 Kön 17,17.31; Jer 7,31 S; Ez 16,20-21 S **18,22** Gen 19,5; Ri 19,22; Röm 1,27; 1 Kor 6,9 **18,23** 20,15-16; Ex 22,18; Dtn 27,21 **18,25** Jer 16,18 S **19,2 b** 11,44-45; 20,25-26; Ex 22,30; Mt 5,48; 1 Petr 1,15-16 **19,3** Ex 20,12 S; 20,8-10 S **19,4** Ex 20,2-3 S; 20,4 S **19,5-8** 3,1-17; 7,16-18

6 Esst das Opferfleisch am Tag der Schlachtung
und auch noch am Tag danach; aber was am drit-
ten Tag noch übrig ist, muss verbrannt werden.
7 Wenn jemand dann noch davon isst, nehme ich
das ganze Opfer nicht an; es ist mir zuwider.
8 Wer davon isst, lädt Schuld auf sich. Er hat ent-
weiht, was mir, dem HERRN, heilig* ist. Damit
hat er sein Leben verwirkt und muss aus seinem
Volk ausgestoßen werden.

9 Wenn ihr erntet, sollt ihr euer Feld nicht bis
an den Rand abernten und keine Nachlese hal-
ten. 10 Auch eure Weinberge sollt ihr nicht ganz
ablesen und die heruntergefallenen Trauben
nicht aufheben. Lasst etwas übrig für die Armen
und für die Fremden* bei euch. Ich bin der HERR,
euer Gott!

11 Vergreift euch nicht an fremdem Eigentum.
Belügt und betrügt einander nicht. 12 Miss-
braucht nicht meinen Namen*, um etwas Un-
wahres zu beschwören; denn damit entweiht ihr
ihn. Ich bin der HERR!

13 Erpresst und beraubt nicht eure Mitmen-
schen. Wenn jemand um Tageslohn für euch
arbeitet, dann zahlt ihm seinen Lohn noch am
selben Tag aus. 14 Sagt nichts Böses über einen
Tauben, der es nicht hören und sich nicht wehr-
en kann, und legt einem Blinden keinen Knüp-
pel in den Weg. Nehmt meine Weisungen ernst:
Ich bin der HERR!

15 Wenn ihr einen Rechtsfall zu entscheiden
habt, dann haltet euch streng an das Recht.
Bevorzugt weder den Armen und Schutzlosen
noch den Reichen und Mächtigen. Wenn ihr als
Richter[a] über einen Mitmenschen das Urteil
sprecht, darf allein die Gerechtigkeit den Maß-
stab abgeben.

16 Verbreitet keine Verleumdungen über eure
Mitmenschen. Sucht niemand dadurch aus dem
Weg zu schaffen, dass ihr vor Gericht falsche An-
schuldigungen gegen ihn vorbringt. Ich bin der
HERR!

17 Wenn du etwas gegen deinen Bruder oder
deine Schwester[b] hast, dann trage deinen Groll
nicht mit dir herum. Rede offen mit ihnen dar-
über, sonst machst du dich schuldig.

18 Räche dich nicht an deinem Mitmenschen
und trage niemand etwas nach.

Liebe deinen Mitmenschen wie dich selbst.
Ich bin der HERR!‹

Weitere Weisungen für Gottes heiliges Volk

19 ›Befolgt meine Anordnungen! Kreuzt nicht
Tiere verschiedener Art miteinander. Sät nicht
auf demselben Acker zwei verschiedene Sorten
Saatgut. Tragt auch keine Kleidung, die aus zwei
verschiedenen Garnen gewebt ist.

20 Wenn ein Mann mit einer Sklavin schläft,
die einem anderen Mann zur Ehe zugesagt, aber
noch nicht losgekauft oder freigelassen worden
ist, dann muss er mir eine Wiedergutmachung
leisten. Die beiden werden nicht mit dem Tod
bestraft, weil die Frau noch nicht frei war. 21 Der
Mann muss einen Schafbock als Wiedergut-
machungsopfer* zu mir an den Eingang des
Heiligen Zeltes* bringen. 22 Mit diesem Opfer
bringt der Priester* die Sache wieder ins Reine
und ich, der HERR, vergebe dem Betreffenden
seine Schuld.

23 Wenn ihr in euer Land kommt und Obst-
bäume pflanzt, sind die Früchte drei Jahre lang
unrein* und dürfen nicht gegessen werden.
24 Im vierten Jahr sollen alle Früchte als Dank-
opfer mir, dem HERRN, geweiht werden. 25 Vom
fünften Jahr ab dürft ihr die Früchte essen. Wenn
ihr so verfahrt, werden eure Bäume umso mehr
Früchte tragen.[c] Ich bin der HERR, euer Gott!

26 Esst kein Fleisch, in dem noch Blut* ist.
Treibt keine Wahrsagerei oder Zauberei.
27–28 Wenn ihr einen Toten beweint, sollt ihr
nicht das Haar abschneiden, den Bart stutzen
oder euch Einschnitte am Körper oder Tätowie-
rungen machen. Ich bin der HERR!

29 Entehrt eure Töchter nicht dadurch, dass
ihr sie zur Hurerei* anhaltet. Sonst wird sich
diese Unsitte über das ganze Land verbreiten
und euer Land wird mir ein Gräuel. 30 Haltet den
Sabbat* in Ehren und entweiht nicht mein
Heiligtum. Ich bin der HERR!

31 Wendet euch nicht an Wahrsager und an
Leute, die die Geister der Toten befragen. Wer
das tut, macht sich unrein. Ich bin der HERR, euer
Gott!

32 Steht ehrerbietig auf, wenn ein Mensch mit
grauem Haar zu euch tritt. Begegnet den Alten
mit Achtung und fürchtet euren Gott. Ich bin der
HERR!

33 Unterdrückt nicht die Fremden*, die bei

a Das waren ursprünglich alle freien Männer eines Orts; die Rechtsprechung wurde von ihnen gemeinsam ausgeübt (durch Abstimmung; vgl. noch Mk 14,64).
b Wörtlich *gegen deinen Bruder**. *c* *Wenn ihr so verfahrt ...:* oder *Von da an gehört der Ertrag euch.*

19,9-10 23,22; Dtn 24,19-21 **19,11** Ex 20,15S; 20,16S **19,12** Ex 20,7; 20,16S; Mt 5,33 **19,13** Dtn 24,14-15; Mal 3,5; Jak 5,4 **19,14** Dtn 27,18 **19,15-16** Ex 23,1-3S **19,15** Dtn 1,17S **19,17** Mt 18,15 **19,18** 19,34; Mk 12,31S **19,19** Dtn 22,9-11 **19,21** 5,15-26S **19,26** (Blut) 17,10-14S; (Wahrsagerei) 19,31S; Ex 22,17; Dtn 18,10-11; 2Kön 17,17; 21,6 **19,27-28** 21,5; Dtn 14,1; Jer 16,6S **19,29** Hos 4,14 **19,30** 26,2; Ex 20,8-10S **19,31** (Totengeister befragen) 19,26S; 20,6.27; 1Sam 28,3-25; Jes 8,19

euch im Land leben, 34 sondern behandelt sie genau wie euresgleichen. Jeder von euch soll seinen fremden Mitbürger lieben wie sich selbst. Denkt daran, dass auch ihr in Ägypten Fremde gewesen seid. Ich bin der HERR, euer Gott!

35–36 Übervorteilt niemand und verwendet keine falschen Maße und Gewichte. Eure Waage muss stimmen, und die Gewichtssteine und die Längen- und Hohlmaße[a] müssen genau der Norm entsprechen. Ich bin der HERR, euer Gott, der euch aus Ägypten herausgeführt hat!

37 Richtet euch in allem nach meinen Geboten und Weisungen und befolgt sie.

Ich bin der HERR!‹«

Strafen für schwere Verirrungen

20 1–2 Weiter ließ der HERR den Leuten von Israel durch Mose sagen:

»Wer von euch und von den Fremden*, die in Israel leben, sein Kind dem Götzen Moloch* opfert, muss mit dem Tod bestraft werden. Die versammelte Gemeinde soll ihn steinigen*. 3 Ich selbst wende mich gegen ihn und rotte ihn aus seinem Volk aus. Er hat eins von seinen Kindern dem Moloch gegeben und damit mein Heiligtum unrein* gemacht und meinen heiligen Namen* entehrt. 4 Wenn die Männer der Gemeinde ihre Augen vor seiner Untat verschließen und ihn leben lassen, 5 dann gehe ich selbst mit ihm und seiner Sippe ins Gericht. Ich werde ihn und alle, die sich nach seinem Beispiel mit dem Götzen Moloch einlassen, aus ihrem Volk ausrotten.

6 Auch wenn jemand sich an Wahrsager wendet und an Leute, die die Geister der Toten befragen, ist das Götzendienst. Ich selbst wende mich gegen alle, die so etwas tun, und rotte sie aus ihrem Volk aus.

7 Reinigt euch von allem, was mir zuwider ist, und lebt so, dass ihr mein heiliges* Volk seid; denn ich bin der HERR, euer Gott. 8 Richtet euch nach meinen Geboten und befolgt sie. Ich bin der HERR und habe euch aus den Völkern ausgesondert, damit ihr heilig seid.

9 Wer seinen Vater oder seine Mutter verflucht, muss getötet werden; sein Blut findet keinen Rächer.[b]

10 Wenn jemand mit der Frau eines anderen Israeliten Ehebruch begeht, müssen beide getötet werden, der Ehebrecher und die Ehebrecherin.

11 Wenn jemand mit einer Frau seines Vaters schläft und dadurch seinen Vater entehrt, müssen beide getötet werden; ihr Blut findet keinen Rächer.

12 Wenn jemand mit seiner Schwiegertochter schläft, müssen beide getötet werden. Sie haben sich auf eine schändliche Weise befleckt; ihr Blut findet keinen Rächer.

13 Wenn ein Mann mit einem anderen Mann geschlechtlich verkehrt, haben sich beide auf abscheuliche Weise vergangen. Sie müssen getötet werden; ihr Blut findet keinen Rächer.

14 Wenn jemand Tochter und Mutter zugleich zur Frau nimmt, ist das ein schändliches Vergehen. Alle drei müssen verbrannt werden; denn so etwas Schändliches darf es bei euch nicht geben.

15 Wenn ein Mann mit einem Tier geschlechtlich verkehrt, muss er getötet werden; auch das Tier müsst ihr umbringen.

16 Wenn eine Frau sich irgendeinem Tier nähert und mit ihm geschlechtlich verkehrt, sollt ihr die Frau und das Tier umbringen. Sie müssen getötet werden; ihr Blut findet keinen Rächer.

17 Wenn ein Mann mit seiner Schwester oder Halbschwester schläft, machen sich beide schuldig; es ist eine schlimme Schandtat. Die beiden müssen vor versammeltem Volk getötet werden. Der Mann hat mit seiner Schwester verkehrt und muss die Folgen seiner Untat tragen.

18 Wenn ein Mann mit einer Frau während ihrer monatlichen Blutung schläft, machen sich beide schuldig und müssen aus ihrem Volk ausgerottet werden.

19 Niemand darf mit der Schwester seiner Mutter oder seines Vaters schlafen; denn sie ist seine Blutsverwandte. Die beiden müssen die Folgen ihrer Untat tragen.

20 Wer mit der Frau seines Onkels schläft, entehrt damit seinen Onkel. Die beiden müssen die Folgen ihres Vergehens tragen; sie werden ohne Nachkommen sterben.

21 Wer mit der Frau seines Bruders schläft, entehrt seinen Bruder und tut etwas Schändliches. Er und die Frau werden keine Nachkommen haben.

22 Richtet euch nach allen meinen Geboten

a *Hohlmaße:* Erwähnt werden *Efa und Hin* als die Grundmaße für Getreide und Flüssigkeiten wie Wein und Olivenöl (siehe für beides die Sacherklärungen).

b Wörtlich *sein Blut (ist) auf/an ihm,* d. h., sein vergossenes Blut ruft nicht – wie bei einem Mord (Gen 4,10) – nach dem Bluträcher*; es kommt nicht als rächende Macht »über« den, der ihn tötet, sondern bleibt sozusagen an dem Getöteten haften und behaftet ihn selbst als den Schuldigen.

19,34 19,18 S; Ex 22,20 S **19,35-36** Dtn 25,13-16; Spr 11,1 S; Ez 45,10-12; Am 8,5 S **20,1-5** 18,21 S **20,6** 19,26 S **20,9** Ex 20,12 S **20,10** Ex 20,14 S **20,11-21** 18,6-23 **20,15-16** 18,23 S **20,22-24** 18,3

und Weisungen und befolgt sie. Nur dann wird
euch das Land nicht ausspucken, in das ich euch
bringen will. 23 Nehmt nicht die Sitten der Leute
an, die ich vor euch vertreibe. Weil sie all diese
Schandtaten begangen haben, sind sie mir zum
Abscheu geworden 24 und deshalb habe ich zu
euch gesagt: ›Ihr Land gebe ich euch; ihr sollt es
in Besitz nehmen – ein Land, das von Milch und
Honig überfließt.‹ Ich, der HERR, euer Gott, habe
euch aus den anderen Völkern ausgesondert.

25 Deshalb sollt ihr auch genau zwischen rei-
nen* und unreinen Tieren unterscheiden. Esst
keine Tiere, die ich für unrein erklärt habe. Sonst
werdet ihr selbst unrein und erregt meinen Ab-
scheu.

26 Ihr sollt heilig sein und mir allein gehören,
denn ich, der HERR, bin heilig. Ich habe euch aus
den anderen Völkern ausgewählt, damit ihr mir
gehört.

27 Wenn aus einem Mann oder aus einer Frau
ein Totengeist oder ein Wahrsagegeist spricht,
müssen sie getötet werden. Ihr sollt sie steini-
gen*; ihr Blut findet keinen Rächer.«

PRIESTERREGELN UND FESTKALENDER
(Kapitel 21–25)

Besondere Reinheitsvorschriften für Priester

21 Den Priestern*, den Söhnen Aarons, ließ
der HERR durch Mose sagen:

»Kein Priester darf sich dadurch verunreini-
gen*, dass er mit einer Leiche in Berührung
kommt. 2 Ausgenommen sind nur die nächsten
Angehörigen: Mutter, Vater, Sohn, Tochter, Bru-
der, 3 auch eine unverheiratete Schwester, die
noch mit ihrem Bruder im selben Haushalt lebt.
4 An der Leiche einer verheirateten Schwester
jedoch entweiht er sich.[a] 5 Kein Priester darf
sich bei einem Trauerfall den Kopf kahl scheren,
den Bart stutzen oder Einschnitte am Körper
machen.

6 Die Priester sollen ein Leben führen, das
mir, ihrem Gott, geweiht ist, und sollen meinen
Namen heilig halten. Sie bringen mir die Opfer-
gaben dar, die auf meinem Altar* verbrannt wer-
den und die meine Speise sind, darum müssen
sie alles meiden, was sie unrein machen könnte.

7 Sie dürfen keine Prostituierte heiraten, auch
kein Mädchen, das nicht mehr Jungfrau ist, auch
keine geschiedene Frau; denn ein Priester ist sei-
nem Gott geweiht. 8 Ein Priester soll euch als ein
Mann gelten, den ich für mich ausgesondert
habe; denn er bringt mir meine Opferspeise dar.
Ich bin der heilige Gott und habe euch als mein
Volk ausgesondert. 9 Wenn die Tochter eines
Priesters eine Prostituierte wird, entweiht sie
ihren Vater und muss verbrannt werden.

10 Der oberste unter den Priestern, der bei der
Amtseinsetzung mit den vorgeschriebenen Ge-
wändern bekleidet worden ist und auf dessen
Kopf das Salböl gegossen wurde, darf bei einem
Trauerfall nicht sein Haar frei hängen lassen oder
seine Kleider zerreißen. 11 Er darf zu keinem
Toten gehen, weil er dadurch unrein* wird,
auch nicht, wenn es sein Vater oder seine Mutter
ist. 12 Solange ein Toter in seinem Haus liegt, soll
er nicht dorthin gehen. Er muss ständig in mei-
nem Heiligtum bleiben, damit er es nicht ent-
weiht; denn er ist mit dem heiligen Öl gesalbt.
Ich bin der HERR!

13 Er darf nur eine unberührte Jungfrau heira-
ten, 14 keine Witwe und keine Geschiedene und
keine Prostituierte. Er muss ein Mädchen aus sei-
nem eigenen Volk zur Frau nehmen. 15 Sonst
würde er unreine Kinder haben. Ich, der HERR,
habe ihn zu meinem Dienst ausgesondert.«

16–17 Weiter ließ der HERR dem Priester Aaron
durch Mose sagen: »Wenn einer deiner Nach-
kommen ein Gebrechen hat, darf er nicht zum
Altar kommen, um mir eine Opfergabe darzu-
bringen. Dieses Verbot gilt für alle Zukunft.
18 Keiner ist zum Opferdienst zugelassen, der
blind oder gelähmt oder irgendwie missgestaltet
ist, 19 auch niemand, dessen Arm oder Bein ver-
krüppelt ist, 20 kein Buckliger oder Kleinwüchsi-
ger, keiner, der eine Augen- oder Hautkrankheit
hat, auch keiner mit zerquetschten Hoden.

21 Niemand von den Nachkommen des Pries-
ters Aaron, der irgendein Gebrechen hat, darf je-
mals eine Opfergabe als Speise für mich, seinen
Gott, auf dem Altar verbrennen. 22 Er darf von
den Opfern essen, die mir dargebracht werden,
sowohl von den heiligen als auch von den beson-
ders heiligen* Opfergaben; 23 aber weil er ein
Gebrechen hat, darf er nicht zum Vorhang gehen
oder sich dem Altar nähern. Er soll mein Heilig-
tum und alle seine heiligen Gegenstände nicht
entweihen; denn ich bin der HERR, der sie heilig
macht.«

24 Mose teilte diese Anordnungen Aaron und
seinen Söhnen und dem ganzen Volk mit.

a Vermutlicher Sinn; H *Als Ehemann unter seiner Verwandtschaft darf er sich nicht verunreinigen.*

20,24 Ex 3,8 S **20,25** 11,1-47 par **20,26** 19,2b S; Ex 19,5-6 S **20,27** 19,31 S **21,5** 19,27-28 S **21,7** 21,13-14; Ez 44,22 **21,8** 20,26 S **21,10** 10,6 **21,22** Num 18,8-10 S

Wer von den Opfergaben essen darf

22 1–2 Weiter ließ der HERR dem Priester*
Aaron und seinen Söhnen durch Mose
sagen:
»Geht achtsam um mit den heiligen Gaben,
die die Leute von Israel mir bringen, sonst ent-
ehrt ihr meinen heiligen Namen*. Ich bin der
HERR! 3 Wenn jemals einer von euch oder euren
Nachkommen sich im Zustand der Unreinheit*
diesen heiligen Gaben nähert, hat er sein Pries-
tertum verwirkt und muss sterben. Ich bin der
HERR!
4 Wer von Aarons Nachkommen Aussatz*
oder einen unreinen Ausfluss hat, darf von den
heiligen Opfergaben erst essen, wenn er wieder
rein ist. Wenn einer von ihnen etwas berührt,
was durch einen Toten verunreinigt ist, oder
einen Samenerguss hatte 5 oder unreines Unge-
ziefer angefasst hat oder einen Menschen, der
aus irgendeinem Grund unrein ist, 6–7 wird er
selbst unrein bis zum Abend und darf so lange
nicht von den heiligen Opfergaben essen. Nach
Sonnenuntergang soll er seinen Körper mit
Wasser abspülen, dann ist er wieder rein und
darf von den heiligen Gaben essen; denn er muss
ja davon leben. 8 Keiner von den Nachkommen
Aarons darf Fleisch von verendeten oder gerisse-
nen Tieren essen, denn das macht ihn unrein.
Ich bin der HERR!
9 Die Priester sollen sich nach den Anordnun-
gen richten, die ich, der HERR, gegeben habe,
und sich nichts zuschulden kommen lassen. Wer
die heiligen Opfergaben entweiht, muss sterben.
Ich bin der HERR, ich habe die Priester zum
Dienst für mich ausgesondert.
10 Nur wer zur Familie eines Priesters gehört,
darf von den heiligen Opfergaben essen, sonst
niemand, auch nicht ein Fremdarbeiter* oder
Lohnarbeiter*, der bei ihm lebt. 11 Ein Sklave*,
den ein Priester sich gekauft hat, darf davon
essen, auch einer, der im Haus eines Priesters ge-
boren ist. 12 Heiratet die Tochter eines Priesters
einen Mann, der selbst kein Priester ist, so darf
sie nicht mehr von den heiligen Opfergaben
essen. 13 Wenn sie aber als Witwe oder Geschie-
dene ohne Kinder in das Haus ihres Vaters zu-
rückkehrt, darf sie wie früher von dem essen,
was ihrem Vater als Priester zusteht. Nur wer
zur Familie eines Priesters gehört, darf davon
essen.
14 Wenn eine andere Person versehentlich
etwas von den heiligen Opfergaben isst, muss sie
es dem Priester ersetzen und noch ein Fünftel
hinzufügen. 15–16 Die Priester sollen dafür sor-
gen, dass niemand unbefugt von den Opferga-
ben isst, sonst laden sie der Gemeinde schwere
Schuld auf. Sie sollen dafür sorgen, dass meine
heiligen Gaben nicht entweiht werden. Ich bin
der HERR, ich habe sie zum Dienst für mich aus-
gesondert.«

Vorschriften über Opfertiere

17–18 Der HERR ließ Aaron, seinen Söhnen und
dem ganzen Volk durch Mose sagen:
»Wenn ein Israelit oder ein Fremder*, der in
Israel lebt, mir ein Brandopfer* darbringen will,
um ein Gelübde* zu erfüllen oder auch um mir
freiwillig etwas zu geben, 19–20 dann muss er
dafür ein fehlerfreies männliches Tier wählen,
und zwar von Rindern, Schafen oder Ziegen.
Wenn das Tier irgendein Gebrechen hat, wird
das Opfer euch nicht mein Wohlwollen brin-
gen.
21 Auch wenn jemand mir ein Rind, ein Schaf
oder eine Ziege als Mahlopfer* darbringt, um
ein Gelübde zu erfüllen oder mir freiwillig etwas
zu geben, nehme ich es nur an, wenn das Opfer-
tier fehlerfrei ist.
22 Ihr dürft keine Opfertiere zu mir bringen,
die blind, verkrüppelt oder verstümmelt sind,
die Entzündungen oder Hautkrankheiten haben.
Solche Tiere dürfen nicht als Opfer auf meinen
Altar kommen. 23 Ein Rind, ein Schaf oder eine
Ziege mit missgebildeten oder verkümmerten
Körperteilen können als freiwilliges Opfer dar-
gebracht werden, als Opfer zur Erfüllung eines
Gelübdes nehme ich sie nicht an.
24 Auch ein kastriertes Tier dürft ihr mir nicht
opfern. Ihr sollt in eurem Land überhaupt keine
Tiere kastrieren; 25 aber auch von einem Auslän-
der dürft ihr kein kastriertes Tier kaufen, um es
mir als Opfer darzubringen. Solche Tiere sind
nicht vollwertig. Wenn ihr sie opfert, werden sie
euch nicht mein Wohlwollen bringen.«
26 Weiter ließ der HERR durch Mose sagen:
27 »Wird ein Kalb oder ein Schaf- oder Ziegen-
lamm geboren, so muss es sieben Tage bei seiner
Mutter bleiben. Erst vom achten Tag an nehme
ich es als Opfergabe an. 28 Ihr dürft auch nicht
das Muttertier am gleichen Tag wie das Junge
schlachten.
29–30 Wenn ihr mir für etwas danken wollt
und mir ein Mahlopfer bringt, müsst ihr das
Fleisch am selben Tag essen und dürft nichts bis
zum anderen Morgen übrig lassen. Sonst wird

22,4 13,1-46; 15,2-3; 21,1-4; 15,16-17 **22,5** 11,29-31; 15,1-33 **22,8** 17,15S **22,19-20** Dtn 15,21; 17,1; Mal 1,8 **22,27** Ex 22,29
22,28 Ex 23,19bS

das Opfer euch nicht mein Wohlwollen bringen. Ich bin der HERR!

31 Beachtet meine Gebote und befolgt sie. Ich bin der HERR! 32 Entweiht nicht meinen heiligen Namen*. Alle Israeliten sollen mich als den heiligen Gott anerkennen. Ich bin der HERR und habe euch als mein Volk ausgesondert. 33 Ich habe euch aus Ägypten geführt, um euer Gott zu sein. Ich bin der HERR!«

Sabbat und Festzeiten

23 1–2 Der HERR befahl Mose, den Leuten von Israel zu sagen:

»Folgende Feste hat der HERR angeordnet; ihr sollt sie als heilige* Zeiten ausrufen, die ihm geweiht sind:

3 Haltet regelmäßig den Sabbat*. Sechs Tage sollt ihr arbeiten; aber am siebten Tag ist ein strenger Ruhetag, ein heiliger Tag, der dem HERRN gehört. Niemand darf an diesem Tag eine Arbeit verrichten. Der Sabbat gehört dem HERRN. Diese Anordnung gilt überall, an allen euren Wohnsitzen.

4 Feiert die großen Feste zu Ehren des HERRN als heilige Zeiten. Zu den folgenden Zeiten sollt ihr sie ausrufen:

Passafest und erste Garbe

(Num 28,16-25)

5 Das Passafest* begeht ihr zu Ehren des HERRN am 14. Tag des 1. Monats nach Sonnenuntergang.

6 Am darauf folgenden Tag beginnt zu Ehren des HERRN das Fest der Ungesäuerten Brote*. Es dauert sieben Tage lang. Während der ganzen Festwoche dürft ihr nur solches Brot essen, das ohne Sauerteig zubereitet ist. 7 Der erste Tag ist für euch ein heiliger* Tag; ihr dürft an ihm keinerlei Arbeit verrichten. 8 An jedem der sieben Festtage verbrennt ihr ein Opfer* für den HERRN. Der siebte Tag ist wieder ein heiliger Tag, an dem ihr keinerlei Arbeit verrichten dürft.«

9–10 Weiter ließ der HERR den Leuten von Israel durch Mose sagen: »Wenn ihr in dem Land, das der HERR euch geben wird, die Gerste erntet, dann sollt ihr die erste Garbe davon dem Priester* übergeben. 11 Am Tag nach dem Sabbat übereignet* der Priester sie symbolisch dem HERRN; dann wird der HERR sie als Opfergabe annehmen und euch sein Wohlwollen zuwenden.

12 Opfert dem HERRN an diesem Tag ein fehlerfreies einjähriges Schaf als Brandopfer* 13 und dazu als Speiseopfer* 2/10 Efa* (2,5 Kilo) feines Mehl, mit Olivenöl vermengt – ein Opfer, das den HERRN gnädig stimmt. Als Trankopfer* kommt dazu 1/4 Hin* (knapp 1 Liter) Wein.

14 Erst wenn ihr eurem Gott diese Gaben gebracht habt, dürft ihr Brot und frische oder geröstete Körner von der neuen Ernte essen. Diese Anordnung gilt für alle Zukunft und an allen euren Wohnsitzen.

Pfingstfest und erste Brote

(Num 28,26-31)

15 Vom Tag nach dem Sabbat*, an dem ihr dem HERRN die erste Gerstengarbe gebracht habt, zählt ihr sieben volle Wochen 16 und bringt dann am 50. Tag, dem Tag nach dem siebten Sabbat, dem HERRN ein Speiseopfer* von der neuen Ernte. 17 Jede Familie bringt zwei Brote zum Heiligtum, die aus je 2/10 Efa* (2,5 Kilo) neuem Weizenmehl mit Sauerteig* gebacken sind. Als Erstlingsgabe* der Weizenernte gehören sie dem HERRN.

18 Außer dem Brot opfert die ganze Gemeinde dem HERRN sieben fehlerfreie einjährige Schafe, einen Stier sowie zwei Schafböcke als Brandopfer* und dazu die vorgeschriebenen Speise- und Trankopfer* – ein Opfer, das dem HERRN Freude macht. 19 Opfert auch noch einen Ziegenbock als Sühneopfer* und zwei einjährige Schafe als Mahlopfer*.

20 Der Priester übereignet* die Brote samt all diesen Opfergaben symbolisch dem HERRN, ebenso die beiden Schafe. Sie sind eine heilige* Gabe für den HERRN und fallen den Priestern zu.

21 Ihr müsst diesen Tag als heiligen* Tag ausrufen und dürft an ihm keinerlei Arbeit verrichten. Diese Anordnung gilt für alle Zukunft und an allen euren Wohnsitzen.

22 Wenn ihr erntet, sollt ihr euer Feld nicht bis an den Rand abernten und keine Nachlese halten. Lasst etwas übrig für die Armen und die Fremden* bei euch. Ich bin der HERR, euer Gott!«

Neujahr, Versöhnungstag und Laubhüttenfest

(Num 29,1-40)

23–24 Weiter ließ der HERR den Israeliten durch Mose sagen:

»Auch der 1. Tag des 7. Monats ist für euch ein Ruhetag, der dem HERRN heilig* ist. An diesem Tag sollt ihr die Trompeten blasen und euch so beim HERRN in Erinnerung bringen. 25 Ihr dürft

22,33 11,45 **23,3** Ex 20,8-10 S **23,4** Ex 23,14-17 **23,5** Ex 12,1-14 S **23,6-8** Ex 12,15-20 S **23,9-11** Ex 23,19a S **23,11** Ex 29,26 S **23,15-21** Ex 23,16 S **23,20** Ex 29,26 S **23,22** 19,9-10

keinerlei Arbeit verrichten und sollt für den
HERRN Opfer* verbrennen.«
26 Weiter ließ er ihnen sagen: 27 »Am 10. Tag
des 7. Monats ist der Versöhnungstag*. Er ist ein
heiliger Tag; ihr sollt euch Bußübungen* auf-
erlegen und Opfer für den HERRN verbrennen.
28 Ihr dürft an diesem Tag keinerlei Arbeit ver-
richten; denn es ist der Versöhnungstag, an dem
im Heiligtum Sühne* für eure Schuld geschaffen
wird. 29 Wer an diesem Tag nicht fastet* und sich
Bußübungen auferlegt, hat sein Leben verwirkt
und muss aus seinem Volk ausgestoßen werden.
30 Der HERR selbst wird jeden aus seinem Volk
ausrotten, der an diesem Tag irgendeine Arbeit
verrichtet. 31 Für diesen Tag ist unbedingte Ar-
beitsruhe vorgeschrieben. Diese Anordnung gilt
für alle Zukunft und an allen euren Wohnsitzen.
32 Der Versöhnungstag ist für euch ein besonders
strenger Ruhetag, an dem ihr euch Bußübungen
auferlegt. Vom Abend des 9. Tages bis zum Abend
des 10. Tages müsst ihr diesen Ruhetag einhal-
ten.«
33–34 Weiter ließ der HERR den Leuten von
Israel durch Mose sagen:
»Am 15. Tag des 7. Monats beginnt das Laub-
hüttenfest*. Es wird zu Ehren des HERRN sieben
Tage lang gefeiert. 35 Der erste Tag ist ein heiliger
Tag; ihr dürft an ihm keinerlei Arbeit verrichten.
36 Sieben Tage lang sollt ihr täglich Opfer für den
HERRN verbrennen. Der achte Tag ist wieder ein
heiliger Tag, an dem ihr Opfer für den HERRN ver-
brennt; ihr kommt an diesem Tag zur großen
Festversammlung zusammen und dürft keinerlei
Arbeit verrichten.
37 Dies sind die Feste des HERRN, die ihr als
heilige Zeiten ausrufen und an denen ihr dem
HERRN Opfer darbringen sollt – Brandopfer,
Speiseopfer, Mahlopfer und Trankopfer, wie sie
für das jeweilige Fest vorgeschrieben sind.
38 Außerdem begeht ihr wöchentlich den Sabbat
als Tag des HERRN, und außer den Festopfern
bringt ihr dem HERRN eure regelmäßigen Gaben
sowie die Opfer, die ihr ihm durch ein Gelübde*
versprochen habt oder freiwillig geben wollt.
39 Zum Laubhüttenfest, das nach dem Ein-
bringen der Ernte am 15. Tag des 7. Monats mit
einem Ruhetag beginnt und eine Woche später
mit einem Ruhetag abschließt, müsst ihr noch
beachten:
40 Ihr nehmt am ersten Tag des Festes die
schönsten Früchte eurer Bäume, dazu Palm-
zweige und Zweige von Laubbäumen und Bach-
weiden und feiert dann sieben Tage lang ein
Freudenfest zu Ehren des HERRN, eures Gottes.
41 Jedes Jahr sollt ihr dieses Fest im 7. Monat
feiern; diese Anordnung gilt für immer, für alle
eure Nachkommen. 42 Alle Leute von Israel im
ganzen Land müssen diese sieben Tage in Laub-
hütten wohnen. 43 Eure Nachkommen in allen
künftigen Generationen sollen daran erinnert
werden, dass ich, der HERR, das Volk Israel einst
auf dem Weg von Ägypten in sein Land in Laub-
hütten wohnen ließ. Ich bin der HERR, euer
Gott!«
44 Alle diese Anweisungen für die Feste des
HERRN gab Mose dem Volk weiter.

Leuchter und Opferbrote

24 Der HERR sagte zu Mose: 2 »Befiehl den
Leuten von Israel, dir reines Olivenöl zu
bringen, damit jede Nacht im Heiligtum Lichter
brennen. 3 Aaron soll sie jeden Abend vor dem
Vorhang, der die Lade* mit dem Bundesgesetz
verdeckt, anzünden und soll dafür sorgen, dass
sie bis zum Morgen nicht erlöschen. Diese An-
ordnung gilt für alle Zukunft. 4 Aaron soll die
Lampen auf dem goldenen Leuchter vor dem
Vorhang regelmäßig anzünden.
5 Lass zwölf Brote backen, jedes aus $^{2}/_{10}$ Efa*
(2,5 Kilo) Weizenmehl, 6 und lege sie in zwei Sta-
peln zu je sechs auf den goldenen Tisch vor dem
Vorhang im Heiligtum. 7 Lege auf jeden Stapel
reinen Weihrauch*. Der Weihrauch wird als Zei-
chen, dass die Brote mir gehören, verbrannt.
8 Jeden Sabbat* soll Aaron die Brote neu
auflegen. Dazu sind die Leute von Israel für alle
Zukunft verpflichtet. 9 Die abgeräumten Brote
gehören Aaron und seinen Nachkommen; sie
stehen den Priestern für alle Zukunft als Anteil
an meinen Opfern zu. Sie sind etwas besonders
Heiliges* und müssen deshalb an geweihter
Stätte gegessen werden.«

Ein Fall von Gotteslästerung. Grundsätze des Strafrechts

10–11 Im Lager der Israeliten war ein Mann, der
eine israelitische Mutter und einen ägyptischen
Vater hatte. Seine Mutter hieß Schelomit und
war eine Tochter Dibris vom Stamm Dan. Deren
Sohn geriet mit einem Israeliten in Streit. Dabei
lästerte er den HERRN und schmähte seinen
Namen*.
Man brachte den Mann zu Mose 12 und der
ließ ihn einsperren, bis der HERR eine Weisung
geben würde, was mit ihm geschehen sollte.
13 Der HERR sagte zu Mose: 14 »Führe den

23,26-32 16,1-34 **23,33-36** 23,39-43; Ex 23,16 S **24,1-4** Ex 27,20-21 **24,5-8** Ex 25,29-30 **24,9** 1 Sam 21,2-7; Num 18,8-10 S; Mk 2,25-26 par **24,10-16** Ex 22,27 S **24,12** Num 9,8 S

Mann aus dem Lager! Alle, die seine Lästerung
gehört haben, legen ihre Hände auf seinen Kopf;
dann wird er von der ganzen Gemeinde gestei-
nigt*. 15 Den Leuten von Israel aber sollst du
sagen:

Wer seinen Gott lästert, muss die Folgen tra-
gen. 16 Wer den Namen des HERRN schmäht, hat
sein Leben verwirkt und muss von der ganzen
Gemeinde gesteinigt werden. Für euch Israeliten
wie für die Fremden*, die bei euch leben, gilt:
Wer den Namen Gottes schmäht, muss sterben.

17 Wer einen Menschen erschlägt, muss mit
dem Tod bestraft werden. 18 Wer ein Stück Vieh
erschlägt, muss es ersetzen. Stets gilt der Grund-
satz: Leben für Leben! 19 Wer seinem Mitmen-
schen einen Schaden am Körper zufügt, muss
zur Strafe denselben Schaden am eigenen Leib
erleiden. 20 Wer dem anderen einen Knochen
bricht, dem wird dafür ebenfalls ein Knochen ge-
brochen; wer ihm ein Auge oder einen Zahn aus-
schlägt, verliert dafür selbst Auge oder Zahn.

Stets gilt der Grundsatz: Auge für Auge, Zahn
für Zahn. Was jemand einem anderen zufügt,
das wird zur Strafe ihm selbst zugefügt.

21 Wer ein Stück Vieh erschlägt, muss es erset-
zen; aber wer einen Menschen erschlägt, hat
sein eigenes Leben verwirkt. 22 Dieses Gesetz gilt
für alle ohne Unterschied, für euch Israeliten wie
für die Fremden, die bei euch leben. Ich bin der
HERR, euer Gott!«

23 Mose sagte dies alles den Leuten von Israel.
Sie gehorchten dem Befehl des HERRN, brachten
den Mann, der Gott gelästert hatte, aus dem
Lager und steinigten ihn.

Sabbatjahr und Erlassjahr

25 1–2 Der HERR sagte zu Mose auf dem Berg
Sinai*: »Richte den Leuten von Israel aus,
was ich ihnen zu sagen habe:

›Wenn ihr in das Land kommt, das ich euch
geben werde, musst ihr dafür sorgen, dass das
Land mir jedes siebte Jahr einen Sabbat* feiert.
3 Sechs Jahre sollt ihr eure Felder bestellen, eure
Weinstöcke beschneiden und den Ertrag einsam-
meln. 4 Aber jedes siebte Jahr muss das Land ru-
hen; es feiert einen Sabbat zu Ehren des HERRN.
Ihr dürft in diesem Jahr kein Feld bestellen und
keinen Weinberg pflegen. 5 Auch was sich selbst
ausgesät hat, darf nicht abgeerntet werden und
ungepflegt wachsende Weintrauben dürfen nicht
abgelesen werden. Ihr müsst das Land unbedingt
ruhen lassen.

6 Es wird aber während des Sabbatjahres ge-
nügend Nahrung für euch hervorbringen, auch
für eure Sklaven* und Sklavinnen, die Lohn-
arbeiter* und Fremdarbeiter*, für alle, die bei
euch leben, 7 für euer Vieh und die wild leben-
den Tiere. Ihr dürft alles von der Hand in den
Mund essen, was von selbst wächst.

8 Wenn ihr das Sabbatjahr siebenmal gefeiert
habt und also insgesamt 49 Jahre vergangen sind,
9 lasst ihr am 10.Tag des 7. Monats, dem Versöh-
nungstag*, im ganzen Land das Widderhorn*
blasen. 10 Dies ist das Zeichen dafür, dass alle
seine Bewohner wieder in ihre ursprünglichen
Rechte eingesetzt werden. Das 50. Jahr[a] muss für
euch als ein Jahr gelten, das mir gehört. Es ist das
Erlassjahr*, in dem eine allgemeine Wiederher-
stellung erfolgt. Jeder Israelit, der seinen erb-
lichen Landbesitz verpfändet hat, bekommt ihn
wieder zurück, und wer sich einem anderen
Israeliten als Sklaven verkauft hat, darf zu seiner
Sippe zurückkehren.

11 In diesem Jahr darf nicht gesät werden, und
was ungesät nachwächst, darf nicht abgeerntet
werden; 12 auch die von selbst wachsenden
Weintrauben dürft ihr nicht ablesen. Das ganze
Jahr soll ein heiliges Jahr sein, das mir gehört.
Ihr dürft aber vom Feld weg essen, was darauf
wächst.

13 Im Erlassjahr soll jeder seinen Besitz an
Grund und Boden zurückerhalten. 14 Dies müsst
ihr berücksichtigen, wenn ihr von einem ande-
ren Israeliten Land kauft oder es ihm verkauft.
15–16 Der Preis richtet sich nach der Zeitspanne
bis zum nächsten Erlassjahr. Sind es noch viele
Jahre, so ist der Kaufpreis höher, sind es nur
noch wenige, so ist er entsprechend niedriger.
Gekauft wird nicht das Land, sondern die An-
zahl der Ernten. 17 Darum soll keiner von euch
einen anderen Israeliten übervorteilen. Nehmt
meine Weisungen ernst, denn ich bin der HERR,
euer Gott.

18–19 Gehorcht meinen Geboten und richtet
euch nach meinen Weisungen, dann werdet ihr
ruhig und sicher in eurem Land leben können,
und das Land wird so viel hervorbringen, dass
ihr genug zu essen habt. 20 Ihr braucht euch
nicht zu sorgen: Was werden wir im siebten Jahr
essen, wenn wir nicht säen und nicht ernten
können? 21 Ich, der HERR, werde das Land im
sechsten Jahr so reich segnen, dass der Ertrag für
zwei Jahre ausreicht. 22 Nachdem ihr im achten
Jahr ausgesät habt, könnt ihr dann noch bis zur
neuen Ernte vom Ertrag des sechsten Jahres
leben.‹

a Vermutlich ist das 49. Jahr gemeint, sodass nicht zwei Brachjahre aufeinander folgen (vgl. Verse 11-12).

24,17 Ex 20,13 S **24,19-20** Ex 21,23-25 S **25,1-7** Ex 23,10-11; Dtn 15,1-11; Neh 10,32 **25,10** Jes 61,2; Lk 4,19

Das Land als Eigentum Gottes und der Menschen

23 ›Besitz an Grund und Boden darf nicht endgül-
tig verkauft werden, weil das Land nicht euer,
sondern mein Eigentum ist. Ihr lebt bei mir wie
Fremde* oder Gäste, denen das Land nur zur
Nutzung überlassen ist. 24 Bei jedem Landkauf
müsst ihr ein Rückkaufsrecht einräumen.

25 Wenn dein Bruder*, ein anderer Israelit,
verarmt und etwas von seinem Grundbesitz ver-
kaufen muss, soll sein nächster Verwandter als
Löser* für ihn eintreten und das Veräußerte zu-
rückkaufen. 26 Angenommen, es findet sich nie-
mand, der dazu in der Lage ist, aber er selbst
bringt später genug auf, um seinen Besitz zu-
rückzukaufen, 27 dann muss er so viel dafür be-
zahlen, wie der Zeitspanne entspricht, die noch
bis zum nächsten Erlassjahr* verbleibt. 28 Kann
er die Mittel zum Rückkauf nicht aufbringen, so
bleibt sein Besitz bis zum Erlassjahr in der Hand
des Käufers und fällt dann wieder an ihn, den
ursprünglichen Besitzer, zurück.

29 Verkauft jemand ein Wohnhaus in einer be-
festigten Stadt, so wird ihm das Rückkaufsrecht
nur für ein Jahr eingeräumt. 30 Wenn es inner-
halb dieser Frist nicht zurückgekauft wird, geht
es unwiderruflich an den Käufer und seine Er-
ben über und fällt auch im Erlassjahr nicht an
den früheren Besitzer zurück.

31 Anders ist es, wenn das Haus zu einem Dorf
ohne Schutzmauer gehört. Es wird dann genauso
behandelt wie das freie Feld: Es kann unbefristet
zurückgekauft werden und im Erlassjahr fällt es
an den ursprünglichen Besitzer zurück.

32 Auch für die Häuser der Leviten* in ihren
Städten besteht ein unbefristetes Rückkaufs-
recht, 33 und wenn sie nicht vorher zurück-
gekauft wurden, fallen sie im Erlassjahr an ihren
ersten Besitzer zurück.[a] Denn die Häuser der
Leviten sind ihr Erbbesitz unter den Israeliten,
34 genauso wie das Weideland, das zu ihren
Städten gehört. Das Weideland der Leviten darf
jedoch überhaupt nicht verkauft werden; es ist
ihr unveräußerlicher Besitz.‹

Ein Israelit darf nicht versklavt werden

35 ›Wenn dein Bruder*, ein anderer Israelit
neben dir, verarmt ist und seinen ganzen Besitz
verloren hat, dann hilf ihm! Sorge dafür, dass er
wie ein Fremder* oder ein Fremdarbeiter* unter
euch sein Leben fristen kann. 36–37 Fordere
keine Zinsen von ihm, wenn du ihm Geld leihst,
und verlange die Nahrungsmittel, mit denen du
ihm aushilfst, nicht mit einem Aufschlag zurück.

Nehmt meine Weisungen ernst und sorgt da-
für, dass euer Bruder neben euch leben kann.
38 Ich bin der HERR, euer Gott, der euch aus
Ägypten geführt hat, um euch das Land Kanaan
zu geben und euer Gott zu sein.

39 Wenn dein Bruder neben dir so sehr ver-
armt, dass er sich selbst an dich verkaufen muss,
dann behandle ihn nicht wie einen Sklaven*,
40 sondern wie einen Lohnarbeiter* oder Fremd-
arbeiter. Er muss bis zum nächsten Erlassjahr*
für dich arbeiten, 41 dann wird er samt seiner
Familie wieder frei und kann zu seiner Sippe
zurückkehren; auch seinen Erbbesitz erhält er
wieder zurück. 42 Denn alle Israeliten sind mein
Eigentum, weil ich sie aus Ägypten geführt habe.
Sie dürfen nicht als Sklaven verkauft werden.

43 Nehmt meine Weisungen ernst und zwingt
keinen Israeliten zur Sklavenarbeit. 44 Wenn ihr
Sklaven und Sklavinnen braucht, könnt ihr sie
von euren Nachbarvölkern kaufen. 45 Auch
Fremdarbeiter, die bei euch wohnen, könnt ihr
als Sklaven erwerben und ebenso ihre Nachkom-
men, die in eurem Land geboren sind. Ihr könnt
sie für immer als euer Eigentum behalten 46 und
auch euren Söhnen vererben; sie müssen nicht
freigelassen werden. Aber eure Brüder, die Israe-
liten, dürft ihr nicht zu Sklaven machen.

47 Es kann sein, dass ein Fremder, der bei
euch lebt, oder ein Fremdarbeiter zu Reichtum
kommt, während euer Bruder, ein Israelit, in
seiner Nähe verarmt und sich ihm oder seinen
Nachkommen als Sklaven verkaufen muss.
48–49 Dann besteht für den Israeliten jederzeit
das Recht auf Freikauf. Einer seiner leiblichen
Brüder oder sein Onkel oder Vetter oder ein an-
derer naher Verwandter kann als Löser* für ihn
eintreten und ihn zurückkaufen oder er kann es
selbst tun, wenn er die Mittel zusammenbringt.
50 Er überschlägt dann mit seinem Herrn, wie
viele Jahre er ihm gedient hat und wie viele es
noch bis zum nächsten Erlassjahr sind, und be-
rechnet den Jahressatz nach dem Lohn für einen
Arbeiter. 51–52 Die Summe für den Freikauf ent-
spricht der Zahl der Jahre, die noch bis zum
Erlassjahr fehlen.

53 Sein Herr soll ihn stets wie einen freien
Mann behandeln, der für einen jährlichen Lohn
bei ihm arbeitet; ihr dürft nicht zulassen, dass er
ihn zum Sklaven macht. 54 Wenn ein Freikauf
nicht möglich ist, muss er samt seiner Familie im
nächsten Erlassjahr freigelassen werden. 55 Denn

a Deutung unsicher.

25,23 Ps 39,13 S **25,32-34** Num 35,2-8 S **25,35** Dtn 15,7-8 **25,36-37 a** Ex 22,24 S **25,38** 11,45 **25,39-43** Ex 21,2-4; Dtn 15,12-18

mir gehören alle Israeliten als Sklaven, sie sind
mein Eigentum, weil ich sie aus Ägypten geführt
habe. Ich bin der HERR, euer Gott!‹«

SEGEN UND FLUCH. NACHTRÄGE
(Kapitel 26–27)

Gehorsam bringt Glück und Segen
(Dtn 7,12-15; 28,1-14)

26 Zum Abschluss ließ der HERR den Leuten
von Israel sagen:[a]
»Ihr dürft euch keine Götzenbilder anfertigen.
Ihr dürft in eurem Land keine solchen Bilder
aufstellen und anbeten, gleichgültig, ob es ge-
schnitzte oder gegossene Standbilder oder Stein-
male oder Steine mit eingeritzten Bildern sind.
Denn ich bin der HERR, euer Gott!
2 Haltet meinen Ruhetag, den Sabbat*, in
Ehren und entweiht nicht mein Heiligtum. Ich
bin der HERR!
3 Wenn ihr euch nach meinen Anweisungen
richtet und meine Gebote befolgt, werde ich
euch mit Segen überschütten. 4 Ich werde zur
rechten Zeit Regen schicken, sodass die Felder
reichen Ertrag bringen und die Bäume Früchte
tragen. 5 Ihr werdet dann so viel ernten, dass die
Dreschzeit sich bis zur Weinlese ausdehnt und
die Weinlese bis zur nächsten Aussaat. Ihr wer-
det genugend zu essen haben und sicher in
eurem Land wohnen.
6 Ich werde dafür sorgen, dass in eurem Land
Frieden herrscht. Wenn ihr euch schlafen legt,
braucht ihr nicht zu befürchten, dass euch je-
mand aufschreckt. Ich werde alle wilden Tiere
im Land ausrotten und kein fremdes Heer wird
in euer Land einfallen. 7 Ihr werdet eure Feinde
in die Flucht schlagen und mit dem Schwert
niedermachen. 8 Fünf von euch werden hundert
vor sich herjagen und hundert von euch zehn-
tausend; eure Feinde werden reihenweise vor
euch umsinken.
9 Ich werde mich euch zuwenden und dafür
sorgen, dass ihr viele Kinder bekommt und im-
mer zahlreicher werdet. Ich werde zu meinem
Bund* stehen und alles erfüllen, was ich euch
zugesagt habe. 10 Ihr werdet noch von der alten
Ernte zu essen haben, wenn schon die neue da
ist; ihr werdet sogar die Reste der alten Ernte
wegwerfen müssen, um Platz für die neue zu
bekommen.
11 Ich werde mitten unter euch wohnen und
werde mich nie mehr voll Abscheu von euch ab-
wenden müssen. 12 Ich werde bei euch bleiben
und euer Gott sein und ihr werdet mein Volk
sein. 13 Ich bin der HERR, euer Gott, der euch aus
Ägypten geführt hat, wo ihr Sklaven gewesen
seid. Ich habe euer Sklavenjoch zerbrochen und
euch wieder aufrecht gehen lassen.«

Ungehorsam bringt Unglück
(Dtn 28,15-68)

14 »Wenn ihr mir aber nicht gehorcht und meine
Weisungen nicht befolgt, 15 wenn ihr meine Ge-
bote missachtet und euch um meine Rechtsord-
nungen nicht kümmert und damit den Bund*,
den ich mit euch geschlossen habe, brecht,
16 dann werde ich lauter Unglück über euch her-
einbrechen lassen. Ich werde euch unheilbare
Krankheiten schicken, sodass ihr erblindet und
langsam dahinsiecht. Vergeblich werdet ihr aus-
säen, denn eure Feinde werden die Ernte ein-
bringen. 17 Ich selber werde zu eurem Feind und
lasse eure Feinde über euch siegen; ihr werdet
fliehen, obwohl euch niemand verfolgt.
18 Wenn ihr mir auch dann noch nicht ge-
horcht, werde ich euch siebenmal so hart bestra-
fen. 19 Ich breche euren Starrsinn und lasse es
nicht mehr regnen; der Himmel über euch wird
wie eine eiserne Glocke sein und der Boden
unter euren Füßen hart wie Stein. 20 Alle eure
Mühe ist dann vergeblich. Auf euren Feldern
wächst nichts mehr und die Bäume tragen keine
Früchte.
21 Wenn ihr mir dann immer noch nicht ge-
horcht und euch mir weiter widersetzt, werde
ich eure Strafe nochmals siebenfach steigern.
22 Ich werde Raubtiere auf euch loslassen, die
werden eure Kinder und euer Vieh fressen und
so viele von euch umbringen, dass die Straßen
verlassen daliegen.
23 Wenn ihr dann immer noch nicht auf mich
hören wollt und euch weiterhin gegen mich
stellt, 24 dann stelle auch *ich* mich gegen *euch*
und bestrafe euch noch siebenmal härter. 25 Weil
ihr meinen Bund gebrochen habt, lasse ich feind-
liche Heere in euer Land einfallen. Sucht ihr
dann hinter euren Mauern Zuflucht, so wird die
Pest unter euch ausbrechen. Die Feinde werden
einen so dichten Ring um eure Städte legen,
26 dass ihr von jeder Zufuhr abgeschnitten seid.
Dann brauchen zehn Frauen nur noch einen
Backofen und das Brot wird mit der Waage
zugeteilt. Und wenn ihr eure Ration aufge-

a Verdeutlichender Zusatz.

26,1 b Ex 20,2-3 S; 20,4 S **26,2** 19,30; Ex 20,8-10 S **26,4** Dtn 11,14; Ez 34,26-27 **26,5** Am 9,13 **26,8** Jos 23,10 **26,9** Dtn 7,13 **26,12** Jer 7,23 S; Ez 37,26-28 S **26,14-39** Am 4,6-12; Dan 9,11 **26,16** Ri 6,3-6 **26,22** Ez 5,16-17 **26,26** Ez 4,16-17

gessen habt, seid ihr noch genauso hungrig wie
zuvor.

27 Wenn ihr mir auch dann noch nicht ge-
horcht und euch weiterhin gegen mich stellt,
28 bekommt ihr meinen ganzen Zorn zu spüren
und werdet noch siebenmal härter bestraft.
29 Vor Hunger werdet ihr das Fleisch eurer eige-
nen Kinder essen. 30 Ich werde die Altäre zer-
schlagen, auf denen ihr euren Götzen Opfer dar-
bringt, und werde eure Leichen auf die Trümmer
eurer Götzenbilder werfen. Ich werde mich voll
Abscheu von euch abwenden. 31 Eure Opfer wer-
de ich nicht mehr annehmen, eure Städte lege
ich in Schutt und Asche und zerstöre eure Heilig-
tümer. 32 Ich selber werde euer Land so verwüs-
ten, dass eure Feinde sich darüber entsetzen,
wenn sie es in Besitz nehmen. 33 Ich werde euch
in alle Welt zerstreuen; mit dem Schwert werde
ich euch forttreiben. Eure Felder werden zur
Wüste und eure Städte zu Trümmerhaufen.

34–35 Dann wird euer Land endlich die Ruhe
finden, die ihr ihm nicht gegönnt habt. Während
es verwüstet daliegt und ihr weit weg bei euren
Feinden leben müsst, wird es feiern und die ver-
säumten Sabbatjahre* nachholen können.

36–37 Die aber von euch, die das alles über-
leben und in die Länder eurer Feinde ver-
schleppt werden, mache ich so verzagt, dass sie
schon vor einem raschelnden Blatt davonlaufen,
als sei ein feindliches Heer hinter ihnen her. Sie
werden stolpern und hinfallen, einer wird über
den andern stürzen, obwohl sie niemand ver-
folgt. Ihr werdet vor keinem Feind mehr stand-
halten können 38 und in der Fremde zugrunde
gehen; das Land eurer Feinde wird euch ver-
schlingen.

39 Die Überlebenden und ihre Nachkommen
werden in den Ländern ihrer Feinde an den Fol-
gen ihrer Schuld und der Schuld ihrer Vorfahren
dahinsiechen. 40 Aber dann werden sie ihre
Schuld und die Schuld ihrer Vorfahren beken-
nen, sie werden es bereuen, dass sie mir die
Treue gebrochen und sich mir widersetzt haben.
41 Ich musste sie dafür bestrafen und sie in das
Land ihrer Feinde treiben. Aber wenn ihr trotzi-
ges Herz sich beugt und sie genug für ihre Schuld
gebüßt haben, 42 will ich mich an meinen Bund
mit Jakob erinnern und an meinen Bund mit
Isaak und mit Abraham und werde an das Land
denken, das ich ihnen für ihre Nachkommen
versprochen hatte.

43 Sie mussten zwar das Land verlassen, damit
es die Sabbatjahre nachholen kann, die sie ihm
vorenthalten haben; sie müssen ihre Schuld
bezahlen, weil sie meine Rechtsordnungen
missachtet und sich nicht um meine Gebote ge-
kümmert haben. 44 Aber dass sie im Land ihrer
Feinde leben müssen, bedeutet nicht, dass ich
mich ganz von ihnen abgewandt habe und sie
dem Untergang preisgebe.

Ich stehe zu meinen Zusagen; ich bin der
HERR, ihr Gott! 45 Ich habe mit ihren Vorfahren
meinen Bund geschlossen, damals, als ich allen
Völkern meine Macht gezeigt und mein Volk aus
Ägypten geführt habe, um sein Gott zu sein. Die-
ser Bund bleibt bestehen; ich bin der HERR!«

46 Dies sind die Gesetze, Gebote und Rechts-
ordnungen, die der HERR für die Beziehung zwi-
schen ihm und seinem Volk erlassen und den
Israeliten am Berg Sinai* durch Mose gegeben
hat.

Bestimmungen über die Auslösung von Weihegaben

27 1–2 Der HERR gab Mose für die Israeliten
auch noch folgende Anweisungen:

»Wenn jemand durch ein besonderes Ge-
lübde* versprochen hat, mir einen bestimmten
Menschen zu geben, dann muss er an dessen
Stelle den entsprechenden Geldwert entrichten,
den du jeweils bestimmst. 3–7 Du legst den Wert
in Silberstücken* fest, gewogen nach dem Ge-
wicht des Heiligtums, und zwar:

für einen Mann zwischen 20 und 60 Jahren	50
für eine Frau im selben Alter	30
für eine männliche Person zwischen 5 und 20 Jahren	20
für eine weibliche Person im selben Alter	10
für einen Jungen zwischen 1 Monat und 5 Jahren	5
für ein Mädchen im selben Alter	3
für einen Mann über 60 Jahre	15
für eine Frau im selben Alter	10

8 Wenn der Mann, der das Gelübde geleistet hat,
zu arm ist, um diesen Preis zu bezahlen, muss er
mit der Person, die er dem HERRN versprochen
hat, zum Priester* gehen. Der Priester setzt
einen niedrigeren Preis fest, den der Mann be-
zahlen kann.

9 Wenn jemand dem HERRN ein Tier ver-
spricht, das als Opfer* dargebracht werden
kann, gilt dieses Tier als Eigentum des HERRN.
10 Es darf nicht gegen ein schlechteres oder bes-

26,29 2 Kön 6,28-29; Jer 19,9 S; Klgl 2,20; 4,10; Ez 5,10; Bar 2,2-3 **26,30** Ez 6,3-7 **26,33** 2 Kön 17,5-6; 25,11 **26,34-35** 2 Chr 36,21 **26,40** Esra 9,5-7; Neh 9,2.26-30; Ps 106,6-46; Dan 9,4-19 **26,42** Ex 2,24 S **27,8** 12,7-8 S

seres Tier ausgewechselt werden. Sonst verfallen
dem HERRN beide Tiere. 11 Wenn aber jemand
dem HERRN ein unreines* Tier verspricht, das
nicht als Opfer dargebracht werden darf, muss er
es zum Priester bringen. 12 Der Priester schätzt
das Tier und legt seinen Wert fest; seine Ent-
scheidung ist nicht anfechtbar. 13 Wenn der Be-
sitzer des Tieres es zurückhaben will, muss er
zum Schätzwert noch ein Fünftel dazuzahlen.

14 Wenn jemand dem HERRN durch ein Ge-
lübde sein Haus übereignet, muss der Priester
den Wert abschätzen; seine Entscheidung ist
nicht anfechtbar. 15 Wenn der Betreffende sein
Haus zurückkaufen will, muss er zum Schätz-
wert ein Fünftel dazuzahlen.

16 Wenn jemand dem HERRN durch ein Ge-
lübde etwas von seinem erblichen Landbesitz
übereignet, sollst du den Wert nach der Größe
des Grundstücks festlegen, und zwar für ein
Feld, auf dem man drei Zentner[a] Gerste aussäen
kann, 50 Silberstücke. 17 Wenn das Feld direkt
vom Erlassjahr* ab dem HERRN versprochen ist,
gilt der volle Schätzwert; 18 wenn es später ge-
schieht, ermäßigt der Priester den Preis, je nach-
dem, wie viele Jahre es noch bis zum nächsten
Erlassjahr sind. 19 Wenn der Betreffende sein
Feld zurückkaufen will, muss er zum Schätzwert
ein Fünftel dazuzahlen. 20 Wenn er das Feld dem
HERRN versprochen hat und es dann an einen
anderen verkauft, ohne es vorher vom HERRN
zurückzukaufen, verliert er das Rückkaufsrecht
für alle Zeiten. 21 Wird dann das Feld im Erlass-
jahr frei, so ist es für immer Eigentum des HERRN
und geht in den Besitz der Priester über.

22 Wenn jemand dem HERRN durch ein Ge-
lübde ein Feld übereignet, das nicht zu seinem
erblichen Landbesitz gehört, sondern durch Kauf
erworben ist, 23 berechnet der Priester, wie viel
von dem Schätzwert, den du festgelegt hast, auf
die Zeitspanne bis zum nächsten Erlassjahr* ent-
fällt. Der Betrag gehört dem HERRN und muss
noch am gleichen Tag an das Heiligtum bezahlt
werden. 24 Im Erlassjahr fällt das Feld an den
ursprünglichen Besitzer zurück, von dem der
Betreffende es gekauft hat.

25 Allen Schätzwerten sollst du das Gewicht
des Heiligtums zugrunde legen.«[b]

Nachträge zur Frage der Auslösung

26 »Ein erstgeborenes Jungtier von Rindern,
Schafen oder Ziegen kann dem HERRN nicht
durch ein besonderes Gelübde übereignet wer-
den, weil es ihm schon als Erstgeburt* zusteht.
27 Das gilt auch für die erstgeborenen Jungen
von unreinen* Tieren; diese können jedoch los-
gekauft werden, wenn der Besitzer zum Schätz-
wert ein Fünftel zuzahlt. Wird ein Tier nicht los-
gekauft, so wird es von den Priestern zum
Schätzpreis verkauft.

28 Wenn jemand dem HERRN etwas von sei-
nem Besitz an Menschen, Tieren oder Feldern
unwiderruflich geweiht hat, kann es nicht wie-
der freigekauft und darf auch nicht an einen
anderen verkauft werden. Es steht unter dem
Bann* und ist als etwas besonders Heiliges* für
immer dem HERRN verfallen. 29 Auch Menschen,
die auf diese Weise dem HERRN zugeeignet wer-
den, dürfen nicht losgekauft, sondern müssen
getötet werden.

30 Der zehnte Teil von jeder Ernte an Getreide
und Früchten gehört als heilige Abgabe dem
HERRN. 31 Wenn jemand etwas davon loskaufen
will, muss er zum Gegenwert in Geld noch ein
Fünftel zuzahlen. 32–33 Auch von den Rindern,
Schafen und Ziegen gehört jedes zehnte Stück
dem HERRN. Die Tiere dürfen nicht nach ihrem
größeren oder geringeren Wert ausgesucht wer-
den; jedes zehnte Stück, das unter dem Hirten-
stab hindurchgeht, wird ausgesondert und ge-
hört dem HERRN. Es darf nicht mit einem an-
deren ausgetauscht werden. Sonst fallen beide
Tiere dem HERRN zu und können nicht mehr
ausgelöst werden.«[c]

34 Dies sind die Gebote, die Mose auf dem
Berg Sinai* vom HERRN erhalten hat, um sie dem
Volk Israel weiterzugeben.

a Hebräische Maßangabe: *1 Homer* (= 10 Efa* = ca. 165 kg).
b Es folgt noch die Präzisierung *der Schekel* zu 20 Gera.*
c Oder: *Sonst fallen beide dem HERRN zu. Tiere, die auf diese Weise für den HERRN ausgesondert sind, dürfen grundsätzlich nicht zurückgekauft werden.*

27,26 Ex 13,11-16 S **27,28** Jos 7,1 S **27,30-33** Num 18,21 S

DAS VIERTE BUCH MOSE (NUMERI)

Inhaltsübersicht

ORDNUNG DER STÄMME UND VORBEREITUNG ZUM AUFBRUCH (1,1–10,10)

Zählung der Stämme Israels

1 Ein Jahr und ein Monat waren seit dem Aufbruch der Israeliten aus Ägypten vergangen. Noch immer war das Volk in der Wüste Sinai. Da sagte der HERR am 1. Tag des 2. Monats im Heiligen Zelt* zu Mose:

2–3 »Zähle mit Aaron zusammen die ganze Gemeinde Israel! Erfasst in Listen alle wehrfähigen Männer ab zwanzig Jahren, geordnet nach Sippen und Familien. 4–15 Aus jedem Stamm bestimme ich einen Sippenältesten, damit sie euch dabei helfen. Es sind die folgenden Männer:

aus dem Stamm Ruben:
Elizur, der Sohn von Schedëur;
aus dem Stamm Simeon:
Schelumiël, der Sohn von Zurischaddai;
aus dem Stamm Juda:
Nachschon, der Sohn von Amminadab;
aus dem Stamm Issachar:
Netanel, der Sohn von Zuar;
aus dem Stamm Sebulon:
Eliab, der Sohn von Helon;
aus den Josefsstämmen für Efraïm:
Elischama, der Sohn von Ammihud,
und für Manasse:
Gamliël, der Sohn von Pedazur;
aus dem Stamm Benjamin:
Abidan, der Sohn von Gidoni;
aus dem Stamm Dan:
Ahiëser, der Sohn von Ammischaddai;
aus dem Stamm Ascher:
Pagiël, der Sohn von Ochran;
aus dem Stamm Gad:
Eljasaf, der Sohn von Dëuël;
aus dem Stamm Naftali:
Ahira, der Sohn von Enan.«

16 Diese zwölf Männer wurden aus der Gemeinde berufen, um als Stammesoberhäupter ihre Stämme zu vertreten.

17–18 Dann riefen Mose und Aaron die ganze Gemeinde Israel zusammen. Mithilfe der Stammesoberhäupter trugen sie alle Männer, die 20 Jahre und älter waren, in Listen ein, geordnet nach Sippen und Familien. Das geschah am 1. Tag des 2. Monats 19 in der Wüste Sinai, wie der HERR es Mose befohlen hatte.

20–46 Die Zahl der wehrfähigen Männer eines jeden Stammes ist in der folgenden Liste verzeichnet. An erster Stelle stehen die Nachkommen von Jakobs erstgeborenem Sohn Ruben.

Stamm	*Anzahl*
Ruben	46 500
Simeon	59 300
Gad	45 650
Juda	74 600
Issachar	54 400
Sebulon	57 400
Efraïm	40 500
Manasse	32 200
Benjamin	35 400
Dan	62 700
Ascher	41 500
Naftali	53 400
Gesamtzahl	603 550

1,1-46 26,1-51; Ex 30,11-16

Die Sonderstellung der Leviten

47 Der Stamm Levi wurde nicht mit den anderen Stämmen zusammen erfasst. 48 Der HERR hatte zu Mose gesagt: 49 »Die Leviten* darfst du nicht für den Kriegsdienst erfassen und ihre Anzahl nicht zur Summe der Männer Israels hinzuzählen. 50 Sie müssen für das Heilige Zelt*, die Wohnstätte des Bundesgesetzes*, sorgen und für alles, was dazugehört.

Auf der Wanderung tragen sie das Zelt und seine Geräte. Deshalb sollen sie ihre Zelte rings um das Heiligtum aufschlagen. 51 Wenn das Lager abgebrochen wird, bauen sie das Heilige Zelt ab und schlagen es am neuen Lagerplatz wieder auf.

Jeder Unbefugte, der sich dem Zelt nähert, wird mit dem Tod bestraft. 52 Die übrigen Stämme lagern sich um das Feldzeichen ihrer jeweiligen Heeresabteilung; 53 aber die Leviten müssen rings um das Heilige Zelt, die Wohnstätte des Bundesgesetzes, wohnen und es bewachen, damit die übrigen Israeliten ihm nicht zu nahe kommen und mein Zorn die Gemeinde trifft.«

54 Die Israeliten machten alles, wie der HERR es Mose befohlen hatte.

Die Ordnung der Stämme

2 Der HERR sagte zu Mose und Aaron: 2 »Die Israeliten sollen ihr Lager in gehöriger Entfernung rings um das Heilige Zelt* aufschlagen. Jeder von ihnen hat seinen Platz unter dem Feldzeichen seiner Heeresabteilung und beim Zeichen seiner Sippe.«

3–8 Auf der Ostseite bekam die Abteilung unter dem Feldzeichen Judas ihr Lager, drei Stämme mit ihren Oberhäuptern, und zwar:

Stamm	*Oberhaupt*	*Anzahl*
Juda	Nachschon, der Sohn Amminadabs	74600
Issachar	Netanel, der Sohn Zuars	54400
Sebulon	Eliab, der Sohn Helons	57400

9 Ihre Gesamtzahl betrug 186400. Diese Abteilung sollte beim Weitermarsch zuerst aufbrechen.

10–15 Auf der Südseite bekam die Abteilung unter dem Feldzeichen Rubens ihr Lager, drei Stämme mit ihren Oberhäuptern, und zwar:

Stamm	*Oberhaupt*	*Anzahl*
Ruben	Elizur, der Sohn Schedëurs	46500
Simeon	Schelumiël, der Sohn von Zurischaddai	59300
Gad	Eljasaf, der Sohn Dëuëls	45650

16 Ihre Gesamtzahl betrug 151450. Diese Abteilung sollte beim Weitermarsch als zweite aufbrechen.

17 Danach sollten sich die Leviten* mit dem Heiligen Zelt einordnen. Ihr Platz war genau in der Mitte, im Lager und unterwegs.

18–23 Auf der Westseite bekam die Abteilung unter dem Feldzeichen Efraïms ihr Lager, drei Stämme mit ihren Oberhäuptern, und zwar:

Stamm	*Oberhaupt*	*Anzahl*
Efraïm	Elischama, der Sohn Ammihuds	40500
Manasse	Gamliël, der Sohn Pedazurs	32200
Benjamin	Abidan, der Sohn von Gidoni	35400

24 Ihre Gesamtzahl betrug 108100. Diese Abteilung sollte beim Weitermarsch als dritte aufbrechen, direkt nach den Leviten.

25–30 Auf der Nordseite bekam die Abteilung unter dem Feldzeichen Dans ihr Lager, drei Stämme mit ihren Oberhäuptern, und zwar:

Stamm	*Oberhaupt*	*Anzahl*
Dan	Ahiëser, der Sohn von Ammischaddai	62700
Ascher	Pagiël, der Sohn Ochrans	41500
Naftali	Ahira, der Sohn Enans	53400

31 Ihre Gesamtzahl betrug 157600. Diese Abteilung sollte beim Weitermarsch als letzte aufbrechen.

32 Die Gesamtzahl aller wehrfähigen Israeliten betrug 603550. 33 Nach der Anweisung des HERRN wurden die Leviten nicht zusammen mit den anderen erfasst.

34 Die Israeliten führten alles so aus, wie der HERR es Mose aufgetragen hatte. Sie lagerten jeweils unter ihrem Feldzeichen, nach Sippen und Familien geordnet, und so brachen sie auch auf.

Die Söhne Aarons

3 1–2 Zu jener Zeit, als der HERR mit Mose auf dem Berg Sinai* redete, lebten folgende Nachkommen Aarons:[a] Nadab, der Erstgeborene, und Abihu, Eleasar und Itamar. 3 Diese vier waren durch Salbung* zu Priestern geweiht und in ihren Dienst eingesetzt worden.

a Es folgt noch *und Moses,* doch werden keine Nachkommen von ihm genannt.

1,51 a 4,4-33 **3,1-2** Ex 6,23 **3,3** Ex 29,29; 30,30; 40,14-15; Lev 8,1-36

4 Aber Nadab und Abihu fanden den Tod, als
sie dem HERRN in der Wüste Sinai ein Weihrauch-
opfer darbrachten, das er nicht vorgeschrieben
hatte. Sie starben kinderlos. Eleasar und Itamar
versahen weiterhin den Priesterdienst unter
ihrem Vater Aaron.

Die Leviten werden den Priestern unterstellt

5 Der HERR sagte zu Mose: 6 »Rufe die Männer
des Stammes Levi zusammen und bringe sie zum
Priester Aaron! Sie sollen seine Helfer sein 7 und
für ihn und die ganze Gemeinde vor dem Heili-
gen Zelt* Dienst tun und für meine Wohnung
sorgen. 8 Sie sollen die heiligen Geräte in Ord-
nung halten und stellvertretend für das Volk alle
Dienste an meiner Wohnung versehen.

9 Du sollst die Leviten* Aaron und seinen
Nachkommen unterstellen; denn sie sind ihnen
von den übrigen Israeliten als Eigentum über-
geben. 10 Aaron und seine Nachkommen aber
sollen den Priesterdienst versehen. Nur sie sind
dazu befugt; jeder andere, der sich dieses Recht
anmaßt, wird mit dem Tod bestraft.«

11 Weiter sagte der HERR zu Mose: 12 »Ich habe
die Leviten für mich ausgesondert. Sie gehören
mir anstelle eurer erstgeborenen Söhne. 13 Ei-
gentlich gehört mir jede Erstgeburt*. Als ich die
Erstgeborenen der Ägypter tötete, habe ich mir
alles vorbehalten, was unter euch zuerst aus dem
Mutterschoß kommt, bei Tieren wie bei Men-
schen. Es gehört mir, dem HERRN.«

Zählung der Leviten

14 Dort in der Wüste Sinai sagte der HERR zu
Mose: 15 »Zähle die Leviten*, geordnet nach Sip-
pen und Familien! Alle männlichen Angehörigen
des Stammes Levi, die älter sind als einen Monat,
sollst du in Listen erfassen.«

16 Mose tat, was der HERR ihm befohlen hatte.

17 Levi hatte drei Söhne: Gerschon, Kehat und
Merari. 18 Die Söhne Gerschons waren Libni
und Schimi, 19 die Söhne Kehats Amram, Jizhar,
Hebron und Usiël, 20 und die Söhne Meraris
Machli und Muschi. Von ihnen stammen die
Sippen und Familien ab, die ihre Namen tragen.

21 Gerschon war der Ahnherr der Sippen
Libni und Schimi. 22 Die Gesamtzahl ihrer männ-
lichen Angehörigen, die älter waren als einen
Monat, betrug 7500. 23 Sie sollten auf der Rück-
seite des Heiligtums im Westen lagern. 24 Ihr
Oberhaupt war Eljasaf, der Sohn Laëls. 25 Sie tru-
gen die Verantwortung für das Zelt, seine
Schutzdecke und den Vorhang an seinem Ein-
gang, 26 für die Planen, die den Vorhof* rings
um Zelt und Altar umgeben, für den Vorhang am
Eingang des Vorhofs und für die Zeltstricke. Sie
hatten für alles zu sorgen, was mit diesen Gegen-
ständen zusammenhing.

27 Kehat war der Ahnherr der Sippen Amram,
Jizhar, Hebron und Usiël. 28 Die Gesamtzahl
ihrer männlichen Angehörigen, die älter als
einen Monat und für den Dienst am Heiligtum
bestimmt waren, betrug 8300.[a] 29 Sie sollten an
der Südseite des Heiligtums lagern. 30 Ihr Ober-
haupt war Elizafan, der Sohn Usiëls. 31 Sie trugen
die Verantwortung für die Bundeslade*, den
Tisch mit den geweihten Broten*, den Leuchter,
die beiden Altäre, die Geräte für den Opferdienst
sowie für den Vorhang, der das Allerheiligste*
verdeckt. Sie hatten für alles zu sorgen, was mit
diesen Gegenständen zusammenhing.

32 Über den Oberhäuptern der Leviten stand
Eleasar, der Sohn des Priesters Aaron. Er hatte
die Aufsicht über alle, die am Heiligtum Dienst
taten.

33 Merari war der Ahnherr der Sippen Machli
und Muschi. 34 Die Gesamtzahl ihrer männ-
lichen Angehörigen, die älter als einen Monat
waren, betrug 6200. 35 Sie sollten an der Nord-
seite des Heiligtums lagern. Ihr Oberhaupt war
Zuriël, der Sohn Abihajils. 36 Sie trugen die Ver-
antwortung für die Bretter, die die Wände des
Heiligtums bilden, und ihre Querstangen, für
seine Säulen und Sockel und für alles weitere
Zubehör der Wohnung des HERRN. Sie hatten für
alles zu sorgen, was mit diesen Gegenständen
zusammenhing, 37 außerdem für die Säulen rings
um den Vorhof mit ihren Sockeln, die Zeltpflö-
cke und Zeltstricke.

38 Mose und Aaron mit seinen Söhnen sollten
vor dem Eingang des Heiligen Zeltes auf der Ost-
seite lagern. Sie hatten für alle Israeliten den
Dienst am Heiligtum zu versehen. Der HERR
drohte jedem den Tod an, der sich unbefugt dem
Heiligtum näherte.

39 Die Gesamtzahl aller männlichen Leviten,
die älter waren als einen Monat, betrug 22 000.
Dies war das Ergebnis der Zählung, die Mose
und Aaron auf Befehl des HERRN in ihren Sippen
durchgeführt hatten.

Die Leviten vertreten die Erstgeborenen

40 Der HERR sagte zu Mose: »Zähle alle erstge-
borenen männlichen Israeliten, die älter sind als
einen Monat. 41 Denn alle erstgeborenen Söhne

a *8300:* nach einigen griechischen Handschriften (vgl. die Summe in Vers 39); H *8600*.

3,4 Lev 10,1-2.6-7 **3,11-13** 3,40-45; 8,16-19; 18,5-6 **3,13** Ex 13,11-16 S **3,14-39** 4,34-49; 26,57-62 **3,40-45** 3,11-13 S

der Israeliten gehören mir. An ihrer Stelle beanspruche ich, der HERR, die Leviten* als mein Eigentum. Ebenso erhebe ich Anspruch auf das Vieh der Leviten anstelle aller erstgeborenen Tiere der Israeliten.«

42 Mose ließ die Erstgeborenen zählen, wie der HERR es befohlen hatte, 43 und kam auf eine Gesamtzahl von 22273.

44 Darauf sagte der HERR zu Mose: 45 »Übergib mir die Leviten anstelle der erstgeborenen Israeliten als mein Eigentum und das Vieh der Leviten anstelle der Erstgeburten ihres Viehs. 46 Die 273 Erstgeborenen, die die Zahl der Leviten übersteigen, musst du freikaufen. 47 Pro Kopf macht das fünf Silberstücke*, gewogen nach dem Gewicht des Heiligtums. 48 Das Silber sollst du Aaron und seinen Söhnen geben.«

49–51 Mose ließ sich von den Israeliten das Lösegeld zahlen und gab die Gesamtmenge von 1365 Silberstücken Aaron und seinen Söhnen, wie der HERR es ihm befohlen hatte.

Die Pflichten der Gruppe Kehat

4 Der HERR sagte zu Mose und Aaron: 2–3 »Erfasse von den Nachkommen Kehats aus dem Stamm Levi alle, die eine Aufgabe am Heiligen Zelt* zu übernehmen haben, das sind die Männer zwischen 30 und 50 Jahren, geordnet nach Sippen und Familien. 4 Sie sind für den Transport der besonders heiligen* Dinge zuständig.

5 Wenn das Lager abgebrochen wird, müssen zunächst Aaron und seine Söhne in das Zelt hineingehen, den Vorhang vor dem Allerheiligsten* abnehmen und ihn über die Lade mit dem Bundesgesetz* decken. 6 Weiter breiten sie eine Decke aus Delphinenleder und ein violettes Tuch darüber und bringen die Tragstangen an der Bundeslade* an.

7 Auch über den Tisch, auf dem das geweihte Brot* ausgelegt wird, breiten sie ein violettes Tuch und stellen darauf die Schalen, Schüsseln, Becher und Kannen für das Trankopfer*; auch das Brot legen sie darauf. 8 Darüber decken sie ein dunkelrotes Tuch und eine Decke aus Delphinenleder und bringen die Tragstangen an.

9 Dann nehmen sie ein violettes Tuch und hüllen damit den Leuchter samt seinen Lichtschalen* ein, außerdem die Dochtscheren und die Reinigungsnäpfe und alle Ölgefäße, die dazugehören. 10 Darüber breiten sie eine Decke aus Delphinenleder und legen alles auf ein Traggestell.

11 Danach breiten sie ein violettes Tuch über den goldenen Altar, legen eine Decke aus Delphinenleder darüber und bringen die Tragstangen an. 12 Alle Geräte, die im Heiligtum gebraucht werden, schlagen sie in ein violettes Tuch ein, hüllen sie in eine Decke aus Delphinenleder und legen sie auf ein Traggestell. 13 Den Brandopferaltar* reinigen sie von der Asche und bedecken ihn mit einem purpurroten Tuch. 14 Darauf legen sie alle Geräte, die am Altar gebraucht werden: die Kohlenbecken und die Fleischgabeln, die Schaufeln zum Beseitigen der Asche und die Schalen zum Auffangen des Blutes. Dann breiten sie eine Decke aus Delphinenleder darüber und bringen die Tragstangen an.

15 Erst wenn Aaron und seine Söhne alle heiligen Geräte eingehüllt haben, dürfen die Leviten* der Sippe Kehat eintreten und alles wegtragen. Wenn sie die unverhüllten heiligen Geräte berühren würden, müssten sie sterben.

16 Eleasar, der Sohn des Priesters Aaron, trägt die Verantwortung für das Lampenöl, den Weihrauch*, das tägliche Speiseopfer*, das Salböl und für die ganze Wohnung mit all ihren heiligen Gegenständen und den dazugehörigen Geräten.«

17 Der HERR sagte zu Mose und Aaron: 18–19 »Weil die Nachkommen Kehats bei ihrem Dienst mit den besonders heiligen Dingen zu tun haben, müsst ihr dafür Sorge tragen, dass sie nicht zu Schaden kommen und alle den Tod finden. Sie dürfen nicht unaufgefordert ins Heiligtum gehen, vielmehr müssen Aaron und seine Söhne sie hineinführen und jeden Einzelnen anweisen, was er tragen soll. 20 Wenn sie zu früh hineingehen und auch nur für einen Augenblick die heiligen Geräte unverhüllt sehen, müssen sie sterben.«

Die Pflichten der Gruppen Gerschon und Merari

21 Der HERR sagte zu Mose: 22–23 »Erfasse von den Nachkommen Gerschons aus dem Stamm Levi alle, die eine Aufgabe am Heiligen Zelt* zu übernehmen haben, das sind die Männer zwischen 30 und 50 Jahren, geordnet nach Sippen und Familien.

24–25 Beim Transport meiner Wohnung sind sie zuständig für die Zeltbahnen, die beiden Schutzdecken, den Vorhang am Eingang des Zeltes, 26 die Planen, die den Vorhof* abgrenzen, und den Vorhang an seinem Eingang, für die Zeltstricke und alles, was sonst noch dazugehört.

4,18-20 Ex 29,37S

27–28 Für dies alles sind die Nachkommen
Gerschons verantwortlich. Aaron und seine
Söhne weisen ihnen die Arbeit an. Itamar, der
Sohn des Priesters Aaron, führt die Aufsicht über
sie.
29–30 Erfasse auch von den Nachkommen
Meraris aus dem Stamm Levi alle, die eine Auf-
gabe am Heiligen Zelt zu übernehmen haben,
das sind die Männer zwischen 30 und 50 Jahren,
geordnet nach Sippen und Familien.
31 Beim Transport des Heiligen Zeltes sind sie
zuständig für die Bretter, die die Wände des Hei-
ligtums bilden, und für ihre Querstangen, für
seine Säulen und Sockel, 32 die Säulen rund um
den Vorhof mit ihren Sockeln, die Zeltpflöcke
und Zeltstricke und alles, was sonst noch dazu-
gehört. Jeder von ihnen wird mit einer bestimm-
ten Aufgabe betraut.
33 Für dies alles sind die Nachkommen Mera-
ris verantwortlich. Itamar, der Sohn des Priesters
Aaron, führt die Aufsicht über sie.«

Die Zahl der dienstfähigen Leviten

34–49 Mose, Aaron und die Oberhäupter der
Stämme erfassten unter den Nachkommen
Kehats, Gerschons und Meraris alle, die eine
Aufgabe am Heiligen Zelt* zu übernehmen hat-
ten, also die Männer zwischen 30 und 50 Jahren,
geordnet nach Sippen und Familien. Die Zählung
ergab:

Gruppe	*Männer zwischen 30 und 50*
Kehat	2750
Gerschon	2630
Merari	3200
Gesamtzahl	8580

Jedem Einzelnen wurde seine Aufgabe zugewie-
sen, wie der HERR es Mose befohlen hatte.

Ausweisung aller Unreinen

5 Der HERR sagte zu Mose: 2 »Befiehl den
Leuten von Israel, jeden aus dem Lager
zu schicken, der an Aussatz* oder an einem
Ausfluss leidet oder einen Toten berührt hat.
3 Das gilt für Männer und Frauen in gleicher
Weise. Sie machen sonst das Lager unrein*,
in dem ich selbst, der HERR, mitten unter euch
wohne.«
4 Die Leute von Israel folgten dem Befehl und
schickten alle, die unrein geworden waren, aus
dem Lager.

Wiedergutmachung für Eigentumsvergehen

5–6 Der HERR gab Mose für die Israeliten die An-
weisung:
Wenn jemand sich am Eigentum eines ande-
ren vergangen hat und dadurch vor dem HERRN
schuldig geworden ist, 7 soll er seine Schuld
bekennen und dem Geschädigten Wiedergut-
machung leisten. Dabei muss er zu dem Scha-
denswert noch ein Fünftel hinzufügen.
8 Ist der Geschädigte nicht mehr am Leben
und hat keinen nahen Verwandten, der den
Schadenersatz an seiner Stelle entgegennehmen
kann, so gehört dieser dem HERRN und fällt dem
Priester* zu, und zwar zusätzlich zu dem Schaf-
bock, mit dessen Blut der Priester die Schuld
gegenüber dem HERRN ins Reine gebracht hat.
9–10 Auch alle besonderen Gaben, die die
Leute von Israel dem HERRN bringen, gehören
den Priestern.

Gottesurteil beim Verdacht des Ehebruchs

11–15 Der HERR gab Mose auch die folgenden An-
weisungen für die Israeliten:
Wenn ein Mann Verdacht schöpft, dass seine
Frau ihm untreu geworden ist und mit einem an-
deren Mann geschlafen hat, aber er hat keinen
Zeugen dafür, dann soll er sie zum Priester brin-
gen. Auch wenn ein Mann eifersüchtig wird,
ohne dass seine Frau ihm dazu Anlass gegeben
hat, soll er sie dorthin bringen. Als ihre Opfer-
gabe soll er $^1/_{10}$ Efa* (gut 1 Kilo) Gerstenmehl
mitnehmen. Er darf aber weder Olivenöl noch
Weihrauch* hinzufügen, denn es ist ein Eifer-
suchtsopfer, durch das die Wahrheit an den Tag
kommen soll.
16 Der Priester lässt die Frau an den Altar
treten. 17 Dann nimmt er ein Tongefäß mit
geweihtem Wasser und tut Erde vom Boden des
Heiligen Zeltes* hinein. 18 Er löst das Haar der
Frau und legt das Eifersuchtsopfer in ihre Hände.
Er selbst nimmt das Gefäß mit dem Wasser, das
Bitterkeit und Fluch bringt.
19 Dann sagt er zu der Frau: »Wenn du mit
keinem anderen als mit deinem eigenen Mann
geschlafen hast, dann wird dieses bittere, Fluch
bringende Wasser dir nichts anhaben. 20 Hast du
aber die Ehe gebrochen und mit einem anderen
Mann geschlafen, dann wird dieses Wasser es
offenbar machen.«[a]
21–22 Der Priester stellt die Frau unter einen
Fluch* und sagt: »Wenn du so etwas getan hast,

a dann wird ...: verdeutlichender Zusatz; der Satz bricht ab.

4,34-49 3,14-39 **5,2** Lev 13,46; 15,2; Num 9,6-7 **5,5-10** Ex 21,37-22,14

dann wird der HERR dich zu einem abschreckenden Beispiel unter deinem Volk machen. Das Wasser wird in deine Eingeweide eindringen, sodass dein Bauch anschwillt und deine Geschlechtsorgane einschrumpfen.«

Darauf muss die Frau antworten: »Amen*, so soll es sein!«

23 Nun schreibt der Priester diesen Fluch auf Pergament und wäscht die Schrift in dem bitteren Wasser ab. 24–26 Er nimmt das Eifersuchtsopfer aus den Händen der Frau und übereignet* es symbolisch dem HERRN. Dann nimmt er eine Hand voll davon und verbrennt diesen Teil auf dem Altar zum Zeichen dafür, dass die ganze Opfergabe dem HERRN gehört. Das Wasser gibt er der Frau zu trinken, damit es in ihr wirken kann.

27 Hat sie tatsächlich Ehebruch begangen, so wird das Wasser ihr bittere Qualen verursachen: Ihr Bauch wird anschwellen und ihre Geschlechtsorgane werden einschrumpfen. Sie wird zu einem abschreckenden Beispiel für ihr Volk werden. 28 Ist sie aber unschuldig, so wird ihr das Wasser nichts anhaben können und sie wird auch künftig Kinder zur Welt bringen können.

29 So muss verfahren werden, wenn ein Mann den Verdacht hat, dass seine Frau ihm untreu geworden ist, 30 oder ihn die Eifersucht plagt. Die Frau muss vor den HERRN gestellt werden und der Priester führt mit ihr die beschriebenen Handlungen aus. 31 Der Mann wird nicht zur Rechenschaft gezogen, wenn er sich geirrt hat; aber die Frau muss, wenn sie schuldig ist, die Folgen tragen.

Regeln für die Gottgeweihten*

6 1–2 Der HERR gab Mose für die Israeliten die Anweisung:

Wenn ein Mann oder eine Frau[a] das Gelübde* ablegt, sich dem HERRN für eine bestimmte Zeit zu weihen, 3 dann darf die betreffende Person weder Wein noch Bier trinken. Sie darf überhaupt nichts trinken, was aus Weintrauben bereitet ist, und darf auch keine frischen oder getrockneten Trauben essen. 4 Sie soll nichts genießen, was vom Weinstock kommt.

5 Solange das Gelübde gilt, darf ein Gottgeweihter sich Haare und Bart nicht schneiden. Zum Zeichen, dass er dem HERRN geweiht ist, muss er das Haar ungehindert wachsen lassen. 6 Er darf auch die ganze Zeit über nicht in die Nähe eines Toten kommen. 7 Selbst wenn sein Vater oder seine Mutter stirbt, sein Bruder oder seine Schwester, muss er sich von ihnen fern halten, weil er sich seinem Gott geweiht hat. 8 Für die ganze Zeit seines Gelübdes gehört er ausschließlich dem HERRN.

9 Stirbt aber jemand unvorhergesehen, während er dabei ist, so wird sein geweihtes Haar unrein*. Er muss sechs Tage warten, bis er wieder rein ist, und muss sich dann am siebten Tag die Haare abschneiden.

10 Am Tag darauf muss er zwei Turteltauben oder zwei andere Tauben zum Priester* an den Eingang des Heiligen Zeltes* bringen. 11 Der Priester opfert die eine als Sühneopfer* und die andere als Brandopfer* und bringt damit die Verschuldung gegenüber dem HERRN ins Reine. Gleichzeitig wird das nachwachsende Haar für geweiht erklärt.

12 Der Betreffende muss noch ein einjähriges Schaf als Wiedergutmachungsopfer* darbringen und sich dann noch einmal für eine ebenso lange Zeit wie beim ersten Mal dem HERRN weihen. Die Zeit vor seiner Verunreinigung wird nicht auf sein Gelübde angerechnet.

Das Opfer der Gottgeweihten nach Abschluss der Weihezeit

13 Wenn die Zeit des Gelübdes* abgelaufen ist, muss die Person, die sich dem HERRN geweiht hat, zum Eingang des Heiligen Zeltes* gehen 14 und ihm drei fehlerfreie Tiere opfern: ein einjähriges Schafböckchen als Brandopfer*, ein einjähriges Schaf als Sühneopfer* und einen ausgewachsenen Schafbock als Mahlopfer*, 15 außerdem die dazugehörigen Speise- und Trankopfer* und als zusätzliches Speiseopfer noch einen Korb voll Gebackenes, das aus Weizenmehl ohne Sauereig* bereitet ist, und zwar Ringbrote* aus Mehl, das mit Öl vermengt wurde, und Fladenbrote*, die mit Öl bestrichen sind.

16 Das alles soll der Priester zum Altar bringen und zuerst das Sühne- und das Brandopfer vollziehen. 17 Dann opfert der Priester dem HERRN den Schafbock als Mahlopfer und dazu das Gebackene, danach die übrigen Speise- und Trankopfer. 18 Der Geweihte schneidet am Eingang des Heiligen Zeltes sein geweihtes Haar ab und wirft es in das Altarfeuer, in dem die Fettstücke des Mahlopfers verbrannt werden.

19 Dann legt der Priester ein gekochtes Stück von der Schulter des Schafbocks zusammen mit

a Die *Frau* wird nur an dieser Stelle erwähnt; die Anweisungen ab Vers 5 sind am Mann orientiert (Haarschnitt; vgl. 1 Kor 11,14-15). Die Vorschrift der Verse 3–4 findet jedoch auch auf Frauen Anwendung (vgl. Ri 13,4-5.13-14).

6,3-4 Ri 13,4.7; Lk 1,15 **6,5** Ri 13,5; 1 Sam 1,11 **6,7** Lev 21,11 **6,13-21** Apg 21,23-24

einem Ringbrot und einem Fladenbrot aus dem
Korb in die Hände des Geweihten. 20 Darauf
nimmt er die Opfergaben selbst in die Hand, um
sie symbolisch dem HERRN zu übereignen*. Sie
sind dem HERRN geweiht und gehören dem Pries-
ter, genauso wie die Brust und die Hinterkeule,
die ihm ordnungsgemäß zustehen. Danach darf
der Geweihte wieder Wein trinken.

21 Wer sich dem HERRN für eine bestimmte
Zeit weiht, muss nach deren Abschluss diese
Opfer darbringen, abgesehen von dem, was er
etwa noch zusätzlich versprochen hat. Er muss
das Gelübde, das er abgelegt hat, ohne Abstriche
erfüllen.

Der priesterliche Segen

22 Der HERR sagte zu Mose: 23 »Wenn Aaron und
seine Söhne den Leuten von Israel den Segen*
erteilen, sollen sie sprechen:

24 Der HERR segne euch
und beschütze euch!
25 Der HERR blicke euch freundlich an
und schenke euch seine Liebe!
26 Der HERR wende euch sein Angesicht zu
und gebe euch Glück und Frieden!

27 Mit diesen Worten sollen sie den Leuten von
Israel die Segenskraft meines Namens zuspre-
chen.[a] Dann werde ich mein Volk Israel segnen.«

Das Einweihungsopfer der Stammesoberhäupter

7 Als die Wohnung des HERRN mit allem, was
dazugehörte, fertig war und Mose sie zum
ersten Mal aufgestellt hatte, besprengte er das
Zelt, den Altar und alle heiligen Geräte mit Öl
und weihte so das ganze Heiligtum dem HERRN.

2–3 Noch am selben Tag brachten die Stammes-
oberhäupter der Israeliten, die an der Spitze der
gezählten Männer standen, dem HERRN ihre
Opfergaben. Es waren sechs mit Planen über-
dachte Lastkarren mit je zwei Rindern davor,
sodass auf zwei Oberhäupter ein Lastkarren und
auf jeden ein Rind kam. Sie brachten die Gaben
vor die Wohnung des HERRN.

4 Der HERR sagte zu Mose: 5 »Nimm die Ga-
ben von ihnen an! Die Karren und Zugtiere sol-
len für den Transport des Heiligen Zeltes* ver-
wendet werden. Verteile sie unter die Leviten*
und berücksichtige dabei die unterschiedlichen
Aufgaben der einzelnen Gruppen.«

6 Mose tat, was der HERR ihm befohlen hatte.
7 Den Nachkommen von Gerschon gab er zwei
Lastkarren mit vier Rindern, 8 den Nachkommen
von Merari aber vier Lastkarren mit acht Rin-
dern für die Aufgaben, die sie unter der Leitung
des Priesters Itamar auszuführen hatten. 9 Den
Nachkommen von Kehat gab er keine Lastkar-
ren, weil sie für die besonders heiligen* Dinge
zuständig waren, die auf den Schultern getragen
werden müssen.

10 Außerdem hatten die Stammesoberhäupter
Opfer* für die Einweihung des Altars* bereit-
gestellt. Als sie ihre Gaben zum Altar bringen
wollten, 11 sagte der HERR zu Mose: »Die Stam-
mesoberhäupter sollen ihre Gaben an zwölf auf-
einander folgenden Tagen darbringen, jeder an
einem Tag.«

12–83 Sie brachten also ihre Gaben in folgen-
der Ordnung:

am 1. Tag Nachschon, der Sohn Amminadabs,
vom Stamm Juda,

am 2. Tag Netanel, der Sohn Zuars, vom
Stamm Issachar,

am 3. Tag Eliab, der Sohn Helons, vom Stamm
Sebulon,

am 4. Tag Elizur, der Sohn Schedëurs, vom
Stamm Ruben,

am 5. Tag Schelumiël, der Sohn Zurischaddais,
vom Stamm Simeon,

am 6. Tag Eljasaf, der Sohn Dëuëls, vom
Stamm Gad,

am 7. Tag Elischama, der Sohn Ammihuds,
vom Stamm Efraïm,

am 8. Tag Gamliël, der Sohn Pedazurs, vom
Stamm Manasse,

am 9. Tag Abidan, der Sohn Gidonis, vom
Stamm Benjamin,

am 10. Tag Ahiëser, der Sohn Ammischaddais,
vom Stamm Dan,

am 11. Tag Pagiël, der Sohn Ochrans, vom
Stamm Ascher,

am 12. Tag Ahira, der Sohn Enans, vom Stamm
Naftali.

Alle brachten die gleichen Gaben, und zwar
jeder eine Silberschüssel von 1500 Gramm und
eine Silberschale von 800 Gramm, gewogen
nach dem Gewicht des Heiligtums; beide Silber-
gefäße enthielten als Speiseopfer* Weizenmehl,
das mit Olivenöl vermengt war. Außerdem
brachte jeder eine kleine Schale aus Gold,
120 Gramm schwer[b] und mit Weihrauch* ge-
füllt; dazu als Brandopfer* einen Stier, einen
Schafbock und ein einjähriges Schaf, als Sühne-

a *Mit diesen Worten ...:* wörtlich *So sollen sie meinen Namen* auf die Leute von Israel legen.*
b Die hebräischen Gewichtswerte sind 130, 70 und 10 Schekel*. Das Gesamtgewicht (Verse 84-88) an Silber beträgt 2400, an Gold 120 Schekel.

opfer* einen Ziegenbock sowie als Mahlopfer*
zwei Rinder, fünf Schafböcke, fünf Ziegenböcke
und fünf einjährige Schafe.
84–88 Alles in allem brachten die zwölf Stam-
mesoberhäupter als Gaben für die Einweihung
des Altars:

12 Silberschüsseln und 12 Silberschalen mit einem Gesamtgewicht von 27600 Gramm;
12 Goldschalen mit einem Gesamtgewicht von 1440 Gramm, gefüllt mit Weihrauch;
12 Stiere, 12 Schafböcke und 12 einjährige Schafe als Brandopfer sowie die dazugehörigen Speiseopfer;
12 Ziegenböcke als Sühneopfer;
24 Rinder, 60 Schafböcke, 60 Ziegenböcke und 60 einjährige Schafe als Mahlopfer.

89 Als Mose daraufhin ins Heilige Zelt trat, um
mit dem HERRN zu reden, hörte er die Stimme
des HERRN von der Lade* her, in der das Bundes-
gesetz aufbewahrt wurde. Sie ging von der Stelle
zwischen den beiden Keruben* aus, die sich auf
der Deckplatte der Lade befanden.

Anweisung für das Aufsetzen der Lichter

8 Der HERR sagte zu Mose: 2 »Sage Aaron, dass
er die sieben Lichtschalen* so auf den
Leuchter setzt, dass ihr Docht nach vorne zeigt.«
3 Aaron verfuhr nach dieser Anweisung. 4 Der
Leuchter bestand aus reinem Gold und war mit
allen Teilen aus einem Stück gearbeitet, genau
nach dem Modell, das Mose vom HERRN auf dem
Berg gezeigt bekam.

Weihe und Einsetzung der Leviten

5 Der HERR sagte zu Mose: 6–7 »Sondere die Levi-
ten* aus den übrigen Israeliten aus. Sie müssen
für den Dienst an meinem Heiligtum rein* sein.
Deshalb besprenge sie mit Reinigungswasser*
und sorge dafür, dass sie alle Haare an ihrem
Leib abrasieren und ihre Kleider waschen.
8 Dann sollen sie als Brandopfer* einen Stier
nehmen und dazu als Speiseopfer* Weizenmehl,
das mit Olivenöl vermengt ist. Du selbst nimmst
einen zweiten Stier für das Sühneopfer*.
9 Darauf bringst du die Leviten zum Heiligen
Zelt* und versammelst dort die ganze Gemeinde
Israel. 10 Du stellst die Leviten vor den HERRN
und die Israeliten legen ihre Hände auf sie.
11 Aaron soll sie mir symbolisch übereignen* als
eine Opfergabe der Israeliten; denn sie sollen an
meinem Heiligtum Dienst tun.
12 Die Leviten legen ihre Hände auf die Köpfe
der beiden Stiere und Aaron opfert[a] mir den
einen als ihr Sühneopfer, den andern als ihr
Brandopfer. Auf diese Weise wird jede Verfeh-
lung der Leviten mir gegenüber in Ordnung
gebracht. 13 Dann stellst du die Leviten vor Aaron
und seine Söhne, um sie mir symbolisch zu
übereignen. 14 Auf diese Weise werden sie aus
den übrigen Israeliten ausgesondert und zu mei-
nem Eigentum gemacht.
15 Danach dürfen die Leviten in das Heilige
Zelt gehen und dort Dienst tun. 16 Sie sind mein
besonderes Eigentum. Ich erhebe Anspruch auf
sie anstelle der erstgeborenen Söhne aller übri-
gen Israeliten. 17 Eigentlich gehört mir in Israel
alles, was zuerst aus dem Mutterschoß kommt,
bei Tier und Mensch. Ich habe es mir vorbe-
halten, als ich alle Erstgeborenen der Ägypter
tötete. 18 Nun aber habe ich anstelle der Erstge-
borenen Israels die Leviten angenommen. 19 Ich
habe sie zu meinem Eigentum erklärt und sie
Aaron und seinen Söhnen gegeben. Sie sollen
den Dienst im Heiligen Zelt verrichten und
dadurch die anderen Israeliten vor dem Unheil
bewahren, das sie treffen müsste, wenn sie dem
Heiligtum zu nahe kämen.«
20 Mose, Aaron und die ganze Gemeinde
Israel verfuhren mit den Leviten, wie der HERR
es Mose befohlen hatte. 21 Nachdem die Leviten
sich und ihre Kleider gewaschen hatten, über-
eignete Aaron sie symbolisch dem HERRN und
brachte die beiden Opfer dar, um alle ihre
Verfehlungen in Ordnung zu bringen. 22 Dann
gingen die Leviten ins Heilige Zelt und übernah-
men ihren Dienst unter der Leitung Aarons und
seiner Söhne. Alles war genauso ausgeführt
worden, wie der HERR es Mose befohlen hatte.

Das Dienstalter der Leviten

23 Weiter sagte der HERR zu Mose: 24–25 »Die
Leviten* sollen ihren Dienst im Heiligen Zelt*
mit 25 Jahren aufnehmen und mit 50 Jahren
beenden. 26 Wer älter ist, kann den Dienst tuen-
den Leviten zur Hand gehen; aber er darf keine
Arbeit in eigener Verantwortung ausführen.
Nach dieser Regel sollst du die Leviten für ihren
Dienst einteilen.«

Zusätzliche Anweisungen für das Passafest

9 Im 1. Monat des 2. Jahres, nachdem das Volk
Israel aus Ägypten aufgebrochen war, sagte
der HERR zu Mose in der Wüste Sinai: 2–3 »Am

a *Aaron opfert:* mit G; H *du opferst.*

7,89 Ex 25,22 S **8,1-4** Ex 25,31-40 **8,16-19** 3,11-13 S **8,19** Ex 29,37 S **9,1-14** Ex 12,1-14 S

14.Tag dieses Monats gegen Abend sollen die
Israeliten das Passamahl* feiern. Sie sollen alle
Vorschriften genau einhalten, die dafür gelten.«
4 Mose sagte dies den Israeliten weiter 5 und
sie feierten das Passafest am Abend des 14.Tages
in der Wüste Sinai.
6 Einige Männer waren jedoch unrein* geworden, weil sie einen Toten berührt hatten.
Deshalb konnten sie das Passamahl nicht am vorgeschriebenen Tag halten. Sie sagten zu Mose
und Aaron: 7 »Wir sind unrein, weil wir einen
Toten berührt haben. Müssen wir deshalb
zurückstehen und dürfen nicht wie die anderen
Israeliten dem HERRN das Passaopfer darbringen?«
8 Mose erwiderte: »Wartet, bis der HERR mir
gesagt hat, was ihr tun sollt.«
9–11 Der HERR aber gab Mose für die Israeliten
die Anweisung:
»Alle, die sich an einem Toten verunreinigt* haben oder gerade auf einer Reise sind und trotzdem das Passafest feiern wollen, können es einen Monat später tun, ebenfalls am Abend des 14.Tages. Diese Regel gilt für euch und eure Nachkommen. Sie sollen das Passalamm mit ungesäuertem Brot* und bitteren Kräutern essen
12 und auf keinen Fall etwas bis zum anderen
Morgen übrig lassen. Auch dürft ihr dem Tier keinen Knochen brechen. Alle Vorschriften für das Passafest müssen genau befolgt werden.
13 Wer aber weder unrein noch auf Reisen ist
und trotzdem das Passafest nicht zur vorgeschriebenen Zeit feiert, der hat sein Leben verwirkt und muss aus seinem Volk ausgestoßen werden. Er hat das Opfer für den HERRN nicht zur vorgeschriebenen Zeit dargebracht und muss die Folgen seiner Verfehlung tragen.
14 Wenn ein Fremder* unter euch lebt, der
das Passafest mitfeiern möchte, kann er das tun, doch muss er alle Vorschriften genau befolgen. Für Einheimische und für Fremde gilt ein und dasselbe Gesetz.«

Die Wolke als Zeichen der Gegenwart Gottes

15 An dem Tag, als das Heilige Zelt*, die Wohnstätte des Bundesgesetzes*, zum ersten Mal aufgerichtet wurde, senkte sich die Wolke darauf herab, und am Abend wurde sie zu einem Feuerschein, der bis zum Morgen leuchtete.
16 So blieb es von nun an: Bei Tag stand die
Wolke über der Wohnung des HERRN und bei Nacht der Feuerschein.
17 Immer wenn die Wolke sich erhob,
brachen die Israeliten ihre Zelte ab und zogen weiter. An dem Ort, wo die Wolke sich niederließ, schlugen sie das neue Lager auf.
18–19 Sie brachen auf und machten Halt genau
nach dem Befehl des HERRN. Blieb die Wolke längere Zeit über dem Zelt, so folgten die Israeliten der Weisung des HERRN und machten einen
längeren Aufenthalt. 20 Blieb sie nur wenige
Tage, so zogen sie entsprechend früher weiter, jeweils nach der Weisung des HERRN. 21–22 Ob die
Wolke nur eine Nacht blieb oder einen ganzen Tag oder zwei Tage oder auch einen Monat, stets richteten die Israeliten die Dauer ihres Aufent-
halts nach der Wolke. 23 Sie blieben oder
brachen auf, wie der HERR es befahl. So befolgten sie die Anweisung, die der HERR durch Mose gegeben hatte.

Die Signaltrompeten

10 Der HERR sagte zu Mose: 2 »Lass zwei
Trompeten aus getriebenem Silber anfertigen. Mit ihnen sollst du die Gemeinde zusammenrufen und auch das Zeichen zum Aufbruch geben.
3 Wenn beide Trompeten geblasen werden,
muss sich die ganze Gemeinde bei dir am Eingang des Heiligen Zeltes* versammeln. 4 Wird
nur eine Trompete geblasen, müssen die Oberhäupter der Stämme zu dir kommen.
5 Wenn mit den Trompeten geschmettert
wird, müssen die Stämme aus dem Lager aufbrechen, beim ersten Zeichen die auf der Ostseite
des Heiligen Zeltes, 6 beim zweiten Zeichen die
auf der Südseite.
Schmettern ist das Signal zum Aufbruch,
7 während gewöhnliche Töne zur Versammlung
rufen.
8 Die Trompeten sollen von den Söhnen
Aarons, den Priestern*, geblasen werden. Diese Regeln gelten auch für alle eure Nachkommen.
9 Wenn später einmal Feinde in euer Land
einfallen und ihr gegen sie in den Kampf zieht, dann müsst ihr mit den Trompeten schmettern. Dann werde ich, der HERR, euer Gott, an euch denken und euch vor euren Fein-
den retten. 10 Auch bei freudigen Anlässen,
wenn ihr Festtage oder den Monatsanfang begeht und mir dabei Brand- und Mahlopfer* darbringt, sollt ihr die Trompeten blasen. Dann werde ich an euch denken, denn ich bin der HERR, euer Gott.«

9,6 19,11 **9,8** 15,34-35; 27,5-6; 36,5-6; Lev 24,12 **9,12** Ex 12,46 **9,15-23** Ex 13,21 S

VOM BERG SINAI
BIS AN DIE GRENZE DES LANDES
(Kapitel 10–14)

Der Aufbruch des Volkes vom Berg Sinai

11 Am 20. Tag des 2. Monats – es war das zweite Jahr
nach dem Auszug der Israeliten aus Ägypten – er-
hob sich die Wolke vom Heiligen Zelt*, der Wohn-
stätte des Bundesgesetzes*. 12 Da brachen die Israe-
liten aus der Wüste Sinai auf. Die Wolke führte sie
bis zur Wüste Paran; dort ließ sie sich nieder.

13 Zum ersten Mal vollzog sich damals
der Aufbruch nach der Ordnung, die der HERR
durch Mose vorgeschrieben hatte. 14–16 An der
Spitze ging die Abteilung unter dem Feldzeichen
des Stammes Juda. Zu ihr gehörten außer Juda
noch Issachar und Sebulon; die Anführer dieser
drei Stämme waren Nachschon, Netanel und
Eliab.

17 Nachdem die Wohnung des HERRN abge-
baut war, folgten ihnen die Leviten* der Grup-
pen Gerschon und Merari, die die Bestandteile
des Zeltes zu tragen hatten.

18–20 Danach kam die Abteilung unter dem
Feldzeichen des Stammes Ruben, zu der noch
Simeon und Gad gehörten; die Anführer dieser
drei Stämme waren Elizur, Schelumiël und
Eljasaf.

21 Ihnen folgten die Leviten der Gruppe
Kehat, die die heiligen Geräte zu tragen hatten.
Bis sie im neuen Lager ankamen, sollte die
Wohnung schon wieder aufgebaut sein.

22–24 Hinter ihnen zog die Abteilung unter
dem Feldzeichen des Stammes Efraïm, zu der
auch Manasse und Benjamin gehörten; die
Anführer dieser drei Stämme waren Elischama,
Gamliël und Abidan.

25–27 Die Nachhut bildete die Abteilung unter
dem Feldzeichen des Stammes Dan, zu der
noch Ascher und Naftali gehörten; die Anführer
dieser drei Stämme waren Ahiëser, Pagiël und
Ahira.

28 Nach dieser Ordnung brach das Volk Israel
regelmäßig aus dem Lager auf.

Gott selbst führt sein Volk

29 Mose sagte zu Hobab, dem Sohn seines midia-
nitischen Schwiegervaters Reguël: »Wir machen
uns jetzt auf den Weg in das Land, das der HERR
uns geben will. Geh mit uns! Dann geben wir
dir einen Anteil an dem guten Land, das der
HERR seinem Volk Israel zugesagt hat.«

30 Hobab erwiderte: »Ich möchte lieber in
meine Heimat zurückkehren.«

31 Aber Mose bat ihn: »Verlass uns doch nicht!
Wir brauchen dich, weil du dich in der Wüste
auskennst und weißt, wo geeignete Lagerplätze
sind. Du musst uns den Weg zeigen! 32 Wenn du
mit uns kommst, wollen wir alles, was der HERR
uns geben wird, mit dir teilen.«

33 Die Israeliten machten sich auf den Weg
und zogen vom Berg des HERRN aus drei Tage-
reisen weit. Die Bundeslade* ging an der Spitze,
um jedes Mal den Lagerplatz zu bestimmen.
34 Unterwegs war bei Tag die Wolke des HERRN
über ihnen.

35 Immer wenn die Bundeslade aufgehoben
wurde, sagte Mose: »Steh auf, HERR, damit deine
Feinde vor dir fliehen und in alle Winde zerstie-
ben!«

36 Wenn sie abgesetzt wurde, sagte er: »Kehre
zurück, HERR, zu den zahllosen Scharen Israels!«

Unzufriedenheit unter dem Volk

11 Das Volk beklagte sich beim HERRN dar-
über, dass es so viel entbehren müsse. Als
der HERR das hörte, wurde er zornig und schickte
ein Feuer, das vom Rand des Lagers her um
sich griff. 2 Da schrie das Volk zu Mose um
Hilfe. Mose betete für sie zum HERRN und das
Feuer erlosch. 3 Sie nannten den Ort Tabera
(Brand), weil der HERR dort das Lager in Brand
gesetzt hatte.

4 Unter dem bunt zusammengewürfelten
Haufen von Fremden, die sich dem Volk
Israel beim Auszug aus Ägypten angeschlossen
hatten, brach ein unwiderstehliches Gelüst
nach Fleisch aus. Die Israeliten ließen sich da-
von anstecken und fingen wieder an zu
jammern: »Wenn uns doch nur jemand Fleisch
verschaffen würde! 5 Wie schön war es doch in
Ägypten! Da konnten wir Fische essen und
mussten nicht einmal dafür bezahlen. Wir hatten
Gurken und Melonen, Lauch, Zwiebeln und
Knoblauch. 6 Aber hier gibt es tagaus, tagein
nichts als Manna*. Das bleibt einem ja all-
mählich im Hals stecken!«

7 Manna hatte die Form von Koriandersamen
und sah weißlich aus wie Bdelliumharz*. 8–9 Es
fiel nachts mit dem Tau aufs Lager. Die Leute
sammelten es, zerrieben es zwischen Mahl-
steinen oder zerstießen es in Mörsern, kochten
es im Topf oder backten Fladen daraus. Die
schmeckten wie Fladenbrot* aus Weizenmehl
und Olivenöl.

10,13-28 2,1-34 **10,29-32** Ri 1,16 S **10,34** Ex 13,21 S **10,35** Jes 33,3; Ps 68,2; 132,8 **11,1** Ex 14,11-12 S; Lev 10,2 S **11,4** Ex 12,38; 14,11-12 S **11,7-9** Ex 16,31 S

Mose bekommt Helfer

10 Mose sah die Leute von Israel, alle Sippen und
Familien, vor ihren Zelten stehen und hörte sie
klagen. Ein heftiger Zornausbruch des HERRN
bahnte sich an. Mose war die ganze Sache leid
11 und sagte zum HERRN: »Warum tust du mir,
deinem Diener, dies alles an? Womit habe ich es
verdient, dass du mir eine so undankbare Auf-
gabe übertragen hast? Dieses Volk liegt auf mir
wie eine drückende Last. 12 Schließlich bin ich
doch nicht seine Mutter, die es geboren hat! Wie
kannst du von mir verlangen, dass ich es auf den
Schoß nehme wie die Amme den Säugling und
es auf meinen Armen in das Land trage, das du
ihren Vätern zugesagt hast?

13 Fleisch wollen sie; sie liegen mir in den
Ohren mit ihrem Geschrei. Woher soll ich
Fleisch nehmen für ein so großes Volk?

14 Ich allein kann dieses ganze Volk nicht tra-
gen, die Last ist mir zu schwer. 15 Wenn du sie
mir nicht erleichtern willst, dann hab wenigstens
Erbarmen mit mir und töte mich, damit ich nicht
länger diese Qual ausstehen muss.«

16 Der HERR antwortete Mose: »Versammle
siebzig angesehene Männer aus dem Kreis der
Ältesten* Israels, die sich als Aufseher* bewährt
haben, und hole sie zum Heiligen Zelt. Dort
sollen sie sich neben dir aufstellen. 17 Ich werde
herabkommen und mit dir sprechen, und dann
werde ich von dem Geist*, den ich dir gegeben
habe, einen Teil nehmen und ihnen geben. Dann
können sie die Verantwortung für das Volk mit
dir teilen und du brauchst die Last nicht allein zu
tragen.

18 Zum Volk aber sollst du sagen: ›Macht euch
bereit für morgen und seht zu, dass ihr rein*
seid! Der HERR hat gehört, wie ihr vor ihm ge-
jammert habt: Wer gibt uns Fleisch; in Ägypten
hatten wir es so gut! Ihr sollt euer Fleisch bekom-
men, der HERR wird es euch geben. 19 Und das
nicht nur einen Tag oder zwei, auch nicht fünf,
zehn oder zwanzig Tage lang, 20 nein, einen
ganzen Monat lang, bis es euch zum Hals heraus-
hängt und euch davon übel wird. Das ist die
Strafe dafür, dass ihr euch nach Ägypten zurück-
gesehnt und den HERRN verachtet habt, der
mitten unter euch gegenwärtig ist.‹«

21 Mose aber sagte zum HERRN: »Das Volk, in
dessen Mitte ich stehe, hat allein 600000 wehr-
fähige Männer, und da sagst du, du willst dem
gesamten Volk einen Monat lang Fleisch zu
essen geben? 22 Wo lassen sich so viele Schafe,
Ziegen und Rinder finden, um sie zu sättigen?
Selbst wenn man alle Fische im Meer fangen
würde, wäre es noch nicht genug!«

23 Der HERR antwortete: »Meinst du, es gibt
eine Grenze für meine Macht? Du wirst jetzt
gleich sehen, ob meine Zusage eintrifft oder
nicht.«

Moses Helfer bekommen von seinem Geist

24 Mose ging hinaus und teilte dem Volk mit,
was der HERR gesagt hatte. Er versammelte sieb-
zig Männer aus dem Kreis der Ältesten* Israels
und stellte sie rings um das Heilige Zelt* auf.

25 Da kam der HERR in der Wolke herab und
redete mit Mose. Er nahm einen Teil des Geis-
tes*, den er Mose gegeben hatte, und gab ihn
den siebzig Ältesten. Als der Geist Gottes über
sie kam, gerieten sie vorübergehend in ekstati-
sche Begeisterung wie Propheten*.

26 Zwei Männer, die ebenfalls auf der Liste
der siebzig standen, Eldad und Medad, waren
nicht zum Heiligen Zelt gegangen, sondern im
Lager geblieben. Aber auch über sie kam der
Geist Gottes und sie wurden von ekstatischer
Begeisterung ergriffen.

27 Ein junger Mann lief zu Mose und erzählte
ihm, was mit Eldad und Medad geschehen war.
28 Josua, der Sohn Nuns, der von Jugend an
Moses Diener war, mischte sich ein und sagte zu
Mose: »Lass das nicht zu!«

29 Aber Mose erwiderte: »Hast du Angst um
mein Ansehen? Ich wäre froh, wenn alle Israeli-
ten Propheten wären. Wenn doch der HERR sei-
nem ganzen Volk seinen Geist gegeben hätte!«

Das Volk bekommt Fleisch

30 Mose und die siebzig Ältesten* gingen ins
Lager zurück. 31 Inzwischen hatte der HERR
einen Sturm aufkommen lassen, der trieb riesige
Scharen von Wachteln vom Meer heran. Er warf
sie im Umkreis von einem Tagesmarsch rings um
das Lager zur Erde. Die Tiere lagen fast einen
Meter hoch. 32 Den ganzen Rest des Tages, die
folgende Nacht und noch den nächsten Tag über
waren die Leute damit beschäftigt, Wachteln
einzusammeln. Das wenigste, was einer zusam-
menbrachte, waren zehn Eselsladungen.[a] Sie
breiteten die Tiere zum Dörren rings um das
Lager aus.

33 Aber die Israeliten hatten kaum begonnen,
von dem Fleisch zu essen, es war noch unzer-
kaut zwischen ihren Zähnen, da traf sie der Zorn
des HERRN und viele starben. 34 Man nannte den

a *Eselsladung* (Homer) = 10 Efa* = ca. 4 Zentner Fleisch.

11,11-29 Ex 18,13-27 **11,22** 2 Kön 4,43; Mk 8,4 par **11,29** Joël 3,1 **11,31-34** Ex 16,13 S

Ort Kibrot-Taawa (Lustgräber), weil dort die Leute begraben wurden, die es nach Fleisch gelüstet hatte.

35 Von Kibrot-Taawa zog das Volk weiter nach Hazerot und schlug dort sein Lager auf.

Mirjam und Aaron lehnen sich gegen Mose auf

12 Mirjam und Aaron machten Mose Vorwürfe wegen der kuschitischen Frau,[a] die er geheiratet hatte.
2–3 Zu den Israeliten sagten sie: »Darf Mose behaupten, dass nur er den Willen des HERRN kennt? Hat der HERR nicht auch zu uns gesprochen?«

Mose unternahm nichts dagegen; denn er war der bescheidenste Mensch, der je auf der Erde gelebt hat. Aber der HERR hörte, was sie sagten.
4 Er forderte Mose und Aaron und Mirjam auf: »Geht hinüber zum Heiligen Zelt*, ihr drei!«

Als sie dort waren,
5 kam der HERR in der Wolkensäule herab und stellte sich an den Eingang des Zeltes. Er rief Aaron und Mirjam, und die beiden traten vor.

6 Dann sagte er zu ihnen: »Hört her! Wenn ich Propheten* zu euch sende, offenbare ich mich ihnen in Visionen und spreche zu ihnen in Träumen.
7 Mit meinem Bevollmächtigten* Mose aber halte ich es anders. Ihm habe ich mein ganzes Haus anvertraut.
8 Deshalb rede ich zu ihm wie ein Mensch zu einem andern, in klaren, eindeutigen Worten. Er darf sogar mich selbst sehen. Wie könnt ihr es wagen, ihm etwas vorzuwerfen?«

9 Voll Zorn ging der HERR weg.

10 Als die Wolke verschwunden war, war Mirjam von Aussatz* befallen und ihre Haut war weiß wie Schnee geworden. Aaron sah es
11 und sagte zu Mose: »Verzeih, wir haben im Unverstand gehandelt und Unrecht getan. Lass uns nicht dafür büßen!
12 Soll Mirjam wie eine Totgeburt aussehen, deren Fleisch schon halb verwest ist, wenn sie aus dem Mutterschoß kommt?«

13 Mose schrie zum HERRN: »O Gott, lass sie doch wieder gesund werden!«

14 Der HERR antwortete: »Sie muss sieben Tage lang aus dem Lager ausgesperrt werden, dann könnt ihr sie wieder in eure Gemeinschaft aufnehmen. Wenn ihr Vater ihr ins Gesicht gespuckt hätte, müsste sie sich ja auch sieben Tage lang schämen.«

15 So wurde Mirjam für sieben Tage aus dem Lager ausgesperrt. Das Volk aber zog nicht weiter, bis Mirjam wieder aufgenommen werden durfte.
16 Dann verließen sie Hazerot und schlugen ihr Lager in der Wüste Paran auf.

Erkundung des Landes Kanaan

13 Der HERR sagte zu Mose:
2 »Sende Leute aus, damit sie das Land Kanaan* erkunden, das ich dem Volk Israel geben will. Nimm dazu aus jedem der zwölf Stämme einen der führenden Männer!«

3 Mose folgte dem Befehl des HERRN. Er wählte zwölf Männer aus, lauter Sippenälteste, und schickte sie von der Wüste Paran aus ins Land Kanaan.
4–15 Es waren:

aus dem Stamm Ruben:
Schammua, der Sohn von Sakkur;
aus dem Stamm Simeon:
Schafat, der Sohn von Hori;
aus dem Stamm Juda:
Kaleb, der Sohn von Jefunne;
aus dem Stamm Issachar:
Jigal, der Sohn von Josef;
aus dem Stamm Efraïm:
Hoschea, der Sohn von Nun;
aus dem Stamm Benjamin:
Palti, der Sohn von Rafu;
aus dem Stamm Sebulon:
Gaddiël, der Sohn von Sodi;
aus dem Stamm Manasse:
Gaddi, der Sohn von Susi;
aus dem Stamm Dan:
Ammiël, der Sohn von Gemalli;
aus dem Stamm Ascher:
Setur, der Sohn von Michael;
aus dem Stamm Naftali:
Nachbi, der Sohn von Wofsi;
aus dem Stamm Gad:
Geüël, der Sohn von Machi.

16 Diese zwölf Männer schickte Mose aus, um das Land zu erkunden. Hoschea, dem Sohn Nuns, gab er den Namen Josua.[b]

17 Er sagte zu ihnen: »Geht zunächst durch das Steppengebiet und durchstreift dann das Bergland, das sich nordwärts anschließt.
18 Seht euch Land und Leute genau an! Erkundet, wie viele Menschen dort wohnen und wie stark sie

a Die Heimat der Frau ist wahrscheinlich nicht das Land Kusch (Nubien/Äthiopien), sondern Kuschan in der Nachbarschaft von Midian (vgl. Hab 3,7). Dann handelt es sich einfach um die midianitische Priesterstochter von Ex 2,15-22, die als Nichtisraelitin Anstoß erregt.

b Den Namen Hoschea trägt er auch noch in Dtn 32,44 (in der Übersetzung angeglichen an Josua).

12,6-8 Ex 33,11; Dtn 34,10 **12,7** Hebr 3,2 **12,8** Ex 33,18-23 **12,14** 5,2-3; Lev 13,46

sind. 19–20 Achtet darauf, ob ihre Städte befestigt
sind oder nicht. Seht, ob ihr Land fruchtbar ist
und ob es dort Wälder gibt. Habt keine Angst
und bringt Proben von den Früchten des Landes
mit.« Es war gerade die Jahreszeit, in der die
ersten Trauben reif werden.

21 Die zwölf Männer machten sich auf den
Weg und erkundeten das Land von der Wüste
Zin bis hinauf nach Rehob bei Lebo-Hamat.

22 Zunächst zogen sie durch das Südland und
kamen dann nach Hebron. Dort wohnten Ahiman,
Scheschai und Talmai, die Nachkommen
Anaks. – Die Stadt Hebron war sieben Jahre
früher gegründet worden als Zoan in Ägypten. –
23 Als sie in das Traubental kamen, schnitten sie
eine Weinranke mit einer Traube ab; die war so
schwer, dass zwei von ihnen sie auf einer Stange
tragen mussten. Auch Granatäpfel und Feigen
nahmen sie mit.

24 Das Tal bekam später den Namen Eschkol
(Traubental) wegen der Traube, die die Kundschafter
der Israeliten dort abgeschnitten hatten.

Die Kundschafter berichten

25 Nach vierzig Tagen hatten die zwölf Männer
ihre Erkundung abgeschlossen 26 und kehrten zu
Mose und Aaron und der ganzen Gemeinde
Israel nach Kadesch in der Wüste Paran zurück.
Sie erzählten, was sie gesehen hatten, und
zeigten die mitgebrachten Früchte vor.

27 Sie berichteten Mose: »Wir haben das Land
durchzogen, in das du uns geschickt hast, und
wir haben alles genau angesehen. Es ist wirklich
ein Land, das von Milch und Honig überfließt.
Sieh hier seine Früchte!

28 Aber die Leute, die dort wohnen, sind stark
und ihre Städte sind groß und gut befestigt. Und
dann haben wir auch noch die Anakssöhne* gesehen!
29 Im Südland wohnen die Amalekiter*,
im Bergland die Hetiter*, Jebusiter und Amoriter*
und in der Jordanebene die Kanaaniter*!«

30 Das Volk war aufgebracht gegen Mose,
aber Kaleb beruhigte die Leute und rief: »Wir
können das Land sehr wohl erobern! Wir sind
stark genug!«

31 Doch die anderen Kundschafter sagten:
»Wir können es nicht! Das Volk im Land ist viel
stärker als wir!«

32 Sie erzählten den Israeliten schreckliche
Dinge über das Land, das sie erkundet hatten.
»In diesem Land kann man nicht leben, es verschlingt
seine Bewohner«, sagten sie. »Alle Männer,
die wir gesehen haben, sind riesengroß,
33 besonders die Nachkommen Anaks! Wir
kamen uns ihnen gegenüber wie Heuschrecken
vor und genauso winzig müssen wir ihnen
vorgekommen sein!«

Das Volk vertraut Gott nicht mehr

14 Die ganze Gemeinde Israel schrie laut auf
vor Entsetzen und die Leute weinten die
ganze Nacht. 2 Alle miteinander lehnten sich
gegen Mose und Aaron auf, sie murrten und
sagten: »Wären wir doch lieber in Ägypten
gestorben oder unterwegs in der Wüste!
3 Warum will der HERR uns in dieses Land
bringen? Wir werden im Kampf umkommen
und unsere Frauen und kleinen Kinder werden
den Feinden in die Hände fallen. Es wäre besser,
wir kehrten wieder nach Ägypten zurück!«

4 Schon gaben einige die Parole aus: »Wir
wählen einen neuen Anführer und gehen zurück
nach Ägypten!«

5 Da warfen sich Mose und Aaron vor den
versammelten Israeliten auf die Erde. 6 Josua und
Kaleb aber, die zusammen mit den anderen das
Land erkundet hatten, zerrissen ihre Kleider
7 und sagten zu der ganzen Gemeinde Israel:
»Das Land, das wir erkundet haben, ist ein sehr
gutes Land, 8 das von Milch und Honig überfließt!
Wenn der HERR uns gut ist, wird er uns in
dieses Land hineinbringen und es uns geben.
9 Lehnt euch nicht gegen ihn auf! Habt keine
Angst vor den Bewohnern des Landes! Wir werden
im Handumdrehen mit ihnen fertig. Sie sind
von ihren Göttern verlassen, aber uns steht der
HERR zur Seite. Habt also keine Angst vor ihnen!«

10 Aber die ganze Gemeinde wollte sie steinigen*.
Da erschien die Herrlichkeit* des HERRN
vor den Augen aller Israeliten über dem Heiligen
Zelt*.

Mose bittet für das ungehorsame Volk

11 Der HERR sagte zu Mose: »Wie lange will mich
dieses Volk noch verhöhnen? Wie lange weigern
sie sich noch, mir zu vertrauen? Habe ich ihnen
nicht genug Beweise meiner Macht und Fürsorge
gegeben? 12 Ich will sie an der Pest sterben
lassen, ich will das ganze Volk ausrotten. Mit dir
will ich neu beginnen und deine Nachkommen
zu einem Volk machen, das noch größer und
stärker ist als sie.«

13 Aber Mose erwiderte: »Was werden dann
die Ägypter sagen? Sie haben gesehen, wie du
dieses Volk durch deine Macht aus ihrem Land
geführt und bis hierher gebracht hast. 14 Und was

13,27 Ex 3,8S **13,32-33** Dtn 2,10.21 **13,32** Lev 26,38; Ez 36,13-15 **14,1-4** Ex 14,11-12S **14,10** Ex 16,7S **14,11-20** Ex 32,9-14

werden die Bewohner dieses Landes sagen?[a] Sie
haben gehört, dass du, HERR, selbst mitten unter
uns bist, dass du mir Auge in Auge gegenüber-
trittst, dass deine Wolke über uns steht und dass
du vor uns hergehst, bei Tag in einer Wolken-
säule und in einer Feuersäule bei Nacht. 15 Und
dann tötest du dieses ganze Volk auf einen
Schlag! Die Völker, die von deinen Taten gehört
haben, werden sagen: 16 ›Er war zu schwach,
um dieses Volk in das Land zu bringen, das er
ihnen mit einem Eid versprochen hatte. Deshalb
hat er sie in der Wüste abgeschlachtet.‹

17 Ach Herr, lass doch deine Macht an uns
sichtbar werden! Du hast uns zugesagt: 18 ›Ich
bin der HERR, ich habe Geduld, meine Güte ist
grenzenlos. Ich vergebe Schuld und Auflehnung;
aber ich lasse nicht alles ungestraft hingehen.
Wenn sich jemand gegen mich wendet, dann
bestrafe ich dafür noch seine Kinder und Enkel
bis in die dritte und vierte Generation.‹

19 Weil nun deine Güte so groß ist, darum ver-
gib diesem Volk seine Schuld! Du hast ihm ja
auch bisher vergeben während der ganzen Zeit,
seit du es aus Ägypten herausgeführt hast!«

20 Der HERR antwortete: »Ich vergebe ihnen,
weil du mich darum bittest. 21 Aber so gewiss ich
lebe und meine Herrlichkeit* die ganze Erde
erfüllen wird: 22–23 Diese Männer werden nicht
in das Land kommen, das ich ihren Vorfahren
versprochen habe! Sie haben meine Herrlichkeit
gesehen und die Wunder, die ich in Ägypten und
in der Wüste getan habe, und trotzdem haben
sie mich nun zehnmal auf die Probe gestellt und
sich gegen mich aufgelehnt. Keiner von denen,
die mich missachtet haben, wird das Land
betreten.

24 Nur meinen Diener Kaleb will ich in das
Land bringen, das er erkundet hat; seine Nach-
kommen sollen dort leben. Denn in ihm war ein
anderer Geist, er ließ sich nicht beirren und hat
mir vertraut. 25 In den Ebenen aber bleiben die
Amalekiter* und Kanaaniter* wohnen.

Morgen kehrt ihr um und zieht wieder durch
die Wüste, dem Schilfmeer* zu.«

Die Strafe: vierzig Jahre in der Wüste

26 Der HERR sagte zu Mose und Aaron: 27 »Wie
lange soll ich es noch hinnehmen, dass dieses
eigensinnige Volk sich gegen mich auflehnt? Ich
habe wohl gehört, wie sie gegen mich murren.
28 Richte ihnen meine Antwort aus! Sage zu
ihnen:

›Ich, der HERR, schwöre euch: Was ihr da
gesagt habt, lasse ich in Erfüllung gehen – so
gewiss ich lebe! 29 In dieser Wüste sollt ihr
sterben, alle wehrfähigen Männer von zwanzig
Jahren an aufwärts. Das ist die Strafe dafür, dass
ihr euch gegen mich aufgelehnt habt. 30 Keiner
von euch soll in das Land kommen, das ich euch
mit einem Eid zugesichert habe, mit Ausnahme
von Kaleb und Josua.

31 Eure kleinen Kinder dagegen, von denen
ihr gesagt habt: Sie werden den Feinden in die
Hände fallen – die werde ich in das Land hinein-
bringen, das ihr verschmäht habt; genau sie
werden es in Besitz nehmen. 32 Ihr aber werdet
in dieser Wüste sterben.

33 Doch auch eure Söhne werden wegen eurer
Untreue zu leiden haben: Noch vierzig Jahre
lang müssen sie mit ihrem Vieh in der Wüste
umherziehen, bis von eurer Generation keiner
mehr am Leben ist. 34 Vierzig Tage lang habt ihr
das Land erkundet; so sollt ihr nun vierzig Jahre
lang, für jeden Tag ein Jahr, eure Schuld
abbüßen. Dann merkt ihr, was für Folgen es hat,
wenn jemand sich von mir abwendet.[b]

35 Ich werde mein Wort nicht zurücknehmen.
Keiner von euch soll aus dieser Wüste heraus-
kommen; alle werden in ihr den Tod finden.
Diese ganze böse Gemeinde, die sich gegen mich
zusammengerottet hat, soll ihrer Strafe nicht
entgehen.‹«

36–37 Die Männer aber, die Mose ausgesandt
hatte, um das Land zu erkunden, bestrafte der
HERR auf der Stelle, sodass sie tot umfielen.
Sie hatten nach ihrer Rückkehr schreckliche
Dinge über das Land erzählt und so die ganze
Gemeinde gegen Mose aufgewiegelt und zum
Murren gegen ihn gebracht. 38 Nur Josua und
Kaleb blieben verschont.

Die Reue kommt zu spät

39 Mose sagte allen Israeliten die Antwort des
HERRN. Da begann das Volk zu weinen und zu
klagen. 40 Am anderen Morgen aber rüsteten
sich die Männer Israels, um ins Bergland hinauf-
zuziehen. Sie sagten zu Mose: »Wir sind jetzt
bereit! Wir wollen dem HERRN gehorchen und in
das Land ziehen. Wir haben gestern unrecht
getan.«

a Deutung unsicher.
b *Dann merkt ihr …:* wörtlich *Dann erkennt ihr meine Abwendung* (= die Abwendung von mir). Möglich auch … *wenn ich mich von jemand abwende.*

14,18 Ex 34,6S; 20,5-6S **14,21** Jes 6,3; Ps 57,6 **14,22-23** Ps 95,11; Hebr 3,17-18 **14,24** Jos 14,6-14 **14,33** Dtn 8,2.4; Ps 95,10; Am 2,10

41 Aber Mose erwiderte: »Warum wollt ihr
gegen den ausdrücklichen Befehl des HERRN
handeln? Das kann nicht gut gehen. 42 Ich sage
euch: Zieht nicht hinauf; denn der HERR wird
nicht mit euch gehen! Die Feinde werden euch
in die Flucht schlagen. 43 Die Amalekiter* und
die Kanaaniter* sind gerüstet und warten auf
euch; ihr werdet alle umkommen. Ihr habt euch
vom HERRN abgewandt; denkt nur nicht, dass er
euch jetzt beistehen wird!«

44 Sie aber hatten es sich in den Kopf gesetzt,
ins Bergland hinaufzuziehen. Mose ging nicht
mit und auch die Bundeslade* blieb im Lager.
45 Die Amalekiter und die Kanaaniter, die das
Bergland bewohnten, griffen sie von oben her
an, schlugen sie in die Flucht und verfolgten sie
bis nach Horma.

ÜBER PRIESTER UND OPFER
(Kapitel 15–19)

Anweisungen über die Beigaben zu Tieropfern

15 1–2 Der HERR gab Mose für die Israeliten
die folgenden Anweisungen. Sie sollten
sich danach richten, wenn sie einmal in dem
Land leben würden, das er ihnen geben wollte:

3 Wenn ihr den HERRN mit einer Opfergabe
gnädig stimmen und ihm ein Rind, ein Schaf
oder eine Ziege als Brand- oder Mahlopfer* darbringen wollt – sei es zur Erfüllung eines Gelüb-
des*, als freiwilliges Opfer oder als Festopfer –,
4–5 dann müsst ihr ein Speiseopfer* und ein
Trankopfer* dazugeben.

Wer dem HERRN ein Schaf oder eine Ziege
opfert, soll als Speiseopfer 1/10 Efa* (1,2 Kilo) Weizenmehl geben, vermengt mit 1/4 Hin* (knapp 1
Liter) Olivenöl, dazu als Trankopfer dieselbe
Menge Wein.

6 Wer dem HERRN einen Schafbock opfert,
nimmt 2/10 Efa (2,4 Kilo) Mehl, vermengt mit
1/3 Hin (1 1/2 Liter) Öl, 7 und dazu dieselbe Menge
Wein. Das ist ein Opfer, das den HERRN gnädig
stimmt.

8 Wer dem HERRN ein Rind als Brand- oder
Mahlopfer darbringt, sei es als Opfer zur Erfül-
lung eines Gelübdes oder um ein Opfermahl zu
feiern, 9 nimmt als Speiseopfer 3/10 Efa (3,6 Kilo)
Mehl, vermengt mit 1/2 Hin (knapp 2 Liter) Öl,
10 dazu als Trankopfer dieselbe Menge Wein.
Das ist ein Opfer, das den HERRN gnädig stimmt.

11–12 Wenn ihr mehrere Tiere derselben Art
opfert, muss für jedes einzelne Tier die vorgeschriebene Menge als Speise- und Trankopfer gegeben werden.

13–14 Diese Vorschrift gilt nicht nur für euch
Israeliten, sondern auch für jeden, der als Fremder* vorübergehend oder dauernd unter euch
lebt und dem HERRN ein Opfer darbringen will,
das ihn gnädig stimmt. 15–16 Für euch und für die
Fremden, die bei euch leben, gilt in dieser
Sache[a] dasselbe Gesetz, und zwar für alle Zeiten.
In den Augen des HERRN gibt es zwischen einem
Israeliten von Geburt und einem, der in Israel
Aufnahme findet, keinen Unterschied.

Das erste Brot gehört Gott

17–18 Auch die folgende Anweisung erhielt Mose
vom HERRN für die Zeit, wenn die Israeliten
einmal in dem Land leben würden, das er ihnen
geben wollte:

19 Wenn ihr von dem Korn, das ihr in eurem
Land erntet, Brot backt, müsst ihr etwas davon
dem HERRN abgeben. 20–21 Das erste Brot, das ihr
aus dem Mehl der neuen Ernte backt, gehört
dem HERRN, genauso wie ihm ein erster Anteil
am frisch gedroschenen Korn zusteht. Diese
Vorschrift gilt für alle Zeiten.

Sühne für unbeabsichtigte Verfehlungen

22–23 Auch diese Anweisung erhielt Mose vom
HERRN:[b]

Wenn ihr oder eure Nachkommen versehentlich gegen irgendeines der Gebote verstoßt, die
der HERR euch durch Mose bekannt gemacht
hat, muss die Verfehlung durch ein Opfer*
wieder ins Reine gebracht werden.

24 Ist die ganze Gemeinde versehentlich
schuldig geworden, muss sie zur Sühne* dem
HERRN einen Stier als Brandopfer darbringen,
ein Opfer, das ihn gnädig stimmt. Dazu kommt
das vorgeschriebene Speiseopfer und Trankopfer
und noch ein Ziegenbock als Sühneopfer.
25–26 Der Priester* bringt durch diese Opfer die
Verfehlung wieder ins Reine, und der HERR wird
der ganzen Gemeinde vergeben, weil der
Verstoß unbeabsichtigt geschehen ist und weil
sie ihm diese Opfer dargebracht hat. Auch den
Fremden*, die bei euch leben und die mit den
anderen schuldig geworden sind, wird die
Verfehlung vergeben.

27 Ist eine Einzelperson versehentlich schul-
dig geworden, muss sie als Sühneopfer eine ein-
jährige Ziege darbringen. 28 Der Priester bringt
mit diesem Opfer die Verfehlung wieder ins

a *in dieser Sache:* wörtlich *in Bezug auf die Versammlung.* *b* Verdeutlichender Zusatz; vgl. Verse 17-18.

14,44 10,35; 1 Sam 4,1-11 **14,45** 21,3 **15,3** Lev 1,3-17 S; 3,1-17 S **15,4-5** Lev 2,1-16 S **15,19-21** Ex 23,19a S **15,22-29** Lev 4,1-35 S

Reine und der HERR wird diesem Menschen vergeben. 29 Diese Anordnung gilt genauso für die Fremden, die bei euch leben.

30–31 Wer jedoch mit Wissen und Willen[a] gegen ein Gebot des HERRN handelt, beleidigt den HERRN und hat sein Leben verwirkt. Ein solcher Mensch muss aus dem Volk ausgestoßen werden, gleichgültig, ob er ein Israelit ist oder ein Fremder; denn er hat den ausdrücklichen Befehl des HERRN missachtet. Ein solches Vergehen kann durch kein Opfer wieder gutgemacht werden.

Ein Fall von Sabbatschändung

32 Während die Israeliten noch in der Wüste waren, wurde ein Mann dabei ertappt, wie er an einem Sabbat* Holz sammelte. 33 Die Leute, die ihn gesehen hatten, brachten ihn vor Mose und Aaron und die ganze Gemeinde. 34 Weil es für einen solchen Fall noch keine Entscheidung des HERRN gab, wurde er vorläufig eingesperrt.

35 Der HERR aber sagte zu Mose: »Der Mann hat sein Leben verwirkt. Die ganze Gemeinde soll ihn draußen vor dem Lager durch Steinigung* hinrichten.«

36 Da führten alle Männer den Schuldigen aus dem Lager und steinigten ihn, wie der HERR es Mose befohlen hatte.

Ein Erinnerungszeichen an der Kleidung

37–38 Der HERR befahl Mose, den Israeliten zu sagen, sie sollten Quasten* an den vier Zipfeln des Tuches anbringen, das sie als Obergewand* trugen. Diese Vorschrift sollte auch für alle ihre Nachkommen gelten. An jeder Quaste sollte eine violette Kordel sein.

39–40 »Jedes Mal, wenn ihr die Quasten seht«, sagte der HERR, »sollen sie euch an meine Gebote erinnern. Sie sollen euch mahnen, dass ihr nach meinen Weisungen lebt und euch nicht von euren Gedanken und euren lüsternen Augen zum Ungehorsam verleiten lasst. Dann werdet ihr ein heiliges* Volk sein, ein Volk, das seinem Gott ganz gehört. 41 Ich bin der HERR, euer Gott. Ich habe euch aus Ägypten geführt, weil ich euer Gott sein wollte. Und ich bin es auch, ich, der HERR!«

Die Anhänger Korachs lehnen sich gegen Mose auf

16 1–2 Korach, der Sohn Jizhars, ein Levit* von den Nachkommen Kehats, war so vermessen, sich gegen Mose aufzulehnen. Er wurde unterstützt von einigen Männern aus dem Stamm Ruben: von Datan und Abiram, den Söhnen Eliabs, und von On, dem Sohn Pelets, sowie von zweihundertfünfzig anderen angesehenen Israeliten, lauter Männern, die in der Gemeinde mit einer Aufgabe betraut waren.

3 Sie alle kamen miteinander zu Mose und Aaron und warfen ihnen vor: »Ihr nehmt euch zu viel heraus! Alle Israeliten gehören dem HERRN in gleicher Weise und er ist mitten unter ihnen. Warum erhebt ihr euch über die Gemeinde des HERRN?«

4 Als Mose das hörte, warf er sich zu Boden und betete. 5 Dann sagte er zu Korach und seinen Anhängern: »Morgen wird der HERR zeigen, wer zu ihm gehört und wen er als heilig* anerkennt. Er wird nur den in seine Nähe kommen lassen, den er ausgewählt hat. 6 Nehmt Räucherpfannen*, 7 legt Glut hinein und Weihrauch* darauf und kommt damit morgen vor das Heilige Zelt*. Dann wird es sich zeigen, wen der HERR ausgewählt hat und wen er als tauglich zu seinem Dienst anerkennt. Ihr Leviten* seid es, die sich zu viel herausnehmen!«

8 Weiter sagte Mose zu Korach und seinen Anhängern: »Hört her, ihr Leviten! 9 Der Gott Israels hat euch aus der ganzen Gemeinde ausgesondert, er lässt euch in seine Nähe kommen und den Dienst an seiner Wohnung verrichten; ihr dürft vor der Gemeinde stehen und ihr Dienste leisten. Ist euch das noch nicht genug? 10 Dir, Korach, und den übrigen Leviten hat der HERR dieses Vorrecht gegeben und nun wollt ihr auch noch das Priesteramt*? 11 Gegen den HERRN habt ihr euch zusammengerottet, du und dein ganzer Haufen! Wer ist schon Aaron? Euer Murren geht doch nicht gegen ihn!«

12 Mose ließ Datan und Abiram rufen; aber sie ließen ihm ausrichten: »Wir kommen nicht! 13 Es reicht gerade, dass du uns aus Ägypten, dem Land, das von Milch und Honig überfließt, weggeführt hast und uns in der Wüste sterben lässt! Du willst dich auch noch als Herr über uns aufspielen? 14 Hast du uns vielleicht in ein Land gebracht, das von Milch und Honig überfließt? Hast du uns Äcker und Weinberge zum Besitz gegeben? Du machst diesen Leuten doch nur etwas vor! Wir jedenfalls werden nicht kommen.«

15 Voll Zorn sagte Mose zum HERRN: »Nimm von ihnen kein Opfer* mehr an! Ich habe meine

a *mit Wissen …:* wörtlich *mit erhobener Hand.*

15,32 Ex 20,8-10 S **15,34** 9,8 S **15,37-38** Dtn 22,12; Mt 23,5 **16,1-34** Ps 106,16-18; Sir 45,18-19; Jud 11 **16,9** 1,47-53; 3,11-13 S **16,13** Ex 3,8 S

11 Die übrigen Gaben, die die Leute von Israel mir bringen, gebe ich deinen Söhnen und Töchtern und allen deinen Nachkommen für alle Zukunft. Alle in euren Familien, die rein* sind, dürfen davon essen. 12–13 Das gilt für die Abgaben an Öl, Wein und Korn, für alle Früchte von jeder Ernte, die die Israeliten mir als Erstlingsgaben* bringen. Alle, die rein sind, dürfen davon essen.

14 Außerdem gehört euch alles in Israel, was mir unwiderruflich geweiht* worden ist, 15 auch alle Erstgeburten bei Mensch und Tier, die mir von den Israeliten gebracht werden. Doch müsst ihr anstelle der erstgeborenen Kinder einen entsprechenden Geldbetrag annehmen. Das Gleiche gilt für die Erstgeburten von solchen Tieren, die nicht als Opfer zugelassen sind.

16 Für die erstgeborenen Kinder sind, wenn sie das Alter von einem Monat erreicht haben, fünf Silberstücke* zu entrichten, gewogen nach dem Gewicht des Heiligtums. 17 Für die Erstgeburten von Rindern, Schafen und Ziegen aber dürft ihr kein Geld annehmen, denn sie sind als Opfer für mich bestimmt. Ihr Blut müsst ihr an den Altar* sprengen und ihre Fettstücke darauf verbrennen, als ein Opfer, das mich gnädig stimmt. 18 Das ganze Fleisch gehört euch, ebenso wie beim Mahlopfer* die Brust und die rechte Hinterkeule des Opfertieres.

19 Alle diese Gaben, die die Leute von Israel mir bringen, gebe ich dir und deinen Nachkommen; alle eure Familienangehörigen dürfen davon essen. Diese Vorrechte gelten für alle Zukunft. Sie sind in meinen Augen so unwiderruflich wie ein Vertrag, der durch gemeinsames Essen von Salz besiegelt worden ist.«

Der Unterhalt der Leviten und ihre Abgabe an die Priester

20 Weiter sagte der HERR zu Aaron: »Wenn das Volk Israel in sein Land kommt, wird dir und deinem Stamm kein Anteil am Grundbesitz zugeteilt werden. Ich selbst bin euer Anteil, von mir bekommt ihr alles, was ihr braucht.

21 Den Leviten* aber weise ich als Entgelt für die Arbeit am Heiligen Zelt* den zehnten Teil jeder Ernte in Israel zu. 22–23 Künftig sollen allein sie zum Heiligen Zelt kommen und dort Dienst tun. Sie allein sollen die Verantwortung tragen. Dies ist ihre Aufgabe für alle Zukunft. Wenn dagegen jemand von den anderen Israeliten dem Heiligen Zelt zu nahe kommt, macht er sich schuldig und muss sterben.

Die Leviten dürfen keinen Grundbesitz unter den Israeliten bekommen. 24 Ich gebe ihnen stattdessen den Ernteanteil, den die Leute von Israel mir abliefern. Deshalb bestimme ich, dass sie keinen Landbesitz in Israel haben sollen.«

25–26 Weiter ließ der HERR den Leviten durch Mose sagen: »Ich habe euch anstelle eines Anteils am Landbesitz den zehnten Teil von dem zugewiesen, was die Leute von Israel ernten. Davon müsst ihr wiederum den zehnten Teil nehmen und ihn mir abliefern.

27 Ihr gebt mir damit den Zehnten*, so wie jeder Israelit mir von seinem Korn und Wein den zehnten Teil abgibt. 28 Der Unterschied ist nur, dass ihr euren Zehnten von dem nehmt, was die Leute von Israel euch als ihren Zehnten abliefern. Diesen Teil, der mir zusteht, gebt ihr Aaron und seinen Nachkommen, den Priestern*.

29 Von allem, was ihr bekommt, müsst ihr das Beste nehmen und mir abgeben. 30 Wenn ihr das tut, könnt ihr den Rest für euch selbst verbrauchen, wie der Bauer den Rest seiner Ernte an Korn und Wein. 31 Ihr dürft es mit euren Familien an jedem beliebigen Ort verzehren; denn es ist der Lohn für eure Arbeit am Heiligen Zelt. 32 Ihr entweiht damit nicht die heiligen Gaben der Israeliten, sofern ihr mir vorher das Beste davon als Zehnten abgegeben habt. Wenn ihr dies jedoch versäumt, macht ihr euch schuldig und müsst sterben.«

Die Herstellung eines Reinigungswassers

19 Der HERR sagte zu Mose und Aaron: 2 »Was ich euch jetzt befehle, soll auch in Zukunft regelmäßig ausgeführt werden.

Lasst euch von den Israeliten eine rote Kuh bringen, die fehlerfrei und noch nie zur Arbeit eingespannt worden ist. 3 Gebt sie dem Priester Eleasar, damit er sie vor das Lager hinausführen und dort in seiner Gegenwart schlachten lässt. 4 Von ihrem Blut soll er mit dem Finger siebenmal etwas in Richtung auf die Vorderseite des Heiligen Zeltes* sprengen.

5 Dann wird die ganze Kuh vor seinen Augen verbrannt, nicht nur die Fettstücke, sondern auch Fleisch, Blut und Haut und die Eingeweide samt ihrem Inhalt. 6 Der Priester wirft Zedernholz, Ysop und Karmesinfarbe in das Feuer. 7 Darauf wäscht er sich und seine Kleider mit Wasser. Er kann dann ins Lager gehen, bleibt aber bis zum Abend unrein*.

8 Auch der Mann, der die Kuh verbrannt hat, muss sich und seine Kleider waschen und bleibt

18,12-13 Ex 23,19 S **18,14** Lev 27,28 **18,15-18** Ex 13,11-16 S **18,21** Lev 27,30-33; Dtn 14,22-29 **18,20** Dtn 10,9; 12,12; 18,1-2; Jos 13,14.33; Ez 44,28; Sir 45,22

bis zum Abend unrein. 9 Jemand, der rein ist,
sammelt die Asche der Kuh ein und bringt sie an
einen reinen Platz außerhalb des Lagers. Dort
wird sie aufbewahrt, damit daraus für die Ge-
meinde Israel ein Reinigungswasser* zur Beseiti-
gung von Unreinheit hergestellt werden kann;
denn die Verbrennung der Kuh hat die Wirkung
eines Sühneopfers*. 10a Der Mann, der die Asche
eingesammelt hat, muss seine Kleider waschen
und bleibt bis zum Abend unrein.«

Anwendung des Reinigungswassers

10b »Für die Israeliten wie für die Fremden*, die
bei ihnen leben, gilt in alle Zukunft die Anord-
nung:

11 Wer einen Toten berührt, wird für sieben
Tage unrein*. 12 Er muss sich am dritten und am
siebten Tag mit dem Reinigungswasser* be-
sprengen lassen und ist dann wieder rein.[a]
Wenn er es unterlässt, bleibt er unrein. 13 Ein
solcher Mensch entweiht die Wohnung des
HERRN; er hat sein Leben verwirkt und muss aus
Israel ausgestoßen werden. Seine Unreinheit ist
nicht wieder zu beseitigen, weil kein Reinigungs-
wasser über ihn gesprengt worden ist.

14 Wenn in einem Zelt jemand stirbt, werden
alle für sieben Tage unrein, die gerade im Zelt
sind oder es betreten. 15 Auch jedes offene Gefäß,
das nicht mit einem festen Deckel verschlossen
ist, wird unrein. 16 Unrein wird auch für sieben
Tage, wer im Freien einen Toten berührt, gleich-
gültig, ob dieser erschlagen worden oder eines
natürlichen Todes gestorben ist, und ebenso wird
unrein, wer mit menschlichen Gebeinen oder
einem Grab in Berührung kommt.

17 Um die Unreinheit zu beseitigen, nehmt ihr
etwas Asche von der als Sühneopfer* verbrann-
ten Kuh und vermischt sie in einem Gefäß mit
frischem Wasser. 18 Jemand, der rein ist, nimmt
ein Büschel Ysop, taucht es in das Wasser und
besprengt damit das Zelt, die Gefäße darin und
jeden, der im Zelt war oder im Freien einen
Toten, seine Gebeine oder ein Grab berührt hat.
19 Dies wird am dritten und am siebten Tag
ausgeführt. Nach der Besprengung am siebten
Tag müssen alle, die unrein geworden sind, sich
und ihre Kleider waschen, dann sind sie am
Abend wieder rein.

20 Wer aber unrein wird und nicht diese
Sühne an sich vollziehen lässt, entweiht das
Heiligtum des HERRN. Er bleibt unrein, weil kein
Reinigungswasser über ihn gesprengt worden
ist. Er hat sein Leben verwirkt und muss aus der
Gemeinde ausgestoßen werden.

21 Diese Anordnung gilt in Israel für alle
Zukunft.

Auch der Mann, der das Reinigungswasser
versprengt, muss seine Kleider waschen, und
jeder, der mit dem Wasser in Berührung kommt,
ist bis zum Abend unrein. 22 Alles, was ein Un-
reiner berührt, wird unrein, und auch wer einen
Unreinen berührt, ist bis zum Abend unrein.«

AN DER GRENZE DES LANDES

(Kapitel 20–26)

Mose und Aaron zweifeln

(Ex 17,1-7)

20 Im ersten Monat des Jahres kamen die
Israeliten, die ganze Gemeinde, in die
Wüste Zin. Längere Zeit blieben sie in der Oase
Kadesch. Während dieser Zeit starb Mirjam und
wurde dort bestattet.

2 Als das Wasser ausging, lief die ganze Ge-
meinde zusammen und machte Mose und Aaron
Vorwürfe. 3 »Wären wir doch auch umge-
kommen wie die anderen, die der HERR sterben
ließ«, hielten sie ihnen vor. 4 »Warum habt ihr
die Gemeinde des HERRN in diese Wüste
gebracht? Unser Vieh verdurstet hier und wir
verdursten mit! 5 Wozu habt ihr uns aus Ägypten
geführt, wenn ihr uns nichts Besseres zu bieten
habt? Hier wächst weder Korn noch Wein, es
gibt keine Feigen und keine Granatäpfel, nicht
einmal Wasser gibt es zu trinken!«

6 Mose und Aaron wichen vor dem Volk bis
zum Eingang des Heiligen Zeltes* zurück und
warfen sich dort nieder. Da erschien ihnen die
Herrlichkeit* des HERRN 7 und der HERR sagte zu
Mose: 8 »Hol deinen Stock und geh mit Aaron zu
dem Felsen dort drüben! Befehlt dem Felsen vor
der versammelten Gemeinde, euch Wasser zu
geben! Dann wird Wasser daraus hervorsprudeln
und ihr könnt Menschen und Vieh zu trinken
geben.«

9 Wie der HERR es befohlen hatte, holte Mose
den Stock, der im Heiligtum aufbewahrt wurde.
10 Zusammen mit Aaron rief er die Gemeinde zu
dem Felsen und sagte: »Ihr seid ein widerspensti-
ges Volk! Glaubt ihr wirklich, wir könnten euch
Wasser aus diesem Felsen verschaffen?«

11 Er hob den Stock und schlug damit zweimal
an den Felsen. Da kam so viel Wasser heraus,

[a] *muss sich am dritten …:* mit alten Übersetzungen; H *muss sich am dritten Tag mit dem Reinigungswasser besprengen lassen und ist am siebten Tag wieder rein.*

19,9 Hebr 9,13 **19,17** Hebr 9,13 **20,2-5** Ex 14,11-12 S **20,6** Ex 16,7 S

dass Menschen und Vieh genug zu trinken
hatten.
12 Aber der HERR sagte zu Mose und Aaron:
»Ihr habt mir nicht vertraut und wolltet mir
keine Gelegenheit geben, mich vor den Leuten
von Israel als der heilige und mächtige Gott zu
erweisen. Darum könnt ihr dieses Volk nicht bis
in das Land führen, das ich ihnen versprochen
habe.«
13 Die Quelle erhielt den Namen Meriba (An-
klage), weil hier die Israeliten den HERRN ange-
klagt hatten; doch er erwies sich als der heilige
und mächtige Gott.

Die Edomiter verweigern den Durchzug

14 Von Kadesch aus schickte Mose Boten ins
Land Edom*. Sie sagten zum König der Edomi-
ter: »Wir bringen Botschaft von euren Brüdern,
den Israeliten. Sie lassen euch sagen: ›Ihr wisst
selbst, was wir alles durchgemacht haben.
15 Unsere Vorfahren zogen nach Ägypten und
haben lange dort gewohnt. Aber die Ägypter
behandelten uns schlecht. 16 Da schrien wir zum
HERRN um Hilfe. Er hörte uns und schickte einen
Engel*, der uns aus Ägypten herausführte. Jetzt
sind wir in Kadesch, einer Stadt in der Nähe
eurer Grenze. 17 Erlaubt uns, dass wir durch euer
Land ziehen! Wir werden stets auf der großen
Straße bleiben, die dem König gehört, und nicht
einen Schritt von ihr abweichen. Wir ziehen
nicht durch eure Äcker und Weinberge und
trinken keinen Tropfen aus euren Brunnen.‹«
18 Aber die Edomiter antworteten: »Wir erlau-
ben nicht, dass ihr durch unser Land zieht!
Wenn ihr es versucht, werden wir gegen euch
kämpfen.«
19 Die Israeliten versicherten noch einmal:
»Wir werden auf der festen Straße bleiben.
Wenn wir oder unser Vieh Wasser brauchen,
werden wir es euch bezahlen. Wir kommen zu
Fuß und führen nichts gegen euch im Schilde.«
20 Aber die Edomiter wiederholten: »Ihr dürft
nicht durchziehen!« Sie rückten mit einer
starken Heeresmacht gegen die Israeliten aus.
21 Weil die Edomiter ihnen den Durchzug
verweigerten, wählten die Israeliten einen
anderen Weg.

Aaron muss sterben

22 Sie brachen von Kadesch auf und kamen zum
Berg Hor, 23 der an der Grenze des Landes Edom
liegt. Dort sagte der HERR zu Mose und Aaron:
24 »Aarons Zeit ist jetzt abgelaufen! Weil ihr bei-
den mir an der Meriba-Quelle nicht gehorcht
habt, darf er das Land nicht betreten, das ich
dem Volk Israel versprochen habe.«
25 Zu Mose aber sagte er: »Nimm Aaron und
seinen Sohn Eleasar mit dir auf den Berg Hor.
26 Dort zieh Aaron die Priesterkleider aus und
lege sie seinem Sohn an. Denn Aaron wird dort
oben sterben.«
27 Mose tat, was der HERR befohlen hatte. Vor
den Augen der ganzen Gemeinde stiegen die drei
auf den Gipfel des Berges 28 und Mose legte
Eleasar die Kleider Aarons an. Dann starb Aaron,
und Mose kehrte mit Eleasar wieder ins Lager
zurück. 29 Als die Leute von Israel hörten, dass
Aaron gestorben war, trauerten sie dreißig Tage
lang um ihn.

Ein erster Sieg über die Kanaaniter

21 Als der Kanaaniterkönig* von Arad im
Südland erfuhr, dass die Israeliten den
Weg über Atarim[a] eingeschlagen hatten, griff er
sie an und nahm einige von ihnen gefangen.
2 Da versprachen die Männer Israels dem HERRN:
»Wenn du dieses Volk in unsere Hand gibst,
werden wir an ihren Städten den Bann* voll-
strecken.«
3 Der HERR erhörte ihre Bitte und gab ihnen
den Sieg über den König von Arad. Die Israeliten
erfüllten ihr Gelübde* und vernichteten die
Besiegten samt ihren Städten. Deshalb bekam
die Stadt, die heute dort liegt, den Namen Horma
(Bann).

Die erhöhte Schlange rettet vom Schlangenbiss

4 Als die Israeliten vom Berg Hor aus weiter-
zogen, wandten sie sich zunächst nach Süden in
Richtung Schilfmeer,[b] um das Gebiet der Edomi-
ter* zu umgehen. Aber unterwegs verlor das
Volk die Geduld 5 und sie beklagten sich bei
Gott und bei Mose: »Warum habt ihr uns aus
Ägypten weggeführt, damit wir in der Wüste
sterben? Hier gibt es weder Brot noch Wasser,
und dieses elende Manna* hängt uns zum Hals
heraus!«
6 Da schickte der HERR zur Strafe giftige
Schlangen unter das Volk. Viele Israeliten wur-
den gebissen und starben.
7 Die Leute kamen zu Mose und sagten: »Es
war nicht recht, dass wir uns gegen den HERRN
und gegen dich aufgelehnt haben. Leg doch beim

a Wörtlich *den Atarimweg*. Die Bezeichnung ist nicht sicher zu deuten. b Vgl. Anmerkung zu 33,10.

20,16 Ex 23,20 **20,17-18** 21,22-23 **20,24** 20,12 **20,28** Ex 29,29-30 **21,2-3** Dtn 7,1-4 S **21,3** 14,45 **21,5** Ex 14,11-12 S **21,6** Weish 16,5-14; 1 Kor 10,9

HERRN ein Wort für uns ein, damit er uns von diesen Schlangen befreit!«

Mose betete für das Volk 8 und der HERR sagte zu ihm: »Fertige eine Schlange an und befestige sie oben an einer Stange. Wer gebissen wird, soll dieses Bild ansehen, dann wird er nicht sterben!«

9 Mose machte eine Schlange aus Bronze und befestigte sie an einer Stange. Wer gebissen wurde und auf diese Schlange sah, blieb am Leben.

Der Weg bis an die Grenze des Landes Kanaan

10–12 Die Israeliten brachen auf und zogen weiter. Ihre nächsten Lagerplätze hatten sie in Obot, in Ije-Abarim in der Wüste östlich des Landes Moab* und im Sered-Tal. 13 Von dort zogen sie bis in die Wüste nordöstlich des Arnonflusses, wo das Gebiet der Amoriter* beginnt. Der Arnon bildet die Grenze zwischen Moabitern und Amoritern. 14 Deshalb heißt es im Buch der Kriege des HERRN:

»... die Stadt Waheb in Sufa,
die Bachtäler des Arnon,
15 die Hochebene, die sich zur Stadt Ar hin senkt
und sich an das Bergland von Moab anlehnt.«

16 Von dort zogen sie nach Beer, wo der HERR zu Mose sagte: »Ruf das Volk zusammen, ich will ihnen Wasser geben!« 17 Damals sangen die Israeliten:

»Brunnen, lass das Wasser fließen;
singend wollen wir's begrüßen!
18 Stab und Zepter edler Leute
gruben diesen Brunnen heute.«

Aus der Wüste zogen sie nach Mattana 19 und von dort über Nahaliël und Bamot-Baal 20 in das Tal im Gebiet von Moab beim Gipfel des Berges Pisga, von dem aus die Jordanebene zu sehen ist.

Der Sieg über den Amoriterkönig Sihon

21 Die Männer Israels schickten Boten zu Sihon, dem König der Amoriter*, und ließen ihm sagen: 22 »Erlaube uns, dass wir durch dein Land ziehen! Wir werden stets auf der großen Straße bleiben, die dem König gehört, und keinen Acker oder Weinberg betreten; wir werden auch keinen Tropfen Wasser aus deinen Brunnen trinken.«

23 Aber Sihon gab ihnen den Durchzug nicht frei. Im Gegenteil, er rief seine Kriegsleute zusammen und zog den Israeliten in die Wüste hinaus entgegen. Bei Jahaz stieß er mit ihnen zusammen und griff sie an.

24 Aber die Männer Israels brachten ihm eine schwere Niederlage bei und besetzten sein Land vom Arnontal im Süden bis zum Jabbokfluss im Gebiet der Ammoniter*. – Die Grenze der Ammoniter war befestigt.[a] – 25 Die Israeliten nahmen Heschbon und die anderen Städte der Amoriter in Besitz und siedelten sich darin an.

26 Heschbon war die Residenz des Amoriterkönigs Sihon gewesen. Dieser hatte gegen den früheren König der Moabiter* gekämpft und ihm das ganze Gebiet bis zum Arnon weggenommen. 27 Daran erinnern die bekannten Verse:

Kommt nach Heschbon, baut es wieder,
macht es stark, mit festen Mauern!
Einst war Sihon dort der Herrscher
28 und er brachte das Verderben
über Moabs stolze Herren.
Feuer ging hervor aus Heschbon,
fraß die stolze Stadt Ar-Moab
auf den Höhen überm Arnon.
29 Weh, mit Moab ist's zu Ende,
machtlos war sein Kriegsgott Kemosch.
Fliehen mussten seine Männer,
und die Frauen schleppte Sihon
als Gefangene mit nach Hause.
30 Aber nun sind wir die Sieger,
und von Heschbon bis nach Dibon
wurde jede Stadt zertrümmert;
nichts blieb übrig in den Flammen,
auch Medeba fraß das Feuer.[b]

31 Die Leute von Israel nahmen also das Land der Amoriter in Besitz. 32 Mose ließ erkunden, wie man die Stadt Jaser angreifen könnte. Die Männer Israels eroberten sie samt dem umliegenden Gebiet[c] und vertrieben auch dort die Amoriter.

Der Sieg über König Og

33 Dann zogen sie nordwärts gegen das Land Baschan*. Bei Edreï stellte sich ihnen König Og mit seinem ganzen Heer entgegen. 34 Aber der HERR sagte zu Mose: »Hab keine Angst vor ihm! Ich habe ihn, seine Kriegsleute und sein ganzes Land in deine Hand gegeben. Du wirst ihm das gleiche Schicksal bereiten wie dem Amoriterkönig Sihon, der in Heschbon regiert hat.«

a G hat statt *befestigt* den Ortsnamen *Jaser;* vielleicht handelt es sich bei diesem Satz um einen erklärenden Zusatz.
b *nichts blieb ...:* vermutlicher Text; H *wir haben verwüstet bis Nofach, das ist Medeba.*
c *sie samt dem ...:* mit G; H *das umliegende Gebiet.*

21,8-9 Joh 3,14-15 **21,9** 2 Kön 18,4 **21,21-35** Ps 135,10-12; 136,17-22 **21,22-23** 20,17-18

35 Die Männer Israels brachten König Og eine vernichtende Niederlage bei und besetzten sein Land. Sein ganzes Heer wurde vernichtet; nicht ein Einziger entkam. Auch der König und seine Söhne fielen.

Der Moabiterkönig Balak sucht Hilfe beim Magier Bileam (Kapitel 22–24)

22 Das Volk Israel zog wieder südwärts und schlug im moabitischen Steppengebiet, in der Jordanebene gegenüber von Jericho, sein Lager auf.

2 Der König der Moabiter*, Balak, der Sohn Zippors, wusste genau, was für eine Niederlage die Israeliten seinen Nachbarn, den Amoritern*, bereitet hatten. 3 Als er und sein Volk die Menge der Israeliten sahen, erschraken sie und verloren allen Mut. 4 Sie ließen den Sippenältesten der Midianiter* sagen: »Diese Riesenmenge wird rings um uns das ganze Land in Besitz nehmen. Sie sind wie eine Rinderherde, die noch den letzten Grashalm abfrisst.«

5 König Balak schickte Boten in die Stadt Petor am Eufrat,[a] um Bileam, den Sohn Beors, zu Hilfe zu rufen. Er ließ ihm sagen: »Ein großes Volk bedroht mich! Sie sind aus Ägypten gekommen und haben sich hier niedergelassen; direkt an meiner Grenze haben sie ein riesiges Lager aufgeschlagen. 6 Ich kann nicht mit ihnen fertig werden; deshalb komm bitte und hilf mir!

Wenn du einen Fluch* gegen sie aussprichst, wird es mir vielleicht gelingen, sie zu besiegen und zu vertreiben. Ich weiß, was dein Wort bewirken kann. Wen du segnest, dem muss alles glücken, und wen du verfluchst, der rennt in sein Verderben.«

7 Die Ältesten* der Moabiter und der Midianiter gingen zu Bileam und nahmen den Lohn für seine Dienste gleich mit. Sie richteten ihm die Botschaft Balaks aus. 8 Bileam antwortete ihnen: »Bleibt die Nacht über hier! Morgen kann ich euch sagen, welche Anweisung der HERR mir gegeben hat.«

So blieben die Abgesandten der Moabiter bei Bileam.

Ein Magier, der auf Gott hört

9 In der Nacht kam Gott zu Bileam und fragte: »Was für Männer hast du da bei dir zu Gast?«

10 Bileam antwortete: »Der Moabiterkönig Balak, der Sohn Zippors, hat sie zu mir geschickt. 11 Das Volk, das aus Ägypten gekommen ist, macht ihm Angst. Nun soll ich hingehen und es mit einem Fluch* belegen, damit er es vertreiben kann.«

12 Gott aber sagte zu Bileam: »Geh nicht mit ihnen! Du darfst dieses Volk nicht verfluchen, denn ich habe es gesegnet.«

13 Am Morgen sagte Bileam zu den Abgesandten des Königs: »Ihr müsst allein heimkehren. Der HERR hat mir verboten, mit euch zu gehen.«

14 Die Abgesandten kehrten zu Balak zurück und berichteten ihm das. 15 Da schickte Balak eine noch größere Gesandtschaft und wählte dafür noch angesehenere Männer aus. 16 Sie kamen zu Bileam und richteten ihm aus: »Balak, der Sohn Zippors, lässt dir sagen: ›Nichts darf dich abhalten zu kommen! 17 Ich werde dich reich belohnen und alles tun, was du von mir verlangst. Tu mir nur den einen Gefallen und verfluche dieses Volk!‹«

18 Bileam antwortete ihnen: »Balak mag mir alles Silber und Gold geben, das er besitzt – gegen den Befehl des HERRN, meines Gottes, kann ich auch nicht den kleinsten Schritt tun. 19 Aber bleibt auch ihr die Nacht über bei mir zu Gast. Ich will sehen, was der HERR mir diesmal sagt.«

20 In der Nacht kam Gott und sagte zu Bileam: »Wenn die Männer gekommen sind und dich holen wollen, dann geh ruhig mit ihnen; aber tu nur das, was ich dir sagen werde.«

Die hellsichtige Eselin – Bileam wird gewarnt

21 Am Morgen sattelte Bileam seine Eselin und machte sich mit den Abgesandten der Moabiter auf den Weg. 22 Darüber wurde Gott zornig. Während Bileam mit seinen beiden Dienern dahinritt, stellte sich ihm der Engel* des HERRN in den Weg.

23 Die Eselin sah den Engel mit dem gezogenen Schwert dastehen und wich ihm aus. Sie ging vom Weg ab ins Feld hinein. Bileam schlug sie und trieb sie wieder auf den Weg zurück.

24 Da stellte sich der Engel an eine Stelle, wo der Weg rechts und links von Weinbergmauern begrenzt war. 25 Die Eselin sah den Engel und suchte ihm auszuweichen; sie drückte sich an die Mauer. Bileams Fuß wurde eingequetscht und wieder schlug er sie.

26 Der Engel ging nochmals ein Stück weiter und suchte eine Stelle, wo es keine Möglichkeit zum Ausweichen gab, weder rechts noch links. 27 Als die Eselin ihn sah, ging sie in die

a Es folgt noch *ins Land der Söhne seines Volkes*, was nicht sicher zu deuten ist.

22,1-24,25 Mi 6,5; 2 Petr 2,15-16; Jud 11 **22,18** 1 Kön 13,8

Knie und legte sich auf die Erde. Bileam wurde
vom Zorn gepackt und er schlug mit dem Stock
auf sie ein.
28 Da gab der HERR der Eselin die Fähigkeit zu
sprechen und sie sagte zu Bileam: »Du hast mich
jetzt schon dreimal geschlagen. Was habe ich dir
denn getan?«
29 »Zum Narren hältst du mich!«, schrie Bi-
leam. »Wenn ich ein Schwert hätte, wäre es
schon längst um dich geschehen.«
30 Die Eselin sagte: »Schon so lange reitest du
nun auf mir und kennst mich genau. Warst du
bisher jemals unzufrieden mit mir?«
»Nein, nie«, antwortete Bileam.
31 Da öffnete der HERR ihm die Augen und er
sah den Engel mit dem Schwert mitten auf dem
Weg stehen. Bileam warf sich vor ihm nieder,
das Gesicht zur Erde.
32 »Warum hast du deine Eselin nun schon
dreimal geschlagen?«, fragte ihn der Engel des
HERRN. »Ich selbst habe mich dir entgegenge-
stellt, weil du auf einem verkehrten Weg bist.
33 Aber deine Eselin hat mich gesehen und ist
dreimal vor mir ausgewichen. Du verdankst ihr
dein Leben, denn wenn du weitergeritten wärst,
hätte ich dich getötet; nur sie hätte ich ver-
schont.«
34 »Ich habe Unrecht getan«, sagte Bileam.
»Ich habe nicht gewusst, dass du dich mir in den
Weg gestellt hattest. Ich werde sofort umkehren,
wenn du mit dieser Reise nicht einverstanden
bist.«
35 »Geh ruhig mit diesen Männern«, sagte der
Engel des HERRN. »Aber du darfst nur sagen, was
ich dir auftrage.«
So folgte Bileam weiter den Abgesandten des
Königs.

Bileam muss Israel segnen

36 Als Balak hörte, dass Bileam zu ihm unterwegs
war, ging er ihm bis zur Grenzstadt Moabs am
Arnonfluss entgegen. 37 »Warum bist du nicht
gleich gekommen?«, fragte er ihn. »Ich habe
doch so dringend nach dir geschickt. Meinst du
vielleicht, ich könnte dich nicht angemessen
belohnen?«
38 »Jetzt bin ich ja hier!«, erwiderte Bileam.
»Aber ich weiß nicht, ob ich deinen Wunsch
erfüllen kann. Ich kann nur sagen, was Gott mir
zu sagen befiehlt.«
39 Bileam folgte Balak nach Kirjat-Huzot.
40 Dort schlachtete der König Rinder, Schafe und
Ziegen für ein Opfermahl* und ließ einen Anteil
davon zu Bileam und den moabitischen Abge-
sandten bringen.
41 Am anderen Morgen ging Balak mit Bileam
auf die Baalshöhen; von dort konnte er den Rand
des israelitischen Lagers sehen.

23 Bileam sagte zum König: »Lass sieben
Altäre errichten und dann sieben Stiere
und sieben Schafböcke zum Opfer bereitstel-
len.«
2 Balak ließ alles nach Bileams Wunsch vorbe-
reiten und die beiden opferten auf jedem Altar
einen Stier und einen Schafbock als Brand-
opfer*. 3 Dann sagte Bileam zu Balak: »Bleib du
hier bei deinem Opfer; ich will dort hinüber-
gehen und sehen, ob der HERR mir erscheint.
Ich werde dir dann sagen, was er mir offenbart
hat.«
Bileam ging auf eine kleine unbewaldete An-
höhe. 4 Dort erschien ihm Gott und Bileam sagte
zu ihm: »Ich habe dir sieben Altäre gebaut und
auf jedem einen Stier und einen Schafbock als
Opfer dargebracht.«
5 Der HERR wies Bileam an, was er sagen
sollte, und schickte ihn zu Balak zurück. 6 Der
König stand noch bei seinem Opfer und auch die
führenden Männer der Moabiter waren bei ihm.
7 Da begann Bileam zu sprechen:

»Vom Osten her, vom Aramäerland
und seinen Bergen, rief mich König Balak
und er befahl: ›Du sollst das Jakobsvolk
mit einem schweren Fluch* belegen!
Verwünschen sollst du dieses Israel!‹
8 Wie kann ich dieses Volk verwünschen,
wenn Gott, der HERR, es nicht verwünschen
will?
Wie soll ich es verfluchen können,
solange er nicht selbst den Fluch ausspricht?
9 Hier von der Höhe aus kann ich sie sehen,
von diesem Felsengipfel aus erkenne ich:
Sie sind ein Volk von ganz besonderer Art,
das sich mit andern Völkern nicht vermischt.
10 Kein Mensch kann diese Jakobsleute zählen,
wie Staub bedecken sie die Erde,
die Scharen Israels, die vielen Tausend.
Sie sind ein Volk, das stets das Rechte tut.
Ich möchte, dass ich einmal so wie sie
in Gottes Frieden sterben könnte!«

11 Empört rief Balak: »Warum hast du mir das an-
getan? Ich habe dich holen lassen, damit du
meine Feinde verfluchst, und nun segnest du
sie!«

22,31 Jos 5,13; 2 Kön 6,17 **23,10** Gen 12,2 S

12 Aber Bileam erwiderte: »Ich kann nichts
anderes sagen, als was der HERR mir in den
Mund legt.«

Gott lässt sich nicht bestechen

13 Balak sagte zu Bileam: »Komm jetzt mit mir zu
einer anderen Stelle, von der aus du das ganze
Volk sehen kannst. Von hier siehst du nur den
Rand ihres Lagers. Verfluche sie mir von dort
aus!«
14 Er nahm Bileam mit zum Späherplatz auf
dem Gipfel des Berges Pisga. Auch dort errich-
tete er sieben Altäre und opferte auf jedem einen
Stier und einen Schafbock.
15 »Bleib du hier bei deinem Opfer*«, sagte
Bileam, »ich will nach dort drüben gehen und
sehen, ob der HERR mir begegnet.«
16 Der HERR erschien Bileam und wies ihn an,
was er sagen sollte. 17 Als Bileam zu Balak und
den führenden Moabitern zurückkam, fragte ihn
der König: »Was hat der HERR dir aufgetragen?«
18 Bileam begann:

»Hör mir gut zu jetzt, Balak, Zippors Sohn!
19 Du darfst nicht meinen, Gott sei wie ein
Mensch!
Er lügt nicht und er ändert niemals seinen Sinn.
Denn alles, was er sagt, das tut er auch.
Verspricht er etwas, hält er es gewiss.
20 Er gab mir Weisung, dieses Volk zu segnen;
und wenn er segnen will, kann ich's nicht
ändern.
21 Es bleibt dabei: Kein Unglück wird sie treffen,
kein Unheil wird in Israel zu sehen sein.
Der HERR steht ihnen bei, er ist ihr Gott;
er ist ihr König, dem ihr Jubel gilt.
22 Er hat sie aus Ägypten hergebracht
und streitet für sie wie ein wilder Stier.
23 Mit Zauberei und mit Beschwörungsformeln
ist gegen dieses Volk nichts auszurichten.
Darum zeigt man auf Israel und sagt:
›Sieh doch, was Gott für sie getan hat!‹
24 Ein Löwe gibt nicht eher Ruhe,
als bis er seine Beute eingefangen
und seines Opfers Blut getrunken hat.
So stark und fürchterlich ist dieses Volk!«

25 König Balak rief: »Wenn du sie schon nicht
verfluchen kannst, dann brauchst du sie doch
nicht gleich zu segnen!«
26 Aber Bileam erwiderte: »Ich habe dir doch
gesagt: Ich werde genau das sagen, was der HERR
mir aufträgt.«

Der dritte Versuch endet wie die vorhergehenden

27 »Komm«, sagte Balak zu Bileam, »ich will dich
noch an eine dritte Stelle führen! Vielleicht
erlaubt Gott, dass du sie mir von dort aus ver-
fluchst.«
28 Er nahm Bileam mit auf den Gipfel des
Berges Pegor. Von dort aus kann man direkt in
die Jordanebene hinunterschauen.
29 »Baue mir hier sieben Altäre«, sagte Bileam,
»und richte mir sieben Stiere und sieben Schaf-
böcke als Opfer* her.« 30 Balak tat es und opferte
auf jedem Altar einen Stier und einen Schafbock.
24 Bileam erkannte: Es war der Wille des
HERRN, dass er dieses Volk segnen sollte.
Deshalb schaute er diesmal nicht nach Vorzeichen
aus. Er blickte in die Ebene hinunter 2 und sah
dort Israel nach Stämmen geordnet lagern. Da
kam der Geist* Gottes über ihn 3–4 und er sagte:

»Ich höre, was der HERR verkündet.
Ich sehe, was der Mächtige* mir zeigt.
Ich liege da – die Augen sind geschlossen –,
ich schaue, was mir Gott vor Augen stellt:
5 Wie schön sind deine Zelte, Israel!
Wie blühend sehen deine Dörfer aus!
6 In allen Tälern dehnen sie sich weit,
wie frisches Grün, wie Gärten an den Bächen,
wie starke Bäume, die der HERR gepflanzt hat,
wie Zedern an den Wasserläufen.
7 Die Brunnen Israels versiegen nicht,
die Saat steht reich bewässert auf den Feldern.
Sie werden mächtiger als ihre Nachbarn,
ihr König wird selbst König Agag schlagen.
8 Ihr Gott errettete sie aus Ägypten,
er streitet für sie wie ein wilder Stier.
Sie werden ihre Feinde ganz vernichten,
so wie ein Raubtier seine Beute frisst
und ihr die Knochen durchbeißt und zermalmt.
Die Pfeile dieses Volkes treffen tödlich.
9 Es ist gefährlich wie ein starker Löwe –
wer wagt ihn aufzustören, wenn er ruht?
Ein jeder, der dich segnet, Israel,
hat selber teil an diesem Segen.
Wer dich verflucht, wird selbst vom Fluch
getroffen!«

10 Vor Zorn ballte Balak die Fäuste und sagte zu
Bileam: »Du solltest einen Fluch* auf meine
Feinde schleudern, der ihnen den Untergang
bringt. Dazu ließ ich dich holen. Du aber hast sie
gesegnet, und das schon zum dritten Mal!

23,19 1 Sam 15,29; Mal 3,6; Röm 11,29 **24,7** 1 Sam 15,8 **24,9** Gen 12,3 S; 27,29

11 Mach, dass du fortkommst! Scher dich nach
Hause! Ich hatte dir eine reiche Belohnung ver-
sprochen. Du kannst dich beim HERRN dafür be-
danken, dass sie dir jetzt entgeht!«

Bileam blickt in die Zukunft

12 Bileam erwiderte: »Ich habe doch gleich zu
deinen Boten gesagt: 13 ›Auch wenn König Balak
mir alles Silber und Gold gibt, das er besitzt – ich
kann nur tun, was der HERR mir aufträgt. Ich ver-
teile Fluch und Segen* nicht nach meinem eige-
nen Willen. Ich muss sagen, was der HERR mir
befiehlt.‹

14 Jetzt kehre ich nach Hause zurück. Aber
vorher will ich dir noch ankündigen, was dein
Volk von diesem Volk in der Zukunft zu erwar-
ten hat.«

15–16 Dann begann er:

»Ich höre, was der HERR verkündet.
Ich sehe, was der Mächtige* mir zeigt.
Ich liege da – die Augen sind geschlossen –,
ich schaue, was mir Gott vor Augen stellt:
17 Ich sehe einen, noch ist er nicht da;
ganz fern erblick ich ihn, er kommt bestimmt!
Ein Stern geht auf im Volk der Jakobssöhne,
ein König steigt empor in Israel.
Er wird die Moabiter tödlich treffen,
die ganze Sippe Sets wird er vernichten. [a]
18 Das ganze Seïr nimmt er in Besitz,
das Land der Edomiter, seiner Feinde.
Und Israel wird stark und mächtig werden.
19 Der König, der von Jakob abstammt,
wird über alle seine Feinde siegen.
Auch wer sich in die feste Stadt gerettet hat,
wird dort vor ihm nicht sicher sein.«

20 Als Bileam umherschaute und das Gebiet der
Amalekiter erblickte, sagte er:

»Amalek*, einst das erste unter den Völkern –
doch bald schon schlägt seine letzte Stunde.«

21 Als er das Gebiet der Keniter* erblickte, sagte
er:

»Wie sicher ihr wohnt!
Unangreifbar sind eure Orte
wie das Raubvogelnest hoch dort am Felsen. [b]
22 Und doch erreicht euch das Feuer.
Kein Nachkomme Kains bleibt hier übrig;
gefangen führt der Assyrer euch fort!«

23–24 Weiter sagte Bileam:

»Wehe, wer kommt da vom Norden? [c]
Scharen [d] aus dem Land der Kittäer*!
Sie schlagen die Syrer* und die Hebräer*.
Doch bald schlägt auch ihnen die letzte Stunde!«

25 Als Bileam seine Weissagungen beendet hatte,
machte er sich auf den Weg in seine Heimat und
auch Balak kehrte nach Hause zurück.

Verführung zum Götzendienst am Berg Pegor

25 Als das Volk bei Schittim lagerte, began-
nen die Männer, sich mit moabitischen
Frauen einzulassen. 2 Die Moabiterinnen* luden
die Männer Israels auch zu den Opferfesten ein,
die sie zu Ehren ihres Gottes feierten. Die Män-
ner aßen von dem Opferfleisch und warfen sich
anbetend vor dem Moabitergott zu Boden. 3 So
ließ sich Israel in das Joch* des Baal* vom Berg
Pegor einspannen.

Da wurde der HERR zornig 4 und befahl Mose:
»Nimm alle Anführer des Volkes fest und lass sie
sofort, noch am hellen Tag, vor meinen Augen
hinrichten, damit ich in meinem glühenden
Zorn nicht das ganze Volk vernichten muss!«

5 Mose befahl den Schiedsmännern des
Volkes: »Tötet von den Leuten, für die ihr zustän-
dig seid, alle, die sich mit dem Baal eingelassen
haben!«

6 Mose und die ganze Gemeinde Israel hatten
sich klagend und trauernd vor dem Heiligen
Zelt* niedergeworfen. Da brachte ein Israelit vor
aller Augen eine midianitische Frau in das Zelt
seiner Familie. 7 Als der Priester* Pinhas, der
Sohn Eleasars und Enkel Aarons, das sah, stand
er auf und verließ die Versammlung. Er nahm
einen Speer, 8 folgte den beiden in den innersten
Raum des Zeltes und durchbohrte sie. Sofort
hörte die Seuche, die unter dem Volk wütete,
auf. 9 Es waren schon 24 000 Menschen daran
gestorben.

10 Der HERR sagte zu Mose: 11 »Pinhas, der
Priester, der Sohn von Eleasar und Enkel von
Aaron, hat die Strafe vom Volk abgewendet. Er

a Mit *Set* ist hier nicht der Sohn Adams und Evas von Gen 4,25 gemeint, sondern wahrscheinlich der Stammvater einer Halbnomadengruppe im syrisch-arabischen Raum.
b Im Hebräischen ein Wortspiel zwischen *Nest* (ken) und *Kain*.
c So mit einer Handschrift; H *Wehe, wer bleibt leben, wenn Gott niederlegt.*
d *Scharen:* vermutlicher Text; H *und Schiffe.*

24,17 2 Sam 8,2; Mt 2,2; Offb 22,16 **24,18** 2 Sam 8,13-14 **24,20 b** Ex 17,14 S **24,21-22** Gen 15,19; Ri 1,16; 1 Sam 15,6 **24,25** 31,8.16 **25,1-13** Ps 106,28-31 **25,1-5** 31,16; Offb 2,14 **25,5** Ex 32,27 **25,9** 1 Kor 10,8 **25,10-13** Sir 45,23-25

hat denselben Zorn empfunden wie ich und aus
diesem Zorn heraus hat er gehandelt. Sonst hätte
ich meinem Zorn den Lauf gelassen und noch
alle Israeliten umgebracht. 12 Sag ihm, dass ich
ihm dafür ein besonderes Vorrecht gewähre:
Ich schließe mit ihm einen Bund*, der ihm Frie-
den* zusichert. 13 Ich verspreche ihm, dass seine
Nachkommen für alle Zeiten meine Priester sein
sollen. Das ist der Lohn dafür, dass er sich so
rückhaltlos für seinen Gott eingesetzt und das
Verhältnis zwischen mir und dem Volk wieder in
Ordnung gebracht hat.«
14 Der Israelit, der zusammen mit der Midia-
niterin getötet wurde, war Simri, der Sohn Salus,
ein Sippenältester des Stammes Simeon. 15 Die
Frau hieß Kosbi; ihr Vater Zur war der Anführer
einer midianitischen Stammesgruppe.
16 Der HERR befahl Mose: 17 »Greift die Midia-
niter* an und bestraft sie! 18 Denn *sie* haben
angefangen und euch heimtückisch angegriffen:
Sie haben euch dazu verführt, den Baal vom Berg
Pegor zu verehren, und sie haben euch ins
Unheil gestürzt durch Kosbi, die Tochter eines
ihrer Oberhäupter, die an dem Tag getötet
wurde, als die Seuche unter euch wütete.«

Zweite Zählung der Stämme Israels

26 25,19 Als die Seuche vorüber war, 1 sagte
der HERR zu Mose und dem Priester*
Eleasar, dem Sohn Aarons: 2 »Zählt die ganze Ge-
meinde Israel! Erfasst alle wehrfähigen Männer
ab 20 Jahren, geordnet nach ihren Sippen.«
3–4 Mose und Eleasar gehorchten dem Befehl
des HERRN und riefen alle erwachsenen Männer
zusammen. Dies geschah im moabitischen Step-
pengebiet in der Jordanebene gegenüber von
Jericho. Hier folgt die Liste der Männer Israels,
die aus Ägypten ausgezogen waren:
5–51 An der Spitze steht der Stamm Ruben;
denn Ruben war der erstgeborene Sohn von
Israels Stammvater Jakob.

Stamm	*Sippen*	*Anzahl*
Ruben	Henoch	43 730
	Pallu	
	Hezron	
	Karmi	

Von Pallu stammen Eliab und dessen Söhne Ne-
muël, Datan und Abiram. Datan und Abiram,
die in der Gemeinde mit einem Amt betraut
waren, hatten sich gegen Mose und Aaron auf-
gelehnt, als Korach und seine Anhänger sich
gegen den HERRN erhoben. Die Erde hatte sich
geöffnet und sie verschlungen, und mit ihnen
Korach, dessen 250 Anhänger das Feuer ver-
zehrte. Sie wurden zu einem warnenden Bei-
spiel für Israel. Die Söhne Korachs waren übri-
gens verschont geblieben.

Stamm	*Sippen*	*Anzahl*
Simeon	Jemuël	22 200
	Jamin	
	Jachin	
	Serach	
	Schaul	
Gad	Zifjon	40 500
	Haggi	
	Schuni	
	Osni	
	Eri	
	Arod	
	Areli	
Juda	Schela	76 500
	Perez	
	Hezron	
	Hamul	
	Serach	

Die Sippen Hezron und Hamul hatten sich von
der Sippe Perez abgezweigt. Zwei von Judas
Söhnen, Er und Onan, waren bereits vor der
Übersiedlung nach Ägypten in Kanaan gestorben.

Stamm	*Sippen*	*Anzahl*
Issachar	Tola	64 300
	Puwa	
	Jaschub	
	Schimron	
Sebulon	Sered	60 500
	Elon	
	Jachleel	
Manasse	Machir	52 700
	Gilead	
	Abiëser	
	Helek	
	Asriël	
	Schechem	
	Schemida	
	Hefer	

25,17 31,1-10 **26,1-51** 1,1-46 **26,9-10** (Datan und Abiram) 16,1-35 **26,19** (Er und Onan) Gen 38,1-10 **26,33** (Zelofhad) 27,1-11 S

Efraïm	Schutelach	32500
	Eran	
	Becher	
	Tahan	

Die Stämme Manasse und Efraïm waren die
Nachkommen Josefs. Die Sippe Gilead hatte sich
von der Sippe Machir abgezweigt und von dieser
wiederum die Sippen Abiëser, Helek, Asriël,
Schechem, Schemida und Hefer. Zelofhad, der
Sohn Hefers, hatte keine Söhne, sondern nur
Töchter. Sie hießen Machla, Noa, Hogla, Milka
und Tirza. Die Sippe Eran hatte sich von der
Sippe Schutelach abgezweigt.

Stamm	*Sippen*	*Anzahl*
Benjamin	Bela	45600
	Ard	
	Naaman	
	Aschbel	
	Ahiram	
	Schufam	
	Hufam	
Dan	Schuham	64400
Ascher	Jimna	53400
	Jischwi	
	Beria	
	Heber	
	Malkiël	

Die Sippen Ard und Naaman hatten sich von der
Sippe Bela abgezweigt, die Sippen Heber und
Malkiël von der Sippe Beria. Ascher hatte noch
eine Tochter namens Sara.

Stamm	*Sippen*	*Anzahl*
Naftali	Jachzeel	45400
	Guni	
	Jezer	
	Schillem	
Gesamtzahl der erwachsenen Männer Israels		601730

52 Der HERR sagte zu Mose: 53 »Teile das Land
unter die Stämme Israels auf, und zwar nach der
Anzahl der Stammesangehörigen. 54–56 Gib den
größeren Stämmen einen größeren Anteil und
den kleineren Stämmen einen geringeren. Durch
das Los soll jedem Stamm sein Stück Land zuge-
teilt werden.«

Der Stamm Levi und die Familien von Aaron und Mose

57 Der Stamm Levi bestand aus den Sippen Ger-
schon, Kehat und Merari.
58–61 Kehat war der Vater Amrams. Dieser
Amram heiratete Jochebed, die ebenfalls dem
Stamm Levi angehörte und noch in Ägypten
geboren worden war. Sie gebar Amram zwei
Söhne: Aaron und Mose, und dazu eine Tochter
Mirjam.

Aaron hatte vier Söhne: Nadab und Abihu,
Eleasar und Itamar. Nadab und Abihu starben,
als sie ein Räucheropfer* darbrachten, ohne
dabei die Weisung des HERRN zu beachten.

Zu den Leviten* zählten auch die Sippen
Libna, Hebron, Machli, Muschi und Korach.

62 Die Zahl aller männlichen Leviten, die älter
waren als einen Monat, betrug 23000. Sie
wurden nicht zusammen mit den Israeliten
erfasst, weil ihnen kein Landbesitz zustand.
63 Alle diese Sippen wurden von Mose und
dem Priester Eleasar im moabitischen Steppen-
gebiet in der Jordanebene gegenüber von Jericho
gezählt. 64 Von den Männern, die Mose und
Aaron bei der ersten Volkszählung in der Wüste
Sinai erfasst hatten, lebte niemand mehr. 65 Denn
der HERR hatte zu ihnen gesagt, dass sie alle in der
Wüste sterben müssten. Und so war es auch ein-
getroffen. Nur Kaleb, der Sohn von Jefunne, und
Josua, der Sohn Nuns, waren übrig geblieben.

WEITERE GESETZLICHE REGELUNGEN
(Kapitel 27–30)

Erbregelung beim Fehlen von Söhnen

27 Zelofhad, der Sohn Hefers, der über
seine Vorfahren Gilead, Machir und
Manasse von Josef abstammte, hatte fünf Töch-
ter hinterlassen: Machla, Noa, Hogla, Milka und
Tirza. 2 Diese kamen an den Eingang des Heili-
gen Zeltes* und sagten zu Mose und dem Pries-
ter* Eleasar vor den Stammesoberhäuptern und
der ganzen Gemeinde: 3 »Unser Vater ist in der
Wüste gestorben. Er gehörte nicht zu den An-
hängern Korachs, die sich gegen den HERRN auf-
gelehnt hatten, sondern er musste sterben, weil
er wie alle anderen seiner Generation dem
HERRN ungehorsam gewesen war. Er hat keine
Söhne hinterlassen. 4 Soll nun sein Name in
Israel aussterben, nur weil kein männlicher Erbe

26,57-62 3,14-39; Lev 10,1-2 **26,65** 14,21-24 **27,1-11** 26,33; 36,1-12; Jos 17,1-6 **27,3** 14,29; 16,1-34

da ist, der ihn weiterträgt? Gebt uns in der Sippe
unseres Vaters einen eigenen Anteil am Land-
besitz!«

5 Mose bat den HERRN um eine Entscheidung
6 und der HERR antwortete ihm: 7 »Die Töchter
Zelofhads haben Recht. Sie sollen neben den
Brüdern ihres Vaters erbberechtigt sein und den
väterlichen Grundbesitz erben. 8 Zu allen Israeli-
ten aber sollst du sagen: ›Wenn ein Mann stirbt,
ohne einen Sohn zu hinterlassen, hat seine Toch-
ter Anspruch auf sein Erbe. 9 Hat er auch keine
Tochter, so soll es seinen Brüdern zufallen,
10 und wenn er keine Brüder hat, den Brüdern
seines Vaters. 11 Hat auch sein Vater keine Brü-
der, so fällt das Erbe dem Nächstverwandten aus
seiner Sippe zu.‹ Dies soll bei den Israeliten gülti-
ges Recht werden. Ich, der HERR, habe es ange-
ordnet und dir gesagt.«

Josua als Moses Nachfolger

12 Der HERR sagte zu Mose: »Steig auf das Aba-
rim-Gebirge und blicke über das Land, das ich
dem Volk Israel geben will! 13 Danach musst du
sterben, so wie dein Bruder Aaron gestorben ist.
14 Ihr dürft das Land nicht betreten, weil ihr mir
damals in der Wüste Zin nicht gehorcht habt. Als
die ganze Gemeinde gegen mich Anklage erhob,
wolltet ihr mir keine Gelegenheit geben, mich
vor den Leuten von Israel durch das Wasser aus
dem Felsen als der heilige und mächtige Gott zu
erweisen.« – Von daher hatte die Quelle bei
Kadesch den Namen Meriba, d.h. Anklage,
erhalten.

15 Mose sagte: 16 »HERR, du Gott, von dem
alles Leben kommt, setze einen Mann ein, der
das Volk führt, 17 der an der Spitze des Heeres
mit ihm auszieht und an seiner Spitze wieder
mit ihm heimkehrt. Sonst wird deine Gemeinde
wie eine Herde sein, die keinen Hirten hat.«

18–19 Der HERR antwortete: »Nimm Josua, den
Sohn Nuns; ihn habe ich durch meinen Geist*
dazu befähigt. Lass ihn vor den Priester* Eleasar
und die ganze Gemeinde treten und bestelle ihn
vor ihnen allen zu deinem Nachfolger. Leg deine
Hände auf ihn 20 und gib ihm von deiner Voll-
macht, damit ihm die ganze Gemeinde Israel ge-
horcht. 21 Bei allen wichtigen Entscheidungen
soll er sich an den Priester Eleasar wenden, da-
mit der durch die heiligen Lose* meine Weisung
einholt. Nach dem Bescheid Eleasars sollen dann
er und alle Israeliten handeln.«

22 Mose tat, was der HERR ihm befohlen hatte.
Er holte Josua und ließ ihn vor Eleasar und die
ganze Gemeinde treten. 23 Dann legte er seine
Hände auf ihn und setzte ihn als seinen Nachfol-
ger ein, wie der HERR es ihm aufgetragen hatte.

Die regelmäßigen Opfer – täglich, am Sabbat und am Monatsanfang

28 Der HERR sagte zu Mose: 2 »Die Leute
von Israel sollen darauf achten, dass sie
die Opfer*, die meine Speise sind und mir
Freude machen, jeweils zur vorgeschriebenen
Zeit auf meinem Altar* verbrennen.« 3 Im Ein-
zelnen sollte Mose den Israeliten folgende
Anweisungen weitergeben:

Ihr sollt für den HERRN täglich als Brand-
opfer* zwei fehlerfreie einjährige Schafe ver-
brennen. 4–7 Das eine wird am Morgen darge-
bracht, das andere in der Abenddämmerung.[a]
Als Speiseopfer gehören dazu jeweils $\frac{1}{10}$ Efa*
(1,2 Kilo) Weizenmehl, das mit $\frac{1}{4}$ Hin* (knapp
1 Liter) feinstem Olivenöl vermengt wird. Dies
ist das regelmäßige tägliche Brandopfer, wie es
zum ersten Mal am Berg Sinai* dargebracht wur-
de, um den HERRN gnädig zu stimmen. Als Trank-
opfer kommt dazu jeweils $\frac{1}{4}$ Hin (knapp 1 Liter)
Wein, der für den HERRN im Heiligtum ausgegos-
sen wird. 8 Am Abend wird dasselbe Opfer dar-
gebracht wie am Morgen – ein Brandopfer, das
den HERRN gnädig stimmt.

9–10 Am Sabbat* werden zusätzlich zwei feh-
lerfreie einjährige Schafe als Brandopfer darge-
bracht, dazu als Speiseopfer $\frac{2}{10}$ Efa (2,4 Kilo)
Mehl, das mit Öl vermengt ist, und das dazuge-
hörige Trankopfer.

11 Am 1.Tag des Monats werden dem HERRN
als Brandopfer zwei Stiere, ein Schafbock und
sieben fehlerfreie einjährige Schafe dargebracht,
12 dazu Speiseopfer aus Weizenmehl, das mit
Olivenöl vermengt ist, und zwar für jeden Stier
$\frac{3}{10}$ Efa (3,6 Kilo) Mehl, für den Schafbock
$\frac{2}{10}$ Efa (2,4 Kilo) 13 und für jedes Schaf $\frac{1}{10}$ Efa
(1,2 Kilo). Dies sind Opfer, die den HERRN gnädig
stimmen. 14 Als Trankopfer gehören zu jedem
Stier $\frac{1}{2}$ Hin (knapp 2 Liter) Wein, zu dem Schaf-
bock $\frac{1}{3}$ Hin (gut 1 Liter) und zu jedem Schaf
$\frac{1}{4}$ Hin (knapp 1 Liter).

An jedem Monatsanfang sollt ihr diese Opfer
darbringen. 15 Zusätzlich zum regelmäßigen täg-
lichen Brandopfer soll an diesem Tag ein Ziegen-
bock als Sühneopfer* dargebracht werden.

a Siehe Anmerkung zu Ex 29,39.

27,5-6 9,8S **27,12-14** Dtn 3,23-27; 32,48-52; 34,1-5 **27,13** 20,22-29 **27,14** 20,1-13 **27,16** 16,22 **27,17** 1 Kön 22,17; 2 Chr 18,16; Ez 34,5-6; Mk 6,34par **27,18-19** 13,16; Ex 24,13; Dtn 3,28; 31,3.7-8 **27,21** Ex 28,30S **27,22-23** Dtn 31,14.23 **28,1-8** Ex 29,38-46

Opfer am Passafest und am Pfingstfest

(Lev 23,5-22)

16 Das Passafest* wird zu Ehren des HERRN am
14.Tag des 1. Monats gefeiert. 17 Am 15.Tag des-
selben Monats beginnt das Fest der Ungesäuer-
ten Brote*, während dessen ihr sieben Tage lang
nur solches Brot essen dürft, das ohne Sauerteig*
zubereitet ist.

18 Der erste Tag ist für euch ein heiliger* Tag,
an dem ihr keinerlei Arbeit verrichten dürft.
19 Bringt dem HERRN als Brandopfer* zwei Stiere,
einen Schafbock und sieben einjährige Schafe,
alles fehlerfreie Tiere, 20–21 und dazu als Speise-
opfer* dieselbe Menge wie am Monatsanfang.
22 Außerdem sollt ihr einen Ziegenbock als Süh-
neopfer* darbringen, damit eure Verfehlungen
gegenüber dem HERRN in Ordnung gebracht
werden.

23–24 Dies alles muss zusätzlich zum täglichen
Morgenbrandopfer und dem zugehörigen Trank-
opfer* dargebracht werden, und zwar an jedem
Tag der Festwoche. Diese Opfer sind dem HERRN
als seine Speise darzubringen und stimmen ihn
gnädig.

25 Der siebte Tag ist für euch wieder ein heili-
ger Tag, an dem ihr keinerlei Arbeit verrichten
dürft.

26 Das Pfingstfest*, an dem ihr dem HERRN
das erste Getreide der neuen Ernte als Speise-
opfer darbringt, ist für euch ebenfalls ein heiliger
Tag, an dem ihr keinerlei Arbeit verrichten dürft.
27–29 Bringt dem HERRN, um ihn gnädig zu stim-
men, als Brandopfer zwei Stiere, einen Schaf-
bock und sieben einjährige Schafe und gebt dazu
als Speiseopfer dieselbe Menge wie an jedem
Monatsanfang, 30–31 außerdem die zugehörigen
Trankopfer und als Sühneopfer einen Ziegen-
bock. Dies alles wird zusätzlich zum regelmäßi-
gen täglichen Brandopfer und den zugehörigen
Speiseopfern dargebracht. Es müssen unbedingt
fehlerfreie Tiere sein.

Opfer an Neujahr und am Versöhnungstag

(Lev 23,23-32)

29 Auch der 1.Tag des 7. Monats ist für euch
ein heiliger* Tag, an dem ihr keinerlei
Arbeit verrichten dürft. An diesem Tag wird der
Beginn des neuen Jahres mit Trompetenblasen
gefeiert. 2 Opfert dem HERRN, um ihn gnädig zu
stimmen, als Brandopfer* einen Stier, einen
Schafbock und sieben einjährige Schafe, alles
fehlerfreie Tiere, 3–4 dazu als Speiseopfer* die-
selbe Menge wie an jedem Monatsanfang,
5–6 außerdem die zugehörigen Trankopfer* und
als Sühneopfer* einen Ziegenbock. Alle diese
Opfer werden zusätzlich zum regelmäßigen
täglichen Brandopfer und dem Brandopfer für
den Monatsanfang und den zugehörigen Speise-
opfern dargebracht, um den HERRN gnädig zu
stimmen.

7 Der 10.Tag des 7. Monats ist für euch wieder
ein heiliger Tag. Ihr müsst fasten* und euch Buß-
übungen* auferlegen und dürft keinerlei Arbeit
verrichten. 8–10 Opfert dem HERRN als Brand-
opfer einen Stier, einen Schafbock und sieben
einjährige Schafe, dazu als Speiseopfer dieselbe
Menge wie an jedem Monatsanfang, 11 außer-
dem die zugehörigen Trankopfer und einen Zie-
genbock als Sühneopfer, und zwar zusätzlich
zum regelmäßigen täglichen Brandopfer mit
dem zugehörigen Speiseopfer und zu dem Bock,
der an diesem Tag als Sühne* für die Schuld des
ganzen Volkes dargebracht wird.

Opfer am Laubhüttenfest

(Lev 23,33-43)

12 Der 15.Tag des 7. Monats ist für euch ebenfalls
ein heiliger* Tag, an dem ihr keinerlei Arbeit ver-
richten dürft. Von diesem Tag an feiert ihr sieben
Tage lang ein Fest zu Ehren des HERRN. 13 Opfert
dem HERRN am ersten Tag als Brandopfer*, das
ihn gnädig stimmt, dreizehn Stiere, zwei Schaf-
böcke und vierzehn einjährige Schafe, alles
fehlerfreie Tiere, 14–15 dazu als Speiseopfer* zu
jedem Tier dieselbe Menge wie an jedem
Monatsanfang, 16 außerdem als Sühneopfer*
einen Ziegenbock, und zwar alles zusätzlich
zum regelmäßigen täglichen Brandopfer mit
dem zugehörigen Speise- und Trankopfer*.

17 Am zweiten Tag des Festes opfert ihr zwölf
Stiere, zwei Schafböcke und vierzehn einjährige
Schafe, alles fehlerfreie Tiere, 18–19 und dazu die
Speise- und Trankopfer, das Sühneopfer und das
tägliche Brandopfer wie am ersten Tag. 20–34 An
den folgenden Tagen bringt ihr dem HERRN die-
selben Opfer, nur von den Stieren jeden Tag
einen weniger, also am dritten Tag elf, am vier-
ten zehn, am fünften neun, am sechsten acht
und am siebten sieben Stiere. Opfert sie zusam-
men mit den übrigen Opfern wie am ersten Tag.

35 Am achten Tag kommt ihr zur großen Fest-
versammlung zusammen; alle Arbeit muss an
diesem Tag ruhen. 36 Opfert dem HERRN als
Brandopfer, das ihn gnädig stimmt, einen Stier,
einen Schafbock und sieben einjährige Schafe,

28,16 Ex 12,1-14 S **28,17** Ex 12,15-20 S **28,26** Ex 23,16 S **29,7** Lev 16,1-34 **29,12** Ex 23,16 S

alles fehlerfreie Tiere, 37–38 dazu die übrigen Opfer wie an den anderen Tagen.

39 Diese Opfer sollt ihr dem HERRN an euren Festen darbringen, und zwar abgesehen von den Brand-, Speise-, Trank- und Mahlopfern, die ihr außerdem als Gelübdeopfer* und freiwillige Opfer darbringen wollt.

Wann Gelübde von Frauen ungültig sind

30 1–2 Mose sagte dies alles dem Volk, wie der HERR es ihm aufgetragen hatte. Weiter gab er den Stammesoberhäuptern im Auftrag des HERRN die folgenden Anweisungen:

3 Wenn ein Mann gelobt, dem HERRN etwas zu geben, oder schwört, auf bestimmte Dinge zu verzichten, muss er sein Wort halten und alles tun, was er versprochen hat.

4 Wenn eine unverheiratete Frau, die noch im Haus ihres Vaters lebt, ein derartiges Gelübde* ablegt, 5 ist es gültig, sofern ihr Vater, wenn er davon hört, keinen Einspruch erhebt. 6 Verbietet er ihr aber, das Gelübde zu erfüllen, und zwar noch am selben Tag, an dem er davon erfährt, so ist es damit außer Kraft gesetzt. Der HERR wird ihr keine Schuld anrechnen, wenn sie es nicht erfüllt; denn ihr Vater hat es ihr verwehrt.

7 Wenn eine Frau vor ihrer Heirat ein Gelübde abgelegt oder unbedacht dem HERRN etwas versprochen hat, 8 dann bleibt das Gelübde auch nach ihrer Heirat gültig, sofern der Ehemann keinen Einspruch erhebt. 9 Verbietet er ihr aber, das Gelübde zu erfüllen, und zwar noch am selben Tag, an dem er davon erfährt, so ist es ungültig geworden. Der HERR wird ihr keine Schuld anrechnen, wenn sie es nicht erfüllt. 10 Eine Witwe oder eine geschiedene Frau jedoch muss alles halten, was sie versprochen hat.

11 Wenn eine verheiratete Frau dem HERRN irgendein Gelübde ablegt, 12 dann ist es gültig, sofern der Ehemann keinen Einspruch erhebt. 13 Verbietet er ihr aber, das Gelübde zu erfüllen, und zwar noch am selben Tag, an dem er davon hört, so ist es ungültig geworden. Der HERR wird ihr keine Schuld anrechnen, wenn sie es nicht erfüllt; denn ihr Mann hat es ihr verwehrt.

14 Wenn eine Frau dem HERRN etwas gelobt oder schwört, auf etwas zu verzichten, hat der Ehemann das Recht, das Gelübde seiner Frau gelten zu lassen oder aufzuheben. 15 Wenn er aber nicht am selben Tag, an dem er davon hört, Einspruch erhebt, billigt er durch sein Schweigen das Gelübde seiner Frau. 16 Erhebt er erst später Einspruch und hindert seine Frau daran, ihr Gelübde zu erfüllen, so macht er und nicht die Frau sich schuldig und er muss die Folgen tragen.

17 Diese Anweisungen über die Gültigkeit von Gelübden einer unverheirateten oder verheirateten Frau erhielt Mose vom HERRN.

BEGINN DER LANDVERTEILUNG
(Kapitel 31–36)

Die Strafexpedition gegen die Midianiter

31 Der HERR befahl Mose: 2 »Bestrafe die Midianiter* für das, was sie den Israeliten angetan haben. Danach wirst du sterben.«

3 Darauf sagte Mose zu den Männern Israels: »Macht euch zum Kampf bereit. Es geht gegen die Midianiter! Der HERR will sie strafen für das, was sie uns angetan haben. 4 Von jedem Stamm sollen tausend Mann in den Kampf ziehen.«

5 Aus jedem Stamm wurden tausend Kämpfer ausgewählt, sodass ein Heer von 12000 Mann zusammenkam. 6 Mose schickte den Priester* Pinhas, den Sohn von Eleasar, mit ihnen. Dieser hatte die heiligen Geräte und die Signaltrompeten bei sich. 7 Sie griffen die Midianiter an, wie der HERR es Mose befohlen hatte, und töteten alle Männer, 8 auch die fünf Könige der Midianiter: Ewi, Rekem, Zur, Hur und Reba. Auch Bileam, den Sohn Beors, töteten sie.

9 Die Frauen und Kinder nahmen sie gefangen, auch die Viehherden und den ganzen übrigen Besitz der Midianiter nahmen sie mit. 10 Die Städte und Zeltlager verbrannten sie. 11–12 Die Gefangenen und die ganze Beute brachten sie zu Mose und Eleasar und der ganzen Gemeinde Israel in das Lager, das im moabitischen Steppengebiet in der Jordanebene bei Jericho war.

13 Mose, Eleasar und die Stammesoberhäupter gingen vor das Lager, um die Heimkehrenden zu empfangen. 14 Als Mose sie sah, wurde er zornig und sagte zu den Befehlshabern der zwölf Truppenabteilungen: 15 »Warum habt ihr die Frauen am Leben gelassen? 16 Wisst ihr nicht mehr, dass es die Frauen waren, die dem Rat Bileams folgten und mit ihrem Götzen, dem Baal* vom Berg Pegor, die Israeliten zur Untreue gegen den HERRN verführten? Deshalb ist doch die Strafe über die Gemeinde des HERRN gekommen!

17 Tötet alle Kinder, die männlichen Geschlechts sind, und alle Frauen, die schon mit einem Mann Verkehr gehabt haben! 18 Nur die

30,3-17 Lev 27,1-25; Dtn 23,22-24; Koh 5,3-4 **31,6** 10,9 **31,7-9** Dtn 20,13-14 **31,8** 24,25 **31,16** 25,1-5 **31,17-18** Ri 21,11-12

Mädchen, die noch unberührt sind, dürft ihr am
Leben lassen und für euch behalten.

19 Wer jemand getötet oder eine Leiche be-
rührt hat, muss sieben Tage außerhalb des Lagers
bleiben und am dritten und am siebten Tag die
Reinigung an sich vollziehen lassen; dasselbe gilt
für die gefangenen Mädchen. 20 Auch die Klei-
dungsstücke müssen mit Reinigungswasser*
besprengt werden, ebenso alles, was aus Leder,
Ziegenhaar oder Holz hergestellt ist.«

21 Der Priester Eleasar sagte zu den Männern,
die aus dem Kampf heimgekehrt waren: »Hört,
was der HERR durch Mose angeordnet hat: 22 Alle
Beutestücke aus Gold, Silber, Bronze, Eisen,
Zinn oder Blei, 23 also alles, was nicht verbren-
nen kann, sollt ihr ins Feuer halten und danach
mit Reinigungswasser besprengen. Alles, was im
Feuer verbrennen würde, sollt ihr in Wasser
tauchen. 24 Am siebten Tag sollt ihr eure Kleider
waschen, dann seid ihr wieder rein* und könnt
ins Lager zurückkehren.«

Die Verteilung der Beute

25 Der HERR sagte zu Mose: 26 »Zähle mit Eleasar
und den Stammesoberhäuptern die lebende
Beute, Menschen und Tiere. 27 Teile sie in zwei
gleiche Teile; den einen Teil für die Männer, die
gekämpft haben, den anderen für das übrige
Volk.

28 Von der Hälfte, die den Kriegsleuten ge-
hört, wird jeweils ein Mensch oder Tier von
fünfhundert als Abgabe für den HERRN erhoben.
29 Gib sie dem Priester Eleasar. 30 Von der Hälfte,
die dem übrigen Volk gehört, wird jeweils ein
Mensch oder Tier von fünfzig ausgesondert. Gib
sie den Leviten*, die an der Wohnung des HERRN
Dienst tun.«

31 Mose und Eleasar führten die Anweisung
aus.

32–35 Die Zählung der gesamten Beute er-
brachte 675 000 Schafe und Ziegen, 72 000 Rin-
der, 61 000 Esel und 32 000 Menschen, nämlich
unberührte Mädchen.

36–40 Der Anteil für die Kriegsleute betrug
demnach 337 500 Schafe und Ziegen, 36 000 Rin-
der, 30 500 Esel und 16 000 Mädchen, und ihre
Abgabe für den HERRN 675 Schafe und Ziegen, 72
Rinder, 61 Esel und 32 Mädchen. 41 Mose gab
diese Abgabe dem Priester Eleasar, wie der HERR
es befohlen hatte.

42–46 Der Anteil des übrigen Volkes war ge-
nauso groß wie der Anteil der Kriegsleute.
47 Den fünfzigsten Teil davon nahm Mose und
gab ihn den Leviten, wie der HERR es befohlen
hatte.

48 Die Truppenführer kamen zu Mose 49 und
sagten: »Wir haben die Männer, die unter unse-
rem Befehl standen, gezählt; nicht ein Einziger
wird vermisst. 50 Darum bringen wir nun dem
HERRN, was wir an Goldschmuck erbeutet
haben: Armbänder, Armspangen, Siegelringe,
Ohrringe und Halsketten. Wir bringen es ihm als
Opfergabe, damit uns kein Unheil widerfährt.«

51 Mose und Eleasar nahmen den Gold-
schmuck in Empfang. 52 Die Abgabe der Trup-
penführer hatte ein Gewicht von nahezu vier
Zentner.[a] 53 Was die einfachen Kriegsleute er-
beutet hatten, behielten sie für sich. 54 Mose und
Eleasar nahmen die Gabe und brachten sie ins
Heilige Zelt*. Sie sollte die Israeliten beim HERRN
in Erinnerung bringen, damit er sich ihnen
freundlich zuwende.

Die Stämme Ruben und Gad bitten um das eroberte Ostjordanland

32 Die Stämme Ruben und Gad hatten sehr
große Viehherden. Als sie sahen, dass das
Gebiet rings um die Städte Jaser und Gilead ein
gutes Weideland war, 2 sagten sie zu Mose und
zum Priester Eleasar und zu den Stammesober-
häuptern:

3–4 »Seht hier dieses Land, das der HERR, vor
der Gemeinde Israel herziehend, für sein Volk
erobert hat – das ganze Gebiet der Städte Atarot,
Dibon, Jaser, Nimra, Heschbon, Elale, Sibma,
Nebo und Beon. Es ist gutes Weideland und wir
sind Schaf- und Ziegenhirten.«

5 Und sie sagten weiter zu Mose: »Wenn wir
Gnade vor dir gefunden haben, dann lass doch
dieses Land uns, deinen ergebenen Dienern, zu-
weisen! Erlaube uns, dass wir uns hier ansiedeln
und nicht erst den Jordan überqueren müssen.«

6 Mose antwortete: »Sollen die anderen
Stämme allein in den Kampf ziehen, während
ihr ein gutes Leben habt? 7 Wenn ihr hier bleibt,
nehmt ihr den Israeliten allen Mut, über den
Jordan in das Land zu ziehen, das der HERR
ihnen geben will.

8 Genauso haben eure Väter gehandelt, als
ich sie von Kadesch-Barnea aus in das Land
schickte, um es zu erkunden. 9 Sie kamen bis ins
Traubental und sahen sich das Land an, und als
sie zurückkamen, entmutigten sie die Israeliten,
sodass sie nicht in das Land zu ziehen wagten,
das der HERR ihnen geben wollte.

10 Damals wurde der HERR zornig und

a Hebräischer Gewichtswert *16 750 Schekel**.

31,19 19,11-13 **31,27** 1 Sam 30,24-25 **32,8-9** 13,17-33 **32,10-13** 14,20-35

schwor: 11 ›Weil sie meiner Führung nicht vertraut haben, wird keiner der Männer, die aus Ägypten gezogen und jetzt 20 Jahre oder älter sind, das Land sehen, das ich Abraham, Isaak und Jakob mit einem Eid versprochen habe.
12 Nur Kaleb, der Sohn von Jefunne aus der Sippe Kenas, und Josua, der Sohn Nuns, werden hineinkommen.‹ Diese beiden hatten dem HERRN völlig vertraut.

13 So traf der Zorn des HERRN die Leute von Israel und er ließ sie vierzig Jahre in der Wüste umherziehen, bis alle gestorben waren, die sich gegen ihn aufgelehnt hatten.

14 Und nun macht ihr es genauso! Als echte Kinder eurer Väter reizt ihr den HERRN noch mehr zum Zorn gegen sein Volk. 15 Wenn ihr Männer von Ruben und Gad dem HERRN jetzt nicht gehorcht, wird er das Volk noch länger in der Wüste umherirren lassen, bis sie vollends alle umgekommen sind. Das ist dann allein eure Schuld!«

16 Sie traten näher zu Mose und sagten: »Wir wollen ja nur Einfriedungen für unsere Schaf- und Ziegenherden machen und befestigte Städte für unsere Frauen und Kinder bauen, 17 damit sie vor den Bewohnern des Landes sicher sind. Dann werden wir sofort an der Spitze der übrigen Israeliten in den Kampf ziehen, bis wir auch ihnen zu ihrem Land verholfen haben.

18 Wir werden nicht eher nach Hause zurückkehren, als bis alle Israeliten ein Stück Land als Erbbesitz* bekommen haben. 19 Wir selbst haben unseren Landanteil auf dieser Seite des Jordans und beanspruchen nichts von dem Land auf der anderen Seite.«

Mose gibt eine bedingte Zusage

20–22 Mose erwiderte: »Wenn ihr wirklich so handelt, dann bleibt ihr weder dem HERRN noch den anderen Israeliten etwas schuldig. Rüstet euch also vor den Augen des HERRN zum Kampf und überschreitet vor seinen Augen vollzählig den Jordan, und kehrt erst wieder hierher zurück, nachdem der HERR seine Feinde vertrieben und sich das ganze Land unterworfen hat!

Wenn ihr so handelt, dann wird euch in Gegenwart des HERRN das Land auf dieser Seite des Jordans als euer rechtmäßiger Besitz zugesprochen werden. 23 Wenn ihr aber euer Wort nicht haltet, ladet ihr Schuld auf euch und die Strafe des HERRN wird euch mit Sicherheit treffen.

24 So baut nun feste Städte für eure Frauen und Kinder und Einfriedungen für eure Herden, und dann tut, was ihr versprochen habt.«

25 Die Männer von Gad und Ruben sagten zu Mose: »Wir sind deine Diener, wir werden ganz bestimmt tun, was du verlangst. 26 Unsere Frauen und Kinder und all unser Vieh bleiben hier in den Städten, 27 wir Männer aber sind bereit, vor den Augen des HERRN den Jordan zu überschreiten und in den Kampf zu ziehen, genau wie du es wünschst.«

28 Mose gab darauf Eleasar, Josua und den Oberhäuptern der übrigen Stämme die Anweisung: 29 »Wenn die Männer von Gad und Ruben mit euch zusammen den Jordan überschreiten und so lange kämpfen, bis das ganze Land in eurer Hand ist, dann gebt ihnen das Gebiet östlich des Jordans als ihren Besitz. 30 Wenn sie aber nicht mit euch in den Kampf ziehen, müssen sie sich mit einem Stück Land in eurer Mitte begnügen.«

31 Die Männer von Gad und Ruben versicherten: »Wir sind deine Diener, wir werden tun, was der HERR befohlen hat. 32 Wir werden gerüstet vor den Augen des HERRN den Jordan überschreiten und in den Kampf ziehen, damit wir das Land auf dieser Seite des Jordans als unseren Besitz behalten dürfen.«

33 Mose sprach also den Stämmen Gad und Ruben sowie dem halben Stamm des Josefssohnes Manasse das Gebiet des Amoriterkönigs Sihon und das Gebiet des Königs Og von Baschan zu, das ganze Land mit allen seinen Städten.

34 Darauf bauten die Männer des Stammes Gad die befestigten Städte Dibon, Atarot, Aroër,
35 Atrot-Schofan, Jaser, Jogboha, 36 Bet-Nimra und Bet-Haran und errichteten Einfriedungen für ihre Herden. 37 Die Männer des Stammes Ruben bauten die Städte Heschbon, Elale, Kirjatajim, 38 Nebo, Baal-Meon[a] und Sibma und gaben ihnen Namen.

Das Siedlungsgebiet für den halben Stamm Manasse

39 Die Männer der Sippe Machir vom Stamm Manasse eroberten das Bergland Gilead* und vertrieben die Amoriter*, die dort wohnten.
40 Deshalb gab Mose ihnen das Gebiet Gilead als ihren Besitz und sie siedelten sich dort an.

41 Jaïr vom Stamm Manasse eroberte eine Reihe von Ortschaften und nannte sie »Dörfer Jaïrs«.

a Hier folgt noch: *zu verändernde Namen.* Wahrscheinlich sollte der Vorleser vor dem Aussprechen von Namen gewarnt werden, die an Götzen erinnern (*Baal,* vielleicht auch *Nebo*).

42 Nobach eroberte die Stadt Kenat mit dem
zugehörigen Gebiet und gab ihr seinen eigenen
Namen.

Die Lagerplätze der Israeliten auf dem Weg von Ägypten bis an den Jordan

33 Hier folgt eine Übersicht über die Statio-
nen des Weges, den das Volk Israel
genommen hatte, nachdem es unter Führung
von Mose und Aaron in geordneten Scharen aus
Ägypten gezogen war. 2 Auf Befehl des HERRN
hatte Mose jedes Mal, wenn sie einen Lagerplatz
abbrachen, den Namen des Ortes aufgeschrie-
ben.
3 Die Israeliten brachen auf in der Stadt Ram-
ses, am 15. Tag des 1. Monats, am Morgen nach
dem Passamahl*. Vor den Augen aller Ägypter
zogen sie unter dem Schutz des Herrn[a] aus
Ägypten aus. 4 Die Ägypter begruben gerade ihre
erstgeborenen Söhne, die der HERR getötet hatte.
Er hatte den Ägyptern damit gezeigt, dass er
mächtiger ist als ihre Götter.
5 Von Ramses zogen die Israeliten nach Suk-
kot 6 und weiter nach Etam am Rand der Wüste.
7 Von dort wandten sie sich seitwärts nach Pi-
Hahirot gegenüber von Baal-Zefon und schlugen
ihr Lager bei Migdol auf. 8 Dann zogen sie mit-
ten durch das Meer und weiter drei Tagesmär-
sche weit durch die Wüste von Etam bis nach
Mara. 9 Von dort zogen sie nach Elim, wo es
zwölf Quellen und siebzig Palmen gab, 10 und
weiter zum Schilfmeer,[b] 11 darauf in die Wüste
Sin 12–14 und von dort nach Dofka, Alusch und
Refidim. In Refidim fanden sie kein Trinkwasser.
15–37 Dann kamen sie in die Wüste Sinai und
darauf nach Kibrot-Taawa, Hazerot, Ritma, Rim-
mon-Perez, Libna, Rissa, Kehelata, zum Berg
Schefer, nach Harada, Makhelot, Tahat, Terach,
Mitka, Haschmona, Moserot, Bene-Jaakan, Hor-
Gidgad, Jotbata, Abrona, Ezjon-Geber, nach
Kadesch in der Wüste Zin und schließlich zum
Berg Hor an der Grenze des Landes Edom*.
Als die Israeliten dort lagerten, 38–39 stieg der
Priester Aaron auf Befehl des HERRN auf den Berg
Hor. Dort oben starb er im Alter von 123 Jahren,
am 1. Tag des 5. Monats im vierzigsten Jahr,
nachdem die Israeliten aus Ägypten ausgezogen
waren.
40 Damals erfuhr der Kanaaniterkönig* von
Arad im Südland, dass die Israeliten im An-
marsch waren.
41–49 Weiter kamen die Israeliten nach Zal-
mona, Punon, Obot, Ije-Abarim, Dibon-Gad, Al-
mon-Diblatajema und zum Gebirge Abarim ge-
genüber der Stadt Nebo. Schließlich erreichten
sie das moabitische Steppengebiet in der Jordan-
ebene gegenüber Jericho und schlugen ihr Lager
zwischen Bet-Jeschimot und Abel-Schittim auf.

Keine Schonung für die Bewohner des Landes

50–51 Dort im moabitischen Steppengebiet in der
Jordanebene gegenüber von Jericho erhielt Mose
vom HERRN den Auftrag, den Israeliten in seinem
Namen zu sagen:
»Wenn ihr den Jordan überschreitet und ins
Land Kanaan* kommt, 52 müsst ihr alle seine
Bewohner vertreiben. Zerstört ihre steinernen
und bronzenen Götzenbilder und ihre Altäre.
53 Nehmt das Land in Besitz und besiedelt es,
denn ich, der HERR, gebe es euch zu Eigen.
54 Teilt es durch das Los unter euch auf und gebt
jedem Stamm einen Anteil, der der Zahl seiner
Angehörigen entspricht.
55 Ihr müsst unbedingt alle Bewohner des
Landes vertreiben. Wenn ihr einige zurücklasst,
werdet ihr es bereuen; denn sie werden euch
Leiden zufügen wie ein Dorn im Auge und wie
Stachelpeitschen, mit denen man Ochsen
antreibt. 56 Ich werde dann mit euch genauso
verfahren, wie ihr nach meinem Befehl mit
ihnen verfahren solltet.«

Die Grenzen von Israels Gebiet

34 1 2 Der HERR befahl Mose, den Israeliten
die Anweisung zu geben:
»Wenn ihr in das Land Kanaan* kommt und
es in Besitz nehmt, sollen eure Grenzen folgen-
dermaßen verlaufen:
3 Im Süden wird euer Land von der Wüste Zin
und dem Gebiet von Edom* begrenzt. Im Einzel-
nen verläuft dort die Grenze vom südlichen Ende
des Toten Meeres 4 in südwestlicher Richtung
am Fuß der Skorpionensteige vorbei über Zin bis
südlich von Kadesch-Barnea und weiter über
Hazar-Addar nach Azmon.
5 Von Azmon läuft sie nordwestlich zu dem
Tal, das die Grenze* Ägyptens bildet, und folgt

a *unter dem Schutz des HERRN:* wörtlich *mit erhobener Hand.*
b Dem Zusammenhang nach ist es nicht der Schauplatz des Meerwunders von Ex 14,2 (vgl. hier Vers 8); der Name *Schilfmeer* kann auch andere Gewässer bezeichnen.

33,3 Ex 1,11; 12,37 **33,4** Ex 12,12 **33,5** Ex 12,37 **33,6** Ex 13,20 **33,7** Ex 14,2 **33,8** Ex 15,23 **33,9** Ex 15,27 **33,11** Ex 16,1 **33,12-14** Ex 17,1 **33,15-37** Ex 19,2; Num 11,34-35; Dtn 10,6-7; 2,8; Num 20,1.22 **33,38-39** 20,22-29 **33,40** 21,1 **33,41-49** 21,10-11; 22,1; Jos 12,3 **33,50-52** Ex 23,23-33; 34,11-16; Dtn 7,1-4; 12,2-3 **33,54** 26,52-56 **33,55** Jos 23,12-13 **34,3-5** Jos 15,2-4

diesem bis zum Mittelmeer. 6 Die Westgrenze
bildet das Mittelmeer.
7 Die Nordgrenze verläuft vom Mittelmeer
zum Berg Hor 8 und von dort über Lebo-Hamat
nach Zedad 9 und weiter über Sifron bis nach
Hazar-Enan.
10 Die Ostgrenze verläuft von Hazar-Enan
über Schefam 11 und den Ort Ribla östlich von
Ajin bis zu den Abhängen am Ostufer des Sees
Gennesaret* 12 und dann weiter den Jordan ent-
lang bis zum Toten Meer.

Das Land innerhalb dieser Grenzen soll euch gehören.«

13 Weiter sagte Mose zu den Israeliten: »Dies
also ist das Land, das durch das Los unter euch
verteilt werden soll. Der HERR hat befohlen, es
den neuneinhalb Stämmen als Besitz zu über-
geben. 14–15 Die Stämme Ruben und Gad und der
halbe Stamm Manasse haben ihren Landbesitz
schon auf der Ostseite des Jordans, gegenüber
von Jericho, erhalten.«

Befehl zur Verteilung des Landes

16 Der HERR sagte zu Mose: 17 »Der Priester Elea-
sar und Josua, der Sohn Nuns, sollen das Land
unter das Volk verteilen. 18-28 Von jedem Stamm
bestimme ich einen der führenden Männer, da-
mit sie ihnen dabei helfen. Es sind die folgenden:

aus dem Stamm Juda:
Kaleb, der Sohn von Jefunne;
aus dem Stamm Simeon:
Schemuël, der Sohn von Ammihud;
aus dem Stamm Benjamin:
Elidad, der Sohn von Kislon;
aus dem Stamm Dan:
Bukki, der Sohn von Jogli;
aus dem Stamm Manasse:
Hanniël, der Sohn von Efod;
aus dem Stamm Efraïm:
Kemuël, der Sohn von Schiftan;
aus dem Stamm Sebulon:
Elizafan, der Sohn von Parnach;
aus dem Stamm Issachar:
Paltiël, der Sohn von Asan;
aus dem Stamm Ascher:
Ahihud, der Sohn von Schelomi;
aus dem Stamm Naftali:
Pedahel, der Sohn von Ammihud.«

29 Diesen Männern gab der HERR den Auftrag,
das Land Kanaan unter die Israeliten aufzu-
teilen.

Städte für die Leviten

35 Im moabitischen Steppengebiet in der
Jordanebene gegenüber von Jericho sagte
der HERR zu Mose:
2–3 »Die Leute von Israel sollen von ihrem
Landbesitz den Leviten* Städte geben, in denen
sie wohnen können, und dazu Weideland für ihr
Vieh. 4–5 Das Weideland soll sich von der Stadt-
mauer aus in jeder Richtung 500 Meter weit er-
strecken, sodass ein Quadrat von 1000 Meter
Seitenlänge entsteht mit der Stadt in der Mitte.[a]
6–7 Insgesamt sollt ihr den Leviten 48 Städte mit
dem dazugehörigen Weideland geben. Sechs
davon sind als Asylstädte* bestimmt, in die jeder
fliehen kann, der unabsichtlich einen Menschen
getötet hat.
8 Die Anzahl der Levitenstädte in jedem
Stamm richtet sich nach der Größe seines Gebie-
tes.«

Asylstädte für Totschläger und Verfahren bei Mord

9–10 Der HERR gab Mose noch weitere Anweisun-
gen für die Israeliten:

»Wenn ihr den Jordan überquert und ins Land
Kanaan* kommt, 11 sollt ihr Asylstädte auswäh-
len, in die jeder fliehen kann, der unbeabsichtigt
einen Menschen getötet hat. 12 Kein Verwandter
der getöteten Person darf dort an ihm die Blut-
rache* vollziehen. Er darf nur getötet werden,
wenn er in einer öffentlichen Gerichtsverhand-
lung schuldig gesprochen worden ist.
13 Bestimmt sechs solche Städte, 14 drei östlich
des Jordans und drei im Land Kanaan*. 15 Jeder
Israelit und jeder Fremde*, der bei euch lebt,
auch der Fremdarbeiter*, soll dorthin fliehen
können, wenn er unabsichtlich einen Menschen
getötet hat.

16–18 Wenn aber jemand einen anderen mit
einem Stein oder einem eisernen oder hölzer-
nen Gegenstand erschlagen hat, ist er ein Mör-
der und muss mit dem Tod bestraft werden.
19 Der Nächstverwandte der ermordeten Person
hat die Pflicht, ihn zu töten, wo immer er ihn
findet.

20–21 Auch wer einen anderen durch einen
Stoß oder Schlag mit der Faust oder durch einen
Wurf mit irgendeinem Gegenstand umgebracht
hat, gilt als Mörder, sofern er es aus Hass und
Feindschaft oder heimtückisch getan hat. Er ist
genauso dem Tod verfallen.

a Hebräische Maßangaben *1000* und *2000 Ellen**; G hat die doppelten Maße.

34,6 Jos 15,11-12 **34,14-15** 32,1-42 **34,17** Jos 14,1 **35,2-8** (Levitenstädte) Lev 25,32-34; Jos 21,1-42; 1 Chr 6,39-66 **35,9-28** (Asylstädte) Ex 21,13; Dtn 4,41-43; 19,1-10; Jos 20,1-9

[22–23] Wenn dagegen jemand einen Menschen, der nicht sein Feind ist und dem er gar keinen Schaden zufügen wollte, durch einen Stoß oder Wurf mit einem Stein oder irgendeinem Gegenstand fahrlässig getötet hat, [24–25] dann soll die Gemeinde, aus der er stammt, in öffentlicher Gerichtsverhandlung seine Unschuld feststellen und sein Leben vor der Blutrache schützen. Danach wird er in die Asylstadt zurückgebracht, in die er geflohen war. Dort muss er bleiben bis zum Tod des amtierenden Obersten Priesters*, der mit dem heiligen Öl gesalbt* worden ist.

[26] Wenn aber der Totschläger den Zufluchtsort verlässt, [27] kann der Nächstverwandte des Getöteten ihn erschlagen, ohne dass er damit Schuld auf sich lädt. [28] Erst nach dem Tod des Obersten Priesters kann der Totschläger ohne Gefahr nach Hause zurückkehren.

[29] Diese Anordnungen gelten für alle eure Nachkommen an jedem Ort des Landes, in dem ihr wohnt.

[30] Niemand darf wegen eines Mordes zum Tod verurteilt werden, wenn nicht mindestens zwei Zeugen für die Tat vorhanden sind. Auf eine einzige Zeugenaussage hin darf kein Todesurteil gefällt werden.

[31] Einen Mörder, der schuldig gesprochen ist, dürft ihr nicht gegen ein Lösegeld freilassen; er muss hingerichtet werden. [32] Ihr dürft auch keinen Mörder gegen ein Lösegeld in eine der Asylstädte aufnehmen, sodass er nach dem Tod des Obersten Priesters wieder unbestraft nach Hause zurückkehren kann.

[33] Entweiht nicht das Land, in dem ihr lebt! Es wird entweiht durch das Blut eines Ermordeten und kann nur wieder rein* werden durch das Blut dessen, der den Mord begangen hat. [34] Lasst das Land, in dem ihr lebt, nicht unrein werden; denn ich, der HERR, wohne mitten unter euch.«

Ergänzende Bestimmungen zum Erbrecht der Töchter

36 Die Sippenältesten der Nachkommen Gileads, des Sohnes Machirs und Enkels des Josefssohnes Manasse, gingen zu Mose und den Stammesoberhäuptern des Volkes [2] und sagten zu Mose: »Der HERR hat dir, unserem Herrn, befohlen, das Land durchs Los unter die Israeliten aufzuteilen. Er hat dir auch befohlen, den Landanteil unseres Verwandten Zelofhad seinen Töchtern zuzusprechen. [3] Wenn diese nun aber Männer aus einem anderen Stamm heiraten, wird ihr Land unserem Stammesbesitz entzogen und dem anderen Stamm zugeschlagen. [4] Und wenn dann das Erlassjahr* kommt, wird ihr Landbesitz endgültig dem Stamm zufallen, in den sie eingeheiratet haben.«

[5] Auf Befehl des HERRN gab Mose den Israeliten die Anweisung: »Die Männer vom Stamm Manasse haben Recht. [6] Darum hat der HERR bestimmt: Die Töchter Zelofhads dürfen heiraten, wen sie wollen, aber nur innerhalb ihres eigenen Stammes. [7] Kein Grundbesitz darf von einem Stamm zu anderen übergehen, sondern der Anteil jedes Stammes muss geschlossen erhalten bleiben. [8–9] Deshalb darf eine Tochter, die erbberechtigt ist, nur einen Mann aus ihrem eigenen Stamm heiraten.«

[10–11] Machla, Tirza, Hogla, Milka und Noa, die Töchter Zelofhads, handelten nach dieser Anweisung und heirateten ihre Vettern. [12] So verblieb ihr Landbesitz beim Stamm ihres Vaters.

[13] Alle diese Gesetze und Anordnungen gab der HERR den Israeliten durch Mose im moabitischen Steppengebiet in der Jordanebene gegenüber von Jericho.

35,24-25 Ex 29,7.29-30 **35,30** Dtn 19,15 S **35,33** Gen 9,5-6; Lev 24,17 **35,34** Ex 29,45 **36,1-12** 27,1-11 S **36,5-6** 9,8 S

DAS FÜNFTE BUCH MOSE (DEUTERONOMIUM)

Inhaltsübersicht

MOSE REDET: RÜCKBLICK UND ERMAHNUNGEN

(1,1–4,43)

Mose hält Rückschau

1 In diesem Buch ist aufgeschrieben, was Mose zum ganzen Volk Israel gesprochen hat, in der Steppe östlich des Jordans, in der Nähe von Suf, zwischen Paran und Tofel, Laban, Hazerot und Di-Sahab. – 2 Vom Berg Horeb* über das edomitische Bergland bis nach Kadesch-Barnea sind es elf Tagereisen. – 3 Im 40. Jahr nach dem Aufbruch von Ägypten, am 1.Tag des 11.Monats, sagte Mose den Israeliten alles, was der HERR ihm für sie aufgetragen hatte. 4 Zuvor hatte Mose die beiden Könige östlich des Jordans besiegt: Sihon, den König der Amoriter*, der in Heschbon regierte, und Og, den König von Baschan*, der in Aschtarot und Edreï regierte.

5 Dort im Land Moab* verkündete Mose dem Volk das Gesetz des HERRN. Er begann:

6 Als wir schon längere Zeit am Berg Horeb waren, hat der HERR, unser Gott, zu uns gesagt: »Ihr seid jetzt lange genug hier gewesen. 7 Macht euch auf und zieht in das Land Kanaan* zu den Amoritern, die im Bergland wohnen, und zu ihren Nachbarvölkern in der Jordanniederung, im westlichen Hügelland, in der südlichen Steppe und in der Küstenebene, ja bis zum Libanongebirge und zum Eufratstrom im Norden. 8 Dieses ganze Land übergebe ich euch. Zieht hinein und nehmt es in Besitz! Es ist das Land, das ich euren Vorfahren Abraham, Isaak und Jakob mit einem Eid zugesagt habe, als bleibenden Besitz für sie und ihre Nachkommen.«

Wie Mose Richter einsetzte

(Ex 18,13-27)

9 Dort am Berg Horeb* sagte ich zu euch: »Ich kann die Last, für euch verantwortlich zu sein, nicht mehr allein tragen. 10 Der HERR, euer Gott, hat euch so zahlreich werden lassen wie die Sterne am Himmel. 11 Und mein Wunsch ist, dass er, der schon eure Vorfahren beschützt hat, euch auch weiterhin segnet und euch noch tausendmal so zahlreich werden lässt, genau wie er euch das zugesagt hat.

12 Ich kann die Last nicht allein tragen, sie ist mir zu schwer; und ich kann auch nicht selbst alle eure Streitfälle schlichten. 13 Bestimmt aus jedem Stamm eine Reihe von Männern mit Verstand und Erfahrung, die ich als Oberhäupter über euch einsetzen kann.«

14 Ihr gabt mir zur Antwort: »Dein Vorschlag ist gut, wir sind damit einverstanden!«

15 Ich wählte also in allen Stämmen erfahrene Männer aus, machte sie zu Aufsehern* und setzte sie ein über jeweils tausend, hundert, fünfzig und zehn von euch. 16 Ich übertrug ihnen das Richteramt und befahl ihnen: »Untersucht jeden Streitfall zwischen zwei Israeliten oder zwischen einem Israeliten und einem Fremden*, der bei euch lebt, und entscheidet, wer im Recht ist. 17 Urteilt unparteiisch! Hört die kleinen Leute genauso an wie die vornehmen und einflussreichen und lasst euch von niemand einschüchtern; denn Gott selbst wacht über das Recht. Ist euch ein Fall zu schwierig, so kommt zu mir, damit ich ihn entscheide.«

18 Damals gab ich euch auch alle Anweisungen, die ihr befolgen sollt.

Wie Mose Kundschafter ausschickte

(Num 13,1-33)

19 Wir folgten also dem Befehl des HERRN, unseres Gottes, und machten uns vom Berg Horeb* aus auf den Weg in das Bergland der Amoriter*. Wir zogen durch die große gefährliche Wüste, an die ihr euch nur zu gut erinnert, und kamen bis nach Kadesch-Barnea. 20 Dort sagte ich zu euch: »Wir stehen jetzt vor dem Bergland der Amori-

1,4 Num 21,21-35 **1,8** Gen 12,7S **1,9.12** Num 11,11.14 **1,10** Gen 12,2S **1,15** Ex 18,25 **1,16-17** Ex 23,1-3S; 23,6 **1,17** 16,19; Ex 23,6; Lev 19,15; Jak 2,1S **1,19** Num 20,1

ter, das der HERR für euch bestimmt hat. 21 Er hat
das Land in eure Gewalt gegeben. Zieht also hin-
auf und nehmt es in Besitz! Der HERR, der Gott
eurer Vorfahren, hat es euch zugesprochen. Habt
keine Angst, lasst euch nicht abschrecken!«

22 Aber ihr alle kamt zu mir und sagtet: »Wir
wollen ein paar Männer vorausschicken, die das
Land erkunden. Sie sollen uns sagen, welchen
Weg wir am besten einschlagen und was für
Städte wir dort antreffen.« 23 Ich fand den Vor-
schlag gut und wählte zwölf Männer aus, von je-
dem Stamm einen. 24 Sie machten sich auf den
Weg ins Bergland und erkundeten es bis zum
Traubental. 25 Sie brachten Proben von den
Früchten des Landes mit und berichteten, was
sie gesehen hatten. »Es ist ein gutes Land«, sag-
ten sie, »das der HERR, unser Gott, uns geben
will.«

26 Aber ihr widersetztet euch dem Befehl des
HERRN, eures Gottes, und wolltet nicht in das
Land ziehen. 27 Ihr begannt zu meutern und sag-
tet zueinander in euren Zelten: »Der HERR hasst
uns! Er hat uns aus Ägypten herausgeführt, um
uns den Amoritern auszuliefern, damit sie uns
vernichten. 28 Worauf lassen wir uns da ein! Un-
sere Kundschafter haben uns allen Mut genom-
men. Sie haben uns berichtet, dass die Bewohner
des Landes stärker und zahlreicher[a] sind als wir
und die Mauern ihrer Städte bis zum Himmel
reichen. Und was sie erst von den Anakitern*
erzählt haben!«

29 Ich sprach euch Mut zu und sagte: »Habt
doch keine Angst vor ihnen! 30 Der HERR, euer
Gott, wird vor euch herziehen und für euch
kämpfen. Ihr habt erlebt, was er in Ägypten für
euch getan hat; 31 und durch die Wüste hat er
euch getragen wie ein Vater sein Kind, den
ganzen langen Weg bis hierher.«

32 Aber obwohl er all das für euch getan hat,
hattet ihr kein Vertrauen zum HERRN, eurem
Gott – 33 zu ihm, der doch vor euch hergezogen
war, um die Lagerplätze auszusuchen und euch
den Weg zu zeigen, bei Tag in einer Wolke und
bei Nacht in einer Feuersäule!

Wie das Volk für seinen Unglauben bestraft wurde

(Num 14,20-45)

34 Als der HERR hörte, was ihr da sagtet, wurde er
zornig und schwor: 35 »Keiner von diesen Män-
nern, keiner aus dieser ganzen widerspenstigen
Generation wird das gute Land zu sehen bekom-
men, das ich ihren Vorfahren zugesagt habe.
36 Nur Kaleb, der Sohn von Jefunne, wird das
Land betreten; ihm und seinen Nachkommen
gebe ich das Gebiet, das er erkundet hat. Denn
er ließ sich nicht beirren und hat mir vertraut.«

37 Sogar auf mich wurde der HERR euretwegen
zornig und sagte zu mir: »Auch du wirst das
Land nicht betreten! 38 Dein Diener Josua, der
Sohn Nuns, wird hineinkommen. Ihm mach
Mut, denn er soll es als Erbbesitz* unter die
Israeliten verteilen.«

39 Und zum ganzen Volk sagte der HERR:
»Eure kleinen Kinder, die noch nicht zwischen
Gut und Böse unterscheiden können, die werden
in das Land hineinkommen. Ihr habt gesagt:
›Sie werden den Feinden in die Hände fallen‹ –
aber gerade ihnen werde ich das Land geben, sie
werden es in Besitz nehmen. 40 Ihr aber kehrt
jetzt um und zieht wieder in die Wüste, dem
Schilfmeer* zu!«

41 Da sagtet ihr zu mir: »Wir haben Unrecht
getan, wir waren dem HERRN ungehorsam. Doch
jetzt wollen wir in das Land hinaufziehen und es
erobern, wie der HERR, unser Gott, es uns befoh-
len hat.«

Jeder nahm seine Waffen und ihr wolltet so-
fort losziehen. 42 Aber der HERR ließ euch durch
mich warnen. »Fallt nicht in das Land ein«, sagte
er, »versucht nicht, es zu erobern! Ich werde
nicht mit euch gehen und ihr werdet von euren
Feinden geschlagen.«

43 Ich sagte euch das, aber ihr hörtet nicht
darauf. Ihr widersetztet euch dem HERRN und
zogt in eurem Übermut ins Bergland hinauf.
44 Da stellten sich euch die Amoriter* entgegen,
die dort wohnten, besiegten euch und jagten
euch vom Bergland Seïr* bis nach Horma, wie
ein Bienenschwarm trieben sie euch vor sich
her.

45 Dann kehrtet ihr um und weintet vor dem
HERRN und wolltet ihn umstimmen, aber er
hörte euch nicht. 46 Ihr bliebt dann lange Zeit in
der Oase Kadesch.

Wie die Israeliten durch Edom, Moab und Ammon zogen

2 Wir kehrten nun um und zogen in die Wüste
hinein, in Richtung Schilfmeer*, wie der
HERR es mir befohlen hatte. Lange Zeit wander-
ten wir im Wüstengebiet rings um das Bergland
Seïr* umher.

2 Schließlich sagte der HERR zu mir: 3 »Ihr seid

a *zahlreicher:* mit einigen Handschriften; H *größer* (von der Körpergröße).

1,28 Num 13,32-33 **1,31** Ex 4,22 S; 19,4; Hos 11,3 **1,33** Ex 13,21 S **1,37** 3,26-27; 4,21; 32,50-52; Num 20,12 **1,38** 3,28; 31,3; Num 27,18-19 **1,39** Num 14,3 **1,46** Num 20,1 **2,1** Num 21,4

nun genug hier umhergezogen. Wendet euch jetzt nach Norden!«

4–5 Und er gab mir für euch die Anweisung: »Wenn ihr jetzt durch Edom*, das Gebiet eurer Stammesverwandten, der Nachkommen Esaus, zieht, dann fangt auf keinen Fall Krieg mit ihnen an! Sie werden zwar vor euch Angst haben; aber ich werde euch von ihrem Land nicht einen Fußbreit geben. Das Bergland Seïr habe ich den Nachkommen Esaus als bleibenden Besitz zugesprochen. 6 Wenn ihr beim Durchzug Brot und Wasser braucht, sollt ihr es ihnen bezahlen.«

7 Das konntet ihr ja auch, denn der HERR, euer Gott, hatte all euer Tun reich gesegnet. Er vergaß euch nicht in der großen Wüste. Vierzig Jahre lang hat er euch begleitet und für euch gesorgt; nie hat es euch an etwas gefehlt.

8 So zogen wir nordwärts, aber nicht durch das Land unserer Verwandten, der Nachkommen Esaus, und auch nicht auf der Straße, die von Ezjon-Geber und Elat durch die Senke zum Toten Meer führt.[a]

Danach zogen wir weiter in Richtung Moab. 9 Der HERR aber sagte zu mir: »Kämpft nicht gegen die Moabiter*, greift sie nicht an; denn auch von ihrem Land werde ich euch nichts geben. Sie sind die Nachkommen Lots und ich habe ihnen das Gebiet von Ar als bleibenden Besitz zugesprochen.«

10 – Früher wohnten dort die Emiter, ein großes und mächtiges Volk, dessen Männer ebenso riesenhaft waren wie die Anakiter*. 11 Wie die Anakiter werden sie zu den Rafaïtern gezählt; aber die Moabiter nennen sie Emiter. 12 Im Bergland Seïr wohnten früher die Horiter, aber die Nachkommen Esaus rotteten sie aus und nahmen ihr Land in Besitz, wie es die Israeliten mit dem Land machten, das der HERR ihnen gegeben hatte. –

13 »Überschreitet jetzt den Bach Sered«, befahl der HERR und wir taten es. 14 Seit unserem Aufbruch aus Kadesch-Barnea waren damals 38 Jahre vergangen. In dieser Zeit waren alle wehrfähigen Männer jener Generation gestorben, wie der HERR es als Strafe über sie verhängt hatte. 15 Der HERR hatte dafür gesorgt, dass keiner von ihnen am Leben blieb.

16 Nachdem sie nun alle tot waren, 17 sagte der HERR zu mir: 18 »Ihr werdet jetzt durch das Gebiet der Moabiter ziehen 19 und dann an die Grenze der Ammoniter* kommen. Kämpft nicht gegen die Ammoniter und greift sie nicht an; denn auch von ihrem Land werde ich euch nichts geben. Sie sind die Nachkommen Lots und ich habe ihnen ihr Land als bleibenden Besitz zugesprochen.«

20 – Auch dieses Gebiet gilt als Land der Rafaïter, weil dort früher die Rafaïter wohnten. Von den Ammonitern wurden sie Samsummiter genannt; 21 auch sie waren ein großes und mächtiges Volk, dessen Männer so riesenhaft waren wie die Anakiter. Aber der HERR gab sie in die Gewalt der Ammoniter, die sie ausrotteten und ihr Land in Besitz nahmen, 22 genauso wie er die Horiter und ihr Land in die Gewalt der Edomiter gab, die dort bis heute wohnen. 23 Die Awiter aber, die zwischen diesem Gebiet und der Gegend von Gaza in Dörfern gewohnt hatten, mussten den Philistern, die aus Kreta kamen, weichen. –

Der Sieg über König Sihon

(Num 21,21-30)

24 »Brecht jetzt auf«, sagte der HERR weiter, »und überschreitet den Arnonfluss! Ich habe den Amoriterkönig* Sihon, der in Heschbon regiert, in eure Hand gegeben. Eröffnet den Kampf gegen ihn und nehmt sein Land in Besitz! 25 Von heute an werde ich allen Völkern der Erde Furcht und Schrecken vor euch einjagen. Sie werden zittern vor euch und sich winden vor Angst, wenn sie hören, was man sich von euch erzählt.«

26 Da schickte ich von der Wüste Kedemot aus Boten nach Heschbon zu König Sihon und ließ ihm sagen: »Wir kommen in friedlicher Absicht! 27 Erlaube uns, durch dein Land zu ziehen. Wir wollen nur die Straße benutzen und werden weder nach rechts noch nach links davon abgehen. 28 Was wir an Brot und Wasser brauchen, werden wir bezahlen. Wir wollen nichts weiter als durchziehen, 29 wie uns das schon die Edomiter* und Moabiter* erlaubt haben. Unser Ziel ist das Land auf der anderen Seite des Jordans, das der HERR, unser Gott, uns geben will.«

30 Aber König Sihon wollte uns nicht durchziehen lassen. Der HERR, euer Gott, hatte ihn starrsinnig und uneinsichtig gemacht; denn er wollte ihn in eure Hand geben, wie es tatsächlich geschehen ist. 31 Er sagte zu mir: »Ich habe schon für euch gehandelt: Sihon und sein Land sind euch wehrlos preisgegeben. Nun handelt auch ihr: Nehmt sein Land in Besitz!«

a Diese überraschende Wendung entspricht Num 20,21; alte Übersetzungen haben dagegen *durch das Land ... und auf der Straße,* wie es nach den Versen 4–5 zu erwarten wäre.

2,4-8 Num 20,14-21 **2,4-5** (Seïr) Gen 36,8 **2,9** Gen 19,37 **2,10-11** Num 13,32-33 **2,12** Gen 14,6; 36,20-30 **2,14** Num 14,28-35 **2,19** Gen 19,38 **2,23** Jer 47,4 S **2,24** Num 21,13 **2,30** Ex 7,3

32 Als uns nun Sihon mit seiner ganzen Kriegs-
macht nach Jahaz entgegenzog, 33 gab der HERR
ihn in unsere Hand, und wir töteten ihn, seine
Söhne und alle seine Kriegsleute. 34 Dann nah-
men wir alle seine Städte ein und vollstreckten
den Bann* an ihren Bewohnern, den Männern,
Frauen und Kindern. Niemand ließen wir lebend
entkommen. 35 Nur das Vieh verschonten wir
und nahmen es als Beute, und dazu alles, was
sonst noch von Wert war.

36 Von Aroër auf den Höhen über dem Arnon-
tal und der Stadt, die direkt am Arnonfluss liegt,
bis hin zur Landschaft Gilead* konnte sich keine
einzige Stadt gegen uns behaupten; alle gab der
HERR, unser Gott, in unsere Hand. 37 Nur vom
Land der Ammoniter* habt ihr euch fern gehal-
ten und habt das Gebiet zu beiden Seiten des
Jabboks und die Städte im angrenzenden Berg-
land nicht besetzt, weil der HERR, unser Gott, es
uns verwehrt hatte.

Der Sieg über König Og von Baschan

(Num 21,33-35)

3 Als wir zum Land Baschan* weiterzogen,
stellte sich uns bei Edreï der König des Lan-
des, Og von Baschan, mit seiner ganzen Kriegs-
macht in den Weg. 2 Der HERR aber sagte zu mir:
»Hab keine Angst vor ihm! Ich habe ihn und
seine Kriegsleute und sein Land in deine Hand
gegeben. Du wirst ihm dasselbe Schicksal berei-
ten wie dem Amoriterkönig Sihon.«

3 Und der HERR, unser Gott, gab uns auch den
Sieg über König Og von Baschan. Wir töteten
ihn und alle seine Kriegsleute; kein Einziger
konnte entkommen. 4 Dann nahmen wir alle
seine Städte ein, insgesamt sechzig, das ganze
Gebiet von Argob in der Landschaft Baschan,
über das er geherrscht hatte. 5 Es waren lauter
befestigte Städte mit hohen Mauern und verrie-
gelten Toren; dazu kam noch eine große Anzahl
unbefestigter Ortschaften. 6 An den Bewohnern
– Männern, Frauen und Kindern – vollstreckten
wir den Bann*, genau wie wir es in den Städten
König Sihons getan hatten. 7 Das Vieh und alles,
was sonst noch von Wert war, nahmen wir als
Beute.

8 So hatten wir nun das Land der beiden Amo-
riterkönige im Gebiet östlich des Jordans erobert,
vom Arnontal bis zum Berg Hermon – 9 die
Phönizier* nennen ihn Sirjon und die Amoriter*
Senir –, 10 alle Städte der Hochebene nördlich
des Arnons, dazu die ganze Landschaft Gilead*
sowie die Landschaft Baschan bis hin nach Sal-
cha und Edreï, alle Städte, über die König Og von
Baschan geherrscht hatte.

11 König Og war der Letzte vom Geschlecht
der Rafaïter. Sein eiserner Sarg ist noch heute in
Rabba, der Hauptstadt der Ammoniter*, zu
sehen; er ist viereinhalb Meter lang und zwei
Meter breit.

Wie das Land östlich des Jordans verteilt wurde

(Num 32,1-42)

12 Nachdem wir die beiden Königreiche erobert
hatten, gab ich das Gebiet nördlich von Aroër
und dem Arnonfluss sowie die halbe Landschaft
Gilead* mit allen Städten den Stämmen Ruben
und Gad als bleibenden Besitz. 13 Die andere
Hälfte von Gilead und ganz Baschan*, das Land
des König Og, das ganze Gebiet von Argob, gab
ich der einen Hälfte des Stammes Manasse.

– Die Landschaft Baschan wurde auch Ra-
faïterland genannt. 14 Jaïr aus dem Stamm Ma-
nasse nahm das ganze Gebiet von Argob in
Besitz, bis an die Grenzen von Geschur und
Maacha, und gab diesem Gebiet, der Landschaft
Baschan, seinen eigenen Namen. Diese Gegend
heißt noch heute »Siedlungen Jaïrs«. –

15 Die Landschaft Gilead teilte ich der Stam-
mesgruppe Machir zu, 16 den Stämmen Ruben
und Gad aber das Gebiet südlich davon bis zum
Arnon und östlich bis zum Jabbok, der Grenze
der Ammoniter*, 17 und dazu das Jordantal vom
See Gennesaret* bis zum Toten Meer und zum
Fuß des Berges Pisga.

18 Damals sagte ich zu den Männern dieser
Stämme: »Der HERR, euer Gott, hat euch dieses
Land als bleibenden Besitz gegeben. Dafür müsst
ihr nun aber auch an der Spitze eurer Brüder,
der übrigen Israeliten, bewaffnet über den Jor-
dan ziehen. Alle wehrfähigen Männer sind da-
zu verpflichtet. 19 Nur eure Frauen und Kinder
und euer Vieh – ihr habt ja so große Herden –
können hier in den Städten bleiben, die ich
euch zugeteilt habe. 20 Erst wenn der HERR
auch euren Brüdern Ruhe verschafft und ihnen
auf der anderen Seite des Jordans ihr Land ge-
geben hat, dürft ihr wieder zurückkehren, jeder
zu dem Stück Land, das ihm zugeteilt worden
ist.«

21 Zu Josua aber sagte ich: »Du hast gesehen,
was der HERR, euer Gott, mit diesen beiden Köni-
gen getan hat. Genauso wird er an den Königen
auf der anderen Seite des Jordans handeln, in
deren Land du das Volk jetzt führen wirst.

2,34-35 7,1-4S **3,6** 7,1-4S **3,11** 2,10-11.20-21; Jos 12,4

22 Habt keine Angst vor ihnen! Der HERR, euer
Gott, wird selbst für euch kämpfen.«

Warum Mose das Betreten des Landes verwehrt wird

23 Damals bat ich den HERRN: 24 »Herr, mein
Gott, du hast begonnen, mir, deinem Diener,
deine Größe und Macht zu zeigen. Nirgends im
Himmel und auf der Erde gibt es einen Gott, der
so gewaltige Taten und erstaunliche Wunder
vollbringt wie du. 25 Lass mich nun auch über
den Jordan ziehen und das schöne Land dort se-
hen, dieses ganze herrliche Bergland bis hinauf
zum Libanon!«

26 Aber weil ihr euch dem HERRN widersetzt
hattet, war der HERR zornig auf mich und erfüllte
meine Bitte nicht. Er sagte zu mir: »Genug! Kein
Wort mehr davon! 27 Steig auf den Gipfel des Ber-
ges Pisga und schau nach allen Seiten, nach Wes-
ten, nach Norden, nach Süden und nach Osten.
Du darfst das Land mit deinen Augen sehen, aber
den Jordan darfst du nicht überschreiten.
28 Übertrage Josua die Führung und mache ihm
Mut! Er ist es, der vor dem Volk her über den Jor-
dan gehen und ihm das Land zuteilen wird, das
du sehen darfst.«

29 Wir blieben nun eine Zeit lang im Tal bei
der Stadt Bet-Pegor.

Das Gesetz ist Israels kostbarster Besitz

4 Und nun, Volk Israel, höre die Gebote und
Rechtsbestimmungen, die ich euch allen ver-
künde! Befolgt sie, dann werdet ihr am Leben
bleiben und das Land in Besitz nehmen, das der
HERR euren Vorfahren zugesagt hat und das er
euch geben will. 2 Fügt nichts hinzu und nehmt
nichts davon weg. Befolgt die Gebote des HERRN,
eures Gottes, genau so, wie ich sie euch sage.

3 Ihr habt mit eigenen Augen gesehen, was
der HERR, euer Gott, beim Berg Pegor getan hat:
Er hat alle aus eurer Mitte ausgerottet, die sich
dort mit dem Götzen Baal* einließen. 4 Ihr aber
seid am Leben geblieben, weil ihr treu zum
HERRN, eurem Gott, gehalten habt.

5 Ich verkünde euch jetzt die Gebote und
Rechtsbestimmungen, so wie sie mir der HERR,
mein Gott, für euch gegeben hat, damit ihr sie
befolgt in dem Land, das ihr nun in Besitz
nehmt. 6 Beachtet sie also und handelt danach!
Dann werdet ihr unter den Völkern für eure
Weisheit berühmt werden. Denn wenn die an-
deren Völker hören, nach was für Geboten ihr
lebt, werden sie voll Achtung auf euch blicken
und sagen: »Wie klug und einsichtig ist doch die-
ses große Volk!« 7 Kein anderes von den großen
Völkern hat ja einen Gott, der ihm mit seiner
Hilfe so nahe ist wie uns der HERR, unser Gott.
Er hilft uns, sooft wir zu ihm rufen. 8 Und kein
anderes großes Volk hat so gute Gebote und
Rechtsbestimmungen wie die, die ich euch heute
gebe.

Der Gott Israels ist einzigartig

9 Aber gebt Acht, dass ihr nie vergesst, was ihr
mit eigenen Augen gesehen habt! Haltet die Er-
innerung daran euer Leben lang lebendig und
erzählt es euren Kindern und Enkeln weiter.
10 Denkt an den Tag, als ihr am Berg Horeb* vor
dem HERRN, eurem Gott, gestanden habt. Der
HERR hatte zu mir gesagt: »Rufe das ganze Volk
zusammen! Sie sollen hören, was ich ihnen zu
sagen habe, und sollen lernen, mich und meine
Weisungen ernst zu nehmen, die ganze Zeit, die
sie in ihrem Land leben. Sie sollen auch ihre Kin-
der dazu anhalten.«

11 Da kamt ihr heran und stelltet euch am Fuß
des Berges auf. Der Berg stand in Flammen, die
bis zum Himmel loderten, und ringsum war er
von dunklen, schwarzen Wolken umgeben.
12 Der HERR sprach zu euch aus dem Feuer her-
aus. Ihr konntet seine Stimme hören, aber sehen
konntet ihr ihn nicht; da war nur die Stimme.
13 Er verkündete euch die Zehn Gebote als die
Verpflichtungen, die sein Bund* euch auferlegt,
und schrieb sie auf zwei Steintafeln. 14 Mir aber
befahl er, euch alle Gebote und Rechtsbestim-
mungen einzuprägen, nach denen ihr in eurem
Land leben sollt.

15 Vergesst nicht, dass ihr damals am Berg
Horeb, als der HERR aus dem Feuer zu euch
redete, nur die Stimme gehört, aber keinerlei Ge-
stalt gesehen habt. 16 Darum macht euch kein
Gottesbild; das wäre ein unverzeihliches Ver-
gehen, ganz gleich, was für eine Gestalt ihr
nachbildet: einen Mann oder eine Frau, 17–18 ein
vierfüßiges Landtier, einen Vogel, ein kriechen-
des Tier oder einen Fisch. 19 Und wenn ihr zum
Himmel aufblickt und die Sonne, den Mond und
die Sterne seht, das ganze Himmelsheer, dann
lasst euch nicht dazu verleiten, sie als Götter an-
zubeten und ihnen zu dienen. Die Verehrung
der Gestirne hat der HERR, euer Gott, allen ande-
ren Völkern der Erde zugewiesen. 20 Euch aber
hat er aus Ägypten, diesem glühenden Schmelz-

3,22 1,29-30 **3,26-27** 1,37 S; Num 27,12-20 **3,28** 1,38 S **3,29** Num 25,1-18 **4,1** 5,32-33; 6,24; 8,1; 16,20; 30,16.19-20; Lev 18,5 S **4,2** 13,1; Offb 22,18-19 **4,3** Num 25,1-9 **4,7** 4,32-34; Ps 145,18; 148,14 **4,8** Ps 147,19-20 **4,10-12** Ex 19,16-20 **4,13** Ex 24,12 S **4,16-18** Ex 20,4 S; Röm 1,23 **4,19** 17,2-4; 2 Kön 17,16; Jer 8,2; Weish 13,2 **4,20** Ex 19,5-6 S

ofen*, herausgeholt, um euch zu seinem eigenen
Volk zu machen, wie ihr das nun auch wirklich
seid.
21 Doch weil ihr ihm nicht gehorcht habt,
wurde der HERR zornig auf mich und schwor, ich
würde nicht über den Jordan in das schöne Land
kommen, das er euch als Erbbesitz geben wird.
22 Darum muss ich auf dieser Seite des Jordans
sterben; ihr aber werdet das Land in Besitz neh-
men. 23 Seht euch vor, dass ihr nicht den Bund*
vergesst, den der HERR, euer Gott, mit euch ge-
schlossen hat! Macht euch niemals ein Gottes-
bild, ganz gleich, von welcher Gestalt, weil der
HERR, euer Gott, euch das verboten hat. 24 Der
HERR, euer Gott, ist ein verzehrendes Feuer, ein
leidenschaftlich liebender Gott, der es nicht hin-
nimmt, wenn ihr irgendetwas anderes außer
ihm verehrt.[a]

Dem verirrten Volk steht die Rückkehr offen

25 Wenn ihr schon viele Generationen lang in
eurem Land lebt, könntet ihr versucht sein, euch
irgendwelche Gottesbilder zu machen. Damit
würdet ihr dem HERRN missfallen und seinen
Zorn herausfordern. 26 Ich rufe Himmel und
Erde als Zeugen an: Wenn ihr so etwas tut, wer-
det ihr euch nicht in dem Land halten können,
das ihr jetzt in Besitz nehmt! Es wird dann sehr
schnell um euch geschehen sein. 27 Der HERR
wird euch unter die Völker zerstreuen; nur ein
kleines Häuflein von euch wird dort überleben.
28 Ihr werdet Göttern dienen müssen, die von
Menschen gemacht sind, Bildern aus Holz und
Stein, die weder sehen noch hören noch schme-
cken noch riechen können.
29 Dort werdet ihr dann den HERRN, euren
Gott, suchen, und er wird sich von euch finden
lassen, wenn ihr euch ihm mit ganzem Herzen
und mit allen Kräften zuwendet. 30 In ferner Zu-
kunft, wenn all diese Not über euch kommt,
werdet ihr wieder zum HERRN, eurem Gott,
umkehren und auf seine Stimme hören. 31 Der
HERR ist ja ein Gott voll Erbarmen und er ist
und bleibt euer Gott. Er wird euch nicht fallen
lassen, euch nicht vernichten. Er vergisst nicht,
was er euren Vorfahren mit einem Eid zugesagt
hat.
32 Durchforscht doch einmal die Vergangen-
heit, die ganze Zeit, seit Gott die Menschen
geschaffen hat! Durchforscht die ganze Erde von
einem Ende zum andern! Ist irgendwann sonst
etwas so Großes geschehen? Weiß man irgend-
wo sonst von etwas dergleichen zu erzählen?
33 Hat je ein Volk die Stimme Gottes aus dem
Feuer heraus gehört und ist am Leben geblieben,
wie ihr das erlebt habt? 34 Hat jemals ein Gott es
unternommen, ein Volk aus einem anderen Volk
herauszuholen und zu seinem Eigentum zu ma-
chen, wie das der HERR, euer Gott, in Ägypten
an euch getan hat? Vor euren Augen hat er uner-
hörte Wunder vollbracht, er hat eure Unterdrü-
cker in Furcht und Schrecken versetzt und hat
furchtbare Plagen über sie gebracht. Ja, er hat
selbst für euch gekämpft; mit starker Hand und
ausgestrecktem Arm hat er euch aus ihrer Mitte
herausgeführt!
35 Das alles hat der HERR euch erleben lassen,
damit ihr erkennt, dass er wahrhaftig Gott ist
und es außer ihm keinen anderen Gott gibt. 36 Er
sprach zu euch vom Himmel herab und gab euch
seine Weisungen; ihr habt sein gewaltiges Feuer
gesehen und aus dem Feuer heraus seine Stimme
gehört. 37 Weil er eure Vorfahren liebte, hat er
euch ausgewählt. Er ging mit euch und hat euch
mit seiner großen Macht aus Ägypten herausge-
führt, 38 um Völker vor euch zu vertreiben, die
größer und mächtiger sind als ihr, und euch ihr
Land als Erbbesitz* zu geben, wie ihr das jetzt
erlebt.
39 Begreift also heute und nehmt es zu Her-
zen, dass der HERR allein Gott ist im Himmel und
auf der Erde und es außer ihm keinen Gott gibt.
40 Lebt nach seinen Geboten und Weisungen,
die ich euch heute verkünde! Dann wird es euch
und euren Nachkommen gut gehen, und ihr wer-
det für immer in dem Land bleiben, das der
HERR, euer Gott, euch geben wird.

Asylstädte für Totschläger im Ostjordanland

41 Damals bestimmte Mose im Gebiet östlich des
Jordans drei Städte als Zufluchtsorte, 42 damit je-
der dorthin fliehen könnte, der unbeabsichtigt
einen Menschen getötet hat. Wenn der Totschlä-
ger wirklich vorher keinen Hass auf den anderen
gehabt hat, kann er dort Asyl finden und so sein
Leben retten.
43 Im Gebiet des Stammes Ruben bestimmte
Mose dafür die Stadt Bezer in der Steppenhoch-
ebene östlich des Toten Meeres, im Gebiet des
Stammes Gad die Stadt Ramot im Bergland
Gilead* und im Gebiet des halben Stammes
Manasse die Stadt Golan im Land Baschan*.

a *ein leidenschaftlich ...:* wörtlich *ein »eifersüchtiger« Gott.*

4,21 1,37S **4,24** 9,3; Jes 33,14; Hebr 12,29 **4,26** 30,19; 31,28; 32,1; Jes 1,2 **4,29-31** 30,1-10; Jer 29,13-14S **4,31** Ex 34,6S **4,32-34** 4,7S **4,36** Ex 19,16-18 **4,41-43** Num 35,9-28S

DIE ZEHN GEBOTE UND WEITERE ERMAHNUNGEN (4,44–11,32)

Mose erinnert an die Grundlagen des Bundes

44–45 Es folgt jetzt das ganze Gesetz, das Mose dem Volk Israel nach seinem Auszug aus Ägypten verkündet hat, die Gebote, Rechtsbestimmungen und Ermahnungen. 46 Er verkündete dies alles im Tal gegenüber von Bet-Pegor, im ehemaligen Herrschaftsgebiet des Amoriterkönigs* Sihon, der in Heschbon regiert hatte. Ihn hatten die Israeliten unter der Führung Moses besiegt 47 und sein Land in Besitz genommen und anschließend auch das Land des Königs Og von Baschan*. Sie hatten das ganze Gebiet der beiden Amoriterkönige östlich des Jordans besetzt, 48 von Aroër am Arnonfluss bis zum Hermongebirge, 49 eingeschlossen die östliche Seite der Jordansenke bis hinab zum Toten Meer und zum Fuß des Berges Pisga.

Die Zehn Gebote

(Ex 20,1-17)

5 Mose rief ganz Israel zusammen und sagte: Volk Israel, höre die Gebote und Weisungen des HERRN, die ich euch allen jetzt verkünde! Lernt sie auswendig und befolgt sie genau. 2 Der HERR, unser Gott, hat am Berg Horeb* mit uns einen Bund* geschlossen. 3 Dieser Bund galt nicht nur unseren Vorfahren, die gestorben sind; er gilt uns allen, die wir heute lebendig hier stehen. 4 Auge in Auge hat er dort auf dem Berg aus dem Feuer zu euch gesprochen. 5 Ihr seid allerdings nicht auf den Berg gestiegen, weil ihr euch vor dem Feuer gefürchtet habt. Deshalb stellte ich mich zwischen den HERRN und euch und gab euch weiter, was der HERR mir sagte. Und das hat er gesagt:[a]

[1] 6 Ich bin der HERR, dein Gott! Ich habe dich aus Ägypten herausgeführt, ich habe dich aus der Sklaverei befreit. 7 Du sollst keine anderen Götter neben mir haben.

[-/2] 8 Du sollst dir kein Gottesbild anfertigen. Mach dir kein Abbild von irgendetwas im Himmel, auf der Erde oder im Meer. 9 Wirf dich nicht vor ihnen nieder und bete sie nicht an. Denn ich, der HERR, dein Gott, bin ein leidenschaftlich liebender Gott und erwarte auch von dir ungeteilte Liebe.[b] Wenn sich jemand von mir abwendet, dann ziehe ich dafür noch seine Nachkommen zur Rechenschaft bis in die dritte und vierte Generation. 10 Wenn mich aber jemand liebt und meine Gebote befolgt, dann erweise ich auch seinen Nachkommen Liebe und Treue, und das über Tausende von Generationen hin.

[2/3] 11 Du sollst den Namen des HERRN, deines Gottes, nicht missbrauchen; denn der HERR wird jeden bestrafen, der das tut.

[3/4] 12 Halte den Ruhetag am siebten Tag der Woche, so wie es der HERR, dein Gott, befohlen hat. Er ist für dich ein heiliger* Tag, der dem HERRN gehört. 13 Sechs Tage in der Woche sollst du arbeiten und alle deine Tätigkeiten verrichten; 14 aber der siebte Tag ist der Ruhetag[c] des HERRN, deines Gottes. An diesem Tag sollst du nicht arbeiten, auch nicht dein Sohn oder deine Tochter, dein Sklave* oder deine Sklavin, dein Rind, dein Esel oder ein anderes von deinen Tieren und auch nicht der Fremde*, der bei dir lebt. An diesem Tag sollen dein Sklave und deine Sklavin genauso ausruhen können wie du. 15 Denke daran, dass du selbst in Ägypten ein Sklave warst und der HERR, dein Gott, dich mit starker Hand und ausgestrecktem Arm von dort in die Freiheit geführt hat. Deshalb befiehlt er dir, den Tag der Ruhe einzuhalten.

[4/5] 16 Du sollst deinen Vater und deine Mutter ehren. So hat der HERR, dein Gott, es dir befohlen; und wenn du das tust, wirst du lange leben und es wird dir gut gehen in dem Land, das der HERR, dein Gott, dir gibt.

[5/6] 17 Du sollst nicht morden.

[6/7] 18 Du sollst nicht die Ehe brechen.

[7/8] 19 Du sollst nicht stehlen.

[8/9] 20 Du sollst nichts Unwahres über deinen Mitmenschen sagen.[d]

[9-10/10] 21 Du sollst nicht versuchen, die Frau deines Mitmenschen an dich zu bringen.

Du sollst überhaupt nichts begehren, was deinem Mitmenschen gehört: sein Haus und seinen Grundbesitz, seinen Sklaven, sein Rind, seinen Esel oder sonst irgendetwas, was deinem Mitmenschen gehört.

Mose erinnert an die Antwort des Volkes

(Ex 20,18-21)

22 Diese Gebote gab euch der HERR am Berg Horeb*. Eure ganze Gemeinde war versammelt

a Die folgenden Gebote sind auch in Ex 20 überliefert. Zur Frage der Zählung siehe Sacherklärung »Zehn Gebote«.
b *ein leidenschaftlich ...:* wörtlich *ein »eifersüchtiger« Gott.* c Wörtlich *Sabbat*;* ebenso in Vers 12.
d Wörtlich *Du sollst (vor Gericht) keine falsche Zeugenaussage gegen deinen Mitmenschen machen.*

5,2 Ex 24,1-8 **5,3** 29,13-14 **5,5** 5,23-31 **5,15** 6,21; 15,15; 16,12; 24,18; 26,11 **5,22-27** Hebr 12,18-19 **5,22b** Ex 24,12 S

und hörte, wie er sie mit lauter Stimme verkündete, aus dem Feuer und der dunklen Wolke heraus.

Dies sind die Grundgebote;[a] er schrieb sie auf zwei Steintafeln und gab die Tafeln mir.

23 Als ihr damals den Berg in Flammen saht und die Stimme aus dem Dunkel heraus hörtet, kamen alle eure Stammesoberhäupter und Ältesten* zu mir 24 und sagten: »Der HERR, unser Gott, hat uns heute seine Größe und Herrlichkeit sehen lassen und wir haben aus dem Feuer seine Stimme gehört. Wir haben staunend erfahren, dass Gott zu Menschen sprechen kann, ohne dass sie deshalb sterben müssen. 25 Aber wir haben Angst, dass uns dieses große Feuer doch noch verzehren wird. Wenn wir die Stimme des HERRN, unseres Gottes, noch länger hören, werden wir es gewiss nicht überleben. 26 Noch kein sterblicher Mensch hat so wie wir die Stimme des lebendigen Gottes mitten aus dem Feuer reden hören und ist am Leben geblieben. 27 Deshalb geh du jetzt hin, höre alles, was der HERR, unser Gott, sagt, und teile es uns mit. Wir werden darauf hören und alles befolgen.«

28 Da sagte der HERR zu mir: »Ich habe gehört, worum das Volk dich gebeten hat. Es ist gut, was sie sagen. 29 Wenn sie nur immer so gesinnt bleiben! Wenn sie mich nur immer so ernst nehmen und meine Gebote befolgen! Dann wird es ihnen und ihren Nachkommen stets gut gehen. 30 Sag ihnen, sie sollen in ihre Zelte zurückkehren. 31 Du aber tritt her zu mir! Ich will dir alle die Gesetze, Gebote und Rechtsbestimmungen sagen, die du ihnen einprägen sollst und nach denen sie leben sollen in dem Land, das ich ihnen gebe.«

32 Befolgt also sorgfältig alles, was der HERR, euer Gott, euch befohlen hat. Weicht nicht davon ab! 33 Bleibt genau auf dem Weg, den er euch mit seinen Geboten gewiesen hat. Dann werdet ihr am Leben bleiben und es wird euch gut gehen und ihr werdet immer in dem Land wohnen können, das ihr jetzt in Besitz nehmt.

Das Grundgebot: Gott über alles lieben

6 Ich sage euch jetzt die Gesetze und Rechtsbestimmungen, die der HERR, euer Gott, euch gegeben hat. Ihr sollt sie euch einprägen, damit ihr danach handelt, wenn ihr das Land in Besitz genommen habt, in das ihr jetzt hinüberzieht. 2 Nehmt den HERRN, euren Gott, ernst und befolgt stets seine Anweisungen, die ich euch heute sage, ihr und eure Kinder und die Kinder eurer Kinder. Tut es euer Leben lang, dann wird der HERR euch auch ein langes Leben schenken.

3 Höre nun seine Gebote, Volk Israel, und befolge sie, damit es dir gut geht und du ein großes Volk wirst in dem Land, das von Milch und Honig überfließt, so wie der HERR, der Gott eurer Vorfahren, euch das versprochen hat.

4 Höre, Israel! Der HERR ist unser Gott, der HERR und sonst keiner.[b] 5 Darum liebt ihn von ganzem Herzen, mit ganzem Willen und mit aller Kraft.

6 Behaltet die Gebote im Gedächtnis, die ich euch heute verkünde! 7 Prägt sie euren Kindern ein und sagt sie euch immer wieder vor – zu Hause und auf Reisen, wenn ihr euch schlafen legt und wenn ihr erwacht. 8 Bindet sie euch zur ständigen Erinnerung an den Arm und auf die Stirn. 9 Schreibt sie auf die Türpfosten eurer Häuser und auf die Tore eurer Städte.

Gott niemals vergessen

10 Der HERR, euer Gott, bringt euch jetzt in das Land, das er euch zum Besitz geben will, wie er das euren Vorfahren Abraham, Isaak und Jakob geschworen hat. Ihr werdet dort große und schöne Städte vorfinden, die ihr nicht selbst gebaut habt, 11 und Häuser voll von Besitz, den ihr nicht selbst erworben habt, Brunnen, die ihr nicht gegraben, und Weinberge und Olivenhaine, die ihr nicht angelegt habt. Wenn es euch dann gut geht und ihr euch satt essen könnt, 12 dann gebt Acht, dass ihr den HERRN nicht vergesst, der euch aus Ägypten herausgeführt hat, wo ihr Sklaven gewesen seid!

13 Nehmt den HERRN, euren Gott, ernst und gehorcht ihm! Schwört nur bei seinem Namen! 14 Lauft nicht hinter den Göttern her, die die Völker rings um euch verehren. 15 Der HERR, euer Gott, ist ein leidenschaftlich liebender Gott, der von euch ungeteilte Liebe erwartet;[c] wenn ihr ihm nicht treu bleibt, fordert ihr seinen Zorn heraus und er wird euch ausrotten.

16 Stellt seine Geduld nicht auf die Probe, wie ihr es bei Massa getan habt. 17 Gehorcht seinen

a Wörtlich *und er fügte nichts hinzu,* nämlich kein weiteres Grundgebot.
b Der hebräische Text kann auf zwei Weisen gedeutet werden: »Der HERR ist unser Gott, der HERR allein«, oder: »Der HERR, unser Gott, ist *ein* HERR« (d.h., er darf nur an einem einzigen Ort verehrt werden; vgl. Dtn 12). Zum Gottesnamen siehe Sacherklärung »HERR«.
c *ein leidenschaftlich ...:* wörtlich *ein »eifersüchtiger« Gott.*

5,24 Ex 33,20 S **5,32-33** 4,1 S **6,2** 4,1 S **6,3** Gen 12,2 S; 12,7 S; Ex 3,8 S **6,4-5** 10,12; 11,13.22; 13,4; 30,6.20; Jos 22,5; Mk 12,29-30 **6,6-9** 11,18-20; 30,11-14; Ex 13,9 **6,10** 1,8 **6,15** Ex 20,5 S **6,16** Ex 17,1-7

Befehlen, beachtet sorgfältig die Gebote und
Weisungen, die er euch gegeben hat. 18 Tut
das, was vor ihm recht und gut ist. Dann wird es
euch gut gehen und ihr werdet das gute Land in
Besitz nehmen, das der HERR euren Vorfahren
versprochen hat. 19 Ihr werdet dann alle eure
Feinde aus dem Land vertreiben, wie er es zuge-
sagt hat.

Die großen Taten Gottes weitersagen

20 Wenn eure Kinder später fragen, wozu all die
Weisungen, Gebote und Rechtsbestimmungen
gut sind, die ihr vom HERRN, eurem Gott, bekom-
men habt, 21 dann gebt ihnen zur Antwort:
»Als Sklaven mussten wir dem König von
Ägypten dienen, doch der HERR befreite uns mit
seinem starken Arm. 22 Wir haben mit eigenen
Augen gesehen, wie er durch seine Staunen er-
regenden Wundertaten Verderben über den Pha-
rao und seine Familie und über alle Ägypter
brachte. 23 Uns aber hat er aus Ägypten heraus-
geführt und hierher gebracht, um uns das Land
zu geben, das er unseren Vorfahren versprochen
hatte. 24 Er hat uns befohlen, ihn, unseren Gott,
ernst zu nehmen und alle diese Gebote zu befol-
gen, damit es uns gut geht und er uns am Leben
erhalten kann, wie das heute tatsächlich der Fall
ist. 25 Unser Tun findet beim HERRN Anerken-
nung, wenn wir alles genau befolgen, was er,
unser Gott, uns befohlen hat.«

Der Verführung zum Ungehorsam vorbeugen

(Ex 34,11-16)

7 Ihr werdet jetzt bald aufbrechen, um euer
Land in Besitz zu nehmen, und der HERR,
euer Gott, wird es euch gelingen lassen. Er wird
sieben Völker vor euch vertreiben, die größer
und stärker sind als ihr: die Hetiter*, Girgaschi-
ter, Amoriter*, Kanaaniter*, Perisiter, Hiwiter
und Jebusiter. 2 Wenn der HERR sie in eure
Gewalt gibt, dürft ihr keinen Friedensvertrag mit
ihnen schließen. Ihr dürft sie nicht verschonen,
sondern müsst den Bann* an ihnen vollstrecken.
3 Ihr dürft euch auf keinen Fall mit ihnen ver-
schwägern. Eure Töchter dürft ihr keinem Mann
aus diesen Völkern geben und für eure Söhne
dürft ihr keine Frau aus diesen Völkern nehmen.
4 Sonst könnten sie von ihnen dazu verleitet wer-
den, sich vom HERRN abzuwenden und andere
Götter zu verehren. Dann würde der HERR über
euch zornig werden und euch in kürzester Zeit
vernichten.
5 Es gibt für euch nur eins: Reißt ihre Altäre
nieder, zerschlagt ihre Steinmale*, haut ihre ge-
weihten Pfähle* um und verbrennt ihre Götzen-
bilder. 6 Denn ihr seid ein Volk, das ausschließ-
lich dem HERRN gehört.[a] Der HERR, euer Gott,
hat euch unter allen Völkern der Erde ausge-
wählt und zu seinem Eigentum gemacht.
7 Das tat er nicht etwa, weil ihr größer seid
als die anderen Völker – ihr seid vielmehr das
kleinste unter ihnen! 8 Nein, er tat es einzig des-
halb, weil er euch liebte und das Versprechen
halten wollte, das er euren Vorfahren gegeben
hatte. Nur deshalb hat er euch herausgeholt aus
dem Land, in dem ihr Sklaven wart; nur deshalb
hat er euch mit seiner starken Hand aus der
Gewalt des Pharaos befreit.
9 Er wollte euch zeigen, dass er allein der
wahre Gott ist und dass er Wort hält. Er steht zu
seinem Bund* und erweist seine Liebe bis in die
tausendste Generation an denen, die ihn lieben
und seine Gebote befolgen. 10 Aber alle, die sich
ihm widersetzen, bestraft er auf der Stelle und
vernichtet sie. Er wird nicht zögern, sondern je-
den auf der Stelle vernichten, der ihn missachtet.
11 Darum haltet euch stets an seine Weisung, an
die Gebote und Rechtsbestimmungen, die ich
euch heute verkünde!

Gehorsam bringt Segen

12 Wenn ihr dem HERRN, eurem Gott, treu bleibt
und auf seine Gebote hört und sie befolgt, wird
auch er treu sein und zu den Zusagen stehen, die
er euren Vorfahren gegeben hat. 13 Er wird euch
seine Liebe erweisen und seinen Segen über
euch ausschütten. Er wird euch zahlreich wer-
den lassen und euren Wohlstand mehren in dem
Land, das er euch geben wird, wie er es euren
Vorfahren geschworen hat. Er wird euch viele
Kinder schenken und reiche Ernten an Getreide,
Wein und Öl; eure Rinder, Schafe und Ziegen
wird er vermehren. 14 Kein anderes Volk wird so
reich gesegnet sein wie ihr. Kein Mann wird bei
euch zeugungsunfähig und keine Frau unfrucht-
bar sein; auch alle eure Tiere werden Nach-
wuchs haben. 15 Der HERR wird euch vor allen
Krankheiten schützen, er wird die bösen Seu-
chen von euch fern halten, die ihr aus Ägypten
kennt, und wird sie eure Feinde treffen lassen.

a Wörtlich *ein heiliges* Volk für den HERRN.*

6,20 Ex 12,26; 13,14; Jos 4,21 **6,21** 5,15 S **6,24** 4,1 S **7,1-4** 2,34-35; 3,6; 20,15-17; 33,27; Jos 7,1 S; Lev 27,28 **7,5** 12,2-3 S **7,6** Ex 19,5-6 S **7,7** 9,4-5 **7,9** 6,4-5; Ex 20,5-6 S; Neh 1,5; Dan 9,4 **7,12-15** 11,13-15; 28,1-14; Lev 26,3-13 **7,15** Ex 15,26

16 Alle Völker, die der HERR in eure Hand gibt,
müsst ihr vernichten. Ihr dürft kein Mitleid mit
ihnen haben und auf keinen Fall ihre Götter
verehren, denn das würde euch ins Verderben
stürzen.

Keine Angst vor den Völkern des Landes

17 Vielleicht seid ihr in Sorge und denkt: »Die
Völker im Land Kanaan* sind viel stärker als wir.
Die können wir nie vertreiben!«
18 Habt keine Angst vor ihnen! Denkt doch
daran, wie der HERR, euer Gott, den Pharao und
alle Ägypter seine Macht spüren ließ. 19 Denkt
an die Plagen, die er ihnen geschickt hat, und an
all seine Staunen erregenden Wundertaten.
Denkt daran, wie er euch mit starker Hand und
ausgestrecktem Arm aus Ägypten herausgeführt
hat! Genauso wird er die Völker, vor denen ihr
jetzt Angst habt, seine Macht spüren lassen.
20 Er wird einen panischen Schrecken über sie
kommen lassen,[a] bis auch noch die letzten Über-
lebenden, die sich irgendwo vor euch versteckt
haben, umgekommen sind.
21 Ihr braucht keine Angst vor ihnen zu
haben; denn der HERR, euer Gott, ist bei euch.
Er ist stark und mächtig und alle seine Feinde
müssen sich vor ihm fürchten. 22 Er wird diese
Völker vor euch vertreiben. Allerdings lässt er
euch nicht von heute auf morgen mit ihnen
fertig werden. Sonst würden sich die wilden
Tiere zu stark vermehren und euch Schaden zu-
fügen.
23 Der HERR, euer Gott, wird die Völker im
Land euch preisgeben; er wird sie in Furcht und
Schrecken versetzen, sodass ihr sie völlig ver-
nichten könnt. 24 Er wird ihre Könige in eure
Hand geben; keiner von ihnen wird sich gegen
euch behaupten können. Ihr werdet sie alle ver-
nichten; nicht einmal an ihre Namen wird man
sich noch erinnern.
25 Die Standbilder ihrer Götter müsst ihr ins
Feuer werfen. Lasst euch auch nicht dazu verlei-
ten, den goldenen und silbernen Belag abzu-
lösen und an euch zu nehmen. Das würde euch
Unheil bringen; denn solches Gold und Silber
verabscheut der HERR, euer Gott. 26 Und was der
HERR verabscheut, sollt ihr nicht in eure Häuser
bringen, sonst seid ihr genauso wie diese Bilder
dem Bann* verfallen und müsst sterben. Behan-
delt sie als etwas Abscheu- und Ekelerregendes,
das vernichtet werden muss.

Das Volk verdankt alles seinem Gott

8 Das ganze Gesetz, das ich euch heute ver-
künde, sollt ihr sorgfältig befolgen, damit ihr
am Leben bleibt und euch vermehrt und das
Land in Besitz nehmen könnt, das der HERR
euren Vorfahren mit einem Eid zugesagt hat.
2 Vergesst nicht, wie der HERR, euer Gott,
euch vierzig Jahre lang in der Wüste umherzie-
hen ließ! Das tat er, um euch vor Augen zu füh-
ren, dass ihr ganz auf ihn angewiesen seid, aber
auch um euch auf die Probe zu stellen und zu
sehen, ob ihr seinen Weisungen folgen würdet
oder nicht. 3 Er ließ euch hungern, damit ihr
lernt, dass ihr ohne ihn nicht leben könnt. Und
er gab euch das Manna* zu essen, von dem ihr
bis dahin nichts gewusst hattet, so wenig wie
eure Vorfahren; denn er wollte euch zeigen: Der
Mensch lebt nicht nur von Brot, sondern er lebt
zuerst und zuletzt von dem Wort, jedem einzel-
nen Wort, das aus dem Mund des HERRN kommt.
4 Die ganzen vierzig Jahre lang sind eure Klei-
der nicht zerschlissen und ihr habt keine wun-
den Füße bekommen. 5 Daran sollt ihr erkennen,
dass der HERR, euer Gott, euch auf den rechten
Weg bringen will wie ein Vater, der sein Kind
erzieht. 6 Darum folgt seinem Befehl und bleibt
auf dem Weg, den er euch weist. Nehmt seine
Warnungen ernst!
7 Der HERR, euer Gott, wird euch in ein schö-
nes und fruchtbares Land bringen. In der Ebene
wie im Bergland gibt es dort Quellen und Bäche,
die unerschöpflich aus der Tiefe hervorsprudeln.
8 Es gibt Weizen und Gerste, Trauben, Feigen
und Granatäpfel, Oliven und Honig. 9 Ihr werdet
euer Essen nicht sorgsam einteilen müssen, es
wird euch an nichts fehlen. Das Land hat sogar
eisenhaltiges Gestein und in seinen Bergen
könnt ihr Kupfer schürfen. 10 Wenn ihr euch
dann satt essen könnt, sollt ihr dem HERRN,
eurem Gott, aus vollem Herzen danken für das
gute Land, das er euch gegeben hat.
11 Vergesst nicht den HERRN, euren Gott! Miss-
achtet nicht seine Weisungen, Gebote und
Rechtsbestimmungen, die ich euch heute ver-
künde! 12-14 Werdet nicht übermütig, wenn es
euch gut geht, wenn ihr reichlich zu essen habt
und in schönen Häusern wohnt, wenn eure
Viehherden wachsen, euer Gold und Silber und
all euer Besitz sich vermehrt.
Vergesst dann nicht den HERRN, euren Gott!
Er hat euch aus Ägypten, wo ihr Sklaven gewe-

a Andere Deutung mit den alten Übersetzungen: *Sogar Hornissen wird der HERR gegen sie losschicken.*

7,16 7,1-4 S **7,20** Ex 23,28 S **8,1** 4,1 S **8,2** 13,4; Ex 15,25; Num 14,33; Ps 95,9-10 **8,3** Ex 16,31 S; Jes 55,2-3; Mt 4,4 par **8,5** Spr 3,11-12; Weish 11,9-10; Hebr 12,7

sen seid, herausgeführt. 15 Er hat euch durch die
große und gefährliche Wüste geführt, wo giftige
Schlangen und Skorpione hausen, wo alles aus-
gedörrt ist und es nirgends einen Tropfen Wasser
gibt. Aber dann ließ er aus dem härtesten Felsen
Wasser für euch hervorquellen, 16 und er gab
euch mitten in der Wüste Manna zu essen, von
dem eure Vorfahren noch nichts wussten. Durch
Gefahr und Mangel wollte er euch vor Augen
führen, dass ihr ganz auf ihn angewiesen seid; er
wollte euch auf die Probe stellen, um euch am
Ende mit Wohltaten zu überhäufen.

17 Vergesst das nicht und lasst euch nicht ein-
fallen zu sagen: »Das alles haben wir uns selbst
zu verdanken. Mit unserer Hände Arbeit haben
wir uns diesen Wohlstand geschaffen.« 18 Seid
euch vielmehr bewusst, dass der HERR, euer
Gott, euch die Kraft gab, mit der ihr dies alles er-
reicht habt. Und er hat es getan, weil er zu den
Zusagen steht, die er euren Vorfahren gegeben
hat, wie ihr das heute sehen könnt.

19 Aber ich warne euch: Wenn ihr den HERRN,
euren Gott, vergesst und hinter anderen Göttern
herlauft, wenn ihr sie anbetet und ihnen dient,
werdet ihr unweigerlich zugrunde gehen.
20 Wenn ihr dem HERRN, eurem Gott, nicht ge-
horcht, werdet ihr genauso untergehen wie die
Völker, die er vor euch vertreibt und untergehen
lässt.

Ein unverdientes Geschenk

9 Höre, Volk Israel! Du wirst jetzt den Jordan
überschreiten. Du wirst Völker vertreiben,
die größer und stärker sind als du, und Städte in
Besitz nehmen, die durch himmelhohe Mauern
geschützt sind. 2 Es gibt dort das Volk der Anaki-
ter*, ein großes Volk mit riesenhaften Männern.
Ihr habt von ihnen gehört und kennt das geflü-
gelte Wort: »Mit den Anakitern nimmt es keiner
auf.« 3 Aber ihr werdet erleben, dass der HERR,
euer Gott, vor euch herzieht wie ein verzehren-
des Feuer; er wird sie vor euch in die Knie zwin-
gen, sodass ihr sie in kürzester Zeit vertreiben
und vernichten könnt, wie er es euch verspro-
chen hat.

4–5 Wenn das geschehen ist und der HERR sie
vor dir vertrieben hat, dann lass dir nicht ein-
fallen zu sagen: »Das ist der Lohn für meinen
Gehorsam! Weil ich immer das Rechte getan
habe, hat der HERR mich in dieses Land ge-
bracht.«

Nein, der HERR gibt dir dieses Land nicht des-
halb, weil du ihm gehorcht hast und ihm immer
treu gefolgt bist. Vielmehr vertreibt er diese Völ-
ker vor dir, weil sie sich schuldig gemacht haben
und um die Zusage einzulösen, die er deinen
Vorfahren Abraham, Isaak und Jakob mit einem
Eid gemacht hat. 6 Macht euch nichts vor! Der
HERR, euer Gott, gibt euch dieses schöne Land
nicht wegen irgendwelcher Verdienste. Nein, ihr
seid ein durch und durch widerspenstiges Volk!

Der Ungehorsam des Volkes am Gottesberg

7 Denkt doch daran, wie oft ihr in der Wüste den
Zorn des HERRN, eures Gottes, herausgefordert
habt! Von dem Tag an, da ihr aus Ägypten aufge-
brochen seid, bis zu eurer Ankunft an diesem
Ort habt ihr euch dem HERRN widersetzt.

8 Am Berg Horeb* habt ihr ihn so sehr zum
Zorn gereizt, dass er euch vernichten wollte.
9 Ich war damals auf den Berg gestiegen, denn
der HERR wollte mir die beiden Steintafeln über-
geben, auf denen die Verpflichtungen des Bun-
des* geschrieben standen, den er mit euch ge-
schlossen hatte. Vierzig Tage und vierzig Nächte
blieb ich oben auf dem Berg, ohne etwas zu
essen und zu trinken. 10 Dort gab der HERR mir
die beiden Tafeln. Er hatte mit eigener Hand die
Worte darauf geschrieben, die er aus dem Feuer
heraus zu euch gesprochen hatte, während ihr
unten am Berg versammelt wart.

11 Es war am Ende der vierzig Tage und vierzig
Nächte, dass der HERR mir die Tafeln mit den
Bundesverpflichtungen gab. 12 Dann sagte er zu
mir: »Steig rasch den Berg hinab! Dein Volk, das
du aus Ägypten herausgeführt hast, hat etwas
Schreckliches getan. Sie sind sehr schnell von
dem Weg abgewichen, den ich ihnen doch eben
erst durch meine Gebote gewiesen habe. Sie
haben sich ein gegossenes Gottesbild gemacht.«

13 Und er fügte hinzu: »Ich weiß jetzt, was für
ein widerspenstiges Volk sie sind. 14 Versuche
nicht, mich umzustimmen. Ich will sie so gründ-
lich vernichten, dass nicht einmal ihr Name in
Erinnerung bleibt. Aus deinen Nachkommen
aber will ich ein Volk machen, das noch größer
und stärker ist als sie.«

15 Sofort stieg ich den Berg hinunter, der noch
immer in Flammen stand. Die beiden Steintafeln
trug ich in den Händen. 16 Da sah ich, dass ihr
euch gegen den HERRN, euren Gott, aufgelehnt
und euch ein gegossenes Stierbild* gemacht
hattet. So schnell wart ihr von dem Weg ab-
gewichen, den er euch mit seinen Geboten ge-
wiesen hatte!

8,15 Ex 17,1-7 **8,16** Ex 16,31S **8,17-18** Ps 44,3-8; Hos 2,10 **9,1-2** 1,28; 2,10-11.20-21; 11,23 **9,3** 4,24S **9,4-5** 7,7
9,7 Ex 14,11-12S **9,9-21** Ex 32,1-24 **9,9-11** Ex 24,12S; 24,18S

17 Ich schleuderte die beiden Tafeln zu Boden
und zerschmetterte sie vor euren Augen. 18 Dann
warf ich mich vor dem HERRN nieder und lag vor
ihm noch einmal vierzig Tage und vierzig Nächte
lang, ohne etwas zu essen und zu trinken. Ich
trat für euch ein und flehte ihn an, dass er euch
eure Schuld vergibt; denn ihr hattet mit eurem
Götzendienst seinen Zorn erregt. 19 Ich fürch-
tete, der HERR würde in seinem Zorn euch alle
vernichten; doch der HERR hörte auch diesmal
auf mein Gebet.
20 Auch auf Aaron war der HERR zornig und
wollte ihn töten; aber ich betete auch für ihn.
21 Das Stierbild, das ihr in eurer Auflehnung
gegen den HERRN gemacht hattet, warf ich ins
Feuer, zermalmte es und zerrieb die Überreste
zu Pulver. Das streute ich in das Wasser des
Baches, der vom Berg herabkommt.
22 Schon zuvor und auch später immer wie-
der, bei Tabera, bei Massa und bei Kibrot-Taawa,
habt ihr den HERRN zum Zorn gereizt. 23 Und als
der HERR, euer Gott, in Kadesch-Barnea zu euch
sagte: »Zieht los und erobert das Land, das ich
euch zugesprochen habe«, da widersetztet ihr
euch seinem Befehl. Weil ihr dem HERRN nichts
zugetraut habt, habt ihr ihm nicht gehorcht.
24 Seit ich euch kenne, lehnt ihr euch gegen ihn
auf.

Wie Gott auf Moses Fürbitte antwortet

25 Ich lag also damals vierzig Tage und vierzig
Nächte im Gebet vor dem HERRN, weil er ge-
droht hatte, euch zu vernichten. 26 Ich betete:
»Ach HERR, du mächtiger Gott, vernichte doch
nicht dein Volk, dein Eigentum, das du in deiner
großen Macht aus dem Sklavendienst befreit
und mit starker Hand aus Ägypten herausge-
führt hast! 27 Denk an Abraham, Isaak und
Jakob, die dir treu gedient haben, und sieh
nicht auf die Schuld dieses widerspenstigen
Volkes!
28 Du kannst doch nicht zulassen, dass sie in
dem Land, aus dem du uns herausgeführt hast,
sagen: ›Ihr Gott war nicht imstande, sie in das
Land zu bringen, das er ihnen zugesagt hatte!
Oder er hat sie gehasst und hat sie nur von hier
weggeführt, damit sie in der Wüste umkom-
men.‹
29 Sie sind doch dein Eigentum, dein Volk,
das du mit deiner großen Kraft und deinem aus-
gestreckten Arm in die Freiheit geführt hast!«

10 Da sagte der HERR zu mir: »Haue zwei stei-
nerne Tafeln zurecht, genau wie die ersten
waren, und mache für sie eine Lade* aus Holz.
Bring die Tafeln zu mir auf den Berg! 2 Ich werde
darauf die Worte schreiben, die auf den ersten
Tafeln standen, die du zerbrochen hast, und du
legst sie dann in die Lade.«
3 Ich machte eine Lade aus Akazienholz, hieb
die zwei Steintafeln zurecht und stieg mit ihnen
auf den Berg. 4 Der HERR schrieb darauf die-
selben Worte, die schon auf den ersten Tafeln
gestanden hatten: die Zehn Gebote, die er euch
aus dem Feuer heraus gesagt hatte, als ihr alle
am Berg versammelt wart. Dann gab er mir die
Tafeln. 5 Ich stieg mit ihnen vom Berg und legte
sie in die Lade, die ich gemacht hatte. Dort
liegen sie noch heute, genau wie der HERR es
befohlen hat.

Der Tod Aarons und der Dienst der Leviten

6 Die Israeliten zogen von Beerot-Bene-Jaakan
nach Mosera. Dort starb Aaron und wurde auch
dort begraben und sein Sohn Eleasar wurde sein
Nachfolger im Priesterdienst*. 7 Die Israeliten
zogen dann weiter nach Gudgoda und von dort
nach Jotbata, wo es reichlich Wasser gibt.
8 Damals sonderte der HERR den Stamm Levi
aus den übrigen Israeliten aus und übertrug ihm
besondere Aufgaben. Die Nachkommen Levis
sollten die Lade* mit dem Bundesgesetz des
HERRN tragen, dem HERRN als Priester* dienen
und dem Volk den Segen* des HERRN zuspre-
chen, wie es bis heute geschieht.
9 Deshalb bekamen die Nachkommen Levis
keinen Anteil am Landbesitz. Der HERR selbst ist
ihr Anteil, er sorgt für ihren Unterhalt, wie er,
euer Gott, ihnen das zugesagt hat.

Gott erhört Moses Gebet für das Volk

10 Ich aber war vierzig Tage und vierzig Nächte
auf dem Berg gewesen, genau wie beim ersten
Mal, und der HERR hatte mein Gebet erhört und
mir versprochen, euch nicht zu vernichten.
11 Und er hatte mir befohlen: »Geh jetzt und stell
dich an die Spitze des Volkes! Brich mit ihnen
auf, damit sie das Land in Besitz nehmen, das ich
ihren Vorfahren für sie zugesagt habe.«

Ein einzigartiger Gott

12 Und nun höre, Volk Israel: Der HERR, euer
Gott, verlangt von euch nur das eine, dass ihr ihn

9,18 Ex 24,18 S **9,22** Num 11,3; Ex 17,7; Num 11,34 **9,23** Num 13,17.31; 14,1-4 **9,26-29** Ex 32,9-13 **9,28** 32,27; Num 14,15-16; Ps 115,1-2 **10,1-5** Ex 24,12 S; 34,1-4 **10,4** Ex 20,1-17 **10,5** Ex 37,1; 40,20 **10,6** Num 33,30-33; 20,22-29; 33,38 **10,8** Num 3,5-8; 8,5-19; Dtn 18,5 **10,9** Num 18,20 S **10,10** 9,18 **10,12** 4,10.29; 6,4-5 S

ernst nehmt, seinen Weisungen folgt und ihn
mit ganzem Herzen und mit allen Kräften liebt
und ehrt. [13] Lebt nach seinen Geboten und An-
ordnungen, die ich euch heute verkünde! Wenn
ihr das tut, wird es euch gut gehen.

[14] Haltet euch vor Augen: Dem HERRN, eurem
Gott, gehören der Himmel und alle Himmelswel-
ten* und die ganze Erde mit allem, was darauf
lebt. [15] Euren Vorfahren aber wandte der HERR
seine besondere Liebe zu und er wählte euch,
ihre Nachkommen, aus allen Völkern aus und
machte euch zu seinem Volk, wie ihr das heute
seid.

[16] Darum seid endlich nicht mehr widerspens-
tig! Am Körper seid ihr beschnitten*, aber ihr
müsst auch euer Herz beschneiden! [17] Denn der
HERR, euer Gott, ist Herr über alle Götter und Ge-
walten, er ist groß und mächtig und verbreitet
Furcht und Schrecken um sich. Er ist nicht par-
teiisch und lässt sich nicht bestechen. [18] Er ver-
hilft den Waisen und Witwen zu ihrem Recht; er
liebt auch die Fremden*, die bei euch leben, und
versorgt sie mit Nahrung und Kleidung. [19] Dar-
um sollt auch ihr die Fremden lieben. Ihr habt ja
selbst in Ägypten als Fremde gelebt. [20] Nehmt
den HERRN, euren Gott, ernst; ehrt und liebt ihn!
Schwört nur bei seinem Namen!

[21] Ihr habt Grund, den HERRN, euren Gott, zu
rühmen und zu preisen; denn ihr habt mit eige-
nen Augen gesehen, was für große und Schre-
cken erregende Taten er für euch getan hat.
[22] Als eure Vorfahren nach Ägypten zogen,
waren sie nur siebzig Leute, und jetzt hat der
HERR euch zu einem Volk gemacht, das so zahl-
reich ist wie die Sterne am Himmel!

Die großen Taten Gottes

11 Liebt den HERRN, euren Gott, und befolgt
stets seine Weisungen, seine Anordnun-
gen, Gebote und Rechtsbestimmungen!

[2] Denkt daran, wie der HERR euch durch seine
mächtigen Taten eine Lehre erteilt und euch den
rechten Weg gewiesen hat. Eure Kinder haben
das nicht erlebt; aber ihr habt es gesehen und
wisst, wie er euch mit starker Hand und aus-
gestrecktem Arm aus Ägypten herausgeführt
hat.

[3] Ihr habt erlebt, wie er in Ägypten über den
Pharao und sein ganzes Land die schlimmsten
Plagen hereinbrechen ließ [4] und wie er das
Heer der Ägypter, die euch nachjagten, vernich-
tet hat. Mit ihren Pferden und Streitwagen*
versanken sie in den Fluten des Schilfmeers*
und ihre Macht ist gebrochen bis zum heutigen
Tag.

[5] Ihr habt erlebt, wie er auf dem Weg durch
die Wüste für euch gesorgt und euch wohlbehal-
ten bis hierher gebracht hat; [6] aber ihr habt auch
gesehen, wie er Datan und Abiram, die sich ge-
gen ihn auflehnten, bestraft hat, wie die Erde
sich spaltete und sie mit ihren Zelten und Fami-
lien und allen, die zu ihnen gehörten, lebendig
verschlang. [7] Ihr habt mit eigenen Augen alle
diese großen Taten gesehen, die der HERR voll-
bracht hat.

[8] Darum befolgt sorgfältig alle seine Weisun-
gen, die ich euch heute verkünde! Dann wird
er euch die Kraft geben, das Land zu erobern,
das ihr jetzt in Besitz nehmen wollt, [9] und ihr
werdet lange in dem Land leben, das der HERR
euren Vorfahren und euch versprochen hat,
diesem Land, das von Milch und Honig über-
fließt.

[10] Hier müsst ihr euch nicht so plagen wie in
Ägypten, woher ihr gekommen seid. Wenn ihr
dort euer Getreide ausgesät hattet, musstet ihr
die Äcker mühsam bewässern, wie man es sonst
nur bei Gemüsegärten macht. [11] In dem Land, in
das ihr jetzt kommt, gibt es Berge und Täler und
es wird vom Regen bewässert. [12] Der HERR, euer
Gott, kümmert sich selbst um das Gedeihen und
blickt das ganze Jahr über, vom Anfang bis zum
Ende, freundlich auf das Land.

[13] Wenn ihr wirklich die Weisungen des
HERRN, die ich euch heute verkünde, befolgt und
ihn, euren Gott, mit ganzem Herzen und mit
allen Kräften liebt und ehrt, [14] wird er euren
Feldern zur rechten Zeit Regen* schicken, im
Herbst und im Frühjahr. Ihr werdet Korn, Wein
und Öl ernten können [15] und euer Vieh wird
Gras zum Weiden finden. Ihr werdet immer ge-
nug zu essen haben.

Vom Gehorsam des Volkes hängt seine Zukunft ab

[16] Nehmt euch in Acht und lasst euch nicht dazu
verleiten, dem HERRN untreu zu werden. Verehrt
nicht andere Götter, dient ihnen nicht; [17] sonst
wird der HERR zornig auf euch werden und den
Himmel verschließen, sodass kein Regen mehr
fällt. Dann wächst nichts mehr auf den Feldern
und ihr müsst elend umkommen und verliert
sehr schnell wieder das schöne Land, das der
HERR euch geben wird.

10,16 30,6; Gen 17,9-14 S **10,17** 1 Tim 6,15; (nicht parteiisch) 2 Chr 19,7; Ijob 34,19; Röm 2,11 S **10,18-19** 14,28-29; 24,17-18; 27,19; Ex 22,21 S; 22,20 S **10,22** Gen 46,27; 15,5 **11,3** Ex 7,8–11,10; 12,29-30 **11,4** Ex 14,1-31 **11,6** Num 16,23-34 **11,9** 6,3 S **11,13-15** 7,12-15 S **11,13** 6,4-5 S **11,16** Ex 20,3 S **11,17** Lev 26,19-20

[18] Darum prägt euch die Gebote ein, die ich euch heute gebe, und behaltet sie im Gedächtnis! Bindet sie euch zur ständigen Erinnerung an den Arm und auf die Stirn. [19] Prägt sie euren Kindern ein und sagt sie euch immer wieder vor – zu Hause und auf Reisen, wenn ihr euch schlafen legt und wenn ihr erwacht. [20] Schreibt sie auf die Türpfosten eurer Häuser und auf die Tore eurer Städte. [21] Dann werdet ihr in dem Land, das der HERR euren Vorfahren für euch zugesagt hat, wohnen bleiben, ihr und alle eure Nachkommen, solange der Himmel sich über der Erde wölbt.

[22] Wenn ihr alle Weisungen, die ich euch verkünde, genau befolgt, den HERRN, euren Gott, liebt, euch zu ihm haltet und auf seinen Wegen bleibt, [23] dann wird er alle diese Völker vor euch vertreiben, obwohl sie größer und stärker sind als ihr, und ihr werdet ihr Land in Besitz nehmen können. [24] Jeden Fleck Erde, den ihr betreten werdet, gebe ich euch, von der Wüste im Süden bis zum Libanongebirge und vom Eufratstrom bis zum Mittelmeer. [25] Niemand wird sich gegen euch behaupten können; denn der HERR wird Angst und Schrecken vor euch über alle Bewohner des Landes kommen lassen, wie er euch das versprochen hat.

[26] Ich stelle euch heute vor die Wahl: Wollt ihr Segen oder Fluch? [27] Der Segen wird euch zuteil, wenn ihr die Weisungen des HERRN, eures Gottes, die ich euch heute verkünde, befolgt. [28] Der Fluch* trifft euch, wenn ihr sie missachtet, wenn ihr den Weg, den ich euch weise, verlasst und euch anderen Göttern zuwendet, von denen ihr bisher nichts gewusst habt.

[29] Wenn der HERR, euer Gott, euch in das Land bringt, das ihr jetzt in Besitz nehmen werdet, sollt ihr die Segenszusagen auf dem Berg Garizim und die Fluchdrohungen auf dem Berg Ebal ausrufen. – [30] Das sind die beiden Berge auf der anderen Seite des Jordans, jenseits der Straße, die durch die Jordanniederung führt, in der Nähe der heiligen Bäume[a] bei Gilgal. – [31] Ihr werdet bestimmt den Jordan überschreiten und das Land in Besitz nehmen und besiedeln, das der HERR, euer Gott, euch geben wird. [32] Dann achtet sorgfältig darauf, dass ihr nach den Geboten und Rechtsbestimmungen lebt, die ich euch heute verkünde!

DAS GESETZBUCH FÜR GOTTES VOLK IN GOTTES LAND (Kapitel 12–26)

12 Ich verkünde euch jetzt die Gebote und Rechtsbestimmungen, die ihr befolgen müsst in dem Land, das der HERR, der Gott eurer Vorfahren, euch geben wird. Sie gelten, solange ihr in diesem Land lebt.

Das Grundgebot: Ein zentrales Heiligtum für ganz Israel

[2] Zerstört alle Opferstätten* auf den Bergen und Hügeln und unter den heiligen Bäumen, an denen die Völker, die ihr vertreiben werdet, ihre Götter verehren. [3] Reißt die Altäre ab, zertrümmert die Steinmale*, verbrennt die geweihten Pfähle* und stürzt alle Götzenbilder um. Nichts darf mehr an die fremden Götter erinnern.

[4] Ihr dürft es auch nicht den Völkern des Landes nachmachen und den HERRN, euren Gott, an solchen Stätten verehren. [5] Ihr sollt vielmehr zu der einen und einzigen Stätte kommen, die er im Gebiet eurer Stämme auswählen und dazu bestimmen wird, dass sein Name dort wohnt.[b] [6] Dorthin sollt ihr ihm alle eure Opfer* bringen: die Brandopfer und Mahlopfer, den zehnten Teil eurer Ernte, die Pflichtabgaben, die freiwilligen Gaben und was ihr dem HERRN durch ein Gelübde versprochen habt, ebenso die Erstgeburten* eurer Rinder, Schafe und Ziegen. [7] Dort sollt ihr vor dem HERRN, eurem Gott, das Opfermahl halten. Feiert es zusammen mit euren Familien und genießt voll Freude, was eure Arbeit euch durch Gottes Segen eingebracht hat.

[8] Bis jetzt konnte jeder von euch seine Opfer darbringen, wo und wie es ihm gefiel. [9] Denn ihr hattet das Land noch nicht in Besitz genommen, in dem euch der HERR, euer Gott, nach der langen Wanderung zur Ruhe kommen lassen will. [10] Aber wenn ihr nun den Jordan überschritten und das Land in Besitz genommen habt, das der HERR euch geben will, und wenn ihr mit seiner Hilfe alle eure Feinde besiegt habt und in Ruhe und Sicherheit lebt, [11] dann gilt eine andere Ordnung. Dann sollt ihr eure Opfer und Abgaben ausschließlich zu der einen Stätte bringen, die der HERR, euer Gott, dazu auswählen wird, dass sein Name dort wohnt. [12] Dort, in

a Siehe Anmerkung zu Gen 12,6.
b Nicht Gott, sondern sein *Name* wohnt im Allerheiligsten* des Tempels; aber der Name bedeutet Gottes volle Gegenwart, seine gnädige Zuwendung und heilbringende Nähe; vgl. Sacherklärung »Name«.

11,18-20 6,6-9 S **11,22** 6,4-5 S **11,25** Ex 23,28 S **11,26-28** 28,1-68; 30,19 **11,29** 27,12-13; Jos 8,33-34 **12,2-3** 7,5; Ex 34,13; 2 Kön 16,4; 17,10; Jer 2,20; Ez 6,13 **12,5** 12,14; 14,22-23; 15,20; 16,2.16; 17,8; 26,2; 31,11 **12,7** 12,18; 14,26; 16,11.14 **12,9** 3,20; 1 Kön 8,56; Ps 95,11 **12,12** Num 18,20 S

Gegenwart eures Gottes, sollt ihr eure Opferfeste
feiern und fröhlich sein mit euren Söhnen und
Töchtern, euren Sklaven und Sklavinnen. Lasst
auch die Leviten* mitfeiern, die in euren Dör-
fern und Städten wohnen, denn sie haben ja
keinen Landbesitz unter euch.

Die Folge: Unterscheidung von Opfer und Schlachtung

13 Lasst euch nicht einfallen, eure Brandopfer* an
irgendeiner der Opferstätten* darzubringen, die
ihr im Land vorfindet. 14 Ihr müsst damit zu der
einen und einzigen Stätte kommen, die der HERR
im Gebiet eines eurer Stämme dafür auswählen
wird. Dorthin sollt ihr auch alle anderen Opfer*
und Abgaben bringen, die ich euch vorschreibe.

15 Ihr dürft aber ohne Einschränkung in euren
Ortschaften Tiere schlachten und ihr Fleisch es-
sen – so viel der HERR euch in seiner Güte geben
wird. Alle dürfen davon essen, auch wer gerade
unrein* und deshalb von der Teilnahme an
einem Opfer ausgeschlossen ist. Es ist genauso,
als würdet ihr ein Stück Wild essen, eine Gazelle
oder einen Hirsch. 16 Nur das Blut* dürft ihr
nicht essen; ihr müsst es wie Wasser auf die Erde
fließen lassen.

17 Aber nichts von dem, was für den HERRN
bestimmt ist, dürft ihr in euren Ortschaften ver-
zehren, weder den zehnten* Teil von eurem Ge-
treide, Wein und Öl noch die Erstgeburten*
eures Viehs noch irgendeine andere Opfergabe
oder Abgabe. 18 Nur in Gegenwart des HERRN,
eures Gottes, an dem einen Heiligtum, das er be-
stimmen wird, dürft ihr es verzehren, ihr und
eure Söhne und Töchter, eure Sklaven* und
Sklavinnen und die Leviten*, die bei euch leben.
Genießt voll Freude vor dem HERRN, eurem Gott,
was eure Arbeit euch eingebracht hat. 19 Und
vergesst dabei nie, solange ihr in eurem Land
lebt, für die Leviten zu sorgen.

20 Wenn der HERR, euer Gott, euer Gebiet er-
weitern wird, wie er euch das zugesagt hat, und
ihr wollt gerne Fleisch essen, dann dürft ihr das
unbedenklich an euren Wohnsitzen tun, sooft
ihr wollt. 21 Ihr müsst dazu nicht zu der Stätte
gehen, die der HERR, euer Gott, dazu auswählen
wird, dass sein Name dort wohnt.[a] Alle, die zu
weit von seinem Heiligtum entfernt leben, dür-
fen an ihren Wohnsitzen von den Rindern, Scha-
fen und Ziegen, mit denen der HERR sie gesegnet
hat, schlachten und verzehren, was sie wollen,
so wie ich das angeordnet habe. 22 Ihr sollt es ge-
nauso halten, wie wenn ihr ein Stück Wild ver-
zehrt: Jeder kann davon essen, auch wer gerade
unrein* und deshalb von der Teilnahme an
einem Opfer ausgeschlossen ist.

23 Nur eins müsst ihr auch in diesem Fall be-
achten: Ihr dürft niemals Fleisch essen, in dem
noch Blut ist; denn im Blut ist das Leben. 24 Ihr
müsst das Blut wie Wasser auf die Erde fließen
lassen. 25 So gefällt es dem HERRN, und wenn ihr
das beachtet, wird es euch und euren Nachkom-
men gut gehen.

26 Aber die Abgaben und alles, was ihr durch
ein Gelübde* dem HERRN versprochen habt,
müsst ihr zu seinem Heiligtum bringen. 27 Auch
die Tiere für das Brandopfer müsst ihr dorthin
bringen und sie vollständig dem HERRN, eurem
Gott, darbringen, das Blut und das ganze Fleisch.
Das Blut der Tiere, die für das gemeinsame
Opfermahl* bestimmt sind, müsst ihr dort an
den Altar gießen; das Fleisch dürft ihr essen.

28 Befolgt genau alle diese Vorschriften, die
ich euch jetzt gebe, und tut alles, was vor dem
HERRN, eurem Gott, recht und gut ist. Dann wird
es euch und euren Nachkommen immer gut
gehen.

Warnung vor Nachahmung fremder Bräuche

29 Wenn ihr in das Land einzieht und der HERR,
euer Gott, euch seine Bewohner preisgibt, sodass
ihr sie vernichten und ihr Land in Besitz nehmen
könnt, 30 dann lasst euch nicht dazu verführen,
ihre Bräuche nachzuahmen. Erkundigt euch
nicht danach, wie sie ihre Götter verehrt haben,
um euren Gottesdienst ebenso einzurichten.
31 Ihr dürft den HERRN, euren Gott, nicht auf ihre
Weise verehren. Denn diese Völker haben zu
Ehren ihrer Götter lauter Dinge getan, die dem
HERRN zuwider sind und die er hasst. Sie haben
sogar ihre Söhne und Töchter als Opfer für die
Götzen verbrannt.

Vollständigkeit des Gesetzes

13 Befolgt das ganze Gesetz, das ich euch
heute gebe, mit allen seinen Weisungen.
Lasst nichts aus und fügt auch nichts hinzu!

Gegen Verführung zum Götzendienst

2–3 Ihr müsst damit rechnen, dass in eurer Mitte
falsche Propheten* auftreten werden oder Leute,
die sich auf Träume berufen; die werden euch
auffordern, fremde Götter zu verehren und
ihnen zu dienen. Sie werden sich dadurch aus-
zuweisen suchen, dass sie ein außerordentliches
Ereignis ankündigen, das dann auch wirklich

a sein Name ...: siehe Anmerkung zu Vers 5.

12,16.23 Lev 17,10-14 S **12,31** Lev 18,21 S **13,1** 4,2

eintrifft. 4 Hört trotzdem nicht auf sie! Der HERR,
euer Gott, will euch nur auf die Probe stellen. Er
möchte wissen, ob ihr ihn mit ganzem Herzen
und mit allen Kräften liebt. 5 Ihn, euren Gott,
sollt ihr ehren und ihn ernst nehmen, auf ihn
hören und seinen Weisungen gehorchen, ihm
dienen und ihm treu sein. 6 Der HERR, euer Gott,
hat euch aus dem Sklavendienst in Ägypten los-
gekauft und von dort in die Freiheit geführt. Wer
euch zur Untreue gegen ihn verleiten und von
dem Weg abbringen will, den er euch vorge-
schrieben hat, muss getötet werden. Ihr sollt das
Böse aus eurer Mitte entfernen.

7–8 Ihr müsst damit rechnen, dass die Men-
schen, die euch am nächsten stehen, euch heim-
lich dazu anstiften wollen, andere Götter zu ver-
ehren. Sie werden euch zu überreden suchen,
dass ihr euch den Göttern der Völker zuwendet,
die in eurer näheren oder ferneren Umgebung
wohnen, obwohl weder ihr noch eure Vorfahren
jemals etwas mit diesen Göttern zu tun hattet.
Aber selbst wenn dein leiblicher Bruder, dein
Sohn oder deine Tochter, deine geliebte Frau
oder dein bester Freund dir so zuredet – 9 höre
nicht darauf! Hab kein Mitleid mit solch einem
Verführer und schone ihn nicht! Verheimliche
seine Schuld nicht, 10 sondern zeige ihn an.[a]
Wirf den ersten Stein auf ihn, wenn er durch
Steinigung* hingerichtet wird. 11 Auf diese Weise
muss er sterben; denn er wollte dich vom HERRN,
deinem Gott, abbringen, der euch aus dem
Sklavendienst in Ägypten befreit und von dort
herausgeführt hat. 12 Alle in Israel müssen von
seiner Bestrafung erfahren. Dann werden sie
sich fürchten und niemand wird es mehr wagen,
so etwas Verwerfliches zu tun.

13–14 Ihr müsst damit rechnen, dass in einer
von den Städten, die der HERR, euer Gott, euch
geben wird, nichtsnutzige Leute auftreten wer-
den, die ihre Mitbürger dazu verleiten, fremde
Götter zu verehren. Wenn ihr davon hört,
15 müsst ihr nachforschen, ob es sich so verhält,
und den Vorgang genau untersuchen. Wenn sich
das Gerücht bewahrheitet und wirklich so etwas
Abscheuliches unter euch geschehen ist, 16 müsst
ihr an der betreffenden Stadt den Bann* voll-
strecken. Menschen und Tiere müsst ihr mit
dem Schwert erschlagen 17 und die ganze Beute
auf dem Marktplatz zusammentragen. Dann
zündet ihr die Stadt an und verbrennt sie samt
der Beute als ein Brandopfer* für den HERRN,
euren Gott. Die Stadt muss in Trümmern liegen
bleiben und darf nie mehr aufgebaut werden.
18–19 Niemand darf etwas von dem Beutegut an
sich nehmen.

Wenn ihr dies alles tut, wird der HERR von sei-
nem Zorn ablassen und euch seine Güte erwei-
sen. Wenn ihr dem HERRN, eurem Gott, gehorcht
und alle seine Gebote befolgt, die ich euch heute
verkünde, und stets tut, was ihm gefällt, dann
wird er euer Volk wachsen lassen und so zahl-
reich machen, wie er es euren Vorfahren zuge-
sagt hat.

Israel soll rein und heilig sein

(Lev 11,1-19)

14 Ihr seid das Volk des HERRN, ihr gehört
ihm wie Kinder ihrem Vater. Deshalb
dürft ihr euch weder Schnitte in die Haut ma-
chen noch die Haare über der Stirn abrasieren,
wenn ihr um einen Toten trauert. 2 Der HERR,
euer Gott, hat euch als ein heiliges* Volk für sich
ausgesondert; er hat euch unter allen Völkern
der Erde als sein Eigentum ausgewählt.

3 Esst nichts, was der HERR verabscheut und
wodurch ihr in seinen Augen unrein* werdet!

4 Unbedenklich essen dürft ihr Rinder, Schafe
und Ziegen, 5 Hirsche, Gazellen, Antilopen, Berg-
ziegen und Steinböcke. 6 Überhaupt dürft ihr
alle Tiere essen, die gespaltene Klauen haben
und zugleich ihre Nahrung wiederkäuen. 7–8 Da-
gegen sollt ihr Kamele, Hasen und Klippdachse
meiden. Sie sind zwar Wiederkäuer, haben aber
keine gespaltenen Klauen. Auch das Schwein ist
für euch verboten. Es hat zwar gespaltene Klau-
en, ist aber kein Wiederkäuer. Esst keins von die-
sen Tieren und berührt sie auch nicht, wenn sie
verendet sind. Sie gelten für euch als unrein*.

9 Von den Tieren, die im Wasser leben, dürft
ihr nur die essen, die Flossen und Schuppen
haben, 10 die übrigen sind für euch verboten, sie
gelten als unrein.

11–18 Ihr könnt alle Vögel essen, nur nicht
Adler, Geier, Eulen und alle anderen Raubvögel,
Krähen, Strauße, Schwalben, Möwen, Störche,
Reiher, Wiedehopfe und Fledermäuse. 19–20 Sie
sind genauso unrein wie die geflügelten Insek-
ten. Alles andere, was fliegt, ist rein und ihr dürft
es essen.

21 Verendete Tiere dürft ihr nicht essen. Ihr
könnt sie den Fremden* geben, die bei euch
leben, oder an Ausländer verkaufen. Ihr aber
seid ein heiliges Volk, das der HERR, euer Gott,
für sich ausgesondert hat.

a So mit G; H *bringe ihn um.*

13,4 6,4-5 S; 8,2 S **13,6** 1 Kor 5,13 **13,9** 19,13.21; 25,12 **13,10** 17,5 S; 17,7; Joh 8,7 **13,12** 17,13; 19,20; 21,21 **13,15** 17,2-4 **13,16-19** 7,1-4 S **14,1** 1,31; Lev 19,27-28 S **14,2** Ex 19,5-6 S **14,21** Lev 17,15 S **14,21 b** Ex 23,19b S

Ihr dürft ein Böcklein nicht in der Milch seiner Mutter kochen.

Der zehnte Teil der Ernte gehört Gott

22 Jedes Jahr müsst ihr den zehnten Teil eurer Ernte für den HERRN beiseite legen. 23 Bringt ihn zu der Stätte, die der HERR dafür auswählen wird, dass sein Name dort wohnt.[a] Feiert dort ein Fest und verzehrt es alles vor dem HERRN, eurem Gott: den zehnten Teil von eurem Korn, Wein und Öl und dazu die erstgeborenen Jungtiere eurer Rinder, Schafe und Ziegen. So sollt ihr lernen, immer dem HERRN, eurem Gott, zu gehorchen.

24 Wenn jedoch die Stätte, die der HERR auswählen wird, für euch zu weit entfernt ist und der HERR euch so reichen Ertrag geschenkt hat, dass ihr Mühe habt, den ihm zustehenden Anteil dorthin zu bringen, 25 sollt ihr ihn verkaufen und das Geld zu seinem Heiligtum mitnehmen. 26 Kauft dort für das Geld, was euer Herz begehrt: Rinder, Schafe und Ziegen, Wein und Bier und was ihr wollt, und genießt alles mit euren Familien in Gegenwart des HERRN, eures Gottes, und seid fröhlich dabei. 27 Lasst auch die Leviten* aus euren Dörfern und Städten mitfeiern, denn sie haben keinen Anteil an Grund und Boden in dem Land, das der HERR euch geben wird.

28 Jedes dritte Jahr aber sollt ihr den zehnten Teil eurer Ernte in euren Ortschaften abliefern und dort in Vorratshäusern sammeln. 29 Es ist der Lebensunterhalt für die Leviten, denn sie haben ja keinen Landbesitz; auch die Waisen und Witwen und die Fremden*, die bei euch leben, sollen davon essen, damit sie keine Not leiden. Wenn ihr so handelt, wird der HERR alle eure Arbeit segnen.

Schuldenerlass in jedem siebten Jahr

15 Immer wenn sieben Jahre vergangen sind, müsst ihr alle Schulden erlassen. 2 Dafür gelten folgende Bestimmungen:

Wer einem anderen Israeliten Geld geliehen hat, muss ihm jetzt die Schulden erlassen. Er darf sie von seinem Bruder, dem anderen Israeliten, nicht mehr eintreiben. Denn man hat zu Ehren des HERRN einen Schuldenerlass ausgerufen. 3 Von einem Ausländer könnt ihr Schulden eintreiben, aber nicht von einem, der zu eurem eigenen Volk gehört und deshalb euer Bruder ist.

4–5 Wenn ihr auf den HERRN, euren Gott, hört und alle seine Weisungen befolgt, die ich euch verkünde, wird es jedoch überhaupt keine Armen unter euch geben. Denn dann wird der HERR euch genug zum Leben schenken in dem Land, das er euch gibt. 6 Er wird sein Versprechen halten und euer Land segnen. Ihr werdet so viel haben, dass ihr davon noch an andere Völker ausleihen könnt, doch ihr selbst braucht nichts zu borgen. Ihr werdet viele Völker unterwerfen, doch über euch wird kein anderes Volk herrschen.

7 Wenn aber dein Bruder, ein anderer Israelit, Not leidet, irgendwo in dem Land, das der HERR euch geben wird, dann darfst du nicht hartherzig sein und deine Hand vor deinem Bruder verschließen. 8 Leih ihm gegen ein Pfand, so viel er braucht. 9 Sei auch nicht so gemein und berechnend, dass du denkst: »Das siebte Jahr ist nicht mehr fern, dann muss ich ihm die Schulden erlassen!« Gönne ihm das und lass ihn nicht vergeblich bitten! Wenn er sich beim HERRN über dich beklagen muss, hast du schwere Schuld auf dich geladen. 10 Hilf ihm gern, tu es nicht widerwillig! Dafür wird dir der HERR auch alles gelingen lassen, was du unternimmst.

11 Es wird in eurem Land immer Arme geben; deshalb befehle ich euch: Unterstützt eure armen und Not leidenden Brüder!

Freilassung von Sklaven im siebten Jahr

(Ex 21,2-11)

12 Wenn jemand aus Israel, dein Bruder oder deine Schwester,[b] sich als Sklaven* oder Sklavin an dich verkauft, dann soll der Betreffende dir sechs Jahre dienen; im siebten Jahr musst du ihn wieder freigeben. 13 Schick ihn aber nicht mit leeren Händen weg, 14 sondern gib ihm reichlich von dem, was der HERR dir geschenkt hat: Schafe und Ziegen, Korn und Wein. 15 Denk daran, dass ihr alle in Ägypten Sklaven gewesen seid und dass der HERR, euer Gott, euch befreit hat. Deshalb gebe ich euch heute dieses Gebot.

16 Wenn es aber deinem Sklaven bei dir gefällt, wenn er dich und deine Familie lieb gewonnen hat und erklärt, dass er bei dir bleiben will, 17 dann nimm eine Ahle und bohre sie durch sein Ohr in die Haustür. Dann ist er für immer dein Sklave. Entsprechend verfährst du mit einer Sklavin.

18 Musst du ihn aber freigeben, so nimm es nicht zu schwer. Du hast durch ihn sechs Jahre lang den Lohn für einen Arbeiter gespart. Außer-

[a] *sein Name ...:* siehe Anmerkung zu 12,5. [b] Wörtlich *Wenn dein Bruder, ein Hebräer* oder eine Hebräerin.*

14,22-29 Num 18,21S **14,23** 12,5S **14,27** Num 18,20S **14,28-29** 26,12-15; 10,18-19S **15,3** 23,21 **15,7-8** Lev 25,35; Sir 4,1-10; 1Joh 3,17 **15,11** Mk 14,7 par **15,15** 5,15S

dem wird dir der HERR dafür alles gelingen lassen, was du unternimmst.

Bestimmungen für die Darbringung der Erstgeburten

19 Wenn eure Rinder, Schafe und Ziegen als Erstgeburt* ein männliches Tier zur Welt bringen, müsst ihr es als Eigentum des HERRN, eures Gottes, aussondern. Ein erstgeborenes Rind dürft ihr nicht für irgendeine Zugarbeit einspannen und die Erstgeburt von Schaf oder Ziege nicht scheren. 20 Einmal im Jahr sollt ihr die erstgeborenen Tiere zu der Stätte bringen, die der HERR auswählen wird, und sie dort vor dem HERRN, eurem Gott, mit euren Familien verzehren.

21 Wenn das Tier aber lahm oder blind ist oder sonst einen schwer wiegenden Fehler hat, dürft ihr es nicht als Opfergabe zum HERRN, eurem Gott, bringen. 22 Ihr könnt es dann in euren Ortschaften verzehren; jeder darf mitessen, auch wer gerade unrein* ist, genau wie bei irgendeinem Wild. 23 Nur das Blut* dürft ihr nicht essen, ihr müsst es auf die Erde fließen lassen wie Wasser.

Das Passafest

(Ex 12,1-20)

16 Im Frühlingsmonat, wenn die Getreideernte beginnt,[a] sollt ihr zu Ehren des HERRN das Passafest* feiern. Denn in diesem Monat hat der HERR, euer Gott, euch mitten in der Nacht aus Ägypten in die Freiheit geführt. 2 Ihr müsst zu diesem Fest an die Stätte kommen, die der HERR, euer Gott, dafür auswählen wird, dass sein Name da wohnt.[b] Dort schlachtet ihr ihm als Passaopfer* ein Schaf, eine Ziege oder ein Rind. 3 Ihr dürft dazu kein Brot essen, das mit Sauerteig* gebacken ist. Sieben Tage lang sollt ihr ungesäuertes Brot essen, genau wie damals, als ihr in größter Eile aus Ägypten geflohen seid. Dieses »Brot der Not« soll euch euer Leben lang an den Tag erinnern, an dem ihr aus Ägypten ausgezogen seid. 4 Sieben Tage lang darf niemand im ganzen Land Sauerteig im Haus haben. Von dem Fleisch des Opfertieres, das ihr am Vorabend des ersten Festtages schlachtet, darf nichts bis zum nächsten Morgen übrig bleiben.

5 Ihr dürft das Passaopfer nicht an euren Wohnsitzen schlachten, die der HERR euch zuteilen wird, 6 sondern ausschließlich an der Stätte, die der HERR, euer Gott, auswählen wird. Schlachtet es am Abend, wenn die Sonne untergeht; denn zu dieser Zeit seid ihr aus Ägypten aufgebrochen. 7 Kocht das Fleisch und verzehrt es an der Stätte, die der HERR auswählen wird. Am nächsten Morgen geht ihr wieder nach Hause 8 und esst dann sechs Tage lang nur solches Brot, das ohne Sauerteig gebacken ist. Am siebten Tag ist eine große Festversammlung am Heiligtum des HERRN, eures Gottes. Alle Arbeit muss an diesem Tag ruhen.

Das Pfingstfest

9-10 Sieben Wochen nach Beginn der Getreideernte sollt ihr zu Ehren des HERRN, eures Gottes, das Pfingstfest* feiern. Dabei bringt ihr dem HERRN, eurem Gott, freiwillige Opfergaben, als Dank dafür, dass er eure Felder gesegnet hat, und nach dem Maß, in dem euch dieser Segen in dem betreffenden Jahr zuteil geworden ist. 11 Feiert ein fröhliches Fest vor dem HERRN, eurem Gott, an der Stätte, die er auswählen wird, zusammen mit euren Söhnen und Töchtern, euren Sklaven* und Sklavinnen und mit den Leviten* in eurer Stadt, mit den Fremden*, die bei euch leben, den Waisen und Witwen. 12 Denkt daran, dass ihr selbst in Ägypten Sklaven gewesen seid. Richtet euch nach diesen Weisungen und befolgt sie!

Das Laubhüttenfest

13 Wenn nicht nur die Getreide-, sondern auch die Weinernte eingebracht ist, sollt ihr sieben Tage lang das Laubhüttenfest* feiern. 14 Begeht es als Freudenfest mit euren Söhnen und Töchtern, euren Sklaven* und Sklavinnen und mit den Leviten* in eurer Stadt, den Fremden*, die bei euch leben, den Waisen und Witwen. 15 Feiert es sieben Tage lang zu Ehren des HERRN an der Stätte, die er auswählen wird. Der HERR, euer Gott, wird seinen Segen auf alle eure Arbeit legen und euch reichen Ertrag schenken. Deshalb sollt ihr euch an diesem Fest von Herzen freuen.

16 Dreimal in jedem Jahr sollen alle Männer Israels zum HERRN, eurem Gott, an die Stätte kommen, die er auswählen wird: zum Fest der Ungesäuerten Brote*, zum Pfingstfest* und zum Laubhüttenfest. Keiner soll mit leeren Händen kommen. 17 Jeder soll eine Gabe für den HERRN mitbringen, viel oder wenig, je nachdem wie viel einer besitzt und was der HERR, euer Gott, ihm gegeben hat.

a Wörtlich *Achte auf den Monat Abib* (und feiere)*. b *sein Name ...*: siehe Anmerkung zu 12,5.

15,19-20 Ex 13,11-16 S **15,20** 12,5 S **15,21** Lev 22,19-20 S **15,22** 12,15.22 **15,23** Lev 17,10-14 S **16,1** Ex 13,4 **16,2** 12,5 S **16,3** Ex 12,34.39 **16,9-12** Ex 23,16 S **16,11** 12,7 S **16,12** 5,15 S **16,13-15** Ex 23,16 S **16,14** 5,15 S **16,16** 12,5 S

Ordnung des Rechtswesens

18 Setzt in euren Stammesgebieten in jeder Stadt,
die der HERR euch geben wird, Richter und Auf-
sichtsbeamte* ein. Sie sollen dafür sorgen, dass
alle im Volk zu ihrem Recht kommen.
19 Ihr dürft das Recht nicht beugen. Ihr dürft
im Gerichtsverfahren niemand begünstigen. Ihr
dürft von den Prozessierenden keine Geschenke
annehmen; denn das trübt das Urteilsvermögen
auch der klügsten Leute und verführt die ehren-
wertesten Männer dazu, Recht und Unrecht zu
verwechseln.
20 Gerechtigkeit muss euer oberstes Ziel sein. Dann werdet ihr für immer in dem
Land leben können, das der HERR, euer Gott,
euch geben wird.

Reinheit des Gottesdienstes

21 Ihr dürft keinen geweihten Pfahl* neben dem
Altar aufstellen, den ihr für den HERRN, euren
Gott, errichten werdet.
22 Ihr dürft keine Steinmale* aufstellen; denn sie sind dem HERRN,
eurem Gott, zuwider.

17 Ihr dürft dem HERRN, eurem Gott, kein
Tier opfern – sei es Rind, Schaf oder
Ziege –, das krank oder irgendwie verunstaltet
ist; denn das verabscheut er.

Verfahren bei Götzendienst

2–4 Gesetzt den Fall, irgendwo in eurem Land
vergeht sich ein Mann oder eine Frau gegen den
HERRN, euren Gott, bricht dessen Bund* und verehrt andere Götter oder betet Sonne, Mond und
Sterne an, was ich euch verboten habe. Wenn
ihr von so etwas hört oder es euch angezeigt
wird, müsst ihr genaue Nachforschungen anstellen. Wenn es sich herausstellt, dass tatsächlich
etwas so Abscheuliches geschehen ist, wie es
in Israel niemals geschehen dürfte,
5 dann müsst
ihr den Mann oder die Frau vor das Tor der
Stadt hinausführen und durch Steinigung* hinrichten.
6 Zwei oder drei Zeugen müssen das Vergehen
bestätigen; auf die Aussage eines einzigen Zeugen hin darf niemand getötet werden.
7 Die Zeugen werfen als Erste einen Stein auf die betreffende Person, danach alle versammelten Männer
der Stadt so lange, bis sie tot ist. Ihr müsst das
Böse aus eurer Mitte entfernen.

Das oberste Gericht

8 Wenn in euren Städten Rechtsfälle vorkommen, die den dortigen Richtern zu schwierig
erscheinen, sodass sie keine Entscheidung zu
treffen wagen – Fälle von Mord und Totschlag,
Körperverletzungen und Streitigkeiten in Eigentumsfragen –, dann könnt ihr zu der Stätte gehen, die der HERR auswählen wird.
9 Dort tragt
ihr den Fall den Priestern* aus dem Stamm Levi
oder dem obersten Richter vor, der dann gerade
im Amt ist. Lasst sie die Entscheidung treffen.
10–11 Ein Urteil, das von dieser Instanz gefällt
wird, ist verbindlich und ihr müsst es genau vollstrecken. Ihr dürft die Entscheidung weder verschärfen noch abmildern.
12 Wer so vermessen ist, dass er auf den Priester, der dem HERRN, eurem Gott, dient, oder auf
den obersten Richter nicht hört, muss getötet
werden. Ihr müsst das Böse aus Israel entfernen.
13 Alle in Israel sollen von seiner Bestrafung erfahren. Dann werden sie sich fürchten und niemand wird mehr wagen, so etwas Unerhörtes
zu tun.

Anweisungen für den König

14 Wenn ihr in dem Land wohnt, das der HERR,
euer Gott, euch geben will, und es so weit
kommt, dass ihr einen König haben wollt wie
alle anderen Völker ringsum,
15 dann könnt ihr
einen König über euch einsetzen, aber nur
einen, den der HERR, euer Gott, selbst auswählt.
Er muss aus eurem Volk stammen und darf kein
Ausländer sein.
16 Er soll sich nicht eine Menge
Pferde halten und seine Landsleute nicht nach
Ägypten verkaufen, um dafür Pferde einzuhandeln. Denn der HERR hat verboten, dass sein
Volk wieder nach Ägypten zurückkehrt.
17 Der
König soll auch nicht zu viele Frauen haben, damit sie sein Herz nicht vom HERRN abwenden,
und er soll nicht große Schätze von Gold und
Silber anhäufen.
18 Wenn er den Thron bestiegen hat, muss er
sich dieses Gesetzbuch abschreiben lassen, das
die Priester aus dem Stamm Levi aufbewahren.
19 Er soll die Abschrift stets greifbar haben und
alle Tage darin lesen. So lernt er, den HERRN, seinen Gott, ernst zu nehmen und alle Gebote dieses Gesetzbuches sorgfältig zu beachten.
20 Das
wird ihn davor bewahren, auf die anderen Israeliten, die doch seine Brüder sind, herabzusehen

16,18 1,9-17; 17,8-13; 2 Chr 19,5-7 **16,19** Ex 23,1-3 S; 23,6-8; (begünstigen) Dtn 1,17 S **16,21-22** 12,2-3 S; Lev 26,1 S **17,1** Lev 22,19-20 S **17,2-4** 4,19 S; Ex 22,19; 13,15 **17,5** 13,10-11; 21,21; 22,21.24 **17,6** 19,15 S **17,7** 13,10 **17,8-13** 16,18 S **17,8** 12,5 S **17,13** 13,12 S **17,14** 1 Sam 8,5 **17,15** 1 Sam 10,24; 16,1; Apg 2,36 **17,16** 1 Kön 10,26-29; Jes 31,1 S; Ez 17,15; Dtn 28,68 **17,17** 1 Kön 11,1-8; 10,14-22.27 **17,18** 12,1–26,15 **17,19** 2 Kön 23,1-3

und sich über Gottes Weisung hinwegzusetzen. Dann wird er lange über Israel herrschen und seine Nachkommen ebenso.

Der Unterhalt der Priester

18 Der Stamm Levi, dessen Männer zum Priesterdienst berufen sind, soll nicht wie die übrigen Stämme Israels einen Anteil am Landbesitz bekommen. Die Priester* erhalten vielmehr Anteil an dem, was dem HERRN selbst zusteht: an den Opfern* und Abgaben, die ihm von den Israeliten gebracht werden. Das soll ihr Lebensunterhalt sein. 2 Sie sollen keinen Anteil am Land besitzen, weil der HERR selbst ihr Anteil ist und für sie sorgt, wie er es ihnen zugesagt hat.

3 Wenn jemand dem HERRN ein Rind, ein Schaf oder eine Ziege als Mahlopfer* darbringt, muss er dem Priester eine Vorderkeule, die beiden Kinnbacken und den Labmagen[a] geben. Auf diese Stücke haben die Priester Anspruch. 4 Weiter müsst ihr ihnen die ersten Früchte* von eurer Ernte geben, von Korn, Wein und Öl, und ebenso die erste Schur eurer Schafe und Ziegen. 5 Denn der HERR, euer Gott, hat den Stamm Levi aus allen euren Stämmen ausgewählt, damit seine männlichen Angehörigen ihm für alle Zeiten in seinem Heiligtum als Priester dienen.

6 Angehörige des Stammes Levi, die über ganz Israel verstreut in euren Ortschaften leben, dürfen, wenn sie wollen, zu der Stätte kommen, die der HERR erwählen wird, 7 und den Priesterdienst verrichten, genau wie die aus dem Stamm Levi, die dort zu Priestern bestellt sind. 8 Sie sollen auch einen gleich großen Anteil wie diese von den Abgaben bekommen, die dem Heiligtum zufließen, ohne Rücksicht darauf, wie groß ihr ererbtes Vermögen ist.[b]

Gott leitet das Volk durch seine Propheten

9 Wenn ihr in das Land kommt, das der HERR, euer Gott, euch geben wird, dann hütet euch, die abscheulichen Bräuche seiner Bewohner zu übernehmen. 10 Keiner von euch darf seinen Sohn oder seine Tochter als Opfer auf dem Altar verbrennen. Ihr dürft keine Wahrsager und Wahrsagerinnen unter euch dulden, niemand, der aus irgendwelchen Zeichen oder mit irgendwelchen Praktiken die Zukunft voraussagt, 11 auch niemand, der Zauberformeln benutzt und damit Geister beschwört oder Tote befragt. 12 Wer so etwas tut, ist dem HERRN zuwider. Genau wegen dieser Dinge vertreibt der HERR die Bewohner des Landes vor euch. 13 Der HERR ist euer Gott; ihm sollt ihr ganz und ungeteilt gehören.

14 Die Völker, die ihr vertreiben werdet, hören auf Wahrsager und Zeichendeuter; euch aber sagt der HERR, euer Gott, auf anderem Wege, was ihr tun sollt. 15 Einen Propheten* wie mich wird der HERR immer wieder[c] aus euren Brüdern, aus eurer Mitte, berufen; auf den sollt ihr hören.

16 Das war es doch, worum ihr den HERRN gebeten habt, als ihr euch am Berg Horeb* vor ihm versammelt hattet. Ihr habt gesagt: »Wir können die Stimme des HERRN, unseres Gottes, nicht länger hören und dieses große Feuer nicht mehr sehen, sonst müssen wir sterben!« 17 Damals sagte der HERR zu mir: »Sie haben Recht! 18 Ich will Propheten[d] wie dich aus ihrer Mitte berufen und durch ihren Mund zu ihnen sprechen. Sie werden dem Volk sagen, was ich von ihm verlange. 19 Wer nicht befolgt, was ein solcher Prophet in meinem Auftrag sagt, den ziehe ich dafür zur Rechenschaft. 20 Wenn aber ein Prophet in meinem Namen etwas sagt, was ich ihm nicht aufgetragen habe, oder wenn er im Namen anderer Götter spricht, muss er sterben.«

21 Nun fragt ihr vielleicht: »Wie können wir denn beurteilen, was der HERR gesagt hat und was nicht?« 22 Wenn ein Prophet im Namen des HERRN etwas sagt und seine Voraussage trifft nicht ein, dann hat der HERR nicht durch ihn geredet; er hat in eigenem Auftrag gesprochen. Einen solchen Propheten braucht ihr nicht ernst zu nehmen.

Asylstädte für Totschläger

(Num 35,9-28)

19 1-2 Wenn der HERR, euer Gott, die Völker vernichtet hat, deren Land er euch geben will, und ihr deren Städte und Häuser in Besitz genommen habt, dann sollt ihr drei Asylstädte auswählen. 3 Achtet darauf, dass die Städte gleichmäßig über das Land verteilt sind, und teilt entsprechend das ganze Land in drei Bezirke ein. 4-6 Die Städte sollen jedem als Zuflucht die-

a Der als besonders wertvoll geltende Hauptmagen der Wiederkäuer. b Deutung unsicher.
c *immer wieder:* Zusatz, der den vom Zusammenhang nahe gelegten Sinn verdeutlicht. Der hebräische Wortlaut erlaubt die Deutung auf einen einzigen Propheten der Zukunft, die im Frühjudentum und im Neuen Testament anzutreffen ist (vgl. Joh 1,21; 6,14; Apg 3,22; 7,37).
d Oder *einen Propheten;* vgl. Anmerkung zu Vers 15. Ab Vers 19 ist eindeutig von einer Mehrzahl von Propheten die Rede.

18,1-2 Num 18,20S **18,3** Lev 7,34-36 **18,4** Ex 23,19aS **18,9** Lev 18,3 **18,10-11** Lev 19,26S; 19,31S **18,10** Lev 18,21S **18,15** 34,10; Mk 9,7par **18,16** Ex 20,18-21 **18,18** Jer 1,9; Ez 3,1-4 **18,19** Apg 3,23 **18,20-22** Jer 28,7-9.15-17

nen, der unbeabsichtigt einen Menschen getötet
hat.

Es kann zum Beispiel vorkommen, dass einer
mit seinem Nachbarn in den Wald geht, um Bäu-
me zu fällen, und wenn er mit der Axt ausholt,
gleitet ihm das Eisen vom Stiel und trifft den an-
deren tödlich. Weil er ohne Vorsatz und nicht
aus Hass getötet hat, kann er sein Leben vor dem
Bluträcher* retten, wenn er in einer der Asyl-
städte Schutz sucht. Der Weg dorthin darf nicht
zu weit sein, sonst wird der Rächer in seiner Er-
bitterung den Totschläger einholen und umbrin-
gen, obwohl dieser keinen Mord begangen und
den Tod nicht verdient hat.

7 Ihr sollt also zunächst drei Städte als Zu-
fluchtsorte bestimmen. 8 Sie reichen aus, solange
ihr erst einen Teil des Landes in Besitz genom-
men habt. Später aber wird der HERR euch das
ganze Land geben, das er euren Vorfahren zuge-
sagt hat. 9 Voraussetzung dafür ist allerdings,
dass ihr alle seine Gebote sorgfältig befolgt, die
ich euch heute verkünde, dass ihr ihn, euren
Gott, liebt und euch stets nach seinen Weisungen
richtet. Wenn ihr dann das ganze Land in Besitz
genommen habt, sollt ihr noch drei weitere Asyl-
städte auswählen. 10 So sollt ihr dafür sorgen,
dass in dem Land, das der HERR euch als Erb-
besitz* gibt, kein Unschuldiger getötet wird;
denn dadurch würdet ihr schwere Schuld auf
euch laden.

11 Wer jedoch seinem Nachbarn Feind ist, ihm
auflauert, ihn überfällt und erschlägt, kann in
diesen Asylstädten keinen Schutz finden. Wenn
er in eine von ihnen flieht, 12 müssen die Ältes-
ten* seiner Heimatstadt ihn von dort holen las-
sen und zur Hinrichtung dem Bluträcher über-
geben. 13 Ihr dürft ihn nicht aus Mitleid ver-
schonen. Mord darf in Israel nicht ungesühnt
bleiben. Wenn ihr so handelt, wird es euch gut
gehen in eurem Land.

Schutz der Grundstücksgrenzen

14 Wenn ihr in dem Land lebt, das der HERR, euer
Gott, euch geben wird, darf niemand die Gren-
zen seines Grundbesitzes, die seit alters festge-
legt sind, auf Kosten seines Nachbarn verrücken.

Zeugen bei Gerichtsverfahren

15 Wenn eine Anklage vor Gericht nur von einem
einzigen Zeugen gestützt wird, darf die ange-
klagte Person nicht schuldig gesprochen werden,
gleichgültig, um was für ein Vergehen es sich
handelt. Erst aufgrund von zwei oder drei
Zeugenaussagen darf ein Schuldspruch gefällt
werden.

16 Wenn ein Angeklagter behauptet, dass ein
Zeuge ihn wissentlich falsch beschuldigt, 17 dann
müssen die beiden zum Heiligtum des HERRN ge-
hen und ihre Sache den Priestern* oder Richtern
vortragen, die dann gerade im Amt sind. 18 Diese
sollen alles gründlich untersuchen, und wenn es
sich herausstellt, dass der Zeuge den anderen mit
vollem Wissen falsch beschuldigt hat, 19 muss
über ihn die Strafe verhängt werden, die er über
den anderen bringen wollte. Ihr müsst das Böse
aus eurer Mitte entfernen.

20 Alle in Israel sollen von der Bestrafung des
falschen Zeugen erfahren. Dann werden sie sich
fürchten und niemand unter euch wird mehr
wagen, solch ein Unrecht zu begehen.

21 Ihr dürft niemand aus Mitleid verschonen.
Stets gilt der Grundsatz: Leben für Leben, Auge
für Auge, Zahn für Zahn, Hand für Hand, Fuß für
Fuß.

Das Aufgebot des Heeres

20 Wenn ihr gegen Feinde ins Feld zieht,
die zahlreicher sind als ihr und außer-
dem mit Pferden und Streitwagen* ausgerüstet,
dann fürchtet euch nicht. Der HERR, euer Gott,
der euch aus Ägypten geführt hat, steht euch
bei.

2 Aber ehe es zum Kampf kommt, soll der
Priester* vor die versammelten Israeliten treten
und zu ihnen sagen: 3 »Männer von Israel, ihr
zieht jetzt in den Kampf gegen eure Feinde. Seid
mutig und habt keine Angst vor ihnen! Lasst
euch nicht von ihrer Stärke beeindrucken;
weicht nicht zurück, wenn sie angreifen! 4 Der
HERR, euer Gott, zieht mit euch. Er selbst kämpft
gegen eure Feinde und hilft euch!«

5 Danach sollen die Männer, die mit der Auf-
stellung des Heeres beauftragt sind, zu den ver-
sammelten Israeliten sagen: »Ist jemand da, der
ein neues Haus gebaut und noch nicht einge-
weiht hat? Er soll heimkehren, damit er nicht im
Kampf fällt und ein anderer das Haus an seiner
Stelle bewohnt.

6 Oder ist jemand da, der einen neuen Wein-
berg angelegt und noch nicht davon geerntet
hat? Er soll heimkehren, damit er nicht fällt und
ein anderer die erste Lese hält.

7 Oder ist jemand da, der sich mit einem Mäd-
chen verlobt, es aber noch nicht geheiratet hat?
Er soll heimkehren, damit er nicht fällt und ein
anderer seine Braut bekommt.«

19,13 13,9S; 21,9 **19,14** 27,17 **19,15** 17,6; Num 35,30; Mt 18,16S **19,19** 13,6; 1 Kor 5,13 **19,20** 13,12S **19,21** 13,9S; Ex 21,23-25S
20,1 Ps 20,8S **20,7** 24,5

8 Schließlich sollen sie noch hinzufügen: »Ist
jemand da, der Angst hat und sich vor dem Feind
fürchtet? Er soll heimkehren, damit er nicht die
anderen ansteckt und auch ihnen den Mut
nimmt.«

9 Wenn sie das alles gesagt haben, sollen sie
die Truppenführer bestimmen, die den Befehl
übernehmen.

Regeln für die Kriegführung

10 Bevor ihr eine Stadt angreift, sollt ihr zuerst
mit den Bewohnern verhandeln und sie zur
friedlichen Übergabe auffordern. 11 Wenn sie
darauf eingehen und euch die Tore öffnen, müs-
sen sie euch gehorchen und Zwangsarbeit für
euch leisten. 12 Lehnen sie das Angebot ab und
wollen kämpfen, so belagert die Stadt. 13 Wenn
der HERR, euer Gott, euch dann siegen lässt,
müsst ihr alle Männer töten. 14 Die Frauen und
Kinder, das Vieh und den übrigen Besitz dürft
ihr behalten; ihr dürft die ganzen Vorräte eurer
Feinde essen, alles, was der HERR in eure Hand
fallen ließ.

15 So sollt ihr verfahren, wenn eine Stadt weit
von euren Wohnsitzen entfernt ist. 16 Wenn sie
aber in dem Land liegt, das der HERR, euer Gott,
euch geben wird, dürft ihr niemand am Leben
lassen. 17 An allen Völkern im Land müsst ihr
den Bann* vollstrecken, wie der HERR, euer
Gott, es befohlen hat: an den Hetitern*, Amori-
tern*, Kanaanitern*, Perisitern, Hiwitern und
Jebusitern. 18 Sonst verführen sie euch dazu, dem
HERRN untreu zu werden und alle die Scheußlich-
keiten nachzuahmen, die sie zu Ehren ihrer
Götter begehen.

19 Müsst ihr eine Stadt lange belagern, bevor
ihr sie erobern könnt, so schont die Obstpflan-
zungen in ihrer Umgebung. Haut die Stämme
nicht um! Oder sind etwa die Bäume auf dem
Feld Menschen,[a] sodass ihr sie bekämpfen
müsst? Außerdem könnt ihr ja von den Früchten
essen. 20 Nur Bäume, die keine essbaren Früchte
tragen, dürft ihr abhauen, um damit Belage-
rungsanlagen zu bauen.

Verfahren bei einem unaufgeklärten Mord

21 Gesetzt den Fall, in dem Land, das der
HERR, euer Gott, euch geben will, wird auf
freiem Feld ein Erschlagener gefunden, es lässt
sich aber nicht in Erfahrung bringen, wer ihn ge-
tötet hat. 2 Dann sollen die Ältesten* und die
Richter der betreffenden Gegend an die Stelle ge-
hen, wo der Erschlagene gefunden wurde, und
sollen feststellen, welche Stadt diesem Platz am
nächsten liegt. 3 Die Ältesten jener Stadt müssen
darauf eine junge Kuh nehmen, die noch nie zur
Arbeit eingespannt worden ist. 4 Sie führen die
Kuh in ein Tal, in dem keine Äcker sind und
durch das ein nie versiegender Bach fließt. Dort
brechen sie ihr das Genick.

5 Nun treten die Priester* vom Stamm Levi
herzu, die der HERR, euer Gott, für den Dienst
am Heiligtum und zur Erteilung des Segens* aus-
gewählt hat und die in allen strittigen Rechts-
fällen und bei tätlichen Auseinandersetzungen
zu entscheiden haben. 6 In ihrer Gegenwart wa-
schen die Ältesten über der toten Kuh ihre Hän-
de 7 und sprechen stellvertretend für die ganze
Stadt: »Unsere Hände haben diesen Mord nicht
begangen. Unsere Augen haben nicht gesehen,
wie er verübt worden ist. 8 HERR, lass durch das
Blut dieses unschuldig Ermordeten nicht Unheil
über dein Volk kommen! Du hast dein Volk aus
Ägypten freigekauft, darum rechne ihm dieses
Verbrechen nicht an!«

Dann wird der HERR die Blutschuld wegneh-
men. 9 Auf diese Weise tut ihr dem Grundsatz
Genüge: »Mord darf in Israel nicht ungesühnt
bleiben«, und ihr handelt, wie es dem HERRN
gefällt.

Ehe mit kriegsgefangenen Frauen

10 Gesetzt den Fall, ihr zieht gegen Feinde in den
Kampf und der HERR gibt euch den Sieg und ihr
macht Gefangene. 11 Wenn dann einer von euch
unter den Gefangenen ein Mädchen sieht, das
ihm so gut gefällt, dass er es heiraten möchte,
12 darf er es mit sich nach Hause nehmen. Dort
soll das Mädchen sich den Kopf kahl scheren,
die Nägel schneiden, 13 neue Kleider anziehen
und einen Monat lang über seine erschlagenen
Eltern trauern. Danach darf der Betreffende es
zur Frau nehmen.

14 Wenn die Frau ihm später nicht mehr ge-
fällt, muss er sie freigeben. Er darf sie nicht als
Sklavin verkaufen oder selber als Sklavin behal-
ten; denn sie ist seine Frau gewesen.

Das Recht des erstgeborenen Sohnes

15 Gesetzt den Fall, ein Mann hat zwei Frauen,
von denen er die eine mehr liebt als die andere,
und beide haben ihm einen Sohn geboren.
Wenn der zuerst Geborene von der weniger ge-
liebten Frau stammt, 16 darf der Vater bei der Ver-
teilung des Erbes den Sohn der Frau, die er mehr
liebt, trotzdem nicht bevorzugen und ihn als

a *Menschen* (wörtlich *ein Mensch*): mit einem veränderten Vokal; H *Der Baum des Feldes ist der Mensch.*

20,8 Ri 7,3 **20,16-17** 7,1-4 S **20,19** 2 Kön 3,19.25 **21,5** 10,8 **21,6-8** Ps 26,6; 73,13; Mt 27,24-25 **21,9** 19,13

Erstgeborenen behandeln. 17 Er muss dem Sohn der ungeliebten Frau sein Erstgeburtsrecht lassen und ihm doppelt so viel vererben wie dem anderen. Denn er ist nun einmal der erste Sohn, den er gezeugt hat.

Verfahren gegen einen Unverbesserlichen

18 Gesetzt den Fall, jemand hat einen Sohn, der so widerspenstig und ungehorsam ist, dass er trotz aller Strafen und Mahnungen weder auf seinen Vater noch auf seine Mutter hört. 19 Dann sollen ihn seine Eltern gemeinsam zum Versammlungsplatz am Tor bringen, ihn den Ältesten* der Stadt vorführen 20 und zu ihnen sagen: »Unser Sohn hier ist widerspenstig und will uns nicht gehorchen. Wir können sagen, was wir wollen – er ist ein Prasser und Säufer.«

21 Dann sollen alle Männer der Stadt ihn durch Steinigung* hinrichten. Ihr müsst das Böse aus eurer Mitte entfernen. Alle in Israel sollen davon erfahren, damit sie sich fürchten.

Bestattung eines Hingerichteten

22 Wenn jemand wegen eines Verbrechens zum Tod verurteilt und hingerichtet worden ist und der Tote danach an einem Pfahl[a] aufgehängt wird, 23 dürft ihr ihn nicht über Nacht dort hängen lassen. Ihr müsst ihn noch vor Sonnenuntergang begraben; denn wer am Holz hängt, ist von Gott verflucht und bringt Unheil über das Land. Ihr sollt das Land nicht unrein* machen, das der HERR, euer Gott, euch geben wird.

Nachbarschaftliche Hilfe

22 Du sollst nicht untätig zusehen, wie sich das Rind oder Schaf eines anderen Israeliten verläuft. Du musst das verirrte Tier so schnell wie möglich zu seinem Besitzer zurückbringen. 2 Falls er weiter entfernt wohnt oder dir unbekannt ist, sollst du das Tier bei dir aufnehmen, bis der Besitzer kommt und danach fragt; dann musst du es ihm zurückgeben. 3 Genauso musst du verfahren, wenn jemand seinen Esel, sein Obergewand* oder sonst etwas verloren hat und du es findest. Du darfst ihm deine Hilfe nicht versagen.

4 Du darfst auch nicht untätig zusehen, wie der Esel oder das Rind eines anderen Israeliten unterwegs unter seiner Last zusammenbricht. Hilf dem anderen, das Tier wieder aufzurichten.

Verschiedene andere Gesetze

5 Eine Frau darf keine Männerkleidung tragen und ein Mann keine Frauenkleidung. Der HERR, euer Gott, verabscheut jeden, der das tut.

6 Wenn du unterwegs auf einem Baum oder auf der Erde ein Vogelnest findest, in dem eine Vogelmutter über ihren Eiern oder Jungen sitzt, dann darfst du die Mutter nicht von den Jungen wegfangen. 7 Die Jungen kannst du fangen, aber lass die Mutter fliegen. Dann wird es dir gut gehen und du wirst lange leben.

8 Wenn du dir ein Haus baust, musst du den Rand des Flachdaches mit einem Geländer schützen. Wenn jemand vom Dach stürzt und dabei den Tod findet, lädst du schwere Schuld auf dich und alle, die in dem Haus wohnen.

9 Du darfst in deinem Weinberg neben den Weinstöcken nicht noch irgendetwas anderes pflanzen. Sonst fällt die ganze Ernte dem Heiligtum zu, der Wein ebenso wie die andere Frucht. 10 Du darfst auch nicht Rind und Esel nebeneinander vor den Pflug spannen. 11 Du darfst keine Kleider tragen, deren Stoff aus Wolle und Flachs gemischt ist.

12 Du sollst an den vier Zipfeln deines Obergewandes Quasten* anbringen.

Rechtsschutz für eine verleumdete Frau

13 Gesetzt den Fall, ein Mann heiratet, aber dann gefällt ihm die Frau nicht mehr. Er möchte sie loswerden, 14 bringt sie in schlechten Ruf und erklärt öffentlich: »Als ich mit dieser Frau die Ehe vollziehen wollte, stellte sich heraus, dass sie nicht mehr unberührt war.«

15 Dann sollen der Vater und die Mutter der jungen Frau zum Versammlungsplatz am Tor gehen und den Ältesten* der Stadt das Beweisstück dafür vorlegen, dass die Tochter ihrem Ehemann als unberührte Jungfrau übergeben wurde. 16 Der Vater erklärt dazu: »Ich habe meine Tochter diesem Mann zur Frau gegeben. Jetzt will er sie loswerden 17 und verleumdet sie mit der Behauptung, sie sei nicht unberührt gewesen. Aber die Spuren auf diesem Gewand beweisen das Gegenteil.« Dabei breiten die Eltern das Obergewand* ihrer Tochter aus, auf dem das Paar die Hochzeitsnacht verbracht hat.

18 Darauf sollen die Ältesten den Ehemann auspeitschen lassen. 19 Außerdem muss er dem Vater der jungen Frau 100 Silberstücke* zahlen,

a Wörtlich *Holz* oder *Baum*. Die Formulierung ist so unbestimmt, dass sie im Neuen Testament auf das Kreuz* bezogen werden kann; vgl. Apg 5,30; 10,39; Gal 3,13.

21,21 17,5 S; 13,12 S **21,22-23** Jos 8,29; 10,26-27; 1 Sam 31,10-12; 2 Sam 4,12; 21,9-14; Gal 3,13 S **22,1-4** Ex 23,4-5 **22,9-11** Lev 19,19 **22,12** Num 15,37-38; Mt 23,5

als Entschädigung dafür, dass er ein Mädchen
aus dem Volk Israel verleumdet hat. Er muss die
Frau zeitlebens behalten und darf sie nicht weg-
schicken.
20 Hat der Ehemann aber mit seiner Beschul-
digung Recht gehabt und die Eltern können die
Unberührtheit ihrer Tochter nicht beweisen,
21 so wird die junge Frau vor das Haus ihres Va-
ters geführt und dort von den Männern der Stadt
durch Steinigung* hingerichtet. Sie hat sich wie
eine Hure benommen, obwohl sie noch im Haus
ihres Vaters lebte. Eine solche Schandtat darf in
Israel nicht geschehen. Ihr müsst das Böse aus
eurer Mitte entfernen.

Verschiedene Fälle von Unzucht

22 Wenn ein Mann dabei ertappt wird, dass er
mit der Frau eines anderen schläft, müssen alle
beide sterben. Ihr müsst das Böse aus Israel ent-
fernen.
23 Wenn ein Mann irgendwo in der Stadt mit
einem unberührten Mädchen schläft, das einem
anderen Mann zur Ehe versprochen ist, 24 müsst
ihr die beiden vor das Tor der Stadt führen und
dort durch Steinigung* hinrichten. Das Mäd-
chen muss sterben, weil es mitten in der Stadt
nicht um Hilfe gerufen hat, und der Mann, weil
er mit einem Mädchen geschlafen hat, das recht-
lich schon die Frau eines anderen war. Ihr müsst
das Böse aus eurer Mitte entfernen.
25 Wenn aber der Mann das verlobte* Mäd-
chen draußen auf dem Feld trifft und vergewal-
tigt, muss nur er sterben. 26 Dem Mädchen kann
kein todeswürdiges Verbrechen zur Last gelegt
werden. Der Fall liegt genauso, wie wenn ein
Mann über einen anderen herfällt und ihn tot-
schlägt. 27 Vielleicht hat das Mädchen draußen
auf dem Feld um Hilfe geschrien, aber niemand
war da, der es schützen konnte.
28–29 Wenn ein Mann dabei ertappt wird, dass
er ein unberührtes Mädchen vergewaltigt, muss
er dem Vater des Mädchens 50 Silberstücke* ge-
ben. Er muss das Mädchen zur Frau nehmen,
weil er es entjungfert hat; er darf es zeitlebens
nie mehr wegschicken.
23 Kein Mann darf mit einer Frau seines
Vaters schlafen, denn damit entehrt er
seinen Vater.

Wer am Gottesdienst Israels teilnehmen darf

2 Wenn die Gemeinde des HERRN sich zum Got-
tesdienst versammelt, darf keiner dabei sein, der
kastriert oder dessen Zeugungsglied abgeschnit-
ten worden ist. 3 Auch einer, an dessen Geburt
ein Makel haftet, darf nicht teilnehmen und
seine Nachkommen sind noch in der zehnten
Generation von der Gemeinde Israel ausge-
schlossen.
4 Dasselbe gilt für einen Ammoniter* oder
Moabiter*: Sie sind von der Gemeinde des
HERRN ausgeschlossen und niemals, nicht ein-
mal in der zehnten Generation, dürfen ihre
Nachkommen an den gottesdienstlichen Ver-
sammlungen teilnehmen. 5 Die Ammoniter und
Moabiter haben sich geweigert, euch Brot und
Wasser zu geben, als ihr von Ägypten kamt und
durch ihr Land gezogen seid; sie haben sogar
den Magier Bileam aus Mesopotamien gerufen
und ihm Geld geboten, damit er euch verfluchen
sollte. 6 Aber weil der HERR, euer Gott, euch
liebt, ließ er Bileams Worte nicht in Erfüllung
gehen und verwandelte den Fluch* in Segen.
7 Sucht also nicht die Freundschaft dieser Völker
und schließt keine Verträge mit ihnen – für alle
Zeiten nicht!
8 Dagegen sollt ihr die Edomiter* nicht streng
ausschließen, denn sie sind eure Brüder, und
auch nicht die Ägypter, denn ihr wart in ihrem
Land zu Gast. 9 Wenn einer von ihnen bei euch
wohnt, dürfen sich seine Nachkommen von der
dritten Generation ab der Gemeinde des HERRN
anschließen.

Die Reinhaltung des Heerlagers

10 Wenn ihr gegen eure Feinde in den Krieg zieht
und ein Lager aufschlagt, müsst ihr euch rein*
halten, wie die Nähe des HERRN es verlangt.
11 Wenn ein Mann im Schlaf einen Samenerguss
gehabt hat, muss er den ganzen Tag außerhalb
des Lagers bleiben. 12 Gegen Abend soll er sich
mit Wasser abspülen und bei Sonnenuntergang
kann er wieder ins Lager zurückkehren.
13 Ihr sollt außerhalb des Lagers einen Platz
bestimmen, wo ihr eure Notdurft verrichtet.
14 Haltet Schaufeln bereit, grabt ein Loch, ehe ihr
euch hinhockt, und macht es nachher wieder zu.
15 Euer Lager muss rein sein, denn der HERR,
euer Gott, ist mitten unter euch, um euch zu
schützen und euch den Sieg über eure Feinde zu
geben. Wenn er etwas Anstößiges bei euch
entdeckt, wird er euer Lager verlassen.

Asyl für Flüchtlinge

16 Wenn sich ein ausländischer Sklave* zu euch
flüchtet und bei euch Schutz sucht, dann liefert

22,21 17,5S **22,22-27** Ex 20,14S **22,24** 17,5S **22,28-29** Ex 22,15 **23,1** Lev 18,8S **23,2** Jes 56,3-4 **23,4** Neh 13,1-3 **23,5-6** Num 22,1–24,19 **23,8** Gen 36; Jes 19,18-25 **23,11-12** Lev 15,16 **23,15** Lev 26,12

ihn nicht seinem Herrn aus. 17 Er soll in Freiheit
bei euch leben dürfen, wo es ihm gefällt. Nutzt
seine Notlage nicht aus!

Was den HERRN beleidigt

18 Kein Israelit und keine Israelitin dürfen sich
dem Dienst eines fremden Gottes weihen.[a] 19 Ihr
dürft den Gewinn aus anrüchigen Geschäften
und aus dem Verkauf unreiner* Tiere[b] nicht in
das Heiligtum des HERRN, eures Gottes, bringen,
um damit ein Gelübde* zu erfüllen. Der HERR
verabscheut solches Geld.

Bestimmungen über das Zinsnehmen

20 Wenn du einem anderen Israeliten, deinem
Bruder, Geld oder Getreide oder sonst etwas
leihst, darfst du dafür keinen Zins erheben.
21 Von einem Ausländer kannst du Zins nehmen,
aber nicht von einem Israeliten. Wenn du das beachtest, wird der HERR dein Tun segnen und dir
alles gelingen lassen in dem Land, das ihr jetzt in
Besitz nehmen werdet.

Bestimmungen über Gelübde

22 Wenn du das Versprechen ablegst, dem
HERRN, deinem Gott, irgendetwas zu schenken,
dann gib es ihm auch. Schieb es nicht auf, dein
Gelübde* zu erfüllen! Du wirst sonst Schuld
auf dich laden; denn der HERR nimmt dich
beim Wort. 23 Der HERR verlangt nicht, dass du
ihm etwas versprichst, 24 aber wenn du es aus
freien Stücken getan hast, musst du es auch
halten.

Erlaubter Mundraub

25 Wenn dein Weg durch einen Weinberg führt,
darfst du Trauben essen, so viel du willst, um
deinen Hunger zu stillen. Aber du darfst nichts
in ein Gefäß sammeln.

26 Wenn du an einem Kornfeld vorbeikommst, darfst du mit der Hand Ähren abreißen.
Aber du darfst sie nicht mit der Sichel abschneiden.

Scheidung und Wiederverheiratung

24 Gesetzt den Fall, ein Mann heiratet und
findet dann etwas an der Frau, das ihm
zuwider ist, stellt ihr eine Scheidungsurkunde*
aus und schickt sie weg. 2 Wenn nun ein zweiter
Mann die Frau heiratet 3 und sie ebenfalls mit
einer Scheidungsurkunde wegschickt oder auch
stirbt, 4 darf ihr erster Mann sie nicht wieder zur
Frau nehmen; sie ist für ihn unberührbar geworden. Sonst tut er etwas, was der HERR verabscheut. Ihr dürft das Land, das der HERR, euer
Gott, euch geben wird, nicht durch solch ein Vergehen entweihen.

Verschiedene Schutzbestimmungen

5 Wenn ein Mann heiratet, wird er ein Jahr lang
vom Kriegsdienst und von allen Arbeitsleistungen für öffentliche Belange befreit. Er soll sich
ungestört seiner Frau widmen können.

6 Wenn ihr ein Pfand nehmt, dürfen es nicht
die Mühlsteine* sein, mit denen das Korn zum
Brotbacken gemahlen wird. Denn dann würdet
ihr das Lebensnotwendige, ja das Leben selbst
zum Pfand nehmen.

7 Wenn jemand einen anderen Israeliten,
einen von seinen Brüdern, raubt und ihn als
Sklaven* hält oder verkauft, muss er getötet werden. Ihr müsst das Böse aus eurer Mitte entfernen.

8 Wenn jemand unter euch von Aussatz* befallen wird, müsst ihr genau die Anweisungen
der Priester* aus dem Stamm Levi befolgen. Der
HERR selbst hat ihnen diese Anweisungen gegeben. 9 Denkt daran, wie es Mirjam erging, die
der HERR, euer Gott, nach eurem Auszug aus
Ägypten für ihren Ungehorsam mit Aussatz bestrafte.

Schutz der Schwachen

10 Wenn du einem anderen Israeliten ein Darlehen gibst, sollst du nicht in sein Haus gehen,
um dir selbst ein Pfand auszusuchen. 11 Du musst
draußen warten, bis er dir das Pfand herausbringt. 12 Wenn der andere so arm ist, dass er
sein Obergewand* verpfänden muss, darfst du
das Pfand nicht über Nacht behalten, 13 sondern
musst es bei Sonnenuntergang zurückbringen,
damit er darin schlafen kann. Wenn du so handelst, wird er dir Gutes wünschen und du wirst
vor dem HERRN, deinem Gott, als gerecht dastehen.

14 Wenn ein armer, völlig mittelloser Mann
um Tageslohn für dich arbeitet, darfst du ihn
nicht ausbeuten, gleichgültig, ob er einer von
deinen Brüdern ist oder ein Fremder*, der bei
euch lebt. 15 Gib ihm seinen Lohn, bevor
die Sonne untergeht; denn er braucht ihn drin-

a Siehe Sacherklärung »geweiht (2)«
b den Gewinn …: wörtlich *hurerischen Erwerb und Erlös für einen Hund.*

23,17 Ex 22,20 **23,18** 1 Kön 14,24 S **23,20-21** Ex 22,24 S; Dtn 15,3 **23,22-24** Num 30,3-17 S **23,26** Mk 2,23 par **24,1** Mt 5,31 S **24,5** 20,7 **24,7** Ex 20,15 S **24,8** Lev 13,1-46; 14,1-32; Dtn 31,9 **24,9** Num 12,1-15 **24,12-13** Ex 22,25-26 S **24,14-15** Lev 19,13

gend. Sonst beklagt er sich beim HERRN über
dich und du wirst vor dem HERRN als schuldig
dastehen.
16 Wenn jemand ein Verbrechen begangen
hat, auf das die Todesstrafe steht, darf nur er
selbst dafür bestraft werden, nicht seine ganze
Familie. Die Eltern sollen nicht für die Schuld
ihrer Kinder sterben und die Kinder nicht für
die Schuld ihrer Eltern. Jeder soll nur für seine
eigene Schuld bestraft werden.
17 Verweigert Fremden und Waisen[a] nicht ihr
Recht und nehmt nicht das Oberkleid* einer
Witwe zum Pfand. 18 Denkt daran, dass auch ihr
in Ägypten Sklaven gewesen seid und der HERR,
euer Gott, euch von dort freigekauft hat. Deshalb
sollt ihr euch um die Schwachen kümmern.
19 Wenn ihr bei der Ernte eine Garbe auf dem
Feld vergessen habt, dann geht nicht zurück, um
sie zu holen. Sie soll den Fremden, den Waisen
und Witwen gehören. Dafür wird der HERR euch
segnen bei allem, was ihr tut.
20 Wenn ihr die Oliven von euren Ölbäumen
schüttelt, dann sucht nicht hinterher noch die
Zweige ab. Lasst den Rest für die Fremden, die
Waisen und Witwen. 21 Wenn ihr in eurem Wein-
berg die Trauben erntet, dann haltet keine Nach-
lese. Lasst den Rest für die Fremden, die Waisen
und Witwen. 22 Denkt daran, dass ihr in Ägypten
Sklaven gewesen seid, und handelt danach!

Begrenzung der Prügelstrafe

25 1–2 Wenn bei einem Prozess zwischen
zwei Männern über einen von ihnen die
Prügelstrafe verhängt wird, muss der Richter ver-
anlassen, dass der Verurteilte sich hinlegt und in
Gegenwart des Richters so viele Schläge erhält,
wie es seiner Schuld entspricht. 3 Auf keinen Fall
darf er ihm mehr als vierzig Schläge geben las-
sen, sonst würde der Bestrafte, der doch euer
Bruder ist, öffentlich entehrt.

Tierschutz

4 Einem Rind, das vor den Dreschschlitten* ge-
spannt wird, darfst du das Maul nicht zubinden.

Die Schwagerehe

5 Wenn zwei Brüder auf demselben Grundbesitz
wohnen und einer von ihnen stirbt, ohne einen
Sohn zu hinterlassen, dann soll seine Witwe kei-
nen Mann außerhalb der Familie heiraten. Der
Bruder des Verstorbenen hat die Pflicht, sie zur
Frau zu nehmen. 6 Der erste Sohn, den sie dann
zur Welt bringt, gilt als Nachkomme des verstor-
benen Bruders, damit dessen Name in Israel er-
halten bleibt.
7 Will der Mann jedoch seine Schwägerin
nicht heiraten, so soll sie zum Versammlungs-
platz am Stadttor gehen und zu den Ältesten*
sagen: »Mein Schwager lehnt es ab, mich zur
Frau zu nehmen und den Namen seines verstor-
benen Bruders in Israel zu erhalten.«
8 Dann sollen die Ältesten ihn rufen lassen
und ihn zur Rede stellen. Wenn er auf seiner
Weigerung beharrt, 9 soll seine Schwägerin in
Gegenwart der Ältesten zu ihm hingehen, ihm
einen Schuh ausziehen, ihm ins Gesicht spucken
und sagen: »So verfährt man mit jedem, der sich
weigert, die Familie seines Bruders zu erhalten!«
10 Seine eigene Familie aber wird man in ganz
Israel nur noch die »Barfüßer« nennen.

Übergriffe beim Streit

11 Wenn zwei Männer in Streit geraten sind und
die Frau des einen kommt ihrem bedrängten
Mann zu Hilfe und packt den andern bei den
Hoden, 12 dann dürft ihr kein Mitleid mit ihr
haben; ihr müsst ihr die Hand abhacken.

Rechtes Maß und Gewicht

13 Du darfst beim Messen und Wiegen nicht be-
trügen.[b] In deinem Beutel dürfen nicht zweierlei
Gewichtssteine sein, ein Satz mit vollem Ge-
wicht und einer mit geringerem, 14 und in dei-
nem Haus nicht zwei verschiedene Kornmaße,[c]
ein größeres und ein kleineres. 15 Deine Ge-
wichtssteine müssen das volle Gewicht haben
und deine Kornmaße das volle Maß. Dann wirst
du lange leben in dem Land, das der HERR, euer
Gott, euch gibt. 16 Der HERR verabscheut jeden,
der seinen Mitmenschen betrügt.

Vergeltung an den Amalekitern

17 Vergesst nicht, was die Amalekiter* euch ange-
tan haben, als ihr von Ägypten kamt! 18 Als ihr
von der beschwerlichen Wanderung müde wart,
haben sie euch von hinten angegriffen und alle
niedergemetzelt, die erschöpft zurückgeblieben
waren. Sie kümmerten sich nicht um Gott und
seine Gebote. 19 Wenn ihr das Land in Besitz
genommen habt, das der HERR, euer Gott, euch
geben will, und er euch Ruhe verschafft hat vor
allen Feinden ringsum, dann müsst ihr die Ama-

a So mit einigen Handschriften und alten Übersetzungen; H *fremden Waisen.* *b* Verdeutlichender Zusatz.
c *nicht zwei verschiedene Kornmaße:* wörtlich *nicht zweierlei Efa** (als Getreidemaß).

24,16 2 Kön 14,6; Jer 31,30; Ez 18,4.20 **24,17-18** 10,18-19 S **24,18** 5,15 S **24,19-22** Lev 19,9-10 S **25,3** 2 Kor 11,24 **25,4** 1 Kor 9,9; 1 Tim 5,18 **25,5-6** Gen 38,8; Mk 12,19 par **25,12** 13,9 S **25,13-16** Lev 19,35-36 S **25,17-19** Ex 17,14 S

lekiter so gründlich ausrotten, dass nichts von
ihnen übrig bleibt. Vergesst das nicht!

Bekenntnis bei der Ablieferung der Erntegaben

26 Wenn du in das Land kommst, das der
HERR, euer Gott, euch geben will, wenn
du es in Besitz genommen und dich darin einge-
richtet hast, 2 dann sollst du die ersten Früchte*
deiner Ernte in einen Korb legen. Du sollst damit
zu der Stätte gehen, die der HERR, euer Gott, aus-
wählen und dafür bestimmen wird, dass sein
Name dort wohnt.[a] 3 Du sollst vor den Priester*
treten, der zu jener Zeit dort den Dienst versieht,
und sagen: »Heute bestätige ich vor dem HERRN,
deinem Gott, dass ich in das Land gekommen
bin, das er unseren Vorfahren durch eine eid-
liche Zusage für uns versprochen hat.«
4 Wenn dann der Priester den Korb entgegen-
genommen und vor den Altar* des HERRN ge-
stellt hat, 5 sollst du vor dem HERRN, deinem
Gott, bekennen:

»Mein Vorfahr war ein heimatloser Ara-
mäer*. Als er am Verhungern war, zog er mit
seiner Familie nach Ägypten und lebte dort als
Fremder. Mit einer Hand voll Leuten kam er hin,
aber seine Nachkommen wurden dort zu einem
großen und starken Volk. 6 Die Ägypter unter-
drückten uns und zwangen uns zu harter Arbeit.
7 Da schrien wir zum HERRN, dem Gott unserer
Väter, um Hilfe. Er hörte uns und half uns aus
Not, Elend und Sklaverei. 8 Er versetzte die
Ägypter durch seine Staunen erregenden Wun-
dertaten in Angst und Schrecken. Er führte uns
mit starker Hand und ausgestrecktem Arm aus
Ägypten heraus. 9 Er brachte uns an diese heilige
Stätte und gab uns dieses Land, das von Milch
und Honig überfließt. 10 Und hier bringe ich nun
die ersten Früchte der Ernte, die ich in dem Land
eingebracht habe, das der HERR mir gegeben
hat.«

Dann sollst du deinen Korb vor den Altar des
HERRN stellen und dich vor dem HERRN, deinem
Gott, niederwerfen. 11 Genieße voll Freude all
das Gute, das er dir und deiner Familie gegeben
hat, und lass auch die Leviten* und die Frem-
den*, die bei dir leben, daran teilhaben.

Gebet bei der Ablieferung der Armenabgabe

12 Jedes dritte Jahr sollt ihr den zehnten Teil eurer
Ernte in euren Ortschaften sammeln, damit die
Leviten*, die Fremden*, die Waisen und Wit-
wen davon leben können. Ihr dürft nichts davon
zurückbehalten. Wenn einer seinen Zehnten*
abgeliefert hat, 13 soll er feierlich vor dem HERRN,
eurem Gott, erklären:

»Ich habe alles, was dir, HERR, gehört, abgelie-
fert. Ich habe es den Leviten, den Fremden, den
Waisen und Witwen gegeben, wie du mir befoh-
len hast. Ich habe alle deine Vorschriften genau
befolgt. 14 Ich habe nichts davon gegessen, als ich
in Trauer* war; ich habe nichts berührt, als ich
unrein* war, und nichts davon einem Toten als
Wegzehrung mitgegeben. Ich habe alle deine
Anweisungen, HERR, mein Gott, genau befolgt.
15 Sieh herab von deiner himmlischen Wohnung!
Segne dein Volk Israel und segne dieses Land,
das du schon unseren Vorfahren zugesagt und
uns nun gegeben hast, ein Land, das von Milch
und Honig überfließt.«

DER BUND ZWISCHEN GOTT UND DEM VOLK (26,16–30,20)

Mose vermittelt den Bund zwischen Gott und Volk

16 Mose sagte: »Der HERR, euer Gott, befiehlt
euch heute, euer Leben nach allen diesen Gebo-
ten und Rechtsbestimmungen auszurichten. Be-
folgt sie mit ganzem Herzen und mit allen euren
Kräften. 17 Der HERR hat euch heute die Zusiche-
rung gegeben, dass er euer Gott sein will, wenn
ihr auf ihn hört und alle seine Gebote, Weisun-
gen und Rechtsbestimmungen stets genau be-
achtet. 18 Und ihr habt vor ihm die feierliche Er-
klärung abgegeben, dass ihr sein Angebot an-
nehmen, dass ihr sein Volk sein und alle seine
Gebote befolgen wollt. 19 Ihr habt Ja dazu gesagt,
dass ihr ein heiliges* Volk sein sollt, das aus-
schließlich dem HERRN, seinem Gott, gehört, ein
Volk, mit dem der HERR Ehre einlegen und das er
hoch über alle anderen Völker erheben will, die
er geschaffen hat.«

Errichtung von Steinmalen mit dem Gesetz

27 Mose trat mit den Ältesten* Israels vor
das Volk und sagte: »Achtet stets auf alle
Gebote, die ich euch heute gebe! 2 An dem Tag,
an dem ihr den Jordan überschreitet, um in das
Land zu ziehen, das der HERR, euer Gott, euch
geben will, sollt ihr große Steine aufrichten, sie

a sein Name …: siehe Anmerkung zu 12,5.

26,1-11 Ex 23,19a S **26,2** 12,5 S **26,12-15** 14,28-29 **26,15** Gen 12,7 S; Ex 3,8 S **26,17-19** 29,11-12 **26,19** Ex 19,5-6 S; Dtn 28,1-2
27,2-8 Jos 8,30-32

mit weißer Tünche bestreichen 3 und dieses
ganze Gesetz darauf schreiben. Dann werdet ihr
das Land in Besitz nehmen können, das der
HERR euch geben will – ein Land, das von Milch
und Honig überfließt, wie er das euren Vorfah-
ren versprochen hat. 4 Ihr sollt die Steine, nach-
dem ihr den Jordan überschritten habt, auf dem
Berg Ebal[a] aufstellen und mit Tünche bestrei-
chen.

5-6 Dort sollt ihr auch einen Altar für den
HERRN, euren Gott, bauen. Er muss aus unbe-
hauenen Feldsteinen errichtet werden, die mit
keinem eisernen Werkzeug in Berührung ge-
kommen sind. Auf diesem Altar sollt ihr dem
HERRN, eurem Gott, Brandopfer* darbringen
7 und sollt dort Tiere für das Opfermahl* schlach-
ten und in Gegenwart des HERRN ein fröhliches
Mahl halten. 8 Auf die getünchten Steine aber
müsst ihr klar und deutlich alle Bestimmungen
dieses Gesetzes schreiben.«

Der Bund zwischen Gott und dem Volk

9 Umgeben von den Priestern* aus dem Stamm
Levi sagte Mose zu dem ganzen Volk: »Sei still
und höre, Volk Israel! Heute bist du zum Volk
des HERRN, deines Gottes, geworden. 10 Darum
gehorche seinen Befehlen und befolge alle seine
Gebote und Weisungen, die ich dir heute verkün-
det habe!«

Was Gott verabscheut

11 Weiter sagte Mose an jenem Tag zu dem Volk:
12 13 »Wenn ihr den Jordan überschritten habt,
sollen sich die Stämme Simeon, Levi, Juda,
Issachar, Josef und Benjamin auf dem Berg Gari-
zim aufstellen und die Stämme Ruben, Gad,
Ascher, Sebulon, Dan und Naftali auf dem Berg
Ebal. Die einen sollen Segenszusagen über das
Volk ausrufen, die anderen Fluchandrohungen
aussprechen.

14 Danach sollen die Leviten* allen Männern
Israels mit lauter Stimme zurufen:

15 ›Fluch* über jeden, der sich aus Holz oder
Metall ein Gottesbild anfertigen lässt, ein Werk
von Menschenhand, das dem HERRN zuwider ist,
und es heimlich aufstellt.‹ Und das ganze Volk
sagt: ›Amen*!‹ (So sei es!)

16 ›Fluch über jeden, der seinen Vater oder
seine Mutter missachtet!‹ Und das ganze Volk
sagt: ›Amen!‹

17 ›Fluch über jeden, der den Grenzstein zwi-
schen ihm und seinem Nachbarn verrückt!‹ Und
das ganze Volk sagt: ›Amen!‹

18 ›Fluch über jeden, der einen Blinden auf
den falschen Weg führt!‹ Und das ganze Volk
sagt: ›Amen!‹

19 ›Fluch über jeden, der einem Fremden*,
einer Witwe oder Waise ihr Recht vorenthält!‹
Und das ganze Volk sagt: ›Amen!‹

20 ›Fluch über jeden, der mit einer Frau seines
Vaters schläft und so seinen Vater entehrt!‹ Und
das ganze Volk sagt: ›Amen!‹

21 ›Fluch über jeden, der mit einem Tier ver-
kehrt!‹ Und das ganze Volk sagt: ›Amen!‹

22 ›Fluch über jeden, der mit seiner Schwester
oder Halbschwester schläft!‹ Und das ganze Volk
sagt: ›Amen!‹

23 ›Fluch über jeden, der mit seiner Schwie-
germutter schläft!‹ Und das ganze Volk sagt:
›Amen!‹

24 ›Fluch über jeden, der heimlich einen ande-
ren erschlägt!‹ Und das ganze Volk sagt: ›Amen!‹

25 ›Fluch über jeden, der sich dafür bezahlen
lässt, einen Schuldlosen zu ermorden!‹ Und das
ganze Volk sagt: ›Amen!‹

26 ›Fluch über jeden, der die Bestimmungen
dieses Gesetzes nicht genau befolgt!‹ Und das
ganze Volk sagt: ›Amen!‹«

Segen des Gehorsams

(Lev 26,3-13; Dtn 7,12-15)

28 Weiter sagte Mose: »Wenn ihr auf den
HERRN, euren Gott, hört und alle seine
Gebote, die ich euch heute verkünde, sorgfältig
befolgt, wird er euch hoch über alle Völker der
Erde erheben. 2 Die ganze Fülle seines Segens*
wird euch zuteil werden, wenn ihr den Weisun-
gen des HERRN, eures Gottes, gehorcht.

3 In der Stadt und auf dem Feld schenkt er
euch Gedeihen: 4 Gesunde Kinder gibt er euch
und reiche Ernten; eure Rinder, Schafe und Zie-
gen werden sich vermehren, 5 Korb und Back-
trog nicht leer werden. 6 Das Glück wird euch
begleiten, wenn ihr auszieht und wenn ihr wie-
der heimkehrt. 7 Wenn sich Feinde gegen euch
erheben, wird der HERR sie vor euch zu Boden
werfen. Auf *einem* Weg werden sie gegen euch
anrücken und auf *sieben* nach allen Richtungen
vor euch fliehen.

8 Der HERR wird eure Vorratshäuser füllen
und euch alles gelingen lassen, was ihr tut. In
allem wird er euch segnen in dem Land, das er

a Nach der samaritischen Textüberlieferung: *auf dem Berg Garizim.*

27,3 26,15S **27,5-6** Ex 20,25 **27,9** 26,18-19 **27,11-13** 11,29; Jos 8,33-35 **27,15** Ex 20,4S **27,16** Ex 20,12S **27,17** 19,14; Spr 22,28S **27,18** Lev 19,14 **27,19** 10,18-19S **27,20** Lev 18,8S **27,21** Lev 18,23S **27,22** Lev 18,9S **27,23** Lev 18,17 **27,26** Gal 3,10 **28,1-2** 26,19

euch geben wird. 9 Der HERR, euer Gott, wird
euch zu einem Volk machen, das ausschließlich
ihm gehört, so wie er es euch mit einem Eid
zugesichert hat – wenn ihr nur seine Gebote be-
achtet und euer Leben danach ausrichtet. 10 Alle
Völker der Erde werden dann erkennen, dass
der HERR euch zu seinem Eigentum erklärt hat,
und sie werden sich vor euch fürchten.

11 Der HERR wird euch viele Kinder geben, er
wird euer Vieh vermehren und euch reiche Ern-
ten bescheren, sodass ihr in Wohlstand lebt in
dem Land, das er euren Vorfahren mit einem Eid
für euch versprochen hat. 12 Er wird seine himm-
lischen Vorratskammern öffnen und Regen auf
euer Land herabsenden zur rechten Zeit, damit
eure Arbeit Frucht trägt. Ihr werdet so viel
haben, dass ihr davon noch anderen Völkern
ausleihen könnt, ihr selbst aber braucht nichts
zu borgen. 13 Der HERR wird euch zum ersten
unter den Völkern machen, ihr werdet unauf-
haltsam immer weiter aufsteigen.

Ihr müsst nur die Gebote des HERRN, eures
Gottes, befolgen, auf die ich euch heute ver-
pflichte. 14 Ihr dürft niemals abweichen von
dem Weg, den ich euch weise; ihr dürft nicht
hinter anderen Göttern herlaufen und ihnen
dienen.«

Fluch des Ungehorsams

(Lev 26,14-39)

15 »Wenn ihr aber nicht auf den HERRN, euren
Gott, hört und seine Gebote und Weisungen, die
ich euch heute verkünde, nicht befolgt, wird
nicht sein Segen, sondern sein Fluch* über euch
kommen:

16 Missgeschick wird euch verfolgen in der
Stadt und auf dem Feld, 17 Korb und Backtrog
werden leer bleiben, 18 eure Kinder werden da-
hinsterben und die Äcker Missernten bringen,
eure Rinder, Schafe und Ziegen werden sich
nicht vermehren. 19 Unglück wird euch beglei-
ten, wenn ihr auszieht und wenn ihr wieder
heimkehrt. 20 Der HERR wird einen Fluch auf
euer Tun legen; er wird euch so verwirren, dass
euch nichts mehr glücken wird. Weil ihr den
HERRN mit euren bösen Taten beleidigt und euch
von ihm abgewandt habt, wird es in kürzester
Zeit mit euch zu Ende sein.

21–22 Der HERR wird euch die Pest schicken, er
wird euch mit Schwindsucht, Entzündung und
Fieber heimsuchen und eure Ernten durch
Dürre[a] und Schädlinge vernichten, bis niemand
mehr von euch übrig ist in dem Land, das ihr
jetzt in Besitz nehmen wollt. 23 Der Himmel über
euch wird wie eine bronzene Glocke sein und
die Erde unter euren Füßen hart wie Eisen.
24 Statt Regen werden Staub und Asche vom
Himmel fallen, bis ihr völlig vernichtet seid.

25 Der HERR wird euch vor euren Feinden zu
Boden werfen. Auf *einem* Weg werdet ihr gegen
sie ausziehen und auf *sieben* nach allen Richtun-
gen vor ihnen fliehen. Alle Völker der Erde wer-
den schaudernd sehen, wie es euch ergeht.
26 Aasgeier und Hyänen werden sich über eure
Leichen hermachen und niemand wird sie ver-
scheuchen.

27 Der HERR wird euch mit Geschwüren stra-
fen, wie er sie den Ägyptern geschickt hat, mit
Beulen, Ausschlag, Krätze, und ihr werdet kein
Heilmittel dagegen finden. 28 Er wird euch stra-
fen mit Wahnsinn, Blindheit und Geistesverwir-
rung, 29 sodass ihr am hellen Tag umhertappt
wie Blinde. Nichts mehr wird euch glücken. Ihr
werdet unterdrückt und ausgebeutet werden
und niemand wird euch beistehen.

30 Du verlobst dich mit einem Mädchen, aber
ein anderer wird mit ihr schlafen. Du baust ein
Haus, aber wirst nicht darin wohnen; du
pflanzst einen Weinberg, aber wirst keine Trau-
ben ernten. 31 Deine Rinder werden vor deinen
Augen geschlachtet und du bekommst nicht
einen Bissen davon ab. Dein Esel wird vor dei-
nen Augen weggeführt und du siehst ihn nie
wieder. Feinde nehmen dir deine Schafe und
Ziegen weg und niemand hilft dir, wenn du dich
dagegen wehren willst. 32 Deine Söhne und
Töchter werden vor deinen Augen zu einem
fremden Volk in die Sklaverei geführt; du wirst
dich in Sehnsucht nach ihnen verzehren, aber
du wirst ohnmächtig zusehen müssen. 33 Ein
Volk, das aus weiter Ferne kommt, wird den
Ertrag deiner Äcker verzehren, für den du so
mühsam gearbeitet hast, und du wirst immerzu
unterdrückt und misshandelt werden. 34 Wenn
ihr das alles mit ansehen müsst, werdet ihr vor
Schmerz wahnsinnig werden.

35 Der HERR wird euch an den Beinen, ja von
der Fußsohle bis zum Scheitel, mit bösen Ge-
schwüren strafen, die niemand heilen kann.
36 Er wird euch und den König, den ihr über
euch gesetzt habt, in die Verbannung führen, zu
einem fernen Volk, das weder ihr noch eure Vor-
fahren bis dahin gekannt habt. Dort werdet ihr
fremde Götter verehren müssen, Bilder aus Holz
und Stein. 37 Unter den Völkern, zu denen der
HERR euch verstoßen wird, werdet ihr zum ab-

a *Dürre:* mit veränderten Vokalen; H *Schwert.*

28,12 15,6 **28,26** Jer 12,9S **28,27** Ex 9,8-9 **28,36** 4,27-28; 2 Kön 17,5-6; 25,7.11

schreckenden Beispiel und sie werden ihren
Spott mit euch treiben.

38 Ihr werdet reichlich Samen aufs Feld
streuen, aber nur wenig Korn ernten, weil die
Heuschrecken alles abfressen. 39 Ihr werdet
Weinberge anlegen und pflegen, aber keinen
Wein keltern, weil die Raupen alles kahl fressen.
40 Im ganzen Land werden Ölbäume wachsen,
aber ihr werdet kein Öl haben, um euch damit
zu salben, weil die Oliven unreif abfallen.

41 Ihr werdet Kinder zeugen, aber sie werden
euch nicht gehören, sondern als Gefangene weg-
geführt werden. 42 Alle eure Bäume und alle
Pflanzen auf den Feldern werden von Schädlin-
gen befallen werden. 43 Die Fremden*, die bei
euch leben, werden ihren Besitz vergrößern und
immer mehr Einfluss gewinnen, während es mit
euch immer weiter bergab geht. 44 Ihr könnt
ihnen nichts mehr leihen, sondern werdet von
ihnen borgen müssen, und schließlich werden
sie die Herren sein und ihr die Sklaven.

45 All dieses Unheil wird über euch kommen
und euch verfolgen, bis ihr völlig vernichtet seid,
wenn ihr nicht auf den HERRN, euren Gott, hört
und seine Gebote und Weisungen befolgt. 46 Dar-
an wird dann für alle Zeiten zu erkennen sein,
dass euch und eure Nachkommen der Fluch des
HERRN getroffen hat.

47 Wenn ihr dem HERRN, eurem Gott, nicht
gern und voll Freude dient, aus Dank für den
Wohlstand, den er euch schenkt, 48 werdet ihr
euren Feinden dienen müssen, die der HERR ge-
gen euch aufbietet, und ihr werdet dabei von
Hunger und Durst gequält, ihr werdet nichts an-
zuziehen haben und an allem Mangel leiden.
Der HERR wird euch unter ein eisernes Joch*
zwingen, bis ihr alle umgekommen seid.

49 Er wird aus weiter Ferne ein Volk gegen
euch heranführen, dessen Sprache ihr nicht ver-
steht. Wie der Adler herabstößt, kommen sie
über euch 50 und kennen kein Erbarmen, auch
Kinder und Greise metzeln sie nieder. 51 Sie ver-
zehren euer Vieh, sie verzehren Korn, Wein und
Öl; nichts lassen sie euch übrig, sodass ihr ver-
hungern müsst. 52 Sie werden euch in euren
Städten einschließen, auf deren mächtige Mau-
ern ihr euch verlassen habt, überall in dem Land,
das der HERR, euer Gott, euch gegeben hat. Sie
werden euch belagern und bekämpfen, bis sie
die Mauern zum Einsturz bringen.

53 In der Hungersnot, die während der Belage-
rung in euren Städten herrscht, werdet ihr das
Fleisch eurer eigenen Kinder essen, der Söhne
und Töchter, die der HERR, euer Gott, euch ge-
schenkt hat. 54–55 Der vornehmste Mann, der
auf seine feine Lebensart stolz ist, wird sich nicht
scheuen, seinen eigenen Sohn zu verzehren; er
wird eifersüchtig darüber wachen, dass keiner
von seinen Verwandten einen Bissen davon be-
kommt, nicht einmal die geliebte Frau und die
übrigen Kinder. So groß wird die Not sein in den
Städten, die von euren Feinden belagert werden.
56–57 Die verwöhnteste Dame, die vor lauter Vor-
nehmheit keinen Fuß auf die Erde setzt, wird in
der höchsten Not ihre Nachgeburt verzehren
und sogar das Kind, das sie soeben geboren hat;
sie wird es in aller Heimlichkeit tun und nicht
einmal dem geliebten Mann und den übrigen
Kindern etwas davon gönnen.

58 Achtet also stets darauf, dass ihr den
HERRN, euren Gott, ehrt, der so große Wunder
tut und seinen Feinden Furcht und Schrecken
einjagt. Befolgt sorgfältig alle seine Gebote, die
in diesem Buch aufgeschrieben sind. 59 Sonst
wird der HERR euch und eure Nachkommen mit
schrecklichen Krankheiten bestrafen, gegen die
es kein Heilmittel gibt. 60 Die Seuchen, die ihr in
Ägypten kennen und fürchten gelernt habt, wird
er bei euch ausbrechen lassen, 61 und auch alle
die Krankheiten und Plagen, die in diesem Buch
nicht erwähnt sind, wird er euch schicken, bis
ihr ganz vernichtet seid. 62 Statt dass ihr so zahl-
reich werdet wie die Sterne am Himmel, wird
von euch nur noch ein winziges Häuflein übrig
bleiben, wenn ihr dem HERRN, eurem Gott, nicht
gehorcht.

63 Während der HERR früher seine Freude dar-
an hatte, euch Gutes zu tun und euch immer
zahlreicher zu machen, wird er dann seine Freu-
de daran haben, euch zu schaden und euch aus-
zurotten. Er wird euch aus dem Land, das ihr
jetzt in Besitz nehmt, ausreißen 64 und euch un-
ter alle Völker zerstreuen, von einem Ende der
Erde bis zum andern. Dort werdet ihr Götter ver-
ehren müssen, die euch und euren Vorfahren bis
dahin fremd waren, Bilder aus Stein und Holz.

65 Aber selbst dort werdet ihr keine Bleibe fin-
den, sondern ruhelos umherirren; denn der
HERR wird euch in Angst, Finsternis und Ver-
zweiflung hineintreiben. 66 Ihr werdet ständig
um euer Leben zittern müssen und euch keinen
Augenblick sicher fühlen, weder bei Nacht noch
bei Tag. 67 Am Morgen werdet ihr den Abend
herbeisehnen und am Abend den Morgen. Denn
alles, was ihr erlebt, wird euch immer neue
Angst einjagen.

28,38-40 Mi 6,15; Joël 1,4 S **28,48** Jer 28,14 **28,49-52** Jer 5,15-17 **28,53** Lev 26,29 S **28,60** Ex 15,26 **28,62** 4,27
28,64 4,28

68 Der HERR wird euch so weit bringen, dass
ihr auf Schiffen nach Ägypten zurückkehrt, obwohl er euch versprochen hat, ihr müsstet niemals wieder dorthin zurückkehren. Dort werdet ihr euch euren Feinden auf dem Sklavenmarkt als Sklaven und Sklavinnen anbieten, aber niemand wird euch kaufen.«

Mose eröffnet den Bundesschluss

69 Der HERR befahl Mose, dort im Land Moab*
in seinem Auftrag einen Bund* mit dem Volk Israel zu schließen, als Ergänzung zu dem Bund, den er am Berg Horeb* mit Israel geschlossen hatte. Es folgen hier die Worte, mit denen dieser Bund besiegelt wurde.

29 Mose rief alle Israeliten zusammen und
sagte zu ihnen:
»Ihr habt miterlebt, was der HERR in Ägypten
getan hat, wie er den Pharao, seine Minister und
das ganze Volk seine Macht spüren ließ. 2 Mit
eigenen Augen habt ihr gesehen, was für Staunen erregende Wunder der HERR vollbracht hat
und welche schrecklichen Plagen er über die
Ägypter kommen ließ. 3 Aber erst heute öffnet
der HERR euch Augen, Ohren und Verstand für das, was damals geschehen ist.

4 Vierzig Jahre lang habe ich euch durch die
Wüste geführt und eure Kleider und Schuhe sind
nicht zerschlissen. 5 Ihr hattet weder Brot zu
essen noch Wein oder Bier zu trinken. Der HERR
selbst hat für euch gesorgt, damit ihr erkennt,
was für ein Gott das ist, der euch zu seinem Volk
gemacht hat. 6 Als wir in diese Gegend kamen,
zogen die Könige Sihon von Heschbon und Og
von Baschan gegen uns aus, aber wir konnten
sie besiegen, 7 ihnen ihr Land wegnehmen und
es unter die Stämme Ruben und Gad und den halben Stamm Manasse verteilen.

8 Darum bleibt dem Bund treu, den der HERR
mit euch schließt, und erfüllt alle eure Verpflichtungen; dann wird euch alles gelingen, was ihr tut.«

Der Bund gilt für alle Generationen

9 »Ihr alle habt euch heute vor dem HERRN,
eurem Gott, aufgestellt: die Oberhäupter der
Stämme, die Ältesten*, die Aufseher* und alle
Männer Israels, 10 dazu die Frauen und Kinder
und die Fremden*, die bei euch leben, bis hin zu den Holzhauern und Wasserträgern.

11–12 Mit euch allen will der HERR heute seinen
Bund* schließen. Er erklärt hiermit feierlich, dass ihr sein Volk seid und er euer Gott ist, wie er euch das versprochen und wie er es euren Vorfahren Abraham, Isaak und Jakob mit einem Eid zugesichert hat. Er fordert euch auf, in diesen Bund einzuwilligen und die Verpflichtungen zu übernehmen, die darin eingeschlossen sind.

13–14 Aber nicht nur mit euch, die ihr heute
vor dem HERRN, eurem Gott, steht, wird dieser Bund geschlossen, sondern zugleich mit euren Nachkommen, die noch nicht geboren sind.«

Warnung vor Götzendienst

15 »Ihr habt unter den Ägyptern gelebt und seid
dann durch das Gebiet fremder Völker gezogen,
durch das euer Weg führte. 16 Ihr habt die verab-
scheuenswerten Götzen all dieser Völker gesehen,
Bilder aus Holz, Stein, Silber und Gold.
17 Gebt Acht, dass niemand unter euch, kein
Mann und keine Frau, keine Sippe, kein Stamm, sich heute vom HERRN, unserem Gott, abwendet, um den Göttern dieser Völker zu dienen. Daraus könnte nur Unheil und Verderben für uns alle erwachsen.

18 Wenn der Fluch* ausgesprochen wird, der
jeden treffen soll, der den Bund* mit dem HERRN
verletzt, darf es niemand unter euch geben, der
heimlich bei sich sagt: ›Für mich soll das nicht
gelten! Mich möge kein Unglück treffen, wenn
ich es trotzdem tue, damit endlich die Dürre aufhört!‹
19 Wer so etwas tut, fordert den Zorn des
HERRN heraus. Alle Drohungen, die in diesem
Buch aufgeschrieben sind, werden an ihm in Erfüllung
gehen und der HERR wird ihn vollständig
vernichten. Für ein solches Vergehen gibt es
keine Vergebung. 20 Der HERR wird ihn aus den
Stämmen Israels ausstoßen und dem Untergang ausliefern; alle Strafen werden ihn treffen, die in diesem Gesetzbuch dem angedroht werden, der den Bund mit dem HERRN bricht.

21–22 Wenn ihr dem HERRN untreu werdet,
wird er Seuchen und Katastrophen über das Land hereinbrechen lassen. Es wird aussehen wie nach dem Untergang von Sodom* und Gomorra oder von Adma und Zebojim*, die der HERR in seinem Zorn vernichtet hat: der Boden völlig ausgebrannt, von Schwefel und Salz bedeckt; es lässt sich nichts darauf aussäen, nicht ein Grashalm wächst darauf.

23 Alle Völker werden dann sagen: ›Warum
hat der HERR dieses Land so hart bestraft? Was ist
der Grund für seinen schrecklichen Zorn?‹
24 Und man wird ihnen antworten: ›Das kommt

28,68 17,16; Hos 8,13; 9,3 **28,69** 5,2 **29,4-5** 8,2-4 **29,6** Num 21,21-35 **29,7** Num 32,33 **29,10** Jos 9,27 **29,11-12** 26,17-19; Ex 19,5-6 S **29,13-14** Gen 17,7-8 **29,17** 13,7.14; Hebr 12,15 **29,20** (Gesetzbuch) 28,61; 30,10; 31,26; (angedroht) 28,15-68 **29,21-22** Gen 19,24-25 S; Hos 11,8 **29,24** 1 Kön 19,10.14; Jer 22,9

davon, dass seine Bewohner dem Bund untreu geworden sind, den der HERR, der Gott ihrer Vorfahren, mit ihnen schloss, als er sie aus Ägypten herausführte. 25 Sie wandten sich von ihrem Gott ab und beteten andere Götter an, von denen sie vorher nichts wussten und deren Verehrung er ihnen verboten hatte. 26 Deshalb wurde der HERR zornig auf dieses Land und ließ alle Drohungen in Erfüllung gehen, die in diesem Buch aufgeschrieben sind. 27 In seinem glühenden Zorn riss er die Bewohner aus ihrem Land aus und schleuderte sie in ein fremdes Land, wo sie noch heute sind.‹

28 Seinen verborgenen Plan kennt der HERR, unser Gott, allein; aber seinen Willen hat er uns und unseren Nachkommen für alle Zeiten klar und deutlich verkündet, damit wir stets nach den Geboten leben, die er uns in diesem Gesetzbuch gegeben hat.«

Auf Umkehr folgt neuer Segen

30 »Ich habe euch klar und deutlich gesagt, dass Gehorsam euch Segen bringt, Ungehorsam aber Verderben. Wenn ihr und eure Nachkommen nun trotzdem die Gebote des HERRN missachtet und zur Strafe vom HERRN, eurem Gott, unter fremde Völker zerstreut werdet, kommt ihr vielleicht dort zur Besinnung, 2 kehrt zum HERRN, eurem Gott, zurück, werdet ihm gehorsam und befolgt mit ganzem Herzen und mit allen Kräften seine Gebote, die ich euch heute verkündet habe. 3 Dann wird der HERR, euer Gott, Erbarmen mit euch haben. Er wird alles für euch wieder zum Guten wenden und euch aus den Völkern, unter die er euch zerstreut hat, herausholen. 4 Selbst wenn er euch bis ans äußerste Ende der Welt verstoßen hat, wird er euch von dort zurückholen 5 und euch in das Land bringen, das euren Vorfahren gehört hat. Ihr werdet es wieder in Besitz nehmen können und der HERR wird euch noch mehr segnen und euch noch zahlreicher machen als eure Vorfahren.

6 Er selbst wird eure Herzen beschneiden* und die Herzen eurer Nachkommen, sodass ihr den HERRN, euren Gott, mit ganzem Herzen und mit allen Kräften lieben könnt und dadurch euer Leben rettet. 7 Das Verderben, das der HERR euch angedroht hat, wird er dann über eure Feinde hereinbrechen lassen, die euch unterdrückt und verfolgt haben. 8 Ihr aber werdet euch dem HERRN wieder zuwenden, ihm gehorchen und alle seine Gebote befolgen, die ich euch heute verkündet habe.

9 Dann wird der HERR, euer Gott, euer Tun segnen und euch alles im Überfluss schenken. Ihr werdet viele Kinder haben, euer Vieh wird sich vermehren und die Felder werden reiche Ernten bringen. Der HERR wird wieder Freude an euch haben und euch Gutes tun, so wie es bei euren Vorfahren gewesen ist. 10 Ihr müsst euch nur dem HERRN, eurem Gott, wieder mit ganzem Herzen und mit allen Kräften zuwenden, auf ihn hören und nach seinen Geboten und Weisungen leben, die in diesem Gesetzbuch aufgeschrieben sind.«

Gottes Wort ist für alle zugänglich

11 »Das Gesetz, das ich euch heute gebe, ist nicht zu schwer für euch und auch nicht unerreichbar fern.

12 Es schwebt nicht über den Wolken, sodass ihr fragen müsstet: ›Wer steigt in den Himmel und holt es herab, damit wir es kennen lernen und dann befolgen können?‹

13 Es ist auch nicht am Ende der Welt, sodass ihr fragen müsstet: ›Wer fährt übers Meer und holt es herbei, damit wir es kennen lernen und dann befolgen können?‹

14 Nein, Gottes gebietendes Wort ist euch ganz nahe. Es ist auf euren Lippen und in eurem Herzen.[a] Ihr müsst es nur befolgen!«

Entscheidung zwischen Leben und Tod

15 »Ich stelle euch heute vor die Wahl zwischen Glück und Unglück, zwischen Leben und Tod.

16 Wenn ihr die Gebote des HERRN, eures Gottes, befolgt,[b] die ich euch heute verkündet habe, wenn ihr den HERRN liebt und seinen Weisungen folgt, seine Anordnungen, Gebote und Rechtsbestimmungen genau beachtet, werdet ihr am Leben bleiben und immer zahlreicher werden. Der HERR, euer Gott, wird euch dann segnen in dem Land, das ihr jetzt in Besitz nehmt.

17 Aber wenn ihr euch vom HERRN abwendet und ihm nicht mehr gehorcht, sondern euch dazu verleiten lasst, andere Götter anzubeten und ihnen zu dienen, 18 werdet ihr untergehen. Ihr werdet dann nicht lange in dem Land leben, in das ihr kommt, wenn ihr nun den Jordan überschreitet. Das lasst euch gesagt sein!

19 Himmel und Erde sind meine Zeugen: Ich

a Das *Herz* ist hier als Sitz des Gedächtnisses angesprochen; vgl. das englische *by heart.*
b Wenn ihr…: nur in G überliefert.

29,27 2 Kön 17,6 **30,1-10** 4,29-31 **30,3** Jer 23,3 S; Ez 28,25 S **30,6** 6,4-5 S; 10,16 S **30,10** 29,20 S **30,11-14** 6,6-9 S; Röm 10,6-8 **30,14** Jer 31,31 S **30,16** 4,1 S **30,19** 4,26 S; 11,16-28; Sir 15,16-17

habe euch heute Segen und Fluch, Leben und Tod vor Augen gestellt. Wählt das Leben, damit ihr am Leben bleibt, ihr und eure Nachkommen!
20 Liebt den HERRN, euren Gott! Gehorcht ihm und bleibt ihm treu! Denn davon hängt es ab, ob ihr auf die Dauer als Volk fortbesteht und in dem Land bleiben dürft, das der HERR euren Vorfahren Abraham, Isaak und Jakob mit einem Eid versprochen hat.«

MOSES LETZTE WORTE UND TOD
(Kapitel 31–34)

Mose setzt Josua als Nachfolger ein

31 Nun sagte Mose zum ganzen Volk Israel:
2 »Ich bin jetzt 120 Jahre alt; ich kann nicht mehr euer Anführer sein. Außerdem hat der HERR zu mir gesagt: ›Du wirst den Jordan, der hier vor dir liegt, nicht überschreiten!‹

3 Der HERR, euer Gott, wird selbst vor euch herziehen. Er wird die Völker dieses Landes dem Untergang preisgeben, sodass ihr sie vernichten könnt. Josua soll euer Anführer sein, wie der HERR es angeordnet hat.
4–5 Der HERR wird die Völker des Landes genauso in eure Hand geben wie die Amoriterkönige Sihon und Og. Dann müsst ihr an ihnen den Bann* vollstrecken, wie ich es euch in seinem Auftrag befohlen habe.

6 Seid mutig und entschlossen! Habt keine Angst! Erschreckt nicht vor ihnen! Der HERR, euer Gott, wird selbst mit euch ziehen. Er wird euch gewiss nicht im Stich lassen.«

7 Mose rief nun Josua zu sich und sagte zu ihm vor allen Israeliten: »Sei mutig und entschlossen! Du wirst dieses Volk in das Land bringen, das der HERR ihren Vorfahren mit einem Eid zugesagt hat; du wirst es auch unter sie aufteilen.
8 Der HERR selbst wird vor dir herziehen. Er wird dir helfen und dich niemals im Stich lassen. Hab keine Angst und lass dich von keinem Gegner einschüchtern!«

Regelmäßige Verlesung des Gesetzbuches

9 Mose schrieb dieses ganze Gesetz in ein Buch und übergab es den Priestern* aus dem Stamm Levi, die die Bundeslade* trugen, sowie den Ältesten* des Volkes.

10–11 Er gab ihnen den Auftrag: »Alle sieben Jahre, im Erlassjahr*, sollt ihr dieses Gesetzbuch öffentlich verlesen. Tut es vor allen Israeliten, wenn sie am Laubhüttenfest* zum HERRN, eurem Gott, an die Stätte kommen, die er auswählen wird.
12 Ruft dann das ganze Volk zusammen, Männer, Frauen und Kinder und auch die Fremden*, die bei euch leben. Sie sollen dieses ganze Gesetz hören, damit sie lernen, den HERRN, euren Gott, ernst zu nehmen und alle seine Weisungen in diesem Gesetzbuch genau zu befolgen.
13 Auch eure Kinder, die dieses Gesetz noch nicht kennen, sollen es hören, damit sie lernen, den HERRN, euren Gott, ernst zu nehmen und ihm zu gehorchen. So soll es sein während der ganzen Zeit, die ihr in dem Land lebt, das ihr jetzt in Besitz nehmen werdet.«

Beauftragung Josuas. Vorbereitung zum Lied Moses

14 Der HERR sagte zu Mose: »Deine Tage sind gezählt. Rufe Josua und komm mit ihm zum Heiligen Zelt, damit ich ihn zu deinem Nachfolger einsetze.«

Als Mose und Josua in die Nähe des Zeltes kamen,
15 erschien der HERR in der Wolkensäule über dem Eingang des Zeltes.
16 Er sagte zu Mose: »Du wirst nun bald sterben, und nach deinem Tod wird dieses Volk mir untreu werden und sich von mir abwenden. Sie werden den Bund*, den ich mit ihnen geschlossen habe, brechen und sich mit den Göttern des Landes einlassen, in das sie kommen.
17 Deshalb werde ich zornig auf sie sein, ich werde mich von ihnen abkehren und ihnen nicht mehr helfen. Dann werden sie dahinschwinden, viel Not und großes Unglück werden über sie kommen. Sie werden dann zueinander sagen: ›Das alles müssen wir erleiden, weil unser Gott nicht mehr in unserer Mitte ist!‹
18 Ich aber werde mich völlig von ihnen abkehren, zur Strafe dafür, dass sie mir ungehorsam waren und sich anderen Göttern zugewandt haben.

19 Schreib nun für sie das Lied auf, das ich dir sage. Sie sollen es lernen und nachsingen, damit ich es in Zukunft als Zeugen gegen sie benutzen kann.
20 Ich werde sie in das Land bringen, das ich ihren Vorfahren versprochen habe, ein Land, das von Milch und Honig überfließt; sie aber werden sich satt essen und fett werden und sich anderen Göttern zuwenden und ihnen dienen. Mich werden sie verachten und meinen Bund brechen.

21 Wenn dann Not und Unglück sie treffen, wird dieses Lied ihnen sagen, warum das geschieht. Sie werden es immer noch singen und so wird es als Zeuge gegen sie dastehen. Denn

30,20 4,1 S **31,2** 1,37 S **31,3** Num 27,18-19 S **31,4-5** Num 21,21-35 **31,7-8** Jos 1,5.6.9 **31,10-11** Lev 25,1-7 S; Ex 23,16 S; Dtn 12,5 S **31,14** Num 27,18-19 S **31,15** Ex 19,8-9 S **31,16** 29,24 S **31,17** 1,42; Ri 6,13 **31,20** 26,15 S; 6,11-12; 8,12-14

ich weiß wohl, wonach ihnen der Sinn steht, und das schon heute, noch ehe ich sie in das Land gebracht habe, das ich ihnen versprochen habe.«

22 Am selben Tag schrieb Mose das Lied auf, das der HERR ihm sagte, und er ließ es die Leute von Israel lernen.

23 Dann sagte der HERR zu Josua, dem Sohn Nuns: »Sei mutig und entschlossen! Ich werde dir beistehen und du wirst das Volk Israel in das Land bringen, das ich ihm mit einem Eid zugesagt habe.«

Gesetzbuch und Lied als Zeuge gegen das Volk

24 Als Mose dieses ganze Gesetz in ein Buch geschrieben hatte, 25 befahl er den Leviten*, die die Bundeslade* des HERRN trugen: 26 »Nehmt dieses Gesetzbuch und legt es neben die Bundeslade des HERRN, eures Gottes, damit er es künftig als Zeugen gegen dieses Volk benutzen kann.«

An das Volk gewandt, fuhr er fort: 27 »Ich weiß genau, wie widerspenstig und eigensinnig ihr seid. Ihr habt euch schon bisher gegen den HERRN aufgelehnt, während ich noch bei euch war. Wie wird es da erst nach meinem Tod aussehen! 28 Lasst die Ältesten* eurer Stämme und alle Aufseher* vortreten, damit ich sie noch einmal warne. Himmel und Erde werde ich dabei als Zeugen anrufen. 29 Ich weiß, dass ihr nach meinem Tod von dem Weg abgeht, den ich euch gewiesen habe, und euch in schwere Schuld verstrickt. Ihr werdet tun, was dem HERRN missfällt, und ihn durch eure Götzenbilder zum Zorn reizen. Dafür wird euch zuletzt schweres Unheil treffen.«

Das Lied Moses: Abrechnung mit dem ungehorsamen Volk

30 Dann trug Mose vor ganz Israel, vor der gesamten Versammlung, das folgende Lied vor:

32 Den Himmel rufe ich als Zeugen an,
die Erde höre meine Worte!
2 Sie mögen strömen wie ein Regenschauer,
der ausgedörrtes Land befeuchtet,
und niederträufeln wie der Tau,
der ringsum alles junge Grün erquickt!
3 Preist unsern großen und erhabenen Gott!
Ich rufe ihn bei seinem Namen,
4 ihn, unsern Fels und starken Schutz!
In allem, was er plant und ausführt,
ist er vollkommen und gerecht.
An niemand handelt er mit Trug und Tücke,
er steht zu seinem Wort, denn er ist treu!

5 Doch dieses Volk ist treulos und verkehrt –
zu ihrer Schande muss ich es bekennen –,
ganz aus der Art sind sie geschlagen;
sie können nicht mehr seine Kinder sein.
6 Ist das der Dank für alle seine Güte,
ihr unverbesserlichen Narren?
Ist er es nicht, der euch geschaffen hat
und wie ein Vater für euch sorgt?

7 Erinnert euch an ferne Zeiten,
fragt eure Väter, wie es früher war,
und eure Alten fragt, woher ihr kommt!
8 Damals erschuf der höchste Gott die Völker
und ließ sie auf der Erde wohnen;
für jedes Volk bestimmte er ein Land
und teilte jedem einen Engel zu. [a]
9 Doch Israel, die Jakobskinder,
erwählte er sich selbst als Eigentum
und machte sie zu seinem Volk.

10 Er fand sie hilflos in der Wüste,
umlauert und umheult von wilden Tieren,
da nahm er sie in seine Obhut,
er schützte sie mit aller Sorgfalt,
so wie ein Mann sein eigenes Auge schützt.
11 Ein Adler scheucht die Jungen aus dem Nest,
damit sie selber fliegen lernen.
Doch wachsam schwebt er über ihnen,
und wenn eins müde wird und fällt,
dann breitet er die Flügel unter ihm
und fängt es auf und trägt es fort.
12 Genauso hat der HERR sein Volk beschützt;
er ganz allein hat Israel geführt,
kein fremder Gott stand ihm zur Seite!

13 Dann ließ er sie ein Land erobern.
Sie konnten auf den Feldern Korn anbauen,
aus Felsenspalten Honig sammeln,
auf steinbesätem Grund Oliven ernten.
14 Sie hatten Milch von Kühen und von Schafen,
das Fleisch der Lämmer und der Böcke;
sie aßen von dem allerbesten Weizen
und tranken ihren süßen, roten Wein.

a *für jedes Volk ...:* H *er grenzte die Völker voneinander ab nach der Zahl der Söhne Israels,* d.h. Jakobs (vgl. Gen 46,3-27). G hat den wahrscheinlich ursprünglichen Text bewahrt: *nach der Zahl der Söhne Gottes,* d.h. der himmlischen Wesen, die als Götter oder Schutzengel den einzelnen Völkern zugeordnet sind (siehe Sacherklärung »Engel«). Auch der Anfang von Vers 9 ist nach G wiedergegeben; H *Denn sein Volk ist sein Eigentum.*

31,23 Jos 1,6 **31,26** 29,20 S **31,27** Ex 14,11-12 S **31,28** 4,26 S **32,1** 4,26 S **32,5** Jes 1,2-4 **32,6** 1,31 **32,8** Gen 10,1-32; Apg 17,26 **32,9** Ex 19,5-6 S; Sir 17,17 **32,10** Jer 2,2; Hos 13,5; Ez 16,6; Ps 17,8 **32,11** Ex 19,4

15 Sie lebten nun in Glück und Wohlstand,
sie waren satt, sie wurden reich;
ja, Jeschurun* nahm zu und wurde fett.
Ihr Wohlstand machte sie rebellisch,
sie stießen Gott im Übermut zurück,
ihn, der sie doch geschaffen hatte;
ihr Fels und Schutz galt ihnen nichts.
16 Sie wandten andern ihre Liebe zu
und kränkten ihn mit ihrem Götzendienst.
17 Sie brachten ihre Opfer* dar für Götter,
die keine sind und die nicht helfen können;
den Vätern waren sie noch unbekannt,
erst kürzlich sind sie aufgekommen.
18 Den starken Felsen, ihn, der euch gezeugt hat,
den Gott, aus dem ihr allesamt geboren seid,
habt ihr verraten, habt ihr ganz vergessen!

19 Das sah der HERR; er wurde zornig,
weil seine Söhne, seine Töchter ihn
verschmähten.
20 Und er beschloss: »Ich ziehe mich zurück
und überlasse sie sich selbst;
dann will ich sehn, wohin das führt!
Sie sind voll Widerspruch und Starrsinn
und kennen weder Dankbarkeit noch Treue.
21 Sie kränken mich mit einem Un-Gott,
erbittern mich durch hohle, leere Götzen;
ich kränke sie mit einem Un-Volk
und strafe sie durch aufgeblasene Menschen.

22 Mein Zorn ist gegen sie entbrannt,
ich schicke ihnen Feuer auf die Erde,
damit es alles, was dort wächst, versengt;
bis in die Totenwelt* soll es sich fressen
und auch den Grund der Berge unterhöhlen.
23 Ich überschütte sie mit schweren Plagen,
verschieße auf sie alle meine Pfeile.
24 Dann werden sie vor Hunger sterben,
durch Fieberglut und Pest zugrunde gehen.
Ich lasse wilde Tiere auf sie los,
das Gift der Schlangen soll sie niederstrecken!
25 Das Schwert soll wüten auf den Straßen,
im Hause drinnen soll der Schreck sie töten:
den jungen Mann, das junge Mädchen,
den kleinsten Säugling und den Greis!

26 Fast hätte ich sie alle ausgerottet
und niemand hätte mehr an sie gedacht;
27 doch will ich nicht, dass andere mein Tun
missdeuten,
dass ihre Feinde sich den Sieg zuschreiben.
Sie würden sagen: ›Das war unser Werk!‹,
statt einzusehn, dass ich, der HERR, es tat.
28–29 Denn sie sind töricht, ohne jede Einsicht;
sonst müssten sie es doch erkennen
und an ihr eigenes Ende denken.
30 Wie könnte *einer* tausend Mann verjagen,
wie könnten zwei aus ihren Reihen
zehntausend meines Volkes schlagen,
wenn ich es nicht verlassen hätte,
wenn nicht sein Gott, sein starker Fels,
es in die Hand der Feinde gäbe?

31 Sogar die Feinde haben es erkannt,
dass ihre Götter keine Helfer sind
und sich in nichts mit mir vergleichen können,
dem Helfer und Beschützer Israels.
32 Verdorben sind sie wie die Leute,
die einst in Sodom* und Gomorra wohnten.
Sie gleichen einem Weinstock, dessen Trauben
statt Süße Bitterkeit und Gift enthalten;
33 der Wein, den man aus seinen Beeren presst,
ist tödlicher als Schlangengift.
34 Dies alles bleibt mir im Gedächtnis,
ich werde nichts davon vergessen.
35 Ich werde bald an ihnen Rache nehmen[a]
und sie für alle Bosheit hart bestrafen.
Noch kurze Zeit, dann kommt ihr Untergang,
ihr Ende ist nicht aufzuhalten.«

36 Der HERR wird seinem Volk zu Hilfe kommen
er wird Erbarmen haben mit den Seinen.
Er sieht es ja, dass sie am Ende sind
und dass die Starken wie die Schwachen fallen.
37 Dann fragt er sie: »Wo sind jetzt eure Götter,
auf deren Schutz ihr euch verlassen habt?
38 Ihr brachtet ihnen reiche Opfer dar,
ihr habt sie voll gestopft mit Fett und Wein.
Nun sollen sie beweisen, wer sie sind,
und für euch kämpfen und euch schützen!
39 Erkennt doch: Ich, nur ich bin Herr,
ich ganz allein bin Gott, sonst keiner!
Ich schlage Wunden und ich heile sie,
ich töte und ich wecke wieder auf.
Aus meiner Hand kann niemand retten.
40 Ich hebe meine Hand zum Schwur
und sage: ›So gewiss ich ewig lebe:
41 Sie alle, die mich hassen und befeinden,
bekommen meinen Zorn zu spüren!‹
Ich schärfe jetzt mein Racheschwert,

a H wörtlich *Mir* (steht zu) *die Rache* (vgl. Röm 12,19). Wahrscheinlich haben G und die samaritische Überlieferung den ursprünglichen Text bewahrt: *(bleibt mir im Gedächtnis) für die Zeit der Rache (und Vergeltung, für die Zeit, da sie fallen werden ...).*

32,15 31,20; 33,26 **32,17** Jer 2,11 **32,18** Jes 51,1 **32,21** Röm 10,19 **32,24-25** Lev 26,22-28 **32,27** 9,28 S **32,30** Jes 30,17; Ri 2,14-15; 1 Sam 12,9; 2 Chr 24,24 **32,32** Gen 18,20 S; Jes 5,1-4; Jer 2,21 **32,35** Röm 12,19; Hebr 10,30 **32,36** 2 Makk 7,6 **32,37-38** Ri 10,14; Jer 2,28 **32,39** 4,35; 1 Sam 2,6; Jes 43,11; Hos 13,4; Sir 36,5

dann schlag ich zu und schaffe Recht.
42 Ich mache meine Pfeile ganz betrunken
vom Blut der toten und gefangenen Gegner,
mein Schwert wird unersättlich um sich fressen,
es soll die Köpfe meiner Feinde spalten!«

43 Du, Himmel, freu dich mit dem HERRN!
Ihr Götter, werft euch vor ihm nieder![a]
Der HERR nimmt Rache an den Feinden,
weil sie die Seinen hingemordet haben.
Doch seinem Volk schenkt er Vergebung
und nimmt vom Land den Fluch der Schuld.

Letzte Ermahnung an das Volk

44 Zusammen mit Josua, dem Sohn Nuns, trug Mose dieses Lied dem ganzen Volk vor. 45–46 Dann sagte er zu ihnen: »Nehmt euch diese Mahnungen zu Herzen und gebt sie euren Kindern weiter, damit sie ihr Leben nach den Vorschriften dieses Gesetzes richten. 47 Das Wort des HERRN ist kein leeres Wort, es ist euer Leben! Wenn ihr ihm folgt, werdet ihr lange in dem Land leben können, das ihr jetzt in Besitz nehmt.«

Letzter Befehl Gottes an Mose

48 Am selben Tag sagte der HERR zu Mose: 49 »Geh jetzt ins Abarimgebirge dort drüben und steig auf den Berg Nebo, der im Land Moab* gegenüber von Jericho liegt. Sieh von dort aus in das Land Kanaan* hinüber, das ich dem Volk Israel zum Besitz geben werde! 50 Danach wirst du auf dem Berg sterben und im Tod mit deinen Vorfahren vereint werden, so wie schon dein Bruder Aaron vor dir gestorben ist.

51 Ihr beide dürft das Land nicht betreten, weil ihr mir an der Quelle von Meriba bei Kadesch in der Wüste Zin vor allen Israeliten ungehorsam wart und mir nicht die Gelegenheit geben wolltet, mich vor ihnen als der heilige und mächtige Gott zu erweisen. 52 Du darfst das Land, das ich dem Volk Israel gebe, aus der Ferne sehen, aber du selbst wirst nicht hineinkommen.«

Mose blickt in die Zukunft Israels

33 Bevor Mose, der Mann Gottes, starb, sprach er noch Segensworte über das Volk Israel. 2 Er sagte:

»Der HERR ist zu seinem Volk gekommen
vom Sinai* her, seinem heiligen Berg.
Wie die Sonne ging er auf über den Bergen
Edoms*,
sein Glanz strahlte auf vom Gebirge Paran.
Mit ihm kommen Scharen heiliger Engel,[b]
starke Helden begleiten ihn.[c]
3 Der HERR liebt die Stämme Israels,
er beschützt alle, die zu ihm gehören.
Sie werfen sich vor ihm nieder
und nehmen seine Befehle entgegen.
4 Mose hat uns Gottes Gesetz* gegeben,
den kostbarsten Besitz aller Nachkommen
Jakobs.
5 Der HERR wurde König in Jeschurun*,
alle Ältesten* des Volkes waren versammelt,
zusammengeströmt alle Männer Israels.«

6 Dann sagte Mose:

»Lass *Ruben* leben und nicht untergehn,
doch mache seine Männer nicht zu
zahlreich!«

7 Über den Stamm *Juda* sagte er:

»Die Bitte Judas, HERR, erhöre sie;
bring ihn zurück zu seinen Brüdern!
Mit seinen Händen soll er für sie kämpfen,
steh du ihm gegen seine Feinde bei!«

8 Über den Stamm *Levi* sagte er:

»Die heiligen Lose* übergabst du Levi,
weil er in ganzer Treue zu dir hielt.[d]
Bei Massa stelltest du ihn auf die Probe,
bei Meriba hast du mit ihm gestritten.
9 Doch später stand er fest auf deiner Seite,
selbst gegen seine Eltern, Brüder, Kinder.
Die Männer Levis folgten dir aufs Wort
und hielten treu zu deinem Bund*.
10 Sie werden Israel dein Recht verkünden,
damit dein Volk stets dein Gesetz befolgt.
Sie bringen Opfer* dar auf dem Altar,
verbrennen dir zu Ehren süßen Weihrauch*.
11 HERR, schenke ihnen Glück und
Wohlstand
und blicke freundlich auf ihr Tun!
Vernichte alle ihre Feinde,
damit sich keiner gegen sie erhebt!«

12 Über den Stamm *Benjamin* sagte er:

»Das Lieblingskind des HERRN ist Benjamin.

a Du, Himmel ...: mit einer Handschrift und G; H *Ihr Völker, jubelt über sein Volk* (vgl. Röm 15,10).
b Scharen ...: nach der syrischen Übersetzung; H *und er ist gekommen von heiligen Zehntausenden.*
c starke Helden ...: mit veränderten Vokalen; H *aus seiner Rechten Gesetzesfeuer für sie.*
d So mit einer Handschrift und G; H *Deine heiligen Lose für deinen Treuen.*

32,43 Ps 97,7; Offb 6,10; 19,2 **32,47** 30,15-20 **32,48-52** Num 27,12-14 S **32,48** 1,3 **32,50** Num 20,22-29 **32,51** 1,37 S
33,2 Ri 5,4-5 S **33,5** Ex 15,18 **33,6-25** Gen 49,2-27 **33,8** Ex 28,30 S; 17,7 **33,9** Ex 32,26-29 **33,10** 10,8; Lev 10,11

Der höchste Gott[a] wacht täglich über ihn,
er wohnt beschützt und sicher zwischen Bergen.«

13 Über den Stamm *Josef*[b] sagte er:

»Der Segen Gottes komme über ihn!
Ja, reich gesegnet sei sein Land vom HERRN
mit Regen, der vom Himmel niederrinnt,
mit Wasser aus den Speichern in der Tiefe,
14 mit allem, was die Sonne wachsen lässt
und was im Lauf der Monde reif wird!
15–16 Das Beste nur vom Besten soll er haben,
es werde ihm in reichstem Maß zuteil!
Die Erde bringe es für ihn hervor,
die Berge sollen es ihm tragen!
Der Gott, der in dem Dornbusch wohnte,
er wende Josef seine Liebe zu,
ihm, dem Erwählten unter seinen Brüdern!
17 Er gleicht dem Erstgeborenen des Stiers,
in Josef wohnt die Stärke seines Gottes.
Er hat die Hörner eines Büffels:
die vielen tausend Männer von *Manasse,*
Zehntausende von Kriegern *Efraïms,*
mit denen er die Feinde niederwirft
bis zu den Grenzen dieser Erde.«

18 Über die Stämme *Sebulon* und *Issachar* sagte er:

»Du, Sebulon, erfährst dein Glück auf See
und du in deinen Zelten, Issachar!
19 Sie laden ihre Nachbarvölker ein,
auf ihren heiligen Berg[c] zu kommen;
sie bringen Opfer, die Gott wohlgefällig sind.
Sie finden ihren Reichtum auf dem Meer
und holen ihre Schätze aus dem Sand.«

20 Über den Stamm *Gad* sagte er:

»Der HERR gibt Gad ein weites Land
und dafür sei ihm Preis und Dank gebracht!
Auf Beute lauert Gad, dem Löwen gleich,
und reißt den Opfern Kopf und Arme ab.
21 Vom Land erwählte er das beste Stück,
denn dort beim Anteil eines großen Fürsten
versammeln sich die Stammesoberhäupter.[d]
Der Wille Gottes wird von Gad vollstreckt;
zusammen mit dem ganzen Israel
bringt er das Recht des HERRN zur Geltung.«

22 Über den Stamm *Dan* sagte er:

»Auch Dan ist wie ein junger Löwe,
er springt hervor aus Baschans* Wald.«

23 Über den Stamm *Naftali* sagte er:

»Der HERR hat Naftali gesegnet
und sättigt ihn mit seiner Gunst.
Vom See greift er nach Süden aus.«

24 Über den Stamm *Ascher* sagte er:

»Auf Ascher blicken liebevoll die Brüder,
er ist noch mehr gesegnet als die andern.
Sein Land ist überreich an Öl,
so reich, dass er die Füße darin badet.
25 Die Städte Aschers seien wohl bewacht
mit Eisenriegeln an den Toren.
Solange er bestehen bleibt,
so lange fehle es ihm nie an Kraft!«

26 Weiter sagte Mose:

»Kein anderer Gott ist dem Gott Israels gleich,
dem Gott Jeschuruns!
In seiner Majestät fährt er über den Himmel,
auf den Wolken eilt er dir zu Hilfe.
27 Der ewige Gott ist deine Zuflucht, Israel,
in seinen Armen fängt er dich auf.
Er hat deine Feinde vor dir vertrieben
und dir befohlen: ›Vernichte sie!‹
28 Nun wohnst du in sicheren Grenzen,
ausgesondert aus den übrigen Völkern.
Tau und Regen schenkt dir der Himmel,
Korn und Wein bringt die Erde in Fülle hervor.
29 Wie glücklich bist du, Israel!
Kein anderes Volk kann sich mit dir vergleichen,
denn der HERR ist dein Helfer.
Du kannst dich auf ihn verlassen,
er ist für dich wie ein schützender Schild
und ein scharfes, siegreiches Schwert.
Deine Feinde müssen dich um Gnade bitten,
doch du schreitest stolz über sie hinweg.«

Mose stirbt

34 Dann stieg Mose vom moabitischen Step-
pengebiet hinauf auf den Berg Nebo, auf
den Gipfel des Pisga, der östlich von Jericho liegt.
Dort oben zeigte ihm der HERR das Land, das zu

a Vermutlicher Text; in H steht ein zweites Mal *über ihn/ihm* (alaw), was wahrscheinlich aus *der Höchste* (eljon) verschrieben ist.
b Die Josefsstämme Efraïm und Manasse werden hier als Einheit angesprochen.
c Wahrscheinlich ist der Tabor gemeint.
d Nach jüdischer Tradition liegt das unbekannte Grab Moses im Stammesgebiet von Gad. Die Übersetzung beruht auf einer versuchsweisen Wiederherstellung des unverständlich gewordenen Textes; H *denn dort war der Anteil eines Fürsten verborgen und er kam (zu den/mit den) Häuptern des Volkes.*

33,15-16 Ex 3,2-6 **33,20** 1 Chr 12,9 **33,26** 3,24; 32,15; Ex 15,11; Ps 68,5; 104,3 **33,27** Ps 90,1; Dtn 7,1-4 S **33,28** Num 23,9; Gen 27,28 **33,29** 4,7-8 **34,1-5** Num 27,12-14 S

seinen Füßen ausgebreitet war: die Landschaft Gilead* und die daran anschließenden Gebiete bis hinauf zum Stammesgebiet von Dan, 2 das ganze Gebiet des Stammes Naftali, das Gebiet der Stämme Efraïm und Manasse und das ganze Gebiet des Stammes Juda bis zum Meer im Westen, 3 ebenso das Südland und die Senke von der Palmenstadt[a] bis nach Zoar.

4 Er sagte zu ihm: »Dies ist das Land, das ich Abraham, Isaak und Jakob mit einem Eid versprochen und von dem ich zu ihnen gesagt habe: ›Euren Nachkommen will ich es geben!‹ Du hast es jetzt mit eigenen Augen gesehen, aber du selbst darfst es nicht betreten.«

5 So starb Mose, der Bevollmächtigte* Gottes, im Land Moab*, wie der HERR es bestimmt hatte. 6 Gott begrub ihn[b] dort im Tal gegenüber von Bet-Pegor. Bis heute weiß niemand, wo sein Grab ist.

7 Mose war 120 Jahre alt, als er starb. Aber bis zuletzt war er rüstig geblieben und seine Sehkraft hatte nicht nachgelassen. 8 Dreißig Tage lang hielt das ganze Volk im moabitischen Steppengebiet für ihn die Totenklage*.

9 Josua, der Sohn Nuns, wurde nun der Anführer der Israeliten. Er war mit Weisheit und Umsicht begabt, seit Mose ihm die Hände aufgelegt und ihn dadurch zu seinem Nachfolger eingesetzt hatte. Die Leute von Israel gehorchten ihm, wie der HERR ihnen das durch Mose befohlen hatte.

10 Nie mehr gab es in Israel einen Propheten* wie Mose, mit dem der HERR Auge in Auge gesprochen hat. 11 Kein anderer Prophet hat solche Staunen erregenden Wunder vollbracht wie die, mit denen er im Auftrag des HERRN in Ägypten gegen den Pharao, seine Minister und sein ganzes Land aufgetreten ist. 12 Kein anderer hat Israel mit so starker Hand geführt und vor den Augen des ganzen Volkes solche mächtigen und Schrecken erregenden Taten vollbracht wie er.

DAS BUCH JOSUA

Inhaltsübersicht

DIE EROBERUNG DES LANDES KANAAN UNTER JOSUA (Kapitel 1–12)

Gott gibt den Befehl zum Einzug in das Land

1 Nachdem Mose, der Bevollmächtigte* des HERRN, gestorben war, sagte der HERR zu Josua, dem Sohn Nuns, dem Helfer Moses:

2 »Mein Diener Mose ist tot. Nun mach dich auf und zieh mit dem ganzen Volk über den Jordan in das Land, das ich euch geben will! Führe das ganze Volk Israel über den Jordan! 3 Jeden Fleck Erde, den ihr betreten werdet, gebe ich euch, wie ich es Mose versprochen habe. 4 Euer Gebiet soll von der Wüste im Süden bis zum Libanongebirge im Norden reichen, es soll nach Osten zu das ganze Land der Hetiter* bis zum Eufrat einschließen; im Westen erstreckt es sich bis zum Mittelmeer.

5 Kein Feind wird sich gegen dich behaupten können; denn ich werde dir dein Leben lang zur Seite stehen, genauso wie ich Mose zur Seite gestanden habe. Niemals werde ich dir meine Hilfe entziehen, nie dich im Stich lassen. 6 Sei mutig und entschlossen! Du wirst diesem Volk das Land, das ich ihren Vorfahren mit einem Eid zugesagt habe, als bleibenden Besitz zuteilen.

7 Halte dich mutig und entschlossen an das, was mein Diener Mose gesagt hat! Befolge mein Gesetz*, das er dir übergeben hat, und lass nicht das Geringste davon außer Acht; dann wird dir alles gelingen, was du unternimmst. 8 Sprich die Weisungen aus meinem Gesetzbuch ständig vor dich hin und denke Tag und Nacht darüber nach,

[a] Wörtlich *Palmenstadt Jericho.* Ursprünglich war vermutlich die Palmenstadt Tamar am Südende des Toten Meeres gemeint.

[b] Oder: *Man begrub ihn.*

34,4 Gen 12,7 S **34,7** 31,2 **34,8** Num 20,29 **34,9** Num 27,18-23 **34,10** Ex 33,11; Num 12,8; Sir 45,1-5 **1,1** Num 27,18-19 S **1,3-5** Dtn 11,24-25 **1,6** Dtn 31,7-8; Gen 12,7 S **1,8** Dtn 17,9; 2 Chr 17,9; Neh 8,1-4.18

damit dein ganzes Tun an meinen Geboten ausgerichtet ist. Dann wirst du Erfolg haben und wirst alles, was du beginnst, glücklich vollenden.

9 Ich sage dir noch einmal: Sei mutig und entschlossen! Hab keine Angst und lass dich durch nichts erschrecken; denn ich, der HERR, dein Gott, bin bei dir, wohin du auch gehst!«

Josua bereitet den Einmarsch vor

10–11 Darauf ließ Josua die Aufseher* durch das Lager gehen und überall bekannt machen: »In drei Tagen werden wir den Jordan überschreiten und das Land in Besitz nehmen, das der HERR uns geben will. Bereitet genügend Verpflegung für den Marsch vor!«

12 Zu den Stämmen Ruben und Gad und dem halben Stamm Manasse sagte Josua: 13 »Mose, der Bevollmächtigte* des HERRN, hat euch zugesagt: ›Der HERR, euer Gott, gibt euch auf dieser Seite des Jordans eure Heimat.‹ Denkt nun daran, was er euch damals befohlen hat! 14 Eure Frauen und Kinder und eure Herden können auf dieser Seite des Jordans bleiben, aber alle eure wehrfähigen Männer müssen an der Spitze ihrer Brüder, der anderen Israeliten, über den Jordan ziehen und ihnen helfen, 15 das Land einzunehmen, das der HERR, euer Gott, ihnen geben will. Erst wenn der HERR euren Brüdern so wie euch eine Heimat gegeben hat, könnt ihr zurückkommen und euch hier in dem Land östlich des Jordans ansiedeln, das euch Mose zugesprochen hat.«

16 Sie antworteten Josua: »Wir wollen alles tun, was du uns gesagt hast, und überall hingehen, wohin du uns schickst. 17 Wir werden dir gehorchen, so wie wir Mose gehorcht haben. Der HERR, dein Gott, stehe dir bei, wie er Mose beigestanden hat. 18 Jeder, der sich dir widersetzt und deinen Befehlen nicht folgt, muss mit dem Tod bestraft werden. Sei nur mutig und entschlossen!«

Die Kanaaniterin Rahab hilft den Kundschaftern Israels

2 Von Schittim aus schickte Josua heimlich zwei Männer auf die andere Seite des Jordans und befahl ihnen: »Erkundet das Land dort drüben und besonders die Stadt Jericho!«

Die Kundschafter kamen in die Stadt und kehrten im Haus einer Prostituierten namens Rahab ein, um dort zu übernachten.

2 Noch am selben Abend wurde dem König von Jericho gemeldet, dass Kundschafter der Israeliten in die Stadt gekommen waren. 3 Sofort schickte er Wachtleute zu Rahab und befahl ihr: »Gib die beiden Männer heraus, die bei dir eingekehrt sind! Sie sind nur gekommen, um unser Land auszuspionieren.«

4–6 Rahab versteckte die beiden auf dem flachen Dach ihres Hauses unter einem Haufen von Flachs und sagte zu den Wachtleuten: »Ja, es waren zwei Männer bei mir. Aber ich wusste nicht, woher sie kamen. Beim Einbruch der Dunkelheit, bevor das Tor geschlossen wurde, haben sie die Stadt wieder verlassen. Ich weiß nicht, in welche Richtung sie gegangen sind. Aber wenn ihr schnell hinterherlauft, könnt ihr sie noch einholen.«

7 Die Wachtleute nahmen sofort die Verfolgung auf und liefen bis an den Jordanübergang. Das Stadttor wurde wieder hinter ihnen geschlossen.

Die Kanaaniter haben den Mut verloren

8 Noch bevor sich die beiden Kundschafter zum Schlafen zurechtgelegt hatten, kam Rahab zu ihnen aufs Dach 9 und sagte: »Ich weiß, dass der HERR euch dieses Land gegeben hat. Alle seine Bewohner zittern vor euch, sie sind vor Angst wie gelähmt.

10 Wir haben gehört, dass euer Gott euch einen Weg durch das Schilfmeer* gebahnt hat, als ihr aus Ägypten gezogen seid. Wir wissen auch, dass ihr auf der anderen Seite des Jordans die beiden Amoriterkönige* Sihon und Og besiegt und getötet habt. 11 Deshalb haben wir allen Mut verloren. Keiner von uns wagt, gegen euch zu kämpfen. Denn der HERR, euer Gott, hat die Macht im Himmel und auf der Erde.

12 Ich bitte euch, schwört mir bei ihm, dass ihr an meiner Familie genauso handelt, wie ich an euch gehandelt habe. Und gebt mir ein zuverlässiges Zeichen, dass ihr es ernst meint 13 und meinen Angehörigen das Leben retten wollt, meinem Vater und meiner Mutter, meinen Brüdern und meinen Schwestern und meinem ganzen Hausgesinde!«

14 Die Kundschafter antworteten ihr: »Der HERR soll unser eigenes Leben von uns fordern, wenn einem von euch etwas geschieht! Aber ihr dürft niemand sagen, dass wir hier waren. Dann werden wir uns an die Abmachung halten und dich und deine Angehörigen verschonen, wenn der HERR uns dieses Land gibt.«

1,12-15 Num 32,6-32; Dtn 3,18-20; Jos 4,12 **2,1** 6,23 S **2,10** Ex 14,21-29 S; Num 21,21-35 **2,12-14** 6,22-23

Die Rückkehr der Kundschafter

15 Rahabs Haus war unmittelbar an die Stadt-
mauer gebaut. So ließ sie die beiden Männer an
einem Seil aus dem Fenster die Mauer hinunter.
16 Dabei sagte sie zu ihnen: »Geht zuerst ins
Bergland und versteckt euch dort, damit ihr
nicht euren Verfolgern in die Hände lauft. Wartet
drei Tage lang, bis sie die Verfolgung aufgegeben
haben. Dann könnt ihr unbehelligt in euer Lager
zurückkehren.«

17 Zum Abschied sagten die Kundschafter:
»Hör, was du tun musst, andernfalls ist unser Eid
ungültig: 18 Binde diese rote Schnur an das
Fenster, durch das du uns hinuntergelassen hast,
und nimm deine Eltern und Geschwister und
alle anderen Verwandten zu dir ins Haus.
19 Niemand darf es verlassen. Wer hinausgeht
und getötet wird, ist selbst daran schuld. Wir
übernehmen dafür keine Verantwortung. Nur
wenn jemand drinnen im Haus umgebracht
wird, trifft die Schuld uns. 20 Du darfst aber
nichts verraten! Sonst sind wir nicht mehr an
den Eid gebunden, den wir dir geschworen
haben.«

21 »Gut«, sagte Rahab, »so soll es sein«, und
ließ sie gehen. Dann band sie die rote Schnur ans
Fenster.

22 Die beiden Männer versteckten sich drei
Tage in den Bergen, bis ihre Verfolger wieder in
die Stadt zurückgekehrt waren. Die Wächter
hatten alle Wege in der ganzen Gegend abge-
sucht, aber niemand gefunden.

23 Danach machten sich die Kundschafter auf
den Rückweg. Sie stiegen ins Jordantal hinunter,
überquerten den Fluss und kamen ins Lager der
Israeliten. Sie berichteten Josua, was sie erlebt
hatten, 24 und versicherten ihm: »Der HERR hat
das ganze Land in unsere Hand gegeben. Alle
seine Bewohner zittern vor uns.«

Der Übergang über den Jordan

3 Am nächsten Morgen brach Josua mit dem
ganzen Volk von Schittim aus auf und zog
mit ihnen bis an den Jordan. Dort schlugen sie
ihr Lager auf. 2 Am dritten Tag schickte Josua
wieder die Aufseher* durchs Lager 3 und ließ
den Befehl ausgeben: »Wenn ihr seht, dass die
Priester* aus dem Stamm Levi die Bundeslade*
des HERRN, eures Gottes, aus dem Lager tragen,
dann brecht auf und zieht hinter ihr her! 4 Sie
wird euch den Weg zeigen; ihr seid ihn ja noch
nie gegangen. Kommt der Lade aber nicht zu
nahe, sondern haltet einen Abstand von etwa
tausend Schritten!«

5 Weiter sagte Josua zum Volk: »Macht euch
bereit! Sorgt dafür, dass ihr rein* seid, wie der
HERR es von seinem Volk verlangt. Denn morgen
wird der HERR ein Wunder für euch tun.«

6 Am nächsten Tag befahl Josua den Priestern:
»Nehmt die Bundeslade und geht vor uns her
durch den Jordan!« Da hoben sie die Bundeslade
auf ihre Schultern und gingen dem Volk voran.

7 Der HERR aber sagte zu Josua: »Von heute ab
werde ich dich vor dem ganzen Volk Israel groß
machen. Sie sollen merken, dass ich dir beistehe,
wie ich Mose beigestanden habe. 8 Befiehl den
Priestern, die die Bundeslade tragen: ›Sobald ihr
den ersten Schritt ins Wasser des Jordans getan
habt, bleibt stehen!‹«

9 Da rief Josua das Volk zu sich und sagte:
»Hört, was der HERR, euer Gott, euch sagen lässt:
10–13 Wählt zwölf Männer aus, von jedem Stamm
einen! Die Bundeslade des HERRN, dem die
ganze Erde gehört, wird voranziehen und euch
einen Weg durch den Jordan bahnen. Sobald die
Priester, die sie tragen, ihre Füße ins Jordanwas-
ser setzen, wird kein Wasser mehr nachfließen.
Der Fluss wird sich weiter oben anstauen wie
vor einem Damm. Daran sollt ihr erkennen, dass
ihr einen lebendigen Gott habt. Er wird sein Ver-
sprechen halten und die Völker des Landes vor
euch vertreiben: die Kanaaniter*, Hetiter*,
Hiwiter, Perisiter, Girgaschiter, Amoriter* und
Jebusiter.«

14 Nun brach das Volk auf, um den Jordan zu
überschreiten. An der Spitze des Zuges gingen
die Priester mit der Bundeslade. 15 Es war gerade
Frühjahr; um diese Zeit führt der Jordan so viel
Wasser, dass er über die Ufer tritt.

In dem Augenblick, als die Priester den Fuß
ins Wasser setzten, 16 staute sich der Fluss weit
oben bei dem Ort Adam in der Nähe von Zaretan
und das Wasser unterhalb der Stauung lief zum
Toten Meer ab. So konnte das ganze Volk tro-
ckenen Fußes bei Jericho durch den Jordan
gehen.

17 Die Priester aber blieben mit der Bundes-
lade im Flussbett stehen, bis alle sicher auf der
anderen Seite angekommen waren.

Steine als Erinnerungszeichen

4 Als das ganze Volk durch den Jordan gegan-
gen war, sagte der HERR zu Josua: 2 »Wählt
zwölf Männer aus, von jedem Stamm einen,
3 und lasst sie zwölf Steine aus dem Jordan

2,15 1 Sam 19,12; 2 Kor 11,33 **3,1** Num 25,1 **3,3** Dtn 10,8 **3,4** 2 Sam 6,6-7 **3,16** Ps 114,3.5; Ex 14,21-22 **4,3-9** Ex 24,4 S

holen, von der Stelle, wo die Priester* stehen.
Sie sollen die Steine mitnehmen und dort nieder-
legen, wo ihr das Nachtlager aufschlagt.«

4 Josua wählte zwölf Männer aus, für jeden
Stamm Israels einen. 5 Er sagte zu ihnen: »Geht
zur Bundeslade* des HERRN, eures Gottes, in den
Jordan und hebt jeder einen großen Stein auf.
Nehmt ihn auf die Schulter – so viele Steine, wie
es Stämme im Volk Israel gibt. 6–7 Wenn später
eure Kinder fragen, was diese Steine bedeuten,
dann erzählt ihnen, wie das Wasser des Jordans
versiegte, als die Bundeslade den Fluss durch-
querte. Diese Steine sollen die Israeliten für alle
Zukunft daran erinnern.«

8 Die Männer befolgten Josuas Anweisung
und holten zwölf Steine aus dem Jordan, für
jeden Stamm Israels einen, wie der HERR es
befohlen hatte. Sie trugen sie bis zum Lagerplatz
und stellten sie dort auf.

9 Josua stellte auch mitten im Jordan zwölf
Steine auf an der Stelle, wo die Priester mit der
Bundeslade Halt gemacht hatten. Die Steine sind
noch heute dort. 10 Die Priester blieben mit der
Bundeslade so lange im Jordan stehen, bis alles
ausgeführt war, was der HERR dem Volk durch
Josua befohlen hatte. Schon Mose hatte Josua
diese Anweisung gegeben.

Das Volk ging, so schnell es konnte, durch das
trockene Flussbett. 11 Als alle drüben waren, gin-
gen auch die Priester mit der Bundeslade ans
Ufer und stellten sich an die Spitze des Zuges.

12 Die Männer der Stämme Ruben und Gad
und des halben Stammes Manasse gingen kampf-
bereit vor den übrigen Israeliten her, so wie
Mose es ihnen befohlen hatte. 13 Etwa 40 000
Kriegsleute zogen unter der Führung des HERRN
zum Kampf in die Ebene von Jericho. 14 Der
HERR machte an diesem Tag Josua vor dem
ganzen Volk groß, und die Israeliten achteten
ihn sein Leben lang, genauso wie sie Mose
geachtet hatten.

15 Dann sagte der HERR zu Josua: 16 »Befiehl den
Priestern, die die Lade mit dem Bundesgesetz* tra-
gen, aus dem Jordan heraufzukommen!«

17 Josua befahl es, 18 und kaum hatten die
Priester das Flussbett verlassen, da kam das Was-
ser wieder und der Fluss trat über seine Ufer wie
zuvor.

19 Das Volk ging durch den Jordan am 10. Tag
des 1. Monats und schlug sein Lager bei Gilgal
auf, an der Ostgrenze des Gebietes von Jericho.
20 Dort stellte Josua die zwölf Steine auf, die sie
aus dem Jordan mitgenommen hatten, 21 und
sagte zu den Israeliten: »Wenn später eure Kin-
der fragen, was diese Steine bedeuten, 22 dann
erzählt ihnen, wie das Volk Israel den Jordan
trockenen Fußes durchquert hat. 23 Der HERR,
euer Gott, hat das Wasser des Jordans vor euch
austrocknen lassen, bis ihr hindurchgezogen
wart, genauso wie er das Schilfmeer* vor uns
austrocknen ließ, damit wir hindurchziehen
konnten. 24 Daran sollen alle Völker der Erde
erkennen, wie groß die Macht des HERRN ist,
und ihr selbst sollt den HERRN, euren Gott, dafür
in alle Zukunft ehren.«

5 Alle Könige der Amoriter* westlich des Jor-
dans und alle Könige der Kanaaniter* an der
Küste des Mittelmeeres hörten davon, wie der
HERR den Jordan austrocknen ließ, bis das Volk
Israel hindurchgezogen war. Da packte sie die
Angst vor den Israeliten und sie verloren allen
Mut.

Beschneidung und erstes Passafest in Kanaan

2 Damals sagte der HERR zu Josua: »Mach dir
Messer aus Stein und beschneide* alles, was
männlich ist, in Israel! Zum zweiten Mal soll dies
jetzt geschehen.«

3 Josua machte sich Steinmesser und beschnitt
die männlichen Israeliten an einem Platz, der
seitdem Beschneidungshügel heißt.

4–6 Als die Israeliten Ägypten verließen, waren
alle männlichen Personen beschnitten gewesen.
Aber während der vierzigjährigen Wüstenwan-
derung wurden keine Neugeborenen beschnit-
ten. Die Männer, die beim Auszug aus Ägypten
im wehrfähigen Alter gestanden hatten, waren
inzwischen gestorben. Sie hatten dem HERRN
nicht gehorcht und deshalb hatte der HERR ge-
schworen: »Sie sollen das Land nicht sehen, das
ich ihren Vätern versprochen habe, das Land,
das von Milch und Honig überfließt!« 7 Ihre her-
angewachsenen Söhne hatte der HERR an die
Stelle ihrer Väter treten lassen, und sie waren es,
die jetzt von Josua beschnitten wurden; denn
unterwegs war dies nicht geschehen.

8 Nachdem alle beschnitten worden waren,
blieben sie im Lager, bis die Wunden geheilt
waren. 9 Der HERR sagte zu Josua: »Heute habe
ich die Schande von euch genommen, dass ihr in
Ägypten Sklaven gewesen seid.« Deshalb wurde
der Platz Gilgal[a] genannt und so heißt er bis
heute.

[a] *Gilgal* klingt im Hebräischen ähnlich wie »wegnehmen«; wörtlich »abwälzen«.

4,6-7 Dtn 6,20 S; Ex 10,2 S **4,12** 1,12-15 S **4,14** 3,7 **4,21** Dtn 6,20 S **4,23** Ex 14,21-29 S **5,1** 2,10-11 **5,2-3** Gen 17,9-14 S **5,4-6** Num 14,22-35

10 Während die Israeliten bei Gilgal in der
Ebene von Jericho lagerten, feierten sie das Passa-
fest*. Das geschah am 14. Tag des 1. Monats, als
es Abend wurde. 11 Am Tag darauf aßen sie zum
ersten Mal etwas, was im Land Kanaan* ge-
wachsen war: geröstete Getreidekörner und un-
gesäuertes Brot*. 12 Von diesem Zeitpunkt an
blieb das Manna* aus; die Israeliten fanden jetzt
keines mehr. Sie aßen schon in diesem ersten
Jahr, was in Kanaan gewachsen war.

Gott schickt einen mächtigen Helfer

13 In der Nähe von Jericho sah Josua plötzlich
einen Mann vor sich stehen, der ein gezogenes
Schwert in der Hand hielt. Josua ging auf ihn zu
und fragte ihn: »Freund oder Feind?«

14 »Keins von beiden«, antwortete der Frem-
de. »Ich bin der Befehlshaber über das Heer des
HERRN. Und jetzt bin ich hier.«[a]

Josua warf sich in Ehrfurcht vor ihm nieder
und sagte: »Ich bin dein Diener! Was befiehlst
du mir, Herr?«

15 Er sagte zu Josua: »Zieh deine Schuhe aus,
denn du stehst auf heiligem Boden!«

Und Josua tat, was er ihm befohlen hatte.

Die Mauern Jerichos fallen

6 Alle Tore der Stadt Jericho waren fest verrie-
gelt, als die Israeliten heranrückten. Nie-
mand konnte hinein und niemand heraus.

2 Da sagte der HERR zu Josua: »Jetzt gebe ich
Jericho mit seinem König und allen seinen
Kriegsleuten in deine Hand. 3 Zieh mit allen
kriegstüchtigen Männern täglich einmal um die
Stadt, sechs Tage lang. 4 Sieben Priester* mit
Kriegshörnern* sollen vor der Bundeslade* her-
gehen. Am siebten Tag aber zieht ihr siebenmal
um die Stadt und die Priester sollen dabei die
Hörner blasen. 5 Sobald die Männer die Hörner
hören, stimmen alle ein lautes Kriegsgeschrei an.
Dann wird die Mauer einstürzen, und jeder
kann von der Stelle aus, wo er gerade steht, in
die Stadt eindringen.«

6 Josua rief die Priester zu sich und sagte zu
ihnen: »Nehmt die Bundeslade des HERRN auf
eure Schultern. Sieben von euch gehen mit
Kriegshörnern vor ihr her.«

7 Dann befahl er den Kriegsleuten: »Auf! Zieht
rund um die Stadt! Die erfahrensten Kämpfer
gehen der Bundeslade als Vorhut voraus.«

8–9 So geschah es. Zwischen den ausgewähl-
ten Kriegern und der Bundeslade gingen die sie-
ben Priester, die ständig ihre Hörner bliesen.
Zum Schluss kam das ganze übrige Heer. 10 Josua
hatte den Männern Israels befohlen, sich ganz
still zu verhalten und erst auf seinen Befehl das
Kriegsgeschrei anzustimmen. 11 So ließ er den
ganzen Zug mit der Bundeslade des HERRN ein-
mal um die Stadt marschieren. Dann kamen sie
ins Lager zurück und blieben die Nacht über
dort.

12 Früh am nächsten Morgen gab Josua wie-
der den Befehl zum Aufbruch. Die Priester nah-
men die Bundeslade auf ihre Schultern. 13 Dann
zogen sie los: zuerst die Vorhut, dann die Pries-
ter, die ständig ihre Hörner bliesen, hinter ihnen
die Bundeslade und schließlich das übrige Heer.
14 Auch an diesem zweiten Tag marschierten sie
einmal rund um die Stadt. So taten sie es sechs
Tage lang.

15 Am siebten Tag brachen sie beim Morgen-
grauen in derselben Ordnung auf. An diesem
Tag zogen sie siebenmal um die Stadt.

16 Beim siebten Mal, als die Priester ihre Hör-
ner an den Mund setzten, befahl Josua den Män-
nern Israels: »Jetzt schreit los! Der HERR hat euch
die Stadt ausgeliefert.

17 Aber hört her: Die Stadt ist dem HERRN
geweiht und steht unter seinem Bann* mit
allem, was darin ist. Kein Mensch und kein Tier
darf am Leben bleiben. Nur die Prostituierte
Rahab und alle, die in ihrem Haus sind, sollen
verschont werden; denn sie hat damals unsere
Kundschafter versteckt. 18 Hütet euch, etwas von
dem Gebannten für euch selbst zu nehmen,
sonst kommt der Bannfluch über das ganze
Lager Israels und stürzt euch ins Verderben.
19 Alles Gold und Silber und alle Geräte aus
Bronze und Eisen gehören dem HERRN und
kommen in die Schatzkammer seines Heilig-
tums.«

20 Die Priester stießen in ihre Hörner, und als
das Volk den Hörnerschall hörte, erhob es ein
lautes Kriegsgeschrei. Da stürzte die ganze
Mauer zusammen, und die Männer Israels dran-
gen von allen Seiten in die Stadt ein und erober-
ten sie. 21 Sie erschlugen nach dem Befehl des
HERRN alles, was in der Stadt lebte, mit dem
Schwert: Männer und Frauen, Kinder und Alte,
Rinder, Schafe und Esel.

Rahabs Familie wird verschont

22 Den beiden Kundschaftern aber hatte Josua
den Auftrag gegeben: »Geht in das Haus der

a Wörtlich *Jetzt bin ich gekommen.* Möglicherweise ist die Fortsetzung *(um zu ...)* verloren gegangen.

5,10 Ex 12,1-14 S **5,11** Ex 12,15-20 S **5,12** Ex 16,31 S; 16,35 **5,13** Num 22,22-23.31; 1 Chr 21,16 **5,15** Ex 3,5 **6,17** Dtn 7,1-4 S; Jos 6,23 S **6,20** Hebr 11,30 **6,22** 2,14

Prostituierten und holt sie mit allen ihren Ange-
hörigen heraus, wie ihr es geschworen habt!«
23 Sie gingen hin und holten Rahab aus dem
Haus, dazu ihren Vater, ihre Mutter, ihre Brüder,
das Hausgesinde und die ganze Verwandtschaft.
Sie brachten sie in Sicherheit und wiesen ihnen
einen Platz außerhalb des Lagers an.
24 Dann brannten die Männer Israels die
ganze Stadt nieder. Nur das Gold und das Silber
und die Gefäße aus Bronze und Eisen kamen in
die Schatzkammer beim Heiligtum des HERRN.
25 Die Prostituierte Rahab und alle ihre Angehö-
rigen verschonte Josua zum Dank dafür, dass sie
die Kundschafter versteckt hatte. Ihre Nachkom-
men leben noch heute in Israel.
26 Damals sprach Josua die Warnung aus:
»Wer versucht, die Stadt Jericho wieder aufzu-
bauen, den trifft der Fluch des HERRN. Wenn er
die Fundamente legt, kostet es ihn seinen erstge-
borenen Sohn. Wenn er die Tore einsetzt, kostet
es ihn seinen Jüngsten.«
27 Der HERR stand Josua bei und sein Ruhm
verbreitete sich im ganzen Land.

Das Kriegsglück wendet sich von Israel

7 Der HERR hatte den Israeliten befohlen, die
Stadt und alles darin unter den Bann* zu
stellen und sich nichts davon anzueignen. Diese
Anweisung wurde von den Israeliten nicht
streng befolgt. Ein Mann namens Achan nahm
etwas von den verbotenen Dingen. Er war der
Sohn von Karmi und Enkel von Sabdi[a] und
gehörte zur Sippe Serach, die zum Stamm Juda
zählte. Da wurde der HERR zornig und ließ es die
Israeliten spüren.
2 Josua hatte einige Männer von Jericho nach
Ai geschickt, einer Stadt östlich von Bet-El in der
Nähe von Bet-Awen. Er hatte ihnen befohlen,
die Umgebung von Ai zu erkunden. Die Männer
führten den Befehl aus, 3 kehrten zu Josua zu-
rück und meldeten: »Es ist keine große Stadt. Du
brauchst nicht alle Kriegsleute aufzubieten;
zwei- bis dreitausend werden genügen, um Ai
einzunehmen.«
4 So griffen etwa 3000 Israeliten die Stadt an,
aber sie wurden zurückgeschlagen. 5 Die Män-
ner von Ai verfolgten sie vom Stadttor bis zu der
Stelle, wo die Felsen steil abfallen, und töteten
dort am Abstieg 36 von den Angreifern.
Da verlor das Volk allen Mut. 6 Josua und die
Ältesten* Israels waren so erschüttert, dass sie
ihre Kleider zerrissen, Erde auf den Kopf streu-
ten und sich vor der Bundeslade* des HERRN zu
Boden warfen. So lagen sie bis zum Abend.
7 Josua betete: »Ach HERR, du mächtiger Gott!
Warum hast du uns über den Jordan gebracht?
Nur um uns in die Hände der Amoriter fallen zu
lassen und uns zu vernichten? Wären wir doch
auf der anderen Seite des Jordans geblieben!
8 Was soll ich dazu sagen, Herr, dass die Männer
Israels vor ihren Feinden geflohen sind? 9 Wenn
die Kanaaniter* und die übrigen Bewohner des
Landes davon hören, werden sie alle kommen
und uns aus dem Land treiben. Was willst du
dann noch tun, um die Ehre deines großen
Namens zu retten?«

Die Ursache: Ungehorsam

10 Der HERR antwortete Josua: »Steh auf! Warum
liegst du auf dem Boden? 11 Die Israeliten haben
Schuld auf sich geladen, sie haben den Bund* ge-
brochen, den ich mit ihnen geschlossen habe.
Sie haben heimlich etwas von den Dingen, die
vernichtet werden sollten, weggenommen und
sich angeeignet. 12 Das ist der Grund, weshalb
sie ihren Feinden nicht standhalten können. Sie
müssen vor ihnen fliehen, weil sie jetzt selbst
unter dem Bann* stehen und dem Untergang
preisgegeben sind. Ich werde euch nicht mehr
beistehen, wenn ihr nicht alles vernichtet, was
ihr gegen mein Verbot weggenommen habt.
13 Steh auf und bereite das Volk auf die Begeg-
nung mit mir vor! Befiehl ihnen, dass sie sich rei-
nigen*, damit sie morgen vor mich treten kön-
nen. Sag zu ihnen: ›So spricht der HERR, der Gott
Israels: Ihr habt Dinge bei euch, die unter dem
Bann stehen. Israel wird seinen Feinden nicht
mehr standhalten können, solange ihr euch
nicht davon trennt.‹ 14 Sie sollen morgen früh
nach Stämmen geordnet antreten. Der Stamm,
auf den ich das Los fallen lasse, soll nach Sippen
geordnet vortreten. Dann wird aus dem Stamm
eine Sippe und aus der Sippe eine Familie ausge-
lost. 15 Wen dann von den Männern dieser Fami-
lie das Los trifft, der ist es; er hat sich an den ver-
botenen Dingen vergriffen und muss verbrannt
werden, er und alles, was ihm gehört. Er hat
etwas getan, was in Israel eine Schandtat ist, und
hat dadurch den Bund mit dem HERRN ge-
brochen.«

Das Vergehen wird gesühnt

16 Am nächsten Morgen ließ Josua alle Männer
Israels nach Stämmen geordnet antreten und das

a In G lautet der Name wie in 1 Chr 2,6 *Simri.*

6,23 2,1-21; Mt 1,5; Hebr 11,31; Jak 2,25 **6,26** 1 Kön 16,34 **7,1** 6,17-19.21.24; 8,26; 10,28-41; 11,11.20-21; Ri 1,17; 21,11; Dtn 7,1-4S **7,7-9** Ex 32,11-13 **7,15** Gen 38,24; Lev 20,14; 21,9 **7,16** 1 Sam 10,20-21; 14,41-42

Los traf den Stamm Juda. 17 Als der Stamm Juda
mit seinen Sippen vortrat, traf es die Sippe
Serach und aus der Sippe Serach die Familie
Sabdi. 18 Unter den Männern der Familie Sabdi
traf das Los Achan, den Sohn von Karmi und
Enkel von Sabdi.

19 Josua sagte zu ihm: »Mein Sohn, gib dem
HERRN, dem Gott Israels, die Ehre und bekenne
vor ihm deine Schuld! Sag mir offen, was du
getan hast, und verbirg mir nichts!«

20 »Ja«, antwortete Achan, »ich war es, der
sich gegen den HERRN, den Gott Israels, vergan-
gen hat. 21 Ich sah unter den Beutestücken einen
wertvollen babylonischen Mantel, 200 Silber-
stücke* und einen Goldbarren, der gut ein hal-
bes Kilo wiegt.[a] Ich konnte nicht widerstehen
und nahm es mir. Du wirst es alles in meinem
Zelt vergraben finden; das Silber liegt zuunterst.«

22 Josua schickte einige Männer zu Achans
Zelt, und sie fanden alles, wie er es beschrieben
hatte. 23 Sie brachten die Beutestücke zu Josua
und allen Israeliten und legten sie vor der Bun-
deslade* des HERRN nieder. 24 Josua und das gan-
ze Volk brachten Achan und die Beutestücke
und dazu seine Söhne und Töchter, seine Rinder,
Esel, Schafe und Ziegen, sein Zelt und alles, was
ihm sonst noch gehörte, in das Achor-Tal.

25 Josua sagte: »Du hast uns ins Unglück ge-
stürzt. Dafür stürzt der HERR auch dich jetzt ins
Unglück.«

Alle Israeliten steinigten* Achan und seine
Angehörigen und verbrannten sie. 26 Dann er-
richteten sie über ihnen einen großen Steinhau-
fen, der bis heute zu sehen ist. Da ließ der HERR
von seinem Zorn ab.

Wegen dieses Vorfalls heißt das Tal bis heute
Achor-Tal (Unglückstal).

Josuas Kriegslist

8 Darauf sagte der HERR zu Josua: »Hab keine
Angst, sei nicht verzagt! Nimm alle Kriegs-
leute mit dir und zieh noch einmal hinauf vor
die Stadt Ai. Ich habe den König von Ai, sein
Volk, seine Stadt und sein Land in deine Hand
gegeben. 2 Du sollst mit der Stadt und ihrem
König genauso verfahren wie mit Jericho und
seinem König; aber ihr dürft diesmal das Beute-
gut und das Vieh für euch selbst behalten. Lege
jetzt einen Teil der Männer in einen Hinterhalt
im Rücken der Stadt!«

3 Bevor Josua mit allen Kriegsleuten nach Ai
hinaufzog, suchte er 30 000[b] seiner besten Leute
aus und schickte sie noch in der Nacht voraus.
4 Er befahl ihnen: »Legt euch auf der anderen
Seite der Stadt in einen Hinterhalt, aber nicht zu
weit entfernt. Seid jederzeit zum Angriff bereit.
5 Ich werde mit dem ganzen Rest unserer Leute
vor die Stadt ziehen. Wenn dann die Männer
von Ai wieder einen Ausfall machen, werden
wir umkehren und weglaufen, 6 damit sie hinter
uns herjagen. So werden wir sie von der Stadt
weglocken; denn sie werden denken, dass wir
vor ihnen fliehen wie beim ersten Mal. 7 Unter-
dessen müsst ihr aus dem Hinterhalt hervorbre-
chen und die Stadt einnehmen. Der HERR, euer
Gott, wird sie in eure Gewalt geben. 8 Steckt sie
sofort in Brand, wie der HERR es angeordnet hat.
Haltet euch streng an meinen Befehl!«

9 Nach der Anweisung Josuas zogen sie los
und legten sich in einen Hinterhalt, westlich von
Ai, in Richtung Bet-El. Josua blieb die Nacht über
beim Hauptheer. 10 Früh am Morgen ließ er die
Kriegsleute antreten, stellte sich zusammen mit
den Ältesten* des Volkes an ihre Spitze und
rückte gegen Ai vor. 11 Nördlich davon schlugen
sie ihr Lager auf; nur ein Tal trennte sie von der
Stadt.

12 Josua legte noch 5000 Mann in den Hinter-
halt westlich der Stadt, zwischen Ai und Bet-El.
13 Das Lager war also nördlich, der Hinterhalt
westlich der Stadt. Josua selbst kehrte in der
Nacht in die Jordanebene zurück.

14 Als der König von Ai das Heer Josuas sah,
zögerte er nicht lange und rückte mit seinen Leu-
ten gegen die Israeliten aus. Er zog zu dem Platz,
der zur Jordanebene offen ist, um sie dort anzu-
greifen. Er wusste nicht, dass Josua ihm einen
Hinterhalt gelegt hatte. 15 Josua und seine Leute
ließen sich zum Schein von ihnen zurückschla-
gen und flohen in Richtung Jordanebene.

16 Darauf wurden alle Männer, die noch in Ai
waren, aufgeboten, um die Fliehenden zu verfol-
gen. Die Israeliten lockten sie immer weiter von
der Stadt weg. 17 Nicht ein Mann war in Ai[c] zu-
rückgeblieben, alle jagten hinter den Israeliten
her. Die Stadt lag ohne Schutz mit offenen Toren
da.

Eroberung und Vernichtung von Ai

18 Nun sagte der HERR zu Josua: »Streck deine
Hand mit dem Schwert gegen Ai aus! Ich gebe
die Stadt in deine Gewalt.«

Josua tat es, 19 und sobald er seine Hand aus-
streckte, kamen die Israeliten aus dem Hinter-
halt, liefen in die Stadt, besetzten sie und steck-
ten sie sofort in Brand.

a Hebräische Maßangabe *50 Schekel** (= 575 g). b G *3000*. c *Ai* mit G; H *Ai und Bet-El*.

7,25 Dtn 17,5S **7,26** 8,29; Jes 65,10; Hos 2,17 **8,2** 6,17S

20–21 Als die Männer von Ai zurückblickten, sahen sie Rauch von ihrer Stadt aufsteigen. Da wussten sie, dass sie verloren waren. Sobald Josua und die fliehenden Israeliten erkannten, dass die Stadt eingenommen war, machten sie kehrt und griffen die Männer von Ai an. 22 So waren diese nun auf beiden Seiten eingeschlossen und keiner von ihnen kam mit dem Leben davon. 23 Nur den König von Ai nahmen die Männer Israels gefangen und brachten ihn zu Josua.

24 Als die Israeliten alle Männer von Ai, die ihnen nachgejagt waren, erschlagen hatten, zogen sie in die Stadt und töteten die Zurückgebliebenen. 25 So kamen an diesem Tag alle Einwohner von Ai ums Leben, 12000 Männer und Frauen. 26 Josua hielt seine Hand mit dem Schwert so lange ausgestreckt, bis der Bann* an allen vollstreckt war. 27 Das Vieh und das sonstige Beutegut aus der Stadt aber behielten die Israeliten für sich, wie der HERR es durch Josua angeordnet hatte.

28 Josua brannte Ai nieder und machte es für alle Zeiten zum Trümmerhaufen. So liegt es noch heute da. 29 Den König von Ai ließ er hängen. Bis zum Sonnenuntergang hing er an einem Baum, dann befahl Josua, den Leichnam abzunehmen und in den Durchgang des Stadttores zu werfen. Die Männer Israels errichteten über ihm einen großen Steinhaufen, der noch heute zu sehen ist.

Feierliche Verlesung des Gesetzes

30 Damals baute Josua auf dem Berg Ebal einen Altar für den HERRN, den Gott Israels, 31 so wie das Mose, der Bevollmächtigte* des HERRN, den Israeliten befohlen hatte. Er baute ihn genau nach den Anweisungen, die im Gesetzbuch* Moses aufgeschrieben sind: aus unbehauenen Feldsteinen, die mit keinem eisernen Werkzeug in Berührung gekommen sind. Auf diesem Altar opferten die Leute von Israel dem HERRN Brandopfer* und Mahlopfer*.

32 Auf die mitgebrachten Steine schrieb Josua eine Abschrift des Gesetzes, das Mose vor den Augen des Volkes niedergeschrieben hatte.[a] 33 Die Israeliten mit ihren Ältesten*, Anführern und Richtern und alle Fremden*, die bei ihnen lebten, standen auf beiden Seiten der Bundeslade* des HERRN. Die eine Hälfte war dem Berg Garizim, die andere Hälfte dem Berg Ebal zugewandt. Zwischen ihnen und der Lade des HERRN standen die Priester* aus der Nachkommenschaft Levis. In dieser Aufstellung sollte das Volk nach der Anweisung Moses den Segen des HERRN empfangen.

34 Dann las Josua das ganze Gesetz vor, auch die Segenszusagen und Fluchandrohungen, alles, was im Buch des Gesetzes geschrieben steht. 35 Er ließ kein Wort von dem weg, was Mose gesagt hatte. Die ganze Gemeinde Israel hörte zu, auch die Frauen und Kinder und die Fremden, die bei ihnen lebten.

Die Leute von Gibeon retten sich durch eine List

9 Die Siege der Israeliten sprachen sich im ganzen Land herum. Alle Könige westlich des Jordans – im Gebirge, im Hügelland und in der Küstenebene bis hin zum Libanon – erfuhren davon, die Könige der Hetiter* und Amoriter*, der Kanaaniter*, Perisiter, Hiwiter und Jebusiter. 2 Sie alle taten sich zusammen, um gemeinsam gegen Josua und die Israeliten zu kämpfen.

3 Als die Bewohner von Gibeon, die zu den Hiwitern gehörten,[b] erfuhren, was Josua mit Jericho und Ai gemacht hatte, 4–5 dachten sie sich eine List aus. Einige von ihnen verkleideten sich als Boten aus einem fernen Land. Sie zogen alte Kleider und abgetragene und geflickte Schuhe an, beluden ihre Esel mit abgenutzten Proviantsäcken und geflickten Weinschläuchen und packten lauter steinhartes Brot ein.

6 So gingen sie ins Lager nach Gilgal und sagten zu Josua und den Männern Israels: »Wir sind aus einem fernen Land gekommen und möchten, dass ihr ein Bündnis mit uns schließt.«

7 Aber die Israeliten antworteten den Hiwitern: »Wir können doch nicht einfach ein Bündnis mit euch schließen! Vielleicht wohnt ihr ganz in unserer Nähe.«

8 Die Männer von Gibeon sagten zu Josua: »Wir sind deine ergebenen Diener!«

»Wer seid ihr? Woher kommt ihr?«, fragte er sie.

9 Da erzählten sie ihm folgende Geschichte: »Deine ergebenen Diener kommen aus einem weit entfernten Land, weil der Ruhm des HERRN, eures Gottes, bis zu uns gedrungen ist. Wir

a *mitgebrachten:* verdeutlichender Zusatz entsprechend Dtn 27,2-4. Bei dem *Gesetz* handelt es sich um die im 5. Mose-Buch (Dtn ab Kap 5 oder 12) enthaltenen Bestimmungen.
b *die zu den Hiwitern …:* verdeutlichende Vorwegnahme aus Vers 7.

8,26 7,1 S; Dtn 7,1-4 S **8,29** Dtn 21,22-23 S; Jos 7,26 **8,30-32** Dtn 27,4-8 **8,33-35** Dtn 27,12-26; 11,29-30 **9,7** Ex 23,32-33; 34,12; Dtn 7,2

haben alles erfahren, was er in Ägypten getan
hat, 10 und auch alles, was er mit den beiden
Amoriterkönigen auf der anderen Seite des Jor-
dans gemacht hat, mit König Sihon von Hesch-
bon und König Og von Baschan, der in Aschtarot
regierte. 11 Da sagten unsere Ältesten* und alle
Bewohner unseres Landes zu uns: ›Nehmt Ver-
pflegung mit und macht euch auf die Reise zu
diesen Leuten. Sagt ihnen, dass wir ihre ergebe-
nen Diener sind, und bittet sie, ein Bündnis mit
uns zu schließen.‹

12 Und nun seht hier unser Brot: Es war noch
warm, als wir von zu Hause aufbrachen; jetzt
ist es hart geworden und zerbröckelt. 13 Seht
unsere Weinschläuche: Sie waren noch neu, als
wir sie füllten, aber jetzt sind sie rissig. Und
unsere Kleider und Schuhe sind zerschlissen von
der langen Reise.«

14 Die Männer Israels aßen zum Zeichen der
Verbrüderung etwas von dem Proviant, den die
Fremden mitgebracht hatten. Sie versäumten es
jedoch, vorher den HERRN zu fragen. 15 Josua gab
den Leuten aus Gibeon die vertragliche Zusiche-
rung, sie am Leben zu lassen. Und die Stammes-
oberhäupter der Israeliten versprachen ihnen
das mit einem Eid.

16 Drei Tage nach Vertragsabschluss kam es
heraus, dass die Fremden in Wirklichkeit in
nächster Nähe mitten im Gebiet Israels lebten.
17 Die Israeliten waren nämlich weitergezogen
und auf die Städte gestoßen, aus denen die Boten
stammten: Gibeon, Kefira, Beerot und Kirjat-
Jearim. 18 Sie konnten ihnen nichts antun, weil
ihre eigenen Oberhäupter ihnen im Namen des
HERRN, des Gottes Israels, Frieden geschworen
hatten.

Das ganze Volk murrte gegen die Stammes-
oberhäupter, 19 aber sie antworteten: »Wir haben
ihnen im Namen des HERRN, des Gottes Israels,
Frieden geschworen. Darum dürfen wir ihnen
nichts antun 20 und müssen sie am Leben lassen,
sonst wird der HERR uns schwer bestrafen.
21 Aber wir versprechen euch, sie sollen für ganz
Israel den Dienst von Holzhauern und Wasser-
trägern übernehmen.«[a] So geschah es auch.

22 Josua ließ die Abgesandten aus Gibeon zu
sich kommen und sagte zu ihnen: »Warum habt
ihr uns betrogen? Ihr habt erzählt, dass ihr von
weit her kommt, und dabei wohnt ihr ganz in
der Nähe! 23 Weil ihr das getan habt, sollt ihr ver-
flucht sein. Euer Volk wird für alle Zeiten die
Sklaven stellen, die für das Heiligtum meines
Gottes Holz fällen und Wasser schöpfen.«

24 Sie erwiderten: »Wir haben so gehandelt,
weil wir um unser Leben fürchteten. Wir hatten
gehört, dass der HERR, euer Gott, euch durch
Mose, seinen Bevollmächtigten*, das ganze
Land zugesprochen und euch befohlen hatte,
alle seine Bewohner zu töten. 25 Nun, wir sind in
deiner Hand; mach mit uns, was du für richtig
hältst.«

26 Josua schützte die Männer von Gibeon
und erlaubte den Männern Israels nicht, sie zu
töten. 27 Doch machte er sie zu Sklaven*, die
für die Israeliten und für den Opferdienst am
Altar des HERRN Holz fällen und Wasser schöp-
fen mussten. Sie tun das noch heute an der
Stätte, die der HERR zu seinem Heiligtum be-
stimmt hat.

Strafexpedition der Kanaaniter gegen Gibeon

10 Josua hatte die Stadt Ai eingenommen und
an ihr wie zuvor an Jericho den Bann*
vollstreckt. Daraufhin hatten die Leute von Gibe-
on sich den Israeliten unterworfen und erreicht,
dass sie mitten im Gebiet Israels wohnen bleiben
konnten. Als der König Adoni-Zedek von Jerusa-
lem davon erfuhr, 2 brach unter seinen Leuten
große Angst aus. Denn Gibeon war so groß wie
die Städte, die einen König hatten, und es war so-
gar größer als Ai. Außerdem waren die Männer
von Gibeon als tapfere Kämpfer bekannt.

3 Deshalb schickte der König von Jerusalem
Boten zu den Nachbarkönigen Hoham von
Hebron, Piram von Jarmut, Jafia von Lachisch
und Debir von Eglon und forderte sie auf:
4 »Kommt und helft mir! Wir wollen die Leute
von Gibeon dafür bestrafen, dass sie sich Josua
und den Leuten von Israel unterworfen haben.«
5 So zogen die fünf Könige mit ihrer gesamten
Heeresmacht vor Gibeon, belagerten die Stadt
und kämpften gegen sie.

6 Da schickten die Leute von Gibeon Boten
ins Lager der Israeliten bei Gilgal und baten
Josua: »Lass uns nicht im Stich! Wir sind deine
Sklaven und haben uns unter deinen Schutz ge-
stellt. Komm uns schnell zu Hilfe und rette uns!
Alle Könige der Amoriter* hier oben im Bergland
haben sich gegen uns zusammengetan!«

7 Josua rief alle kriegstüchtigen Männer
Israels zusammen und brach mit dem ganzen
Heer von Gilgal auf. 8 Der HERR sagte zu ihm:
»Hab keine Angst vor ihnen! Ich habe sie alle in
deine Hand gegeben. Keiner wird sich gegen dich
behaupten können.«

a *Aber wir versprechen ...:* mit G; H *Und sie übernahmen ... den Dienst ...*

9,10 Num 21,21-35 **9,14** Num 27,21 **9,19-20** 2 Sam 21,1-9 **9,24** Jos 7,1 S **9,27** Dtn 12,5 S **10,1** 8,1-29 **10,6** 9,15

Gott verhilft den Israeliten zum Sieg

9 Josua marschierte mit seinen Männern die
ganze Nacht hindurch und so kam sein Angriff
für die Amoriter* völlig überraschend. 10 Der
HERR versetzte sie beim Anblick der Israeliten in
einen solchen Schrecken, dass sie nur noch an
Flucht dachten. Die Männer Israels brachten
ihnen eine vernichtende Niederlage bei und ver-
folgten sie bis zur Steige* von Bet-Horon und
noch weiter bis nach Aseka und Makkeda.

11 Als die Amoriter die Steige von Bet-Horon
hinabflohen, ließ der HERR riesige Hagelkörner
auf sie fallen, auf dem ganzen Weg bis nach
Aseka. Durch sie kamen mehr Amoriter ums
Leben als durch die Schwerter der Israeliten.

12 Damals, als der HERR die Amoriter den
Israeliten auslieferte, betete Josua zum HERRN
und rief vor ganz Israel:

»Sonne, steh still über Gibeon,
du, Mond, überm Tal von Ajalon!«
13 Und die Sonne stand still,
auch der Mond blieb stehn;
Israels Feinde mussten untergehn.

Diese Verse stehen im Buch der Heldenlieder*.
Fast einen Tag lang blieb die Sonne hoch am
Himmel stehen und bewegte sich nicht von der
Stelle. 14 Weder vorher noch nachher hat der
HERR jemals auf das Gebet eines Menschen hin
so etwas getan. Der HERR selbst kämpfte auf der
Seite Israels.

15 Als der Sieg errungen war, kehrte Josua mit
dem ganzen Heer ins Lager bei Gilgal zurück.

Fünf Kanaaniterkönige werden gefangen und hingerichtet

16 Die fünf Amoriterkönige* jedoch waren ent-
kommen und hatten sich in einer Höhle bei
Makkeda versteckt. 17 Das wurde Josua gemeldet
18 und er ordnete an: »Wälzt große Steine vor
den Höhleneingang und lasst eine Wache dort
zurück. 19 Ihr anderen aber haltet euch nicht auf!
Verfolgt weiter die übrig gebliebenen Feinde, da-
mit sie sich nicht in ihre Städte zurückziehen
können. Der HERR, euer Gott, hat sie in eure
Hand gegeben.«

20 So brachten Josua und seine Leute den
Amoritern eine vernichtende Niederlage bei; nur
einige wenige konnten sich in die befestigten
Städte retten. 21 Danach kehrten alle Männer
Israels unversehrt zu Josua ins Lager bei Mak-
keda zurück. Niemand im ganzen Land wagte
mehr, gegen einen Israeliten auch nur den
Mund aufzumachen.

22 Nun befahl Josua: »Wälzt die Steine vom
Höhleneingang und bringt die fünf Könige zu mir
heraus!« 23 Man öffnete die Höhle und führte die
fünf heraus zu Josua: die Könige von Jerusalem,
von Hebron, Jarmut, Lachisch und Eglon.

24 Als sie vor ihm standen, rief Josua alle Män-
ner Israels zu sich und befahl den Anführern, die
mit ihm in den Kampf gezogen waren: »Tretet
vor und setzt euren Fuß auf den Nacken dieser
Könige!« 25 Dann sagte er zu den Anführern:
»Habt keine Angst und lasst euch durch nichts
erschrecken! Seid mutig und entschlossen! So
wie ihr es hier seht, wird der HERR mit allen
euren Feinden verfahren.«

26 Dann erschlug Josua die Könige mit dem
Schwert und hängte ihre Leichen an fünf
Bäume. Dort hingen sie bis zum Abend. 27 Als
die Sonne unterging, ließ er sie abnehmen. Die
Männer warfen sie in die Höhle, in der sie sich
zuvor versteckt hatten, und wälzten große
Steine vor den Eingang, die dort bis heute zu
sehen sind.

Der Süden Kanaans wird erobert

28 Noch am selben Tag griff Josua die Stadt Mak-
keda an und eroberte sie. Am König und an allen
Einwohnern ließ er den Bann* vollstrecken. Alle
wurden mit dem Schwert erschlagen; niemand
konnte entkommen. Dem König der Stadt berei-
tete Josua dasselbe Schicksal wie dem König von
Jericho.

29 Von Makkeda zog Josua mit dem Heer
Israels vor die Stadt Libna und griff sie an.
30 Der HERR gab auch Libna und seinen König
in die Hand der Israeliten. Sie erschlugen alle
Einwohner mit dem Schwert und ließen nie-
mand entkommen. Dem König der Stadt bereite-
ten sie dasselbe Schicksal wie dem König von
Jericho.

31 Von Libna aus zogen sie vor die Stadt
Lachisch, umzingelten sie und griffen sie an.
32 Am zweiten Tag der Belagerung gab der HERR
die Stadt in die Hand der Israeliten. Sie eroberten
sie und erschlugen alle Einwohner, genau wie in
Libna. 33 Auch König Horam von Geser, der den
Leuten von Lachisch zu Hilfe eilte, wurde von
Josua besiegt, seine Truppen wurden bis auf den
letzten Mann aufgerieben.

34 Von Lachisch aus zogen sie vor die Stadt
Eglon, umzingelten sie und griffen sie an. 35 Sie
eroberten sie am selben Tag und vollstreckten an

10,10-11 Sir 46,5-6 **10,13** Sir 46,4; 2 Sam 1,18 **10,26-27** Dtn 21,22-23 **10,28** 7,1 S **10,30** 7,1 S

allen Einwohnern den Bann, genau wie in
Lachisch.
36 Von Eglon aus zogen sie vor die Stadt
Hebron, griffen sie an 37 und eroberten sie. Sie
vollstreckten den Bann an der Stadt genau wie
an Eglon und erschlugen den König und alle Be-
wohner, auch die der umliegenden Ortschaften.
Niemand konnte entkommen.
38 Darauf zogen sie weiter und griffen die
Stadt Debir an. 39 Sie eroberten sie samt den um-
liegenden Ortschaften und vollstreckten den
Bann an ihrem König und an allen Einwohnern.
Sie bereiteten Debir und seinem König dasselbe
Schicksal wie Hebron und wie Libna mit seinem
König.
40–41 Auf diese Weise eroberte Josua das ganze
Land: das Gebirge in der Mitte, das westliche
Hügelland, den östlichen Gebirgsabfall und das
Steppenland im Süden, das ganze Gebiet von
Kadesch-Barnea bis Gaza und von der Land-
schaft Goschen[a] bis nach Gibeon. Er besiegte
alle Könige und ließ niemand in diesem ganzen
Gebiet am Leben; an allen vollstreckte er den
Bann, wie der HERR, der Gott Israels, es befohlen
hatte. 42 In einem einzigen Feldzug eroberte
Josua dieses Gebiet und besiegte alle Könige, die
dort regiert hatten; denn der HERR, der Gott
Israels, kämpfte für sein Volk.
43 Danach kehrte Josua mit dem ganzen Heer
Israels nach Gilgal zurück.

Die Könige Nordkanaans werden besiegt

11 1–2 Als König Jabin von Hazor von den Sie-
gen der Israeliten erfuhr, rief er alle be-
nachbarten Könige zu einem gemeinsamen
Kriegszug zusammen: den König Jobab von
Madon, die Könige von Schimron und Achschaf
und die übrigen Könige im nördlichen Bergland,
in der Ebene am See Gennesaret*, im westlichen
Hügelland und im Küstengebiet von Dor.
3 Außerdem schickte er Boten zu den Kanaani-
tern* östlich und westlich des Gebirges und zu
den Amoritern*, Hetitern*, Perisitern und
Jebusitern im Bergland selbst sowie zu den
Hiwitern am Fuß des Hermongebirges im Gebiet
von Mizpe.[b]
4 Sie alle kamen mit ihren Kriegsleuten, einer
Menge, die so unzählbar war wie die Sandkör-
ner am Meeresstrand. Auch viele Streitwagen*
mit Pferden brachten sie mit. 5 Sie vereinigten
ihre Truppen gegen Israel und schlugen bei
den Quellen von Merom ihr gemeinsames Lager
auf.
6 Der HERR aber sagte zu Josua: »Hab keine
Angst vor ihnen! Morgen um diese Zeit werdet
ihr sie alle erschlagen haben. Dafür sorge ich.
Nach dem Sieg müsst ihr ihren Pferden die Fuß-
sehnen durchschneiden und ihre Streitwagen
verbrennen.«
7 Josua machte mit allen seinen Kriegsleuten
einen Überraschungsangriff auf das Lager der
Feinde 8 und der HERR gab sie in die Hand
Israels. Die Israeliten schlugen sie in die Flucht
und verfolgten sie nach Norden bis zur großen
Stadt Sidon und bis Misrefot-Majim und nach
Osten bis zur Ebene von Mizpe. Sie erschlugen
alle und ließen keinen entkommen. 9 Nach dem
Befehl des HERRN ließ Josua die Fußsehnen der
Pferde durchschneiden und die Streitwagen ver-
brennen.

Der Norden Kanaans wird erobert

10 Dann kehrte Josua um und eroberte die Stadt
Hazor, die damals die führende Stellung unter
den Städten in diesem ganzen Bereich hatte. Er
erschlug ihren König 11 und die Männer Israels
vollstreckten an allen Einwohnern den Bann*.
Niemand blieb am Leben; die Stadt wurde nie-
dergebrannt.
12 Auch alle anderen Städte eroberte Josua
und ließ ihre Könige und alle Einwohner töten,
wie es Mose, der Bevollmächtigte* des HERRN,
befohlen hatte. 13 Diese Städte wurden jedoch
nicht niedergebrannt; sie stehen noch heute auf
ihren Hügeln. 14 Die Israeliten nahmen alle wert-
vollen Dinge und alles Vieh für sich; aber von
den Menschen ließen sie niemand am Leben.
15 So hatte der HERR es seinem Bevollmächtigten
Mose befohlen und Mose hatte den Befehl an
Josua weitergegeben. Josua hielt sich genau an
alle Weisungen, die Mose vom HERRN erhalten
hatte.

Die Eroberung des Landes wird vollendet

16 Josua eroberte das ganze Land von Süden bis
Norden: das Bergland, das Steppengebiet im
Süden, die ganze Landschaft Goschen, das
Hügelland im Westen und die Jordanebene,
17 das gesamte Gebiet vom Kahlen Berg, der zum
Gebirge Seïr* hin liegt, bis nach Baal-Gad in der

a *Goschen* im Süden des judäischen Berglandes (ebenso in 11,16; 15,51), zu unterscheiden von der Provinz Goschen in Ägypten (Gen 45,10; 46,28; 47,1; Ex 8,18; 9,26).
b H *Mizpa;* vgl. jedoch Vers 8.

10,38-39 15,15-17 S **11,1-11** Ri 4,1-23 **11,6** 2 Sam 8,4 **11,11** 7,1 S **11,12-15** Dtn 7,1-4 S

Ebene zwischen dem Libanon und dem Her-
mongebirge. Alle Könige dieses Gebietes nahm
Josua gefangen und tötete sie.
18 Er musste jedoch lange gegen sie kämpfen.
19 Außer der Hiwiterstadt Gibeon schloss keine
andere Stadt mit den Israeliten Frieden. Alle
mussten erobert werden. 20 Der HERR hatte ihre
Bewohner so starrsinnig gemacht, dass sie den
Israeliten Widerstand leisteten; denn er wollte,
dass sie alle dem Bann verfielen und ohne Erbar-
men vernichtet würden. So hatte er es Mose be-
fohlen.
21 Damals vernichtete Josua auch die Anaki-
ter*, die in den Städten Hebron, Debir und Anab
und in anderen Orten im Bergland von Juda und
Israel lebten. Er vollstreckte den Bann an ihnen
22 und ließ niemand von ihnen übrig. Nur die
Anakiter in Gaza, Gat und Aschdod entkamen
dem Untergang.
23 Josua eroberte das ganze Land, wie der
HERR es Mose angekündigt hatte. Er gab es dem
Volk Israel als Erbbesitz* und teilte jedem Stamm
sein Gebiet zu.

Das Land hatte nun Ruhe und Frieden.

Die von Mose und Josua besiegten Könige

12 Hier folgt die Liste der Könige des Landes,
über die die Israeliten gesiegt und deren
Land sie erobert hatten.

Im östlichen Teil der Jordansenke und im ost-
jordanischen Gebiet vom Arnontal bis zum Her-
mongebirge waren es:
2 Erstens Sihon, der König der Amoriter*, der
in Heschbon regierte.

Sein Königreich erstreckte sich von Aroër auf
den Höhen über dem Arnontal und der Stadt, die
direkt am Arnonfluss liegt,[a] über die halbe Land-
schaft Gilead* hinweg bis zum Jabbokfluss,
an dem das Gebiet der Ammoniter* beginnt,
3 außerdem umfasste es den östlichen Teil der
Jordanebene vom See Gennesaret* bis zum
Nordende des Toten Meeres, wo die Straße nach
Bet-Jeschimot führt, und noch weiter südlich bis
zu den Abhängen des Berges Pisga.
4 Zweitens: Og, der König von Baschan*, der
Letzte vom Geschlecht der Rafaïter, der in
Aschtarot und Edreï regierte.
5 Sein Königreich umfasste das Hermonge-
birge und die Landschaften Salcha und Baschan,
begrenzt im Westen von den Königreichen Ge-
schur und Maacha, dazu die nördliche Hälfte
von Gilead, die an das Gebiet Sihons, des Königs
von Heschbon, grenzt.
6 Diese beiden Könige waren von den Israeli-
ten unter der Führung Moses besiegt worden,
und Mose, der Bevollmächtigte* des HERRN,
hatte ihr Land den Stämmen Ruben und Gad
und dem halben Stamm Manasse als Besitz zu-
gesprochen.
7 Es folgen die Könige, die Josua und die Israe-
liten im Gebiet westlich des Jordans besiegt hat-
ten, von Baal-Gad am Fuß des Libanongebirges
bis zum Kahlen Berg, der zum Gebirge Seïr* hin
liegt. Josua verteilte ihr Land unter die Stämme
Israels und gab es ihnen als dauernden Besitz,
8 das Gebirge in der Mitte, das Hügelland im
Westen, den Gebirgsabfall im Osten mit der
Wüste Juda und der Jordanebene und das Step-
penland im Süden, das ganze Gebiet der Heti-
ter*, Amoriter, Kanaaniter*, Perisiter, Hiwiter
und Jebusiter.
9–24 Und dies sind die Könige:[b]

der König von Jericho
der König von Ai in der Nähe von Bet-El
der König von Jerusalem
der König von Hebron
der König von Jarmut
der König von Lachisch
der König von Eglon
der König von Geser
der König von Debir
der König von Geder
der König von Horma
der König von Arad
der König von Libna
der König von Adullam
der König von Makkeda
der König von Bet-El
der König von Tappuach
der König von Hefer
der König von Afek
der König von Scharon[c]
der König von Madon
der König von Hazor
der König von Schimron-Meron
der König von Achschaf
der König von Taanach
der König von Megiddo

a *und der Stadt …:* vermutlicher Text (vgl. 13,9.16); H *und inmitten des Flusses.* b Verdeutlichender Zusatz.
c *der König von Scharon:* fehlt in einem Teil der griechischen Überlieferung. *Scharon* war ursprünglich vermutlich erläuternde Zufügung zu *Afek,* da es mehrere Städte des Namens gab.

11,19 9,3-15 **11,21-22** Dtn 9,1-2S **11,22** 2Sam 21,22 **12,1-6** Num 21,21-35 **12,3** (Bet-Jeschimot) 13,20; Num 33,49 **12,4** Dtn 3,11S **12,5** (Geschur) 13,11-13; 2Sam 3,3; 13,37-38 **12,6** Num 32,33

der König von Kedesch
der König von Jokneam am Karmel
der König von Dor an der Meeresküste
der König von Haroschet-Gojim in Galiläa [a]
der König von Tirza

Könige insgesamt: 31

DIE VERTEILUNG DES LANDES AN DIE ZWÖLF STÄMME (Kapitel 13–22)

Gott ordnet die Verteilung des Landes an

13 Josua war inzwischen sehr alt geworden.
Der HERR sagte zu ihm: »Du hast nicht
mehr lange zu leben, aber es muss noch ein
großer Teil des Landes erobert werden, 2 nämlich
das ganze Gebiet der Philister* im Süden und im
Norden das gesamte Gebiet der Geschuriter. [b]
3 Diese Gebiete reichen von der ägyptischen
Grenze nordwärts bis Ekron; dieser ganze Land-
strich wird den Kanaanitern* zugerechnet und
umfasst die fünf Stadtfürstentümer der Philister:
Gaza, Aschdod und Aschkelon, Gat und Ekron
und dazu das Gebiet der Awiter im Süden. [c]
4 Weiter gehört dazu das gesamte Gebiet der
Kanaaniter von der Stadt Ara, [d] die zu Phöni-
zien* gehört, bis zur Stadt Afek und zum Gebiet
der Amoriter*, 5 das Gebiet der Stadt Gebal und
im Osten der ganze Libanon von Baal-Gad am
Fuß des Hermongebirges bis nach Lebo-Hamat.
6 Auch alle Gebirgsbewohner Phöniziens, vom
Libanon bis nach Misrefot-Majim, werde ich vor
den Israeliten aus dem Land vertreiben.

Teile trotzdem schon jetzt das ganze Land
durchs Los unter die Israeliten auf, wie ich es dir
befohlen habe. 7 Das Land vom Jordan bis zum
Mittelmeer [e] teilst du den neuneinhalb Stämmen
als bleibenden Besitz zu.«

8 Der halbe Stamm Manasse [f] hatte zusam-
men mit den Stämmen Ruben und Gad seinen
Anteil am Land schon östlich des Jordans erhal-
ten; Mose, der Bevollmächtigte des HERRN, hatte
ihnen die folgenden Gebiete zugeteilt:

9–10 die ganze Hochebene zwischen Medeba
und Dibon und alle Städte, über die der Amori-
terkönig Sihon von Heschbon aus geherrscht
hatte, von Aroër auf den Höhen über dem
Arnontal und der Stadt, die direkt am Arnonfluss
liegt, nach Norden bis zur Grenze der Ammo-
niter*;

11 die Landschaft Gilead*, das Gebiet von Ge-
schur und Maacha, das ganze Hermongebirge
und die ganze Landschaft Baschan* bis nach
Salcha, 12 also das gesamte Gebiet, über das
König Og von Baschan in Aschtarot und Edreï
geherrscht hatte, der Letzte aus dem Geschlecht
der Rafaïter, die von Mose besiegt und vertrie-
ben worden waren. 13 Allerdings hatten die
Israeliten die Bewohner von Geschur und
Maacha nicht vertrieben; deshalb leben sie bis
heute mitten in Israel.

14 Nur dem Stamm Levi gab Mose keinen An-
teil am Land. Der HERR hatte ihnen die Opfer-
gaben, die ihm gebracht werden, als ihren Anteil
zugesprochen.

Das Gebiet des Stammes Ruben

15 Zuerst hatte Mose den Sippen des Stammes
Ruben ihr Gebiet zugeteilt. 16 Es erstreckt sich
von Aroër auf den Höhen über dem Arnontal
und der Stadt direkt am Arnonfluss nach Norden
über die ganze Hochebene bis nach Medeba
17 und weiter bis nach Heschbon. In diesem Ge-
biet liegen die Städte Dibon, Bamot-Baal, Bet-
Baal-Meon, 18 Jahaz, Kedemot, Mefaat, 19 Kirja-
tajim, Sibma, Zeret-Schahar auf dem Gebirge
östlich des Jordans, 20 Bet-Pegor, Aschdot-Pisga,
Bet-Jeschimot 21 und die übrigen Städte der
Hochebene. Es umfasst das ganze ehemalige
Herrschaftsgebiet des Amoriterkönigs Sihon, der
in Heschbon regiert hatte und den Mose genauso
besiegt hatte wie die midianitischen* Stammes-
oberhäupter Ewi, Rekem, Zur, Hur und Reba, die
im Land König Sihons lebten und in seinen
Diensten standen. 22 Mit ihnen zusammen
hatten die Israeliten auch den Wahrsager Bileam,
den Sohn Beors, mit dem Schwert erschlagen.
23 Die Westgrenze des Stammes Ruben ist der
Jordan.

Alle diese Städte mit ihren Dörfern bilden den
Erbbesitz* des Stammes Ruben und seiner Sip-
pen.

a *Haroschet-Gojim:* vermutlicher Text statt *Gojim* = »der Völker« (vgl. Ri 4,2). *Galiläa *:* mit G; H *Gilgal.*
b *Geschuriter* ist hier im Unterschied zu 12,5 offenbar zusammenfassende Bezeichnung für die Nordgebiete, die in den Versen 4-6 aufgezählt werden.
c *im Süden* wird mit alten Übersetzungen zu Vers 3 gezogen; H verbindet es mit den in Vers 4 folgenden Angaben, die jedoch nach Norden weisen.
d *von (der Stadt) Ara:* vermutlicher Text; H *Meara.*
e *vom Jordan …:* ergänzt nach G. f *Der halbe …:* ergänzt nach G.

13,6 Num 33,54 **13,8** Num 32,33 **13,9-10** Num 21,21-32 **13,11-12** Num 21,33-35; Jos 12,4 **13,14** Num 18,20S **13,21** Num 21,21-32; 31,8 **13,22** Num 22,1–24,25; 31,8

Das Gebiet des Stammes Gad

[24] Den Sippen des Stammes Gad hatte Mose das nördlich anschließende Gebiet zugeteilt. [25] Es umfasst Jaser und alle Städte der Landschaft Gilead* sowie das halbe Land der Ammoniter* bis nach Aroër bei Rabba, [26–27] also das restliche Herrschaftsgebiet des Amoriterkönigs Sihon; es erstreckt sich von Heschbon bis nach Ramat-Mizpe und Betonim und weiter von Mahanajim bis zum Gebiet von Lo-Dabar.[a] Ferner gehört dazu die östliche Jordanebene bis zum Südende des Sees Gennesaret* mit den Städten Bet-Haram, Bet-Nimra, Sukkot und Zafon.

[28] Alle diese Städte mit ihren Dörfern bilden den Erbbesitz* des Stammes Gad mit seinen Sippen.

Das Gebiet des östlichen Halbstammes Manasse

[29–30] Den Sippen des halben Stammes Manasse hatte Mose das Gebiet zugeteilt, das sich von Mahanajim nordwärts erstreckt. Es umfasst die ganze Landschaft Baschan*, das ehemalige Herrschaftsgebiet des Königs Og von Baschan, und dazu die sechzig Ortschaften, die Machirs Sohn Jaïr erobert hatte. [31] Der Hälfte der Sippen, die von Manasses Sohn Machir abstammen, wurde die halbe Landschaft Gilead* mit den Städten Aschtarot und Edreï zugeteilt, in denen König Og regiert hatte.

[32] Alle diese Gebiete hatte Mose im moabitischen Steppengebiet in der Jordanebene östlich von Jericho als Erbbesitz* an die zweieinhalb Stämme verteilt. [33] Dem Stamm Levi gab er keinen Anteil am Landbesitz. Der HERR, der Gott Israels, ist selbst ihr Erbbesitz; von ihm bekommen sie ihren Lebensunterhalt, wie er ihnen das zugesagt hat.

Beginn der Verteilung des Westjordanlandes

14 Es folgt jetzt eine Aufzählung der Gebiete, die die Israeliten im Land Kanaan* in Besitz nahmen. Der Priester* Eleasar und Josua, der Sohn Nuns, teilten zusammen mit den Sippenoberhäuptern der einzelnen Stämme das Land unter das Volk auf. [2] Wie der HERR es Mose befohlen hatte, wurden die Gebiete westlich des Jordans unter die neuneinhalb Stämme durchs Los verteilt. [3–4] Das Land östlich des Jordans war den anderen zweieinhalb Stämmen schon durch Mose zugeteilt worden. Die Nachkommen Josefs waren in zwei Stämme geteilt: Manasse und Efraïm. Die Leviten* erhielten keinen Landbesitz, nur Städte, in denen sie leben konnten, und die dazugehörigen Weidegebiete für ihre Viehherden. [5] Die Israeliten verteilten das Land unter die Stämme, wie der HERR es Mose befohlen hatte.

Kaleb bekommt seine Belohnung

[6] Nun traten die Männer des Stammes Juda zu Josua; alle waren noch im Lager in Gilgal. Mit ihnen kam Kaleb, der Sohn von Jefunne aus der Sippe Kenas. Er sagte zu Josua: »Du weißt, was der HERR in Kadesch-Barnea durch Mose, den Bevollmächtigten* Gottes, uns beiden zugesagt hat. [7] Ich war damals 40 Jahre alt, und Mose, der Diener des HERRN, hatte mir den Auftrag gegeben, von dort aus das Land zu erkunden. Als ich zurückkam, berichtete ich darüber so, wie es meiner Einsicht entsprach. [8] Die Männer, die mit mir das Land erkundet hatten, machten dem Volk Angst; aber ich ließ mich nicht beirren und habe dem HERRN, meinem Gott, vertraut. [9] Da versprach mir Mose mit einem Eid: ›Der Teil des Landes, den du als Kundschafter betreten hast, soll für alle Zeiten dir und deinen Nachkommen als Erbbesitz* gehören. Das ist der Lohn dafür, dass du dich an den HERRN, meinen Gott, gehalten und ihm vertraut hast.‹

[10] Seither sind 45 Jahre vergangen, und der HERR hat mein Leben bewahrt, wie er es mir versprochen hatte, in der ganzen Zeit, während die Israeliten in der Wüste umhergezogen sind. Sieh mich an! Ich bin 85 Jahre alt [11] und bin noch genauso stark wie damals, als Mose mich ausschickte, und kann noch ebenso gut in den Krieg ziehen. [12] Darum gib mir nun als meinen Anteil das Bergland, von dem der HERR gesprochen hat. Du weißt noch von damals, dass dort die Anakiter* in großen, stark befestigten Städten wohnen. Vielleicht steht der HERR mir bei, sodass ich sie vertreiben kann; er hat es mir ja zugesagt.«

[13] Josua segnete Kaleb und gab ihm die Stadt Hebron als Erbbesitz. [14] Sie gehört noch heute seinen Nachkommen, weil er sich an den HERRN, den Gott Israels, gehalten und ihm vertraut hat. [15] Hebron hieß früher Kirjat-Arba

a *Lo-Dabar:* vermutliche Schreibung; H *Lidebir.*

13,29-31 Num 21,33-35; Dtn 3,13-15 **13,33** Num 18,20 S **14,1** 24,33 S **14,2** Num 26,52-56 **14,3-4** Num 32,33; Gen 41,50-52; 48,8-20; (Leviten) Num 35,2-8 S **14,6** 4,19; 9,6; 10,43; (Kaleb) Num 14,24.30; Dtn 1,36 **14,7-8** Num 13,1-33; 14,6-9; 32,8-12 **14,12** Dtn 9,1-2 S **14,13-15** 15,13-14 **14,14** Num 32,12

(Stadt Arbas); dieser Arba war der größte unter
den Riesen im Volk der Anakiter.
Das Land hatte nun Ruhe und Frieden.

Das Gebiet des Stammes Juda

15 Die Sippen des Stammes Juda erhielten
folgenden Anteil am Land:
Im Süden grenzt ihr Gebiet an die Wüste Zin,
die zu Edom* gehört.[a] 2 Im Einzelnen verläuft
die Südgrenze vom südlichen Ende des Toten
Meeres 3 zunächst in südwestlicher Richtung,
und zwar am Fuß der Skorpionensteige vorbei
über Zin bis südlich von Kadesch-Barnea, und
weiter über Hezron, Addar und Karka 4 nach
Azmon. Von dort läuft sie nordwestlich zu dem
Tal, das die ägyptische Grenze* bildet, und folgt
diesem bis zum Mittelmeer. Dies soll eure Süd-
grenze sein.
5–6 Die Ostgrenze von Juda bildet das Tote
Meer bis zur Einmündung des Jordans. Von dort
verläuft die Nordgrenze nach Bet-Hogla und
nördlich an Bet-Araba vorbei bis zum Bohanfels
– Bohan war ein Sohn Rubens –, 7 dann durchs
Achortal nach Debir und weiter zu den Gelilot;[b]
die liegen der Adummim-Steige gegenüber, die
am Südhang des Tales entlangläuft. Sodann geht
die Grenze an der Sonnenquelle und der Rogel-
Quelle* vorbei 8 und weiter durch das Hinnom-
Tal* den Südhang des Berges entlang, auf dem
die Jebusiterstadt Jerusalem liegt, und dann auf
den Gipfel des Berges, der das Hinnom-Tal im
Westen und die Ebene Rafaïm im Norden
begrenzt. 9 Vom Gipfel biegt sie ab zur Quelle
Neftoach und weiter zur Spitze[c] des Berges
Efron und nach Baala, dem heutigen Kirjat-Jea-
rim, 10 dann südwestlich über den Bergrücken
Seïr, an der Nordseite des bewaldeten Höhen-
zugs von Kesalon entlang, nach Bet-Schemesch
hinunter und weiter nach Timna. 11 Von dort
verläuft sie nordwestlich zum Höhenzug bei
Ekron und dann über Schikkaron, den Berg
Baala und die Stadt Jabneel zum Mittelmeer.
12 Die Westgrenze wird von der Küste des
Meeres gebildet.
Dies ist das Gebiet, das dem Stamm Juda mit
seinen Sippen zusteht.

Kaleb in Hebron, seine Tochter Achsa in Debir

(Ri 1,10-15)

13 Kaleb, der Sohn von Jefunne, hatte mitten in
Juda seinen Erbbesitz* erhalten, wie der HERR es
Josua befohlen hatte. Er bekam die Stadt Hebron,
die Arba, der Stammvater der Anakiter*, gegrün-
det hatte. 14 Kaleb vertrieb die drei Anakiter
Scheschai, Ahiman und Talmai samt ihren Sippen
aus der Stadt. 15 Von dort zog er vor die Stadt
Debir, die früher Kirjat-Sefer hieß. 16 Er erklärte:
»Wer Kirjat-Sefer für sich erobert, dem gebe ich
meine Tochter Achsa zur Frau.« 17 Da eroberte
Kalebs Bruder Otniël, ein Sohn von Kenas, die
Stadt und erhielt die Tochter Kalebs zur Frau.
18 Am Hochzeitstag veranlasste Otniël seine
Frau,[d] ihren Vater um Ackerland zu bitten. Sie
stieg von ihrem Esel und Kaleb fragte sie: »Was
möchtest du?« 19 Sie antwortete: »Gib mir als
Zeichen, dass dein Segen mich begleitet, ein Ge-
schenk. Du hast mich in das regenarme Südland
verheiratet; gib mir wenigstens ein paar Quellen!«
Da gab ihr Kaleb die oberen und unteren
Teichanlagen bei Hebron.

Die zwölf Bezirke des Stammesgebietes von Juda

20–21 Der Erbbesitz* des Stammes Juda mit seinen
Sippen umfasste folgende Städte im Gebiet zwi-
schen der Nordgrenze und der Grenze zu Edom:

(I) *Im Südland:* Kabzeel, Arad, Jagur, 22 Kina,
Dimona, Arara, 23 Kadesch, Hazor-Jitnan, 24 Sif,
Telem, Bealot, 25 Hazor-Hadatta, Kerijot-Hezron
– das ist Hazor –, 26 Amam, Schema, Molada,
27 Hazar-Gadda, Heschmon, Bet-Pelet, 28 Hazar-
Schual, Beerscheba und die dazugehörigen
Dörfer, 29 Baala, Ijim, Ezem, 30 Eltolad, Kesil,
Horma, 31 Ziklag, Madmanna, Sansanna, 32 Bet-
Lebaot, Scharuhen, En-Rimmon – das sind neun-
undzwanzig Städte mit den umliegenden
Dörfern.[e]

(II) 33 *Im Hügelland:* Eschtaol, Zora, Aschna,
34 Sanoach, En-Gannim, Tappuach, Enam, 35 Jar-
mut, Adullam, Socho, Aseka, 36 Schaarajim, Adi-

a Die Fortsetzung ist kaum verständlich: *vom Rand des äußersten Südens* oder *vom Rand Temans.*
b Geliot: nach 18,17; H *Gilgal.* Die Bedeutung des Wortes ist nicht sicher zu bestimmen (»Steinkreise« oder »zusammengewälzte Steine«). *c zur Spitze:* mit einer alten Übersetzung; H *zu den Städten.*
d veranlasste Otniël ...: H *veranlasste sie ihn* (vgl. Ri 1,14).
e Die Überlieferung der Ortsnamen ist stellenweise unsicher. H liest in Vers 21 für Arad *Eder,* in 22 für Arara *Adada,* in 23 *Hazor und Jitnan,* in 28 für »die dazugehörigen Dörfer« *Bisiotia,* in 32 für Scharuhen *Schilhim* (vgl. 19,6) und für En-Rimmon *Ajin und Rimmon* (vgl. Neh 11,19). Die Anzahl der genannten Orte ist höher als 29; vielleicht ist die Liste später erweitert worden.

15,8 15,63S **15,13-14** Num 14,24; 14,13-15; Ri 1,20 **15,15-17** 10,38-39; 11,21; Ri 1,12-13

Die Bezirke Judas und Benjamins nach Josua 15,20-62 und 18,21-28

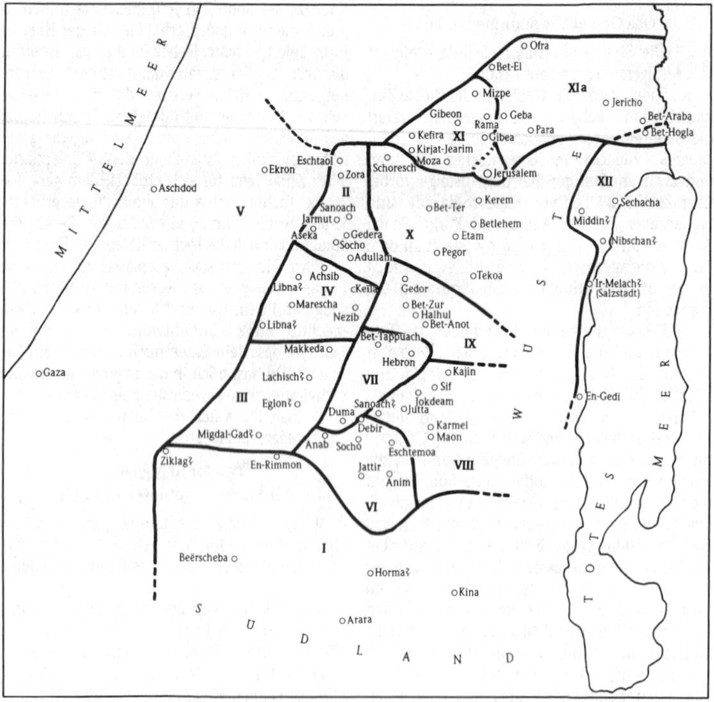

Die Kartenskizze enthält alle in Josua 15 und 18 genannten Orte, die eindeutig oder vermutungsweise zu lokalisieren sind. Die Gliederung in Bezirke wird vom Text her nahe gelegt, auch wenn im Einzelnen keine volle Sicherheit zu gewinnen ist.

Alle zwölf Städtegruppen in Josua 15 mit Ausnahme der fünften schließen mit derselben Formel: »Das sind ... (29, 14, 16 usw.) Städte mit den umliegenden Dörfern.« Der 5. Bezirk, der aus diesem Schema fällt, nimmt auch sonst eine Sonderstellung ein: Er umfasst das Gebiet der Philister, das von Juda nie wirklich in Besitz genommen worden ist.
Andererseits fällt auf, dass Bezirk XI in Josua 18,25-28 noch einmal in vollständigerer Form als zweiter Bezirk des Stammes Benjamin erscheint (wobei ihm abweichend von den späteren Verhältnissen Jerusalem zugeschlagen ist). Dort wird auch noch in 18,21-24 ein erster benjaminitischer Bezirk um Jericho (XIa) beschrieben, der eine Lücke zwischen Bezirk XI und XII schließt.
Sieht man Kapitel 15 und 18 zusammen, so erhält man den Eindruck, dass sich in den beiden Aufzählungen eine 12-Gliederung des *gemeinsamen* Gebietes der Stämme Juda *und* Benjamin ankündigt. Die Liste der Städte und Bezirke würde dann auf Verhältnisse zielen, wie sie sich in der Königszeit herausbilden sollten, wo Juda und Benjamin gegenüber Nordisrael zu einem gemeinsamen Staatswesen zusammengeschlossen waren. In der späteren Königszeit kam es auch dazu, dass Bet-El, das vorher zum Gebiet von Efraïm gehört hatte, für Juda-Benjamin erobert wurde (2 Kön 23,15-18).

tajim, Gedera und Gederotajim – das sind vierzehn[a] Städte mit den umliegenden Dörfern.

(III) 37 Außerdem: Zenan, Hadascha, Migdal-Gad, 38 Dilan, Mizpe, Jokteel, 39 Lachisch, Bozkat, Eglon, 40 Kabbon, Lachmas, Kitlisch, 41 Gederot, Bet-Dagon, Naama und Makkeda – das sind sechzehn Städte mit den umliegenden Dörfern.

(IV) 42 Ferner: Libna, Eter, Aschan, 43 Jiftach, Aschna, Nezib, 44 Keïla, Achsib und Marescha – das sind neun Städte mit den umliegenden Dörfern.

(V) 45 Ferner: Ekron mit den umliegenden Siedlungen 46 sowie die Ortschaften zwischen Ekron und dem Mittelmeer, 47 ebenso Aschdod und Gaza mit den zugehörigen Ortschaften, das ganze Gebiet bis zum Mittelmeer und im Süden bis zu dem Tal, das die ägyptische Grenze* bildet.

(VI) 48 *Im Bergland:* Schamir, Jattir, Socho, 49 Danna, Kirjat-Sefer, das ist Debir,[b] 50 Anab, Eschtemoa, Anim, 51 Goschen, Holon, Gilo – das sind elf Städte mit den umliegenden Dörfern.

(VII) 52 Außerdem: Arab, Duma, Eschan, 53 Janum, Bet-Tappuach, Afeka, 54 Humta, Kirjat-Arba, das ist Hebron, und Zior – das sind neun Städte mit den umliegenden Dörfern.

(VIII) 55 Ferner: Maon, Karmel, Sif, Jutta, 56 Jesreel, Jorkoam,[c] Sanoach, 57 Kajin, Gibea und Timna – zehn Städte mit den umliegenden Dörfern.

(IX) 58 Ferner: Halhul, Bet-Zur, Gedor, 59 Maarat, Bet-Anot und Eltekon – das sind sechs Städte mit den umliegenden Dörfern.

(X) Ferner: Tekoa, Efrata, das ist Betlehem, Pegor, Etam, Kulon, Tatam, Schoresch, Kerem, Gallim, Bet-Ter und Manocho – das sind elf Städte mit den umliegenden Dörfern.[d]

(XI) 60 Ferner: Kirjat-Baal, das ist Kirjat-Jearim, und Rabba – das sind zwei Städte mit den umliegenden Dörfern.

(XII) 61 *In der Steppe* nordwestlich des Toten Meeres: Bet-Araba, Middin, Sechacha, 62 Nibschan, Ir-Melach (die Salzstadt) und En-Gedi – das sind sechs Städte mit den umliegenden Dörfern.

63 Die Männer von Juda konnten die Jebusiter nicht aus Jerusalem vertreiben; deshalb leben diese noch heute dort mit den Judäern zusammen.

Das Gebiet der Josefsstämme

16 Der Landanteil der Nachkommen Josefs wird im Süden durch eine Linie begrenzt, die am Jordan bei Jericho beginnt; sie verläuft dann an den Quellen nordwestlich Jerichos vorbei und bergauf bis nach Bet-El 2 und weiter nach Lus, in das Gebiet der Arkiter und nach Atarot; 3 dann geht sie bergab nach Westen zum Gebiet der Sippe Jaflet und zum unteren Bet-Horon und weiter über Geser zum Mittelmeer.

4 Die Nachkommen Josefs, die Stämme Efraïm und Manasse, erhielten dieses Gebiet als Erbbesitz*.

Der Anteil des Stammes Efraïm

5 Die Sippen des Stammes Efraïm bekamen darin ihr besonderes Teilgebiet; dessen Südgrenze beginnt östlich von Atrot-Addar und läuft zum oberen Bet-Horon 6–9 und von dort zum Mittelmeer, die Nordgrenze von Michmetat westwärts nach Tappuach und durch das Kana-Tal ebenfalls bis zum Mittelmeer. Von Michmetat aus führt die Ostgrenze über Taanat-Schilo, Janoach, Atarot, Naara und an Jericho vorbei zum Jordan.

Dieses Gebiet mit seinen Städten und Dörfern liegt mitten im Gebiet des Stammes Manasse und gehört den Sippen des Stammes Efraïm als Erbbesitz*. 10 Sie konnten jedoch die Kanaaniter*, die in Geser lebten, nicht vertreiben. Darum wohnen diese noch heute mitten im Gebiet des Stammes Efraïm; doch müssen sie Fronarbeit* verrichten.

Der Anteil des Stammes Manasse. Regelung für die Töchter Zelofhads

17 Der Hauptanteil des Gebietes fiel dem Stamm Manasse zu, der von Josefs erstgeborenem Sohn Manasse abstammt. Die Nachkommen von Manasses Erstgeborenem Machir hatten schon früher die Landschaften Gilead* und Baschan* östlich des Jordans erhalten. Sie

a Vgl. den Schluss der vorigen Anmerkung. b *Kirjat-Sefer* mit alten Übersetzungen; H *Kirjat-Sanna.*
c *Jorkoam:* mit G und nach 1Chr 2,44; H *Jokdeam.* d Die Liste der elf Städte wird nur von G überliefert.
15,63 15,8; 18,28; Ri 1,8.21; 19,10; 2 Sam 5,6-9 **16,10** 17,12; Ri 1,29; 1 Kön 9,16-17 **17,1** 13,29-31; Num 32,39-40

waren tüchtige Krieger und hatten das Land
Gilead erobert. 2 Nun wurde dem Rest des Stam-
mes Manasse sein Land westlich des Jordans zu-
geteilt, also den Nachkommen von Manasses
übrigen Söhnen Abiëser, Helek, Asriël, Sche-
chem, Hefer und Schemida.
3 Zelofhad aber, der Sohn Hefers – ein Enkel
Gileads, der wiederum ein Sohn Machirs und
Enkel Manasses war –, hatte keine Söhne, son-
dern nur Töchter; sie hießen Machla, Noa,
Hogla, Milka und Tirza. 4 Diese gingen zum
Priester* Eleasar und zu Josua und den Stammes-
oberhäuptern und sagten: »Der HERR hat durch
Mose befohlen, uns einen Landanteil in der
Sippe unseres Vaters zu geben.«

Josua folgte dem Befehl des HERRN und be-
handelte sie bei der Landverteilung genau wie
die Brüder ihres Vaters. 5–6 Daher kommt es,
dass der Stamm Manasse zehn Landanteile erhal-
ten hat, Gilead und Baschan auf der Ostseite des
Jordans nicht mitgerechnet; denn die weiblichen
Nachkommen Manasses bekamen genauso
ihren Erbbesitz* wie die männlichen.

7 Das Stammesgebiet von Manasse grenzt im
Norden an das Gebiet des Stammes Ascher. Die
Südgrenze verläuft zunächst von Michmetat
in der Nähe von Sichem nach Jaschub bei der
Quelle von Tappuach.[a] 8 Das Gebiet rund um
Tappuach gehört zu Manasse, aber die Stadt
Tappuach selbst zu Efraïm. 9–10 Die Grenze
folgt dann dem Kana-Tal bis zum Mittelmeer.
Nördlich des Kana-Tals liegt das Hauptgebiet
von Manasse, südlich davon liegen die Sied-
lungen Efraïms in einem Gebiet, das ebenfalls
noch zum Stamm Manasse zählt. Im Norden
grenzt Manasse also an das Gebiet des Stam-
mes Ascher, im Osten an das des Stammes
Issachar.

11 In beiden Stammesgebieten, Ascher und
Issachar, gehören einige Städte mit den um-
liegenden Dörfern zu Manasse: Bet-Schean,
Jibleam, Dor – gemeint ist der ganze Bezirk[b] –,
En-Dor, Taanach und Megiddo. 12 Die Männer
von Manasse konnten diese Städte allerdings
nicht erobern und so blieben die Kanaaniter*
in dieser Gegend wohnen. 13 Auch als die Israeli-
ten stärker wurden, konnten sie die Kanaaniter
nicht vertreiben, doch mussten diese Fron-
dienste* für sie leisten.

Die Josefsstämme beschweren sich bei Josua

14 Die Nachkommen Josefs sagten zu Josua:
»Warum hast du uns bei der Landverteilung nur
den Anteil eines einzigen Stammes gegeben?
Wir sind doch sehr zahlreich, weil uns der HERR
so gesegnet hat.«
15 Josua antwortete ihnen: »Wenn ihr so zahl-
reich seid, dass euch das Bergland von Efraïm zu
eng ist, dann zieht in das Waldgebiet hinauf, in
das Land der Perisiter und Rafaïter, und rodet
euch dort Acker- und Weideland.«[c]
16 Die Nachkommen Josefs sagten: »Das Berg-
land ist nicht groß genug für uns und drunten in
der Ebene sind die Kanaaniter*. Sie haben über-
all eiserne Streitwagen*, in der Gegend von Bet-
Schean genauso wie in der Ebene Jesreel.«
17 Da antwortete Josua den Nachkommen
Josefs, den Männern von Efraïm und Manasse:
»Ihr seid ein zahlreiches Volk und habt Kraft.
Deshalb fällt euch auch kein gewöhnlicher An-
teil zu, 18 sondern ihr bekommt ein bewaldetes
Bergland. Den Wald könnt ihr roden und da-
durch neues Land gewinnen. Ja, ihr werdet
sogar die Kanaaniter vertreiben, auch wenn sie
noch so stark sind und eiserne Streitwagen
haben.«

Der Rest des Landes wird in Ortslisten erfasst

18 Die ganze Gemeinde Israel versammelte
sich in Schilo* und richtete dort das Hei-
lige Zelt* auf. Das gesamte Land war jetzt
erobert. 2 Es gab aber noch sieben Stämme, die
ihren Anteil am Land noch nicht in Besitz
genommen hatten.
3 Da sagte Josua zu den Männern dieser
Stämme: »Wie lange wollt ihr noch warten, bis
ihr das Land in Besitz nehmt, das der HERR, der
Gott eurer Väter, euch gegeben hat? 4–6 Wählt
aus jedem Stamm drei Männer, die ich aus-
schicken kann, damit sie eine Liste von allen
Städten des Landes aufstellen.

Der Stamm Juda hat schon im Süden sein Ge-
biet erhalten und die Josefsstämme haben das
ihre im Norden. Das restliche Land sollen die
ausgewählten Männer in sieben gleichwertige
Gebiete aufteilen, das Ergebnis aufschreiben und

a *nach Jaschub …:* im Anschluss an G; H *zu den Bewohnern von En-Tappuach* (*En* = Quelle).
b Wörtlich *der dritte (Name) meint den Bezirk.* So nach G; H *drei der Bezirk.*
c Das *Land der Perisiter und Rafaïter* ist nicht sicher zu lokalisieren. Manche Ausleger suchen es östlich des Jordans, wo jedenfalls *Rafaïter* bezeugt sind (Gen 14,5; Dtn 3,11.13).

17,3-4 Num 27,1-11 S **17,12-13** Ri 1,27-28 **17,14** Gen 48,19-20 **17,16.18** Ri 1,19; 4,3.13; Dtn 20,1 **18,1** Ri 18,31; 21,19; 22,12; 1 Sam 1,3; Jer 7,12; Ps 78,60

zu mir bringen. Dann werde ich das Los* werfen
und den HERRN, euren Gott, bitten, dass er selbst
entscheidet, welcher Teil welchem Stamm zufällt.
7 Die Leute vom Stamm Levi bekommen
keinen Anteil am Land, denn ihr Anteil ist der
Priesterdienst* für den HERRN, und die Stämme
Ruben und Gad und der halbe Stamm Manasse
haben ihr Land schon östlich des Jordans
bekommen; Mose, der Bevollmächtigte* des
HERRN, hat es ihnen zugewiesen.«
8 Zu den ausgewählten Männern sagte Josua:
»Geht durch das ganze Land, nehmt es auf und
kehrt dann zu mir zurück, damit ich hier für
euch das Los werfen kann.«

Die Männer machten sich auf 9 und durch-
zogen das Land. Sie teilten die noch verbliebe-
nen Gebiete in sieben Teile auf und legten eine
Liste der Städte an, die in jedem dieser Teile
lagen. Dann kamen sie zu Josua ins Lager bei
Schilo zurück. 10 Josua ließ den HERRN durch das
Los entscheiden, und wie die Lose fielen, so ver-
teilte er das Land unter die restlichen Stämme
Israels.

Das Gebiet des Stammes Benjamin

11 Das erste Los fiel auf den Stamm Benjamin mit
seinen Sippen. Sie bekamen das Gebiet zwischen
dem Stamm Juda und den Josefsstämmen.
12 Seine Nordgrenze beginnt im Osten am Jor-
dan, läuft dann zur Höhe nördlich von Jericho
und weiter bergauf zum Weidegebiet von Bet-
Awen, 13 dann über den Bergrücken südlich von
Lus – das ist Bet-El – hinunter nach Atrot-Addar,
und zwar verläuft sie über die Höhe südlich des
unteren Bet-Horon. 14 Hier wendet sie sich nach
Süden und läuft bis Kirjat-Baal – das ist Kirjat-
Jearim –, das schon auf dem Gebiet des Stammes
Juda liegt.
15 Vor Kirjat-Jearim biegt die Grenze nach
Osten um und führt an der Quelle Neftoach vor-
bei 16 zu dem Berg an der Nordseite der Ebene
Rafaïm, hinter dem das Hinnom-Tal* beginnt;
sie führt dann durch das Hinnom-Tal den Süd-
hang der Jebusiterstadt Jerusalem entlang zur
Rogel-Quelle*, 17 dann zur Sonnenquelle und zu
den Gelilot,[a] die der Adummim-Steige gegen-
überliegen, und hinunter zum Bohanfels –
Bohan war ein Sohn Rubens –; 18 sie läuft dann
auf der Nordseite an dem Gipfel vorbei, der am
Gebirgsabfall über der Jordanebene liegt, dann
in die Ebene hinunter 19 und ebenfalls nördlich
an der Anhöhe bei Bet-Hogla vorbei und endet
dort, wo der Jordan ins Tote Meer mündet.
20 Die Ostgrenze bildet der Jordan.

Innerhalb dieser Grenzen liegt das Gebiet,
das den Sippen des Stammes Benjamin als Erb-
besitz* zufiel.
21 Dem Stamm Benjamin mit seinen Sippen
gehören folgende Städte:[b] Jericho, Bet-Hogla,
Emek-Keziz, 22 Bet-Araba, Zemarajim, Bet-El,
23 Awim, Para, Ofra, 24 Kefar-Ammoni, Ofni und
Geba – das sind zwölf Städte mit den umliegen-
den Dörfern; 25 außerdem Gibeon, Rama, Bee-
rot, 26 Mizpe, Kefira, Moza, 27 Rekem, Jirpeel,
Tarala, 28 Zela-Haëlef, die Jebusiterstadt, das ist
Jerusalem, Gibea und Kirjat-Jearim – das sind
vierzehn[c] Städte mit den umliegenden Dörfern.

Dies ist das Gebiet, das den Sippen des Stam-
mes Benjamin als Erbbesitz gehört.

Das Gebiet des Stammes Simeon

19 Das zweite Los fiel auf den Stamm Simeon
mit seinen Sippen.
Sein Erbbesitz* lag innerhalb der Grenzen
des Stammes Juda 2 und umfasste folgende
Städte: Beerscheba, Schema,[d] Molada, 3 Hazar-
Schual, Baala, Ezem, 4 Eltolad, Betul, Horma,
5 Ziklag, Bet-Markabot, Hazar-Susim, 6 Bet-Le-
baot und Scharuhen – das sind dreizehn[e] Städte
mit den umliegenden Dörfern; 7 außerdem
En-Rimmon, Eter und Aschan – das sind vier[f]
Städte mit den umliegenden Dörfern. 8 Das
Gebiet reichte im Süden bis nach Baalat-Beer
und Ramat-Negeb.

Dies ist der Teil, der den Sippen des Stammes
Simeon als Erbbesitz zufiel. 9 Sie bekamen als ihr
Gebiet ein Stück von Juda, weil der Stamm Juda
mehr Land bekommen hatte, als er brauchte.

Das Gebiet des Stammes Sebulon

10 Das dritte Los fiel auf den Stamm Sebulon mit
seinen Sippen. Sein Gebiet reicht im Südosten
bis nach Sarid; 11 von dort verläuft die Grenze
nach Westen über Marala und Dabbeschet bis zu
dem Tal westlich von Jokneam. 12 Die Ostgrenze
führt von Sarid aus nordwärts am Gebiet von
Kislot-am-Tabor vorbei nach Daberat und hinauf
nach Jafia, 13 dann weiter nach Gat-Hefer und

a Vgl. Anmerkung zu 15,7.
b Zur Lage der in den Versen 21-28 aufgezählten Städte vgl. die Karte zu Josua 15, Bezirke XI und XIa.
c Vermutlich ist Zela-Haëlef als zwei Orte gezählt worden.
d *Schema:* mit G (vgl. Jos 15,26); H *Scheba.*
e Genannt werden aber 14 Städte; möglicherweise wurde einer der Ortsnamen nachträglich hinzugefügt.
f H zählt den Doppelnamen En-Rimmon als zwei Orte: *Ajin und Rimmon* (vgl. Anmerkung zu 15,32).
18,7 Num 18,20 S; 32,33 **18,28** 15,63 S **19,1-9** 15,20-32; 1 Chr 4,28-33

Et-Kazin und über Rimmon bis nach Nea; 14 von
dort verläuft die Nordgrenze westwärts über
Hannaton zum Tal von Jiftach-El.
15 Zum Gebiet von Sebulon gehören noch die
Städte Kattat,[a] Nahalal, Schimron, Jidala und
Betlehem – insgesamt zwölf Städte mit den um-
liegenden Dörfern. 16 Diese Städte mit ihren Dör-
fern bilden das Gebiet, das den Sippen des Stam-
mes Sebulon als Erbbesitz* zufiel.

Das Gebiet des Stammes Issachar

17 Das vierte Los fiel auf den Stamm Issachar mit
seinen Sippen.
18 Sein Gebiet umfasst die Städte Jesreel, Ke-
sullot, Schunem, 19 Hafarajim, Schion, Anahara,
20 Daberat,[b] Kischjon, Ebez, 21 Remet, En-Gan-
nim, En-Hadda und Bet-Pazzez. 22–23 Im Norden
verläuft die Grenze vom Berg Tabor über Schaha-
zajim und Bet-Schemesch bis zum Jordan.

Dieses Gebiet mit insgesamt sechzehn Städ-
ten und den dazugehörigen Dörfern fiel den Sip-
pen des Stammes Issachar als Erbbesitz* zu.

Das Gebiet des Stammes Ascher

24 Das fünfte Los fiel auf den Stamm Ascher mit
seinen Sippen.
25 Die Südgrenze seines Gebietes führt von
Helkat westwärts über Hali, Beten, Achschaf,
26 Alammelech, Amad und Mischal bis zum
Karmelgebirge und zum Fluss Libnat; 27 die Ost-
grenze führt von Helkat aus nördlich nach Bet-
Dagon, berührt die Grenze des Stammes Sebulon
und das Tal Jiftach-El und verläuft weiter über
Bet-Emek und Negiël bis nach Kabul und über
Mischal,[c] 28 Abdon,[d] Rehob, Hammon und
Kana bis zum Gebiet der großen Stadt Sidon.
29 Dann biegt die Grenze um nach Rama, er-
reicht die befestigte Stadt Tyrus, geht weiter nach
Hosa und endet am Mittelmeer. Zum Gebiet von
Ascher gehören auch Mahaleb,[e] Achsib,
30 Akko,[f] Afek und Rehob – insgesamt zweiund-
zwanzig Städte mit den umliegenden Dörfern.
31 Dieses ganze Gebiet, Städte und Dörfer, fiel
den Sippen des Stammes Ascher als Erbbesitz*
zu.

Das Gebiet des Stammes Naftali

32 Das sechste Los fiel auf den Stamm Naftali mit
seinen Sippen.
33 Die Südgrenze seines Gebietes führt von
Helef ostwärts nach Elon-Zaanannim und weiter
über Adami-Nekeb und Jabneel nach Lakkum
und endet am Jordan; 34 westwärts führt sie über
Asnot-am-Tabor nach Hukkok. Das Gebiet von
Naftali stößt im Süden an das Stammesgebiet
Sebulon, im Westen an das Stammesgebiet
Ascher und im Osten an den Jordan.[g]
35 Die befestigten Städte in diesem Gebiet
waren Ziddim, Zer, Hammat, Rakkat, Kinneret,
36 Adama, Rama, Hazor, 37 Kedesch, Edreï,
En-Hazor, 38 Jiron, Migdal-El, Horem, Bet-Anat
und Bet-Schemesch – insgesamt neunzehn[h]
Städte mit den umliegenden Dörfern.
39 Dieses ganze Gebiet, Städte und Dörfer, fiel
den Sippen des Stammes Naftali als Erbbesitz*
zu.

Das Gebiet des Stammes Dan

40 Das siebte Los fiel auf den Stamm Dan mit
seinen Sippen.
41 Sein Gebiet umfasst die Städte Zora, Esch-
taol, Ir-Schemesch, 42 Schaalbim, Ajalon, Jitla,
43 Elon, Timna, Ekron, 44 Elteke, Gibbeton, Ba-
alat, 45 Jehud, Bene-Berak und Gat-Rimmon
46 sowie das Gebiet um Jafo bis zum Jarkonfluss.[i]
47–48 Alle diese Städte mit ihren Dörfern fielen
dem Stamm Dan als Erbbesitz* zu.

Die Leute des Stammes Dan konnten sich
jedoch in diesem Gebiet nicht halten und zogen
deshalb nach Norden vor die Stadt Lajisch. Sie
eroberten sie, erschlugen die Bewohner mit dem
Schwert und siedelten sich dort an. Nach dem
Namen ihres Stammvaters nannten sie die Stadt
Dan.

Abschluss der Landverteilung und Anteil Josuas

49 So wurde die Verteilung des Landes vollendet;
jeder Stamm erhielt seinen Erbbesitz.*

Die Stämme Israels gaben auch Josua einen
eigenen Besitz im Land. 50 Er hatte sich die Stadt
Timnat-Serach im Bergland Efraïm erbeten und
der HERR sprach ihm die Stadt und das um-
liegende Gebiet zu. Josua baute die Stadt wieder
auf und ließ sich dort nieder.
51 Der Priester* Eleasar, Josua, der Sohn
Nuns, und die Sippenoberhäupter der einzelnen
Stämme hatten all die genannten Gebiete unter

a Möglicherweise identisch mit *Kitron* in Ri 1,30. b *Daberat* nach G wie 19,12 und 21,28; H *Harabbit.*
c *Mischal* nach 21,30; H *von links.* d *Abdon* nach 21,30 und 1Chr 6,59; H *Ebron.*
e H *Mehebel* (vgl. Ri 1,31) f *Akko* nach griechischen Handschriften und Ri 1,31; H *Umma.*
g H unverständlich: *im Osten an Juda am Jordan.*
h Es ist nicht erkennbar, welche Städte mitgezählt sind; die Gesamtzahl in den Versen 33-38 liegt höher.
i Es folgt noch der Name *Rak(k)on;* vermutlich Doppelschreibung zu *Jarkon.*

19,33 (Elon-Zaanannim = Eiche von Z.) Ri 4,11 **19,47-48** Ri 18,1.11.27-29 **19,49-50** 24,30; Ri 2,9

die Israeliten verteilt. Die Zuteilung erfolgte durch das Los in Gegenwart des HERRN, am Eingang des Heiligen Zeltes* in Schilo*. Nun hatten sie die Verteilung des Landes abgeschlossen.

Asylstädte für Totschläger

20 1–2 Der HERR ließ den Leuten von Israel durch Josua sagen: »Führt jetzt aus, was ich früher durch Mose angeordnet habe: Wählt Städte aus, die als Asyl dienen sollen. 3 Wer unbeabsichtigt, ohne Vorsatz, einen Menschen getötet hat, kann dorthin fliehen; kein Verwandter des Getöteten darf dann noch an ihm Blutrache* üben.

4 Der Totschläger soll in eine dieser Städte gehen und auf dem Gerichtsplatz am Tor seinen Fall den Ältesten* vortragen. Daraufhin nehmen sie ihn in ihre Stadt auf und weisen ihm ein Haus an, in dem er wohnen kann. 5 Wenn ein Verwandter des Getöteten ihn dorthin verfolgt, dürfen die Männer der Stadt ihn nicht ausliefern. Dies gilt aber nur unter der Bedingung, dass er seinen Mitmenschen ohne Vorsatz und nicht aus Hass erschlagen hat.

6 Sein Fall muss in einer Gerichtsverhandlung der Gemeinde entschieden werden, dann darf der Totschläger in der Stadt wohnen, bis der zu jener Zeit amtierende Oberste Priester* gestorben ist. Danach soll er in die Stadt, aus der er geflohen ist, und zu seiner Familie zurückkehren.«

7 Die Männer Israels bestimmten folgende Asylstädte:

auf der Westseite des Jordans Kedesch in Galiläa* im Bergland von Naftali, Sichem im Bergland von Efraïm und Kirjat-Arba – das ist Hebron – im Bergland von Juda,

8 auf der Ostseite des Jordans Bezer im Steppenhochland des Stammes Ruben, Ramot in der Landschaft Gilead* im Gebiet des Stammes Gad und Golan in der Landschaft Baschan* im Gebiet des Stammes Manasse.

9 Diese Städte sollten von nun an allen Israeliten und auch den Fremden*, die bei ihnen lebten, als Zufluchtsorte offen stehen. Jeder, der ohne Vorsatz einen Menschen getötet hatte, sollte hier Schutz finden, wenn ein Verwandter des Getöteten an ihm Blutrache üben wollte. Er durfte nur getötet werden, nachdem er in einem öffentlichen Gerichtsverfahren des Mordes überführt und verurteilt worden war.

Die Städte der Leviten

21 1–2 In Schilo* im Land Kanaan* kamen die Sippenoberhäupter des Stammes Levi zum Priester* Eleasar, zu Josua und zu den Oberhäuptern der Stämme Israels und sagten zu ihnen: »Der HERR hat durch Mose befohlen, uns Städte zu geben, in denen wir wohnen können, und dazu das Weideland ringsum für unser Vieh.« 3 Da traten ihnen die Israeliten von ihrem Erbbesitz* bestimmte Städte und Weideflächen ab, wie der HERR es angeordnet hatte.

4 Bei der Verlosung erhielt zuerst die Gruppe Kehat ihren Anteil, und zwar fielen der Sippe des Priesters Aaron dreizehn Städte im Gebiet der Stämme Juda, Simeon und Benjamin zu; 5 die übrigen Sippen bekamen zehn Städte im Gebiet der Stämme Efraïm, Dan und West-Manasse.

6 Der Gruppe Gerschon fielen dreizehn Städte im Gebiet der Stämme Issachar, Ascher, Naftali und Ost-Manasse zu, 7 der Gruppe Merari zwölf Städte im Gebiet der Stämme Ruben, Gad und Sebulon.

8 Diese Städte und das zugehörige Weideland teilten die Israeliten durchs Los den Nachkommen Levis zu, wie der HERR es durch Mose angeordnet hatte.

Städte der Nachkommen Kehats

9–10 Als erste erhielt die Sippe der Nachkommen Aarons aus der Gruppe Kehat ihre Städte durch das Los zugeteilt. Sie bekam vom Gebiet der Stämme Juda und Simeon die im Folgenden namentlich aufgezählten Städte:

11 zuerst Hebron im Bergland von Juda mit seinem Weideland, die ehemalige Stadt Arbas,[a] des Stammvaters der Anakiter*. 12 Das Ackerland der Stadt und die Dörfer der Umgebung hatten die Israeliten jedoch schon Kaleb, dem Sohn von Jefunne, als Erbbesitz* gegeben.

13–16 Hebron war zugleich zur Asylstadt* für Totschläger bestimmt worden. Weiter erhielten die Nachkommen Aarons folgende Städte, jeweils mit dem zugehörigen Weideland: Libna, Jattir, Eschtemoa, Holon, Debir, Aschan,[b] Jutta und Bet-Schemesch. Das waren neun Städte aus diesen beiden Stämmen.

17 Dazu kamen aus dem Gebiet des Stammes Benjamin die vier Städte Gibeon, Geba, 18 Anatot und Alemet.

19 Die Nachkommen des Priesters Aaron hat-

a *Stadt Arbas:* hebräisch *Kirjat-Arba;* vgl. 15,13-14.
b *Aschan:* mit alten Übersetzungen und 1 Chr 6,44; H *Ajin.*

20,1-9 Num 35,9-28 S **21,1-42** Num 35,2-8 S **21,1** 14,1 **21,2** 18,1 S **21,4** Num 3,19.27-32 **21,6** Num 3,18.21-26 **21,7** Num 3,20.33-37

ten damit insgesamt dreizehn Städte mit zu-
gehörigem Weideland erhalten.
20–22 Die übrigen Sippen der Levitengruppe*
Kehat bekamen vier Städte vom Gebiet des
Stammes Efraïm: Sichem im Bergland von
Efraïm, zugleich eine Asylstadt für Totschläger,
Geser, Kibzajim und Bet-Horon, 23–24 außerdem
vom Gebiet des Stammes Dan die vier Städte
Elteke, Gibbeton, Ajalon und Gat-Rimmon
25 und vom Gebiet des Stammes West-Manasse
die beiden Städte Taanach und Jibleam.[a] 26 Das
macht insgesamt zehn Städte mit zugehörigem
Weideland.

Städte der Nachkommen Gerschons

27 Die Leviten* aus der Gruppe Gerschon be-
kamen zwei Städte vom Gebiet des Stammes
Ost-Manasse: Golan in der Landschaft Baschan,
zugleich eine Asylstadt* für Totschläger, und
Aschtarot, 28–29 dazu vom Gebiet des Stammes
Issachar die vier Städte Kischjon, Daberat,
Jarmut und En-Gannim 30–31 und vom Gebiet des
Stammes Ascher die vier Städte Mischal, Abdon,
Helkat und Rehob, 32 außerdem drei Städte im
Gebiet des Stammes Naftali: Kedesch in Gali-
läa*, eine Asylstadt für Totschläger, Hammot-
Dor und Kartan. 33 Das macht insgesamt drei-
zehn Städte mit zugehörigem Weideland.

Städte der Nachkommen Meraris

34–35 Die übrigen Leviten*, die Sippen der Grup-
pe Merari, bekamen vom Gebiet des Stammes
Sebulon die vier Städte Jokneam, Karta, Rim-
mon[b] und Nahalal, 36–37 dazu östlich des Jordans
vom Gebiet des Stammes Ruben die vier Städte
Bezer im Steppenhochland, zugleich eine
Asylstadt* für Totschläger, Jahaz, Kedemot und
Mefaat 38–39 und vom Gebiet des Stammes Gad
die vier Städte Ramot in Gilead*, eine Asylstadt
für Totschläger, Mahanajim, Heschbon und
Jaser. 40 Das macht insgesamt zwölf Städte mit
zugehörigem Weideland.
41–42 Alles in allem bekamen die Nachkom-
men Levis mitten im Gebiet der Israeliten acht-
undvierzig Städte mit ihren Weidegebieten.

Gott hat sein Versprechen gehalten

43 Der HERR gab den Israeliten das ganze Land,
das er ihren Vorfahren mit einem Eid zugesagt
hatte. Sie nahmen es in Besitz und besiedelten
es.
44 Der HERR verschaffte ihnen Ruhe und Frie-
den an allen Grenzen, wie er es ihren Vorfahren
versprochen hatte. Niemand konnte sich gegen
sie behaupten; alle Feinde gab er in ihre Hand.
45 So hatte der HERR nun alle seine Zusagen
erfüllt; nichts war ausgeblieben von all dem
Guten, das er seinem Volk Israel versprochen
hatte. Es war alles eingetroffen.

Josua entlässt die Männer der östlichen Stämme

22 Josua rief die Männer der Stämme
Ruben, Gad und Ost-Manasse zusammen
2 und sagte zu ihnen: »Ihr habt alles getan, was
Mose, der Diener des HERRN, euch befohlen
hatte, und habt stets meinen Anweisungen ge-
horcht. 3 Die ganze Zeit über habt ihr eure Brü-
der, die übrigen Israeliten, nicht im Stich gelas-
sen und habt sorgfältig darauf geachtet, die
Gebote des HERRN, eures Gottes, zu befolgen.
4 Jetzt aber hat der HERR euren Brüdern Ruhe
und Frieden verschafft, wie er es versprochen
hatte, und ihr dürft heimziehen in das Land, das
Mose, der Diener des HERRN, euch auf der
anderen Seite des Jordans gegeben hat. 5 Aber
vergesst nie, was Mose euch eingeschärft hat, als
er sagte: ›Ihr sollt den HERRN, euren Gott, lieben,
auf seinen Wegen gehen, seine Gebote befolgen,
ihm Treue halten und ihm dienen mit ganzem
Herzen und allen euren Kräften.‹«
6 Josua segnete sie zum Abschied und ließ sie
nach Hause ziehen. 7 Der einen Hälfte des Stam-
mes Manasse hatte Mose östlich des Jordans in
der Landschaft Baschan* Landbesitz gegeben,
die andere Hälfte hatte ihren Anteil zusammen
mit den übrigen Stämmen westlich des Jordans
durch Josua bekommen. Josua entließ die
Männer von Ost-Manasse mit einem Segens-
wunsch nach Hause 8 und sagte noch zu ihnen:
»Ihr kehrt reich beladen nach Hause zurück, mit
Silber, Gold, Bronze, Eisen, mit vielen Kleidern
und einer Menge Vieh. Teilt die Beute mit euren
Stammesbrüdern!«

Der Altar am Jordan führt zum Konflikt

9 Die Männer der Stämme Ruben, Gad und Ost-
Manasse zogen nun von den übrigen Israeliten
weg. Von Schilo im Land Kanaan* brachen sie
auf, um ins Land Gilead* zu ziehen. Dort lag der
Landanteil, den der HERR ihnen durch Mose
zugesprochen hatte und in dem sie sich schon
früher angesiedelt hatten.

a *Jibleam:* nach einer griechischen Handschrift (vgl. 1 Chr 6,55); H wiederholt *Gat-Rimmon.*
b *Rimmon:* nach 19,13 und 1 Chr 6,62; H *Dimna.*

21,43 Gen 12,7 S **21,44** 1,5; Hebr 4,8-11 **21,45** 23,14 **22,1-6** 1,12-15 S **22,5** Dtn 6,4-5 S **22,7** 13,29-31 S; 17,1-13

10 Als sie zu den Gelilot[a] in der Jordanebene
kamen, bauten sie direkt am Fluss einen großen
Altar, noch auf dieser Seite des Jordans im Land
Kanaan. 11 Bei den anderen Israeliten sprach es
sich herum: »Die Männer von Ruben, Gad und
Ost-Manasse haben bei den Gelilot am Jordan
einen Altar gebaut, jenseits der Grenze des
Landes Kanaan, nicht mehr im Gebiet Israels!«

12 Da kamen alle Männer Israels in Schilo*
zusammen, um gegen die Oststämme in den
Kampf zu ziehen. 13 Sie schickten eine Gesandt-
schaft zu den Männern von Ruben, Gad und
Ost-Manasse nach Gilead: Pinhas, den Sohn des
Priesters* Eleasar, 14 und dazu die zehn Ober-
häupter der westlichen Stämme Israels, lauter
Sippenälteste. 15–16 Sie kamen dorthin und frag-
ten im Namen der ganzen Gemeinde des HERRN:

»Warum habt ihr dem Gott Israels die Treue
gebrochen und euch von ihm abgewandt? Ihr
habt einen Altar gebaut; damit habt ihr ihm den
Rücken gekehrt! 17 Reicht die Schuld noch nicht,
die wir bei Pegor auf uns geladen haben und die
bis heute auf uns liegt? Ihr wisst, dass der HERR
deswegen die ganze Gemeinde gestraft hat.
18 Und trotzdem wendet ihr euch jetzt von ihm
ab! Seht ihr nicht, wie das ausgehen wird? Heute
lehnt ihr euch gegen den HERRN auf und morgen
wird sein Zorn die ganze Gemeinde Israel tref-
fen. 19 Wenn ihr aber meint, dass euer Land un-
rein* ist, dann kommt herüber zu uns in das
Land des HERRN, wo er seine Wohnung aufge-
schlagen hat. Siedelt euch doch bei uns an! Aber
baut auf keinen Fall einen zweiten Altar neben
dem Altar des HERRN, unseres Gottes! Damit
lehnt ihr euch gegen den HERRN auf und zieht
uns in eure Auflehnung mit hinein.[b] 20 Denkt an
Achan, den Sohn Serachs, der sich an der Beute
vergriff, die der HERR zur Vernichtung bestimmt
hatte. Er war nur ein einzelner Mann und doch
wurde die ganze Gemeinde Israel dafür bestraft.
Hat sein Vergehen ihn nicht das Leben ge-
kostet?«

Versöhnung zwischen Ost- und Weststämmen

21 Die Männer von Ruben, Gad und Ost-
Manasse antworteten den zehn Stammesober-
häuptern: 22–23 »Gott, der Mächtige, der HERR –
Gott, der Mächtige, der HERR –, er weiß es und
ganz Israel soll es ebenfalls wissen: Uns trifft
keine Schuld. Wenn wir diesen Altar gebaut
haben, um uns vom HERRN abzuwenden und
ihm die Treue zu brechen, dann soll der HERR
uns heute nicht beistehen. Er selbst soll den Fall
untersuchen.

Wir hatten nie die Absicht, auf dem Altar
irgendwelche Opfer darzubringen. 24 Vielmehr
hatten wir Sorge, dass in Zukunft eure Nachkom-
men zu unseren Nachkommen sagen könnten:
›Was verbindet denn euch mit dem HERRN, dem
Gott Israels? 25 Er hat doch zwischen euch und
uns den Jordan als Grenze gesetzt! Also gehört
ihr nicht zum Volk des HERRN!‹ So könnten dann
eure Nachkommen die unseren daran hindern,
dem HERRN unsere Opfer* zu bringen.

26 Deshalb haben wir diesen Altar gebaut –
nicht für Brand- oder Mahlopfer, 27 sondern als
ein Zeichen, das zwischen uns und euch und
zwischen unseren und euren Nachkommen auf-
gerichtet ist. Es soll bezeugen, dass wir tatsäch-
lich das Recht haben, zum Heiligtum des HERRN
zu kommen und ihm Brandopfer, Mahlopfer
und andere Opfer darzubringen. Eure Nachkom-
men sollen nicht zu den unseren sagen dürfen,
sie gehörten nicht zur Gemeinde des HERRN.
28 Wenn es aber je so weit käme, sollten unsere
Nachkommen sagen können: ›Seht diesen Altar!
Unsere Vorfahren haben ihn genau nach dem
Vorbild des Altars am Heiligtum des HERRN
gebaut – nicht um Brand- oder Mahlopfer darzu-
bringen, sondern als Zeichen, das unsere Zu-
gehörigkeit zum HERRN bezeugt.‹

29 Wir denken nicht entfernt daran, uns vom
HERRN abzuwenden und neben dem Altar vor
der Wohnung des HERRN, unseres Gottes, noch
einen weiteren Altar zu bauen, auf dem Opfer
dargebracht werden.«

30 Der Priester* Pinhas und die Abgeordneten
der Gemeinde, die Oberhäupter der Stämme,
ließen gelten, was die Männer der Stämme
Ruben, Gad und Ost-Manasse zu ihrer Verteidi-
gung vorbrachten. 31 Pinhas sagte: »Jetzt erken-
nen wir, dass der HERR in unserer Mitte ist und
sich nicht von uns abgewandt hat. Ihr habt euch
mit dem Bau dieses Altars nicht gegen den HERRN
aufgelehnt und so habt ihr die Israeliten vor der
Strafe des HERRN bewahrt.«

32 Dann kehrten Pinhas und die übrigen Ab-
gesandten ins Land Kanaan* zurück und berich-
teten alles den Israeliten. 33 Diese billigten das

a Die Bezeichnung ist nicht eindeutig. Zur Wortbedeutung vgl. Anmerkung zu 15,7, wo die Angabe in einem anderen geographischen Zusammenhang steht.
b *und zieht uns …:* mit veränderten Vokalen; H *und lehnt euch gegen uns auf.*

22,10 15,7; 18,17 **22,12** 18,1S **22,13** Num 25,7 **22,15-16** Lev 17,8-9; Dtn 12,13-14 **22,17** Num 25,1-9 **22,19** Ex 25,8 **22,20** 7,1-26 **22,27-28** 24,27; Jes 19,19-20 **22,29** Dtn 12,4-7

Verhalten der Männer von Ruben und Gad und
priesen Gott. Sie sahen jetzt keinen Anlass mehr,
gegen sie in den Kampf zu ziehen und ihr Land
zu verwüsten. 34 Die Leute von Ruben und Gad
aber gaben dem Altar einen Namen und erklär-
ten: »Er ist ein Zeichen zwischen uns, das be-
zeugt, dass der HERR unser Gott ist.«

JOSUA VERPFLICHTET DAS VOLK ZUR TREUE GEGEN GOTT

(Kapitel 23–24)

Josuas Abschiedsrede

23 Seit der HERR dem Volk Israel Ruhe vor
allen seinen Feinden verschafft hatte,
waren viele Jahre vergangen. Josua war inzwi-
schen sehr alt geworden. 2 Deshalb rief er die
Vertreter des ganzen Volkes zusammen, die
Ältesten*, die Oberhäupter, die Richter und Auf-
seher*, und sagte zu ihnen:
»Ich bin nun sehr alt und habe nicht mehr
lange zu leben. 3 Ihr habt mit eigenen Augen
gesehen, wie der HERR, euer Gott, die Völker
dieses Landes besiegt hat; denn er war es, der für
euch kämpfte. 4 Ich habe das ganze Land vom
Jordan bis zum Mittelmeer durchs Los unter eure
Stämme verteilt, auch das Gebiet der Völker, die
noch nicht unterworfen sind. 5 Der HERR, euer
Gott, wird sie vor euch aus dem Land treiben,
und ihr werdet ihr Land in Besitz nehmen, wie
er es euch versprochen hat.

6 Lasst euch künftig durch nichts davon ab-
bringen, alles zu befolgen, was im Gesetzbuch
Moses aufgeschrieben ist. Richtet euch genau
danach und weicht nicht vom geraden Weg ab.
7 Haltet euch getrennt von den fremden Völkern,
die noch neben euch im Land leben. Sprecht die
Namen ihrer Götter nicht aus, schwört nicht bei
ihnen. Bringt ihnen keine Opfer* und betet sie
nicht an. 8 Haltet dem HERRN, eurem Gott, die
Treue, so wie ihr es bisher getan habt.

9 Ihr habt erlebt, wie der HERR große und
starke Völker vor euch vertrieben hat; bis heute
hat niemand euch standhalten können. 10 Ein
Einziger von euch hat tausend Feinde vor sich
hergejagt; denn der HERR, euer Gott, kämpfte für
euch, wie er es versprochen hatte. 11 Auch in
Zukunft hängt euer Leben davon ab, dass ihr
allein den HERRN, euren Gott, liebt. 12 Wenn ihr
euch von ihm abwendet und euch den Völkern
zuwendet, die in eurem Land leben, wenn ihr
euch mit ihnen verschwägert und vermischt,
13 dann wird der HERR, euer Gott, diese Völker
auch nicht mehr vor euch vertreiben. Das lasst
euch gesagt sein! Sie werden dann für euch so
gefährlich wie eine Schlinge oder Falle und so
schmerzhaft wie Dornen im Auge oder Stachel-
peitschen, mit denen man Ochsen antreibt. Zu-
letzt werdet ihr dann zugrunde gehen und müsst
fort aus dem guten Land, das euch der HERR,
euer Gott, gegeben hat.

14 Ihr seht, meine Zeit ist abgelaufen. Macht
es euch klar und nehmt es zu Herzen: Der HERR,
euer Gott, hat alle seine Zusagen erfüllt; nichts
ist ausgeblieben von all dem Guten, das er euch
versprochen hatte; alles ist eingetroffen. 15 Aber
genauso, wie all das Gute eingetroffen ist, das
der HERR euch zugesagt hatte, wird auch das
Böse eintreffen, das er euch angedroht hat, bis er
euch vernichtet und aus dem guten Land weg-
geschafft hat, das er euch gab. 16 Der HERR, euer
Gott, hat einen Bund* mit euch geschlossen und
erwartet von euch, dass ihr diesem Bund treu
bleibt. Wenn ihr euch anderen Göttern zuwen-
det und sie anbetet, wird euch sein brennender
Zorn treffen, und ihr werdet sehr schnell aus
dem guten Land verschwunden sein, das er euch
gegeben hat.«

Josua erinnert die Israeliten in Sichem an Gottes Taten

24 Josua rief alle Stämme Israels zu einer
Versammlung nach Sichem. Er ließ alle
Ältesten*, Oberhäupter, Richter und Aufseher*
kommen und sie stellten sich vor Gott auf.
2 Dann sagte Josua zum ganzen Volk:
»So spricht der HERR, der Gott Israels: ›Vor
langer Zeit wohnten eure Vorfahren auf der
anderen Seite des Eufratstromes und verehrten
fremde Götter. Das ging so bis zu Terach, dem
Vater Abrahams und Nahors. 3 Aber dann holte
ich euren Stammvater Abraham aus dem Land
jenseits des Eufrats und ließ ihn im ganzen Land
Kanaan* umherziehen. Ich gab ihm Nachkom-
men durch seinen Sohn Isaak. 4 Diesem gab ich
zwei Söhne, Jakob und Esau. Esau wies ich das
Bergland Seïr* als Besitz an; Jakob und seine
Söhne wanderten nach Ägypten aus.

5–6 Zu den Nachkommen Jakobs, euren Vor-
fahren, schickte ich Mose und Aaron und ließ
über Ägypten schweres Unheil kommen. Ich
führte eure Vorfahren aus Ägypten heraus und
brachte sie bis ans Schilfmeer*. Als die Ägypter

23,1 21,44; 13,1 **23,5** Ex 23,27-31 **23,6** Dtn 29,20S; Jos 1,8; 24,26 **23,10** Lev 26,8 **23,11** Dtn 6,4-5S **23,12-13** Ex 23,32-33; 34,12.15-16; Num 33,55-56; Dtn 4,26; 8,19 **23,14** 21,45 **23,15-16** Dtn 28,15-68 **24,2** Gen 11,26; 31,19; 35,2-4 **24,3** Gen 12,1-9; 21,1-3 **24,4** Gen 25,24-26; 36,8; 46,1-7 **24,5-7** Ex 3,1–12,42; 14,1-31

mit ihren Streitwagen* hinter ihnen herjagten,
7 schrien sie in ihrer Not zu mir um Hilfe. Da ließ
ich zwischen ihnen und den Ägyptern eine un-
durchdringliche Finsternis entstehen, und dann
ließ ich die Wellen des Meeres über den Ägyp-
tern zusammenschlagen, sodass sie ertranken.
Ihr wisst alle genau, wie die Ägypter meine
Macht zu spüren bekamen.

Dann seid ihr lange Zeit in der Wüste geblie-
ben, 8 bis ich euch in das Land der Amoriter* öst-
lich des Jordans brachte. Sie leisteten euch
Widerstand, aber ich gab sie in eure Hand und
ihr konntet ihr Land in Besitz nehmen. Ich selbst
vernichtete sie vor euch. 9 Auch Balak, der Sohn
Zippors, der König der Moabiter*, stellte sich
euch in den Weg. Er ließ Bileam holen, den Sohn
Beors, damit er euch verfluchen sollte. 10 Aber
ich erhörte Bileams Gebet nicht. Gegen seinen
Willen musste er euch segnen und so rettete ich
euch vor seinen Anschlägen.

11 Dann habt ihr den Jordan überschritten
und seid bis vor Jericho gekommen. Auch die
Einwohner Jerichos kämpften gegen euch, aber
ich gab sie in eure Hand und ebenso alle anderen
Einwohner des Landes, die Amoriter, Perisiter,
Kanaaniter*, Hetiter*, Girgaschiter, Hiwiter und
Jebusiter. 12 Ich sandte einen gewaltigen Schre-
cken[a] vor euch her, der vertrieb sie vor euch,
genau wie zuvor die beiden Amoriterkönige auf
der anderen Seite des Jordans. Mir habt ihr das
zu verdanken und nicht eurem Schwert und
eurem Kriegsbogen!

13 Dann gab ich euch dieses Land, um das ihr
euch nicht gemüht habt, und seine Städte, die
ihr nicht gebaut habt. Ihr wohnt darin und esst
Trauben von Weinstöcken und Oliven von Bäu-
men, die ihr nicht gepflanzt habt.‹«

Josua stellt das Volk vor die Entscheidung

14 »Darum nehmt nun den HERRN ernst und ehrt
ihn«, fuhr Josua fort, »dient ihm mit ganzer
Treue! Trennt euch von den Göttern, die eure
Vorfahren jenseits des Eufrats und in Ägypten
verehrt haben, und dient dem HERRN! 15 Wenn
ihr dazu nicht bereit seid, dann entscheidet euch
heute, wem sonst ihr dienen wollt: den Göttern,
die eure Vorfahren im Land jenseits des Eufrats
verehrt haben, oder den Göttern der Amoriter*,
in deren Land ihr jetzt lebt. Ich und meine ganze
Hausgemeinschaft sind entschlossen, dem
HERRN zu dienen.«

16 Das Volk antwortete: »Wie kämen wir da-
zu, den HERRN zu verlassen und anderen Göttern
zu dienen? 17 Der HERR, unser Gott, hat unsere
Väter aus der Sklaverei in Ägypten herausge-
führt, und wir kennen all die Staunen erregen-
den Wundertaten, die er dabei vollbracht hat.
Auf dem ganzen Weg hierher, quer durch das
Gebiet fremder Völker, hat er uns beschützt.
18 Vor uns her hat er alle Völker vertrieben, auch
die Amoriter, die früher hier wohnten. Darum
wollen wir dem HERRN dienen; er allein ist unser
Gott!«

19 Aber Josua sagte zu ihnen: »Stellt euch das
nicht so leicht vor, dem HERRN zu dienen; denn
er ist ein Gott, der durch und durch heilig* ist,
ein Gott, der leidenschaftlich liebt und von euch
ungeteilte Liebe erwartet. Er wird es euch nicht
verzeihen, wenn ihr ihm nicht treu bleibt.
20 Wenn ihr ihn verlasst und anderen Göttern
folgt, werdet ihr ihn ganz anders kennen lernen:
Er wird euch nicht mehr Gutes erweisen wie
bisher, sondern Böses, und wird euch völlig
vernichten.«

21 Aber das Volk antwortete: »Doch! Wir wol-
len dem HERRN dienen!«

22 Da sagte Josua: »Ihr seid Zeugen gegen
euch selbst, dass ihr euch für den HERRN ent-
schieden habt und ihm dienen wollt.«

»So ist es!«, sagten sie.

23 »Dann schafft die fremden Götter fort, die
ihr noch bei euch habt!«, sagte Josua. »Wendet
euch mit ganzem Herzen zum HERRN, dem Gott
Israels!«

24 Das Volk antwortete: »Wir wollen dem
HERRN, unserem Gott, dienen und auf seine Wei-
sungen hören.«

25 So verpflichtete Josua an diesem Tag in
Sichem die Israeliten zum Gehorsam gegen den
HERRN und legte ihnen die Gebote und Rechts-
ordnungen vor, nach denen sie leben sollten.
26 Er schrieb alles in das Gesetzbuch Gottes.
Dann nahm er einen großen Stein und stellte ihn
dort unter der Eiche* beim Heiligtum des HERRN
auf.

27 »Seht diesen Stein!«, sagte er zum Volk. »Er
steht da als Zeuge gegen uns; denn er hat alles
gehört, was der HERR heute zu uns gesprochen
hat. Er soll euch an alles erinnern, damit ihr
eurem Gott nicht untreu werdet.«

28 Josua entließ das Volk und jeder kehrte auf
seinen Erbbesitz* zurück.

a Andere Deutung mit den alten Übersetzungen: *Ich sandte Hornissen.*

24,8 Num 21,21-35 **24,9-10** Num 22,1–24,19 **24,11** 3,1-17; 6,1-21 **24,12** Ex 23,28 S; Jos 23,9-10 **24,13** Dtn 6,10-11 **24,14** Gen 31,19; 35,2.4; Ez 20,7; 23,3 **24,18** Dtn 6,4 **24,19** Ex 20,5 S; Lev 19,2 S; Jos 23,15-16; Am 3,2 **24,21** Ex 24,3.7 **24,25** Ex 24,1-8 **24,26** Dtn 29,20 S; Jos 1,8 S; Gen 31,45; 12,6; 35,4 **24,27** 22,28.34; Gen 31,48.52

Josuas Tod

29 Einige Zeit danach starb Josua, der Sohn Nuns,
der Diener und Bevollmächtigte* des HERRN. Er
war 110 Jahre alt geworden. 30 Sie bestatteten ihn
auf seinem Erbbesitz* in Timnat-Serach, das
nördlich des Berges Gaasch im Bergland von
Efraïm liegt. 31 Die Israeliten blieben auch nach
Josuas Tod dem HERRN treu, solange noch die
Ältesten* lebten, die alles miterlebt hatten, was
der HERR für Israel getan hatte.

32 Die Gebeine Josefs, die die Israeliten aus
Ägypten mitgebracht hatten, bestatteten sie in
Sichem auf dem Stück Land, das Jakob von den
Söhnen Hamors, des Vaters von Sichem, für 100
große Silberstücke gekauft hatte und das zum
Erbbesitz der Josefsstämme zählt.

33 Auch Aarons Sohn Eleasar starb, und er
wurde bestattet in Gibea, einer Stadt im Bergland
von Efraïm, die seinem Sohn Pinhas als
Wohnsitz zugeteilt worden war.

DAS BUCH VON DEN RICHTERN

Inhaltsübersicht

VORBLICK AUF DIE ZEIT DER RICHTER (1,1–3,6)

Die Stämme Juda und Simeon erobern ihr Gebiet

1 Nachdem Josua gestorben war, fragten die
Israeliten den HERRN: »Welcher Stamm soll
als erster in das Land hinaufziehen und die
Kanaaniter angreifen?«

2 Der HERR antwortete: »Der Stamm Juda! Ich
gebe das Land in seine Gewalt.«

3 Da sagten die Männer des Stammes Juda zu
den Männern ihres Bruderstammes Simeon:
»Kommt mit! Helft uns kämpfen und unseren
Anteil am Land erobern. Dann werden wir euch
anschließend auch helfen, euren Anteil in Besitz
zu nehmen.« So schloss sich der Stamm Simeon
dem Stamm Juda an.

4–5 Die Männer von Juda zogen also ins Bergland
hinauf und der HERR gab die Kanaaniter*
und die Perisiter in ihre Hand. Bei der Stadt
Besek schlugen sie ein Heer von 10 000 Mann.
Sie trafen auch auf ihren König Adoni-Besek
und kämpften gegen ihn. 6 Er ergriff die Flucht,
aber sie jagten ihm nach und nahmen ihn gefangen.
Sie hackten ihm die Daumen und die großen
Zehen ab. 7 Da sagte er: »Siebzig Königen
ließ ich die Daumen und Zehen abhacken und
sie mussten sich von den Resten nähren, die von
meinem Tisch fielen. Jetzt hat Gott mir dasselbe
Schicksal bereitet.« Sie brachten ihn nach Jerusalem,
wo er starb.

8 Die Männer von Juda griffen auch Jerusalem
an und eroberten es. Sie töteten die Bewohner
und steckten die Stadt in Brand.

9 Dann wandten sie sich gegen die Kanaaniter,
die das Bergland im Süden und die anschließende
Steppe sowie das westlich vorgelagerte
Hügelland bewohnten. 10 Sie kämpften gegen die
kanaanitischen Bewohner der Stadt Hebron, die
früher Kirjat-Arba hieß, und besiegten Scheschai,
Ahiman und Talmai. 11 Von dort zogen sie vor die
Stadt Debir, die früher Kirjat-Sefer hieß.

12 Kaleb sagte: »Wer Kirjat-Sefer erobert, dem
gebe ich meine Tochter Achsa zur Frau.« 13 Da eroberte
Kalebs jüngerer Bruder Otniël, ein Sohn
von Kenas, die Stadt und erhielt die Tochter Kalebs
zur Frau. 14 Am Hochzeitstag veranlasste Otniël
seine Frau,[a] ihren Vater um Ackerland zu
bitten. Sie stieg von ihrem Esel und Kaleb fragte
sie: »Was möchtest du?« 15 Sie antwortete: »Gib
mir als Zeichen, dass dein Segen mich begleitet,
ein Geschenk. Du hast mich in das regenarme
Südland verheiratet; gib mir wenigstens ein paar
Quellen!« Da gab ihr Kaleb die oberen und unteren
Teichanlagen bei Hebron.

a *veranlasste Otniël ...:* mit G; H *veranlasste sie ihn.*

24,29-31 Ri 2,7-9 **24,30** 19,49-50 **24,32** Gen 50,25S; 33,19 **24,33** 14,1; 17,4; 19,51; 21,1; Num 32,28; 34,17 **1,1-2** 18,5; 20,18.22-23.27-28; 1 Kön 22,5S **1,8** Jos 15,63S **1,10-15** Jos 15,13-19

16 Die Keniter*, die Stammesbrüder von Mo-
ses Schwiegervater, waren mit den Männern des
Stammes Juda von der Palmenstadt[a] aus auf-
gebrochen. Sie zogen in die Wüste südlich von
Arad und ließen sich dort nieder. Auch die Ama-
lekiter kamen dorthin und wohnten bei ihnen.[b]
17 Die Männer der Stämme Juda und Simeon
zogen weiter und besiegten die kanaanitischen
Bewohner der Stadt Zefat. Sie vollstreckten an
ihnen den Bann* und gaben der Stadt den
Namen Horma (Bann).
18 Die Männer von Juda konnten die Städte
Gaza, Aschkelon und Ekron mit dem dazu-
gehörigen Gebiet nicht erobern.[c] 19 Weil der
HERR ihnen beistand, konnten sie das Bergland
in Besitz nehmen, aber die Bewohner der
Küstenebene konnten sie nicht unterwerfen,
weil sie eiserne Streitwagen* hatten.
20 Die Stadt Hebron wurde Kaleb zugespro-
chen, wie es Mose angeordnet hatte, und Kaleb
vertrieb daraus die drei Anakssöhne* samt ihren
Sippen.
21 In Jerusalem lebten die Jebusiter, und die
Männer von Benjamin konnten sie nicht daraus
vertreiben. Darum leben die Jebusiter dort bis
heute neben den Leuten von Benjamin.

Die Nordstämme erobern ihr Gebiet

22 Nun zogen auch die Männer der Josefsstämme
Efraïm und Manasse ins Bergland hinauf, um die
Stadt Bet-El zu erobern, und der HERR stand
ihnen bei. 23 Sie schickten Leute aus, um Bet-El
auszukundschaften; es hieß übrigens früher Lus.
24 Diese sahen einen Mann, der gerade aus der
Stadt kam, zu dem sagten sie: »Zeig uns, wo wir
in die Stadt eindringen können, dann werden
wir dich verschonen.« 25 Er zeigte ihnen die
schwächste Stelle der Stadtbefestigung und die
Männer der Josefsstämme eroberten die Stadt.
Sie erschlugen die Bewohner mit dem Schwert,
aber diesen Mann und seine ganze Familie
ließen sie am Leben. 26 Er zog ins Land der Heti-
ter* und gründete eine Stadt, der er den Namen
Lus gab. So heißt sie bis heute.
27 Der Stamm Manasse konnte jedoch die Be-
wohner der Städte Bet-Schean, Taanach, Dor, Ji-
bleam und Megiddo sowie der dazugehörigen
Ortschaften nicht vertreiben. So blieben die
Kanaaniter* in dieser Gegend wohnen. 28 Als die
Israeliten stärker wurden, zwangen sie die Kana-
aniter zur Fronarbeit*, trieben sie aber nicht aus
dem Land.
29 Der Stamm Efraïm konnte die Kanaaniter
nicht aus der Stadt Geser vertreiben; darum
wohnen sie dort noch heute mitten in seinem
Gebiet.
30 Der Stamm Sebulon konnte die Kanaaniter
nicht aus Kitron und Nahalal vertreiben; sie blie-
ben dort wohnen und wurden später zur Fron-
arbeit gezwungen.
31 Der Stamm Ascher konnte die Bewohner
von Akko und Sidon nicht vertreiben, auch nicht
die Leute von Mahaleb, Achsib, Helba, Afek und
Rehob. 32 Darum leben die Leute von Ascher
noch jetzt mitten unter den Kanaanitern, den
früheren Landesbewohnern; sie haben sie nicht
aus dem Land vertrieben.
33 Der Stamm Naftali konnte die Bewohner
von Bet-Schemesch und Bet-Anat nicht vertrei-
ben und lebt deshalb in seinem Stammesgebiet
mit den Kanaanitern, den früheren Landesbe-
wohnern, zusammen; sie müssen ihm jedoch
Frondienste leisten.
34 Als die Männer des Stammes Dan in die
Ebene vordringen wollten, wurden sie von den
Amoritern* in das Bergland zurückgetrieben.
35 So konnten die Amoriter sich in Har-Heres,
Ajalon und Schaalbim behaupten; aber später
wurden sie von den Josefsstämmen besiegt und
mussten ihnen Frondienste leisten.
36 Das Gebiet der Amoriter stößt an das der
Edomiter*. Die Grenze[d] verläuft von der Skor-
pionensteige nach Sela und dann weiter in dieser
Richtung.

Israel muss das Land mit den Kanaanitern teilen

2 Der Engel* des HERRN kam von Gilgal nach
Bochim herauf und sagte zu dem versammel-
ten Volk Israel: »Ich habe euch aus Ägypten her-
ausgeführt und euch in das Land gebracht, das
ich euren Vorfahren mit einem Eid zugesagt
hatte. Und ich habe zu euch gesagt: ›Ich werde
für alle Zeiten zu dem Bund* stehen, den ich mit
euch geschlossen habe; 2 ihr aber dürft auf kei-
nen Fall einen Bund mit den Bewohnern dieses
Landes schließen. Ihr müsst die Altäre ihrer Göt-
ter niederreißen.‹ Doch ihr habt mir nicht ge-
horcht. Wie konntet ihr das tun? 3 Darum erkläre
ich jetzt: Ich werde die Bewohner des Landes

a Vermutlich handelt es sich nicht um Jericho, sondern um Tamar am Südende des Toten Meeres.
b *Auch die Amalekiter* ...:* nach einer griechischen Handschrift und der altlateinischen Übersetzung; H *Sie gingen hin und wohnten bei dem Volk.* *c* *nicht:* mit G; in H fehlt das Wort. *d* So mit G; H *Die Grenze der Amoriter.*

1,16 Num 24,21-22 S; Ex 2,16-22; Ri 4,11; Num 10,29-32 **1,17** Dtn 7,1-4 S **1,19** Jos 17,16 S **1,20** Jos 15,13-14; Num 14,24 **1,21** Jos 15,63 S **1,27-28** Jos 17,11-13 **1,29** Jos 16,10 **1,34** Jos 19,47-48; Ri 18,1 **1,36** (Skorpionensteige) Num 34,4; Jos 15,3 **2,1** 6,11 **2,2** Num 33,50-52 S **2,3** Jos 23,12-13 S; Ri 8,27

nicht vor euch vertreiben, sondern sie sollen
euch zur Falle werden. Ihr werdet ständig in Ver-
suchung stehen, ihre Götter zu verehren, und
das wird euch ins Verderben stürzen.«
4 Alle Leute von Israel hörten diese Worte und
sie begannen zu weinen. 5 Darum erhielt der Ort
den Namen Bochim (die Weinenden). Dort
brachten die Leute von Israel dem HERRN Opfer*
dar.

Der Ungehorsam des Volkes nach Josuas Tod

6 Als Josua die Versammlung bei Sichem aufge-
löst hatte, gingen alle Israeliten in die ihnen zu-
geteilten Gebiete, um sie in Besitz zu nehmen.
7 Sie gehorchten dem HERRN, solange Josua lebte,
und auch weiterhin, solange noch die Ältesten*
des Volkes lebten, die die großen Taten Gottes
für Israel mit eigenen Augen gesehen hatten.
8 Aber dann starb Josua, der Sohn Nuns, der
Diener und Bevollmächtigte* Gottes, im Alter
von 110 Jahren. 9 Sie bestatteten ihn auf seinem
Erbbesitz* in Timnat-Heres im Bergland von
Efraïm, nördlich vom Berg Gaasch. 10 Nach und
nach starb auch die ganze ältere Generation,
und es wuchs eine neue Generation heran, die
vom HERRN nichts wissen wollte und seine
großen Taten für Israel nicht miterlebt hatte.
11–12 So kam es, dass die Leute von Israel taten,
was dem HERRN missfällt: Sie verließen den Gott
ihrer Vorfahren, der sie aus Ägypten herausge-
führt hatte, und liefen fremden Göttern nach.[a]
Sie fingen an, die Götter ihrer Nachbarvölker an-
zubeten, und beleidigten damit den HERRN.
13 Weil sie an seiner Stelle den Gott Baal* und
die Göttin Astarte* verehrten, 14 wurde der HERR
zornig auf sie. Er ließ immer wieder räuberische
Beduinen über sie herfallen, die sie ausplünder-
ten. Er gab sie auch den feindlichen Nachbarvöl-
kern preis, sodass sie ihnen nicht mehr stand-
halten konnten. 15 Jedes Mal, wenn sie in den
Kampf zogen, war der HERR gegen sie und ließ
ihnen nichts glücken, wie er ihnen das ange-
droht und mit einem Eid bekräftigt hatte. So
gerieten sie in schwere Bedrängnis.
16 Immer wieder ließ der HERR bedeutende
Männer erstehen, die Richter*, die die Leute
von Israel aus der Gewalt der plündernden Nach-
barstämme befreiten. 17 Aber selbst auf ihre Rich-
ter hörten sie nicht. Sie liefen weiter den frem-
den Göttern nach und warfen sich vor ihnen
nieder. So rasch waren sie vom rechten Weg
abgekommen und gehorchten nicht mehr den
Geboten des HERRN, wie das ihre Vorfahren
getan hatten. 18 Trotzdem ließ der HERR ihnen
immer wieder einen Richter als Retter erstehen,
und er stand dem Richter zur Seite und befreite
sie aus der Hand ihrer Feinde. Denn wenn sie
über ihre Quäler und Unterdrücker klagten, tat
die harte Strafe dem HERRN Leid.
Aber sie gehorchten dem HERRN nur, solange
der Richter lebte; 19 nach seinem Tod wurden sie
jedes Mal wieder rückfällig und trieben noch
schlimmeren Götzendienst als ihre Vorfahren.
Sie dachten nicht daran, von ihrem Trotz und
Ungehorsam zu lassen und sich zu bessern.
20 Deshalb wurde der HERR zornig auf Israel
und beschloss: »Weil dieses böse Volk mir nicht
gehorcht und den Bund* ständig bricht, den ich
mit ihren Vorfahren geschlossen habe, 21 werde
ich keine weiteren Völker mehr vor ihnen aus
dem Land Kanaan* vertreiben. Die Völker, die
Josua nicht mehr besiegen konnte, 22 lasse ich im
Land bleiben, um die Israeliten auf die Probe zu
stellen, ob sie mir gehorchen wie ihre Vorfahren
oder nicht.«
23 Eben deshalb ließ der HERR diese Völker
im Land und vertrieb sie nicht so schnell;
deshalb hatte er sie auch nicht in Josuas Hand
gegeben.

Die im Land verbliebenen Fremdvölker

3 1–2 Folgende Völker ließ der HERR im Land
übrig, um den Gehorsam des Volkes durch
sie auf die Probe zu stellen – aber auch, um
ihnen Gelegenheit zu geben, sich im Kriegführen
zu üben. Alle Männer Israels, die die Kämpfe um
das Land nicht mehr selbst erlebt hatten, sollten
diese Gelegenheit bekommen.
3 Dies waren die Völker: die fünf Fürsten-
tümer der Philister*, alle Kanaaniter*, die Phöni-
zier* und schließlich die Hiwiter, die im Liba-
nongebirge zwischen dem Hermon und Lebo-
Hamat wohnen. 4 Durch sie sollten die Leute
von Israel auf die Probe gestellt werden. Der
HERR wollte sehen, ob sie seinen Geboten
gehorchen würden, die er ihren Vorfahren durch
Mose gegeben hatte.
5 Die Leute von Israel lebten also mitten unter
den Kanaanitern, Hetitern*, Amoritern*, Perisi-
tern, Hiwitern und Jebusitern. 6 Und was taten sie?
Sie nahmen die Töchter dieser Völker als Frauen
und gaben den Männern dieser Völker ihre
eigenen Töchter, und sie opferten ihren Göttern.

a Wörtlich *dienten den Baalen.* Unter den *Baalen* sind alle fremden Götter zusammengefasst; vielleicht ist auch an die Vielzahl der Baalsheiligtümer im Land gedacht.

2,6 Jos 24,1.28 **2,7-9** Jos 24,29-31 **2,14-15** Dtn 28,15-46 **3,1-2** 2,21-22 **3,3** Jos 13,2-5

GOTT RETTET SEIN VOLK DURCH EINZELNE RICHTER (3,7–16,31)

Der Richter Otniël

7 Die Leute von Israel taten, was dem HERRN
missfällt: Sie vergaßen den HERRN, ihren Gott,
und beteten zu den Göttern der Kanaaniter*,
dem Baal und der Aschera.[a] 8 Da wurde der
HERR zornig auf sie und gab sie in die Hand
Kuschan-Rischatajims, eines Königs im oberen
Mesopotamien. Acht Jahre lang wurden sie von
ihm unterdrückt.

9 Da schrien die Israeliten zum HERRN um
Hilfe und er ließ ihnen einen Retter erstehen:
Otniël, den jüngeren Bruder Kalebs, einen Sohn
von Kenas. 10 Der Geist* des HERRN nahm Besitz
von ihm und machte ihn zum Richter* und Anführer des Volkes. Er zog gegen Kuschan-Rischatajim in den Kampf, und der HERR half ihm, sodass er dem König von Mesopotamien eine schwere Niederlage beibrachte.

11 Otniël lebte danach noch 40 Jahre und in dieser ganzen Zeit hatte das Land Ruhe vor Feinden.

Ehud rettet Israel durch eine List

12 Die Leute von Israel aber taten von neuem,
was dem HERRN missfällt. Deshalb ließ er Eglon,
den König der Moabiter*, über sie Macht gewinnen. 13 Eglon verbündete sich mit den Ammoni-
tern* und den Amalekitern*, besiegte die Israeli-
ten und besetzte die Stadt Jericho. 14 Achtzehn
Jahre lang mussten die Leute von Israel dem
Moabiterkönig Tribut zahlen.

15 Da schrien sie zum HERRN um Hilfe und er ließ ihnen einen Retter erstehen: Ehud, den Sohn von Gera aus dem Stamm Benjamin.

Ehud war Linkshänder. Als die führenden
Männer des Volkes ihn dazu bestimmten, den
Tribut an König Eglon abzuliefern, 16 schmiedete
er sich ein kurzes, beidseitig geschärftes Schwert
und band es sich unter dem Gewand auf der
rechten Seite fest. 17 So übergab er den Tribut. –
König Eglon war übrigens ein Mann von mächtiger Körperfülle.

18 Nach der Übergabe ließ Ehud die Männer,
die den Tribut hergetragen hatten, nach Hause
gehen. 19 Er selbst kehrte bei den steinernen
Götterbildern[b] um und ging noch einmal zu Eglon zurück.

Er sagte zum König: »Ich habe eine geheime Botschaft für dich!«

»Pst!«, machte Eglon. »Dass keiner es hört!«

So gingen alle Diener des Königs hinaus.
20 Eglon saß in dem kühlen Obergemach, das nur
für ihn allein bestimmt war. Ehud sagte zu ihm:
»Ich habe für dich eine Botschaft von Gott.«

Darauf erhob sich Eglon von seinem Sitz.
21 Ehud griff mit der linken Hand nach dem
Schwert an seiner rechten Seite und stieß es ihm
in den Bauch. 22 Die ganze Klinge drang in
Eglons Leib ein und sogar noch der Griff verschwand im Fett. Ehud ließ das Schwert stecken,
23 verriegelte die Tür und stieg durchs Fenster
hinaus.[c]

24 Nachdem Ehud gegangen war, wollten
Eglons Diener nach dem König sehen, aber sie
fanden die Tür des Obergemachs verriegelt. »Er
wird wohl gerade seine Notdurft verrichten«,
sagten sie. 25 Sie warteten vergeblich; die Tür
wurde nicht geöffnet. Schließlich holten sie den
Schlüssel und schlossen auf. Da lag ihr Herr tot
auf dem Boden.

26 Während die Diener vor der Tür gewartet hatten, hatte sich Ehud in Sicherheit gebracht. Er war an den Steinbildern vorbeigegangen und gelangte unbehelligt nach Seïra.

27 Dort angekommen, ließ er im Bergland von
Efraïm das Signalhorn* blasen und die Männer
Israels zogen hinter ihm her in die Jordanebene
hinunter. 28 Er sagte zu ihnen: »Folgt mir
schnell! Der HERR hat eure Feinde, die Moabiter,
in eure Hand gegeben.«

Da zogen sie hinter ihm her und besetzten
die Furten über den Jordan, sodass die Moabiter
nicht entkommen konnten. 29 Sie erschlugen an
diesem Tag 10 000 von ihnen, lauter starke und
kampferprobte Männer; kein Einziger konnte
sich retten.

30 So zwang der HERR die Moabiter an diesem Tag vor Israel in die Knie. Das Land hatte nun 80 Jahre lang Ruhe vor Feinden.

Der Richter Schamgar

31 Nach Ehud trat Schamgar, der Sohn Anats, auf. Er erschlug 600 Philister mit einem Ochsenstachel*. So rettete auch er die Leute von Israel vor ihren Feinden.

a Wörtlich *den Baalen und Ascheren;* vgl. Anmerkung zu 2,11-12 und Sacherklärungen.
b Es folgt noch: *die in/bei Gilgal sind,* offenbar eine Verdeutlichung, die die steinernen Götterbilder mit den Steinen von Jos 4,19-20 gleichsetzt. Es liegt jedoch näher, an Götterbilder im Bereich von Ehuds Palast in Jericho zu denken.
c *stieg durchs Fenster hinaus:* Deutung unsicher.

3,9 1,13 **3,10** (Geist) 6,34; 11,29; 13,25; 14,6.19; 15,14; 1 Sam 10,6; 11,6 **3,13** Ex 17,14 S; Ri 5,14 S **3,31** 5,6

Gott rettet die Israeliten durch eine Frau

4 Nachdem Ehud gestorben war, taten die
Leute von Israel von neuem, was dem HERRN
missfällt. 2 Da gab er sie in die Hand Jabins, des
Königs der Kanaaniterstadt Hazor. Dessen Heer-
führer Sisera hatte sein Hauptquartier in Haro-
schet-Gojim. 3 Jabin besaß 900 eiserne Streit-
wagen*. Zwanzig Jahre lang unterdrückte er die
Israeliten hart. Deshalb riefen sie zum HERRN um
Hilfe.

4 Damals hatte eine Prophetin* namens
Debora, die Frau Lappidots, das Richteramt in
Israel. 5 Sie saß unter der ›Deborapalme‹ zwi-
schen Rama und Bet-El im Bergland von Efraïm
und entschied Rechtsfälle, die die Leute von
Israel ihr vorlegten.

6 Eines Tages bestellte sie Barak zu sich, den
Sohn Abinoams aus Kedesch im Gebiet des Stam-
mes Naftali. Sie sagte zu ihm: »Der HERR, der
Gott Israels, gibt dir den Auftrag: ›Nimm 10 000
Mann aus den Stämmen Naftali und Sebulon
und zieh mit ihnen auf den Berg Tabor. 7 Ich
werde Jabins Heerführer Sisera mit seinen Streit-
wagen und seinem ganzen Heer an den Bach
Kischon locken und dort in deine Hand geben.‹«

8 Barak sagte zu Debora: »Ich gehe nur, wenn
du mitkommst! Ohne dich gehe ich nicht.«

9 »Gut«, erwiderte Debora, »ich komme mit.
Aber der Ruhm für den Sieg wird dann nicht dir
gehören. Der HERR wird Sisera in die Hand einer
Frau geben!«

Dann stand sie auf und ging mit ihm nach
Kedesch. 10 Dorthin berief Barak die Männer der
Stämme Naftali und Sebulon. Zehntausend
folgten ihm auf den Berg Tabor und Debora
begleitete sie.

11 Der Keniter* Heber hatte sich von seinen
Stammesbrüdern, den Nachkommen von Moses
Schwiegervater Hobab, getrennt und war nach
und nach bis zu der Eiche* bei Zaanannim in der
Nähe von Kedesch gekommen. Dort hatte er sein
Zelt aufgeschlagen.

12 Da erhielt Sisera die Meldung: »Barak, der
Sohn Abinoams, ist mit einem Heer auf den Berg
Tabor gezogen!« 13 Sofort rief er seine 900 Streit-
wagen und alle seine Kriegsleute zusammen und
zog von Haroschet-Gojim an den Bach Kischon.

14 Als er dort ankam, sagte Debora zu Barak:
»Schlag los! Heute hat der HERR dir Sisera und
sein ganzes Heer ausgeliefert. Ich sehe, wie der
HERR selbst vor dir her in die Schlacht zieht!«
Da stürmte Barak vom Berg Tabor ins Tal hin-
unter und die zehntausend folgten ihm. 15 Als sie
mit gezücktem Schwert auf die Kanaaniter* zu-
kamen, versetzte der HERR den feindlichen Heer-
führer und sein ganzes Heer in Angst und
Schrecken. Sisera sprang von seinem Wagen und
floh zu Fuß.

16 Barak verfolgte die Streitwagen Siseras und
seine Soldaten bis nach Haroschet-Gojim. Das
ganze Heer wurde vernichtet; nicht *ein* Mann
entkam.

Der feindliche Heerführer findet den Tod

17 Sisera flüchtete inzwischen zum Zelt Jaëls, der
Frau des Keniters* Heber; denn die Sippe Heber
unterhielt freundschaftliche Beziehungen zu
Jabin. 18 Jaël ging Sisera entgegen und sagte:
»Komm herein, mein Herr, kehre bei mir ein!
Hab keine Angst!« Er trat in ihr Zelt und sie
führte ihn hinter den Vorhang.

19 »Gib mir ein wenig Wasser«, bat er, »ich
bin so durstig.« Sie holte den Schlauch mit
Milch, gab ihm zu trinken und zog den Vorhang
vor.

20 »Stell dich an den Eingang des Zeltes«,
sagte er. »Wenn jemand kommt und dich fragt,
ob einer hier ist, dann antworte: ›Nein, nie-
mand!‹«

21 Jaël aber nahm einen Zeltpflock und einen
Hammer und trat leise an Sisera heran. Er lag auf
der Seite und war vor Erschöpfung in tiefen
Schlaf gefallen. Sie trieb den Pflock durch beide
Schläfen hindurch bis in die Erde.

22 Da kam auch schon Barak, der hinter Sisera
her war. Jaël ging ihm entgegen und sagte:
»Komm mit, ich will dir den Mann zeigen, den
du suchst!« Barak ging mit ihr ins Zelt und fand
Sisera tot auf der Erde liegen, den Kopf mit dem
Pflock durchbohrt.

23 So brachte Gott dem Kanaaniterkönig Jabin
eine schwere Niederlage bei und zwang ihn vor
den Israeliten in die Knie. 24 In der Folgezeit
setzten sie ihm immer härter zu, bis sie ihn völlig
vernichtet hatten.

Deboras Siegeslied

5 Damals sang Debora zusammen mit Barak,
dem Sohn Abinoams, das folgende Lied: [a]

2 Zum Kampf entschlossen war ganz Israel,
freiwillig stellten sich die Männer ein –
gelobt, gepriesen sei der HERR dafür!

a Die Verse 7, 12 und 15 reden von Debora in der 2. bzw. 3. Person. Wahrscheinlich handelt es sich ursprünglich um die Dichtung eines berufsmäßigen Sängers.

4,2 Jos 11,1-11 **4,3** Jos 17,16 S **4,11** 1,16 S; (Eiche bei Z. = Elon-Z.) Jos 19,33 **4,15** Ex 23,27

3 Ihr Könige und Fürsten, hört mir zu!
Dem HERRN zu Ehren will ich singen,
erklingen soll mein Lied und Spiel
zum Ruhm des Gottes Israels!

4 Als du vom Bergland Seïr* auszogst, HERR,
und zu uns kamst von Edoms* grünen Steppen,
da zitterte vor dir die ganze Erde,
vom Himmel stürzten Wasserfluten nieder,
die Wolken gossen ihren Regen aus.
5 Die Berge schwankten, als der HERR sich nahte,
der Gott, den sein Volk Israel verehrt,
der seinem Volk am Sinai* erschien.

6 Zur Zeit, als Schamgar lebte, Anats Sohn,
auch in den Tagen Jaëls, der Keniterin,
da lagen alle Wege menschenleer;
wer damals über Land zu reisen hatte,
der musste auf versteckten Pfaden gehn.
7 Die Felder wagte niemand zu bestellen,
wie ausgestorben waren alle Dörfer,
bis endlich du, Debora, dich erhobst
und handeltest, du Mutter Israels!
8 Noch hielt das Volk nach neuen Göttern Ausschau,
da stand auch schon der Feind vor ihren Toren.
Doch von den vierzigtausend Männern Israels
besaß nicht einer Speer und Schild.

9 Mein Herz schlägt für die Helden Israels,
die Männer aus dem Volk, die willig kamen –
gelobt, gepriesen sei der HERR dafür!
10 Geht in euch, denkt darüber nach, ihr alle,
die vornehm ihr auf weißen Eseln reitet,
die ihr auf einem weichen Teppich sitzt,
auch ihr, die ihr zu Fuß die Straße zieht!
11 An allen Brunnen, wo die Hirten lärmen
und Wasser schöpfen, um ihr Vieh zu tränken,
dort soll man laut die großen Taten rühmen,
durch die der HERR sein Volk gerettet hat;
dazu soll Israel aus allen Städten kommen!
12 Auf, auf, Debora, auf und sing dein Lied!
Auf, Barak, Abinoams Sohn, auch du,
bring die herbei, die du gefangen hast!

13 Es kamen alle, die noch übrig waren,
und stießen zu den Führern Israels;
gerüstet kam das Volk des HERRN zu ihm:[a]
14 die Efraïmiten, stark wie Amalekiter*,
danach die mutigen Scharen Benjamins;
von Machir kamen mächtige Gebieter,
von Sebulon die Führer mit dem Stab;
15 die Fürsten Issachars erschienen alle,
gemeinsam mit Debora kamen sie
und Barak folgte ihnen auf dem Fuß –
so stürmten sie hinunter in das Tal.

Die Sippen Rubens hielten lange Rat
und konnten sich trotz allem nicht entschließen.
16 Was bleibt ihr zwischen euren Hürden liegen
und hört dem Flötenspiel der Hirten zu?
Bei Ruben überlegten sie zu lange!
17 Von Gad in Gilead* war keiner da,
sie blieben auf der andern Jordanseite.
Warum verweilte Dan bei seinen Schiffen?
Am Strand des Meeres wohnen die von Ascher,
sie blieben dort an seinen Buchten sitzen.
18 Doch die von Sebulon und Naftali
bewiesen auf dem Schlachtfeld ihren Mut
und setzten ohne Furcht ihr Leben ein.

19 Da kamen sie, die Herrscher Kanaans*,
sie rückten an zur Schlacht bei Taanach,
beim Bache von Megiddo kämpften sie;
doch Silberbeute gab es nicht zu holen.
20 Sogar die Sterne droben griffen ein
von ihren hohen Himmelsbahnen aus,
sie kämpften gegen Sisera mit Macht.
21 Der Kischon drang heran mit seiner Flut
und riss die Feinde alle mit sich fort. –
Auf, auf, mein Herz, nimm allen Mut zusammen!
22 Da jagten sie heran, die schnellen Rosse,
der Boden dröhnte unter ihren Hufen.

23 Sprecht einen Fluch aus über die Stadt Meros!
– Das sagt der HERR durch seinen Engel*. –
Verflucht die Stadt und alle, die dort wohnen,
weil sie dem HERRN nicht Beistand leisten wollten,
weil ihre Krieger ihm nicht halfen!

24 Doch Gottes Segen komme über Jaël,
die Frau von Heber, dem Keniter*!
Gepriesen sei sie unter allen Frauen!
25 Als Sisera bei ihr um Wasser bat,
da reichte sie ihm sogar Milch zu trinken,
in edler Schale gab sie ihm den Trunk.
26 Doch dann ergriff sie einen spitzen Zeltpflock
und mit der Rechten packte sie den Hammer.
Dann schlug sie zu, zermalmte ihm den Schädel,
durchbohrte seine Schläfe mit dem Pflock.
27 Er brach zusammen, stürzte nieder,

a *ihm:* mit einer griechischen Handschrift; H *mir.*

5,4-5 Dtn 33,2; Ps 68,8-9; Hab 3,3-6 **5,5** Ex 19,16-18 **5,6** 3,31; 4,17 **5,14** (Amalekiter) 3,13; 6,3.33; 7,12; 10,12; Ex 17,14S; (Machir) Jos 17,1 **5,21** 4,7 **5,25** 4,19

vor ihren Füßen blieb er liegen.
Tot lag er da, das war sein Ende.

28 Zu Hause wartet ängstlich seine Mutter,
voll Sorge späht sie durch das Gitterfenster.
»Wo bleibt er?«, fragt sie. »Warum kommt
er nicht?
Wann höre ich das Dröhnen seines Wagens?«
29 Die klügste ihrer Edelfrauen sagt –
die Mutter spricht es immer wieder nach:
30 »Gewiss, sie haben Beute, teilen sie:
ein Mädchen oder zwei für jeden Mann,
für Sisera gewebte, teure Stoffe
und zwei gestickte, bunte Tücher
für jede Frau, die sie erbeutet haben.«

31 Wie Sisera so soll es allen gehen,
die dir, HERR, feindlich gegenübertreten!
Doch deine Freunde sollen siegreich sein,
der Sonne gleich, die strahlend sich erhebt!

Vierzig Jahre lang hatte das Land nun Ruhe vor
Feinden.

Gott straft die Israeliten durch die Midianiter

6 Von neuem taten die Leute von Israel, was
dem HERRN missfällt. Deshalb gab er sie
sieben Jahre lang in die Gewalt der Midianiter*,
2 die ihnen hart zusetzten.

Die Leute von Israel versteckten sich vor ih-
nen in Höhlen und unzugänglichen Schluchten
und verschanzten sich auf den Bergen. 3 Jedes
Mal wenn sie Getreide gesät hatten, fielen die
Midianiter zusammen mit den Amalekitern*
und mit Beduinen aus dem Osten in das Land
ein 4 und verwüsteten die Felder bis hin nach
Gaza. Sie ließen nichts Essbares zurück und
raubten alles Vieh – Schafe, Ziegen, Rinder und
Esel. 5 Mit ihren Herden und Zelten zogen sie
heran, um das Land auszuplündern. Sie waren
so zahlreich wie die Heuschrecken; niemand
konnte sie und ihre Kamele zählen.

6–7 Durch die Raubzüge der Midianiter wur-
den die Israeliten bettelarm. In ihrer Not schrien
sie zum HERRN um Hilfe. 8 Da sandte er ihnen
einen Propheten*; der sagte zu ihnen: »So
spricht der HERR, der Gott Israels: ›Ich habe euch
aus der Sklaverei in Ägypten befreit und euch
hierher geführt. 9 Ich habe euch vor den Ägyp-
tern gerettet und ebenso aus der Hand aller Völ-
ker, die euch unterdrückten. Ich habe diese Völ-
ker vor euch her aus ihrem Land vertrieben und
es euch gegeben. 10 Und ich habe zu euch gesagt:
Ich bin der HERR, euer Gott; verehrt nicht die
Götter der Amoriter*, in deren Land ihr lebt!
Aber ihr habt nicht auf mich gehört.‹«

Gott beruft Gideon zum Retter Israels

11 Der Engel* des HERRN kam und setzte sich un-
ter die Eiche* bei Ofra. Der Platz gehörte zum
Grundbesitz Joaschs, eines Mannes aus der
Sippe Abiëser. Sein Sohn Gideon war gerade
dabei, in der nahe gelegenen Weinkelter Weizen
zu dreschen, um ihn vor den Midianitern in
Sicherheit zu bringen.

12 Da zeigte sich ihm der Engel des HERRN und
sagte: »Gott mit dir, du tapferer Krieger!«

13 Gideon erwiderte: »Verzeihung, mein Herr!
Aber wenn wirklich Gott mit uns ist, wie konnte
uns dann so viel Unglück treffen? Unsere Väter
haben uns doch immer wieder erzählt: ›Der
HERR hat uns aus Ägypten hierher geführt.‹ Wo
sind denn nun alle seine Wundertaten geblie-
ben? Nein, der HERR hat uns im Stich gelassen
und uns den Midianitern* ausgeliefert!«

14 Der HERR aber trat auf Gideon zu und sagte:
»Du bist stark und mutig. Geh und rette Israel
aus der Hand der Midianiter. Ich sende dich!«

15 »Aber mein Herr«, wandte Gideon ein,
»wie soll ich Israel befreien? Meine Sippe ist die
kleinste im ganzen Stamm Manasse und ich bin
der Jüngste in meiner Familie.«

16 »Ich werde dir beistehen«, sagte der HERR,
»und du wirst die Midianiter auf einen Schlag
vernichten.«

17 Gideon erwiderte: »Wenn ich vor dir Gnade
gefunden habe, dann gib mir ein Zeichen dafür,
dass wirklich der HERR selbst mit mir spricht!
18 Geh nicht von hier weg, bis ich dir eine Gabe
gebracht habe.«

»Ich warte, bis du zurückkommst«, sagte der
HERR.

19 Gideon ging nach Hause, kochte ein Zie-
genböckchen und backte ungesäuertes Brot* aus
einem ganzen Backtrog voll Mehl.[a] Dann legte
er das Fleisch in einen Korb, goss die Brühe in
einen Topf, brachte alles zu dem Platz unter der
Eiche und bot es dem Engel des HERRN an.

20 Doch der Engel sagte zu ihm: »Leg das
Fleisch und die Brote hier auf den Felsblock, aber
die Brühe schütte weg!« Gideon tat es 21 und der

a Hebräische Maßangabe *1 Efa** (etwa 12 kg).

5,31 Ps 83,10 **6,1** (Midianiter) Gen 25,1-6; Ex 2,15-22; Num 22,4.7; 25,6-18; 31,1-18 **6,3** 5,14 S **6,5** 7,12 **6,8-10** 2,1-2.11-12; 10,11-14 **6,10** Ex 20,2-3; Jos 24,15 **6,11** 2,1 **6,15** 1 Sam 9,21 **6,16** (beistehen) Ex 3,12; Dtn 31,23; Jes 41,10; Jer 1,8 **6,17** (Zeichen) 6,36-40; 2 Kön 20,8-11; Jes 7,10-14 **6,18** 13,15; Gen 18,3-5 **6,20-21** 13,19-20 **6,21** Lev 9,24 S

Engel des HERRN berührte mit dem Stab in seiner
Hand das Fleisch und die Brote. Da schlug Feuer
aus dem Felsen und verzehrte alles. Im selben
Augenblick war der Engel verschwunden.
22 Da wusste Gideon, wer mit ihm gesprochen
hatte. »HERR, du mächtiger Gott!«, rief er. »Ich
habe deinen Engel gesehen, ich habe ihm gegen-
übergestanden. Ich muss sterben!«
23 Doch der HERR sagte zu ihm: »Zwischen
uns ist Frieden! Hab keine Angst, du musst nicht
sterben.«
24 Da baute Gideon an derselben Stelle einen
Altar* für den HERRN und nannte ihn: »Der HERR
ist Frieden«. Noch heute steht dieser Altar in
Ofra im Gebiet der Sippe Abiëser.

Gideon zerstört den Götzenaltar

25–26 In derselben Nacht erhielt Gideon vom
HERRN den Auftrag: »Nimm den siebenjährigen
Stier[a] deines Vaters. Geh auf den Gipfel des Ber-
ges, reiß den Altar Baals* ein, der auf dem
Grundstück deines Vaters steht, und haue den
geweihten Pfahl* daneben um. Baue an dersel-
ben Stelle einen Altar für mich, den HERRN, aus
aufeinander geschichteten Steinen genau nach
der Vorschrift, und opfere mir auf dem Altar
den Stier als Brandopfer*. Verwende als Brenn-
holz den geweihten Pfahl, den du umgehauen
hast.«
27 Gideon nahm zehn von seinen Knechten
mit und machte alles, wie der HERR es ihm aufge-
tragen hatte. Er tat es jedoch im Schutz der
Nacht, weil er sich vor seinen Angehörigen und
den Männern der Stadt fürchtete.
28 Am nächsten Morgen entdeckten die Män-
ner der Stadt, dass der Baals-Altar eingerissen,
der geweihte Pfahl abgehauen und auf dem neu
errichteten Altar ein Stieropfer dargebracht wor-
den war.
29 Sie sagten zueinander: »Wer hat das ge-
tan?« Sie fragten überall herum und jemand
sagte: »Das war Gideon, der Sohn von Joasch!«
30 Da gingen die Männer der Stadt zu Joasch und
verlangten von ihm: »Gib deinen Sohn heraus!
Er muss sterben. Er hat den Altar Baals eingeris-
sen und den geweihten Pfahl umgehauen.«
31 Aber Joasch sagte zu allen, die drohend um
ihn herumstanden: »Was mischt ihr euch in die
Angelegenheiten Baals? Ist es vielleicht eure
Sache, für ihn einzutreten? Wenn er ein Gott ist,
soll er selbst kämpfen und sich dafür rächen,
dass man seinen Altar eingerissen hat. Wer ihm
zu Hilfe kommt, soll es mit dem Leben büßen
und den nächsten Morgen nicht mehr erleben!«
32 Weil sein Vater gesagt hatte: »Baal soll
selbst gegen ihn kämpfen«, nannten sie Gideon
von da an auch Jerubbaal.

Gideon bittet Gott um ein Zeichen

33 Die Midianiter* und dazu die Amalekiter*
und die Beduinen aus dem Osten versammelten
ihre ganze Streitmacht und überschritten den
Jordan. In der Ebene von Jesreel schlugen sie ihr
Lager auf.
34 Da nahm der Geist* des HERRN Besitz von
Gideon. Gideon blies das Kriegshorn*, um die
Männer der Sippe Abiëser zusammenzurufen,
und alle folgten ihm. 35 Er schickte Boten durch
das Gebiet des Stammes Manasse, und auch dort
folgten die Männer seinem Ruf und schlossen
sich ihm an. Bis zu den Stämmen Ascher, Sebu-
lon und Naftali schickte er Boten und sie alle ka-
men ihm zu Hilfe.
36 Inzwischen betete Gideon zu Gott: »Gib
mir doch ein Zeichen, an dem ich erkennen
kann, dass du Israel wirklich durch mich retten
willst! 37 Ich bin gerade dabei, frisch geschorene
Wolle auf dem Dreschplatz auszulegen. Lass
morgen früh den Tau nur auf die Wolle fallen
und die Erde ringsum trocken bleiben! Dann
weiß ich, dass deine Zusage gilt und du Israel
durch meine Hand retten willst.«
38 Gott erfüllte ihm die Bitte. Als Gideon am
nächsten Morgen die Wolle ausdrückte, füllte
der Tau eine ganze Schale.
39 Und wieder betete Gideon zu Gott: »Werde
nicht zornig über mich, wenn ich dich noch ein
einziges Mal um ein Zeichen bitte! Lass doch
morgen früh die Wolle trocken bleiben und
ringsum auf die Erde Tau fallen.«
40 Auch diese Bitte erfüllte ihm Gott: Am
nächsten Morgen war die Wolle trocken und auf
der Erde ringsum lag Tau.

Gideons Heer ist zu groß

7 Gideon, den man auch Jerubbaal nannte,
brach früh am Morgen mit seinem ganzen
Heer auf. Bei der Quelle Harod errichteten sie
ihr Lager. Das Lager der Midianiter* befand sich
nördlich davon in der Ebene, nahe beim Hügel
More.
2 Aber der HERR sagte zu Gideon: »Dein Heer

a Er wird zusätzlich als der *zweite* = zweitgeborene bezeichnet; es handelt sich also um das wertvollste Tier, das nach der Opferung des erstgeborenen (vgl. Ex 13,11-16!) vorhanden ist.

6,22 Ex 33,20 S **6,24** (Altar) Gen 12,7-8; 33,20; 35,7; Ex 17,15 **6,31** 1 Kön 18,27 **6,34** 3,10 S **6,36-40** 6,17 S **6,39** Gen 18,30.32 **7,2** Dtn 8,17-18

ist zu groß! So kann ich die Midianiter nicht in eure Hand geben. Sonst werden die Leute von Israel am Ende prahlen und sagen: ›Der eigenen Hand verdanken wir unsere Rettung!‹ 3 Darum lass im ganzen Lager ausrufen, dass alle, die Angst haben, nach Hause gehen.«[a] Da gingen 22 000 wieder heim, nur 10 000 blieben bei Gideon.

4 Doch der HERR sagte zu Gideon: »Dein Heer ist immer noch zu groß. Führe die Männer hinunter zur Quelle, dort will ich selbst die Auswahl treffen. Ich werde dir sagen, wer mit dir gehen soll und wer nicht.«

5 Gideon führte die Männer zum Teich an der Quelle. Dort sagte der HERR zu ihm: »Wer sich hinwirft und das Wasser mit der Zunge aufleckt wie ein Hund, den stell auf die eine Seite; und wer sich zum Trinken hinkniet, den stell auf die andere.« 6 Dreihundert Männer leckten das Wasser mit der Zunge, alle Übrigen knieten sich hin und führten es mit der hohlen Hand zum Mund.[b]

7 Der HERR sagte zu Gideon: »Durch die 300 Männer, die das Wasser mit der Zunge geleckt haben, will ich Israel retten und die Midianiter in deine Hand geben. Die anderen sollen nach Hause gehen.«

8a Gideon schickte alle zurück, nur die 300 Ausgewählten behielt er bei sich. Diese übernahmen von den anderen den Proviant und die Kriegshörner*.

Der Ausgang steht fest

8b Das Lager der Midianiter* war unten in der Ebene. 9 In der Nacht sagte der HERR zu Gideon: »Auf, greif das Lager an, ich gebe es in deine Hand! 10 Wenn du aber Angst hast, dann geh vorher mit deinem Diener Pura hinunter 11 und hör dir an, was sie dort miteinander reden. Das wird dir Mut machen, sie anzugreifen.«

Gideon und sein Diener gingen hinunter und schlichen sich bis an die äußeren Lagerwachen heran. 12 Die Midianiter, die Amalekiter* und die Beduinen aus dem Osten, die dort lagerten, bedeckten die ganze Ebene wie Heuschrecken und ihre Kamele waren unzählbar wie die Sandkörner am Meeresstrand.

13 Als nun Gideon bei den Wachtposten ankam, erzählte gerade einer seinem Kameraden einen Traum. »Stell dir vor«, sagte er, »ich habe im Traum gesehen, wie ein Gerstenbrot vom Berg herab in unser Lager rollte. Es stieß an unser Zelt, warf es um und kehrte das Unterste zuoberst.«

14 Sein Kamerad antwortete: »Das kann nur *eine* Bedeutung haben: Der Israelit Gideon wird uns besiegen; Gott hat uns und unser Lager in seine Hand gegeben!«

Gott kämpft auf der Seite Gideons

15 Als Gideon den Traum und seine Deutung gehört hatte, warf er sich nieder und dankte Gott. Dann kehrte er ins Lager Israels zurück und rief: »Steht auf! Der HERR hat das Lager der Midianiter* in eure Hand gegeben.«

16 Er teilte die 300 Mann in drei Gruppen auf; jeder bekam ein Widderhorn* und eine Fackel, dazu einen Krug, um die brennende Fackel zu verbergen. 17–18 Gideon schärfte ihnen ein: »Stellt euch rings um das Lager auf und macht alles genauso wie ich! Ich gehe jetzt bis zum Rand des Lagers und ihr achtet genau darauf, was ihr mich tun seht, und macht es ebenso. Wenn ihr hört, wie ich und die Männer bei mir ins Horn stoßen, dann stoßt auch ihr ins Horn, rings um das Lager, und ruft: ›Für den HERRN und für Gideon!‹«

19 Mitten in der Nacht kam Gideon mit seinen 100 Mann an den Rand des Lagers. Die Midianiter hatten gerade die Wachen gewechselt. Da bliesen die Männer um Gideon ihre Widderhörner und zerschlugen die Krüge. 20 Alle drei Abteilungen folgten dem Beispiel, stießen in die Hörner und zerschlugen die Krüge. Jeder hielt in der linken Hand die Fackel und in der rechten das Horn. Sie riefen: »Auf zum Kampf! Für den HERRN und für Gideon!« 21 Dabei standen sie rings um das Lager, jeder an seinem Platz.

Im Lager liefen alle durcheinander, schrien und ergriffen die Flucht. 22 Denn als die dreihundert in die Widderhörner stießen, ließ der HERR im Lager eine Panik entstehen und alle gingen mit dem Schwert aufeinander los. Darauf floh das ganze Heer in Richtung auf Bet-Schitta, Zereda, Sefat-Abel-Mehola und Tabbat.

Die Rolle Efraïms bei der Verfolgung der Midianiter

23 Nun wurden die Männer der Stämme Naftali, Ascher und Manasse zusammengerufen, um die Midianiter* zu verfolgen. 24 Gideon schickte auch Boten ins Bergland von Efraïm und ließ dort sagen: »Kommt herab und verlegt den

a Es folgt noch: *Lass sie früh am Morgen vom Bergland Gilead weggehen;* aber Gilead* liegt weit entfernt.
b mit der hohlen Hand zum Mund: Die Wörter sind im hebräischen Text offenbar an die falsche Stelle geraten, sodass es dort heißt: *Dreihundert leckten mit der hohlen Hand zum Mund, alle Übrigen tranken kniend.*

7,3 Dtn 20,8 **7,7** 1 Sam 14,6 **7,12** 6,5 **7,22** Ps 83,10; Jes 9,3; 10,26

Midianitern den Fluchtweg! Besetzt alle Wasser-
stellen bis nach Bet-Bara und sichert die Jordan-
furten!«

Da sammelten sich alle Männer des Stammes
Efraïm, besetzten die Wasserstellen und riegel-
ten die Jordanfurten ab. 25 Sie nahmen zwei
Anführer der Midianiter, Oreb und Seeb (d.h.
»Rabe« und »Wolf«), gefangen und töteten sie,
Oreb am Rabenfelsen und Seeb bei der Wolfskel-
ter. Dann verfolgten sie die Midianiter. Die abge-
schlagenen Köpfe der beiden Anführer brachten
sie zu Gideon auf die andere Seite des Jordans.

8 Die Männer von Efraïm sagten zu Gideon:
»Warum hast du uns nicht gerufen, als du in
den Kampf gegen die Midianiter gezogen bist?
Das hättest du uns nicht antun dürfen!« Sie
machten Gideon schwere Vorwürfe.

2 Doch er antwortete ihnen: »Der Sieg, den
ich errungen habe, ist nichts, verglichen mit
dem, was euch geglückt ist. Ihr kennt doch das
Sprichwort: ›Die Nachlese Efraïms ist besser als
die Lese Abiësers!‹ 3 Gott hat die Anführer der
Midianiter in eure Hand gegeben; das stellt alles
in den Schatten, was ich getan habe.«

So beruhigte er sie und sie gaben sich zufrie-
den.

Gideon besiegt den Rest der Midianiter

4 Gideon hatte mit seinen 300 Mann den Jordan
überschritten. Weil sie von der Verfolgung ganz
erschöpft waren, 5 sagte er zu den Männern der
Stadt Sukkot: »Gebt meinen Leuten ein paar
Brotlaibe! Sie sind ganz ausgehungert. Wir ver-
folgen die Midianiterkönige Sebach und Zal-
munna.«

6 Aber die führenden Männer der Stadt er-
widerten: »Warum sollten wir deiner Truppe
Brot geben? Hast du Sebach und Zalmunna
schon in der Hand?«

7 Da sagte Gideon: »Das werdet ihr mir
büßen! Wenn der HERR die Könige der Midia-
niter* in meine Hand gegeben hat, werde ich
mit Dornen und Stachelpeitschen auf euch ein-
dreschen!«

8 Gideon zog weiter nach Penuël und bat
auch dort um Brot, aber die Männer der Stadt
antworteten ihm genau wie die Männer von
Sukkot. 9 Gideon sagte: »Wenn ich wohlbehalten
zurückkomme, werde ich eure Burg nieder-
reißen!«

10 Sebach und Zalmunna lagerten mit ihrem
Heer in Karkor. Noch 15 000 Mann waren ihnen
geblieben, 120 000 hatten in der vorangegan-
genen Schlacht den Tod gefunden. 11 Gideon
näherte sich ihnen auf der Straße am Rand der
Wüste, die östlich von Nobach und Jogboha ver-
läuft. Während die Midianiter sich in Sicherheit
glaubten, überfiel er völlig unerwartet ihr Lager.
12 Die beiden Könige Sebach und Zalmunna flo-
hen, aber er verfolgte sie und nahm sie gefangen.
Das Heer im Lager versetzte er in einen solchen
Schrecken, dass alle davonliefen.

Gideon nimmt Rache

13 Als Gideon, der Sohn Joaschs, von der Midiani-
terschlacht zurückkehrte und die Steige* von
Heres hinabging, 14 traf er auf einen jungen
Mann aus der Stadt Sukkot. Er hielt ihn fest und
ließ sich von ihm die führenden Männer und
die Ältesten* der Stadt aufschreiben, insgesamt
77 Namen.

15 Als er nach Sukkot kam, sagte er zu den
Männern der Stadt: »Hier bringe ich Sebach und
Zalmunna, derentwegen ihr mich verspottet und
gesagt habt: ›Hast du denn Sebach und Zal-
munna schon in der Hand, dass wir deinen
erschöpften Leuten Brot geben sollen?‹« 16 Er
ließ die Ältesten der Stadt ergreifen und sie mit
stachligen Ruten zu Tode peitschen. 17 Die Burg
von Penuël ließ er niederreißen und die Männer
der Stadt umbringen.

18 Sebach und Zalmunna aber fragte er: »Wie
sahen die Männer aus, die ihr auf dem Berg
Tabor getötet habt?«

Sie antworteten: »Genau wie du, jeder so
stattlich wie ein Königssohn.«

19 »Es waren meine Brüder, Söhne meiner
eigenen Mutter!«, rief Gideon. »So gewiss der
HERR lebt: Wenn ihr sie verschont hättet, würde
ich euch nicht umbringen.«

20 Er befahl seinem erstgeborenen Sohn Jeter:
»Auf, schlag sie tot!« Aber der brachte sein
Schwert nicht aus der Scheide. Er schreckte vor
der Tat zurück, weil er noch so jung war.

21 Sebach und Zalmunna sagten: »Steh auf
und tu es selbst! Wie der Mann, so seine Kraft!«
Da stand Gideon auf und erschlug die beiden.
Die goldenen Halbmonde, die als Amulette an
den Hälsen ihrer Kamele hingen, nahm er an
sich.

Gideon lehnt die Königswürde ab

22 Die Männer Israels sagten zu Gideon: »Sei du
unser Herrscher, und dein Sohn und dein Enkel
nach dir! Denn du hast uns aus der Hand der Mi-
dianiter* gerettet.«

7,25 Ps 83,12 **8,1** 12,1 **8,19** Num 35,31 **8,21** Ps 83,12

23 Aber Gideon erwiderte: »Ich will nicht euer Herrscher sein und auch mein Sohn soll es nicht sein; der HERR soll über euch herrschen!«

24 Doch dann fügte er hinzu: »Nur *eine* Bitte habe ich: Gebt mir die Ohrringe, die ihr erbeutet habt!« Die besiegten Feinde hatten goldene Ohrringe getragen; denn es waren Ismaëliter.

25 »Wir geben sie dir gern«, sagten die Männer Israels. Man breitete ein Obergewand* aus und jeder warf seine erbeuteten Ringe darauf. 26 Das Gold, das auf diese Weise zusammenkam, wog fast 20 Kilo,[a] und dazu kamen noch die Amulette, Ohrgehänge und Purpurkleider, die die Midianiterkönige getragen hatten, sowie der Schmuck an den Hälsen ihrer Kamele.

27 Gideon machte aus dem Gold ein Gottesbild[b] und stellte es in seiner Heimatstadt Ofra auf. Alle Israeliten kamen dorthin, beteten das Bild an und wurden so dem HERRN untreu. Für Gideon und seine Familie wurde das zum Verderben.

Gideons Tod. Neuer Ungehorsam der Israeliten

28 So zwang Gott die Midianiter* vor den Israeliten in die Knie; sie konnten nicht mehr gegen Israel aufstehen. Solange Gideon lebte, hatte das Land Ruhe vor Feinden, vierzig Jahre lang.

29 Gideon[c] kehrte nach Hause zurück und blieb dort. 30 Von seinen vielen Frauen hatte er siebzig Söhne. 31 Eine Nebenfrau lebte in der Stadt Sichem. Sie gebar ihm einen Sohn, den er Abimelech nannte. 32 Gideon starb in hohem Alter und wurde in der Grabstätte seines Vaters Joasch in Ofra, im Gebiet der Sippe Abiëser, beigesetzt.

33 Nachdem Gideon gestorben war, liefen die Israeliten von neuem den Baalen* nach und machten den Bundes-Baal von Sichem zu ihrem Gott. 34 Sie vergaßen den HERRN, ihren Gott, der sie aus der Gewalt aller Feinde rings um sie her gerettet hatte. 35 Auch den Nachkommen Gideons vergalten sie die großen Taten, die Gideon[d] für Israel getan hatte, mit Undank.

Abimelech will König werden

9 Abimelech, der Sohn Gideons, ging eines Tages nach Sichem zu den kanaanitischen Verwandten seiner Mutter. Er rief die ganze Sippe zusammen und sagte zu den versammelten Männern: 2 »Fragt doch einmal die Leute von Sichem, was ihnen lieber ist: wenn alle siebzig Söhne Gideons zusammen über sie herrschen oder wenn ein einziger Mann ihr König ist. Macht ihnen deutlich, dass ich von ihrem Fleisch und Blut bin!«

3 Die Brüder seiner Mutter machten sich zu Abimelechs Fürsprechern und trugen die Sache allen Bürgern Sichems vor. Diese ließen sich für Abimelech gewinnen, denn sie sagten sich: »Er gehört zu uns, er ist unser Bruder!« 4 Sie gaben ihm 70 Silberstücke* aus dem Tempelschatz ihres Gottes, der den Namen »Baal* des Bundes« trug.

Mit diesem Geld warb Abimelech einen Trupp von Männern an, die nichts zu verlieren hatten und vor nichts zurückschreckten; die wurden sein Gefolge. 5 Mit ihnen zog er nach Ofra zum Haus seines Vaters, überfiel seine Brüder und tötete alle siebzig auf einem einzigen Felsblock. Nur Gideons jüngster Sohn Jotam kam mit dem Leben davon, weil er sich versteckt hatte.

6 Daraufhin versammelten sich die Bürger von Sichem und die Besatzung der Festung, zogen vor die Stadt zu der Eiche* mit dem Denkstein und machten Abimelech zu ihrem König.

Jotams Fabel – Kritik am Königtum

7 Als das Jotam erfuhr, stieg er auf den Gipfel des Berges Garizim und rief zu ihnen hinunter: »Hört mich an, ihr Leute von Sichem – wenn ihr wollt, dass Gott euch hört!

8 Einst kamen die Bäume zusammen, um sich einen König zu wählen. Sie sagten zum Ölbaum: ›Sei du unser König!‹ 9 Aber der Ölbaum erwiderte: ›Soll ich vielleicht aufhören, kostbares Öl zu spenden, mit dem Götter und Menschen geehrt werden? Soll ich über den Bäumen thronen?‹

10 Da sagten die Bäume zum Feigenbaum: ›Sei du unser König!‹ 11 Doch der Feigenbaum erwiderte: ›Soll ich vielleicht aufhören, süße Feigen zu tragen? Soll ich über den Bäumen thronen?‹

12 Da sagten sie zum Weinstock: ›Sei du unser König!‹ 13 Doch der erwiderte: ›Soll ich aufhö-

a Hebräische Maßangabe *1700 Schekel**.
b Gottesbild: Das hebräische Wort *efod* bezeichnet sonst den Amtsschurz* der Priester mit der Orakeltasche; vgl. Sacherklärung »Priesterschurz (2)«.
c In Vers 29 steht der Name *Jerubbaal* (vgl. 6,32), in Vers 30 wieder *Gideon.*
d Wörtlich *Jerubbaal Gideon* (vgl. 6,32). Im folgenden Kapitel wird für Gideon als Vater Abimelechs ausschließlich die Namensform *Jerubbaal* verwendet (Verse 1, 2, 5, 16, 19, 28, 57).

8,23 1 Sam 8,6-7 **8,24-27** Ex 32,2-4 **8,33** 9,4.46 **9,1** 8,31 **9,2** 8,30 **9,4** 8,33; 11,3 **9,6** Jos 24,26; Gen 12,6; 35,4

ren, Wein zu spenden, der Götter und Menschen
erfreut? Soll ich über den Bäumen thronen?‹
14 Schließlich sagten sie zum Dornstrauch:
›Sei du unser König!‹ 15 Und der Dornstrauch
erwiderte: ›Wenn ihr mich wirklich zu eurem
König machen wollt, dann bückt euch und sucht
Schutz unter meinem Schatten! Sonst wird Feuer
von meinen Dornen ausgehen, das sogar die
Zedern des Libanons verbrennt!‹«
16 Nachdem Jotam diese Geschichte erzählt
hatte, fuhr er fort: »Meint ihr wirklich, dass es
recht von euch war, Abimelech zu eurem König
zu machen? Habt ihr vergessen, was ihr Gideon
und seiner Familie verdankt? 17 Mein Vater hat
sein Leben für euch aufs Spiel gesetzt, um euch
aus der Hand der Midianiter* zu retten. 18 Ihr
aber habt euch gegen seine Söhne erhoben und
habt sie alle ermordet, siebzig auf einem Stein,
und habt den Sohn seiner Sklavin zum König
von Sichem gemacht, nur weil er euer Stammes-
bruder ist. 19 Wenn das alles recht war und ihr
heute an Gideon und seiner Familie redlich ge-
handelt habt, dann wünsche ich euch, dass ihr
mit Abimelech glücklich werdet und er mit euch.
20 Wenn es aber Unrecht war, dann soll von
Abimelech Feuer ausgehen und euch alle, die
Bürger von Sichem und die Besatzung der
Festung, verzehren! Und von den Bürgern von
Sichem und der Besatzung der Festung soll ein
Feuer ausgehen, das Abimelech verzehrt!«
21 Als Jotam zu Ende gesprochen hatte, floh er
vor seinem Bruder Abimelech nach Beer und
blieb dort.

Spannungen zwischen Abimelech und den Bürgern von Sichem

22 Als Abimelech drei Jahre über Israel ge-
herrscht hatte, 23 ließ Gott Feindschaft aus-
brechen zwischen ihm und den Bürgern von
Sichem; die Leute von Sichem lehnten sich gegen
ihn auf. 24 Abimelech sollte nämlich von
der Strafe getroffen werden, die er durch den
grausamen Mord an seinen 70 Brüdern auf sich
gezogen hatte, und auch die Bürger von Sichem
sollten dafür bestraft werden, dass sie ihm die
Mittel verschafft hatten, seine Brüder umzubrin-
gen.
25 Um Abimelech zu schädigen,[a] legten sich
die Männer von Sichem in den Bergen rings um
ihre Stadt auf die Lauer und raubten jeden aus,
der auf den Straßen vorbeizog. Das wurde
Abimelech gemeldet.
26 Um diese Zeit kam Gaal, der Sohn Ebeds,
mit seinem Anhang nach Sichem und gewann
das Vertrauen der Bürger. 27 Als sie die Weinlese
gehalten und neuen Wein gekeltert hatten, feier-
ten sie ein großes Freudenfest im Tempel ihres
Gottes. Sie aßen und tranken und schimpften auf
Abimelech.
28 Gaal rief ihnen zu: »Wer ist schon Abime-
lech? So einem sollen wir dienen, eine Stadt wie
Sichem? Er ist ein Sohn des Israeliten Gideon,
und diesen Sebul hat er als seinen Aufpasser über
uns eingesetzt! Dient lieber den Nachkommen
Hamors, des Gründers dieser Stadt. Warum sol-
len wir uns Abimelech unterwerfen? 29 Wenn
nur die Leute von Sichem mir folgten, ich würde
schnell mit Abimelech fertig! Ich würde ihn auf-
fordern: ›Ruf deine Truppe zusammen und stell
dich zum Kampf!‹«
30 Als der Stadtkommandant Sebul hörte, wie
Gaal das Volk aufhetzte, wurde er zornig. 31 Er
schickte heimlich Boten zu Abimelech und ließ
ihm sagen: »Gaal, der Sohn Ebeds, ist mit seinen
Brüdern nach Sichem gekommen. Sie wiegeln
die Leute gegen dich auf! 32 Komm deshalb im
Schutz der Nacht mit deinen Truppen und halte
dich in der Nähe der Stadt versteckt. 33 Bei Son-
nenaufgang überfällst du die Stadt, und wenn
Gaal dir mit seinen Leuten entgegenzieht,
kannst du mit ihm abrechnen.«
34 Abimelech zog in der Nacht mit seinen
Truppen herbei und versteckte sie in vier Abtei-
lungen rings um die Stadt. 35 Als Gaal am Mor-
gen ins Stadttor trat, brachen Abimelech und
seine Männer aus ihren Verstecken hervor.
36 Gaal sah sie und sagte zu Sebul: »Da kom-
men ja Krieger von den Bergen herab!«
»Du hältst die Schatten am Berghang für Men-
schen«, erwiderte Sebul.
37 Aber Gaal sagte: »Doch, da kommen Krieger
den ›Nabel* der Erde‹ herab, und eine Abteilung
kommt auf dem Weg, der an der Orakeleiche
vorbeiführt.«
38 Da sagte Sebul zu ihm: »Wo bleibt nun dein
großes Maul? Du hast gesagt: ›Wer ist schon
Abimelech? So einem sollten die Leute von
Sichem dienen?‹ Nun, da sind die Männer, von
denen du so verächtlich geredet hast. Jetzt tritt
an und kämpfe gegen Abimelech!«
39 Gaal führte die Männer von Sichem in den
Kampf. 40 Abimelech aber trieb ihn zurück, so-
dass er sich in die Stadt flüchten musste. Auf dem
Weg bis zum Tor erschlugen die Krieger Abime-
lechs viele von den Männern der Stadt.
41 Abimelech kehrte nach Aruma zurück und

a Verdeutlichender Zusatz; vermutlich wollten sie seine Zolleinnahmen mindern.

9,14 2 Kön 14,9 **9,28** Gen 34,2

blieb dort. Sebul aber vertrieb Gaal und seine
Brüder aus Sichem.

Abimelech erobert und zerstört Sichem

42 Schon am nächsten Tag nahmen die Männer
von Sichem ihre Raubzüge wieder auf. Als
Abimelech davon erfuhr, 43 teilte er seine Leute
in drei Abteilungen und legte jede in einen Hin-
terhalt in der Nähe der Stadt. Als er die Männer
von Sichem aus der Stadt kommen sah, brach er
mit seinen Leuten hervor und schlug sie nieder.
44 Im Einzelnen war es so abgelaufen:[a] Er selbst
lief mit der einen Abteilung zum Stadttor und
sperrte den Durchgang; die beiden anderen
trieben die Männer von Sichem zusammen und
erschlugen alle. 45 Dann griff Abimelech die
Stadt an. Den ganzen Tag kämpfte er um sie. Als
er sie eingenommen hatte, tötete er alle Bewoh-
ner. Er zerstörte die Stadt und streute Salz auf
die Trümmer.

46 Als die Insassen der Festung von Sichem
merkten, dass die Stadt eingenommen war,
flüchteten sie sich in das unterirdische Gewölbe
im Tempel des Bundesgottes. 47 Abimelech wur-
de gemeldet, dass sie sich alle dort zusammen-
drängten. 48 Darauf ging er mit seinen Männern
auf den Berg Zalmon, hieb mit der Axt einen Ast
ab und nahm ihn auf die Schulter. »Was ihr gese-
hen habt, das macht mir nach, aber schnell«,
sagte er zu seinen Männern. 49 Da hieb jeder
einen Ast ab und trug ihn hinter Abimelech zur
Burg. Sie schichteten die Äste über dem Gewölbe
auf und zündeten sie an. So kamen alle Insassen
der Festung ums Leben, ungefähr 1000 Männer
und Frauen.

Abimelechs Ende

50 Darauf zog Abimelech vor die Stadt Tebez, be-
lagerte und eroberte sie. 51 In der Mitte der Stadt
lag eine stark befestigte Burg. Dorthin flohen alle
Bewohner, Männer und Frauen. Sie verriegelten
das Tor und stiegen auf das flache Dach.

52 Abimelech versuchte die Burg zu erobern.
Er näherte sich dem Tor und wollte Feuer daran
legen, 53 da warf eine Frau ihm den Mahlstein
einer Handmühle* auf den Kopf und verwun-
dete ihn tödlich. 54 Abimelech rief seinem Waf-
fenträger zu: »Zieh dein Schwert und töte mich!
Sonst wird es heißen: Eine Frau hat ihn umge-
bracht!« Der Waffenträger durchbohrte ihn mit
dem Schwert, sodass er starb.

55 Als die Israeliten sahen, dass Abimelech tot
war, liefen sie auseinander und jeder kehrte nach
Hause zurück.

56 So ließ Gott das Böse, das Abimelech mit
dem Mord an seinen Brüdern seinem Vater an-
getan hatte, auf ihn selbst zurückfallen. 57 Auch
die Männer von Sichem hatte Gott die Folgen
ihres bösen Tuns spüren lassen. Der Fluch war
in Erfüllung gegangen, den Jotam, der Sohn
Gideons, über sie ausgesprochen hatte.

Die Richter Tola und Jaïr

10 Nach dem Tod Abimelechs trat wieder ein
Mann auf, um Israel zu retten: Tola, der
Sohn Puas und Enkel Dodos aus dem Stamm
Issachar. Er wohnte in Schamir im Bergland von
Efraïm. 2 Dreiundzwanzig Jahre lang war er der
Richter* Israels. Dann starb er und wurde in
seinem Heimatort begraben.

3 Nach ihm trat Jaïr aus der Landschaft Gi-
lead* auf und wurde für zweiundzwanzig Jahre
der Richter Israels. 4 Er hatte dreißig Söhne, die
auf dreißig Eseln ritten und dreißig Ortschaften
besaßen. Diese Ortschaften liegen in Gilead und
heißen bis zum heutigen Tag die »Dörfer Jaïrs«.
5 Als Jaïr starb, wurde er in Kamon begraben.

Ungehorsam bringt die Israeliten in schwere Not

6 Die Leute von Israel taten von neuem, was
dem HERRN missfällt. Sie verehrten fremde Göt-
ter, die Baale und Astarten[b] sowie die Götter der
Syrer und Phönizier, der Moabiter, Ammoniter
und Philister. Dem HERRN aber kehrten sie den
Rücken und ehrten ihn nicht.

7 Da wurde der HERR zornig auf sie und gab
sie den Philistern* und den Ammonitern* preis.
8 Achtzehn Jahre lang wurden alle Israeliten, die
jenseits des Jordans in Gilead, im ehemaligen Ge-
biet der Amoriter, wohnten, von den Ammo-
nitern grausam unterdrückt. 9 Zuletzt überschrit-
ten die Ammoniter sogar den Jordan und griffen
die Stämme Juda, Benjamin und Efraïm an. So
geriet ganz Israel in große Bedrängnis.

10 Da schrien die Leute von Israel zum HERRN
um Hilfe. »Wir haben uns gegen dich vergan-
gen«, sagten sie. »Es war nicht recht, dass wir
dir, unserem Gott, den Rücken gekehrt und die
Baale verehrt haben.«

11 Der HERR antwortete: »Habe ich euch nicht
vor den Ägyptern, den Amoritern, Ammonitern
und Philistern gerettet? 12 Und als ihr zu mir um
Hilfe rieft, weil euch die Phönizier, Amalekiter

a Verdeutlichender Zusatz. *b* Zur Mehrzahl siehe Anmerkung zu 2,11-12.

9,46 8,33 **9,53** 2 Sam 11,21 **9,54** 1 Sam 31,4 **9,57** 9,20 **10,3-4** (Dörfer Jaïrs) Num 32,41; Dtn 3,14; 1 Chr 2,21-23 **10,11-14** 6,8-10

und Maoniter bedrängten, habe ich euch da
nicht vor ihnen beschützt? 13 Ihr aber habt euch
von mir abgewandt und habt anderen Göttern
geopfert. Deshalb werde ich euch jetzt nicht
mehr helfen. 14 Geht doch zu den Göttern, die
ihr euch ausgesucht habt! Die sollen euch jetzt in
der Not beistehen und euch retten!«

15 Die Leute von Israel sagten: »Wir haben
schwere Schuld auf uns geladen. Tu mit uns,
was du für richtig hältst, aber lass uns nicht
untergehen; rette uns!« 16 Sie schafften die Bilder
der fremden Götter weg und dienten wieder
dem HERRN. Da konnte er das Leiden der Israeli-
ten nicht länger mit ansehen.

Jiftach wird Anführer der Israeliten

17 Die Ammoniter* sammelten sich und schlugen
ihr Lager bei der Stadt Gilead auf; die Männer
Israels aber kamen bei Mizpa zusammen. 18 Die
führenden Männer der Landschaft Gilead*
fragten sich besorgt: »Wer wird uns im Kampf
gegen die Ammoniter anführen?« Und sie
beschlossen: »Wer das übernimmt, soll Herr-
scher über alle Bewohner von Gilead werden.«

11 Nun gab es unter den Männern Gileads
einen besonders tapferen Krieger namens
Jiftach. Er war der Sohn einer Prostituierten;
sein Vater hieß Gilead. 2 Dieser Gilead hatte von
seiner Ehefrau noch weitere Söhne, und als die
heranwuchsen, jagten sie Jiftach fort und sagten:
»Du bekommst nichts vom Erbe unseres Vaters,
denn du stammst von einer anderen Frau.« 3 So
musste Jiftach vor seinen Brüdern fliehen. Er
ging ins Land Tob, und dort sammelte sich um
ihn eine Schar von Männern, die nichts zu ver-
lieren hatten. Mit ihnen unternahm er seine
Streifzüge.

4 Einige Zeit danach fingen die Ammoniter
mit Israel Krieg an. 5 Da gingen die Ältesten*
von Gilead ins Land Tob, um Jiftach zu Hilfe zu
rufen. 6 Sie sagten zu ihm: »Komm und sei unser
Anführer gegen die Ammoniter!«

7 Aber Jiftach erwiderte: »Denkt ihr nicht
mehr daran, wie ihr mich verachtet und vom
Erbe meines Vaters vertrieben habt? Und jetzt
kommt ihr, wo ihr in Not seid?«

8 Sie antworteten: »Ja, wir wenden uns an
dich, damit du mit uns in den Kampf gegen die
Ammoniter ziehst. Du sollst auch Herrscher über
alle Bewohner von Gilead werden.«

9 »Ihr wollt also sagen«, erwiderte Jiftach,
»wenn der HERR mir den Sieg über die Ammoni-
ter gibt, soll ich euer Herrscher werden?«

10 Die Ältesten erklärten: »Der HERR ist unser
Zeuge: Genauso soll es geschehen.«

11 Daraufhin kam Jiftach mit und das Volk
setzte ihn zu seinem Herrscher und Anführer
ein. Jiftach ließ sich das alles am Heiligtum des
HERRN in Mizpa bestätigen.

Jiftach verhandelt vergeblich mit den Ammonitern

12 Jiftach schickte Boten zum König der Ammoni-
ter* und ließ ihm sagen: »Warum bist du in mein
Land eingefallen? Haben wir Grund, miteinan-
der Krieg zu führen?«

13 Der Ammoniterkönig gab den Boten die
Antwort mit: »Die Israeliten haben mir mein
Land weggenommen, als sie aus Ägypten hierher
gekommen sind, das ganze Gebiet zwischen
Arnon und Jabbok und im Westen bis an den
Jordan. Gib mir das alles jetzt freiwillig zurück!«

14 Jiftach schickte die Boten noch einmal zum
König der Ammoniter 15 und ließ ihm sagen: »So
spricht Jiftach: Die Israeliten haben das Land der
Moabiter und Ammoniter nicht weggenommen.
16 Nachdem sie aus Ägypten gezogen waren,
wanderten sie durch die Wüste bis zum Schilf-
meer* und kamen nach Kadesch. 17 Von dort
schickten sie Boten zum König von Edom* und
baten: ›Lass uns durch dein Land ziehen!‹ Aber
er erlaubte es ihnen nicht. Genauso erging es
ihnen mit dem König von Moab*. Deshalb blie-
ben die Israeliten in Kadesch.

18 Später umgingen sie das Gebiet der Edomi-
ter und Moabiter auf dem Weg durch die Wüste.
Sie kamen in das Gebiet östlich von Moab und
lagerten jenseits des Arnonflusses, der die Gren-
ze Moabs bildet; sie überschritten ihn nicht und
betraten kein moabitisches Gebiet.

19 Von dort aus schickten sie Boten zum Amo-
riterkönig Sihon nach Heschbon und baten:
›Lass uns durch dein Land in unser Land
ziehen!‹ 20 Aber Sihon glaubte ihnen nicht, dass
sie nur durchziehen wollten, sondern bot seine
ganzen Kriegsleute gegen Israel auf. Er sammelte
seine Truppen bei Jahaz und griff von dort aus
die Israeliten an. 21–22 Der HERR aber, der Gott
Israels, gab Sihon und alle seine Kriegsleute in
die Hand der Israeliten. Sie besiegten die Amori-
ter* und nahmen ihr Land in Besitz, das ganze
Gebiet vom Arnon bis zum Jabbok und von der
Wüste bis zum Jordan. Denn dort wohnten
damals die Amoriter.

23 So hat sie nun also der HERR, der Gott
Israels, vor seinem Volk aus ihrem Land vertrie-

10,16 Jos 24,23 **11,3** 9,4; 1Sam 22,2 **11,4** 10,7 **11,11** 10,17-18 **11,13** Dtn 2,19 **11,17** Num 20,14-21 **11,18** Num 21,4.13 **11,19-22** Num 21,21-26

ben, und nun willst du uns dieses Land streitig
machen? 24 Wenn dein Gott Kemosch jemand
vor dir vertreibt, hältst du es für dein gutes
Recht, sein Land in Besitz zu nehmen; und ge-
nauso beanspruchen wir das Land derer, die der
HERR, unser Gott, vor uns ausgetrieben hat.

25 Nimm dir ein Beispiel am Moabiterkönig
Balak, dem Sohn Zippors. Oder meinst du, du
seist so viel bedeutender als er? Hat er jemals
Krieg mit uns angefangen, um uns unser Gebiet
streitig zu machen? 26 Seit 300 Jahren wohnen
die Israeliten jetzt in Heschbon und Aroër und
den zugehörigen Ortschaften und in den Städten
am Arnonfluss. Warum habt ihr uns denn das
Land während dieser langen Zeit nicht weg-
genommen?

27 Was meine Person angeht: Ich habe dir
kein Unrecht getan; aber du begehst ein Unrecht
an mir, wenn du ohne Ursache Krieg anfängst.
Der HERR selbst ist Richter, er soll heute den
Streit zwischen den Israeliten und den Ammoni-
tern entscheiden!«

Jiftachs Gelübde und sein Sieg

28 Der Ammoniterkönig ließ sich durch die Vor-
haltungen Jiftachs nicht von seinen Kriegsplänen
abbringen. 29 Da nahm der Geist* des HERRN Be-
sitz von Jiftach, und Jiftach durchzog das ganze
Gebiet von Gilead* und Manasse. Dann kehrte
er nach Mizpa in Gilead zurück, um von dort in
den Kampf gegen die Ammoniter* zu ziehen.

30 Vorher legte er ein Gelübde* ab und ver-
sprach dem HERRN: »Wenn du die Ammoniter in
meine Hand gibst 31 und ich wohlbehalten nach
Hause zurückkehre, soll das, was mir als Erstes
aus der Tür meines Hauses entgegenkommt, dir
gehören. Ich will es dir als Opfer* auf deinem
Altar verbrennen.«

32 Dann zog Jiftach in den Kampf gegen die
Ammoniter und der HERR gab sie in seine Hand.
33 Jiftach brachte ihnen eine schwere Niederlage
bei und nahm ihnen das Gebiet von Aroër bis
nach Minnit und Abel-Keramim ab, insgesamt
20 Städte. So zwang der HERR die Ammoniter
vor den Israeliten in die Knie.

34 Als nun Jiftach zu seinem Haus nach Mizpa
zurückkehrte, wer kam da aus der Tür? Seine
Tochter, seine Einzige! Er hatte außer ihr keine
Kinder. Sie trat aus dem Haus und kam ihm ent-
gegen, dabei tanzte sie und schlug das Tamburin.

35 Als er sie sah, zerriss er sein Gewand und
rief: »Ach, meine Tochter, du stürzt mich in tiefs-
tes Leid! Dass *du* es sein musst! Was für einen
Schmerz fügst du mir zu! Ich habe dem HERRN
mein Wort gegeben und kann es nicht zurück-
nehmen.«

36 Sie aber sagte: »Mein Vater, wenn es so ist,
dann tu an mir, was du nun einmal ausgespro-
chen hast. Der HERR hat dir ja auch den Sieg über
deine Feinde, die Ammoniter, geschenkt.«

37 Dann fügte sie hinzu: »Gewähre mir nur
eine Bitte! Lass mich noch zwei Monate leben.
Ich möchte auf die Hügel dort unten gehen und
mit meinen Freundinnen darüber weinen, dass
ich unverheiratet sterben muss.«

38 »Geh nur«, sagte ihr Vater und gab ihr zwei
Monate Zeit. So ging sie mit ihren Freundinnen
auf die Hügel, um zu weinen. 39 Als die Frist ver-
strichen war, kehrte sie zu ihrem Vater zurück,
und er tat an ihr, was er dem HERRN versprochen
hatte. Sie war noch eine unberührte Jungfrau,
als sie starb. Daraus entstand der Brauch in
Israel, 40 dass die jungen Frauen einmal in jedem
Jahr hinausgehen und vier Tage lang die Tochter
Jiftachs aus Gilead beweinen.

Jiftachs Konflikt mit dem Stamm Efraïm

12 Die Männer Efraïms sammelten sich,
zogen nach Zafon und machten Jiftach
Vorwürfe. »Warum hast du uns nicht gerufen, als
du in den Kampf gegen die Ammoniter* gezogen
bist?«, sagten sie. »Wir werden dir das Haus über
dem Kopf anzünden!«

2 Jiftach erwiderte ihnen: »Ich musste mit
meinen Leuten einen schweren Kampf gegen die
Ammoniter bestehen. Ich habe euch ja gerufen,
aber ihr habt mir nicht geholfen. 3 Als ich sah,
dass ihr mich im Stich ließt, musste ich in eigener
Verantwortung handeln, und der HERR gab die
Ammoniter in meine Gewalt. Warum kommt ihr
jetzt und bedroht mich?«

4 Jiftach rief alle Männer von Gilead* zusam-
men. Sie kämpften gegen die Männer von
Efraïm und besiegten sie. Sie waren erbittert,
weil die Leute von Efraïm gesagt hatten: »Ihr
seid ja nur ein Anhängsel von Efraïm, euer Land
Gilead liegt mitten im Gebiet von Efraïm und
Manasse!«

5 Die Männer von Gilead besetzten die Jor-
danübergänge, die nach Efraïm führten. Wenn
ein flüchtiger Efraïmit kam und hinüber wollte,
fragten sie ihn: »Stammst du aus Efraïm?« Und
wenn er Nein sagte, 6 forderten sie ihn auf: »Sag
doch einmal Schibbolet!«[a] Sagte er dann: »Sib-

a Das Wort bedeutet Ähre und Wasserflut, doch kommt es nur auf das anlautende *sch* an.

11,25 Num 22,1-6 **11,29** 3,10 S; 11,11 **11,34** 1 Sam 18,6-7 S **11,35** Num 30,3 **12,1** 8,1

bolet«, weil er es anders nicht aussprechen
konnte, packten sie ihn und schlugen ihn nieder.
Auf diese Weise fielen damals an den Jordan-
furten 42 000 Männer aus Efraïm.
7 Jiftach war sechs Jahre lang der Richter*
Israels. Als er starb, wurde er in einer der Städte
Gileads bestattet.

Die Richter Ibzan, Elon und Abdon

8 Jiftachs Nachfolger als Richter* Israels war
Ibzan aus Betlehem. 9 Er hatte dreißig Söhne
und dreißig Töchter. Alle dreißig Töchter verhei-
ratete er nach auswärts und holte von auswärts
dreißig Mädchen als Frauen für seine Söhne. Sie-
ben Jahre lang war er der Richter Israels, 10 dann
starb er und wurde in Betlehem bestattet.
11 Sein Nachfolger war Elon aus dem Stamm
Sebulon. Zehn Jahre lang war er der Richter
Israels, 12 dann starb er und wurde in Ajalon im
Gebiet von Sebulon bestattet.
13 Sein Nachfolger war Abdon, der Sohn Hil-
lels aus Piraton. 14 Er hatte vierzig Söhne und
dreißig Enkel, die auf siebzig Eseln ritten. Acht
Jahre lang war er der Richter Israels, 15 dann
starb er und wurde in Piraton im Gebiet Efraïms,
am Amalekiterberg, bestattet.

Die Geburt Simsons wird angekündigt

13 Von neuem taten die Leute von Israel, was
dem HERRN missfällt; da gab er sie vierzig
Jahre lang in die Hand der Philister*.
2 Damals lebte in Zora ein Mann aus dem
Stamm Dan namens Manoach, dessen Frau war
kinderlos. 3 Eines Tages erschien ihr der Engel*
des HERRN und sagte: »Du bist unfruchtbar und
hast keine Kinder bekommen, aber jetzt wirst du
schwanger werden und einen Sohn gebären.
4 Sieh zu, dass du während der Schwangerschaft
weder Wein noch Bier trinkst und keine unrei-
nen* Speisen isst. 5 Denn der Sohn, den du zur
Welt bringen wirst, soll von seiner Geburt an ein
Gottgeweihter* sein. Seine Haare dürfen ihm nie
geschnitten werden. Mit ihm beginnt die Ret-
tung Israels aus der Hand der Philister.«
6 Da ging die Frau zu Manoach und erzählte
ihm: »Ein heiliger Mann kam zu mir. Er sah aus
wie der Engel Gottes, sodass mir ganz unheim-
lich war. Ich wagte nicht, ihn zu fragen, woher
er kommt, und er hat mir auch nicht seinen Na-
men gesagt. 7 Er sagte zu mir: ›Du wirst schwan-
ger werden und einen Sohn gebären. Trink von
jetzt an weder Wein noch Bier und iss keine un-
reinen Speisen; denn dein Sohn wird ein Gott-
geweihter sein vom Tag seiner Geburt bis zum
Tag seines Todes.‹«
8 Da betete Manoach zum HERRN und sagte:
»Bitte, Herr, lass doch den Gottesmann noch ein-
mal zu uns kommen! Er soll uns genau sagen,
was wir mit dem Kind, das er uns angekündigt
hat, machen sollen.«
9 Gott erhörte seine Bitte, und der Engel kam
noch einmal zu der Frau, als sie gerade allein auf
dem Feld war. 10 Sie lief zu ihrem Mann und
sagte: »Komm schnell! Der Mann, der damals zu
mir kam, ist wieder da!«
11 Manoach ging mit ihr hinaus und fragte
ihn: »Warst du es, der neulich mit meiner Frau
gesprochen hat?«
»Ja, ich war es«, sagte der Engel 12 und
Manoach fragte weiter: »Wenn deine Ankündi-
gung eingetroffen ist, wie sollen wir es dann mit
dem Kind halten? Was darf es tun und was
nicht?«
13 Der Engel des HERRN erwiderte: »Seine
Mutter soll alles meiden, was ich ihr genannt
habe. 14 Sie darf keine Trauben essen und weder
Wein noch Bier trinken und sie soll auch keine
unreinen Speisen essen.«

Gott selbst war der Bote

15–16 Manoach hatte den Engel* des HERRN nicht
erkannt. Er sagte: »Geh noch nicht weg! Wir
möchten dir gerne ein gekochtes Ziegenböck-
chen bringen.«
Der Engel erwiderte: »Auch wenn du mir
noch so sehr zuredest, ich werde nichts essen.
Aber wenn du willst, kannst du es dem HERRN
als Brandopfer* darbringen.«
17 Manoach fragte ihn: »Wie heißt du denn?
Wir möchten dir doch unseren Dank abstatten,
wenn deine Voraussage eingetroffen ist.«
18 Aber der Engel des HERRN erwiderte: »Frage
mich nicht nach meinem Namen! Er ist voller
Wunder.«
19 Da nahm Manoach das Ziegenböckchen
und dazu Brot als Speiseopfer* und verbrannte
beides auf einem Felsblock als Opfer für den
HERRN, der Wunder tut. Manoach und seine
Frau standen dabei. 20 Und als die Flamme vom
Altar zum Himmel stieg, da stieg der Engel des
HERRN in der Flamme nach oben. Sie sahen es
und warfen sich zu Boden, mit dem Gesicht zur
Erde. 21 Manoach wusste jetzt, dass er mit dem
Engel des HERRN gesprochen hatte. Er und seine
Frau sahen ihn von da an nicht wieder.
22 Erschrocken sagte Manoach zu seiner Frau:

13,2 Gen 25,21 S **13,4-5** Num 6,1-5 **13,15-16** 6,18 **13,17-18** Gen 32,30; Ex 3,12-15 **13,19-20** 6,20-21 **13,22** Ex 33,20 S

»Wir haben Gott gesehen! Jetzt müssen wir sterben!«

23 Doch seine Frau erwiderte: »Wenn der HERR unseren Tod wollte, hätte er unser Opfer nicht angenommen, das Brand- und das Speiseopfer, und uns nicht das alles sehen lassen. Dann hätte er uns auch nicht solch eine Ankündigung gemacht.«

24 Manoachs Frau gebar einen Sohn und gab ihm den Namen Simson. Er wuchs heran und der HERR segnete ihn. 25 Als Simson in Mahane-Dan zwischen Zora und Eschtaol war, trieb der Geist* des HERRN ihn zu den ersten Taten an.

Simson will eine Philisterin heiraten

14 Als Simson einmal in das Philisterdorf Timna hinabkam, fiel ihm dort ein Mädchen auf. 2 Er ging nach Hause und sagte zu seinem Vater und seiner Mutter: »Ich habe in Timna ein Mädchen gesehen, eine Philisterin. Gebt sie mir zur Frau!«

3 Die beiden erwiderten: »Musst du unbedingt eine Philisterin heiraten, eine aus diesem Volk von Unbeschnittenen*? Gibt es in unserem Stamm und in unserem ganzen Volk denn kein Mädchen für dich?«

Aber Simson sagte zu seinem Vater: »Gib mir die! Die gefällt mir!«

4 Seine Eltern konnten nicht wissen, dass der HERR seine Hand im Spiel hatte. Er wollte einen Anlass haben, um gegen die Philister* vorzugehen, die damals über Israel herrschten.

5 Simson machte sich also mit seinem Vater und seiner Mutter auf den Weg nach Timna. Als sie an die Weinberge von Timna kamen, bog Simson vom Weg ab.[a] Da stand plötzlich ein brüllender Löwe vor ihm. 6 Der Geist* des HERRN nahm Besitz von Simson und er zerriss den Löwen mit bloßen Händen, wie man ein gebratenes Böckchen beim Mahl in Stücke reißt. Seinen Eltern erzählte er nichts davon. 7 Als er nach Timna kam, sprach er mit der Philisterin und sie gefiel ihm gut.

8 Nach einiger Zeit ging er wieder nach Timna, um sie zur Frau zu nehmen. Unterwegs bog er vom Weg ab, um nach dem toten Löwen zu sehen. In dem Kadaver hatte sich ein Bienenvolk eingenistet und es war auch schon Honig da. 9 Er nahm den Honig heraus und aß im Weitergehen davon. Er ging zu seinem Vater und seiner Mutter hin und gab ihnen ebenfalls davon; er sagte ihnen aber nicht, dass er den Honig im Kadaver des Löwen gefunden hatte.

Simsons erster Konflikt mit den Philistern

10 Simsons Vater ging nach Timna, um den Ehevertrag abzuschließen. Simson veranstaltete ein Festgelage, wie es damals bei den jungen Leuten üblich war. 11 Als die Bewohner von Timna ihn kommen sahen, wählten sie dreißig junge Männer aus, die mit ihm feiern sollten.

12 Am ersten Tag des Festes sagte Simson zu ihnen: »Ich will euch ein Rätsel aufgeben. Wenn ihr es innerhalb der sieben Festtage lösen könnt, gebe ich jedem von euch ein leinenes Hemd und ein Festkleid. 13 Könnt ihr es nicht, so muss jeder von euch mir ein Hemd und ein Festkleid geben.«

Sie erwiderten: »Gut, lass uns dein Rätsel hören!« Und 14 Simson sagte es ihnen:

»Vom Fresser kam Fraß,
vom Starken kam Süßes.«

Drei Tage lang versuchten sie, das Rätsel zu lösen, und konnten es nicht. 15 Am vierten Tag[b] sagten sie zu Simsons Frau: »Bring doch deinen Mann dazu, dass er dir die Lösung verrät, und sag sie uns! Sonst werden wir dich mit dem ganzen Haus deines Vaters verbrennen. Ihr habt uns wohl eingeladen, um uns arm zu machen?«

16 Da hängte die Frau sich weinend an Simsons Hals und sagte: »Du liebst mich nicht! Ich bin dir zuwider! Du hast meinen Landsleuten dieses Rätsel aufgegeben und hast mir nicht gesagt, was es bedeutet.«

»Ich habe es nicht einmal meinem Vater und meiner Mutter gesagt«, erwiderte Simson. »Warum sollte ich es dann dir sagen?«

17 Während der ganzen Festtage hing sie weinend an ihm. Schließlich am siebten Tag sagte er es ihr, weil sie ihm so zusetzte. Sie verriet die Lösung an die jungen Männer aus ihrem Volk, 18 und die sagten zu Simson, kurz bevor die Sonne am siebten Tag unterging:

»Was ist süßer als Honig,
was stärker als ein Löwe?«

Simson antwortete ihnen: »Hättet ihr nicht mit meiner eigenen Kuh gepflügt, so hättet ihr mein Rätsel nie erraten.« 19 Der Geist* des HERRN nahm Besitz von ihm, und er ging hinunter nach Aschkelon und erschlug dreißig Männer. Er zog ihnen aus, was sie anhatten, und gab es den jungen Männern, die sein Rätsel gelöst hatten.

Voll Zorn kehrte er darauf ins Haus seines Vaters zurück. 20 Seine Frau aber wurde von ihrem

[a] *bog Simson ...:* verdeutlichender Zusatz (vgl. Vers 8).
[b] So mit alten Übersetzungen; H *Am siebten Tag.*

13,25 3,10 S **14,3** Gen 24,3 S **14,6** 3,10 S; 1 Sam 17,34-37; 23,20 **14,19** 3,10 S

Vater dem Brautführer, einem von den dreißig, gegeben.

Weitere Streitigkeiten mit den Philistern

15 Einige Zeit danach, es war gerade um die Weizenernte, wollte Simson seine Frau besuchen und ihr ein Ziegenböckchen bringen. Er sagte zu ihrem Vater: »Ich möchte zu meiner Frau in die Kammer!«, aber ihr Vater ließ ihn nicht hinein.

2 »Ich dachte, du hättest genug von ihr«, sagte er, »deshalb habe ich sie deinem Brautführer* gegeben. Aber ihre jüngere Schwester ist doch noch schöner, die kannst du an ihrer Stelle haben!«

3 Simson sagte: »Diesmal sind die Philister* selber schuld, wenn ich ihnen schlimm mitspiele!« 4 Er fing 300 Füchse, band jeweils zwei an den Schwänzen zusammen und steckte eine Fackel in den Knoten. 5 Dann zündete er die Fackeln an und ließ die Füchse auf die Getreidefelder der Philister los. So gingen die Garbenhaufen und das reife Getreide auf den Feldern in Flammen auf und auch in die Olivenhaine wurde das Feuer hineingetragen.

6 »Wer hat das getan?«, fragten die Philister und es sprach sich herum: »Simson war es, der Schwiegersohn des Mannes aus Timna. Das ist die Rache dafür, dass der ihm die Frau weggenommen und dem Brautführer gegeben hat!«

Da zogen die Philister nach Timna hinauf und verbrannten die Frau samt ihrem Vater. 7 Simson aber sagte zu ihnen: »Wenn ihr es so treibt, werde ich nicht ruhen, bis ich mich an euch gerächt habe!« 8 Er versetzte ihnen einen schweren Schlag.[a] Dann zog er sich in die Felsenhöhle bei Etam zurück.

Simson erschlägt tausend Philister

9 Die Philister* fielen in Juda ein und schlugen in der Gegend von Lehi ihr Lager auf. 10 »Warum zieht ihr gegen uns heran?«, fragten die Männer von Juda.

Die Philister antworteten: »Wir wollen Simson gefangen nehmen und ihm heimzahlen, was er uns angetan hat.«

11 Da zogen 3000 Männer aus Juda zu der Höhle bei Etam und sagten zu Simson: »Warum hast du uns in solche Gefahr gebracht? Du musstest doch wissen, dass die Philister die Herren im Land sind!«

»Ich habe ihnen nur heimgezahlt, was sie mir angetan haben«, erwiderte Simson.

12 Da sagten die Männer von Juda: »Wir sind gekommen, um dich zu fesseln und an die Philister auszuliefern.«

Simson verlangte von ihnen: »Ihr müsst mir aber schwören, dass ihr selbst mir nichts weiter antun werdet!«

13 Sie versicherten: »Wir wollen dich nur fesseln und ausliefern. Wir werden dich gewiss nicht töten.« Sie fesselten ihn mit zwei neuen Stricken und führten ihn aus der Höhle.

14 Als Simson nach Lehi gebracht wurde, stimmten die Philister ein Triumphgeschrei an. Da nahm der Geist* des HERRN von ihm Besitz, und er zerriss die Stricke an seinen Armen, als wären es Fäden, die vom Feuer versengt sind; die Fesseln lösten sich einfach auf. 15 Dann fand er einen frischen Eselsknochen, einen Unterkiefer, nahm ihn und erschlug damit tausend Philister.

16 Simson sagte: »Mit einem Eselsknochen hab ich's ihnen gegeben! Tausend Mann hab ich mit der Kinnbacke eines Esels erschlagen.« 17 Dann warf er den Knochen fort. Davon hat der Ort den Namen Ramat-Lehi (Kinnbackenhöhe).

18 Simson aber war am Verdursten, deshalb rief er zum HERRN: »Du hast mir, deinem Diener, diesen großen Sieg gegeben. Lass mich jetzt nicht vor Durst sterben und in die Hand dieser Unbeschnittenen* fallen!« 19 Da ließ Gott in der Mulde bei Lehi einen Spalt entstehen und es floss Wasser heraus. Als Simson davon trank, lebte er wieder auf und seine Kraft kehrte zurück. Die Quelle ist noch heute in Lehi zu finden. Weil Simson hier zum HERRN gerufen hat, wird sie »Ruferquelle« genannt.

20 Während der Zeit, als die Israeliten von den Philistern unterdrückt wurden, war Simson zwanzig Jahre der Richter* Israels.

Simson ist nicht so leicht zu fangen

16 Eines Tages kam Simson nach Gaza. Dort sah er eine Prostituierte und ging zu ihr ins Haus. 2 In der Stadt sprach es sich herum: »Simson ist hier!« Die Philister* suchten überall nach ihm und legten sich gleichzeitig[b] beim Stadttor auf die Lauer. Die ganze Nacht über unternahmen sie nichts; denn sie dachten: »Morgen früh muss er herauskommen, dann bringen wir ihn um!«

a Wörtlich *Er schlug sie Schenkel an Hüfte, ein großer Schlag.* Für die Redensart gibt es keine überzeugende Deutung.
b *gleichzeitig:* so sinngemäß; H *die ganze Nacht,* was hier noch nicht am Platz ist und wohl aus Versehen doppelt geschrieben wurde.

15,14 3,10 S

3 Simson aber stand schon um Mitternacht
auf, ging zum Stadttor, packte die beiden Torflü-
gel und riss sie samt Pfosten und Riegel heraus.
Dann nahm er sie auf die Schultern und trug sie
bis auf den Berg gegenüber von Hebron.

Simsons schwache Stelle

4 Nach einiger Zeit verliebte sich Simson in eine
Philisterin namens Delila aus dem Tal Sorek.
5 Da kamen die Fürsten der Philister* zu ihr und
sagten: »Überliste ihn durch deine Verführungs-
kunst! Sieh zu, dass du herausbringst, woher er
seine Kraft hat und was wir tun müssen, um ihn
in unsere Gewalt zu bringen und zu fesseln. Du
bekommst dafür von jedem von uns 1100 Silber-
stücke*!«
6 Bei nächster Gelegenheit sagte Delila zu
Simson: »Sag mir doch, warum du so stark bist!
Gibt es etwas, womit man dich fesseln und be-
zwingen kann?«
7 Simson antwortete: »Wenn man mich
mit sieben frischen Bogensehnen fesselt, die
noch nicht trocken sind, verliere ich meine Kraft
und bin nicht stärker als irgendein anderer
Mensch.«
8 Die Philisterkönige gaben Delila sieben fri-
sche Bogensehnen und sie fesselte ihn damit.
9 Einige Männer lagen bei ihr auf der Lauer. Aber
als Delila rief: »Simson, die Philister!«, zerriss er
die Sehnen wie Zwirnfäden, die dem Feuer zu
nahe gekommen sind. Simson hatte nicht preis-
gegeben, woher seine Kraft kam.
10 Da sagte Delila: »Du hast mich zum Narren
gehalten und mir Lügen erzählt. Sag mir ehrlich,
womit man dich fesseln kann!«
11 Simson antwortete: »Wenn man mich mit
Stricken fesselt, die noch nie benutzt worden
sind, verliere ich meine Kraft und bin nicht stär-
ker als irgendein anderer Mensch.«
12 Delila nahm neue Stricke und fesselte ihn
damit. Wieder lagen einige Männer bei ihr auf
der Lauer. Doch als sie rief: »Simson, die Philis-
ter!«, riss er die Stricke von den Armen, als
wären es Fäden.
13 Da sagte Delila: »Bis jetzt hast du mich zum
Narren gehalten und mir Lügen erzählt. Sag mir
doch endlich, womit man dich fesseln kann!«
Er antwortete: »Wenn du meine sieben
Zöpfe in das Gewebe auf deinem Webstuhl ver-
webst!«
14 Delila machte das und schlug seine Zöpfe
mit dem Weberkamm fest.[a] Dann rief sie: »Sim-
son, die Philister!« Da fuhr er aus dem Schlaf
hoch und riss das ganze Gewebe samt dem
Weberbaum* heraus.

Simson verrät sein Geheimnis

15 Darauf sagte Delila: »Wie kannst du behaup-
ten, mich zu lieben, wenn du mir kein Vertrauen
schenkst? Dreimal hast du mich zum Narren ge-
halten und mir nicht verraten, woher deine
große Kraft kommt!«
16 Täglich setzte sie ihm mit ihren Vorwürfen
zu und quälte ihn so, dass ihm das ganze Leben
verleidet war. 17 Da verriet er ihr sein Geheimnis
und erzählte ihr: »Noch nie in meinem Leben
sind mir die Haare geschnitten worden. Seit mei-
ner Geburt bin ich dem HERRN geweiht*. Wenn
man mir die Haare abschneidet, verliere ich
meine Kraft und bin nicht stärker als irgendein
anderer Mensch.«
18 Delila merkte, dass er ihr diesmal die Wahr-
heit gesagt hatte. Sie ließ den Philisterfürsten
ausrichten: »Diesmal müsst ihr selbst kommen!
Er hat mir alles verraten.« Die Fürsten kamen
und brachten das versprochene Geld mit. 19 De-
lila ließ Simson in ihrem Schoß einschlafen und
rief einen von den Philistern*, damit er ihm die
sieben Haarzöpfe abschnitt.[b] So hatte sie endlich
erreicht, dass seine Kraft ihn verließ.
20 Dann rief sie: »Simson, die Philister!« Sim-
son fuhr aus dem Schlaf hoch und dachte: »Ich
schaffe das genauso wie bisher! Ich werde alle
Fesseln abschütteln.« Er wusste nicht, dass der
HERR ihn verlassen hatte. 21 Die Philister über-
wältigten ihn, stachen ihm die Augen aus und
brachten ihn ins Gefängnis nach Gaza. Sie legten
ihm bronzene Ketten an und er musste im Ge-
fängnis die Mühle drehen.
22 Aber sein Haar, das sie ihm geschnitten hat-
ten, begann wieder zu wachsen.

Simson rächt sich an den Philistern

23 Nach einiger Zeit kamen die Fürsten der Philis-
ter* zusammen, um ein großes Opfer- und Freu-
denfest zu Ehren ihres Gottes Dagon zu feiern.
Sie sagten zueinander: »Unser Gott gab unseren
Feind in unsere Hand!« 24 Als das Volk Simson
sah, priesen sie ihren Gott und sangen:

a Nachdem der Faden, in diesem Fall die Zöpfe Simsons, mit dem Weberschiffchen durch die aufgespannten Kettfäden »geschossen« wurde, muss er mit dem Weberkamm oder Webeblatt – einem Stab mit kammartig eingesetzten Zinken, zwischen denen die Kettfäden geführt werden – an die schon eingeflochtenen Fäden festgeklopft werden.

b So mit G; H *rief den Mann und schnitt … ab.*

16,5 14,15-17 **16,17** 13,5

»Unser Gott gab unsern Feind in unsre Hand,
der zur Wüste machte unser schönes Land,
unsre besten Männer streckte in den Sand!«[a]

25 Als sie so richtig in Stimmung waren, riefen
die Fürsten: »Bringt Simson her! Wir wollen
unseren Spaß mit ihm haben.« Man brachte
Simson aus dem Gefängnis und sie trieben ihren
Spott mit ihm. Sie hatten ihn zwischen die
Säulen gestellt.
26 Da bat Simson den Jungen, der ihn führte:
»Lass meine Hand einen Augenblick los! Ich
möchte die Säulen befühlen, die das Haus tragen,
und mich ein wenig daran anlehnen.«
27 Das Haus war gedrängt voll von Männern
und Frauen, die zusahen, wie Simson verspottet
wurde. Auf dem flachen Dach allein saßen etwa
3000 Menschen. Auch alle Fürsten der Philister
waren da.
28 Da rief Simson zum HERRN und sagte:
»HERR, du mächtiger Gott! Höre mich und gib
mir nur noch einmal meine alte Kraft! Ich will
mich an den Philistern rächen – wenigstens für
eines von den beiden Augen, die sie mir ausge-
stochen haben.«
29 Dann tastete er nach den beiden Mittelsäu-
len, die das Gebäude trugen, und stemmte sich
gegen sie, gegen die eine mit der rechten, gegen
die andere mit der linken Hand. 30 Er rief: »Euch
Philister nehme ich mit in den Tod!«, nahm alle
Kraft zusammen und stieß die Säulen um. Da
stürzte das ganze Haus über den Philistern und
ihren Fürsten zusammen. So riss Simson mehr
Philister mit sich in den Tod, als er während
seines ganzen Lebens umgebracht hatte.
31 Seine Brüder und alle Männer im Haus sei-
nes Vaters kamen und holten seinen Leichnam.
Sie bestatteten ihn zwischen Zora und Eschtaol
im Grab seines Vaters Manoach. Zwanzig Jahre
lang war Simson der Richter* Israels gewesen.

ZUSTÄNDE IN ISRAEL WÄHREND DER RICHTERZEIT (Kapitel 17–21)

Michas Privatheiligtum und der Ursprung des Heiligtums in Dan (Kapitel 17–18)

17 Im Bergland von Efraïm lebte ein Mann
namens Micha. 2 Seiner Mutter waren
1100 Silberstücke* entwendet worden. Als sie es
entdeckte, sprach sie über den Dieb einen Fluch
aus. Da sagte Micha zu ihr: »Die Silberstücke,
die du vermisst, sind bei mir; ich habe sie mir
genommen.«
»Der HERR möge den Fluch in Segen verwan-
deln!«, rief die Mutter. 3 Als Micha ihr das Silber
zurückgab, fügte sie hinzu: »Hiermit weihe ich
das Silber dem HERRN, damit er dich segnet. Es
soll davon ein Gottesbild gemacht werden, aus
Holz geschnitzt und mit Metall überzogen. So
kommt das Geld dir wieder zugute.«
4 Sie nahm von dem Geld 200 Silberstücke
und gab sie dem Goldschmied. Der machte ein
Gottesbild aus Holz und überzog es mit Metall;
das wurde in Michas Gehöft aufgestellt. 5 Micha
besaß nämlich ein eigenes Heiligtum. Er ließ
auch einen Priesterschurz* und eine Orakel-
tasche* machen und setzte einen von seinen
Söhnen als Priester* ein. 6 Es gab zu jener Zeit
noch keinen König in Israel und jeder tat, was er
wollte.
7 Ein junger Levit* vom Stamm Juda hatte in
Betlehem Aufnahme gefunden. 8 Dann verließ er
die Stadt, um irgendwo ein neues Unterkommen
zu suchen. Sein Weg führte ihn durch das Berg-
land von Efraïm und auch zu Michas Gehöft.
9 »Woher kommst du?«, fragte ihn Micha und
er antwortete: »Ich bin ein Levit aus Betlehem in
Juda und suche irgendwo ein Unterkommen.«
10 Micha sagte zu ihm: »Bleib doch bei mir,
sei mein Priester und geistlicher Vater! Ich
werde dir jährlich 10 Silberstücke geben und dazu
deine Amtskleidung und was du an Nahrung
brauchst.«[b]
11–12 Der Levit war damit einverstanden und
blieb da. Micha setzte ihn zum Priester ein und
behandelte ihn wie einen Sohn. 13 Er sagte sich:
»Jetzt bin ich sicher, dass der HERR es mir gut
gehen lässt. Ich habe einen Nachkommen von
Levi als Priester.«

Der Stamm Dan sucht eine neue Heimat

18 Damals gab es noch keinen König in
Israel. Der Stamm Dan war gerade dabei,
sich ein eigenes Wohngebiet zu suchen. Bis
dahin war ihm noch kein Erbbesitz* in Israel
zugewiesen worden; 2 deshalb schickten die
Leute von Dan fünf Männer aus ihrer Mitte aus,
um das Land zu erkunden, angesehene Leute
aus Zora und Eschtaol.
Die Kundschafter kamen auch ins Bergland
von Efraïm und zum Haus Michas, wo sie über-
nachteten. 3 Dabei fiel ihnen der Levit* durch

a Im Hebräischen reimt sich das Lied fünfmal auf die gleiche Endsilbe (*-enu* = unser).
b H hat noch: *Und der Levit ging;* nach der altlateinischen Übersetzung: *Und er redete dem Leviten zu.*

16,31 13,25; 15,20 **17,3** Dtn 27,15 **17,4** Ex 20,4 S **17,6** 18,1; 19,1; 21,25 **18,1-31** Jos 19,40-48 **18,1** 17,6 S

seine Mundart auf,[a] und sie gingen zu ihm und
fragten ihn: »Wie bist du hierher gekommen?
Was tust du denn hier?«
4 Er sagte: »Micha hat mich gegen Lohn ein-
gestellt und so bin ich sein Priester* geworden.«
5 Sie baten ihn: »Frag doch Gott für uns, ob
unser Vorhaben gelingen wird!«
6 Der Priester tat es und gab ihnen den
Bescheid: »Zieht in Frieden weiter! Der HERR
billigt euer Vorhaben.«
7 Die Kundschafter zogen weiter und kamen
nach Lajisch. Die Leute dort lebten ruhig und
sorglos und fühlten sich so sicher wie die Bewoh-
ner von Sidon. Es gab keinen Machthaber im
Land, der sie bedroht hätte. Sidon war weit
entfernt und sie lebten ganz für sich.
8 Als die Kundschafter nach Zora und Eschtaol
zurückkehrten, fragten ihre Stammesbrüder sie:
»Wie ist es euch ergangen?«
9 Sie antworteten: »Auf, wir wollen nach
Lajisch ziehen! Es ist ein sehr gutes Land. Zögert
nicht, es in Besitz zu nehmen! Was legt ihr die
Hände in den Schoß? 10 Ihr werdet dort ein Volk
finden, das sich in Sicherheit wiegt. Gott hat ihr
Land in eure Gewalt gegeben. Es ist ein weites
Land, es fehlt dort nichts, was man sich wün-
schen kann.«

Michas Priester folgt den Männern von Dan

11 Daraufhin machten sich aus Zora und Eschtaol
600 bewaffnete Männer vom Stamm Dan mit
ihren Familien[b] auf den Weg. 12 Ihr erstes Lager
hatten sie westlich von Kirjat-Jearim im Gebiet
von Juda; der Ort heißt daher bis heute Mahane-
Dan (Lager Dans). 13 Von dort zogen sie weiter
ins Bergland von Efraïm und kamen auch zum
Haus Michas.
14 Da sagten die fünf Männer, die als Kund-
schafter auf dem Weg nach Lajisch hier vorbei-
gekommen waren, zu den Übrigen: »Ihr müsst
wissen: In diesen Häusern hier gibt es ein Gottes-
bild, aus Holz geschnitzt und mit Metall über-
zogen, und außerdem einen Priesterschurz* mit
Orakeltasche*. Bedenkt, was für eine Gelegen-
heit sich euch da bietet!«
15 So gingen alle zum Haus des jungen Levi-
ten*, das Micha gehörte, und begrüßten ihn.
16–17 Während er bei den 600 Bewaffneten drau-
ßen am Tor stand, gingen die fünf Kundschafter
in das Haus und nahmen das Gottesbild[c] und
das Orakelgerät an sich.
18 Als der Priester es sah, sagte er: »Was tut ihr
da?«
19 Sie erwiderten: »Still, kein Wort! Komm
mit uns, sei unser Priester und geistlicher Vater!
Was ist besser für dich: für eine einzelne Familie
oder für einen ganzen Stamm in Israel Priester
zu sein?«
20 Dem Mann gefiel diese Aussicht. Er nahm
das Gottesbild und das Orakelgerät und kam mit
ihnen. 21 Beim Weitermarsch ließen die Männer
von Dan Frauen, Kinder und Vieh sowie die
Lasttiere mit ihrem Hab und Gut an der Spitze
des Zuges gehen.
22 Sie waren schon ein gutes Stück weit
gekommen, als sie von Micha und seinen Nach-
barn eingeholt wurden. 23 Die Verfolger riefen:
»Halt!«, und die Männer von Dan drehten sich
um. Sie fragten Micha: »Was ist denn los, dass du
uns mit einem bewaffneten Aufgebot nach-
jagst?«
24 Micha erwiderte: »Ihr habt mir den Gott
weggenommen, den ich mir gemacht hatte, und
den Priester dazu; ihr habt mich völlig aus-
geraubt. Und da fragt ihr noch: ›Was ist los?‹«
25 Aber die Leute von Dan sagten zu ihm:
»Kein Wort mehr, sonst werden Männer über
euch herfallen, die keinen Spaß verstehen. Dann
kostet es dich und deine Familie auch noch das
Leben!«
26 Die Männer von Dan setzten ihren Weg
fort. Micha sah, dass er gegen die Übermacht
nichts ausrichten konnte, und kehrte nach
Hause zurück.

Ein Heiligtum fragwürdigen Ursprungs

27 Die Männer von Dan nahmen also das Gottes-
bild Michas und seinen Priester mit sich. Als sie
nach Lajisch kamen, überfielen sie die nichts
ahnenden Bewohner, erschlugen sie mit dem
Schwert und brannten die Stadt nieder. 28 Nie-
mand kam den Leuten von Lajisch zu Hilfe; denn
die Stadt lag weit von Sidon entfernt und ihre
Bewohner hatten ganz für sich selbst gelebt.
Lajisch lag in der Ebene von Bet-Rehob.
Die Eroberer bauten die Stadt wieder auf und
wohnten darin. 29 Nach ihrem Stammvater,
einem der Söhne Jakobs,[d] nannten sie die Stadt
Dan.

a Zu den Dialektunterschieden vgl. 12,6; Mt 26,73. *b* *mit ihren Familien:* verdeutlichender Zusatz nach Vers 21.
c Wörtlich *das geschnitzte Bild und das gegossene Bild.* Das klingt, als ob es sich um zwei Bilder handelte; doch ist im ganzen Zusammenhang sonst nur von einem die Rede.
d Hebräischer Text *Israels**.

18,5 1,1-2S **18,14** 17,1-6 **18,19** 17,10 **18,27-29** Jos 19,47-48

30 Dort stellten sie das mitgebrachte Gottes-
bild auf, und der Levit* Jonatan, der von Moses[a]
Sohn Gerschon abstammte, wurde ihr Priester*.
Auch seine Nachkommen versahen den Priester-
dienst für die Männer des Stammes Dan, bis die
Bewohner der ganzen Gegend von den Assy-
rern* aus dem Land weggeführt wurden. 31 So
lange, wie das Heiligtum von Schilo* bestand,
verehrten die Leute von Dan das Gottesbild, das
Micha für sich hatte anfertigen lassen.

Eine Schandtat im Gebiet Benjamins und die Folgen (Kapitel 19–21)

Ein Levit holt seine Frau zurück

19 In jener Zeit, als es in Israel noch keinen
König gab, lebte im äußersten Norden des
Berglandes von Efraïm ein Levit*, der dort Auf-
nahme gefunden hatte. Er hatte eine Nebenfrau,
die aus Betlehem in Juda stammte. 2 Weil sie sich
über ihren Mann ärgerte, lief sie ihm weg und
kehrte zu ihrem Vater nach Betlehem zurück.
Als sie schon vier Monate lang dort war,
3 machte sich ihr Mann mit seinem Knecht und
zwei Eseln auf den Weg. Er wollte ihr gut zu-
reden und sie zur Rückkehr bewegen.

Die Frau führte ihn ins Haus ihres Vaters. Als
der ihn sah, ging er ihm voll Freude entgegen.
4 Auf das Drängen des Vaters blieb der Levit mit
seinem Knecht drei Tage da. Sie aßen und tran-
ken und übernachteten dort. 5 Am Morgen des
vierten Tages wollten sie aufbrechen, aber der
Vater sagte zu seinem Schwiegersohn: »Iss noch
eine Kleinigkeit, stärke dich für den Weg! Dann
könnt ihr gehen.« 6 So blieben sie noch und die
beiden Männer aßen und tranken miteinander.

Dann sagte der Vater: »Tu mir den Gefallen
und bleib noch einmal über Nacht; lass es dir
wohl sein!« 7 Der Levit wollte gehen, aber der
Mann drängte ihn zu bleiben und so gab er noch
die Nacht zu.

8 Als er am Morgen des fünften Tages aufbre-
chen wollte, sagte der Vater: »Nimm noch eine
kleine Stärkung! Wartet mit dem Aufbruch bis
gegen Abend, wenn es kühler wird.« So aßen sie
noch einmal miteinander.

9 Als dann der Levit aufstand, um sich mit
seiner Frau und dem Knecht auf den Weg zu
machen, sagte der Vater: »Es geht schon auf den
Abend zu, gleich wird es dunkel; übernachtet
doch noch einmal! Bleib noch eine Nacht und
lass es dir hier wohl sein; morgen früh könnt ihr
aufbrechen und nach Hause ziehen.«

10 Aber der Levit wollte nicht länger blei-
ben und machte sich auf den Weg. Er kam mit
seiner Frau und den beiden gesattelten Eseln bis
vor die Jebusiterstadt Jerusalem. 11 Weil der Tag
zu Ende ging, sagte der Knecht zu seinem Herrn:
»Lass uns in die Stadt gehen und dort
übernachten!« 12–13 Aber sein Herr erwiderte:
»Wir kehren nicht bei Fremden ein, die nicht
zum Volk Israel gehören. Wir gehen noch bis
nach Gibea oder nach Rama, dort übernachten
wir.«

Nachtquartier gesucht

14 So gingen sie weiter. Als die Sonne unterging,
waren sie in der Nähe von Gibea im Gebiet des
Stammes Benjamin. 15 Sie bogen von der Straße
ab und gingen in die Stadt. Aber niemand wollte
sie aufnehmen und so blieben sie auf dem
öffentlichen Platz unter freiem Himmel.

16 Ein alter Mann kam gerade von der Arbeit
auf dem Feld nach Hause. Es war ein Ortsfrem-
der, der vom Bergland Efraïm stammte; die übri-
gen Bewohner der Stadt gehörten zum Stamm
Benjamin. 17 Als er den Leviten* im Freien rasten
sah, fragte er ihn: »Wohin gehst du? Woher
kommst du?«

18 Der Levit antwortete: »Wir kommen von
Betlehem in Juda und wollen ans äußerste Ende
des Berglandes Efraïm. Dort wohne ich und von
dort bin ich nach Betlehem gereist. Jetzt bin ich
auf dem Heimweg.[b] Niemand hat mich hier für
die Nacht in sein Haus aufnehmen wollen.
19 Dabei haben wir Stroh und Futter für unsere
Esel bei uns, auch Brot und Wein für mich,
meine Frau und meinen Knecht. Du siehst, wir
sind mit allem versorgt.«

20 Der Mann antwortete: »Seid mir willkom-
men, lasst mich für euch sorgen! Auf diesem
Platz hier könnt ihr nicht übernachten.« 21 Er
führte sie in sein Haus und warf den Eseln Futter
vor. Dann wuschen sie die Füße und aßen und
tranken miteinander.

Eine unerhörte Schandtat

22 Während sie noch in aller Ruhe beim Mahl sa-
ßen, umstellten plötzlich die Männer der Stadt
das Haus. Es waren verruchte Leute, sie trom-
melten gegen die Tür und forderten den Besitzer

[a] *Moses:* mit einigen Handschriften (vgl. Ex 2,22); H *Manasses,* wobei der Buchstabe *n* durch Hochstellung als korrigierender Zusatz erkennbar ist. [b] Vermutlicher Text; H *Ich bin auf dem Weg zum Haus des* HERRN.

18,30 2 Kön 15,29 **18,31** Jos 18,1 S **19,1** 17,6 S **19,10** Jos 15,63 S **19,21** (Füße) Gen 18,4; 19,2; 24,32; 43,24 **19,22-28** Hos 9,9; 10,9 **19,22-24** Gen 19,4-8

des Hauses auf: »Bring uns den Mann heraus, der bei dir eingekehrt ist! Wir wollen mit ihm Verkehr haben.«

23 Der alte Mann ging zu ihnen hinaus und sagte: »Nicht doch, Brüder, tut nicht so etwas Gemeines! Dieser Mann ist mein Gast, ihr dürft ihm nicht diese Schande antun. 24 Ich bringe euch meine Tochter, die noch Jungfrau ist, und dazu die Frau des Fremden; mit denen könnt ihr treiben, was ihr wollt. Aber an diesem Mann dürft ihr euch nicht so schändlich vergreifen.«

25 Als die Männer keine Ruhe gaben, nahm der Levit seine Nebenfrau und führte sie zu ihnen hinaus. Sie vergewaltigten sie die ganze Nacht über und ließen sie erst in Ruhe, als der Morgen dämmerte. 26 Die Frau schleppte sich zur Tür des Hauses, in dem ihr Mann übernachtete, und brach davor zusammen. So lag sie, bis es ganz hell wurde.

27 Als ihr Mann aus der Tür trat, um weiterzureisen, fand er sie dort; die ausgestreckten Hände lagen auf der Türschwelle. 28 »Steh auf, wir wollen weiter!«, rief er ihr zu, aber sie konnte nicht mehr antworten. Da lud er ihren Leichnam auf den Esel und reiste nach Hause.

29 Dort angekommen, nahm er ein Messer, zerteilte den Leichnam seiner Frau in zwölf Stücke und schickte jedem Stamm Israels eines davon. 30 Alle, die es sahen, sagten: »Solch ein gemeines Verbrechen ist in Israel noch nie begangen worden, seit unsere Vorfahren aus Ägypten hierher gekommen sind! Bedenkt das und haltet Rat, was zu tun ist!«

Die Stämme Israels beschließen die Bestrafung Gibeas

20 Alle Männer Israels von Dan im Norden bis Beerscheba im Süden und auch die aus Gilead* im Ostjordanland versammelten sich wie ein Mann beim Heiligtum des HERRN in Mizpa. 2 Nicht nur die Oberhäupter der Stämme kamen zusammen, sondern die ganze Gemeinde der Israeliten, 400 000 mit Schwertern bewaffnete Männer. 3 Die Leute des Stammes Benjamin erfuhren davon.

Die versammelten Israeliten fragten: »Wie ist dieses Verbrechen geschehen?«, 4 und der Levit*, der Mann der ermordeten Frau, berichtete: »Ich kam mit meiner Nebenfrau nach Gibea im Gebiet von Benjamin und wollte dort übernachten. 5 Da umzingelten die Männer von Gibea in der Nacht das Haus, in dem ich war. Auf mich hatten sie es abgesehen und wollten mich umbringen. Sie vergewaltigten meine Frau so lange, bis sie starb. 6 Deshalb zerteilte ich ihren Leichnam und schickte die Stücke in alle Gegenden des Landes. Die Männer von Gibea haben ein Verbrechen begangen, das in Israel unerhört ist. 7 Ihr alle seid doch Israeliten, haltet also Rat und beschließt, was geschehen soll!«

8 Da standen sie alle auf wie ein Mann und erklärten: »Keiner von uns darf nach Hause zurückkehren, 9 bevor wir an den Leuten von Gibea die Strafe vollstreckt haben! Wir wollen das Los werfen 10 und jeden zehnten Mann dazu bestimmen, für die Verpflegung zu sorgen; die Übrigen sollen die Leute von Gibea bestrafen für dieses schändliche Verbrechen, das sie mitten in Israel begangen haben.«

Der Stamm Benjamin hält zu den Leuten von Gibea

11 Die Männer Israels zogen einmütig, wie *ein* Mann, gegen die Stadt Gibea. 12 Sie schickten Boten voraus durch den ganzen Stamm Benjamin und ließen sagen: »Was ist da für eine schwere Untat unter euch geschehen! 13 Liefert uns die Männer von Gibea aus, dieses verruchte Gesindel! Wir wollen sie töten und so das Böse aus Israel entfernen.«

Aber die Männer von Benjamin wollten nicht auf ihre Brüder, die übrigen Israeliten, hören. 14 Aus dem ganzen Stammesgebiet zogen sie nach Gibea, um gegen die Israeliten zu kämpfen. 15 26 000 mit Schwertern bewaffnete Männer aus dem Stamm Benjamin sammelten sich dort, dazu kamen noch die 700 Männer von Gibea, geübte Krieger. 16 Im Heer Benjamins gab es 700 Elitekämpfer, die Linkshänder waren und mit der Schleuder unfehlbar ins Ziel trafen. 17 Auf der Seite der Israeliten zählte man 400 000 mit Schwertern bewaffnete Krieger.

Die Strafexpedition droht ein Misserfolg zu werden

18 Die Männer Israels gingen zum Heiligtum von Bet-El, um bei Gott Rat zu holen. Sie fragten ihn: »Welcher Stamm soll den Kampf gegen die Männer von Benjamin eröffnen?«

Der HERR antwortete: »Der Stamm Juda.«

19 Früh am Morgen brachen die Männer Israels auf, zogen vor Gibea 20 und stellten sich zum Kampf gegen die Männer von Benjamin auf. 21 Die Männer von Benjamin aber brachen aus der Stadt hervor und erschlugen 22 000 von den Israeliten.

19,29 1 Sam 11,7 **20,1** (Mizpa) 21,1; 1 Sam 7,5-7; 10,17 **20,6** 2 Sam 13,12 S **20,12-13** Dtn 13,6 **20,18** 1,1-2 S

22–23 Die Männer Israels kehrten nach Bet-El zurück. Sie weinten und klagten vor dem HERRN über ihre Niederlage, den ganzen Tag bis zum Abend. Sie fragten den HERRN: »Sollen wir noch einmal gegen unsere Brüder, die Männer von Benjamin, in den Kampf ziehen?«

Der HERR antwortete: »Ja, zieht gegen sie!«

Da ermannten sie sich und stellten sich am anderen Tag noch einmal an derselben Stelle zum Kampf auf. 24 Sie rückten gegen die Männer von Benjamin vor, 25 aber die brachen auch an diesem Tag aus der Stadt hervor und erschlugen 18 000 von den Israeliten, lauter mit Schwertern bewaffnete Krieger.

26 Wieder zogen die Männer Israels nach Bet-El und klagten dem HERRN ihre Niederlage. Sie weinten und fasteten bis zum Abend, dann brachten sie dem HERRN Brandopfer* und Mahlopfer* dar. 27–28 Damals stand im Heiligtum von Bet-El die Bundeslade* und als Priester diente dort Pinhas, der Sohn Eleasars und Enkel Aarons. Die Israeliten fragten den HERRN: »Sollen wir noch einmal gegen unsere Brüder, die Männer von Benjamin, in den Kampf ziehen oder sollen wir es aufgeben?«

Der HERR antwortete: »Ja, zieht noch einmal gegen sie; morgen werde ich sie in eure Hand geben.«

Der Stamm Benjamin wird vernichtend geschlagen

29 Diesmal wandten die Israeliten eine List an und versteckten einen Teil ihrer Männer an verschiedenen Stellen rings um Gibea. 30 Dann stellten sie sich genau wie an den beiden vorangegangenen Tagen vor der Stadt zum Kampf auf.

31 Als die Männer von Benjamin aus der Stadt hervorbrachen, ließen sich die Israeliten zum Schein von ihnen zurückschlagen und lockten sie so von der Stadt weg. Auf freiem Feld, auf den Straßen, die von Gibea nach Bet-El und nach Gibeon[a] führen, erschlugen die Männer von Benjamin etwa 30 Israeliten. 32 Sie waren siegesgewiss und sagten: »Wir schlagen sie wieder wie schon zweimal!«

Die Männer von Israel folgten der Parole: »Wir weichen zurück und locken sie von der Stadt weg auf die Landstraßen!« 33 Bei Baal-Tamar jedoch hielten sie an und stellten sich zum Kampf. Gleichzeitig brachen die Männer aus dem Hinterhalt bei Geba hervor, 34 10 000 ausgesuchte Krieger, und drangen gegen Gibea vor. Die Männer von Benjamin waren nichts ahnend in die Falle gegangen. Es kam zu einem schweren Kampf. 35 Der HERR half den Männern von Israel und so konnten sie an diesem Tag 25 100 Benjaminiter töten, lauter mit Schwertern bewaffnete Krieger. 36 Die Männer von Benjamin sahen, dass sie geschlagen waren.

Im Einzelnen war es so zugegangen: Das Heer Israels war vor den Männern Benjamins zurückgewichen; denn die Israeliten setzten auf den Hinterhalt, den sie in der Nähe der Stadt gelegt hatten. 37 Die Männer aus dem Hinterhalt brachen hervor, überfielen die Stadt und erschlugen alle Bewohner mit dem Schwert. 38 Wie verabredet steckten sie die Stadt in Brand, sodass der Rauch von ihr aufstieg.

39 Während der Verfolgung der Zurückweichenden hatten die Männer von Benjamin schon eine Reihe von Israeliten, etwa dreißig, erschlagen. Sie sagten zueinander: »Die Israeliten fliehen! Wir haben sie auch diesmal wieder geschlagen!« 40 Doch da begann der Rauch von der Stadt aufzusteigen, und als die Männer von Benjamin zurückschauten, erkannten sie, dass die ganze Stadt in Flammen stand. 41 Jetzt machten die fliehenden Israeliten kehrt und stellten sich zum Kampf.

Die Männer von Benjamin wurden von Entsetzen gepackt, denn sie sahen, dass für sie alles verloren war. 42 Sie flohen vor den Israeliten der Wüste zu, aber ihre Verfolger blieben ihnen auf den Fersen, und auf der anderen Seite nahmen die Israeliten, die von der Stadt her[b] kamen, sie in die Zange. 43 Die Männer von Benjamin wurden umzingelt, gejagt, niedergemacht von Noha[c] bis östlich von Gibea. 44 18 000 von ihnen fanden den Tod.

45 Nur ein Rest entkam und floh in Richtung Wüste, zum Rimmonfelsen. Auf den Straßen erschlugen die Israeliten noch einmal 5000 Benjaminiter und bei der weiteren Verfolgung schließlich noch 2000.[d] 46 So waren insgesamt 25 000 mit Schwertern bewaffnete Männer aus dem Stamm Benjamin getötet worden, lauter tapfere Krieger.

47 Nur 600 hatten sich zum Rimmonfelsen flüchten können. Dort blieben sie vier Monate. 48 Die Männer Israels aber durchzogen das ganze Stammesgebiet Benjamin, töteten alles,

a Vermutlicher Text; H *Gibea.* *b von der Stadt her:* vermutlicher Text; H *aus den Städten.*
c von Noha: vermutlich Ortsname (vgl. 1 Chr 8,1-2); H *Ruheplatz.*
d und bei der weiteren Verfolgung …: mit einer geringen Änderung der Vokale; H *sie setzten ihnen nach bis Gidom.*
20,27-28 Num 25,10-13 **20,31** Jos 8,6.16 **20,40** Jos 8,20

Menschen und Vieh, und brannten die Städte
und Dörfer nieder.

Der Stamm Benjamin darf nicht aussterben

21 In Mizpa hatten die Männer Israels ge-
schworen: »Keiner von uns wird seine
Tochter einem Mann aus Benjamin zur Frau
geben!« 2 Nun kamen die Israeliten zum Heilig-
tum nach Bet-El und hielten den ganzen Tag über
eine große Klage vor Gott. Weinend sagten sie:
3 »HERR, du Gott Israels, warum musste das
geschehen? Ein ganzer Stamm fehlt heute in
Israel!«

4 Am anderen Morgen bauten sie dort einen
Altar und opferten Gott Brandopfer* und Mahl-
opfer*. 5 Dann wurde gefragt: »Ist von den Stäm-
men Israels irgendeiner nicht erschienen, als
zur Versammlung vor dem HERRN aufgerufen
wurde?«

Man hatte nämlich einen feierlichen Eid ge-
schworen: »Wer nicht zum HERRN nach Mizpa
kommt, muss sterben!« 6 Nun aber trauerten die
Israeliten über ihren Bruderstamm Benjamin
und sagten: »Heute ist ein ganzer Stamm aus
Israel ausgetilgt worden. 7 Wie können wir den
Überlebenden zu Frauen verhelfen? Wir haben
doch geschworen, dass keiner von uns seine
Tochter an einen Mann aus Benjamin verheira-
ten darf!« 8 Da verfielen sie auf den Ausweg und
stellten die Frage: »Ist vielleicht einer von den
Stämmen Israels nicht zur Versammlung vor
dem HERRN gekommen?«

Tatsächlich war aus der Stadt Jabesch in
Gilead* niemand zum Heer Israels gestoßen.
9 Als die anwesenden Männer gemustert wur-
den, stellte es sich heraus, dass von dort niemand
da war. 10 So schickten die versammelten Israeli-
ten 12000 Mann nach Jabesch mit dem Auftrag:
»Tötet die Bewohner der Stadt mit dem Schwert,
auch die Frauen und Kinder! 11 Vollstreckt an
ihnen den Bann*. Nur die Mädchen, die noch
unberührt sind, lasst am Leben.«

12 Die Männer von Israel fanden in Jabesch
400 Mädchen, die noch kein Mann berührt
hatte, und brachten sie ins Lager nach Schilo*.
13 Dann schickten die versammelten Israeliten
Boten zu den Überlebenden des Stammes Benja-
min, die sich am Rimmonfelsen versteckt hiel-
ten, und schlossen Frieden mit ihnen. 14 Die 600
Männer kehrten zurück und die Israeliten gaben
ihnen die Mädchen, die sie bei der Bestrafung
von Jabesch verschont hatten. Aber es waren
noch nicht genug.

Frauen aus Schilo für die Männer Benjamins

15 Die Israeliten waren traurig, weil der HERR
einen Stamm aus ihrer Mitte gerissen hatte.
16 Die Ältesten* des Volkes sagten: »Wie sollen
wir den überlebenden Männern Benjamins
Frauen verschaffen? In ganz Benjamin ist keine
Frau am Leben geblieben. 17 Der Landbesitz der
Überlebenden ist ja noch da und es darf kein
Stamm in Israel aussterben. 18 Aber unsere Töch-
ter können wir nicht an sie verheiraten, denn
alle Israeliten haben feierlich erklärt: ›Fluch über
jeden, der einem Mann aus Benjamin eine Frau
gibt!‹«

19 Nun wurde aber jedes Jahr in Schilo* ein
Fest zu Ehren des HERRN gefeiert. – Schilo lag
nördlich von Bet-El, östlich der Straße von Bet-El
nach Sichem und südlich von Lebona. – 20 Die
Ältesten Israels sagten deshalb zu den über-
lebenden Männern Benjamins: »Legt euch in
den Weinbergen auf die Lauer, 21 und wenn ihr
die jungen Mädchen von Schilo zum Festtanz
kommen seht, dann stürmt hervor, und jeder
raubt sich eines von ihnen als Frau. Nehmt sie
mit in euer Stammesgebiet.

22 Wenn aber ihre Väter oder Brüder kom-
men und sich bei uns darüber beschweren,
dann werden wir zu ihnen sagen: ›Lasst ihnen
die Mädchen; tut es uns zuliebe! Wir konnten
durch die Bestrafung von Jabesch nicht jedem
eine Frau verschaffen. Ihr macht euch auch
nicht schuldig, wenn ihr sie ihnen überlasst;
denn ihr habt sie ihnen ja nicht freiwillig ge-
geben.‹«

23 Die Männer Benjamins befolgten den Rat,
und jeder raubte sich aus den tanzenden Mäd-
chen eines und machte es zu seiner Frau. Dann
kehrten sie zu ihrem Erbbesitz* zurück, bauten
die Städte wieder auf und wohnten darin. 24 Die
Männer von Israel aber gingen auseinander,
jeder zu seinem Stamm und zu seiner Sippe, zu
dem Erbbesitz, der ihm zugewiesen worden
war.

25 Es gab zu jener Zeit noch keinen König in
Israel und jeder tat, was er wollte.

21,1 20,1 S **21,10-11** Dtn 7,1-4 S; Num 31,18 **21,13** 20,45-47 **21,19** Jos 18,1 S **21,25** 17,6 S

DAS BUCH RUT

Rut lässt ihre Schwiegermutter nicht im Stich

1 Es war die Zeit, als das Volk Israel noch von
Richtern* geführt wurde. Weil im Land eine
Hungersnot herrschte, verließ ein Mann aus
Betlehem im Gebiet von Juda seine Heimatstadt
und suchte mit seiner Frau und seinen zwei
Söhnen Zuflucht im Land Moab. 2 Der Mann
hieß Elimelech, die Frau Noomi;[a] die Söhne
waren Machlon und Kiljon. Die Familie gehörte
zur Sippe Efrat, die in Betlehem in Juda lebte.

Während sie im Land Moab* waren, 3 starb
Elimelech und Noomi blieb mit ihren beiden
Söhnen allein zurück. 4 Die Söhne heirateten
zwei moabitische Frauen, Orpa und Rut. Aber
zehn Jahre später starben auch Machlon und
Kiljon, 5 und ihre Mutter Noomi war nun ganz
allein, ohne Mann und ohne Kinder.

6–7 Als sie erfuhr, dass der HERR seinem Volk
geholfen hatte und es in Juda wieder zu essen
gab, entschloss sie sich, das Land Moab zu
verlassen und nach Juda zurückzukehren. Ihre
Schwiegertöchter gingen mit.

8 Unterwegs sagte sie zu den beiden: »Kehrt
wieder um! Geht zurück, jede ins Haus ihrer
Mutter! Der HERR vergelte euch alles Gute, das
ihr an den Verstorbenen und an mir getan habt.
9 Er gebe euch wieder einen Mann und lasse
euch ein neues Zuhause finden.«

Noomi küsste die beiden zum Abschied. Doch
sie weinten 10 und sagten zu ihr: »Wir verlas-
sen dich nicht! Wir gehen mit dir zu deinem
Volk.«

11 Noomi wehrte ab: »Kehrt doch um, meine
Töchter! Warum wollt ihr mit mir gehen? Habe
ich etwa noch Söhne zu erwarten, die eure Män-
ner werden könnten? 12 Geht, meine Töchter,
kehrt um! Ich bin zu alt, um noch einmal zu hei-
raten. Und selbst wenn es möglich wäre und ich
es noch heute tun würde und dann Söhne zur
Welt brächte – 13 wolltet ihr etwa warten, bis sie
groß geworden sind? Wolltet ihr so lange allein
bleiben und auf einen Mann warten? Nein,
meine Töchter! Ich kann euch nicht zumuten,
dass ihr das bittere Schicksal teilt, das der HERR
mir bereitet hat.«

14 Da weinten Rut und Orpa noch mehr. Orpa
küsste ihre Schwiegermutter und nahm Ab-
schied; aber Rut blieb bei ihr. 15 Noomi redete ihr
zu: »Du siehst, deine Schwägerin ist zu ihrem
Volk und zu ihrem Gott zurückgegangen. Mach
es wie sie, geh ihr nach!«

16 Aber Rut antwortete: »Dränge mich nicht,
dich zu verlassen. Ich kehre nicht um, ich lasse
dich nicht allein. Wohin du gehst, dorthin gehe
ich auch; wo du bleibst, da bleibe ich auch. Dein
Volk ist mein Volk und dein Gott ist mein Gott.
17 Wo du stirbst, da will auch ich sterben; dort
will ich begraben werden. Der Zorn des HERRN
soll mich treffen, wenn ich nicht Wort halte: Nur
der Tod kann mich von dir trennen!«

Ankunft in Betlehem

18 Als Noomi sah, dass Rut so fest entschlossen
war, gab sie es auf, sie zur Heimkehr zu über-
reden. 19 So gingen die beiden miteinander bis
nach Betlehem.

Als sie dort ankamen, sprach es sich sofort in
der ganzen Stadt herum und die Frauen riefen:
»Ist das nicht Noomi?«

20 »Nennt mich nicht mehr Noomi«, sagte sie,
»nennt mich Mara;[b] denn Gott, der Gewaltige*,
hat mir ein sehr bitteres Schicksal bereitet. 21 Mit
meinem Mann und mit zwei Söhnen bin ich von
hier weggezogen; arm und ohne Beschützer lässt
der HERR mich heimkehren. Warum nennt ihr
mich noch Noomi? Der HERR, der Gewaltige, hat
sich gegen mich gewandt und mich ins Elend
gestürzt.«

22 So war Noomi mit ihrer moabitischen
Schwiegertochter Rut wieder nach Betlehem
zurückgekehrt. Dort hatte gerade die Gersten-
ernte begonnen.

Rut findet einen Beschützer

2 Noomi hatte von ihrem Mann her einen Ver-
wandten namens Boas. Er gehörte zur Sippe
Elimelechs und war ein tüchtiger Mann und
wohlhabender Grundbesitzer. 2 Eines Tages

a Gesprochen wird der Name *Nó'omi;* griechisch-lateinische Form Naëmi.
b *Mara* bedeutet »bitter«, *Noomi* »die Liebliche«.

1,1 Ri 2,16; 17,6 S; Gen 12,10 **1,2** 1 Sam 17,12 **1,16** 2 Sam 15,21 **2,2** Lev 19,9-10 S

sagte die Moabiterin Rut zu ihrer Schwiegermut-
ter: »Ich will hinausgehen und Ähren sammeln,
die auf dem Feld liegen geblieben sind. Ich finde
schon jemand, der freundlich zu mir ist und es
mir erlaubt.«
»Geh nur, meine Tochter!«, sagte Noomi.
3 Rut kam zu einem Feld und sammelte Ähren
hinter den Männern und Frauen her, die dort
das Getreide schnitten und die Garben banden
und wegtrugen.[a] Es traf sich, dass das Feld zum
Besitz von Boas gehörte.
4 Im Lauf des Tages kam Boas selbst aus der
Stadt zu seinen Leuten heraus. »Gott sei mit
euch!«, begrüßte er sie und sie erwiderten: »Der
HERR segne dich!«
5 Boas fragte den Mann, der die Aufsicht über
die anderen führte: »Wohin gehört diese junge
Frau?«
6 Er antwortete: »Es ist eine Moabiterin, die
mit Noomi gekommen ist. 7 Sie hat gefragt, ob sie
die Ähren auflesen darf, die unsere Leute liegen
lassen. Seit dem frühen Morgen ist sie auf den
Beinen, jetzt hat sie zum ersten Mal eine Pause
gemacht und sich in den Schatten gesetzt.«
8 Da wandte sich Boas an Rut und sagte: »Hör
auf meinen Rat! Geh nicht auf ein anderes Feld,
um dort Ähren zu sammeln. Bleib hier und halte
dich zu meinen Knechten und Mägden. 9 Geh
hier auf dem Feld hinter ihnen her. Ich habe
meinen Leuten befohlen, dich nicht zu hindern.
Und wenn du Durst hast, geh zu den Krügen und
trink von dem Wasser, das meine Leute sich dort
schöpfen.«
10 Rut warf sich vor ihm zu Boden und fragte:
»Wie kommt es, dass du so freundlich zu mir
bist? Ich bin doch eine Fremde.«
11 Boas antwortete: »Ich weiß, was du seit
dem Tod deines Mannes für deine Schwieger-
mutter getan hast; es wurde mir alles erzählt. Du
hast deinen Vater und deine Mutter und deine
Heimat verlassen und bist mit ihr zu einem Volk
gegangen, das du vorher nicht kanntest. 12 Der
HERR vergelte dir, was du getan hast, und
belohne dich reich dafür – der Gott Israels, zu
dem du gekommen bist, um Schutz zu finden
unter seinen Flügeln!«
13 »Du bist so freundlich zu mir!«, erwiderte
Rut. »Du hast mich getröstet und mir Mut
gemacht, obwohl ich noch viel geringer bin als
eine deiner Mägde.«
14 Zur Essenszeit sagte Boas zu Rut: »Komm
zu uns, iss von dem Brot und tunke es in den
Most!« So setzte sie sich zu den Knechten und
Mägden, und Boas gab ihr so reichlich geröstete
Getreidekörner, dass sie sogar noch davon übrig
behielt.
15 Als sie aufstand, um wieder Ähren zu sam-
meln, wies er seine Leute an: »Lasst sie auch zwi-
schen den Garben sammeln und treibt sie nicht
weg! 16 Lasst absichtlich Ähren aus den Garben
fallen, damit sie sie auflesen kann, und sagt ihr
kein unfreundliches Wort!«

Ruts Schwiegermutter erkennt Gottes Fügung

17 So sammelte Rut bis zum Abend und klopfte
dann ihre Ähren aus. Sie hatte etwa 17 Kilo[b]
Gerste zusammengebracht. 18 Sie trug alles in die
Stadt und brachte es ihrer Schwiegermutter, und
sie gab ihr auch, was von den gerösteten Kör-
nern übrig geblieben war.
19 Noomi fragte sie: »Wo hast du heute Ähren
gesammelt? Auf wessen Feld bist du gewesen?
Gott segne den, der dir das erlaubt hat!«
»Der Mann, auf dessen Feld ich heute war«,
antwortete Rut, »hieß Boas.«
20 Da sagte Noomi zu ihr: »Der HERR segne
ihn! Jetzt sehe ich, dass der HERR uns nicht im
Stich gelassen hat, uns Lebende nicht und nicht
unsere Toten. Du musst wissen«, fuhr sie fort,
»Boas ist mit uns verwandt. Er ist einer von den
Lösern*, die uns nach dem Gesetz* beistehen
müssen.«
21 Rut, die Moabiterin*, erzählte: »Er hat zu
mir gesagt, ich soll mich zu seinen Leuten hal-
ten, bis sie die ganze Ernte eingebracht haben.«
22 Noomi sagte: »Es ist gut, meine Tochter,
wenn du mit den Leuten von Boas gehst. Auf
einem anderen Feld werden sie vielleicht nicht
so freundlich zu dir sein.«
23 Während der ganzen Gerstenernte und
auch noch der Weizenernte hielt sich Rut zu den
Leuten von Boas und las Ähren auf. Als die Ernte
vorbei war, blieb sie auch tagsüber bei ihrer
Schwiegermutter.

Rut wagt eine Bitte

3 Eines Tages sagte Noomi zu Rut: »Meine
Tochter, ich möchte, dass du wieder einen
Mann und eine Heimat bekommst. 2 Du weißt,

a hinter den Männern ...: wörtlich *hinter den Erntenden her.* Die Übersetzung verdeutlicht den Vorgang des »Erntens«. Der hebräische Text des Kapitels spricht von den *Erntenden* abwechselnd in der männlichen und der weiblichen grammatischen Form, ohne dass die Tätigkeiten auf beide Seiten verteilt werden.
b Hebräische Maßangabe *1 Efa**.

2,11 Gen 12,1 **2,12** Ps 91,4 **3,1** 1,9

dass Boas, mit dessen Leuten du auf dem Feld
warst, mit uns verwandt ist. Er arbeitet heute
Abend mit der Worfschaufel* auf der Tenne, um
die Spreu von der Gerste zu trennen. 3 Bade und
salbe dich, zieh deine besten Kleider an und geh
zur Tenne. Sieh zu, dass er dich nicht bemerkt,
bevor er mit Essen und Trinken fertig ist. 4 Pass
gut auf, wo er sich hinlegt, und wenn er schläft,
schlüpfe unter seine Decke und lege dich neben
ihn. Er wird dir dann schon sagen, was du tun
sollst.«

5 »Ich werde alles so machen, wie du gesagt
hast«, antwortete Rut. 6 Dann ging sie zur Tenne
und verfuhr genau nach den Anweisungen ihrer
Schwiegermutter.

7 Als Boas gegessen und getrunken hatte, legte
er sich gut gelaunt und zufrieden am Rand des
Getreidehaufens schlafen. Leise ging Rut zu ihm
hin, schlüpfte unter die Decke und legte sich ne-
ben ihn. 8 Um Mitternacht schrak Boas auf und
tastete um sich. An ihn geschmiegt lag – eine
Frau. 9 »Wer bist du?«, fragte er und bekam die
Antwort: »Ich bin Rut, deine Sklavin! Breite dei-
nen Gewandsaum über mich und nimm mich
zur Frau; du bist doch der Löser*!«

10 Boas erwiderte: »Der HERR segne dich! Was
du jetzt getan hast, zeigt noch mehr als alles bis-
her, wie treu du zur Familie deiner Schwieger-
mutter hältst. Du hättest ja auch den jungen
Männern nachlaufen können und jeden bekom-
men, ob arm oder reich.

11 Nun, meine Tochter, sei unbesorgt! Ich wer-
de tun, worum du mich gebeten hast. Jeder in
der Stadt weiß, dass du eine tüchtige Frau bist.
12 Doch da ist noch ein Punkt: Es stimmt zwar,
dass ich ein Löser bin und dir helfen muss; aber
es gibt noch einen zweiten, der den Vortritt hat,
weil er näher verwandt ist als ich.

13 Bleib die Nacht über hier! Morgen früh
werde ich ihn vor die Wahl stellen, ob er der Ver-
pflichtung nachkommen will oder nicht. Wenn
nicht, werde ich es tun. Das verspreche ich dir,
so gewiss der HERR lebt. Bleib jetzt liegen bis
zum Morgen!«

14 Rut blieb neben ihm liegen; aber in aller
Frühe, noch bevor ein Mensch den andern er-
kennen konnte, stand sie auf. Denn Boas sagte:
»Es darf nicht bekannt werden, dass eine Frau
auf der Tenne war.«

15 Dann sagte er noch zu ihr: »Nimm dein
Umschlagtuch ab und halte es auf!« Er füllte
einen halben Zentner[a] Gerste hinein und hob
ihr die Last auf die Schulter. Dann ging er in die
Stadt.

16 Als Rut nach Hause kam, fragte ihre
Schwiegermutter: »Wie ist es dir ergangen,
meine Tochter?« Rut erzählte alles, was Boas für
sie getan und zu ihr gesagt hatte. 17 »Und diese
ganze Menge Gerste hat er mir mitgegeben«,
fügte sie hinzu. »Er sagte: ›Du darfst nicht mit
leeren Händen zu deiner Schwiegermutter kom-
men.‹«

18 Noomi antwortete: »Bleib nun hier, meine
Tochter, und warte ab, wie die Sache ausgeht.
Der Mann wird nicht ruhen, bis er sie noch
heute geordnet hat.«

Durch Rut erlebt ihre Schwiegermutter neues Glück

4 Boas war inzwischen zum Versammlungs-
platz am Stadttor gegangen und hatte sich
dort hingesetzt. Da ging gerade der andere
Löser*, von dem Boas gesprochen hatte, vorbei.
Boas rief ihm zu: »Komm hierher und setz dich«,
und der Mann tat es. 2 Dann holte Boas zehn
Männer, die zu den Ältesten* der Stadt gehör-
ten, und sagte zu ihnen: »Setzt euch hierher zu
uns!«

Als sie sich gesetzt hatten, 3 sagte er zu dem
anderen Löser: »Du weißt, dass Noomi aus dem
Land Moab* zurückgekehrt ist. Sie bietet den
Landanteil zum Verkauf an, der unserem Ver-
wandten Elimelech gehört hat. 4 Ich wollte dir
das sagen und dir den Vorschlag machen: Erwirb
den Landanteil Elimelechs in Gegenwart der hier
sitzenden Männer und in Gegenwart der
Ältesten meines Volkes! Sag, ob du deiner Ver-
pflichtung nachkommen und von deinem Recht
als Löser Gebrauch machen willst oder nicht.[b]
Ich will es wissen, denn du bist als Erster an der
Reihe und nach dir komme ich.«

Der andere antwortete: »Ich mache das!«

5 Boas fuhr fort: »Wenn du von Noomi
das Feld Elimelechs übernimmst, musst du
zugleich die Verpflichtung übernehmen, für die
Moabiterin Rut zu sorgen und anstelle ihres ver-
storbenen Mannes einen Sohn zu zeugen. Dem
wird später das Feld zufallen, damit der Name
des Verstorbenen auf dessen Erbbesitz* weiter-
lebt.«

6 »Wenn es so ist, verzichte ich«, sagte der an-
dere. »Ich schädige sonst meinen eigenen Erb-

a Hebräische Angabe *6 Maß* (wahrscheinlich *Maß* = Sea = $\frac{1}{3}$ Efa*), also ca. 33 kg.
b Der *Löser* bekommt das Nutzungsrecht an dem Ackerland Elimelechs gegen die Verpflichtung (sie ist der »Kaufpreis«), bis zu ihrem Tod für dessen Witwe Noomi zu sorgen. In Vers 5 wird eine zusätzliche Verpflichtung genannt.

3,9 Ez 16,8 **3,12** 2,20; 4,1 **4,1-4** Lev 25,25 **4,5** Dtn 25,5-6

besitz. Ich trete dir mein Recht als Löser ab. Ich
kann es nicht wahrnehmen.«
7–8 Dann zog er seinen Schuh aus und gab ihn
Boas mit den Worten: »Erwirb du das Feld!« Mit
diesem Zeichen bestätigte man früher in Israel
bei Geschäftsabschlüssen den Wechsel des Be-
sitzrechtes an Grund und Boden.
9 Boas wandte sich an die Ältesten und die
anderen anwesenden Männer und sagte: »Ihr
seid heute Zeugen, dass ich von Noomi alles
erworben habe, was Elimelech und seinen
Söhnen Kiljon und Machlon gehörte. 10 Ich habe
damit auch die Moabiterin Rut, die Witwe Mach-
lons, als Frau erworben und die Verpflichtung
übernommen, an Machlons Stelle einen Sohn zu
zeugen, dem sein Erbbesitz gehören wird. Mach-
lons Name soll in seiner Sippe nicht vergessen
werden, und seine Familie soll in dieser Stadt
und in Israel bestehen bleiben. Ihr habt meine
Erklärung gehört und seid dafür Zeugen.«
11 Die Ältesten und alle Männer auf dem Platz
am Tor sagten: »Wir sind dafür Zeugen! Der HERR
mache die Frau, die in dein Haus kommt, kinder-
reich wie Rahel und Lea, die zusammen das
Haus Israel groß gemacht haben. Mögest du in
der Sippe Efrat zu Reichtum und Einfluss gelan-
gen und möge dein Name berühmt werden in
Betlehem. 12 Durch die Nachkommen, die der
HERR dir durch diese Frau geben wird, soll deine
Familie so bedeutend werden wie die Familie
von Perez, dem Sohn von Tamar und Juda.«

Rut wird zur Urgroßmutter König Davids

13 So nahm Boas Rut zur Frau. Der HERR ließ sie
schwanger werden und sie gebar einen Sohn.
14 Da sagten die Frauen zu Noomi: »Der HERR
sei gepriesen! Er hat dir heute in diesem Kind
einen Löser* geschenkt. Möge der Name des
Kindes berühmt werden in Israel! 15 Es wird dir
neuen Lebensmut geben und wird im Alter für
dich sorgen. Denn es ist ja der Sohn deiner
Schwiegertochter, die in Liebe zu dir hält. Wahr-
haftig, an ihr hast du mehr als an sieben Söh-
nen!«
16 Noomi nahm das Kind auf ihren Schoß und
wurde seine Pflegemutter.
17 Ihre Nachbarinnen kamen, um ihm einen
Namen zu geben, denn sie sagten: »Noomi ist
ein Sohn geboren worden!« Und sie gaben ihm
den Namen Obed. Obed wurde der Vater Isais,
Isai der Vater des Königs David.
18 Dies ist die Liste der Nachkommen von
Perez: Perez zeugte Hezron, 19 Hezron zeugte
Ram, Ram zeugte Amminadab, 20 Amminadab
zeugte Nachschon, Nachschon zeugte Salmon,
21 Salmon zeugte Boas, Boas zeugte Obed,
22 Obed zeugte Isai und Isai zeugte David.

DAS ERSTE BUCH SAMUEL

Inhaltsübersicht

SAMUEL AM HEILIGTUM IN SCHILO (Kapitel 1–3)

Eine Frau bittet Gott um einen Sohn

1 In Ramatajim im Gebiet der Sippe Zuf im
Bergland von Efraïm lebte ein Mann namens
Elkana. Sein Vater hieß Jeroham, sein Großvater
Elihu und sein Urgroßvater Tohu; der war ein
Sohn des Efraïmiters Zuf. 2 Elkana hatte zwei
Frauen, Hanna und Peninna. Peninna hatte Kin-
der, aber Hanna war kinderlos.
3 Elkana ging einmal in jedem Jahr mit seiner
Familie nach Schilo*, um zum HERRN, dem Herr-
scher der Welt,[a] zu beten und ihm ein Opfer
darzubringen. In Schilo versahen Hofni und Pin-
has, die beiden Söhne von Eli, den Priester-
dienst*.
4 Beim Opfermahl* gab Elkana seiner Frau
Peninna und allen ihren Söhnen und Töchtern je
einen Anteil vom Opferfleisch; 5 Hanna aber be-
kam ein Extrastück, denn er liebte sie, obwohl
der HERR ihr Kinder versagt hatte.
6 Darauf begann Peninna regelmäßig zu sti-
cheln und suchte Hanna wegen ihrer Kinder-
losigkeit zu kränken.
7 Das wiederholte sich jedes Jahr, wenn sie

a Wörtlich *zum HERRN Zebaot*;* entsprechend in Vers 11.

4,7-8 Dtn 25,9 **4,11** Gen 35,23-26 **4,12** Gen 38,27-30 **4,18-22** Mt 1,3-6 **1,1** 1 Chr 6,11-12.19-20 **1,2** Gen 25,21-22 S **1,3** Jos 18,1 S

zum Heiligtum des HERRN gingen: Peninna
kränkte Hanna so sehr, dass sie weinte und
nichts essen konnte. 8 Elkana fragte sie dann:
»Hanna, warum weinst du? Warum isst du
nichts? Was bedrückt dich? Hast du an mir nicht
mehr als an zehn Söhnen?«

9 Wieder einmal war es so geschehen. Als
sie gegessen und getrunken hatten, stand Hanna
auf und ging zum Eingang des Heiligtums.[a]
Neben der Tür saß der Priester Eli auf seinem
Stuhl.

10 Hanna war ganz verzweifelt. Unter Tränen
betete sie zum HERRN und machte ein Gelübde*.
Sie sagte: 11 »HERR, du Herrscher der Welt, sieh
doch meine Schande und hilf mir! Vergiss mich
nicht und schenk mir einen Sohn! Ich verspreche
dir dafür, dass er dir sein ganzes Leben lang
gehören soll; und sein Haar soll niemals ge-
schnitten werden.«

Gott hört Hannas Gebet

12 Hanna betete lange und Eli beobachtete sie. Er
sah, wie sie die Lippen bewegte; 13 aber weil sie
still für sich betete, konnte er nichts hören. Dar-
um hielt er sie für betrunken.

14 »Wie lange willst du dich hier so aufführ-
ren?«, fuhr er sie an. »Schlaf erst einmal deinen
Rausch aus!«

15 »Nein, Herr«, erwiderte Hanna, »ich habe
nichts getrunken; ich bin nur unglücklich und
habe dem HERRN mein Herz ausgeschüttet.
16 Denk nicht so schlecht von mir! Ich habe
großen Kummer, ich bin ganz verzweifelt. Des-
halb habe ich hier so lange gebetet.«

17 »Geh in Frieden*«, sagte Eli zu ihr, »der
Gott Israels wird deine Bitte erfüllen.«

18 Hanna verabschiedete sich und ging weg.
Sie aß wieder und war nicht mehr traurig.

19 Am nächsten Morgen standen Elkana und
seine Familie früh auf, beteten noch einmal im
Heiligtum des HERRN und kehrten dann heim
nach Rama.

Als Elkana das nächste Mal mit Hanna
schlief, erhörte der HERR ihr Gebet. 20 Sie wurde
schwanger und gebar einen Sohn. Sie sagte: »Ich
habe ihn vom HERRN erbeten«, und nannte ihn
deshalb Samuel.[b]

Das Kind gehört Gott

21 Im nächsten Jahr ging Elkana wieder mit sei-
ner Familie nach Schilo. Er wollte dem HERRN
das jährliche Opfer* darbringen und dazu die
besondere Opfergabe, die er ihm versprochen
hatte.[c] 22 Hanna ging diesmal nicht mit. Sie sagte
zu ihrem Mann: »Sobald der Junge alt genug ist
und ich ihn nicht mehr stillen muss,[d] bringe ich
ihn in das Heiligtum des HERRN. Dann soll er für
immer dort bleiben.«

23 Elkana sagte zu ihr: »Tu, was du für richtig
hältst! Bleib zu Hause, bis du ihn entwöhnt hast.
Möge der HERR dann auch wahr machen, was er
diesem Kind zugesagt hat!« So blieb Hanna da-
heim und versorgte ihren Sohn.

24 Als sie Samuel entwöhnt hatte, brachte sie
ihn zum Heiligtum des HERRN nach Schilo. Das
Kind war noch sehr klein. Seine Mutter nahm
auch einen dreijährigen Stier,[e] einen kleinen
Sack[f] Weizenmehl und einen Krug Wein mit.
25 Nachdem die Eltern den Stier geschlachtet
hatten, brachten sie den Jungen zu Eli.

26 »Verzeihung, mein Herr«, sagte Hanna, »so
gewiss du lebst: Ich bin die Frau, die einmal an
dieser Stelle stand und betete. 27 Hier ist das
Kind, um das ich damals Gott angefleht habe; er
hat mein Gebet erhört. 28 Auch ich will nun
mein Versprechen erfüllen: Das Kind soll für sein
ganzes Leben dem HERRN gehören.«

Und alle warfen[g] sich zum Gebet vor dem
HERRN nieder.

Hanna preist Gott

2 Hanna betete:

»Mein Herz jubelt über den HERRN,
er hat mich wieder aufgerichtet
und mich gestärkt![h]
Jetzt kann ich über meine Feinde lachen.
Ich bin voller Freude, weil er mir geholfen hat.

2 Der HERR allein ist heilig;
es gibt keinen Gott außer ihm.
Auf nichts ist so felsenfest Verlass
wie auf ihn, unseren Gott.
3 Tut nicht so groß!
Spielt euch nicht so auf!

a *und ging...:* nur in G überliefert; wörtlich *und trat vor den HERRN.*
b Der Name *Samuel* klingt im Hebräischen ähnlich wie »Gott hat gehört«.
c Offenbar *versprochen* für den Fall, dass Hanna ein Kind bekam.
d Die Stillzeit dauerte bis zu drei Jahren; vgl. 2 Makk 7,28.
e *einen dreijährigen Stier:* mit alten Übersetzungen; H *drei Stiere.*
f Hebräische Maßangabe *1 Efa** (ca. 12 kg). g Wörtlich *er warf;* die Deutung ist unsicher.
h *er hat mich ...:* wörtlich *mein Horn ist erhöht im HERRN.*
1,11 Num 6,5 S **1,24** Gen 21,8 S; Num 15,8-10 **2,1-10** Lk 1,46-55

Prahlt nicht so frech mit euren Plänen!
Der HERR ist ein Gott, der euer Treiben kennt;
er prüft alle eure Taten.
4 Starken Männern zerbricht er die Waffen;
Schwachen und Entmutigten gibt er neue
Kraft.
5 Reiche müssen auf einmal ihr Brot mit
eigener Hand verdienen;
Arme müssen nicht mehr hungern
und können feiern.
Die Frau, die kinderlos war, bringt sieben
Kinder zur Welt,
doch die Kinderreiche behält nicht eines.

6 Der HERR tötet und macht lebendig,
er verbannt in die Totenwelt*
und er ruft aus dem Tod ins Leben zurück.
7 Er macht arm und er macht reich,
er bringt die einen zu Fall
und andere erhöht er.
8 Die Armen holt er aus der Not,
die Hilflosen heraus aus ihrem Elend;
er lässt sie aufsteigen in den Kreis der
Angesehenen
und gibt ihnen einen Ehrenplatz.
Denn die Grundpfeiler der Erde
gehören dem HERRN;
auf ihnen hat er die Erde errichtet.

9 Der HERR leitet und schützt alle,
die ihm vertrauen;
aber seine Feinde enden in Finsternis,
denn kein Mensch erreicht etwas
aus eigener Kraft.
10 Alle, die mit dem HERRN streiten,
gehen zugrunde;
er lässt im Himmel seinen Donner gegen sie
grollen.
Der HERR hält Gericht über die ganze Erde.
Er hat seinen König erwählt und gesalbt*,
darum gibt er ihm große Kraft.«

Missstände am Heiligtum

11 Elkana kehrte nach Rama in sein Haus zurück.
Der junge Samuel blieb in Schilo* unter der Aufsicht des Priesters* Eli, um dem HERRN zu dienen.

12 Die eigenen Söhne von Eli missbrauchten
ihr Priesteramt. Sie kümmerten sich nicht um
den Willen des HERRN 13 und begnügten sich
nicht mit dem, was den Priestern als Anteil am Opfer zusteht. Wenn jemand aus dem Volk ein Tier für das Opfermahl* zubereitete und das Fleisch noch nicht einmal gar gekocht war, schickten sie ihren Gehilfen mit einer großen dreizinkigen Gabel.
14 Er stach damit in den Kessel, den Kochtopf, die Pfanne oder die Schüssel, und alles, was an ihr hängen blieb, bekam der Priester.

So machten es die Söhne von Eli bei allen Israeliten, die nach Schilo* kamen.
15 Sogar noch ehe die Fettstücke auf dem Altar verbrannt wurden, kam der Gehilfe des Priesters und sagte zu dem, der das Opfer darbringen wollte: »Gib mir ein Stück von dem Fleisch zum Braten; der Priester nimmt es von dir nur roh, nicht gekocht!«

16 Wenn der Mann einwandte: »Erst muss für den HERRN das Fett verbrannt werden; danach kannst du nehmen, was du willst«, sagte der Gehilfe: »Sofort gibst du es her, sonst nehme ich es mit Gewalt!«

17 Auf diese Weise luden die Söhne von Eli schwere Schuld auf sich. Sie beleidigten den HERRN, weil sie die Opfer nicht achteten, die ihm dargebracht wurden.

Samuel und seine Eltern

18 Unterdessen tat Samuel seinen Dienst vor dem HERRN. Obwohl er noch so jung war, trug er schon den leinenen Priesterschurz*.
19 Seine Mutter machte ihm dazu jedes Jahr ein neues Obergewand* und brachte es mit, wenn sie mit Elkana zum Opferfest kam.

20 Eli segnete jedes Mal Elkana und seine Frau Hanna. Zu Elkana sagte er: »Der HERR schenke dir durch diese Frau noch andere Kinder anstelle des einen, das sie vom HERRN erbeten hat und das er jetzt für sich beansprucht.« Danach kehrten sie nach Hause zurück.

21 Und der HERR war gut zu Hanna: Sie wurde noch mehrmals schwanger und bekam weitere drei Söhne und zwei Töchter. Samuel aber blieb im Heiligtum des HERRN und wuchs dort auf.

Elis Söhne hören nicht auf ihren Vater

22 Eli war inzwischen sehr alt geworden. Als er erfuhr, was seine Söhne den Israeliten antaten und dass sie mit den Frauen schliefen, die am Eingang des Heiligen Zeltes Dienste verrichteten,[a]
23 sagte er zu ihnen: »Warum tut ihr so etwas? Von allen Leuten höre ich nur Schlechtes über euch.
24 Ganz Israel spricht davon, wie

a und dass …: Dieser Satzteil fehlt in den meisten griechischen Handschriften und in einer wichtigen hebräischen. Wahrscheinlich handelt es sich um einen späteren Zusatz.

2,5 Ps 113,9 **2,6** Dtn 32,39; 2 Kön 5,7; Ps 30,4; Hos 6,1-2; Weish 16,13; Tob 13,2 **2,7-8** Ps 113,7-8; 75,8 S **2,10** 7,10; Ps 18,13-14; 96,13; 98,9 **2,12-17** Lev 7,28-36

schlimm ihr es treibt. Das muss aufhören! 25 Wenn jemand sich gegen Menschen vergeht, wird Gott ihn vielleicht noch in Schutz nehmen; aber wenn er sich gegen den HERRN versündigt, wer soll dann noch für ihn eintreten?«

Doch die Söhne von Eli hörten nicht auf ihren Vater. Der HERR machte sie taub für alle Mahnungen;[a] er war entschlossen, sie zu vernichten.

26 Samuel aber wuchs heran zu einem jungen Mann, an dem Gott und die Menschen Freude hatten.

Eli wird die Strafe angekündigt

27 Eines Tages kam ein Prophet* zu Eli und sagte zu ihm: »So spricht der HERR: ›Denkst du nicht mehr daran, wie ich in Ägypten deinen Vorfahren erschienen bin, als sie noch Sklaven des Pharaos waren? 28 Aus allen Stämmen Israels habe ich sie mir zu Priestern* ausgewählt. Ich habe sie dazu bestimmt, auf meinem Altar Opfer* darzubringen, Weihrauch* für mich zu verbrennen und im Priestergewand vor mich zu treten. Ich habe deiner Sippe das Recht auf einen Anteil an allen Opfern gegeben, die mir von den Israeliten dargebracht werden. 29 Warum behandelt ihr dann die Opfer, die mir auf meinen Befehl[b] dargebracht werden, mit solcher Missachtung?

Du, Eli, achtest deine Söhne mehr als mich und lässt zu, dass sie die besten Stücke von dem, was mein Volk mir opfert, wegnehmen, damit ihr euch daran mästen könnt. 30 Ich habe dir einst zugesagt, dass deine Nachkommen für alle Zukunft meine Priester sein sollen. Aber jetzt widerrufe ich meine Zusage und erkläre: Wer mich ehrt, den ehre ich auch; aber wer mich verachtet, den gebe ich der Verachtung preis. Das sage ich, der HERR, der Gott Israels.

31 Es dauert nicht mehr lange, dann werde ich deine Macht und den Einfluss deiner Sippe zerschlagen, sodass es unter euch keinen alten, angesehenen Menschen mehr gibt. 32 Während *du* in Not und Bedrängnis bist,[c] wirst du sehen, wie ich allen Israeliten Glück und Wohlstand schenke; aber in deiner Familie wird nie mehr jemand zu Alter und Ansehen kommen. 33 Ich werde zwar nicht jeden deiner Nachkommen ausrotten, der mir als Priester dient,[d] damit du nicht vor Kummer und Schmerz vergehst; aber die allermeisten von ihnen müssen im besten Mannesalter sterben. 34 Deine Söhne Hofni und Pinhas werden beide am selben Tag sterben, und das wird für dich das Zeichen sein, dass auch alles andere eintrifft.

35 Dann werde ich einen Priester einsetzen, der mir treu bleibt und tut, was mir gefällt. Er wird im Dienst des gesalbten* Königs stehen, den ich erwählen werde,[e] und auch seine Nachkommen sollen für alle Zukunft meine Priester sein. 36 Wer dann von deiner Familie noch lebt, wird zu ihm kommen und sich vor ihm niederwerfen, bloß um ein einziges Silberstück oder einen Laib Brot zu bekommen. Er wird sich ihm als Priestergehilfe anbieten, damit er wenigstens etwas zu essen hat.‹«

Gott spricht zum ersten Mal mit Samuel

3 Der junge Samuel half Eli beim Priesterdienst. In jener Zeit kam es nur noch selten vor, dass der HERR zu einem Menschen sprach und ihm etwas offenbarte*. 2 Eli war fast erblindet. Eines Nachts schlief er an seinem gewohnten Platz 3 und auch Samuel schlief im Heiligtum, ganz in der Nähe der Bundeslade*. Die Lampe im Heiligtum brannte noch.

4 Da rief der HERR: »Samuel!«

»Ja«, antwortete der Junge, 5 lief schnell zu Eli und sagte: »Hier bin ich, du hast mich gerufen!«

»Nein«, sagte Eli, »ich habe nicht gerufen. Geh wieder schlafen!« Samuel ging und legte sich wieder hin.

6 Noch einmal rief der HERR: »Samuel!«, und wieder stand der Junge auf, ging zu Eli und sagte: »Hier bin ich, du hast mich gerufen!«

Aber Eli wiederholte: »Ich habe dich nicht gerufen, mein Junge, geh nur wieder schlafen!«

7 Samuel wusste noch nicht, dass es der HERR war; denn er hatte seine Stimme noch nie gehört. 8 Der HERR rief ihn zum dritten Mal und wieder stand Samuel auf, ging zu Eli und sagte: »Hier bin ich, du hast mich gerufen!«

Da merkte Eli, dass es der HERR war, der den Jungen rief, 9 und er sagte zu ihm: »Geh wieder schlafen, und wenn du noch einmal gerufen wirst, dann antworte: ›Sprich, HERR, dein Diener hört!‹«

Samuel ging und legte sich wieder hin. 10 Da

a *Der HERR ...:* verdeutlichender Zusatz.
b Es folgt hier noch ein unverständliches Wort, das vielleicht *in der Wohnung* (= im Heiligtum) bedeutet.
c Es folgt dasselbe unverständliche Wort wie in Vers 29.
d Möglicherweise wird hier auf den Eli-Nachkommen Abjatar vorausgewiesen, der später unter David eine wichtige Rolle spielte (vgl. 1Sam 22,20-23; 2Sam 20,25 und öfter).
e Wörtlich *wird vor meinem Gesalbten wandeln* (= seine Tätigkeit ausüben).

2,26 Lk 2,52 **2,28** Ex 28,1; Lev 7,34-36 **2,34** 4,11; 1 Kön 2,35

trat der HERR zu ihm und rief wie zuvor: »Sa-
muel! Samuel!«
Der Junge antwortete: »Sprich, dein Diener
hört!«
11 Da sagte der HERR zu Samuel: »Ich werde in
Israel etwas tun – die Ohren werden jedem weh-
tun, der davon hört. 12 Es wird alles eintreffen,
was ich Eli und seiner Familie angedroht habe.
13 Er wusste, dass seine Söhne mich beleidigten,
und doch hat er sie nicht daran gehindert. Des-
halb habe ich über seine Familie ein unwiderruf-
liches Urteil verhängt. Ich habe ihm das schon
lange angekündigt. 14 Es gibt kein Opfer, durch
das diese Schuld jemals gesühnt werden kann;
das habe ich geschworen.«
15 Samuel legte sich wieder hin. Am Morgen
öffnete er die Türen des Heiligtums. Er scheute
sich, Eli zu sagen, was der HERR ihm offenbart
hatte. 16 Aber Eli rief ihn: »Samuel, komm her,
mein Junge!«
»Hier bin ich«, antwortete Samuel.
17 Eli fragte: »Was hat der HERR dir gesagt?
Verschweige mir nichts! Seine Strafe soll dich
treffen, wenn du mir nicht alles berichtest, was
er dir gesagt hat!« 18 Da erzählte Samuel ihm
alles und verschwieg nichts. Eli aber sagte: »Er
ist der HERR! Er soll tun, was er für richtig hält.«
19 Samuel wuchs heran. Der HERR stand ihm
bei und ließ alle Worte in Erfüllung gehen, die er
durch Samuel sprach. 20 Ganz Israel von Dan bis
Beerscheba erkannte, dass der HERR ihn zu
seinem Propheten* bestimmt hatte. 21 Auch wei-
terhin erschien ihm der HERR in Schilo* und gab
4 ihm Weisungen.[a] 1a In ganz Israel hörte man
auf Samuel.

DIE GESCHICKE DER BUNDESLADE. SAMUEL ALS RICHTER (Kapitel 4–7)

Gottes Strafe ist unabwendbar

1b Die Israeliten zogen in den Kampf gegen die
Philister*. Ihr eigenes Lager war bei Eben-Eser,
das Lager der Philister bei Afek. 2 Die Philister
griffen an, und nach einem langen und zähen
Kampf gelang es ihnen, die Israeliten zu schla-
gen. Von diesen wurden etwa 4000 Mann im
Kampf getötet.
3 Als das Heer geschlagen ins Lager zurück-
kam, fragten sich die Ältesten* des Volkes:
»Warum hat der HERR das zugelassen? Warum
konnten uns die Philister heute besiegen?« Sie
berieten sich und beschlossen: »Wir wollen nach
Schilo* senden und die Bundeslade* ins Lager
holen! Dann wird der HERR mitten unter uns
sein und uns gegen unsere Feinde helfen.«
4 Sie schickten einige Männer nach Schilo,
um die Lade zu holen, auf der der HERR, der
Herrscher der Welt,[b] unsichtbar über den Keru-
ben* thront. Die Priester Hofni und Pinhas, die
Söhne von Eli, begleiteten die Lade. 5 Als die
Lade des HERRN ins Lager kam, brach unter den
Israeliten ein solcher Jubelsturm los, dass davon
die Erde dröhnte.
6 Der Lärm drang bis zu den Philistern. »Was
ist das für ein lauter Jubel im Lager der He-
bräer*?«, fragten sie einander. Als sie erfuhren,
dass die Lade des HERRN im Lager Israels ange-
kommen war, 7 bekamen sie Angst. »Jetzt sind
wir verloren!«, sagten sie. »Ihr Gott ist zu ihnen
ins Lager gekommen. Das hat es noch nie ge-
geben. 8 Wer kann uns vor solch einem mächti-
gen Gott schützen? Das ist doch derselbe Gott,
der die Ägypter in der Wüste vernichtet hat!«
9 Aber ihre Anführer riefen ihnen zu:[c] »Jetzt
gilt es! Seid mutig, Philister, und kämpft wie
Männer! Sonst werden die Hebräer euch zur
Fronarbeit* zwingen, so wie ihr es bisher mit
ihnen gemacht habt. Zeigt, dass ihr Männer seid,
und kämpft!«
10 Es kam zur Schlacht und die Israeliten erlit-
ten eine schwere Niederlage. Das Heer löste sich
auf und jeder floh nach Hause. 30000 israeli-
tische Männer blieben tot auf dem Schlachtfeld.
11 Auch Hofni und Pinhas, die Söhne von Eli, fan-
den den Tod. Die Lade Gottes aber nahmen die
Philister als Beute mit.

Der Schock über den Verlust der Bundeslade

12 Ein Mann aus dem Stamm Benjamin lief noch
am selben Tag vom Ort der Schlacht bis nach
Schilo. Zum Zeichen der Trauer hatte er seine
Kleider zerrissen und sich Erde auf den Kopf
gestreut. 13–15 Eli, jetzt 98 Jahre alt und so gut
wie blind, saß eben auf seinem Stuhl und
horchte angespannt die Straße hinunter; er
machte sich Sorgen um die Lade* Gottes.
Als der Bote in die Stadt kam und berichtete,
was geschehen war, schrien alle vor Entsetzen
laut auf.
»Was hat das zu bedeuten?«, fragte Eli.

a *und gab ...:* wörtlich *denn der HERR offenbarte sich Samuel in Schilo durch das Wort des HERRN.*
b Wörtlich *der HERR Zebaot*.* c Verdeutlichender Zusatz.
3,12-14 2,27-36 **3,18** 2 Sam 15,26 **4,3** Jos 18,1 S; Num 10,35 **4,4** Ex 25,22 S **4,9** Ri 13,1 **4,11** 2,34; Ps 78,61

Da war auch schon der Bote bei ihm und
sagte: 16 »Ich komme direkt aus der Schlacht, ich
bin den Feinden entronnen.«

»Was ist geschehen?«, fragte Eli, 17 und der
Bote meldete: »Wir sind besiegt! Unser Heer ist
geflohen. Deine beiden Söhne, Hofni und Pin-
has, sind tot. Die Lade Gottes ist verloren!«

18 Als Eli vom Verlust der Lade hörte, fiel er
rückwärts von seinem Stuhl am Eingang des
Heiligtums. Er war so alt und schwer, dass er sich
dabei das Genick brach und starb. Vierzig Jahre
lang war er der Richter* Israels gewesen.

19 Seine Schwiegertochter, die Frau des Pries-
ters Pinhas, erwartete ein Kind und stand kurz
vor der Entbindung. Als sie hörte, dass die Lade
Gottes eine Beute der Philister* geworden war
und dass ihr Schwiegervater und ihr Mann den
Tod gefunden hatten, überfielen sie die Wehen.
Sie brach zusammen und gebar ein Kind, 20 aber
die Geburt kostete sie das Leben.

Während sie im Sterben lag, riefen ihr die
Frauen, die ihr beistanden, zu: »Freu dich, du
hast einen Sohn geboren!« Aber sie blieb teil-
nahmslos und gab keine Antwort. 21 Den Jungen
nannte sie Ikabod (Fort ist die Herrlichkeit). Sie
dachte dabei an den Verlust der Bundeslade und
an den Tod ihres Schwiegervaters und ihres
Mannes 22 und sagte: »Die Herrlichkeit* Gottes
ist fort aus Israel! Die Lade Gottes ist verloren!«

Die Bundeslade bringt den Philistern kein Glück

5 Die Philister* brachten die Bundeslade*, die
sie erbeutet hatten, von Eben-Eser nach
Aschdod 2 in den Tempel ihres Gottes Dagon und
stellten sie neben dessen Standbild auf. 3 Als die
Leute von Aschdod am nächsten Morgen in den
Tempel kamen, war das Standbild Dagons umge-
stürzt und lag mit dem Gesicht zur Erde vor der
Lade des HERRN.

Sie stellten es wieder an seinen Platz; 4 doch
auch am folgenden Morgen lag das Bild Dagons
vor der Lade des HERRN am Boden. Aber nur der
Rumpf war von Dagon übrig geblieben; sein
Kopf und die beiden Hände waren abgebrochen
und lagen auf der Türschwelle. 5 Deshalb treten
die Priester Dagons und alle Besucher des Tem-
pels bis heute nicht auf diese Schwelle.

6 Auch die Leute von Aschdod und den um-
liegenden Dörfern bekamen die Macht des
HERRN zu spüren. Er strafte sie mit schmerzhaf-
ten Beulen.[a] 7 Da sagten sie: »Die Lade des Got-
tes Israels muss fort! Seine Hand lastet zu schwer
auf uns und auch unseren Gott Dagon trifft sie
hart.«

8 Sie riefen alle Philisterfürsten zusammen
und fragten sie: »Was sollen wir mit der Lade des
Gottes Israels machen?«

»Bringt sie nach Gat«, rieten ihnen die ver-
sammelten Fürsten; und so wurde die Lade dort-
hin gebracht.

9 Aber als sie dort war, ließ der HERR auch die
Leute von Gat seine Macht spüren. Er plagte sie
alle, Vornehme wie Geringe, mit schmerzhaften
Beulen, sodass eine gewaltige Panik entstand.
10 Da schickten sie die Lade Gottes weiter nach
Ekron.

Als sie dort ankam, schrien die Leute auf:
»Jetzt haben sie die Lade des Gottes Israels zu
uns gebracht! Sie wollen uns noch alle umbrin-
gen!«

11 Sie riefen die Philisterfürsten zusammen
und forderten: »Schafft die Lade des Gottes
Israels fort! Schickt sie wieder hin, wo sie her-
gekommen ist, sonst wird sie uns und unsere
Familien noch umbringen.«

In der Stadt herrschte Todesangst, denn alle
ihre Bewohner hatten unter der strafenden
Macht Gottes schwer zu leiden. 12 Auch wer mit
dem Leben davonkam, war mit Beulen bedeckt
und die Menschen schrien zum Himmel um
Hilfe.

Die Heimkehr der Bundeslade

6 Die Bundeslade* war nun schon sieben
Monate lang bei den Philistern*. 2 Schließ-
lich riefen sie ihre Priester und Wahrsager zu-
sammen und fragten sie: »Was sollen wir mit der
Lade des HERRN machen? Können wir sie einfach
zurückschicken oder was müssen wir sonst noch
tun?«

3 Sie erhielten den Bescheid: »Auf keinen Fall
dürft ihr die Lade ohne Geschenk zurück-
schicken. Ihr müsst den Gott Israels durch eine
Opfergabe versöhnen. Dann werdet ihr wieder
gesund werden, und ihr wisst dann auch, warum
er euch bisher so hart bestraft hat.«

4 »Was für eine Opfergabe sollen wir ihm
schicken?«, fragten sie und die Antwort war:
»Fünf goldene Beulen und fünf goldene Mäuse,
je eine für jede Philisterstadt. Denn alle fünf samt
ihren Königen hat dieselbe Plage getroffen.

5 Lasst eure Beulen und die Mäuse, die euer
Land verwüsten, in Gold nachbilden und
schenkt sie dem Gott Israels zum Zeichen da-
für, dass ihr seine Macht anerkennt. Vielleicht

a G fügt hinzu *und das Land wurde von einer Mäuseplage heimgesucht* (vgl. 6,4-5).

4,18 (Richter) Ri 10,2-3; 12,8-15; 16,31 **4,20** Gen 35,17 **4,21-22** Ps 78,61 **5,2** Ri 16,23 **5,10 b** Ex 10,7

wird er dann den schrecklichen Druck von euch
und eurem Land und von euren Göttern
nehmen.
6 Seid nicht so starrsinnig wie einst die Ägyp-
ter und ihr Pharao! Als der HERR ihnen seine
Macht zeigte, mussten sie das Volk Israel ja doch
freigeben und es ziehen lassen.
7 Schafft also einen neuen Wagen herbei und
spannt zwei säugende Kühe davor, die noch nie
in ein Joch* gespannt worden sind. Die Kälber
nehmt ihnen weg und treibt sie zur übrigen
Herde zurück. 8 Stellt die Lade des HERRN auf
den Wagen und daneben ein Kästchen mit
den goldenen Opfergaben, die ihr für ihn be-
stimmt habt, und lasst die Lade ziehen, wohin
sie will.
9 Dann wird sich zeigen, woher dieses große
Unglück über uns gekommen ist. Nimmt die
Lade den Weg in Richtung Bet-Schemesch, auf
ihr eigenes Land zu, so war es der HERR, der uns
diese Plage geschickt hat. Fährt sie in eine
andere Richtung, dann wissen wir wenigstens,
dass wir nicht vom HERRN bestraft worden sind,
sondern die Plage uns nur zufällig getroffen
hat.«
10 Genauso machten es die Leute: Sie nahmen
zwei säugende Kühe, spannten sie vor den
Wagen und sperrten deren Kälber daheim ein.
11 Dann stellten sie die Lade des HERRN auf den
Wagen und dazu das Kästchen mit den goldenen
Mäusen und den Nachbildungen ihrer Beulen.
12 Die Kühe aber schlugen die Richtung nach Bet-
Schemesch ein; sie nahmen den kürzesten Weg
und wichen weder rechts noch links davon ab.
Dabei brüllten sie immerfort. Die Fürsten der
Philister folgten ihnen bis dorthin, wo das Gebiet
von Bet-Schemesch beginnt.
13 Die Leute von Bet-Schemesch waren gerade
unten im Tal bei der Weizenernte. Als sie von
der Arbeit aufblickten, sahen sie die Bundeslade
herankommen. Ihre Freude darüber war groß.
14 Der Wagen fuhr bis zum Feld von Joschua und
blieb neben einem Felsblock stehen. An Ort und
Stelle zerhackten die Leute von Bet-Schemesch
den Wagen zu Brennholz und opferten die Kühe
dem HERRN als Brandopfer*.
15 Die Leviten* hatten die Lade des HERRN
und das Kästchen mit den goldenen Opfergaben
vom Wagen genommen und stellten beides auf
den Felsblock; davor verbrannten die Leute von
Bet-Schemesch dem HERRN Brandopfer* und
schlachteten Tiere für ein Opfermahl*.
16 Die fünf Philisterfürsten beobachteten alles
genau und kehrten noch am gleichen Tag nach
Ekron zurück. 17 Fünf goldene Beulen hatten die
Philister dem HERRN geschickt, um ihn zu ver-
söhnen, je eine für die Städte Aschdod, Gaza,
Aschkelon, Gat und Ekron, 18 dazu noch eine
größere Anzahl von goldenen Mäusen, je eine
für jede Ortschaft, die zum Herrschaftsgebiet der
fünf Fürsten gehörte, nicht nur für die befestig-
ten Städte, sondern auch für die Dörfer auf dem
offenen Land.

Noch heute liegt der große Felsblock,[a] auf
dem sie die Bundeslade abgestellt hatten, auf
dem Feld von Joschua aus Bet-Schemesch.

Die Bundeslade kommt nach Kirjat-Jearim

19 Der HERR aber bestrafte die Leute von Bet-
Schemesch, weil sie die Bundeslade* nicht mit
der gebührenden Ehrfurcht angeschaut hatten;
siebzig Männer[b] mussten sterben. Das ganze
Volk trauerte, weil der HERR sie so hart bestraft
hatte, 20 und die Leute von Bet-Schemesch sag-
ten: »Wer kann es in der Nähe dieses heiligen
Gottes aushalten? Seine Lade muss hier weg,
aber wohin?«
21 Sie schickten Boten nach Kirjat-Jearim und
ließen den Leuten dort sagen: »Die Philister*
haben die Lade des HERRN zurückgeschickt;
kommt und holt sie zu euch!«
7 Da kamen die Männer von Kirjat-Jearim und
holten die Bundeslade. Sie brachten sie in
das Haus Abinadabs, das oberhalb der Stadt auf
einer Anhöhe steht. Seinen Sohn Eleasar
weihten sie zum Wächter der Lade.

Das Volk wendet sich Gott wieder zu und wird gerettet

2 Zwanzig Jahre waren vergangen, seit die Bun-
deslade* nach Kirjat-Jearim gekommen war.
Allen Israeliten tat es Leid, dass sie vom HERRN
abgefallen waren, und sie trauerten darüber,
dass er sie verlassen hatte. 3 Da sagte Samuel zu
ihnen: »Wenn ihr wirklich zum HERRN zurück-
kehren wollt, dann schafft die Bilder der frem-
den Götter und Göttinnen fort! Setzt euer ganzes
Vertrauen auf den HERRN und verehrt keinen
Gott außer ihm; dann wird er euch aus der
Gewalt der Philister* befreien.«
4 Die Israeliten hörten auf Samuel. Sie besei-
tigten die Bilder der Götzen Baal* und Astarte*

a *Felsblock* mit einigen Handschriften und G; H *Abel* bzw. *Wiese*.
b Darauf folgt unverbunden die befremdliche Angabe *50 000 Männer* (= »70 von 50 000«?).
6,6 Ex 10,1; 12,31 **6,7** 2 Sam 6,3-4; Num 19,2; Dtn 21,3 **6,19** 2 Sam 6,7 **7,1** 2 Sam 6,1-4 **7,3** Jos 24,14

und verehrten den HERRN allein. 5 Daraufhin rief
Samuel alle Männer Israels nach Mizpa. »Dort
will ich zum HERRN beten, dass er euch wieder
hilft«, sagte er.
6 Sie kamen alle, schöpften Wasser und gos-
sen es vor dem HERRN aus,[a] fasteten* den
ganzen Tag und bekannten dem HERRN ihre
Schuld. Dort in Mizpa schlichtete Samuel die
Streitigkeiten unter den Israeliten und gab ihnen
seine Weisungen.
7 Als bei den Philistern bekannt wurde, dass
die Männer Israels sich in Mizpa versammelt
hatten, rückten die fünf Philisterfürsten zu
einem Feldzug gegen Israel aus. Den Israeliten
entfiel aller Mut, als die Nachricht eintraf. 8 Sie
bestürmten Samuel: »Lass uns nicht im Stich!
Hör nicht auf, zum HERRN, unserem Gott, um
Hilfe zu rufen, dass er uns gegen die Philister
beisteht und uns vor dem Untergang rettet.«
9 Samuel schlachtete ein Lamm und ver-
brannte es auf dem Altar als Opfer* für den
HERRN. Dabei rief er zum HERRN um Hilfe für
Israel und der HERR erhörte sein Gebet.
10 Während Samuel noch das Opfer ver-
brannte, rückten schon die Philister zum Kampf
gegen Israel heran. Der HERR aber ließ es über
den Philistern so schrecklich donnern, dass sie in
Panik gerieten und flohen. 11 Da brachen die
Männer Israels aus Mizpa hervor, verfolgten sie
bis hinter Bet-Kar und brachten ihnen eine
schwere Niederlage bei.
12 Samuel stellte zwischen Mizpa und Je-
schana ein Steinmal auf. »Bis hierher hat uns der
HERR geholfen«, sagte er. Deshalb nannte er den
Stein Eben-Eser (Stein der Hilfe).
13 Die Philister waren so gründlich geschlagen
worden, dass sie es nicht mehr wagten, in das
Gebiet Israels einzufallen. Der HERR ließ sie nicht
wieder hochkommen, solange Samuel lebte.
14 Alle Städte zwischen Ekron und Gat, die die
Philister den Israeliten weggenommen hatten,
fielen mit dem ganzen zugehörigen Gebiet an
Israel zurück. Auch mit den Amoritern* im Land
lebten die Israeliten in Frieden.
15 Sein ganzes Leben lang war Samuel der
Richter* Israels. 16 Einmal im Jahr besuchte er
reihum die Heiligtümer in Bet-El, Gilgal und
Mizpa, um dort Recht zu sprechen und Streitfälle
zu schlichten. 17 Die übrige Zeit wirkte er als
Richter in seiner Heimatstadt Rama. Dort baute
er auch einen Altar für den HERRN.

ISRAEL BEKOMMT EINEN KÖNIG. SAULS UNGEHORSAM

(Kapitel 8–15)

Samuel warnt vor einem König

8 Als Samuel alt wurde, setzte er seine Söhne
als Richter* über die Israeliten ein. 2 Der
ältere hieß Joël, der jüngere Abija. Sie übten ihr
Richteramt in Beerscheba aus. 3 Doch sie folgten
nicht dem Vorbild ihres Vaters, sondern suchten
sich zu bereichern. Sie ließen sich durch Be-
stechung in ihrem Urteil beeinflussen.
4 Da kamen alle Ältesten* Israels zusammen
und gingen zu Samuel nach Rama. 5 Sie sagten
zu ihm: »Du bist alt geworden und deine Söhne
folgen nicht deinem Beispiel. Setze deshalb
einen König über uns ein, der bei uns für Recht
sorgt, wie es bei allen Völkern üblich ist!«
6 Samuel war nicht damit einverstanden, dass
sie einen König haben wollten. Er wandte sich
an den HERRN, 7 aber der antwortete ihm: »Er-
fülle ihnen nur ihren Wunsch! Nicht dich lehnen
sie ab, sondern mich. Ich soll nicht länger ihr
König sein! 8 Seit ich sie aus Ägypten heraus-
geführt habe, sind sie mir immer wieder untreu
geworden und haben sich anderen Göttern zu-
gewandt. Das ist bis heute so geblieben. Jetzt
ergeht es dir ebenso. 9 Tu ihnen den Willen! Aber
sage ihnen zuvor in aller Deutlichkeit, was der
König, der über sie herrschen wird, für Rechte
hat und was er mit ihnen tun kann.«
10 Samuel sagte dem Volk, das einen König
von ihm verlangte, alles, was der HERR ihm auf-
getragen hatte.
11 Er sagte: »Ihr müsst euch im Klaren darüber
sein, welche Rechte ein König für sich in An-
spruch nehmen wird. Er wird eure Söhne in sei-
nen Dienst holen, damit sie für seine Pferde und
Wagen sorgen und vor ihm herlaufen, wenn er
ausfährt. 12 Einen Teil wird er zu Hauptleuten
und Obersten machen, andere müssen seine Fel-
der bestellen und abernten, wieder andere Waf-
fen und Streitwagen* herstellen. 13 Auch eure
Töchter wird er an seinen Hof holen, damit sie
für ihn kochen und backen und ihm Salben be-
reiten.
14 Die besten Felder, Weinberge und Ölbaum-
pflanzungen wird er euch wegnehmen und
seinen Beamten geben. 15 Von dem Ertrag eurer
Felder und Weinberge wird er den zehnten Teil

a Die Handlung versinnbildlicht vermutlich das restlose Bekenntnis der Schuld, das »Ausschütten des Herzens« (vgl. Ps 22,15).

7,5-7 Ri 20,1 S **7,9-10** Sir 46,16-18 **7,10** Ex 23,28 S **7,17** (Altar) Ri 6,24 S **8,2** 1 Chr 6,13 **8,5** 8,20; Dtn 17,14 **8,6-7** Ri 8,23; 1 Sam 12,12 **8,7** Ex 15,18; Dtn 33,5

eintreiben und damit seine Hofleute und Diener bezahlen. 16–17 Auch von euren Schafen und Ziegen wird er den zehnten Teil für sich nehmen. Eure Knechte und Mägde, eure besten jungen Leute und auch eure Esel wird er für sich arbeiten lassen. Ihr alle werdet seine Sklaven sein!

18 Wenn es so weit ist, würdet ihr den König, den ihr jetzt verlangt, gerne wieder loswerden. Dann werdet ihr zum HERRN schreien, aber er wird euch nicht helfen.«

19 Doch das Volk wollte nicht auf Samuel hören. Alle riefen: »Nein, wir wollen einen König! 20 Es soll bei uns genauso sein wie bei den anderen Völkern! Ein König soll uns Recht sprechen und uns im Krieg anführen!«

21 Samuel hörte sich alles an und berichtete es dem HERRN. 22 Der HERR antwortete ihm: »Gib ihrer Forderung nach und setze einen König über sie ein!«

Dann schickte Samuel die Männer Israels wieder nach Hause.

Der junge Saul sucht entlaufene Eselinnen

9 Im Gebiet des Stammes Benjamin lebte ein wohlhabender und angesehener Mann namens Kisch. Sein Vater hieß Abiël, seine weiteren Vorfahren waren Zeror, Bechorat und Afiach. 2 Kisch hatte einen Sohn namens Saul. Der war jung und stattlich, schöner und einen Kopf größer als alle anderen jungen Männer in Israel.

3 Einmal waren Sauls Vater die Eselinnen weggelaufen. Da sagte er zu seinem Sohn: »Nimm einen Knecht mit und suche sie!«

4 Die beiden durchstreiften das Bergland von Efraïm und fanden sie nicht. Sie suchten in der Gegend von Schalischa – ohne Erfolg, dann in der Gegend von Schaalim – vergeblich; sie durchzogen das Gebiet von Jemini – nirgends eine Spur.

5 Als sie in die Gegend von Zuf kamen, sagte Saul zu seinem Knecht: »Wir kehren lieber um! Sonst macht sich mein Vater um uns noch mehr Sorgen als um die Eselinnen.«

6 Doch der Knecht erwiderte: »In der Stadt da drüben lebt ein angesehener Gottesmann. Alles, was er voraussagt, trifft ein. Wir wollen zu ihm gehen, vielleicht kann er uns weiterhelfen.«

7 »Aber wenn wir hingehen, was sollen wir ihm dann mitbringen?«, fragte Saul. »Unsere Beutel sind leer, das Brot ist aufgegessen; und sonst haben wir nichts.«

8 Der Knecht sagte: »Ich habe noch ein kleines Silberstück bei mir, das will ich ihm geben, damit er uns sagt, was wir tun sollen.«

9–11 »Gut«, sagte Saul, »gehen wir!«, und sie machten sich auf den Weg zum Gottesmann in die Stadt. Als sie die Straße zur Stadt hinaufgingen, begegneten ihnen einige Mädchen, die Wasser holen wollten. Sie fragten die Mädchen: »Ist der Seher* in der Stadt?« – Zu jener Zeit nannte man die Propheten* noch ›Seher‹. Wenn die Leute eine Antwort von Gott haben wollten, sagten sie: »Kommt, wir gehen zum Seher!« –

12 Die Mädchen antworteten: »Ja, er ist in der Stadt. Gerade heute ist er gekommen, weil das Volk auf der Höhe über der Stadt ein Opferfest feiert. Beeilt euch, 13 dann trefft ihr ihn noch, bevor er zum Opfermahl* hinaufgeht. Alle warten auf ihn; erst wenn er das Opfer gesegnet hat, dürfen die Festteilnehmer davon essen. Geht schnell, jetzt trefft ihr ihn gerade noch!«

Saul wird wie ein König empfangen

14 Die beiden gingen weiter zur Stadt hinauf. Als sie durchs Tor eintraten, kam ihnen Samuel entgegen. Er wollte gerade die Stadt verlassen und zur Opferstätte hinaufgehen.

15 Der HERR hatte ihn am Tag vorher auf die Begegnung mit Saul vorbereitet und zu ihm gesagt: 16 »Morgen um diese Zeit werde ich einen Mann aus dem Stamm Benjamin zu dir senden. Den sollst du zum Anführer meines Volkes Israel salben*. Er soll es aus der Gewalt der Philister* befreien. Ich habe den Hilferuf der Israeliten gehört und will ihnen helfen.« 17 Als nun Samuel Saul erblickte, sagte der HERR zu ihm: »Das ist der Mann, von dem ich gesprochen habe. Er soll mein Volk regieren.«

18 Gerade im Stadttor begegneten sie sich. Saul wandte sich an Samuel und fragte ihn: »Kannst du mir sagen, wo der Seher* wohnt?«

19 Samuel antwortete: »Ich bin es selbst. Kommt mit mir auf die Höhe! Ihr seid heute meine Gäste. Morgen früh darfst du weiterziehen; dann beantworte ich dir alle deine Fragen. 20 Mach dir keine Gedanken wegen der Eselinnen, die dir vor drei Tagen weggelaufen sind; sie sind gefunden. Aber es gibt Wichtigeres: Ganz Israel setzt seine Hoffnung auf dich und deine Familie!«

21 »Wie kannst du so etwas sagen?«, erwiderte Saul. »Ich gehöre doch zum Stamm Benjamin, dem kleinsten aller Stämme in Israel, und meine Sippe ist die unbedeutendste im ganzen Stamm!«

9,2 10,23; 16,6-7.12; 2 Sam 14,25 **9,15** 1 Kön 14,5 **9,16** Ex 2,23; 3,7-8 **9,17** 16,3.12 **9,21** Ri 6,15

22 Samuel brachte Saul und seinen Begleiter
in die Halle des Heiligtums und setzte sie an die
Ehrenplätze der Tafel. Etwa dreißig Gäste waren
geladen. 23 Dann befahl er dem Koch: »Bring das
Stück her, das ich zurücklegen ließ!«
24 Der Koch brachte eine Keule.[a] Er legte sie
Saul vor und sagte: »Lass es dir schmecken! Es ist
für dich zurückgelegt worden, damit du sagen
kannst: ›Alle diese Geladenen waren meine
Gäste!‹«

Nachdem sie miteinander gegessen hatten,
25 ging Samuel mit Saul wieder zur Stadt hinun-
ter. Er sprach noch länger mit ihm auf dem
flachen Dach des Hauses. 26 Dort legte Saul sich
schlafen.[b]

Früh am nächsten Morgen rief Samuel zu ihm
auf das Dach hinauf: »Steh auf, ich will dich ein
Stück begleiten!«

Saul stand auf und sie machten sich gemein-
sam auf den Weg. 27 Als sie an die Grenze der
Stadt kamen, sagte Samuel zu ihm: »Bleib noch
einen Augenblick hier und schick deinen Knecht
voraus. Ich habe dir eine Botschaft von Gott zu
sagen.«

Der Knecht ging voraus.

Gottes Geist ergreift Besitz von Saul

10 Samuel hatte ein Gefäß mit Öl bei sich. Er
goss das Öl Saul auf den Kopf, küsste ihn
und sagte: »Hiermit hat der HERR dich zum An-
führer seines Volkes Israel gesalbt*.«
2 Weiter sagte Samuel: »Wenn du jetzt weg-
gehst, wirst du am Grab Rahels bei Zelzach im
Gebiet des Stammes Benjamin zwei Männer tref-
fen. Sie werden zu dir sagen: ›Die Eselinnen, die
du suchen gegangen bist, sind gefunden worden.
Dein Vater sorgt sich jetzt nicht mehr um
sie, sondern um dich, und fragt sich, was er
euretwegen unternehmen muss.‹
3 Wenn du dann weitereilst und zur Eiche*
von Tabor kommst, werden dir drei Männer be-
gegnen, die nach Bet-El zum Heiligtum gehen.
Der eine trägt drei Böckchen, der andere drei
Brotlaibe und der dritte einen Krug mit Wein.
4 Sie werden dich freundlich grüßen und dir zwei
von den Broten geben. Nimm sie an!
5 Dann wirst du nach Gibeat-Elohim kom-
men, wo die Philister* ihre Posten[c] aufgestellt
haben. Vor der Stadt wirst du einer Gruppe von
Propheten* begegnen, die von der Opferstätte
auf der Anhöhe herabkommen. Vor ihnen her
werden Musikanten gehen, die auf Harfen,
Handpauken, Flöten und Zithern spielen, und
die Propheten werden dazu in ekstatischer
Begeisterung tanzen und singen. 6 Dann wird
der Geist* des HERRN auf dich kommen und ihre
Begeisterung wird auch dich erfassen. Von da an
wirst du wie umgewandelt sein.
7 Diese Zeichen sollen dir eine Bestätigung
sein. Wenn sie eintreffen, dann besinn dich
nicht lange. Pack die Aufgaben an, die sich dir
stellen! Gott wird dir beistehen.«
8 Samuel fügte hinzu: »Geh mir voraus nach
Gilgal und warte sieben Tage auf mich. Ich wer-
de dorthin kommen und dem HERRN Opfer* dar-
bringen. Dann will ich dich wissen lassen, was
du tun sollst.«
9 Als Saul von Samuel wegging, machte Gott
ihn zu einem neuen Menschen.[d] Alle Zeichen,
die Samuel vorhergesagt hatte, trafen der Reihe
nach ein. 10 Schließlich kamen Saul und sein
Knecht nach Gibea, wo ihnen tatsächlich
eine Gruppe von Propheten begegnete. Der
Geist Gottes nahm Besitz von Saul und die eksta-
tische Begeisterung der Propheten erfasste auch
ihn.
11 Als seine Bekannten das sahen, fragten sie
einander: »Was ist denn mit dem Sohn von Kisch
geschehen? Wie kommt Saul unter die Prophe-
ten?« 12 Einer der Umstehenden meinte: »Von
denen kennt man ja nicht einmal den Vater!« So
entstand die Redensart: »Ist auch Saul unter die
Propheten geraten?«
13 Als die ekstatische Begeisterung vorüber
war, ging Saul zur Opferstätte hinauf. 14 Sein
Onkel sah ihn und den Knecht und fragte sie:
»Wo seid ihr gewesen?«

»Wir haben die Eselinnen gesucht«, antwor-
tete Saul, »und als wir sie nicht finden konnten,
gingen wir zu Samuel.«
15 »Was hat er euch denn gesagt?«, wollte der
Onkel wissen.
16 »Dass die Eselinnen gefunden sind«, er-
widerte Saul. Aber dass Samuel ihm gesagt hatte,
er würde König werden, erzählte er ihm nicht.

Saul wird König über Israel

17 Samuel berief eine Volksversammlung ein.
Alle Männer von Israel kamen nach Mizpa zum
Heiligtum des HERRN. 18 Dort sagte er zu ihnen:

»Der HERR, der Gott Israels, hat euch aus
Ägypten herausgeführt, er hat euch aus der Ge-
walt der Ägypter und aller anderen Feinde be-
freit 19 und euch aus aller Not und Bedrängnis

a Es folgen noch die nicht sicher zu deutenden Worte *und was darauf ist.* b Der Satz ist verdeutlichender Zusatz.
c Andere Deutung *Siegessäulen.* d *machte Gott ...:* wörtlich *verwandelte Gott ihm das Herz in ein anderes.*

10,1 9,16; 16,13 S **10,5-6** Joël 3,1 S **10,6** Ri 3,10 S **10,10-12** 19,22-24 **10,17** Ri 20,1 S **10,19** 8,5-9

gerettet. Ihr aber habt euch heute von ihm los-
gesagt und habt verlangt, dass ich einen König
über euch einsetze. Ihr sollt euren Willen haben.
Ordnet euch nach Stämmen und Sippen und
stellt euch hier vor dem HERRN auf!«
20 Samuel ließ die Oberhäupter der einzel-
nen Stämme vortreten und befragte den HERRN
durch das Los. Das Los fiel auf den Stamm Benja-
min. 21 Dann ließ er die Sippenoberhäupter des
Stammes Benjamin vortreten. Das Los fiel auf
die Sippe Matri und unter den Männern dieser
Sippe fiel es auf Saul, den Sohn von Kisch. Doch
als sie Saul nach vorn holen wollten, war er
nirgends zu finden.
22 Sie fragten den HERRN: »Sind vielleicht
nicht alle vorgetreten?«
Der HERR antwortete: »Sucht ihn, er hat sich
im Lager versteckt!«
23 Sie liefen hin und holten ihn. Als er in ihrer
Mitte stand, sah man: Er war einen Kopf größer
als alle.
24 Samuel sagte zum Volk: »Hier ist der
Mann, den der HERR ausgewählt hat! Seht ihn
euch an! Keiner im ganzen Volk ist wie er.« Da
riefen alle: »Lang lebe der König!«
25 Samuel machte dem Volk die Rechte des
Königs bekannt. Er schrieb sie auf und ver-
wahrte die Urkunde im Heiligtum des HERRN.
Dann löste er die Versammlung auf und jeder
ging nach Hause.
26 Auch Saul ging heim nach Gibea. Vom
Heer Israels begleiteten ihn alle Männer, denen
Gott das Herz dazu willig gemacht hatte. 27 Ein
paar Nichtsnutze aber spotteten: »Der soll
unsere Lage ändern können?« Sie hatten nur
Verachtung für ihn übrig und brachten ihm keine
Geschenke.
Doch Saul schwieg dazu.

Sauls erste Bewährung

11 Nahasch, der König der Ammoniter*, zog
mit seinem Heer vor die Stadt Jabesch in
der Landschaft Gilead* und belagerte sie. Die
Bewohner der Stadt boten Nahasch an: »Sichere
uns zu, dass du uns am Leben lässt; dann wollen
wir uns dir unterwerfen.«
2 Der Ammoniterkönig antwortete: »Nur
unter einer Bedingung lasse ich mich darauf ein:
Ich steche jedem von euch das rechte Auge aus!
So bringe ich Schande über ganz Israel.«
3 Da baten die Ältesten* der Stadt: »Gib uns
sieben Tage Zeit! Wir wollen Boten in alle Ge-
genden Israels schicken. Wenn uns niemand zu
Hilfe kommt, werden wir uns dir ergeben.«
4 Die Boten kamen auch in Sauls Heimatort
Gibea. Als sie den Bewohnern ihre Lage schilder-
ten, brachen alle in lautes Weinen aus.
5 In diesem Augenblick kam Saul mit seinen
Rindern von der Feldarbeit heim. »Warum wei-
nen sie alle?«, erkundigte er sich, und sie erzähl-
ten ihm, was die Boten aus Jabesch gemeldet
hatten.
6 Als Saul das hörte, nahm der Geist* Gottes
von ihm Besitz und es packte ihn ein glühender
Zorn. 7 Er nahm zwei von den Rindern, zer-
hackte sie und sandte die Stücke in alle Gegen-
den Israels. Die Überbringer sollten überall aus-
rufen: »Wer nicht mit Saul und Samuel in den
Kampf zieht, dessen Rindern wird es ebenso er-
gehen!«
Das ganze Volk erschrak, weil sie spürten,
dass der HERR selbst hinter dieser Drohung
stand; und alle ohne Ausnahme zogen in den
Kampf. 8 In Besek musterte Saul das Heer; es
waren 300 000 Mann aus Israel und 30 000 aus
Juda.
9 Den Leuten von Jabesch ließ Saul durch ihre
Boten ausrichten: »Morgen um die Mittagszeit
seid ihr befreit!«
Als die Nachricht in der belagerten Stadt be-
kannt wurde, atmeten alle auf. 10 Sie ließen den
Ammonitern sagen: »Morgen kommen wir zu
euch hinaus. Dann könnt ihr mit uns machen,
was ihr wollt.«
11 Saul verteilte seine Männer auf drei Abtei-
lungen. In aller Frühe, noch vor Anbruch der
Morgendämmerung, fielen sie in das Lager der
Ammoniter ein. Als es Mittag wurde, hatten sie
die Ammoniter vernichtend geschlagen; die
wenigen, die entkamen, wurden in alle Winde
zerstreut.
12 Nach dem Sieg sagten die Männer Israels
zu Samuel: »Wer hat damals gesagt: ›Was? Saul
soll unser König werden?‹ Her mit ihnen, damit
wir sie töten!«
13 Aber Saul entschied: »Am heutigen Tag soll
niemand getötet werden! Denn heute hat der
HERR sein Volk Israel gerettet.«
14 Dann forderte Samuel das Volk auf:
»Kommt mit nach Gilgal, wir wollen Saul noch
einmal zum König ausrufen!« 15 Alle folgten
Samuel nach Gilgal und am Heiligtum des HERRN
machten sie Saul zu ihrem König. Sie schlachte-
ten Opfertiere und Saul feierte mit allen Män-
nern Israels ein großes Fest.

10,20-21 Jos 7,16 S **10,23** 9,2 **10,24** 1 Kön 1,25.34.39; 2 Kön 11,12 **10,25** Dtn 17,14-20; 1 Sam 8,11-18 **11,6** 16,13; Ri 3,10 S **11,7** Ri 19,29 **11,12** 10,27 **11,13** 14,45; 2 Sam 19,23 **11,14** 10,8 **11,15** Jos 4,19-20

Samuels Abschiedsrede

12 Samuel sagte zu den versammelten Män-
nern Israels: »Ich habe eure Bitte er-
füllt und euch einen König gegeben. 2 Hier
steht er vor euch; er ist von jetzt an euer An-
führer.
Ich selbst bin schon alt und meine Söhne sind
als erwachsene Männer hier unter euch. Von
meiner Jugend an bis heute habe ich euch
geführt. 3 Ich stelle mich jetzt eurem Urteil.
Erhebt vor dem HERRN und seinem gesalbten*
König Anklage gegen mich, wenn ich irgendein
Unrecht begangen habe.
Wem habe ich ein Rind oder einen Esel weg-
genommen? Wen habe ich erpresst, wen unter-
drückt? Von wem habe ich mich durch Be-
stechung dazu bringen lassen, als Richter ein
Auge zuzudrücken? Ich bin bereit, für alles Wie-
dergutmachung zu leisten.«
4 Die Männer Israels antworteten: »Du hast
keinen von uns unterdrückt oder erpresst und
von niemand etwas angenommen.«
5 Samuel sagte: »Der HERR und sein gesalbter
König sind Zeugen dafür, dass ihr kein Unrecht
an mir gefunden habt.«
»Ja, so ist's«, riefen die Männer.
6 Dann sagte Samuel zu dem Volk: »Der HERR
hat Mose und Aaron eingesetzt und eure Vor-
fahren durch sie aus Ägypten herausgeführt.
7 Tretet nun her, damit ich euch vor ihm zur
Rechenschaft ziehen kann. Ich werde euch alles
vorhalten, was der HERR in seiner Treue für euch
und eure Vorfahren getan hat.
8 Als Jakob mit seiner Familie nach Ägypten
gekommen war und eure Vorfahren in ihrer Not
zum HERRN um Hilfe riefen, schickte der HERR
ihnen Mose und Aaron, und durch diese beiden
führte er sie aus Ägypten und gab ihnen hier in
diesem Land eine Heimat.
9 Sie aber vergaßen bald, was der HERR für sie
getan hatte, und wandten sich von ihm ab. Des-
halb gab der HERR sie ihren Feinden preis: Sisera,
dem Heerführer der Stadt Hazor, den Philistern*
und dem König der Moabiter*. Die führten Krieg
gegen sie und brachten sie in schwere Bedräng-
nis.[a] 10 Da riefen sie zum HERRN um Hilfe und
sagten: ›Es war Unrecht, dass wir dich, unseren
Gott, verlassen und stattdessen den Gott Baal*
und die Göttin Astarte* verehrt haben. Befreie
uns von unseren Feinden, dann sollst du allein
unser Gott sein!‹
11 Da schickte der HERR euch Jerubbaal, Be-
dan,[b] Jiftach und schließlich mich selbst und half
euch gegen alle Feinde rings um euch her, sodass
ihr in Frieden und Sicherheit in eurem Land
leben konntet.
12 Als ihr aber saht, dass der Ammoniterkönig
Nahasch mit seinem Heer gegen euch anrückte,
sagtet ihr zu mir: ›Nein, ein König soll uns regie-
ren!‹, obwohl doch der HERR, euer Gott, euer
König ist.
13 Nun, ihr habt den König bekommen, den
ihr gewollt habt; der HERR hat ihn euch gegeben.
14 Jetzt kommt es darauf an, dass ihr den HERRN
ehrt und ihm gehorcht, auf seine Weisungen
hört, euch seinen Anordnungen nicht widersetzt
und ihm stets treu bleibt, ihr und der König,
der über euch herrscht. 15 Wenn ihr aber nicht
auf den HERRN hört und euch seinen Anordnun-
gen widersetzt, dann wird der HERR sich gegen
euch wenden, wie er es bei euren Vorfahren
getan hat.
16 Darum tretet her und gebt Acht, was für ein
großes Wunder der HERR jetzt vor euren Augen
tun wird! 17 Es ist gerade Weizenernte, und ihr
wisst, dass zu dieser Zeit niemals Regen fällt.[c]
Ich aber werde zum HERRN rufen und ihn bitten,
dass er ein Gewitter schickt. Dann werdet ihr
einsehen, was für ein großes Unrecht gegen den
HERRN ihr begangen habt, als ihr einen König
verlangtet.«
18 Samuel rief zum HERRN und der HERR ließ
es donnern und regnen. Da bekamen die Israeli-
ten große Angst vor dem HERRN und vor Samuel
19 und sie sagten zu Samuel: »Bitte den HERRN,
deinen Gott, für uns, dass wir nicht sterben müs-
sen! Wir sind sündige Menschen, und nun
haben wir auch noch die Untat begangen, einen
König zu verlangen.«
20 Samuel antwortete ihnen: »Habt keine
Angst! Ihr habt zwar all dieses Unrecht getan,
aber haltet von jetzt an treu zum HERRN und ge-
horcht ihm von ganzem Herzen. 21 Lauft nur
nicht den ohnmächtigen Götzen nach! Sie kön-
nen euch nicht helfen und euch nicht retten,
weil sie *nichts* sind.
22 Der HERR bleibt sich selbst treu; er wird
euch nicht verstoßen, nachdem er einmal be-
schlossen hat, euch zu seinem Volk zu machen.

a *und brachten ...:* verdeutlichender Zusatz.
b *Bedan* wird sonst nirgends erwähnt; vielleicht ist Barak (Ri 4,6-7) gemeint.
c *und ihr wisst ...:* verdeutlichender Zusatz.

12,3 Num 16,15; Sir 46,19 **12,8** Ex 2,23; 6,26 **12,9** Ri 13,1; 3,12; 4,2 **12,10** Ri 10,10-15 **12,11** Ri 7,1; 11,29; 1 Sam 3,20 **12,12** 8,5-7 **12,14** Dtn 13,5 **12,15** Num 14,29-35; Ri 2,13-15 **12,21** Ps 115,4-8 **12,22** Dtn 26,17; 27,9; 29,11-14; 2 Sam 7,24

23 Auch ich werde weiter wie bisher mit meinen
Gebeten beim HERRN für euch eintreten und
euch den guten und geraden Weg weisen. Ich
würde ja Schuld auf mich laden, wenn ich damit
aufhörte.
24 Aber ihr müsst den HERRN ehren und ihm
in Treue und von ganzem Herzen gehorchen.
Denkt doch daran, was für gewaltige Dinge er
für euch getan hat! 25 Wenn ihr trotz alledem
weiter Unrecht tut, werdet ihr samt eurem König
weggefegt werden.«

Die Erhebung gegen die Philister

13 Saul war ... Jahre alt,[a] als er König wurde,
und er regierte zwei Jahre über Israel.
2 Saul wählte von den versammelten Israeli-
ten dreitausend aus. Davon standen zweitau-
send unter dem Befehl Sauls in Michmas und auf
den Höhen bei Bet-El und tausend unter dem
Befehl seines Sohnes Jonatan in Gibea, im
Gebiet des Stammes Benjamin. Die übrigen
Leute hatte Saul nach Hause entlassen.
3 Jonatan erschlug die Männer, die als Posten
der Philister* in Geba stationiert waren.[b] Als es
bei den Philistern bekannt wurde, ließ Saul im
ganzen Land das Widderhorn* blasen, denn er
dachte: »Die Hebräer* sollen es erfahren.«
4 Überall in Israel wurde ausgerufen: »Saul hat
die Wachtposten der Philister erschlagen! Da-
durch hat Israel die Wut der Philister herausge-
fordert.« Daraufhin wurden die waffenfähigen
Männer nach Gilgal einberufen, um mit Saul in
den Kampf zu ziehen.
5 Auch die Philister sammelten sich inzwi-
schen zum Kampf gegen Israel. Sie hatten 3000[c]
Streitwagen* mit 6000 Mann Besatzung und ihr
Heer war so unzählbar wie die Sandkörner am
Meeresstrand. Sie bezogen ihr Lager bei Mich-
mas, östlich von Bet-Awen.
6 Als die Israeliten die Übermacht sahen, ver-
steckten sie sich in Höhlen, hinter Dorngestrüpp
und in Felsspalten, in Grabkammern und Zister-
nen. 7a Ein Teil flüchtete über den Jordan ins Ge-
biet von Gad und Gilead*.

Saul handelt voreilig

7b Saul war immer noch in Gilgal und alle seine
Kriegsleute hatten große Angst. 8 Samuel hatte
verlangt, dass er sieben Tage auf ihn warte; aber
als Samuel auch dann noch nicht kam, fingen
die Leute an wegzulaufen. 9 Deshalb ordnete
Saul an: »Bringt mir die Tiere für das Brand-
opfer* und das Mahlopfer*!« Und er begann,
selbst die Opferhandlung zu verrichten.
10 Als er gerade mit dem Brandopfer fertig
war, kam endlich Samuel. Saul ging ihm ent-
gegen und begrüßte ihn.
11 »Was hast du da getan!«, sagte Samuel und
Saul erwiderte: »Die Leute begannen auseinan-
der zu laufen, als du zur vereinbarten Zeit nicht
hier warst, und die Philister* standen schon in
Michmas. 12 Da dachte ich: Nun werden sie nach
Gilgal herunterkommen und mich angreifen,
und ich habe den HERRN noch nicht um Hilfe an-
gefleht. Deshalb habe ich es gewagt, selbst das
Brandopfer darzubringen.«
13 Samuel aber sagte: »Das war unbesonnen
von dir! Warum hast du dich nicht an den Befehl
gehalten, den der HERR, dein Gott, dir gegeben
hat? Dann hätte er dir und deiner Familie das
Königtum über Israel für alle Zeiten zuge-
sprochen. 14 Nun wird dein Königtum keinen
Bestand haben, weil du dem HERRN nicht ge-
horcht hast. Er hat sich schon einen anderen aus-
gesucht, einen Mann, an dem er Gefallen hat.
Den hat er zum Anführer seines Volkes
bestimmt.«

Die Unterlegenheit der Israeliten

15 Samuel verließ Gilgal und ging seiner Wege.
Der Rest der Männer Israels folgte Saul in den
Kampf. Sie zogen[d] von Gilgal nach Gibea im
Gebiet des Stammes Benjamin. Als Saul seine
Leute musterte, waren es nur noch sechshun-
dert.
16 Saul und Jonatan lagen mit ihren Leuten
bei Geba im Gebiet von Benjamin, während
die Philister* ihr Lager bei Michmas auf-
geschlagen hatten. 17 Die Philister schickten drei
Truppenabteilungen aus, die das Land plündern
sollten: eine nach Norden in Richtung Ofra in
das Gebiet von Schual, 18 eine andere nach
Westen in Richtung Bet-Horon und eine dritte
nach Osten zu dem Höhenzug, von dem aus das
Hyänental und die dahinter liegende Wüste zu
sehen sind.
19 Es gab zu jener Zeit in ganz Israel keinen
Schmied; denn die Philister wollten verhindern,
dass die Leute von Israel Schwerter und Speer-
spitzen herstellen konnten. 20 Deshalb musste
jeder in Israel zu den Philistern gehen, wenn er
eine Pflugschar, einen Spaten, eine Axt oder

a Es fehlt eine Jahreszahl.
b Nach anderer Deutung: *Jonatan zerschlug die Siegessäule der Philister in Geba* (vgl. 10,5 und 14,1).
c *3000:* mit alten Übersetzungen; H *30 000.* *d* *seiner Wege. Der Rest ...:* nur in G überliefert.
12,23 7,8-9 **13,5** Jos 17,16 S **13,8** 10,8 **13,14** 16,1 **13,19** Ri 5,8

eine Sichel[a] schärfen lassen wollte. 21 Bei Spaten
und Pflugschar kostete das Schärfen zwei Drittel
eines Silberstücks* und bei einer Axt ein Drit-
tel.[b] 22 Wenn sie in den Krieg zogen, hatte keiner
von den Männern Israels, die Saul und Jonatan
folgten, ein Schwert oder einen Speer; nur Saul
und sein Sohn waren damit ausgerüstet.

Jonatans Überraschungserfolg

23 Die Philister* hatten eine Abteilung ausge-
schickt, die den Talübergang bei Michmas
sichern sollte.

14 Eines Tages sagte Jonatan, der Sohn Sauls,
zu seinem jungen Waffenträger: »Komm,
wir gehen zu dem Philisterposten dort drüben!«
Seinem Vater verriet er nichts davon.
2 Saul befand sich zu diesem Zeitpunkt am
äußersten Ende des Gebiets von Gibea unter
dem Granatapfelbaum beim Dreschplatz. Er
hatte etwa 600 Mann bei sich. 3 In seiner Be-
gleitung war auch der Priester* Ahija, der Sohn
von Ikabods Bruder Ahitub; er war ein Enkel
von Pinhas und Urenkel von Eli, der in Schilo*
dem HERRN als Priester gedient hatte. Ahija trug
die Orakeltasche*. Auch von den Männern
Sauls wusste keiner, dass Jonatan weggegangen
war.
4 An der Stelle, an der Jonatan das Tal über-
queren wollte, ragte auf jeder Seite eine Fels-
spitze auf; man nannte die beiden Felsen Bozez
und Senne.[c] 5 Der eine erhob sich wie ein Pfeiler
im Norden, auf der Seite von Michmas, der
andere im Süden, auf der Seite von Geba.
6 Jonatan sagte also zu seinem jungen Waffen-
träger: »Komm, wir gehen zu dem Posten dort
drüben, zu diesen Unbeschnittenen*! Vielleicht
hilft uns der HERR; denn für ihn ist es nicht
schwer, den Sieg zu schenken, ganz gleich, ob
nun viele oder wenige kämpfen.«
7 »Nur zu«, sagte der Waffenträger; »tu, was
du vorhast! Ich bin dabei, du kannst dich auf
mich verlassen.«
8 Jonatan sagte: »Wir gehen auf sie zu, und
zwar so, dass sie uns sehen müssen. 9 Wenn sie
uns dann zurufen: ›Halt! Stehen bleiben, bis wir
bei euch sind!‹, dann bleiben wir stehen, wo wir
gerade sind, und steigen nicht zu ihnen hinauf.
10 Sagen sie aber: ›Kommt herauf zu uns!‹, so
klettern wir hinauf. Das soll das Zeichen für uns
sein, dass der HERR sie in unsere Hand gegeben
hat.«
11 Sie gingen also und zeigten sich ganz offen
dem feindlichen Posten. Als die Philister sie
sahen, sagten sie zueinander: »Seht nur, da kom-
men ein paar Hebräer* aus den Löchern, in die
sie sich verkrochen haben!« 12 Sie riefen den bei-
den zu: »Kommt herauf zu uns! Wir haben ein
Wörtchen mit euch zu reden!«
Da sagte Jonatan zu seinem Waffenträger:
»Mir nach! Der HERR hat sie in die Hand Israels
gegeben!« 13 Jonatan kletterte auf allen vieren
hinauf und sein Waffenträger hinter ihm her. Da
fielen die Philister vor Jonatan einfach um, und
der Waffenträger, der hinter ihm herging, tötete
sie.
14 Bei diesem ersten Schlag gegen die Philister
hatten Jonatan und sein Waffenträger an die
zwanzig Mann auf kleinstem Raum[d] erledigt.
15 Alle Philister packte das Entsetzen – die im
Lager und die im Gelände, das ganze Heer, auch
die Wachtposten und alle, die zur Plünderung
ausgezogen waren. Als dann auch noch die Erde
bebte, brach unter ihnen eine Panik aus, die Gott
geschickt hatte.
16 Die Späher Sauls in Gibea bemerkten die
Unruhe im Lager der Philister. 17 Saul befahl sei-
nen Leuten: »Seht nach, wer von uns fehlt!« Es
stellte sich heraus, dass Jonatan und sein Waffen-
träger nicht da waren. 18 Da befahl Saul dem Pries-
ter Ahija: »Bring die Lade Gottes her!« Die Bun-
deslade* war nämlich im Lager der Israeliten.
19 Aber während Saul noch mit Ahija sprach,
steigerte sich der Tumult im Lager der Philister
so sehr, dass Saul zu ihm sagte: »Nein, lass es!«
20 Saul und seine Leute sammelten sich und
stürmten los zum Kampf. Als sie das feindliche
Lager erreichten, sahen sie, dass dort einer gegen
den andern kämpfte. Es herrschte eine unge-
heure Verwirrung.
21 Die von den Hebräern, die bisher zu den
Philistern gehalten hatten und auf deren Seite in
den Kampf gezogen waren, wechselten jetzt die
Front und schlossen sich den Israeliten unter der
Führung von Saul und Jonatan an. 22 Als die
Israeliten, die sich im Bergland von Efraïm ver-
steckt hatten, von der Flucht der Philister hörten,

a *Sichel* mit G; H wiederholt *Pflugschar.*
b H ist nicht sicher zu deuten; *zwei Drittel eines Silberstücks* ist vermuteter Text anstelle eines Ausdrucks, den manche als *dreizinkige Gabel* deuten. Die beiden letzten (hebräischen) Wörter des Verses sind in der Übersetzung nicht berücksichtigt; vielleicht: *(und ebenso viel) für das Einsetzen eines Ochsenstachels**.
c *Senne* bedeutet »Dorn, Stachel«, *Bozez* entweder »der Glänzende« oder »der Schlüpfrige«.
d Wörtlich *auf etwa der halben Pflugstrecke eines Joches Acker* (= ca. 50 m).

14,3 1,3; 4,19-22 **14,6** Ri 7,2-7; 2 Chr 13,18 S **14,11** 13,6 **14,15** Ex 23,28 S **14,18** 4,3-4 **14,20** Ri 7,22 **14,22** 13,6

setzten auch sie alle ihnen nach. 23a So schenkte der HERR an diesem Tag Israel den Sieg.

Sauls Gewissenhaftigkeit mindert den Sieg

23b Der Kampf tobte damals bis über Bet-Awen hinaus. 24 Als die Israeliten zeitweise in Bedrängnis gerieten, drohte ihnen Saul und sagte: »Fluch über jeden, der vor Abend etwas isst – bevor ich mich an meinen Feinden gerächt habe!« Deshalb nahm keiner von den Leuten irgendetwas zu sich.

25 Zu dieser Jahreszeit gab es[a] überall in der Gegend wilden Honig. 26 Die Waben, auf die die Leute stießen, flossen über von Honig; aber keiner wagte davon zu kosten, denn sie fürchteten Sauls Fluch.

27 Jonatan wusste jedoch nichts von dem Fluch, mit dem sein Vater die Leute bedroht hatte. Er tauchte das Ende seines Stockes in eine Wabe und leckte den Honig ab. Sofort kam neues Leben in ihn.[b] 28 Einer der Männer stellte ihn zur Rede und sagte: »Dein Vater hat jeden mit einem Fluch bedroht, der heute etwas isst!«

Weil Jonatan sah, wie erschöpft die Leute waren, 29 erwiderte er: »Mein Vater stürzt uns alle ins Unglück. Seht doch selbst, wie erfrischt ich bin, weil ich ein bisschen von dem Honig gegessen habe! 30 Wie viel größer wäre unser Sieg gewesen, wenn die Leute sich von dem Proviant gestärkt hätten, den sie von ihren Feinden erbeutet haben! Dann wäre die Niederlage der Philister* noch viel größer geworden.«

31 Die Israeliten verfolgten die Philister an diesem Tag von Michmas bis nach Ajalon. Dann waren sie so erschöpft, 32 dass sie sich auf die Beutetiere stürzten; sie schlachteten Schafe, Rinder und Kälber, ließen das Blut* auf die Erde fließen und hielten an derselben Stelle ihr Mahl.

33 Man meldete Saul: »Die Leute machen sich schuldig gegenüber dem HERRN; sie setzen sich über dem Blut hin und essen!«

»Das ist ein schweres Unrecht«, rief Saul. »Wälzt sofort einen großen Stein her!« 34 Dann ordnete er an: »Geht überall herum und sagt den Leuten, jeder soll sein Rind und sein Schaf zu mir bringen und hier an diesem Stein schlachten. Dann können sie essen, ohne dem HERRN gegenüber schuldig zu werden, weil sie über dem Blut essen.« Da brachten alle in dieser Nacht ihre Tiere zu Saul und schlachteten sie dort. 35 Es war das erste Mal, dass Saul für den HERRN einen Altar* gebaut hatte.

36 Dann sagte Saul zu den Männern: »Wir wollen noch in der Nacht den Philistern nachjagen! Wir wollen sie ausplündern und keiner von ihnen soll den nächsten Morgen erleben!«

»Gut«, riefen sie, »mach alles so, wie du es für richtig hältst!«

Der Priester aber wandte ein: »Wir wollen doch zuerst Gott fragen!« 37 Also fragte Saul: »Soll ich die Philister bis in die Ebene verfolgen? Wirst du sie in unsere Hand geben?« Aber Gott gab Saul keine Antwort.

38 Da rief Saul die Truppenführer zu sich und sagte: »Es ist heute irgendeine Schuld begangen worden. Ihr müsst herausfinden, was es ist. 39 Wer sich schuldig gemacht hat, muss sterben – und wenn es mein eigener Sohn Jonatan wäre. Das schwöre ich, so gewiss der HERR lebt, der Israel beisteht.« Aber niemand aus dem Volk meldete irgendeinen Verstoß.

40 Da sagte Saul: »Ihr alle stellt euch auf diese Seite, ich stelle mich mit Jonatan auf die andere.«

»Tu, was du für richtig hältst«, erwiderte das Volk.

41 Dann rief Saul: »HERR, du Gott Israels, warum hast du mir heute nicht geantwortet? Sag es mir durch die heiligen Lose*! Wenn die Schuld bei mir oder bei Jonatan liegt, dann lass das Los ›Urim‹ herauskommen, wenn sie aber beim Volk liegt, das Los ›Tummim‹!«[c]

Das Los fiel auf Saul und Jonatan, und so war das Volk von der Schuld freigesprochen.

42 »Werft jetzt das Los zwischen mir und meinem Sohn«, befahl Saul. Da fiel das Los auf Jonatan.

43 »Was hast du getan?«, fragte ihn Saul. »Sag es mir!«

»Ich habe mit der Spitze meines Stockes ein bisschen Honig gekostet«, antwortete Jonatan. »Ich bin bereit zu sterben.«

44 »Gott soll mich strafen, wenn ich dich leben lasse!«, sagte Saul.

45 Aber die Männer Israels baten für Jonatan: »Soll er sterben, nachdem er diesen großen Sieg für Israel errungen hat? Nie und nimmer! So gewiss der HERR lebt: Wir werden nicht zulassen, dass ihm auch nur ein Haar gekrümmt wird! Nur mit Gottes Hilfe hat er heute solche Taten vollbringen können.«

So rettete das Volk Jonatan vor dem Tod.

a Wörtlich *Das ganze Land war in (die Zeit der) Honigwaben gekommen und es gab ...*
b *Sofort kam ...*: wörtlich *Da wurden seine Augen hell.*
c Vers 41 ergänzt nach G; H *Dann rief Saul: HERR, du Gott Israels, gib Tummim* (oder *gib vollständige Klarheit*).

14,32-33 Lev 17,10-14S **14,36-37** 1 Kön 22,5S **14,37** 28,6 **14,38-39** Jos 7,11-15 **14,41** Ex 28,30S

46 Saul aber verfolgte die Philister nicht wei-
ter, sondern kehrte um. So konnten sich die Phi-
lister unbehelligt in ihr Gebiet zurückziehen.

Sauls Kriege

47 Als König von Israel kämpfte Saul gegen alle
seine Feinde ringsum: gegen die Moabiter*, die
Ammoniter*, die Edomiter*, die Könige von
Zoba* und die Philister*. Gegen sie alle be-
währte er sich als Retter Israels.[a] 48 Er war ein
tapferer Mann, besiegte die Amalekiter* und
befreite die Israeliten von allen, die ihr Land aus-
plünderten.

Sauls Familie

49 Saul hatte drei Söhne: Jonatan, Jischwi[b] und
Malkischua, und zwei Töchter; die ältere hieß
Merab, die jüngere Michal. 50 Seine Frau hieß
Ahinoam; sie war die Tochter von Ahimaaz.
Zum Heerführer machte er Abner, den Sohn
seines Onkels Ner. 51 Sauls Vater Kisch und Ab-
ners Vater Ner waren beide Söhne von Abiël.

52 Der Krieg mit den Philistern* dauerte mit
unverminderter Härte fort, solange Saul lebte.
Darum zog Saul jeden tapferen und kriegstüchti-
gen Mann, den er gewinnen konnte, zu seiner
Truppe ein.

Sauls halbherziger Gehorsam

15 Samuel kam zu Saul und sagte: »Der HERR
gab mir damals den Auftrag, dich zum
König über sein Volk Israel zu salben*. Darum
höre jetzt seinen Befehl! 2 So spricht der HERR,
der Herrscher der Welt:[c] ›Ich will jetzt den Ama-
lekitern* vergelten, was sie Israel angetan ha-
ben. Sie versperrten ihm den Weg, als es aus
Ägypten kam. 3 Darum zieh gegen sie ins Feld
und vernichte sie! Alles, was zu ihnen gehört,
steht unter dem Bann*. Darum töte ohne Erbar-
men Männer und Frauen, Kinder und Säuglinge,
Rinder, Schafe, Kamele und Esel.‹«

4 Saul rief die wehrfähigen Männer nach Te-
laïm[d] zusammen. Dort musterte er sie, es waren
200 000 Mann Fußvolk, dazu kamen noch
10 000 Mann aus Juda. 5 Mit ihnen drang Saul
zur Hauptstadt der Amalekiter vor und legte sich
im Tal auf die Lauer.

6 Den Kenitern* ließ Saul sagen: »Zieht fort,
trennt euch von den Amalekitern, damit ihr
nicht zusammen mit ihnen ausgerottet werdet.
Ihr seid uns Israeliten freundlich begegnet, als
wir aus Ägypten kamen.« Da verließen die Keni-
ter das Gebiet der Amalekiter.

7 Dann griff Saul die Amalekiter an und schlug
sie vernichtend von Hawila bis Schur an der
ägyptischen Grenze. 8 Ihren König Agag nahm
Saul gefangen. An den anderen Amalekitern
vollstreckte er den Bann und ließ sie mit dem
Schwert niedermachen. 9 Saul und die Männer
Israels verschonten jedoch nicht nur Agag,
sondern auch vom Vieh – den Schafen, Ziegen
und Rindern – die gesunden und kräftigen Tiere,
das Mastvieh und die Lämmer und überhaupt
alles, was wertvoll war; daran wollten sie nicht
den Bann vollstrecken.

Gott kehrt sich von Saul ab

10 Da erging das Wort des HERRN an Samuel, er
sagte zu ihm: 11 »Es reut mich, dass ich Saul zum
König gemacht habe. Er hat sich von mir abge-
wandt und meine Befehle nicht befolgt.«

Samuel war tief getroffen. Die ganze Nacht
schrie er zum HERRN, um ihn umzustimmen.

12 Früh am Morgen machte er sich auf den
Weg zu Saul. Er hörte, Saul sei in der Stadt
Karmel gewesen und habe dort ein Siegeszei-
chen aufgerichtet, dann sei er nach Gilgal weiter-
gezogen.

13 Als Samuel nach Gilgal kam, empfing ihn
Saul mit den Worten: »Sei vom HERRN gesegnet!
Ich habe den Befehl des HERRN ausgeführt!«

14 »Aber ich höre doch Schafe blöken und Rin-
der brüllen«, entgegnete Samuel.

15 »Meine Leute haben sie mitgebracht«,
erwiderte Saul. »Sie haben die besten Schafe und
Rinder am Leben gelassen, um sie dem HERRN,
deinem Gott, als Opfer* darzubringen. Alles
Übrige haben wir vernichtet.«

16 »Kein Wort weiter!«, rief Samuel. »Ich will
dir jetzt verkünden, was der HERR mir in dieser
Nacht gesagt hat!«

»Sprich!«, erwiderte Saul 17 und Samuel sagte:
»Du bist der Anführer der Stämme Israels. Ob-
wohl du selbst dich nicht für würdig hieltest, hat
der HERR dich zu ihrem König gemacht. 18 Er hat
dich zu den Amalekitern* geschickt und dir be-
fohlen: ›Kämpfe gegen sie, bis du sie vernichtet
hast. Vollstrecke den Bann* an ihnen, denn sie
haben sich gegen mich gestellt.‹ 19 Warum hast
du dem HERRN nicht gehorcht? Warum hast du
getan, was ihm missfällt, und dich auf die Beute
gestürzt?«

a *Gegen sie …:* mit G; H *Ihnen allen tat er Böses.*
b Wohl identisch mit *Isch-Boschet/Eschbaal* (2 Sam 2,8; vgl. Anmerkung zu 1 Chr 8,33).
c Wörtlich *der HERR Zebaot.* d Vermutlich der sonst Telem genannte Ort (vgl. 27,8).

14,49 18,17-20.26-27; 31,2.7 **15,1** 10,1 **15,2** Ex 17,14 S **15,3** Dtn 7,1-4 S; Jos 7,1 S **15,6** Ri 1,16 S **15,17** 9,21

[20] »Ich habe ihm doch gehorcht«, erwiderte Saul. »Ich habe getan, was er mir aufgetragen hatte: An den Amalekitern habe ich den Bann vollstreckt und ihren König Agag hierher gebracht. [21] Meine Leute aber ließen die besten von den erbeuteten Schafen und Rindern am Leben, um sie hier in Gilgal dem HERRN, deinem Gott, zu opfern.«

[22] Doch Samuel erwiderte: »Was meinst du, was gefällt dem HERRN besser: Brandopfer* und Mahlopfer* oder Gehorsam gegenüber seinem Befehl? Lass dir gesagt sein: Wenn du dem HERRN gehorchst, ist das besser als ein Opfer; und wenn du ihm richtig zuhörst, ist das besser als das Fett von Widdern. [23] Trotz gegen Gott ist ebenso schlimm wie Zauberei, Auflehnung gegen ihn so schlimm wie Götzendienst. Weil du gegen den Befehl des HERRN verstoßen hast, hat der HERR auch dich verstoßen: Du kannst nicht länger König über sein Volk sein.«

[24] Saul sah sein Unrecht ein. »Ich habe mich schuldig gemacht«, bekannte er. »Ich habe den Befehl des HERRN und deine Anweisungen nicht befolgt. Ich hatte Angst vor meinen Männern und ließ ihnen ihren Willen. [25] Vergib mir meine Schuld und komm mit mir zurück, damit ich mich vor dem HERRN niederwerfen und ihm Ehre erweisen kann!«

[26] Aber Samuel erwiderte: »Ich kann nicht mit dir zurückgehen. Du hast gegen den Befehl des HERRN verstoßen, darum hat der HERR nun dich verstoßen. Du kannst nicht mehr König über Israel sein.«

Saul und Samuel trennen sich

[27] Samuel wollte weggehen. Da hielt Saul ihn am Mantel fest, sodass ein Stück davon abriss. [28] Samuel sagte: »Wie du mir dieses Stück von meinem Mantel abgerissen hast, so entreißt der HERR dir heute die Königsherrschaft über Israel und gibt sie einem anderen, der würdiger ist als du. [29] Der Gott, auf den Israel stolz sein kann,[a] steht zu seinem Urteil und nimmt es nicht zurück. Er ist nicht wie ein Mensch, der seinen Sinn ändert und seine Entscheidung bereut.«

[30] »Du hast Recht«, wiederholte Saul, »ich habe mich schuldig gemacht. Aber stelle mich vor meinem Volk und seinen Ältesten* nicht bloß und erweise mir jetzt die gebührende Ehre. Komm mit mir zurück, damit ich mich vor dem HERRN, deinem Gott, niederwerfen und ihm Ehre erweisen kann!«

[31] Samuel ließ sich umstimmen und ging mit. Als Saul sich vor dem HERRN niedergeworfen hatte, [32] befahl Samuel: »Bringt mir Agag, den König der Amalekiter*!«

Gelassen[b] ging Agag auf Samuel zu und sagte: »Die Todesgefahr ist vorbei.« [33] Aber Samuel erwiderte: »Dein Schwert hat viele Mütter kinderlos gemacht. So soll jetzt auch deine Mutter kinderlos werden!« Und er schlug Agag vor dem Altar* in Gilgal in Stücke.

[34] Dann kehrte Samuel nach Rama zurück und auch Saul ging nach Hause in seine Stadt Gibea. [35] Samuel mied Saul für den Rest seines Lebens, denn er trauerte um ihn. Dem HERRN aber tat es Leid, dass er Saul zum König über Israel gemacht hatte.

DAVID AM KÖNIGSHOF SAULS
(16,1–21,1)

Gott sucht sich den Jüngsten aus

16 Der HERR sagte zu Samuel: »Wie lange trauerst du noch um Saul? Ich habe ihn verstoßen; er kann nicht länger König über Israel sein. Fülle jetzt ein Horn mit Salböl und geh nach Betlehem zu Isai. Unter seinen Söhnen habe ich mir einen als König ausgewählt.«

[2] »Aber wie kann ich das?«, wandte Samuel ein. »Wenn Saul es erfährt, bringt er mich um!«

Der HERR antwortete: »Nimm eine Kuh mit und sage, du seist gekommen, um ein Opfer* darzubringen. [3] Lade auch Isai dazu ein. Ich sage dir dann, welchen von seinen Söhnen du zum König salben* sollst.«

[4] Samuel gehorchte dem HERRN und machte sich auf den Weg. In Betlehem kamen ihm die Ältesten* der Stadt besorgt entgegen und fragten: »Dein Kommen bedeutet doch nichts Schlimmes?«

[5] »Nein«, antwortete Samuel. »Ich komme, um dem HERRN ein Opfer darzubringen. Tut das Nötige, damit ihr rein* seid, und kommt dann mit mir zum Opfermahl!« Er lud auch Isai und seine Söhne dazu ein und forderte sie auf, sich zu reinigen.

[6] Als Isai mit seinen Söhnen zum Opfermahl kam, fiel Samuels Blick auf Eliab und er dachte: »Das ist gewiss der, den der HERR ausgewählt hat!«

[7] Doch der HERR sagte zu Samuel: »Lass dich nicht davon beeindrucken, dass er groß und stattlich ist. Er ist nicht der Erwählte. Ich urteile

a *Der Gott ...:* wörtlich *Der Ruhm Israels.* b Vielleicht bedeutet das Wort auch *in Ketten*.

15,22 Jes 1,10-20S **15,26** 1Kön 11,11 **15,27-28** 28,17; 1Kön 11,30-31 **15,29** Num 23,19S **16,1** 15,23; 2Kön 9,1.3 **16,6-7** 9,2S

anders als die Menschen. Ein Mensch sieht, was
in die Augen fällt; ich aber sehe ins Herz.«
8 Isai rief Abinadab und führte ihn Samuel
vor. Aber Samuel sagte: »Auch ihn hat der HERR
nicht ausgewählt.«
9 Dann ließ Isai Schima vortreten, aber
Samuel wiederholte: »Auch ihn hat der HERR
nicht ausgewählt.«
10 So ließ Isai alle sieben Söhne an Samuel
vorbeigehen, aber Samuel sagte: »Keinen von
ihnen hat der HERR ausgewählt.«
11 Dann fragte er Isai: »Sind das alle deine
Söhne?«

Isai antwortete: »Der jüngste fehlt noch,
David, der hütet die Schafe.«

»Lass ihn holen«, sagte Samuel, »wir setzen
uns nicht zum Opfermahl hin, bevor er hier ist!«
12 Isai schickte einen Boten und David kam.
Der Junge war schön und kräftig[a] und hatte
klare Augen.

»Er ist es, salbe ihn!«, sagte der HERR zu
Samuel. 13 Da goss Samuel Öl aus seinem Horn
über ihn und salbte ihn zum König vor den
Augen seiner Brüder.

In diesem Augenblick nahm der Geist* des
HERRN Besitz von David und verließ ihn nicht
mehr. Samuel aber kehrte nach Rama zurück.

David tritt in Sauls Dienste

14 Der HERR hatte seinen Geist* von Saul genom-
men und ihm einen bösen Geist geschickt, der
ihn oft quälte. 15 Da sagten seine Leute zu Saul:
»Du weißt selbst, dass ein böser Geist, von Gott
geschickt, dich immer wieder befällt. 16 Sollen
wir uns nicht nach einem Mann umsehen, der
Harfe spielen kann? Du brauchst es nur zu befeh-
len! Wenn dann der böse Geist über dich
kommt, kannst du dir etwas vorspielen lassen;
das wird dich aufmuntern.«
17 »Ja«, antwortete Saul, »sucht mir einen
guten Harfenspieler und bringt ihn zu mir!«
18 Einer von den jungen Leuten sagte: »Ich
kenne einen: Isai in Betlehem hat einen Sohn,
der Harfe spielen kann. Er stammt aus einer
angesehenen Familie und ist ein tüchtiger Kämp-
fer. Er versteht, zur rechten Zeit das rechte Wort
zu sagen, und sieht sehr gut aus. Der HERR steht
ihm bei.«
19 Da sandte Saul Boten zu Isai und ließ ihm
sagen: »Schick mir doch deinen Sohn David, der
die Schafe hütet!«
20 Isai gab David einen mit Broten beladenen
Esel, einen Schlauch Wein und einen jungen
Ziegenbock für Saul mit. 21 So kam David ins
Haus Sauls und trat in seinen Dienst. Der König
gewann ihn lieb und machte ihn zu seinem
Waffenträger. 22 Seinem Vater Isai ließ er sagen:
»Lass David in meinem Dienst bleiben! Er hat
mein Wohlgefallen gefunden.«
23 Immer wenn der von Gott geschickte böse
Geist über Saul kam, griff David zur Harfe und
begann darauf zu spielen. Dann wurde es Saul
leichter ums Herz, er fühlte sich wieder wohler
und der böse Geist verließ ihn.

Ein einzelner Mann fordert das Heer Israels heraus

17 Die Philister* zogen ihre Streitmacht bei
Socho im Gebiet des Stammes Juda zu-
sammen. In Efes-Dammim zwischen Socho und
Aseka hatten sie ihr Lager.
2 Saul bot alle wehrfähigen Männer Israels
auf und ließ sie im Eichental* das Lager be-
ziehen. Als die Israeliten zum Kampf antraten,
3 stellten sie sich am Abhang des Tales auf. Am
gegenüberliegenden Abhang standen die Philis-
ter; dazwischen lag die Talsohle.
4 Da trat aus den Reihen der Philister ein
einzelner Krieger hervor. Er hieß Goliat und
stammte aus Gat. Er war über drei Meter groß
5–6 und trug einen Helm, einen Schuppenpanzer
und Beinschienen, alles aus Bronze; der Panzer
allein wog mehr als einen Zentner. Er hatte ein
bronzenes Krummschwert geschultert. 7 Der
Schaft seines Spießes war so dick wie ein Weber-
baum* und die eiserne Spitze wog fast vierzehn
Pfund.[b] Ein Soldat trug den großen Schild vor
ihm her.
8 Der Mann trat vor die Reihen der Philister
und rief den Israeliten zu: »Warum stellt ihr euch
zur Schlacht auf? Ich stehe für die Philister und
ihr steht für Saul. Wählt einen von euch aus! Er
soll zu mir herabkommen und mit mir kämpfen.
9 Wenn er mich besiegt und tötet, werden wir
eure Sklaven. Wenn aber ich siege und ihn töte,
müsst ihr unsere Sklaven werden und uns
dienen.«
10 Dann schrie er: »Habt ihr gehört: Ich for-

a *schön und kräftig:* Die genauere Bedeutung der beiden Wörter ist nicht sicher zu bestimmen; möglich *sonnengebräunt und gut aussehend.*

b Hebräische Maßangaben in den Versen 5-7: *6 Ellen* und 1 (Hand-)Spanne; 5000 Schekel** (= 57,5 kg); *600 Schekel* (= 6,9 kg).

16,13 (salbte zum König) 2 Sam 2,4; 5,3; Ps 89,21; 1 Sam 10,1; 1 Kön 1,39; 2 Kön 9,6; 11,12; (Geist) 1 Sam 11,6 S **16,14** 18,10 S **17,4-7** 2 Sam 21,15-22

dere das ganze Heer Israels heraus! Schickt mir einen Mann, damit wir miteinander kämpfen!«

11 Als Saul und die Männer Israels den Philister so reden hörten, erschraken sie und hatten große Angst.

David lässt sich nicht einschüchtern

12 David war – wie gesagt – ein Sohn von Isai, der zur Sippe Efrat zählte und in Betlehem, im Gebiet von Juda, wohnte. Isai hatte acht Söhne. Für den Kriegsdienst war er selbst schon zu alt, als Saul regierte. 13 Aber seine drei ältesten Söhne, Eliab, Abinadab und Schima, waren mit dem Heer Sauls in den Krieg gezogen. 14 David war der jüngste von seinen Söhnen. 15 Er kam immer wieder vom Königshof nach Hause und hütete die Schafe seines Vaters.

16 Vierzig Tage lang trat Goliat morgens und abends vor und forderte die Israeliten zum Zweikampf heraus.

17 Da sagte Isai eines Tages zu David: »Geh zu deinen Brüdern ins Lager! Bring ihnen diesen Sack[a] mit gerösteten Körnern und die zehn Brote. 18 Dem Hauptmann nimmst du die zehn Käse hier mit. Erkundige dich, wie es deinen Brüdern geht, und bring ein Lebenszeichen von ihnen mit. 19 Sie sind mit Saul und allen Männern Israels im Eichental* und kämpfen gegen die Philister*.«

20 David übergab die Schafe einem Hütejungen. Früh am nächsten Morgen lud er alles auf einen Esel und machte sich auf den Weg, wie Isai es ihm aufgetragen hatte.

Als er zum Lager kam, rückte das Heer gerade aus und stellte sich zum Kampf auf. Die Männer stimmten den Schlachtruf an. 21 Die Schlachtreihen der Israeliten und der Philister* standen sich gegenüber. 22 David ließ sein Gepäck bei der Lagerwache, lief an die Front zu seinen Brüdern und fragte sie, wie es ihnen gehe.

23 Während er mit ihnen sprach, trat wieder der Philister Goliat aus Gat vor und forderte die Israeliten zum Zweikampf heraus. Auch David hörte seine Worte.

24 Sobald die Männer Israels den Philister sahen, bekamen sie große Angst und wichen vor ihm zurück. 25 »Hast du ihn gesehen? Da kommt er!«, riefen sie einander zu. »Und wie er Israel verspottet! Wer ihn tötet, den macht der König zum reichen Mann; er soll sogar die Königstochter bekommen und seine ganze Familie wird von allen Abgaben befreit!«

26 David erkundigte sich bei den Männern, die in seiner Nähe standen: »Was für eine Belohnung bekommt der, der den Philister tötet und diese Schande von Israel nimmt? Dieser Unbeschnittene* darf doch nicht das Heer des lebendigen Gottes verhöhnen!« 27 Sie erklärten ihm noch einmal, was der König als Belohnung ausgesetzt hatte.

28 Als sein ältester Bruder Eliab ihn so mit den Männern reden hörte, wurde er zornig und sagte: »Was hast denn du hier zu suchen! Unsere kümmerlichen paar Schafe lässt du allein in der Wildnis; wer wird nun auf sie aufpassen? Ich weiß, wie vorwitzig du bist; ich kann mir schon denken, was dich hergetrieben hat. Du bist gekommen, um einmal den Krieg zu sehen!«

29 David erwiderte: »Was habe ich denn getan? Ich frage doch nur!« 30 Er drehte sich um und fragte den Nächsten und wieder bekam er dieselbe Antwort.

Die falschen Waffen

31 Es sprach sich herum, dass sich David so eingehend nach der Belohnung erkundigt hatte. Man berichtete es auch Saul und der ließ ihn zu sich rufen.

32 »Mein König!«, sagte David. »Lass dich von diesem Philister* nicht einschüchtern! Ich werde mit ihm kämpfen.«

33 »Unmöglich! Das kannst du nicht«, erwiderte Saul. »Du bist ja fast noch ein Kind, und er ist ein Mann, der von Jugend auf mit den Waffen umgeht!«

34 »Mein König«, sagte David, »als ich die Schafe meines Vaters hütete, kam es vor, dass ein Löwe oder Bär sich ein Tier von der Herde holen wollte. 35 Dann lief ich ihm nach, schlug auf ihn ein und rettete das Opfer aus seinem Rachen. Wenn er sich wehrte und mich angriff, packte ich ihn an der Mähne und schlug ihn tot. 36 Mit Löwen und Bären bin ich fertig geworden. Diesem unbeschnittenen* Philister soll es nicht besser ergehen! Er wird dafür büßen, dass er das Heer des lebendigen Gottes verhöhnt hat! 37 Der HERR hat mich vor den Krallen der Löwen und Bären geschützt, er wird mich auch vor diesem Philister beschützen!«

»Gut«, sagte Saul, »kämpfe mit ihm; der HERR wird dir beistehen!« 38 Er gab ihm seine eigene Rüstung, zog ihm den Brustpanzer an und setzte ihm den bronzenen Helm auf. 39 David hängte sich das Schwert um und machte ein paar Schritte. Doch er war es nicht gewohnt.

»Ich kann darin nicht gehen«, sagte er zu

a Wörtlich *dieses Efa *;* Gewicht der gerösteten Körner ca. 15 kg.

17,15 16,11.19 **17,25** 18,27; Jos 15,16 **17,34-37** Ri 14,6; Sir 47,3

Saul, »ich habe noch nie eine Rüstung getragen.«
Er legte alles wieder ab 40 und nahm seinen
Hirtenstock. Im Bachbett suchte er fünf glatte
Kieselsteine und steckte sie in seine Hirten-
tasche. In der Hand hielt er seine Schleuder; so
ging er dem Philister entgegen.

David besiegt Goliat

41 Auch Goliat rückte vor; sein Schildträger ging
vor ihm her. Als er nahe genug war, 42 sah er,
wer ihm da entgegenkam: ein Halbwüchsiger,
kräftig und schön. [a]

Er war voll Verachtung für ihn 43 und rief ihm
zu: »Was willst du denn mit deinem Stock? Bin
ich vielleicht ein Hund?« Dann rief er den Zorn
seiner Götter auf David herab. 44 »Komm nur
her«, spottete er, »dein Fleisch will ich den
Geiern und Raubtieren zu fressen geben!«

45 Doch David antwortete: »Du trittst gegen
mich an mit Säbel, Spieß und Schwert. Ich aber
komme mit dem Beistand des HERRN, des
Herrschers der Welt, [b] des Gottes, dem das Heer
Israels folgt und den du verhöhnt hast.

46 Er wird dich heute in meine Hand geben.
Ich werde dich töten und dir den Kopf ab-
schlagen, und die Leichen der übrigen Philister*
werde ich den Vögeln und Raubtieren zu fressen
geben. Dann wird die ganze Welt erkennen, dass
das Volk Israel einen Gott hat, der es beschützt. [c]

47 Auch die hier versammelten Israeliten sol-
len sehen, dass der HERR weder Schwert noch
Speer braucht, um sein Volk zu retten. Denn der
HERR bestimmt den Ausgang des Krieges und
wird euch Philister in unsere Hand geben.«

48 Goliat ging vorwärts und kam auf David zu.
David lief ihm entgegen, 49 griff in seine Hirten-
tasche, holte einen Stein heraus, schleuderte ihn
und traf den Philister am Kopf. Der Stein durch-
schlug die Stirn und Goliat stürzte vornüber zu
Boden. 50 Ohne Schwert, nur mit Schleuder und
Stein, hatte David ihn besiegt und getötet. 51 Er
lief zu dem Gestürzten hin, zog dessen Schwert
aus der Scheide und schlug ihm den Kopf ab.

Als die Philister sahen, dass ihr stärkster
Mann tot war, liefen sie davon. 52 Die Männer
von Israel und Juda aber stimmten das Kriegsge-
schrei an und verfolgten sie bis nach Gat [d] und
bis vor die Stadttore von Ekron. Auf dem ganzen
Weg von Schaarajim bis nach Gat und Ekron
lagen die Leichen der erschlagenen Philister.

53 Als die Israeliten von der Verfolgung zu-
rückkamen, plünderten sie das Lager der Feinde.
54 David nahm den Kopf Goliats mit und brachte
ihn später nach Jerusalem; die Waffen Goliats
bewahrte er in seinem Zelt auf.

David gewinnt einen Freund

55 Saul hatte zugesehen, wie David dem Philis-
ter* entgegenging, und er hatte seinen Heerfüh-
rer Abner gefragt: »Wer ist der Bursche eigent-
lich?«

»Ich habe keine Ahnung, mein König«, erwi-
derte Abner.

56 »Sieh zu, dass du herausfindest, zu welcher
Familie er gehört«, sagte Saul.

57 Als dann David nach seinem Sieg ins Lager
zurückkam, führte Abner ihn zum König. David
hielt noch den Kopf des Philisters in der Hand.
58 Saul fragte ihn, zu welcher Familie er gehöre,
und David antwortete: »Ich bin der Sohn deines
Dieners Isai aus Betlehem.«

18 Schon nach diesen wenigen Worten
fühlte sich Sauls Sohn Jonatan zu David
hingezogen. Er gewann ihn so lieb wie sein eige-
nes Leben. 2 Saul behielt David von da an bei
sich und ließ ihn nicht mehr zu seiner Familie
zurückkehren.

3 Jonatan schloss einen Freundschaftsbund
mit David. »Du bist mir so lieb wie mein eigenes
Leben«, sagte Jonatan zu David. 4 Dabei zog er
Mantel und Rüstung aus und bekleidete David
damit, auch sein Schwert, seinen Bogen und
seinen Gürtel schenkte er ihm.

5 David zog für Saul in den Kampf und bewies
eine glückliche Hand bei allem, was dieser ihm
auftrug; darum gab ihm der König den Ober-
befehl über seine Truppe. Diese Entscheidung
fand den Beifall des ganzen Volkes und auch die
Leute am Hof Sauls freuten sich darüber.

Saul wird eifersüchtig

6 Als das Heer heimkehrte und zusammen mit
ihm David, der den stärksten Mann der Philis-
ter* erschlagen hatte, zogen Frauen aus allen
Städten Israels König Saul entgegen. Sie tanzten
und sangen zum Klang der Harfen und Handpau-
ken 7 und wiederholten jubelnd immer wieder:

»Tausend Feinde hat Saul erschlagen,
doch zehntausend waren's, die David erschlug!«

8 Dieses Lied gefiel Saul ganz und gar nicht und
er wurde sehr zornig. »David schreiben sie zehn-

a Vgl. Anmerkung zu 16,12. b Wörtlich *des HERRN Zebaot**. c *der es beschützt:* verdeutlichender Zusatz.
d *Gat* mit einer griechischen Handschrift; H *Gai* (= Tal).

17,42 16,12 **17,45** Ps 20,8S **17,50-51** 2Sam 21,19 **18,2** 16,22; 17,15 **18,3** 19,1-7; 20,1-42; 23,16-18; 2Sam 1,26; 21,7
18,5 18,14.16.30 **18,6-7** Ex 15,20-21; Ri 5,1; 11,34; Jdt 15,12-14 **18,7** 21,12; 29,5

tausend zu«, dachte er, »und mir nur tausend!
Jetzt fehlt nur noch, dass er König wird!«
9 Von da an blickte Saul mit Argwohn auf
David.
10 Am nächsten Tag ließ Gott einen bösen
Geist* über Saul kommen, sodass der König in
seinem Haus tobte wie ein Wahnsinniger. David
begann wie gewöhnlich auf der Harfe zu spielen.
Plötzlich hob Saul den Speer, den er in der Hand
hielt, 11 und wollte David an die Wand spießen.
Doch David wich ihm zweimal aus.
12 Da begann Saul sich vor David zu fürchten,
denn es war offenkundig: Der HERR hatte Saul
verlassen und stand auf der Seite Davids. 13 Dar-
um wollte der König ihn nicht länger in sei-
ner Nähe haben und machte ihn zum Befehls-
haber einer Truppe. An ihrer Spitze machte
David seine Streifzüge. 14 Alle Unternehmungen
führte er erfolgreich aus; denn der HERR stand
ihm bei.
15 Als Saul sah, wie gut David alles gelang,
fürchtete er sich noch mehr vor ihm. 16 David
aber wurde der Liebling aller, nicht nur in Juda,
sondern in ganz Israel. Voller Bewunderung sa-
hen sie, wie er allen voran ins Feld zog und sieg-
reich heimkehrte. [a]

Saul stellt David eine Falle

17 Nun sagte Saul zu David: »Ich will dir meine
älteste Tochter Merab zur Frau geben. Dafür
sollst du mir als tapferer Kämpfer dienen und die
Kriege führen, die der HERR befiehlt.« Saul
dachte aber: »Ich will mich nicht an ihm vergrei-
fen; das lasse ich die Philister* besorgen.«
18 David antwortete Saul: »Wer bin ich denn?
Was hat meine Familie und die Sippe meines
Vaters in Israel schon zu bedeuten? Wie könnte
ich da Schwiegersohn des Königs werden!«
19 Als dann der Tag kam, den Saul für die
Hochzeit festgesetzt hatte, wurde Merab nicht
David, sondern Adriël aus Mehola zur Frau ge-
geben.
20 Doch Michal, Sauls jüngere Tochter, hatte
David lieb gewonnen. Als man Saul davon er-
zählte, kam es ihm gerade recht. 21 Er sagte sich:
»Ich locke ihn durch sie in die Falle, sodass er
den Philistern in die Hände fällt.« Zu David sagte
er: »Ich gebe dir heute noch einmal Gelegenheit,
mein Schwiegersohn zu werden!«
22 Er hatte seine Leute angewiesen, ganz
beiläufig zu David zu sagen: »Du weißt, dass der
König große Stücke auf dich hält, und auch alle
seine Untergebenen haben dich gern. Willst du
nicht sein Schwiegersohn werden?«
23 Die Leute Sauls redeten dementsprechend
mit David, doch er antwortete ihnen: »Meint ihr,
es sei so leicht, der Schwiegersohn des Königs zu
werden? Ich bin ein armer, einfacher Mann!«
24 Die Männer meldeten es Saul 25 und er
wies sie an, zu David zu sagen: »Der König ver-
langt kein Brautgeld* von dir, du musst ihn nur
an seinen Feinden rächen und ihm die Vorhäute
von hundert Philistern bringen.« Saul rechnete
nämlich damit, dass David im Kampf gegen die
Philister umkommen würde.
26 Als sie das Angebot Sauls überbrachten,
war er damit einverstanden, auf diesem Weg der
Schwiegersohn des Königs zu werden. Bevor die
gesetzte Frist verstrichen war, 27 hatte er die
Bedingung erfüllt. Er brach mit seinen Leuten
auf, erschlug zweihundert Philister, brachte ihre
Vorhäute dem König und legte sie ihm in voller
Zahl vor. Da gab Saul ihm seine Tochter Michal
zur Frau.
28 Saul sah, dass der HERR auf der Seite Davids
stand und dass seine Tochter Michal ihn liebte.
29 Deshalb fürchtete er sich noch mehr vor David
und wurde zu seinem unversöhnlichen Feind.
30 Die Philisterkönige kämpften weiter gegen
Israel, und jedes Mal, wenn es zum Kampf kam,
war David erfolgreicher als alle anderen Trup-
penführer Sauls. So wuchs Davids Ruhm immer
mehr.

Jonatan als Fürsprecher Davids

19 Saul sprach zu seinem Sohn Jonatan und
zu seinen Offizieren ganz offen darüber,
dass er David umbringen wolle. Jonatan aber
hatte David lieb gewonnen, 2 deshalb warnte er
ihn: »Mein Vater will dich töten. Nimm dich
morgen in Acht und halte dich von früh an ver-
steckt. 3 Ich werde mit meinem Vater aufs freie
Feld hinausgehen und dort, in der Nähe deines
Verstecks, mit ihm über dich sprechen. Ich wer-
de seine Stimmung erkunden und dir dann Be-
scheid geben.«
4 Jonatan setzte sich bei seinem Vater für
David ein und sagte: »Mein König, vergehe dich
nicht an deinem Diener David! Er hat dir doch
nichts getan, im Gegenteil: Er hat dir gute
Dienste geleistet. 5 Er hat sein Leben aufs Spiel
gesetzt, als er gegen Goliat antrat; durch ihn hat
der HERR ganz Israel geholfen. Du hast es selber
gesehen und dich darüber gefreut. Warum willst

a *Voller Bewunderung …:* wörtlich *weil er vor ihnen her aus- und einzog.*

18,10 16,14.23; 19,9 **18,11** 19,10; 20,33 **18,12** 18,29 **18,16** 2 Sam 5,2 **18,17** 14,49; 25,28 **18,18** 2 Sam 7,18 **18,19** 2 Sam 21,8 **18,29** 18,12 **18,30** 18,5 **19,1** 18,3S **19,5** 17,50

du dich jetzt an ihm vergehen und einen Un-
schuldigen ohne jeden Grund umbringen?«
6 Saul ließ sich von Jonatan umstimmen und
schwor: »So gewiss der HERR lebt: David soll
nicht sterben!«
7 Jonatan rief David zu sich und erzählte ihm
alles. Dann brachte er ihn zu Saul, und David
stand wieder in Sauls Diensten wie zuvor.

Saul trachtet David nach dem Leben

8 Von neuem kam es zum Kampf mit den Philis-
tern* und David zog gegen sie ins Feld. Er
brachte ihnen eine schwere Niederlage bei und
schlug sie in die Flucht.
9 Als David heimgekehrt war, kam wieder der
böse Geist* über Saul, den der HERR ihm
schickte. David spielte vor dem König auf der
Harfe, während dieser mit dem Speer in der
Hand dasaß. 10 Plötzlich schleuderte Saul den
Speer auf David, um ihn zu durchbohren; doch
David konnte ausweichen und der Speer fuhr in
die Wand.

David flüchtete sich in sein Haus. Da es schon
Abend war, 11 schickte Saul bewaffnete Männer
aus, die das Haus Davids bewachen und ihn am
nächsten Morgen umbringen sollten. Michal
warnte David und sagte zu ihm: »Wenn du dich
nicht noch heute Nacht in Sicherheit bringst, bist
du morgen ein toter Mann.« 12 Sie ließ David
durchs Fenster hinab und er entkam.
13 Nun legte Michal die geschnitzte Figur des
Hausgottes* ins Bett, deckte sie mit einem Man-
tel zu und legte ans Kopfende ein Geflecht aus
Ziegenhaar. 14 Als Saul seine Leute schickte, um
David zu holen, sagte sie zu ihnen: »Er ist
krank.« 15 Saul schickte die Männer noch einmal
hin und befahl ihnen, bis zu David vorzudrin-
gen. »Bringt ihn samt dem Bett«, sagte er, »damit
ich ihn töten kann.«
16 Als sie ins Haus eindrangen, fanden sie im
Bett nur den Hausgott und das Geflecht aus Zie-
genhaar. 17 Saul stellte seine Tochter zur Rede:
»Warum hast du mich hintergangen und meinen
Feind entkommen lassen?« Aber Michal erwi-
derte: »Er hat gedroht, mich zu töten, wenn ich
ihn nicht gehen lasse.«

Saul bei den Propheten in Rama

18 David war geflohen und hatte sich in Sicher-
heit gebracht. Er kam zu Samuel nach Rama und
erzählte ihm, was Saul ihm alles angetan hatte.
Dann ging er mit Samuel in die Wohnsiedlung
der Propheten* und blieb dort.
19 Als Saul erfuhr, dass David in der Propheten-
siedlung in Rama war, 20 schickte er bewaffnete
Männer, die ihn festnehmen sollten. Sie kamen
gerade dazu, wie die ganze Gemeinschaft der
Propheten in ekstatischer Begeisterung tanzte
und sang. Samuel als ihr Vorsteher stand dabei.
Da kam der Geist* Gottes auch über die Männer
Sauls und sie gerieten in denselben Zustand wie
die Propheten.
21 Als es Saul berichtet wurde, schickte er
andere Boten, aber auch die wurden von der
Begeisterung der Propheten angesteckt. Da
schickte Saul ein drittes Mal Boten, doch denen
erging es ebenso.
22 Nun machte sich Saul selbst auf den Weg
nach Rama. Bei der großen Zisterne in Sechu er-
kundigte er sich, wo Samuel und David zu fin-
den seien, und bekam die Antwort: »Da drüben,
in der Prophetensiedlung in Rama!«
23 Als er dorthin ging, versetzte der Geist Got-
tes auch ihn in ekstatische Begeisterung, und in
diesem Zustand legte er den Weg bis zur Sied-
lung in Rama zurück. 24 Dort angekommen,
warf er auch noch seine Kleider ab und schrie
und tanzte vor Samuel herum, bis er erschöpft
zu Boden fiel. Den Rest des Tages und die ganze
Nacht lag er nackt auf der Erde.

Daher kommt die Redensart: »Ist Saul auch
unter die Propheten geraten?«

Jonatans Freundschaftsdienst

20 David floh aus der Prophetensiedlung in
Rama und kam zu Jonatan. »Was habe
ich deinem Vater getan?«, fragte er ihn. »Was
wirft er mir denn vor, dass er mich umbringen
will?«
2 »Nie und nimmer musst du sterben!«, erwi-
derte Jonatan. »Mein Vater sagt mir doch immer,
was er vorhat, ob es nun etwas Wichtiges oder
etwas Unwichtiges ist. Warum sollte er mir aus-
gerechnet dies verheimlichen? Glaub mir, es ist
nichts daran!«
3 »Aber dein Vater weiß doch genau, dass ich
deine Gunst gewonnen habe«, wandte David
ein. »Er will dich schonen, deshalb sagt er dir
nichts. So gewiss der HERR lebt und so gewiss du
selbst lebst: Ich stehe schon mit einem Fuß im
Grab.«
4 »Was ist dein Wunsch, was kann ich für dich
tun?«, fragte Jonatan.
5 Da sagte David: »Morgen ist Neumondstag*,
da erwartet der König mich zum Essen an seiner
Tafel. Wenn es dir recht ist, will ich fernbleiben

19,9 18,10 S **19,10** 18,11 S **19,11** Ps 59,1 **19,22-24** 10,10-12 **20,1-42** 18,3 S **20,1** 24,12; 26,18 **20,5** Num 28,11-15

und mich bis übermorgen in der Umgebung verstecken. 6 Wenn dein Vater nach mir fragt, dann sag zu ihm: ›David hat mich dringend gebeten, ihn schnell in seine Vaterstadt Betlehem gehen zu lassen, wo seine gesamte Sippe das jährliche Opferfest feiert.‹ 7 Sagt dein Vater: ›Es ist gut‹, so droht mir keine Gefahr. Wenn er aber zornig wird, weißt du, dass er das Schlimmste beschlossen hat. 8 Bitte, tu mir diesen Gefallen! Denk an den Freundschaftsbund, den du mir gewährt und den du vor dem HERRN besiegelt hast. Wenn ich aber wirklich schuldig bin, dann töte du mich! Liefere mich nicht deinem Vater aus!«

9 Jonatan erwiderte: »Wie kannst du mir so etwas zutrauen? Wenn ich merke, dass mein Vater das Schlimmste über dich beschlossen hat, werde ich es dir bestimmt sagen.«

10 David fragte weiter: »Wer soll mir Bescheid geben, was dein Vater gesagt hat und ob er zornig geworden ist?«

11 »Lass uns ins freie Feld hinausgehen«, schlug Jonatan vor. Während sie nebeneinander gingen, 12 sagte er zu David: »Ich verspreche dir beim HERRN, dem Gott Israels: Übermorgen um diese Zeit werde ich meinen Vater auf die Probe stellen. Ich bin ganz sicher, dass du nichts zu fürchten hast. Wenn es anders ist, gebe ich dir Nachricht. 13 Der HERR soll mich strafen, wenn ich dich nicht warne! Hat mein Vater wirklich deinen Tod beschlossen, so lasse ich dich gehen, damit du dich in Sicherheit bringen kannst. Der HERR stehe dir dann bei, wie er meinem Vater beigestanden hat. 14 Wenn ich es noch erlebe, dass du König wirst,[a] dann denk an die Güte, die der HERR dir erwiesen hat, und schenke mir das Leben. 15 Schone auch meine Nachkommen! Entzieh ihnen nicht deine Gunst, selbst dann nicht, wenn der HERR alle deine Feinde beseitigt.«

16 Jonatan schloss einen Bund mit David und dessen Familie und sagte: »Der HERR wird deine Nachkommen[b] zur Rechenschaft ziehen, wenn sie sich nicht an unseren Bund halten!« 17 Dann fügte er noch hinzu: »Schwöre mir, dass du dich daran hältst! Du liebst mich doch. Denk daran, dass ich dich liebe wie mich selbst!«

18 Jonatan sagte weiter: »Morgen am Neumondstag wird man dich vermissen, weil dein Platz leer bleibt. 19 Warte bis übermorgen und komm dann schnell herunter an die Stelle, wo du dich schon einmal verborgen hattest,[c] und versteck dich hinter dem Stein Ezel (Abschiedsstein). 20 Ich werde drei Pfeile in dieser Richtung abschießen, als ob ich ein Ziel treffen wollte.

21 Und nun pass gut auf! Ich werde meinen Diener losschicken mit den Worten: ›Los, suche die Pfeile!‹ Wenn ich ihm dann zurufe: ›Die Pfeile liegen näher bei mir‹, dann kannst du hervorkommen; es steht gut für dich, du bist nicht in Gefahr, so gewiss der HERR lebt. 22 Wenn ich dem Jungen aber zurufe: ›Die Pfeile liegen weiter weg‹, dann geh, denn der HERR selbst schickt dich fort.

23 Denk aber an das, was wir einander versprochen haben! Der HERR ist unser Zeuge für alle Zeiten!«

David muss vor Saul fliehen

24 David versteckte sich draußen im Gelände wie verabredet. Am Neumondstag* setzte sich der König zum Festmahl an die Tafel. 25 Er saß auf seinem Platz an der Wand, wo er jedes Mal zu sitzen pflegte. Sein Heerführer Abner saß neben ihm, Jonatan ihm gegenüber;[d] Davids Platz blieb leer. 26 Saul sagte nichts, denn er dachte: »Es wird irgendetwas vorgefallen sein, sodass er den Reinheitsvorschriften* nicht genügt. Ja, bestimmt ist er nicht rein.«

27 Als aber der Platz auch am zweiten Festtag leer war, fragte Saul seinen Sohn Jonatan: »Warum ist dieser Kerl, der Sohn von Isai, weder gestern noch heute zum Festmahl erschienen?«

28 Jonatan antwortete: »David hat mich dringend gebeten, ihn zu entschuldigen, weil er nach Betlehem musste. 29 Er sagte: ›Lass mich doch gehen! Wir feiern daheim ein Opferfest mit der ganzen Sippe und mein Bruder hat darauf bestanden, dass ich komme. Wenn ich deine Gunst gefunden habe, dann lass mich doch gehen, damit ich meine Verwandten besuchen kann.‹ Deshalb ist er nicht an die Tafel des Königs gekommen.«

30 Da packte Saul der Zorn über Jonatan; er schrie ihn an: »Du Bastard! Ich weiß genau, dass du zu diesem hergelaufenen Kerl hältst – zur Schande für dich und deine Mutter, die dich geboren hat! 31 Solange der Sohn von Isai noch lebt, musst du um dein Leben fürchten und hast keine Aussicht, jemals König zu werden. Schick also hin und lass ihn festnehmen; er muss sterben!«

32 »Warum soll er getötet werden?«, fragte Jonatan. »Was hat er denn getan?«

a *dass du …:* verdeutlichender Zusatz.
b Wörtlich *deine Feinde.* Gemeint sind die Nachkommen, die in einem Fluch nicht erwähnt werden sollen.
c *schon einmal:* Deutung unsicher; wörtlich *am Tag der Tat.* d *ihm gegenüber:* vermutlicher Text; H *stand auf.*

20,15 24,22; 2 Sam 9,1-13; 21,7 **20,26** Lev 15,16

33 Da schleuderte Saul seinen Speer nach ihm
und wollte ihn damit treffen. Nun wusste Jona-
tan, dass sein Vater fest entschlossen war, David
umzubringen. 34 Glühend vor Zorn stand er von
der Tafel auf. Er rührte an diesem zweiten Tag
des Neumondfestes keinen Bissen mehr an,
denn er machte sich Sorgen um David, über den
sein Vater so voller Hass gesprochen hatte.

35 Am nächsten Morgen ging Jonatan hinaus
zu dem Platz, an dem er sich mit David verab-
redet hatte. Er hatte einen jungen Diener bei
sich. 36 »Lauf«, befahl er ihm, »du musst die
Pfeile wieder finden, die ich abschieße!«

Der Junge lief los und Jonatan schoss einen
Pfeil über ihn hinweg. 37 Als der Junge an die
Stelle kam, wo der Pfeil niedergegangen war, rief
Jonatan ihm nach: »Liegt der Pfeil nicht weiter
von dir weg? 38 Schnell, beeile dich, bleib nicht
stehen!«

Der Junge hob den Pfeil auf und kam zu sei-
nem Herrn zurück. 39 Er ahnte nichts; nur Jona-
tan und David wussten, worum es ging.

40 Dann gab Jonatan seine Waffen dem Diener
und befahl ihm: »Geh, bring das in die Stadt!«
41 Als er gegangen war, kam David aus seinem
Versteck hinter dem Steinhaufen[a] hervor. Er
kniete vor Jonatan nieder und beugte sich drei-
mal zur Erde. Dann küssten sie sich und beide
weinten.[b]

42 »Geh in Frieden*!«, sagte Jonatan. »Vergiss
nicht, was wir einander vor dem HERRN
geschworen haben. Der HERR wird zwischen uns
beiden und zwischen unseren beiderseitigen
Nachkommen für alle Zeiten Zeuge sein!«

21 David machte sich rasch auf den Weg und
Jonatan kehrte in die Stadt zurück.

DAVID AUF DER FLUCHT VOR SAUL
(21,1–28,2)

David wird für seinen Weg ausgerüstet

2 Auf seiner Flucht kam David zum Priester*
Ahimelech nach Nob. Der Priester trat ihm be-
sorgt entgegen: »Warum kommst du allein? Wes-
halb hast du keine Begleitung bei dir?«

3 David antwortete: »Der König hat mir einen
Auftrag gegeben, von dem niemand etwas er-
fahren darf. Mit meinen Männern habe ich
einen geheimen Treffpunkt verabredet. 4 Gib mir
schnell etwas Proviant, vielleicht fünf Brote oder
was sich sonst auftreiben lässt!«

5 »Ich habe kein gewöhnliches Brot da, nur
solches, das Gott geweiht ist«,[c] wandte der
Priester ein, »das kann ich dir nur geben, wenn
deine Männer sich von Frauen fern gehalten
haben.«

6 »Wir sind wirklich seit vorgestern mit kei-
ner Frau in Berührung gekommen«, erwiderte
David. »Schon als wir aufbrachen, waren die
Waffen der Männer rein*, obwohl es sich nur
um ein gewöhnliches Unternehmen[d] handelt.
Also werden sie heute erst recht rein sein.«

7 Da gab ihm der Priester die geweihten Brote,
die man vom Tisch im Heiligtum abgeräumt
hatte, um frisches Brot aufzulegen.

8 An diesem Tag hielt sich auch einer aus dem
Gefolge Sauls im Heiligtum des HERRN auf; es
war der Edomiter* Doëg, der Aufseher über die
Hirten Sauls.

9 David fragte Ahimelech: »Hast du nicht
einen Speer oder ein Schwert für mich? Ich
konnte meine Waffen nicht mehr holen, weil der
Befehl des Königs mir dazu keine Zeit ließ.«

10 »Doch«, antwortete der Priester, »wir
haben hier das Schwert des Philisters* Goliat,
den du im Eichental* getötet hast. Dort hinten[e]
liegt es, in einen Mantel gewickelt. Wenn du
willst, kannst du es haben; eine andere Waffe ist
nicht hier.«

»Ja, gib es mir!«, sagte David. »Ein besseres
bekomme ich nirgends.«

David überlistet den Philisterkönig

11 Am selben Tag noch setzte David seine Flucht
vor Saul fort. Er kam zu Achisch, dem König von
Gat. 12 Die Hofleute erkannten ihn und sagten zu
Achisch: »Das ist doch David, der König von
Israel! Das ist doch der, dem sie im Reigen zu-
jubeln:

›Tausend Feinde hat Saul erschlagen,
doch zehntausend waren's, die David erschlug!‹«

13 David war sich im Klaren, was diese Worte be-
deuteten, und geriet in große Furcht vor Achisch,
dem König von Gat. 14 Darum stellte er sich
wahnsinnig und tobte, als sie ihn festhalten woll-
ten. Er kritzelte auf die Torflügel und ließ Spei-
chel in seinen Bart laufen.

15 Da sagte Achisch zu seinen Leuten: »Ihr

a *hinter dem Steinhaufen:* mit G; H *von Süden her.*
b Die Fortsetzung ist unverständlich; wörtlich *bis hin zu David machte er groß.*
c Vgl. Sacherklärung »Brote, geweihte«. d D.h. kein Unternehmen im besonderen Auftrag Gottes.
e *hinten:* wörtlich *hinter dem Efod* (siehe Sacherklärung »Priesterschurz (2)«).

20,33 18,11 S **21,5** Lev 24,5-9; Ex 19,15 **21,7** Mt 12,3-4 par **21,8** 22,9.18.22 **21,10** 17,51.54 **21,12** 18,6-7 **21,14** Ps 34,1; 56,1

seht doch, dass der Mann wahnsinnig ist!
Warum bringt ihr ihn zu mir? 16 Habe ich nicht
schon Verrückte genug hier? Der soll sich anders-
wo austoben. Was hat er in meinem Haus zu
suchen?«

David findet Schicksalsgenossen

22 David floh aus Gat in eine Höhle in der
Nähe der Stadt Adullam. Als seine Brüder
und seine ganze Sippe davon erfuhren, kamen
sie zu ihm dorthin. 2 Auch alle möglichen Leute,
die verfolgt, verschuldet oder verbittert waren,
schlossen sich ihm an, insgesamt etwa 400
Mann. David wurde ihr Anführer.

3 Von dort aus ging er nach Mizpe im Land
Moab und bat den König der Moabiter*: »Er-
laube, dass mein Vater und meine Mutter hier-
her kommen und bei dir bleiben, bis ich weiß,
was Gott mit mir vorhat.« 4 So brachte er die bei-
den an den moabitischen Königshof, und sie blie-
ben dort, solange sich David in der Bergfestung
versteckt hielt.

5 Der Prophet Gad aber forderte David auf:
»Bleib nicht hier im Versteck! Kehr in deine Hei-
mat Juda zurück!« David gehorchte und zog
nach Jaar-Heret.

Sauls Rache an den Priestern von Nob

6 Saul erfuhr, dass das Versteck Davids und
seiner Männer aufgespürt worden war. Der
König saß gerade auf der Anhöhe bei Gibea unter
der Tamariske und hielt seinen Speer in der
Hand; sein ganzes Gefolge stand um ihn herum.

7 »Ich will euch etwas sagen«, fuhr Saul sie
an. »Ihr bildet euch wohl ein, dieser Judäer wird
ausgerechnet euch vom Stamm Benjamin Äcker
und Weinberge schenken und euch zu Haupt-
leuten und Obersten machen! 8 Ihr habt euch
doch alle gegen mich verschworen! Keiner hat
mir gesagt, dass mein Sohn sich mit dem Sohn
von Isai zusammengetan hat. Keiner hat mir die
Augen dafür geöffnet, dass der eigene Sohn
meinen Knecht gegen mich aufhetzt, damit er
mir nachstellt, wie es jetzt der Fall ist. Keinem
von euch macht es etwas aus, dass mir so schänd-
lich mitgespielt wird!«

9 Beim Gefolge Sauls stand auch der Edomi-
ter* Doëg. Er sagte: »Ich habe ihn gesehen, wie
er zum Priester Ahimelech, dem Sohn Ahitubs,
nach Nob kam. 10 Der Priester* hat eine Weisung
von Gott für ihn eingeholt und ihm zu essen
gegeben, er hat ihm sogar das Schwert des Philis-
ters* Goliat überlassen.«

11 Darauf ließ König Saul den Priester Ahime-
lech und alle seine Verwandten, die ganze Pries-
terschaft von Nob, holen.

12 »Hör mir gut zu, Sohn Ahitubs«, fuhr Saul
ihn an.

»Ich höre, mein Herr«, erwiderte Ahimelech.

13 »Warum habt ihr euch gegen mich ver-
schworen, du und dieser Sohn von Isai?«, fragte
Saul. »Du hast ihm doch Proviant und ein
Schwert gegeben und du hast Weisung von Gott
für ihn eingeholt. Deshalb kann er sich jetzt
gegen mich erheben und mir auflauern.«

14 Ahimelech erwiderte dem König: »Aber
David ist doch der treueste Gefolgsmann, den du
hast! Er ist dein Schwiegersohn und der An-
führer deiner Elitetruppe. Alle an deinem Hof
erweisen ihm Ehre. 15 Es war doch nicht das
erste Mal, dass ich eine Weisung von Gott für
ihn eingeholt habe! Du verdächtigst mich und
meine Verwandten zu Unrecht; ich habe von
alldem nicht das Geringste gewusst.«

16 Aber Saul sagte: »Du musst sterben, du und
deine ganze Sippe.« 17 Er befahl den Wachen, die
bei ihm standen: »Umstellt die Priester des
HERRN und tötet sie! Sie haben mit David
gemeinsame Sache gemacht. Sie wussten genau,
dass er auf der Flucht war, und haben es mir
nicht gesagt.«

Aber die Männer weigerten sich, gegen die
Priester des HERRN Gewalt anzuwenden. 18 Des-
halb sagte Saul zu dem Edomiter Doëg: »Komm
her, schlag du sie tot!«

Doëg trat heran und machte die Priester mit
dem Schwert nieder; 85 Mann, die den leinenen
Priesterschurz* trugen, tötete er an diesem Tag.
19 Außerdem ließ Saul alle Einwohner der Pries-
terstadt Nob, Männer, Frauen, Kinder und Säug-
linge, mit dem Schwert umbringen, auch die Rin-
der, Esel, Schafe und Ziegen ließ er töten.

20 Nur ein einziger Sohn Ahimelechs und
Enkel Ahitubs, nämlich Abjatar, konnte sich
retten. Er floh zu David 21 und berichtete ihm,
dass Saul alle Priester des HERRN umgebracht
hatte.

22 David klagte sich selbst an und sagte zu
Abjatar: »Als ich damals Doëg in Nob sah, wusste
ich gleich, dass er es Saul verraten würde. Ich
bin schuld, ich habe deine ganze Familie auf
dem Gewissen! 23 Bleib jetzt bei mir und hab
keine Angst! Bei mir bist du am sichersten; denn
auf mich hat Saul es genauso abgesehen wie auf
dich.«

22,1 24,3-4; Ps 57,1; 142,1 **22,5** 2 Sam 24,11-13 **22,7** 8,12.14 **22,8** 18,3S **22,9** 21,8; Ps 52,2 **22,14** 18,26-27 **22,18** 21,8
22,19 21,2 **22,20** (Abjatar) 23,6.9; 30,7; 2 Sam 8,17; 15,24; 1 Kön 1,7; 2,26-27; Mk 2,26 **22,22** 21,8

David befreit Keïla und muss weiterfliehen

23 David wurde berichtet: »Die Philister*
sind gegen die Stadt Keïla gezogen und
rauben das Getreide von den Tennen weg.«
2 Da fragte er den HERRN: »Soll ich angreifen?
Werde ich die Philister vertreiben?«

Er erhielt die Antwort: »Geh, du wirst sie vertreiben und die Stadt befreien.«

3 Aber seine Männer hielten ihm entgegen:
»Wir haben schon hier in Juda Angst genug. Wie
wird es erst sein, wenn wir nach Keïla gehen
und gegen die Truppen der Philister kämpfen sollen?«

4 David fragte den HERRN ein zweites Mal und
er erhielt die Antwort: »Auf, zieh nach Keïla! Ich
werde die Philister in deine Hand geben.«

5 David zog mit seinen Männern nach Keïla
und griff die Philister an. Er trieb ihr Vieh weg
und brachte ihnen eine schwere Niederlage bei.
So befreite er die Bewohner der Stadt. 6 Dort in
Keïla war es übrigens, dass der Priester Abjatar,
der Sohn Ahimelechs, auf seiner Flucht vor Saul
zu David stieß. Er brachte die Orakeltasche* mit.
7 Als Saul die Nachricht bekam, dass David
nach Keïla gekommen war, freute er sich und
sagte: »Jetzt hat Gott ihn aufgegeben und mir
ausgeliefert! Er sitzt in der Falle, denn er hat sich
in eine Stadt mit Mauern und Toren eingeschlossen.« 8 Saul rief ganz Israel zu den Waffen, um
nach Keïla zu ziehen und David und seine Leute
zu belagern.

9 Als David merkte, dass die Kriegsvorbereitungen Sauls sich gegen ihn richteten, befahl er
dem Priester Abjatar, die Orakeltasche* herzubringen. 10 Dann sagte er: »HERR, du Gott Israels!
Ich, dein ergebener Diener, habe zuverlässige
Nachricht, dass Saul hierher kommen und die
Stadt vernichten will, nur weil ich hier bin. 11 Ich
fürchte, die Bürger von Keïla werden mich an
ihn ausliefern. Wird Saul tatsächlich herkommen? Ich bitte dich, HERR, du Gott Israels, gib
mir Antwort!«

Der HERR gab David den Bescheid: »Er wird kommen.«

12 David fragte weiter: »Werden dann die Bürger der Stadt mich und meine Leute an ihn ausliefern?«

»Sie werden es tun«, lautete die Antwort.
13 Da verließen David und seine Leute, an die
600 Mann, die Stadt und durchzogen das Land
von einem Schlupfwinkel zum andern. Als Saul
erfuhr, dass David aus Keïla entkommen war,
blies er seinen Feldzug wieder ab.

David wird verraten und im letzten Augenblick gerettet

14 David hielt sich in der Einöde in Bergverstecken auf, besonders im Bergland bei der Stadt
Sif. Saul war die ganze Zeit hinter ihm her,
konnte ihn aber nicht fassen, weil Gott ihn
schützte. 15 David wusste genau, dass Saul ausgezogen war, um ihn umzubringen.

Damals, als David in Horescha in der Steppe
bei Sif war, 16 ging Sauls Sohn Jonatan hin und
suchte ihn auf. Er ermutigte David, auf die Hilfe
Gottes zu vertrauen, 17 und sagte zu ihm: »Hab
keine Angst! Mein Vater wird dich nicht in seine
Gewalt bringen. Du wirst König über Israel werden und ich werde der zweite Mann nach dir
sein. Das weiß auch mein Vater ganz genau.«

18 Die beiden schlossen einen Freundschaftsbund und riefen den HERRN als Zeugen dafür an.
Dann kehrte Jonatan nach Hause zurück, während David in Horescha blieb.

19 Ein paar Männer aus Sif gingen zu Saul
nach Gibea und verrieten ihm: »David hält sich
bei uns im Bergversteck in der Nähe von Horescha verborgen, auf dem Hügel Hachila südlich von Jeschimon. 20 Du musst nur kommen,
König, dann sorgen wir dafür, dass er dir in die
Hände fällt.«

21 Saul sagte: »Der HERR segne euch dafür,
dass ihr mir helfen wollt. 22 Geht und erkundet
alles noch genauer, stellt fest, wo er sich aufhält
und wer ihn dort gesehen hat. Ich habe sagen
hören, dass er sehr listig ist. 23 Erkundet alle
Schlupfwinkel, in denen er sich versteckt halten
könnte, und wenn ihr ganz sicher seid, dann
kommt wieder. Dann will ich mit euch gehen.
Wenn er noch im Land ist, werde ich ihn aufspüren, und wenn ich ganz Juda absuchen muss.«

24 Die Männer kehrten nach Sif zurück und
Saul folgte ihnen. David und seine Männer
waren inzwischen in der Wüste bei Maon, in der
Senke südlich von Jeschimon. 25 Als David
erfuhr, dass Saul mit seinen Leuten hinter ihm
her war, wollte er sich ins Felsenversteck zurückziehen, immer noch in der Wüste bei Maon. Saul
hörte davon und folgte ihm in die Wüste hinein.

26 Nur noch ein Bergzug trennte die beiden.
Saul ging an dem einen Abhang entlang und David mit seinen Männern am andern. David
machte die größten Anstrengungen, um seinem
Verfolger zu entkommen; aber Saul und seine

23,2-4 1 Kön 22,5 S **23,6** 22,20 S **23,17** 20,30-31; 24,21 S **23,18** 18,3 S **23,19** 26,1; Ps 54,2

Leute hatten ihn schon so gut wie eingeschlossen. 27 Da kam im letzten Augenblick ein Bote zu Saul und meldete ihm: »Die Philister* sind ins Land eingefallen und plündern alles aus. Schnell, komm uns zu Hilfe!«

28 Sofort brach Saul die Verfolgung ab und zog gegen die Philister. Daher bekam der felsige Bergzug den Namen »Trennungsfels«.

David beschämt Saul

24 Von dort aus zog sich David in die schwer zugänglichen Berge bei En-Gedi zurück. 2 Saul schlug inzwischen die Philister* in die Flucht und verfolgte sie. Als er heimkehrte, wurde ihm gemeldet: »David ist jetzt in der Bergwüste bei En-Gedi!«

3 Saul nahm 3000 der besten Kriegsleute aus ganz Israel mit. Östlich der Steinbockfelsen machte er sich auf die Suche nach David und seinen Männern. 4 Als er an den Schafhürden vorbeikam, ging er in die nahe gelegene Höhle, um seine Notdurft zu verrichten.

Hinten in dieser Höhle saß David mit seinen Männern. 5 Die flüsterten ihm zu: »Heute ist der Tag, von dem der HERR zu dir gesagt hat: ›Ich gebe deinen Feind in deine Hand. Du kannst mit ihm machen, was du willst.‹«

David stand auf und schnitt heimlich einen Zipfel von Sauls Gewand ab. 6 Hinterher schlug ihm aber doch das Gewissen, weil er das gewagt hatte. 7 Er sagte zu seinen Leuten: »Der HERR bewahre mich davor, dass ich Hand an meinen Gebieter lege, an den gesalbten* König des HERRN! Denn das ist und bleibt er.«[a] 8 Er wies seine Männer zurecht und verbot ihnen, sich an Saul zu vergreifen.

Als Saul die Höhle verlassen hatte, um seinen Weg fortzusetzen, 9 kam David heraus und rief ihm nach: »Mein Herr und König!«

Saul drehte sich um und David warf sich ehrerbietig vor ihm nieder. 10 Er sagte: »Warum lässt du dir einreden, dass ich dich ins Verderben stürzen will? 11 Heute kannst du dich mit eigenen Augen vom Gegenteil überzeugen. Hier in der Höhle hatte der HERR dich in meine Hand gegeben; meine Leute haben mir zugesetzt, dass ich dich umbringen soll. Aber ich habe dich geschont, weil ich dachte: ›Ich werde nicht Hand an meinen Gebieter legen; denn er ist der gesalbte König des HERRN.‹

12 Mein Vater, sieh diesen Zipfel deines Gewandes hier in meiner Hand! Ich hätte dich töten können, aber ich habe nur dieses Stück von deinem Gewand abgeschnitten. Daran musst du doch erkennen, dass ich kein Verräter bin und dir nichts Böses antun will. Ich habe dir nichts getan, und doch stellst du mir nach und willst mich umbringen.

13 Der HERR soll Richter zwischen uns sein! Er soll dich strafen für das Unrecht, das du mir antust; aber ich selbst werde meine Hand nicht gegen dich erheben. 14 Du kennst das Sprichwort: ›Nur Verbrecher begehen Verbrechen.‹ Ich werde mich nicht an dir vergreifen. 15 Hinter wem jagst du denn her? Der König von Israel jagt einen toten Hund, ja einen einzigen Floh! 16 Der HERR soll Richter sein und zwischen dir und mir entscheiden. Er soll meinen Streit gegen dich führen und mir zu meinem Recht verhelfen.«

17 Als David ausgeredet hatte, fragte Saul: »Ist das wirklich deine Stimme, mein Sohn David?« Und er brach in lautes Weinen aus.

18 Dann sagte er zu David: »Du bist im Recht gegen mich. Du bist gut zu mir gewesen, obwohl ich dir Böses angetan habe. 19 Heute hast du es bewiesen; denn du hast mich verschont. Der HERR hatte mich in deine Hand gegeben, aber du hast mich nicht getötet.

20 Wo kommt so etwas vor, dass einer seinen Feind in der Hand hat und ihn unbehelligt laufen lässt? Der HERR wird dich dafür belohnen. 21 Ich weiß ja, du wirst König werden und in deiner Hand wird das Königtum in Israel festen Bestand haben. 22 Darum schwöre mir beim HERRN, dass du meine Nachkommen nicht ausrottest, damit mein Andenken in meiner Sippe erhalten bleibt!«

23 David schwor es. Dann kehrte Saul nach Hause zurück, aber David und seine Männer gingen wieder hinauf in ihr Bergversteck.

David als Bandenführer

25 Um diese Zeit starb Samuel. Ganz Israel versammelte sich und hielt die Totenklage* für ihn. Dann bestatteten sie ihn in seinem Heimatort Rama. David zog sich damals weit nach Süden in die Wüste Paran zurück.

2 In der Ortschaft Maon lebte ein sehr reicher Mann, der im Nachbardorf Karmel Viehzucht betrieb. Er hatte in Karmel 3000 Schafe und 1000 Ziegen und befand sich gerade dort, weil Schafschur war. 3 Dieser Mann hieß Nabal und war ein Nachkomme Kalebs. Seine Frau hieß Abi-

a *Denn das ist …:* wörtlich *Denn er ist der Gesalbte des HERRN.*

24,1-23 26,1-25 **24,6** 2Sam 24,10 **24,7** 26,9.23; 31,4; 2Sam 1,14 **24,12** 20,1S **24,16** Ps 43,1; 119,154 **24,21** 13,14; 15,28; 23,17; 25,30; 28,17 **24,22** 20,15S **25,1** (Rama) 1,19; 2,11; 15,34; 28,3

gajil, sie war schön und klug, er selbst aber grob
und gemein.
4 Als David in der Wüste hörte, dass Nabal zur
Schafschur nach Karmel gekommen war,
5 schickte er zehn junge Männer los mit dem
Auftrag: »Geht hinauf nach Karmel, bestellt
Nabal einen Gruß von mir 6 und richtet ihm
Folgendes aus:
›Ich wünsche dir alles Gute! Glück und Heil
für dich und deine Familie und für alles, was dir
gehört! 7 Ich habe gehört, dass du deine Schafe
scheren lässt. Darf ich dich daran erinnern, dass
deine Hirten die Schafe ganz in unserer Nähe
weiden ließen? Wir haben ihnen nichts zuleide
getan, und während der ganzen Zeit ist ihnen in
Karmel kein einziges Schaf abhanden gekom-
men. 8 Frage sie nur, sie werden es dir bestäti-
gen. Nimm also meine Boten freundlich auf!
Heute ist doch ein Festtag für dich. Hab die Güte
und gib ihnen mit, was du für deinen ergebenen
Diener David erübrigen kannst.‹«
9 Nachdem sie Nabal das alles im Namen
Davids ausgerichtet hatten, blieben die Boten ab-
wartend stehen. 10 Nabal aber entgegnete ihnen:
»David? Wer ist das? Sohn von Isai? Nie von ihm
gehört! Heutzutage gibt es genug Knechte, die
ihren Herren davongelaufen sind und ein
Räuberleben führen.[a] 11 Mein Brot und mein
Trinkwasser und die geschlachteten Tiere hier
sind für meine Schafscherer. Soll ich es etwa
Leuten geben, von denen ich nicht einmal weiß,
woher sie kommen?«
12 Die Männer kehrten zu David zurück und
berichteten ihm alles. 13 »Schnallt die Schwerter
um!«, befahl David. Auch er nahm sein Schwert.
Mit 400 Mann zog er los; die restlichen 200 ließ
er als Wache am Lagerplatz zurück.

Die kluge Frau eines dummen Mannes

14 Einer von Nabals Knechten war zu Abigajil
gelaufen. »Soeben waren Boten von David da«,
berichtete er. »Er ließ unseren Herrn freundlich
grüßen, aber der hat sie nur beschimpft. 15 Dabei
waren die Männer Davids immer sehr gut zu
uns und haben uns nie etwas getan. In der
ganzen Zeit, die wir draußen in ihrer Nähe
umherzogen, ist uns kein einziges Schaf gestoh-
len worden. 16 Sie waren wie eine schützende
Mauer bei Tag und bei Nacht, solange die Her-
den in ihrer Nähe weideten. 17 Sieh zu, ob du
noch etwas retten kannst; sonst ist unser Herr
verloren und wir alle mit. Er selbst ist ja so bos-
haft und eigensinnig, dass er nicht mit sich reden
lässt.«
18 Schnell ließ Abigajil einige Esel beladen. Sie
nahm 200 Fladenbrote*, zwei Krüge voll Wein,
fünf geschlachtete Schafe, einen Sack geröstete
Körner,[b] 100 Portionen gepresste Rosinen und
200 Portionen Feigenmark. 19 Sie befahl ihren
Knechten: »Geht ihr mit den Eseln voraus, ich
komme gleich nach!« Ihrem Mann sagte sie
nichts davon.
20 Als Abigajil auf ihrem Esel den Berg hinun-
territt, kamen ihr plötzlich an einer Biegung des
Weges David und seine Leute entgegen. 21 David
schimpfte gerade: »Für nichts und wieder nichts
habe ich in der Steppe alles beschützt, was
diesem Schuft gehört! Nicht ein einziges Stück
Vieh ist ihm weggekommen, nur Gutes habe ich
ihm getan – und das ist jetzt der Dank dafür!
22 Gott soll mich strafen, wenn er von allen sei-
nen Leuten morgen früh noch *einen* hat, der an
die Wand pinkelt!«
23 Als Abigajil sah, dass es David war, stieg sie
rasch von ihrem Esel, warf sich vor David nieder,
das Gesicht zur Erde, 24 und blieb vor seinen
Füßen liegen. »Es ist alles meine Schuld, Herr!«,
sagte sie. »Bitte hör mich an, lass es dir erklären!
25 Nabal, diesen nichtsnutzigen Menschen,
darfst du nicht ernst nehmen. Er ist genau das,
was sein Name sagt: ein bösartiger Dummkopf.[c]
Unglücklicherweise war ich nicht da, als deine
Boten kamen. 26 So gewiss der HERR lebt und du
selbst lebst: Es ist gut, dass ich dir noch rechtzei-
tig begegnet bin![d] Der HERR hat dich so daran
gehindert, dich zu rächen und dabei schwere
Schuld auf dich zu laden. Nabal wird seiner
Strafe nicht entgehen. Allen deinen Feinden, die
dir schaden wollen, soll es so ergehen wie ihm!
27 Bitte, Herr, nimm dieses Geschenk an, das
ich dir mitgebracht habe, und verteile es unter
deine Gefolgsleute. 28 Ich bin dir treu ergeben;
verzeih mir, dass ich so vermessen war, dir in
den Weg zu treten. Ich weiß, der HERR wird dich
zum König machen und dein Königshaus wird
für immer bestehen. Du bist ja der Mann, durch
den der HERR seine Kriege führt; und dein Leben
lang wird dir niemand ein Unrecht vorwerfen
können. 29 Wenn dich jemand verfolgt und dich
umbringen möchte, wird er dir nichts anhaben

a *und ein …:* verdeutlichender Zusatz.
b Hebräische Maßangabe *5 Sea* (1 Sea = 1/3 Efa*); Gewicht der gerösteten Körner ca. 25 kg.
c Der Name *Nabal* (= vornehm, angesehen) ist gleich lautend mit dem hebräischen Wort für »gottvergessener Narr«.
d *Es ist gut …:* verdeutlichender Zusatz.
25,28 24,21 S; 18,17; 2 Sam 7,16 S

können, weil der HERR dein Leben bewahren
wird, wie man einen kostbaren Stein im Beutel
verwahrt; aber das Leben deiner Feinde wird der
HERR wegwerfen, wie man einen Stein mit der
Schleuder fortschleudert. 30 Wenn dann der
HERR alle seine Zusagen eingelöst und dir die
Herrschaft über Israel gegeben hat, 31 wirst du
froh sein, dass dein Gewissen rein ist und du dir
nicht selbst zu deinem Recht verholfen und ohne
Grund Blut vergossen hast. Und denk dann auch
an mich, deine Dienerin, wenn der HERR dich so
weit gebracht hat.«

32 »Gepriesen sei der HERR, der Gott Israels«,
rief David, »dass er dich in diesem Augenblick
mir entgegengeschickt hat. 33 Und gepriesen sei
deine Klugheit! Gesegnet sollst du sein, weil du
mich davor bewahrt hast, eigenmächtig Rache
zu nehmen und Blutschuld auf mich zu laden.
34 Ich schwöre dir beim HERRN, dem Gott Israels,
der mich davor bewahrt hat, dir etwas zuleide
zu tun: Wenn du mir nicht so schnell entgegengekommen
wärst, hätte Nabal morgen früh,
wenn es hell wird, von seinen Männern keinen
mehr am Leben gefunden – keinen von allen,
die an die Wand pinkeln!«

35 David nahm die Gaben an, die Abigajil ihm
gebracht hatte, und sagte zu ihr: »Geh unbesorgt
nach Hause. Was du von mir erbeten hast, ist dir
gewährt.«

Die kluge Abigajil wird Davids Frau

36 Als Abigajil nach Hause kam, saß Nabal mit
seinen Leuten beim Festmahl; er feierte wie ein
König. Er war in Hochstimmung und völlig
betrunken, deshalb sagte sie ihm nichts.

37 Erst am anderen Morgen, als er wieder
nüchtern war, erzählte sie ihm, was vorgefallen
war. Als er das hörte, traf ihn der Schlag und er
konnte sich nicht mehr rühren. 38 Zehn Tage
später ließ der HERR ihn sterben.

39 Als David davon hörte, sagte er: »Gepriesen
sei der HERR! Er hat mir Recht verschafft und
Nabal für seine Unverschämtheit bestraft. Er hat
mich, seinen Diener, davor bewahrt, unbedacht
Schuld auf mich zu laden. Er hat Nabals böse Tat
auf ihn selbst zurückfallen lassen.«

Dann schickte David zu Abigajil und bat sie,
seine Frau zu werden. 40 Seine Boten kamen zu
ihr nach Karmel und sagten: »David schickt uns,
er will dich zur Frau nehmen!«

41 Da stand sie auf, warf sich nieder mit dem
Gesicht zur Erde und sagte: »Ich bin seine Sklavin
und bereit, den Dienern meines Herrn die
Füße zu waschen.« 42 Schnell machte sie sich
reisefertig und setzte sich auf ihren Esel; ihre
fünf Mägde begleiteten sie. Sie folgte den Boten
Davids und wurde seine Frau.

43 David hatte nun zwei Frauen; schon zuvor
hatte er Ahinoam aus Jesreel geheiratet. 44 Die
Saulstochter Michal, die seine erste Frau gewesen
war, hatte ihr Vater mit Palti, dem Sohn
von Lajisch aus Gallim, verheiratet.

David beschämt Saul zum zweiten Mal

26 Ein paar Männer aus Sif kamen zu Saul
nach Gibea und verrieten ihm, wo David
sich versteckt hielt. »Er ist auf dem Hügel
Hachila, gegenüber von Jeschimon«, sagten sie.

2 Sogleich machte sich Saul auf den Weg in
die Steppe bei Sif, um David aufzuspüren. Er
nahm 3000 der besten Männer Israels mit. 3 Als
sie zu dem Hügel kamen, schlugen sie am Weg
ihr Lager auf.

David, der sich noch in der Steppe befand,
erfuhr, dass Saul auch hier hinter ihm her war.
4 Er schickte Kundschafter aus, die bestätigten
ihm, dass Saul angerückt war.

5 Darauf ging David selbst hin und erkundete
den Lagerplatz. In einem großen Kreis lagen die
Männer Sauls, und in der Mitte sah er den
König, der sich dort mit seinem Feldherrn Abner
zur Ruhe gelegt hatte.

6 Der Hetiter* Ahimelech und Abischai, der
Sohn der Zeruja und Bruder Joabs, waren mit
David mitgekommen. Nun sagte er zu ihnen:
»Ich schleiche mich zu Saul ins Lager. Wer von
euch kommt mit?«

»Ich gehe mit dir«, sagte Abischai.

7 Als es dunkel geworden war, schlichen die
beiden ins Lager und drangen an den schlafenden
Männern und an Abner vorbei bis zu Saul
vor. Der König lag in tiefem Schlaf. In der Nähe
seines Kopfes steckte sein Speer in der Erde.

8 Abischai flüsterte David zu: »Heute hat Gott
dir deinen Feind ausgeliefert! Ich durchbohre
ihn mit seinem eigenen Speer und spieße ihn an
den Boden;[a] ein einziger Stoß genügt!«

9 Aber David wehrte ab: »Vergreif dich nicht
an ihm! Wer die Hand ausstreckt gegen den gesalbten*
König des HERRN, wird der Strafe nicht
entgehen. 10 So gewiss der HERR lebt, er selbst
wird ihm das Ende bereiten; er kann ihn eines
natürlichen Todes sterben oder in der Schlacht
umkommen lassen. 11 Der HERR bewahre mich

a *mit seinem eigenen …:* vermutlicher Text; H *mit dem Speer und an den Boden.*

25,30 24,21 S **25,39** 24,16 **25,43** 2 Sam 3,2 **25,44** 18,27; 2 Sam 3,14-15 **26,1-25** 24,1-23 **26,1** 23,19; Ps 54,2 **26,6-9** 2 Sam 3,39 S **26,6** (Abischai) 2 Sam 2,18; 10,10; 16,9; 18,2; 20,6-7; 21,17; 23,18; 1 Chr 18,12 **26,9** 24,7 S

davor, dass ich Hand an seinen gesalbten König lege! Nimm jetzt den Speer dort neben seinem Kopf und seine Wasserflasche – und dann weg von hier!«

12 David nahm beides an sich, dann machten sie sich auf den Rückweg. Niemand sah etwas, niemand merkte etwas und niemand wachte auf; denn der HERR hatte alle in einen tiefen Schlaf fallen lassen.

13 David stieg ins Tal hinunter und auf der anderen Seite den Berg hinauf. In sicherer Entfernung stellte er sich hin 14 und rief zu Abner, dem Sohn Ners, und zum Kriegslager hinüber: »Abner! Antworte mir!«

»Wer wagt es, so zum König herüberzuschreien?«, rief Abner zurück.

15 Da sagte David: »Du bist doch ein Mann, mit dem es keiner in Israel aufnehmen kann! Warum hast du deinen Herrn, den König, nicht besser bewacht? Eben war jemand im Lager, der hätte ihn töten können. 16 Da hast du wahrlich kein Glanzstück vollbracht! So gewiss der HERR lebt: Ihr alle habt den Tod verdient, weil ihr euren Herrn, den von Gott gesalbten König, nicht beschützt habt. Sieh doch einmal nach: Der Speer hinter seinem Kopf ist weg und die Wasserflasche auch!«

17 Da erkannte ihn Saul an der Stimme und rief: »Ist das nicht deine Stimme, mein Sohn David?«

»Ja, mein Herr und König«, rief David zurück 18 und er fuhr fort: »Warum verfolgst du mich, deinen Diener? Was habe ich dir getan? Was ist meine Schuld? 19 Hör mich an, mein Herr und König! Irgendwer hat dich gegen mich aufgehetzt. Wenn es der HERR gewesen ist, müssen wir ihn durch ein Opfer* versöhnen; wenn es aber Menschen waren, sollen sie dafür vor dem HERRN verflucht sein! Sie wollen mich vertreiben, mir meinen Anteil am Land des HERRN nehmen; sie sagen zu mir: ›Geh fort, diene fremden Göttern!‹ 20 Nein, lass es nicht zu, dass ich fern vom HERRN in der Fremde umkomme! Warum jagst du mich wie ein Rebhuhn in den Bergen? Der König Israels zieht aus, um einen Floh zu fangen!«

21 Saul antwortete: »Ich bin im Unrecht. Komm wieder zurück, mein Sohn David! Ich werde dir nie mehr etwas Böses antun, weil du heute mein Leben so hoch geachtet hast. Ich sehe, was für ein Narr ich war! Ich habe mich schwer an dir vergangen.«

22 David sagte darauf: »Hier ist dein Speer, mein König! Einer von deinen Leuten soll kommen und ihn holen. 23 Der HERR belohnt alle, die ihm die Treue halten und stets nach seinen Geboten leben. Er hatte dich heute in meine Hand gegeben, aber ich wollte mich nicht an dir vergreifen, an dem gesalbten König des HERRN. 24 So viel wie dein Leben mir heute bedeutet hat, so viel wird künftig mein Leben dem HERRN bedeuten und er wird mich aus aller Not und Gefahr retten.«

25 Saul sagte: »Gott segne dich, mein Sohn David! Alles, was du unternimmst, wirst du erfolgreich zu Ende bringen.«

Dann trennten sie sich: David setzte seinen Weg fort und Saul kehrte nach Hause zurück.

David sucht Schutz bei Israels Feinden

27 David sagte sich: »Eines Tages werde ich doch noch Saul in die Hände fallen. Es gibt für mich keinen besseren Schutz, als dass ich schleunigst ins Gebiet der Philister* fliehe. Dann bin ich vor Saul sicher. Solange ich in Israel bin, wird er nicht aufhören, überall nach mir zu suchen.«

2 Darum ging David mit seinen 600 Mann über die Grenze zu Achisch, dem Sohn Maochs, dem König von Gat. 3 Ihre Familien nahmen sie mit; David hatte seine beiden Frauen bei sich, Ahinoam aus Jesreel und Abigajil, die Witwe Nabals aus Karmel. Sie alle blieben bei Achisch in Gat.

4 Als Saul erfuhr, dass David dorthin geflohen war, gab er es auf, weiter nach ihm zu suchen.

5 Nach einiger Zeit sagte David zu Achisch: »Wenn ich deine Gunst gefunden habe, dann lass mich doch in eine deiner Landstädte ziehen und dort wohnen. Warum sollte dein Diener unbedingt bei dir in der Hauptstadt bleiben?«

6 Daraufhin überließ Achisch ihm noch am selben Tag die Stadt Ziklag. Deshalb gehört Ziklag bis heute den Königen von Juda. 7 Insgesamt lebte David ein Jahr und vier Monate im Gebiet der Philister.

Davids doppeltes Spiel

8 Von Ziklag aus[a] unternahm David mit seinen Männern Raubzüge gegen den Stamm Geschur und die Leute von Geser und gegen die Amalekiter*, die das Gebiet zwischen Telem und der Wüste Schur[b] und von dort bis zur Grenze Ägyptens bewohnen. 9 Überall, wo David hin-

a Verdeutlichender Zusatz.
b die das Gebiet …: vermutlicher Text (vgl. Jos 15,24); H *die seit alters das Gebiet bis (zur Wüste) Schur …*
26,18 20,1 S **27,1** 23,23 **27,2** 21,11 **27,3** 25,42-43 **27,8** Ex 17,14 S

kam, machte er Männer und Frauen nieder, aber
die Schafe und Ziegen, Rinder, Esel und Kamele
und auch die Kleider nahm er als Beute mit.

Wenn er zurückkam, 10 fragte Achisch ihn re-
gelmäßig: »Habt ihr wieder mal einen Raubzug
gemacht?«

»Ja«, sagte David, »ins Südland, in das Gebiet
der Judäer«, oder: »Ins Südland, in das Gebiet
der Jerachmeëliter«, oder: »Ins Südland, in das
Gebiet der Keniter*.«

11 David ließ niemand am Leben und brachte
auch keine Gefangenen nach Gat, denn sonst
hätte Achisch von ihnen erfahren können, was
David und seine Männer in Wirklichkeit taten.
So machte es David die ganze Zeit, während er
bei den Philistern* lebte.

12 Achisch meinte sich auf David verlassen zu
können; denn er dachte: »Er hat sich bei seinen
Landsleuten so verhasst gemacht, dass er gar
keine andere Wahl hat, als für immer in meinem
Dienst zu bleiben.«

28 Als die Philister wieder einmal ihre Trup-
pen zu einem Kriegszug gegen die Israe-
liten zusammenzogen, sagte Achisch zu David:
»Du bist dir doch darüber im Klaren, dass du mit
mir kommst und mit deinen Männern auf unse-
rer Seite kämpfst?«

2 »Natürlich«, erwiderte David; »jetzt kannst
du einmal mit eigenen Augen sehen, wie ich dir
diene.«

»Gut«, sagte Achisch, »du bist während des
Feldzuges für meine persönliche Sicherheit ver-
antwortlich.«

SAULS VERZWEIFLUNG UND ENDE (28,3–31,13)

Saul sucht Rat bei einem Toten

3 Samuel war gestorben und in seiner Heimat-
stadt Rama begraben worden. Ganz Israel hatte
für ihn die Totenklage* gehalten. Übrigens hatte
Saul alle Totenbeschwörer und Wahrsager im
Land ausgerottet.

4 Die Philister* hatten ihre Truppen zusam-
mengezogen; sie rückten bis nach Schunem vor
und schlugen dort ihr Lager auf. Saul rief die
Männer Israels zu den Waffen; sie hatten ihr La-
ger auf dem Gilboa-Gebirge.

5 Als Saul das Heer der Philister sah, erschrak
er und wurde ganz verzagt. 6 Er fragte den
HERRN, was er tun sollte. Doch der HERR gab ihm
keine Antwort, weder durch einen Traum noch
durch das Los noch durch das Wort eines Pro-
pheten*.

7 Darum befahl Saul seinen Leuten: »Sucht
mir eine Frau, die Verstorbene herbeirufen
kann! Ich will zu ihr gehen und sie um Rat
fragen.«

»In En-Dor gibt es eine«, sagten sie ihm.

8 Saul zog fremde Kleider an, machte sein Ge-
sicht unkenntlich und ging mit zwei Begleitern
dorthin. Es war Nacht, als sie ankamen. Saul bat
die Frau: »Du musst für mich einen Totengeist
beschwören und mir die Zukunft voraussagen!
Ich sage dir, wen du aus der Totenwelt* herauf-
holen sollst.«

9 Die Frau erwiderte: »Du weißt doch selbst,
dass der König so etwas verboten hat. Er hat die
Totenbeschwörer und Wahrsager im ganzen
Land ausgerottet. Du willst mir nur eine Falle
stellen, damit ich getötet werde.«

10 Aber Saul schwor: »So gewiss der HERR lebt,
es wird dir nichts geschehen!«

11 »Wen soll ich dir denn heraufrufen?«, fragte
die Frau.

Saul antwortete: »Rufe Samuel!«

12 Als die Frau Samuel erblickte, schrie sie auf
und sagte zu Saul: »Warum hast du mich hinter-
gangen? Du bist ja Saul!«

13 »Du brauchst nichts zu fürchten«, erwi-
derte der König. »Sag, was du siehst!«

»Ich sehe einen Geist aus der Erde herauf-
steigen«, berichtete sie.

14 »Wie sieht er aus?«, fragte Saul.

»Es ist ein alter Mann«, sagte sie, »er trägt
einen Prophetenmantel.« Daran erkannte Saul,
dass es Samuel war. Er warf sich vor ihm nieder,
das Gesicht zur Erde.

15 »Warum hast du meine Ruhe gestört und
mich heraufkommen lassen?«, fragte ihn Samuel.

Saul antwortete: »Ich bin in Todesängsten.
Die Philister sind gegen mich aufmarschiert und
Gott hat mich verlassen. Er gibt mir keine Ant-
wort mehr, weder durch Propheten noch durch
Träume. Darum habe ich dich rufen lassen. Sag
mir, was ich tun soll!«

Gottes Urteil ist unwiderruflich

16 Samuel erwiderte: »Wozu musst du mich noch
fragen? Du siehst doch: Der HERR hat sich von
dir abgewandt und ist dein Feind geworden.
17 Er führt jetzt aus, was er durch mich angekün-
digt hat: Er nimmt dir das Königtum und gibt es
David. 18 Der HERR befahl dir, sein Vernichtungs-
urteil an den Amalekitern* zu vollstrecken. Weil

28,3 25,1; Lev 19,31 S **28,6** 14,37; Ex 28,30 S; Ri 1,1-2 S **28,11** Sir 46,20 **28,14** (Prophetenmantel) 1 Kön 11,29; 19,19; 2 Kön 1,8; 2,8.14; Sach 13,4 **28,17** 24,21 S **28,18** 15,3-9

du ihm nicht gehorcht hast, verfährt er jetzt so
mit dir. 19 Er wird dich und das Heer Israels in
die Hand der Philister geben. Morgen wirst du
mit deinen Söhnen bei mir in der Totenwelt*
sein.«

20 Saul stürzte wie vom Schlag getroffen der
Länge nach zu Boden, so entsetzt war er über
die Worte Samuels. Er war ohnedies geschwächt,
weil er den ganzen Tag über nichts gegessen
hatte.

21 Die Frau trat zu Saul, und als sie sah, dass er
ganz verstört war, sagte sie: »Mein König! Ich
habe deine Bitte erfüllt und habe sogar mein
Leben dabei aufs Spiel gesetzt. 22 Nun lass auch
mich nicht vergeblich bitten! Ich bringe dir eine
Kleinigkeit zu essen. Stärke dich für den Weg,
der vor dir liegt!«

23 Saul weigerte sich: »Nein, ich esse nichts!«
Aber seine beiden Begleiter und die Frau setzten
ihm so lange zu, bis er ihnen nachgab. Er stand
auf und setzte sich auf das Bett. 24 Die Frau hatte
ein gemästetes Kalb im Stall, das schlachtete sie
in aller Eile. Dann nahm sie Mehl, machte einen
Teig und backte Fladenbrot*. 25 Das trug sie Saul
und seinen Begleitern auf.

Sie aßen und machten sich noch in derselben
Nacht auf den Rückweg.

David muss nicht in den Kampf gegen Israel ziehen

29 Die Philister* sammelten ihr Heer bei
Afek, die Israeliten lagerten sich an der
Quelle vor der Stadt Jesreel. 2 Die Philisterfürsten
ließen alle ihre Truppen geordnet an sich vor-
übermarschieren. Die Kriegsleute von Achisch,
dem König von Gat, bildeten den Schluss.

Als die Fürsten der Philister dabei auch David
mit seinen Männern sahen, 3 fragten sie Achisch:
»Was haben denn die Hebräer* hier zu suchen?«

Achisch erklärte ihnen: »Das ist doch David,
der früher dem Israelitenkönig Saul gedient hat
und jetzt seit Jahr und Tag in meinen Diensten
steht. Die ganze Zeit, seit er zu mir übergelaufen
ist, habe ich noch nie etwas an ihm auszusetzen
gehabt.«

4 Doch die Philisterfürsten waren empört und
forderten von Achisch: »Schick den Mann
zurück! Er soll an dem Ort bleiben, den du ihm
als Wohnsitz angewiesen hast. Er darf auf kei-
nen Fall mit uns in den Kampf ziehen, sonst
wird er sich noch mitten in der Schlacht auf die
Seite des Feindes schlagen. Eine bessere Gele-
genheit findet er nicht mehr, die Gunst seines
Herrn wiederzugewinnen, als wenn er ihm die
Köpfe unserer Männer vor die Füße legt! 5 Das
ist doch derselbe David, von dem sie bei ihren
Reigentänzen singen:

›Tausend Feinde hat Saul erschlagen,
doch zehntausend waren's, die David erschlug.‹«

6 Achisch rief David zu sich und sagte: »So gewiss
der HERR lebt: Du bist ein zuverlässiger Gefolgs-
mann, und ich finde es gut, dass du mit mir in
den Kampf ziehst. Denn in der ganzen Zeit, seit
du bei mir bist, habe ich nichts an dir auszusetzen
gefunden. Aber die Philisterfürsten trauen dir
nicht. 7 Kehr deshalb wieder um und verhalte
dich ruhig! Tu nichts, was ihren Unwillen auf
dich ziehen könnte.«

8 David fragte: »Womit habe ich diese Be-
handlung verdient? Hast du jemals etwas an mir
auszusetzen gehabt, seit ich in deine Dienste
getreten bin? Warum darf ich dann nicht mit-
kommen und gegen die Feinde meines Herrn
und Königs kämpfen?«

9 »Ich weiß, ich weiß«, erwiderte Achisch.
»In meinen Augen bist du über jeden Verdacht
erhaben wie ein Engel* Gottes; aber die Fürsten
der Philister haben nun einmal gesagt: ›Er darf
auf keinen Fall mit uns in den Kampf ziehen.‹
10 Macht euch also morgen in aller Frühe fertig,
du und alle, die einst Saul gedient haben, und
zieht ab, sobald es hell wird!«

11 So machte sich David bei Tagesanbruch auf
den Weg und kehrte mit seinen Männern in das
Land der Philister zurück. Das Philisterheer aber
rückte in Richtung Jesreel vor.

Davids Rachezug gegen die Amalekiter

30 Als David und seine Männer zwei Tage
später in Ziklag ankamen, lag die Stadt in
Schutt und Asche. Die Amalekiter* waren auf
einem Raubzug in das Südland eingefallen und
hatten dabei auch Ziklag verwüstet. 2 Getötet
hatten sie niemand, aber alle Frauen und Kinder
waren als Gefangene weggeschleppt worden.

3 Als David und seine Männer die niederge-
brannte Stadt sahen und entdeckten, dass ihre
Frauen und Kinder verschleppt waren, 4 schrien
sie entsetzt auf. Sie weinten so lange, bis sie vor
Erschöpfung nicht mehr konnten. 5 Auch die bei-
den Frauen Davids, Ahinoam aus Jesreel und
Abigajil, die Witwe Nabals aus Karmel, waren in
Gefangenschaft geraten.

6 David war in schwerer Bedrängnis. Seine
Männer drohten offen damit, ihn zu steinigen*,

28,19 31,2-4 **29,1** 4,1b **29,3** 27,2.7 **29,4** 27,6 **29,5** 18,6-7 **29,9** 2 Sam 14,17.20; 19,28 **30,1-20** 27,8; Ex 17,14 S **30,5** 25,42-43

so erbittert waren sie über den Verlust ihrer
Söhne und Töchter. Aber das Vertrauen auf den
HERRN, seinen Gott, gab ihm Mut.
7 Er befahl dem Priester* Abjatar, dem Sohn
Ahimelechs, die Orakeltasche* zu bringen.
8 Dann fragte er den HERRN: »Soll ich diese
Räuberbande verfolgen? Werde ich sie ein-
holen?«

Er erhielt die Antwort: »Verfolge sie! Du wirst
sie einholen und die Gefangenen retten.«
9–10 David brach mit seinen 600 Mann sofort
auf. Als sie zum Besortal kamen, blieben 200
Mann dort zurück, weil sie zu erschöpft waren,
das Tal zu überqueren. Mit den anderen 400
setzte David die Verfolgung fort.
11–12 Unterwegs fanden die Leute Davids
einen Ägypter, der drei Tage nichts gegessen und
getrunken hatte. Sie brachten ihn zu David und
gaben ihm Brot und Wasser, dazu eine Portion
Feigenmark und zwei Portionen gepresste
Rosinen. Nachdem er das gegessen hatte, kam er
wieder zu Kräften 13 und David fragte ihn: »Zu
wem gehörst du? Woher kommst du?«

Er antwortete: »Ich bin ein Ägypter, der
Sklave* eines Amalekiters. Mein Herr hat mich
vor drei Tagen hier liegen gelassen, weil ich
krank geworden war. 14 Wir hatten im Südland
die Philister* überfallen und die Nachkommen
Kalebs, die zu Juda gehören; dabei haben wir
auch Ziklag niedergebrannt.«
15 David fragte ihn: »Kannst du mir den Weg
zu dieser Räuberbande zeigen?«

Der Sklave sagte: »Schwöre mir bei Gott, dass
du mich nicht tötest oder meinem Herrn auslie-
ferst! Dann werde ich dich zu diesen Räubern
führen.« 16 Er zeigte ihnen den Weg, und sie fan-
den die Amalekiter in Gruppen über die ganze
Gegend verstreut. Sie aßen und tranken und
feierten ausgelassen, weil sie bei den Philistern
und in Juda so reiche Beute gemacht hatten.
17 David überfiel sie am nächsten Morgen, als
es eben hell wurde, und der Kampf dauerte bis
zum Abend. Alle Feinde wurden niedergemacht,
nur 400 junge Männer konnten auf Kamelen flie-
hen. 18–19 David befreite alle Gefangenen und
auch seine beiden Frauen. Niemand wurde ver-
misst; seine Männer bekamen alle ihre Kinder
gesund wieder. Auch alles, was die Amalekiter
erbeutet hatten, wurde zurückerobert. 20 Die
Schafe, Ziegen und Rinder der Amalekiter nahm
David für sich; man trieb sie vor dem anderen
Vieh her und sagte: »Das ist Davids Beute.«

David sorgt für eine gerechte Verteilung der Beute

21 In der Nähe des Besortals kamen ihnen die
200 Mann entgegen, die so erschöpft gewesen
waren, dass David sie dort zurücklassen musste.
David grüßte sie freundlich.
22 Aber unter denen, die mit David gezogen
waren, gab es ein paar gemeine und nichts-
nutzige Männer, die sagten zu David: »Sie sind
nicht mit uns in den Kampf gezogen, also geben
wir ihnen auch nichts von der Beute ab, die wir
den Feinden abgenommen haben. Sie sollen froh
sein, dass wir ihnen ihre Frauen und Kinder
wiederbringen, und schleunigst mit ihnen
verschwinden!«
23 Doch David sagte: »Meine Brüder, wir
verdanken doch alles, was wir erbeutet haben,
dem HERRN! So könnt ihr nicht darüber ver-
fügen. Der HERR war es, der uns beschützt hat;
er hat uns diese Räuber ausgeliefert, die uns
überfallen hatten. 24 Niemand wird gutheißen,
was ihr da vorhabt. Vielmehr soll gelten:

Zum Kampf geht der eine,
den Tross schützt der andre.
Die Beute des Krieges wird ehrlich geteilt.«

25 Seit jenem Tag gilt dies als festes Recht in Is-
rael. David führte es ein und es wird bis heute
befolgt.

David macht sich Freunde

26 Von Ziklag aus schickte David einen Teil der
Beute an die Ältesten* des Stammes Juda, mit
denen er durch seine Herkunft verbunden war,
und ließ ihnen sagen: »Hier ist ein Geschenk für
euch aus der Beute, die David den Feinden des
HERRN abgenommen hat.«
27 Er schickte solche Geschenke nach Betuël,[a]
nach Ramot im Südland, nach Jattir, 28 Aroër,
Sifmot, Eschtemoa 29 und Rachal, in die Städte
der Jerachmeëliter und der Keniter*, 30 nach
Horma, Bor-Aschan, Atach 31 und Hebron und
außerdem in alle Orte, in denen er einst mit
seinen Leuten Unterschlupf gefunden hatte.

Sauls Ende

(1 Chr 10,1-12)

31 Im Gilboa-Gebirge kam es zwischen Israel
und den Philistern* zur Schlacht. Die
Männer Israels mussten fliehen; viele wurden

a *Betuël:* vermutliche Schreibung; vgl. 1 Chr 4,30. Der Ort ist identisch mit *Betul* in Jos 19,4. H *Bet-El,* das aber nicht in Juda liegt.

30,7 22,20 S **30,24** Num 31,27 **30,29** 27,10

von den Feinden niedergemacht. 2 Die Philister
verfolgten Saul und seine Söhne Jonatan, Abina-
dab und Malkischua. Die drei Söhne fanden da-
bei den Tod.

3 Um Saul entbrannte ein heftiger Kampf. Als
die Bogenschützen ihn entdeckten und auf ihn
anlegten, zitterte er vor Angst. 4 Er befahl sei-
nem Waffenträger: »Zieh dein Schwert und töte
mich! Sonst werden es diese Unbeschnittenen*
tun und ihren Spott mit mir treiben.«

Aber der Waffenträger scheute sich und
wollte es nicht tun. Da nahm Saul sein Schwert
und stürzte sich hinein.

5 Als der Waffenträger sah, dass Saul tot war,
stürzte auch er sich in sein Schwert und folgte
ihm in den Tod. 6 So starben Saul, seine drei
Söhne, sein Waffenträger und alle seine Männer
gemeinsam an diesem einen Tag.

7 Als die israelitischen Bewohner der Jesreel-
Ebene und der angrenzenden Jordangegend
erfuhren, dass das Heer Israels geschlagen
und Saul mit seinen Söhnen gefallen war, ver-
ließen sie ihre Wohnorte und flohen. Die Philis-
ter rückten nach und nahmen die Städte in Be-
sitz.

8 Am Tag nach der Schlacht plünderten die
Philister die Gefallenen aus. Dabei fanden sie
Saul und seine drei Söhne auf dem Gilboa-Gebir-
ge. 9 Sie schlugen Saul den Kopf ab und zogen
ihm seine Rüstung aus. Kopf und Rüstung ließen
sie durch Boten in ihrem ganzen Gebiet herum-
zeigen. So verkündeten sie ihren Götzen und ih-
rem Volk die Siegesnachricht. 10 Dann legten sie
die Rüstung in den Tempel der Astarte*; den
Leichnam Sauls hängten sie an der Stadtmauer
von Bet-Schean auf.

11 Als die Bewohner von Jabesch in Gilead* er-
fuhren, was die Philister mit Saul gemacht hat-
ten, 12 brachen alle kriegstüchtigen Männer auf
und gingen im Schutz der Nacht nach Bet-
Schean. Sie nahmen den Leichnam Sauls und
auch die Leichen seiner Söhne von der Mauer,
brachten sie nach Jabesch und verbrannten sie
dort. 13 Die Gebeine begruben sie unter der
Tamariske vor ihrer Stadt und fasteten* zur
Trauer eine ganze Woche lang.

DAS ZWEITE BUCH SAMUEL

Inhaltsübersicht

DAVID ALS KÖNIG ÜBER JUDA (Kapitel 1–4)

David erfährt vom Ende Sauls und Jonatans

1 1–2 Die Nachricht von Sauls Tod erreichte Da-
vid, nachdem er von seinem Sieg über die
Amalekiter* nach Ziklag zurückgekehrt war. Er
war gerade den dritten Tag wieder in der Stadt,
da kam ein Mann zu ihm, der aus der Schlacht
entkommen war, einer aus der näheren Um-
gebung Sauls. Zum Zeichen der Trauer hatte er
seine Kleider zerrissen und Erde auf seinen Kopf
gestreut. Er warf sich vor David zu Boden und
erwies ihm Ehre wie einem König.

3 »Wo kommst du her?«, fragte ihn David.

Der Mann antwortete: »Vom Heer Israels. Ich
konnte mich vor den Philistern* retten.«

4 »Wie steht es?«, fragte David. »Berichte mir!«

Da erzählte er: »Unser Heer wurde in die
Flucht geschlagen. Viele sind gefallen, auch Saul
und Jonatan sind tot.«

5 David fragte den jungen Mann, der ihm die
Nachricht brachte: »Saul und Jonatan tot? Woher
weißt du das?«

6 Der Mann erzählte: »Ganz zufällig kam ich
auf das Gilboa-Gebirge.[a] Da sah ich Saul stehen,
wie er sich auf seinen Speer stützte. Die Streit-
wagen* der Philister hatten ihn schon fast er-
reicht. 7 Als er sich umwandte, sah er mich und
rief mich zu sich. ›Ja, Herr?‹, sagte ich. 8 Er fragte:
›Wer bist du?‹, und ich antwortete: ›Ein Amaleki-
ter.‹ 9 Da rief er: ›Komm her und gib mir den

a Die Aussagen des *jungen Mannes* scheinen nicht recht zu der Schilderung des Unglücksboten in den Versen 1–4 zu passen. Möglicherweise sind zwei Berichte miteinander verflochten worden.

31,2-4 28,19; 14,49 **31,4** 24,7S; Ri 9,54 **31,9** 17,54 **31,10** Dtn 21,22-23S **31,11-12** 1 Sam 11,1-11 **31,13** 2 Sam 1,12

Todesstoß! Ich lebe noch, aber ich habe keine
Kraft mehr.‹
10 Ich sah, dass er seine Niederlage nicht über-
leben würde. Darum ging ich hin und gab ihm
den Todesstoß. Dann nahm ich ihm den Stirnreif
und die Armspange ab. Ich habe sie dir gebracht,
Herr, hier sind sie!«
11 Als David das hörte, zerriss er sein Gewand,
und dasselbe taten die Männer, die bei ihm wa-
ren. 12 Sie weinten und fasteten* bis zum Abend
und hielten die Totenklage* um Saul und um sei-
nen Sohn Jonatan und um das Heer des HERRN,
um alle Männer Israels, die in der Schlacht gefal-
len waren.
13 David fragte den jungen Mann, der ihm die
Nachricht überbracht hatte: »Woher stammst
du?«

Er antwortete: »Ich bin der Sohn eines Frem-
den*, eines Amalekiters, der in Israel Aufnahme
gefunden hat.«
14 Da fuhr David ihn an: »Wie konntest du es
wagen, den gesalbten* König des HERRN zu tö-
ten!« 15 Er rief einem seiner Männer zu: »Komm
her, stoß ihn nieder!«, und der schlug ihn tot.
16 David aber sagte noch zu dem Amalekiter:
»Dein Blut finde keinen Rächer![a] Du hast dir
selbst das Urteil gesprochen, als du sagtest: ›Ich
habe den gesalbten König des HERRN getötet.‹«

Davids Klagelied

17 David stimmte über Saul und seinen Sohn Jo-
natan die Totenklage* an. 18 Er sprach die Worte,
die bekanntlich ins Buch der Heldenlieder* auf-
genommen sind. Dort tragen sie die Überschrift
»Lehrt die Männer von Juda den Bogenkampf«;
sie lauten:

19 Erschlagen liegen sie auf deinen Bergen,
die Besten, die du hattest, Israel,
dein Ruhm und Stolz, gefallen sind sie – tot!

20 Sprecht nicht davon in Gat und Aschkelon,
verschweigt es auf den Gassen dieser Städte!
Sonst freuen sich die Frauen der Philister*,
die Töchter dieser Unbeschnittenen* jubeln.

21 Ihr Höhen von Gilboa, seid verflucht!
Nie sollen Tau und Regen auf euch fallen,
nie sollen Felder voller Frucht euch zieren,
weil dort die Schilde unserer Helden liegen,
Sauls Schild im Staub, entweiht für alle Zeit!

22 Der Pfeil vom Bogen Jonatans traf stets
sein Ziel
und nie zog Saul sein Schwert vergeblich,
in Scharen sanken ihre Feinde nieder.

23 Geliebt und hoch geachtet waren sie,
im Leben unzertrennlich, Saul und Jonatan –
nun sind sie auch im Tode noch vereint!
Sie waren schneller als der schnelle Adler,
den Löwen übertrafen sie an Kraft.

24 Ihr Frauen Israels, auf, klagt um Saul!
Er war es, der euch Purpurkleider gab
und euch mit goldenem Schmuck so reich
beschenkte.

25 Die Tapfersten sind tot, im Kampf erschlagen!
Auch Jonatan liegt tot dort oben auf den
Bergen!
26 Mein Bruder Jonatan, mein bester Freund,
voll Schmerz und Trauer weine ich um dich;
denn deine Freundschaft hat mir mehr bedeutet,
als Frauenliebe je bedeuten kann!

27 Die besten Krieger tot, im Kampf erschlagen,
für immer sind die Tapfersten dahin!

David wird König über Juda, Isch-Boschet über Israel

2 David fragte den HERRN: »Soll ich jetzt in
eine der Städte des Stammes Juda übersie-
deln?«
Er erhielt die Antwort: »Ja!«
»Wohin soll ich gehen?«, fragte er weiter.
Die Antwort war: »Nach Hebron.«
2 So kam David nach Hebron. Seine beiden
Frauen, Ahinoam aus Jesreel und Abigajil, die
Witwe Nabals aus Karmel, nahm er mit. 3 Auch
die Männer seiner Truppe folgten ihm; sie ließen
sich mit ihren Familien in der Umgebung der
Stadt nieder.
4 Daraufhin kamen die Männer des Stammes
Juda nach Hebron und salbten* David zu ihrem
König.
Als David die Nachricht erhielt, dass die Män-
ner von Jabesch in Gilead* Saul bestattet hatten,
5 schickte er Boten dorthin und ließ ihnen sagen:
»Der HERR möge euch segnen zum Lohn dafür,
dass ihr Saul, eurem König, diese Liebe erwiesen
und ihn beigesetzt habt! 6 Er erweise auch euch
seine beständige Liebe, und ich selbst werde es

a Wörtlich *Dein Blut (komme) auf deinen Kopf;* siehe Anmerkung zu Lev 20,9.

1,10 1 Sam 31,4 **1,14** 1 Sam 24,7 S **1,18** Jos 10,13 **1,26** 1 Sam 18,3 S **2,1** Ri 1,1-2 S **2,2** 1 Sam 25,42-43 **2,4** 1 Sam 16,13 S **2,4b-6** 1 Sam 31,11-13

ebenso halten, weil ihr das getan habt. 7 Seid tapfer und lasst euch nicht entmutigen! Saul, euer Herr, ist tot; aber inzwischen hat der Stamm Juda mich zu seinem König gemacht.«

8 Sauls Heerführer Abner, der Sohn Ners, hatte sich mit Isch-Boschet,[a] einem Sohn Sauls, nach Mahanajim zurückgezogen. 9 Dort machte er ihn zum König über ganz Israel. Seine Herrschaft erstreckte sich auf die Landschaften Gilead*, Ascher, Jesreel, Efraïm und Benjamin. 10 Isch-Boschet war 40 Jahre alt, als er König über Israel wurde. Er regierte zwei Jahre lang.

Zu David hielt nur der Stamm Juda. 11 Siebeneinhalb Jahre lang regierte David in Hebron als König über Juda.

Der Beginn des Krieges zwischen Juda und Israel

12 Abner, der Sohn Ners, zog mit den Kriegsleuten des Saulssohnes Isch-Boschet von Mahanajim nach Gibeon. 13 Joab, der Sohn der Zeruja, kam mit den Kriegsleuten Davids ebenfalls dorthin; beim Teich von Gibeon trafen sie zusammen. Die Männer Davids lagerten sich auf der einen Seite des Teiches, die Männer Isch-Boschets auf der andern.

14 Abner sagte zu Joab: »Unsere jungen Leute könnten hier zu einem Kampfspiel antreten!«

Joab stimmte zu: »Ja, das könnten sie!«

15 Zwölf junge Männer aus dem Stamm Benjamin traten für den Sohn Sauls, für Isch-Boschet, an und zwölf von den Männern Davids stellten sich ihnen gegenüber. 16 Die Kämpfenden packten sich gegenseitig an den Haaren und jeder stieß seinem Gegner das Schwert in die Seite, sodass alle gleichzeitig umkamen. Daher bekam dieser Platz in der Nähe von Gibeon den Namen Helkat-Hazzurim.[b]

17 Nun brach zwischen den beiden Truppenabteilungen ein erbitterter Kampf aus – mit dem Ergebnis, dass die Männer Israels unter Abner von den Männern Davids besiegt wurden.

18 Alle drei Söhne der Zeruja, Joab, Abischai und Asaël, waren an dem Kampf beteiligt. Asaël, der so schnell war wie eine wilde Gazelle, 19 jagte hinter Abner her und ließ sich durch nichts von ihm ablenken.

20 Abner drehte sich um und rief: »Bist du das, Asaël?« Und als Asaël bejahte, 21 sagte er zu ihm: »Geh nach rechts oder nach links und pack einen von diesen jungen Leuten, dem kannst du Waffen und Rüstung abnehmen!« Aber Asaël ließ sich nicht davon abbringen, hinter Abner herzujagen.

22 Noch einmal warnte ihn Abner: »Setz mir nicht weiter nach! Sonst muss ich dich niederschlagen. Dann kann ich deinem Bruder Joab nicht mehr unter die Augen treten!«

23 Doch Asaël wollte einfach nicht von ihm ablassen. Da stieß ihm Abner das stumpfe Ende seines Speeres in den Bauch, sodass der Schaft auf der anderen Seite wieder herauskam. Asaël stürzte zu Boden und war sofort tot. Jeder, der an die Stelle kam und Asaël tot daliegen sah, blieb einen Augenblick stehen.

24 Joab und Abischai aber jagten hinter Abner her. Bei Sonnenuntergang waren sie bis zum Hügel Amma gekommen, der östlich von Giach am Weg in die Steppe von Gibeon liegt. 25 Die Männer von Benjamin sammelten sich um Abner und stellten sich dicht geschlossen oben auf dem Hügel auf.

26 Abner rief Joab zu: »Soll das Schwert denn immerzu weiterfressen? Du weißt doch, was für ein bitteres Ende das nimmt! Worauf wartest du noch? Gib den Befehl, dass deine Männer mit der Verfolgung ihrer Brüder aufhören!«

27 »Gut, dass du das endlich sagst«, erwiderte Joab. »So gewiss Gott lebt, meine Leute hätten die deinen sonst noch bis morgen früh vor sich hergejagt!«

28 Joab ließ das Widderhorn* blasen. Da gaben seine Männer die Verfolgung auf und stellten den Kampf gegen die Männer von Israel ein.

29 Abner und seine Leute marschierten die ganze Nacht durch die Jordanebene, überquerten den Fluss und kehrten durch die Schlucht des Jabboks nach Mahanajim zurück.

30 Als Joab die Verfolgung Abners abgebrochen hatte und die ganze Truppe um sich sammelte, wurden von Davids Leuten außer Asaël noch weitere neunzehn Mann vermisst. 31 Die Kriegsleute Davids hatten aus dem Stamm Benjamin, von den Leuten, die Abner gefolgt waren, 360 Mann erschlagen. 32 Sie nahmen Asaël mit und bestatteten ihn in Betlehem in der Grabstätte seines Vaters. Danach marschierten Joab und seine Männer die ganze Nacht hindurch und kamen bei Tagesanbruch in Hebron an.

3 Der Krieg zwischen den Anhängern Sauls und den Anhängern Davids zog sich lange hin. David gewann immer mehr die Oberhand,

a Zur Namensform siehe Anmerkung zu 1 Chr 8,33.

b Der Name bedeutet »Feld der Felsen«, was keinen erkennbaren Bezug zu dem Vorfall ergibt. Vielleicht verschrieben aus *Helkat-Hazzodim* = »Feld der Jagenden« (so G) oder *Helkat-Hazziddim* = »Feld der Seiten«.

2,8 1 Sam 14,50 **2,18** 1 Sam 26,6 S **2,23** 3,27

während das Königshaus Sauls an Macht und
Einfluss verlor.

Eine Liste der Söhne Davids

2 In Hebron wurden David nacheinander die fol-
genden Söhne geboren:

als Erstgeborener Amnon, seine Mutter war
Ahinoam aus Jesreel;
3 als zweiter Kilab, seine Mutter war Abigajil, die
Witwe Nabals aus Karmel;
als dritter Abschalom, seine Mutter war Maacha,
die Tochter des Königs Talmai von Geschur;
4 als vierter Adonija, seine Mutter war Haggit;
als fünfter Schefatja, seine Mutter war Abital;
5 als sechster Jitream, seine Mutter war Davids
Frau Egla.

Diese Söhne wurden David in Hebron geboren.

Der Konflikt zwischen Isch-Boschet und seinem Heerführer Abner

6 Während des Krieges zwischen den Anhängern
Sauls und den Anhängern Davids erwies sich Ab-
ner als unentbehrliche Stütze für das Königshaus
Sauls. 7 Nun hatte Saul eine Nebenfrau gehabt,
Rizpa, die Tochter von Aja. Eines Tages stellte
Isch-Boschet Abner zur Rede und sagte: »Warum
hast du mit der Nebenfrau meines Vaters ge-
schlafen?«
8 Über diese Frage wurde Abner ganz wü-
tend; er schrie: »Bin ich denn ein ehrloser Ver-
räter? Meinst du, ich halte es mit Juda? Ich tue
bis heute alles, was ich kann, für das Königshaus
Sauls, für seine ganze Familie und alle seine
Freunde; ich bewahre dich davor, dass du David
in die Hände fällst – und du machst mir jetzt eine
Szene wegen so einer lächerlichen Geschichte!
9 Gott soll mich strafen, wenn ich nicht dafür
sorge, dass genau das eintrifft, was er David mit
einem Eid versprochen hat! 10 Denn das hat der
HERR gesagt: ›Ich werde der Familie Sauls das
Königtum wegnehmen und David zum König
über Israel und Juda machen, über das ganze
Land von Dan bis Beerscheba!‹«
11 Isch-Boschet bekam solche Angst vor Abner,
dass er ihm kein Wort erwidern konnte.

Abner verhandelt mit David

12 Darauf schickte Abner in eigener Sache Boten
zu David und ließ ihm sagen: »Wem steht denn
dieses Land zu? Hier mein Vorschlag: Schließ
einen Vertrag mit mir, und ich werde alles für
dich tun, damit ganz Israel zu dir übergeht!«
13 David antwortete: »Gut, ich schließe einen
Vertrag mit dir, aber nur unter einer Bedingung:
Lass dich nicht vor mir sehen, ohne dass du mir
Sauls Tochter Michal mitbringst, wenn du zu mir
kommst!«
14 Gleichzeitig sandte er Boten zu Isch-Bo-
schet und ließ ihm sagen: »Gib mir meine Frau
Michal heraus, für die ich als Brautpreis* hun-
dert Philistervorhäute bezahlt habe!«
15 Isch-Boschet schickte nach ihr und ließ sie
von ihrem Mann Paltiël, dem Sohn Lajischs,
wegholen. 16 Ihr Mann ging mit ihr und lief wei-
nend hinter ihr her bis nach Bahurim. Erst als
Abner ihn anfuhr: »Geh endlich heim!«, kehrte
er um.
17 Abner hatte zuvor mit den Ältesten* der
Stämme Israels gesprochen und zu ihnen gesagt:
»Schon lange wolltet ihr doch David zum König
über euch haben. 18 Jetzt ist es Zeit zu handeln.
Der HERR selbst hat ja von ihm gesagt: ›Durch
meinen Diener David will ich mein Volk Israel
aus der Gewalt der Philister* und aller seiner
Feinde retten.‹«
19 Abner sprach auch mit den Männern des
Stammes Benjamin. Dann ging er nach Hebron,
um David mitzuteilen, dass die Leute von Israel
und der ganze Stamm Benjamin ihn als König ha-
ben wollten.
20 Als Abner in Begleitung von zwanzig Män-
nern nach Hebron kam, gab David ein Festessen
für sie. 21 Danach sagte Abner zu David: »Ich
gehe jetzt und werde dir als meinem Herrn und
König alle Stämme Israels zuführen. Sie werden
einen Vertrag mit dir schließen und du wirst ihr
König sein, ganz wie es deinem Willen ent-
spricht.«
David verabschiedete Abner und er ging in
Frieden weg.

Joab rächt sich an Abner

22 Nicht lange danach kehrte Joab mit den
Kriegsleuten Davids von einem Streifzug zurück.
Sie brachten reiche Beute mit. Abner befand sich
zu diesem Zeitpunkt nicht mehr bei David in
Hebron; der König hatte ihn schon verabschiedet
und er war in Frieden weggegangen.
23 Kaum war Joab mit der Truppe in Hebron
angekommen, erzählte man ihm auch schon:
»Abner, der Sohn Ners, war beim König und der
hat ihn in Frieden ziehen lassen!«
24 Da ging Joab sofort zum König und stellte

3,2-3 1 Sam 25,42-43 **3,7** 21,8 **3,10** 1 Sam 24,21 S **3,14** 1 Sam 18,27 **3,15** 1 Sam 25,44

ihn zur Rede: »Was hast du da gemacht? Abner
ist zu dir gekommen und du hast ihn einfach
wieder ziehen lassen! 25 Du musst ihn doch ken-
nen! Er ist nur gekommen, um dich zu täuschen;
er will ausspionieren, was du vorhast.«

26 Als Joab vom König herauskam, schickte er
Boten hinter Abner her, um ihn zurückzurufen.
David wusste nichts davon. Die Boten holten Ab-
ner bei der Zisterne von Sira ein 27 und er kehrte
um nach Hebron. Joab führte ihn beiseite in das
Innere des Tores, als wolle er unter vier Augen
mit ihm reden. Doch dort stieß er ihm einen
Dolch in den Unterleib, sodass er starb. So rächte
sich Joab dafür, dass Abner seinen Bruder Asaël
getötet hatte.

David distanziert sich von Joabs Tat

28 Als David wenig später davon erfuhr, rief er:
»Mich und mein Königtum trifft auf ewig keine
Schuld vor dem HERRN am Tod von Abner!
29 Joab allein ist dafür verantwortlich, er und
seine ganze Familie sollen dafür büßen. Unter
seinen Nachkommen soll es zu allen Zeiten
Leute geben, die an Aussatz oder krankhaften
Ausflüssen leiden, an Krücken gehen, gewaltsam
umkommen oder Hunger leiden!«

30 – Joab und Abischai hatten Abner umge-
bracht, weil er ihren Bruder Asaël in der Schlacht
bei Gibeon getötet hatte. –

31 Darauf befahl David Joab und allen seinen
Männern: »Zerreißt eure Kleider, legt den Sack*
an und geht im Trauerzug vor Abner her!« Der
König selbst ging hinter der Bahre. 32 So bestatte-
ten sie Abner in Hebron. Der König weinte laut
an seinem Grab und alle weinten mit ihm.
33 Dann sang er für Abner ein Klagelied:

»Abner, musstest du denn wie ein Nichtsnutz
sterben?
34 Deine Hände waren nicht gefesselt,
deine Füße lagen nicht in Eisen!
Warum fandest du ein solches Ende,
Abner, wie von Mörderhand erschlagen?«

Als die Leute das hörten, weinten sie noch mehr.
35 Später redeten sie David zu, er solle doch am
Trauermahl teilnehmen; aber weil der Tag noch
nicht zu Ende war, schwor er: »Gott soll mich
strafen, wenn ich einen Bissen anrühre, bevor
die Sonne untergegangen ist!«

36 Alle waren Zeugen davon und es gefiel
ihnen gut, wie überhaupt alles, was er tat, den
Beifall des ganzen Volkes hatte. 37 Alle, die dabei
waren, erkannten an diesem Tag, dass der König
nichts mit dem Mord an Abner zu tun hatte.
Auch in ganz Israel sprach sich das herum.

38 Zu seinen Hofleuten sagte David: »Ihr seid
euch doch klar darüber, dass heute ein bedeuten-
der und mächtiger Mann in Israel umgekommen
ist? 39 Ich bin zwar zum König gesalbt*, aber ich
bin noch zu schwach, um so etwas zu verhin-
dern. Diesen Söhnen der Zeruja bin ich nicht ge-
wachsen. Der HERR möge den Schuldigen bestra-
fen, wie er es verdient hat!«

Isch-Boschet wird ermordet

4 Als Isch-Boschet erfuhr, dass Abner in
Hebron umgebracht worden war, verlor er
allen Mut und alle in Israel waren bestürzt. 2 In
Isch-Boschets Diensten standen zwei Brüder als
Truppenführer, Baana und Rechab, Söhne von
Rimmon aus Beerot. Sie gehörten zum Stamm
Benjamin; denn auch Beerot zählt jetzt zum Ge-
biet dieses Stammes. 3 Die früheren Bewohner
von Beerot sind nach Gittajim geflohen und
leben dort noch heute als Fremde.

4 Übrigens lebte noch ein Enkel Sauls, ein
Sohn Jonatans namens Merib-Baal, er war je-
doch an beiden Beinen gelähmt. Er war fünf Jah-
re alt gewesen, als sein Vater und sein Großvater
den Tod fanden. Als die Nachricht davon aus Jes-
reel eingetroffen war, hatte ihn seine Amme auf-
genommen, um mit ihm zu fliehen. Aber in ihrer
Hast ließ sie ihn fallen. Seither war er gelähmt.

5 Rechab und Baana, die Söhne von Rimmon
aus Beerot, gingen zum Haus von Isch-Boschet.
Als sie hinkamen, war gerade die heißeste Tages-
zeit und Isch-Boschet hielt seinen Mittagsschlaf.
6 Die Türhüterin war beim Verlesen von Weizen-
körnern eingeschlafen. So konnten sie unbe-
merkt hineinschlüpfen.[a] 7 Sie kamen bis ins
Schlafzimmer, in dem Isch-Boschet auf seinem
Bett lag, töteten ihn und schlugen ihm den Kopf
ab. Den Kopf nahmen sie mit, marschierten die
ganze Nacht durch die Jordanebene 8a und
brachten ihn zu David nach Hebron.

David distanziert sich von dem Mord an Isch-Boschet

8b »Hier ist der Kopf von Isch-Boschet!«, sagten
sie zum König. »Heute hat der HERR unserem
König Rache verschafft an Saul und seiner Sipp-
schaft!«

9 Aber David antwortete Rechab und seinem
Bruder Baana, den Söhnen von Rimmon aus

a *Die Türhüterin ...:* mit G; H *Sie drangen ins Innere des Hauses ein, Weizen holend, und durchbohrten ihn und sie entkamen.*

3,27 20,10; 2,23 **3,29** 1 Kön 2,34 **3,33** 1,17 **3,39** 2,18; 16,9-10; 19,23; 1 Sam 26,6-9 **4,4** 9,1-13 **4,9** 1 Sam 26,23-24

Beerot: »So gewiss der HERR lebt, der mich aus
aller Gefahr gerettet hat: Ihr täuscht euch gewal-
tig![a] 10 Der Bote, der mir in Ziklag die Nachricht
brachte: ›Saul ist tot!‹, hielt sich auch für einen
Freudenboten. Aber ich ließ ihn festnehmen und
hinrichten. Das war sein Botenlohn! 11 Was
meint ihr, wie ich erst mit Verbrechern verfahre,
die einen rechtschaffenen Mann in seinem Haus
mitten im Schlaf umbringen! Ich ziehe euch für
diesen Mord zur Rechenschaft. Ihr habt euer
Leben verwirkt.«

12 David gab seinen Männern den Befehl und
sie töteten Rechab und Baana. Dann schlugen sie
ihnen Hände und Füße ab und hängten ihre Lei-
chen am Teich von Hebron auf. Den abgeschla-
genen Kopf Isch-Boschets aber setzten sie im
Grab Abners in Hebron bei.

DAVID ALS KÖNIG ÜBER GANZ ISRAEL IN JERUSALEM (Kapitel 5–6)

David wird König über Israel

(1 Chr 11,1-3)

5 Nun kamen die Vertreter aller Stämme
Israels zu David nach Hebron und sagten zu
ihm: »Du bist doch unser eigen Fleisch und Blut!
2 Schon früher, als Saul noch unser König war,
hast du das Heer Israels im Krieg angeführt. Und
der HERR hat dir zugesagt: ›Du bist der Mann,
der künftig mein Volk Israel führen und schüt-
zen soll. Du wirst der Anführer Israels sein!‹«

3 Das sagten alle Ältesten* Israels, die zum
König nach Hebron gekommen waren. König
David schloss dort in Hebron einen Vertrag mit
ihnen und sie riefen den HERRN als Zeugen dafür
an. Daraufhin salbten* sie David zum König
über Israel.

4 David war 30 Jahre alt, als er König wurde.
Er regierte 40 Jahre lang, 5 siebeneinhalb Jahre
in Hebron als König über Juda und 33 Jahre in
Jerusalem als König über Israel und Juda.

David erobert Jerusalem und macht es zu seiner Hauptstadt

(1 Chr 11,4-9; 14,1-2)

6 Nachdem David König von Israel geworden
war, zog er mit seinen Kriegsleuten vor die Stadt
Jerusalem.
Die Jebusiter, die dort wohnten, riefen ihm
zu: »Diese Festung wirst du nicht einnehmen,
selbst Blinde und Lahme könnten sie verteidi-
gen!« So sicher waren sie, dass David nicht in
ihre Stadt eindringen würde.

7 Trotzdem eroberte David die Festung Zion*
und sie wurde die Stadt Davids. 8 Er sagte da-
mals: »Wer die Jebusiter besiegen will, muss
durch den Wasserschacht* in die Stadt eindrin-
gen.[b] Sie sind mir verhasst, diese Blinden und
Lahmen.« – Deshalb sagt man: »Ein Blinder oder
Lahmer kommt mir nicht ins Haus!«

9 Darauf machte David die Festung zu seiner
Residenz und gab ihr den Namen »Davidsstadt«.
Er baute sie ringsherum aus, vom Millo* stadt-
einwärts.

10 So wurde David immer mächtiger, und der
HERR, der Herrscher der Welt,[c] stand ihm bei.
11 Hiram, der König von Tyrus, schickte eine Ge-
sandtschaft zu David. Er lieferte David Zedern-
holz für den Bau seines Palastes und schickte
auch Zimmerleute und Steinmetzen, die den Bau
ausführten. 12 Daran erkannte David: Es war der
HERR, der ihn zum König über Israel gemacht
und sein Königtum gefestigt hatte. Der HERR han-
delte so, weil er sein Volk Israel liebte.

Liste der Söhne Davids (Fortsetzung)

(1 Chr 14,3-7)

13 Nachdem David von Hebron nach Jerusalem
gezogen war, nahm er sich Nebenfrauen und
noch weitere Frauen aus Jerusalem und bekam
noch mehr Söhne und Töchter. 14 Die Söhne, die
ihm in Jerusalem geboren wurden, waren:
Schammua, Schobab, Natan, Salomo, 15 Jibhar,
Elischua, Nefeg, Jafia, 16 Elischama, Eljada und
Elifelet.

David schlägt die Angriffe der Philister zurück

(1 Chr 14,8-17)

17 Als die Philister* erfuhren, dass David zum
König von Israel gesalbt* worden war, kamen
sie mit ihrem ganzen Heer, um ihn in ihre
Gewalt zu bringen. Doch David konnte sich
rechtzeitig in seiner Bergfestung in Sicherheit
bringen.

18 Die Philister besetzten die Ebene Rafaïm.
19 Da fragte David den HERRN: »Soll ich sie an-
greifen? Wirst du sie in meine Hand geben?«

a *Ihr täuscht ...*: verdeutlichender Zusatz.
b *muss durch den ...*: Deutung unsicher; wörtlich *muss die Röhre berühren.* Möglicher Sinn: *Wer einen Jebusiter besiegt, soll der Röhre Gewalt antun* (d. h. ihn kastrieren).
c Wörtlich *der HERR Zebaot**.

4,10 1,1-16 **4,12** Dtn 21,22-23 S **5,2** 1 Sam 18,16; 24,21 S **5,3** 1 Sam 16,13 S **5,5** 2,11 **5,6** Jos 15,63 S **5,8** Lev 21,18; Mt 21,14 **5,11** 1 Kön 5,15 **5,13** 2,1-4; 3,2-5 **5,19** 1 Sam 23,9-12; 30,7-8

Der HERR antwortete: »Greif sie an! Ganz ge-
wiss gebe ich sie in deine Hand!«
20 David zog aus und besiegte die Philister bei
Baal-Perazim. Er sagte: »Wie Wasser einen
Damm durchbricht, hat der HERR die Reihen
meiner Feinde durchbrochen.« Deshalb erhielt
der Ort den Namen Baal-Perazim (Herr des
Durchbruchs). 21 Die fliehenden Philister ließen
sogar ihre Götterbilder zurück, und David und
seine Männer nahmen sie als Beute mit.

22 Nach einiger Zeit zogen die Philister noch
einmal gegen David aus. Wieder besetzten sie
die Ebene Rafaïm. 23 Auch diesmal fragte David
den HERRN und er antwortete: »Greif sie nicht
an, sondern umgehe sie und fall ihnen bei den
Bakabäumen in den Rücken. 24 Sobald du ein
Geräusch hörst, wie wenn jemand durch die
Baumwipfel schreitet, schlägst du los. Denn
dann weißt du, dass ich vor dir her in die
Schlacht gezogen bin, um das Heer der Philister
zu besiegen.«

25 David befolgte die Weisung des HERRN. Er
besiegte die Philister und trieb sie von Geba bis
nach Geser zurück.

David holt die Bundeslade nach Jerusalem

(1 Chr 13,1-14; 15,25-28)

6 David rief die Elite der wehrfähigen jungen
Männer Israels zusammen, etwa 300 000
Mann, 2 und zog mit ihnen nach Baala im Gebiet
des Stammes Juda. Von dort wollte er die Lade
Gottes nach Jerusalem holen – die Bundeslade*,
die dem HERRN, dem Herrscher der Welt, ge-
weiht ist,[a] der über den Keruben* thront.
3–4 Sie luden die Lade Gottes auf einen Wagen,
der neu und noch völlig unbenutzt war. So
brachten sie die Lade aus dem Haus Abinadabs
fort, das auf der Anhöhe steht. Usa und Achjo,
die Söhne Abinadabs, lenkten den Wagen[b] mit
der Lade Gottes, wobei Achjo vor der Lade her-
ging. 5 David und die Männer Israels spielten zur
Ehre des HERRN auf Schlaghölzern, Zithern und
Harfen, auf Handpauken, Schellen und Zim-
beln*.

6 Als sie zum Dreschplatz Nachons kamen,
drohten die vorgespannten Rinder den Wagen
umzuwerfen. Usa griff nach der Lade, um sie
festzuhalten. 7 Da wurde der HERR zornig auf
Usa und tötete ihn, weil er so gedankenlos ge-
handelt hatte; er starb an Ort und Stelle neben
der Lade. 8 David war wütend, weil der HERR ihn
so aus dem Leben gerissen hatte. Darum nannte
er den Platz Perez-Usa (Usa-Riss) und so heißt er
bis heute.

9 David bekam aufgrund dieses Vorfalls Angst
vor dem HERRN. »Es ist ein vermessener Gedan-
ke, die Lade des HERRN zu mir zu holen«, sagte
er sich 10 und gab den Plan auf, sie zu sich in die
Davidsstadt* zu bringen. Er leitete sie stattdes-
sen um in das Haus Obed-Edoms, der aus Gat
stammte. 11 Dort blieb sie drei Monate stehen.

Der HERR aber segnete Obed-Edom und sein
ganzes Haus. 12 Als der König davon erfuhr, dass
der HERR wegen der Lade Obed-Edom mit Glück
und Wohlstand gesegnet hatte, ging er hin, um
sie in einer feierlichen Prozession aus dem Haus
Obed-Edoms in die Davidsstadt zu überführen.

13 Als die Träger der Lade des HERRN die ersten
sechs Schritte zurückgelegt hatten, ließ David sie
anhalten und opferte ein Rind und ein Mastkalb.
14 Unterwegs tanzte er mit ganzer Hingabe vor
dem HERRN und seiner Lade her. Er hatte nur
einen leinenen Priesterschurz* an. 15 So über-
führten David und die Männer aus ganz Israel
die Lade des HERRN unter Jubelgeschrei und dem
Schall der Widderhörner* nach Jerusalem.

Was David unter Ehre versteht

(1 Chr 15,29–16,3.43)

16 Als die Bundeslade* in die Davidsstadt* getra-
gen wurde, stand Davids Frau Michal, die Toch-
ter Sauls, am Fenster. Sie fand es unpassend, dass
David als König vor dem HERRN her tanzte und
hüpfte, und sie verachtete ihn in ihrem Herzen.
17 Die Lade des HERRN wurde in das Zelt ge-
bracht, das David für sie errichtet hatte, und an
den vorgesehenen Platz gestellt. Der König
opferte Brandopfer* und schlachtete Tiere für
das Opfermahl*. 18 Nach dem Mahl segnete er
das Volk im Namen des HERRN, des Herrschers
der Welt.[c] 19 Alle aus Israel, die dabei gewesen
waren, die ganze große Menge, Männer wie
Frauen, bekamen ein Ringbrot* und je eine Por-
tion zusammengepresste Datteln und Rosinen
mit auf den Heimweg.

20 Auch David ging nach Hause, um seine
Familie zu begrüßen. Michal, die Tochter Sauls,
kam ihm entgegen und spottete: »Heute hat
der König von Israel aber Ehre eingelegt! Vor
den Frauen seiner Diener hat er sich schamlos

a *die dem Herrn ...:* wörtlich *über der der Name des HERRN Zebaot* ausgerufen ist.*
b Durch das Versehen eines Abschreibers wird hier wiederholt: *der neu war* (die Worte *und noch völlig unbenutzt* sind verdeutlichender Zusatz!); [4] *so brachten sie sie aus dem Haus Abinadabs fort, das auf der Anhöhe steht.*
c Wörtlich *des HERRN Zebaot*.*

6,2 Jos 15,9; Ex 25,22 S **6,3-4** 1 Sam 7,1; 6,7 **6,7** 1 Sam 6,19 **6,9-10** 1 Sam 5,7-11; 6,20 **6,11** (Obed-Edom) 1 Chr 26,4-5

entblößt, wie es nur das niedrigste Gesindel
tut!«
21 Doch David erwiderte ihr: »Zur Ehre des
HERRN habe ich es getan! Er hat mich deinem
Vater und allen seinen Nachkommen vorge-
zogen und mich zum Anführer seines Volkes
Israel gemacht. Deshalb will ich auch künftig zu
seiner Ehre tanzen und springen 22 und mich
noch tiefer erniedrigen als diesmal. Ich will mich
selbst für gering halten; aber die Frauen, die
mich nach deiner Meinung verachten müssen,
die werden es verstehen und mir Ehre erwei-
sen.«
23 Michal aber, die Tochter Sauls, blieb ihr
Leben lang kinderlos.

GOTTES ZUSAGE UND DAVIDS VERSAGEN. DAVID AUF DEM HÖHEPUNKT SEINER MACHT (Kapitel 7–12)

Zusage eines ewigen Königtums an David

(1 Chr 17,1-27)

7 König David wohnte in Frieden in seinem
Palast. Der HERR hielt alle Feinde von ihm
fern. 2 Da sagte der König eines Tages zu dem
Propheten* Natan: »Ich wohne hier in einem
Palast aus Zedernholz und die Lade* Gottes steht
in einem Zelt. Ist das in Ordnung?«
3 Natan bestärkte den König und sagte zu
ihm: »Mach dich nur ans Werk und führe aus,
was du im Herzen bewegst! Der HERR wird dir
beistehen.«
4 Aber in der folgenden Nacht erging das Wort
des HERRN an Natan, er sagte zu ihm: 5 »Geh zu
meinem Diener David und richte ihm aus: ›So
spricht der HERR: *Du* willst mir ein Haus bauen,
in dem ich wohnen soll? 6 Seit ich die Israeliten
aus Ägypten herausgeführt und in dieses Land
gebracht habe, habe ich noch nie in einem Haus
gewohnt. Bis heute bin ich stets mit einem Zelt
als Wohnung umhergezogen. 7 Während der
ganzen Zeit, in der ich bei den Israeliten von
Stamm zu Stamm[a] gezogen bin, habe ich doch
niemals gesagt: Warum baut ihr mir kein Haus
aus Zedernholz? Von keinem der Stämme, denen
ich aufgetragen hatte, mein Volk Israel zu schüt-
zen und zu führen, habe ich je so etwas ver-
langt.‹
8 Darum sollst du meinem Diener David aus-
richten: ›So spricht der HERR, der Herrscher der
Welt:[b] Ich habe dich von der Schafherde wegge-
holt und zum Herrscher über mein Volk Israel
gemacht. 9 Bei allem, was du unternommen
hast, habe ich dir geholfen und habe alle deine
Feinde vernichtet. Ich habe dich berühmt ge-
macht und du wirst zu den Großen der Erde
gezählt. 10 Meinem Volk Israel habe ich eine
Heimat gegeben, ein Land, in dem es sicher
leben kann und sich nicht mehr vor Unter-
drückern fürchten muss wie früher, 11 auch noch
zu der Zeit, als ich Richter* über mein Volk be-
rief.
Dir aber habe ich Ruhe verschafft und deine
Feinde von dir fern gehalten. Und nun kündige
ich, der HERR, dir an, dass *ich dir* ein Haus bauen
werde, nicht du mir![c] 12 Wenn deine Zeit abge-
laufen ist und du stirbst, werde ich dafür sorgen,
dass einer deiner Söhne dir auf dem Königsthron
folgt. 13 Der wird dann ein Haus für mich[d]
bauen und ich werde seine Herrschaft und die
seiner Nachkommen für alle Zeiten fest begrün-
den.
14 Ich will sein Vater sein und er soll mein
Sohn sein. Wenn er sich verfehlt, werde ich ihn
nach Menschenmaß bestrafen wie ein irdischer
Vater seinen Sohn; 15 aber meine Liebe will ich
ihm nicht entziehen, wie ich sie Saul entzogen
habe. Ihn habe ich verstoßen und dich an seiner
Stelle zum König gemacht. 16 Dein Königshaus
und deine Königsherrschaft werden vor mir für
immer Bestand haben; dein Thron wird für alle
Zeiten feststehen.‹«

Davids Dankgebet

17 Natan sagte David alles, was der HERR ihm
offenbart und für David aufgetragen hatte. 18 Da
ging der König in das Zelt des HERRN,[e] kniete vor
dem HERRN nieder und betete:
»HERR, du mächtiger Gott, ich bin es nicht
wert, dass du mich und meine Familie so weit ge-
bracht hast! 19 Aber das war in deinen Augen
noch zu wenig, HERR, du mächtiger Gott: Du
hast Zusagen gemacht, die noch meinen fernsten
Nachkommen gelten.[f]
20 Ich brauche dir nichts weiter zu sagen, du
kennst meine innersten Gedanken, HERR, du
mächtiger Gott! 21 Weil du es zugesagt hattest
und weil es dein Wille war, hast du all dies

a *von Stamm zu Stamm:* verdeutlichender Zusatz.
b Wörtlich *der HERR Zebaot*;* entsprechend in den Versen 26 und 27.
c *nicht du mir:* verdeutlichender Zusatz.
d Wörtlich *für meinen Namen;* siehe Anmerkung zu Dtn 12,5.
e *in das Zelt ...:* verdeutlichender Zusatz.
f Es folgt noch der schwer deutbare Satz: *und dies ist eine Weisung für Menschen, HERR, du mächtiger Gott.*

7,6 Jos 18,1; 2 Chr 1,3 **7,8** 1 Sam 16,11 **7,12-13** 1 Kön 5,19; 6,12-13; 8,20; Ps 89,4-5; 132,11; Apg 2,30 **7,14-15** Ps 89,31-34
7,14 Ps 2,7; 89,27-28; 1 Chr 22,10; 28,6-7; Hebr 1,5; 2 Kor 6,18 **7,16** 1 Sam 25,28; 1 Kön 2,45; 11,38; Ps 89,36-37

Große getan und es mich, deinen Diener, wissen
lassen.
22 HERR, du mächtiger Gott, wie groß bist du!
Niemand ist dir gleich. Alles, was wir je gehört
haben, bestätigt: Es gibt keinen Gott außer dir.
23 Und welches andere Volk auf der Erde gleicht
deinem Volk Israel? Wo hat je ein Gott so viel für
ein Volk getan: es aus der Sklaverei befreit und
zu seinem Eigentum erklärt, ihm einen großen
Namen gemacht und solche mächtigen, Furcht
erregenden Taten für es vollbracht! Aus Ägypten
hast du es herausgeholt und hast andere Völker
und ihre Götter vor ihm vertrieben.[a] 24 Du hast
Israel auf ewig zu deinem Volk gemacht, HERR,
und bist sein Gott geworden.
25 Lass die Zusage, die du mir, deinem Diener,
und allen meinen Nachkommen gegeben hast,
für alle Zeiten gültig bleiben! Erfülle, was du ver-
sprochen hast! 26 Dann wird dein Name zu allen
Zeiten gerühmt werden und die Menschen wer
den sagen: ›Der HERR, der Herrscher der Welt, ist
der Gott Israels!‹ Und auch das Königshaus deines
ergebenen Dieners wird vor dir Bestand haben.
27 HERR, du Herrscher der Welt und Gott
Israels, ich habe mir ein Herz gefasst, so zu dir
zu beten, weil du mir, deinem Diener, das Ohr
geöffnet und mir zugesprochen hast: ›Ich will dir
ein Haus bauen.‹ 28 Nun, HERR, du mächtiger
Gott, du allein bist wirklich Gott und auf deine
Worte ist Verlass. Du hast mir all dies Gute ver-
sprochen. 29 Darum bitte ich dich: Segne mein
Königshaus, damit es für immer vor deinen Au-
gen Bestand hat und zu allen Zeiten einer meiner
Nachkommen auf meinem Thron sitzt.[b] HERR,
du mächtiger Gott, du hast es zugesagt und durch
deinen Segen wird mein Haus für immer geseg-
net sein.«

David unterwirft die Nachbarvölker

(1 Chr 18,1-13)

8 Einige Zeit später griff David erneut die Phi-
lister* an. Er zwang sie in die Knie und be-
seitigte endgültig ihre Herrschaft über das Gebiet
Israels.[c]
2 Danach besiegte David die Moabiter*. Die
Gefangenen mussten sich nebeneinander auf die
Erde legen und er ließ die Messschnur über Tod
und Leben entscheiden. Man maß jeweils zwei
Schnurlängen ab; wer darunter fiel, wurde getö-
tet – und dann eine Schnurlänge; wer darunter
fiel, blieb am Leben. David machte die Moabiter
zu seinen Untertanen und zwang sie, ihm regel-
mäßig Tribut zu zahlen.
3 Dann besiegte David den König von Zoba*,
Hadad-Eser, den Sohn Rehobs. Der war gerade
ausgezogen, um seine Macht im Gebiet am obe-
ren Eufrat wiederherzustellen. 4 David nahm
von seinem Heer 1700 Wagenkämpfer und
20 000 Fußsoldaten gefangen. Den Zugpferden
der Streitwagen* ließ er die Fußsehnen durch-
schneiden, um sie zu lähmen; nur hundert ver-
schonte er.
5 Als die Syrer* von Damaskus König Hadad-
Eser von Zoba zu Hilfe eilten, besiegte David
auch sie und tötete von ihnen 22 000 Mann. 6 Er
legte Besatzungen in ihre Städte, machte sie zu
seinen Untertanen und zwang sie, ihm regel-
mäßig Tribut zu zahlen.

Der HERR stand David zur Seite und ließ ihm
alles gelingen, was er unternahm.
7 David erbeutete auch die goldenen Köcher,
die Hadad-Esers hohe Offiziere getragen hatten,
und ließ sie nach Jerusalem schaffen. 8 In den
Städten Tebach und Berotai, die zu Hadad-Esers
Gebiet gehörten, fielen ihm große Mengen von
Bronze in die Hände.
9 Als Toï, der König von Hamat, erfuhr, dass
David die ganze Streitmacht Hadad-Esers ver-
nichtend geschlagen hatte, 10 schickte er seinen
Sohn Hadoram[d] zu König David. Er ließ ihn grü-
ßen und beglückwünschte ihn zu seinem Sieg.
Hadad-Eser nämlich hatte ständig gegen Toï
Krieg geführt. Hadoram brachte David als Ge-
schenk Geräte aus Gold, Silber und Bronze.
11 König David weihte alle diese Geräte dem
HERRN, ebenso wie das Silber und das Gold, das
von den Völkern kam, die er unterworfen hatte,
12 von den Edomitern,[e] Moabitern und Ammoni-
tern, den Philistern und Amalekitern und auch
von Hadad-Eser.
13 Davids Ruhm wurde noch größer, als er
von seinem Sieg über die Edomiter im Salztal
zurückkam; 18 000 Mann hatte der Feind ver-
loren. 14 Im ganzen Land Edom* setzte er Statt-
halter ein und machte die Bewohner zu seinen
Untertanen.

Der HERR stand David zur Seite und ließ ihm
alles gelingen, was er unternahm.

a *hast vertrieben:* mit alten Übersetzungen; H *für dein Land.* b *und zu allen Zeiten …:* verdeutlichender Zusatz.
c *beseitigte endgültig …:* Deutung unsicher; wörtlich *nahm den Zaum der Elle* aus der Hand der Philister.*
d *Hadoram:* mit 1 Chr 18,9 und G; H *Joram.*
e *Edomiter:* mit einigen Handschriften und alten Übersetzungen (vgl. 1 Chr 18,11-12); H *Aramäer* (= Syrer*); ebenso für *Edomiter* in Vers 13. *Aram* und *Edom* sind in der hebräischen Schrift leicht zu verwechseln.

7,23 Dtn 4,7 S **7,24** 1 Sam 12,22 S **8,2** 2 Kön 1,1 S **8,3** Ps 60,2 **8,4** Jos 11,6.9; Dtn 17,16 **8,13** Ps 60,2 **8,14** Num 24,18

Davids oberste Beamte

(20,23-26; 1 Chr 18,14-17)

15 Als König über ganz Israel regierte David ge-
recht und sorgte in seinem ganzen Volk für Recht
und Gerechtigkeit. 16 Joab, der Sohn der Zeruja,
war oberster Befehlshaber über das Heer. Jo-
schafat, der Sohn Ahiluds, war Kanzler. 17 Zadok,
der Sohn Ahitubs, und Ahimelech, der Sohn Ab-
jatars, waren Priester.[a] Seraja war Staatsschrei-
ber. 18 Benaja, der Sohn von Jojada, befehligte[b]
die Leibgarde* Davids. Auch die Söhne Davids
waren Priester*.

David kümmert sich um die Nachkommen Sauls

9 Eines Tages fragte David: »Ist eigentlich von
Sauls Familie noch jemand am Leben? Ich
möchte dem Betreffenden eine Gunst erweisen
– meinem verstorbenen Freund Jonatan zu-
liebe.«

2 Nun gab es da einen Diener, der im Haus-
stand Sauls eine bedeutende Stellung gehabt
hatte;[c] er hieß Ziba. Sie holten ihn zu David und
der König fragte ihn: »Bist du Ziba?«

»Ja«, sagte er, »dein gehorsamer Diener!«

3 Der König fragte ihn: »Ist denn von Sauls
Familie noch jemand am Leben? Ich würde ihm
gerne eine Gunst erweisen, so wie Gott das
tut.«

Ziba antwortete: »Es gibt noch einen Sohn
Jonatans. Er ist an beiden Füßen gelähmt.«

4 »Wo ist er?«, fragte der König.

»In Lo-Dabar, im Haus von Machir, dem Sohn
Ammiëls«, antwortete Ziba.

5 König David schickte nach Lo-Dabar und
ließ ihn aus dem Haus Machirs holen. 6 Als
Merib-Baal, der Sohn Jonatans und Enkel Sauls,
eintraf, warf er sich vor David nieder, das Ge-
sicht zur Erde, und erwies ihm die gebührende
Ehre.

»Du bist also Merib-Baal!«, sprach David ihn
an und er antwortete: »Ja, dein gehorsamer Die-
ner!«

7 »Hab keine Angst«, sagte David, »ich will dir
eine Gunst erweisen deinem Vater Jonatan
zuliebe. Ich werde dir allen Landbesitz zurück-
geben, der einst deinem Großvater Saul gehört
hat. Und du darfst immer an meinem Tisch es-
sen.«

8 Merib-Baal warf sich erneut zu Boden und
sagte: »Ich bin es nicht wert, dass du mir deine
Gnade zuwendest. Ich bin doch nicht mehr als
ein toter Hund!«

9 Der König aber rief Ziba, den Diener Sauls,
und sagte zu ihm: »Alles, was Saul und seiner Fa-
milie gehört hat, gebe ich Merib-Baal, dem Enkel
deines Herrn. 10 Du wirst mit deinen Söhnen
und Knechten für ihn die Felder bestellen und
die Ernte einbringen, damit dein Herr einen an-
gemessenen Lebensunterhalt hat. Merib-Baal
selbst, der Sohn deines Herrn, wird immer an
meinem Tisch essen.«

Ziba hatte fünfzehn Söhne und zwanzig
Knechte. 11 Er antwortete: »Ich will alles so
machen, wie mein Herr und König es befiehlt.«

Merib-Baal wurde also an Davids Tafel ver-
sorgt wie einer der Königssöhne. 12 Er hatte übri-
gens einen kleinen Sohn namens Micha. Alle An-
gehörigen der Familie Zibas wurden zu Dienern
Merib-Baals. 13 Er wohnte in Jerusalem, denn er
war ständiger Gast an der Tafel des Königs. Er
war an beiden Füßen gelähmt.

Der Ammoniterkönig beleidigt Davids Boten

(1 Chr 19,1-5)

10 Einige Zeit danach starb der Ammoniter-
könig* Nahasch[d] und sein Sohn Hanun
wurde König. 2 David dachte: »Sein Vater stand
mit mir in freundschaftlichen Beziehungen; ich
will mit Hanun, seinem Sohn, auch gute Bezie-
hungen pflegen.« So schickte er Gesandte hin,
die sein Beileid aussprechen sollten.

Als die Gesandten im Ammoniterland an-
kamen, 3 redeten die führenden Männer der Am-
moniter ihrem Herrn, dem neuen König, ein:
»Glaubst du wirklich, dass David seine Gesand-
ten nur geschickt hat, um deinen Vater zu ehren
und dir sein Beileid auszusprechen? Er will be-
stimmt unsere Hauptstadt auskundschaften las-
sen, damit er sie zerstören kann.«

a Wahrscheinlich lautete der ursprüngliche Text: *Abjatar, der Sohn Ahimelechs und Enkel Ahitubs, und Zadok waren Priester* (vgl. 20,25 und 1 Sam 22,20). Er könnte verändert worden sein, um Zadok an die erste Stelle zu rücken, die er später einnahm (1 Kön 2,26-27.35).

b befehligte: mit alten Übersetzungen (vgl. 20,23); H *und.*

c Verdeutlichende Wiedergabe (vgl. Vers 10); wörtlich *Zum Haus Sauls gehörte ein Diener* (siehe Sacherklärung »Bevollmächtigter«).

d Nahasch: verdeutlichender Zusatz; vgl. 1 Chr 19,1.

8,15-18 1 Kön 4,1-6 **8,16** (Joab) 2,13; 3,22-27; 10,9; 11,1; 14,1.23; 18,10; 19,2.14; 20,7-13; 24,2; 1 Kön 1,7; 2,5.28-35 **8,17** (Zadok) 15,24; 19,12; 1 Kön 1,8; 2,35; 4,2-6; (Abjatar) 1 Sam 22,20 S **8,18** (Benaja) 23,20; 1 Kön 1,8.38; 2,25.34-35.46; 4,2-6 **9,1-13** 1 Sam 20,15 S **9,3** 4,4 **10,1** 1 Sam 11,1; 12,12

4 Da ließ Hanun die Gesandten Davids ergreifen und ihnen den halben Bart und die Kleider unten bis zum Gesäß abschneiden. So schickte er sie zurück.

5 Als es David gemeldet wurde, schickte er ihnen Boten entgegen. Weil sie so schwer geschändet waren, ließ er ihnen sagen: »Bleibt in Jericho und kommt erst zurück, wenn euer Bart nachgewachsen ist!«

Der Sieg über die verbündeten Ammoniter und Syrer

(1 Chr 19,6-19)

6 Als die Ammoniter* merkten, dass sie David tödlich beleidigt hatten, warben sie 20 000 Syrer* von Bet-Rehob und Zoba* an sowie 12 000 Mann von Tob und den König von Maacha mit 1000 Mann. 7 David erfuhr von diesen Kriegsvorbereitungen und ließ Joab mit seinen erfahrenen Kriegsleuten ausrücken. 8 Die Ammoniter bezogen Stellung vor dem Tor ihrer Hauptstadt Rabba, während die Syrer aus Zoba und Rehob sowie die Söldner von Tob und Maacha sich in einiger Entfernung im offenen Feld zum Kampf aufstellten.

9 Als Joab sah, dass die Feinde ihn von vorn und von hinten bedrohten, wählte er seine besten Leute aus, um sich mit ihnen den Syrern entgegenzustellen. 10 Die übrigen sollten unter dem Befehl seines Bruders Abischai gegen die Ammoniter kämpfen.

11 Joab sagte zu Abischai: »Wenn die Syrer mir zu stark werden, dann komm und hilf mir! Und wenn dir die Ammoniter zu stark werden, komme *ich* dir zu Hilfe. 12 Nur Mut! Lass uns tapfer und unerschrocken für unser Volk und für die Städte unseres Gottes kämpfen. Der HERR wird der Sache den Ausgang geben, der ihm gefällt.«

13 Joab schlug mit seinen Leuten los und die Syrer ergriffen vor ihm die Flucht. 14 Als die Ammoniter es sahen, ergriffen auch sie die Flucht vor Abischai und zogen sich in die Stadt zurück. Nach diesem Sieg kämpfte Joab nicht weiter gegen die Ammoniter und kehrte nach Jerusalem zurück.

15 Als die Syrer sahen, dass die Israeliten sie geschlagen hatten, zogen sie alle ihre Truppen zusammen. 16 König Hadad-Eser ließ auch die syrischen Truppen von jenseits des Eufrats anrücken. Unter dem Befehl seines Heerführers Schobach zogen sie nach Helam.

17 Als David davon hörte, rief er alle wehrfähigen Männer Israels zusammen, überquerte mit ihnen den Jordan und zog nach Helam. Dort stellten sich ihm die Syrer entgegen und es kam zur Schlacht. 18 Die Männer Israels schlugen das syrische Heer in die Flucht. David und die Israeliten vernichteten 700 Streitwagen* samt den Pferdegespannen und Besatzungen und töteten 40 000 Mann vom Fußvolk.[a] Der Heerführer Schobach wurde so schwer verwundet, dass er noch auf dem Schlachtfeld starb.

19 Die Könige, die bisher unter der Oberherrschaft Hadad-Esers gestanden hatten, sahen, dass sie besiegt waren; sie unterwarfen sich den Israeliten und wurden ihnen tributpflichtig. Die Syrer aber wagten es nicht, den Ammonitern noch einmal zu helfen.

Davids Ehebruch mit Batseba

11 Im folgenden Frühjahr, um die Zeit, wenn die Könige in den Krieg ziehen, schickte David Joab mit seinen Kriegsleuten und dazu das ganze Heer Israels von neuem in den Kampf. Sie setzten den Ammonitern* schwer zu und belagerten ihre Hauptstadt[b] Rabba. David selbst blieb in Jerusalem.

2 An einem Spätnachmittag erhob sich David von der Mittagsruhe und ging auf dem flachen Dach des Königspalastes auf und ab. Da sah er im Hof des Nachbarhauses[c] eine Frau, die gerade badete. Sie war sehr schön. 3 David ließ einen Diener kommen und erkundigte sich, wer sie sei. Man sagte ihm: »Das ist doch Batseba, die Tochter Ammiels und Frau des Hetiters* Urija.«

4 David schickte Boten hin und ließ sie holen. Sie kam zu ihm und er schlief mit ihr. Sie hatte gerade die Reinigung* nach ihrer monatlichen Blutung vorgenommen. Danach kehrte sie wieder in ihr Haus zurück.

5 Die Frau wurde schwanger und ließ David ausrichten: »Ich bin schwanger geworden!« 6 Da sandte er einen Boten zu Joab mit dem Befehl: »Schick mir den Hetiter Urija her!« Und Joab schickte ihn zu David.

7 Als Urija kam, erkundigte sich David, ob es Joab gut gehe und den Kriegsleuten gut gehe und ob die Kampfhandlungen erfolgreich verliefen. 8 Dann sagte er zu ihm: »Geh jetzt nach Hause und ruh dich aus!« Als Urija den Palast verließ, wurde ein königliches Ehrengeschenk hinter ihm hergetragen.

9 Doch Urija ging nicht in sein Haus, sondern

a *Fußvolk:* mit 1 Chr 19,18; H *Wagenkämpfer.* b *ihre Hauptstadt:* verdeutlichender Zusatz; vgl. 12,26-30.
c *im Hof ...:* verdeutlichender Zusatz.

11,1 8,16 S; 1 Chr 20,1 **11,3** (Urija) 23,39 **11,4** Lev 15,19

übernachtete mit den anderen Dienern seines
Herrn am Tor des Königspalastes.
10 Als David gemeldet wurde: »Urija ist nicht
nach Hause gegangen«, fragte er ihn: »Warum
gehst du nicht nach Hause? Du hast doch einen
langen Weg hinter dir?«
11 Urija antwortete: »Die Männer Israels und
Judas stehen im Feld und auch die Bundeslade*
hat nur ein Zeltdach über sich; mein Befehls-
haber Joab und seine Offiziere lagern auf dem
bloßen Boden. Und da soll ich nach Hause
gehen, essen und trinken und mit meiner Frau
schlafen? So gewiss du lebst: Das werde ich nicht
tun!«
12–13 David sagte: »Bleib noch einen Tag hier;
morgen lasse ich dich gehen!« Urija blieb den
Tag in Jerusalem. Am nächsten Tag lud David ihn
an seine Tafel. Er machte ihn betrunken, aber
wieder ging Urija am Abend nicht nach Hause,
sondern legte sich bei den anderen Dienern
seines Herrn schlafen.

Davids Mord an Urija

14 Am nächsten Morgen schrieb David einen
Brief an Joab und ließ ihn durch Urija überbrin-
gen. 15 Darin stand: »Stellt Urija in die vorderste
Linie, wo der Kampf am härtesten ist! Dann
zieht euch plötzlich von ihm zurück, sodass er
erschlagen wird und den Tod findet.«
16 Joab wusste, wo die Gegner ihre tapfersten
Kämpfer hatten. Als nun die Israeliten die Stadt
weiter belagerten, stellte er Urija genau an diese
Stelle. 17 Einmal machten dort die Belagerten ei-
nen Ausfall und lieferten Joab ein Gefecht, bei
dem einige von Davids Leuten fielen. Auch Urija
fand dabei den Tod.
18 Joab meldete David den Verlauf des Ge-
fechts. 19 Er schärfte dem Boten ein: »Wenn du
den ganzen Hergang berichtet hast, 20 wird der
König vielleicht zornig und fragt dich: ›Warum
seid ihr beim Kampf so nahe an die Stadt heran-
gegangen? Ihr wisst doch, dass von der Mauer
heruntergeschossen wird! 21 Habt ihr vergessen,
wie es Abimelech, dem Sohn Jerubbaals, vor
Tebez erging, als eine Frau den Mahlstein einer
Handmühle* von der Mauer warf, der ihn er-
schlug? Warum seid ihr so nahe an die Mauer
herangerückt?‹ Dann sollst du sagen: ›Auch dein
Diener Urija, der Hetiter*, ist ums Leben gekom-
men.‹«
22 Der Bote ging zu David und meldete ihm
alles, was Joab ihm aufgetragen hatte. 23 Er be-
richtete: »Die Feinde waren stärker als wir, sie
machten einen Ausfall und griffen uns auf offe-
nem Feld an. Doch wir drängten sie bis dicht an
das Stadttor zurück. 24 Da schossen die Bogen-
schützen von der Mauer auf uns herunter. Einige
von deinen Leuten fielen, auch dein Diener
Urija, der Hetiter, fand dabei den Tod.«
25 David befahl dem Boten: »Sag Joab von mir:
›Nimm die Sache nicht so schwer! Das Schwert
holt sich bald diesen, bald jenen. Nur Mut!
Kämpfe noch entschiedener gegen die Stadt, bis
sie zerstört ist!‹ So sollst du ihm Mut machen.«
26 Als die Frau Urijas hörte, dass ihr Mann ge-
fallen war, hielt sie für ihn die Totenklage*.
27 Nach Ablauf der Trauerzeit holte David sie zu
sich in seinen Palast und heiratete sie. Sie gebar
ihm einen Sohn.
Doch dem HERRN missfiel, was David getan
hatte.

David muss sich selbst das Urteil sprechen

12 Deshalb sandte der HERR den Propheten*
Natan zu David. Natan ging zum König
und sagte:
»Ich muss dir einen Rechtsfall vortragen:[a]
Zwei Männer lebten in derselben Stadt. Der eine
war reich, der andere arm. 2 Der Reiche besaß
eine große Zahl von Schafen und Rindern. 3 Der
Arme hatte nichts außer einem einzigen kleinen
Lämmchen. Er hatte es gekauft und zog es zu-
sammen mit seinen Kindern bei sich auf. Es aß
von seinem Brot, trank aus seinem Becher und
schlief in seinem Schoß. Er hielt es wie eine
Tochter.
4 Eines Tages bekam der reiche Mann Besuch.
Er wollte keines von seinen eigenen Schafen
oder Rindern für seinen Gast hergeben. Darum
nahm er dem Armen das Lamm weg und setzte
es seinem Gast vor.«
5 David brach in heftigen Zorn aus und rief:
»So gewiss der HERR lebt: Der Mann, der das ge-
tan hat, muss sterben! 6 Und das Lamm muss er
vierfach ersetzen – als Strafe dafür, dass er diese
Untat begangen und kein Mitleid gehabt hat!«
7 »*Du* bist der Mann!«, sagte Natan zu David.
»Und so spricht der HERR, der Gott Israels:
›Ich habe dich zum König über Israel gesalbt*
und dich vor den Nachstellungen Sauls gerettet.
8 Ich habe dir den ganzen Besitz deines Herrn ge-
geben, habe seine Frauen in deinen Schoß gelegt
und dich zum König über Juda und Israel ge-
macht. Und wenn das noch zu wenig war, hätte
ich dir noch dies und das geben können. 9 War-
um hast du meine Gebote missachtet und getan,

a *Ich muss ...:* verdeutlichender Zusatz.

11,11 1 Sam 4,3-4 **11,21** Ri 9,53-54 **12,1** 7,2; Ps 51,1 **12,6** Ex 21,37

was mir missfällt? Du hast den Hetiter* Urija auf
dem Gewissen, durch das Schwert der Ammoni-
ter* hast du ihn umbringen lassen und dann hast
du dir seine Frau genommen. 10 Genauso wird
nun das Schwert sich in aller Zukunft in deiner
Familie Opfer suchen, weil du mich missachtet
und die Frau des Hetiters zu deiner Frau gemacht
hast.‹«

11 Und auch das sagte Natan noch:[a] »So
spricht der HERR: ›Aus deiner eigenen Familie
lasse ich Unglück über dich kommen. Du wirst
mit ansehen müssen, wie ich dir deine Frauen
wegnehme und sie einem anderen gebe, der am
helllichten Tag mit ihnen schlafen wird. 12 Was
du heimlich getan hast, will ich im Licht des
Tages geschehen lassen und ganz Israel wird es
sehen.‹«

David muss die Folgen tragen

13 David sagte zu Natan: »Ich bekenne mich
schuldig vor dem HERRN!«

Natan erwiderte: »Auch wenn der HERR über
deine Schuld hinwegsieht und du nicht sterben
musst – 14 der Sohn, den dir Batseba geboren
hat, muss sterben, weil du mit deiner Untat den
HERRN verhöhnt hast!«[b]

15 Dann ging Natan nach Hause.

Der HERR aber ließ das Kind, das Urijas Frau
geboren hatte, schwer krank werden. 16 David
flehte Gott an, es am Leben zu lassen. Er rührte
kein Essen an und legte sich nachts zum Schla-
fen auf den nackten Boden. 17 Die vertrautesten
unter seinen Hofleuten gingen zu ihm und
wollten ihn aufheben und ins Bett bringen,
aber er ließ es nicht zu und aß auch nicht mit
ihnen.

18 Nach einer Woche starb das Kind. Keiner
von Davids Dienern wagte ihm zu sagen, dass es
tot war. »Schon als das Kind noch lebte, wollte
er sich nicht trösten lassen«, sagten sie zueinan-
der. »Wenn er nun erfährt, dass es gestorben ist,
wird es für uns gefährlich!«

19 Als David merkte, dass seine Diener mitein-
ander flüsterten, wurde ihm klar, was geschehen
war. »Ist das Kind tot?«, fragte er.

»Ja«, antworteten sie.

20 Da stand David vom Boden auf, wusch und
salbte sich und zog frische Kleider an. Dann ging
er ins Heiligtum und warf sich vor dem HERRN
nieder. Wieder in seinen Palast zurückgekehrt,
ließ er sich etwas zu essen bringen.

21 Seine Leute fragten ihn: »Wie sollen wir das
verstehen? Als das Kind noch lebte, hast du ge-
weint und gefastet*, und nun, wo es gestorben
ist, stehst du auf und isst!«

22 Doch David sagte: »Solange das Kind noch
lebte, habe ich gefastet und geweint, weil ich
dachte: Vielleicht hat der HERR doch noch Erbar-
men mit mir und lässt es am Leben. 23 Aber nun
ist es tot; was soll ich mich da noch kasteien? Ich
kann es ja doch nicht wieder zum Leben erwe-
cken. Ich folge ihm einmal nach – aber zu mir
kommt es nicht mehr zurück.«

24 Dann ging David zu Batseba, seiner Frau,
und tröstete sie. Er schlief mit ihr und sie bekam
wieder einen Sohn. David gab ihm den Namen
Salomo. Der HERR wandte dem Kind seine Liebe
zu. 25 Das ließ er David durch den Propheten Na-
tan mitteilen. Der gab ihm den Namen Jedidja,[c]
weil der HERR es so gesagt hatte.

Die Unterwerfung der Ammoniter

(1 Chr 20,1-3)

26 Joab setzte den Kampf gegen Rabba, die
Hauptstadt der Ammoniter*, fort und eroberte
den unteren Stadtteil.[d] 27 Dann schickte er Boten
zu David und ließ ihm melden: »Ich habe zum
Sturm auf Rabba angesetzt, die Unterstadt am
Fluss ist bereits gefallen. 28 Komm nun mit dem
Rest der wehrfähigen Männer Israels hierher
und nimm selbst die Oberstadt ein, damit nicht
ich als Eroberer der Stadt gelte!«

29 David bot alle Männer Israels auf, zog mit
ihnen vor Rabba, griff die Stadt an und eroberte
sie. 30 Dem ammonitischen Gott Milkom[e] nahm
er die Krone vom Haupt. Sie wog einen Zentner*
und bestand ganz aus Gold und Edelsteinen.
David selbst wurde nun mit ihr gekrönt. Außer-
dem nahm er aus der Stadt reiche Beute mit.
31 Die Männer der Stadt führte er weg und ließ
sie schwere Arbeiten verrichten – mit Stein-
sägen, mit eisernen Picken, eisernen Äxten und
an den Ziegelformen.[f]

Ebenso verfuhr David mit den anderen Städ-
ten der Ammoniter und ihren Bewohnern. Dann
kehrte er mit dem ganzen Heer nach Jerusalem
zurück.

a Verdeutlichender Zusatz.
b Vermutlicher Text; H *weil du durch diese Sache die Feinde des Herrn beleidigt hast.*
c *Jedidja* bedeutet »Liebling des Herrn«, *Salomo* (hebräisch *Schelomo*) »friedfertig/friedevoll« von *schalom* = Frieden*.
d Wörtlich *eroberte die Königsstadt;* vgl. aber Vers 27, wo es wörtlich *Wasserstadt* heißt.
e *Dem (ammonitischen Gott) Milkom:* mit veränderten Vokalen (vgl. 1 Kön 11,5); H *Ihrem König.*
f Zu einer verbreiteten Fehldeutung dieses Verses siehe Anmerkung zu 1 Chr 20,3.

12,10 13,28-29; 18,14; 1 Kön 2,24-25 **12,11-12** 16,21-22 **12,16** Jes 58,5S

ABSCHALOMS AUFSTAND GEGEN DAVID (Kapitel 13–19)

Der Kronprinz Amnon vergewaltigt Tamar, die Schwester seines Rivalen Abschalom

13 Danach geschah Folgendes: Davids Sohn
Abschalom hatte eine Schwester namens
Tamar. Sie war sehr schön, und ihr Halbbruder
Amnon, einer der anderen Söhne Davids, ver-
liebte sich in sie. 2 Er war ganz niedergedrückt
und wurde fast krank ihretwegen; sie war näm-
lich noch Jungfrau und er sah keine Möglichkeit,
sich ihr zu nähern.

3 Nun hatte Amnon einen Freund namens
Jonadab. Er war ein Sohn von Davids Bruder
Schima und wusste in jeder Lage einen Rat. 4 Er
sagte zu Amnon: »Warum bist du Morgen für
Morgen so niedergeschlagen, Prinz? Willst du
mir nicht sagen, was dich bedrückt?«

»Ich bin verliebt in Tamar, die Schwester mei-
nes Bruders Abschalom«, erwiderte er.

5 Jonadab riet ihm: »Du legst dich ins Bett und
stellst dich krank. Wenn dein Vater nach dir
sieht, dann sagst du zu ihm: ›Meine Schwester
Tamar soll kommen und mir etwas Stärkendes
zu essen geben. Hier vor meinen Augen soll sie
es zubereiten, damit ich zusehen kann. Dann
soll sie selbst es mir reichen.‹«

6 Amnon legte sich also hin und stellte sich
krank, und als der König ihn besuchte, sagte er
zu ihm: »Meine Schwester Tamar soll kommen
und hier vor meinen Augen ein paar Küchlein
backen; von ihrer Hand werde ich sie essen.«

7 David schickte jemand zu Tamar ins Haus
und ließ ihr sagen: »Geh ins Haus deines Bruders
Amnon und mach ihm etwas Stärkendes zu
essen!«

8 So ging Tamar ins Haus ihres Bruders Am-
non; er lag im Bett. Sie nahm Teig, knetete ihn,
formte Küchlein daraus und backte sie in der
Pfanne. Amnon konnte ihr dabei vom Neben-
raum aus zusehen. 9 Dann nahm sie die Pfanne
und schüttete die Speise auf einen Teller.

Aber er weigerte sich zu essen. »Die anderen
sollen erst hinausgehen«, verlangte er. Als alle
fort waren, 10 sagte er zu Tamar: »Bring mir die
Speise ins Schlafzimmer! Ich mag nur essen,
wenn du sie mir mit eigener Hand gibst.« Tamar
nahm die Küchlein, die sie gebacken hatte, und
brachte sie ihrem Bruder ans Bett.

11 Als sie ihm aber etwas davon reichte, packte
er sie und sagte: »Komm, Schwester, leg dich zu
mir!«

12 »Nein, Bruder, tu mir nicht Gewalt an!«,
wehrte sie sich. »Das darf in Israel nicht gesche-
hen! Begeh nicht eine solche Schandtat! 13 Was
soll aus mir werden, wenn du mich so entehrst?
Und du selbst würdest in Israel wie einer von
den gottvergessenen Schurken dastehen. Sprich
doch mit dem König! Er wird mich dir sicher zur
Frau geben.«

14 Doch Amnon wollte nicht auf sie hören. Er
fiel über sie her und vergewaltigte sie.

15 Hinterher aber empfand er eine solche Ab-
neigung gegen das Mädchen, dass er es nicht
mehr ausstehen konnte. Sein Abscheu war grö-
ßer, als vorher sein Verlangen gewesen war.

»Steh auf! Mach, dass du fortkommst!«, sagte
er zu ihr.

16 »Nein, jag mich nicht weg!«, flehte sie ihn
an. »Das wäre ein noch größeres Unrecht als das
erste.«

Aber Amnon wollte nicht auf sie hören. 17 Er
rief seinen engsten Diener und befahl ihm: »Wirf
mir die da hinaus und verriegle die Tür hinter
ihr!«

18 Tamar hatte ein Gewand mit langen Är-
meln an, wie es die unverheirateten Königstöch-
ter trugen. Als der Diener sie hinauswarf und die
Tür hinter ihr verschloss, 19 streute sie sich Staub
aufs Haar, zerriss das Ärmelkleid, legte die Hand
auf den Kopf und lief laut weinend davon.

20 Als sie zu ihrem Bruder Abschalom kam,
fragte er sie: »Hat Amnon dir etwas angetan?
Sprich nicht darüber, er ist schließlich dein Bru-
der! Nimm es nicht zu schwer.« So blieb Tamar
im Haus ihres Bruders Abschalom und lebte dort
einsam, von jedem weiteren Umgang ausge-
schlossen.

21 Als König David erfuhr, was geschehen war,
wurde er sehr zornig. Aber er bestrafte Amnon
nicht, denn er liebte ihn, weil er sein erstgebore-
ner Sohn war.[a] 22 Abschalom aber sprach kein
Wort mehr mit Amnon; so sehr hasste er ihn,
weil er seine Schwester Tamar vergewaltigt
hatte.

Abschalom rächt sich an Amnon

23 Zwei Jahre später hielt Abschalom Schafschur
in Baal-Hazor in der Nähe der Stadt Efraïm[b] und
lud dazu alle Königssöhne ein. 24 Er ging zu
König David und sagte: »Mein Herr und König,

a *Aber er bestrafte ...:* mit einer hebräischen Handschrift und G; fehlt in H.
b Wahrscheinlich identisch mit Efron (2 Chr 13,19) = Ofra (Ri 6,11).

13,1 3,2-3 **13,3** 1 Sam 16,9 **13,12** (in Israel Schandtat) Gen 34,7; Dtn 22,21; Ri 20,6; Jer 29,23 **13,13** Dtn 22,28-29

bei mir ist gerade Schafschur. Darf ich den König
und seine engsten Vertrauten einladen, sie mit
mir zu feiern?«
25 »Aber nein, mein Sohn«, erwiderte der Kö-
nig. »Es wären zu viele, wenn wir alle kämen.
Wir wollen dir nicht zur Last fallen.«
Abschalom wiederholte seine Bitte und
drängte den König, aber der ließ sich nicht um-
stimmen und entließ ihn mit einem Segens-
wunsch.
26 Doch Abschalom blieb hartnäckig. »Kann
nicht wenigstens mein Bruder Amnon mitkom-
men?«, sagte er.
»Warum denn?«, fragte der König. 27 Aber Ab-
schalom gab keine Ruhe, bis David schließlich
Amnon und alle seine anderen Söhne mit ihm
ziehen ließ.
Abschalom bewirtete seine Gäste wie ein
König.[a] 28 Seinen Leuten befahl er: »Seid bereit!
Wenn der Wein bei Amnon zu wirken beginnt
und ich euch sage: ›Erschlagt Amnon!‹, dann
tötet ihn! Habt keine Angst; ich übernehme die
Verantwortung. Seid nur mutig; zeigt, dass ihr
tapfere Männer seid!«
29 Die Leute Abschaloms gehorchten seinem
Befehl und töteten Amnon. Die übrigen Söhne
Davids sprangen alle auf, bestiegen ihre Maul-
tiere und flohen.
30 Sie waren noch unterwegs, als schon das
Gerücht zu David drang: »Abschalom hat alle
Königssöhne umgebracht, keiner ist entkom-
men!«
31 Der König stand auf, zerriss sein Gewand
und warf sich zu Boden. Auch die Diener, die da-
beistanden, zerrissen ihre Kleider. 32 Aber Jona-
dab, der Sohn von Davids Bruder Schima, sagte:
»Mein Herr und König, sie haben bestimmt nicht
alle Königssöhne umgebracht! Wahrscheinlich
ist nur Amnon tot. Es war Abschalom doch anzu-
sehen, dass er auf Rache sann seit dem Tag, an
dem Amnon seine Schwester Tamar vergewaltigt
hat. 33 Lass dich also von dem Gerücht nicht be-
unruhigen! Deine Söhne sind am Leben; nur
Amnon ist tot.«
34 Abschalom war übrigens sofort nach der
Tat geflohen.
Der Späher, der ausschaute, sah jetzt auf dem
Weg von Westen eine größere Menschenmenge
den Berghang herunterkommen. 35 Da sagte
Jonadab zu David: »Siehst du, da kommen sie,
die Königssöhne! Es ist genauso gelaufen, wie es
dein ergebener Diener gesagt hat.«
36 Kaum hatte er das ausgesprochen, da waren
die Söhne des Königs auch schon da. Sie began-
nen laut zu weinen, und auch David und seine
Hofleute brachen in Tränen aus.
37 Abschalom floh zum König von Geschur,
zu Talmai, dem Sohn von Ammihud. David aber
trauerte lange um seinen Sohn Amnon.

Joab bereitet Abschaloms Rückkehr vor

38 Abschalom war also nach Geschur geflohen.
Dort blieb er drei Jahre. 39 Nach einiger Zeit be-
gann David sich mit Amnons Tod abzufinden
und sein Zorn gegen Abschalom legte sich.[b]
14 Joab merkte, dass der König seinen Sohn
Abschalom zu vermissen begann. 2 Er ließ
deshalb aus dem Dorf Tekoa eine weise* Frau
holen und sagte zu ihr: »Du sollst die Rolle einer
abgehärmten Frau spielen! Zieh Trauerkleider
an, lass dein Gesicht ungesalbt und stelle dich so,
als ob du schon lange um einen Toten trauertest.
3 Dann geh zum König und sprich mit ihm genau
nach meiner Anweisung.« Joab instruierte sie,
was sie tun und sagen sollte.
4 Als die Frau zum König kam, warf sie sich
vor ihm nieder, das Gesicht zur Erde, und sagte:
»Hilf mir, mein König!«
5 »Wo fehlt es?«, fragte er und sie erzählte:
»Ich bin eine arme Witwe; mein Mann ist tot.
6 Ich hatte zwei Söhne, die gerieten eines Tages
auf dem Feld miteinander in Streit. Weil nie-
mand in der Nähe war, der dazwischentreten
konnte, kam es so weit, dass der eine den andern
erschlug.
7 Nun haben sich alle Verwandten zusam-
mengetan und verlangen, dass ich ihnen den
noch lebenden Sohn herausgebe. Sie wollen ihn
töten, weil er seinen Bruder umgebracht hat.
Aber dann stehe ich ohne Sohn und Erben da.
Sie werden mir den letzten Funken Hoffnung
auslöschen und es dahin bringen, dass niemand
übrig bleibt, der in Zukunft noch den Namen
meines Mannes trägt und dafür sorgt, dass die
Familie nicht ausstirbt.«
8 »Geh ruhig nach Hause«, antwortete der
König. »Ich werde die nötigen Anordnungen
treffen.«
9 »Mein Herr und König«, sagte die Frau,
»aber ich und meine Familie werden dann doch
als Rechtsbrecher dastehen; denn dem König
selbst wird niemand etwas vorzuwerfen wagen.«
10 Der König erwiderte: »Wenn dich jemand

a Der Satz ist nur in G überliefert.
b *und sein Zorn ...:* mit einigen griechischen Handschriften; H *König David hörte auf, gegen Abschalom vorzugehen.*
13,37 3,3

deswegen belästigt, dann bring ihn zu mir, und
er wird dich künftig in Ruhe lassen.«
11 Sie aber sagte: »Wiederhole deine Zusage
und rufe dabei den HERRN, deinen Gott, als
Zeugen an! Nur dann bin ich sicher, dass der
Bluträcher* mein Unglück nicht noch größer
macht und mein zweiter Sohn auch umgebracht
wird.«

»So gewiss der HERR lebt«, erklärte David,
»deinem Sohn soll kein Haar gekrümmt werden.«

12 »Mein Herr und König«, fuhr nun die Frau
fort, »darf ich noch etwas sagen?«

»Sprich!«, sagte der König 13 und sie begann:
»Warum willst du am Volk Gottes genau dasselbe
Unrecht begehen? Nach der Entscheidung, die
du, mein König, soeben getroffen hast, stehst du
selbst wie ein Schuldiger da, wenn du deinen
verbannten Sohn nicht zurückkehren lässt.
14 Wir müssen doch alle einmal sterben; es geht
uns wie dem Wasser, das auf die Erde geschüttet
wird und darin versickert: Das Leben lässt sich
nicht wieder zurückholen. Aber Gott will nicht,
dass noch mehr Leben zerstört wird. Deshalb ist
er darauf aus, dass ein Verbannter nicht für immer in der Verbannung bleibt – womit er ja auch
aus *seiner* Nähe verbannt ist.

15 Mein Herr und König, ich bin mit meinem
Anliegen zu dir gekommen, weil meine Verwandten mir solche Angst eingejagt haben. Da
sagte ich mir: Ich will meine Sache dem König
vortragen, vielleicht wird er mir helfen. 16 Er
wird gewiss auf meine Bitte eingehen, dachte
ich; er wird mich vor dem Mann retten, der meinen Sohn töten und damit auch mich aus unserem Erbbesitz* drängen will. 17 Ich dachte, die
Entscheidung meines Herrn und Königs wird
mir Ruhe verschaffen; denn mein König ist so
unbestechlich wie der Engel* Gottes und entscheidet unparteiisch über Recht und Unrecht.
Möge der HERR, dein Gott, dir auch weiterhin
beistehen!«

18 Der König erwiderte der Frau: »Ich will
dich etwas fragen, aber du darfst mir nichts verschweigen!«

»Frag nur, mein Herr und König!«

19 »Nun, hat hier nicht Joab seine Hand mit
im Spiel?«

»Wahrhaftig, mein Herr und König!«, rief die
Frau. »Es ist unmöglich, etwas vor dir, meinem
Herrn, zu verbergen. Ja, dein Heerführer Joab
hat mich hergeschickt und mir genau erklärt,
was ich sagen und tun soll. 20 Er wollte nicht
gleich mit der Tür ins Haus fallen. Aber mein
Herr und König ist so weise wie der Engel Gottes, er durchschaut alles, was auf Erden vor sich
geht.«

21 Darauf sagte der König zu Joab: »Gut, ich
erfülle deine Bitte. Geh und hol mir den Jungen,
den Abschalom, zurück!«

22 Joab warf sich vor David zu Boden, das Gesicht zur Erde, und sagte: »Gott segne dich dafür,
mein König! Jetzt weiß ich, dass du mir freundlich gesinnt bist, weil du meinen Wunsch erfüllt
hast.«

Abschalom überwindet den Groll seines Vaters

23 Joab ging sofort nach Geschur und brachte Abschalom nach Jerusalem zurück. 24 Der König
aber befahl: »Er soll in sein Haus gehen; ich empfange ihn nicht!« So lebte Abschalom wieder in
seinem Haus, aber zum König wurde er nicht
vorgelassen.

25 In ganz Israel gab es keinen Mann, der so
schön war und so sehr bewundert wurde wie Abschalom. Vom Scheitel bis zur Sohle war alles an
ihm vollkommen.

26 Wenn er sein Haar schneiden ließ – und
das geschah einmal im Jahr, wenn es ihm zu
schwer wurde –, dann wog das abgeschnittene
Haar jedes Mal fünf Pfund.[a] 27 Er hatte drei
Söhne und eine Tochter namens Tamar, eine
sehr schöne Frau.

28 Abschalom lebte nun schon zwei Jahre in
Jerusalem, ohne seinen Vater gesehen zu haben.
29 Da ließ er Joab zu sich rufen, damit er beim
König ein Wort für ihn einlege; aber Joab wollte
nicht zu ihm kommen. Noch ein zweites Mal
schickte er nach Joab, aber auch diesmal wollte
er nicht kommen.

30 Da sagte Abschalom zu seinen Knechten:
»Das Feld Joabs liegt neben meinem eigenen. Es
wächst Gerste darauf. Geht hin und zündet es
an!« Die Knechte führten den Befehl aus und
steckten das Feld in Brand.

31 Darauf kam Joab sofort zu Abschalom ins
Haus und fragte ihn: »Warum haben deine
Knechte meine Gerste angezündet?«

32 »Weil du nicht gekommen bist, als ich nach
dir schickte«, antwortete Abschalom. »Ich wollte
dich bitten, zum König zu gehen und ein Wort
für mich einzulegen. Du sollst ihn in meinem
Namen fragen: ›Wozu bin ich eigentlich von Ge-

a Hebräische Maßangabe *200 Schekel nach dem königlichen Gewicht.* Der königliche Schekel* war etwa 1,5 g schwerer als der gewöhnliche und entspricht ca. 13 g.

14,17.20 1 Sam 29,9 S **14,23** 13,37-38 **14,25** 1 Sam 9,2 S **14,27** 18,18

schur zurückgekommen! Ich wäre besser dort geblieben.‹ Sag dem König, dass ich ihn nun endlich sehen möchte. Wenn er mich für schuldig hält, soll er mich töten.«

33 Joab ging zum König und richtete ihm die Botschaft aus. Da ließ der König Abschalom holen. Der kam und warf sich vor ihm zu Boden, das Gesicht zur Erde, und der König küsste ihn.

Abschalom reißt das Königtum an sich

15 Einige Zeit später legte sich Abschalom einen Wagen mit Pferden zu und eine Leibwache von fünfzig Mann. 2 Jeden Morgen stellte er sich vor dem Stadttor an der Straße auf. Hier kamen alle Leute vorbei, die in einen Rechtsstreit verwickelt waren, den sie dem König zur Entscheidung vorlegen wollten.

Abschalom sprach jeden von ihnen an und fragte: »Aus welcher Stadt bist du?« Wenn der dann antwortete: »Aus dem und dem Stamm Israels, Herr«, 3 sagte er zu ihm: »Die Argumente, die du vorbringst, sind sehr gut; aber am Königshof gibt es niemand, der dich anhören wird. 4 Wenn nur *ich* in diesem Land Richter wäre; ich würde jedem, der mit einem Streitfall zu mir kommt, zu seinem Recht verhelfen.«

5 Wenn sich dann einer vor ihm niederwerfen wollte, zog er ihn an sich und küsste ihn. 6 So machte es Abschalom mit jedem, der beim König Recht suchte. Auf diese Weise stahl er dem König die Herzen der Männer Israels.

7 Nach vier[a] Jahren sagte Abschalom zum König: »Ich möchte nach Hebron gehen, um das Gelübde* zu erfüllen, das ich dem HERRN gegeben habe. 8 Als ich noch in Geschur in Syrien war, habe ich, dein ergebener Diener, dem HERRN versprochen: ›Wenn du mich nach Jerusalem zurückbringst, will ich dir ein Dankopfer* darbringen.‹«

9 »Geh in Frieden*!«, sagte David. Daraufhin ging Abschalom nach Hebron. 10 Er schickte jedoch heimlich Boten zu allen Stämmen Israels und ließ bekannt machen: »Wenn ihr das Widderhorn* blasen hört, dann ruft: ›Abschalom ist in Hebron König geworden!‹«

11 Zweihundert Bürger aus Jerusalem begleiteten Abschalom nach Hebron; sie waren als Festgäste eingeladen und gingen ahnungslos mit. Von Abschaloms Plan wussten sie nichts.

12 Als das Opferfest schon begonnen hatte, ließ Abschalom noch Ahitofel, den Berater Davids, aus seinem Wohnort Gilo holen. So zog die Verschwörung immer weitere Kreise und die Anhänger Abschaloms wurden immer zahlreicher.

David muss aus Jerusalem fliehen

13 Ein Bote aus Hebron[b] kam zu David und meldete: »Das Herz der Männer Israels gehört Abschalom!«

14 Da sagte David zu seinen Gefolgsleuten, die bei ihm in Jerusalem waren: »Wir müssen fliehen! Es gibt keine andere Rettung vor Abschalom. Schnell fort, bevor er hier ist, sonst fallen wir in seine Hand und er richtet in der Stadt ein Blutbad an.«

15 »Du bist unser Herr und König«, sagten die Männer, »du hast zu befehlen. Wir halten zu dir!«

16 Der König verließ die Stadt; seine Frauen, Kinder und Hofleute begleiteten ihn. Nur zehn Nebenfrauen ließ er zurück, damit sie sich um den Palast kümmerten.

17 Auch alle Kriegsleute in der Stadt folgten dem König. Beim letzten Haus machten sie Halt 18 und der König ließ die Kriegsleute an sich vorüberziehen, auch die Leibgarde* und die 600 Mann, die ihm aus Gat gefolgt waren.

19 Zu deren Anführer Ittai sagte David: »Halt, warum willst du mitkommen? Kehr um und biete dem neuen König deine Dienste an! Du bist doch ein Ausländer und lebst hier in der Verbannung. 20 Eben erst bist du bei uns angekommen und jetzt sollst du schon wieder fliehen müssen? Ich weiß ja nicht, wohin es mich noch verschlägt. Geh in die Stadt zurück und nimm auch deine Landsleute mit! Der HERR wird dich für deine Güte und Treue belohnen.«[c]

21 Aber Ittai sagte: »So gewiss der HERR lebt und so gewiss du, mein König, lebst: Du magst gehen, wohin du willst – wo mein Herr, der König, sein wird, da werde ich auch sein, tot oder lebendig!«

22 »Gut«, sagte David, »dann komm mit!« So zogen Ittai, seine Männer und ihr ganzer Tross am König vorüber.

23 Alle, die zurückblieben, weinten laut, als der König mit dem ganzen Kriegsvolk das Kidrontal überquerte und den Weg in die Wüste einschlug.

a vier: mit alten Übersetzungen; H *vierzig.* *b aus Hebron:* verdeutlichender Zusatz.
c Der Herr wird ...: mit G; H *Güte und Treue mit dir.*

15,1 1 Kön 1,5 **15,7-8** Dtn 23,22 **15,10** 1 Kön 1,39 **15,11-12** 1 Kön 1,9-11.25 **15,12** (Ahitofel) 15,31.34; 16,21.23; 17,1.7.14.23; 23,34 **15,14** Ps 3,1 **15,16** 16,21-22 **15,18** 8,18; 1 Sam 27,2

David lässt treue Helfer in Jerusalem zurück

24 Auch der Priester* Zadok war zur Stelle und
hatte die Leviten* bei sich, die die Bundeslade*
trugen. Sie setzten sie ab und der Priester Abjatar
vollzog Opferhandlungen,[a] bis alle von der Stadt
her den Bach Kidron überquert hatten.

25 Dann sagte der König zu Zadok: »Bring die
Lade wieder in die Stadt! Wenn der HERR mit mir
Erbarmen hat, bringt er mich eines Tages zurück
und lässt mich die Lade und den Ort, an dem sie
steht, wiedersehen. 26 Wenn er aber sagt: ›Ich
habe kein Gefallen mehr an dir‹, dann soll er mit
mir machen, was er für richtig hält.«

27 Der König fügte noch hinzu: »Ich lasse dich
als Beobachter in der Stadt! Kehrt in Frieden
nach Jerusalem zurück, du und dein Sohn Ahi-
maaz und auch Abjatar mit seinem Sohn Jona-
tan. 28 Ich werde an der Jordanfurt warten, bis
ich von euch Näheres über die Lage in der Stadt
erfahre.«

29 Abjatar und Zadok brachten die Bundes-
lade wieder nach Jerusalem zurück und blieben
dort. 30 David stieg den Ölberg* hinauf. Er ging
barfuß, hatte sein Gesicht verhüllt und weinte.
Auch alle, die ihn begleiteten, verhüllten ihr
Gesicht und weinten.

31 Unterwegs wurde David gemeldet: »Auch
Ahitofel steht auf der Seite der Verschwörer um
Abschalom!«

»HERR«, betete David, als er das hörte, »mach
den klugen Rat Ahitofels zur Torheit!«

32 Als er oben auf dem Ölberg angelangt war,
dort, wo die Gebetsstätte ist, stieß sein alter
Freund und Ratgeber,[b] der Arkiter Huschai, zu
ihm. Zum Zeichen der Trauer hatte er sein
Gewand zerrissen und sich Erde auf den Kopf
gestreut.

33 David sagte zu ihm: »Geh nicht mit mir, du
würdest mir nur zur Last fallen! 34 Aber wenn du
in die Stadt zurückkehrst, kannst du mir nützlich
sein und die Ratschläge Ahitofels durchkreuzen.
Geh zu Abschalom und sage zu ihm: ›Ich will dir
dienen, mein König! Ich stand zwar früher im
Dienst deines Vaters, aber von jetzt an diene ich
dir!‹ 35 Auch die Priester Zadok und Abjatar blei-
ben in der Stadt. Berichte ihnen alles, was du aus
dem Königspalast in Erfahrung bringen kannst.
36 Sie werden es mir dann durch ihre Söhne Ahi-
maaz und Jonatan weitermelden.«

37 So kam Davids Ratgeber Huschai zu eben
der Zeit in die Stadt zurück, als Abschalom in
Jerusalem einzog.

Genugtuung in der Familie Sauls

16 Als David ein Stück weitergezogen war,
kam ihm Ziba entgegen, der Hausver-
walter von Sauls Enkel Merib-Baal. Er hatte zwei
gesattelte Esel bei sich, die mit 200 Fladenbro-
ten*, 100 Portionen zusammengepresster Rosi-
nen, einem Korb mit Früchten[c] und einem Krug
Wein beladen waren.

2 »Was hat das zu bedeuten?«, fragte der
König und Ziba antwortete: »Die Esel sind zum
Reiten für die königliche Familie, Brot und
Früchte für deine Männer zum Essen und der
Wein soll denen, die auf dem Weg durch die
Wüste ermatten, Kraft geben!«

3 »Und wo ist der Enkel Sauls, deines
Herrn?«, fragte David.

»Ach, der ist in Jerusalem geblieben«, sagte
Ziba. »Er ist überzeugt, dass die Israeliten ihn
heute in seine Rechte als Thronfolger Sauls ein-
setzen.«

4 »Dann soll dir der ganze Besitz deines Herrn
gehören«, entschied David.

Ziba sagte: »Ich werfe mich vor dir nieder
und danke dir. Mögest du mir immer so gütig
begegnen, mein Herr und König!«

5 Als David nach Bahurim kam, lief ihm aus
dem Ort ein Mann entgegen. Es war Schimi, der
Sohn von Gera, ein Verwandter des Königs Saul.
Er beschimpfte David 6 und bewarf ihn und seine
Leute mit Steinen. Selbst die »Dreißig Helden«*,
die David umgaben, schreckten ihn nicht ab.

7 Er stieß wilde Flüche gegen David aus und
rief: »Zum Teufel mit dir, du Mörder, du Un-
mensch! 8 Jetzt erlebst du die Strafe für das, was
du der Familie Sauls angetan hast. Der HERR
bringt das Blut aller Ermordeten über dich! Das
Königtum, das du an dich gerissen hast, hat er
deinem Sohn Abschalom gegeben. Jetzt steckst
du selber im Unglück, du Mörder!«

9 Da sagte Abischai, der Sohn der Zeruja, zu
David: »Wie kommt dieser tote Hund dazu, den
König zu beschimpfen? Ich werde hingehen und
ihm den Kopf abschlagen!«

10 Aber David erwiderte: »Was geht das euch
an, dich und Joab, ihr Söhne der Zeruja? Der
HERR hat ihm befohlen, mich zu beschimpfen;
wer darf ihn da zur Rechenschaft ziehen?«

a Wörtlich *und Abjatar stieg hinauf* (auf den Altar? in die Stadt?).
b *sein alter …:* verdeutlichender Zusatz; vgl. Vers 34; 16,16. c *einem Korb …:* vermutlicher Text; H *100 Früchten.*

15,24 8,17S; 1 Sam 22,20 S **15,31** 15,12S **15,32** (Huschai) 16,16; 17,5-8.14-15; 1 Kön 4,16 **16,1** 9,1-13; 1 Sam 20,15 **16,3-4** 19,25-31 **16,5** (Schimi) 19,17-24; 1 Kön 2,8-9.36-46 **16,8** 21,1-9 **16,9-10** 3,39S

11 Und zu allen gewandt sagte David: »Wenn
sogar mein Sohn, der aus dem Samen meines
Leibes hervorgegangen ist, mich umbringen will,
was kann man da von einem aus dem Stamm
Benjamin, dem Stamm Sauls, erwarten? Lasst
ihn fluchen, denn der HERR hat es ihm befohlen.
12 Ich muss jetzt diese Erniedrigung hinnehmen;
vielleicht erbarmt sich dann der HERR und er-
weist mir Gutes für den Fluch*, der mir heute
nachgeschleudert wird.«

13 Während David mit seinen Leuten weiter-
ging, lief Schimi auf der anderen Seite des Tales
nebenher. Er beschimpfte David in einem fort
und warf mit Steinen und Dreck nach ihm. 14 Er-
schöpft kam der König mit seinen Leuten
schließlich am Jordan an.[a] Dort machten sie
Rast.

Abschalom tritt öffentlich in die Rechte seines Vaters ein

15 Abschalom war mit den Männern Israels, die
sich ihm angeschlossen hatten, in Jerusalem ein-
gezogen; auch Ahitofel begleitete ihn. 16 Hu-
schai, der Freund und Ratgeber Davids, ging zu
Abschalom und sagte: »Es lebe der König! Es lebe
der König!«

17 Spöttisch fragte ihn Abschalom: »Ist das
deine Treue zu deinem Freund David? Warum
bist du nicht mit ihm gegangen?«

18 »Unmöglich!«, erwiderte Huschai. »Ich ge-
höre zu dem, den der HERR erwählt hat und den
alle Männer Israels zu ihrem König gemacht ha-
ben. Bei ihm bleibe ich! 19 Außerdem bist du
doch Davids Sohn. Wie ich deinem Vater gedient
habe, so will ich nun dir dienen.«

20 Abschalom wandte sich an Ahitofel und
sagte: »Rate mir! Was soll ich jetzt tun?«

21 Ahitofel sagte: »Dein Vater hat doch seine
Nebenfrauen dagelassen, damit sie sich um den
Palast kümmern. Nimm sie in Besitz! Wenn sich
das in Israel herumspricht, wird es allen klar
werden: Du hast dich bei deinem Vater verhasst
gemacht; es gibt kein Zurück. Und alle, die zu dir
halten, werden sich dann noch entschiedener
für dich einsetzen.«

22 So wurde also auf dem flachen Dach des
Palastes für Abschalom ein Zelt aufgeschlagen
und die Frauen wurden dorthin gebracht. Vor
den Augen von ganz Israel ging Abschalom hin-
ein und schlief mit den Nebenfrauen seines
Vaters.

23 Wenn Ahitofel einen Rat gab, war das da-
mals so, als hätte man einen Bescheid von Gott
eingeholt. So viel galt sein Wort schon bei David
und nun auch bei Abschalom.

Abschalom folgt dem falschen Rat

17 Ahitofel machte Abschalom noch einen
weiteren Vorschlag: »Gib mir Vollmacht«,
sagte er. »Ich will mir 12 000 Mann auswählen
und mit ihnen noch in dieser Nacht hinter David
herjagen. 2 Dann bekomme ich ihn zu fassen, so-
lange er noch erschöpft und entmutigt ist. Wenn
ich ihn in diesem Zustand überfalle, werden alle
seine Leute davonlaufen und ich kann ihn töten,
ohne weiteres Blut zu vergießen. 3 Ich werde dir
dann alle seine Leute zuführen. Alle werden zu
dir kommen, wenn der eine erledigt ist, auf den
du es abgesehen hast. Sein ganzes Kriegsvolk
kannst du verschonen.«

4 Der Vorschlag leuchtete Abschalom ein.
Auch die Ältesten* Israels stimmten ihm zu.
5 Trotzdem zögerte Abschalom. »Wir wollen
auch noch den Rat von Huschai, dem Arkiter,
hören«, sagte er. »Ruft ihn her!«

6 Huschai kam, und Abschalom berichtete
ihm, was Ahitofel geraten hatte. »Was ist deine
Meinung?«, fragte Abschalom. »Sollen wir dem
Vorschlag Ahitofels folgen? Oder rätst du uns
etwas anderes?«

7 Huschai sagte: »Diesmal hat Ahitofel keinen
guten Rat gegeben. 8 Du kennst doch deinen
Vater und seine Männer! Die Männer sind alle
miteinander kampferprobte Leute, und jetzt sind
sie auch noch wütend wie eine Bärin, der man
ihre Jungen weggenommen hat. Dein Vater aber
ist kriegserfahren genug, dass er seinen Leuten
keine Nachtruhe gönnen wird. 9 Er hat sich
gewiss in irgendeiner Höhle oder sonst einem
Hinterhalt versteckt. Wenn deine Leute in die
Falle laufen und du gleich zu Anfang Verluste
hast, wird es heißen: ›Die Anhänger Abschaloms
haben eine Niederlage erlitten.‹ 10 Dann werden
alle den Mut verlieren; selbst der Tapferste, der
so mutig ist wie ein Löwe, wird verzagen. Jeder-
mann in Israel weiß doch, was für ein siegreicher
Heerführer dein Vater ist und was für erprobte
Soldaten er um sich hat.

11 Deshalb rate ich dir: Rufe die wehrfähigen
Männer aus dem ganzen Gebiet Israels zusam-
men, von Dan im Norden bis Beerscheba im
Süden. Mit diesem Heer, das so unzählbar ist
wie der Sand am Meer, musst du persönlich in
den Kampf ziehen 12 und der Sieg ist dir sicher.
Wir werden deinen Vater aufspüren und über
ihn herfallen, wie der Morgentau auf die Erde

a *am Jordan:* verdeutlichender Zusatz.

16,16 15,32S **16,20** 15,12S **16,21** 15,16; 20,3 **16,22** 12,11-12 **17,1** 15,12S **17,5** 15,32S

fällt. Von ihm und seinen Leuten wird keiner
übrig bleiben. 13 Wenn er sich in eine befestigte
Stadt zurückzieht, werden die Männer Israels
Seile um ihre Mauern legen und die Stadt ins Tal
schleifen, sodass kein einziger Stein auf dem
Berg zurückbleibt!«

14 Da riefen Abschalom und alle Männer Is-
raels: »Huschai hat Recht! Sein Rat ist besser als
der Rat Ahitofels!« So sorgte der HERR dafür, dass
der kluge Rat Ahitofels missachtet wurde. Denn
der HERR hatte den Untergang Abschaloms be-
schlossen.

15 Huschai berichtete den Priestern* Zadok
und Abjatar von dem Rat, den Abschalom und
die Ältesten Israels von Ahitofel erhalten hatten.
16 »Schickt schnell zu David«, sagte er. »Er soll
nur ja nicht auf dieser Seite des Jordans bleiben,
sondern den Fluss noch in dieser Nacht über-
queren. Sonst sind er und alle seine Leute ver-
loren.«

David gewinnt einen Vorsprung

17 Jonatan und Ahimaaz warteten bei der Rogel-
Quelle*, weil sie sich in der Stadt nicht sehen las-
sen durften. Eine Magd ging zu ihnen und
brachte ihnen die Nachricht, die sie König David
weitermelden sollten. 18 Aber ein junger Mann
sah die beiden und sagte es Abschalom.

Jonatan und Ahimaaz liefen los, so schnell sie
konnten. In Bahurim kannten sie einen Mann,
der in seinem Hof eine Zisterne hatte; in der ver-
steckten sie sich. 19 Seine Frau legte eine Decke
über die Öffnung und breitete Gerstenkörner
darauf aus.

20 Als die Männer Abschaloms an das Haus
kamen, fragten sie die Frau: »Wo sind Ahimaaz
und Jonatan?«

Sie antwortete: »Die sind dort über den Bach
weitergegangen!« Die Männer durchsuchten al-
les, und als sie niemand fanden, kehrten sie wie-
der nach Jerusalem zurück.

21 Sobald sie fort waren, stiegen die beiden
aus der Zisterne und brachten David die Nach-
richt. »Schnell über den Fluss!«, sagten sie, und
sie berichteten, was für einen gefährlichen Rat
Ahitofel gegeben hatte. 22 Sofort brach David mit
allen seinen Leuten auf und sie überquerten den
Jordan. Bei Tagesanbruch waren alle bis zum
letzten Mann auf der anderen Seite.

23 Als Ahitofel sah, dass Abschalom seinen Rat
nicht befolgen wollte, sattelte er seinen Esel und
kehrte in seine Heimatstadt zurück. Er gab seiner
Familie letzte Anweisungen und hängte sich auf.
So starb er und wurde in der Grabstätte seines
Vaters bestattet.

24 David hatte schon Mahanajim erreicht, als
Abschalom schließlich mit dem gesamten Heer
Israels den Jordan überschritt. 25 Für Joab hatte
Abschalom Amasa als Heerführer eingesetzt. Er
war der Sohn des Ismaëliten Jeter, seine Mutter
war Abigal, eine Tochter von Isai und Schwester
von Joabs Mutter Zeruja.[a] 26 Das Heer Israels
mit Abschalom schlug im Gebiet von Gilead*
sein Lager auf.

27 Als David in Mahanajim ankam, erwarte-
ten ihn dort Schobi, der Sohn von Nahasch, aus
dem ammonitischen Rabba sowie Machir, der
Sohn von Ammiël, aus Lo-Dabar und Barsillai
aus Roglim in Gilead. 28–29 Sie hatten vorausgese-
hen, dass David und seine Leute vom Weg durch
die Wüste hungrig, durstig und müde sein wür-
den. Deshalb brachten sie Schlafmatten, Metall-
gefäße und Tongeschirr, Weizen und Gerste,
Mehl, geröstete Körner, Bohnen und Linsen, Ho-
nig, Butter, Käse und Schafe.

Die Entscheidungsschlacht

18 David musterte sein Heer, teilte es in Ab-
teilungen zu je tausend und Unterabtei-
lungen zu je hundert Mann ein und bestimmte
die Anführer der einzelnen Abteilungen. 2 Dann
bildete er drei Gruppen, die erste unter Joab, die
zweite unter Joabs Bruder Abischai und die dritte
unter Ittai aus Gat.

»Ich bin fest entschlossen, selbst mit euch in
den Kampf zu ziehen«, erklärte David vor dem
ganzen Heer. 3 Aber die Männer sagten: »Du
darfst auf keinen Fall mit uns in den Kampf
ziehen! Wenn *uns* etwas zustößt, hat das nichts
zu bedeuten, selbst wenn wir fliehen müssen
oder die Hälfte von uns den Tod findet. Aber du
bedeutest so viel wie zehntausend von uns.
Außerdem wäre es gut, wenn du uns notfalls
von der Stadt aus Verstärkung bringen könn-
test.«

4 Der König willigte ein und sagte: »Ich will
tun, was ihr für richtig haltet.« Er trat neben das
Stadttor und ließ seine Soldaten abteilungsweise
an sich vorbeiziehen. 5 Alle konnten es hören,
wie er den drei Heerführern Joab, Abischai und
Ittai den Befehl gab: »Schont mir mein Kind, den
Abschalom!«

a *des Ismaëliten* und *Isai:* mit einigen griechischen Handschriften und in Übereinstimmung mit 1 Chr 2,13-17; H *des Israeliten* und *Nahasch*.

17,17 15,36 **17,23** 15,12 S; Mt 27,5 **17,25** (Amasa) 19,14; 20,4-12; 1 Kön 2,5.31-32 **17,27** 9,4; (Barsillai) 19,32-40; 1 Kön 2,7
18,2 8,16 S; 15,19; 1 Sam 26,6 S **18,3** 21,17 **18,5** 14,21; 18,12.29; 19,7

6 So zogen Davids Truppen ins Feld, dem
Heer Israels entgegen. Im Waldland von Efraïm
kam es zum Kampf. 7 Die Kriegsleute Davids
brachten dem Heer Israels eine schwere Nieder-
lage bei; 20 000 Israeliten fanden den Tod. 8 Der
Kampf breitete sich über die ganze Gegend aus,
und durch das gefährliche Gelände kamen mehr
Menschen ums Leben als durch feindliche Waf-
fen.

Abschaloms Ende

9 Abschalom geriet in die Nähe von Kriegsleuten
Davids. Er ritt auf einem Maultier und kam unter
einer großen Eiche* durch; da verfing er sich mit
seinen Haaren in dem dichten Geäst. Das Maul-
tier lief unter ihm weg und er blieb zwischen
Himmel und Erde in der Luft hängen.

10 Einer von den Männern Davids hatte es be-
obachtet und meldete Joab: »Abschalom hängt
dort drüben an einer Eiche!«

11 »Was?«, rief Joab. »Du hast ihn gesehen?
Warum hast du ihn nicht auf der Stelle umge-
bracht? Ich hätte dir zur Belohnung zehn Silber-
stücke* und einen Gürtel geschenkt!«

12 Aber der Mann erwiderte: »Auch für tau-
send Silberstücke hätte ich es nicht getan! Wie
könnte ich mich am Sohn des Königs vergreifen?
Wir haben doch alle gehört, wie der König dir,
Abischai und Ittai befohlen hat: ›Gebt mir Acht
auf mein Kind! Dass nur keiner ihm etwas an-
tut!‹ 13 Wenn ich ihn umgebracht hätte und der
König hätte es erfahren – er erfährt alles –, dann
hättest du ja doch nicht zu mir gestanden.«

14 »Was hältst du mich auf!«, rief Joab, nahm
drei Speere und stieß sie Abschalom, der immer
noch lebend an der Eiche hing, in die Brust.
15 Die zehn Waffenträger Joabs umringten Ab-
schalom und schlugen ihn vollends tot.

16 Joab ließ die Widderhörner* blasen und
hielt damit seine Kriegsleute von der weiteren
Verfolgung der Israeliten ab. 17 Das Heer Israels
löste sich auf und jeder ging nach Hause. Die
Männer Joabs warfen den Leichnam Abscha-
loms im Wald in eine tiefe Grube und schichte-
ten darüber einen großen Steinhaufen auf.

18 Schon zu seinen Lebzeiten hatte sich
Abschalom im Königstal bei Jerusalem einen
Gedenkstein errichten lassen. Er hatte gesagt:
»Ich habe keinen Sohn, in dem mein Name fort-
leben könnte.« Darum gab er dem Stein seinen
Namen und bis heute nennt man ihn Abscha-
lom-Stein.

Zwei Boten mit derselben Nachricht

19 Ahimaaz, der Sohn Zadoks, bot sich an: »Ich
will zum König laufen und ihm die Nachricht
bringen, dass der HERR ihm den Sieg über seine
Feinde gegeben hat!«

20 Aber Joab erwiderte: »Ein andermal kannst
du Bote sein, heute nicht! Du wirst ihm keine
gute Nachricht bringen. Bedenk doch: Sein Sohn
ist tot!«

21 Joab befahl dem Schwarzen, der bei ihm in
Sold stand:[a] »Lauf zum König und melde ihm,
was du gesehen hast!« Der Bote verneigte sich
und lief los.

22 Aber Ahimaaz ließ nicht locker: »Mag kom-
men, was will – ich möchte doch noch selbst
hinter dem Schwarzen herlaufen!«

»Warum bist du so darauf versessen?«, er-
widerte Joab. »Für diese Nachricht bekommst du
bestimmt keinen Botenlohn!«

23 »Ganz gleich, ich laufe!«, rief Ahimaaz und
Joab sagte: »Dann lauf eben!« Ahimaaz nahm
den Weg durch die Jordanebene und überholte
den andern.

24 David wartete im Torgang. Auf dem Dach
der Toranlage hielt ein Späher Ausschau. Er sah,
wie ein einzelner Mann sich in schnellem Lauf
der Stadt näherte, 25 und meldete es dem König.

David sagte: »Wenn es nur einer ist, bringt er
gute Nachricht.«

Während der Mann näher kam, 26 bemerkte
der Späher noch einen zweiten, der hinter ihm
herlief. »Da kommt noch einer; auch der läuft al-
lein!«, rief er zum Torwächter hinab.

»Auch der bringt gute Nachricht«, sagte der
König.

27 Jetzt erkannte der Späher den ersten. »Es
ist Ahimaaz, der Sohn Zadoks!«, rief er hinunter.
»Ich sehe es an der Art, wie er läuft.«

»Das ist ein guter Mann«, sagte der König, »er
kommt gewiss mit einer guten Nachricht!«

28 Ahimaaz rief: »Sei gegrüßt!«, warf sich vor
David nieder und sagte: »Mein König, gepriesen
sei der HERR, dein Gott! Er hat alle in deine Hand
gegeben, die sich gegen dich erhoben haben.«

29 »Und was ist mit meinem Kind, mit Ab-
schalom?«, fragte David. »Ist er unversehrt?«

Ahimaaz erwiderte: »Ich sah ein großes Ge-
dränge um ihn, als Joab uns beide, deine ergebe-
nen Diener, auf den Weg schickte. Ich weiß aber
nicht, was vorging.«

30 »Stell dich hier neben mich«, sagte David.

a Wörtlich *befahl dem Kuschiter,* einem dunkelhäutigen Söldner aus Kusch/Äthiopien*.

18,13 14,20 **18,18** 14,27; Jes 56,4-5 **18,19** 15,36; 17,17 **18,20** 4,10

31 Da kam auch schon der Schwarze angelau-
fen und rief: »Mein König, ich bringe gute Nach-
richt. Der HERR hat dir heute den Sieg gegeben
über alle, die sich gegen dich erhoben haben.«

32 »Und was ist mit meinem Kind, mit Abscha-
lom?«, fragte ihn David. »Ist er unversehrt?«

»Mein König«, sagte der Schwarze, »so wie
ihm müsste es allen deinen Feinden ergehen,
jedem, der sich böswillig gegen dich erhebt!«

Joab mahnt König David zur Vernunft

19 Der König war tief getroffen. Er stieg zur
Wachstube über dem Tor hinauf und
klagte: »Mein Sohn, mein Abschalom! Mein
Sohn, mein Sohn, mein Abschalom! Wäre ich
doch an deiner Stelle gestorben! Mein Abscha-
lom, mein Sohn, mein Sohn!«

2 Man meldete Joab: »Der König weint; er
trauert um Abschalom!«

3 Auch unter den Kriegsleuten sprach es sich
herum: »Der König trägt Leid um Abschalom!«,
und ihre Siegesfreude schlug in Niedergeschla-
genheit um. 4 Sie schlichen durch das Tor in die
Stadt wie Männer, die sich schämen, weil sie vor
dem Feind davongelaufen sind.

5 Mit verhülltem Gesicht saß der König da
und klagte laut: »Mein Sohn, mein Abschalom!
Abschalom, mein Sohn, mein Sohn!«

6 Da ging Joab zum König hinein und sagte:
»Du beleidigst deine Getreuen, die zu dir gehal-
ten haben. Sie haben heute dir, deinen Söhnen
und Töchtern, deinen Frauen und Nebenfrauen
das Leben gerettet. 7 Du aber verachtest deine
treuesten Freunde und liebst stattdessen deine
Feinde. Dein Verhalten zeigt, dass deine Trup-
penführer und Kriegsleute dir nichts bedeuten.
Ich sehe, es wäre dir ganz recht, wenn Abscha-
lom noch lebte und wir alle tot wären.

8 Fasse dich! Steh auf, geh hinaus und sag dei-
nen Leuten ein anerkennendes Wort! Ich schwö-
re dir beim HERRN: Wenn du nicht kommst, lau-
fen sie dir noch in dieser Nacht alle davon. Das
wird schlimmer für dich sein als alles, was du seit
deiner Jugend durchgemacht hast.«

9a Da stand König David auf und setzte sich
neben das Tor. Die Kriegsleute erfuhren es: »Der
König sitzt am Tor!« Da kamen sie alle und
zogen an ihm vorbei.

David bereitet seine Rückkehr vor

9b Das Heer Israels hatte sich aufgelöst und alle
waren nach Hause zurückgekehrt. 10 In allen
Stämmen machten sich die Leute gegenseitig
Vorwürfe. Es hieß: »König David hat uns vor den
Philistern* gerettet und von allen unseren Fein-
den befreit. Und dann musste er vor Abschalom
fliehen und das Land verlassen. 11 Jetzt ist Ab-
schalom, den wir an seiner Stelle als König einge-
setzt hatten, gefallen. Worauf wartet ihr noch,
warum holt ihr König David nicht zurück?«

12 David aber schickte Boten zu den Priestern
Zadok und Abjatar und ließ ihnen sagen: »Ruft
die Ältesten* des Stammes Juda zusammen und
richtet ihnen aus:

›Wollt ihr die Letzten sein, die daran denken,
den König in seinen Palast zurückzuholen? Von
ganz Israel wird der Wunsch an den König her-
angetragen![a] 13 Ihr seid doch meine Stammes-
genossen, mein eigen Fleisch und Blut! Warum
lasst ihr zu, dass die anderen euch zuvorkom-
men?‹

14 Amasa aber sollt ihr von mir ausrichten:
›Bist du nicht mit mir verwandt, mein eigen
Fleisch und Blut? Du sollst von jetzt ab an Joabs
Stelle mein Heerführer sein. Gott soll mich stra-
fen, wenn ich mein Wort breche.‹«

15 Damit brachte David die Männer des Stam-
mes Juda wieder geschlossen auf seine Seite. Sie
ließen dem König sagen: »Komm zu uns zurück
und bring alle deine Leute mit!«

David verzeiht seinen Feinden

16 Der König machte sich auf den Rückweg nach
Jerusalem und kam an den Jordan. Die Männer
von Juda waren ihm bis nach Gilgal entgegenge-
kommen, um ihn über den Fluss zu geleiten.

17 Zusammen mit ihnen eilte auch der Benja-
minit Schimi aus Bahurim, der Sohn von Gera,
zum Empfang des Königs herbei. 18 Er hatte tau-
send Mann aus dem Stamm Benjamin bei sich,
darunter auch Ziba, den Hausverwalter von
Sauls Enkel Merib-Baal, mit seinen fünfzehn
Söhnen und zwanzig Knechten. Sie alle hatten
den Jordan noch vor dem König erreicht 19 und
waren über die Furt zum anderen Ufer gegan-
gen, um dem König und seinem Hofstaat beim
Übergang über den Fluss zu helfen und ihm ihre
Dienste anzubieten.

Als David gerade den Fluss überqueren
wollte, warf sich Schimi vor ihm nieder 20 und
bat: »Mein Herr und König, strafe mich nicht für
das, was ich dir angetan habe, als du aus Jerusa-
lem fliehen musstest! Trage es mir nicht nach!
21 Ich weiß, dass ich ein schweres Unrecht began-
gen habe. Halte es mir zugute, dass ich dir heute
als Erster aus den Josefsstämmen entgegenge-

a Hier werden versehentlich die Worte *»in seinen Palast«* wiederholt; sie fehlen in den alten Übersetzungen.

19,7 18,5 S **19,10** 3,18; 5,17-25; 21,15-22 **19,11** 15,10 **19,14** 17,25 S **19,17-24** 16,5 S **19,18** 16,1-4

kommen bin, um dich als meinen königlichen
Herrn zu empfangen!«
22 Bevor der König antworten konnte, rief
Abischai, der Sohn der Zeruja: »Er hat den Tod
verdient; denn er hat den gesalbten* König des
HERRN beschimpft!«
23 Aber David sagte zu Abischai und zu sei-
nem Bruder Joab: »Was mischt ihr euch in meine
Angelegenheiten, ihr Söhne der Zeruja? Was fällt
euch ein, an einem solchen Tag als Ankläger auf-
zutreten? Ich bin doch heute wieder König über
Israel geworden, da wird kein Israelit getötet!«
24 Und zu Schimi sagte er: »Du musst nicht
sterben, ich schwöre es dir.«
25 Auch Sauls Enkel Merib-Baal kam dem
König entgegen. Seit dem Tag, an dem David aus
Jerusalem fliehen musste, bis zum Tag seiner
Rückkehr hatte er seine Füße nicht gewaschen,
den Bart nicht gepflegt und die Kleider nicht ge-
wechselt. 26 Als er zum König kam,[a] fragte ihn
der: »Warum bist du nicht mit mir gekommen,
Merib-Baal?«
27 Sauls Enkel antwortete: »Mein Herr und
König! Mein Hausverwalter ist schuld, er hat
mich hintergangen. Ich hatte befohlen: ›Man
soll meinen Esel satteln, damit ich den König be-
gleiten kann!‹ Du weißt ja, dass ich gelähmt bin.
28 Doch er hat mich bei dir, meinem Herrn und
König, verleumdet. Aber du bist ja so unbestech-
lich wie der Engel* Gottes. Tu mit mir, was du
für richtig hältst. 29 Alle Angehörigen meines
Vaters mussten damit rechnen, dass du sie töten
lässt; aber stattdessen hast du mir erlaubt, an der
königlichen Tafel zu essen. Ich habe kein Recht,
dich noch einmal um eine Gunst zu bitten.«
30 »Genug der Worte!«, sagte David. »Ich
bestimme, dass ihr beide, du und dein Verwalter
Ziba, den Landbesitz Sauls untereinander teilt.«
31 »Er kann ruhig alles haben!«, erwiderte
Merib-Baal. »Das Wichtigste ist, dass du, mein
Herr und König, wohlbehalten wieder nach
Hause gekommen bist.«

Abschied von einem treuen Gefolgsmann

32 Barsillai war aus Roglim in Gilead* gekom-
men, um den König bis zum Jordan zu begleiten
und ihn dort zu verabschieden. 33 Er war sehr
wohlhabend und hatte David während seines
Aufenthalts in Mahanajim mit Lebensmitteln
versorgt. Mit seinen 80 Jahren war Barsillai
schon ein sehr alter Mann. 34 Nun sagte der
König zu ihm: »Komm zu mir an den Hof nach
Jerusalem; ich werde dort für dich und deine
Familie sorgen.«
35 Aber Barsillai erwiderte: »Ich habe nicht
mehr lange zu leben; warum sollte ich mit dir
nach Jerusalem übersiedeln? 36 Ich bin nun
80 Jahre alt und es macht für mich keinen Un-
terschied mehr, ob etwas gut ist oder schlecht.
Ich kann nicht mehr schmecken, was ich esse
und trinke, und ich kann die Stimmen der
Sänger und Sängerinnen nicht mehr hören. Ich
würde dir nur zur Last fallen, mein Herr und
König!
37 Eine so große Belohnung habe ich auch gar
nicht verdient. Ich wollte dich, mein Herr und
König, nur die kurze Strecke bis zum Jordan
begleiten. 38 Lass mich jetzt umkehren und in
meiner Heimatstadt sterben, wo mein Vater
und meine Mutter begraben sind. Mein Sohn[b]
Kimham kann mit dir ziehen und dir dienen.
Tu an ihm, was du für richtig hältst!«
39 »Gut«, sagte der König, »dann soll Kimham
mitkommen. Ich werde alles für ihn tun, was du
wünschst. Und wenn du für dich selbst einmal
einen Wunsch hast, werde ich ihn dir gerne er-
füllen.«
40 Dann gingen Davids Truppen durch die
Furt über den Jordan. Bevor der König selbst den
Fluss durchschritt, küsste er Barsillai zum Ab-
schied und segnete ihn. Barsillai kehrte nach
Hause zurück, 41 während David nach Gilgal
weiterzog; Kimham ging mit ihm. Alle Männer
von Juda und die Hälfte der Männer von Israel
gaben dem König das Geleit.

Rivalität zwischen Israel und Juda

42 Alle Männer von Israel kamen zum König und
beschwerten sich. »Wie kommt es«, sagten sie,
»dass unsere Brüder, die Männer von Juda, sich
das Recht angemaßt haben, dich, deine Familie
und alle deine Leute über den Jordan zu brin-
gen?«
43 Alle Männer von Juda rechtfertigten sich
und sagten zu den Männern von Israel: »Der Kö-
nig steht uns näher, er ist doch unser Stammesge-
nosse! Warum regt ihr euch so auf? Haben wir
euch etwa den König weggenommen oder hat er
uns irgendein Vorrecht gewährt?«
44 Die Männer von Israel antworteten denen
von Juda: »Wir haben zehn Anteile am König,
nicht nur einen wie ihr! Darum steht uns das
erste Recht zu. Warum habt ihr uns nicht die
Ehre gelassen? Und hatten wir denn nicht als

a Es folgt noch *(nach) Jerusalem,* was vermutlich zum vorangehenden Vers gehört (Rückkehr nach Jerusalem).
b *Mein Sohn:* verdeutlichender Zusatz mit G.

19,23 3,39 S; 1 Sam 11,13 **19,25-28** 9,1-13; 16,1-3 **19,28** 1 Sam 29,9 S **19,30-31** 16,4 **19,32-40** 17,27 S

Erste davon gesprochen, den König zurückzu-
holen?«

Aber die Männer von Juda gaben ihnen eine
Antwort, die noch schärfer war als die Vorwürfe
der Männer von Israel.

Der Aufstand Schebas wird niedergeworfen

20 Dort in Gilgal war auch ein niederträchti-
ger Mann aus dem Stamm Benjamin,
Scheba, der Sohn von Bichri. Er blies das Wid-
derhorn* und rief:

»Was geht uns alle dieser David an?
Seit wann gehört der Isai-Sohn zu uns?
Ihr Männer Israels, auf und nach Hause!«

2 Da ließen die Männer von Israel David im Stich
und zogen mit Scheba, dem Sohn von Bichri,
davon. Nur die Männer von Juda blieben ihrem
König treu und geleiteten ihn vom Jordan bis
nach Jerusalem.

3 Als David nach Jerusalem in seinen Königs-
palast kam, befahl er als Erstes, die zehn Neben-
frauen, die er als Hüterinnen des Palastes zurück-
gelassen hatte, in ein verschlossenes Haus zu
bringen. Er sorgte für ihren Lebensunterhalt,
hatte jedoch keinen Verkehr mehr mit ihnen. Sie
lebten bis zu ihrem Tod völlig abgeschlossen, als
Witwen auf Lebenszeit.

4 Dann sagte der König zu Amasa: »Biete alle
Männer von Juda auf! Übermorgen bist du mit
ihnen hier!« 5 Amasa ging, um die Männer von
Juda zusammenzurufen, war jedoch zur gesetz-
ten Frist nicht zurück.

6 Da sagte der König zu Abischai: »Scheba
wird uns noch gefährlicher als Abschalom!
Nimm meine Leute und jag ihm nach, bevor er
befestigte Städte in seine Hand bringt und wir
das Nachsehen haben.«[a]

7 Die Kriegsleute Joabs zogen also unter
Abischais Führung von Jerusalem aus los, um
Scheba nachzujagen, dazu auch Davids Leib-
garde* und die »Dreißig Helden«*. 8 Als sie den
großen Felsen bei Gibeon erreichten, war Amasa
kurz zuvor dort eingetroffen. Joab trug sein üb-
liches Gewand und darüber einen breiten
Gürtel, unter dem ein Dolch verborgen war. Er
war durch den Gürtel waagrecht an der Seite
gehalten, und wenn Joab sich leicht vorbeugte,
glitt er unbemerkt aus seiner Scheide.

9 Joab begrüßte Amasa: »Wie geht es dir, mein
Freund?« Dabei fasste er mit der rechten Hand
Amasa beim Bart, als wollte er ihn küssen.
10 Amasa bemerkte nicht, dass Joab den Dolch in
der anderen Hand hielt. Joab stieß ihn damit in
den Bauch, dass die Eingeweide auf die Erde
quollen. Es brauchte keinen zweiten Stoß, Ama-
sa war auf der Stelle tot.

Joab und sein Bruder Abischai jagten weiter
hinter Scheba her. 11 Einer von Joabs Männern
stellte sich neben Amasas Leichnam und rief:
»Joab nach, wer's mit Joab hält und für David
ist.« 12 Er merkte aber, dass alle Kriegsleute ste-
hen blieben, weil Amasa blutüberströmt mitten
auf der Straße lag. So schaffte er Amasas Leiche
von der Straße weg ins Feld und warf einen Man-
tel darüber, damit nicht jeder, der vorbeikam,
bei ihr stehen blieb. 13 Als die Leiche aus dem
Weg geschafft war, folgten alle Joab und nahmen
die Verfolgung Schebas auf.

14 Joab zog durch alle Stämme Israels bis nach
Abel-Bet-Maacha. Alle wurden seine Verbünde-
ten,[b] sammelten sich und folgten ihm.

15 Als Joab mit seinem Heer die Stadt erreicht
hatte, schlossen sie Scheba darin ein und schütte-
ten eine Angriffsrampe* auf. Als die Rampe die
Höhe der Vormauer erreicht hatte, drang das
Heer Joabs bis zur Hauptmauer vor und ver-
suchte, sie zum Einsturz zu bringen.

16 Nun lebte in der Stadt eine weise* Frau.
Die rief den Belagerern von der Mauer aus zu:
»Leute, hört her, hört her! Sagt Joab, er soll kom-
men; ich muss mit ihm reden.«

17 Als Joab kam, fragte sie: »Bist du Joab?«

»Ja«, sagte er und sie fuhr fort: »Ich bitte dich,
hör mich an!«

»Ich höre«, erwiderte Joab.

18 Sie begann: »Seit alter Zeit sagen die Leute:
›Holt euch doch Rat in Abel, dann kommt alles
in Ordnung!‹ 19 Unsere Stadt gehört zu den fried-
lichsten und treuesten in Israel. Sie trägt den
Ehrentitel ›Mutter in Israel‹. Und die willst du
zerstören? Wie kannst du dich an einem Stück
Land vergreifen, das dem HERRN gehört?«

20–21 »Nein, nein!«, erwiderte Joab. »Ich will
mich doch nicht daran vergreifen! Ich denke
nicht daran, sie zu zerstören! Aber ihr habt ei-
nen Mann aus dem Bergland Efraïm bei euch,
Scheba, den Sohn von Bichri, der hat sich gegen
König David erhoben. Nur auf den habe ich es
abgesehen. Gebt ihn heraus und ich ziehe von
der Stadt ab!«

»Wir werden dir seinen Kopf über die Mauer
werfen«, sagte die Frau. 22 Mit ihrer Weisheit

a und wir ...: Deutung unsicher; wörtlich *und uns unser Auge/unsere Quelle ausreißt.*
b seine Verbündeten: vermutlicher Text; H unverständlich.

20,1 1 Kön 12,16 **20,3** 16,21-22 **20,4** 17,25S **20,7** 1 Sam 26,6S **20,10** 3,27

überzeugte sie die Leute in der Stadt. Sie schlugen Scheba den Kopf ab und warfen ihn zu Joab über die Mauer. Da ließ Joab das Widderhorn* blasen und die Belagerung abbrechen. Die Männer von Juda kehrten nach Hause zurück und Joab begab sich zum König nach Jerusalem.

Davids oberste Beamte

(8,15-18)

23 Joab war oberster Befehlshaber über das ganze Heer Israels. Benaja, der Sohn von Jojada, befehligte Davids Leibgarde*. 24 Adoniram hatte die Aufsicht über die Fronarbeiten*. Joschafat, der Sohn von Ahilud, war Kanzler. 25 Schewa war Staatsschreiber. Zadok und Abjatar waren Priester* 26 und auch Ira aus Jaïr war Priester im Dienst Davids.

NACHTRÄGE UND ABSCHLUSS DER DAVIDSGESCHICHTE

(Kapitel 21–24)

Sieben Nachkommen Sauls müssen sterben

21 Während der Regierungszeit Davids gab es einmal eine schwere Hungersnot. Sie dauerte schon drei Jahre lang. Da ging David ins Zelt des HERRN und fragte den HERRN nach dem Grund. Er bekam die Antwort: »Auf Saul und seiner Familie lastet eine Blutschuld, weil er viele unschuldige Bewohner von Gibeon getötet hat.«

2-3 Die Einwohner von Gibeon waren keine Israeliten, sondern ein Rest der amoritischen* Bevölkerung des Landes. Die Israeliten hatten ihnen vertraglich zugesichert, sie zu verschonen; aber Saul in seinem Eifer für Israel und Juda hatte sie zu vernichten versucht.

König David rief die Männer von Gibeon zu sich und fragte sie: »Was kann ich tun, um diese Schuld wieder gutzumachen? Ich möchte, dass ihr das Volk des HERRN nicht verfluchen müsst.«

4 Sie antworteten: »Wir nehmen von den Nachkommen Sauls als Sühne für dieses Vergehen kein Silber oder Gold an; aber Leute aus dem Volk Israel zu töten ist uns verwehrt.«

»Was soll ich also für euch tun, was ist eure Meinung?«, fragte David 5 und sie antworteten: »Weil Saul es war, der uns vernichten, uns ausrotten wollte – im ganzen Gebiet Israels sollte es für uns keinen Platz zum Leben geben –, 6 darum soll man uns sieben seiner männlichen Nachkommen ausliefern. Wir wollen sie vor dem HERRN in Gibea, der Heimatstadt von Saul, dem Erwählten des HERRN, hinrichten.«

»Ich werde sie euch ausliefern«, sagte der König. 7 Er verschonte jedoch Merib-Baal, den Sohn Jonatans und Enkel Sauls, weil er seinem Freund Jonatan mit einem heiligen Eid versprochen hatte, seine Nachkommen nicht auszurotten. 8 Er nahm die beiden Söhne, die Rizpa, die Tochter von Aja, Saul geboren hatte, Armoni und Mefi-Boschet, und die fünf Söhne, die Sauls Tochter Merab[a] ihrem Mann Adriël, dem Sohn von Barsillai aus Mehola, geboren hatte, 9 und lieferte sie den Männern von Gibeon aus. Die richteten sie hin, oben auf dem Berg vor dem HERRN. Alle sieben starben auf einmal; es war in den ersten Tagen der Erntezeit, zu Beginn der Gerstenernte.

David sorgt für ein ehrenvolles Begräbnis

10 Rizpa aber ging hin und legte ein grobes schwarzes Tuch über den Felsen und setzte sich darauf. Sie blieb dort vom Beginn der Ernte, bis der erste Regen fiel. Tagsüber hielt sie die Vögel von den Leichen fern und nachts verscheuchte sie die wilden Tiere.

11 Als David hörte, was Rizpa, die Nebenfrau Sauls, für die Hingerichteten tat, 12 ließ er sich von den führenden Männern der Stadt Jabesch in Gilead* die Gebeine Sauls und seines Sohnes Jonatan geben. Die Männer von Jabesch hatten einst die Leichen der beiden vom Gerichtsplatz in Bet-Schean weggeholt, wo die Philister* sie nach ihrem Sieg auf dem Gilboa-Gebirge aufgehängt hatten.

13 Als die Gebeine Sauls und seines Sohnes Jonatan hergebracht worden waren, sammelte man die Gebeine der sieben Hingerichteten ein 14 und bestattete alle zusammen in Zela im Gebiet von Benjamin in der Grabstätte von Sauls Vater Kisch. Dies alles geschah genau, wie der König es angeordnet hatte. Daraufhin erhörte Gott die Gebete seines Volkes und machte der Hungersnot ein Ende.

Nachträge zu Davids Philisterkämpfen

15 Wieder einmal waren die Philister* in Israel eingefallen. David zog ihnen mit seiner Truppe entgegen und griff sie an. Als er vom Kampf erschöpft war, 16 versuchte ein Riese namens Jischbi-Benob, ihn zu töten. Der Riese trug eine neue Rüstung und die bronzene Spitze seines

a *Merab:* mit einigen hebräischen und griechischen Handschriften; H *Michal* (vgl. jedoch 1 Sam 18,19).

20,23-26 8,16-18 **21,2-3** Jos 9,3-27 **21,7** 1 Sam 18,3S **21,8** 3,7; 1 Sam 18,19 **21,9-14** 1 Sam 17,44 **21,12** 1 Sam 31,8-13 **21,15** 5,17-25

Spießes wog mehr als drei Kilo.[a] 17 Aber Abi-
schai, der Sohn der Zeruja, kam David zu Hilfe
und erschlug den Philister.

Davids Männer beschworen ihn, in Zukunft
doch nicht mehr selbst in den Kampf zu ziehen.
»Wenn wir dich verlieren«, sagten sie, »dann
sieht es für Israel düster aus.«

18 Später kam es bei Gob erneut zum Kampf
mit den Philistern. Damals tötete Sibbechai aus
Huscha den Riesen Sippai.

19 Bei einem weiteren Gefecht in Gob tötete
Elhanan aus Betlehem, der Sohn von Jaïr,[b] den
Philister Goliat aus Gat, dessen Spieß so dick war
wie ein Weberbaum*.

20 Als es danach bei Gat zum Kampf kam, trat
ein besonders großer Riese vor; er hatte sechs
Finger an der Hand und sechs Zehen an jedem
Fuß, also 12 Finger und 12 Zehen. 21 Er verspotte-
te die Israeliten; aber Jonatan, der Sohn von
Davids Bruder Schima, tötete ihn.

22 Diese vier Riesen stammten aus Gat und
waren Nachkommen von Rafa. Sie wurden von
David und seinen Männern erschlagen.

Davids Danklied

(Psalm 18,1-51)

22 Nachdem der HERR ihn vor Saul und vor
allen anderen Feinden gerettet hatte,
dichtete David das folgende Lied:

2 »Du, HERR, bist mein Fels, meine Burg,
mein Retter,
3 du, Gott, bist meine sichere Zuflucht,
mein Beschützer, mein starker Helfer,
meine Festung auf steiler Höhe!
Zu dir kann ich fliehen,
du schützt mich vor aller Gewalt.
4 Wenn ich zu dir um Hilfe rufe,
dann rettest du mich vor meinen Feinden.
Ich preise dich, HERR!

5 Das Wasser ging mir bis an die Kehle,
vernichtende Fluten stürzten auf mich ein,
6 die Totenwelt* hielt mich mit Schlingen fest,
die Falle des Todes schlug über mir zu.
7 In meiner Verzweiflung schrie ich zum HERRN,
zu ihm, meinem Gott, rief ich um Hilfe.
Er hörte mich in seinem Tempel*,
mein Hilferuf drang an sein Ohr.

8 Da wankte und schwankte die Erde,
da bebten die Fundamente des Himmels,
sie zitterten vor seinem Zorn.
9 Aus seiner Nase quoll dunkler Rauch,
aus seinem Mund schossen helle Flammen,
und glühende Kohlen sprühten hervor.

10 Er neigte den Himmel tief auf die Erde
und fuhr hernieder auf dunklen Wolken.
11 Er ritt auf einem geflügelten Kerub*
und erschien auf den Flügeln
des Sturmes.
12 Er hüllte sich ein in Finsternis,
in Wassermassen und schwarzes Gewölk.
13 Sein strahlender Glanz war wie glühende
Kohlen.

14 Dann ließ er vom Himmel den Donner grollen,
laut dröhnte die Stimme des höchsten Gottes.
15 Er schoss seine Pfeile
und verjagte meine Feinde;
er schleuderte seinen Blitz
und stürzte sie in Schrecken.
16 Da zeigte sich der Grund des Meeres,
das Fundament der Erde wurde sichtbar,
als du, HERR, deinen Feinden drohtest
und ihnen deinen Zorn zu spüren gabst.

17 Vom Himmel her griff seine Hand nach mir,
sie fasste mich und zog mich aus der Flut,
18 entriss mich meinem mächtigen Feind,
den überstarken Gegnern, die mich hassten.
19 Sie überfielen mich am Tag meines Unglücks,
jedoch der HERR beschützte mich vor ihnen.
20 Rings um mich machte er es weit und frei.
Er liebt mich, darum half er mir.

21 Der HERR hat mir meine Treue vergolten;
er hat mir Gutes getan,
denn meine Hände sind rein.
22 Stets ging ich die Wege, die er mir zeigte;
nie habe ich mich durch Schuld
von ihm entfernt.
23 Seine Anordnungen standen mir
immer vor Augen
und seine Befehle wies ich nie zurück.
24 Ich tat genau, was er von mir verlangte,
und ging dem Unrecht immer aus dem Weg.
25 Ja, der HERR hat meine Treue vergolten;
er weiß es, ich bin ohne Schuld.

26 Den Treuen, HERR, hältst du die Treue;
für vollen Gehorsam gibst du volle Güte;
27 den Reinen zeigst du dich in reiner Klarheit;
doch den Falschen begegnest du als Gegner.

a Hebräische Maßangabe *300 Schekel** (= 3450 g).
21,17 1 Sam 26,6 S; 2 Sam 18,3 **21,18-22** 1 Chr 20,4-8

b *Jaïr* in Angleichung an 1 Chr 20,5; H *Jaare-Orgim*.

28 Die Erniedrigten rettest du aus
Unterdrückung,
aber den Hochmütigen bist du Feind
und holst sie vom hohen Ross.
29 Du, HERR, bist mein Licht,
du selbst, mein Gott,
machst alles Dunkel um mich hell.
30 Mit dir schlage ich feindliche Horden
zurück,
mit dir, meinem Gott, überspringe ich Mauern.

31 Alles, was dieser Gott tut, ist vollkommen,
was der HERR sagt, ist unzweifelhaft wahr.
Wer in Gefahr ist und zu ihm flieht,
findet bei ihm immer sicheren Schutz.
32 Kein anderer als der HERR ist Gott!
Nur er, unser Gott, ist ein schützender Fels!
33 Er gibt mir Kraft und Stärke
und öffnet mir einen geraden,
gut gebahnten Weg.
34 Er macht meine Füße gazellenflink
und standfest auf allen steilen Gipfeln.
35 Er bringt meinen Händen das Fechten bei
und lehrt meine Arme, den Bogen zu spannen.

36 HERR, du bist mein Schutz und meine Hilfe;
dass du mir nahe bist, macht mich stark.
37 Du hast den Weg vor mir frei gemacht,
nun kann ich ohne Straucheln vorwärts gehen.

38 Ich verfolgte meine Feinde und bezwang sie;
ich ließ nicht ab, bis sie vernichtet waren.
39 Ich schlug sie zu Boden und brachte sie
zur Strecke;
sie fielen vor meine Füße.
40 Du gabst mir die Kraft für diesen Kampf,
du brachtest die Feinde in meine Gewalt.
41 Sie mussten vor mir die Flucht ergreifen,
alle, die mich hassten, konnte ich vernichten.
42 Sie schauten nach Hilfe aus,
doch da war kein Retter.
Sie schrien zu dir, HERR,
doch du gabst keine Antwort.
43 Ich zermalmte sie zu Staub, den der Wind
aufwirbelt.
Ich trat sie nieder wie den Schmutz
auf der Straße.

44 Du hast mich gerettet vor den Aufrührern
aus meinem Volk,
du hieltst deine Hand über mich
und machtest mich zum Herrscher
ganzer Völker.
Mir unbekannte Stämme unterwerfen sich,
45 Ausländer kommen und kriechen vor mir,
sie hören, was ich sage, und gehorchen sofort.
46 Sie haben keine Kraft mehr zum Widerstand,
zitternd kommen sie hervor aus ihren Burgen.

47 Der HERR lebt!
Ihn will ich preisen, meinen schützenden Fels!
Gott, meinen Fels und Retter, will ich rühmen!
48 Du hast mich Rache nehmen lassen
und hast mir die Völker unterworfen.
49 Du hast mich mitten aus meinen Feinden
gerettet,
mich ihren grausamen Händen entrissen
und mir den Sieg gegeben über meine Gegner.

50 Darum will ich dich preisen, HERR,
und deinen Ruhm besingen unter den Völkern.
51 Du verleihst deinem König große Siege,
du erweist deinem Erwählten deine Güte.
Das tust du für David und seine Söhne
in allen kommenden Generationen.«

Davids Vermächtnis

23 Dies ist Davids Vermächtnis, es sind seine
letzten Worte:

»Hört zu, denn David, Isais Sohn, spricht jetzt –
zu höchster Ehre hat ihn Gott erhoben,
zum König hat ihn Jakobs Gott gesalbt*;
der Lieblingsdichter ist er seines Volkes Israel. [a]

2 Der Geist* des HERRN ist es, der aus mir spricht;
er hat sein Wort in meinen Mund gelegt.
3 Israels Gott, der starke Fels,
auf den sein Volk vertraut, er hat zu mir gesagt:
›Ein König, der sein Volk gerecht regiert,
Gott ernst nimmt, seine Weisung stets befolgt,
4 ist wie die helle Morgensonne,
wenn sie vom wolkenlosen Himmel strahlt
und nach dem Regen frisches Grün
aufsprießen lässt.‹

5 Ich weiß, mein Königshaus hält treu zu Gott.
Er hat mir seinen Bund* gewährt für alle Zeiten,
so hat er es geordnet und darüber wacht er.
Auf seine Hilfe kann ich mich verlassen;
gelingen lässt er alles, was ich unternehme.

6 Doch alle diese gottvergessenen Schurken,
sie sind wie abgestorbenes Dorngesträuch,
vom Wind entwurzelt und davongeweht.
Mit bloßen Händen rührt es niemand an;

a Andere mögliche Übersetzung: *der Liebling der Gesänge Israels.*
23,5 7,12-16; Ps 89,4-5; Jes 55,3-4

7 mit Eisenhaken, mit dem Schaft des Speers,
liest man es auf und wirft es dann ins Feuer.
An Ort und Stelle wird's ein Raub der
Flammen.«

Davids berühmte Krieger und ihre Taten

(1 Chr 11,10-41)

8 Hier folgen die Namen der berühmten »Hel-
den« Davids:

Jischbaal aus der Sippe Hachmoni[a] war der
Anführer der »Dreißig Helden«. Er kämpfte mit
dem Speer[b] gegen 800 Feinde und erstach sie
alle in einer einzigen Schlacht.

9 An zweiter Stelle steht Eleasar, der Sohn von
Dodo aus Ahoach. Er war einer der »Drei«, die
David damals bei sich hatte, als die Israeliten die
Philister* zum Kampf herausforderten, die Phi-
lister jedoch zum Angriff übergingen und die
Männer von Israel sich zurückzogen. 10 Eleasar
aber hielt stand. Er räumte unter den Philistern
auf, bis sein Arm erlahmte und die Hand sich
um den Schwertgriff zusammenkrampfte. So
schenkte der HERR damals den Israeliten einen
großen Sieg. Sein Beispiel ermutigte die Männer
von Israel, wieder vorzurücken, aber es gab nur
noch die Beute einzusammeln.

11 Der Dritte war Schamma aus Harar, der
Sohn von Age. Als die Philister auf einem Linsen-
feld bei Lehi[c] gegen die Israeliten kämpften und
die Männer Israels flohen, 12 stellte er sich mit-
ten auf das Feld, hielt dem Angriff stand und
schlug die Philister zurück. So schenkte der HERR
den Israeliten einen großen Sieg.

13 Als einmal während der Ernte ein Philister-
heer sein Lager in der Ebene Rafaïm aufge-
schlagen hatte, gingen drei von Davids »Dreißig
Helden« zu David in die Höhle bei Adullam.
14 Dort hatte er seine Bergfestung, in der er
sich gerade aufhielt. Eine Abteilung der Philister
lag zur gleichen Zeit in Betlehem. 15 Aus einer
Laune heraus sagte David: »Ich habe Durst!
Wer bringt mir Wasser aus der Zisterne beim Tor
von Betlehem?« 16–17 Darauf brachen die drei in
das Lager der Philister ein, schöpften Wasser aus
der Zisterne beim Tor von Betlehem und brach-
ten es David. Der aber weigerte sich, es zu
trinken. »Der HERR bewahre mich davor, ein
solches Unrecht zu tun!«, sagte er. »Das wäre
gerade so, wie wenn ich das Blut dieser
Männer hier trinken würde, die ihr Leben
dafür aufs Spiel gesetzt haben.« Er goss das
Wasser als Trankopfer* für den HERRN auf die
Erde. Diese Tat vollbrachten die drei tapferen
Helden.

18 Abischai, Joabs Bruder, der Sohn der
Zeruja, war der Anführer der »Dreißig Helden«.
Er tötete mit dem Speer 300 Feinde und wurde
so berühmt wie einer der »Drei«. 19 Er war ange-
sehener als die »Dreißig Helden«[d] und wurde
deren Anführer; doch an die »Drei« reichte er
nicht heran.

20 Benaja aus Kabzeel war der Sohn des tapfe-
ren Jojada und vollbrachte große Taten. Er tötete
die beiden mächtigen Helden, die als »Löwen
von Moab« bekannt waren. Als an einem
Schneetag ein Löwe in eine Grube fiel, stieg er
allein hinunter und erschlug ihn. 21 Er tötete
auch einen stattlichen Ägypter, der mit einem
Speer bewaffnet war. Er selbst hatte nichts als
einen Stock; aber er ging auf den Ägypter los, riss
ihm den Speer aus der Hand und durchbohrte
ihn damit. 22 Durch solche Taten wurde Benaja
so berühmt wie einer der »Drei«. 23 Er war an-
gesehener als die »Dreißig Helden«, doch an die
»Drei« reichte er nicht heran. David machte ihn
zum Anführer seiner Leibgarde*.

24 Zu den »Dreißig Helden« gehörten:

Asaël, der Bruder von Joab
Elhanan, der Sohn von Dodo, aus Betlehem
25 Schamma aus Harod
Elika aus Harod
26 Helez aus Bet-Pelet
Ira, der Sohn von Ikkesch, aus Tekoa
27 Abiëser aus Anatot
Sabeni aus Huscha[e]
28 Zalmon aus Ahoach
Mahrai aus Netofa
29 Heled, der Sohn von Baana, aus Netofa
Ittai, der Sohn von Ribai, aus Gibea im Gebiet
Benjamins
30 Benaja aus Piraton
Hiddai aus Nahale-Gaasch
31 Abialbon aus Bet-Araba
Asmawet aus Bahurim
32 Eljachba aus Schaalbon
Jaschen aus Gun[f]

a *Jischbaal* statt *Joscheb-Baschebet* mit einem Teil der griechischen Überlieferung; *Hachmoni* statt *Tachemoni* nach 1 Chr 11,11.
b *Er kämpfte ...:* vermutlicher Text nach 1 Chr 11,11; H *Er war der Ezniter Adino.*
c *Lehi:* mit veränderten Vokalen (vgl. Ri 15,9.14.19); H *in einer Schar.*
d *Dreißig*: mit einer Handschrift; H *drei.*
e *Sabeni:* mit einigen griechischen Handschriften (vgl. 21,18 und 1 Chr 11,29); H *Mebunnai.*
f *Jaschen ...:* mit einem Teil der griechischen Überlieferung; H *die Söhne Jaschens.*

23,13-14 1 Sam 22,1.4 **23,18** 1 Sam 26,6 S **23,20** 8,18 S **23,21** 1 Sam 17,43.51 **23,24** (Asaël) 2,18-23

Jonatan, 33 der Sohn von Schamma,[a] aus Harar
Ahiam, der Sohn von Scharar, aus Arar
34 Elifelet, der Sohn von Ahasbai, aus Maacha
Eliam, der Sohn von Ahitofel, aus Gilo
35 Hezro aus Karmel
Paarai aus Arab
36 Jigal, der Sohn von Natan, aus Zoba*
Bani aus Gad
37 der Ammoniter* Zelek
Nachrai aus Beerot, der Waffenträger Joabs
38 Ira aus Jattir
Gareb aus Jattir
39 der Hetiter* Urija

Insgesamt waren es siebenunddreißig.

David greift in Gottes Rechte ein

(1 Chr 21,1-6)

24 Noch einmal ließ der HERR die Israeliten
seinen Zorn spüren. Er reizte David auf,
etwas zu tun, was dem Volk schaden musste. Er
sagte zu ihm: »Zähle die Männer von Israel und
Juda!«
2 Da befahl der König seinem Heerführer
Joab, der gerade bei ihm war: »Geh durch alle
Stämme Israels von Dan bis Beerscheba und lass
die wehrfähigen Männer zählen. Ich will wissen, wie viele es sind.«
3 Joab erwiderte: »Mein Herr und König! Ich
wünsche von Herzen, dass der HERR, dein Gott,
das Heer Israels noch hundertmal so zahlreich
macht, wie es schon ist. Möge er dich das noch
erleben lassen! Aber warum willst du so etwas
tun?«
4 Doch der König ließ sich durch Joab und die
obersten Truppenführer nicht von seinem Plan
abbringen. So machten sie sich an die befohlene
Musterung.
5 Joab und die Truppenführer überquerten
den Jordan und begannen mit ihrer Zählung bei
Aroer und der Stadt im Arnontal[b] im Gebiet des
Stammes Gad. Von dort gingen sie in Richtung
Jaser 6 und weiter durch die Landschaft Gilead*
zum Gebiet der Hetiter in der Gegend von Kadesch[c] und über Dan-Jaan bis in die Gegend von
Sidon. 7 Dann wandten sie sich südwärts[d] und
kamen zu der befestigten Stadt Tyrus, erfassten
alle Städte der Hiwiter und der Kanaaniter* in
dieser Gegend und zogen dann weiter durch das
ganze Land bis nach Beerscheba am südlichen
Ende von Juda.
8 In neun Monaten und zwanzig Tagen hatten
sie das ganze Land durchzogen und kehrten
dann nach Jerusalem zurück. 9 Joab meldete
dem König die Gesamtzahl der wehrfähigen
Männer, die mit dem Schwert umgehen konnten: 800 000 im Gebiet von Israel und 500 000
im Gebiet von Juda.

Die Strafe trifft das Volk

(1 Chr 21,7-17)

10 Aber nun schlug David das Gewissen, weil er
die Männer Israels gezählt hatte. Er betete:
»HERR, ich habe ein großes Unrecht begangen.
Vergib mir doch meine Schuld! Ich habe sehr unbesonnen gehandelt.«
11–12 Als David am nächsten Morgen aufstand,
kam der Prophet Gad, der Seher* Davids, zu
ihm. Das Wort des HERRN war nämlich an ihn ergangen; der HERR hatte zum ihm gesagt: »Geh zu
David und richte ihm aus: ›So spricht der HERR:
Ich lasse dir die Wahl zwischen drei Übeln. Wähle, was ich dir antun soll!‹«
13 Der Prophet kam also zum König, überbrachte ihm die Botschaft und fragte: »Was willst
du: dass eine siebenjährige Hungersnot über
dein Land kommt oder dass du für drei Monate
vor deinen Feinden fliehen musst oder dass drei
Tage lang die Pest in deinem Land wütet? Überleg es dir gut und sag mir, was für eine Antwort
ich dem HERRN bringen soll, der mich geschickt
hat!«
14 David sagte zu Gad: »Ich stehe vor einer
schrecklichen Wahl! Aber wenn es denn sein
muss, dann lieber in die Hand des HERRN fallen,
denn er ist voll Erbarmen. In die Hand von Menschen will ich nicht fallen!«
15 Da ließ der HERR in Israel die Pest ausbrechen. Sie wütete von jenem Morgen an bis zu
dem Zeitpunkt, den der HERR bestimmt hatte,
und im ganzen Land zwischen Dan und Beerscheba fielen ihr 70 000 Männer aus dem Volk
zum Opfer.
16 Als aber der Todesengel auch in Jerusalem
sein grausiges Werk verrichten wollte, tat es dem
HERRN Leid und er sagte zu dem Engel*, der sich
unter dem Volk seine Opfer suchte: »Halt, es ist
genug!«

a *der Sohn ...:* mit einigen griechischen Handschriften; H *Schamma.*
b *und begannen ...:* mit einem Teil der griechischen Überlieferung; H *und lagerten bei Aroër, südlich der Stadt.*
c *zum Gebiet der Hetiter* ...:* mit einem Teil der griechischen Überlieferung; H *zum Land Tachtim-Hodschi.* Mit *Kadesch* ist wohl nicht die Stadt am Orontes in Nordsyrien gemeint, sondern eher Kedesch in Galiläa (Jos 20,7).
d *wandten sie ...:* verdeutlichender Zusatz, ebenso in der Fortsetzung *zogen dann weiter durch das ganze Land.*

23,39 11,3-27 **24,1** Num 25,3; 32,13; Ri 2,14-20; 3,8 **24,10** 1 Sam 24,6 **24,11-12** 1 Sam 22,5 **24,14** Neh 9,19.27.31 **24,16** 2 Chr 32,21

Der Engel des HERRN stand gerade auf dem
Dreschplatz des Jebusiters Arauna. 17 Als David
sah, wie der Engel die Leute mit der Pest schlug,
sagte er zum HERRN: »Aber ich bin doch der
Schuldige! Ich, der König, habe mich verfehlt,
mein Volk, diese unschuldige Herde, hat nichts
Böses getan. Darum strafe doch mich und meine
Familie!«

David opfert auf dem späteren Tempelplatz

(1 Chr 21,18-27)

18 Am selben Tag kam der Prophet Gad zu David
und sagte zu ihm: »Geh hinauf zum Dreschplatz
des Jebusiters Arauna und baue dem HERRN dort
einen Altar*!«

19 David gehorchte dem Befehl des HERRN,
den der Prophet ihm ausgerichtet hatte, und ging
hinauf. 20 Als Arauna von der Arbeit aufschaute
und den König und seine Begleiter kommen sah,
ging er ihnen entgegen und warf sich vor dem
König nieder, das Gesicht zur Erde.

21 »Mein Herr und König«, sagte er, »was
führt dich zu mir, deinem Diener?«

David antwortete: »Ich möchte deinen
Dreschplatz kaufen und dort einen Altar für den
HERRN bauen, damit die Seuche aufhört.«

22 »Nimm alles, mein Herr und König«, sagte
Arauna, »und bring ein Opfer nach deinen Wün-
schen! Meine Rinder hier kannst du für das
Brandopfer* nehmen und ihr Joch* und den
Dreschschlitten* als Brennholz. 23 Ich schenke
dir alles, mein König!«[a] Und er fügte hinzu:
»Möge der HERR, dein Gott, dein Opfer mit
Wohlgefallen annehmen!«

24 Aber der König erwiderte: »Nein, ich
möchte den Platz zum vollen Preis von dir kau-
fen, und ich will dem HERRN, meinem Gott, auch
nicht Opfer darbringen, die ich nicht bezahlt
habe.«

So kaufte David den Dreschplatz und die Rin-
der für 50 Silberstücke*. 25 Er baute dort einen
Altar für den HERRN und opferte darauf Brand-
opfer und Mahlopfer*.

Und der HERR hörte auf die Bitten, die der
König für sein Land vorbrachte, und machte der
Seuche, die in Israel wütete, ein Ende.

DAS ERSTE BUCH VON DEN KÖNIGEN

Inhaltsübersicht

SALOMOS KRÖNUNG UND DAVIDS TOD (1,1–2,12)

Adonija will König werden

1 König David war sehr alt geworden. Obwohl
er in Wolldecken eingehüllt wurde, konnte er
nicht mehr warm werden. 2 Da sagten seine Die-
ner zu ihm: »Erlaube uns, Herr, dass wir uns
nach einem jungen, unberührten Mädchen um-
sehen! Sie soll für dich da sein, dich bedienen
und in deinen Armen schlafen, damit du warm
wirst.«

3 Sie suchten im ganzen Land Israel nach
einem schönen Mädchen. Die Wahl fiel auf
Abischag aus Schunem und sie brachten sie
zum König. 4 Sie war außerordentlich schön.
Von da an war sie ganz für den König da und
bediente ihn; aber er hatte keinen Verkehr mit
ihr.

5 Adonija, der Sohn von Davids Frau Haggit,
spielte sich groß auf und erklärte: »Ich bin der
künftige König!« Er legte sich einen Wagen und
Pferde zu und eine Leibwache von fünfzig
Mann, die vor seinem Wagen herliefen. 6 Sein
Vater hatte ihn immer sehr nachsichtig behan-
delt und ihn nie wegen irgendetwas zur Rede ge-
stellt. Er war ein stattlicher Mann und nach Ab-
schalom der nächstgeborene der Söhne Davids.

7 Adonija war es gelungen, den Heerführer
Joab und den Priester* Abjatar auf seine Seite zu
ziehen. 8 Dagegen konnte er den Priester Zadok
sowie Benaja, den Sohn von Jojada, den Obers-
ten der Leibgarde*,[b] und den Propheten* Natan

a H lautet, vermutlich infolge Doppelschreibung eines Wortes *Das alles schenkt Arauna, der König, dem König.*
b *den Obersten ...:* verdeutlichender Zusatz (vgl. 2 Sam 8,18); ebenso in Vers 32.

24,22 1 Sam 6,14 **1,5** 2 Sam 3,4; 15,1 **1,7** 2 Sam 8,16 S; 1 Sam 22,20 S **1,8** 2 Sam 8,17 S; 8,18 S; 7,2; 12,1

nicht für sich gewinnen, auch nicht Schimi, Reï
und die Elitetruppe Davids.
9 Eines Tages veranstaltete Adonija beim
Sohelet-Felsen an der Rogel-Quelle* ein großes
Opferfest. Er ließ Schafe, Rinder und gemästete
Kälber schlachten. Alle anderen Königssöhne
und die im Hofdienst stehenden Männer von
Juda hatte er eingeladen, 10 aber nicht den Pro-
pheten Natan und Benaja und die Elitetruppe
Davids und auch nicht seinen Bruder Salomo.

Salomo hat Fürsprecher bei David

11 Da ging Natan zu Batseba, der Mutter Salo-
mos, und sagte: »Hast du schon gehört, dass Ado-
nija, der Sohn der Haggit, König ist? Und David,
unser Herr, hat keine Ahnung davon! 12 Dein
Leben steht auf dem Spiel und das deines Sohnes
Salomo! Deshalb rate ich dir, 13 geh zu David und
sage zu ihm: ›Mein Herr und König, du hast mir
doch mit einem Eid zugesichert, dass mein Sohn
Salomo und kein anderer dir auf dem Königs-
thron folgen soll. Warum ist denn nun Adonija
König geworden?‹ 14 Während du noch mit ihm
sprichst, werde ich selber kommen und dir
helfen.«
15 Batseba ging sofort zu König David, der sich
im innersten Raum seines Palastes aufhielt. Er
war sehr alt geworden und Abischag aus Schu-
nem bediente ihn.
16 Batseba verneigte sich vor dem König und
warf sich vor ihm nieder.
»Was möchtest du?«, fragte der König.
17 »Mein Herr und König«, sagte sie, »du hast
mir bei dem HERRN, deinem Gott, geschworen,
dass mein Sohn Salomo und kein anderer dir auf
dem Thron folgen soll. 18 Aber jetzt ist Adonija
König geworden – und du, mein Herr und König,
weißt nicht einmal davon! 19 Er hat ein großes
Opferfest veranstaltet und eine Menge Rinder,
Mastkälber und Schafe schlachten lassen. Alle
deine Söhne hat er eingeladen, auch den Priester
Abjatar und den Heerführer Joab, nur deinen
treuen Sohn Salomo nicht. 20 Auf dich, mein
König, blickt jetzt ganz Israel! Alle warten dar-
auf, dass du ihnen sagst, wer nach dir auf
deinem Thron sitzen soll. 21 Sonst werden sie
meinen Sohn Salomo und mich als Hochverräter
behandeln, wenn du eines Tages nicht mehr
lebst.«
22–23 Während Batseba noch mit dem König
sprach, wurde der Prophet Natan gemeldet. Er
trat ein und warf sich vor dem König nieder.
24 »Mein Herr und König«, sagte er, »ich sehe,
du hast entschieden, dass Adonija dein Nachfol-
ger werden soll! 25 Jedenfalls hat er heute ein
großes Opferfest veranstaltet und eine Menge
Rinder, Mastkälber und Schafe schlachten
lassen. Dazu hat er alle deine Söhne, die Trup-
penführer und den Priester Abjatar eingeladen.
In diesem Augenblick essen und trinken sie als
seine Gäste und rufen: ›Lang lebe König Adoni-
ja!‹ 26 Aber mich und den Priester Zadok, Benaja
und deinen Sohn Salomo hat er nicht eingela-
den. 27 Ist all das wirklich auf deine Anordnung
geschehen, mein König? Hast du vor deinen
treuesten Dienern verheimlicht, wer dein Nach-
folger auf dem Königsthron werden soll?«

David bestimmt Salomo zu seinem Nachfolger

28 »Ruft Batseba wieder herein!«, befahl König
David. Sie kam und trat vor ihn. 29 Dann hob er
die Hand zum Schwur und sagte: »So gewiss der
HERR lebt, der mich aus aller Not gerettet hat:
30 Ich habe dir beim HERRN, dem Gott Israels,
geschworen, dass dein Sohn Salomo und kein
anderer mein Nachfolger werden soll. Und heute
löse ich meine Zusage ein!«
31 Batseba verneigte sich tief, warf sich vor
David nieder und sagte: »Möge mein Herr und
König ewig leben!«
32 Dann sagte David: »Ruft mir den Priester
Zadok, den Propheten Natan und Benaja, den
Obersten der Leibgarde*!«
Als alle beisammen waren, 33 befahl er ihnen:
»Mein Sohn Salomo soll mein königliches Maul-
tier besteigen. Nehmt meine Leibgarde mit und
geleitet ihn hinab zur Gihon-Quelle*. 34 Dort
sollen ihn der Priester Zadok und der Prophet
Natan zum König über Israel salben*. Lasst die
Hörner blasen und ruft laut: ›Lang lebe König
Salomo!‹ 35 Dann sollt ihr ihn wieder hierher
geleiten und er soll sich auf meinen Thron
setzen. Kein anderer als er soll an meiner Stelle
König sein. Ihn habe ich zum Herrscher über
Israel und Juda bestimmt.«
36 »Amen*«, sagte Benaja. »So will es der
HERR, der Gott meines Königs! 37 Er stehe Salo-
mo bei, wie er meinem Herrn und König bei-
gestanden hat, ja, er lasse den Sohn noch bedeu-
tender werden als seinen Vater!«
38 Zadok, Natan und Benaja ließen Salomo auf
das Maultier von König David steigen und gaben
ihm mit der königlichen Leibgarde das Geleit
hinab zur Gihon-Quelle. 39 Der Priester Zadok

1,9-11 2 Sam 15,11-12 **1,11** 2 Sam 12,24 **1,34** 1 Sam 16,13 S

hatte aus dem Zelt des HERRN das Horn mit dem
Salböl mitgebracht und salbte Salomo zum König.
Die Widderhörner* wurden geblasen und das
Volk rief: »Lang lebe König Salomo!«
40 Dann geleiteten sie ihn wieder hinauf nach
Jerusalem. Alle waren außer sich vor Freude,
spielten auf Flöten und jubelten so laut, dass die
Erde dröhnte.

Adonija muss aufgeben

41 Auch Adonija und seine Gäste hörten den
Lärm. Sie hatten gerade das Festmahl beendet.
Als Joab das Hörnerblasen hörte, fragte er: »Was
ist das für ein Lärm in der Stadt?« 42 Da kam
auch schon Jonatan, der Sohn des Priesters Abja-
tar. »Komm her«, rief Adonija, »du bist ein zuver-
lässiger Mann und bringst gewiss gute Nach-
richt!«
43 »Wenn es nur so wäre!«, erwiderte Jona-
tan. »König David, unser Herr, hat Salomo zum
König gemacht! 44–45 Er hat ihn auf sein Maultier
steigen lassen und mit Zadok, Natan und Benaja
und der königlichen Leibgarde* zur Gihon-
Quelle geschickt. Dort haben ihn der Priester
Zadok und der Prophet Natan zum König ge-
salbt*. Dann sind sie alle jubelnd wieder nach
Jerusalem hinaufgezogen und die ganze Stadt ist
in heller Aufregung. Das ist der Lärm, den ihr
gehört habt!
46 Salomo hat sich schon auf den Königsthron
gesetzt 47 und die Hofleute haben König David
ihre Glückwünsche gebracht und gesagt: ›Dein
Gott mache Salomo noch berühmter als dich
selbst und seine Herrschaft noch bedeutender als
die deine!‹ Der König hat sich auf seinem Bett
verneigt 48 und gesagt: ›Der HERR, der Gott
Israels, sei gepriesen! Er hat es so gefügt, dass
heute ein Nachfolger meinen Thron bestiegen
hat und ich es noch erleben durfte.‹«
49 Die Gäste Adonijas sprangen erschrocken
auf und liefen auseinander. 50 Adonija fürchtete
die Rache Salomos, deshalb flüchtete er zum Zelt
des HERRN[a] und ergriff Schutz suchend die
Hörner* des Altars.
51 Man meldete Salomo: »Adonija fürchtet
sich vor König Salomo; er klammert sich an die
Hörner des Altars und sagt: ›Ich gehe erst von
hier weg, wenn König Salomo mir schwört, dass
er mich, seinen Diener, nicht töten wird.‹«
52 Salomo sagte: »Wenn er sich nichts zuschul-
den kommen lässt, wird ihm kein Haar gekrümmt
werden; aber wenn er etwas gegen mich unter-
nimmt, muss er sterben.« 53 Er schickte Männer
mit dieser Zusicherung zu Adonija, die geleiteten
ihn hinunter in den Königspalast.
Adonija trat vor König Salomo und warf sich
vor ihm nieder. Salomo aber sagte zu ihm: »Du
kannst nach Hause gehen!«

David will Salomos Herrschaft sichern

2 Als David sein Ende nahen fühlte, sagte er
zu seinem Sohn Salomo: 2 »Meine Zeit ist
abgelaufen. Nun kommt es darauf an, dass du
deinen Mann stehst! 3 Achte stets darauf, dass du
so lebst, wie der HERR, dein Gott, es haben will.
Befolge alle seine Gebote und Anweisungen, die
im Gesetzbuch* Moses aufgeschrieben sind.
Dann wirst du Erfolg haben in allem, was du
planst und unternimmst. 4 Dann wird auch der
HERR sein Versprechen halten, das er mir
gegeben hat. Er sagte ja zu mir: ›Wenn deine
Nachkommen mir treu bleiben und meine
Gebote mit ganzem Herzen befolgen, dann wird
auf dem Thron Israels stets einer aus der Familie
Davids sitzen.‹«
5 »Noch etwas«, fuhr David fort: »Du erinnerst
dich, was mein Heerführer Joab mir angetan hat.
Er hat die beiden Heerführer Israels, Abner und
Amasa, mitten im Frieden getötet. Mit diesen
Mordtaten hat er seine Soldatenehre befleckt.
6 Du wirst in deiner Weisheit dafür sorgen, dass
er seine gerechte Strafe bekommt. So alt er ist, er
darf keines natürlichen Todes sterben!
7 Aber sei freundlich zu den Söhnen von Bar-
sillai, dem Mann aus Gilead*! Sorge für sie, denn
sie haben auch mich versorgt, als ich vor deinem
Bruder Abschalom fliehen musste.
8 Dann ist da auch noch Schimi aus Bahurim
vom Stamm Benjamin. Als ich damals nach Ma-
hanajim floh, hat er mich beschimpft und ver-
flucht. Bei meiner Rückkehr kam er mir voll
Reue an den Jordan entgegen; da habe ich ihm
geschworen, ihn nicht zu töten. 9 Aber jetzt
muss er seine Strafe finden. Du hast Weisheit
genug, um zu wissen, was du mit ihm tun musst.
So alt er ist, er muss eines gewaltsamen Todes
sterben!«
10 Bald darauf starb David und wurde in der
Davidsstadt* beigesetzt. 11 Vierzig Jahre lang
hatte er als König über Israel regiert, davon sie-
ben in Hebron und dreiunddreißig in Jerusalem.
12 Salomo wurde sein Nachfolger und er hatte
die Herrschaft fest in der Hand.

a *zum Zelt ...:* verdeutlichender Zusatz; vgl. 2,28.

1,42 2 Sam 15,27.36 **2,4** 2 Sam 7,12-16 **2,5** 2 Sam 3,26-27; 20,10 **2,7** 2 Sam 17,27 S **2,8-9** 2 Sam 16,5-6 S **2,11** 2 Sam 5,4-5

SALOMO ALS KÖNIG UND DER BAU DES TEMPELS (2,13–11,43)

Salomo beseitigt seinen Rivalen

13 Eines Tages kam Adonija zu Salomos Mutter Batseba. »Was führt dich her?«, fragte sie ihn. »Ist etwas passiert?«

14 »Nein«, erwiderte Adonija, »aber ich habe eine Bitte.«

»Sprich nur!«, sagte sie 15 und er begann: »Du weißt, mir stand eigentlich der Königsthron zu, und ganz Israel hatte erwartet, dass ich der neue König würde. Aber es ist anders gekommen und das Königtum ist meinem Bruder zugefallen. Der HERR hat es so gewollt. 16 Nun habe ich nur eine einzige Bitte; schlage sie mir nicht ab!«

»Was ist es denn?«, fragte Batseba 17 und er antwortete: »Lege bei König Salomo ein Wort für mich ein, dass er mir Abischag von Schunem zur Frau gibt. Dir wird er es bestimmt nicht verweigern.«

18 »Gut«, sagte Batseba, »ich will mit dem König reden.«

19 Sie ging zu König Salomo, um ihm die Bitte Adonijas vorzutragen. Der König stand auf, ging ihr entgegen und verneigte sich tief vor ihr. Dann setzte er sich auf seinen Thron und ließ zu seiner rechten Seite einen Thronsessel für seine Mutter aufstellen.

20 »Ich habe eine kleine Bitte an dich«, begann sie; »schlag sie mir nicht ab!«

»Sprich sie ruhig aus, Mutter«, erwiderte der König, »ich werde dir nichts verweigern.«

21 Batseba sagte: »Könnte nicht Abischag von Schunem deinem Bruder Adonija zur Frau gegeben werden?«

22 König Salomo fuhr auf und sagte zu ihr: »Warum bittest du für Adonija nur um Abischag von Schunem? Bitte doch gleich um den Königsthron! Er ist schließlich mein älterer Bruder! Der Priester Abjatar und der Heerführer Joab hätten sicher nichts dagegen einzuwenden!«

23 Dann schwor er: »Gott soll mich strafen, wenn Adonija diese Bitte nicht mit seinem Leben büßt! 24 So gewiss der HERR lebt, der mich auf den Thron meines Vaters David gebracht und zum König eingesetzt hat, der HERR, der sein Wort gehalten und mir und meinen Nachkommen das Königtum gegeben hat: Noch heute wird Adonija sterben!«

25 König Salomo schickte Benaja, den Sohn von Jojada, hin und der stach Adonija nieder.

Salomo fühlt sich auch jetzt noch nicht sicher

26 Zum Priester Abjatar sagte der König: »Geh in deine Heimatstadt Anatot und bewirtschafte deine Felder! Eigentlich hast du den Tod verdient. Aber dir war unter meinem Vater die Bundeslade* des HERRN anvertraut und du hast auch alle Leiden meines Vaters mit ihm geteilt.« 27 Damit entzog er Abjatar das Recht, dem HERRN als Priester* zu dienen. So traf ein, was der HERR einst in Schilo* der Familie des Priesters Eli angekündigt hatte.

28 Joab hörte, was geschehen war. Er war einst nicht zu Abschalom übergegangen, hatte sich aber diesmal auf die Seite Adonijas gestellt. Deshalb floh er zum Zelt des HERRN und ergriff Schutz suchend die Hörner* des Altars.

29 Als König Salomo es erfuhr, schickte er einen Boten und ließ Joab fragen: »Warum hast du dich zum Altar geflüchtet?«

»Ich fürchtete deine Rache«, antwortete Joab, »deshalb suchte ich Schutz beim HERRN.«

Als das König Salomo gemeldet wurde,[a] gab er Benaja den Befehl: »Geh hin und töte ihn!«

30 Benaja ging zum Zelt des HERRN und sagte zu Joab: »Der König befiehlt: ›Verlass diesen Ort!‹«

»Nein«, erwiderte Joab, »hier will ich sterben.«

Benaja ging zum König und berichtete, was Joab ihm geantwortet hatte. 31 »Tu, was er verlangt«, sagte der König. »Stoße ihn nieder und bestatte ihn. So sorgst du dafür, dass die Strafe für seine Untaten nicht mich und die Familie meines Vaters trifft. 32 Er allein trägt die Schuld daran; sein Blut finde keinen Rächer*! Denn er hat zwei unschuldige Männer umgebracht, die ihn an Treue und Rechtschaffenheit weit übertrafen. Abner, den Heerführer Israels, und Amasa, den Heerführer Judas, hat er ermordet, ohne dass mein Vater das Geringste davon wusste. 33 Dafür soll Joab büßen und auch noch seine Nachkommen zu allen Zeiten. Aber die Nachkommen Davids, alle, die ihm jemals auf seinen Thron folgen, möge der HERR vor allem Unglück bewahren.«

34 So ging Benaja zum Altar und erstach Joab.

a Von »schickte er einen Boten« ab ist der Text nur in G überliefert.

2,17 1,3-4 **2,25** 2 Sam 8,18 S **2,26** 1 Sam 22,20 S **2,27** 1 Sam 2,27-36 **2,28** 1,7.51 **2,31-32** 2,5 S **2,34** 2 Sam 3,29

Auf seinem Besitz in der Steppe bei Betlehem[a]
wurde er bestattet.
35 Der König machte Benaja an Joabs Stelle
zum Heerführer und den Priester Zadok setzte er
an die Stelle Abjatars.

Auch Schimi muss sterben

36 König Salomo ließ Schimi aus Bahurim zu sich
rufen und befahl ihm: »Bau dir ein Haus in Jeru-
salem und wohne dort! Du darfst die Stadt unter
keinen Umständen verlassen. 37 Sobald du dei-
nen Fuß über den Bach Kidron setzt, musst du
sterben. Du allein trägst dann die Schuld daran;
dein Blut findet keinen Rächer*. Das lass dir ge-
sagt sein!«
38 »Ich bin damit einverstanden«, sagte Schi-
mi. »Ich werde tun, was mein Herr und König
befiehlt.«
Schimi wohnte schon drei Jahre in Jerusalem,
39 da entliefen ihm eines Tages zwei Sklaven*
und flohen zum König von Gat, zu Achisch, dem
Sohn von Maacha. Als Schimi hörte, dass die bei-
den in Gat waren, 40 sattelte er seinen Esel, ritt
zu König Achisch und holte seine Sklaven zu-
rück.
41 Man meldete Salomo: »Schimi hat die Stadt
verlassen! Er ist nach Gat geritten und wieder zu-
rückgekehrt.«
42 Der König ließ ihn holen und sagte zu ihm:
»Ich habe dich gewarnt und dir gesagt: ›Sobald
du die Stadt verlässt, musst du sterben.‹ Und du
hast geantwortet: ›Ich bin einverstanden; ich ge-
horche.‹ Ich habe dich sogar beim HERRN schwö-
ren lassen, dass du es nicht tun wirst. 43 Warum
hast du deinen Eid gebrochen und meinen
Befehl missachtet? 44 Im Übrigen weißt du ganz
genau, was du meinem Vater David angetan
hast. Dafür lässt der HERR dich jetzt büßen.
45 Mich aber möge er segnen; er lasse das Königs-
haus Davids für alle Zeiten bestehen.«
46 Der König gab Benaja den Befehl, und der
ging mit Schimi hinaus und erstach ihn. Nun
war das Königtum fest in der Hand Salomos.

Salomo heiratet eine ägyptische Königstochter

3 Salomo nahm verwandtschaftliche Bezie-
hungen zum Pharao, dem König von Ägyp-
ten, auf: Er heiratete die Tochter des Pharaos. Er
ließ sie in einem Haus in der Davidsstadt* woh-
nen, bis sein Palast sowie der Tempel* und die
Stadtmauer vollendet waren.

Salomo darf sich etwas wünschen

(2 Chr 1,3-12)

2 Weil damals noch kein Tempel* für den HERRN[b]
gebaut war, brachte das Volk dem HERRN seine
Opfer an den Opferstätten* rings im Land.
3 Salomo liebte den HERRN und befolgte seine
Gebote, wie es sein Vater David getan hatte; aber
auch er opferte an diesen Opferstätten.
4 Einmal ging der König nach Gibeon, um ein
Opferfest zu feiern. Dort war die bedeutendste
Opferstätte im ganzen Land. Salomo opferte auf
dem Altar tausend Tiere als Brandopfer*. 5 Als er
im Heiligtum übernachtete, erschien ihm der
HERR im Traum und sagte zu ihm: »Wünsche dir,
was du willst; ich will es dir geben!«
6 Salomo antwortete: »Du hast in großer
Treue an deinem Diener, meinem Vater David,
gehandelt, so wie auch er stets treu zu dir gehal-
ten und dir aufrichtig gedient hat. Du hast ihm
deine große Treue auch darin erwiesen, dass du
ihm einen Sohn gegeben hast, der einst auf
seinem Thron sitzen sollte, wie das jetzt wirklich
eingetreten ist.
7 HERR, mein Gott! Du hast mich, deinen Die-
ner, anstelle meines Vaters David zum König ge-
macht. Ich bin noch viel zu jung und unerfahren
und fühle mich dieser Aufgabe nicht gewachsen.
8 Und doch hast du mir das Volk anvertraut, das
du dir erwählt hast, und ich trage die Verantwor-
tung für so viele Menschen, die niemand zählen
kann. 9 Darum schenke mir ein Herz, das auf
deine Weisung hört, damit ich dein Volk leiten
und gerechtes Urteil sprechen kann. Wie kann
ich sonst dieses große Volk regieren?«
10 Dem HERRN gefiel diese Bitte. 11 Deshalb
sagte er zu Salomo: »Du hättest dir langes Leben
oder Reichtum oder den Tod deiner Feinde wün-
schen können. Stattdessen hast du mich um Ein-
sicht gebeten, damit du gerecht regieren kannst.
12 Darum werde ich deine Bitte erfüllen und dir
so viel Weisheit und Verstand schenken, dass
kein Mensch vor oder nach dir mit dir verglichen
werden kann.
13 Aber auch das, worum du mich nicht gebe-
ten hast, will ich dir geben: Ich werde dir Reich-
tum und hohes Ansehen schenken, sodass zu
deinen Lebzeiten kein König sich darin mit

a bei Betlehem: verdeutlichender Zusatz. Joab gehört zur Sippe Davids (vgl. 1 Chr 2,13-16), die in Betlehem ihren Wohnsitz hat (1 Sam 16,1).
b Wörtlich *kein Haus für den Namen des HERRN;* siehe Anmerkung zu Dtn 12,5.

2,35 4,2-6 **2,36** 2 Sam 16,5-6 S **2,39** 1 Sam 21,11; 27,2-3 **2,45** 2 Sam 7,16 S **3,2-3** (Opferstätten) 15,14; 22,44; 2 Kön 12,4; 14,4; 15,4.35; 16,4; 18,4 **3,4-9** Weish 8,21–9,18

dir messen kann. 14 Und wenn du meine Gebote so treu befolgst wie dein Vater David, dann schenke ich dir auch ein langes Leben.«

15 Als Salomo erwachte, merkte er, dass der HERR im Traum mit ihm gesprochen hatte. Er ging nach Jerusalem und trat vor die Bundeslade* des HERRN, opferte Brandopfer und ließ Tiere für das Opfermahl* schlachten. Sein gesamter Hofstaat wurde zu dem Mahl geladen.

Ein Beispiel für Salomos Weisheit

16 Eines Tages kamen zwei Prostituierte zum König und trugen ihm einen Rechtsstreit vor.

17 »Mein Herr und König«, sagte die eine, »diese Frau und ich wohnen zusammen im selben Haus. Sie war dabei, als ich einen Sohn gebar. 18 Zwei Tage danach gebar sie selbst einen Sohn. Nur wir beide waren zu dieser Zeit im Haus; sonst war niemand da. 19 Eines Nachts wälzte sie sich im Schlaf auf ihr Kind und erdrückte es, sodass es starb. 20 Da stand sie mitten in der Nacht auf und nahm mir mein Kind weg, während ich schlief. Dafür legte sie ihr totes Kind neben mich. 21 Als ich am Morgen erwachte und mein Kind stillen wollte, fand ich es tot. Doch als ich es genau ansah, merkte ich, dass es gar nicht das meine war.«

22 »Das ist nicht wahr!«, rief die andere. »Mein Kind ist das lebende und deins das tote!«

»Nein«, rief die erste, »das tote ist deins, das lebende meins!« So stritten sie sich vor dem König.

23 Da sagte König Salomo: »Die eine behauptet: ›Mein Kind ist das lebende, deins das tote!‹, die andere: ›Nein, das tote ist deins, das lebende meins!‹« 24 Und er befahl seinen Leuten: »Bringt mir ein Schwert!«

Sie brachten es ihm. 25 Er befahl weiter: »Zerschneidet das lebende Kind in zwei Teile und gebt die eine Hälfte der einen, die andere Hälfte der andern!«

26 Da rief die Frau, der das lebende Kind gehörte – denn die Mutterliebe regte sich mächtig in ihr: »Ach, mein Herr und König! Gebt es der andern, aber lasst es leben!«

Die andere aber sagte: »Weder dir noch mir soll es gehören! Zerschneidet es nur!«

27 Darauf entschied der König: »Gebt das Kind der ersten, tötet es nicht! Sie ist die Mutter.«

28 Überall in Israel erfuhr man von diesem Urteil des Königs und alle schauten in Ehrfurcht zu ihm auf. Sie sahen, dass Gott ihm Weisheit geschenkt hatte, sodass er gerechte Entscheidungen fällen konnte.

Die Minister Salomos

4 Salomo war nun König über ganz Israel. 2–6 In die Regierungsämter setzte er folgende Männer ein:

als Oberpriester: Asarja, den Sohn von Zadok
als Staatsschreiber: Elihoref und Ahija, die Söhne von Schischa
als Kanzler: Joschafat, den Sohn von Ahilud
als Heerführer: Benaja, den Sohn von Jojada [a]
als Vorsteher der Provinzverwalter: Asarja, den Sohn von Natan
als Ratgeber des Königs: den Priester* Sabud, den Sohn von Natan
als Palastverwalter: Ahischar
als Beauftragten für die Fronarbeiten: Adoniram, den Sohn von Abda.

Die zwölf Provinzen und ihre Verwalter

7 Salomo hatte das Gebiet Israels in zwölf Provinzen eingeteilt, an deren Spitze jeweils ein Provinzverwalter stand. Sie hatten reihum je einen Monat lang die Versorgung des königlichen Hofes zu übernehmen.

8–19 Hier ist die Liste der Provinzverwalter und ihrer Provinzen:

Verwalter	*Provinz*
(1) der Sohn Hurs	das Bergland von Efraïm
(2) der Sohn Dekers	das Gebiet der Städte Makaz, Schaalbim, Bet-Schemesch, Ajalon und Bet-Hanan [b]
(3) der Sohn Heseds	das Gebiet der Stadt Arubbot, dazu das Gebiet von Socho und das ganze Land Hefer
(4) der Sohn Abinadabs; er war mit Salomos Tochter Tafat verheiratet	das bergige Hinterland der Küstenstadt Dor
(5) Baana, der Sohn Ahiluds	die ganze Jesreel-Ebene mit den Städten Taanach und Megiddo bis über Jokneam im Westen hinaus, dazu das ganze Gebiet

a Es folgt noch (wohl aus 2 Sam 20,25 hierher geraten) *als Priester Zadok und Abjatar;* vgl. zu Abjatar 2,26-27.
b *Ajalon und Bet-Hanan:* mit hebräischen und griechischen Handschriften; H *Elon Bet-Hanan.*
3,26 Jes 49,15

	der Stadt Bet-Schean in der Jordansenke bis in die Gegend der Stadt Jesreel im Westen, und im Süden in Richtung Zaretan bis zur Stadt Abel-Mehola[a]
(6) der Sohn Gebers	der nördliche Teil von Gilead* mit der Stadt Ramot und das Siedlungsgebiet des Manassesohnes Jaïr sowie das Gebiet von Argob in Baschan* mit 60 befestigten Städten
(7) Ahinadab, der Sohn von Iddo	der südliche Teil von Gilead mit der Stadt Mahanajim
(8) Ahimaaz, der mit Salomos Tochter Basemat verheiratet war	das Stammesgebiet Naftali
(9) Baana, der Sohn von Huschai	das Stammesgebiet Ascher und das Gebiet von Alot
(10) Joschafat, der Sohn von Paruach	das Stammesgebiet Issachar
(11) Schimi, der Sohn von Ela	das Stammesgebiet Benjamin
(12) Geber, der Sohn von Uri	das Stammesgebiet Gad[b] im ehemaligen Gebiet des Amoriterkönigs Sihon und des Königs Og von Baschan

Über das Gebiet von Juda war nur ein einziger Verwalter eingesetzt.[c]

Salomos Reich und seine Hofhaltung

20 Die Menschen in Juda und Israel waren so zahlreich wie der Sand am Meer. Alle hatten genug zu essen und zu trinken und waren glücklich.

5 Salomo herrschte über alle Königreiche vom Eufrat bis zum Gebiet der Philister* und zur Grenze Ägyptens. Sie erkannten seine Oberherrschaft an und zahlten ihm Tribut. So blieb es während der ganzen Regierungszeit Salomos.

2 Salomo brauchte für seine Hofhaltung täglich drei Tonnen feines und sechs Tonnen gewöhnliches Mehl,[d] 3 zehn im Stall gemästete Rinder, zwanzig Rinder von der Weide und hundert Schafe; dazu kamen noch Hirsche, Rehe, Gazellen und gemästetes Geflügel.

4 Salomos Herrschaft erstreckte sich über das ganze Gebiet westlich des Eufrats und über alle Könige, die dort regierten, von der Stadt Tifsach bis nach Gaza. Mit allen Nachbarländern hatte er Frieden. 5 Während seiner ganzen Regierungszeit lebten die Leute in Juda und Israel, von Dan im Norden bis Beerscheba im Süden, in Sicherheit und Wohlstand. Jeder konnte ungestört unter seinem Weinstock und seinem Feigenbaum sitzen.

6 Salomo hatte 12000 Pferde für seine 4000[e] Streitwagengespanne*. 7 Die Verwalter seiner zwölf Provinzen versorgten ihn und alle, die an der königlichen Tafel speisten, mit Lebensmitteln, sodass es an nichts fehlte. Jeden Monat war eine andere Provinz dafür zuständig. 8 Sie beschafften auch Gerste und Stroh für die Wagenpferde und anderen Zugtiere und brachten es nach einer festgelegten Ordnung jeweils dorthin, wo es gebraucht wurde.

Salomos Weisheit

9 Gott schenkte Salomo große Weisheit* und Einsicht und ein Wissen, so unermesslich wie der Sand am Meeresstrand. 10 Salomo übertraf darin sogar die Weisen Arabiens und Ägyptens. 11 Er wusste mehr als alle Menschen, auch mehr als der Esrachiter Etan und als Heman, Kalkol und Darda, die Söhne Mahols. Sein Ruhm verbreitete sich unter allen benachbarten Völkern.

12 Er verfasste 3000 Weisheitssprüche und 1005[f] Lieder. 13 Er sprach darin über alle Arten von Bäumen von der Libanon-Zeder bis zum Ysop, der an Mauern wächst, und ebenso über die großen Landtiere, die Vögel, die Kriechtiere und Fische.

14 Aus allen Völkern kamen Leute, um Salomo zu hören, wenn er seine Weisheitsworte vor-

a Deutung unsicher. *b* *Gad* mit G; H *Gilead* (vgl. aber Provinz 6 und 7).
c So im Anschluss an G; H *Nur ein Verwalter war über dieses Gebiet gesetzt.*
d Hebräische Maßangaben *30* und *60 Kor* (1 Kor = 10 Efa*); Betrag in der Umrechnung abgerundet.
e H *40000;* vgl. jedoch 2 Chr 9,25.
f Entgegen dem ersten Eindruck handelt es sich vielleicht um eine »runde« Zahl: Die Buchstaben des hebräischen Wortes für *Lied* ergeben, als Zahlzeichen gelesen, die Summe 1005. Die Wörter für die aufgezählten Naturerscheinungen ergeben den Zahlenwert 3000.

4,13 (Nr. 6: Jaïr) Num 32,41; Dtn 3,14 **4,20** Gen 12,2S **5,1** Gen 12,7S; 2 Chr 9,26 **5,5** Mi 4,4 **5,6** 10,26; 2 Chr 1,14; 9,25 **5,11** 1 Chr 2,6; Ps 89,1 **5,12-14** Spr 1,1; 10,1; 25,1; Hld 1,1; 1 Kön 10,23-24; Sir 47,15-17

trug; alle Könige der Erde, zu denen der Ruf
seiner Weisheit gedrungen war, schickten Ge-
sandte zu ihm.

Salomo schließt einen Vertrag mit König Hiram

(2 Chr 2,2-15)

15 König Hiram von Tyrus war stets ein guter
Freund Davids gewesen. Als er erfuhr, dass Salo-
mo anstelle seines Vaters König geworden war,
schickte er eine Gesandtschaft nach Jerusalem.
16 Daraufhin ließ Salomo Hiram ausrichten:
17 »Wie du weißt, konnte mein Vater David dem
HERRN, seinem Gott, keinen Tempel* bauen. Er
musste sich ständig gegen die Angriffe der Nach-
barvölker wehren, bis der HERR ihm den Sieg
über sie gab. 18 Mir aber hat der HERR, mein Gott,
Frieden geschenkt. Niemand greift mich an, kein
Unheil bedroht mich.
19 Darum habe ich mich entschlossen, einen
Tempel zu bauen, einen Wohnsitz für den
Namen des HERRN, meines Gottes.[a] So hatte der
HERR es vorgesehen, als er zu meinem Vater
David sagte: ›Dein Sohn, dem ich nach deinem
Tod die Herrschaft übertragen werde, soll
meinem Namen ein Haus bauen.‹
20 Deshalb bitte ich dich: Lass auf dem Liba-
non-Gebirge für mich Zedern fällen! Meine
Arbeiter werden den deinen dabei zur Hand ge-
hen. Ich erstatte dir den Lohn für deine Leute;
fordere, was du für angemessen hältst. Du weißt
ja, dass wir in Israel niemand haben, der so gut
Bäume fällen kann wie deine Untertanen im
Gebiet von Sidon.«
21 Als Hiram die Botschaft Salomos erhielt,
freute er sich sehr und sagte: »Dem HERRN sei
gedankt, dass er David einen so tüchtigen Sohn
geschenkt hat, der dieses große Volk regieren
kann!«
22 Er ließ Salomo sagen: »Ich habe deine Bot-
schaft erhalten. Ich bin bereit, deinen Wunsch
zu erfüllen und dir das Bauholz zu schicken.
23 Meine Arbeiter werden die Stämme vom Liba-
non zum Meer hinunterschaffen. Dann lasse ich
sie zu Flößen zusammenbinden und die Küste
entlang zu dem Platz bringen, den du mir nen-
nen wirst. Dort werden meine Arbeiter die
Flöße wieder auflösen und deine Leute können
die Stämme für den Weitertransport überneh-
men. Du wirst mir dafür gewiss auch einen
Wunsch erfüllen und mir Lebensmittel für mei-
nen Hof schicken.«
24 Salomo erhielt von Hiram die Zedern- und
Zypressenstämme, die er brauchte. 25 Dafür lie-
ferte er für den Unterhalt von Hirams Königshof
jährlich 3000 Tonnen Weizen und 4000 Hekto-
liter feinstes Olivenöl.[b]
26 Der HERR hatte Salomo Weisheit geschenkt,
wie er es ihm versprochen hatte. Deshalb
herrschte Frieden zwischen Hiram und Salomo
und die beiden schlossen ein Bündnis.

Vorbereitungen für den Tempelbau

(2 Chr 2,1.16-17)

27 König Salomo ließ in ganz Israel 30 000 Leute
zum Frondienst* ausheben 28 und stellte sie
unter die Leitung Adonirams. Jeweils 10 000
mussten einen Monat lang auf dem Libanon ar-
beiten, danach durften sie für zwei Monate nach
Hause.
29 Darüber hinaus arbeiteten für Salomo in
den Bergen Judas 80 000 Steinbrecher und
70 000 Männer, die die Steinblöcke abtranspor-
tierten. 30 Dazu kamen 3300 Aufseher, die den
Provinzverwaltern Salomos unterstellt waren
und die gesamte Arbeit überwachen mussten.
31 Auf Befehl des Königs brachen sie mächtige
Steinblöcke von bester Qualität für das Funda-
ment des Tempels; sie wurden im Steinbruch
zurechtgehauen. 32 Die Bauleute Salomos und
Hirams sowie Männer aus der Stadt Byblos bear-
beiteten die Steinblöcke und Stämme, wie sie für
den Bau des Tempels gebraucht wurden.

Salomo baut Gott einen Tempel

(2 Chr 3,1-4)

6 Vierhundertachtzig Jahre waren seit der Be-
freiung der Israeliten aus Ägypten vergan-
gen. Da begann König Salomo im zweiten Mo-
nat seines vierten Regierungsjahres, dem Monat
Siw*, ein Haus für den HERRN zu bauen.
2 Das Tempelhaus, das er bauen ließ, war
dreißig Meter[c] lang, zehn Meter breit und fünf-
zehn Meter hoch. 3 Die Vorhalle war ebenso
breit wie der Hauptbau und fünf Meter tief. 4 In

a *einen Wohnsitz ...:* siehe Anmerkung zu Dtn 12,5.
b *4000 hl* mit G; H *400 l.* Hebräische Maßangaben *20 000 Kor* (1 Kor = 10 Efa*; genauer 3300 t) und *20* bzw. *20 000 Bat* (1 Bat = 6 Hin*).
c Hebräische Maßangaben: jeweils die doppelte Anzahl *Ellen* (hebräisch Amma; 1 Elle = 46 oder 52 cm); entsprechend weiterhin in diesem und im nächsten Kapitel.

5,15 2 Sam 5,11 **5,19** 2 Sam 7,12-13 **5,20-32** Esra 3,7 **5,28** 4,2-6; 12,18 **6,1** Ex 12,40-41

den Mauern ließ er Fensteröffnungen anbringen mit Rahmen und Gittern aus Stein[a] 5 und ließ außen an den Seitenwänden und an der Hinterwand einen mehrstöckigen Anbau aus Holz errichten. 6 Die Mauer des Tempelhauses verjüngte sich außen stufenweise; so konnten die Balken der Holzkonstruktion auf dem Vorsprung aufliegen und brauchten nicht in die Tempelmauer eingelassen zu werden. Der Anbau war im untersten Stock zweieinhalb Meter tief, im mittleren drei und im obersten dreieinhalb.

7 Die Mauern des Tempels wurden aus unbearbeiteten Bruchsteinen erbaut. Auf der ganzen Baustelle wurden weder Hämmer noch Meißel noch andere eiserne Werkzeuge verwendet.

8 Der Eingang zum Anbau war auf der Südseite; vom Erdgeschoss führte eine Treppe zum mittleren Stockwerk und von dort zum Oberstock hinauf. 9 Als die Mauern aufgeführt waren, ließ Salomo eine Decke aus Zedernbalken und Zedernbrettern als Dach über das Tempelhaus legen.[b] 10 Der Anbau lief um das ganze Haus herum und war durch Zedernbalken mit der Tempelmauer verbunden. Jedes Stockwerk war zweieinhalb Meter hoch.

11 Damals erging das Wort des HERRN an Salomo, er sagte zu ihm: 12–13 »Wenn du nach meinen Geboten lebst, meine Rechtsordnungen befolgst und auf alle meine Weisungen achtest, will ich dir gegenüber die Zusage einlösen, die ich deinem Vater David gegeben habe. Ich werde in diesem Haus, das du mir baust, mitten unter den Israeliten wohnen und mein Volk Israel niemals im Stich lassen.«

Die innere Ausstattung des Tempels

(2 Chr 3,5-14)

14 Nachdem Salomo den Rohbau des Tempelhauses vollendet hatte, 15 ließ er die Innenwände vom Boden bis zur Decke mit Zedernholz täfeln und den Fußboden mit Zypressenholz auslegen. 16 Zehn Meter von der Rückwand entfernt wurde eine Zwischenwand aus Zedernholz aufgeführt, um einen Raum für die Wohnung des HERRN, das Allerheiligste*, zu schaffen. 17 Der verbleibende Innenraum war also noch zwanzig Meter lang. 18 Er war ringsum mit Zedernholz getäfelt; nirgends war das Mauerwerk zu sehen. Die Täfelung war mit Schnitzereien in Form von Blüten und Früchten verziert.

19 Im hinteren Teil des Baues ließ Salomo die Wohnung des HERRN herrichten. Hier sollte die Bundeslade* ihren Platz finden. 20 Der Raum war zehn Meter lang, zehn Meter breit und zehn Meter hoch, die Wände waren mit reinem Gold bedeckt. Salomo ließ auch einen Altar aus Zedernholz machen. 21–22 Er sollte vor dem Allerheiligsten stehen und wurde ganz mit Gold überzogen. Auch die Wände des Tempelhauses wurden mit Gold überzogen. Vor dem Allerheiligsten wurden goldene Ketten quer durch den Raum gespannt.

23 Für das Allerheiligste ließ Salomo zwei Kerubenfiguren* aus Olivenholz[c] schnitzen. Jede war fünf Meter hoch. 24 Ihre Flügel maßen je zweieinhalb Meter, sodass die beiden Flügel ausgespannt eine Länge von fünf Metern hatten. 25–26 Beide Figuren hatten genau die gleiche Größe und Gestalt. 27 Salomo ließ sie nebeneinander im Allerheiligsten aufstellen. Ihre ausgespannten Flügel berührten einander in der Mitte des Raumes und reichten außen bis an die Seitenwände. 28 Auch diese Kerubenfiguren wurden mit Gold überzogen.

29 Die Wände des Tempels im inneren wie im äußeren Raum[d] wurden mit geschnitzten Bildern von Keruben und Palmbäumen und mit geschnitzten Blüten verziert 30 und der Fußboden wurde mit Gold überzogen. 31 Der Eingang zum Allerheiligsten bekam Türflügel aus Olivenholz; der Türrahmen war nach innen fünffach abgestuft. 32 Auf den beiden Türflügeln wurden Schnitzereien von Keruben, Palmbäumen und Blüten angebracht und die Keruben und Palmen mit Gold überzogen. 33 Der Eingang des Tempelhauses bekam einen vierfach abgestuften Türrahmen aus Olivenholz 34 und eine Doppeltür aus Zypressenholz. Auf jeder Seite waren hintereinander je zwei drehbare Türflügel angebracht. 35 Die Türflügel wurden mit vergoldeten Schnitzereien von Keruben, Palmbäumen und Blüten verziert.

36 Den inneren Vorhof* um das Tempelhaus ließ Salomo mit einer Mauer einfassen, die in Schichten aus jeweils drei Lagen behauener Steine und einer Lage Zedernbalken gebaut war.

37 Im vierten Regierungsjahr Salomos, im zweiten Monat, dem Monat Siw*, wurde der

a Deutung unsicher; auch bei der Deutung anderer bautechnischer Angaben sind wir gelegentlich auf Vermutungen angewiesen. *b* Es folgen noch zwei unbekannte Wörter; vielleicht: *(und) über die Nebengebäude und Säulenhallen.*
c Deutung unsicher; wörtlich *Ölholz* (ebenso in den Versen 31 und 33). Infrage kommen auch Ölweide (Oleaster) oder eine Kiefernart; »Öl« bezeichnet den Harzreichtum. *d im inneren …:* wörtlich *innen und außen.*

6,12-13 2 Sam 7,8-16; Ex 29,45 **6,19** Ex 26,32-34 **6,20** Ex 30,1-3 **6,23-28** Ex 25,18-20

Grundstein für den Tempel gelegt. 38 Im elften
Regierungsjahr, im achten Monat, dem Monat
Bul*, war der Bau mit der gesamten Einrichtung
vollendet. Gut sieben Jahre hatte Salomo am
Haus des HERRN gebaut.

Salomo baut sich einen Königspalast

7 An seinem eigenen Haus, der Palastanlage,
baute Salomo dreizehn Jahre, bis alles voll-
endet war.

2 Er baute eine große Halle, die der »Libanon-
wald« genannt wurde. Sie war 50 Meter lang,
25 Meter breit und 15 Meter hoch. Ihre Decke
wurde von vier Reihen von Zedernsäulen getra-
gen, auf denen Zedernbalken ruhten. 3 Im Ober-
geschoss befanden sich 45 abgeteilte Räume,[a]
die mit Zedernbrettern gedeckt waren, je 15 in
einer Reihe. 4 Die Halle hatte an den beiden
Seitenwänden drei übereinander liegende
Reihen von je drei Fenstern, die sich genau
gegenüberstanden. 5 An den Schmalseiten waren
je drei einander gegenüberliegende Türen,[b]
deren Rahmen vierfach abgestuft waren.

6 Weiter baute Salomo die »Säulenhalle«,
25 Meter lang und 15 Meter breit. Sie hatte eine
Vorhalle, deren Dach ebenfalls von Säulen getra-
gen wurde.[c] 7 Außerdem baute er die »Thron-
halle«, sie war vom Boden bis zur Decke mit
Zedernholz getäfelt. Sie hieß auch Gerichtshalle,
weil der König hier Gericht hielt. 8 Salomos
Wohnhaus lag hinter der Thronhalle in einem
anderen Hof. Es war in derselben Bauweise
errichtet, und ebenso das Haus für die ägyptische
Königstochter, die Salomo geheiratet hatte.

9 Alle diese Gebäude waren aus besten Qua-
dersteinen aufgeführt, die auf der Außen- und In-
nenseite mit der Steinsäge geschnitten waren.[d]
10 Die Fundamente bestanden aus mächtigen
Steinblöcken, teils fünf, teils vier Meter lang.
11 Darauf erhoben sich Mauern aus Quadersteі-
nen, zwischen denen Balken aus Zedernholz
eingefügt waren.

12 Der große Hof um die Palastgebäude war
von einer Mauer eingefasst, die abwechselnd aus
drei Lagen behauener Steine und einer Lage
Zedernbalken aufgeführt war. In derselben Bau-
weise waren auch die Mauer um den inneren
Vorhof* des Tempels sowie die Vorhalle des Tem-
pels errichtet worden.

Berufung des Bronzegießers Hiram

13–14 König Salomo ließ aus Tyrus einen Bronze-
gießer namens Hiram kommen. Er war der Sohn
einer Witwe aus dem Stamm Naftali, sein Vater
war ein Tyrer gewesen. Er war ein begabter und
erfahrener Künstler und konnte jede Art von
bronzenen Gegenständen herstellen. Er folgte
dem Ruf Salomos und übernahm die Leitung der
Bronzearbeiten.

Bronzearbeiten für den Tempel: die beiden Säulen

(2 Chr 3,15-17)

15 Hiram goss zwei Säulen aus Bronze, jede neun
Meter hoch; der Umfang des Säulenschafts be-
trug sechs Meter. 16 Oben auf jede Säule setzte er
ein bronzenes Kapitell von zweieinhalb Meter
Höhe. 17 Die Kapitelle waren mit Reihen von
kettenartigen Bändern überzogen, je sieben an
jedem Kapitell. 18–22 Um jedes Kapitell zogen sich
über den Bändern rundherum je zwei Girlanden
von bronzenen Granatäpfeln, zweihundert an
jeder Säule. Das Ganze sah aus wie ein Blüten-
kelch.[e]

Als Hiram die Arbeit vollendet hatte, wurden
die Säulen vor der Eingangshalle des Tempels*
aufgestellt; die rechte bekam den Namen Jachin
(Er richtet auf), die linke den Namen Boas (In
ihm ist Stärke).

Das große bronzene Becken

(2 Chr 4,2-5)

23 Dann machte Hiram ein großes rundes Bronze-
becken, das »Meer«. Sein Durchmesser betrug
fünf Meter, sein Umfang fünfzehn Meter und
seine Höhe zweieinhalb Meter. 24 Auf der Außen-
seite war es unterhalb des Randes mit zwei Rei-
hen von Flaschenkürbissen verziert, die mit dem
Becken aus einem Guss waren; auf einen halben
Meter kamen zehn kleine Kürbisse.

25 Das Becken wurde von zwölf Rindern ge-
tragen, die in Dreiergruppen angeordnet waren;
jede Gruppe schaute in eine andere Himmels-
richtung.

26 Der Rand des Beckens war nach außen ge-
wölbt wie bei einem Kelch oder einer Wasser-
lilie. Das Metall war etwa eine Handbreite dick.

Das Becken fasste über 40 000 Liter.[f]

a *Räume:* Deutung unsicher. b *Türen* mit G; H *Fenster.* Die Deutung des Verses ist ganz unsicher.
c Es folgt noch *und ... davor.* Die Bedeutung des ausgelassenen Wortes ist unbekannt.
d Es folgt noch *vom Fundament bis zu ... (?) und von außen bis zum großen Hof.*
e Es folgt noch die Maßangabe *4 Ellen* (= 2 m). Die Beschreibung der Kapitelle ist insgesamt nur vermutungsweise wiedergegeben.
f Hebräische Maßangabe *2000 Bat* (1 Bat = 6 Hin*).
7,8 3,1 **7,13-14** 2 Chr 2,12-13

Die bronzenen Kesselwagen

27 Außerdem machte Hiram zehn fahrbare Ge-
stelle aus Bronze.[a] Jedes war zwei Meter lang,
zwei Meter breit und eineinhalb Meter hoch.
28 Sie hatten auf allen vier Seiten eine Anzahl
von waagrechten bronzenen Leisten, die durch
senkrechte Querleisten verbunden waren. 29 Auf
den mittleren Leisten waren Löwen, Rinder und
Keruben* abgebildet, die oben und unten von
gehämmerten Kränzen eingefasst waren.
30 Jedes Gestell hatte zwei Achsen und vier
Räder aus Bronze. Von den vier Eckpfosten gin-
gen unten Streben aus, die mit der untersten ver-
zierten Leiste verbunden waren.
31 Der ringförmige Aufsatz, der den Kessel
trug, war 75 Zentimeter hoch und ragte über das
Gestell hinaus; er war ebenfalls verziert. Er ruhte
auf einem viereckigen Rahmen.
32 Die vier Räder reichten nicht bis an die
Leisten des Rahmens heran; sie waren 75 Zenti-
meter hoch. Die kurzen Achsen der Räder waren
fest mit dem Gestell verbunden. 33 Die Räder wa-
ren wie die Räder von Streitwagen*; alle Teile –
Achsen, Felgen, Speichen und Naben – waren
aus Bronze gegossen.
34 An den vier Eckpfosten des Gestells waren
Streben angebracht, die mit dem übrigen Gestell
aus einem Guss waren. 35 Der ringförmige Auf-
satz auf dem Gestell ragte 25 Zentimeter darüber
hinaus und wurde durch Halter am Gestell getra-
gen. Der Rahmen, auf dem er ruhte, war fest mit
ihm verbunden. 36 Auf dem Rahmen und den
Haltern waren Keruben, Löwen und Palmen ein-
graviert und ringsum waren Kränze angebracht.
37 Alle zehn Gestelle waren völlig gleich.
Hiram machte sie nach demselben Plan und
Maß und aus der gleichen Gussform.
38 Dann machte er für jedes Gestell einen
bronzenen Kessel mit einem Durchmesser von
zwei Metern, der 840 Liter[b] fasste. 39 Fünf der
Kesselwagen erhielten ihren Platz auf der Süd-
seite des Tempelhauses, die übrigen fünf auf der
Nordseite. Das große Becken wurde an der Süd-
ostecke aufgestellt.

Zusammenfassende Liste der Geräte für den Tempel

(2 Chr 4,11–5,1)

40–45 Im Auftrag König Salomos fertigte Hiram
alle diese Arbeiten für den Tempel* des HERRN
an. Jedes Stück war aus Bronze gegossen und die
Oberfläche war anschließend poliert worden.
Hier ist ein vollständiges Verzeichnis aller
Stücke:

2 Säulen
2 becherförmige Kapitelle für die Säulen
2 Geflechte von Bändern für die Kapitelle
400 Granatäpfel, aufgehängt über den Bändern jedes Kapitells in zwei Reihen zu je hundert
10 fahrbare Gestelle
10 Kessel zum Einsetzen in die Gestelle
das große Becken
12 Rinder als Untersatz des Beckens
außerdem Schalen zum Auffangen des Blutes sowie Schaufeln und Kübel zum Beseitigen der Asche

46 Der König ließ alle diese Stücke im Jordantal
in den mächtigen Tonablagerungen zwischen
Sukkot und Zaretan gießen. 47 Weil es so viele
Stücke waren, verzichtete er darauf, das Gewicht
der verarbeiteten Bronze festzustellen.
48–50 Salomo ließ auch die heiligen Geräte für
den Tempel des HERRN herstellen:

den Räucheraltar*
den Tisch für die geweihten Brote*
die zehn Leuchter, je fünf rechts und fünf links vor dem Allerheiligsten*
die blütenförmigen Aufsätze der Leuchter, die Lichtschalen* und Dochtscheren
die Schüsseln, Lichtmesser, Blutschalen, Löffel und Kohlenbecken
die Angeln für die Tür zum Allerheiligsten und für die Eingangstür des Tempels

Alle diese Gegenstände wurden aus Gold gefer-
tigt.
51 Nachdem König Salomo den Tempel und
seine Ausstattung vollendet hatte, brachte er die
Gaben, die sein Vater David dem HERRN geweiht
hatte, herbei. Das Silber und das Gold und alle
Geräte kamen in die Schatzkammern des Tem-
pels.

Der Tempel als Wohnung Gottes

(2 Chr 5,2–6,2)

8 Nun ließ König Salomo die Ältesten* Israels,
die Vertreter aller Stämme und Sippen, zu
sich nach Jerusalem kommen. Sie sollten die
Bundeslade* des HERRN von der Davidsstadt auf
dem Zionsberg* in den Tempel hinaufbringen.

a Die folgende Beschreibung ist zum Teil nur vermutungsweise wiederzugeben (vor allem Vers 28 und die Maßangaben in Vers 31).
b Hebräische Maßangabe *40 Bat* (1 Bat = 6 Hin*).
8,1 2 Sam 6,12-17

2 Auch alle Männer Israels kamen deshalb am
Laubhüttenfest* im siebten Monat, dem Monat
Etanim*, zu König Salomo.
3 Als die Ältesten versammelt waren, hoben
die Priester* die Bundeslade auf ihre Schultern
4 und trugen sie zum Tempel hinauf. Mithilfe der
Leviten* brachten sie auch das Heilige Zelt* und
alle seine Geräte dorthin. 5 König Salomo und
die ganze Festgemeinde opferten vor der Bundes-
lade eine große Menge Schafe und Rinder, mehr
als man zählen konnte.
6 Dann brachten die Priester die Lade des
HERRN an den vorgesehenen Platz im hintersten
Raum des Tempels, dem Allerheiligsten*. Sie
stellten sie unter die Flügel der Keruben*. 7 Die
Keruben hielten nämlich ihre Flügel über der
Lade ausgebreitet und überspannten damit die
Lade samt ihren Tragstangen. 8-9 Die Tragstan-
gen waren so lang, dass ihre Enden nur zu sehen
waren, wenn jemand direkt vor der Tür zum
Allerheiligsten stand; vom Hauptraum des Heilig-
tums aus waren sie nicht zu sehen.
In der Lade waren nur die beiden Steintafeln,
die Mose am Berg Horeb* hineingelegt hatte.
Auf ihnen steht das Gesetz des Bundes*, den der
HERR mit den Israeliten geschlossen hat, als sie
aus Ägypten kamen. Sie befinden sich noch
heute dort.
10 Als die Priester den Tempel wieder ver-
ließen, erfüllte eine Wolke das ganze Heiligtum.
11 Die Priester konnten ihren Dienst nicht fortset-
zen, denn die Herrlichkeit* des HERRN erfüllte
den Tempel.
12 Da betete Salomo: »HERR, du hast gesagt:
›Ich wohne im Wolkendunkel.‹[a] 13 Darum habe
ich dir dieses prächtige Haus gebaut, eine Stätte,
an der du für immer wohnen kannst.«

Worte zur Einweihung des Tempels

(2 Chr 6,3-21)

14 Dann drehte sich der König um und wandte
sich der ganzen Gemeinde Israel zu. Er grüßte
alle Versammelten mit einem Segenswunsch.
15 Dann sagte er:
»Gepriesen sei der HERR, der Gott Israels! Er
hat wahr gemacht, was er meinem Vater David
versprochen hat, als er sagte: 16 ›In der ganzen
Zeit, seit ich mein Volk Israel aus Ägypten in die-
ses Land brachte, habe ich in keinem der
Stämme Israels eine Stadt erwählt, damit dort
ein Wohnsitz für meinen Namen[b] errichtet
wird. Aber dich habe ich als Herrscher über
mein Volk Israel ausgewählt.‹
17 Schon mein Vater David wollte dem HERRN,
dem Gott Israels, einen Tempel* bauen. 18 Aber
der HERR sagte zu ihm: ›Ich freue mich über
deine Absicht, für mich ein Haus zu bauen.
19 Aber nicht du, sondern erst dein Sohn, der dir
noch geboren wird, soll mir dieses Haus bauen.‹[c]
20 Dieses Versprechen hat der HERR gehalten:
Ich bin als Sohn meines Vaters David König ge-
worden und habe den Wohnsitz für den Namen
des HERRN, des Gottes Israels, gebaut. 21 In die-
sem Haus hat auch die Lade ihren Platz gefun-
den, in der die Tafeln des Bundes* liegen, den
der HERR mit unseren Vorfahren schloss, nach-
dem er sie aus Ägypten herausgeführt hatte.«
22 Dann trat Salomo vor den Augen der gan-
zen Gemeinde Israel vor den Altar* des HERRN,
breitete die Arme zum Himmel aus 23 und betete:
»HERR, du Gott Israels! Weder im Himmel
noch auf der Erde gibt es einen Gott wie dich.
Du stehst zu deinem Bund und erweist deine
Güte und Liebe allen, die dir mit ungeteiltem
Herzen dienen. 24 So hast du an deinem Diener,
meinem Vater David, gehandelt. Der heutige Tag
ist Zeuge dafür, dass du dein Versprechen gehal-
ten hast.
25 HERR, du Gott Israels, nun erfülle auch die
andere Zusage, die du meinem Vater David, dei-
nem Diener, gegeben hast: dass stets einer aus
der Familie Davids auf dem Thron Israels sitzen
wird – wenn seine Nachkommen dir nur genau-
so treu dienen wie er. 26 Gott Israels, lass doch in
Erfüllung gehen, was du meinem Vater David,
deinem Diener, versprochen hast!
27 Aber bist du nicht viel zu erhaben, um bei
uns Menschen zu wohnen? Ist doch selbst der
ganze weite Himmel[d] zu klein für dich, wie viel
mehr dann dieses Haus, das ich gebaut habe.
28 HERR, mein Gott! Achte dennoch auf mein de-
mütiges Gebet und höre auf die Bitte, die ich
heute vor dich bringe: 29 Richte deinen Blick Tag
und Nacht auf dieses Haus, von dem du gesagt
hast: ›Hier soll mein Name wohnen!‹[e] Höre
mich, wenn ich von hier aus zu dir rufe, 30 und

a Ein Teil der alten Übersetzungen überliefert eine längere Fassung des Wortes: *Die Sonne hast du, HERR, an den Himmel gesetzt; aber du hast gesagt: ...*
b *ein Wohnsitz ...:* siehe Anmerkung zu Dtn 12,5.
c *für mich* und *mir:* wörtlich *meinem Namen* (siehe vorige Anmerkung).
d *der ganze ...:* wörtlich *der Himmel und alle Himmelswelten**.
e *mein Name wohnen:* siehe Anmerkung zu Dtn 12,5.

8,2 Ex 23,16S **8,6-7** 6,23-28 **8,8-9** Ex 24,12S; Dtn 10,1-5 **8,10-11** Ex 40,34-35S **8,12** Ps 18,12; 97,2 **8,13** Ps 132,14 **8,17-19** 2 Sam 7,1-13 **8,23** Dtn 4,35.39; 6,4-5; 7,9 **8,25** 2,4; 2 Sam 7,12-16 **8,27** 2 Chr 2,5; 6,18; Jes 66,1 **8,29** Dtn 12,5

höre auch die Gebete deines Volkes Israel! Wenn
wir an dieser Stätte zu dir rufen, dann höre uns
in deiner himmlischen Wohnung! Erhöre uns
und vergib uns alle Schuld!«

Der Tempel als Ort des Gebets

(2 Chr 6,22-40)

31 »Wenn jemand verdächtigt wird, sich gegen
einen anderen vergangen zu haben, und er wird
hierher zu deinem Altar* gebracht und unter
den Fluch* gestellt, der ihn im Fall der Schuld
treffen soll, 32 dann höre du es im Himmel und
sorge für Recht: Bestrafe ihn, wenn er schuldig
ist, und lass sein böses Tun auf ihn selbst zurück-
fallen; aber verschone ihn, wenn er schuldlos ist,
und lass seine Redlichkeit vor aller Augen offen-
bar werden!

33 Wenn die Israeliten, dein Volk, von Fein-
den besiegt werden, weil sie dir nicht gehorcht
haben, und sie wenden sich dir wieder zu, prei-
sen deinen Namen und bitten hier in deinem
Haus um Erbarmen, 34 dann höre du es im
Himmel: Vergib deinem Volk seine Schuld und
bringe es wieder in das Land zurück, das du
ihren Vorfahren gegeben hast!

35 Wenn kein Regen auf das Land fällt, weil
seine Bewohner dir nicht gehorcht haben, und
sie erkennen deine strafende Hand, kehren um
und beten zu dir, wenden sich diesem Haus zu
und preisen deinen Namen, 36 dann höre du es
im Himmel: Vergib deinem Volk und seinen
Königen ihre Schuld, zeige ihnen, was sie tun
sollen, und lass es wieder regnen auf das Land,
das du deinem Volk als bleibenden Besitz ge-
geben hast!

37 Wenn im Land eine Hungersnot ausbricht,
wenn das Getreide durch Glutwinde, Krankhei-
ten oder Schädlinge vernichtet wird, wenn der
Feind ins Land einfällt oder Seuchen wüten,
38 dann höre das Gebet, das ein einzelner
Mensch oder dein ganzes Volk an dich richtet.
Wenn irgendjemand in der Not seines Herzens
seine Arme betend zu diesem Haus hin ausbrei-
tet, 39 dann höre du ihn in deiner himmlischen
Wohnung: Vergib ihm seine Schuld und hilf ihm!
Doch handle so, wie es jeder verdient. Du kennst
ja die verborgensten Gedanken der Menschen
und siehst ihnen ins Herz. 40 Dann werden sie
dich stets ernst nehmen, die ganze Zeit, die sie in
dem Land leben, das du unseren Vorfahren gege-
ben hast.

41–42 Wenn ein Ausländer, der nicht zu dei-
nem Volk Israel zählt, der aber gehört hat, was
für Taten du mit starker Hand und ausgestreck-
tem Arm für dein Volk vollbracht hast – wenn
solch ein Mensch aus einem fernen Land kommt
und im Anblick dieses Hauses zu dir betet,
43 dann höre ihn in deiner himmlischen Woh-
nung und erfülle seine Bitten! Alle Völker auf der
Erde werden dann erkennen, dass du der wahre
Gott bist, und werden dich genauso ehren, wie
dein Volk Israel es tut. Und sie werden erken-
nen, dass du von diesem Haus, das ich für dich
gebaut habe, Besitz ergriffen hast.

44 Wenn dein Volk in deinem Auftrag gegen
Feinde in den Kampf zieht und dabei in der
Ferne zu dir betet, den Blick zu der Stadt gerich-
tet, die du dir erwählt hast, und zu dem Haus,
das ich deinem Namen[a] gebaut habe, 45 dann
höre sein Gebet im Himmel und verhilf ihm zu
seinem Recht!

46 Vielleicht kommt es auch so weit, dass die
Israeliten sich gegen dich auflehnen – es gibt ja
niemand, der nicht schuldig wird – und du dann
zornig wirst und sie ihren Feinden preisgibst, die
sie in ein fremdes Land verschleppen, in der
Nähe oder in der Ferne. 47 Dort kommen sie viel-
leicht zur Einsicht und wenden sich dir zu und
bekennen vor dir: ›Wir haben Unrecht getan,
wir haben dir nicht gehorcht.‹ 48 Und wenn sie
dann von ganzem Herzen zu dir umkehren und
dort zu dir beten, den Blick gerichtet zu dem
Land, das du ihren Vorfahren gegeben hast, zu
der Stadt, die du dir erwählt hast, und zu dem
Haus, das ich deinem Namen gebaut habe,
49 dann höre ihr Gebet in deiner himmlischen
Wohnung und verhilf ihnen zu ihrem Recht!
50 Vergib ihnen alles, was sie gegen dich getan
und womit sie sich gegen dich aufgelehnt haben.
Verhilf ihnen dazu, dass ihre Feinde mit ihnen
Erbarmen haben. 51 Sie sind doch dein Eigen-
tum; sie sind dein Volk, das du aus Ägypten, aus
diesem glühenden Schmelzofen, herausgeführt
hast!

52 Sieh freundlich auf mich und auf dein gan-
zes Volk, HERR! Hilf uns, sooft wir in der Not zu
dir rufen! 53 Du hast doch die Israeliten aus allen
Völkern der Welt als dein Eigentum ausgewählt.
Das hast du ihnen durch Mose, deinen Diener
und Bevollmächtigten*, sagen lassen, als du un-
sere Vorfahren aus Ägypten herausgeführt hast,
HERR, du mächtiger Gott!«

Schlussgebet und Ermahnung des Volkes

54 Als Salomo sein Gebet beendet und dem
HERRN alle diese Bitten vorgetragen hatte, stand

a Siehe Anmerkung zu Dtn 12,5 (auch für Vers 48).

8,39 1 Sam 16,7; Spr 15,11 **8,48** Dan 6,11 S **8,51** Dtn 4,20 **8,53** Ex 19,5-6 S

er auf; er hatte nämlich beim Beten vor dem
Altar* des HERRN gekniet und die Arme zum
Himmel ausgebreitet. 55 Er trat vor die versam-
melte Gemeinde Israel hin, segnete sie und rief
allen zu:
56 »Wir wollen den HERRN, unseren Gott,
preisen! Er hat Wort gehalten und seinem Volk
Israel ein Land geschenkt, in dem es in Frieden
leben kann. Die großartige Zusage, die er uns
durch seinen Diener Mose gab, hat er Wort für
Wort erfüllt; nichts ist ausgeblieben.
57 Wie er unseren Vorfahren beistand, so
stehe er nun auch uns zur Seite! Er möge uns nie
verlassen oder verstoßen. 58 Er schenke uns ein
Herz, das ihm gehorsam ist, damit wir immer
nach den Geboten und Weisungen leben, die er
unseren Vorfahren gegeben hat.
59 Der HERR, unser Gott, möge sich Tag und
Nacht an mein Gebet erinnern, an alle Bitten,
die ich ihm heute vorgetragen habe. Er möge
mir, seinem Diener, und seinem Volk Israel
beistehen und uns Recht verschaffen Tag für
Tag, wie es jeweils nötig ist. 60 Dann werden alle
Völker der Welt erkennen, dass der HERR allein
Gott ist und sonst niemand. 61 Ihr aber sollt mit
ungeteiltem Herzen dem HERRN, unserem Gott,
angehören und stets nach seinen Geboten und
Weisungen leben, wie ihr es heute tut.«

Die ersten Feste im Tempel

(2 Chr 7,4-10)

62–63 Nun feierte der König zusammen mit der
ganzen Festgemeinde die Einweihung des Tem-
pels* durch ein großes Opfer*. Für das Opfer-
mahl ließ er 22 000 Rinder und 120 000 Schafe
schlachten. 64 Weil der Bronzealtar vor dem
Haus des HERRN für die Menge der Opfer zu
klein war, machte Salomo den ganzen Mittelteil
des Vorhofs* zum Opferaltar. Dort ließ er die
Brand- und Speiseopfer verbrennen und auch
die Fettstücke des Mahlopfers.
65 Sieben Tage lang feierten sie die Einwei-
hung des Tempels.[a] Es war eine riesige Fest-
gemeinde aus ganz Israel versammelt, von Lebo-
Hamat im Norden bis zu dem Tal, das die
ägyptische Grenze* bildet, im Süden.
66 Am achten Tag entließ der König das Volk.
Die Leute riefen dem König ihre Segenswünsche
zu und kehrten nach Hause zurück. Sie waren
voll Freude und Dank für alles, was der HERR für
seinen Diener David und sein Volk Israel getan
hatte.

Gott antwortet Salomo

(2 Chr 7,11-22)

9 Als Salomo den Tempel* des HERRN und den
Königspalast sowie alle anderen Bauvor-
haben vollendet hatte, 2 erschien der HERR ihm
ein zweites Mal, wie er ihm einst in Gibeon er-
schienen war.
3 Er sagte zu Salomo: »Ich habe dein Gebet
erhört. Ich habe diesen Tempel, den du gebaut
hast, erwählt und zu einer Stätte gemacht, an
der mein Name wohnt für alle Zeiten.[b] Meine
Augen sind stets auf dieses Haus gerichtet, dort
ist mein ganzes Herz euch zugewandt. 4 Und
wenn du mir wie dein Vater David treu und auf-
richtig dienst und alle meine Gebote befolgst,
5 werde ich die Herrschaft deiner Nachkommen
über das Volk Israel für alle Zeiten sichern. So
habe ich es deinem Vater David versprochen, als
ich zu ihm sagte: ›Stets soll einer aus der Familie
Davids auf dem Thron Israels sitzen.‹
6 Wenn sich aber die Israeliten – in dieser
oder in einer späteren Generation – von mir ab-
wenden, meinen Geboten nicht mehr gehorchen
und anderen Göttern dienen, 7 dann werde
ich sie aus dem Land vertreiben, das ich ihnen
gegeben habe. Von dem Haus, das ich zur Woh-
nung meines Namens bestimmt habe,[c] will ich
dann nichts mehr wissen und alle Völker wer-
den das Volk Israel verachten und verspotten.
8 Dieser Tempel wird nur noch ein Trümmerhau-
fen sein;[d] wer daran vorbeigeht, wird sich mit
Entsetzen abwenden. Wenn jemand fragt, war-
um der HERR dieses Land und dieses Haus so
verwüstet hat, 9 wird man ihm antworten: ›Weil
sie sich vom HERRN, ihrem Gott, abgewandt
haben. Er hat ihre Vorfahren aus Ägypten her-
ausgeführt, aber sie haben sich anderen Göttern
zugewandt, sie angebetet und ihnen geopfert.
Deshalb hat der HERR all dieses Unglück über sie
gebracht.‹«

Salomo tritt einige Städte an Hiram ab

(2 Chr 8,1-2)

10 Zwanzig Jahre lang hatte Salomo am Tempel*
des HERRN und an seinem eigenen Palast gebaut.
11 König Hiram von Tyrus hatte ihm Zedern- und
Zypressenholz geliefert und auch alles Gold, das

a So mit G; H hat noch: *und sieben Tage, vierzehn Tage lang* (vermutlich Angleichung an 2 Chr 7,9).
b Siehe Anmerkung zu Dtn 12,5. c *Wohnung meines Namens:* siehe Anmerkung zu Dtn 12,5.
d So mit den alten Übersetzungen; H *Dieser Tempel wird erhaben sein.*

8,56 Dtn 12,10; Jos 21,44-45 **8,61** 8,23; Dtn 6,5 **8,64** Ex 27,1 S **9,2** 3,5 **9,3** 8,29 **9,5** 2,4; 2 Sam 7,12-16 **9,7** Dtn 28,37; Jer 18,16 S **9,8** 2 Kön 25,9 **9,10** 7,1

er brauchte. Als nun beide Bauten vollendet
waren, trat Salomo an Hiram zwanzig Städte in
Galiläa* ab.
12 Hiram selbst kam von Tyrus, um sie anzu-
sehen; aber sie gefielen ihm nicht. 13 »Was für
einen Landstrich hast du mir da gegeben, mein
Freund«, sagte Hiram zu Salomo. Davon hat die
Gegend bis heute den Namen Kabul.[a] 14 Hiram
hatte Salomo immerhin 120 Zentner* Gold ge-
schickt.

Salomos weitere Bautätigkeit

(2 Chr 8,3-18)

15 Salomo ließ alle seine Bauvorhaben in Fron-
arbeit* ausführen. Auf diese Weise baute er in
Jerusalem außer dem Tempel* des HERRN und
seinem Königspalast auch den Millo* und die
Stadtmauer und außerhalb Jerusalems die Städte
Hazor, Megiddo, Geser.
16 Gegen die Kanaaniterstadt Geser war der
Pharao, der König von Ägypten, herangezogen,
hatte sie erobert und niedergebrannt und dabei
alle Bewohner getötet. Dann hatte er die Stadt
zur Mitgift für seine Tochter bestimmt, als sie
König Salomos Frau wurde. 17 Diese Stadt baute
Salomo wieder auf.
Außerdem baute er das untere Bet-Horon
18 und Baala sowie Tamar in der Senke südlich
des Toten Meeres. 19 In diesen Städten brachte
Salomo seine Streitwagentruppen* unter und
stattete sie mit allen erforderlichen Vorräten aus.
Auch alles, was Salomo sonst noch bauen
wollte in Jerusalem, im Libanon und in seinem
ganzen Herrschaftsgebiet, wurde in Fronarbeit
errichtet. 20–21 Alle Nachkommen der vorisraeli-
tischen Bewohner des Landes, an denen die
Israeliten bei dessen Eroberung nicht den Bann*
vollstrecken konnten, wurden von Salomo zum
Frondienst herangezogen. Bis heute müssen die
übrig gebliebenen Amoriter*, Hetiter*, Perisiter,
Hiwiter und Jebusiter solche Arbeiten ausführen.
22 Von den Israeliten dagegen zwang Salomo
keinen zur Fronarbeit, sondern machte sie zu
seinen Soldaten und Beamten, zu Truppen-
führern und Streitwagenkämpfern.
23 Im Dienst seiner Provinzverwalter standen
550 Beamte, die die Arbeiter an den Bauvor-
haben Salomos beaufsichtigten. 24 Mit den
Arbeiten am Millo begann Salomo, als die Toch-
ter des Pharaos aus der Davidsstadt* in das Haus
umgezogen war, das er ihr im Palastbezirk
gebaut hatte.

Salomos regelmäßige Opfer

25 Nachdem der Tempel vollendet war, opferte
Salomo dort dreimal jährlich Brandopfer* und
Mahlopfer*. Er verbrannte die Opferstücke auf
dem Altar*, den er für den HERRN gebaut hatte.

Salomos Handelsflotte

26 In Ezjon-Geber bei Elat am Roten Meer, im
Gebiet von Edom*, ließ König Salomo eine Flotte
bauen. 27 König Hiram stellte Salomo erfahrene
Seeleute zur Verfügung, die dessen Männer auf
der Fahrt begleiteten. 28 Sie segelten in das Land
Ofir* und brachten Salomo von dort 420 Zent-
ner* Gold.

Eine arabische Königin besucht Salomo

(2 Chr 9,1-12)

10 Salomo wurde zur Ehre des HERRN so
bekannt, dass auch die Königin von Saba*
von ihm hörte. Sie machte sich auf den Weg, um
sein Wissen durch Rätselfragen auf die Probe zu
stellen. 2 Mit zahlreichem Gefolge kam sie nach
Jerusalem. Ihre Kamele waren schwer beladen
mit duftenden Ölen, Gold und Edelsteinen.
Als sie zu Salomo kam, legte sie ihm die Rätsel
vor, die sie sich ausgedacht hatte. 3 Salomo blieb
ihr keine Antwort schuldig; auch die schwie-
rigsten Fragen konnten ihn nicht in Verlegenheit
bringen.
4 Die Königin war tief beeindruckt von der
Klugheit Salomos. Sie besichtigte auch seinen
Palast. 5 Sie sah die Speisen und Getränke, die
auf seine Tafel kamen, die Minister, die nach
ihrem Rang an seiner Tafel saßen, und die
Diener, die in kostbaren Gewändern aufwarte-
ten, und sie sah auch die reichen Brandopfer*,
die er dem HERRN im Tempel* opferte.
Sie konnte sich vor Staunen nicht fassen
6 und sagte zu Salomo: »Es war nichts übertrie-
ben, was ich bei mir zu Hause über dich und
dein Wissen gehört habe. 7 Ich wollte es nicht
glauben, aber jetzt habe ich mich mit eigenen
Augen davon überzeugt. Dein Wissen und dein
Reichtum übertreffen sogar noch alles, was ich
darüber gehört hatte. Nicht einmal die Hälfte
der Wahrheit hat man mir gesagt.
8 Wie glücklich sind deine Frauen[b] und deine

a Der Sinn des Namens ist nicht sicher zu deuten.
b *Frauen* mit alten Übersetzungen; H *Männer*. (Der ursprüngliche Text wurde vermutlich im Blick auf den schlechten Ruf der Frauen Salomos verändert; vgl 11,1-8.)

9,15 5,27-32 **9,16** 3,1 **9,20-21** Ri 1,19.21.27-35; 3,1-5; Dtn 7,1-4S **9,25** Ex 23,14-17; 34,23; Dtn 16,16 **9,26-28** 10,22; 22,49 **10,1-10** Mt 12,42 par

Minister, die täglich um dich sind und deine
klugen Worte hören! 9 Der HERR, dein Gott, sei
gepriesen, der dich erwählt und auf den Thron
Israels gebracht hat! Weil seine Liebe zu seinem
Volk nicht aufhört, hat er dich zum König einge-
setzt, damit du für Recht und Gerechtigkeit
sorgst.«
10 Dann schenkte sie Salomo 120 Zentner*
Gold, eine Menge duftende Öle und viele Edel-
steine. Nie wieder gelangte so viel kostbares Öl
nach Jerusalem wie damals.
11 Übrigens brachten die Schiffe König Hirams,
die Gold aus dem Land Ofir* einführten, auch
große Ladungen Edelhölzer und Edelsteine von
dort mit. 12 Salomo ließ aus dem Holz Schnitz-
werk[a] für den Tempel des HERRN und den
Königspalast sowie Saiteninstrumente für die
Tempelsänger herstellen. Bis heute ist nie mehr
so viel kostbares Edelholz nach Jerusalem
gekommen.
13 Salomo erfüllte der Königin von Saba jeden
ihrer Wünsche und beschenkte sie darüber
hinaus so reich, wie nur er es konnte. Danach
kehrte die Königin mit ihrem Gefolge wieder in
ihr Land zurück.

Salomos Handel, Reichtum und Pracht

(2 Chr 9,13-28; 1,14-17)

14 In einem einzigen Jahr wurden König Salomo
666 Zentner Gold[b] geliefert. 15 Dazu kam noch
das Gold, das er als Steuer von den Großkaufleu-
ten und Händlern und als Abgabe von seinen
Provinzverwaltern und den arabischen Königen
erhielt.
16 Salomo ließ 200 Langschilde anfertigen und
mit Gold überziehen. Für jeden Schild wurden
sieben Kilo Gold gebraucht. 17 Dann ließ er noch
300 Rundschilde machen, jeder mit fast zwei
Kilo Gold überzogen,[c] und ließ sie alle in den
»Libanonwald«, die große Halle neben seinem
Palast, bringen.
18 Er ließ auch einen großen Thronsessel her-
stellen, der mit Elfenbein und reinem Gold be-
legt war. 19–20 Sechs Stufen führten zum Thron
hinauf, und auf jeder Stufe stand rechts und
links eine Löwenfigur und ebenso neben den
Armlehnen. Das obere Ende der Rückenlehne
war nach hinten eingerollt. Kein anderer König
hat sich je einen so prächtigen Thron anfertigen
lassen. 21 Alle Trinkgefäße Salomos und sämt-
liche Geräte in der großen Halle, dem »Libanon-
wald«, bestanden aus reinem Gold. Silber galt
zur Zeit Salomos als wertlos.
22 Der König besaß eine seetüchtige Handels-
flotte,[d] die zusammen mit den Schiffen von
König Hiram ausfuhr. Alle drei Jahre kamen die
Schiffe zurück und brachten Gold, Silber, Elfen-
bein und verschiedene Arten von Affen.
23 So übertraf König Salomo alle anderen
Könige der Erde an Reichtum und Klugheit,
24 und Menschen aus aller Herren Ländern
kamen zu ihm, um seine Worte zu hören und die
Weisheit kennen zu lernen, die Gott ihm ver-
liehen hatte. 25 Alle brachten sie ihm Geschenke
mit: silberne und goldene Gefäße, Festkleider
und Waffen, kostbare Öle, Pferde und Maultiere.
So ging es Jahr um Jahr.
26 Salomo legte sich eine große Zahl von
Wagen und Pferden zu. Er hatte 1400[e] Streit-
wagen* und 12 000 Wagenkämpfer. Ein Teil von
ihnen war in Jerusalem stationiert, die übrigen
waren in den Städten untergebracht, die er zu
diesem Zweck ausgebaut hatte.
27 Unter Salomos Regierung war in Jerusalem
Silber so gewöhnlich wie Steine und Zedernholz
wie das Holz der Maulbeerfeigenbäume* im
Hügelland von Juda.
28 Seine Pferde ließ Salomo aus Ägypten, und
zwar aus Koa,[f] einführen; seine Händler kauften
sie dort auf. 29 Auch Streitwagen wurden aus
Ägypten eingeführt. Ein Streitwagen kostete 600
Silberstücke*, ein Pferd 150 Silberstücke. Die
Händler Salomos belieferten auch die Könige der
Hetiter* und Syrer* mit Pferden und Streit-
wagen.

Salomo lässt sich zum Götzendienst verführen

11 König Salomo hatte außer der ägyptischen
Königstochter noch viele andere ausländi-
sche Frauen aus den Völkern der Moabiter*,
Ammoniter*, Edomiter*, Phönizier* und Heti-

a Der Sinn des Wortes ist unsicher; vielleicht *Geländer* (2 Chr 9,11: *Treppen*).
b Vielleicht die Summe der Mengen von 9,14.28; 10,10. Die mit »Zentner« übersetzte Maßeinheit umfasst nur 35 Kilo, doch wurde wegen der auffallenden Zahl 666 – wie auch in vergleichbaren Fällen – auf eine genauere Umrechnung verzichtet.
c *fast zwei Kilo:* genau 1725 g. Hebräische Maßangaben in den Versen 16 und 17 *600 Schekel** und *3 Minen* (1 Mine = 50 Schekel).
d Wörtlich *eine Tarschisch-Flotte;* siehe Sacherklärung »Tarschisch«.
e Nach einem Teil der griechischen Überlieferung *4000;* vgl. 5,6.
f *Koa* mit 2 Chr 1,16; H unverständlich. Andere Deutung *und aus Kuë* (= Zilizien).

10,11 9,26-28 **10,17** 7,2 **10,22** 9,26-28 **10,24** Sir 47,16-17 **10,26** 5,6 S **10,27-28** Dtn 17,16-17; Sir 47,18 **11,1-4** Dtn 17,17; Ex 34,16; Dtn 7,3-4 **11,1** 3,1

ter*. 2 Zwar hatte der HERR den Israeliten ver-
boten, Angehörige dieser Völker zu heiraten.
»Ihr sollt nichts mit ihnen zu tun haben«, hatte
er gesagt; »sonst werden sie euch dazu ver-
führen, auch ihre Götter zu verehren.« Aber
Salomo liebte diese Ausländerinnen.

3 Insgesamt hatte Salomo 700 Ehefrauen und
300 Nebenfrauen. Sie hatten großen Einfluss auf
ihn. 4 Als er älter wurde, brachten sie ihn dazu,
andere Götter zu verehren. Er hielt nicht mehr
mit ungeteiltem Herzen zum HERRN, seinem
Gott, wie es sein Vater David getan hatte. 5 Er
verehrte Astarte*, die Göttin der Phönizier, und
Milkom, den Götzen der Ammoniter. 6 So tat er,
was dem HERRN missfällt, und hielt sich nicht
mehr ausschließlich an den HERRN wie sein Vater
David.

7 Damals baute Salomo auf dem Berg östlich
von Jerusalem eine Opferstätte* für Kemosch,
den Götzen der Moabiter, und für Milkom,[a] den
Götzen der Ammoniter. 8 Alle seine ausländi-
schen Frauen bekamen Opferstätten, an denen
sie ihren Göttern Räucheropfer* darbringen und
Opfermähler* abhalten konnten. 9–10 Obwohl
der HERR ihm zweimal erschienen war und ihm
verboten hatte, fremde Götter zu verehren, hatte
Salomo nicht darauf gehört und hatte sich vom
HERRN abgewandt.

Deshalb wurde der HERR zornig auf Salomo
11 und sagte zu ihm: »Du hast meinen Bund* ge-
brochen und meine Weisungen nicht befolgt.
Darum werde ich dir das Königtum wegnehmen
und es einem deiner Leute geben. 12 Aber dei-
nem Vater David zuliebe will ich das nicht schon
zu deinen Lebzeiten tun, sondern erst wenn
dein Sohn die Regierung übernimmt. 13 Und
auch ihm werde ich die Herrschaft nicht ganz
wegnehmen. Einen einzigen von den zwölf
Stämmen will ich ihm lassen, meinem Diener
David zuliebe und weil ich Jerusalem erwählt
habe.«

Gott lässt Feinde gegen Salomo aufstehen

14 Der HERR ließ Salomo einen Gegner erstehen,
Hadad, einen Edomiter* von königlicher Ab-
stammung. 15–17 Er war in jugendlichem Alter
mit einigen Gefolgsleuten seines Vaters nach
Ägypten entkommen, als David alle männlichen
Edomiter töten ließ. Davids Heerführer Joab war
damals mit dem Heer Israels in Edom einmar-
schiert, um die Israeliten zu bestatten, die dort
umgebracht worden waren. Sechs Monate war
Joab mit dem ganzen Heer in Edom, bis er den
Befehl ausgeführt hatte.

18 Hadad und seine Begleiter waren über das
Land Midian* in die Oase Paran gelangt; dort
fanden sie ortskundige Männer, die sie zum
Pharao nach Ägypten führten. Der Pharao gab
Hadad ein Haus und ein Stück Land und sorgte
für seinen Lebensunterhalt. 19 Er fand so viel
Gefallen an ihm, dass er ihm die Schwester
seiner Frau, der Königin Tachpenes, zur Frau
gab. 20 Diese gebar Hadad einen Sohn namens
Genubat. Als das Kind von der Mutterbrust
entwöhnt war, feierte Tachpenes dies durch ein
Fest im Palast des Pharaos, und von da ab wurde
Genubat gemeinsam mit den Königssöhnen im
Palast erzogen.

21 Als Hadad hörte, dass David und sein Heer-
führer Joab tot waren, sagte er zum Pharao: »Er-
laube mir, dass ich in mein Land zurückkehre!«

22 »Du hast hier doch alles, was du dir wün-
schen kannst«, erwiderte der Pharao. »Warum
willst du in dein Land ziehen?« Hadad aber
bestand darauf und kehrte nach Edom zurück.

23 Der HERR ließ Salomo noch einen Gegner
erstehen, Reson, den Sohn von Eljada. Er hatte
im Dienst Hadad-Esers, des Königs von Zoba*,
gestanden und war geflohen, 24 als David die
syrischen Hilfstruppen Hadad-Esers nieder-
machte. Er sammelte Männer um sich und
wurde zum Anführer einer Horde von Kriegs-
leuten. Später zog er mit ihnen nach Damaskus,
nahm die Stadt in Besitz und riss die Herrschaft
an sich. 25 So wurde Reson König über ganz
Syrien*. Er war ein entschiedener Gegner
Israels. Während der ganzen Regierungszeit
Salomos fügte er ebenso wie der Edomiter Hadad
den Israeliten Schaden zu.

Ankündigung der Strafe für Salomos Ungehorsam

26 Auch einer von Salomos Beamten machte
einen Aufstand gegen den König: Jerobeam aus
Zereda im Gebiet des Stammes Efraïm. Sein
Vater Nebat war gestorben und seine Mutter
Zerua lebte als Witwe. 27 Zu seinem Aufstand
kam es auf folgende Weise:

Salomo hatte auf der Nordseite Jerusalems die
befestigte Aufschüttung, den Millo*, verstärken
lassen, um der Davidsstadt* einen besseren
Schutz zu geben. 28 Jerobeam war als wehr-
pflichtiger Bürger zu den Arbeiten herangezogen
worden. Als Salomo sah, wie er sich dabei aus-
zeichnete, übertrug er ihm die Aufsicht über die

a H *Molech* (= Moloch*); vgl. jedoch Verse 5 und 33.

11,4 8,61 **11,9-10** 3,4-15; 9,1-9 **11,11** 11,26; 12,2-3; 1 Sam 15,26.28 **11,15-17** 2 Sam 8,14 **11,20** Gen 21,8 S **11,23** 2 Sam 8,3-8

Fronarbeiter* aus den Stämmen Efraïm und Manasse.

29 Als Jerobeam während dieser Zeit einmal Jerusalem verließ, begegnete ihm unterwegs der Prophet Ahija aus Schilo. Der Prophet trug einen neuen Mantel. Weit und breit war niemand, der die beiden beobachten konnte.

30 Da nahm Ahija seinen neuen Mantel, riss ihn in zwölf Stücke 31 und sagte zu Jerobeam: »Nimm dir zehn! Der HERR, der Gott Israels, lässt dir sagen: ›Ich werde Salomo die Herrschaft entreißen und dir zehn von den zwölf Stämmen geben. 32 Nur einen Stamm lasse ich ihm, meinem Diener David zuliebe und weil ich Jerusalem aus allen Stämmen Israels als meine Stadt ausgewählt habe.

33 So bestrafe ich Salomo dafür, dass er mir den Rücken gekehrt und die phönizische Göttin Astarte*, den moabitischen Gott Kemosch und den ammonitischen Gott Milkom verehrt hat. Er hat mir nicht gehorcht und ist vom rechten Weg abgewichen. Er hat nicht getan, was mir gefällt, und sich nicht wie sein Vater David an meine Weisungen und Gesetze gehalten.

34 Aber seinem Vater zuliebe, den ich erwählt habe und der meine Gebote befolgt hat, werde ich ihn selbst noch verschonen und ihm die Herrschaft nicht entreißen; er soll, solange er lebt, der Anführer meines Volkes bleiben. 35 Erst seinem Sohn werde ich das Königtum wegnehmen und es dann dir geben, die Herrschaft über die zehn Stämme. 36 *Einen* Stamm werde ich seinem Sohn belassen, damit im Haus meines Dieners David das Licht nicht erlischt und in alle Zukunft einer seiner Nachkommen in Jerusalem regiert, in der Stadt, die ich dazu bestimmt habe, dass mein Name dort wohnt.[a]

37 Dich aber mache ich zum König über alles, was du nur wünschen kannst: Du sollst König sein über die zehn Stämme Israels.[b] 38 Wenn du mir in allem gehorchst und nicht vom rechten Weg abgehst, wenn du tust, was mir gefällt, und dich nach meinen Weisungen und Geboten richtest wie mein Diener David, dann werde ich dir beistehen. Ich werde dir die Herrschaft über die zehn Stämme Israels geben und dafür sorgen, dass immer einer deiner Nachkommen auf deinem Thron sitzt, wie ich es auch David versprochen habe. 39 Den Nachkommen Davids werde ich einen Teil ihres Herrschaftsgebietes wegnehmen, aber nicht für alle Zeiten.‹«

40 Salomo wollte Jerobeam umbringen lassen; doch er entkam und floh zu Schischak, dem König von Ägypten. Dort blieb er bis zu Salomos Tod.

Das Ende der Regierung Salomos

(2 Chr 9,29-31)

41 Alles, was es sonst noch über Salomo zu berichten gibt, über seine Regierungstätigkeit und über seine Weisheit, ist in der amtlichen Chronik Salomos nachzulesen. 42 Vierzig Jahre lang regierte Salomo in Jerusalem über ganz Israel. 43 Als er starb, wurde er in der Davidsstadt* bestattet. Sein Sohn Rehabeam wurde sein Nachfolger.

REICHSTEILUNG UND GESCHICHTE DER GETRENNTEN REICHE ISRAEL UND JUDA (12,1–16,28)

Ein König verachtet gute Ratschläge

(2 Chr 10,1-15)

12 Rehabeam ging nach Sichem, denn dort wollten ihn die Nordstämme Israels[c] zum König machen. 2-3 Auch Jerobeam, der Sohn Nebats, war dort. Er hatte vor König Salomo nach Ägypten fliehen müssen; als dann aber nach Salomos Tod die Stämme Israels Boten zu ihm geschickt hatten, war er zurückgekehrt.

Jerobeam und die versammelten Männer der Nordstämme traten vor Rehabeam und sagten zu ihm: 4 »Dein Vater hat uns hohe Abgaben und schwere Frondienste* auferlegt. Erleichtere uns die Last, dann werden wir dich als König anerkennen.«

5 »Kommt übermorgen wieder!«, antwortete ihnen Rehabeam.

Als sie gegangen waren, 6 beriet er sich mit den erfahrenen Männern, die bereits im Dienst seines Vaters Salomo gestanden hatten. Er fragte sie: »Was ratet ihr mir? Welche Antwort soll ich dem Volk geben?«

7 Sie rieten ihm: »Komm ihnen entgegen und sprich freundlich mit ihnen! Wenn du ihnen heute ein einziges Mal den Willen tust, werden sie dir für immer gehorchen.«

8 Rehabeam gefiel der Rat der erfahrenen Männer nicht. Er fragte die jungen Leute, die mit ihm aufgewachsen waren und nun in seinem Dienst standen: 9 »Was ratet ihr mir? Wie soll ich

a *mein Name ...:* siehe Anmerkung zu Dtn 12,5. b Wörtlich *über Israel**; ebenso im folgenden Vers.
c *die Nordstämme Israels:* wörtlich *ganz Israel**.

11,29 1 Sam 28,14 S **11,30-31** 1 Sam 15,27-28 **11,32** 11,13 **11,33** 11,5-7 **11,36** 11,13; 15,4; 2 Kön 8,19 **11,38** 2 Sam 7,16 S **11,39** Ez 37,15-24 **11,40** 14,25-26 **12,2-3** 11,40 **12,4** 5,27-32; 9,15

diesen Leuten antworten? Sie verlangen von mir,
dass ich ihre Lasten erleichtere!«
10 Da rieten ihm die jungen Leute, die mit ihm
aufgewachsen waren: »Wenn dieses Volk zu dir
sagt: ›Dein Vater hat uns schwere Lasten auf-
erlegt, mach du sie leichter!‹, dann gib ihnen die
Antwort: ›Mein Finger ist dicker als die Hüften
meines Vaters! 11 Wenn mein Vater euch schwere
Lasten auferlegt hat, dann werde ich sie noch
schwerer machen. Wenn er euch mit Peitschen
angetrieben hat, dann werde ich euch mit
Stachelpeitschen antreiben.‹«
12 Am dritten Tag, wie verabredet, erschienen
Jerobeam und das ganze Volk vor Rehabeam.
13 Der König gab ihnen eine harte Antwort. Er
folgte nicht dem Rat der erfahrenen Männer,
14 sondern richtete sich nach dem Rat seiner
Altersgenossen. Er sagte: »Mein Vater hat euch
schwere Lasten auferlegt; ich werde sie noch
schwerer machen. Mein Vater hat euch mit Peit-
schen angetrieben; ich werde euch mit Stachel-
peitschen antreiben.«
15 Der König blieb taub für die Bitte des Vol-
kes. Der HERR hatte es so gefügt, denn das Wort,
das er durch Ahija von Schilo zu Jerobeam gesagt
hatte, sollte in Erfüllung gehen.

Nordisrael sagt sich von der Davidsdynastie los

(2 Chr 10,16-19)

16 Als die Männer der Nordstämme[a] merkten,
dass der König auf ihre Forderung nicht einging,
riefen sie:

»Was geht uns alle das Haus Davids an?
Seit wann gehört der Isai-Sohn zu uns?
Ihr Männer Israels, auf und nach Hause!
Mag Davids Sippe sehen, was ihr bleibt!«

Die Versammlung löste sich auf. 17 Nur die An-
gehörigen der Nordstämme, die in den Städten
Judas wohnten, erkannten Rehabeam als König
an.
18 Als Rehabeam noch einen Versuch machte
und Adoniram, den Beauftragten für die Fronar-
beiten*, zu den Vertretern der Nordstämme
schickte, empfingen sie ihn mit einem solchen
Steinhagel, dass er den Tod fand. Der König
konnte sich gerade noch auf seinen Wagen ret-
ten und nach Jerusalem entkommen.
19 Die Nordstämme Israels sagten sich vom
Königshaus Davids los und sind bis zum heutigen
Tag von ihm getrennt geblieben.
20 Überall im Bereich der Nordstämme hatte
es sich herumgesprochen, dass Jerobeam zurück-
gekehrt war. Da schickten die Männer Israels
Boten zu ihm, riefen ihn in ihre Versammlung
und machten ihn zu ihrem König. Niemand
hielt zum Königshaus Davids außer dem einen
Stamm Juda.

Gott untersagt die Rückeroberung Nordisraels

(2 Chr 11,1-4)

21 Rehabeam war nach Jerusalem zurückgekehrt
und hatte aus den Stämmen Juda und Benjamin
ein Heer von 180 000 bewährten Kriegern aufge-
stellt. Sie sollten gegen das Nordreich Israel* zie-
hen und die Königsherrschaft für den Sohn Salo-
mos zurückgewinnen.
22 Aber das Wort Gottes erging an den Pro-
pheten* Schemaja; Gott sagte zu ihm: 23 »Ich
gebe dir eine Botschaft für Rehabeam, den Sohn
Salomos, den König von Juda, und für alle
Männer aus Juda und Benjamin. Sage zu ihnen:
24 ›So spricht der HERR: Kämpft nicht gegen eure
Brüder, die Männer von Israel! Kehrt um und
geht nach Hause! Ich selbst habe alles so
gefügt.‹«

Sie gehorchten der Weisung des HERRN, kehr-
ten um und gingen nach Hause.

Die Religionspolitik König Jerobeams

25 Jerobeam ließ die Stadt Sichem im Bergland
von Efraïm befestigen und machte sie zu seiner
Residenz. Später befestigte er auch die Stadt
Penuël.
26 Aber Jerobeam machte sich Sorgen. »Wenn
ich nichts unternehme«, sagte er sich, »werde
ich mein Königtum wieder an die Nachkommen
Davids verlieren. 27 Denn wenn das Volk regel-
mäßig nach Jerusalem geht und im Tempel* des
HERRN Opferfeste feiert, werden die Leute sich
wieder ihrem früheren Herrn, dem König von
Juda, zuwenden und Rehabeam als König aner-
kennen. Sie werden mich umbringen und sich
wieder der Herrschaft des Königs von Juda
unterstellen.«
28 Jerobeam überlegte sich, was er dagegen
tun könnte. Er ließ zwei goldene Stierbilder* an-
fertigen und sagte zum Volk: »Ihr braucht nicht
länger zum Tempel in Jerusalem zu gehen. Hier
ist dein Gott, Israel, der dich aus Ägypten hier-
her geführt hat!«
29 Das eine Standbild ließ er in Bet-El aufstel-
len, das andere in der Stadt Dan. 30 Damit verlei-
tete er das Volk zur Sünde. In einer großen Pro-

a Wörtlich *Als ganz Israel**. Auch im Folgenden spricht die Übersetzung verdeutlichend von den Nordstämmen.

12,13 Sir 47,23 **12,15** 11,29-31 **12,16** 2 Sam 20,1 **12,18** 1 Kön 5,28 S **12,28** Ex 32,4 **12,29** Gen 12,8; 28,10-22; Ri 20,18; 18,27-31

zession zogen die Männer Israels vor dem zwei-
ten Standbild her bis nach Dan.
31 Jerobeam ließ auch an anderen Stellen des
Landes Heiligtümer errichten und setzte Priester
beliebiger Herkunft ein, die nicht zum Stamm
Levi gehörten. 32 Schließlich ordnete er an, am
15. Tag des 8. Monats ein Wallfahrtsfest zu feiern,
das dem Laubhüttenfest* in Jerusalem entspre-
chen sollte. Er selbst stieg an diesem Tag in Bet-
El die Stufen zum Altar hinauf und opferte vor
seinen Stierbildern. Die Priester, die er einge-
setzt hatte, wirkten dabei mit.

Ein Prophet kündigt die Entweihung von Jerobeams Staatsheiligtum an

33 Am 15. Tag des 8. Monats – in dem Monat, den
er eigenmächtig festgelegt hatte – veranstaltete
Jerobeam in Bet-El ein Fest für die Leute im
Reich Israel* und opferte auf dem Altar*, den
er dort errichtet hatte. Er selbst trat auf die
Stufen des Altars, um dem HERRN Opfer* darzu-
bringen.

13 Der HERR aber hatte einen Propheten[a] aus
Juda nach Bet-El geschickt, der kam
gerade dort an, als Jerobeam am Altar stand und
sein Opfer darbringen wollte. 2 Im Auftrag des
HERRN wandte sich der Prophet gegen den Altar
und rief ihm zu: »Altar! Altar! So spricht der
HERR: ›In der Königsfamilie Davids wird ein
Sohn mit Namen Joschija geboren werden. Der
wird die Priester töten, die auf dir Opfer darbrin-
gen, und wird Totengebeine auf dir verbrennen
lassen.‹«
3 Weiter sagte er: »Der HERR wird ein Zeichen
geben, an dem alle sehen können, dass dies ein-
treffen wird. Der Altar wird bersten und die
fettgetränkte Opferasche wird über den Boden
verstreut werden.«
4 König Jerobeam, der gerade auf den Stufen
des Altars stand, streckte die Hand gegen den
Propheten aus und befahl: »Nehmt den Mann
fest!« Aber im selben Augenblick wurde sein
Arm steif, sodass er ihn nicht mehr zurückziehen
konnte. 5 Der Altar zerbarst und die Opferasche
wurde über den Boden verstreut, genau wie es
der Prophet im Auftrag des HERRN angekündigt
hatte.
6 Da sagte der König zu dem Propheten: »Be-
sänftige doch den Zorn des HERRN, deines Got-
tes, und bete für mich, dass ich meinen Arm wie-
der bewegen kann.« Der Prophet tat es und der
Arm wurde gesund und beweglich wie zuvor.
7 Nun sagte der König zu dem Propheten:
»Komm mit mir in mein Haus und iss etwas bei
mir! Ich möchte dir auch noch ein Geschenk
machen.«
8 Aber der Prophet erwiderte: »Ich komme
nicht mit, auch wenn du mir die Hälfte deines
Besitzes versprichst. Ich werde an diesem Ort
weder essen noch trinken. 9 Als der HERR mich
herschickte, hat er mir befohlen: ›Du darfst dort
nichts essen und nichts trinken und auch nicht
auf demselben Weg zurückkehren, auf dem du
hingehst.‹«
10 Der Prophet verließ Bet-El und kehrte auf
einem anderen Weg nach Hause zurück.

Der Prophet lässt sich zum Ungehorsam verführen

11 In Bet-El lebte ein alter Prophet*. Dessen
Söhne erzählten ihm, was der Prophet aus Juda
getan und was er zum König gesagt hatte. 12 »Auf
welchem Weg ist er nach Hause gegangen?«,
fragte ihr Vater. Sie hatten es beobachtet und
berichteten es ihm. 13 »Sattelt mir meinen Esel«,
befahl er. Dann saß er auf 14 und ritt dem Prophe-
ten aus Juda nach.
Er fand ihn, wie er unter einer Eiche* saß,
und fragte ihn: »Bist du der Gottesmann, der aus
Juda gekommen ist?«
»Ja«, sagte der andere. 15 Da forderte der Alte
ihn auf: »Komm mit mir in mein Haus und iss
etwas bei mir!«
16 Aber der Prophet aus Juda erwiderte: »Ich
kann nicht mit dir gehen. Ich darf an diesem Ort
mit niemand essen oder trinken. 17 Der HERR hat
es mir verboten und hat mir auch befohlen, auf
einem anderen Weg nach Hause zurückzukeh-
ren.«
18 Da sagte der Alte: »Ich bin auch ein Pro-
phet, genau wie du. Der HERR hat mir durch
einen Engel* befohlen: ›Nimm ihn mit dir nach
Hause und gib ihm zu essen und zu trinken.‹«
Das war gelogen; 19 aber der andere glaubte
es, kehrte mit ihm um und aß und trank bei
ihm.
20 Während sie bei Tisch saßen, erging das
Wort des HERRN an den Propheten, der den
Mann aus Juda wieder zurückgeholt hatte. 21 Er
rief seinem Gast zu: »So spricht der HERR: ›Du
hast mir, dem HERRN, deinem Gott, nicht
gehorcht, 22 sondern bist umgekehrt und hast
gegessen und getrunken, obwohl ich dir gesagt
hatte: Du sollst an diesem Ort weder essen noch

a Wörtlich *einen Mann Gottes.* So wird der Abgesandte durchgehend bis Vers 31 bezeichnet, im Unterschied zu dem *Propheten* aus Bet-El ab Vers 11; doch sind beide Bezeichnungen hier gleichwertig (vgl. Vers 18).

12,32 Ex 23,16 S **13,2** 2 Kön 23,16

trinken. Deshalb wirst du nicht im Grab deiner Vorfahren bestattet werden.‹«

23 Als die Mahlzeit beendet war, ließ der Prophet aus Juda sich von seinem Gastgeber den
Esel satteln 24 und machte sich auf den Heimweg. Unterwegs fiel ein Löwe über ihn her und tötete ihn. Der Löwe und der Esel blieben neben dem Toten stehen.

25 Ein paar Leute, die gerade vorbeikamen, sahen den Toten auf dem Weg liegen und den Löwen neben ihm. Sie erzählten es in der Stadt,
in der der alte Prophet lebte. 26 Als der es hörte,
sagte er: »Das ist der Gottesmann, der dem Befehl des HERRN nicht gehorcht hat. Deshalb hat der HERR einen Löwen geschickt, damit er über ihn herfällt und ihn tötet. So hat der HERR es angekündigt.«

27 Er befahl seinen Söhnen, ihm einen Esel zu
satteln, 28 ritt zu der Stelle und fand alles, wie es ihm berichtet worden war. Der Esel und der Löwe standen neben dem Toten, und der Löwe hatte weder den Toten aufgefressen noch dem Esel etwas zuleide getan.

29 Der alte Prophet hob den Toten auf seinen Esel und brachte ihn nach Bet-El zurück, um ihn
zu betrauern und zu bestatten. 30 Er legte ihn in
seine eigene Grabkammer und die Leute dort stimmten die Totenklage* an: »Ach, mein Bruder! Mein Bruder!«

31 Nachdem er ihn bestattet hatte, sagte der Alte zu seinen Söhnen: »Wenn ich sterbe, dann legt mich in dasselbe Grab wie diesen Gottesmann! Lasst meine Gebeine neben den seinen
ruhen. 32 Denn was er dem Altar in Bet-El und den Opferstätten in den Ortschaften Samariens im Auftrag des HERRN angekündigt hat, das wird ganz bestimmt eintreffen.«

Jerobeam hat nichts gelernt

33 Jerobeam ließ sich durch diese Vorfälle nicht von seinem falschen Weg abbringen. Auch weiterhin machte er jeden, der sich darum bewarb, zum Priester* an den Opferstätten* des Landes.
34 Die Schuld, die er damit auf sich lud, führte zur Vernichtung seiner Familie und zum Untergang seines Königshauses.

Jerobeam und ganz Israel wird die Strafe angekündigt

14 Damals wurde Jerobeams Sohn Abija
krank. 2 Da sagte Jerobeam zu seiner
Frau: »Geh nach Schilo zum Propheten* Ahija. Er hat einst vorausgesagt, dass ich König über dieses Volk werden soll. Mach dich unkenntlich, damit niemand merkt, dass du meine Frau bist.
3 Nimm zehn Brote, ein paar Kuchen und einen Krug voll Honig mit. Der Prophet wird dir sagen, wie die Krankheit ausgehen wird.«

4 Die Frau ging nach Schilo und kam in das Haus von Ahija. Der Prophet konnte sie
nicht sehen, denn er war altersblind. 5 Doch der
HERR hatte zu ihm gesagt: »Die Frau Jerobeams wird zu dir kommen und dich fragen, wie die Krankheit ihres Sohnes ausgehen wird. Sie wird sich dir aber nicht zu erkennen geben.« Der HERR sagte ihm auch, was er ihr antworten sollte.

6 Als die Frau in die Tür trat, hörte Ahija ihre Schritte und sagte: »Komm nur herein! Du bist doch die Frau Jerobeams. Warum verstellst du dich? Ich habe eine schlimme Botschaft für dich.
7 Geh heim und richte Jerobeam aus:

›So spricht der HERR, der Gott Israels: Ich habe dich aus dem ganzen Volk ausgewählt und dir die Herrschaft über mein Volk übertragen.
8 Ich habe das Königtum über Israel[a] den Nachkommen Davids weggenommen und habe es dir gegeben. Aber du bist nicht dem Beispiel meines Dieners David gefolgt, der mir unverbrüchlich die Treue hielt, der alle meine Gebote beachtet
und nur getan hat, was mir gefällt. 9 Nein, du
hast es schlimmer getrieben als irgendeiner vor dir: Mich hast du verworfen und hast dir eigene Götter gemacht, Bilder aus Bronzeguss! Beleidigt hast du mich damit!

10 Deshalb werde ich Unglück über deine Familie bringen. Alle deine männlichen Nachkommen werde ich ausrotten, die mündigen wie die unmündigen. Ich werde keinen von ihnen übrig lassen, so wie man Kot bis zum letzten Rest
wegfegt. 11 Wer von ihnen in der Stadt umkommt, den fressen die Hunde, und wer auf dem freien Feld stirbt, den fressen die Geier.‹ Der HERR hat es gesagt.«

12 Weiter sagte Ahija zu der Frau Jerobeams: »Geh jetzt nach Hause! Sobald du die Stadt be-
trittst, wird dein Sohn sterben. 13 Ganz Israel
wird um ihn trauern. Aber er wird der Einzige aus der Familie Jerobeams sein, der in ein Grab kommt, weil er auch der Einzige ist, an dem der HERR, der Gott Israels, etwas Gutes gefunden
hat. 14 Der HERR wird einen König über Israel
einsetzen, der alle Nachkommen Jerobeams aus-
rotten wird.[b] 15 Ja, der HERR wird Israel einen

a Gemeint ist der Bereich der Nordstämme; siehe Sacherklärung »Israel«.
b Es folgt noch: *Dies ist der Tag, und wie? Schon jetzt?*

13,24 20,36; 2 Kön 2,24 **14,2** 11,29-31 **14,10** 15,29 **14,15** 8,46; 2 Kön 17,1-6

Schlag versetzen, dass es schwankt wie ein
Schilfrohr im Wasser. Er wird die Leute von
Israel aus diesem guten Land, in das er ihre
Vorfahren eingepflanzt hat, ausreißen und wird
sie wegschleudern in das Land jenseits des
Eufratstromes. So werden sie dafür bestraft, dass
sie sich geweihte Pfähle* aufgestellt und den
HERRN damit beleidigt haben. 16 Er wird die
Leute von Israel ihren Feinden preisgeben, weil
Jerobeam sich gegen ihn vergangen hat und sie
sich von ihm zum Götzendienst verführen
ließen.«

17 Die Frau Jerobeams kehrte heim nach
Tirza, und in dem Augenblick, als sie über die
Schwelle des Hauses trat, starb ihr Sohn. 18 Sie
bestatteten ihn und ganz Israel trauerte um ihn.
So geschah, was der HERR durch seinen Diener,
den Propheten Ahija, angekündigt hatte.

Jerobeams Tod und sein Nachfolger

19 Was es sonst noch über Jerobeam zu berichten
gibt, über seine Regierungsmaßnahmen und die
Kriege, ist in der amtlichen Chronik der Könige
von Israel nachzulesen. 20 Er regierte 22 Jahre
lang, und als er starb, wurde sein Sohn Nadab
sein Nachfolger.

Rehabeam als König von Juda

(2 Chr 11,5–12,16)

21 Rehabeam, der Sohn Salomos, war 41 Jahre alt,
als er König von Juda wurde. Siebzehn Jahre lang
regierte er in Jerusalem, in der Stadt, die der
HERR aus dem ganzen Gebiet der Stämme Israels
ausgewählt und zum Wohnsitz seines Namens[a]
bestimmt hatte. Rehabeams Mutter war die
Ammoniterin* Naama.

22 Die Leute von Juda taten, was dem HERRN
missfällt. Durch ihren Ungehorsam erregten sie
den Zorn des HERRN, mehr als ihre Vorfahren es
je getan hatten. 23 Genau wie die Leute im Reich
Israel* errichteten sie auf allen Bergen und unter
allen großen Bäumen Opferstätten* und stellten
geweihte Steinmale* und Pfähle* auf. 24 Auch
gab es geweihte* Männer und Frauen im Land.
Mit alldem folgten die Leute von Juda den
abscheulichen Bräuchen der Völker, die der HERR
vor seinem Volk vertrieben hatte.

25 Im fünften Regierungsjahr König Reha-
beams zog der ägyptische König Schischak[b]
gegen Jerusalem heran. 26 Er raubte die Schatz-
kammern im Tempel* und im Königspalast aus
und nahm auch alle goldenen Schilde mit, die
Salomo hatte anfertigen lassen. 27 Rehabeam ließ
dafür Schilde aus Bronze machen und gab sie
den Kommandanten der Wache, die am Eingang
des Palastes stationiert war. 28 Jedes Mal, wenn
der König in den Tempel des HERRN ging, trugen
die Wachen, die ihn begleiteten, diese Schilde
und brachten sie dann wieder in ihre Unterkunft
zurück.

29 Was es sonst noch über Rehabeam und
seine Taten zu berichten gibt, ist in der amt-
lichen Chronik der Könige von Juda nachzu-
lesen. 30 Während seiner ganzen Regierungszeit
herrschte Krieg zwischen ihm und Jerobeam.
31 Als er starb, wurde er in der Grabstätte seiner
Vorfahren in der Davidsstadt* bestattet. Seine
Mutter war die Ammoniterin Naama. Sein Sohn
Abija wurde sein Nachfolger.

Über König Abija von Juda

(2 Chr 13,1-23)

15 Im 18. Regierungsjahr Jerobeams, des
Königs von Israel, wurde Abija König von
Juda. 2 Er regierte drei Jahre lang in Jerusalem.
Seine Mutter hieß Maacha und war eine Tochter
Abischaloms.

3 Er folgte dem schlechten Beispiel seines
Vaters und diente dem HERRN, seinem Gott, nicht
mit ungeteiltem Herzen, wie es sein Ahnherr
David getan hatte. 4 Trotzdem gab der HERR ihm
einen Sohn als Nachfolger auf dem Thron und
ließ das Licht in seinem Königshaus nicht er-
löschen, und er bewahrte auch Jerusalem vor
dem Untergang. Das tat er David zuliebe, 5 der
zeit seines Lebens getan hatte, was dem HERRN
gefällt, und ihm in allen Dingen gehorcht hatte –
das Unrecht gegen den Hetiter* Urija ausgenom-
men.[c]

7 Was es sonst noch über Abija und seine
Taten zu berichten gibt, ist in der amtlichen
Chronik der Könige von Juda nachzulesen. 8 Als
er starb, wurde er in der Davidsstadt* bestattet.
Sein Sohn Asa wurde sein Nachfolger.

Über König Asa von Juda

(2 Chr 14,1-4; 15,16-19; 16,1-6.11-14)

9 Im 20. Regierungsjahr Jerobeams, des Königs
von Israel, wurde Asa König von Juda. 10 Er re-
gierte 41 Jahre lang in Jerusalem. Die Stellung

a *zum Wohnsitz ...:* siehe Anmerkung zu Dtn 12,5. b Der Pharao Scheschonk I. (945–924 v. Chr.).
c Der übergangene Vers 6 findet sich nur in H, aber nicht in G: *Solange sie lebten, herrschte Krieg zwischen Rehabeam und Jerobeam* (vgl. 14,30).

14,24 Dtn 23,18; 1 Kön 15,12; 22,47; 2 Kön 23,7 **14,25** 11,40 **14,26** 10,16-17 **15,3** 8,61; 11,3-4 **15,4** 11,36 **15,5** (Urija) 2 Sam 11,1-27

der Königsmutter* behielt seine Großmutter
Maacha, die Tochter Abischaloms.
11 Er tat, was dem HERRN gefällt, genau wie
sein Ahnherr David. 12 Er trieb die geweihten*
Männer und Frauen aus dem Land und besei-
tigte die Götzenbilder, die seine Vorgänger auf-
gestellt hatten. 13 Er wagte es sogar, Maacha als
Königsmutter abzusetzen, weil sie ein ver-
abscheuungswürdiges Götzenbild der Göttin
Aschera* aufgestellt hatte. Das Götzenbild ließ
er wegschaffen und im Kidrontal verbrennen.
14 Die Opferstätten* im Land ließ er allerdings
weiter bestehen; aber in allem anderen ge-
horchte er dem HERRN mit ungeteiltem Herzen
sein ganzes Leben lang. 15 Er brachte die golde-
nen und silbernen Geräte, die sein Vater dem
HERRN geweiht hatte, in den Tempel* und
weihte dem HERRN noch weitere Gold- und Sil-
bergeräte.
16 Zwischen Asa und König Bascha von
Israel[a] herrschte Krieg, solange sie lebten.
17 Bascha rückte nach Süden gegen Juda vor und
baute die Stadt Rama zur Festung aus, um die
Wege von und nach Juda kontrollieren zu kön-
nen.
18 Darauf schickte König Asa eine Gesandt-
schaft nach Damaskus zum Syrerkönig Ben-Ha-
dad, dem Sohn Tabrimmons und Enkel Hesjons.
Er gab den Abgesandten alles Silber und Gold
mit, das in den königlichen Schatzkammern und
in den Schatzkammern des Tempels noch übrig
war, und ließ dem König von Syrien* sagen:
19 »Ich möchte ein Bündnis mit dir schließen,
wie es schon zwischen unseren Vätern bestan-
den hat. Dieses Silber und Gold schicke ich dir
als Geschenk. Kündige dafür dein Bündnis mit
König Bascha von Israel und falle in sein Land
ein, damit er von meiner Grenze abziehen
muss!«
20 Ben-Hadad ging darauf ein und schickte
seine Truppen gegen das Reich Israel*. Sie ver-
wüsteten die Städte Ijon, Dan und Abel-Bet-Maa-
cha sowie das ganze Gebiet am See Gennesaret*.
21 Da brach Bascha den Ausbau von Rama ab
und kehrte in seine Hauptstadt Tirza zurück.
22 König Asa bot nun alle Männer Judas auf;
keiner wurde freigestellt. Sie mussten die Bau-
materialien, die Bascha für den Festungsbau be-
reitgelegt hatte, abtransportieren, die Steine und
das Holz. Asa ließ damit die Städte Geba und
Mizpa im Gebiet des Stammes Benjamin befesti-
gen.
23 Was es sonst noch über Asa und seine Taten
zu berichten gibt, über die Städte, die er gebaut
hat, und über alle seine Erfolge, ist in der amt-
lichen Chronik der Könige von Juda nachzu-
lesen. Im Alter erkrankte er an einem Fußleiden.
24 Als er starb, wurde er in der Grabstätte seiner
Vorfahren in der Davidsstadt* bestattet. Sein
Sohn Joschafat wurde sein Nachfolger.

König Nadab von Israel und das Ende der Dynastie Jerobeams

25 Im zweiten Regierungsjahr von Asa, dem
König von Juda, wurde Nadab, der Sohn Jero-
beams, König von Israel. Er regierte zwei Jahre
lang. 26 Er tat, was dem HERRN missfällt und
folgte dem schlechten Beispiel seines Vaters, der
die Leute im Reich Israel* zum Götzendienst ver-
führt hatte.
27 Bascha, der Sohn von Ahija aus dem Stamm
Issachar, machte eine Verschwörung gegen
ihn und erschlug ihn, als Nadab mit dem Heer
Israels die Philisterfestung Gibbeton belagerte.
28 Bascha tötete Nadab im dritten Regierungsjahr
von Asa, dem König von Juda, und wurde an
seiner Stelle König von Israel.
29 Als Bascha den Thron bestiegen hatte, rot-
tete er die ganze Familie Jerobeams aus; nie-
mand von dessen Nachkommen ließ er am
Leben. So traf ein, was der HERR durch seinen
Diener Ahija von Schilo angekündigt hatte. 30 Es
war die Strafe dafür, dass Jerobeam sich gegen
den HERRN, den Gott Israels, vergangen und die
Leute von Israel zum Götzendienst verführt
hatte. Dadurch hatte er den Zorn des HERRN her-
ausgefordert.
31 Was es sonst noch über Nadab und seine
Taten zu berichten gibt, ist in der amtlichen
Chronik der Könige von Israel nachzulesen.
32 Zwischen Asa und König Bascha von Israel
herrschte Krieg, solange sie lebten.

Über König Bascha von Israel

33 Im dritten Regierungsjahr von Asa, dem König
von Juda, wurde Bascha, der Sohn von Ahija,
König von Israel. Er regierte in Tirza 24 Jahre
lang. 34 Er tat, was dem HERRN missfällt, und
folgte dem schlechten Beispiel Jerobeams, der
die Leute im Reich Israel* zum Götzendienst
verführt hatte.
16 Da erging das Wort des HERRN an den Pro-
pheten* Jehu, den Sohn von Hanani. Er
musste König Bascha im Namen des HERRN
sagen: 2 »Obwohl du ein Mann ohne Macht und

a Über Bascha wird ab Vers 27 berichtet.

15,12 14,24 S **15,13** 2 Kön 23,4.6.12 **15,14** 3,2-3 S **15,18** 14,26 **15,27** 16,15 **15,29** 14,10

Einfluss warst, habe ich dich zum König über
mein Volk Israel gemacht. Du aber bist dem
schlechten Beispiel Jerobeams gefolgt. Du hast
mein Volk zum Götzendienst verführt, sodass sie
meinen Zorn erregt haben. 3 Deshalb wird es
deiner Familie ebenso ergehen wie der Familie
Jerobeams. Ich werde niemand von deinen
Nachkommen übrig lassen. 4 Wer von ihnen in
der Stadt umkommt, den fressen die Hunde, und
wer auf dem freien Feld stirbt, den fressen die
Geier.«

5 Was es sonst noch über Bascha zu berichten
gibt, über seine Taten und seine Erfolge, ist in
der amtlichen Chronik der Könige von Israel
nachzulesen. 6 Als er starb, wurde er in Tirza
bestattet. Sein Sohn Ela wurde sein Nachfolger.

7 Der Prophet Jehu, der Sohn von Hanani,
hatte Bascha und seiner Familie den Untergang
angekündigt, weil er so viel Böses gegen den
HERRN getan und ihn mit seinen Götzen be-
leidigt hatte. Es sollte ihnen ergehen wie der
Familie Jerobeams – und das auch deshalb, weil[a]
Bascha die Nachkommen Jerobeams ausgerottet
hatte.

König Ela von Israel und das Ende der Dynastie Baschas

8 Im 26. Regierungsjahr von Asa, dem König
von Juda, wurde Ela, der Sohn von Bascha,
König von Israel. Er regierte zwei Jahre lang in
Tirza.

9 Dann machte Simri, der Befehlshaber über
die Hälfte seiner Streitwagen*, eine Verschwö-
rung gegen ihn. Als der König in Tirza im Haus
des Palastvorstehers Arza zechte und schon be-
trunken war, 10 drang Simri in das Haus ein und
erschlug ihn.

Nun wurde Simri König von Israel, im 27. Re-
gierungsjahr des Königs Asa von Juda.

11–12 Nachdem Simri den Königsthron bestie-
gen hatte, rottete er alle männlichen Nachkom-
men von Bascha aus. Er tötete auch alle, die der
Königsfamilie nahe standen. So traf ein, was der
HERR einst Bascha durch den Propheten Jehu an-
gekündigt hatte. 13 Es war die Strafe dafür, dass
Bascha und sein Sohn Ela die Leute im Reich
Israel* zur Sünde verführt und den HERRN, den
Gott Israels, mit ihren nichtigen Götzen beleidigt
hatten.

14 Was es sonst noch über Ela und seine Taten
zu berichten gibt, ist in der amtlichen Chronik
der Könige von Israel nachzulesen.

Der Kampf um den Thron nach der Ermordung von König Bascha

15 Im 27. Regierungsjahr von Asa, dem König von
Juda, wurde Simri für sieben Tage König von
Israel in der Hauptstadt Tirza.

Das Heer Israels belagerte damals wieder[b] die
Philisterfestung Gibbeton. 16 Als im Heerlager
bekannt wurde, dass Simri eine Verschwörung
gemacht und König Ela erschlagen hatte, er-
hoben die Männer von Israel sofort ihren Heer-
führer Omri zum König von Israel.

17–18 Omri zog mit dem ganzen Heer von
Gibbeton vor die Hauptstadt Tirza. Als die Stadt
nach kurzer Belagerung eingenommen wurde,
schloss sich Simri in den inneren Turm des
Königspalastes ein, ließ den Palast anzünden
und fand in den Flammen den Tod. 19 Dies
war die Strafe dafür, dass er getan hatte, was
dem HERRN missfällt. Denn er war dem
schlechten Beispiel Jerobeams gefolgt, der die
Leute im Reich Israel* zum Götzendienst ver-
führt hatte.

20 Was es sonst noch über Simris Verschwö-
rung und sein Königtum zu berichten gibt, ist in
der amtlichen Chronik der Könige von Israel
nachzulesen.

21 Das Volk war jedoch gespalten: Nur der
eine Teil hielt zu Omri, der andere Teil machte
Tibni, den Sohn Ginats, zum König. 22 Doch die
Anhänger von Omri waren stärker als die An-
hänger von Tibni. Als Tibni starb, wurde Omri
König über das ganze Volk.

Über König Omri von Israel

23 Im 31. Regierungsjahr von Asa, dem König von
Juda, wurde Omri König von Israel. Er regierte
zwölf Jahre lang, davon die ersten sechs in der
Stadt Tirza. 24 Dann kaufte er den Berg von
Samaria um zwei Zentner* Silber und baute dar-
auf seine neue Hauptstadt. Nach dem früheren
Besitzer des Berges, einem Mann namens Sche-
mer, nannte er die Stadt Samaria.[c]

25 Omri tat, was dem HERRN missfällt. Er trieb
es schlimmer als alle seine Vorgänger. 26 Er folgte
in allem dem schlechten Beispiel Jerobeams, der
die Leute im Reich Israel* dazu verführt hatte,
den HERRN, ihren Gott, mit ihren nichtigen
Götzen zu beleidigen.

27 Was es sonst noch über Omri zu berichten
gibt, über seine Taten und seine Erfolge, ist in
der amtlichen Chronik der Könige von Israel

a auch deshalb, weil: sprachlich weniger wahrscheinlich *obwohl.* *b wieder:* verdeutlichender Zusatz (vgl. 15,27).
c Hebräische Namensform *Schomeron.*
16,3 15,29; 16,11-12 **16,11-12** 16,3 **16,15** 15,27

nachzulesen. 28 Als er starb, wurde er in Samaria bestattet. Sein Sohn Ahab wurde sein Nachfolger.

KÖNIG AHAB UND DER PROPHET ELIJA (16,29–22,40)

Über König Ahab von Israel

29 Im 38. Regierungsjahr von Asa, dem König von Juda, wurde Ahab, der Sohn von Omri, König von Israel. Er regierte 22 Jahre lang in Samaria.

30 Noch mehr als seine Vorgänger tat er, was dem HERRN missfällt. 31 Es war noch das wenigste, dass er an dem Götzendienst Jerobeams festhielt. Was viel schlimmer war: Er heiratete Isebel, eine Tochter Etbaals, des Königs der Phönizier*, und er ging so weit, dass er dem Gott Baal* Opfer darbrachte und sich vor ihm niederwarf. 32 Er baute ihm in Samaria einen Tempel und errichtete dort einen Altar für ihn. 33 Außerdem ließ er ein Bild der Göttin Aschera* aufstellen. Mit diesen und ähnlichen Taten beleidigte er den HERRN, den Gott Israels, mehr als alle Könige, die vor ihm im Reich Israel* regiert hatten.

34 Während seiner Regierungszeit baute Hiël aus Bet-El die Stadt Jericho wieder auf. Als er die Fundamente legte, kostete ihn das seinen erstgeborenen Sohn Abiram, und als er die Tore einsetzte, kostete es ihn seinen jüngsten Sohn Segub. So erfüllte sich die Drohung, die einst Josua im Auftrag des HERRN ausgesprochen hatte.

Der Prophet Elija kündigt die große Dürre an

17 Elija, der Prophet* aus dem Dorf Tischbe in der Landschaft Gilead,[a] sagte zu Ahab: »So gewiss der HERR, der Gott Israels, lebt, in dessen Dienst ich stehe: In den nächsten Jahren wird weder Tau noch Regen fallen, bis ich es befehle!«

Gott sorgt für seinen Boten: Elija am Bach Kerit

2 Darauf erging das Wort des HERRN an Elija, er sagte zu ihm: 3 »Bring dich in Sicherheit! Geh nach Osten über den Jordan und versteck dich am Bach Kerit. 4 Aus dem Bach kannst du trinken, und ich habe den Raben befohlen, dass sie dir zu essen bringen.«

5 Elija gehorchte dem Befehl des HERRN, ging auf die andere Jordanseite an den Bach Kerit und blieb dort. 6 Morgens und abends brachten ihm die Raben Brot und Fleisch, und Wasser bekam er aus dem Bach.

7 Aber weil es nicht regnete, trocknete der Bach nach einiger Zeit aus.

Gott sorgt für seinen Boten: Elija bei der Witwe von Sarepta

8 Da erging das Wort des HERRN an Elija, er sagte zu ihm: 9 »Geh in die Stadt Sarepta in Phönizien* und bleib dort! Ich habe einer Witwe befohlen, dich mit Essen und Trinken zu versorgen.«

10 Elija machte sich auf den Weg und ging nach Sarepta. Als er ans Stadttor kam, traf er dort eine Witwe, die Holz auflas. »Bring mir doch etwas Wasser!«, bat er sie. 11 Als sie wegging, um es zu holen, rief er ihr nach: »Bring auch etwas Brot mit!«

12 Doch sie sagte: »So gewiss der HERR, dein Gott, lebt: Ich habe keinen Bissen mehr, nur noch eine Hand voll Mehl im Topf und ein paar Tropfen Öl im Krug. Ich lese gerade ein paar Holzstücke auf und will mir und meinem Sohn die letzte Mahlzeit bereiten. Dann müssen wir sterben.«

13 Elija erwiderte: »Geh heim und tu, was du vorhast. Aber backe zuerst für mich ein kleines Fladenbrot* und bring es zu mir heraus. Den Rest kannst du dann für dich und deinen Sohn zubereiten. Hab keine Angst, 14 denn der HERR, der Gott Israels, hat versprochen: ›Der Mehltopf wird nicht leer und das Öl im Krug versiegt nicht, bis ich es wieder regnen lasse.‹«

15 Die Frau ging und tat, was Elija ihr aufgetragen hatte. Und wirklich hatten die drei jeden Tag zu essen. 16 Der Mehltopf wurde nicht leer und das Öl im Krug versiegte nicht, wie der HERR es durch Elija versprochen hatte.

Elija erweckt den Sohn der Witwe wieder zum Leben

17 Nach einiger Zeit wurde der Sohn der Witwe, die den Propheten* in ihr Haus aufgenommen hatte, krank. Sein Zustand verschlimmerte sich immer mehr und zuletzt starb er. 18 Da sagte die Mutter zu Elija: »Was habe ich mit dir zu tun, du Mann Gottes? Du bist nur in mein Haus gekommen, um Gott an meine Sünden zu erinnern. Darum musste mein Sohn jetzt sterben!«

19 »Gib ihn mir!«, erwiderte Elija. Er nahm ihr das tote Kind vom Schoß, trug es in die Dachkammer, in der er wohnte, und legte es auf sein Bett.

20 Dann rief er: »HERR, mein Gott! Willst du

a *der Prophet ...:* mit G; H *der Tischbiter aus den Bewohnern Gileads**.

16,34 Jos 6,26 **17,1** (Elija) Mal 3,23; Sir 48,1-11; Mt 11,14 S; Jak 5,17 **17,9** Lk 4,25-26

wirklich diese Frau ins Unglück stürzen und ihr den einzigen Sohn nehmen? Sie hat mich doch so freundlich in ihr Haus aufgenommen!« 21 Er legte sich dreimal auf den Leichnam des Kindes und rief dabei: »HERR, mein Gott, lass doch sein Leben wiederkommen!«

22 Der HERR erhörte sein Gebet und gab dem Kind das Leben zurück. 23 Elija nahm den Jungen bei der Hand, brachte ihn hinunter zu seiner Mutter und sagte zu ihr: »Sieh her, er lebt!«

24 Die Frau sagte: »Jetzt weiß ich, dass du ein Mann Gottes bist. Auf das Wort, das du im Namen des HERRN sprichst, ist Verlass!«

Elija stellt sich dem König

18 Schon länger als zwei Jahre hatte es nicht mehr geregnet, da erging das Wort des HERRN an Elija. Der HERR sagte zu ihm: »Geh und tritt vor König Ahab! Ich werde dem Land wieder Regen schicken!« 2 Elija machte sich auf den Weg.

In der Stadt Samaria waren alle Vorräte aufgebraucht. 3 Darum ließ Ahab seinen Palastverwalter Obadja rufen. Obadja hatte immer treu zum HERRN gehalten. 4 Als Isebel die Propheten* des HERRN ermorden ließ, hatte er hundert von ihnen in Sicherheit gebracht, sie zu je fünfzig in zwei Höhlen versteckt und mit Brot und Wasser versorgt.

5 Nun sagte Ahab zu Obadja: »Los, wir suchen[a] jetzt jede Oase und jedes Bachtal im Land nach Gras ab. Vielleicht finden wir irgendwo noch etwas für unsere Pferde und Maulesel. Sonst bleibt uns nichts anderes übrig, als einen Teil der Tiere zu töten.«

6 Ahab und Obadja teilten das Land unter sich auf und gingen dann jeder für sich auf die Suche. 7 Als nun Obadja das Land durchstreifte, trat ihm plötzlich Elija in den Weg. Obadja erkannte den Propheten, warf sich vor ihm nieder und fragte: »Elija, mein Herr, bist du es?«

8 »Ich bin es«, sagte Elija. »Kehr sofort um und melde deinem Herrn, dass ich hier bin!«

9 »Was habe ich getan, dass du mich dem Zorn des Königs ausliefern willst?«, erwiderte Obadja. »Er wird mich umbringen lassen. 10 So gewiss der HERR, dein Gott, lebt: Es gibt kein Land, in dem Ahab dich nicht suchen ließ. Wenn es hieß: ›Er ist nicht hier‹, musste es ihm der König des Landes mit einem Eid bestätigen. 11 Und jetzt soll ich hingehen und ihm melden: ›Elija ist da‹?

12 Kaum bin ich weg, kann der Geist* des HERRN dich an einen Ort bringen, den ich nicht kenne. Wenn Ahab dich dann nicht findet, wird er mich umbringen. Dabei habe ich doch von Jugend auf treu zum HERRN gehalten. 13 Hat man dir nicht berichtet, was ich getan habe? Als Isebel die Propheten des HERRN umbrachte, habe ich hundert von ihnen in zwei Höhlen versteckt und mit Brot und Wasser versorgt. 14 Und nun schickst du mich zu Ahab, damit ich dich bei ihm melde? Er wird mich bestimmt umbringen.«

15 Aber Elija sagte: »So gewiss der HERR, der Herrscher der Welt,[b] lebt, in dessen Dienst ich stehe, ich sage dir: Noch heute wird mich Ahab zu sehen bekommen!«

Elija ruft das Volk auf den Berg Karmel und fordert eine Entscheidung

16 Da ging Obadja zu König Ahab und brachte ihm die Botschaft. Der König brach sofort auf und zog Elija entgegen. 17 Als er den Propheten* erblickte, rief er: »Da bist du also – der Mann, der Israel ins Unglück stürzt!«

18 Doch Elija erwiderte: »Nicht ich stürze Israel ins Unglück, sondern du und deine Familie! Ihr habt die Gebote des HERRN missachtet; sogar du selbst verehrst die Baale*! 19 Aber jetzt ist es so weit: Schicke Boten aus! Ganz Israel soll zu mir auf den Gipfel des Berges Karmel kommen. Rufe auch die 450 Propheten Baals und die 400 Propheten der Aschera*, die von Isebel mit Essen und Trinken versorgt werden!«

20 Ahab ließ die Männer Israels und die Propheten Isebels auf den Berg Karmel rufen. Als alle versammelt waren, 21 trat Elija vor die Volksmenge und rief: »Wie lange schwankt ihr noch hin und her? Entweder der HERR ist Gott, dann folgt *ihm* – oder Baal ist Gott, dann folgt *ihm!*«

Als alles stumm blieb, 22 fuhr Elija fort: »Ich bin der einzige Prophet des HERRN, der noch übrig geblieben ist, und hier sind 450 Propheten, die im Dienst Baals stehen. 23 Bringt zwei junge Stiere her! Sie sollen sich einen auswählen, ihn zerteilen und die Stücke auf die Holzscheite legen; aber sie dürfen kein Feuer anzünden. Ich werde es mit dem anderen Stier ebenso machen. 24 Dann sollen sie zu ihrem Baal rufen und ich rufe zum HERRN. Wer von beiden als Antwort Feuer schickt, der ist Gott.«

Das ganze Volk rief: »Ja, so soll es sein!«

Welcher Gott schickt Feuer vom Himmel?

25 Dann sagte Elija zu den Propheten* Baals: »Macht ihr den Anfang; ihr seid in der Überzahl.

a wir suchen: mit G; H *suche!* *b* Wörtlich *der HERR Zebaot**.

17,21-22 2 Kön 4,34-35 **18,12** 2 Kön 2,16; Apg 8,39-40 **18,18** 16,31-33 **18,21** Jos 24,15 **18,24** Lev 9,24 S

Sucht euch einen Stier aus, bereitet ihn als Opfer
zu und betet zu eurem Gott, aber zündet kein
Feuer an!«
26 Die Baalspropheten richteten das Opfer zu
und riefen vom Morgen bis zum Mittag: »Baal,
höre uns!« Dabei tanzten sie um den Altar und
hüpften die Stufen hinauf.[a] Aber alles blieb still,
niemand antwortete.
27 Als es Mittag wurde, machte sich Elija über
sie lustig. »Ihr müsst lauter rufen!«, spottete er.
»Er ist doch ein Gott! Vielleicht denkt er gerade
nach oder er musste dringend mal weg oder ist
auf Reisen gegangen. Vielleicht hält er gerade
seinen Mittagsschlaf. Ihr müsst ihn aufwecken!«
28 Sie schrien immer lauter und ritzten sich
nach ihrem Brauch die Haut mit Schwertern und
Speeren, dass das Blut an ihnen herabfloss; 29 sie
führten sich wie Irrsinnige auf. So trieben sie es
die ganze Zeit bis zu der Stunde, in der das
Abendopfer* vorbereitet wird. Aber alles blieb
still, kein Echo kam, keine Antwort.
30 Da rief Elija der Volksmenge zu: »Her zu
mir!«, und alle drängten sich um ihn. Dann be-
gann er, den zerstörten Altar des HERRN wieder
aufzubauen. 31 Er wählte zwölf Steine aus, nach
der Zahl der Stämme Israels, der Nachkommen
Jakobs, zu dem der HERR gesagt hatte: »Du sollst
Israel heißen.« 32 Aus diesen Steinen baute er
dem HERRN einen Altar.

Dann zog er rings um den Altar einen Gra-
ben, so breit, dass man darin zwölf Kilo[b] Saatgut
hätte aussäen können. 33 Er schichtete Holz-
scheite auf, zerteilte den Stier und legte die
Stücke auf das Holz. 34 Schließlich ließ er vier
Eimer Wasser über das Opfer und die Holz-
scheite gießen und ließ das noch zweimal
wiederholen. 35 Das Wasser floss am Altar hin-
unter und füllte den Graben.
36 Zur Stunde des Abendopfers trat Elija vor
den Altar und rief: »HERR, du Gott Abrahams,
Isaaks und Jakobs! Alle sollen heute erfahren,
dass du Gott bist in Israel und ich dein Diener,
der dies alles in deinem Auftrag getan hat.
37 Höre mich, HERR, erhöre mich! Dieses Volk
soll erkennen, dass du, HERR, allein Gott bist und
dass du sie wieder auf den rechten Weg zurück-
bringen willst.«
38 Da ließ der HERR Feuer herabfallen. Es ver-
zehrte nicht nur das Opfertier und die Holz-
scheite, sondern auch die Steine, die Erde rings-
um und das Wasser im Graben.
39 Als das Volk das sah, warfen sich alle zu
Boden und riefen: »Der HERR allein ist Gott, der
HERR allein ist Gott!«
40 Elija aber befahl: »Haltet die Baalsprophe-
ten fest! Keiner darf entkommen!« Sie wurden
festgenommen und Elija ließ sie zum Bach
Kischon hinabführen und dort hinrichten.

Das Ende der Trockenheit

41 Dann sagte Elija zu Ahab: »Geh in dein Zelt,
iss und trink; denn ich höre schon den Regen
rauschen.«
42 Während Ahab wegging, stieg Elija auf den
Gipfel des Karmelgebirges, kauerte sich auf den
Boden und verbarg sein Gesicht zwischen den
Knien. 43 Er befahl seinem Diener: »Geh dort
hinüber und halte Ausschau zum Meer hin!«
Der Diener ging, dann kam er zurück und
meldete: »Es ist nichts zu sehen.«
Elija sagte: »Geh noch einmal!« Der Diener
ging und kam wieder; siebenmal schickte ihn
Elija. 44 Beim siebten Mal meldete er: »Ich sehe
eine kleine Wolke am Horizont, sie ist etwa so
groß wie die Faust eines Mannes.«
Da befahl ihm Elija: »Geh zu Ahab und sag
ihm, er soll sofort anspannen lassen und losfah-
ren, damit er nicht vom Regen überrascht wird!«
45 Ahab stieg auf seinen Wagen und fuhr los
nach Jesreel. Da verfinsterte sich auch schon der
Himmel, der Wind trieb schwarze Wolken heran
und ein heftiger Regen ging nieder. 46 Elija
wurde vom Geist* des HERRN ergriffen, band
sein Obergewand* hoch und lief vor dem Wagen
Ahabs her bis nach Jesreel.

Elija will aufgeben

19 Ahab berichtete Isebel alles, was Elija
getan und dass er alle Propheten Baals*
umgebracht hatte. 2 Da schickte Isebel einen
Boten zu Elija und ließ ihm sagen: »Die Götter
sollen mich strafen, wenn ich dich morgen um
diese Zeit nicht ebenso umbringen werde, wie
du meine Propheten* umgebracht hast!«
3 Da packte Elija die Angst[c] und er floh, um
sein Leben zu retten. In Beerscheba an der Süd-
grenze von Juda ließ er seinen Diener zurück
4 und wanderte allein weiter, einen Tag lang
nach Süden in die Steppe hinein. Dann setzte er
sich unter einen Ginsterstrauch und wünschte
den Tod herbei. »HERR, ich kann nicht mehr«,
sagte er. »Lass mich sterben! Ich bin nicht besser
als meine Vorfahren.« 5 Dann legte er sich unter
den Ginsterstrauch und schlief ein.

a Deutung unsicher.
b Hebräische Maßangabe *2 Sea* (1 Sea = 1/3 Efa*).
c So mit G; H *Da sah Elija.*

18,31 Ex 24,4 S; Gen 32,29 **18,36** Ex 3,6 **18,38** Lev 9,24 S **18,40** Ex 22,19 **18,42-45** Jak 5,18 **19,4** Num 11,15; Jona 4,3.8-9

Aber ein Engel* kam, weckte ihn und sagte:
»Steh auf und iss!«
6 Als Elija sich umschaute, entdeckte er hinter
seinem Kopf ein frisches Fladenbrot* und einen
Krug mit Wasser. Er aß und trank und legte sich
wieder schlafen.
7 Aber der Engel des HERRN weckte ihn noch
einmal und sagte: »Steh auf und iss! Du hast
einen weiten Weg vor dir!«
8 Elija stand auf, aß und trank und machte
sich auf den Weg. Er war so gestärkt, dass er vier-
zig Tage und Nächte ununterbrochen wanderte,
bis er zum Berg Gottes, dem Horeb*, kam.
9 Dort ging er in die Höhle hinein und wollte
sich darin schlafen legen. Da hörte er plötzlich
die Stimme des HERRN: »Elija, was willst du
hier?«
10 Elija antwortete: »HERR, ich habe mich
leidenschaftlich für dich, den Gott Israels und
der ganzen Welt,[a] eingesetzt; denn die Leute
von Israel haben den Bund* gebrochen, den du
mit ihnen geschlossen hast; sie haben deine
Altäre niedergerissen und deine Propheten
umgebracht. Ich allein bin übrig geblieben und
nun wollen sie auch mich noch töten.«

Gott offenbart sich Elija und gibt ihm einen Auftrag

11 Der HERR sagte: »Komm aus der Höhle und tritt
auf den Berg vor mich hin! Ich werde an dir vor-
übergehen!«
Da kam ein Sturm, der an der Bergwand rüt-
telte, dass die Felsbrocken flogen. Aber der HERR
war nicht im Sturm.
Als der Sturm vorüber war, kam ein starkes
Erdbeben. Aber der HERR war nicht im Erd-
beben.
12 Als das Beben vorüber war, kam ein
loderndes Feuer. Aber der HERR war nicht im
Feuer.
Als das Feuer vorüber war, kam ein ganz
leiser Hauch.
13 Da verhüllte Elija sein Gesicht
mit dem Mantel, trat vor und stellte sich in den
Eingang der Höhle.
Eine Stimme fragte ihn: »Elija, was willst du
hier?«
14 Er antwortete: »HERR, ich habe mich leiden-
schaftlich für dich, den Gott Israels und der
ganzen Welt, eingesetzt, denn die Leute von
Israel haben den Bund* gebrochen, den du mit
ihnen geschlossen hast; sie haben deine Altäre
niedergerissen und deine Propheten umge-
bracht. Ich allein bin übrig geblieben, und nun
wollen sie auch mich noch töten.«
15 Da befahl ihm der HERR: »Geh den Weg
zurück, den du gekommen bist! Geh bis nach
Damaskus und salbe* dort Hasaël zum König
von Syrien*.
16 Darauf salbe Jehu, den Sohn von
Nimschi, zum König von Israel und Elischa, den
Sohn Schafats aus dem Dorf Abel-Mehola, zum
Propheten*, zu deinem Nachfolger.
17 Wer dem
Schwert Hasaëls entrinnt, den wird Jehu töten,
und wer sich vor Jehu retten kann, der kommt
durch Elischa um.
18 Aber ich werde dafür sor-
gen, dass in Israel siebentausend Männer am
Leben bleiben, alle, die nicht vor Baal* niederge-
kniet sind und sein Bild nicht geküsst haben.«

Elija nimmt Elischa in seinen Dienst

19 Als Elija vom Berg Horeb* zurückkam, traf er
Elischa, den Sohn Schafats, beim Pflügen. Elf
Knechte mit je einem Rindergespann gingen vor
ihm her, er selbst führte das zwölfte Gespann.
Im Vorbeigehen warf Elija ihm seinen Prophe-
tenmantel über.
20 Sofort verließ Elischa sein Gespann, lief
Elija nach und sagte zu ihm: »Lass mich noch
meinen Vater und meine Mutter zum Abschied
küssen, dann folge ich dir!«
»Geh nur«, sagte Elija, »aber vergiss nicht,
was ich mit dir gemacht habe!«[b]
21 Danach
nahm Elischa die beiden Rinder seines Gespanns
und schlachtete sie. Mit dem Holz des Jochs*
machte er ein Feuer, kochte das Fleisch und gab
es seinen Leuten als Abschiedsmahl. Dann ging
er mit Elija und wurde sein Diener.

Die Überheblichkeit des Syrerkönigs

20 Der syrische* König Ben-Hadad bot
seine ganze Heeresmacht auf. Zweiund-
dreißig Vasallenkönige folgten ihm mit ihren
Truppen; auch eine große Zahl von Pferden mit
Streitwagen* waren dabei. Er zog vor Samaria,
schloss die Stadt ein und begann mit den Vorbe-
reitungen zum Angriff.
2 Dann schickte er Boten in die Stadt zu Ahab,
dem König von Israel,
3 und ließ ihm sagen: »So
spricht Ben-Hadad: ›Dein Silber und dein Gold
gehören mir, und genauso deine Frauen und
deine edelstgeborenen Söhne. Gib sie heraus!‹«
4 Der König von Israel antwortete ihm: »Ich
unterwerfe mich dir, mein Herr und König!
Alles, was ich habe, gehört dir.«
5 Aber die Boten Ben-Hadads kamen zum

a Wörtlich *den Gott Zebaot*;* ebenso in Vers 14.
b Andere Deutung: *Kehr um, ich habe dir doch nichts getan!*

19,10 18,22 **19,13** Ex 3,6; 33,20-23 **19,14** Röm 11,3 **19,15** 2 Kön 8,7-13 **19,16** 2 Kön 9,1-6; 1 Kön 19,19-21; 2 Kön 2,9-15 **19,18** Röm 11,4 **19,19** (Prophetenmantel) 1 Sam 28,14 S **19,20** Lk 9,61 **20,1** 2 Kön 6,24

zweiten Mal und sagten: »So spricht Ben-Hadad: ›Ich habe dir gesagt: Gib mir dein Silber und Gold, deine Frauen und deine Söhne. 6 Aber jetzt sage ich außerdem:[a] Morgen um diese Zeit schicke ich meine Leute zu dir, damit sie dein Haus und die Häuser deiner Minister durchsuchen. Sie werden alles mitnehmen, was ihnen[b] gefällt.‹«

7 Der König rief die Ältesten* des Landes zu sich und sagte zu ihnen: »Ihr seht, wie übel dieser Syrer uns mitspielen will. Ich habe ihm meine Frauen und Söhne, mein Gold und Silber zugestanden; aber jetzt will er noch mehr.«

8 »Weigere dich!«, riefen die Ältesten und alle Männer der Stadt. »Geh nicht darauf ein!«

9 Da gab der König den Boten Ben-Hadads den Bescheid: »Sagt zu meinem Herrn, dem König: ›Was du zuerst verlangt hast, werde ich dir geben; aber auf diese Forderung kann ich nicht eingehen.‹«

Die Boten überbrachten dem Syrerkönig die Antwort. 10 Da schickte er sie ein drittes Mal zu Ahab und ließ ihm sagen: »Der Fluch der Götter soll mich treffen, wenn Samaria so viel Schutt hergibt, dass jeder von meinen Kriegsleuten auch nur eine Hand voll davon mitnehmen kann!«

11 Aber der König von Israel ließ Ben-Hadad ausrichten: »Wer dem Löwen das Fell abziehen will, muss ihn zuerst erschlagen!«

12 Ben-Hadad zechte gerade mit den Vasallenkönigen in seinem Zelt, als ihm die Antwort gebracht wurde. »Rammböcke* ansetzen!«, befahl er seinen Truppenführern. Und sogleich brachten sie die Mauerbrecher in Stellung.

Gott steht zu seinem Volk

13 Da kam ein Prophet* zu König Ahab und sagte: »So spricht der HERR: ›Du siehst doch dieses riesige Heer? Ich gebe es heute in deine Hand. Du sollst erkennen, dass ich der HERR bin!‹«

14 »Durch wen soll das geschehen?«, fragte der König und der Prophet antwortete: »So spricht der HERR: ›Durch die Kriegsleute der Provinzverwalter.‹«

»Und wer soll die Schlacht eröffnen?«

»Du!«, war die Antwort.

15 Der König ließ die Kriegsleute der Provinzverwalter antreten; es waren 232 Mann. Dann ließ er die Männer von Israel antreten; es waren 7000. 16–17 Um die Mittagszeit rückten die Israeliten aus der Stadt aus, an der Spitze die Kriegsleute der Provinzverwalter.

Ben-Hadad und die zweiunddreißig Vasallenkönige zechten in ihren Zelten. Der Syrerkönig hatte Späher aufgestellt, die ihm meldeten: »Aus Samaria kommt ein Zug von Männern.« 18 Er befahl: »Wenn sie um Frieden bitten wollen: Nehmt sie gefangen! Wenn sie angreifen: Nehmt sie gefangen!«

19–20 Aber die Israeliten, die aus der Stadt ausgebrochen waren – die Kriegsleute der Provinzverwalter und hinter ihnen das ganze Heer Israels –, machten im Kampf Mann gegen Mann jeden nieder, der sich ihnen in den Weg stellte. Die Syrer ergriffen die Flucht und die Israeliten verfolgten sie. Ben-Hadad entkam zu Pferd zusammen mit den Reitern. 21 Darauf rückte der König von Israel aus und vernichtete die Streitwagenmacht* der Feinde. So brachte er den Syrern eine schwere Niederlage bei.

Wie weit reicht die Macht von Israels Gott?

22 Wieder kam der Prophet* zum König von Israel und sagte zu ihm: »Sei auf der Hut! Rüste dich für einen neuen Ansturm. Im nächsten Frühjahr wird der König von Syrien* wieder gegen dich heranziehen.«

23 Zu König Ben-Hadad aber sagten seine Ratgeber: »Der Gott der Israeliten ist ein Berggott, deshalb waren sie uns überlegen. Wenn wir in der Ebene gegen sie kämpfen, werden wir sie mit Sicherheit besiegen. 24 Wir raten dir also: Setze deine zweiunddreißig Könige ab und ersetze sie durch Provinzstatthalter. 25 Stelle ein Heer auf, das genauso groß ist wie das, das du verloren hast, und auch wieder genauso viele Pferde und Streitwagen*. Dann wollen wir in der Ebene gegen sie kämpfen. Du wirst sehen, dass wir sie besiegen.«

König Ben-Hadad hörte auf ihren Rat. 26 Im folgenden Frühjahr musterte er seine Truppen und zog mit ihnen nach Afek, um gegen Israel zu kämpfen. 27 Auch die Israeliten sammelten ihr Heer, zogen den Syrern entgegen und schlugen ihr Lager dem Lager der Syrer gegenüber auf. Im Vergleich mit der Masse der Feinde, die das ganze Land bedeckten, wirkten sie wie zwei kleine Ziegenherden.

28 Da kam der Prophet zum König von Israel und sagte zu ihm: »So spricht der HERR: ›Weil diese Syrer behaupten, ich sei ein Gott der Berge und hätte keine Macht in der Ebene, werde ich diese ganze riesige Heeresmacht in deine Hand

a Verdeutlichender Zusatz. *b* *ihnen:* mit G; H *dir.*
20,14 22,5 S

geben. Daran werdet ihr erkennen, dass ich der
HERR bin.‹«
29 Sechs Tage lang lagen die beiden Heere ein-
ander gegenüber; am siebten Tag kam es zum
Kampf. Die Israeliten besiegten die Syrer und
töteten von ihnen an diesem einen Tag 100 000
Mann. 30a Die Übrigen flohen in die Stadt Afek;
aber alle 27 000 wurden unter der einstürzenden
Stadtmauer begraben.

Der König von Israel verschont seinen Feind

30b Auch Ben-Hadad war in die Stadt geflohen
und suchte nach einem sicheren Schlupfwinkel.
31 Da sagten seine Ratgeber zu ihm: »Wir haben
gehört, dass die Könige von Israel sich an die
Regeln halten, die zwischen den Völkern gelten.
Deshalb wollen wir uns den Sack* um die Hüf-
ten binden, einen Strick um den Hals legen und
vor die Stadt hinaus zum König von Israel gehen.
Vielleicht können wir erreichen, dass er dir das
Leben schenkt.«
32 Die Ratgeber Ben-Hadads zogen also den
Sack an, legten sich Stricke um den Hals, gingen
zum König von Israel und sagten: »Dein ergebe-
ner Diener Ben-Hadad bittet dich: ›Schenke mir
das Leben!‹«

»Lebt er denn noch?«, erwiderte Ahab. »Er ist
doch mein Bruder!«
33 Die Abgesandten Ben-Hadads nahmen dies
als ein gutes Zeichen, griffen das Wort auf und
versicherten: »Gewiss, Ben-Hadad ist dein Bru-
der!«

»Geht und holt ihn!«, sagte der König.

Als Ben-Hadad herauskam, ließ der König
von Israel ihn zu sich auf den Wagen steigen.
34 Ben-Hadad sagte zu ihm: »Ich werde dir die
Städte zurückgeben, die mein Vater deinem
Vater weggenommen hat. Du kannst auch in
meiner Hauptstadt Damaskus Handelshäuser
gründen, wie es mein Vater in Samaria getan
hat.«

Der König von Israel erwiderte:[a] »Gut, wenn
du mir das schwörst, lasse ich dich frei.« Er
schloss mit Ben-Hadad einen Vertrag darüber
und ließ ihn unbehelligt ziehen.

Der König von Israel wird zur Rechenschaft gezogen

35 Ein Prophet aus einer Prophetengemeinschaft*
sagte zu einem andern im Namen des HERRN:
»Schlage mich!« Aber der andere weigerte sich,
ihn zu schlagen. 36 Da sagte der Prophet: »Du
hast dich dem Befehl des HERRN widersetzt. Des-
halb wird dich ein Löwe töten, sobald du von mir
weggehst.« Als der andere weiterging, fiel ihn ein
Löwe an und tötete ihn.
37 Der Prophet traf einen anderen Mann und
sagte zu ihm: »Schlage mich!« Der Mann schlug
ihn, sodass er blutete. 38 Dann stellte sich der
Prophet an dem Weg auf, den der König kom-
men sollte. Den Kopf hatte er verbunden, sodass
ihn niemand als Prophet erkennen konnte.
39 Als der König vorbeikam, sprach der Mann
ihn an und sagte: »Mein König, ich bin mit in die
Schlacht gezogen. Da brachte mir einer einen
Gefangenen und sagte zu mir: ›Bewache ihn!
Wenn er entkommt, kostet es dich dein Leben
oder einen Zentner* Silber.‹ 40 Aber ich war zu
beschäftigt und auf einmal war der Gefangene
nicht mehr da.«

Der König sagte: »Du hast selbst das Urteil
über dich gesprochen!«
41 Da nahm der Mann die Binde ab, und der
König erkannte, dass er es mit einem Propheten
zu tun hatte. 42 »So spricht der HERR«, rief der
Prophet: »Du hast den Mann freigelassen, den
ich unter den Bann* gestellt und zum Untergang
bestimmt hatte. Deshalb nehme ich dein Leben
für seines und deinem Volk wird es ergehen wie
dem seinen!«
43 Verstimmt und zornig ging der König
weiter und kam in seinen Palast in Samaria.

Nabots Weinberg: Ein König missbraucht seine Macht

21 Nach einiger Zeit geschah Folgendes:
König Ahab von Samaria hatte in der Stadt
Jesreel einen Palast. Unmittelbar daneben lag ein
Weinberg, der einem Einwohner der Stadt
namens Nabot gehörte. 2 Eines Tages sagte der
König zu Nabot: »Überlass mir deinen Weinberg!
Er grenzt direkt an meinen Palast und wäre ge-
rade der rechte Platz für einen Gemüsegarten.
Ich gebe dir dafür einen besseren, oder wenn es
dir lieber ist, bezahle ich ihn dir in gutem Geld.«
3 Aber Nabot erwiderte: »Der HERR bewahre
mich davor, dass ich dir den Erbbesitz* meiner
Vorfahren gebe!«
4 Der König war verstimmt und zornig, weil
Nabot ihm eine solche Antwort gegeben hatte.
Er ging in den Palast, legte sich auf sein Bett und
drehte sich zur Wand; er rührte keinen Bissen
an.

a Verdeutlichender Zusatz.
20,36 13,24 **21,3** Num 36,7; Ez 46,18

5 Seine Frau Isebel ging zu ihm hinein und
fragte: »Warum bist du so verstimmt? Warum isst
du nichts?«
6 Ahab antwortete: »Mehr als einmal habe ich
Nabot aus Jesreel zugeredet und gesagt: ›Gib mir
deinen Weinberg! Ich bezahle ihn dir, oder
wenn es dir lieber ist, gebe ich dir einen andern
dafür.‹ Aber er bleibt dabei: ›Meinen Weinberg
bekommst du nicht!‹«
7 Da sagte seine Frau Isebel zu ihm: »Bist
nicht *du* der König im Land? Steh auf, sei wieder
vergnügt und lass es dir schmecken! Ich werde
dir Nabots Weinberg schon verschaffen.«
8 Sie schrieb im Namen Ahabs an die Ältes-
ten* und die einflussreichen Männer in Jesreel,
Nabots Mitbürger, und versah die Briefe mit dem
königlichen Siegel. 9 Die Briefe lauteten:
»Ruft einen Bußtag* aus! Lasst die Bewohner
der Stadt zusammenkommen und gebt Nabot
einen der vordersten Plätze. 10 Setzt ihm zwei
gewissenlose Männer gegenüber, die als Zeugen
gegen ihn auftreten und sagen: ›Du hast Gott
und dem König geflucht!‹ Dann führt ihn vor die
Stadt hinaus und steinigt* ihn.«
11 Die Ältesten der Stadt und die einflussrei-
chen Männer, Nabots Mitbürger, machten alles
genau so, wie Isebel es in ihren Briefen verlangt
hatte. 12 Sie riefen die Bürger der Stadt zu einer
Bußfeier* zusammen und ließen Nabot ganz vor-
ne sitzen. 13 Ihm gegenüber saßen die beiden
Schurken. Sie standen als Zeugen gegen Nabot
auf und erklärten: »Nabot hat Gott und dem Kö-
nig geflucht!« Nabot wurde vor die Stadt hinaus-
geführt und gesteinigt. 14 Dann ließen die Ältes-
ten der Stadt Isebel melden: »Nabot ist tot, man
hat ihn gesteinigt.«
15 Als Isebel die Nachricht erhielt, sagte sie zu
Ahab: »Auf, nimm den Weinberg in Besitz! Die-
ser Nabot aus Jesreel, der sich geweigert hat, ihn
dir zu verkaufen – er lebt nicht mehr, er ist tot!«
16 Als Ahab hörte, dass Nabot tot war, ging er
sofort hinunter, um Nabots Weinberg in Besitz
zu nehmen.

Elija kündigt Ahab und Isebel die Bestrafung an

17 Da erging das Wort des HERRN an den Prophe-
ten* Elija aus Tischbe. Der HERR sagte zu ihm:
18 »Auf, geh zu Ahab, dem König von Israel, der
in Samaria regiert! Er ist gerade in den Weinberg
Nabots hinuntergegangen, um ihn in Besitz zu
nehmen. 19 Sage zu ihm: ›Erst mordest du und
dann raubst du! So spricht der HERR: Wo die
Hunde das Blut Nabots aufgeleckt haben, dort
werden sie auch dein Blut auflecken.‹«
20 Als Ahab den Propheten kommen sah, rief
er ihm entgegen: »Hast du mich gefunden, mein
Feind?«
Elija erwiderte: »Ja, ich habe dich ertappt! Du
hast dich dazu anstiften lassen, zu tun, was dem
HERRN missfällt. 21 Darum lässt er dir sagen: ›Ich
werde dich und deine Familie ins Unglück stür-
zen. Du selbst musst sterben, und alle deine
männlichen Nachkommen werde ich ausrotten,
die mündigen wie die unmündigen. 22 Weil du
meinen Zorn herausgefordert und die Leute im
Reich Israel* zum Götzendienst verleitet hast,
werde ich deiner Familie das gleiche Schicksal
bereiten wie den Familien von Jerobeam und
von Bascha.‹
23 Der Königin Isebel aber lässt der HERR
sagen: An der Stadtmauer von Jesreel werden die
Hunde ihren Leichnam fressen. 24 Wer von
deiner Familie in der Stadt stirbt, den fressen die
Hunde, und wer auf dem freien Feld stirbt, den
fressen die Geier.«
25 In der Tat gab es keinen, der so bereitwillig
wie Ahab tat, was dem HERRN missfällt. Seine
Frau Isebel hatte ihn dazu verleitet. 26 Seine
schlimmste Sünde war, dass er die Götzen
verehrte, genau wie die Amoriter*, die der HERR
vor den Israeliten aus dem Land vertrieben
hatte.
27 Als Elija zu Ende gesprochen hatte, zerriss
Ahab vor Entsetzen sein Gewand. Er zog den
Sack* an, trug ihn auf der bloßen Haut und legte
ihn selbst zum Schlafen nicht ab. Bedrückt ging
er umher und wollte kein Essen anrühren.
28 Da erging das Wort des HERRN an den
Propheten Elija, er sagte: 29 »Hast du bemerkt,
dass Ahab sich vor mir gebeugt hat? Weil er das
getan hat, lasse ich das Unheil noch nicht zu
seinen Lebzeiten über seine Familie herein-
brechen, sondern erst wenn sein Sohn König
ist.«

Ist Gott für diesen Krieg?

(2 Chr 18,1-11)

22 Gut zwei Jahre lang hatte es keinen Krieg
mehr zwischen Syrien* und Israel gege-
ben. 2 Im dritten Jahr kam König Joschafat zum
König von Israel.[a] 3 Da sagte der König von Israel
zu seinen Leuten: »Habt ihr vergessen, dass die
Stadt Ramot in Gilead* eigentlich uns gehört?

a Der Zusammenhang zeigt, dass der König von Juda in einem Abhängigkeitsverhältnis zum König von Israel steht.

21,10 Dtn 19,15S **21,19** 22,35-38; 2 Kön 9,25-26 **21,21** 2 Kön 9,7-8 **21,22** 15,29; 16,11-12 **21,23** 2 Kön 9,10.36 **21,29** 11,12; 2 Sam 12,13-14

Warum zögern wir, sie den Syrern wieder weg-
zunehmen?«
4 Er wandte sich an Joschafat und fragte ihn:
»Machst du mit, wenn ich Ramot angreife?«
»Ich mache mit«, antwortete Joschafat; »du
kannst auf meine Truppen, auf Mann und Ross,
zählen wie auf deine eigenen.« 5 Aber dann sagte
er: »Du solltest doch zuerst den HERRN fragen,
was er dazu meint.«
6 Da rief der König von Israel alle Propheten*
zusammen, etwa vierhundert, und fragte sie:
»Soll ich die Stadt Ramot angreifen oder nicht?«
»Greife sie an!«, antworteten sie. »Der HERR
wird sie in deine Hand geben.«
7 Aber Joschafat zögerte und fragte: »Gibt es
hier keinen weiteren Propheten, durch den wir
den HERRN fragen könnten?«
8 »Es gibt schon noch einen«, erwiderte der
König von Israel, »Micha, den Sohn von Jimla.
Aber ich kann ihn nicht ausstehen, weil er mir
immer nur Unglück ankündigt.«
Doch Joschafat sagte: »So sollte der König
nicht reden!« 9 Da rief der König von Israel einen
Hofbeamten und befahl ihm, so rasch wie mög-
lich Micha herbeizuholen.
10 Die beiden Könige saßen in ihrem königli-
chen Ornat auf zwei Thronsesseln, die auf dem
freien Platz vor dem Stadttor Samarias aufgestellt
waren. Die vierhundert Propheten standen vor
ihnen; sie waren im Zustand ekstatischer Begeis-
terung. 11 Einer von ihnen, Zidkija, der Sohn von
Kenaana, hatte sich einen Helm mit eisernen
Hörnern aufgesetzt und rief: »So spricht der
HERR: ›So unbesiegbar wie ein Stier mit eisernen
Hörnern wirst du gegen die Syrer anrennen und
sie völlig vernichten.‹«
12 Die anderen Propheten stimmten ein und
riefen: »Zieh nur gegen Ramot! Du wirst siegen!
Der HERR wird die Stadt in die Hand des Königs
geben!«

Ein unbequemer Prophet

(2 Chr 18,12-27)

13 Unterwegs sagte der Bote zu Micha: »Die Pro-
pheten haben dem König einstimmig Sieg pro-
phezeit. Sieh zu, dass du es ebenso machst und
ihm einen glücklichen Ausgang ankündigst!«
14 Aber Micha antwortete: »So gewiss der
HERR lebt, ich kann nur ankündigen, was er mir
aufträgt.«
15 Als Micha vor den König trat, fragte ihn der:
»Micha, sollen wir Ramot angreifen oder nicht?«
Micha antwortete: »Greif die Stadt nur an; du
wirst siegen. Der HERR wird sie in deine Hand
geben.«
16 Aber der König sagte zu ihm: »Ich be-
schwöre dich, mir nichts als die reine Wahrheit
zu sagen! Was hat der HERR dir gesagt?«
17 Da antwortete Micha: »Ich sah das Heer
Israels über die Berge zerstreut wie eine Schaf-
herde, die keinen Hirten hat. Und der HERR sagte
zu mir: ›Sie haben keinen Anführer mehr. Der
Krieg ist zu Ende; jeder soll nach Hause zurück-
kehren!‹«
18 Der König von Israel wandte sich zu
Joschafat und sagte: »Habe ich nicht Recht? Er
kündigt mir immer nur Unglück an!«
19 Aber Micha sprach weiter: »Höre, was der
HERR dir sagt! Ich sah den HERRN auf seinem
Thron sitzen. Rechts und links vor ihm stand das
ganze Heer der Engel*. 20 Da fragte der HERR:
›Wer ködert Ahab[a] und bringt ihn dazu, dass er
Ramot angreift und dort den Tod findet?‹
Der eine hatte diesen Vorschlag, der andere
jenen, 21 bis zuletzt einer der Himmelsgeister vor
den HERRN hintrat und sagte: ›Ich werde ihn kö-
dern!‹ ›Womit?‹, fragte der HERR 22 und er ant-
wortete: ›Ich werde als Lügengeist aus dem
Mund aller seiner Propheten sprechen.‹ Da sagte
der HERR: ›Du darfst ihn ködern, dir wird es ge-
lingen. Geh hin und tu es!‹
23 Du siehst also«, wandte sich Micha an den
König, »dass der HERR deinen Propheten Lügen
eingegeben hat. In Wirklichkeit hat er deinen
Untergang beschlossen.«
24 Da trat Zidkija, der Sohn von Kenaana,
auf Micha zu, gab ihm eine Ohrfeige und rief:
»Was sagst du da? Der Geist* des HERRN soll
mich verlassen haben und nur noch mit dir
reden?«
25 »Du wirst es ja sehen«, erwiderte Micha,
»wenn der Tag kommt, an dem du dich im
hintersten Winkel deines Hauses verstecken
musst.«
26 »Nehmt ihn fest«, befahl der König, »und
führt ihn zum Stadtkommandanten Amon und
zum Prinzen Joasch. 27 Sagt zu ihnen: ›Befehl
des Königs: Haltet diesen Mann im Gefängnis,
bis ich wohlbehalten zurückgekehrt bin. Gebt
ihm die kleinste Ration Wasser und Brot!‹«
28 Micha erwiderte: »Wenn du wohlbehalten
zurückkehrst, dann hat der HERR nicht durch
mich gesprochen.« Und er fügte hinzu: »Hört,
ihr Völker der ganzen Erde!«

a Nur hier und in den Versen 39–41 fällt in diesem Kapitel der Name Ahab.

22,4 2 Kön 3,7 **22,5** (den HERRN fragen) 20,14; Ri 1,1-2 S; 1 Sam 14,36-37; 23,2-4; 28,6; 2 Kön 3,11; 8,8; Jer 21,2 **22,13** Jes 30,10 **22,14** Num 22,18 **22,17** Num 27,17 S **22,19** Jes 6,1; Ijob 1,6; Offb 4,2-4 **22,28** Dtn 18,22; Jer 28,9; Mi 1,2-3

Der Prophet behält Recht
(2 Chr 18,28-34)

29 Der König von Israel und Joschafat, der
König von Juda, zogen also gemeinsam gegen die
Stadt Ramot. 30–31 Unterwegs sagte der König
von Israel zu Joschafat: »Ich werde verkleidet in
die Schlacht ziehen, aber du kannst unbesorgt
deine königlichen Kleider tragen.«

Der König von Syrien* hatte nämlich den
zweiunddreißig Anführern seiner Streitwagen-
truppe* befohlen: »Ihr sollt nur den König von
Israel angreifen. Lasst euch mit keinem anderen
ein, und wenn er einen noch so hohen Rang
hat!« Deshalb zog der König von Israel verkleidet
in die Schlacht.

32 Als die Wagenkämpfer Joschafat sahen,
riefen sie: »Da ist der König von Israel!«, und
setzten zum Angriff gegen ihn an. Joschafat aber
schrie, 33 und als die Wagenkämpfer merkten,
dass er nicht der Gesuchte war, ließen sie ihn in
Ruhe.

34 Doch ein einfacher Soldat schoss aufs Ge-
ratewohl einen Pfeil ab, der den König von Israel
an einer ungeschützten Körperstelle traf. Der
König befahl seinem Wagenlenker: »Dreh um
und bring mich aus der Schlacht! Ich bin ver-
wundet.« 35 Weil aber der Kampf an Heftigkeit
zunahm, musste der König den Syrern gegen-
über durchhalten. Der Adjutant hielt ihn in
seinem Wagen aufrecht, während das Blut aus
seiner Wunde in den Wagen floss. Gegen Abend
starb er.

36 Als die Sonne unterging und die Männer
Israels ins Lager zurückgekehrt waren, ließen
die Truppenführer ausrufen: »Jeder soll nach
Hause gehen! 37 Der König ist tot!«[a]

Sie brachten ihn nach Samaria und bestatte-
ten ihn dort. 38 Als man seinen Streitwagen am
Teich von Samaria reinigte, leckten die Hunde
sein Blut auf und die Huren wuschen sich in dem
blutgefärbten Wasser, genau wie der HERR es
angekündigt hatte.

Rückblick auf König Ahab von Israel

39 Was es sonst noch über Ahab und seine Taten
zu berichten gibt, über seinen elfenbeinge-
schmückten Palast und die Städte, die er befestigt
hat, das ist in der amtlichen Chronik der Könige
von Israel nachzulesen. 40 Als er starb, wurde
sein Sohn Ahasja sein Nachfolger.

WEITERE GESCHICHTE DER GETRENNTEN REICHE
(22,41-54; 2 Könige 1–16)

Über König Joschafat von Juda
(2 Chr 20,31–21,1)

41 Im vierten Regierungsjahr Ahabs, des Königs
von Israel, wurde Joschafat, der Sohn von Asa,
König von Juda. 42 Er war 35 Jahre alt, als er König
wurde, und regierte 25 Jahre lang in Jerusalem.
Seine Mutter hieß Asuba und war eine Tochter
von Schilhi.

43 Er folgte in allem dem Vorbild seines Vaters
Asa und tat, was dem HERRN gefällt. 44 Die Op-
ferstätten rings im Land ließ er jedoch bestehen,
sodass das Volk auch weiterhin an diesen Stätten
Opfer* darbrachte.

45 Joschafat machte Frieden mit dem König
von Israel und schloss mit ihm einen Vertrag.
46 Was es sonst noch über Joschafat zu berichten
gibt, über seine Kämpfe und Erfolge, ist in der
amtlichen Chronik der Könige von Juda nach-
zulesen.

47 Er vertrieb auch den Rest der geweihten*
Männer und Frauen, die sein Vater Asa im Land
übrig gelassen hatte.

48 Das Land Edom* hatte zu seiner Zeit
keinen eigenen König, sondern wurde durch
einen Statthalter des Königs von Juda regiert.
49 Joschafat hatte große Handelsschiffe[b] bauen
lassen, um im Land Ofir* Gold zu holen. Es kam
aber nicht dazu, weil die Flotte in der Nähe von
Ezjon-Geber Schiffbruch erlitt. 50 König Ahasja
von Israel, der Sohn Ahabs, wollte seine Kauf-
leute gerne mit denen Joschafats mitfahren
lassen; aber Joschafat hatte es abgelehnt.

51 Als Joschafat starb, wurde er in der Grab-
stätte seiner Vorfahren in der Davidsstadt* be-
stattet. Sein Sohn Joram wurde sein Nachfolger.

Über König Ahasja von Israel

52 Im 17. Regierungsjahr Joschafats, des Königs
von Juda, wurde Ahasja, der Sohn Ahabs, König
von Israel. Zwei Jahre lang regierte er in Samaria.
53 Er tat, was dem HERRN missfällt, und folgte in
allem dem schlechten Beispiel seines Vaters,
seiner Mutter und des Königs Jerobeam, der die
Leute im Reich Israel* zum Götzendienst ver-
führt hatte. 54 Er opferte dem Götzen Baal* und
warf sich vor ihm nieder. Damit beleidigte er
den HERRN, den Gott Israels, genau wie sein
Vater es getan hatte.

a So mit G; H *Der König starb.* b Wörtlich *Tarschisch-Schiffe;* siehe Sacherklärung »Tarschisch«.

22,38 21,19 **22,44** 3,2-3S **22,45** 22,4; 2 Kön 3,7 **22,47** 14,24S **22,49** 9,26-28

DAS ZWEITE BUCH VON DEN KÖNIGEN

Inhaltsübersicht

ENDE DES PROPHETEN ELIJA UND WIRKEN DES PROPHETEN ELISCHA (1,1–8,15)

Elija hat eine Botschaft für König Ahasja

1 Nach dem Tod von König Ahab sagten sich
die Moabiter* von der Oberherrschaft Israels
los.

2 Eines Tages fiel sein Nachfolger Ahasja
durch das Gitter im Obergeschoss seines Palastes
in Samaria und verletzte sich schwer. Da
schickte er Boten in die Philisterstadt* Ekron.
Sie sollten Baal-Sebub*, den Gott der Stadt, fragen,
ob die Verletzung wieder heilen würde.

3 Aber der Engel* des HERRN befahl Elija, dem
Propheten* aus Tischbe: »Geh und tritt den Boten
des Königs in den Weg! Sag zu ihnen: ›Gibt
es in Israel keinen Gott? Musst ihr außer Landes
gehen und Baal-Sebub, den Gott von Ekron, befragen?
4 Darum lässt der HERR eurem König
sagen: Du wirst von deinem Krankenlager nicht
wieder aufstehen! Deine Tage sind gezählt.‹«
Elija tat, was der HERR ihm aufgetragen hatte.

5 Da kehrten die Boten um, und als sie zum
König kamen, fragte er sie: »Wie kommt es, dass
ihr so schnell zurück seid?«

6 Sie antworteten: »Ein Mann trat uns in den
Weg und sagte: ›Kehrt auf der Stelle zum König
zurück, der euch abgesandt hat, und richtet ihm
aus: Der HERR lässt dir sagen: Gibt es in Israel
keinen Gott? Musst du Boten außer Landes
schicken, um Baal-Sebub, den Gott von Ekron,
zu befragen? Darum wirst du von deinem Krankenlager
nicht wieder aufstehen. Deine Tage
sind gezählt.‹«

7 Der König fragte: »Wie sah der Mann aus,
der euch das gesagt hat?«

8 Sie antworteten: »Er trug einen Mantel aus
Ziegenhaaren und einen ledernen Gürtel.«

»Dann war es Elija!«, sagte der König.

Kraftprobe zwischen König und Prophet

9 Sofort schickte er einen Truppenführer mit
fünfzig Mann hinter Elija her. Sie fanden den
Propheten*, wie er gerade auf dem Gipfel eines
Berges saß.

Der Anführer ging zu ihm hinauf und sagte:
»Mann Gottes, komm herunter! Der König befiehlt
es!«

10 Doch Elija antwortete: »Wenn ich wirklich
ein Mann Gottes bin, dann soll Feuer vom Himmel
herabfallen und dich und deine fünfzig
Mann vernichten!«[a] Sofort fiel Feuer vom Himmel
und verbrannte sie alle.

11 Da schickte der König einen anderen Truppenführer
mit fünfzig Mann. Auch er rief Elija
zu: »Mann Gottes, komm sofort herunter! Der
König befiehlt es!«

12 Elija antwortete ihm: »Wenn ich wirklich
ein Mann Gottes bin, dann soll Feuer vom Himmel
herabfallen und dich und deine fünfzig
Mann vernichten!« Da ließ Gott Feuer vom Himmel
fallen, das verbrannte sie vollständig.

13 Zum dritten Mal schickte der König einen
Truppenführer mit fünfzig Mann. Als der zu Elija
hinaufgestiegen war, kniete er vor ihm nieder
und flehte ihn an: »Mann Gottes, schone mein
Leben und das Leben dieser fünfzig Männer!
14 Feuer ist vom Himmel gefallen und hat die beiden
Truppenführer vor mir samt ihren Leuten
vernichtet. Schone mein Leben und lass mich
nicht dasselbe Schicksal erleiden!«

15 Da sagte der Engel* des HERRN zu Elija: »Geh
mit ihm hinab! Hab keine Angst vor dem König!«

Elija stand auf und ging mit ihm zum König.
16 Er sagte zu ihm: »Höre, was der HERR dir sagen
lässt: ›Du hast dich an Baal-Sebub, den Gott von
Ekron, gewandt. Du denkst wohl, es gibt in
Israel keinen Gott, den man befragen kann!
Deshalb wirst du von deinem Krankenlager

a Im Hebräischen liegt ein Wortspiel zwischen *Mann* (isch) und *Feuer* (esch) vor.

1,1 3,4-27; 1 Sam 14,47; 2 Sam 8,2 **1,3** 1 Kön 17,1 S **1,8** 1 Sam 28,14 S; Mk 1,6 par **1,10** Lev 10,2 S; Lk 9,54

nicht wieder aufstehen. Deine Tage sind gezählt!‹«

17 Was Elija im Auftrag des HERRN angekündigt hatte, traf ein: Ahasja starb. Weil er keinen Sohn hatte, wurde sein Bruder Joram sein Nachfolger auf dem Thron. Damals war Joram, der Sohn Joschafats, im zweiten Jahr König von Juda.

18 Was es sonst noch über Ahasja und seine Taten zu berichten gibt, ist in der amtlichen Chronik der Könige von Israel nachzulesen.

Gott holt Elija zu sich

2 Der Tag war nicht mehr fern, an dem der HERR den Propheten* Elija durch einen mächtigen Sturm zu sich in den Himmel holen wollte.

Elija verließ Gilgal und Elischa schloss sich ihm an. 2 Elija sagte zu ihm: »Bleib doch hier! Der HERR schickt mich nach Bet-El.«

Aber Elischa erwiderte: »So gewiss der HERR lebt und du selbst lebst: Ich weiche nicht von deiner Seite!«

So gingen sie miteinander nach Bet-El. 3 Die Propheten der dortigen Prophetengemeinschaft* kamen zu Elischa heraus und fragten ihn: »Weißt du, dass der HERR dir heute deinen Lehrer wegnehmen und ihn zu sich holen wird?«

»Ich weiß es«, sagte Elischa, »erinnert mich nicht daran!«

4 Wieder sagte Elija zu Elischa: »Bleib hier! Der HERR schickt mich nach Jericho.«

Aber Elischa antwortete auch diesmal: »So gewiss der HERR lebt und du selbst lebst: Ich weiche nicht von deiner Seite!«

So kamen die beiden nach Jericho. 5 Die Propheten der dortigen Prophetengemeinschaft machten sich an Elischa heran und fragten: »Weißt du, dass der HERR dir heute deinen Lehrer wegnehmen und ihn zu sich holen wird?«

Und wieder antwortete er: »Ich weiß es; erinnert mich nicht daran!«

6 Zum dritten Mal bat ihn Elija: »Bleib doch hier! Der HERR schickt mich an den Jordan.«

Aber Elischa erwiderte: »So gewiss der HERR lebt und du selbst lebst: Ich weiche nicht von deiner Seite!«

So gingen die beiden miteinander. 7 Fünfzig Propheten folgten ihnen bis an den Jordan und blieben in einiger Entfernung stehen. 8 Elija rollte seinen Mantel zusammen und schlug damit auf das Wasser. Da teilte es sich und beide gingen trockenen Fußes durch den Fluss.

9 Am anderen Ufer sagte Elija zu Elischa: »Was kann ich noch für dich tun, bevor der HERR mich von dir wegholt?«

Elischa bat: »Ich möchte den Anteil des Erstgeborenen[a] von deinem Geist erben und deinen Auftrag weiterführen.«

10 Elija antwortete: »Du verlangst mehr, als in meiner Macht steht. Wenn der HERR es dich sehen lässt, wie er mich von dir wegholt, wird deine Bitte erfüllt werden, sonst nicht.«

11 Während sie so im Gehen miteinander redeten, kam plötzlich ein Streitwagen* aus Feuer mit Pferden aus Feuer und trennte sie voneinander, und Elija fuhr in einem gewaltigen Sturm in den Himmel.

12a Elischa sah es und rief: »Mein Vater, mein Vater! Du warst Israels Streitwagen und sein Lenker!«

Gott bestätigt Elischa als Elijas Nachfolger

12b Als Elischa ihn nicht mehr sehen konnte, zerriss er sein Obergewand* mittendurch. 13 Er hob den Mantel Elijas auf, der zu Boden gefallen war, und kehrte an den Jordan zurück. 14 Genau wie Elija schlug er damit auf das Wasser und rief: »Wo ist der HERR, der Gott Elijas?« Da teilte sich das Wasser und Elischa ging trockenen Fußes durch den Fluss.

15 Die Propheten* aus Jericho hatten ihm vom anderen Ufer aus zugesehen und riefen: »Der Geist Elijas hat sich auf Elischa niedergelassen!« Sie liefen ihm entgegen, warfen sich vor ihm nieder 16 und sagten: »Wir sind fünfzig kräftige Männer und stehen zu deiner Verfügung. Sollen wir nicht ausschwärmen und deinen Lehrer suchen? Vielleicht hat der Geist* des HERRN ihn gepackt und auf irgendeinen Berg oder in eine Schlucht geworfen.«

»Nein, lasst das!«, sagte Elischa. 17 Aber sie setzten ihm so lange zu, bis er einwilligte. Die fünfzig suchten drei Tage lang und fanden Elija nicht. 18 Als sie zu Elischa nach Jericho zurückkehrten, sagte er zu ihnen: »Habe ich euch nicht gleich gesagt, dass ihr nicht zu suchen braucht?«

Elischas Wort bringt Leben und Tod

19 Die Bürger von Jericho kamen zu Elischa und sagten: »Herr, wie du siehst, hat unsere Stadt eine ausgezeichnete Lage. Nur das Wasser ist schlecht; es verursacht Fehlgeburten bei Menschen und Tieren.«

20 »Bringt mir eine Schale, eine ganz neue«,

a *den Anteil …:* wörtlich *zwei Teile;* vgl. Dtn 21,17.

2,1 (Elischa) 1 Kön 19,16.19-21 **2,8** 1,8; Ex 14,16 **2,9** Dtn 21,17 **2,11** Sir 48,9; 1 Makk 2,58; Gen 5,24; Lk 24,51 **2,12 a** 13,14 **2,15** Num 11,25; 1 Kön 19,16 **2,16** 1 Kön 18,12 **2,19-22** Ex 15,23-25

befahl Elischa, »und füllt sie mit Salz!« Als sie ihm die Schale gebracht hatten, 21 ging er damit vor die Stadt zu der Wasserquelle und schüttete das Salz hinein mit den Worten: »So spricht der HERR: ›Ich mache dieses Wasser wieder gesund; es wird niemand mehr den Tod bringen und keine Fehlgeburten mehr verursachen.‹«

22 Seitdem ist das Wasser in Ordnung, bis heute, genau wie Elischa es gesagt hat.

23 Von Jericho ging Elischa hinauf ins Bergland nach Bet-El. Da kam aus der Stadt eine Horde Jungen, die machten sich über ihn lustig und riefen von oben herab: »Komm zu uns herauf, Glatzkopf! Komm zu uns herauf, Glatzkopf!«

24 Elischa schaute sich um, und als er sie erblickte, verfluchte er sie im Namen des HERRN. Im selben Augenblick kamen zwei Bären aus dem Dickicht und zerrissen zweiundvierzig von ihnen.

25 Von Bet-El wanderte Elischa weiter zum Berg Karmel, dann kehrte er nach Samaria zurück.

Über König Joram von Israel

3 Im 18. Regierungsjahr Joschafats, des Königs von Juda, wurde Joram, der Sohn Ahabs, König von Israel. Zwölf Jahre lang regierte er in Samaria. 2 Er tat, was dem HERRN missfällt – wenn auch nicht in dem Ausmaß, wie sein Vater und seine Mutter es getan hatten. Das Steinmal*, das sein Vater zu Ehren Baals* hatte errichten lassen, ließ er wieder entfernen. 3 Doch von dem Götzendienst, zu dem König Jerobeam die Leute von Israel verführt hatte, wollte er nicht lassen.

Der Feldzug gegen die Moabiter

4 Mescha, der König von Moab*, besaß große Schafherden und hatte dem König von Israel als Tribut 100 000 Schlachtschafe und ebenso viele einjährige Schafböcke zu liefern. 5 Nach dem Tod Ahabs wollte er die Oberherrschaft Israels nicht länger anerkennen und stellte die Tributlieferungen ein. 6 Darauf zog König Joram von Samaria aus durch das Land, um die Männer Israels gegen ihn zu den Waffen zu rufen.

7 Er schickte auch Gesandte zu Joschafat, dem König von Juda, und ließ ihm sagen: »Der König von Moab ist von mir abgefallen. Ich will einen Feldzug gegen ihn unternehmen. Machst du mit?«

»Ich mache mit«, antwortete Joschafat, »du kannst auf meine Truppen, auf Mann und Ross, zählen wie auf deine eigenen.«

8 »Welchen Anmarschweg sollen wir wählen?«, fragte Joram.

»Den Weg durch die Wüste von Edom*«, sagte Joschafat.

Elischa rettet das Heer vor dem Verdursten

9 So rückten der König von Israel und der König von Juda mit ihren Heeren aus. Auch der König von Edom* mit seinen Truppen zog mit.

Nachdem sie sieben Tage lang marschiert waren, fand sich kein Wasser mehr für ihre Soldaten und für die Lasttiere. 10 »Wir hätten den Feldzug nicht unternehmen sollen!«, sagte der König von Israel. »Der HERR hat uns drei Könige nur hierher gerufen, um uns den Moabitern* in die Hände zu liefern.«

11 Joschafat erwiderte: »Ist denn hier kein Prophet*, durch den wir den HERRN fragen könnten?«

Darauf sagte einer von den Offizieren des Königs von Israel: »Elischa ist hier, der Sohn Schafats. Er stand im Dienst Elijas, er hat ihm das Wasser über die Hände gegossen.«

12 »Dann ist er auch der Mann, der uns sagen kann, was der HERR von uns will«, sagte Joschafat.

Die drei Könige gingen also zu Elischa. 13 Aber der sagte zum König von Israel: »Was habe ich mit dir zu schaffen? Geh zu den Propheten, bei denen dein Vater und deine Mutter sich Rat geholt haben!«

»Die können uns nicht helfen«, erwiderte der König, »denn der HERR ist es, der uns hierher gerufen hat und der uns drei Könige den Moabitern in die Hände liefern will.«

14 Darauf sagte Elischa: »So gewiss der HERR lebt, der Herrscher der Welt,[a] in dessen Dienst ich stehe: Nur König Joschafat von Juda zuliebe lasse ich mich bitten, dich allein würde ich keines Blickes würdigen. 15 Aber nun lasst einen Harfenspieler kommen!«

Während das Harfenspiel erklang, kam der Geist* des HERRN über Elischa 16 und er sagte: »So spricht der HERR: ›Hebt hier, in diesem ausgetrockneten Flussbett, überall Gruben aus! 17 Ihr werdet zwar keinen Windhauch spüren und keinen Regen fallen sehen, und doch wird sich dieses Tal mit Wasser füllen, sodass ihr genug zu trinken habt, ihr, euer Schlachtvieh und die Lasttiere.‹

18 Aber der HERR wird noch viel mehr für euch tun: Er wird die Moabiter in eure Hand geben.

a *der HERR ...:* wörtlich *der HERR Zebaot* lebt.*

2,24 1 Kön 13,24 S **3,4-5** 1,1 S **3,7** 1 Kön 22,4 **3,11** 1 Kön 22,5.7; Ri 1,1-2 S

19 Alle ihre prächtigen, gut befestigten Städte
werdet ihr erobern, ihre Fruchtbäume um-
hauen und alle Quellen zuschütten. Ihr frucht-
bares Ackerland werdet ihr unter Steinen be-
graben.«
20 Und wirklich, am nächsten Morgen, zu der
Zeit, wenn im Tempel das Speiseopfer* darge-
bracht wird, kam von den Bergen Edoms her so
viel Wasser geströmt, dass die ganze Gegend da-
von überschwemmt war.

Der Sieg über die Moabiter

21 Inzwischen hatten die Moabiter* gehört, dass
die Könige von Israel, von Juda und von Edom*
zum Krieg gegen sie anrückten. Alle kampffähi-
gen Männer waren aufgeboten und zur Grenze
geschickt worden. 22 Als sie an jenem Morgen
aufwachten und die Sonne über dem Wasser auf-
ging, da erschien ihnen das Wasser aus der Ent-
fernung rot wie Blut.
23 »Das ist Blut!«, sagten sie. »Bestimmt sind
die drei Könige in Streit geraten und haben sich
samt ihren Heeren gegenseitig umgebracht. Auf,
ihr Moabiter, holt euch die Beute!«
24 Als sie sich aber dem Lager näherten, bra-
chen die Männer Israels hervor und schlugen sie
in die Flucht. Danach drangen die Israeliten in
das Land der Moabiter ein und brachten ihnen
eine schwere Niederlage bei. 25 Sie zerstörten
die Städte, und auf die Äcker warf jeder von
ihnen einen Stein, bis alles Fruchtland unter Stei-
nen begraben war. Alle Quellen wurden zuge-
schüttet und alle Fruchtbäume umgehauen. Nur
die Mauer von Kir-Heres hielt dem Angriff
stand;[a] doch war die Stadt umzingelt und wurde
von den Steinschleuderern beschossen.
26 Als der König von Moab merkte, dass er die
Stadt nicht mehr lange halten konnte, wollte
er mit 700 Kriegern, lauter mit Schwertern
bewaffneten Männern, den Belagerungsring
durchbrechen, und zwar an der Stelle, wo
der König von Edom stand. Der Versuch schei-
terte. 27 Darauf nahm der König seinen erst-
geborenen Sohn, der einmal an seiner Stelle
hätte König werden sollen, und opferte ihn auf
der Stadtmauer dem Gott der Moabiter als
Brandopfer*. Da kam der Zorn des Moabiter-
gottes[b] über die Männer Israels, sodass sie die
Belagerung abbrachen und in ihr Land zurück-
kehrten.

Elischa hilft einer armen Witwe

4 Eine Witwe, deren Mann zur Propheten-
gemeinschaft* um Elischa gehört hatte, bat
den Propheten dringend um Hilfe. »Mein Mann
ist gestorben«, sagte sie. »Du weißt, dass er dem
HERRN treu gedient hat. Nun ist der Gläubiger da
gewesen, dem mein Mann noch Geld schuldet.
Er will mir meine beiden Jungen wegnehmen
und zu seinen Sklaven* machen.«
2 »Was kann ich für dich tun?«, fragte Elischa.
»Sag mir doch: Was hast du noch im Haus?«
»Nichts mehr«, antwortete sie, »nur noch
einen kleinen Krug mit Olivenöl.«
3 Da sagte Elischa: »Geh in der ganzen Nach-
barschaft herum und leih dir Gefäße aus, leere
Gefäße, alles, was du bekommen kannst! 4 Dann
geh ins Haus, schließ hinter dir und deinen Kin-
dern die Tür ab und gieß das Öl in die Gefäße!
Immer, wenn ein Gefäß voll ist, stellst du es bei-
seite!«
5 Die Frau ging in ihr Haus und schloss hinter
sich und ihren Jungen die Tür ab. Die beiden
reichten ihr die Gefäße hin und sie füllte das Öl
ein. 6 Schließlich waren alle Gefäße voll. »Reich
mir noch eins!«, sagte sie zu dem einen Jungen.
Aber der antwortete: »Es ist keins mehr da!« Da
hörte das Öl auf zu fließen.
7 Die Frau kam zum Propheten Elischa[c] und
berichtete, was geschehen war. Elischa sagte:
»Nun geh, verkauf das Öl und bezahle mit dem
Geld deine Schulden! Von dem, was noch übrig
bleibt, kannst du mit deinen Söhnen leben.«

Elischa verspricht einer kinderlosen Frau einen Sohn

8 Eines Tages kam Elischa durch das Dorf Schu-
nem. Dort wohnte eine wohlhabende Frau, die
ihn zum Essen einlud. Jedes Mal wenn er später
dort vorbeikam, kehrte er bei ihr zum Essen ein.
9 Einmal sagte die Frau zu ihrem Mann: »Du
erinnerst dich doch an den Gast, der immer bei
uns einkehrt, wenn er vorbeikommt. Ich weiß,
er ist ein heiliger Mann, der Gott dient und ihm
ganz nahe steht.[d] 10 Wir sollten auf dem flachen
Dach ein kleines Zimmer für ihn bauen und es
gut ausstatten, mit Bett und Tisch, Stuhl und
Leuchter. Wenn er uns besucht, kann er sich
dorthin zurückziehen.« So machten sie es.
11 Als Elischa wieder einmal nach Schunem

a Wörtlich *Nur die Steine (der Mauer) von Kir-Heres ließen sie übrig.*
b *der Zorn des Moabitergottes:* wörtlich *ein gewaltiger Zorn.* Es wird nicht gesagt, wie sich das Menschenopfer im Einzelnen auswirkte, aber mit seiner Wirksamkeit wird offenbar gerechnet. Manche Ausleger nehmen an, dass die Israeliten Abscheu und Entsetzen ergriff. c Wörtlich *zu dem Mann Gottes.* d Wörtlich *ein heiliger* Mann Gottes.*

3,27 Lev 18,21 S **4,1** Ex 21,2-4 **4,2-7** 1 Kön 17,12-16

kam, ging er in sein Zimmer hinauf, um sich auszuruhen. 12 Danach befahl er seinem Diener Gehasi, die Frau heraufzubitten. Sie kam und blieb draußen vor der Tür des Zimmers stehen.

13 Elischa ließ ihr durch seinen Diener sagen: »Du hast dir so viel Mühe um uns gemacht. Kann ich etwas für dich tun? Soll ich mich beim König oder bei seinem Heerführer für dich verwenden?«

Aber sie ließ ihm sagen: »Ich wohne doch hier mitten unter meiner Sippe; ich brauche keine Hilfe.«

14 Elischa fragte Gehasi: »Was könnten wir denn sonst für sie tun?«, und der antwortete: »Es gäbe schon etwas: Sie hat keinen Sohn und ihr Mann ist schon alt.«

15 »Ruf sie herein«, sagte Elischa. Sie kam und blieb in der Tür stehen 16 und Elischa sagte zu ihr: »Im nächsten Jahr um diese Zeit wirst du einen Sohn auf deinen Armen wiegen!« »Ach Herr, du Mann Gottes«, erwiderte sie, »mach mir doch keine falschen Hoffnungen!«

17 Die Frau wurde tatsächlich schwanger und ein Jahr später gebar sie einen Sohn, genau um die Zeit, die Elischa genannt hatte.

Elischa erweckt den Sohn der Frau wieder zum Leben

18 Als der Junge größer geworden war, besuchte er eines Tages seinen Vater draußen auf dem Feld bei den Schnittern. 19 Plötzlich schrie er auf: »Mein Kopf! Mein Kopf tut mir so weh!«

Der Vater befahl einem Knecht: »Trag ihn heim zu seiner Mutter!« 20 Sie hielt das Kind noch bis zum Mittag auf ihren Knien, dann starb es.

21 Die Mutter brachte den Leichnam in das obere Zimmer, legte ihn auf das Bett des Propheten* und schloss die Tür zu. Dann ging sie hinaus aufs Feld 22 und sagte zu ihrem Mann: »Gib mir einen Knecht mit einer Eselin! Ich will schnell zu dem Mann Gottes reiten; ich bin bald wieder zurück.«

23 »Warum gehst du ausgerechnet heute?«, fragte er. »Es ist doch weder Sabbat* noch Neumondstag*!«

»Lass es gut sein«, sagte sie, 24 sattelte die Eselin und befahl dem Knecht: »Treib mir das Tier tüchtig an und hör nicht damit auf, bis ich es dir sage!«

25 So kam sie zu Elischa an den Berg Karmel. Der Prophet sah sie schon von weitem und sagte zu Gehasi: »Da kommt ja die Frau aus Schunem! 26 Lauf ihr entgegen und frag sie: ›Geht es dir gut? Geht es deinem Mann gut? Geht es dem Kind gut?‹«

Die Frau antwortete Gehasi: »Ja, es geht gut!« 27 Aber als sie auf dem Berg bei dem Mann Gottes angelangt war, fiel sie vor ihm nieder und umklammerte seine Füße. Gehasi wollte sie zurückstoßen, aber Elischa sagte: »Lass sie! Sie ist ja ganz verzweifelt. Und der HERR hat mir nicht gesagt, was geschehen ist!«

28 »Ach, mein Herr«, sagte sie, »habe ich dich vielleicht um einen Sohn gebeten! Habe ich nicht gesagt, du sollst mir keine falschen Hoffnungen machen?«

29 Da sagte Elischa zu Gehasi: »Geh so schnell du kannst nach Schunem! Bleib nicht stehen, um irgendjemand zu begrüßen! Und wenn dich jemand begrüßen will, antworte ihm nicht! Nimm meinen Prophetenstab mit und leg ihn auf das Gesicht des Jungen.«

30 Aber seine Mutter sagte: »So gewiss der HERR lebt und du selbst lebst, ich gehe nicht ohne dich von hier weg!« Da ging Elischa mit ihr.

31 Gehasi war vorausgeeilt und hatte den Stock auf das Gesicht des Jungen gelegt; aber der gab kein Lebenszeichen und rührte sich nicht. Gehasi ging zurück, Elischa entgegen, und sagte zu ihm: »Er ist nicht aufgewacht.«

32–33 Als Elischa selbst in das Haus kam, ging er in sein Zimmer und fand den Jungen tot auf seinem Bett liegen. Er schloss die Tür hinter sich ab und betete zum HERRN. 34 Dann legte er sich auf den Jungen, sodass sein Mund dessen Mund berührte und seine Augen und Hände die Augen und Hände des Jungen.

Nachdem er eine Zeit lang so gelegen hatte, wurde der Körper des Jungen wieder warm. 35 Elischa stand auf und ging einmal im Zimmer auf und ab. Dann legte er sich wieder wie vorher auf den Körper des Jungen. Da nieste das Kind siebenmal und schlug die Augen auf.

36 Elischa rief Gehasi und befahl ihm, die Mutter zu holen. Als sie kam, sagte er zu ihr: »Hier hast du deinen Sohn!« 37 Sie trat auf Elischa zu und warf sich vor ihm nieder. Dann nahm sie ihren Sohn und verließ das Zimmer.

Das ungenießbare Gemüse

38 Elischa kehrte nach Gilgal zurück. Im Land herrschte damals Hungersnot. Als die Propheten der dortigen Prophetengemeinschaft* einmal um Elischa versammelt waren, [a] befahl er seinem

a Wörtlich *vor ihm saßen,* wie die Schüler vor dem Lehrer (Meister).

4,14-16 Gen 18,9-11 **4,17** Gen 21,1-2; Ps 113,9 **4,18-37** 1 Kön 17,17-24

Diener: »Setz den großen Topf auf und koche
den Leuten etwas zu essen!«
39 Einer der Männer ging hinaus aufs Feld,
um Malvenfrüchte zu suchen. Aber das Einzige,
was er fand, war ein Rankengewächs mit Früchten wie kleine Gurken. Davon sammelte er, so
viel er in seinem Obergewand* mitnehmen
konnte. Dann schnitt er die Früchte in Stücke
und warf sie in den Topf. Niemand ahnte, dass
sie ungenießbar waren.
40 Das Gericht wurde an alle ausgeteilt. Doch
kaum hatten sie angefangen zu essen, da schrien
sie los: »Elischa,[a] Gift im Topf!« Sie brachten es
nicht hinunter.
41 Da sagte Elischa: »Gebt mir Mehl!« Er warf
es in den Topf und sagte zu seinem Diener: »Teil
es ihnen aus!« Da war das Gericht genießbar.

Brot für hundert Propheten

42 Einmal kam ein Mann aus Baal-Schalischa zu
Elischa. Er brachte ihm als Abgabe vom Erstgeernteten zwanzig Fladenbrote* aus Gerste und
einen Beutel voll Getreidekörner. Elischa befahl
seinem Diener: »Gib das unseren Leuten, damit
sie sich satt essen können!«
43 Aber der Diener erwiderte: »Wie soll das
für hundert Männer reichen?«
Elischa wiederholte: »Gib das unseren Leuten
zu essen! Denn so spricht der HERR: ›Es wird
noch davon übrig bleiben.‹«
44 Da teilte der Diener es an sie aus. Sie aßen
sich satt und ließen noch davon übrig, genau wie
der HERR es angekündigt hatte.

Ein aussätziger Feind sucht Hilfe

5 Naaman, der Heerführer des Königs von
Syrien*, war an Aussatz* erkrankt. Er war
ein tapferer Soldat und der König hielt große
Stücke auf ihn, weil der HERR durch ihn den
Syrern zum Sieg verholfen hatte. 2 In seinem
Haus befand sich ein junges Mädchen, das von
syrischen Kriegsleuten bei einem Streifzug aus
Israel geraubt worden war. Sie war Dienerin bei
seiner Frau geworden.
3 Einmal sagte sie zu ihrer Herrin: »Wenn
mein Herr doch zu dem Propheten* gehen
könnte, der in Samaria lebt! Der würde ihn von
seiner Krankheit heilen.«
4 Naaman ging zum König und berichtete
ihm, was das Mädchen gesagt hatte. 5 »Geh doch
hin«, antwortete der König, »ich werde dir einen
Brief an den König von Israel mitgeben.«
Naaman machte sich auf den Weg. Er nahm
7 Zentner Silber, eineinhalb Zentner Gold[b] und
zehn Festgewänder mit. 6 Er überreichte dem
König von Israel den Brief, in dem es hieß: »Ich
bitte dich, meinen Diener Naaman freundlich
aufzunehmen und von seinem Aussatz zu
heilen.«
7 Als der König den Brief gelesen hatte, zerriss
er sein Gewand und rief: »Ich bin doch nicht
Gott! Er allein hat Macht über Tod und Leben!
Der König von Syrien verlangt von mir, dass ich
einen Menschen von seinem Aussatz heile. Da
sieht doch jeder: Er sucht nur einen Vorwand,
um Krieg anzufangen!«

Der Geheilte erkennt den wahren Gott

8 Als Elischa, der Mann Gottes, davon hörte, ließ
er dem König sagen: »Warum hast du dein
Gewand zerrissen? Schick den Mann zu mir!
Dann wird er erfahren, dass es in Israel einen
Propheten* gibt!«
9 Naaman fuhr mit all seinen pferdebespannten Wagen hin und hielt vor Elischas Haus.
10 Der Prophet schickte einen Boten hinaus und
ließ ihm sagen: »Fahre an den Jordan und tauche
siebenmal darin unter! Dann bist du von deinem
Aussatz* geheilt.«
11 Naaman war empört und sagte: »Ich hatte
gedacht, er würde zu mir herauskommen und
sich vor mich hinstellen, und dann würde er den
HERRN, seinen Gott, beim Namen rufen und
dabei seine Hand über der kranken Stelle hin-
und herbewegen und mich so von meinem Aussatz heilen. 12 Ist das Wasser des Abana und des
Parpar, der Flüsse von Damaskus, nicht besser
als alle Gewässer Israels? Dann hätte ich ja auch
in ihnen baden können, um geheilt zu werden!«
Voll Zorn wollte er nach Hause zurückfahren.
13 Aber seine Diener redeten ihm zu und sagten:
»Herr, bedenke doch: Wenn der Prophet etwas
Schwieriges von dir verlangt hätte, hättest du es
bestimmt getan. Aber nun hat er nur gesagt:
›Bade dich und du wirst gesund!‹ Solltest du es
da nicht erst recht tun?«
14 Naaman ließ sich umstimmen, fuhr zum
Jordan hinab und tauchte siebenmal in seinem
Wasser unter, wie der Mann Gottes es befohlen
hatte. Da wurde er völlig gesund und seine Haut
wurde wieder so rein wie die eines Kindes.
15 Mit seinem ganzen Gefolge kehrte er zu
Elischa zurück, trat vor ihn und sagte: »Jetzt

a Wörtlich *Mann Gottes* (vgl. 4,9.16.22); ebenso in Vers 42.
b Hebräische Maßangaben *10 Zentner** und *6000 Schekel**.
4,42-44 Mk 6,35-44 par **5,1-14** Lk 4,27 **5,7** (Tod und Leben) 1 Sam 2,6 S

weiß ich, dass der Gott Israels der einzige Gott
ist auf der ganzen Erde. Nimm darum von mir
ein kleines Dankgeschenk an!«
16 Aber Elischa erwiderte: »So gewiss der
HERR lebt, dem ich diene: Ich nehme nichts an.«
Sosehr Naaman ihm auch zuredete, Elischa blieb
bei seiner Ablehnung.
17 Schließlich sagte Naaman: »Wenn du schon
mein Geschenk nicht annimmst, dann lass mich
wenigstens so viel Erde von hier mitnehmen,
wie zwei Maultiere tragen können. Denn ich
will in Zukunft keinem anderen Gott mehr
Brand- oder Mahlopfer* darbringen, nur noch
dem HERRN.[a]
18 In einem Punkt jedoch möge der HERR
Nachsicht mit mir haben: Wenn mein König
zum Tempel seines Gottes Rimmon[b] geht, um zu
beten, muss ich ihn mit dem Arm stützen und
mich zugleich mit ihm niederwerfen – der HERR
möge es mir verzeihen!«
19a Elischa sagte: »Kehre heim in Frieden*!«

Der Aussatz trifft Elischas habgierigen Diener

19b Als Naaman schon ein Stück weit entfernt
war, 20 sagte sich Gehasi, der Diener Elischas:
»Mein Herr lässt diesen reichen Syrer mit der
ganzen Last seiner Geschenke wieder abziehen.
Er hätte ihm ruhig etwas davon abnehmen kön-
nen. So gewiss der HERR lebt: Ich laufe hinterher
und hole das nach!«
21 Gehasi lief, so schnell er konnte. Als Na-
aman ihn herankommen sah, stieg er von sei-
nem Wagen, ging ihm entgegen und fragte: »Es
ist doch nichts passiert?«
22 »Nein«, sagte Gehasi, »aber mein Herr lässt
dir sagen: ›Eben sind aus dem Bergland Efraïm
zwei junge Leute von der dortigen Propheten-
gemeinschaft* zu mir gekommen. Gib mir doch
einen Zentner* Silber und zwei Festgewänder
für sie!‹«
23 »Ich bitte dich, nimm zwei Zentner«, sagte
Naaman und drängte es ihm sogar auf. Er ließ das
Silber in zwei Säcke verpacken, legte die beiden
Festgewänder darauf und schickte zwei seiner
Leute mit, die das Geschenk vor Gehasi hertra-
gen sollten. 24 Beim Hügel vor der Stadt schickte
Gehasi die beiden Männer zurück und brachte
die Geschenke heimlich in Elischas Haus.
25 Als er zu seinem Herrn kam, fragte ihn der:
»Woher kommst du, Gehasi?«
»Ich war doch nicht weg«, sagte der Diener.
26 Aber Elischa entgegnete ihm: »Ich war im
Geist dabei, als der Mann von seinem Wagen
stieg und dir entgegenging! Dies ist nicht der
Augenblick, Geld und Festkleider anzunehmen
und sich dafür Olivenhaine und Weingärten,
Schafe und Rinder, Sklaven und Sklavinnen zu-
zulegen. 27 Der Aussatz* Naamans wird dich
und alle deine Nachkommen befallen und ihr
werdet ihn nie wieder loswerden!«
Als Gehasi von Elischa wegging, war seine
Haut vom Aussatz so weiß wie Schnee.

Elischa bringt die ins Wasser gefallene Axt zum Schwimmen

6 Die Männer der Prophetengemeinschaft*
beklagten sich bei Elischa: »Der Raum, in
dem wir zusammenkommen, um dir zuzuhören,
ist zu eng. 2 Wir möchten deshalb zum Jordan
gehen und dort Bäume fällen. Wenn jeder von
uns einen Balken heranschafft, können wir[c]
einen neuen Versammlungsraum bauen.«
»Geht nur!«, sagte Elischa. 3 Aber einer der
Männer bat ihn: »Komm doch mit uns!« Elischa
sagte Ja 4 und ging mit.
So kamen sie an den Jordan und fällten
Bäume. 5 Bei der Arbeit flog plötzlich einem die
eiserne Axtklinge vom Stiel und fiel ins Wasser.
Laut aufschreiend sagte der Mann zu Elischa:
»Herr, was mache ich jetzt? Die Axt war nur ge-
liehen!«
6 Elischa fragte: »Wo ist die Klinge hineinge-
fallen?« Der Mann zeigte ihm die Stelle. Darauf
schnitt Elischa sich einen Stock ab, warf ihn an
der Stelle ins Wasser und die Klinge kam an die
Oberfläche.
7 »Greif sie!«, sagte Elischa. Und der Mann
holte sie sich heraus.

Elischa stiftet Frieden zwischen Syrien und Israel

8 Der König von Syrien* führte Krieg gegen
Israel. Er beriet sich mit seinen Truppenführern
und entschied, an welcher Stelle sie sich für
einen Überraschungsangriff bereithalten woll-
ten. 9 Da schickte Elischa, der Mann Gottes,
einen Boten zum König von Israel, nannte ihm
den Ort und warnte ihn: »Mach einen Bogen um
die Stelle, denn dort wollen sie dich angreifen!«
10 Darauf ließ der König von Israel die Ge-
gend, vor der ihn der Prophet* gewarnt hatte,
gut auskundschaften und war dort besonders
vorsichtig.

a Wegen der besonderen Beziehung des Gottes Israel zum Land Israel will Naaman ihm seine Opfer auf israelitischer Erde darbringen. *b* Ein aramäischer Wettergott (»Brüller«).
c So mit alten Übersetzungen; H hat noch *dort*.

So ging es nicht nur ein- oder zweimal, sondern noch öfter. 11 Den König von Syrien beunruhigte die Sache. Er ließ seine Truppenführer zusammenrufen und sagte: »Einer von den Unseren verrät uns an den König von Israel. Könnt ihr mir sagen, wer es ist?«

12 »Nein, nein, mein Herr und König«, antwortete einer von den Truppenführern. »Der Prophet Elischa ist schuld. Er meldet dem König von Israel sogar, was du in deinem Schlafzimmer sagst.«

13 »Findet mir heraus, wo er ist!«, befahl der König. »Dann werde ich ihn schon in meine Gewalt bringen.«

Man meldete dem König, Elischa sei in Dotan. 14 Da schickte er ein großes Heer dorthin, verstärkt durch eine Streitwagenabteilung. Die Truppen rückten bei Nacht an und umzingelten die Stadt. 15 Als der Diener Elischas morgens aufstand und vor die Tür trat, sah er die Stadt von Truppen und Streitwagen* umstellt.

»Was sollen wir jetzt tun?«, fragte er Elischa.

16 Der gab ihm zur Antwort: »Lass dir keine Angst einjagen, weil es so viele sind! Auf unserer Seite stehen noch mehr.«

17 Darauf betete Elischa: »HERR, öffne doch meinem Diener die Augen!« Da öffnete der HERR ihm die Augen, und er sah: Der ganze Berg, auf dem die Stadt lag, war rings um Elischa bedeckt mit Pferden und Streitwagen aus Feuer.

18 Als die Syrer nun vorrückten, bat Elischa den HERRN: »Schlag sie mit Blindheit!« Und der HERR schlug sie mit Blindheit, wie Elischa es erbeten hatte. 19 Elischa ging ihnen entgegen und sagte zu ihnen: »Ihr müsst den falschen Weg eingeschlagen haben; dies ist nicht die Stadt, die ihr sucht. Folgt mir, ich führe euch zu dem Mann, hinter dem ihr her seid!« Und er führte sie nach Samaria.

20 Dort betete er: »HERR, jetzt öffne ihnen wieder die Augen!« Da öffnete der HERR ihnen die Augen, und sie sahen, dass sie sich mitten in der Stadt Samaria befanden.

21 Als der König von Israel die Syrer sah, fragte er Elischa: »Mein Vater, soll ich sie niedermachen lassen?«

22 »Nein, tu es nicht«, sagte Elischa. »Sogar Soldaten, die du im Kampf gefangen genommen hast, wirst du nicht einfach erschlagen. Gib ihnen lieber etwas zu essen und zu trinken, und dann sollen sie zu ihrem König zurückkehren!«

23 Darauf ließ der König von Israel ein reiches Mahl für sie bereiten. Sie aßen und tranken und durften dann heimkehren. Seitdem unternahmen die Syrer keine Raubzüge mehr in das Gebiet Israels.

Hungersnot im belagerten Samaria

24 Einige Zeit danach zog Ben-Hadad, der König von Syrien*, sein Heer zusammen, fiel in Israel ein und belagerte Samaria. 25 Die Nahrungsmittel in der Stadt wurden so knapp, dass man schließlich für einen Eselskopf 80 Silberstücke* und für eine Hand voll Taubendreck[a] 5 Silberstücke zahlen musste.

26 Eines Tages, als der König von Israel gerade die Stadtmauer inspizierte, rief eine Frau ihm zu: »Hilf mir doch, mein Herr und König!«

27 Der entgegnete: »Hilft dir der HERR nicht, wie soll *ich* dir dann helfen? Es ist kein Getreide mehr da und auch kein Wein. 28 Oder bedrückt dich etwas anderes?«

Da zeigte sie auf eine andere Frau und rief: »Diese Frau da hatte zu mir gesagt: ›Gib deinen Sohn her, den essen wir heute; morgen essen wir dann den meinen.‹ 29 So haben wir also meinen Sohn gekocht und aufgegessen. Als ich aber am folgenden Tag zu ihr sagte: ›Gib deinen Sohn her, wir wollen ihn essen‹, da hatte sie ihn versteckt!«

30 Als der König das hörte, zerriss er sein Gewand. Und weil er oben auf der Mauer stand, konnten alle sehen, dass er darunter auf dem bloßen Leib den Sack* trug. 31 Dann rief der König: »Gottes Zorn soll mich treffen, wenn ich nicht heute Elischa, dem Sohn Schafats, den Kopf abschlagen lasse!«

Elischa sagt das Ende der Hungersnot voraus

32 Sofort machte sich der König auf den Weg zu Elischa und ein Bote musste ihm vorauslaufen. Elischa saß in seinem Haus; die Ältesten* der Stadt waren um ihn versammelt.

Noch ehe der Bote des Königs eintraf, sagte Elischa zu den Ältesten: »Wisst ihr schon, dass der König, dieser Mörder, jemand hergeschickt hat, der mir den Kopf abschlagen soll? Wenn der Mann kommt, schließt die Tür ab und lasst ihn nicht herein! Der König selbst folgt ihm auf dem Fuß!«

33 Elischa hatte noch nicht ausgeredet, da erschien auch schon der König[b] bei ihm und rief: »Wie kann ich noch weiter darauf warten, dass

a Vermutlich Bezeichnung für ein nicht sehr wertvolles Nahrungsmittel; *eine Hand voll:* wörtlich $\frac{1}{4}$ *Kab* = $\frac{1}{3}$ l.
b *König:* vermutlicher Text; H *Bote.*

6,17 Num 22,31; 2 Kön 2,11 **6,18** Gen 19,11 **6,24** 1 Kön 20,1 **6,28-29** Lev 26,29 S

der HERR uns hilft? Er selbst hat uns doch in die-
ses Unglück gestürzt!«
7 Darauf sagte Elischa zu allen Anwesenden:
»Hört das Wort des HERRN! So spricht der
HERR: ›Morgen um diese Zeit sind im Tor von
Samaria fünf Kilo Weizenmehl und zehn Kilo
Gerstenkörner[a] für ein Silberstück* zu kaufen!‹«
2 Der Offizier, der den König begleitete, gab
zurück: »Das ist unmöglich, selbst wenn der
HERR Fenster in den Himmel machen würde!«

Elischa sagte zu ihm: »Du wirst es mit eigenen
Augen sehen, aber nicht mehr davon essen!«

Die Belagerer sind abgezogen

3 Draußen vor dem Stadttor saßen vier Männer,
die den Aussatz* hatten. Sie sagten zueinander:
»Sollen wir hier sitzen bleiben, bis wir sterben?
4 In die Stadt zu gehen hat keinen Sinn, dort kön-
nen wir auch nur verhungern. Gehen wir ins
Lager der Syrer*! Wenn sie uns am Leben lassen,
haben wir Glück gehabt, und wenn nicht – ster-
ben müssen wir sowieso.«
5 Bei Anbruch der Dunkelheit gingen sie zum
syrischen Lager. Aber schon als sie die ersten
Zelte erreichten, merkten sie, dass das Lager ver-
lassen war. 6 Der HERR hatte die Syrer einen
Lärm hören lassen, wie wenn ein großes Heer
mit Pferden und Streitwagen* anrückt. Da hat-
ten sie sich gesagt: »Gewiss hat der König von
Israel die Könige der Hetiter* und die Könige
von Ägypten mit ihren Truppen zu Hilfe gerufen;
die wollen uns jetzt in den Rücken fallen!« 7 Dar-
um hatten sie bei Anbruch der Dunkelheit die
Flucht ergriffen und rannten um ihr Leben. Ihre
Zelte, ihre Pferde und Esel, das ganze Lager, so
wie es war, hatten sie zurückgelassen.
8 Die vier Aussätzigen gingen in eines der
nächstgelegenen Zelte und aßen und tranken
sich erst einmal satt. Dann nahmen sie alles Sil-
ber und Gold und die Gewänder, die sie in dem
Zelt fanden, und versteckten alles außerhalb des
Lagers. Danach gingen sie in ein anderes Zelt,
holten auch dort alle Kostbarkeiten heraus,
brachten sie weg und versteckten sie.
9 Dann aber sagten sie sich: »Das ist nicht
recht, was wir da tun. Heute ist ein großer Tag,
wir haben eine gute Nachricht zu überbringen.
Wenn wir die auch nur bis morgen für uns
behielten, würden wir uns schuldig machen.
Kommt, wir gehen in die Stadt, zum Palast des
Königs, und melden dort, was geschehen ist!«
10 Sie liefen also zur Stadt, riefen die Torwäch-
ter und meldeten ihnen: »Wir sind im Lager der
Syrer gewesen. Kein Mensch ist mehr dort; keine
Menschenstimme war zu hören. Nur die Pferde
und Esel stehen angebunden im Lager und die
Zelte sind noch völlig in Ordnung.«
11 Die Torwächter gaben die Nachricht weiter
und man meldete es im Palast des Königs. 12 Der
König stand auf – es war mitten in der Nacht –
und beriet sich mit seinen hohen Offizieren. Er
sagte: »Ich will euch sagen, was die Syrer mit uns
vorhaben: Sie wissen, wie sehr uns der Hunger
zusetzt. Nun haben sie ihr Lager verlassen und
halten sich im Gelände versteckt. Sie warten nur
darauf, dass wir uns aus der Stadt herauswagen.
Dann werden sie uns alle gefangen nehmen und
in die Stadt eindringen!«
13 Darauf meinte einer der Offiziere: »Wir soll-
ten ein paar von den Pferden, die uns noch ge-
blieben sind, zur Erkundung ausschicken. Denn
auch wenn wir sie hier behielten, würden sie zu-
grunde gehen – genauso wie die vielen Israeli-
ten, die schon umgekommen sind.«
14 Der König ließ also zwei Streitwagen* an-
spannen und gab den Besatzungen den Auftrag,
zu erkunden, wo sich das syrische Heer befinde.
15a Die Kundschafter verfolgten dessen Spur bis
zum Jordan: Der ganze Weg war übersät mit
Kleidungsstücken und Waffen, die die Syrer weg-
geworfen hatten, um auf der Flucht schneller
voranzukommen.

Die Voraussagen Elischas treffen ein

15b Nachdem die Kundschafter zurückgekehrt
waren und dem König Bericht erstattet hatten,
16 stürmte das ganze Volk aus der Stadt hinaus
und plünderte das Lager der Syrer*. Da trat ein,
was der HERR durch Elischa angekündigt hatte:
Fünf Kilo Weizenmehl und zehn Kilo Gersten-
körner waren für ein Silberstück* zu kaufen.
17 Den hohen Offizier, in dessen Begleitung
der König zu Elischa gekommen war, hatte der
König zum Stadttor geschickt, um dort die Ord-
nung aufrechtzuerhalten. Doch er wurde vom
Volk zu Tode getrampelt.

Auch dies geschah genau, wie der Mann Got-
tes es vorausgesagt hatte. 18 Denn als Elischa dem
König verkündet hatte: »Zehn Kilo Gersten-
körner und fünf Kilo Weizenmehl sind morgen
um diese Zeit im Tor von Samaria für ein Silber-
stück zu kaufen!«, 19 hatte der Offizier ihm ge-
antwortet: »Das ist unmöglich, selbst wenn der
HERR Fenster in den Himmel machen würde!«

a Hebräische Maßangaben *1* und *2 Sea* = $^1/_3$ und $^2/_3$ Efa*.
7,3 Lev 13,46 **7,6** 6,17 **7,16-19** 7,1-2

Darauf hatte Elischa ihm angekündigt: »Du wirst
es mit eigenen Augen sehen, aber nichts mehr
davon essen!« 20 Genauso kam es: Das Volk
trampelte ihn im Tordurchgang zu Tode.

Elischa hilft nochmals der Frau aus Schunem

8 Elischa hatte der Frau, deren Sohn er wieder
lebendig gemacht hatte, die Weisung
gegeben: »Zieh weg von hier und suche für dich
und deine Familie anderswo ein Unterkommen!
Denn der HERR schickt eine Hungersnot ins
Land, die sieben Jahre lang anhalten wird.«
2 Die Frau tat, was der Mann Gottes ihr befoh-
len hatte, und blieb mit den Ihren sieben Jahre
im Land der Philister*. 3 Dann kehrte sie nach
Israel zurück und wandte sich an den König,
um ihr Haus und ihre Äcker zurückzubekom-
men.

4 Der König sprach gerade mit Gehasi, dem
Diener Elischas. Er hatte ihn gebeten: »Erzähl
mir doch von den Wundertaten, die Elischa voll-
bracht hat!« 5 Und gerade als Gehasi ihm er-
zählte, wie Elischa einmal einen toten Jungen
wieder lebendig gemacht hatte, erschien die
Frau vor dem König und bat ihn um Hilfe wegen
des Hauses und wegen der Äcker.

»Mein Herr und König«, sagte Gehasi, »das ist
die Frau, deren Sohn wieder lebendig wurde,
und hier ist auch ihr Sohn!« 6 Da ließ sich der
König noch einmal alles von der Frau selbst er-
zählen. Dann gab er ihr einen Hofbeamten mit
und befahl ihm: »Sorge dafür, dass sie alles zu-
rückbekommt, was ihr gehört. Und sieh zu, dass
sie auch vollen Ersatz bekommt für alles, was
man in den Jahren ihrer Abwesenheit auf ihren
Feldern geerntet hat!«

Elischa sagt Hasaël, dass er König von Syrien wird

7 Elischa kam nach Damaskus, als Ben-Hadad,
der König von Syrien*, gerade krank zu Bett lag.
Als der König erfuhr, dass er in der Stadt sei,
8 sagte er zu Hasaël: »Geh zu dem Mann Gottes,
nimm ein Geschenk mit und frage durch ihn den
HERRN, ob ich noch einmal gesund werde oder
nicht!«

9 Hasaël ließ vierzig Kamele mit allen mög-
lichen Kostbarkeiten beladen, wie man sie in Da-
maskus herstellt, und erschien damit bei Elischa.
Er sagte: »Dein ergebener Diener Ben-Hadad,
der König von Syrien, schickt mich zu dir und
lässt fragen, ob er noch einmal gesund wird oder
nicht.«

10 Elischa antwortete: »Geh und sag ihm, dass
er wieder gesund wird. Aber der HERR hat mich
wissen lassen, dass er sterben muss.«
11 Elischas Gesicht wurde starr vor Ent-
setzen.[a] Dann brach der Mann Gottes in Tränen
aus.

12 Hasaël fragte: »Warum weinst du, Herr?«

Elischa erwiderte: »Ich weiß, wie viel Un-
glück du über die Leute von Israel bringen wirst:
Du wirst ihre Städte in Brand stecken, die jungen
Männer umbringen, die Kinder am Boden zer-
schmettern und den schwangeren Frauen den
Leib aufschlitzen.«

13 »Aber mein Herr«, antwortete Hasaël, »ich
bin doch nur ein armer Hund! Wie sollte ich so
etwas Gewaltiges vollbringen können?«

Da sagte Elischa zu ihm: »Der HERR hat mich
wissen lassen, dass du König von Syrien wirst.«

14 Hasaël kehrte zu seinem Herrn zurück. Der
fragte ihn: »Was hat Elischa gesagt?«

»Er hat gesagt, du wirst wieder gesund«, ant-
wortete Hasaël. 15 Am folgenden Tag nahm Ha-
saël ein Tuch, tauchte es in Wasser, presste es auf
das Gesicht des Königs und erstickte ihn. Dann
übernahm er selbst die Herrschaft als König von
Syrien.

WEITERE GESCHICHTE DER GETRENNTEN REICHE ISRAEL UND JUDA (8,16–16,20)

Über König Joram von Juda

(2 Chr 21,1-20)

16 Im fünften Regierungsjahr Jorams, des Sohnes
Ahabs, des Königs von Israel, wurde Joram, der
Sohn Joschafats, König von Juda. Er führte die
Regierungsgeschäfte zunächst gemeinsam mit
seinem Vater Joschafat. 17 Er war 32 Jahre alt, als
er König wurde, und regierte acht Jahre lang in
Jerusalem.

18 Er hatte eine Tochter[b] Ahabs zur Frau. Wie
die Familie Ahabs folgte er dem schlechten Bei-
spiel der Könige von Israel und tat, was dem
HERRN missfällt. 19 Doch der HERR wollte Juda
nicht vernichten. Er hatte ja seinem Diener Da-
vid versprochen, dass sein Licht nicht verlöschen

a vor Entsetzen: wörtlich *und er entsetzte sich bis zum Schämen* (d. h. maßlos). So mit veränderten Vokalen; H *und er richtete (den Blick) bis zum Schämen.*

b Nach 8,26-27 ist sie eine Tochter Omris und Schwester Ahabs, was den Altersverhältnissen eher entsprechen würde.

8,1 4,8-37 **8,8** 1 Kön 22,5 S **8,12** 10,32-33; 12,18; 13,3-7.22 **8,13** 1 Kön 19,15 **8,19** 1 Kön 11,36 S

sollte und in alle Zukunft einer seiner Nachkom-
men König sein würde.
20 Während der Regierungszeit Jorams sagten
sich die Edomiter* von der Oberherrschaft Judas
los und setzten einen eigenen König ein. 21 Jo-
ram zog darauf mit allen seinen Streitwagen*
nach Edom und kam bis in die Gegend der Stadt
Zaïr. Dort wurde er samt seinen Streitwagen von
den Edomitern eingeschlossen. Aber in der
Nacht schlug er gegen sie los und brachte ihnen
eine solche Niederlage bei, dass sie alle die
Flucht ergriffen und in ihre Ortschaften heim-
kehrten. 22 Trotzdem ist Edom seit damals von
Juda unabhängig geblieben. Zur gleichen Zeit be-
freite sich auch die Stadt Libna von der Ober-
herrschaft Judas.
23 Was es sonst noch über Joram und seine
Taten zu berichten gibt, ist in der amtlichen
Chronik der Könige von Juda nachzulesen. 24 Als
er starb, wurde er in der Grabstätte seiner Vor-
fahren in der Davidsstadt* bestattet. Sein Sohn
Ahasja wurde sein Nachfolger.

Über König Ahasja von Juda

(2 Chr 22,1-6)

25 Im zwölften Regierungsjahr Jorams, des
Königs von Israel, wurde Ahasja König von Juda.
Er war der Sohn des Königs Joram von Juda.
26–27 Er war 22 Jahre alt, als er König wurde, und
regierte nur ein Jahr lang in Jerusalem.

Durch seine Mutter Atalja, eine Tochter des Königs Omri von Israel, war er mit der Familie von König Ahab verwandt, und er folgte auch ganz dem schlechten Beispiel der Ahabssippe und tat, was dem HERRN missfällt.

28 Gemeinsam mit Joram, dem Sohn Ahabs,
zog er nach Ramot in Gilead* in den Kampf ge-
gen König Hasaël von Syrien*. Joram wurde von
den Syrern verwundet 29 und zog sich nach Jes-
reel zurück, um seine Wunden ausheilen zu
lassen. Ahasja kam nach Jesreel und besuchte ihn.

Jehu wird zum König von Israel gesalbt

9 Elischa rief einen Prophetenjünger* zu sich
und sagte zu ihm: »Nimm dieses Gefäß mit
Salböl und geh, so schnell du kannst, in die Stadt
Ramot in Gilead*! 2 Sieh dich dort um nach Jehu,
dem Sohn von Joschafat und Enkel von Nimschi!
Hol ihn aus dem Kreis der anderen Offiziere
heraus und nimm ihn mit in einen Raum, wo du
mit ihm unter vier Augen bist! 3 Dort gieße das
Öl auf seinen Kopf mit den Worten: ›Der HERR
sagt: Ich salbe* dich zum König über Israel!‹
Und dann verschwinde, so schnell du kannst!«
4 Der Prophetenjünger, der Abgesandte Eli-
schas, ging nach Ramot in Gilead. 5 Als er an-
kam, saßen gerade alle Truppenführer beisam-
men. Er sagte: »Oberst, ich habe eine Botschaft
für dich.«

Jehu fragte: »An wen von uns?«

»An dich, Oberst!«, erwiderte der Prophetenjünger.

6 Jehu stand auf und ging mit ihm ins Haus.
Dort goss der Prophetenjünger das Salböl auf
Jehus Kopf mit den Worten: »So spricht der
HERR, der Gott Israels: ›Ich salbe dich zum König
über mein Volk Israel! 7 Du sollst alle Nachkom-
men Ahabs umbringen, als ersten deinen Herrn,
den König! Auf diese Weise will ich Isebel dafür
bestrafen, dass sie meine Diener ermorden ließ,
die Propheten* und all die anderen, die mir treu
geblieben waren.
8 Ja, die ganze Familie Ahabs soll umkom-
men! Alle seine männlichen Nachkommen, die
Unmündigen genauso wie die Mündigen, werde
ich aus Israel ausrotten. 9 Der Familie Ahabs
wird es ebenso ergehen wie der Familie von Jero-
beam, dem Sohn von Nebat, und der Familie
von Bascha, dem Sohn von Ahija. 10 Isebels
Leiche aber sollen die Hunde fressen auf den
Äckern von Jesreel; niemand wird sie begra-
ben!‹«

Nachdem der Prophetenjünger das gesagt hatte, verließ er das Haus und floh.

11 Als Jehu zu den anderen Offizieren heraus-
kam, fragten sie ihn: »Gibt's was Besonderes?
Was wollte der Verrückte von dir?«

Jehu antwortete: »Ihr wisst doch selbst, was das für einer war und dass solche Leute nur Unsinn reden.«

12 Doch die Offiziere meinten: »Keine Aus-
flüchte! Heraus mit der Sprache!«

Da antwortete Jehu: »Er hat mir verkündet: ›So spricht der HERR: Ich salbe dich zum König über Israel!‹«

13 Sofort nahmen die Offiziere ihre Mäntel
und breiteten sie auf den Stufen vor dem Haus
als Teppich vor Jehu aus. Dann ließen sie die
Widderhörner* blasen und riefen: »Jehu ist
König!«

Das Ende der Könige Joram und Ahasja

14 Jehu, der Sohn von Joschafat und Enkel von
Nimschi, machte sich sofort daran, König Joram
zu stürzen. Joram hatte unter Einsatz des ganzen

8,20 Gen 27,40; 1 Kön 22,48 **8,28** 1 Kön 22,1-38 **9,3** 1 Sam 16,13; 1 Kön 19,16 **9,7** 1 Kön 18,4; 19,2; 21,8-10 **9,9** 1 Kön 16,3 S **9,10** 9,36; 1 Kön 21,23 **9,11** Jer 29,26; Hos 9,7 **9,13** Mk 11,7-10 par; 1 Kön 1,39

israelitischen Heeres die Stadt Ramot in Gilead*
gegen den syrischen König Hasaël verteidigt.
15 Er war aber im Kampf mit den Syrern* ver-
wundet worden und musste sich nach Jesreel
zurückziehen, um dort seine Wunden ausheilen
zu lassen.

Jehu sagte zu den Offizieren, die in Ramot
um ihn versammelt waren: »Wenn ihr einver-
standen seid, lassen wir keinen aus der Stadt ent-
kommen, der nach Jesreel gehen und erzählen
kann, was hier geschehen ist.«

16 Dann brach er mit einer kleinen Streitwa-
genabteilung auf und fuhr selbst nach Jesreel.
Dort befand sich nicht nur der kranke König
Joram, sondern auch Ahasja, der König von Juda.
Er war gekommen, um Joram einen Besuch ab-
zustatten.

17 Als der Wachtposten auf dem Turm von
Jesreel die Streitwagenkolonne kommen sah,
meldete er es dem König. Der König befahl:
»Schickt den Leuten einen Reiter entgegen; er
soll fragen, ob es gut steht mit dem Kampf.«

18 Der Reiter kam bei der Kolonne an und
sagte zu Jehu: »Der König lässt fragen, ob alles
gut steht.«

Jehu antwortete: »Was geht das dich an? Reih
dich hinter mir ein!«

Der Wachtposten meldete: »Der Reiter hat die
Kolonne erreicht, aber er kommt nicht zurück!«
19 Da schickte der König einen zweiten Reiter.
Auch er sagte: »Der König lässt fragen, ob alles
gut steht.« Und auch ihm antwortete Jehu: »Was
geht das dich an? Reih dich hinter mir ein!«

20 Wieder meldete der Wachtposten: »Der
Reiter hat die Kolonne erreicht, aber er kommt
nicht zurück!« Und er fügte hinzu: »Der Anfüh-
rer der Kolonne fährt wie ein Verrückter; das
kann nur Jehu sein!«

21 Joram befahl: »Spannt meinen Wagen an!«
Auch der Wagen von Ahasja wurde angespannt,
und beide Könige, Joram von Israel und Ahasja
von Juda, fuhren Jehu entgegen. Auf dem Grund-
stück Nabots trafen sie mit ihm zusammen.

22 Als Joram Jehu erblickte, fragte er ihn:
»Steht alles gut, Jehu?«

Der gab zur Antwort: »Was soll das heißen?
Kann es gut stehen, solange deine Mutter Isebel
fremden Göttern nachläuft und Zauberei treibt?«

23 König Joram wendete seinen Wagen, rief:
»Verrat, Ahasja!«, und fuhr davon. 24 Aber Jehu
spannte seinen Bogen und traf Joram zwischen
die Schulterblätter, sodass der Pfeil das Herz
durchbohrte und mit der Spitze vorn wieder
herauskam. Joram brach in seinem Wagen tot
zusammen.

25 Jehu befahl seinem Adjutanten Bidkar:
»Nimm ihn und wirf ihn auf das Grundstück
Nabots! Erinnerst du dich noch an das, was der
HERR einst zu Ahab, dem Vater Jorams, sagen
ließ? Wir beide fuhren damals in unseren Wagen
dicht hinter dem König. Der HERR ließ ihm
sagen: 26 ›Ich habe gesehen, wie man gestern
Nabot und seine Söhne ermordet hat. Hier, auf
dem Grundstück Nabots, werde ich dich dafür
zur Rechenschaft ziehen!‹ Also nimm ihn und
wirf ihn hin; so geschieht, was der HERR gesagt
hat.«

27 Als König Ahasja von Juda sah, was ge-
schah, floh er in Richtung Bet-Gan. Jehu jagte
ihm nach und befahl seinen Leuten: »Schießt
auch ihn nieder!« Und sie schossen auf ihn. Wo
der Weg bei Gur in der Nähe von Jibleam berg-
auf führt, wurde Ahasja auf seinem Wagen von
Pfeilen verwundet. Er kam noch bis Megiddo;
dort starb er.

28 Seine Diener brachten den toten König auf
einem Wagen nach Jerusalem und bestatteten
ihn in seiner Grabstätte in der Davidsstadt*
neben seinen Vorfahren. 29 Im elften Regierungs-
jahr Jorams, des Sohnes Ahabs, war Ahasja
König von Juda geworden.

Das Ende der Königin Isebel

30 Jehu kehrte zur Stadt Jesreel zurück und Isebel
wurde davon unterrichtet. Sie schminkte sich die
Augenränder, frisierte sich und zeigte sich am
Fenster des Palastes. 31 Als Jehu durchs Tor fuhr,
rief sie ihm zu: »Na, Simri, Mörder deines Herrn,
steht alles gut?«

32 Jehu schaute zum Fenster hinauf und rief:
»Wer hält zu mir?« Ein paar Hofbeamte schauten
zu ihm hinunter. 33 »Werft sie zum Fenster hin-
aus!«, befahl er ihnen und sie taten es. Isebels
Blut spritzte an der Mauer und an den Pferden
hoch und Jehu fuhr über sie hinweg.

34 Dann ging er in den Palast und ließ Essen
und Trinken auftragen. Nach dem Mahl sagte er:
»Seht doch nach Isebel, diesem Weib, das der
HERR verflucht hat, und begrabt sie! Sie ist im-
merhin eine Königstochter!« 35 Aber die Männer,
die sie begraben wollten, fanden von ihr nur
noch den Schädel und die Füße und Hände.

36 Sie berichteten es Jehu und der sagte: »So
ist eingetroffen, was der HERR durch seinen Die-
ner Elija aus Tischbe angekündigt hat: ›Vor Jes-
reel sollen die Hunde das Fleisch Isebels fressen,

9,15-16 8,29 **9,21** 1 Kön 21,1-16 **9,25-26** 1 Kön 21,19 **9,27-28** 2 Chr 22,6-9 **9,28** 14,20; 23,30 **9,31** (Simri) 1 Kön 16,9-10.15-18 **9,36** 1 Kön 21,23

37 ihre Leiche soll wie Mist auf dem Acker wer-
den; niemand wird mehr sagen können: Das ist
Isebel.‹«

Jehu rottet die Familie Ahabs aus

10 In Samaria gab es siebzig Söhne und Enkel
von Ahab. Jehu schickte Briefe an die maß-
geblichen Männer der Stadt: an die königlichen
Bevollmächtigten in Jesreel, an die Ältesten* der
Stadt und an die Erzieher der Prinzen. In den
Briefen hieß es:
2 »Bei euch sind die Söhne eures Herrn, ihr
verfügt über Pferde und Streitwagen*, eure Stadt
ist gut befestigt und ihr habt Waffen genug. 3 Also
sucht den fähigsten unter den Prinzen aus, setzt
ihn auf den Thron seines Vaters und kämpft für
das Königtum eures Herrn!«
4 Aber die Männer hatten große Angst vor
Jehu. Sie sagten: »Mit den zwei Königen ist er
schon fertig geworden, wie sollten wir uns da
gegen ihn behaupten können?« 5 Die maßgeb-
lichen Männer – der Palastkommandant, der
Stadtkommandant, die Ältesten und die Erzieher
– ließen also Jehu mitteilen: »Wir stehen zu
deinen Diensten! Wir werden alles ausführen,
was du befiehlst. Wir wollen niemand hier zum
König machen. Tu, was du für richtig hältst.«
6 Darauf schrieb Jehu ihnen einen zweiten
Brief. Darin hieß es: »Wenn ihr auf meiner Seite
steht und bereit seid, meinen Befehlen zu folgen,
dann kommt morgen um diese Zeit zu mir nach
Jesreel und bringt die Köpfe der Söhne eures
Herrn mit!« – Die siebzig Königssöhne wurden
nämlich in Samaria von den vornehmsten
Bürgern der Stadt erzogen. – 7 Die maßgeblichen
Männer von Samaria ließen darauf die Prinzen
umbringen, siebzig Mann, und ihre Köpfe in
Körbe legen und nach Jesreel schaffen.
8 Als Jehu gemeldet wurde, man habe die
Köpfe der Königssöhne gebracht, gab er den Be-
fehl, sie in zwei Haufen vor dem Stadttor aufzu-
stapeln und dort bis zum nächsten Morgen lie-
gen zu lassen. 9 Am nächsten Morgen erschien
er selbst vor dem Stadttor und sagte zu den Män-
nern, die sich dort einfanden: »Euch trifft keine
Schuld! *Ich* habe die Verschwörung gegen mei-
nen Herrn, den König, angezettelt und ihn getö-
tet. Aber wer hat die hier alle umgebracht? 10 Er-
kennt daran, dass alles in Erfüllung geht, was der
HERR der Familie Ahabs angedroht hat. Der HERR
hat getan, was er durch seinen Diener Elija ange-
kündigt hatte.«
11 Darauf ließ Jehu auch noch alle Mitglieder
der Familie Ahabs umbringen, die sich in Jesreel
befanden, ebenso alle hohen Beamten, Ratgeber
und Priester des Königs; keiner kam mit dem
Leben davon.
12 Dann machte sich Jehu auf den Weg nach
Samaria. Bei Bet-Eked-Roïm 13 traf er auf Ver-
wandte des Königs Ahasja von Juda. Er fragte:
»Wer seid ihr?«
Sie antworteten: »Wir sind Verwandte von
König Ahasja und wollen nach Jesreel, um der
königlichen Familie, besonders den Söhnen des
Königs und den Söhnen der Königsmutter*,
einen Besuch abzustatten.«
14 Jehu befahl seinen Leuten: »Nehmt sie
gefangen!« Sie wurden gefangen abgeführt und
bei der Zisterne von Bet-Eked[a] getötet. Es waren
42 Mann; keiner von ihnen kam mit dem Leben
davon.
15 Als Jehu in Richtung Samaria weiterzog, be-
gegnete ihm Jonadab, der Sohn Rechabs. Jehu
begrüßte ihn und fragte: »Kann ich mich auf dich
verlassen, so wie du dich auf mich verlassen
kannst?«
Jonadab antwortete: »Du kannst es!«
»Dann gib mir deine Hand«, sagte Jehu. Jona-
dab gab Jehu die Hand. Darauf ließ Jehu ihn zu
sich in den Wagen steigen 16 und sagte: »Komm
mit und sieh dir an, wie leidenschaftlich ich
mich für den HERRN einsetze!« Und Jonadab fuhr
mit.
17 In Samaria angekommen tötete Jehu alle,
die von Ahabs Verwandtschaft noch übrig geblie-
ben waren. Er rottete die Familie Ahabs vollstän-
dig aus. So trat ein, was der HERR durch Elija an-
gekündigt hatte.

Jehu rottet die Verehrer Baals aus

18 Nun versammelte Jehu das Volk von Samaria
und verkündete: »Ahab hat Baal* zu wenig ver-
ehrt; das soll jetzt anders werden! 19 Ruft alle
Propheten Baals zusammen, alle seine Priester
und alle, die ihn verehren! Keiner darf fehlen,
denn ich will zu Ehren Baals ein großes Opferfest
veranstalten. Wer nicht kommt, wird mit dem
Tod bestraft!« In Wahrheit aber wollte Jehu alle
Verehrer Baals umbringen.
20 Er befahl also, eine Festversammlung zu
Ehren Baals auszurufen. 21 Er schickte Boten
durch das ganze Gebiet Israels und alle Verehrer
Baals kamen in Samaria zusammen. Es gab kei-
nen, der dem Aufruf nicht folgte. Sie gingen alle

a Der volle Name in Vers 12 bedeutet »Schurhaus der Hirten«.

10,8 1 Sam 17,51.54; 31,9; 2 Sam 4,7-8 **10,10** 1 Kön 21,18-24 **10,11** Hos 1,4 **10,15** Jer 35,6-10 **10,17** 1 Kön 21,21 **10,18** 1 Kön 16,31-32 **10,19** 1 Kön 18,19-40

in den Vorhof des Tempels Baals und der ganze
Hof war voll von Menschen.
22 Jehu befahl dem Mann, der für die heiligen
Gewänder zuständig war: »Gib an alle Verehrer
Baals Festgewänder aus!« Als das geschehen
war, 23 ging er zusammen mit Jonadab, dem
Sohn Rechabs, in den Tempel und rief den Baals-
verehrern zu: »Seht euch um und sorgt dafür,
dass hier wirklich nur Verehrer Baals anwe-
send sind! Für Verehrer des HERRN ist hier kein
Platz!«
24 Dann traten Jehu und Jonadab an den
Altar, um zu Ehren Baals Brandopfer* und Mahl-
opfer* darzubringen. Jehu hatte aber außerhalb
des Tempelbezirks 80 Mann bereitgestellt und
ihnen gesagt: »Wer von euch auch nur einen der
Baalsverehrer entwischen lässt, der bezahlt es
mit seinem Leben!«
25 Nachdem die Opfer dargebracht waren,
gab Jehu der Leibwache und den Offizieren den
Befehl: »Kommt herein! Erschlagt sie alle! Keiner
darf entkommen!« Da brachten sie alle Verehrer
Baals um und warfen die Leichen hinaus.

Dann gingen sie in den innersten Bereich des
Baals-Tempels, 26 holten die geweihten Pfähle*
heraus und verbrannten sie. 27 Das Steinmal*,
das zu Ehren Baals errichtet worden war, schlu-
gen sie in Stücke. Schließlich rissen sie die ganze
Tempelanlage nieder; bis heute wird der Platz als
öffentlicher Abort benutzt.

Abschließende Bemerkungen über Jehu und seine Regierungszeit

28 So machte Jehu der Verehrung Baals* in Israel
ein Ende. 29 Nur von dem Götzendienst Jerobe-
ams, zu dem dieser ganz Israel verführt hatte,
konnte er nicht lassen: Die goldenen Stierbilder*
in Bet-El und Dan blieben unangetastet.
30 Der HERR sagte zu Jehu: »Du hast getan,
was mir gefällt; alles, was ich der Familie Ahabs
zugedacht hatte, hast du ausgeführt. Deshalb
werden deine Nachkommen bis in die vierte Ge-
neration Könige von Israel sein!«
31 Doch befolgte Jehu das Gesetz* des HERRN,
des Gottes Israels, nicht mit ungeteiltem Herzen:
Er blieb bei dem Götzendienst, zu dem Jerobeam
ganz Israel verführt hatte.
32–33 Während der Regierungszeit von Jehu
fing der HERR an, das Gebiet Israels zu beschnei-
den: König Hasaël von Syrien* eroberte das gan-
ze Gebiet östlich des Jordans, von der Stadt
Aroër, die am Arnon liegt, bis hinauf zum Berg-
land Gilead* und der Landschaft Baschan*, das
sind die Stammesgebiete von Gad, Ruben und
Ost-Manasse.
34 Was es sonst noch über Jehu zu berichten
gibt, über seine Taten und Erfolge, ist in der amt-
lichen Chronik der Könige von Israel nachzu-
lesen. 35 Als er starb, wurde er in Samaria bestat-
tet. Sein Sohn Joahas wurde sein Nachfolger.
36 28 Jahre lang war Jehu in Samaria König über
das Reich Israel gewesen.

Atalja versucht, das Königshaus Davids auszurotten

(2 Chr 22,10-12)

11 Als Atalja, die Mutter von Ahasja, erfuhr,
dass ihr Sohn tot war, ließ sie alle Angehöri-
gen der königlichen Familie umbringen. 2 Aber
Joscheba, die Tochter von König Joram und
Schwester von Ahasja, holte heimlich Ahasjas
kleinen Sohn Joasch samt seiner Amme aus der
Mitte der Prinzen, die in ihren Betten getötet
werden sollten. Sie versteckte ihn vor Atalja, so-
dass er am Leben blieb. 3 Sechs Jahre lang hielt
sie ihn im Bereich des Tempels* verborgen, so-
lange Atalja das Land regierte.

Aufstand gegen Atalja und Wiederherstellung des Königtums der Davidsnachkommen

(2 Chr 23,1-21)

4 Im siebten Jahr ließ der Priester Jojada die Offi-
ziere der königlichen Leibgarde* und der Palast-
wache zu sich in den Tempel* kommen. Dort
schloss er mit ihnen einen Pakt. Er ließ sie Treue
schwören und zeigte ihnen den Sohn des Königs.
5 Dann gab er ihnen folgende Anweisungen:
»Ein Drittel eurer Leute, die am nächsten Sab-
bat* den Dienst antreten, bewacht den Königs-
palast, 6 das zweite Drittel das Tor Sur und das
letzte Drittel das Tor hinter dem Haus der Palast-
wache. Mit diesen drei Gruppen sollt ihr verhin-
dern, dass jemand in den Tempelbereich ein-
dringt. 7 Die zwei Abteilungen eurer Leute aber,
die am Sabbat ihren Dienst gerade beenden, sol-
len im Tempelbereich bleiben und den König be-
schützen. 8 Sie sollen mit der Waffe in der Hand
einen Kreis um ihn bilden und ihn auf Schritt
und Tritt begleiten. Wer in den Kreis einzudrin-
gen versucht, wird getötet!«
9 Die Offiziere befolgten genau die Anweisun-
gen Jojadas. Jeder rief seine Leute zusammen:
die Männer, die am Sabbat den Dienst began-
nen, und die, die ihn beendeten. Mit ihnen
kamen sie zu Jojada. 10 Der Priester übergab den

10,29 1 Kön 12,28-30 **10,32-33** 8,12 S **11,1** 9,27 **11,10** 2 Sam 8,7.11-12

Offizieren die Speere und Schilde, die noch von König David stammten und sich jetzt im Tempelbereich befanden. 11 Jeder der Männer bekam seine Waffe in die Hand, dann stellten sie sich vor dem Tempelhaus auf, im Halbkreis von der südlichen Ecke über den Brandopferaltar* bis zur nördlichen Ecke, um den König nach allen Seiten abzusichern.

12 Darauf führte Jojada den Sohn des Königs heraus, um ihn zum König zu machen. Er setzte ihm die Krone auf und überreichte ihm die Krönungsurkunde. Dann wurde er gesalbt* und alle klatschten in die Hände und riefen: »Hoch lebe der König!«

13 Als Atalja die Jubelrufe der Palastwache und des Volkes hörte, begab sie sich zu der Menge am Tempel des HERRN. 14 Da sah sie den neu gekrönten König auf dem Platz stehen, wo nach altem Brauch der König zu stehen pflegt. Er war umgeben von den Offizieren und den Trompetern. Die Männer von Juda jubelten vor Freude und die Trompeten schmetterten.

Atalja zerriss ihr Gewand und schrie: »Verrat! Verschwörung!« 15 Der Priester Jojada aber wollte nicht, dass man sie im Bereich des Tempels tötete. Darum befahl er den Offizieren der Leibgarde: »Führt sie zwischen den Reihen eurer Leute hinaus! Wer ihr folgt, wird mit dem Schwert getötet!« 16 Sie ergriffen Atalja und brachten sie über den Pferdeeingang in den Palastbezirk. Dort wurde sie hingerichtet.

17 Jojada ließ den König und das Volk von Juda einen Bund* mit dem HERRN schließen. Sie verpflichteten sich dazu, Ernst damit zu machen, dass sie das Volk des HERRN waren. Ebenso ließ er den König und das Volk untereinander einen Bund schließen. 18 Darauf zogen alle Männer von Juda zum Tempel des Gottes Baal* und rissen ihn nieder. Sie zertrümmerten die Altäre und die Götterbilder und erschlugen Mattan, den Priester Baals, dort vor den Altären.

Nachdem Jojada zum Schutz des Tempels Wachen aufgestellt hatte, 19 rief er alle zusammen, die Offiziere, die Leute der Leibgarde und der Palastwache und die Männer von Juda. Zusammen mit ihnen geleitete er den König vom Tempel durch das Tor der Palastwache zum Palast hinab. Dort nahm der König auf seinem Thron Platz. 20 Alle Männer Judas freuten sich, die Bewohner der Stadt aber blieben ruhig. Atalja war im Palast mit dem Schwert getötet worden.

Über König Joasch von Juda

(2 Chr 24,1-3)

12 Joasch war sieben Jahre alt, als er König wurde. 2 Im siebten Regierungsjahr von Jehu, dem König von Israel, kam er auf den Thron und er regierte 40 Jahre lang in Jerusalem. Seine Mutter hieß Zibja und stammte aus Beerscheba. 3 Er tat zeitlebens, was dem HERRN gefällt, so wie es ihn der Priester Jojada gelehrt hatte. 4 Die Opferstätten* rings im Land ließ er jedoch bestehen, sodass das Volk auch weiterhin an diesen Stätten Opfer darbrachte.

Joasch sorgt für die Instandsetzung des Tempels

(2 Chr 24,4-14)

5 Joasch gab den Priestern die Anweisung: »Alles Geld, das als eine dem HERRN geweihte Gabe zum Tempel* gebracht wird – sowohl die pflichtmäßigen Zahlungen als auch die freiwilligen Gaben –, 6 sollen die Priester in Empfang nehmen, jeder von dem Tempelbesucher, der sich an ihn wendet. *Sie* sind dann dafür verantwortlich, dass von dem Geld Reparaturen am Tempel ausgeführt und die baufälligen Teile ausgebessert werden.«

7 Aber im 23. Regierungsjahr des Königs Joasch hatten die Priester die baufälligen Teile immer noch nicht ausbessern lassen. 8 Da ließ der König den Priester Jojada und die anderen Priester zu sich kommen und fragte: »Warum habt ihr den Tempel immer noch nicht ausbessern lassen? Von jetzt an sollt ihr das Geld nicht mehr selbst in Empfang nehmen, denn ihr verwendet es offensichtlich nicht für die Instandsetzung des Tempels!« 9 Die Priester waren einverstanden: Das Geld, das das Volk zum Tempel brachte, sollte nicht mehr an sie ausgehändigt werden, sie waren dann aber auch nicht mehr verantwortlich für die Instandsetzung des Tempels.

10 Der Priester Jojada ließ nun einen Kasten anfertigen und in den Deckel ein Loch machen. Er stellte ihn neben dem Altar*, rechts vom Tempeleingang, auf. In diesen Kasten legten die Priester, die an den Tempeltoren die Aufsicht führten, alles Geld, das zum Tempel gebracht wurde. 11 Wenn der Kasten voll war, ließen sie den Staatsschreiber und den Obersten Priester* kommen. In deren Gegenwart wurde das Geld in Beutel abgepackt, gewogen und registriert 12 und danach den Meistern ausgehändigt, die mit der Instandsetzung des Tempels betraut

11,12 (gesalbt) 1 Sam 16,13 S **11,14** 23,3; 1 Kön 1,39 **11,19** 1 Kön 1,46 **12,4** 1 Kön 3,2-3 S **12,5** Ex 30,11-16; Lev 27,1-8 **12,10-16** 22,3-7

waren. Diese bezahlten damit die Zimmerleute,
Bauarbeiter, 13 Maurer und Steinmetze und kauf-
ten davon das Bauholz und die Steine und was
sonst noch für die Instandsetzung des Tempels
gebraucht wurde.
14 Das Geld wurde nicht für die Herstellung
von Tempelgeräten verwendet, für silberne
Schüsseln, Messer, Schalen, Trompeten oder an-
dere Tempelgeräte aus Gold oder Silber, 15 son-
dern den Meistern übergeben, die den Tempel
instand zu setzen hatten. 16 Von diesen Männern
wurde keine Rechenschaft verlangt über die Ver-
wendung der Gelder; sie handelten auf Treu und
Glauben.
17 Das Geld aber, das bei Wiedergutmachungs-
opfern* und Sühneopfern* zu entrichten war,
wurde nicht für die Instandsetzung des Tempels
verwendet. Es gehörte den Priestern.

Joasch bewahrt Jerusalem vor dem Angriff der Syrer

(2 Chr 24,23-24)

18 Damals griff Hasaël, der König von Syrien*,
die Stadt Gat an und eroberte sie. Danach traf er
Vorbereitungen, auch Jerusalem anzugreifen.
19 Doch König Joasch von Juda nahm alle Gaben,
die seine Vorfahren, die Könige Joschafat, Joram
und Ahasja, dem HERRN geweiht hatten, dazu
auch die Gaben, die von ihm selbst stammten,
sowie alles Gold, das sich in den Schatzkammern
des Tempels und des königlichen Palastes be-
fand, und ließ das alles als Geschenk zu König
Hasaël bringen. Da verzichtete Hasaël darauf,
Jerusalem anzugreifen.

Joaschs Ende und sein Nachfolger

(2 Chr 24,25-26)

20 Was es sonst noch über Joasch und seine Taten
zu berichten gibt, ist in der amtlichen Chronik
der Könige von Juda nachzulesen. 21–22 Schließ-
lich fiel er einer Verschwörung seiner Hofleute
zum Opfer. Zwei von ihnen, Josachar, der Sohn
Schimats, und Josabad, der Sohn Schomers, er-
mordeten ihn in dem Haus am Millo*, dort, wo
der Weg nach Silla hinabführt. Joasch wurde in
der Grabstätte seiner Vorfahren in der Davids-
stadt* bestattet. Sein Sohn Amazja wurde sein
Nachfolger.

Über König Joahas von Israel

13 Im 23. Regierungsjahr von Joasch, dem
König von Juda, wurde Joahas, der Sohn
von Jehu, König von Israel und er regierte
17 Jahre lang in Samaria. 2 Er tat, was dem
HERRN missfällt. Er folgte dem schlechten Bei-
spiel Jerobeams und hörte nicht auf mit dem Göt-
zendienst, zu dem Jerobeam die Leute im Reich
Israel verführt hatte.
3 Da traf der Zorn des HERRN die Israeliten:
Während der Zeit, in der Joahas regierte, gab er
sie immer wieder in die Gewalt des Syrerkönigs
Hasaël und seines Sohnes Ben-Hadad.
4 Als Joahas jedoch den HERRN um Hilfe an-
flehte, hörte ihn der HERR; er sah ja, wie hart der
Syrerkönig Israel zusetzte. 5 Der HERR schickte
den Leuten von Israel einen Retter, sodass sie
sich aus der Gewalt der Syrer* befreien und wie
zuvor in Frieden leben konnten.
6 Dennoch blieben sie bei dem Götzendienst,
zu dem die Familie Jerobeams die Leute im Reich
Israel verführt hatte. Sie wollten davon nicht las-
sen. Auch das Bild der Göttin Aschera* in Sama-
ria blieb unangetastet.
7 Das Heer von König Joahas bestand am
Ende nur noch aus 10 Streitwagen*, 50 Wagen-
kämpfern und 10 000 Fußsoldaten. Alles andere
hatte der König von Syrien vernichtet; er hatte
die Streitmacht Israels zertreten wie Staub auf
der Straße.
8 Was es sonst noch über Joahas zu berichten
gibt, über seine Taten und Erfolge, ist in der amt-
lichen Chronik der Könige von Israel nachzule-
sen. 9 Als er starb, wurde er in Samaria bestattet.
Sein Sohn Joasch wurde sein Nachfolger.

Über König Joasch von Israel

10 Im 37. Regierungsjahr von Joasch, dem König
von Juda, wurde Joasch, der Sohn von Joahas,
König über Israel. Er regierte 16 Jahre lang in
Samaria. 11 Er tat, was dem HERRN missfällt, und
hielt fest an dem Götzendienst, zu dem Jerobe-
am die Leute im Reich Israel verführt hatte.
12 Was es sonst noch über Joasch zu berichten
gibt, über seine Taten und Erfolge – auch über
den Krieg gegen Amazja, den König von Juda –,
das ist alles in der amtlichen Chronik der Könige
von Israel nachzulesen. 13 Als Joasch starb, wur-
de Jerobeam sein Nachfolger. Joasch wurde in
Samaria in der Grabstätte der Könige von Israel
bestattet.

Der sterbende Elischa verkündet einen Sieg über die Syrer

14 Elischa war schwer erkrankt und es ging mit
ihm zu Ende. Da kam Joasch, der König von
Israel, zu ihm. Er weinte und rief: »Mein Vater,

12,17 Lev 5,15-16; 7,7-10 **12,18** 8,12 S **12,19** 16,8; 18,15; 1 Kön 15,18-19 **13,3** 8,12 S **13,12** 14,8-16 **13,14** 2,12

mein Vater! Du bist Israels Streitwagen* und
sein Lenker!«
15 Elischa befahl ihm: »Hol einen Bogen und
Pfeile!« Der König tat es. 16–17 Darauf sagte Eli-
scha: »Öffne das Fenster, durch das man nach
Osten sehen kann, und spanne den Bogen!«
Joasch tat es.

Nun legte Elischa seine Hände auf die Hände
des Königs und sagte: »Schieß!« Der König schoss
den Pfeil ab und Elischa sagte: »Dieser Pfeil ist
ein Zeichen für die Hilfe, die vom HERRN kommt!
Der HERR steht euch bei im Kampf gegen die
Syrer* und deshalb wirst du sie bei Afek vernich-
tend schlagen!«
18 Dann befahl Elischa dem König: »Nimm die
übrigen Pfeile zur Hand! Stoße mit ihnen auf den
Boden!« Der König tat es dreimal und hielt inne.
19 Da wurde der Mann Gottes zornig und rief:
»Fünfmal, sechsmal hättest du sie aufstoßen müs-
sen, dann hättest du die Syrer völlig vernichtet!
Jetzt wirst du ihnen nur dreimal eine Niederlage
beibringen.«

Durch den toten Elischa wird ein Toter lebendig

20 Elischa starb und wurde in einer Grabhöhle
bestattet.[a] Im folgenden Frühjahr machten räu-
berische Banden aus Moab* das Land unsicher.
21 Einmal wollte man gerade einen Mann bestat-
ten, als eine solche Bande daherkam. Die Leute
warfen ihren Toten einfach in die Grabnische Eli-
schas und rannten davon.[b]

Kaum aber war der Tote mit den Gebeinen
Elischas in Berührung gekommen, da wurde er
wieder lebendig und stand auf.

Die letzten Worte Elischas gehen in Erfüllung

22 Während der ganzen Zeit, in der Joahas re-
gierte, wurde das Reich Israel von dem Syrer-
könig Hasaël schwer bedrängt. 23 Aber der HERR
meinte es gut mit Israel und hatte mit ihm Erbar-
men. Er half den Leuten von Israel, weil er an
den Bund* dachte, den er mit Abraham, Isaak
und Jakob geschlossen hatte. Er wollte sie nicht
vernichten, denn bis dahin hatte er noch nicht
endgültig mit ihnen gebrochen.
24 Als Hasaël starb, wurde sein Sohn Ben-
Hadad König von Syrien*. 25 Joasch, der Sohn
von König Joahas, konnte Ben-Hadad die Städte
wieder entreißen, die sein Vater Joahas an Ha-
saël verloren hatte. Joasch besiegte Ben-Hadad
dreimal und eroberte die Städte zurück.

Über König Amazja von Juda

(2 Chr 25,1-4.11-12)

14 Im zweiten Regierungsjahr von Joasch,
dem König von Israel, wurde Amazja
König von Juda. Er war der Sohn des Königs
Joasch von Juda. 2 Er war 25 Jahre alt, als er
König wurde, und regierte 29 Jahre lang in Jeru-
salem. Seine Mutter hieß Joaddan und stammte
aus Jerusalem.
3 Amazja folgte dem Vorbild seines Vaters
Joasch und tat, was dem HERRN gefällt. Doch an
seinen Ahnherrn David reichte er nicht heran.
4 Die Opferstätten* rings im Land ließ er be-
stehen, sodass das Volk auch weiterhin an diesen
Stätten Opfer darbrachte.
5 Als Amazja die Herrschaft fest in der Hand
hatte, ließ er die Hofleute töten, die seinen Vater
Joasch ermordet hatten. 6 Ihre Söhne aber ver-
schonte er, weil im Gesetzbuch* Moses das Ge-
bot des HERRN steht: »Die Eltern sollen nicht für
die Schuld ihrer Kinder sterben und die Kinder
nicht für die Schuld ihrer Eltern; jeder soll nur
für seine eigene Schuld bestraft werden.«
7 Amazja schlug die Edomiter*, die mit einem
10 000 Mann starken Heer im Salztal gegen ihn
angetreten waren. Er eroberte auch die Stadt
Sela und gab ihr den Namen Jokteel. So heißt
sie noch heute.

Amazjas Niederlage gegen König Joasch von Israel

(2 Chr 25,17-24)

8 Darauf schickte Amazja Boten zu König Joasch
von Israel, dem Sohn von Joahas und Enkel von
Jehu, und ließ ihm sagen: »Komm, tritt mir im
Kampf gegenüber, damit wir sehen, wer stärker
ist!«
9 König Joasch antwortete ihm: »Der Dorn-
strauch auf dem Libanon sagte zur Zeder: ›Gib
meinem Sohn deine Tochter zur Frau!‹ Aber die
wilden Tiere liefen über den Dornstrauch und
zertrampelten ihn. 10 Dein Sieg über die Edomi-
ter ist dir zu Kopf gestiegen. Gib dich mit deinem
Ruhm zufrieden und bleib zu Hause! Oder willst
du dich ins Unglück stürzen und ganz Juda mit
hineinreißen?«

a *in einer Grabhöhle* ist verdeutlichender Zusatz; die Toten wurden nicht mit Erde bedeckt, sondern in unterirdischen Höhlen oder Grabkammern in offenen Nischen beigesetzt.
b *rannten davon:* vermutlicher Text; H *er kam (hinein?)*

13,22 8,12S **13,23** Ex 2,24S; 2 Kön 17,18-20; 24,20 **13,25** 13,19 **14,4** 1 Kön 3,2-3S **14,5** 12,21-22 **14,6** *zit* Dtn 24,16; Ez 18,4.20 **14,7** 2 Sam 8,13 **14,9** Ri 9,14

11 Aber Amazja hörte nicht auf, Joasch heraus-
zufordern. So rückte König Joasch zum Kampf
heran. Bei Bet-Schemesch, im Gebiet von Juda,
traf sein Heer auf das von König Amazja. 12 Die
Männer von Juda wurden geschlagen und liefen
auseinander, jeder kehrte nach Hause zurück.
13 Amazja wurde bei Bet-Schemesch von Joasch
gefangen genommen.

Dann zog Joasch nach Jerusalem und ließ die
Stadtmauer auf einer Länge von 200 Metern nie-
derreißen, vom Efraïmtor bis zum Ecktor. 14 Er
nahm alles Gold und Silber und alle kostbaren
Geräte mit, die sich im Tempel* und in den
Schatzkammern des königlichen Palastes befan-
den. Außerdem führte er eine Anzahl von Gei-
seln mit sich nach Samaria.

Tod des Königs Joasch von Israel

15 Was es sonst noch über Joasch zu berichten
gibt, über seine Taten und Erfolge – auch über
den Krieg gegen Amazja, den König von Juda –,
das ist alles in der amtlichen Chronik der Könige
von Israel nachzulesen. 16 Als Joasch starb, wur-
de er in Samaria in der Grabstätte der Könige
von Israel bestattet. Sein Sohn Jerobeam wurde
sein Nachfolger.

Amazjas Ende. Asarja wird König von Juda

(2 Chr 25,25–26,2)

17 König Amazja von Juda überlebte König Joasch
von Israel um 15 Jahre. 18 Was es sonst noch über
Amazja zu berichten gibt, ist in der amtlichen
Chronik der Könige von Juda nachzulesen.

19 In Jerusalem kam es zu einer Verschwö-
rung gegen ihn. Er floh nach Lachisch, aber die
Verschwörer schickten ihm dorthin Männer
nach, die ihn umbrachten. 20 Auf einem mit Pfer-
den bespannten Wagen wurde er nach Jerusalem
zurückgebracht und in der Davidsstadt* in der
Grabstätte seiner Vorfahren bestattet.

21 Als Nachfolger Amazjas machten alle Män-
ner von Juda seinen Sohn Asarja zum König. Er
war damals 16 Jahre alt. 22 Nach dem Tod seines
Vaters eroberte er die Stadt Elat zurück und
baute sie zur Festung aus.

Über König Jerobeam II. von Israel

23 Im 15. Regierungsjahr von Amazja, dem König
von Juda, wurde Jerobeam, der Sohn von Joasch,
König von Israel. Er regierte 41 Jahre lang in
Samaria 24 und tat, was dem HERRN missfällt, ge-
nauso wie Jerobeam, der Sohn Nebats, der die
Leute des Reiches Israel zum Götzendienst ver-
führt hatte. 25 Doch gelang es ihm, alle Gebiete,
die zum Reich Israel gehörten, zurückzuerobern,
von Lebo-Hamat bis hinunter zum Toten Meer.

Damit ging in Erfüllung, was der HERR, der
Gott Israels, durch seinen Diener versprochen
hatte, durch den Propheten Jona, den Sohn von
Amittai aus Gat-Hefer. 26 Denn der HERR hatte
gesehen, wie erbärmlich schlecht es um die
Israeliten stand,[a] dass sie allesamt am Ende
waren und dass niemand da war, der ihnen hätte
helfen können. 27 Noch hatte der HERR ja auch
nicht beschlossen, das Reich Israel vom Erd-
boden verschwinden zu lassen, und so half er
ihnen durch Jerobeam, den Sohn von Joasch.

28 Was es sonst noch über Jerobeam zu be-
richten gibt, über seine Taten und Erfolge, ist in
der amtlichen Chronik der Könige von Israel
nachzulesen. Dort wird auch berichtet, wie er
Gebiete von Damaskus und Hamat für Israel
zurückgewann, die einst zum Reich Davids
gehört hatten. 29 Als Jerobeam starb, wurde er in
der Grabstätte der Könige von Israel bestattet.
Sein Sohn Secharja wurde sein Nachfolger.

Über König Asarja (Usija) von Juda

(2 Chr 26,1-23)

15 Im 27. Regierungsjahr Jerobeams, des
Königs von Israel, wurde Asarja, der Sohn
von Amazja, König von Juda. 2 Er war 16 Jahre
alt, als er König wurde, und regierte 52 Jahre lang
in Jerusalem. Seine Mutter hieß Jecholja und
stammte aus Jerusalem.

3 Er folgte dem Vorbild seines Vaters Amazja
und tat, was dem HERRN gefällt. 4 Die Opferstät-
ten* rings im Land ließ er jedoch bestehen, so-
dass das Volk auch weiterhin an diesen Stätten
Opfer darbrachte.

5 Der HERR schlug Asarja, sodass er aussätzig*
wurde. Er blieb es bis zu seinem Tod und musste
in einem abgesonderten Haus wohnen. Sein
Sohn Jotam war Palastvorsteher und führte an-
stelle des Königs die Regierungsgeschäfte.

6 Was es sonst noch über Asarja und seine
Taten zu berichten gibt, ist in der amtlichen
Chronik der Könige von Juda nachzulesen. 7 Als
Asarja starb, wurde er in der Davidsstadt* in der
Grabstätte seiner Vorfahren bestattet. Sein Sohn
Jotam wurde sein Nachfolger.

Über König Secharja von Israel

8 Im 38. Regierungsjahr von Asarja, dem König
von Juda, wurde Secharja, der Sohn Jerobeams,
König von Israel. Er regierte sechs Monate lang

a So mit alten Übersetzungen; H *Der HERR sah das Elend von Israel, das sehr widerspenstig war.*

14,20 9,28S **14,22** 1 Kön 9,26 **14,25b** Jona 1,1 **14,28** 2 Sam 8,5-10 **15,4** 1 Kön 3,2-3S **15,5** Lev 13,46 **15,7** (starb) Jes 6,1

in Samaria. 9 Er tat, was dem HERRN missfällt, ge-
nau wie seine Vorfahren, und hörte nicht auf mit
dem Götzendienst, zu dem Jerobeam, der Sohn
Nebats, die Leute im Reich Israel verführt hatte.
10 Schallum, der Sohn von Jabesch, machte
eine Verschwörung gegen ihn. Er erschlug ihn in
Jibleam[a] und wurde sein Nachfolger.
11 Was es sonst noch über Secharja und seine
Taten zu berichten gibt, ist in der amtlichen
Chronik der Könige von Israel nachzulesen.
12 Damit war das Wort in Erfüllung gegangen,
das der HERR zu König Jehu gesagt hatte. Er hatte
ihm nämlich versprochen: »Deine Nachkom-
men werden bis in die vierte Generation auf
dem Thron Israels sitzen.« Und so war es ge-
schehen.

Über König Schallum von Israel

13 Schallum, der Sohn von Jabesch, wurde König
von Israel im 39. Regierungsjahr des Königs Asar-
ja[b] von Juda und regierte einen Monat lang in
Samaria. 14 Dann rückte Menahem, der Sohn
von Gadi, aus der Stadt Tirza an, drang in Sama-
ria ein, tötete Schallum und wurde selbst König
an seiner Stelle.
15 Was es sonst noch über Schallum zu berich-
ten gibt und über die Verschwörung, die er ange-
zettelt hatte, ist in der amtlichen Chronik der
Könige von Israel nachzulesen.
16 Menahem übte grausame Rache an der
Stadt Tifsach,[c] weil sie ihm die Tore nicht öffnen
wollte. Er rückte von Tirza heran und richtete
unter den Bewohnern der Stadt und ihrer Umge-
bung ein Blutbad an; allen schwangeren Frauen
ließ er den Leib aufschlitzen.

Über König Menahem von Israel

17 Im 39. Regierungsjahr von Asarja, dem König
von Juda, wurde Menahem, der Sohn von Gadi,
König von Israel. Er regierte zehn Jahre lang in
Samaria. 18 Er tat, was dem HERRN missfällt, und
hörte nicht auf mit dem Götzendienst, zu dem
Jerobeam, der Sohn Nebats, die Leute im Reich
Israel verführt hatte.
19 Als Tiglat-Pileser,[d] der König von Assyrien*,
gegen Israel anrückte, zahlte ihm Menahem
1000 Zentner* Silber als Gegenleistung dafür,
dass der Assyrerkönig zu ihm stand und ihn als
König von Israel bestätigte. 20 Das Silber brachte
er dadurch zusammen, dass er allen Grundbe-
sitzern in Israel eine Abgabe von einem halben
Kilo[e] auferlegte. Daraufhin zog der Assyrerkönig
aus Israel ab und kehrte in sein Land zurück.
21 Was es sonst noch über Menahem und
seine Taten zu berichten gibt, ist in der amt-
lichen Chronik der Könige von Israel nachzu-
lesen. 22 Als er starb, wurde sein Sohn Pekachja
sein Nachfolger.

Über König Pekachja von Israel

23 Im 50. Regierungsjahr von Asarja, dem König
von Juda, wurde Pekachja, der Sohn Menahems,
König von Israel. Er regierte zwei Jahre lang in
Samaria. 24 Er tat, was dem HERRN missfällt, und
hörte nicht auf mit dem Götzendienst, zu dem
Jerobeam, der Sohn Nebats, die Leute im Reich
Israel verführt hatte.
25 Sein Adjutant Pekach, der Sohn von Remal-
ja, zettelte eine Verschwörung gegen ihn an. Un-
terstützt von fünfzig Männern aus Gilead* über-
wältigte er den König im inneren Turm des
Königspalastes von Samaria.[f] Er tötete ihn und
wurde selbst König an seiner Stelle.
26 Was es sonst noch über Pekachja und seine
Taten zu berichten gibt, ist in der amtlichen
Chronik der Könige von Israel nachzulesen.

Über König Pekach von Israel

27 Im 52. Regierungsjahr von Asarja, dem König
von Juda, wurde Pekach, der Sohn von Remalja,
König von Israel. Er regierte 20 Jahre lang in
Samaria. 28 Er tat, was dem HERRN missfällt, und
hörte nicht auf mit dem Götzendienst, zu dem
Jerobeam, der Sohn Nebats, die Leute im Reich
Israel verführt hatte.
29 Während der Regierungszeit Pekachs fiel
der Assyrerkönig Tiglat-Pileser in Israel ein. Er
eroberte die Städte Ijon, Abel-Bet-Maacha, Ja-
noach, Kedesch und Hazor sowie die Landschaf-
ten Gilead* und Galiläa*, das ganze Stammes-
gebiet von Naftali eingeschlossen. Er besetzte
das Land und führte die Einwohner weg nach
Assyrien*.

a *in Jibleam:* mit einem Teil der griechischen Überlieferung; H *vor dem Volk.*
b *Asarja:* H *Usija.* Ebenso lautet der Name des Königs in den Versen 32 und 34 sowie in dem Paralleltext 2 Chr 26 (vgl. auch Jes 6,1).
c *Tifsach* liegt weit entfernt am oberen Eufrat. Ein Teil der griechischen Überlieferung nennt stattdessen *Tappuach,* eine Stadt im Bergland Efraïm südlich von Sichem.
d *Tiglat-Pileser:* H *Pul.* Dies ist der babylonische Name für den assyrischen König Tiglat-Pileser III. (vgl. 1 Chr 5,26).
e Hebräische Maßangabe *50 Schekel** (= 570 g); die Gesamtsumme beträgt umgerechnet 35 t (1 Zentner* = ca. 35 kg).
f Es folgt noch die schwer zu deutende Aussage: *mit Argob und mit Arje.*

15,12 10,30 **15,19** 15,29 **15,29** 17,6

30 Im 20. Regierungsjahr Jotams, des Königs
von Juda, zettelte Hoschea, der Sohn von Ela,
eine Verschwörung gegen Pekach an, tötete ihn
und wurde selbst König an seiner Stelle.

31 Was es sonst noch über Pekach und seine
Taten zu berichten gibt, ist in der amtlichen
Chronik der Könige von Israel nachzulesen.

Über König Jotam von Juda

(2 Chr 27,1-9)

32 Im zweiten Regierungsjahr Pekachs, des
Königs von Israel, wurde Jotam, der Sohn von
Asarja,[a] König von Juda. 33 Er war 25 Jahre alt,
als er König wurde, und regierte 16 Jahre lang in
Jerusalem. Seine Mutter hieß Jeruscha und war
eine Tochter Zadoks.

34 Er tat, was dem HERRN gefällt, und folgte in
allem dem Vorbild seines Vaters Asarja. 35 Die
Opferstätten* rings im Land ließ er jedoch be-
stehen, sodass das Volk auch weiterhin an diesen
Stätten Opfer darbrachte.

Jotam baute das obere Tor am Tempel* des
HERRN. 36 Was es sonst noch über ihn und seine
Taten zu berichten gibt, ist in der amtlichen
Chronik der Könige von Juda nachzulesen.
37 Während seiner Regierungszeit begann der
HERR Rezin, den König von Syrien*, und Pekach,
den Sohn von Remalja, den König von Israel,
gegen Juda loszulassen.

38 Als Jotam starb, wurde er in der Grabstätte
seiner Vorfahren in der Stadt seines Ahnherrn
David bestattet. Sein Sohn Ahas wurde sein
Nachfolger.

Über König Ahas von Juda

(2 Chr 28,1-4)

16 Im 17. Regierungsjahr Pekachs, des Königs
von Israel, wurde Ahas, der Sohn Jotams,
König von Juda. 2 Er war 20 Jahre alt, als er
König wurde, und regierte 16 Jahre lang in Jeru-
salem.

Er tat nicht wie sein Ahnherr David, was dem
HERRN gefällt, 3 sondern folgte dem schlechten
Beispiel der Könige von Israel. Er ließ sogar sei-
nen Sohn als Opfer verbrennen und folgte damit
der abscheulichen Sitte der Völker, die der HERR
vor den Israeliten aus dem Land vertrieben
hatte. 4 An den Opferstätten* auf den Hügeln
und unter allen heiligen Bäumen opferte er den
fremden Göttern.

Ahas ruft den Assyrerkönig zu Hilfe

(2 Chr 28,5-8.16-21)

5 Als Ahas regierte, rückten König Rezin von
Syrien* und König Pekach von Israel, der Sohn
von Remalja, gegen Jerusalem heran und bela-
gerten es; sie kamen aber nicht dazu, es anzu-
greifen. 6 Rezin konnte jedoch Elat unter syri-
sche Kontrolle bringen. Er vertrieb die Judäer
aus der Stadt und die Edomiter* kamen dorthin
zurück. Sie wohnen noch heute dort.

7 Ahas ließ damals Tiglat-Pileser, dem König
von Assyrien*, folgende Botschaft überbringen:
»Ich bin dein Diener und dein Sohn! Der König
von Syrien und der König von Israel greifen mich
an; komm und rette mich aus ihrer Hand!«

8 Zugleich ließ Ahas dem Assyrerkönig alles
Silber und Gold, das sich in den Schatzkammern
des Tempels* und des Königspalastes befand,
als Geschenk überbringen. 9 Der Assyrerkönig
hörte auf die Bitte von Ahas. Er zog gegen
Damaskus, eroberte die Stadt und führte ihre
Bewohner nach Kir in die Verbannung. König
Rezin tötete er.

Ahas verfügt Änderungen im Tempel

(2 Chr 28,23-25)

10 König Ahas ging nach Damaskus, um mit
Tiglat-Pileser, dem König von Assyrien*, zusam-
menzutreffen. Als er dort den Altar* sah, den die
Assyrer errichtet hatten,[b] schickte er dem Pries-
ter Urija ein Modell davon und eine genaue
Beschreibung, wie er ausgeführt war. 11 Nach
diesen Angaben baute Urija auch in Jerusalem
einen solchen Altar und hatte ihn schon voll-
endet, noch ehe Ahas aus Damaskus zurück-
kehrte.

12 Als der König nach Jerusalem zurückkam
und den Altar vorfand, weihte er ihn persönlich
ein. Er stieg die Stufen zum Altar hinauf 13 und
verbrannte für sich ein Brandopfer* und ein
Speiseopfer*, goss ein Trankopfer* aus und
sprengte das Blut der Tiere, die als Mahlopfer*
geschlachtet worden waren, an die Wand des
Altars.

14 Zwischen dem neuen Altar und der Vorder-
front des Tempelhauses stand bis jetzt noch der
frühere Altar, der aus Bronze war. Ahas ließ ihn
dort entfernen und rechts von seinem neuen
Altar aufstellen. 15 Dem Priester Urija befahl er:
»Von jetzt an werden die regelmäßigen Brand-

a Vgl. Anmerkung zu Vers 13.
b *den die Assyrer …:* verdeutlichender Zusatz.

15,35 1 Kön 3,2-3 S **15,37** 16,5 **16,3** Lev 18,21 S **16,4** 1 Kön 3,2-3 S **16,5** 15,37; Jes 7,1-9 **16,6** 14,22 **16,8** 12,19 S **16,14** Ex 27,1-2

und Speiseopfer am Morgen und am Abend auf dem großen neuen Altar dargebracht, ebenso die Brand-, Speise- und Trankopfer für den König und für das ganze Volk. Auch alles Blut der Tiere, die für Brand- oder Mahlopfer geschlachtet werden, wird an diesem Altar ausgegossen. Den Bronzealtar will ich dazu benutzen, die Eingeweide der Opfertiere zu untersuchen.«[a]

16 Der Priester Urija machte alles so, wie der König es angeordnet hatte.

17 König Ahas ließ auch die Leisten und die Kessel von den bronzenen Kesselwagen aus dem Tempel wegholen; ebenso die zwölf bronzenen Rinder, die das große runde Becken, das »Meer«, trugen. Das große Becken bekam einen Unterbau aus Stein.

18 Im Tempel gab es einen überdachten Platz, von dem aus der König am Sabbatgottesdienst teilnahm, und ebenso einen besonderen Eingang für den König. Beides ließ Ahas mit Rücksicht auf den assyrischen König beseitigen.[b]

Tod von König Ahas

(2 Chr 28,26-27)

19 Was es sonst noch über Ahas und seine Taten zu berichten gibt, ist in der amtlichen Chronik der Könige von Juda nachzulesen. 20 Als er starb, wurde er in der Grabstätte seiner Vorfahren in der Davidsstadt* bestattet. Sein Sohn Hiskija wurde sein Nachfolger.

DER UNTERGANG DES NORDREICHES ISRAEL (Kapitel 17)

Eroberung Samarias und Wegführung der Bevölkerung

17 Im 12. Regierungsjahr des Königs Ahas von Juda wurde Hoschea, der Sohn von Ela, König von Israel. Er regierte neun Jahre lang in Samaria. 2 Er tat, was dem HERRN missfällt; doch trieb er es nicht so schlimm wie seine Vorgänger.

3 Als Salmanassar, der König von Assyrien*, mit seinem Heer gegen ihn anrückte, unterwarf sich Hoschea und musste ihm von da an jährlich eine größere Summe als Tribut zahlen. 4 Dann aber erfuhr der Assyrerkönig, dass der König von Israel von ihm abfallen wollte. Hoschea hatte nämlich Gesandte zum ägyptischen König nach Saïs[c] geschickt und die jährlichen Tributzahlungen eingestellt. Deshalb ließ Salmanassar ihn verhaften und ins Gefängnis werfen.

5 Der Assyrerkönig war mit seinem Heer in das Land eingefallen und hatte Samaria belagert. Im dritten Jahr der Belagerung, 6 dem neunten Regierungsjahr von Hoschea, konnte Salmanassar die Stadt einnehmen. Die Bevölkerung des Reiches Israel ließ er nach Assyrien wegführen. Dort siedelte er sie in der Provinz Halach und am Habor-Fluss in der Provinz Gosan sowie in den Städten Mediens an.[d]

Israels Ende als Strafe für seinen Ungehorsam

7–8 So weit kam es, weil sich die Leute von Israel an dem HERRN, ihrem Gott, versündigt hatten. Er hatte sie aus Ägypten herausgeführt und aus der Hand des Pharaos befreit. Aber sie folgten dem schlechten Beispiel ihrer Könige, verehrten fremde Götter und übernahmen die Gebräuche der Völker, die der HERR vor ihnen vertrieben hatte. 9 Sie verehrten den HERRN, ihren Gott, auf eine Weise, die nicht recht war. Überall, wo sie wohnten, richteten sie Opferstätten* ein, beim einsamen Wachtturm genauso wie in der befestigten Stadt. 10 Auf jeder höheren Erhebung und unter jedem größeren Baum stellten sie geweihte Steinmale* und Pfähle* auf. 11 Dort verbrannten sie Opfergaben, genau wie die Völker, die der HERR vor ihnen vertrieben hatte. Mit all ihren bösen Taten zogen sie sich den Zorn des HERRN zu. 12 Sie verehrten auch Götzenbilder, obwohl der HERR ihnen das ausdrücklich verboten hatte.

13 Der HERR aber ließ die Leute von Israel und ebenso die Leute von Juda durch seine Propheten* und Seher* warnen. Er ließ ihnen sagen: »Kehrt um; ihr seid auf dem falschen Weg! Lebt nach meinen Geboten! Richtet euer Leben nach den Vorschriften meines Gesetzes*, das ich euren Vorfahren gab und das ich euch durch meine Diener, die Propheten, bekannt gemacht habe!«

14 Aber sie wollten nicht hören. Sie waren genauso halsstarrig wie ihre Vorfahren, die auch schon dem HERRN, ihrem Gott, kein Vertrauen geschenkt hatten. 15 Sie verachteten seine Gebote und machten sich nichts aus dem Bund*, den er mit ihren Vorfahren geschlossen hatte.

a Wörtlich *will ich zum Erforschen benutzen.* Der Brauch, die Beschaffenheit der Eingeweide als günstiges oder ungünstiges Vorzeichen zu deuten, könnte ebenfalls von den Assyrern übernommen worden sein. Oft wird auch übersetzt: *Was mit dem Bronzealtar geschehen soll, will ich noch überlegen.* *b* Die Deutung von Vers 18 ist ganz unsicher.
c Oder: *zum ägyptischen König So.* Ein Pharao dieses Namens ist jedoch nicht bekannt.
d Vgl. zu diesen Angaben die Sacherklärung »Exil«.

16,17 1 Kön 7,23-39 **16,20** Jes 14,28 **17,5-6** 18,9-11 **17,6** 15,29 **17,7-8** Jos 24,14-24; Lev 18,3 **17,12** Ex 20,23

Sie ließen sich nicht von ihm warnen. Sie liefen
nichtigen Götzen nach und wurden dabei selbst
zunichte. Sie machten es genau wie die Völker
ihrer Umgebung, obwohl der HERR ihnen das
verboten hatte. 16 Sie missachteten die Gebote
des HERRN, ihres Gottes, machten sich zwei ge-
gossene Stierbilder* und stellten ein Bild der
Göttin Aschera* auf; sie verehrten das ganze
Heer der Sterne am Himmel und beteten zu dem
Gott Baal*. 17 Sie verbrannten ihre eigenen Kin-
der als Opfer für die Götzen und trieben Wahr-
sagerei und Zauberei, kurzum: Sie taten alles,
was dem HERRN missfällt und was ihn beleidigen
musste.

18 Da wurde der HERR so zornig über die Leute
von Israel, dass er sie aus seiner Nähe vertrieb
und nur noch den Stamm Juda im Land wohnen
ließ. 19 Aber auch die Leute von Juda hielten sich
nicht an die Gebote des HERRN, ihres Gottes, son-
dern folgten dem schlechten Beispiel der Leute
von Israel. 20 Deshalb verstieß der HERR die Israe-
liten allesamt. Er ließ zur Strafe fremde Völker
über sie kommen, die sie ausplünderten, und
ließ sie schließlich alle aus seiner Nähe weg-
schaffen.

21 Der HERR hatte die Leute des Reiches Israel
vom Königshaus Davids abgetrennt und sie hat-
ten Jerobeam, den Sohn Nebats, zu ihrem König
gemacht. Jerobeam aber hatte sie dahin ge-
bracht, sich vom HERRN abzuwenden und schwe-
re Schuld auf sich zu laden. 22 Sie verfielen ganz
dem Götzendienst, den Jerobeam eingeführt
hatte, und wollten nicht davon lassen. 23 So ver-
trieb sie der HERR aus seiner Nähe, wie er es
durch seine Diener, die Propheten, angekündigt
hatte. Die Leute von Israel wurden aus ihrem
Land weggeführt nach Assyrien*. Dort sind sie
heute noch.

In Samarien werden fremde Völker angesiedelt

24 Anstelle der weggeführten Israeliten siedelte
der König von Assyrien* Fremde in Samarien
an. Er ließ Leute aus den Städten Babylon*,
Kuta, Awa, Hamat und Sefarwajim kommen; die
nahmen das Land in Besitz und wohnten in
seinen Städten.

25 Anfangs ehrten sie den HERRN nicht und
brachten ihm keine Opfer*. Darum ließ er
Löwen in ihr Gebiet einfallen, die viele Men-
schen töteten. 26 Da meldete man dem König
von Assyrien: »Die Leute, die du aus ihrem Land
weggeführt und in Samarien angesiedelt hast,
wissen nicht, auf welche Weise der Gott dieses
Landes verehrt werden will. Deshalb hat er
Löwen unter sie geschickt, die schon viele Men-
schen getötet haben.«

27 Der Assyrerkönig befahl: »Schickt einen
der Priester*, die ihr von dort weggeführt habt,
zurück! Er soll hingehen und bei ihnen wohnen
und ihnen erklären,[a] nach welchen gottesdienst-
lichen Bräuchen der Gott dieses Landes zu vereh-
ren ist.« 28 So kehrte einer der Priester aus der
Verbannung zurück. Er wohnte in Bet-El und
zeigte den Leuten, auf welche Weise der HERR
verehrt werden will.

29 Aber die Fremden machten sich außerdem
in allen Städten, in denen sie wohnten, Götzen-
bilder und stellten sie an den vielen Opferstät-
ten* auf, die die Israeliten errichtet hatten. Jede
Volksgruppe hatte ihren eigenen Gott: 30 die
Leute aus Babylon Sukkot-Benot, die Leute aus
Kuta Nergal, die Leute aus Hamat Aschima,
31 die Leute aus Awa Nibhas und Tartak. Sie stell-
ten die Bilder dieser Götter auf und opferten
ihnen; die Leute aus Sefarwajim verbrannten
sogar die eigenen Kinder für ihre Götter
Adrammelech und Anammelech.

32 Sie verehrten daneben auch den HERRN,
und sie setzten aus ihren eigenen Reihen Pries-
ter ein, die an den Opferstätten überall im Land
den Opferdienst für ihn versahen. 33 So dienten
sie gleichzeitig dem HERRN und ihren eigenen
Göttern; denn sie hielten an den Bräuchen fest,
die sie aus ihren Heimatländern mitgebracht
hatten.

34 Noch bis heute halten die Leute in Sama-
rien an ihren alten Bräuchen fest. Sie nehmen
den HERRN nicht ernst und befolgen nicht seine
Gesetze und Gebote, die doch jetzt auch für sie
verbindlich sein sollten.[b] Sie kümmern sich
nicht um das Gesetz*, das der HERR den Nach-
kommen von Jakob – er verlieh ihm den Namen
Israel – gegeben hat.

35 Der HERR hatte nämlich mit den Nachkom-
men Jakobs einen Bund* geschlossen und ihnen
gesagt: »Verehrt keine fremden Götter! Werft
euch nicht vor ihnen nieder, dient ihnen nicht,
bringt ihnen keine Opfer! 36 Dient mir allein,
dem HERRN, der euch mit großer Kraft und ausge-
strecktem Arm aus Ägypten herausgeführt hat!
Vor mir werft euch nieder, mir bringt eure

a *und bei ihnen wohnen …:* mit alten Übersetzungen; H *damit sie hingehen und dort wohnen, und er soll ihnen erklären.*
b Deutung unsicher.

17,15 Ex 23,24 **17,16** 1 Kön 12,28; 16,33; Dtn 4,19 S **17,17** Lev 18,21 S; 19,26 S **17,21** 1 Kön 12,20.25-32 **17,31** Lev 18,21 S
17,32 1 Kön 12,31 **17,34** (Israel) Gen 32,29; 1 Kön 18,31 **17,35** Ex 20,5 S **17,36** Dtn 4,10

Opfer! 37–38 Achtet sorgfältig darauf, stets die Ge-
setze und Rechtsbestimmungen, die Weisungen
und die Gebote zu befolgen, die ich euch aufge-
schrieben habe. Denkt an den Bund, den ich mit
euch geschlossen habe, und verehrt keine frem-
den Götter. 39 Ich, der HERR allein, bin euer Gott,
mich sollt ihr verehren! Ich allein rette euch aus
der Gewalt aller eurer Feinde.«

40 Aber sie hatten nicht gehört, und auch die
Leute aus jenen Völkern hörten nicht darauf; sie
hielten an den Bräuchen fest, die sie aus ihren
Heimatländern mitgebracht hatten. 41 Sie dien-
ten dem HERRN und zugleich ihren Götzen. Und
ihre Kinder und Enkel machten es genauso, alle
ihre Nachkommen bis zum heutigen Tag.

WEITERE GESCHICHTE DES REICHES JUDA BIS ZU SEINEM UNTERGANG

(Kapitel 18–25)

König Hiskija beseitigt den Götzendienst

(2 Chr 29,1-2; 31,1)

18 Im dritten Regierungsjahr des Königs Ho-
schea von Israel wurde Hiskija, der Sohn
von Ahas, König von Juda. 2 Er war 25 Jahre alt,
als er König wurde, und regierte 29 Jahre lang in
Jerusalem. Seine Mutter hieß Abi und war eine
Tochter von Secharja.

3 Er tat, was dem HERRN gefällt, genau wie
sein Ahnherr David. 4 Er ließ die Opferstätten*
rings im Land zerstören, die geweihten Stein-
male* in Stücke schlagen und das Götzenbild der
Aschera* umstürzen. Er zerschlug auch die
bronzene Schlange, die Mose gemacht hatte.
Bis in die Tage Hiskijas hatten die Israeliten
Weihrauch vor ihr verbrannt; sie nannten sie
Nehuschtan.

5 Keiner von allen Königen Judas vor oder
nach Hiskija vertraute so wie er dem HERRN,
dem Gott Israels. 6 Hiskija hielt sein Leben lang
treu zum HERRN und befolgte die Gebote, die der
HERR durch Mose gegeben hatte. 7 Darum stand
der HERR ihm auch bei und gab ihm Erfolg in
allem, was er unternahm. So gelang es Hiskija,
sich von der Oberherrschaft des Königs von
Assyrien* zu befreien.

8 Hiskija besiegte auch die Philister* und ver-
folgte sie bis nach Gaza. Er verwüstete alles in
ihrem Gebiet, vom Wachtturm bis zur befestig-
ten Stadt.

Die Assyrer erobern Samaria

(17,5-7)

9 Im vierten Regierungsjahr von Hiskija – es
war das siebte Regierungsjahr von Hoschea,
dem König von Israel – rückte Salmanassar, der
König von Assyrien*, mit seinen Truppen vor die
Stadt Samaria und belagerten sie. 10 Nach fast
dreijähriger Belagerung nahm er sie ein, im
sechsten Regierungsjahr von Hiskija und im
neunten von Hoschea. 11 Salmanassar ließ die
Bevölkerung des Reiches Israel nach Assyrien in
die Verbannung wegführen. Dort siedelte er sie
in der Provinz Halach und am Habor-Fluss in der
Provinz Gosan sowie in den Städten Mediens
an.[a]

12 Das alles geschah, weil sie nicht auf den
HERRN, ihren Gott, gehört hatten. Sie brachen
den Bund*, den er mit ihnen geschlossen hatte,
und befolgten nicht die Gebote, die Mose, der
Bevollmächtigte* des HERRN, verkündet hatte.

Die Assyrer ziehen vor Jerusalem

(2 Chr 32,1-16; Jes 36,1-10)

13 Im 14. Regierungsjahr von Hiskija fiel Sanhe-
rib, der König von Assyrien*, mit seinen Trup-
pen in das Land Juda ein und eroberte alle befes-
tigten Städte. 14 Als der Assyrerkönig noch vor
der Stadt Lachisch lag, schickte Hiskija Boten zu
ihm und ließ ihm sagen: »Ich habe Unrecht ge-
tan. Kämpfe nicht weiter gegen mich. Ich werde
alles zahlen, was du forderst.«

Sanherib verlangte als Tribut 300 Zentner*
Silber und 30 Zentner* Gold. 15 Hiskija musste
alles Silber abliefern, das sich in den Schatz-
kammern des Tempels* und des Königspalastes
befand. 16 Damals wurde auch die Goldverklei-
dung von den Türen und Türpfosten des Tempels
entfernt und als Tribut dem König von Assyrien
übergeben. Hiskija selbst hatte diese Goldver-
kleidung anbringen lassen.

17 Dennoch[b] schickte der Assyrerkönig von
Lachisch aus seine drei obersten Hofleute – den
obersten Heerführer, den Palastvorsteher und
den Obermundschenk – zu König Hiskija nach
Jerusalem und gab ihnen ein starkes Heer mit.
Vor der Stadt machten sie Halt an der Wasserlei-
tung beim oberen Teich*, auf der Straße, die
vom Tuchmacherfeld kommt. 18 Sie verlangten
den König zu sprechen. Hiskija schickte den
Palastvorsteher Eljakim, den Sohn von Hilkija,
zu ihnen hinaus, und mit ihm den Staatsschrei-

a Vgl. dazu die Sacherklärung »Exil«. *b* Verdeutlichender Zusatz.

18,4 1 Kön 3,2-3 S; Num 21,8-9 **18,5** 23,25 **18,13** Sir 48,18 **18,15** 12,19 S **18,17** Jes 7,3

ber Schebna und den Kanzler Joach, den Sohn
von Asaf.

19 Der Obermundschenk sagte zu ihnen:

»Meldet Hiskija, was der große König, der
König von Assyrien, ihm sagen lässt: ›Worauf
vertraust du eigentlich, dass du dich so sicher
fühlst? 20 Meinst du etwa, dass du mit leeren
Worten gegen meine Kriegsmacht und Kriegs-
erfahrung antreten kannst?

Auf wen hoffst du, dass du es wagst, dich ge-
gen mich aufzulehnen? 21 Erwartest du etwa
Hilfe von Ägypten? Du kannst dich genauso gut
auf ein Schilfrohr stützen – es zersplittert und
durchbohrt dir die Hand. Der König von Ägypten
hat noch jeden im Stich gelassen, der sich auf ihn
verlassen hat.

22 Oder wollt ihr behaupten, dass ihr euch auf
den HERRN, euren Gott, verlassen könnt? Dann
sag mir doch: Ist er nicht eben der Gott, dessen
Opferstätten und Altäre du, Hiskija, beseitigt
hast? Hast du nicht den Leuten von Juda und
Jerusalem befohlen, dass sie nur noch auf dem
Altar in Jerusalem Opfer* darbringen sollen?‹

23 Mein Herr, der König von Assyrien, bietet
dir folgende Wette an: Er gibt dir zweitausend
Pferde, wenn du die Reiter dafür zusammen-
bringst. 24 Du kannst es ja nicht einmal mit dem
unbedeutendsten Truppenführer meines Herrn
aufnehmen. Du hoffst nur auf Ägypten und seine
Streitwagenmacht.

25 Im Übrigen lässt der König von Assyrien
dir sagen: ›Glaub nur nicht, ich sei gegen den
Willen des HERRN gegen diese Stadt gezogen, um
sie in Schutt und Asche zu legen! Der HERR
selbst hat mir befohlen: Greif dieses Land an und
verwüste es!‹«

Jerusalem wird zur Übergabe aufgefordert

(2 Chr 32,18-20; Jes 36,11–37,8)

26 Da unterbrachen Eljakim, Schebna und Joach
den Obermundschenk und baten ihn: »Sprich
doch bitte aramäisch* mit uns, wir verstehen es.
Sprich nicht hebräisch, die Leute auf der Stadt-
mauer hören uns zu!«

27 Aber der Obermundschenk erwiderte: »Hat
mich etwa mein Herr nur zu deinem Herrn und
zu dir gesandt? Nein, meine Botschaft gilt allen,
die dort oben auf der Stadtmauer sitzen und die
bald zusammen mit euch den eigenen Kot fres-
sen und den eigenen Harn saufen werden!«

28 Darauf trat der Obermundschenk noch ein
Stück weiter vor und rief laut auf Hebräisch:

»Hört, was der große König, der König von
Assyrien*, euch sagen lässt! 29 So spricht der
König: ›Lasst euch von Hiskija nicht täuschen! Er
kann euch nicht aus meiner Hand retten. 30 Lasst
euch auch nicht dazu überreden, auf den HERRN
zu vertrauen! Glaubt Hiskija nicht, wenn er sagt:
Der HERR wird uns bestimmt retten und diese
Stadt nicht in die Hand des Assyrerkönigs fallen
lassen!

31 Hört nicht auf Hiskija, hört auf mich! So
spricht der König von Assyrien: Kommt heraus
und ergebt euch! Jeder darf von seinem Wein-
stock und seinem Feigenbaum essen und Wasser
aus seiner Zisterne trinken, 32 bis ich euch in ein
Land bringe, das ebenso gut ist wie das eure.
Dort gibt es Korn und Brot, Most und Wein, Öl
und Honig in Fülle. Hört auf mich, dann werdet
ihr am Leben bleiben und nicht umkommen!

Hört nicht auf Hiskija! Er macht euch etwas
vor, wenn er euch einredet: Der HERR wird uns
retten! 33 Haben etwa die Götter der anderen
Völker ihre Länder vor mir schützen können?
34 Wo sind jetzt die Götter von Hamat und Ar-
pad? Wo sind die Götter von Sefarwajim, Hena
und Awa? Hat irgendein Gott Samaria vor mir
beschützt? 35 Wer von allen Göttern hat sein
Land vor mir retten können? Und da soll ausge-
rechnet der HERR, euer Gott, Jerusalem vor mir
beschützen?‹«

36 Die Männer auf der Mauer blieben still und
antworteten nichts; so hatte König Hiskija es an-
geordnet. 37 Eljakim, Schebna und Joach zerris-
sen ihr Gewand, gingen zu Hiskija und berichte-
ten ihm, was der Obermundschenk gesagt hatte.

19 Als König Hiskija das hörte, zerriss auch er
sein Gewand, legte den Sack* an und ging
in den Tempel* des HERRN. 2 Zugleich schickte er
den Palastvorsteher Eljakim, den Staatsschreiber
Schebna und die angesehensten Priester mit dem
Sack bekleidet zum Propheten* Jesaja, dem Sohn
von Amoz. 3 Sie sollten ihm im Namen des Kö-
nigs sagen:

»Heute straft uns Gott für unsere Sünden; wir
sind in Not und Schande geraten. Es geht uns
wie Kindern, die im Mutterschoß stecken geblie-
ben sind, weil die Mutter keine Kraft mehr zum
Gebären hat. 4 Der Assyrerkönig hat seinen
Obermundschenk hierher geschickt, um den
lebendigen Gott zu verhöhnen. Wenn doch der
HERR, dein Gott, hören wollte, wie dieser Frem-
de ihn lästert! Wenn er ihn doch strafen wollte
für die Schmach, die er ihm angetan hat! Bete
zum HERRN für die, die von seinem Volk übrig
geblieben sind!«

18,21 (Ägypten) 17,4; Jes 30,1-7; 31,1-3; Jer 37,7; Ez 29,6-7 **18,33-34** Jes 10,9-11 **19,4** 18,35; 1 Sam 17,10

5 Die Männer kamen zu Jesaja und überbrach-
ten ihm diese Botschaft. 6 Jesaja antwortete
ihnen: »Sagt dem König: ›So spricht der HERR:
Hab keine Angst! Lass dich nicht einschüchtern,
wenn die Boten des Assyrerkönigs mich lästern
und behaupten, ich könnte euch nicht retten.
7 Ich werde dafür sorgen, dass er seinen Plan auf-
gibt. Er wird eine Nachricht erhalten und schleu-
nigst nach Hause zurückkehren. Dort werde ich
ihn umbringen lassen.‹«
8 Sanherib, der König von Assyrien, stand in-
zwischen nicht mehr vor Lachisch, sondern
kämpfte schon gegen die Festung Libna. Dorthin
kehrte der Obermundschenk zurück.

Sanherib prahlt – Hiskija betet

(2 Chr 32,17.20; Jes 37,9-20)

9 Der Assyrerkönig erfuhr, dass ein Heer unter
der Führung des äthiopischen* Königs Tirhaka
gegen ihn heranrückte. Da schickte er noch ein-
mal Gesandte zu König Hiskija 10 und ließ ihm
sagen:
»Verlass dich nicht zu sehr auf deinen Gott!
Lass dir nicht von ihm einreden, dass Jerusalem
niemals in meine Hand fallen wird. 11 Du weißt
doch, was die Könige von Assyrien mit den ande-
ren Ländern gemacht haben. Sie haben alle ver-
wüstet, und da willst ausgerechnet du dem Un-
tergang entrinnen? 12 Denk doch an Gosan, an
Haran und Rezef und an die Leute von Eden, die
in Telassar wohnten. Haben ihre Götter meine
Vorgänger daran hindern können, alle diese
Städte dem Erdboden gleichzumachen? 13 Und
wo sind die Könige, die in Hamat und Arpad,
Sefarwajim, Hena und Awa regierten?«
14 Die Abgesandten Sanheribs übergaben ihre
Botschaft in einem Brief. Als Hiskija ihn gelesen
hatte, ging er in den Tempel*, breitete ihn vor
dem HERRN aus 15 und betete:
»HERR, du Gott Israels, der über den Keru-
ben* thront! Du allein bist der Herrscher über
alle Reiche der Welt. Du hast Himmel und Erde
geschaffen. 16 Sieh doch, wie es uns ergeht! Höre
doch, wie dieser Sanherib dich, den lebendigen
Gott, verhöhnt!
17 Es ist wahr: Die Könige von Assyrien haben
alle diese Völker[a] vernichtet 18 und ihre Götter
ins Feuer geworfen. Aber es waren ja keine Göt-
ter, sondern nur Bilder aus Holz oder Stein, von
Menschen angefertigt. Deshalb wurden sie auch
vernichtet.
19 HERR, unser Gott, rette uns vor diesem
Assyrerkönig! Alle Königreiche der Welt sollen
erkennen, dass du, HERR, allein Gott bist!«

Gott spottet über den Assyrerkönig

(Jes 37,21-38)

20 Da ließ Jesaja, der Sohn von Amoz, dem König
Hiskija ausrichten: »So spricht der HERR, der Gott
Israels: ›Du hast zu mir um Hilfe gerufen gegen
den Assyrerkönig Sanherib. Ich habe dein Gebet
gehört, 21–22 und ich will dir sagen, was ich tun
werde. So spreche ich zu ihm:

Die unbesiegte Zionsstadt*
nur Spott und Verachtung für dich hat!
Die Jungfrau Zion lacht dich aus,
die Zunge streckt sie dir heraus.[b]
Mit wem hast du dich eingelassen,
gegen wen, du Narr, dich aufgeblasen?
Mich, den heiligen Gott Israels, kennst du nicht,
und doch schmähst du und höhnst du
mir ins Gesicht!
23 Wahrhaftig, du warst schlecht beraten,
als du so prahltest mit deinen Taten.
Durch Boten ließest du überall sagen:
Ich bin der Herr! Ich bestieg meinen Wagen,
hoch auf den Libanon fuhr ich im Trab,
die Tannen und Zedern dort holzte ich ab,
all seine Schlupfwinkel spürte ich auf
und nie kam ins Stocken mein Siegeslauf!
24 Ich grub mir Brunnen mit eigener Hand,
so schafft' ich mir Wasser im Feindesland.
Ich trockne sie aus, die ägyptischen Flüsse,
sie müssen versiegen vom Tritt meiner Füße!

25 So prahlst du. Hör zu jetzt und lass es
dir sagen:
Ich hab's so beschlossen seit uralten Tagen;
ich hab es geplant, was jetzt ist geschehen,
drum mussten die Städte zugrunde gehen.
Nichts ist davon übrig als Trümmer nur,
von ihren Bewohnern blieb keine Spur.
26 Der Mut, sich zu wehren, war ihnen entfallen,
verschwunden die Kraft, drum erging's
ihnen allen
wie Gras an einem trocknen Ort;
es sprießt – und schon ist es verdorrt.
27 Ich hab auch dich ganz fest in der Hand,
was immer du tust, ist mir vorher bekannt,
ob du stehst, liegst, kommst, gehst –
alles sehe ich,
ich weiß genau, wie du tobst gegen mich.
28 Weil mir dein Geschwätz in die Ohren dringt,

a So mit einer Handschrift und G; H hat noch *und ihre Länder.*
b Wörtlich *sie schüttelt (höhnisch) den Kopf hinter dir her.*

19,15 Ex 25,22 S; Jer 32,17; Apg 4,24 **19,18** Jes 44,9-20 S **19,23-24** Jes 10,13-14

schmück ich dir die Nase mit einem
eisernen Ring,
ich lege dir meinen Zaum in das Maul
und zwing dich wie einen störrischen Gaul.
Den Weg, den du Prahlhans gekommen bist,
den bring ich zurück dich in kürzester Frist!

29 Dir, Hiskija, aber gebe ich ein Vorzeichen für
das, was in der Zukunft geschehen wird: In die-
sem Jahr und im folgenden werdet ihr essen,
was sich von selbst ausgesät hat; aber im dritten
Jahr könnt ihr wieder säen und ernten, Weinber-
ge anlegen und ihre Trauben essen. 30 So werden
einst die Bewohner von Juda, die mit dem Leben
davongekommen sind, gedeihen wie Pflanzen,
die tiefe Wurzeln schlagen und reiche Frucht
bringen. 31 Denn ein Rest wird übrig bleiben auf
dem Zionsberg in Jerusalem und das Land von
neuem besiedeln. Ich, der Herrscher der Welt,[a]
sorge dafür in meiner leidenschaftlichen Liebe
zu meinem Volk.

32 Ich sage dir noch einmal, wie es dem As-
syrerkönig ergehen wird: Er wird nicht in diese
Stadt eindringen, ja, nicht einen einzigen Pfeil
hineinschießen. Er wird nicht dazu kommen,
eine Rampe gegen ihre Mauer vorzutreiben und
seine Männer im Schutz der Schilde zum Angriff
aufzustellen. 33 Auf demselben Weg, auf dem er
gekommen ist, wird er wieder heimkehren. Er
wird ganz bestimmt nicht in die Stadt eindrin-
gen. Ich bin der HERR, ich sage es! 34 Um meiner
Ehre willen und meinem Diener David zuliebe
werde ich dieser Stadt beistehen und sie ret-
ten!‹«

35 In derselben Nacht kam der Engel* des
HERRN in das Lager der Assyrer und tötete dort
185 000 Mann. Als der Morgen anbrach, lag alles
voller Leichen. 36 Da ließ König Sanherib zum
Aufbruch blasen und zog ab. Er kehrte in seine
Heimat zurück und blieb in Ninive*. 37 Dort
betete er eines Tages im Tempel seines Gottes
Nisroch. Da erschlugen ihn seine Söhne Adram-
melech und Sarezer mit dem Schwert. Sie muss-
ten in das Land Ararat fliehen. Sanheribs Sohn
Asarhaddon wurde sein Nachfolger auf dem
Thron.

Gott erhört Hiskijas Gebet

(2 Chr 32,24; Jes 38,1-8.21-22)

20 Damals wurde Hiskija todkrank. Der Pro-
phet Jesaja, der Sohn von Amoz, kam zu
ihm und sagte: »So spricht der HERR: ›Bereite
dich auf dein Ende vor! Du wirst von diesem
Krankenlager nicht wieder aufstehen.‹«

2 Hiskija drehte sich zur Wand hin und betete:
3 »Ach, HERR, denk doch daran, dass ich dir im-
mer treu war! Ich habe dir mit ganzem Herzen
gehorcht und stets getan, was dir gefällt.«
Hiskija brach in Tränen aus und weinte laut.

4 Jesaja war erst bis zum mittleren Hof des
Palastes gekommen, da erging an ihn das Wort
des HERRN; er erhielt den Befehl: 5 »Kehr um und
sag zu Hiskija, dem Anführer meines Volkes: ›So
spricht der HERR, der Gott deines Ahnherrn
David: Ich habe dein Gebet gehört und deine
Tränen gesehen. Ich werde dich gesund machen.
Am dritten Tag von heute an wirst du wieder in
meinen Tempel* gehen können. 6 Ich gebe dir
noch fünfzehn Jahre dazu und werde dich und
diese Stadt vor dem König von Assyrien* retten.
Um meiner Ehre willen und meinem Diener
David zuliebe werde ich Jerusalem beschüt-
zen.‹«

7 Jesaja richtete die Botschaft aus. Dann sagte
er zu den Dienern: »Legt einen Verband aus ge-
pressten Feigen auf die entzündete Stelle, dann
wird der König gesund werden.«[b]

8 Hiskija fragte Jesaja: »Woran kann ich erken-
nen, dass der HERR mich wirklich gesund ma-
chen wird und ich schon übermorgen in seinen
Tempel gehen werde?«

9 Jesaja antwortete: »Der HERR wird dir ein
Zeichen geben, an dem du erkennen kannst,
dass er seine Zusage wahr macht. Du hast die
Wahl: Soll der Schatten auf der Treppe zehn Stu-
fen vorrücken oder zehn Stufen zurückgehen?«

10 Hiskija sagte: »Es ist nichts Besonderes,
wenn er ein wenig schneller vorrückt; ich
möchte, dass er um zehn Stufen zurückgeht!«

11 Da rief Jesaja zum HERRN, und der HERR ließ
den Schatten auf der Treppe, die König Ahas
gebaut hatte, um zehn Stufen zurückgehen.

Gott ist mit Hiskijas Politik nicht einverstanden

(2 Chr 32,25-26; Jes 39,1-8)

12 Als der babylonische König Merodach-Bala-
dan, der Sohn Baladans, davon hörte, dass Hiskija
von einer Krankheit genesen war, schickte er
ihm ein Glückwunschschreiben und ließ ihm
Geschenke überbringen. 13 Hiskija nahm die
Botschaft der Gesandten entgegen und zeigte
ihnen alles, was er besaß: Silber, Gold, Gewürze
und kostbare Öle, seine Waffen, Rüstungen und

a Wörtlich *der HERR Zebaot**.
19,35-37 19,7; 2 Chr 32,21-22

b *dann wird ...*: mit alten Übersetzungen und nach Jes 38,21: H *und er wurde gesund.*

Lebensmittelvorräte. Alle Schatzkammern, Ge-
räte- und Vorratshäuser in seinem Palast und in
seinem ganzen Reich ließ er sie sehen.
14 Da kam der Prophet Jesaja zu König Hiskija
und fragte ihn: »Was wollten diese Männer von
dir? Woher kamen sie?«
»Sie sind von weit her gekommen, aus Baby-
lon*«, antwortete Hiskija.
15 »Was haben sie in deinem Palast gesehen?«,
fragte Jesaja.
»Ich habe ihnen alle meine Vorräte und Schät-
ze gezeigt«, sagte Hiskija. »Ich habe nichts vor
ihnen geheim gehalten.«
16 Da sagte Jesaja: »Höre, was der HERR dir
sagen lässt: 17 ›Alle Schätze in deinem Palast, die
deine Vorfahren zusammengetragen haben, wer-
den eines Tages nach Babylon weggeschafft,
nichts bleibt davon zurück. 18 Auch von den Söh-
nen, die dir noch geboren werden, wird man
einige nach Babylon verschleppen. Sie werden
dort den König in seinem Palast bedienen müs-
sen.‹«
19 Hiskija sagte: »Ich beuge mich unter die
Entscheidung des HERRN.« Und er fügte hinzu:
»Wenn nur wenigstens zu meinen Lebzeiten
noch Frieden und Sicherheit herrschen!«
20 Was es sonst noch über Hiskija und all
seine Erfolge zu berichten gibt, ist in der amtli-
chen Chronik der Könige von Juda nachzulesen.
Dort ist auch aufgezeichnet, wie er den Wasser-
speicher anlegen und das Wasser durch einen
Tunnel in die Stadt leiten ließ.[a] 21 Als Hiskija
starb, wurde er in der Grabstätte seiner Vor-
fahren bestattet. Sein Sohn Manasse wurde sein
Nachfolger.

Der Mann, der das Maß der Schuld voll macht

(2 Chr 33,1-20)

21 Manasse war zwölf Jahre alt, als er König
wurde, und regierte 55 Jahre lang in Jeru-
salem. Seine Mutter hieß Hefzi-Bah.
2 Manasse tat, was dem HERRN missfällt, und
folgte den abscheulichen Bräuchen der Völker,
die der HERR vor den Israeliten vertrieben hatte.
3 Er baute die Opferstätten* wieder auf, die sein
Vater Hiskija zerstört hatte, errichtete Altäre für
den Gott Baal* und ließ ein Bild der Göttin
Aschera* anfertigen, genau wie König Ahab von
Israel es getan hatte. Er warf sich auch vor dem
Heer der Sterne am Himmel nieder und brachte
ihm Opfer.
4 Im Tempel* von Jerusalem, den der HERR
zur Wohnstätte seines Namens bestimmt hatte,[b]
stellte er Altäre fremder Götter auf 5 und in den
Vorhöfen* des Tempels Altäre für das ganze Ster-
nenheer. 6 Er verbrannte einen seiner Söhne als
Opfer, gab sich mit Zauberern und Wahrsagern
ab und hielt sich Totenbeschwörer und Zeichen-
deuter. Mit all diesem bösen Tun zog er den Zorn
des HERRN auf sich.
7 Er stellte das Bild der Göttin Aschera in dem
Tempel auf, von dem der HERR zu David und sei-
nem Sohn Salomo gesagt hatte: »In diesem Haus
und in Jerusalem, das ich mir aus allen Stämmen
Israels ausgesucht habe, soll mein Name für alle
Zeiten Wohnung nehmen. 8 Wenn sie mir gehor-
chen und alle Gebote befolgen, die Mose, mein
Diener und Bevollmächtigter*, ihnen verkündet
hat, werde ich nicht zulassen, dass sie jemals aus
dem Land vertrieben werden, das ich ihren
Vätern gegeben habe.«
9 Aber die Leute von Juda hörten nicht auf
den HERRN und ließen sich von Manasse zum
Götzendienst verführen. Sie trieben es noch
schlimmer als die Völker, die der HERR vor den
Israeliten ausgerottet hatte.
10 Da ließ der HERR durch seine Diener, die
Propheten*, verkünden: 11 »König Manasse hat
noch schlimmeren Götzendienst getrieben als
die Amoriter*, die früher in diesem Land ge-
wohnt haben, und er hat auch die Leute von
Juda zum Götzendienst verführt. 12 Darum sagt
der HERR, der Gott Israels: ›Ich werde schweres
Unglück über Jerusalem und über ganz Juda
bringen. Jedem, der davon hört, werden die
Ohren wehtun. 13 Jerusalem wird mit dem
selben Maß gemessen wie Samaria und sein
Königshaus mit demselben Maß wie die Familie
von König Ahab. Ich wische die Einwohner
Jerusalems hinweg; die Stadt wird so leer sein
wie eine Schüssel, die man auswischt und
umstülpt. 14 Auch Juda und Jerusalem, die von
meinem erwählten Volk noch übrig geblieben
sind, will ich verstoßen. Ich gebe sie in die
Hand ihrer Feinde, die das Land ausplündern
und seine Bewohner wegführen werden.
15 Denn sie haben getan, was mir missfällt, und
meinen Zorn herausgefordert, von dem Tag, an
dem ihre Vorfahren aus Ägypten gezogen sind,
bis heute.‹«
16 Auch viele unschuldige Menschen hatte
Manasse umbringen lassen; in Jerusalem waren
Ströme von Blut geflossen. Das kam noch hinzu

a Siehe Sacherklärung »Schiloach«. b *Wohnstätte:* siehe Anmerkung zu Dtn 12,5; ebenso für Vers 7.

20,17 24,13 **20,18** 24,14-15; Dan 1,1-5 **20,19** 22,20a **21,3** 18,4; 1 Kön 16,33 **21,5** Dtn 4,19 S **21,6** Lev 18,21 S; 19,26 S **21,7-8** 1 Kön 9,3-5 **21,12** Jer 19,3 S

zu dem Götzendienst, zu dem er auch die Leute von Juda verführt hatte, sodass sie nach seinem Beispiel taten, was dem HERRN missfällt.

17 Was es sonst noch über Manasse und seine Taten zu berichten gibt, auch über den Götzendienst, den er trieb, das ist in der amtlichen Chronik der Könige von Juda nachzulesen. 18 Als Manasse starb, wurde er im Garten seines Palastes – der Garten hatte früher einmal Usa gehört – bestattet. Sein Sohn Amon wurde sein Nachfolger.

Über König Amon von Juda

(2 Chr 33,21-25)

19 Amon war 22 Jahre alt, als er König wurde, und er regierte zwei Jahre lang in Jerusalem. Seine Mutter hieß Meschullemet und war eine Tochter von Haruz aus Jotba.

20 Er tat, was dem HERRN missfällt, genau wie sein Vater Manasse. 21 In allem folgte er dessen Beispiel. Wie schon sein Vater opferte er den Götzenbildern und warf sich vor ihnen nieder. 22 Vom HERRN aber, dem Gott seiner Vorfahren, wandte er sich ab und kümmerte sich nicht um seine Gebote.

23 Einige Hofbeamte Amons verschworen sich gegen ihn und töteten ihn in seinem Palast. 24 Die Männer von Juda aber brachten alle um, die sich an der Verschwörung beteiligt hatten, und riefen seinen Sohn Joschija zu seinem Nachfolger aus.

25 Was es sonst noch über Amon und seine Taten zu berichten gibt, ist in der amtlichen Chronik der Könige von Juda nachzulesen. 26 Bestattet wurde er in der Grabanlage in dem Garten, der früher einmal Usa gehört hatte. Sein Sohn Joschija wurde sein Nachfolger.

Ein Gesetzbuch wird gefunden

(2 Chr 34,1-2.8-18)

22 Joschija war erst acht Jahre alt, als er König wurde, und er regierte 31 Jahre lang in Jerusalem. Seine Mutter hieß Jedida, sie war eine Tochter von Adaja aus Bozkat.

2 Joschija folgte dem Vorbild seines Ahnherrn David. Er tat, was dem HERRN gefällt, und richtete sich streng nach dessen Geboten und Weisungen.

3 In seinem 18. Regierungsjahr schickte König Joschija den Staatsschreiber Schafan, den Sohn von Azalja und Enkel von Meschullam, mit folgendem Auftrag in den Tempel*: 4 »Geh zum Obersten Priester* Hilkija und lass ihn feststellen, wie viel Geld bisher zum Tempel gebracht und von den Torhütern* eingesammelt worden ist. 5–6 Dann soll der Priester es den Meistern aushändigen, die für die Ausbesserungsarbeiten am Tempel verantwortlich sind. Sie sollen davon den Lohn der Zimmerleute, Bauarbeiter und Maurer bezahlen und das nötige Baumaterial, Holz und Bruchsteine, beschaffen. 7 Er soll von den Verantwortlichen keinen Nachweis über die Verwendung des Geldes verlangen, sondern ihnen vertrauen, dass sie ehrlich damit umgehen.«

8 Als der Staatsschreiber seinen Auftrag ausgerichtet hatte, sagte der Oberste Priester zu ihm: »Ich habe im Tempel das Gesetzbuch* des HERRN gefunden!«

Der Staatsschreiber nahm die Buchrolle* und las sie. 9 Dann ging er zum König und meldete: »Deine Diener, die Priester, haben den Opferkasten im Tempel geleert und das Geld den Meistern ausgehändigt, die für die Ausbesserungsarbeiten verantwortlich sind.« 10 Er berichtete dem König auch, dass der Priester Hilkija ihm eine Buchrolle übergeben hatte, und las sie dem König vor.

König Joschija ist entsetzt

(2 Chr 34,19-28)

11 Als der König hörte, was in diesem Gesetzbuch* stand, zerriss er sein Gewand. 12 Er stellte eine Abordnung zusammen: Hilkija, den Obersten Priester*, Ahikam, den Sohn von Schafan, Achbor, den Sohn von Micha, sowie den Staatsschreiber Schafan und den königlichen Vertrauten Asaja. Er befahl ihnen: 13 »Geht und fragt den HERRN um Rat wegen der Worte, die in diesem Buch stehen! Fragt ihn für mich, für das Volk und für ganz Juda. Denn wir haben den schweren Zorn des HERRN auf uns gezogen, weil unsere Vorfahren die Anordnungen nicht befolgt haben, die in diesem Buch stehen.«

14 Die fünf Männer gingen miteinander zu der Prophetin* Hulda und trugen ihr die Frage vor. Die Prophetin wohnte in der Jerusalemer Neustadt; ihr Mann Schallum, der Sohn von Tikwa und Enkel von Hasra, hatte die Aufsicht über die Kleiderkammer.[a] 15–16 Die Prophetin sagte zu den Abgesandten des Königs:

»Antwortet dem Mann, der euch zu mir gesandt hat: ›So spricht der HERR, der Gott Israels:

a Ob am Tempel oder am Königspalast, ist nicht zu entscheiden.

22,3-7 12,10-16 **22,8** Dtn 17,18-19; 29,20 S

Alle Drohungen, die du in diesem Buch gelesen
hast, lasse ich in Erfüllung gehen. Ich bringe Un-
glück über diese Stadt und ihre Bewohner. 17 Sie
haben mir die Treue gebrochen und anderen
Göttern geopfert. Mit ihren selbst gemachten
Götzenbildern haben sie mich herausgefordert.
Mein Zorn gegen diese Stadt ist aufgelodert wie
ein Feuer, das nicht erlöscht!‹

18 Für den König selbst aber, der euch herge-
schickt hat, um den HERRN zu fragen, habe ich
folgende Botschaft: ›So spricht der HERR, der
Gott Israels: Du hast die Worte gehört, 19 die ich
gegen diese Stadt und ihre Bewohner gesprochen
habe: Es soll ihnen so ergehen, dass alle Völker
das Entsetzen packt; wer einem andern Böses
wünschen will, wird sagen: Es ergehe dir wie Je-
rusalem![a] Aber du hast es dir zu Herzen genom-
men und dich meinem Urteil gebeugt, du hast
dein Gewand zerrissen und vor mir geweint;
deshalb habe ich auch dein Gebet erhört. 20a Du
wirst das Unglück, das ich über diese Stadt brin-
gen werde, nicht mehr mit eigenen Augen se-
hen. Ich lasse dich in Frieden sterben und du
wirst in der Grabstätte deiner Vorfahren bestat-
tet werden.‹«

Joschija verpflichtet das Volk auf das aufgefundene Gesetz

(2 Chr 34,29-32)

20b Die Abgesandten gingen zum König zurück
und richteten ihm alles aus.

23 Darauf ließ der König alle Ältesten* von
Juda und Jerusalem zu sich rufen. 2 Mit
allen Männern von Juda und der ganzen Bevöl-
kerung Jerusalems, den Priestern* und Prophe-
ten* und dem ganzen Volk, den vornehmen wie
den einfachen Leuten, ging er hinauf zum Tem-
pel* des HERRN. Dort ließ er vor ihnen das ganze
Bundesgesetz* verlesen, das sich im Tempel ge-
funden hatte.

3 Dann trat der König an seinen Platz vor dem
Tempel und schloss einen Bund* mit dem HERRN.
Das ganze Volk musste versprechen, dem HERRN
zu gehorchen und alle seine Gebote und Anwei-
sungen mit ganzem Willen und aller Kraft zu be-
folgen. Alles, was in dem aufgefundenen Buch
gefordert war, sollte genau befolgt werden.

Das ganze Volk stimmte zu und verpflichtete
sich zum Gehorsam gegen das Gesetz des
HERRN.

Joschija reinigt den Gottesdienst in Jerusalem

(2 Chr 34,3-5)

4 Nun befahl der König dem Obersten Priester*
Hilkija sowie seinen Stellvertretern und den Tor-
hütern*, den Tempel* des HERRN von den Spu-
ren des Götzendienstes zu säubern. Er ließ alle
Geräte und Einrichtungen, die für den Gott
Baal*, die Göttin Aschera* und das ganze Heer
der Sterne bestimmt waren, aus der Stadt brin-
gen und im Kidrontal verbrennen. Die Asche ließ
er nach Bet-El schaffen.

5 Er setzte die Götzenpriester ab, die von den
Königen Judas eingesetzt worden waren, um an
den Opferstätten* in den Städten von Juda und
in der Umgebung Jerusalems Opfer darzubrin-
gen. Er entließ auch alle Priester, die dem Baal,
der Sonne, dem Mond, den Sternen des Tierkrei-
ses und dem ganzen übrigen Sternenheer geop-
fert hatten.

6 Er entfernte das Götzenbild der Aschera aus
dem Tempel des HERRN und ließ es ebenfalls im
Kidrontal verbrennen. Die Überreste ließ er zu
Staub zerstoßen und zusammen mit der Asche
auf den Gräbern des Armenfriedhofs ausstreuen.
7 Außerdem ließ er die Häuser der geweihten*
Frauen abreißen, die im Tempelbezirk gestanden
hatten. Dort hatten die Frauen Gewänder für die
Göttin Aschera gewebt.

8 Auch die Altäre vor dem Tor des Stadtkom-
mandanten Joschua[b] ließ er niederreißen. Sie
hatten, vom Torinneren aus gesehen, auf der
linken Seite gestanden.

Im ganzen Land Juda, von Geba bis Beersche-
ba, entweihte er die Opferstätten und holte aus
allen Städten die Priester* nach Jerusalem. 9 Sie
erhielten ihren Anteil an den ungesäuerten Bro-
ten*, die den Jerusalemer Priestern zustehen;
aber sie durften am Altar des HERRN keinen
Opferdienst tun.

10 Joschija entweihte auch die Opferstätte
Tofet* im Hinnom-Tal, damit dort niemand mehr
seinen Sohn oder seine Tochter als Opfer für den
Götzen Moloch* verbrennen konnte.

11 Weiter ließ er die Pferdestandbilder beseiti-
gen, die die Könige von Juda zu Ehren des Son-
nengottes aufgestellt hatten. Sie standen auf
dem Parwar-Platz[c] am Eingang zum Tempel,
nahe bei den Diensträumen des Hofbeamten

a *wer einem andern ...:* wörtlich *sie sollen zum Fluchwort* werden.*
b Ob er das Tor gebaut hat oder bewacht oder in der Nähe wohnt, ist nicht zu erkennen.
c Die Bedeutung des Wortes *Parwar* ist unsicher; vermutet wird: Platz, Anbau, Kolonnaden, offener Pavillon.

22,20a 20,19 **23,2** 22,8 S; Ex 24,7 **23,3** 11,14 **23,4-6** 21,3 **23,4.6** 1 Kön 15,13 **23,5** Dtn 4,19 S **23,7** 1 Kön 14,24 S **23,10** Jer 7,31; Lev 18,21 S

Netan-Melech. Die dazugehörigen Wagen wur-
den verbrannt.
12 Der König ließ auch die Altäre abbrechen,
die die Könige von Juda in ihrem Palast auf dem
Dach des von Ahas erbauten Obergeschosses
errichtet hatten, und ebenso die Altäre, die
Manasse in den beiden Vorhöfen* des Tempels
aufgestellt hatte. Er zertrümmerte sie völlig und
ließ den Schutt ins Kidrontal werfen.
13 Er entweihte die Götzenaltäre im Osten
von Jerusalem, südlich vom Berg der Vernich-
tung.[a] König Salomo hatte sie einst für die phöni-
zische Göttin Astarte*, den moabitischen Gott
Kemosch und den ammonitischen Götzen Mil-
kom bauen lassen.
14 Joschija ließ auch die Steinmale* zerschla-
gen und die geweihten Pfähle* umhauen. Über-
all, wo sie gestanden hatten, bedeckte er die
Erde mit Totengebeinen.

Joschija zerstört die Heiligtümer im Land

(2 Chr 34,6-7)

15 Dann ließ Joschija die Opferstätte in Bet-El zer-
stören. Der Tempel wurde in Brand gesteckt, der
Altar zu Staub zermalmt und auch der geweihte
Pfahl* verbrannt. Jerobeam, der Sohn Nebats,
hatte diese Opferstätte erbauen lassen und die
Leute im Reich Israel dadurch zum Götzendienst
verführt.
16 Vor der Zerstörung hatte Joschija den Altar
entweiht. Er hatte gesehen, dass am Berg Gräber
lagen. Er ließ die Totengebeine einsammeln und
auf dem Altar verbrennen. Genau das hatte der
HERR durch einen Propheten ankündigen lassen,
als Jerobeam bei der Einweihung des Heiligtums
am Altar stand.

Auf die Grabstätte eben dieses Propheten fiel
der Blick des Königs.[b] 17 »Was ist das für ein
Grabmal, das ich dort sehe?«, fragte er die Be-
wohner der Stadt. Sie antworteten ihm: »Das ist
das Grab des Propheten, der aus Juda hierher
kam und alles voraussagte, was du jetzt mit die-
sem Altar getan hast.«
18 Da befahl Joschija: »Lasst ihm seine Ruhe!
Keiner soll sich an seinen Gebeinen vergreifen!«
So blieben seine Gebeine an ihrem Platz, und
ebenso die Gebeine des anderen Propheten, der
aus Samaria stammte.
19 Wie mit Bet-El, so verfuhr Joschija auch mit
den Tempeln in den Städten Samariens. Die
Könige von Israel hatten sie bauen lassen und da-
mit den Zorn des HERRN herausgefordert. Joschi-
ja zerstörte sie 20 und ließ ihre Priester auf den
Altären abschlachten; außerdem verbrannte er
Totengebeine auf den Altären. Darauf kehrte er
nach Jerusalem zurück.

Das erste gemeinsame Passafest in Jerusalem

(2 Chr 35,1.18-19)

21 Dann befahl König Joschija dem ganzen Volk:
»Feiert jetzt das Passafest* für den HERRN, euren
Gott! Haltet es genau nach den Vorschriften, die
in dem Buch stehen, auf das ihr euch vor dem
HERRN verpflichtet habt!«
22 Weder in der Zeit, als Richter* die Israeliten
angeführt hatten, noch unter der Herrschaft der
Könige Israels und Judas war das Passafest in die-
ser Form gefeiert worden. 23 Aber jetzt, im
18. Regierungsjahr des Königs Joschija, feierte
das ganze Volk dieses Fest, so wie das Gesetz* es
verlangt, in der Stadt Jerusalem.

Joschija kann die Katastrophe nicht abwenden

24 Nach den Vorschriften des Gesetzbuches*,
das der Priester Hilkija im Tempel* des HERRN
gefunden hatte, vertrieb Joschija die Toten-
beschwörer und Wahrsager und ließ die Haus-
götter* und alle Arten von Götzenbildern in
Juda und Jerusalem wegschaffen.
25 Mit ganzem Herzen, mit ganzem Willen
und mit aller Kraft wandte er sich dem HERRN
zu und richtete sich streng nach dem Gesetz*
Moses. Er übertraf darin alle anderen Könige vor
und nach ihm.
26 Aber Joschija konnte den Zorn des HERRN
über Juda nicht besänftigen, so sehr hatte Ma-
nasse den HERRN beleidigt durch all das, was er
getan hatte. 27 Der HERR blieb bei seinem
Entschluss: »Genau wie die Leute von Israel
lasse ich auch die Leute von Juda aus ihrem Land
verschleppen, damit ich sie nicht mehr vor
Augen haben muss. Mit der Stadt, die ich er-
wählt habe, mit Jerusalem, will ich nichts mehr
zu tun haben und genauso wenig mit dem
Tempel, von dem ich einst sagte: ›Hier soll mein
Name wohnen.‹«[c]

a Gemeint ist der Ölberg* (im Hebräischen klingt beides ähnlich), der in diesem Zusammenhang bewusst nicht mit Namen genannt wird. *b* Das Ende des Verses von »als Jerobeam bei der Einweihung« an ist nur in G überliefert.
c *mein Name:* siehe Anmerkung zu Dtn 12,5.

23,12 21,5 **23,13** 1 Kön 11,7 **23,15** 1 Kön 12,29-32 **23,16** 1 Kön 13,2 **23,17** 1 Kön 13,30-32 **23,21** Ex 12,1-14 S; 2 Kön 23,2-3
23,24 Lev 19,31 S **23,25** 18,5; Dtn 6,4-5 S **23,26-27** 21,11-16

Das Ende von König Joschija

(2 Chr 35,20–36,1)

28 Was es sonst noch über Joschija und seine
Taten zu berichten gibt, ist in der amtlichen
Chronik der Könige von Juda nachzulesen.
29 In der Regierungszeit von Joschija zog Pha-
rao Necho, der König von Ägypten, mit seinem
Heer zum Eufrat, um dem König von Assyrien*
Hilfe zu leisten.[a] Bei Megiddo suchte Joschija
ihn aufzuhalten. Doch gleich zu Beginn des
Kampfes fand er den Tod.[b]
30 Seine Leute brachten den toten König auf
einem Wagen von Megiddo nach Jerusalem und
bestatteten ihn dort in der vorbereiteten Grab-
stätte. Die Männer von Juda riefen Joahas, einen
der Söhne von Joschija, zu seinem Nachfolger
aus und salbten* ihn.

Die Könige Joahas und Jojakim. Juda zwischen Ägypten und Babylonien

(2 Chr 36,2-8)

31 Joahas war 23 Jahre alt, als er König wurde,
und er regierte nur drei Monate lang in Jerusa-
lem. Seine Mutter hieß Hamutal; sie war eine
Tochter von Jirmeja und stammte aus Libna.
32 Er tat, was dem HERRN missfällt, genau wie
seine Vorfahren.
33 Der Pharao Necho setzte ihn ab und hielt
ihn in Ribla in der Provinz Hamat gefangen. Das
Land musste an den Pharao 100 Zentner* Silber
und einen Zentner[c] Gold als Tribut bezahlen.
34 Für Joahas setzte der Pharao Eljakim, einen
anderen Sohn von Joschija, als Nachfolger seines
Vaters zum König ein und änderte seinen Namen
in Jojakim. Joahas nahm er mit nach Ägypten,
wo er später starb.
35 Um dem Pharao die verlangte Summe ablie-
fern zu können, sah Jojakim sich gezwungen,
von der Bevölkerung eine Abgabe zu erheben.
Von jedem Einwohner forderte er einen Betrag,
der sich nach der Größe seines Besitzes richtete.
36 Jojakim war 25 Jahre alt, als er König wur-
de, und er regierte elf Jahre lang in Jerusalem.
Seine Mutter hieß Sebuda; sie war eine Tochter
von Pedaja und stammte aus Ruma. 37 Genau
wie seine Vorfahren tat Jojakim, was dem HERRN
missfällt.

24 Während seiner Regierungszeit zog
Nebukadnezzar, der König von Babylo-
nien*, mit einem Heer heran und Jojakim unter-
warf sich ihm. Doch nach drei Jahren lehnte er
sich gegen ihn auf. 2 Der HERR[d] aber schickte
umherstreifende Truppen der Chaldäer*, der
Syrer*, der Moabiter* und der Ammoniter* ge-
gen Jojakim. Sie fielen in Juda ein und verwüste-
ten es, genau wie der HERR es durch seine Die-
ner, die Propheten*, angekündigt hatte.
3 Dies alles kam über Juda auf ausdrücklichen
Befehl des HERRN, denn er wollte sich die Leute
von Juda aus den Augen schaffen. Der Grund da-
für war, dass Manasse ihn durch seinen Götzen-
dienst beleidigt 4 und darüber hinaus in Jerusa-
lem viele unschuldige Menschen getötet hatte.
Der HERR war entschlossen, diese Schuld nicht
zu vergeben.
5 Was es sonst noch über Jojakim und seine
Taten zu berichten gibt, ist in der amtlichen
Chronik der Könige von Juda nachzulesen. 6 Als
er starb, wurde sein Sohn Jojachin sein Nach-
folger.
7 Zu dieser Zeit wagte sich der König von
Ägypten schon nicht mehr aus seinem Land
heraus, denn alle Gebiete vom Eufrat bis zur
ägyptischen Grenze*, die früher zu seinem
Machtbereich gehört hatten, waren inzwi-
schen fest in der Hand des Königs von Baby-
lonien.

Nebukadnezzar nimmt Jerusalem ein

(2 Chr 36,9-13; Jer 52,1-3)

8 Jojachin war 18 Jahre alt, als er König wurde,
und regierte nur drei Monate lang in Jerusalem.
Seine Mutter hieß Nehuschta; sie war eine Toch-
ter Elnatans und stammte aus Jerusalem. 9 Joja-
chin tat, was dem HERRN missfällt, genau wie
sein Vater Jojakim.
10 Kurz nach seinem Regierungsantritt zog
das Heer Nebukadnezzars, des Königs von Baby-
lonien*, vor die Stadt Jerusalem und belagerte
sie. 11 Als die Belagerung in vollem Gange war,
erschien Nebukadnezzar selbst vor der Stadt.
12 Da ergab sich Jojachin und ging zusammen
mit seiner Mutter und mit all seinen Beamten,
Offizieren und Hofleuten hinaus vor die Stadt zu
König Nebukadnezzar. Es war das achte Regie-

a *um ... zu leisten:* vermutlicher Text; H *gegen den König von Assyrien* (vgl. 2 Chr 35,20-21). Der Pharao wollte den bedrängten Assyrern zu Hilfe kommen, um den Aufstieg der Babylonier zur Großmacht zu verhindern.
b *Bei Megiddo ...:* Der sehr knapp formulierte hebräische Text erlaubt unterschiedliche Deutungen; wörtlich *König Joschija ging/zog ihm entgegen und er tötete ihn in/bei Megiddo, (sofort) als er ihn sah.*
c *einen Zentner:* wörtlich *Zentner.* Es fehlt die Zahlenangabe; sie ist möglicherweise ausgefallen.
d Oder nach G *Er* = Nebukadnezzar. In jedem Fall handelt es sich um Hilfstruppen des Babylonierkönigs.

23,29-34 Jer 22,10-22 **23,30** 9,28 S **23,33-34** Jer 22,10; Ez 19,4 **23,35** 15,20 **24,1** Jer 21,2 S **24,2** 6,23; 13,20 **24,3-4** 21,16 **24,12** Jer 22,24-30

rungsjahr Nebukadnezzars, als Jojachin sein Ge-
fangener wurde.
13 Alle Schätze, die sich im Tempel* des
HERRN und im Königspalast befanden, ließ der
Babylonierkönig wegschleppen. Wie der HERR es
angedroht hatte, ließ Nebukadnezzar auch alle
goldenen Geräte zerschlagen, die Salomo für
den Tempel hatte anfertigen lassen. 14 Aus Jerusa-
lem führte er alle maßgeblichen und wohlhaben-
den Leute in die Verbannung*, insgesamt 10 000
Mann, dazu alle erfahrenen Handwerker, insbe-
sondere die Bau- und Metallhandwerker. Nur die
ärmere Bevölkerungsschicht blieb zurück.
15 Auch König Jojachin, seine Mutter und
seine Frauen, seine Hofleute und alle führenden
Männer von Juda ließ Nebukadnezzar von Jeru-
salem nach Babylonien in die Verbannung weg-
führen, 16 dazu 7000 wohlhabende Männer und
1000 erfahrene Handwerker, insbesondere Bau-
und Metallhandwerker; er nahm alle mit, die
mit Waffen umgehen konnten. 17 Anstelle Joja-
chins setzte er dessen Onkel Mattanja als König
ein und gab ihm den Namen Zidkija.
18 Zidkija war 21 Jahre alt, als er König wurde,
und er regierte elf Jahre lang in Jerusalem. Seine
Mutter hieß Hamutal; sie war eine Tochter von
Jirmeja und stammte aus Libna. 19 Zidkija tat,
was dem HERRN missfällt, genau wie sein Bruder
Jojakim.
20a Nun aber war das Maß voll. Der HERR war
so zornig über die Bewohner Jerusalems und
Judas, dass er sie aus seinen Augen wegschaffen
ließ.

Jerusalem wird zum zweiten Mal eingenommen

(2 Chr 36,17-21; Jer 39,1-10; 52,4-27)

20b Zidkija lehnte sich gegen Nebukadnezzar,
den König von Babylonien*, auf.
25 Da erschien Nebukadnezzar im neunten
Regierungsjahr Zidkijas mit allen seinen
Truppen vor Jerusalem. Rings um die Stadt ließ
er einen Belagerungswall aufschütten. Am
10. Tag des 10. Monats begann die Belagerung
2 und sie dauerte bis ins elfte Regierungsjahr Zid-
kijas. 3 Zuletzt waren die Nahrungsmittel in der
Stadt völlig aufgebraucht.
Am 9. Tag des 4. Monats im elften Regierungs-
jahr Zidkijas 4 schlugen die Babylonier eine Bre-
sche in die Stadtmauer. Im Schutz der Dunkel-
heit gelang es König Zidkija und seinen Kriegs-
leuten, durch den Torweg zwischen den beiden
Mauern am königlichen Garten die Stadt zu ver-
lassen und den Belagerungsring zu durchbre-
chen. Sie flohen in östlicher Richtung zur Jordan-
ebene.
5 Sofort nahmen babylonische Truppen die
Verfolgung auf und holten Zidkija in der Ebene
bei Jericho ein. Von seinen Kriegsleuten im Stich
gelassen, 6 wurde er gefangen genommen und
nach Ribla vor den König von Babylonien ge-
bracht. Nebukadnezzar selbst sprach ihm das
Urteil. 7 Zidkija musste mit ansehen, wie seine
Söhne abgeschlachtet wurden; dann stach man
ihm die Augen aus und brachte ihn, mit Ketten
gefesselt, nach Babylon*.
8 Im 19. Regierungsjahr Nebukadnezzars, am
7. Tag des 5. Monats, traf Nebusaradan, der Be-
fehlshaber der königlichen Leibwache, einer der
engsten Vertrauten des Babylonierkönigs, in
Jerusalem ein. 9 Er ließ den Tempel* des HERRN,
den Königspalast und alle vornehmen Häuser
Jerusalems niederbrennen. Auch alle anderen
Häuser gingen in Flammen auf. 10 Seine Truppen
rissen die Mauern der Stadt ringsum nieder.
11 Nebusaradan ließ die restliche Stadtbevölke-
rung und alle, die zu den Babyloniern übergelau-
fen waren, gefangen wegführen. 12 Nur aus der
ärmsten Schicht der Landbevölkerung ließ er
eine Anzahl zurück, damit sie die Weinberge
und Äcker bestellten.
13 Die Babylonier zertrümmerten die bronze-
nen Säulen, die vor dem Tempel des HERRN auf-
gestellt waren, ebenso die Kesselwagen und das
große Bronzebecken, und schafften das ganze
Metall nach Babylon. 14 Sie nahmen die Töpfe
und Schaufeln und Messer und Pfannen mit,
alle Bronzegeräte, die für den Tempeldienst ge-
braucht worden waren. 15 Auch die Feuerbecken
und Schalen, überhaupt alle goldenen und silber-
nen Geräte nahm Nebusaradan mit.
16 Für die beiden Säulen, das große Becken
und die Kesselwagen hatte König Salomo eine
ungeheure Menge Bronze verarbeitet. 17 Die
beiden Säulen waren neun Meter hoch; jede
trug ein bronzenes Kapitell von eineinhalb
Meter Höhe. Die Kapitelle waren ringsum mit
Bandgeflecht und Granatäpfeln aus Bronze ver-
ziert.
18 Nebusaradan, der Befehlshaber der Leibwa-
che, ließ den Oberpriester Seraja, seinen Stellver-
treter Zefanja und die drei Torhüter* festneh-
men. 19 In der Stadt fanden sich außerdem noch
ein hoher Offizier, fünf Männer aus der nächs-
ten Umgebung des Königs, der Beamte, der für
die Musterung des Heeres verantwortlich war,

24,13 20,17 **24,14-15** 20,18; Jer 29,1 **24,15** Ez 17,12; 19,9 **24,17** Jer 37,1; Ez 17,13-14 **24,20a** 13,23; Jer 7,15 **25,1** Jer 21,1-10; 34,1-7; Ez 4,1-3; 24,1-2 **25,2-4** Ez 12,13 **25,9** 1 Kön 9,8 **25,13-17** 1 Kön 7,15-50; Jer 27,19-22 **25,18** Jer 21,1 S

und sechzig wichtige Männer aus dem Gebiet
von Juda. Auch sie ließ Nebusaradan verhaften
20 und brachte sie zum König von Babylonien
nach Ribla in der Provinz Hamat. 21 Dort ließ
Nebukadnezzar sie hinrichten.

So wurde das Volk von Juda aus seinem Land
in die Verbannung geführt.

Wirren unter den Zurückgebliebenen

(Jer 40,7-9; 41,1-3; 43,5-7)

22 Über den Rest der Bevölkerung, der im Land
Juda zurückgeblieben war, setzte Nebukadnez-
zar Gedalja, den Sohn Ahikams und Enkel Scha-
fans, als Statthalter ein. 23 Als die Truppenführer
aus Juda, die den Babyloniern* nicht in die
Hände gefallen waren, davon hörten, kamen sie
alle mit ihren Männern zu Gedalja nach Mizpa.
Es waren Jischmaël, der Sohn von Netanja,
Johanan, der Sohn von Kareach, Seraja, der
Sohn von Tanhumet aus Netofa, und Jaasanja
aus Maacha.

24 Gedalja sagte zu ihnen und ihren Männern:
»Ich gebe euch mein Wort: Ihr braucht keine
Angst vor den Babyloniern zu haben. Bleibt im
Land und unterwerft euch dem König von Baby-
lonien, dann wird euch nichts geschehen!«

25 Aber im siebten Monat jenes Jahres kam
Jischmaël, der Sohn von Netanja und Enkel von
Elischama aus der königlichen Familie, mit zehn
Männern nach Mizpa. Sie töteten Gedalja und
alle Judäer und Babylonier, die bei ihm waren.
26 Aus Angst vor der Rache der Babylonier flüch-
tete die ganze Bevölkerung, vornehme wie ein-
fache Leute, zusammen mit den Truppenführern
nach Ägypten.

Grund für neue Hoffnung?

(Jer 52,31-34)

27 Als Ewil-Merodach König von Babylonien*
wurde, begnadigte er noch im selben Jahr König
Jojachin von Juda und holte ihn aus dem Gefäng-
nis. Das geschah im 37. Jahr der Gefangenschaft
Jojachins, am 27. Tag des 12. Monats.

28 Der neue König behandelte Jojachin
freundlich und gab ihm eine Ehrenstellung unter
den fremden Königen, die genau wie Jojachin
nach Babylon* gebracht worden waren. 29 Joja-
chin durfte seine Gefängniskleidung ablegen
und zeitlebens an der königlichen Tafel speisen.
30 Auf Anordnung des babylonischen Königs
wurde ihm bis zu seinem Tod täglich alles gelie-
fert, was er zu seinem Unterhalt brauchte.

DAS ERSTE BUCH DER CHRONIK

Inhaltsübersicht

VON ADAM BIS SAUL: ABSTAMMUNGSLISTEN (Kapitel 1–9)

Von Adam bis Abraham

(Gen 5,1-32; 10,2-29; 11,10-26)

1 Die Abstammungslinie von Adam bis Noach:
Adam, Set, Enosch, 2 Kenan, Mahalalel, Je-
red, 3 Henoch, Metuschelach, Lamech, 4 Noach.
Noach hatte drei Söhne: Sem, Ham und Jafet.

5 Die Söhne *Jafets* waren: Gomer, Magog,
Madai, Jawan,[a] Tubal*, Meschech und Tiras.
6 Von Gomer stammen ab: Aschkenas, Rifat[b]
und Togarma. 7 Von Jawan: Elischa, Tarschisch*,
die Kittäer und die Rodaniter.[c]

8 Die Söhne *Hams* waren: Kusch, Mizrajim,
Put[d] und Kanaan*.

9 Von Kusch stammen ab: Seba, Hawila,
Sabta, Ragma und Sabtecha. Von Ragma: Saba*
und Dedan*. 10 Kusch zeugte auch Nimrod. Die-
ser wurde der erste große Herrscher auf der
Erde.

11 Mizrajim war der Stammvater der Luditer,
Anamiter, Lehabiter, Naftuhiter, 12 Patrositer,
Kasluhiter sowie der Kaftoriter, von denen die
Philister* herkommen.[e]

13 Die Nachkommen Kanaans waren: Sidon,
sein Erstgeborener, und Het*, 14 außerdem die
Jebusiter, Amoriter*, Girgaschiter, 15 Hiwiter,

a Siehe Anmerkung zu Gen 10,2. *b* So nach Gen 10,3; H *Difat.*
c *Elischa* und *Kittäer* bezeichnen beide die (Bewohner der) Insel Zypern; *Rodaniter* = Bewohner der Insel *Rhodos.*
d Siehe Anmerkung zu Gen 10,6. *e* Siehe Anmerkung zu Gen 10,14.
25,26 Dtn 28,68; Jer 40,13–43,7 **25,27** 24,15

Arkiter, Siniter, 16 Arwaditer, Zemariter und
Hamatiter.
17 Die Söhne *Sems* waren: Elam*, Assur*, Ar-
pachschad, Lud*, Aram*, Uz, Hul, Geter und
Meschech.
18 Arpachschad zeugte Schelach, Schelach
zeugte Eber. 19 Eber wurden zwei Söhne gebo-
ren, der eine hieß Peleg (Teilung), denn zu seiner
Zeit verteilte sich die Menschheit über die Erde;
der andere hieß Joktan. 20 Joktans Nachkommen
waren: Almodad, Schelef, Hazarmawet, Jerach,
21 Hadoram, Usal, Dikla, 22 Obal, Abimaël,
Saba*, 23 Ofir*, Hawila und Jobab. Sie alle sind
Nachkommen Joktans.
24 Die Abstammungslinie von Sem bis Abra-
ham: Sem, Arpachschad, Schelach, 25 Eber,
Peleg, Regu, 26 Serug, Nahor, Terach, 27 Abram,
der auch Abraham heißt.

Die Nachkommen Abrahams

(Gen 25,1-4.13-16; 36,4-28)

28 Die Söhne Abrahams waren: Isaak und Ismaël.
29 Hier ist die Liste ihrer Nachkommen:
Ismaëls Erstgeborener war Nebajot, dann
folgten Kedar*, Adbeel, Mibsam, 30 Mischma,
Duma, Massa, Hadad, Tema, 31 Jetur, Nafisch
und Kedma. Sie alle sind Nachkommen von
Ismaël.
32 Auch von seiner Nebenfrau Ketura hatte
Abraham Söhne; sie gebar Simran, Jokschan,
Medan, Midian*, Jischbak und Schuach. Die
Söhne von Jokschan waren: Saba* und Dedan*.
33 Die Söhne von Midian waren: Efa, Efer, He-
noch, Abida und Eldaga. Sie alle sind Nachkom-
men von Ketura.
34 Abrahams Sohn Isaak hatte zwei Söhne:
Esau und Israel.[a] 35 Die Söhne von Esau waren:
Elifas, Reguël, Jëusch, Jalam und Korach. 36 Die
Söhne von Elifas waren: Teman, Omar, Zefo, Ga-
tam, Kenas, Timna und Amalek*. 37 Die Söhne
Reguëls: Nahat, Serach, Schamma und Misa.
38 Die Söhne von Seïr[b] waren: Lotan, Scho-
bal, Zibon, Ana, Dischon, Ezer und Dischan.
39 Die Söhne Lotans: Hori und Hemam. Lo-
tans Schwester war Timna.
40 Die Söhne Schobals: Alwan, Manahat,
Ebal, Schefi und Onam.
Die Söhne Zibons: Aja und Ana.
41 Der Sohn von Seïrs Sohn Ana: Dischon.
Die Söhne von Seïrs Sohn Dischan: Hemdan,
Eschban, Jitran und Keran.
42 Die Söhne Ezers: Bilhan, Saawan und
Akan.[c]
Die Söhne Dischans: Uz und Aran.

Die Könige von Edom

(Gen 36,31-43)

43–50 Bevor es in Israel einen König gab, herrsch-
ten über das Land Edom* nacheinander folgende
Könige:[d]

Bela, der Sohn Beors, in der Stadt Dinhaba;
Jobab, der Sohn Serachs, aus der Stadt Bozra;
Huscham aus dem Gebiet des Stammes Teman;
Hadad, der Sohn Bedads, in der Stadt Awit;
er besiegte die Midianiter* in einer Schlacht
auf dem Gebiet von Moab*;
Samla aus der Stadt Masreka;
Schaul aus der Stadt Rehobot am Fluss;
Baal-Hanan, der Sohn Achbors;
Hadad in der Stadt Pagu; seine Frau Mehetabel
war eine Tochter Matreds und Enkelin
Me-Sahabs.

51 Nach dem Tod Hadads wurde die Herrschaft in
Edom von Sippenoberhäuptern ausgeübt. Es
waren[e] die Oberhäupter der Sippen Timna,
Alwa, Jetet, 52 Oholibama, Ela, Pinon, 53 Kenas,
Teman, Mibzar, 54 Magdiël und Iram.

Die Söhne Israels (Jakobs)

(Gen 35,23-26)

2 Die Söhne Israels[f] waren: Ruben, Simeon,
Levi, Juda, Issachar, Sebulon, 2 Dan, Josef,
Benjamin, Naftali, Gad und Ascher.

Die Nachkommen von Juda

(Gen 38,3-7.27-30)

3 Die Söhne Judas waren: Er, Onan und Schela.
Diese drei hatte ihm die Tochter von Schua, eine
Kanaaniterin*, geboren. Aber Er, sein Erstgebo-
rener, tat, was dem HERRN missfällt, und der
HERR ließ ihn sterben. 4 Judas Schwiegertochter
Tamar gebar ihm dann noch Perez und Serach.
Insgesamt hatte Juda fünf Söhne.
5 Die Söhne von Perez waren: Hezron und
Hamul.
6 Die Söhne von Serach: Simri, Etan, Heman,
Kalkol und Darda.[g] 7 Simri hatte einen Sohn

a *Israel* = Jakob; vgl. Gen 32,29; 35,5. b Nach Gen 36,20 die horitischen Ureinwohner des Landes Edom*.
c *und Akan:* mit zahlreichen hebräischen und einer griechischen Handschrift und Gen 36,27; H *Jaakan.*
d Siehe Anmerkung zu Gen 36,31.
e Wörtlich *Hadad starb. Und es waren Sippenoberhäupter in Edom: ...* f Siehe Anmerkung zu 1,34.
g *Darda* mit zahlreichen Handschriften und alten Übersetzungen (vgl. 1 Kön 5,11); H *Dara.*
1,28 Gen 21,3; 16,15 **1,34** Gen 25,19-26 **2,5** Gen 46,12 **2,6** 1 Kön 5,11 **2,7** Jos 7,1-26

namens Karmi;[a] dessen Sohn war Achan. Der
stürzte Israel ins Unglück, denn er vergriff sich
an Beutegut, das Gott geweiht war. 8 Etan hatte
einen Sohn namens Asarja.
9 Die Söhne, die Hezron geboren wurden,
waren: Jerachmeël, Ram und Kaleb.

Die Nachkommen von Ram

(Rut 4,19-22)

10 Ram zeugte Amminadab, Amminadab zeugte
Nachschon, das Oberhaupt des Stammes Juda.
11 Nachschon zeugte Salmon, Salmon Boas,
12 Boas Obed, Obed Isai. 13 Isai zeugte als Erstge-
borenen Eliab, danach als zweiten Abinadab, als
dritten Schima, 14 als vierten Netanel, als fünften
Raddai, 15 als sechsten Ozem, als siebten David.
16 Die sieben hatten zwei Schwestern: Zeruja
und Abigal. Zeruja hatte drei Söhne: Abischai,
Joab und Asaël. 17 Abigal gebar Amasa; dessen
Vater war der Ismaëliter Jeter.

Die Nachkommen Kalebs

18 Kaleb, der Sohn Hezrons, hatte aus seiner ers-
ten Ehe mit Asuba eine Tochter namens Jeriot.[b]
Deren Söhne waren Jescher, Schobab und Ar-
don. 19 Nach Asubas Tod verheiratete Kaleb sich
mit Efrata, die gebar ihm Hur. 20 Hur zeugte Uri
und Uri zeugte Bezalel.
21 Später heiratete Kalebs Vater Hezron noch
einmal im Alter von 60 Jahren. Seine Frau, eine
Tochter Machirs, des Stammvaters von Gilead*,
gebar ihm Segub. 22 Segub zeugte Jaïr. Ihm ge-
hörten 23 Ortschaften im Land Gilead, die »die
Dörfer Jaïrs« genannt wurden. 23 Aber die Ge-
schuriter und Syrer* nahmen sie ihm ab, ebenso
die Stadt Kenat mit den dazugehörenden Dör-
fern, insgesamt 60 Orte, die alle den Nachkom-
men Machirs gehört hatten. 24 Nach dem Tod
Hezrons, dessen Frau Abija hieß, schlief Kaleb
mit Efrata[c] und sie gebar ihm Aschhur, den
Stammvater von Tekoa.

Die Nachkommen Jerachmeëls

25 Jerachmeël, der erstgeborene Sohn Hezrons,
hatte folgende Söhne: Ram, seinen Erstgebore-
nen, dann Buna, Oren, Ozem und Ahija. 26 Er
hatte noch eine zweite Frau namens Atara, die
war die Mutter seines Sohnes Onam.
27 Die Söhne seines Erstgeborenen Ram wa-
ren: Maaz, Jamin und Eker.
28 Die Söhne Onams waren: Schammai und
Jada. Die Söhne von Schammai: Nadab und
Abischur. 29 Die Frau Abischurs hieß Abihajil, sie
gebar ihm die Söhne Achban und Molid. 30 Die
Söhne Nadabs waren: Seled und Appajim. Seled
starb, ohne Kinder zu hinterlassen. 31 Der Sohn
Appajims war Jischi, der Sohn Jischis Scheschan
und der Sohn Scheschans war Achlai.
32 Jada, der Bruder von Schammai, hatte zwei
Söhne: Jeter und Jonatan. Jeter starb kinderlos.
33 Die Söhne Jonatans waren: Pelet und Sasa.
Diese alle waren Nachkommen Jerachmeëls.
34 Scheschan hatte übrigens keine Söhne, son-
dern nur Töchter. 35 Eine von ihnen gab er sei-
nem ägyptischen Sklaven Jarha zur Frau und sie
gebar ihm Attai. 36–41 Attai zeugte Natan, Natan
zeugte Sabad, Sabad Eflal, weiter folgten in
direkter Linie Obed, Jehu, Asarja, Helez, Elasa,
Sismai, Schallum, Jekamja und Elischama.

Weitere Listen von Nachkommen Kalebs

42 Die Söhne Kalebs, des Bruders von Jerach-
meël, waren: Mescha, sein Erstgeborener, der
Stammvater von Sif, und als zweiter Marescha,
der Stammvater von Hebron.[d] 43 Die Söhne
Hebrons waren: Korach, Tappuach, Rekem und
Schema. 44 Schema zeugte Raham, den Stamm-
vater von Jorkoam. Rekem zeugte Schammai,
45 dessen Sohn war Maon, der Stammvater von
Bet-Zur.
46 Efa, eine Nebenfrau Kalebs, gebar ihm die
Söhne Haran, Moza und Gases. Haran zeugte
Jahdai; 47 dessen Söhne[e] waren: Regem, Jotam,
Geschan, Pelet, Efa und Schaaf.
48 Maacha, eine andere Nebenfrau Kalebs,
gebar ihm Scheber und Tirhana, 49 später auch
Schaaf, den Stammvater von Madmanna, und
Schewa, den Stammvater von Machbena und
von Gibea.
Kaleb hatte auch eine Tochter Achsa.
50 Eine Liste der Nachkommen Kalebs:[f]
Die Söhne von Hur, dem Erstgeborenen von

a *Simri ...:* ergänzt nach Jos 7,1, wo jedoch statt *Simri* die Namensform *Sabdi* steht.
b So nach zwei alten Übersetzungen; H *Kaleb ... zeugte Asuba, eine Frau, und Jeriot* oder *zeugte mit Asuba, (s)einer Frau, und mit Jeriot.*
c *dessen Frau ...:* mit zwei alten Übersetzungen; H *in Kaleb-Efrata, und Hezrons Frau war Abija.*
d *und als zweiter ...:* vermutlicher Text; H *und die Söhne Mareschas, des Vaters von Hebron.* Die meisten der hier genannten Namen bezeichnen Orte und Sippen, nicht Einzelpersonen.
e Vermutlicher Text; H *Haran zeugte Gases.* [47]*Die Söhne Jahdais.*
f Hier wird besonders deutlich, dass die Abstammungslisten zugleich die Sippengliederung in einem bestimmten Gebiet beschreiben (Städte- und Sippennamen!).

2,13-15 1 Sam 16,6-13 **2,16-17** 2 Sam 2,18; 17,25 **2,18** 2,42; 4,15; Jos 14,6 **2,20** Ex 31,2 **2,22-23** Ri 10,3-6; 1 Kön 4,13 **2,42** 2,18 **2,49** Jos 15,16

Kalebs Frau Efrata: Schobal, der Gründer von
Kirjat-Jearim, 51 Salmon, der Stammvater von
Betlehem, und Haref, der Stammvater von Bet-
Gader.

52 Schobal, der Stammvater von Kirjat-Jearim,
hatte als Nachkommen die Sippe Reaja[a] und die
Hälfte der Bewohner von Manahat.[b] 53 In Kirjat-
Jearim wohnten die Sippen der Jeteriter, Putiter,
Schumatiter und Mischraïter. Von ihnen stamm-
ten auch die Bewohner von Zora und Eschtaol
ab.

54 Die Nachkommen Salmons waren: die Be-
wohner von Betlehem, von Netofa und Atrot-
Bet-Joab sowie die andere Hälfte der Bewohner
von Manahat, die aus Zora kamen. 55 In Jabez
wohnten die Tiratiter, Schimatiter und Suchati-
ter. Diese Sippen waren aus Sofer gekommen.[c]
Sie gehörten alle zu den Kenitern* und stamm-
ten von Hammat ab, dem Stammvater von Bet-
Rechab.

Die Nachkommen Davids

(2 Sam 3,2-5; 5,13-16)

3 Folgende Söhne wurden David in Hebron ge-
boren:

als Erstgeborener Amnon, seine Mutter war
Ahinoam aus Jesreel;
als zweiter Daniel, seine Mutter war Abigajil
aus Karmel;
2 als dritter Abschalom, seine Mutter war
Maacha, die Tochter des Königs Talmai von
Geschur;
als vierter Adonija, seine Mutter war Haggit;
3 als fünfter Schefatja, seine Mutter war
Abital;
als sechster Jitream, seine Mutter war Davids
Frau Egla.

4 Diese sechs wurden David in Hebron geboren.
Dort regierte er siebeneinhalb Jahre.

Danach regierte David 33 Jahre in Jerusalem.
5 Dort wurden ihm weitere Söhne geboren:

vier Söhne von Batseba,[d] der Tochter Ammiëls:
Schammua,[e] Schobab, Natan und Salomo;
6 neun Söhne von anderen Frauen:
Jibhar, Elischua, Elifelet, 7 Nogah, Nefeg,
Jafia, 8 Elischama, Eljada und Elifelet.

9 Sie alle waren vollberechtigte Söhne Davids;
dazu kamen noch die Söhne der Nebenfrauen.
Ihre Schwester war Tamar.

10 Die Nachkommen und Thronerben von
König Salomo in direkter Linie waren: Reha-
beam, Abija, Asa, Joschafat, 11 Joram, Ahasja,
Joasch, 12 Amazja, Asarja, Jotam, 13 Ahas, Hiskija,
Manasse, 14 Amon und Joschija.

15 Die Söhne von Joschija waren: der erstgebo-
rene Johanan, der zweite Jojakim, der dritte Zid-
kija, der vierte Schallum.

16 Die Söhne von Jojakim: Jojachin und Zid-
kija.

17 Die Söhne von Jojachin, der in die Gefan-
genschaft fortgeführt wurde: Schealtiël, 18 Mal-
kiram, Pedaja, Schenazzar, Jekamja, Hoschama
und Nedabja.

19 Die Söhne von Pedaja: Serubbabel und
Schimi.

Die Söhne von Serubbabel: Meschullam und
Hananja; ihre Schwester war Schelomit. 20 Fünf
weitere Söhne von ihm waren: Haschuba, Ohel,
Berechja, Hasadja und Juschab-Hesed.

21 Die Söhne von Hananja: Pelatja, Jeschaja,
Refaja, Arnan, Obadja und Schechanja.[f]

22 Die sechs Söhne von Schechanja: Schema-
ja,[g] Hattusch, Jigal, Bariach, Nearja und Schafat.

23 Die drei Söhne von Nearja: Eljoënai, Hiskija
und Asrikam.

24 Und schließlich die sieben Söhne von Eljoë-
nai: Hodawja, Eljaschib, Pelaja, Akkub, Johanan,
Delaja und Anani.

Einzelne Sippen des Stammes Juda

4 Die Nachkommen von Juda über seinen
Sohn Perez waren in direkter Linie: Hezron,
Karmi, Hur, Schobal, 2 Reaja und Jahat. Die
Söhne Jahats waren: Ahumai und Lahad. Von
ihnen stammten die Sippen ab, die in Zora
wohnten.

3 Die Stammväter von Etam waren: Jesreel,
Jischma und Jidbasch; ihre Schwester hieß Haz-
lelponi.

4 Penuël war der Stammvater von Gedor, Eser
war der von Huscha. Beide waren Nachkommen
von Hur, dem Erstgeborenen von Kalebs Frau
Efrata, dem Stammvater von Betlehem.

5 Aschhur, der Stammvater von Tekoa, hatte
zwei Frauen: Hela und Naara. 6 Naara gebar ihm
die Söhne Ahusam, Hefer, Temni und Ahasch-

a *(die Sippe) Reaja:* vermutlicher Text nach 4,2; H *den Seher.*
b *Manahat:* vermutlicher Text nach Vers 54; H *Ruheplätze.*
c Die Deutung ist unsicher; andere Übersetzungsmöglichkeit: ... *waren des Schreibens kundig.*
d Die Namensform lautet hier *Batschua.* e So nach 14,4; 2 Sam 5,14; H *Schima.*
f *Refaja ...:* mit einigen Handschriften und alten Übersetzungen; H hat vor jedem der Namen *die Söhne* (Refajas usw.).
g Hier folgt noch: *Die Söhne Schemajas.*

3,4 1 Kön 2,11 S; 1 Chr 29,27 **3,5** 2 Sam 11,3 **3,9** (Tamar) 2 Sam 13,1-22 **3,10-19** Mt 1,7-12

tari. 7 Die Söhne von Hela waren: Zeret, Zohar
und Etnan.

8 Von Koz stammten Anub und Zobeba ab so-
wie die Sippen Aharhels, des Sohnes Harums.

9 Ein Mann namens Jabez war der angese-
henste unter seinen Brüdern. Bei seiner Geburt
hatte seine Mutter gesagt: »Ich habe ihn mit
Schmerzen geboren«, und deshalb hatte sie ihn
Jabez[a] genannt. 10 Er selbst aber hatte zum Gott
Israels gebetet: »Segne mich und erweitere mein
Gebiet! Steh mir bei und halte Unglück und
Schmerz von mir fern!« Diese Bitte hatte Gott er-
hört.

11 Kelub, ein Bruder von Schuha, zeugte
Mehir, den Vater von Eschton. 12 Dessen Söhne
waren: Bet-Rafa, Paseach und Tehinna, der
Stammvater von Ir-Nahasch. Ihre Sippen wohn-
ten in Recha.

13 Die Söhne von Kenas waren: Otniël und Se-
raja. Die Söhne Otniëls: Hatat und Meonotai;
14 der Sohn von Meonotai war Ofra. Der Sohn
von Seraja: Joab, der Stammvater des »Tales der
Zimmerleute«. Es wurde so genannt, weil alle
seine Bewohner Zimmerleute waren.

15 Die Söhne von Kaleb, dem Sohn von Je-
funne, waren: Iru, Ela und Naam; der Sohn von
Ela war Kenas.

16 Die Söhne von Jehallelel waren: Sif, Sifa,
Tirja und Asarel.

17–18 Die Söhne von Esra waren: Jeter, Mered,
Efer und Jalon. Mered hatte eine Ägypterin zur
Frau. Sie hieß Bitja und war eine Tochter des
Pharaos. Sie gebar ihm Mirjam, Schammai und
Jischbach, den Stammvater von Eschtemoa.
Seine andere Frau aus dem Stamm Juda gebar
ihm Jered, den Stammvater von Gedor, Heber,
den Stammvater von Socho, und Jekutiël, den
Stammvater von Sanoach.

19 Hodija heiratete eine Schwester von Na-
ham. Deren Nachkommen waren Hagarmi, der
Stammvater von Keïla, und Eschtemoa.

20 Die Söhne Schimons waren: Amnon, Rinna,
Ben-Hanan und Tilon.

Der Sohn von Jischi war Sohet. Auch dieser
hatte einen Sohn.

21 Von Schela, dem Sohn von Juda, stammten
ab: Er, der Stammvater von Lecha, und Lada, der
Stammvater von Marescha, außerdem die Sip-
pen, die in Aschbea wohnten. Sie waren Weber
und stellten feines weißes Leinen her. 22 Zu den
Nachkommen Schelas gehörten auch Jokim und
die Bewohner von Koseba, außerdem Joasch und
Saraf, die eine Zeit lang in Moab* gelebt hatten
und dann wieder nach Betlehem zurückgekehrt
waren[b] – wie man erzählt. 23 Ihre Nachkommen
wohnten in Netaïm und Gedera und arbeiteten
dort als Töpfer in den königlichen Werkstätten.

Die Nachkommen von Simeon

24 Die Söhne Simeons waren: Jemuël, Jamin,
Jarib, Serach und Schaul. 25 Schauls Sohn war
Schallum; auf ihn folgten als weitere Nachkom-
men in dieser Linie: Mibsam, Mischma, 26 Ham-
muël, Sakkur und Schimi. 27 Schimi hatte sech-
zehn Söhne und sechs Töchter; seine Brüder da-
gegen hatten nur wenige Kinder. Überhaupt war
der Stamm Simeon nicht so zahlreich wie der
Stamm Juda.

28 Die Nachkommen Simeons wohnten in
Beerscheba, Molada, Hazar-Schual, 29 Baala,
Ezem, Eltolad, 30 Betuël, Horma, Ziklag, 31 Bet-
Markabot, Hazar-Susim, Bet-Biri und Schaara-
jim. Sie bewohnten diese Städte und die dazuge-
hörenden Dörfer bis zu der Zeit, als David König
wurde. 32 Außerdem gehörten ihnen die fünf
Städte Etam, Ajin, Rimmon,[c] Tochen und
Aschan 33 mit allen dazugehörenden Dörfern bis
nach Baal. So steht es in den Listen ihrer Fami-
lien und Wohnorte.

34 Ihre Sippenoberhäupter waren:[d] Mescho-
bab, Jamlech, Joscha, der Sohn von Amazja,
35 Joël, Jehu, der Sohn von Joschibja und Enkel
von Seraja und Urenkel von Asiël, 36 weiter
Eljoënai, Jaakoba, Jeschohaja, Asaja, Adiël, Jesi-
miël, Benaja 37 und Sisa, der in aufsteigender
Linie von Schifi, Allon, Jedaja, Schimri und
Schemaja abstammte.

38 Diese Sippen hatten sich stark vermehrt.
39 Um neue Weideplätze für ihre Schafherden zu
suchen, zogen sie deshalb in den östlichen Teil
des Tales, nach Gedor zu. 40 Dort fanden sie
gute, saftige Weiden. Das Land dehnte sich nach
allen Seiten weit aus, es war sicher und ruhig.
Die früheren Bewohner waren Nachkommen
von Noachs Sohn Ham. 41 In der Zeit, als Hiskija
König von Juda war, kamen jene Sippen und
überfielen die Nachkommen Hams in ihren Zelt-
lagern und ebenso die Meuniter, die dort wohn-
ten. Sie vernichteten sie völlig und ließen sich an
ihrer Stelle nieder. Sie wohnen dort bis zum heu-
tigen Tag.

42 Eine andere Gruppe aus dem Stamm Si-

a Der Name erinnert an das hebräische Wort für »Schmerz«.
b *und dann ...:* nach alten Übersetzungen; H *und Jaschubi-Lechem.*
c Statt *Ajin, Rimmon* ist vielleicht *En-Rimmon* zu lesen (vgl. Jos 15,32; 19,7).
d Vorweggenommen aus Vers 38.

4,15 Jos 15,13-14 S **4,24** Gen 46,10; Num 26,12-14 **4,28-33** Jos 19,2-8 **4,40** Gen 10,6-20

meon, etwa 500 Mann, zog in das Bergland
Seïr*. Ihre Anführer waren Pelatja, Nearja,
Refaja und Usiël, die Söhne von Jischi. 43 Sie
töteten den Rest der Amalekiter*, der sich einst
dorthin gerettet hatte, ließen sich dort nieder
und wohnen dort bis zum heutigen Tag.

Die Nachkommen von Ruben

5 Ruben war der erste Sohn Israels.[a] Weil er
aber mit einer Nebenfrau seines Vaters geschlafen hatte, wurden seine Erstgeburtsrechte
auf die beiden Söhne seines Bruders Josef übertragen. In das Verzeichnis der Stämme wurde
aber auch Josef nicht an erster Stelle aufgenommen,
2 obwohl ihm das Erstgeburtsrecht zuerkannt wurde; denn am mächtigsten unter allen
Bruderstämmen war Juda. Darum wurde auch
einer aus dem Stamm Juda König von Israel.

3 Die Söhne von Ruben, dem Erstgeborenen
Israels, waren: Henoch, Pallu, Hezron und Karmi.

4 Von einem seiner Nachkommen namens
Joël stammte Schemaja ab. Auf ihn folgten in
direkter Linie: Gog, Schimi, 5 Micha, Reaja, Baal
6 und Beera, der von dem Assyrerkönig* Tiglat-
Pileser in die Verbannung weggeführt wurde. Er
war damals das Oberhaupt des Stammes Ruben.
7 Weiter waren in den Verzeichnissen der Nachkommen Rubens folgende Männer mit ihren
Sippen aufgeführt: als Oberhaupt Jëiël, dann
Secharja 8 und Bela, der Sohn von Asa und Enkel
von Schema aus der Sippe Joël.

Der Stamm Ruben wohnte in dem Gebiet von
Aroër bis Nebo und Baal-Meon 9 und in östlicher
Richtung bis an den Rand der Wüste, die sich
vom Eufrat her erstreckt. Die Nachkommen
Rubens hatten große Herden im ganzen Land
Gilead*.

10 In der Zeit Sauls führten sie Krieg gegen die
Hagariter, besiegten sie und besetzten ihr Wohngebiet am östlichen Rand von Gilead.

Die Nachkommen von Gad

11 Die Nachkommen Gads wohnten angrenzend
an den Stamm Ruben in der Landschaft
Baschan* bis nach Salcha. 12 Ihr Oberhaupt war
Joël, an zweiter Stelle kam Schafam, dann folgten Janai und Schafat. Diese Sippen wohnten in
Baschan.

13 Dazu kamen sieben weitere Männer mit
ihren Sippen: Michael, Meschullam, Scheba,
Jorai, Jakan, Sia und Eber. 14 Sie waren die Nachkommen Abihajils, des Sohnes von Huri. Abihajils weitere Vorfahren in aufsteigender Linie
waren: Jaroach, Gilead, Michael, Jeschischai,
Jachdo und Bus. 15 Das Oberhaupt dieser Gruppe
war Ahi, der Sohn von Abdiël und Enkel von
Guni. 16 Diese Sippen wohnten in Gilead*,
Baschan und in den Städten, die zu dieser Gegend gehörten; ebenso an allen Weideplätzen
der Landschaft Scharon bis hin an ihre Grenzen.

17 Sie alle wurden in der Zeit der Könige Jotam
von Juda und Jerobeam von Israel in die Verzeichnisse des Stammes Gad eingetragen.

18 Das Heer der Stämme Ruben und Gad und
des halben Stammes Manasse, die alle im Ostjordanland wohnten, bestand aus 44760 kriegstüchtigen Männern. Sie waren mit Schild,
Schwert und Bogen bewaffnet. 19 Sie kämpften
gegen die hagaritischen Stämme Jetur, Nafisch
und Nodab. 20 Sie setzten ihr Vertrauen auf Gott
und riefen zu ihm um Hilfe. Er erhörte sie und
stand ihnen im Kampf zur Seite, sodass sie die
Hagariter und ihre Verbündeten besiegen konnten.
21 Sie erbeuteten von ihnen 50000 Kamele,
250000 Schafe und 2000 Esel und nahmen
100000 Mann gefangen. 22 Viele von den Gegnern waren gefallen, weil Gott den Israeliten im
Kampf geholfen hatte. Sie blieben in diesem Gebiet wohnen, bis sie selbst in die Verbannung
weggeführt wurden.

Die Nachkommen von Manasse östlich des Jordans

23 Die eine Hälfte des Stammes Manasse wohnte
in dem Gebiet von Baschan* bis Baal-Hermon
und bis zum Senir- und zum Hermongebirge.
Dieser Teil des Stammes Manasse war sehr zahlreich.
24 Die Oberhäupter der einzelnen Sippen
waren: Efer, Jischi, Eliël, Asriël, Jirmeja,
Hodawja und Jachdiël. Alle diese Männer waren
tapfere Krieger und geachtete Leute.

25–26 Aber dieser halbe Stamm Manasse wie
auch die Stämme Ruben und Gad wurden dem
HERRN, dem Gott ihrer Vorfahren, untreu und
verehrten die Götter der früheren Bewohner, die
Gott vor den Israeliten vertrieben hatte. Darum
strafte sie der HERR, der Gott Israels, durch den
König Pul[b] von Assyrien*, durch Tiglat-Pileser.
Der HERR selbst gab ihm den Gedanken ein, sie
in die Verbannung zu führen. Er ließ sie nach
Halach, an den Habor-Fluss, nach Hara und ins
Tal von Gosan bringen. Dort leben sie heute
noch.

a *Israels:* siehe Anmerkung zu 1,34. b Siehe Anmerkung zu 2 Kön 15,19.

4,43 Ex 17,14S **5,1** Gen 35,22; 49,3-4 **5,2** Gen 49,8-10 **5,3** Gen 46,9 **5,6** 5,26-27; 2 Kön 15,29 **5,25-26** 2 Kön 15,19.29; 17,6

Die Nachkommen von Levi: priesterliche Linie

27 Levi hatte drei Söhne: Gerschon, Kehat und
Merari. 28 Die Söhne Kehats waren: Amram, Jiz-
har, Hebron und Usiël. 29 Die Kinder Amrams
waren: die Söhne Aaron und Mose und die
Tochter Mirjam. Die Söhne Aarons waren:
Nadab und Abihu, Eleasar und Itamar.
30–40 Die Nachkommen Aarons in der führen-
den Linie und seine Nachfolger im Priester-
dienst:[a]

Eleasar zeugte Pinhas
Pinhas zeugte Abischua
Abischua zeugte Bukki
Bukki zeugte Usi
Usi zeugte Serachja
Serachja zeugte Merajot
Merajot zeugte Amarja
Amarja zeugte Ahitub
Ahitub zeugte Zadok
Zadok zeugte Ahimaaz
Ahimaaz zeugte Asarja
Asarja zeugte Johanan
Johanan zeugte Asarja

Dieser Asarja[b] übte als Erster den Priesterdienst in dem Tempel* aus, den Salomo in Jerusalem gebaut hatte.

Asarja zeugte Amarja
Amarja zeugte Ahitub
Ahitub zeugte Zadok
Zadok zeugte Schallum
Schallum zeugte Hilkija
Hilkija zeugte Asarja
Asarja zeugte Seraja
Seraja zeugte Jozadak

41 Jozadak musste mit in die Verbannung, als der
HERR die Bewohner von Juda und Jerusalem
durch Nebukadnezzar wegführen ließ.

Die Nachkommen von Levi: levitische Linien

6 Die Söhne von Levi waren: Gerschon,
Kehat und Merari. 2 Die Söhne Gerschons
waren: Libni und Schimi. 3 Die Söhne Kehats:
Amram, Jizhar, Hebron und Usiël. 4 Die Söhne
von Merari: Machli und Muschi.
Es folgen die Sippenoberhäupter der Leviten*
in den Hauptlinien der Nachkommen Levis:
5 Die Gruppe Gerschon: Auf Gerschon folgten
in absteigender Linie Libni, Jahat, Simma,
6 Joach, Iddo, Serach und Jeotrai.
7 Die Gruppe Kehat: Auf Kehat folgten in
absteigender Linie Amminadab, Korach, Assir,
8 Elkana, Abiasaf, Assir, 9 Tahat, Uriël, Usija und
Schaul. 10 Die Söhne Elkanas waren: Amasai,
Ahimot 11 und Elkana. Auf diesen folgten in
direkter Linie: Zuf, Nahat, 12 Eliab, Jeroham, El-
kana und Samuel.[c] 13 Die Söhne Samuels waren:
der erstgeborene Joël und der zweite[d] Abija.
14 Die Gruppe Merari: Auf Merari folgten in
absteigender Linie Machli, Libni, Schimi, Usa,
15 Schima, Haggija und Asaja.

Die Aufgaben der Leviten

16 Ein Teil der Nachkommen von Levi erhielt
von David den Auftrag, den Chorgesang im
Heiligtum des HERRN zu übernehmen, nachdem
die Bundeslade* dort ihren festen Platz ge-
funden hatte. 17 Sie versahen diesen Dienst vor
der heiligen Zeltwohnung, bis Salomo das Haus
des HERRN in Jerusalem gebaut hatte. Sie
richteten sich dabei genau nach den Anweisun-
gen. 18 Folgende Leviten* wurden zusammen
mit den übrigen Männern ihrer Sippen dazu be-
rufen:
Leiter der ersten Sängergruppe war Heman
von den Nachkommen Kehats. Er war der Sohn
Joëls und Enkel Samuels. 19 Seine weiteren Vor-
fahren waren: Elkana, Jeroham, Eliël, Tohu,
20 Zuf, Elkana, Mahat, Amasai, 21 Elkana, Joël,
Asarja, Zefanja, 22 Tahat, Assir, Abiasaf, Korach,
23 Jizhar und Kehat, der Sohn von Levi und Enkel
von Israel.[e]
24 Rechts neben Heman stand Asaf von den
Nachkommen Gerschons, der Leiter der zweiten
Sängergruppe. Er war der Sohn von Berechja
und Enkel von Schima. 25 Seine weiteren Vorfah-
ren waren: Michael, Maaseja, Malkija, 26 Etni,
Serach, Adaja, 27 Etan, Simma, Schimi, 28 Jahat
und Gerschon, der Sohn von Levi.
29 Links neben Heman stand Etan von den
Nachkommen Meraris, der Leiter der dritten
Sängergruppe. Er war der Sohn von Kischi[f] und
Enkel von Abdi. Seine weiteren Vorfahren
waren: Malluch, 30 Haschabja, Amazja, Hilkija,

a Verdeutlichender Zusatz. *b* Nach 1 Kön 4,2 war dies der Träger des gleichen Namens zwei Generationen zuvor.
c *und Samuel* findet sich nur in einem Teil der griechischen Überlieferung.
d *Joël und der zweite:* mit alten Übersetzungen (vgl. Vers 18; 1 Sam 8,2); H *Waschni und.*
e *Israel:* siehe Anmerkung zu 1,34. *f* In 15,17 heißt dieselbe Person *Kuschaja* .
5,27-29 Ex 6,16-25; Num 26,57-60 **5,34-40** (Zadok) 2 Sam 8,17 S; (Seraja) 2 Kön 25,18-21 **6,1-4** Ex 6,16-19; Num 3,17-20 **6,11-12** 1 Sam 1,1 **6,13** 1 Sam 8,2 **6,16** 2 Sam 6,17 **6,18-19** 1 Sam 1,1 **6,18** (Heman) 15,17.19; 16,41; 25,1.4-6; 2 Chr 5,12; 29,12-14; 35,15; Ps 88,1 **6,24** (Asaf) 15,17.19; 16,5.7.37; 25,1.2.6; 2 Chr 5,12; 29,30; 35,15; Neh 11,17; 12,46; Ps 50,1; 73,1–83,1 **6,29** (Etan) 15,17.19

31 Amzi, Bani, Schemer, 32 Machli, Muschi und
Merari, der Sohn von Levi.

33 Die anderen Leviten, ihre Brüder, hatten
den Dienst an der Wohnung, dem Haus Gottes,
zu verrichten. 34 Der Priesterdienst* aber war
den Nachkommen Aarons vorbehalten. Diese
verbrannten die Opfer auf dem Brandopferaltar*
und den Weihrauch auf dem Räucheraltar*. Sie
allein durften mit den heiligsten Dingen umge-
hen und Sühnehandlungen für die Israeliten
vollziehen, genau wie es Mose, der Bevollmäch-
tigte* Gottes, festgelegt hatte.

35 Die Nachkommen Aarons in direkter Ab-
stammungslinie und zugleich seine Nachfolger
im Priesterdienst[a] waren: Eleasar, Pinhas, Abi-
schua, 36 Bukki, Usi, Serachja, 37 Merajot, Amar-
ja, Ahitub, 38 Zadok und Ahimaaz.

Die Wohnorte der Leviten

(Jos 21,1-42)

39 Die Wohnorte und die Weideplätze für die
Viehherden wurden den Nachkommen Levis von
den übrigen Stämmen durch das Los zugeteilt.[b]

Das erste Los fiel auf die Priester, die Nach-
kommen Aarons, die zu den Nachkommen
Kehats gehören. 40 Sie erhielten im Gebiet des
Stammes Juda die Stadt Hebron mit dem Weide-
land ringsum. 41 Das Ackerland der Stadt da-
gegen und die dazugehörenden Dörfer bekam
Kaleb, der Sohn von Jefunne. 42–45 Hebron war
eine von den Asylstädten*, in denen ein Tot-
schläger Zuflucht finden konnte. Außerdem er-
hielten die Priester im Stammesgebiet von Juda:
Libna, Jattir, Eschtemoa, Hilen, Debir, Aschan
und Bet-Schemesch; dazu im Stammesgebiet von
Benjamin: Geba, Alemet und Anatot, insgesamt
dreizehn Städte, jeweils mit dem dazugehören-
den Weideland.

46 Die übrigen Sippen der Nachkommen
Kehats bekamen durch das Los zehn Städte in
der westlichen Hälfte des Stammesgebiets von
Manasse.

47 Die verschiedenen Sippen der Nachkom-
men Gerschons erhielten dreizehn Städte im Ge-
biet der Stämme Issachar, Ascher und Naftali so-
wie in der östlichen Hälfte des Stammesgebiets
von Manasse, in Baschan*.

48 Die Sippen der Nachkommen von Merari
bekamen durch das Los zwölf Städte im Gebiet
der Stämme Ruben, Gad und Sebulon.

49 Die Israeliten übergaben also den Nach-
kommen von Levi diese Städte, immer mit dem
dazugehörenden Weideland. 50 Die Priester er-
hielten durch das Los die bereits genannten
Städte im Gebiet der Stämme Juda, Simeon und
Benjamin.

51–55 Die anderen Sippen der Nachkommen
Kehats erhielten folgende Städte mit dem dazu-
gehörenden Weideland: im Stammesgebiet von
Efraïm: die Asylstadt* Sichem im Bergland
Efraïm, weiter Geser, Kibzajim,[c] Bet-Horon, Aja-
lon und Gat-Rimmon; im Stammesgebiet von
West-Manasse: Aner und Jibleam.

56–61 Die Nachkommen Gerschons bekamen
folgende Städte mit dem dazugehörenden Weide-
land: im Gebiet von Ost-Manasse: Golan in
Baschan* und Aschtarot; im Gebiet von Issachar:
Kedesch, Daberat, Ramot und Anem; im Gebiet
von Ascher: Mischal, Abdon, Hukok und Rehob;
und im Gebiet von Naftali: Kedesch in Galiläa*,
Hammon und Kirjatajim.

62–66 Die Nachkommen von Merari schließ-
lich bekamen folgende Städte mit dem dazu-
gehörenden Weideland: im Stammesgebiet von
Sebulon: Rimmon und Tabor; auf der Ostseite
des Jordans im Stammesgebiet von Ruben: die
Stadt Bezer, die gegenüber von Jericho in der
Steppe liegt, dazu Jahaz, Kedemot und Mefaat;
im Stammesgebiet von Gad: Ramot in Gilead*,
Mahanajim, Heschbon und Jaser.

Die Nachkommen von Issachar

7 Die Söhne von Issachar waren: Tola, Puwa,
Jaschub und Schimron.

2 Die Söhne von Tola waren: Usi, Refaja, Je-
riël, Jachmai, Jibsam und Schemuël. Sie waren
die Oberhäupter ihrer Sippen und tüchtige Krie-
ger. In der Zeit Davids betrug die Zahl der Nach-
kommen Tolas nach ihren Verzeichnissen 22 600
Mann.

3 Usi hatte einen Sohn namens Jisrachja. Jis-
rachja und seine vier Söhne Michael, Obadja,
Joël und Jischija waren alle Sippenoberhäupter.
4 Sie hatten so viele Frauen und Kinder, dass ihre
Sippen in der Lage waren, 36 000 Mann für das
Heer zu stellen.

5 Auch ihre Brüder aus den übrigen Sippen
Issachars waren alle tüchtige Krieger. Insgesamt
umfasste ihr Verzeichnis 87 000 Mann.

Die Nachkommen von Benjamin und Naftali

6 Benjamin hatte drei Söhne: Bela, Becher und
Jediaël.

a *und zugleich …:* verdeutlichender Zusatz.
b Wörtlich *Dies sind ihre Wohnsitze mit ihren Zeltlagern in ihrem Gebiet.*
c *Kibzajim:* nach Jos 21,22; H *Jokmeam.*

6,34 Ex 28,1 **6,35-38** 5,29-34 **7,1** Gen 46,13; Num 26,5-51 **7,6** 8,1-2; Gen 46,21; Num 26,5-51

7 Die Söhne von Bela waren: Ezbon, Usi,
Usiël, Jerimot und Ir. Diese fünf waren die Ober-
häupter ihrer Sippen und tüchtige Krieger. Im
Verzeichnis ihrer Nachkommen waren 22034
Mann eingetragen.

8 Die Söhne von Becher waren: Semira,
Joasch, Eliëser, Eljoënai, Omri, Jeremot, Abija,
Anatot und Alemet. 9 Im Verzeichnis ihrer Nach-
kommen waren, nach Sippen geordnet, 20200
kriegstüchtige Männer eingetragen.

10 Jediaël hatte einen Sohn namens Bilhan,
dessen Söhne waren: Jëusch, Benjamin, Ehud,
Kenaana, Setan, Tarschisch und Ahischahar.
11 Auch sie waren Oberhäupter ihrer Sippen und
tüchtige Krieger. Sie stellten im Kriegsfall 17200
Mann für das Heer.

12 Die Söhne von Ir waren Huppim und
Schuppim. Der Sohn von Aher war Huschim.

13 Die Söhne von Naftali waren: Jachzeel,
Guni, Jezer und Schallum. Sie alle stammten von
Naftalis Mutter Bilha ab.

Die Nachkommen von Manasse

14 Manasse hatte einen Sohn namens Asriël.
Seine aramäische Nebenfrau gebar ihm Machir,
den Vater Gileads. 15 Machir nahm eine Schwes-
ter von Huppim und Schuppim zur Frau, sie hieß
Maacha. Sein zweiter Sohn war Zelofhad;[a]
dieser hatte nur Töchter.

16 Maacha, die Frau Machirs, gebar zwei
Söhne. Den einen nannte sie Peresch, der andere
hieß Scheresch. Die Söhne von Scheresch waren
Ulam und Rekem. 17 Ulam hatte einen Sohn
namens Bedan. Das sind die Nachkommen von
Gilead, dem Sohn von Machir und Enkel von
Manasse.

18 Seine Schwester Molechet[b] gebar Ischhod,
Abiëser und Machla. 19 Die Söhne von Schemida
waren: Achjan, Schechem, Likhi und Aniam.

Die Nachkommen von Efraïm

20 Efraïm hatte einen Sohn namens Schutelach,
dessen Sohn war Bered und als weitere Nach-
kommen in direkter Linie folgten: Tahat, Elada,
Tahat 21 und Sabad.

Außer Schutelach hatte Efraïm noch zwei
Söhne namens Eser und Elad. Sie zogen aber
nach Gat hinunter, um den dortigen Bewohnern
ihre Viehherden zu rauben, und wurden dabei
erschlagen. 22 Ihr Vater Efraïm trauerte lange Zeit
um sie, und seine Verwandten kamen zu ihm,
um ihn zu trösten. 23 Dann schlief er wieder mit
seiner Frau und sie wurde schwanger und gebar
einen Sohn. Er nannte ihn Beria, weil er in dieser
Unglückszeit seiner Familie geboren wurde.[c]

24 Efraïms Tochter war Scheera. Sie ließ das
untere und das obere Bet-Horon sowie Usen-
Scheera erbauen.

25 Seine Söhne[d] waren: Refach und Reschef.
Reschef hatte einen Sohn namens Telach; dessen
weitere Nachkommen waren: Tahan, 26 Ladan,
Ammihud, Elischama 27 und Nun; dessen Sohn
war Josua.

28 Der Grundbesitz, den die Nachkommen
Efraïms bewohnten, umfasste Bet-El mit den da-
zugehörenden Dörfern, östlich davon Naara, in
westlicher Richtung Geser, und im Norden
reichte er bis Sichem und Aja, jeweils mit den zu-
gehörigen Dörfern. 29 Im Besitz der Nachkom-
men von Manasse befanden sich Bet-Schean,
Taanach, Megiddo und Dor, ebenfalls mit den
Dörfern ringsum. Alle diese Orte wurden von
den Nachkommen Josefs, den Söhnen Israels,[e]
bewohnt.

Die Nachkommen von Ascher

30 Die Söhne von Ascher waren: Jimna, Jischwa,
Jischwi und Beria; ihre Schwester war Serach.

31 Die Söhne von Beria waren: Heber und
Malkiël. Dieser war der Stammvater von Birsajit.

32 Heber zeugte Jaflet, Schemer und Hotam
sowie eine Tochter namens Schua.

33 Die Söhne Jaflets waren: Pasach, Bimhal
und Aschwat. 34 Die Söhne Schemers: Ahi,
Rohga, Hubba und Aram. 35 Und die Söhne sei-
nes Bruders Hotam:[f] Zofach, Jimna, Schelesch
und Amal.

36 Die Söhne Zofachs waren: Suach, Harnefer,
Schual, Beri, Jimra, 37 Bezer, Hod, Schamma,
Schilscha, Jitran und Beera. 38 Die Söhne Jitrans
waren: Jefunne, Pispa und Ara.

39 Die Söhne von Ulla[g] waren: Arach, Hanniël
und Rizja.

40 Sie alle waren Nachkommen Aschers, her-

a Wessen zweiter Sohn Zelofhad sein soll, ist nicht deutlich. Nach Jos 17,3 ist er ein Urenkel Machirs. Der hebräische Text der Verse 14-19 ist lückenhaft und unsicher überliefert.
b Wessen *Schwester* sie war, lässt sich nicht klären, weil der Name nirgends erwähnt wird.
c *Beria* erinnert im Hebräischen an »im Unglück«.
d *Seine Söhne* bezieht sich in der jetzigen Gestalt des Textes auf Beria. Jedoch scheint die Liste in Vers 21 unterbrochen zu sein. *e* *Israels:* siehe Anmerkung zu 1,34.
f *Hotam:* vermutlicher Text; H *Helem.*
g Dieser Name wird vorher nicht erwähnt.

7,13 Gen 46,24 **7,14** Num 26,5-51 **7,20** Num 26,5-51 **7,27** Num 27,18-19 S **7,30** Gen 46,17; Num 26,44-47

vorragende Führer ihrer Sippen und tapfere Krie-
ger. In den Listen der wehrfähigen Männer wa-
ren von den Nachkommen Aschers 26000 Mann
eingetragen.

Eine weitere Liste der Nachkommen Benjamins

8 1–2 Benjamin hatte fünf Söhne, der erst-
geborene war Bela, der zweite Aschbel,
der dritte Achrach, der vierte Noha, der fünfte
Rafa.
3 Die Söhne von Bela waren: Ard,[a] Gera, Abi-
hud, 4 Abischua, Naaman, Ahoach, 5 Gera, Sche-
fufan und Huram.
6 Die Söhne Ehuds[b] waren die Oberhäupter
der Sippen, die in Geba wohnten und von dort
nach Manahat verschleppt wurden, 7 nämlich
Naaman, Ahija und Gera. Gera war es, der sie
dorthin verschleppte.
Die Söhne von Belas Sohn Gera waren: Usa
und Ahihud.[c]
8–9 Schaharajim wohnte im Hochland von
Moab*. Er hatte seine Frauen Huschim und
Baara verstoßen und danach Hodesch geheira-
tet. Sie gebar ihm die Söhne Jobab, Zibja,
Mescha, Malkam, 10 Jëuz, Sacheja und Mirma.
Jeder von ihnen war das Oberhaupt einer eige-
nen Sippe. 11 Von seiner früheren Frau Huschim
stammten die Söhne Abitub und Elpaal. 12 Die
Söhne Elpaals waren: Eber, Mischam und Sche-
med. Dieser erbaute Ono, Lod und die dazu-
gehörenden Orte.
13 Die Brüder Beria und Schema waren die
Oberhäupter der Sippen, die in Ajalon wohnten.
Sie vertrieben die Einwohner von Gat. 14 Ihre
übrigen Brüder hießen Elpaal, Schaschak und
Jeroham.[d]
15–16 Die Söhne von Beria waren: Sebadja,
Arad, Eder, Michael, Jischpa und Joha.
17–18 Die Söhne von Elpaal: Sebadja, Meschul-
lam, Hiski, Heber, Jischmerai, Jislia und Jobab.
19–21 Die Söhne von Schimi:[e] Jakim, Sichri,
Sabdi, Eliënai, Zilletai, Eliël, Adaja, Beraja und
Schimrat.
22–25 Die Söhne von Schaschak: Jischpan,
Eber, Eliël, Abdon, Sichri, Hanan, Hananja, Elam,
Antotija, Jifdeja und Penuël.
26–27 Und die Söhne von Jeroham: Scham-
scherai, Scheharja, Atalja, Jaareschja, Elija und
Sichri. 28 Sie waren die Oberhäupter der Sippen
ihrer Nachkommen und wohnten in Jerusalem.
29 In Gibeon wohnte Jëiël,[f] der Stammvater
dieser Stadt; seine Frau hieß Maacha. 30 Sein
erstgeborener Sohn war Abdon, als weitere
Söhne folgten: Zur, Kisch, Baal, Ner,[g] Nadab,
31 Gedor, Achjo, Secher und Miklot; dieser hatte
einen Sohn namens Schima. 32 Auch sie ließen
sich wie ihre Stammesbrüder in Jerusalem nie-
der.
33 Der Sohn Ners war Abner,[h] der Sohn
Kischs war Saul. Die Söhne Sauls waren: Jona-
tan, Malkischua, Abinadab und Eschbaal.[i]
34 Der Sohn Jonatans war Merib-Baal; der
hatte einen Sohn namens Micha.
35 Die Söhne von Micha waren: Piton, Me-
lech, Tachrea und Ahas. 36 Ahas zeugte Joadda,
und Joadda zeugte Alemet, Asmawet und Simri.
Simri zeugte Moza, 37 seine weiteren Nachkom-
men waren: Bina, Rafa, Elasa und Azel.
38 Azel hatte sechs Söhne: Asrikam, Bochru,
Jischmaël, Schearja, Obadja und Hanan. 39 Die
Söhne von Azels Bruder Eschek waren: der erst-
geborene Ulam, der zweite Jëusch, der dritte Eli-
felet.
40 Die Söhne Ulams waren tapfere Krieger,
mit Pfeil und Bogen bewaffnet. Sie hatten viele
Söhne und Enkel, insgesamt 150 Mann.
Alle die genannten Sippen gehörten zu den
Nachkommen Benjamins.

Die Bewohner Jerusalems nach der Verbannung

(Neh 11,3-19)

9 So wurde ganz Israel nach seinen Sippen
erfasst und im amtlichen Verzeichnis der
Könige von Israel aufgeschrieben.
Weil die Bewohner des Königreichs Juda sich
von Gott abgewandt hatten, wurden sie nach
Babylonien* in die Verbannung geführt. 2 Die
Ersten, die von dort zurückkehrten und sich wie-
der auf ihrem Erbbesitz* in Juda ansiedelten,
waren Leute aus dem Volk sowie Priester*, Levi-
ten* und Tempeldiener*.
3 Damals ließen sich in Jerusalem folgende

a *Ard:* mit einigen Handschriften und Gen 46,21; Num 26,40; H *Addar.*
b Nach Ri 3,15 ist Ehud der Sohn eines Gera; vgl. hier Vers 3.
c Die Deutung der Verse 6-7 ist unsicher.
d *Ihre übrigen …:* vermutlicher Text; H *und Achjo, Schaschak und Jeremot.*
e Wahrscheinlich dieselbe Person wie Schema in Vers 13.
f *Jëiël:* nach 9,35 ergänzt.
g *Ner:* nach 9,36 ergänzt.
h *Abner:* vermutlicher Text; H *Kisch* (vgl. 1Sam 9,1; 14,50-51).
i Da man aus dem Namensbestandteil *-baal* (= Herr, Gebieter) später den Namen des Gottes Baal* heraushörte, wurde der Name *Eschbaal* (= Gefolgsmann des Herrn) im 2. Samuelbuch in *Isch-Boschet* (= Mann der Schande) verunstaltet und damit zugleich sein Träger verunglimpft; vgl. 2Sam 2,8.10.12 usw.

8,1-2 7,6S **8,29-38** 9,35-44 **8,34** 2Sam 9,6 **9,2** Esra 2,1; Neh 7,6

Leute aus den Stämmen Juda, Benjamin, Efraïm
und Manasse nieder:

4 Aus dem Stamm *Juda:*
Utai, der Sohn Ammihuds; er stammt über
Omri, Imri und Bani von Judas Sohn Perez ab;
5 von den Nachkommen von Judas Sohn Schela:
Asaja, der Erstgeborene,[a] und seine Söhne;
6 von den Nachkommen von Judas Sohn Serach:
Jëuël.
Zusammen mit ihren Brüdern waren es 690.

7 Aus dem Stamm *Benjamin:*
Sallu, der Sohn Meschullams; seine weiteren
Vorfahren waren Hodawja und Senua;
8 Jibneja, der Sohn Jerohams;
Ela, der Sohn von Usi und Enkel von Michri;
Meschullam, der Sohn von Schefatja; seine weiteren Vorfahren waren Reguël und Jibnija.
9 Zusammen mit ihren Brüdern und nach ihren
Sippen waren es 956 Sippenoberhäupter.

10 Von den *Priestern:*
Jedaja, Jojarib, Jachin;
11 Asarja, der Sohn von Hilkija, das Oberhaupt
des Tempels*; seine weiteren Vorfahren
waren Meschullam, Zadok, Merajot und Ahitub;
12 Adaja, der Sohn Jerohams; seine weiteren
Vorfahren waren Paschhur und Malkija;
Masai, der Sohn Adiëls; seine weiteren Vorfahren waren Jachsera, Meschullam, Meschillemot und Immer.
13 Zusammen mit ihren Brüdern waren es 1760
Sippenoberhäupter, alle befähigt zum Dienst
im Haus Gottes.

14 Von den *Leviten:*
Schemaja von der Gruppe Merari, seine Vorfahren waren Haschub, Asrikam und Haschabja;
15 Bakbakar, Heresch, Galal und Mattanja, der
Sohn von Micha und Enkel von Sichri, einem
Nachkommen Asafs;
16 Abda, der Sohn von Schammua und Enkel von
Galal, ein Nachkomme Jedutuns;
Berechja, der Sohn von Asa und Enkel von Elkana, der früher in den Siedlungen von Netofa
gewohnt hatte.

17 Dazu die *Torwächter:*
Schallum, Akkub, Talmon und Ahiman. Ihr
Oberhaupt war Schallum.
18 Seine Sippe bewacht bis zum heutigen Tag
das Königstor auf der Ostseite. Ihre Vorfahren[b] waren beim Zug durch die Wüste die
Torwächter im Lager der Leviten gewesen.
19 Auch den Dienst als Wächter am Eingang
des Heiligen Zeltes* versahen Schallum und
die Männer seiner Sippe, sämtlich Nachkommen Korachs; Schallum stammte über Kore
und Abiasaf von Korach ab. Ihre Vorfahren
hatten in der Wüste den Eingang zum Lager
des HERRN bewacht; 20 Pinhas, der Sohn Eleasars, war ihr Oberhaupt gewesen – der HERR
gedenke seiner!
21 Secharja, der Sohn von Meschelemja, war Torhüter am Eingang des Heiligen Zeltes.
22 Insgesamt waren es 212, die zu Torwächtern
ausgewählt worden waren.

Die Torwächter waren in ihren Dörfern in das
Sippenverzeichnis eingetragen worden; David
und der Prophet* Samuel hatten sie in ihr Amt
eingesetzt. 23 Sie und ihre Söhne standen Wache
an den Eingangstoren zum Heiligen Zelt und
später zum Tempel des HERRN.
24 Die Wachen waren nach den vier Himmelsrichtungen aufgestellt, nach Osten, Westen, Norden und Süden. 25 Die Männer wohnten in ihren
Dörfern und mussten jeweils für sieben Tage
zum Dienst erscheinen, wenn sie an der Reihe
waren.
26 Nur die vier obersten Wächter, auch sie
Leviten, waren ständig im Dienst. Zu ihren Aufgaben gehörte die Aufsicht über die Vorratsräume und die Schatzkammern des Tempels.
27 Sie blieben auch über Nacht im Tempelbereich, denn sie mussten Wache halten und jeden
Morgen die Tore aufschließen.
28 Andere Leviten waren verantwortlich für
die Geräte, die beim Gottesdienst gebraucht
wurden. Sie trugen sie abgezählt hinein und
nach Gebrauch wieder hinaus.
29 Wieder andere waren zuständig für die
sonstigen Geräte und heiligen Gefäße und verantwortlich für das Mehl, den Wein, das Olivenöl, den Weihrauch* und die Duftstoffe für das
Salböl. 30 Die Herstellung des Salböls aus diesen
Stoffen war jedoch Aufgabe der Priester.
31 Der Levit Mattitja, der erstgeborene Sohn
des Korachnachkommen Schallum, hatte ständig
dafür zu sorgen, dass das Backwerk für die
Speiseopfer* hergestellt wurde. 32 Für die geweihten Brote*, die jeden Sabbat* aufgelegt werden müssen, waren einige ihrer Stammesbrüder
von den Nachkommen Kehats zuständig.
33 Die levitischen Sippen, die für den Gesang

a Wessen *Erstgeborener,* wird nicht gesagt. *b* Verdeutlichender Zusatz; wörtlich *Sie.*

9,18 Num 1,53 **9,32** Lev 24,5-8

am Tempel verantwortlich waren, wohnten in den Kammern am Tempel. Sie waren von aller anderen Arbeit befreit, weil sie Tag und Nacht zu ihrem Dienst bereit sein mussten.

34 Alle die genannten Sippenoberhäupter, die nach ihrer Abstammung zu den Leviten gehörten, wohnten damals in Jerusalem.

Vorfahren und Nachkommen König Sauls

(8,29-38)

35 In Gibeon wohnte Jëiël, der Stammvater dieser Stadt. Seine Frau hieß Maacha, 36 sein erstgeborener Sohn war Abdon, die weiteren Söhne waren: Zur, Kisch, Baal, Ner, Nadab, 37 Gedor, Achjo, Secher und Miklot; 38 Miklot hatte einen Sohn namens Schima. Auch sie ließen sich wie ihre Stammesbrüder in Jerusalem nieder.

39 Der Sohn Ners war Abner,[a] der Sohn von Kisch aber war Saul. Die Söhne Sauls waren: Jonatan, Malkischua, Abinadab und Eschbaal.[b]

40 Jonatans Sohn war Merib-Baal und dessen Sohn Micha.

41 Die Söhne von Micha waren: Piton, Melech, Tachrea und Ahas. 42 Der Sohn von Ahas hieß Joadda, und dessen Söhne waren: Alemet, Asmawet und Simri. Der Sohn von Simri war Moza 43 und als weitere Nachkommen in dieser Linie folgten: Bina, Refaja, Elasa und Azel.

44 Azel hatte sechs Söhne: Asrikam, Bochru, Jischmaël, Schearja, Obadja und Hanan.

DAS KÖNIGTUM DAVIDS
(Kapitel 10–20)

Sauls Ende

(1 Sam 31,1-13)

10 Im Gilboa-Gebirge kam es zwischen Israel und den Philistern* zur Schlacht. Die Männer Israels mussten fliehen; viele wurden von den Feinden niedergemacht. 2 Die Philister verfolgten Saul und seine Söhne Jonatan, Abinadab und Malkischua. Die drei Söhne fanden dabei den Tod.

3 Um Saul selbst entbrannte ein heftiger Kampf. Als die Bogenschützen ihn entdeckten und auf ihn anlegten, zitterte er vor Angst. 4 Er befahl seinem Waffenträger: »Zieh dein Schwert und töte mich! Sonst werden diese Unbeschnittenen* ihren Spott mit mir treiben.«

Aber der Waffenträger scheute sich und wollte es nicht tun. Da nahm Saul sein Schwert und stürzte sich hinein.

5 Als der Waffenträger sah, dass Saul tot war, stürzte auch er sich ins Schwert und starb. 6 So starben Saul und seine drei Söhne; das war das Ende seines Königshauses.

7 Als die israelitischen Bewohner der Jesreel-Ebene erfuhren, dass das Heer geschlagen und Saul mit seinen Söhnen gefallen war, verließen sie ihre Wohnorte und flohen. Die Philister rückten nach und nahmen die Städte in Besitz.

8 Am Tag nach der Schlacht plünderten die Philister die Gefallenen aus. Dabei fanden sie Saul und seine Söhne auf dem Gilboa-Gebirge. 9 Sie zogen Saul aus und nahmen seinen Kopf und seine Rüstung. Beides ließen sie durch Boten in ihrem ganzen Gebiet herumzeigen. So verkündeten sie ihren Götzen und ihrem Volk die Siegesnachricht. 10 Dann legten sie die Rüstung in den Tempel eines ihrer Götter; den Kopf Sauls brachten sie am Tempel ihres Gottes Dagon an.

11 Als die Bewohner von Jabesch in Gilead* alles erfuhren, was die Philister mit Saul gemacht hatten, 12 brachen alle kriegstüchtigen Männer auf. Sie holten die Leichname Sauls und seiner Söhne nach Jabesch, begruben die Gebeine unter der Eiche* ihrer Stadt und fasteten zur Trauer eine ganze Woche lang.

13 Saul fand den Tod, weil er dem HERRN untreu geworden war. Er hatte seine Weisungen nicht befolgt und sogar eine Totenbeschwörerin befragt, 14 anstatt sich an den HERRN zu wenden. Darum ließ der HERR ihn sterben und machte an seiner Stelle David, den Sohn von Isai, zum König.

David wird König über Israel

(2 Sam 5,1-3)

11 Ganz Israel kam zu David nach Hebron. Die Leute sagten zu ihm: »Du bist doch unser eigen Fleisch und Blut! 2 Schon früher, als Saul noch König war, hast du das Heer Israels im Krieg angeführt. Und der HERR, dein Gott, hat dir zugesagt: ›Du bist der Mann, der künftig mein Volk Israel führen und schützen soll. Du wirst der Anführer Israels sein!‹«

3 So sagten alle Ältesten* Israels, die zu König David nach Hebron gekommen waren. David schloss dort in Hebron einen Vertrag mit ihnen und sie riefen den HERRN als Zeugen dafür an. Daraufhin salbten* sie David zum König über Israel, so wie der HERR es durch Samuel angeordnet hatte.

a H *Kisch;* vgl. Anmerkung zu 8,33. b *Eschbaal:* siehe Anmerkung zu 8,33.

10,13 1 Sam 13,8-14; 15,1-26; 28,7-8; Lev 19,31 S **11,3** 1 Sam 16,1-13

David erobert Jerusalem und macht es zu seiner Hauptstadt

(2 Sam 5,6-10)

4 Dann zog David mit allen Männern Israels vor
die Stadt Jerusalem, die damals Jebus hieß. Dort
wohnten die Jebusiter. 5 Sie riefen David zu:
»Diese Festung wirst du nicht einnehmen!«
Trotzdem eroberte er die Festung Zion* und sie
wurde die Stadt Davids.

6 David hatte nämlich zu seinen Leuten ge-
sagt: »Wer den ersten Jebusiter erschlägt, soll
Heerführer werden!« Da stieg Joab, der Sohn
der Zeruja, als Erster in die Stadt hinauf und er
wurde Davids Heerführer.

7 David machte die Festung zu seiner Resi-
denz; darum nannte man sie »Davidsstadt«. 8 Er
baute sie ringsum aus, vom Millo* aus in der
ganzen Runde. Joab stellte den Rest der Stadt
wieder her.

9 David wurde immer mächtiger, und der
HERR, der Herrscher der Welt,[a] stand ihm bei.

Davids berühmte Krieger und ihre Taten

(2 Sam 23,8-39)

10 Hier werden die berühmten »Helden« Davids
verzeichnet, die ihm treu ergeben waren. Ge-
meinsam mit dem ganzen Volk hatten sie ihn
zum König über Israel gemacht, wie es vom
HERRN angeordnet worden war. 11 Dies sind ihre
Namen:

Jischbaal[b] aus der Sippe Hachmoni war der
Anführer der Elitetruppe Davids. Er kämpfte mit
dem Speer gegen dreihundert Feinde und erstach
sie alle in einer einzigen Schlacht.

12 An zweiter Stelle steht Eleasar, der Sohn
von Dodo, aus Ahoach. Er war einer der »Drei«.
13 Er war dabei, als die Philister* sich bei Pas-
Dammim gegen David zum Kampf sammelten.
Dort war ein Feld mit Gerste. Als die Israeliten
flohen, 14 stellten sie sich mitten auf das Feld,
hielten dem Angriff stand und schlugen die Phi-
lister zurück. So schenkte der HERR den Israeli-
ten einen großen Sieg.

15 Als einmal das Heer der Philister sein Lager
in der Ebene Rafaïm aufgeschlagen hatte, gingen
drei von den »Dreißig Helden« zu dem Felsen
hinunter, wo David war, in die Höhle bei Adul-
lam. 16 Dort hatte er seine Bergfestung, in der er
sich gerade aufhielt; eine Abteilung der Philister
lag zur gleichen Zeit in Betlehem. 17 Aus einer
Laune heraus sagte David: »Ich habe Durst! Wer
bringt mir Wasser aus der Zisterne beim Tor von
Betlehem?« 18-19 Darauf brachen die drei in das
Lager der Philister ein, schöpften Wasser aus der
Zisterne beim Tor von Betlehem und brachten es
David. Der aber weigerte sich, es zu trinken.
»Mein Gott bewahre mich davor, ein solches
Unrecht zu tun«, sagte er. »Das wäre geradeso,
wie wenn ich das Blut dieser Männer hier trin-
ken würde, die ihr Leben dafür aufs Spiel gesetzt
haben.« Er goss das Wasser als Trankopfer* für
den HERRN auf die Erde. Diese Tat vollbrachten
die drei tapferen Helden.

20-21 Der Erste dieser drei war Abischai, der
Bruder Joabs. Er tötete einmal mit dem Speer
dreihundert Feinde. Er war der berühmteste
dieser drei Männer; aber an die »Drei« reichte er
doch nicht heran.

22 Benaja aus Kabzeel war der Sohn des tapfe-
ren Jojada und vollbrachte große Taten. Er tötete
die beiden mächtigen Helden, die als »Löwen
von Moab« bekannt waren. Als an einem
Schneetag ein Löwe in eine Grube fiel, stieg er
allein hinunter und erschlug ihn. 23 Er tötete
auch einen Ägypter, der zweieinhalb Meter[c]
groß war und einen Speer hatte, dessen Schaft so
dick war wie ein Weberbaum*. Benaja selbst
hatte nichts als einen Stock; aber er ging auf den
Ägypter los, riss ihm den Speer aus der Hand und
durchbohrte ihn damit. 24 Durch solche Taten
wurde auch Benaja als einer jener drei berühmt.
25 Er war angesehener als die »Dreißig Helden«,
aber an die »Drei« reichte er doch nicht heran.
David machte ihn zum Anführer seiner Leib-
garde*.

26 Die tapferen Helden waren:

Asaël, der Bruder von Joab
Elhanan, der Sohn von Dodo, aus Betlehem
27 Schammot aus Harod
Helez aus Pelon[d]
28 Ira, der Sohn von Ikkesch, aus Tekoa
Abiëser aus Anatot
29 Sibbechai aus Huscha
Ilai aus Ahoach
30 Mahrai aus Netofa
Heled, der Sohn von Baana, aus Netofa
31 Ittai, der Sohn von Ribai, aus Gibea im Gebiet
Benjamins

a Wörtlich *der HERR Zebaot**.
b *Jischbaal:* mit griechischen Handschriften (vgl. 2 Sam 23,8); H *Jaschobam*.
c Hebräische Maßangabe *5 Ellen**.
d *Pelon* ist kein Ortsname, sondern bedeutet vermutlich »Da-und-da«; ebenso in Vers 36.

11,4 Jos 15,63S **11,20-21** 1 Sam 26,6S **11,22** 2 Sam 8,18S

Benaja aus Piraton
[32] Hiddai aus Nahale-Gaasch
Abiël aus Bet-Araba
[33] Asmawet aus Bahurim
Eljachba aus Schaalbim
[34] Haschem[a] aus Gison
Jonatan, der Sohn von Schage, aus Harar
[35] Ahiam, der Sohn von Sachar, aus Harar
Elifal, der Sohn Urs
[36] Hefer aus Mechera
Ahija aus Pelon
[37] Hezro aus Karmel
Naarai, der Sohn von Esbai
[38] Joël, der Bruder Natans
Mibhar, der Sohn von Hagri
[39] Zelek, der Ammoniter*
Nachrai aus Beerot, der Waffenträger Joabs
[40] Ira aus Jattir
Gareb aus Jattir
[41] Urija, der Hetiter*
Sabad, der Sohn von Achlai
[42] Adina, der Sohn von Schisa, einer der maßgeblichen Männer des Stammes Ruben und Anführer von dreißig Mann
[43] Hanan, der Sohn von Maacha
Joschafat aus Meten
[44] Usija aus Aschtarot
Schama und Jëiël, die Söhne Hotams, aus Aroër
[45] Jediaël, der Sohn von Schimri, und sein Bruder Joha aus Tiz
[46] Eliël aus Mahanajim
Jeribai und Joschawja, die Söhne Elnaams
Jitma, der Moabiter*
[47] Eliël, Obed und Jaasiël aus Zoba*

Die ersten Anhänger Davids in Ziklag

12 Viele hatten sich schon früher David angeschlossen, als er sich in Ziklag aufhielt und sich von König Saul, dem Sohn von Kisch, fern halten musste. Sie kämpften schon damals an seiner Seite. [2] Sie waren mit Bogen und Pfeilen bewaffnet und konnten sowohl mit der rechten wie auch mit der linken Hand Steine schleudern und Pfeile schießen. Aus dem Stamm Benjamin, von Sauls eigenen Stammesbrüdern, kamen zu David:

[3] Ahiëser, ihr Anführer, und Joasch, die Söhne von Schemaa aus Gibea;
Jesiël und Pelet, die Söhne von Asmawet;
Beracha und Jehu aus Anatot;
[4] Jischmaja aus Gibeon, einer von den »Dreißig Helden*« und ihr Anführer;
[5] Jirmeja, Jahasiël, Johanan und Josabad aus Gedera;
[6] Elusai, Jerimot, Bealja, Schemarja und Schefatja aus Haruf;
[7] Elkana, Jischija, Asarel, Joëser und Jaschobam von den Nachkommen Korachs;
[8] Joëla und Sebadja, die Söhne von Jeroham, aus Gedor.

[9] Auch aus dem Stamm Gad ging eine Anzahl tapferer, kampferprobter Männer zu David über, als er in seiner Bergfestung in der Wüste Juda war. Sie waren mit Schild und Speer bewaffnet, kämpften wie die Löwen und waren in den Bergen flink wie die Gazellen. [10–14] Es waren:

der Anführer	Eser
der zweite	Obadja
der dritte	Eliab
der vierte	Mischmanna
der fünfte	Jirmeja
der sechste	Attai
der siebte	Eliël
der achte	Johanan
der neunte	Elsabad
der zehnte	Jirmeja
der elfte	Machbannai

[15] Sie alle waren Anführer im Heer. Schon der Schwächste von ihnen nahm es mit hundert Gegnern auf, der Stärkste aber mit tausend.
[16] Um sich zu David durchzuschlagen, überschritten sie im März den Jordan, als er Hochwasser führte und alle Nebentäler auf beiden Seiten abgeschnitten waren.
[17] Aus den Stämmen Benjamin und Juda kamen ebenfalls einige zu Davids Bergfestung.
[18] Er trat ihnen entgegen und sagte: »Wenn ihr als Freunde gekommen seid, um mir zu helfen, dann seid ihr mir herzlich willkommen. Habt ihr aber vor, mich an meine Feinde zu verraten, so weiß es der HERR, der Gott unserer Vorfahren, und wird euch strafen; denn ich habe kein Unrecht getan.«
[19] Da ergriff der Geist* Gottes Besitz von Amasai, dem späteren Anführer der Elitetruppe Davids, und er rief:

»David, dir gehören wir!
Zu dir stehen wir, Sohn von Isai!
Sieg und Erfolg sei dir gegeben,
dir und allen, die bei dir sind;
denn deine Hilfe kommt von Gott!«

a Vermutlicher Text; H *die Söhne Haschems.*
11,41 2 Sam 11,3 **12,1** 1 Sam 27,6-8

Da nahm David sie bei sich auf und machte sie
zu Anführern seiner Truppe.
20 Schließlich schlossen sich auch einige Män-
ner aus dem Stamm Manasse David an. Dies ge-
schah in der Zeit, als er auf der Seite der Philis-
ter* gegen Saul in den Kampf ziehen sollte. Es
kam allerdings nicht dazu, denn die Heerführer
der Philister schickten ihn vor der Schlacht weg.
Sie sagten sich: »Er könnte wieder zu Saul, sei-
nem früheren Herrn, überlaufen und uns ihm
ans Messer liefern!«
21 Als David danach wieder nach Ziklag zu-
rückkehrte, kamen folgende Männer aus Ma-
nasse zu ihm: Adnach, Josabad, Jediaël, Michael,
Josabad, Elihu und Zilletai. Sie waren Führer
von Truppenverbänden des Stammes Manasse
gewesen. 22 Sie alle waren hervorragende Kriegs-
leute. Sie unterstützten nun David im Kampf ge-
gen die Banden der Amalekiter[a] und wurden
Anführer in seinem Heer.
23 Tag für Tag kamen immer neue Leute zu
David, um ihm zu helfen, sodass er schließlich
über ein riesiges Heer verfügte.

Davids Heer in Hebron

24 Nach Sauls Tod kamen wehrfähige Männer
aus allen Stämmen des Volkes zu David nach
Hebron, um ihn nach der Weisung des HERRN
anstelle Sauls zum König auszurufen. 25 Hier
sind ihre Zahlen:

Juda	6800 Mann, mit Schild und Lanze bewaffnet
26 Simeon	7100 tapfere Krieger
27 Levi	4600 Mann; 28 unter ihnen der Priester Jojada, das Oberhaupt der Nachkommen Aarons, mit 3700 Mann 29 sowie Zadok, damals noch ein junger Mann, aber ein tapferer Krieger, mit seiner Sippe, nämlich 22 Anführern
30 Benjamin	3000 Mann von den Stammesbrüdern Sauls; der größere Teil des Stammes hielt damals noch zur Familie Sauls
31 Efraïm	20 800 Krieger, lauter angesehene Leute in ihren Sippen
32 West-Manasse	18 000 Mann; sie waren namentlich dazu bestimmt und beauftragt worden, nach Hebron zu gehen und David zum König zu machen
33 Issachar	200 Anführer mit allen ihren Männern; sie erkannten das Gebot der Stunde und wussten, was Israel zu tun hatte
34 Sebulon	50 000 Mann, kriegsmäßig ausgerüstet und kampfbereit; sie waren fest entschlossen, David zu helfen
35 Naftali	1000 Anführer und 37 000 Mann, mit Schild und Speer bewaffnet
36 Dan	28 600 Mann, alle kampfbereit
37 Ascher	40 000 Mann, wehrfähig und kampfbereit
38 Ruben, Gad und Ost-Manasse	120 000 Mann in voller Kriegsbewaffnung von den Stämmen östlich des Jordans

39 Alle diese Kriegsleute kamen geordnet und
bewaffnet nach Hebron mit der einmütigen
Absicht, David zum König von ganz Israel aus-
zurufen. In diesem Wunsch waren sie sich mit
allen übrigen Israeliten einig. 40 Sie blieben drei
Tage bei David in Hebron; für Essen und Trinken
sorgten die Bewohner der Stadt.[b] 41 Auch Leute
aus der weiteren Umgebung, sogar aus den
Stammesgebieten von Issachar, Sebulon und
Naftali, trugen dazu bei. Auf Eseln, Kamelen,
Maultieren und Rindern brachten sie Mehl, zu-
sammengepresste Feigen und Trauben, Wein
und Olivenöl, auch eine große Menge Rinder
und Schafe; denn in ganz Israel herrschte große
Freude.

David holt die Bundeslade aus Kirjat-Jearim

(2 Sam 6,1-11)

13 David beriet sich mit den verantwort-
lichen Männern, den Anführern der Trup-
penverbände und den Hauptleuten. 2 Dann
wandte er sich an das ganze versammelte Volk
und sagte: »Wenn ihr einverstanden seid und der
HERR, unser Gott, es so will, dann lasst uns Boten
in alle Gegenden des Landes schicken. Sie sollen
unsere Brüder rufen, die zu Hause geblieben
sind, ebenso die Priester* und Leviten* in ihren
Wohnorten. Sie alle sollen hierher kommen
3 und dann wollen wir gemeinsam die Bundes-
lade* unseres Gottes nach Jerusalem holen;
denn in der Zeit Sauls haben wir uns nicht um
sie gekümmert.«
4 Die ganze Versammlung fand den Plan gut
und beschloss, ihn auszuführen.

a der Amalekiter: verdeutlichender Zusatz; vgl. 1 Sam 30,1-20.
b die Bewohner ...: wörtlich *ihre Brüder.*
12,20 1 Sam 29,1-11

5 David ließ ganz Israel zusammenrufen, von
der ägyptischen Grenze* im Süden bis nach
Lebo-Hamat im Norden, um die Bundeslade aus
Kirjat-Jearim zu holen. 6 Dort nämlich befand
sich die Lade, die dem HERRN geweiht ist,[a] der
über den Keruben* thront.

David zog also mit allen Israeliten nach Baala,
wie Kirjat-Jearim im Gebiet von Juda auch ge-
nannt wird, zum Haus Abinadabs. 7 Auf einem
neuen, noch ungebrauchten Wagen, der von Usa
und Achjo geführt wurde, holten sie die Lade
Gottes von dort weg. 8 Unterwegs tanzten David
und das Volk mit ganzer Hingabe zu Ehren des
HERRN. Sie sangen dazu unter Begleitung von
Lauten und Harfen, Handpauken, Becken und
Trompeten.

9 Als sie zum Dreschplatz Kidons kamen,
drohten die vor den Wagen gespannten Rinder
auszubrechen. Usa griff nach der Lade, um sie
festzuhalten. 10 Da wurde der HERR zornig auf
Usa, weil er die Lade angefasst hatte, und ließ
ihn auf der Stelle sterben. 11 David war wütend,
weil der HERR ihn so aus dem Leben gerissen
hatte. Darum heißt der Platz bis zum heutigen
Tag Perez-Usa (Usa-Riss).

12 David bekam aufgrund dieses Vorfalls
Angst vor Gott. »Kann ich es denn noch wagen,
die Lade zu mir zu holen?«, fragte er sich. 13 Des-
halb ließ er sie nicht in die Davidsstadt* bringen.
Er leitete sie stattdessen um in das Haus Obed-
Edoms, der aus Gat stammte. 14 Dort blieb die
Lade drei Monate stehen.

Der HERR aber segnete das Haus Obed-Edoms
und alles, was ihm gehörte.

David in Jerusalem

(2 Sam 5,11-16)

14 Hiram, der König von Tyrus, schickte eine
Gesandtschaft zu David. Er lieferte David
Zedernholz und schickte auch Steinmetzen und
Zimmerleute, die ihm einen Palast bauen sollten.
2 Daran erkannte David: Es war der HERR, der
ihn zum König über Israel gemacht und sein
Königtum gefestigt hatte. Der HERR handelte so,
weil er sein Volk Israel liebte.

3 David heiratete in Jerusalem weitere Frauen
und hatte mit ihnen noch mehr Söhne und Töch-
ter. 4 Die in Jerusalem geborenen Söhne hießen:
Schammua, Schobab, Natan, Salomo, 5 Jibhar,
Elischua, Elpelet, 6 Nogah, Nefeg, Jafia, 7 Elischa-
ma, Beeljada und Elifelet.

David schlägt die Angriffe der Philister zurück

(2 Sam 5,17-25)

8 Als die Philister* erfuhren, dass David zum
König von ganz Israel gesalbt* worden war,
kamen sie mit ihrem ganzen Heer, um ihn in
ihre Gewalt zu bringen. David hörte davon und
zog ihnen entgegen.

9 Die Philister besetzten die Ebene Rafaïm.
10 Da fragte David Gott: »Soll ich sie angreifen?
Wirst du sie in meine Hand geben?«

Der HERR antwortete: »Greif sie an! Ich will
sie in deine Hand geben.«

11 David zog aus und besiegte die Philister
bei Baal-Perazim. Er sagte: »Wie Wasser einen
Damm durchbricht, so hat der HERR durch meine
Hand die Reihen meiner Feinde durchbrochen.«
Deshalb erhielt der Ort den Namen Baal-Perazim
(Herr des Durchbruchs). 12 Die fliehenden
Philister ließen sogar ihre Götterbilder zurück;
David aber befahl, sie zu verbrennen.

13 Nach einiger Zeit zogen die Philister noch
einmal gegen David aus. Wieder besetzten sie
die Ebene Rafaïm. 14 David fragte auch diesmal
Gott und der antwortete: »Greif sie nicht an,
sondern umgehe sie, bis du zu den Bakabäumen
kommst, und überfalle sie von dort aus! 15 Sobald
du ein Geräusch hörst, wie wenn jemand durch
die Baumwipfel schreitet, schlägst du los. Denn
dann weißt du, dass ich vor dir her in die Schlacht
gezogen bin, um das Heer der Philister zu besie-
gen.« 16 David befolgte die Weisung Gottes. Er
besiegte das Heer der Philister und trieb es von
Gibeon bis nach Geser zurück.

17 Davids Ruhm breitete sich aus in alle Län-
der und der HERR sorgte dafür, dass alle Völker
vor David Angst bekamen.

Vorbereitungen für den Transport der Bundeslade

15 David ließ in der Davidsstadt* für sich
Häuser bauen. Er bestimmte auch einen
Platz für die Bundeslade* und ließ ein Zelt für sie
aufschlagen. 2 Damals ordnete er auch an: »Nur
die Leviten* dürfen die Lade Gottes tragen, weil
der HERR selbst sie dazu erwählt hat, seine Lade
zu tragen und ihm allezeit zu dienen.«

3 Dann ließ David ganz Israel nach Jerusalem
zusammenrufen, um die Lade des HERRN an den
Platz zu bringen, den er für sie vorbereitet hatte.
4 Besonders die Priester* als die Nachkommen
Aarons und die Leviten ließ er laden. 5–10 Darauf

a Wörtlich *die Lade Gottes, über der der Name des HERRN ausgerufen worden ist.*

13,5 1 Sam 7,1-2 **13,6** Ex 25,22 S **13,14** 26,4-5 **14,4-7** 3,5-8 **14,12** Dtn 7,25 **15,1** 2 Sam 6,17 **15,2** Dtn 10,8 S

fanden sich die Oberhäupter der levitischen Sip-
pen mit ihren Verwandten ein:

von den Nachkommen Kehats:
Uriël mit 120 Mann;
von den Nachkommen Meraris:
Asaja mit 220 Mann;
von den Nachkommen Gerschons:
Joël mit 130 Mann;
von den Nachkommen Elizafans:
Schemaja mit 200 Mann;
von den Nachkommen Hebrons:
Eliël mit 80 Mann;
von den Nachkommen Usiëls:
Amminadab mit 112 Mann.

11 David ließ die Priester Zadok und Abjatar und
die sechs führenden Leviten zu sich kommen
12 und sagte zu ihnen: »Ihr seid die Oberhäupter
des Stammes Levi. Zusammen mit euren Stam-
mesbrüdern müsst ihr euch jetzt vorbereiten, da-
mit ihr rein* seid; denn ihr sollt die Bundeslade
des HERRN, unseres Gottes, zu dem Platz brin-
gen, den ich für sie vorgesehen habe. 13 Das vori-
ge Mal seid ihr nicht dabei gewesen, und der
HERR, unser Gott, hat uns einen schweren Schlag
versetzt, weil wir ihn nicht vorher befragt
haben, wie es sich gehört hätte.«

14 Da reinigten sich die Priester und Leviten
für diesen Dienst. 15 Dann hoben die Leviten die
Bundeslade mit den Tragstangen auf ihre Schul-
tern, wie es Mose nach der Weisung des HERRN
angeordnet hatte.

16 David befahl den Oberhäuptern der Levi-
ten, einige ihrer Stammesbrüder als Sänger und
Spielleute zu bestimmen. Sie sollten den HERRN
mit frohen Liedern preisen und den Gesang mit
Harfen, Lauten und Becken begleiten.

17 Sie beauftragten damit Heman, den Sohn
von Joël, sowie Asaf, den Sohn von Berechja,
und Etan, den Sohn von Kuschaja, der zu den
Nachkommen von Merari gehörte.

18 Hinzu kamen folgende Leviten im zweiten
Dienstrang: Secharja,[a] Jaasiël, Schemiramot,
Jehiël, Unni, Eliab, Benaja, Maaseja, Mattitja,
Elifelehu, Mikneja, Obed-Edom und Jëiël.[b]

19 Die Sänger Heman, Asaf und Etan schlugen
die bronzenen Becken. 20 Secharja, Jaasiël, Sche-
miramot, Jehiël, Unni, Eliab, Maaseja und Benaja
spielten Harfe in der hohen Tonlage;[c] 21 Mattitja,
Elifelehu, Mikneja, Obed-Edom, Jëiël und Asasja
spielten Laute in der tiefen Tonlage. Damit be-
gleiteten sie den Gesang.

22 Kenanja war unter den Leviten der Verant-
wortliche für Transportarbeiten.[d] Weil er sich
darauf verstand, gab er auch die Anweisungen
für den Transport der Bundeslade. 23 Berechja
und Elkana gingen als Wächter voraus. 24 Vor der
Lade gingen die Priester Schebanja, Joschafat,
Netanel, Amasai, Secharja, Benanja und Eliëser
und bliesen auf ihren Trompeten, und hinter ihr
folgten Obed-Edom und Jehija als Wächter.

David holt die Bundeslade nach Jerusalem

(2 Sam 6,12-19)

25 David, die Ältesten* von Israel und die An-
führer der Truppenverbände gingen mit, als die
Bundeslade* aus dem Haus Obed-Edoms geholt
wurde; und alle waren voller Freude. 26 Weil
Gott es den Leviten* gelingen ließ, die diesmal
die Lade trugen, opferte man ihm zum Dank sie-
ben Stiere und sieben Schafböcke.

27 David trug ein Obergewand* aus feinem
weißen Leinen. Ebenso waren auch die Leviten
gekleidet, die die Lade trugen, wie auch die
Sänger und Kenanja, der den Transport beauf-
sichtigte. David selbst trug darunter auch den
leinenen Priesterschurz*. 28 Ganz Israel stimmte
jubelnd in den Klang der Hörner, Trompeten,
Becken, Harfen und Lauten mit ein. So geleiteten
sie die Lade des HERRN zu ihrem neuen Platz.

29 Als die Bundeslade in die Davidsstadt* ge-
tragen wurde, stand Davids Frau Michal, die
Tochter Sauls, am Fenster. Sie fand es unpas-
send, dass David als König vor Freude umher-
sprang und tanzte, und verachtete ihn in ihrem
Herzen.

16 Die Lade Gottes wurde in das Zelt ge-
bracht, das David für sie errichtet hatte.
David opferte Gott Brandopfer* und schlachtete
Tiere für das Opfermahl*. 2 Nach dem Mahl seg-
nete er das Volk im Namen des HERRN. 3 Alle
Israeliten, die dabei gewesen waren, Männer
wie Frauen, bekamen einen Laib Brot und je
eine Portion zusammengepresste Datteln und
Rosinen mit auf den Heimweg.

4 Einigen Leviten, die bei der Einholung der
Bundeslade als Sänger mitgewirkt hatten, gab
David den Auftrag, diesen Dienst auch weiterhin

a Hier folgt noch *Sohn.*
b Es folgt noch *die Torwächter;* aber nach Vers 21 sind alle Genannten Sänger und Spielleute.
c Die musikalischen Ausdrücke in den Versen 20-21 sind nicht sicher zu deuten. Andere übersetzen in Vers 20 *auf elamitische Weise* und in Vers 21 *auf schimjanitische Weise.*
d Andere Übersetzungsmöglichkeit *der Leiter des Vortrags;* ebenso in Vers 27.

15,11 2 Sam 8,17 S; 1 Sam 22,20 **15,15** Ex 25,14; Num 7,9 **15,16** 16,5-6; 25,1; 2 Chr 5,12; 7,6; 29,25-26; Esra 3,10; Neh 12,27.33-36 **15,17** 6,18 S; 6,24 S; 6,29

vor der Lade zu versehen und den HERRN, den Gott Israels, mit ihren Liedern zu rühmen, zu loben und zu preisen. 5 Er setzte Asaf als ihren Leiter ein und Secharja als dessen Stellvertreter. Weiter bestimmte er zu diesem Dienst: Jaasiël,[a] Schemiramot, Jehiël, Mattitja, Eliab, Benaja, Obed-Edom und Jëiël. Sie alle sollten zu ihrem Gesang auf Harfen und Lauten spielen und Asaf sollte die Becken schlagen. 6 Die Priester Benaja und Jahasiël erhielten den ständigen Auftrag, vor der Bundeslade die Trompeten zu blasen.

Ein Danklied

(Ps 105,1-15; 96; 106,1.47-48)

7 An jenem Tag ließ David zum ersten Mal von Asaf und seinen Stammesbrüdern dieses Lied zu Ehren des HERRN vortragen:

8 »Dankt dem HERRN!
Macht seinen Namen* überall bekannt;
verkündet allen Völkern, was er getan hat!
9 Singt und spielt zu seiner Ehre,
ruft euch seine Wunder ins Gedächtnis!
10 Seid stolz auf ihn, den heiligen Gott!
Seid voller Freude über ihn,
ihr, die ihr nach ihm fragt!
11 Geht zum HERRN, denn er ist mächtig;
sucht seine Nähe zu aller Zeit!
12 Erinnert euch an seine machtvollen Taten,
an seine Wunder und Gerichtsurteile,
13 ihr Nachfahren seines Dieners Israel,
ihr Nachkommen Jakobs, seine Erwählten!

14 Er ist unser Gott, er, der HERR,
seine Herrschaft umschließt die ganze Welt.
15 Denkt an seinen Bund* mit uns!
Sein Versprechen gilt tausend Generationen.
16 So hat er es Abraham zugesagt
und Isaak mit einem Schwur bestätigt.
17 So hat er es Jakob fest versprochen,
als ewigen Bund mit Israel.
18 Er hat gesagt: ›Ich gebe euch ganz Kanaan,
ich teile es euch zu als Erbbesitz*.‹
19 Sie waren damals leicht zu zählen,
nur eine Hand voll Leute waren sie,
eingewanderte Fremde im Land.
20 Sie zogen von einem Volk zum andern,
auf Wanderschaft in vieler Herren Länder.
21 Doch Gott ließ sie von niemand unterdrücken,
ihretwegen warnte er die Herrscher:
22 ›Hände weg von meinen berufenen Dienern!
Krümmt keinem meiner Boten ein Haar!‹

23 Singt dem HERRN, ihr Bewohner
der ganzen Erde,
verkündet Tag für Tag, wie gern er hilft!
24 Erzählt allen Menschen von seiner
Herrlichkeit,
berichtet allen Völkern von seinen großen Taten!
25 Der HERR ist mächtig, groß ist sein Ruhm;
mehr als alle Götter ist er zu fürchten.
26 Die Götter der Völker sind nur tote Götzen,
der HERR aber hat den Himmel geschaffen.
27 Pracht und Hoheit umgeben ihn,
Macht und Freude erfüllen seine Wohnung.

28 Auf zu ihm, ihr Völker!
Erweist dem HERRN Ehre,
unterwerft euch seiner Macht!
29 Erweist ihm die Ehre, die ihm zusteht:
Bringt ihm eure Opfergaben*!
Werft euch vor ihm nieder,
wenn er in seiner Heiligkeit erscheint!
30 Die ganze Welt soll vor ihm erzittern!
Die Erde ist fest gegründet,
sie stürzt nicht zusammen.
31 Der Himmel soll sich freuen,
die Erde jauchzen!
Sagt es allen Menschen: ›Der HERR ist König!‹
32 Das Meer soll tosen mit allem, was darin lebt!
Der Ackerboden soll fröhlich sein
samt allem, was darauf wächst!
33 Die Bäume im Wald sollen jubeln;
denn der HERR kommt,
er kommt und sorgt für Recht auf der Erde.

34 Dankt dem HERRN, denn er ist gut zu uns,
seine Liebe hört niemals auf!
35 Sagt zu ihm: ›Rette uns doch!
Du, Gott, bist unser Befreier!
Hol uns heraus aus den fremden Völkern
und führe uns wieder zusammen!
Dann werden wir dich preisen,
dich, unseren heiligen Gott;
und dir zu danken wird unsere größte
Freude sein!‹
36 Gepriesen sei der HERR, der Gott Israels,
vom Anfang der Zeiten bis in alle Zukunft!«

Auf dieses Lied antwortete das ganze Volk: »Amen*! Preist den HERRN!«

Ordnung des Gottesdienstes in Jerusalem und Gibeon

37 Auf Befehl Davids blieben Asaf und die anderen Männer seiner Sippe bei der Bundeslade*

a *Jaasiël:* mit 15,18.20; H *Jëiël.*

16,5-6 15,16 S **16,5** 6,24 S **16,7** 6,24 S **16,16** Gen 12,2 S; 26,3 **16,17-18** Gen 28,13 **16,34** 16,41; 2 Chr 5,13; 7,3.6; 20,21; Esra 3,11; Ps 118,1 S; Jer 33,11; 1 Makk 4,24; DanZ A,66 **16,37** 6,24 S

des HERRN, um den täglich nötigen Dienst vor
ihr zu tun.
38 Auch Obed-Edom, der Sohn Jedutuns, und
die Angehörigen seiner Sippe nahmen ihren
Dienst als Torwächter auf. Zu ihnen gehörte
auch Hosa. Insgesamt waren es 68 Männer.
39 Die Priester aber, Zadok und seine Ver-
wandten, versahen auf Anweisung Davids ihren
Dienst weiterhin am Heiligen Zelt*, das an der
Opferstätte* in Gibeon stand. 40 Sie sollten dort
nach wie vor jeden Morgen und Abend auf dem
Altar die Brandopfer* darbringen und alles tun,
was in dem Gesetz* vorgeschrieben ist, das der
HERR den Israeliten gegeben hat.
41 Von den Sängern blieben Heman, Jedutun
und andere, die dazu ausgewählt und nament-
lich bestimmt worden waren, ebenfalls in Gi-
beon, um auch dort regelmäßig mit Gesang den
HERRN zu preisen: »Seine Liebe hört niemals
auf!« 42 Sie begleiteten die Lieder, die sie zur
Ehre Gottes vortrugen, mit Trompeten, Becken
und anderen Musikinstrumenten. Als Torwäch-
ter waren die Söhne Jedutuns dort tätig.
43 Schließlich kehrte das ganze Volk wieder in
seine Wohnorte zurück; auch David ging nach
Hause, um seine Familie zu begrüßen.

Die Zusage eines ewigen Königtums

(2 Sam 7,1-16)

17 Nachdem David in seinen Palast eingezo-
gen war, sagte er eines Tages zu dem Pro-
pheten Natan: »Ich wohne hier in einem Palast
aus Zedernholz und die Bundeslade* des HERRN
steht in einem Zelt. Ist das in Ordnung?«
2 Natan sagte: »Tu, was du vorhast; Gott wird
dir beistehen.«
3 Aber in der folgenden Nacht sagte Gott zu
Natan: 4 »Geh zu meinem Diener David und
richte ihm aus: ›So spricht der HERR: Nicht du
sollst mir das Haus bauen, in dem ich wohnen
kann! 5 Seit ich die Israeliten aus Ägypten her-
ausgeführt habe, habe ich noch nie in einem
Haus gewohnt, ich hatte immer nur ein Zelt und
wanderte von Ort zu Ort. 6 Zu keinem der Män-
ner, die ich als Richter* und Anführer meines
Volkes berief, habe ich je gesagt: Warum baust
du mir kein Haus aus Zedernholz?‹
7 Darum sollst du meinem Diener David aus-
richten: ›So spricht der HERR, der Herrscher der
Welt:[a] Ich habe dich von der Schafherde wegge-
holt und zum Herrscher über mein Volk Israel
gemacht. 8 Bei allem, was du unternommen
hast, habe ich dir geholfen und habe alle deine
Feinde vernichtet. Ich habe dich berühmt ge-
macht und du wirst zu den Großen der Erde ge-
zählt. 9 Meinem Volk Israel habe ich eine Heimat
gegeben, ein Land, in dem es sicher leben kann.
Es soll sich nicht mehr vor Unterdrückern fürch-
ten müssen wie früher, 10 auch noch zu der Zeit,
als ich Richter über mein Volk berief. Viel-
mehr will ich alle deine Feinde in die Knie zwin-
gen.
Und nun kündige ich, der HERR, dir an, dass
ich dir ein Haus bauen werde, nicht du mir![b]
11 Wenn deine Zeit abgelaufen ist und du stirbst,
werde ich dafür sorgen, dass einer deiner Söhne
dir auf dem Königsthron folgt, und ich will seiner
Herrschaft festen Bestand geben. 12 Er soll dann
ein Haus für mich bauen, und ich werde seine
Herrschaft und die seiner Nachkommen für alle
Zeiten fest begründen.
13 Ich will sein Vater sein und er soll mein
Sohn sein. Ich will ihm niemals meine Liebe ent-
ziehen, wie ich sie deinem Vorgänger entzogen
habe, 14 sondern ich werde ihn für immer in
meinem Haus und in meiner Königsherrschaft
bestätigen. Sein Thron wird für alle Zeiten be-
stehen.‹«

Davids Dankgebet

(2 Sam 7,17-29)

15 Natan sagte David alles, was der HERR ihm
offenbart und für David aufgetragen hatte. 16 Da
ging der König in das Zelt des HERRN,[c] kniete vor
dem HERRN nieder und betete:
»HERR, mein Gott, ich bin es nicht wert, dass
du mich und meine Familie so weit gebracht
hast! 17 Aber das war in deinen Augen noch zu
wenig, mein Gott: Du hast Zusagen gemacht, die
noch meinen fernsten Nachkommen gelten. Du
hast mich angeschaut wie einen besonders wür-
digen Menschen, HERR, mein Gott!
18 Was soll ich dir noch mehr sagen, nachdem
du mich, deinen Diener, so hoch geehrt hast! Du
kennst meine innersten Gedanken. 19 HERR, weil
du mich liebst und weil es dein Wille war, hast
du all dies Große getan, damit deine großen
Taten bekannt werden.
20 HERR, niemand ist dir gleich! Alles, was wir
je gehört haben, bestätigt: Es gibt keinen Gott
außer dir! 21 Und welches andere Volk auf der
Erde gleicht deinem Volk Israel? Wo hat je ein
Gott so viel für ein Volk getan und es aus der
Sklaverei befreit und zu seinem Eigentum ge-

a Wörtlich *der HERR Zebaot**. b *nicht du mir:* verdeutlichender Zusatz.
c *in das Zelt ...:* verdeutlichender Zusatz.

16,40 Ex 29,38-39 **16,41** 25,1 S; 16,34 S **16,43** 2 Sam 6,19-20 **17,13** 22,10; 28,6; 2 Kor 6,18; Hebr 1,5

macht? Du hast mächtige, Furcht erregende Taten
getan, sodass dein Name in aller Welt bekannt ge-
worden ist. Aus Ägypten hast du es herausgeholt
und hast andere Völker vor ihm vertrieben. 22 Du
hast Israel auf ewig zu deinem Volk gemacht,
HERR, und bist sein Gott geworden.

23 Lass nun wahr werden, HERR, was du mir
und meinen Nachkommen für alle Zeiten zuge-
sagt hast! Erfülle, was du versprochen hast!
24 Dann wird dein Name* als zuverlässig gelten
und zu allen Zeiten gerühmt werden und die
Menschen werden sagen: ›Der HERR, der Herr-
scher der Welt,[a] ist der Gott Israels!‹ Und auch
das Königshaus deines ergebenen Dieners wird
vor dir Bestand haben.

25 Du, mein Gott, hast mir ja das Ohr geöffnet
und mir zugesagt: ›Ich will dir ein Haus bauen.‹
Darum wage ich, so zu dir zu beten. 26 HERR, du
bist der wahre Gott und du hast mir, deinem
Diener, diese herrliche Zusage gemacht. 27 Du
hast beschlossen, mein Königshaus zu segnen,
damit immer einer meiner Nachkommen auf
meinem Thron sitzt. Und weil du es gesegnet
hast, HERR, bleibt es für immer gesegnet.«

David unterwirft die Nachbarvölker

(2 Sam 8,1-14)

18 Einige Zeit später besiegte David die Philis-
ter*. Er zwang sie in die Knie und nahm
ihnen die Stadt Gat mit den dazugehörigen Ort-
schaften ab.

2 Er besiegte auch die Moabiter*. Er machte
sie zu seinen Untertanen und zwang sie, ihm
regelmäßig Tribut zu zahlen.

3 Dann besiegte er König Hadad-Eser von
Zoba*, dessen Gebiet sich auf Hamat zu er-
streckte. Hadad-Eser war gerade ausgezogen, um
das Gebiet am oberen Eufrat unter seine
Herrschaft zu bringen. 4 David erbeutete von
ihm 1000 Streitwagen* und nahm 7000 Wagen-
kämpfer und 20 000 Fußsoldaten gefangen. Den
Zugpferden der Streitwagen ließ er die Fußseh-
nen durchschneiden, um sie zu lähmen; nur 100
verschonte er.

5 Als die Syrer* von Damaskus König Hadad-
Eser von Zoba zu Hilfe eilten, besiegte David
auch sie und tötete von ihnen 22 000 Mann. 6 Er
legte Besatzungen in ihre Städte, machte sie zu
seinen Untertanen und zwang sie, ihm regel-
mäßig Tribut zu zahlen.

Der HERR stand David zur Seite und ließ ihm
alles gelingen, was er unternahm.

7 David erbeutete auch die goldenen Schilde,[b]
die Hadad-Esers hohe Offiziere getragen hatten,
und ließ sie nach Jerusalem schaffen. 8 In den
Städten Tibhat und Kun, die zu Hadad-Esers Ge-
biet gehörten, fielen ihm große Mengen von
Bronze in die Hände. Daraus ließ Salomo später
das so genannte »bronzene Meer«, die beiden
Säulen und die übrigen Bronzegegenstände des
Tempels* herstellen.

9 Als Toï, der König von Hamat, erfuhr, dass
David die ganze Streitmacht Hadad-Esers ver-
nichtend geschlagen hatte, schickte er seinen
Sohn Hadoram zu König David. Er ließ ihn
grüßen und beglückwünschte ihn zu seinem
Sieg. Hadad-Eser hatte nämlich ständig gegen Toï
Krieg geführt. 10 Hadoram brachte David als Ge-
schenk Geräte aus Gold, Silber und Bronze.

11 König David weihte alle diese Geräte dem
HERRN, ebenso wie das Silber und Gold, das er
von den übrigen Völkern erbeutet hatte, von den
Edomitern*, Moabitern, Ammonitern*, Philis-
tern und Amalekitern*.

12 Abischai, der Sohn der Zeruja, besiegte im
Salztal die Edomiter, wobei 18 000 von ihnen
fielen. 13 Im ganzen Land Edom setzte David
Statthalter ein und machte die Bewohner zu
seinen Untertanen.

Der HERR stand David zur Seite und ließ ihm
alles gelingen, was er unternahm.

Davids oberste Beamte

(2 Sam 8,15-18; 20,23-26)

14 Als König über ganz Israel regierte David ge-
recht und sorgte in seinem ganzen Volk für
Recht und Gerechtigkeit.

15 Joab, der Sohn der Zeruja, war oberster
Befehlshaber über das Heer. Joschafat, der Sohn
Ahiluds, war Kanzler. 16 Zadok, der Sohn Ahi-
tubs, und Ahimelech, der Sohn Abjatars,[c] waren
Priester*. Schawscha war Staatsschreiber, 17 und
Benaja, der Sohn von Jojada, befehligte die Leib-
garde* Davids. Auch die Söhne Davids nahmen
führende Stellungen im königlichen Dienst ein.

Der Ammoniterkönig beleidigt Davids Boten

(2 Sam 10,1-5)

19 Einige Zeit danach starb der Ammoniter-
könig* Nahasch und sein Sohn Hanun
wurde König. 2 David dachte: »Sein Vater stand
mit mir in freundschaftlichen Beziehungen; ich
will mit Hanun, seinem Sohn, auch gute Bezie-

a Wörtlich *der HERR Zebaot**. *b* Deutung unsicher.
c Vgl. Anmerkung zu 2 Sam 8,17.
18,8 2 Chr 4,1-6.11b-18 **18,12** 1 Sam 26,6 S

hungen pflegen.« So schickte er Gesandte hin, die sein Beileid aussprechen sollten.

Als die Gesandten im Ammoniterland ankamen, 3 redeten die führenden Männer der Ammoniter Hanun ein: »Glaubst du wirklich, dass David seine Gesandten nur geschickt hat, um deinen Vater zu ehren und dir sein Beileid auszusprechen? Sie sind bestimmt gekommen, um unser Land genauestens auszukundschaften!«

4 Da ließ Hanun die Gesandten Davids ergreifen, ihnen den Bart und alle Haare abscheren und die Kleider unten bis zum Gesäß abschneiden. So schickte er sie zurück.

5 Als sie noch auf dem Heimweg waren, wurde David gemeldet, wie man seine Gesandten behandelt hatte. Da schickte er ihnen Boten entgegen, und weil sie so schwer geschändet waren, ließ er ihnen sagen: »Bleibt in Jericho und kommt erst zurück, wenn euer Bart nachgewachsen ist.«

Der Sieg über die verbündeten Ammoniter und Syrer

(2 Sam 10,6-19)

6 Als König Hanun und die Ammoniter* merkten, dass sie David tödlich beleidigt hatten, schickten sie Unterhändler mit 1000 Zentnern* Silber nach Mesopotamien, nach Maacha in Syrien* und nach Zoba*, um überall Streitwagen* und Wagenkämpfer anzuwerben. 7 Sie brachten 32 000 Streitwagen zusammen und gewannen den König von Maacha zum Bundesgenossen. Er rückte mit seinen Kriegern heran und sie lagerten vor der Stadt Medeba. Auch die Ammoniter kamen aus ihren Städten und sammelten sich zum Kampf.

8 David erfuhr von diesen Kriegsvorbereitungen und ließ Joab mit dem ganzen Heer der kriegstüchtigen Männer ausrücken.

9 Die Ammoniter bezogen Stellung vor dem Tor ihrer Hauptstadt Rabba, während sich die anderen Könige, die ihnen mit ihren Truppen[a] zu Hilfe gekommen waren, in einiger Entfernung im offenen Feld zum Kampf aufstellten.

10 Als Joab sah, dass die Feinde ihn von vorn und hinten bedrohten, wählte er seine besten Leute aus, um sich mit ihnen den Syrern entgegenzustellen. 11 Die übrigen sollten unter dem Befehl seines Bruders Abischai gegen die Ammoniter kämpfen.

12 Joab sagte zu Abischai: »Wenn die Syrer mir zu stark werden, dann komm und hilf mir! Und wenn dir die Ammoniter zu stark werden, komme *ich* dir zu Hilfe. 13 Nur Mut! Lass uns tapfer und unerschrocken für unser Volk und für die Städte unseres Gottes kämpfen! Der HERR wird der Sache den Ausgang geben, der ihm gefällt.«

14 Joab schlug mit seinen Leuten los und die Syrer ergriffen die Flucht. 15 Als die Ammoniter es sahen, ergriffen auch sie die Flucht vor Abischai und zogen sich in die Stadt zurück. Darauf ging auch Joab mit seinem Heer wieder heim nach Jerusalem.

16 Als die Syrer aus Maacha[b] erkannten, dass die Israeliten sie besiegt hatten, schickten sie Boten zu den anderen syrischen Volksstämmen nördlich des Eufrats und riefen sie zu Hilfe. Sie kamen, angeführt von Schobach, dem Heerführer Hadad-Esers.

17 Als David davon hörte, rief er alle wehrfähigen Männer Israels zusammen, überquerte mit ihnen den Jordan und kam in die Nähe der Syrer. Nachdem er sein Heer ihnen gegenüber aufgestellt hatte, begannen die Syrer den Kampf. 18 Sie mussten aber vor den Israeliten fliehen. David und seine Männer vernichteten 7000 syrische Streitwagen* samt den Pferdegespannen und Besatzungen und töteten 40 000 Mann Fußvolk. Unter den Getöteten war auch der Heerführer Schobach.

19 Die syrischen Könige, die für Hadad-Eser in diesen Krieg ziehen mussten, sahen ein, dass sie Israel unterlegen waren. Sie schlossen mit David Frieden und unterwarfen sich ihm. Von da an waren die Syrer nicht mehr geneigt, die Ammoniter zu unterstützen.

Die Unterwerfung der Ammoniter

(2 Sam 11,1; 12,26-31)

20 Im folgenden Frühjahr, um die Zeit, wenn die Könige in den Krieg ziehen, zog Joab mit dem Heer wieder in den Kampf gegen die Ammoniter*. Sie verwüsteten deren Land, drangen bis Rabba vor und belagerten die Stadt. David selbst blieb in Jerusalem.

Joab eroberte die Stadt und zerstörte sie. 2 Dann kam auch David und nahm[c] dem ammonitischen Gott Milkom[d] die goldene Krone vom Haupt. Sie wog einen Zentner* und trug einen kostbaren Edelstein. David selbst wurde nun mit ihr gekrönt. Außerdem nahm er aus der Stadt reiche Beute mit.

3 Die Einwohner setzte er für Bauarbeiten ein;

a *mit ihren Truppen:* verdeutlichender Zusatz.
b *aus Maacha:* verdeutlichender Zusatz; vgl. Vers 6.
c Wörtlich *Und David nahm.*
d *dem ... Milkom:* mit veränderten Vokalen (vgl. 1 Kön 11,5); H *ihrem König.*

sie mussten mit Steinsägen,[a] eisernen Hacken
und Äxten arbeiten. Ebenso verfuhr David mit
allen Städten der Ammoniter und ihren Bewoh-
nern. Dann kehrte er mit dem ganzen Heer nach
Jerusalem zurück.

Kämpfe gegen die Philister

(2 Sam 21,18-22)

4 Danach kam es bei Geser zum Kampf mit den
Philistern*. Damals tötete Sibbechai aus Huscha
den Riesen Sippai und die Philister wurden in
die Knie gezwungen.
5 Bei einem weiteren Gefecht tötete Elhanan,
der Sohn Jaïrs, den Philister Lachmi aus Gat. Die-
ser war ein Bruder Goliats und der Schaft seines
Speeres war so dick wie ein Weberbaum*.
6 Als es danach bei Gat zum Kampf kam, trat
ein besonders großer Riese vor. Er hatte sechs
Finger an jeder Hand und sechs Zehen an jedem
Fuß, also 12 Finger und 12 Zehen. 7 Er verspottete
die Israeliten; aber Jonatan, der Sohn von Davids
Bruder Schima, tötete ihn.
8 Diese Riesen stammten aus Gat und waren
Nachkommen von Rafa. Sie wurden von David
und seinen Männern erschlagen.

DAVID BEREITET DEN BAU DES TEMPELS VOR (Kapitel 21–29)

David greift in Gottes Rechte ein

(2 Sam 24,1-9)

21 Der Satan* wollte Israel ins Unglück stür-
zen. Deshalb verführte er David dazu, das
Volk zählen zu lassen. 2 David befahl Joab und
den Führern des Volkes: »Geht durch das ganze
Land von Beerscheba bis Dan und zählt die
Israeliten! Sagt mir das Ergebnis, damit ich weiß,
wie viele es sind!«
3 Joab erwiderte: »Mein Herr und König, ich
wünsche von Herzen, dass der HERR sein Volk
noch hundertmal so zahlreich macht, wie es
schon ist! Alle sind deine treuen Untertanen!
Warum fragst du nach ihrer Zahl? Warum soll
eine solche Schuld auf Israel kommen?«
4 Aber der König ließ sich durch Joab nicht
von seinem Plan abbringen. So machte sich Joab
auf den Weg und durchzog das ganze Land. Als er
wieder nach Jerusalem kam, 5 meldete er David
das Ergebnis: Es gab in Israel 1 100 000 Männer,
die mit dem Schwert umgehen konnten, und in
Juda 470 000.
6 Die Stämme Levi und Benjamin hatte Joab
nicht mitgezählt, weil er mit dem Befehl
des Königs ganz und gar nicht einverstanden
war.

Die Strafe trifft das Volk

(2 Sam 24,10-17)

7 Gott missfiel, was David getan hatte, darum be-
strafte er die Leute von Israel. 8 Da betete David
zu Gott: »Ich habe ein großes Unrecht begangen.
Vergib mir doch meine Schuld! Ich habe sehr
unbesonnen gehandelt.«
9 Der HERR aber sagte zu Gad, dem Seher* Da-
vids: 10 »Geh zu David und richte ihm aus: ›So
spricht der HERR: Ich lasse dir die Wahl zwischen
drei Übeln. Wähle, was ich dir antun soll!‹«
11 Gad kam zum König, überbrachte ihm die
Botschaft und fragte: »Was willst du: 12 dass eine
dreijährige Hungersnot kommt oder dass du drei
Monate vor deinen Feinden fliehen musst, die
dich mit dem Schwert verfolgen, oder dass drei
Tage die Pest, das Schwert des HERRN, im Land
wütet und der Engel* des HERRN in ganz Israel
viele Menschen tötet? Überleg es dir und sag
mir, was für eine Antwort ich dem HERRN brin-
gen soll, der mich geschickt hat!«
13 David sagte zu Gad: »Ich stehe vor einer
schrecklichen Wahl! Aber wenn es denn sein
muss, dann lieber in die Hand des HERRN fallen,
denn er ist voll Erbarmen. In die Hand von Men-
schen will ich nicht fallen!«
14 Da ließ der HERR in Israel die Pest ausbre-
chen und es starben an ihr 70 000 Menschen.
15 Er schickte den Todesengel auch nach Jerusa-
lem, um die Stadt zu verderben. Doch als der
HERR sah, wie der Engel sein grausiges Werk an-
fing, tat es ihm Leid und er befahl ihm: »Halt, es
ist genug!«
Der Engel des HERRN stand gerade auf dem
Dreschplatz des Jebusiters Arauna. 16 Als David
aufblickte, sah er ihn dort zwischen Himmel und
Erde stehen. Er hatte das gezogene Schwert in
der Hand und hielt es über Jerusalem hin ausge-
streckt. David und die Ältesten* der Stadt, alle
mit dem Sack* bekleidet, warfen sich mit dem
Gesicht zur Erde nieder.
17 David betete: »HERR, mein Gott, ich bin
doch der Schuldige! Ich habe den Befehl zur Zäh-
lung gegeben. Ich, der König, habe mich schwer

a G deutet den hebräischen Text: »David zersägte sie mit Sägen.« Das führte bald zu einer Fehldeutung und Fehlübersetzung der Parallelüberlieferung in 2 Sam 12,31 (»... legte sie unter eiserne Sägen und Zacken und eiserne Keile und verbrannte sie in Ziegelöfen«), die heute allgemein aufgegeben ist; siehe die Übersetzung dort.

20,5 1 Sam 17,4-7 **21,1** Ijob 1,6 S **21,7** 27,24

verfehlt, mein Volk, diese unschuldige Herde,
hat nichts Böses getan. HERR, mein Gott, strafe
mich und meine Familie, aber verschone dein
Volk mit solchen Plagen!«

David erwirbt den Platz für den Tempel

(2 Sam 24,18-25)

18 Der Engel des HERRN befahl Gad, dem König
zu sagen, er solle zum Dreschplatz* des Jebusi-
ters Arauna hinaufgehen und dem HERRN dort
einen Altar errichten. 19 David ging hin, wie der
Seher* es ihm im Namen des HERRN befohlen
hatte.
20 Arauna hatte vorher gerade mit seinen vier
Söhnen Weizen gedroschen. Als er sich dabei um-
wandte, hatte er den Engel gesehen. Seine Söhne
waren weggelaufen und hatten sich versteckt.
21 David ging also zu Arauna. Als dieser auf-
schaute und David kommen sah, ging er ihm
vom Dreschplatz aus entgegen und warf sich vor
ihm nieder.
22 David sagte zu Arauna: »Überlass mir den
Dreschplatz! Ich will ihn dir zum vollen Preis
abkaufen und darauf dem HERRN einen Altar*
errichten, damit die Seuche aufhört.«
23 Arauna antwortete: »Nimm ihn, mein Herr
und König, und verfahre damit nach deinen
Wünschen! Ich gebe ihn dir umsonst und dazu
auch die Rinder für das Brandopfer*, den
Dreschschlitten* als Brennholz und den Weizen
für das Speiseopfer*.«
24 »Nein«, sagte der König, »ich möchte ihn
dir zum vollen Preis abkaufen. Ich will nicht dein
Eigentum wegnehmen, um es dem HERRN zu
geben, und ich will ihm auch keine Brandopfer
darbringen, die ich nicht bezahlt habe.«
25 David zahlte Arauna 600 Goldstücke* für
den Platz. 26 Dann baute er dort einen Altar für
den HERRN, opferte darauf Brandopfer und
Mahlopfer* und rief zum HERRN. Und der HERR
antwortete ihm durch Feuer, das vom Himmel
fiel und das Brandopfer auf dem Altar verzehr-
te.[a] 27 Dem Engel aber befahl er, das Schwert
wieder einzustecken.
28 David erkannte, dass der HERR ihn erhört
hatte und dass er ihm dort auf dem Dresch-
platz des Jebusiters Arauna Opfer darbringen
durfte. 29 Die Wohnung des HERRN, die Mose in
der Wüste angefertigt hatte, und der dazu-
gehörende Brandopferaltar befanden sich zu
dieser Zeit noch an der Opferstätte* in Gibeon.
30 David wagte aber nicht mehr, dorthin zu ge-
hen, um den HERRN zu befragen; so sehr hatte
ihn der Engel des HERRN mit dem Schwert er-
schreckt.

22 Deshalb sagte er: »Hier soll der Tempel*
für den HERRN, unseren Gott, gebaut wer-
den und der Altar, auf dem die Brandopfer der
Israeliten dargebracht werden.«

Vorbereitungen für den Tempelbau

2 David ließ aus dem ganzen Land die Fremden*
zusammenholen, die in Israel Aufnahme gefun-
den hatten, und ließ sie als Steinhauer arbeiten.
Sie mussten die großen Quadersteine behauen,
aus denen das Haus Gottes gebaut werden sollte.
3 Er ließ auch eine Menge Eisen heranschaffen,
aus dem Nägel für die Torflügel und Klammern
für das Mauerwerk hergestellt werden sollten,
und solche Mengen von Bronze, dass man sie
gar nicht wiegen konnte. 4 Auch ungezählte
Zedernstämme wurden gelagert, denn die Leute
von Sidon und Tyrus brachten David große
Mengen von Zedernholz.
5 Er sagte sich nämlich: »Mein Sohn Salomo
ist noch jung und unerfahren; aber der Tempel*
des HERRN muss ein so großartiger Bau werden,
dass er in der ganzen Welt bewundert und ge-
rühmt wird. Ich werde deshalb alles für ihn vor-
bereiten.«
So traf David selbst noch vor seinem Tod alle
nötigen Vorkehrungen für den Bau.
6 Dann rief er seinen Sohn Salomo zu sich
und gab ihm den Auftrag, einen Tempel* für den
HERRN, den Gott Israels, zu bauen. 7 Er sagte zu
ihm: »Mein Sohn, ich selbst hatte mir vorgenom-
men, ein Haus für den Namen des HERRN, mei-
nes Gottes, zu bauen.
8 Doch da erging an mich das Wort des HERRN,
er sagte zu mir: ›Du hast ständig Kriege geführt
und viel Blut vergossen. Darum sollst *du* kein
Haus für mich[b] bauen. 9 Doch dir wurde ein
Sohn geboren, Salomo; er wird, wie sein Name
sagt,[c] ein Mann des Friedens sein. Ich selbst
werde dafür sorgen, dass Israel unter seiner
Regierung in Ruhe und Frieden leben kann, von
keinem Feind bedroht. 10 Er soll das Haus für
mich bauen. Er wird mein Sohn sein und ich will
sein Vater sein; ich will seiner Königsherrschaft
über Israel für immer Bestand geben.‹

a Wörtlich *durch Feuer vom Himmel auf dem Altar des Brandopfers.*
b Wörtlich *für meinen Namen;* so auch in Vers 10 (vgl. dazu Anmerkung zu Dtn 12,5).
c Der Name *Salomo* (hebräisch Schelomo) enthält das hebräische Wort für »Frieden« (Schalom).

21,26 Lev 9,24S **21,29** 16,39; Ex 36,8-38; 38,1-2; 2 Chr 1,3-5 **22,5** 29,1-2 **22,7-10** 17,1-14 **22,8** 28,3; 1 Kön 5,17 **22,10** 2 Sam 7,14S

11 Nun ist es so weit, mein Sohn! Der HERR,
dein Gott, stehe dir bei, damit dir der Bau seines
Tempels gelingt, wie er es zugesagt hat. 12 Der
HERR, dein Gott, gebe dir Klugheit und Einsicht!
Er wird dich zum Herrscher über Israel einset-
zen mit dem Auftrag, dass du sein Gesetz* genau
befolgst. 13 Wenn du alle Gebote und Vorschrif-
ten beachtest, die er Mose für das Volk Israel ge-
geben hat, wirst du Erfolg haben. Lass dich nicht
beirren und hab keine Angst, sondern sei mutig
und entschlossen!

14 Denk daran, dass ich trotz aller Schwierig-
keiten hundertmal 1000 Zentner* Gold und
tausendmal 1000 Zentner Silber für den Tempel
zusammengebracht habe, dazu solche Mengen
von Eisen und Bronze, dass man sie gar nicht
wiegen kann. Auch Holz und Steine für den Bau
habe ich beschafft und du wirst noch mehr her-
beischaffen. 15 Eine große Zahl von Bauarbeitern
steht dir zur Verfügung: Steinmetzen, Maurer
und Zimmerleute, ebenso zahllose Kunsthand-
werker, 16 die Arbeiten in Gold, Silber, Eisen und
Bronze ausführen können. Geh also ans Werk,
der HERR wird dir helfen!«

17 Allen führenden Männern in Israel befahl
David, seinen Sohn Salomo beim Bau des Tem-
pels zu unterstützen. 18 Er sagte zu ihnen: »Ver-
gesst nicht, dass der HERR, euer Gott, euch gehol-
fen hat! Er hat euch Ruhe verschafft an allen
Grenzen ringsum. Die früheren Besitzer dieses
Landes hat er in meine Gewalt gegeben, sodass
es nun dem HERRN und seinem Volk gehört.
19 Richtet darum euer Sinnen und Trachten dar-
auf, den HERRN, euren Gott, zu suchen und nach
seinem Willen zu fragen! Geht ans Werk und
baut ihm zu Ehren das Heiligtum, damit die Bun-
deslade* und die heiligen Geräte in das Haus
kommen, das für den Namen* des HERRN errich-
tet wird!«

David setzt die Dienstgruppen der Leviten ein

23 David war inzwischen sehr alt gewor-
den, gesättigt von einem langen und
erfüllten Leben. Darum setzte er seinen Sohn
Salomo als König über Israel ein. 2 Er ließ dazu
alle führenden Leute in Israel und die Priester*
und Leviten* zusammenrufen. [a]

3 David ließ alle männlichen Leviten zählen,
die dreißig Jahre und älter waren. Diese Zählung
ergab 38 000 Mann. 4 Von ihnen bestimmte er
24 000 zur Bauaufsicht am Tempel* des HERRN,
6000 als Beamte und Richter, 5 4000 als Tor-
wächter und 4000 als Sänger, die den HERRN
preisen und dazu auf den Instrumenten spielen
sollten, die er selbst hatte anfertigen lassen.

6 David teilte die Leviten in drei Abteilungen
ein, und zwar nach ihrer Abstammung von Ger-
schon, Kehat oder Merari, den Söhnen von Levi.

7 Die Gruppe *Gerschon:* Sie gliedert sich nach
Gerschons Söhnen Ladan und Schimi.

8 Ladan hatte drei Söhne. Der rangoberste
war Jehiël; ihm folgten Setam und Joël. 9 Schimi [b]
hatte drei Söhne: Schelomit, Hasiël und Haran.
Sie alle waren die Oberhäupter der Sippen, die
von Ladan abstammten.

10 Schimi hatte vier Söhne: Jahat, Sisa, [c] Jëusch
und Beria. 11 Der rangoberste war Jahat, an zwei-
ter Stelle stand Sisa; Jëusch und Beria aber hatten
nur wenige Kinder und bildeten deshalb zusam-
men eine einzige Sippe und auch nur eine
Dienstgruppe.

12 Die Gruppe *Kehat:* Sie gliedert sich nach des-
sen Söhnen Amram, Jizhar, Hebron und Usiël.

13 Amram hatte zwei Söhne: Aaron und Mose.
Aaron und seine Nachkommen wurden für alle
Zeiten für den Priesterdienst ausgesondert.
Ihnen waren die heiligsten Aufgaben anvertraut.
Sie allein durften für den HERRN Opfer auf dem
Altar verbrennen und im Namen des HERRN der
Gemeinde seinen Segen zusprechen.

14 Die Nachkommen von Mose dagegen wur-
den zu den Leviten gezählt. 15 Mose hatte zwei
Söhne: Gerschom und Eliëser. 16 Unter den Söh-
nen Gerschoms war der rangoberste Schubaël.
17 Eliëser hatte nur einen Sohn namens Rehabja;
dieser aber hatte viele Söhne.

18 Unter den Söhnen Jizhars war der rang-
oberste Schelomit.

19 Die Söhne Hebrons waren: der rangoberste
Jerija, der zweite Amarja, der dritte Jahasiël und
der vierte Jekamam.

20 Unter den Söhnen Usiëls war der rang-
oberste Micha und der zweite Jischija.

21 Die Gruppe *Merari:* Sie gliedert sich nach
Meraris Söhnen Machli und Muschi.

Machli hatte zwei Söhne: Eleasar und Kisch.

22 Eleasar hinterließ, als er starb, keine Söhne,
sondern nur Töchter. Diese verheirateten sich
mit ihren Vettern, den Söhnen von Kisch.

a Dieser Bericht wird erst in 28,1 fortgesetzt.
b Wahrscheinlich ist hier ein Name verwechselt worden; die Söhne von Schimi werden erst in Vers 10 genannt.
c Der Name ist auch in der Form *Sina* überliefert.

22,13 Jos 1,6-9 **23,1** 1 Kön 1,1-40 **23,3** Num 4,2-3; 1 Chr 23,24; 2 Chr 31,17; Esra 3,8 **23,12** 5,28-29; 6,3 **23,13** Ex 28,1; Dtn 10,8 **23,15** Ex 18,3-4 **23,21** 6,4

23 Muschi hatte drei Söhne: Machli, Eder und
Jeremot.
24 Diese Oberhäupter der Nachkommen von
Levi wurden also beauftragt, zusammen mit
ihren Sippen den Dienst am Tempel zu überneh-
men. Alle Männer ab zwanzig Jahren wurden
gezählt und jeder einzelne in die Namenslisten
eingetragen. 25 Denn David hatte gesagt: »Der
HERR, der Gott Israels, hat seinem Volk Ruhe ver-
schafft, sodass es hier ständig wohnen kann,[a]
und auch er selbst hat für alle Zeiten in Jerusalem
Wohnung genommen. 26 Deshalb brauchen
die Leviten nicht mehr wie früher die Wohnung
des HERRN und die Geräte für ihren Dienst zu
tragen.«
27 Nach den letzten Anweisungen Davids
wurden alle Leviten gezählt, die zwanzig Jahre
und älter waren. 28 David hatte angeordnet:[b]
»Die Aufgabe der Leviten ist es, den Priestern*
im Tempel zur Hand zu gehen. Sie sollen dort
die Vorhöfe und Kammern beaufsichtigen, die
heiligen Geräte reinigen und auch sonst alle
Arbeiten erledigen, die im Tempel anfallen.
29 Sie haben für die geweihten Brote* zu sorgen
und für das Mehl zum Speiseopfer*, außerdem
für die ungesäuerten Fladenbrote*, das Pfannen-
gebäck und das übrige Backwerk. Zu ihren Auf-
gaben gehört es auch, alle Hohlmaße und
Längenmaße zu überwachen.
30 Sie müssen jeden Morgen und Abend be-
reitstehen, um den HERRN mit Lobgesängen und
Dankliedern zu preisen. 31 Immer wenn dem
HERRN Brandopfer* dargebracht werden, also
am Sabbat*, am Neumondstag* und an den
großen Festen, haben sie in der vorgeschriebe-
nen Anzahl vor dem HERRN zu erscheinen.
32 So sollen die Leviten am Heiligen Zelt* und
im Heiligtum ihren Dienst versehen und die
Priester, ihre Stammesbrüder, bei allen ihren
Pflichten unterstützen.«

Die Dienstgruppen der Priester

24 Auch die Priester*, die Nachkommen
Aarons, wurden in Dienstgruppen einge-
teilt. Aaron hatte vier Söhne: Nadab und Abihu,
Eleasar und Itamar. 2 Nadab und Abihu starben
schon, als Aaron noch lebte, und hinterließen
keine Söhne. Deshalb übten von da an nur Elea-
sar und Itamar den Priesterdienst* aus.
3 Mit Hilfe von Zadok, einem Nachkommen
Eleasars, und Ahimelech, einem Nachkommen
Itamars, teilte David die Priester in Dienstgrup-
pen ein. 4 Dabei stellte sich heraus, dass die Zahl
der Männer bei den Nachkommen Eleasars
größer war als bei den Nachkommen Itamars.
Deshalb teilte man sie so ein, dass die Sippen-
oberhäupter aus der Linie Eleasars mit ihren Sip-
pen sechzehn Dienstgruppen bildeten und die
aus der Linie Itamars nur acht. 5 Ihre Reihenfolge
aber wurde durch das Los bestimmt; denn die
führenden Priester beider Gruppen, der Nach-
kommen Eleasars und der Nachkommen Ita-
mars, waren als Verantwortliche für den Dienst
am Heiligtum Gottes gleichberechtigt.
6 Der Schreiber Schemaja, der Sohn Netanels,
ein Levit, schrieb alle auf. Dabei waren zugegen:
der König, die führenden Männer des Volkes,
der Priester Zadok sowie Abjatar, der Sohn
Ahimelechs,[c] dazu die Sippenoberhäupter der
Priester und Leviten. Abwechselnd wurden zwei
Sippen von den Nachkommen Eleasars und eine
Sippe von den Nachkommen Itamars ausgelost.
7–18 Folgende Dienstgruppen wurden durch das
Los bestimmt:

1. Jojarib
2. Jedaja
3. Harim
4. Seorim
5. Malkija
6. Mijamin
7. Koz
8. Abija
9. Jeschua
10. Schechanja
11. Eljaschib
12. Jakim
13. Huppa
14. Jeschebab
15. Bilga
16. Immer
17. Hesir
18. Pizzez
19. Petachja
20. Jeheskel
21. Jachin
22. Gamul
23. Delaja
24. Maasja

19 Entsprechend diesen Dienstgruppen mussten
die Priester in den Tempel kommen und ihren
Dienst nach den Vorschriften verrichten, die
ihnen ihr Stammvater Aaron auf Befehl des
HERRN, des Gottes Israels, gegeben hatte.

Eine zusätzliche Liste von Leviten

20 Weitere Sippenoberhäupter der Leviten* wa-
ren:

von den Nachkommen Amrams: Schubaël; von
den Söhnen Schubaëls: Jechdeja
21 von den Söhnen Rehabjas: Jischija, der rang-
oberste
22 von den Nachkommen Jizhars: Schelomit; von
den Söhnen Schelomits: Jahat
23 von den Söhnen Hebrons: Jerija, der rang-

a sodass …: verdeutlichender Zusatz. *b* Verdeutlichender Zusatz.
c Siehe Anmerkung zu 2 Sam 8,17.

23,26 Num 1,50; Dtn 10,8 **23,28-32** Num 3,5-9 **24,1** 5,29 **24,2** Lev 10,1-2 **24,19** Lk 1,8-9 **24,21-30** 23,17-23

oberste,[a] Amarja, der zweite, Jahasiël, der
dritte, und Jekamam, der vierte
24 von den Söhnen Usiëls: Micha; von den Söh-
nen Michas: Schamir
25 von den Söhnen Jischijas, einem Bruder von
Micha: Secharja

26 Die Nachkommen Meraris waren Machli und
Muschi – sie waren Söhne von Meraris Sohn
Jaasija. 27 Weitere Nachkommen Meraris über
Jaasija waren: Schoham, Sakkur und Ibri. 28 Die
Söhne Machlis waren: Eleasar, der keine Kinder
hatte, 29 und Kisch.[b] Der Sohn von Kisch war
Jerachmeël. 30 Die Söhne Muschis waren:
Machli, Eder und Jerimot.

Dies waren die Sippen der Leviten.

31 Sie losten ihre Reihenfolge genauso aus wie
ihre Stammesbrüder, die Priester, in Gegenwart
von König David, Zadok, Ahimelech und den
Sippenoberhäuptern der Priester und Leviten.
Dabei wurden die Familien der Sippenoberhäup-
ter nicht anders behandelt als die ihrer jüngsten
Brüder.

Die Dienstgruppen der Sänger

25 David bestimmte zusammen mit den
Verantwortlichen für die Tempeldienste
die Männer der Sippen Asaf, Heman und Jedu-
tun als Sänger und Musikanten. In prophetischer
Begeisterung[c] sollten sie Gott mit Liedern prei-
sen und den Gesang auf Lauten, Harfen und
Becken begleiten. Folgende Männer wurden
dazu berufen:

2 Die Söhne Asafs: Sakkur, Josef, Netanja und
Asarela. Sie standen unter der Leitung ihres
Vaters, der auf Anweisung des Königs Gott prei-
sen sollte, erfüllt von prophetischer Begeiste-
rung.

3 Die Söhne Jedutuns: Gedalja, Zeri, Jeschaja,
Schimi,[d] Haschabja und Mattitja, zusammen
sechs. Sie sollten Laute spielen unter der Leitung
ihres Vaters, der selbst den HERRN in propheti-
scher Begeisterung pries und rühmte.

4 Die Söhne Hemans: Bukkija, Mattanja,
Usiël, Schubaël, Jerimot, Hananja, Hanani, Eliata,
Giddalti, Romamti-Eser, Joschbekascha, Malloti,
Hotir und Mahasiot.[e] 5 So viele Söhne hatte
Heman, der Seher* des Königs. Gott hatte ihm
versprochen, ihn zu einem angesehenen Mann
zu machen; deshalb hatte er ihm vierzehn Söhne
und drei Töchter geschenkt.

6 Alle diese Männer sollten nach Fertigstel-
lung des Tempels unter der Leitung ihrer Väter
Asaf, Jedutun und Heman zum Gesang die
Becken, Harfen und Lauten spielen, wie es der
König im Voraus festgelegt hatte. 7 Zusammen
mit ihren Stammesbrüdern, die für den Gesang
im Gottesdienst ausgebildet waren, zählten sie
288 Mann, lauter fähige Leute.

8 Auch sie losten die Reihenfolge aus, nach der
sie ihren Dienst zu tun hatten. Dabei wurden die
Älteren nicht anders behandelt als die Jüngeren
und der Meister nicht anders als die Schüler.

9–31 Das Los bestimmte folgende Männer, die
zusammen mit ihren Söhnen und näheren Ver-
wandten Gruppen von je zwölf bildeten; das
erste Los traf den Asaf-Sohn Josef:

1. Josef	13. Schubaël
2. Gedalja	14. Mattitja
3. Sakkur	15. Jerimot
4. Zeri	16. Hananja
5. Netanja	17. Joschbekascha
6. Bukkija	18. Hanani
7. Asarela	19. Malloti
8. Jeschaja	20. Eliata
9. Mattanja	21. Hotir
10. Schimi	22. Giddalti
11. Usiël	23. Mahasiot
12. Haschabja	24. Romamti-Eser

Die Torwächter

26 Auch die Torwächter am Tempel* waren
in Abteilungen gegliedert.

Aus der Sippe Korach kam Meschelemja, der
Sohn von Kore und Enkel von Abiasaf.[f] 2 Seine
Söhne waren: der Erstgeborene Secharja, der
zweite Jediaël, der dritte Sebadja, der vierte Jat-
niël, 3 der fünfte Elam, der sechste Johanan und
der siebte Eljoënai.

4 Auch Obed-Edom gehörte dazu; seine Söhne
waren: der Erstgeborene Schemaja, der zweite
Josabad, der dritte Joach, der vierte Sachar, der
fünfte Netanel, 5 der sechste Ammiël, der siebte
Issachar und der achte Pëulletai. Mit so vielen
Söhnen hatte Gott ihn gesegnet.

a So in Angleichung an 23,19; H *und seine Söhne Jerija.*
b *und Kisch:* vermutlicher Text; H *über Kisch.*
c Vgl. dazu 1 Sam 10,5.10.
d *Schimi* ist nur in einer Handschrift und G überliefert (vgl. Verse 9-31, Nr. 10).
e *Hananja, Hanani ...:* Die Namen dieser Reihe sind sämtlich »sprechend« und ergeben, hintereinander gelesen, eine Art Gebetstext: »Sei gnädig, HERR – sei mir gnädig – mein Gott bist du – ich habe (dich) gepriesen – ich habe gerühmt deine Hilfe – sitzend in harter Not – verleihe doch – Offenbarungen.«
f *von Abiasaf* mit einer griechischen Handschrift (vgl. 9,19); H *von Asaf.*

25,1 6,18 S; 6,24 S; (Jedutun) 16,41; 25,3.6; 2 Chr 5,12; 29,12-14; 35,15; Ps 39,1; 62,1; 77,1 **26,4-5** 13,14

6 Die Söhne von Obed-Edoms Sohn Schemaja
bekamen führende Stellungen in ihrer Sippe,
denn sie waren tüchtige Männer. 7 Es waren
Otni, Refaël, Obed und Elsabad sowie ihre Brü-
der Elihu und Semachja, zwei sehr tüchtige
Männer.

8 Alle diese Torwächter waren Nachkommen
Obed-Edoms. Sie und ihre Söhne und näheren
Verwandten waren für ihren Dienst bestens ge-
eignet, insgesamt 62 Mann.

9 Die Söhne und näheren Verwandten von
Meschelemja waren 18 Mann, ebenfalls fähige
Leute.

10–11 Aus der Sippe Merari kam Hosa. Er hatte
vier Söhne: Schimri, Hilkija, Tebalja und Sechar-
ja. Obwohl Schimri nicht der Erstgeborene war,
hatte sein Vater ihn zum Anführer der Dienst-
gruppe gemacht. Insgesamt gehörten zur Familie
Hosas dreizehn Söhne und nähere Verwandte.

12 Die Abteilungen der Torwächter wurden
von den Oberhäuptern und den erwachsenen
Männern der Familien gebildet. Ebenso wie die
anderen Leviten* verrichteten sie ihren Dienst
am Tempel. 13 Sie losten aus, welche Familien die
einzelnen Tore bewachen sollten, und auch da-
bei wurden die Älteren und die Jüngeren völlig
gleich behandelt.

14 Für das Osttor fiel das Los auf Meschelemja
und für das Nordtor auf seinen Sohn Secharja,
der als ein kluger Ratgeber bekannt war. 15 Das
Los für das Südtor fiel auf Obed-Edom, für das
Vorratshaus auf seine Söhne. 16 Das Westtor und
das Schallechet-Tor an der ansteigenden Straße
wurden Schuppim und Hosa zugewiesen.

Die Posten wurden wie folgt verteilt: 17 An der
Ostseite sollten täglich sechs Mann stehen, an
der Nordseite vier, nach Süden ebenfalls vier,
dazu zweimal zwei am Vorratshaus, 18 und nach
Westen zwei an der Straße und vier am Parbar-
platz.[a]

19 Das waren die einzelnen Abteilungen der
Torwächter, die alle zu den Nachkommen von
Korach und Merari gehörten.

Die Aufseher der Schatzkammern

20 Einige andere Leviten[b] führten Aufsicht über
die Tempelschätze und über die geweihten
Gaben, die für den Tempel* gestiftet wurden.
21 Die Nachkommen Ladans aus der Sippe Ger-
schon, Oberhäupter ihrer Familien, waren Jehiël
22 und seine Söhne Setam und Joël. Diese be-
wachten die Tempelschätze. 23 Außer ihnen
wurden auch Nachkommen von Amram, Jiz-
har, Hebron und Usiël mit dieser Aufgabe be-
traut.

24 Einst war Schubaël Oberaufseher über die
Schätze des Heiligen Zeltes[c] gewesen. Er war
der Sohn von Gerschom, dem einen der beiden
Söhne Moses. 25 Von Eliëser, dem anderen Sohn
Moses, stammte Rehabja ab. Dessen Sohn war
Jeschaja, die weiteren Nachkommen in direkter
Linie waren Joram, Sichri und Schelomit.

26 Schelomit sollte nun zusammen mit seinen
Brüdern die geweihten Gaben bewachen, alles,
was König David, die Sippenoberhäupter, die
Hauptleute und Obersten und die Befehlshaber
des Heeres 27 aus ihrer Kriegsbeute abgeliefert
hatten, um damit den Tempel gut auszustatten.
28 Vorher hatten auch schon der Seher* Samuel
und Saul, der Sohn von Kisch, Abner, der Sohn
von Ner, und Joab, der Sohn der Zeruja, solche
Spenden gemacht. Alle Gaben wurden von
Schelomit und seinen Brüdern beaufsichtigt.
Jeder, der eine solche Gabe brachte, musste sie
ihnen übergeben.

Verwaltungsaufgaben anderer Leviten

29 Von den Nachkommen Jizhars waren Kenanja
und seine Söhne draußen im Land Israel als
Amtleute und Richter tätig.

30 Von den Nachkommen Hebrons waren
Haschabja und die Angehörigen seiner Sippe im
Landesteil westlich des Jordans als Aufseher
eingesetzt, sowohl für die Belange des Tempels[d]
als auch für die königliche Verwaltung. Sie
waren insgesamt 1700 Mann, lauter tüchtige
Leute.

31 Das Oberhaupt der Nachkommen Hebrons
mit allen ihren Sippen und Familien war Jerija.
Im 40. Regierungsjahr Davids suchte man den
ganzen Sippenverband ab und fand dabei in
Jaser im Land Gilead* viele tüchtige Männer.
32 David setzte sie mit Jerija an der Spitze im Ost-
jordanland ein, wo die Stämme Ruben, Gad und
der halbe Stamm Manasse wohnten. Sie waren
dort Aufseher für die Angelegenheiten Gottes
und des Königs, insgesamt 2700 Mann, jeder
von ihnen das Oberhaupt einer eigenen Familie.

Die Organisation des Heeres

27 Es folgen hier die Heeresabteilungen
Israels, die jeweils für einen Monat des
Jahres antraten und dann wieder abzogen, jede
24000 Mann stark. Für den ordnungsgemäßen

a *Parbarplatz:* siehe Anmerkung zu 2 Kön 23,11. Es ist nicht sicher, ob es sich um denselben Platz handelt.
b So mit G; H *Die Leviten*, Achija.* c *des Heiligen Zeltes*:* verdeutlichender Zusatz. d Wörtlich *des HERRN.*
26,21-22 23,8 **26,23** 23,12 **26,24-27** 23,15-17

Ablauf waren verantwortlich die Sippenober-
häupter, die Obersten und Hauptleute sowie
die dafür zuständigen Verwaltungsbeamten im
königlichen Dienst.
2–15 Befehlshaber der Heeresabteilungen wa-
ren folgende Männer:

1. Monat	Jaschobam, der Sohn von Sabdiël und Nachkomme von Perez. Er war der Befehlshaber über alle Offiziere seiner Abteilung
2. Monat	Dodai aus Ahoach. Der höchste Offizier seiner Abteilung war Miklot
3. Monat	Benaja, der Sohn des Oberpriesters Jojada. Er war einer der »Dreißig Helden«. Als er ihr Anführer wurde, übernahm sein Sohn Ammisabad den Befehl über seine Abteilung
4. Monat	Asaël, der Bruder Joabs; später sein Sohn Sebadja
5. Monat	Schamhut, ein Nachkomme Serachs
6. Monat	Ira, der Sohn von Ikkesch, aus Tekoa
7. Monat	Helez aus Pelon,[a] vom Stamm Efraïm
8. Monat	Sibbechai, ein Nachkomme Serachs, aus Huscha
9. Monat	Abiëser aus Anatot, vom Stamm Benjamin
10. Monat	Mahrai, ein Nachkomme Serachs, aus Netofa
11. Monat	Benaja aus Piraton, vom Stamm Efraïm
12. Monat	Heldai, ein Nachkomme Otniëls, aus Netofa

Die Führer der Stämme

16–22 An der Spitze der Stämme standen folgende
Männer:

Ruben	Eliëser, der Sohn von Sichri
Simeon	Schefatja, der Sohn von Maacha
Levi	Haschabja, der Sohn von Kemuël
Aarons-Nachkommen	Zadok
Juda	Elihu, ein Bruder Davids
Issachar	Omri, der Sohn von Michael
Sebulon	Jischmaja, der Sohn von Obadja
Naftali	Jerimot, der Sohn von Asriël
Efraïm	Hoschea, der Sohn von Asasja
West-Manasse	Joël, der Sohn von Pedaja
Ost-Manasse	Jiddo, der Sohn von Secharja
Benjamin	Jaasiël, der Sohn von Abner
Dan	Asarel, der Sohn von Jeroham

Dies waren die Stämme Israels.
23 David hatte die männlichen Israeliten nicht
zählen lassen, jedenfalls nicht die bis zu zwanzig
Jahren; denn der HERR hatte zugesagt, er würde
Israel so zahlreich machen wie die Sterne am
Himmel. 24 Joab, der Sohn der Zeruja, hatte mit
der Zählung der Männer Israels angefangen,
musste sie aber abbrechen, weil der HERR dar-
über zornig wurde und Israel strafte. Deshalb
stehen die Zahlen nicht in der Chronik des
Königs David.

Die Verwalter des königlichen Besitzes

25 Asmawet, der Sohn Adiëls, hatte die Aufsicht
über die Schätze des Königs in Jerusalem;
Jonatan, der Sohn von Usija, verwaltete die
Vorräte auf dem Land, in den Städten, Dörfern und Schutztürmen;
26 Esri, der Sohn Kelubs, beaufsichtigte die
Landarbeiter;
27 Schimi aus Rama hatte die Weinberge zu überwachen;
Sabdi aus Schefam war zuständig für die Weinvorräte in den Weinbergen;
28 Baal-Hanan aus Bet-Gader überwachte die Oliven- und Maulbeerfeigenbäume* im Hügelland;
Joasch war zuständig für die Ölvorräte;
29 Schitrai aus der Scharonebene war dort für die
Rinderherden verantwortlich;
Schafat, der Sohn von Adlai, war verantwortlich
für die Rinder in den Tälern;
30 der Ismaëliter Obil war verantwortlich für die
Kamele;
Jechdeja aus Meronot war verantwortlich für die
Eselinnen;
31 der Hagariter Jasis war verantwortlich für die
Schafherden.

Dies waren die Verwalter des königlichen Besitzes.

Davids engste Umgebung

32 Davids Onkel Jonatan, ein kluger und gelehr-
ter Mann, war sein Berater, und Jehiël, der Sohn
von Hachmoni, war der Erzieher der Königs-
söhne. 33 Ahitofel war ebenfalls Berater. Huschai,

a *Pelon:* siehe Anmerkung zu 11,27.

27,2-15 (Benaja) 11,22-25; (Asaël) 11,26; 2 Sam 2,18-23 **27,23** Gen 12,2 S **27,24** 21,1-27 **27,33** 2 Sam 15,12 S; 15,32 S

ein Arkiter, war der Freund und Vertraute des
Königs. 34 Nach dem Tod Ahitofels traten Jojada,
der Sohn von Benaja, und Abjatar an seine Stelle.
Joab war Heerführer des Königs.

David gibt Salomo Anweisungen für den Tempelbau[a]

28 David ließ alle maßgeblichen Männer
von Israel nach Jerusalem zusammen-
rufen: die Oberhäupter der Stämme, die Befehls-
haber der Heeresabteilungen, die Obersten und
Hauptleute, die Verwalter des Landbesitzes und
der Viehherden des Königs und seiner Söhne,
die Hofbeamten, die hervorragenden Krieger
und alle anderen wichtigen Männer.

2 König David stand auf und sagte zu ihnen:
»Männer meines Volkes, meine Brüder, hört mir
zu! Ich selbst hatte mir vorgenommen, ein Haus
zu bauen, in dem die Bundeslade* des HERRN,
der Fußschemel unseres Gottes, einen festen
Platz finden soll. Ich habe auch alle Vorbereitun-
gen für diesen Bau getroffen. 3 Doch Gott hat zu
mir gesagt: ›Nicht du sollst das Haus für mich[b]
bauen, denn du hast ständig Kriege geführt und
viel Blut vergossen.‹

4 Aber der HERR, der Gott Israels, hat aus
der ganzen Familie meines Vaters gerade mich
erwählt, dass ich und meine Nachkommen für
alle Zeiten Könige von Israel sein sollen. Unter
den Stämmen Israels hat er Juda erwählt, unter
den Familien Judas die meines Vaters und unter
allen Söhnen meines Vaters hat er an mir Ge-
fallen gefunden und mich zum König von ganz
Israel gemacht. 5 Unter den vielen Söhnen, die
mir vom HERRN geschenkt worden sind, hat er
Salomo zu meinem Nachfolger bestimmt. Er soll
auf dem Königsthron des HERRN über Israel
regieren.

6 Der HERR hat auch zu mir gesagt: ›Dein
Sohn Salomo soll den Tempel* mit seinen Vor-
höfen für mich bauen. Ihn habe ich erwählt; er
wird mein Sohn sein und ich will sein Vater sein.
7 Ich will seiner Herrschaft für immer Bestand
geben, wenn er sich auch künftig so entschieden
an meine Gebote und Rechtsordnungen hält,
wie er es jetzt tut.‹

8 Ich ermahne euch nun vor den Augen von
ganz Israel, der Gemeinde des HERRN, und vor
den Ohren unseres Gottes: Achtet auf alle Ge-
bote des HERRN, eures Gottes, und befolgt sie
gewissenhaft! Dann werdet ihr im Besitz dieses
schönen Landes bleiben und ihr könnt es euren
Nachkommen für alle Zeiten weitervererben.

9 Du aber, mein Sohn Salomo, lerne den
HERRN, den Gott deines Vaters, immer besser
kennen! Gehorche ihm bereitwillig und mit un-
geteiltem Herzen! Denn er sieht uns ins Herz
und kennt unsere geheimsten Gedanken. Wenn
du ihn suchst, lässt er sich von dir finden. Wenn
du dich aber von ihm abwendest, wird er dich
für immer verstoßen. 10 Denke daran: Der HERR
hat dich erwählt, damit du ihm ein Heiligtum
baust. Darum geh entschlossen ans Werk!«

11 Darauf übergab David seinem Sohn Salomo
die Baupläne für den ganzen Tempel mit der
Vorhalle, dem Hauptraum, den angebauten
Schatzkammern, den Obergemächern und In-
nenräumen und dem Raum für die Bundeslade,[c]
12 ebenso mit den Vorhöfen und den Hallen
ringsum. David hatte schon alles genau festge-
legt, wie es ihm der Geist* Gottes eingegeben
hatte.

David gab Salomo auch Anweisungen für die
Verwendung der Tempelschätze und der Gaben,
die Gott geweiht waren, 13 für die Einteilung der
Dienstgruppen der Priester* und Leviten* und
für den gesamten Dienst im Haus des HERRN und
die dazu nötigen Geräte. 14 Für jedes einzelne
goldene und silberne Gerät gab er genau an, wie
viel Gold oder Silber dazu verwendet werden
sollte, 15 ebenso für die goldenen und silbernen
Leuchter mit den dazugehörenden Lampen, je
nachdem, für welchen Zweck sie bestimmt
waren.

16 Er setzte auch das Goldgewicht der Tische
für die geweihten Brote* und das Gewicht des
Silbers für die anderen Tische fest. 17 Er machte
Angaben für die Gabeln, Opferschalen und Kan-
nen, die aus reinem Gold gefertigt werden soll-
ten, und über das Gewicht des Goldes oder
Silbers für jeden einzelnen Becher. 18 Er be-
stimmte, aus welcher Menge von reinstem Gold
der Räucheraltar* hergestellt werden sollte, und
übergab Salomo einen Plan für den Wagen der
Bundeslade*, insbesondere für die Keruben-
figuren aus Gold, die mit ihren ausgebreiteten
Flügeln die Bundeslade des HERRN bedecken
sollten.

19 Und David sagte: »Für alle Arbeiten, die zur
Ausführung des Bauplans nötig sind, hat der
HERR mir schriftliche Anweisungen gegeben, die
von seiner Hand stammen.«

a Hier wird der Bericht von 23,2 wieder aufgenommen.
b Wörtlich *für meinen Namen;* siehe Anmerkung zu Dtn 12,5.
c *dem Raum …:* wörtlich *dem Haus der Deckplatte* (vgl. Ex 25,17-22).
28,2-7 17,1-14 **28,2** Klgl 2,1 S **28,3** 22,8 S **28,13** 23,1–26,32

20 Noch einmal sagte David zu seinem Sohn
Salomo: »Geh mutig und entschlossen an diese
Aufgabe heran! Lass dich nicht beirren und hab
keine Angst, denn der HERR, mein Gott, wird dir
beistehen. Er wird sich nicht von dir abwenden
und dich nicht im Stich lassen, sondern wird dir
helfen, alle diese Arbeiten an seinem Tempel zu
vollenden. 21 Die Gruppen der Priester und der
Leviten, die für den gesamten Dienst im Tempel
bestimmt sind, stehen schon bereit. Für alle Auf-
gaben hast du willige und sachkundige Leute zur
Seite, auch die führenden Männer und das ganze
Volk werden dir in jeder Hinsicht behilflich
sein.«

Spenden für den Bau des Tempels

29 Dann wandte sich König David an die
ganze Versammlung und sagte: »Mein
Sohn Salomo, der Einzige, den der HERR für die-
ses Werk erwählt hat, ist noch jung und unerfah-
ren, und die Aufgabe, die er lösen muss, ist groß.
Das Bauwerk, das er errichten soll, ist ja nicht
für einen Menschen bestimmt, sondern für Gott,
den HERRN!
2 Darum habe ich meine ganze Kraft einge-
setzt, um für das Haus meines Gottes große
Mengen Gold, Silber, Bronze, Eisen und Holz zu
beschaffen. Sie sind für die Geräte, die herge-
stellt werden müssen, ebenso Edelsteine, Halb-
edelsteine und andere wertvolle Steine in ver-
schiedenen Farben[a] sowie große Mengen von
weißem Marmor. 3 Weil mir der Tempel meines
Gottes am Herzen liegt, spende ich darüber hin-
aus aus meinem eigenen Besitz 4 noch 3000
Zentner* reines Gold aus Ofir* und 7000 Zent-
ner reines Silber. Mit einem Teil davon sollen die
Innenwände verkleidet werden; 5 das Übrige ist
für die goldenen und silbernen Gegenstände und
alle sonstigen Arbeiten der Künstler bestimmt.
Und nun frage ich euch: Wer ist bereit, dem
HERRN heute eine Gabe zu bringen?«
6 Da bewiesen die Sippenoberhäupter, die
Oberhäupter der Stämme, die Obersten und
Hauptleute und die Beamten des Königs ihre
Opferbereitschaft 7 und spendeten für den Tem-
pelbau 5000 Zentner Gold, dazu 10 000 Gold-
münzen,[b] 10 000 Zentner Silber, 18 000 Zentner
Bronze und 100 000 Zentner Eisen. 8 Wer Edel-
steine besaß, stiftete sie für den Tempelschatz,
der von Jehiël, einem Nachkommen Gerschons,
verwaltet wurde.
9 Das ganze Volk freute sich über die Opfer-
bereitschaft, weil diese reichen Gaben freiwillig
und mit ungeteiltem Herzen für den HERRN
gespendet worden waren. Auch König David
freute sich sehr darüber.

Davids Dankgebet

10 Darauf pries David vor der ganzen Versamm-
lung den HERRN und betete:
»Gepriesen seist du, HERR, du Gott unseres
Stammvaters Israel,[c] vom Anfang der Zeiten bis
in alle Zukunft! 11 Dir, HERR, gehören Größe und
Kraft, Ehre und Hoheit und Pracht! Alles im Him-
mel und auf der Erde ist dein Eigentum; dir ge-
hört alle Herrschaft, du bist hoch erhoben als
das Haupt über alles!
12 Du teilst Reichtum und Ansehen aus und
gibst Kraft und Stärke dem, den du groß und
mächtig machen willst. Du bist der HERR über
alles! 13 Darum wollen wir dir, unserem Gott,
danken und deinen herrlichen Namen* rühmen.
14 Ich bin nichts, HERR, und auch mein Volk
ist nichts; aus eigenem Vermögen wären wir gar
nicht in der Lage, dir solche Gaben zu bringen.
Alles kommt von dir, auch diese Gaben haben
wir erst von dir empfangen.
15 Es geht uns nicht anders als allen unseren
Vorfahren: Wir wohnen nur wie Gäste oder
Fremde* in diesem Land, das du uns gegeben
hast, denn unser Leben auf der Erde ist vergäng-
lich wie ein Schatten, ohne Hoffnung auf Dauer.
16 HERR, unser Gott! Der ganze Reichtum, den
wir jetzt zusammengebracht haben, um für dich,
für deinen heiligen Namen, ein Haus zu bauen,[d]
kommt aus deiner Hand und darum gehört auch
alles dir!
17 Mein Gott, ich weiß, dass du den Menschen
ins Herz siehst, und du freust dich, wenn sie auf-
richtig sind. Ich habe dies alles mit aufrichtigem
Herzen gegeben und ich habe voller Freude ge-
sehen, welche Opferbereitschaft auch dein Volk
hier bewiesen hat.
18 HERR, du Gott unserer Vorfahren Abraham,
Isaak und Israel! Erhalte deinem Volk für immer
diese Gesinnung, dass es von Herzen dir zuge-
wandt bleibt!
19 Hilf auch meinem Sohn Salomo, dass er mit
ungeteiltem Herzen deine Gebote, Weisungen
und Vorschriften befolgt und alles tut, um den
Tempelbau auszuführen, den ich vorbereitet
habe.«
20 Dann forderte David die ganze Versamm-
lung auf: »Preist den HERRN, euren Gott!«

a Hier wird eine Reihe von Steinen aufgezählt, die nicht sicher zu identifizieren sind. *b* Wörtlich *Dariken.*
c *Israel* = Jakob; siehe Gen 32,29; 35,10. *d* *für deinen heiligen Namen:* siehe Anmerkung zu Dtn 12,5.

29,1-2 22,5 **29,2** 22,14 **29,5** Ex 25,2 **29,15** Ps 39,13S **29,17** Ps 7,10

Da priesen alle den HERRN, den Gott ihrer Vorfahren. Vor dem HERRN und dem König warfen sie sich auf die Knie und beugten sich mit der Stirn zur Erde nieder.

[21] Am nächsten Tag brachten sie dem HERRN Opfer.* Sie schlachteten tausend Stiere, tausend Schafböcke und tausend Lämmer als Brandopfer. Dazu kamen die vorgeschriebenen Trankopfer und eine große Menge von Mahlopfern für das ganze versammelte Volk. [22] Sie aßen und tranken in Gegenwart des HERRN und freuten sich sehr an diesem Tag. Zum zweiten Mal riefen sie Salomo zum König aus und salbten* ihn, damit er nun im Auftrag des HERRN das Volk regierte. Zadok aber salbten sie zum Priester.

[23] Dann bestieg Salomo anstelle seines Vaters David den Thron des HERRN und er wurde von ganz Israel als König anerkannt. [24] Alle führenden Männer des Volkes, die hervorragenden Krieger und auch die anderen Söhne Davids unterwarfen sich ihm.

[25] Der HERR ließ Salomo vor den Augen von ganz Israel sehr mächtig werden und machte ihn zu einem so bedeutenden König, dass er seine Vorgänger an Glanz weit übertraf.

Zusammenfassung der Regierung Davids

[26] David, der Sohn von Isai, war König von ganz Israel. [27] Er regierte vierzig Jahre lang, davon sieben in Hebron und dreiunddreißig in Jerusalem. [28] Er starb in hohem Alter, gesättigt von einem langen Leben, von Reichtum und Ehre. Sein Sohn Salomo wurde sein Nachfolger.

[29] Alles, was es sonst noch über Davids Regierungszeit zu sagen gibt, das ist nachzulesen in den Berichten des Sehers* Samuel, des Propheten* Natan und des Sehers Gad. [30] Sie schildern seine ganze Regierungstätigkeit und seine Siege, überhaupt alles, was er selbst und Israel und die anderen Königreiche damals erlebt haben.

DAS ZWEITE BUCH DER CHRONIK

Inhaltsübersicht

König Salomo und der Tempelbau	Kap 1–9
Geschichte der Könige von Juda	10–28
Reformen durch Hiskija und Joschija	29–35
Ende des Reiches Juda	36

KÖNIG SALOMO UND DER BAU DES TEMPELS (Kapitel 1–9)

Salomos Bitte um Weisheit

(1 Kön 3,4-15)

1 Salomo, der Sohn Davids, festigte seine Königsherrschaft; der HERR, sein Gott, stand ihm bei und ließ ihn sehr mächtig werden.

[2] Eines Tages rief Salomo die Vertreter von ganz Israel nach Jerusalem zusammen: die Truppenführer, die Richter, die Führer der Stämme und die Sippenoberhäupter. [3] Mit der ganzen Versammlung ging er zur Opferstätte* in Gibeon.

Dort stand noch das Heilige Zelt*, das Mose, der Diener und Bevollmächtigte* Gottes, in der Wüste herstellen ließ. [4] Für die Bundeslade* hatte David in Jerusalem ein Zelt aufschlagen lassen und sie von Kirjat-Jearim herbeigeholt. [5] Bei der Wohnung des HERRN in Gibeon stand auch der bronzene Altar*, den Bezalel, der Sohn von Uri und Enkel von Hur, gemacht hatte.

Dorthin begab sich nun Salomo mit allen Versammelten [6] und opferte dem HERRN auf dem Altar vor dem Heiligen Zelt tausend Tiere als Brandopfer*.

[7] In der folgenden Nacht erschien ihm Gott und sagte zu ihm: »Wünsche dir, was du willst! Ich will es dir geben.«

[8] Salomo sagte zu Gott: »Du hast meinem Vater David sehr viel Güte erwiesen und mich hast du nun an seiner Stelle als König eingesetzt. [9] HERR, mein Gott, lass doch jetzt die Zusage, die du meinem Vater gegeben hast, in Erfüllung gehen! Denn du hast mich zum König gemacht über ein Volk, das so zahlreich ist wie die Staubkörner auf der Erde. [10] Darum schenke mir Weisheit und Verständnis, dass ich mit deinem Volk richtig umgehe! Wie könnte ich denn sonst dieses große Volk regieren?«

[11] Da sagte Gott zu Salomo: »Du hättest dir auch Reichtum, Schätze oder Ansehen wünschen können, den Tod deiner Feinde oder langes Leben für dich. Stattdessen hast du mich um Weisheit gebeten, damit du mein Volk, über das

29,22 1 Kön 1,39-40; 1 Sam 16,13 S; 2 Sam 8,17 S **29,23** 1 Kön 2,12 **29,25** 1 Kön 3,12-13 **29,27** 3,4 S **1,1** 1 Kön 2,12 **1,4** 1 Chr 13,5-14; 15,25–16,1 **1,5** Ex 38,1-7 **1,9** 1 Chr 17,7-14; Gen 12,2 S

ich dich als König eingesetzt habe, regieren
kannst. Weil dir das am Herzen liegt, 12 will ich
dir Weisheit und Verständnis schenken. Aber ich
gebe dir dazu auch so viel an Reichtum, Schät-
zen und Ansehen, wie noch kein König vor dir
besessen hat und auch nach dir keiner haben
wird.«

13 Danach kehrte Salomo vom Heiligen Zelt
an der Opferstätte in Gibeon wieder nach Jerusa-
lem zurück, um von dort aus über Israel zu
regieren.

Salomos Macht und Reichtum

(9,25-28; 1 Kön 10,26-29)

14 Salomo legte sich eine große Zahl von Streit-
wagen* mit den dazugehörigen Besatzungen zu.
Er hatte 1400 Wagen und 12 000 Wagenkämpfer.
Ein Teil von ihnen war in Jerusalem stationiert,
die übrigen waren in den Städten untergebracht,
die er dafür ausgebaut hatte.

15 Unter Salomos Regierung war in Jerusalem
Silber und Gold so gewöhnlich wie Steine, und
Zedernholz wie das Holz der Maulbeerfeigen-
bäume* im Hügelland von Juda.

16 Seine Pferde ließ Salomo aus Ägypten, und
zwar aus Koa, einführen; seine Händler kauften
sie dort auf. 17 Auch Streitwagen wurden aus
Ägypten eingeführt. Ein Streitwagen kostete
600 Silberstücke*, ein Pferd 150 Silberstücke.
Die Händler Salomos belieferten auch die Könige
der Hetiter* und Syrer* mit Pferden und Streit-
wagen.

Vorbereitungen für den Tempelbau

(1 Kön 5,15-32)

18 Salomo befahl, zu Ehren des HERRN einen
Tempel* zu bauen und für ihn selbst einen Regie-
rungspalast.

2 Er ließ 80 000 Mann zum Frondienst* aus-
heben, die als Steinbrecher in den Bergen
von Juda arbeiten mussten, und 70 000 Mann,
die die Steinblöcke abtransportierten. Weitere
3600 Mann setzte er als Aufseher ein.

2 Dann schickte er eine Gesandtschaft zum
König Hiram von Tyrus und ließ ihm sagen:

»Du hast schon meinen Vater David unter-
stützt, als er sich einen Palast bauen wollte, und
hast ihm dazu Zedernholz geliefert. 3 Jetzt bin
ich selbst im Begriff, einen Tempel zu bauen, ein
Haus für den Namen des HERRN, meines Gottes,[a]
das ihm geweiht sein soll. Wir wollen darin
für ihn Weihrauch* verbrennen und ständig ge-
weihte Brote* auflegen. Jeden Morgen und
Abend, am Sabbat*, am Neumond* und an den
Festen des HERRN, unseres Gottes, sollen dort
Brandopfer* dargebracht werden. Dazu sind wir
Israeliten für alle Zeiten verpflichtet.

4 Das Haus, das ich bauen will, muss sehr
groß werden, weil unser Gott größer ist als alle
anderen Götter. 5 Für ihn lässt sich eigentlich gar
kein Haus bauen. Der ganze Himmel, so unend-
lich weit er auch ist[b] – für ihn ist er noch zu
klein! Wie könnte ich ihm da ein Haus bauen?
Nur ein Heiligtum, in dem ihm Opfer darge-
bracht werden, kann ich ihm bauen.

6 Und nun meine Bitte: Schicke mir einen
tüchtigen Künstler, der alle Arbeiten in Gold, Sil-
ber, Bronze und Eisen ausführen kann. Ebenso
muss er rote, karmesinrote und blaue Wolle ver-
arbeiten können und auch auf Schnitzarbeiten
muss er sich verstehen. Er soll alle diese Arbeiten
zusammen mit den Künstlern aus Juda und Jeru-
salem ausführen, die hier bei mir sind und die
schon mein Vater David angestellt hat.

7 Schicke mir auch Zedern- und Zypressen-
stämme und anderes Edelholz aus dem Libanon-
Gebirge! Ich weiß ja, wie gut deine Leute dort
Holz zu schlagen verstehen. Auch dabei sollen
meine Arbeiter den deinen zur Hand gehen.
8 Auf diese Weise soll eine große Menge Bauholz
zurechtgemacht werden, weil der Tempel, den
ich bauen will, so groß und prächtig werden
muss.

9 Für die Verpflegung deiner Leute, die das
Holz fällen, will ich dir 4000 Tonnen Weizen,
4000 Tonnen Gerste, 4000 Hektoliter Olivenöl
und 4000 Hektoliter Wein liefern.«[c]

10 Darauf ließ König Hiram von Tyrus Salomo
eine schriftliche Botschaft überbringen, in der es
hieß: »Der HERR muss sein Volk sehr lieben, weil
er dich als König eingesetzt hat!«

11 Weiter schrieb Hiram: »Der HERR, der Gott
Israels, der Himmel und Erde geschaffen, sei ge-
priesen! Er hat König David einen tüchtigen, klu-
gen Sohn geschenkt. Es ist ein weiser Entschluss,
dass du ihm einen Tempel bauen willst und dir
selbst einen Regierungspalast. 12 Ich werde dir
dazu einen tüchtigen und begabten Künstler
schicken, meinen Meister Hiram. 13 Seine Mut-
ter kommt aus dem Stamm Dan, sein Vater aber
von hier aus Tyrus. Er versteht sich auf alle
Arbeiten in Gold, Silber, Bronze, Eisen, Stein

a für den Namen: siehe Anmerkung zu Dtn 12,5. *b* Siehe Anmerkung zu 6,18.
c Hebräische Maßangaben je *20 000 Kor* (1 Kor = 10 Efa*) und *20 000 Bat* (1 Bat = 6 Hin*). Die Gewichtsmaße wurden bei der Umrechnung aufgerundet; genauer je etwa 3300 t bzw. hl.

1,14 1 Kön 5,6 S **2,5** 1 Kön 8,27 S **2,12-13** 1 Kön 7,13-14

und Holz, ebenso auf die Verarbeitung von roter,
blauer und karmesinroter Wolle und von Leinen
sowie auf Schnitzarbeiten aller Art. Er kann alles
entwerfen, was du bei ihm in Auftrag gibst, und
ist bereit, mit deinen Künstlern und denen dei-
nes verehrten Vaters David zusammenzuarbei-
ten.

14 Habe die Güte, die angekündigte Sendung
von Weizen, Gerste, Wein und Öl abzuschicken.
15 Wir unsererseits werden im Libanon-Gebirge
so viel Holz fällen, wie du benötigst. Ich lasse die
Stämme in Flößen an der Küste entlang bis nach
Jafo bringen. Von dort können deine Leute sie
nach Jerusalem weitertransportieren.«

16 Salomo ließ im ganzen Land die Fremden*
zählen, die in Israel Aufnahme gefunden hatten.
Auch sein Vater David hatte das schon einmal ge-
tan. Die jetzige Zählung ergab 153600 Männer.
17 Davon ließ Salomo 80000 in den Bergen von
Juda als Steinbrecher arbeiten, weitere 70000
als Lastträger für den Transport der Steine, und
3600 setzte er als Aufseher ein, um die Leute zur
Arbeit anzuhalten.

Salomo baut Gott einen Tempel

(1 Kön 6,1-38)

3 Dann begann Salomo, auf dem Berg Morija
in Jerusalem das Haus für den HERRN zu
bauen. Den Platz hatte schon sein Vater David
bestimmt, weil ihm dort auf dem Dreschplatz
des Jebusiters Arauna der HERR erschienen war.
2 Im zweiten Monat[a] seines vierten Regierungs-
jahres fing Salomo mit dem Bau an.

3 Die Länge des Tempelhauses betrug dreißig
Meter und die Breite zehn Meter.[b] 4 An der
Stirnseite befand sich eine Vorhalle, zehn Meter
breit wie der Hauptbau und sechzig Meter[c]
hoch. Die Innenwände der Vorhalle ließ Salomo
mit reinem Gold überziehen.

5 Das Haus selber ließ er innen mit Zypres-
senholz verkleiden und dies ebenfalls mit rei-
nem Gold überziehen. Darauf wurden noch
Verzierungen in Form von Palmbäumen und
kettenartigen Bändern angebracht. 6 Das ganze
Haus ließ er mit kostbaren Steinen schmücken.
Das für den Bau verwendete Gold stammte
aus Parwajim. 7 Damit wurde innen das ganze
Haus einschließlich der Balken, Schwellen,
Wände und Türen verkleidet. An den Wänden
wurden auch noch Bilder von Keruben* einge-
schnitzt.

8 Den hinteren Raum, das Allerheiligste*,
machte Salomo zehn Meter lang und zehn
Meter breit, so breit wie das ganze Gebäude. Er
wurde innen mit reinem Gold verkleidet; dafür
wurden 600 Zentner* gebraucht. 9 Für den Gold-
überzug der Nägel wurde ein halbes Kilo[d] ge-
braucht. Auch die Wände der oberen Räume
wurden mit Gold überzogen.

10 Für das Allerheiligste ließ Salomo zwei
Kerubenfiguren gießen.[e] Auch sie wurden mit
Gold überzogen. 11-12 Jede hatte zwei Flügel, je
zweieinhalb Meter lang. Die beiden Figuren
waren so nebeneinander aufgestellt, dass ihre
ausgespannten Flügel einander in der Mitte des
Raumes berührten und außen bis an die Seiten-
wände reichten. 13 Die Flügel überspannten also
die ganze Breite des Raumes von zehn Metern,
von einer Wand bis zur andern. Die Figuren
selbst standen aufrecht auf ihren Füßen und
waren mit dem Gesicht dem Eingang zuge-
wandt. 14 Weiter ließ Salomo den Vorhang vor
dem Allerheiligsten machen. Er war aus ge-
zwirntem Leinen gewebt und mit blauer, roter
und karmesinroter Wolle waren Kerubenbilder
darauf gestickt.

Die beiden Säulen aus Bronze

(1 Kön 7,15-22)

15 Schließlich ließ Salomo für den Platz vor dem
Tempel zwei Säulen herstellen. Sie waren sieb-
zehneinhalb Meter hoch, ihre Kapitelle hatten
eine Höhe von zweieinhalb Metern. 16 Für diese
Säulen wurden auch kettenartige Bänder[f] ange-
fertigt und oben ringsum angebracht, ebenso
hundert Nachbildungen von Granatäpfeln, die
an den Bändern befestigt wurden. 17 Salomo ließ
die Säulen vor dem Tempelhaus aufstellen, eine
rechts, die andere links. Die rechte nannte er
Jachin (Er richtet auf) und die linke Boas (In ihm
ist Stärke).

Die Ausstattung des Tempels

(1 Kön 7,23-40)

4 Salomo ließ einen Altar* aus Bronze ma-
chen, der war zehn Meter lang, zehn Meter
breit und fünf Meter hoch.

2 Ebenso ließ er ein großes, rundes Bronze-

a So mit einigen Handschriften und alten Übersetzungen; H hat noch am *zweiten (Tag).*
b Hebräische Maßangaben jeweils die doppelte Zahl *Ellen**, auch weiterhin in Kap 3 und 4; im Text wird an dieser Stelle noch vermerkt *nach dem älteren Ellenmaß,* d.h. die Elle zu 52 cm.
c Ein Teil der griechischen Überlieferung hat *zehn Meter.* Das Hauptgebäude war nach 1 Kön 6,2 fünfzehn Meter hoch.
d Hebräische Gewichtsangabe *50 Schekel**.
e *gießen:* Die Deutung der hebräischen Wendung ist unsicher.
f Es folgt hier noch (vielleicht Verschreibung) *im Allerheiligsten.*

3,1 Gen 22,2 **3,10-13** Ex 25,18-20 **3,14** Ex 26,31 **4,1-18** 1 Chr 18,8 **4,1** 1 Kön 8,64

becken gießen, das »Meer«. Sein Durchmesser
betrug fünf Meter, sein Umfang fünfzehn Meter
und seine Höhe zweieinhalb Meter. 3 Unter sei-
nem Rand war es ringsum mit zwei Reihen von
Rindern verziert, die mit dem Becken aus einem
Guss waren; auf einen halben Meter kamen
zehn Rinder. 4 Das Becken wurde von zwölf Rin-
dern getragen, die in Dreiergruppen angeordnet
waren; jede Gruppe schaute in eine andere Him-
melsrichtung. 5 Der Rand des Beckens war nach
außen gewölbt wie bei einem Kelch oder einer
Wasserlilie. Das Metall war etwa eine Hand-
breite dick. Das Becken fasste über 60 000 Liter. [a]

6 Außerdem ließ Salomo zehn kleinere
Bronzebecken machen. Fünf davon ließ er rechts
vom »Meer« aufstellen und fünf links. Darin
wurde alles abgespült, was von den Opfertieren
auf dem Altar verbrannt werden sollte. Das
Wasser im großen Becken dagegen war nur für
die Waschungen der Priester bestimmt.

7 Salomo ließ auch zehn goldene Leuchter
machen, genau nach der Vorschrift. Fünf wur-
den im Hauptraum des Tempels auf der rechten
Seite aufgestellt und fünf auf der linken. 8 Ebenso
wurden zehn Tische angefertigt und dort auf-
gestellt, fünf rechts und fünf links. Außerdem
ließ Salomo hundert goldene Opferschalen her-
stellen.

9 Dann richtete er den inneren Vorhof* ein,
der nur von den Priestern betreten werden
durfte, und den großen, äußeren Vorhof. Für
diesen ließ er Tore anfertigen, deren Flügel mit
Bronze überzogen wurden. 10 Rechts vom Ein-
gang des Tempels, an der Südostecke des Gebäu-
des, wurde das große Becken aufgestellt.

11a Hiram fertigte auch alle sonstigen Tempel-
geräte an wie Kübel, Schaufeln und Opferscha-
len.

Zusammenfassende Liste der Geräte für den Tempel

(1 Kön 7,40-51)

11b–16 Im Auftrag von König Salomo fertigte Meis-
ter Hiram alle diese Arbeiten für den Tempel*
des HERRN an. Jedes Stück war aus Bronze ge-
gossen und die Oberfläche anschließend poliert
worden.

Hier ist ein vollständiges Verzeichnis aller
Stücke:

2 Säulen
2 becherförmige Kapitelle für die Säulen
2 Geflechte von Bändern für die Kapitelle
400 Granatäpfel, aufgehängt über den Bändern
jedes Kapitells in zwei Reihen zu je hundert
die fahrbaren Gestelle
die Kessel zum Einsetzen in die Gestelle
das große Becken
12 Rinder als Untersatz des Beckens
Schaufeln und Kübel zum Beseitigen der Asche
sowie Gabeln

17 Der König ließ all dies im Jordantal in den
mächtigen Tonablagerungen zwischen Sukkot
und Zaretan gießen. 18 Er ließ sehr viele Stücke
machen, weil es auf das Gewicht der verarbeite-
ten Bronze nicht ankam.

19–22 Salomo ließ auch die heiligen Geräte für
den Tempel des HERRN herstellen:

den Räucheraltar
die Tische für die geweihten Brote
die blütenförmigen Aufsätze der Leuchter,
Lichtschalen* und Dochtscheren
die Lichtmesser, Blutschalen, Löffel und Kohlen-
becken
die Türen zum Allerheiligsten und die Eingangs-
türen des Tempels

Alle diese Gegenstände wurden aus Gold ge-
fertigt.

5 Nachdem König Salomo den Tempel und
seine Ausstattung vollendet hatte, brachte er
die Gaben, die sein Vater David dem HERRN ge-
weiht hatte, herbei. Das Silber und das Gold und
alle Geräte kamen in die Schatzkammern des
Tempels.

Die Bundeslade wird in den Tempel gebracht

(1 Kön 8,1-13)

2 Nun ließ König Salomo die Ältesten* Israels
nach Jerusalem kommen, die Vertreter aller
Stämme und Sippen. Sie sollten die Bundeslade*
des HERRN von der Davidsstadt auf dem Zions-
berg* in den Tempel hinaufbringen. 3 Alle Män-
ner Israels kamen deshalb am Laubhüttenfest*
im siebten Monat zu König Salomo.

4 Als die Ältesten versammelt waren, hoben
die Leviten* die Bundeslade auf ihre Schultern
5 und trugen sie zum Tempel hinauf. Mit Hilfe
der Priester* aus der Nachkommenschaft Levis
brachten sie auch das Heilige Zelt* und alle seine
Geräte dorthin. 6 König Salomo und die ganze
Festgemeinde opferten vor der Lade eine große
Menge Schafe und Rinder, mehr als man zählen
konnte.

a Hebräische Maßangabe *3000 Bat* (1 Bat = 6 Hin*).

4,7 Ex 25,31-40 **4,8** Ex 25,23-30 **5,1** 1 Chr 18,11 **5,2** 1 Chr 16,1 **5,3** Ex 23,16 S **5,5** Dtn 10,5

7 Dann brachten die Priester die Lade des
HERRN an den vorgesehenen Platz im hintersten
Raum des Tempels, dem Allerheiligsten*. Sie
stellten sie unter die Flügel der Keruben*. 8 Die
Keruben hielten nämlich ihre Flügel ausgebreitet
und überspannten damit die Lade und ihre
Tragstangen.

9 Die Tragstangen waren aber so lang, dass
ihre Enden nur zu sehen waren, wenn jemand
direkt vor der Tür zum Allerheiligsten stand;
vom Hauptraum des Heiligtums aus waren sie
nicht zu sehen. Die Lade befindet sich noch
heute dort.

10 In der Lade waren nur die beiden Tafeln,
die Mose am Gottesberg Horeb* hineingelegt
hatte. Auf ihnen steht das Gesetz des Bundes*,
den der HERR mit den Israeliten geschlossen hat,
als sie aus Ägypten kamen.

11 Die Priester traten wieder aus dem Tempel
hinaus. Für diesen Tag hatten sich alle anwesen-
den Priester so vorbereitet, dass sie rein* waren,
auch die, deren Dienstgruppe während dieser
Zeit dienstfrei hatte.

12 Auch die Tempelsänger waren vollzählig
zugegen: die Leviten Asaf, Heman und Jedutun
mit allen ihren Söhnen und Verwandten. Sie tru-
gen Gewänder aus feinem weißen Leinen und
standen mit ihren Becken, Harfen und Lauten an
der Ostseite des Altars*.

Ihnen zur Seite standen hundertzwanzig
Priester mit Trompeten. 13 Diese setzten gleich-
zeitig mit den Sängern, den Becken und anderen
Instrumenten ein. Es klang wie aus *einem*
Mund, als sie alle miteinander den HERRN prie-
sen mit den Worten: »Der HERR ist gut zu uns,
seine Liebe hört niemals auf!«

In diesem Augenblick erfüllte eine Wolke den
Tempel, das Haus des HERRN. 14 Die Priester
konnten ihren Dienst wegen der Wolke nicht
fortsetzen, denn die Herrlichkeit* des HERRN er-
füllte das ganze Heiligtum.

6 Da betete Salomo: »HERR, du hast gesagt:
›Ich wohne im Wolkendunkel.‹ 2 Darum
habe ich dir dieses prächtige Haus gebaut, eine
Stätte, an der du für immer wohnen kannst.«

Worte zur Einweihung des Tempels

(1 Kön 8,14-30)

3 Dann drehte sich der König um und wandte
sich der ganzen Gemeinde Israel zu. Er grüßte
alle Versammelten, die ringsum standen, mit
einem Segenswunsch. 4 Dann sagte er:

»Gepriesen sei der HERR, der Gott Israels! Er
hat wahr gemacht, was er meinem Vater David
versprochen hat, als er sagte: 5 ›In der ganzen
Zeit, seit ich mein Volk Israel aus Ägypten in
dieses Land brachte, habe ich in keinem der
Stämme Israels eine Stadt erwählt, damit dort
ein Wohnsitz für meinen Namen[a] errichtet
wird. Ich habe auch niemand als Herrscher über
mein Volk Israel ausgewählt. 6 Aber jetzt habe
ich Jerusalem als Wohnsitz für meinen Namen
erwählt. Und ich habe David ausgewählt; er soll
der Herrscher über mein Volk Israel sein.‹

7 Schon mein Vater David wollte dem HERRN,
dem Gott Israels, einen Tempel bauen. 8 Aber der
HERR sagte zu ihm: ›Ich freue mich über deine Ab-
sicht, für mich ein Haus zu bauen. 9 Aber nicht
du, sondern erst dein Sohn, dein leiblicher Nach-
komme, soll mir dieses Haus bauen.‹[b]

10 Dieses Versprechen hat der HERR gehalten:
Ich bin als Sohn meines Vaters David König
geworden und habe den Wohnsitz für den
HERRN, den Gott Israels, gebaut. 11 In dieses Haus
habe ich nun auch die Lade gestellt, in der die
Tafeln des Bundes* liegen, den der HERR mit
dem Volk Israel schloss.«

12 Dann trat Salomo vor den Augen der
ganzen Gemeinde Israel vor den Altar* des
HERRN und breitete die Arme zum Himmel aus.
13 Er hatte dazu ein Podest aus Bronze anfertigen
und mitten im Vorhof* aufstellen lassen. Es war
zweieinhalb Meter lang, ebenso breit und ein-
einhalb Meter hoch. Auf dieses stieg er hinauf,
kniete vor den Augen der ganzen Gemeinde
Israel nieder, breitete die Arme aus 14 und be-
tete:

»HERR, du Gott Israels! Weder im Himmel
noch auf der Erde gibt es einen Gott wie dich.
Du stehst zu deinem Bund und erweist deine
Güte und Liebe allen, die dir mit ungeteiltem
Herzen dienen. 15 So hast du an meinem Vater
David, deinem Diener und Bevollmächtigten*,
gehandelt; der heutige Tag ist Zeuge dafür, dass
du dein Versprechen gehalten hast.

16 HERR, du Gott Israels, nun erfülle auch die
andere Zusage, die du meinem Vater David ge-
geben hast, dass stets einer aus der Familie Da-
vids auf dem Thron Israels sitzen wird, wenn
seine Nachkommen dir nur genauso treu dienen
und dein Gesetz* befolgen wie er. 17 Gott Israels,

a *ein Wohnsitz ...:* siehe Anmerkung zu Dtn 12,5.
b *für mich* (Vers 8) und *mir:* wörtlich *meinem Namen* (siehe vorige Anmerkung); entsprechend in Vers 10.

5,11 1 Chr 24,1-19 **5,12** 1 Chr 15,16 S; 6,24 S; 6,18 S; 25,1 S **5,13** 1 Chr 16,34 S **5,14** Ex 19,8-9 S **6,4-9** 1 Chr 17,1-12 **6,11** Dtn 10,5 **6,16** 2 Sam 7,16 S; 1 Kön 2,4

lass doch in Erfüllung gehen, was du deinem Die-
ner David versprochen hast!
18 Aber bist du nicht viel zu erhaben, um bei
uns Menschen auf der Erde zu wohnen? Ist doch
selbst der ganze weite Himmel[a] zu klein für
dich, geschweige denn dieses Haus, das ich ge-
baut habe!
19 HERR, mein Gott, achte dennoch auf mein
demütiges Gebet und höre auf die Bitte, die ich
vor dich bringe: 20 Richte deinen Blick Tag und
Nacht auf dieses Haus, von dem du gesagt hast,
dass dein Name dort wohnen soll![b] Du hast ver-
sprochen, das Gebet zu hören, das ich, dein Die-
ner, von hier aus an dich richte. 21 Höre mich,
wenn ich von hier aus zu dir rufe, und höre auch
die Gebete deines Volkes Israel! Wenn wir an
dieser Stätte zu dir rufen, dann höre uns in dei-
ner himmlischen Wohnung. Erhöre uns und ver-
gib uns alle Schuld!«

Der Tempel als Ort des Gebets

(1 Kön 8,31-53)

22 »Wenn jemand verdächtigt wird, sich gegen ei-
nen anderen vergangen zu haben, und er wird
hierher zu deinem Altar* gebracht und unter
den Fluch* gestellt, der ihn im Fall der Schuld
treffen soll, 23 dann höre du es im Himmel und
sorge für Recht: Bestrafe ihn, wenn er schuldig
ist, und lass sein böses Tun auf ihn selbst zurück-
fallen; aber verschone ihn, wenn er schuldlos ist,
und lass seine Redlichkeit vor aller Augen offen-
bar werden!
24 Wenn die Israeliten, dein Volk, von Fein-
den besiegt werden, weil sie dir nicht gehorcht
haben, und sie wenden sich dir wieder zu, prei-
sen deinen Namen und bitten hier in deinem
Haus um Erbarmen, 25 dann höre du es im Him-
mel: Vergib deinem Volk seine Schuld und bring
es wieder in das Land zurück, das du ihnen und
ihren Vorfahren gegeben hast!
26 Wenn kein Regen auf das Land fällt, weil
seine Bewohner dir nicht gehorcht haben, und
sie erkennen deine strafende Hand, kehren um
und beten zu dir, wenden sich diesem Haus zu
und preisen deinen Namen, 27 dann höre du es
im Himmel: Vergib deinem Volk und seinen
Königen ihre Schuld, zeige ihnen, was sie tun
sollen, und lass es wieder regnen auf das Land,
das du deinem Volk als bleibenden Besitz gege-
ben hast!
28 Wenn im Land eine Hungersnot ausbricht,
wenn das Getreide durch Glutwinde, Krankhei-
ten oder Schädlinge vernichtet wird, wenn der
Feind ins Land einfällt oder Seuchen wüten,
29 dann höre das Gebet, das ein einzelner
Mensch oder dein ganzes Volk Israel an dich
richtet. Wenn irgendjemand in seiner Not und
seinem Schmerz seine Arme betend zu diesem
Haus hin ausbreitet, 30 dann höre du ihn in
deiner himmlischen Wohnung: Vergib ihm seine
Schuld und hilf ihm! Doch handle so, wie es
jeder verdient. Du kennst ja die verborgensten
Gedanken der Menschen und siehst ihnen ins
Herz. 31 Dann werden sie dich stets ernst
nehmen und dir gehorchen, die ganze Zeit, die
sie in dem Land leben, das du unseren Vorfahren
gegeben hast.
32 Wenn ein Ausländer, der nicht zu deinem
Volk Israel zählt, aus einem fernen Land kommt,
weil er gehört hat, was für Taten du mit starker
Hand und ausgestrecktem Arm für dein Volk
vollbracht hast – wenn solch ein Mensch im
Anblick dieses Hauses zu dir betet, 33 dann höre
ihn in deiner himmlischen Wohnung und erfülle
seine Bitte. Alle Völker auf der Erde werden dann
erkennen, dass du der wahre Gott bist, und
werden dich genauso ehren, wie dein Volk Israel
es tut. Und sie werden erkennen, dass du von
diesem Haus, das ich für dich gebaut habe, Besitz
ergriffen hast.
34 Wenn dein Volk in deinem Auftrag gegen
Feinde in den Kampf zieht und dabei in der
Ferne zu dir betet, den Blick zu der Stadt gerich-
tet, die du dir erwählt hast, und zu dem Haus,
das ich deinem Namen[c] gebaut habe, 35 dann
höre sein Gebet im Himmel und verhilf ihm zu
seinem Recht!
36 Vielleicht kommt es auch so weit, dass die
Leute von Israel sich gegen dich auflehnen – es
gibt ja niemand, der nicht schuldig wird – und
du dann zornig wirst und sie ihren Feinden
preisgibst, die sie in ein fremdes Land verschlep-
pen, in der Nähe oder in der Ferne. 37 Dort kom-
men sie vielleicht zur Einsicht und wenden sich
dir wieder zu und bekennen vor dir: ›Wir haben
Unrecht getan, wir haben dir nicht gehorcht.‹
38 Und wenn sie dann von ganzem Herzen zu dir
umkehren und dort zu dir beten, den Blick ge-
richtet zu dem Land, das du ihren Vorfahren ge-
geben, und der Stadt, die du dir erwählt hast,
und zu dem Haus, das ich deinem Namen gebaut
habe, 39 dann höre ihr Gebet in deiner himm-
lischen Wohnung und verhilf ihnen zu ihrem

a *der ganze …:* wörtlich *der Himmel und alle Himmelswelten**.
b *dass dein Name …:* siehe Anmerkung zu Dtn 12,5.
c Siehe Anmerkung zu Dtn 12,5 (auch für Vers 38).

6,18 1 Kön 8,27S

Recht! Vergib ihnen alles, was sie gegen dich ge-
tan haben! 40 Mein Gott, sieh freundlich auf
jeden, der hier zu dir betet, und höre auf seine
Bitte!

41 Und nun, HERR, unser Gott,
steh auf und begleite deine Lade*,
das Wahrzeichen deiner gewaltigen Macht!
Komm zu deinem Ruheplatz!
Gib deinen Priestern* Vollmacht,
uns deine Hilfe zu vermitteln!
Alle deine Treuen erfreue mit Glück und Segen!
42 Weise den König nicht zurück,
den du gesalbt* und eingesetzt hast!
Denk daran, was du David versprochen hast,
deinem Vertrauten in deiner großen Güte!«

Die ersten Feste im Tempel

(1 Kön 8,62-66)

7 Als Salomo sein Gebet beendet hatte, fiel
Feuer vom Himmel und verzehrte das
Brandopfer* und die dem HERRN geweihten
Stücke der Mahlopfer*. Die Herrlichkeit* des
HERRN erfüllte den Tempel, 2 sodass die Priester
ihn nicht betreten konnten. 3 Als die Leute von
Israel sahen, wie das Feuer herabfiel und wie die
Herrlichkeit des HERRN sich über dem Tempel
zeigte, warfen sich alle auf die Knie und beugten
sich mit dem Gesicht auf das Pflaster nieder; sie
beteten den HERRN an und priesen ihn mit den
Worten: »Der HERR ist gut zu uns, seine Liebe
hört niemals auf!«
4–5 Dann feierte König Salomo zusammen mit
dem ganzen Volk die Einweihung des Tempels
durch ein großes Opfer. Für das Opfermahl ließ
er 22 000 Rinder und 120 000 Schafe schlachten.
6 Die Priester versahen ihren Dienst und auch
die Leviten* hatten sich mit den Musikinstru-
menten aufgestellt, die König David für den Got-
tesdienst hatte anfertigen lassen. Die Leviten be-
gleiteten damit die Danklieder Davids. Auch jetzt
priesen sie den HERRN wieder mit dem Lied:
»Seine Liebe hört niemals auf!« Die Priester blie-
sen dazu ihre Trompeten, während das ganze
Volk stand.
7 Weil der Bronzealtar vor dem Haus des
HERRN für die Menge der Opfer zu klein war,
machte Salomo den ganzen Mittelteil des Vor-
hofs* zum Opferaltar. Dort ließ er Brand- und
Speiseopfer darbringen und die Fettstücke der
Mahlopfer verbrennen.
8 Im Anschluss an die Einweihung des Tem-
pels feierten Salomo und das ganze Volk Israel
eine Woche lang das Laubhüttenfest*. Es war
eine große Gemeinde, die aus dem ganzen Land
zusammengekommen war, von Lebo-Hamat
im Norden bis zu dem Tal, das die ägyptische
Grenze* bildet, im Süden. 9 Am achten Tag fand
die Abschlussfeier statt. Sie hatten also zuerst
sieben Tage lang die Einweihung des Altars ge-
feiert, dann noch einmal sieben Tage das Laub-
hüttenfest.
10 Am 23. Tag des siebten Monats verabschie-
dete Salomo das Volk. Glücklich und zufrieden
über alles Gute, das Gott David, Salomo und sei-
nem Volk Israel erwiesen hatte, gingen alle nach
Hause.

Gott antwortet Salomo

(1 Kön 9,1-9)

11 Salomo hatte das Haus des HERRN und sein
eigenes Haus vollendet, und alles, was er sich
dabei vorgenommen hatte, war gut gelungen.
12 Da erschien ihm der HERR in der Nacht und
sagte zu ihm:
»Ich habe dein Gebet erhört und diesen Tem-
pel* dazu bestimmt, dass ihr mir hier eure Op-
fer* darbringt. 13 Es könnte geschehen, dass ich
einmal den Himmel verschließe und es keinen
Regen gibt, dass ich den Heuschrecken befehle,
das Land kahl zu fressen, oder dass ich die Pest
über mein Volk kommen lasse. 14 Wenn dann
dieses Volk, über dem mein Name ausgerufen
ist,[a] sich besinnt, wenn es zu mir betet und von
seinen falschen Wegen wieder zu mir umkehrt,
dann werde ich im Himmel sein Gebet hören.
Ich will ihm alle Schuld vergeben und auch die
Schäden des Landes wieder heilen.
15 Ich werde freundlich auf jeden Menschen
blicken, der hier zu mir betet, und werde
auf seine Bitte hören. 16 Ich selbst habe diesen
Tempel erwählt und zu einer heiligen Stätte
gemacht, an der mein Name wohnen soll[b] für
alle Zeiten. Meine Augen sind stets auf dieses
Haus gerichtet, dort ist mein ganzes Herz euch
zugewandt.
17 Und wenn du mir so dienst wie dein Vater
David und alle meine Gebote befolgst, 18 werde
ich deiner Herrschaft und der Herrschaft deiner
Nachkommen Bestand geben. Denn ich habe
mit deinem Vater einen Bund* geschlossen und
ihm versprochen: ›Stets soll einer aus deiner
Familie Herrscher über Israel sein.‹
19 Wenn ihr euch aber von mir abwendet,

a *ausgerufen* zum Zeichen der Besitzergreifung; vgl. Esra 5,1; Am 9,12.
b *Name:* vgl. Anmerkung zu Dtn 12,5; ebenso für Vers 20.

6,41-42 Ps 132,8-10 **7,1** Lev 9,24S **7,3** 1 Chr 16,34S **7,6** 1 Chr 15,16S; 16,34S **7,7** 4,1 **7,13-15** 6,26-30 **7,18** 6,16S

meine Gebote nicht mehr beachtet und stattdes-
sen anderen Göttern dient, 20 dann werde ich
euch Israeliten aus dem Land vertreiben, das ich
euch gegeben habe. Von dem Haus, das ich zur
Wohnung meines Namens bestimmt habe, will
ich dann nichts mehr wissen und alle Völker
werden es verachten und verspotten.

21 Dann werden alle, die an dem jetzt noch so
erhabenen Bauwerk vorbeikommen, entsetzt
sein und fragen: ›Warum hat der HERR dieses
Land und dieses Haus so verwüstet?‹ 22 Und man
wird ihnen antworten: ›Weil sie sich vom HERRN,
dem Gott ihrer Vorfahren, abgewandt haben. Er
hat sie aus Ägypten herausgeführt, aber sie
haben sich anderen Göttern zugewandt, sie
angebetet und ihnen geopfert. Deshalb hat der
HERR all dieses Unglück über sie gebracht.‹«

Weitere Unternehmungen Salomos

(1 Kön 9,10-28)

8 Zwanzig Jahre lang baute Salomo am Tem-
pel* des HERRN und an seinem eigenen Pa-
last. 2 Nach dieser Zeit baute er die Städte aus,
die ihm Hiram überlassen hatte, und siedelte
Israeliten darin an.

3 Danach rückte er gegen die Stadt Hamat-
Zoba vor und eroberte sie. 4 Er befestigte auch
Tadmor in der Steppe und alle Städte, die er im
Gebiet von Hamat gebaut und mit Vorratshäu-
sern ausgestattet hatte. 5 Das obere und das unte-
re Bet-Horon baute er zu Festungen aus, die
durch Mauern und Tore mit starken Riegeln
gesichert waren. 6 Ebenso befestigte er Baalat
sowie alle Städte, in denen er seine Streitwagen-
truppen* unterbrachte und Vorräte speicherte.
Auch in Jerusalem, im Libanon-Gebirge und in
seinem ganzen Reich baute er alles, was er sich
vorgenommen hatte.

7–8 Alles, was Salomo bauen ließ, wurde in
Fronarbeit* errichtet. Dazu zog er die Nachkom-
men der vorisraelitischen Bewohner des Landes
heran, die von den Israeliten nicht ausgerottet
worden waren, den ganzen Rest der Hetiter*,
Amoriter*, Perisiter, Hiwiter und Jebusiter. Sie
müssen bis heute solche Arbeiten ausführen.
9 Von den Israeliten dagegen zwang Salomo
keinen zur Fronarbeit, sondern machte sie zu
seinen Soldaten, zu Anführern seiner Truppen
und zu Streitwagenkämpfern. 10 König Salomo
hatte 250 Oberaufseher, die mussten die Leute
bei der Arbeit beaufsichtigen.

11 Salomo hatte eine Tochter des Pharaos ge-
heiratet. Er ließ auch für sie einen Palast bauen,
damit sie aus der Davidsstadt* dorthin umziehen
konnte. Er sagte sich: »Meine Frau soll nicht im
Haus von König David wohnen. In seiner Nähe
hat einmal die Bundeslade* des HERRN gestan-
den, dadurch ist die ganze Umgebung heilig* ge-
worden.«

12 Nachdem der Tempel vollendet war,
brachte Salomo auf dem Altar vor der Vorhalle
dem HERRN regelmäßig Brandopfer* dar, 13 am
Sabbat*, am Neumondstag* und an den drei
großen Festen im Jahr: dem Fest der Ungesäuer-
ten Brote*, dem Pfingstfest* und dem Laubhüt-
tenfest*. So hatte es schon Mose bestimmt.

14 Nach den Anweisungen, die Salomo von
seinem Vater David erhalten hatte, teilte er die
Priester* in verschiedene Gruppen ein, in denen
sie ihren Dienst verrichten sollten, ebenso die
Leviten*, die den Priestern halfen und für den
Gesang im Tempel sorgten, so wie es jeden Tag
nötig war. Auch die Torwächter wurden für die
einzelnen Tore in Dienstgruppen eingeteilt, wie
David, der Mann Gottes, es festgelegt hatte. 15 In
keinem Punkt wich man von dem ab, was David
hinsichtlich der Priester und Leviten und der
Tempelschätze angeordnet hatte.

16 Damit war alles ausgeführt, was Salomo
sich vorgenommen hatte, vom Tag der Grund-
steinlegung des Tempels bis zum Tag seiner Voll-
endung. Das Haus des HERRN war fertig.

17 Damals kam Salomo auch nach Ezjon-
Geber und Elat an der Küste des Roten Meeres
im Land Edom*. 18 Hiram schickte ihm dorthin
Schiffe mit erfahrenen Schiffsleuten. Zusammen
mit den Männern Salomos segelten sie in das
Land Ofir* und brachten Salomo von dort 450
Zentner* Gold.

Eine arabische Königin besucht Salomo

(1 Kön 10,1-13)

9 Salomo wurde so bekannt, dass auch die
Königin von Saba* von ihm hörte. Sie
machte sich auf den Weg nach Jerusalem, um
sein Wissen durch Rätselfragen auf die Probe zu
stellen. Sie kam mit zahlreichem Gefolge, ihre
Kamele waren schwer beladen mit duftenden
Ölen, Gold und Edelsteinen.

Als sie zu Salomo kam, legte sie ihm die Rät
sel vor, die sie sich ausgedacht hatte. 2 Salomo
blieb ihr keine Antwort schuldig; auch die
schwierigsten Fragen konnten ihn nicht in Ver-
legenheit bringen. 3 Die Königin war tief beein-
druckt von der Klugheit Salomos. Sie besichtigte
auch seinen Palast. 4 Sie sah die Speisen und Ge-

8,11 1 Kön 3,1 **8,13** Num 28,9-31; 29,12-39 **8,14** 1 Chr 23,1–26,19 **9,1** Mt 12,42 par

tränke, die auf seine Tafel kamen, die Minister,
die nach ihrem Rang an seiner Tafel saßen, und
die Diener, die in kostbaren Gewändern aufwar-
teten, und sie sah auch den prächtigen Zug,
wenn Salomo zum Tempel* des HERRN hinauf-
ging.

Sie konnte sich vor Staunen nicht fassen
5 und sagte zu Salomo: »Es war nichts übertrie-
ben, was ich bei mir zu Hause über dich und
dein Wissen gehört habe. 6 Ich konnte es nicht
glauben, aber jetzt habe ich mich mit eigenen
Augen davon überzeugt. Dein Wissen übertrifft
sogar noch alles, was ich darüber gehört hatte.
Nicht einmal die Hälfte der Wahrheit hat man
mir gesagt. 7 Wie glücklich sind deine Leute und
deine Minister, die täglich um dich sind und
deine klugen Worte hören! 8 Der HERR, dein
Gott, sei gepriesen, der Gefallen an dir hat und
dich auf seinen Thron gebracht hat, damit du als
König für den HERRN, deinen Gott, regierst! Dein
Gott liebt sein Volk Israel und will es für immer
erhalten. Darum hat er dich zum König einge-
setzt und du sollst darüber wachen, damit du für
Recht und Gerechtigkeit sorgst.«

9 Dann schenkte sie Salomo 120 Zentner*
Gold, eine Menge duftende Öle und viele Edel-
steine. Nie wieder hat es so kostbares Öl gegeben
wie dieses, das die Königin von Saba dem König
Salomo schenkte.

10 Übrigens brachten die Leute Hirams und
Salomos, die Gold aus dem Land Ofir* einführ-
ten, auch Edelhölzer und Edelsteine von dort
mit. 11 Salomo ließ aus dem Holz Treppen[a] für
den Tempel des HERRN und den Königspalast
sowie Saiteninstrumente für die Tempelsänger
herstellen. Vorher ist so etwas im Land Juda nie
gesehen worden.

12 Salomo erfüllte der Königin von Saba jeden
Wunsch, den sie aussprach, ausgenommen die
Art von Gastgeschenken, die sie selbst ihm
mitgebracht hatte.[b] Danach kehrte die Königin
mit ihrem Gefolge wieder in ihr Land zurück.

Salomos Handel, Reichtum und Pracht

(1 Kön 10,14-29)

13 In einem einzigen Jahr wurden König Salomo
666 Zentner* Gold geliefert. 14 Dazu kam noch
das Gold, das er als Steuern von den Großkauf-
leuten und Händlern einnahm, und die Abgaben
in Silber und Gold, die er von seinen Provinzver-
waltern und den arabischen Königen erhielt.

15 Salomo ließ 200 Langschilde anfertigen und
mit Gold überziehen. Für jeden Schild wurden
sieben Kilo Gold gebraucht. 16 Dann ließ er noch
300 Rundschilde machen, jeder mit dreieinhalb
Kilo Gold überzogen,[c] und ließ sie alle in den
»Libanonwald«, die große Halle neben seinem
Palast, bringen.

17 Auch ließ er einen großen Thronsessel her-
stellen, der mit Elfenbein und reinem Gold be-
legt war. 18–19 Sechs Stufen führten zum Thron
hinauf und auf jeder Stufe stand rechts und
links je eine Löwenfigur, ebenso auf beiden
Seiten neben den Armlehnen. Der Thron hatte
auch einen goldenen Fußschemel. Kein anderer
König hat sich je einen so prächtigen Thron
anfertigen lassen.

20 Alle Trinkgefäße Salomos und sämtliche
Geräte in der großen Halle, dem »Libanonwald«,
waren aus reinem Gold. Silber galt zur Zeit Salo-
mos als wertlos. 21 Der König besaß eine sehr
tüchtige Handelsflotte, die mit Leuten Hirams
bis nach Tarschisch* fuhr. Alle drei Jahre kamen
die Schiffe zurück und brachten Gold, Elfenbein
und verschiedene Arten von Affen.

22 So übertraf König Salomo alle anderen
Könige der Erde an Reichtum und Klugheit,
23 und alle Könige kamen zu ihm, um seine
Worte zu hören und die Weisheit kennen zu
lernen, die Gott ihm verliehen hatte. 24 Alle
brachten sie ihm Geschenke mit: silberne und
goldene Gefäße, Festkleider und Waffen, kost-
bare Öle, Pferde und Maultiere. So ging es Jahr
um Jahr.

25 Salomo hatte 4000 Stallplätze für seine
Pferde und Streitwagen*. Er hatte 12 000 Wagen-
kämpfer. Ein Teil von ihnen war in Jerusalem sta-
tioniert, die übrigen waren in den Städten unter-
gebracht, die er dafür ausgebaut hatte.

26 Salomo herrschte über alle Könige im gan-
zen Gebiet zwischen dem Eufrat, dem Land der
Philister* und Ägypten. 27 Unter seiner Re-
gierung war in Jerusalem Silber so gewöhnlich
wie Steine, und Zedernholz wie das Holz der
Maulbeerfeigenbäume* im Hügelland von Juda.
28 Die Pferde bekam Salomo aus Ägypten und
allen möglichen anderen Ländern.

Das Ende der Regierung Salomos

(1 Kön 11,41-43)

29 Alles, was es sonst noch über Salomo zu sagen
gibt, vom Anfang bis zum Ende, das ist nachzu-
lesen in den Berichten des Propheten* Natan
sowie in den Niederschriften der Worte des Pro-

a *Treppen:* oder *Geländer.* b *ausgenommen ...:* so die wahrscheinlichste Deutung.
c Hebräische Maßangaben *600* und *300 Schekel**.

9,25-28 1,14-16 **9,25** 1 Kön 5,6 S **9,26** Gen 15,18; 1 Kön 5,1

pheten Ahija aus Schilo* und der Offenbarungen*, die der Prophet Jedo über Jerobeam, den Sohn Nebats, erhalten hat.

30 Vierzig Jahre lang regierte Salomo in Jerusalem über ganz Israel. 31 Als er starb, wurde er in der Davidsstadt* bestattet. Sein Sohn Rehabeam wurde sein Nachfolger.

GESCHICHTE DER KÖNIGE VON JUDA
(Kapitel 10–28)

Ein König verachtet gute Ratschläge
(1 Kön 12,1-15)

10 Rehabeam ging nach Sichem, denn dorthin waren die Nordstämme Israels[a] gekommen, um ihn zum König zu machen. 2 Als Jerobeam, der Sohn Nebats, davon hörte, kehrte er aus Ägypten zurück, wohin er vor Salomo hatte fliehen müssen. 3 Die Stämme Israels ließen ihn rufen und er trat mit ihnen allen vor Rehabeam.

Sie sagten zu ihm: 4 »Dein Vater hat uns hohe Abgaben und schwere Frondienste* auferlegt. Erleichtere uns die Last, dann werden wir dich als König anerkennen.«

5 »Kommt übermorgen wieder!«, antwortete ihnen Rehabeam.

Als sie gegangen waren, 6 beriet er sich mit den erfahrenen Männern, die bereits im Dienst seines Vaters Salomo gestanden hatten. Er fragte sie: »Was ratet ihr mir? Welche Antwort soll ich dem Volk geben?«

7 Sie rieten ihm: »Sei freundlich zu ihnen und behandle sie mit Güte! Wenn du ihnen entgegenkommst, werden sie dir für immer gehorchen.«

8 Rehabeam hörte nicht auf den Rat der erfahrenen Männer. Er fragte die jungen Leute, die mit ihm aufgewachsen waren und nun in seinem Dienst standen: 9 »Was ratet ihr mir? Wie soll ich diesen Leuten antworten? Sie verlangen von mir, dass ich ihre Lasten erleichtere!«

10 Da rieten ihm die jungen Leute, die mit ihm aufgewachsen waren: »Wenn dieses Volk zu dir sagt: ›Dein Vater hat uns schwere Lasten auferlegt, mach du sie leichter!‹, dann gib ihnen die Antwort: ›Mein Finger ist dicker als die Hüften meines Vaters! 11 Mein Vater hat euch schwere Lasten auferlegt; ich werde sie noch schwerer machen. Er hat euch mit Peitschen angetrieben; ich werde euch mit Stachelpeitschen antreiben.‹«

12 Am dritten Tag, wie verabredet, erschienen Jerobeam und das ganze Volk vor Rehabeam. 13 König Rehabeam gab ihnen eine harte Antwort. Er achtete nicht auf den Rat der erfahrenen Männer, 14 sondern richtete sich nach dem Rat seiner Altersgenossen. Er sagte: »Mein Vater hat euch schwere Lasten auferlegt; ich werde sie noch schwerer machen. Mein Vater hat euch mit Peitschen angetrieben; ich werde euch mit Stachelpeitschen antreiben.«

15 Der König blieb taub für die Bitte des Volkes. Gott hatte es so gefügt; denn das Wort, das der HERR durch Ahija von Schilo zu Jerobeam gesagt hatte, sollte in Erfüllung gehen.

Israel sagt sich von der Davidsdynastie los
(1 Kön 12,16-19)

16 Als die Männer der Nordstämme[b] merkten, dass der König auf ihre Forderung nicht einging, riefen sie:

»Was geht uns alle das Haus Davids an?
Seit wann gehört der Isai-Sohn zu uns?
Ihr Männer Israels, auf und nach Hause!
Mag Davids Sippe sehen, was ihr bleibt!«

Die Versammlung löste sich auf. 17 Nur die Israeliten, die in den Städten von Juda wohnten, erkannten Rehabeam als König an. 18 Als Rehabeam noch einen Versuch machte und Adoniram, den Beauftragten für die Fronarbeiten*, zu den Vertretern der Nordstämme schickte, empfingen sie ihn mit einem solchen Steinhagel, dass er den Tod fand. Der König selbst konnte sich gerade noch auf seinen Wagen retten und nach Jerusalem entkommen.

19 Die Nordstämme Israels sagten sich vom Königshaus Davids los und sie sind bis zum heutigen Tag von ihm getrennt geblieben.

Gott untersagt die Rückeroberung
(1 Kön 12,21-24)

11 Rehabeam kehrte nach Jerusalem zurück und stellte aus den Stämmen Juda und Benjamin ein Heer von 180 000 bewährten Kriegsleuten auf. Sie sollten gegen Israel ziehen und die Königsherrschaft für Rehabeam zurückgewinnen.

2 Aber das Wort des HERRN erging an den Propheten* Schemaja, er sagte zu ihm: 3 »Ich gebe

a *die Nordstämme ...:* wörtlich *ganz Israel**.
b Wörtlich *Als ganz Israel**. Auch im Folgenden spricht die Übersetzung verdeutlichend von den Nordstämmen.

10,2 1 Kön 11,26-40 **10,15** 1 Kön 11,29-39

dir eine Botschaft für Rehabeam, den Sohn Salomos, den König von Juda, und für alle Männer aus Juda und Benjamin. Sag zu ihnen: 4 ›So spricht der HERR: Kämpft nicht gegen eure Brüder! Kehrt nach Hause zurück! Ich selbst habe es so gefügt.‹«

Sie gehorchten der Weisung des HERRN, kehrten um und zogen nicht gegen Jerobeam.

Festungsbauten Rehabeams

5–10 Rehabeams Residenzstadt war Jerusalem. Im Gebiet von Juda und Benjamin baute er eine Reihe von Städten zu Festungen aus, nämlich Betlehem, Etam, Tekoa, Bet-Zur, Socho, Adullam, Gat, Marescha, Sif, Adorajim, Lachisch, Aseka, Zora, Ajalon und Hebron.

11 Rehabeam ließ diese Städte stark befestigen und setzte Kommandanten darin ein. Er legte in ihnen auch Vorräte an Lebensmitteln, Olivenöl und Wein an 12 sowie Waffenlager mit Schilden und Lanzen, um diese Städte in jeder Hinsicht sehr stark zu machen. So sicherte er seine Herrschaft über Juda und Benjamin.

Die Priester und Leviten schließen sich Rehabeam an

13 Die Priester* und die Leviten*, die überall in Israel wohnten, gingen zu Rehabeam über. 14 Die Leviten verließen ihre Weideplätze und ihren Besitz und kamen nach Juda und Jerusalem, weil Jerobeam und seine Nachfolger sie daran hinderten, ihren Priesterdienst für den HERRN auszuüben. 15 Jerobeam hatte nämlich eigene Priester angestellt für die Opferstätten im Land mit ihren Dämonen- und Götterbildern in Form von Böcken und Stieren, die er hatte machen lassen.

16 Den Leviten aus den Nordstämmen folgten von dort auch alle Israeliten, die dem HERRN, dem Gott Israels, treu bleiben wollten. Sie kamen nach Jerusalem und brachten ihm, dem Gott ihrer Vorfahren, ihre Opfer*. 17 So trugen sie dazu bei, das Königreich Juda zu stärken und Rehabeams Herrschaft zu festigen. Das dauerte aber nur drei Jahre, so lange, wie sich alle nach dem Vorbild Davids und Salomos richteten.

Rehabeams Familie

18 Rehabeam heiratete Mahalat; ihr Vater war Jerimot, ein Sohn Davids, und ihre Mutter war Abihajil, eine Tochter von Davids Bruder Eliab und Enkelin von Isai. 19 Mahalat gebar Rehabeam die Söhne Jëusch, Schemarja und Saham. 20 Danach heiratete Rehabeam auch Maacha, die Tochter Abischaloms. Von ihr wurden ihm Abija, Attai, Sisa und Schelomit geboren.

21 Im Ganzen hatte Rehabeam achtzehn Frauen und sechzig Nebenfrauen und durch sie achtundzwanzig Söhne und sechzig Töchter. Aber er liebte Maacha mehr als alle seine anderen Frauen. 22 Darum bestimmte er Abija, deren ersten Sohn, zum Thronfolger und gab ihm die führende Stellung unter seinen Brüdern.

23 Rehabeam ging aber auch mit seinen übrigen Söhnen klug vor: Er verteilte sie auf alle Gegenden von Juda und Benjamin und setzte sie als Kommandanten der befestigten Städte ein. Er gab ihnen ein äußerst großzügiges Einkommen und verschaffte ihnen viele Frauen.

Der Pharao Schischak überfällt Juda

(1 Kön 14,25-28)

12 Als Rehabeam mächtig geworden und seine Herrschaft in Juda gesichert war, fragte er nicht mehr nach dem Gesetz* des HERRN und sein ganzes Volk auch nicht. 2 Da zog im fünften Regierungsjahr Rehabeams der ägyptische König Schischak[a] gegen Jerusalem heran; so bestrafte der HERR ihre Untreue.

3 Schischak kam mit einem Heer von 1200 Streitwagen* und 60000 Wagenkämpfern, denen noch ungezählte Libyer, Sukkijiter und Äthiopier* als Hilfstruppen folgten. 4 Er eroberte zuerst die befestigten Städte in Juda und rückte dann gegen Jerusalem vor.

5 Damals kam der Prophet* Schemaja zu Rehabeam und den anderen führenden Männern von Juda, die sich vor Schischak nach Jerusalem zurückgezogen hatten, und sagte zu ihnen: »So spricht der HERR: ›Weil ihr euch von mir abgewandt habt, wende ich mich auch von euch ab und gebe euch in die Hand Schischaks!‹«

6 Da beugten sich die führenden Leute von Juda und der König unter dieses Urteil Gottes und sagten: »Der HERR ist im Recht!«

7 Als der HERR merkte, dass sie ihr Unrecht einsahen, erging sein Wort an Schemaja, er sagte: »Sie haben ihre Schuld eingestanden; darum will ich sie nicht umbringen. Mein Zorn soll nicht so weit gehen, dass Schischak Jerusalem vernichtet; ich werde sie bald aus dieser Gefahr erretten. 8 Aber sie werden sich ihm unterwerfen müssen, damit sie erkennen, was für ein Unterschied es ist, mir zu gehorchen oder den Königen anderer Länder.«

9 Schischak rückte in Jerusalem ein. Er leerte

a Pharao Scheschonk I. (945–924 v. Chr.).

11,15 1 Kön 12,28.31 **11,16** 1 Kön 12,26-27 **12,5** 15,1-2; 24,20.24; 30,6 **12,9** 9,15-16

die Schatzkammern im Tempel und im Königs-
palast. Er nahm auch alle goldenen Schilde mit,
die Salomo hatte anfertigen lassen. 10 Rehabeam
ließ dafür Schilde aus Bronze machen und gab
sie den Kommandanten der Wache, die am Ein-
gang des Palastes stationiert war. 11 Jedes Mal,
wenn der König in das Haus des HERRN ging,
trugen die Wachen, die ihn begleiteten, diese
Schilde und brachten sie dann wieder in ihre
Unterkunft zurück.

12 Weil Rehabeam sein Unrecht eingesehen
hatte, ließ der Zorn des HERRN von ihm ab und er
vernichtete ihn nicht völlig. Es gab damals auch
in Juda noch manches Gute.

Das Ende der Regierung Rehabeams

(1 Kön 14,21-24.29-31)

13 Rehabeam konnte seine Herrschaft wieder
festigen und weiter als König regieren.

Rehabeam war 41 Jahre alt, als er König wur-
de. Siebzehn Jahre lang regierte er in Jerusalem,
der Stadt, die der HERR aus ganz Israel als Wohn-
sitz für seinen Namen bestimmt hatte.[a] Reha-
beams Mutter war die Ammoniterin* Naama.
14 Er tat, was verwerflich war, weil er nicht nach
dem Willen des HERRN fragte.

15 Die Geschichte der Regierung Rehabeams,
vom Anfang bis zum Ende, ist nachzulesen in
den Berichten der Propheten* Schemaja und
Iddo. Dort steht auch das Verzeichnis seiner
Familie. Während seiner ganzen Regierungszeit
gab es Krieg zwischen ihm und Jerobeam. 16 Als
er starb, wurde er in der Davidsstadt* bestattet.
Sein Sohn Abija wurde sein Nachfolger.

König Abija

(1 Kön 15,1-8)

13 Im 18. Regierungsjahr Jerobeams, des
Königs von Israel, wurde Abija König von
Juda. 2 Er regierte drei Jahre lang in Jerusalem.
Seine Mutter hieß Michaja und war eine Tochter
von Uriël aus Gibea.

Auch zwischen Abija und Jerobeam kam es
wieder zum Krieg. 3 Abija zog mit einem Heer
von 400 000 tüchtigen Kriegsleuten aus, um den
Kampf zu eröffnen. Jerobeam stellte ihm
800 000 kriegstüchtige Leute entgegen.

4 Während die Heere einander gegenüber-
standen, stieg Abija auf den Berg Zemarajim im
Bergland Efraïm und rief:

»Jerobeam und alle Israeliten, hört mir zu!
5 Ihr müsstet doch wissen, dass der HERR, der
Gott Israels, mit David einen unwiderruflichen
Bund[b] geschlossen hat. Darin hat er David und
seinen Nachkommen für alle Zeiten die Herr-
schaft über ganz Israel gegeben.

6 Aber Jerobeam, der Sohn Nebats, der Die-
ner Salomos, hat sich gegen seinen Herrn, den
Sohn Davids, aufgelehnt. 7 Eine Gruppe von
nichtswürdigen Abenteurern hat sich ihm an-
geschlossen und über Rehabeam, den Sohn
Salomos, die Oberhand bekommen. Rehabeam
war damals noch zu jung und unentschlossen,
um sich gegen sie durchsetzen zu können. 8 Und
jetzt meint ihr, ihr könntet euch durchsetzen
gegen das Königtum, das der HERR selbst
den Nachkommen Davids übertragen hat. Ihr
seid ja so viele und ihr habt die goldenen Stierbil-
der*, die Jerobeam als Götter für euch gemacht
hat!

9 Die Priester* des HERRN, die Nachkommen
Aarons, habt ihr vertrieben, auch die Leviten*.
Dafür habt ihr neue Priester eingesetzt, wie es
die anderen Völker auch tun: Jeder, der kommt
und als Opfergabe einen Stier und sieben Schaf-
böcke mitbringt, wird zum Priester geweiht –
zum Priester für Götter, die gar keine sind!

10 Wir dagegen bleiben beim HERRN, unserem
Gott! Wir haben ihn nicht verlassen. Bei uns die-
nen die Nachkommen Aarons dem HERRN als
Priester, und die Leviten tun, was ihnen aufge-
tragen ist. 11 Jeden Morgen und Abend opfern sie
dem HERRN Brandopfer* und Räucheropfer*.
Auf den Opfertisch legen sie regelmäßig die ge-
weihten Brote* und jeden Abend werden auf
dem goldenen Leuchter die Lampen* angezün-
det. Wir halten uns genau an die Anordnungen
des HERRN, ihr aber habt ihn verlassen!

12 Denkt daran: Gott selbst steht auf unserer
Seite und führt uns! Auch seine Priester sind hier
und stehen bereit, um mit den Trompeten das
Signal zum Angriff zu geben. Ihr Männer von
Israel, kämpft nicht gegen den HERRN, den Gott
eurer Vorfahren! Es kann nicht gut für euch aus-
gehen!«

13-14 Jerobeam hatte inzwischen einen Teil
seines Heeres als Hinterhalt in den Rücken der
Leute von Juda geschickt. Als diese sahen, dass
sie auf zwei Fronten kämpfen mussten, riefen sie
zum HERRN um Hilfe. Die Priester bliesen die
Trompeten 15 und alle stimmten das Kriegsge-
schrei an. Da griff Gott selbst ein und schlug
Jerobeam und sein Heer zurück. 16 Die Männer
Israels flohen und Gott gab sie in die Hand der
Leute von Juda.

17 Abija und seine Kriegsleute bereiteten dem

a *Wohnsitz für ...:* siehe Anmerkung zu Dtn 12,5.
b Wörtlich *einen Salzbund;* vgl. Num 18,19.

13,8-9 1 Kön 12,28-31

Gegner eine schwere Niederlage; dabei verlor Israel 500 000 kriegstüchtige Männer. 18 Damals wurde Israel in die Knie gezwungen und die Leute von Juda bekamen die Oberhand; denn sie vertrauten dem HERRN, dem Gott ihrer Vorfahren.

19 Abija verfolgte Jerobeam noch weiter und eroberte die Städte Bet-El, Jeschana und Efron und die dazugehörenden Ortschaften. 20 Solange Abija lebte, konnte Jerobeam seine frühere Macht nicht mehr wiedergewinnen; schließlich machte der HERR seinem Leben ein Ende. 21 Abija dagegen wurde immer mächtiger. Er heiratete vierzehn Frauen und sie gebaren ihm zweiundzwanzig Söhne und sechzehn Töchter.

22 Was es sonst noch von Abija zu sagen gibt, von seinen Taten und seinen Reden, das ist nachzulesen im Bericht des Propheten* Iddo. 23 Als Abija starb, wurde er in der Davidsstadt* bestattet. Sein Sohn Asa wurde sein Nachfolger. Unter Asas Regierung hatte das Land zehn Jahre lang Frieden.

König Asa und seine Erfolge

(1 Kön 15,9-12)

14 Asa tat, was vor dem HERRN, seinem Gott, gut und recht ist. 2 Er ließ die Altäre und Opferstätten der fremden Götter zerstören, die geweihten Steinmale* in Stücke schlagen und die geweihten Pfähle* umhauen. 3 Er forderte das Volk von Juda auf, dem HERRN, dem Gott ihrer Vorfahren, zu gehorchen und sein Gesetz* mit allen seinen Geboten zu befolgen. 4 Auch in den anderen Städten Judas beseitigte er die Opferstätten der fremden Götter und die Räucheraltäre*.

In diesen Jahren hatte das Land Frieden, 5 weil der HERR dafür sorgte, dass Asa von keiner Seite angegriffen wurde. Er nutzte diese Zeit, um eine Reihe von Städten in Juda zu befestigen. 6 Er sagte zu den Leuten von Juda: »Lasst uns diese Städte ausbauen und sie durch Mauern mit Türmen und durch Tore mit starken Riegeln sichern. Noch haben wir freie Hand in unserem Land. Wir haben uns bemüht, nach dem Willen des HERRN, unseres Gottes, zu leben; darum hat er uns Frieden an allen unseren Grenzen gegeben.« Sie fingen an zu bauen und konnten die Arbeit auch glücklich vollenden.

7 Das Heer von Asa bestand aus 300 000 Mann vom Stamm Juda, die mit Speeren und großen Schilden ausgerüstet waren, und 280 000 Mann vom Stamm Benjamin, bewaffnet mit Rundschilden und Bogen. Sie alle waren tüchtige Krieger.

8 Der Äthiopier[a] Serach rückte mit einem Heer von tausendmal tausend Mann und dreihundert Streitwagen* gegen Juda vor und kam bis Marescha. 9 Asa zog ihm entgegen und die beiden Heere stellten sich im Zefata-Tal[b] bei Marescha zum Kampf auf.

10 Asa rief zum HERRN, seinem Gott: »HERR, wenn ein Schwacher mit einem Starken kämpfen muss, kann niemand ihm so beistehen wie du. Hilf uns, HERR, unser Gott, denn wir verlassen uns ganz auf dich! Im Vertrauen auf dich sind wir doch gegen diese Übermacht angetreten. Du, HERR, bist unser Gott! Gegen dich kann kein Mensch etwas ausrichten!«

11 Da griff der HERR selbst für Asa und die Leute von Juda ein und schlug die Äthiopier zurück, sodass sie fliehen mussten. 12 Asa verfolgte sie mit seinen Männern bis nach Gerar. Dabei fielen von den Äthiopiern so viele, dass sie sich nicht mehr zu einem Gegenangriff sammeln konnten. Sie erlitten eine vernichtende Niederlage durch den HERRN und sein Heer.

Die Leute von Juda machten überaus reiche Beute. 13 Sie konnten auch alle Ortschaften rings um Gerar erobern, denn der HERR hatte einen gewaltigen Schrecken über die Bewohner kommen lassen. Sie plünderten diese Orte aus, denn es gab dort reiche Beute. 14 Sie überwältigten auch die Zeltlager der Hirten, die sich dort in der Gegend mit ihren Herden aufhielten, und nahmen eine große Menge Schafe, Ziegen und Kamele als Beute mit. Danach kehrten sie wieder nach Jerusalem zurück.

Asa erneuert den Bund mit Gott

(1 Kön 15,13-15)

15 Der Geist* Gottes nahm Besitz von Asarja, dem Sohn Odeds, 2 sodass er Asa entgegenging und zu ihm sagte: »Hört mir zu, König Asa und alle Leute von Juda und Benjamin! Der HERR hält zu euch, solange ihr euch zu ihm haltet. Wenn ihr seine Nähe sucht, wird er sich von euch finden lassen. Wenn ihr euch aber von ihm abwendet, wird auch er sich von euch abwenden.

a *Äthiopier:* wörtlich *Kuschiter;* einige Ausleger verstehen darunter einen äthiopischen General mit einer Armee aus verschiedenen Völkern, andere denken an einen Überfall von Stämmen aus der arabischen Gegend Kuschan (vgl. Anmerkung zu Num 12,1).

b Ein *Zefata-Tal* ist unbekannt. Vielleicht hat G den ursprünglichen Text bewahrt: *im Tal nördlich von Marescha.*

13,18 14,10; 16,7-8; 1 Sam 14,6 S **14,10** 13,18 S **15,1-2** 12,5 S

3 Es gab eine lange Zeit, in der die Israeliten
ohne den wahren Gott lebten. Da hatten sie auch
keine Priester*, die sie unterwiesen, und sie
kannten Gottes Gesetz* nicht mehr. 4 Jedes Mal,
wenn es dann den Israeliten schlecht ging,
wandten sie sich wieder zum HERRN, ihrem Gott;
sie suchten seine Nähe und er ließ sich finden.
5 Damals konnte niemand ungefährdet reisen, es
war eine Zeit der Unsicherheit und Unordnung
in allen Ländern. 6 Die Völker bedrängten sich
gegenseitig und Städte lagen miteinander im
Streit, weil Gott sie durch alle Arten von Unglück
verwirrte. 7 Darum seid jetzt stark und legt die
Hände nicht in den Schoß! Der HERR wird euer
Tun belohnen!«

8 Als Asa diese prophetischen Worte Asarjas[a]
hörte, ging er entschlossen ans Werk und ließ im
ganzen Gebiet von Juda und Benjamin die
verabscheuenswürdigen Götterbilder entfernen,
ebenso in den Städten, die er im Bergland Efraïm
erobert hatte. Den Altar des HERRN vor der Vor-
halle des Tempels* ließ er erneuern.

9 Dann rief er die Männer aus Juda und Benja-
min zusammen, dazu auch alle aus den Stäm-
men Efraïm, Manasse und Simeon, die sich in
seinem Land aufhielten. Es waren nämlich viele
zu ihm übergelaufen, als sie sahen, dass der
HERR, sein Gott, auf seiner Seite stand.

10 Im 15. Regierungsjahr von Asa, im dritten
Monat, versammelten sich alle in Jerusalem.
11 Sie opferten dem HERRN 700 Rinder und 7000
Schafe aus der Beute, die sie heimgebracht
hatten. 12 Sie erneuerten den Bund*, den Gott
mit ihren Vorfahren geschlossen hatte, und
verpflichteten sich, dem HERRN mit ganzem Her-
zen und allen Kräften zu gehorchen. 13 Wer sich
nicht nach dem Willen des HERRN richten würde,
sollte mit dem Tod bestraft werden, gleichgültig
ob solch ein Mensch vornehm oder gering,
Mann oder Frau war.

14 Dies alles gelobten sie dem HERRN unter
Jubelrufen und dem Schall der Trompeten und
Widderhörner*. 15 Alle in Juda freuten sich dar-
über, denn sie hatten aus voller Überzeugung in
den Schwur eingestimmt. Weil sie sich mit
ganzer Hingabe dem HERRN zugewandt hatten,
wandte auch er sich ihnen zu und gab ihnen
Frieden an allen ihren Grenzen.

16 König Asa setzte auch seine Mutter[b]
Maacha als Königsmutter* ab, weil sie ein ver-
abscheuenswürdiges Götzenbild der Göttin
Aschera* aufgestellt hatte. Das Götzenbild ließ
er umhauen, in Stücke schlagen und im Kidron-
tal verbrennen.

17 Die vielen Opferstätten in Israel blieben
allerdings weiterhin bestehen, aber in allem
anderen gehorchte Asa dem HERRN mit ungeteil-
tem Herzen sein Leben lang. 18 Er brachte die
goldenen und silbernen Geräte, die sein Vater
dem HERRN geweiht hatte, in den Tempel und
weihte dem HERRN noch weitere Gold- und
Silbergeräte.

19 Bis zum 35. Regierungsjahr von Asa gab es
keinen Krieg mehr.

Asa führt Krieg mit Bascha von Israel

(1 Kön 15,17-22)

16 Im 36. Regierungsjahr von Asa rückte
Bascha, der König von Israel, nach Süden
gegen Juda vor und baute die Stadt Rama zur
Festung aus, um die Wege von und nach Juda
kontrollieren zu können.

2 Da schickte König Asa Boten nach Damas-
kus zu Ben-Hadad, dem König von Syrien*. Er
gab den Boten alles Silber und Gold mit, das in
den königlichen Schatzkammern und in den
Schatzkammern des Tempels* noch übrig war,
und ließ dem Syrerkönig sagen: 3 »Ich möchte
ein Bündnis mit dir schließen, wie es schon zwi-
schen unseren Vätern bestanden hat. Ich schicke
dir Silber und Gold; kündige dafür dein Bündnis
mit König Bascha von Israel und falle in sein
Land ein,[c] damit er von meiner Grenze abzie-
hen muss.«

4 Ben-Hadad ging darauf ein und schickte
seine Truppen gegen das Reich Israel. Sie ver-
wüsteten die Städte Ijon, Dan und Abel-Majim
sowie alle Vorratslager der Städte im Stammes-
gebiet Naftali. 5 Daraufhin brach Bascha den
Ausbau von Rama ab und stellte die Arbeiten ein.

6 König Asa bot nun alle Männer von Juda
auf. Sie mussten die Steine und das Holz, die
Bascha für den Festungsbau bereitgelegt hatte,
abtransportieren. Asa ließ damit die Städte Geba
und Mizpa befestigen.

Der Prophet Hanani

7 Um diese Zeit kam der Prophet* Hanani zu
König Asa von Juda und hielt ihm vor: »Du hast
beim König von Syrien* Hilfe gesucht statt beim
HERRN, deinem Gott. Damit hast du dich um die
Möglichkeit gebracht, auch noch die Syrer zu

a Es folgen noch die schwer deutbaren Worte *und die Weissagung, Oded, der Prophet* (oder *des Propheten Oded;* vgl. Vers 1).

b Nach 11,20 und 1 Kön 15,2 war sie seine Großmutter.

c *und falle ...:* verdeutlichender Zusatz.

15,3-6 Ri 2,10-18 **15,7** 1 Kor 15,58 **15,12** Jos 24,25; Dtn 6,4-5 S **16,7-8** 13,18 S

besiegen! [8] Hatten die Äthiopier* und die Libyer
nicht auch ein gewaltiges Heer mit einer großen
Zahl von Streitwagen* und Wagenkämpfern?
Damals hast du dich auf den HERRN verlassen
und darum gab er sie in deine Hand. [9] Der HERR
behält die ganze Erde im Auge, damit er denen
beistehen kann, die ihm mit ungeteiltem Herzen
vertrauen. Du hast dich diesmal verhalten wie je-
mand, der keine Einsicht hat. Von jetzt ab wirst
du ständig Krieg haben.«

[10] Da wurde Asa so wütend auf den Prophe-
ten, dass er ihn ins Gefängnis werfen ließ. Er fing
damals auch an, einige aus dem Volk zu misshan-
deln.

Das Ende der Regierung Asas

(1 Kön 15,23-24)

[11] Die Geschichte der Regierung von Asa, vom
Anfang bis zum Ende, ist nachzulesen im Buch
der Könige von Juda und Israel. [12] In seinem
39. Regierungsjahr erkrankte Asa an einem Fuß-
leiden. Obwohl die Krankheit sehr ernst wurde,
suchte er auch damals seine Hilfe nicht beim
HERRN, sondern bei den Ärzten.

[13] In seinem 41. Regierungsjahr starb Asa.
[14] Er wurde in der Gruft beigesetzt, die er sich in
der Davidsstadt* hatte aushauen lassen. Man
bettete ihn darin auf ein Lager, das bedeckt war
mit Balsam und anderen wohlriechenden Stof-
fen, die von Salbenmischern sachkundig zusam-
mengestellt waren. Auch ein gewaltiges Feuer
wurde zu seinen Ehren angezündet.

König Joschafats gute Regierung

17 Nach Asa wurde sein Sohn Joschafat
König. Er wurde sehr mächtig in seinem
Land.[a] [2] Er stationierte Truppen in allen befestig-
ten Städten Judas und richtete überall im Land
Posten ein, auch in den Städten im Gebiet von
Efraïm, die sein Vater erobert hatte.

[3] Der HERR stand Joschafat bei, denn er lebte
so, wie sein Ahnherr David zu Beginn seiner
Regierung gelebt hatte. Er verehrte nicht die
Baale*, [4] sondern hielt sich treu an den Gott
seines Ahnherrn und befolgte seine Gebote im
Gegensatz zu den Königen von Israel. [5] Darum
festigte der HERR das Königtum Joschafats. Ganz
Juda brachte ihm Geschenke, er wurde sehr
reich und gewann hohes Ansehen. [6] Weil er dem
HERRN gehorchte, wurde er immer mutiger und
er ließ die Opferstätten der fremden Götter und
die geweihten Pfähle* in Juda zerstören.

[7] In seinem dritten Regierungsjahr ordnete
Joschafat an, dem Volk von Juda Unterricht im
Gesetz* des HERRN zu erteilen. Er beauftragte
damit einige seiner Beamten, nämlich Ben-Hajil,
Obadja, Secharja, Netanel und Michaja, [8] dazu
die Leviten* Schemaja, Netanja, Sebadja, Asaël,
Schemiramot, Jonatan, Adonija, Tobija und Tob-
Adonija sowie die Priester* Elischama und
Joram. [9] Sie alle wurden vom König ausgesandt
und zogen nun von Stadt zu Stadt. Sie hatten das
Gesetzbuch des HERRN bei sich und unterwiesen
das Volk, wie der König es befohlen hatte.

Joschafats Macht

[10] Über alle Königreiche rings um Juda hatte
der HERR einen gewaltigen Schrecken kommen
lassen, sodass niemand Joschafat anzugreifen
wagte. [11] Die Philister* brachten ihm Geschenke
und Silber als Tribut, und sogar die Araber
brachten ihm 7700 Schafböcke und ebenso viele
Ziegenböcke. [12] So wurde Joschafat im Lauf der
Zeit immer mächtiger. Er baute in Juda Burgen
und Städte mit Vorratsspeichern [13] und auch
in den übrigen Städten des Landes legte er Vor-
räte an.

In Jerusalem waren die besten Kriegsleute
seines Heeres stationiert. [14] Die Diensteinteilung
des Heeres richtete sich nach den Sippenverbän-
den.

Die Truppenführer des Stammes Juda waren:

Adna, Oberst und Befehlshaber über 300 000 tüchtige Krieger;

[15] Johanan, Oberst und Befehlshaber über 280 000 Mann;

[16] Amasja, der Sohn von Sichri, Befehlshaber über 200 000 Mann; er hatte sich freiwillig dem HERRN zur Verfügung gestellt.

[17] Die Truppenführer des Stammes Benjamin waren:

Eljada, ein tapferer Krieger, Befehlshaber über 200 000 Mann, die mit Schild und Bogen bewaffnet waren;

[18] Josabad, Befehlshaber über 180 000 gut ausgerüstete Männer.

[19] Sie alle standen dem König im Kriegsfall zur
Verfügung, abgesehen von den ständigen Besat-
zungen, die er in den Festungen von ganz Juda
stationiert hatte.

a *in seinem Land:* wörtlich *über Israel.* Gemeint ist Juda, das der Verfasser der Chronikbücher als das wahre Israel ansieht im Gegensatz zum Nordreich Israel.

16,8 14,7-14 **16,9** Ps 33,13-19; Sach 4,10b **16,10** 18,25-26; Jer 20,2 **17,1** 1 Kön 15,24; 22,41 **17,9** Esra 7,25; Dtn 29,20

Joschafat verbündet sich mit König Ahab von Israel

(1 Kön 22,1-12)

18 Joschafat war sehr reich und stand in
hohem Ansehen. Er verheiratete seinen
Sohn mit einer Tochter des Königshauses Ahab.
2 Nach einigen Jahren besuchte er Ahab in
Samaria. Dieser ließ für ihn und sein Gefolge
eine Menge Schafe und Rinder schlachten. Dann
überredete er ihn, mit ihm zusammen die Stadt
Ramot in Gilead* anzugreifen.

3 König Ahab von Israel fragte König Joschafat
von Juda: »Machst du mit, wenn ich gegen
Ramot ziehe?«

»Ich mache mit«, antwortete Joschafat, »du
kannst auf meine Truppen zählen wie auf deine
eigenen.« 4 Aber dann sagte er: »Du solltest doch
zuerst den HERRN fragen, was er dazu meint.«

5 Da rief der König von Israel alle Propheten*
zusammen, etwa vierhundert, und fragte sie:
»Sollen wir die Stadt Ramot angreifen oder
nicht?«

»Greif sie an!«, antworteten sie. »Der HERR
wird sie in deine Hand geben.«

6 Aber Joschafat zögerte und fragte: »Gibt es
hier keinen weiteren Propheten, durch den wir
den HERRN fragen könnten?«

7 »Es gibt schon noch einen«, erwiderte der
König von Israel, »Micha, den Sohn von Jimla.
Aber ich kann ihn nicht ausstehen, weil er mir
immer nur Unglück ankündigt.«

Doch Joschafat sagte: »So sollte der König
nicht reden!«

8 Da rief der König von Israel einen Hofbeam-
ten und befahl ihm, so rasch wie möglich Micha
herbeizuholen.

9 Die beiden Könige saßen in ihrem könig-
lichen Ornat auf zwei Thronsesseln, die auf dem
freien Platz vor dem Stadttor Samarias aufgestellt
waren. Die vierhundert Propheten standen vor
ihnen: sie waren im Zustand ekstatischer Begeis-
terung.

10 Einer von ihnen, Zidkija, der Sohn von
Kenaana, hatte sich einen Helm mit eisernen
Hörnern aufgesetzt und rief: »So spricht der
HERR: ›Unbesiegbar wie ein Stier mit eisernen
Hörnern wirst du gegen die Syrer* anrennen
und sie völlig vernichten.‹«

11 Die anderen Propheten stimmten ein und
riefen: »Zieh nur gegen Ramot! Du wirst siegen!
Der HERR wird die Stadt in die Hand des Königs
geben!«

Ein unbequemer Prophet

(1 Kön 22,13-28)

12 Unterwegs sagte der Bote zu Micha: »Die
Propheten* haben dem König einstimmig Sieg
prophezeit. Sieh zu, dass du es ebenso machst
und ihm einen glücklichen Ausgang ankün-
digst!«

13 Aber Micha antwortete: »So gewiss der
HERR lebt, ich kann nur ankündigen, was mein
Gott mir aufträgt.«

14 Als Micha vor den König trat, fragte ihn der:
»Micha, sollen wir Ramot angreifen oder nicht?«

Micha antwortete: »Greift die Stadt nur an;
ihr werdet siegen. Der HERR wird sie in eure
Hand geben.«

15 Aber der König sagte zu ihm: »Ich be-
schwöre dich, mir nichts als die reine Wahrheit
zu sagen! Was hat der HERR dir gesagt?«

16 Da antwortete Micha: »Ich sah das Heer
Israels über die Berge zerstreut wie eine Schaf-
herde, die keinen Hirten hat. Und der HERR sagte
zu mir: ›Sie haben keinen Anführer mehr. Der
Krieg ist zu Ende; jeder soll nach Hause zurück-
kehren.‹«

17 Der König von Israel wandte sich zu
Joschafat und sagte: »Habe ich nicht Recht? Er
kündigt mir immer nur Unglück an!«

18 Aber Micha sprach weiter: »Weil das so ist,
hört nun, was der HERR euch sagt! Ich sah den
HERRN auf seinem Thron sitzen. Rechts und links
stand das ganze Heer der Engel*. 19 Da fragte der
HERR: ›Wer ködert Ahab,[a] den König von Israel,
und bringt ihn dazu, dass er Ramot angreift und
dort den Tod findet?‹ Der eine hatte diesen Vor-
schlag, der andere jenen, 20 bis zuletzt ein Geist
vor den HERRN trat und sagte: ›Ich werde ihn
ködern.‹

›Womit?‹, fragte der HERR 21 und er antwor-
tete: ›Ich werde als Lügengeist aus dem Mund
aller seiner Propheten sprechen.‹ Da sagte der
HERR: ›Du darfst ihn ködern, dir wird es gelin-
gen. Geh hin und tu es!‹

22 Du siehst also«, wandte sich Micha an den
König, »dass der HERR deinen Propheten Lügen
eingegeben hat. In Wirklichkeit hat er deinen
Untergang beschlossen.«

23 Da trat Zidkija auf Micha zu, gab ihm eine
Ohrfeige und sagte: »Wie soll das zugegangen
sein, dass der Geist* des HERRN mich verlassen
hat und nur noch mit dir redet?«

24 »Du wirst es ja sehen«, erwiderte Micha,
»wenn der Tag kommt, an dem du dich im

a Abgesehen von den einleitenden Versen 1-3 wird der Name Ahabs in diesem ganzen Bericht nur hier erwähnt.

18,1 17,5 **18,4** Ri 1,1-2 S **18,16** Num 27,17 S

hintersten Winkel deines Hauses verstecken
wirst.«
25 »Nehmt ihn fest«, befahl der König, »und
führt ihn zum Stadtkommandanten Amon und
zum Prinzen Joasch. 26 Sagt zu ihnen: ›Befehl
des Königs: Haltet diesen Mann im Gefängnis,
bis ich wohlbehalten zurückgekehrt
bin! Gebt ihm die kleinste Ration Wasser und
Brot!‹«
27 Micha erwiderte: »Wenn du wohlbehalten
zurückkehrst, dann hat der HERR nicht durch
mich gesprochen.« Und er fügte hinzu: »Hört,
ihr Völker der ganzen Erde!«

Der Prophet behält Recht

(1 Kön 22,29-35)

28 Der König von Israel und Joschafat, der König
von Juda, zogen also gemeinsam gegen die Stadt
Ramot. 29–30 Unterwegs sagte der König von
Israel zu Joschafat: »Ich werde verkleidet in die
Schlacht ziehen, aber du kannst unbesorgt deine
königlichen Kleider tragen.«
Der König von Syrien* hatte nämlich den
Anführern seiner Streitwagentruppe* befohlen:
»Ihr sollt nur den König von Israel angreifen.
Lasst euch mit keinem anderen ein, und wenn er
einen noch so hohen Rang hat!«
Deshalb zog der König von Israel verkleidet in
die Schlacht. 31 Als die Wagenkämpfer Joschafat
sahen, riefen sie: »Da ist der König von Israel!«,
und setzten von allen Seiten zum Angriff gegen
ihn an. Joschafat aber schrie; und Gott, der
HERR, half ihm und lenkte sie von ihm ab.
32 Als die Wagenkämpfer merkten, dass er
nicht der Gesuchte war, ließen sie ihn in Ruhe.
33 Ein einfacher Soldat aber schoss aufs Geratewohl
einen Pfeil ab, der den König von Israel an
einer ungeschützten Körperstelle traf. Da befahl
der König seinem Wagenlenker: »Dreh um und
bring mich aus der Schlacht! Ich bin verwundet.«
34 Weil aber der Kampf an Heftigkeit
zunahm, musste der König den Syrern gegenüber
durchhalten und bis zum Abend in seinem
Wagen aufrecht stehen bleiben. Als die Sonne
unterging, starb er.
19 König Joschafat von Juda aber kehrte
wohlbehalten in seinen Palast nach Jerusalem
zurück. 2 Da trat ihm der Prophet* Jehu,
der Sohn von Hanani, entgegen und sagte zu
ihm: »Musstest du dem Feind des HERRN helfen
und dich mit Leuten anfreunden, die den HERRN
hassen? Der HERR ist deswegen zornig auf dich!
3 Zu deinem Glück hat er aber auch Gutes bei dir
gefunden: Du hast die geweihten Pfähle* aus
dem Land beseitigt und bemühst dich, den Willen
Gottes zu befolgen.«

Joschafat ordnet das Rechtswesen

4 Von da an blieb Joschafat in Jerusalem und ging
nicht noch einmal nach Samaria.[a] Er bereiste
sein ganzes Land, von Beerscheba bis zum Bergland
Efraïm, um die Leute von Juda wieder zum
HERRN, dem Gott ihrer Vorfahren, zurückzubringen.
5 In allen befestigten Städten von Juda setzte
er Richter ein. 6 Er sagte zu ihnen: »Bedenkt,
was für eine Aufgabe ihr übernehmt: Ihr sollt für
das Recht sorgen, nicht im Auftrag von Menschen,
sondern im Auftrag des HERRN! 7 Nehmt
den HERRN ernst und tut euren Dienst gewissenhaft!
Der HERR, unser Gott, lässt es euch nicht
durchgehen, wenn ihr irgendjemand bevorzugt
oder Bestechungsgeschenke annehmt.«
8 Auch in Jerusalem setzte Joschafat Richter
ein, Männer aus den Leviten*, den Priestern*
und den Sippenoberhäuptern. Sie bildeten den
obersten Gerichtshof des Landes, der im Namen
des HERRN Recht zu sprechen hatte. Daneben
behandelten sie die Streitsachen der Einwohner
von Jerusalem.[b]
9 Diesen Richtern gab Joschafat folgende Anweisung:
»Tut euren Dienst im Gehorsam gegenüber
dem HERRN, mit aller Treue und mit ungeteiltem
Herzen! 10 Wenn eure Brüder, die Richter
in den anderen Städten, euch ihre Fragen vorlegen,
etwa Fälle von Mord und Totschlag oder
andere Verstöße gegen Gesetze, Vorschriften,
Anordnungen und Bräuche, dann sollt ihr sie
belehren und warnen, damit sie nicht vor
dem HERRN schuldig werden. Sonst macht auch
ihr euch schuldig und sein Zorn trifft sie und
euch.
11 In allen Angelegenheiten, die das Gesetz*
des HERRN betreffen, hat der Oberpriester
Amarja die letzte Verantwortung, und wenn es
um die Anordnungen des Königs geht, Sebadja,
der Sohn Jischmaëls, das Oberhaupt des Stammes
Juda. Als Gerichtsschreiber stehen euch die
Leviten zur Verfügung. Nun geht entschlossen
an eure Aufgabe! Der HERR steht denen zur Seite,
die das Rechte tun.«

a *und ging nicht …:* verdeutlichender Zusatz.
b *der Einwohner …:* mit alten Übersetzungen; H *und kehrten nach Jerusalem zurück.*
18,26 16,10 **19,2** 20,37; 25,7 **19,5-7** Dtn 16,18-20; Esra 7,25 **19,8-11** Dtn 16,18 S

Joschafats Sieg über seine Feinde

20 Einige Zeit danach zog ein großes Heer
von Moabitern* und Ammonitern*, un-
terstützt durch eine Anzahl von Mëunitern,[a] ge-
gen Joschafat heran. 2 Boten kamen und mel-
deten: »Eine große Übermacht rückt von der
anderen Seite des Toten Meeres aus Edom[b]
gegen dich vor. Sie stehen schon in Hazezon-
Tamar.« – Das ist ein anderer Name für En-Gedi.
3 Joschafat erschrak sehr. Er entschloss sich,
den HERRN zu befragen, und ließ in ganz Juda
eine Fastenzeit* ausrufen. 4 Die Leute kamen
aus allen Städten des Landes nach Jerusalem, um
vom HERRN Hilfe zu erbitten. 5 Sie versammelten
sich mit den Einwohnern der Stadt im neuen
Vorhof des Tempels* und Joschafat trat vor sie
hin 6 und betete:

»HERR, du Gott unserer Vorfahren! Du bist
der Gott im Himmel, du bist der Herrscher über
alle Reiche der Welt. Bei dir ist alle Kraft und
Macht, sodass niemand es mit dir aufnehmen
kann. 7 Du, unser Gott, hast doch die früheren
Bewohner dieses Landes vor deinem Volk Israel
vertrieben und hast das Land uns, den Nachkom-
men deines Freundes Abraham, für alle Zeiten
gegeben.
8 Unsere Vorfahren ließen sich hier nieder
und bauten für dich[c] ein Heiligtum, denn sie
sagten: 9 ›Wenn ein Unglück über uns kommt,
Kriegsschrecken, Pest oder Hungersnot, dann
wollen wir hier vor diesem Haus vor dich hin-
treten, denn in diesem Haus wohnt dein Name.
Hier wollen wir in unserer Not zu dir rufen und
du wirst uns hören und uns helfen.‹
10 Sieh doch jetzt die Ammoniter, die Moabi-
ter und das Volk aus dem Bergland Seïr*, die uns
angreifen wollen. Als die Israeliten aus Ägypten
kamen, hast du ihnen nicht erlaubt, das Gebiet
dieser Völker zu betreten. Sie haben einen
Umweg gemacht und diese Völker nicht aus-
gerottet. 11 Zum Dank dafür kommen sie jetzt
und wollen uns aus deinem Land vertreiben, das
du uns gegeben hast!
12 Du unser Gott! Willst du sie nicht dafür
bestrafen? Wir können gegen diese Übermacht
nichts ausrichten. Wir wissen nicht, was wir tun
sollen. Darum blicken wir auf dich!«
13 Das ganze Volk von Juda, auch die Frauen
und Kinder, standen dort vor dem Tempel. 14 Da
nahm mitten in dieser Versammlung der Geist*
des HERRN Besitz von Jahasiël, einem Leviten*
aus der Sippe Asaf. Er war der Sohn von Sechar-
ja, seine weiteren Vorfahren waren Benaja, Jëiël
und Mattanja.
15 Er rief: »Hört her, Leute von Juda, ihr Ein-
wohner von Jerusalem und vor allem du, König
Joschafat! So spricht der HERR zu euch: ›Habt
keine Angst! Erschreckt nicht vor der Über-
macht! Dieser Kampf ist nicht eure, sondern
meine Sache! 16 Zieht morgen ins Tal hinunter,
ihnen entgegen! Sie werden den Weg von Ziz
heraufkommen. Am Ausgang des Tales, wo die
Wüste von Jeruël beginnt, werdet ihr auf sie tref-
fen. 17 Ihr selbst braucht nicht zu kämpfen; bleibt
ruhig stehen und schaut zu, wie ich, der HERR,
für euch den Sieg erringe.‹

Habt keine Angst, ihr Bewohner von Juda
und Jerusalem, erschreckt nicht! Zieht ihnen
morgen entgegen und der HERR wird bei euch
sein.«
18 Da kniete Joschafat nieder und beugte sich
bis zur Erde, und auch das ganze Volk von Juda
und die Bewohner Jerusalems warfen sich anbe-
tend vor dem HERRN nieder. 19 Danach erhoben
sich die Leviten der Sippe Korach, die zu den
Nachkommen Kehats gehören, und priesen den
HERRN, den Gott Israels, mit machtvollem Ge-
sang.
20 Früh am nächsten Morgen, vor ihrem Auf-
bruch zur Wüste von Tekoa, trat Joschafat vor sie
und sagte: »Hört her, Männer von Juda und Jeru-
salem! Vertraut dem HERRN, eurem Gott, dann
werdet ihr stark sein! Glaubt seinen Propheten*
und ihr werdet siegen!«
21 Nachdem er sich mit dem Volk abgespro-
chen hatte, stellte er die Tempelsänger in ihren
geweihten Dienstgewändern an die Spitze des
Heeres. Sie sollten den HERRN preisen mit dem
Lied: »Dankt dem HERRN, denn seine Liebe hört
niemals auf!«
22–23 Als sie anfingen zu singen, stürzte der
HERR die Feinde, die ihnen entgegenrückten,
in Verwirrung, sodass sie sich gegenseitig ver-
nichteten. Erst wandten sich die Ammoniter
zusammen mit den Moabitern gegen die Män-
ner aus dem Bergland Seïr, fielen über sie her
und vernichteten sie. Dann gerieten sie selbst
aneinander und machten sich gegenseitig nie-
der.

a *Mëunitern:* mit G; H *Ammonitern.*
b *Edom*:* mit einer Handschrift und der altlateinischen Übersetzung; H *Aram* (= Syrien); vgl. Anmerkung zu 2 Sam 8,12.
c Wörtlich *für deinen Namen;* siehe Anmerkung zu Dtn 12,5.

20,7 Jes 41,8; Jak 2,23 **20,9** 6,24-31 **20,10** Dtn 2,4-19 **20,15-17** Dtn 20,1-4; Jes 8,10 **20,17a** Ex 14,13-14 **20,20** Jes 7,9 **20,21** (Lied) 1 Chr 16,34 S

24 Als die Leute von Juda zu der Anhöhe
kamen, von der aus die Wüste zu überblicken
war, und nach dem feindlichen Heer ausschau-
ten, sahen sie nur noch Tote am Boden liegen.
Nicht einer war mit dem Leben davongekom-
men. 25 Joschafat und seine Leute kamen, um die
Beute einzusammeln. Sie fanden bei den Gefal-
lenen so viele Lasttiere[a] und wertvolle Dinge,
darunter Kleider[b] und kostbare Geräte, dass sie
drei Tage brauchten, um alles fortzuschaffen.

26 Am vierten Tag versammelten sie sich im
Beracha-Tal, um dem HERRN zu danken. Von
daher hat das Tal seinen Namen »Danktal«; so
heißt es heute noch. 27 Dann kehrten sie alle, mit
Joschafat an der Spitze, wieder nach Jerusalem
zurück. Sie waren voller Freude, weil der HERR
ihnen gegen ihre Feinde geholfen hatte. 28 Unter
dem Klang der Harfen, Lauten und Trompeten
zogen sie in Jerusalem ein und gingen zum Tem-
pel des HERRN.

29 Über die umliegenden Länder kam ein ge-
waltiger Schrecken, als sie hörten, dass der HERR
selbst den Kampf gegen die Feinde Judas geführt
hatte. 30 In der folgenden Zeit konnte Joschafat
ungestört regieren, denn der HERR, sein Gott,
schenkte ihm Frieden an allen Grenzen.

Das Ende der Regierung von König Joschafat

(1 Kön 22,41-51)

31 Joschafat war also König von Juda. Er war
35 Jahre alt, als er an die Herrschaft kam, und
er regierte 25 Jahre lang in Jerusalem. Seine
Mutter hieß Asuba und war eine Tochter von
Schilhi. 32 Er folgte in allem dem Vorbild seines
Vaters Asa und tat, was dem HERRN gefällt.
33 Nur die Opferstätten rings im Land bestan-
den weiter, denn das Volk war mit dem Herzen
noch nicht auf den Gott seiner Vorfahren ausge-
richtet.

34 Was es sonst noch über Joschafat zu sagen
gibt, vom Anfang bis zum Ende, das ist nachzu-
lesen in dem Bericht, den Jehu, der Sohn von
Hanani, geschrieben hat. Er steht im Buch der
Könige Israels.

35 Einmal traf König Joschafat von Juda eine
Übereinkunft mit König Ahasja von Israel, ob-
wohl dieser ein verwerfliches Leben führte.
36 Sie beschlossen, gemeinsam Schiffe zu bauen,
die nach Tarschisch* fahren sollten. Die Schiffe
wurden in Ezjon-Geber gebaut. 37 Damals sagte
der Prophet* Eliëser aus Marescha, der Sohn
von Dodawa, zu Joschafat: »Weil du dich mit
Ahasja verbündet hast, wird der HERR dein Werk
zerstören.« Die Flotte erlitt Schiffbruch und kam
nicht nach Tarschisch.

21 Als Joschafat starb, wurde er neben seinen
Vorfahren in der Davidsstadt* bestattet.
Sein Sohn Joram wurde sein Nachfolger.

König Joram

(2 Kön 8,16-24)

2 Joram hatte mehrere Brüder: Asarja, Jehiël,
Secharja, Asarja, Michael und Schefatja. Sie alle
waren Söhne von König Joschafat.[c] 3 Ihr Vater
schenkte ihnen viel Gold, Silber und andere
Kostbarkeiten; außerdem gab er ihnen befestigte
Städte in Juda. Die Königswürde aber übertrug
er Joram, weil dieser der erste Sohn war. 4 Als
Joram anstelle seines Vaters König geworden
war und die Herrschaft fest in der Hand hatte,
ließ er alle seine Brüder töten und auch einige
von den führenden Männern.

5 Joram war 32 Jahre alt, als er König wurde,
und regierte acht Jahre lang in Jerusalem. 6 Er
tat, was dem HERRN missfällt, und folgte damit
dem schlechten Beispiel der Könige von Israel,
vor allem der Familie von König Ahab, mit des-
sen Tochter er verheiratet war. 7 Der HERR wollte
aber trotz allem das Königshaus Davids nicht
ausrotten, weil er mit David einen Bund* ge-
schlossen und ihm versprochen hatte, dass das
Licht in seinem Königshaus nicht verlöschen
und immer einer seiner Nachkommen in Jerusa-
lem König sein sollte.

8 Während der Regierungszeit Jorams sagten
sich die Edomiter* von der Oberherrschaft Judas
los und setzten einen eigenen König ein. 9 Joram
zog darauf mit seinen Truppenführern und mit
allen seinen Streitwagen* nach Edom. Zwar
konnten die Edomiter ihn und seine Wagen um-
zingeln, aber in der Nacht schlug er gegen sie los
und besiegte sie. 10 Trotzdem ist Edom seit
damals von Juda unabhängig geblieben.

Zur gleichen Zeit befreite sich auch die Stadt
Libna von der Oberherrschaft Judas. Das alles
geschah, weil Joram sich vom HERRN, dem Gott
seiner Vorfahren, abgewandt hatte.

11 Joram richtete sogar auf den Bergen von
Juda Opferstätten ein und verleitete so die
Bewohner von Jerusalem und Juda dazu, dem
HERRN untreu zu werden. 12 Damals erhielt

a *Lasttiere:* mit veränderten Vokalen und G; H *unter ihnen.*
b *Kleider:* mit einigen Handschriften und alten Übersetzungen; H *Leichen.*
c Es folgt noch *von Israel;* vgl. Anmerkung zu 17,1.

20,37 19,2; 25,7 **21,7** 6,16 S; 7,18 **21,8** Gen 27,40

Joram einen Brief von dem Propheten* Elija. Darin stand:

»So spricht der HERR, der Gott deines Ahnherrn David: ›Du bist nicht auf dem Weg geblieben, den dein Vater Joschafat und dein Großvater Asa gegangen sind. 13 Stattdessen bist du dem schlechten Beispiel der Könige von Israel gefolgt. Du bist dem HERRN genauso untreu geworden wie das Königshaus Ahabs und hast auch die Leute von Juda und Jerusalem zur Untreue gegen Gott verführt. Deine eigenen Brüder, die besser waren als du, hast du getötet. 14 Darum wird der HERR hart zuschlagen; seine Strafe wird dein Volk, deine Söhne und Frauen und deinen ganzen Besitz treffen. 15 Du selbst wirst schwer krank werden und lange leiden müssen, bis dir zuletzt die Eingeweide aus dem Leib fallen.‹«

16 Der HERR gab den Philistern* und den Araberstämmen, die neben den Kuschitern[a] wohnten, in den Sinn, Joram anzugreifen. 17 Sie rückten gegen Juda heran, drangen in das Land ein und nahmen allen Besitz mit, der sich im Königspalast befand. Sie verschleppten auch Jorams Frauen und Söhne. Nur der jüngste, Joahas, blieb übrig.

18 Dann ließ der HERR den König selbst krank werden. Es war eine unheilbare Krankheit in seinen Eingeweiden, 19 die sich lange hinzog. Nach zwei Jahren traten die Eingeweide heraus und er starb unter furchtbaren Schmerzen. Das Volk hatte beim Tod seiner Vorgänger immer ein großes Feuer zu ihren Ehren angezündet; bei ihm unterließ man es.

20 Joram war mit 32 Jahren König geworden und hatte acht Jahre lang in Jerusalem regiert. Er starb, ohne dass jemand um ihn trauerte. Er wurde zwar in der Davidsstadt* bestattet, aber nicht an der Seite der früheren Könige.

König Ahasja

(2 Kön 8,25-29; 9,27-29)

22 Die Einwohner von Jerusalem machten Jorams jüngsten Sohn Ahasja[b] zu seinem Nachfolger. Alle seine älteren Söhne hatte eine Horde von Räubern umgebracht, die mit den Arabern das Heerlager Judas überfallen hatte. Deshalb wurde Ahasja König von Juda.

2 Ahasja war zwanzig[c] Jahre alt, als er an die Herrschaft kam, und er regierte ein Jahr lang in Jerusalem. Seine Mutter war Atalja, eine Tochter[d] des Königs Omri von Israel.

3 Auch er folgte dem schlechten Beispiel des Königshauses Ahabs; denn seine Mutter, seine Ratgeberin, stiftete ihn dazu an. 4 Er tat, was dem HERRN missfällt, ganz wie die Nachkommen Ahabs, von denen er sich nach dem Tod seines Vaters beraten ließ. Das führte zu seinem Untergang.

5 Diese seine Ratgeber verleiteten ihn dazu, gemeinsam mit Joram, dem Sohn Ahabs, dem König von Israel, in den Krieg gegen König Hasaël von Syrien* zu ziehen. Bei Ramot in Gilead* kam es zum Kampf. Dabei wurde Joram verwundet. 6 Er zog sich nach Jesreel zurück, um seine Wunden ausheilen zu lassen.

Ahasja,[e] der Sohn Jorams, der König von Juda, besuchte ihn dort, 7 und dieser Besuch wurde für Ahasja zum Verderben. So hatte Gott es gefügt. Denn nachdem Ahasja bei Joram angekommen war, fuhr er mit ihm Jehu, dem Enkel von Nimschi, entgegen. Diesen hatte der HERR zum König bestimmt und ihm den Auftrag gegeben, die Nachkommen Ahabs auszurotten.

8 Als nun Jehu das Strafgericht am Königshaus Ahabs vollzog, stieß er auch auf die Truppenführer aus Juda und die Neffen von Ahasja, die in dessen Dienst standen, und tötete sie. 9 Ahasja selbst versteckte sich in Samaria; aber Jehu ließ ihn suchen. Er wurde festgenommen, vor Jehu gebracht und hingerichtet. Trotzdem gewährten Jehu und seine Leute ihm ein Begräbnis, denn sie sagten sich: »Er ist immerhin ein Enkel Joschafats, der sich mit ganzem Herzen zum HERRN gehalten hat.«

Von der Familie Ahasjas war nun keiner übrig geblieben, der alt genug[f] war, um die Herrschaft zu übernehmen.

Königin Atalja

(2 Kön 11,1-3)

10 Als Atalja, die Mutter von Ahasja, erfuhr, dass ihr Sohn tot war, ließ sie alle Angehörigen des Königshauses von Juda umbringen.

11 Aber die Prinzessin Joscheba holte heimlich Ahasjas kleinen Sohn Joasch aus der Mitte der Prinzen, die getötet werden sollten, und versteckte ihn mit seiner Amme in der Bettenkammer. Auf diese Weise rettete sie ihn vor Atalja, sodass er nicht zusammen mit den anderen Söhnen

a Siehe Anmerkung zu Num 12,1.
b *Ahasja* ist eine andere Form des Namens Joahas (21,17).
c *zwanzig:* mit G; H 42; vgl. 2 Kön 8,26, wo das Alter mit 22 Jahren angegeben wird.
d Siehe Anmerkung zu 2 Kön 8,18.
e *Ahasja:* mit einigen Handschriften und alten Übersetzungen; H *Asarja.*
f *alt genug:* wörtlich *fähig* oder *tüchtig.*

21,15 2 Makk 9,5; Apg 1,18 **21,19** 16,14 **22,7** 2 Kön 9,1-10.29 **22,8** 2 Kön 10,12-14

des Königs getötet wurde. Joscheba war eine
Tochter von Joram und Schwester von Ahasja
und sie war die Frau des Priesters Jojada.
12 Sechs Jahre lang blieb Joasch bei ihnen im
Bereich des Tempels* verborgen, solange Atalja
das Land regierte.

Ataljas Sturz und die Wiederherstellung des Königtums der Davidsnachkommen

(2 Kön 11,4-20)

23 Im siebten Jahr entschloss sich der Pries-
ter* Jojada zu handeln. Er verbündete
sich mit einigen Truppenführern: Asarja, dem
Sohn von Jeroham, Jischmaël, dem Sohn von
Johanan, Asarja, dem Sohn von Obed, Maaseja,
dem Sohn von Adaja, und Elischafat, dem Sohn
von Sichri. 2 Die zogen durch alle Städte in Juda
und brachten die Leviten* und die Sippenober-
häupter Israels nach Jerusalem. 3 Alle versam-
melten Männer schlossen im Tempel* einen
Pakt mit dem König.

Dann sagte Jojada zu ihnen: »Der Sohn des
Königs soll also König werden, so wie der HERR
zugesagt hat, dass immer ein Nachkomme Da-
vids in Jerusalem König sein soll. 4 Wir werden
jetzt wie folgt vorgehen: Ein Drittel der Priester
und Leviten, alle, die am nächsten Sabbat* den
Dienst antreten, bewachen die Eingänge des
Tempels, 5 das zweite Drittel den Königspalast
und das letzte Drittel das Grundtor; die Männer
aus dem Volk besetzen die Vorhöfe des Tempels.
6 Niemand kommt in das Haus des HERRN hinein
außer den Priestern und den Dienst tuenden
Leviten, weil sie für den Dienst geweiht sind.
Die übrigen Männer müssen sich an das Verbot
des HERRN halten. 7 Die Leviten schließen mit
der Waffe in der Hand einen Kreis um den König
und begleiten ihn auf Schritt und Tritt. Wer in
das Tempelhaus einzudringen versucht, wird
getötet!«

8 Die Leviten und alle versammelten Männer
von Juda befolgten genau die Anweisungen von
Jojada. Jeder rief seine Leute zusammen, nicht
nur die, die am Sabbat den Dienst begannen,
sondern auch die, die ihn beendeten; denn Jo-
jada hatte auch diese nicht entlassen. 9 Er über-
gab den Truppenführern die Speere, die großen
Schilde und die Rundschilde, die noch von König
David stammten und sich jetzt im Tempel befan-
den. 10 Jeder der Männer bekam seine Waffe in
die Hand, dann stellte Jojada sie alle vor dem
Tempel auf, im Halbkreis von der südlichen Ecke
über den Brandopferaltar* bis zur nördlichen
Ecke, um den König nach allen Seiten abzu-
sichern.

11 Darauf führten Jojada und seine Söhne den
Prinzen heraus, um ihn zum König zu machen.
Sie setzten ihm die Krone auf und überreichten
ihm die Krönungsurkunde. Dann salbten* sie
ihn und alle riefen: »Hoch lebe der König!«
12 Als das Volk herbeiströmte und dem neuen
König zujubelte, hörte Atalja den Lärm. Sie be-
gab sich zu der Menge am Tempel des HERRN.
13 Dort sah sie Joasch, der am Eingang auf dem
Platz des Königs stand, umgeben von den Trup-
penführern und den Trompetern. Auch die Tem-
pelsänger standen dort und leiteten mit ihren
Instrumenten den Festgesang und das ganze
Volk jubelte vor Freude.

Da zerriss Atalja ihr Gewand und schrie: »Ver-
rat! Verrat!«

14 Der Priester Jojada aber wollte nicht, dass
man sie im Bereich des Tempels tötete. Darum
befahl er den Truppenführern: »Führt sie zwi-
schen den Reihen eurer Leute hinaus! Wer ihr
folgt, wird mit dem Schwert getötet!« 15 Sie er-
griffen Atalja, führten sie ab und töteten sie beim
Rosstor am königlichen Palast.

16 Jojada schloss einen Bund* zwischen sich
und dem ganzen Volk und dem König. Sie ver-
pflichteten sich dazu, Ernst damit zu machen,
dass sie das Volk des HERRN waren. 17 Anschlie-
ßend zog die ganze Versammlung zum Tempel
des Gottes Baal* und riss ihn nieder. Sie zertrüm-
merten die Altäre und die Götterbilder und er-
schlugen Mattan, den Priester Baals, dort vor
den Altären.

18 Jojada übertrug den Priestern, den Nach-
kommen Levis, die Aufsicht über den Tempel des
HERRN. David hatte sie in Dienstgruppen ein-
geteilt, damit sie die Brandopfer* darbrachten,
wie es im Gesetz* Moses vorgeschrieben ist. Sie
sollten ihren Dienst im Tempel verrichten,
begleitet von festlichem Gesang, genauso wie
David es angeordnet hatte. 19 Jojada stellte auch
Torwächter an die Eingänge des Tempelbereichs.
Sie hatten darauf zu achten, dass niemand den
heiligen Bezirk betrat, der auf irgendeine Weise
unrein* war.

20 Danach nahm Jojada die Offiziere, die an-
gesehenen und führenden Männer und das gan-
ze versammelte Volk mit sich, um den König
vom Tempel durch das obere Tor hinunter zum
Palast zu geleiten. Dort ließen sie ihn auf dem

23,3b 1 Chr 17,11-14 **23,11** 1 Sam 16,13 S **23,16** 15,12 **23,18** 7,6; 1 Chr 15,16 S

königlichen Thron Platz nehmen. 21 Die ganze
Bevölkerung des Landes freute sich, und die
Stadt blieb ruhig, nachdem man Atalja hingerich-
tet hatte.

König Joasch und die Renovierung des Tempels

(2 Kön 12,1-17)

24 Joasch war sieben Jahre alt, als er König
wurde, und er regierte vierzig Jahre lang
in Jerusalem. Seine Mutter hieß Zibja und
stammte aus Beerscheba. 2 Joasch tat, was dem
HERRN gefällt, solange der Priester Jojada lebte.
3 Er heiratete zwei Frauen, die Jojada für ihn aus-
wählte, und hatte mit ihnen mehrere Söhne und
Töchter.

4 Nach einiger Zeit beschloss Joasch, das Haus
des HERRN zu renovieren. 5 Er rief die Priester*
und Leviten* zu sich und sagte zu ihnen: »Geht
in alle Städte in Juda und sammelt Geld von den
Israeliten, damit wir jedes Jahr die nötigen Repa-
raturen am Tempel* eures Gottes durchführen
können. Beeilt euch damit!«

Aber die Leviten ließen sich Zeit. 6 Deshalb
ließ der König den Oberpriester Jojada zu sich
kommen und hielt ihm vor: »Mose, der Bevoll-
mächtigte* Gottes, und die ganze Gemeinde ha-
ben seinerzeit den Israeliten eine Abgabe für das
Heilige Zelt* auferlegt. Warum hast du nicht da-
für gesorgt, dass die Leviten diese Abgabe in Juda
und Jerusalem einsammeln? 7 Atalja – dieses
schändliche Weib! Ihre Anhänger haben den
Tempel verfallen lassen. Sie haben sogar die Ga-
ben, die für das Haus des HERRN geweiht waren,
für die Baale* verwendet.«

8 Auf Befehl des Königs wurde ein Kasten an-
gefertigt und am Tor des Tempelbereichs aufge-
stellt. 9 Dann wurde in Juda und Jerusalem be-
kannt gegeben, dass jeder die Abgabe herbeibrin-
gen sollte, die Mose, der Bevollmächtigte Gottes,
damals in der Wüste den Israeliten auferlegt
hatte. 10 Der Aufruf wurde von den führenden
Männern Israels und dem ganzen Volk mit Freu-
de aufgenommen. Sie brachten ihre Beiträge und
steckten sie in den Kasten, bis er voll war.

11 Täglich mussten die Leviten im Auftrag des
Königs nachprüfen. Wenn sie sahen, dass viel
Geld im Kasten war, kamen der Schreiber des
Königs und ein Beauftragter des Oberpriesters.
Sie leerten gemeinsam den Kasten aus und
brachten ihn dann an seinen Platz zurück. Auf
diese Weise kam sehr viel Geld zusammen.

12 Der König und Jojada übergaben das Geld
den Meistern, die für die Bauarbeiten am Tempel
verantwortlich waren. Diese stellten Steinmet-
zen und Zimmerleute sowie Eisen- und Kupfer-
schmiede an, die den Tempel renovieren und
alle Schäden beseitigen sollten. 13 Sie alle gin-
gen ans Werk und die Arbeit machte gute Fort-
schritte. Sie machten den Tempel wieder so
schön und fest, wie er ursprünglich gewesen
war.

14 Als alle Arbeiten abgeschlossen waren,
brachten die Meister das übrig gebliebene Geld
dem König und Jojada zurück. Jojada ließ davon
Tempelgeräte herstellen, Schalen und andere
goldene und silberne Gefäße, wie sie für den
Gottesdienst und bei den Opfern gebraucht
wurden. Solange Jojada lebte, wurden im Tempel
regelmäßig Brandopfer* dargebracht.

15 Jojada wurde sehr alt. Er starb mit 130 Jah-
ren, gesättigt von einem langen und erfüllten
Leben. 16 Er wurde in der Davidsstadt* an der
Seite der Könige bestattet, in Anerkennung
seines Dienstes in Israel für Gott und seinen
Tempel.

König Joasch verlässt den rechten Weg

(2 Kön 12,18-22)

17 Nach dem Tod von Jojada kamen die führen-
den Männer von Juda zum König und machten
ihm ihre Aufwartung. Von da an ließ er sich von
ihnen beraten. 18 Das führte dazu, dass die Leute
von Juda aufhörten, in den Tempel* des HERRN
zu gehen und den Gott ihrer Vorfahren zu ver-
ehren. Stattdessen beteten sie wieder vor den
geweihten Pfählen* und Götzenbildern. Weil sie
sich damit vor dem HERRN schuldig machten,
wurde er zornig auf Juda und Jerusalem. 19 Er
schickte ihnen Propheten*, um sie zu warnen
und zu ihm zurückzurufen, aber niemand hörte
auf sie.

20 Da nahm der Geist* Gottes Besitz von
Secharja, dem Sohn des Priesters Jojada, sodass
er vor das Volk hintrat und rief: »So spricht der
HERR: ›Warum übertretet ihr meine Gebote und
bringt euch selbst um euer Glück? Ihr habt mich
verlassen; jetzt verlasse ich euch!‹«

21 Darauf taten sich die Gegner Secharjas zu-
sammen und er wurde auf Befehl des Königs im
Vorhof des Tempels gesteinigt*. 22 König Joasch
dachte nicht mehr daran, wie viel er Secharjas
Vater Jojada verdankte, und ließ den Sohn um-
bringen. Ehe Secharja starb, rief er noch: »Der
HERR sieht es und wird es vergelten!«

23 Am Anfang des nächsten Jahres rückte eine

24,3 Dtn 17,17 **24,6** Ex 30,11-16 **24,20** 12,5 S **24,21** Mt 23,35 par

Heeresgruppe der Syrer* gegen Joasch heran und drang in Juda und Jerusalem ein. Alle führenden Männer von Juda wurden getötet und ihr ganzer Besitz als Beute zum König von Syrien nach Damaskus gebracht. 24 Obwohl die Syrer nur mit einem kleinen Heer gekommen waren, konnten sie die große Streitmacht von Juda besiegen, denn der HERR gab die Leute von Juda in ihre Hand, weil sie sich von ihm, dem Gott ihrer Väter, abgewandt hatten. So vollzogen die Syrer sein Strafgericht an Joasch.

25 Als sie wieder abzogen, ließen sie Joasch schwer verwundet zurück. Seine Hofleute verschworen sich gegen ihn wegen des Mordes am Sohn[a] des Priesters Jojada und erschlugen ihn auf seinem Krankenlager. Er wurde in der Davidsstadt* bestattet, aber nicht in der Grabstätte der anderen Könige. 26 Die Anstifter der Verschwörung waren Josachar, der Sohn der Ammoniterin* Schimat, und Josabad, der Sohn der Moabiterin* Schomer.

27 Die Liste seiner Söhne, die vielen Prophetenworte gegen ihn und der Bericht über die Renovierung des Tempels stehen in den ausführlichen Erläuterungen zum »Buch von den Königen«. Sein Sohn Amazja wurde sein Nachfolger.

König Amazja

(2 Kön 14,1-6)

25 Amazja war 25 Jahre alt, als er König wurde, und er regierte 29 Jahre lang in Jerusalem. Seine Mutter hieß Joaddan und stammte aus Jerusalem. 2 Er tat, was dem HERRN gefällt, aber er hielt nicht mit ungeteiltem Herzen zu ihm.

3 Nachdem er die Herrschaft fest in die Hand bekommen hatte, ließ er die Hofleute töten, die seinen Vater Joasch ermordet hatten. 4 Ihre Söhne aber verschonte er, weil im Gesetzbuch* Moses das Gebot des HERRN steht: »Die Eltern sollen nicht für die Schuld ihrer Kinder sterben und die Kinder nicht für die Schuld ihrer Eltern. Jeder soll nur für seine eigene Schuld bestraft werden.«

Amazjas Krieg gegen Edom

(2 Kön 14,7)

5 Amazja rief die Männer der Stämme Juda und Benjamin aus dem ganzen Land zusammen. Er ordnete sie nach Sippen und unterstellte sie dem Befehl von Hauptleuten und Obersten. Als alle Männer ab zwanzig Jahre gezählt waren, zeigte sich, dass er über ein Heer von 300 000 kriegstüchtigen Leuten verfügte, die alle mit Schild und Speer bewaffnet waren. 6 Außerdem ließ der König für 100 Zentner* Silber noch 100 000 Söldner aus dem Nordreich Israel anwerben.

7 Aber ein Prophet* kam zu Amazja und sagte zu ihm: »Mein König, du solltest die Kriegsleute aus Israel zu Hause lassen! Der HERR steht nicht auf der Seite dieser Efraïmiter aus dem Nordreich! 8 Wenn du sie mitnimmst, kannst du dich noch so mutig in den Kampf stürzen – Gott wird dafür sorgen, dass du deinen Feinden unterliegst. Denn er kann beides: dir helfen und dich zu Fall bringen!«

9 »Und was wird aus den 100 Zentnern Silber, die ich den Söldnern aus Israel gegeben habe?«, fragte Amazja den Propheten.

Er antwortete: »Der HERR kann dir viel mehr als das wiedergeben.«

10 Da entließ Amazja die Söldner aus Efraïm und schickte sie in ihr Land zurück. Sie waren deshalb über Juda sehr verärgert und zogen voller Wut wieder heim.

11 Amazja nahm all seinen Mut zusammen und führte seine Leute in den Kampf. Sie zogen ins Salztal und besiegten dort die Edomiter,[b] von denen 10 000 fielen. 12 Weitere 10 000 Edomiter wurden gefangen genommen. Die Männer von Juda führten die Gefangenen auf einen hohen Felsen und stürzten sie von dort hinunter, sodass sie alle zerschmettert wurden.

13 Inzwischen aber überfielen die Söldner, die Amazja zurückgeschickt hatte, die Städte von Juda zwischen Samaria und Bet-Horon. Sie töteten dabei 3000 Männer und schleppten viel Beute fort.

14 Als Amazja von seinem Sieg über die Edomiter heimkehrte, brachte er deren Götterbilder mit. Er stellte sie als seine eigenen Götter auf, warf sich vor ihnen nieder und verbrannte ihnen Räucheropfer*. 15 Deshalb wurde der HERR zornig auf ihn. Er schickte einen Propheten zu ihm und ließ ihm sagen: »Warum suchst du Hilfe bei diesen Göttern, die ihr Volk nicht vor dir beschützen konnten?«

16 Aber Amazja fiel dem Propheten ins Wort und rief: »Habe ich dich etwa als meinen Ratgeber eingesetzt? Hör auf, wenn du keine Schläge bekommen willst!«

Da richtete der Prophet seine Botschaft nicht weiter aus. Er sagte nur noch: »Ich weiß, der HERR hat deinen Untergang beschlossen, weil du dich diesen fremden Göttern zugewandt und nicht auf mich gehört hast.«

a *am Sohn:* mit zwei alten Übersetzungen; H *an den Söhnen.*

b *Edomiter:* wörtlich *Männer von Seïr**.

24,24 12,5 S **25,4** *zit* Dtn 24,16 **25,7** 19,2; 20,37

Amazjas Krieg mit Israel

(2 Kön 14,8-20)

17 König Amazja von Juda beriet sich mit seinen
Hofleuten. Dann schickte er Boten zu König
Joasch von Israel, dem Sohn von Joahas und En-
kel von Jehu, und ließ ihm sagen: »Komm, tritt
mir im Kampf gegenüber, damit wir sehen, wer
stärker ist!«
18 König Joasch antwortete ihm: »Der Dorn-
strauch auf dem Libanon sagte zur Zeder: ›Gib
meinem Sohn deine Tochter zur Frau!‹ Aber die
wilden Tiere liefen über den Dornstrauch und
zertrampelten ihn. 19 Dein Sieg über die Edomi-
ter* ist dir zu Kopf gestiegen. Gib dich mit
deinem Ruhm zufrieden und bleib zu Hause!
Oder willst du dich ins Unglück stürzen und
ganz Juda mit hineinreißen?«
20 Aber Amazja hörte nicht auf ihn. Gott hatte
es so gefügt, denn er wollte die Leute von Juda in
die Gewalt des Königs von Israel geben, weil sie
bei den Göttern der Edomiter* Rat und Hilfe
suchten.
21 König Joasch rückte zum Kampf heran. Bei
Bet-Schemesch, im Gebiet von Juda, traf sein
Heer auf das von König Amazja. 22 Die Männer
von Juda wurden geschlagen und liefen aus-
einander, jeder kehrte nach Hause zurück.
23 Amazja wurde bei Bet-Schemesch von
Joasch gefangen genommen und nach Jerusalem
mitgeführt. Dort ließ Joasch die Stadtmauer auf
einer Länge von 200 Metern niederreißen, vom
Efraïmtor bis zum Ecktor. 24 Er nahm alles Gold
und Silber und alle kostbaren Geräte mit, die
sich im Tempel unter der Aufsicht Obed-Edoms
befanden, ebenso alle Schätze aus dem könig-
lichen Palast; außerdem führte er eine Anzahl
von Geiseln mit sich nach Samaria.
25 König Amazja von Juda überlebte König
Joasch von Israel um fünfzehn Jahre. 26 Was es
sonst noch über Amazja zu berichten gibt, vom
Anfang bis zum Ende, das ist nachzulesen im
Buch der Könige von Juda und Israel.
27 Seit der Zeit, als er sich vom HERRN ab-
wandte, gab es in Jerusalem eine Verschwörung
gegen ihn. Schließlich floh er nach Lachisch,
aber die Verschwörer schickten ihm auch dort-
hin Männer nach, die ihn umbrachten. 28 Auf
einem mit Pferden bespannten Wagen holte man
ihn in die Hauptstadt[a] zurück und bestattete ihn
in der Grabstätte seiner Vorfahren.

König Usija, seine Macht und sein Reichtum

(2 Kön 14,21-22; 15,1-3)

26 Alle Männer von Juda machten Usija[b]
als Nachfolger seines Vaters Amazja
zum König. Er war damals sechzehn Jahre
alt. 2 Er eroberte nach dem Tod seines Vaters
die Stadt Elat zurück und baute sie zur Festung
aus.
3 Usija war sechzehn Jahre alt, als er König
wurde, und er regierte 52 Jahre lang in Jerusa-
lem. Seine Mutter hieß Jecholja und stammte aus
Jerusalem. 4 Er folgte dem Vorbild seines Vaters
Amazja und tat, was dem HERRN gefällt.
5 Solange Secharja lebte, der ihn dazu anhielt,[c]
bemühte er sich, dem Willen Gottes zu folgen.
Und solange er dem HERRN gehorsam war, gab
der HERR ihm Erfolg.
6 Er unternahm einen Feldzug gegen die
Philister*. Dabei ließ er die Mauern von Gat,
Jabne und Aschdod niederreißen, seinerseits
aber befestigte er eine Reihe anderer Orte im
Gebiet von Aschdod und im übrigen Land der
Philister. 7 Gott stand ihm bei in diesem Kampf
gegen die Philister, ebenso auch gegen die
Araberstämme, die in der Gegend von Gur-Baal
wohnten, und gegen die Mëuniter. 8 Die Mëuni-
ter[d] zahlten ihm Tribut. Er wurde so mächtig,
dass sein Ruhm bis nach Ägypten drang.
9 In Jerusalem baute er Türme am Ecktor, am
Taltor und am so genannten Winkel und befes-
tigte sie stark. 10 Auch im Wüstengebiet ließ
er Wehrtürme errichten und viele Zisternen
anlegen, weil er im Hügelland und auf der
Hochebene große Viehherden besaß. Außerdem
beschäftigte er in den Bergen und in der frucht-
baren Niederung viele Landarbeiter und Wein-
bauern, weil er viel von der Landwirtschaft
hielt.
11 Usija hatte auch ein kriegstüchtiges Heer,
das aus den wehrfähigen Männern des ganzen
Volkes bestand. Der Listenführer Jëiël und der
Amtmann Maaseja waren beauftragt worden,
alle zu erfassen; die Aufsicht dabei hatte Hanan-
ja, einer der obersten königlichen Beamten. Das
Heer war in Abteilungen gegliedert; 12 2600 Sip-
penoberhäupter waren die Anführer. 13 Unter
ihrem Befehl stand eine Heeresmacht von
307500 Mann, so stark und schlagkräftig, dass
der König es mit allen seinen Feinden aufneh-

a Wörtlich *die Stadt von Juda.*
b In der Parallelüberlieferung im 2. Königsbuch lautet der Name des Königs Asarja (vgl. Anmerkung zu 2 Kön 15,13).
c *der ihn dazu anhielt:* mit G; H *der sich auf das Sehen Gottes verstand.* d *Mëuniter:* mit G; H *Ammoniter.*
25,18 Ri 9,14 **25,24** 1 Chr 26,4-5.15 **26,2** 8,17

men konnte. 14 Er rüstete seine Leute mit Schil-
den, Speeren, Helmen, Brustpanzern, Bogen
und Schleudersteinen aus. 15a Er ließ auch kunst-
volle Wurfmaschinen bauen, mit denen man
Pfeile abschießen und große Steine schleudern
konnte. Sie wurden in Jerusalem auf den
Türmen und Mauerecken aufgestellt.

Usijas Verfehlung und Krankheit

(2 Kön 15,5-7)

15b Weil Gott ihm auf wunderbare Weise half,
wurde Usija immer mächtiger und sein Ruhm
drang bis in ferne Länder. 16 Als er aber mächtig
geworden war, wurde er überheblich und ver-
ging sich gegen den HERRN, seinen Gott, sich
selbst zum Schaden. Er ging in den Tempel*, um
selbst auf dem Räucheraltar* Weihrauch zu
verbrennen.

17 Aber der Oberpriester Asarja und weitere
achtzig Priester* des HERRN, lauter beherzte
Männer, folgten ihm. 18 Sie traten dem König
entgegen und sagten: »Es steht dir nicht zu,
Usija, dem HERRN Weihrauchopfer darzubrin-
gen! Das ist nur den Priestern erlaubt, den Nach-
kommen Aarons, die dazu geweiht sind. Verlass
das Heiligtum, denn du hast dich gegen Gott,
gegen den HERRN, vergangen. Damit kannst du
bei ihm keinen Ruhm gewinnen!«

19 Usija, der bereits die Räucherpfanne in der
Hand hielt, wurde zornig; aber gerade als er den
Priester anfahren wollte, brach auf seiner Stirn
Aussatz* hervor. Das geschah vor den Augen der
Priester, im Tempel des HERRN, unmittelbar
neben dem Räucheraltar.

20 Der Oberpriester Asarja und die anderen
Priester sahen voll Entsetzen den Aussatz auf
seiner Stirn. Sofort trieben sie Usija aus dem
Tempel. So schnell er konnte, lief er hinaus; denn
er merkte, dass der HERR ihn gestraft hatte.

21 König Usija blieb aussätzig bis zu seinem
Tod. Er musste in einem abgesonderten Haus
wohnen und durfte das Haus des HERRN nicht
mehr betreten. Sein Sohn Jotam war Palast-
vorsteher und führte anstelle des Königs die
Regierungsgeschäfte.

22 Was es sonst noch über Usija zu berichten
gibt, vom Anfang bis zum Ende, das hat der Pro-
phet* Jesaja, der Sohn von Amoz, aufgezeichnet.
23 Als Usija starb, bestattete man ihn wegen sei-
nes Aussatzes auf dem Gelände neben der Grab-
stätte der Könige. Sein Sohn Jotam wurde sein
Nachfolger.

König Jotam

(2 Kön 15,32-38)

27 Jotam war 25 Jahre alt, als er König wur-
de, und er regierte 16 Jahre lang in Jeru-
salem. Seine Mutter hieß Jeruscha und war eine
Tochter Zadoks. 2 Er tat, was dem HERRN gefällt,
und folgte in allem dem Vorbild seines Vaters
Usija; aber er drang nicht wie dieser in den Tem-
pel* ein. Das Volk jedoch blieb bei seinem ver-
kehrten Treiben.

3 Jotam baute das obere Tor am Tempel des
HERRN und verstärkte die Mauern am Ofel* an
vielen Stellen. 4 Er befestigte eine Reihe von
Städten in den Bergen von Juda und errichtete
Burgen und Türme in den Waldgebieten.

5 Er führte Krieg gegen den König der Ammo-
niter* und besiegte ihn. Die Ammoniter mussten
ihm in jenem Jahr 100 Zentner* Silber, 1500 Ton-
nen Weizen und 1500 Tonnen Gerste abliefern,[a]
ebenso auch noch im nächsten und übernächs-
ten Jahr. 6 Jotam wurde sehr mächtig, weil er
sich in allem, was er tat, nach dem Willen des
HERRN, seines Gottes, richtete.

7 Was es sonst noch über Jotam zu berichten
gibt, über alle seine Kriegszüge und sonstigen
Unternehmungen, das ist nachzulesen im Buch
der Könige von Israel und Juda. 8 Er war 25 Jahre
alt, als er König wurde, und er regierte 16 Jahre
in Jerusalem. 9 Als er starb, wurde er in der
Davidsstadt* bestattet. Sein Sohn Ahas wurde
sein Nachfolger.

König Ahas

(2 Kön 16,1-5)

28 Ahas war zwanzig Jahre alt, als er König
wurde, und er regierte sechzehn Jahre
lang in Jerusalem. Er tat nicht wie sein Ahnherr
David, was dem HERRN gefällt, 2 sondern folgte
dem schlechten Beispiel der Könige von Israel.
Er ließ Standbilder des Gottes Baal* gießen 3 und
brachte im Hinnom Tal Räucheropfer* dar. Er
ließ sogar seine eigenen Söhne als Opfer verbren-
nen und folgte damit der abscheulichen Sitte der
Völker, die der HERR vor den Israeliten aus dem
Land vertrieben hatte. 4 An den Opferstätten*
der fremden Götter, auf den Hügeln und unter
allen heiligen Bäumen, verbrannte er Opfer-
gaben und feierte Opfermähler*.

5 Wegen all dieser Untaten gab ihn der HERR,
sein Gott, in die Hand des Königs von Syrien*.
Die Syrer besiegten ihn und brachten viele Leute
aus Juda gefangen nach Damaskus.

a 1500 Tonnen: hebräische Maßangabe *10 000 Kor* (1 Kor = 10 Efa*), genauer etwa 1650 t.

26,18 Ex 30,7-8; Num 3,10 **27,2** 26,16 **28,3** Lev 18,21 S **28,5-6** Jes 7,1

Zugleich gab der HERR ihn auch in die Hand
des Königs von Israel: Pekach, der Sohn von
Remalja, bereitete ihm eine schwere Niederlage.
6 An einem einzigen Tag fielen 120 000 Männer
aus Juda, lauter tüchtige Krieger – zur Strafe
dafür, dass die Leute aus Juda dem HERRN, dem
Gott ihrer Vorfahren, den Rücken gekehrt
hatten. 7 Sichri, ein tapferer Mann aus dem
Stamm Efraïm, tötete den Prinzen Maaseja, den
Palastvorsteher Asrikam und Elkana, den
Stellvertreter des Königs. 8 Die Männer von
Israel nahmen 200 000 Frauen und Kinder aus
ihrem Brudervolk als Gefangene mit, außerdem
machten sie reiche Beute und brachten sie nach
Samaria.

Die Rückgabe der Gefangenen

9 In Samaria lebte ein Prophet* des HERRN
namens Oded. Als das Heer dorthin zurückkam,
ging er ihm entgegen und sagte: »Der HERR, der
Gott eurer Vorfahren, war zornig auf die Leute
von Juda. Deshalb hat er sie in eure Hand ge-
geben. Ihr aber habt mit einer solchen Wut
drauflosgemordet, dass es zum Himmel schreit.
10 Nun wollt ihr auch noch diese Gefangenen
aus Juda und Jerusalem zu euren Sklaven und
Sklavinnen machen. Habt ihr denn noch nicht
genug Schuld gegen den HERRN auf euch ge-
laden? 11 Hört jetzt auf mich! Diese Gefangenen
sind eure Brüder und Schwestern. Lasst sie wie-
der heimkehren! Sonst wird sich der Zorn des
HERRN gegen euch kehren.«

12 Auch einige der führenden Männer aus
dem Stamm Efraïm traten dem heimkehrenden
Heer entgegen, nämlich Asarja, der Sohn von
Johanan, Berechja, der Sohn von Meschillemot,
Jehiskija, der Sohn von Schallum, und Amasa,
der Sohn von Hadlai. 13 Sie sagten: »Ihr dürft die
Gefangenen nicht hierher bringen! Unser Un-
recht und unsere Schuld gegenüber dem HERRN
sind schon so groß, dass er zornig auf uns ist.
Wollt ihr die Schuld noch größer machen?«

14 Da ließen die Kriegsleute in Gegenwart der
führenden Männer und der ganzen versammel-
ten Gemeinde die Gefangenen frei und verzich-
teten sogar auf die Beute. 15 Einige Leute wurden
namentlich bestimmt und beauftragt, sich um
die Gefangenen zu kümmern. Sie gaben allen,
die nicht genug anzuziehen hatten, Kleidungs-
stücke und Schuhe aus dem Beutegut. Sie gaben
ihnen zu essen und zu trinken und versorgten
die Verwundeten. Alle, die zum Gehen zu
schwach waren, setzten sie auf Esel und brach-
ten sie bis nach Jericho, der Palmenstadt. Dort
waren sie nicht mehr weit von ihren Landsleu-
ten. Dann kehrten die Männer von Israel wieder
nach Samaria zurück.

Ahas sucht vergeblich Hilfe in Assyrien

(2 Kön 16,7-20)

16 Damals schickte König Ahas eine Botschaft an
das Königshaus von Assyrien* und bat um Hilfe,
17 weil die Edomiter* wieder ins Land eingedrun-
gen waren. Sie hatten Juda besiegt und viele
Gefangene weggeführt. 18 Auch die Philister*
waren in das Hügelland und in das Südland von
Juda eingefallen. Sie hatten die Städte Bet-Sche-
mesch, Ajalon und Gederot eingenommen wie
auch Socho, Timna und Gimso mit den dazu-
gehörigen Dörfern und hatten sich dort fest-
gesetzt. 19 Der HERR bereitete Juda diese Nieder-
lagen als Strafe für die Sünden von König Ahas,[a]
der ihm die Treue gebrochen und die Zügellosig-
keit des Volkes geduldet hatte.

20 Der Assyrerkönig Tiglat-Pileser rückte tat-
sächlich mit seinem Heer heran. Aber anstatt
Ahas zu unterstützen, setzte er ihn unter Druck.
21 Ahas lieferte die Schätze aus dem Tempel* des
HERRN, aus dem Königspalast und aus dem Besitz
der führenden Kreise an ihn aus und bekam
doch nicht die erwartete Hilfe.

22 Selbst in dieser Zeit schwerster Bedrängnis
blieb Ahas dem HERRN ungehorsam, er trieb es
sogar noch schlimmer: 23 Er opferte den Göttern
von Damaskus, obwohl die Leute von Damaskus
ihn geschlagen hatten. Er sagte sich: »Diese Göt-
ter haben den Königen von Syrien* geholfen
und mich besiegt. Wenn ich ihnen nun Opfer*
darbringe, werden sie mir ebenso helfen.« Aber
ihm und ganz Israel brachten sie nur Unglück.

24 Ahas ließ auch die Geräte aus dem Haus
Gottes zusammentragen und zerschlagen und
die Tore des Tempels ließ er schließen. Stattdes-
sen errichtete er Altäre an allen Ecken in Jerusa-
lem. 25 Auch in allen anderen Städten von Juda
ließ er Opferstätten* errichten, um den fremden
Göttern Opfer darzubringen. Mit alldem forderte
er den Zorn des HERRN, des Gottes seiner Vorfah-
ren, heraus.

26 Was es sonst noch über Ahas zu berichten
gibt, über alle seine Taten vom Anfang bis zum
Ende, das ist nachzulesen im Buch der Könige
von Juda und Israel. 27 Ahas starb und wurde in
Jerusalem bestattet, aber nicht in der Grabstätte
der Könige von Israel.[b] Sein Sohn Hiskija wurde
sein Nachfolger.

a Es folgt noch *von Israel;* vgl. Anmerkung zu 17,1.

b Zu *Israel* siehe Anmerkung zu 17,1.

REFORMEN UND ENDE DES REICHES JUDA (Kapitel 29–36)

König Hiskija reinigt den Tempel

(2 Kön 18,1-3)

29 Hiskija war 25 Jahre alt, als er König wurde, und er regierte 29 Jahre lang in Jerusalem. Seine Mutter hieß Abi und war eine Tochter von Secharja. 2 Hiskija tat, was dem HERRN gefällt, genau wie sein Ahnherr David.

3 Noch im ersten Jahr seiner Regierung, gleich zu Beginn des neuen Jahres, ließ er die Tore des Tempels* wieder öffnen und instand setzen. 4 Dann rief er die Priester* und die Leviten* zu sich. Sie versammelten sich auf dem Platz im Osten 5 und er sagte zu ihnen:

»Männer vom Stamm Levi, hört mir zu! Reinigt* euch für euren Dienst! Reinigt und weiht auch den Tempel wieder! Er gehört dem HERRN, dem Gott eurer Vorfahren. Räumt deshalb alles hinaus, was ihn unrein gemacht hat!

6 Unsere Väter sind dem HERRN untreu geworden und haben getan, was ihm missfällt. Sie haben ihm und seiner Wohnung den Rücken gekehrt. 7 Schlimmer noch: Sie haben die Tore der Vorhalle geschlossen, die Lampen gelöscht und dem Gott Israels in seinem Tempel keine Räucheropfer* und keine Brandopfer* mehr dargebracht. 8 Darum ist der HERR auf Juda und Jerusalem zornig geworden. Er hat sie zu einem abschreckenden Beispiel gemacht, zu Stätten des Grauens, von denen man sich mit Entsetzen abwendet, wie ihr mit eigenen Augen seht. 9 Deswegen sind auch unsere Väter im Krieg umgekommen und unsere Frauen und Kinder sind in Gefangenschaft.

10 Ich habe jetzt die feste Absicht, mit dem HERRN, dem Gott Israels, einen Bund* zu schließen, in der Hoffnung, dass er seinen Zorn von uns abwendet. 11 Verliert nun keine Zeit mehr, geht an eure Aufgabe! Euch hat der HERR doch erwählt, als seine Diener vor ihm zu stehen und ihm Opfer darzubringen.«

12–14 Da traten folgende Leviten vor:

von den Nachkommen Kehats:
  Mahat, der Sohn von Amasai, und Joël,
  der Sohn von Asarja;
von den Nachkommen Meraris:
  Kisch, der Sohn von Abdi, und Asarja,
  der Sohn von Jehallelel;
von den Nachkommen Gerschons:
  Joach, der Sohn von Simma, und Eden,
  der Sohn von Joach;
von den Nachkommen Elizafans:
  Schimri und Jëiël;
von den Nachkommen Asafs:
  Secharja und Mattanja;
von den Nachkommen Hemans:
  Jehiël und Schimi;
von den Nachkommen Jedutuns:
  Schemaja und Usiël.

15 Sie riefen ihre Stammesbrüder zusammen und alle reinigten sich für ihren Dienst. Dann begannen sie den Tempel zu reinigen, wie es der König nach den Weisungen des HERRN befohlen hatte. 16 Die Priester gingen in das Tempelhaus hinein und brachten alles, was unrein war, hinaus in den Vorhof. Von dort aus schafften es die Leviten ins Kidrontal außerhalb der Stadt.

17 Am ersten Tag des ersten Monats fingen sie mit der Reinigung an; nach einer Woche kamen sie an die Vorhalle. Während der folgenden acht Tage wurde die Vorhalle gereinigt, sodass sie am 16. Tag mit allem fertig waren.

18 Dann gingen sie zu König Hiskija und meldeten ihm: »Wir haben den ganzen Tempel wieder gereinigt, auch den Brandopferaltar* und den Tisch für die geweihten Brote* und die zu beiden gehörenden Geräte. 19 Wir haben auch alle anderen Geräte wieder hergerichtet und neu geweiht, die König Ahas während seiner Regierung entweiht hatte, als er dem HERRN untreu geworden war. Sie können jetzt wieder für den Dienst am Altar des HERRN verwendet werden.«

Die Wiedereinweihung des Tempels

20 Am nächsten Morgen rief König Hiskija die führenden Männer der Stadt zu sich und ging mit ihnen zum Haus des HERRN hinauf. 21 Man brachte sieben Stiere, sieben Schafböcke und sieben Lämmer für das Brandopfer* herbei, dazu sieben Ziegenböcke, die als Sühneopfer* für das Königshaus, den Tempel* und die ganze Bevölkerung von Juda vorgesehen waren. Der König befahl den Priestern, den Nachkommen Aarons, die Tiere auf dem Altar des HERRN zu opfern.

22 Nacheinander wurden die Stiere, die Schafböcke und die Lämmer geschlachtet. Die Priester nahmen das Blut und sprengten es an den Altar.* 23 Zuletzt brachte man die Böcke für das Sühneopfer und stellte sie vor den König und die versammelten Israeliten. Diese legten ihre

29,3 28,24 **29,12-14** (Asaf) 1 Chr 6,24 S; (Heman) 1 Chr 6,18 S; (Jedutun) 1 Chr 25,1 S **29,23-24** Lev 4,22-24

Hände auf die Köpfe der Opfertiere. 24 Dann
schlachteten die Priester die Böcke und spreng-
ten das Blut an den Altar, um Israel von seiner
Schuld zu befreien; denn der König hatte das
Brandopfer und Sühneopfer für das ganze Volk
angeordnet.

25 Er stellte auch die Leviten* mit Becken,
Harfen und Lauten wieder beim Tempel auf. So
hatte es König David angeordnet, nachdem sein
prophetischer Ratgeber Gad und der Prophet*
Natan ihm einen entsprechenden Befehl des
HERRN überbracht hatten. 26 Die Leviten nah-
men Aufstellung mit den Instrumenten, die
König David hatte anfertigen lassen, ebenso die
Priester mit ihren Trompeten.

27 Als Hiskija den Befehl gab, das Brandopfer
auf dem Altar herzurichten, ertönten die Instru-
mente Davids, des Königs von Israel. Dazu prie-
sen die Leviten den HERRN mit ihrem Gesang
und die Priester bliesen auf den Trompeten.
28 Alle versammelten Israeliten warfen sich nie-
der und beteten den HERRN an. Die Leviten san-
gen und die Trompeten schmetterten, solange
die Opferhandlung andauerte. 29 Zum Schluss
warfen sich der König und alle Anwesenden
noch einmal zur Anbetung nieder.

30 Dann forderten König Hiskija und die füh-
renden Männer die Leviten auf, den HERRN mit
den Liedern Davids und des prophetischen Sän-
gers Asaf zu preisen. Sie taten dies mit großer
Freude, dann warfen auch sie sich nieder, um
den HERRN anzubeten.

31 Anschließend wandte sich Hiskija zu dem
versammelten Volk und sagte: »Ihr seid nicht mit
leeren Händen hier vor dem HERRN erschienen.
Kommt her und bringt eure Mahlopfer* und
Dankopfer* zu seinem Tempel!«

Da brachten sie ihre Opfer herbei, und wer
besonders reichlich geben wollte, gab noch
Brandopfer hinzu. 32 Auf diese Weise kamen
70 Rinder, 100 Schafböcke und 200 Lämmer für
das Brandopfer* zusammen. 33 Die Zahl der übri-
gen Opfergaben betrug 600 Rinder und 3000
Schafe.

34 Zuerst waren gar nicht genug Priester da,
um alle Tiere für das Brandopfer abzuhäuten.
Deshalb gingen ihre Stammesbrüder, die Levi-
ten, ihnen dabei zur Hand, bis die Arbeit ge-
schafft war und noch mehr Priester sich für den
Dienst gereinigt* hatten. Die Leviten hatten sich
nämlich mit größerem Eifer gereinigt als die
Priester. 35 Außerdem war die Zahl der Brand-
opfer an diesem Tag besonders groß, und die
Priester bekamen zusätzlich zu tun mit den Fett-
stücken der Mahlopfer*, die verbrannt werden
mussten, und mit den Trankopfern*, die zum
Brandopfer hinzugehören.

Damit war der regelmäßige Gottesdienst im
Tempel des HERRN wieder aufgenommen.
36 Hiskija und das ganze Volk freuten sich sehr,
dass Gott ihnen diese Wende geschenkt hatte.
Sie war viel schneller eingetreten, als sie erwar-
tet hatten.

Vorbereitungen für das Passafest

30 Hiskija schickte Boten mit Briefen durch
das ganze Gebiet von Israel und Juda;
auch an die Stämme Efraïm und Manasse.[a] Er
lud alle ein, zum Haus des HERRN nach Jerusalem
zu kommen und zu Ehren des HERRN, des Gottes
Israels, gemeinsam das Passafest* zu feiern.
2 Vorher hatte er sich mit den verantwortlichen
Männern und der ganzen Gemeinde von Jerusa-
lem beraten, ob sie nicht das Fest diesmal erst im
zweiten Monat begehen sollten.

3 Zum vorgeschriebenen Zeitpunkt im ersten
Monat war es nicht möglich, weil sich noch
nicht genügend Priester für den Dienst gerei-
nigt* hatten und auch das Volk nicht so schnell
in Jerusalem zusammenkommen konnte. 4 Der
König und die ganze Gemeinde hatten diesem
Plan zugestimmt 5 und beschlossen, sich mit
einem Aufruf an ganz Israel zu wenden, von
Beerscheba im Süden bis nach Dan im Norden.
Alle Israeliten sollten zu diesem Passafest nach
Jerusalem eingeladen werden. Es war ja schon
lange nicht mehr von allen Stämmen gemein-
sam begangen worden, wie es vorgeschrieben
ist.

6 Die Boten eilten mit den Briefen des Königs
und seiner Minister durch ganz Juda und Israel.
Im Auftrag des Königs riefen sie aus:

»Ihr Israeliten, kehrt wieder um zum HERRN,
dem Gott eurer Ahnen Abraham, Isaak und
Israel![b] Dann wird er sich euch, dem Rest eures
Volkes, wieder zuwenden, allen, die nicht von
den Assyrern* verschleppt worden sind. 7 Folgt
nicht länger dem schlechten Beispiel eurer Väter
und Brüder! Sie sind dem HERRN, dem Gott eurer
Vorfahren, untreu geworden und deshalb hat er
sie zu einem abschreckenden Beispiel für alle
werden lassen, wie ihr selbst es miterlebt habt.

8 Seid nicht so starrsinnig wie eure Vorfahren,
unterstellt euch dem HERRN! Kommt zu seinem
Tempel*, den er für alle Zeiten zu seinem Heilig-
tum bestimmt hat! Dient dem HERRN, eurem

a Efraïm und Manasse waren die größten Stämme des Nordreiches Israel. b *Israel* = Jakob; vgl. Gen 32,29; 35,10.

29,25-26 1 Chr 15,16 S **29,30** 1 Chr 6,24 S **30,2-3** Num 9,9-11 **30,6** Ex 3,6; 2 Chr 12,5 S

Gott; dann wird er seinen Zorn von euch abwenden. 9 Wenn ihr zu ihm zurückkehrt, wird er dafür sorgen, dass die Assyrer mit euren verschleppten Brüdern und Söhnen Erbarmen haben und sie in euer Land zurückkehren lassen. Der HERR, euer Gott, ist voll Güte und Erbarmen! Er wird sich gewiss nicht länger von euch abwenden, wenn ihr zu ihm zurückkommt.«

10 Die Boten gingen von einer Stadt zur andern, durch das Gebiet von Efraïm und Manasse und bis hin nach Sebulon. Aber die Leute dort lachten sie aus und verspotteten sie. 11 Nur einige aus den Stämmen Ascher, Manasse und Sebulon gingen in sich und kamen nach Jerusalem. 12 In Juda aber bewirkte Gott, dass alle einmütig dem Aufruf folgten, den der König und die führenden Männer nach dem Gebot des HERRN erlassen hatten.

Hiskija feiert das Passafest

13 Im zweiten Monat kam eine große Volksmenge in Jerusalem zusammen, um das Passafest* und das Fest der Ungesäuerten Brote* zu feiern. Es war eine ungewöhnlich große Versammlung. 14 Zuerst beseitigten sie in Jerusalem die Altäre und Räucheraltäre* der fremden Götter und warfen sie ins Kidrontal. 15 Am 14. Tag des Monats schlachteten sie die Passalämmer.

Weil die Priester* und die Leviten* sich geschämt hatten, waren sie diesmal für ihren Dienst gereinigt*. Sie brachten Tiere für das Brandopfer* herbei. 16 Dann nahmen sie ihre Plätze ein, wie es Mose, der Mann Gottes, im Gesetz* festgelegt hatte. Die Priester nahmen von den Leviten das Blut der Opfertiere entgegen und sprengten es an den Altar*.

17 Viele der Festteilnehmer hatten nicht die nötige Reinigung an sich vorgenommen; deshalb schlachteten die Leviten für sie die Passalämmer, damit diese dem HERRN geweiht werden konnten. 18–19 Viele, besonders aus Efraïm, Manasse, Issachar und Sebulon, hatten auch schon angefangen, das Passamahl zu essen, ohne die Reinheitsvorschriften beachtet zu haben.

Darum betete Hiskija für sie: »HERR, du Gott unserer Vorfahren, vergib in deiner Güte allen, die sich nicht so vorbereitet haben, wie es für dieses heilige Fest nötig ist, die aber doch mit ganzem Herzen nach deinem Willen fragen.« 20 Der HERR erhörte das Gebet Hiskijas und ließ keine Strafe über sie kommen.

21 Sieben Tage lang feierten die in Jerusalem versammelten Israeliten voller Freude das Fest der Ungesäuerten Brote. Die Priester und Leviten priesen Tag für Tag den HERRN; sie taten das mit dem lauten Schall ihrer Instrumente. 22 Hiskija lobte die Leviten, weil sie mit so viel Umsicht ihren Dienst für den HERRN ausgeübt hatten.

Eine ganze Woche lang feierten die Israeliten und aßen miteinander die Mahlopfer* und dankten dem HERRN, dem Gott ihrer Vorfahren. Als die Tage zu Ende waren, 23 beschloss die ganze Gemeinde, noch weitere sieben Tage zusammenzubleiben, und auch diese zweite Woche machten sie zu einem Freudenfest.

24 König Hiskija von Juda hatte der Gemeinde dazu 1000 Rinder und 7000 Schafe geschenkt und die führenden Männer des Volkes hatten 1000 Rinder und 10 000 Schafe gegeben. Sehr viele Priester hatten sich zum Dienst gereinigt.

25 Sie freuten sich alle miteinander: das Volk von Juda, die Priester und die Leviten, dazu alle, die aus den anderen Stämmen Israels gekommen waren, dazu auch die Fremden*, die aus Israel mitgekommen waren oder in Juda lebten. 26 In ganz Jerusalem herrschte große Festfreude; denn seit Salomo, der Sohn Davids, König in Israel gewesen war, hatte es so etwas in Jerusalem nicht mehr gegeben.

27 Zuletzt erhoben sich die Priester, die Nachkommen Levis, und erteilten dem Volk den Segen des HERRN. Ihr Gebet drang hinauf zu seiner himmlischen Wohnung und Gott erhörte es.

Hiskija ordnet den Tempeldienst

31 Als das Fest zu Ende war, zogen die versammelten Israeliten erst noch in die anderen Städte Judas. Überall zerschlugen sie die Steinmale*, hieben die geweihten Pfähle* um und zerstörten die Opferstätten und Altäre der fremden Götter, bis nichts mehr von ihnen übrig blieb. Außer in Juda taten sie dies auch im ganzen Gebiet der Stämme Benjamin, Efraïm und Manasse. Dann erst kehrten sie in die Wohnorte zurück, wo sie ihren Grundbesitz hatten.

2 Hiskija ordnete auch aufs Neue die Dienstgruppen der Priester* und der Leviten*, wie sie früher bestanden hatten, und wies jedem die Aufgabe zu, die er im Tempel, der Wohnstätte[a] des HERRN, zu erfüllen hatte: Die Priester sollten

a *im Tempel* …:* wörtlich *in/an den Toren des Lagers;* möglicherweise werden die Tore genannt, weil zu den Dienstgruppen auch die der Torwächter gehörte.

30,9 Ex 34,6 S **30,13-20** Ex 12,1-14 S **30,14** 28,24 **30,15** 30,3 **30,21-22** Ex 12,15-20 S **30,25** 11,16-17; 15,9; 31,6 **30,26** 1 Kön 8,66 **30,27** Lev 9,22; Num 6,22-26 **31,1** 2 Kön 18,4

die Brandopfer* und Mahlopfer* darbringen
und die Leviten sollten ihnen dabei helfen und
den HERRN mit Musik und Gesang preisen.
3 Der König gab aus seinem eigenen Besitz
einen Anteil zu den Brandopfern*, die im Ge-
setz* des HERRN vorgeschrieben sind: den
Opfern an jedem Morgen und Abend, am
Sabbat*, am Neumondstag* und an den anderen
Festen.
4 Er befahl auch den Einwohnern von Jerusa-
lem, die Abgaben für die Priester und Leviten zu
leisten, damit diese sich ganz ihren Aufgaben
widmen konnten, wie sie im Gesetz des HERRN
vorgeschrieben sind. 5 Sobald dieser Befehl be-
kannt geworden war, brachten die Israeliten in
großen Mengen das Erstgeerntete* von Wein,
Olivenöl, Honig und allen Feldfrüchten, dazu
von allen ihren Erträgen den vorgeschriebenen
zehnten* Teil. 6 Auch die Bewohner der anderen
Städte Judas einschließlich der Nordisraeliten,
die sich bei ihnen niedergelassen hatten, brach-
ten den zehnten Teil ihrer Rinder und Schafe
und andere Gaben, die sie dem HERRN, ihrem
Gott, geweiht hatten.
Sie schichteten alle diese Abgaben zu großen
Stapeln auf, einen neben dem andern. 7 Im drit-
ten Monat begannen sie damit und erst im sieb-
ten Monat waren sie mit dem Stapeln fertig.
8 Als Hiskija und die führenden Männer kamen
und die aufgeschichteten Mengen sahen, dank-
ten sie dem HERRN und seinem Volk Israel.
9 Hiskija fragte die Priester und Leviten, wo-
her diese Stapel kämen, 10 und der Oberpriester
Asarja, ein Nachkomme Zadoks, antwortete:
»Seitdem das Volk angefangen hat, seine Ab-
gaben zum Tempel des HERRN zu bringen, haben
wir gut und reichlich zu essen und haben große
Vorräte übrig behalten. Der HERR hat sein Volk
so reich gesegnet, dass diese Mengen hier übrig
geblieben sind.«
11 Hiskija befahl deshalb, im Tempelbereich
Vorratskammern einzurichten. Als dies gesche-
hen war, 12 wurde alles sorgfältig dort eingela-
gert: die Ernteabgaben, der abgelieferte zehnte
Teil aller Erträge und die übrigen Opfergaben.
Als Oberaufseher über diese Vorräte wurde der
Levit Konanja eingesetzt und sein Bruder Schimi
als sein Stellvertreter. 13 Als weitere Aufseher un-
terstanden ihnen Jehiël, Asasja, Nahat, Asaël,
Jerimot, Josabad, Eliël, Jismachja, Mahat und
Benaja. So hatten es König Hiskija und der
Oberpriester Asarja, der Vorsteher des Tempels,
verfügt.
14 Die Aufsicht über die Gaben, die freiwillig
für Gott gespendet wurden, führte der Levit
Kore, der Sohn von Jimna, der Torwächter des
Osttors. Er hatte auch die Opfergaben, die dem
HERRN gebracht wurden, an die Priester zu
verteilen, ebenso die besonders heiligen* Teile
der Opfer, die nur von den Priestern gegessen
werden dürfen. 15 Unter seiner Leitung standen
Eden, Minjamin, Jeschua, Schemaja, Amarja
und Schechanja, die ihn in den Wohnorten
der Priester bei seiner Arbeit gewissenhaft
unterstützten. Sie sorgten dafür, dass alle Pries-
ter in den verschiedenen Dienstgruppen regel-
mäßig ihren Anteil bekamen, die alten wie die
jungen.
16 Man hatte Verzeichnisse angelegt für die
Priester, die nach ihren Dienstgruppen turnus-
gemäß nach Jerusalem gehen mussten, um dort
im Tempel die täglichen Aufgaben zu erfüllen.
Die Listen erfassten alle männlichen Personen
ab drei Jahren. 17 Die Eintragung der Priester
erfolgte nach ihren Sippen. Die Leviten wurden
ebenfalls in Verzeichnisse eingetragen, nach
ihren Dienstgruppen und Aufgaben, und zwar
alle ab zwanzig Jahren. 18 Bei den einen wie bei
den andern wurden aber auch ihre Familien ein-
getragen, die Frauen, Söhne und Töchter. Sie
wurden, weil die Männer ständig im Dienst des
HERRN standen, zu ihrem geweihten Stand mit
hinzugezählt.
19 Gesorgt war auch für alle unter den Pries-
tern, den Nachkommen Aarons, die nicht in den
Städten, sondern draußen bei ihren Weide-
gründen wohnten. Für sie wurden in jeder Stadt
Männer namentlich bestimmt, die allen männ-
lichen Angehörigen der Priesterfamilien ihre
Anteile an den Gaben austeilen mussten, ebenso
allen, die als Leviten eingeschrieben waren.
20 So handelte Hiskija in ganz Juda. Er tat, was
vor dem HERRN, seinem Gott, recht und gut ist,
und bewies ihm damit seine Treue. 21 Als er den
Tempeldienst wieder ordnete und dem Gesetz*
des HERRN und seinen Geboten wieder Geltung
verschaffte, tat er dies alles, weil er seinem Gott
mit ganzem Herzen gehorchen wollte. Darum
ließ es ihm der HERR auch gelingen.

Die Assyrer dringen in Juda ein

(2 Kön 18,13; Jes 36,1)

32 Nachdem Hiskija dies alles getan und da-
mit seine Treue zum HERRN bewiesen
hatte, rückte Sanherib, der König von Assyrien*,
mit seinen Truppen heran, fiel in Juda ein und

31,3 Num 28,1-29,39 **31,4** Num 18,11-24 **31,5** Lev 27,30 **31,6** 30,25 S **31,14** Num 18,8-10 S **31,17** 1 Chr 23,3 S

belagerte die befestigten Städte, um sie in seine
Gewalt zu bringen.
2 Hiskija erkannte, dass Sanherib es vor allem
auf Jerusalem abgesehen hatte. 3 Er beriet sich
deshalb mit seinen Ministern und Offizieren, ob
man nicht die Wasserquellen außerhalb der Stadt
unzugänglich machen sollte, und sie stimmten
diesem Vorschlag zu. 4 Sie sagten sich: »Wenn
die assyrischen Könige kommen, um uns zu bela-
gern, sollen sie kein Wasser finden!« Sie holten
viele Leute zusammen und diese schütteten alle
Quellen zu, ebenso auch den Zugang zu dem
unterirdischen Kanal, durch den das Wasser in
die Stadt geleitet wird.[a]
5 Hiskija ging auch entschlossen daran, die
Stadtmauer überall, wo sie schadhaft geworden
war, wieder instand setzen zu lassen. Die
bestehenden Türme wurden höher gebaut,
außerhalb der Mauer wurde noch eine zweite
Mauer errichtet und in der Davidsstadt*
verstärkte man die Befestigung am Millo*.
Außerdem ließ der König eine große Menge
Wurfspeere und Schilde anfertigen.
6 Er setzte auch Truppenführer ein, die die
wehrfähigen Männer im Fall einer Belagerung
befehligen sollten. Dann bestellte er alle Männer
zu sich auf den Platz am Stadttor und sprach
ihnen Mut zu. Er sagte: 7 »Seid tapfer und ent-
schlossen! Erschreckt nicht und habt keine Angst
vor dem König von Assyrien und seinem ganzen
Heer! Auf unserer Seite steht eine Macht, die
stärker ist als er. 8 Er stützt sich auf menschliche
Macht, wir aber auf den HERRN, unseren Gott!
Der wird uns helfen und selbst den Kampf für
uns führen.«

Durch diese Worte Hiskijas, des Königs von
Juda, wurde der Mut der Leute sehr gestärkt.

Jerusalem soll eingeschüchtert werden

(2 Kön 18,17-37; Jes 36,2-22)

9 Einige Zeit später schickte König Sanherib – er
lag noch mit seiner ganzen Streitmacht vor der
Stadt Lachisch – Beauftragte zu König Hiskija
von Juda und allen Leuten aus Juda, die in Jeru-
salem waren. Er gab ihnen folgende Botschaft
mit:
10 »König Sanherib von Assyrien* lässt euch
sagen: Worauf vertraut ihr eigentlich, dass ihr in
der belagerten Stadt Jerusalem bleiben wollt?
11 Hiskija führt euch in die Irre, wenn er euch
einredet: ›Der HERR, unser Gott, wird uns vor
dem König von Assyrien retten.‹ In Wirklichkeit
schickt er euch in den Tod! Verhungern und ver-
dursten werdet ihr! 12 Er selbst hat doch die
Opferstätten* und Altäre eures Gottes im ganzen
Land beseitigt und den Leuten von Juda und
Jerusalem befohlen, den HERRN nur noch an ei-
nem einzigen Altar anzubeten und ihm nur dort
Opfer* darzubringen.
13 Wisst ihr nicht, was ich und meine Vorgän-
ger mit den Völkern in anderen Ländern
gemacht haben? Haben ihre Götter sie etwa vor
mir schützen können? 14 Nicht einer von den
vielen Göttern hat das gekonnt! Kein einziges
der vielen Völker, die meine Vorgänger vernich-
tet haben, ist von seinem Gott gerettet worden!
Da soll ausgerechnet der HERR, euer Gott, euch
vor mir bewahren? 15 Ich sage euch: Lasst euch
nicht von Hiskija in die Irre führen und betrü-
gen! Glaubt ihm nicht! Kein Gott irgendeines
Landes oder Reiches konnte sein Volk aus mei-
ner Hand oder aus der meiner Vorgänger er-
retten. Und euer Gott kann das genauso wenig!«
16 In diesem Ton redeten die Abgesandten
Sanheribs immer weiter gegen den HERRN, den
wahren Gott, und seinen Diener Hiskija.

Sanherib lästert Gott und wird bestraft

(2 Kön 19,9-19.35-37; Jes 37,9-20.36-38)

17 Sanherib hatte auch einen Brief mitgeschickt,
in dem er den HERRN, den Gott Israels, verspot-
tete. Darin hieß es: »Die Götter der anderen Län-
der haben ihre Völker nicht aus meiner Hand
retten können. Genauso wenig kann der Gott
Hiskijas sein Volk vor mir retten.«
18 Die Abgesandten des Assyrerkönigs riefen
diese Worte mit lauter Stimme auf Hebräisch den
Einwohnern von Jerusalem zu, die auf der Stadt-
mauer standen. Sie wollten sie damit einschüch-
tern und ihnen Angst einjagen, um die Stadt
noch leichter erobern zu können. 19 Dabei rede-
ten sie vom Gott Jerusalems, als wäre er den Göt-
tern der anderen Völker gleichzustellen, die
doch nur von Menschenhand hergestellte Bilder
sind.
20 Aber König Hiskija und der Prophet* Jesaja,
der Sohn von Amoz, beteten deswegen zu Gott
und schrien zu ihm um Hilfe. 21 Da schickte der
HERR einen Engel*, der im Lager des Assyrer-
königs alle Kriegsleute, Offiziere und Befehls-
haber tötete, sodass der König mit Schimpf und
Schande in sein Land zurückkehren musste. Als
er eines Tages in den Tempel seines Gottes ging,
erschlugen ihn dort seine eigenen Söhne mit
dem Schwert.

a *durch den ...:* verdeutlichender Zusatz.

32,7 2 Kön 6,16 **32,8** 20,15-17 S **32,18** 2 Kön 18,26-28 **32,20** 2 Kön 19,1-4

22 So rettete der HERR König Hiskija und die
Bewohner von Jerusalem aus der Hand San-
heribs, des Königs von Assyrien, und schützte sie
vor allen ihren Feinden. Er gab ihnen Frieden an
allen Grenzen.[a] 23 Aus vielen Ländern wurden
Opfergaben für den HERRN nach Jerusalem
gebracht und kostbare Geschenke für Hiskija,
den König von Juda; denn er stand seitdem bei
allen Völkern in hohem Ansehen.

Das Ende der Regierung Hiskijas

(2 Kön 20,1-21; Jes 38,1-8; 39,1-8)

24 Einmal wurde Hiskija todkrank. Er betete
zum HERRN und der HERR sagte ihm zu, dass
er wieder gesund würde; er bestätigte ihm das
sogar durch ein offenkundiges Wunder. 25 Aber
anstatt dem HERRN für die erwiesene Wohltat
zu danken, wurde Hiskija überheblich. Deshalb
wurde der HERR zornig auf ihn und auch auf
Juda und Jerusalem. 26 Doch Hiskija und die
Bewohner von Jerusalem sahen ihre Schuld ein
und beugten sich vor dem HERRN. Darum kam
seine Strafe noch nicht über sie, solange Hiskija
lebte.

27 Hiskija war sehr reich und stand in höchs-
tem Ansehen. Er legte Schatzkammern an für
seinen Besitz an Gold, Silber, Edelsteinen, Bal-
samöl, Schilden und allen möglichen kostbaren
Geräten. 28 Er baute auch Vorratshäuser für
Getreide, Wein und Olivenöl und Ställe für das
Vieh, das er in großer Zahl hielt. 29 Zum Schutz
seiner riesigen Rinder- und Schafherden ließ er
eine Reihe von Grenzstädten bauen. Gott selbst
hatte ihm zu diesem großen Reichtum verholfen.
30 Die Gihon-Quelle*, die sich außerhalb der
Stadt befindet, ließ Hiskija abdecken und das
Wasser unterirdisch in westlicher Richtung in die
Davidsstadt* leiten. Alles, was er unternahm,
gelang ihm.

31 So nahm es auch noch ein gutes Ende, als
die Fürsten von Babylon* eine Gesandtschaft zu
ihm schickten, die sich nach dem Wunder er-
kundigen sollte, das im Land geschehen war.
Damals ließ Gott Hiskija seinen selbst gewählten
Weg gehen; aber er tat dies nur, weil er Hiskijas
Charakter auf die Probe stellen wollte.

32 Was sonst noch über Hiskija zu berichten
ist, über seine Taten, mit denen er seine Treue
zum HERRN bewies, das ist nachzulesen in der
Niederschrift der Offenbarungen des Prophe-
ten* Jesaja, des Sohnes von Amoz, und im Buch
der Könige von Israel und Juda. 33 Als Hiskija
starb, wurde er in der Grabstätte der Nachkom-
men Davids bestattet, und zwar an bevorzugter
Stelle, und die ganze Bevölkerung von Juda und
Jerusalem erwies ihm große Ehre. Sein Sohn
Manasse wurde sein Nachfolger.

König Manasse, sein Götzendienst und seine Bestrafung

(2 Kön 21,1-9)

33 Manasse war zwölf Jahre alt, als er König
wurde, und er regierte 55 Jahre lang in
Jerusalem. 2 Er tat, was dem HERRN missfällt,
und folgte den abscheulichen Bräuchen der
Völker, die der HERR vor den Israeliten aus dem
Land vertrieben hatte. 3 Er baute die Opferstät-
ten wieder auf, die sein Vater Hiskija zerstört
hatte, errichtete Altäre für den Gott Baal*, stellte
auch wieder geweihte Pfähle* auf und warf sich
vor dem Heer der Sterne nieder und brachte ihm
Opfer*.

4 Im Tempel* von Jerusalem, den der HERR
für alle Zeiten zur Wohnstätte seines Namens
bestimmt hatte,[b] stellte er Altäre fremder Götter
auf 5 und in den Vorhöfen des Tempels Altäre für
das ganze Sternenheer. 6 Er ließ seine eigenen
Söhne im Hinnom-Tal als Opfer verbrennen, gab
sich mit Zauberern und Wahrsagern ab und hielt
sich Totenbeschwörer und Zeichendeuter. Mit
all diesem bösen Tun zog er den Zorn des HERRN
auf sich.

7 Er ließ auch ein Götzenbild anfertigen und
im Haus Gottes aufstellen, dem Haus, von dem
der HERR zu David und zu seinem Sohn Salomo
gesagt hatte: »In diesem Haus und in Jerusalem,
der Stadt, die ich mir aus allen Stämmen Israels
ausgewählt habe, soll mein Name für alle Zeiten
Wohnung nehmen. 8 Wenn sie mir gehorchen
und alle Gebote und Vorschriften meines Geset-
zes* befolgen, das ich ihnen durch Mose ge-
geben habe, dann werde ich nicht zulassen, dass
sie jemals aus dem Land vertrieben werden, das
ich ihren Vorfahren zugesagt habe.«

9 Aber Manasse verführte die Leute von Juda
und Jerusalem, dass sie es schlimmer trieben als
die Völker, die der HERR vor den Israeliten aus-
gerottet hatte.

10 Der HERR warnte Manasse und sein Volk,
aber sie achteten nicht darauf. 11 Darum ließ er
die Heerführer des Königs von Assyrien* mit
ihren Truppen gegen Juda heranrücken. Sie nah-
men Manasse gefangen, schlugen einen Haken
durch seinen Kiefer und führten ihn in Ketten
nach Babylon*.

a So mit G; H *Er führte sie von ringsum.*
b *Wohnstätte …:* siehe Anmerkung zu Dtn 12,5; ebenso für Vers 7.

33,6 Lev 18,21 S; 19,26 S; 19,31 S **33,7-8** 7,12-18 **33,11** Ez 19,4.9

König Manasse beugt sich vor Gott

(2 Kön 21,17-18)

12 In dieser verzweifelten Lage suchte Manasse
Hilfe beim HERRN, seinem Gott und dem Gott
seiner Vorfahren. Er beugte sich tief vor ihm
13 und flehte ihn um Erbarmen an. Und Gott
erhörte sein Gebet: Er ließ ihn wieder nach Jeru-
salem zurückkehren und als König weiterregie-
ren. Daran erkannte Manasse, dass der HERR der
wahre Gott ist.

14 Nach seiner Rückkehr ließ er an der Davids-
stadt* eine sehr hohe Mauer bauen. Sie führte
an der Gihon-Quelle* vorbei den Abhang des
Kidrontals entlang in Richtung zum Fischtor um
den Ofel* herum. In allen befestigten Städten
Judas setzte er Kommandanten ein.

15 Er beseitigte auch die Standbilder der frem-
den Götter aus dem Tempel* des HERRN, beson-
ders das steinerne Götzenbild, das er dort aufge-
stellt hatte. Ebenso entfernte er die Altäre, die er
vorher im Tempelbereich und in Jerusalem er-
richtet hatte, und ließ alles vor die Stadt hinaus-
werfen. 16 Den Altar des HERRN dagegen stellte
er wieder her und opferte darauf Mahlopfer*
und Dankopfer*. Allen Leuten von Juda befahl
er, nur noch dem HERRN, den Gott Israels,
anzubeten. 17 Die Bevölkerung opferte zwar
auch weiterhin an den Opferstätten* im Land,
doch die Opfer galten allein dem HERRN, ihrem
Gott.

18 Was es sonst noch über Manasse zu be-
richten gibt, über sein Gebet zu Gott[a] und alles,
was die Propheten* ihm im Auftrag des HERRN
verkündeten, das ist nachzulesen im Buch der
Könige von Israel. 19 Das Gebet, das er an Gott
richtete, und wie Gott ihn erhörte, aber auch alle
seine Sünden und Vergehen sowie die Orte, an
denen er Opferstätten errichtete und geweihte
Pfähle* und Götzenbilder aufstellte, bevor er
sich vor dem HERRN beugte – das alles findet sich
in der Niederschrift von Hosai.

20 Als Manasse starb, wurde er bei seinem
Palast[b] bestattet. Sein Sohn Amon wurde sein
Nachfolger.

König Amon

(2 Kön 21,19-24)

21 Amon war 22 Jahre alt, als er König wurde,
und er regierte zwei Jahre lang in Jerusalem.
22 Er tat, was dem HERRN missfällt, genau
wie sein Vater Manasse. Er warf sich vor all den
Götzenbildern nieder, die sein Vater gemacht
hatte, und opferte ihnen. 23 Aber im Gegensatz
zu seinem Vater Manasse beugte er sich nicht
vor dem HERRN, sondern lud immer größere
Schuld auf sich.

24 Schließlich verschworen sich einige von
seinen Hofbeamten gegen ihn und töteten ihn in
seinem Palast. 25 Die Männer Judas aber brach-
ten alle um, die sich an dieser Verschwörung
gegen König Amon beteiligt hatten, und rie-
fen seinen Sohn Joschija zu seinem Nachfolger
aus.

König Joschija räumt mit dem Götzendienst auf

(2 Kön 22,1-2; 23,4-20)

34 Joschija war erst acht Jahre alt, als er
König wurde, und er regierte 31 Jahre
lang in Jerusalem. 2 Er folgte dem Vorbild seines
Ahnherrn David und tat, was dem HERRN gefällt;
er richtete sich streng nach dessen Geboten und
Weisungen.

3 In seinem achten Regierungsjahr, als er noch
sehr jung war, fing er an, nach dem HERRN, dem
Gott seines Ahnherrn David, zu fragen. Im
zwölften Regierungsjahr begann er, in Juda und
Jerusalem die Opferstätten, die geweihten
Pfähle* und die geschnitzten und gegossenen
Götzenbilder zu beseitigen. 4 Unter seiner Auf-
sicht wurden die Altäre des Gottes Baal* nieder-
gerissen. Die Räuchersäulen*, die darauf stan-
den, ließ er in Stücke schlagen. Die geweihten
Pfähle und die geschnitzten und gegossenen
Standbilder ließ er zu Staub zermahlen und den
Staub auf die Gräber der Leute streuen, die die-
sen Machwerken Opfer dargebracht hatten.
5 Die Gebeine der Götzenpriester ließ er auf den
Altären verbrennen, auf denen sie geopfert hat-
ten. So reinigte* er Juda und Jerusalem von allen
diesen Dingen.

6 Aber auch in den Städten der Stämme
Manasse, Efraïm, Simeon und bis hin nach
Naftali griff er durch und durchsuchte sogar die
Häuser. 7 Überall bei den Nordstämmen ließ er
die Altäre niederreißen, die geweihten Pfähle
umhauen, die Götzenbilder zertrümmern und
die Räucheraltäre in Stücke schlagen. Dann
kehrte er nach Jerusalem zurück.

a Ein »Gebet Manasses« ist seit dem 3. nachchristlichen Jahrhundert bezeugt. Es wurde später im Anhang der lateinischen Bibelübersetzung überliefert und findet sich deshalb auch im Anhang zu den »Spätschriften des Alten Testaments«, den sog. Apokryphen.

b Wörtlich *in seinem Palast;* nach 2 Kön 21,18 im Garten seines Palastes.

33,18 2 Kön 21,10-15 **34,4** 33,3 **34,5** 1 Kön 13,2

Der Tempel wird ausgebessert

(2 Kön 22,3-7)

8 In seinem 18. Regierungsjahr, noch während
der Reinigung des Landes und des Tempels* vom
Götzendienst, ging Joschija auch daran, das Haus
des HERRN, seines Gottes, auszubessern. Er
schickte dazu drei Männer in den Tempel*:
Schafan, den Sohn von Azalja, Maaseja, den
Stadtgouverneur, und Joach, den Sohn von
Joahas, den Sprecher des Königs. 9 Sie gingen
zum Obersten Priester[a] Hilkija; dort wurde
ihnen das Geld ausgehändigt, das für den Tempel
gespendet worden war. Die Leviten*, die an den
Eingängen als Torwächter Dienst taten, hatten
es von Manasse, Efraïm und den anderen nord-
israelitischen Stämmen wie auch von Juda,
Benjamin und den Einwohnern Jerusalems ein-
gesammelt.

10 Sie übergaben das Geld den Meistern, die
mit den Ausbesserungsarbeiten am Tempel
beauftragt worden waren. 11 Diese zahlten davon
den Lohn für die Handwerker und Bauarbeiter.
Sie kauften davon auch behauene Steine und
Bauholz, womit das Balkenwerk aller Gebäude-
teile erneuert wurde. So ließ Joschija den Tempel
des HERRN, seines Gottes, wiederherstellen,
nachdem die früheren Könige von Juda ihn
vernachlässigt hatten.

12 Die Bauleute arbeiteten sehr gewissenhaft.
Die Aufsicht über sie führten die Leviten Jahat
und Obadja von den Nachkommen Meraris
sowie Secharja und Meschullam von den Nach-
kommen Kehats. Andere Leviten, die mit Musik-
instrumenten umgehen konnten, 13 gaben damit
den Takt für die Arbeit der Lastenträger und aller
übrigen Arbeiter. Einzelne Leviten waren auch
als Schreiber, Aufseher oder Torwächter einge-
setzt.

Ein Gesetzbuch wird gefunden

(2 Kön 22,8-10)

14 Als man das Geld holte, das die Leute zum
Tempel* gebracht hatten, fand der Priester Hil-
kija das Buch mit dem Gesetz*, das der HERR
durch Mose hatte verkünden lassen.

15 Hilkija sagte zu dem Kanzler Schafan: »Ich
habe im Haus des HERRN das Gesetzbuch gefun-
den«, und gab Schafan die Buchrolle*.

16 Dieser brachte sie dem König und meldete
ihm: »Wir haben alles ausgeführt, was du befoh-
len hast. 17 Wir haben das Opfergeld, das sich im
Tempelbereich fand, herausgeholt und den dafür
verantwortlichen Männern und den Bauleuten
übergeben.«

18 Dann berichtete er dem König auch, dass
der Priester Hilkija ihm eine Buchrolle über-
geben hatte, und las dem König daraus vor.

König Joschija ist entsetzt

(2 Kön 22,11-20a)

19 Als der König hörte, was in diesem Gesetz-
buch stand, zerriss er sein Gewand. 20 Er stellte
eine Abordnung zusammen: den Priester Hilkija,
Ahikam, den Sohn von Schafan, Achbor, den
Sohn von Micha, den Kanzler Schafan und den
königlichen Vertrauten Asaja. Er befahl ihnen:
21 »Geht und fragt den HERRN um Rat wegen der
Worte, die in diesem Buch stehen! Fragt ihn für
mich und alle, die von Israel und Juda übrig ge-
blieben sind. Denn wir haben den schweren
Zorn des HERRN auf uns gezogen, weil unsere
Vorfahren sein Wort nicht beachtet und nicht
alles getan haben, was in diesem Buch steht.«

22 Hilkija und die anderen Männer, die der
König bestimmt hatte, gingen zu der Prophetin*
Hulda und sagten ihr, weshalb sie gekommen
waren. Die Prophetin wohnte in der Jerusalemer
Neustadt; ihr Mann Schallum, der Sohn von
Tokhat und Enkel von Hasra, hatte die Aufsicht
über die Kleiderkammer.[b]

23–24 Die Prophetin sagte zu den Abgesandten
des Königs: »Antwortet dem Mann, der euch zu
mir gesandt hat: ›So spricht der HERR, der Gott
Israels: Alle Verfluchungen, die du aus diesem
Buch gehört hast, lasse ich in Erfüllung gehen.
Ich bringe Unglück über diese Stadt und ihre
Bewohner. 25 Sie haben mir die Treue gebrochen
und anderen Göttern geopfert. Mit ihren selbst
gemachten Götzenbildern haben sie mich
herausgefordert. Mein Zorn gegen diese Stadt ist
aufgelodert wie ein Feuer, das nicht erlöscht.‹

26 Für den König von Juda aber, der euch
hergeschickt hat, um den HERRN zu fragen, habe
ich folgende Botschaft: ›So spricht der HERR, der
Gott Israels: Du hast die Worte gehört, 27 die
ich gegen diese Stadt und ihre Bewohner gespro-
chen habe. Du hast sie zu Herzen genommen
und dich darunter gebeugt, du hast dein Ge-
wand zerrissen und geweint. Darum habe ich
auch dein Gebet gehört. 28a Du wirst das
Unglück, das ich über diese Stadt und ihre
Bewohner bringen werde, nicht mehr mit eige-
nen Augen sehen. Du wirst in Frieden sterben
und in der Grabstätte deiner Vorfahren bestattet
werden!‹«

a Das einzige Mal in den Chronik-Büchern wird hier diese Amtsbezeichnung gebraucht; siehe Sacherklärung »Oberster Priester«. *b* Ob am Tempel oder am Königspalast, ist nicht zu entscheiden.

Joschija verpflichtet das Volk auf das neue Gesetz

(2 Kön 22,20b–23,3)

28b Die Abgesandten gingen zum König zurück
und richteten ihm alles aus. 29 Darauf ließ der
König alle Ältesten* von Juda und Jerusalem zu
sich rufen. 30 Mit allen Männern von Juda und
der ganzen Bevölkerung Jerusalems, den Pries-
tern* und Leviten* und dem ganzen Volk, den
vornehmen wie den einfachen Leuten, ging er
hinauf zum Tempel* des HERRN. Dort ließ er vor
ihnen das ganze Bundesgesetz* verlesen, das
sich im Tempel gefunden hatte.

31 Dann trat der König an seinen Platz vor dem
Tempelhaus und schloss einen Bund* mit dem
HERRN. Das ganze Volk musste versprechen, dem
HERRN zu gehorchen und alle seine Gebote und
Anweisungen mit ganzem Willen und aller Kraft
zu befolgen. Alles, was in dem aufgefundenen
Buch gefordert war, sollte genau befolgt werden.
32 Der König forderte alle Anwesenden aus Jeru-
salem und dem Stammesgebiet Benjamin auf,
diesem Bund beizutreten.

Die ganze Bevölkerung von Jerusalem ver-
pflichtete sich zum Gehorsam gegenüber dem
HERRN, dem Gott ihrer Vorfahren.

33 Joschija ließ auch in allen übrigen Gebieten
Israels die Standbilder der fremden Götter entfer-
nen und hielt alle, die dort wohnten, dazu an,
allein dem HERRN, ihrem Gott, zu dienen. So-
lange Joschija lebte, hielten sie dem HERRN, dem
Gott ihrer Vorfahren, die Treue.

Joschija feiert das Passafest

(2 Kön 23,21-23)

35 Joschija feierte in Jerusalem zu Ehren des
HERRN das Passafest*. Am 14. Tag des
ersten Monats wurden die Passalämmer ge-
schlachtet. 2 Joschija hatte die Priester* an ihre
Aufgaben erinnert und sie angespornt, ihren
Dienst im Tempel* zu versehen. 3 Zu den Levi-
ten*, die ganz Israel im Gesetz* zu unterweisen
hatten und zum Dienst für den HERRN geweiht
waren, sagte Joschija:

»Ihr braucht die Bundeslade* nicht mehr auf
euren Schultern zu tragen; sie hat ihren festen
Platz in dem Tempel gefunden, den Salomo, der
Sohn Davids und König von Israel, gebaut hat.
Darum sollt ihr dem HERRN, eurem Gott, und sei-
nem Volk nun hier im Tempel dienen. 4 Ordnet
euch nach euren Sippen und Dienstgruppen, so
wie König David und sein Sohn Salomo es
schriftlich festgelegt haben. 5 Jede eurer Dienst-
gruppen soll für eine Anzahl von Familien aus
dem Volk im Heiligtum bereitstehen. 6 Reinigt*
euch für den Dienst und schlachtet für eure Brü-
der aus dem Volk die Passalämmer und bratet
sie, damit alles so geschieht, wie es der HERR
durch Mose befohlen hat!«

7 Joschija schenkte dem versammelten Volk
aus dem königlichen Besitz 30 000 Schaf- und
Ziegenböckchen für das Passaopfer und 3000
Rinder. 8 Auch seine Minister spendeten für das
Volk und für die Priester und Leviten solche frei-
willigen Gaben. Die drei führenden Priester am
Tempel, Hilkija, Secharja und Jehiël, übergaben
der Priesterschaft 2600 Tiere für das Passaopfer
und 300 Rinder. 9 Ebenso machten es die führen-
den Leviten, Konanja und seine Brüder Schemaja
und Netanel, sowie Haschabja, Jëiël und Josa-
bad: Sie gaben den anderen Leviten 5000 Tiere
für das Passaopfer und 500 Rinder.

10 Nachdem alles für das Fest vorbereitet war,
traten die Priester an ihren Platz und die Leviten
stellten sich in ihren Dienstgruppen auf, wie es
der König befohlen hatte. 11 Die Leviten schlach-
teten die Passalämmer und die Priester nahmen
von den Leviten das Blut entgegen und spreng-
ten es an den Altar. Dann häuteten die Leviten
die Tiere ab. 12 Die als Brandopfer* bestimmten
Teile legten sie für die einzelnen Familien-
gruppen beiseite, damit die Priester sie auf dem
Altar des HERRN verbrennen konnten, wie es
von Mose im Gesetzbuch* vorgeschrieben ist.
Ebenso verfuhren sie mit den Rindern.

13 Dann brieten die Leviten die Passalämmer
am offenen Feuer, wie es vorgeschrieben ist.
Die Teile der Rinder dagegen, die bei der Opfer-
mahlzeit verzehrt werden sollten,[a] kochten
sie in Kesseln und Töpfen. So schnell sie konn-
ten, teilten sie alles an die Leute aus. 14 Da-
nach bereiteten sie für sich selbst das Passamahl
zu und auch für die Priester, die Nachkommen
Aarons; denn diese hatten bis in die Nacht hin-
ein zu tun, um die vielen Brandopfer und die
Fettstücke der Mahlopfer* auf dem Altar zu ver-
brennen.

15 Die Sänger, die Nachkommen Asafs, blie-
ben während der ganzen Zeit an ihrem Platz, so
wie es David und seine prophetischen Ratgeber
Asaf, Heman und Jedutun bestimmt hatten.
Auch die Torwächter blieben an ihren Toren. Sie
alle brauchten ihren Dienst nicht zu unterbre-
chen, weil die Leviten, ihre Stammesbrüder, das
Passamahl für sie zubereiteten. 16 So wurde an

a *Die Teile ...:* wörtlich *Die heiligen/geweihten Gaben.*

35,4 8,14 **35,7** 31,3 **35,12** Lev 3,7-16 **35,13** Ex 12,8-9 **35,15** 1 Chr 6,24 S; 6,18 S; 25,1 S

diesem Tag der ganze Gottesdienst zu Ehren des
HERRN geregelt. Sie hielten das Passamahl und
opferten auf dem Altar des HERRN Brandopfer,
wie König Joschija es angeordnet hatte.
17 Anschließend an das Passafest feierten die
versammelten Israeliten sieben Tage lang das
Fest der Ungesäuerten Brote*. 18 Ein solches
Passafest wie dieses hatte es in Israel seit der Zeit
des Propheten* Samuel nicht mehr gegeben.
Keiner der früheren Könige hatte es in der Weise
begangen, wie König Joschija es feierte, zusam-
men mit den Priestern und den Leviten, mit
allen Besuchern aus Juda und Israel und den Ein-
wohnern von Jerusalem. 19 Dies geschah im
18. Regierungsjahr Joschijas.

Das Ende der Regierung Joschijas

(2 Kön 23,28-30)

20 Einige Zeit nachdem Joschija den Tempel*
renoviert hatte, zog König Necho von Ägypten
mit seinen Truppen heran. Er war damals auf
dem Weg zur Schlacht von Karkemisch am
Eufrat. Joschija aber wollte ihn aufhalten.
21 Da schickte Necho Boten zu ihm und ließ
ihm sagen: »Was kümmerst du dich um meine
Angelegenheiten, König von Juda? Mein Feldzug
richtet sich nicht gegen dich, sondern gegen das
Königshaus von Babylon,[a] mit dem ich mich im
Krieg befinde. Gott hat mir Eile befohlen. Er ist
auf meiner Seite; darum stell dich nicht gegen
ihn, sonst vernichtet er dich!«
22 Aber Joschija hörte nicht auf diese Worte,
durch die Gott selbst ihn warnen wollte, und zog
sich nicht vor Necho zurück. Er machte sich
durch Verkleidung unkenntlich und griff an. In
der Ebene von Megiddo kam es zum Kampf.
23 Dabei wurde er von den ägyptischen Bogen-
schützen getroffen.

»Bringt mich von hier weg«, befahl er seinen
Begleitern, »ich bin schwer verwundet!«
24 Sie hoben ihn von seinem Streitwagen*
herunter, setzten ihn auf seinen zweiten Wagen
und brachten ihn nach Jerusalem zurück. Dort
starb er und wurde in der Grabstätte seiner Vor-
fahren bestattet. Ganz Juda und Jerusalem trau-
erte um ihn.
25 Der Prophet* Jeremia dichtete ein Klage-
lied* auf Joschija. Seitdem wird der König von
allen Sängern und Sängerinnen in ihren Klage-
liedern besungen; das ist in Israel zu einem
festen Brauch geworden. Diese Lieder stehen im
Buch der Trauerlieder.
26 Was es sonst noch über Joschija zu berich-
ten gibt, über seine Taten, mit denen er seine
Treue zum Gesetz* des HERRN bewies, 27 und
seine ganze Geschichte vom Anfang bis zum
Ende, das ist nachzulesen im Buch der Könige
von Israel und Juda.

Die Könige Joahas, Jojakim und Jojachin

(2 Kön 23,30–24,17)

36 Die Männer von Juda machten Joahas,
den Sohn von Joschija, als Nachfolger
seines Vaters in Jerusalem zum König. 2 Er war
23 Jahre alt, als er König wurde, und regierte nur
drei Monate lang in Jerusalem.
3 Dann setzte König Necho von Ägypten ihn
ab. Dem Land wurde eine Tributzahlung von
100 Zentnern* Silber und einem Zentner Gold
auferlegt. 4 Necho setzte Eljakim, den Bruder
von Joahas, als König von Juda und Jerusalem
ein und änderte seinen Namen in Jojakim.
Seinen Bruder Joahas aber nahm Necho als
Gefangenen mit nach Ägypten.
5 Jojakim war 25 Jahre alt, als er König wurde,
und er regierte elf Jahre lang in Jerusalem. Er tat,
was dem HERRN, seinem Gott, missfällt. 6 König
Nebukadnezzar von Babylonien* rückte gegen
ihn heran und nahm ihn gefangen. Er ließ ihn in
Ketten legen und brachte ihn nach Babylon.
7 Auch einen Teil der kostbaren Geräte des Tem-
pels* ließ er nach Babylon schaffen und stellte
sie dort in seinem Palast auf.
8 Was es sonst noch über Jojakim zu berichten
gibt, über seine abscheulichen Taten und das,
was mit ihm geschah, das ist nachzulesen im
Buch der Könige von Israel und Juda. Sein Sohn
Jojachin wurde sein Nachfolger.
9 Jojachin war 18 Jahre alt,[b] als er König wur-
de, und er regierte drei Monate und zehn Tage in
Jerusalem. Auch er tat, was dem HERRN missfällt.
10 Um die Jahreswende ließ König Nebukadnez-
zar ihn nach Babylon holen, dazu wieder eine
Menge wertvoller Tempelgeräte. Als König von
Juda und Jerusalem setzte er Zidkija, einen Ver-
wandten Jojakims, ein.

König Zidkija und der Untergang Judas

(2 Kön 24,18–25,21; Jer 39,1-10; 52,1-27)

11 Zidkija war 21 Jahre alt, als er König wurde,
und er regierte elf Jahre lang in Jerusalem. 12 Er
tat, was dem HERRN missfällt, und beugte sich
auch nicht, als der HERR ihn durch den Pro-
pheten* Jeremia warnte. 13 Er rebellierte gegen
König Nebukadnezzar, obwohl er ihm den
Treueeid geschworen und dabei Gott zum Zeu-

a *von Babylon*:* verdeutlichender Zusatz. b *achtzehn* mit einer Handschrift und alten Übersetzungen; H *acht.*

35,17 Ex 12,15-20 S **36,12** Jer 37,1–38,26

gen genommen hatte. Hartnäckig und eigensinnig weigerte er sich, zum HERRN, dem Gott Israels, umzukehren.

14 Auch die führenden Männer der Priesterschaft und des Volkes trieben es mit ihrer Untreue gegenüber dem HERRN immer schlimmer. Sie folgten den abscheulichen Bräuchen der anderen Völker und entweihten den Tempel* in Jerusalem, den der HERR doch zu seinem Eigentum erklärt hatte. 15 Immer wieder warnte sie der HERR, der Gott ihrer Vorfahren, durch seine Boten, weil er sein Volk und seine Wohnung schonen wollte. 16 Aber sie machten sich über die Boten Gottes lustig, schlugen sein Wort in den Wind und verspotteten seine Propheten. Darum wurde der HERR auf sein Volk so zornig, dass es keine Rettung mehr gab.

17 Der HERR ließ König Nebukadnezzar von Babylonien* gegen sie heranrücken. Alle Kriegsleute von Juda kamen um, die letzten beim Kampf im Heiligtum. Nebukadnezzar verschonte keinen, nicht einmal die jungen Mädchen, die Alten und Schwachen. Der HERR gab sie alle in seine Gewalt. 18 Nebukadnezzar ließ nun auch noch die letzten Tempelgeräte, die großen wie die kleinen, nach Babylon bringen, dazu die Tempelschätze und die Schätze des Königs und der anderen führenden Männer.

19 Die Babylonier steckten das Haus Gottes in Brand, rissen die Stadtmauer von Jerusalem nieder, warfen Feuer in alle vornehmen Häuser und vernichteten auf diese Weise alles, was an Wertvollem noch übrig geblieben war. 20 Den Rest der Bewohner, die den Kampf überlebt hatten, ließ Nebukadnezzar nach Babylonien wegführen. Dort mussten sie ihm und auch noch seinen Nachkommen als Sklaven dienen, bis die Perser* an die Herrschaft kamen.

21 Damit ging in Erfüllung, was der HERR durch den Propheten Jeremia vorausgesagt hatte: »Das Land soll siebzig Jahre lang brachliegen, bis alle Sabbatjahre* nachgeholt sind, die Israel nicht eingehalten hat.«

Kyrus gibt die Erlaubnis zur Heimkehr

(Esra 1,1-3a)

22 Im ersten Regierungsjahr des Perserkönigs Kyrus ging in Erfüllung, was der HERR durch den Propheten Jeremia angekündigt hatte. Der HERR gab dem Perserkönig den Gedanken ein, in seinem ganzen Reich ausrufen und auch schriftlich bekannt machen zu lassen:

23 »Kyrus, der König von Persien*, gibt bekannt: Der HERR, der Gott des Himmels, hat alle Königreiche der Erde in meine Gewalt gegeben. Er hat mich beauftragt, ihm in Jerusalem in Judäa einen Tempel* zu bauen. Hiermit ordne ich an: Wer von meinen Untertanen zum Volk dieses Gottes gehört, möge im Schutz seines Gottes zurückkehren.«

DAS BUCH ESRA

Inhaltsübersicht

RÜCKKEHR NACH JERUSALEM UND WIEDERAUFBAU DES TEMPELS
(Kapitel 1–6)

König Kyrus ordnet den Tempelbau an und erlaubt die Heimkehr nach Jerusalem

1 Im ersten Regierungsjahr von Kyrus, dem König von Persien*, ging in Erfüllung, was der HERR durch den Propheten Jeremia angekündigt hatte. Der HERR gab dem Perserkönig den Gedanken ein, in seinem ganzen Reich ausrufen und auch schriftlich bekannt machen zu lassen:

2 »Kyrus, der König von Persien, gibt bekannt: Der HERR, der Gott des Himmels, hat alle Königreiche der Erde in meine Gewalt gegeben. Er hat mich beauftragt, ihm in Jerusalem in Judäa einen Tempel* zu bauen. Hiermit ordne ich an:

3 Wer von meinen Untertanen zum Volk dieses Gottes gehört, möge im Schutz seines Gottes nach Jerusalem in Judäa zurückkehren und dort das Haus des HERRN, des Gottes Israels, bauen; denn er ist der Gott, der in Jerusalem wohnt. 4 Wer an irgendeinem Ort in meinem Reich vom Volk dieses Gottes übrig geblieben ist, soll dabei

36,21 Jer 25,11 S; Lev 26,34-35 **36,23** Jes 44,28 **1,1-3** 2 Chr 36,21-23; Jer 25,11-12; 29,10 **1,2** Jes 44,28 **1,4** 7,15-16; 8,25-30; Ex 3,21-22 S

von seinen Nachbarn am Ort unterstützt wer-
den. Sie sollen ihm Silber und Gold, Vieh und
was er sonst noch braucht, sowie freiwillige
Gaben für das Haus dieses Gottes in Jerusalem
mitgeben.«

5 Alle, die Gott dazu bereitgemacht hatte, sein
Haus in Jerusalem zu bauen, brachen unverzüg-
lich auf: die Sippenoberhäupter der Stämme Juda
und Benjamin mit ihren Angehörigen, die Pries-
ter*, die Leviten* und viele andere. 6 Von ihren
Nachbarn wurden sie unterstützt mit silbernen
Geräten, Gold, Vieh und vielen anderen wertvol-
len und nützlichen Dingen; dazu kamen noch
die freiwilligen Gaben für den Tempel.

7 König Kyrus gab auch die heiligen Geräte
aus dem Tempel des HERRN zurück, die Nebu-
kadnezzar in Jerusalem erbeutet und in die
Schatzkammer im Tempel seines Gottes gebracht
hatte. 8 Der Perserkönig übergab sie seinem
Schatzmeister Mitredat, der für Scheschbazzar,
den Statthalter Judas, eine genaue Aufstellung
machte. 9–10 Das Verzeichnis erwähnt unter
anderem:

goldene Schalen	30
silberne Schalen	1000
silberne Schalen, ausgebessert	29
goldene Becher	30
silberne Becher, beschädigt[a]	410
andere Geräte	1000

11 Insgesamt waren es 5400 Geräte aus Gold und
Silber. Scheschbazzar brachte das alles mit, als er
mit seinen verschleppten Landsleuten aus Baby-
lon* wieder nach Jerusalem kam.

Die Liste der Heimkehrer

(Neh 7,6-72)

2 Viele, deren Vorfahren aus der persischen
Provinz Judäa stammten, verließen Babylo-
nien* und kehrten nach Jerusalem und Judäa zu-
rück, jeder in seinen Heimatort. Ihre Familien
hatten in Babylonien gelebt, seit König Nebukad-
nezzar sie dorthin verschleppt hatte.

2a Ihre Anführer waren: Serubbabel, Jeschua,
Nehemja, Seraja, Reelaja, Mordochai, Bilschan,
Misperet, Bigwai, Rehum und Baana.

2b–35 Hier folgt die Liste der israelitischen
Sippen mit der Zahl der zu ihnen gehörigen
Männer.[b]

Parosch	2172
Schefatja	372
Arach	775
Pahat-Moab, die Nachkommen von Jeschua und Joab	2812
Elam	1254
Sattu	945
Sakkai	760
Bani	642
Bebai	623
Asgad	1222
Adonikam	666
Bigwai	2056
Adin	454
Ater, die Nachkommen Hiskijas	98
Bezai	323
Jora	112
Haschum	223
Gibbar	95
aus Betlehem	123
aus Netofa	56
aus Anatot	128
aus Asmawet	42
aus Kirjat-Jearim, Kefira und Beerot	743
aus Rama und Geba	621
aus Michmas	122
aus Bet-El und Ai	223
aus Nebo	52
Magbisch	156
Elam – ein anderer	1254
Harim	320
aus Lod, Hadid und Ono	725
aus Jericho	345
Senaa	3630

36–39 Von den Sippen der Priester* kehrten heim:

Jedaja, die Nachkommen von Jeschua	973
Immer	1052
Paschhur	1247
Harim	1017

40 Von den Leviten*:

die Sippe Jeschua, die Nachkommen von Kadmiël, Binnui und Hodawja[c]	74

41 Von den Tempelsängern:

die Nachkommen Asafs	128

a *ausgebessert – beschädigt:* Deutung unsicher.
b *Hier folgt ...:* wörtlich *Die Zahl der Männer des Volkes Israel.* Frauen (und Kinder?) sind offenbar erst in der Gesamtzahl (Verse 64-67) enthalten, die die Summe der Angaben in den Versen 2b-58 um 12 542 überschreitet.
c *Binnui:* vermutlicher Text; H *den Söhnen Hodawjas.*

1,7 2 Chr 36,7.18 **1,8** 5,14 **2,2 a** (Serubbabel) 3,2.8; 5,2; Neh 12,1; Hag 1,1 S; Sach 4,6-10a; (Jeschua) 3,2.8; 5,2; Neh 12,1.10; Hag 1,1 S; Sach 3,1-9; 6,11-12

42 Von den Torwächtern des Tempels:
die Sippen Schallum, Ater, Talmon,
Akkub, Hatita und Schobai,
zusammen 139

43–54 Von den Tempeldienern* kehrten folgende Sippen heim:
Ziha, Hasufa, Tabbaot, Keros, Sia, Padon,
Lebana, Hagaba, Akkub, Hagab, Salmai,
Hanan, Giddel, Gahar, Reaja, Rezin, Nekoda,
Gasam, Usa, Paseach, Besai, Asna, die
Mëuniter und die Nefusiter, Bakbuk, Hakufa,
Harhur, Bazlut, Mehida, Harscha, Barkos,
Sisera, Temach, Neziach, Hatifa.

55–57 Folgende Sippen der Sklaven Salomos kehrten heim:
Sotai, Soferet, Peruda, Jaala, Darkon, Giddel,
Schefatja, Hattil, Pocheret-Zebajim, Ami.

58 Gesamtzahl der heimkehrenden Tempeldiener und Nachkommen der Sklaven Salomos 392

59–60 Aus Tel-Melach, Tel-Harscha, Kerub-Addon und Immer kamen folgende Sippen; sie konnten jedoch nicht nachweisen, dass sie israelitischer Abstammung waren:
Delaja, Tobija und Nekoda 652

61–62 Unter den Priestern gab es einige, die ihre
Abstammungslisten nicht finden konnten. Es
waren die Sippen Habaja, Koz und Barsillai. Der
Ahnherr der Sippe Barsillai hatte eine Tochter
von Barsillai aus Gilead* geheiratet und dessen
Namen angenommen. Weil diese drei Sippen
ihre priesterliche Abstammung nicht nachweisen konnten, wurden sie für unrein* erklärt
und vom Priesterdienst ausgeschlossen. 63 Der
Statthalter untersagte ihnen, von den heiligen Opfergaben zu essen, bis wieder ein Oberster Priester* eingesetzt wäre, der ihren Fall klären könnte.[a]

64–67 Gesamtzahl der Gemeinde
der Heimkehrer 42360

Hinzu kamen:

Sklaven und Sklavinnen	7337
Sänger und Sängerinnen	200
Pferde	736
Maultiere	245
Kamele	435
Esel	6720

68 Als die Heimkehrer beim Tempel* des HERRN
in Jerusalem ankamen, gaben einige der Sippenoberhäupter eine Spende für den Wiederaufbau
des Tempels an der alten Stelle. 69 Sie gaben in
die Baukasse, so viel sie geben konnten, insgesamt 61000 Goldmünzen, 5000 Pfund Silber[b]
und 100 Priestergewänder.

70 Die Priester und die Leviten sowie alle anderen, die am Tempel Dienst taten, die Sänger, die Torwächter und die Tempeldiener, ließen sich in ihren Heimatorten nieder, ebenso auch die übrigen Israeliten.

Die ersten Opfer auf dem neuen Altar

3 Als die Israeliten wieder in ihren Heimatorten wohnten, versammelte sich das ganze
Volk zu Beginn des siebten Monats in Jerusalem.
2 Jeschua, der Sohn Jozadaks, mit seinen Brüdern, den Priestern, und Serubbabel, der Sohn Schealtiëls, mit seinen Brüdern, den nichtpriesterlichen Israeliten, hatten den Altar* des Gottes Israels wieder aufgebaut, um auf ihm die Brandopfer* darzubringen, die im Gesetz* Moses, des Dieners Gottes, vorgeschrieben werden.
3 Obwohl die Nachbarvölker sie davon abschrecken wollten, errichteten sie den Altar an
seiner alten Stelle und brachten jeden Morgen
und Abend dem Herrn ihre Brandopfer. 4 Auch
das Laubhüttenfest* feierten sie genau nach der Ordnung des Gesetzes. An jedem der sieben Festtage opferten sie so viele Tiere als Brandopfer, wie für den jeweiligen Tag vorgeschrieben waren.
5 Von dieser Zeit an wurden die Brandopfer wieder regelmäßig jeden Morgen und Abend dargebracht, auch die Opfer an den Neumondstagen* und an allen sonstigen Festtagen, sowie freiwillige Gaben für den HERRN.
6 Am 1. Tag des 7. Monats hatten sie wieder angefangen, dem HERRN Brandopfer darzubringen, aber die Fundamente für den Wiederaufbau
des Tempels* waren noch nicht gelegt. 7 Gegen
Bezahlung stellten sie Steinbrucharbeiter und Steinmetzen an. Arbeiter aus Sidon und Tyrus

a *bis wieder:* wörtlich *bis ein Priester für Urim und Tummim* (= die heiligen Lose*) *erstünde.* Es ist bekannt, dass die Obersten Priester der nachexilischen Zeit das (verlorene?) Losorakel nie mehr in Benutzung nahmen.
b *Goldmünzen:* wörtlich (griechische) *Drachmen in Gold; Pfund:* hebräische Maßangabe Mane/Mine (= je 50 Schekel*); Summe ca. 2875 kg.

2,43-54 8,20 **2,55-57** 1 Kön 9,20-21 **2,61-62** 2 Sam 17,27 S **2,63** Num 18,8-10 S **3,1** Neh 7,72; 8,1 **3,2** 2,2aS; Ex 27,1 S **3,3** Num 28,1-8 **3,4** Ex 23,16 S **3,5** Num 28,11–29,39 **3,7** 1 Kön 5,20-29

brachten Zedernstämme vom Libanon übers Meer nach Jafo. Dafür bekamen sie Nahrungsmittel, Getränke und Olivenöl.

Das Fundament eines neuen Tempels

8 Im 2. Monat des 2. Jahres nach der Rückkehr wurde mit den Bauarbeiten für das Haus Gottes in Jerusalem begonnen. Serubbabel und Jeschua sowie ihre israelitischen Brüder, nämlich die Priester*, die Leviten* und alle, die aus der Verbannung heimgekehrt waren, standen geschlossen hinter dem Werk. Den Leviten, die zwanzig Jahre und älter waren, wurde die Aufsicht über die Bauarbeiten übertragen.

9 Jeschua mit seinen Söhnen und Brüdern sowie Kadmiël und seine Söhne, die Nachkommen von Hodawja,[a] leiteten gemeinsam die Leute an, die die Arbeiten ausführten. Zu den Aufsehern gehörten auch die Leviten der Sippe Henadad.

10 Als die Bauleute das Fundament für den Tempel* des HERRN gelegt hatten, kamen die Priester in ihrer Amtskleidung und mit ihren Trompeten, dazu von den Leviten die Nachkommen Asafs mit Becken, um den HERRN nach der Weisung Davids, des Königs von Israel, zu preisen. 11 Sie lobten und priesen Gott im Wechselgesang: »Der HERR ist gut zu uns; seine Liebe zu Israel hört niemals auf!« Die Priester und Leviten begannen und das ganze Volk fiel ein mit lautem Jubel zur Ehre Gottes, weil das Fundament für das Haus des HERRN fertig war.

12 Viele von den Alten – Priester, Leviten und Sippenoberhäupter – hatten den ersten Tempel noch gekannt. Als sie nun sahen, dass das Fundament des neuen Tempels gelegt war, weinten sie laut. Andere aber schrien und jubelten vor Freude 13 und ihr Jubelgeschrei übertönte das Weinen. Das Volk machte einen solchen Lärm, dass es weithin zu hören war.

Die Juden lassen die Samariter* nicht mitbauen

4 Die Leute von Samaria,[b] die Feinde der Judäer und der Leute von Benjamin, erfuhren, dass die Heimgekehrten den Tempel* des HERRN, des Gottes Israels, wieder aufbauten.

2 Sie kamen zu Serubbabel und den Sippenoberhäuptern und schlugen ihnen vor: »Lasst uns gemeinsam bauen! Wir verehren doch denselben Gott wie ihr und bringen ihm unsere Opfer* seit der Zeit des Assyrerkönigs* Asarhaddon, der uns hier angesiedelt hat.«

3 Aber Serubbabel, Jeschua und die anderen Sippenoberhäupter Israels erwiderten: »Ihr habt kein Recht, zusammen mit uns unserem Gott ein Haus zu bauen! Wir allein dürfen dem HERRN, dem Gott Israels, den Tempel bauen. So hat es uns Kyrus, der König der Perser*, befohlen.«

4 Von da an unternahmen die Leute im Land alles, um die Heimgekehrten mutlos zu machen und vom Weiterbauen abzuschrecken. 5 Sie bestachen sogar königliche Beamte, deren Pläne zu vereiteln. Diese Politik verfolgten sie von der Zeit des Königs Kyrus bis in die Regierungszeit des Königs Darius hinein.

Der Wiederaufbau Jerusalems und der Tempelbau werden unterbrochen

6 Bald nachdem dann Xerxes die Regierung angetreten hatte, erhoben diese Leute bei ihm schriftlich Anklage gegen die Bewohner von Judäa und Jerusalem.

7 Danach, während der Regierungszeit von Artaxerxes, schrieben Bischlam, Mitredat, Tabeel und ihre Amtskollegen einen Brief an den König. Er war in aramäischer Schrift geschrieben und der Text war ins Aramäische übersetzt worden.[c]

8 Auch Rehum, der Befehlshaber von Samarien, und sein Sekretär Schimschai schrieben einen Brief an König Artaxerxes, in dem sie über die Vorgänge in Jerusalem berichteten. Als Absender sind aufgeführt:

9 der Befehlshaber Rehum, der Sekretär Schimschai und ihre Amtskollegen, die Richter, Gesandten, Staatsschreiber und Verwaltungsbeamten[d], sodann die Leute aus Erech, Babylon und Susa in Elam* 10 sowie die Vertreter der übrigen Volksgruppen, die der große und berühmte König Assurbanipal nach der Stadt Samaria und anderen Ortschaften in der Provinz westlich des Eufrats umgesiedelt hatte.

11 Der Brief lautete:

»An König Artaxerxes von seinen Untertanen in der Westprovinz.

12 Wir haben dem König Folgendes zu melden: Die Juden, die aus dem Gebiet in deiner Nähe

a Hodawja: nach 2,40; H *Juda.* *b* Verdeutlichender Zusatz.
c Der ganze Abschnitt 4,8–6,18 ist nicht in hebräischer, sondern in aramäischer* Sprache geschrieben; vielleicht handelt es sich hier um einen versteckten Hinweis darauf.
d die Richter …: Statt der Amtsbezeichnungen könnte es sich auch um (allerdings unbekannte) Herkunftsorte handeln, also *die Diniter, Afarsatkiter, Tarpeliter, Afarsiter.*

3,8 2,2a S; 1 Chr 23,3 S **3,10** 1 Chr 15,16 S **3,11** 1 Chr 16,34 S **3,12** Hag 2,3 **4,1** 2 Kön 17,24-41 **4,3** 2,2 S; 1,2-4 **4,6** Est 1,1

weggezogen und zu uns nach Jerusalem gekom-
men sind, wollen diese aufrührerische, böse
Stadt wieder aufbauen. Sie haben angefangen,
die Stadtmauern wieder zu errichten; die Funda-
mente sind bereits ausgebessert.
13 Der König möge bedenken: Wenn diese Stadt
wieder aufgebaut ist und die Mauern wiederher-
gestellt sind, werden die Bewohner keine Abga-
ben, Steuern und Zölle mehr zahlen, zum Nach-
teil der königlichen Einnahmen. 14 Wir haben
dem König Treue geschworen[a] und können
nicht tatenlos zusehen, wenn seine Rechte ange-
tastet werden. Darum schicken wir diese Mel-
dung.
15 Man sollte in den Chroniken deiner Vorgänger
nachforschen. Darin wird man den sicheren Be-
weis finden, dass diese Stadt immer rebellisch
war und den Königen sowie der Provinzverwal-
tung Schwierigkeiten gemacht hat. Die Leute
dort sind von jeher Aufrührer und Unruhestifter
gewesen, aus diesem Grund hat man die Stadt
auch zerstört.
16 Wir müssen auf eine weitere Gefahr hinwei-
sen: Wenn diese Stadt wieder aufgebaut ist und
die Mauern wiederhergestellt sind, wird die
ganze Provinz westlich des Eufrats dem König
verloren gehen.«

17 Der König schickte folgende Antwort:

»An den Befehlshaber Rehum, seinen Sekretär
Schimschai und ihre Amtskollegen in Samaria
und in der Westprovinz: Ich wünsche euch Heil
und Segen!
18 Der Brief, den ihr mir gesandt habt, ist mir
Wort für Wort vorgelesen worden. 19 Ich habe
daraufhin in den Chroniken nachforschen las-
sen, und es hat sich bestätigt, dass diese Stadt
sich von alters her immer wieder gegen die
Könige aufgelehnt hat und voll war von Rebellen
und Unruhestiftern. 20 In Jerusalem hat es
Könige gegeben, die das ganze Gebiet westlich
des Eufrats beherrschten und von den Bewoh-
nern Abgaben, Steuern und Zölle erhoben.
21 Aus diesem Grund sollt ihr den Leuten dort
befehlen, ihre Bauarbeiten sofort einzustellen.
Diese Stadt darf nur dann wieder aufgebaut wer-
den, wenn ich selbst den ausdrücklichen Befehl
dazu erteile. 22 Lasst in dieser Angelegenheit
keine Verzögerung eintreten, sodass dem Reich
kein weiterer Schaden entsteht.«

23 Die Abschrift des Briefes von König Artaxerxes
wurde Rehum, Schimschai und ihren Kollegen
vorgelesen. Sofort machten sie sich auf den Weg
nach Jerusalem und zwangen die Juden mit
Gewalt, den Wiederaufbau der Stadt abzubre-
chen.
24 Auch die Bauarbeiten am Haus Gottes in
Jerusalem wurden unterbunden und ruhten dar-
aufhin bis ins zweite Regierungsjahr des Perser-
königs Darius.

Störungen bei der Wiederaufnahme des Tempelbaus

5 Damals traten Haggai, der Prophet*, und
Sacharja, der Sohn von Iddo, als Propheten
auf. Sie ermutigten die Juden in Judäa und Jeru-
salem im Auftrag des Gottes Israels, der sie zu
seinem Eigentum erklärt hatte.[b] 2 Da nahmen
Serubbabel, der Sohn Schealtiëls, und Jeschua,
der Sohn Jozadakas, den Tempelbau wieder auf[c]
und die Propheten Gottes standen ihnen zur
Seite und unterstützten sie.
3 Bald darauf kamen Tattenai, der Statthalter
der Provinz westlich des Eufrats, und Schetar-
Bosnai mit ihren Räten zu den Juden und frag-
ten: »Wer hat euch die Genehmigung erteilt, die-
sen Tempel* wieder aufzubauen?«[d] 4 Außerdem
fragten sie: »Wie heißen die Männer, die für die-
sen Bau verantwortlich sind?«
5 Aber Gott ließ die Ältesten* der Juden nicht
im Stich, sondern sorgte dafür, dass man sie un-
gehindert weiterbauen ließ, bis eine Entschei-
dung von König Darius eingetroffen war.
6 Hier folgt eine Abschrift des Briefes, der da-
mals an König Darius abging; er wurde geschrie-
ben von Tattenai, dem Statthalter der Westpro-
vinz, und Schetar-Bosnai und seinen Räten, den
königlichen Beamten der Westprovinz. 7 Sie
schickten an den König folgenden Bericht:

»An König Darius: Wir entbieten dir unsere un-
tertänigsten Grüße und Segenswünsche!
8 Wir haben dir zu melden, dass wir im Bezirk
von Judäa waren. Wir sahen, dass dort der Tem-
pel des großen Gottes wieder aufgebaut wird.
Die Leute verwenden Quadersteine und fügen

a Wörtlich *Wir haben das Salz des Palastes gegessen.* Durch Essen von Salz bekräftigte man einen Vertrag oder ein Bündnis.
b *im Auftrag ...:* wörtlich *im Namen des Gottes Israels, (der) über ihnen (ausgerufen war)*.
c Wörtlich *begannen den Tempel zu bauen;* vgl. Hag 1,1-15; Sach 8,9-13.
d Es folgt noch *und dieses/diesen ... fertig zu stellen;* ebenso in dem gleich lautenden Passus in Vers 8. Die Bedeutung des ausgelassenen Wortes ist unbekannt.

4,19 2 Kön 18,7; 24,1.20 **5,1** Hag 1,1; Sach 1,1 **5,2** 2,2aS; Hag 1,14-15a; Sach 4,9-10a

Lagen von Balken in die Mauern ein. Sie arbei-
ten sorgfältig und die Arbeit geht unter ihren
Händen schnell voran. 9 Wir fragten ihre Ältes-
ten*: ›Wer hat euch die Genehmigung erteilt,
diesen Tempel wieder aufzubauen?‹ 10 Wir frag-
ten sie auch nach ihren Namen, um dir eine Liste
der Verantwortlichen zusenden zu können.
11 Sie antworteten uns:
›Wir sind Diener des Gottes, der Himmel und Er-
de gemacht hat. Wir bauen das Gotteshaus wie-
der auf, das eine lange Zeit hier gestanden hat;
ein großer König des Volkes Israel hat es erbaut
und vollendet. 12 Weil unsere Vorfahren den Gott
des Himmels erzürnten, gab er sie in die Gewalt
Nebukadnezzars, des Königs von Babylon. Der
zerstörte dieses Haus und verschleppte das Volk
nach Babylonien*.
13 Als aber Kyrus in Babylon König wurde, gab
er schon im ersten Regierungsjahr den Befehl,
dieses Gotteshaus wieder aufzubauen. 14 König
Kyrus ließ auch die goldenen und silbernen Gerä-
te, die Nebukadnezzar aus dem Tempel in Jeru-
salem mitgenommen und in den Tempel seines
Gottes in Babylon gebracht hatte, wieder dort
herausholen. Er übergab sie einem Mann
namens Scheschbazzar, den er zum Statthalter
über Judäa ernannt hatte, 15 und befahl ihm:
Nimm diese Geräte, bring sie wieder in den Tem-
pel in Jerusalem und sorge dafür, dass dieses Got-
teshaus an seinem alten Platz wieder aufgebaut
wird!
16 Scheschbazzar kam daraufhin nach Jerusalem
und legte das Fundament des Tempels. Seither
wird daran gebaut, aber das Haus ist noch nicht
vollendet.‹
17 So bitten wir nun, dass der König, wenn er es
für richtig hält, im königlichen Archiv in Baby-
lon nachforschen lässt, ob tatsächlich ein Befehl
von König Kyrus erlassen worden ist, dieses Got-
teshaus in Jerusalem wieder aufzubauen. Ferner
bitten wir den König, uns seine Entscheidung in
dieser Sache wissen zu lassen.«

Der König stellt sich auf die Seite der Juden

6 König Darius ließ in den Archiven seines
Reiches nachforschen. 2 In der königlichen
Sommerresidenz Ekbatana in der Provinz Me-
dien fand sich eine Schriftrolle, auf der folgender
Erlass verzeichnet war:

3 »Geschrieben im ersten Jahr des Königs Kyrus:
König Kyrus befiehlt in Sachen des Tempels zu
Jerusalem wie folgt: Das Gotteshaus soll wieder
aufgebaut werden, damit dort Opfer* darge-
bracht werden können. Die alten Fundamente
sollen wieder verwendet werden. Seine Höhe
soll dreißig Meter betragen, seine Breite gleich-
falls dreißig Meter. 4 Auf drei Schichten Quader-
steine soll eine Schicht Balken[a] kommen. Die
Kosten gehen zulasten der Staatskasse. 5 Die gol-
denen und silbernen Geräte, die Nebukadnezzar
aus dem Tempel in Jerusalem mitgenommen und
nach Babylon gebracht hat, sollen zurückgege-
ben werden, damit sie wieder an ihren alten
Platz im Haus Gottes kommen.«

6 Aufgrund dieses Dokuments ließ der König
einen Brief schreiben:[b]

»An Tattenai, Statthalter der Provinz westlich
des Eufrats, Schetar-Bosnai und ihre Räte, die Be-
amten der Provinz:
Haltet euch aus der Sache heraus! 7 Hindert die
Juden nicht! Ihr Statthalter und ihre Ältesten*
sollen das Gotteshaus an der Stelle wieder auf-
bauen, wo es gestanden hat.
8 Außerdem befehle ich euch, die Ältesten der
Juden beim Bau dieses Gotteshauses zu unter-
stützen. Ich schreibe euch verbindlich vor: Die
Kosten sind in voller Höhe aus den königlichen
Steuereinnahmen der Westprovinz zu bestrei-
ten. Sie sind pünktlich und ohne Verzug auszu-
bezahlen, damit der Bau nicht wieder ins Sto-
cken gerät.
9 Auch alles, was zum Brandopfer* für den Gott
des Himmels gebraucht wird an Stieren, an
Schafböcken und Lämmern, dazu Weizen, Salz,
Wein und Öl, soll den Priestern* von Jerusalem
Tag für Tag pünktlich geliefert werden, ohne jede
Nachlässigkeit und genau nach ihrer Anforde-
rung. 10 Die Juden sollen dem Gott des Himmels
Opfer darbringen, die sein Wohlgefallen finden,
und sie sollen dabei für das Leben des Königs
und seiner Söhne beten.
11 Abschließend ordne ich an: Wenn jemand
obigen Befehl übertritt, soll der tragende Balken
aus seinem Haus gerissen und er selbst an den
aufgerichteten Balken genagelt werden. Sein
Haus wird in Schutt und Asche gelegt. 12 Der
Gott, der jenen Ort zum Wohnsitz seines Na-
mens bestimmt hat,[c] vernichte jeden König und
jedes Volk, die versuchen sollten, diesen Befehl
zu missachten und das Gotteshaus in Jerusalem
zu zerstören.

a *Balken* mit G; H *neue Balken.* b *Aufgrund ...:* wörtlich nur *Nun.*
c *Wohnsitz seines Namens:* siehe Anmerkung zu Dtn 12,5.

5,12 2 Chr 36,19-20 **5,13-15** 1,1-11 **6,3** 2 Chr 3,3 **6,10** (beten) 1 Makk 7,33; Bar 1,11; 1 Tim 2,2; Jer 29,7 **6,12** Dtn 12,5 S

Ich, Darius, habe diesen Befehl gegeben. Er ist
wortwörtlich auszuführen.«

Die Vollendung des Tempelbaus

13 Von da ab hielten sich Tattenai, der Statthalter
der Westprovinz, Schetar-Bosnai und ihre Räte
streng an die Befehle des Königs. 14 Die Ältesten*
der Juden konnten den Bau weiterführen. Sie ka-
men mit der Arbeit gut voran, weil die Prophe-
ten* Haggai und Sacharja ihnen im Auftrag Got-
tes Mut zusprachen. So vollendeten sie den Bau,
wie es der Gott Israels und die persischen Könige
Kyrus, Darius und Artaxerxes angeordnet hat-
ten.

15 Der Tempel* wurde vollendet am 3. Tag des
Monats Adar* im 6. Regierungsjahr des Königs
Darius. 16 Alle Israeliten, die Priester*, die Levi-
ten* und alle anderen, die aus der Verbannung
heimgekehrt waren, feierten die Wiedereinwei-
hung des Tempels mit großer Freude. 17 Zur Tem-
pelweihe opferten sie 100 Stiere, 200 Schafböcke
und 400 Lämmer, außerdem als Sühneopfer* für
ganz Israel 12 Ziegenböcke, für jeden Stamm
einen. 18 Sie ordneten auch wieder den Dienst
am Tempel und teilten die Priester in ihre Dienst-
gruppen und die Leviten in ihre Abteilungen ein,
wie es das Gesetz* Moses vorschreibt.

Das Passafest

19 Am 14. Tag des 1. Monats feierten die Heimge-
kehrten das Passafest*. 20 Alle Priester und Levi-
ten* hatten sich darauf vorbereitet; sie waren
ohne Ausnahme rein*. Die Leviten schlachteten
die Passalämmer* für alle, die aus der Verban-
nung heimgekehrt waren, auch für ihre Brüder,
die Priester, und für sich selbst.

21 Nicht nur die heimgekehrten Israeliten
aßen das Passamahl, sondern auch alle, die sich
von der unreinen Bevölkerung des Landes abge-
sondert und den Israeliten angeschlossen hatten,
um mit ihnen zusammen den HERRN, den Gott
Israels, zu verehren.

22 Sieben Tage lang feierten sie mit großer
Freude das Fest der Ungesäuerten Brote*. Der
HERR selber hatte ihnen diese Freude geschenkt;
denn er hatte den König von Assyrien[a] ihnen ge-
genüber freundlich gestimmt. So hatte der HERR
ihnen geholfen, seinen Tempel*, das Haus des
Gottes Israels, wieder aufzubauen.

ESRAS ENTSENDUNG UND AUFLÖSUNG DER MISCHEHEN

(Kapitel 7–10)

Esra erhält einen Sonderauftrag

7 1–5 Zur Regierungszeit des Perserkönigs Arta-
xerxes lebte in Babylon[b] ein Mann namens
Esra. Er konnte die Reihe seiner Vorfahren zu-
rückführen bis auf Aaron, das erste Oberhaupt
der Priesterschaft. Sein Vater hieß Seraja; seine
weiteren Vorfahren waren: Asarja, Hilkija,
Schallum, Zadok, Ahitub, Amarja, Asarja, Mera-
jot, Serachja, Usi, Bukki, Abischua, Pinhas und
Eleasar, der Sohn Aarons.

6 Dieser Esra kam aus Babylon nach Jerusa-
lem. Er war ein kundiger Lehrer* des Gesetzes*,
das der HERR seinem Volk Israel durch Mose ge-
geben hatte. Weil der HERR seine Hand schüt-
zend über ihn hielt, erfüllte ihm der König alle
seine Bitten. 7 So zogen mit ihm im 7. Regie-
rungsjahr des Königs Artaxerxes eine größere
Anzahl Israeliten, dazu Priester*, Leviten*, Sän-
ger, Torwächter und Tempeldiener* nach Jerusa-
lem.

8 Im fünften Monat desselben Jahres kamen
sie dort an. 9 Als Tag des Aufbruchs aus Babylon
hatte Esra den 1. Tag des 1. Monats bestimmt
und am 1. Tag des 5. Monats erreichte er mit ih-
nen Jerusalem, denn die gütige Hand seines Got-
tes beschützte ihn.

10 Esra hatte sich mit ganzem Herzen der Auf-
gabe gewidmet, das Gesetz des HERRN zu erfor-
schen und zu befolgen und die Israeliten seine
Vorschriften zu lehren, damit sie sich in ihrer
Lebensführung und Rechtsprechung daran hiel-
ten.

Ein König sorgt für den Tempel in Jerusalem

11 König Artaxerxes fertigte einen Erlass aus. Eine
Abschrift davon übergab er Esra, dem Priester*
und Gesetzeskundigen, dem Lehrer* der Gebote
und Ordnungen, die der HERR dem Volk Israel
gegeben hatte. Dieser Erlass lautete:[c]

12 »Artaxerxes, König über alle Könige, an Esra,
den Priester, den Lehrer für das Gesetz* des
Himmelsgottes: Ich wünsche dir Heil und Segen!

a Gemeint ist der König von Persien, der auch das frühere Assyrische Reich, den alten Feind Israels, beherrschte.
b *lebte in Babylon*:* verdeutlichender Zusatz; im Hebräischen sind die Verse 1-5 ein einziger Satz, der in Vers 6 fortgeführt wird.
c Die Verse 12-26 sind in aramäischer* Sprache geschrieben.

6,14 Hag 1,1; Sach 1,1 **6,16-17** Num 7,1-88; 2 Chr 7,4-7 **6,18** 1 Chr 23,1–24,31 **6,19-21** Ex 12,1-14 S **6,22** Ex 12,15-20 S **7,1-5** (Vorfahren) 1 Chr 5,29-40 **7,6** (schützende Hand) 7,9.28; 8,18.22.31; Neh 2,8.18

13 Hiermit befehle ich: Jeder in meinem Reich,
der zum Volk Israel und zu seinen Priestern und
Leviten* gehört und freiwillig mit dir nach Jeru-
salem ziehen will, darf mit dir ziehen.
14 Der König und seine sieben Räte senden dich,
um zu erkunden, ob in Jerusalem und Judäa alles
so geordnet ist, wie es dem Gesetz deines Gottes
entspricht, das in deiner Hand ist. 15 Außerdem
sollst du das Silber und Gold hinbringen, das der
König und seine Räte als Opfergabe für den Gott
Israels entrichten, der in Jerusalem seine Wohn-
stätte hat. 16 Nimm auch alles Silber und Gold
mit, das du in der Provinz Babylon* sammeln
kannst, auch freiwillige Gaben des Volkes und
der Priester, die sie als Spenden für das Haus ih-
res Gottes in Jerusalem geben.
17 Du bekommst dieses Geld zu treuen Händen
mit, um davon Stiere, Schafböcke und Lämmer
sowie die dazugehörenden Speiseopfer* und
Trankopfer* zu kaufen und diese Opfer eurem
Gott auf dem Altar vor seinem Tempel* in Jerusa-
lem darzubringen. 18 Sollte noch etwas von dem
Silber und Gold übrig bleiben, so könnt ihr
darüber nach dem Willen eures Gottes verfügen,
wie es dir und deinen Mitpriestern am besten er-
scheint. 19 Auch die Geräte, die dir für den Dienst
im Haus deines Gottes übergeben werden, sollst
du deinem Gott in Jerusalem überbringen.
20 Was du sonst noch für den Tempel deines Got-
tes aufwenden musst, wird dir die Staatskasse
erstatten.
21 Ich, König Artaxerxes, gebe allen Schatzmeis-
tern der Westprovinz den Befehl: Alles, worum
Esra, der Priester und Lehrer im Gesetz des Him-
melsgottes, bittet, ist ihm pünktlich und sorgfäl-
tig zu liefern, 22 und zwar bis zu 100 Zentner*
Silber, bis zu 100 große Sack Weizen, bis zu 100
Eimer Wein[a] und ebenso viel Olivenöl, dazu
Salz, so viel er benötigt. 23 Stellt mit Eifer und
Hingabe alles bereit, was der Gott des Himmels
für den Dienst an seinem Tempel braucht, damit
nicht etwa sein Zorn über das Königreich, den
König und seine Söhne kommt!
24 Außerdem wird euch bekannt gegeben: Nie-
mand hat das Recht, von den Priestern, Leviten,
Sängern, Torwächtern, Tempeldienern* und al-
len anderen, die am Tempel dieses Gottes Dienst
tun, irgendwelche Steuern oder Abgaben zu for-
dern.
25 Du aber, Esra, setze Richter und Rechtslehrer
ein mit der Weisheit, die das Gesetz in deiner
Hand dir vermittelt. Sie sollen eurem ganzen
Volk in der Westprovinz Recht sprechen, allen,
die die Gesetze deines Gottes kennen. Wenn je-
mand sie nicht kennt, sollt ihr ihn darin unter-
weisen. 26 Wer aber dem Gesetz deines Gottes
nicht gehorcht, den sollt ihr vor Gericht stellen
und je nach Vergehen zum Tod, zur Ausstoßung
aus der Gemeinschaft, zu einer Geldstrafe oder
zu Gefängnis verurteilen.«

Esra preist Gott

27 Gepriesen sei der HERR, der Gott unserer
Väter! Er war es, der dem König dies alles ins
Herz gegeben hat, um seinem Tempel* in Jerusa-
lem Ehre und Ansehen zu verleihen. 28 Er hat
mich die Gunst des Königs finden lassen und
auch die Gunst seiner Räte und aller einfluss-
reichen Beamten. Er hat mir Mut gemacht, weil
seine gütige Hand mir half, und so habe ich eine
ganze Reihe von israelitischen Sippenoberhäup-
tern dafür gewinnen können, mit mir zurück-
zukehren.

Die Begleiter Esras

8 Hier folgt die Liste der Sippenoberhäupter
und der mit ihnen eingetragenen Männer,
die zur Regierungszeit des Königs Artaxerxes mit
mir von Babylon* nach Jerusalem reisten:

2–3 Von der Sippe Pinhas: Gerschom
von der Sippe Itamar: Daniel
von der Sippe David: Hattusch, der Sohn von Schechanja[b]
von der Sippe Parosch: Secharja und mit ihm 150 eingetragene Männer
4 von der Sippe Pahat-Moab: Eljoënai, der Sohn von Serachja, und mit ihm 200 Männer
5 von der Sippe Sattu: Schechanja, der Sohn von Jahasiël,[c] und mit ihm 300 Männer
6 von der Sippe Adin: Ebed, der Sohn Jonatans, und mit ihm 50 Männer
7 von der Sippe Elam: Jeschaja, der Sohn von Atalja, und mit ihm 70 Männer
8 von der Sippe Schefatja: Sebadja, der Sohn Michaels, und mit ihm 80 Männer
9 von der Sippe Joab: Obadja, der Sohn Jehiëls, und mit ihm 218 Männer
10 von der Sippe Bani: Schelomit, der Sohn von Josifja,[d] und mit ihm 160 Männer

a Hebräische Maßangaben für *große Sack* »Kor«, für *Eimer* »Bat« (1 Kor = 10 Efa*; 1 Bat = 6 Hin*); umgerechnet etwa 17 t bzw. 21 hl.
b So nach 1 Chr 3,21-22; H *von den Söhnen Davids: Hattusch; von den Söhnen Schechanjas.*
c So mit einem Teil der griechischen Überlieferung; H *von der Sippe Schechanja: der Sohn Jahasiëls.*
d So mit einem Teil der griechischen Überlieferung; H *von der Sippe Schelomit: der Sohn von Josifja.*

7,14 Est 1,14 **7,15-16** 1,4 S **7,19** 8,25-27

[11] von der Sippe Bebai: Secharja, der Sohn von Bebai, und mit ihm 28 Männer
[12] von der Sippe Asgad: Johanan, der Sohn Katans, und mit ihm 110 Männer
[13] von der Sippe Adonikam auch noch die Letzten: Elifelet, Jëiël und Schemaja und mit ihnen 60 Männer
[14] von der Sippe Bigwai: Utai und Sabbud und mit ihnen 70 Männer

Esra gewinnt Leviten und Tempeldiener für die Heimkehr

[15] Ich bestellte die ganze Gruppe an den Kanal,
der nach der Stadt Ahawa fließt. Dort lagerten
wir drei Tage. Als ich mir die Leute ansah, fand
ich eine Reihe von Priestern* unter ihnen, aber
keinen einzigen Leviten*. [16] Deshalb ließ ich
einige Familienoberhäupter zu mir kommen,
nämlich Eliëser, Ariël, Schemaja, Jonatan,[a] Jarib,
Elnatan, Natan, Secharja und Meschullam sowie
Jojarib und Elnatan, zwei kluge Männer. [17] Ich
schickte sie zu Iddo, dem Vorsteher des Levitendorfes Kasifja, und sagte ihnen, was sie Iddo und
seinen Brüdern, die dort ansässig waren,[b] auszurichten hatten. Diese sollten ihnen einige Männer mitgeben, die den Dienst am Tempel* unseres Gottes verrichten konnten.

[18] Weil die gütige Hand unseres Gottes uns
half, brachten sie Scherebja mit, einen verständigen Mann, der von Machli abstammte, einem
Enkel von Levi, dem Sohn Jakobs,[c] dazu seine
Söhne und Brüder, 18 Mann. [19] Außerdem kamen Haschabja und Jeschaja von den Nachkommen des Levisohnes Merari und brachten ihre
Söhne und die Brüder von Haschabja mit, 20
Mann. [20] Schließlich kamen noch 220 Tempeldiener* mit, alle namentlich eingetragen. Ihre
Vorfahren waren von David und den Führern
des Volkes dem Tempel übereignet worden, um
den Leviten zu helfen.

Reisevorbereitungen

[21] Dort am Ahawa-Kanal ordnete ich auch einen
Fasttag* an. Wir alle wollten uns vor unserem
Gott beugen und ihn um eine glückliche Reise
bitten für uns und unsere Familien und allen Besitz, den wir mitnahmen. [22] Ich wollte den König
nicht bitten, uns eine Reitertruppe mitzugeben,
die uns unterwegs vor feindlichen Überfällen
schützen sollte. Das wäre zu beschämend für
mich gewesen; denn wir hatten ihm gesagt: »Unser Gott beschützt alle, die ihm gehorchen; aber
sein heftiger Zorn kehrt sich gegen die, die sich
von ihm abwenden.« [23] So fasteten wir und baten unseren Gott um seinen Schutz und er erhörte unser Gebet.

[24] Danach nahm ich zwölf von den führenden
Priestern* beiseite sowie Scherebja und Haschabja und zehn weitere Leviten*. [25] In ihrer
Gegenwart wog ich das Silber, das Gold und die
kostbaren Geräte ab, die der König, seine Räte
und Minister und alle Israeliten im Perserreich
als Opfergabe für den Tempel* unseres Gottes gestiftet hatten. [26–27] Dann übergab ich ihnen alle
diese Schätze. Insgesamt waren es:

650 Zentner* Silber
100 silberne Geräte, zusammen einige[d] Zentner schwer
100 Zentner Gold
20 goldene Becher im Wert von 1000 persischen Goldmünzen[e]
2 prachtvolle Gefäße aus polierter Bronze, ebenso wertvoll wie goldene Gefäße

[28] Ich sagte zu ihnen: »Ihr seid dem HERRN geweiht, so auch diese Gegenstände. Dieses Silber
und dieses Gold sind Gaben, die dem HERRN,
dem Gott eurer Vorfahren, aus freiem Entschluss
gestiftet worden sind. [29] Bewacht sie mit aller
Sorgfalt, bis ihr beim Tempel in Jerusalem ankommt. Dort werdet ihr sie in den Nebenräumen des Tempels nachwiegen und an die führenden Priester und Leviten sowie an die Sippenoberhäupter des Volkes aushändigen.«

[30] Die Priester und die Leviten übernahmen
das Silber, das Gold und die kostbaren Geräte,
um sie nach Jerusalem in den Tempel unseres
Gottes zu bringen.

Die Ankunft in Jerusalem

[31] Am 12. Tag des 1. Monats brachen wir vom
Ahawa-Kanal auf zur Reise nach Jerusalem. Die
gütige Hand unseres Gottes beschützte uns vor
Feinden und Wegelagerern. [32] Als wir in Jerusalem ankamen, ruhten wir uns zunächst drei
Tage aus.

[33] Am vierten Tag gingen wir zum Haus unse-

a Jonatan: mit einigen Handschriften; H *Elnatan.*
b seinen Brüdern: mit alten Übersetzungen; H *seinem Bruder.* – *die dort ansässig waren:* vermutlicher Sinn des hebräischen Konsonantentextes; H *den Tempeldienern.*
c Wörtlich *dem Sohn Israels*.*
d einige: Im Text scheint eine Zahl ausgefallen zu sein; manche lesen mit veränderten Vokalen: *zwei Zentner.*
e persischen Goldmünzen: wörtlich *Dariken.*

8,18 7,6S **8,20** 2,43-54 **8,22** 7,6S **8,25-30** 1,4S; 7,19 **8,31** 7,6S

res Gottes. Dort wurden das Silber, das Gold und
die kostbaren Geräte nachgewogen und dem
Priester Meremot, dem Sohn von Urija, überge-
ben. Bei Meremot waren Eleasar, der Sohn von
Pinhas, und zwei Leviten: Josabad, der Sohn von
Jeschua, und Noadja, der Sohn von Binnui.
34 Alle Gegenstände wurden nachgezählt und ge-
wogen und das Gesamtgewicht wurde schriftlich
festgehalten.

35 Danach richteten alle, die aus der Verban-
nung heimgekehrt waren, dem Gott Israels ein
großes Brandopfer* aus. Sie opferten für die
zwölf Stämme Israels 12 Stiere, 96 Schafböcke,
72 Lämmer[a] sowie 12 Ziegenböcke als Sühne-
opfer*. Alle diese Tiere wurden dem HERRN zu
Ehren verbrannt.

36 Dann händigten sie den Reichsfürsten*
und Statthaltern in der Provinz westlich des
Eufrats die Geleitbriefe des Königs aus. Aufgrund
der Briefe gewährten diese Männer dem Volk
und dem Tempel* Gottes ihre Unterstützung.

Esra erfährt von Ehen mit fremden Frauen

9 Eine Anzahl von führenden Leuten kam zu
mir und sagte: »Das Volk hat sich vergangen,
die Männer Israels, die Priester* und die Levi-
ten*. Sie haben sich nicht fern gehalten von den
übrigen Bewohnern des Landes, die Götzen ver-
ehren, von den Kanaanitern*, Hetitern*, Perisi-
tern, Jebusitern, Ammonitern*, Moabitern*,
Ägyptern und Amoritern.[b] 2 Jüdische Männer
haben Frauen aus diesen Völkern geheiratet, so-
dass sich das Volk Gottes mit fremden Völkern
vermischt hat. Führende Männer und Ratsher-
ren sind bei diesem Treubruch mit schlechtem
Beispiel vorangegangen.«

3 Als ich das hörte, zerriss ich meine Kleider,
das Ober- und das Untergewand, raufte mir die
Haare und den Bart und setzte mich starr vor
Entsetzen vor dem Tempelhaus[c] nieder. 4 So saß
ich bis zur Zeit des Abendopfers*. Um mich sam-
melten sich alle, die Angst hatten vor dem Urteil
des Gottes Israels über den Treubruch der Heim-
gekehrten.

5 Zur Zeit des Abendopfers erhob ich mich aus
meiner Erstarrung, kniete in meinen zerrissenen
Kleidern nieder und betete mit ausgebreiteten
Armen zum HERRN, meinem Gott.

6 »Mein Gott«, sagte ich, »ich schäme mich
und wage nicht, meine Augen zu dir zu er-
heben; denn die Flut unserer Sünden reicht uns
bis an die Kehle und der Berg unserer Verfeh-
lungen ist bis zum Himmel gewachsen. 7 Von der
Zeit unserer Väter bis heute haben wir schweres
Unrecht begangen. Wegen unserer Vergehen
wurden wir, unsere Könige und unsere Priester
in die Gewalt fremder Herrscher gegeben. Man
hat uns hingeschlachtet, als Gefangene ver-
schleppt, ausgeplündert und mit Schimpf und
Schande überschüttet. So ist es bis heute geblie-
ben.

8 Nun hast du jetzt für eine kurze Zeit Gnade
walten lassen, HERR, unser Gott. Du hast einen
Rest von uns übrig gelassen und uns an deiner
heiligen Stätte in Sicherheit gebracht. Unsere
Augen konnten wieder aufleuchten, du hast uns
ein wenig aufatmen lassen in unserer Sklaverei.
9 Wir sind noch Sklaven; aber doch hast du uns
nicht verlassen. Du hast uns die Gunst der
Könige von Persien* finden lassen, sodass wir
deinen Tempel* aus den Trümmern wieder
aufrichten konnten, und du hast uns in Judäa
und Jerusalem eine sichere Wohnstätte ge-
geben.

10 Aber wie können wir vor dir, unserem
Gott, bestehen nach dem, was jetzt vorgefallen
ist? Wir haben gegen deine Gebote verstoßen,
11 die du uns einst durch deine Diener, die
Propheten*, einschärfen ließest. Du hast uns
durch sie sagen lassen: ›Das Land, das ihr in
Besitz nehmen werdet, ist unrein* durch den
Götzendienst seiner Bewohner und die Götzen-
bilder, mit denen sie es von einem Ende bis zum
andern angefüllt haben. 12 Deshalb sollt ihr mit
diesen Leuten keine Ehen schließen: Eure
Töchter dürft ihr keinem Mann aus diesen
Völkern geben und für eure Söhne keine Frau
aus diesen Völkern nehmen. Sucht nicht ihre
Freundschaft und schließt keine Verträge mit
ihnen – für alle Zeiten nicht! Denn ihr sollt selbst
stark werden, den Ertrag des Landes genießen
und es euren Söhnen vererben als Besitz für alle
kommenden Generationen.‹

13 Weil unser Volk dir nicht gehorcht und
schwere Schuld auf sich geladen hatte, kam
großes Unglück über uns. Und doch hast du,
unser Gott, uns nicht so hart gestraft, wie wir es
verdient hatten, sondern hast uns, die wir hier
sind, übrig gelassen. 14 Wie können wir nun wie-
der anfangen, gegen deine Gebote zu verstoßen

a *72:* mit alten Übersetzungen; H *77.*
b *Amoriter* könnte nach persischem Sprachgebrauch Bezeichnung für die Araber sein; vielleicht ist auch zu lesen *Edomiter.*
c *vor dem Tempelhaus:* verdeutlichender Zusatz; vgl. 10,1.

9,1-2 (Fremde geheiratet) 9,11-12 S; Neh 10,31; 13,23-28; Mal 2,10-12; Ex 34,11-16 **9,11** Lev 18,24-27 **9,12** Dtn 7,3; 23,7

und uns mit diesen Götzendienern zu verschwä-
gern? Musst du da nicht so zornig werden, dass
du uns ganz vernichtest und es keinen Rest und
keine Rettung mehr gibt?
15 HERR, du Gott Israels, du hast Gnade vor
Recht ergehen lassen und uns als Rest deines Vol-
kes gerettet, wie unser Hiersein das heute be-
zeugt. Und nun stehen wir vor dir mit unserer
Schuld! Wir wissen: So können wir vor dir nicht
bestehen!«

Die Mischehen werden geschieden

10 Während Esra vor dem Tempelhaus auf
den Knien lag und unter Tränen zu Gott
betete und die Schuld des Volkes bekannte, ver-
sammelte sich bei ihm eine große Gemeinde von
Männern, Frauen und Kindern aus Israel. Sie alle
weinten sehr.
2 Schechanja, der Sohn von Jehiël aus der Sip-
pe Elam, sagte zu Esra: »Wir haben unserem Gott
die Treue gebrochen; denn wir haben Frauen
aus der Bevölkerung des Landes geheiratet. Aber
trotzdem gibt es noch eine Hoffnung für Israel:
3 Wir müssen jetzt mit unserem Gott einen
Bund* schließen und uns verpflichten, alle frem-
den Frauen mit ihren Kindern wegzuschicken.
So hast du es uns geraten, und alle, die das Gebot
unseres Gottes ernst nehmen, haben es befür-
wortet. Dem Gesetz* Gottes muss Geltung ver-
schafft werden. 4 Darum steh auf! Du musst das
in Ordnung bringen. Sei mutig und handle! Wir
stehen hinter dir!«
5 Da stand Esra auf. Er ließ die Vorsteher der
Priester* aus der Nachkommenschaft von Levi
und die Vorsteher von ganz Israel schwören, so
zu handeln, wie Schechanja beantragt hatte, und
sie schworen es. 6 Dann verließ Esra den Platz
vor dem Haus Gottes und ging in die Tempelzelle
Johanans, des Sohnes von Eljaschib. Dort blieb
er die Nacht über,[a] aß nicht und trank nicht, so
erschüttert war er über den Treubruch der Heim-
gekehrten.
7 Darauf ließ Esra in Judäa und Jerusalem
ausrufen, dass alle Heimgekehrten sich in Jerusa-
lem versammeln sollten. 8 So hätten es die Vor-
steher und Ältesten* beschlossen. Jeder, der
nicht vor Ablauf von drei Tagen komme, werde
aus der Gemeinde der Heimgekehrten aus-
geschlossen und sein gesamter Besitz werde ein-
gezogen.
9 Pünktlich versammelten sich alle Männer
der Stämme Juda und Benjamin in Jerusalem. Es
war der 20. Tag des 9. Monats. Sie setzten sich
auf den freien Platz vor dem Haus Gottes,
zitternd wegen der anstehenden Sache und
auch, weil es in Strömen regnete.
10 Der Priester Esra stand auf und sagte zu
ihnen: »Durch eure Heirat mit fremden Frauen
habt ihr dem HERRN die Treue gebrochen und so
die Schuld Israels vergrößert. 11 Gesteht jetzt vor
dem HERRN, dem Gott eurer Väter, eure Schuld
ein und tut, was er von euch erwartet. Trennt
euch von den Bewohnern des Landes und von
euren fremden Frauen!«
12 Die ganze Gemeinde rief laut: »Ja, das müs-
sen wir tun! Genau wie du sagst!«
13 Sie gaben aber zu bedenken: »Wir sind zu
viele hier und außerdem regnet es. Hier im
Freien können wir nicht bleiben. Die Sache lässt
sich auch nicht in ein oder zwei Tagen erledigen,
weil so viele von uns darin verwickelt sind.
14 Unsere Vorsteher sollen hier bleiben und im
Auftrag der ganzen Gemeinde handeln. Jeder,
der eine fremde Frau geheiratet hat, soll zur fest-
gesetzten Zeit vor ihnen erscheinen, zusammen
mit den Ältesten* und Richtern seines Ortes.
Alles soll in Ordnung gebracht werden, damit
wir den glühenden Zorn unseres Gottes von uns
abwenden, den wir mit diesem Treubruch auf
uns gezogen haben.«
15 Alle stimmten zu, ausgenommen Jonatan,
der Sohn von Asaël, und Jachseja, der Sohn von
Tikwa, die von Meschullam und dem Leviten*
Schabbetai unterstützt wurden. 16 Die Heimge-
kehrten verfuhren nach diesem Beschluss. Der
Priester Esra rief die Oberhäupter aller Sippen
namentlich auf und betraute sie mit dieser Auf-
gabe.[b]
Am 1. Tag des 10. Monats traten sie zusam-
men, um mit der Untersuchung zu beginnen.
17 Alle Männer, die fremde Frauen geheiratet hat-
ten, mussten vor ihnen erscheinen. Bis zum
1. Tag des 1. Monats war die ganze Angelegen-
heit geregelt.

Die Liste der Männer mit nichtjüdischen Frauen

18–19 Hier folgt die Liste der Männer, die nicht-
jüdische Frauen geheiratet hatten. Sie verpflich-
teten sich mit Handschlag, ihre fremden Frauen
wegzuschicken, und brachten als Wiedergut-
machungsopfer* einen Schafbock dar:

a So mit alten Übersetzungen; H *Er ging dorthin.*
b So mit alten Übersetzungen; H *Es wurden ausgewählt Esra, der Priester, und Männer, Oberhäupter der Sippen, alle mit Namen.*
10,6 Jes 58,5 S

Priester:
aus der Sippe von Jeschua, dem Sohn Jozadaks,
und von seinen Brüdern: Maaseja, Eliëser,
Jarib und Gedalja
20 aus der Sippe Immer: Hanani und Sebadja
21 aus der Sippe Harim: Maaseja, Elija, Schemaja,
Jehiël und Usija
22 aus der Sippe Paschhur: Eljoënai, Maaseja,
Jischmaël, Netanel, Josabad und Elasa

23 *Leviten:*
Josabad, Schimi, Kelaja, der auch Kelita genannt
wird, Petachja, Juda und Eliëser

24 *Sänger:*
Eljaschib

Torwächter:
Schallum, Telem und Uri

25 *andere Israeliten:*
aus der Sippe Parosch: Ramja, Jisija, Malkija,
Mijamin, Eleasar, Malkija und Benaja
26 aus der Sippe Elam: Mattanja, Secharja, Jehiël,
Abdi, Jeremot und Elija
27 aus der Sippe Sattu: Eljoënai, Eljaschib, Mat-
tanja, Jeremot, Sabad und Asisa
28 aus der Sippe Bebai: Johanan, Hananja, Sabbai
und Atlai
29 aus der Sippe Bani: Meschullam, Malluch,
Adaja, Jaschub, Scheal und Jeremot
30 aus der Sippe Pahat-Moab: Adna, Kelal, Bena-
ja, Maaseja, Mattanja, Bezalel, Binnui und
Manasse
31 aus der Sippe Harim: Eliëser, Jischija, Malkija,
Schemaja, Simeon, 32 Benjamin, Malluch und
Schemarja
33 aus der Sippe Haschum: Mattenai, Mattatta,
Sabad, Elifelet, Jeremai, Manasse und Schimi
34 aus der Sippe Bani: Maadai, Amram, Uël,
35 Benaja, Bedja, Keluhi, 36 Wanja, Meremot,
Eljaschib, 37 Mattanja, Mattenai, Jaasai,
38 Bani, Binnui, Schimi, 39 Schelemja, Natan,
Adaja, 40 Machnadbai, Schaschai, Scharai,
41 Asarel, Schelemja, Schemarja, 42 Schallum,
Amarja und Josef
43 aus der Sippe Nebo: Jëiël, Mattitja, Sabad,
Sebina, Jaddai, Joël und Benaja

44 Alle diese Männer hatten nichtjüdische Frauen
geheiratet. Unter den Frauen waren einige, die
Kinder geboren hatten.

DAS BUCH NEHEMIA

Inhaltsübersicht

NEHEMIAS ENTSENDUNG UND WIEDERAUFBAU DER STADTMAUER (Kapitel 1–7)

Nehemia beginnt seinen Rechenschaftsbericht

1 Dies ist der Bericht von Nehemia, dem Sohn
von Hachalja:
Im 20. Regierungsjahr des Perserkönigs* Arta-
xerxes, im Monat Kislew*, war ich in der könig-
lichen Residenz Susa. 2 Da kam Hanani, einer
meiner Brüder, mit einigen Männern aus Judäa
zu mir. Ich fragte sie, wie es den Juden dort gehe,
den Überlebenden, die nicht verschleppt wor-
den waren, und erkundigte mich nach dem Zu-
stand Jerusalems. 3 Sie berichteten mir: »Die
Menschen in der Provinz Juda, die der Ver-
schleppung entgangen sind, leben in großer
Not und Schande. Die Stadtmauer Jerusalems
liegt in Trümmern, die Tore sind durch Feuer zer-
stört.«
4 Als ich das hörte, setzte ich mich nieder und
weinte. Tagelang trauerte ich, fastete* und flehte
den Gott des Himmels an. 5 Ich betete:
»Ach HERR, du Gott des Himmels, du großer
und Ehrfurcht gebietender Gott! Du stehst in un-
erschütterlicher Treue zu deinem Bund* und zu
denen, die dich lieben und nach deinen Geboten
leben. 6 Sieh mich, deinen Diener, freundlich an
und habe ein offenes Ohr für mein Gebet! Tag
und Nacht flehe ich zu dir für die Menschen, die
dir dienen, dein Volk Israel!
Ich bekenne dir die Sünden, die wir Israeli-
ten gegen dich begangen haben. Wir haben

1,3 Esra 9,3 **1,5** Dtn 7,9 S

Unrecht getan; auch ich und meine Verwandten
haben sich verfehlt. 7 Wir haben große Schuld
auf uns geladen: Wir haben die Gebote und
Gesetze missachtet, die du uns durch Mose,
deinen Diener und Bevollmächtigten*, gegeben
hast.
8 Aber denk doch daran, dass du ausdrücklich
zu deinem Diener Mose gesagt hast: ›Wenn ihr
mir untreu werdet, will ich euch unter die frem-
den Völker zerstreuen; 9 wenn ihr aber zu mir
zurückkehrt, auf meine Gebote achtet und sie
befolgt, werde ich sogar die, die ich bis ans
äußerste Ende der Erde verstoßen habe, von dort
zurückholen. Ich will sie heimbringen an den
Ort, den ich erwählt und zum Wohnsitz meines
Namens[a] bestimmt habe.‹ So hast du gesagt –
10 und sie sind ja trotz allem deine Diener, dein
Volk, das du einst durch deine große Macht und
mit deiner starken Hand aus Ägypten befreit
hast!
11 Ach Herr, erhöre mein Flehen und das Fle-
hen aller, die dir bereitwillig und voll Ehrfurcht
dienen! Lass mich doch heute Erfolg haben und
hilf, dass der König mir gnädig ist!«
Ich war nämlich der Mundschenk des Königs.

Der Mundschenk des Königs wagt eine Bitte ...

2 Es war an einem Tag im Monat Nisan*, im
20. Regierungsjahr des Königs Artaxerxes.[b]
Der Wein war bereitgestellt und ich nahm den
Becher, füllte ihn und reichte ihn dem König. Ich
war bei ihm sehr gut angeschrieben.
2 Der König sagte zu mir: »Warum siehst du so
schlecht aus? Du bist doch nicht etwa krank?
Nein, das ist es nicht – irgendetwas macht dir
das Herz schwer!«
Der Schreck fuhr mir in die Glieder. 3 Dann
antwortete ich: »Der König möge ewig leben!
Kann ich denn fröhlich aussehen? Die Stadt, in
der meine Vorfahren begraben sind, ist verwüs-
tet und ihre Tore sind vom Feuer zerstört.«
4 Darauf fragte mich der König: »Und was ist
deine Bitte?«
Ich schickte ein Stoßgebet zum Gott des Him-
mels 5 und sagte zum König: »Mein König, wenn
es dir gut erscheint und wenn du deinem Diener
Vertrauen schenkst, dann lass mich doch nach
Judäa gehen in die Stadt, in der meine Vorfahren
begraben sind, damit ich sie wieder aufbauen
kann!«

... und erhält Vollmachten für Jerusalem

6 Der König, neben dem die Königin saß, fragte
mich: »Wie lange würde deine Reise dauern?
Wann könntest du wieder hier sein?«
Ich nannte ihm eine Zeit und er war einver-
standen. 7 Dann sagte ich noch zu ihm: »Mein
König, wenn es dir recht ist, dann möge man mir
amtliche Schreiben mitgeben an die Statthalter
der Westprovinz, damit sie mich nach Judäa
durchreisen lassen. 8 Außerdem brauche ich ein
amtliches Schreiben an Asaf, den königlichen
Oberforstverwalter. Er soll mir Bauholz geben
für die Tore der Verteidigungsanlage beim Tem-
pel*, für die Stadtmauer und für das Haus, in
dem ich wohnen werde.«
Der König gewährte es mir, denn die gütige
Hand meines Gottes stand mir bei.
9 Für die Reise gab mir der König eine Leib-
wache von Offizieren und Reitern mit. Als ich zu
den Statthaltern der Westprovinz kam, übergab
ich ihnen die Briefe des Königs. 10 Sanballat, der
Horoniter*, und der Ammoniter* Tobija, sein
Bevollmächtigter, gerieten in heftigen Zorn, weil
einer kam, der den Israeliten helfen wollte.

Vorbereitungen zum Wiederaufbau der Stadtmauer

11 Als ich in Jerusalem ankam, wartete ich zu-
nächst drei Tage. 12 Dann begab ich mich in der
Nacht auf Erkundung, nahm aber nur wenige
Männer mit. Ich hatte noch keinem Menschen
gesagt, was mein Gott mir ins Herz gegeben
hatte und was ich für die Stadt tun wollte. Ich
nahm auch keine Reittiere mit außer dem einen,
auf dem ich ritt.
13 So ritt ich bei Nacht durch das Taltor und
von dort aus südwärts in Richtung Drachenquel-
le bis zum Misttor. Ich untersuchte genau, wie
weit die Mauern Jerusalems eingerissen und die
Tore verbrannt waren. 14 Dann wandte ich mich
nach Norden zum Quelltor und zum Königs-
teich. Weil ich an der Mauer entlang mit meinem
Reittier nicht mehr weiterkam, 15 ritt ich noch
ein Stück unten im Tal weiter, um mir ein Bild
vom Zustand der Mauer zu machen. Dann
kehrte ich um und kam durch das Taltor wieder
zurück.
16 Die Ratsherren der Stadt wussten nicht, wo-
hin ich gegangen war und was ich vorhatte.
Denn bis dahin hatte ich keinem der Juden etwas

a *Wohnsitz meines Namens:* siehe Anmerkung zu Dtn 12,5.
b Das hier gegebene Datum liegt 4 Monate früher als die Angabe von 1,1. Vielleicht sind die Jahre und Monate nach verschiedenen Kalendern berechnet (vgl. Sacherklärung »Kalender«).

1,8 Lev 26,33 **1,9** Dtn 30,1-5 **1,10** Dtn 9,29 **2,3** 2 Chr 36,19 **2,8** Esra 7,6 S **2,10** 2,19; 3,33.35; 4,1; 6,1; 13,28

von meinen Plänen mitgeteilt, weder den Pries-
tern noch den Männern der ersten Familien und
den Ratsherren noch allen übrigen, die mit der
Sache zu tun hatten.
17 Nun aber sagte ich zu ihnen: »Ihr seht
selbst die trostlose Lage, in der wir stecken. Jeru-
salem ist ein Trümmerhaufen und die Stadttore
sind verbrannt. Kommt, lasst uns die Mauer wie-
der aufbauen, damit diese Schande aus der Welt
geschafft wird!«
18 Ich erzählte ihnen auch, wie die gütige
Hand meines Gottes mir geholfen und was der
König mir gewährt hatte.
Da sagten sie: »Ja, ans Werk, bauen wir sie
auf!« Und sie machten sich mit Eifer an die Vor-
bereitungen zu dem wichtigen Unternehmen.
19 Als Sanballat, Tobija und der Araber Ge-
schem von unserer Absicht hörten, machten sie
sich über uns lustig und sagten: »Da habt ihr
euch etwas Großes vorgenommen! Ein bisschen
zu groß für euch! Wollt ihr euch am Ende noch
gegen den König auflehnen?«
20 Ich ließ ihnen ausrichten: »Der Gott des
Himmels wird es uns gelingen lassen. Wir, seine
Diener, machen uns ans Werk und bauen die
Mauer auf. Euch aber geht Jerusalem nichts an;
denn ihr habt hier weder Grundbesitz noch
irgendeinen Rechtsanspruch, ihr habt euch auch
nie um die Stadt verdient gemacht!«

Die Liste der Bauleute

3 Der Oberste Priester* Eljaschib und seine
Brüder, die Priester, bauten das Schafstor
wieder auf, weihten es und setzten die Torflügel
ein. Sie weihten auch das angrenzende Mauer-
stück bis zum »Turm der Hundert« und zum
Hananel-Turm.
2 Die Einwohner von Jericho bauten den
daran anschließenden Mauerabschnitt wieder
auf.
Den nächsten Abschnitt baute Sakkur, der
Sohn von Imri, wieder auf.
3 Die Sippe Senaa baute das Fischtor wieder
auf. Sie deckten es mit Balken, setzten die Tor-
flügel ein und brachten die Riegel und ihre Siche-
rungen an.
4 Meremot, der Sohn von Urija und Enkel von
Koz, besserte den nächsten Mauerabschnitt aus.
Den anschließenden Teil setzte Meschullam,
der Sohn von Berechja und Enkel von Meschesa-
bel, instand.
Am nächsten Abschnitt arbeitete Zadok, der
Sohn von Baana.
5 Die Einwohner von Tekoa besserten den an-
schließenden Mauerabschnitt aus. Aber die vor-
nehmen Männer dieser Stadt weigerten sich, die
Arbeit aufzunehmen, die ihnen von mir zuge-
wiesen wurde.
6 Jojada, der Sohn von Paseach, und Meschul-
lam, der Sohn von Besodja, setzten das Jeschana-
Tor instand. Sie deckten es mit Balken, setzten
die Torflügel ein und brachten die Riegel und
ihre Sicherungen an.
7 Am anschließenden Teil der Mauer arbeite-
ten Melatja aus Gibeon, Jadon aus Meronot so-
wie die Männer aus Gibeon und Mizpa. Nahe
bei diesem Abschnitt lag der Amtssitz des Statt-
halters für die Provinz westlich des Eufrats.
8 Usiël, der Sohn von Harhaja, aus der Familie
der Goldschmiede, besserte den nächsten Ab-
schnitt aus.
Den anschließenden Teil setzte Hananja, der
Salbenmischer, instand. Diese beiden stellten
den Abschnitt bis zur »Breiten Mauer« fertig.
9 Refaja, der Sohn Hurs, Vorsteher des halben
Verwaltungsbezirks Jerusalem, besserte den
nächsten Mauerabschnitt aus.
10 Jedaja, der Sohn von Harumaf, setzte den
anschließenden Teil instand, seinem eigenen
Haus gegenüber.
Am nächsten Abschnitt arbeitete Hattusch,
der Sohn von Haschabneja.
11 Malkija, der Sohn Harims, und Haschub,
der Sohn Pahat-Moabs, besserten den nächsten
Teil der Mauer aus, bis zum Ofenturm.
12 Schallum, der Sohn von Lohesch, Vorsteher
der anderen Hälfte des Verwaltungsbezirks Jeru-
salem, setzte den anschließenden Abschnitt in-
stand, zusammen mit seinen Töchtern.
13 Hanun und die Einwohner von Sanoach
bauten das Taltor wieder auf. Sie setzten die Tor-
flügel ein und brachten die Riegel und ihre Siche-
rungen an. Außerdem besserten sie die Mauer
von dort bis zum Misttor aus, ein Stück von etwa
500 Metern.[a]
14 Das Misttor wurde von Malkija, dem Sohn
Rechabs, wieder aufgebaut. Er war Vorsteher
des Bezirks Bet-Kerem. Er setzte die Torflügel ein
und brachte die Riegel und ihre Sicherungen
an.
15 Schallun, der Sohn von Kolhose, Vorsteher
des Bezirks Mizpa, baute das Quelltor wieder
auf. Er machte eine neue Überdachung, setzte
die Torflügel ein und brachte die Riegel und ihre
Sicherungen an. Außerdem setzte er die Mauer
am Teich der Wasserleitung beim königlichen

a Hebräische Maßangabe *1000 Ellen**.

2,18 Esra 7,6 S **3,1** (Eljaschib) 3,20-21; 12,10.22; 13,28; (Hananel-Turm) 12,39; Jer 31,38; Sach 14,10 **3,15** 2 Kön 20,20

Garten instand, bis zu den Stufen, die von der
Davidsstadt* herabführen.
16 Am nächsten Mauerabschnitt arbeitete Ne-
hemja, der Sohn Asbuks, Vorsteher der einen
Hälfte des Bezirks Bet-Zur. Er arbeitete an dem
Abschnitt gegenüber den Gräbern Davids und
seiner Nachfolger, bis zu dem künstlich angeleg-
ten Teich und der Kaserne der »Dreißig Hel-
den*«.
17 Den anschließenden Teil der Mauer setzten
die Leviten* unter Rehum, dem Sohn von Bani,
instand.

Haschabja, Vorsteher der einen Hälfte des Be-
zirks Keïla, besserte den nächsten Abschnitt aus;
er vertrat seinen Bezirk.
18 Am anschließenden Teil arbeiteten die Levi-
ten[a] unter Binnui, dem Sohn Henadads, Vorste-
her der anderen Hälfte des Bezirks Keïla.
19 Den nächsten Teil setzte Eser, der Sohn von
Jeschua, Vorsteher von Mizpa, instand. Sein Ab-
schnitt lag gegenüber dem Aufstieg zur Waffen-
kammer beim »Winkel«.[b]
20 Baruch, der Sohn von Sabbai, arbeitete mit
ganzem Einsatz am Mauerabschnitt zwischen
dem »Winkel« und dem Eingang zum Haus des
Obersten Priesters Eljaschib.
21 Meremot, der Sohn von Urija und Enkel
von Koz, besserte den nächsten Abschnitt aus,
vom Eingang zum Haus Eljaschibs bis zum Ende
des Hauses.
22 Den anschließenden Teil setzten die
Priester aus der Umgebung von Jerusalem[c] in-
stand.
23 Benjamin und Haschub arbeiteten am
nächsten Teil, ihren Häusern gegenüber.

Asarja, der Sohn von Maaseja und Enkel von
Ananeja, setzte den anschließenden Abschnitt
instand, nahe bei seinem Haus.
24 Am nächsten Teil arbeitete Binnui, der
Sohn Henadads, vom Haus Asarjas bis zum
»Winkel« und weiter bis zur »Ecke«.
25 Palal, der Sohn von Usai, arbeitete an der
Mauer gegenüber dem »Winkel« und dem hohen
Turm, der am königlichen Palast vorspringt,
nahe beim Wachthof.

Pedaja, der Sohn von Parosch,
26 und die Tem-
peldiener*, die auf dem Ofel* wohnten, besser-
ten den anschließenden Teil aus, bis zum Wasser-
tor auf der Ostseite und zum vorspringenden
Turm.
27 Am nächsten Teil, vom vorspringenden
Turm bis zur Mauer am Ofel, arbeiteten die Ein-
wohner von Tekoa.
28 Den Abschnitt oberhalb des Rosstores setz-
ten die Priester instand, jeder seinem Haus ge-
genüber.
29 Zadok, der Sohn von Immer, arbeitete an
dem Teil der Mauer, der seinem Haus gegenüber
lag.

Den anschließenden Teil setzte Schemaja, der
Sohn von Schechanja, der Wächter des Osttores,
instand.
30 Hananja, der Sohn von Schelemja, und
Hanun, der sechste Sohn Zalafs, besserten den
nächsten Teil aus.

Meschullam, der Sohn von Berechja, arbeitete
an dem Abschnitt gegenüber seiner Wohnung.
31 Malkija, der Goldschmied, setzte den an-
schließenden Teil instand, bis zum Haus der
Tempeldiener und der Händler gegenüber dem
Wachttor und bis zum Aufgang an der Nord-
ostecke.
32 Den Mauerabschnitt von dort bis zum
Schafstor setzten die Goldschmiede und die
Händler instand.

Die Pläne der Gegner werden durchkreuzt

33 Als Sanballat hörte, dass wir die Stadtmauer
wieder aufbauten, wurde er zornig und war sehr
verärgert. Er machte sich über uns Juden lustig
34 und sagte in Gegenwart seiner Freunde und
der Truppen von Samaria: »Was bilden sich diese
elenden Juden eigentlich ein? Meinen sie wirk-
lich, sie könnten es schaffen? Oder glauben sie,
dass ihre Opfer* etwas bewirken?[d] Das ist doch
keine Arbeit von einem Tag! Sie wollen wohl die
verbrannten Steine ihrer Ruinen zu neuem
Leben erwecken?«
35 Tobija, der Ammoniter*, stand neben ihm
und fügte hinzu: »Sie sollen nur bauen! Wenn
ein Fuchs an ihre Mauer springt, dann stürzt die
ganze Herrlichkeit zusammen!«
36 »Du unser Gott«, sagte ich, »hör doch, wie
sie über uns lachen! Lass ihren Spott auf sie
selbst zurückfallen! Lass sie gefangen weg-
geführt werden und selber die Verachtung zu
spüren bekommen!
37 Vergib ihnen dieses
Unrecht nicht, vergiss es ihnen nicht! Denn sie
haben dich beleidigt vor allen, die an der Mauer
bauen.«
38 Trotz dieser Anfeindungen konnten wir die
Mauer wieder aufbauen. Bald schon war sie

a *die Leviten:* wörtlich *ihre Brüder.* b *Winkel:* andere Deutung *Stützpfeiler/Böschung.*
c *aus der Umgebung ...:* wörtlich *aus dem Umkreis,* womit sonst die Jordanebene bezeichnet wird.
d *Oder glauben sie:* Deutung unsicher.

3,20-21 3,1S **3,21** Esra 8,33 **3,26** 11,21; Esra 8,20S **3,33** 2,10S **3,37** Jer 18,23

über die ganze Länge geschlossen und bis zur
halben Höhe aufgeführt, weil alle mit Eifer bei
der Sache waren.

4 Als Sanballat und Tobija, die Araber, die
Ammoniter und die Leute von Aschdod
erfuhren, dass der Wiederaufbau der Mauer Jeru-
salems voranging und sich ihre Lücken zu schlie-
ßen begannen, gerieten sie in Wut. 2 Sie ver-
schworen sich und beschlossen, bewaffnet
gegen Jerusalem zu ziehen und dort Verwirrung
anzurichten. 3 Wir aber beteten zu unserem Gott
und stellten Tag und Nacht zum Schutz gegen sie
Wachen auf. 4 Unter den Judäern ging zu dieser
Zeit das Lied um:

»Der Schutt nimmt ja doch nie ein Ende,
wir haben schon ganz lahme Hände!
Wir sind viel zu müde und matt,
zu bauen die Mauer der Stadt.«

5 Unsere Feinde dachten: »Ehe die Judäer etwas
ahnen, sind wir schon mitten unter ihnen, schla-
gen sie zusammen und bereiten ihrem Mach-
werk ein Ende.«

6 Doch es kam ganz anders. Denn die Juden,
die in ihrer Nähe wohnten, hielten uns auf dem
Laufenden über das, was unsere Feinde gegen
uns vorhatten.[a] 7 Darum rief ich alle wehrfähi-
gen Männer zu den Waffen. Ich stellte sie unter-
halb des Tempelplatzes hinter den eingestürzten
Partien der Mauer auf,[b] geordnet nach Familien-
verbänden, bewaffnet mit Schwertern, Speeren
und Bogen.

8 In dieser gefährlichen Lage[c] trat ich vor sie
hin und sagte zu den Männern aus den ersten
Familien und den Ratsherren und zum ganzen
Volk: »Habt keine Angst! Erinnert euch daran,
wie groß und mächtig der Herr ist! Kämpft für
eure Brüder, für eure Söhne und Töchter, für
eure Frauen und für euren Besitz!«

Mauerbau im Schutz der Waffen

9 Unsere Feinde erfuhren, dass wir gewarnt
waren. Ihr Plan war gescheitert, Gott hatte ihn
vereitelt. Wir aber gingen alle zur Mauer zurück,
jeder an seine Arbeit.

10 Von dem Tag an arbeitete nur noch die
Hälfte meiner Leute beim Mauerbau mit, wäh-
rend die andere Hälfte Wache stand, ausgerüstet
mit Speeren, Schilden, Bogen und Rüstungen.
Die führenden Männer standen hinter den Leu-
ten von Juda, 11 die am Mauerbau arbeiteten. Die
Träger trugen mit der einen Hand die Last, in der
andern hielten sie eine Waffe. 12 Alle Bauleute
hatten während der Arbeit das Schwert umge-
schnallt. Ich selbst hatte den Mann mit dem
Signalhorn immer bei mir.

13 Zu den Männern aus den ersten Familien
und den Ratsherren und den Bauleuten aus dem
Volk sagte ich: »Die Baustelle ist weitläufig. Wir
müssen uns über die ganze Mauer verteilen
und sind dadurch weit voneinander entfernt.
14 Wenn ihr von irgendeiner Stelle her das Wid-
derhorn* blasen hört, kommt ihr sofort zu mir
dorthin. Unser Gott wird für uns kämpfen!«

15 So arbeiteten wir alle vom ersten Morgen-
rot an, bis die Sterne sichtbar wurden; aber die
Hälfte meiner Leute hatte ständig den Speer in
der Hand und hielt Wache. 16 Für die ganze Zeit
hatte ich angeordnet, dass die verantwortlichen
Bauführer mit ihren Leuten in Jerusalem über-
nachten sollten. So konnten sie uns nachts beim
Wachtdienst helfen und tagsüber an die Arbeit
gehen. 17 Weder ich noch einer von meinen Brü-
dern und Verwandten, meinen eigenen Leuten
oder der Wachmannschaft, die mich begleitete,
zog seine Kleider aus und jeder hatte seinen
Wurfspeer stets griffbereit.[d]

Die kleinen Leute bezahlen die Zeche

5 Im Volk aber breitete sich Unzufriedenheit
aus.[e] Die Männer und ihre Frauen kamen
zu mir und beschwerten sich über ihre jüdischen
Stammesbrüder.

2 Die einen klagten: »Wir haben viele Söhne
und Töchter und wissen nicht, wie wir genug
Getreide zum Leben beschaffen sollen.«

3 Andere beklagten sich: »Wir müssen unsere
Felder, unsere Weinberge und unsere Häuser
verpfänden, um in der Hungersnot Brot kaufen
zu können.«

4 Wieder andere beschwerten sich: »Wir
mussten unsere Felder und Weinberge verpfän-
den, um die Abgaben für den König bezahlen zu
können.«

5 Sie alle sagten: »Sind wir etwa nicht vom
selben Fleisch und Blut wie unsere Stammes-
brüder? Sind unsere Kinder nicht genauso gut
Israeliten wie ihre Kinder? Und doch müssen wir
ihnen unsere Söhne und Töchter als Sklaven*
geben. Einige unserer Töchter sind schon

a *hielten uns …:* vermutlicher Text; H *kamen aus allen Orten und sagten uns zehnmal: Kommt zu uns zurück.*
b *unterhalb des Tempelplatzes …:* Deutung unsicher. c Wörtlich *Ich sah (die Lage).*
d *stets griffbereit:* wörtlich *und jeder – sein Wurfspeer (war) das Wasser* (vielleicht: nahm die Stelle des Waschwassers ein, d. h., es gab keine Gelegenheit zum Waschen).
e Verdeutlichender Zusatz.

4,1 2,10 S **4,14** Ex 14,14 **5,5-11** Lev 25,35-42

missbraucht worden und wir können nichts da-
gegen tun. Unsere Felder und Weinberge ge-
hören anderen.«
6 Ich wurde sehr zornig, als ich von diesem
himmelschreienden Unrecht erfuhr. 7 Ich über-
legte mir die Sache hin und her. Dann sagte ich
den Männern aus den ersten Familien und den
Ratsherren hart und deutlich meine Meinung:
»Wie könnt ihr die Notlage eurer eigenen Stam-
mesbrüder so schamlos ausnutzen?«

Ich brachte die Sache vor die Versammlung
der ganzen Gemeinde 8 und hielt den Schuldigen
vor: »Wir haben von unseren jüdischen Stam-
mesbrüdern, die unter die Nachbarvölker ver-
kauft worden waren, so viele losgekauft, wie wir
konnten. Und ihr wollt sie jetzt selber verkaufen,
damit sie wieder zurückgekauft werden müs-
sen?«

Sie schwiegen und konnten nichts zu ihrer
Rechtfertigung vorbringen.
9 Ich fuhr fort: »Was ihr da tut, ist ein Verbre-
chen. Ihr solltet in wahrer Gottesfurcht leben! So
aber macht ihr uns zum Gespött der Völker, die
unsere Feinde sind. 10 Auch ich, meine Brüder
und Verwandten und meine Leute haben Geld
und Getreide ausgeliehen. Lasst uns doch auf
jede Rückzahlung verzichten! 11 Und gebt euren
Schuldnern noch heute ihre Felder, ihre Wein-
berge, Ölbäume und Häuser zurück! Erlasst
ihnen die ganze Schuld, alles, was ihr ihnen an
Geld und Getreide, an Wein und Öl geliehen
habt!«

Nehemia als leuchtendes Vorbild

12 Da riefen sie: »Wir wollen alles zurückgeben
und nichts mehr von ihnen fordern! Wir wollen
alles so machen, wie du gesagt hast!«

Ich rief die Priester* zu mir und ließ die Gläu-
biger vor ihnen ihr Versprechen beschwören.
13 Ich schüttelte alles, was ich über dem Gürtel
in meinem Gewand trug, vor der ganzen Ge-
meinde heraus und erklärte: »Genauso soll Gott
jeden, der diesen Schwur nicht hält, aus seinem
Haus und seinem Besitz hinausschütteln, ja, er
selbst soll genauso ausgeschüttelt und ausgeleert
sein.«

Die ganze Gemeinde rief: »Amen*, so soll es
sein!«, und pries den HERRN. Alle hielten sich an
diese Abmachung.
14 Ich selbst verzichtete für mich und meine
Verwandtschaft von Anfang an auf die Unter-
haltskosten, die mir als Statthalter der Provinz
Juda zustanden, die ganzen zwölf Jahre lang,
vom 20. bis zum 32. Regierungsjahr des Königs
Artaxerxes. 15 Frühere Statthalter hatten dem
Volk schwere Lasten auferlegt. Sie verlangten
von ihm nicht nur Brot und Wein, sondern täg-
lich auch noch 40 Silberstücke* für ihren Unter-
halt.[a] Auch ihre Leute unterdrückten das Volk.

Weil ich Gott ernst nahm, tat ich dies alles
nicht. 16 Meine ganze Kraft habe ich für den Bau
der Mauer eingesetzt und auch meine Leute ha-
ben bei der Arbeit mitgeholfen. Keiner von uns
hat Grundbesitz erworben. 17 Hundertfünfzig
Beamte der judäischen Bezirksverwaltung hatte
ich ständig zu verpflegen, dazu die Gäste, die
von den umliegenden Völkern zu uns kamen.
18 Täglich wurden ein Rind, sechs ausgesuchte
Schafe und dazu Geflügel zubereitet. Alle zehn
Tage wurden die verschiedensten Weine in gro-
ßen Mengen angeliefert. Trotzdem habe ich die
Unterhaltskosten, die mir als Statthalter zustan-
den, nicht in Anspruch genommen; denn das
Volk war durch die Bauarbeiten schon mehr als
genug belastet.
19 Denk doch an mich, mein Gott, und lass
mir zugute kommen, was ich für dieses Volk ge-
tan habe!

Die Gegner wollen Nehemia einschüchtern

6 Sanballat, Tobija und der Araber Geschem
sowie unsere übrigen Feinde erfuhren, dass
ich den Mauerbau vollendet hatte und keine
Lücken mehr in der Mauer waren. Allerdings
hatten wir die Torflügel noch nicht eingesetzt.
2 Genau zu dieser Zeit schickten Sanballat
und Geschem mir einen Boten mit der Einla-
dung, sie in Kefirim im Ono-Tal zu treffen. Weil
sie aber Böses gegen mich im Schilde führten,
3 ließ ich ihnen durch Boten sagen: »Ich habe
eine große Aufgabe zu bewältigen und kann un-
möglich kommen. Meine Arbeit würde liegen
bleiben, wenn ich sie verließe, um euch zu tref-
fen.«
4 Viermal schickten sie mir dieselbe Einla-
dung und jedes Mal schickte ich ihnen dieselbe
Antwort. 5 Sanballat gab nicht auf. Das fünfte
Mal schickte er einen seiner Diener mit einem
unversiegelten Brief. 6 Darin stand:

»Wie Geschem mir bestätigt hat, geht unter den
Leuten das Gerücht um, dass du mit den Juden
einen Aufstand vorbereitest und dass ihr zu die-
sem Zweck auch die Mauer wieder aufbaut.
Man erzählt sich auch, du wolltest ihr König

a Deutung unsicher; möglich auch: *Brot und Wein für 40 Silberstücke.*

5,19 6,14; 13,14.22.31; Ps 132,1 **6,1** 2,10 S

werden. 7 Du sollst Propheten* bestellt haben, die den Auftrag haben, überall in Jerusalem auszurufen: ›Juda hat wieder einen König!‹ Es wird nicht ausbleiben, dass solche Gerüchte dem König zu Ohren kommen. Komm also zu mir, damit wir miteinander über alles reden können.«

8 Ich ließ ihm antworten: »Was du schreibst, ist völlig aus der Luft gegriffen. Du hast dir das alles selbst ausgedacht.«

9 So versuchten sie alle, uns Angst einzujagen, in der Hoffnung, dass wir die Arbeit abbrechen würden. Ich aber sagte mir: »Jetzt erst recht!«

10 Eines Tages besuchte ich Schemaja, den Sohn von Delaja und Enkel von Mehetabel, weil dieser verhindert war, zu mir zu kommen. Er sagte zu mir: »Gehen wir miteinander zum Tempel* und schließen uns im Innern des Gotteshauses ein; sie wollen dich nämlich ermorden. Heute Nacht werden sie kommen!«

11 Ich antwortete ihm: »Ein Mann in meiner Stellung flieht nicht. Und wie dürfte ich es wagen, in den Tempel einzudringen? Ein solches Vergehen müsste ich mit dem Leben bezahlen. Nein, ich gehe nicht!«

12 Ich hatte nämlich erkannt, dass Schemaja nicht von Gott beauftragt worden war. Er hatte zwar wie ein Prophet zu mir gesprochen, aber Tobija und Sanballat hatten ihn dafür bezahlt. 13 Sie wollten ihn dazu benutzen, mir Angst einzujagen. Ich sollte dem Rat Schemajas folgen und ein Unrecht begehen. Dann hätten sie eine Gelegenheit gehabt, meinen Ruf zu ruinieren und mich vor meinem eigenen Volk verächtlich zu machen.

14 Du, mein Gott, vergiss nicht, was Tobija und Sanballat mir angetan haben! Denk auch an alles, womit die Prophetin Noadja und die anderen Propheten mir Angst machen wollten!

Die Vollendung der Mauer

15 Dennoch wurde die Mauer vollendet. Am 25. Tag des Monats Elul*, nach 52 Tagen, hatten wir es geschafft. 16 Als die feindlichen Völker rings um uns her das hörten, bekamen sie es mit der Angst zu tun. Aller Hochmut war ihnen vergangen, weil sie einsehen mussten, dass unser Gott es war, der dieses Werk vollbracht hatte.

17 Während dieser ganzen Zeit standen Leute aus den ersten Familien in Judäa in regem Briefwechsel mit Tobija. 18 Viele Judäer waren mit ihm durch einen Eid verbunden, denn er war der Schwiegersohn von Schechanja, dem Sohn Arachs. Außerdem hatte Tobijas Sohn Johanan eine Tochter von Meschullam, dem Sohn von Berechja, geheiratet. 19 Diese Leute gingen so weit, in meiner Gegenwart die Verdienste[a] Tobijas zu rühmen, und hinterbrachten ihm jede meiner Bemerkungen. Darauf schickte er mir Briefe, um mir Angst zu machen.

Der Wachtdienst in Jerusalem wird organisiert

7 Als der Wiederaufbau der Mauer abgeschlossen war, ließ ich die Torflügel einsetzen. Danach nahmen die Torwächter, die Sänger und die Leviten* ihren Dienst am Tempel* auf.

2 Den Schutz Jerusalems übertrug ich meinem Bruder Hanani sowie Hananja, dem Kommandanten der Burg. Hananja war ein Mann, der vollstes Vertrauen verdiente, und sein Gehorsam gegenüber Gott war beispielhaft.

3 Ich sagte zu ihnen: »Die Tore Jerusalems werden erst geöffnet, wenn die Wärme der Sonne zu spüren ist. Und abends, wenn noch alle Bewohner auf den Beinen sind,[b] werden die Tore geschlossen und verriegelt. Richtet einen Wachtdienst ein, zu dem alle Männer der Stadt eingeteilt werden. Ein Teil soll die Wachtposten an den gefährdeten Stellen beziehen, die anderen sollen bei ihrem Haus Wache halten.«

Die Liste der Heimkehrer

(Esra 2,1-70)

4 Jerusalem war eine große, weiträumige Stadt; aber die Zahl der Einwohner war klein und es war noch nicht alles mit Häusern bebaut. 5 Mein Gott gab mir den Gedanken ein, die Männer der ersten Familien, die Ratsherren und das ganze Volk zusammenzurufen, um sie nach ihren Sippen in Listen einzutragen. Ich fand bei dieser Gelegenheit das Verzeichnis, in dem die ersten Heimkehrer aufgeschrieben waren. Darin hieß es:

6 Viele, deren Vorfahren aus der persischen Provinz Judäa stammten, verließen Babylonien* und kehrten nach Jerusalem und Judäa zurück, jeder in seinen Heimatort. Ihre Familien hatten in Babylonien gelebt, seit König Nebukadnezzar sie dorthin verschleppt hatte.

a *Verdienste:* Wortspiel mit dem Namen Tobija; mit G und veränderten Vokalen ergibt sich der Sinn: *Sie erzählten vor mir Gerüchte von ihm.*

b *Und abends …:* Deutung unsicher; wörtlich *Und bis sie* (die Wächter?) *stehen.*

6,11 Num 18,7; 2 Chr 26,16-20 **6,14** 5,19 S

7a Ihre Anführer waren: Serubbabel, Jeschua, Nehemja, Asarja, Raamja, Nahamani, Mordochai, Bilschan, Misperet, Bigwai, Rehum und Baana.

7b–38 Hier folgt die Liste der israelitischen Sippen mit der Zahl der zu ihnen gehörigen Männer:[a]

Parosch	2172
Schefatja	372
Arach	652
Pahat-Moab, die Nachkommen von Jeschua und Joab	2818
Elam	1254
Sattu	845
Sakkai	760
Bani	648
Bebai	628
Asgad	2322
Adonikam	667
Bigwai	2067
Adin	655
Ater, die Nachkommen von Hiskija	98
Haschum	328
Bezai	324
Harif	112
Gibeon	95
Netofa aus Betlehem	188
aus Anatot	128
aus Bet-Asmawet	42
aus Kirjat-Jearim, Kefira und Beerot	743
aus Rama und Geba	621
aus Michmas	122
aus Bet-El und Ai	123
aus Nebo – dem anderen	52
Elam – ein anderer	1254
Harim	320
aus Jericho	345
aus Lod, Hadid und Ono	721
Senaa	3930

39–42 Von den Sippen der Priester* kehrten heim:

Jedaja, die Nachkommen von Jeschua	973
Immer	1052
Paschhur	1247
Harim	1017

43 Von den Leviten*:

die Sippe Jeschua, die Nachkommen von Kadmiël, Binnui und Hodawja[b]	74

44 Von den Tempelsängern:

die Nachkommen Asafs	148

45 Von den Torwächtern des Tempels:

die Sippen Schallum, Ater, Talmon, Akkub, Hatita und Schobai	139

46–56 Von den Tempeldienern* kehrten folgende Sippen heim:

Ziha, Hasufa, Tabbaot, Keros, Sia, Padon, Lebana, Hagaba, Salmai, Hanan, Giddel, Gahar, Reaja, Rezin, Nekoda, Gasam, Usa, Paseach, Besai, die Mëuniter, die Nefusiter, Bakbuk, Hakufa, Harhur, Bazlut, Mehida, Harscha, Barkos, Sisera, Temach, Neziach, Hatifa

57–59 Folgende Sippen der Sklaven Salomos kehrten heim:

Sotai, Soferet, Peruda, Jaala, Darkon, Giddel, Schefatja, Hattil, Pocheret-Zebajim, Amon

60 Gesamtzahl der heimkehrenden Tempeldiener und Nachkommen der Sklaven Salomos 392

61–62 Aus Tel-Melach, Tel-Harscha, Kerub-Addon und Immer kamen folgende Sippen; sie konnten aber nicht nachweisen, dass sie israelitischer Abstammung waren:

Delaja, Tobija und Nekoda	642

63–64 Unter den Priestern gab es einige, die ihre Abstammungslisten nicht finden konnten. Es waren die Sippen Habaja, Koz und Barsillai. Der Ahnherr der Sippe Barsillai hatte eine Tochter von Barsillai aus Gilead* geheiratet und dessen Namen angenommen. Weil diese drei Sippen ihre priesterliche Abstammung nicht nachweisen konnten, wurden sie für unrein* erklärt und vom Priesterdienst ausgeschlossen. 65 Der Statthalter untersagte ihnen, von den heiligen Opfergaben zu essen, bis wieder ein Oberster Priester* eingesetzt wäre, der ihren Fall klären könnte.[c]

66–68 Gesamtzahl der Gemeinde der Heimkehrer 42 360

Hinzu kamen:

Sklaven und Sklavinnen	7337
Sänger und Sängerinnen[d]	200

a Wörtlich *Die Zahl der Männer des Volkes Israel.* Frauen (und Kinder?) sind offenbar erst in der Gesamtzahl (Verse 66-68) enthalten, die die Summe der Angaben in den Versen 7b-60 um 11 271 überschreitet.
b *Binnui und Hodawja:* vermutlicher Text; H *(und) von den Söhnen Hodawjas.*
c Siehe Anmerkung zu Esra 2,63.
d Vermutlich ist hier etwas ausgefallen; vgl. Esra 2,64-67.

Kamele	435
Esel	6720

69–71 Viele aus dem Volk gaben eine Spende für
den Bau und den Tempelschatz:

der Statthalter	1000	Goldmünzen
	50	Opferschalen
	30	Priestergewänder
	285	Kilo Silber[a]
ein Teil der Sippenoberhäupter	20 000	Goldmünzen
	1250	Kilo Silber
das übrige Volk	20 000	Goldmünzen
	1140	Kilo Silber
	67	Priestergewänder

72a Alle Israeliten ließen sich in ihren Heimat-
orten nieder: die Priester, die Leviten, die Tor-
wächter und Sänger, die Leute aus dem Volk und
die Tempeldiener.

VERPFLICHTUNG AUF DAS GESETZ DURCH ESRA (Kapitel 8–10)

Esra führt das Volk in das Gesetz Gottes ein

8 72b Als der 7. Monat herankam und die Israe-
liten in ihren Städten lebten, 1 versammelte
sich das ganze Volk vollzählig auf dem Platz vor
dem Wassertor. Sie sagten zu Esra, dem Lehrer*
des Gesetzes: »Bring doch das Buch her, in dem
das Gesetz* steht, das der HERR den Israeliten
durch Mose gegeben hat!«
2 Da brachte der Priester Esra das Gesetzbuch
vor die Gemeinde, die Männer und Frauen und
alle Kinder, die es schon verstehen konnten. Am
1. Tag des 7. Monats, 3 vom frühen Morgen bis
zum Mittag, verlas er das Gesetzbuch auf dem
Platz vor dem Wassertor und das ganze Volk
hörte gespannt auf die Worte des Buches. 4 Esra,
der Lehrer des Gesetzes, stand dabei auf einem
hölzernen Podest, das man zu diesem Zweck er-
richtet hatte. Neben ihm standen auf der rechten
Seite Mattitja, Schema, Anaja, Urija, Hilkija und
Maaseja, auf der linken Pedaja, Mischaël, Mal-
kija, Haschum, Haschbaddana, Secharja und
Meschullam.
5 Esra öffnete die Buchrolle*, und weil er
höher stand als das Volk, konnten es alle sehen.
Da stand das ganze Volk auf. 6 Zuerst pries Esra
den HERRN, den großen Gott, und alle antworte-
ten mit zum Gebet erhobenen Händen: »Amen,
Amen*!« Sie warfen sich auf die Knie und be-
rührten mit der Stirn die Erde, um dem HERRN
Ehre zu erweisen.
7 Die Leviten* Jeschua, Bani, Scherebja, Ja-
min, Akkub, Schabbetai, Hodija, Maaseja, Keli-
ta, Asarja, Josabad, Hanan und Pelaja gingen zu
den Leuten hin und halfen ihnen, das Gelesene
zu verstehen. 8 Sie gaben eine mündliche Über-
setzung[b] des Gesetzes und erklärten es den Leu-
ten so, dass sie es verstehen konnten.
9 Als das Volk die strengen Forderungen des
Gesetzes hörte, fingen alle an laut zu weinen. Da
sagten der Statthalter Nehemia, der Priester und
Lehrer Esra und die Leviten zu ihnen: »Seid
nicht traurig und weint nicht! Heute ist ein heili-
ger Tag, ein Festtag zur Ehre des HERRN, eures
Gottes!«
10 Esra sagte zu ihnen: »Geht nun, esst und
trinkt! Nehmt das Beste, was ihr habt,[c] und gebt
auch denen etwas, die nichts haben. Der heutige
Tag ist ein Festtag zur Ehre des HERRN! Macht
euch keine Sorgen, denn die Freude am HERRN
umgibt euch wie eine schützende Mauer.«
11 Auch die Leviten redeten den Leuten zu:
»Beruhigt euch, denn dieser Tag ist ein Festtag
des HERRN! Macht euch nur keine Sorgen!«
12 Da gingen alle nach Hause und feierten ein
großes Freudenfest. Sie aßen und tranken und
teilten ihr Festmahl mit denen, die nichts hatten.
Denn sie hatten begriffen, was ihnen vorgelesen
worden war.

Das Volk feiert das Laubhüttenfest

13 Am zweiten Tag kamen die Sippenoberhäupter
des ganzen Volkes mit den Priestern und den
Leviten zu Esra, dem Lehrer*, um die Worte des
Gesetzes* noch genauer zu studieren. 14 Da fan-
den sie im Gesetz, was Mose auf Befehl des
HERRN geschrieben hatte:
»Die Israeliten sollen während des Festes im
siebten Monat in Laubhütten* wohnen 15 und
sie sollen in Jerusalem und in allen ihren Städten
ausrufen und bekannt machen: ›Geht auf die
umliegenden Berge und holt frische Zweige von
edlen und wilden Ölbäumen, Myrten, Dattel-
palmen und anderen dicht belaubten Bäumen,
damit wir Laubhütten bauen können, wie das
Gesetz es vorschreibt!‹«

a *Silber:* ergänzt im Blick auf Esra 2,69; *285 Kilo:* umgerechnet aus *500 Minen* (1 Mine = 50 Schekel*).
b Die Volkssprache zur Zeit Nehemias war Aramäisch*; darum musste das hebräisch verfasste Gesetz übersetzt werden.
c *esst und trinkt ...:* wörtlich *esst fette Speisen und trinkt süße Getränke.*

7,72b–8,1 Esra 3,1 **8,2** 7,6; Dtn 29,20S **8,6** 5,13 **8,15** Ex 23,16S

16 Da ging das Volk hinaus, holte Zweige und
baute sich Laubhütten, die einen auf den flachen
Dächern ihrer Häuser, andere in ihren Höfen, in
den Vorhöfen des Tempels* und auf den freien
Plätzen am Wassertor und am Efraïmtor. 17 Die
ganze Gemeinde der Heimkehrer baute Laubhüt-
ten und wohnte in ihnen. Das hatten die Israeli-
ten seit der Zeit Josuas, des Sohnes Nuns, bis zu
diesem Tag nicht mehr getan. Alle waren glück-
lich und voller Freude.

18 Täglich, vom ersten bis zum letzten Festtag,
las Esra laut aus dem Gesetzbuch Gottes vor. Sie-
ben Tage wurde das Fest gefeiert. Am achten Tag
fand die im Gesetz vorgeschriebene Festver-
sammlung statt.

Das Volk bekennt seine Schuld

9 Am 24. Tag desselben Monats versammelten
sich die Israeliten zu einem Fasttag*. Sie
hatten den Sack* angelegt und sich Erde auf
den Kopf gestreut. 2 Alle, die als Nachkommen
Jakobs zu Israel gehörten,[a] trennten sich aus-
drücklich von allen Fremden und traten vor den
HERRN, um ihre Schuld und die Schuld ihrer Vor-
fahren zu bekennen. 3 Sie erhoben sich von ih-
ren Plätzen und drei Stunden lang wurde ihnen
aus dem Gesetzbuch* des HERRN, ihres Gottes,
vorgelesen. Dann warfen sie sich vor dem HERRN
nieder und bekannten ihm ihre Verfehlungen,
ebenfalls drei Stunden lang.

4 Auf dem Podium der Leviten* erhoben sich
Jeschua, Bani, Kadmiël, Schebanja, Bunni, Sche-
rebja, Bani und Kenani. Sie riefen mit lauter
Stimme zum HERRN, ihrem Gott. 5 Die Leviten
Jeschua, Kadmiël, Bani, Haschabneja, Scherebja,
Hodija, Schebanja und Petachja aber sagten zum
Volk: »Auf, preist den HERRN, euren Gott, von
Ewigkeit zu Ewigkeit!«

6 Und die Leviten beteten dem Volk vor:[b]

»Dein großer Name, HERR, sei gepriesen!
Alles Preisen und Rühmen der Menschen
reicht nicht an ihn heran.
Du, HERR, allein bist Gott!
Du hast den Himmel geschaffen,
die Himmelswelt mit dem Heer der Engel*.
Du hast die Erde und das Meer geschaffen
und alle Geschöpfe, die dort leben.
Ihnen allen hast du das Leben geschenkt
und die Himmelsmächte[c] beten dich an!

7 Du, HERR, unser Gott, erwähltest Abram
und holtest ihn heraus aus Ur in Chaldäa*;
du gabst ihm den Namen Abraham.[d]
8 Du sahst, dass er in Treue zu dir hielt,
und schlossest einen Bund* mit ihm
und gabst ihm dabei das Versprechen:
›Deinen Nachkommen gebe ich das Land,
in dem die Kanaaniter* wohnen,
die Hetiter* und die Amoriter*,
die Perisiter, Jebusiter und Girgaschiter.‹
Und du hast dein Versprechen gehalten,
auf dich ist in allem Verlass!

9 Unsere Vorfahren wurden unterdrückt
in Ägypten –
du sahst es und griffest ein.
Am Schilfmeer* schrien sie zu dir um Hilfe –
du hörtest es und schicktest Rettung.
10 Der Pharao, seine Minister und sein Volk
behandelten unsere Väter mit Hochmut.
Da zeigtest du ihnen deine Macht
und ließest sie deine gewaltigen Taten spüren.
So machtest du dir einen großen Namen,
er wird gerühmt bis zum heutigen Tag.
11 Vor den Augen unserer Vorfahren
zerteiltest du das Meer,
trockenen Fußes zogen sie mitten hindurch.
Doch ihre Verfolger stürztest du in die Fluten,
wie Steine sanken sie in die Tiefe.

12 Du leitetest sie bei Tag durch eine
Wolkensäule
und nachts erhelltest du ihren Weg
mit dem leuchtenden Schein der Feuersäule.
13 Du kamst hernieder auf den Berg Sinai*,
du sprachst zu ihnen vom Himmel her.
Klare Ordnungen gabst du ihnen,
Gesetze, die das Leben verlässlich regeln,
mit guten Vorschriften und Geboten.
14 Du lehrtest sie, den Sabbat* zu achten
als heiligen* Tag, der dir gehört;
du gabst ihnen Vorschriften und Gebote
und ein Gesetz* durch deinen Diener Mose.
15 Als der Hunger sie plagte,
gabst du ihnen Brot vom Himmel;
aus dem Felsen ließest du Wasser strömen,

a Wörtlich *Der Same* (= die Nachkommenschaft) *Israels**. *b* *Und die ...:* verdeutlichender Zusatz.
c Wörtlich *das Heer des Himmels,* d.h. die Gestirne (so wörtlich auch vorher in der Mitte des Verses).
d Siehe Anmerkung zu Gen 17,5.

8,18 8,2-4; Lev 23,36 **9,1** Jes 58,5 S **9,2** Lev 26,40 S **9,6** Dtn 6,4; Gen 1,1-25 **9,7** Gen 11,31; 12,1 **9,8** Gen 15,18-21 **9,9** Ex 2,23-25; 3,7; 14,10-12 **9,10** Ex 7,8–11,10; 12,29-30; 18,11 **9,11** Ex 14,21-29; 15,4-5 **9,12** Ex 13,21-22 **9,13** Ex 19,1–23,19; Dtn 4,5-8 **9,14** Ex 20,8-10 **9,15** Ex 16,4-35; 17,1-7; Dtn 1,21

um ihren Durst damit zu löschen.
Dann befahlst du ihnen, das Land einzunehmen,
das Land, das du ihnen zugesagt hattest
mit zum Schwur erhobener Hand.

16 Doch unsere Vorfahren wurden übermütig,
trotzig schlugen sie deine Weisungen
in den Wind.
17 Sie weigerten sich, auf dich zu hören;
nur allzu schnell vergaßen sie die Wunder,
mit denen du ihnen geholfen hattest.
Sie setzten es sich in den Kopf, zurückzukehren
nach Ägypten,[a] in die Sklaverei.
Du aber bist ein Gott, der vergibt,
voll Liebe und Erbarmen bist du,
voll Geduld und von grenzenloser Güte.
Du hast sie nicht im Stich gelassen,
18 nicht einmal, als sie sich das Stierbild* gossen
und sagten: ›Das ist dein Gott,
der dich aus Ägypten herausgeführt hat.‹
Wie tief sie dich damit beleidigt haben!
19 Du aber, in deinem großen Erbarmen,
hast sie dort in der Wüste nicht verlassen.
Du nahmst die Wolkensäule nicht weg,
sie blieb ihr Begleiter an jedem Tag;
und die Feuersäule leuchtete ihnen,
damit sie auch nachts ihren Weg erkannten.
20 Du gabst ihnen deinen guten Geist,
um sie zu rechter Einsicht zu führen.
Auch weiterhin sättigtest du sie mit Manna*
und gabst ihnen Wasser für ihren Durst.
21 Vierzig Jahre, bei ihrem Zug durch die Wüste,
versorgtest du sie mit dem, was sie brauchten.
Ihre Kleider zerfielen nicht zu Lumpen,
ihre Füße schwollen vom Gehen nicht an.

22 Du gabst Könige und Völker in ihre Macht,
ein Land nach dem andern eroberten sie.
Sie besetzten das Land des Königs Sihon
von Heschbon
und das Land Baschan*, wo König Og regierte.
23 Du schenktest ihnen so viele Kinder,
wie Sterne am Himmel stehen.
Und du brachtest ihre Kinder in das Land,
das schon die Väter in Besitz nehmen sollten
nach deinem Befehl.
24 Nun kamen die Söhne hinein
und nahmen es in Besitz.
Die Kanaaniter, die früher dort wohnten,
zwangst du vor ihnen in die Knie.
Die Herrscher des Landes und ihre Völker,
du gabst sie alle in ihre Hand,
dass sie mit ihnen taten, was sie wollten.
25 Befestigte Städte nahmen sie ein,
ein fruchtbares Land eroberten sie
und Häuser, angefüllt mit reichem Gut,
aus dem Felsen ausgehauene Zisternen,
Weinberge und Olivengärten
und Obstbäume in großer Zahl.
Es ging ihnen gut, sie aßen und wurden satt
und genossen die Fülle deiner Gaben.

26 Dann aber wurden sie widerspenstig
und rebellierten gegen dich;
sie kehrten deinem Gesetz den Rücken.
Sie brachten deine Propheten* um,
die ihnen ihre Schuld vorhielten
und sie mahnten, zu dir zurückzukehren.
So kränkten sie dich immer von neuem.
27 Darum gabst du sie in die Hand ihrer Feinde
und sie wurden von ihnen hart bedrängt.
Aber wenn sie vor Not nicht mehr
weiterwussten,
wenn sie laut zu dir um Hilfe schrien,
dann erhörtest du sie vom Himmel her;
denn dein Erbarmen ist ja so groß.
Du sandtest ihnen starke Retter,
die sie von ihren Unterdrückern befreiten.

28 Doch kaum hattest du ihnen Ruhe verschafft,
da lehnten sie sich von neuem gegen dich auf,
und du gabst sie in die Hand ihrer Feinde
die ihnen hart zusetzten.
Wieder schrien sie zu dir um Hilfe
und du erhörtest sie vom Himmel her:
Du erwiest ihnen dein Erbarmen
und halfst ihnen wieder und wieder.
29 Du ermahntest sie, zurückzukehren
und wieder auf dein Gesetz zu hören.
Sie aber blieben übermütig
und hielten sich nicht an deine Gebote.
Sie missachteten deine Ordnungen,
von denen du gesagt hattest:
›Wer sie einhält, bewahrt sein Leben.‹
Sie zeigten dir die kalte Schulter,
trotzig boten sie dir die Stirn
und weigerten sich, dir zu gehorchen.
30 Geduldig ertrugst du sie viele Jahre,
du warntest sie durch deinen Geist*,
der deinen Propheten die Worte eingab;
doch sie blieben für dich taub.
Darum liefertest du sie schließlich aus

a *nach Ägypten:* mit G; H *in ihrer Widerspenstigkeit.*

9,16-17 Num 14,1-4; Dtn 1,26-33 **9,17** Ex 34,6S **9,18** Ex 32,1-4 **9,19-21** Dtn 8,2-4 **9,22** Num 21,21-35 **9,23-24** Num 14,26-31 **9,23** Gen 15,5; 12,2S **9,24** Jos 6,1–12,24 **9,25** Dtn 6,10-11 **9,26** 1Kön 18,4.13; 19,10.14; Jer 2,30; 26,20-23; 2Chr 24,20-22 **9,27-30** Ri 2,11-21 **9,29** Lev 18,5S **9,30** 2Kön 17,13-20; 2Chr 36,15-16

an die Völker fremder Länder.
31 Aber weil dein Erbarmen so groß ist,
hast du dennoch kein Ende mit ihnen gemacht
und sie nicht verlassen,
du Gott voller Liebe und Erbarmen!

32 Nun, Gott, unser Gott, du bist so groß,
so mächtig und ehrfurchtgebietend!
Du hast mit uns einen Bund* geschlossen
und stehst dazu mit unerschütterlicher Treue.
Lass dir nun nicht gleichgültig sein,
was an Leiden über uns gekommen ist!
Unsere Könige und Führer haben gelitten,
unsere Priester und Propheten, das ganze Volk,
schon unsere Vorfahren haben gelitten,
seit der Zeit der assyrischen* Herrschaft
bis heute!
33 Du warst im Recht, dir ist nichts vorzuwerfen,
wenn uns dies alles getroffen hat;
denn du bist treu geblieben,
wir aber sind dir untreu geworden.
34 Unsere Könige und führenden Männer,
unsere Priester und das ganze Volk,
unsere Vorfahren,
haben dein Gesetz nicht befolgt,
auf deine Gebote nicht geachtet
und deine Warnungen in den Wind geschlagen.
35 Du hattest ihnen ein eigenes Königreich
gegeben
und sie mit Wohltaten überschüttet,
du hattest ihnen ein Land gegeben,
das weit und reich vor ihnen lag.
Sie aber weigerten sich, dir zu dienen
und von ihrem Unrecht zu lassen.
36 Deshalb sind wir nun Sklaven,
hier in diesem Land,
das du unseren Vorfahren gegeben hast,
damit sie all das Gute genießen,
das es hervorbringt –
Sklaven sind wir in diesem Land!
37 Sein Ertrag kommt den Königen zugute,
die du über uns gesetzt hast
zur Strafe für unsere Sünden.
Sie sind die Herren über uns und unser Vieh
und tun mit uns, was ihnen gefällt.
Darum sind wir in so tiefer Not!«

Das Volk verpflichtet sich auf das Gesetz

10 »Wegen all dessen«, erklärten die Leviten*
für alle Anwesenden,[a] »gehen wir jetzt
eine bindende Verpflichtung ein und halten
sie schriftlich fest. Unsere führenden Männer,
unsere Leviten und unsere Priester* setzen ihre
Namen unter die Urkunde, die dann eingerollt
und versiegelt wird.
2 Folgende Personen setzen ihre Namen darunter:
Nehemia, der Statthalter, der Sohn von
Hachalja, danach die Priester: Zidkija, 3–9 Seraja,
Asarja, Jirmeja, Paschhur, Amarja, Malkija,
Hattusch, Schebanja, Malluch, Harim, Meremot,
Obadja, Daniel, Ginneton, Baruch, Meschullam,
Abija, Mijamin, Maasja, Bilga und Schemaja;
10–14 danach die Leviten: Jeschua, der Sohn
von Asanja, Binnui aus der Sippe Henadad sowie
Kadmiël, ferner ihre Brüder Schebanja, Hodija,
Kelita, Pelaja, Hanan, Micha, Rehob, Haschabja,
Sakkur, Scherebja, Schebanja, Hodija, Bani und
Beninu;
15–28 danach die führenden Männer des
Volkes: Parosch, Pahat-Moab, Elam, Sattu, Bani,
Bunni, Asgad, Bebai, Adonija, Bigwai, Adin,
Ater, Hiskija, Asur, Hodija, Haschum, Bezai,
Harif, Anatot, Nebai, Magpiasch, Meschullam,
Hesir, Meschesabel, Zadok, Jaddua, Pelatja,
Hanan, Anaja, Hoschea, Hananja, Haschub,
Lohesch, Pilha, Schobek, Rehum, Haschabna,
Maaseja, Ahija, Hanan, Anan, Malluch, Harim
und Baana.
29–30 Das ganze übrige Volk schließt sich seinen Brüdern, den ranghöchsten Männern, an,
ebenso die restlichen Priester und Leviten, die
Torwächter, Sänger, Tempeldiener* und alle, die
sich von den nichtisraelitischen Volksgruppen
im Land getrennt haben, um das Gesetz* Gottes
zu befolgen, dazu ihre Frauen und alle von ihren
Söhnen und Töchtern, die alt genug sind, um zu
verstehen, worum es geht.
Sie alle verpflichten sich durch einen Eid, sich an das Gesetz zu halten, das Gott uns durch Mose, seinen Bevollmächtigten*, gegeben hat, und alle Gebote, Vorschriften und Anweisungen des HERRN, unseres Gottes, zu befolgen.«

Der Inhalt der Verpflichtung

31 »Insbesondere verpflichten wir uns:[b]
Wir verheiraten unsere Töchter nicht an Angehörige fremder Volksgruppen im Land und nehmen von ihnen keine Frauen für unsere Söhne.
32 Wenn diese Fremden ihr Getreide oder andere Waren am Sabbat* oder an einem anderen Feiertag zum Verkauf anbieten, kaufen wir nichts.

a erklärten …: verdeutlichender Zusatz; vgl. 9,4-5. *b* Verdeutlichender Zusatz.

9,31 Ex 34,6S **9,32** Dtn 7,9; 2Kön 15,19.29; 17,3-6; Esra 4,2.10 **9,33-37** Lev 26,40S **10,3-9** 12,2-7 **10,31** Esra 9,1-2S
10,32 Ex 20,8-10S; Neh 13,16-21; Lev 25,1-7S; Neh 5,9-11

Jedes siebte Jahr begehen wir das Erlassjahr*:
Wir lassen das Land brachliegen und erlassen alle
Schulden.

33 Jedes Jahr zahlen wir ein Drittel-Silber-
stück[a] für den Dienst im Tempel* unseres Got-
tes: 34 für die geweihten Brote*, die regelmäßi-
gen täglichen Speise- und Brandopfer*, für die
Opfer am Sabbat, am Neumondstag* und an den
anderen Festtagen, für die geweihten Gaben und
für die Opfer, die die Schuld Israels wegnehmen
sollen, und für alle Dienste am Tempel unseres
Gottes.

35 Zusammen mit den Priestern und Leviten*
losen wir jährlich aus, welche Sippen zu den fest-
gesetzten Zeiten dem Tempel Brennholz liefern
müssen für die Opfer, die auf dem Altar des
HERRN, unseres Gottes, verbrannt werden, wie
es im Gesetz vorgeschrieben ist.

36 Jedes Jahr bringen wir die ersten Früchte*
unserer Felder und Fruchtbäume zum Tempel
des HERRN.

37 Wie es im Gesetz vorgeschrieben ist, brin-
gen wir unsere erstgeborenen Söhne und die
Erstgeburten unserer Kühe, Schafe und Ziegen
zu den Dienst tuenden Priestern im Tempel un-
seres Gottes.

38 Wir bringen den Priestern den Brotteig,
den wir vom ersten Getreide des Jahres ma-
chen,[b] sowie die besten Früchte unserer Bäume,
den ersten Wein und das erste Olivenöl. Alle
diese Gaben liefern wir ihnen in den Vorratsräu-
men am Tempel unseres Gottes ab.

Den zehnten Teil vom Ertrag unserer Felder
geben wir den Leviten – denen nämlich, die in
allen Ortschaften, wo wir die Felder bestellen,
den Zehnten* einsammeln. 39 Ein Priester, ein
Nachkomme Aarons, soll bei den Leviten sein,
wenn sie den Zehnten in Empfang nehmen. Den
zehnten Teil von diesem Zehnten sollen die Levi-
ten an den Tempel abliefern und dort in die
Räume des Vorratshauses bringen. 40 In diese
Räume müssen die Leute von Israel und die Levi-
ten alle Abgaben an Getreide, Wein und Oliven-
öl bringen. Dort befinden sich alle Geräte für
den Tempeldienst, dort halten sich auch die
Dienst tuenden Priester, Torwächter und Sänger
auf.

Wir werden das Haus unseres Gottes nicht
vernachlässigen.«

EINWEIHUNG DER MAUER UND REFORMEN NEHEMIAS
(Kapitel 11–13)

Zuzug nach Jerusalem und Liste der Einwohner

11 Die führenden Familien des Volkes wohn-
ten schon in Jerusalem.[c] Aus der übrigen
Bevölkerung wurde durch das Los jede zehnte
Familie dazu bestimmt, in Jerusalem, der Heili-
gen Stadt, zu wohnen. Die anderen Familien
konnten in ihren Städten und Dörfern bleiben.
2 Jede Familie, die darüber hinaus freiwillig nach
Jerusalem zog, wurde öffentlich gelobt.

3 Die folgende Liste verzeichnet die Sippen-
häupter der Provinz Judäa, die in Jerusalem und
den Städten von Judäa wohnten, jeweils auf ihrem
Erbbesitz*. Sie umfasst die Angehörigen des Vol-
kes,[d] die Priester*, die Leviten*, die Tempeldie-
ner* und die Nachkommen der Sklaven Salomos.

4 Aus dem Stamm *Juda:*
Ataja, der Sohn von Usija; er stammte über Secharja, Amarja, Schefatja und Mahalalel von Judas Sohn Perez ab.
5 Maaseja, der Sohn Baruchs; er stammte über Kolhose, Hasaja, Adaja, Jojarib und Secharja von Judas Sohn Schela ab.
6 Insgesamt wohnten 468 Nachkommen von Perez in Jerusalem, sie waren alle kriegstüchtige Männer.

7 Aus dem Stamm *Benjamin:*
Sallu, der Sohn von Meschullam; seine weiteren Vorfahren waren Joëd, Pedaja, Kolaja, Maaseja, Itiël und Jeschaja.
8 Außerdem Gabbai und Sallai.
Insgesamt waren es 928. 9 Ihr Anführer war Joël,
der Sohn von Sichri; zu ihnen gehörte auch Juda, der Sohn von Senua, der zweite Stadtvorsteher.

10 Von den *Priestern:*
Jedaja, der Sohn von Jojarib, sowie Jachin.
11 Seraja, der Sohn von Hilkija, der Vorsteher des Tempels*; seine weiteren Vorfahren waren Meschullam, Zadok, Merajot und Ahitub.
12 Zusammen mit ihren Verwandten gehörten zu

a *Wörtlich 1/3 Schekel*;* umgerechnet etwa 4 g.
b Es folgt noch *und (den ersten/besten Teil) unsere(r) Abgaben,* was schwer verständlich ist und in G fehlt.
c Hier wird an den Bericht von 7,4-5 angeknüpft.
d *die Angehörigen …:* wörtlich *Israel.* H gliedert den Text anders; wörtlich *die in Jerusalem wohnten, und in den Städten Judäas wohnten sie jeweils auf ihrem Erbbesitz in ihren Städten: Israel …*

10,33 Ex 30,11-16 **10,35** 13,31 **10,36** Ex 23,19 S; Neh 12,44-47; 13,10-13 **10,37** Ex 13,11-16 S **10,38** Ex 23,19 S; Num 18,21 S **10,39-40** Num 18,25-26; Neh 12,44-47; 13,10-13 **11,3-19** 1 Chr 9,2-17

diesen Sippen insgesamt 822, die den Priesterdienst am Tempel verrichteten.
Adaja, der Sohn von Jeroham; seine weiteren Vorfahren waren Pelalja, Amzi, Secharja, Paschhur und Malkija. 13 Zusammen mit seinen Verwandten waren es 242 Familienoberhäupter.
Amaschsai, der Sohn von Asarel; seine weiteren Vorfahren waren Achsai, Meschillemot und Immer. 14 Zusammen mit ihren Verwandten waren es 128 kriegstüchtige Männer. Ihr Anführer war Sabdiël, der Sohn von Haggedolim.

15 Von den *Leviten:*
Schemaja, der Sohn von Haschub; seine weiteren Vorfahren waren Asrikam, Haschabja und Bunni.
16 Schabbetai und Josabad, Sippenoberhäupter, die für die Verwaltungsaufgaben am Tempel verantwortlich waren.
17 Mattanja, der Sohn von Micha und Enkel von Sabdi, ein Nachkomme Asafs; er leitete den Lobgesang[a] und stimmte beim Gebet den Dankruf an; Bakbukja, einer seiner Verwandten, war sein Stellvertreter.
Abda, der Sohn von Schammua und Enkel von Galal, ein Nachkomme Jedutuns.
18 Insgesamt wohnten 284 Leviten in der Heiligen Stadt.

19 *Torwächter:*
Akkub und Talmon und ihre Verwandten, die die Tempeltore bewachten, insgesamt 172.

20 Die übrigen Israeliten, einschließlich der Priester aus der Nachkommenschaft von Levi, wohnten alle auf ihrem Grundbesitz in den Städten und Dörfern Judäas.

21 Die Tempeldiener wohnten in Jerusalem auf dem Ofel*. Sie arbeiteten unter der Aufsicht von Ziha und Gischpa.

22 Vorsteher der Leviten in Jerusalem war Usi, der Sohn von Bani; seine weiteren Vorfahren waren Haschabja, Mattanja und Micha. Er gehörte zu den Nachkommen Asafs, die beim Gottesdienst im Tempel für Musik und Gesang zuständig waren. 23 Eine königliche Anordnung regelte ihren Dienst für jeden Tag.

24 Petachja, der Sohn Meschesabels, ein Nachkomme von Serach, dem Sohn von Juda, beriet den König in allen Fragen, die das Volk betrafen.

Liste der Wohnorte außerhalb Jerusalems

25 Weil sie Weideplätze in der Umgebung hatten, wohnten Leute vom Stamm Juda in folgenden Landstädten: Kirjat-Arba mit den dazugehörigen Dörfern, Dibon mit den dazugehörigen Dörfern, Kabzeel mit den dazugehörigen Gehöften, 26 Jeschua, Molada, Bet-Pelet, 27 Hazar-Schual, Beerscheba mit seinen Dörfern, 28 Ziklag, Mechona mit seinen Dörfern, 29 En-Rimmon, Zora, Jarmut; 30 weiter Sanoach und Adullam mit den dazugehörigen Gehöften, Lachisch und das dazugehörige Gebiet sowie Aseka und seine Dörfer. Das Siedlungsgebiet der Leute vom Stamm Juda reichte von Beerscheba im Süden bis zum Hinnom-Tal* im Norden.

31 Wohnorte der Leute vom Stamm Benjamin waren: Geba, Michmas, Aja, Bet-El mit seinen Dörfern, 32 Anatot, Nob, Ananeja, 33 Hazor, Rama, Gittajim, 34 Hadid, Zeboim, Neballat, 35 Lod, Ono und das Tal der Handwerker. 36 Einige Gruppen von Leviten aus dem Gebiet von Juda ließen sich im Gebiet von Benjamin nieder.

Die Liste der heimgekehrten Priester und Leviten

12 Folgende Priester* und Leviten* kehrten mit Serubbabel, dem Sohn Schealtiëls, und mit Jeschua aus der Verbannung heim:
Priester: Seraja, Jirmeja, Esra, 2 Amarja, Malluch, Hattusch, 3 Schechanja, Harim,[b] Meremot, 4 Iddo, Ginneton, Abija, 5 Mijamin, Maadja, Bilga, 6 Schemaja, Jojarib, Jedaja, 7 Sallu, Amok, Hilkija und Jedaja. Dies waren die führenden Priester und ihre Brüder während der Amtszeit Jeschuas.

8 *Leviten:* Jeschua, Binnui, Kadmiël, Scherebja, Juda und Mattanja. Diese waren zuständig für den Gesang. 9 Weiter Bakbukja und Unni. Sie und ihre Verwandten bildeten den Chor, der die Antworten sang.[c]

Die Nachkommen des Priesters Jeschua

10 Jeschua zeugte Jojakim, Jojakim zeugte Eljaschib, Eljaschib zeugte Jojada, 11 Jojada zeugte Jonatan, Jonatan zeugte Jaddua.

a *Lobgesang:* mit G; H *Anfang.* b So nach 10,6; 12,15; H *Rehum.*
c *(Sie) und:* mit einigen Handschriften und alten Übersetzungen; H *(Bakbukja und Unni,) ihre Verwandten,* (weiter wörtlich:) *ihnen gegenüber nach Dienstgruppen.*

11,17 1 Chr 6,24 S **11,21** 3,26 **12,1** Esra 2,2a S **12,2-7** 10,3-9 **12,8-9** 10,10-14 **12,10** Esra 2,2aS; Neh 3,1 S

Die Oberhäupter der Priester- und Levitensippen

12–21 Zur Zeit Jojakims waren folgende Priester*
die Oberhäupter ihrer Sippen:

in der Sippe Seraja	Meraja
in der Sippe Jirmeja	Hananja
in der Sippe Esra	Meschullam
in der Sippe Amarja	Johanan
in der Sippe Malluch	Jonatan
in der Sippe Schebanja	Josef
in der Sippe Harim	Adna
in der Sippe Meremot[a]	Helkai
in der Sippe Iddo	Secharja
in der Sippe Ginneton	Meschullam
in der Sippe Abija	Sichri
in der Sippe Mijamin	N.[b]
in der Sippe Maadja	Piltai
in der Sippe Bilga	Schammua
in der Sippe Schemaja	Jonatan
in der Sippe Jojarib	Mattenai
in der Sippe Jedaja	Usi
in der Sippe Sallu	Kallai
in der Sippe Amok	Eber
in der Sippe Hilkija	Haschabja
in der Sippe Jedaja	Netanel

22 Von den Leviten*, die während der Amtszeit
der Priester Eljaschib, Jojada, Johanan und Jad-
dua Dienst taten, wurden die Sippenoberhäupter
in Listen erfasst, ebenfalls die Sippenoberhäup-
ter der Priester während der Regierungszeit des
Perserkönigs Darius.[c] 23 Die Sippenoberhäupter
der Leviten bis zur Amtszeit Johanans, des Soh-
nes von Eljaschib, sind in der amtlichen Chronik
verzeichnet.

24–25 Sippenoberhäupter der Leviten waren:
Haschabja, Scherebja und Jeschua, der Sohn Kad-
miëls. Sie und ihre Verwandten Mattanja, Bak-
bukja und Obadja standen einander in zwei Chö-
ren gegenüber und priesen und dankten Gott im
Wechselgesang, wie es David, der Mann Gottes,
angeordnet hatte.

Meschullam, Talmon und Akkub waren Tor-
wächter; sie bewachten die Vorratsräume bei
den Toren des Tempels*.

26 Alle diese Männer lebten und wirkten
gleichzeitig mit dem Priester Jojakim, dem Sohn
von Jeschua und Enkel von Jozadak, mit Nehe-
mia, dem Statthalter, und mit Esra, dem Priester
und Lehrer* des Gesetzes.

Die Einweihung der Stadtmauer

27 Zur Einweihung der Stadtmauer wurden die
Leviten* aus dem ganzen Land nach Jerusalem
geholt. Sie sollten die Feier mit Lobliedern und
der festlichen Musik von Becken, Harfen und
Lauten begleiten. 28–29 Die Sänger kamen aus
den Dörfern rings um Jerusalem, wo sie sich an-
gesiedelt hatten, und des Weiteren aus den Sied-
lungen von Netofa, aus Bet-Gilgal und aus der
Gegend von Geba und Asmawet. 30 Die Priester
und Leviten besprengten sich selbst mit Reini-
gungswasser*, dann besprengten sie auch das
Volk, die Mauer und die Tore.

31 Darauf ließ ich – berichtet Nehemia[d] – die
führenden Männer von Judäa auf die Mauer stei-
gen und stellte zwei große Festchöre zusammen.
Der erste zog oben auf der Mauer nach rechts
dem Misttor zu. 32 Hinter den Sängern ging
Hoschaja mit der einen Hälfte der führenden
Männer. 33–35 Danach kamen die Priester Asarja,
Esra, Meschullam, Juda, Benjamin, Schemaja
und Jirmeja. Sie bliesen Trompeten. Ihnen folg-
ten die Leviten: Secharja, der über Jonatan, Sche-
maja, Mattanja, Michaja und Sakkur von Asaf
abstammte, 36 sowie seine Mitbrüder Schemaja,
Asarel, Milalai, Gilalai, Maai, Netanel, Juda und
Hanani. Sie trugen Saiteninstrumente, wie sie
einst König David, der Mann Gottes, gespielt
hatte. An ihrer Spitze ging Esra, der Lehrer* des
Gesetzes. 37 Sie gingen weiter zum Quelltor und
stiegen dann auf dem ansteigenden Mauerstück
zur Davidsstadt* hinauf; am ehemaligen Palast
Davids vorbei kamen sie zum Wassertor im
Osten der Stadt.

38 Den zweiten Festchor mit der anderen
Hälfte der führenden Männer begleitete ich
selbst.[e] Wir zogen auf der Mauer in entgegenge-
setzter Richtung zum Ofentor und zur »Breiten
Mauer«, 39 dann über das Efraïmtor, das Jescha-
na-Tor, das Fischtor und weiter am Hananel-
Turm und am »Turm der Hundert« vorbei zum
Schafstor; am Wachttor machten wir Halt.

40–41 Nun stellten sich die beiden Chöre im
Vorhof des Tempels* auf. Auf meiner Seite stan-
den außer der zweiten Hälfte der führenden
Männer[f] die Priester Eljakim, Maaseja, Mijamin,

a H *Merajot;* doch vgl. Vers 3. Entsprechend sind *Maadja* in Vers 17 und *Sallu* in Vers 20 an die Namen in den Versen 5 und 7 angepasst; H *Moadja* und *Sallai.* b Hier ist ein Name ausgefallen.
c Vermutlich Darius II. (423–404 v. Chr.). d Verdeutlichender Zusatz; vgl. 1,1.
e *führenden:* sinngemäß ergänzt; vgl. Verse 32 und 40.
f Nur hier in diesem Abschnitt wird für sie der sonst mit »Ratsherren« (vgl. 2,16; 4,8.13; 5,7; 7,5; 13,11) übersetzte Begriff verwendet.

12,22 3,1 S **12,27** 1 Chr 15,16 S **12,30** Num 8,6-7 **12,39** 3,1 S

Michaja, Eljoënai, Secharja und Hananja mit
Trompeten. 42 Daneben standen die Leviten[a]
Maaseja, Schemaja, Eleasar, Usi, Johanan, Mal-
kija, Elam und Eser. Unter der Leitung von Jis-
rachja stimmten die Sänger ihren Lobgesang an.
43 Anschließend wurden eine Menge Tiere
für das Opfermahl* geschlachtet. Alle waren
fröhlich, denn Gott hatte ihr Werk gelingen las-
sen. Auch die Frauen und Kinder freuten sich
und der Jubel Jerusalems war weithin zu hören.

Die Versorgung der Priester und Leviten

44 Damals wurden auch Aufseher für die Vorrats-
räume angestellt, in denen alle Vorräte und Ab-
gaben gelagert wurden, die ersten Früchte* der
Ernte und der zehnte* Teil aller Erträge. Von
allem, was auf den Feldern rings um die Städte
geerntet wurde, sollte der gesetzlich festgelegte
Anteil in die Vorratsräume gebracht werden, als
Abgabe für die Priester* und die Leviten*. Die
Leute von Judäa befolgten die Anordnung
willig;[b] denn sie hatten ihre Freude an den Pries-
tern und Leviten, die den Dienst am Tempel
versahen, 45 ihrem Gott die Opfer* darbrachten
und die Reinigungshandlungen* vollzogen.

Auch die Sänger und die Torwächter ver-
richteten ihren Dienst nach den Anordnungen
Davids und seines Sohnes Salomo. 46 Damals,
zur Zeit Davids, war Asaf der Vorsteher[c] der Sän-
ger, die Gott mit ihren Liedern priesen und ihm
dankten.

47 Zur Zeit Serubbabels wie zur Zeit Nehemias
lieferten alle Israeliten ohne Ausnahme die Ab-
gaben, die den Sängern und Torwächtern für
ihren täglichen Unterhalt zustanden. Die Leute
brachten die Gaben, die dem HERRN geweiht
waren, zu den Leviten, die den vorgeschriebe-
nen Anteil an die Priester abgaben.

Die Reformen Nehemias (Kapitel 13)

Ausschluss von Fremdstämmigen

13 Zu dieser Zeit las man dem Volk öffentlich
aus dem Gesetzbuch* Moses vor. Dabei
stieß man auch auf die Vorschrift: »Kein Ammo-
niter* oder Moabiter* darf zur Gemeinde Gottes
gehören. 2 Denn diese Völker haben sich gewei-
gert, den Israeliten, als sie aus Ägypten kamen,
Brot und Wasser zu geben; der Moabiterkönig
hat sogar dem Magier Bileam Geld geboten, da-
mit er sie verfluchen sollte. Aber unser Gott ver-
wandelte den Fluch* in Segen.«

3 Als die Leute diese Stelle aus dem Gesetz
hörten, schlossen sie alle Fremden, die sich unter
sie gemischt hatten, aus der Gemeinde Israel
aus.

Sorge für die Reinheit des Tempels

4–5 Einige Zeit davor war Folgendes geschehen:
Der Priester Eljaschib, der Verantwortliche für
die Nebenräume beim Haus unseres Gottes,
hatte seinem Verwandten Tobija einen großen
Raum im Tempelbereich zur Verfügung gestellt.
Dort war ursprünglich das Mehl für die Speise-
opfer* gelagert worden, auch Weihrauch* und
die entsprechenden Tempelgeräte sowie die Ab-
gaben von Getreide, Wein und Olivenöl, die den
Leviten*, den Sängern und Torwächtern zustan-
den, einschließlich des Anteils für die Priester.
6 Dies hatte sich zugetragen, als ich nicht in
Jerusalem war. Denn im 32. Regierungsjahr des
Königs Artaxerxes von Babylon[d] war ich dorthin
an den Königshof zurückgekehrt. Nach einiger
Zeit bat ich den König um die Erlaubnis, wieder
nach Jerusalem zu gehen. 7–8 Dort angekommen
sah ich, was Eljaschib angerichtet hatte. Ich war
entrüstet, dass er Tobija einen Raum im Vorhof
des Hauses Gottes gegeben hatte, und ließ alles
hinauswerfen, was Tobija gehörte. 9 Dann befahl
ich, den Raum samt den angrenzenden Räu-
men[e] zu reinigen* und die Tempelgeräte, das
Mehl für die Speiseopfer und den Weihrauch
wieder hineinzubringen.

Fürsorge für die Leviten

10 Ich erfuhr auch, dass die Abgaben für den
Unterhalt der Leviten* nicht abgeliefert worden
waren. Deshalb hatten die Leviten und die Sän-
ger ihren Dienst am Tempel verlassen und jeder
war auf seine Felder gegangen, um sie zu bestel-
len.

11 Da zog ich die Ratsherren zur Rechenschaft
und hielt ihnen vor: »Wie konnte es dahin kom-
men, dass das Haus Gottes vernachlässigt wird?«
Dann holte ich die Leviten zurück und stellte sie
wieder an ihre Arbeit.

12 Nun brachten alle Leute aus Judäa auch
wieder den zehnten* Teil von ihrem Getreide,
dem Wein und dem Olivenöl in die Vorrats-

a *die Leviten:* sinngemäß ergänzt; vgl. Verse 33-35. b *befolgten ...:* verdeutlichender Zusatz.
c *war Asaf der Vorsteher:* mit einer Handschrift und alten Übersetzungen; H *und Asafs gab es Vorsteher.*
d Die Könige von Persien hatten ihre Residenz in Babylon*. e *den Raum ...:* wörtlich *die Räume.*

12,44-47 10,36.38-40 **12,45** (Reinigung) 13,9.22.30; (Anordnungen) 1 Chr 23,1–26,19; 2 Chr 8,14-15 **12,46** 1 Chr 6,24 S **13,1-2** Dtn 23,4-6; Num 22,1-6 **13,4-5** 3,1 S **13,10-13** 10,36.38-40; Dtn 12,19 **13,12** Mal 3,8-10

räume. [13] Die Aufsicht über die Vorräte übertrug
ich dem Priester Schelemja, dem Schreiber Za-
dok und dem Leviten Pedaja. Als Helfer stellte
ich ihnen Hanan, den Sohn von Sakkur und
Enkel von Mattanja, zur Seite. Sie waren als
zuverlässige Männer bekannt und bekamen
deshalb den Auftrag, die Lebensmittel an ihre
Amtsbrüder zu verteilen.

[14] Denk an mich, mein Gott, und rechne es
mir an! Streiche die guten Taten nicht aus dei-
nem Buch, die ich für dein Haus und die Ord-
nung seines Dienstes getan habe!

Sorge für die Heiligung des Sabbats

[15] In jener Zeit sah ich Leute, die am Sabbat*
arbeiteten. Die einen zerstampften mit den
Füßen Weintrauben in der Kelter*, andere füll-
ten Getreide ab und luden es auf Esel, dazu
Wein, Weintrauben, Feigen und andere Lasten,
und brachten es alles am Sabbat nach Jerusalem
hinein. Ich verwarnte sie, als sie es an diesem
Tag verkaufen wollten. [16] Es gab auch Leute aus
Tyrus, die sich bei uns niedergelassen hatten; die
führten von dort Fische und andere Waren ein
und verkauften sie auch am Sabbat an die Leute
von Judäa und Jerusalem.

[17] Da zog ich die Männer der ersten Familien
in Judäa zur Rechenschaft und hielt ihnen vor:
»Was fällt euch ein, so etwas Verwerfliches zu
tun! Ihr schändet den Sabbat! [18] Genau dasselbe
haben eure Vorfahren gemacht, darum hat unser
Gott all das Unglück über uns und über diese
Stadt gebracht. Wollt ihr, dass durch eure Sabbat-
schändung sein Zorn auf Israel noch größer
wird?«

[19] Deshalb gab ich Befehl, am Vorabend des
Sabbats die Tore Jerusalems zu schließen, sobald
es in den Torgängen anfing zu dunkeln, und sie
erst wieder zu öffnen, wenn der Sabbat vorüber
war. Ich stellte einige meiner Leute an die Tore,
um zu verhindern, dass irgendeine Warenladung
am Sabbat in die Stadt kam.

[20] Kaufleute und Händler, die mit allen mög-
lichen Waren handelten, übernachteten darauf-
hin ein- oder zweimal direkt vor Jerusalem.
[21] Ich verwarnte sie und sagte: »Warum über-
nachtet ihr vor der Stadtmauer? Wenn es noch
einmal vorkommt, lasse ich euch festnehmen.«
Von da an kamen sie am Sabbat nicht wieder.

[22] Den Leviten befahl ich, sie sollten sich vor-
bereiten, damit sie rein* seien; dann sollten sie
sich an den Toren aufstellen und darüber
wachen, dass der Sabbat als heiliger Tag geachtet
werde.

Denk an mich, mein Gott, und rechne mir
auch dies an! Sei mir gnädig in deiner grenzen-
losen Güte!

Vorgehen gegen Mischehen

[23] Damals wurde ich auf einige Judäer aufmerk-
sam, die Frauen aus der Philisterstadt Aschdod
und von den Ammonitern* und Moabitern* ge-
heiratet hatten. [24] Die Hälfte ihrer Kinder kannte
nur die Sprache von Aschdod oder einem ande-
ren der fremden Völker, aber die Sprache der
Juden[a] konnten sie nicht sprechen.

[25] Ich zog die Männer zur Rechenschaft und
verfluchte sie; einige von ihnen schlug ich, zerrte
sie an den Haaren und beschwor sie bei Gott:
»Ihr dürft eure Töchter nicht mit ihren Söhnen
verheiraten und von ihren Töchtern keine als
Frau für euch oder eure Söhne nehmen! [26] Ihr
wisst doch, dass König Salomo sich gerade da-
durch versündigt hat. Unter den Königen der
anderen Völker gab es keinen, der sich mit ihm
vergleichen konnte. Er war der Liebling Gottes;
Gott machte ihn zum König über ganz Israel.
Und sogar ihn haben die fremden Frauen dazu
verführt, Gott untreu zu werden. [27] Ist es nicht
unerhört, dass ihr nun genau dasselbe Unrecht
begeht und unserem Gott untreu werdet und
fremde Frauen heiratet!«

[28] Einer von den Söhnen des Obersten Pries-
ters* Jojada, des Sohnes von Eljaschib, war mit
einer Tochter des Horoniters* Sanballat verheira-
tet. Den jagte ich aus meinem Gebiet.

[29] Mein Gott, vergiss diesen Leuten nicht, wie
sie den Priesterstand entehrt und den Bund* ge-
brochen haben, den du mit den Priestern und Le-
viten* geschlossen hast!

Nehemias Schlusswort

[30] So reinigte ich unser Volk von allen fremden
Einflüssen. Ich stellte Dienstordnungen für die
Priester* und die Leviten* auf und legte für je-
den Einzelnen seine Aufgaben fest. [31] Ich regelte
auch die vereinbarten Brennholzlieferungen und
die Abgaben der ersten Früchte*.

Denk doch an mich, mein Gott, und lass mir
all das zugute kommen!

a Hebräisch* bzw. Aramäisch.

13,14 5,19 S **13,15** Jer 17,21-22 **13,16-21** 10,32 S **13,23-28** Esra 9,1-2 S **13,25** Dtn 7,3 **13,26** 2 Sam 12,24-25; 1 Kön 11,1-8
13,28 3,1 S; 2,10 S; Lev 21,14 **13,29** Num 25,12-13; Mal 2,8 **13,31** 10,35; 5,19

DAS BUCH ESTER[a]

Inhaltsübersicht

Macht und Reichtum des Perserkönigs

1 Es war in der Zeit, als König Xerxes über das Perserreich herrschte, ein Reich aus 127 Provinzen, das von Indien bis Äthiopien reichte; 2 sein Königsthron stand in der Stadt Susa. 3 In seinem dritten Regierungsjahr gab er ein Fest für alle führenden Männer des gesamten Reiches. Die hochrangigen Offiziere aus Persien und Medien, der hohe Adel und die Statthalter aller Provinzen nahmen daran teil. 4 Volle sechs Monate stellte der König seine Macht und seinen unermesslichen Reichtum vor ihnen zur Schau.

5 Anschließend veranstaltete der König ein Fest für alle Bewohner des Palastbezirks, vom vornehmsten bis zum geringsten. Sieben Tage lang wurde im Schlosspark gefeiert. 6 Zwischen Alabastersäulen waren weiße und blaue Vorhänge aus kostbaren Stoffen aufgehängt, befestigt mit weißen und purpurroten Schnüren und silbernen Ringen. Polsterbetten mit goldenen und silbernen Füßen standen auf dem kostbaren Fußboden aus verschiedenfarbigen Steinplatten.

7 Getrunken wurde aus goldenen Bechern, von denen keiner dem andern glich; Wein gab es in Fülle aus den königlichen Kellern. 8 Alle konnten trinken, so viel sie wollten; aber niemand wurde dazu gezwungen. Der König hatte die Diener angewiesen, sich ganz nach den Wünschen der Gäste zu richten.

Die Königin fällt in Ungnade

9 Königin Waschti veranstaltete gleichzeitig im Palast des Königs ein Fest für die Frauen. 10 Am siebten Tag des Festes rief König Xerxes die sieben Eunuchen* zu sich, die ihn persönlich bedienten: Mehuman, Biseta, Harbona, Bigta, Abagta, Setar und Karkas. In seiner Weinlaune befahl er ihnen, 11 die Königin im Schmuck ihrer Krone herzubringen. Alle seine Gäste, die führenden Männer seines Reiches ebenso wie die Bewohner des Palastbezirks, sollten ihre außerordentliche Schönheit bewundern.

12 Aber Königin Waschti weigerte sich, dem Befehl des Königs zu gehorchen. Da packte den König der Zorn. 13 Sofort besprach er sich mit seinen Ratgebern, weisen Männern, die sich auf den Lauf der Gestirne verstanden und über das Recht Bescheid wussten. 14 Es waren Karschena, Schetar, Admata, Tarschisch, Meres, Marsena und Memuchan. Diese sieben Fürsten der Perser und Meder hatten den höchsten Rang nach dem König. Sie waren seine engsten Vertrauten und durften jederzeit bei ihm vorsprechen.

15 Er sagte zu ihnen: »Ich habe meine Diener mit einem Befehl zur Königin Waschti gesandt, aber sie hat ihn nicht befolgt. Was soll nach dem Gesetz mit ihr geschehen?«

16 Memuchan antwortete: »Königin Waschti hat sich nicht nur am König vergangen, sondern auch an seinen Fürsten, ja am ganzen Volk in allen Provinzen des Reiches. 17 Was sie getan hat, wird sich unter allen Frauen herumsprechen. Sie werden auf ihre Männer herabsehen und sagen: ›König Xerxes befahl der Königin Waschti, vor ihm zu erscheinen; aber sie weigerte sich.‹ 18 Die Frauen der Fürsten im Reich haben es gehört und sie werden sich schon heute ihren Männern gegenüber darauf berufen. Das wird eine Menge böses Blut geben.

19 Wenn der König es für richtig hält, sollte er einen königlichen Befehl erlassen, dass Waschti nie wieder vor ihm erscheinen darf. Dies müsste unter die Gesetze der Meder und Perser aufgenommen werden, die unwiderruflich sind. Und dann sollte der König an ihrer Stelle eine andere zur Königin machen, die diese Würde auch verdient. 20 Wenn dieser Beschluss des Königs in seinem ganzen Reich bekannt wird, werden alle Frauen, von den vornehmsten bis zu den einfachsten Familien, ihren Männern den schuldigen Respekt erweisen.«

a Die Übersetzung der erweiterten griechischen Fassung des Ester-Buches findet sich in Ausgaben mit den »Spätschriften des Alten Testaments« ab Seite 913.

1,1 Esra 4,6 **1,14** Esra 7,14 **1,19** 8,8; Dan 6,8-10.16

21 Dem König und seinen Fürsten gefiel dieser Rat gut. Wie Memuchan vorgeschlagen hatte, 22 schickte der König einen Erlass in alle Provinzen seines Reiches, jeweils in der Schrift und Sprache des betreffenden Landes. Auf diese Weise wollte er sicherstellen, dass jeder Mann in seinem Haus der Herr bleibt.

Eine neue Königin wird gesucht

2 Als der Zorn des Königs sich gelegt hatte, begann er, über das Geschehene nachzudenken. 2 Seine Diener bemerkten es und sagten zu ihm: »Man sollte für den König schöne junge Mädchen suchen, die noch kein Mann berührt hat! 3 Der König könnte in den Provinzen seines Reiches Beamte damit beauftragen, alle besonders schönen Mädchen, die noch unberührt sind, in seinen Harem nach Susa zu bringen. Der königliche Eunuch* Hegai, der die Aufsicht im Frauenhaus führt, soll sich um sie kümmern und dafür sorgen, dass ihre Schönheit mit allen Mitteln gepflegt wird. 4 Das Mädchen, das dem König am besten gefällt, soll dann an Waschtis Stelle Königin werden.«

Dem König gefiel dieser Vorschlag und er gab die entsprechenden Anordnungen.

Ein jüdisches Mädchen unter den Bewerberinnen

5 Im Palastbezirk von Susa lebte ein Jude namens Mordechai, der Sohn Jaïrs. Er war vom Stamm Benjamin und ein Nachkomme von Schimi und Kisch. 6 Als der Babylonierkönig Nebukadnezzar eine Anzahl von Judäern mit König Jojachin aus Jerusalem in die Verbannung geführt hatte, war auch die Familie von Mordechai unter den Verschleppten gewesen.

7 Mordechai hatte eine Kusine Hadassa, auch Ester genannt. Sie war außerordentlich schön. Weil sie Vater und Mutter verloren hatte, hatte Mordechai sie als Tochter angenommen.

8 Als der königliche Erlass bekannt gemacht war und die Mädchen nach Susa in die Obhut von Hegai gebracht wurden, da war unter ihnen auch Ester. Sie wurde in den königlichen Harem gebracht und dem Eunuchen Hegai übergeben. 9 Sie fiel ihm auf und gewann seine Gunst. Er sorgte dafür, dass sofort mit der Pflege ihrer Schönheit begonnen und sie aufs beste ernährt wurde. Er gab ihr die schönsten Räume im Harem und sieben ausgewählte Dienerinnen aus dem Königspalast.

10 Nach der Weisung von Mordechai hatte Ester nichts über ihre jüdische Herkunft gesagt. 11 Mordechai ging täglich vor dem Hof des Harems auf und ab, um zu hören, wie es Ester erging und was mit ihr geschah.

12 Jedes Mädchen wurde ein Jahr lang auf die Begegnung mit dem König vorbereitet. Sechs Monate dauerte die vorgeschriebene Behandlung mit Myrrhenöl* und weitere sechs die mit Balsamöl und anderen Pflegemitteln. Dann konnte das Mädchen zum König gebracht werden.

13 Wenn eine an der Reihe war, vom Frauenhaus in den Königspalast zu gehen, durfte sie sich Kleider und Schmuck für diese Gelegenheit selbst aussuchen. 14 Sie ging am Abend in den Palast und kehrte am nächsten Morgen in den zweiten Harem zurück. Dieser war für die Nebenfrauen des Königs bestimmt und stand unter der Aufsicht des königlichen Eunuchen Schaaschgas. Keine durfte ein zweites Mal zum König kommen, außer wenn sie ihm besonders gefallen hatte und er sie namentlich rufen ließ.

Ester wird Königin

15 Eines Tages kam die Reihe auch an Ester, die Tochter von Abihajil, dem Onkel jenes Mordechai, der sie nach dem Tod ihres Vaters als Tochter angenommen hatte. Sie verzichtete darauf, Kleidung und Schmuck selbst auszusuchen, und nahm nur, was Hegai ihr empfohlen hatte. Alle, die sie sahen, waren voller Bewunderung. 16 So wurde Ester zum König in den Palast gebracht, im zehnten Monat seines siebten Regierungsjahres, dem Monat Tebet*.

17 Der König fand an Ester mehr Gefallen als an allen andern Frauen und sie übertraf in seinen Augen bei weitem die anderen Mädchen. Deshalb setzte er ihr die Krone auf und machte sie an Waschtis Stelle zur Königin. 18 Er gab ihr zu Ehren ein großes Festmahl und lud alle führenden Männer seines Reiches dazu ein. Er gewährte den Provinzen seines Reiches einen Steuernachlass[a] und verteilte königliche Geschenke.

Esters Pflegevater rettet dem König das Leben

19–20 Inzwischen wurden zum zweiten Mal Mädchen für den König gesammelt. Ester hatte dem König immer noch nichts von ihrer jüdischen Herkunft und Volkszugehörigkeit gesagt.

a Der Text ist nicht sicher zu deuten; vielleicht ist auch zeitweise Befreiung vom Fron- und Kriegsdienst gemeint oder eingeschlossen.

1,22 3,12; 8,9 **2,5** 1 Sam 9,1 **2,6** 2 Kön 24,14-15

So hatte Mordechai es ihr befohlen und sie
folgte ihm noch genauso wie damals, als sie seine
Pflegetochter war.

Mordechai stand inzwischen in königlichen
Diensten und saß in der Torhalle des Palast-
bezirks. 21 Gerade damals nun machten Bigtan
und Teresch, zwei königliche Eunuchen*, die
die Torwache befehligten, eine Verschwörung.
Sie waren unzufrieden mit dem König und be-
schlossen, ihn umzubringen. Mordechai, der ja
ebenfalls dort im Tor war, 22 erfuhr davon und
sagte es Königin Ester, die es in seinem Auftrag
sofort dem König meldete. 23 Die Sache wurde
untersucht, die Verschwörung aufgedeckt und
die beiden Schuldigen wurden an den Galgen
gehängt. Der König ließ den Vorfall in die amt-
liche Chronik eintragen.

Der Jude Mordechai reizt den mächtigen Haman zum Zorn

3 Einige Zeit später erhob König Xerxes
Haman, den Sohn von Hammedata, einen
Nachkommen von Agag, zu seinem ersten
Minister. 2 Alle königlichen Beamten in der Tor-
halle des Palastbezirks knieten vor Haman nie-
der und beugten sich tief vor ihm, wie der König
es befohlen hatte. Mordechai aber blieb stehen
und verbeugte sich nicht.

3 Die Leute des Königs fragten ihn: »Warum
gehorchst du nicht dem Befehl des Königs?«

4 »Weil ich Jude bin«, sagte er.

Tag für Tag setzten sie ihm zu, Haman diese
Ehre zu erweisen; aber Mordechai hörte nicht
darauf.

Da gingen sie hin und zeigten ihn bei Haman
an, denn sie wollten sehen, was er zu Morde-
chais Begründung sagen würde. 5 Haman war
wütend, als man ihn darauf hinwies, dass
Mordechai sich nicht vor ihm niederwarf. 6 Aber
es war ihm zu wenig, nur ihn selbst zu bestrafen,
und da sie ihm gesagt hatten, dass Mordechai
zum jüdischen Volk gehörte, beschloss er, alle
Juden im Persischen Reich, das ganze Volk von
Mordechai, auszurotten.

Haman plant die Ausrottung der Juden

7 Im ersten Monat des zwölften Regierungs-
jahres des Königs Xerxes, dem Monat Nisan*,
wurde auf Anordnung Hamans für alle Tage des
Jahres bis hinein in den zwölften Monat, den
Monat Adar*, das Pur – das ist das Los – ge-
worfen. Auf diese Weise wollte Haman den
günstigsten Zeitpunkt für sein Unternehmen
herausfinden.

8 Danach sagte er zum König: »Es gibt ein
Volk in deinem Reich, das über alle Provinzen
zerstreut lebt und sich von den anderen Völkern
absondert. Seine Bräuche sind anders als die aller
anderen Völker und die königlichen Gesetze
befolgt es nicht. Das kann sich der König nicht
bieten lassen. 9 Wenn der König einverstanden
ist, soll der Befehl erlassen werden, sie zu töten.
Ich werde dann in der Lage sein, den Verwaltern
der Staatskasse 10 000 Zentner* Silber auszu-
händigen.«

10 Der König zog seinen Siegelring vom Fin-
ger, gab ihn dem Judenfeind Haman 11 und sagte
zu ihm: »Ihr Silber überlasse ich dir! Und mit
ihnen selbst kannst du machen, was du willst!«

12 Am 13. Tag des 1. Monats ließ Haman die
Schreiber des Königs zusammenrufen und dik-
tierte ihnen einen Erlass an die Reichsfürsten*,
an die Statthalter der Provinzen und an die Fürs-
ten der einzelnen Völker, jeweils in der Schrift
und Sprache des betreffenden Landes. Der Erlass
war als Schreiben des Königs abgefasst und mit
dessen Siegelring gesiegelt. 13 Er wurde durch
Kuriere in alle Provinzen des Reiches gebracht
und enthielt den Befehl:

»Alle Juden – Männer, Frauen und Kinder –
sollen an einem einzigen Tag, dem 13. Tag des
12. Monats, des Monats Adar, erschlagen, ermor-
det, ausgerottet werden. Ihr Besitz ist zur Plün-
derung freigegeben.«

14 In jeder Provinz sollte der Erlass öffentlich be-
kannt gemacht werden, sodass sich alle für die-
sen Tag rüsten konnten. 15 Auf Anordnung des
Königs machten sich die Kuriere eiligst auf den
Weg. Auch im Palastbezirk von Susa wurde der
Erlass bekannt gemacht.

Darauf ließen sich der König und Haman zu
einem Trinkgelage nieder. Die ganze Stadt aber
geriet in große Aufregung.

Ester soll die Juden retten

4 Als Mordechai erfuhr, was vorgefallen war,
zerriss er sein Gewand, band sich den Sack*
um und streute sich Asche auf den Kopf. So ging
er durch die Stadt und stieß laute, durchdrin-
gende Klagerufe aus. 2 Er kam bis vor den Palast-
bezirk, den er jedoch im Trauerschurz nicht
betreten durfte.

3 Auch in allen Provinzen herrschte unter den

3,1 1 Sam 15,8-9.32-33; Ex 17,14 S **3,8** Num 23,9; Dtn 4,5-8 **3,10** Gen 41,42 S **3,12** 1,22; 8,9

Juden große Trauer, nachdem der königliche
Erlass dort eingetroffen war. Sie fasteten*, wein-
ten und klagten und viele saßen im Sack in der
Asche.
4 Die Dienerinnen und Diener Esters berich-
teten ihrer Herrin von Mordechais Trauer. Ester
war ganz erschrocken und ließ Mordechai Klei-
der bringen, damit er den Sack ablegen und zu
ihr in den Palast kommen konnte. Aber er wollte
ihn nicht ausziehen. 5 Da schickte Ester den
Eunuchen Hatach, den der König ihr als Diener
gegeben hatte, zu Mordechai hinaus. Er sollte
ihr berichten, warum Mordechai sich so auf-
fallend verhielt.
6 Hatach ging zu Mordechai auf den großen
Platz vor dem Palastbezirk. 7 Mordechai erzählte
ihm alles, was geschehen war, und nannte ihm
auch die Geldsumme, die Haman dem König für
seine Staatskasse versprochen hatte, wenn er die
Juden umbringen dürfte. 8 Er gab ihm eine
Abschrift des königlichen Erlasses, in dem die
Ausrottung der Juden befohlen wurde. Er sollte
sie Ester zeigen und sie dringend auffordern,
zum König zu gehen und für ihr Volk um Gnade
zu bitten.
9 Hatach berichtete Ester alles, was Morde-
chai ihm aufgetragen hatte. 10 Ester aber schickte
den Eunuchen noch einmal zu Mordechai und
ließ ihm sagen: 11 »Alle, die im Dienst des Königs
stehen, und alle seine Untertanen in den Provin-
zen des Reiches kennen das unverbrüchliche
Gesetz: Wer ungerufen, ob Mann oder Frau,
zum König in den inneren Hof des Palastes geht,
muss sterben. Nur wenn der König ihm das gol-
dene Zepter entgegenstreckt, wird er am Leben
gelassen. Mich hat der König jetzt schon dreißig
Tage nicht mehr zu sich rufen lassen.«
12–13 Mordechai schickte Ester die Antwort:
»Denk nur nicht, dass du im Königspalast dein
Leben retten kannst, wenn alle anderen Juden
umgebracht werden! 14 Wenn du in dieser
Stunde schweigst, wird den Juden von anderswo
her Hilfe und Rettung kommen. Aber du und
deine Familie, ihr habt dann euer Leben ver-
wirkt und werdet zugrunde gehen. Wer weiß,
ob du nicht genau um dieser Gelegenheit willen
zur Königin erhoben worden bist?«
15 Da ließ Ester Mordechai die Antwort brin-
gen: 16 »Geh und rufe alle Juden in Susa zusam-
men! Haltet ein Fasten* für mich. Drei Tage lang
sollt ihr nichts essen und nichts trinken, auch
nicht bei Nacht; und ich werde zusammen mit
meinen Dienerinnen dasselbe tun. Dann gehe
ich zum König, auch wenn es gegen das Gesetz
ist. Komme ich um, so komme ich um!«
17 Mordechai ging und tat, was Ester ihm auf-
getragen hatte.

Ester sucht eine günstige Gelegenheit

5 Dann am dritten Tag legte Ester die könig-
lichen Gewänder an und ging in den inneren
Hof des Palastes, der direkt vor dem Thronsaal
liegt. Der König saß gerade auf seinem Thron,
der offenen Saaltür gegenüber.
2 Da sah er auf einmal Königin Ester im Hof
stehen. Aber sie fand seine Gunst und er streckte
ihr das goldene Zepter entgegen, das er in der
Hand hielt.
Ester trat heran und berührte die Spitze des
Zepters. 3 Der König fragte sie: »Was führt dich
her, Königin Ester? Was ist dein Wunsch? Ich
gewähre dir alles, bis zur Hälfte meines Königreiches!«
4 Ester antwortete: »Mein König, wenn es
dir recht ist, dann komm doch heute mit Haman
zu dem Mahl, das ich für dich vorbereitet
habe.«
5 »Schnell, holt Haman herbei«, rief der
König, »damit wir Esters Einladung folgen!« So
kam der König mit Haman zu Esters Mahl.
6 Beim Wein fragte er sie: »Was ist nun dein
Wunsch? Ich erfülle ihn dir! Fordere, was du
willst, bis zur Hälfte meines Königreiches!«
7 Ester antwortete: »Ich habe eine große Bitte:
8 Wenn ich deine Gunst, mein König, gefunden
habe und wenn du so gnädig bist, mir meinen
Wunsch zu erfüllen, dann komm doch auch mor-
gen mit Haman zu dem Mahl, das ich für dich
vorbereiten werde. Dann will ich dir meinen
Wunsch sagen.«

Haman will Mordechai aus dem Weg schaffen

9 Haman war in bester Laune, als er von dem
Mahl bei der Königin nach Hause ging. Doch im
Tor kam er an Mordechai vorbei, der nicht vor
ihm aufstand und ihm nicht die geringste Ehr-
erbietung erwies. Haman wurde von Wut ge-
packt, 10 aber er ging weiter.
Zu Hause rief er seine Freunde und seine Frau
Seresch. 11 Er prahlte vor ihnen mit seinem
Reichtum und der großen Zahl seiner Söhne und
strich voll Stolz heraus, wie der König ihn aus-
gezeichnet und über alle anderen Fürsten und
Minister gestellt habe. 12 »Und die Königin
Ester«, fuhr er fort, »hat zu dem Mahl, das sie

4,11 5,2; 8,4 **4,16** 2 Makk 13,10-12; Jes 58,5 S **5,2** 4,11 S **5,3** 5,6; 7,2; 9,12; Mk 6,23

veranstaltet hat, außer dem König nur noch mich
eingeladen und auch morgen soll ich zusammen
mit dem König bei ihr essen. 13 Aber das alles ist
mir vergällt, solange ich den Juden Mordechai
im Tor des Palastbezirks sitzen sehe!«
14 Da rieten ihm seine Frau und seine Freun-
de: »Lass einen Galgen errichten, zwanzig Meter
hoch, und lass dir vom König die Erlaubnis ge-
ben, Mordechai daran aufzuhängen. Danach
kannst du unbeschwert mit dem König zum
festlichen Mahl gehen.«
Haman fand den Vorschlag ausgezeichnet
und gab sofort Befehl, den Galgen aufzurichten.

Haman muss Mordechai die höchste Ehre erweisen

6 Der König konnte in dieser Nacht nicht
schlafen, deshalb ließ er die Chronik brin-
gen, in der die wichtigen Ereignisse seiner Regie-
rungszeit aufgeschrieben waren. Man las dem
König daraus vor 2 und kam dabei zu der Stelle,
wo berichtet wurde, wie Mordechai die Ver-
schwörung der königlichen Torwächter Bigtan
und Teresch aufgedeckt und König Xerxes das
Leben gerettet hatte. 3 Der König fragte: »Was für
eine Belohnung, was für eine Auszeichnung hat
Mordechai dafür erhalten?«
»Keine«, antworteten die Diener des Königs.
4 »Wer ist da draußen im Hof?«, fragte der
König. Eben in diesem Augenblick war nämlich
Haman in den äußeren Hof des Palastes getreten.
Er wollte sich vom König die Erlaubnis erbitten,
Mordechai an den Galgen zu hängen, den er
errichtet hatte.
5 Die Diener antworteten dem König: »Es ist
Haman, der da draußen steht.«
»Ruft ihn herein«, befahl der König.
6 Als Haman eintrat, fragte der König ihn:
»Was kann ein König für jemand tun, dem er
eine besondere Ehre erweisen will?«
Haman dachte: »Da kann nur ich gemeint
sein; wen sonst sollte der König besonders ehren
wollen?« 7 Deshalb antwortete er: »Für den
Mann, dem der König eine besondere Ehre er-
weisen will, 8 soll man ein kostbares Gewand
bringen, das sonst der König selbst trägt, und ein
Pferd mit dem königlichen Schmuck am Zaum-
zeug, das sonst der König selbst reitet. 9 Man soll
Pferd und Gewand einem der höchsten Würden-
träger des Königs übergeben, damit dieser den
Mann, den der König ehren will, königlich klei-
det und ihn auf dem Pferd des Königs über den
großen Platz der Stadt führt. Dabei soll er vor
dem zu Ehrenden hergehen und ausrufen: ›So
handelt der König an dem Mann, dem er eine
besondere Ehre erweisen will!‹«
10 Da sagte der König zu Haman: »Nimm
schnell ein Gewand und ein Pferd, wie du sie be-
schrieben hast! Ehre den Juden Mordechai, der
in der Torhalle des Palastbezirks sitzt, so wie du
es vorgeschlagen hast! Du musst alles genauso
ausführen und darfst nichts auslassen.«
11 Haman folgte dem Befehl des Königs, klei-
dete Mordechai königlich, führte ihn auf dem
Pferd des Königs über den großen Platz und rief
vor ihm aus: »So handelt der König an dem
Mann, dem er eine besondere Ehre erweisen
will!«
12 Danach kehrte Mordechai an seinen Platz
im Tor des Palastbezirks zurück. Haman aber
eilte völlig verstört, mit verhülltem Gesicht, nach
Hause. 13 Dort erzählte er seiner Frau und allen
seinen Freunden, was geschehen war. Diese
seine klugen Ratgeber sagten zu ihm: »Wenn
Mordechai, mit dem dir das passiert ist, zum
Volk der Juden zählt, dann kannst du aufgeben.
Dein Untergang ist besiegelt.«

Ester enthüllt dem König ihre Herkunft

14 Noch während sie das sagten, kamen die Die-
ner des Königs, um Haman zum Mahl bei der
7 Königin abzuholen. 1 Der König und Haman
fanden sich dort ein. 2 Beim Wein richtete
der König an Ester dieselbe Frage wie am Tag zu-
vor: »Was ist nun dein Wunsch, Königin Ester?
Ich erfülle ihn dir! Fordere, was du willst, bis zur
Hälfte meines Königreiches!«
3 Die Königin antwortete ihm: »Wenn ich
deine Gunst, mein König, gefunden habe und du
mir eine Bitte erlauben willst, dann flehe ich um
mein Leben und um das Leben meines Volkes.
4 Man hat uns verkauft, mich und mein Volk;
man will uns töten, morden, ausrotten! Würden
wir nur der Freiheit beraubt und als Sklaven ver-
kauft, so hätte ich geschwiegen und den König
nicht damit belästigt.«
5 Da sagte König Xerxes, und er wandte sich
dabei an die Königin Ester: »Wer wagt so etwas?
Wo ist der Mann, der so schändliche Pläne aus-
heckt?«
6 Ester antwortete: »Unser Todfeind ist dieser
böse Haman hier!«
Haman blickte entsetzt auf den König und die
Königin. 7 Voll Zorn stand der König von der Tafel
auf und ging in den Schlosspark hinaus. Haman
trat auf Königin Ester zu und flehte um sein

6,2 2,21-22 **6,9** Gen 41,42-43 **7,2** 5,3S

Leben. Er spürte, dass der König schon seinen
Tod beschlossen hatte.

Haman kommt statt Mordechai an den Galgen

8 Als der König wieder in den Saal trat, fand er
Haman kniend vor dem Polster, auf dem Ester
lag. Empört rief er: »Jetzt tut er sogar der Königin
Gewalt an, und das in meinem Palast!«
Kaum war das Wort aus dem Mund des
Königs, da verhüllten schon die Diener das Ge-
sicht Hamans. 9 Einer der königlichen Eunu-
chen*, Harbona, sagte: »Da ist doch noch der
Galgen, den Haman für Mordechai, den Retter
des Königs, errichten ließ! Er steht auf Hamans
eigenem Grundstück, er ist zwanzig Meter
hoch.«
»Hängt Haman daran auf!«, befahl der König.
10 So wurde Haman an den Galgen gehängt,
den er selbst für Mordechai bestimmt hatte.
Darauf legte sich der Zorn des Königs.

Die Juden dürfen ihren Mördern zuvorkommen

8 Noch am selben Tag schenkte König Xerxes
der Königin Ester das Haus und den Besitz
des Judenfeindes Haman. Er ließ Mordechai zu
sich rufen; denn Ester hatte ihm berichtet, dass
er ihr Pflegevater sei. 2 Der König zog seinen
Siegelring, den er Haman wieder abgenommen
hatte, von der Hand und überreichte ihn Morde-
chai. Ester machte Mordechai zum Verwalter
von Hamans Besitz.
3 Noch einmal wandte sich Ester an den
König. Sie warf sich vor seinem Thron nieder,
weinte und flehte ihn an, die Ausführung des
Verbrechens zu verhüten, das Haman, dieser
typische Nachfahre Agags, gegen die Juden ge-
plant hatte.
4 Der König streckte ihr sein goldenes Zepter
entgegen, da stand sie auf, trat vor ihn 5 und
sagte: »Wenn es dem König recht ist, wenn ich
seine Gunst gefunden habe, wenn er mir wohl-
will und mein Vorschlag ihm gefällt, dann ver-
anlasse der König, dass der Erlass widerrufen
wird, den der Agagsnachkomme Haman, der
Sohn von Hammedata, aufgesetzt hat, um die
Juden in allen Provinzen des Reiches auszurot-
ten. 6 Ich kann es nicht mit ansehen, wie das
Unheil seinen Lauf nimmt und mein eigenes
Volk vernichtet wird.«
7 König Xerxes antwortete Königin Ester und
dem Juden Mordechai: »Ich habe Ester den gan-
zen Besitz Hamans geschenkt und ihn selbst an
den Galgen hängen lassen, weil er die Juden
vernichten wollte. 8 Aber ein Erlass, der im
Namen des Königs abgefasst und mit seinem
Siegelring gesiegelt ist, lässt sich nicht zurück-
nehmen. Ihr könnt jedoch in meinem Namen
und unter meinem Siegel eine weitere Verfügung
erlassen, um die Juden zu retten. Tut, was ihr für
richtig haltet!«
9 Mordechai ließ die Schreiber des Königs zu-
sammenrufen – es war am 23. Tag des 3. Monats,
des Monats Siwan* – und diktierte ihnen einen
Erlass an die Juden im ganzen Reich sowie an die
Reichsfürsten* und die Statthalter und obersten
Beamten aller 127 Provinzen von Indien bis
Äthiopien, jeweils in der Schrift und Sprache des
betreffenden Landes und auch für die Juden in
ihrer eigenen Schrift und Sprache. 10 Der Erlass
war im Namen des Königs abgefasst; er wurde
mit dem königlichen Siegel versehen und durch
berittene Boten auf den schnellsten Kurierpfer-
den in alle Provinzen geschickt. Er enthielt die
Verfügung:

11 »Der König erlaubt den Juden in allen Städten
seines Reiches, sich zum Schutz ihres Lebens
zusammenzutun und alle zu töten, zu vernich-
ten und auszurotten, die ihnen und ihren Frauen
und Kindern Gewalt antun wollen – und zwar
überall im Reich, wo das vorkommt, unter allen
Völkern und in allen Provinzen. Der Besitz ihrer
Feinde wird den Juden zur Plünderung frei-
gegeben. 12 Diese Erlaubnis gilt für ein und
denselben Tag in allen Provinzen des Reiches,
nämlich den 13. Tag des 12. Monats, des Monats
Adar*.«

13 In jeder Provinz sollte dieser Erlass öffentlich
bekannt gemacht werden und die Juden sollten
sich für diesen Tag rüsten, um sich an ihren Fein-
den zu rächen. 14 In höchster Eile und auf den
besten königlichen Kurierpferden machten sich
die Boten mit der Anordnung des Königs auf den
Weg. Auch im Palastbezirk von Susa wurde der
königliche Erlass bekannt gemacht.
15 Darauf trat Mordechai aus dem Palast-
bezirk, gekleidet, wie es seiner hohen Stellung
entsprach. Er trug ein Gewand in violetter und
weißer Farbe, einen Mantel aus feinem weißem
Leinen und purpurrotem Wollstoff und dazu
eine große goldene Krone. Die Bewohner von
Susa jubelten ihm zu.
16 Die Juden der Stadt waren von Glück und

8,1 2,7 **8,2** 3,10 **8,4** 4,11 S **8,8** 1,19 S **8,9** 1,22; 3,12 **8,11** 3,13 **8,15** 6,11; Dan 5,29

Freude erfüllt und genossen die Ehre, die ihnen
von allen Seiten erwiesen wurde. 17 Auch überall
in den Provinzen, in jeder Stadt, in der der Erlass
des Königs eintraf, herrschte unter den Juden
Freude und Jubel und sie feierten das Ereignis
mit Festtagen und fröhlichen Gelagen. Von den
Nichtjuden gerieten viele in große Furcht und
traten zum Judentum über.

Die Juden vernichten ihre Feinde

9 Es kam der 13. Tag des 12. Monats, des
Monats Adar* – der Tag, an dem die Anord-
nungen des königlichen Erlasses ausgeführt wer-
den sollten. Die Feinde der Juden hatten gehofft,
an diesem Tag über die Juden triumphieren zu
können; aber nun geschah es umgekehrt, dass
die Juden über ihre Feinde triumphierten. 2 In
allen Städten im Reich des Königs Xerxes, in
denen Juden lebten, taten sich diese zusammen
und gingen gegen alle vor, die ihnen schaden
wollten. Niemand konnte sich gegen sie behaup-
ten, denn alle waren aus Furcht vor den Juden
wie gelähmt.

3 Aus Angst vor Mordechai stellten sich die
Beamten in den Provinzen, die Reichsfürsten*,
die Statthalter und die Verwalter der Staatskasse
auf die Seite der Juden und unterstützten sie.
4 Denn es war überall bekannt geworden,
welche Stellung Mordechai am Königshof ein-
nahm, und seine Macht nahm immer noch zu.

5 Die Juden machten alle ihre Feinde mit dem
Schwert nieder und töteten sie; sie verfuhren mit
denen, die ihnen schaden wollten, ganz nach
ihrem Wunsch. 6 Im Palastbezirk von Susa er-
schlugen sie 500 Männer, 7–10 außerdem die
zehn Söhne des Judenfeindes Haman, des Soh-
nes von Hammedata: Parschandata, Dalfon,
Aspata, Porata, Adalja, Aridata, Parmaschta, Ari-
sai, Aridai und Wajesata. Doch vergriffen sie sich
nicht am Besitz ihrer Feinde.

11 Noch am selben Tag wurde dem König die
Zahl der Männer gemeldet, die die Juden im
Palastbezirk getötet hatten. 12 Darauf sagte er zu
Königin Ester: »Allein im Palastbezirk haben die
Juden 500 Mann erschlagen, dazu auch die
Söhne Hamans. Wie viele werden es da in den
Provinzen des Reiches sein! Hast du jetzt noch
eine Bitte? Ich will sie dir erfüllen.«

13 Ester antwortete: »Wenn es dem König
recht ist, soll den Juden in Susa auch morgen ge-
stattet sein, was für heute erlaubt war. Und die
Leichen der zehn Söhne Hamans sollen öffent-
lich aufgehängt werden.«

14 Der König befahl, so zu verfahren, und ließ
in Susa einen entsprechenden Erlass bekannt
machen. Die Söhne Hamans wurden öffentlich
aufgehängt. 15 Die Juden von Susa aber taten sich
auch am 14. Tag des Monats zusammen und er-
schlugen in der Stadt 300 Mann. Sie vergriffen
sich jedoch nicht an deren Besitz.

16–17 Die Juden in den Provinzen des Reiches
hatten sich am 13. Tag des Monats zusammen-
getan, um ihr Leben zu schützen, und 75 000
ihrer Feinde getötet. So verschafften sie sich
Ruhe und Sicherheit, aber am Besitz ihrer Feinde
vergriffen sie sich nicht. Am 14. Tag des Monats
unternahmen sie nichts mehr, sondern feierten
ihre Rettung mit festlichen Gelagen. 18–19 Daher
kommt es, dass die Juden in den Städten des Lan-
des den 14. Tag des Monats Adar als Feiertag be-
gehen, festliche Gelage halten und sich gegen-
seitig auserlesene Speisen zusenden. Die Juden
von Susa jedoch waren zwei Tage lang gegen ihre
Feinde vorgegangen und feierten erst den 15. Tag
des Monats mit Festgelagen.

Einsetzung des Purim-Festes

20 Mordechai schrieb die Ereignisse dieser Tage
auf und schickte an alle Juden in allen Provinzen
des Königs Xerxes, nah und fern, einen Brief.
21 Darin ordnete er an, jährlich den 14. und
15. Tag des Monats Adar* festlich zu begehen,
22 zur Erinnerung an die Tage, die ihnen Ruhe
und Rettung vor ihren Feinden gebracht hatten,
und an den Monat, in dem sich ihr Kummer in
Freude und ihre Trauer in Jubel verwandelt
hatte. An diesen beiden Tagen sollten die Juden
festliche Gelage halten und sich gegenseitig aus-
erlesene Speisen zusenden; außerdem sollten sie
den Armen Geschenke machen.

23 Die Juden folgten der Anordnung Morde-
chais und begingen von da an Jahr für Jahr das
Fest, das sie damals nach ihrer Rettung gefeiert
hatten. 24–26 Weil der Judenfeind Haman die
Juden völlig vernichten wollte und zur Bestim-
mung des entscheidenden Tages das Pur – das ist
das Los – geworfen hatte, bekam dieses Fest den
Namen Purim. Als der Plan dem König bekannt
geworden war, hatte er angeordnet und schrift-
lich bestätigt, dass die Vernichtung, die Haman
den Juden zugedacht hatte, ihn selber treffen
sollte und er und seine Söhne an den Galgen
gehängt würden.

Aufgrund dessen, was sie erlebt hatten, und
aufgrund von Mordechais Brief 27 machten die
Juden es sich zur Pflicht, jährlich zur selben Zeit

9,12 5,3S **9,13-14** Dtn 21,22-23S **9,24-26** 3,7

und nach festen Regeln diese beiden Tage zu begehen. Auch für ihre Nachkommen und alle Nichtjuden, die sich ihrer Gemeinschaft anschließen würden, sollte dieses Fest zur verbindlichen Einrichtung werden.
28 Für alle Zukunft sollten diese Tage die Erinnerung an das Geschehene wach halten; jede jüdische Familie sollte sie begehen, in welcher Provinz und Stadt sie auch lebte. Niemals sollte dieses Fest unter den Juden in Vergessenheit geraten.
29 Königin Ester, die Tochter von Abihajil, und der Jude Mordechai schrieben noch einen zweiten Brief über das Purim-Fest und gaben darin verbindliche Anweisungen für die Feier.
30 Der Brief richtete sich an alle Juden in den 127 Provinzen des Königs Xerxes und begann mit einem Friedenswunsch.
31 Seine Absicht war, die Anordnung, die Mordechai und die Königin gegeben hatten, noch einmal zu unterstreichen und die Juden an die von ihnen übernommene Verpflichtung zur Feier des Purim-Festes* zu erinnern. Diese Verpflichtung umfasste auch das Fasten* und Klagen, die dem Festmahl vorangehen sollten.
32 Der Brief Esters erklärte alle diese Festvorschriften für verbindlich; sein Wortlaut wurde in einem besonderen Buch aufgezeichnet.

Mordechai als Beschützer der Juden

10 König Xerxes verpflichtete seine Untertanen im gesamten Reich, bis hin zu den fernsten Provinzen, zu Frondiensten.[a]
2 Seine übrigen Taten, in denen sich seine Macht und Stärke erwies, sind aufgezeichnet in der amtlichen Chronik der Könige von Medien und Persien. Dort ist auch genau beschrieben, zu welcher Stellung er Mordechai erhob.
3 Der Jude Mordechai war der erste Mann direkt nach dem König. Er stand in hohem Ansehen bei den Juden und war bei ihnen allen beliebt, weil er für sein Volk sorgte und sich stets für dessen Wohl einsetzte.

a Es könnte sich auch um eine Sondersteuer handeln.

DAS BUCH IJOB (HIOB, JOB)

Inhaltsübersicht

IJOBS GLÜCK UND ERPROBUNG
(1,1–2,10)

Ijobs Frömmigkeit und Wohlstand

1 Im Land Uz lebte einmal ein Mann namens
Ijob. Er war ein Vorbild an Rechtschaffenheit,
nahm Gott ernst und hielt sich von allem Bösen
fern. 2 Seine Frau hatte ihm sieben Söhne und
drei Töchter geboren 3 und er besaß sehr viel
Vieh: 7000 Schafe und Ziegen, 3000 Kamele,
1000 Rinder und 500 Esel. Dazu hatte er auch
viele Knechte und Mägde. An Wohlstand und
Ansehen übertraf Ijob alle Männer des Steppen-
landes im Osten.

4 Seine Söhne hatten die Gewohnheit, reihum
in ihren Häusern Festessen zu veranstalten, an
denen alle Brüder teilnahmen. Auch ihre drei
Schwestern luden sie dazu ein und alle aßen und
tranken miteinander. 5 Immer wenn eine solche
Reihe von Festmählern vorüber war, stand Ijob
frühmorgens auf und ließ seine Kinder holen.
Für jedes von ihnen brachte er ein Brandopfer*
dar, um sie von Sünde zu reinigen. Denn er sagte
sich: »Vielleicht hat eines von ihnen in Gedan-
ken Gott beleidigt und ist dadurch schuldig
geworden.«

Ijobs Frömmigkeit in Zweifel gezogen

6 Eines Tages kamen die Gottessöhne* zur
himmlischen Ratsversammlung und jeder stellte
sich an seinen Platz vor dem HERRN.

Unter ihnen war auch der Satan*. 7 Der HERR
fragte ihn: »Was hast denn *du* gemacht?«

»Ich habe die Erde kreuz und quer durch-
streift«, antwortete der Satan.

8 Der HERR fragte ihn: »Hast du auch meinen
Diener Ijob gesehen? So wie ihn gibt es sonst kei-
nen auf der Erde. Er ist ein Vorbild an Recht-
schaffenheit, nimmt Gott ernst und hält sich von
allem Bösen fern.«

9 Der Satan entgegnete: »Würde er dir gehor-
chen, wenn es sich für ihn nicht lohnte? 10 Du
hast ihn und seine Familie und seinen ganzen
Besitz vor jedem Schaden bewahrt. Du lässt alles
gelingen, was er unternimmt, und sein Vieh füllt
das ganze Land. 11 Taste doch einmal seinen
Besitz an! Wetten, dass er dich dann öffentlich
verflucht?«

12 Da sagte der HERR zum Satan: »Gut! Alles,
was er besitzt, gebe ich in deine Gewalt. Aber
ihn selbst darfst du nicht antasten!« Danach ver-
ließ der Satan die Ratsversammlung.

Ijob auf die Probe gestellt

13 Eines Tages waren die Kinder Ijobs wieder ein-
mal im Haus ihres ältesten Bruders zusammen,
um zu essen und Wein zu trinken.

14 Da kam ein Knecht zu Ijob gelaufen und
meldete: »Wir waren gerade mit den Rindern
beim Pflügen und die Esel weideten ganz in der
Nähe. 15 Da sind plötzlich Beduinen aus Saba
über uns hergefallen. Sie haben alle Tiere mitge-
nommen und deine Knechte mit dem Schwert
erschlagen. Ich allein konnte mich retten, um es
dir zu sagen.«

16 Er hatte noch nicht ausgeredet, da kam
schon ein anderer und sagte: »Feuer ist vom
Himmel gefallen und hat die Schafe und Ziegen
und ihre Hirten getötet. Ich allein konnte mich
retten, um es dir zu sagen.«

17 Er hatte noch nicht ausgeredet, da kam
schon der nächste und sagte: »Drei Horden von
Nomaden[a] haben uns überfallen. Sie haben die
Kamele gestohlen und deine Knechte erschlagen.
Ich allein konnte mich retten, um es dir zu
sagen.«

18 Er hatte noch nicht ausgeredet, da kam ein
vierter und sagte: »Deine Kinder waren im Haus
deines Ältesten zusammen, um zu essen und
Wein zu trinken. 19 Da kam ein Sturm von der

a *von Nomaden:* wörtlich *von Chaldäern*;* wahrscheinlich sind hier die nomadischen Vorfahren der späteren Eroberer Babyloniens gemeint.

1,1 Jer 25,20; Ez 14,14.20; Jak 5,11 **1,6** 2,1; 1 Kön 22,19-21; Ps 103,19-21; Offb 5,11; (Satan) 1 Chr 21,1; Sach 3,1-2; Offb 12,9-10 **1,9** Ps 73,13 **1,11** 2,5

Wüste her und packte das Haus an allen vier Ecken. Es ist über den jungen Leuten zusammengestürzt und hat sie alle erschlagen. Ich allein konnte mich retten, um es dir zu sagen.«

20 Da stand Ijob auf, zerriss sein Gewand und schor sich den Kopf kahl. Dann warf er sich nieder, das Gesicht zur Erde, 21 und sagte:

»Nackt kam ich aus dem Schoß der Mutter,
nackt geh ich wieder von hier fort.
Der HERR hat gegeben
und der HERR hat genommen.
Ich will ihn preisen, was immer er tut!«

22 Trotz allem, was geschehen war, versündigte sich Ijob nicht. Er machte Gott keinen Vorwurf.

Ijob noch härter auf die Probe gestellt

2 Eines Tages kamen die Gottessöhne* wieder zur himmlischen Ratsversammlung und stellten sich vor dem HERRN auf. Auch der Satan* war wieder dabei.

2 Der HERR fragte ihn: »Was hast denn *du* gemacht?« »Ich habe die Erde kreuz und quer durchstreift«, antwortete der Satan.

3 Der HERR fragte: »Hast du auch meinen Diener Ijob gesehen? So wie ihn gibt es sonst keinen auf der Erde. Er ist ein Vorbild an Rechtschaffenheit, nimmt Gott ernst und hält sich von allem Bösen fern. Du hast mich ohne jeden Grund dazu überredet, ihn ins Unglück zu stürzen. Aber er ist mir treu geblieben.«

4 »Er hat ja keinen schlechten Tausch gemacht!«,[a] widersprach der Satan. »Ein Mensch ist bereit, seinen ganzen Besitz aufzugeben, wenn er dafür seine Haut retten kann. 5 Aber taste doch einmal ihn selber an! Wetten, dass er dich dann öffentlich verflucht?«

6 Da sagte der HERR zum Satan: »Gut! Ich gebe ihn in deine Gewalt. Aber sein Leben darfst du nicht antasten!«

7 Der Satan ging aus der Ratsversammlung hinaus und ließ an Ijobs Körper eiternde Geschwüre ausbrechen; von Kopf bis Fuß war er damit bedeckt. 8 Ijob setzte sich mitten in einen Aschenhaufen und kratzte mit einer Scherbe an seinen Geschwüren herum.

9 Seine Frau sagte zu ihm: »Willst du Gott jetzt immer noch die Treue halten? Verfluche ihn doch und stirb!«

10 Aber Ijob antwortete: »Du redest ohne Verstand wie eine, die Gott nicht ernst nimmt! Wenn Gott uns Gutes schickt, nehmen wir es gerne an. Warum sollen wir dann nicht auch das Böse aus seiner Hand annehmen?«

Trotz aller Schmerzen versündigte Ijob sich nicht. Er sagte kein Wort gegen Gott.

IJOBS AUSEINANDERSETZUNG MIT SEINEN FREUNDEN (2,11–28,28)

Ijobs Freunde besuchen ihn

11 Ijob hatte drei Freunde: Elifas aus Teman, Bildad aus Schuach und Zofar aus Naama. Als sie von all dem Unglück hörten, das Ijob getroffen hatte, beschlossen sie, ihn zu besuchen. Sie wollten ihm ihr Mitgefühl zeigen und ihn trösten.

12 Sie sahen ihn schon von ferne, doch sie erkannten ihn nicht. Als sie näher kamen und sahen, dass er es war, fingen sie an, laut zu weinen. Sie zerrissen ihre Kleider und warfen Staub in die Luft und auf ihre Köpfe.

13 Dann setzten sie sich neben Ijob auf die Erde. Sieben Tage und sieben Nächte blieben sie so sitzen, ohne ein Wort zu sagen; denn sie sahen, wie furchtbar Ijob litt.

Ijobs Klage: Wozu noch leben?

3 1–2 Ijob selbst brach schließlich das Schweigen. Er verfluchte den Tag seiner Geburt und sagte:

3 »Versunken und vergessen soll er sein,
der Tag, an dem ich einst geboren wurde,
und auch die Nacht, die sah, wie man
mich zeugte!
4 Gott, mach doch diesen Tag zu Finsternis!
Streich ihn aus dem Gedächtnis, du dort oben,
und lass ihn niemals mehr das Licht erblicken!
5 Er war das Eigentum der Dunkelheit;
sie fordere ihn zurück, erschrecke ihn
mit Sonnenfinsternis und dichten Wolken!
6 Auch jene Nacht – das Dunkel soll sie holen,
damit sie nicht im Jahreslauf erscheint,
wenn man die Monate und Tage zählt.
7 Mach sie zu einer unfruchtbaren Nacht,
in der kein Jubelruf erklingen kann.
8 Die Zaubermeister sollen sie verwünschen,
die fähig sind, die Tage zu verfluchen,
und ohne Furcht den großen Drachen wecken.
9 Kein Morgenstern soll ihr den Tag ankünden;
das Licht, auf das sie wartet, bleibe aus;
kein Strahl der Morgenröte soll sie treffen!

a Wörtlich *Haut um Haut;* ein altes Sprichwort, das sich auf den Tauschhandel bezieht.

1,20 Gen 37,34; Ez 27,30-31 **1,21** Ps 49,18; Koh 5,14; 1 Tim 6,7 **2,1** 1,6 **2,9** Tob 2,14 **2,12** 1,20 **3,3** 10,18; Jer 20,14-18

10 Sie hat den Schoß der Mutter nicht versperrt
und sie ist schuld an meinem ganzen Leid.

11 Wär ich doch gleich bei der Geburt gestorben
oder, noch besser, schon im Leib der Mutter!
12 Warum hat sie mich auf den Schoß genommen
und mich an ihren Brüsten trinken lassen?
13 Ich läge jetzt ganz still in meinem Grab,
ich hätte meine Ruhe, könnte schlafen,
14 zusammen mit den Königen und Ratsherrn,
die Pyramiden für sich bauen ließen,
15 und mit den Fürsten, die im Reichtum schwammen,
in ihren Häusern Gold und Silber häuften.
16 Wie eine Fehlgeburt wär ich verscharrt,
wie Kinder, die die Sonne niemals sahen.
17 Im Grab kann auch der Böse nicht mehr toben,
der müde Fronarbeiter ruht dort aus.
18 Auch die Gefangenen sind dort in Frieden,
sie hören nicht mehr, wenn die Wächter schreien.
19 Ob Groß, ob Klein, dort sind sie alle gleich,
der Sklave ist dort frei von seinem Herrn.

20 Warum gibt Gott den Menschen Licht und Leben,
ein Leben voller Bitterkeit und Mühe?
21 Sie warten auf den Tod, doch der bleibt aus.
Sie suchen ihn viel mehr als alle Schätze.
22 Sie freuen sich auf ihren letzten Hügel
und jubeln beim Gedanken an ihr Grab.
23 Wohin mein Leben führt, ist mir verborgen,
mit einem Zaun hält Gott mich eingeschlossen.
24 Nur unter Stöhnen esse ich mein Brot,
mein Klagen hört nicht auf, es fließt wie Wasser.
25 Hab ich vor etwas Angst, so trifft es mich.
Wovor ich zittere, das kommt bestimmt.
26 Ich habe keinen Frieden, keine Ruhe,
nur Plage über Plage fällt mich an.«

Der erste Freund: Befolge deinen eigenen Rat!

4 Jetzt nahm Elifas von Teman das Wort:

2 »Erträgst du es, wenn ich dir etwas sage?
Ich kann beim besten Willen nicht mehr schweigen!
3 Du hast doch viele Menschen unterwiesen
und schlaff gewordene Hände stark gemacht.
4 Wenn jemand strauchelte, du halfst ihm auf,
den weichen Knien gabst du Halt und Kraft.
5 Jetzt, wo du selber dran bist, wirst du schwach
und kannst dem Unglück nicht ins Auge sehen.
6 Hast du nicht Gott zu jeder Zeit geehrt?
War nicht dein Leben frei von jedem Tadel?
Dann könntest du doch Mut und Hoffnung haben!
7 Denk einmal nach: Ging je ein Mensch zugrunde,
der treu und ehrlich war und ohne Schuld?
8 Ich kann nur sagen, was ich selber sah:
Da pflügen Leute auf dem Feld der Bosheit,
sie säen Unheil – und das ernten sie!

9 Die solches tun, erregen Gottes Zorn,
der sie hinwegfegt wie ein heißer Sturm.
10 Die Unheilstifter brüllen wie die Löwen,
doch Gott bricht ihnen alle Zähne aus.
11 Sie gehen ein wie Löwen ohne Beute
und ihre Kinder werden weit zerstreut.

Beuge dich unter das allgemeine Menschenlos!

12 Ganz heimlich ist ein Wort zu mir gekommen,
wie leises Flüstern drang es an mein Ohr,
13 so wie ein Traum den Menschen überfällt
und ihm die Ruhe seines Schlafes raubt.
14 Das Grauen packte mich, ließ mich erschaudern,
ich zitterte vor Angst an allen Gliedern.
15 Ein kalter Hauch berührte mein Gesicht,
die Haare straubten sich mir vor Entsetzen.
16 Vor meinen Augen sah ich etwas stehen,
doch konnt' ich nicht erkennen, was es war,
und eine leise Stimme hörte ich:
17 ›Wie kann ein Mensch vor seinem Gott bestehen?
Wie kann er schuldlos sein vor seinem Schöpfer?
18 Gott traut nicht einmal seinen eigenen Dienern,
selbst seinen Engeln* wirft er Fehler vor.
19 Meinst du, er traute dem Geschöpf aus Lehm,
das aus dem Staub hervorgegangen ist,
das man zerdrücken kann wie eine Motte?‹
20 Am Morgen munter, sind sie abends tot,
sie gehen dahin für immer, unbeachtet.
21 Wenn Gott die Seile ihres Zeltes löst,
ist ihre Zeit vorbei, sie müssen fort. [a]

5 Erheb doch Klage! Nimmt sie einer an?
An welchen Engel könntest du dich wenden?

a Der Rest des Verses ist schwer zu deuten; entweder *und sie wissen nicht wie* oder *und nicht in/mit Weisheit.*

3,16 10,19 **3,19** 21,26 **3,21** 6,8-9; 7,15; 11,20; Sir 30,17; Offb 9,6 **3,24** Ps 42,4; 80,6; 102,10 **4,7** Ps 34,20-21; Spr 12,21; Sir 2,10; 2 Petr 2,9 **4,8** Spr 22,8; Sir 7,3; Gal 6,7 **4,17** 14,4; 15,14; 25,4; Ps 14,3; 143,2; Spr 20,9; Röm 3,10-12 **4,18** 15,15 **4,20** Ps 90,5-6

2 Du bringst dich um mit deinem Aufbegehren!
So sinnlos kann doch nur ein Dummkopf handeln!
3 Zwar sah ich solche Leute sicher wohnen,
doch plötzlich stürzten ihre Häuser ein.[a]
4 Das Leben ihrer Kinder kennt kein Glück
und vor Gericht tritt niemand für sie ein.
5 Was sie geerntet haben, essen andere;
sie finden es im sichersten Versteck
und stürzen sich voll Habgier auf ihr Gut.

Wende dich an Gott!

6 Des Menschen Unglück wächst nicht aus der Erde,
und was ihm Not macht, trifft ihn nicht von außen.
7 Aus seinem eigenen Wesen kommt das Leid,[b]
so wie der Funkenwirbel aus dem Feuer.
8 Ging's mir wie dir, ich wüsste, was ich täte:
Ich brächte meine ganze Not vor Gott.
9 Er ist's, der Wunder tut, unzählbar viel,
so groß, dass wir sie nicht verstehen können.
10 Er lässt den Regen auf die Erde fallen,
damit das Wasser alle Felder tränkt.
11 Wer niedrig ist, den hebt er hoch hinauf;
wer weint und klagt, den lässt er Freude finden.
12–13 Er fängt die Listigen mit ihrer List;
was ihre klugen Köpfe stolz ersinnen,
das stellt er auf den Kopf und macht's zunichte.
14 Am hellen Mittag schlägt er sie mit Blindheit
und lässt sie tappen wie in dunkler Nacht.
15 Er hilft den Schwachen, schützt sie vor Verleumdung
und reißt sie aus der Hand der Unterdrücker.
16 Den Armen gibt er Zuversicht und Hoffnung,
jedoch den Bösen wird das Maul gestopft.

17 Wie glücklich ist der Mensch, den Gott zurechtweist!
Wenn er dich jetzt erzieht, lehn dich nicht auf!
18 Die Wunden, die er schlägt, verbindet er;
denn seine Hand schlägt zu, doch heilt sie auch.
19 Sooft dich auch das Unglück treffen mag,
er wird dir helfen und dem Schaden wehren.
20 In Hungerzeiten hält er dich am Leben,
im Krieg lässt er das Schwert nicht an dich kommen.
21 Er schützt dich vor dem Zischeln böser Zungen;
du musst nichts fürchten, wenn das Unheil naht.
22 Gewalt und Hunger kannst du stolz verlachen;
vor wilden Tieren hast du keine Angst.
23 Auch auf dem freien Felde bist du sicher
und jedes Raubtier lässt dich dort in Frieden.
24 In Haus und Hof bleibt alles unversehrt,
auf deinen Weideplätzen fehlt kein Tier.
25 Du siehst, wie deine Kinderschar sich mehrt,
so zahlreich wie die Halme auf der Wiese.
26 In hohem Alter kommst du dann ins Grab,
so wie man Korn erst einfährt, wenn es reif ist.

27 Das alles, Ijob, haben wir erforscht.
Du solltest es dir merken, denn es stimmt!«

Ijob: Aus mir spricht die Verzweiflung!

6 Ijob antwortete:
2 »Wenn jemand meinen Kummer wiegen wollte
und meine Leiden auf die Waage legte –
3 sie wären schwerer als der Sand am Meer.
Was Wunder, wenn ich wirre Reden führe!
4 Die Pfeile Gottes[c] haben mich getroffen
und meinen Geist mit ihrem Gift verstört.
Die Schrecken Gottes haben mich umzingelt,
ein Heer von Feinden, aufmarschiert zur Schlacht.
5 Kein Esel schreit auf saftig grüner Weide
und jeder Stier ist still, hat er sein Futter.
6 Doch wer mag ungesalzne Speisen essen?
Wem schmeckt der weiße Schleim von einem Ei?
7 Wie solche Nahrung mir ein Ekel ist,
genauso ungenießbar ist mein Leid![d]

8 Warum gibt Gott mir nicht, was ich erbitte?
Und warum tut er nicht, worauf ich warte?
9 Wenn er sich doch entschlösse, mich zu töten
und mir den Lebensfaden abzuschneiden!
10 Darüber würde ich vor Freude springen,
das wäre mir ein Trost in aller Qual.
Was er, der Heilige, befohlen hat,
dagegen hab ich niemals rebelliert.
11 Woher nehm ich die Kraft, noch auszuhalten?
Wie kann ich leben ohne jede Hoffnung?
12 Ist etwa meine Kraft so fest wie Stein?
Sind meine Muskeln denn aus Erz gemacht?

a Wörtlich *Ich sah einen Toren Wurzeln schlagen, doch plötzlich verfluchte ich seine Stätte.*
b So mit veränderten Vokalen; H *Der Mensch ist zum Unglück geboren.*
c Wörtlich *des Gewaltigen*.* *d* Der Vers ist nicht sicher zu deuten.

5,3-5 20,4-11 **5,9** 9,10; Ps 40,6 **5,11** Ps 75,8S **5,12-13** 37,24; 1 Kor 3,19 **5,14** Jes 59,9-10 **5,17** Dtn 8,5; Ps 94,12; 119,71; Spr 3,11-12; Hebr 12,5-6; Offb 3,19 **5,18** Dtn 32,39; Hos 6,1 **5,19** Ps 37,24; Spr 24,16 **5,20** Ps 33,19 **6,4** 16,12-13; Ps 38,3; Klgl 2,4; 3,12-13 **6,8-9** 3,21S

[13] Ich selber weiß mir keine Hilfe mehr,
ich sehe niemand, der mich retten könnte.
[14] Wer so am Boden liegt, braucht treue
Freunde,
dass er nicht aufhört, sich an Gott zu halten. [a]
[15] Doch ihr enttäuscht mich wie die
Steppenflüsse,
die trocken werden, wenn es nicht mehr regnet.
[16] Wenn Eis und Schnee in Frühjahrswärme
schmelzen,
dann sind die Flüsse voll von trübem Wasser;
[17] doch in der Sommerhitze schwinden sie,
ihr Bett liegt leer und trocken in der Glut.
[18] Die Karawanen biegen ab vom Weg
und folgen ihnen, sterben in der Wüste.
[19] Aus Tema und aus Saba kamen sie,
sie spähten aus, sie wollten Wasser finden.
[20] Doch ihr Vertrauen wurde nicht belohnt:
An leeren Flüssen endete die Hoffnung.
[21] Für mich seid ihr genau wie diese Flüsse:
Weil ihr mein Unglück seht, weicht ihr zurück.
[22] Hab ich vielleicht um ein Geschenk gebeten,
müsst ihr für mich denn irgendwen bestechen?
[23] Sollt ihr Erpressern Lösegelder zahlen,
um mich aus ihren Händen freizukaufen?

[24] Belehrt mich doch, dann will ich gerne
schweigen.
Wo hab ich mich vergangen? Sagt es mir!
[25] Durch Wahrheit bin ich leicht zu überzeugen,
doch euer Redeschwall beweist mir nichts!
[26] Wollt ihr mich wegen meiner Worte tadeln
und merkt nicht, dass Verzweiflung aus mir
spricht?
[27] Ihr würdet noch um Waisenkinder würfeln
und euren besten Freund für Geld
verschachern!
[28] Seht mir doch einmal richtig in die Augen!
Wie käme ich dazu, euch anzulügen?
[29] Hört auf zu richten, seid nicht ungerecht!
Noch habe ich das Recht auf meiner Seite!
[30] Ich gehe nicht zu weit mit meinen Worten,
ich kann doch Recht und Unrecht
unterscheiden!

Warum lässt Gott den Menschen nicht in Ruhe?

7 Sein ganzes Leben muss der Mensch
sich quälen,
für große Mühe gibt's geringen Lohn.
[2] Er gleicht dem Sklaven, der nach Schatten
lechzt,
dem Knecht, der sehnlich auf den Abend wartet.
[3] Auch mir ist solch ein Los zuteil geworden:
Sinnlos vergeht ein Monat nach dem andern,
und Nacht für Nacht verbringe ich mit
Schmerzen.
[4] Leg ich mich nieder, schleppen sich
die Stunden;
ich wälze mich im Bett und kann nicht schlafen
und warte ungeduldig auf den Morgen.
[5] Mein Körper fault und ist bedeckt mit Krusten,
die Haut bricht auf und eitert überall.
[6] Ganz ohne Hoffnung schwinden meine Tage,
sie eilen schneller als ein Weberschiffchen.
[7] Gott, denk an mich: Mein Leben ist ein Hauch;
mein Glück vergeht, ich seh es nie mehr wieder!
[8] Noch siehst du mich, doch bald ist es zu spät;
blickst du dann wieder her, so bin ich fort.
[9] Die Wolke löst sich auf und ist verschwunden;
genauso geht's dem Menschen, wenn er stirbt:
Vom Ort der Toten kommt er nicht zurück.
[10] Nie mehr betritt auf Erden er sein Haus,
und wer ihn kannte, wird ihn bald vergessen.

[11] Deswegen werde ich den Mund nicht halten,
ich lasse meiner Zunge freien Lauf.
Was mich so bitter macht, das muss heraus!
[12] Weshalb, Gott, lässt du mich so streng
bewachen?
Bin ich das Meer? Bin ich ein Ungeheuer? [b]
[13] Wenn ich auf meinem Lager Ruhe suche,
der Schlaf mir meine Schmerzen lindern soll,
[14] dann quälst du mich mit schauerlichen
Träumen
und ängstigst mich mit schlimmen
Schreckensbildern.
[15] Mir wär es lieber, wenn du mich erwürgtest;
der Tod ist besser als ein solches Leben!
[16] Ich bin es satt, ich mag nicht weiter kämpfen.
Mein ganzes Leben ist doch ohne Sinn.
[17] Warum nimmst du den Menschen
denn so wichtig,
dass du den Blick auf ihn gerichtet hältst?
[18] Zur Rechenschaft ziehst du ihn jeden Morgen
und stellst ihn immer wieder auf die Probe.
[19] Wann blickst du endlich weg, lässt mich
in Ruhe,
so lang nur, dass ich einmal schlucken kann?
[20] Wenn ich gesündigt habe ohne Wissen,

a Der Vers ist nicht sicher zu deuten.
b Die Zeile ist eine Anspielung auf alte Erzählungen, nach denen Meer und Seeungeheuer gefangen gehalten werden, damit sie nicht entkommen und Schaden anrichten können (vgl. 38,8-11).

6,15 Jer 15,18 **6,24** 10,2; 13,23 **7,1** 14,1; Ps 39,5; Sir 40,1 **7,6** 9,25; Jes 38,12 **7,7** Ps 39,5-7 **7,9-10** 10,21; 14,12; Jak 4,14 **7,11** 10,1 **7,12** 9,13 S **7,15** 3,21 S **7,17** Ps 8,5; 144,3 **7,19** 14,6; 33,11; Ps 39,14; 139,1-12 **7,20** 6,4 S; Num 15,22-29; Ps 19,13

was tat ich dir damit, du Menschenwächter?
Warum bin ich das Ziel für deine Pfeile?
Bin ich dir[a] wirklich so zur Last gefallen?
21 Kannst du denn meine Fehler nicht verzeihen
und meine Sünde einfach übersehen?
Nicht lange mehr, dann liege ich im Staub,
und suchst du mich, so bin ich nicht mehr da.«

Der zweite Freund: Lass dich warnen!

8 Da sagte Bildad von Schuach:
2 »Wie lange willst du solche Reden führen?
Wann hörst du auf, hier so viel Wind
zu machen?
3 Denkst du im Ernst, dass Gott das Recht
verdreht?
Meinst du, er hält sich nicht an sein Gesetz*?
4 Nein, deine Kinder haben sich versündigt,
drum hat er sie bestraft, wie sie's verdienten.
5 Du solltest dich bemühen, Gott zu suchen,
ihn, den Gewaltigen*, um Gnade bitten.
6 Denn wenn du wirklich rein und schuldlos
bist,
wird er dir ganz gewiss zu Hilfe kommen
und dir Besitz und Kinder wiedergeben.
7 Was früher war, wird dir gering erscheinen,
wenn du am Ende Gottes Segen siehst.

8 Frag nach der Weisheit früherer Geschlechter!
Was sie entdeckten, solltest du dir merken.
9 Wir leben erst seit gestern, wissen nichts,
wie Schatten schwinden unsre Erdentage.
10 Die Väter aber können dich belehren
aus ihrem Schatz gesammelter Erfahrung:
11 Nur wo es sumpfig ist, kann Schilfrohr
wachsen;
nur wo es Wasser gibt, wächst Riedgras auf;
12 doch ist das Wasser fort, verdorren sie,
eh du sie schneiden und verwerten kannst.
13 So geht es allen, die nach Gott nicht fragen.
Wer ohne Gott lebt, dem bleibt keine Hoffnung!
14 Denn seine Sicherheit gleicht einem Faden
und sein Vertrauen einem Spinnennetz:
15 Wenn du dich darauf stützt, dann gibt es
nach;
hältst du dich daran fest, so hält es nicht.

16 Im Sonnenlicht wächst er wie eine Pflanze,
die Ranken wuchern überall im Garten,
17 die Wurzeln sind verflochten zwischen
Steinen
und bohren sich hinab bis zu den Felsen.
18 Doch wenn du sie dann aus dem Boden
reißt,
weiß niemand mehr, wo sie gestanden hat.
19 Genauso sieht das Glück der Bösen aus!
An ihrer Stelle kommen andere hoch.

20 Die Unbescholtenen verlässt Gott nicht;
doch Übeltätern steht er niemals bei.
21 Bestimmt wird er dich wieder lachen lassen
und deinen Mund mit frohem Jubel füllen.
22 Doch deine Feinde ernten Schmach und
Schande,
die Heimstatt solcher Menschen muss vergehn.«

Ijob: Gott ist eben der Stärkere

9 Ijob antwortete:
2 »So ist es! Daran gibt es keinen Zweifel:
Kein Mensch kann Recht behalten gegen Gott!
3 Bekäm er Lust, mit Gott zu prozessieren,
so würde der ihm tausend Fragen stellen,
auf die er auch nicht eine Antwort weiß.
4 Gott ist so reich an Weisheit, Macht und
Stärke!
Wer kann es wagen, *ihm* die Stirn zu bieten?
Er käme nicht mit heiler Haut davon!

5 Ganz unversehens rückt Gott Berge fort,
und wenn er zornig wird, zerstört er sie.
6 Gott stößt die Erde an und sie erbebt;
die Pfeiler, die sie tragen, lässt er schwanken.
7 Wenn er's befiehlt, scheint keine Sonne mehr,
die Sterne kann er hindern aufzugehen.
8 Allein hat Gott den Himmel ausgespannt,
nur er kann über Meereswellen schreiten.
9 Gott schuf den Großen Bären, den Orion,
das Siebengestirn, den Sternenkranz des
Südens.
10 Gott ist's, der Wunder tut, unzählbar viele,
so groß, dass wir sie nicht verstehen können.

11 Gott geht an mir vorbei – ich seh ihn nicht,
ich merke nicht, wie er vorübergeht.
12 Er rafft hinweg und niemand hindert ihn.
Wer wagt zu fragen: ›He, was machst du da?‹
13 Gott muss nicht seinen Zorn in Schranken
halten,
selbst Rahabs* Helfer hatten sich zu beugen.
14 Wie könnte *ich* ihm dann entgegentreten,
wie rechte Worte finden gegen ihn?

a *dir* mit G; H *mir*.

8,3 34,10-12; Dtn 32,4 **8,4** 1,4-5 **8,6-7** 42,10 **8,8-10** 15,18; Dtn 32,7; Sir 8,9 **8,13** 11,20; Jes 48,22 **8,22** Spr 14,11 **9,2-4** 13,18; 40,3-5; Ps 143,2 **9,5-7** Joël 2,10 S **9,8** Jes 40,22 S; Mk 6,48 par **9,9** 38,31-32; Am 5,8 **9,10** 5,9 **9,11** Ex 33,18-23 **9,13** 7,12; 26,12; Ps 89,11; Jes 51,9

[15] Ich bin im Recht und darf mein Recht
nicht fordern!
Soll ich ihn etwa noch um Gnade bitten,
ihn, der das Urteil schon beschlossen hat?

[16] Selbst wenn er sich dem Rechtsverfahren
stellte –
dass er mich hören würde, glaub ich nicht.
[17] Gott sendet seinen Sturm und wirft
mich nieder,
ganz ohne Grund schlägt er mir viele Wunden.
[18] Er lässt mich nicht einmal zu Atem kommen,
stattdessen füllt er mich mit Bitterkeit.
[19] Soll ich Gewalt anwenden? Er ist stärker!
Zieh ich ihn vor Gericht? Wer lädt ihn vor?
[20] Ich bin im Recht, ich habe keine Schuld,
doch was ich sage, muss mich schuldig
sprechen.
[21–22] Mir ist jetzt alles gleich, drum sprech ich's
aus,
selbst wenn ich meinen Kopf dafür riskiere:
Dass ich im Recht bin, hilft mir nichts bei ihm;
ob schuldig oder nicht – Gott bringt mich um![a]
[23] Wenn plötzlich eine Katastrophe kommt
und Menschen ohne Schuld getötet werden,
hat er für ihre Ängste nur ein Lachen.
[24] Gott hat die Erde Schurken übergeben
und alle Richter hat er blind gemacht.
Wenn er es nicht gewesen ist, wer dann?

[25] Mein Leben eilt noch schneller als ein
Läufer,
nicht einer meiner Tage bringt mir Glück.
[26] Wie leichte Boote gleiten sie vorbei,
schnell wie der Sturz des Adlers auf die Beute.
[27] Wenn ich mir sage: ›Gib das Klagen auf,
vergiss den ganzen Jammer, lach doch wieder!‹,
[28] dann packt mich gleich die Angst
vor neuen Qualen;
ich weiß es ja, Gott spricht mich doch nicht frei.
[29] Er will mich unbedingt für schuldig halten.
Was hilft es, meine Unschuld zu beweisen?
[30] Ich könnte mich mit reinstem Wasser
waschen,
die Hände könnte ich mit Lauge säubern.
[31] Dann würde er mich in ein Schlammloch
tauchen,
sodass sich meine Kleider vor mir ekeln.
[32] Ach, wäre Gott doch nur ein Mensch wie ich,
ich wüsste, welche Antwort ich ihm gäbe:
er müsste mit mir vor Gericht erscheinen!
[33] Gäb es doch einen Schiedsmann
zwischen uns,[b]
dem wir uns alle beide beugen müssten!
[34] Dann dürfte Gott mich nicht mehr
weiterprügeln
und würde mir nicht länger Angst einjagen.
[35] Ich könnte reden, ohne mich zu fürchten.
Jedoch in meinem Fall geht Macht vor Recht!

Gott will mich schuldig sehen

10 Es ekelt mich vor diesem ganzen Leben,
drum halt ich meine Klage nicht zurück;
es muss heraus, was mich verzweifeln lässt!
[2] Du kannst mich doch nicht einfach schuldig
sprechen!
Gott, sag mir jetzt, was wirfst du mir denn vor?
[3] Was bringt es dir, dass du so grausam bist?
Verachtest du, was du geschaffen hast,
und lässt gelingen, was Verbrecher planen?
[4] Siehst du denn auch nicht mehr,
als Menschen sehen,
und urteilst so beschränkt, wie wir es tun?
[5] Dein Leben ist doch nicht wie unser Leben,
du zählst es nicht wie wir nach kurzen Jahren.
[6] Was suchst du dann so eilig meine Schuld
und spürst voll Eifer meinen Sünden nach,
[7] obwohl du weißt, dass ich nicht schuldig bin
und niemand mich aus deiner Hand errettet?

[8] Mit deinen Händen hast du mich gestaltet
und nun verschlingst du mich mit Haut
und Haar.
[9] Vergiss es nicht: Du formtest mich wie Ton.
Willst du mich jetzt in Staub zurückverwandeln?
[10] Wie Milch hast du mich damals hingegossen,
im Mutterleib mich Form annehmen lassen.
[11] Mit Haut und Muskeln hast du mich
umgeben,
aus Knochen und aus Sehnen mich geflochten.
[12] Das Leben gabst du mir und deine Liebe;
dein Schutz bewahrte meinen Lebensgeist.
[13] Und doch, ich weiß, dass du bei alledem
ganz im Geheimen etwas anderes plantest:
[14] Du wolltest sehen, ob ich schuldig würde,
um mir dann jeden Fehler vorzuhalten.
[15] Tu ich nun Unrecht, so ergeht's mir schlecht.
Tu ich das Rechte, lässt du's auch nicht gelten.
Von Schmach und Schande bin ich wie
benommen.
[16] Gelingt mir etwas und ich fühle Stolz,
so machst du wie ein Löwe Jagd auf mich

a Wörtlich [21]*Lauter bin ich, nicht kümmert mich meine Seele, ich verachte mein Leben.* [22]*Es ist eins! Darum sage ich: Er vernichtet den Vollkommenen und den Gesetzlosen.*
b *Gäb es doch einen …:* mit einigen Handschriften und alten Übersetzungen; H *Es gibt keinen …*

9,25 7,6 **9,29-30** Jer 2,22; Dtn 21,6-8 S **10,1** 7,11 **10,2** 6,24 **10,4** 1 Sam 16,7 **10,8-9** Gen 2,7; 3,19

und ängstigst mich mit deiner Übermacht.
17 Dir fehlt es nie an Zeugen gegen mich,
damit du Grund hast, mir noch mehr
zu grollen
und immer neue Strafen zu verhängen. [a]

18 Warum, Gott, hast du mich ans Licht geholt,
hervorgezogen aus dem Leib der Mutter?
Wär ich gestorben, eh' ein Mensch mich sah!
19 Vom Schoß der Mutter gleich hinein ins Grab,
das wäre so, als wär ich nie gewesen!
20 Ich habe nur noch kurze Zeit zu leben;
lass mich in Frieden diesen Rest genießen!
21 Bald geh ich fort ins dunkle Land der Toten,
aus dem es niemals eine Rückkehr gibt,
22 ins Land, wo Finsternis und Chaos herrschen
und selbst das Licht so schwarz ist
wie die Nacht.«

Der dritte Freund: Du bist schuldig, Gott ist im Recht!

11 Da sagte Zofar von Naama:
2 »Soll dieser Unsinn ohne Antwort bleiben?
Hat einer Recht, nur weil er dauernd redet?
3 Meinst du, dass dein Geschwätz uns
mundtot macht,
wir auf dein Spotten nichts erwidern können?
4 Du hast behauptet, was du sagst, sei wahr,
vor Gottes Augen seist du ohne Schuld.
5 Ich wünschte nur, dass Gott jetzt selber
spräche
und dir darauf die rechte Antwort gäbe!
6 Er würde dir sein Handeln offenbaren,
das unserm Wissen unbegreiflich ist.
Dann würdest du sehr schnell zur Einsicht
kommen,
wie viel von deiner Schuld dir Gott erlässt.

7 Die Tiefen Gottes, kannst du sie ergründen?
Kennst du die Größe des Gewaltigen*?
8 Gott reicht noch höher als der Himmelsdom, [b]
zu dessen Grenze du nie hingelangst.
Gott reicht noch tiefer als die Totenwelt*,
von der du doch so gut wie gar nichts weißt.
9 Gott ist viel größer als die ganze Erde,
viel breiter als das ganze weite Meer.
10 Holt er den Schuldigen vor sein Gericht,
so gibt es niemand, der ihn daran hindert.
11 Er kennt die Taugenichtse und ihr Treiben,
das Unrecht kann sich nicht vor ihm
verstecken. [c]
12 Jedoch ein Dummkopf kommt erst dann
zur Einsicht,
wenn wilde Esel zahm geboren werden! [d]

13 Du, Ijob, musst dein Herz zu Gott hinwenden
und deine Hände ihm entgegenstrecken.
14 Doch reinige sie erst von allem Unrecht
und lass in deinem Haus nichts Böses zu.
15 Dann kannst du frei von Schuld den Blick
erheben;
dann stehst du fest und brauchst dich nicht
zu fürchten.
16 Das Unheil, das dich traf, kannst du
vergessen
wie Wasserfluten, die verlaufen sind.
17 Dein Leben zeigt sich dann in neuem Licht
und strahlt noch heller als die Mittagssonne;
nach aller Dunkelheit kommt Morgenglanz.
18 Du lebst in Sicherheit, mit neuer Hoffnung;
du bist beschämt, doch kannst du ruhig
schlafen.
19 In deinem Frieden wird dich niemand stören,
doch viele werden kommen, dir zu
schmeicheln.
20 Den Bösen aber bleibt nur die Verzweiflung,
sie suchen Zuflucht, ohne sie zu finden,
und ihre einzige Hoffnung ist der Tod.«

Ijob: Was Gott tut, ist unbegreiflich

12 Ijob antwortete:
2 »So ist's! Was seid ihr doch für kluge Leute!
Mit euch stirbt ganz bestimmt
die Weisheit* aus!
3 Doch ich bin auch nicht auf den Kopf gefallen,
ich hab genauso viel Verstand wie ihr!
Was ihr gesagt habt, könnte jeder sagen!
4 Obwohl ich mir nichts vorzuwerfen habe,
muss ich mir diesen Hohn gefallen lassen,
den meine eigenen Freunde auf mich schütten.
Ich schrei zu Gott, der mich sonst stets erhörte!
5 Wer Schaden hat, muss für den Spott nicht
sorgen;
das tun die anderen, denen alles glückt.
Und wer schon wankt, bekommt noch
einen Tritt.

a *Strafen ...:* wörtlich *Ablösungen und ein Heer gegen mich (zu schicken).*
b *noch höher als:* mit der lateinischen Übersetzung; H *so hoch wie.*
c Die Zeile ist nicht sicher zu deuten; wörtlich *er sieht das Böse, ohne dass er Acht gibt* (= Acht geben muss).
d Der Vers ist nicht sicher zu deuten.

10,18 3,3 S **10,20** 7,7 **10,21** 7,9-10 **11,4** 10,7; 16,17; 27,6; 33,9 **11,5** 38,1 **11,7** Röm 11,33 **11,13** Ps 88,10; 1 Kön 8,38-39 **11,17** Jes 58,8; Ps 97,11 **11,20** 3,21 S **12,3** 13,2; 2 Kor 11,5-6 **12,4** 11,4 S

6 Die Unheilstifter leben stets in Frieden;
wer Gott zum Zorn reizt, ist in Sicherheit.
Sie haben es geschafft, Gott einzufangen.
7 Du kannst das Vieh und auch die Vögel
fragen,
sie würden dir die rechte Auskunft geben.
8 Die Erde sagt es dir, wenn du sie fragst,
die Fische wüssten es dir zu erzählen.
9 Die ganze Schöpfung weiß es, spricht es aus:
›Dies alles hat die Hand des HERRN* gemacht!‹
10 Von seiner Macht hängt jedes Leben ab,
der Atem aller Menschen kommt von ihm.

11 Der Gaumen prüft, ob eine Speise schmeckt;
genauso muss das Ohr die Worte prüfen.
12 Es heißt, die alten Leute hätten Weisheit,
ihr hohes Alter gäbe ihnen Einsicht.
13 Bei Gott ist wirklich Weisheit, Rat und
Einsicht
und auch die Macht, Geplantes auszuführen.
14 Was Gott in Trümmer legt, baut niemand auf;
wen er gefangen setzt, der kommt nicht frei.
15 Hält er den Regen auf, wird alles trocken;
lässt er ihn los, zerwühlt die Flut das Land.
16 Gott hat die Macht und überlegenes Wissen,
Verführte und Verführer sind sein Werk.
17 Die klugen Ratsherrn lässt er ratlos werden,
die Rechtsgelehrten leere Sprüche reden.
18 Die Fesseln[a] harter Herrscher löst er auf
und führt sie selber in Gefangenschaft.
19 Sogar den Priestern nimmt er Amt und
Würden;
die ältesten Geschlechter löscht er aus.
20 Berühmte Redner bringt er jäh zum
Schweigen,
den Alten nimmt er ihre Urteilskraft.
21 Gott lässt Geachtete verächtlich werden
und starke Helden macht er plötzlich wehrlos.
22 Er zieht die dunkle Decke von den Tiefen
und bringt die Finsternis ins helle Licht.
23 Gott lässt Nationen wachsen und vergehen,
er macht sie stark – und tilgt sie wieder aus.
24 Aus ihren Führern lässt er Narren werden,
die keinen Weg mehr aus der Wüste finden,
25 die ohne Licht im Dunkeln um sich tasten
und sich verirren wie Betrunkene.

Wenn ihr doch schweigen würdet!

13 Was ihr so redet, hab ich längst gehört,
ich hab es selbst gesehn und mir
gemerkt.
2 Was ihr da wisst, das weiß ich allemal,
darin nehm ich es gerne mit euch auf!
3 Doch nicht mit euch, mit Gott hab ich
zu reden;
mit dem Gewaltigen* lieg ich im Streit!
4 Ihr selbst seid ratlos, deckt es zu mit Lügen;
Kurpfuscher seid ihr, die nicht heilen können!
5 Es wäre besser, wenn ihr schweigen würdet,
dann könnte man euch noch für weise halten!

6 Hört zu, damit ich euch mein Recht beweise!
Macht eure Ohren auf für meine Worte!
7 Tut ihr's für Gott, wenn ihr so schamlos lügt?
Wollt ihr zu seinen Gunsten mich betrügen?
8 Warum ergreift ihr denn Partei für ihn?
Müsst ihr ihn etwa vor Gericht vertreten?
9 Wie wäre es, wenn er euch jetzt verhörte?
Lässt Gott sich von euch täuschen wie ein
Mensch?
10 Er wird euch ganz gewiss zur Rede stellen,
wenn ihr geheimen Vorurteilen folgt.
11 Erschreckt ihr nicht vor seiner Majestät?
Schon der Gedanke müsste euch erschüttern!
12 Wie Staub im Wind sind eure weisen
Sprüche
und eure Gründe halten stand wie Ton.

13 Seid still, lasst mich in Ruh! Jetzt rede ich!
Was daraus wird, das ist mir völlig gleich!
14 Und wenn ich mich um Kopf und Kragen
rede:
Ich bin bereit, mein Leben zu riskieren.
15 Gott wird mich töten, darauf warte ich;
doch erst will ich vor ihm mein Recht
behaupten.
16 Vor ihm zu stehen wär für mich schon
Rettung;
denn Heuchler kommen nicht in seine Nähe.
17 Nun hört euch an, was ich zu sagen habe,
dass ihr begreift, was ich erklären will!

18 Ich bin bereit, den Rechtsfall vorzutragen.
Ich bin im Recht, das weiß ich ganz genau!
19 Wer hätte Aussicht, mich zu Fall zu bringen?
Dann wollt' ich gerne schweigen und auch
sterben!
20 Nur dies, mein Gott, erbitte ich von dir,
damit ich offen vor dich treten kann:
21 Zieh deine schwere Hand von mir zurück
und fülle mich nicht mehr mit Angst und
Schrecken.

a *Fesseln* mit alten Übersetzungen; H *Züchtigung*.

12,6 21,7; Ps 73,3-12; Jer 12,1-2 **12,7** 38,39–39,30; Mt 6,26-30 par **12,10** 34,14-15; Gen 2,7; Apg 17,25.28 **12,12** 8,8-10 S **12,16** 1 Kön 22,20-23 **12,19** 1 Sam 2,30-32 **12,21** 1 Sam 17,45-47 **13,2** 12,3 **13,5** Spr 17,28 **13,7** 42,7 **13,15** 14,20; 17,15-16 **13,18** 9,2-4 S

22 Dann klage an und ich will Rede stehen;
oder ich frage dich und du gibst Antwort.

23 Wie viele Sünden habe ich begangen?
Wie groß ist meine Schuldenlast bei dir?
24 Weshalb siehst du mich nicht mehr
freundlich an
und tust, als wäre ich dein Feind geworden?
25 Was bin ich denn? Ein abgefallenes Blatt,
ein dürrer Strohhalm, fortgeweht vom Wind.
Doch ständig scheuchst du mich und jagst
mir nach!
26 Zu harten Strafen hast du mich verurteilt,
kein Fehler meiner Jugend ist vergessen!
27 Du lässt nicht zu, dass ich mich frei bewege,[a]
argwöhnisch überwachst du jeden Schritt,
selbst meine Fußspur zeichnest du dir auf.
28 Deshalb zerfalle ich[b] wie faules Holz,
wie ein von Motten angefressenes Kleid.

Gott lässt dem Menschen keine Hoffnung

14 Was ist der Mensch, von einer Frau
geboren?
Sein Leben ist nur kurz, doch voller Unrast.
2 Wie eine Blume blüht er und verwelkt,
so wie ein Schatten ist er plötzlich fort.
3 Und trotzdem lässt du ihn nicht aus den Augen,
du ziehst ihn vor Gericht, verurteilst ihn!
4 Du musst doch wissen, dass er unrein ist,
dass niemals etwas Reines von ihm ausgeht!
5 Im Voraus setzt du fest, wie alt er wird,
auf Tag und Monat hast du es beschlossen.
Du selbst bestimmst die Grenzen seines Lebens,
er kann und darf sie niemals überschreiten.
6 Darum blick weg von ihm, lass ihn in Ruhe
und gönne ihm sein bisschen Lebensfreude![c]

7 Für einen Baum gibt es noch eine Hoffnung:
Wenn man ihn fällt, dann schlägt er wieder aus.
8 Selbst wenn die Wurzeln in der Erde altern,
der Stumpf im Boden abstirbt und verdorrt –
9 er muss nur ein klein wenig Wasser spüren,
dann treibt er wieder wie ein junges Bäumchen.
10 Doch stirbt ein Mensch, so ist es mit ihm aus.
Wenn er gestorben ist, wo bleibt er dann?
11 Vielleicht geschieht's, dass Ströme nicht mehr
fließen,
dass auch das Wasser aus dem Meer
verschwindet;
12 doch tote Menschen stehen nicht mehr auf,
sie werden nie aus ihrem Schlaf erwachen.
Noch eher stürzt der ganze Himmel ein!

13 Verbirg mich doch dort unten bei den Toten,
versteck mich, bis dein Zorn vorüber ist!
Bestimme doch, wie lang ich warten muss,
bis du mir deine Güte wieder zeigst.
14 Doch kommt ein Toter je zurück ins Leben?
Ich hielte gerne diese Qualen aus,
wenn ich auf bessere Zeiten hoffen könnte.
15 Du würdest rufen, ich dir Antwort geben.
Du würdest wieder Freude an mir haben
und daran denken, dass ich dein Geschöpf bin.
16 Du würdest alle meine Schritte zählen,
doch keine Liste meiner Sünden führen.
17 Für immer würdest du die Schuld
verschließen,
du decktest alle meine Fehler zu.

18 Jedoch auch Berge stürzen ein, zerfallen,
und Felsen rücken fort von ihrer Stätte;
19 das Wasser kann den harten Stein zerreiben,
Sturzregen schwemmt den Ackerboden fort.
So lässt du unsere Hoffnung untergehen!
20 Du zwingst den Menschen nieder mit
Gewalt,
machst seine Züge starr und fremd im Tod
und schickst ihn fort – er kommt nie mehr
zurück.
21 Wenn seine Kinder hier zu Ehren kommen
oder in Schande stürzen, weiß er's nicht.
22 Was er noch fühlt, ist nur die eigene
Ohnmacht
und trauern kann er nur noch um sich selbst.«

Der erste Freund: Kein Mensch ist schuldlos

15 Da sagte Elifas von Teman:
2–3 »Das alles, Ijob, ist doch nichts als Wind!
Was du da von dir gibst, sind leere Worte!
Hat einer wirklich Weisheit* und Verstand,
wird er nicht sinnlos oder unnütz reden.
4 Du untergräbst das Fundament des Glaubens,
machst frommes Leben ganz und gar
unmöglich!
5 Es ist die Schuld, die dich so reden lässt,
auch wenn du sie mit schlauen Worten
leugnest.

a Wörtlich *Du legst meine Füße in den Block**.
b Wörtlich *Und er zerfällt.*
c Die Zeile wörtlich *damit er wie ein Tagelöhner seinen Tag* (= den kleinen Rest nach der Arbeit) *genießen kann.*
13,22 31,35; 38,2; 40,7 **13,24** 19,11; 22,21; 33,10 **13,26** Ps 25,7 **14,1** 7,1S; Ps 39,5-7S **14,2** 8,9; Ps 90,5-6S **14,4** 4,17S; Jes 64,5; Sir 34,4 **14,5** Ps 39,5-6 **14,6** 7,19S **14,12** 7,9-10

6 Dein eigener Mund verurteilt dich, nicht ich;
du selbst belastest dich mit jedem Wort.

7 Bist du als erster Mensch geboren worden?
Warst du schon da, als Gott die Berge schuf?
8 Gehörtest du zu seiner Ratsversammlung
und bist in seine Pläne eingeweiht?
9 Von welchen Dingen weißt du mehr als wir?
Was kennst du, das uns fremd geblieben ist?
10 Im Kreis der Weisen* gibt's ergraute Männer,
die älter wurden als dein eigener Vater.

11 Du lehnst es ab, wenn Gott dich trösten will,
wenn wir statt seiner ruhig mit dir reden.
12 Warum nur regst du dich so schrecklich auf
und lässt so wütend deine Augen rollen?
13 Du richtest deinen Ärger gegen Gott
und klagst ihn an mit lästerlichen Worten.
14 Meinst du im Ernst, es gäbe einen
Menschen,
der rein und schuldlos ist vor seinem Gott?
15 Nicht einmal seinen Engeln[a] kann er trauen,
und auch der Himmel ist für ihn nicht rein.
16 Der Mensch gar ist abscheulich und
verdorben;
das Unrecht ist ihm ebenso alltäglich,
wie wenn er einen Becher Wasser trinkt.

17 Ich will dich unterweisen, hör mir zu!
Was ich gesehen habe, sag ich dir.
18 Von weisen Leuten hab ich es gelernt
und diese hatten es von ihren Vätern.
19 Das Land gehörte ihnen noch allein,
kein Fremder konnte sie von Gott abbringen.[b]

20 Der skrupellose Unterdrücker zittert
sein Leben lang aus Angst vorm letzten Tag.
21 In seinen Ohren gellen Schreckensstimmen;
im tiefsten Frieden wartet er auf Räuber;
22 er hofft nicht mehr, dem Dunkel zu
entrinnen;
das Schwert scheint über seinem Kopf
zu schweben;
23 schon sieht er Geier seinen Leichnam
fressen.[c]
Er weiß, der Untergang[d] ist ihm gewiss;
der Tag der Finsternis 24 stürzt ihn in
Schrecken;
verzweiflungsvolle Angst rückt auf ihn zu,
bereit zum Angriff wie ein starker König.
25 So geht's dem Mann, der seine Fäuste ballt,
Gott, dem Gewaltigen*, den Krieg erklärt.
26–27 Weil er von Kraft und von Gesundheit
strotzt,
nimmt er den großen, schweren Schild
zur Hand
und macht den Nacken steif zum Sturm
auf Gott.
28 Er zieht in Häuser, die verlassen wurden,
baut Städte auf, die Trümmer bleiben sollten,
und fürchtet nicht den Fluch, der darauf lastet.
So trotzt er Gott und fordert ihn heraus.[e]

29 Was solch ein Mensch besitzt, ist nicht
von Dauer;
er wird hier auf der Erde niemals reich;
30 der dunklen Totenwelt* entgeht er nicht.
Er gleicht dem Baum: Das Feuer frisst
die Zweige,
am Ende fegt ihn Gottes Atem fort.
31 Wer sich mit falschen Werten selber täuscht,
darf nicht enttäuscht sein über falschen Lohn.
32 Noch vor der Zeit verwelkt er wie ein
Zweig[f]
und trägt nie wieder frisches, grünes Laub.
33 Er bringt sich um den Lohn, so wie ein
Weinstock,
der seine Trauben unreif fallen lässt,
und wie ein Ölbaum, der die Blüten abstößt.
34 So fruchtlos bleibt die ganze böse Sippschaft
und ihre Häuser wird das Feuer fressen,
denn mit Bestechung wurden sie gebaut.
35 Mit unheilvollen Plänen gehn sie schwanger,
und Unglück ist es, was sie dann gebären;
Enttäuschung bringen sie hervor, sonst nichts!«

Ijob: Gott behandelt mich ungerecht

16 Ijob antwortete:
2 »Von dieser Art hab ich genug gehört!
Nur Last ist euer Trost für mich, nicht Hilfe!
3 Machst du nun endlich Schluss mit dem
Gerede?
Was reizt dich denn, mir ständig zu erwidern?
4 Wenn ihr jetzt hier an meiner Stelle wärt,
dann könnte ich genau dasselbe sagen.

a Wörtlich *Heiligen.* b *konnte sie ...:* wörtlich *zog unter ihnen umher.*
c *schon sieht er ...:* vermutlicher Text; H *Er irrt umher nach Brot, wo?*
d *der Untergang:* mit G; H *in seiner Hand (ein Tag der Finsternis).*
e *und fürchtet nicht ...:* verdeutlichender Zusatz; vgl. Jos 6,26; 1 Kön 16,34.
f *verwelkt er (wie ein Zweig):* mit alten Übersetzungen; H *er wird angefüllt/ausgezahlt.*

15,7 38,4.21 **15,8** Jer 23,18 S; Röm 11,34 **15,14** 4,17 S **15,15** 4,18; 25,5 **15,17** 32,10; 36,2 **15,20-24** 18,11-14 **15,28** Jos 6,26 **15,35** Ps 7,15

Ich könnte meinen Kopf sehr weise schütteln
und euch mit schönen Sprüchen reich
bedenken.
5 Ich gäb euch neue Kraft – mit meinem Mund;
ich zeigte euch mein Mitleid – mit den Lippen.

6 Mein Reden lässt die Schmerzen nicht
verschwinden;
doch schweige ich, so wird mir auch nicht
leichter.
7 Gott hat sein Ziel erreicht: Ich bin am Ende,
rings um mich ist es menschenleer geworden.
8 Er gräbt mir tiefe Falten ins Gesicht,
bis zum Gerippe bin ich abgemagert;
und all das muss nun meine Schuld beweisen.
9 Voll Zorn starrt er mich an, knirscht
mit den Zähnen
und reißt mir alle Glieder einzeln aus.
10 Die Leute rotten sich um mich zusammen,
sie reißen ihre Mäuler auf und spotten,
sie schlagen mir voll Feindschaft ins Gesicht.
11 Gott hat mich an Verbrecher ausgeliefert,
mich schlimmen Schurken in die Hand
gegeben.
12 Aus meinem Frieden riss er mich heraus,
er packte mich im Nacken, warf mich nieder.
Dann nahm er mich als Ziel für seine Pfeile,
13 die mich von allen Seiten dicht umschwirren.
Erbarmungslos durchbohrt er meine Nieren,
lässt meine Galle auf die Erde fließen.
14 Er schlägt mir eine Wunde nach der andern,
so wie ein Kriegsheer Breschen in die Mauer.

15 Das Trauerkleid ist meine zweite Haut,
besiegt und kraftlos liege ich im Staub.
16 Ganz heiß ist mein Gesicht vom vielen
Weinen,
die Augen sind umringt von dunklen Schatten.
17 Und doch, an meinen Händen klebt
kein Unrecht
und mein Gebet ist frei von Heuchelei!

18 Hör mich, du Erde, deck mein Blut nicht zu,
damit sein Schreien nicht zur Ruhe kommt!
19 Im Himmel muss doch einer für mich
aufstehn,
der dort mein Recht vertritt und für mich bürgt.
20 Von meinen Freunden hab ich nichts
als Hohn,
doch unter Tränen blick ich hin zu Gott.
21 Gott, der mein Freund ist, muss mir Recht
verschaffen
und Gott, den Feind, in seine Schranken
weisen. [a]
22 Es eilt, denn meine Jahre sind gezählt,
bald gehe ich die Straße ohne Rückkehr.

Von allen verlassen und verhöhnt

17 Das Atmen fällt mir schwer, mein Leben
endet,
der Docht verglimmt, mein Grab ist schon
geschaufelt.
2 Rings um mich höre ich den Hohn der
Spötter,
auch nachts lässt ihr Gezänk mich nicht mehr
schlafen.
3 Du forderst Bürgschaft, Gott?
Sei du mein Bürge!
Wer sonst legt seine Hand für mich ins Feuer?
4 Du hast ihr Herz versperrt für jede Einsicht;
drum wirst du sie nicht triumphieren lassen.
5 Machst du es so wie jener Mann im
Sprichwort,
der seine Freunde einlädt und beschenkt
und seine eigenen Kinder hungern lässt?

6 Doch jetzt bin ich die Spottfigur der Leute,
ich werde angespuckt; Gott stellt mich bloß.
7 Vor Kummer ist mein Auge fast erblindet,
ich bin nur noch ein Schatten meiner selbst.
8 Ihr haltet euch für redlich, seid entsetzt;
ihr meint, ihr hättet keine Schuld,
erregt euch,
in euren Augen bin ich ein Verbrecher.
9 Ihr seid gerecht und lasst euch nicht
beirren,
seid rein und schuldlos, fühlt euch nur
bestärkt. [b]
10 Kommt doch, kommt ruhig alle wieder her;
bei euch ist doch nicht einer mit Verstand!

11 Vorbei sind meine Tage; meine Pläne,
die Wünsche meines Herzens, sind zunichte.
12 Die Freunde sagen mir, die Nacht sei Tag;
das Licht sei mir ganz nah, behaupten sie,
obwohl die Finsternis mich überfällt.
13 Mir bleibt als Wohnstatt nur die Totenwelt*,
im Dunkel dort kann ich mich niederlegen.

a Der Vers ist nicht sicher zu deuten; wörtlich *(blicke ich zu Gott) dass er einem Mann Recht schaffe gegen Gott und einem Menschen gegen seinen Gefährten.*
b Die Verse 8-9 sind wörtlich eine allgemeine Aussage über die Redlichen, Gerechten usw. Die Übersetzung versucht, diese Aussage mit dem Vorausgehenden und Folgenden zu verbinden.

16,8 19,20.28; 33,19.21 **16,10-11** 30,9-14; Ps 22,13-19 **16,12-13** 6,4 S **16,17** 31,1-34; 11,4 S; Jes 1,15 **16,18** Gen 4,10; Ez 24,7-8; Jes 26,21 **16,19** 17,3; 19,25 **16,22** 10,21 **17,3** 16,19 **17,6** 30,9 S **17,12** 11,17

[14] Das kalte Grab – ich nenn es meinen Vater,
die Maden meine Mutter, meine Schwestern.
[15] Da sollte es für mich noch Hoffnung geben?
Kann jemand nur ein Fünkchen davon sehen?
[16] Sie steigt mit mir hinunter zu den Toten[a]
und wird dort mit mir in den Staub gelegt.«

Der zweite Freund: Böse Menschen nehmen ein böses Ende

18 Da sagte Bildad von Schuach:
[2] »Wie lange redet ihr noch drumherum?
Denkt nach! Dann lasst uns klar und deutlich reden!
[3] Sind wir so dumm wie Vieh, wie er behauptet?
Seid ihr der Meinung, dass wir unrein* sind?
[4] Du, Ijob, reißt dich selbst vor Wut in Stücke.
Die ganze Erde soll entvölkert werden,
die Felsen sollen fort von ihrer Stelle –
und alles nur, damit du Recht behältst!

[5] Es bleibt dabei: Ein böser Mensch geht unter,
das Licht in seinem Leben wird erlöschen,
das Feuer seines Herdes nicht mehr leuchten;
[6] in seinem Zelte brennt die Lampe nieder –
genauso geht sein Lebensglück zu Ende.
[7] Sein Schritt, sonst weit und fest, wird kurz und zögernd;
er stolpert über seinen eigenen Plan.
[8] Er läuft ins Netz, fällt durch das Zweiggeflecht,
das er einst selber auf die Grube legte.
[9] Die Falle springt und packt ihn an der Ferse,
die Schlinge zieht sich zu und hält ihn fest.
[10] Ein Fallstrick liegt versteckt vor ihm am Boden,
die Falle wartet schon auf seinem Weg.
[11] Von überall bedrängen ihn die Schrecken,
sie jagen ihn auf Schritt und Tritt in Angst.
[12] Der Hunger raubt ihm seine letzte Kraft,
das Unglück ist sein ständiger Begleiter.
[13] Und auch die Krankheit kommt, des Todes Tochter,
lässt seine Haut und seine Glieder faulen.
[14] Aus seinem sicheren Zelt wird er vertrieben,
um vor den Herrn der Totenwelt* zu treten.
[15] Das herrenlose Zelt ist frei für jeden;
wo der Verfemte wohnte, streut man Schwefel.[b]
[16] Er gleicht dem Baum: Die Wurzel ist verdorrt,
und seine Zweige oben sind verwelkt.
[17] Sein Name wird im ganzen Land vergessen,
bald kann sich niemand mehr an ihn erinnern.
[18] Aus der bewohnten Welt ist er verbannt
und aus dem Licht ins Dunkel fortgetrieben.
[19] Kein Kind, kein Enkel setzt die Sippe fort,
an seinem Wohnort überlebt nicht einer.
[20] Entsetzen herrscht im Osten wie im Westen
bei allen, die von diesem Schicksal[c] hören.
[21] Ja, so geht's denen, die das Unrecht lieben;
wer nicht nach Gott fragt, nimmt ein solches Ende.«

Ijob: Gott tut mir Unrecht ...

19 Ijob antwortete:
[2] »Wie lange redet ihr noch auf mich ein?
Wie lange wollt ihr mich mit Worten quälen?
[3] Ihr habt mich nun schon viel zu oft beschimpft
und schämt euch nicht, mich zu beleidigen.
[4] Wenn ich unwissend einen Fehler machte,
dann bin doch ich allein davon betroffen.
[5] Ihr aber spielt euch auf als meine Richter,
nehmt meine Leiden als Beweis der Schuld.
[6] Seht ihr nicht ein, dass Gott mir Unrecht tut?
Mit einem Netz hat er mich eingefangen.
[7] Ich schrei um Hilfe, aber niemand hört.
Ich will mein Recht, doch keiner steht mir bei.
[8] Den Weg sperrt Gott mir ab, ich kann nicht weiter;
er lässt mich mitleidslos im Dunkeln tappen.
[9] Gott hat mir meinen Wohlstand fortgenommen
und meine Ehre in den Schmutz getreten.
[10] Ringsum reißt er mich ein wie eine Mauer,
wie einen Baum entwurzelt er mein Hoffen,
schickt mich hinunter in die Totenwelt*.
[11] Sein ganzer Zorn ist gegen mich entbrannt,
er setzt mir zu, als wäre ich sein Feind.
[12] Geschlossen rückt sein Heer zum Angriff vor,
rings um mein Zelt errichtet es sein Lager.
[13] Gott hält selbst meine Brüder von mir fern,
Bekannte tun, als wär ich ihnen fremd.
[14] Die Freunde und Verwandten bleiben aus,
sie alle haben mich ganz schlicht vergessen.
[15] Die Gäste meines Hauses[d] und die Mägde

a *mit mir ...:* mit veränderten Vokalen; H unklar.
b Durch Schwefelstreuen sollte das Land symbolisch gereinigt werden oder es drückte die Verfluchung aus.
c *von diesem Schicksal:* wörtlich *von seinem (Gerichts)tag.*
d Gemeint sind Ausländer, die auf Ijobs Schutz angewiesen waren.

18,5-6 21,17; Spr 13,9 **18,7** Spr 4,12 **18,8** Ps 35,7-8 **18,11** 15,20-24 **18,17** Spr 10,7 **19,5** 16,8; 19,28; Ps 41,7 **19,7** 30,20; Hab 1,2 **19,8** 3,23; Klgl 3,7-9 **19,10** 14,7 **19,11** 13,24S **19,13-19** Ps 38,12S

behandeln mich wie einen völlig Fremden,
als käme ich aus einem fernen Volk.
16 Mein Knecht gibt keine Antwort,
wenn ich rufe;
um jeden Dienst muss ich ihn lange bitten.
17 Mein Atem ist für meine Frau Gestank
und meine Brüder ekeln sich vor mir.
18 Selbst Kinder haben keine Achtung mehr;
quäl ich mich hoch, so machen sie sich lustig.
19 Die engsten Freunde zeigen nichts als
Abscheu.
Ich liebte sie, doch sie befehden mich.

20 Nur Haut und Knochen sind an mir zu sehen
und mein Gesicht gleicht einem Totenkopf.[a]
21 Ihr seid doch meine Freunde! Habt Erbarmen!
Was mich zu Boden schlug, war Gottes Hand!
22 Warum verfolgt ihr mich so hart wie er?
Habt ihr mich denn noch nicht genug gequält?[b]
23 Ich wünschte, jemand schriebe alles auf,
dass meine Worte festgehalten würden,
24 mit einem Meißel in den Fels gehauen,
mit Blei geschwärzt, damit sie ewig bleiben!

... aber er wird mir Recht geben

25 Doch nein, ich weiß, dass Gott, mein
Anwalt,[c] lebt!
Er spricht das letzte Wort hier auf der Erde.
26–27 Jetzt, wo die Haut in Fetzen an mir hängt
und ich kein Fleisch mehr auf den Knochen
habe,
jetzt möchte ich ihn sehn mit meinen Augen,
ihn selber will ich sehen, keinen Fremden![d]
Mein Herz vergeht in mir vor lauter Sehnsucht!
28 Ihr überlegt, wie ihr mich quälen könnt
und in mir selbst den Grund des Übels findet.
29 Doch seht euch vor, dass euch das Schwert
nicht trifft;
denn solche Schuld verdient die Todesstrafe.
Vergesst es nicht, dass Gott der Richter ist.«

Der dritte Freund: Den Verbrecher trifft die verdiente Strafe

20 Da sagte Zofar von Naama:
2 »In meinem Herzen ist ein Sturm entfesselt,
es kocht in mir, ich kann nicht an mich halten!
3 Ich fühle mich beschimpft durch deine
Mahnung,
doch mein Verstand gibt mir die rechte
Antwort:
4 Es ist dir doch bekannt, dass immer schon,
seit Gott die Menschen auf die Erde setzte,
5 der Jubelruf der Bösen schnell verstummte,
die Freude des Verbrechers bald vorbei war.
6 Selbst wenn er in den Himmel wachsen sollte
und mit dem Kopf bis an die Wolken reichte,
7 er muss hinunter wie sein eigener Kot,
für immer fort! Und alle, die ihn kannten,
sie werden fragen: ›Wo ist er geblieben?‹
8 Wie eine Nachtvision entschwindet er
und wie ein Traum löst er sich auf in nichts.
9 Kein Auge, das ihn sah, sieht ihn dann wieder,
auch seine Wohnung sieht nichts mehr
von ihm.
10 Sein Hab und Gut, mit viel Betrug erworben,
muss er mit eigener Hand zurückerstatten
und seine Kinder müssen betteln gehn.
11 Er schien voll jugendlicher Kraft zu sein,
doch jetzt liegt sie vereint mit ihm im Staub.

12 Für seinen Gaumen ist das Böse süß;
er hält es unter seiner Zunge fest;
13 ganz langsam lässt er es im Mund zergehen,
um möglichst lang etwas davon zu haben.
14 Jedoch im Magen wird die Speise bitter,
verwandelt sich in schlimmes Schlangengift.
15 Erbrechen muss er das geraubte Gut,
Gott zwingt ihn, jeden Rest herauszuwürgen.
16 Was er verschlungen hat, das wirkt wie Gift,
es ist so tödlich wie der Biss der Viper.
17 Er hat nichts mehr vom Reichtum dieses
Landes,
von Milch und Honig, die in Strömen fließen.
18 Was er erworben hat durch Tausch und
Handel,
er darf es nicht behalten und genießen,
19 weil er die Armen schamlos unterdrückte
und Häuser raubte, statt sie selbst zu bauen.

20 Er kann den Hals nie voll genug bekommen
und trotzdem macht ihn sein Besitz nicht
sicher.
21 Vor seiner Fresslust kann sich niemand
retten,
drum ist sein Glück auch nur von kurzer Dauer.
22 Bei allem Überfluss ist ihm nicht wohl;

a Der Vers ist nicht sicher zu deuten; wörtlich *An Haut und Fleisch klebt mein Gebein und ich wurde an der Haut meiner Zähne kahl.*
b Die Zeile wörtlich *und könnt von meinem Fleisch nicht satt werden.* *c* Wörtlich *Löser*.*
d Die traditionelle Übersetzung, die Ijob in den Versen 25-27 seine Hoffnung auf Auferstehung ausdrücken lässt, beruht auf der lateinischen Übersetzung (Vulgata) und hat keine Grundlage im hebräischen Text (vgl. Sacherklärung »Auferstehung«).
19,20 16,8S **19,25** Ps 56,10; 140,13; Jes 50,8 **19,26-27** 42,5; Ps 42,2-3; Mt 5,8 **20,6-7** Gen 11,4; Ps 37,35-36; Jes 14,13-15; Dan 4,8.17-20 **20,8** Ps 73,20 **20,17** 29,6; Ex 3,8S **20,19** Ps 109,16 **20,20** Lk 12,19-20

dann schlägt die schwere Hand des Unglücks
zu:[a]
23 Er kriegt genug, um seinen Bauch zu füllen,
wenn Gottes Zorn wie Hagel auf ihn fällt;
von dieser Mahlzeit wird er endlich satt!
24 Entrinnt er auch dem Eisenschwert des
Feindes,
so schießt ihn doch der Bronzebogen nieder.
25 Der Pfeil durchbohrt ihn, fährt aus seinem
Rücken,
die blitzend blanke Spitze tropft von Blut.
Dann stürzen alle Schrecken über ihn.
26 Die Finsternis ist für ihn aufgespart;
ein Feuer, das kein Mensch entzündet hat,
frisst ihn und seine ganze Sippschaft auf.
27 Der Himmel zeigt sein volles Unrecht an,
die Erde spricht als Zeuge gegen ihn.
28 Der Wohlstand seines Hauses wird vernichtet,
wenn Gottes Zorn wie eine Sturzflut kommt.
29 So sieht das Schicksal böser Menschen aus;
Gott selbst hat ihnen dieses Los bestimmt!«

Ijob: Gott lässt die Bösen ja doch ungestraft!

21 Ijob antwortete:
2 »Wenn ihr doch einmal richtig hören wolltet!
Denn damit könntet ihr mich wirklich trösten!
3 Ertragt mich doch, gestattet mir zu reden;
dann mögt ihr weiterspotten, wenn ihr wollt![b]
4 Beklag ich mich denn über einen Menschen?
Warum verliere ich wohl die Geduld?
5 Seht mich doch an, dann werdet ihr
erschaudern,
ihr legt die Hand vor Schrecken auf den Mund.
6 Wenn ich dran denke, was geschehen ist,
dann fang ich an, am ganzen Leib zu zittern.
7 Warum lässt Gott die Bösen weiterleben?
Sie werden alt, die Kraft nimmt sogar zu.
8 Gesichert wachsen ihre Kinder auf,
mit Freuden sehen sie noch ihre Enkel.
9 Kein Unglück stört den Frieden ihrer Häuser,
sie kriegen Gottes Geißel nie zu spüren.
10 Ihr Stier bespringt die Kühe nicht vergebens,
die Kühe kalben leicht und ohne Fehlwurf.
11 Frei wie die Lämmer laufen ihre Kinder
und ihre Jugend tanzt und springt vor Freude.
12 Sie singen laut zu Tamburin und Leier,
sind voller Fröhlichkeit beim Klang der Flöte.
13 Im Glück verbringen sie ihr ganzes Leben
und sterben einen sanften, schönen Tod.
14 ›Lass uns in Ruhe‹, sagen sie zu Gott,
›von deinem Willen wollen wir nichts
wissen!
15 Bist du so mächtig? Müssen wir dir dienen?
Was nützt es eigentlich, zu dir zu beten?‹
16 Sie glauben, ihres Glückes Schmied zu sein.
Doch ihre Art zu denken liegt mir fern!

17 Wie oft hast du es eigentlich erlebt,
dass es erloschen ist, das Licht der Bösen?
Wie oft geschieht es, dass sie Unglück trifft?
Hat Gott sie je in seinem Zorn gestraft?
18 Wann sind sie denn wie Stroh im Wind
gewesen?
Wann hat der Sturm sie fortgeweht wie Spreu?

19 Ihr habt gesagt, dass Gottes Strafgericht
die Kinder für die Schuld des Vaters trifft.
Das ist nicht recht! Den Vater soll es treffen;
der Schuldige soll auch die Strafe tragen!
20 Er selbst soll seinen Untergang erleben
und Gottes Zorn[c] am eigenen Leibe spüren!
21 Ob es den Kindern gut geht oder schlecht,
das kümmert ihn nicht mehr nach seinem Tod.
22 Muss Gott vielleicht noch unterwiesen
werden,
er, der Gericht hält über Hoch und Niedrig?

23 Der eine bleibt gesund bis an sein Ende;
dann stirbt er, frei von Sorgen und im Frieden,
24 der Körper wohlgenährt, die Glieder stark.
25 Der andere stirbt verbittert und enttäuscht,
weil er vom Glück nichts abbekommen hat.
26 Nun liegen sie zusammen in der Erde,
ein Heer von Würmern deckt sie beide zu.

27 Ich weiß genau, wie ihr jetzt weiterdenkt;
euch geht's ja nur darum, euch durchzusetzen.
28 ›Was ist denn aus dem reichen Mann
geworden?‹,
fragt ihr. ›Was blieb denn noch von seinem
Haus?‹
29 Habt ihr denn nie mit Reisenden gesprochen
und nie gehört, was sie berichtet haben?[d]
30 Am Tag, wenn Gott Gericht hält
voller Zorn,
ist der Verbrecher stets in Sicherheit.
31 Wer wagt es, ihm sein Unrecht vorzuhalten?
Wer zahlt ihm heim, was er verbrochen hat?
32 Mit allen Ehren trägt man ihn zum Friedhof,
an seinem Grab hält man die Totenwacht.

a *dann schlägt ...:* mit alten Übersetzungen; H *die Hand jedes Unglücklichen wird über ihn kommen.*
b *mögt ihr (wenn ihr wollt):* mit alten Übersetzungen; H *magst du.* c Wörtlich *den Zorn des Gewaltigen**.
d Die Zeile wörtlich *und habt ihr ihre Zeichen nicht genau beachtet?*
20,29 27,13 **21,7** 12,6 S; Mal 3,14 **21,14** 22,17 **21,17** 18,5 **21,18** Ps 1,4 **21,19** 20,10; Ex 20,5-6; Dtn 24,16 S

33 Unübersehbar ist sein Leichenzug,
sogar die Erde deckt ihn freundlich zu.

34 Doch ihr versucht, mir Trug als Trost
zu bieten;
denn jede Antwort, die ihr bringt,
ist Schwindel!«

Der erste Freund: Gott straft dich wegen deiner Bosheit

22 Da sagte Elifas von Teman:

2 »Wie kann ein Mensch für Gott
von Nutzen sein!
Sich selber nützt der Mensch, der Einsicht hat!
3 Was bringt es Gott,[a] wenn du das Rechte tust?
Hat er Gewinn, wenn du vollkommen bist?
4 Du denkst doch nicht, er zieht dich
vor Gericht,
weil du ihn ehrst und ihm gehorsam bist?
5 Es kann nur wegen deiner Bosheit sein
und weil du immer wieder Unrecht tust.

6 Wenn dir ein Landsmann irgendetwas
schuldet,
verlangst du sein Gewand dafür als Pfand,
obwohl er keine andere Kleidung hat.
7 Der Durstige bekommt von dir kein Wasser,
den Hungernden verweigerst du dein Brot.
8 Weil du die Macht hast, nimmst du
alles Land;
du meinst, dein Rang gibt dir das Recht dazu.
9 Die Witwen schickst du fort mit leeren
Händen
und Waisenkinder übervorteilst du.
10 Darum bist du von Schlingen eingeschlossen,
ganz plötzlich macht die Angst dich starr
und stumm.
11 Du siehst nichts mehr vor lauter Dunkelheit,
die Wasserflut geht über dich hinweg.

12 Bedenk, dass Gott so fern ist wie der Himmel.
Betrachte doch den höchsten Stern dort oben!
13 Du schließt daraus: ›Was kann da Gott
schon wissen?
Kann er denn richten trotz der Wolkendecke?
14 Sie hindert ihn daran, hindurchzusehen,
wenn er am Himmelsrand spazieren geht.‹

15 Willst du den ausgetretenen Pfaden folgen,
auf denen immer schon die Bösen gingen?
16 Sie wurden vor der Zeit zu Fall gebracht,
wie Mauern, die das Wasser unterspült.
17 Sie hatten Gott verworfen und gemeint,
er könnte ihnen nicht gefährlich werden.
18 Doch von demselben Gott kam all ihr
Reichtum.
Auch mir liegt ihre Art zu denken fern!
19 Die Guten freuen sich, sehn sie dies Ende;
wer ohne Schuld ist, lacht die Bösen aus:
20 ›Seht, unsere Feinde sind vernichtet worden,
das Feuer fraß sie bis zum letzten Mann!‹

Kehr um zu Gott!

21 Hör endlich auf, in Gott den Feind zu sehen,
und söhne dich doch wieder mit ihm aus!
Nur so wirst du dein Glück zurückgewinnen.
22 Wenn er dich unterweist, dann nimm es an,
behalte jedes Wort in deinem Herzen!
23 Kehr um zu ihm,[b] dann richtet er dich auf.
Schaff alles Unrecht fort aus deinem Haus!
24 Nimm auch dein ganzes Gold
und wirf es weg;
lass es im Flussbett bei den Steinen liegen.
25 Gott, der Gewaltige*, ist selbst dein Gold,
anstatt der Silberhaufen hast du ihn!
26 Dein Gott[c] ist dann die Quelle deiner Freude
und voll Vertrauen blickst du zu ihm auf.
27 Er gibt dir Antwort, wenn du zu ihm betest;
dann wirst du dein Gelübde* froh erfüllen.
28 Was immer du beschließt, es wird gelingen;
auf allen deinen Wegen wird es hell.
29 Wenn andere leiden und am Boden liegen,
dann gibst du ihnen wieder neuen Mut
und Gott hebt die Beschämten freundlich auf.
30 Auch den, der schuldig wurde, rettet er;
wenn deine Hände rein sind, wird er frei.«

Ijob: Wenn ich Gott nur finden könnte!

23 Ijob antwortete:

2 »Zwar möchte ich mein Stöhnen
unterdrücken
und doch kommt Widerspruch von meinen
Lippen.
3 Wenn ich nur wüsste, wo sich Gott befindet
und wie ich zu ihm hingelangen könnte!
4 Ich würde ihm schon meine Lage schildern,
ihm meine Gründe und Beweise nennen.
5 Ich bin gespannt, was er dann sagen würde,
wie er mir darauf seine Antwort gäbe.

a Wörtlich *dem Gewaltigen**. *b* Wörtlich *zu dem Gewaltigen**. *c* Wörtlich *Der Gewaltige**.

22,3 35,7 **22,6-9** 31,16-22 **22,6** Ex 22,25-26 S **22,7** 31,17; Jes 58,7; Mt 25,42-43 **22,9** 29,12-13; Ex 22,21 S **22,13** Ps 14,1 S **22,17** 21,14 **22,18** 21,16 **22,19** Ps 52,8; 107,42 **22,21** 13,24 S **22,23** 8,5-7; 11,14-15 **22,24-25** 31,24; Ps 16,5-6; Mt 6,19-21 par; Mk 10,21 par **22,26** 11,15; Jes 58,14 **22,27** Ps 22,25-26 **22,29** 4,3-4 **22,30** 42,8; Jak 5,15-16 **23,5** 38,1–41,26

6 Ob er mich seine Allmacht fühlen ließe?
Nein, hören würde er auf meine Worte.
7 Ich würde meinen Rechtsstreit
mit ihm führen
als einer, dem nichts vorzuwerfen ist.
Das müsste auch mein Richter anerkennen!

8 Ich kann nach Osten gehn, dort ist Gott nicht;
und auch im Westen ist er nicht zu finden.
9 Ist er im Norden tätig, seh ich's nicht;
versteckt er sich im Süden, weiß ich's nicht.
10 Doch *mein* Weg ist ihm lange schon bekannt;
wenn er mich prüft, dann bin ich rein
wie Gold.
11 Mein Fuß hielt sich genau an seine Spur,
ich blieb auf seinem Weg und wich nicht ab.
12 Ich tue immer, was er mir befiehlt,
sein Wort bewahre ich in meinem Herzen. [a]

13 Doch Gott allein bestimmt – wer will ihn
hindern?
Was ihm gefällt, das setzt er einfach durch.
14 Er wird auch tun, was er für mich geplant hat,
und Pläne über mich hat er genug!
15 Das ist es, was mich so erschrecken lässt.
Sooft ich an ihn denke, zittere ich.
16 Gott hat mir alle Zuversicht genommen;
weil er so mächtig ist, macht er mir Angst.
17 Gott ist's, der mich erdrückt, und nicht
das Dunkel,
auch wenn ich jetzt vor Dunkelheit nichts sehe.

Die Mächtigen fragen nicht nach Gottes Willen ...

24 Warum setzt Gott [b] nicht einfach
Tage fest,
dass seine Treuen sehn, wie er Gericht hält?
2 Die Mächtigen verrücken Feldergrenzen;
den kleinen Leuten stehlen sie die Herden
und treiben sie auf ihre eigene Weide.
3 Das Rind der Witwe nehmen sie als Pfand,
den Waisen rauben sie den letzten Esel.
4 Die Armen werden aus dem Weg gestoßen,
sie fliehn vor Furcht und müssen sich
verstecken.

5 Wie wilde Esel in der dürren Steppe
gehn sie bei Morgengrauen an die Arbeit.
Für ihre Kinder suchen sie nach Nahrung,
die in der Steppe doch nur kärglich wächst.
6 Sie sammeln Reste auf dem Feld des Reichen, [c]
in seinem Weinberg suchen sie nach Beeren.
7 Nackt müssen sie im Freien übernachten
und keine Decke schützt sie vor der Kälte.
8 Im Bergland triefen sie von Regennässe
und drücken sich zum Schutz dicht an die
Felsen.

9 Der Witwe nimmt man ihren Säugling fort,
den Schuldnern pfändet man sogar den
Mantel.
10 Die Armen müssen ohne Kleidung gehn;
sie hungern, weil sie nichts zu essen haben,
selbst wenn sie für die Reichen Garben tragen.
11 Im Garten pressen sie Oliven aus,
sie keltern Wein und müssen durstig bleiben.
12 Die armen Stadtbewohner klagen laut,
das Röcheln der Verletzten schreit zum
Himmel,
doch Gott beachtet all den Wahnsinn nicht!

13 Die Bösen hassen jede Art von Licht;
drum wissen sie auch nichts von Gottes Wegen
und fragen nicht danach, was ihm gefällt.
14 Im Morgengrauen steht der Mörder auf
und bringt den Armen um, der schutzlos ist.
Bei Nacht bricht er in Häuser ein und stiehlt.
15 Der Ehebrecher wartet bis zum Abend
und bindet sich die Maske vors Gesicht,
damit kein Auge ihn erkennen kann.
16 Im Dunkeln raubt der Dieb die Häuser aus.
Bei Tage schließen sie sich alle ein,
weil sie vom hellen Licht nichts wissen wollen.
17 Ihr Tag beginnt erst, wenn es dunkel wird,
und keine Finsternis kann sie erschrecken.

... aber Gott wird sie vernichten

18 Der Böse wird von Fluten fortgeschwemmt,
sein Grund und Boden ist von Gott verflucht
und auch zum Weinberg geht er niemals
wieder.
19 Die Sonnenhitze lässt den Schnee
verschwinden,
der ausgedörrte Boden schluckt das Wasser.
Genauso schluckt die Totenwelt* den Sünder.
20 Selbst seine Mutter denkt nicht mehr an ihn;
er ist ein fettes Fressen für die Würmer.
Aus der Erinnerung ist er verschwunden;
der Böse wurde wie ein Baum gefällt.
Das ist die Strafe für sein schlimmes Unrecht:
21 Die kinderlose Frau hat er misshandelt,
der Witwe keine Freundlichkeit erwiesen.

a in meinem Herzen: mit G; H *von meiner Verpflichtung.* *b* Wörtlich *der Gewaltige**.
c Die Zeile ist nicht sicher zu deuten.

23,10-12 Ps 17,3-5 **23,10** Spr 17,3 S **23,13** 9,12; Dan 4,32 **23,14** 10,13-14 **24,2** Spr 22,28 S **24,3** Dtn 24,17 **24,7** Dtn 24,12-13 **24,9** Ex 22,25-26 S **24,10** Jes 58,7 **24,12** 35,9-13; Ps 94,5-7; Koh 4,1 **24,15** Sir 23,18

22 Die Mächtigen rafft Gottes Macht hinweg;
erhebt er sich, verzweifeln sie am Leben.
23 Gott wiegt sie anfangs nur in Sicherheit,
doch achtet er genau auf ihre Taten.
24 Sie werden groß, doch nur für kurze Zeit;
dann schrumpfen sie wie eine Blütendolde
und werden abgeschnitten wie die Ähre.
25 So ist es! Was ich sage, ist die Wahrheit.
Kann einer mir das Gegenteil beweisen?«

Der zweite Freund: Kein Mensch kann vor Gott bestehen

25 Da sagte Bildad von Schuach:
2 »Gott herrscht mit Furcht erregender Gewalt,
mit starker Hand schafft er im Himmel
Frieden.
3 Wer kann die Scharen seiner Diener zählen?
Geht Gottes Licht nicht über allen auf?
4 Wie will ein Mensch vor Gott bestehen
können,
ein von der Frau Geborener je schuldlos sein?
5 Sogar das Licht des Mondes ist nicht hell
und auch die Sterne sind nicht rein für Gott,
6 geschweige denn der Mensch,
die Eintagsfliege!
Was gilt bei Gott schon dieser kleine Wurm?«

Ijob: Wie groß und mächtig ist Gott!

26 Ijob antwortete:
2 »Du bist doch wirklich eine große Hilfe
für einen kranken, schwachen Mann wie
mich!
3 Du kannst so gut beraten, weißt so viel
und gibst es gern an arme Narren weiter!
4 Wo hast du diese weisen Worte her?
Sag, welcher Geist hat sie dir eingeblasen?

5 Sogar die Geister der Verstorbenen zittern
dort in der Tiefe unterm Meeresboden.
6 Die Totenwelt* liegt nackt vor Gottes Augen,
kein Schleier deckt den Abgrund vor ihm zu.
7 Gott spannt das Zelt des Himmels aus
im Leeren
und überm Nichts hängt er die Erde auf.
8 Das Wasser speichert er in seinen Wolken,
die nicht zerreißen trotz der großen Last.

9 In dichte Wolken hüllt er seinen Thron,
damit kein Auge ihn erblicken kann.
10 Rund um die Meere zog er einen Kreis;
dort liegt die Grenze zwischen Licht und
Dunkel.
11 Die Pfeiler, die den Himmel tragen,
schwanken,
Entsetzen packt sie, wenn Gott sie bedroht.
12 Mit seiner Kraft hat er das Meer besiegt
und Rahab* umgebracht durch seine
Klugheit.
13 Sein Atem hat den Himmel blank gefegt,
den schnellen Drachen hat sein Arm
durchbohrt.
14 Das alles ist der Saum von seinen Taten,
ein schwaches Echo, das wir davon hören.
Wie groß und mächtig muss Gott wirklich
sein!«

Mein Gewissen ist rein!

27 Ijob setzte seine Rede fort, er sagte:
2 »Beim Leben Gottes, des Gewaltigen*,
der mir mein Recht noch immer vorenthält
und mir das Leben bitter macht! Ich schwöre:
3 Solange ich noch Atem in mir habe
und Gottes Hauch in meiner Nase ist,
4 kommt niemals Unrecht über meine Lippen
und keine Lüge über meine Zunge!
5 Ich denke nicht daran, euch Recht zu geben;
bei meiner Unschuld bleib ich, bis ich sterbe!
6 Dass ich im Recht bin, geb ich niemals auf;
denn mein Gewissen weiß von keiner Schuld!

So straft Gott alle, die ihn verlassen

7 Wer mich bekämpft und mir mit Hass
begegnet,
den soll die Strafe des Verbrechers treffen!
8 Sein Leben ist dahin, wenn Gott es fordert
und sich entschließt, den Faden abzuschneiden.
9 Wenn er in Not gerät und beten will,
wird Gott auf seinen Hilfeschrei nicht achten.
10 Er hätte immer bei Gott[a] Freude suchen
und zu ihm beten sollen, nicht erst jetzt!

11 Ich will euch nun von Gottes Macht
berichten
und nicht verschweigen, was er wirklich plant.
12 Ihr habt doch selber alles miterlebt!
Was tragt ihr dann noch solchen Unsinn vor?
13 Seht, welche Strafe Gott[b] dem Menschen
sendet,
der ihn verlässt und andere unterdrückt:

a Wörtlich *bei dem Gewaltigen**. *b* Wörtlich *der Gewaltige**.

25,2-3 Ps 103,19-21; Sir 43,9-10 **25,4** 4,17S **25,5** 15,15S **25,6** Jes 41,14 **26,6** Ps 139,8; Spr 15,11; Am 9,2 **26,10** Spr 8,27 **26,12-13** 9,13S; Jes 27,1 **26,14** Sir 43,32 **27,3** 33,4; Gen 2,7 **27,6** 11,4S; 13,18; 17,9; Apg 24,16S **27,8** 6,9 **27,13-17** Koh 2,26S **27,13** 20,29

14 Ein solcher Mensch mag viele Söhne haben,
doch alle werden sie im Krieg getötet;
die Enkel kriegen nie genug zu essen.
15 Was überlebt, das rafft die Pest hinweg;
die Witwen halten keine Totenklage.
16 Er mag auch haufenweise Silber haben,
mehr Kleider, als er jemals brauchen kann.
17 Was soll's? Ein Frommer wird die Kleider tragen,
ein guter Mensch das ganze Silber erben.
18 Sein Haus hat er gebaut wie eine Motte,
so wie das Laubgeflecht des Weinbergwächters:
19 Reich legt er sich in seinem Haus zu Bett;
doch wenn er aufwacht, ist es nicht mehr da.
20 Wie eine Flut holt ihn der Schrecken ein.
Ein Wirbelsturm kommt nachts und trägt ihn fort.
21 Der Ostwind hebt ihn hoch und reißt ihn mit,
er fegt ihn mit Gewalt von seinem Wohnplatz.
22 Der Sturm stürzt mitleidslos auf ihn herab,
er müht sich, was er kann, um zu entfliehen.
23 In seinem Rücken heult und pfeift der Sturm
und macht ihm Angst mit seinen harten Schlägen.[a]

Woher kommt die Weisheit?

28 Da gibt es Orte, wo sich Silber findet,
und Plätze, wo das Gold gewaschen wird.
2 Tief in der Erde gräbt der Mensch nach Eisen
und Kupfer schmilzt er aus den Steinen.
3 Er lässt sich von der Finsternis nicht hindern,
bis in die letzten Winkel stößt er vor,
aus tiefstem Dunkel holt er das Gestein.
4 Weit, weit entfernt von den bewohnten Orten,
dort, wo kein Reisender vorüberzieht,
gräbt man die Schächte tief hinab ins Erdreich,
schwebt überm Abgrund, klammert sich ans Seil.
5 Hier oben, auf der Erde, wächst das Korn;
dort unten, in der Erde, wird gewühlt,
dass alles aussieht wie nach einem Feuer.
6 Im Felsgestein dort gibt es die Saphire
und auch der Goldstaub ist darin zu finden.
7 Kein Falke hat den Weg dorthin erspäht
und auch kein Geierauge sieht den Ort.
8 Kein Löwe und kein anderes wildes Tier
ist jemals diesen Pfad entlanggegangen.
9 Allein der Mensch legt Hand an das Gestein;
von Grund auf wühlt er ganze Berge um.
10 Quer durch die Felsen treibt er Stollen vor
und findet dabei viele Kostbarkeiten.
11 Wo Wasser sickert, dichtet er die Risse;
er bringt Verborgenes ans Tageslicht.

12 Die Weisheit* aber – wo ist sie zu finden?
Und wer kann sagen, wo die Einsicht wohnt?
13 Hier bei den Menschen findet sie sich nicht
und ihren Kaufpreis kann kein Händler nennen.
14 Die tiefste Tiefe sagt: ›Hier ist sie nicht!‹
›Hier hat sie keine Wohnung‹, sagt das Meer.
15 Man kauft sie nicht, man tauscht sie auch nicht ein,
für Gold und Silber ist sie nicht zu haben,
16 mit allerfeinstem Gold nicht zu bezahlen,
auch nicht mit Karneolen und Saphiren.
17 Mit reinstem Glas[b] lässt sie sich nicht vergleichen,
Gerät aus bestem Gold reicht nicht zum Tausch.
18 Korallen und Kristalle zählen nicht,
sie übertrifft an Wert sogar die Perlen.
19 Der feinste Topas und das reinste Gold
sind unvergleichbar mit dem Wert der Weisheit.

20 Wo ist ihr Ort? Wo kommt die Weisheit her?
Und wer kann sagen, wo die Einsicht wohnt?
21 Kein Lebewesen hat sie je gesehen,
kein Vogel hat sie je im Flug erspäht.
22 Sogar der Abgrund und der Tod bekennen:
›Wir haben bloß mal von ihr reden hören.‹
23 Nur Gott, sonst niemand, kennt den Weg zu ihr.
Er ganz allein weiß, wo die Weisheit wohnt.
24 Gott sieht die Erde bis an ihre Enden,
vom Himmel aus erblickt er alle Dinge.
25 Als er dem Winde seine Wucht verlieh,
dem Meer sein Maß und seine Grenze gab,
26 als er dem Regen Zeit und Ort bestimmte
und der Gewitterwolke ihren Weg,
27 da sah er auch die Weisheit, prüfte sie,
erkannte ihren Wert und nahm sie auf.
28 Danach gab Gott den Menschen diese Regel:
›Den Herrn stets ernst zu nehmen, das ist Weisheit.
Und alles Unrecht meiden, das ist Einsicht.‹«

a Der Vers ist nicht sicher zu deuten; wörtlich *Man klatscht über ihn in die Hände und pfeift/zischt ihm nach von seiner Stätte her.*
b Wörtlich *Mit Gold und Glas;* Glas hatte damals einen sehr hohen Wert.

27,14 21,19S **28,2** Dtn 8,9 **28,12-27** Spr 8,22-31; Weish 7,22–8,8; Sir 1,1-6; 24,3-11; Bar 3,15 **28,15-19** Spr 2,1-5; 3,14-15S **28,25** 38,8-11; Jes 40,12 **28,26** 36,27-28; 38,25 **28,27** Spr 8,22; Sir 1,8-9; Bar 3,32 **28,28** 1,1; Spr 1,7S

IJOB APPELLIERT AN GOTT
(Kapitel 29–31)

Ijob: Wäre es doch so wie früher!

29 Ijob setzte seine Rede fort, er sagte:
2 »Ach, wenn es wieder so wie früher wäre,
als Gott mich führte und mein Leben schützte!
3 Er schenkte mir Erfolg an jedem Tag,
in dunklen Stunden leuchtete sein Licht.
4 Wär's einmal noch wie in der besten Zeit,
als Gott mein Freund war und mein Heim
bewahrte!
5 Mit seiner ganzen Macht stand er mir bei,
rings um mich waren alle meine Kinder.
6 Die Kühe und die Ziegen gaben Milch,
so viel, dass ich drin hätte waten können.
Kein Boden war zu steinig für Oliven,
ich hatte Öl in ungeheuren Mengen.

7 Ging ich zum Rat der Ältesten* am Stadttor
und setzte mich in ihrer Runde nieder,
8 so traten alle Jungen scheu beiseite,
die Alten standen auf und blieben stehen;
9 die Edlen hörten plötzlich auf zu reden
und legten einen Finger auf die Lippen;
10 sogar die Angesehensten verstummten,
als wäre ihre Zunge festgeklebt.

11 Wer mich erblickte oder reden hörte,
war voller Lob für mich und meine Taten:
12 Ich half den Armen, die um Hilfe riefen,
den Waisenkindern, denen niemand beistand.
13 Von neuem Mut Erfüllte priesen mich,
den Witwen gab ich Sicherheit und Freude.
14 Gerechtigkeit war immer mein Gewand,
mein Mantel und mein Turban war das Recht.
15 Für die Erblindeten war ich das Auge
und für die Lahmen wurde ich der Fuß.
16 Für die Bedürftigen war ich der Vater,
das Recht der Fremden prüfte ich genau.
17 War einer grausam, brach ich ihm den Kiefer
und riss ihm seine Beute aus den Zähnen.

18 Ich hoffte, alt zu werden wie der Phönix[a]
und so wie er in meinem Nest zu sterben.
19 Ich glaubte, wie ein starker Baum zu sein,
der seine Wurzeln tief ins Wasser senkt
und dessen Zweige nachts der Tau befeuchtet.
20 Ich dachte, immer neuen Ruhm zu finden
und immer stark zu bleiben wie ein Bogen,
der Pfeil auf Pfeil verschießt und nicht ermattet.[b]
21 Denn alle warteten auf meinen Rat
und hörten schweigend meiner Rede zu;
22 dann wollte niemand mehr noch etwas sagen.
Sie sogen meine Worte auf wie Tropfen;
23 sie warteten darauf wie auf den Regen,
so wie Verdurstende nach Wasser lechzen.
24 Mein Lächeln brachte ihr Vertrauen wieder;
sah ich sie freundlich an, so strahlten sie.
25 Ich führte sie, bestimmte ihren Weg,
so wie ein König seine Truppen führt;
wenn jemand traurig war, gab ich ihm Trost.

Die Gegenwart ist zum Verzweifeln!

30 Jetzt aber muss ich mich verspotten
lassen
von solchen, die viel jünger sind als ich.
Schon ihre Väter haben nichts getaugt!
Ich konnte sie nicht zu den Herden schicken,
damit sie meinen Hunden helfen sollten.

2 Für welche Arbeit sind schon Leute gut,
die keine Kraft mehr in den Armen haben,
3 weil Hunger und Entbehrung sie erschöpften?
Sie nagen trockene Wurzeln in der Wüste,
dem Land der Dunkelheit und Einsamkeit.
4 Sie pflücken sich das Salzkraut unter
Sträuchern
und essen Wurzeln von den Ginsterbüschen.
5 Von allen andern werden sie vertrieben,
so wie man Diebe mit Geschrei verjagt.
6 Sie hausen in den Wänden tiefer Schluchten,
in Höhlen und in Spalten des Gesteins.
7 Sie schreien wie Tiere im Gebüsch der Wüste,
sie drängen sich im stachligen Gestrüpp.
8 Ein Pöbelvolk, Gesindel ohne Namen,
das man mit Peitschen aus dem Lande trieb.

9 Jetzt singen sie ihr Spottlied über mich,
ich bin der Redestoff für ihren Klatsch.
10 Sie ekeln sich und rücken von mir ab,
sie haben keine Scheu, mich anzuspucken.
11 Ganz schwach und wehrlos hat mich
Gott gemacht,
drum lassen sie auch jede Hemmung fahren.
12 Nun kommt die Schlangenbrut und greift
mich an;

a Nach einer alten Sage wird der Wundervogel Phönix viele hundert Jahre alt. Dann verbrennt er mit seinem Nest, um aus der Asche neu zu erstehen.
b und immer stark ...: wörtlich *und mein Bogen in meiner Hand wird eins aufs andere folgen lassen.*

29,2 1,1-5; 42,10-17 **29,3** Ps 18,29 **29,8** Lev 19,32 **29,12** 31,16 **29,14** Jes 59,17 S **29,15** Lev 19,14 **29,16** 31,18 **29,19** Ps 1,3 **30,1** 19,18 **30,9** 17,6; Ps 31,12; 69,13; Klgl 3,14 **30,10** Jes 50,6; Mk 14,65 par

sie zwingen mich, die Stellung aufzugeben;
sie schütten Dämme auf zum letzten Sturm.
13 Sie haben mir den Fluchtweg abgeschnitten;
zu meinem Sturz trägt jeder fleißig bei,
sie brauchen dazu keine fremde Hilfe.
14 Sie dringen durch die Breschen meiner
Mauer
und drängen durch die Trümmer auf mich zu.

15 Der Schrecken greift nach mir
mit kalter Hand;
ein Windstoß wirbelt meine Würde fort,
mein Wohlstand löst sich auf wie eine Wolke.
16 Ich spüre, wie mein Leben aus mir fließt.
Seit Tagen schon umklammert mich die Qual.
17 Nachts bohrt der Schmerz in allen meinen
Knochen,
als sollten sie aus meinem Körper fallen;
die Nerven können keine Ruhe finden.

18 Mit aller Kraft hat Gott mein Kleid gepackt,[a]
er schnürt mich ein wie ein zu enger Kragen.
19 Er hat mich in den Lehm zurückgestoßen,
im Staub und in der Asche muss ich trauern.
20 Ich schrei um Hilfe, Gott! Wann gibst du
Antwort?
Ich steh vor dir – dein Blick bleibt starr und kalt.
21 Du bist so grausam gegen mich geworden
und lässt mich spüren, wie viel Macht du hast.
22 Du setzt mich auf den Wind wie auf ein Pferd;
er reißt mich mit Getöse ins Verderben.
23 Ich weiß, du bringst mich fort zur Totenwelt*,
wo alle Lebenden sich wieder finden.

24 Dem Trümmerhaufen kann man nicht mehr
helfen.
Ob Gottes Hand mir hilft, bevor ich falle?[b]
25 Hab ich nicht oft geweint mit
Schwergeplagten?
Zog ihre Not mir nicht das Herz zusammen?
26 Ich hoffte, wartete auf Licht und Glück,
doch nichts als Dunkelheit und Unglück kam!
27 Ich bin erregt und finde keine Ruhe,
denn Tag für Tag umgibt mich nichts als Qual.
28 Ich bin voll Trauer, mir scheint keine Sonne;
ich klage öffentlich und fordere Hilfe.
29 Mein Schreien klingt, wie wenn Schakale
heulen,
ich weine einsam wie der Vogel Strauß.
30 Geschwärzt ist meine Haut, sie löst sich ab,
die Glut des Fiebers brennt in meinen Knochen.
31 Mein Lautenspiel ist Jammerlaut geworden,
mein Flötenspiel in Klagelied verwandelt.

Ich schwöre ...

31 Mit meinen Augen schloss ich den
Vertrag,
niemals ein Mädchen lüstern anzusehen.
2 Was hätte ich von Gott sonst zu erwarten?
Was wäre seine Antwort[c] auf mein Tun?
3 Er schickt Verderben, straft mit Missgeschick,
wenn jemand böse ist und Unrecht tut.
4 Gott sieht doch, was ich tue und was nicht;
er zählt doch alle meine Schritte nach!

5 Ich schwöre, dass ich nie zur Lüge griff
und nie versuchte, andere zu betrügen.
6 Wenn Gott mich auf gerechter Waage wiegt,
dann muss er meine Unschuld anerkennen.
7 Wenn ich vom rechten Weg gewichen bin,
wenn ich mein Herz den Augen folgen ließ,
wenn meine Hände schmutzig sind von
Schuld,
8 dann soll ein anderer essen, was ich säte,
oder die Ernte soll vernichtet werden.

9 Wenn ich für meines Nachbarn Frau
entbrannte
und auf sie lauerte an seiner Tür,
10 soll meine Frau für einen andern kochen[d]
und andere Männer sollen mit ihr schlafen!
11 Denn mein Vergehen wäre eine Schandtat,
die jeder Richter hart bestrafen müsste;
12 ein Feuer wäre es, das mich vernichtet
und restlos niederbrennt, was mir gehört.

13 Wenn einer meiner Knechte sich beklagte,
wenn eine Magd sich über mich beschwerte,
hab ich zu keiner Zeit ihr Recht missachtet.
14 Wie könnte ich sonst Gott vor Augen treten
und mich verteidigen, wenn er mich prüfte?
15 Derselbe, der mich schuf im Mutterleib,
hat doch auch die geschaffen, die mir dienen!

16 Den Armen schlug ich keine Bitte ab
und keine Witwe ging verzweifelt fort.
17 Mein Mittagsmahl war nie für mich allein,
kein Waisenkind blieb ohne seinen Anteil.

a So mit G; H *Mit aller Kraft verändert sich mein Gewand.*
b Ijob vergleicht sich selbst mit einer Mauer; er hofft auf Hilfe, ehe es zu spät ist.
c Wörtlich *die Antwort des Gewaltigen**. d Wörtlich *mahlen.*

30,20 19,7; Ps 22,3 **30,25** Ps 35,13-14; Röm 12,15 **30,29** Ps 102,7-8; Mi 1,8 **30,30** Ps 102,4-6; Klgl 3,4; 4,8 **31,1** Sir 9,5.8; Mt 5,28 **31,4** 10,6; 14,16; 23,10; 34,21 **31,6** 1,1; 27,6S **31,11** Dtn 22,22; Spr 6,32 **31,15** Spr 14,31; Eph 6,9 **31,16-20** Jes 58,6-7; Tob 4,7-11.16; Mt 25,35-36 **31,16** 29,12

18 Von Jugend auf, solang ich denken kann,
nahm ich es wie ein Vater bei der Hand.[a]

19 Wenn einer nichts mehr anzuziehen hatte,
zu arm war, eine Decke zu bezahlen,
20 dann half ich ihm und gab ihm warme
Kleidung,
gewebt aus Wolle meiner eigenen Schafe;
er aber dankte mir mit Segenswünschen.

21 Wenn ich die Elternlosen unterdrückte,
weil alle Richter meine Freunde waren,
22 dann soll mein Arm am Ellenbogen brechen
und meine Schulter sich vom Rücken lösen!
23 Die Furcht vor Gottes Strafe schreckt mich ab
und seine Hoheit kann ich nicht ertragen.

24 Ich hab mich niemals auf mein Gold
verlassen,
es nie als meine Sicherheit betrachtet.
25 Mein Wohlstand hat mich niemals
stolz gemacht,
auch meine Arbeit nicht, die stets gelang.
26 Wenn ich die Sonne sah in ihrem Glanz,
den Mond auf seiner Bahn in voller Pracht,
27 dann war ich nie versucht, sie zu verehren
und ihnen eine Kusshand zuzuwerfen.
28 Der Richter müsste solche Sünde strafen,
weil ich den höchsten Gott verleugnet hätte!

29 Ich hab nie schadenfroh dabeigestanden,
wenn meine Feinde Not und Unglück traf.
30 Ich hab auch niemals meinem Mund erlaubt,
den Tod auf einen Feind herabzuwünschen.
31 Wer je mein Gast war, wird es mir bezeugen,
dass jeder gut und reich bewirtet wurde.
32 Kein Fremder musste draußen übernachten,
denn meine Tür stand immer allen offen.

33 Ich habe nie versucht, wie viele andere,
mein Unrecht vor den Leuten zu verbergen.
34 Ich hatte niemals Angst vor ihrem Reden;
ich bin auch niemals stumm zu Haus
geblieben,
weil ich ihr Spottgeschrei gefürchtet hätte.

38 Wenn sich mein Acker über mich beklagt[b]
und alle seine Furchen weinen müssen,
39 weil ich nur erntete und ihn nicht pflegte
und seinem Herrn im Himmel nicht
gehorchte,[c]
40a dann soll er Dornen tragen statt des Weizens
und statt der Gerste Unkraut wachsen lassen!

35 Gäb es doch einen, der mich hören wollte!
Was ich gesagt hab, kann ich unterschreiben.
Gott, der Gewaltige*, soll Antwort geben!
Er zeige mir die Klageschrift des Gegners!
36 Ich will sie stolz auf meiner Schulter tragen,
sie mir als Kranz um meine Schläfen winden.
37 Ich würde Gott mein Leben offen legen
und ohne Furcht ihm nahen wie ein Fürst!«

40b Hier enden die Worte Ijobs.

DIE REDEN DES VIERTEN FREUNDES
(Kapitel 32–37)

32 Die drei Männer gaben es auf, mit Ijob zu
reden, weil er sich selbst für unschuldig
hielt. 2 Aber ein anderer, der dabeistand, Elihu,
der Sohn Barachels, ein Busiter aus der Sippe
Ram, konnte nun nicht länger an sich halten. Er
war zornig auf Ijob, weil der sich im Recht sah
und Gott die Schuld zuschob. 3 Er war aber auch
zornig auf die Freunde Ijobs, weil sie es nicht fer-
tig brachten, Ijob seine Schuld nachzuweisen.
4 Weil Elihu jünger war als die anderen, hatte er
sich zurückgehalten, solange sie mit Ijob rede-
ten. 5 Doch als er sah, dass sie nichts mehr zu sa-
gen wussten, ließ er seinem Zorn freien Lauf.
6a Er sagte:

Elihus Unwille über Ijob und seine Freunde

6b »Ich bin noch jung, bin nicht so alt wie ihr;
drum hielt ich mich zurück und scheute mich,
mein Wissen vor euch Männern auszubreiten.
7 Ich sagte mir: ›Erst soll das Alter reden,
Erfahrung langer Jahre hat den Vortritt.‹
8 Doch was den Menschen klug macht,
ist der Geist,
der Hauch, den Gott ihm eingeblasen hat.
9 Ob einer weise ist, liegt nicht am Alter;

a Wörtlich *Denn von meiner Jugend an wuchs es bei mir auf wie bei einem Vater und vom Leib meiner Mutter an habe ich es geleitet.*
b Die Verse 38-40a sind umgestellt worden, weil 35-37 eindeutig den Schluss der Verteidigungsrede Ijobs bilden.
c Die Deutung der Zeile ist schwierig; wörtlich *weil ich die Seele seiner Besitzer zum Keuchen brachte.* Vermutlich wird auf die Vorschrift über das Brachjahr angespielt (Ex 23,10-11; Lev 25,1-5).

31,18 29,16 **31,24** 22,24-25; Spr 11,28; Lk 12,15.19-21 **31,26-27** Dtn 4,19 S **31,29** Spr 24,17; Mt 5,44 par **31,30** 1 Petr 3,9 **31,32** Ri 19,20-21; Hebr 13,2 S **31,35** 13,22 S; 23,3-7 **31,38-39** 2 Chr 36,21 **32,2** 13,18; 19,6-7; 27,5-6 **32,3** 18,21; 20,29; 22,5 **32,7** 12,12; Sir 32,7-10 **32,9** Weish 4,8-9

was recht ist, weiß man nicht aufgrund der
Jahre.
10 Deswegen sage ich nun: Hört mir zu,
damit auch ich mein Wissen weitergebe.

11 Ich wartete gespannt auf eure Worte;
auf einsichtsvolle Reden hoffte ich,
als ihr euch um die rechte Antwort mühtet.
12 Mit aller Sorgfalt hörte ich euch zu,
doch keiner konnte Ijob widerlegen.
13 Denkt nicht, es sei der Weisheit letzter
Schluss,
dass Gott allein ihn widerlegen könne.
14 Ich bin es nicht, den Ijobs Worte treffen,
und eure Antwort würd ich ihm nicht geben!
15 Die Luft ist ihnen allen ausgegangen,
vor Schreck fällt keinem etwas Rechtes ein.
16 Soll ich nun weiterwarten, weil sie
schweigen?
Sie stehen da und wissen nichts zu sagen.
17 Jetzt ist's an mir, die Antwort zu erteilen
und offen darzulegen, was ich weiß.

18 Mein Herz ist randvoll angefüllt mit Worten,
der Gottesgeist in mir drängt mich zu reden.
19 Es gärt in mir wie eingeschlossener Wein;
wenn ich nicht reden darf, dann platze ich!
20 Ich halt es nicht mehr aus, es muss heraus,
damit ich endlich wieder Luft bekomme!
21 Für niemand werde ich Partei ergreifen
und keinem will ich Schmeichelworte sagen.
22 Das liegt mir nicht, ich lass mich nicht
drauf ein,
sonst würde mich mein Schöpfer schnell
bestrafen.

Gott schweigt nicht!

33 Du aber, Ijob, hör mir bitte zu
und achte auf die Worte, die ich sage.
2 Ich möchte meine Rede jetzt beginnen.
3 Mit ruhigem Gewissen spreche ich,
die reine Wahrheit kommt von meinen Lippen.
4 Von Gottes Geist* bin ich geschaffen worden,
sein Atem[a] war's, der mich ins Leben rief.
5 Du darfst mir widersprechen,
wenn du kannst.
Bring alle deine Gegengründe vor!
6 In Gottes Augen sind wir beide gleich,
auch mich hat er aus Lehm geformt wie dich.
7 Du brauchst dich also nicht vor mir
zu fürchten,
ich setze dich bestimmt nicht unter Druck.

8 Nun denn, ich selber hab dich sagen hören –
den Klang der Worte hab ich noch im Ohr:
9 ›Ich weiß von keiner Schuld und keinem
Unrecht,
unschuldig bin ich, frei von jedem Tadel.
10 Doch Gott erfindet immer neue Gründe,
damit er mich als Feind behandeln kann.
11 Er lässt nicht zu, dass ich mich frei bewege,[b]
argwöhnisch überwacht er jeden Schritt.‹
12 Ich muss dir sagen, Ijob, du hast Unrecht.
Mit Menschenmaß lässt Gott sich niemals
messen!
13 Was hast du ihm denn letztlich vorzuwerfen?
Dass er zu allen deinen Fragen schweigt?

14 Gott redet doch! Er tut es immer wieder,
mal sanft, mal hart – man achtet nur nicht
drauf!
15 Zur Nachtzeit, wenn die Menschen
ruhig schlafen,
in tiefem Schlummer auf den Betten liegen,
dann redet Gott durch Träume und Visionen.
16 Er öffnet ihre Ohren, dass sie hören;
mit Nachdruck warnt er sie vor ihrem Tun,
17 damit er sie von ihrer Bosheit abbringt
und ihnen jeden Grund nimmt, stolz zu sein.
18 So rettet er ihr Leben vor dem Grab
und hindert sie, in seinen Speer zu laufen.

19 Gott mahnt die Menschen auch durchs
Krankenlager,
wenn jemand Schmerz in allen Gliedern fühlt.
20 Du magst kein Essen sehn vor lauter Ekel,
sogar beim Leibgericht packt dich der Brechreiz.
21 Zusehends nimmst du ab, dein Fleisch
verschwindet,
sodass man alle Knochen zählen kann.
22 Dem Rand des Grabes kommst du immer
näher,
schon will der Tod nach deinem Leben greifen.

23 Vielleicht kommt dann ein Engel* dir zu Hilfe,
nur *einer* von den tausend Gottesboten,
die kundtun, was für Menschen richtig ist.
24 Vielleicht erbarmt der Engel sich und sagt:
›Lass ihn noch nicht ins Grab hinunterfahren!
Ich hab das Lösegeld für ihn bekommen!‹
25 Dann wird dein Körper wieder frisch
und stark,
genauso wie in deiner Jugendzeit.
26 Dann betest du zu Gott und wirst gehört;
voll Freude trittst du hin vor deinen Herrn,

a Wörtlich *der Atem des Gewaltigen**. b Wörtlich *Er legt meine Füße in den Block**.

32,18-19 Jer 20,9 **32,21-22** 13,7-10; Spr 24,23; 29,5 **33,4** 27,3 **33,7** 19,22 **33,9** 11,4 S; 31,1-40 **33,10** 13,24 S **33,11** 7,19 S; 13,27 **33,15** 4,13-17; 1 Kön 3,5; Dan 2,1.28-29 **33,16** 36,10 **33,19** 36,15 **33,21** 16,8 S **33,25** Ps 103,5

der dich nun wieder angenommen hat.
27 Vor aller Welt bekennst du dann voll Dank:
›Gesündigt hatte ich, das Recht verdreht,
doch Gott hat mir die Schuld nicht heimgezahlt.
28 Vom Rand des Grabes hat er mich gerettet
und mir erlaubt, dass ich am Leben bleibe.‹
29 Gott tut dies alles immer, immer wieder;
so handelt er im Leben jedes Menschen,
30 um ihn vom sicheren Grab zurückzubringen
und ihm die Lebensfreude zu erhalten.

31 Du, Ijob, achte gut auf meine Worte!
Bleib still und lass mich weiter zu dir reden!
32 Doch wenn du etwas einzuwenden hast,
dann sprich; ich gäbe dir so gerne Recht.
33 Wenn nicht, dann schweig und hör mir weiter zu,
dass ich dir zeigen kann, was Weisheit* ist.«

Du kannst Gott kein Unrecht vorwerfen!

34 Weiter sagte Elihu:
2 »Ihr klugen Männer, hört auf meine Rede!
Ihr habt Erfahrung; darum hört mir zu!
3 ›Der Gaumen prüft, ob eine Speise schmeckt;
genauso muss das Ohr die Worte prüfen.‹
4 Lasst uns den Fall gemeinsam untersuchen!
Was recht und gut ist, müssen wir erkennen.
5 Denn Ijob hat gesagt: ›Ich bin im Recht;
doch Gott verweigert mir die Anerkennung.
6 Das Urteil über mich hat er gefälscht,[a]
sein Pfeil bringt mir den Tod ganz ohne Schuld!‹
7 Ihr sagt: ›Wo ist ein Mann wie dieser Ijob?
Er lästert Gott, wie wenn er Wasser trinkt.
8 Er fühlt sich wohl im Kreise der Verbrecher
und hat Gemeinschaft mit den Feinden Gottes.
9 Er sagt doch selbst: Der Mensch hat nichts davon,
wenn er sich stets um Gottes Freundschaft müht.‹

10 Drum hört mir zu, ihr Männer mit Verstand!
Es ist nicht möglich, dass Gott Unrecht tut,
dass der Gewaltige* das Recht verdreht!
11 Der Mensch bekommt von Gott, was er verdient;
entsprechend seinem Tun vergilt er ihm.
12 Gott tut gewiss kein Unrecht, nie und nimmer!
Er, der Gewaltige*, verdreht kein Recht!
13 Hat denn ein anderer ihm die Macht gegeben?
Wer hat ihm diese Erde anvertraut?
14 Wenn Gott tatsächlich an sich selber dächte
und hielte seinen Lebenshauch zurück,
15 dann würden alle Lebewesen sterben,
im Augenblick zu Staub und Asche werden.

16 Wenn du Verstand hast, Ijob, dann pass auf
und höre auch auf das, was ich jetzt sage!
17 Verklagst du Gott, den Großen und Gerechten?
Meinst du, dass er ein Feind des Rechtes ist?
Wie könnte er dann diese Welt regieren?
18 Nur Gott kann einen König Nichtsnutz nennen[b]
und zu den Großen sagen: ›Ihr Verbrecher!‹
19 Nur er nimmt keine Rücksicht auf die Fürsten,
zieht keinen Reichen einem Armen vor;
denn alle sind Geschöpfe seiner Hände.
20 Sie sterben plötzlich, mitten in der Nacht.
Das Volk gerät in Aufruhr, Starke weichen;
kein Mensch erhebt die Hand, doch sie sind fort.

21 Gott überwacht die Wege jedes Menschen
und sieht genau, was einer unternimmt.
22 Für ihn ist keine Dunkelheit so dunkel,
dass Unheilstifter sich verstecken könnten.
23 Gott braucht auch keine lange Untersuchung,
um einen Menschen vor Gericht zu ziehen.
24 Er muss die Mächtigen nicht erst verhören,
um sie durch andere Leute zu ersetzen.
25 Weil Gott genau auf ihre Taten achtet,
kann er sie über Nacht zugrunde richten.
26 Auf öffentlichem Platz bestraft er sie
vor aller Welt, genauso wie Verbrecher.

27 Das tut er, weil sie ihm nicht folgen wollten
und seinen Willen nie beachtet haben.
28 So zwangen sie die Armen und Geringen,
zu Gott zu schreien, ihm ihr Leid zu klagen.
Und Gott hat ihren Hilferuf gehört!
29 Doch wenn er sich entschlösse, nichts zu tun,
dann könnte niemand ihn dafür verdammen.
Und wenn er sich verbirgt, dann sieht ihn keiner.
Was könnten Menschen oder Völker tun,

a So mit veränderten Vokalen; H *Ich lüge gegen mein Recht.*
b Nur Gott kann ...: mit einer Handschrift und den alten Übersetzungen; H *Ist es recht (... zu nennen)?*

33,27 Ps 103,10 **33,30** Ps 30,4 S **34,5** 27,2; 31,6 **34,6** 6,4 S **34,7** 15,16 **34,10.12** 8,3 **34,11** Spr 24,12 **34,14-15** 12,10; Ps 104,29 **34,17** Gen 18,25 **34,19** Dtn 10,17 S **34,20** Ex 12,29; Lk 12,20 **34,21** 31,4 S; Ps 33,14-15; Jer 32,19 **34,22** Ps 139,11-12

30 wenn Gott es wollte, dass ein Volksverführer,
der kein Gewissen hat, ihr König würde?[a]

31 Wenn jemand Gott die Schuld bekennt
und sagt:
›Ich habe mich verfehlt, ich tu's nie wieder!
32 Zeig mir die Fehler, die ich selbst nicht sehe.
Das Unrecht, das ich tat, ich tu's nicht mehr‹ –
33 willst du dann immer noch, dass Gott ihn
straft,
weil du ihn ja bereits verurteilt hast?
Nicht ich muss das entscheiden, sondern du!
Nun lass uns hören, was du selber denkst!

34 Wer Einsicht hat, der stimmt mir sicher zu;
und jeder Weise, der mir zuhört, sagt:
35 ›Viel Wissen zeigt sich nicht in Ijobs Worten,
sein Reden hat doch weder Hand noch Fuß.
36 Ihr müsst ihn noch viel besser hinterfragen!
Er redet wie ein Mensch, der Gott nicht kennt.
37 Zu seinen Sünden fügt er Rebellion;
in unserer Mitte sät er Zweifel aus
und häuft die bösen Worte gegen Gott.‹«

Mit Gott kannst du dich nicht vergleichen!

35 Weiter sagte Elihu:
2 »Glaubst du denn allen Ernstes, es sei richtig,
dass du dich für gerechter hältst als Gott?
3 Du sagst zu ihm: ›Was nützt mir meine
Unschuld?
Sie fällt bei dir ja doch nicht ins Gewicht!‹
4 Auf diese Frage will ich Antwort geben;
sie gilt zu gleicher Zeit für deine Freunde:

5 Sieh einmal aufmerksam den Himmel an!
Sieh auch die Wolken dort hoch über dir!
6 Mit deiner Sünde kannst du Gott nicht
schaden
und alle deine Fehler tun ihm nichts.
7 Ihm bringt's auch nichts, wenn du
das Rechte tust;
er ist auf dein Geschenk nicht angewiesen.
8 Dein *Mitmensch* leidet unter deiner Bosheit
und ihm nur nützt das Gute, das du tust.

9 Die Menschen stöhnen, rufen laut um Hilfe,
wenn Mächtige sie grausam unterdrücken.
10 Doch keiner fragt nach Gott,
nach seinem Schöpfer,
der Lobgesänge gibt in dunkler Nacht.
11 Gott hat uns mehr gelehrt als alle Tiere,
er gab uns mehr Verstand als allen Vögeln.
12 Um Hilfe schreien wir, doch Gott bleibt
stumm,
weil wir voll Bosheit und voll Hochmut sind.
13 Das Schreien ist umsonst, Gott hört es nicht;
er, der Gewaltige*, sieht uns nicht an.

14 Du, Ijob, sagst, du könntest Gott nicht sehen.
Hab nur Geduld, dein Fall ist ihm bekannt!
15 Weil Gott dich seinen Zorn nicht spüren ließ
und sich nicht groß um so viel Dummheit
kümmert,
16 reißt du den Mund auf, redest solchen
Unsinn.«

Gott ist ein gerechter Richter

36 Elihu setzte seine Rede fort, er sagte:
2 »Ertrage mich, hör noch ein wenig zu;
ich hab noch einiges für Gott zu sagen.
3 Mein Wissen hole ich aus weiter Ferne,
um zu beweisen, dass mein Schöpfer
Recht hat.
4 Verlass dich drauf: Ich sage dir die
Wahrheit!
Der vor dir steht, ist seiner Sache sicher.

5 Gott hat die Macht, doch treibt er keinen
Spott;
als Richter urteilt er mit fester Klarheit.
6 Er lässt die Unheilstifter nicht am Leben,
den Unterdrückten aber schafft er Recht.
7 Gott wendet seinen Blick nicht von den
Treuen.
Wenn sie mit Königen zusammen herrschen,
dann lässt er sie für immer Ehre finden.
8 Doch sind sie in Gefangenschaft geraten
und leiden unterm harten Druck der Fesseln,
9 dann zeigt er ihnen damit ihre Schuld,
dass sie so stolz und überheblich waren.
10 Für seine Warnung schärft er ihr Gehör,
damit sie sich von allem Bösen trennen.

11 Wenn sie gehorchen und sich unterwerfen,
dann werden Glück und Freude sie begleiten
an jedem Tag, in jedem Lebensjahr.
12 Wenn nicht, dann laufen sie in ihren Tod
und gehn in ihrem Unverstand zugrunde.
13 Wer Gott verlassen hat, der klagt ihn an.
Wenn Gott ihn einschließt, schreit er nicht
zu ihm.

a Deutung des hebräischen Textes unter Änderung der Vokale.

35,2 4,17S; 32,2S **35,3** 34,9 **35,5** 11,7-9 **35,6-7** 22,2-3; Röm 11,35 **35,14** 9,11 **36,6** 8,3; Ps 9,13S **36,7-11** 2 Chr 33,9-13; Dan 4,25-34 **36,7** Ps 113,7-8

14 Sein Leben endet in den besten Jahren,
im Jugendalter muss er schändlich sterben.
15 Wer aber leidet, wird durchs Leid gebessert;
Gott öffnet ihm die Augen durch die Not.

16 Auch dir hat Gott die Freiheit einst geschenkt,
aus Not und Enge hat er dich gerettet;
die besten Speisen füllten deinen Tisch.
17 Doch nun trifft dich der volle Lohn der Bosheit, [a]
das Urteil über dich ist schon gefällt.
18 Lass dich vom Zorn nicht zum Rebellen machen!
Verlass dich nicht auf hohes Lösegeld!
19 Meinst du, dein Reichtum reiche dafür aus?
Dein Gold hilft gar nichts, auch nicht deine Kraft.
20 Und warte nicht voll Sehnsucht auf die Nacht,
in der die Völker ausgerottet werden! [b]
21 Gib Acht, dass du dich nicht zum Bösen wendest,
auch wenn du das für besser hältst als leiden.

Hab Ehrfurcht vor dem mächtigen Gott!

22 Besinne dich auf Gottes große Macht!
Er ist der beste Lehrer, den wir kennen.
23 Wer könnte ihm befehlen, was er tun soll?
Wer könnte zu ihm sagen: ›Das war Unrecht‹?
24 Vergiss nicht, ihm zu danken für sein Tun,
für das die Menschen ihn mit Liedern preisen.
25 Die ganze Welt betrachtet es mit Staunen,
auch wenn wir's nur von weitem sehen können.
26 Gott ist so groß, dass wir ihn nicht begreifen,
und seiner Jahre Zahl ist unergründbar.
27 Er zieht die Wassertropfen hoch zum Himmel
und sammelt sie als Regen für die Erde.
28 Die Wolken lassen sie hinunterrieseln
und gießen sie auf all die vielen Menschen.
29 Wer kann verstehen, wie die Wolken schweben,
warum am Himmelszelt der Donner rollt?
30 Die Wolken leuchten auf von seinen Blitzen,
jedoch die Meerestiefen bleiben dunkel.
31 Auf diese Weise sorgt Gott für die Völker
und gibt den Menschen überreichlich Speise.
32 Er packt den Blitzstrahl fest mit beiden Händen
und dann befiehlt er ihm, sein Ziel zu treffen.
33 Der Donner kündet das Gewitter an
und auch die Herden fühlen, dass es kommt.

37 Von seinem Krachen bebt auch mir das Herz,
vor Schrecken fängt es an, ganz wild zu schlagen.
2 Hört doch, wie zornig Gottes Stimme klingt,
das Grollen, das aus seinem Munde kommt.
3 Man hört es unterm Himmel überall.
Sein Blitz erreicht die fernsten Erdengrenzen.
4 Der Donner folgt ihm auf dem Fuße nach,
er rollt und dröhnt mit hoheitsvollem Klang.
Und wieder zucken Blitze hinterdrein;
Gott schickt sie aus, wenn seine Stimme schallt.

5 Wenn diese Stimme spricht, geschehen Wunder,
so groß und herrlich, dass wir's nicht verstehen.
6 Dem Schnee befiehlt er: ›Fall zur Erde nieder!‹
Den Regenwolken sagt er: ›Lasst es schütten!‹
7 So zwingt er uns, die Hände still zu halten
und uns auf *seine* Arbeit zu besinnen.
8 Sogar das Wild verkriecht sich im Versteck
und muss in seinen Höhlen liegen bleiben.

9 Aus seiner Kammer kommt der Wintersturm
und mit dem Nordwind kommt der scharfe Frost.
10 Der Atem Gottes lässt das Eis entstehen
und macht die Wasserflächen starr wie Stein.
11 Mit Regenwasser füllt er seine Wolken
und schickt sie mit den Blitzen übers Land.
12 Sie ziehen hin und her, wie er sie lenkt,
um seinen Willen überall zu tun.
13 Gott schickt den Regen, um das Land zu feuchten.
Mal schickt er ihn, um Menschen zu bestrafen,
ein andermal als Zeichen seiner Güte.

14 Dies alles, Ijob, höre es dir an!
Betrachte aufmerksam die Wunder Gottes!
15 Kannst du mir sagen, wie er sie vollbringt,
wie er den Blitz in Wolken strahlen lässt?
16 Die Wolken – weißt du, wie sie schweben können,
die Wunderwerke seines großen Wissens?
17 Dir wird ja schon zu heiß in deinen Kleidern
beim Südwind, der das Land mit Schwüle füllt.

a Die Zeile ist nicht sicher zu deuten; wörtlich *Du aber bist voll vom Gerichtsurteil des Gottlosen.*
b *ausgerottet werden:* wörtlich *von ihrer Stätte weggehoben werden.* Wir wissen nicht, auf welche Erwartung hier angespielt wird.

36,15 Ps 119,67 **36,26** Ps 90,2 **36,27–37,24** 38,22-38; Ps 147,16-18; Sir 43,13-22 **36,29** 37,16 **36,31** Ps 104,13-15 **37,2** Ps 29,3-9 S **37,14** Ps 8,4; 111,2-4

18 Kannst du mit ihm die Himmelskuppel* wölben,
die hart ist wie ein Spiegel aus Metall?
19 Belehre uns! Was sollen wir ihm sagen?
Wir wissen nichts, wir tappen nur im Dunkeln.
20 Wird ihm gemeldet, dass ich reden will?
Ist jemand da, der es ihm sagen muss?
21 Das Licht ist oft für uns nicht mehr zu sehen,
weil dunkle Wolken es verborgen halten;
doch plötzlich fegt der Wind den Himmel klar.
22 Ein heller Lichtschein kommt von Norden her:
Der Glanz, der Gott umgibt, lässt uns erschrecken.
23 Wir können niemals zu ihm[a] hingelangen;
er ist so mächtig, so gerecht und stark,
zu keiner Zeit tritt er das Recht mit Füßen.
24 Darum muss jeder Ehrfurcht vor ihm haben!
Doch alle, die sich selbst für weise halten,
die sieht er nicht, sie gelten nichts bei ihm.«

GOTTES ANTWORT UND IJOBS NEUES GLÜCK
(Kapitel 38–42)

Gott antwortet Ijob mit Fragen: Beispiele seiner Macht und Weisheit

38 Dann ergriff der HERR selbst das Wort und antwortete Ijob aus dem Sturm her aus. Er sagte zu ihm:

2 »Wer bist du, dass du meinen Plan anzweifelst,
von Dingen redest, die du nicht verstehst?
3 Nun gut! Steh auf und zeige dich als Mann!
Ich will dich fragen, gib du mir Bescheid!

4 Wo warst du denn, als ich die Erde machte?
Wenn du es weißt, dann sage es mir doch!
5 Wer hat bestimmt, wie groß sie werden sollte?
Wer hat das mit der Messschnur festgelegt?
Du weißt doch alles! Oder etwa nicht?
6 Auf welchem Sockel stehen ihre Pfeiler?
Wer hat den Grundstein ihres Baus gelegt?
7 Ja, damals sangen alle Morgensterne,
die Gottessöhne* jubelten vor Freude!

8 Wer hat das Meer mit Toren abgesperrt,
als es hervorbrach aus dem Schoß der Erde?
9 Ich war's, ich hüllte es in dichte Wolken,
als Windel gab ich ihm den dunklen Nebel.
10 Ich gab ihm seine vorbestimmte Grenze,
schloss es mit Tor und Riegel sicher ein.
11 Ich sagte ihm: ›Bis hierher und nicht weiter!
Hier hört der Hochmut deiner Wellen auf!‹
12 Hast du je einen Tag heraufbefohlen,
der Morgenröte ihren Platz bestimmt
13 und ihr gesagt, der Erde Saum zu fassen
und alle Bösen von ihr abzuschütteln?
14 In ihrem Licht erheben sich die Berge,[b]
wie Kleiderfalten treten sie hervor.
15 Den Bösen aber bringt das Licht kein Glück,
es setzt dem Missbrauch ihrer Macht ein Ende.
16 Warst du schon unten bei den Meeresquellen?
Den Grund des Meeres, hast du ihn durchstreift?
17 Hast du am Tor der Totenwelt* gestanden,
dort, wo die ewige Finsternis beginnt?
18 Weißt du, wie weit die Erde sich erstreckt?
Wenn du das alles kennst, dann sag es mir!

19 Kennst du den Weg zum Ursprungsort des Lichtes?
Von welcher Stelle kommt die Dunkelheit?
20 Führst du sie bis ans Ende ihres Weges
und bringst sie dann zu ihrem Ort zurück?
21 Du musst es können, denn du bist so alt,
du warst ja damals lange schon geboren!

22 Hast du die Vorratskammern schon gesehen,
wo ich den Schnee und Hagel aufbewahre?
23 Ich halte sie bereit für Unheilstage;
mit ihnen greif ich ein in Kampf und Krieg.
24 Wo ist der Weg zum Aufgangsort der Sonne
und wo der Platz, von dem der Ostwind kommt?

25 Wer grub am Himmel Rinnen für den Regen?
Wer bahnte dem Gewitter seinen Weg?
26 Wer lässt es regnen auf die öde Steppe,
aufs Land, in dem es keine Menschen gibt?
27 Wer stillt den Durst der ausgedörrten Erde,
damit sie grünes Gras aufsprießen lässt?
28 Denk an den Regen: Hat er einen Vater?
Und sieh den Tau: Hat jemand ihn gezeugt?
29 Wo kommt das Eis her? Wer ist seine Mutter?
Und welcher Schoß gebar den Reif und Frost,

a Wörtlich *zu dem Gewaltigen**.
b Wörtlich *Sie verwandelt sich wie Siegelton;* wenn ein Siegel in Ton gedrückt wird, treten die Erhebungen hervor.

37,22 Ez 1,4-28; Apg 22,6-7; Offb 1,12-17 **37,24** 5,12-13S **38,1** Ps 18,10-12; 50,3; Ez 1,4; Nah 1,3b; Hab 1,3 **38,3** 40,7 **38,4** 15,7 **38,5** Spr 30,4S **38,6** Ps 24,2; 75,4; 104,5 **38,7** 1,6S; Ps 19,2; Bar 3,34-35 **38,11** Ps 104,6-9; Spr 8,29; Jer 5,22 **38,16** Sir 24,5 **38,21** 15,7 **38,22-38** 36,27–37,24 **38,22** Ps 33,7; 135,7; Jer 10,13 **38,23** Jos 10,11; Jes 30,30 **38,25** 28,26

30 der Bach und Fluss in harten Stein verwandelt,
das Meer bewegungslos erstarren lässt?

31 Kannst du das Siebengestirn
zusammenbinden?
Löst du den Gürtel des Orions auf?
32 Lässt du die Tierkreisbilder aufmarschieren,
dass jedes sichtbar wird zu seiner Zeit?
Lenkst du den Großen und den Kleinen Wagen?
33 Kennst du die Ordnung, der der Himmel folgt,
und machst sie gültig für die ganze Erde?

34 Rufst du den Wolken dort Befehle zu,
damit sie Regen auf dich strömen lassen?
35 Schickst du die Blitze auf die Erde nieder?
Stehn sie dir zu Befehl, wenn du sie rufst?
36 Wer sagt dem Ibis, dass der Nilstrom steigt?
Wer sagt dem Hahn, dass Regenwetter
kommt?[a]
37 Wer zählt die rechte Zahl von Wolken ab?
Wer leert des Himmels Wasserkrüge aus,
38 wenn alle Ackerschollen fest
zusammenbacken,
die Erde hart geworden ist wie Stein?

39 Treibst du der Löwin ihre Beute zu?
Stillst du die heiße Gier der jungen Löwen,
40 wenn sie sich in den Höhlen niederkauern,
in dichten Büschen auf der Lauer liegen?
41 Wer ist es, der den Raben Futter gibt,
wenn ihre Jungen nichts zu fressen finden
und mir laut schreiend ihren Hunger klagen?

39 Kannst du mir sagen, wann die
Gämse wirft?
Sahst du der Hirschkuh beim Gebären zu?
2 Weißt du, wie viele Monate sie tragen?
Wann kommt für sie die Stunde der Geburt?
3 Sie kauern nieder, werfen ihre Jungen
und schnell sind sie den Schmerz
der Wehen los.
4 Die Jungen wachsen, werden groß und stark,
sie laufen fort und kehren nicht zurück.

5 Wer gab dem wilden Esel seine Freiheit,
wer löste seine Fesseln, ließ ihn laufen?
6 Die Steppe machte ich zu seiner Heimat,
im Salzland ist der Ort, an dem er wohnt.
7 Er hält sich fern vom Lärm der großen Stadt,
kein Treiber kann ihn je zur Arbeit zwingen.
8 Auf allen Bergen sucht er seine Weide,
wo etwas Grünes wächst, er spürt es auf.

9 Meinst du vielleicht, der Wildstier wird
dir dienen?
Verbringt er wohl die Nacht in deinem Stall?
10 Und lässt er sich von dir am Leitseil führen,
damit er Furchen pflügt auf deinem Feld?
11 Darfst du ihm trauen, seine Kräfte nutzen,
dass er den Wagen mit den Garben zieht?
12 Kannst du erwarten, dass er deine Ernte
dir schön gehorsam auf die Tenne bringt?

13 Die Straußenhenne schlägt zwar mit den
Flügeln,
doch kann sie damit fliegen wie der Storch?[b]
14 Die Eier legt sie einfach auf die Erde
und überlässt dem heißen Sand das Brüten.
15 Sie denkt nicht dran, dass sie ein Fuß
zertreten
und wilde Tiere sie zerbrechen können.
16 Die Jungen lässt sie stehn, als wären's
fremde;
sinnlose Mühe macht ihr gar nichts aus.
17 Als ich sie schuf, gab ich ihr keine Klugheit
und an Verstand hat sie nichts mitbekommen.
18 Doch wird sie aufgeschreckt und läuft davon,
so lacht sie Pferd und Reiter spöttisch aus.

19 Gabst du dem Pferd die viel gerühmte Stärke
und schmücktest seinen Hals mit einer Mähne?
20 Lässt du es Sprünge machen wie ein
Heuschreck?
Wenn es so mächtig schnaubt, erschrickt
der Mensch.
21 Es scharrt den Boden voller Kampfesfreude
und eilt mit aller Kraft der Schlacht entgegen.
22 Was Angst und Furcht heißt, ist ihm
unbekannt,
selbst vor dem Schwerte weicht es nicht
zurück.
23 Im Köcher seines Reiters klirren Pfeile,
im Licht der Sonne funkeln Speer und Lanze.
24 Mit dröhnendem Galopp fliegt es dahin.
Beim Schall der Hörner steht es nicht mehr still,
25 mit Wiehern gibt es Antwort aufs Signal.
Schon aus der Ferne wittert es die Schlacht,
hört die Befehle und das Kriegsgeschrei.

26 Bist du vielleicht der einsichtsvolle Lehrer,
bei dem der Falke seine Flugkunst lernte,
wenn er nach Süden zu die Flügel breitet?
27 Schickt dein Befehl den Adler hoch hinauf,
dort in der Höhe seinen Horst zu bauen?
28 Hoch in den Bergen baut er seine Wohnung,

a Wörtlich *Wer gab dem Ibis Weisheit* und dem Hahn Verstand?*
b Der Vers ist nicht sicher zu deuten.

38,31 9,9 S **38,33** Jer 33,25 **38,39-41** Ps 104,21-22; 104,27-28 S

auf Felsenzacken und an steiler Wand.
29 Von dort aus blickt er weit hinaus ins Tal,
sein Auge sucht und späht nach einer Beute;
30 denn seine Jungen sind voll Gier nach Blut.
Wo Tote liegen, stellt auch er sich ein.«

40 Und der HERR fragte Ijob:

2 »Mit mir, dem Mächtigen,[a] willst du dich
streiten?
Willst du mich tadeln oder gibst du auf?«

Ijob erkennt Gottes Weisheit an

3 Da antwortete Ijob dem HERRN:

4 »Ich bin zu wenig, HERR! Was soll ich sagen?
Ich lege meine Hand auf meinen Mund!
5 Ich habe mehr geredet, als ich sollte,
noch einmal tu ich es bestimmt nicht mehr!«

Gott fragt Ijob noch einmal: Beispiele seiner Macht und Weisheit

6 Da sagte der HERR aus dem Sturm heraus zu
Ijob:

7 »Steh auf jetzt, Ijob, zeige dich als Mann!
Ich will dich fragen, gib du mir Bescheid!
8 Willst du im Ernst mein Recht
in Frage stellen,
mich schuldig sehn, damit du Recht behältst?
9 Sag, nimmst du es an Stärke mit mir auf?
Kann deine Stimme donnern wie die meine?
10 Dann zeige dich in deiner ganzen Pracht,
lass dich in Majestät und Hoheit sehen!
11 Halt deinen Zorn nicht länger mehr
in Schranken,
blick alles Hohe an und wirf es nieder,
12 sieh alle Stolzen an und mach sie klein,
zertrete die Verbrecher auf der Stelle!
13 Wirf alle miteinander in das Grab,
schick sie hinunter in die Totenwelt*!
14 Dann werde ich nicht zögern, dich zu
rühmen,
weil deine Hand den Sieg errungen hat.

15 Sieh dir als Beispiel doch das Nilpferd[b] an,
das mein Geschöpf ist gradeso wie du!
Es frisst zwar Gras, nicht anders als ein Rind,
16 doch achte auf die Kraft in seinen Lenden
und sieh die starken Muskeln seines Bauches!
17 Sein Schwanz ist kräftig wie der Stamm
der Zeder,
die Sehnen seiner Schenkel stark wie Seile.
18 Die Knochen gleichen festen Bronzeröhren,
die Rippen sind so hart wie Eisenstangen.
19 Es ist ein Meisterwerk in meiner Schöpfung,
und niemand als sein Schöpfer kann's
bezwingen.
20 Das Gras zum Fressen liefern ihm die Berge,
wo neben ihm die wilden Tiere spielen.
21 Es hat sein Lager unter Dornenbüschen
und sein Versteck im Sumpf und Ried
des Ufers.
22 Die dichten Büsche spenden ihm den
Schatten
und auch die Weiden, die das Ufer säumen.
23 Auch wenn das Wasser steigt,
bleibt's ruhig liegen;
wenn ihm der Fluss ins Maul dringt,
flieht es nicht.
24 Wer könnte ihm von vorn entgegentreten
und ihm ein Fangseil durch die Nase ziehen?

25 Fängst du das Krokodil[c] mit einer Angel,
dass ihm die Schnur die Zunge niederdrückt?
26 Ziehst du ein Binsenseil durch seine Nase
und schlägst ihm einen Haken durch den
Kiefer?
27 Wird es dich vielmals um Erbarmen bitten
und dir mit vielen Zärtlichkeiten schmeicheln?
28 Schließt du mit ihm gar einen Dienstvertrag,
dass es als Knecht für immer bei dir bleibt?
29 Spielst du mit ihm, als wär's ein kleiner
Vogel,
und legst es für die Mädchen an die Leine?
30 Versteigert es die Fischerzunft an Händler,
die es in Stücken auf dem Markt verkaufen?
31 Kannst du mit Speeren seinen Körper
spicken,
mit der Harpune seinen Kopf durchbohren?
32 Fass es doch an – du tust es nicht noch
einmal;
an diesen Kampf denkst du ein Leben lang!

41 Wer hofft, es zu besiegen, täuscht sich
selbst;
sein bloßer Anblick wirft dich schon zu Boden.
2 Wer wird so tollkühn sein, es aufzustören?
Noch schlimmer wär es, *mir* die Stirn zu
bieten!

a Wörtlich *dem Gewaltigen**.
b Wörtlich *Behemot* (= Tier); dieses Tier spielt in alten Legenden eine wichtige Rolle.
c Wörtlich *Leviatan* (der Gewundene); siehe dazu die Sacherklärung.

39,30 Mt 24,28 par **40,2** 9,2-4; Jes 45,9 **40,4-5** Gen 18,27-32 **40,6** 38,1S **40,7** 38,3 **40,8** 4,17S **40,9** Ps 29,3-9S **40,11** Jes 2,11-18 **40,13** Ez 32,18 **40,25** Ez 32,2 **40,26** Ez 29,4 **41,2** 9,4

3 Hab ich von jemand ein Geschenk bekommen,
das ich ihm jetzt zurückzuzahlen hätte?
Gehört nicht alles unterm Himmel mir?

4 Ich muss noch mehr vom Krokodil berichten,
von seinen Gliedern, seinen Fähigkeiten,
auch von der Schönheit seines Körperbaus.
5 Wer wagt es, ihm das Oberkleid zu öffnen?
Wer dringt in seinen Doppelpanzer ein?[a]
6 Wer öffnet gar das große Tor des Rachens,
bewacht von diesen fürchterlichen Zähnen?
7 Sein ganzer Rücken[b] ist aus festen Schilden,
verschlossen und versiegelt, undurchdringbar.
8 Sie schließen ohne Lücke aneinander,
kein Lufthauch kommt mehr zwischen ihnen durch.
9 Sie alle sind so eng und fest verklammert,
dass nichts sie auseinander reißen kann.
10 Das Licht sprüht strahlend hell bei seinem Niesen
und wie das Morgenrot glühn seine Augen.
11 Aus seinem Rachen schießen lange Flammen
und Feuerfunken fliegen ringsumher.
12 Aus seinen Nüstern strömt ein dichter Dampf,
so wie aus einem Topf, in dem es kocht.
13 Sein Atem kann ein Kohlenfeuer zünden
und eine Flamme schlägt aus seinem Rachen.
14 In seinem Nacken wohnt so große Kraft,
dass jeder, der es sieht, vor Angst erzittert.
15 Sein Bauch ist straff und fest, wie angegossen,
das Fleisch liegt unbeweglich, gibt nicht nach.
16 Sein Herz ist hart wie Stein, kennt kein Erbarmen,
es ist so unnachgiebig wie ein Mühlstein*.
17 Erhebt es sich, erschrecken selbst die Stärksten
und weichen voller Angst vor ihm zurück.
18 In seinen harten Panzer dringt kein Schwert,
kein Speer, kein Spieß, kein Pfeil kann es verwunden.
19 Das Eisen ist bei ihm nicht mehr als Stroh
und Bronze ist so viel wie morsches Holz.
20 Mit einem Pfeil kann niemand es verjagen
und Schleudersteine achtet es wie Stoppeln.
21 Für einen Strohhalm hält es selbst die Keule,
und wenn der Wurfspeer zischt, dann lacht es spöttisch.
22 Sein Bauch ist wie ein Brett mit spitzen Scherben,
wie eine Egge zieht es durch den Schlamm.
23 Es wühlt das Wasser auf, wie wenn es siedet,
und lässt es brodeln wie im Salbentopf.
24 Im Meer bleibt eine helle Spur zurück,
sie leuchtet silberweiß wie Greisenhaar.
25 Auf Erden kannst du nichts mit ihm vergleichen;
so furchtlos ist kein anderes Geschöpf.
26 Selbst auf die Größten blickt es stolz herab,
es ist der König aller wilden Tiere.«

Ijob unterwirft sich Gott

42 Da antwortete Ijob dem HERRN:
2 »Ich weiß jetzt, dass dir nichts unmöglich ist;
denn alles, was du planst, führst du auch aus.
3 Du fragst, warum ich deinen Plan anzweifle
und rede ohne Wissen und Verstand.
In meinem Unverstand hab ich geredet
von Dingen, die mein Denken übersteigen.
4 Du hast mich aufgefordert, zuzuhören
und dann auf deine Fragen zu erwidern.
5 Ich kannte dich ja nur vom Hörensagen;
jetzt aber hat mein Auge dich geschaut.
6 Ich schäme mich für alles, was ich sagte;
in Staub und Asche nehm ich es zurück.«

Gott gibt Ijob Recht

7 Nachdem der HERR das alles zu Ijob gesagt
hatte, wandte er sich an Elifas von Teman und
sagte: »Ich bin zornig auf dich und deine beiden
Freunde; denn ihr habt nicht die Wahrheit über
mich gesagt wie mein Diener Ijob.
8 Darum holt euch jetzt sieben junge Stiere
und sieben Widder, geht damit zu Ijob und
opfert sie mir als Brandopfer* für eure Schuld.
Mein Diener Ijob soll für euch beten; denn auf
ihn werde ich hören und euch nicht für euren
Unverstand bestrafen. Denn ihr habt nicht die
Wahrheit über mich gesagt wie mein Diener
Ijob.«
9 Elifas aus Teman, Bildad aus Schuach und
Zofar aus Naama taten, was der HERR ihnen gesagt hatte, und der HERR nahm Ijobs Gebet für
sie an.

Gott schenkt Ijob neues Glück

10 Nachdem Ijob für seine drei Freunde gebetet
hatte, ließ der HERR ihn wieder gesund werden
und gab ihm zweimal so viel, wie er vorher besessen hatte.
11 Alle seine Brüder und Schwestern und die früheren Freunde besuchten ihn
und feierten mit ihm in seinem Haus. Sie bekundeten ihm ihr Mitgefühl und trösteten ihn
wegen all des Unglücks, das der HERR über ihn

a *Doppelpanzer* mit G; H *Doppelgebiss*. b *Rücken* mit alten Übersetzungen; H *Stolz*.

41,3 Ps 24,1 **41,23** Ez 32,2 **42,2** Gen 18,14S; Jer 32,17; Sach 8,6; Mk 9,23; 10,27par; Lk 1,37 **42,3-4** 38,2-3 **42,5** 19,26-27 **42,6** 2,8 **42,7** 13,7-10 **42,8** 22,29-30 **42,10** 8,6-7 **42,11** 19,13-15.19

gebracht hatte. Jeder schenkte ihm eine große Silbermünze und einen goldenen Ring.

12 Der HERR segnete Ijob während der nun folgenden Zeit seines Lebens noch mehr als vorher. Ijob besaß schließlich 14 000 Schafe und Ziegen, 6000 Kamele, 2000 Rinder und 1000 Esel.
13 Er bekam noch sieben Söhne und drei Töchter.
14 Die älteste Tochter nannte er Täubchen, die zweite Zimtblüte und die jüngste Schminktöpfchen. 15 Im ganzen Land gab es keine schöneren Frauen als die Töchter Ijobs. Ihr Vater bedachte sie in seinem Testament genau wie ihre Brüder und vermachte jeder einen Anteil seines Landbesitzes.

16 Ijob lebte nach seiner Erprobung noch 140 Jahre, sodass er noch seine Enkel und Urenkel sah. 17 Er starb in hohem Alter, gesättigt von einem langen und erfüllten Leben.

DIE PSALMEN[a]

Inhaltsübersicht

Die Sammlung der 150 Psalmen ist nicht nach inhaltlichen Gesichtspunkten gegliedert. Die herkömmliche Einteilung in fünf Bücher schließt sich äußerlich an die Fünf-Gliederung der Mosebücher (Gen bis Dtn) an. Hier wird eine Übersicht nach Themen und Anlässen gegeben:

Loblieder

auf Gottes Güte und Treue
92; 103; 111; 113; 117; 145
auf Gottes Taten in Schöpfung und Geschichte
8; 19; 29; 33; 65; 78; 89; 104; 105; 114; 146; 147
auf Gott, den König der Völker
47; 48; 67; 76; 82; 93; 96–99; 146

Gebete in schwerer Not

bei Krankheit und Unglück
6; 13; 22; 31; 38; 39; 41; 51; 69; 71; 86; 88; 130
bei Anfeindungen und falscher Anklage
3; 4; 5; 7; 17; 26; 27; 28; 35; 42/43; 52; 54–59; 64; 70; 94; 102; 109; 120; 140–143
bei Katastrophen und allgemeiner Not
44; 60; 74; 77; 79; 80; 83; 85; 89; 90; 125; 126; 137
bei Unterdrückung und Verfolgung
9–12; 123; 129

Dank nach der Rettung

18; 22,22b-32; 30; 32; 40; 66; 75; 107; 108; 116; 118; 124; 138

Vertrauen auf Gott

16; 23; 27; 36; 46; 52; 62; 63; 91; 131

Zusage der göttlichen Hilfe

91; 121

Wallfahrtslieder und Festliturgien

24; 68; 84; 95; 100; 115; 122; 134; 135; 136; 148; 149; 150

Lehrgedichte

vom richtigen Leben
1; 15; 19,8-15; 34; 50; 81; 112; 119; 127; 128; 133
vom Ende der Gottesfeinde
14; 36; 37; 49; 53; 73

Zionslieder

46; 48; 87; 122; 132

Lieder des Königs und für den König

2; 20; 21; 45; 61; 72; 101; 110; 132; 144

Hinweise auf Christus

2; 22; 110

a In dieser Übersetzung der Psalmen werden einige hebräische Wörter nicht wiedergegeben:
1. In 55 Psalmüberschriften steht eine Wendung, deren Bedeutung bisher nicht eindeutig geklärt werden konnte. Meistens übersetzt man: *Für den Chorleiter.* Es könnte aber auch heißen: *Von dem Hervorragenden.* Daneben gibt es eine ganze Reihe von Deutungsversuchen, von denen keiner überzeugt.
2. An 71 Stellen steht das Wort *sela.* Es wird von den Auslegern entweder als Zeichen für ein Zwischenspiel verstanden oder als Aufforderung zur Wiederholung der Zeile oder als Aufruf an die Gemeinde, sich zum Gebet zu verneigen; es könnte auch Zeichen für eine Pause sein.
3. In Psalm 9,17 steht vor *sela* noch ein anderes Wort, das man für gewöhnlich mit *Zwischenspiel* übersetzt. Alle diese Begriffe weisen zurück in eine Zeit, in der die Psalmen noch mit Instrumentenbegleitung gesungen wurden.
Die »Überschriften« am Anfang der meisten Psalmen sind späte Zusätze. Neben den musikalischen Hinweisen enthalten sie Vermutungen über Verfasser und Entstehungsverhältnisse, die der jüdischen Tradition entnommen sind.

42,17 5,26; Gen 25,8

ERSTES BUCH
(Psalmen 1–41)

Wahres Glück

1 Wie glücklich ist ein Mensch,
der sich nicht verführen lässt von denen,
die Gottes Gebote missachten,
der nicht dem Beispiel
gewissenloser Sünder folgt
und nicht zusammensitzt mit Leuten,
denen nichts heilig ist.
2 Wie glücklich ist ein Mensch,
der Freude findet an den Weisungen des HERRN,
der Tag und Nacht in seinem Gesetz* liest
und darüber nachdenkt.
3 Er gleicht einem Baum, der am Wasser steht;
Jahr für Jahr trägt er Frucht,
sein Laub bleibt grün und frisch.
Was immer ein solcher Mensch unternimmt,
es gelingt ihm gut.

4 Ganz anders geht es denen,
die nicht nach Gott fragen:
Sie sind wie Spreu, die der Wind davonbläst.
5 Vor Gottes Gericht können sie nicht bestehen
und in der Gemeinde der Treuen
ist für sie kein Platz.
6 Der HERR kennt die Taten der Menschen, die
auf ihn hören, und behält sie im Gedächtnis;[a]
aber von denen, die nicht nach ihm fragen,
bleibt keine Spur.

Der König des Herrn

2 Was soll der Aufruhr unter den Völkern?
Wozu schmieden sie vergebliche Pläne?
2 Die Herrscher der Erde lehnen sich auf,
die Machthaber verbünden sich
gegen den HERRN
und den König, den er erwählt hat:[b]
3 »Wir wollen nicht mehr ihre Knechte sein!
Auf, lasst uns die Fesseln zerreißen!«

4 Doch der Herr im Himmel* lacht,
er spottet nur über sie.
5 Dann aber wird er zornig; er herrscht sie an,
stürzt sie in Angst und Schrecken:
6 »Ich habe meinen König eingesetzt!
Er regiert auf dem Zion*,
meinem heiligen Berg.«
7 Ich gebe bekannt, was der HERR verfügt hat.
Er hat zu mir gesagt:
»Du bist mein Sohn,
heute habe ich dich dazu gemacht.[c]
8 Fordere von mir alle Völker,
ich schenke sie dir;
die ganze Erde gebe ich dir zum Besitz.
9 Regiere sie mit eiserner Faust!
Wenn du willst, zerschlag sie
wie Töpfe aus Ton!«

10 Darum nehmt Vernunft an, ihr Könige;
lasst euch warnen, ihr Mächtigen der Erde!
11 Unterwerft euch dem HERRN,
zittert vor ihm und jubelt ihm zu!
12 Huldigt seinem Sohn!
Sonst wird er unwillig
und es ist um euch geschehen;
denn sein Zorn ist schnell entflammt.
Wohl allen, die bei ihm Schutz suchen!

Vertrauen auf Gottes Schutz

3 Ein Lied Davids. Er dichtete es, als er vor
seinem Sohn Abschalom fliehen musste.

2 HERR, ich kann sie nicht mehr zählen,
so viele sind's, die sich gegen mich stellen,
3 so viele, die schadenfroh von mir sagen:
»Von dem will Gott nichts mehr wissen!«
4 Doch du, HERR, umgibst mich
mit deinem Schutz;
du rettest meine Ehre, du schaffst mir Recht.
5 Sooft ich auch zu dir um Hilfe rufe,
du hörst mich in deinem Heiligtum,
von deinem Berg her schickst du mir
Antwort.
6 Ganz ruhig kann ich mich schlafen legen,
weil du mich beschützt,
bis ich morgens erwache.
7 Auch wenn's Tausende sind,
die mich umzingeln,
sie können mir keine Angst einjagen!

8 Sieh nicht länger zu, HERR!
Du mein Gott, greif doch ein!
Ich weiß, du schlägst ihnen aufs freche Maul,
du brichst meinen Feinden die Zähne aus.
9 Wer in Not ist, findet bei dir Hilfe.
HERR, gib deinem Volk Gelingen und Glück!

a Wörtlich *Der HERR kennt den Weg der Gerechten*
b *den König …:* wörtlich *seinen Gesalbten/Messias**.
c Wörtlich *heute habe ich dich gezeugt.*

1,1-6 34,12-23; 145,20; Spr 24,19-20 S **1,1** 119,1-2; Spr 4,14 **1,2** Jos 1,8 **1,3** 92,13-15; Jer 17,8 **1,4-6** Weish 5,14 S **2,1-2** Apg 4,25-26 **2,1** Offb 11,18 **2,2** 48,5; Offb 19,19 **2,4** 59,9 S **2,6** 110,1-2; 76,3 S; Jes 24,21-23 **2,7** 2 Sam 7,14 S; Apg 13,33 **2,8** 72,8-11 **2,9** Offb 2,27; 19,15 **3,1** 2 Sam 15,17 **3,5** Jes 14,32 S **3,6** 4,9 **3,7** 27,3

Freude und Frieden trotz Verleumdung

4 Ein Lied Davids, zu begleiten auf Saiteninstrumenten.

2 Antworte mir, wenn ich rufe!
Mein Gott, du hältst doch zu mir![a]
Als ich vor Enge kaum noch atmen konnte,
hast du mich in die Freiheit geführt.
Darum hab auch jetzt Erbarmen mit mir,
hör mich, wenn ich zu dir schreie,
höre auf mein Gebet!

3 Ihr Reichen habt die Macht
und missbraucht sie zu Lüge und Verleumdung;
ihr zieht meine Ehre in den Schmutz.
Wann hört ihr endlich damit auf?
4 Seht doch ein: Der HERR tut Wunder
für alle, die ihm die Treue halten;[b]
er hört mich, wenn ich zu ihm rufe.

5 Zittert vor ihm
und macht Schluss mit dem Unrecht!
Denkt einmal gründlich nach,
nachts, wenn ihr allein seid,
und werdet still!
6 Bringt dem Herrn eure Opfer,
gebt ihm Recht;
schenkt ihm wieder euer Vertrauen!

7 Viele klagen:
»Was haben wir noch Gutes zu erwarten?
HERR, sieh uns wieder freundlich an!«
8 Doch mir hast du so viel Freude gegeben,
mehr als sie hatten und haben können
mit all ihrem Korn und dem vielen Wein.
9 Mich quält keine Sorge,
wenn ich mich niederlege,
ganz ruhig schlafe ich ein;
denn du, HERR, hältst die Gegner von mir fern
und lässt mich in Sicherheit leben.[c]

Gebet eines Bedrängten

5 Ein Lied Davids, zu singen mit Flötenbegleitung.

2 HERR, höre doch, was ich sage;
achte auf mein Seufzen und Stöhnen!
3 Verschließ die Ohren nicht,
wenn ich um Hilfe schreie,
du mein König und mein Gott!
An dich wende ich mich mit meiner Bitte.
4 Früh am Morgen hörst du mein Rufen,
in der Frühe trage ich dir meine Sache vor[d]
und warte auf deine Entscheidung.

5 Dir, HERR, gefällt kein Unrecht,
kein Unheilstifter darf zu dir kommen.
6 Überhebliche Prahler willst du nicht sehen
und Verbrecher trifft dein Hass.
7 Die Lügner vernichtest du,
du verabscheust die Mörder und Betrüger.
8 Doch mir erweist du große Güte:
Ich darf zu deinem Tempel* kommen,
vor deinem Heiligtum mich niederwerfen
und voller Ehrfurcht zu dir beten.
9 HERR, lass meine Feinde sehen,
wie du mir hilfst![e]
Ebne vor mir den Weg, den ich gehen soll!

10 Auf das, was sie sagen, kann sich
niemand verlassen,
ihr Kopf steckt voll von schändlichen
Plänen.
Glattzüngige Schmeichler sind sie;
doch ihre schönen Worte bringen Tod
und Verderben.[f]
11 Zahl es ihnen heim, Gott,
verstricke sie in ihre eigenen Ränke!
Vertreibe sie aus deiner Nähe;
denn ihre Schandtaten sind zahllos
und ihr Trotz gegen dich ist maßlos.

12 Doch freuen sollen sich alle,
die sich auf dich verlassen.
Ihr Jubel soll kein Ende haben,
denn du bist ihr Beschützer.
Sie sollen vor Freude singen,
sie alle, die dich lieben
13 und dir die Treue halten.
Denn reich beschenkst du sie
mit deinem Segen,
schützend umgibt sie deine Güte.

a *Mein Gott …:* wörtlich *Gott meiner Gerechtigkeit**.
b *tut Wunder für:* mit zahlreichen Handschriften; H *sondert aus.*
c *hältst die Gegner …:* wörtlich *lässt mich allein und sicher leben;* »allein« bedeutet hier nicht »einsam«, sondern »von den Gegnern abgeschirmt«.
d *trage ich …:* oder *bringe ich dir ein Opfer dar.*
e *lass meine Feinde …:* wörtlich *leite mich in deiner Gerechtigkeit* meiner Feinde wegen.*
f *ihre schönen Worte …:* wörtlich *ihre Kehle ist ein offenes Grab.*

4,7 31,17S **4,9** 3,6 **5,3** 44,5 **5,4** 88,14; Weish 16,28; Sir 39,5 **5,8** 26,8; 132,7; 134,2; 138,2 **5,10** Röm 3,13 **5,11** Röm 12,17-21

Ein Hilferuf

6 Ein Lied Davids, zu begleiten auf achtsaitigem Instrument.

2 HERR, du bist zornig auf mich.
Aber nimm die Strafe von mir,
schlag mich nicht so hart!
3 Hab Erbarmen, HERR, mir ist so elend!
Heile mich, HERR,
ich habe keine Kraft mehr in den Gliedern!
4 Ich weiß keinen Ausweg mehr.
Wie lange noch, HERR?
5 Lass ab von deinem Zorn! Rette mich!
Hilf mir, du liebst mich doch!
6 Wenn ich tot bin, kann ich dich nicht
mehr preisen.
Dort unten bei den Toten dankt dir niemand.

7 Ich bin müde vom Stöhnen.
Ich weine die ganze Nacht,
mein Bett ist durchnässt von Tränen,
8 meine Augen sind getrübt vor Kummer –
und das alles wegen meiner Feinde.
9 Macht, dass ihr fortkommt, ihr Verbrecher!
Der HERR hat mein Weinen gehört.
10 Er achtet auf mein Schreien,
mein Gebet nimmt er an.
11 Schimpf und Schande komme
über meine Feinde!
Ganz plötzlich sollen sie erschrecken
und beschämt die Flucht ergreifen!

Gott verschafft mir Recht

7 Ein Klagelied, mit dem David sich an den HERRN wandte, als der Benjaminiter Kusch ihn beschuldigte.[a]

2 HERR, mein Gott, bei dir suche ich Schutz!
Rette mich vor meinen Verfolgern, hilf mir –
3 sonst beißen sie mir die Kehle durch
wie Löwen
und niemand kann mich ihnen entreißen!

4 HERR, mein Gott,
wenn das stimmt, was man mir vorwirft,
wenn irgendein Verbrechen
an meinen Händen klebt,
5 wenn ich treulos gehandelt habe
an Freunden
und die beraubt habe,
die mich jetzt grundlos verklagen,
6 dann sollen sie mich verfolgen,
mich einfangen und am Boden zertreten
und auch noch mein Andenken auslöschen!

7 Steh auf, HERR, lass sie deinen Zorn fühlen!
Geh vor gegen das Wüten meiner Feinde!
Greif ein, hilf mir, stell das Recht wieder her!
8 Versammle die Völker rings um dich
zum Gericht,
hoch über ihnen nimm deinen Platz ein!
9 HERR, du Richter der Völker,
verschaffe mir Recht!
Sprich mich frei, HERR;
du weißt, dass ich unschuldig bin!
10 Mach dem Treiben der Verbrecher ein Ende;
doch dem, der deinen Willen getan hat,
gib wieder festen Boden unter die Füße!
Du kennst die geheimsten Gedanken,
du unbestechlicher Gott!

11 Bei Gott finde ich Schutz;
er rettet alle, die redlich und schuldlos sind.
12 Gott ist ein gerechter Richter,
ein Gott, der täglich die Schuldigen bestraft.
13 Wenn sie nicht umkehren,
schärft er sein Schwert,
spannt seinen Bogen und legt auf sie an.
14 Seine tödlichen Waffen liegen bereit,
mit brennenden Pfeilen beschießt er sie.

15 Wer mit bösen Plänen schwanger geht,
der gebärt Unglück
und erlebt nur Enttäuschung.
16 Wer anderen eine Grube gräbt,
sie aushöhlt, so tief er kann,
der schaufelt sein eigenes Grab.
17 Seine Bosheit fällt auf ihn selbst zurück,
seine Untaten werden ihm zum Verhängnis.
18 Den HERRN will ich preisen für seine Treue;[b]
ihm, dem höchsten Gott,
singe ich dankbar mein Lied.

Gottes Hoheit und die Würde des Menschen

8 Ein Lied Davids, zu begleiten auf gatitischem Instrument*.

2 HERR, unser Herrscher!
Groß ist dein Ruhm auf der ganzen Erde!
Deine Hoheit reicht höher als der Himmel.

a Im Alten Testament wird eine solche Beschuldigung nicht erwähnt. *b* *Treue:* wörtlich *Gerechtigkeit**.

6,3 Jer 17,14 **6,4** 13,2-3 S **6,6** 30,10; 88,11-13; 115,17; Jes 38,18; Sir 17,27; Bar 2,17-18; Ps 16,10-11 S **7,4-5** Ijob 31,7-34 **7,10** 139,1 S **7,12** 58,12; 99,4 **7,16-17** 9,16; 35,8; 57,7; Spr 26,27 S **8,2** Jes 6,3; Ps 104,1-2

3 Aus dem Lobpreis der Schwachen und
Hilflosen[a] baust du eine Mauer,
an der deine Widersacher und Feinde
zu Fall kommen.

4 Ich bestaune den Himmel,
das Werk deiner Hände,
den Mond und alle die Sterne,
die du geschaffen hast:
5 Wie klein ist da der Mensch,
wie gering und unbedeutend!
Und doch gibst du dich mit ihm ab
und kümmerst dich um ihn!

6 Ja, du hast ihm Macht und Würde verliehen;
es fehlt nicht viel und er wäre wie du.
7 Du hast ihn zum Herrscher gemacht
über deine Geschöpfe,
alles hast du ihm unterstellt:
8 die Schafe, Ziegen und Rinder,
die Wildtiere in Feld und Wald,
9 die Vögel in der Luft
und die Fische im Wasser,
die kleinen und die großen,
alles, was die Meere durchzieht.

10 HERR, unser Herrscher,
groß ist dein Ruhm auf der ganzen Erde!

Gott sorgt für Recht

9 Ein Lied Davids, für hohe Knabenstimmen.[b]
2 HERR, von ganzem Herzen will ich dir danken,
deine machtvollen Taten allen verkünden.
3 Über dich will ich jubeln und mich freuen,
von dir will ich singen, du höchster Gott!

4 Vor dir mussten meine Feinde weichen,
sie stürzten und kamen um.
5 Du hast dich auf den Richterstuhl gesetzt
und mir zu meinem Recht verholfen,
denn deine Urteile sind gerecht.

6 Den Völkern hast du gedroht,
die Unheilstifter zerschlagen,
ihre Namen für immer ausgetilgt.
7 Völlig vernichtet hast du sie,
ihre Städte entvölkert und in Trümmer gelegt,
für immer sind sie vergessen.

8 Doch der HERR regiert für alle Zeiten,
sein Richterstuhl ist aufgestellt.
9 Der ganzen Welt spricht er gerechtes Urteil,
unparteiisch entscheidet er über die Völker.
10 Den Unterdrückten bietet er sicheren
Schutz;
in schlimmer Zeit sind sie bei ihm geborgen.
11 Alle, die dich kennen, HERR,
setzen auf dich ihr Vertrauen.
Du lässt niemand im Stich,
der deine Nähe sucht.

12 Preist den HERRN mit eurem Lied,
ihn, dessen Thron auf dem Zionsberg* steht;
macht bei den Völkern seine Taten bekannt!
13 Den Hilfeschrei der Armen überhört er nicht,
er vergisst nicht die Qual der Verfolgten
und zieht die Verfolger zur Rechenschaft.

14 HERR, hab Erbarmen mit mir!
Sieh doch, wie sie mir zusetzen mit ihrem Hass!
Hol mich weg von den Toren des Totenreichs*!
15 Dann stelle ich mich an die Tore deiner Stadt
und rühme dich vor allen
für das, was du an mir getan hast.

16 Die anderen Völker sind in die Grube
gefallen,
die sie für uns gegraben hatten.
Sie legten ihre Netze aus
und haben sich selbst darin gefangen.
17 Der HERR hat seine Macht erwiesen,
er hat für Recht gesorgt.
Die Unheilstifter sind in die eigene Falle
gelaufen.

18 Hinab zu den Toten gehören sie alle,
die Völker, die Gott den Rücken kehren!
19 Doch die Armen sind nur scheinbar
vergessen,
ihre Hoffnung ist nicht für immer dahin.
20 Greif ein, HERR!
Lass nicht zu,
dass ein Mensch dir die Stirn bietet!
Zieh die Völker vor Gericht,
sprich ihnen allen das Urteil!
21 Stürze sie in Angst und Schrecken, HERR,
zeig ihnen, dass sie nur Menschen sind!

a Wörtlich *Aus dem Mund unmündiger Kinder und Säuglinge* (vgl. Mt 21,16). Diese Wendung ist bildlich zu verstehen; vgl. Klgl 2,18-19; 4,2-4, wo Zion mit der klagenden Witwe verglichen wird und das besiegte Volk mit Kindern und Säuglingen.
b Deutung unsicher.

8,3 Mt 21,16 **8,5-9** Gen 1,26-28; Hebr 2,6-8 **9,9** 96,13 S **9,12** 76,3 S **9,13** 10,14.18; 35,10; 140,13; 146,7-9; Dtn 10,18-19 S; Am 2,6 S **9,14** 16,10-11 S **9,16** 7,16-17 S **9,19** Weish 3,1-9

Warum greift Gott nicht ein?[a]

10 Warum bist du so weit weg, HERR?
Warum verbirgst du dich vor uns?
Wir sind vor Elend am Ende!
2 Schamlose Schurken stellen den Armen nach
und fangen sie in heimtückischen Fallen.
3 Sie geben auch noch damit an,
dass sie so unersättlich sind.
Nichts zählt bei ihnen, nur ihr Gewinn.
Sie danken dir nicht, Gott, sie lästern dich nur!

4 In ihrem Größenwahn reden sie sich ein:
»Wie sollte Gott uns zur Rechenschaft ziehen?
Wo er doch gar nicht existiert!«
Weiter reicht ihr vermessenes Denken nicht.
5 Sie tun, was sie wollen, und alles gelingt.
Ob du sie verurteilst, berührt sie nicht;
du bist ja so fern dort oben!

Sie lachen spöttisch über jeden Gegner.
6 »Was soll uns erschüttern?«, sagen sie.
»An uns geht jedes Unglück vorüber;
so war es immer, so bleibt es auch!«
7 Sie fluchen, sie lügen und drohen,
was sie reden, bringt Verderben und Unheil.
8 Im Hinterhalt liegen sie nah bei den Dörfern,
warten auf Leute, die nichts Böses ahnen,
heimlich ermorden sie schuldlose Menschen.
9 Sie liegen und lauern wie Löwen im Dickicht,
sie spähen nach hilflosen Opfern aus
und fangen sie ein mit ihren Netzen.
10 Sie ducken sich, werfen sich auf die Armen
und stoßen sie nieder mit roher Gewalt.
11 Bei alledem sagen diese Verbrecher:
»Gott fragt nicht danach, er sieht niemals her,
er will von uns gar nichts wissen.«

12 Steh auf, HERR! Greif doch ein, Gott!
Vergiss nicht die Schwachen,
nimm sie in Schutz!
13 Lass nicht zu,
dass die Schurken dich missachten!
Warum dürfen sie sagen:
»Er straft uns ja nicht«?
14 Aber du bist nicht blind!
Du siehst all das Leiden und Unheil
und du kannst helfen.
Darum kommen die Schwachen
und Waisen zu dir
und vertrauen dir ihre Sache an.
15 Zerschlage die Macht der Unheilstifter,
rechne mit ihnen ab,
mach dem Verbrechen ein Ende!

16 Du, HERR, bist König für immer und ewig.
Die Fremden, die nichts von dir wissen
wollen,
müssen aus deinem Land verschwinden.
17 Du nimmst die Bitten der Armen an,
du hörst ihr Rufen, HERR,
du machst ihnen Mut.
18 Den Waisen und Unterdrückten
verschaffst du Recht
und lässt keinen Menschen mehr Schrecken
verbreiten auf der Erde.

Geborgenheit bei Gott

11 Von David.
In der Nähe des HERRN bin ich geborgen.
Warum sagt ihr zu mir: »Vogel, flieh ins
Gebirge!
2 Die Mörderbande hat schon den Bogen
gespannt,
der Pfeil liegt schussbereit auf der Sehne,
um im Dunkeln schuldlose Menschen zu töten.
3 Wenn jede Ordnung zerbrochen wird,
was richtet dann noch einer aus,
der sich an Gottes Ordnungen hält?«

4 Der HERR ist hier in seinem heiligen Tempel*,
er, dessen Thronsitz im Himmel steht.
Seine Augen sind auf die Menschen gerichtet,
nichts entgeht seinem prüfenden Blick.
5 Der HERR sieht die Treuen, die ihm gehorchen,
und die Untreuen, die ihn missachten;
wer Gewalt liebt, den hasst er von Herzen.
6 Er straft die Schuldigen mit harten Plagen:
Feuer und Schwefel lässt er auf sie regnen,
sengenden Glutwind schickt er ihnen.
7 Der HERR ist treu
und er liebt es, wenn Menschen treu sind.[b]
Wer redlich ist, darf in seiner Nähe leben.[c]

Gott hält sein Versprechen

12 Ein Lied Davids, zu begleiten auf achtsaitigem Instrument.

a Die Psalmen 9 und 10 bilden im hebräischen Text eine Einheit.
b *Der HERR ist treu ...:* wörtlich *Der HERR ist gerecht und liebt Gerechtigkeit**.
c Wörtlich *darf sein Gesicht sehen,* d. h. seine freundliche Zuwendung erleben.

10,1 22,2 **10,4** 14,1 S **10,5-6** 73,3-5.11-12 **10,7** Röm 3,14 **10,11.13** 14,1 S **10,14.18** 68,6; 9,13 S **11,4** Hab 2,20; 1 Kön 8,27 S; Ps 103,19 **11,6** Gen 19,24; Ps 9,13 S

2 HERR, hilf uns,
sonst ist es mit deinen Leuten aus!
Menschen, auf die Verlass ist,
gibt es immer weniger.
3 Einer belügt den andern,
mit glatter Zunge loben sie einander,
aber im Herzen spielt jeder ein doppeltes
Spiel.
4 HERR, bring sie zum Schweigen,
diese Schmeichler!
Stopf ihnen das Maul,
diesen anmaßenden Schwätzern!
5 »Wir verstehen zu reden«, prahlen sie,
»und wir erreichen alles.
Wir sind schlagfertig,
mit uns nimmt's keiner auf!«

6 »Ja«, sagt der HERR, »jetzt greife ich ein!
Denn die Armen werden unterdrückt
und die Hilflosen stöhnen.
Ich bringe den Misshandelten Befreiung.«
7 Auf die Worte des HERRN ist Verlass,
sie sind rein und echt wie Silber,
das im Schmelzofen siebenmal gereinigt
wurde.

8 HERR, du hältst dich an deine Zusagen,
jetzt und immer:
Du wirst uns vor diesen Lügnern bewahren,
9 auch wenn sie überall frei umherlaufen
und ihre Gemeinheit immer schlimmer wird.

Furcht und Vertrauen

13 Ein Lied Davids.

2 HERR! Hast du mich für immer vergessen?
Wie lange willst du dich noch verbergen?
3 Wie lange sollen mich die Sorgen quälen,
soll der Kummer Tag für Tag
an meinem Herzen nagen?
Wie lange dürfen meine Feinde
mich noch bedrängen?

4 Sieh mich doch wieder an, HERR!
Gib mir Antwort, du mein Gott!
Mach es wieder hell vor meinen Augen,
damit ich nicht in Todesnacht versinke!
5 Sonst sagen meine Feinde:
»Den haben wir erledigt!«,
und jubeln über meinen Sturz.
6 Doch ich verlasse mich auf deine Liebe,
ich juble über deine Hilfe.
Mit meinem Lied will ich dir danken, HERR,
weil du so gut zu mir gewesen bist.

Kein Gott?

(Ps 53,2-7)

14 Von David.

Die Unverständigen reden sich ein:
»Es gibt keinen Gott!«[a]
Sie sind völlig verdorben,
ihr Tun ist abscheulich,
unter ihnen ist niemand, der Gutes tut.

2 Der HERR blickt vom Himmel* herab
auf die Menschen.
Er will sehen, ob es da welche gibt,
die Verstand haben und nach ihm fragen.
3 Doch alle sind sie von ihm abgefallen,
verkommen sind sie, alle miteinander,
niemand ist da, der Gutes tut,
nicht einmal einer!

4 »Sie sind blind«, sagt der HERR.
»Wo bleibt der Verstand dieser Unheilstifter?
Sie fressen mein Volk, als wäre es Brot;
doch mich nehmen sie alle nicht ernst.«

5 Bald schon werdet ihr furchtbar erschrecken;
denn Gott hält zu denen, die ihm gehorchen.
6 Ihr wolltet die Hoffnung der Armen zerstören,
der HERR aber gibt ihnen sicheren Schutz.

7 Wie sehnlich warte ich darauf,
dass Israels Retter vom Zionsberg* kommt!
Wenn der HERR die Not seines Volkes wendet,
dann werden sie jubeln, die Nachkommen
Jakobs,
ganz Israel wird sich freuen.

Gottes Bedingungen

15 Ein Lied Davids.

»HERR, wer darf in deinen Tempel* kommen?
Wen lässt du weilen auf dem heiligen Berg?«

2 »Nur Menschen, die in allem dem HERRN
gehorchen

a *Es gibt ...:* Nicht die Existenz Gottes wurde damals geleugnet, sondern dass er in irdische Verhältnisse eingreift; vgl. 10,11.
12,2 116,11; Mi 7,2-4 **12,3-5** 52,4-6 **12,3** 28,3; Jer 9,7 **12,5** 73,8 **12,6** 9,13S **12,7** 119,140; Jes 48,10S **13,2-3** 6,4; 79,5; 80,5; 89,47; 90,13; Hab 1,2; Offb 6,10 **14,1-3** Röm 3,10-12 **14,1** 10,4.11.13; 73,11; 94,7; Ijob 22,13; Jes 29,15; Jer 5,12; Ez 8,12; 9,9; Zef 1,12 **14,3** Gen 6,11-12 **14,4** Mi 3,2-3 **14,6** 9,13S **14,7** 76,3S; Ps 126,1-6 **15,1-5** 24,3-6; 118,19-20; Jes 33,14-16; Mi 6,6-8

und jederzeit das Rechte tun.
Sie denken und reden nur die Wahrheit.
3 Sie machen niemand bei anderen schlecht,
tun nichts, was ihren Freunden schadet,
und bringen ihre Nachbarn nicht in Verruf.
4 Sie verachten die, die Gott verworfen hat,
und ehren alle, die den HERRN ernst nehmen.
Sie tun, was sie geschworen haben,
selbst dann, wenn es ihnen Nachteil bringt.
5 Für ausgeliehenes Geld verlangen sie
keine Zinsen.
Sie lassen sich nicht durch Bestechung
dazu bewegen,
Unschuldige anzuklagen oder zu verurteilen.

Ein Mensch, der sich daran hält,
steht für immer auf sicherem Grund.«

Du zeigst mir den Weg zum Leben

16 Ein Lied Davids.

Schütze mich, Gott! Ich vertraue dir.
2 Ich sage zu dir:[a] »Du bist mein Herr.
Mein Glück finde ich allein bei dir!«
3 Im Land werden viele Götter verehrt,
an denen auch ich meine Freude hatte.
Jetzt aber sage ich:[b]
4 Wer anderen Göttern nachläuft,
muss seine volle Strafe tragen.
Ich gieße diesen Göttern kein Opferblut
mehr hin;
nicht einmal ihre Namen spreche ich aus.

5 HERR, was ich brauche, du teilst es mir zu;
du hältst mein Los in der Hand.
6 Mir ist ein schöner Anteil zugefallen;[c]
was du mir zugemessen hast, gefällt mir gut.

7 Ich preise den HERRN,
der mir sagt, was ich tun soll;
auch nachts erinnert mich mein Gewissen
an seinen Rat.
8 Er ist mir nahe,
das ist mir immer bewusst.
Er steht mir zur Seite,
ich fühle mich ganz sicher.
9 Darum bin ich voll Freude und Dank,
ich weiß mich beschützt und geborgen.
10 Du, HERR, wirst mich nicht der Totenwelt*
preisgeben!
Du wirst nicht zulassen, dass ich für immer
im Grab ende;
denn ich halte in Treue zu dir!
11 Du führst mich den Weg zum Leben.
In deiner Nähe finde ich ungetrübte Freude;
aus deiner Hand kommt mir ewiges Glück.

Gebet eines unschuldig Verfolgten

17 Ein Gebet Davids.

HERR, ich suche Gerechtigkeit!
Höre meine Klage, nimm meine Bitte an;
von meinen Lippen kommt keine Lüge.
2 Dein Urteil wird mich freisprechen,
weil du siehst, dass ich ehrlich und redlich bin.

3 Du kennst meine Gedanken.
Heute Nacht wirst du kommen,
du wirst mein Innerstes durchforschen
und nichts finden, was du tadeln müsstest.
Mein Denken ist nicht anders als mein Reden.
4 Auch wenn sie es noch so schlimm trieben,
die Menschen rings um mich her,
ich habe mich stets nach deinem Wort gerichtet
und niemals nach dem Vorbild der Verbrecher.
5 Ich habe mich an deinen Weg gehalten
und bin nicht einen Schritt davon gewichen.

6 Ich wende mich an dich, mein Gott,
ich weiß, dass du mir Antwort gibst.
Hab ein offenes Ohr für mich,
hör meine Worte!
7 Erweise mir deine wunderbare Güte!
Du bist der Retter aller, die bei dir
Zuflucht suchen
vor denen, die sich gegen dich stellen.
8 Bewahre mich,
wie man sein eigenes Auge schützt,
und gib mir Zuflucht unter deinen Flügeln!
9 Du siehst meine Feinde, diese Verbrecher;
sie kreisen mich ein,
sie wollen mich vernichten!

10 Ihr Herz ist ohne jedes Mitgefühl,
ihr Mund führt vermessene Reden.
11 Jetzt umzingeln sie mich;[d]

a *Ich sage (zu dir):* mit zahlreichen Handschriften und mit alten Übersetzungen; H *Du sagst (zum HERRN).*
b Die Übersetzung ist ein Versuch, den schwierigen Text von H wiederzugeben.
c Wörtlich *Die Messschnüre sind für mich auf schönes Land gefallen.*
d So mit einer Handschrift; H *Unsere Schritte jetzt.*

15,5 Ex 22,24 S; 23,8 S **16,2** 73,25; Klgl 3,24 **16,3-4** Ex 23,24.13; Hos 2,19; Sach 13,2 **16,5-6** Jos 18,10; Num 18,20 **16,8-11** Apg 2,25-28 **16,10-11** 9,14; 30,4 S; Dan 12,2 S **17,3** 139,1-6.23 **17,4-5** Ijob 23,11-12 **17,8** 57,2; 61,5; 63,8; 91,4; Ex 37,9

sie lauern darauf, mich niederzustrecken,
12 wie gierige Löwen, zum Sprung bereit,
lüstern auf Beute, um sie zu zerreißen.

13 Steh auf, HERR! Stell dich gegen sie!
Zwing sie zu Boden, diese Schurken,
und rette mich mit deinem Schwert!
14 Befrei mich von ihnen
mit deiner starken Hand!
Verkürze ihren Anteil am Leben! [a]
Gib ihnen, was sie verdient haben;
es ist bestimmt genug,
um ihren Bauch zu füllen.
Auch ihre Kinder werden davon satt,
es reicht sogar noch für die Enkel.
15 Ich bin ohne Schuld, HERR!
Darum darf ich dich sehen.
Wenn ich wach werde,
will ich mich satt sehen an dir!

Dank für Gottes Hilfe

(2 Sam 22)

18 Von David, dem Vertrauten des HERRN. Er
sang dieses Lied zum Dank dafür, dass der
HERR ihn vor Saul und allen anderen Feinden ge-
rettet hatte. 2 Damals sang er:

Ich liebe dich, HERR,
denn durch dich bin ich stark!
3 Du mein Fels, meine Burg, mein Retter,
du mein Gott, meine sichere Zuflucht,
mein Beschützer, mein starker Helfer,
meine Festung auf steiler Höhe!
4 Wenn ich zu dir um Hilfe rufe,
dann rettest du mich vor den Feinden.
Ich preise dich, HERR!

5 Ich war gefangen in den Fesseln des Todes,
vernichtende Fluten stürzten auf mich ein,
6 die Totenwelt* hielt mich mit Schlingen fest,
die Falle des Todes schlug über mir zu.
7 In meiner Verzweiflung schrie ich zum HERRN,
zu ihm, meinem Gott, rief ich um Hilfe.
Er hörte mich in seinem Tempel*,
mein Hilferuf drang durch bis an sein Ohr.

8 Da wankte und schwankte die Erde,
da bebten die Fundamente der Berge,
sie zitterten vor seinem Zorn.
9 Aus seiner Nase quoll dunkler Rauch,
aus seinem Mund schossen helle Flammen
und glühende Asche sprühte hervor.

10 Er neigte den Himmel tief auf die Erde
und fuhr hernieder auf dunklen Wolken.
11 Er ritt auf einem geflügelten Kerub*
und schwebte herab auf den Flügeln des Sturms.
12 Er hüllte sich ein in Finsternis,
in Regendunkel und schwarzes Gewölk.
13–14 Sein strahlender Glanz verscheuchte
die Wolken
mit Hagelschlägen und glühenden Steinen.

Dann ließ er im Himmel den Donner grollen,
laut dröhnte die Stimme des höchsten Gottes.
15 Er schoss seine Pfeile
und verjagte meine Feinde;
er schleuderte Blitze
und stürzte sie in Schrecken.
16 Da zeigte sich der Grund des Meeres,
das Fundament der Erde wurde sichtbar,
als du, HERR, deinen Feinden drohtest
und ihnen deinen Zorn zu spüren gabst.

17 Vom Himmel her griff seine Hand nach mir,
sie fasste mich und zog mich aus der Flut,
18 entriss mich meinem mächtigen Feind,
den überstarken Gegnern, die mich hassten.
19 Sie überfielen mich am Tag meines Unglücks,
jedoch der HERR beschützte mich vor ihnen.
20 Rings um mich machte er es weit und frei.
Er liebt mich, darum half er mir.

21 Der HERR hat mir meine Treue vergolten;
er hat mir Gutes getan,
denn meine Hände sind rein.
22 Stets ging ich die Wege, die er mir zeigte;
nie habe ich mich durch Schuld
von ihm entfernt.
23 Seine Anordnungen standen mir
immer vor Augen
und seine Befehle wies ich nie zurück.
24 Ich tat genau, was er von mir verlangte,
und ging dem Unrecht immer aus dem Weg.
25 Ja, der HERR hat meine Treue vergolten;
er sieht es, meine Hände sind rein.

26 Den Treuen, HERR, hältst du die Treue;
für vollen Gehorsam gibst du volle Güte;
27 den Reinen zeigst du dich in reiner Klarheit;
doch den Falschen begegnest du als Gegner.

a Deutung unsicher.

17,15 42,3; 63,3; Jes 6,1-5; Offb 22,4 **18,3** 31,3; 61,3-4; 71,1.3; 91,2; 144,2 **18,5-7** 116,3-4; 30,4 S **18,8** 99,1; Ri 5,4-5 S; Nah 1,5-6 **18,9** Ex 19,18 **18,10-17** 144,5-7 **18,11** Ex 25,18-22; Ez 1,22-28; Ps 104,3 **18,13-15** 77,18-19 **18,16** 77,17; Jes 51,9-10 **18,17** 32,6 **18,21-25** 15,1-5 S

28 Die Erniedrigten rettest du aus Unterdrückung,
aber die Hochmütigen holst du vom hohen Ross.
29 Du lässt mein Lebenslicht strahlen, HERR.
Du selbst, mein Gott,
machst mir das Dunkel hell.
30 Mit dir, mein Gott, erstürme ich Schutzwälle,
mit dir springe ich über Mauern.

31 Alles, was dieser Gott tut, ist vollkommen,
was der HERR sagt, ist unzweifelhaft wahr.
Wer in Gefahr ist und zu ihm flieht,
findet bei ihm immer sicheren Schutz.
32 Kein anderer als der HERR ist Gott!
Nur er, unser Gott, ist ein schützender Fels!
33 Er ist es, der mir Kraft zum Kämpfen gibt
und einen geraden, gut gebahnten Weg.
34 Er macht meine Füße gazellenflink
und standfest auf allen steilen Gipfeln.
35 Er bringt meinen Händen das Fechten bei
und lehrt meine Arme, den Bogen zu spannen.

36 HERR, du bist mein Schutz und meine Hilfe,
du hältst mich mit deiner mächtigen Hand;
dass du mir nahe bist, macht mich stark.
37 Du hast den Weg vor mir frei gemacht,
nun kann ich ohne Straucheln vorwärts gehen.

38 Ich verfolgte meine Feinde, holte sie ein
und ließ nicht ab, bis sie vernichtet waren.
39 Ich schlug sie zu Boden,
sie kamen nicht mehr hoch,
erschlagen fielen sie vor meine Füße.
40 Du gabst mir die Kraft für diesen Kampf,
du brachtest die Feinde in meine Gewalt.
41 Sie mussten vor mir die Flucht ergreifen,
alle, die mich hassten, konnte ich vernichten.
42 Sie schrien um Hilfe,
doch da war kein Retter.
Sie schrien zu dir, HERR,
doch du gabst keine Antwort.
43 Ich zermalmte sie zu Staub,
den der Wind aufwirbelt.
Ich fegte sie weg wie den Straßenschmutz.

44 Du rettest mich vor rebellischen Leuten
und machst mich zum Herrscher
ganzer Völker.
Mir unbekannte Stämme unterwerfen sich,
45 Ausländer kommen und kriechen vor mir,
sie hören, was ich sage, und gehorchen sofort.
46 Sie haben keine Kraft mehr zum Widerstand,
zitternd kommen sie hervor aus ihren Burgen.

47 Der HERR lebt! Ihn will ich preisen,
meinen schützenden Fels!
Gott, meinen Retter, will ich rühmen!
48 Er hat mich Rache nehmen lassen,
er hat mir die Völker unterworfen
49 und mich vor zornigen Feinden gerettet.
Er hat mir den Sieg gegeben
über meine Gegner
und mich ihren grausamen Händen entrissen.

50 Darum will ich dich preisen
und deinen Ruhm besingen unter den Völkern.
51 Du schenkst deinem König große Siege,
du erweist deinem Erwählten deine Güte.
Das tust du für David und seine Söhne
in allen kommenden Generationen.

Gottes Größe in der Schöpfung und in seinem Gesetz

19 Ein Lied Davids.

2 Der Himmel verkündet es: Gott ist groß!
Das Heer der Sterne[a] bezeugt seine
Schöpfermacht.
3 Ein Tag sagt es dem andern,
jede Nacht ruft es der nächsten zu.
4 Kein Wort wird gesprochen,
kein Laut ist zu hören
5 und doch geht ihr Ruf weit über die Erde
bis hin zu ihren äußersten Grenzen.

Gott hat der Sonne ein Zelt gebaut.
6 Sie kommt daraus hervor
wie der Bräutigam aus dem Brautgemach,
wie ein Sieger betritt sie ihre Bahn.
7 Sie geht auf am einen Ende des Himmels
und läuft hinüber bis zum anderen Ende.
Nichts bleibt ihrem feurigen Auge
verborgen.

8 Das Gesetz* des HERRN ist vollkommen,
es gibt Kraft und Leben.
Die Mahnungen des HERRN sind gut,
sie verhelfen Unwissenden zur Einsicht.
9 Die Weisungen des HERRN sind zuverlässig,
sie erfreuen das Herz.
Die Anordnungen des HERRN sind deutlich,
sie geben einen klaren Blick.
10 Die Ehrfurcht vor dem HERRN ist untadelig
und hat für immer Bestand.
Die Gebote des HERRN sind richtig

a Wörtlich *Das Himmelsgewölbe**.

18,28 9,13S; Lk 1,52S **18,29** 36,10; Ijob 29,3 **18,31** 12,7 **18,32** Jes 44,8; Ps 18,3S **18,44-46** 2,8-9 **18,47** 18,3S **18,50** 108,4; Röm 15,9 **18,51** 20,7; 2Sam 7,16S **19,2** 8,4; Röm 1,20 **19,5** Röm 10,18

und ohne Ausnahme gerecht.
[11] Sie sind kostbarer als das feinste Gold,
süßer als der beste Honig.

[12] Auch ich höre auf deine Gebote, HERR,
denn wer sie befolgt, wird reich belohnt.
[13] Doch wer weiß,
wie oft er Schuld auf sich lädt?
Strafe mich nicht, wenn ich es unwissend tat!
[14] Bewahre mich vor vermessenen
Menschen,
damit sie mich nicht auf ihre Seite ziehen.
Dann werde ich rein bleiben
und frei von schwerer Schuld.
[15] Nimm meine Worte freundlich auf!
Lass mein Gebet zu dir dringen,
HERR, mein Halt und mein Retter!

Segenswunsch für den König

20 Ein Lied Davids.
[2] Der HERR gebe dir Antwort,
wenn du in Not gerätst und zu ihm schreist;
er selbst, der Gott Jakobs, sei dein Beschützer!
[3] Er sende dir Hilfe aus seinem Heiligtum,
mächtigen Beistand vom Zionsberg*!
[4] Er nehme deine Opfergaben gnädig an
und freue sich über deine Brandopfer*!
[5] Er erfülle die Wünsche deines Herzens
und lasse alle deine Pläne gelingen!
[6] Dann wollen wir voll Freude jubeln,
weil er dir zum Sieg verholfen hat.
Den Namen unseres Gottes wollen wir
rühmen
und unsere Feldzeichen hochheben.
Der HERR gebe dir alles, worum du ihn bittest!

[7] Nun weiß ich es:
Der HERR steht seinem König zur Seite;
aus seinem Heiligtum im Himmel
gibt er ihm Antwort,
seine mächtige Hand greift ein und befreit.
[8] Manche schwören auf gepanzerte Wagen,
andere verlassen sich auf Pferde;
doch wir vertrauen auf den HERRN,
unseren Gott!
[9] Sie alle brechen zusammen und fallen hin,
wir aber stehen und halten stand.

[10] HERR, hilf dem König!
Erhöre uns, wenn wir zu dir beten! [a]

Die Freude des Königs

21 Ein Lied Davids.
[2] HERR, der König freut sich und jubelt laut,
denn du bist mächtig und gabst ihm den Sieg.
[3] Den Wunsch seines Herzens hast du erfüllt
und seine Bitte nicht abgewiesen.
[4] Mit Glück und Gelingen beschenktest du ihn
und setztest ihm die goldene Krone auf.
[5] Um langes Leben bat er – du gewährtest es;
du gibst ihm viele reiche Jahre.
[6] Sein Ruhm ist groß durch deine Hilfe,
mit Pracht und Hoheit umgibst du ihn.
[7] Du segnest ihn sein ganzes Leben lang,
ihn selbst und alles, was er tut.
Durch deine Nähe erfüllst du ihn mit Freude.
[8] HERR, der König verlässt sich auf dich.
Gott, du Höchster, durch deine Güte
steht er sicher und fest.

[9] HERR, du wirst alle deine Feinde aufspüren,
deine mächtige Hand wird alle treffen,
die dich hassen.
[10] Du wirst sie vernichten mit lodernden
Flammen
am Tag, an dem du dich ihnen zeigst.
Dein Zorn wird brennen wie ein Feuer,
das sie mit Haut und Haaren verschlingt.
[11] Feg ihre Brut von der Erde weg,
rotte sie aus der Menschheit aus!
[12] Sie haben sich gegen dich verschworen
und schmieden viele verwegene Pläne;
doch erreichen werden sie damit nichts.
[13] Denn du richtest deinen Bogen auf sie
und jagst sie alle in die Flucht.
[14] HERR, zeige dich ihnen in deiner Macht,
dann werden wir deine großen Taten
besingen!

Rettung aus äußerster Verlassenheit

22 Ein Lied Davids, nach der Melodie »Eine
Hirschkuh am Morgen«.

[2] Mein Gott, mein Gott,
warum hast du mich verlassen?
Warum hilfst du nicht, wenn ich schreie,
warum bist du so fern?
[3] Mein Gott, Tag und Nacht rufe ich um Hilfe,
doch du antwortest nicht
und schenkst mir keine Ruhe.

a So Vers 10 mit G; H *HERR, hilf! Der König erhöre uns am Tag unseres Rufens.*

19,13 Num 15,22-29 **20,3** 76,3 S; Jes 14,32 S **20,5** 21,3; 37,4 **20,7** 18,51 **20,8** 33,16-17; 147,10-11; Dtn 20,1; 1 Sam 17,45; Jes 31,1 S **21,3** 37,4; 1 Kön 3,11-14 **22,2** 42,10; Mk 15,34 par

4 Du bist doch der heilige Gott,
dem Israel Danklieder singt!
5 Auf dich verließen sich unsere Väter,
sie vertrauten dir und du hast sie gerettet.
6 Sie schrien zu dir und wurden befreit;
sie hofften auf dich
und wurden nicht enttäuscht.

7 Doch ich bin kaum noch ein Mensch,
ich bin ein Wurm,
von allen verhöhnt und verachtet.
8 Wer mich sieht, macht sich über mich lustig,
verzieht den Mund und schüttelt den Kopf:
9 »Übergib deine Sache dem HERRN,
der kann dir ja helfen!
Er lässt dich bestimmt nicht im Stich!
Du bist doch sein Liebling!«

10 Ja, du hast mich aus dem Mutterschoß
gezogen,
an der Mutterbrust hast du mich
vertrauen gelehrt.
11 Seit dem ersten Atemzug
stehe ich unter deinem Schutz;
von Geburt an bist du mein Gott.
12 Bleib jetzt nicht fern, denn ich bin in Not!
Niemand sonst kann mir helfen!

13 Viele Feinde umzingeln mich,
kreisen mich ein wie wilde Stiere.
14 Sie reißen ihre Mäuler auf,
brüllen mich an wie hungrige Löwen.
15 Ich zerfließe wie ausgeschüttetes Wasser,
meine Knochen fallen auseinander.
Mein Herz zerschmilzt in mir wie Wachs.
16 Meine Kehle[a] ist ausgedörrt,
die Zunge klebt mir am Gaumen,
ich sehe mich schon im Grab liegen –
und du lässt das alles zu!
17 Eine Verbrecherbande hat mich umstellt;
Hunde sind sie, die mir keinen Ausweg lassen.
Sie zerfetzen mir Hände und Füße.[b]
18 Alle meine Rippen kann ich zählen;
und sie stehen dabei und gaffen mich an.
19 Schon losen sie um meine Kleider
und verteilen sie unter sich.

20 Bleib nicht fern von mir, HERR!
Du bist mein Retter, komm und hilf mir!
21 Rette mich vor dem Schwert meiner Feinde,
rette mein Leben vor der Hundemeute!
22 Reiß mich aus dem Rachen des Löwen,
rette mich vor den Hörnern der wilden Stiere!

HERR, du hast mich erhört!

23 Ich will meinen Brüdern von dir erzählen,
in der Gemeinde will ich dich preisen:
24 »Die ihr zum HERRN gehört: Preist ihn!
Alle Nachkommen Jakobs: Ehrt ihn!
Ganz Israel soll ihn anbeten!
25 Kein Elender ist dem HERRN zu gering;
mein Geschrei war ihm nicht lästig.
Er wandte sich nicht von mir ab,
sondern hörte auf meinen Hilferuf.«

26 Darum danke ich dir, HERR,
vor der ganzen Gemeinde.
Vor den Augen aller, die dich ehren,
bringe ich dir die Opfer,
die ich dir versprochen habe.
27 Die Armen sollen sich satt essen;
die nach dir, HERR, fragen,
sollen Loblieder singen;
immer möge es ihnen gut gehen!

28 Alle Völker sollen zur Einsicht kommen;
von allen Enden der Erde
sollen sie zum HERRN umkehren
und sich vor ihm niederwerfen.
29 Denn der HERR ist König,
er herrscht über alle Völker.
30 Vor ihm müssen die Mächtigen sich beugen,[c]
alle Sterblichen sollen ihn ehren,
alle, die hinunter müssen ins Grab.
31 Auch die kommende Generation
soll ihm dienen,
sie soll hören, was er getan hat.
32 Und sie soll ihren Nachkommen
weitererzählen,
wie der HERR eingegriffen hat, wie treu er ist.

Der HERR ist mein Hirt

23 Ein Lied Davids.

Der HERR ist mein Hirt;
darum leide ich keine Not.

a Vermutlicher Text; H *Meine Kraft.*
b Wörtlich *Meine Hände und Füße wie der Löwe;* G *Sie haben mir Hände und Füße durchbohrt;* vgl. Lk 24,40; Joh 20,25.27.
c Vermutlicher Text; H *Alle Großen der Erde werden essen und sich beugen.*

22,5-6 Ex 3,7-9; 14,13-16; Ri 2,18 **22,7** Jes 52,14; 53,3; 41,14 **22,8-9** Weish 2,18-20; Mk 15,29 par; Mt 27,43 **22,10-11** 71,6 **22,16** Joh 19,28 **22,19** Mk 15,24 par; Joh 19,23-24 **22,23** 40,10-11; 66,16-20; 107,31-32; Tob 12,6; Hebr 2,12 **22,26** 66,13-15 S **22,27** Dtn 14,29 **22,28-30** 96,7-10 S **22,31-32** Jos 4,6-7 S **23,1-4** Ez 34,11-16; Joh 10,11-15.27-29; Offb 7,17 **23,1** 74,1 S; Jes 40,11; Mi 7,14

2 Er bringt mich auf saftige Weiden,
lässt mich ruhen am frischen Wasser
3 und gibt mir neue Kraft.
Auf sicheren Wegen leitet er mich,
dafür bürgt er mit seinem Namen*.

4 Und muss ich auch durchs finstere Tal –
ich fürchte kein Unheil!
Du, HERR, bist ja bei mir;
du schützt mich und du führst mich,
das macht mir Mut.[a]

5 Vor den Augen meiner Feinde
deckst du mir deinen Tisch;
festlich nimmst du mich bei dir auf[b]
und füllst mir den Becher randvoll.

6 Deine Güte und Liebe umgeben mich
an jedem neuen Tag;
in deinem Haus darf ich nun bleiben[c]
mein Leben lang.

Einzug ins Heiligtum

24 Ein Lied Davids.

Dem HERRN* gehört die ganze Erde
mit allem, was darauf lebt.
2 Er hat sie fest gegründet über dem Wasser
und ihre Fundamente auf den Grund
des Meeres gelegt.

3 »Wer hat Zutritt zum Berg des HERRN?
Was für Menschen dürfen den heiligen Boden
betreten?«[d]

4 »Nur Menschen,
die unschuldige Hände haben
und ein reines Gewissen.
In ihren Herzen gibt es keine Falschheit,
von ihren Lippen kommt nie ein Meineid.
5 Der HERR wird sie segnen
und ihnen Hilfe senden,
wie er es den Seinen zugesagt hat.[e]
6 So sind die Menschen, die nach Gott fragen
und in seine Nähe kommen dürfen.
So sind die wahren Nachkommen Jakobs.«[f]

7 »Öffnet euch weit, ihr ehrwürdigen Tore!
Der König will einziehen,
dem alle Macht gehört!«

8 »Wer ist dieser mächtige König?«

»Es ist der HERR, der Starke und Gewaltige!
Der HERR, der Sieger in jedem Kampf! –
9 Öffnet euch weit, ihr ehrwürdigen Tore!
Der König will einziehen,
dem alle Macht gehört!«

10 »Wer ist dieser mächtige König?«

»Es ist der Herr über Himmel und Erde![g]
Er ist der höchste König,
ihm gehört alle Macht!«

Vergib mir meine Schuld

25 Von David.

Auf dich, HERR, richte ich Herz und Sinn.
2 Dir, meinem Gott, vertraue ich;
enttäusche mich nicht!
Diesen Triumph dürfen meine Feinde
nicht haben!
3 Enttäuscht wird niemand, der auf dich hofft;
aber wer dich treulos verlässt,
wird zuschanden.

4 HERR, zeig mir den Weg, den ich gehen soll;
lass mich erkennen, was du von mir verlangst.
5 Lehre mich, in Treue zu dir mein Leben zu
führen.
Du bist doch der Gott, bei dem ich Hilfe finde;
auf dich hoffe ich zu jeder Zeit.

6 HERR, denke an deine Güte und dein
Erbarmen,
die du von Anfang an deinem Volk
erwiesen hast.
7 Denke nicht an die Fehler meiner Jugend,
auch nicht an die späteren Vergehen;
aber denke an mich in deiner Liebe –
auf deine Güte, HERR, verlasse ich mich!

8 Gut und zuverlässig ist der HERR:
Den Sündern zeigt er den richtigen Weg;

a *du schützt ...:* wörtlich *dein Stock und deine Keule geben mir Mut.* Der Stock diente zum Führen und Antreiben der Schafe, die Keule zur Abwehr von Raubtieren.
b *festlich ...:* wörtlich *du salbst meinen Kopf mit Öl.* Auf diese Weise begrüßte man einen Gast; siehe Sacherklärung »Salbung«. c *bleiben:* mit alten Übersetzungen; H *(in dein Haus) zurückkehren.*
d Dieser Psalm ist ein Lied, das vermutlich beim Einzug der Bundeslade* in den Tempel (vgl. 1Kön 8,1-6) im Wechsel gesungen wurde. e *und ihnen Hilfe ...:* wörtlich *sie empfangen Gerechtigkeit* vom Gott ihrer Hilfe.*
f *So sind ...:* wörtlich *Jakob.* g *der Herr ...:* wörtlich *der HERR Zebaot*.*

23,4 46,3-4 **23,5** 36,9; 92,11 **23,6** 27,4; 41,13; 65,5; 84,2-5.11 **24,1** 50,12; 89,12; Ex 9,29; 1 Kor 10,26 **24,2** 136,6; Ijob 38,6 **24,3-6** 15,1-5 S **24,7-10** 68,25; 47,6-10 S **25,4** 27,11; 86,11; 139,24; 143,8 **25,7** Ijob 13,26

9 den Entrechteten verhilft er zu ihrem Recht
und lehrt sie, seinen Willen zu erkennen.
10 Alles, was der HERR tut, ist Güte und Treue
für die, die seinen Bund* achten
und seinen Weisungen gehorchen.

11 Dein Name*, HERR, bürgt für deine Liebe;
darum vergib mir meine Schuld –
sie ist so groß!

12 Wie steht es mit den Menschen,
die den HERRN ernst nehmen?
Der HERR zeigt ihnen den Weg,
den sie gehen sollen.
13 Sie leben in Glück und Frieden
und ihren Kindern wird das Land gehören.
14 Alle, die den HERRN ernst nehmen,
zieht er ins Vertrauen
und enthüllt ihnen das Geheimnis
seines Bundes.

15 Meine Augen blicken immer zum HERRN;
er wird meine Füße aus dem Fangnetz ziehen.
16 HERR, wende dich mir zu und hab Erbarmen;
ich bin so verlassen und hilflos.
17 Die Angst presst mir das Herz zusammen.
Mach mich frei, nimm den Druck von mir!
18 Sieh doch mein Elend an und meine Not!
Vergib mir meine ganze Schuld!
19 Sieh meine Feinde, HERR: Es sind so viele,
sie setzen mir zu mit Grausamkeit und Hass.
20 Beschütze mein Leben und rette mich!
Bei dir suche ich Zuflucht,
enttäusche mich nicht!
21 Hilf mir, rein und redlich zu leben;
HERR, ich rechne mit dir.

22 Gott, befreie Israel aus aller Not!

Gebet eines unschuldig Angeklagten

26 Von David.

HERR, verschaffe mir Recht!
Ich habe mir nichts zuschulden kommen
lassen.
Ich habe dir immer vertraut,
nichts hat mich davon abbringen können.
2 Stell mich auf die Probe, HERR,
prüfe mich auf Herz und Nieren!

3 Ich hatte deine Güte immer vor Augen,
im Wissen um deine Treue habe ich
mein Leben geführt.
4 Ich hatte nichts zu tun mit falschen Leuten
und gab mich nicht ab mit Hinterhältigen.
5 Ich mied die Gemeinschaft der Verbrecher
und blieb den Gewissenlosen fern.

6 Zum Zeichen meiner Unschuld
wasche ich meine Hände, HERR.
Dann schreite ich um deinen Altar;
7 ich danke dir mit meinem Lied
und verkünde deine Wundertaten.
8 Ich liebe das Haus, in dem du wohnst,
wo du in deiner Herrlichkeit*
uns nahe bist.

9 Töte mich nicht
zusammen mit den Sündern;
nimm mir nicht das Leben
zusammen mit den Mördern!
10 An ihren Händen klebt schlimmes Unrecht,
sie füllen ihre Taschen mit Bestechungsgeld.
11 Ich aber führe ein Leben ohne Tadel.
Erbarme dich und rette mich!

12 Jetzt stehe ich auf sicherem Grund.
Dafür will ich den HERRN preisen,
wenn sein Volk zusammenkommt.

Geborgen bei Gott

27 Von David.

Der HERR ist mein Licht,
er befreit mich und hilft mir;
darum habe ich keine Angst.
Bei ihm bin ich sicher wie in einer Burg;
darum zittere ich vor niemand.
2 Wenn meine Feinde mich bedrängen,
wenn sie mir voller Hass ans Leben wollen,
dann stürzen sie und richten sich zugrunde.
3 Mag ein ganzes Heer mich umzingeln,
ich habe keine Angst.
Auch wenn es zum Kampf kommt:
Ich vertraue auf ihn.

4 Nur eine Bitte habe ich an den HERRN,
das ist mein Herzenswunsch:
Mein ganzes Leben lang
möchte ich in seinem Haus bleiben,
um dort seine Freundlichkeit zu schauen
und seinen Tempel* zu bewundern. [a]

[a] So mit G; H ist nicht sicher zu deuten.

25,9 9,13S **25,11** Jes 48,11S **25,12-13** 41,2-4; 92,13-16; 112; 128; 1,1-6S **25,13** 37,29S **25,15** 123,1; 141,8 **25,22** 130,8 **26,1** 43,1; 59,4-5 **26,2** 139,23 **26,6** Dtn 21,6-8S **26,8** 5,8S; 23,6S **27,1** 36,10; 112,4; Mi 7,8; Ps 56,5S **27,3** 3,7 **27,4-5** 23,6S

5 Wenn schlimme Tage kommen,
nimmt der HERR mich bei sich auf,
er gibt mir Schutz unter seinem Dach
und stellt mich auf sicheren Felsengrund.
6 Dann triumphiere ich über die Feinde,
die mich von allen Seiten umringen.
Im Tempel bringe ich ihm meine Opfer,
mit lautem Jubel danke ich dem HERRN,
mit Singen und Spielen preise ich ihn.

7 HERR, höre mich, wenn ich dich rufe;
hab doch Erbarmen und antworte mir!
8 Ich erinnere mich an deine Weisung;
du hast gesagt: »Kommt zu mir!«
Darum suche ich deine Nähe, HERR.
9 Verbirg dich nicht vor mir!
Jag mich nicht im Zorn von dir weg!
Du hast mir doch immer geholfen;
lass mich jetzt nicht im Stich!
Verstoß mich nicht, Gott, du mein Retter!
10 Wenn auch Vater und Mutter mich verstoßen,
du, HERR, nimmst mich auf.

11 HERR, zeige mir den richtigen Weg,
leite mich auf gerader Bahn,
damit meine Feinde schweigen müssen.
12 Gib mich nicht ihrer Mordgier preis!
Die Zeugen, die mich belasten sollen,
Lügner sind sie, die das Recht zerstören!
13 Doch ich weiß,
ich muss nicht hinab zu den Toten;
ich darf weiterleben, um deine Güte zu sehen.

14 Vertrau auf den HERRN,
sei stark und fasse Mut,
vertrau auf den HERRN!

Hilfe in äußerster Bedrohung

28 Von David.

HERR, ich rufe zu dir um Hilfe!
Du mein Beschützer, stell dich nicht taub!
Wenn du mich schweigend von dir weist,
dann ist für mein Leben keine Hoffnung mehr.
2 Höre mich, wenn ich dich rufe,
wenn ich zu dir um Hilfe schreie,
dir betend meine Hände entgegenstrecke
zum innersten Raum deines Heiligtums hin.

3 Verurteile mich nicht zusammen mit denen,
die deine Gebote frech missachten,
auch nicht mit denen, die Unheil stiften –
die zwar mit allen freundlich reden,
doch im Herzen nur böse Pläne aushecken.
4 Gib ihnen den verdienten Lohn,
bestrafe sie für ihre Taten,
zahl ihnen ihre Schändlichkeiten heim!
5 Sie haben keine Augen für dein Tun,
sie merken nicht, wie du eingreifst, HERR!
Du wirst sie zu Boden werfen,
dass sie nicht wieder aufstehen können.

6 Der HERR sei gepriesen,
denn er hat meinen Hilferuf gehört.
7 Er hat mich verteidigt und beschützt,
auf ihn kann ich mich verlassen.
Er hat mir geholfen, darum freue ich mich
und danke ihm mit meinem Lied.

8 Der HERR ist ein machtvoller Schutz
für sein Volk.
Der König, den er erwählt und gesalbt* hat,
ist bei ihm geborgen wie in einer Festung.
9 Rette dein Volk, HERR!
Segne uns, dein Volk, das dir allein gehört,
führe uns und steh uns immer bei!

Gottes Größe im Gewitter

29 Ein Lied Davids.

Ehrt den HERRN, ihr Mächtigen im Himmel,[a]
ehrt ihn und unterwerft euch seiner Macht!
2 Gebt ihm die Ehre, die ihm allein zusteht!
Werft euch nieder vor ihm,
wenn er in seiner Heiligkeit erscheint.

3 Die Stimme des HERRN schallt über das
Wasser,
der mächtige Gott lässt den Donner grollen;
der HERR thront über den Ozeanen.
4 Voller Gewalt ist seine Stimme,
voll Hoheit dröhnt sie, diese Stimme,
5 die starken Zedern zerschmettert sie;
der HERR zerschlägt die Libanonzedern.
6 Der Libanon hüpft vor ihm wie ein Kalb,
der Hermon springt auf wie ein junger Büffel.
7 Zuckende Flammen sprüht seine Stimme,
8 die Wüste erzittert vor dieser Stimme;
der HERR lässt die Wüste von Kadesch
erbeben.
9 Die Hirschkühe kalben aus Angst
vor seiner Stimme,

a Wörtlich *ihr Göttersöhne;* vgl. die Sacherklärung »Gottessöhne«.

27,5 31,21 **27,8** Am 5,4; Ps 105,4 **27,10** Jes 49,15 **27,11** 25,4 S **27,12** 35,11; 109,2 S **28,2** 5,8 S; 1 Kön 8,6 **28,5** Jes 5,12 **28,6-7** Klgl 3,57-58 **29,1-2** 103,20-21 S **29,3-9** 46,7; Ijob 37,2-4; Am 1,2; Joël 2,11; Joh 12,28-29 **29,6** 114,4.6

die Wälder verlieren ihr Laub
vor dieser Stimme.
Und in seinem Tempel rufen alle die Seinen:
»Ehre dem HERRN!«

10 Der HERR thront über dem Himmelsozean*,
er herrscht als König für ewige Zeiten.
11 Der HERR wird seinem Volk Kraft geben,
er wird es mit Glück und Frieden beschenken.

Du hast mir das Leben neu geschenkt

30 Ein Lied Davids; Gesang zur Wiedereinweihung des Tempels*.

2 Ich preise dich, HERR,
denn aus dem Abgrund hast du mich
heraufgeholt
und meinen Feinden keinen Grund gegeben,
sich über meinen Sturz zu freuen.
3 HERR, mein Gott, ich schrie zu dir um Hilfe,
und du hast mich wieder gesund gemacht.
4 Du hast mich von den Toten zurückgeholt.
Ich stand schon mit einem Fuß im Grab,
doch du hast mir das Leben neu geschenkt.

5 Ihr alle, die ihr zum HERRN gehört,
preist ihn mit euren Liedern,
dankt ihm und denkt daran, dass er heilig ist!
6 Nur einen Augenblick trifft uns sein Zorn,
doch lebenslang umgibt uns seine Güte.
Am Abend mögen Tränen fließen –
am Morgen jubeln wir vor Freude.

7 Als ich mich sicher fühlte, dachte ich:
»Was kann mir schon geschehen?«
8 Durch deine Güte, HERR,
stand ich fester als die Berge. [a]
Doch dann verbargst du dich vor mir
und stürztest mich in Angst und Schrecken.
9 Ich schrie zu dir um Hilfe, HERR,
ich fragte dich:
10 »Was nützt es dir, wenn ich jetzt sterbe,
wenn ich ins Grab hinunter muss?
Kann einer dir auch dann noch danken,
wenn er zu Staub zerfallen ist?
Kann denn ein Toter deine Treue preisen?
11 HERR, hab Erbarmen, höre mich,
sei du mein Helfer, HERR!«

12 Du hast mein Klagelied in einen
Freudentanz verwandelt,
mir statt des Trauerkleids ein Festgewand
gegeben.
13 Ich musste nicht für immer verstummen;
ich kann dich mit meinen Liedern preisen.
Dir, HERR, mein Gott, gilt allezeit mein Dank!

Ich verlasse mich auf dich, Herr!

31 Ein Lied Davids.
2 HERR, bei dir suche ich Zuflucht;
lass mich nie enttäuscht werden!
Rette mich, wie du es versprochen hast! [b]
3 Hör mich doch, hilf mir schnell!
Sei mir ein rettender Fels, eine schützende Burg,
dann bin ich in Sicherheit.
4 Du gibst mir Halt, du bietest mir Schutz.
Geh mit mir und führe mich,
denn du bist mein Gott! [c]
5 Bewahre mich vor der Falle,
die man mir heimlich gestellt hat;
du bist doch mein Beschützer!
6 Ich gebe mich ganz in deine Hand,
du wirst mich retten, HERR, du treuer Gott!

7 Ich verabscheue alle,
die sich an die Götzen klammern;
ich selber, HERR, verlasse mich nur auf dich!
8 Ich bin glücklich, dass du so gut zu mir bist.
Du hast meine Not gesehen
und erkannt, wie verzweifelt ich war.
9 Den Feinden hast du mich nicht ausgeliefert,
sondern mir Raum zum Leben verschafft.

10 Hab Erbarmen, HERR,
ich weiß nicht mehr weiter!
Meine Augen sind müde vom Weinen,
ich bin völlig am Ende.
11 Die Sorgen verkürzen mein Leben,
der Kummer frisst meine Jahre.
Die Verzweiflung [d] raubt mir die Kraft,
meine Glieder versagen den Dienst.

12 Zur Spottfigur bin ich geworden
für meine Feinde,
zum Hohngelächter für meine Nachbarn,
zum Schreckgespenst für meine Freunde.
Alle, die mich auf der Straße sehen,

a *stand ich fester ...:* H *hattest du meinem Berg Stärke aufgerichtet.*
b Wörtlich *Rette mich in deiner Gerechtigkeit**. c *denn du ...:* wörtlich *um deines Namens* willen.*
d So mit alten Übersetzungen; H *Meine Schuld.*

29,10 104,3; 47,6-10 S **30,1** Esra 6,16; 1 Makk 4,52-54 **30,4** 56,14; 86,13; 103,4; 116,8; 1 Sam 2,6 S; Jona 2,7 **30,6** Jes 54,7-8 **30,10** 6,6 S **30,12** Jes 61,3 **31,2-4** 18,3 S **31,3** 102,3 S **31,5** 140,6 **31,6** Lk 23,46; Apg 7,59 **31,12** 38,12 S

laufen vor mir davon.
13 Vergessen hat man mich
wie einen, der schon lange tot ist,
wie weggeworfenes, zerbrochenes Geschirr.
14 Ich höre, wie sie über mich tuscheln;
von allen Seiten bin ich bedroht.
Sie stecken ihre Köpfe zusammen
und überlegen, wie sie mich zur Strecke
bringen.

15 Doch ich verlasse mich auf dich!
Du, HERR, du bist und bleibst mein Gott!
16 Was aus mir wird, liegt in deiner Hand.
Rette mich vor meinen Feinden,
die mich verfolgen!
17 HERR, sieh mich freundlich an,
denn ich gehöre dir.
Hilf mir in deiner Güte!
18 Zu dir, HERR, rufe ich,
enttäusche mich nicht!
Doch diese Verbrecher sollen sich täuschen:
19 Schick sie hinunter in die Totenwelt*,
damit sie für immer verstummen!
Bring sie zum Schweigen,
diese eingebildeten Lügner,
die den Schuldlosen frech verleumden!

20 Wie groß ist deine Güte, HERR!
Du wendest sie denen zu, die dir gehorchen.
Vor aller Augen zeigt sich diese Güte
an denen, die bei dir Zuflucht suchen.
21 In deiner Nähe sind sie geborgen,
vor allen Ränken sicher unter deinem Dach.
Du nimmst sie in Schutz vor ihren Verklägern.

22 Dank sei dir, HERR!
Du hast mir deine Güte erwiesen;
ein Wunder hast du an mir getan,
als meine Feinde mich ringsum bedrängten.
23 Ich dachte schon in meiner Angst,
ich wäre aus deiner Nähe verbannt.
Doch du hast mich gehört,
als ich um Hilfe schrie.

24 Liebt den Herrn, ihr, die ihr ihm gehört;
denn er schützt alle, die ihm die Treue halten.
Doch wer sich über ihn erhebt,
bekommt seinen Zorn zu spüren.
25 Ihr, die ihr auf den HERRN vertraut,
seid stark, fasst Mut!

Freude über die Vergebung der Schuld

32 Ein Gedicht Davids.
Freuen dürfen sich alle,
denen Gott ihr Unrecht vergeben
und ihre Verfehlungen zugedeckt hat!
2 Freuen dürfen sich alle,
denen der HERR die Schuld nicht anrechnet
und deren Gewissen nicht mehr belastet ist!

3 HERR,
erst wollte ich meine Schuld verschweigen;
doch davon wurde ich so krank,
dass ich von früh bis spät nur stöhnen konnte.
4 Ich spürte deine Hand bei Tag und Nacht;
sie drückte mich zu Boden,
ließ meine Lebenskraft entschwinden
wie in der schlimmsten Sommerdürre.
5 Darum entschloss ich mich,
dir meine Verfehlungen zu bekennen.
Was ich getan hatte, gestand ich dir;
ich verschwieg dir meine Schuld nicht länger.
Und du – du hast mir alles vergeben!

6 Deshalb soll jeder, der dir die Treue hält,
zu dir beten, wenn er in Not gerät.[a]
Wenn sie ihn dann bedrängt wie eine Flut,
wird sie ihn nicht verschlingen können.
7 Bei dir finde ich Schutz;
du hältst die Not von mir fern
und lässt mich jubeln über meine Rettung.

8 Der HERR hat mir geantwortet:[b]
»Ich sage dir, was du tun sollst,
und zeige dir den richtigen Weg.
Ich lasse dich nicht aus den Augen.
9 Sei doch nicht unverständig
wie ein Maultier oder Pferd!
Die musst du mit Zaum und Zügel bändigen,
sonst folgen sie dir nicht.«[c]

10 Wer nicht nach Gott fragt,
schafft sich viel Kummer;
aber wer dem HERRN vertraut,
wird seine Güte erfahren.
11 Freut euch und jubelt über den HERRN,
ihr, die ihr ihm treu seid!
Alle, die redlich und rechtschaffen sind,
sollen vor Freude singen!

a Vermutlicher Text; H *zu dir beten zur Zeit des Findens, nur.*
b Verdeutlichender Zusatz.
c *sonst folgen ...:* Deutung unsicher.

31,14 Jer 20,10 **31,17** 67,2; 80,4; 119,135; Num 6,25 **31,19** 109,2 S **31,21** 23,6 S **31,23** 65,5; Jona 2,5 **31,24** Dtn 6,4-5 S
32,1-2 103,3.8-12; Röm 4,6-8; 1 Joh 1,9 **32,3-5** 38,19; Jak 5,16 S **32,8** 25,4 S

Der Schöpfer der Welt schützt sein Volk

33 Jubelt dem HERRN zu,
ihr alle, die ihr ihm gehorcht!
Es ist gut, wenn die Redlichen ihn preisen!
2 Dankt dem HERRN auf der Laute,
spielt für ihn auf der zehnsaitigen Harfe!
3 Singt ihm ein neues Lied,
singt und spielt, gebt euer Bestes!

4 Das Wort des HERRN ist verlässlich;
er beweist es durch seine Taten.
5 Er liebt Gerechtigkeit und Recht;
von seiner Güte lebt die ganze Welt.

6 Durch das Wort des HERRN
ist der Himmel entstanden,
die Gestirne schuf er durch seinen Befehl.
7 Das Wasser am Himmel
hat er in Wolken gefasst,[a]
die Fluten in Kammern eingesperrt.
8 Vor ihm muss sich die ganze Erde fürchten
und jeder Mensch in Ehrfurcht erschauern.
9 Denn er spricht und es geschieht;
er gibt einen Befehl, schon ist er ausgeführt.

10 Der HERR durchkreuzt die Beschlüsse
der Völker,
er macht ihre stolzen Pläne zunichte.
11 Doch was er selbst sich vornimmt,
das führt er auch aus;
sein Plan steht für alle Zeiten fest.
12 Glücklich das Volk,
das den HERRN zum Gott hat,
das er erwählt hat als sein Eigentum!

13 Der HERR blickt vom Himmel* herab
auf die Menschen;
14 von dort oben, wo sein Thronsitz ist,
beobachtet er alle, die auf der Erde leben.
15 Er hat ihnen Verstand und Willen gegeben
und weiß alles, was sie tun und treiben.

16 Wenn ein König in der Schlacht
den Sieg erringt,
verdankt er das nicht seiner großen Armee;
und wenn ein Krieger heil davonkommt,
liegt es nicht an seinen starken Muskeln.
17 Wer sich auf Reiterheere verlässt,
ist verlassen;
auch viele Pferde mit all ihrer Kraft
können den Sieg nicht erzwingen.
18 Doch der HERR beschützt alle,
die ihm gehorchen,
alle, die mit seiner Güte rechnen.
19 Er wird sie vor dem Tod bewahren
und in Hungerzeiten am Leben erhalten.

20 Wir hoffen auf den HERRN,
er hilft uns und beschützt uns.
21 Wir freuen uns über ihn,
denn auf ihn, den heiligen Gott, ist Verlass.
22 HERR, lass uns deine Güte sehen,
wie wir es von dir erhoffen!

Von Ängsten befreit

34 Von David. Er dichtete dieses Lied, als Abimelech ihn fortgejagt hatte, weil David sich vor ihm wahnsinnig gestellt hatte.[b]

2 Den HERRN will ich preisen zu jeder Zeit,
nie will ich aufhören, ihm zu danken.
3 Was er getan hat, will ich rühmen.
Hört es, ihr Unterdrückten, und freut euch!
4 Preist mit mir die Taten des HERRN;
lasst uns gemeinsam seinen Namen ehren!

5 Ich wandte mich an den HERRN
und er antwortete mir;
er befreite mich von allen meinen Ängsten.
6 Wenn ihr zum HERRN blickt,
dann leuchtet euer Gesicht,
euer Vertrauen wird nicht enttäuscht.
7 Hier steht einer, der um Hilfe rief.
Der HERR hat ihn gehört
und ihn aus jeder Bedrängnis gerettet.
8 Alle, die dem HERRN gehorchen,
umgibt sein Engel mit mächtigem Schutz
und bringt sie in Sicherheit.

9 Erprobt es doch selbst und erlebt es:[c]
Der HERR ist gütig!
Wie glücklich sind alle,
die bei ihm Zuflucht suchen!
10 Ihr, die ihr dem HERRN gehört,
unterstellt euch ihm!

a Wörtlich *Die Gewässer des Meeres hat er zu einem Haufen/Damm gesammelt.* Gedacht ist dabei an den Himmelsozean, der sich über dem Himmelsgewölbe* befindet.
b Vgl. 1Sam 21,11-16, wo der König von Gat den Namen Achisch trägt. Allerdings kommt Abimelech bei den Philistern als Königsname vor; vgl. Gen 20,2; 26,1.
c Wörtlich *Schmeckt und seht.*

33,1-2 92,2-4 **33,3** 96,1S **33,6** 8,4 **33,7** Ijob 38,22 **33,9** Gen 1,3.6.9 usw.; Jes 48,13 **33,10** Jes 8,10 **33,12** Ex 19,5-6S **33,15** 94,9-11 **33,16-17** 20,8S **33,19** 1Kön 17,1-16 **34,8** 35,5; 91,11; Gen 24,7 **34,9** 1Petr 2,3

Wer ihm gehorcht, kennt keine Not.
11 Selbst starke Löwen leiden oftmals Hunger;
doch wer zum HERRN kommt,
findet alles, was er zum Leben nötig hat.

12 Kommt, junge Leute, hört mir zu!
Ich will euch sagen, was es heißt,
Gott ernst zu nehmen und mit ihm zu leben:
13 Wollt ihr von eurem Leben etwas haben
und möglichst lange glücklich sein?
14 Dann nehmt eure Zunge gut in Acht,
damit ihr nicht lügt und niemand verleumdet!
15 Kehrt euch vom Bösen ab und tut das Gute!
Müht euch mit ganzer Kraft darum,
dass ihr mit allen Menschen in Frieden lebt!

16 Der HERR hat ein offenes Auge für alle,
die ihm die Treue halten,
und ein offenes Ohr für ihre Bitten.
17 Denen, die Böses tun, widersteht er
und lässt die Erinnerung an sie
mit ihnen sterben.
18 Doch wenn seine Treuen rufen, hört er sie
und rettet sie aus jeder Bedrängnis.
19 Wenn sie verzweifelt sind
und keinen Mut mehr haben,
dann ist er ihnen nahe und hilft.

20 Wer dem HERRN treu bleibt,
geht durch viele Nöte,
aber aus allen befreit ihn der HERR.
21 Er bewahrt ihn so unversehrt,
dass ihm kein Knochen gebrochen wird.
22 Doch wer Unrecht tut,
den bringt sein Unrecht um.
Wer die Vertrauten des HERRN hasst,
wird seiner Strafe nicht entgehen.

23 Der HERR rettet das Leben aller,
die bei ihm Schutz suchen;
sie haben kein Unheil zu fürchten.

Gott nimmt die Schwachen in Schutz

35 Von David.

HERR, sprich sie schuldig,
die mich beschuldigen;
tritt meinen Gegnern entgegen!
2 Nimm Schild und Waffen,
komm und hilf mir!
3 Zücke die Lanze, versperre den Weg,
dass meine Verfolger mich nicht erreichen!
Gib mir die Zusage, dass du mir hilfst!

4 Schimpf und Schande über alle,
die mir ans Leben wollen!
Zurückweichen müssen sie und sich schämen,
alle, die Böses gegen mich planen!
5 Sie sollen zerstieben wie Spreu im Wind,
wenn der Engel* des HERRN sie davontreibt.
6 Ihr Weg soll dunkel und schlüpfrig sein,
wenn der Engel des HERRN ihnen nachjagt.
7 Ohne Ursache haben sie mir Fallen gestellt,
ein Loch gegraben und mit einem Netz
verdeckt.
8 Ganz unerwartet treffe sie das Unheil!
Sie sollen sich in ihrem Netz verfangen
und in die eigene Grube stürzen!
9 Ich aber werde jubeln und mich freuen,
weil mir der HERR geholfen hat.
10 Aus tiefstem Herzen will ich zu ihm sagen:
»HERR, keiner ist wie du!
Du hilfst dem Schwachen gegen den Starken,
du schützt den Wehrlosen und Armen
vor dem, der ihn berauben will.«

11 Falsche Zeugen sagen gegen mich aus.
Man verhört mich über Verbrechen,
von denen ich nichts weiß.
12 Gutes vergelten sie mir mit Bösem;
alle haben mich im Stich gelassen.
13 Früher, wenn einer von ihnen krank war,
zog ich mir Trauerkleidung an.
Um seine Krankheit von ihm abzuwenden,
verzichtete ich auf mein Essen;
ich neigte meinen Kopf tief auf die Brust
und betete für ihn,
14 als wäre er mein Bruder oder Freund.
Wie einer, der um seine Mutter trauert,
ging ich umher, gebeugt und voller Kummer.
15 Nun aber freuen sie sich über meinen Sturz
und rotten sich zusammen gegen mich.
Sogar verachtetes Volk[a] kommt daher,
Leute, die niemand kennt;
sie hören nicht auf, mich zu beschimpfen.
16 Sie spotten über mein entstelltes Aussehen;
drohend zeigen sie mir die Zähne.

17 Herr, wie lange noch willst du ruhig
zusehen?
Rette mich vor ihren Anschlägen,
bewahre mein Leben vor diesen Löwen!

a *verachtetes Volk:* wörtlich *Lahme (kommen).*

34,12-23 1,1-6 S **34,13-17** 1 Petr 3,10-12 **34,15** Röm 12,18; Hebr 12,14 S **34,18-19** 145,18-19 **34,20** 2 Kor 1,5 S **34,22** 37,14-15; 54,7; 140,7; 7,16-17 S **35,5** 34,8 S **35,8** 7,16-17 S **35,10** 9,13 S **35,11** 27,12; 1 Kön 21,13; Mt 26,59 **35,13-14** 2 Sam 12,16-17

18 Dann danke ich dir vor der ganzen Gemeinde,
vor versammeltem Volk will ich dich preisen.

19 Lass nicht zu,
dass sie über mein Unglück jubeln,
meine Feinde, diese Bande von Lügnern!
Ohne jeden Anlass hassen sie mich
und zwinkern einander verständnisvoll zu.
20 Nie hört man von ihnen ein gutes Wort.
Gegen die Stillen im Land,
die friedliebenden Leute,
denken sie sich immer neue
Verleumdungen aus.
21 Sie reißen die Mäuler gegen mich auf
und höhnen: »Da! Habt ihr's gesehen?
Jetzt haben wir endlich den Beweis!«

22 Du, HERR, hast das alles gesehen!
Schweig doch nicht länger,
bleib nicht fern von mir!
23 Steh auf, greif ein,
verschaffe mir Recht!
Mein Herr und Gott,
nimm du meine Sache in die Hand!

24 Du bist treu und gerecht, HERR,
darum sprich mich frei;
lass sie nicht hämisch über mich jubeln!
25 Sie sollen niemals sagen dürfen:
»Endlich haben wir's geschafft,
den haben wir erledigt!«
26 Sie alle sollen sich gründlich
verrechnet haben,
die sich über mein Unglück freuen!
Mit Schimpf und Schande sollen sie abziehen,
die stolz auf mich herabsehen wollen!

27 Doch alle, die meinen Freispruch wünschen,
sollen vor Freude jubeln
und immer wieder sagen:
»Der HERR ist groß!
Er sorgt dafür, dass sein Vertrauter
in Glück und Frieden leben kann.«
28 Ich selbst will deine Treue[a] verkünden,
alle Tage will ich dich preisen.

Die Bosheit der Menschen und die Güte Gottes

36 Von David, dem Vertrauten des HERRN.

2 Die Aufsässigkeit gegen Gott
liegt den Bösen im Blut,[b]
nichts ist ihnen heilig.
3 Sie sind viel zu sehr von sich eingenommen,
als dass sie ihr Unrecht einsehen könnten
oder gar es hassen.
4 Lug und Trug ist alles, was sie reden;
was sie tun, ist weder vernünftig noch gut.
5 Sogar im Bett schmieden sie üble Pläne.
Sie bleiben bei ihrem schlimmen Treiben;
nichts hält sie von ihrer Bosheit zurück.

6 HERR, deine Güte reicht bis an den Himmel
und deine Treue, so weit die Wolken ziehen!
7 Deine Gerechtigkeit ragt hoch
wie die ewigen Berge,
deine Urteile gründen tief wie das Meer.
Du, HERR, hilfst Menschen und Tieren.
8 Deine Liebe ist unvergleichlich.
Du bist unser Gott,
du breitest deine Flügel über uns
und gibst uns Schutz.
9 Du sättigst uns aus dem Reichtum
deines Hauses,
deine Güte erquickt uns wie frisches Wasser.
10 Du selbst bist die Quelle, die uns Leben
schenkt.
Deine Liebe ist die Sonne, von der wir leben.

11 Bleib immer denen gut, die dich kennen;
bleib allen in Treue zugewandt,
die dir mit redlichem Herzen folgen!
12 Lass nicht zu,
dass die Übermütigen mich niedertreten
und die Gewalttätigen mich aus Haus
und Heimat vertreiben.
13 Ich sehe sie schon stürzen,
diese Unheilstifter;
sie liegen am Boden
und kommen nicht mehr hoch.

Erfahrungen aus einem Leben mit Gott

37 Von David.

Reg dich nicht auf über Menschen,
die Gottes Gebote missachten!
Und wenn es den Unheilstiftern gut geht,
beneide sie nicht!
2 Denn wie das Gras verdorren sie bald,
sie welken und gehen ein wie grünes Kraut.

a *Treue:* wörtlich *Gerechtigkeit*;* ebenso in 37,11.
b Wörtlich *Die Auflehnung des Bösen spricht im Innern seines Herzens (seines* mit einigen Handschriften; H *meines).*
35,18 22,23S **35,20** Weish 2,12-20 **36,2** Röm 3,18 **36,5** Mi 2,1 **36,6** 108,5S **36,7** 104,27-28S **36,8** 17,8S **36,9-10** Jer 2,13; Ez 47,1-12S; Joh 4,14; Ps 84,12S **37,1-40** 73,1-28 **37,1-2** Spr 24,19-20

3 Verlass dich auf den HERRN
und tu, was recht ist;
dann bleibst du im Land
und wohnst in Sicherheit.
4 Suche dein Glück beim HERRN:
Er wird dir jeden Wunsch erfüllen.
5 Überlass dem HERRN die Führung
in deinem Leben;
vertrau doch auf ihn, er macht es richtig!
6 Deine guten Taten macht er sichtbar
wie das Licht des Tages,
und deine Treue lässt er strahlen
wie die Mittagssonne.

7 Werde ruhig vor dem HERRN
und warte gelassen auf sein Tun!
Wenn Menschen, die Böses im Schilde führen,
auch noch ständig Erfolg haben,
reg dich nicht auf!

8 Lass dich nicht hinreißen zu Wut und Zorn,
ereifere dich nicht, wenn andere Böses tun;
sonst tust du am Ende selber Unrecht!
9 Menschen, die sich Gott widersetzen,
rottet er aus;
doch alle, die auf ihn hoffen, werden das
Land besitzen.
10 Nicht lange mehr, dann sind die Bösen fort,
du wirst von ihnen keine Spur mehr finden.
11 Den Armen aber wird das Land gehören
und nichts wird fehlen an ihrem Glück.

12 Wer Gott missachtet, schmiedet Pläne,
zähneknirschend und voller Hass,
um denen zu schaden, die Gott gehorchen.
13 Der Herr aber lacht über seine Feinde,
er weiß: Der Tag der Abrechnung kommt.
14 Die Bösen haben das Schwert gezogen,
den Bogen haben sie schon gespannt.
Sie wollen die Armen und Wehrlosen töten,
alle, die ein ehrliches Leben führen.
15 Doch das Schwert dringt ihnen
ins eigene Herz
und ihre Bogen werden zerbrochen.

16 Arm sein, aber mit Gott leben
ist besser als aller Reichtum der vielen,
die gegen Gott leben;
17 denn der Herr zerbricht die Macht
seiner Gegner,
doch seine Getreuen macht er stark.
18 Der HERR sorgt täglich für die,
die sich in allem nach ihm richten.
Was er ihnen geben will,
bleibt für immer ihr Besitz.
19 In Unglückstagen enttäuscht er sie nicht,
in Zeiten der Hungersnot macht er sie satt.
20 Doch seine Feinde kommen um,
die Bösen verschwinden wie die Pracht
der Wiesen,
sie gehen in Rauch auf und verwehen.

21 Wer Gott missachtet, muss ständig borgen,
und zurückzahlen kann er nicht.
Doch wer Gott gehorcht, kann freigebig
helfen.
22 Menschen, die Gott segnet, besitzen das
Land;
doch wer unter seinem Fluch steht, kommt um.
23 Der HERR hat Freude an einem redlichen
Menschen
und lenkt alle seine Schritte.
24 Er mag fallen, aber er stürzt nicht zu Boden;
denn der HERR hält ihn fest an der Hand.

25 Ich habe ein langes Leben hinter mir;
nie sah ich Menschen von Gott verlassen,
die ihm die Treue halten,
und nie ihre Kinder auf der Suche nach Brot.
26 Alle Tage können sie freigebig leihen
und an ihren Kindern zeigt sich Gottes Segen.
27 Kehr dich vom Bösen ab und tu das Gute;
dann ist dir dein Wohnplatz für immer sicher.
28 Denn der HERR liebt das Recht
und verlässt die Seinen nicht, die ihm treu
bleiben;
für alle Zeiten beschützt er sie.
Aber die Nachkommen der Feinde Gottes
kommen um.
29 Den Gehorsamen wird das Land gehören,
sie dürfen für immer darin wohnen.

30 Ein Mensch, der sich nach Gott richtet,
spricht Worte der Weisheit*
und sagt, was recht ist vor dem HERRN.
31 Das Gesetz* seines Gottes trägt er im Herzen;
darum weicht er nicht vom richtigen Weg.
32 Wer Gott missachtet, lauert darauf,
die umzubringen, die Gott gehorchen.
33 Doch der HERR lässt nicht zu,
dass sie in Mörderhände fallen
oder dass man sie gegen das Recht verurteilt.
34 Hoffe auf den HERRN
und befolge seine Gebote;[a]

[a] *befolge ...:* wörtlich *bleib auf seinem Weg.*

37,4 36,10; 20,5 **37,5** 55,23; Spr 16,3 **37,11** Mt 5,5 **37,13** 59,9S **37,16** Spr 15,16 **37,24** Spr 24,16 **37,25** Koh 7,15S **37,29** 25,13; Jes 60,21 **37,30** Spr 10,31

dann ehrt er dich und schenkt dir das Land,
und du wirst sehen,
wie er seine Feinde vernichtet.

35 Ich sah einen Bösen,
der seine Macht missbrauchte;
er wurde immer größer,
wie ein Baum auf fettem Boden.
36 Aber als ich[a] noch einmal vorüberging,
da war nichts mehr von ihm zu sehen.
Ich suchte ihn, doch ich fand keine Spur.

37 Achte auf unsträfliche, ehrliche Menschen
und du wirst sehen:
Wer den Frieden liebt,
dessen Nachkommen bleiben.
38 Doch die Unheilstifter werden alle vernichtet
und ihre Nachkommen werden ausgerottet.
39 Der HERR hilft denen, die zu ihm halten.
Wenn Gefahr droht, finden sie bei ihm Zuflucht.
40 Er rettet sie und steht ihnen bei.
Vor den Bösen wird er sie retten
und ihnen helfen,
denn bei ihm suchen sie Schutz.

Unter der Last von Krankheit und Schuld

38 Ein Lied Davids, um sich bei Gott in Erinnerung zu bringen.

2 HERR, du bist zornig auf mich.
Aber nimm die Strafe von mir,
peinige mich nicht länger!
3 Deine Pfeile bohren sich in mich hinein
und deine Hand drückt mich zu Boden.

4 An meinem ganzen Körper
ist nichts Gesundes mehr zu sehen
und keins von meinen Gliedern ist heil.
Das ist deine Antwort auf meine Schuld;
du zeigst mir damit, wie sehr du mir zürnst!
5 Meine Schuld ist mir über den Kopf
gewachsen;
sie wiegt zu schwer,
ich kann sie nicht mehr tragen.
6 Ich war so töricht,
dich nicht ernst zu nehmen.
Darum eitern meine Wunden
und riechen widerlich.
7 Gebeugt von Schmerzen,
zerschlagen und voll Kummer
schleppe ich mich von einem Tag zum andern.
8 Tief in mir fühle ich das Fieber brennen,
am ganzen Körper ist kein heiler Fleck.

9 Mit meiner Kraft bin ich völlig am Ende,
die Qual ist zu groß,
ich kann nur noch schreien.
10 Du weißt, wonach ich mich sehne, Herr!
Du hast doch all mein Stöhnen gehört!
11 Mein Herzschlag flattert,
meine Kraft ist fort,
selbst meine Augen versagen mir den Dienst.
12 Die Freunde und Nachbarn meiden mich,
sie fürchten sich vor meinem Unglück.
Auch meine Nächsten sind nun fern von mir.
13 Man will mir ans Leben, stellt mir Fallen;
man wünscht mir Unheil,
redet, was mir schadet,
verleumdet mich den ganzen Tag.

14 Ich aber stelle mich taub, als hörte ich nichts,
mein Mund bleibt stumm, als könnte ich nicht
reden.
15 Ich bin wie einer, der nicht hören kann
und deshalb keine Antwort gibt.
16 Denn ich verlasse mich auf dich,
mein Gott und Herr;
du wirst an meiner Stelle Antwort geben.
17 Ich möchte nicht,
dass sie mein Unglück feiern,
dass sie sich überheben, wenn ich strauchle.
18 Denn es fehlt nicht mehr viel
zu meinem Sturz;
meine Schmerzen erinnern mich ständig daran.

19 Ich gestehe es: Ich habe gesündigt.
Ich finde keine Ruhe wegen meiner Schuld.
20 Doch meine Todfeinde sind stark und mächtig;
viele sind es, die mich grundlos hassen.
21 Gutes vergelten sie mir mit Bösem,
sie feinden mich an, weil ich das Gute suche.

22 HERR, lass mich nicht im Stich,
bleib nicht fern von mir, mein Gott!
23 Komm, hilf mir bald, Herr, du mein Retter!

»HERR, achte auf mein Schreien.« Bitte um Vergebung für unbedachtes Reden in großer Not

39 Ein Lied Davids, für Jedutun.

2 Ich hatte mir vorgenommen,
auf mich aufzupassen

a *ich:* mit alten Übersetzungen; H *er* bzw. *man.*

38,3 Ijob 6,4 **38,4-6** 32,3-5 S; 40,13 **38,12** 31,12; 69,9; 88,9.19; Ijob 19,13-19 **38,19** 32,3-5 S **39,1** 1 Chr 25,1 S

und nichts zu sagen,
wodurch ich schuldig würde,
in Gegenwart von Schurken stillzuschweigen,
als hätte ich einen Knebel im Mund.
3 Ich habe mich in Schweigen gehüllt,
doch nichts hat sich dadurch gebessert,
denn meine Qualen wurden immer schlimmer:
4 Im Herzen wurde mir immer heißer,
mein Stöhnen brachte die Glut zum Brennen,
es musste heraus!

5 Sag es mir, HERR, wie viel Zeit mir noch bleibt.
Wie lang ist mein Leben bemessen?
Ich will wissen, wann es zu Ende ist!
6 Es ist so kurz, das bisschen Leben,
das du mir zugemessen hast;
eine Handbreit nur,
ein Nichts verglichen mit dir.
Wie fest meint jeder Mensch zu stehen
und ist in Wahrheit nur ein Hauch!
7 Er kommt und geht
wie die Bilder eines Traums;
er ist geschäftig und lärmt – für nichts;
er sammelt und speichert
und weiß nicht, wer's bekommt.

8 Herr, was hab ich da noch zu erhoffen?
Ich setze meine ganze Hoffnung auf dich!
9 Befreie mich von aller meiner Schuld
und mach mich nicht zum Spott für Menschen,
die dich und deine Gebote missachten!
10 Ich bin jetzt still,
ich werde nichts mehr sagen;
von dir kommt alles, was geschehen ist.
11 Doch lass es genug sein;
hör auf, mich zu plagen;
ich halte deine Schläge nicht mehr aus!
12 Du strafst einen Menschen für seine Schuld;
das Wertvollste, was er hat, sein Leben,[a]
zerstörst du wie die Motte, die ein Kleid
zerfrisst.
Ein Hauch ist jeder Mensch – mehr nicht!

13 Höre mein Gebot, HERR,
achte auf mein Schreien;
sei nicht taub für mein Klagen und Weinen!
Ich bin nur ein Gast bei dir
wie alle meine Ahnen,
ein rechtloser Fremder,
der auf deine Güte zählt.
14 Wende deinen strafenden Blick von mir ab,
damit ich noch einmal aufatmen kann,
bevor ich gehen muss und nicht mehr bin!

Dank und Gelöbnis

40 Ein Lied Davids.
2 Unbeirrt habe ich auf den HERRN gehofft,
auf seine Hilfe habe ich gewartet.
Er hat mein Schreien gehört
und hat mir geholfen.
3 Ich sah mich schon im Grabe liegen,
ich sah mich im Sumpf versinken;
doch er hat mich herausgezogen
und mich auf Felsengrund gestellt.
Jetzt kann ich wieder sichere Schritte tun.

4 Ein neues Lied hat er mir in den Mund gelegt,
mit dem ich ihn preisen kann,
ihn, unseren Gott.
Viele sollen es hören und sehen;
dann nehmen sie den HERRN wieder ernst
und schenken ihm ihr Vertrauen.
5 Wie glücklich ist,
wer ganz auf den HERRN vertraut
und sich an keine anderen Mächte[b] bindet,
die nur in die Irre führen.

6 HERR, mein Gott!
Du hast so viel für uns getan;
niemand ist wie du!
Deine Pläne, deine wunderbaren Taten –
wenn ich sie alle aufzählen wollte,
ich käme nie an ein Ende!
7 Aus Opfern und Gaben machst du dir nichts,
Brandopfer* und Sühneopfer* verlangst du nicht
von mir.
Aber du hast mir Ohren gegeben,
um auf dich zu hören!
8–9 Darum sage ich: Mein Gott, ich bin bereit,
zu tun, was du von mir erwartest,
so wie es für mich aufgeschrieben ist
im Buch des Gesetzes*.
Ich freue mich über dein Gesetz
und trage es in meinem Herzen.

10 Vor der ganzen Gemeinde will ich erzählen,
wie treu du deine Zusagen einlöst.[c]
Ich höre niemals auf, davon zu reden;

a Wörtlich *seine Anmut/Schönheit.* *b* *Mächte:* Deutung unsicher.
c *wie treu ...:* wörtlich *(erzählen) die Gerechtigkeit*,* in Vers 11 *Was du getan hast* wörtlich *Deine Gerechtigkeit.*
39,5-7 62,10; 78,39; 90,12; 144,4; Ijob 7,7-8; 14,1-2 **39,8** 42,6 **39,12** 90,7-9 **39,13** 119,19; Lev 25,23; 1 Chr 29,15; 1 Petr 2,11 S; Hebr 11,13 **39,14** Ijob 7,19 S **40,4** 96,1 S **40,5** Jer 17,5-8 **40,6** 139,17-18 S **40,7-9** 50,7-15; 51,18-19; 69,32; Koh 4,17 S **40,10-11** 22,23 S

du weißt es, HERR!
11 Was du getan hast,
behalte ich nicht für mich,
ich bezeuge es allen,
dass du treu bist und hilfst.
Ich will der Gemeinde nicht verschweigen,
wie gütig und zuverlässig du bist.
12 HERR, du wirst mir dein Erbarmen
nicht entziehen.
Deine Güte und Treue werden mich stets
bewahren.

13 Von allen Seiten
überfällt mich das Unglück;
ich kann nicht zählen, wie oft es zuschlägt.
Meine Verfehlungen haben mich eingeholt;
ich kann nichts anderes mehr sehen,
ich habe mehr davon als Haare auf dem Kopf.
Darum habe ich allen Mut verloren.
14 Sei gnädig, HERR, rette mich,
komm, hilf mir bald!

15 Schimpf und Schande komme über alle,
die mir nach dem Leben trachten!
Zurückweichen sollen sie
und zuschanden werden,
alle, die an meinem Unglück Freude haben!
16 Sie sollen sich entsetzen über ihre Schande,
die hämisch rufen: »Da! Habt ihr's gesehen?«
17 Doch alle, die deine Nähe suchen,
sollen über dich jubeln und glücklich sein!
Alle, die deine Hilfe begehren,
sollen immer wieder rufen:
»Der HERR ist groß!«

18 Ich bin arm und wehrlos;
Herr, vergiss mich nicht!
Du bist doch mein Helfer und Befreier,
mein Gott, lass mich nicht länger warten!

Gebet eines Kranken

41 Ein Lied Davids.

2 Wie glücklich sind alle,
die für die Hilflosen sorgen!
Wenn sie in Not geraten,
holt der HERR sie heraus
3 und erhält sie am Leben;
alle im Land werden sie glücklich preisen.
Der HERR überlässt sie nicht der Willkür
ihrer Feinde.
4 Wenn Krankheit sie niederwirft,
steht der HERR ihnen bei
und hilft ihnen wieder auf.

5 Weil ich das weiß, sage ich:
HERR, hab Erbarmen mit mir
und mach mich wieder gesund!
Denn gegen dich habe ich mich vergangen!

6 Meine Feinde sind grausam,
sie fragen: »Wann ist er endlich tot,
damit man ihn schnellstens vergisst?«
7 Wenn mich überhaupt noch einer
von ihnen besucht,
dann tut er es in böser Absicht:
Er sucht nach Beweisen für meine Schuld;
kaum ist er wieder draußen,
verleumdet er mich.
8 Alle, die mich hassen,
stecken ihre Köpfe zusammen;
einmütig ziehen sie über mich her
und reden schon von meinem Ende:
9 »Den lässt die Hölle nicht mehr los,
sein Bett verlässt er nur noch als Toter!«
10 Sogar mein Freund,
dem ich Vertrauen schenkte,
der bei mir von meinem Brot gegessen hat –
auch er hat sich nun gegen mich gewandt!
11 Du aber hab Erbarmen mit mir,
HERR, richte mich doch wieder auf,
damit ich sie zur Rechenschaft ziehe!

12 Wenn das Siegesgeschrei meiner Feinde
verstummt,
dann weiß ich, dass du es gut mit mir meinst.
13 Weil ich schuldlos bin, hältst du zu mir
und lässt mich für immer in deiner Nähe leben.

14 Gepriesen sei der HERR, der Gott Israels,
vom Anfang der Zeiten bis in alle Zukunft!
Amen, so soll es sein!

ZWEITES BUCH
(Psalmen 42–72)

Hoffnung in größter Not[a]

42/43 Ein Gedicht der Korachiter.

2 Wie ein Hirsch nach frischem Wasser lechzt,
so sehne ich mich nach dir, mein Gott!
3 Ich dürste nach Gott,

a Wie der Kehrvers zeigt (42,6.12; 43,5), waren Ps 42/43 ursprünglich ein zusammenhängendes Lied.

40,14-18 70,2-6 **40,16** 35,21 **40,18** 9,13S **41,2-4** 25,12-13S **41,2** Spr 14,21S **41,5** 38,4-6S **41,7** 35,21 **41,10** Joh 13,18 **41,13** 23,6S **42,2-3** 17,15S; 84,3

nach dem wahren, lebendigen Gott.
Wann darf ich zu ihm kommen,
wann darf ich ihn sehen?[a]

4 Tränen sind meine Nahrung
bei Tag und Nacht,
weil man mich ständig fragt:
»Wo bleibt er denn, dein Gott?«
5 Wenn ich an früher denke,
geht das Herz mir über:
Da zog ich mit der großen Schar
zum Hause Gottes,
da konnte ich jubeln und danken
in der feiernden Menge.

6 *Warum bin ich so mutlos?*
Muss ich denn verzweifeln?
Auf Gott will ich hoffen!
Ich weiß, ich werde ihn noch einmal preisen,
ihn, meinen Gott, der mir hilft.[b]

7 Ich weiß nicht mehr aus noch ein!
Darum gehen meine Gedanken zu ihm –
aus der Ferne,
vom Land an den Jordanquellen,
vom Hermongebirge mit seinen Gipfeln.
8 Rings um mich tost es und braust es:
Flut auf Flut, von ihm geschickt,
Welle auf Welle rollt über mich hin.

9 Am Tag wird er mir seine Güte erweisen
und in der Nacht will ich ihm singen
voller Dank;
zu Gott will ich beten,
der mir das Leben gibt.
10 Ich sage zu ihm, meinem Beschützer:
Warum hast du mich vergessen?
Warum geht es mir so elend?
Und dazu quälen mich noch meine Feinde!
11 Wie eine tödliche Wunde ist ihr Hohn
für mich,
weil sie mich täglich fragen:
»Wo bleibt er denn, dein Gott?«

12 *Warum bin ich so mutlos?*
Muss ich denn verzweifeln?
Auf Gott will ich hoffen!
Ich weiß, ich werde ihn noch einmal preisen,
ihn, meinen Gott, der mir hilft.

43,1 Steh mir bei, Gott,
verschaffe mir Recht;
verteidige mich gegen treulose Menschen,
die mich mit Lüge und Arglist verfolgen!
2 Du bist doch immer mein Schutz gewesen!
Warum hast du mich jetzt verstoßen?
Warum geht es mir so elend?
Und dazu quälen mich noch meine
Feinde!

3 Stell mir dein Licht und deine Treue
zur Seite!
Sie sollen mich führen,
mich hinbringen zu deinem heiligen Berg,
zu dem Ort, wo du wohnst.
4 Dort will ich an deinen Altar treten,
vor dich, den Grund meiner Freude.
Zum Klang der Harfe will ich dich preisen,
dich, meinen Gott!

5 *Warum bin ich so mutlos?*
Muss ich denn verzweifeln?
Auf Gott will ich hoffen!
Ich weiß, ich werde ihn noch einmal preisen,
ihn, meinen Gott, der mir hilft.

Von Gott verstoßen?

44 Ein Gedicht der Korachiter.

2 Gott, mit eigenen Ohren
haben wir es gehört,
unsere Väter und Vorväter
haben es uns erzählt,
was du vollbracht hast in ihren Tagen –
damals, vor langer Zeit:
3 Fremde Völker hast du aus dem Land
vertrieben
und unsere Väter darin wohnen lassen.
Die Fremden hast du hart geschlagen,
damit unsere Väter in Freiheit
leben konnten.
4 Sie haben zwar das Land erobert,
doch nicht durch *ihre* Schwerter
kam der Sieg
und nicht durch ihre eigene Kraft:
Durch *deine* Hand und *deine* Macht
und *deine* Gegenwart ist es geschehen,
denn du liebtest sie!

a *ihn sehen:* mit einigen Handschriften und der syrischen Übersetzung; H *vor ihm erscheinen* (so von den jüdischen Überlieferern geändert, da als anstößig empfunden; vgl. Ex 33,20).
b *ihn, meinen Gott ...* (wörtlich *die Hilfe meines Angesichts und meinen Gott*): mit einigen Handschriften und alten Übersetzungen; entsprechend in Vers 12; 43,5. H *die Hilfe seines Angesichts, [7] mein Gott.*

42,4 115,1-2S **42,5** 122,1S **42,6** 39,8; 62,6 **42,8** 18,5; 69,2-3; 88,8; 124,4-5; Ijob 22,11; Jona 2,4 **42,9** 119,55S **42,10** 22,2 **43,3** 76,3S **43,4** 5,8S **44,2-4** Jos 24,11-12

5 Du, Gott, bist unser König,
du gibst[a] den Nachkommen Jakobs den Sieg.
6 Mit deiner Hilfe stoßen wir die Gegner
nieder,
durch deine Macht zertreten wir
unsere Feinde.
7 Wir verlassen uns nicht auf unseren Bogen,
wir erwarten nicht,
dass unser Schwert uns rettet:
8 Nur du befreist uns von unseren Feinden
und stürzt die in Schande, die uns hassen.
9 Alle Tage wollen wir dich rühmen
und dir, unserem Gott, ohne Ende danken!

10 Nun aber hast du uns verstoßen
und uns in Schmach und Schande gestürzt;
du ziehst nicht mehr mit unseren Heeren
in den Kampf.
11 Du lässt zu, dass wir fliehen müssen
vor unseren Feinden, die uns hassen;
hemmungslos dürfen sie Beute machen.
12 Wie Schlachtvieh lieferst du uns
an sie aus,
du zerstreust uns unter fremde Völker.

13 Du verkaufst dein Volk
zu einem lächerlichen Preis,
nicht den kleinsten Gewinn machst du dabei.
14 Du lässt uns von unseren Nachbarn
verhöhnen,
sie dürfen uns verlachen und beschimpfen.
15 Du machst uns zur Spottfigur
für die Völker,
sie alle schütteln über uns den Kopf.
16 Den ganzen Tag empfinden wir
die Schande,
und das Gesicht brennt uns vor Scham,
17 wenn wir den Hohn der Feinde hören,
wie sie in ihrer Rachsucht uns beleidigen.

18 Dies alles ist über uns hereingebrochen –
doch wir hatten dich nicht vergessen
und den Bund mit dir nicht aufgekündigt!
19 Wir haben uns nicht von dir abgewandt
und sind keinen Schritt von deinem Weg
gewichen.
20 Du aber hast uns zu Boden geschlagen,
wir müssen in den Trümmern hausen
wie Schakale,
auch nicht die kleinste Hoffnung lässt du uns.

21 Hätten wir dich, unseren Gott, vergessen
und zu anderen Göttern gebetet,
22 du hättest es sofort gewusst,
du kennst doch die Tiefen unseres Herzens!
23 Weil wir zu dir gehören,
sind wir täglich in Todesgefahr.
Wir werden angesehen wie Schafe,
die zum Schlachten bestimmt sind.

24 Wach auf, Herr! Warum schläfst du?
Wach endlich auf,
verstoß uns nicht für immer!
25 Warum blickst du nicht mehr auf uns?
Warum fragst du nicht danach,
wie man uns quält und unterdrückt?
26 Erniedrigt liegen wir am Boden,
kraftlos hingestreckt in den Staub.
27 Greif ein und hilf uns, mach uns frei!
Wir berufen uns auf deine Güte!

Zur Hochzeit des Königs

45 Ein Gedicht der Korachiter, zu singen nach der Melodie »Lilien«,[b] ein Lied auf die Liebe.

2 Eine Botschaft bewegt mein Herz,
Gott hat sie mir eingegeben;
darum singe ich dem König ein Lied.
Meine Zunge soll es so kunstvoll tun
wie der Griffel in der Hand des geübten
Schreibers.

3 Du bist der stattlichste von allen Männern,
von deinen Lippen fließen Worte voller Huld;
sichtbar ruht Gottes Segen auf dir.
4 Schnalle dein Schwert um,
du tapferer Kämpfer,
umgib dich mit Pracht und königlichem Glanz!
5 In deiner Pracht besteige den Wagen,
führe erfolgreich den Kampf für die Wahrheit,
verhilf den Schwachen zu ihrem Recht![c]
Vollbringe Taten, für die man dich fürchtet!
6 Schieße deine scharfen Pfeile,
unterwirf dir die Völker,
triff deine Feinde mitten ins Herz!

7 Dein Thron ist Gottes Thron,
darum steht er für alle Zeiten fest.[d]
Du regierst dein Reich als gerechter König.

a *du gibst:* mit G; H *gib.*
b Die Deutung der hebräischen Bezeichnung ist unsicher; einige verstehen darunter ein Musikinstrument.
c Wörtlich *für die Wahrheit und für die Demut der Gerechtigkeit.*
d Oder *Gott, dein Thron* (oder *Dein göttlicher Thron*) *steht für alle Zeiten fest.*

44,7 20,8 S **44,14-15** 79,4; 80,7 **44,22** 139,1 S **44,23** 34,20; 69,8; Röm 8,36 **44,24** 121,4 **45,5** 72,1-2 **45,7-8** 2,6; Hebr 1,8-9

[8] Du liebst das Recht
und verabscheust das Unrecht;
darum hat Gott dich zum Herrscher gesalbt,
dein Gott hat dir mehr Ehre und Freude
gegeben
als allen, die mit dir feiern. [a]
[9] Nach Myrrhe*, Zimt und Aloë*
duften alle deine Gewänder.
Um dich zu erfreuen, erklingt Musik
aus deinen mit Elfenbein verzierten Palästen.
[10] Töchter von Königen sind an deinem Hof;
zu deiner Rechten steht die Königin [b]
in Schmuck aus allerbestem Gold.

[11] Du Königstochter, sieh mich an
und höre aufmerksam, was ich dir sage:
Vergiss dein Volk und die Familie deines Vaters!
[12] Der König begehrt dich wegen deiner
Schönheit.
Er ist dein Gebieter, verneige dich vor ihm!
[13] Die Leute von Tyrus bringen dir Geschenke,
die reichsten Völker suchen deine Gunst.

[14] Wie prächtig sieht die Königstochter aus!
In golddurchwirktem Kleid betritt sie den Palast.
[15] Über bunte Teppiche [c] wird sie hereingeführt
mit ihrem Brautgefolge von jungen Mädchen;
so bringt man sie zum König.
[16] Unter Freudenrufen und lautem Jubel
ziehen sie ein in die große Halle.

[17] Mein König, an der Stelle deiner Väter
werden in Zukunft deine Söhne herrschen;
du wirst sie in der ganzen Welt
zu Fürsten machen.
[18] Mein Lied soll die Erinnerung an dich
für alle Zeiten lebendig halten;
immer werden die Völker dich preisen!

Gott ist bei uns

46 Ein Lied der Korachiter, für hohe Stimmen.

[2] Gott ist unsere sichere Zuflucht,
ein bewährter Helfer in aller Not.
[3] Darum haben wir keine Angst,
auch wenn die Erde bebt
und die Berge ins Meer versinken,
[4] wenn die Fluten toben und tosen
und die Berge davon erzittern:

Der Herr der Welt ist bei uns,
der Gott Jakobs ist unser Schutz! [d]

[5] Frisches Wasser strömt durch die
Gottesstadt,
in der die heilige Wohnung des Höchsten ist.
[6] Gott selbst ist in ihren Mauern,
nichts kann sie erschüttern.
Er bringt ihr Hilfe, bevor der Morgen graut.
[7] Er lässt seine Stimme hören –
und die Völker zittern,
Königsthrone wanken,
die ganze Erde vergeht vor Angst.

[8] *Der Herr der Welt ist bei uns,*
der Gott Jakobs ist unser Schutz!

[9] Kommt und seht, wie mächtig der HERR ist,
wie er Furcht und Schrecken auf der Erde
verbreitet:
[10] Er macht dem Krieg ein Ende in aller Welt;
die Bogen zerbricht er,
die Spieße zerschlägt er,
die Schilde verbrennt er.
[11] »Macht Frieden!«, ruft er.
»Erkennt, dass ich Gott bin!
Ich habe Macht über die Völker der Erde.«

[12] *Der Herr der Welt ist bei uns,*
der Gott Jakobs ist unser Schutz!

Der höchste Herrscher

47 Ein Lied der Korachiter.

[2] Ihr Völker alle, klatscht in die Hände,
begrüßt unseren Gott mit Freudengeschrei!
[3] Der HERR ist der Höchste,
vor ihm erschrickt alles,
er, der große König, regiert die ganze Erde.
[4] Er hat uns die anderen Völker unterworfen
und Nationen in unsere Gewalt gebracht.
[5] Das Land, das wir besitzen,
unser ganzer Stolz –
er selbst hat es für uns ausgewählt,
denn er liebt die Nachkommen Jakobs.

a hat dir mehr …: wörtlich *mit dem Öl der Freude mehr als deine Gefährten;* vgl. Sacherklärung »Salbung«.
b Wahrscheinlich handelt es sich um die Mutter des Königs.
c Oder *In bunten Kleidern.* Fortsetzung unklar, wörtlich *Brautjungfern hinter ihr her, ihre Gefährtinnen, werden zu dir gebracht.*
d Der Kehrvers ist an dieser Stelle nach Vers 8 und 12 ergänzt worden. *Herr der Welt:* wörtlich *HERR Zebaot**.
45,11 Rut 1,16-17 **46,2** Spr 18,10 S **46,4** 27,1 **46,5** Ez 47,1-12 S **46,7** 29,3-9 S **46,10-11** 76,4; Jes 2,4 S **47,4** 2,8; Jos 23,3-5 **47,5** Dtn 32,9; 7,9 S

6 Gott ist zu seinem Thron hinaufgestiegen,
unter Jubelrufen und Hörnerschall
nimmt er ihn ein.
7 Singt und spielt zu Gottes Ehre!
Singt und spielt zur Ehre unseres Königs!
8 Denn Gott ist der König der ganzen Erde;
preist ihn mit eurem schönsten Lied!

9 Gott herrscht über alle Völker;
er sitzt auf seinem heiligen Thron.
10 Die Großen der Völker kommen herbei,
sie versammeln sich mit dem Volk,
das dem Gott Abrahams gehört. [a]
Ihm unterwerfen sich die Mächtigen der Erde,
denn er steht hoch über ihnen allen.

Die Stadt des großen Königs

48 Ein Lied der Korachiter.

2 Der HERR ist mächtig!
Groß ist der Ruhm unseres Gottes
in seiner Stadt und auf seinem heiligen Berg!
3 Prächtig erhebt sich der Zion*,
eine Freude für die ganze Welt!
Er ist der wahre Gottesberg*;
dort steht die Stadt des großen Königs.
4 Gott ist in ihren Mauern,
er selbst ist ihr Schutz.
5 Die Könige rotteten sich zusammen
und stürmten gemeinsam gegen die Stadt.
6 Doch was sie sahen, ließ sie erstarren,
kopflos vor Angst ergriffen sie die Flucht.
7 Das Zittern kam plötzlich über sie,
so wie die Wehen über eine Frau,
8 unabwendbar wie der Ostwind,
mit dem Gott die größten Schiffe zerbricht.

9 Das alles hatte man uns seit langem
erzählt;
nun haben wir es selbst gesehen
in der Stadt, die unserem Gott gehört,
dem Herrscher der ganzen Welt. [b]
Er hat sie für immer fest gegründet.

10 Im Innern deines Tempels*, Gott,
erinnern wir uns an deine Güte.
11 In der ganzen Welt wirst du gepriesen,
bis in die fernsten Winkel reicht dein Ruhm.
Sieg und Rettung sind in deiner Hand; [c]
12 deswegen herrscht Freude auf dem Zion!
Du hast für unser Recht gesorgt;
darum jubeln alle Städte in Juda!

13 Umschreitet den Zion,
geht rund um die Stadt,
zählt ihre starken Türme,
14 bewundert ihren breiten Wall,
betrachtet ihre mächtige Burg!
Dann könnt ihr's euren Kindern weitersagen:
15 »Seht doch, so mächtig ist Gott!
Er ist unser Gott für alle Zeiten
und wird uns immer führen.« [d]

Leben ist nicht zu kaufen

49 Ein Lied der Korachiter.

2 Hört mir zu, ihr Völker,
merkt auf, ihr Bewohner der ganzen Erde!
3 Hohe und Geringe, Reiche und Arme,
die einen wie die anderen rufe ich!
4 Aus meinen Worten spricht Erfahrung
und tiefe Einsicht aus meinen Gedanken.
5 Ich lausche auf Eingebungen von Gott
und werde sie beim Harfenspiel erklären:

6 Warum soll ich mich ängstigen
an Unglückstagen,
wenn ich umringt bin von den Unheilstiftern,
die sich an meine Fersen heften?
7 Sie verlassen sich auf ihr vieles Geld
und brüsten sich mit ihrem großen Reichtum.
8 Doch Gott ein Menschenleben abzukaufen
ist unmöglich!
Auch sein eigenes Leben kann niemand
auslösen:
9 Der Kaufpreis für ein Menschenleben
ist zu hoch;
was man auch bietet, es ist niemals genug.
10 Kein Mensch kann für immer leben,
am Sterben führt kein Weg vorbei! [e]

11 Es ist offenkundig:
Auch die Klügsten sterben,
genauso wie unvernünftige Narren;

a Wörtlich *Die Großen der Völker versammeln sich – das Volk des Gottes Abrahams**.
b Wörtlich *dem HERRN Zebaot**. *c Sieg und ...:* wörtlich *Deine Rechte ist gefüllt mit Gerechtigkeit**.
d immer: mit mehreren Handschriften und G. Nach H müsste dieses im Hebräischen letzte Wort des Psalms übersetzt werden: *Nach (der Melodie): Stirb.* Da solche Angaben für gewöhnlich am Anfang eines Psalms stehen, fragt es sich, ob ursprünglich der folgende Psalm so begonnen hat. Andere Ausleger lesen (mit veränderten Vokalen): *über den Tod hinaus.*
e Wörtlich *für immer leben und das Grab nicht sehen.*

47,6-10 24,7-10; 29,10; 93,1-2; 96,7-10; 97,1-5; 99,1-2; Jes 52,7 S **48,2-3** 76,3 S **48,3** Jes 14,13; Ez 28,14 **48,5-8** 46,9-11; 76,6-8 **49,7** 37,16; 52,9; Ijob 31,24 S; Jer 9,22 **49,8-10** Mk 8,36 par **49,11** Koh 2,13-16

was sie besitzen, bleibt zurück für andere.
12 Für immer wird das enge Grab
ihre Wohnung, [a]
auch wenn sie ganze Länder ihr Eigen nannten.

13 *Durch Größe und Reichtum*
bleibt keiner am Leben;
der Mensch geht ebenso zugrunde
wie das Vieh.

14 Voll Sicherheit sind diese Leute,
so vermessen, nur auf sich selber zu vertrauen,
so überzeugt von ihren eigenen Reden.
Wie aber ist ihr Schicksal?
Was ist ihre Zukunft?
15 Wie Schafe trotten sie zur Totenwelt*;
der Hirt, der sie dort weidet, ist der Tod. [b]
Weit weg von ihren prachtvollen Häusern
zerfrisst die Verwesung ihre Gestalt. [c]
16 Mein Leben aber – Gott selbst kauft es frei;
aus den Krallen des Todes reißt er mich heraus!

17 Lass dich nicht ängstigen,
wenn einer reich wird
und der Wohlstand seines Hauses
immer größer!
18 Denn wenn er stirbt,
nimmt er nichts davon mit,
sein Reichtum folgt ihm nicht ins Grab.
19 Sein Leben lang lobt er sich selber
und andere schmeicheln ihm,
weil es ihm gut geht.
20 Und doch muss er dorthin,
wo seine Väter sind,
die nie mehr das Licht erblicken.

21 *Größe und Reichtum*
mag ein Mensch gewinnen;
aber wenn er keine Einsicht hat,
geht er zugrunde wie das Vieh.

Was Gott von seinem Volk erwartet

50 Ein Lied Asafs.
Gott, der HERR, spricht,
der Große und Mächtige!
Sein Ruf schallt über die ganze Erde,
von dort, wo die Sonne aufgeht,
bis dorthin, wo sie versinkt.
2 Auf dem Zion*, dem schönsten aller Berge,
zeigt sich Gott in strahlendem Glanz.
3 Unser Gott kommt, er schweigt nicht länger.
Vor ihm her läuft vernichtendes Feuer,
um ihn stürmt und wütet das Wetter.
4 Himmel und Erde ruft er als Zeugen auf,
denn er will sein Volk zur Rechenschaft
ziehen.
5 »Holt mir die Meinen zusammen«, sagt er,
»sie haben einen Bund* mit mir geschlossen
und sich verpflichtet, mir zu gehorchen;
mit einem Opfer* haben sie den Bund
besiegelt.«
6 Der Himmel kann es bezeugen:
Gott ist im Recht,
wenn er nun Rechenschaft von ihnen fordert.

7 »Höre, mein Volk,
ich habe mit dir zu reden!
Israel, ich klage dich an,
ich selbst, dein Gott!
8 Du bringst mir viele Opfergaben,
daran habe ich nichts auszusetzen;
Brandopfer bringst du mir zu jeder Zeit.
9 Aber ich nehme deine Opfer* nicht an.
Ich brauche ihn nicht,
den Stier aus deinem Stall,
auch nicht den Bock aus deinem Pferch!
10 Alle Tiere des Waldes gehören mir,
das Wild auf Tausenden von Bergen
ist mein Eigentum.
11 Auch die Vögel dort gehören mir
und alle kleinen Tiere auf dem freien Feld.
12 Selbst wenn ich Hunger hätte,
würde ich von dir nichts fordern;
denn mir gehört die ganze Erde
und alles, was darauf lebt.
13 Meinst du, ich esse das Fleisch von Rindern
oder trinke das Blut von Böcken?
14 Nicht Opfer will ich von dir, sondern Dank:
Löse deine Versprechen ein,
die du mir in Bedrängnis gegeben hast,
mir, dem Höchsten, deinem Gott!
15 Bist du in Not, so rufe mich zu Hilfe!
Ich werde dir helfen
und du wirst mich preisen.«

16 Zu dem Ungehorsamen aber sagt Gott:
»Was sprichst du ständig von meinen Geboten
und berufst dich auf meinen Bund?

a *Grab:* mit alten Übersetzungen; H *Ihr Inneres (ist) ihre Wohnung für immer.*
b Es folgt noch, im Zusammenhang unverständlich: *Am Morgen werden sie von den Gerechten zertreten.*
c Die Deutung der beiden letzten Zeilen von Vers 15 ist äußerst unsicher.

49,13 Koh 3,18-21 **49,14-16** 16,10-11; Weish 2,23–3,9 **49,16** 30,4 S; 73,23-26 **49,17-20** Ijob 1,21 S **50,1** 1 Chr 6,24 S **50,2** 76,3 S **50,3** 97,3-4 **50,4-15** Mi 6,1-8 **50,4** Dtn 4,26 S **50,5** Ex 24,4-11 **50,8-15** 40,7-9 S **50,15** 91,15

17 Du lässt dir ja nichts von mir sagen,
jede Mahnung schlägst du in den Wind!
18 Mit Dieben freundest du dich an,
bei Ehebrechern fühlst du dich zu Hause,
19 dein Mund fließt über von Lästerreden,
deine Zunge knüpft lauter Lügengewebe.
20 Du ziehst über deine Mitmenschen her,
sogar den eigenen Bruder verleumdest du.
21 Und ich sollte schweigen zu all diesem Unrecht?
Hältst du mich etwa für deinesgleichen?
Ich verlange Rechenschaft von dir,
ich halte dir jede Schändlichkeit vor Augen!

22 Ihr alle, die ihr mich vergessen habt,
hört, was ich sage, nehmt es zu Herzen!
Sonst schlage ich zu und es gibt keine Rettung.
23 *Dank* ist die Opfergabe,
an der ich Freude habe;
und wer auf meinen Wegen geht,
erfährt meine Hilfe.«

Bitte um Vergebung der Schuld

51 Ein Lied Davids. 2 Er dichtete es, als der Prophet Natan ihn wegen seines Ehebruchs mit Batseba zur Rede gestellt hatte.

3 Gott, du bist reich an Liebe und Güte;
darum erbarme dich über mich,
vergib mir meine Verfehlungen!
4 Nimm meine ganze Schuld von mir,
wasche mich rein von meiner Sünde!

5 Ich weiß, ich habe Unrecht getan,
meine Fehler stehen mir immer vor Augen.
6 Nicht nur an Menschen bin ich schuldig geworden,
gegen dich selbst habe ich gesündigt;
ich habe getan, was du verabscheust.
Darum bist du im Recht,
wenn du mich schuldig sprichst;
deinen Richterspruch kann niemand tadeln.

7 Ich bin verstrickt in Verfehlung und Schuld
seit meine Mutter mich empfangen[a]
und geboren hat.
8 Das war mir verborgen;
du hast es mir gezeigt.
Dir gefällt es,
wenn jemand die Wahrheit erkennt.[b]

9 Nimm meine Schuld von mir,[c]
dann werde ich rein!
Wasche mich,
dann werde ich weiß wie Schnee!
10 Lass mich wieder Freude erleben
und mit deiner Gemeinde jubeln.
Du hast mich völlig zerschlagen;
richte mich doch wieder auf!
11 Sieh nicht auf meine Verfehlungen,
tilge meine ganze Schuld!

12 Gott, schaffe mich neu:
Gib mir ein Herz, das dir völlig gehört,
und einen Geist, der beständig zu dir hält.[d]
13 Vertreibe mich nicht aus deiner Nähe,
entzieh mir nicht deinen Heiligen Geist*!
14 Mach mich doch wieder froh
durch deine Hilfe
und gib mir ein gehorsames Herz!
15 Alle, die dir nicht gehorchen,
will ich an deine Gebote erinnern,
damit sie umkehren und tun, was dir gefällt.

16 Gott, du bist mein Retter!
Ich habe den Tod verdient,
aber verschone mich!
Dann werde ich laut deine Treue preisen.[e]
17 Herr, nimm die Schuld von mir
und löse mir die Zunge,[f]
dann kann ich deine Güte vor allen rühmen.
18 Tieropfer willst du nicht,
ich würde sie dir gerne geben;
aus Brandopfern* machst du dir nichts.
19 Aber wenn ein Mensch dir Herz und Geist hingibt,
wenn er mit sich am Ende ist
und dir nicht mehr trotzt –
ein solches Opfer weist du nicht ab.

20 Erweise doch Zion* deine Liebe:
Bau die Mauern Jerusalems wieder auf!
21 Dann wirst du auch wieder Freude haben
am Opfer, das du uns vorgeschrieben hast,
am Brandopfer, das wir dir ganz darbringen!
Dann werden auf deinem Altar*
wieder Stiere verbrannt!

a Damit wird nicht gesagt, dass der Zeugungsakt sündig ist oder die Sünde weitervererbt.
b Die Deutung von Vers 8 ist unsicher. *c* Wörtlich *Entsündige mich mit Ysop**.
d Wörtlich *Erschaffe mir, Gott, ein reines Herz und erneuere in mir einen beständigen Geist.*
e *Treue:* wörtlich *Gerechtigkeit**. *f* Wörtlich *Herr, tu meine Lippen auf.*

50,23 119,108 **51,2** 2 Sam 12,1-17 **51,5** 32,5; 1 Joh 1,8-10 **51,6** Röm 3,4 **51,7** Röm 7,14 **51,9** Jes 1,18; Hebr 10,22 **51,12-14** Ez 36,26-27 S **51,18-19** 40,7-9 S **51,19** Jes 66,2 **51,20** 147,2 S **51,21** Mal 3,4

Der reiche Tyrann und sein Ende

52 Ein Gedicht Davids. 2 Er dichtete es, als der Edomiter Doëg zu Saul gekommen war und ihm berichtet hatte, David sei bei Ahimelech gewesen.

3 Warum prahlst du mit deiner Bosheit,
du Tyrann,
wo doch Gottes Güte mich den ganzen Tag
beschützt?
4 Ständig schmiedest du unheilvolle Pläne,
messerscharf ist deine Zunge, du Betrüger!
5 Das Böse ist dir lieber als das Gute,
die Lüge lieber als die Wahrheit.
6 Mit Worten zu zerstören macht dir Freude;
hinterhältig ist alles, was du sagst.
7 Deshalb wird Gott dich für immer vernichten;
er wird dich packen
und aus deinem Haus vertreiben;
aus der Welt der Lebenden wird er dich
entfernen,
so wie man Unkraut aus dem Boden reißt.

8 Menschen, die Gott die Treue halten,
werden zuschauen und erschaudern.
Dann werden sie erleichtert über dich lachen:
9 »Da, seht ihn, diesen Mann!
Er suchte seine Zuflucht nicht bei Gott,
sondern wähnte sich sicher mit seinem Geld,
das er durch Verbrechen erworben hatte.«
10 Ich aber bin wie ein grünender Ölbaum,
der nahe beim Tempel* Gottes wächst;
ich verlasse mich für alle Zeit auf seine Güte.

11 Gott, ich will dir immer danken
für das, was du getan hast.
Vor allen, die zu dir halten, will ich dich rühmen,
weil du so gütig bist.

Kein Gott?

(Ps 14)

53 Ein Gedicht Davids, zu singen nach schwermütiger Weise. [a]

2 Die Unverständigen reden sich ein:
»Es gibt keinen Gott!« [b]
Sie sind völlig verdorben,
ihr Tun ist schlimmstes Unrecht,
es gibt keinen, der etwas Gutes tut.
3 Gott blickt vom Himmel* herab
auf die Menschen.
Er will sehen, ob es da welche gibt,
die Verstand haben und nach ihm fragen.
4 Doch alle sind sie von ihm abgefallen,
verkommen sind sie, alle miteinander,
niemand ist da, der Gutes tut,
nicht einmal einer!

5 »Sie sind blind«, sagt Gott.
»Wo bleibt der Verstand dieser Unheilstifter?
Sie fressen mein Volk, als wäre es Brot;
doch mich nehmen sie alle nicht ernst.«

6 Ganz plötzlich werden sie erschrecken,
obwohl es keinen sichtbaren Grund dafür gibt.
Denn Gott zerstreut die Gebeine derer,
die sein Volk bedrängen.
Gott hat sie verworfen,
darum werden sie vor den Seinen zuschanden.

7 Wie sehnlich warte ich darauf,
dass Israels Retter vom Zionsberg* kommt!
Wenn Gott das Schicksal seines Volkes wendet,
dann werden sie jubeln,
die Nachkommen Jakobs,
dann wird ganz Israel sich freuen.

Hilferuf eines Verfolgten

54 Ein Gedicht Davids, zu begleiten mit Saiteninstrumenten. 2 Er dichtete es, als die Männer von Sif zu Saul gekommen waren und ihm gemeldet hatten, David halte sich in ihrem Gebiet versteckt.

3 Gott, mach deinem Namen Ehre, rette mich!
Verschaffe mir Recht; du hast doch die Macht!
4 Ich bete zu dir, Gott, höre mich!
Verschließ die Ohren nicht vor meiner Bitte!
5 Menschen, die ich gar nicht kenne,
Grausame, die nicht nach dir fragen,
sie greifen mich an,
sie wollen mir ans Leben.

6 Du aber, Gott, du wirst mir helfen;
du bist mein Herr, du stehst für mich ein.
7 Das Unrecht, das meine Feinde mir antun,
wende es auf sie selbst zurück!
Bring sie für immer zum Schweigen –
ich verlasse mich auf deine Treue!

a Die Bedeutung der hebräischen Wendung, die nur hier und in Ps 88,1 vorkommt, ist völlig unsicher.
b Es gibt ...: Nicht die Existenz Gottes wurde damals geleugnet, sondern dass er in irdische Verhältnisse eingreift; vgl. 10,11.

52,2 1 Sam 21,8; 22,9-10 **52,6** 109,2 S **52,7** 1,4-5 **52,9** 49,7 S **52,10** 92,13-15 **54,2** 1 Sam 23,19; 26,1 **54,7** 34,22 S; Röm 12,17-21

[8] Aus freien Stücken bringe ich dir Opfer*;
ich will dir danken, HERR,
weil du so gütig bist.
[9] Du hast mich aus aller Bedrängnis befreit,
ich sehe lauter besiegte Feinde!

Vom Freund verraten

55 Ein Gedicht Davids, zu begleiten mit Saiteninstrumenten.

[2] Gott, höre mein Gebet,
wende dich nicht ab von meiner Klage,
[3] höre mich an und gib mir Antwort!
Die Sorgen drücken mich nieder,
ich finde keine Ruhe mehr;
[4] denn Feinde bedrohen mich
und Schurken bedrängen mich.
Sie überhäufen mich mit Unheil
und verfolgen mich mit wütendem Hass.
[5] Die Angst schnürt mir das Herz zusammen,
tödlicher Schrecken hat mich überfallen,
[6] Furcht und Zittern haben mich gepackt
und kaltes Grauen steigt in mir hoch.

[7] Ich wollte, ich hätte Flügel wie eine Taube!
Dann könnte ich fliegen
und eine Zuflucht suchen,
[8] weit weg in die Wüste könnte ich fliehen
und endlich wieder Ruhe finden.
[9] Ich würde schnell zu einem Schutzort eilen,
wo ich sicher bin vor dem rasenden Sturm.

[10] Verwirre ihre Sprache, Herr,
damit sie einander nicht mehr verstehen![a]
Denn alles, was ich in der Stadt gesehen habe,
ist Zwietracht und brutale Gewalt,
[11] die Tag und Nacht die Runde machen,
oben auf dem Wehrgang der Mauer.
Und im Innern der Stadt
sind Unheil und Elend,
[12] das Verbrechen breitet sich in ihr aus,
ihr Markt ist ein Schauplatz
von Betrug und Unterdrückung.

[13] Wäre er immer mein Feind gewesen,
er, der mich jetzt beschimpft –
ich könnte es ertragen!
Hätte er mich immer schon gehasst,
er, der sich über mich erhebt –
ich wäre ihm aus dem Weg gegangen.
[14] Doch nein, *du* bist es,
ein Mann von gleichem Rang,
mein engster und vertrauter Freund!
[15] Wie haben wir unsere Gespräche genossen;
einmütig gingen wir in Gottes Haus!

[16] Der Tod soll meine Feinde holen,
ganz überraschend soll er für sie kommen!
Lebend sollen sie hinunter in die Totenwelt*;
denn die Bosheit wohnt in ihren Häusern
und Herzen!

[17] Ich aber schreie zu Gott,
und er, der HERR, wird mir helfen.
[18] Am Abend, am Morgen und am Mittag
bringe ich mein Klagen und Stöhnen vor ihn,
und er hört mich!
[19] Er rettet mich und bewahrt mein Leben
bei allen Angriffen meiner Feinde;
denn viele werden mir zur Seite stehen.

[20] Gott, der seit Menschengedenken regiert,
hört mein Gebet und zahlt es ihnen heim;
denn sie wollen sich nicht ändern
und weigern sich, ihn ernst zu nehmen.
[21] Der Verräter vergreift sich an seinen
Freunden
und bricht das feierliche Bündnis.
[22] Süß wie Sahne sind seine Worte,
aber sein Herz denkt nur an Krieg.
Glatt wie Öl fließt seine Rede,
doch jedes Wort ist ein spitzer Dolch.

[23] »Wirf deine Last ab, übergib sie dem HERRN;
er selber wird sich um dich kümmern!
Niemals lässt er die im Stich,
die ihm die Treue halten.«

[24] Du, Gott, wirst sie hinunterstürzen
in den großen, gähnenden Abgrund.
Wer sich mit Mord und Betrug befleckt,
soll in der Mitte seines Lebens sterben!
Ich aber vertraue auf dich!

Vertrauen und Furchtlosigkeit

56 Ein Lied Davids, nach der Melodie »Verstummte Taube in der Ferne«. Er dichtete es, als ihn die Philister in Gat festgenommen hatten.

[2] Gott, hab Erbarmen mit mir,
denn man stellt mir nach,

a Wörtlich *Vernichte, Herr, zerteile ihre Zunge.*

54,8 50,23 **55,10-12** Jer 5,1 **55,10** Gen 11,7-9 **55,13-14** 41,10 **55,16** Num 16,31-33 **55,23** 37,5; 1 Petr 5,7 **56,1** 1 Sam 21,11-16

unaufhörlich werde ich bedrängt
und angefeindet!
3 Meine Feinde dringen ständig auf mich ein;
viele kämpfen gegen mich, du Höchster.
4 Doch wenn ich Angst bekomme,
setze ich mein Vertrauen auf dich.

5 *Ich preise Gott für sein helfendes Wort.*
Ich vertraue ihm und habe keine Angst:
Was könnte ein Mensch mir schon tun?

6 Ständig verdrehen sie meine Worte;
alles, was sie planen, soll mir schaden.
7 Sie liegen überall auf der Lauer,
sie bespitzeln mich auf Schritt und Tritt,
sie haben es auf mein Leben abgesehen.
8 Sollen sie frei ausgehen bei so viel Unrecht?
Gott, schlage sie in deinem Zorn zu Boden!
9 Du weißt, wie oft ich umherirren musste.
Sammle meine Tränen in deinen Krug;
ich bin sicher, du zählst sie alle!
10 An dem Tag, an dem ich dich zu Hilfe rufe,
müssen meine Feinde den Rückzug antreten.
Ich weiß es: Du, Gott, stehst mir bei!

11 *Ich preise Gott für sein helfendes Wort,*
ja, ich preise den HERRN für dieses Wort.
12 *Ich vertraue ihm und habe keine Angst:*
Was könnten mir Menschen schon tun?

13 Gott,
ich will dir meine Dankesschuld bezahlen,
so wie ich es versprochen habe.
14 Denn du hast mich gerettet
vom drohenden Tod,
meine Füße vom Abgrund zurückgehalten.
Ich darf in deiner Nähe weiterleben,
weil du mich das Licht noch sehen lässt.

Neue Gewissheit

(Verse 8-12: 108,2-6)

57 Ein Lied Davids, nach der Melodie »Richte nicht zugrunde«. Er dichtete es, als er auf der Flucht vor Saul in der Höhle war.

2 Erbarm dich, Gott, hab Erbarmen mit mir!
Bei dir suche ich Zuflucht,
im Schutz deiner Flügel will ich mich bergen,
bis das Unglück vorüber ist.
3 Zu Gott, dem Höchsten, schreie ich,
zu ihm, der sich auf meine Seite stellt.
4 Vom Himmel her wird er mir Hilfe schicken,
auch wenn mein Verfolger noch so höhnt!
Gott steht mir bei,
denn er ist treu und gütig!

5 Mir ist, als wäre ich umringt von Löwen,
die gierig sind auf Menschenfleisch.
Ihre Zähne sind spitz wie Speere und Pfeile,
ihre Zungen scharf wie geschliffene
Schwerter.

6 *Gott, überstrahle den Himmel*
mit deiner Herrlichkeit
und erfülle die Erde mit deiner Macht!

7 Sie haben mir ein Netz in den Weg gelegt,
um mein Leben in ihre Gewalt zu bekommen.
Eine Grube haben sie für mich gegraben;
aber sie sind selber hineingefallen.

8 Mein Herz ist ruhig geworden, Gott,
ich fühle mich wieder sicher;
mit einem Lied will ich dich preisen.
9 Wach auf, mein Herz!
Harfe und Laute, wacht auf,
denn heute will ich die Sonne wecken!
10 Dir, Herr, bringe ich meinen Dank,
von dir will ich singen vor allen Völkern;
11 denn deine Güte reicht bis an den Himmel
und deine Treue, so weit die Wolken ziehen!

12 *Gott, überstrahle den Himmel*
mit deiner Herrlichkeit
und erfülle die Erde mit deiner Macht!

Gott sorgt für Recht auf der Erde

58 Ein Lied Davids, nach der Melodie »Richte nicht zugrunde«.

2 Ihr Mächtigen,
ist euer Urteil wirklich gerecht,[a]
wenn ihr Gericht über die Menschen haltet?
Oder wollt ihr das Recht zum Verstummen
bringen?
3 Mit Wissen und Willen begeht ihr Verbrechen;
auf der Waage des Unrechts wägt ihr ab,
was Recht sein soll im ganzen Land.

a *Ihr Mächtigen:* mit veränderten Vokalen (wörtlich *Ihr Götter;* vgl. 82,1 und Anmerkung). Wahrscheinlich wurde dieser Wortlaut als anstößig empfunden und deshalb in H gedeutet als *Verstummen* (H kann zur Not übersetzt werden: *Sprecht ihr wirklich Verstummen des Rechts*).

56,5 27,1; 118,6; Jes 51,12; Mt 10,28 par **56,6-7** 35,20-21 **56,13** 50,14 **56,14** 30,4 S; Ijob 33,30 **57,1** 1 Sam 22,1; 24,4 **57,2** 17,8 S **57,6** 8,2 S **57,7** 7,16-17 S **57,9** 59,17; 30,6 **57,11** 108,5 **58,2-3** Mi 3,1-4 S

4 Die Unheilstifter – kaum geboren
sind sie schon auf der schiefen Bahn;
von klein auf gewöhnen sie sich ans Lügen.
5 Sie verspritzen das reinste Schlangengift.
Sie gleichen der tauben Otter,
die sich die Ohren verstopft
6 und die Stimme des Beschwörers
nicht hört,
der sich auf seine Künste versteht.

7 Gott, zerschlage ihnen die Zähne,
zerbrich das Gebiss dieser Löwen, HERR!
8 Lass sie verschwinden
wie versickerndes Wasser,
lass ihre Pfeile das Ziel nicht erreichen,
9 lass sie wie Schnecken in Schleim zerfließen,
wie Totgeburten die Sonne niemals sehen!
10 Es soll ihnen gehen wie dornigen Ranken:
Der Wirbelsturm soll sie aus dem Boden reißen,
ehe sie zu Gestrüpp zusammenwachsen,
noch grün, bevor sie vertrocknet sind![a]

11 Alle, die Gott gehorchen,
werden sich freuen,
wenn sie sehen, wie Gott Vergeltung übt;
sie werden im Blut der Unheilstifter waten.
12 Und alle Menschen werden bekennen:
»Wer Gott die Treue hält, wird belohnt.
Es gibt einen Gott,
der für Recht sorgt auf der Erde.«

Bitte um Schutz

59 Ein Lied Davids, nach der Melodie »Richte nicht zugrunde«. Er dichtete es, als Saul sein Haus umstellen ließ, um ihn zu töten.

2 Mein Gott,
rette mich vor meinen Feinden!
Bring mich in Sicherheit vor denen,
die mein Unglück suchen!
3 Hilf mir gegen diese Unheilstifter!
Rette mich, sie dürsten nach meinem Blut!

4 Sieh, wie sie mir ans Leben wollen,
wie sie mir auflauern, die mächtigen Feinde!
Ich habe doch kein Unrecht getan,
man kann mir keine Verfehlung vorwerfen!
5 Obwohl keine Schuld auf mir liegt,
laufen sie herbei, um mich anzugreifen.
Wach auf, komm und sieh es dir an!
6 HERR, du Herrscher der Welt,[b] Gott Israels,
steh auf, halte Gericht über alle Fremden!
Hab kein Erbarmen mit diesen Verbrechern!

7 Jeden Abend kommen sie wieder
und schleichen rings um die Stadt
wie eine Meute heulender Hunde.
8 Der Geifer fließt ihnen aus dem Maul,
jedes Wort von ihren Lippen ist ein Dolch,
doch sie meinen, dass niemand es hört!
9 Du aber, HERR, du lachst sie aus,
du spottest über alle diese Fremden.
10 Ich rechne mit dir,
denn du machst mich stark;[c]
du, Gott, gibst mir sicheren Schutz.
11 Du bist so gut zu mir, du stehst mir bei
und lässt mich triumphieren über meine Feinde.

12 Vertilge sie nicht auf einen Schlag,
sonst könnte mein Volk es vergessen!
Zerstreue sie mit deiner Macht,
zwinge sie nieder;
du bist doch unser Beschützer, Herr!
13 Mit jedem Wort beleidigen sie dich.
Ihr Hochmut soll zum Fallstrick für sie werden,
denn sie verfolgen mich mit Flüchen
und Lügen.
14 Vernichte sie in deinem Zorn,
vernichte sie, damit nichts von ihnen bleibt!
Bis an die Enden der Erde soll man erkennen,
dass du, Gott, in Israel regierst!

15 Jeden Abend kommen sie wieder
und schleichen rings um die Stadt
wie eine Meute heulender Hunde.
16 Überall suchen sie etwas zu fressen
und knurren,[d] wenn sie nicht genug
bekommen.

17 Ich aber besinge deine Macht,
frühmorgens rühme ich deine Güte;
denn du bewahrst mich wie in einer Burg,
bei dir finde ich Zuflucht in Zeiten der Not.
18 Für dich spiele ich mein Lied,
denn du machst mich stark;
du, Gott, gibst mir sicheren Schutz,
du bist so gut zu mir!

a Deutung unsicher. b *HERR, du ...:* wörtlich *HERR Gott Zebaot**.
c *denn du machst mich stark* (wörtlich *du meine Stärke*): mit einigen Handschriften und G; H *seine Stärke*.
d *knurren:* mit G; H *übernachten*.

58,11 Dtn 32,35-36 **58,12** 7,12 S; Mal 2,17–3,5 **59,1** 1 Sam 19,11 **59,4-5** 26,1 **59,9** 2,4; 37,13; Weish 4,18 **59,17** 30,6; 90,14; 143,8

Gebet in großer Bedrängnis

(Verse 7-14: 108,7-14)

60 Ein Lied Davids, nach der Melodie »Lilie der Mahnung«. 2 Er dichtete es während des Krieges mit den Syrern* in Mesopotamien und in Zoba*, als Joab auf dem Rückweg das Heer der Edomiter* – 12 000 Mann – im Salztal schlug.

3 Gott, du hast uns verstoßen
und unsere Reihen auseinander gerissen.
Du bist zornig auf uns gewesen;
aber richte uns doch wieder auf!
4 Du hast den Boden unter uns erschüttert
und gespalten;
heile seine Risse, damit die Erde nicht
auseinander bricht!
5 Du hast dein Volk durch harte Proben
gehen lassen,
uns betäubenden Wein zu trinken gegeben.
6 Zwar hast du uns durch ein Zeichen
gewarnt,
uns, die wir dich lieben und ehren;
aber es war nur ein Zeichen zur Flucht,
damit wir den Pfeilen der Feinde entgingen. [a]
7 Greif ein mit deiner Macht,
gib Antwort auf unser Rufen,
rette uns – du liebst uns doch!

8 Aus seinem Heiligtum
gibt Gott die Antwort:
»Ich juble über meinen Sieg!«, sagt er.
»Ich werde Sichem meinem Volk zuteilen,
das Tal von Sukkot für sie vermessen.
9 Mir gehört Gilead*, mir gehört Manasse,
Efraïm ist mein Helm und Juda mein Zepter.
10 Moab* muss mir als Waschschüssel dienen,
auf Edom* werfe ich meinen Schuh,
um mein Besitzrecht anzuzeigen. [b]
Ihr Philister*, jubelt mir zu!«

11 Wer bringt mich in die befestigte Stadt,
wer führt mich nach Edom?
12 Wer außer dir, Gott, könnte das tun?
Aber du hast uns ja verstoßen
und ziehst nicht mehr mit unseren Heeren
in den Kampf!
13 Komm *du* uns in unserer Not zu Hilfe;
auf Hilfe von Menschen ist kein Verlass!
14 Mit Gott auf unserer Seite
vollbringen wir Großes;
denn er wird unsere Feinde zertreten.

Unter Gottes Schutz

61 Von David, zu begleiten auf Saiteninstrumenten.

2 Gott, höre mein Klagen,
achte auf mein Gebet!
3 Vom Ende der Erde schreie ich zu dir,
weil mir die Kräfte schwinden.
Bring mich hinauf auf den sicheren Felsen;
ich schaffe es nicht, er ist mir zu hoch!
4 Du bist meine Zuflucht,
ein starker Turm,
wenn der Feind mich bedroht.
5 Ich möchte immer in deinem Tempel* bleiben
und mich bergen im Schutz deiner Flügel.

6 Was ich dir versprochen habe,
du, Gott, hast es gehört.
Großzügig beschenkst du alle,
die sich dir in Ehrfurcht nahen.
7 Gib dem König ein langes Leben,
er soll über viele Generationen regieren!
8 Lass ihn für immer unter deinen Augen leben,
damit Güte und Treue sein Tun bestimmen!
9 Ohne Ende will ich dir dafür danken
mit meinem Lied
und dir meine Versprechen Tag für Tag erfüllen.

Bei Gott finde ich Ruhe

62 Ein Lied Davids, nach der Weise Jedutuns.

2 Nur auf Gott vertraue ich und bin ruhig;
von ihm allein erwarte ich Hilfe.
3 Er ist der Fels und die Burg,
wo ich in Sicherheit bin.
Wie sollte ich da wanken?

4 Wie lange stürzt ihr euch auf einen Einzigen,
um ihn totzuschlagen, ihr alle miteinander?
Eine Mauer, die sich schon neigt,
eine brüchige, schwankende Wand –
mehr bin ich doch nicht!
5 Ständig schmiedet ihr Pläne,
um mich von meinem Ehrenplatz zu stürzen;
es macht euch Vergnügen,

a *damit wir ...:* mit alten Übersetzungen; H *damit es sich erhebe vor der Wahrheit.*
b *um mein ...:* zur Verdeutlichung des Bildes hinzugefügt; vgl. Rut 4,7-8.

60,2 2 Sam 8,3-14; 1 Chr 18,12 **60,5** Jer 25,15 S **60,9** Gen 49,8.10 **60,12** 44,10 **60,13** 118,8-9 **61,3** 18,3 S **61,4** Spr 18,10 S **61,5** 23,6 S; 17,8 S **61,7-8** 21,5; 72,5; 89,4-5 **62,1** 1 Chr 25,1 S **62,2** 37,7; Jes 30,15 S **62,3** 18,3 S **62,5** 109,2 S

mich zu verleumden.
Euer Mund sagt mir Segenswünsche,
aber im Herzen verflucht ihr mich.

6 Immer wieder muss ich es mir sagen: [a]
Vertrau auf Gott, dann findest du Ruhe!
Er allein gibt mir Hoffnung,
7 er ist der Fels und die Burg,
wo ich in Sicherheit bin;
darum werde ich nicht wanken.
8 Gott ist mein Retter, er schützt meine Ehre;
mein starker Fels ist er und meine Zuflucht!
9 Ihr, die ihr zu seinem Volk gehört,
setzt allezeit euer Vertrauen auf ihn,
schüttet euer Herz bei ihm aus;
denn Gott ist unsere Zuflucht!
10 Menschen, ob hoch oder niedrig,
ein Hauch sind sie, ein täuschendes Nichts.
Auf der Waagschale schnellen sie
in die Höhe,
sie alle zusammen sind leichter als ein
Hauch.
11 Verlasst euch nicht auf Gewalt,
erwartet keinen Gewinn von Raub!
Und wenn euer Wohlstand wächst,
hängt euer Herz nicht daran!
12 Gott hat gesprochen,
mehr als einmal habe ich es gehört,
dass bei ihm die Macht ist –
13 ja, Herr, und auch die Treue;
du belohnst oder bestrafst jeden
nach seinem Tun.

Sehnsucht nach Gemeinschaft mit Gott

63 Ein Lied Davids. Er dichtete es, als er in der Wüste Juda war.

2 Gott!
Du bist mein Gott, dich suche ich!
Ich sehne mich nach dir mit Leib und Seele;
ich dürste nach dir
wie ausgedörrtes, wasserloses Land. [b]
3 Im Heiligtum schaue ich nach dir aus,
um deine Macht und Herrlichkeit
zu sehen.
4 Deine Liebe bedeutet mir mehr
als das Leben,
darum will ich dich preisen.
5 Mein Leben lang will ich dir danken
und dir meine Hände im Gebet
entgegenstrecken.
6 Du machst mich satt und glücklich
wie bei einem Festmahl; [c]
mit jubelnden Lippen preise ich dich.
7 In nächtlichen Stunden, auf meinem Bett,
gehen meine Gedanken zu dir
und betend sinne ich über dich nach.
8 Ja, du hast mir geholfen,
im Schutz deiner Flügel kann ich
vor Freude singen.
9 Ich halte mich ganz eng an dich,
und du stützt mich
mit deiner mächtigen Hand.
10 Alle, die auf meinen Untergang warten,
sollen selbst hinunter ins Totenreich*!
11 Dem Schwert sollen sie ausgeliefert
werden,
als Fraß für die Schakale!
12 Doch der König finde seine Freude
bei Gott!
Glücklich preisen darf sich jeder,
der Gott als Zeugen anrufen kann,
wenn er seine Unschuld [d] beschwören muss!
Aber den Lügnern wird das Maul gestopft.

Gottes Gericht über hinterhältige Feinde

64 Ein Lied Davids.
2 Gott, höre mein lautes Klagen!
Schütze mein Leben vor den Feinden,
die mich in Angst und Schrecken stürzen!
3 Sie schmieden Pläne zu meinem Unheil,
sie rotten sich gegen mich zusammen;
bring mich vor ihnen in Sicherheit!

4 Ihre Zungen sind wie geschliffene
Schwerter;
wie Pfeile verschießen sie giftige Worte,
5 aus dem Hinterhalt,
ohne Warnung und Hemmung,
um schuldlose Menschen damit zu treffen.
6 Sie hetzen einander auf und beraten,
wie sie ihre Fallen stellen können;
sie meinen, dass niemand sie entdeckt.
7 Sie planen ihr Verbrechen und sagen:

a Verdeutlichender Zusatz. *b* So mit einigen Handschriften; H *im ausgedörrten ... Land.*
c Wörtlich *wie von Fett und Mark.* *d seine Unschuld:* verdeutlichender Zusatz; vgl. 1 Kön 8,31.

62,10 39,5-7S; Jes 40,15 **62,11** Mt 6,19-21 par **62,13** Jer 17,10S **63,1** 1Sam 22,5; 23,14 **63,2** 42,2-3; 143,6 **63,3** 17,15S **63,4** 73,26 **63,7** 119,55S **63,8** 17,8S **63,12** 84,10 **64,4-5** 109,2S **64,6** 73,11

»Wir haben es, jetzt muss es uns gelingen! –
Aus einem klugen Kopf kommen kluge
Gedanken.«[a]

8 Gott aber legt den Bogen auf sie an,
ganz plötzlich trifft sie sein Pfeil;
9 ihre eigenen Worte bringen sie zu Fall.
Wer sie liegen sieht, schüttelt den Kopf.
10 Alle werden von Furcht erfüllt,
sie sagen weiter, was Gott getan hat,
und nehmen sich die Lehre zu Herzen.
11 Wer dem HERRN die Treue hält,
wird bei ihm Freude und Zuflucht finden.
Alle, die ihm mit redlichem Herzen folgen,
dürfen stolz und glücklich sein!

Dank für Gottes Wohltaten

65 Ein Lied Davids.
2 Gott, der du auf dem Zionsberg* wohnst,
dir steht es zu, dass wir dich preisen,[b]
dass jeder dir seine Gelübde* einlöst.
3 Du erhörst Gebete,
darum kommen alle Menschen zu dir.
4 Die Verfehlungen lasten zu schwer auf uns,[c]
aber *du* kannst uns die Schuld vergeben.
5 Wie glücklich sind alle, die du erwählst!
Sie dürfen in deine Nähe kommen
und in den Vorhöfen* deines Tempels wohnen.
Wir möchten all das Gute genießen,
das wir in deinem Heiligtum bekommen.

6 Gott, unser Retter, du hältst uns die Treue,[d]
du antwortest uns durch gewaltige Taten.
Du bist die Hoffnung der ganzen Erde
bis hin zu den fernsten Meeren.
7 Du hast die Berge hingestellt mit deiner
Kraft.
Du bist zum Kampf gerüstet mit Macht
8 und stillst den Aufruhr des Meeres,
das Brüllen seiner Wellen;
du stillst auch den Aufruhr der Völker.
9 Sie erschrecken vor deinen Wundern
selbst an den äußersten Enden der Erde.
Deine Taten wecken Freude und Jubel
überall, wo Menschen wohnen.

10 Du sorgst für das Land,
du machst es reich und fruchtbar:
So lässt du das Korn für die Menschen
wachsen.
Gott, deine Bäche sind immer voll Wasser;
11 du feuchtest die Furchen
und ebnest die Schollen,
du tränkst die Felder mit Regengüssen
und segnest, was auf ihnen sprießt.
12 Mit guten Gaben krönst du das Jahr,
in deinen Spuren lässt du Überfluss zurück.
13 Die Steppe füllt sich mit üppigem Grün,
die Hügel hallen wider von Freudenrufen.
14 Die Weiden schmücken sich mit Herden,
die Täler hüllen sich in wogendes Korn –
alles ist voll Jubel und Gesang.

Ein Danklied für Gottes Hilfe

66 Ein Lied.
Jubelt Gott zu, alle Völker der Erde!
2 Singt zur Ehre seines Namens*,
rühmt ihn mit eurem Lobgesang!
3 Sagt zu Gott:
»Wie überwältigend sind deine Taten!
Deine Feinde müssen sich vor dir beugen,
weil du so mächtig bist.
4 Alle Welt soll dich anbeten,
alle sollen dir singen,
dich mit ihren Liedern preisen!«

5 Kommt her und seht, was Gott getan hat!
Sein Tun erfüllt die Menschen
mit Furcht und Staunen:
6 Er machte das Meer zu trockenem Land,
sodass wir zu Fuß hindurchgehen konnten.
Darüber waren wir voll Freude!
7 Für immer regiert er mit gewaltiger Macht,
er behält die Völker genau im Auge.
Wer wagt es, ihm die Stirn zu bieten?
8 Ihr Völker, werft euch nieder
vor unserem Gott,
preist ihn mit lauter Stimme!
9 Er erhält uns am Leben
und bewahrt uns vor dem Untergang.

10 Gott, du hast uns auf die Probe gestellt.
So wie man Silber ausschmelzt,
hast du uns gereinigt.[e]

a *Aus einem ...:* wörtlich *Und das Innere eines Mannes, und das Herz ist tief.* Diese Worte scheinen im Hebräischen ein Sprichwort gewesen zu sein, dessen Bedeutung die Übersetzung wiederzugeben sucht.
b *dir steht es zu ...:* mit G; H *dir Stille Lobpreis.* c *uns:* mit einigen Handschriften; H *mir.*
d *du hältst ...:* wörtlich *in Gerechtigkeit* (antwortest du).* e Siehe Sacherklärung »Schlacken«.

64,9 34,22S **65,2** 76,3S **65,5** 23,6S **65,6-9** 46,9-11 **65,8** 89,10S **65,10-14** 104,10-15 **66,1-4** 98,4-6; 96,7-10S **66,6** Ex 14,21-29S **66,10** 12,7S; Spr 17,3S

11 Du hast uns in die Falle laufen lassen,
uns schwere Lasten aufgebürdet.
12 Unseren Feinden hast du erlaubt,
uns in den Staub zu treten.
Durch Feuer und Wasser mussten wir gehen;
doch du hast uns herausgeholt,
sodass wir wieder frei atmen konnten.

13 Mit Brandopfern* komme ich in dein Haus,
um mein Gelübde* einzulösen.
14 Ich bringe, was ich dir versprach,
als ich in arger Bedrängnis war.
15 Die besten Opfertiere bringe ich dir dar,
Widder und Ziegenböcke,
auch Stiere bereite ich zu.
Vom Altar soll ihr Rauch hinaufsteigen
zu dir.

16 Ihr, die ihr Gott verehrt, kommt alle her!
Ich muss euch erzählen,
was er für mich getan hat!
17 Ich schrie zu ihm um Hilfe,
schon gewiss, dass ich ihn preisen würde.
18 Hätte ich Böses im Sinn gehabt,
so hätte der Herr mich nicht gehört.
19 Gehört aber hat er mich, das steht fest;
Gott hat auf meinen Hilfeschrei geachtet.
20 Ich danke Gott!
Er hat mein Gebet nicht abgewiesen
und mir seine Güte nicht verweigert.

Alle Völker sollen Gott preisen!

67 Ein Lied, zu begleiten auf Saiteninstrumenten.

2 Gott, wende uns deine Liebe zu
und segne uns
blicke uns freundlich an!
3 Dann sehen die Menschen der ganzen Erde,
wie du uns führst,
und alle Nationen erkennen,
wie du hilfst und befreist.

4 Gott, die Völker sollen dir danken,
alle Völker sollen dich preisen!
5 Sie sollen vor Glück und Freude singen;
denn du regierst sie alle gerecht,
du lenkst alle Nationen auf der Erde.
6 Gott, die Völker sollen dir danken,
alle Völker sollen dich preisen!
7 Die Erde hat gute Ernte gebracht;
so segnet uns Gott, unser Gott!
8 Er segne uns
und alle Welt soll ihn ehren!

Gottes Sieg

68 Ein Lied Davids.

2 Gott steht auf,
seine Feinde zerstieben;
alle, die ihn hassen, fliehen vor ihm.
3 Er treibt sie fort wie Rauch, der verweht.
Wenn Gott sich zeigt,
vergehen alle, die sich ihm entgegenstellen,
wie Wachs, das am Feuer zerfließt.
4 Doch die Treuen, die zu ihm halten,
freuen sich und jubeln vor ihm
in überschäumender Freude.

5 Singt zur Ehre Gottes,
preist ihn mit Liedern!
Baut eine Straße für den Wolkenreiter[a]
– HERR ist sein Name* –
freut euch und jubelt vor ihm!
6 Vater der Waisen, Beistand der Witwen –
das ist Gott in seiner heiligen Wohnung!
7 Den Einsamen schafft er eine Familie,
die Gefangenen führt er in Freiheit
und Glück;
doch die Rebellen müssen zwischen kahlen
Felsen wohnen.

8 Gott, als du auszogst an der Spitze
deines Volkes,
als du es durch die Wüste führtest,
9 da bebte die Erde, da troff der Himmel
vor dir, dem Gott vom Sinai*, Israels Gott.
10 Du ließest reichlichen Regen fallen,
um dein erschöpftes Land neu zu beleben.
11 Dein Volk hat dort eine Heimat gefunden,
so gütig sorgtest du für die Armen.

12 Der Herr spricht das entscheidende Wort
und schon sind überall die Frauen unterwegs,
um die Nachricht vom Sieg zu verkünden:
13 »Die feindlichen Könige fliehen,
ihre Heere sind auf der Flucht!
Für die Frauen zu Hause
gibt's reiche Beute zu teilen.
14 Wer bleibt da noch bei den Herden liegen?«
Die Flügel der Taube schimmern von Silber

a Der Psalm benutzt eine Reihe von kanaanitischen Bezeichnungen der obersten Gottheit für den Gott Israels.

66,12 Jes 43,2 **66,13-15** 40,7-9S; Num 30,3; Jona 2,10 **66,16-20** 22,23S **67,2** 31,17S **67,4-6** 96,13S **68,2** Num 10,35 **68,5** Dtn 33,26S **68,6** 10,14S; 9,13S **68,8-9** Ex 13,21; Ps 77,18-19; Ri 5,4-5S

und ihr Gefieder ist bedeckt mit hellem Gold.[a]
15 Als Gott, der Mächtige, die Könige vertrieb,
da fiel Schnee auf dem Schwarzen Berg.

16 Ein gewaltiges Gebirge ist der Baschanberg,
ein Gebirge mit vielen Kuppen.
17 Warum bist du neidisch,
du mit deinen vielen Kuppen,
warum schielst du auf den Berg,
den Gott sich als Wohnsitz erwählt hat?
Für immer wird der HERR dort bleiben!

18 Zehntausende von blitzenden Wagen hat Gott,
in ihrer Mitte der Herr selber,
der Heilige in seiner Herrlichkeit.[b]
19 Er fährt zur Höhe hinauf
und führt Gefangene mit.
Menschen huldigen ihm mit Gaben,
sogar die Rebellen unterwerfen sich
und dürfen wohnen bei dem HERRN,
unserem Gott.

20 Tag für Tag sei der Herr gepriesen;
denn er trägt uns, er ist unser Helfer!
21 Er ist ein Gott, der mit Taten eingreift;
er ist unser Herr, der uns rettet vor dem Tod.
22 Doch seinen Feinden wird er den Schädel
zertrümmern,
allen, die bei ihren Verbrechen bleiben.
23 Der Herr hat angekündigt:
»Ich bringe sie zurück vom Baschanberg
und sogar vom Grund des Meeres.
24 Du wirst waten im Blut der Feinde
und deine Hunde sollen davon lecken,
bis sie satt sind.«

25 Gott,
deinen Triumphzug haben alle gesehen,
deinen Einzug ins Heiligtum,
du mein Gott und König!
26 An der Spitze die Sänger,
danach die Harfenspieler,
ringsum mit Handpauken die Mädchen.
27 »Dankt Gott,
wenn ihr euch zum Fest versammelt!
Dankt dem HERRN,
ihr Nachkommen Jakobs!«[c]
28 Benjamin führt sie an,
der kleinste der Stämme.
Ihm folgen die Fürsten von Juda
mit ihren fröhlich lärmenden Scharen,
dann die Fürsten von Sebulon und von Naftali.

29 Du sollst stark sein, Israel;
so hat es dein Gott beschlossen.
»Gott, festige, was du für uns vollbracht hast!
30 In deinem Tempel* in Jerusalem
bringen die Könige dir ihren Tribut.
31 Herrsche sie an, bedrohe sie:
Ägypten, diese Bestie im Schilf,
die Völker, diese Herde von Stieren
und Kälbern,
sie alle, die sich vor dir niederwerfen
mit Silberstücken in den Händen!«[d]
Er hat die Völker zerstreut,
die an Kriegen ihre Freude haben.
32 Aus Ägypten bringt man ihm rote Stoffe,
aus Äthiopien* eilen sie herbei
und huldigen Gott mit Geschenken.

33 Ihr Mächtigen der Erde,
singt zur Ehre Gottes,
preist den Herrn mit Liedern!
34 Er reitet am Himmel dahin,
der seit Urzeiten besteht.
Hört, wie mächtig seine Stimme erschallt!
35 Erkennt seine Herrschaft an!
In seiner Hoheit regiert er Israel
und seine Macht zeigt sich in den Wolken.
36 Ehrfurcht gebietend ist Gott,
wenn er aus seinem Heiligtum hervortritt!
Er ist der Gott Israels,
er verleiht seinem Volk Stärke und Macht.
Gott sei gepriesen!

Wegen Gott in Schmach und Schande

69 Von David, zu singen nach der Melodie »Lilien«.[e]

2 Hilf mir, Gott!
Die Flut geht mir bis an die Kehle!
3 Ich versinke im brodelnden Schlamm,
meine Füße finden keinen Halt.
Ich treibe ab in tiefes Wasser,
die Strömung reißt mich mit sich fort!
4 Bis zur Erschöpfung habe ich geschrien,

a Wahrscheinlich wird auf die Kostbarkeit der Beute angespielt; die Taube ist vielleicht ein Bild für Israel.
b Wörtlich *hat Gott, der Herr unter ihnen, der Sinai in Heiligkeit* (der *im Heiligtum*).
c *Nachkommen ...:* wörtlich *die ihr aus dem Quell/Brunnen Israels stammt;* zu »Israel« vgl. Gen 32,29; 35,10.
d Die Deutung der Verse 29-31 ist sehr unsicher.
e Siehe Anmerkung zu Ps 45,1.

68,17 76,3S **68,19** Eph 4,8-10 **68,20** Jes 46,3-4 **68,21** 30,4S **68,25** 24,7-10S; 9,13S **68,30-32** 96,7-10; Jes 18,7S **68,34** 29,3; Dtn 33,26S **69,2-3** 42,8S

meine Kehle ist davon ganz entzündet.
Meine Augen sind müde geworden
vom Ausschauen nach dir, meinem Gott!
5 Viele hassen mich ohne jeden Grund,
zahlreicher sind sie als die Haare
auf meinem Kopf.
Meine Feinde verbreiten Lügen über mich,
sie sind mächtig und wollen mich vernichten.
Ich soll wieder herausgeben,
was ich gar nicht gestohlen habe!

6 Gott, du weißt, wie unverständig ich war;
meine Schuld ist dir nicht verborgen.
7 HERR, du Herrscher der Welt,
Gott Israels, du mächtiger Gott, [a]
enttäusche nicht die, die mit dir rechnen!
Wenn sie sehen, dass du mir nicht hilfst,
könnten sie die Hoffnung verlieren.
8 Weil ich zu dir gehöre,
werde ich geschmäht,
für dich erleide ich Schimpf und Schande.
9 Meinen Verwandten bin ich ein Fremder
geworden,
selbst meine Brüder kennen mich nicht mehr.
10 Die Liebe zu deinem Haus –
sie verzehrt mich wie ein Feuer.
Die Schmähungen, mit denen man dich lästert,
sie treffen mich.
11 Ich weine und versage mir das Essen,
doch dafür ernte ich nichts als Hohn.
12 Ich gehe im Sack* umher
und werde dafür nur ausgelacht.
13 Dort, wo die Leute zusammenkommen,
bin ich der Anlass für ihren Klatsch
und für die Spottlieder betrunkener Zecher.

14 Doch ich bete zu dir, HERR!
Hilf mir in der Stunde, die du bestimmst!
Du bist so reich an Güte,
darum erhöre mich!
Du bist doch der Retter, auf den Verlass ist.
15 Lass mich nicht im Schlamm versinken,
zieh mich heraus!
Rette mich vor denen, die mich hassen!
Zieh mich heraus aus dem tiefen Wasser!
16 Sonst treibt die Strömung mich fort,
der Abgrund verschlingt mich,
die Grube schließt sich über mir!

17 Erhöre meine Bitte, HERR,
denn deine Güte tut mir wohl;
wende dich mir zu in deinem Erbarmen!
18 Ich bin doch dein Diener,
verbirg dich nicht länger vor mir!
Ich bin voller Angst, erhöre mich bald!
19 Komm zu mir, befreie und rette mich,
damit meine Feinde schweigen müssen!

20 Du weißt, wie man mich verhöhnt,
mich entehrt und mit Schande überschüttet;
alle meine Gegner stehen dir vor Augen.
21 Die Schmach bricht mir das Herz,
ich bin zutiefst verwundet.
Ich habe auf Mitgefühl gewartet,
doch niemand hat es mir erwiesen.
Ich habe einen gesucht, der mich tröstet,
und keinen Einzigen gefunden.
22 Statt Nahrung haben sie mir Gift gereicht,
mir Essig angeboten,
um meinen Durst zu löschen.

23 Ihre Opfergelage
sollen ihnen zum Fallstrick werden,
der sie ins Verderben bringt,
sie und alle ihre Tischgenossen!
24 Lass sie blind werden
und nichts mehr sehen,
mach sie für immer kraftlos und krank!
25 Schütte deinen Zorn über sie aus,
hole sie ein mit der Glut deines Grimms!
26 Ihr Lagerplatz soll verwüstet werden,
mach ihre Zelte menschenleer!
27 Denn erbarmungslos jagen sie mich,
den deine Strafe doch schon getroffen hat,
und sie reden gern von den Schmerzen derer,
denen du Wunden geschlagen hast.
28 Rechne ihnen jede Verfehlung an
und erkläre sie nicht für gerecht!
29 Streiche ihre Namen aus dem Buch
des Lebens,
damit sie nicht eingeschrieben sind
mit denen, die in Treue zu dir halten.

30 Ich selbst bin arm
und von Schmerzen geplagt;
durch deine Hilfe, Gott,
bring mich in Sicherheit!
31 Dann kann ich dich preisen
mit meinem Lied
und deine Größe verkünden
durch meinen Dank.
32 Das ist dir lieber,
als wenn ich ein Rind für dich schlachte,
dir einen starken Stier als Opfer* bringe.

a *HERR, du …:* wörtlich *Herr, HERR Zebaot*, Gott Israels.*

69,5 109,2 S; Joh 15,25 **69,8** 44,23 S **69,9** 38,12 S **69,10** Joh 2,17; Röm 15,3 **69,13** Ijob 30,9 **69,14** Jes 49,8 **69,22** Mk 15,36 par **69,23-24** Röm 11,9-10 **69,26** Apg 1,20 **69,29** Ex 32,32 S; Mal 3,16 S **69,31-32** 40,7-9 S

[33] Die Unterdrückten werden es sehen
und sie werden sich freuen.

Ihr alle, die ihr nach Gott fragt:
Neuer Mut soll eure Herzen erfüllen!
[34] Denn der HERR hört das Rufen der Hilflosen,
er lässt die Seinen nicht im Stich,
wenn sie gefangen sind.
[35] Himmel und Erde sollen ihn preisen,
die Meere und alles, was darin lebt!
[36] Denn der HERR wird den Zionsberg* befreien
und die Städte in Juda wieder aufbauen.
Sein Volk wird wieder dort wohnen
und das Land besitzen.
[37] Die Kinder seiner Diener werden es erben,
und alle, die den HERRN lieben,
werden dort wohnen.

Warten auf Gott

(Ps 40,14-18)

70 Ein Lied Davids, um sich bei Gott in Erinnerung zu bringen.

[2] Gott, rette mich,
komm, hilf mir bald!
[3] Schimpf und Schande komme über sie,
die mir nach dem Leben trachten!
Zurückweichen sollen sie
und zuschanden werden,
die an meinem Unglück Freude haben!
[4] Mit Schande beladen sollen sie abziehen,
die hämisch rufen: »Da! Habt ihr's gesehen?«
[5] Doch alle, die deine Nähe suchen,
sollen über dich jubeln und glücklich sein!
Alle, die deine Hilfe begehren,
sollen immer wieder rufen:
»Gott ist groß!«

[6] Ich bin arm und wehrlos;
Gott, komm bald zu mir!
Du bist doch mein Helfer und Befreier,
HERR, lass mich nicht länger warten!

Bitte um Schutz im Alter

71 HERR, bei dir suche ich Zuflucht;
enttäusche nicht mein Vertrauen!
[2] Rette mich, befreie mich,
wie du es versprochen hast! [a]
Hör mich doch, hilf mir!
[3] Sei mir ein sicheres Zuhause,
wohin ich jederzeit kommen kann!
Du hast doch zugesagt, mir zu helfen;
du bist mein Fels und meine Burg!

[4] Meine Feinde missachten dich, mein Gott,
sie brechen das Recht und misshandeln mich.
Rette mich aus ihren Fäusten!
[5] Du bist meine Hoffnung, Herr,
dir habe ich von Jugend auf vertraut.
[6] Seit meiner Geburt bist du mein Halt,
du hast mir aus dem Mutterschoß
herausgeholfen,
darum gehört dir allezeit mein Dank!
[7] Viele meinten, du hättest mich verflucht;
aber du bist mein mächtiger Beschützer.
[8] Mein Mund singt immerzu dein Lob,
den ganzen Tag verkünde ich deinen Ruhm.

[9] Jetzt, wo ich alt geworden bin,
vertreibe mich nicht aus deiner Nähe!
Die Kräfte schwinden mir, verlass mich nicht!
[10] Meine Feinde stecken die Köpfe zusammen;
sie beraten schon, wie sie mich umbringen
können.
[11] »Gott hat ihn verstoßen«, sagen sie.
»Los, ihm nach! Packt ihn!
Jetzt gibt es keinen mehr, der ihm hilft.«

[12] Gott, du bist so weit weg!
Komm doch, mein Gott, hilf mir schnell!
[13] Lass sie unterliegen und zugrunde gehen,
sie, die mich beschuldigen!
Mit Schimpf und Schande sollen sie abziehen,
alle, die mein Verderben suchen!

[14] Ich gebe die Hoffnung niemals auf;
auch in Zukunft werde ich dich preisen.
[15] Ich werde allen sagen, wie treu du bist; [b]
den ganzen Tag will ich erzählen, wie du
hilfst –
deine Wohltaten sind nicht zu zählen.
[16] Ich werde deine großen Taten preisen,
HERR, mein Gott!
Nur noch von dir und deiner Treue [c]
will ich reden.

[17] Gott, von Jugend auf bist du mein Lehrer
und bis heute erzähle ich von deinen Wundern.
[18] Auch jetzt, wo ich alt und grau
geworden bin,
verlass mich nicht, mein Gott!
Kindern und Enkeln will ich erzählen,

a *wie du ...:* wörtlich *in deiner Gerechtigkeit*.* b *wie treu ...:* wörtlich *deine Gerechtigkeit;* ebenso in Vers 24.
c *Treue:* wörtlich *Gerechtigkeit.*

69,34 9,13S **71,1-3** 18,3S **71,6** 22,10-11 **71,9** Jes 46,3-4 **71,11** 3,3 **71,18** 22,31-32S

wie mächtig du bist
und wie gewaltig deine Taten sind.

19 Gott, deine Treue reicht bis an den Himmel!
Du hast große Dinge vollbracht.
Wer ist wie du?
20 Schlimme Zeiten hast du mich sehen lassen,
doch immer wieder schenkst du mir das Leben
und rettest mich vor dem sicheren Grab.
21 Immer wieder tröstest du mich
und bringst mich zu größeren Ehren
als zuvor.
22 Darum will ich dich preisen mit meinem
Saitenspiel,
ich will deine Treue rühmen, mein Gott!
Zur Laute will ich dir Loblieder singen,
dir, dem heiligen Gott Israels.
23 Voll Freude will ich über dich jubeln,
denn du hast mich befreit.
24 Von früh bis spät will ich erzählen,
wie treu du bist.
Alle, die mein Verderben suchen,
werden schmachvoll untergehen.

Segenswunsch für den König

72 Für Salomo.

Gott, gib dem König Weisheit,
damit er in deinem Sinn Recht sprechen kann;
ihn, den rechtmäßigen Erben des Thrones,
mach zum treuen Bewahrer deiner
Rechtsordnung!
2 Unparteiisch soll er dein Volk regieren
und den Entrechteten zu ihrem Recht
verhelfen!
3 Unter seiner gerechten Herrschaft
wird das Volk dann in Frieden leben
und Wohlstand haben im ganzen Land
mit seinen Bergen und Hügeln!
4 Den Benachteiligten soll er Recht
verschaffen
und den Bedürftigen Hilfe bringen;
aber die Unterdrücker soll er zertreten!

5 Der König soll leben,[a]
solange Sonne und Mond uns leuchten,
unzählige Generationen lang!
6 Er gleiche dem Regen,
der auf die Wiesen fällt
und das trockene Land durchfeuchtet!
7 Unter seiner Regierung blühe das Recht[b]
und der Wohlstand wachse,
bis es keinen Mond mehr gibt!

8 Seine Herrschaft reiche von Meer zu Meer,
vom Eufratstrom bis zu den Enden der Erde!
9 Verneigen sollen sich vor ihm
die Wüstenstämme,
seine Feinde müssen sich niederwerfen!
10 Die Könige von Tarschisch*
und vom Ende der Erde
sollen ihm Geschenke senden!
Die von Saba* und Seba
sollen ihm Tribut entrichten!
11 Huldigen sollen sich ihm alle Herrscher
und alle Völker sollen ihm dienen!

12 Er rettet die Bedürftigen,
die zu ihm schreien,
die Entrechteten, die keinen Helfer haben.
13 Er kümmert sich um die Schwachen
und Armen
und sorgt dafür, dass sie am Leben bleiben.
14 Er befreit sie von Gewalt und Unterdrückung,
denn vor ihm hat ihr Leben einen Wert.

15 Der König soll leben!
Man bringe ihm das Gold von Saba;
man bete jederzeit für ihn
und wünsche ihm alle Tage Segen!
16 Der Weizen wachse im ganzen Land,
bis hinauf auf die Gipfel der Berge,
dicht und wogend wie die Wälder
hoch oben auf dem Libanon!
Die Städte sollen blühen und gedeihen
wie die satten grünen Wiesen!
17 Der Name des Königs werde nie vergessen,
sein Ruhm nehme zu,
solange die Sonne besteht!
Wenn Menschen einander Segen wünschen,
sollen sie sagen: »Gott segne dich,
wie er den König gesegnet hat!«
Und alle Völker sollen ihn glücklich preisen!

18 Gepriesen sei der HERR, der Gott Israels,
der Einzige, der Wunder vollbringt!
19 Sein ruhmreicher Name sei für immer
gepriesen,
seine Macht setze sich durch in aller Welt!
Amen*, so soll es sein!

20 Hier enden die Gebete Davids, des Sohnes von
Isai.

a So mit G; H *Man soll ihn fürchten.*
b *das Recht:* mit einigen Handschriften und alten Übersetzungen; H *der Gerechte.*

71,20 30,4 S **72,1-4** 101,1-8; Spr 16,10 S **72,4** 9,13 S **72,5** 61,7-8 S; 72,17 **72,8-11** 2,8 **72,10** 68,30.32 **72,14** 116,15

DRITTES BUCH
(Psalmen 73–89)

Gott, ich gehöre zu dir!

73 Ein Lied Asafs.
Ich weiß es: Gott ist gut zu Israel,
zu allen, die ihm mit ganzem Herzen
gehorchen.
2 Doch beinahe wäre ich irregeworden,
ich wäre um ein Haar zu Fall gekommen:
3 Ich war eifersüchtig auf die Menschen,
die nicht nach dem Willen Gottes fragen;
denn ich sah, dass es ihnen so gut geht.
4 Ihr Leben lang kennen sie keine Krankheit,
gesund sind sie und wohlgenährt.
5 Sie verbringen ihre Tage ohne Sorgen
und müssen sich nicht quälen
wie andere Leute.
6 Ihren Hochmut tragen sie zur Schau
wie einen Schmuck,
ihre Gewalttätigkeit wie ein kostbares Kleid.
7 Ihr Luxusleben verführt sie zur Sünde,[a]
ihr Herz quillt über von bösen Plänen.
8 Ihre Reden sind voll von Spott
und Verleumdung,
mit großen Worten schüchtern sie die Leute ein.
9 Sie reißen das Maul auf und lästern
den Himmel,
ihre böse Zunge verschont nichts auf der Erde.

10 Darum läuft das Volk Gottes ihnen nach
und lauscht begierig auf ihr Geschwätz.[b]
11 »Gott merkt ja doch nichts!«, sagen sie.
»Was weiß der da oben von dem,
was hier vorgeht?«
12 So sind sie alle, die Gott verachten;
sie häufen Macht und Reichtum
und haben immer Glück.

13 Es war ganz umsonst, HERR,
dass ich mir ein reines Gewissen bewahrte
und wieder und wieder meine Unschuld
bewies.
14 Ich werde ja trotzdem täglich gepeinigt,
ständig bin ich vom Unglück verfolgt.
15 Aber wenn ich so reden wollte wie sie,
würde ich alle verraten, die zu dir gehören.[c]
16 Ich mühte mich ab, das alles zu verstehen,
aber es schien mir ganz unmöglich.
17 Doch dann kam ich in dein Heiligtum.
Da erkannte ich, wie es mit ihnen ausgeht:
18 Du stellst sie auf schlüpfrigen Boden;
du verblendest sie, damit sie stürzen.
19 Ganz plötzlich ist es aus mit ihnen,
sie alle nehmen ein Ende mit Schrecken.
20 Herr, wenn du aufstehst, verschwinden sie
wie die Bilder eines Traumes beim Erwachen.

21 Als ich verbittert war und innerlich zerrissen,
22 da hatte ich den Verstand verloren,
wie ein Stück Vieh stand ich vor dir.
23 Und dennoch gehöre ich zu dir!
Du hast meine Hand ergriffen und hältst mich;
24 du leitest mich nach deinem Plan
und holst mich am Ende in deine Herrlichkeit.
25 Wer im Himmel könnte mir helfen,
wenn nicht du?
Was soll ich mir noch wünschen auf der Erde?
Ich habe doch dich!
26 Auch wenn ich Leib und Leben verliere,
du, Gott, hältst mich;
du bleibst mir für immer!

27 Wer sich von dir entfernt, geht zugrunde;
wer dir untreu wird, den vernichtest du.
28 Ich aber setze mein Vertrauen auf dich,
meinen Herrn;
dir nahe zu sein ist mein ganzes Glück.
Ich will weitersagen, was du getan hast.

Klage über das zerstörte Heiligtum

74 Ein Gedicht Asafs.
Gott, hast du uns für immer verstoßen?
Warum wütet dein Zorn so furchtbar gegen uns?
Wir sind doch deine Herde
und du bist unser Hirt!
2 Denke daran, wie du uns einst befreit hast!
Damals hast du uns zu deinem Eigentum
gemacht,
schon seit uralter Zeit sind wir dein Volk.
Denk an den Zionsberg*,
den du zu deinem Wohnsitz bestimmt hast!
3 Komm doch,
sieh dir die trostlosen Trümmer an!
Den ganzen Tempel* haben die Feinde zerstört.

a So mit G; H *Ihr Auge tritt aus dem Fett hervor.*
b Wörtlich *und Wasser in Fülle wird von ihnen geschlürft.*
c Wörtlich *würde ich die Generationen deiner Söhne verraten.*

73,1-28 (scheinbares Glück der Bösen) Spr 24,19-20S; Ps 10,1-18; Ijob 21,7-33; Koh 8,12b-14; Mal 3,14-15 **73,8** 12,5; 109,2S **73,9** Jes 57,4 **73,11** 14,1S **73,13** 26,6; Mal 3,14-15 **73,17-20** 49,14-15 **73,24** 49,16; 16,10-11S **73,26** 63,4 **74,1-23** 79,1-13 **74,1** (Herde – Hirt) 23,1; 79,13; 80,2; 95,7; 100,3 **74,2** Ex 20,2; 19,5-6S; Ps 76,3S **74,3** 2Kön 25,9; Klgl 3,18

4 Brüllend sind sie in die heilige Stätte
eingebrochen
und haben dort ihre Feldzeichen aufgepflanzt.
5 Sie haben wild drauflosgeschlagen,
als hätten sie ein Dickicht vor sich,
6 die kostbaren Schnitzereien haben sie
zertrümmert
mit ihren Äxten und Eisenstangen.
7 Sie haben Feuer in dein Heiligtum geworfen,
deine Wohnung[a] niedergerissen und
geschändet.
8 Sie schrien: »Wir machen Schluss mit ihnen!
Wir verbrennen[b] alle Göttertempel
auf der Erde!«

9 Es gibt kein Zeichen mehr dafür,
dass du noch bei uns bist.
Kein Prophet* spricht mehr;
niemand von uns weiß,
wie lange das noch dauert.
10 Gott, wie lange darf der Feind noch höhnen?
Hört das nie auf,
dass er deinen Namen* beschimpft?
11 Warum siehst du so untätig zu?
Wann greifst du endlich ein?

12 Gott, seit uralter Zeit bist du unser König,
du hast gewaltige Taten auf der Erde vollbracht!
13 Mit deiner Macht hast du das Meer gespalten
und den Seeschlangen die Schädel
zertrümmert.
14 Dem Drachen[c] hast du die Köpfe
abgeschlagen
und ihn den wilden Tieren[d] zum Fraß
gegeben.
15 Du hast Quellen und Bäche sprudeln lassen
und mächtige Ströme zum Versiegen gebracht.
16 Der Tag gehört dir und auch die Nacht,
Sonne und Mond hast du an ihren Platz
gestellt.
17 Du hast alle Gebiete der Erde abgegrenzt,
Sommer und Winter hast du gemacht.

18 HERR, höre doch,
wie unsere Feinde dich verhöhnen!
Sie missachten dich und lästern deinen
Namen.
19 Gib dein hilfloses Volk nicht diesen Räubern
preis!
Wir werden unterdrückt;
lass uns nicht endlos leiden!
20 Denk an deinen Bund* mit uns!
Alle versteckten Winkel im Land
sind voll von Verbrechen und Gewalttat.
21 Enttäusche die Verfolgten nicht;
rette die Armen und Unterdrückten,
damit sie dich preisen!
22 Steh auf, Gott!
Es geht um deine Sache, verschaff dir Recht!
Denk an die Schmähungen der Spötter,
mit denen sie dich täglich überschütten!
23 Hör doch, wie sie toben;
immer lauter wird ihr Geschrei!

Gott kommt und hält Gericht

75 Ein Lied Asafs, nach der Melodie »Richte nicht zugrunde«.

2 Wir danken dir, Gott, wir danken dir!
Wir bekennen dich als unseren Gott
und erzählen von den Wundern, die du tust.[e]

3 »Wenn der Augenblick kommt«, sagt Gott,
»die Zeit, die ich bestimme,
dann halte ich unbestechlich Gericht.
4 Auch wenn die Erde zittert
und ihre Bewohner vor Angst vergehen –
ich habe ihre Pfeiler auf festen Grund gestellt.«

5 Darum sage ich zu den Überheblichen:
»Schluss jetzt mit eurer Prahlerei!«
Zu denen, die Gottes Gebote missachten:
»Spielt euch nicht so auf!
6 Euer Spiel ist zu Ende;
hört auf, so vermessen zu reden!
7 Weder vom Osten noch vom Westen
habt ihr etwas zu erwarten,
auch nicht aus der Wüste
oder von den Bergen[f] –
8 Gott selbst kommt und hält Gericht:
Die einen stürzt er,
die anderen macht er groß.«

9 Der HERR hält einen Becher in der Hand,
gefüllt mit scharfem, gärendem Wein.
Allen auf der Erde, die sich ihm widersetzten,
gibt er von diesem Wein zu trinken;

x

a Wörtlich *die Wohnung deines Namens*;* siehe Anmerkung zu Dtn 12,5. *b* So mit G; H *Sie haben verbrannt.*
c Drachen: wörtlich *Leviatan*.* *d* Wörtlich *den Bewohnern der Wüste* (vgl. 72,9).
e Wir bekennen ... (wörtlich *Wir rufen dich/deinen Namen an, wir erzählen ...*): mit G; H *dein Name ist nahe, sie erzählen ...*
f auch nicht ...: wörtlich *auch nicht aus der Wüste der Berge* (oder ... *aus der Wüste Erhöhung*).

74,13 89,11; Jes 51,9-10; Ex 14,21-22 **74,16** 104,19 **75,8** 146,7-9; 147,6; 1 Sam 2,7-8; Ijob 5,11; Spr 29,23; Jes 2,11-16; Ez 17,24; Tob 4,19; Lk 1,52 S **75,9** Jer 25,15 S

sie alle müssen den Becher leeren
bis zum letzten, bitteren Tropfen.

10 Ich aber höre nicht auf,
von seinen Taten zu reden
und den Gott Jakobs mit Liedern zu ehren.
11 Er wird[a] die Macht der Unheilstifter brechen;
doch alle, die zu ihm halten, macht er stark.

Gott ist Sieger

76 Ein Lied Asafs, zu begleiten auf Saiteninstrumenten.

2 Gott ist in Juda wohl bekannt,
in ganz Israel ist er berühmt.
3 In Jerusalem hat er sein Haus,
dort[b] wohnt er auf dem Zionsberg*.
4 Alles Kriegsgerät hat er zerbrochen,
die Pfeile, die Schwerter und die Schilde.

5 Von Glanz bist du umgeben, Gott,
machtvoller als die uralten Berge[c] bist du!
6 Furchtlose Krieger wurden ausgeplündert;
sie schlafen ihren letzten Schlaf
und können nie mehr zu den Waffen greifen.
7 Als du sie bedrohtest, Gott Jakobs,
da konnten Ross und Reiter sich nicht mehr
rühren.

8 Ehrfurcht gebietend bist du!
Wer hält dir stand, wenn du zornig wirst?
9 Vom Himmel her verkündest du das Urteil.
Alle Welt erschrickt und wird still,
10 wenn du aufstehst, Gott, und Gericht hältst,
um die Unterdrückten auf der Erde
zu befreien.
11 Sogar das Wüten deiner Feinde
muss noch deinen Ruhm vergrößern;
denn alle, die diesem Wüten entgehen,
sind wie eine Krone,
mit der du dich schmückst.

12 Legt Gelübde* ab und löst sie ein
vor dem HERRN, eurem Gott!
Ihr Völker, die ihr rings um ihn wohnt,
bringt dem gewaltigen Gott Geschenke!
13 Er erniedrigt hochmütige Führer
und lehrt die Herrscher der Erde
das Fürchten!

Trost in verzweifelter Lage

77 Ein Lied Asafs, nach der Weise Jedutuns.

2 Ich schreie zu Gott, so laut ich kann;
ich schreie zu Gott, er wird mich hören.
3 In meiner Angst suche ich den Herrn;
nachts strecke ich die Hand nach ihm aus,
ohne davon zu ermüden.
Trost von Menschen kann mir nicht helfen!

4 Denke ich an Gott, so muss ich stöhnen.
Komme ich ins Grübeln,
so packt mich Verzweiflung.
5 Er hindert mich, die Augen zuzumachen;
ich bin verstört, kaum finde ich Worte.
6 Ich denke nach über frühere Zeiten,
ich erinnere mich an längst vergangene Jahre,
7 als mich beim Saitenspiel noch Freude erfüllte.
Die ganze Nacht verbringe ich mit Grübeln,
immer wieder bewegen dieselben Fragen
mein Herz:

8 Hat der Herr uns für immer verstoßen?
Will er sich nicht mehr erbarmen?
9 Ist er nie wieder gut zu uns?
Gilt sein Versprechen in Zukunft
nicht mehr?
10 Hat Gott vergessen, sich zu erbarmen?
Verschließt er im Zorn sein Herz?
11 Von Gottes Macht ist nichts zu sehen,
der Höchste tut nichts mehr für uns –
das ist es, was mich quält!

12 Ich denke an deine Taten, HERR,
deine Wunder von damals mache ich mir
bewusst.
13 Ich zähle mir auf, was du vollbracht hast,
immer wieder denke ich darüber nach.
14 Gott, heilig ist alles, was du tust!
Kein anderer Gott ist so gewaltig wie du!
15 Du bist der Einzige, der Wunder tut;
an den Völkern hast du deine Macht bewiesen.
16 Dein Volk, die Nachkommen Jakobs
und Josefs,
hast du mit starker Hand befreit.

17 Als die Wasserfluten dich sahen, Gott,
da fingen sie an zu beben,
die Tiefen des Meeres begannen zu zittern.
18 Die Wolken vergossen Ströme von Regen,

a Vermutlicher Text; H *Ich werde.* *b* H verbindet *dort* mit dem folgenden Satz: *Dort hat er zerbrochen …*
c *die uralten Berge:* mit G; H *die Berge der Beute.*

76,3 9,12; 48,2-3; 65,2; 68,17; 87,1-2; 132,13; Jes 2,3 S; Obd 17a S **76,4** 46,10-11 S **76,6-7** 48,5-8; Jer 51,57 **76,12** 66,13-15 S
77,1 1 Chr 25,1 **77,6-7** 143,5 **77,8-11** 74,1; Klgl 5,1-5.20-22 **77,16-21** Ex 14,21-29 S

in ihrer Mitte grollte der Donner
und deine Pfeile schossen hin und her.
19 Dein Wagen donnerte durch die Wolken,
deine Blitze erhellten die Welt,
die Erde zitterte und bebte.

20 Dein Weg führte mitten durch das Meer,
deine Schritte gingen durch Wassertiefen,
doch deine Spuren konnte niemand sehen.
21 Durch deine Diener Mose und Aaron
hast du dein Volk geführt wie eine Herde.

Gottes Geschichte mit seinem Volk

78 Ein Gedicht Asafs.

Mein Volk, höre auf meine Weisung!
Ihr alle, gebt Acht auf meine Worte!
2 Ich will euch an frühere Zeiten erinnern,
euch Gottes geheimnisvolle Führungen zeigen.
3 Wir kennen das alles seit langen Jahren,
weil wir immer wieder davon hörten,
wenn unsere Väter es uns erzählten.
4 Wir wollen es unseren Kindern
nicht verschweigen.
Auch die kommende Generation soll hören
von der Macht des HERRN,
von seinen Wundern,
von allen Taten, für die wir ihn preisen.

5 Er hat mit Israel einen Bund* geschlossen,
den Nachkommen Jakobs seine Weisungen
gegeben.
Er hat unseren Vorfahren befohlen,
ihren Kindern davon zu erzählen,
6 damit auch die folgende Generation es erfährt,
die Kinder, die noch geboren werden.
Und wenn sie selbst Eltern geworden sind,
sollen sie es weitergeben an ihre Kinder.
7 Sie sollen auf Gott vertrauen,
seine Taten nie vergessen
und seine Gebote treu befolgen.
8 Sie sollen nicht ihren Vorfahren gleichen,
der Generation von widerspenstigen Rebellen,
unzuverlässig und unbeständig,
untreu gegenüber Gott.
9 – Die Männer von Efraïm,
mit Pfeilen und Bogen gerüstet,
ergriffen am Tag des Kampfes die Flucht. –[a]
10 Sie hielten sich nicht an den Bund mit Gott
und weigerten sich,
seiner Weisung zu gehorchen.

11 Sie vergaßen die machtvollen Wunder,
die er vor ihren Augen getan hatte.

12 In Ägypten, in der Gegend von Zoan,
vor den Augen ihrer Väter,
vollbrachte Gott gewaltige Taten:
13 Er zerteilte das Meer
und ließ sie hindurchziehen;
er türmte das Wasser auf wie einen Damm.
14 Tagsüber leitete er sie mit einer Wolke
und in der Nacht mit hellem Feuerschein.
15 In der Wüste spaltete er Felsen
und ließ sie Wasser aus der Tiefe trinken.
16 Aus hartem Gestein brachen Bäche hervor
und stürzten mit mächtigem Schwall herab.

17 Sie aber sündigten weiter gegen den
Höchsten,
sie widersetzten sich ihm dort im dürren
Land.
18 Sie wagten es, Gott auf die Probe zu stellen,
als sie Nahrung verlangten nach ihrem
Geschmack.
19 Sie zweifelten an ihm und sagten:
»Bringt Gott es etwa fertig,
uns hier in der Wüste den Tisch zu decken?
20 Es ist wahr, er hat den Felsen geschlagen
und das Wasser strömte in Bächen heraus.
Aber kann er uns auch Brot besorgen?
Kann er Fleisch herbeibringen für sein Volk?«
21 Als der HERR sie so reden hörte,
wurde er zornig auf die Nachkommen Jakobs,
sein Zorn traf Israel wie ein Feuer.
22 Sie hatten ihrem Gott nicht vertraut
und nicht mit seiner Hilfe gerechnet.

23 Trotzdem gab er den Wolken Befehl
und öffnete die Himmelstore:
24 Er ließ das Manna* auf sie regnen,
er gab ihnen das Korn des Himmels zu essen.
25 Sie alle aßen das Brot der Engel;
Gott schickte ihnen Nahrung
und machte sie satt.
26 Am Himmel setzte er den Ostwind frei,
er zwang den Südwind heranzustürmen.
27 Dann ließ er Fleisch auf sie regnen
wie Staub,
Vögel, so zahlreich wie Sand am Meer.
28 Mitten ins Lager ließ er sie fallen,
rings um die Zelte der Israeliten.
29 Sie aßen und wurden mehr als satt;
Gott gab ihnen, was sie gefordert hatten,

a Dieser Vers nimmt das Thema von Vers 67 vorweg.

78,3 44,2 **78,4** Dtn 4,9-10 **78,13** Ex 14,21-29 S **78,14** Ex 13,21 S **78,15-16** Ex 17,6; Num 20,11 **78,17-20** Ex 16,3; Num 11,4 **78,21** Num 11,1 **78,23-25** Ex 16,4.13-15; 16,31 S **78,26-29** Ex 16,13 S

30 doch ihre Gier war noch nicht gestillt.
Sie hatten das Fleisch noch zwischen
den Zähnen,
31 da wurde Gott zornig auf sie und schlug zu,
ihre jungen, starken Männer tötete er.

32 Aber trotz allem sündigten sie weiter,
sie schenkten seinen Wundern kein Vertrauen.
33 Da nahm er ihrem Leben Sinn und Ziel
und ließ sie vergehen in Angst und Schrecken.
34 Immer wenn Gott einige tötete,
begannen die anderen, nach ihm zu fragen,
sie wandten sich ihm zu und suchten ihn.
35 Sie erinnerten sich:
Gott war doch ihr Beschützer,
er, der Höchste, war ihr Befreier.
36 Aber alles war Heuchelei;
was ihr Mund ihm sagte, war gelogen.
37 Ihr Herz hielt nicht entschieden zu ihm,
sie standen nicht treu zu seinem Bund*.
38 Trotzdem blieb er voll Erbarmen:
Er tilgte sie nicht aus,
sondern tilgte ihre Schuld.
Oft genug verschonte er sie
und hielt seinen Zorn im Zaum.
39 Er wusste ja, sie waren Geschöpfe,
vergänglich wie ein Windhauch,
der verweht und niemals wiederkehrt.

40 Wie oft widersetzten sie sich ihm
in der Wüste
und forderten seinen Zorn heraus!
41 Immer wieder stellten sie ihn auf die Probe
und kränkten ihn, den heiligen Gott Israels.
42 Sie vergaßen seine großen Taten
und den Tag der Befreiung von ihren
Feinden.
43 Damals gab er den Ägyptern Beweise seiner
Macht,
in der Gegend von Zoan vollbrachte er Wunder.
44 Er verwandelte die Ströme und Bäche
in Blut,
sodass niemand mehr daraus trinken konnte.
45 Er schickte den Feinden Ungeziefer,
das sie quälte,
und Frösche, die ihr Land verseuchten.
46 Ihre Ernte lieferte er den Heuschrecken aus,
die fraßen den Ertrag ihrer Arbeit.
47 Er zerschlug ihre Reben durch Hagel,
ihre Feigen durch riesige Hagelkörner.
48 Auch ihr Vieh gab er dem Hagel preis
und ihre Herden den Blitzen.
49 Er ließ seinen glühenden Zorn auf sie los,
rasende Wut und furchtbare Plagen,
ein ganzes Heer von Unglücksengeln.
50 Er ließ seinem Zorn freien Lauf;
er bewahrte sie nicht länger vor dem Tod,
sondern lieferte sie aus an die Pest.
51 Er tötete jeden erstgeborenen Sohn
in den Häusern der Ägypter,
der Nachkommen Hams.

52 Dann führte er sein Volk hinaus
wie eine Herde von Schafen
und leitete sie auf dem Weg durch die Wüste.
53 Er führte sie sicher,
sie hatten nichts zu fürchten,
aber ihre Feinde bedeckte das Meer.
54 Er brachte sie in sein heiliges Land,
zu dem Berg, den er selbst erobert hatte.
55 Vor ihnen her vertrieb er die Völker;
das Land verloste er unter die Seinen
und gab es ihnen als Erbbesitz.
In den Häusern der Kanaaniter*
ließ er die Stämme Israels wohnen.

56 Sie aber forderten den Höchsten heraus,
sie richteten sich nicht nach Gottes Geboten.
57 Sie kehrten sich ab und verrieten ihn
genauso wie früher ihre Väter,
unzuverlässig wie ein Bogen,
dessen Sehne reißt.
58 Sie ärgerten ihn mit ihren Opferstätten*
und reizten ihn mit Götzenbildern.
59 Gott sah das alles und wurde zornig,
er ließ die Israeliten im Stich.
60 Das Zelt, das er bei ihnen aufgeschlagen
hatte,
seine Wohnung in Schilo*, gab er auf.
61 Den Feinden erlaubte er,
die Bundeslade* zu entführen,
das Zeichen seiner Macht und Hoheit.
62 Er war so zornig auf sein eigenes Volk,
dass er es dem Schwert der Feinde preisgab.
63 Das Feuer fraß die jungen Männer,
den Mädchen sang niemand mehr
das Hochzeitslied.
64 Die Priester* wurden mit dem Schwert
getötet
und die Witwen konnten keine Totenklage*
halten.

65 Da wachte der Herr auf,
geradeso als hätte er geschlafen,
wie ein Krieger, der seinen Rausch abschüttelt.
66 Er schlug seine Feinde in die Flucht,

78,30-31 Num 11,33 **78,38** 103,12-13 **78,39** 39,5-7 S **78,43-52** Ex 7,1–11,10; 12,29-42 **78,53** Ex 14,28 **78,54-55** Jos 23,3-4; 24,8-13 **78,56-59** Ri 2,11-15 **78,60** Jos 18,1 S **78,61-64** 1 Sam 4,17-20 **78,65-72** 2 Sam 7,8-16

bedeckte sie mit unauslöschlicher Schande.
67 Die Nachkommen Josefs verwarf er,
den Stamm Efraïm lehnte er als Führer ab.
68 Doch den Stamm Juda erwählte er
und den Berg Zion*, den er liebte.
69 Dort hat er seinen Tempel* gebaut,
hoch wie der Himmel und fest wie die Erde,
die er gegründet hat für alle Zeiten.

70 Er erwählte David als seinen Vertrauten.
Er holte ihn von den Weideplätzen,
71 vom Hüten der Herde rief er ihn weg
und machte ihn zum König Israels,
zum Hirten über Gottes eigenes Volk.
72 Und David sorgte für sie mit redlichem Herzen,
er leitete sie mit kluger Hand.

Hört Gottes Zorn nie auf?

79 Ein Lied Asafs.

Gott, Fremde sind in dein Land eingefallen;
sie haben deinen heiligen Tempel* geschändet
und Jerusalem in Trümmer gelegt.
2 Sie haben deine Diener getötet,
alle, die zu dir hielten,
und haben sie überall liegen lassen
als Fraß für die Geier und wilden Tiere.
3 Im ganzen Umkreis von Jerusalem
ist das Blut deines Volkes in Strömen geflossen
und niemand war da, der die Toten begrub.
4 Die Nachbarvölker überschütten uns mit Hohn,
sie lachen und spotten über uns.

5 Wie lange noch, HERR?
Willst du für immer zornig auf uns sein?
Willst du weiterwüten wie ein Feuer?
6 Lass deinen Zorn an den Fremden aus,
an den Völkern, die dich nicht kennen,
den Königreichen, wo man dich nicht ehrt!
7 Denn sie haben Israel vernichtet
und sein Land verwüstet.

8 Rechne uns nicht das Unrecht an,
das unsere Väter begangen haben!
Begegne uns bald mit deinem Erbarmen,
denn wir sind völlig am Ende!
9 Gott, unser Retter, hilf uns;
deine eigene Ehre steht auf dem Spiel!
Befrei uns, vergib uns unsere Schuld;
mach deinem Namen Ehre!

10 Warum sollen die Völker sagen:
»Wo ist er denn, ihr Gott?«
Lass sie erkennen und lass uns sehen,
wie du an ihnen Vergeltung übst
für das vergossene Blut deiner Diener!
11 Lass das Stöhnen der Gefangenen zu dir dringen!
Deine Macht ist so groß;
darum bewahre das Leben der Todgeweihten!
12 Unsere Nachbarn haben dich verhöhnt;
zahl es ihnen siebenfach zurück!

13 Wir aber, dein Volk, für das du sorgst
wie ein Hirt für seine Herde,
wir wollen dir allezeit danken
und deinen Ruhm verkünden
in allen Generationen!

Hör uns, Hirt Israels!

80 Ein Lied Asafs, ein Bekenntnis, zu singen nach der Melodie »Lilien«.[a]

2 Hör uns, Hirt Israels,
der du Josefs Nachkommen führst wie eine Herde!
Der du über den Keruben* thronst,
zeige dich in strahlendem Glanz!
3 Entfalte deine gewaltige Macht
vor den Augen deiner Stämme,
vor Efraïm, Benjamin und Manasse!
Komm und hilf uns!

4 *Gott, richte uns wieder auf!*
Blick uns freundlich an,
dann ist uns geholfen!

5 HERR, du Gott der ganzen Welt,[b]
wie lange willst du noch zornig schweigen,
wenn dein Volk zu dir betet?
6 Du hast uns Kummer zu essen gegeben
und becherweise Tränen zu trinken.
7 Du hast uns zum Zankapfel der Nachbarn gemacht,
unsere Feinde treiben ihren Spott mit uns.

a Vgl. Anmerkung zu 45,1.
b *HERR, du ...:* wörtlich *HERR Gott Zebaot**, ebenso in Vers 20; in den Versen 8 und 15 wörtlich *Gott Zebaot.*
79,1 74,1-8; 2 Kön 25,8-10 **79,2** Jer 12,9 S **79,4** 44,14-15 **79,5** 13,2-3 S; 85,6 S **79,7** 2 Kön 25,8-12 **79,8** Ez 18,1-4.20 **79,9-10** 115,1-2 S **79,13** 74,1 S **80,2** 74,1 S; 2 Sam 6,2 S **80,4** 31,17 S **80,5** 13,2-3 S **80,7** 44,14-15 S

8 *Gott, du Herr der Welt,*
richte uns doch wieder auf!
Blick uns freundlich an,
dann ist uns geholfen!

9 In Ägypten hast du einen Weinstock
ausgegraben;
ganze Völker hast du vertrieben,
um ihn an ihrer Stelle einzupflanzen.
10 Du hast den Boden für ihn gerodet;
darum konnte er Wurzeln schlagen
und das ganze Land ausfüllen.
11 Mit seinem Schatten bedeckte er die Berge,
mit seinen Zweigen die mächtigen Zedern.
12 Seine Ranken streckte er aus bis zum Meer,
seine Triebe bis hin zum Eufrat.
13 Warum hast du seine Schutzmauer
niedergerissen,
sodass jeder, der vorbeikommt, ihn plündern
kann?
14 Das Wildschwein aus dem Wald
verwüstet ihn,
die Tiere der Steppe fressen ihn kahl.

15 Komm wieder zu uns, Gott, du Herr der Welt!
Blicke vom Himmel herab und sieh uns,
kümmere dich um deinen Weinstock!
16 Schütze ihn, den du selber gepflanzt hast,
den Spross, der dir seine Kraft verdankt!
17 Aber nun ist er umgehauen und verbrannt!
Blick unsere Feinde drohend an,
damit sie vergehen müssen!
18 Lege deine Hand schützend auf den König,
der an deiner rechten Seite sitzt,
auf den Mann,[a] den du stark gemacht hast.
19 Wir wollen nie wieder von dir weichen!
Erhalte uns am Leben,
wir wollen uns zu dir bekennen![b]

20 *HERR, du Gott der ganzen Welt,*
richte uns doch wieder auf!
Blick uns freundlich an,
dann ist uns geholfen!

Festjubel und Gehorsam

81 Von Asaf, zu begleiten auf gatitischem
Instrument*.

2 Jubelt Gott zu, unserem starken Beschützer!
Jauchzt vor Freude über den Gott Jakobs!
3 Stimmt den Lobgesang an,
schlagt die Tamburine,
greift in die Saiten von Leier und Laute!
4 Blast das Horn* zum Neumond,
blast es wieder zum Vollmond,
dem Tag unseres Festes!
5 Denn das ist eine Vorschrift für Israel,
so hat es der Gott Jakobs befohlen.
6 Diese Regel gab er dem Volk Josefs,
als er gegen die Ägypter kämpfte.

Ich höre Worte,
die ich so noch niemals hörte:

7 »Ich habe dir die Last von den Schultern
genommen
und den schweren Tragkorb aus den Händen.
8 Du hast zu mir geschrien in deiner Not
und ich habe dich daraus befreit.
Ich habe dir Antwort gegeben
mitten aus der Gewitterwolke,
in der ich mich verborgen hielt.
An der Quelle von Meriba
habe ich dein Vertrauen geprüft.

9 Mein Volk, hör mir zu, ich muss dich warnen!
Wenn du doch auf mich hören wolltest, Israel!
10 Bei dir darf kein Platz sein
für einen anderen Gott,
vor keinem fremden Gott darfst du dich
niederwerfen!
11 Ich bin der HERR, dein Gott,
ich habe dich aus Ägypten herausgeführt.
Mach deinen Mund weit auf,
ich werde ihn füllen!

12 Aber mein Volk hat nicht auf mich gehört,
Israel wollte nichts von mir wissen.
13 Darum überließ ich es seinem Starrsinn;
es sollte seinen eigenen Wünschen folgen.
14 Wenn mein Volk doch auf mich hörte!
Wenn Israel doch auf meinem Weg bliebe!
15 Wie schnell würde ich seine Feinde
bezwingen
und seine Unterdrücker niederwerfen!«

16 Alle, die den HERRN hassen,
würden vor ihm kriechen müssen
und ihre Zeit wäre für immer vorbei.
17 Doch Israel würde er mit bestem Weizen
ernähren
und mit Honig aus den Bergen sättigen.

a Wörtlich *den Menschensohn.* b *uns zu dir bekennen:* wörtlich *deinen Namen* ausrufen.*

80,9 Jes 5,1-7 S; Dtn 26,8-9 **80,17** Ez 15,4 **80,18** 110,1 S **81,4-6** Num 10,10; Lev 23,23-24 **81,7** Ex 6,5-6 **81,8** Ex 19,16; 17,7 **81,10-11** Ex 20,2-5 **81,12** Jer 7,24-26 **81,17** Dtn 32,13

Gericht über die Götter

82 Ein Lied Asafs.

Gott steht auf in der Versammlung der Götter[a]
und zieht sie zur Rechenschaft:

2 »Wie lange wollt ihr noch das Recht
verdrehen
und für die Schuldigen Partei ergreifen?
3 Verteidigt die Armen und die Waisenkinder,
verschafft Wehrlosen und Unterdrückten ihr
Recht!
4 Befreit die Entrechteten und Schwachen,
reißt sie aus den Klauen ihrer Unterdrücker!
5 Aber ihr seht nichts und ihr versteht nichts!
Hilflos tappt ihr in der Dunkelheit umher
und die Fundamente der Erde geraten
ins Wanken.
6 Ich hatte zwar gesagt: ›Ihr seid Götter,
meine Söhne seid ihr, Söhne des Höchsten!‹
7 Doch ihr werdet wie die Menschen sterben,
wie unfähige Minister aus dem Amt gejagt!«

8 Greif ein, Gott, regiere die Welt;
denn dir gehören alle Völker!

Gebet in Kriegsgefahr

83 Ein Lied Asafs.

2 Gott, schweig nicht länger!
Schau nicht so stumm und tatenlos zu!
3 Sieh doch, wie deine Feinde toben,
wie hoch sie den Kopf tragen,
alle, die dich hassen!
4 Sie haben sich gegen dein Volk
verschworen.
Heimtückisch schmieden sie Pläne gegen uns,
die wir unter deinem Schutz stehen.
5 »Auf«, sagen sie, »wir löschen Israel aus!
Dieses Volk muss verschwinden
und sein Name muss vergessen werden!«
6 Sie halten miteinander Rat,
um ein Bündnis gegen dich zu schließen,
und schnell sind sie ein Herz und eine Seele:
7 die Leute von Edom*, die Ismaeliter,
die von Moab* und die Hagariter;
8 die von Gebal, Ammon* und Amalek*;
die Philister* und die Bewohner von Tyrus;
9 sogar die Assyrer* kommen noch dazu
und bringen den Nachkommen Lots
Verstärkung.

10 Gott, schlage sie wie die Midianiter*,
wie Sisera, wie Jabin am Kischonbach.
11 Sie wurden bei En-Dor vernichtet
und blieben als Dünger auf den Feldern liegen.
12 Behandle ihre Fürsten wie Oreb und Seeb,
ihre Führer wie Sebach und Zalmunna,
13 sie alle, die beschlossen haben:
»Wir wollen Gottes Land erobern!«

14 Du mein Gott, lass sie davonwirbeln
wie trockene Disteln, wie Spreu im Wind!
15 Sei ihnen wie ein Feuer, das den Wald
verzehrt,
wie eine Flamme, die Berge anzündet!
16 Jage sie mit deinem Sturm,
stürze sie in Panik durch deinen Orkan!
17 Treib ihnen die Schamröte ins Gesicht,
damit sie anfangen, nach dir, HERR, zu fragen!
18 Bringe für immer Schmach und Schrecken
über sie
und lass sie in ihrer Schande zugrunde gehen!
19 Sie sollen erkennen:
Du, HERR, unser Gott,
du allein bist der Höchste in aller Welt!

Sehnsucht nach dem Tempel Gottes

84 Ein Lied der Korachiter, zu begleiten auf gatitischem Instrument*.

2 Meine ganze Liebe gehört deinem Haus,
HERR, du großer und mächtiger Gott![b]
3 Ich möchte jetzt dort sein,
in den Vorhöfen* des Tempels –
die Sehnsucht danach verzehrt mich!
Mit Leib und Seele schreie ich nach dir,
dem lebendigen Gott!
4 Sogar die Vögel dürfen bei dir wohnen;
die Schwalben bauen ihr Nest bei deinen
Altären
und ziehen dort ihre Jungen auf,
HERR, du Herrscher der Welt,
mein König und mein Gott!
5 Wie glücklich sind alle,
die in deinem Haus Wohnrecht haben
und dich dort immerzu preisen können!

a Damit sind die Götter der anderen Völker gemeint, die nach alttestamentlichem Verständnis mächtige Wesen zwischen Gott und den Menschen sind; vgl. die Sacherklärung »Gottessöhne«.
b *HERR, du …:* wörtlich *HERR Zebaot**, ebenso in Vers 13 und für *HERR, du Herrscher der Welt* in Vers 4.

82,1 89,6-8 **82,3-4** 9,13S **82,6** Joh 10,34 **83,2-9** 124,1-5 **83,4** 2,2 **83,9** Gen 19,36-38 **83,10** Ri 7,15–8,12; 4,1-24 **83,12** Ri 7,25; 8,12.18-21 **84,3** 42,2-3S **84,5** 23,6S

6 Wie glücklich sind sie,
die bei dir ihre Stärke finden
und denen es am Herzen liegt,
zu deinem Heiligtum zu ziehen!
7 Wenn sie durchs Wüstental wandern,
brechen dort Quellen auf,
milder Regen macht alles grün und frisch.
8 Mit jedem Schritt wächst ihre Kraft,
bis sie auf dem Zionsberg* vor dir stehen.

9 Höre mein Gebet, Gott, du Herrscher
der Welt![a]
Achte auf meine Bitte, du Gott Jakobs!
10 Blicke freundlich auf unseren Beschützer,
auf den König, den du eingesetzt[b] hast!

11 Ein Tag im Vorhof deines Tempels
zählt mehr als sonst tausend.
Lieber an der Tür deines Hauses stehen
als bei Menschen wohnen,
die dich missachten.

12 Ja, Gott, der HERR, ist die Sonne,
die uns Licht und Leben gibt.
Er ist der Schild, der uns beschützt.
Er schenkt uns seine Liebe
und nimmt uns in Ehren auf.
Allen, die untadelig leben,
gewährt er das höchste Glück.

13 HERR, du großer und mächtiger Gott,
wie gut hat es jeder, der sich auf dich verlässt!

Frieden für Gottes Volk

85 Ein Lied der Korachiter.
2 HERR, früher hast du gezeigt,
dass du dein Land liebst,
und hast für dein Volk[c] alles wieder
zum Guten gewendet.
3 Sein Unrecht hast du weggenommen
und seine ganze Verfehlung zugedeckt.
4 Du hast deinen Zorn zurückgezogen
und seine schreckliche Glut wieder abgewendet.

5 Gott, unser Retter,
stell uns auch jetzt wieder her!
Hör auf, uns zu zürnen!
6 Oder willst du für immer zornig auf uns sein?
Soll dein Unwille nie zu Ende gehen?
7 Willst du uns nicht neu beleben,
damit dein Volk sich über dich freut?
8 HERR, lass uns wieder deine Güte sehen!
Komm uns zu Hilfe!

9 Ich horche auf das, was Gott, der HERR, sagt:
Er spricht von Frieden für sein Volk,
für alle, die zu ihm gehören;
aber sie sollen ihre Torheit nicht wiederholen!
10 Seine Hilfe ist all denen nahe,
die ihn ehren und ihm gehorchen;
bald wohnt seine Herrlichkeit* wieder
in unserem Land.
11 Dann kommen Güte und Treue zusammen,
Recht und Frieden küssen einander.
12 Die Treue sprießt aus der Erde hervor
und das Recht blickt vom Himmel herab.
13 Der HERR selber gibt Gelingen
und unser Land gibt reichen Ertrag.
14 Das Recht geht dem HERRN voraus
und bereitet ihm den Weg.

Hilferuf in großer Not

86 Ein Gebet Davids.
HERR, ich bin arm und hilflos;
höre mich und gib mir Antwort!
2 Bewahre mein Leben, ich gehöre doch zu dir!
Hilf mir, ich bin doch dein Diener;
du mein Gott, ich verlasse mich auf dich!
3 Den ganzen Tag schreie ich zu dir;
hab Erbarmen mit mir, Herr!
4 Auf dich richte ich mein Herz
und meinen Sinn;
erfülle mich doch wieder mit Freude!
5 Herr, du bist freundlich
und bereit, Schuld zu vergeben;
voll Güte begegnest du allen,
die zu dir beten.
6 Darum höre jetzt meine Bitte;
HERR, achte auf meinen Hilferuf!
7 In meiner Not schreie ich zu dir;
du wirst mir Antwort geben.

8 Herr, wer unter den Göttern[d] ist wie du?
Kein anderer kann deine Taten vollbringen!
9 Du hast alle Völker geschaffen.
Sie werden kommen,
sich vor dir niederwerfen
und dir, Herr, ihre Huldigung darbringen.

a *Gott, du ...:* wörtlich *HERR Gott Zebaot**. b *eingesetzt:* wörtlich *gesalbt**.
c Wörtlich *für Jakob.* d Siehe Anmerkung zu 82,1.

84,6 122,1 **84,7** Jes 41,17-20 **84,10** 2,6 **84,11** 23,6S **84,12** 36,10; 97,11; Jes 60,19 **85,2** 126,1 **85,6** 74,1; 77,8; 79,5 **85,8** 126,4 **85,10** Ez 11,22-23 **85,13** 67,7 **85,14** Jes 58,8 **86,5** 130,3 **86,7** 50,15 **86,8** 135,5 **86,9** 96,7-10S

10 Denn du bist groß und tust Wunder;
nur du bist Gott, du ganz allein!

11 HERR, zeige mir den richtigen Weg,
damit ich in Treue zu dir mein Leben führe!
Lass es meine einzige Sorge sein,
dich zu ehren und dir zu gehorchen!
12 Herr, mein Gott,
von ganzem Herzen will ich dir danken
und allezeit deinen Ruhm verkünden;
13 denn du bist überaus gut zu mir gewesen:
Du hast mein Leben gerettet
aus der untersten Totenwelt*.

14 Gott, vermessene Leute greifen mich an,
eine gewalttätige Bande will mir ans Leben,
sie alle fragen nicht nach dir.
15 Aber du, Herr,
du bist ein Gott voll Liebe und Erbarmen,
du hast viel Geduld,
deine Güte und Treue sind grenzenlos.
16 Darum wende dich mir zu,
hab Erbarmen mit mir!
Gib mir deine Kraft und deine Hilfe!
Ich gehöre dir doch mit Leib und Leben![a]
17 Zeige mir, dass du es gut mit mir meinst!
Alle, die mich hassen, werden sich schämen,
wenn sie sehen, wie du mir hilfst
und mich tröstest.

Heimatrecht in Zion

87 Ein Lied der Korachiter.
Der HERR hat seine Stadt gebaut,
ihr Fundament ist sein heiliger Berg.
2 Er liebt die Zionsstadt* mit ihren schönen Toren
mehr als alle anderen Orte,
in denen die Nachkommen Jakobs wohnen.
3 Was er von dir sagt, du Gottesstadt,
macht deinen Ruhm noch größer:

4 »Ich rechne Ägypten und Babylon* zu denen,
die mich kennen und ehren;
auch das Philisterland* gehört dazu,
ebenso Tyrus und Äthiopien*,
von denen man sagen kann:
›Dieser und jener ist dort zu Hause.‹
5 Aber zu Zion wird man sagen:
›Jeder ist in dir zu Hause,
denn Gott, der Höchste, hat dich errichtet.‹«
6 Der HERR stellt eine Liste auf
von Menschen aus allen Völkern
und hinter jeden Namen schreibt er:
»Dieser Mensch hat Heimatrecht in Zion.«[b]
7 Alle tanzen vor Freude und singen:
»Zion, in dir sind wir daheim!«

Gebet in Verlassenheit und Todesnot

88 Ein Gedicht des Esrachiters Heman, aus der Sammlung der Korachiter, zu singen nach schwermütiger Weise.[c]

2 HERR, mein Gott und Retter,
Tag und Nacht schreie ich zu dir!
3 Lass mein Gebet zu dir dringen,
höre meinen Hilferuf!

4 Ich habe mehr als genug gelitten,
mit einem Fuß stehe ich schon im Grab.
5 Alle meinen, mit mir sei es aus;
die Kräfte schwinden mir, ich kann nicht mehr.
6 Man hat mich aufgegeben wie einen Toten;
mir geht es wie den Erschlagenen,
die man ins Massengrab geworfen hat –
du sorgst nicht mehr für sie,
deine Hilfe erreicht sie nicht mehr.
7 In den tiefsten Abgrund hast du mich gestürzt,
wo ewige Dunkelheit mich einschließt.
8 Dein Zorn drückt mich zu Boden,
in schweren Wogen rollt er über mich hin.
9 Meine Freunde hast du mir entfremdet,
sie wenden sich voll Abscheu von mir ab.
Ich bin im Elend gefangen
und finde keinen Ausweg;
10 vor Schmerzen wird mir schwarz vor Augen.
Tag für Tag schreie ich zu dir, HERR,
und strecke meine Hände zu dir aus!

11 Tust du auch für Tote noch Wunder?
Stehen die Schatten auf, um dich zu preisen?
12 Erzählt man im Grab von deiner Güte,
in der Totenwelt* von deiner Treue?
13 Weiß man dort in der Finsternis noch,
welche Wunder du tust für dein Volk?[d]
Denkt bei den Vergessenen noch jemand daran,
wie treu du deine Zusagen einlöst?

a *Gib mir ...:* wörtlich *Gib deinem Knecht deine Kraft, hilf dem Sohn deiner Magd.*
b Wörtlich *Dieser ist dort geboren.* c Vgl. Anmerkung zu 53,1.
d *welche Wunder ...:* wörtlich *von deiner Gerechtigkeit*.*

86,11 25,4S; Joh 14,6 **86,13** 30,4S **86,15** Ex 34,6S **87,1-2** 48,2-3; 78,68 **87,5-6** Jes 44,5; 56,6-7 **88,1** 1Chr 6,18S **88,6** Ez 32,19-20 **88,8** 42,8S **88,9** 38,12S **88,11-13** 6,6S

14 Ich aber schreie zu dir, HERR;
jeden Morgen bestürme ich dich mit Bitten.
15 Warum hast du mich verstoßen, HERR?
Warum verbirgst du dich vor mir?

16 Solange ich denken kann,
bin ich gequält und dem Tode nah.
Du erschreckst mich mit immer neuen Plagen,
sodass ich fast an dir irrewerde.
17 Dein Zorn ist über mich gekommen
wie ein Feuersturm,
deine furchtbaren Angriffe zerschlagen mich.
18 Sie bedrohen mich von allen Seiten,
täglich dringen sie auf mich ein
wie tödliche Fluten.
19 Freunde und Nachbarn hast du mir
entfremdet;
mein einziger Begleiter ist die Finsternis.

Ist Gott wortbrüchig geworden?

89 Ein Gedicht des Esrachiters Etan.
2 HERR, für immer will ich singen
von den Beweisen deiner Güte.
Mein Lied soll deine Treue verkünden
für alle kommenden Generationen.
3 »Deine Güte hört niemals auf«, sage ich,
»deine Treue steht fest wie der Himmel.«[a]

4 Du hast gesagt:
»Ich habe mir einen Mann erwählt
und einen Bund* mit ihm geschlossen.
David, meinem Vertrauten, habe ich
geschworen:
5 ›Ich bestätige dein Königshaus für immer
und festige deinen Thron für alle Generationen.‹«

6 HERR, der Himmel rühmt deine Wunder,
die Schar der Engel[b] preist deine Treue;
7 denn niemand dort oben ist dir gleich,
von den Göttern[c] kann sich keiner mit dir
messen.
8 Gott, du bist sehr gefürchtet im
himmlischen Rat,
Ehrfurcht erfüllt alle, die dich umgeben.
9 Gott, du Herrscher der ganzen Welt,[d]
wer ist so mächtig wie du,
wer ist so durch und durch treu?
10 Du bändigst das rebellische Meer;
wenn seine Wellen toben,
glättest du sie wieder.
11 Du hast den Meeresdrachen[e] getötet
und zertreten
und deine Feinde mit starker Hand zerstreut.
12 Dir gehört der Himmel,
dir gehört die Erde,
das Festland mit allem, was darauf lebt;
denn du hast sie ins Dasein gerufen.
13 Norden und Süden hast du geschaffen,
Tabor und Hermon jubeln dir zu.
14 Du allein hast den starken Arm,
die siegreich erhobene rechte Hand!
15 Dein Thron ist gegründet auf Recht
und Gerechtigkeit,
Güte und Treue gehen vor dir her.

16 Wie glücklich ist das Volk,
das dich mit Jubelrufen begrüßt!
Es lebt in deiner segensreichen Nähe.
17 Es freut sich täglich, weil du sein Gott bist.
Durch deine Treue[f] machst du es groß.
18 Du gibst ihm deine wunderbare Kraft.
Weil du uns liebst, sind wir stark.
19 Dir, HERR, gehört auch unser Beschützer;
du hast unseren König berufen,
du heiliger Gott Israels.

20 Einst hast du zu deinem Volk gesprochen,
in einer Vision hast du gesagt:
»Einen Helden habe ich zum Helfer gemacht,
ihn aus dem Volk erwählt und erhöht.
21 Ich habe David gefunden, meinen Vertrauten,
und ihn mit heiligem Öl zum König gesalbt*.
22 Mit meiner Hand werde ich ihn halten,
durch meine Macht will ich ihn stärken.
23 Kein Feind wird ihn jemals überlisten,
kein Aufruhrer ihn bezwingen können.
24 Seine Gegner werde ich vernichten
und alle niederschlagen, die ihn hassen.
25 Meine Treue und Güte sind ihm sicher.
Weil ich bei ihm bin, wächst seine Macht.
26 Ich gebe ihm die Herrschaft
über das Meer
und unterwerfe ihm die großen Ströme.
27 Er wird zu mir sagen: ›Du bist mein Vater,
mein Gott, mein starker Beschützer!‹
28 Ich mache ihn zu meinem Erstgeborenen,

a *wie der Himmel:* mit zwei Handschriften und alten Übersetzungen; H *im Himmel.*
b Wörtlich *die Versammlung der Heiligen,* womit hier die Engel gemeint sind (vgl. Sacherklärung »Heilige«).
c Siehe Anmerkung zu 82,1. d *Gott, du ...:* wörtlich *HERR Gott Zebaot*.* e Wörtlich *Rahab*.*
f *Treue:* wörtlich *Gerechtigkeit*.*

88,14 5,4 S **88,19** 38,12 S **89,1** 1 Kön 5,11; 1 Chr 15,17.19 **89,3** 36,6-7 **89,4-5** 2 Sam 7,16 S; 23,5; Jes 55,3-5 **89,6** 19,2 **89,7-8** 82,1; Ijob 1,6 S **89,10** 65,8; 107,29; Ijob 38,8-11; Mk 4,39 par **89,11** 74,13 S **89,12** 24,1 S **89,15** 97,2; 85,14 **89,19** 84,10; 2,6 **89,20-38** 2 Sam 7,8-16 **89,27** 2 Sam 7,14 S

zum höchsten unter den Königen der Erde.
29 Jederzeit umgibt ihn meine Güte,
mein Bund mit ihm ist unverbrüchlich.
30 Ich bestätige sein Königshaus für immer,
sein Thron bleibt fest,
solange der Himmel besteht.

31 Wenn seine Nachkommen mein Gesetz* verlassen
und meinen Weisungen nicht gehorchen,
32 wenn sie meine Vorschriften übertreten
und meine Anordnungen nicht befolgen,
33 dann werde ich ihren Ungehorsam bestrafen,
für ihre Verfehlung werde ich sie schlagen.
34 Aber David werde ich die Treue halten,
ihm niemals meine Güte entziehen.
35 Mein Bund mit ihm wird nicht gebrochen,
meine Zusagen ändere ich nicht ab.
36 Ein für alle Mal habe ich es geschworen
und bürge dafür mit meiner Heiligkeit*:
Ich werde David niemals täuschen!
37 Sein Königshaus soll für immer bestehen.
Seinen Thron werde ich stets vor Augen haben,
ebenso lange wie die Sonne;
38 für alle Zeiten bleibt er stehen wie der Mond,
dieser treue Zeuge in den Wolken.«

39 Und doch hast du ihn fallen lassen und verstoßen!
Du bist zornig geworden auf den König,
den du doch selber eingesetzt hast.
40 Den Bund mit deinem Diener hast du widerrufen,
seine Krone in den Schmutz geworfen und geschändet.
41 Die Mauern seiner Stadt hast du zerbrochen,
seine festen Burgen in Trümmer gelegt.
42 Alle, die vorübergingen, haben ihn beraubt.
Seine Nachbarn treiben ihren Spott mit ihm.
43 Du hast seinen Gegnern den Sieg gegeben
und alle seine Feinde mit Freude erfüllt.
44 Sein Schwert hast du stumpf werden lassen
und im Kampf hast du ihm nicht geholfen.
45 Seinem Glanz hast du ein Ende gemacht
und seinen Thron zu Boden gestürzt.
46 Du hast ihn vor der Zeit altern lassen
und ihn mit Schimpf und Schande bedeckt.

47 Wie lange noch, HERR?
Willst du dich für immer verbergen?
Wie lange soll dein Zorn noch brennen?
48 Denk doch wieder an mich,
mein Leben ist so kurz!
Nur für einen winzigen Augenblick
hast du uns Menschen geschaffen.
49 Gibt es denn einen, der leben darf,
ohne jemals den Tod zu sehen,
einen, der sich retten kann
vor den Klauen der Totenwelt*?

50 Herr, wo sind sie,
die früheren Beweise deiner Güte?
Du hattest sie David versprochen
und dich mit deiner Treue dafür verbürgt!
51 Denk daran,
wie man deine Diener beschimpft!
Ich muss den Hohn vieler Völker ertragen.
52 HERR, deine Feinde verhöhnen den König,
den du gesalbt und eingesetzt hast;
sie verhöhnen ihn auf Schritt und Tritt.

53 Der HERR sei für alle Zeiten gepriesen!
Amen, so soll es sein!

VIERTES BUCH
(Psalmen 90–106)

Der ewige Gott – der vergängliche Mensch

90 Ein Gebet von Mose, dem Mann Gottes.
Herr, seit Menschengedenken
warst du unser Schutz.[a]
2 Du, Gott, warst schon,
bevor die Berge geboren wurden
und die Erde unter Wehen entstand,
und du bleibst in alle Ewigkeit.
3 Du sagst zum Menschen:
»Werde wieder Staub!«
So bringst du ihn dorthin zurück,
woher er gekommen ist.
4 Für dich sind tausend Jahre wie ein Tag,
so wie gestern – im Nu vergangen,
so kurz wie ein paar Nachtstunden.
5 Du scheuchst die Menschen fort,
sie verschwinden wie ein Traum.[b]
Sie sind vergänglich wie das Gras:
6 Morgens noch grünt und blüht es,
am Abend schon ist es verwelkt.

a *Schutz:* wörtlich *Wohnung;* einige Handschriften haben *Burg, Zuflucht.*
b *sie verschwinden …:* wörtlich *ein Schlaf.*
89,39-46 2 Kön 25,5-10 **89,47** 13,2-3 S **89,52** 2,6 **90,3** 103,14; 146,4; Gen 3,19 **90,4** 2 Petr 3,8 **90,5-6** 102,12; 103,15-16; Ijob 14,2; Jes 40,6-8; 1 Petr 1,24-25

7 Weil du zornig bist
und dich gegen uns stellst,
sind wir verloren und müssen vergehen.
8 Denn du siehst die geheimsten Fehler;
alle unsere Vergehen deckst du auf.
9 Dein Zorn liegt schwer auf unserem Leben,
darum ist es so flüchtig wie ein Seufzer.
10 Siebzig Jahre sind uns zugemessen,
wenn es hoch kommt, achtzig –
doch selbst die besten davon
sind Mühe und Last!
Wie schnell ist alles vorbei
und wir sind nicht mehr!

11 Doch wer begreift schon,
wie furchtbar dein Zorn ist,
und wer nimmt ihn sich zu Herzen?
12 Lass uns erkennen,
wie kurz unser Leben ist,
damit wir zur Einsicht kommen!

13 HERR, wie lange zürnst du uns noch?
Hab doch Erbarmen mit uns
und wende dich uns wieder zu!
14 Lass uns jeden Morgen spüren,
dass du zu uns hältst,
dann sind unsere Tage erfüllt
von Jubel und Dank.
15 Viele Jahre hast du Unglück über uns
gebracht;
gib uns nun ebenso viele Freudenjahre!
16 Lass uns noch erleben, dass du eingreifst,
zeig unseren Kindern deine große Macht!
17 Herr, unser Gott, sei freundlich zu uns!
Lass unsere Arbeit nicht vergeblich sein!
Ja, Herr, lass gelingen, was wir tun!

Unter Gottes Schutz

91 Wer unter dem Schutz
des höchsten Gottes lebt,
darf ruhen bei ihm,
der alle Macht hat.
2 Er sagt[a] zum HERRN:
»Du bist meine Zuflucht,
bei dir bin ich sicher wie in einer Burg.
Mein Gott, ich vertraue dir!«

3 Du kannst dich darauf verlassen:
Der HERR wird dich retten
vor den Fallen, die man dir stellt,
vor Verrat und Verleumdung.[b]
4 Er breitet seine Flügel über dich,
ganz nahe bei ihm bist du geborgen.
Wie Schild und Schutzwall
deckt dich seine Treue.

5 Du musst keine Angst mehr haben
vor Gefahren und Schrecken bei Nacht,
auch nicht vor Überfällen bei Tag,
6 vor der Seuche, die im Dunkeln zuschlägt,
oder dem Fieber, das am Mittag wütet.
7 Auch wenn tausend neben dir sterben
und zehntausend rings um dich fallen –
dich selber wird es nicht treffen.
8 Mit eigenen Augen wirst du sehen,
wie Gott alle straft, die ihn missachten.

9 Du sagst: »Der HERR ist meine Zuflucht.«
Beim höchsten Gott hast du Schutz gefunden.
10 Darum wird dir nichts Böses geschehen,
kein Unheil darf dein Haus bedrohen.
11 Gott hat seinen Engeln befohlen,
dich zu beschützen, wohin du auch gehst.
12 Sie werden dich auf Händen tragen,
damit du nicht über Steine stolperst.
13 Löwen und Schlangen können dir nicht
schaden,
du wirst sie alle niedertreten.

14 Gott selber sagt:
»Er hängt an mir mit ganzer Liebe,
darum werde ich ihn bewahren.
Weil er mich kennt und ehrt,
werde ich ihn in Sicherheit bringen.
15 Wenn er mich ruft, dann antworte ich.
Wenn er in Not ist, bin ich bei ihm;
ich hole ihn heraus und bringe ihn zu Ehren.
16 Ich gebe ihm ein langes, erfülltes Leben;
er wird die Hilfe erfahren, auf die er wartet.«

Gott danken macht Freude

92 Ein Lied zum Sabbat.

2 HERR, es macht Freude, dir zu danken,
dich, den Höchsten, mit Liedern zu preisen,
3 frühmorgens schon deine Güte zu rühmen
und nachts noch deine Treue zu verkünden
4 beim Klang der zehnsaitigen Harfe,
zur Musik von Laute und Leier.

5 Was du getan hast, HERR, macht mich froh;
dein Eingreifen löst meinen Jubel aus.

a So mit G; H *Ich sage.* *b* So mit alten Übersetzungen; H *vor der Pest.*

90,10.12 39,5-7S **90,13** 13,2-3S **90,14** 59,17S **91,2** 18,3S **91,4** 17,8S **91,11-12** 34,8S; Mt 4,6par **91,13** Lk 10,19 **91,15** 50,15 **92,2-4** 33,1-3

6 HERR, wie gewaltig sind deine Taten,
wie unergründlich deine Gedanken!
7 Wer keine Einsicht hat, erkennt sie nicht.
Wer sich nichts sagen lässt,
wird nichts davon verstehen.
8 Menschen, die deine Gebote missachten,
können sprießen wie das Gras,
die Verbrecher mögen blühen und gedeihen –
am Ende werden sie ausgetilgt!
9 Du, HERR, hoch über allen,
du bleibst für alle Zeiten.
10 Aber deine Feinde, HERR,
deine Feinde kommen um;
sie werden vertrieben, diese Unheilstifter!

11 Du hast mir die Kraft des Wildstiers gegeben
und mich mit Ehre und Freude überschüttet. [a]
12 Ich sehe den Sturz meiner Feinde,
ich höre das Klagegeschrei der Gegner,
die mich überfallen wollten.

13 Alle, die Gott die Treue halten,
wachsen auf wie immergrüne Palmen
und werden groß und stark wie Libanonzedern.
14 Weil sie in der Nähe des HERRN gepflanzt
sind,
in den Vorhöfen* am Tempel unseres Gottes,
wachsen und grünen sie immerzu.
15 Noch im hohen Alter tragen sie Frucht,
immer bleiben sie voll Saft und Kraft.
16 Ihr Ergehen bezeugt:
Der HERR tut das Rechte,
auf ihn ist Verlass,
bei ihm gibt's kein Unrecht!

Der König der Welt

93 Der HERR ist König!
Hoheit umhüllt ihn wie ein Mantel,
Macht umgibt ihn wie ein Gürtel.
Die Erde ist fest gegründet,
sie stürzt nicht zusammen.

2 HERR,
seit undenklichen Zeiten steht dein Thron,
von allem Anfang an warst du da.
3 Das Meer tobte,
es tobte und toste mit Gebrüll –
und immer noch möchte es toben, das Meer!
4 Mächtig ist das Brüllen des Meeres,
mächtiger noch sind seine Wellen,
doch am mächtigsten, HERR im Himmel,
bist du!

5 Deine Weisungen verdienen Vertrauen
und deinen Tempel* soll jeder achten,
ihn anerkennen als heiligen Ort
für alle kommenden Zeiten.

Der Richter der ganzen Welt

94 Gott, bei dir liegt die Vergeltung!
Komm endlich, HERR, zeige dich!
2 Greif ein, du Richter der ganzen Welt,
gib den Vermessenen, was sie verdienen!

3 Wie lange dürfen sie noch triumphieren,
sie alle, die dich missachten?
Wie lange noch, HERR?
4 Sie reden und reden, diese Unheilstifter;
freche, überhebliche Prahler sind sie.
5 HERR, sie unterdrücken dein Volk,
sie zertreten Menschen, die dir gehören!
6 Sie bringen die Witwen und Waisen um
und töten auch die Fremden,
die Gastrecht haben in deinem Land.
7 »Der HERR sieht ja doch nichts«, sagen sie,
»der Gott Israels achtet nicht darauf!«

8 Gibt es noch etwas Dümmeres als euch?
Ihr Narren, wann denkt ihr endlich nach!
9 Er, der den Menschen Ohren gab,
sollte selbst nicht hören?
Er, der ihnen Augen schuf,
sollte selbst nicht sehen?
10 Er, der alle Völker erzieht,
sollte ausgerechnet euch nicht strafen?
Der HERR gibt den Menschen Erkenntnis,
11 er kennt auch alle ihre Pläne
und weiß, wie vergeblich und sinnlos
sie sind.

12 Wie glücklich sind alle,
die du, HERR, erziehst,
denen du Wissen gibst durch dein Gesetz*!
13 So bewahrst du sie davor,
ins Unglück zu laufen.
Doch für die Menschen, die dein Gesetz
missachten,
hebt man schon die Grube aus.
14 Du lässt die Deinen nicht im Stich, HERR,
du sagst dich von deinem Volk nicht los.

a und mich ...: wörtlich *ich bin mit frischem Öl durchfeuchtet/gesalbt.* Die Salbung mit frischem Öl symbolisiert den Übergang von der Trauer zur Freude; vgl. Jes 61,3

92,6 139,17-18 S; Jes 55,9 **92,8** Spr 24,19-20 S **92,11** 23,5 **92,13-15** 1,3; 52,10; 25,12-13 S **93,1-2** 47,6-10 S **93,3-4** Ijob 38,8-11 **94,1-2** Dtn 32,35-36 **94,3** 13,2-3 S **94,7** 10,11 **94,11** 1 Kor 3,20 **94,12** Ijob 5,17 S

15 Bald richten die Richter wieder
nach dem Recht
und alle Aufrichtigen werden sich freuen.

16 Wer hilft mir gegen die Unheilstifter?
Wer verteidigt mich gegen diese Verbrecher?
17 HERR, wenn du mir nicht geholfen hättest,
dann wäre ich längst für immer verstummt.
18 Wenn ich dachte: »Nun stürze ich!«,
hast du mich mit deiner Güte gestützt.
19 Wenn mir das Herz schwer war
von tausend Sorgen,
hat mich dein Trost wieder froh gemacht.

20 Dürfen ungerechte Richter sich auf dich
berufen,
im Namen deines Rechtes Unrecht sprechen?
21 Sie verbünden sich gegen jeden Menschen,
der deinen Geboten gehorchen will.
Er wird zum Tod verurteilt,
obwohl er schuldlos ist.

22 Doch du, HERR, bist meine Burg,
du, mein Gott, bist der sichere Ort,
wo ich mich bergen kann.
23 Du zahlst ihnen ihre Verbrechen heim
und vernichtest sie durch ihre eigene Bosheit.
Ja, HERR, unser Gott, vernichte sie!

Keine Anbetung ohne Gehorsam

95 Kommt und jauchzt vor dem HERRN,
wir begrüßen ihn mit Freudengeschrei;
denn er ist unser starker Helfer!
2 Wir treten vor ihn mit unserem Dank,
wir ehren ihn mit unseren Liedern!
3 Denn der HERR ist der höchste Gott,
der große König über alle Götter:
4 In seiner Gewalt sind die Tiefen der Erde
und ihm gehören die Gipfel der Berge.
5 Das Meer gehört ihm – er hat es gemacht,
und auch das Land – er hat es geformt.
6 Kommt, verneigt euch, werft euch nieder,
geht auf die Knie und betet ihn an,
ihn, den HERRN, unseren Schöpfer!
7 Denn er ist unser Gott
und wir sind sein Volk,
er sorgt für uns wie ein Hirt,
er leitet uns wie eine Herde.

Heute gilt es! Hört, was er euch sagt:
8 »Seid doch nicht so starrsinnig
wie eure Vorfahren damals in Meriba
oder an dem Tag von Massa in der Wüste!
9 Sie haben mich dort herausgefordert,
mich haben sie auf die Probe gestellt
und hatten doch meine Taten
selber gesehen!
10 Angewidert haben sie mich,
die ganze Generation, vierzig lange Jahre!
Schließlich musste ich mir sagen:
›Alles, was sie wollen, ist verkehrt;
nach meinem Willen haben sie nie gefragt.‹
11 Darum habe ich geschworen
in meinem Zorn:
›Niemals werden sie das Land betreten,
wo ich ihnen Ruhe geben wollte!‹«

Gott, der König der ganzen Erde

(1 Chr 16,23-33)

96 Singt dem HERRN ein neues Lied!
Singt dem HERRN,
ihr Bewohner der ganzen Erde!
2 Singt dem HERRN, dankt eurem Gott,
verkündet Tag für Tag, wie gern er hilft!
3 Erzählt allen Menschen von seiner
Herrlichkeit*,
berichtet allen Völkern von seinen
großen Taten!
4 Der HERR ist mächtig, groß ist sein Ruhm;
mehr als alle Götter ist er zu fürchten.
5 Die Götter der Völker sind nur tote Götzen,
der HERR aber hat den Himmel geschaffen.
6 Macht und Hoheit umgeben ihn,
Pracht und Herrlichkeit erfüllen seinen Tempel*.

7 Auf zu ihm, ihr Völker!
Erweist dem HERRN Ehre,
unterwerft euch seiner Macht!
8 Erweist ihm die Ehre, die ihm zusteht:
Bringt Opfergaben* in seinen Tempel!
9 Werft euch vor ihm nieder,
wenn er in seiner Heiligkeit erscheint!
Die ganze Welt soll vor ihm erzittern.
10 Sagt es allen Menschen:
»Der HERR ist König!«
Die Erde ist fest gegründet,
sie stürzt nicht zusammen.
Der HERR wird alle Völker regieren
und ihnen gerechtes Urteil sprechen.

11 Der Himmel soll sich freuen,
die Erde soll jauchzen,

94,17 124,1-3 **94,19** 2 Kor 1,5 **94,20** 109,6 **94,23** 7,16-17 S **95,7** 74,1 S **95,7b-11** Hebr 3,7–4,11 **95,8-9** Ex 17,2-7 **95,11** Num 14,21-23 **96,1** 33,3; 40,4; 98,1; 144,9; 149,1; Jes 42,10; Offb 5,9; 14,3 **96,5** 115,4-7; Jes 40,18-26 **96,7-10** 22,28-30; 29,1-2; 66,1-4; 86,9; Jes 2,2-3 S; 66,23; Sach 8,20-23; 14,16; Tob 13,13; Ps 47,6-10 S

das Meer soll tosen mit allem, was darin lebt!
12 Der Ackerboden soll fröhlich sein
samt allem, was darauf wächst;
alle Bäume im Wald sollen jubeln!
13 Denn der HERR kommt;
er kommt und sorgt für Recht auf der Erde.
Er regiert die Völker in allen Ländern
als gerechter, unbestechlicher Richter.

Der König der Erde und sein Volk

97 Der HERR ist König!
Jubeln soll die ganze Erde,
freuen sollen sich die fernsten Länder!

2 Dichtes Wolkendunkel umgibt den HERRN;
sein Thron ist gegründet auf Recht
und Gerechtigkeit.
3 Feuer läuft vor ihm her
und verzehrt alle seine Feinde.
4 Seine Blitze erhellen die ganze Welt,
die Erde sieht es und zittert.
5 Die Berge zerfließen wie Wachs
vor dem HERRN, dem Herrscher der ganzen
Erde.
6 Der Himmel bezeugt seine Treue [a]
und alle Völker sehen seine Herrlichkeit.

7 Alle, die Götterbilder anbeten
und mit ihren toten Götzen prahlen,
werden zuschanden und müssen
sich schämen;
denn alle Götter werfen sich nieder
vor dem HERRN.
8 Die Zionsstadt* hört es voll Freude,
alle Städte in Juda jubeln,
weil du, HERR, den Sieg errungen hast.
9 HERR, du bist der Höchste in der Welt,
himmelhoch stehst du über allen Göttern!

10 Ihr, die ihr den HERRN liebt, hasst alles Böse!
Ihr gehört zu ihm,
darum bewahrt er euer Leben;
er befreit euch aus der Gewalt der Verbrecher.
11 Bald geht die Sonne auf für alle,
die ihm die Treue halten
und ihm mit redlichem Herzen folgen;
dann werden sie voller Freude sein!
12 Freut euch über den HERRN,
ihr, die ihr treu auf seiner Seite steht!
Dankt ihm und denkt daran, dass er heilig* ist!

Der Retter Israels, der Herrscher der Welt

98 Ein Lied.

Singt dem HERRN ein neues Lied!
Er hat Wunder für uns vollbracht:
Durch seine große göttliche Macht
hat er den Sieg errungen.
2 So hat er den Beweis erbracht,
dass er rettet.
Allen Völkern hat er gezeigt:
Auf ihn ist Verlass! [b]
3 Er hat sein Versprechen eingelöst
und hat Israel Güte und Treue erwiesen.
Bis ans Ende der Erde ist es nun bekannt,
dass unser Gott uns befreit hat.

4 Jubelt dem HERRN zu,
ihr Bewohner der Erde!
Jauchzt vor Freude, preist ihn mit Gesang!
5 Singt ihm Lieder zur Harfe,
lasst den Lobpreis ertönen zum Saitenspiel!
6 Lasst Trompeten und Hörner* erschallen,
jauchzt vor dem HERRN,
dem Herrscher der Welt!
7 Das Meer soll brausen
mit allem, was darin lebt;
die Erde soll jubeln
mit allen, die darauf wohnen;
8 die Ströme sollen in die Hände klatschen
und alle Berge vor Freude singen!
9 Denn der HERR kommt;
er kommt und sorgt für Recht auf der Erde.
Er regiert die Völker in allen Ländern
als gerechter, unparteiischer Richter.

Gott, der König auf dem Zionsberg

99 Der HERR ist König!
Über den Keruben* ist sein Thron;
die Völker zittern und die Erde bebt.
2 Der HERR ist mächtig in der Zionsstadt*,
ein gewaltiger Herrscher über alle Völker.

3 Sie alle sollen dich preisen,
dich, den großen, Ehrfurcht gebietenden Gott!
Heilig bist du!
4 Dir, dem König, gehört die Macht
und du kümmerst dich um das Recht.
Du hast die Regeln für unser Leben aufgestellt,
in Israel [c] Recht und Ordnung festgelegt.

a *Treue:* wörtlich *Gerechtigkeit**. b *Auf ihn ...:* wörtlich *(gezeigt) seine Gerechtigkeit**.
c Wörtlich *Jakob* (vgl. Gen 32,29; 35,10).

96,13 9,9; 82,8; 98,9; Apg 17,31 **97,1-5** 47,6-10 S **97,6** 50,4.6 **97,7** Jes 41,21-29 S **97,11** 84,12 S; 25,12-13 S **98,1** 96,1 S
98,2-3 Jes 52,9-10 **98,4-6** 66,1-4 **98,9** 96,13 S **99,1-2** 47,6-10 S; Ex 25,22 S **99,4** 7,12 S

5 Rühmt den HERRN, unseren Gott!
Werft euch nieder vor seinem Thron!
Heilig ist er!
6 Mose und Aaron waren seine Priester*,
auch Samuel war unter denen, die zu ihm
rufen;
sie beteten zu ihm
und er gab ihnen Antwort.
7 Er sprach zu ihnen aus der Wolkensäule
und sie hüteten die Mahnungen und Gebote,
die er ihnen anvertraute.

8 HERR, unser Gott, du hast ihre Bitten erhört:
Du hast deinem Volk die Schuld vergeben,
doch die Folgen seiner Taten musste es tragen.

9 Rühmt den HERRN, unseren Gott!
Werft euch nieder vor seinem heiligen Berg!
Der HERR, unser Gott, ist heilig!

Wir sind sein Volk

100 Ein Danklied.
Jubelt dem HERRN zu, ihr Bewohner der Erde!
2 Stellt euch freudig in seinen Dienst!
Kommt zu ihm mit lautem Jauchzen!
3 Denkt daran: Der HERR allein ist Gott!
Er hat uns geschaffen und ihm gehören wir. [a]
Sein Volk sind wir, er sorgt für uns
wie ein Hirt für seine Herde.
4 Geht durch die Tempeltore mit einem
Danklied,
betretet den Festplatz mit Lobgesang!
Preist ihn, dankt ihm für seine Taten!
5 Denn der HERR ist gut zu uns,
seine Liebe hört niemals auf,
von einer Generation zur anderen bleibt er treu.

Gelöbnis des Königs

101 Ein Lied Davids.
Ich will singen von Güte und Recht;
HERR, darum singe und spiele ich für dich.
2 Ich achte darauf, untadelig zu leben.
Wann wirst du zu mir kommen?

Mit redlichem Herzen lebe ich
unter denen, die mich umgeben.
3 Ich befasse mich nicht mit Unheilsplänen.
Gottes Gebote zu übertreten ist mir verhasst,
niemand soll mir das nachsagen können.
4 Von Schlechtigkeit will ich nichts wissen;
darum sollen hinterhältige Menschen mir
fernbleiben.
5 Wer seinen Nachbarn verleumdet
– auch wenn es nicht öffentlich geschieht –,
den bringe ich für immer zum Schweigen.
Ich dulde niemand, der überheblich ist
und auf andere herabsieht.
6 Aber ich halte Ausschau nach allen im Land,
die treu und zuverlässig sind;
mit solchen Leuten umgebe ich mich.
Wenn jemand ein vorbildliches Leben führt,
dann nehme ich ihn in meinen Dienst.
7 Für Menschen, die betrügen,
ist kein Platz in meiner Nähe
und solche, die lügen,
müssen mir aus den Augen.
8 Jeden Morgen halte ich strenges Gericht
über alle Verbrecher im Land.
Jeden, der andere ins Unglück stürzt,
will ich aus der Stadt des HERRN entfernen.

Hoffnung in der Not

102 Gebet eines Unglücklichen, dem die Kräfte schwinden und der dem HERRN seine Not klagt.

2 HERR, höre mein Gebet,
lass meinen Hilferuf zu dir dringen!
3 Jetzt, am Tag der Not,
verbirg dich doch nicht vor mir!
Höre mich jetzt, ich schreie zu dir;
erhöre mich bald!

4 Mein Leben schwindet dahin wie ein Rauch,
mein ganzer Körper glüht wie ein Ofen.
5 Meine Lebenskraft verdorrt
wie Gras in der Sonnenglut,
denn ich kann keinen Bissen mehr anrühren.
6 Ich kann nur noch stöhnen
und bin nichts als Haut und Knochen.
7 Ich gleiche dem Vogel in der Wüste,
der Eule, die in Ruinen haust.
8 Ich liege wach,
ich bin wie ein Vogel,
einsam und allein auf dem Dach.
9 Ständig beschimpfen mich meine Feinde.
Wenn sie jemand verwünschen wollen,
nennen sie meinen Namen und sagen:
»So wie den soll dich das Unglück treffen!«

a *ihm gehören wir:* nach anderer hebräischer Überlieferung *nicht wir.*

99,7 Ex 33,11 **99,8** Ex 34,7 **99,9** 76,3S **100,1** 66,1; 98,4 **100,3** 74,1S; Ex 19,5-6S **100,4** 122,2 **100,5** 118,1S **101,1-8** 72,1-4.12-14 **101,8** Spr 20,26 **102,3** 31,3; 69,18; 143,7

10 Staub und Asche habe ich als Brot
und Tränen mischen sich in mein Getränk.
11 In deinem Unmut und Zorn über mich
hast du mich gepackt und zu Boden
geschleudert.
12 Mein Leben gleicht dem sinkenden Tag:
Bald wird die Nacht die Schatten verschlingen.
Wie Gras auf der Wiese verwelke ich.

13 Doch du, HERR, regierst für alle Zeiten,
deinen Namen wird man nennen
in allen kommenden Generationen.
14 Du wirst eingreifen
und Erbarmen haben mit der Zionsstadt*.
Es ist Zeit, dass du dich um sie kümmerst;
die festgesetzte Stunde ist gekommen!
15 Wir, deine Diener, lieben auch noch
ihre Steine;
es tut uns weh, dass sie in Trümmern liegt.

16 Den HERRN sollen alle Völker anerkennen,
alle Herrscher der Erde sollen sich beugen
vor seiner Hoheit und Macht!
17 Denn der HERR baut die Zionsstadt wieder auf,
er zeigt sich in seiner Macht und Hoheit.
18 Das Gebet der Unterdrückten
weist er nicht ab,
sondern nimmt es freundlich an.
19 Diese Worte soll man aufschreiben
für eine kommende Generation.
Dann wird ein neu erschaffenes Volk
den Herrn preisen.
20 Von seiner heiligen Wohnung im Himmel
blickt der HERR herab auf die Erde,
21 um das Stöhnen der Gefangenen zu hören
und die zum Tod Verurteilten freizulassen.
22 Sie werden den HERRN auf dem Zionsberg
rühmen,
in ganz Jerusalem werden sie ihn preisen,
23 wenn die Völker dort zusammenkommen
und alle Königreiche ihm Ehre erweisen.

24 Der HERR hat meine Kraft zerbrochen
mitten in meinem Lauf,
er hat mein Leben abgekürzt.
25 Darum sage ich zu ihm: »Mein Gott!
Lass mich doch nicht im besten Alter sterben!«

Du selber überdauerst die Generationen.
26 Du hast die Erde gegründet vor langer Zeit,
den Himmel hast du gemacht mit eigener
Hand.
27 Sie werden vergehen, du aber bleibst.
Sie werden alt und zerfallen wie Kleider,
du wechselst sie aus wie ein Gewand,
und sie müssen verschwinden.
28 Du aber bleibst derselbe
und deine Jahre werden nicht enden.
29 Unsere Kinder werden in Sicherheit wohnen
und auch ihre Kinder werden sicher sein
unter deinem Schutz.

Das große Dankgebet

103 Von David.

Auf, mein Herz, preise den HERRN!
Alles in mir soll den heiligen Gott rühmen!
2 Auf, mein Herz, preise den HERRN
und vergiss nie, was er für mich getan hat!

3 Meine ganze Schuld hat er mir vergeben,
von aller Krankheit hat er mich geheilt,
4 dem Grab hat er mich entrissen,
hat mich mit Güte und Erbarmen überschüttet.
5 Mit guten Gaben erhält er mein Leben,
täglich erneuert er meine Kraft
und ich bleibe jung und stark wie ein Adler.

6 Der HERR greift ein mit heilvollen Taten, [a]
den Unterdrückten verschafft er Recht.
7 Mose hat er eingeweiht in seine Pläne,
Israel hat er seine Wunder sehen lassen.
8 Der HERR ist voll Liebe und Erbarmen,
voll Geduld und unendlicher Güte.
9 Er klagt nicht immerfort an
und bleibt nicht für alle Zeit zornig.
10 Er straft uns nicht, wie wir es verdienten,
unsere Untaten zahlt er uns nicht heim.
11 So unermesslich groß wie der Himmel
ist seine Güte zu denen, die ihn ehren.
12 So fern der Osten vom Westen liegt,
so weit entfernt er die Schuld von uns.
13 Wie ein Vater mit seinen Kindern
Erbarmen hat,
so hat der HERR Erbarmen mit denen,
die ihn ehren.

14 Er weiß, was für Geschöpfe wir sind;
er kennt uns doch: Wir sind nur Staub!

a greift ein ...: wörtlich *übt Gerechtigkeit* aus.*

102,12 90,5-6 S **102,13** 135,13 **102,14-15** Jes 64,8-10 **102,16** 96,7-10 S **102,17** 147,2 S **102,19** Jes 43,21; Ez 37,1-14 **102,20-21** 9,13 S; Jes 57,15; 61,1-3 **102,26-28** 90,2; Jes 51,6; Hebr 1,10-12 **103,1-2** 22,23-26; 57,8-11; 71,22-24; 92,2-6; 138,1-3; 145,1-9; Tob 12,6 **103,3** 32,1-2; 38,4-6 **103,4** 30,4 S **103,5** Jes 40,31 **103,6-7** Ex 3,7-10 **103,8** Ex 34,6 S **103,9** Jes 57,16 S **103,11-12** 108,5 S **103,14** 90,3 S

15 Der Mensch ist vergänglich wie das Gras,
es ergeht ihm wie der Blume im Steppenland:
16 Ein heißer Wind kommt – schon ist sie fort,
und wo sie stand, bleibt keine Spur von ihr.
17 Doch die Güte Gottes bleibt für immer
bestehen;
bis in die fernste Zukunft gilt sie denen,
die ihn ehren.
Er hält auch noch zu ihren Kindern und Enkeln,
18 wenn sie nur seinem Bund* treu bleiben
und nach seinen Geboten leben.

19 Der HERR hat seinen Thron im Himmel
errichtet,
er herrscht als König über alle Welt.
20 Preist den HERRN, ihr starken Engel*,
die ihr ihm aufs Wort gehorcht
und seine Befehle ausführt!
21 Preist den HERRN, ihr mächtigen Diener,
die ihr seinen Willen vollstreckt!
22 Preist den HERRN, ihr Geschöpfe alle,
wo immer ihr lebt in seinem Reich!
Auch du, mein Herz, preise den HERRN!

Macht und Güte des Schöpfers

104 Auf, mein Herz, preise den HERRN!
HERR, mein Gott, wie groß du bist!
In Hoheit und Pracht bist du gekleidet,
2 in Licht gehüllt wie in einen Mantel.
Den Himmel spannst du aus wie ein Zeltdach.
3 Droben über dem Himmelsozean*
hast du deine Wohnung gebaut.
Du nimmst die Wolken als Wagen
oder fliegst auf den Flügeln des Windes.
4 Stürme sind deine Boten
und das Feuer ist dein Gehilfe.

5 Du hast die Erde auf Pfeilern erbaut,
nun steht sie fest und stürzt nicht zusammen.
6 Die Fluten hatten das Land bedeckt,
das Wasser stand über den Bergen.
7 Vor deiner Stimme bekam es Angst;
es floh vor dem Grollen deines Donners.
8 Von den Bergen floss es ab in die Täler,
an den Ort, den du ihm zugewiesen hast.
9 Dann hast du dem Wasser Grenzen gesetzt,
nie wieder darf es die Erde überfluten.

10 Du lässt Quellen entspringen und zu Bächen
werden;
zwischen den Bergen suchen sie ihren Weg.
11 Sie dienen den wilden Tieren als Tränke,
Wildesel löschen dort ihren Durst.
12 An den Ufern bauen die Vögel ihre Nester,
aus dichtem Laub ertönt ihr Gesang.
13 Vom Himmel schickst du den Regen
auf die Berge
und gibst der Erde reichlich zu trinken.
14 Du lässt das Gras sprießen für das Vieh
und lässt die Pflanzen wachsen,
die der Mensch für sich anbaut,
damit die Erde ihm Nahrung gibt:
15 Der Wein macht ihn froh,
das Öl macht ihn schön,
das Brot macht ihn stark.

16 Auch die großen Bäume trinken sich satt,
die Libanonzedern, die du gepflanzt hast.
17 In ihren Zweigen nisten die Vögel,
hoch in den Wipfeln[a] hausen die Störche.
18 Den Steinböcken gehören die hohen Berge,
in den Felsen finden die Klippdachse Zuflucht.

19 Du hast den Mond gemacht,
um die Zeit zu teilen;
die Sonne weiß, wann sie untergehen muss.
20 Schickst du die Dunkelheit, so wird es Nacht
und die Tiere im Dickicht regen sich.
21 Die jungen Löwen brüllen nach Beute;
sie erwarten von dir, Gott,
dass du sie satt machst.
22 Geht dann die Sonne auf,
so ziehen sie sich zurück
und ruhen in ihren Verstecken aus.
23 Nun erwacht der Mensch;
er geht an seine Arbeit und müht sich,
bis es wieder Abend wird.

24 HERR, was für Wunder hast du vollbracht!
Alles hast du weise geordnet;
die Erde ist voll von deinen Geschöpfen.
25 Da ist das weite, unermessliche Meer,
darin wimmelt es von Lebewesen,
von großen und kleinen Tieren.
26 Schiffe ziehen dort ihre Bahn
und die gefährlichen Meerungeheuer[b] –
du hast sie geschaffen, um damit zu spielen.

27 Alle deine Geschöpfe warten darauf,
dass du ihnen Nahrung gibst zur rechten Zeit.
28 Sie nehmen, was du ihnen ausstreust;

a So mit G; H *in den Zypressen.* *b* Vgl. Sacherklärung »Leviatan«.

103,15-16 90,5-6S **103,17** Lk 1,50 **103,19** 47,6-10S **103,20-21** 29,1-2; 148,2; Jes 6,1-4 **104,1-2** 93,1 **104,2** 1Tim 6,16; Jes 40,22S **104,3** 29,10; 68,5 **104,4** Hebr 1,7 **104,5** Ijob 38,6S **104,6-9** Gen 1,9-10; Ijob 38,8-11 **104,10-15** 65,10-14 **104,21** Ijob 38,39 **104,24** Gen 1,31 **104,26** Ijob 40,25-29 **104,27-28** 104,21; 136,25; 145,15-16; 147,9

du öffnest deine Hand
und sie alle werden satt.
29 Doch wenn du dich abwendest,
sind sie verstört.
Wenn du den Lebenshauch zurücknimmst,
kommen sie um und werden zu Staub.
30 Schickst du aufs Neue deinen Atem,
so entsteht wieder Leben.
Du erneuerst das Gesicht der Erde.

31 Die Herrlichkeit* des HERRN
bleibe für immer bestehen;
der HERR freue sich an allem,
was er geschaffen hat!
32 Er sieht die Erde an und sie bebt,
er berührt die Berge und sie rauchen.
33 Ich will dem HERRN singen
mein Leben lang;
meinen Gott will ich preisen,
solange ich atme.
34 Ich möchte ihn erfreuen mit meinem Lied,
denn ich selber freue mich über ihn.
35 Wer sich gegen den HERRN empört,
soll von der Erde verschwinden,
es soll keine Unheilstifter mehr geben!

Auf, mein Herz, preise den HERRN!
Preist alle den HERRN – Halleluja!

Gott hält sein Versprechen

(Verse 1-15: 1 Chr 16,8-22)

105 Dankt dem HERRN!
Macht seinen Namen* überall
bekannt;
verkündet allen Völkern, was er getan hat!
2 Singt und spielt zu seiner Ehre,
ruft euch seine Wunder ins Gedächtnis!
3 Seid stolz auf ihn, den heiligen Gott!
Seid voller Freude über ihn,
ihr, die ihr nach ihm fragt!
4 Geht zum HERRN, denn er ist mächtig;
sucht seine Nähe zu aller Zeit!
5 Erinnert euch an seine machtvollen Taten,
an seine Wunder und Gerichtsurteile,
6 ihr Nachfahren seines Dieners Abraham,
ihr Nachkommen Jakobs, ihr seine Erwählten!

7 Er ist unser Gott, er, der HERR,
seine Herrschaft umschließt die ganze Welt.
8 Niemals vergisst er seinen Bund* mit uns,
sein Versprechen gilt tausend Generationen.
9 So hat er es Abraham zugesagt
und es Isaak mit einem Schwur bestätigt.
10 So hat er es Jakob fest versprochen,
als ewigen Bund mit Israel.
11 Er hat gesagt: »Ich gebe euch ganz Kanaan*,
ich teile es euch zu als Erbbesitz.«
12 Sie waren damals leicht zu zählen,
nur eine Hand voll Leute waren sie,
eingewanderte Fremde im Land.
13 Sie zogen von einem Volk zum andern,
auf Wanderschaft in vieler Herren Länder.
14 Doch Gott ließ sie von niemand unterdrücken,
ihretwegen warnte er die Herrscher:
15 »Hände weg von meinen berufenen Dienern!
Krümmt meinen Propheten* kein Haar!«

16 Als er den Hunger ins Land kommen ließ
und kein Brot mehr zu finden war,
17 da schickte er ihnen jemand voraus:
Josef wurde als Sklave verkauft.
18 Man zwängte seine Füße in eiserne Fesseln,
ein eiserner Ring umschloss seinen Hals,
19 bis dann seine Voraussage sich erfüllte
und das Wort des HERRN seine Unschuld erwies.
20 Der König befahl, seine Fesseln zu lösen;
der Herrscher vieler Völker gab ihm die Freiheit.
21 Er vertraute ihm die Regierung an,
die Verwaltung seines ganzen Eigentums,
22 damit er den Ministern Weisung erteilte
und die königlichen Ratgeber Weisheit lehrte.

23 Dann kam Jakob nach Ägypten,
Israel wurde Gast im Land der Nachkommen
Hams.
24 Der HERR ließ das Volk sehr zahlreich werden
und mächtiger als seine Unterdrücker.
25 So änderte er den Sinn der Ägypter:
Sie begannen, die Israeliten zu hassen
und Gottes Diener arglistig zu täuschen.
26 Er sandte Mose, seinen Vertrauten,
und Aaron, den er ausgewählt hatte.
27 Sie vollbrachten die Wunder,
die er angekündigt hatte,
seine Machterweise im Land der Hamiten.

28 Er schickte die schwärzeste Finsternis –
diesmal widersprachen Mose und Aaron
ihm nicht.[a]

a Vgl. dagegen Num 20,7-12.24; 27,14.

104,29 90,3 **104,30** Gen 2,7; Ez 37,9-10 **104,32** Sir 16,18-19 **105,1** 96,3 **105,4** 27,8S **105,8** Dtn 7,9S **105,9** Gen 15,18; 26,3 **105,10-11** Gen 28,13-14 **105,13-15** Gen 12,10-20; 20,1-7 **105,15** (Propheten) Gen 20,7 **105,16-22** Gen 37,12-28; 39,19-20; 41,1-46 **105,19** (Voraussage) Gen 40,9-22; (Unschuld) Gen 39,11-20 **105,23** Gen 47,5-7 **105,24-25** Ex 1,6-22 **105,26** Ex 2,1–4,17 **105,27-35** Ex 7,1–11,10

29 Die Gewässer der Ägypter verwandelte er
in Blut
und ließ ihre Fische darin sterben.
30 Es wimmelte überall von Fröschen,
sogar in den königlichen Gemächern.
31 Auf seinen Befehl kam das Ungeziefer,
Schwärme von Mücken bedeckten Ägypten.
32 Statt Regen schickte er ihnen Hagel,
im ganzen Land flammten Blitze.
33 Ihre Weinstöcke und Feigenbäume
zerschlug er,
er zerbrach alle Bäume in ihrem Gebiet.
34 Ein Befehl von ihm,
und die Heuschrecken kamen
in Riesenscharen ohne Zahl.
35 Die ließen keinen Grashalm stehen
und fraßen alle Felder kahl.
36 Zuletzt erschlug er die Erstgeborenen,
den Stolz der ägyptischen Familien.

37 Dann führte er die Seinen aus dem Land,
beladen mit Schätzen von Silber und Gold;
niemand aus ihren Stämmen blieb zurück.
38 Ganz Ägypten war froh über ihren Auszug,
so groß war die Angst vor diesem Volk.
39 Durch eine Wolke schützte sie der HERR
und Feuer erhellte für sie die Nacht.
40 Als sie ihn baten, ließ er Wachteln kommen,
mit Brot vom Himmel machte er sie satt.
41 Er öffnete den Felsen und Wasser kam hervor,
wie ein Strom ergoss es sich durch die Wüste.

42 Das tat er wegen seines heiligen
Versprechens,
das er seinem Diener Abraham gegeben hatte.
43 Als er sein erwähltes Volk befreite,
da sangen und jubelten sie vor Freude.
44 Er gab ihnen die Länder anderer Völker,
der Ertrag fremder Arbeit wurde ihr Besitz,
45 damit sie nun seinen Anordnungen folgen
und seinen Weisungen gehorchen.

Preist den HERRN – Halleluja!

Israels Untreue und Gottes Treue

106 Halleluja – Preist den HERRN!
Dankt dem HERRN, denn er ist gut zu uns,
seine Liebe hört niemals auf!
2 Wer könnte alle seine großen Taten nennen
und ihn dafür gebührend preisen?
3 Wie glücklich sind alle,
die sich nach Gottes Ordnungen richten
und jederzeit tun, was er verlangt!

4 Wenn du deinem Volk deine Liebe zeigst,
HERR, dann denk auch an mich!
Wenn du es befreist, dann hilf auch mir!
5 Lass mich das Glück deiner Erwählten erleben,
gemeinsam mit deinem Volk mich freuen
und jubeln mit allen, die dir gehören.

6 Wir haben uns versündigt,
wir genauso wie unsere Väter,
wir haben Unrecht getan
und Schuld auf uns geladen.

7 Unsere Vorfahren haben nichts gelernt
aus Gottes Wundertaten damals in Ägypten.
Sie vergaßen die vielen Zeichen seiner Güte,
schon am Ufer des Schilfmeers*
widersetzten sie sich ihm.
8 Trotzdem rettete er sie
und zeigte seine gewaltige Macht,
denn seine Ehre stand auf dem Spiel.
9 Er bedrohte das Schilfmeer
und es trocknete aus.
Wo sonst abgrundtiefes Wasser ist,
ließ er sie wie auf Wüstenboden gehen.
10 Er rettete sie vor den hasserfüllten Feinden
und befreite sie aus ihrer Gewalt.
11 Das Wasser deckte die Verfolger zu,
nicht einer von ihnen blieb übrig. –
12 Da schenkten sie seinen Worten Vertrauen
und priesen ihn mit einem Lied.

13 Doch bald schon vergaßen sie seine Taten;
sie warteten nicht, bis sein Plan sich erfüllte.
14 In der Wüste forderten sie Gott heraus,
weil sie ihrer Gier nicht widerstanden.
15 Er schickte ihnen, was sie verlangten;
dann aber machte er sie so krank,
dass sie immer schwächer wurden.

16 Im Lager wurden sie neidisch auf Mose
und auf Aaron, den geweihten Diener
des HERRN.
17 Da öffnete sich plötzlich die Erde,
verschlang Datan und Abiram samt Anhang
und schloss sich wieder über ihnen.
18 Ein Feuer flammte auf in ihrer Mitte
und verzehrte die ganze rebellische Horde.

105,36 Ex 12,29-30 **105,37** Ex 12,35-36 **105,39** Ex 14,19-20; 13,21 S **105,40** Ex 16,13 S; 16,31 S **105,41** Ex 17,3-6 **105,42** 105,9 S **105,44** Jos 24,11-13 **106,1** 118,1 S **106,6** Dan 9,5 **106,7** Ex 14,11-12 **106,8-11** Ex 14,21-29 **106,12** Ex 14,31; 15,1-21 **106,13-15** Num 11,4-6.18-20.31-34 **106,16-18** Num 16,1-3.31-35

19 Am Horeb* machten sie sich ein Stierbild,
sie warfen sich nieder vor gegossenem Metall.
20 Die Herrlichkeit ihres Gottes vertauschten sie
mit dem Bild eines Rindviehs, das Gras frisst.
21 Gott, ihren Retter, vergaßen sie,
seine machtvollen Taten in Ägypten,
22 seine Wunder bei den Nachkommen Hams,
sein Ehrfurcht gebietendes Tun am Schilfmeer.
23 Darum plante er, sie alle umzubringen;
doch Mose, sein Erwählter, trat dazwischen,
er warf sich für sie in die Bresche
und wandte den Zorn Gottes von ihnen ab,
sodass sie nicht ausgerottet wurden.

24 Dann verschmähten sie das herrliche Land,
weil sie der Zusage Gottes misstrauten;
25 sie meuterten in ihren Zelten
und wollten dem HERRN nicht mehr gehorchen.
26 Da schwor er ihnen mit erhobener Hand,
sie in der Wüste sterben zu lassen
27 und ihre Nachkommen in alle Welt
zu zerstreuen,
damit sie unter fremden Völkern sterben.

28 Sie ließen sich sogar darauf ein,
Baal, den Götzen vom Berg Pegor, zu verehren.
Sie aßen das Fleisch von Opfertieren,
die man toten Götzen dargebracht hatte.
29 Sie reizten den HERRN zum Zorn
mit ihrem Treiben
und plötzlich kam das Unheil über sie.
30 Doch Pinhas trat vor und hielt Gericht
und die Seuche hörte wieder auf.
31 Sein Tun fand Gottes Anerkennung;
ihm und seinen Nachkommen
wollte Gott diese Tat nie vergessen.

32 Bei der Quelle von Meriba geschah es
wieder:
Sie forderten Gottes Zorn heraus
und brachten Mose damit in Bedrängnis.
33 Sie hatten ihn so sehr gereizt,
dass er redete, ohne zu überlegen.

34 Sie tilgten die anderen Völker nicht aus,
obwohl es der HERR so befohlen hatte.
35 Sie verschwägerten sich mit den fremden
Völkern
und nahmen deren Gebräuche an.
36 Sie warfen sich nieder vor den Götzen,
die ihnen zum Verhängnis wurden.
37 Sie nahmen ihre Söhne und Töchter
und brachten sie den Dämonen*
als Opfer dar.
38 Das Blut von Schuldlosen vergossen sie,
das Blut ihrer eigenen Kinder,
die sie für die Götzen Kanaans* schlachteten;
dadurch entweihten sie das Land.
39 Sie wurden unrein* durch ihr Treiben;
was sie taten, war Untreue gegen Gott.

40 Der HERR wurde zornig auf sein Volk,
er sah sein Eigentum nur noch mit Abscheu.
41 Er lieferte sie an fremde Völker aus
und hasserfüllte Leute herrschten über sie.
42 Die Feinde beuteten sie aus
und unterdrückten sie mit harter Hand.
43 Oft genug befreite sie der HERR;
sie aber blieben widerspenstig
und gerieten durch ihre Schuld
immer tiefer in Not.
44 Doch wenn er ihre Hilfeschreie hörte
und ihre Angst und Verzweiflung sah,
45 dann dachte er wieder an seinen Bund*,
an das, was er ihnen versprochen hatte.
In seiner Güte taten sie ihm Leid.
46 Darum ließ er sie Erbarmen finden
bei allen, die sie gefangen hielten.

47 HERR, unser Gott, rette uns doch!
Hol uns heraus aus den fremden Völkern
und führe uns wieder zusammen!
Dann werden wir dich preisen,
dich, unseren heiligen Gott;
und unsere größte Freude wird es sein,
dir zu danken!

48 Gepriesen sei der HERR, der Gott Israels,
vom Anfang der Zeiten bis in alle Zukunft!
Und alle sollen sagen:
»Amen! Halleluja!«

FÜNFTES BUCH
(Psalmen 107–150)

Das Danklied der Geretteten

107 Dankt dem HERRN,
denn er ist gut zu uns,
seine Liebe hört niemals auf!
2 So sollen alle sprechen,
die der HERR befreit hat!
Er hat sie aus der Hand ihrer Bedränger
gerettet

106,19-23 Ex 32,1-14 **106,20** Röm 1,23 S **106,23** Ez 22,30 S **106,24-25** Num 13,21–14,4; Dtn 1,26-27 **106,26-27** Num 14,22-23.29 **106,28-31** Num 25,1-13 **106,32-33** Num 20,2-13.24 **106,34-36** Dtn 7,1-5 **106,37-39** Lev 18,21 S **106,40-46** Ri 2,10-19 **106,47** Dtn 30,1-3 **107,1** 118,1 S

[3] und aus fremden Ländern wieder
heimgebracht,
von Ost und West, von Nord und Süd.[a]

[4] Die einen irrten umher in wegloser Wüste,
fernab von jeder bewohnten Gegend.
[5] Sie wurden gequält von Hunger und Durst
und hatten alle Hoffnung aufgegeben.
[6] *Sie schrien zum HERRN in ihrer Not,*
der rettete sie aus der Todesangst.
[7] Er brachte sie auf den richtigen Weg
und ließ sie zu menschlichen Siedlungen finden.
[8] *Nun sollen sie dem HERRN danken*
für seine Güte,
ihn preisen für ihre wunderbare Rettung!
[9] Er hat den Verdurstenden zu trinken gegeben
und den Hungernden reiche Nahrung
verschafft.

[10] Andere hockten in finsteren Kerkern,
gefangen in Elend und eisernen Ketten,
ohne Hoffnung, die Sonne je wiederzusehen.
[11] Sie hatten sich gegen Gott empört,
die Weisungen des Höchsten in den Wind
geschlagen.
[12] Da zerbrach er ihren Trotz durch harte
Schläge;
sie lagen am Boden
und niemand half ihnen auf.
[13] *Sie schrien zum HERRN in ihrer Not,*
der rettete sie aus der Todesangst.
[14] Er holte sie aus dem finsteren Kerker
und riss ihre Fesseln in Stücke.
[15] *Nun sollen sie dem HERRN danken*
für seine Güte,
ihn preisen für ihre wunderbare Rettung!
[16] Er hat die gepanzerten Türen zerschlagen,
die eisernen Riegel hat er zerbrochen.

[17] Andere waren so uneinsichtig,
dass sie sich dem HERRN widersetzten;
ihre Vergehen stürzten sie in schlimmes
Unglück.
[18] Sie ekelten sich vor jeder Speise,
ihr Leben hing nur noch an einem Faden.
[19] *Sie schrien zum HERRN in ihrer Not,*
der rettete sie aus der Todesangst.
[20] Er sprach ein Wort und sie waren geheilt;
so bewahrte er sie vor dem Grab.
[21] *Nun sollen sie dem HERRN danken*
für seine Güte,
ihn preisen für ihre wunderbare Rettung!
[22] Sie sollen ihm danken mit Opfergaben*
und voll Freude verkünden, was er getan hat!

[23] Andere wieder fuhren übers Meer
und trieben Handel an vielen Küsten.
[24] Sie erlebten voll Staunen, was der HERR kann
und wie er die Elemente beherrscht.
[25] Auf seinen Befehl erhob sich ein Sturm
und haushoch türmten sich die Wellen.
[26] Ihr Schiff wurde zum Himmel
hinaufgeschleudert
und stürzte hinab in den gähnenden Abgrund.
Sie vergingen vor Angst und Elend.
[27] Wie Betrunkene schwankten
und taumelten sie,
sie waren mit ihrer Weisheit am Ende.
[28] *Sie schrien zum HERRN in ihrer Not,*
der rettete sie aus der Todesangst.
[29] Er ließ den Sturm zur leichten Brise werden
und die tobenden Wellen legten sich.
[30] Da wurde ihnen wieder leicht ums Herz
und er brachte sie zum ersehnten Hafen.
[31] *Nun sollen sie dem HERRN danken*
für seine Güte,
ihn preisen für ihre wunderbare Rettung!
[32] In der Gemeinde sollen sie davon erzählen,
im Rat der Ältesten* ihn dafür rühmen!

[33] Gott kann Ströme versiegen lassen,
wasserreiche Täler zu Steppen machen
[34] und fruchtbares Land zur salzigen Wüste,
wenn die Bewohner das Recht nicht achten.
[35] Er kann auch Wüsten zu Weiden machen
und in Steppen Quellen aufbrechen lassen.
[36] Dort können die Ausgehungerten leben;
sie bauen eine Stadt, in der sie wohnen.
[37] Sie bestellen die Felder,
legen Weinberge an
und bringen reiche Ernte ein.
[38] Gott schenkt ihnen Glück und Gelingen
und sie bekommen viele Kinder,
auch ihre Herden nehmen zu. –
[39] Doch wenn sie immer geringer werden,
gebeugt von Unglück und Unterdrückung,
[40] dann bringt er die Vornehmen in Schande
und lässt sie umherirren in wegloser Wüste.
[41] Die Armen aber befreit er aus der Not
und lässt ihre Familien wachsen wie Herden.

[42] Alle Rechtschaffenen werden es sehen
und sich freuen;
aber die Lästermäuler müssen verstummen.

a *Süd:* vermutlicher Text; H *vom Meer.*

107,3 Jes 43,5-6 **107,6** 50,15 **107,9** Lk 1,53 **107,25** Jona 1,4 **107,27** Spr 23,34 **107,29** 89,10 S **107,31-32** 22,23 S
107,33-34 Jes 42,15; 50,2 **107,35** Jes 41,18 **107,40-41** 75,8 S

43 Wer klug ist, achtet darauf
und wird erkennen, wie gütig der HERR ist.

Dankbare Gewissheit in großer Bedrängnis

(Verse 2-6: 57,8-12; Verse 7-14: 60,7-14)

108 Ein Lied Davids.

2 Mein Herz ist ruhig geworden, Gott,
ich fühle mich wieder sicher;
mit einem Lied will ich dich preisen.
Ja, das will ich!
3 Harfe und Laute, wacht auf,
denn heute will ich die Sonne wecken!
4 Dir, HERR, bringe ich meinen Dank,
von dir will ich singen vor allen Völkern;
5 denn deine Güte ist größer als der Himmel
und deine Treue reicht so weit wie die Wolken!
6 Gott, überstrahle den Himmel mit deiner Herrlichkeit*
und erfülle die Erde mit deiner Macht!
7 Greif ein mit deiner starken Hand,
gib Antwort auf mein Rufen,
rette uns – du liebst uns doch!

8 Aus seinem Heiligtum gibt Gott die Antwort:
»Ich juble über meinen Sieg!«, sagt er.
»Ich werde Sichem meinem Volk zuteilen,
das Tal von Sukkot für sie vermessen.
9 Mir gehört Gilead*, mir gehört Manasse,
Efraïm* ist mein Helm
und Juda mein Zepter.
10 Moab* muss mir als Waschschüssel dienen,
auf Edom* werfe ich meinen Schuh,
um mein Besitzrecht anzuzeigen. [a]
Über die Philister* breche ich in Siegesjubel aus!«

11 Wer bringt mich in die befestigte Stadt,
wer führt mich nach Edom?
12 Wer außer dir, Gott, könnte das tun?
Aber du hast uns ja verstoßen
und ziehst nicht mehr mit unseren Heeren in den Kampf!
13 Komm *du* uns in unserer Not zu Hilfe;
auf Hilfe von Menschen ist kein Verlass!

14 Mit Gott auf unserer Seite
vollbringen wir Großes;
denn er wird unsere Feinde zertreten.

Gebet eines unschuldig Angeklagten

109 Ein Lied Davids.

Du, Gott, dem ich meine Danklieder singe,
schweige nicht länger!
2 Gewissenlose Verleumder klagen mich an,
nichts als Lügen höre ich von ihnen.
3 Mit gehässigen Reden umringen sie mich,
grundlos dringen sie auf mich ein.
4 Für meine Freundschaft feinden sie mich an;
ich aber habe für sie gebetet.
5 Gutes vergelten sie mir mit Bösem,
meine Liebe erwidern sie mit Hass.

6 Berufe einen Richter gegen meinen Feind, [b]
einen, der so gewissenlos ist wie er selbst,
und einen harten Ankläger neben ihn!
7 Am Ende muss er als schuldig dastehen,
selbst sein Gebet soll als Verbrechen gelten!
8 Nur wenige Jahre soll sein Leben dauern
und seine Stellung soll ein anderer bekommen!
9 Seine Kinder sollen Waisen werden
und seine Frau eine schutzlose Witwe!
10 In Trümmern sollen seine Kinder hausen
und weit von dort umherirren und betteln!
11 Seinen ganzen Besitz sollen Gläubiger nehmen
und Fremde den Ertrag seiner Arbeit rauben!
12 Es darf niemand mehr geben, der sein Andenken ehrt
und Mitleid hat mit seinen verwaisten Kindern!
13 Seine Nachkommen sollen ausgerottet werden,
in der nächsten Generation sei ihr Name vergessen!
14 Der HERR rechne ihm das Unrecht seiner Vorväter an,
auch die Schuld seiner Mutter bleibe ungetilgt!
15 Nichts davon soll der HERR vergessen!
Die Namen dieser Leute lösche er aus,
damit niemand im Land mehr an sie denkt!
16 Denn dieser Mensch hat nie daran gedacht,
einem anderen Güte zu erweisen.
Die Armen und Bedürftigen hat er verfolgt,
die Hoffnungslosen in den Tod getrieben.
17 Er hat den Fluch geliebt,

a Diese Zeile ist ein verdeutlichender Zusatz; vgl. Rut 4,7-8.
b meinen Feind: wörtlich *ihn.* Das Verständnis der Verse 6-19 ist schwierig. Es ist möglich, dass der Psalmist – gegen seine Feinde gerichtet – eine Reihe bekannter Verwünschungen zitiert oder die Worte seiner Feinde gegen ihn (vgl. auch Sacherklärung »Fluch«).

108,5 36,6; 57,11; 103,11-12 **109,2** 31,18-19; 52,6; 62,5; 64,4-5; 69,5; 27,12S **109,4** Jer 15,11 **109,6** 94,20 **109,8** Apg 1,20

darum soll der Fluch ihn treffen;
er hat sich geweigert, andere zu segnen,
darum soll der Segen von ihm weichen.
18 Er hat mit einem Fluch seine Unschuld beteuert[a]
und sich in diesen Fluch gehüllt,
als wäre er ein schützender Mantel.
Und der Fluch ist in ihn eingedrungen
wie Wasser, das man trinkt,
wie Öl, mit dem man sich einreibt.
19 Darum soll der Fluch nun bei ihm bleiben,
ihn umhüllen wie sein Hemd,
ihn für immer umschließen wie sein Gürtel!

20 So soll der HERR verfahren
mit allen meinen Feinden,
die mich beschuldigen und verleumden!

21 HERR, mein Gott, es geht um deine Ehre!
Erweise mir deine große Güte
und rette mich!
22 Ich bin arm und hilflos
und im Innersten verwundet.
23 Ich schwinde dahin
wie ein Schatten vor der Nacht;
man schüttelt mich ab wie ein lästiges Insekt.
24 Vom vielen Fasten wanken mir die Knie,
vor Entbehrung ist mein Körper abgemagert.
25 Meine Feinde verhöhnen mich,
wenn sie mich sehen,
und schütteln verächtlich ihre Köpfe.

26 HERR, mein Gott, steh mir bei!
Hilf mir, ich rechne mit deiner Güte!
27 Lass sie erkennen, dass *du* es tust,
dass du, HERR, alles so gefügt hast!
28 Sie verfluchen mich,
du aber wirst mich segnen.
Sie greifen mich an und werden unterliegen,
ich aber werde voll Freude sein.
29 Sie alle, die mich beschuldigen –
Schimpf und Schande soll über sie kommen,
sie völlig umhüllen wie ein Mantel!

30 Ich will dem HERRN danken mit lauter Stimme,
in der großen Menge will ich ihn preisen!
31 Denn er wird dem Wehrlosen beistehen
und ihn retten vor seinen Richtern,
die ihn zum Tod verurteilen wollen.

Gottes Zusage an den König

110 Ein Lied Davids.
Gott, der HERR, lässt dir sagen,
dir, meinem Herrn und König:
»Setze dich an meine rechte Seite!
Ich will dir deine Feinde unterwerfen,
sie als Schemel unter deine Füße legen.
2 Der HERR hat dich zum König gemacht auf dem Berg Zion*.
Von dort aus wird er dein Reich ausweiten;
über alle deine Feinde sollst du herrschen!
3 Israels Männer folgen dir willig,
wenn du sie zum Kampf rufst.
Festlich geschmückt, frisch wie der Morgentau,
sammelt sich bei dir die Jugend deines Volkes.«[b]

4 Mit einem Schwur sagt der HERR es dir zu:
»Du bist mein Priester* für immer,
nach der Art Melchisedeks.«
Er nimmt diese Zusage nicht zurück.
5 Der Herr wird dir zur Seite stehen
und Könige zu Boden schlagen
am Tag seines Zornes.
6 Wenn er Gericht hält über die Völker,
werden überall Tote liegen;
er vernichtet die Herrscher vieler Länder.[c]

7 Der König trinkt aus dem Bach am Weg,
und so gestärkt, behält er den Sieg.

Dank für Gottes Wundertaten

111 Halleluja – Preist den HERRN!
Von Herzen will ich den HERRN preisen
unter denen, die zu ihm halten,
inmitten der Gemeinde.
2 Wie gewaltig sind die Taten des HERRN!
Alle, die Freude an ihnen haben,
denken ständig über sie nach.
3 Sein Tun ist voller Hoheit und Pracht;
seine Gerechtigkeit* hat für immer Bestand.
4 Er selbst hat Gedenktage gestiftet,
damit seine großen Taten nicht vergessen werden.

Voll Güte und Erbarmen ist der HERR!
5 Alle, die ihm gehorchten, machte er satt;
niemals vergisst er seinen Bund* mit ihnen.

a Verdeutlichender Zusatz; zum Wortlaut einer solchen Unschuldsbeteuerung vgl. 7,4-7.
b Deutung ganz unsicher. *c* So mit G; H *er vernichtet das Haupt über weites Land.*

109,18 Num 5,17-28 **109,21** 143,11; 115,1-2 **110,1** 2,6; 80,18; Mk 12,36S **110,4** Gen 14,18-20; Hebr 5,6 **110,5-6** 2,8-9
111,1 22,23S **111,4** 78,5-6; Ex 12,24-27; 13,8-10 **111,5** 105,40S

6 Er zeigte seinem Volk, wie mächtig er ist:
er gab ihm die Länder anderer Völker.
7 Was er tut, ist zuverlässig und richtig.
Seine Gebote verdienen Vertrauen;
8 für alle Zeiten stehen sie fest,
sie sind genau und treu zu befolgen.

9 Der HERR hat sein Volk befreit
und einen Bund mit ihm geschlossen,
der für immer gilt.
Heilig und ehrfurchtgebietend ist er!
10 Den HERRN stets ernst zu nehmen,
damit fängt alle Weisheit* an.
Wer es tut, beweist Verstand.

Der Ruhm des HERRN hört niemals auf!

Das Glück der Treuen

112 Halleluja – Preist den HERRN!
Wie glücklich ist ein Mensch,
der den HERRN achtet und ehrt
und große Freude hat an Gottes Geboten!
2 Seine Nachkommen werden mächtig im Land;
denn wer aufrichtig dem HERRN folgt,
dessen Kinder segnet er.
3 Wohlstand und Reichtum sind in seinem Haus,
seine Gerechtigkeit* hat für immer Bestand.
4 Sogar in dunklen Stunden strahlt ein Licht
für alle, die redlich und rechtschaffen sind;
denn er ist gütig, barmherzig und gerecht.

5 Gut steht es um den Menschen,
der den Armen schenkt und leiht
und der bei allem, was er unternimmt,
das von Gott gesetzte Recht beachtet.
6 Nie gerät er ins Wanken,
niemals wird seine Treue vergessen.
7 Schlimme Nachricht macht ihm keine Angst,
mit ruhigem Herzen vertraut er dem HERRN.
8 Fest und mutig bleibt er, ohne Furcht,
bald wird er herabschauen auf seine Feinde.
9 Großzügig gibt er den Bedürftigen;
seine Gerechtigkeit* hat für immer Bestand.
Darum wird er beschenkt mit Macht und Ehre.
10 Wer Gott missachtet, sieht es voller Ärger,
knirscht mit den Zähnen und vergeht vor Wut.
Seine bösen Pläne werden zunichte.

Gottes Größe und Erbarmen

113 Halleluja – Preist den HERRN!
Ihr seine Diener, preist ihn!
Rühmt seinen großen Namen!
2 Dankt eurem mächtigen Herrn,
jetzt und in aller Zukunft!
3 Von dort, wo die Sonne aufgeht,
bis dorthin, wo sie versinkt –
überall werde der HERR gepriesen!
4 Herrscher über alle Völker ist der HERR,
seine Herrlichkeit überstrahlt den Himmel.

5–6 Wer im Himmel oder auf der Erde
gleicht dem HERRN, unserem Gott,
ihm, der im höchsten Himmel thront
und hinabschaut in die tiefste Tiefe?
7 Den Armen holt er aus der Not,
den Hilflosen heraus aus seinem Elend
8 und gibt ihm einen Ehrenplatz
bei den Angesehenen seines Volkes.
9 Der Frau, die keine Kinder haben konnte,
verschafft er ein sicheres Zuhause
und macht sie zu einer glücklichen Mutter.

Preist den HERRN – Halleluja!

Der Ehrfurcht gebietende Gott

114 Als Israel aus Ägypten wegzog,
als die Nachkommen Jakobs das Volk verließen,
dessen Sprache sie nicht verstehen konnten,
2 da wurde Juda Gottes Heiligtum,
Israel wurde sein Herrschaftsgebiet.
3 Das Meer sah es und floh,
der Jordan wich zurück,
4 die Berge sprangen wie Widder
und die Hügel hüpften wie Lämmer.

5 Du Meer, warum fliehst du denn?
Du Jordan, weshalb weichst du zurück?
6 Ihr Berge, warum springt ihr wie Widder?
Ihr Hügel, weshalb hüpft ihr wie Lämmer?

7 Ja, Erde, erbebe vor dem Herrn,
zittere, wenn der Gott Jakobs sich zeigt!
8 Er hat den Felsen in einen Teich verwandelt,
den harten Stein in eine Quelle!

111,6 105,44 **111,10** Spr 1,7S **112,1-10** 25,12-13S **112,1-2** Spr 20,7 **112,4** Mi 7,8 **112,5** Dtn 15,7-8 **112,9** 2 Kor 9,9 **113,5-8** Jes 57,15 **113,7-8** 9,13S; 1 Sam 2,7-8S **113,9** 1 Sam 2,5 **114,2** Ex 19,6 **114,3** Ex 14,21-22; Jos 3,14-17 **114,4** 29,6 **114,8** Ex 17,6S

Gott allein die Ehre!

115 Nicht uns, HERR, nicht uns –
nein, deinen Namen bringe zu Ehren!
Wir wissen doch, dass du gütig und treu bist!
2 Warum sollen die anderen Völker sagen:
»Wo ist er denn, ihr Gott?«

3 Unser Gott? Im Himmel ist er!
Und alles, was er will, das tut er auch!
4 Doch ihre Götzen aus Silber und Gold
sind Machwerke von Menschenhänden.
5 Sie haben Münder, die nicht sprechen,
Augen, die nichts sehen,
6 Ohren, die nichts hören,
Nasen, die nichts riechen,
7 Hände, die nichts fühlen,
Füße, die sich nicht bewegen,
und aus ihren Kehlen kommt kein Laut.
8 Genauso sollen alle werden,
die diese Götzen geschaffen haben,
und alle, die sich auf Götzen verlassen!

9 Volk Israel, vertrau dem HERRN!
Er ist deine Hilfe und dein Schutz.
10 Ihr Priester,[a] vertraut dem HERRN!
Er ist eure Hilfe und euer Schutz.
11 Ihr alle, die ihr ihn verehrt,
vertraut dem HERRN!
Er ist eure Hilfe und euer Schutz.

12 Der HERR denkt an uns und will uns
segnen.
Er segne ganz Israel!
Er segne die Priester!
13 Er segne alle, die ihn verehren,
Niedrige und Hohe miteinander!
14 Der HERR schenke euch große Familien,
euch und all euren Kindern!
15 Glück und Gelingen gebe euch der HERR,
der Himmel und Erde geschaffen hat!

16 Der Himmel* gehört dem HERRN allein,
doch die Erde hat er den Menschen
gegeben.
17 Die Toten können ihn nicht mehr preisen;
sie sind dort, wo man für immer schweigt.
18 Wir aber wollen ihm danken,
jetzt und in aller Zukunft!

Preist den HERRN – Halleluja!

Dank für die Rettung vom Tod

116 Ich liebe den HERRN,
denn er hört mich,
wenn ich zu ihm um Hilfe schreie.
2 Er hat ein offenes Ohr für mich;
darum bete ich zu ihm, solange ich lebe.

3 Ich war gefangen in den Fesseln des Todes,
die Schrecken der Totenwelt* griffen nach mir,
Angst und Verzweiflung quälten mich.
4 Da schrie ich zu ihm:
» HERR, rette mein Leben!«

5 Der HERR ist gütig und gerecht,
voll Erbarmen ist unser Gott.
6 Der HERR schützt alle,
die sich nicht helfen können.
Ich war schwach und er hat mir geholfen.
7 Nun kann ich wieder zur Ruhe kommen,
denn der HERR ist gut zu mir gewesen.
8 HERR, du hast mich gerettet
vom drohenden Tod,
du hast meine Tränen versiegen lassen
und meine Füße zurückgehalten
vor dem Abgrund.
9 Ich darf in der Welt der Lebenden bleiben
und in deiner Nähe weiterleben.

10 Ich habe dem HERRN vertraut,
auch als ich klagte:
»Ich liege ganz am Boden!«
11 In meiner Ratlosigkeit sagte ich:
»Auf keinen Menschen ist Verlass!«
12 Wie kann ich dem HERRN vergelten,
was er für mich getan hat?
13 Ich will ihn vor der Gemeinde rühmen
und den Becher der Rettung[b] erheben,
um ihm zu danken.
14 Was ich ihm versprochen habe, löse ich ein
in Gegenwart seines ganzen Volkes.
15 Der HERR lässt die Seinen nicht untergehen,
dafür ist ihm ihr Leben zu wertvoll.

16 HERR, ich gehöre dir mit Leib und Leben;
darum hast du mich vom Tod befreit.
17 Ich bringe dir ein Dankopfer*
und bekenne vor allen,
dass du zu deinem Namen* stehst und hilfst.

18 Was ich dem HERRN versprochen habe,

a *Ihr Priester*:* wörtlich *Haus Aaron.*
b Dieser mit Wein gefüllte Becher war wohl ein Teil des Dankopfers; siehe Sacherklärung »Opfer«.
115,1-2 42,4; 79,9-10; Joël 2,17; Mi 7,10; Jes 48,11 S **115,4-11** 135,15-20 **115,4-7** 96,5; Jes 41,21-29 S **115,14** 127,3 **115,16** 8,7; Gen 1,28 **115,17** 6,6 S **116,3-4** 18,5-7 **116,5** Ex 34,6 S **116,8** 30,4 S **116,13-14** 22,26; 66,13-15 **116,15** 72,14

das löse ich ein
in Gegenwart seines ganzen Volkes,
19 in den Vorhöfen* seines Tempels,
mitten in dir, Jerusalem!

Preist den HERRN – Halleluja!

Alle Welt soll Gott preisen!

117 Preist den HERRN, alle Völker!
Rühmt ihn, ihr Nationen alle!
2 Denn seine Güte zu uns ist übergroß
und seine Treue hört niemals auf.

Preist den HERRN – Halleluja!

Dank des Königs für Gottes Hilfe

118 *Dankt dem HERRN,*
denn er ist gut zu uns,
seine Liebe hört niemals auf!
2 Das Volk Israel soll rufen:
»Seine Liebe hört niemals auf!«
3 Die Priester* sollen rufen:
»Seine Liebe hört niemals auf!«
4 Alle, die den HERRN verehren, sollen rufen:
»Seine Liebe hört niemals auf!«

5 Als ich von allen Seiten bedrängt war,
schrie ich zum HERRN um Hilfe.
Er erhörte mich und machte mich frei.
6 Der HERR steht mir bei;
nun fürchte ich nichts mehr.
Was könnte ein Mensch mir schon tun?
7 Der HERR steht mir bei,
er selbst greift ein;
darum werde ich mit eigenen Augen sehen,
wie meine Feinde unterliegen.
8 Mit dem HERRN rechnen ist besser
als sich auf Menschen verlassen.
9 Mit dem HERRN rechnen ist besser
als auf die Hilfe der Mächtigen warten.

10 Feindliche Völker umringten mich –
ich trieb sie zurück mit der Hilfe des HERRN!
11 Sie bedrängten mich von allen Seiten –
ich trieb sie zurück mit der Hilfe des HERRN!
12 Sie überfielen mich wie Bienenschwärme –
ich trieb sie zurück mit der Hilfe des HERRN!
Einem Strohfeuer glich ihr Angriff,
so schnell war er vorüber.
13 Sie setzten mir hart zu, um mich zu stürzen;
doch der HERR hat mir geholfen.
14 Vom HERRN kommt meine Kraft,
ihm singe ich mein Lied,
denn er hat mich gerettet.

15 Das Volk Gottes stimmt das Siegeslied an;
aus allen Zelten schallt es laut:
»Der HERR hat seine Macht gezeigt;
16 seine Hand ist siegreich erhoben.
Er hat die Feinde geschlagen!«

17 Ich muss nicht sterben, ich darf weiterleben
und erzählen, was der HERR getan hat.
18 Der HERR hat mich hart angefasst,
doch vor dem Tod hat er mich bewahrt.
19 Öffnet mir das Tor zum Tempel*,
durch das die Treuen einziehen dürfen!
Ich will eintreten, um dem HERRN zu danken.
20 »Hier ist der Zugang zum HERRN.[a]
Wenn du seine Weisungen treu befolgt hast,
dann komm, tritt ein!«
21 Ich danke dir, HERR, du hast mich erhört!
Du hast mir die Rettung gebracht!

22 Der Stein, den die Bauleute als wertlos weggeworfen haben,
ist zum Eckstein[b] geworden.
23 Der HERR hat dieses Wunder vollbracht
und wir haben es gesehen.

24 Diesen Tag hat der HERR zum Festtag gemacht.
Heute wollen wir uns freuen und jubeln!
25 Hilf uns doch, HERR!
Gib uns Glück und Gelingen!
26 »Heil dem, der im Auftrag des HERRN kommt!
Den Segen* des HERRN sprechen wir euch zu,
hier, von seinem Tempel aus.«
27 Der HERR allein ist Gott,
er blickt uns freundlich an.
»Nehmt Zweige!
Schließt euch zusammen zum festlichen Reigen
bis dicht an die Hörner* des Altars!«[c]
28 Du bist mein Gott, und ich danke dir;
mein Gott, ich will dich preisen!

29 *Dankt dem HERRN, denn er ist gut zu uns,*
seine Liebe hört niemals auf!

a Hier und in Vers 26-27 spricht vermutlich ein Priester.
b *Eckstein:* siehe Sacherklärung; möglich auch *Schlussstein.*
c Die Deutung der letzten drei Verszeilen ist unsicher.

117,1 Röm 15,11 **117,2** Ex 34,6S **118,1** 100,5; 106,1; 107,1; 136,1-26; 1 Chr 16,34S **118,6** 56,5S; Hebr 13,6 **118,8** Jer 17,5-8 **118,14** Ex 15,2 **118,17-18** 30,4S **118,19-20** 15,1-5S; Jes 26,2 **118,22-23** Mk 12,10 par; Apg 4,11; 1 Petr 2,4-7 **118,26** Mk 11,10 par; Mt 23,39 par

Ein Loblied auf Gottes Gesetz[a]

I

119 Wie glücklich ist, wer stets
unsträflich lebt
und jederzeit des HERRN Gesetz* befolgt!
2 Wie glücklich ist, wer Gottes Weisung ausführt
und wer mit ganzem Herzen nach ihm fragt!
3 Bei solchen Menschen findet sich
kein Unrecht,
weil sie in allem Gottes Willen tun.
4 Du, HERR, hast deine Vorschriften gegeben,
damit man sich mit Sorgfalt danach richtet.
5 Ich möchte unbeirrbar dabei bleiben,
mich deinen Ordnungen zu unterstellen!
6 Dann brauchte ich nicht mehr
beschämt zu sein
im Blick auf die Gebote, die du gabst.
7 Was du entschieden hast, präg' ich mir ein
und preise dich dafür mit reinem Herzen.
8 An deine Ordnungen will ich mich halten;
steh du mir bei und lass mich nicht im Stich!

II

9 Wie kann ein junger Mensch sein Leben
meistern?
Indem er tut, was du gesagt hast, HERR.
10 Von Herzen frage ich nach deinem Willen;
bewahre mich davor, ihn zu verfehlen!
11 Was du gesagt hast, präge ich mir ein,
weil ich vor dir nicht schuldig werden will.
12 Ich muss dir immer wieder danken, HERR,
weil du mich deinen Willen kennen lehrst.
13 Was du nach deinem Recht entschieden hast,
das sage ich mir immer wieder auf.
14 Genau nach deinen Weisungen zu leben
erfreut mich mehr als alles Gut und Geld.
15 Ich denke über deine Regeln nach,
damit ich deinen Weg für mich erkenne.
16 HERR, deine Ordnungen sind meine Freude;
ich werde deine Worte nicht vergessen.

III

17 Ich bin dein Diener, HERR, sei gut zu mir,
damit ich lebe und dein Wort befolge!
18 HERR, öffne mir die Augen für die Wunder,
die dein Gesetz in sich verborgen hält!
19 Ich bin nur Gast hier, darum brauch ich
Schutz.
Verschweig mir nicht, was du befohlen hast!
20 Mit Sehnsucht warte ich zu jeder Zeit
auf das, was du nach deinem Recht verfügst.
21 Du drohst den Stolzen, den von dir
Verfluchten,
die deine Regeln ständig übertreten.
22 Befreie mich von Schande und Verachtung,
weil ich mich stets an deine Weisung halte.
23 Die Großen halten Rat, um mir zu schaden;
doch ich will deine Vorschriften ergründen.
24 An deiner Weisung hab ich meine Freude,
weil ich mit ihr stets gut beraten bin.

IV

25 Ich liege kraftlos hingestreckt im Staub;
belebe mich, wie du versprochen hast!
26 Ich klagte dir mein Leid; du hast geholfen.
Nun lass mich wissen, was du mir befiehlst!
27 Ich möchte deine Vorschriften verstehen
und deine Wunder täglich neu bedenken.
28 Vor Traurigkeit zerfließe ich in Tränen.
Wie du es zugesagt hast, hilf mir auf!
29 Bewahre mich vor jeder Art von Falschheit,
in deiner Güte lehr mich dein Gesetz!
30 Ich habe mich entschieden, treu zu bleiben,
und will mich deiner Ordnung unterstellen.
31 Ich binde mich ganz fest an deine Weisung;
HERR, lass mich deshalb nicht als Narr dastehen!
32 Den Weg, den du mir vorschreibst,
gehe ich,
du hast mein Herz dazu bereitgemacht.

V

33 HERR, lass mich deine Regeln klar erkennen,
damit ich sie befolge, mir zum Lohn.
34 Gib mir genug Verstand für dein Gesetz;
von ganzem Herzen will ich darauf hören.
35 Was du befohlen hast, hilf mir befolgen;
ich werde große Freude daran haben!
36 Auf deine Weisung richte meinen Sinn,
nicht darauf, großen Reichtum zu erlangen!
37 Zieh meinen Blick von Nichtigkeiten ab
und führe mich, damit ich leben kann!
38 Bestätige auch mir, HERR, dein Versprechen,
das allen gilt, die dir gehorchen wollen.
39 Die Schande, die mir Angst macht,
nimm sie weg!
Was du entscheidest, das ist gut und recht.
40 Ich will mich ganz nach deinen Regeln
richten.
In deiner Treue gib mir Kraft dazu!

VI

41 Lass deine Güte auch zu mir gelangen;
HERR, rette mich, wie du versprochen hast!

a Im Hebräischen folgt der Aufbau dieses Psalms dem Alphabet, und zwar so, dass jeweils die 8 Verse einer Strophe mit demselben Buchstaben anfangen. Luther nannte den Psalm »Das güldene ABC«.

119,1-2 1,1-2; 112,1; 128,1 **119,19** 39,13S **119,32** 25,4S

42 Dann kann ich jedem eine Antwort geben,
der mich verhöhnt. – Ich nehme dich beim
Wort!
43 Ich möchte deine Treue rühmen können;
auf deinen Urteilsspruch vertraue ich.
44 An dein Gesetz will ich mich halten, HERR,
in jeder Lage und für alle Zukunft.
45 Ich werde weiten Raum zum Leben haben,
weil ich mich stets nach deiner Weisung richte.
46 Ich halte sie selbst Königen entgegen
und bin gewiss, ich werde nicht beschämt.
47 Ich liebe die Gebote, die du gabst;
es macht mir Freude, wenn ich sie befolge.
48 Ich liebe und verehre die Gebote
und denke über deine Regeln nach.

VII

49 Vergiss nicht, was du mir versprochen hast;
du hast mich Großes hoffen lassen, HERR!
50 Sogar in meiner Not bin ich getröstet,
denn durch dein Wort erhältst du mich
am Leben.
51 Die Stolzen treiben ihren Spott mit mir,
doch ich wich nie von deiner Weisung ab.
52 Es macht mir Mut, HERR, wenn ich daran
denke,
wie du in alter Zeit für Recht gesorgt hast.
53 Ich werde wütend, wenn ich Menschen sehe,
die dein Gesetz missachten und verlassen.
54 Solang ich Gast auf dieser Erde bin,
sind deine Regeln Inhalt meiner Lieder.
55 Mein Denken kreist in jeder Nacht
um dich,
damit ich immer dein Gesetz befolge.
56 Nach deinen Regeln jederzeit zu leben,
das ist mein Auftrag und mein größtes Glück.

VIII

57 Ich sag's noch einmal, HERR:
Das ist mein Vorrecht,
dass ich mich stets nach deinen Worten richte.
58 Mit ganzem Herzen such ich deine Güte;
erbarme dich, wie du versprochen hast!
59 Ich überdenke meine Lebensführung
und kehre wieder um zu deiner Weisung.
60 Ich eile, HERR, ich schiebe es nicht auf,
das auszuführen, was du mir befiehlst.
61 Rings um mich hat man Fallen ausgelegt,
doch ich vergesse niemals dein Gesetz.
62 Noch mitten in der Nacht erwache ich
und preise dich, weil du gerecht entscheidest.
63 Ich bin ein Freund für alle, die dich ehren
und sich genau an deine Regeln halten.
64 Die Erde ist erfüllt von deiner Güte;
HERR, hilf mir, deinen Willen zu erkennen!

IX

65 Du bist so gut zu mir gewesen, HERR,
genauso, wie du es versprochen hattest.
66 Gib du mir rechte Einsicht und Erkenntnis;
denn deinen Weisungen vertraue ich.
67 Bevor ich leiden musste, ging ich irre;
jetzt aber tue ich, was du befiehlst.
68 Stets bist du gut und tust mir so viel Gutes!
HERR, hilf mir, deinen Willen zu erkennen!
69 Von frechen Lügnern werde ich beschuldigt,
doch folge ich von Herzen deiner Weisung.
70 Sie sind zu stumpf und träge zum Verstehen;
doch mir ist dein Gesetz die größte Freude.
71 Für mich war's gut, dass ich durchs Leiden
musste,
um mich auf deine Weisung zu besinnen.
72 HERR, dein Gesetz hat größeren Wert für mich,
als Tausende von Gold- und Silberstücken!

X

73 Mit deinen Händen hast du mich gestaltet;
HERR, hilf mir, deinen Willen zu verstehen!
74 Die Deinen sehen mich und freuen sich,
weil ich mich auf dein Wort verlassen habe.
75 Ich weiß, HERR, dass du stets gerecht
entscheidest;
du hattest Recht, als du mich leiden ließest.
76 Lass deine Güte mich nun wieder trösten,
wie du es mir doch zugesagt hast, HERR!
77 Erbarm dich über mich, dann kann ich leben;
denn dein Gesetz ist meine größte Freude!
78 Bring Schande über alle frechen Lügner,
weil sie mich ohne jeden Grund verklagen!
Ich denke immer nur an deine Regeln.
79 Lass alle zu mir kommen, die dich ehren,
damit sie deine Weisungen erkennen!
80 Mein Herz soll nie von deiner Ordnung
weichen,
dann werde ich auch nicht in Schande
kommen.

XI

81 Ich warte sehnsuchtsvoll auf deine Hilfe,
ich setze meine Hoffnung auf dein Wort.
82 Ich schaue mir die Augen aus nach dir:
Wann kommst du endlich, HERR, und tröstest
mich?
83 Ich schrumpfe wie ein Weinschlauch,
der im Rauch hängt;
doch deine Regeln will ich nie vergessen.

119,46 Mt 10,18 par **119,47-48** 119,97; 119,77 S; Neh 8,10 **119,55** 119,62.148; 42,9; 63,7; 139,18; Jes 26,9 **119,64** 33,5 **119,67.71** Spr 3,11-12 S **119,77** 119,47.92.143.162.174

84 Wie lange, HERR, willst du mich warten lassen?
Wann trifft dein Urteil die, die mich verfolgen?
85 In Gruben wollen mich die Feinde fangen,
sie, die vermessen dein Gesetz missachten.
86 Was du befiehlst, HERR, darauf ist Verlass.
Doch sie verfolgen mich zu Unrecht; hilf mir!
87 Fast hätten sie mich hier im Land getötet,
obwohl ich dein Gesetz nicht übertrat.
88 Durch deine Güte lass mich weiterleben,
damit ich deine Weisungen befolge!

XII

89 Dein Wort, HERR, bleibt für alle Zeit bestehen,
bei dir im Himmel ist sein fester Platz.
90 Auch deine Treue bleibt für alle Zukunft:
Du hast die Erde dauerhaft gegründet.
91 Dein Wille hält bis heute alles aufrecht
und alle Dinge stehen dir zu Diensten.
92 Wenn dein Gesetz nicht meine Freude wäre,
dann wäre ich vor Elend umgekommen.
93 Ich werde deine Regeln nie vergessen;
ich weiß, durch sie erhältst du mich am Leben.
94 HERR, ich gehöre dir, komm mir zu Hilfe!
Ich frage jederzeit nach deinen Regeln.
95 Verbrecher warten drauf, mich zu vernichten;
ich aber will auf deine Weisung achten.
96 Ich sah, auch die Vollkommenheit
hat Grenzen,
doch dein Gebot hat unbegrenzte Geltung.

XIII

97 Ich habe dein Gesetz unendlich lieb!
Den ganzen Tag beschäftigt es mein Denken.
98 HERR, dein Gebot wird immer bei mir sein;
es macht mich wissender als meine Feinde.
99 Ich habe mehr gelernt als meine Lehrer,
denn all mein Forschen fragt nach deiner
Weisung.
100 Ich habe mehr Erkenntnis als die Alten,
weil ich mich stets nach deinen Regeln richte.
101 Ich halte mich von jedem Unrecht fern,
um das zu tun, was du befohlen hast.
102 Ich weiche nicht von deiner Weisung ab;
du selber warst mein Lehrer, niemand anders.
103 Welch eine Köstlichkeit sind deine Worte!
Sie sind noch süßer als der beste Honig!
104 Durch deine Regeln bringst du mich
zur Einsicht;
deshalb sind krumme Wege mir verhasst.

XIV

105 Dein Wort ist eine Leuchte für mein Leben,
es gibt mir Licht für jeden nächsten Schritt.
106 Ich bin entschlossen, meinen Schwur
zu halten:
Ich folge dir, weil du gerecht entscheidest.
107 In tiefes Leiden hast du mich geführt;
gib neues Leben, wie du es versprachst!
108 Nimm meinen Dank als Opfergabe* an;
HERR, hilf mir, deinen Willen zu erkennen!
109 Mein Leben ist in ständiger Gefahr,
doch niemals hab ich dein Gesetz vergessen.
110 Verbrecherisch will man mir Fallen stellen,
ich aber weiche nicht von deinen Regeln.
111 HERR, deine Weisungen sind mein Besitz
und meine Herzensfreude, jetzt und immer!
112 Ich will entschlossen deinen Regeln folgen;
das soll mein Lohn für alle Zeiten sein!

XV

113 Ich hasse Menschen mit geteilten Herzen;
doch dein Gesetz hat meine ganze Liebe.
114 Mein Schutz und meine Zuflucht, HERR,
bist du!
Auf dein Versprechen kann ich mich verlassen.
115 Ihr Unheilstifter, geht mir aus den Augen!
Ich folge den Befehlen meines Gottes.
116 HERR, sei mein Halt, damit ich leben kann;
ich nehme dich beim Wort, enttäusch mich
nicht!
117 Sei meine Stütze, HERR, komm mir zu Hilfe!
Ich werde stets auf deine Regeln achten.
118 Wer dein Gebot verlässt, den weist du ab;
denn was er tut, ist Täuschung und Betrug.
119 Wer dich verwirft, den wirfst du fort
wie Abfall;
das ist's, weshalb ich deine Weisung liebe.
120 Die Furcht vor dir lässt meine Haut
erschaudern,
ich habe Angst vor deinen Urteilssprüchen.

XVI

121 Ich habe richtig und gerecht gehandelt;
drum gib mich nicht den Unterdrückern preis!
122 Gib mir die Sicherheit, dass alles gut wird,
dass freche Menschen mich nicht länger quälen!
123 Ich schaue mir die Augen aus
nach Rettung,
die du versprochen hast in deiner Treue.
124 Lass deine Güte an mir sichtbar werden
und hilf mir, deinen Willen zu erkennen!
125 Ich bin dein Diener, HERR, gib mir Verstand,
damit ich deine Weisungen erkenne!
126 Jetzt ist es Zeit für dich zu handeln, HERR;
denn viele übertreten dein Gesetz.
127 Ich liebe die Gebote, die du gabst,

119,84 12,2-3S **119,87** 37,9-11; 112,2 **119,89-90** 119,160; 111,8; Jes 40,8 **119,100** Ijob 32,9; Weish 4,8-9 **119,105** 2 Petr 1,19; Joh 8,12 **119,108** 50,23

viel mehr als selbst das allerfeinste Gold.
128 Für mich sind deine Regeln alle richtig;
deshalb sind krumme Wege mir verhasst.

XVII

129 HERR, deine Weisungen sind Wunderwerke
und darum halte ich an ihnen fest.
130 Erklärung deines Wortes bringt Erleuchtung,
auch Unerfahrene bekommen Einsicht.
131 Mein Mund ist weit geöffnet vor Verlangen,
so lechze ich nach deinen Weisungsworten.
132 HERR, wende dich mir zu und hab
Erbarmen,
so wie es denen zusteht, die dich lieben.
133 Durch dein Gesetz mach meine Schritte
sicher,
damit kein Unrecht mich beherrschen kann!
134 Befreie mich von meinen Unterdrückern,
dann kann ich deine Vorschriften befolgen.
135 Ich bitte dich, HERR, blick mich freundlich an
und hilf mir, deinen Willen zu erkennen.
136 Von Tränen überströmt ist mein Gesicht,
weil hier so viele dein Gesetz missachten.

XVIII

137 HERR, du erfüllst, was du versprochen hast,
und deine Urteilssprüche sind gerecht.
138 Durch deine Weisungen hast du bewiesen,
dass Recht und Treue all dein Tun bestimmen.
139 Weil ich dich liebe, HERR, packt mich
der Zorn,
wenn meine Feinde dein Gesetz vergessen.
140 Auf alle deine Worte ist Verlass;
HERR, darum hänge ich so sehr an ihnen!
141 Ich mag verachtet sein und unbedeutend,
doch deine Regeln hab ich nicht vergessen.
142 Dein Recht wird immer meine Rettung
bleiben
und dein Gesetz ist wahr und zuverlässig.
143 Auch dann, wenn Angst und Sorgen
nach mir greifen,
als meine Freude bleibt mir dein Gebot.
144 Für immer steht das Recht durch deine
Weisung;
hilf mir, sie zu verstehn, dann kann ich
leben!

XIX

145 Von Herzensgrund schrei ich zu dir;
gib Antwort!
An deine Regeln, HERR, will ich mich halten.
146 Ich rufe dich zu Hilfe, rette mich!
Ich werde deinen Weisungen gehorchen.
147 Vor Tagesanbruch schreie ich zu dir
und warte hoffnungsvoll auf deine Worte.
148 Sogar zur Nachtzeit liege ich noch wach
und denke über dein Versprechen nach.
149 In deiner Güte höre mein Gebet;
erhalte mich durch dein gerechtes Urteil.
150 Mit böser Absicht nahen die Verfolger;
doch sie entfernen sich von deiner Weisung.
151 Du aber, HERR, du bist ganz nah bei mir;
was du befiehlst, ist wahr und zuverlässig.
152 Für immer hast du dein Gesetz gegeben;
seit langem hab ich das an ihm erkannt.

XX

153 Sieh doch mein Elend an, befreie mich!
Ich habe niemals dein Gesetz vergessen.
154 HERR, steh mir bei und sorge für mein Recht!
Errette mich, wie du versprochen hast!
155 Wer dich missachtet, findet keine Hilfe,
weil er sich nicht um deine Weisung kümmert.
156 HERR, dein Erbarmen ist unendlich groß;
erhalte mich durch dein gerechtes Urteil!
157 Ich habe viele Feinde und Verfolger,
doch deiner Weisung bin ich stets gefolgt.
158 Mit Abscheu blicke ich auf die Verräter,
weil sie sich nicht nach deinen Worten richten.
159 HERR, sieh doch, wie ich deine Regeln liebe!
Durch deine Güte lass mich weiterleben!
160 Dein Wort ist wahr und zuverlässig, HERR;
für immer gilt, was du entschieden hast.

XXI

161 Die Großen dringen grundlos auf mich ein;
doch nur vor dem, was *du* sagst, bebt mein
Herz.
162 An deinen Worten hab ich große Freude,
so wie sich jemand über Beute freut.
163 Für Lügen fühle ich nur Hass und Abscheu,
doch dein Gesetz hat meine ganze Liebe!
164 Ich preise dich wohl siebenmal am Tag
dafür, dass du, HERR, stets gerecht entscheidest.
165 Wer dein Gesetz liebt, der hat Glück
und Frieden,
kein Hindernis kann ihn zum Straucheln
bringen.
166 HERR, meine Hoffnung ist, dass du mir
hilfst;
ich führe aus, was du befohlen hast.
167 Nach deinen Weisungen will ich mich
richten,
mit ganzem Herzen hänge ich an ihnen.
168 Du hast mir Weisung und Gebot gegeben
und siehst genau, wie ich mich daran halte.

119,135 31,17S **119,140** 12,7 **119,148** 119,55S **119,160** Joh 17,17

XXII

169 Lass meine Bitte zu dir dringen, HERR;
mach dein Versprechen wahr und gib mir Einsicht!
170 Lass meinen Hilferuf zu dir gelangen!
Du hast mir zugesagt, dass du mich rettest!
171 Von meinen Lippen soll dein Lob erklingen,
weil du mich deinen Willen kennen lehrst.
172 Mein Mund soll dich besingen für dein Wort;
was du befohlen hast, ist recht und richtig.
173 Streck deine Hand aus, HERR, um mir zu helfen;
ich habe mich für dein Gesetz entschieden!
174 Dass du mich rettest, ist mein größter Wunsch,
und dein Gesetz ist meine größte Freude.
175 Ich möchte leben, HERR, um dich zu preisen;
dein Urteilsspruch wird mir dazu verhelfen.
176 Ich bin verirrt wie ein verlorenes Schaf;
HERR, suche mich, bring mich zurück zu dir!
Ich habe deine Regeln nicht vergessen.

Hilferuf gegen Verleumder

120 Ein Lied, zu singen auf dem Weg nach Jerusalem.[a]

Ich schrie zum HERRN in meiner Not
und er hat mich erhört.
2 Ich schrie:
»HERR, rette mich vor diesen Lügnern,
vor allen doppelzüngigen Betrügern!«

3 Womit soll Gott euch strafen,
ihr Lügenmäuler?
4 Mit spitzen Pfeilen aus Kriegerhand,
dazu noch glühende Kohlen![b]

5 Wie schlimm für mich,
dass ich unter Fremden leben muss,
bei einem Volk, das meinen Gott nicht kennt![c]
6 Schon viel zu lange wohne ich hier,
unter Menschen, die den Frieden hassen!
7 Ich will den Frieden;
doch sobald ich davon rede,
suchen sie Streit.

Gott ist bei dir!

121 Ein Lied, zu singen auf dem Weg nach Jerusalem.

»Ich blicke hinauf zu den Bergen:
Woher wird mir Hilfe kommen?«

2 »*Meine* Hilfe kommt vom HERRN,
der Himmel und Erde gemacht hat!
3 Und du sollst wissen:[d]
Der HERR lässt nicht zu, dass du zu Fall kommst.
Er gibt immer auf dich Acht.
4 Er, der Beschützer Israels,
wird nicht müde und schläft nicht ein;
5 er sorgt auch für dich.
Der HERR ist bei dir,
hält die Hand über dich,
6 damit dich die Hitze der Sonne nicht quält
und der Mond dich nicht krank macht.
7 Der HERR wendet Gefahr von dir ab
und bewahrt dein Leben.
8 Auf all deinen Wegen wird er dich beschützen,
vom Anfang bis zum Ende,
jetzt und in aller Zukunft!«

Friedenswunsch für Jerusalem

122 Ein Lied Davids, zu singen auf dem Weg nach Jerusalem.

Wie habe ich mich gefreut,
als man zu mir sagte:
»Komm mit,
wir gehen zum Haus des HERRN!«
2 Nun sind wir angelangt,
wir haben deine Tore durchschritten
und stehen in dir, Jerusalem.

3 Jerusalem, du herrliche Stadt,
von festen Mauern geschützt![e]
4 Zu dir ziehen sie in Scharen,
die Stämme, die dem HERRN gehören.
Dort soll ganz Israel ihn preisen,
so wie er es angeordnet hat.
5 In Jerusalem ist das höchste Gericht,
dort regiert das Königshaus Davids.

a In den hebräischen Überschriften der hier beginnenden Gruppe von 15 Psalmen steht ein Ausdruck, der nicht sicher zu deuten ist. Er scheint auf »Stufen« hinzuweisen und wird heute meistens im Sinn der obigen Übersetzung verstanden.
b Wörtlich *glühende Kohlen vom Ginsterstrauch.* Die hier genannte Ginsterart ergibt besonders gute Holzkohle.
c dass ich unter Fremden ...: wörtlich *dass ich in Meschech weile, wohne in den Zelten von Kedar.* Diese beiden Völker waren gleichbedeutend mit »Barbaren und Heiden«.
d Verdeutlichender Zusatz; die Verse 2-8 sind eine Antwort auf die Frage, die in Vers 1 ausgesprochen wird.
e Deutung unsicher.

119,175 6,6S **119,176** Jes 53,6; Lk 15,4-7 **120,2** 109,2S **120,6** 35,20 **120,7** Röm 12,18 **121,1-2** 125,2; 124,8 **121,3-8** 91,3-13 **121,4** 1 Kön 18,27 **122,1** 26,8; 42,5; Jes 2,3 **122,2** 100,4 **122,3** 48,13-14 **122,4** Dtn 16,16 **122,5** 1 Kön 7,7

6 Wünscht Jerusalem Glück und Frieden:
»Allen, die dich lieben, soll es gut gehen!
7 In deinen Mauern herrsche Sicherheit
und Wohlstand,
deinen Häusern bleibe die Sorge fern!«
8 Weil ich meine Brüder und Freunde liebe,
sage ich:
»Ich wünsche dir Glück und Frieden!«
9 Weil in dir das Haus des HERRN,
unseres Gottes, steht,
freue ich mich, wenn es dir gut geht.

Bitte um Erbarmen

123 Ein Lied, zu singen auf dem Weg nach Jerusalem.

Ich richte meinen Blick hinauf zu dir,
zum Himmel hinauf, wo du thronst.
2 Voll Erwartung blicken die Knechte
auf die Hand ihres Hausherrn;
aufmerksam schauen die Augen der Magd
auf die Hand ihrer Herrin.
So blicken wir zu dir, HERR, unser Gott,
bis du uns dein Erbarmen zeigst!

3 Erbarm dich, HERR, hab Erbarmen mit uns!
Wir haben genug Verachtung erlebt,
4 viel zu viel hinunterschlucken müssen
vom Spott unserer satten, sorglosen Feinde,
vom Hohn vermessener Unterdrücker!

Unsere Hilfe kommt von Gott!

124 Ein Lied Davids, zu singen auf dem Weg nach Jerusalem.

Hätte der HERR uns nicht beigestanden
– so soll das Volk Israel bekennen –,
2 hätte der HERR uns nicht beigestanden,
immer wenn Menschen uns überfielen
3 und ihre Wut an uns auslassen wollten –
wir wären schon längst von der Erde
verschwunden.
4–5 Die Fluten hätten uns überrollt,
das schäumende Wasser hätte uns gepackt,
der Sturzbach uns mit sich fortgerissen.

6 Der HERR sei gepriesen!
Er hat uns nicht den Feinden überlassen
als Beute für ihre Zähne.
7 Wir sind entkommen
wie ein Vogel aus dem Netz des Fängers;
das Netz ist zerrissen und wir sind frei!

8 Unsere Hilfe kommt vom HERRN,
der Himmel und Erde geschaffen hat;
er ist für uns da![a]

Unter dem Schutz Gottes

125 Ein Lied, zu singen auf dem Weg nach Jerusalem.

Alle, die dem HERRN vertrauen,
sind wie der Zionsberg*:
für immer unerschütterlich und fest.
2 Ein Schutzwall von Bergen umgibt Jerusalem.
So umgibt der HERR sein Volk
jetzt und in aller Zukunft.
3 Menschen, die Gottes Gebote missachten,
werden nicht lange im Lande herrschen,
das denen gehört, die Gott gehorchen.
Sonst würden auch die Treuen
bald Unrecht tun.

4 HERR, guten Menschen erweise Gutes,
denen, die dir mit redlichem Herzen folgen!
5 Doch alle, die den rechten Weg verlassen
und ihre eigenen, krummen Wege gehen –
bestrafe sie genauso wie alle anderen
Unheilstifter!

Glück und Frieden* komme über Israel!

Bitte um erneute Hilfe

126 Ein Lied, zu singen auf dem Weg nach Jerusalem.

Als der HERR uns heimbrachte,
zurück zum Berg Zion*,
da kamen wir uns vor wie im Traum.
2 Wie konnten wir lachen und vor Freude
jubeln!
Bei den anderen Völkern sagte man damals:
»Der HERR hat Großes für sie getan!«
3 Ja, der HERR hatte Großes für uns getan
und wir waren glücklich.

4 HERR, wende auch jetzt unsere Not,
bring Glück und Frieden* zurück,

a Der Vers wörtlich *Unsere Hilfe (ist) im Namen des HERRN, der ... geschaffen hat.* Mit *»er ist für uns da«* bringt die Übersetzung zum Ausdruck, was im Hebräischen mit dem *Namen* Gottes bezeichnet wird (siehe Sacherklärung »HERR«).

122,6 Tob 13,13-16 **123,1** 25,15S; 1Kön 8,27.30 **123,3-4** 44,14 **124,1-3** 83,4-5 **124,4-5** 42,8S **124,8** 121,2 **125,1** 46,6; Jes 28,16 **126,1-3** Esra 1,1–2,1 **126,4** Neh 1,2-3; Jes 59,9-11

so wie du das Wasser wieder zurückbringst
und die ausgetrockneten Bäche
plötzlich füllst!

5 Wer mit Tränen sät,
wird mit Freuden ernten.
6 Weinend gehen sie hin
und streuen die Saat aus,
jubelnd kommen sie heim
und tragen ihre Garben.

An Gottes Segen ist alles gelegen

127 Ein Lied Salomos, zu singen auf dem Weg nach Jerusalem.

Der HERR selbst muss das Haus bauen,
sonst arbeiten die Bauleute vergeblich.
Der HERR selbst muss die Stadt beschützen,
sonst ist jede Wache umsonst.
2 Was könnt ihr denn ohne Gott erreichen?
In aller Frühe steht ihr auf
und arbeitet bis tief in die Nacht;
mit viel Mühe bringt ihr zusammen,
was ihr zum Leben braucht.
Das gibt Gott den Seinen im Schlaf![a]

3 Kinder sind ein Geschenk des HERRN,
mit ihnen belohnt er die Seinen.
4 Kräftige Söhne sind für den Vater
wie Pfeile in der Hand eines Kriegers.
5 Wer viele solche Pfeile in seinem Köcher hat,
der hat das Glück auf seiner Seite.
Wenn seine Feinde ihn verklagen,
verhelfen sie ihm zu seinem Recht.

So segnet Gott!

128 Ein Lied, zu singen auf dem Weg nach Jerusalem.

Wie glücklich ist ein Mensch,
der den HERRN achtet und ehrt
und sich nach seinen Geboten richtet!

2 Was deine Arbeit dir eingebracht hat,
das wirst du auch genießen.
Wie glücklich du sein kannst!
Es ist gut um dich bestellt!
3 Da ist deine Frau in deinem Haus;
sie gleicht einem fruchtbaren Weinstock.
Da sind die Kinder um deinen Tisch,
zahlreich wie frische Ölbaumtriebe.
4 So segnet der HERR den Mann,
der ihn achtet und ehrt.

5 Der HERR segne dich,
der auf dem Zionsberg* wohnt!
Solange du lebst, sollst du sehen,
dass es Jerusalem gut geht,
6 und auch die Kinder deiner Kinder
sollst du sehen!

Glück und Frieden* komme über Israel!

Hart bedrängt, aber nicht vernichtet

129 Ein Lied, zu singen auf dem Weg nach Jerusalem.

Hart haben sie mir zugesetzt von Anfang an
– so soll das Volk Israel sagen –,
2 hart haben sie mir zugesetzt von Anfang an,
doch niemals konnten sie mich vernichten.
3 Den Rücken haben sie mir aufgerissen
wie ein Feld, in das man Furchen pflügt.
4 Der HERR ist treu!
Er hat mich aus der Gewalt der Bösen befreit,
die Stricke hat er zerschnitten!
5 Zurückweichen müssen sie und sich
schämen,
alle, die den Zionsberg* hassen!
6 Es ergehe ihnen wie dem Gras auf den
Dächern:
Die Hälmchen verdorren,
bevor sie aufgeschossen sind;
7 kein Schnitter rafft sie zusammen,
niemand sammelt sie zu Bündeln,
8 niemand geht vorüber und sagt zu den
Schnittern:
»Der HERR segne euch!«

Im Auftrag des HERRN
sprechen wir euch seinen Segen* zu!

Gebet in tiefster Not

130 Ein Lied, zu singen auf dem Weg nach Jerusalem.

Aus der Tiefe meiner Not
schreie ich zu dir.
2 HERR, höre mich doch!
Sei nicht taub für meinen Hilferuf!

a Oder *Den Seinen gibt er (gesunden) Schlaf.*

126,5-6 Mt 5,4; Joh 16,20; Offb 21,4 **127,1-2** Spr 10,22; Dtn 8,17-18; Mt 6,25-34 **127,3** 128,3 **128,1-4** 25,12-13S **128,3** 127,3; Weish 4,1-6 **128,5** 76,3S; 134,3 **129,1-3** 124,1-3; Klgl 3,22 **129,4** Ex 20,2; Ri 2,18; Esra 9,7-9 **129,8** Rut 2,4

3 Wenn du Vergehen anrechnen wolltest,
Herr, wer könnte vor dir bestehen?
4 Aber bei dir finden wir Vergebung,
damit wir dich ehren und dir gehorchen.

5 Ich setze meine ganze Hoffnung
auf den HERRN,
ich warte auf sein helfendes Wort.
6 Ich sehne mich nach dem Herrn
mehr als ein Wächter
nach dem Morgengrauen,
mehr als ein Wächter
sich nach dem Morgen sehnt.

7 Volk Israel, hoffe auf den HERRN!
Denn er ist gut zu uns
und immer bereit, uns zu retten.
8 Ja, er wird Israel retten von aller Schuld!

Still wie ein zufriedenes Kind

131 Ein Lied Davids, zu singen auf dem Weg nach Jerusalem.

HERR! Ich denke nicht zu hoch von mir,
ich schaue auf niemand herab.
Ich frage nicht nach weit gesteckten Zielen,
die unerreichbar für mich sind.
2 Nein, still und ruhig ist mein Herz,
so wie ein sattes Kind im Arm der Mutter –
still wie ein solches Kind bin ich geworden.

3 Volk Israel, vertrau dem HERRN
von jetzt an und für alle Zukunft!

Die Stadt des Herrn und seines Königs

132 Ein Lied, zu singen auf dem Weg nach Jerusalem.

HERR, denk doch an David,
an alle Mühe, die er auf sich nahm!
2 Denk an das feierliche Versprechen,
das er dir, dem starken Gott Jakobs, gab:
3 »Ich werde mein Haus nicht mehr betreten,
ich lege mich nicht mehr auf mein Bett,
4 ich gestatte meinen Augen keinen Schlaf
und gönne mir keine Ruhe mehr,
5 bis ich einen Platz gefunden habe,
wo der HERR wohnen kann,
der starke Gott Jakobs!«

6 In Efrata bekamen wir Nachricht
von der Bundeslade* des HERRN
und wir fanden sie in der Nähe von Jáar. [a]

7 Kommt, wir gehen zur Wohnung des HERRN
und werfen uns zu seinen Füßen nieder!
8 Steh auf, HERR, begleite deine Lade,
das Wahrzeichen deiner gewaltigen Macht!
Komm zu deinem Ruheplatz!
9 Gib deinen Priestern* Vollmacht,
uns deinen Beistand zu vermitteln!
Alle deine Treuen sollen jubeln!
10 David, deinem Vertrauten, zuliebe
weise unseren König nicht zurück,
ihn, den du gesalbt* und eingesetzt hast!

11 Der HERR hat es David geschworen
und diesen Schwur nimmt er nicht zurück:
»Ich erwähle einen deiner Söhne
zu deinem Nachfolger auf dem Thron!
12 Wenn er sich an den Bund* mit mir hält
und meinen Weisungen gehorcht,
dann soll auch ihm ein Sohn als König folgen.
Und das soll gelten für alle Generationen!«

13 Ja, der HERR hat den Zionsberg* ausgewählt,
er hat ihn zu seiner Wohnstätte bestimmt:
14 »Hier soll für immer mein Ruheplatz sein,
hier will ich wohnen, das ist mein Wille!
15 Ich will die Zionsstadt reich versorgen,
ihre Armen mache ich satt.
16 Ihren Priestern gebe ich Vollmacht,
ihr meinen Beistand zu vermitteln;
alle meine Treuen sollen jubeln!
17 Und hier lasse ich die Nachkommen Davids
mächtig werden;
im Haus des Königs, den ich gesalbt habe,
entzünde ich ein Licht, das nicht erlöschen
soll.
18 Seine Feinde bedecke ich mit Schande,
doch seine Krone soll immer heller
strahlen!«

Wie schön, wenn Brüder beieinander bleiben!

133 Ein Lied Davids, zu singen auf dem Weg nach Jerusalem.

Wie wohltuend ist es, wie schön,
wenn Brüder, die beieinander wohnen,

a *Jáar* ist wahrscheinlich ein poetischer Name für Kirjat-Jearim (s. 1 Sam 7,1).

130,3 143,2; Ijob 4,17 S; Röm 3,10.19-20 **130,4** 32,1; Jes 55,7 **130,6** 119,81; Jes 21,11-12 **130,8** Mt 1,21 **131,1** Sir 3,21 **131,2** 62,2 **132,1-2** 2 Sam 7,1-2 **132,6** 2 Sam 6,1-3; 1 Sam 7,1 **132,7** 5,8 S **132,8-10** 2 Sam 6,12-17; 2 Chr 5,4-7; 6,41-42 **132,11-12** 2 Sam 7,16 S **132,13** 76,3 S **132,14** 1 Kön 8,13 **132,17** Mt 20,30-31 S

sich auch gut verstehen![a]
2 Das ist wie das gute, duftende Öl,
aufs Haar des Priesters* Aaron gegossen,
das hinunterrinnt in seinen Bart
bis zum Halssaum seines Gewandes.
3 Das ist wie erfrischender Tau vom Hermon,
der sich niedersenkt auf den Zionsberg*.
Dort will der HERR seinen Segen* schenken,
Leben, das für immer besteht.

Aufruf zum Dank

134 Ein Lied, zu singen auf dem Weg nach Jerusalem.

Auf, dankt dem HERRN,
ihr seine Diener alle,
die ihr in seinem Hause steht
und nachts den Dienst verrichtet!
2 Streckt eure Hände aus zum Heiligtum
und dankt dem HERRN!

3 »Vom Zion*, von seinem Tempel* aus
segne dich der HERR,
der Himmel und Erde geschaffen hat!«[b]

Gottes Ruhm wird niemals enden!

135 Halleluja – Preist den HERRN!

Rühmt ihn, der euch so nahe ist![c]
Preist ihn, ihr seine Diener alle,
2 die ihr in seinem Tempel steht,
in den Vorhöfen* am Haus unseres Gottes!

3 Preist den HERRN, denn er ist gut zu uns!
Singt und spielt zu seiner Ehre,
denn er ist freundlich zu uns!
4 Der HERR hat die Nachkommen Jakobs
erwählt,
er hat Israel zu seinem Eigentum gemacht.

5 Ich weiß es: Der HERR ist groß,
unser Herr ist mächtiger als alle Götter.
6 Denn alles, was er will, das tut er auch,
im Himmel und auf der Erde,
auf den Meeren und in allen Tiefen.
7 Er führt Wolken heran vom Ende
der Erde,
er lässt es blitzen und lässt den Regen fallen,
er holt den Wind aus seinen Vorratskammern.

8 Er war es, der damals bei den Ägyptern
alle erstgeborenen Söhne sterben ließ
und alle Erstgeburt beim Vieh.
9 Erschreckende Wunder ließ er geschehen
am Pharao und an allen seinen Dienern.

10 Er war es, der viele Völker besiegte
und mächtige Könige umkommen ließ:
11 Sihon, den König der Amoriter*,
und Og, den König des Landes Baschan*,
und alle Herrscher im Lande Kanaan*.
12 Ihre Länder teilte er Israel zu,
er gab sie seinem Volk als Erbbesitz*.

13 HERR, dein Ruhm wird niemals enden,
alle Generationen werden von dir sprechen!
14 Der HERR wird seinem Volk zum Recht
verhelfen,
er hat Erbarmen mit den Seinen.

15 Die Götzen der anderen Völker,
ob aus Silber oder aus Gold,
sie sind Machwerke von menschlichen
Händen.
16 Sie haben Münder, die nicht sprechen,
sie haben Augen, die nichts sehen,
17 sie haben Ohren, die nichts hören –
kein Atem ist in ihrem Mund!
18 Genauso sollen alle werden,
die diese Götzen geschaffen haben,
und alle, die sich auf Götzen verlassen!

19 Ihr vom Volk Israel: Dankt dem HERRN!
Ihr seine Priester*: Dankt dem HERRN!
20 Auch ihr Leviten*: Dankt dem HERRN!
Ihr alle, die ihr ihn verehrt: Dankt dem HERRN!
21 Er, der in Jerusalem wohnt,
soll auf dem Zionsberg* gepriesen werden!

Preist den HERRN – Halleluja!

Seine Liebe hört niemals auf!

136 Dankt dem HERRN,
denn er ist gut zu uns!
– Seine Liebe hört niemals auf!

a Da Grundbesitz nicht aufgeteilt werden durfte, mussten die erwachsenen Söhne (samt ihren Familien) in der Regel gemeinsam wohnen und wirtschaften.
b Diese Worte wurden vermutlich von einem Priester gesprochen (vgl. 118,26).
c Wörtlich *Rühmt den Namen des HERRN;* vgl. Anmerkung zu 124,8.

133,2 Ex 29,7 **134,1** Jes 30,29 **134,2** 5,8S **135,4** Ex 19,5-6 **135,5-6** 115,3 **135,7** Ijob 38,22S **135,8-9** Ex 12,29-30 **135,10-12** Jos 11,23–12,24 **135,13** 102,13 **135,15-18** 96,5S **135,21** 76,3S **136,1** 118,1S

2 Dankt ihm, dem allerhöchsten Gott!
– Seine Liebe hört niemals auf!
3 Dankt ihm, dem mächtigsten aller Herren!
– Seine Liebe hört niemals auf!

4 Er allein tut große Wunder.
– Seine Liebe hört niemals auf!
5 Kunstvoll hat er den Himmel gewölbt.
– Seine Liebe hört niemals auf!
6 Über den Meeren hat er die Erde ausgebreitet.
– Seine Liebe hört niemals auf!
7 Er hat die großen Lichter gemacht:
– Seine Liebe hört niemals auf!
8 Die Sonne, um den Tag zu regieren –
– Seine Liebe hört niemals auf!
9 Mond und Sterne für die Nacht.
– Seine Liebe hört niemals auf!

10 Er tötete die Erstgeborenen der Ägypter.
– Seine Liebe hört niemals auf!
11 Er führte Israel von dort heraus.
– Seine Liebe hört niemals auf!
12 Er tat es mit seiner starken Hand.
– Seine Liebe hört niemals auf!
13 Er schnitt das Schilfmeer* in zwei Teile.
– Seine Liebe hört niemals auf!
14 Er führte Israel mitten hindurch.
– Seine Liebe hört niemals auf!
15 Er stürzte den Pharao und sein Heer
in die Fluten.
– Seine Liebe hört niemals auf!

16 Er leitete sein Volk durch die Wüste.
– Seine Liebe hört niemals auf!
17 Er besiegte große Könige.
– Seine Liebe hört niemals auf!
18 Mächtige Könige brachte er um:
– Seine Liebe hört niemals auf!
19 Sihon, den König der Amoriter* –
– Seine Liebe hört niemals auf!
20 und Og, den König des Landes Baschan*.
– Seine Liebe hört niemals auf!
21 Ihre Länder teilte er Israel zu.
– Seine Liebe hört niemals auf!
22 Er gab sie seinen Dienern als Erbbesitz*.
– Seine Liebe hört niemals auf!

23 Er dachte an uns, sooft man uns unterdrückte.
– Seine Liebe hört niemals auf!
24 Er befreite uns von unseren Feinden.
– Seine Liebe hört niemals auf!
25 Allen Geschöpfen gibt er zu essen.
– Seine Liebe hört niemals auf!
26 Dankt ihm, dem Gott des Himmels*!
– Seine Liebe hört niemals auf!

Klage der Gefangenen in Babylon

137 An den Flüssen Babylons*
saßen wir und weinten,
jedes Mal, wenn wir an Zion* dachten.
2 Unsere Harfen hingen dort
an den Weiden;
wir mochten nicht mehr auf ihnen spielen.
3 Doch die Feinde, die uns unterdrückten,
die uns verschleppt hatten aus der Heimat,
verlangten von uns auch noch Jubellieder.
»Singt uns ein Lied vom Zion!«, sagten sie.
4 Fern vom Tempel*, im fremden Land –
wie konnten wir da Lieder singen
zum Preis des HERRN?

5 Jerusalem, wenn ich dich je vergesse,
dann soll mir die rechte Hand verdorren!
6 Die Zunge soll mir am Gaumen festwachsen,
wenn ich aufhöre, an dich zu denken,
wenn ich irgendetwas lieber habe,
lieber als dich, Jerusalem!

7 HERR, vergiss nicht,
was die Edomiter* taten,
als Jerusalem in die Hand der Feinde fiel,
wie sie schrien:
»Reißt sie nieder, die Stadt!
Reißt sie nieder bis auf den Grund!«

8 Babylon, auch du wirst bald verwüstet!
Gott segne den, der dir heimzahlt,
was du uns angetan hast!
9 Gott segne den, der deine Kinder packt
und sie am Felsen zerschmettert!

Dankbare Gewissheit

138 Von David.

Ich danke dir von ganzem Herzen;
ich preise dich mit meinem Lied,
dich und nicht die anderen Götter![a]
2 Ich werfe mich nieder vor deinem Heiligtum,
um dir zu danken, HERR,
für deine Güte und deine Treue.

a Siehe Anmerkung zu 82,1.
136,5 Gen 1,6-8 **136,6** 24,2S **136,7-9** Gen 1,14-18 **136,10-12** Ex 12,29-33.51 **136,13-15** Ex 14,21-31 **136,16** Dtn 29,4-5 **136,17-22** Dtn 29,6-7 **136,23-24** 129,4S **136,25** 104,27-28S **137,1.3** 2Kön 24,14-16; 25,11; Ez 3,15 **137,5-6** 122,3-9; Jer 51,50 **137,7** Ez 35; Obd 10-14 **137,8** Jer 50,1–51,64 **138,2** 5,8S; Eph 3,20

Du hast dein Versprechen erfüllt,
ja, du hast noch viel mehr getan,
als wir von dir erwartet hatten![a]
3 Du hast mich erhört, als ich zu dir schrie;
du ermutigst mich zu den kühnsten Wünschen.[b]

4 HERR,
alle Herrscher der Erde sollen dich preisen,
denn sie haben deine Zusagen gehört.
5 Sie sollen dein Tun besingen und sagen:
»Gewaltig ist die Macht des HERRN!
6 Er thront dort in höchster Höhe,
und trotzdem sieht er die Niedrigen
und kümmert sich um sie.«[c]
7 Wenn ich mitten durch Gefahren gehen muss,
erhältst du mich am Leben.
Du nimmst mich in Schutz
vor der Wut meiner Feinde,
deine mächtige Hand wird mir helfen.
8 HERR, du wirst alles für mich tun,
deine Liebe hört niemals auf!
Vollende, was du angefangen hast!

Mein Schöpfer kennt mich durch und durch

139 Ein Lied Davids.

HERR, du durchschaust mich,
du kennst mich bis auf den Grund.
2 Ob ich sitze oder stehe, du weißt es,
du kennst meine Pläne von ferne.
3 Ob ich tätig bin oder ausruhe,
du siehst mich;
jeder Schritt, den ich mache, ist dir bekannt.
4 Noch ehe ein Wort auf meine Zunge kommt,
hast du, HERR, es schon gehört.
5 Von allen Seiten umgibst du mich,
ich bin ganz in deiner Hand.
6 Dass du mich so durch und durch kennst,
das übersteigt meinen Verstand;
es ist mir zu hoch, ich kann es nicht fassen.

7 Wohin kann ich gehen, um dir zu entrinnen,
wohin fliehen, damit du mich nicht siehst?
8 Steige ich hinauf in den Himmel –
du bist da.
Verstecke ich mich in der Totenwelt* –
dort bist du auch.
9 Fliege ich dorthin, wo die Sonne aufgeht,
oder zum Ende des Meeres, wo sie versinkt:
10 auch dort wird deine Hand nach mir greifen,
auch dort lässt du mich nicht los.
11 Sage ich: »Finsternis soll mich bedecken,
rings um mich werde es Nacht«,
12 so hilft mir das nichts;[d]
denn auch die Finsternis
ist für dich nicht dunkel
und die Nacht ist so hell wie der Tag.

13 Du hast mich geschaffen mit Leib und Geist,
mich zusammengefügt im Schoß meiner
Mutter.
14 Dafür danke ich dir,
es erfüllt mich mit Ehrfurcht.
An mir selber erkenne ich:
Alle deine Taten sind Wunder!
15 Ich war dir nicht verborgen,
als ich im Dunkeln Gestalt annahm,
tief unten im Mutterschoß der Erde.
16 Du sahst mich schon fertig,
als ich noch ungeformt war.
Im Voraus hast du alles aufgeschrieben;
jeder meiner Tage war schon vorgezeichnet,
noch ehe der erste begann.
17 Wie rätselhaft sind mir deine Gedanken, Gott,
und wie unermesslich ist ihre Fülle!
18 Sie sind zahlreicher als der Sand am Meer.
Nächtelang denke ich über dich nach
und komme an kein Ende.

19 Gott, bring sie doch alle um,
die dich und deine Gebote missachten!
Halte mir diese Mörder vom Leib!
20 Sie reden Lästerworte gegen dich;
HERR, deine Feinde missbrauchen
deinen Namen*!
21 Wie ich sie hasse, die dich hassen, HERR!
Wie ich sie verabscheue,
die gegen dich aufstehen!
22 Deine Feinde sind auch meine Feinde,
ich hasse sie glühend.

23 Durchforsche mich, Gott, sieh mir ins Herz,
prüfe meine Wünsche und Gedanken!
24 Und wenn ich in Gefahr bin, mich von dir
zu entfernen,
dann bring mich zurück auf den Weg zu dir!

a *Du hast dein Versprechen ...:* wörtlich *Du hast dein Wort groß gemacht über deinen ganzen Namen* hinaus.*
b *du ermutigst ...:* Deutung unsicher.
c *und kümmert ...:* wörtlich *und der Erhabene erkennt aus der Ferne.* Andere Übersetzungsmöglichkeit *und den Stolzen erkennt er aus der Ferne.*
d Verdeutlichender Zusatz.

138,6 Jes 57,15 **138,7** Jes 43,2 **139,1** 7,10; 17,3; 44,22; Jer 11,20 S **139,7-12** Jer 23,23-24; Am 9,2-3; Ijob 26,6; 34,22; Sir 16,17 S **139,13-14** Ijob 10,8-11 **139,16** Ijob 14,5; Jer 1,5; Koh 6,10 **139,17-18** 40,6; 92,6; Sir 18,5-7 **139,18** 119,55 S **139,24** 25,4 S

Bitte um Hilfe gegen Verleumder

140 Ein Lied Davids.

2 HERR, rette mich vor boshaften Menschen,
vor gewalttätigen Leuten beschütze mich!
3 Ihr Kopf steckt voll von bösen Plänen,
ständig brechen sie Streit vom Zaun.
4 Sie sind gefährlich wie züngelnde Schlangen,
ihre Worte sind tödlich wie Natterngift.
5 HERR, bewahre mich vor Menschen,
die dich und deine Gebote missachten;
vor gewalttätigen Leuten beschütze mich,
vor denen, die mich zu Fall bringen wollen.
6 Diese Vermessenen haben mir Fallen gestellt,
mir Schlingen und Netze in den Weg gelegt.

7 Ich aber sage: HERR, du bist mein Gott!
Höre mich, wenn ich um Hilfe rufe!
8 Gott, du mein Herr, mein starker Helfer,
du hast mich im Kampf geschützt
wie ein Schild.
9 Gib diesen Unheilstiftern nicht, was sie
sich wünschen!
Lass ihre Machenschaften nicht gelingen;
sie würden sonst noch überheblicher!
10 Die Lügen, die sie über mich verbreiten,
lass sie zurückfallen auf diese Verleumder!
11 Lass glühende Kohlen auf sie regnen!
Stürze sie ins Feuer, in tiefe Schluchten,
aus denen sie nicht mehr herauskommen
können!
12 Für böse Zungen soll im Land kein Platz sein,
und wer Gewalttat liebt,
den soll das Unglück zu Tode hetzen!

13 Ich weiß es, HERR:
Du trittst für die Unterdrückten ein,
du wirst den Wehrlosen Recht verschaffen.
14 Alle, die dir die Treue halten
und nach deinem Willen fragen,
werden in deiner Nähe leben
und dich preisen.

Bitte um Bewahrung

141 Ein Lied Davids.

HERR, ich schreie zu dir,
komm doch und hilf mir schnell!
Höre mich, wenn ich dich rufe!
2 Nimm mein Gebet als Weihrauch* an,
der hinaufsteigt und zu dir gelangt!
Und meine ausgebreiteten Hände,
nimm sie an wie ein Abendopfer*!

3 HERR, wache über meine Zunge,
stell einen Posten ans Tor meiner Lippen!
4 Hindere mich, meinen Neigungen
nachzugeben,
damit ich nichts Übles rede
und keine Schandtat begehe,
zusammen mit anderen, die Unheil stiften.
Nimm mir die Lust an ihren Leckerbissen!
5 Nur wer das Rechte tut, darf mich strafen.
Wenn er mich in Güte zurechtweist,
dann ist das eine Wohltat,
gegen die ich mich nicht sträube.[a]
Und wenn er selbst ins Unglück gerät,
höre ich nicht auf, für ihn zu beten.

6 Wenn die bösen Richter vom Felsen
hinabgestürzt werden,
dann wird sich erweisen,
wie zurückhaltend mein Urteil über sie war.[b]
7 Wie ein zerschmetterter Mühlstein*
am Boden,[c]
so liegen ihre Gebeine hingestreut[d]
am Eingang zur Totenwelt*.

8 Meine Augen blicken zu dir,
mein Gott und Herr!
Bei dir suche ich Zuflucht,
lass mich nicht zugrunde gehen!
9 Bewahre mich vor der Schlinge,
die sie mir ausgelegt haben,
vor den Fallen derer,
die mein Unglück wollen.
10 Lass die Treulosen in ihr eigenes Netz geraten,
während ich sicher daran vorübergehe.

Keiner kümmert sich um mich!

142 Ein Gedicht Davids, ein Gebet. Er verfasste es, als er in der Höhle war.

2 Ich schreie zum HERRN, so laut ich kann,
ich bitte den HERRN um Hilfe.
3 Ihm klage ich meine Not,
ihm sage ich, was mich quält.

a *dann ist das ...:* wörtlich *das ist bestes Öl, das mein Kopf nicht zurückweist.*
b Vers 6 ist nicht sicher zu deuten. c Vermutlicher Text; H *Wie wenn einer pflügt und aufreißt.*
d *ihre* mit alten Übersetzungen; H *unsere.*
140,4 58,5; Röm 3,13 **140,6** 31,5 **140,10** 34,22 S **140,13** 9,13 S **141,2** Offb 5,8; 8,3-4 **141,3** 34,14; 39,2; Sir 22,27 S; Jak 3,2-10 S
141,8 25,15 S **141,10** 7,16-17 S **142,1** 1 Sam 22,1; 24,4

4 Auch wenn ich selbst allen Mut verliere,
du, HERR, weißt, wie es mit mir weitergeht!
Auf dem Weg, den ich gehen muss,
hat man mir Schlingen gelegt.
5 Ich schaue mich um:
da ist niemand, der mich beachtet.
Ich habe keine Zuflucht mehr,
keinen Menschen,
der sich um mich kümmert.

6 Zu dir, HERR, schreie ich!
Ich sage: Du bist meine Zuflucht,
mit dir habe ich alles,
was ich im Leben brauche!
7 Höre mein Schreien,
ich bin mit meiner Kraft am Ende!
Rette mich vor meinen Verfolgern,
sie sind zu stark für mich!
8 Befreie mich aus dem Gefängnis!
Im Kreise aller, die dir die Treue halten,
werde ich dir dafür danken, HERR,
dass du so gut zu mir gewesen bist.

Zieh mich nicht vor Gericht!

143 Ein Lied Davids.

HERR, höre mein Gebet,
achte auf meine Bitte!
Du bist treu und gerecht;
darum höre mich und hilf mir!
2 HERR, zieh mich nicht vor dein Gericht;
denn vor dir kann kein Mensch bestehen!

3 Mein Feind verfolgt mich,
er wirft mich zu Boden, um mich zu zertreten;
er stößt mich in die Dunkelheit,
zu denen, die schon lange tot sind.
4 Ich habe allen Mut verloren,
mit meiner Kraft bin ich am Ende.
5 Ich erinnere mich an früher,
an alles, was du damals vollbracht hast;
ich denke über deine Taten nach.
6 Betend strecke ich die Hände zu dir aus
und warte sehnsüchtig auf deine Hilfe,
wie ein ausgedörrtes Land auf Regen wartet.

7 HERR, erhöre mich bald,
ich kann nicht mehr!
Verbirg dich doch nicht vor mir,
sonst ist es um mein Leben geschehen!
8 Frühmorgens sage mir deine Güte zu,
denn ich setze mein Vertrauen auf dich.
Zeig mir den rechten Weg;
auf dich richte ich Herz und Sinn.

9 HERR, rette mich vor meinen Feinden;
bei dir bin ich in Sicherheit.
10 Hilf mir, nach deinem Willen zu leben;
denn du bist mein Gott!
Gib mir deinen guten Geist*,
dass er mich führe auf sicherem Grund!
11 HERR, mach deinem Namen* Ehre
und erhalte mich am Leben!
In deiner Treue[a] befrei mich aus der Not!
12 Ich rechne mit deiner Güte;
vernichte doch meine Feinde,
vertilge alle, die mir ans Leben wollen;
denn ich gehöre dir!

Gebet des Königs

144 Von David.

HERR, mein Beschützer, ich preise dich!
Du bringst meinen Händen das Fechten bei
und machst meine Finger geschickt zum Kampf.
2 Du mein treuer Helfer, meine Burg,
meine sichere Festung und mein Retter,
mein Schild, hinter dem ich mich berge,
du unterwirfst mir fremde Völker.[b]

3 Was ist denn der Mensch, HERR,
dass du ihn beachtest?
Was bedeutet er dir,
der vergängliche Mensch,
dass du dich mit ihm abgibst?
4 Wie ein Hauch ist der Mensch
und sein Leben gleicht dem schwindenden
Schatten.

5 HERR, neige den Himmel und komm herab!
Berühre die Berge, dass sie rauchen!
6 Schleudere deine Blitze
und verjage die Feinde,
schieße deine Pfeile,
stürze sie in Schrecken!
7 Streck deine Hände vom Himmel herab,
reiß mich heraus aus der tödlichen Flut!
Rette mich vor der Macht der Fremden,
8 die selbst dann noch lügen,
wenn sie die Hand zum Schwur erheben.

a *Treue:* wörtlich *Gerechtigkeit**.
b *(fremde) Völker:* mit zahlreichen Handschriften und mit alten Übersetzungen; H *mein Volk.*
142,8 22,23 S **143,2** 130,3 S **143,5** 77,6-13 **143,6** 63,2 S **143,7** 102,3 S **143,8** 59,17 S; 25,4 S **143,10** Neh 9,20 **143,11** 115,1-2
144,2 18,3 S; 2,8 **144,3** 8,5; Ijob 7,17 **144,4** 39,5-7 S **144,5-7** 18,10-17

9 Gott, ich will ein neues Lied für dich singen,
auf der zehnsaitigen Harfe will ich
für dich spielen.
10 Du hast unseren Königen den Sieg gegeben;
du hast David, deinen Diener, gerettet
vor dem Schwert seiner Feinde.
11 Befreie mich,
rette mich vor der Macht der Fremden,
die selbst dann noch lügen,
wenn sie die Hand zum Schwur erheben.

12 Unsere Söhne werden dann wie Bäume sein,
die ungehindert hochgewachsen sind,
und unsere Töchter stark und schön
wie die geschnitzten Säulen in den Palästen.
13 Dann werden unsere Speicher überquellen
und uns mit Gütern aller Art versorgen.
Unsere Schafe und Ziegen auf den Weiden
werden sich vieltausendfach vermehren.
14 Auch unsere Kühe werden Kälber tragen
und sie gesund und ohne Schaden gebären.
Wir werden nichts mehr zu klagen haben.
15 Glücklich das Volk, dem es so ergeht!
Glücklich das Volk, das den HERRN
zum Gott hat!

Deine Herrschaft hört niemals auf!

145 Ein Lobgesang Davids.
Du mein Gott und König,
dich will ich rühmen;
immer, ohne Ende, will ich dir danken!
2 Jeden Tag, Gott, will ich dir danken;
immer, ohne Ende, will ich dich preisen!
3 Ich will bekennen:
»Der HERR ist mächtig, groß ist sein Ruhm,
unermesslich ist seine Macht!«

4 Jede Generation soll es der nächsten sagen,
sie soll rühmen, was du vollbracht hast,
und deine machtvollen Taten weitererzählen!
5 Deine Pracht und Hoheit sollen alle rühmen,[a]
und ich will stets an deine Wunder denken!
6 Deine gewaltige Macht sollen sie verkünden,
und ich will erzählen von deinen Taten!
7 Deine reiche Güte sollen sie rühmen
und deine Treue[b] laut besingen:
8 »Der HERR ist voll Liebe und Erbarmen,
er hat Geduld, seine Güte kennt keine
Grenzen.
9 Der HERR ist gut zu allen,
er erbarmt sich über alle seine Geschöpfe.«
10 Alle deine Geschöpfe sollen dich preisen,
HERR,
alle, die zu dir gehören, sollen dir danken!
11 Vom Glanz deines Königtums sollen sie reden
und von deiner gewaltigen Macht,
12 damit alle Menschen von deinen Taten hören,
von der Herrlichkeit und Pracht
deines Königtums!
13 Du bist König für alle Zeiten
und deine Herrschaft hört niemals auf!

Der HERR ist verlässlich in allem, was er sagt,
und gütig in allem, was er tut.[c]
14 Er stützt alle, die zusammenbrechen,
er richtet die Niedergebeugten auf.

15 Alle blicken voll Hoffnung auf dich
und jedem gibst du Nahrung
zur rechten Zeit.
16 Du öffnest deine wohltätige Hand,
und alles, was lebt, wird satt.

17 Der HERR ist gerecht in seinem Handeln
und gütig in allen seinen Taten.
18 Er ist denen nahe, die zu ihm beten –
allen, die aufrichtig zu ihm beten.
19 Er erfüllt die Bitten der Menschen,
die ihm gehorchen;
er hört ihr Schreien und rettet sie.
20 Der HERR beschützt alle, die ihn lieben;
doch alle, die ihn missachten,
macht er zunichte.
21 Ich will den Ruhm des HERRN verkünden,
und alles, was lebt, soll ihm danken,
ihm, dem heiligen Gott,
immer und ohne Ende!

Gott, der Schutz der Schwachen

146 Halleluja – Preist den HERRN!
Auf, mein Herz, preise den HERRN!
2 Ich will ihn loben mein Leben lang,
meinem Gott will ich singen,
solange ich atme!

3 Verlasst euch nicht auf Leute,
die Macht und Einfluss haben!

a *sollen alle rühmen:* mit einer Handschrift; H *und die Worte.* b *Treue:* wörtlich *Gerechtigkeit*.*
c *Der HERR ...:* ergänzt nach einer Handschrift und alten Übersetzungen.

144,9 96,1 S **144,10** 18,51 **145,4** 78,4 **145,8** Ex 34,6 S **145,9** Weish 11,22-26 **145,13** 47,6-10 S **145,14** 9,13 S **145,15-16** 104,27-28 S **145,18** Dtn 4,7; Jes 58,6-9 **145,19** Spr 10,24 **145,20** 1,1-6 S **146,3-5** 118,8-9; Jer 17,5-8

Sie sind auch nur Menschen
und können euch nicht helfen.
4 Sie müssen sterben und zu Staub zerfallen
und mit ihnen vergehen auch ihre Pläne.
5 Wie glücklich aber ist jeder,
der den Gott Jakobs zum Helfer hat
und auf ihn seine Hoffnung setzt,
auf den HERRN, seinen Gott!

6 Der HERR hat die ganze Welt geschaffen:
den Himmel, die Erde und das Meer,
samt allen Geschöpfen, die dort leben.
Seine Treue hat kein Ende,
er steht zu seinem Wort:
7 Den Unterdrückten verschafft er Recht,
den Hungernden gibt er zu essen,
die Gefangenen macht er frei.
8–9 Die Blinden macht er sehend,
die Verzweifelten richtet er auf.
Er beschützt die Gäste und Fremden im Land
und sorgt für die Witwen und Waisen.
Der HERR liebt alle, die ihm die Treue halten,
aber die Pläne der Treulosen vereitelt er.

10 Der HERR bleibt König für alle Zeiten!
Zion*, dein Gott wird herrschen
von Generation zu Generation!

Preist den HERRN – Halleluja!

Gottes Macht in Natur und Geschichte

147 Halleluja – Preist den HERRN!

Ja, es ist gut, unserem Gott zu singen;
es macht Freude, ihn mit Liedern zu preisen!
2 Der HERR baut Jerusalem wieder auf,
die aus Israel Verschleppten bringt er
wieder heim.
3 Er heilt alle, deren Herz zerrissen ist,
und verbindet ihre Wunden.

4 Er allein kennt die Zahl der Sterne,
er ruft sie alle mit Namen.
5 Unser Herr ist gewaltig,
groß ist seine Macht,
seine Einsicht hat keine Grenzen.
6 Die Erniedrigten richtet er auf,
doch alle, die sich gegen ihn erheben,
wirft er zu Boden.

7 Stimmt ein Loblied an für den HERRN,
singt unserem Gott zum Klang der Harfe!
8 Er bedeckt den Himmel mit Wolken,
schafft den Regen herbei für die Erde
lässt das Gras auf den Bergen wachsen.
9 Allen Tieren gibt er ihr Futter,
auch den jungen Raben, die danach
schreien.

10 Viele verlassen sich auf ihre schnellen Pferde
und die starken Muskeln ihrer Krieger;
sie alle sind dem HERRN zuwider.
11 Doch seine Freude hat er an Menschen,
die ihn ehren und ihm gehorchen
und die mit seiner Güte rechnen.

12 Preise den HERRN, Jerusalem;
rühme deinen Gott, du Zionsstadt*!
13 Er schafft Sicherheit in deinen Mauern, [a]
er segnet das Volk, das in dir wohnt.
14 Glück und Frieden gibt er deinem Land,
mit bestem Weizen macht er dich satt.

15 Er schickt seine Befehle auf die Erde
und schnell erreicht sein Wort das Ziel.
16 Er lässt den Schnee wie Wollflocken fallen;
er streut den Reif wie Asche aus;
17 in Brocken schleudert er den Hagel
und schickt den Frost, dem keiner widersteht.
18 Doch wenn er ein Wort spricht,
beginnt es zu tauen;
sein Atem lässt die Bäche wieder fließen.

19 Seine Weisungen gibt er den Nachkommen
Jakobs,
Regeln für das Leben seines Volkes Israel.
20 Für kein anderes Volk hat er das getan,
kein anderes kennt seine Weisungen.

Preist den HERRN – Halleluja!

Preist Gott im Himmel und auf der Erde!

148 Halleluja – Preist den HERRN!

Preist den HERRN, alle seine Geschöpfe,
preist ihn droben im Himmel!
2 Lobt ihn, alle seine Engel*!
Lobt ihn, ihr himmlischen Mächte!
3 Lobt ihn, Sonne und Mond!
Lobt ihn, ihr leuchtenden Sterne!

a Wörtlich *Er festigt die Riegel deiner Tore.*

146,4 90,3 S **146,7-9** 9,13 S; 75,8 S **146,10** 145,13 **147,1** 92,2 **147,2** 51,20; 102,17; Jes 44,26-28; 43,5-7 **147,3** Ijob 5,18 **147,4** Jes 40,26 S **147,6** 75,8 S **147,9** 104,27-28 S **147,10-11** 20,8 S **147,15** 33,9 **147,16-18** Ijob 38,22-30 **147,19-20** Dtn 4,5-8 **148,1-13** 19,2; 69,35; 103,22; 150,6; DanZ A,34-58 **148,2** 103,20-21

4 Lobt ihn, ihr Weiten des Himmels*
und ihr Gewässer über dem Himmelsgewölbe*!

5 Sie alle sollen den HERRN rühmen,
denn sein Befehl rief sie ins Dasein.
6 Er stellte sie für immer an ihren Platz
und setzte ihnen eine Ordnung,
die sie niemals übertreten dürfen.

7 Preist den HERRN, alle seine Geschöpfe,
preist ihn unten auf der Erde!
Lobt ihn, ihr Ozeane,
ihr Ungeheuer im Meer!
8 Lobt ihn, Blitze, Hagel, Schnee und Wolken,
ihr Stürme, die ihr seinen Befehl ausführt!
9 Lobt ihn, ihr Berge und Hügel,
ihr Obstbäume und Wälder!
10 Lobt ihn, wilde und zahme Tiere,
ihr Vögel und alles Gewürm!
11 Lobt ihn, ihr Könige und alle Völker,
ihr Fürsten und Mächtigen der Erde!
12 Lobt ihn, ihr Männer und Frauen,
Alte und Junge miteinander!

13 Sie alle sollen den HERRN rühmen!
Denn sein Name* allein ist groß;
der Glanz seiner Hoheit
strahlt über Erde und Himmel.

14 Sein Volk Israel steht ihm nahe;
durch ihn ist es groß und mächtig geworden.
Darum bleibt es ihm treu und preist ihn!

Preist den HERRN – Halleluja!

Gott bringt sein Volk zu Ehren

149 Halleluja – Preist den HERRN!

Singt dem HERRN ein neues Lied,
preist ihn, wenn ihr zusammenkommt,
alle, die ihr zu ihm haltet!
2 Freu dich, Volk Israel: Er ist dein Schöpfer!
Du Gemeinde auf dem Zionsberg*,
juble ihm zu: Er ist dein König!
3 Rühmt ihn mit festlichem Reigentanz,
singt ihm zum Takt der Tamburine,
ehrt ihn mit eurem Saitenspiel!
4 Denn der HERR ist freundlich
zu seinem Volk,
er erhöht die Erniedrigten durch seine Hilfe.

5 Alle, die zum HERRN gehören, sollen jubeln,
weil er sie zu Ehren gebracht hat!
Sie sollen vor Freude singen,
auch in der Nacht![a]
6 Mit lauter Stimme sollen sie ihn preisen,
scharfe Schwerter in ihren Händen!
7 Sie sollen Gottes Gericht vollziehen,
an allen Völkern Vergeltung üben:
8 Die Könige und alle Mächtigen
sollen sie in eiserne Ketten legen!
9 So werden sie Gottes Urteil vollstrecken,
wie es geschrieben steht in seinem Gesetz*.
Das ist eine Ehrung für die Seinen.

Preist den HERRN – Halleluja!

Preist alle den Herrn!

150 Halleluja – Preist den HERRN!

Rühmt Gott in seinem Heiligtum!
Lobt Gott, den Mächtigen im Himmel!
2 Lobt Gott, denn er tut Wunder,
seine Macht hat keine Grenzen!
3 Lobt Gott mit Hörnerschall,
lobt ihn mit Harfen und Lauten!
4 Lobt Gott mit Trommeln und Freudentanz,
mit Flöten und mit Saitenspiel!
5 Lobt Gott mit klingenden Zimbeln*,
lobt ihn mit schallenden Becken!
6 Alles, was atmet,
soll den HERRN rühmen!

Preist den HERRN – Halleluja!

a *auch in der Nacht:* wörtlich *auf ihrem Lager.*

148,4 Gen 1,7; Ps 104,3 **148,5** 33,9 **148,6** Ijob 38,10-11; Jer 33,25 **148,7** 104,26 **148,8** 104,4 **148,14** Dtn 4,7 **149,1** 96,1S **149,2** 100,3; 24,7-10; 1 Sam 12,12 **149,4** 75,8S **150,3-5** 98,4-6; 2 Sam 6,5 **150,6** Offb 5,13

DAS BUCH DER SPRICHWÖRTER (SPRÜCHE)

Inhaltsübersicht

ÜBER WEISHEIT UND TORHEIT
(Kapitel 1–9)

Was aus diesem Buch zu lernen ist

1 Dieses Buch enthält in Sprüche[a] gefasste Rat-
schläge fürs Leben von Salomo, dem Sohn
Davids und König von Israel. 2 Sie zeigen uns,
was Weisheit* und echte Bildung ist, damit wir
merken können, wo mit Einsicht über etwas gere-
det wird. 3 Mit ihrer Hilfe kommen wir zu einer
guten Bildung und lernen, wie wir unser Leben
richtig führen und immer auf dem geraden Weg
bleiben. 4 So können wir auch junge und unerfah-
rene Menschen zu Klugheit und Besonnenheit
führen. 5–6 Sie werden dann verstehen, was weise
Lehrer sagen: ihre Sprüche, Bilder, Gleichnisse
und Rätsel. Auch Erfahrene lernen aus diesem
Buch noch dazu und machen Fortschritte in der
Kunst, die Aufgaben des Lebens zu bewältigen.

7 Den HERRN ernst nehmen ist der Anfang
aller Erkenntnis. Wer ihn missachtet, verachtet
auch Weisheit und Lebensklugheit.

Warnung vor schlechtem Umgang

8 Mein Sohn,[b] höre auf deinen Vater und deine
Mutter und folge ihrem Rat! 9 Das schmückt dich
wie ein prächtiger Kranz auf dem Kopf oder wie
eine Halskette. 10 Lass dich nicht von gewissen-
losen Menschen verführen, 11 die zu dir sagen:
»Komm, geh mit uns! Wir legen uns auf die Lau-
er! Wenn Leute vorbeikommen, schlagen wir sie
tot, einfach so! 12 Wir machen es wie der Tod:
Wir reißen sie mitten aus dem Leben heraus und
befördern sie, so wie sie sind, ins Grab. 13 Ihr
Hab und Gut nehmen wir und füllen unsere
Häuser damit. 14 Die Beute teilen wir miteinan-
der. Komm, mach mit!«

15 Mein Sohn, mach nicht gemeinsame Sache
mit diesen Verbrechern, 16 denn auf Schritt und
Tritt haben sie nichts als Bosheit und Mord im
Sinn! 17 Die Vögel beachten das ausgespannte
Netz nicht und fliegen hinein. 18 Genauso ma-
chen es diese Verbrecher:[c] Sie lauern sich selbst
auf und stellen dem eigenen Leben nach. 19 Alle,
die auf krummen Wegen reich werden wollen,
nehmen ein solches Ende: Dem Räuber raubt
sein Raub das Leben!

a Nach einer ausführlichen einleitenden Belehrung über den Wert und den Nutzen der Weisheit vereinigt dieses Buch ab Kapitel 10 eine Fülle von Einzelsprüchen zu den unterschiedlichsten Themen ohne strenge Ordnung. Bei diesem Spruchgut handelt es sich nicht um volkstümliche »Sprichwörter«, sondern um schulmäßig überlieferte Lebensweisheit. Sie hat ihren Ursprung in der Beobachtung des menschlichen Lebens und findet sich in ähnlicher Form auch bei den Nachbarvölkern des alten Israels. In ihrem Grundbestand sprechen diese Sprüche nicht von Gott und seinem Willen, sondern von Gesetzmäßigkeiten des Lebens, einer an den Lebenstatsachen ablesbaren »Seinsordnung«, von deren Beachtung Glück und Gelingen des Einzellebens abhängen.
Grundlegender Maßstab ist die menschliche Gemeinschaft: Wer das Lebensrecht seiner Mitmenschen achtet, nützt damit auch sich selbst – und umgekehrt. In diesem Sinn stehen sich in vielen Sprüchen die Guten, Redlichen, Rechtschaffenen und die Bösen, Hinterhältigen, Unheilstifter gegenüber (andere Übersetzungen geben die beiden hebräischen Wörter für diese Gruppen einheitlich mit »Gerechte« und »Frevler« wieder): »Wer das Rechte tut, in dessen Haus ist Überfluss; wer unredlich handelt, dem bringt sein Gewinn kein Glück.«
In Israel trat bei der Weiterentwicklung der gemeinorientalischen Weisheit der Gesichtspunkt hinzu, dass die als gottgeschaffen empfundene Ordnung des Gemeinschaftslebens den am Sinai gegebenen Gottesgeboten entspricht und von Gott garantiert und überwacht wird. Davon zeugt im Buch der Sprichwörter der wie ein Motto vorangestellte Vers 1,7 und des Weiteren zahlreiche Einzelsprüche, die dadurch auffallen, dass sie den Gottesnamen nennen (in dieser Bibelausgabe wiedergegeben mit »der HERR«); z.B. 10,27 und 10,29 in einer sonst ganz andersartigen Umgebung. Für weiter gehende Erläuterungen siehe Sacherklärung »Gerechtigkeit«.
b So spricht der Weisheitslehrer zu seinem Schüler. Es ist nicht sicher, in welchem Umfang Mädchen in die Unterweisung einbezogen wurden und weise Frauen als Lehrerinnen tätig waren. Ein Beispiel ist die Mutter des Königs Lemuël in 31,1-9 (vgl. 2 Sam 14,2; 20,16).
c *Genauso ...:* verdeutlichender Zusatz.

1,7 2,4-5; 9,10; 15,33; Dtn 6,2-3; Ijob 28,28; Ps 111,10; Koh 12,13 S; Sir 1,14.16 **1,8** 6,20; 13,1; 23,22; 30,17 S; Ex 20,12 S; Sir 3,1-16

Die Weisheit mahnt

20 Die Weisheit* ruft auf den Straßen,
auf den Plätzen erschallt ihre Stimme;
21 wo die Leute sich treffen, hört man sie,
am Stadttor trägt sie ihre Rede vor:

22 »Wann werdet ihr endlich reif und erwachsen,
unreife Grünschnäbel, die ihr seid?
Ihr unverbesserlichen Schwätzer,
wie lange wollt ihr euch nicht bessern?
Wann kommt ihr endlich zur Einsicht,
ihr alle, die ihr mich missachtet?
23 Nehmt euch doch meine Mahnung zu Herzen!
Dann öffne ich euch den Schatz meines Wissens
und gebe euch davon, so viel ihr wollt.

24 Ich habe immer wieder geredet,
doch ihr habt gar nicht zugehört.
Mit erhobener Hand habe ich gerufen
und niemand hat darauf geachtet.
25 Ihr habt euch nicht zurechtweisen lassen
und jeden Rat in den Wind geschlagen.
26 Wartet ab, das Unglück kommt bestimmt!
Dann werde ich es sein, die lacht!
Dann ist die Reihe an mir, zu spotten,
27 wenn Angst und Schrecken über euch kommen
wie ein fürchterlicher Gewittersturm,
28 Dann schreit ihr nach mir, doch ich antworte
nicht,
ihr werdet mich suchen und nirgends finden.

29 Wenn ihr euch jeder Einsicht verschließt
und euch weigert, den HERRN ernst zu nehmen,
30 wenn ihr meine Ratschläge von euch weist
und auf keine von meinen Warnungen hört,
31 dann müsst ihr die Folgen tragen
und auslöffeln, was ihr euch eingebrockt habt.
32 Alle, die sich nichts sagen lassen,
gehen an ihrer Halsstarrigkeit zugrunde,
und die Sorglosen und Selbstsicheren
bringt ihr Eigensinn ums Leben.
33 Doch alle, die auf mich hören,
haben nichts zu befürchten,
Not und Unglück bleiben ihnen erspart.«

Die Weisheit: ein Schatz und ein Schutz

2 Mein Sohn,[a] nimm meine Worte in dich
auf! Verwahre sie wie einen Schatz. 2 Ver-
schließ die Ohren nicht für die Lehren der Weis-
heit* und bemühe dich, alles zu verstehen!
3 Rufe Verstand und Einsicht zu Hilfe! 4 Suche
nach der Weisheit wie nach Silber, wie nach ver-
grabenen Schätzen. 5 Wenn du das alles tust,
wirst du auch lernen, den HERRN zu erkennen
und ihn ernst zu nehmen. 6 Der HERR ist es, der
Weisheit gibt, von ihm kommen Wissen und Ver-
ständnis. 7 Menschen, die ihm mit redlichem
Herzen folgen, finden bei ihm Schutz und Hilfe.
8 Er bewahrt alle, die auf dem rechten Weg blei-
ben und ihm die Treue halten.
9 Wenn du auf mich hörst, wirst du erkennen,
was vor Gott recht und gut und geradlinig ist.
Dann wirst du ein Leben führen können, das er
gutheißt. 10 Du erlangst Weisheit und Erfahrung
und hast deine Freude daran. 11 Einsicht und Be-
sonnenheit beschützen dich, 12 sie bewahren
dich davor, etwas Falsches zu tun. Sie halten dich
fern von denen, die die Wahrheit verdrehen,
13 die den geraden Weg verlassen haben und auf
finsteren Abwegen sind. 14 Es macht ihnen Spaß,
Unrecht zu tun, über die schlimmsten Verirrun-
gen anderer freuen sie sich. 15 Unzuverlässige
Menschen sind sie, denen niemand trauen kann.
16 Einsicht und Besonnenheit helfen dir auch,
der fremden Frau[b] zu widerstehen, die dich mit
ihren schmeichelnden Worten verführen will.
17 Ihren eigenen Mann hat sie verlassen und da-
mit auch Gott die Treue gebrochen. 18 Wer zu ihr
geht, der geht in den Tod; denn von ihrem Haus
führt der Weg steil hinunter in die Totenwelt*.
19 Wer sie aufsucht, kommt nicht mehr zurück;
denn von ihrem Haus führt kein Weg zum Leben.
20 In jeder Hinsicht helfen dir Einsicht und Be-
sonnenheit, dein Leben so zu führen, wie Men-
schen es tun, die Gott die Treue halten. 21 Red-
liche, rechtschaffene Menschen dürfen im Land
bleiben und darin wohnen. 22 Die Treulosen
aber, die nicht nach Gott fragen, werden weg-
gefegt und ausgerottet.

Anerkennung bei Gott und Menschen

3 Mein Sohn, vergiss nicht, was ich dir beige-
bracht habe; behalte meine Anweisungen im
Gedächtnis! 2 Dadurch sicherst du dir ein langes,
erfülltes Leben. 3 An Liebe und Treue zu anderen
soll es bei dir niemals fehlen. Schmücke dich
damit wie mit einer Halskette![c] 4 So findest du
Beifall und Anerkennung bei Gott und den Men-
schen.

a Siehe Anmerkung zu 1,8. *b* Hier wird auch auf die Torheit als Verführerin angespielt (9,13-18).
c Es folgt noch *Schreibe sie auf die Tafel deines Herzens.* In den wichtigsten Handschriften von G fehlt dieser Satz, der wahrscheinlich aus 7,3 übernommen worden ist.

1,20-21 8,1-3; 9,3 **1,24** Jes 65,2.12; Jer 25,1-6 **1,28** Jer 11,11; Am 8,11-12; Mi 3,4 **1,31** Jes 3,10-11 **2,4-5** 1,7S **2,16-19** 5,3-6S **2,18** 9,18 **2,21-22** 3,33S **3,1-2** 4,4.10; 7,1-3; 9,11; 10,27; Lev 18,5S

5 Verlass dich nicht auf deinen Verstand, son-
dern setze dein Vertrauen ungeteilt auf den
HERRN! 6 Denk an ihn bei allem, was du tust; er
wird dir den richtigen Weg zeigen. 7 Halte dich
nicht selbst für klug und erfahren, sondern
nimm den HERRN ernst und bleib allem Unrecht
fern! 8 Das ist eine Medizin, die dich rundum ge-
sund erhält und deinen Körper erfrischt. 9 Ehre
den HERRN mit deinen Opfergaben*; bringe ihm
das Beste vom Ertrag deiner Arbeit. 10 Dann wer-
den deine Kornspeicher sich füllen und deine
Weinfässer überlaufen.

11 Mein Sohn, wehre dich nicht, wenn der
HERR dich hart anfasst; werde nicht unwillig,
wenn er dich ermahnt. 12 Denn wenn der HERR
jemand liebt, dann erzieht er ihn mit Strenge, ge-
nauso wie ein Vater seinen Sohn.

Vom Wert der Weisheit

13 Wie glücklich ist ein Mensch, der die Weis-
heit* gefunden und Erkenntnis erlangt hat!
14 Weisheit besitzen ist besser als Silber, wertvol-
ler als das reinste Gold. 15 Sie ist kostbarer als
Edelsteine; nichts, was man sich wünschen
könnte, ist mit ihr vergleichbar. 16 Mit der rech-
ten Hand bietet sie dir langes Leben und mit der
linken Wohlstand und Ansehen. 17 Sie erfüllt
dein Leben mit Glück und Sicherheit. 18 Sie ist
der wahre »Baum des Lebens«; wer sie erlangt
und festhält, kann sich glücklich preisen!

19 Mit Weisheit hat der HERR die Erde gegründet,
mit Verstand das Himmelsgewölbe gebaut.
20 Sein Können ließ Flüsse aus der Tiefe quellen
und Regen aus den Wolken rieseln.

21 Mein Sohn, lass dich stets von der Weisheit
leiten, trenne dich nie von Besonnenheit und
Klugheit! 22 Sie geben dir ein glückliches Leben
und schmücken dich wie eine Halskette.
23 Durch sie gehst du deinen Weg in Sicherheit
und stolperst über kein Hindernis. 24 Abends
legst du dich ohne Angst zu Bett und schläfst die
ganze Nacht hindurch fest und ruhig. 25 Kata-
strophen brauchst du nicht zu fürchten, wie sie
plötzlich über Menschen kommen, die Gott
missachten. 26 Denn der HERR ist dein sicherer
Schutz, er lässt dich nicht in eine Falle laufen.

Richtiges Verhalten unter Menschen

27 Wenn ein Mitmensch Hilfe braucht und du
ihm helfen kannst, dann weigere dich nicht, es
zu tun. 28 Und wenn du ihm sofort helfen
kannst, dann sage nicht, er soll morgen wieder-
kommen. 29 Schmiede keine bösen Pläne gegen
deinen Nachbarn, der dir vertraut. 30 Streite dich
nicht grundlos mit jemand, der dir gar nichts ge-
tan hat.

31 Beneide keinen gewalttätigen Menschen
um seine Erfolge und nimm ihn nicht zum Vor-
bild! 32 Denn der HERR verabscheut alle, die
krumme Wege gehen; aber die Rechtschaffenen
macht er zu seinem Vertrauten. 33 Auf dem Haus
der Unheilstifter liegt der Fluch des HERRN; aber
sein Segen kommt über die Wohnstätte der Men-
schen, die ihm die Treue halten. 34 Die überheb-
lichen Spötter trifft sein Spott; aber denen, die
gering von sich denken, wendet er seine Liebe
zu. 35 Weise kommen zu Ehren, aber Narren ern-
ten nichts als Schande.

Weisheit – der beste Erwerb

4 Ihr jungen Leute, hört auf das, was ich wie
ein Vater zu euch sage. Achtet darauf, damit
ihr verständig werdet! 2 Es ist etwas Gutes, was
ich euch beibringen will; deshalb schiebt es nicht
von euch weg! 3 Als ich noch ein kleiner Junge
war, zärtlich geliebt von meiner Mutter wie ein
einziges Kind, da hat mein Vater mich schon un-
terwiesen. 4 Er sagte zu mir:

»Präge dir meine Worte ein, vergiss sie nicht!
Wenn du tust, was ich dir sage, wirst du leben.
5 Erwirb Weisheit* und Einsicht! Vergiss meine
Worte nicht, sondern richte dich nach ihnen!
6 Trenne dich nie von der Weisheit, sie wird dich
beschützen. Liebe sie, dann lebst du in Sicher-
heit. 7 Weisheit ist das Allerwichtigste; darum gib
notfalls alles hin, um sie zu erwerben. 8 Halte sie
in Ehren, dann wird sie dich zu Ehren bringen.
Wende ihr deine Liebe zu, und sie wird dir An-
sehen verschaffen. 9 Sie wird ein Schmuck für
dich sein, genauso wie ein prächtiger Kranz auf
deinem Kopf.«

Weisheit – der sicherste Weg

10 Mein Sohn, achte genau auf das, was ich dir
sage. Dadurch verlängerst du dein Leben. 11 Ich
will dich auf den Weg der Weisheit* und Lebens-
klugheit bringen; es ist ein gerader Weg. 12 Wenn
du diesen Weg gehst, wird kein Hindernis dei-
nen Schritt hemmen; selbst wenn du läufst, wirst
du nicht stolpern. 13 Bleibe bei dem, was du ge-
lernt hast, verleugne es nicht! Halte an den Leh-
ren der Weisheit fest, dein Leben hängt davon ab!

3,6 Ps 25,4 S **3,7** Jes 5,21 **3,9** Ex 23,19a S **3,11-12** 2 Sam 7,14-15; Ijob 5,17 S **3,14-15** 2,4; 8,10-11; 16,16; Ijob 28,15-19; Weish 7,8-10 **3,19-20** 8,22-31 S **3,24** 3,6; 4,9 **3,26** 10,29 **3,27** Sir 4,1-10 **3,33** 2,21-22; 13,21; 14,11; 24,20; 1 Sam 2,9; Ijob 20,4-19; Jes 3,10-11 **3,34** Jak 4,6; 1 Petr 5,5 **4,4** 3,1-2 S **4,7** 23,23; Mt 13,44-46 **4,10** 3,1-2 S

14 Richte dich nicht nach dem Vorbild gewis-
senloser Menschen, folge nicht dem Beispiel der
Unheilstifter! 15 Hab nichts mit ihnen zu tun, geh
nicht auf ihren Wegen! Wende dich vom Un-
recht ab, lass dich nicht darauf ein! 16 Schlechte
Menschen können nicht einschlafen, wenn sie
nicht vorher etwas angestellt haben. Sie finden
erst Ruhe, wenn sie jemand zu Schaden gebracht
haben. 17 Unrecht ist ihr tägliches Brot und Ge-
walttätigkeit der Wein, an dem sie sich berau-
schen.

18 Das Leben der Menschen, die auf Gott hö-
ren, gleicht dem Sonnenaufgang: Es wird heller
und heller, bis es völlig Tag geworden ist. 19 Aber
das Leben derer, die Gott missachten, ist wie die
finstere Nacht: Sie kommen zu Fall und wissen
nicht, worüber sie gestolpert sind.

Weisheit – Hilfe zum Leben

20 Mein Sohn, hör mir gut zu, achte auf meine
Worte! 21 Präge sie dir ein, damit du sie in Herz
und Sinn behältst und nie verlierst. 22 Sie erhal-
ten den Menschen, der sie befolgt, bei Leben
und Gesundheit. 23 Mehr als auf alles andere ach-
te auf deine Gedanken, denn sie entscheiden
über dein Leben. 24 Lass deinen Mund keine Un-
wahrheit aussprechen; über deine Lippen soll
keine Verleumdung oder Täuschung kommen.

25 Lass deine Augen geradeaus schauen, richte
deine Blicke genau auf deinen Weg! 26 Überlege,
was du tun willst, und dann tu es entschlossen!
27 Lass dich von der richtigen Entscheidung nicht
abbringen, damit deine Füße nicht auf Abwege
geraten.

Warnung vor Ehebruch

5 Mein Sohn,[a] hör mir zu und beherzige, was
ich dir als Weisheit* und Einsicht weiter-
gebe. 2 Dann wirst du gescheit und redest, was
Hand und Fuß hat.

3 Die fremde Frau[b] lockt dich mit honigsüßen
Worten, glatt wie Öl fließen sie von ihren Lip-
pen. 4 Doch am Ende ist sie bitter wie Galle und
tödlich wie ein beidseitig geschliffenes Schwert.
5 Sie reißt dich mit in den Tod, ihre Schritte füh-
ren geradewegs ins Grab. 6 Damit du den Weg
zum Leben nicht siehst, lenkt sie dich ab, ohne
dass du es merkst.

7 Hört mir jetzt gut zu, ihr jungen Männer,
und schlagt meine Warnungen nicht in den
Wind!

8 Geh dieser Frau aus dem Weg! Komm der
Tür ihres Hauses nicht zu nahe! 9 Sonst bist du
deine Ehre los und ein erbarmungsloser Rächer
bringt dich um alles, was du in langen Jahren
erworben hast.[c] 10 Dann leben Fremde von
deinem Vermögen und der Ertrag deiner Mühe
kommt einem Unbekannten zugute. 11 Wenn du
schließlich bis auf die Knochen abgemagert bist,
dann stöhnst du 12 und jammerst: »Hätte ich mir
nur etwas sagen lassen! Warum habe ich mich
gegen jede Ermahnung gesträubt? 13 Hätte ich
doch besser aufgepasst und auf meine Lehrer ge-
hört! 14 Um ein Haar wäre ich in aller Öffentlich-
keit bloßgestellt worden!«

15 Du hast doch deinen eigenen Brunnen,
deine Quelle, die klares Wasser sprudelt. Trink
aus dieser Quelle! 16 Willst du, dass ihr Wasser
auf die Straße fließt? 17 Willst du es etwa mit an-
deren teilen? Für dich allein soll es sprudeln!
18 Freue dich an der Frau, die du jung geheiratet
hast. Sie soll dir viele Kinder schenken! 19 Anmu-
tig wie eine Gazelle ist sie. Ihre Brüste sollen
dich immer berauschen, in ihren Armen kannst
du dich selbst vergessen!

20 Mein Sohn, willst du wirklich dein Glück
bei einer anderen suchen und dich an den Brüs-
ten einer Fremden berauschen? 21 Bedenke: Der
HERR sieht alles, was du tust, und prüft alle deine
Wege. 22 Deine Untaten werden dich einholen;
deine Sünde wird dir zur Schlinge, in der du dich
selber fängst. 23 Wer keine Selbstbeherrschung
hat, kommt um. Seine bodenlose Dummheit
bringt ihn ins Grab.

Vier Warnungen

6 Mein Sohn, hast du für einen anderen Bürg-
schaft übernommen? Hast du dich durch
Handschlag verpflichtet, für seine Schulden auf-
zukommen? 2 Sind deine eigenen Worte dir zur
Schlinge geworden? Bist du durch deine Verspre-
chungen in eine Falle geraten? 3 Dann hat der
andere dich in seiner Gewalt, mein Sohn, und
dir bleibt nur noch ein Ausweg: Geh zu ihm, be-
stürme ihn mit Bitten, lass nicht nach, damit er
dich freigibt. 4 Gönne dir keine Ruhe, gönne dei-
nen Augen keinen Schlaf, 5 bis du ihm ent-
ronnen bist wie eine Gazelle aus der Hand des
Fallenstellers oder ein Vogel aus dem Netz.

6 Sieh dir die Ameise an, du Faulpelz! Nimm
dir ein Beispiel an ihr, damit du weise wirst! 7 Sie
hat keinen Aufseher und keinen Antreiber.
8 Und doch sorgt sie im Sommer für ihre Nah-
rung und sammelt zur Erntezeit ihre Vorräte.

a Siehe Anmerkung zu 1,8. *b* Siehe Anmerkung zu 2,16. *c* Deutung unsicher.

4,14 Ps 1,1 **5,3-6** 2,16-19; 6,24–7,27; 22,14; 23,27-28; Koh 7,26 **5,18-19** Koh 9,9 **5,19** Hld 4,5 **6,1-5** 11,15; 17,18; 20,16; 22,26-27; 27,13; Sir 29,18-19 **6,6** 19,24; 20,4; 26,13-16 **6,8** 30,25

9 Wie lange willst du noch liegen bleiben, du
Faulpelz? Wann geruhst du endlich aufzustehen?
10 »Nur ein kurzes Nickerchen«, sagst du, »nur
einen Moment die Augen zumachen und die
Hände in den Schoß legen.« 11 Und während du
das tust, kommt die Armut zu dir wie ein Land-
streicher und die Not überfällt dich wie ein Ein-
brecher.

12 Nichtsnutzige, heimtückische Menschen
laufen umher und verbreiten Lügen. 13 Sie zwin-
kern mit den Augen, um andere zu täuschen,
und geben Zeichen mit den Händen oder Füßen.
14 Ihr Herz ist falsch; immerzu schmieden sie bö-
se Pläne und zetteln Streitereien an. 15 Darum
nehmen sie ein schreckliches Ende. Unerwartet
wird das Verderben sie treffen und nichts wird
es abwenden können.

16 Sechs Dinge verabscheut der HERR und das
siebte kann er erst recht nicht ausstehen:

17 überhebliche Augen,
eine lügnerische Zunge,
Hände, die schuldlose Menschen töten,
18 einen Kopf, der böse Pläne ausheckt,
Füße, die auf verbrecherischen Wegen laufen,
19 einen Zeugen, der nicht die Wahrheit sagt,
und einen Menschen, der Brüder gegeneinander
aufhetzt.

Ehebruch bleibt nicht ohne Folgen

20 Mein Sohn, halte dich an die Weisungen dei-
nes Vaters! Vergiss nicht, was deine Mutter dich
gelehrt hat! 21 Lass dir die Worte deiner Eltern
am Herzen liegen, so nahe wie das Schmuck-
stück, das du an einer Schnur um den Hals trägst.
22 Diese Worte werden dich bei deiner Arbeit lei-
ten, dich beschützen, während du schläfst, und
dich beraten, sobald du wieder aufgewacht bist.

23 Was Vater und Mutter dir beibringen, ist
wie eine helle Lampe für deinen Weg. Wenn sie
dich ermahnen und zurechtweisen, leiten sie
dich an zu einem erfüllten Leben. 24 Sie schützen
dich vor der schlechten Frau, vor der Frau eines
anderen, die dich mit Schmeichelworten lockt.
25 Lass dich nicht von ihren Reizen verführen,
und wenn sie dir schöne Augen macht, fall nicht
darauf herein! 26 Für eine Prostituierte zahlst du
nicht mehr als für einen Laib Brot, aber für die
Frau eines anderen musst du mit deinem Leben
bezahlen.[a]

27 Kann man Feuer in der Tasche seines Ge-
wandes tragen, ohne das Gewand in Brand zu
setzen? 28 Kann man über glühende Kohlen lau-
fen, ohne sich die Füße zu verbrennen? 29 Eben-
so wenig kann man mit der Frau eines anderen
schlafen, ohne die Strafe dafür zu bekommen.

30 Einen Dieb verachtet man, auch wenn er
nur stiehlt, weil der Hunger ihn treibt. 31 Wird er
ertappt, so muss er es siebenfach bezahlen und
schlimmstenfalls alles hergeben, was er besitzt.
32 Aber wer mit der Frau eines anderen Ehebruch
begeht, muss den Verstand verloren haben. So
etwas tut nur einer, der sein Leben leid ist!

33 Schläge bekommt er und dazu Schmach
und Schande, die er nie wieder loswird. 34 Eifer-
sucht steigert die Wut eines Ehemannes bis zum
Äußersten; und wenn die Gelegenheit sich bie-
tet, wird er sich rächen ohne jedes Mitleid.
35 Mit Sühnegeld lässt er sich nicht besänftigen.
Du magst ihm noch so viele Geschenke anbieten,
er bleibt hart.

Lass dich nicht verführen!

7 Mein Sohn, denk an meine Worte! Hüte
meine Anweisungen wie einen Schatz!
2 Wenn du leben willst, dann gib auf sie Acht
wie auf dein eigenes Auge. 3 Behalte meine Wei-
sungen immer bei dir, wie einen Ring an deinem
Finger, schreibe sie dir tief ins Herz! 4 Betrachte
die Weisheit* als deine Schwester und die Ein-
sicht als deine beste Freundin. 5 Sie werden dich
fern halten von der Frau eines anderen, von der
Fremden,[b] die so schmeichelhaft reden kann.

6 Eines Tages stand ich am Fenster meines
Hauses und schaute hinaus. 7 Auf der Straße sah
ich viele junge, noch unerfahrene Leute. Unter
ihnen fiel mir ein Bursche auf, der gänzlich ohne
Verstand sein musste. 8 Er ging die Gasse ent-
lang, an deren Ecke eine gewisse Frau wohnte,
und näherte sich ihrem Haus. 9 Der Abend war
schon der Nacht gewichen, es war dunkel ge-
worden.

10 Da sah ich sie, sie ging auf ihn zu, gekleidet
wie eine Prostituierte. Sie wusste genau, was sie
wollte.[c] 11 Sie war so waghalsig und hemmungs-
los, dass es sie nicht im Hause hielt. 12 Mal sah
man sie auf dem Marktplatz, mal auf den Stra-
ßen, dann wieder stand sie an irgendeiner Ecke
und wartete.

13 Sie ging also auf den jungen Mann zu, legte
ihm die Arme um den Hals, küsste ihn, blickte
ihm herausfordernd in die Augen und sagte:
14 »Ich musste Gott heute ein Dankopfer* brin-
gen, das ich ihm versprochen hatte; das Fleisch

a Deutung unsicher. b Siehe Anmerkung zu 2,16. c *Sie wusste …:* wörtlich *mit verschlagenem Herzen.*

6,10-11 19,15; 20,13; 24,33-34 **6,12-15** 26,24-26 **6,13** 10,10; 16,30 **6,19** 19,5S **6,20** 1,8S **6,24–7,27** 5,3-6S **7,1-3** 3,1-2S **7,14** Lev 7,15-16

für das Opfermahl habe ich mit nach Hause ge-
bracht.[a] 15 Deshalb bin ich herausgekommen.
Ich wollte dich immer schon kennen lernen. Da
bist du nun! 16 Ich habe mein Bett mit weichen,
bunten Tüchern aus Ägypten bezogen, 17 mit Es-
senzen von Myrrhe, Aloë und Zimt habe ich es
besprengt. 18 Komm mit! Wir lieben uns die
ganze Nacht bis morgen früh, wir wollen einan-
der genießen! 19 Der Mann ist nicht zu Hause, er
macht gerade eine lange Reise. 20 Er hat genug
Geld mitgenommen und kommt frühestens in
vierzehn Tagen wieder.«

21 Mit solchen Worten redet sie auf ihn ein
und schließlich hat sie ihn überredet. 22 Er folgt
ihr – wie ein Ochse, der zum Schlachtplatz ge-
führt wird. Mit Ketten an den Füßen geht er sei-
ner Strafe entgegen, dieser unverbesserliche
Narr! 23 Er weiß nicht, dass es um sein Leben
geht – bis ein Pfeil ihm die Leber durchbohrt, bis
er gefangen im Netz hängt wie ein Vogel.

24 Deshalb hört mir jetzt zu, ihr jungen Män-
ner! Merkt euch, was ich euch sage: 25 Lasst euch
nicht von einer solchen Frau den Kopf verdre-
hen, folgt ihr nicht auf ihren schlimmen Wegen!
26 Sie hat schon viele Männer ruiniert und nicht
wenige sind ihretwegen ums Leben gekommen.
27 Ihr Haus ist ein Zugang zur Totenwelt*. Wer
zu ihr geht, betritt den kürzesten Weg ins Grab.

Die Weisheit stellt sich vor

8 Hört doch, die Weisheit* ruft,
die Einsicht lässt ihre Stimme erschallen!
2 Erhöht und weithin sichtbar steht sie
an den Straßen
und da, wo sich Wege kreuzen.
3 Sie stellt sich an die Tore der Stadt,
an den Toreingängen ruft sie aus:
4 »Leute, ich habe euch etwas zu sagen!
An alle Menschen wende ich mich.
5 Ihr Grünschnäbel, lernt reif zu werden!
Ihr Unverständigen, werdet klug!
6 Hört zu, ich gebe euch wertvollen Rat!
Ihr könnt euch auf meine Worte verlassen.
7 Aus meinem Mund hört ihr die Wahrheit;
Böses auszusprechen ist mir verhasst.
8 Meine Worte sind alle wahr und ehrlich,
es ist keine Falschheit und Hinterlist darin.
9 Sie sind klar und eindeutig für alle,
die Einsicht haben und ihren Verstand
gebrauchen.
10 Sucht meine Unterweisung, nicht
Silberschmuck!
Strebt nach Erkenntnis statt nach Schmuck
aus Gold!
11 Ihr wisst doch: ›Weisheit ist besser als Juwelen,
sie ist mit nichts vergleichbar,
was ein Mensch sich wünschen könnte!‹

12 Ich bin die Weisheit.
Ich bin vertraut mit der Klugheit
und weiß umsichtig zu überlegen.
13 Dem HERRN gehorchen heißt: das Böse hassen.
Ich verabscheue Überheblichkeit und Hochmut,
unrechtes Tun und lügnerisches Reden.
14 Ich mache Pläne und führe sie auch aus;
ich habe die Einsicht und auch die Macht.
15 Mit meiner Hilfe regieren die Könige
und treffen die Herrscher gerechte
Entscheidungen.
16 Mit meiner Hilfe regieren die Mächtigen,
die Großen, die für das Recht zu sorgen haben.
17 Alle, die mich lieben, die liebe ich auch.
Wer mich sucht, wird mich finden.
18 Reichtum und Ehre habe ich zu bieten,
bleibenden Besitz und gerechten Lohn.
19 Was ihr von mir bekommt,
ist besser als das feinste Gold,
wertvoller als das reinste Silber.
20 Wo Menschen nach Gottes Willen fragen
und einander gerecht behandeln,
dort bin ich mit Sicherheit zu finden,
21 um denen, die mich lieben, Besitz zu geben
und ihre Häuser mit Schätzen zu füllen.

22 Am Anfang hat der HERR mich geschaffen,
ich war sein erstes Werk vor allen anderen.
23 In grauer Vorzeit hat er mich gemacht,
am Anfang, vor Beginn der Welt.
24 Als ich geboren wurde, gab es noch kein Meer
und keine Quelle brach aus der Tiefe hervor.
25 Der Grund der Berge war noch nicht gelegt,
die Hügel waren noch nicht entstanden.
26 Gott hatte noch nicht die Erde gemacht,
vom festen Land und seinen Feldern
war noch nicht das Geringste zu sehen.
27 Ich war dabei, als er den Himmel wölbte
und den Kreis des Horizonts festlegte
über den Tiefen des Ozeans,
28 als er die Wolken hoch oben zusammenzog
und die Quellen aus der Tiefe sprudeln ließ,
29 als er dem Meer die Grenze bestimmte,
die seine Fluten nicht überschreiten dürfen,
als er die Fundamente der Erde abmaß –
30 da war ich als Kind an seiner Seite,

a *das Fleisch ...:* zur Verdeutlichung hinzugefügt.

8,1-3 1,20-21 S **8,10-11** 3,14-15 S **8,16** Weish 6,20-21 **8,22-31** 3,19-20; Ijob 28,23-27 **8,22-23** Weish 8,3-4; Sir 1,4 S **8,27** Sir 21,10 **8,29** Ijob 38,11 S

ich freute mich an jedem Tag
und spielte unter seinen Augen.
31 Ich spielte auf dem weiten Rund der Erde
und hatte meine Freude an den Menschen.

32 Deshalb, ihr jungen Leute, hört auf mich!
Wie glücklich sind alle, die mir folgen!
33 Schlagt meine Unterweisung nicht
in den Wind,
hört darauf und werdet klug!
34 Wie glücklich sind alle, die mir zuhören,
die jeden Tag vor meinem Haus stehen
und an meinem Tor auf mich warten.
35 Alle, die mich finden, finden das Leben
und der HERR hat Freude an ihnen.
36 Doch wer mich verfehlt, schadet sich selbst.
Alle, die mich hassen, lieben den Tod.«

Weisheit und Torheit laden ein

9 Frau Weisheit* hat sich ein Haus gebaut
mit sieben prächtigen Säulen.
2 Zum Fest hat sie Rinder schlachten lassen,
den Wein mit feinen Gewürzen vermischt
und ihren Tisch für das Mahl gedeckt.
3 Nun schickt sie ihre Dienerinnen;
sie gehen auf den Marktplatz der Stadt
und rufen in ihrem Auftrag aus:
4 »Wer unerfahren ist, soll zu mir kommen!
Wer etwas lernen will, ist eingeladen!
5 Kommt in mein Haus, esst und trinkt,
was ich für euch zubereitet habe!
6 Wer unwissend bleiben will, den lasst stehen!
Kommt, betretet den Weg zur Einsicht!
Der Lohn dafür ist ein erfülltes Leben.«

7 Wer einen Eingebildeten belehren will, macht
sich lächerlich. Und wer einen Unheilstifter zu-
rechtweist, tut es zu seinem eigenen Schaden.
8 Tadle keinen Eingebildeten, er wird dich has-
sen. Zeige dem Gebildeten seine Fehler und er
wird dich dafür lieben. 9 Belehre den Klugen,
dann wird er noch klüger. Unterweise den, der
das Rechte tut, und er lernt noch dazu.
10 Den HERRN ernst nehmen ist der Anfang
aller Weisheit*. Gott, den Heiligen, kennen ist
Einsicht. 11 Durch die Weisheit wird dein Leben
verlängert. 12 Wenn du weise bist, hast du selber
den Nutzen davon. Wenn du aber ein eingebil-
deter Spötter bist, musst du selber die Folgen
tragen.

13 Frau Torheit ist eine schamlose Dirne,
eine vorlaute, aufdringliche Schwätzerin.
14 Vor ihrem Haus am Marktplatz der Stadt
sitzt sie an der Tür auf hohem Stuhl.
15 Sie sagt zu jedem, der vorübergeht
und einen geraden Weg verfolgt:
16 »Wer unerfahren ist, komme zu mir!
Wer etwas lernen will, ist eingeladen!
17 Verbotenes Wasser ist süß!
Heimlich gegessenes Brot schmeckt am
allerbesten!«
18 Doch wer ihrer Einladung Folge leistet,
weiß nicht, dass drinnen an ihrem Tisch
die Geister der Toten sitzen.
Wer die Schwelle ihres Hauses überschreitet,
betritt damit schon die Totenwelt*.

DIE ERSTE SAMMLUNG VON RATSCHLÄGEN SALOMOS
(10,1–22,16)

10 1a Die folgenden Sprüche sind von Salo-
mo:

Wohlstand kommt durch Gottes Segen

1b Ein kluger Sohn ist Vaters Glück, doch ein
dummer ist Mutters Kummer.
2 Durch Unrecht reich werden bringt keinen
Nutzen, aber Gott gehorchen rettet vom Tod.
3 Der HERR lässt niemand verhungern, der
nach ihm fragt; aber wer ihn missachtet, dessen
Gier bleibt ungestillt.
4 Untätige Hände bringen Armut, fleißige
Hände Reichtum.
5 Wer gescheit ist, erntet, wenn das Korn reif
ist; wer die Erntezeit verschläft, verdient Verach-
tung.
6 Wer das Rechte tut, empfängt Segen; wer
das Schlechte tut, hinter dessen Worten versteckt
sich seine Gewalttätigkeit.
7 An einen guten Menschen erinnert man sich
in Dankbarkeit, von einem schlechten vergisst
man sogar den Namen.
8 Ein weiser Mensch nimmt Weisungen an,
ein uneinsichtiger Schwätzer rennt in sein Ver-
derben.
9 Wer geradlinig lebt, lebt ohne Angst; wer
krumme Wege geht, wird irgendwann ertappt.
10 Wer jemand mit den Augen zuzwinkert,
will andere in Schwierigkeiten bringen;[a] aber
ein uneinsichtiger Schwätzer bringt sich selbst
ins Verderben.
11 Wer redlich ist, dessen Mund ist eine Quelle
des Lebens; wer es unredlich meint, hinter des-
sen Worten versteckt sich seine Gewalttätigkeit.

a Deutung unsicher.

9,3 1,20-21 S **9,10** 1,7 S; 30,3 **9,11** 3,1-2 S **9,18** 2,18; 7,27 **10,1 b** 15,20; 23,24-25 **10,2** 11,4 **10,3** 13,25; Ps 34,10-11 **10,10** 6,13 S

12 Hass sucht Streit, Liebe sucht Verständigung.

13 Von den Lippen des Verständigen hört man kluge Worte, aber auf den Rücken des Unverständigen gehört der Stock.

14 Weise reden nicht von ihrem Wissen, aber Unverständige reden plötzliches Unheil herbei.

15 Für den Reichen ist sein Vermögen eine sichere Burg, für die Armen ist ihre Armut der sichere Untergang.

16 Wer das Rechte tut, gewinnt Lebensglück; wer das Schlechte tut, verspielt es durch eigene Schuld.

17 Wenn du dich willig ermahnen lässt, gehst du den Weg zum Leben; wenn du keine Warnung hören willst, gehst du in die Irre.

18 Wer Hass geheim halten will, muss lügen; wer alles ausposaunt, muss verrückt sein!

19 Ein Mensch, der viel redet, versündigt sich leicht; wer seine Zunge im Zaum hält, zeigt Verstand.

20 Was ein redlicher Mensch sagt, ist wertvoll wie reinstes Silber; was sich ein unredlicher ausdenkt, ist völlig wertlos.

21 Menschen, die nach Gott fragen, erhalten mit ihren Worten viele am Leben; aber unverbesserliche Narren sterben aus Mangel an Verstand.

22 Wohlstand kommt durch Gottes Segen,[a] eigene Mühe macht ihn nicht größer.

23 Für Unverständige ist es ein Vergnügen, Schandtaten zu verüben; Verständige haben ihre Freude daran, sich mit der Weisheit* zu befassen.

24 Einem bösen Menschen stößt zu, was er befürchtet; ein guter bekommt, was er wünscht.

25 Wenn der Sturm vorüber ist, sind die Unheilstifter nicht mehr da; aber wer das Rechte tut, steht immer auf festem Grund.

26 Wie Essig für die Zähne und Rauch für die Augen, so ist ein Faulpelz für seinen Arbeitgeber.

27 Wer den HERRN ernst nimmt, vermehrt die eigenen Lebensjahre; wer ihn missachtet, verkürzt sie.

28 Den Redlichen erwartet Freude; der Unredliche hat nichts Gutes zu erwarten.

29 Wer sich an den HERRN hält, hat in ihm eine feste Burg; aber allen, die Unrecht tun, bringt er den Untergang.

30 Der Rechtschaffene bleibt für immer fest gegründet; für die Unheilstifter ist kein Platz im Land.

31 Aus dem Mund eines redlichen Menschen kommen Worte der Weisheit; aber eine lügnerische Zunge wird abgeschnitten.

32 Die Worte eines guten Menschen tun wohl; was die Unheilstifter sagen, tut weh.

Freigebige werden immer reicher

11 Falsche Waage kann der HERR nicht ausstehen; nur richtiges Gewicht ist ihm recht.

2 Überheblichkeit bringt Schande; ein weiser Mensch ist bescheiden.

3 Aufrichtige werden von ihrer Redlichkeit geleitet; Hinterhältige von ihrer Falschheit umgebracht.

4 Reich sein bewahrt nicht vor Gottes Strafgericht; aber das Rechte tun rettet vor dem Tod.

5 Den Rechtschaffenen ebnet ihr Gehorsam den Weg; aber die Bösen bringt ihre Bosheit zu Fall.

6 Die Aufrichtigen rettet ihre Treue; aber den Treulosen wird ihre Habsucht zur Schlinge.

7 Wenn ein schlechter Mensch stirbt, dann stirbt auch seine Hoffnung; was er vom Reichtum erhoffte, erweist sich als Täuschung.

8 Wer das Rechte tut, wird aus Not errettet; an seiner Stelle gerät der hinein, der Schlechtes tut.

9 Skrupellose Menschen schaden anderen mit ihren Worten; rechtschaffene retten andere durch ihr Wissen.

10 Wenn es den Guten gut geht, freut sich die ganze Stadt; und wenn die Verbrecher umkommen, jubeln alle ihre Bewohner.

11 Durch die Rechtschaffenen kommt Segen über die Stadt und baut sie auf; doch die Worte der Unheilstifter reißen sie nieder.

12 Wer verächtlich über andere redet, hat keinen Verstand; Verständige halten den Mund.

13 Ein Mensch, der jedes Gerücht weiterträgt, plaudert auch Geheimnisse aus; ein vertrauenswürdiger Mensch behandelt sie vertraulich.

14 Ohne Führung ist ein Volk verloren; aber wo viele Ratgeber sich einig werden, da ist Sicherheit.

15 Wer für die Schulden eines Fremden Bürgschaft leistet, ist übel dran. Wer den bürgenden Handschlag ausschlägt, hat einen ruhigen Schlaf.

16 Eine Frau kommt durch Liebenswürdigkeit zu Ansehen; Männer kommen durch Tatkraft zu Vermögen.

17 Wenn du zu anderen gütig bist, tust du dir

a H *durch den Segen des HERRN.*

10,14 13,3 S **10,15** 18,11 **10,19** 13,3 S; 17,27 **10,21** 11,9; 12,6; 15,28 **10,22** Ps 127,1-2 **10,25** Mt 7,24-27 par **10,27** 3,1-2 S; 14,26-27; 19,23; 22,4 S **10,28** 11,23 **10,29** 3,26 **10,30** 12,3 **10,31** Ps 37,30 **11,1** 16,11; 20,10.23; Lev 19,35-36 S **11,4** 10,2 **11,8** 21,18 **11,9** 10,21 S **11,15** 6,1-5 S

selber wohl; wenn du grausam bist, tust du dir selber weh.

18 Wer Unrecht tut, sammelt unsicheren Gewinn; wer das Rechte tut, bekommt sicheren Lohn.

19 Entschieden das Rechte tun führt zum Leben, beharrlich Unrecht tun führt zum Tod.

20 Der HERR verabscheut die Unzuverlässigen; aber alle, die geradlinig leben, liebt er.

21 Verlass dich darauf: Wer Unrecht tut, entgeht der Strafe nicht; aber die Kinder der Rechtschaffenen werden gerettet.

22 Ein goldener Ring im Rüssel einer Wildsau? So ist eine schöne Frau ohne Benehmen!

23 Wenn du das Rechte tust, hast du nur Gutes zu erwarten; wenn du Schlechtes tust, wird deine Hoffnung grausam enttäuscht.

24 Freigebige werden immer reicher, der Geizhals spart sich arm.

25 Wenn du mit anderen teilst, wirst du selbst beschenkt; wenn du den Durst anderer stillst, lässt man dich auch nicht verdursten.

26 Wer in Notzeiten sein Korn im Speicher behält, den verfluchen die Leute; aber sie preisen den, der es verkauft.

27 Wer danach trachtet, Gutes zu tun, findet Zustimmung bei Gott. Wer danach trachtet, Unheil zu stiften, den überfällt es.

28 Ein Mensch, der sich auf seinen Reichtum verlässt, kommt zu Fall. Aber alle, die das Rechte tun, sprossen wie frisches Laub.

29 Wer Haus und Familie nicht in Ordnung hält, dessen Besitz löst sich in Luft auf. Wenn du so dumm bist, wirst du schließlich zum Sklaven eines Klügeren.

30 Ein rechtschaffener Mensch ist wie ein Baum, dessen Früchte Leben schenken; und wer klug und weise ist, gewinnt Menschen für sich.

31 Menschen, die das Rechte tun, bekommen hier auf der Erde ihren Lohn – und erst recht die anderen, die Unrecht tun!

Gott gehorchen ist ein Weg zum Leben

12 Wer lernen will, lässt sich gern zurechtweisen; wer keinen Tadel erträgt, bleibt dumm.

2 Ein guter Mensch findet Zustimmung beim HERRN; aber den Ränkeschmied verurteilt er.

3 Wer sich auf Unrecht einlässt, hat keinen sicheren Halt; aber alle, die auf Gerechtigkeit setzen, stehen fest wie Bäume mit starken Wurzeln.

4 Eine tüchtige Frau bringt ihren Mann zu höchsten Ehren; aber eine Schlampe bringt ihn um wie eine langsam fressende Krankheit.

5 Ein redlicher Mensch denkt stets an das Recht; ein unredlicher plant nichts als Betrug.

6 Was Unheilstifter sagen, ist ein tödlicher Hinterhalt; aber die Worte redlicher Menschen retten aus Todesgefahr.

7 Wer Unrecht tut, wird gestürzt und verschwindet für immer; wer das Rechte tut, dessen Familie bleibt bestehen.

8 Wenn einer Verstand hat, lobt man ihn; aber einen Wirrkopf lacht man aus.

9 Nicht angesehen sein und einen Diener haben ist besser als berühmt sein und nichts zu essen haben.

10 Ein guter Mensch kümmert sich um das Wohl seiner Tiere; ein böser hat kein Herz für sie.

11 Wenn du deine Felder bestellst, hast du Brot genug; wenn du dich mit windigen Geschäften abgibst, hast du den Verstand verloren.

12 Wer nicht nach dem Recht fragt, beneidet die Verbrecher um ihren Gewinn; wer das Rechte tut, hat alle Voraussetzungen zum Erfolg.[a]

13 Die Worte eines Schurken sind eine tödliche Falle; aber ein rechtschaffener Mensch entgeht dieser Gefahr.

14 Wer Gutes sagt, lebt auch gut davon; wer Gutes tut, dem bringt es etwas ein.

15 Ein Narr hält alles, was er tut, für richtig; Weise hören auf klugen Rat.

16 Wenn ein Dummkopf gekränkt wird, zeigt er seinen Ärger sofort; Kluge beherrschen ihre Gefühle.

17 Wer die Wahrheit aussagt, hilft dem Recht zum Sieg; ein falscher Zeuge bringt es zu Fall.

18 Die Worte mancher Leute sind wie Messerstiche; die Worte weiser Menschen bringen Heilung.

19 Wahrheit besteht für immer, Lüge nur einen Augenblick.

20 Wer böse Pläne schmiedet, betrügt sich selbst; wer anderen hilfreichen Rat erteilt, macht sich selber Freude.

21 Wenn du das Rechte tust, dann stößt dir nichts Böses zu; wenn du Unrecht tust, kannst du dich vor Plagen nicht retten.

22 Lügner sind dem HERRN zuwider; aber an zuverlässigen Menschen hat er Gefallen.

23 Der Kluge hält mit seinem Wissen zurück; der Narr geht mit seiner Unwissenheit hausieren.

a Deutung unsicher.

11,23 10,28 **11,24-25** 2 Kor 9,6 **11,28** 15,6 S; Ps 1,3; 52,9-10 **12,1** 13,1.18; 15,12 **12,3** 10,30; Ps 1,3-4 **12,4** 31,10-12 **12,6** 10,21 S **12,7** 14,11 S **12,10** 27,23; Ex 20,10; 23,4-5; Dtn 22,6-7; 25,4; Sir 7,22 **12,11** 27,23-27; 28,19 **12,18** Ps 57,5 **12,23** 17,28 S

24 Fleiß führt zu Macht, Faulheit macht zum Sklaven.

25 Sorgen drücken einen Menschen nieder; ein gutes Wort richtet ihn auf.

26 Rechtschaffene Menschen lassen sich von ihren Freunden den Weg zeigen,[a] aber alle, die das Unrecht lieben, gehen in die Irre.

27 Ein fauler Jäger fängt nie ein Wild; aber ein fleißiger Mensch sammelt seltene Schätze.

28 Stets das Rechte tun ist der Weg, auf dem ein Leben gelingt, eine gut gebaute Straße ohne tödliche Gefahren.

Schnell erschwindelter Reichtum verliert sich

13 Ein verständiger Sohn hört darauf, wenn sein Vater ihn zurechtweist; aber ein Taugenichts überhört jeden Tadel.

2 Ein Mensch, der Gutes sagt, lebt auch gut davon; aber Verbrecher kommen nicht aus ohne Gewalttätigkeit.

3 Wer den Mund halten kann, bewahrt sein Leben; wer ihn zu weit aufreißt, bringt sich ins Verderben.

4 Der Faulpelz kommt um vor Begier und bleibt hungrig; aber der Fleißige isst sich satt.

5 Ein guter Mensch hasst die Lüge; ein schlechter setzt Gerüchte in die Welt.

6 Das Rechte befolgen bewahrt die Vollkommenen; aber Unrecht stürzt die Sünder ins Verderben.

7 Der eine spielt den Reichen und ist bettelarm; der andere spielt den Armen und ist steinreich.

8 Der Reiche kann sein Leben freikaufen; beim Armen hat der Erpresser nichts zu holen.

9 Ein redlicher Mensch gleicht einem hell brennenden Licht; der unredliche ist wie eine erlöschende Lampe.

10 Überheblichkeit bringt nichts als Zank und Streit; wenn du klug bist, nimmst du guten Rat an.

11 Schnell erschwindelter Reichtum verliert sich, langsam erarbeiteter vermehrt sich.

12 Langes Warten macht das Herz krank; aber ein erfüllter Wunsch gibt ihm neues Leben.

13 Wer guten Rat verachtet, muss teuer dafür bezahlen; wer ihn befolgt, wird belohnt.

14 Die Worte eines weisen Lehrers sind eine Quelle des Lebens; sie helfen, den Fallen des Todes zu entgehen.

15 Leute mit klarem Verstand finden Zustimmung; Treulose gehen einen Weg voller Stolpersteine.

16 Alles, was ein kluger Mensch tut,[b] zeigt sein Wissen. Was ein Dummkopf tut, zeigt seine Unwissenheit.

17 Ein untreuer Bote bringt sich ins Unglück; aber ein zuverlässiger bringt verfahrene Dinge wieder in Ordnung.

18 In Armut und Schande gerätst du, wenn du Zurechtweisung ablehnst; wenn du Tadel annimmst, kommst du zu Ehren.

19 Wenn dein Wunsch in Erfüllung geht, freust du dich. Wenn ein Narr von seiner Verbohrtheit lassen soll, ärgert er sich.

20 Wer sich zu Klugen gesellt, wird klug; wer sich mit Dummköpfen befreundet, ist am Ende selbst der Dumme.

21 Unglück verfolgt die Unheilstifter; Glück belohnt alle, die das Rechte tun.

22 Ein guter Mensch kann seinen Besitz auf Kinder und Enkel vererben; die Sünder werden beerbt von den Rechtschaffenen.

23 Auch auf den kümmerlichen Feldern der Armen wächst reichlich zu essen; trotzdem kommen viele um, weil ihr Recht missachtet wird.[c]

24 Wer den Stock schont, hasst seinen Sohn; wer seinen Sohn liebt, erzieht ihn beizeiten.

25 Wer das Rechte tut, hat genug zu essen; wer das Unrecht liebt, muss hungern.

Gerechtigkeit macht ein Volk groß

14 Kluge Frauen[d] bauen Haus und Familie auf, aber unverständige reißen alles nieder.

2 Geradlinig leben und den HERRN ernst nehmen gehören zusammen, ebenso krumme Wege gehen und nicht nach ihm fragen.

3 Unverbesserliche Narren schaden sich selbst durch ihr hochmütiges Reden;[e] was der Erfahrene sagt, schützt ihn vor Schaden.

4 Wo keine Rinder sind, spart man ihr Futter;[f] aber für reiche Erträge braucht man ihre Kraft.

5 Ein ehrlicher Zeuge sagt immer die Wahr-

a Deutung unsicher *b* So mit alten Übersetzungen; H *Jeder Kluge.*
c Der Vers ist nicht sicher zu deuten; wörtlich *Der Neubruch der Armen gibt (viel) Nahrung, aber mancher geht durch Ungerechtigkeit zugrunde.*
d Wörtlich *Die weisen* unter den Frauen.*
e Wörtlich *Im Mund der Narren ist ein Stock/Spross (gegen) Hochmut.*
f spart ...: wörtlich *ist die Futterkrippe leer/rein.*

12,25 16,24 **13,1** 1,8S; 12,1S **13,3** 10,14.19; 21,23; Ps 141,3S **13,9** Ijob 18,5-6 **13,16** 17,28S **13,21** 3,33S **13,22** 28,8; Koh 2,26S **13,24** 19,18; 22,15; 23,13-14; 29,15.17; Sir 30,1-13 **13,25** 10,3S **14,1** 31,10-31 **14,3** 17,28S

heit, aber ein falscher Zeuge bringt nichts als Lügen vor.

6 Die Eingebildeten wollen weise werden und schaffen es nicht; den Einsichtigen fällt es leicht.

7 Meide unverbesserliche Narren; du hörst bei ihnen kein vernünftiges Wort!

8 Wer klug ist, hat Einsicht und weiß, was er tut. Wer dumm ist, hat nur Dummheit; damit täuscht er sich selbst und andere.

9 Unverbesserliche Narren stimmen sich gegenseitig zu, weil sie alle im Unrecht sind;[a] aber redliche Menschen finden Zustimmung bei Gott.

10 Das Menschenherz ist mit seinen tiefsten Schmerzen und Freuden allein; niemand kann sie mit ihm teilen.

11 Das Haus des Verbrechers wird niedergerissen; aber die Familie des Redlichen blüht und gedeiht.

12 Mancher Mensch hält seinen Weg für den richtigen, aber am Ende führt er ihn in den Tod.

13 Hinter dem Lachen kann sich Traurigkeit verbergen; wenn dann die Freude vorüber ist, ist der Schmerz noch da.

14 Wer sich auf Abwege begibt, bekommt den Lohn dafür; aber der Lohn guter Menschen ist vorzuziehen.

15 Ein Grünschnabel glaubt alles, was man ihm sagt; der Erfahrene prüft es, bevor er handelt.

16 Der Kluge ist vorsichtig und meidet das Böse; der Dumme handelt unbeherrscht und überschätzt sich.

17 Wer sich schnell erhitzt, macht Dummheiten; wer kalt berechnet, macht sich verhasst.

18 Der Besitz des Grünschnabels ist seine Unwissenheit; Wissen ist der Schmuck der Erfahrenen.

19 Die Bösen werden sich vor den Guten niederbeugen; die Unredlichen müssen den Rechtschaffenen dienen.

20 Den Armen mag niemand, nicht einmal sein Nachbar; aber die Reichen haben viele Freunde.

21 Wer seinen Mitmenschen mit Verachtung begegnet, macht sich schuldig; aber freuen darf sich, wer sich um die Hilflosen kümmert.

22 Wer Unheilspläne schmiedet, läuft ins Unheil; wer Gutes plant, erfährt Güte und Treue.

23 Jede Arbeit bringt Lohn; aber Geschwätz bringt nur Nachteil.

24 Reichtum ist die Krone der Verständigen; unverbesserliche Narren bekränzen sich mit Unverstand.[b]

25 Wer als Zeuge die Wahrheit sagt, rettet Menschenleben; wer Lügen vorbringt, ist ein gewissenloser Schurke.

26 Alle, die den HERRN ernst nehmen, sind in Sicherheit, und auch ihre Kinder haben eine Zuflucht.

27 Den HERRN ernst nehmen ist eine Quelle des Lebens, denn dadurch vermeidest du tödliche Fehler.

28 Je größer ein Volk, desto größer die Ehre seines Herrschers; ein Rückgang der Bevölkerung ist sein Untergang.

29 Ein Mensch, der ruhig bleibt, zeigt, dass er Einsicht hat; wer aufbraust, zeigt nur seinen Unverstand.

30 Ein ausgeglichener Sinn erhält den Körper gesund; aber Eifersucht ist wie eine Krebsgeschwulst.

31 Wer die Schwachen unterdrückt, beleidigt ihren Schöpfer. Wer Hilflosen beisteht, ehrt Gott.

32 Ein böser Mensch wird wegen seiner Bosheit verworfen; der rechtschaffene wird durch seine Redlichkeit beschützt.[c]

33 Im Herzen der Verständigen ist die Weisheit zu Hause, das erkennen sogar die Unverständigen.

34 Gerechtigkeit macht ein Volk groß; aber Unrecht macht ihm Schande.

35 Einen fähigen Beamten weiß der Herrscher zu schätzen; aber einen Pfuscher trifft sein Zorn.

Ein freundlicher Blick erfreut das Herz

15 Eine versöhnliche Antwort kühlt den Zorn ab, ein verletzendes Wort heizt ihn an.

2 Kluge Menschen zieren das Wissen durch treffende Worte; aber der Mund der Unverständigen quillt über von Torheit.

3 Die Augen des HERRN sind überall; er sieht, ob jemand Unrecht oder das Rechte tut.

4 Heilende Worte helfen zum Leben; böswilliges Reden zerstört jeden Lebensmut.

5 Ein Dummkopf macht sich über die Warnungen seines Vaters lustig; wer sich zurechtweisen lässt, wird klug.

a Deutung unsicher; wörtlich *(unter) Narren spottet man über die Schuld.*
b *unverbesserliche Narren …* (wörtlich *der Kranz der Toren ist Narrheit*): vermutlicher Text; H *die Narrheit der Toren ist Narrheit.*
c *durch seine Redlichkeit:* mit G; H *auch im Tod.*

14,11 3,33 S; 12,7 **14,12** 16,25; Sir 21,10; Mt 7,13 **14,17** 15,18; 19,19; 22,24; 29,22 **14,20** 19,4.6-7; Sir 6,10-12; 13,21-23 **14,21** 14,31; 17,5; 19,17; 22,9; 28,17; Ijob 31,13-23; Ps 41,2; Mt 5,7 **14,29** 16,32; 19,11 **14,31** 14,21 S **15,5** 10,17; 12,1 S; 13,24 S

6 Wer das Rechte tut, in dessen Haus ist Über-
fluss; wer unredlich handelt, dem bringt sein Ge-
winn kein Glück.
7 Kluge Leute fließen von Weisheit* über,
aber aus Hohlköpfen kann nichts kommen.
8 Der HERR verabscheut die Opfergaben* der
Unheilstifter; aber das Gebet redlicher Men-
schen macht ihm Freude.
9 Der HERR verabscheut das Treiben der Bösen;
aber er liebt Menschen, die tun, was er verlangt.
10 Wer sich auf Abwege begibt, wird hart ge-
straft; wer sich nicht zurechtweisen lässt, ver-
wirkt sein Leben.
11 Auch der tiefste Abgrund der Totenwelt* ist
vor dem HERRN nicht verborgen, wie viel weni-
ger ein Menschenherz mit seinen Gedanken!
12 Eingebildete lieben keinen Tadel, deshalb
gehen sie nie zu erfahrenen Lehrern.
13 Freude zeigt sich am strahlenden Gesicht,
Kummer legt sich aufs Gemüt.
14 Ein verständiger Mensch hungert nach Wis-
sen; ein uneinsichtiger hat nur auf Dummheit
Appetit.
15 Für die Bekümmerten ist jeder Tag böse, die
Glücklichen kennen nur Festtage.
16 Lieber arm sein und den HERRN ernst neh-
men als reich sein und in ständiger Sorge.
17 Lieber eine Schüssel Kraut unter Freunden
als der schönste Braten, übergossen mit Hass.
18 Ein Hitzkopf erregt Streit, ruhiges Blut
schlichtet ihn.
19 Für die Faulen ist jeder Weg mit Dornen
versperrt; Tüchtige finden immer eine gebahnte
Straße.
20 Ein verständiger Sohn macht Vater und
Mutter Freude; ein Dummkopf macht sich über
sie lustig.
21 Wer keinen Verstand hat, hat Vergnügen an
Torheit; wer Einsicht hat, geht unbeirrbar seinen
Weg.
22 Pläne ohne Beratung schlagen fehl; durch
gute Ratgeber führen sie zum Ziel.
23 Du freust dich, wenn du die Antwort nicht
schuldig bleiben musst; und wie gut ist das rich-
tige Wort zur rechten Zeit!
24 Wer Einsicht hat, folgt dem Weg aufwärts
zum Leben und vermeidet den Weg, der hinab-
führt zu den Toten.
25 Der HERR zerstört die Häuser der Hoch-
mütigen; aber den Grundbesitz der Witwen ver-
teidigt er.
26 Der HERR verabscheut böse Pläne, aber
freundliche Worte sind vor ihm recht.
27 Wer um jeden Preis reich werden will,
bringt seine Familie ins Verderben; aber wer sich
von niemand kaufen lässt, sichert sein Leben.
28 Ein guter Mensch hilft mit überlegten Ant-
worten; der Unheilstifter sprudelt über von un-
heilvollen Reden.
29 Der HERR hält sich fern von denen, die ihn
missachten; aber er achtet auf die Bitten derer,
die ihm gehorchen.
30 Ein freundlicher Blick erfreut das Herz und
eine gute Nachricht stärkt die Glieder.
31 Ein Mensch, der auf hilfreichen Tadel hört,
gehört zu den Weisen.
32 Wer Zurechtweisung verwirft, wirft sein
Leben fort. Wer sich korrigieren lässt, kommt zu
tieferer Einsicht.
33 Den HERRN ernst nehmen, das ist Erzie-
hung zur Weisheit: erst die Bescheidenheit, dann
die Ehre.

Das Menschenherz macht Pläne

16 Ein Mensch denkt sich manches aus, aber
das letzte Wort dazu spricht der HERR.
2 Der Mensch hält alles, was er tut, für richtig;
der HERR aber prüft die Beweggründe.
3 Lass den HERRN über dein Tun entscheiden,
dann werden sich deine Pläne erfüllen!
4 Der HERR hat alles auf ein Ziel hin geschaf-
fen, so auch die Bösen für den Tag ihrer Bestra-
fung.
5 Hochmütige kann der HERR nicht ausstehen;
verlass dich darauf: Sie werden ihrer Strafe nicht
entgehen.
6 Wenn ein Mensch treu zu Gott hält und das
Gute tut, wird ihm die Schuld vergeben. Alle, die
den HERRN ernst nehmen, entgehen dem Unheil.
7 Wenn der HERR mit deinem Tun einverstan-
den ist, dann macht er sogar deine Feinde bereit,
mit dir Frieden zu schließen.
8 Lieber wenig, aber ehrlich verdient als ein
großer Gewinn aus unlauteren Geschäften.
9 Das Menschenherz macht Pläne – ob sie
ausgeführt werden, liegt beim HERRN.
10 Der König spricht an der Stelle Gottes; dar-
um irrt er sich nicht, wenn er Recht spricht.
11 Der HERR will, dass die Waage stimmt; er
selbst hat die Gewichte festgelegt.
12 Könige hassen es, wenn Unrecht geschieht;
denn durch Recht wird ihre Herrschaft gefestigt.

15,6 11,28 S; Jes 5,8-10; Am 6,3-7; Jak 5,1-6 **15,8** 15,29; 21,27; 28,9; Sir 7,9; Joh 9,31 **15,11** Ps 139,8; Jer 17,9-10; Sir 42,18 **15,12** 12,1 S **15,13** 17,22; Sir 13,25-26 **15,16** 16,8; Ps 37,16; Tob 12,8-9 **15,17** 17,1 **15,18** 14,17 S **15,20** 10,1b S **15,23** 25,11 **15,28** 10,21 S **15,29** 15,8 S **15,30** 25,25 **15,31-32** 15,5 S **15,33** 1,7 S; 22,4 **16,1** 16,9; 19,21; Jer 10,23 **16,3** Ps 37,5 **16,8** 15,16 S **16,9** 16,1 S **16,10** 20,8.26; 25,2; 1 Kön 3,28; Ps 72,1-4 **16,11** 11,1 S **16,12** 20,28; 25,5; 29,14

13 Könige haben Gefallen an ehrlicher Rede;
sie lieben es, wenn jemand die Wahrheit sagt.
14 Der Zorn des Königs ist ein Vorbote des
Todes; ein kluger Mensch tut alles, um ihn zu
besänftigen.
15 Ein huldvolles Lächeln auf dem Gesicht des
Königs bedeutet Leben; seine Gunst gleicht einer
Wolke, die erquickenden Regen bringt.
16 Weisheit* und Einsicht zu erlangen ist un-
endlich viel wertvoller als Silber und Gold.
17 Der Weg redlicher Menschen führt am Un-
glück vorbei. Darum: Wer sein Leben bewahren
will, achtet auf seinen Weg.
18 Auf Stolz folgt Sturz, nach Übermut kommt
Untergang.
19 Bescheiden sein und zu den Armen gehö-
ren ist besser, als mit Vermessenen Beute zu tei-
len.
20 Wer befolgt, was er gelernt hat, hat Erfolg,
und wer dem HERRN vertraut, findet bleibendes
Glück.
21 Ein weiser Mensch steht in hohem Anse-
hen; und je besser er redet, desto leichter über-
zeugt er.
22 Einsicht schenkt denen, die sie haben, das
Leben. Dummköpfe werden durch ihre eigene
Dummheit bestraft.
23 Ein Weiser redet mit Verstand; deshalb
überzeugen seine Worte.
24 Freundliche Worte sind wie Honig: süß für
den Gaumen und gesund für den ganzen Körper.
25 Der Weg, den du für den richtigen hältst,
führt dich am Ende vielleicht in den Tod.
26 Der Hunger eines Arbeiters arbeitet für
ihn; sein leerer Magen spornt ihn an.
27 Ein nichtsnutziger Mensch gräbt Unheil
aus; seine Worte sind zerstörerisch wie ein Feuer.
28 Ein heimtückischer Mensch sät überall
Streit und ein Verleumder bringt Freunde aus-
einander.
29 Ein verbrecherischer Mensch stiftet seinen
Freund zu Verbrechen an und führt ihn auf
einen todbringenden Weg.
30 Wer mit den Augen zwinkert, führt Böses
im Schilde; und wer hämisch grinst, hat es schon
vollbracht.
31 Weißes Haar ist ein ehrenvoller Schmuck;
denn langes Leben ist der Lohn für Menschen,
die Gott die Treue halten.
32 Geduld bringt weiter als Heldentum; sich
beherrschen ist besser als Städte erobern.
33 Menschen werfen das Los, aber die Ent-
scheidung kommt vom HERRN.[a]

Fröhlichkeit ist gut für die Gesundheit

17 Ein Stück trockenes Brot in Eintracht ist
besser als ein großes Festmahl mit Zank.
2 Ein tüchtiger Diener tritt an die Stelle eines
nichtsnutzigen Sohnes und wird zusammen mit
den anderen Söhnen erben.
3 Für Gold und Silber gibt es Tiegel und Ofen;
aber das Herz eines Menschen prüft der HERR.
4 Ein Verbrecher hört auf böswillige Reden;
und das Ohr des Lügners hängt am Mund des
Verleumders.
5 Wenn du die Armen verspottest, beleidigst
du ihren Schöpfer; über das Unglück anderer
freut sich niemand ungestraft.
6 Die Alten sind stolz auf ihre Enkel und die
Kinder auf ihre Väter.
7 Gewählte Sprache passt nicht zu einem
Dummkopf; noch weniger passt Lüge zu einem
geachteten Mann.
8 Manche meinen, Bestechungsgeschenke
wirkten wie ein Zauber und brächten ihnen
überall Glück.
9 Wer Freundschaft halten will, verzeiht Un-
recht; wer es immer wieder auftischt, zerstört
sie.
10 Bei einem verständigen Menschen richtet
ein Verweis mehr aus als hundert Hiebe bei
einem uneinsichtigen.
11 Der Rebell will nichts als Aufruhr; darum
schickt man ihm einen Boten mit dem Todes-
urteil.
12 Lieber mit einer Bärin zusammentreffen,
der man die Jungen geraubt hat, als mit einem
unverbesserlichen Narren in seiner Verbohrt-
heit.
13 Wer Gutes mit Bösem vergilt, in dessen
Haus wird das Unglück Dauergast.
14 Der Anfang eines Streites ist wie eine Si-
ckerstelle in einem Damm: du musst beizeiten
eingreifen, ehe es zur Katastrophe kommt.
15 Schuldige freisprechen und Schuldlose ver-
urteilen – beides kann der HERR nicht ausstehen.
16 Was nützt es einem Schwachkopf, wenn er
Geld ausgibt und sich unterrichten lässt? Kann er
Verstand kaufen?
17 Ein Freund steht allezeit zu dir, auch in Not-
zeiten hilft er dir wie ein Bruder.
18 Wenn du dich durch Handschlag verpflich-

a Der Vers ist eine Anspielung auf die heiligen Lose des Obersten Priesters (vgl. Ex 28,30).

16,14-15 19,12; 20,2 **16,16** 3,14-15 S **16,18** 18,12 **16,24** 12,25 **16,25** 14,12 S **16,27** Jak 3,6 **16,30** 6,13 S **16,31** 20,29 **16,32** 14,29 S **16,33** 18,18 **17,1** 15,17 **17,3** Ps 66,10; Ijob 23,10; Weish 3,6; Sir 2,5; Jes 48,10 S **17,5** 14,21 S **17,8** 18,16 **17,15** 18,5; 24,23-25; 28,21; Lev 19,15; Jes 5,23 **17,17** 18,24; 27,10; Sir 37,5 **17,18** 6,1-5 S

test, für die Schulden eines anderen aufzukommen, hast du den Verstand verloren.

19 Wer Streit liebt, liebt es, schuldig zu werden. Wer anmaßend auftritt, bereitet seinen Sturz vor.[a]

20 Ein Mensch, der Verkehrtes denkt und Übles redet, hat nichts Gutes zu erwarten.

21 Wer einen unverbesserlichen Sohn hat, kennt keine Freude; ein Taugenichts macht seinem Vater das Leben schwer.

22 Fröhlichkeit ist gut für die Gesundheit, Mutlosigkeit raubt einem die letzte Kraft.

23 Ein bestechlicher Richter nimmt heimlich Geschenke an, und das Recht nimmt einen verkehrten Lauf.

24 Ein kluger Mensch denkt stets daran, noch mehr Einsicht zu gewinnen; der Dummkopf ist mit seinen Gedanken überall und nirgends.

25 Ein uneinsichtiger Sohn ist für seinen Vater ein ständiger Ärger und für seine Mutter eine bittere Enttäuschung.

26 Schuldlose mit einer Geldstrafe belegen ist schlimm, und einen geachteten Mann zu einer Prügelstrafe verurteilen ist gegen jedes Recht.

27 Wenn du wirklich etwas gelernt hast, gehst du sparsam mit deinen Worten um. Ein Mensch, der sich beherrschen kann, zeigt, dass er Verstand hat.

28 Sogar ein Dummkopf kann für klug und verständig gehalten werden – wenn er nur den Mund halten könnte!

Die Zunge hat Macht über Leben und Tod

18 Der Eigenbrötler tut nur, was ihm in seinen Kram passt; heftig wehrt er sich gegen jede bessere Einsicht.

2 Für einen Dummkopf ist es unwichtig, ob er von einer Sache etwas versteht; er will nur überall seine Meinung sagen.

3 Mit der Schuld[b] kommt die Schande; du verlierst deine Ehre und bekommst dafür Hohn.

4 Tief wie das Meer sind die Worte eines weisen Menschen, unerschöpflich wie ein sprudelnder Bach, eine Quelle der Weisheit*.

5 Es ist nicht recht, den Schuldigen zu begünstigen und dem Schuldlosen sein Recht zu verweigern.

6 Was ein Dummkopf sagt, führt zu Streit, und jedes seiner Worte schreit nach Schlägen.

7 Die Worte eines unverbesserlichen Narren sind sein Untergang; was er sagt, wird ihm selber zur tödlichen Falle.

8 Verleumdungen verschlingt man wie Leckerbissen und behält sie für immer tief im Gedächtnis.

9 Der nachlässige Arbeiter und der mutwillige Zerstörer sind Brüder.

10 Der Name* des HERRN ist ein starker Turm; wer das Rechte tut, findet bei ihm sichere Zuflucht.

11 Der Reiche hält sein Vermögen für eine Festung; in seiner Einbildung erscheint es ihm wie eine hohe Mauer.

12 Wer hoch hinaus will, stürzt ab; Bescheidenheit bringt Ansehen.

13 Ein Mensch, der antwortet, bevor er zugehört hat, zeigt seinen Unverstand und wird nicht ernst genommen.

14 Der Wille zum Leben unterwirft sich die Krankheit. Doch wie willst du mit einem zerbrochenen Willen leben?

15 Ein kluger Mensch spitzt ständig die Ohren, um noch mehr zu lernen.

16 Geschenke öffnen manche Türen, sie verschaffen dir Zutritt zu einflussreichen Leuten.

17 Wer bei einer Streitsache zuerst spricht, scheint Recht zu haben. Doch dann kommt sein Gegner und stellt alles in Frage.

18 Das Los kann zwischen Prozessgegnern entscheiden und ihrem Streit ein Ende machen.

19 Ein gekränkter Bruder ist unzugänglicher als eine Festung; Zerwürfnisse sind wie starke Riegel am Eingang der Burg.

20 Was einer mit seinen Worten erreicht, entscheidet über seine Zufriedenheit.[c]

21 Die Zunge hat Macht über Leben und Tod. Wenn du an der Sprache Freude hast, kannst du viel durch sie erreichen.

22 Wer eine Frau gefunden hat, hat das Glück gefunden; der HERR meint es gut mit ihm.

23 Der Arme bittet höflich und bescheiden, der Reiche antwortet abweisend und barsch.

24 So genannte Freunde können dich ruinieren; aber ein echter Freund hält fester zu dir als ein Bruder.

Bedürftigen helfen heißt Gott etwas leihen

19 Lieber arm und untadelig als dumm und hinterhältig!

2 Eifer ohne Sachverstand taugt nichts; wer es zu eilig hat, macht Fehler.

a *Wer anmaßend auftritt …:* wörtlich *Wer seine Tür hoch macht, sucht Einsturz.*
b So mit einem veränderten Vokal; H *Mit einem Bösen.* c Deutung unsicher.

17,22 15,13S **17,23** Ex 23,8S **17,25** 19,13; Sir 16,1-3 **17,27** 10,19; Sir 20,6-8 **17,28** 12,23; 13,16; 14,3; 15,2 **18,5** 17,15S **18,10** 14,26; Ps 46,2; 61,4 **18,11** 10,15 **18,12** 16,18 **18,16** 17,8 **18,18** 16,33 **18,22** 19,14; 31,10-12; Gen 2,18; Sir 26,1-4S **18,24** 17,17S **19,1** 28,6

3 Manche bringen sich durch eigene Torheit in Schwierigkeiten, aber die Schuld schieben sie dem HERRN zu.

4 Reichtum vermehrt die Zahl der Freunde; aber der Arme wird von seinem Freund im Stich gelassen.

5 Ein falscher Zeuge geht nicht frei aus; wer Meineide schwört, wird seiner Strafe nicht entgehen.

6 Der Einflussreiche ist von vielen Schmeichlern umgeben; wer Geschenke verteilt, hat alle Welt zum Freund.

7 Den Armen mögen nicht einmal seine Brüder, erst recht meiden ihn seine Bekannten; er hält sich an Versprechungen, die nichts mehr gelten.[a]

8 Wenn du deinen Verstand schärfst, tust du dir selbst etwas Gutes; wenn du deiner Einsicht folgst, findest du das Glück.

9 Ein falscher Zeuge entgeht nicht seiner Strafe; wer Meineide schwört, hat sein Leben verwirkt.

10 Ein Leben im Wohlstand passt nicht zu einem Dummkopf; noch weniger steht es einem Sklaven zu, über Angesehene zu herrschen.

11 Ein Mensch, der Einsicht hat, regt sich nicht auf; es gereicht ihm zur Ehre, bei Kränkungen Nachsicht zu üben.

12 Der Zorn des Königs ist wie das Brüllen eines Löwen; aber seine Gunst ist wie Tau, der das Gras erfrischt.

13 Ein Taugenichts von Sohn ist eine Katastrophe für seinen Vater und eine nörgelnde Frau ist so unerträglich wie das ständige Tropfen durch ein undichtes Dach.

14 Geld und Gut erbt man von den Eltern; aber eine tüchtige Frau ist ein Gottesgeschenk.[b]

15 Faulheit macht schläfrig, und wer träge ist, muss hungern.

16 Wer sich nach den Geboten richtet, bewahrt sein Leben; wer sich gehen lässt, kommt um.

17 Bedürftigen helfen heißt dem HERRN etwas leihen, der wird es voll zurückerstatten.

18 Erzieh deine Kinder mit Strenge, dann kannst du Hoffnung für sie haben; lass sie nicht in ihr Verderben laufen!

19 Wer im Jähzorn handelt, soll dafür Strafe zahlen; wenn du sie ihm erlässt, wird es nur noch schlimmer mit ihm.

20 Befolge gute Ratschläge und lass dich korrigieren, dann bist du am Ende ein weiser Mensch.

21 Menschen haben den Kopf voller Pläne, doch nur der Beschluss des HERRN wird ausgeführt.

22 Was einen Menschen wertvoll macht, ist seine Güte;[c] darum ist ein Armer besser als ein Falscher.

23 Den HERRN ernst nehmen ist gut für das Leben; satt und zufrieden verbringst du die Nacht, ohne vom Unglück erschreckt zu werden.

24 Der Faulpelz greift in die Schüssel, aber er bekommt die Hand nicht zum Mund.

25 Gib dem überheblichen Spötter den Stock zu spüren, und die Unerfahrenen werden es sich merken; tadle den Verständigen, und er selber wird daraus lernen.

26 Wer seinen Vater schlecht behandelt und seine Mutter aus dem Haus vertreibt, ist ein unwürdiger Mensch, für den man sich schämt.

27 Lehne nur alle Zurechtweisung ab, dann bleibt dir auch das Wissen fern!

28 Ein hinterhältiger Zeuge verlacht das Recht; Unheilstifter finden Geschmack an Verbrechen.

29 Für hochmütige Spötter gibt es Strafen und für den Rücken uneinsichtiger Narren den Stock.

Gott hasst zweierlei Gewicht

20 Der Wein macht zum Großmaul und das Bier zum Krakeeler; wer sich ständig betrinkt, wird niemals weise.

2 Ein König ist so bedrohlich wie ein knurrender Löwe; seinen Zorn zu wecken wäre Selbstmord.

3 Es ehrt einen Mann, sich aus einem Streit herauszuhalten; nur ein Dummkopf stürzt sich hinein.

4 Im Herbst mag der Faulpelz nicht pflügen; später will er ernten und kann nichts finden.

5 Guter Rat liegt tief im Menschenherzen wie Wasser in einem Brunnen; wer Verstand hat, holt ihn herauf.

6 Viele reden von ihrer Treue; aber finde mal einen Menschen, auf den Verlass ist!

7 Wer rechtschaffen ist und untadelig lebt, dessen Kinder können von Glück reden!

8 Wenn der König Gericht hält, findet sein Blick jeden Verbrecher heraus.

a *er hält sich an Versprechungen ...:* Die zweite Vershälfte kann nur versuchsweise wiedergegeben werden; wörtlich *nachjagend Worten, nicht sie* oder *nachjagend Worten, ihm gehören sie.*

b In H steht der Gottesname: *Geschenk des HERRN.* c Deutung unsicher.

19,3 Sir 15,11-20 **19,4** 14,20 S **19,5** 6,19; 19,9; 21,28; 24,28; Ex 20,16 S **19,6-7** 14,20 S **19,9** 19,5 S **19,11** 14,29 **19,12** 16,14-15 S **19,13** 17,25 S; 21,9 S **19,14** 18,22 S **19,15** 6,10-11 S **19,17** 14,21 S **19,18** 13,24 S **19,19** 14,17 S **19,21** 16,1 S **19,23** 10,27 S **19,24** 6,6 S **19,25** 21,11 **19,26** 20,20 S **19,29** 10,13; 13,24 S; 26,3 **20,1** 23,20-21.29-35; 31,4.6-7; Sir 31,25-30 **20,2** 16,14-15 S **20,4** 6,6 S **20,7** Ps 112,1-2 **20,8** 16,10 S

9 Welcher Mensch kann von sich behaupten: »Ich habe ein reines Gewissen, ich bin meine Fehler losgeworden«?

10 Zweierlei Maß, zweierlei Gewicht: Der HERR hasst beides.

11 Schon einen jungen Menschen erkennst du an seinen Taten; du siehst daran, ob er Charakter hat.

12 Das Ohr ist zum Hören und das Auge zum Sehen, dazu hat der HERR beide geschaffen.

13 Liebst du den Schlaf, so bist du bald arm. Mach die Augen früh auf, dann hast du immer satt zu essen!

14 »Viel zu teuer!«, sagt der Käufer; doch wenn er weggeht, reibt er sich die Hände.

15 Gold und edle Steine gibt es haufenweise, aber einsichtsvolle Worte sind eine Seltenheit.

16 Wenn einer so dumm war, für einen Fremden zu bürgen, dann nimm ruhig sein Obergewand* als Pfand, wenn er von dir etwas borgen will.

17 Wer von Betrug lebt, findet anfangs Geschmack daran; aber hinterher hat er den Mund voll Sand.

18 Durch Beratung kommen Pläne zum Ziel; wenn du in den Kampf ziehen willst, brauchst du einen guten Plan.

19 Wer jedes Gerücht weiterträgt, plaudert auch Geheimnisse aus. Darum meide Leute, die zu viel reden!

20 Wenn du deinen Vater oder deine Mutter verfluchst, wird es dir ergehen wie einem, dessen Lampe in dunkelster Nacht erlöscht.

21 Wenn du zu schnell nach deinem Erbe greifst, bringt es dir am Ende kein Glück.

22 Nimm dir nicht vor, erlittenes Unrecht selber zu vergelten! Vertrau auf den HERRN, er wird dir Recht verschaffen!

23 Der HERR hasst zweierlei Gewicht, und falsche Waage heißt er nicht gut.

24 Der HERR bestimmt jeden unserer Schritte. Wie kann ein Mensch wissen, welche Richtung sein Leben nimmt?

25 Wenn du Gott etwas versprichst und erst dann überlegst, wie du es erfüllen kannst, begibst du dich in eine ausweglose Falle.

26 Ein weiser König findet die Verbrecher heraus und bestraft sie ohne Erbarmen.

27 Der Lebensgeist ist die Lampe des HERRN;[a] mit ihr durchleuchtet er das Menschenherz und seine Gedanken.[b]

28 Gottes Güte und Treue beschützen den König, und durch Güte festigt der König seine Herrschaft.

29 Junge Männer können stolz sein auf ihre Kraft und die Alten auf ihr graues Haar.

30 Striemen sind ein Heilmittel gegen die Bosheit, Schläge bessern den Charakter.[c]

Den Faulpelz bringen seine Wünsche um

21 Wasserbäche können wir umleiten. So lenkt der HERR das Herz eines Herrschers, wie er will.

2 Jeder Mensch findet sein Tun in Ordnung; der HERR aber prüft die Beweggründe.

3 Tu, was in den Augen des HERRN recht und gut ist! Das ist ihm lieber als Opfergaben*.

4 Hochmütiger Blick, überheblicher Verstand – einen bösen Menschen erziehen zu wollen führt zu nichts.[d]

5 Fleiß mit Überlegung bringt sicheren Gewinn, jede Übereilung bringt nichts als Verlust.

6 Mit Lug und Trug gesammelter Reichtum ist wie der flüchtige Atem derer, die den Tod suchen.

7 Mit ihrer Gewalttätigkeit bereiten sich die Verbrecher selbst den Untergang; denn sie weigern sich, dem Recht zu folgen.

8 Schurken gehen auf krummen Wegen; aber redliche Menschen führen ein geradliniges Leben.

9 Lieber ein ruhiger Winkel unterm Dach als ein ganzes Haus zusammen mit einer ständig nörgelnden Frau.

10 Boshafte Menschen haben nur Böses im Sinn, mit ihren Mitmenschen haben sie kein Erbarmen.

11 Wenn du die überheblichen Spötter bestrafst, werden wenigstens die Grünschnäbel daraus lernen. Wenn du die Weisen belehrst, vermehrst du ihr eigenes Wissen.

12 Ein gerechter Herrscher[e] behält die Verbrechersippe im Auge und bringt die Unheilstifter ins Unglück.

13 Wenn du für das Schreien der Armen nur taube Ohren hast, wirst du keine Antwort bekommen, wenn du selber um Hilfe rufst.

14 Hast du jemand verärgert, so steck ihm heimlich ein Geschenk zu; das wird ihn besänftigen.

a H *eine Lampe des HERRN.* b *das Menschenherz …:* wörtlich *alle Kammern des Körpers.*
c *den Charakter:* wörtlich *die Kammern des Körpers.* d *einen bösen Menschen erziehen …:* wörtlich *der Neubruch/die Lampe des Bösen ist Verfehlung.* e Wörtlich *Ein Gerechter.*

20,9 30,12; Ijob 4,17 S **20,10** 11,1 S **20,13** 6,10-11 S **20,16** 6,1-5 S **20,18** 24,6 **20,20** 19,26; 30,17; Ex 21,17 **20,22** 24,29; Sir 28,1-7; Mt 5,38-42; Röm 12,17 S **20,23** 11,1 S **20,25** Ri 11,29-40; Koh 5,3-5 **20,26** 16,10 S **20,28** 16,12 S; Ps 61,8 **20,29** 16,31 **21,3** 1 Sam 15,22; Ps 40,7-9 S **21,9** 19,13; 21,19; 25,24; 27,15-16; Sir 25,16-26 **21,11** 19,25

15 Ein gerechter Urteilsspruch bedeutet Freude für die Unschuldigen, aber Schrecken für die Verbrecher.

16 Ein Mensch, der es ablehnt, vernünftig zu leben, wird bald den Toten Gesellschaft leisten.

17 Wer Vergnügungen liebt, dem geht schnell das Geld aus; immer gut essen und trinken macht niemand reich.

18 Einmal werden die Plätze vertauscht; dann trifft die Bösen das Unglück, das jetzt die Rechtschaffenen erleiden müssen.[a]

19 Lieber in der Wüste leben als zusammen mit einer zänkischen Frau, die dir auf die Nerven geht.

20 Wertvolle Schätze und duftendes Öl sammeln sich im Haus des Weisen; aber ein Dummkopf vergeudet alles.

21 Wenn du anderen Güte und Liebe erweist, findest du Gegenliebe, Ansehen und ein erfülltes Leben.

22 Ein weiser Mann kann eine Stadt voll Soldaten angreifen und die Befestigungen zerschlagen, auf die sie sich verlassen hat.

23 Wer seinen Mund hält, hält sich Schwierigkeiten vom Hals.

24 Ein überheblicher Spötter tut alles in vermessener Selbstüberschätzung.

25 Den Faulpelz bringen seine Wünsche um, weil seine Hände sie nicht erfüllen wollen.

26 Manche wollen immer nur nehmen und haben; wer das Rechte tut, kann geben und großzügig sein.

27 Gott verabscheut die Opfergaben der Unheilstifter, besonders wenn sie damit böse Absichten fördern wollen.

28 Einem lügnerischen Zeugen wird das Wort entzogen; aber wer aussagt, was er genau gehört hat, darf zu Ende sprechen.[b]

29 Redliche sind sicher in dem, was sie tun; Unheilstifter müssen so tun, als wären sie sicher.

30 Klugheit, Scharfsinn und Einsicht richten nichts aus, wenn du es mit dem HERRN zu tun bekommst.

31 Du kannst das Pferd anspannen für den Tag der Schlacht; aber der Sieg kommt vom HERRN.

Wer Unrecht sät, wird Unheil ernten

22 Ein guter Ruf ist besser als großer Reichtum; Liebenswürdigkeit hilft weiter als Silber und Gold.

2 Reiche und Arme leben nebeneinander, sie alle hat der HERR geschaffen.

3 Ein Mensch mit Erfahrung sieht das Unglück kommen und bringt sich in Sicherheit; die Unerfahrenen laufen mitten hinein und müssen es büßen.

4 Wer bescheiden ist und den HERRN ernst nimmt, findet Reichtum, Ansehen und ein erfülltes Leben.

5 Der Weg falscher Menschen ist voller Dornen und Schlingen; wer sein Leben liebt, meidet ihn.

6 Bring einem Kind am Anfang seines Lebens gute Gewohnheiten bei, es wird sie auch im Alter nicht vergessen.

7 Der Reiche hat die Armen in seiner Gewalt; wer Geld leihen muss, wird zum Sklaven seines Gläubigers.

8 Wer Unrecht sät, wird Unheil ernten; dann kann er seinen Mutwillen an niemand mehr auslassen.

9 Einem gütigen Menschen wünscht man Gutes, weil er sein Brot mit den Armen teilt.

10 Vertreibe den hochmütigen Spötter und der Zank hört auf, Streit und Beschimpfung sind zu Ende.

11 Wer ein reines Gewissen hat und gewinnend reden kann, den nimmt der König zum Freund.

12 Der HERR sorgt dafür, dass die Wahrheit erkannt wird; er entlarvt die Worte der Lügner.

13 Der Faulpelz sagt: »Ich kann nicht hinausgehen; draußen ist ein Löwe, der bringt mich um!«

14 Die verführerischen Worte fremder Frauen sind eine Falle; wenn der HERR zornig auf dich ist, läufst du hinein.

15 Kinder neigen zu Dummheiten; strenge Erziehung wird sie davon heilen.

16 Einen Armen ausbeuten, um sich zu bereichern, oder einem Reichen etwas schenken – beides bringt nur Schaden!

KLEINERE SAMMLUNGEN
(22,17–24,34)

Dreißig Ratschläge

17 Hör mir zu! Ich will dir weitergeben, was weise Lehrer gesagt haben. Nimm dir ihre[c]

a Deutung unsicher.
b Wörtlich *Ein Lügenzeuge vergeht, aber ein hörender Mann wird fortwährend reden.* *c* *ihre* mit G; H *meine.*

21,17 23,20-21 S **21,18** 11,8; Lk 1,52-53 **21,19** 21,9 S **21,23** 13,3 S **21,27** 15,8 S **21,28** 19,5 S **21,31** Ps 20,8 S **22,2** 29,13; Ijob 31,15; Weish 6,7 **22,4** 10,27 S; 15,33 **22,8** Ijob 4,8; Hos 8,7 S; Gal 6,7 **22,9** 14,21 S **22,11** Ps 101,6 **22,14** 5,3-6 S **22,15** 13,24 S

Worte zu Herzen! 18 Du tust gut daran, sie aus-
wendig zu lernen, damit du sie jederzeit her-
sagen kannst. 19 Ich lehre sie dich heute, um dir
zu zeigen, dass du dich stets auf den HERRN ver-
lassen kannst. 20 Dreißig von diesen Lehren habe
ich für dich aufgeschrieben, lauter wohlbegrün-
dete Ratschläge. 21 Sie sagen dir alles, was du wis-
sen musst, um die Aufträge deiner Vorgesetzten
zuverlässig zu erfüllen.

1

22 Nutze die Wehrlosigkeit anderer nicht aus
und benachteilige die Armen nicht vor Gericht.
23 Der HERR schützt die Schutzlosen; wer ihnen
ihr Recht nimmt, dem nimmt er das Leben.

2

24 Nimm keinen Jähzornigen zum Freund
und verkehre nicht mit jemand, der sich nicht
beherrschen kann. 25 Sonst gewöhnst du dich an
seine Unart und gefährdest dein Leben.

3

26 Übernimm keine Bürgschaft für fremde
Schulden. 27 Wenn du sie nicht bezahlen kannst,
pfändet man sogar dein Bett.

4

28 Verrücke nicht die Grenzen deines Grund-
stücks, die schon deine Vorfahren festgelegt
haben.

5

29 Wenn du einen siehst, der in seinem Beruf
tüchtig ist, kannst du sicher sein: Er wird Köni-
gen dienen, nicht gewöhnlichen Leuten.

6

23 Wenn du bei einem hohen Herrn zu
Tisch sitzt, dann vergiss nicht, mit wem
du es zu tun hast. 2 Stürz dich nicht auf die Spei-
sen,[a] auch wenn du noch so hungrig bist. 3 Sei
vorsichtig, wenn er dich mit Leckerbissen füt-
tert; du könntest dich in ihm täuschen.

7

4 Plage dich nicht damit ab, reich zu werden;
du weißt es doch besser! 5 Denn ehe du dich's
versiehst, hat dein Reichtum Flügel bekommen
und entschwindet deinen Augen wie ein Adler,
der zum Himmel aufsteigt.

8

6 Lass dich nicht von einem Geizhals ein-
laden, und wenn er dir noch so köstliche Speisen
vorsetzen will. 7 Denn er hat alle Bissen abge-
zählt. »Greif doch zu!«, sagt er; aber im Grunde
gönnt er dir nichts. 8 Dann vergeht dir der Appe-
tit und das ganze Essen kommt dir wieder hoch.
Du hast seine Küche mit überschwänglichen
Worten gelobt und nichts dafür bekommen.

9

9 Verschwende deinen guten Rat nicht an
oberflächliche Menschen, die ihn doch nicht zu
schätzen wissen.

10

10 Verrücke nicht die von alters her festgeleg-
ten Grenzen, um deinen Landbesitz auf Kosten
wehrloser Waisen zu vergrößern. 11 Denn sie
haben einen mächtigen Beistand: Gott selbst
wird ihr Recht gegen dich verteidigen.

11

12 Sei bereit, dich korrigieren zu lassen, und
spitze die Ohren, wenn du etwas lernen kannst.

12

13 Erzieh deinen Sohn mit Strenge. Eine
Tracht Prügel bringt ihn nicht um. 14 Aber wenn
du ihm seine Unarten austreibst, wirst du ihm
das Leben retten.

13

15 Mein Sohn,[b] wenn du klug und besonnen
wirst, machst du mir Freude, 16 und wenn ich
aus deinen Worten erkenne, dass du gereift bist,
kann ich stolz auf dich sein.

14

17 Ereifere dich nicht über gewissenlose Men-
schen, sondern sei eifrig darin, den HERRN täg-
lich ernst zu nehmen. 18 Dann kannst du hoff-
nungsvoll in die Zukunft blicken und deinem
Glück steht nichts mehr im Weg.

15

19 Hör auf mich, mein Sohn! Sei vernünftig
und bleib auf dem geraden Weg! 20 Halte dich
fern von denen, die sich mit Wein voll laufen las-
sen und ihren Bauch mit Fleisch voll stopfen.

a Wörtlich *Lege ein Messer an deine Kehle.*
b Siehe Anmerkung zu 1,8.

22,22-23 23,10-11; Ex 23,6-7 **22,24** 14,17 S **22,26-27** 6,1-5 S **22,28** 23,10; Dtn 27,17 S **23,1-3** Sir 31,12-21 **23,4-5** 28,22 S
23,10-11 15,25; 22,22-23 S; 22,28 S **23,13-14** 13,24 S **23,17** 3,31; 24,1; 24,19-20 S **23,20-21** 20,1 S; 21,17; Sir 18,33

21 Wer säuft und schlemmt, wird faul und hat
schließlich nur noch Lumpen am Leib.

16

22 Achte deinen Vater und deine Mutter, du
verdankst ihnen das Leben! Hör auch dann noch
auf sie, wenn sie alt geworden sind.
23 Wahrheit und Weisheit*, Einsicht und Her-
zensbildung sind es wert, dass du sie dich etwas
kosten lässt. Gib sie nie wieder her!
24 Die größte Freude für einen Vater ist ein
tüchtiger und charakterfester Sohn. 25 Mach
deinem Vater und deiner Mutter Freude. Sie,
die dich geboren hat, soll doch stolz auf dich
sein!

17

26 Hör mir gut zu, mein Sohn! Folge meinem
Beispiel. 27 Hüte dich vor der Dirne und vor der
Frau eines anderen. Sie sind wie eine tiefe
Grube, wie ein enger Brunnen, in dem du ste-
cken bleibst. 28 Wie Wegelagerer lauern sie den
Männern auf und verführen viele zur Untreue.

18

29 Willst du wissen, wer ständig stöhnt und
sich selbst bemitleidet? Wer immer Streit hat
und sich über andere beklagt? Wer glasige Augen
hat und Verletzungen, die er sich hätte ersparen
können? 30 Das sind die, die bis spät in die Nacht
beim Wein sitzen und keine Gelegenheit aus-
lassen, eine neue Mischung zu probieren. 31 Lass
dich nicht vom Wein verführen! Er funkelt so rot
im Becher und gleitet so angenehm durch die
Kehle; 32 aber dann wird es dir schwindlig, als
hätte dich eine giftige Schlange gebissen. 33 Du
siehst Dinge, die es gar nicht gibt, und redest
dummes Zeug. 34 Du fühlst dich wie auf stür-
mischer See, wie einer, der im Mastkorb eines
Schiffes liegt. 35 Wenn du wieder zu dir kommst,
sagst du: »Man muss mich geschlagen haben,
aber es hat nicht wehgetan. Man muss mich
verprügelt haben, aber ich habe nichts gespürt!
Wie werde ich nur wach? Ich brauche einen
Schluck Wein, ich will wieder von vorn an-
fangen!«

19

24 Sei nicht neidisch auf das Glück schlech-
ter Menschen; suche nicht ihre Freund-
schaft! 2 Sie haben nichts als Verbrechen im
Sinn, und sooft sie den Mund aufmachen,
kommt jemand zu Schaden.

20

3 Weisheit* und Verstand sind ein sicheres
Fundament, auf dem du dein Haus errichten
kannst, 4 und Wissen füllt seine Räume mit wert-
vollen und schönen Dingen.

21

5 Nur ein kluger Mann ist wirklich stark;
durch Wissen vervielfacht er seine Kraft. 6 Wenn
du einen Krieg gewinnen willst, musst du sorg-
fältig planen; je mehr gute Ratgeber du hast, des-
to sicherer ist dir der Sieg.

22

7 Wer nichts gelernt hat, für den ist die Weis-
heit erfahrener Männer zu hoch; in der Ratsver-
sammlung muss er den Mund halten.

23

8 Wer ständig Teufeleien ausheckt, wird bald
ein Teufel genannt. 9 Wenn jemand unbelehrbar
ist, führt alles, was er sich vornimmt, zur Sünde;
und ein Mensch, dem nichts heilig ist, ist bei
allen verhasst.

24

10 Du magst dich für stark halten – ob du es
bist, zeigt sich erst in der Not.

25

11 Lass nicht zu, dass unschuldige Menschen
verurteilt werden. Tu alles, was du kannst, um
sie vor dem Tod zu retten. 12 Rede dich nicht da-
mit heraus, dass du nichts gewusst hast. Gott
sieht dir ins Herz und weiß, ob du die Wahrheit
sagst. Er belohnt oder bestraft jeden Menschen,
wie er es aufgrund seiner Taten verdient hat.

26

13 Mein Sohn, Honig ist etwas Gutes und ein
Genuss für den Gaumen. 14 Weisheit aber ist gut
für dein ganzes Leben. Wenn du sie erwirbst,
dann kannst du hoffnungsvoll in die Zukunft bli-
cken und deinem Glück steht nichts mehr im Weg.

27

15 Suche nicht mit List und Tücke einen red-
lichen Mann um Haus und Hof zu bringen.
16 Denn der Rechtschaffene kommt immer wie-
der auf die Füße, sooft ihn auch das Unglück zu
Boden schlägt. Aber der Unheilstifter kommt zu
Fall und steht nie mehr auf.

23,22 1,8S **23,23** 4,7 **23,24-25** 10,1bS **23,27-28** 5,3-6S **23,29-35** 20,1S **24,1** 23,17S **24,6** 20,18 **24,12** Jer 17,10S
24,16 Ps 37,23-24

28

17 Wenn dein Feind ins Unglück gerät, dann
sei nicht schadenfroh! 18 Das gefällt dem HERRN
nicht und könnte ihn veranlassen, ihm den Rest
der Strafe zu schenken.

29

19 Reg dich nicht auf, wenn es bösen Men-
schen gut geht; beneide sie nicht; 20 denn ihr
Glück ist nicht von Dauer, es erlischt wie eine
Öllampe.

30

21 Mein Sohn, fürchte den HERRN und fürchte
den König! Lass dich nicht mit Aufrührern ein;
22 denn ganz plötzlich trifft sie das Verderben.
Wer weiß, welches Unglück der HERR oder der
König unversehens über sie bringt?

Noch einige weitere Ratschläge

23 Auch die folgenden Worte stammen von wei-
sen Lehrern:
Ein Richter, der nicht unparteiisch Recht
spricht, begeht Unrecht. 24 Wer Schuldige frei-
spricht, wird von allen Leuten gehasst und ver-
flucht. 25 Aber denen, die gerecht entscheiden,
wird es gut gehen, denn sie werden von allen an-
erkannt und gepriesen.
26 Eine offene, ehrliche Antwort ist ein Zei-
chen von wahrer Freundschaft.
27 Erledige zuerst, was du draußen zu tun
hast, bestelle deine Felder für die Ernte; dann
kannst du ein Haus bauen und eine Familie
gründen.
28 Belaste niemand mit einer Falschaussage!
Oder willst du wissentlich lügen? 29 Denke nicht:
»Wie du mir, so ich dir; jetzt wird die Rechnung
beglichen!«

30 Am Feld eines Faulpelzes ging ich vorüber,
am Weinberg des Mannes ohne Verstand.
31 Dort wuchsen statt Reben nur Dornen
und Disteln,
wild wucherndes Unkraut bedeckte das Land,
die Mauer ringsum war schon völlig zerfallen.
32 Ich sah es und zog meine Lehre daraus:
33 »Etwas schlummern und schlafen,
die Arme verschränken,
34 und schnell kommen Armut und Not
dir ins Haus.«

DIE ZWEITE SAMMLUNG VON RATSCHLÄGEN SALOMOS

(Kapitel 25–29)

25 Die nun folgenden Sprüche sind wieder
von Salomo. Lehrer am Hof des Königs
Hiskija von Juda haben sie gesammelt.

Wenn dein Feind hungrig ist …

2 Gott wird geehrt für das, was er verborgen hält;
Könige werden geehrt für das, was sie aufdecken.
3 Wie die Höhe des Himmels und die Tiefe der
Erde, so unerforschlich sind die Gedanken der
Könige.
4 Entferne die Schlacke aus dem Silber, dann
kann der Künstler ein erlesenes Gefäß daraus
machen. 5 Entferne üble Berater aus der Nähe
des Königs, dann wird er gerecht regieren und
seine Herrschaft wird Bestand haben.
6 Tritt am Hof des Königs bescheiden auf und
halte dich nicht für die Hauptperson. 7 Es ist
ehrenvoller, wenn man dich auf einen besseren
Platz bittet, als wenn man dich von einem Platz
verweist, der für einen Vornehmeren bestimmt
war.
8 Wenn dir bei deinem Nachbarn oder deiner
Nachbarin etwas verdächtig erscheint, dann
bring es nicht gleich vor Gericht. Wie stehst du
da, wenn sie dir beweisen können, dass du dich
getäuscht hast?
9 Wenn du einen Streit mit deinem Nachbarn
hast, dann berufe dich nicht auf das, was jemand
dir im Vertrauen gesagt hat. 10 Sonst wissen bald
alle, dass du nichts für dich behalten kannst, und
um deinen guten Ruf ist es geschehen.
11 Wie goldene Äpfel auf silbernen Schalen, so
sind treffende Worte im richtigen Augenblick.
12 Wie ein schmückender Ohrring aus feinstem
Gold, so wertvoll ist weiser Rat für ein hörendes
Ohr.
13 Erledigst du einen Auftrag zuverlässig, so
freuen sich deine Vorgesetzten, wie man sich bei
der Ernte über ein kühles Getränk freut.
14 Wie Wolken und Wind ohne Regen, so ist
ein Mensch, der Versprechungen macht und sie
nicht hält.
15 Eine sanfte Zunge zerbricht Knochen: Mit
geduldigen Worten kannst du mächtige Leute
umstimmen.
16 Wenn du zu viel Honig isst, schlägt er dir

24,17 Ijob 31,29 **24,19-20** Ps 37,1-2.8-10.35-36; 73,2-3.17-20; 92,8; Spr 23,17 S; Sir 12,6 S **24,20** 3,33 S **24,21** 1 Petr 2,17 **24,23-25** 17,15 S **24,26** 25,11 S **24,28** 19,5 S **24,29** 20,22 S **24,33-34** 6,10-11 S **25,1** 1,1; 10,1; 2 Kön 18,1-8 **25,2** 16,10 S; 30,4; Dtn 29,28; Koh 8,16-17 **25,4** Jes 1,25 S **25,5** 16,12 S **25,7** Lk 14,7-11 **25,9-10** Sir 27,16 **25,11** 15,23; 24,26

auf den Magen und du bekommst ihn über.
17 Wenn du deine Bekannten zu oft besuchst,
fällst du ihnen auf die Nerven und sie werden
dich leid.
18 Wie eine Keule, ein Schwert oder ein spit-
zer Pfeil, so tödlich ist eine falsche Aussage vor
Gericht.
19 In der Not auf treulose Freunde vertrauen,
das ist so wie mit einem brüchigen Zahn kauen
oder mit einem lahmen Fuß laufen.
20 An einem kalten Tag die Kleider ablegen
oder Essig in eine Wunde[a] gießen – so wirkt es,
wenn du einem traurigen Menschen lustige
Lieder vorsingst.
21 Wenn dein Feind hungrig ist, dann gib ihm
zu essen, und wenn er Durst hat, gib ihm zu trin-
ken. 22 Dann wird es ihm bald Leid tun, dein
Feind zu sein,[b] und der HERR wird dich belohnen.
23 Bei Westwind gibt's Regen und bei Klatsch
gibt's Ärger.
24 Ein ruhiger Winkel unterm Dach ist besser
als ein ganzes Haus gemeinsam mit einer ständig
nörgelnden Frau.
25 Wie kühles Wasser für einen Durstigen, so
ist eine gute Nachricht aus fernem Land.
26 Wie eine verschmutzte Quelle oder ein ver-
gifteter Brunnen, so ist ein guter Mensch, der
sich von einem bösen irremachen lässt.
27 Zu viel Honig und zu viel Ehre sind unbe-
kömmlich.[c]
28 Wie eine Stadt ohne Schutzwall, so ist ein
Mann ohne Selbstbeherrschung.

Wer anderen eine Grube gräbt ...

26 Wie Schnee im Sommer und Regen in
der Erntezeit, genauso unpassend sind
Ansehen und Wohlstand bei einem Dummkopf.
2 Wie ein flatternder Spatz oder eine fliegen-
de Schwalbe, so ist ein unverdienter Fluch: Er
lässt sich auf keinen Menschen nieder.
3 Die Peitsche fürs Pferd, der Zaum für den
Esel und der Stock für den Rücken unverbesser-
licher Narren!
4 Gib dem Dummen keine Antwort, die sich
auf die Ebene seiner Dummheit begibt, damit die
Leute dich nicht selbst für dumm halten!
5 Gib dem Dummen eine Antwort, wie seine
Dummheit sie verdient, damit er sich nicht selbst
für klug hält!
6 Wer einen Dummkopf als Boten schickt, ist
wie jemand, der sich selbst die Füße abhackt und
schlimmen Ärger schlucken muss.[d]
7 Kraftlos wie die Beine eines Gelähmten, so
ist ein Weisheitsspruch im Mund von Unverstän-
digen.
8 Einen Stein in der Schleuder festbinden und
einem Dummkopf Ehre erweisen: Eins ist so
sinnlos wie das andere.
9 Ein stacheliger Zweig in der Hand eines
Betrunkenen – genauso gefährlich ist ein Weis-
heitsspruch im Mund von Unverständigen.
10 Wie ein Bogenschütze, der auf jeden
schießt, so unverantwortlich handelt jemand,
der einen Dummkopf in Dienst nimmt oder den
ersten Besten, der vorüberkommt.
11 Ein Hund frisst noch einmal, was er er-
bricht; so wiederholt ein Dummkopf seinen Un-
sinn.
12 Kennst du einen, der sich selbst für weise
hält? Für einen Schwachsinnigen ist mehr
Hoffnung als für ihn!
13 Der Faulpelz sagt: »Draußen läuft ein wil-
des Tier umher, ein Löwe, mitten auf der
Straße!«
14 Die Tür dreht sich in ihren Angeln – und
der Faulpelz in seinem Bett.
15 Der Faulpelz greift in die Schüssel, aber die
Hand zum Mund zu führen ist ihm zu mühsam.
16 Der Faulpelz hält sich selbst für klüger als
sieben Sachverständige.
17 Mische dich nicht in einen Streit, der dich
nichts angeht! Sonst schaffst du dir ähnlichen
Ärger wie jemand, der einen vorüberlaufenden
Hund bei den Ohren packt.
18 Wie ein Irrer, der mit Brandpfeilen und
anderen tödlichen Waffen spielt, 19 so handelt
jemand, der seinen Freund betrügt und dann
sagt: »Es war nur ein Scherz!«
20 Wo kein Holz mehr ist, geht das Feuer aus;
und wo kein Klatsch mehr ist, hört der Streit auf.
21 Kohle hält die Glut in Gang und Holz das
Feuer; so sorgt der Streithahn dafür, dass der
Zank weitergeht.
22 Verleumdungen verschlingt man wie Le-
ckerbissen und behält sie für immer tief im Ge-
dächtnis.
23 Wie Silberglasur auf Tongeschirr, so ist zün-
dende Rede mit böser Absicht.
24 Ein gehässiger Mensch ist voller Falschheit,
aber er versteckt sie hinter Schmeichelworten.

a *in eine Wunde* mit G; H *auf Natron.* b Wörtlich *Dann sammelst du glühende Kohlen auf seinen Kopf.*
c Wörtlich *Zu viel Honig essen ist nicht gut und das Suchen nach ihrer Ehre (ist) Ehre.*
d *schlimmen Ärger ...:* Deutung unsicher; wörtlich *Gewalttat trinkt.*

25,18 19,5S **25,21-22** Röm 12,20 **25,24** 21,9S **25,25** 15,30 **25,28** 29,11 **26,3** 19,29S **26,11** 2 Petr 2,22 **26,13-16** 6,6S
26,24-26 6,12-15

25 Und wenn er noch so freundlich redet, glaub
ihm nicht! Er hat alle erdenklichen Teufeleien im
Sinn. 26 Seinen Hass mag er eine Weile verber-
gen können, aber schließlich wird er von allen
durchschaut.

27 Wer anderen eine Grube gräbt, fällt selbst
hinein. Wer einen Stein hochwirft, auf den fällt
er zurück.

28 Wer andere mit seinen Lügen zugrunde ge-
richtet hat, hasst sie auch dann noch; Verleum-
dung führt zu Vernichtung.

Überlass es anderen, dich zu loben

27 Gib nicht an mit dem, was du morgen
vorhast! Du weißt ja nicht einmal, was dir
heute zustößt.

2 Überlass es anderen, dich zu loben; besser
ein fremder Mund lobt dich als dein eigener!

3 Sand und Steine sind schwer, aber noch
schwerer wiegt der Ärger, den man mit Dumm-
köpfen hat.

4 Zorn ist grausam und Wut wie überschäu-
mendes Wasser; doch noch unerträglicher ist
Eifersucht.

5 Liebe, die offen tadelt, ist besser als eine, die
ängstlich schweigt.

6 Ein Freund bleibt dein Freund, auch wenn
er dir wehtut; ein Feind überfällt dich mit über-
trieben vielen Küssen.

7 Wer satt ist, lässt den besten Honig stehen;
aber Hungrigen schmeckt sogar Bitteres süß.

8 Wie ein Vogel, der fortfliegt von seinem
Nest, so ist ein Mensch, der seine Heimat ver-
lässt.

9 Duftendes Öl und Weihrauch geben eine
festliche Stimmung; aber noch beglückender als
süße Düfte ist die Zuneigung eines Menschen.[a]

10 Verlass deine Freunde nicht, auch nicht die
Freunde deines Vaters. Wenn du in Schwierig-
keiten bist, lauf nicht gleich zum Haus deines
Bruders. Der Nachbar nebenan kann dir besser
helfen als der Bruder in der Ferne.

11 Werde klug und weise, mein Sohn,[b] und
mach mir Freude! Wenn mir dann jemand Un-
fähigkeit vorwirft, kann ich ihn widerlegen.

12 Ein Mensch mit Erfahrung sieht das Un-
glück kommen und bringt sich in Sicherheit; die
Unerfahrenen laufen mitten hinein und müssen
es büßen.

13 Wenn jemand so dumm war, für einen
Fremden zu bürgen, dann nimm ruhig sein
Obergewand* als Pfand, wenn er von dir etwas
borgen will.

14 Wenn du deinen Nachbarn jeden Morgen
mit lauten Glückwünschen grüßt, dann legt er es
dir als Verwünschung aus.

15 Wie ein Loch im Dach, durch das es bei
Regen ständig tropft, so ist eine keifende Frau.
16 Sie zum Schweigen bringen? Genauso gut
kannst du versuchen, den Wind anzuhalten oder
Öl mit den Fingern festzuhalten!

17 Eisen wird mit Eisen geschärft, und ein
Mensch bekommt seinen Schliff durch Umgang
mit anderen.

18 Wer seinen Feigenbaum pflegt, bekommt
dafür die Feigen zu essen; ein Diener, der für sei-
nen Herrn sorgt, wird dafür geehrt.

19 Im Spiegel des Wassers erkennst du dein
Gesicht und im Spiegel deiner Gedanken er-
kennst du dich selbst.

20 Der Schlund der Totenwelt* ist unersättlich
und auch die Augen des Menschen wollen im-
mer noch mehr.

21 Den Wert von Gold und Silber prüft man
mit Tiegel und Ofen; was ein Mann wert ist, sagt
sein Ruf.

22 Einen unverbesserlichen Narren kannst du
in einem Mörser mit dem Stößel stampfen, mit-
ten zwischen den Körnern. Die Körner verlieren
dabei ihre Hülsen, aber der Narr nicht seine
Dummheit.

23 Achte auf den Zustand deiner Herden,
kümmere dich um deine Schafe und Ziegen.
24 Geldbesitz ist nicht von Dauer; nicht einmal
eine Krone geht endlos von einer Generation auf
die andere über. 25 Mähe deine Wiesen, und
während das Gras nachwächst, hole das Heu
von den Bergen! 26 Die Schafe geben dir Wolle
zur Kleidung. Mit dem Erlös für die Ziegen-
böckchen kannst du ein neues Feld kaufen,
27 und von den Ziegen bekommst du Milch im
Überfluss. So kannst du dich und deine Familie
ernähren und auch deine Mägde am Leben er-
halten.

Lieber arm sein und untadelig leben

28 Ein unredlicher Mensch ergreift die
Flucht, obwohl niemand ihn verfolgt; der
redliche fühlt sich sicher wie ein Löwe.

2 Bei Aufruhr im Land mehren sich die Herr-
scher; aber mit einem klugen und gebildeten

a *aber noch beglückender ...:* andere mögliche Deutung *und die Süße eines Freundes (erfreut) durch wohl bedachten Rat.*
b Siehe Anmerkung zu 1,8.

26,27 28,10; Ps 7,16-17 S; Koh 10,8; Sir 27,25-26 **27,1** Jak 4,13-14 **27,3** Sir 22,15 **27,10** 17,17 S **27,13** 6,1-5 S **27,15-16** 21,9 S **27,23-27** 12,10-11

Mann an der Spitze herrscht dauerhafte Ordnung.
3 Ein Armer, der die Armen ausbeutet, ist wie ein Unwetter, das den Ackerboden wegschwemmt und jede Hoffnung auf Ernte zunichte macht.
4 Menschen, die nicht nach Gottes Gesetz* fragen, beglückwünschen die Unheilstifter; wer sich an das Gesetz hält, bekämpft sie.
5 Schlechte Menschen verstehen nichts vom Recht; aber die, die nach dem HERRN fragen, verstehen alles.
6 Lieber arm sein und untadelig leben als reich sein und krumme Wege gehen.
7 Ein verständiger Sohn befolgt Gottes Gesetz; aber wer mit liederlichen Leuten verkehrt, macht seinem Vater Schande.
8 Wenn du von den Armen Zins nimmst, um dein Vermögen zu vergrößern, sammelst du es für jemand, der mit den Armen Mitleid hat.
9 Wer Gottes Gesetz nicht mehr hören will, dessen Gebet will Gott nicht mehr hören.
10 Wer redliche Menschen auf einen gefährlichen Abweg bringt, läuft in seine eigene Falle. Aber alle, die untadelig leben, werden reich belohnt.
11 Der Reiche hält sich selbst für klug, aber ein Armer mit Scharfsinn durchschaut ihn.
12 Wenn gute Menschen regieren, ist überall festlicher Glanz. Wenn Verbrecher an die Macht kommen, dann verstecken sich die Leute.
13 Menschen, die ihre Verfehlungen verheimlichen, haben keinen Erfolg im Leben; aber alle, die ihr Unrecht bekennen und aufgeben, finden Gottes Erbarmen.
14 Wie glücklich sind alle, die Gott ernst nehmen! Doch wer starrsinnig bleibt, stürzt ins Unglück.
15 Ein brüllender Löwe, ein raubgieriger Bär – so ist ein Tyrann, der über ein armes Volk herrscht.
16 Ein unvernünftiger Vorgesetzter beutet seine Untergebenen aus; aber einer, der es ablehnt, durch Unrecht reich zu werden, bleibt lange im Amt.
17 Ein Mensch, der einen Mord auf dem Gewissen hat, flieht geradewegs in den Abgrund; niemand soll ihn daran hindern!
18 Wenn du untadelig lebst, bist du in Sicherheit; aber wenn du krumme Wege gehst, kommst du plötzlich zu Fall.
19 Wer seine Felder bestellt, hat viel zu essen; wer sich mit windigen Geschäften abgibt, hat viel zu hungern.
20 Zuverlässige Menschen haben Glück und Erfolg; aber wer um jeden Preis reich werden will, wird der Strafe nicht entgehen.
21 Parteilichkeit ist ein schlimmes Übel, und mancher wird zum Verbrecher schon für ein Stück Brot.
22 Ein habgieriger Mensch greift nach dem Reichtum und weiß nicht, dass die Armut nach ihm greift.
23 Wenn du andere zurechtweist, erntest du am Ende mehr Dankbarkeit, als wenn du ihnen immer nach dem Mund redest.
24 Wer meint, es sei kein Unrecht, seinen Vater und seine Mutter zu bestehlen, ist nicht besser als ein gemeiner Dieb.
25 Ein Mensch, der nie genug bekommen kann, erregt überall Streit; ein Mensch, der auf den HERRN vertraut, hat immer genug.
26 Folge nur deinem eigenen Kopf und du wirst sehen, wie weit du es bringst! Lass dich von der Weisheit* leiten und du wirst dem Unglück entrinnen.
27 Wer den Armen hilft, leidet niemals Mangel; aber wer seine Augen vor der Not verschließt, dem mangelt es nicht an Verwünschungen.
28 Alle verstecken sich, wenn schlechte Menschen an die Macht kommen; aber wenn sie umkommen, mehren sich die Rechtschaffenen.

Stock und Tadel helfen, klug zu werden

29 Wer trotz aller Zurechtweisung widerspenstig bleibt, wird plötzlich so zerschmettert, dass ihm nichts wieder aufhelfen kann.
2 Wenn gute Menschen an die Macht kommen, dann freuen sich die Leute. Wenn Tyrannen regieren, dann seufzen sie.
3 Ein Sohn, der die Weisheit* liebt, macht seinem Vater Freude; einer, der seine Zeit bei Dirnen zubringt, verschleudert ihm sein Vermögen.
4 Ein König, der für Recht sorgt, sichert das Gedeihen seines Landes; aber einer, der immer neue Steuern erfindet, richtet es zugrunde.
5 Wer seinem Mitmenschen Schmeicheleien sagt, legt ihm ein Netz vor die Füße.
6 Der Böse verfängt sich in seinem Unrecht; aber der Rechtschaffene singt vor Freude.
7 Wer das Recht liebt, ist darauf bedacht, dass

28,6 19,1 **28,8** 13,22; Ex 22,24 S **28,9** 15,8 S **28,10** 26,27 S **28,12** 28,28; 29,2 **28,13** Ps 32,3-5 S **28,19** 12,11 S **28,20** 13,11 **28,21** 17,15 S **28,22** 23,4-5; 1 Tim 6,9 **28,27** 14,21 S **28,28** 28,12; 29,2 **29,2** 28,12.28

die Schwachen ihr Recht bekommen; wer im Unrecht lebt, hat kein Verständnis dafür.

8 Unzufriedene Besserwisser können eine ganze Stadt in Aufruhr versetzen; aber vernünftige Leute beruhigen die Gemüter.

9 Wenn ein Kluger mit einem Unverständigen prozessiert, dann lacht der oder fängt an zu toben; aber zur Einsicht kommt er nicht.

10 Ein untadeliger Mensch ist den Mördern ein Dorn im Auge, aber die Redlichen retten ihm das Leben.

11 Der Dummkopf gibt jedem Ärger freien Lauf; der Weise kann sich beherrschen.

12 Wenn ein Herrscher auf Lügen hört, dann werden alle seine Untergebenen unehrlich.

13 Der Arme und sein Unterdrücker leben nebeneinander, beiden hat der HERR Augen zum Sehen gegeben.

14 Ein König, der den Schwachen Recht verschafft, festigt seine Herrschaft für immer.

15 Stock und Tadel helfen, klug zu werden; ein Kind, das man sich selbst überlässt, macht seiner Mutter Schande.

16 Wenn die Bösen sich mehren, vermehrt sich das Unrecht. Aber wer das Rechte tut, wird sehen, wie solche Leute untergehen.

17 Erziehe deinen Sohn mit Strenge, dann wird er für dich zur Quelle der Zufriedenheit und Freude.

18 Ohne prophetische Weisung wird ein Volk zügellos. Wie glücklich ist ein Volk, das auf Gottes Gesetz* hört!

19 Mit Worten kannst du einen Sklaven nicht belehren; er hört sie zwar, aber er gehorcht nicht.

20 Kennst du einen, der redet, ohne zu überlegen? Für einen Schwachsinnigen ist mehr Hoffnung als für ihn!

21 Wer seinen Diener von Anfang an verwöhnt, wird am Ende von ihm ausgenutzt.[a]

22 Ein Hitzkopf erregt Streit; wer schnell aufbraust, macht viele Fehler.

23 Hochmütige werden gedemütigt; aber wer nicht hoch von sich denkt, kommt zu Ehren.

24 Wer mit einem Dieb die Beute teilt, handelt gegen sein eigenes Leben; denn wenn er die Fluchandrohung des Richters hört, darf er nichts sagen.[b]

25 Sich vor Menschen fürchten bringt Gefahr; auf den HERRN vertrauen bringt Sicherheit.

26 Viele buhlen um die Gunst eines Herrschers; dabei ist es der HERR, der ihnen Recht verschaffen kann.

27 Wer das Recht liebt, verabscheut die Rechtsbrecher. Wer das Unrecht liebt, verabscheut die Rechtschaffenen.

WEITERE RATSCHLÄGE
(Kapitel 30–31)

Die Worte Agurs

30 Die folgenden Worte stammen von Agur, dem Sohn Jakes. Dieser Mann sagte:
Ich habe mich abgemüht, Gott, ich habe mich abgemüht und bin am Ende mit meiner Kunst![c]
2 Ich bin zu dumm, um als Mensch gelten zu können; mir fehlt der Verstand gewisser Leute.
3 Ich habe keine Weisheit erworben und weiß also nichts von dem heiligen Gott!

4 Wer ist je in den Himmel hinaufgestiegen
und als Wissender von dort herabgekommen?
Wer hat je den Wind mit den Händen gepackt
und das Wasser im Mantel eingebunden?
Wer hat die fernsten Grenzen der Erde
bestimmt?
Wie heißt dieser Mann? Und wer ist sein Sohn?
Sag es mir, du musst es doch wissen!

5 Alles, was Gott sagt, ist unzweifelhaft wahr.
Wer in Gefahr ist und zu ihm flieht,
findet bei ihm immer sicheren Schutz.
6 Füge zu seinen Worten nichts Eigenes hinzu,
sonst weist er dich zurecht
und überführt dich als Lügner!

7 Mein Gott, ich bitte dich nur um zwei Dinge;
gib sie mir, solange ich lebe: 8 Bewahre mich
davor, zu lügen, und lass mich weder arm noch
reich sein! Gib mir nur, was ich zum Leben
brauche! 9 Habe ich zu viel, so sage ich vielleicht:
»Wozu brauche ich den HERRN?« Habe ich zu
wenig, so fange ich vielleicht an zu stehlen und
bringe deinen Namen in Verruf.

10 Schwärze keinen Diener bei seinem Herrn an, sonst verleumdet er dich und du ziehst den Kürzeren!

11 Es gibt Leute, die verfluchen ihren Vater und sagen kein gutes Wort über ihre Mutter.

a *ausgenutzt:* Bedeutung des Wortes unsicher.
b Es handelt sich um einen Fall, wie er in Lev 5,1 vorgesehen ist.
c *Dieser Mann sagte ...* mit veränderten Vokalen; H: *Wort des Mannes zu Itiël und Ukal.*

29,11 25,28 **29,13** 22,2 S **29,14** 16,12 S **29,15.17** 13,24 S **29,18** Ps 74,9; 1,2 **29,22** 14,17 S **29,23** Ps 75,8 S **30,3** 9,10 **30,4** Ijob 38,1–39,30; Sir 1,2-3; Bar 3,29-31; Joh 3,13 **30,6** Dtn 4,2 **30,8-9** Sir 5,1-2; 1 Tim 6,8-10

12 Es gibt Leute, die behaupten, ein reines Gewissen zu haben, obwohl nichts von ihrem Schmutz abgewaschen ist.

13 Es gibt Leute, die denken Wunder wie hoch von sich und sehen auf alle anderen herab.

14 Es gibt Leute mit Zähnen, die scharf sind wie Schwerter und spitz wie Dolche. Damit fressen sie die Armen und Hilflosen im Land.

Zahlensprüche und andere Ratschläge

15 Manche Leute sind wie Blutegel: »Gib, gib!«, sagen sie und saugen andere aus.

Drei werden nie satt und das Vierte ist ganz unersättlich: 16 die Totenwelt*; der Schoß einer Frau, die keine Kinder bekommt; die Erde, die immer nach Regen verlangt; und das Feuer, das niemals sagt: »Jetzt reicht's.«

17 Wer verächtlich auf seinen Vater herabsieht und seiner Mutter den schuldigen Gehorsam verweigert, dem werden die Raben die Augen aushacken und die Geier werden ihn fressen.

18 Drei Dinge kann ich nicht erklären und das vierte ist mir erst recht ein Geheimnis: 19 der Flug des Adlers am Himmel, das Gleiten der Schlange über eine Felsplatte, die Fahrt des Schiffes auf weglosem Meer und der unwiderstehliche Drang des Mannes zu einer Frau.

20 Die Ehebrecherin schläft mit einem Mann, wäscht sich und sagt: »Ich habe nichts Unrechtes getan« – gerade so, als hätte sie gegessen und sich den Mund abgewischt.

21 Drei Dinge stellen die Welt auf den Kopf, aber das vierte ist ganz unerträglich: 22 wenn ein Sklave König wird, wenn ein gewissenloser Mensch zu Reichtum kommt, 23 wenn eine unausstehliche Frau einen Mann findet und wenn eine Sklavin die Herrin von ihrem Platz verdrängt.

24 Vier Tiere sind zwar klein, aber an Weisheit* fehlt es ihnen nicht: 25 die Ameisen – sie haben keine Macht, doch sie legen Vorräte für den ganzen Winter an; 26 die Klippdachse – sie sind nicht stark, doch sie schaffen sich sichere Wohnungen in den Ritzen der Felsen; 27 die Heuschrecken – sie haben keinen König und doch fliegen sie in geordneten Scharen; 28 die Eidechsen – man kann sie mit der Hand fangen und doch dringen sie sogar in den Palast des Königs ein.

29 Drei haben einen stolzen Gang und der Vierte ist darin nicht zu übertreffen: 30 der Löwe, der König der Tiere, der vor niemand zurückweicht; 31 der stolzierende Hahn; der Ziegenbock; und der König, wenn er seine Krieger mustert.[a]

32 Wenn dich die Lust ankommt, dich selbst zu loben, ob zu Recht oder zu Unrecht, dann halte dir lieber den Mund zu! 33 Schüttle die Milch und sie wird Butter. Schlage jemand auf die Nase und es fließt Blut. Ärgere andere Leute und du bekommst Streit.

Mahnungen für einen König

31 Ratschläge für König Lemuël, die seine Mutter ihm gab:

2 »Du bist der Sohn, den ich so lange von Gott erbeten habe. Hör auf meinen Rat: 3 Vergeude deine Kraft und dein Geld nicht mit Frauen; das hat schon manchen König zugrunde gerichtet. 4 Ergib dich nicht dem Trunk! Wein und Bier sind nichts für Könige! 5 Wenn sie sich betrinken, vergessen sie, was ihnen aufgetragen ist, und sorgen nicht mehr dafür, dass die Armen zu ihrem Recht kommen. 6 Bier und Wein sind gut für den, der am Ende ist; 7 der mag sich betrinken und seinen Kummer vergessen. 8 Deine Sache aber ist es, für Recht zu sorgen. Sprich für alle, die sich selbst nicht helfen können. 9 Sprich für die Armen und Schwachen, nimm sie in Schutz und verhilf ihnen zu ihrem Recht!«

Lob der tüchtigen Frau

10 Eine tüchtige Frau ist das kostbarste Juwel, das einer finden kann. 11 Ihr Mann kann sich auf sie verlassen, sie bewahrt und mehrt seinen Besitz. 12 Ihr ganzes Leben lang macht sie ihm Freude und enttäuscht ihn nie.

13 Sie sorgt dafür, dass sie immer Flachs und Wolle hat; sie spinnt und webt mit fleißigen Händen. 14 Sie schafft von überall her Nahrung herbei wie ein Handelsschiff aus fernen Ländern.

15 Sie steht schon auf, wenn es noch dunkel ist, bereitet die Mahlzeiten vor und weist den Mägden die Arbeit zu. 16 Sie schaut sich nach einem Stück Land um, kauft es mit dem Geld, das sie selber verdient hat, und bepflanzt es mit Reben.

17 Sie packt ihre Aufgaben energisch an und scheut keine Mühe. 18 Sie merkt, dass ihre Mühe etwas einbringt; darum arbeitet sie beim Schein der Lampe bis spät in die Nacht. 19 In jeder freien Minute nimmt sie die Spindel zur Hand.

a *wenn er ...:* nach G; H vielleicht *gegen den sich niemand erhebt.*

30,12 20,9 S **30,16** 27,20 **30,17** 1,8 S; 20,20 S **30,21-23** Koh 10,5-7 **30,23** Gen 16,4-6 **30,25** 6,6-8 **31,3** Dtn 17,17 S **31,4** 20,1 S **31,8-9** 16,10 S **31,10-31** 14,1 **31,10-12** 12,4; 18,22 S

20 Den Armen und Notleidenden gibt sie
reichlich und gern. 21 Schnee und Frost bereiten
ihr keine Sorgen, weil sie für alle im Haus warme
Kleidung bereithält.

22 Sie macht sich schöne Decken; ihre Kleider
sind aus feinem Leinen und purpurroter Wolle.

23 Sie hat einen Mann, der von allen geachtet
wird; sein Wort gilt etwas im Rat der Gemeinde.

24 Sie fertigt Tücher und Gürtel an und verkauft sie an Händler. 25 Als wohlhabende und
angesehene Frau blickt sie ohne Sorgen in die
Zukunft.

26 Was sie redet, zeugt von Weisheit*; mit
freundlichen Worten gibt sie Anweisungen und
Ratschläge. 27 Alles, was im Haus geschieht, behält sie im Auge; Müßiggang ist ihr unbekannt.

28 Ihre Kinder sind stolz auf sie und ihr Mann
lobt sie. 29 »Es gibt viele tüchtige Frauen«, sagt
er; »aber du bist die allerbeste!«

30 Anmut und Schönheit sind vergänglich und
kein Grund, eine Frau zu rühmen; aber wenn sie
den HERRN ernst nimmt, dann verdient sie Lob.
31 Ihre Mühe darf nicht unbelohnt bleiben: Für
das, was sie leistet, soll die ganze Stadt sie ehren.

DAS BUCH KOHELET (PREDIGER)

Inhaltsübersicht

ALLES IST VERGEBLICH, GOTT UNBEGREIFLICH (1,1–3,15)

1 In diesem Buch sind die Einsichten des
Lehrers[a] aufgeschrieben. Er war ein Sohn Davids und König in Jerusalem.

Alles ist schon einmal da gewesen

2 »Vergeblich und vergänglich!«, pflegte der
Lehrer zu sagen. »Vergeblich und vergänglich!
Alles ist vergebliche Mühe.«

3 Der Mensch müht und plagt sich sein Leben
lang, und was hat er davon? 4 Die Generationen
kommen und gehen; und die Erde bleibt, wie sie
ist. 5 Die Sonne geht auf, sie geht unter und dann
wieder von vorn, immer dasselbe. 6 Jetzt weht
der Wind von Norden, dann dreht er und weht
von Süden, er dreht weiter und immer weiter,
bis er wieder aus der alten Richtung kommt.
7 Alle Flüsse fließen ins Meer, aber das Meer
wird nicht voll. Das Wasser kehrt zu den Quellen
zurück – und wieder fließt es ins Meer.

8 Du bemühst dich, alles, was geschieht, in
Worte zu fassen, aber es gelingt dir nicht. Denn
mit dem Hören und Sehen kommst du nie an ein
Ende. 9 Doch im Grunde gibt es überhaupt nichts
Neues unter der Sonne. Was gewesen ist, das
wird wieder sein; was getan wurde, das wird
wieder getan. 10 »Sieh her«, sagen sie, »da ist
etwas Neues!« Unsinn! Es ist schon einmal da gewesen, lange bevor wir geboren wurden. 11 Wir
wissen nur nichts mehr von dem, was die Alten
taten. Und was wir heute tun oder unsere Kinder
morgen, wird auch bald vergessen sein.

Handeln, Wissen, Genießen – es führt zu nichts

12 Ich, der Lehrer,[b] war König über Israel und
regierte in Jerusalem. 13 Ich nahm mir vor,
alle Dinge zu ergründen und zu begreifen. Ich
wollte herausfinden, was für einen Sinn alles
hat, was in der Welt geschieht. Doch was ist das
für eine fruchtlose Beschäftigung! Gott hat sie
den Menschen gegeben, damit sie sich mit ihr
plagen.

14 Ich beobachtete alles, was Menschen auf
der Erde tun, und ich fand: Alles ist vergeblich.
Es ist, als jagtest du dem Wind nach. 15 Krummes
kann nicht gerade werden; was nicht da ist,
kannst du nicht zählen.

16 Ich sagte zu mir selbst: »Ich weiß mehr als
alle, die vor mir über Jerusalem geherrscht haben. Ich habe eine Fülle von Weisheit* und Erkenntnis gesammelt.« 17 Doch als ich darüber

[a] Hebräisch *kohelet.* Das Wort *kohelet* ist von dem Wortstamm für »versammeln« abgeleitet und bezeichnet einen Menschen, der bestimmte Gemeindeversammlungen und philosophische Kreise oder Schulen leitet und in ihnen zu reden und zu lehren hat (vgl. 12,9). [b] Hebräisch *kohelet;* siehe Anmerkung zu 1,1.

1,1 1,12; 12,9; Spr 1,1 **1,2** 12,8; Ijob 7,16; Ps 69,6; 62,10 **1,3** 2,11.18-23; 3,9; 5,15 **1,4-11** 3,14-15 **1,12** 1,1 S **1,13** 3,10; 8,16-17 **1,14** 2,11; 4,4 **1,15** 7,13 **1,16** 2,9; 1 Kön 5,9-14 **1,17** 2,12; 8,16-17

nachdachte, was das alles wert ist und was der
Weise den uneinsichtigen Schwachköpfen vor-
aushat, erkannte ich: Auch die Bemühung um
Weisheit und Erkenntnis ist Jagd nach Wind.
18 Wer viel weiß, hat viel Ärger. Je mehr Erfah-
rung, desto mehr Enttäuschung.

2 Ich entschloss mich, das Leben zu genießen
und glücklich zu sein. Aber ich merkte: Auch
das ist vergeblich! 2 Das Lachen ist etwas für Nar-
ren, und die Freude – was bringt sie schon ein?

Lohnt es sich, etwas zu vollbringen?

3 Ich wollte am vollen Leben teilhaben wie die
Menschen, die sich nicht um Weisheit und Ein-
sicht kümmern; aber der Verstand sollte die Füh-
rung behalten. Ich trank Wein, um mich in Stim-
mung zu bringen, denn ich wollte erkunden, ob
der Mensch während seiner kurzen Lebenstage
irgendwo Glück finden kann.

4 Ich vollbrachte große Dinge: Ich baute mir
Häuser und pflanzte Weinberge. 5 Ich legte Obst-
gärten an und pflanzte darin alle Arten von
Fruchtbäumen. 6 Ich legte Teiche an, um die vie-
len aufwachsenden Bäume zu bewässern. 7 Ich
kaufte mir zahlreiche Sklaven und Sklavinnen
zu denen hinzu, die ich von meinem Vater ge-
erbt hatte. Ich besaß mehr Rinder, Schafe und
Ziegen als irgendjemand vor mir in Jerusalem.
8 Ich füllte meine Vorratskammern mit Silber
und Gold aus den Schätzen der unterworfenen
Könige und Länder. Ich hielt mir Sänger und
Sängerinnen und nahm mir so viele Frauen, wie
ein Mann sich nur wünschen kann.

9 So wurde ich mächtiger und reicher als alle,
die vor mir in Jerusalem regiert hatten. Weil ich
ein so großes Wissen besaß, 10 konnte ich mir
alles verschaffen, was meinen Augen gefiel, und
ich versagte mir keine Freude. Mit all meiner
Mühe hatte ich es so weit gebracht, dass ich tat-
sächlich glücklich war.

11 Doch dann dachte ich über alles nach, was
ich getan und erreicht hatte, und kam zu dem Er-
gebnis: Alles ist vergeblich und Jagd nach Wind.
Es kommt nichts heraus bei aller Mühe, die sich
der Mensch macht unter der Sonne.

Lohnt es sich, Wissen zu erwerben?

12 Ich wollte wissen, ob bei Weisheit* etwas
anderes herauskommt als bei Unverstand und
Torheit. Denn was wird der Mann tun, der mir
auf dem Königsthron folgt? Bestimmt das, was
man schon immer getan hat![a]

13 Es stimmt: Weisheit ist besser als Unwissen-
heit, so wie Licht besser ist als Finsternis. 14 Der
Wissende sieht, wo er geht; der Unwissende
tappt im Dunkeln. Aber ich erkannte auch: Beide
trifft am Ende das gleiche Schicksal. 15 Wenn es
mir also trotz meiner Weisheit genauso ergeht
wie den Unverständigen, weshalb bemühe ich
mich dann so sehr darum? Und ich sagte mir:
Auch das ist vergeblich. 16 Kluge müssen doch ge-
nauso sterben wie die Dummen. Und man er-
innert sich an die einen nicht länger als an die
andern. Wie bald sind sie alle vergessen! 17 Da
war mir das ganze Leben verleidet. Du kannst
tun, was du willst, unter der Sonne – es ist doch
alles vergeblich und Jagd nach Wind.

18 Auch der ganze Ertrag meiner Mühe war
mir verleidet. Ich muss ja doch alles einem ande-
ren überlassen, der nach mir kommt. 19 Wer
weiß, ob der auch den Verstand hat, es sinnvoll
zu gebrauchen. Trotzdem wird er über alles ver-
fügen, was ich mir mit solcher Anstrengung
durch mein großes Wissen erworben habe. Auch
das ist vergebliche Mühe! 20 Da begann ich zu
verzweifeln, weil ich mich für nichts und wieder
nichts geplagt hatte. 21 Da müht sich jemand ab
mit Klugheit und Geschick und erreicht etwas;
aber dann muss er es einem vererben, der keinen
Finger dafür krumm gemacht hat. Auch das ist
vergeblich und ein großes Übel! 22 Was hat der
Mensch am Ende von all seiner Anstrengung?
23 Nichts als Sorgen und Plagen hat er sein Leben
lang, selbst in der Nacht kommen seine Gedan-
ken nicht zur Ruhe. Auch das ist vergebliche
Mühe!

Wer kann sein Leben genießen?

24 Es gibt für den Menschen nichts Besseres als
essen und trinken und genießen, was er sich er-
arbeitet hat. Doch dieses Glück hängt nicht von
ihm selbst ab: Es ist ein Geschenk Gottes.
25 Denn wer hat zu essen oder hat Grund zur
Freude ohne ihn?[b] 26 Den Menschen, an denen
Gott Gefallen hat, gibt er Weisheit*, Wissen und
Freude. Den anderen aber gibt er die Beschäfti-
gung, zu sammeln und anzuhäufen, um dann al-
les denen zu schenken, die ihm gefallen. Auch
hier wieder: Vergebliche Mühe und Jagd nach
Wind.

a Oder *was ist der Mann, der auf den König folgt, den sie schon längst eingesetzt haben?*
b *ohne ihn* mit einigen Handschriften und G; H *ohne mich.*

2,1 2,3.10-11; 2,24-25 S; Weish 2,6 **2,2** Spr 14,13 **2,3** 2,1 S; Spr 20,1 S **2,7** 1 Kön 5,3; 8,62-63 **2,8** 1 Kön 5,1; 10,14-22; 2 Sam 19,36; 1 Kön 11,3 **2,9** 1,16; 1 Kön 10,23 **2,11** 1,3 S **2,12** 1,17; 2,18-19 **2,13-14** 10,2 **2,14** 9,2-3; Ijob 9,21-22 **2,15** 7,16 **2,16** Ps 49,11 **2,18-23** 1,3 S **2,18-19** 6,2; Ps 39,7 **2,21** Sir 11,18-19 **2,22-23** 5,16; 8,16-17; Ijob 7,1-2; 14,1 **2,24-25** 3,12-13.22; 5,17-18; 8,15; 9,7-9; 11,7-10 **2,26** Ijob 27,16-17; Spr 2,6; 13,22

Gott hat alles im Voraus bestimmt

3 Alles, was auf der Erde geschieht, hat seine
von Gott bestimmte Zeit:

2 geboren werden und sterben,
einpflanzen und ausreißen,
3 töten und Leben retten,
niederreißen und aufbauen,
4 weinen und lachen,
wehklagen und tanzen,
5 Steine werfen und Steine aufsammeln,
sich umarmen
und sich aus der Umarmung lösen,
6 finden und verlieren,
aufbewahren und wegwerfen,
7 zerreißen und zusammennähen,
schweigen und reden.
8 Das Lieben hat seine Zeit
und auch das Hassen,
der Krieg und der Frieden.

9 Was hat ein Mensch von seiner Mühe und
Arbeit? 10 Ich habe die fruchtlose Beschäftigung
gesehen, die Gott den Menschen auferlegt hat.
11 Gott hat für alles eine Zeit vorherbestimmt,
zu der er es tut; und alles, was er tut, ist vollkommen. Dem Menschen hat er eine Ahnung
von dem riesigen Ausmaß der Zeiträume[a] gegeben, aber von dem, was Gott in dieser unvorstellbar langen Zeit tut, kann der einzelne
Mensch nur einen winzigen Ausschnitt wahrnehmen.

12 Ich bin zu der Erkenntnis gekommen: Das
Beste, was der Mensch tun kann, ist, sich zu
freuen und sein Leben zu genießen, solange
er es hat. 13 Wenn er aber zu essen und zu
trinken hat und genießen kann, was er sich
erarbeitet hat, dann verdankt er das der Güte
Gottes.

14 Ich habe erkannt: Alles, was Gott tut, ist
unabänderlich für alle Zeiten. Der Mensch kann
nichts hinzufügen und nichts davon wegnehmen. So hat es Gott eingerichtet, damit wir in
Ehrfurcht zu ihm aufschauen. 15 Was in der Vergangenheit geschah und was in Zukunft geschehen wird, hat Gott lange zuvor festgelegt. Und
die Zeit, die uns entschwunden ist, ist bei ihm
nicht vergangen.

UNGERECHTIGKEITEN UND VERGEBLICHE MÜHE (3,16–6,12)

Unrecht in der Welt

16 Noch etwas habe ich in dieser Welt beobachtet: Wo Recht gesprochen und für Gerechtigkeit
gesorgt werden sollte, da herrscht schreiendes
Unrecht. 17 Da dachte ich: Letzten Endes ist es
Gott selbst, der die Guten genauso wie die Bösen
verurteilt. Denn er hat eine Zeit bestimmt für alles, was auf der Erde geschieht.

18 Ich sagte mir: Gott will die Menschen prüfen. Sie sollen einsehen, dass sie von sich aus
nicht anders sind als das Vieh. 19 Menschen und
Tiere haben das gleiche Schicksal: Die einen wie
die anderen müssen sterben. Sie haben beide
den gleichen vergänglichen Lebensgeist. Nichts
hat der Mensch dem Tier voraus; denn alles ist
vergeblich und vergänglich. 20 Alles muss an den
gleichen Ort. Aus dem Staub der Erde ist alles
entstanden und zum Staub der Erde kehrt alles
zurück. 21 Wer weiß schon, ob der Lebensgeist
des Menschen in die Höhe steigt und der Lebensgeist des Tieres in die Erde versinkt?

22 So habe ich eingesehen, dass der Mensch
nichts Besseres tun kann, als den Ertrag seiner
Arbeit zu genießen. Das hat Gott ihm zugeteilt.
Wie sollte er sich auch freuen an dem, was erst
nach ihm sein wird?

4 Ich habe auch gesehen, wie viel Ausbeutung
es in dieser Welt gibt. Die Unterdrückten
weinen, aber niemand trocknet ihre Tränen.
Niemand hilft ihnen, denn ihre Unterdrücker haben die Macht. 2 Wie gut haben es die Toten! Ihnen geht es besser als den Lebenden. 3 Noch besser sind die dran, die gar nicht geboren wurden
und die Ungerechtigkeit auf der Erde nicht sehen
mussten.

Sinn und Unsinn der Arbeit

4 Auch das habe ich gesehen: Da plagen sich die
Menschen und setzen alle ihre Fähigkeiten ein,
um sich gegenseitig auszustechen. Auch das ist
vergebliche Mühe und Jagd nach Wind. Letzten
Endes kommt nichts dabei heraus. 5 Es heißt
zwar: »Der Unbelehrbare legt seine Hände in
den Schoß – und verhungert.« 6 Aber ich sage:

a *eine Ahnung ...:* wörtlich *die Ewigkeit ins Herz.* Das hebräische Wort für »Ewigkeit« bezeichnet die Erstreckung der Zeit bis in die fernste Vergangenheit oder Zukunft.

3,1 3,17; 8,5-6; 9,11-12 **3,2** 7,17; Ijob 5,26; Spr 10,27 **3,7** Spr 15,23 **3,8** 9,1 **3,9** 1,3S **3,10** 1,13 **3,11** 7,14; Sir 39,16.20 **3,12-13** 2,24-25S **3,14** 6,10; 12,13S; Sir 18,4-6; 42,21 **3,15** 1,9 **3,16** 4,1; 5,7 **3,17** 3,1S **3,19** Ps 49,13.21 **3,20-21** 12,7; Gen 2,7; 3,19; Ps 103,14; 104,29; Weish 2,1-3; Sir 40,11 **3,22** 2,24-25S **4,1** 3,16S **4,2** Ijob 3,20-22 **4,3** 6,3-5; Ijob 3,11-19; Jer 20,14-18 **4,5** Spr 6,10-11S **4,6** Spr 15,16

Eine Hand voll Gelassenheit ist besser als beide
Hände voll Mühe und Jagd nach Wind.
7 Ich habe noch etwas unter der Sonne gese-
hen, das ganz vergeblich ist: 8 Da lebt jemand
ganz allein; er hat keinen Sohn und auch keinen
Bruder. Trotzdem arbeitet er rastlos weiter und
sein Besitz ist ihm nie groß genug. Für wen plage
ich mich dann eigentlich und gönne mir selbst
keine Freude? Auch das ist vergebliche Mühe,
eine fruchtlose Beschäftigung!

Besser nicht allein!

9 Zwei sind allemal besser dran als einer allein.
Wenn zwei zusammenarbeiten, bringen sie es
eher zu etwas. 10 Wenn zwei unterwegs sind und
hinfallen, dann helfen sie einander wieder auf
die Beine. Aber wer allein geht und hinfällt, ist
übel dran, weil niemand ihm helfen kann.
11 Wenn zwei beieinander schlafen, können sie
sich gegenseitig wärmen. Aber wie soll einer
allein sich warm halten? 12 Ein einzelner Mensch
kann leicht überwältigt werden, aber zwei weh-
ren den Überfall ab. Noch besser sind drei; es
heißt ja: »Ein Seil aus drei Schnüren reißt nicht
so schnell.«

Wankelmütige Volksgunst

13 Es heißt: »Ein junger Mann, der arm ist, aber
gelernt hat, sein Leben richtig zu führen, ist bes-
ser als ein alter, eigensinniger König, der keinen
Rat mehr annimmt.« 14 Gut, den jungen Mann
holten sie aus dem Gefängnis und setzten ihn
auf den Thron, obwohl er in einer armen Familie
geboren wurde, als der andere schon König war.
15 Aber ich habe beobachtet, dass das Volk sich
immer auf die Seite des nächsten jungen Mannes
stellt, der schon bereitsteht, um den Platz des an-
deren einzunehmen. 16 Alle Leute laufen ihm
nach. Aber schon bald werden sie auch mit ihm
unzufrieden sein und dem nächsten zujubeln.
Auch hier gilt: Vergeblich und Jagd nach Wind!

Vom Verhalten Gott gegenüber

17 Überlege, was du tust, wenn du zum Gottes-
haus gehst. Du sollst dort zuhören und lernen,
Gott zu gehorchen. Das ist besser, als wenn
Dummköpfe nur Tiere zum Opfer* dorthin
bringen. Sie bleiben unwissend und tun deshalb
weiter Böses.

5 Überlege, bevor du Gott etwas sagst. Sprich
nicht alle Gedanken aus, die dir kommen.
Denn Gott ist im Himmel und du bist auf der
Erde; darum rede nicht mehr als nötig. 2 Es heißt
doch: »Je mehr Pläne du im Kopf hast, desto
schlimmer träumst du. Und je mehr Worte du
machst, desto mehr Unsinn redest du.«
3 Wenn du Gott etwas versprochen hast, dann
erfülle dein Gelübde* so schnell wie möglich.
Leichtfertige Leute, die ihr Versprechen nicht
halten, kann Gott nicht ausstehen. 4 Keine Ver-
sprechungen machen ist besser als etwas ver-
sprechen und es dann nicht halten.
5 Sieh dich vor, dass du nichts Unrechtes
sagst. Hast du es doch getan, so behaupte nicht
vor dem Priester, es sei dir nur so herausge-
rutscht. Oder willst du, dass Gott zornig auf dich
wird und deine Arbeit misslingen lässt? 6 Viel
Träumen führt zu viel Sinnlosigkeit, viele Worte
auch.[a] Darum nimm Gott ernst!

Die Ausbeuter sind sich einig

7 Wundere dich nicht, wenn du siehst, wie man
die Armen auf dem Land unterdrückt und ihnen
gerechtes Urteil verweigert. Denn ein Mächtiger
deckt den anderen und beide deckt einer, der
noch mächtiger ist. 8 Es wäre besser, wenn der
König selbst sich um die Verhältnisse auf dem
Land kümmern würde.[a]

Reichtum, der kein Glück bringt

9 Wer am Geld hängt, bekommt nie genug da-
von. Wer Reichtum liebt, will immer noch mehr.
Auch hier gilt: Alles vergeblich! 10 Je reicher je-
mand wird, desto mehr Leute wollen von seinem
Reichtum leben. Welchen Nutzen hat er am
Ende davon? Nur das Nachsehen. 11 Wer hart
arbeitet, schläft gut, ob er viel oder wenig geges-
sen hat. Der reiche Faulenzer dagegen wälzt sich
schlaflos im Bett, weil ihn der Magen drückt.
12 Noch eine böse Sache habe ich beobachtet:
dass einer, der seinen Reichtum ängstlich hütet,
dennoch ins Elend gerät. 13 Ein einziges schlech-
tes Geschäft und schon ist alles verloren! Wenn
der Mann einen Sohn hat, kann er ihm nichts
mehr vererben. 14 Und überhaupt: Nackt, wie
der Mensch auf die Welt gekommen ist, muss er
wieder von ihr gehen. Von allem, was er hier an-
gehäuft hat, kann er nicht einmal eine Hand voll
mitnehmen. 15 Das ist doch eine ganz üble Sache:
Der Mensch muss gehen, wie er gekommen ist;
für nichts und wieder nichts hat er sich abge-
plagt. 16 Sein Leben lang hat er sich nichts ge-
gönnt und sich mit Ärger, Sorgen und Krankheit
herumgeschlagen.

a Deutung unsicher.

4,8 5,9; Spr 27,20 **4,17** 1Sam 15,22S; Ps 40,7-9S; Spr 15,8S **5,1** Mt 6,7 **5,2** 10,14; Spr 10,19 **5,3-5** Num 30,3; Spr 20,25 **5,6** 12,13S **5,7** 3,16S **5,9** 4,8; Lk 12,15-21 **5,11** Sir 31,19-20 **5,14** Ijob 1,21S **5,15** 1,3S **5,16** 2,22-23

Dankbar genießen

17 Ich bin zu der Erkenntnis gekommen, dass wir Menschen in dem kurzen Leben, das Gott uns zugemessen hat, nichts Besseres tun können als essen und trinken und es uns wohl sein lassen bei aller Mühe, die wir haben. So hat Gott es für uns bestimmt. 18 Wenn Gott einen Menschen reich und wohlhabend werden lässt und ihm erlaubt, seinen Teil davon zu genießen und sich am Ertrag seiner Mühe zu freuen, dann ist das ein Gottesgeschenk! 19 Die Freude lässt ihn nicht mehr daran denken, wie kurz sein Leben ist.

Auch Reichtum bringt keine Sicherheit

6 Etwas Schlimmes habe ich in dieser Welt gesehen, das schwer zu ertragen ist: 2 Da ist jemand, den hat Gott zu Reichtum, Besitz und Ansehen kommen lassen; er hat alles, was ein Mensch sich wünschen kann. Aber Gott erlaubt ihm nicht, es zu genießen; irgendein Unbekannter wird sich ein gutes Leben damit machen. Auch hier gilt: Vergeblich! Das ist ganz unerträglich! 3 Mag einer auch hundert Kinder haben und ein hohes Alter erreichen – was hat er davon, wenn er nicht sein Leben genießen kann und am Ende nicht einmal ein anständiges Begräbnis bekommt? Ich sage: Eine Fehlgeburt hat es besser als er! 4 Denn:

»Als ein Nichts kommt sie,
in die Nacht geht sie,
namenlos und vergessen.
5 Das Sonnenlicht sieht sie nicht,
was Leben ist, weiß sie nicht;
doch Ruhe hat sie gefunden.«

Jedenfalls mehr Ruhe als der andere, 6 der nichts von seinem Leben hat, und wenn er zweitausend Jahre alt würde! Am Ende kommen alle an den gleichen Ort.

7 Der Mensch müht sich ständig ab, um sich satt essen zu können. Was hilft's, er wird doch immer wieder hungrig! 8 Darin geht es den Weisen* nicht besser als den Unwissenden. Und was nützt es den Armen, wenn sie etwas wissen? Wissen macht nicht satt![a] 9 Gib dich zufrieden mit dem, was du hast, und verlange nicht nach allen möglichen anderen Dingen; denn das ist vergebliche Mühe und Jagd nach Wind.

Sich gegen Gott wehren ist nutzlos

10 Alles, was geschieht, ist vor langer Zeit bestimmt worden. Ehe ein Mensch auf die Welt kommt, steht schon fest, was aus ihm wird. Und mit seinem Schöpfer, der mächtiger ist als er, kann er nicht darüber streiten. 11 Je mehr Worte er dabei macht, desto vergeblicher sind sie und desto weniger kommt für ihn dabei heraus. 12 Überhaupt, wer kann einem Menschen sagen, was für ihn gut ist während der kurzen Tage seines vergänglichen Lebens, das flüchtig ist wie ein Schatten? Und wer kann ihm sagen, was nach ihm geschehen wird unter der Sonne?

ALTE WEISHEITEN, NEU GESEHEN
(Kapitel 7–9)

Über den Tod

7 »Ein guter Ruf ist besser als ein schönes Begräbnis«,[b] heißt es. Ich aber sage: Der Todestag ist besser als der Tag der Geburt.

2 In ein Trauerhaus gehen bringt mehr Gewinn als in ein Hochzeitshaus gehen; denn auf jeden Menschen wartet der Tod, und wer noch lebt, nehme sich das zu Herzen!

3 Weinen ist besser als Lachen. Ein trauriges Gesicht ist ein Zeichen für reiche Lebenserfahrung.

4 Der Narr geht am liebsten dorthin, wo es lustig zugeht; der Weise* geht lieber in ein Trauerhaus.

Über Wissen und Unverstand

5 Der Tadel eines weisen Menschen hilft dir mehr als alle Loblieder der Unwissenden – heißt es –, 6 denn das Lachen unverbesserlicher Narren ist wie das Prasseln brennender Dornen unter einem Kochtopf. Aber auch das ist vergebliche Mühe; 7 denn auch der Weise wird zum Narren, wenn man ihn erpresst, und Geschenke vernebeln seinen Verstand.

Über Geduld und Vorsicht

8 Mit Reden aufhören ist besser als mit Reden anfangen. Ruhig Blut bringt weiter als ein heißer Kopf.

9 Lass dich nicht aus der Ruhe bringen; nur Unverständige ärgern sich über alles.

10 Frage nicht: »Warum war früher alles besser

a Die zweite Vershälfte ist nicht sicher zu deuten.
b Wörtlich *besser als gutes Salböl* (das zum Einbalsamieren benutzt wurde).

5,17-18 2,24-25 S **6,2** 2,18-19; Lk 12,20 **6,3-5** 4,3 S **6,10** 3,14 S; Ijob 9,1-35 **6,12** 3,22; Ps 144,4 **7,1** Spr 22,1 **7,7** Ex 23,8

als heute?« Damit verrätst du nur, dass du das
Leben noch nicht kennst.

Über Erfahrung und Besitz

11 Wissen und Erfahrung sind ebenso viel wert
wie Besitz, ja, sie werfen sogar noch Gewinn ab.
12 Sie geben genauso viel Sicherheit wie das Geld
und sie bringen noch mehr: Sie erhalten ihren
Besitzer am Leben.

13 Aber vergiss nicht, dass es bei allem auf
Gottes Tun ankommt. Wer kann gerade biegen,
was er krumm gemacht hat? 14 Freu dich, wenn
du einen Glückstag hast. Und wenn du einen
Unglückstag hast, dann denke daran: Gott
schickt dir beide, und du weißt nicht, was als
Nächstes kommt.

Die gesunde Mitte

15 Während meines vergänglichen Lebens voll
vergeblicher Mühe habe ich beobachtet: Es gibt
Menschen, die nach Gottes Geboten leben und
trotzdem elend umkommen; aber andere, die
Unrecht tun und sich um Gott nicht kümmern,
genießen ihr Leben bis ins hohe Alter. 16 Deshalb
ist mein Rat: Übertreib es nicht mit der Recht-
schaffenheit und bemühe dich nicht zu sehr um
Wissen! Warum willst du dich selbst zugrunde
richten? 17 Schlag aber auch nicht über die Strän-
ge und bleib nicht in der Unwissenheit! Warum
willst du vor der Zeit sterben? 18 Halte dich an
die gesunde Mitte. Wenn du Gott ernst nimmst,
findest du immer den rechten Weg.

19 Wissen und Erfahrung helfen einem Men-
schen mehr, als zehn Herrscher einer Stadt ihm
helfen können. 20 Aber kein Mensch auf der
Erde ist so rechtschaffen, dass er immer richtig
handelt und nie einen Fehler macht.

21 Versuche nicht, alles mitzubekommen, was
die Leute reden. Was hast du davon, wenn du
hörst, wie deine Untergebenen über dich
schimpfen? 22 Du weißt doch, dass du selbst oft
genug über andere geschimpft hast.

Vergebliches Forschen

23 Ich wollte weise werden; ich habe alles ver-
sucht, um zur Einsicht zu kommen; aber sie
blieb mir unerreichbar fern. 24 Der Sinn aller
Dinge ist so fern und so tief verborgen. Wer kann
ihn ergründen? 25 Dann wandte ich mich etwas
anderem zu: Ich forschte und beobachtete, um
daraus meine Schlüsse zu ziehen und zu einem
Urteil zu kommen. Ich wollte wissen, ob die
Bosheit etwas mit fehlender Einsicht zu tun hat
und Unverstand mit Unverbesserlichkeit.

26 Da ist zum Beispiel die Art von Frau, die
noch bitterer ist als der Tod. Von ihr sagt man:
»Sie ist eine Falle, ihre Liebe ist ein Fangnetz;
ihre Arme, mit denen sie dich umfängt, sind Fes-
seln. Ein Mann, an dem Gott Gefallen hat, kann
ihr entrinnen. Aber wer Gott missfällt, den fängt
sie ein.«

27 Sieh dir an, was ich[a] herausgefunden habe;
es ist das Ergebnis vieler Einzelbeobachtungen –
28 das heißt: Was ich eigentlich suchte, habe ich
nicht gefunden. Ich habe den Menschen ge-
sucht, wie er sein sollte, und unter Tausend habe
ich *einen* gefunden, und das war keine Frau! –
29 Das Ergebnis meines ganzen Forschens war:
Gott hat die Menschen einfach und aufrichtig ge-
schaffen, aber manche wollen alles kompliziert
haben.

8 »Wissen macht das Gesicht freundlich und
lässt die strengen Falten verschwinden«,
heißt es. Aber wer hat dieses Wissen und kann
alles richtig erklären?

Auflehnung ist zwecklos

2 Ich rate dir: Tu, was der König befiehlt, denn
du hast ihm vor Gott Treue geschworen. 3 Gib
nicht dem Wunsch nach, gegen ihn zu rebellie-
ren. Lass dich nicht auf eine so gefährliche Sache
ein; denn der König tut letzten Endes doch, was
ihm gefällt. 4 Er hat die Macht, seinen Willen
durchzusetzen, und kein Mensch kann ihn dafür
zur Rechenschaft ziehen.

5 Wer Gottes Gebote befolgt, bleibt von Un-
glück verschont, und wer Lebensweisheit hat,
weiß, wann und wie er handeln muss. 6 Denn
alles, was geschieht, hat seine von Gott be-
stimmte Zeit. Aber es gibt ein schlimmes Ge-
schick, das auf dem Menschen lastet: 7 Er weiß
nicht, was ihn treffen wird, und niemand sagt
ihm, wie es geschehen wird. 8 Den Wind kann
er nicht aufhalten oder einsperren. Ebenso we-
nig kann er seinen Todestag aufhalten. Im Krieg
wird kein Soldat entlassen, und wer schuldig
geworden ist, kann den Folgen seiner Schuld
nicht entgehen.

Warum geht es Verbrechern so gut?

9 Noch etwas habe ich beobachtet. Ich habe un-
tersucht, was alles unter der Sonne geschieht,
wenn einige wenige die Macht besitzen und die
anderen darunter zu leiden haben. 10 Ich habe

a Es folgt hier noch *sagte kohelet;* vgl. Anmerkung zu 1,1.

7,11-12 Spr 3,14-18; 16,16 **7,13** 1,15 **7,14** 3,11; Ijob 2,10; Sir 11,14 **7,15** 8,14; 9,2; Ijob 12,6S **7,16** 2,15 **7,17** 3,2S **7,18** 12,13S **7,19** Spr 24,5 **7,20** Jak 3,2 **7,26** Spr 5,3-6S **8,3** Spr 20,2 **8,5-6** 3,1S **8,8** 9,12

gesehen, wie Verbrecher zum Gottesdienst in
den Tempel kamen, während rechtschaffene
Leute aus dem Heiligtum vertrieben wurden und
niemand in der Stadt mehr an ihre guten Taten
dachte. [a] Auch hier gilt: Alles vergeblich!

11 Dass die Strafe den Verbrecher nicht auf
der Stelle ereilt, ermutigt viele dazu, Verbre-
chen zu begehen. 12a Manche haben schon hun-
dert Schandtaten verübt – und leben immer
noch!

Lohn und Strafe

12b Auch ich kenne das Sprichwort: »Wer Gott
ernst nimmt, dem geht es gut. 13 Aber wer Un-
recht begeht, hat kein Glück. Sein Leben ist kurz
und flüchtig wie ein Schatten, weil er Gott nicht
ernst nimmt.« 14 Doch das ist Unsinn! In der
Welt sieht es oft genug ganz anders aus: Da sind
Menschen, die immer das Rechte tun, und es
ergeht ihnen, wie es Verbrechern gehen sollte.
Und es gibt Verbrecher, denen es so gut geht, als
hätten sie immer das Rechte getan. Ich bleibe
dabei: Alles vergeblich!

15 Darum soll sich der Mensch an die Freude
halten. Er soll essen und trinken und sich freuen;
das ist das Beste, was er bekommen kann unter
der Sonne, während des kurzen Lebens, das Gott
ihm schenkt.

Was von der Weisheit zu halten ist

16 Ich wollte herausfinden, was an der so ge-
nannten Weisheit eigentlich dran ist. Darum ha-
be ich dieses mühselige Geschäft beobachtet, mit
dem der Mensch sich auf der Erde herumschlägt
– Tag und Nacht tut er kein Auge zu. 17 Und ich
musste einsehen: Ein Mensch kann das, was
Gott tut und geschehen lässt unter der Sonne,
niemals in seinem Zusammenhang erfassen. Er
mag noch so angestrengt danach suchen, den Zu-
sammenhang der Dinge findet er nicht. Auch
wenn ein Weiser* behauptet, ihn zu kennen –
gefunden hat er nichts.

Alle trifft dasselbe Schicksal

9 Ich habe über alles nachgedacht und bin zu
der Einsicht gekommen, dass auch die Klu-
gen und Rechtschaffenen in allem, was sie tun,
von Gott abhängig sind. Nicht einmal, warum
sie lieben oder hassen, wissen sie. 2 Alle trifft das
gleiche Schicksal, ob sie nun Gottes Gebote be-
folgen oder sie übertreten, Gutes oder Böses tun,
sich rein* halten oder sich beflecken, Gott
Opfer* bringen oder nicht. Dem Schuldlosen er-
geht es nicht besser als dem Verbrecher, der den
Reinigungseid* scheuen muss.

3 Es ist zum Verzweifeln, dass auf alle ohne
Unterschied dasselbe Ende wartet. Weil die
Bösen nicht auf der Stelle bestraft werden, er-
greift sie Verblendung und sie treiben es noch
schlimmer. Aber zuletzt müssen alle sterben.
4 Solange ein Mensch lebt, hat er noch Hoff-
nung, und ein lebender Hund ist immer noch
besser als ein toter Löwe. 5 Die Lebenden wissen
wenigstens, dass sie einmal sterben müssen. Die
Toten wissen überhaupt nichts mehr. Ihre Ver-
dienste werden nicht belohnt; denn niemand
denkt mehr an sie. 6 Ganz gleich, ob sie einst
Liebe, Hass oder Eifersucht erregt haben, alles ist
aus und vorbei. Sie haben auf ewig keinen Anteil
mehr an dem, was unter der Sonne geschieht.

Das Einzige, was dem Menschen übrig bleibt

7 Darum iss dein Brot und trink deinen Wein
und sei fröhlich dabei! So hat es Gott für die
Menschen vorgesehen und so gefällt es ihm.
8 Nimm das Leben als ein Fest: Trag immer frisch
gewaschene Kleider und sprenge duftendes Öl
auf dein Haar! 9 Genieße jeden Tag mit der Frau,
die du liebst, solange das Leben dauert, das Gott
dir unter der Sonne geschenkt hat, dieses ver-
gängliche und vergebliche Leben. Denn das ist
der Lohn für die Mühsal und Plage, die du hast
unter der Sonne. 10 Wenn sich dir die Gelegen-
heit bietet, etwas zu tun, dann tu es mit vollem
Einsatz. Denn du bist unterwegs zu dem Ort,
von dem kein Mensch wiederkehrt. Wenn du tot
bist, ist es zu Ende mit allem Tun und Planen,
mit aller Einsicht und Weisheit.

Jeder seines Glückes Schmied?

11 Noch etwas habe ich erkannt unter der Sonne:
Es sind nicht immer die Schnellsten, die das Ren-
nen machen. Auch die tapfersten Krieger siegen
nicht in jedem Kampf. Bildung ist keine Garantie
für sicheren Broterwerb, Klugheit führt nicht un-
bedingt zu Reichtum und Können findet nicht
immer Beifall. Denn schlechte Tage und schlim-
mes Geschick überfallen jeden. 12 Niemand
weiß, wann seine Zeit kommt. Wie Fische, die
plötzlich ins Netz geraten, wie Vögel, über
denen die Falle zuschlägt, so gehen die Men-
schen in die Schlinge. Der Tod ereilt sie, wenn
sie am wenigsten daran denken.

a Deutung unsicher.

8,11-12 a 9,3 **8,12b-13** Ps 37,17-20; Spr 3,33 S; 10,27 **8,14** 7,15 S **8,15** 2,24-25 S **8,16-17** 1,13 S; 1,17 S; 2,22-23 S **9,1** 3,8 **9,2-3** 2,14 **9,2** 7,15 S **9,3** 8,11-12 **9,7-9** 2,24-25 S **9,9** Spr 5,18-19 **9,11-12** 3,1 S **9,12** 8,8

Macht und Ohnmacht des Wissens

13 Noch etwas anderes habe ich gesehen unter
der Sonne, ein treffendes Beispiel dafür, wie Wis-
sen eingeschätzt wird: 14 Da war eine kleine
Stadt mit nur wenigen Einwohnern. Ein mächti-
ger König rückte gegen sie an, schloss sie ein und
ging mit Belagerungstürmen gegen ihre Mauern
vor. 15 In dieser Stadt lebte ein armer, aber sehr
kluger Mann. Mit seiner Klugheit hätte er die
Stadt retten können; doch niemand dachte an
ihn. 16 Und dann behauptet man: »Wissen ist bes-
ser als Macht.« Zugegeben, aber wenn einer arm
ist, hält man ihn nicht für klug; darum hört kei-
ner auf seine Worte. 17 Es ist besser, auf den ruhi-
gen Rat eines weisen Menschen zu hören als auf
das unverständige Geschrei eines Obernarren.
18 Wissen richtet etwas Besseres aus als Waffen –
aber eine einzige falsche Entscheidung richtet
alles Bessere zugrunde.

EINZELNE WEISHEITSSPRÜCHE UND SCHLUSSBILANZ (Kapitel 10–12)

Vermischte Lebensweisheiten

10 Eine tote Fliege bringt duftendes Öl zum
Stinken und ein bisschen Dummheit
macht alles Wissen und Ansehen eines Men-
schen zunichte.

2 Ein weiser Mensch trifft die richtige Ent-
scheidung, aber der Unbelehrbare trifft stets da-
neben. 3 Seine Dummheit zeigt sich bei jedem
Anlass und alle sagen von ihm: »Der hat keinen
Verstand.«

4 Wenn dein Vorgesetzter zornig auf dich ist,
dann gib nicht gleich deine Stelle auf. Wenn du
ruhig bleibst, wird er dir sogar große Fehler ver-
zeihen.

5 Ich habe etwas Schlimmes gesehen unter
der Sonne, das sich die Mächtigen immer wieder
zuschulden kommen lassen: 6 Leute ohne Ver-
stand bekommen einflussreiche Stellungen,
während angesehene Bürger unbeachtet blei-
ben. 7 Ich habe Sklaven hoch zu Ross gesehen,
während Fürsten zu Fuß gehen mussten.

8 Wer ein Loch gräbt, kann hineinfallen. Wer
eine Mauer einreißt, kann von einer Schlange
gebissen werden. 9 Wer im Steinbruch arbeitet,
kann sich dabei wehtun. Und wer Holz spaltet,
ist in Gefahr, sich zu verletzen.

10 Wenn die Axt stumpf geworden ist und du
sie nicht schärfst, dann musst du dich doppelt
anstrengen. Richtig angewendete Weisheit* hat
eben ihre Vorteile. 11 Der Schlangenbeschwörer
hat nichts von seiner Kunst, wenn die Schlange
beißt, ehe er sie beschworen hat.

12 Was der Weise sagt, findet Zustimmung.
Aber Unverständige reden sich um Kopf und
Kragen. 13 Am Anfang ist ihr Reden nur dummes
Geschwätz, aber am Ende tödliche Torheit. 14 Sie
reden und reden ohne Ende. Dabei weiß kein
Mensch, was geschehen wird. Und niemand sagt
ihm, was sein wird, wenn er einmal gestorben
ist. 15 Das viele Reden müsste den Unverständi-
gen doch so müde machen, dass er nicht mehr
nach Hause gehen kann![a]

16 Es steht schlimm um ein Land, wenn sein
König noch jung und unerfahren ist und die
Minister schon frühmorgens Festgelage halten.
17 Aber ein Land kann sich glücklich preisen,
wenn sein König fähig ist, selbst zu entscheiden,
und die Minister zur üblichen Zeit essen und
trinken und sich dabei wie Männer benehmen,
die sich beherrschen können.

18 Wenn jemand zu faul ist, das Dach seines
Hauses auszubessern, dringt der Regen durch
und bald stürzt es ein.

19 Gut essen macht Freude, Wein trinken
macht lustig und Geld macht beides möglich.

20 Schimpf nicht auf den König, nicht einmal
in Gedanken! Schimpf nicht auf die Reichen,
nicht einmal in deinem Schlafzimmer! Wände
haben Ohren und deine Worte könnten Flügel
bekommen.

Die Zukunft ist unberechenbar

11 Wirf dein Hab und Gut ins Meer; trotzdem
kann es sein, dass du es nach langer Zeit
wieder findest. 2 Bring dein Geld an allen mög-
lichen Plätzen in Sicherheit; trotzdem kann es
sein, dass ein Unglück über das Land kommt
und alles verloren geht.

3 Wenn die Wolken voll sind, dann regnet es.
Gleichgültig, ob ein Baum nach Süden oder nach
Norden fällt: Wo er hinfällt, dort bleibt er liegen.
4 Wer immer nach dem Wind sieht und auf das
passende Wetter wartet, der kommt weder zum
Säen noch zum Ernten.

5 Du weißt nicht, wann der Wind seine Rich-
tung ändert. Du siehst nicht, wie sich ein Kind
im Mutterleib entwickelt. Genauso wenig ver-
stehst du, was Gott tut. 6 Arbeite am Morgen
oder am Abend, ganz wie du willst; denn du

a Die Deutung dieses Verses ist sehr unsicher; wörtlich *Die Mühe der Toren ermüdet ihn, der nicht zur Stadt zu gehen weiß.*

9,16 Spr 24,5; Sir 13,22-23 **10,2** 2,13-14 **10,5-7** Spr 30,21-23 **10,8** Spr 26,27S **10,11** Sir 12,13 **10,14** 5,2; 6,12 **10,16** Jes 3,4 **10,19** Ps 104,15 **11,3-6** 3,11 **11,5** 8,16-17; Joh 3,8

kannst nicht voraussehen, welches von beiden
Erfolg bringt – vielleicht sogar beides!

Genieße das Leben, solange du jung bist

7 Das Licht der Sonne sehen zu können bedeutet
Glück und Freude. 8 Genieße froh jeden Tag, der
dir gegeben ist! Auch wenn du noch viele vor dir
hast – denk daran, dass die Nacht, die ihnen
folgt, noch länger ist. Alles, was noch kommt, ist
vergeblich. 9 Freu dich, junger Mensch! Sei
glücklich, solange du noch jung bist! Tu, was dir
Spaß macht, wozu deine Augen dich locken!
Aber vergiss nicht, dass Gott für alles von dir
Rechenschaft fordern wird. 10 Halte dir den Är-
ger von der Seele und die Krankheit vom Leib.
Jugend und dunkles Haar sind so vergänglich.

12 Denk an deinen Schöpfer, solange du
noch jung bist, ehe die schlechten Tage
kommen und die Jahre, die dir nicht gefallen
werden. 2 Dann verdunkeln sich dir Sonne,
Mond und Sterne und nach jedem Regen kom-
men wieder neue Wolken. 3 Dann werden deine
Arme, die dich beschützt haben, zittern und
deine Beine, die dich getragen haben, werden
schwach. Die Zähne fallen dir aus, einer nach
dem anderen; deine Augen werden trüb 4 und
deine Ohren taub. Deine Stimme wird dünn und
zittrig.[a] 5 Das Steigen fällt dir schwer und bei
jedem Schritt bist du in Gefahr, zu stürzen. Drau-
ßen blüht der Mandelbaum, die Heuschrecke
frisst sich voll und die Kaperfrucht bricht auf;
aber dich trägt man zu deiner letzten Wohnung.
Auf der Straße stimmen sie die Totenklage* für
dich an.

6 Genieße dein Leben, bevor es zu Ende geht,
wie eine silberne Schnur zerreißt oder eine
goldene Schale zerbricht, wie ein Krug an der
Quelle in Scherben geht oder das Schöpfrad zer-
brochen in den Brunnen stürzt. 7 Dann kehrt der
Leib zur Erde zurück, aus der er entstanden ist,
und der Lebensgeist geht zu Gott, der ihn ge-
geben hat.

8 »Vergeblich und vergänglich!«, war die Er-
kenntnis des Lehrers[b]. »Alles vergebliche Mühe.«

Erstes Nachwort

9 Eins muss noch hinzugefügt werden: Der Leh-
rer[b] war ein Weiser, der ständig sein Wissen an
das Volk weitergab. Er untersuchte viele Sprich-
wörter und prüfte sie auf ihren Wahrheitsgehalt.
Er verfasste auch selbst viele Sprichwörter. 10 Er
mühte sich, seinen Worten eine schöne Form zu
geben, dabei aber ehrlich zu bleiben und die
Wahrheit zu schreiben.

11 Die Worte weiser Lehrer wirken wie der
spitze Stock, mit dem der Bauer seine Ochsen
antreibt. Sprichwörter gleichen eingeschlagenen
Nägeln: Sie bleiben fest sitzen. Sie sind eine
Gabe Gottes, des einen großen Hirten.

Zweites Nachwort

12 Im Übrigen lass dich warnen, mein Sohn:[c] Es
werden viel zu viele Bücher geschrieben und das
viele Grübeln kann dich bis zur Erschöpfung
ermüden.

13 Fassen wir alles zusammen, so kommen
wir zu dem Ergebnis: Nimm Gott ernst und be-
folge seine Gebote! Das ist alles, worauf es für
den Menschen ankommt. 14 Über alles, was wir
tun, wird Gott Gericht halten, über die guten
und die schlechten Taten, auch wenn sie jetzt
noch verborgen sind.

a Die Verse 3-4 lauten wörtlich: *an dem Tag, wenn die Wächter des Hauses zittern und die starken Männer sich krümmen und die Müllerinnen nicht mehr arbeiten, weil sie zu wenige sind, und die durch die Fenster Sehenden sich verdunkeln* [4]*und die Türen zur Straße geschlossen werden, während das Geräusch der Mühle dünner wird und sich zur Vogelstimme erhebt und alle Töchter des Gesangs gedämpft werden.*

b Hebräisch *kohelet;* siehe Anmerkung zu 1,1. *c* Siehe Anmerkung zu Spr 1,8.

11,7-10 2,24-25 S **12,7** 3,20-21 S **12,8** 1,2 S **12,13** 5,6; 7,18; Dtn 4,10; Spr 1,7 S

DAS HOHELIED[a]

1 Das schönste aller Lieder, von Salomo.

Sei mein König!

SIE
2 Komm doch und küss mich!
Deine Liebe berauscht mich
mehr noch als Wein.

3 Weithin verströmen
deine kostbaren Salben
herrlichen Duft.

Jedermann kennt dich,
alle Mädchen im Lande
schwärmen für dich!

4 Komm, lass uns eilen,
nimm mich mit dir nach Hause,
fass meine Hand!

Du bist mein König!
Deine Zärtlichkeit gibt mir
Freude und Glück.

Rühmen und preisen
will ich stets deine Liebe,
mehr als den Wein!

Mädchen, die schwärmen,
wenn dein Name genannt wird,
schwärmen zu Recht!

Das Mädchen vom Land

SIE
5–6 Schwarz gebrannt hat mich die Sonne,
schwarz wie Beduinenzelte,
wie die Decken Salomos.
Trotzdem bin ich schön, ihr Mädchen
aus der Stadt Jerusalem!
Seht nicht so auf mich herunter,
weil ich dunkler bin als ihr.
Draußen muss ich alle Tage
meiner Brüder Weinberg hüten.
Doch für meinen eigenen Weinberg
– für mich selbst – kann ich nicht sorgen;
dafür bleibt mir keine Zeit!

Die Hirtin

SIE
7 Sag mir, Geliebter,
wo kann ich dich finden?
Wo ruhn deine Schafe
mittags, wenn's heiß wird?

Andere Hirten,
was sollen sie denken,
wenn ich nach dir frage,
überall suche?

ER
8 Musst du mich fragen,
du schönste der Frauen?
Du musst es doch wissen,
wo du mich findest!

Nimm deine Zicklein
und folge dem Schafsweg!
Dort wirst du mich treffen,
nah bei den Zelten.

Zwiesprache der Liebenden

ER
9 Prächtig und schön siehst du aus,
meine Freundin,
stolz wie die Stute an Pharaos Wagen!
10 Schmückende Kettchen umrahmen
die Wangen
und deinen Hals zieren Schnüre mit Perlen.
11 Aber noch schöneren Schmuck
sollst du haben:
silberne Perlen an Kettchen aus Gold!

SIE
12 Solange mein König mir nahe ist,
verbreitet mein Nardenöl seinen Duft.
13 Mein Liebster liegt bei mir, an meiner Brust,

a Die Rollenangaben (SIE, ER usw.) sind nicht Bestandteil des Bibeltextes, sondern wie die Überschriften zum besseren Verständnis hinzugefügt.

1,1 1 Kön 5,12 **1,2** 1,4; 4,10 **1,3** 1,12 **1,4** 1,2; 4,10 **1,12** 1,3

er duftet wie würziges Myrrhenharz,
14 so kräftig wie Blüten vom Hennastrauch;
im Weinberg von En-Gedi wachsen sie.

ER
15 Schön bist du, zauberhaft schön,
meine Freundin,
und deine Augen sind lieblich wie Tauben!

SIE
16 Stattlich und schön bist auch du,
mein Geliebter!
Sieh, unser Lager ist blühendes Gras,
17 Balken in unserem Haus sind die Zedern
und die getäfelten Wände Zypressen.

Liebe sieht alles schöner

2 SIE
Eine Frühlingsblume bin ich,
wie sie in den Wiesen wachsen,[a]
eine Lilie aus den Tälern.

ER
2 Eine Lilie unter Disteln –
so erscheint mir meine Freundin
unter allen anderen Mädchen.

SIE
3 Wie ein Apfelbaum im Walde
ist mein Liebster unter Männern.
Seinen Schatten hab ich gerne,
um mich darin auszuruhen;
seine Frucht ist süß für mich.

Krank vor Liebe

SIE
4 Ins Festhaus hat mein Liebster mich geführt;
Girlanden zeigen an, dass wir uns lieben.
5 Stärkt mich mit Äpfeln, mit Rosinenkuchen,
denn Liebessehnsucht hat mich krank gemacht.
6 Sein linker Arm liegt unter meinem Kopf
und mit dem rechten hält er mich umschlungen.
7 Ihr Mädchen von Jerusalem, lasst uns allein!
Denkt an die scheuen Rehe und Gazellen:
Wir lieben uns, schreckt uns nicht auf!

Der Winter ist vorbei

SIE
8 Mein Freund kommt zu mir!
Ich spür's, ich hör ihn schon!
Über Berge und Hügel
eilt er herbei.
9 Dort ist er –
schnell wie ein Hirsch,
wie die flinke Gazelle.
Jetzt steht er vorm Haus!
Er späht durch das Gitter,
schaut zum Fenster herein.
10a Nun spricht er zu mir!

ER
10b Mach schnell, mein Liebes!
Komm heraus, geh mit!
11 Der Winter ist vorbei mit seinem Regen.
12 Es grünt und blüht, so weit das Auge reicht.
Im ganzen Land hört man die Vögel singen;
nun ist die Zeit der Lieder wieder da!
13 Sieh doch: Die ersten Feigen werden reif;
die Reben blühn, verströmen ihren Duft.
Mach schnell, mein Liebes!
Komm heraus, geh mit!
14 Verbirg dich nicht vor mir wie eine Taube,
die sich in einem Felsenspalt versteckt.
Mein Täubchen, zeig dein liebliches Gesicht
und lass mich deine süße Stimme hören!

DIE MÄDCHEN
15 Ach, fangt uns doch die Füchse,
die frechen, kleinen Füchse!
Sie wühlen nur im Weinberg,
wenn unsre Reben blühn.

SIE
16 Nur mir gehört mein Liebster
und ich gehöre ihm!
Er findet seine Weide,
wo viele Blumen stehn.
17 Am Abend, wenn es kühl wird
und alle Schatten fliehn,
dann komm zu mir, mein Liebster!
Komm, eile wie ein Hirsch;
sei flink wie die Gazelle,
die in den Bergen[b] wohnt.

Nachtgedanken

3 SIE
Nachts lieg ich auf dem Bett und kann
nicht schlafen.
Ich sehne mich nach ihm und suche ihn,

a Wörtlich *Eine Narzisse (?) von Scharon bin ich.* Die Scharon-Ebene (Karte LA, B4-5) hatte üppige Wiesen; vgl. 1 Chr 5,16; Jes 33,9. b Wörtlich *in den Beter-Bergen.*

2,7 8,4

doch nirgends kann mein Herz den Liebsten
finden.
2 Ich seh mich aufstehn und die Stadt
durcheilen,
durch Gassen streifen, über leere Plätze –
ich sehne mich nach ihm und suche ihn,
doch nirgends kann ich meinen Liebsten finden.
3 Die Wache greift mich auf bei ihrem
Rundgang.
»Wo ist mein Liebster, habt ihr ihn gesehn?«
4 Nur ein paar Schritte weiter find ich ihn.
Ich halt ihn fest und lass ihn nicht mehr los;
ich nehm ihn mit nach Hause in die Kammer,
wo meine Mutter mich geboren hat.

5 Ihr Mädchen von Jerusalem, lasst uns allein!
Denkt an die scheuen Rehe und Gazellen:
Wir lieben uns, schreckt uns nicht auf!

Der Bräutigam kommt

DIE ZUSCHAUER
6 Was kommt dort herauf aus der Wüste?
Wie Rauchsäulen zieht es heran;
es duftet nach Weihrauch* und Myrrhe*,
nach allen Gewürzen der Händler.
7 Schaut hin! Das ist Salomos Sänfte,
geleitet von sechzig Beschützern,
von Israels tapfersten Helden,
8 im Kampfe erprobt und bewährt.
Das Schwert hat ein jeder am Gürtel
zum Schutz gegen nächtliche Schrecken.
9 Aus edelstem Holz[a] ließ der König
den tragbaren Thronsessel machen,
10 die Säulen mit Silber beschlagen,
die Lehne mit Gold überziehen.
Aus purpurnem Stoff sind die Kissen,
mit Liebe gewebt und bestickt
von Jerusalems Frauen und Mädchen.
11 Ihr Frauen von Zion, kommt her,
den König zu sehn und die Krone,
mit der seine Mutter ihn schmückte
zum heutigen Tag seiner Hochzeit,
dem Tag voller Freude und Glück.

Du bist schön, meine Freundin!

4 ER
Preisen will ich deine Schönheit,
du bist lieblich, meine Freundin!

Deine Augen sind wie Tauben,
flattern hinter deinem Schleier.
Wie die Herde schwarzer Ziegen
talwärts vom Berg Gilead* zieht,
fließt das Haar auf deine Schultern.
2 Weiß wie frisch geschorne Schafe,
wenn sie aus der Schwemme steigen,
glänzen prächtig deine Zähne,
keiner fehlt in seiner Reihe.
3 Wie ein scharlachrotes Band
ziehn sich deine feinen Lippen.
Deine Wangen hinterm Schleier
schimmern rötlich wie die Scheibe
eines Apfels vom Granatbaum.
4 Wie der Turm des Königs David,
glatt und rund, geschmückt mit tausend
blanken Schilden, ragt dein Hals.
5 Deine Brüste sind zwei Zicklein,
Zwillingsjunge der Gazelle,
die in Blumenwiesen weiden.
6 Wenn die Schatten länger werden
und der Abend Kühle bringt,
komm ich zu dir, ruh auf deinem
Myrrhenberg und Weihrauchhügel.

7 Deine Schönheit will ich preisen!
Du bist lieblich, meine Freundin,
und kein Fehler ist an dir!

Geh mit mir!

ER
8 Komm, meine Braut, geh doch mit,
lass die Berge!
Lass den gefahrvollen Libanon, komm!
Fort von dem Gipfel des Berges Amana,
fort vom Senir und vom ragenden Hermon,
fort von den Lagerplätzen der Löwen,
fort von den Bergen der Panther, komm mit!

Liebeszauber

ER
9 Verzaubert hast du mich,
Geliebte, meine Braut!
Ein Blick aus deinen Augen
und ich war gebannt.
Sag, birgt er einen Zauber,
an deinem Hals der Schmuck?

10 Wie glücklich du mich machst
mit deiner Zärtlichkeit!
Mein Mädchen, meine Braut,
ich bin von deiner Liebe
berauschter als von Wein.

a Wörtlich *Libanonholz.*

3,3 5,7 **3,4** 8,2 **3,6** 8,5 **4,5** 7,4; Spr 5,19 **4,10** 1,2.4

Du duftest süßer noch
als jeder Salbenduft.

11 Wie Honig ist dein Mund,
mein Schatz, wenn du mich küsst,
und unter deiner Zunge
ist süße Honigmilch.
Die Kleider, die du trägst,
sie duften wie der Wald
hoch auf dem Libanon.

Der Liebesgarten

ER
12–15 Meine Braut ist ein Garten
voll erlesener Pflanzen!
An Granatapfelbäumen
reifen köstliche Früchte.
Herrlich duften die Rosen
und die Blüten der Henna.
Narde*, Safran und Kalmus*,
alle Weihrauchgewächse,
Zimt und Aloë*, Myrrhe*,
alle Arten von Balsam
sind im Garten zu finden.
Eine Quelle entspringt dort
mit kristallklarem Wasser,
das vom Libanon herkommt.
Aber noch sind mir Garten
und Quelle verschlossen!

SIE
16 Kommt doch, ihr Winde,
durchweht meinen Garten!
Nordwind und Südwind,
erweckt seine Düfte!
Komm, mein Geliebter,
betritt deinen Garten!
Komm doch und iss
seine köstlichen Früchte!

5 ER
Ich komm in den Garten,
zu dir, meine Braut!
Ich pflücke die Myrrhe,
die würzigen Kräuter.
Ich öffne die Wabe
und esse den Honig.
Ich trinke den Wein,
ich trinke die Milch.
Esst, Freunde, auch ihr,
und trinkt euren Wein;
berauscht euch an Liebe!

Nachtgedanken

SIE
2a Ich lag im Schlaf, jedoch mein Herz blieb wach.
Da klopft's! Ich weiß: Mein Freund steht
vor der Tür.

ER
2b »Mach auf, mein Schatz, mach auf, ich will
zu dir!
Mein Täubchen, öffne doch, lass mich hinein!
Mein Haar ist nass vom Tau der kühlen Nacht.«

SIE
3 »Ich habe doch mein Kleid schon ausgezogen
und müsst es deinetwegen wieder anziehn.
Auch meine Füße habe ich gewaschen;
ich würde sie ja wieder schmutzig machen!«

4 Durchs Fenster an der Tür greift seine Hand;
ich höre, wie sie nach dem Riegel sucht.
Mein Herz klopft laut und wild. Er ist so nah!
5 Ich springe auf und will dem Liebsten öffnen.
Als meine Hände nach dem Riegel greifen,
da sind sie feucht von bestem Myrrhenöl.
6 Schnell öffne ich die Tür für meinen Freund;
doch er ist fort, ich kann ihn nicht mehr sehn.
Mein Herz steht still, fast tötet mich der
Schreck!
Ich suche meinen Freund, kann ihn nicht
finden.
Ich rufe ihn, doch er gibt keine Antwort.

7 Die Wächter finden mich bei ihrem Rundgang.
Sie schlagen ohne Mitleid auf mich ein
und reißen mir den Umhang von den Schultern.

Helft mir suchen!

SIE
8 Ihr Mädchen alle, ich beschwöre euch:
Wenn euch mein Freund begegnet,
sagt ihm doch,
die Liebessehnsucht macht mich matt
und krank!

DIE MÄDCHEN
9 Beschreib ihn uns,
du schönste aller Frauen!
Wer ist es, den du suchst?
Was unterscheidet ihn
von anderen Männern,
dass du uns so beschwörst?

5,7 3,3

SIE
10 Mein Liebster ist blühend und voller Kraft,
nur einer von Tausenden ist wie er!
11 Sein schönes Gesicht ist so braun gebrannt,
sein Haar dicht und lockig und rabenschwarz.
12 Die Augen sind lebhaften Tauben gleich.
Ganz weiß sind die Zähne, als hätten sie
gebadet in Bächen von reiner Milch.
13 Die Wangen sind Beete voll Balsamkraut,
die herrlichsten Würzkräuter sprießen dort.[a]
Wie Lilien leuchtet sein Lippenpaar,
das feucht ist von fließendem Myrrhenöl.
14 Die Arme sind Barren aus rotem Gold,
mit Steinen aus Tarschisch rundum besetzt.
Sein Leib ist ein Kunstwerk aus Elfenbein,
geschmückt mit Saphiren von reinster Art.
15 Die Beine sind marmornen Säulen gleich,
die sicher auf goldenen Sockeln stehn.
Dem Libanon gleicht er an Stattlichkeit,
den ragenden Zedern an Pracht und Kraft.
16 Sein Mund ist voll Süße, wenn er mich
küsst –
ja, alles an ihm ist begehrenswert!
Seht, so ist mein Liebster und so mein Freund.
Nun wisst ihr's, ihr Mädchen Jerusalems!

6 DIE MÄDCHEN
Schnell, sag uns noch,
du schönste aller Frauen:
Wo ging dein Liebster hin?
Wir wollen mit dir gehn
und nach ihm suchen!
Wo könnte er denn sein?

SIE
2 Er ist in seinem Garten,
wo Balsamsträucher stehn,
wo er die Herde weidet
und schöne Lilien pflückt.
3 Nur mir gehört mein Liebster
und ich gehöre ihm!
Er findet seine Weide,
wo viele Blumen stehn.

Wie schön du bist!

ER
4 Schön wie Tirza[b] bist du, Freundin,
strahlend wie Jerusalem;
wie ein Trugbild in der Wüste
raubt dein Anblick mir den Atem.
5 Wende deine Augen von mir,
denn sie halten mich gefangen.

Wie die Herde schwarzer Ziegen
talwärts vom Berg Gilead* zieht,
fließt das Haar auf deine Schultern.
6 Deine Zähne glänzen prächtig.
Weiß sind sie wie Mutterschafe,
wenn sie aus der Schwemme steigen;
jedes kommt mit seinem Jungen,
keins ist unfruchtbar geblieben:
Keiner fehlt in seiner Reihe.
7 Deine Wangen hinterm Schleier
schimmern rötlich wie die Scheibe
eines Apfels vom Granatbaum.

8 Lass den König sechzig Frauen,
achtzig Konkubinen haben,
dazu Mädchen ohne Zahl!
9 Meine Liebe gilt nur einer:
meinem makellosen Täubchen!
Sie ist ihrer Mutter Liebling,
denn sie ist die einzige Tochter.
Sähen sie die andern Frauen,
Königinnen, Konkubinen,
alle würden sie besingen:

DIE FRAUEN
10 »Wer leuchtet so schön wie das Morgenrot,
so hell wie der Mond, wie der Sonne Strahl,
verwirrend wie Bilder im Wüstensand?«

Erwartung

ER
11 Ich ging hinunter in den Walnussgarten,
um mich am frischen Grün des Tals zu freuen,
des Weinstocks neue Triebe anzuschauen
und auch die ersten Blüten am Granatbaum.

SIE
12 Was ist mit mir? Ich kann mich kaum
beherrschen,
obwohl ich doch aus edlem Hause stamme![c]

Der Hochzeitstanz

7 DIE MÄDCHEN UND FRAUEN
Komm, dreh dich im Hochzeitstanz,
Schulammit![d]
Komm, dreh dich im Tanze und lass dich sehn!

a die herrlichsten ...: mit G; H *Türme der herrlichsten Würzkräuter.*
b Tirza war eine Zeit lang die Hauptstadt des Nordreiches Israel.
c Deutung unsicher. *d* Der Name wird auf der letzten Silbe betont.

6,4 6,10 **6,10** 6,4 **6,11** 7,13

SIE
1b Was habt ihr davon, mich beim Tanz
zu sehn?
Was ist denn Besonderes an Schulammít?

ER
2 Deine Füße sind zierlich
in den Schuhen, du Fürstin!
Und das Rund deiner Hüften
ist das Werk eines Künstlers!
3 Einer Schale, der niemals
edler Wein fehlen möge,
gleicht dein Schoß, süßes Mädchen!
Wie ein Hügel von Weizen
ist dein Leib, rund und golden
und von Lilien umstanden.
4 Deine Brüste sind herzig
wie zwei junge Gazellen.
5 Einem Elfenbeinturm gleich
ist dein Hals, schlank und schimmernd.
Deine Augen – zwei Teiche
nah beim Tore von Heschbon.
Deine Nase ist zierlich
wie der Vorsprung des Wachtturms[a]
an dem Weg nach Damaskus.
6 Wie das Karmelgebirge
ist dein Kopf, hoch und prächtig.
Voller Glanz ist dein Haupthaar;
in dem Netz deiner Locken
liegt ein König gefangen.

Die Erfüllung

ER
7 Du bist schön wie keine andere,
dich zu lieben macht mich glücklich!
8 Schlank wie eine Dattelpalme
ist dein Wuchs, und deine Brüste
gleichen ihren vollen Rispen.
9 Auf die Palme will ich steigen,
ihre süßen Früchte pflücken,
will mich freun an deinen Brüsten,
welche reifen Trauben gleichen.
Deinen Atem will ich trinken,
der wie frische Äpfel duftet,
10a mich an deinem Mund berauschen,
denn er schmeckt wie edler Wein …

SIE
10b … der durch deine Kehle gleitet,
dich im Schlaf noch murmeln lässt.

Nur ihm gehöre ich!

SIE
11 Nur ihm, meinem Liebsten, gehör ich
und mir gilt sein ganzes Verlangen!
12 Komm, lass uns hinausgehn, mein Liebster,
die Nacht zwischen Blumen verbringen!
13 Ganz früh stehn wir auf, gehn zum Weinberg
und sehn, ob die Weinstöcke treiben,
die Knospen der Reben sich öffnen
und auch die Granatbäume blühen.
Dort schenke ich dir meine Liebe!

Einladung

SIE
14 Kannst du den Duft der Liebesäpfel spüren?
Vor unsrer Tür ist köstlich süßes Obst,
die allerbesten Früchte, alt und neu,
für dich, mein Liebster, sind sie aufbewahrt!

Wärst du doch mein Bruder!

8 SIE
Ich wünschte mir, dass du mein Bruder
wärst,
den meine Mutter an der Brust genährt hat.
Dann dürfte ich dich unbekümmert küssen,
wenn ich dich draußen auf der Straße treffe,
und niemand würde dann die Nase rümpfen.
2 Ich nähm dich mit zum Hause meiner
Mutter;
du könntest mich im Zärtlichsein belehren,
ich gäbe dir gewürzten Wein zu trinken
und meinen Most von Früchten des
Granatbaums.

3 Sein linker Arm liegt unter meinem Kopf
und mit dem rechten hält er mich
umschlungen.
4 Ihr Mädchen alle, ich beschwöre euch,
dass ihr uns nicht in unsrer Liebe stört!

DIE MÄDCHEN
5a Wer kommt dort herauf aus der Wüste,
gestützt auf den Arm ihres Liebsten?

Unüberwindlich wie der Tod

SIE
5b Hier unterm Apfelbaum
hab ich dich aufgeweckt,
wo deine Mutter dich
empfing und auch gebar.

a Wörtlich *des Libanonturms.*
7,12 2,10 **7,13** 6,11 **8,2** 3,4 **8,4** 2,7; 3,5 **8,5a** 3,6

[6] Du trägst den Siegelring
an einer Schnur
auf deiner Brust.
So nimm mich an dein Herz!
Du trägst den Reif
um deinen Arm.
So eng umfange mich!

Unüberwindlich
ist der Tod:
Niemand entrinnt ihm,
keinen gibt er frei.
Unüberwindlich –
so ist auch die Liebe,
und ihre Leidenschaft
brennt wie ein Feuer.

[7] Kein Wasser kann die Glut der Liebe löschen
und keine Sturzflut schwemmt sie je hinweg.
Wer meint, er könne solche Liebe kaufen,
der ist ein Narr, er hat sie nie gekannt!

Besorgte Brüder

IHRE BRÜDER
[8] Noch ist unsre kleine Schwester
für die Liebe viel zu jung,
denn sie hat noch keine Brüste.
Kommt sie erst ins rechte Alter,
dass sie jemand freien will,
müssen ihre Brüder wachen.
[9] Sperrt sie sich wie eine Mauer,
schmückt man sie mit Silberzinnen.
Gleicht sie einer offenen Pforte,
schließt man sie mit Zedernbalken.

SIE
[10] Eine starke Mauer bin ich,
Türmen gleichen meine Brüste.
Trotzdem will ich mich ergeben,
bitte meinen Freund um Frieden.

Glücklicher als Salomo

ER
[11] Salomo hat einen Weinberg
auf dem Hang von Ba'al-Hamon.
Für die Ernte würde jeder
tausend Silberstücke zahlen;
darum wird er streng bewacht.
[12] Salomo gönn ich die tausend,
auch den Wächtern noch zweihundert –
ich hab meinen eigenen Weinberg!

Liebesruf

ER
[13] Du Mädchen in den Gärten,
die Freunde warten schon:
Lass deine Stimme hören
und rufe mich zu dir!

SIE
[14] Komm schnell zu mir, mein Liebster!
Komm, eile wie ein Hirsch;
sei flink wie die Gazelle,
die in den Bergen wohnt.

DER PROPHET JESAJA

Inhaltsübersicht

WORTE ÜBER JUDA UND JERUSALEM AUS JESAJAS FRÜHZEIT (Kapitel 1–12)

Buchüberschrift

1 In diesem Buch steht, was der HERR dem Propheten Jesaja, dem Sohn von Amoz, über das Land Juda und die Stadt Jerusalem offenbart* hat. Jesaja empfing diese Botschaften während der Zeit, als dort nacheinander die Könige Usija, Jotam, Ahas und Hiskija regierten.

Israel kennt seinen Gott nicht mehr

2 Hört zu, Himmel und Erde! Hört, was der HERR sagt: »Ich habe Kinder aufgezogen; und jetzt, wo sie groß geworden sind, sagen sie sich von mir los! 3 Jedes Rind kennt seinen Besitzer und jeder Esel die Futterkrippe seines Herrn. Israel aber will nicht begreifen, wem es gehört; mein Volk nimmt keine Vernunft an.«

4 Weh euch, ihr verbrecherisches und schuldbeladenes Volk! Ihr seid eine üble Sippschaft, ganz aus der Art geschlagen. Ihr habt den HERRN verlassen, den heiligen Gott Israels verworfen, ihm den Rücken gekehrt!

5 Seid ihr noch nicht genug geschlagen worden, dass ihr immer noch widerspenstig seid? Ihr seid ja schon krank an Leib und Seele. 6 Vom Scheitel bis zur Sohle ist kein heiler Fleck mehr an euch, nur Beulen, blutige Striemen und frische Wunden. Niemand hat sie gereinigt und verbunden, auch keine Salbe ist darauf gekommen. 7 Euer Land ist verwüstet, eure Städte sind verbrannt; Fremde verzehren vor euren Augen die Ernte von euren Feldern. Alles ist zerstört, als hätten wilde Horden bei euch gehaust.

8 Nur Jerusalem[a] ist übrig geblieben wie ein Schutzdach im Weinberg, wie eine Wächterhütte im Gurkenfeld, eine ringsum belagerte Stadt. 9 Hätte der HERR, der Herrscher der Welt,[b] nicht einen kleinen Rest von uns übrig gelassen, so wäre es uns wie Sodom* und Gomorra ergangen!

Opfer ohne Gehorsam sind nutzlos

10 Ihr Machthaber von Sodom, hört, was der HERR sagt! Du Volk von Gomorra, vernimm die Weisung unseres Gottes![c]

11 »Was soll ich mit euren vielen Opfern*?«, fragt der HERR. »Die Schafböcke, die ihr für mich verbrennt, und das Fett eurer Masttiere habe ich satt; das Blut von Stieren, Lämmern und Böcken mag ich nicht. 12 Wenn ihr zu meinem Tempel kommt, zertrampelt ihr nur seine Vorhöfe*. Habe ich das verlangt? 13 Lasst eure nutzlosen Opfer! Ich kann euren Weihrauch nicht mehr riechen! Ihr feiert den Neumond*, den Sabbat* und andere Feste; ich kann sie nicht ausstehen, solange ihr nicht von euren Verbrechen lasst. 14 Eure Neumondfeiern und eure Feste hasse ich; sie sind mir lästig, ich kann sie nicht mehr ertragen.

15 Wenn ihr im Gebet eure Hände zu mir ausstreckt, blicke ich weg. Und wenn ihr mich auch noch so sehr mit Bitten bestürmt, ich höre nicht darauf; denn an euren Händen klebt Blut! 16 Wascht euch, reinigt euch! Macht Schluss mit eurem üblen Treiben; hört auf, vor meinen Augen Unrecht zu tun! 17 Lernt Gutes zu tun, sorgt für Gerechtigkeit, haltet die Gewalttätigen in Schranken, helft den Waisen und Witwen zu ihrem Recht!«

18 Der HERR sagt: »Kommt her, lasst uns prü-

a Wörtlich *die Tochter Zion**. b Wörtlich *der HERR Zebaot**.
c Jerusalem wird hier mit den Städten gleichgesetzt, die als Inbegriff der Verdorbenheit galten (vgl. Sacherklärung »Sodom« sowie Gen 18,20 und die Vergleichsstellen dazu).

1,2 Dtn 4,26 S; Jes 30,9 **1,5-9** 2 Kön 18,13–19,36 **1,9** Gen 19,24-25; Röm 9,29 **1,10-20** 1 Sam 15,22; Jes 43,22-25; 58,1-12; Jer 6,20 S; Am 4,4-5 S; Hos 6,6 S; Ps 40,7-9 S; Mt 5,23-24 **1,10** Jer 23,14; Ez 16,48-50; Gen 18,20 S **1,17** 1,23; 3,11-15; Ex 22,21 S; Am 2,6 S; 5,24 **1,18** Ps 51,9

fen, wer von uns Recht hat, ihr oder ich! Eure Verbrechen sind rot wie Blut, und doch könnten sie weiß werden wie Schnee. Sie sind rot wie Purpur, und doch könnten sie weiß werden wie reine Wolle – 19 wenn ihr mir nur gehorchen wolltet![a] Dann könntet ihr all die guten Dinge genießen, die das Land hervorbringt. 20 Aber wenn ihr euch weigert und widerspenstig bleibt, wird euch das Schwert vernichten. Das sage ich, der HERR!«

Jerusalem ist Gottes Feind geworden

21 Wie konnte sie zur Hure werden, die Stadt, die früher so treu war? Einst herrschte in ihr das Recht, ihre Bewohner folgten Gottes Geboten; jetzt aber wohnen dort lauter Mörder! 22 Jerusalem, früher warst du wie reines Silber, jetzt aber bist du nichts als silbrig glänzende Schlacke*! Früher warst du wie guter Wein, jetzt aber ist der Wein verwässert! 23 Deine Führer – Aufrührer sind sie, die mit Dieben unter einer Decke stecken, scharf auf Geschenke und Bestechungsgeld! Aber den Waisen verhelfen sie nicht zu ihrem Recht und die Klagen der Witwen hören sie gar nicht erst an.

24 Darum sagt der HERR, der Herrscher über die ganze Welt,[b] der mächtige Gott Israels: »Ich bin voller Zorn auf euch, ich muss mir Luft verschaffen! Ich werde euch eure Feindschaft vergelten! 25 Jetzt wende ich mich gegen euch und greife ein! Alle Schlacke* unter euch werde ich ausschmelzen, damit ihr reines Silber werdet. 26 Ich werde euch wieder zuverlässige Richter und Ratsherren geben, so wie ihr sie am Anfang hattet. Dann nennt man Jerusalem wieder wie früher ›Stadt des Rechts‹ und ›treue Stadt‹.«

27 Ja, Rettung kommt für die Zionsstadt*, wenn ihre Bewohner das Recht wieder achten, wenn sie zum HERRN zurückgekehrt sind und ihm die Treue halten. 28 Die Rebellen und Rechtsbrecher werden vernichtet; alle, die den HERRN verlassen, werden untergehen.

29 Ihr liebt eure heiligen Eichen* und umgebt sie liebevoll mit Hecken. Von den Götzen, die ihr dort verehrt, erwartet ihr neue Lebenskraft.[c] Es wird eine bittere Enttäuschung für euch werden! 30 Ihr werdet dastehen wie eine Eiche, die ihre Blätter verliert, wie eine Pflanzung, die kein Wasser mehr bekommt. 31 Wer glaubte, neue Stärke zu gewinnen, ist dann wie trockener Zunder, und was er tut, wird zum zündenden Funken. So geht alles in Flammen auf und niemand kann löschen.

Gottes künftige Friedensherrschaft vom Zionsberg aus

2 In einer Offenbarung* empfing Jesaja, der Sohn von Amoz, folgende Botschaft über Juda und Jerusalem:

2 Es kommt eine Zeit, da wird der Berg, auf dem der Tempel des HERRN steht, unerschütterlich fest stehen und alle anderen Berge überragen. Alle Völker strömen zu ihm hin. 3 Überall werden die Leute sagen: »Kommt, wir gehen auf den Berg des HERRN, zu dem Haus, in dem der Gott Jakobs wohnt! Er soll uns lehren, was recht ist; was er sagt, wollen wir tun!«

Denn vom Zionsberg* in Jerusalem wird der HERR sein Wort ausgehen lassen. 4 Er weist die Völker zurecht und schlichtet ihren Streit. Dann schmieden sie aus ihren Schwertern Pflugscharen und aus ihren Speerspitzen Winzermesser. Kein Volk wird mehr das andere angreifen und niemand lernt mehr das Kriegshandwerk.

5 Auf, ihr Nachkommen Jakobs, lasst uns in dem Licht leben, das vom HERRN ausgeht!

Der Tag, an dem Gott seine Macht erweist

6 HERR, du hast dich von deinem Volk, den Nachkommen Jakobs, zurückgezogen. Denn ihr Land ist voll von fremden Bräuchen, überall gibt es Zauberer wie bei den Philistern*; es wimmelt bei ihnen von Ausländern. 7 Ihr Land ist voll von Silber und Gold und unzähligen Schätzen. Es ist voll von Pferden, und die Streitwagen* kann niemand zählen. 8 Und ihr Land ist voll von Götzen. Seine Bewohner beten Bildwerke an, die sie mit eigenen Händen gemacht haben. 9 Darum müssen sich alle bücken und werden erniedrigt. Vergib ihnen nicht, HERR!

10 Verkriecht euch zwischen Felsen, versteckt euch in Erdlöchern, wenn der HERR Schrecken verbreitet und seine Macht und Hoheit zeigt! 11 Der Tag kommt, an dem es mit der Überheb-

a Andere, weniger wahrscheinliche Übersetzungsmöglichkeit: *Eure Verbrechen sind rot wie Blut, und doch sollen sie weiß werden wie Schnee. Sie sind rot wie Purpur, und doch sollen sie weiß werden wie weiße Wolle. Wenn ihr mir gehorcht, dann könnt ihr …* b Wörtlich *der Herr, der HERR Zebaot**.

c *Von den Götzen …:* Der Satz ist hinzugefügt, um die folgenden Verse verständlich zu machen.

1,21 Ez 16,15.24-26.28-35 **1,22** 1,25 S **1,23** 1,17 S **1,25** 1,22; Spr 25,4; Ez 22,18-21; Jes 48,10 S **1,26** Sach 8,3 **1,29** 17,10; 65,3; 66,17 **2,2-4** Mi 4,1-3 **2,2-3** 45,22-24; 18,7; 25,6; Jer 3,17; Ps 96,7-10 S; Sach 2,15 **2,3** (Berg des Herrn) 11,9; 24,23; 31,9; Ps 76,3 S; (Haus) Ps 122,1 **2,4** 9,4-6; Ps 46,10-11 S; Hos 2,20 S **2,5** 60,1-2 **2,6** 3,3; Lev 19,26 S **2,7** 31,1 **2,11-21** (Tag) Joël 3,3-4; 4,14-16 S; Am 5,18-20 S; Mk 13,24-27 par; Apg 17,31 **2,11-12** (überheblich) 10,12-14; 16,6; Hos 5,5 S; Am 6,8; Spr 29,23; Ez 31,10 S

lichkeit der Menschen zu Ende ist und ihr Stolz
gebrochen wird. Dann wird der HERR allein groß
sein.
12 Der Tag kommt, an dem der HERR, der Herr-
scher der Welt,[a] Gericht halten wird über alles,
was groß und stolz und überheblich ist; er wird
es erniedrigen. 13 Er wird die mächtigen Zedern
auf dem Libanon und die Eichen im Baschan*
vernichten. 14 Er wird alle hohen Berge und Hü-
gel einebnen, 15 jeden großen Turm und jede
feste Mauer einreißen; 16 alle großen Schiffe, die
weit über die Meere fahren,[b] und alle Prunk-
boote wird er zerstören. 17 Mit dem Hochmut
der Menschen wird es aus sein und ihr Stolz
wird erniedrigt. An diesem Tag wird der HERR
allein groß sein 18 und alle falschen Götter wer-
den verschwinden.
19 Die Menschen müssen sich in Felshöhlen
und Erdlöchern verkriechen aus Angst vor dem
HERRN und seiner Macht und Hoheit, wenn er
aufsteht und die Erde in Schrecken versetzt!
20 An dem Tag wird jeder seine silbernen und
goldenen Götterbilder, die er sich gemacht hat,
den Fledermäusen und Ratten hinwerfen. 21 Die
Menschen werden sich in Höhlen und Felsspal-
ten verkriechen aus Angst vor dem HERRN und
seiner Macht und Hoheit, wenn er aufsteht und
die Erde in Schrecken versetzt.
22 Zählt doch nicht auf Menschen! Sie sind
nichts als ein Hauch, und mehr sind sie auch
nicht wert.

In Juda bricht jede Ordnung zusammen

3 Der HERR, der Herrscher über die ganze
Welt,[c] nimmt den Bewohnern von Jerusalem
und Juda alles weg, worauf sie sich stützen und
ihr Vertrauen setzen. Er nimmt ihnen jeden Vor-
rat an Brot und Wasser weg, 2 er nimmt ihnen
Vorkämpfer und Krieger, Richter, Propheten und
Wahrsager, Sippenoberhäupter, 3 Offiziere, Hof-
leute und Berater, Zauberer und Beschwörer.
4 Er gibt ihnen unreife Burschen als Herr-
scher, die mit Willkür regieren. 5 Dann fällt einer
über den anderen her, jeder übervorteilt jeden.
Junge rebellieren gegen die Alten, Nichtsnutze
gegen geachtete Männer.
6 Die Männer in einer Sippe werden sich alle-
samt an einen unter ihnen klammern und sagen:
»Du hast noch etwas anzuziehen. Sei du unser
Anführer, bring Ordnung in dieses Chaos!«
7 Doch der wird sich wehren und sagen: »Ich bin
doch kein Wunderdoktor! In meinem Haus ist
nichts, weder Nahrung noch Kleidung. Ich lasse
mich nicht zum Anführer machen!«
8 Ja, Jerusalem stürzt ins Chaos und Juda
bricht zusammen; denn mit Wort und Tat belei-
digen sie den HERRN, sie widersetzen sich öffent-
lich dem mächtigen Gott. 9 Ihr eigenes Verhalten
klagt sie an: Sie sind parteiisch und bringen die
Schutzlosen um ihr Recht. Wie die Leute von
Sodom erzählen sie ohne jede Hemmung von ih-
ren Verbrechen. Das Unglück, das sie nun trifft,
haben sie sich selber zuzuschreiben!
10 Denkt daran: Denen, die Gott gehorchen,
geht es gut; sie dürfen den Ertrag ihrer Arbeit ge-
nießen. 11 Doch wehe denen, die Gott missach-
ten: Ihre Taten fallen auf sie selbst zurück!
12 »Du mein armes Volk«, sagt der HERR, »Aus-
beuter herrschen über dich, Wucherer[d] saugen
dich aus. Deine Führer verführen dich, sie zei-
gen dir den falschen Weg.«
13 Der HERR steht auf, um Gericht zu halten
und seinem Volk[e] Recht zu verschaffen. 14 Er
macht den Ratgebern und Führern seines Volkes
den Prozess. »Ihr habt meinen Weinberg geplün-
dert«, klagt er sie an. »Eure Häuser habt ihr voll-
gestopft mit dem, was ihr den Armen wegge-
nommen habt. 15 Mit welchem Recht unter-
drückt ihr mein Volk und nutzt die Wehrlosen
aus?« Das sagt der HERR, der Herrscher über die
ganze Welt.

Schande statt Schönheit

16 Der HERR sagt: »Seht doch, wie hochnäsig sie
sind, die Frauen Jerusalems! Sie recken ihre ge-
schmückten Hälse, werfen aufreizende Blicke
nach allen Seiten und trippeln mit zierlichen
Schritten, damit ihre Fußspangen klirren. 17 Des-
halb werde ich ihnen den Kopf entblößen und
sie öffentlich der Schande preisgeben.«
18 Der Tag kommt, an dem der HERR ihnen
allen Schmuck wegnehmen wird: die Fußspan-
gen, die Sonnen und Halbmonde, die sie um den
Hals tragen, 19 Ohrgehänge, Armbänder und
Schleier, 20 Kopfputz, Fußkettchen und Brust-
bänder, Parfümfläschchen und Amulette, 21 Fin-
gerringe und Nasenringe, 22 Festkleider, Män-
tel, Umschlagtücher, Täschchen 23 und Spiegel,
feinste Leinenhemden, Kopftücher und Hals-
tücher.

a Wörtlich *der HERR Zebaot**. b Wörtlich *alle Tarschisch-Schiffe;* siehe Sacherklärung »Tarschisch«.
c Wörtlich *Der Herr, der HERR Zebaot*;* entsprechend in Vers 15.
d *Wucherer:* mit alten Übersetzungen; H *Frauen.* e *seinem Volk:* mit G; H *den Völkern.*

2,20 31,7 **2,22** 31,3; Ps 56,5S; 39,5-7S **3,1** Lev 26,26 **3,4** Koh 10,16 **3,9** Dtn 1,17S; Gen 18,20S **3,10-11** Spr 3,33S **3,12** 1,17S **3,14** 5,7 **3,16** Am 4,1

[24] Dann bekommen sie statt des Wohlgeruchs den Gestank von Fäulnis, statt des Gürtels einen Strick, statt kunstvoll geflochtener Haarpracht eine Glatze, statt des Festkleids einen zerlumpten Sack, statt der Schönheit die Schande eines Brandmals.
[25] Jerusalem, deine Männer, sogar die stärksten und besten, werden im Krieg erschlagen.
[26] Deine Tore werden widerhallen von Totenklagen*; du wirst einer Frau gleichen, die ihre Kinder verloren hat und einsam am Boden sitzt.

4 Dann werden sieben Frauen sich an einen Mann klammern und zu ihm sagen: »Wir können selbst für unser Essen sorgen, auch für unsere Kleidung; wir wollen nur als deine Frauen gelten. Heirate uns und nimm die Schande von uns, Witwen und auch noch kinderlos zu sein!«

Hoffnung für die Übriggebliebenen

[2] Es kommt eine Zeit, da wird der HERR das Land wieder fruchtbar machen. Alles wird wieder sprießen und wachsen, und die Übriggebliebenen Israels können stolz darauf sein. So wird ihre Ehre und ihr Ruhm wiederhergestellt.
[3] Die Überlebenden von Jerusalem, alle, die dann noch auf dem Zionsberg* übrig sind, werden Gottes heiliges* Volk genannt werden; Gott selbst hat ihre Namen aufgeschrieben und sie zum Leben bestimmt.
[4] Denn durch sein Strafgericht hat er die Bewohner Jerusalems von allem Schmutz gereinigt und die schwere Schuld aus der Stadt weggeschafft.
[5] Über dem Zionsberg und allen, die sich dort versammeln, lässt dann der HERR das Zeichen seiner Gegenwart erscheinen: tagsüber eine Wolke, nachts dichten Rauch und flammendes Feuer. Seine Herrlichkeit breitet er aus über der ganzen Stadt,
[6] wie ein Schutzdach gegen die Hitze der Sonne, wie eine Zuflucht bei Regen und Sturm.

Gottes Volk – ein unfruchtbarer Weinberg

5 Hört mir zu! Ich singe euch das Lied meines Freundes[a] von seinem Weinberg:

Auf fruchtbarem Hügel,
da liegt mein Stück Land,
[2] dort hackt ich den Boden
mit eigener Hand,
ich mühte mich ab
und las Felsbrocken auf,
baute Wachtturm und Kelter,
setzte Reben darauf.
Und süße Trauben
erhofft ich zu Recht,
doch was dann im Herbst wuchs,
war sauer und schlecht.

[3] Jerusalems Bürger,
ihr Leute von Juda,
was sagt ihr zum Weinberg,
was tätet denn ihr da?
[4] Die Trauben sind sauer –
entscheidet doch ihr:
War die Pflege zu schlecht?
Liegt die Schuld denn bei mir?

[5] Ich sage euch, Leute,
das tue ich jetzt:
Weg reiß ich die Hecke,
als Schutz einst gesetzt;
zum Weiden solln Schafe
und Rinder hinein!
Und die Mauer ringsum –
die reiße ich ein!
Zertrampelnden Füßen
geb ich ihn preis,
schlecht lohnte mein Weinberg
mir Arbeit und Schweiß!
[6] Ich will nicht mehr hacken,
das Unkraut soll sprießen!
Der Himmel soll ihm
den Regen verschließen!

[7] Der Weinberg des HERRN[b]
seid ihr Israeliten!
Sein Lieblingsgarten,
Juda, seid ihr!
Er hoffte auf Rechtsspruch –
und erntete Rechtsbruch,
statt Liebe und Treue
nur Hilfeschreie!

Gott straft seine Verächter

[8] Weh denen, die sich ein Haus nach dem andern hinstellen und ein Feld nach dem andern kaufen, bis kein Grundstück mehr übrig ist und sie das ganze Land besitzen!
[9] Ich habe gehört, wie der

a Der Prophet tritt hier als »Freund des Bräutigams« (Joh 3,29) auf, der in dessen Namen die Braut wegen ihrer Untreue anklagt. Der *Weinberg* ist Bild für die Braut und steht auch sonst häufig für Israel (siehe die Vergleichsstellen zu 5,1-7).
b wörtlich *des HERRN Zebaot**.

4,3 6,13; 10,21; 14,32S; Mal 3,14S **4,4** Jer 50,20 **4,5** Ex 19,9S **5,1-7** 27,2-5; Ps 80,9-14; Jer 2,21S; Mk 12,1-12par **5,7** 1,17S **5,8** Lev 25,23-28; Mi 2,2

HERR, der Herrscher der Welt,[a] geschworen hat:
»Die vielen Gebäude sollen verwüstet werden,
die großen und schönen Häuser leer stehen!
10 Ein Weinberg von zehn Morgen bringt nur
noch einen Eimer Wein, und zehn Zentner Aus-
saat bringen nur einen Zentner Ertrag.«
11 Weh denen, die schon am Morgen hinter
Bier her sind und noch spät am Abend beim
Wein in Hitze geraten! 12 Laute und Harfe, Pauke
und Flöte erklingen bei ihren Gelagen, aber auf
das Tun des HERRN achten sie nicht, sie sehen
nicht, dass er hinter allem Geschehen steht.
13 Deshalb sagt der HERR: »Mein Volk muss in
die Verbannung, weil es nicht begreifen will. Die
Angesehenen müssen Hunger leiden und das
ganze Volk wird vor Durst verschmachten.«
14 Die Totenwelt* sperrt ihren Rachen weit
auf, hinabfahren müssen Reichtum und Pracht
Jerusalems, der ganze lärmende, johlende Hau-
fen. 15 So werden sie alle erniedrigt und müssen
sich bücken. Die Hochmütigen müssen die Au-
gen zu Boden schlagen. 16 Der HERR, der Herr-
scher der Welt, erweist seine Hoheit, denn er
verschafft dem Recht wieder Geltung. Der heili-
ge Gott erweist sich als heilig, denn er hält ge-
rechtes Gericht. 17 Zwischen den Trümmern der
Stadt weiden die Schafe, und was die Reichen in
ihren Ruinen zurücklassen mussten, das essen
die umherziehenden Hirten auf.
18 Weh denen, die sich vor den Karren des Un-
rechts spannen und ihre Schuld wie mit Wagen-
seilen hinter sich herziehen! 19 Sie sagen: »Er soll
sich beeilen und tun, was er vorhat, der heilige
Gott Israels! Er will uns bestrafen? Wir wollen
endlich etwas davon sehen!«
20 Weh denen, die Böses gut und Gutes böse
nennen, die aus Schwarz Weiß und aus Weiß
Schwarz machen, aus Sauer Süß und aus Süß
Sauer!
21 Weh denen, die sich für weise und verstän-
dig halten! 22 Helden sind sie – im Weintrinken,
und tüchtige Männer – im Mischen von scharfen
Getränken. 23 Als Richter lassen sie sich beste-
chen: Schuldige sprechen sie frei und Unschuldi-
ge verurteilen sie.
24 Deshalb werden sie vergehen wie eine
Pflanze, deren Wurzeln verfaulen und deren Blü-
ten verwelken, wie dürres Gras oder Stoppeln
auf dem Feld, über das ein Feuer hinwegfegt. Sie
haben das Gesetz* verachtet, das der Herrscher
der Welt, der heilige Gott Israels, seinem Volk
gegeben hat. Seine Warnungen haben sie in den
Wind geschlagen.

Das assyrische Heer bedroht Juda

25 Darum ist der HERR zornig auf sein Volk. Er
reckt seine Hand hoch und schlägt zu. Davon er-
zittern die Berge, und auf den Straßen und Plät-
zen liegen die Leichen wie Abfall. Trotzdem legt
sein Zorn sich nicht, noch ist seine Hand dro-
hend erhoben.
26 Er stellt ein Feldzeichen auf für ein Volk[b]
aus der Ferne. Er pfeift, und schon kommen sie
vom Ende der Erde, sie haben es eilig. 27 Keiner
der Krieger ist erschöpft, keiner schleppt die
Füße nach, keiner nickt ein, hellwach sind sie
alle. Die Gürtel sind festgeschnallt, kein Schuh-
riemen löst sich. 28 Die Pfeilspitzen sind geschlif-
fen, die Bogen straff gespannt. Die Hufe ihrer
Pferde sind hart wie Kiesel, die Räder ihrer
Streitwagen* drehen sich wie der Wirbelwind.
29 Ihr Kriegsgeschrei ist wie das Brüllen eines
Löwen, wie das raue Gebrüll eines jungen
Löwen; er knurrt, packt seine Beute und
schleppt sie weg. Und niemand wagt es, sie ihm
zu entreißen.
30 Der Tag kommt, an dem sie über das Land
herfallen mit Getöse wie das Donnern des
Meeres. Wohin man auch blickt: überall erdrü-
ckende Finsternis; schwarze Wolken verdunkeln
das Tageslicht.

Jesaja berichtet über seine Berufung zum Propheten

6 Es war in dem Jahr, als König Usija starb. Da
sah ich den Herrn; er saß auf einem sehr
hohen Thron. Der Saum seines Mantels füllte
den ganzen Tempel*. 2 Er war umgeben von
mächtigen Engeln.[c] Jeder von ihnen hatte sechs
Flügel; mit zweien bedeckte er sein Gesicht, mit
zweien den Leib, zwei hatte er zum Fliegen.
3 Die Engel riefen einander zu:

»Heilig, heilig, heilig ist der HERR,
der Herrscher der Welt,[d]
die ganze Erde bezeugt seine Macht!«

4 Von ihrem Rufen bebten die Fundamente des
Tempels und das Haus füllte sich mit Rauch.
5 Vor Angst schrie ich auf: »Ich bin verloren! Ich

a Wörtlich *der HERR Zebaot*;* entsprechend in den Versen 16 und 24.
b *ein Volk:* vermutlicher Text; H *Völker.* c Wörtlich *von Serafen;* siehe Sacherklärung »Seraf«.
d *der HERR ...:* wörtlich *der HERR Zebaot*;* entsprechend in Vers 5.

5,11-12 28,1.7; 56,12; Hos 4,18; Am 6,5-6; Spr 20,1S **5,16** 2,11.17 **5,19** Jer 17,15; Ps 14,1S **5,20** 32,5; Am 5,7.10; Mi 3,1-3 **5,21** Spr 3,7 **5,23** Spr 17,15S **5,26** 7,18.20; 10,5-6; Jer 5,15 **6,1** 2Kön 15,7 **6,2** 1Kön 22,19S **6,3** 8,2; 19,2; 57,12; Offb 4,8 **6,4** 4,5; 1Kön 8,10-11; Offb 15,8S **6,5** Ps 24,3-4; Lk 5,8; Ex 33,20S

bin unwürdig, den HERRN zu preisen, und lebe
unter einem Volk, das genauso unwürdig ist.
Und ich habe den König gesehen, den Herrscher
der Welt!«
6 Da kam einer der mächtigen Engel zu mir
geflogen. Er hatte eine glühende Kohle, die er
mit der Zange vom Altar genommen hatte. 7 Da-
mit berührte er meinen Mund und sagte: »Die
Glut hat deine Lippen berührt. Jetzt bist du von
deiner Schuld befreit, deine Sünde ist dir ver-
geben.«
8 Dann hörte ich, wie der Herr sagte: »Wen
soll ich senden? Wer ist bereit, unser Bote zu
sein?«

Ich antwortete: »Ich bin bereit, sende mich!«
9 Da sagte er: »Geh und sag zu diesem Volk:
›Hört nur zu, ihr versteht doch nichts; seht hin,
so viel ihr wollt, ihr erkennt doch nichts!‹ 10 Re-
de zu ihnen, damit ihre Herzen verstockt wer-
den, ihre Ohren verschlossen und ihre Augen
verklebt, sodass sie mit ihren Augen nicht sehen,
mit ihren Ohren nicht hören und mit ihrem Ver-
stand nicht erkennen. Ich will nicht, dass sie zu
mir umkehren und geheilt werden.«
11 »Wie lange soll das dauern, Herr?«, fragte
ich.

Der HERR antwortete: »Bis die Städte zerstört
sind und die Häuser leer stehen und das ganze
Land zur Wüste geworden ist. 12 Ich werde
die Menschen fortschaffen und das Land wird
leer und verlassen sein. 13 Und ist noch ein Zehn-
tel übrig, so wird es ihnen gehen wie den
Trieben, die aus dem Stumpf einer gefällten
Eiche oder Terebinthe wachsen: Sie werden ab-
gefressen!«

Der Stumpf aber bleibt und aus dem Stumpf
wird neues Leben sprossen zu Gottes Ehre.

Eine Glaubensprobe für Juda und Jerusalem

7 In Juda war Ahas, der Sohn von Jotam und
Enkel von Usija, König. Damals zogen Rezin,
der König von Syrien*, und Pekach, der Sohn
von Remalja, der König von Israel, gegen Jerusa-
lem heran. Sie griffen die Stadt an, konnten sie
aber nicht einnehmen.
2 Im Königspalast wurde gemeldet, die syri-
schen Truppen stünden schon im Gebiet von
Efraïm.[a] Der König zitterte und mit ihm das
ganze Volk, wie Bäume, die vom Sturm geschüt-
telt werden.
3 Da gab der HERR dem Propheten Jesaja den
Auftrag: »Nimm deinen Sohn Schear-Jaschub*
mit und geh zu König Ahas hinaus, ans Ende
der Wasserleitung beim oberen Teich*, auf die
Straße, die zum Tuchmacherfeld führt!
4 Sag zu Ahas: ›Bleib ruhig, hab keine Angst!
Werde nicht weich vor dem Zorn Rezins und Pe-
kachs; sie sind nur qualmende Brennholzstum-
mel. 5 Die Syrer unter Rezin und die Efraïmiten
unter dem Sohn Remaljas planen zwar Böses
gegen dich. Sie sagen: 6 Wir wollen nach Juda
hinaufziehen, den Leuten dort Angst einjagen,
das Land an uns bringen und als neuen König
den Sohn Tabeals einsetzen!
7 Aber der HERR, der mächtige Gott, sagt: Das
wird ihnen nicht gelingen! 8 Syrien ist nicht stär-
ker als Damaskus und Damaskus nicht stärker
als Rezin. Und das Reich der Leute von Efraïm?
In 65 Jahren wird es am Ende sein und das Volk
wird nicht mehr bestehen. 9 Denn Efraïm ist
nicht stärker als Samaria und Samaria nicht stär-
ker als der Sohn Remaljas. Vertraut auf den
HERRN! Wenn ihr nicht bei ihm bleibt, dann
bleibt ihr überhaupt nicht!‹«[b]

Trotz des Unglaubens steht Gott zu seiner Zusage

10 Weiter ließ der HERR dem König sagen: 11 »For-
dere doch als Bestätigung ein Zeichen vom
HERRN, deinem Gott, ganz gleich, ob aus der
Totenwelt* oder aus dem Himmel!«
12 Ahas antwortete: »Ich verlange kein Zei-
chen, ich will den HERRN nicht auf die Probe
stellen.«
13 Da sagte Jesaja: »Hört, ihr vom Königshaus!
Es reicht euch wohl nicht, dass ihr den Men-
schen zur Last werdet! Müsst ihr auch noch die
Geduld meines Gottes auf die Probe stellen?
14 Deshalb wird der Herr euch von sich aus ein
Zeichen geben: Die junge Frau[c] wird schwanger
werden und einen Sohn zur Welt bringen, den
wird sie Immanuël (Gott steht uns bei) nennen.
15 Er wird Butter und Honig essen, bis er Gutes
und Böses unterscheiden kann. 16 Noch bevor er
alt genug ist, zwischen Gut und Böse zu unter-
scheiden, wird das Land der beiden Könige ver-
wüstet sein, vor denen du jetzt Angst hast.

a *Efraïm* steht hier, wie oft im Alten Testament, für das Nordreich Israel*. Zum ganzen Abschnitt siehe Sacherklärung »Syrisch-Efraïmitischer Krieg«.
b *Vertraut auf ...:* Das hebräische Zeitwort hat die Doppelbedeutung »glauben/vertrauen« und »Bestand haben«. Die Übersetzung sucht das Wortspiel nachzuahmen.
c Die griechische Übersetzung hat hier das Wort für »Jungfrau«; in dieser Fassung wird der Vers in Mt 1,23 zitiert.

6,8 1 Kön 22,20 **6,9-10** Ez 3,6-7; Mt 13,14-15S **7,1** 2 Kön 16,5-9 **7,3** 36,2 **7,9** 28,16; 30,15; 37,6; Ex 14,14 **7,11** Ri 6,17S; 1 Kön 13,3-5; Jer 44,29-30; Mk 8,11-13par **7,14** Mt 1,23 **7,15.22** Ex 3,8S **7,16** 8,4S

17 Aber der HERR wird für dich, dein Volk und
deine Familie eine Unglückszeit kommen lassen,
wie man sie seit der Trennung Israels von Juda
nicht erlebt hat. Das wird durch den König von
Assyrien* geschehen.«

Eine dunkle Zukunft

18 Der Tag kommt, an dem der HERR die Feinde
herbeiholen wird. Er pfeift dem Fliegenschwarm
an den Mündungen des Nils und dem Bienen-
schwarm in Assyrien* 19 und sie werden kom-
men und sich niederlassen in den Talschluchten
und Felsspalten, in allen Dornenhecken, an allen
Tränkstellen. 20 Wenn es so weit ist, wird der
Herr den König von Assyrien in Dienst nehmen,
von jenseits des Eufrats holt er ihn herbei. Er
wird ihn als Schermesser benutzen, um euch das
Kopfhaar abzuscheren, auch die Schamhaare
und den Bart.

21 Wenn diese Zeit kommt, wird jeder nur
noch eine Kuh und zwei Ziegen haben. 22 Aber
die werden so viel Milch geben, dass die ganze
Familie Butter essen kann. Wer dann noch im
Land übrig geblieben ist, wird sich mit Butter
und Honig ernähren.

23 Wenn diese Zeit kommt, wird man die
Weinberge ungepflegt lassen müssen, sogar sol-
che, die tausend Weinstöcke tragen, jeder ein
Silberstück wert. Sie werden von Dornen und
Disteln überwuchert. 24 Das ganze Land wird
voller Dornen und Disteln sein, man wird höchs-
tens noch mit Pfeil und Bogen dorthin gehen,
um zu jagen. 25 Auch die Hügel, die jetzt noch
mit der Hacke bestellt werden, wird niemand
mehr betreten aus Angst vor den Dornen und
Disteln. Rinder wird man dort weiden lassen
und Schafe werden den Boden zertreten.

Eilebeute-Raubebald

8 Der HERR sagte zu mir: »Nimm dir eine
große Tafel und schreib darauf in deutlich
lesbarer Schrift: *Eilebeute-Raubebald*.«

2 Ich zeigte die Tafel zwei zuverlässigen Zeu-
gen, dem Priester Urija und Secharja, dem Sohn
von Jeberechja. 3 Als ich dann mit meiner Frau,
der Prophetin*, schlief, wurde sie schwanger
und brachte einen Sohn zur Welt. Da befahl mir
der HERR: »Nenne ihn Eilebeute-Raubebald!
4 Denn bevor er Vater und Mutter sagen kann,
werden die Reichtümer von Damaskus und die
Schätze von Samaria dem König von Assyrien*
zur Beute fallen.«

5 Weiter sagte der HERR zu mir: 6 »Dieses Volk
verachtet das ruhig fließende Wasser des Schi-
loachkanals* und zieht Rezin und den Sohn von
Remalja seinem eigenen König vor.[a] 7 Darum
lasse ich den König von Assyrien auf sie los. Mit
seiner ganzen Heeresmacht wird er kommen,
wie der breite, reißende Eufratstrom, der immer
höher steigt und über alle Ufer tritt. 8 Dieser
Strom wird in Juda eindringen und es überflu-
ten, bis das Wasser den Bewohnern an den Hals
reicht.«

Er wird seine Arme ausbreiten und dein Land
in seiner ganzen Weite bedecken, Immanuël.[b]

Vergebliche Pläne fremder Völker

9 Sammelt euch nur zum Angriff, ihr Völker!
Ruft zum Kampf auf, dass man es hört bis in die
entlegensten Winkel der Erde! Rüstet euch zum
Krieg, nehmt die Waffen zur Hand! Trotzdem
wird der Schrecken über euch kommen, pani-
sche Angst wird euch überfallen! 10 Schmiedet
nur eure Pläne – sie werden vereitelt! Beratet
euch, so viel ihr wollt – es kommt nichts dabei
heraus; denn Gott steht uns bei!

Der Prophet wird gewarnt

11 Der HERR legte seine starke Hand auf mich und
warnte mich, dem Beispiel dieses Volkes zu fol-
gen. Er sagte: 12 »Du und alle, die auf dich hören,
ihr müsst nicht alles für eine Verschwörung hal-
ten, was dieses Volk eine Verschwörung nennt!
Wovor sie Angst haben, davor müsst ihr euch
nicht fürchten!

13 Ich, der Herrscher der Welt,[c] ich allein bin
heilig! Vor mir und keinem anderen sollt ihr er-
schrecken und euch fürchten! 14 Ich bin der heili-
ge Zufluchtsort, aber ich bin auch der Stein, an
dem man sich stößt; ich bin der Fels, der die bei-
den Reiche Israels zu Fall bringt; ich bin auch
das Netz und die Schlinge, in denen die Leute
von Jerusalem sich verstricken. 15 Viele werden
stolpern und stürzen und sich die Knochen bre-
chen; viele werden in die Falle rennen und ge-
fangen darin hängen bleiben.«

Schweigen und warten

16 Ich will Gottes Warnungen und Weisungen
denen anvertrauen, die auf mich hören, damit

a Offenbar gab es in Jerusalem eine (vielleicht starke) Gruppe, die statt des Königs Ahas den mit Rezin und Pekach (dem »Sohn Remaljas«) sympathisierenden »Sohn Tabeals« (7,6) auf den Thron bringen wollte.

b Immanuël: vgl. 7,14. *c* Wörtlich *der HERR Zebaot**; entsprechend in Vers 18.

7,18 5,26S **8,1** 30,8; Hab 2,2 **8,2** Dtn 19,15S **8,4** 7,16; 2Kön 16,9; 17,3-6 **8,9** Sach 14,2S **8,10** 7,7; Ps 33,10 **8,13** Mt 10,28par **8,14-15** 28,13.16; Röm 9,33S

sie aufbewahrt bleiben wie Geld in einem ver-
schnürten Beutel. 17 Der HERR hat sich vor den
Nachkommen Jakobs verborgen; aber ich will
auf ihn warten und die Hoffnung nicht auf-
geben. 18 Ich selbst und die Kinder, die der
HERR mir geschenkt hat, laufen als lebende Zei-
chen in Israel umher, als Ankündigungen des
Herrschers der Welt, der auf dem Zionsberg*
wohnt.

19 Die Leute werden euch auffordern: »Be-
fragt doch die Geister der Verstorbenen, die
Wahrsagegeister, die euch flüsternd und mur-
melnd Auskunft geben! Ein Volk kann sich doch
Rat holen bei seinen Göttern, die Lebenden kön-
nen sich doch von den Toten helfen lassen!«

20 Haltet euch an die Weisungen des HERRN
und an meine Warnungen! Das ist die einzig gül-
tige Antwort. Gegen Gottes Ankündigungen
richten Beschwörungen nichts aus!

Hoffnung für die Verzweifelten

21 Mutlos und hungrig streifen sie[a] durchs Land.
Der Hunger bringt sie in rasende Wut, sie verflu-
chen ihren König und ihren Gott. Sie blicken
nach oben, 22 sie starren auf die Erde; aber da ist
nichts als erdrückendes Dunkel, Verzweiflung
und Finsternis, in lichtlose Nacht sind sie hinein-
gestoßen. 23 Wer in solcher Nacht gefangen ist,
der kann ihr nicht entrinnen. [b]

Früher hat Gott Schande über das Land der
Stämme Sebulon und Naftali kommen lassen, in
Zukunft aber wird er diesen Landstrich am See
zu Ehren bringen, auch das Ostjordanland und
das Gebiet, wo die Fremden wohnen.

9 Das Volk, das im Dunkeln lebt, sieht ein gro-
ßes Licht; für alle, die im Land der Finsternis
wohnen, leuchtet ein Licht auf. 2 HERR, du ver-
mehrst sie und schenkst ihnen große Freude. Sie
freuen sich vor dir wie bei der Ernte und wie
beim Verteilen der Kriegsbeute. 3 Wie damals,
als du das Volk von den Midianitern* befreit
hast, zerbrichst du das Joch* der Fremdherr-
schaft, das auf ihnen lastet, und den Stock, mit
dem sie zur Zwangsarbeit angetrieben wer-
den. 4 Die Soldatenstiefel, deren dröhnenden
Marschtritt sie noch im Ohr haben, und die blut-
befleckten Soldatenmäntel werden ins Feuer ge-
worfen und verbrannt.

5 Denn ein Kind ist geboren, der künftige
König ist uns geschenkt! Und das sind die Ehren-
namen, die ihm gegeben werden: umsichtiger
Herrscher, mächtiger Held, ewiger Vater, Frie-
densfürst. 6 Seine Macht wird weit reichen und
dauerhafter Frieden wird einkehren. Er wird auf
dem Thron Davids regieren und seine Herrschaft
wird für immer Bestand haben, weil er sich an
die Rechtsordnungen Gottes hält. Der HERR, der
Herrscher der Welt,[c] hat es so beschlossen und
wird es tun.

Gottes drohend erhobene Hand

7 Der Herr hat sein Urteil über das Reich Israel*
gefällt, mit ganzer Härte hat es die Nachkommen
Jakobs getroffen. 8 Die ganze Bevölkerung von
Efraïm und alle Bewohner von Samaria haben es
zu spüren bekommen. Und trotzdem blieben sie
selbstherrlich und sagten in ihrem Übermut:
9 »Die Häuser aus Ziegelsteinen sind eingestürzt
– was macht's, wir bauen sie mit Quadersteinen
wieder auf! Die Balken aus dem Holz der Maul-
beerfeigenbäume sind zerbrochen worden – was
macht's, an ihrer Stelle setzen wir Zedernbalken
ein!«

10 Aber der HERR ließ ihre Gegner[d] hochkom-
men, er stachelte ihre Feinde gegen sie auf: 11 im
Osten die Syrer* und im Westen die Philister*.
Sie fielen gierig über Israel her und rissen große
Stücke aus ihm heraus.

Trotzdem legte Gottes Zorn sich nicht, seine
Hand blieb drohend erhoben.

12 Die Leute von Israel änderten sich nicht.
Obwohl der HERR, der Herrscher der Welt, sie so
geschlagen hatte, fragten sie nicht nach seinem
Willen. 13-14 Darum nahm der HERR ihnen an
einem einzigen Tag ihre Sippenoberhäupter, ihre
führenden Männer und die Lügenpropheten
weg, so wie jemand einem Fisch Kopf und
Schwanz abschneidet oder beim Riedgras Blätter
und Kolben entfernt. 15 Die Führer dieses Volkes
sind Verführer und die Geführten haben jede
Richtung verloren. 16 Darum hat der Herr kein
Erbarmen[e] mit ihren jungen Männern, er hat
kein Mitleid mit den Witwen und Waisen, die sie
hinterlassen. Denn sie alle miteinander sind ab-
trünnig und böse, sie reden wie Menschen, die
Gott nicht ernst nehmen.

a Der Prophet blickt hier auf das Nordreich Israel, und zwar auf dessen nördliche und östliche Gebiete, die dem Assyrerreich als Provinzen eingegliedert wurden (siehe Sacherklärung »Syrisch-Efraïmitischer Krieg«).
b Die Verse 20-23a sind nicht sicher zu deuten.
c Wörtlich *Der HERR Zebaot*;* entsprechend in den Versen 12 und 18.
d *ihre Gegner:* vermutlicher Text; H *die Gegner Rezins.*
e *kein Erbarmen:* mit einer wichtigen Handschrift; H *keine Freude.*

8,18 8,3; 20,1-3 **8,19-20** Lev 19,31 S **8,23b–9,1** Mt 4,12-16 **9,1** 60,1-2 **9,3** Ri 7,1-25 **9,5-6** 11,1-5; Ps 2,1-12; 110,1-2; Jer 23,5 S; Sach 9,9-10 **9,5** 7,14 **9,6** 2 Sam 7,12-13 S **9,15** 3,12

Trotz alledem legt sein Zorn sich nicht, noch
ist seine Hand drohend erhoben.
17 Ihre Verkehrtheit greift um sich wie ein lo-
derndes Feuer, das Dornen und Disteln verzehrt,
das Dickicht des Waldes in Brand setzt und dicke
Rauchwolken zum Himmel aufsteigen lässt.
18 Der Zorn des HERRN, des Herrschers der
Welt, ist wie ein Feuer: Das Land verbrennt und
das Volk wird ein Raub der Flammen. Keiner ver-
schont den anderen. 19 Sie schnappen zu, ohne
hinzusehen, und fressen, was sie können. Aber
der Hunger bleibt, niemand wird satt. Jeder
vernichtet den, der ihm beistehen könnte.
20 Manasse stürzt sich auf Efraïm, Efraïm auf
Manasse und zusammen fallen sie über Juda
her.

Trotzdem legt Gottes Zorn sich nicht, noch ist
seine Hand drohend erhoben.

Anklage gegen die Unterdrücker

10 Weh denen, die ihre Macht missbrauchen,
um Verordnungen zu erlassen, die Men-
schen ins Unglück stürzen! 2 Sie bringen die
Armen und Schwachen in meinem Volk um ihr
Recht und plündern die Witwen und Waisen
aus. 3 Der Tag des Gerichts kommt gewiss und
das Unwetter aus der Ferne wird euch mit
Sicherheit erreichen. Was wollt ihr dann tun? Zu
wem wollt ihr fliehen? Wo wollt ihr dann eure
Reichtümer lassen? 4 Ihr habt nur die Wahl, ob
ihr tot oder gefangen sein wollt!

Trotzdem legt Gottes Zorn sich nicht, noch ist
seine Hand drohend erhoben.

Assyrien geht zu weit!

5 Der HERR sagt: »Jetzt bekommt es Assyrien*
mit mir zu tun! Ich habe es benutzt, um mein
Strafgericht zu vollziehen. Assyrien war der
Stock, mit dem ich meinen Zorn zu fühlen gab.
6 Ich habe es gesandt, um ein Volk zu bestrafen,
das sich von mir losgesagt und meinen Zorn her-
ausgefordert hat. Ich habe Assyrien erlaubt, die-
ses Volk zu berauben und auszuplündern und es
zu zertreten wie Straßendreck.

7 Aber der König von Assyrien wollte mehr, er
schmiedete seine eigenen Pläne. Vernichten
wollte er, ganze Völker ausrotten, so viele wie
möglich. 8 Er sagte sich: ›Alle Befehlshaber
meiner Truppen sind so mächtig wie Könige.
9 Eine Stadt nach der anderen habe ich erobert:
Kalne und Karkemisch, Hamat und Arpad,
Samaria und Damaskus. 10 Mit meiner Macht
habe ich Königreiche unterworfen, die mehr
Götter und Götterbilder haben als Jerusalem
und Samaria. 11 Ich habe Samaria und seine
Götter vernichtet. Und ausgerechnet Jerusalem
und seine Götterbilder sollten diesem Schicksal
entgehen?‹«

12 Aber der Herr sagt: »Erst will ich zu Ende
führen, was ich gegen Jerusalem und den Zions-
berg* im Sinn habe. Dann werde ich mit dem
König von Assyrien abrechnen, mit seiner
überheblichen Selbstherrlichkeit und dem Hoch-
mut, mit dem er auf andere herabsieht. 13 Dieser
König hat es gewagt, zu sagen: ›Aus eigener
Kraft habe ich das alles getan, durch meine Klug-
heit habe ich es fertig gebracht. Die Grenzen
zwischen den Völkern habe ich beseitigt, ihre
Vorräte geplündert und ihre Könige vom Thron
gestoßen wie ein Stier.[a] 14 Wie jemand ein Vogel-
nest ausnimmt, so habe ich die Schätze der
Völker genommen. Wie jemand die Eier einsam-
melt, die der Vogel verlassen hat, so habe ich
alle Länder eingesammelt. Da war keiner, der
mit den Flügeln nach mir schlug, keiner, der
den Schnabel öffnete und einen Piep von sich
gab.‹«

15 Aber der HERR sagt: »Kann die Axt etwa an-
geben gegenüber dem, der sie gebraucht? Oder
kann die Säge sich für wichtiger halten als den
Zimmermann? Das wäre ja, als ob der Stock den
schwänge, der ihn erhebt, als ob das tote Stück
Holz den Mann bewegte!«
16 Darum wird der HERR, der Herrscher über
die ganze Welt,[b] das reiche, satte Assyrien zum
Hungerland machen. Unter seiner Pracht
schwelt ein Brand, der alles in Flammen auf-
gehen lässt. 17 Der heilige Gott, das Licht Israels,
wird zum Feuer, das die Dornen und Disteln
ergreift und an einem einzigen Tag verzehrt.
18 Die prächtigen Wälder und Obstgärten ver-
nichtet es mit Stumpf und Stiel. Assyrien wird
dahinsiechen wie ein Sterbenskranker. 19 Von
seinen Wäldern werden nur ein paar Bäume
übrig bleiben, so wenige, dass ein Kind sie zäh-
len kann.

Nur wenige bleiben übrig

20 Es kommt eine Zeit, da wird der Rest Israels,
die Überlebenden der Nachkommen Jakobs, sich
nicht mehr auf Assyrien stützen, den Stock, der
sie geschlagen hat. Auf den HERRN werden sie

a *und ihre Könige ...:* Deutung unsicher.
b Wörtlich *der Herr, der HERR Zebaot**;* entsprechend in den Versen 23, 24 und 33.

10,2 1,17S **10,5-19** (gegen Assyrien) 10,24-27; 14,24-27; 30,27-33; 37,22-35; Mi 7,11-13; Nah 1,1–3,19; Zef 2,13-15 **10,5-6** 5,26; 7,20; Hab 1,12-13 **10,12-14** 2,12; 13,11 **10,20** 10,5; Hos 5,13

sich stützen, an den heiligen Gott Israels werden sie sich halten und ihm treu bleiben. 21 Ein Rest wird zurückkehren; was übrig geblieben ist von den Nachkommen Jakobs, kehrt um zum starken Gott.

22 Israel, selbst wenn dein Volk so zahlreich wäre wie der Sand am Meer, nur ein kleiner Rest wird zurückkehren. Dein Untergang ist beschlossene Sache; er kommt wie eine Flut und verschafft dem Recht Geltung. 23 Der HERR, der Herrscher über die ganze Welt, ist fest entschlossen, dich zu vernichten vor den Augen aller Völker.

Keine Angst vor Assyrien!

24 Der HERR, der Herrscher über die ganze Welt, sagt zu seinem Volk, das auf dem Zionsberg* wohnt: »Habt keine Angst vor Assyrien*, auch wenn es den Stock über euch schwingt und euch schlägt, wie es früher die Ägypter taten. 25 Nur noch einen ganz kleinen Augenblick, dann kehrt sich mein Zorn von euch ab und wendet sich gegen Assyrien. 26 Dann werde ich, der Herrscher der Welt,[a] strafend die Geißel über die Assyrer schwingen, so wie ich damals am Rabenfelsen auf die Midianiter* eingeschlagen habe. Ich werde meinen Stock über das Meer ausstrecken, wie ich es gegen die Ägypter getan habe. 27 Wenn die Zeit gekommen ist, dann wird die Last Assyriens von euren Schultern gleiten und sein Joch* von eurem Nacken gerissen.«[b]

Der Feind rückt auf Jerusalem zu

28 Die Assyrer* überfallen Aja, sie ziehen durch Migron, lassen ihren Tross in Michmas, 29 marschieren durch die Talschlucht, um in Geba zu übernachten. Rama zittert vor Angst, Gibea, die Stadt Sauls, ergreift die Flucht. 30 Schrei gellend, Gallim! Lausche, Lajescha! Antworte,[c] Anatot! 31 Madmena flieht, die Bewohner von Gebim laufen um ihr Leben. 32 Schon steht der Feind in Nob und streckt seine Hand aus nach Jerusalem und dem Zionsberg*!

33 Seht doch, wie der HERR, der Herrscher über die ganze Welt, mit erschreckender Gewalt die Äste von den Bäumen schlägt! Die größten Bäume werden gefällt, die hochragenden niedrig gemacht. 34 Das Dickicht des Waldes wird mit der Axt gelichtet, die Pracht des Libanons sinkt zu Boden.

Der Friedenskönig und sein Reich

11 Ein Spross wächst aus dem Baumstumpf Isai*,
ein neuer Trieb schießt hervor[d] aus seinen Wurzeln.
2 Ihn wird der HERR mit seinem Geist* erfüllen,
dem Geist, der Weisheit* und Einsicht gibt,
der sich zeigt in kluger Planung und in Stärke,
in Erkenntnis und Ehrfurcht vor dem HERRN.
3 Gott zu gehorchen ist ihm eine Freude.
Er urteilt nicht nach dem Augenschein
und verlässt sich nicht aufs Hörensagen.
4 Den Entrechteten verhilft er zum Recht,
für die Armen im Land setzt er sich ein.
Seine Befehle halten das Land in Zucht,
sein Urteilsspruch tötet die Schuldigen.
5 Gerechtigkeit und Treue umgeben ihn
wie der Gürtel, der seine Hüften umschließt.[e]

6 Dann wird der Wolf beim Lamm zu Gast sein,
der Panther neben dem Ziegenböckchen liegen;
gemeinsam wachsen Kalb und Löwenjunges auf,[f]
ein kleiner Junge kann sie hüten.
7 Die Kuh wird neben dem Bären weiden
und ihre Jungen werden beieinander liegen;
der Löwe frisst dann Häcksel wie das Rind.
8 Der Säugling spielt beim Schlupfloch der Schlange,
das Kleinkind steckt die Hand in die Höhle der Otter.
9 Niemand wird Böses tun und Unheil stiften
auf dem Zion*, Gottes heiligem Berg.
So wie das Meer voll Wasser ist,
wird das Land erfüllt sein von Erkenntnis des HERRN.
10 Wenn jene Zeit gekommen ist,
dann wird der Spross aus der Wurzel Isais
als Zeichen dastehen, sichtbar für die Völker;
dann kommen sie und suchen bei ihm Rat.
Von dem Ort, den er zum Wohnsitz nimmt,
strahlt Gottes Herrlichkeit* hinaus in alle Welt.

a Wörtlich *der HERR Zebaot**.
b Es folgt noch die im Zusammenhang unverständliche Aussage *ein Joch angesichts von Öl/Fett.*
c *Antworte:* mit einer alten Übersetzung; H *Unglückliches.*
d *schießt hervor:* mit alten Übersetzungen; H *wird fruchtbar sein.*
e Gemeint ist der Lendenschurz* als Unterkleidung.
f *gemeinsam …:* mit alten Übersetzungen; H *gemeinsam Kalb und Löwenjunges und Mastvieh.*

10,21 4,3-4; 7,3; Dtn 4,29-31 S **10,22-23** Röm 9,27-28 **10,22** Gen 22,17; (Rest) Jes 11,11; 37,32; Zef 3,12-13; Dtn 4,27 **10,26** Ri 7,25; Ex 14,16.26 **10,27** Jer 30,8 S **11,1** Mi 5,1; Jer 23,5 S; Offb 22,16 **11,2-5** 1 Kön 3,9-12.28; Ps 72,1-4.12-14 **11,2** 42,1; 61,1; 1 Sam 16,13; 2 Sam 23,2; Joh 1,32-34 **11,6-9** 65,25; Hos 2,20; Ez 34,25 **11,8** Gen 3,14-15 **11,9** 60,18; Jer 31,34 S **11,10** 2,2-4; Röm 15,12

Die Heimkehr der Weggeführten

11 Wenn jene Zeit gekommen ist, wird der Herr
noch einmal die Hand erheben: Dann wird er
den Rest seines Volkes befreien. Er wird alle
zurückholen, die übrig geblieben sind in
Assyrien* und in Ägypten, in Äthiopien*,
Elam*, Babylonien* und im syrischen Hamat
und bis hin zu den fernsten Küsten. 12 Er stellt
ein Feldzeichen auf, um diesen Völkern an-
zuzeigen, was er tun will. Er sammelt die
Versprengten Israels, die Verstreuten Judas holt
er zusammen. Aus allen Himmelsrichtungen
bringt er sie zurück, Männer und Frauen.[a]
13 Dann ist Schluss mit Efraïms[b] Neid und die
Feindseligkeit Judas hat ein Ende. Efraïm wird
nicht mehr neidisch sein auf Juda und Juda wird
Efraïm nicht mehr befeinden. 14 Gemeinsam
stürmen sie nach Westen, die Hänge hinab auf
die Philister*, und im Osten plündern sie die
Wüstenstämme aus. Edom* und Moab* nehmen
sie in Besitz, und die Ammoniter* unterwerfen
sich ihnen.
15 Der HERR wird die Meereszunge östlich von
Ägypten für immer zum Verschwinden bringen.
Dem Eufrat droht er mit erhobener Hand; durch
seinen glühenden Atem zerreißt er ihn in sieben
kleine Rinnsale, sodass man zu Fuß hindurchge-
hen kann. 16 Dann wird es eine Straße geben für
den Rest seines Volkes, der in Assyrien überlebt
hat,[c] genauso wie es damals eine Straße gab, als
Israel Ägypten verließ.

Ein Danklied

12 Am Tag deiner Rettung wirst du sagen:
»HERR, ich preise dich!
Du bist zornig auf mich gewesen;
doch nun hat sich dein Zorn gelegt,
und ich darf wieder aufatmen!«
2 Dann wirst du bekennen:
»Gott ist mein Helfer,
ich bin voll Vertrauen und habe keine Angst!
Den HERRN will ich rühmen mit meinem Lied,
denn er hat mich gerettet.«

3 Voller Freude werdet ihr Wasser schöpfen
an Gottes reichen Quellen,
aus denen euch seine Hilfe strömt.
4 Und ihr werdet sagen an jenem Tag:
»Preist den HERRN!
Macht seinen Namen* überall bekannt!
Verkündet allen Völkern, was er getan hat;
sagt ihnen, wie unvergleichlich groß er ist.
5 Singt und spielt zur Ehre des HERRN!
Denn er hat gewaltige Taten vollbracht;
das soll die ganze Welt erfahren.
6 Freu dich und juble, du Zionsstadt*!
Denn er wohnt in deiner Mitte,
er, der große, heilige Gott Israels!«

DAS GERICHT GOTTES ÜBER DIE VÖLKER
(Kapitel 13–23)

Babylons Tage sind gezählt

13 In einer Offenbarung* empfing Jesaja, der
Sohn von Amoz, folgende Botschaft über
Babylon*:
2 Der HERR sagt: »Stellt ein Feldzeichen auf,
oben auf einer kahlen Höhe! Ruft die Freiwilli-
gen auf, winkt sie herbei, sie sollen sich bei den
Stadttoren melden! 3 Ich rufe alle zum Kampf,
die sich mir zur Verfügung gestellt haben. Meine
tapferen Krieger sollen kommen und mein Urteil
vollstrecken, sie alle, die mich mit ihren Jubel-
rufen ehren!«
4 Hört das dröhnende Getöse auf den Bergen!
Unzählbar die Menge der Menschen; aus vielen
Königreichen sind sie zusammengeströmt, ganze
Völker haben sich versammelt. Der HERR, der
Herrscher der Welt,[d] mustert sein Heer! 5 Aus
einem fernen Land rücken sie heran, von dort,
wo der Himmel die Erde berührt: der HERR und
seine Heeresmacht, die sein Urteil vollstreckt
und das große Weltreich verwüstet.
6 Schreit vor Entsetzen, denn der Gerichtstag
des HERRN naht heran! Er kommt mit vernichten-
der Gewalt vom gewaltigen Gott. 7 Da werden
alle Hände kraftlos, alle Herzen werden mutlos;
8 vor Schrecken sind die Menschen wie gelähmt.
Von Krämpfen und Schmerzen überwältigt, win-
den sie sich wie eine gebärende Frau. Hilflos
starren sie einander an, ihre Gesichter glühen.
9 Jetzt bricht er an, der Gerichtstag des HERRN,
der unerbittlich grausame Tag, mit wilder Wut
und glühendem Zorn. Er wird die Erde in eine

a Durch den Zusatz *Männer und Frauen* bringt die Übersetzung zum Ausdruck, dass *die Versprengten* Wiedergabe einer männlichen, *die Verstreuten* einer weiblichen Mehrzahlform ist.
b Zu *Efraïm* vgl. Anmerkung zu 7,2.
c Vgl. Sacherklärung »Exil«.
d Wörtlich *der HERR Zebaot**; entsprechend in Vers 13.

11,11-12 43,5-6 S; Jer 3,18 S; 23,3 S; Ez 28,25 S **11,11** 10,22 S **11,12** 49,22 **11,13** 9,20; 1 Kön 12,19; Jer 3,18 **11,15** Ex 14,21 **11,16** 40,3-4 S **12,2** Ex 15,2 **12,3** 55,1 **12,6** 14,32 S **13,1-22** (gegen Babylon) 14,4-23; 21,1-10; 47,1-15; Jer 50,1–51,64; Hab 1,1–3,19; Offb 17,1–18,24 **13,3** 5,26; Ri 5,2.9

Wüste verwandeln und alle Schuldigen ausrot-
ten. 10 Die Sterne am Himmel funkeln nicht
mehr, die Sternbilder sind nicht mehr zu sehen;
die Sonne wird dunkel, kaum dass sie aufge-
gangen ist, und der Mond hört auf zu scheinen.

11 »Ich strafe die ganze Erde, weil sie voll von
Bosheit ist«, sagt der HERR. »Ich bestrafe die Ver-
brecher für ihre Vergehen. Den Hochmut der
Frechen zerbreche ich, dem Übermut der Ge-
waltherrscher setze ich ein Ende. 12 Von den
Menschen lasse ich so wenige übrig, dass sie
seltener werden als Gold, seltener noch als Gold
aus Ofir*.«

13 Wenn der Tag kommt, an dem der HERR,
der Herrscher der Welt, seinem Zorn freien Lauf
lässt, dann zittert der Himmel, die Erde bebt und
löst sich von ihren Fundamenten. 14 Wie aufge-
scheuchte Gazellen, wie eine Herde, die kein
Hirt zusammenhält, so fliehen alle Fremden da-
von, jeder zu seinem Volk und in sein Heimat-
land. 15 Wer auf der Flucht entdeckt wird, wird
niedergestochen; wen man aufgreift, erschlägt
man mit dem Schwert. 16 Sie müssen mit anse-
hen, wie man ihre Kinder zerschmettert, ihre
Häuser plündert und ihren Frauen Gewalt antut.

17 Der HERR sagt: »Ich lasse die Meder* auf sie
los, die sich nicht mit Silber bestechen und nicht
mit Gold umstimmen lassen. 18 Ihre Pfeile stre-
cken die jungen Männer nieder, mit Kindern
und Säuglingen haben sie kein Mitleid, niemand
wird verschont.«

19 Babylon, das Juwel der Königreiche, das
Schmuckstück der stolzen Chaldäer*, wird das-
selbe Schicksal erleiden wie die Städte Sodom*
und Gomorra, die Gott vernichtet hat. 20 Nie
wieder wird sich dort jemand ansiedeln, es bleibt
unbewohnt für alle Zeiten. Kein Nomade schlägt
dort seine Zelte auf, kein Hirt lässt seine Herde
rasten. 21 Nur Wüstentiere halten sich dort auf,
die Häuser werden voll sein von Eulen. Der Ort
wird ein Wohnplatz der Strauße und ein Tanz-
platz der Böcke. 22 Hyänen werden in den verlas-
senen Palästen heulen und Schakale in den
Ruinen der Lustschlösser. Babylons Tage sind
gezählt, bald schlägt seine letzte Stunde!

Der Sturz des Tyrannen

14 Der HERR wird sich über die Nachkom-
men Jakobs erbarmen; er wird Israel noch
einmal erwählen und es in sein Land zurück-
bringen. Fremde werden Anschluss beim Volk
Israel suchen und finden. 2 Andere Völker wer-
den die verschleppten Israeliten abholen und in
ihr Land zurückbringen. Dort im Land des
HERRN werden sie den Leuten von Israel als Skla-
ven und Sklavinnen dienen. Die Israeliten wer-
den die gefangen nehmen, die sie in Gefangen-
schaft weggeführt haben; sie werden über ihre
früheren Unterdrücker herrschen.

3 Israel, der HERR wird deiner Sklaverei ein
Ende machen! Nach allen Leiden und Unruhen
sollst du wieder aufatmen können. Wenn das ge-
schieht, 4 wirst du über den König von Babylo-
nien* ein Spottlied singen:

»Der Unterdrücker nahm ein böses Ende,
mit seiner Schreckensherrschaft[a] ist es aus!
5 Der HERR zerbrach die Macht der Unheilstifter,
den Stock, den der Tyrann geschwungen hatte.
6 In blinder Wut schlug er damit die Völker,
versetzte ihnen grausam Schlag auf Schlag.
Er unterdrückte sie in wildem Zorn
und ließ sie alle rücksichtslos verfolgen.
7 Doch nun herrscht wieder Ruhe auf der Erde
und alle brechen laut in Jubel aus.
8 Selbst die Zypressen freuen sich darüber,
die Zedern jauchzen auf dem Libanon:
›Seit du gefallen bist und unten liegst,
kommt niemand mehr herauf, um uns zu
fällen!‹

9 Die ganze Totenwelt* ist in Bewegung,
bereit, um dich gebührend zu empfangen.
Die Schatten stört man deinetwegen auf,
sie, die einst Herrscher auf der Erde waren.
Man schreckt die Könige der Völker hoch,
sie alle springen auf von ihren Thronen.
10 Da stehen sie und heißen dich willkommen,
der Chor der Schatten ruft dir spöttisch zu:
›Sieh da, nun bist auch du für immer hier,
ganz ohne Macht, genauso schwach wie wir!‹
11 Dahin ist nun die Pracht, die dich umgab,
dahin die rauschende Musik der Harfen,
hinunter in die dunkle Totenwelt.
Das Bett, auf dem du liegen darfst, sind Maden
und Würmer sind die Decke über dir.

12 Du Morgenstern, wie konnte es geschehen,
dass du vom hohen Himmel niederstürztest?
Du hast so viele Völker unterworfen,
jetzt liegst du selbst zerschmettert auf der
Erde!
13 In deinem Herzen hattest du beschlossen:
›Ich steige immer höher, bis zum Himmel.

a *Schreckensherrschaft:* mit einer wichtigen Handschrift und alten Übersetzungen; H *Haufen von Gold.*

13,10 Joël 2,10 S **13,11** Gen 6,5-7; Jes 10,12-14 S **13,17** 21,2; Jer 51,11 **13,19** Gen 19,24-25 S **14,1** Sach 2,15; 8,20-23 **14,2** 49,22-26; 61,5; Sach 2,13 **14,4-23** 13,1-22 S **14,13** Ps 48,3 S

Dort oben will ich meinen Thron errichten,
ich will noch höher sein als Gottes Sterne.
Ich setze mich im Rat der Götter nieder,
im fernsten Norden, auf dem Götterberg*.
14 Ich steige höher, als die Wolken reichen,
dann endlich gleiche ich dem Allerhöchsten!‹
15 Doch in den Abgrund wurdest du geworfen,
bis auf den tiefsten Grund der Totenwelt!
16 Wer dich so liegen sieht, der starrt dich an,
noch glaubt er seinen Augen nicht zu trauen:
›Ist das der Mann, vor dem die Erde bebte,
der Königreiche aus den Angeln hob?
17 War er es, der die Welt zur Wüste machte,
der ganze Städte einfach ausradierte
und nie Gefangenen die Freiheit gab?‹
18 Die andern Herrscher setzt man prachtvoll
bei,
in Ehren ruhen sie in ihrer Gruft.
19 Doch du liegst ohne Grab auf freiem Feld,
dort hingeworfen wie ein dürrer Zweig,
wie ein Kadaver, der zertreten wird,
bedeckt mit Kriegern, die das Schwert
durchbohrte.
Mit denen, die in ihrer Steingruft liegen,
20 mit deinen Vätern, wirst du nie vereint!
Dein eigenes Land hast du zugrunde gehen,
dein eigenes Volk im Krieg verbluten lassen.
Darum soll deine Sippe von Verbrechern
in alle Ewigkeit vergessen sein!
21 Die Söhne dieses Königs müssen sterben;
sie sollen sühnen für die Schuld der Väter!
Lasst sie nicht noch einmal die Welt erobern
und auf der ganzen Erde Städte bauen!
Macht euch bereit und bringt sie alle um!«

22 Der HERR, der Herrscher der Welt,[a] sagt: »Ich
werde ihnen entgegentreten und Babylon mit
Stumpf und Stiel ausrotten, ich will ihnen weder
Söhne noch Erben lassen. 23 Ich mache Babylon
zu einem großen Sumpf, den die Reiher[b] in Be-
sitz nehmen. Ich kehre es aus mit eisernem Be-
sen, sodass nichts mehr von ihnen übrig bleibt.
Das sage ich, der Herrscher der Welt!«

Assyriens Macht wird zerbrochen

24 Der HERR, der Herrscher der Welt, hat ge-
schworen: »Es bleibt dabei: Was ich geplant
habe, trifft ein; was ich beschlossen habe, wird
ausgeführt! 25 Ich zerbreche die Macht Assy-
riens* in meinem Land, auf meinen Bergen trete
ich sie in den Staub. Dann wird das Joch* der
Assyrer vom Nacken meines Volkes verschwin-
den und ihre Last wird von seinen Schultern glei-
ten.«

26 Gottes Beschluss gilt der ganzen Erde, seine
Hand ist ausgestreckt gegen alle Völker. 27 Wenn
der HERR, der Herrscher der Welt, sich etwas vor-
genommen hat, wer kann es dann verhindern?
Wenn er seine Hand ausgestreckt hat, wer kann
sie dann wieder abwenden?

Drohung gegen die Philister

28 In dem Jahr, als König Ahas starb, verkündete
der Prophet folgende Botschaft:

29 »Freut euch nicht zu früh, ihr Philister*!
Zwar ist der Stock, der euch geschlagen hat, zer-
brochen;[c] aber aus der toten Schlange geht eine
Viper hervor und aus der Viper ein Drache.
30 Die Ärmsten in Israel werden genug zu essen
haben; die vom Unglück Verfolgten werden end-
lich in Ruhe und Sicherheit leben. Euch aber
wird Gott vor Hunger umkommen lassen, und
was von euch noch übrig bleibt, das wird der
Drache umbringen.

31 Schreit Zeter und Mord, ihr Wächter an den
Toren! Ruft Ach und Weh, ihr Bewohner der
Städte! Lasst alle Hoffnung fahren, ihr Philister
alle miteinander! Aus dem Norden naht sich eine
Rauchwolke, ein geschlossenes Heer, von dem
keiner zurückbleibt.[d]

32 Was soll man den Boten der Philister sagen?
Dies ist unsere Antwort: ›Der HERR selbst hat
den Zionsberg* gegründet. Dort finden die Ar-
men seines Volkes sicheren Schutz!‹«

Moabs Untergang

15 Botschaft über Moab*:
Ar-Moab ist zerstört, vernichtet in einer
Nacht! Auch Kir-Moab ist zerstört, vernichtet in
einer Nacht! 2 Die Bewohner von Dibon gehen
zu ihrem Tempel hinauf und weinen an den
Opferstätten. Auf dem Nebo und in Medeba
stimmt Moab das Klagegeschrei an. Alle Köpfe
sind kahl geschoren, alle Bärte abgeschnitten.
3 Auf den Straßen laufen alle im Sack* umher,
auf den Dächern und Plätzen klagen sie und
lassen ihren Tränen freien Lauf. 4 In Heschbon

a Wörtlich *Der HERR Zebaot**; entsprechend in den Versen 23, 24 und 27.
b *Reiher:* unsicher; wörtlich *der sich einrollt.*
c Wahrscheinlich ist mit dem *Stock* der assyrische König Tiglat-Pileser III. gemeint, der 729 v. Chr. starb.
d *ein geschlossenes Heer ...:* Deutung unsicher.

14,24-27 10,5-19 S **14,25** 9,3; Jer 30,8 **14,27** 8,10; 43,13 **14,28-32** (gegen Philister) Jer 47,1-7; Ez 25,15-17; Joël 4,4-7; Am 1,6-8; Zef 2,4-7; Sach 9,5-7 **14,28** 2 Kön 16,20 **14,32** 12,6; 28,16; 31,4-5; 24,23 S; Ps 20,3; 76,3 S **15,1–16,14** (gegen Moab) 25,10-12; Jer 48,1-47; Ez 25,8-11; Am 2,1-3; Zef 2,8-10

und Elale schreien die Leute um Hilfe, bis nach
Jahaz ist es zu hören. Darum schreien auch die
Krieger Moabs, aller Mut hat sie verlassen.
5 Ich bin zutiefst erschüttert und schreie um
Hilfe für Moab. Bis nach Zoar fliehen die
Menschen, bis nach Eglat-Schelischija. Andere
schleppen sich unter lautem Weinen den Auf-
stieg von Luhit hoch. Auf dem Weg nach Horo-
najim schallt das Geschrei über den Untergang.
6 Die Oase von Nimrim ist zur Wüste geworden,
das Gras ist verdorrt, die Pflanzen verwelkt, alles
Grün ist verschwunden. 7 Darum tragen alle ihre
Habseligkeiten, die wenigen, die sie noch retten
konnten, über den Pappelbach hinüber.
8 Das Klagegeschrei macht die Runde überall
in Moab, bis nach Eglajim und Beer-Elim ist es
zu hören. 9 Der Fluss von Dimon ist rot von Blut;
aber der HERR[a] will noch mehr Unglück über Di-
mon bringen: Auf die Überlebenden von Moab,
die Letzten, die noch im Land sind, lässt er die
Löwen los.
16 Schickt vom Felsennest Moab[b] aus Boten
mit Schafböcken durch die Wüste zum
Herrscher des Landes, auf den Zionsberg![c] 2 Sie
sollen zu ihm sagen:[d] »Die Frauen von Moab
gleichen Vögeln, die man aus dem Nest ge-
scheucht hat. An den Übergängen des Arnonflus-
ses rennen sie ziellos hin und her. 3 Zeig uns
einen Ausweg, triff eine Entscheidung! Schütze
die Gejagten, verbirg die Flüchtlinge! Breite dei-
nen Schatten über sie, mach für sie den hellen
Tag zur schützenden Nacht. 4 Gib den Flüchtlin-
gen aus Moab Gastrecht bei dir, versteck sie vor
ihren Verfolgern!«
Die Unterdrückung wird einmal aufhören, die
Zerstörung ein Ende nehmen und die Verwüster
werden aus dem Land verschwinden. 5 Dann
wird ein Thron errichtet werden, dessen Funda-
ment die Treue ist. Und auf diesem Thron am
Wohnsitz Davids wird beständig einer regieren,
der das Recht kennt und ihm Geltung verschafft.

Trauer um Moab

6 Wir haben gehört, wie hochmütig Moab* ist,
wie überheblich, eingebildet und vermessen.
Doch seine ganze Prahlerei ist leeres Geschwätz.
7 Darum muss Moab sein Schicksal beklagen;
alle trauern den Presskuchen aus Rosinen nach,
die sie in Kir-Heres bekamen; völlig niederge-
schlagen sind sie und jammern.
8 Die Gärten von Heschbon sind verwelkt,
verdorrt sind die Weinstöcke von Sibma, deren
Wein die Starken der Völker schwach machte.
Bis nach Jaser reichten ihre Ranken, bis in die
Wüste verliefen sie sich, sie wucherten bis zum
Toten Meer. 9 Zusammen mit den Bewohnern
von Jaser beweine ich die Weinstöcke von Sib-
ma. Mit meinen Tränen tränke ich euch, Hesch-
bon und Elale, denn über eure Obsternte und
Weinlese sind die Feinde mit Kriegsgeschrei her-
eingebrochen. 10 Gesang und Freude sind aus
den Obstgärten verschwunden, in den Weinber-
gen ist kein Jubeln und Jauchzen mehr zu hören,
in den Keltern presst niemand mehr Trauben
aus, die fröhlichen Rufe sind verstummt.[e]
11 Darum zittert mein Innerstes um Moab,
mein Herz klagt um Kir-Heres. 12 Selbst wenn
sich Moab noch so abmüht, Opfer* bringt und
in seinem Heiligtum betet, es wird ihm nichts
helfen.
13 Das sind die Worte, die der HERR vor langer
Zeit über Moab gesprochen hat. 14 Jetzt aber sagt
er: »Noch drei Jahre, keinen Tag mehr und kei-
nen weniger, dann wird man über Moabs Ruhm
nur noch verächtlich lachen. Von seinen zahl-
reichen Bewohnern wird nur ein winziger Rest
überleben, und der zählt nicht mehr.«

Mit Syrien und dem Nordreich Israel geht es bergab

17 Botschaft über Damaskus:
Bald ist Damaskus keine Stadt mehr,
nur noch ein Haufen von Schutt und Trümmern!
2 Verlassen sind dann die Städte um Aroër;[f] in
aller Ruhe können die Herden dort lagern, denn
niemand wird sie stören. 3 Damaskus verliert
sein Königtum und Israel[g] seinen Schutz. Von
Syrien* wird nicht mehr übrig bleiben als von
Israel. Das sagt der HERR, der Herrscher der
Welt.[h]
4 Zu der Zeit wird Jakob[i] so viel an Gewicht
verlieren, dass von ihm nur noch Haut und Kno-
chen bleiben. 5 Zu der Zeit wird es zugehen wie
bei der Kornernte: Der Schnitter rafft mit dem

a Wörtlich *ich*.
b Wörtlich *vom Felsen*, hebräisch *Sela*, das hier wohl nicht als Ortsname gebraucht ist wie in 2 Kön 14,7.
c *Zionsberg:* wörtlich *Berg der Tochter Zion**. d Verdeutlichender Zusatz.
e *sind verstummt:* mit G; H *habe ich zu Ende gebracht*.
f Keine der drei Städte dieses Namens liegt in der näheren oder ferneren Umgebung von Damaskus. Vielleicht gehört der Vers zu Kapitel 16. g *Israel:* H *Efraïm* (vgl. Anmerkung zu 7,2). h Wörtlich *der HERR Zebaot**.
i *Jakob*, der Stammvater Israels, steht hier für das Nordreich Israel*.

16,1 2 Kön 3,4 **16,5** 9,5-6; 11,1-5 **16,6** Ez 31,10S **16,14** 21,16-17 **17,1-3** (gegen Damaskus) Jer 49,23-27; Am 1,3-5 **17,3** 7,8-9; 2 Kön 16,9 **17,5** Lev 19,9-10S

Arm die Ähren zusammen und schneidet sie mit
der Sichel ab. Dann kommen die Armen aus der
Stadt und lesen die letzten Ähren auf wie in der
Ebene Rafaïm vor Jerusalem. 6 So wenig wird
von Israel übrig bleiben. Es wird einem Ölbaum
gleichen, von dem man die Früchte mit dem
Stock abgeschlagen hat: noch zwei, drei Oliven
oben in der Spitze des Baumes, vier oder fünf an
den unteren Zweigen. Das sagt der HERR, der
Gott Israels.

7 Zu der Zeit werden die Menschen wieder
den Blick auf ihren Schöpfer richten und nach
dem heiligen Gott Israels ausschauen. 8 Dann
werden sie nicht mehr auf die Götzenbilder, ihre
eigenen Machwerke, achten; ihre Altäre, geweihten
Pfähle* und Räucheraltäre* werden sie
nicht mehr ansehen.

9 Zu der Zeit werden die befestigten Städte
Israels so verlassen sein wie die Wälder und Berggipfel
damals bei der Ankunft der Israeliten, leer
gefegt wie eine Wüste.

10 Israel, du hast deinen Gott vergessen, der
dich retten und schützen kann wie eine Felsenburg;
du denkst nicht mehr an ihn. Darum legst
du Gärtchen an für die fremden Götter und füllst
sie mit fremden Rankengewächsen zu ihrer
Ehre. 11 Schon am Tag, an dem du die Pflanzen
setzt, schießen sie hoch; was du morgens gesät
hast, sprießt noch am selben Tag.[a] Aber es wird
dir nur Schmerz und Krankheit bringen, gegen
die nichts helfen kann.

Vergeblicher Ansturm der Völker

12 Hört! Völkermassen brausen heran,
sie tosen wie das rauschende Meer!
Nationen sind in Aufruhr,
sie toben wie das aufgewühlte Meer!
13 Sie brausen heran wie wütende Wogen.
Doch Gott bedroht sie, und sie weichen zurück
wie Spreu, die der Wind auf den Bergen
davonbläst,
wie trockene, ausgerissene Disteln,
die der Sturm übers Land wirbelt.
14 Am Abend noch herrscht helles Entsetzen –
bevor der Morgen graut, ist alles vorbei!
So geht es denen, die uns berauben wollen;
das ist das Schicksal aller, die zum Plündern
kommen!

Böse Nachricht für Äthiopien

18 Weh dem Land der schnellen Boote,[b]
Äthiopien* an den Quellflüssen des Nils!
2 Dieses Land schickt seine Abgesandten den
Strom hinab, in Papyrusbooten gleiten sie über
das Wasser.

Geht heim, ihr schnellen Botschafter! Geht
zurück zu eurem Volk, zu den hoch gewachsenen
Menschen mit glänzender Haut, die weit
und breit gefürchtet sind, zurück zu dem starken
und gewalttätigen Volk, dessen Land von Strömen
durchschnitten wird!

3 Passt auf, ihr Bewohner der ganzen Erde,
die ihr die Länder bevölkert! Wenn ein Feldzeichen
auf den Bergen errichtet wird, blickt hin!
Und wenn das Signalhorn ertönt, horcht auf!

4 Denn der HERR hat zu mir gesagt: »Von meiner
Wohnstätte aus schaue ich zu und warte ab,
ruhig und unbewegt wie die glühende Mittagshitze,
wie eine Dunstwolke an einem heißen
Sommertag. 5 Aber wenn der Weinstock aufgehört
hat zu blühen, wenn die Blüten zu Trauben
werden, dann wird das fruchtlose Holz mit dem
Messer abgeschnitten, die wilden Triebe werden
abgerissen und weggeworfen. 6 So werden die
Äthiopier weggeworfen; sie bleiben liegen als
Fraß für die Geier und Hyänen. Im Sommer und
auch noch im Winter haben die daran zu fressen.«

7 Es kommt eine Zeit, da werden die hoch gewachsenen
Menschen mit glänzender Haut, die
weit und breit gefürchtet sind, da wird das starke
und gewalttätige Volk, dessen Land von Strömen
durchschnitten wird, dem HERRN, dem Herrscher
der Welt,[c] mit Geschenken huldigen. Sie
werden zu der Stätte kommen, wo sein Name
wohnt,[d] zum Zionsberg*.

Verwirrung in Ägypten

19 Botschaft über Ägypten:
Auf einer schnellen Wolke kommt der
HERR nach Ägypten gefahren! Die Götzen Ägyptens
zittern vor ihm, die Ägypter vergehen vor
Angst. 2 Der HERR sagt: »Ich will sie gegeneinander
aufstacheln, bis einer den anderen angreift.
Eine Stadt soll gegen die andere kämpfen, ein
Teil des Reiches gegen den anderen Krieg führen.
3 Die Ägypter werden den Kopf verlieren, ich
bringe ihre Pläne durcheinander. Sie werden bei

a Siehe Sacherklärung »Tammus«.
b *der schnellen Boote:* Deutung unsicher; andere verstehen: *des Geschwirrs von (Insekten-)Flügeln.*
c Wörtlich *dem HERRN Zebaot**. d *sein Name wohnt:* siehe Anmerkung zu Dtn 12,5.

17,10 8,14; 1,29 S **17,12-13** Mi 4,11-13; Ps 46,4; 65,8 **17,14** 37,36; Ps 46,6 **18,4** Ps 33,13-14 **18,7** Ps 68,30-32; Zef 3,10; Apg 8,27-28 **19,1-15** (gegen Ägypten) Jer 46,2-26; Ez 29,1–32,32 **19,1** Ps 104,3

ihren Götzen Rat suchen und zu den Wahr-
sagern und Zauberern laufen, zu denen, die die
Geister der Toten befragen. 4 Ich will Ägypten in
die Gewalt eines Tyrannen geben, ein grausamer
König soll dort regieren!« Das sagt der HERR, der
Herrscher über die ganze Welt.[a]

5 Das Wasser im Nil nimmt ab, der Strom ver-
siegt und trocknet aus. 6 Seine Arme fangen an
zu stinken, die Kanäle Ägyptens werden leer.
Schilf und Riedgras werden schwarz, 7 auch die
Binsen an der Mündung des Nils. Das Saatland
an seinen Ufern trocknet aus, der Wind weht es
fort, nichts bleibt übrig. 8 Die Fischer jammern
und klagen. Alle, die sonst ihre Angeln oder
Netze im Nil auswerfen, stehen ratlos da. 9 Ver-
zweifelt sind alle, die Flachs verarbeiten, die
Weber sind bleich vor Sorge.[b] 10 Sie[c] sind völlig
niedergeschlagen und die Lohnarbeiter sind
verzweifelt.

11 Die Fürsten von Zoan – Dummköpfe sind
sie! Und die klugen Ratgeber des Pharaos – ihre
Ratschläge zeugen nicht gerade von Einsicht! Sie
sagen zum Pharao: »Seit Generationen kennen
wir uns aus; wir stammen von den alten Königen
ab.« Mit welchem Recht behaupten sie das?
12 Pharao, wo sind sie denn, deine Ratgeber? Sie
sollen dir doch sagen, was der HERR, der Herr-
scher der Welt,[d] über Ägypten beschlossen hat –
wenn sie es wissen!

13 Aber die Fürsten von Zoan haben keine
Ahnung und die von Memfis geben sich Täu-
schungen hin. Sie, die Führer der Provinzen,
führen Ägypten in die Irre. 14 Der HERR hat ihr
Denken so verwirrt, als wären sie im Taumel
eines Rausches. Dadurch bringen sie Ägypten in
Verwirrung bei allem, was es unternimmt. Es
taumelt wie ein Betrunkener, der in seinem Er-
brochenen herumtappt. 15 In Ägypten wird nie-
mand mehr etwas Rechtes zustande bringen,
weder Reiche noch Arme, weder Hohe noch
Niedrige.

Hoffnung für Ägypten

16 Es kommt eine Zeit, da werden die Ägypter er-
schrecken wie Frauen; sie werden zittern vor
dem HERRN, dem Herrscher der Welt, der seine
Hand nach ihnen ausstreckt. 17 Das Land Juda
wird für sie zu einer schrecklichen Erinnerung.
Jedes Mal, wenn jemand den Namen Judas er-
wähnt, fahren sie zusammen, sie zittern beim
Gedanken an das, was der HERR, der Herrscher
der Welt, gegen sie beschlossen hat.

18 Zu der Zeit wird es in Ägypten fünf Städte
geben, in denen die Leute Hebräisch sprechen
und dem HERRN, dem Herrscher der Welt, Treue
schwören. Eine von ihnen wird »Sonnenstadt«[e]
heißen.

19 Zu der Zeit wird mitten in Ägypten ein
Altar stehen, der dem HERRN geweiht ist, und an
der Grenze ein Steinmal ihm zu Ehren. 20 Das
Steinmal soll das Land an den HERRN, den Herr-
scher der Welt, erinnern. Wenn die Ägypter
unterdrückt werden und zu ihm um Hilfe
schreien, wird er ihnen einen Retter senden, der
für sie kämpft und sie befreit. 21 So wird der HERR
sich den Ägyptern zu erkennen geben, und sie
werden erkennen, wer er ist. Sie werden dann
ihn mit Mahlopfern* und Speiseopfern* ehren
und die Gelübde* halten, die sie ihm geben.
22 Der HERR wird die Ägypter empfindlich
strafen, um sie dadurch zurechtzubringen. Sie
werden sich zu ihm hinwenden und er wird
ihre Gebete erhören und ihnen wieder auf-
helfen.

23 Zu der Zeit wird eine Straße Ägypten mit
Assyrien* verbinden. Die Assyrer und die Ägyp-
ter werden sich gegenseitig besuchen und ge-
meinsam werden sie den HERRN verehren.
24 Dann wird Israel der Dritte im Bunde sein, zu-
sammen mit Ägypten und Assyrien – ein Segen
für die ganze Erde. 25 Der HERR, der Herrscher
der Welt, wird sie segnen mit den Worten:
»Gesegnet ist Ägypten, mein Volk! Gesegnet ist
Assyrien, das ich geschaffen habe! Gesegnet ist
Israel, mein Eigentum!«

Keine Hilfe von Ägypten und Äthiopien

20 1-2 Auf Befehl des Königs Sargon von
Assyrien* rückte sein oberster Feldherr
gegen die Stadt Aschdod vor, belagerte sie und
nahm sie ein. Drei Jahre zuvor hatte der HERR zu
Jesaja, dem Sohn von Amoz, gesagt: »Leg dein
Gewand[f] ab und zieh deine Sandalen aus!« Das

a Wörtlich *der Herr, der HERR Zebaot**.
b *sind bleich vor Sorge:* mit einer wichtigen Handschrift; H *von weißen Stoffen.*
c Wörtlich *Die ihn verweben.* So mit veränderten Vokalen; H *Ihre Fundamente.*
d Wörtlich *der HERR Zebaot*;* entsprechend in den Versen 16, 17, 18, 20 und 25.
e *Sonnenstadt* (griechisch: Heliopolis): mit einigen Handschriften. Durch Änderung eines Buchstabens ist in H die abwertende Bezeichnung *Stadt der Zerstörung* entstanden.
f *Gewand:* wörtlich *Sack**. Vielleicht trug der Prophet, um auf den Ernst der Lage hinzuweisen, die Trauerkleidung.

19,5 Jer 51,36 **19,11-12** 1 Kön 5,10; Gen 41,8 **19,14** 1 Kön 22,20-22 **19,19-25** Ez 29,13-16 **19,20** Ri 2,16-18 **20,1-4** (Zeichen) 8,18; Jer 13,1-11 S; Ez 4,1–5,4 S

hatte Jesaja getan und war im Hemd[a] und barfuß umhergelaufen.

In dem Jahr, als Aschdod erobert wurde, 3 ließ der HERR durch Jesaja verkünden: »Seit drei Jahren läuft mein Diener Jesaja im Hemd und barfuß umher als ein lebendes Zeichen und eine Ankündigung für das, was mit Ägypten und Äthiopien* geschehen wird. 4 Denn der König von Assyrien wird die Ägypter und die Äthiopier, Junge und Alte, gefangen wegführen, im Hemd und barfuß, ja sogar mit bloßem Gesäß – welche Schande für die Ägypter! 5 Dann werden alle enttäuscht und entmutigt sein, die von Äthiopien Hilfe erwarteten und so große Stücke auf Ägypten hielten.«

6 Wenn das geschieht, werden die Philister* und die Leute von Juda sagen: »Sie sind unsere Hoffnung gewesen, zu ihnen sind wir um Schutz und Hilfe gelaufen, sie sollten uns vor dem König von Assyrien retten. Und was ist nun aus ihnen geworden! Wie sollte es da für uns noch Rettung geben?«

Eine Vision vom Untergang Babylons

21 Botschaft über Babylonien*, die »Wüste am Strom«:

Wie ein Wirbelwind, der über das Südland fegt, so kommt es heran aus der Wüste, aus dem Furcht erregenden Land! 2 Es ist grausig, was Gott mich sehen und hören ließ: »Elamiter*, zum Angriff! Meder*, schließt die Stadt ein! Die Räuber müssen rauben, die Verwüster müssen verwüsten! Dem Seufzen der Völker über Babylon will ich ein Ende machen!«

3 Ich bin ganz verstört von dem, was ich höre; was ich sehen muss, erschüttert mich. Mein Leib ist von Krämpfen geschüttelt, Schmerzen überfallen mich wie die Wehen eine gebärende Frau. 4 Mir dreht sich's im Kopf, die Angst lässt mich schaudern. Die Abenddämmerung, auf deren erfrischende Kühle ich mich sonst immer freue, hat mir nichts als Schrecken gebracht.

5 Ich sehe: In Babylon deckt man den Tisch zum Festmahl, man breitet die Polster aus,[b] man isst und trinkt – plötzlich ein Schrei: »Aufstehen! Alle Offiziere zu den Waffen!«

6 Der Herr hat zu mir gesagt: »Stell einen Wachtposten auf! Er soll melden, was er sieht! 7 Wenn er Streitwagen* sieht, mit Pferden bespannt, eine Karawane[c] von Eseln und Kamelen, dann soll er aufpassen, ganz scharf aufpassen!«

8 Da rief der Wächter:[d] »Den ganzen Tag bin ich auf meinem Posten, Herr, jede Nacht halte ich Wache. 9 Achtung! Da kommen Truppen, Streitwagen* mit Pferdegespannen!« Und jemand verkündete: »Gefallen! Babylon ist gefallen! Alle seine Götzenbilder liegen zertrümmert am Boden!«

10 Du mein Volk, das geschlagen wurde wie Korn auf dem Dreschplatz, ich habe dir verkündet, was ich vom Herrscher der Welt,[e] dem Gott Israels, gehört habe.

Wann ist die Nacht vorüber?

11 Botschaft über Duma:[f]

Aus Seïr höre ich rufen: »Wächter, wie lange noch dauert die Nacht? Wann ist die Nacht vorüber?« 12 Und der Wächter antwortet: »Der Morgen kommt bestimmt, aber noch ist es Nacht! Wenn ihr noch einmal fragen wollt, dann kommt wieder!«

Unheil über Dedan und Kedar

13 Botschaft über Arabien:

Ihr Männer von Dedan*, ihr müsst mit euren Karawanen in der Steppe übernachten, zieht euch ins Gestrüpp zurück!

14 Ihr Bewohner von Tema, sucht die Flüchtlinge aus Dedan auf, gebt ihnen zu essen! Bringt ihnen Wasser, sie kommen um vor Durst! 15 Sie sind auf der Flucht vor dem Ansturm des Krieges, vor dem gezückten Schwert und dem gespannten Bogen.

16 Der Herr hat zu mir gesagt: »In einem Jahr, keinen Tag mehr und keinen weniger, ist es mit dem Ruhm Kedars* vorbei. 17 Von seinen berühmten Bogenschützen werden nur ganz wenige übrig bleiben. Das sage ich, der HERR, der Gott Israels.«

Kein Grund zum Jubeln für Jerusalem

22 Botschaft über das Hinnom-Tal:[g]

Was ist euch in den Kopf gestiegen, ihr Bewohner von Jerusalem? Warum seid ihr alle auf die Dächer geklettert? 2 Was soll dieser Lärm

a *im Hemd:* wörtlich *nackt,* d. h. im Lendenschurz*.
b *man breitet die Polster aus:* Deutung unsicher; andere mögliche Übersetzung: *die Wächter wachen.*
c *Karawane:* mit einer wichtigen Handschrift und alten Übersetzungen; H *Streitwagen (mit ...).*
d *rief der Wächter:* mit einer wichtigen Handschrift; H *schrie der Löwe.*
e Wörtlich *vom HERRN Zebaot*.*
f *Duma:* Lage unsicher. Es gibt eine Oase dieses Namens im nördlichen Arabien, östlich des Berglandes Seïr (Edom).
g *Hinnom-Tal:* Wiedergabe des verhüllenden Ausdrucks *Tal der Vision* (ebenso in Vers 5). Zur Lage siehe Sacherklärung.

20,5 18,1-2; 30,3 **21,1-10** 13,1-22S **21,2** 13,17 **21,9** 46,1-2S; Jer 51,8; Offb 18,2S **21,13-17** Jer 49,28-33 **21,16-17** 16,14

in der Stadt, dieses ausgelassene Feiern, der Jubel
über die Befreiung? Ist etwa ein einziger eurer
Krieger im offenen Kampf erschlagen worden?
3 Nein, eure Truppenführer haben sich aus dem
Staub gemacht; aber sie wurden eingefangen,
einer wie der andere, ohne dass auch nur ein
Pfeil abgeschossen worden wäre. So weit sie
auch geflohen waren, alle wurden gefangen ge-
nommen.

4 Darum sage ich: »Lasst mich allein mit mei-
nem Schmerz und meinen Tränen! Lasst mich
weinen und klagen über die verzweifelte Lage
meines Volkes! Gebt es auf, mich trösten zu wol-
len! 5 Denn der HERR, der Herrscher über die
ganze Welt,[a] hat Schrecken und Entsetzen und
Zerbrechen über uns gebracht. Das Hinnom-Tal
hallte wider vom Kriegslärm und Hilfeschreie
schallten zum Zionsberg* hinauf. 6 Die Elami-
ter*, auf Streitwagen* mit Pferdegespannen,
hielten ihre Köcher in der Hand, die Männer aus
Kir nahmen ihre Schilde aus der Hülle. 7 Jerusa-
lems prächtige Täler waren voll von Pferden und
Wagen, die Feinde bezogen ihre Posten vor den
Toren, 8 Judas letzter Schutz lag schutzlos vor
ihnen.«

An jenem Tag habt ihr im Waldhaus[b] nach eu-
ren Waffenvorräten geschaut. 9 In der Mauer der
Davidsstadt* entdecktet ihr viele Risse! Im Unte-
ren Teich stautet ihr das Wasser. 10 Ihr erfasstet
alle Gebäude von Jerusalem in Listen. Einige
Häuser musstet ihr abreißen, um die Stadtmauer
zu befestigen. 11 Ihr legtet auch ein Sammel-
becken an zwischen den beiden Mauern und
leitetet das Wasser aus dem Alten Teich[c] hinein.
Aber dass Gott seine Hand im Spiel haben
könnte, habt ihr nicht bedacht; ihr hattet keinen
Blick für ihn, der das Unglück seit langem vor-
bereitet hatte und geschehen ließ.

12 An jenem Tag rief der HERR, der Herrscher
über die ganze Welt, euch zum Weinen und Kla-
gen auf, ihr solltet euch den Kopf kahl scheren
und den Sack* anziehen. 13 Stattdessen jubelt ihr
und feiert, ihr schlachtet Rinder und Schafe, ihr
schmaust und bechert. »Lasst uns essen und trin-
ken«, sagt ihr, »morgen sind wir tot!« 14 Der
HERR, der Herrscher über die ganze Welt, hat zu
mir gesprochen; er hat geschworen: »Diese
Schuld vergebe ich ihnen nicht, sie werden sie
ihr ganzes Leben lang nicht los!«

Worte über Schebna und Eljakim

15 Der HERR, der Herrscher über die ganze Welt,
sagte zu mir: »Geh zu diesem Verwalter da, zu
diesem Schebna, dem Palastvorsteher des Kö-
nigs, und sage zu ihm: 16 ›Für wen hältst du dich
eigentlich? Wer oder was gibt dir die Berechti-
gung, dir hier oben eine Grabkammer aushauen
zu lassen und deine letzte Wohnung aus dem Fel-
sen herauszumeißeln? 17 Du hältst dich für einen
starken Mann, aber der HERR wird dich mit
einem Schlag niederstrecken. Er wird dich
packen 18 und zusammenrollen wie Garn zu
einem Knäuel und dich wie einen Ball weg-
schleudern in ein Land mit großen, weiten Ebe-
nen. Dort wirst du sterben, dort ist auch die End-
station für deine Prunkwagen. Du bist eine
Schande für das Königshaus! 19 Darum wird der
König dich aus dem Amt jagen, er wird dich von
deinem hohen Posten herunterholen.‹«

20 »Dann berufe ich meinen Diener Eljakim,
den Sohn Hilkijas«, sagt der HERR. 21 »Ich ziehe
ihm dein Amtsgewand an und lege ihm deinen
Gürtel um; ich statte ihn mit allen Vollmachten
aus, die du jetzt hast. Für die Bewohner von Jeru-
salem und das Volk von Juda wird er wie ein
Vater sein. 22 Ich werde ihm den Schlüssel zum
Palast der Nachkommen Davids übergeben.
Wenn er die Türen öffnet, kann keiner sie zu-
schließen; wenn er zuschließt, kann keiner mehr
öffnen. 23 Ich werde ihn in seiner Stellung festi-
gen wie einen Pflock, der in die Wand einge-
schlagen wird. Seine ganze Sippe wird an seiner
Ehre teilhaben.

24 Aber diese Sippe mit allen Sprösslingen
und Nebenzweigen wird sich mit ihrem vollen
Gewicht an ihn hängen. Dann wird es ihm erge-
hen wie einem Pflock, an dem man das ganze
Tongeschirr samt Schüsseln und Krügen auf-
hängt. 25 Der Pflock, der so fest in der Wand
sitzt, wird unter dieser Last abbrechen, und al-
les, was an ihm hängt, wird zu Bruch gehen. Das
sagt der HERR.«

Die Zerstörung von Tyrus und Sidon

23 Botschaft über Tyrus:
Heult und klagt, ihr großen See-
schiffe![d] Tyrus ist zerstört, ihr habt keinen Hafen
mehr! Bei der Heimfahrt von Zypern erreicht

a Wörtlich *der Herr, der HERR Zebaot*;* entsprechend in den Versen 12, 14 und 15.
b *Waldhaus:* wahrscheinlich die »Libanonwald« genannte Halle beim königlichen Palast (vgl. 1Kön 7,2).
c Zu den beiden Teichen siehe Sacherklärung »Schiloach«.
d Wörtlich *ihr Tarschisch-Schiffe;* ebenso in Vers 14; siehe Sacherklärung »Tarschisch«.

22,4 Jer 8,23S **22,9.11** 7,3; 2Kön 25,4 **22,12** Am 8,10 **22,13** 56,12; 1Kor 15,32 **22,15.20** 36,3 **22,22** Mt 16,19; Offb 3,7
23,1-16 (gegen Tyrus) Jer 25,22; Ez 26,1–28,19; 32,30; Joël 4,4-8; Am 1,9-10; Sach 9,1-4; Mt 11,21-22 par

euch diese Nachricht. 2 Werdet stumm vor Ent-
setzen, ihr Bewohner der Küste, ihr Händler aus
Sidon! Eure Aufkäufer überquerten das Meer;[a]
3 sie führten Korn aus Ägypten ein. Was am Nil
gesät und geerntet wurde, brachte Sidon Ge-
winn; es wurde zum Marktplatz der Völker.

4 Vergeh vor Schmach und Schande, Sidon,
und auch du, Tyrus, du Felsenfestung am Meer!
Das Meer sagt zu euch: »Ich habe keine Kinder
mehr, es ist, als hätte ich euch nie geboren. Ihr
wart doch meine Söhne und Töchter, ich zog
euch groß.«

5 Auch die Ägypter fangen an zu zittern,
wenn sie erfahren, dass Tyrus zerstört ist.

6 Heult und klagt, ihr Bewohner der Küste,
flieht doch hinüber nach Tarschisch in Spanien!
7 Was ist aus eurer Stadt geworden, die früher er-
füllt war von brausendem Leben, Tyrus, in ur-
alter Zeit gegründet, Ausgangsort so vieler Händ-
ler, die sich in fernen Ländern niederließen!
8 Früher hat Tyrus Königskronen ausgeteilt, seine
Händler waren Fürsten, seine Kaufherren zähl-
ten zu den Großen der Erde. Wer hat seinen Un-
tergang beschlossen? 9 Der HERR war es, der
Herrscher der Welt![b] Er wollte die ganze stolze
Pracht zerschlagen und alle Großen der Erde
klein machen.

10 Ihr Bewohner von Tarschisch,[c] bewässert
euer Land wie die Bauern am Nil und baut Korn
an; denn in Tyrus werden keine Schiffe mehr ge-
baut! 11 Der HERR hat seine Hand über das Meer
ausgestreckt und Königreiche erschüttert. Er hat
befohlen, die Burgen der Phönizier* zu zertrüm-
mern. 12 Zur Stadt Sidon hat er gesagt: »Es gibt
nichts mehr zu feiern, du geschändete Jungfrau!
Flieht doch hinüber nach Zypern, ihr Bewohner
von Sidon; aber auch dort seid ihr eures Lebens
nicht sicher.«

13 Denkt an Babylonien*! Das Volk, das dort
lebte, existiert nicht mehr. Die Assyrer* haben
Belagerungstürme errichtet, die Burgen in Trüm-
mer gelegt und das Land den Wüstentieren über-
lassen.[d]

14 Heult und klagt, ihr großen Seeschiffe!
Tyrus ist zerstört, ihr habt keinen Hafen mehr!

15 Die Zeit kommt, da wird man Tyrus ver-
gessen, siebzig Jahre lang, die ganze Lebenszeit
eines Königs. Wenn diese siebzig Jahre vorüber
sind, wird es Tyrus ergehen wie der Hure in dem
bekannten Lied:

16 Auf, nimm deine Laute und zieh
durch die Stadt,
spiel doch und sing deine Lieder!
Vielleicht, du vergessenes Hurenweib,
kommt deine Kundschaft dann wieder.

17 Nach siebzig Jahren wird der HERR sich um die
Stadt Tyrus kümmern. Dann kann sie ihr altes
Geschäft wieder aufnehmen und sich an alle Kö-
nigreiche der Welt verkaufen. 18 Aber was sie da-
mit verdient und gewinnt, wird dem HERRN ge-
hören. Es wird nicht angehäuft und im Kasten
eingeschlossen, sondern wird denen zugute
kommen, die beim Heiligtum des HERRN woh-
nen. Sie sollen sich davon reichlich zu essen kau-
fen und prächtige Kleider.

DAS GERICHT ÜBER DIE GANZE ERDE UND ISRAELS ERLÖSUNG (Kapitel 24–27)

Die Ankündigung des Gerichts über Erde und Menschen

24 Der HERR verwüstet die Erde und fegt sie
leer, er entstellt ihr Gesicht und zerstreut
ihre Bewohner. 2 Alle trifft das gleiche Los:
Priester* und Volk, Herrn und Diener, Herrin
und Magd, Käufer und Verkäufer, Gläubiger und
Schuldner, den, der ausleiht, und den, der borgt.
3 Völlig verwüstet wird die Erde, vollständig leer
geplündert. Der HERR selbst hat dieses Urteil ge-
fällt.

4 Alles auf der Erde verwelkt und verdorrt, die
Erde selbst vergeht und zerfällt, und mit der Erde
vergeht auch der Himmel.[e] 5 Die Menschen ha-
ben die Erde entweiht, sie haben Gottes Gebote
übertreten, sein Gesetz missachtet und den
Bund* gebrochen, den er für immer mit ihnen
geschlossen hatte. 6 Darum vernichtet sein Fluch
die Erde und die Menschen müssen büßen für
ihre Schuld. Sie schwinden dahin, nur ganz
wenige bleiben übrig.

7 Der Weinstock verdorrt, mit dem Wein ist es
aus, die lustigen Zecher seufzen. 8 Verstummt ist
der fröhliche Klang der Trommeln, zu Ende das
Lärmen der feiernden Menge, verklungen das
jubelnde Spiel der Harfen. 9 Man trinkt keinen
Wein mehr unter fröhlichem Gesang, das Bier

a *ihr Händler aus …:* mit einer wichtigen Handschrift; H *Händler aus Sidon, das Meer überquerend, füllten dich.*
b Wörtlich *Der HERR Zebaot* war es.* c *Ihr Bewohner …:* wörtlich *Du Tochter Tarschisch*.*
d Der Vers ist nicht sicher zu deuten.
e *mit der Erde …:* mit Veränderung eines Vokals; H *die Höhen des Volkes der Erde vergehen.*
23,15 Jer 25,11 **23,17** Offb 17,2 **24,4** 51,6; 2 Petr 3,10; Offb 20,11; Mk 13,31 par

wird bitter im Mund der Zecher. 10 Die Stadt liegt
in Trümmern, überall herrscht Chaos. Die Häu-
ser sind verschlossen, die Zugänge verschüttet.
11 In den Gassen schreit man nach Wein, von
dem kein Tropfen mehr zu finden ist. Die Freude
ist untergegangen, der Jubel von der Erde weg-
gezogen. 12 Von der Stadt sind nur Ruinen ge-
blieben, das Tor ist zerschlagen, ein Haufen
Schutt.

13 Auf der Erde, unter den Völkern, wird es
dann so aussehen wie nach der Olivenernte, wie
bei der Nachlese im Weinberg, wenn die Ernte-
freude vorüber ist.

Vorschneller Jubel

14 Alle, die es überlebt haben, jubeln vor Freude
und besingen die Hoheit des HERRN. Über das
Meer im Westen jauchzen sie ihm zu; 15 sie
ehren seinen Namen im Osten, wo die Sonne
aufgeht. An den fernsten Küsten preisen sie ihn,
den Gott Israels. 16 Vom Ende der Erde her hören
wir sie singen: »Gebt ihm die Ehre, er hat für
Recht gesorgt!«

Ich aber rufe: »Was soll ich nur tun? Mir ist so
elend, ich kann nicht mehr!« Treulose kennen
keine Treue, Treubruch ist an der Tagesordnung!
17 Schrecken, Fallgrube und Fangnetz erwarten
die Bewohner der Erde. 18 Wer vor den Schre-
ckensschreien flieht, fällt in die Grube. Und wer
sich aus der Grube retten kann, verstrickt sich
im Netz.

Die Schleusen des Himmels öffnen sich, die
Fundamente der Erde beben. 19 Die Erde wankt
und schwankt, sie birst und reißt, sie bricht aus-
einander. 20 Sie taumelt wie ein Betrunkener, sie
schaukelt wie eine Nachthütte im Feld. Unter
der Last ihrer Schuld bricht sie zusammen und
steht nie wieder auf.

21 Zu der Zeit wird der HERR abrechnen mit
den Mächten des Himmels und den Königen der
Erde. 22 Sie werden zusammengetrieben wie
Gefangene und in einer Grube eingesperrt, im
Kerker hinter Schloss und Riegel gehalten. Nach
langer Zeit bekommen sie dann ihre Strafe.
23 Der bleiche Mond wird rot vor Scham und die
glühende Sonne bleich vor Schande, denn der
HERR, der Herrscher der Welt,[a] wird auf dem
Zionsberg* und in Jerusalem als König herr-
schen. Und die Ältesten* des Volkes werden
seine Macht und Hoheit sehen.

Ein Danklied für Gottes Eingreifen

25 HERR, du bist mein Gott!
Dich will ich preisen und deinen
Namen rühmen;
denn du hast Wunder vollbracht,
die du seit langem beschlossen hattest.
Was du planst, das führst du auch aus;
auf dich ist immer Verlass!

2 Die Stadt der Fremden, die dich nicht kannten,
hast du zu einem Haufen Schutt gemacht,
die starke Festung liegt in Trümmern,
ihre Paläste sind Ruinen geworden;
die Stadt wird niemals wieder aufgebaut.
3 Das Volk dieser Stadt, das so mächtig war
und andere Nationen unterdrückte,
muss deine Macht nun anerkennen
und dich mit Furcht und Zittern ehren.[b]

4 Für alle, die arm und hilflos sind,
bist du eine Zuflucht in Zeiten der Not,
ein Schutzdach bei kalten Regengüssen,
ein Schatten bei heißer Sonnenglut.
Die Wut der Tyrannen zerstörte das Land
wie harte Regengüsse eine Mauer,
5 wie Sonnenglut den ausgedörrten Boden.
Du aber brachtest ihr Toben zum Schweigen.
Wie die Hitze gedämpft wird durch eine Wolke,
so dämpftest du ihr Siegesgeschrei.

Wenn Gott sein Werk vollendet

6 Hier auf dem Zionsberg[c] wird es geschehen:
Der HERR, der Herrscher der Welt,[d]
wird für alle Völker ein Festmahl geben
mit feinsten Speisen und besten Weinen,
mit kräftigen, köstlichen Speisen
und alten, geläuterten Weinen.
7 Hier wird er den Trauerflor zerreißen,
der allen Völkern das Gesicht verhüllt;
er wird das Leichentuch entfernen,
das über den Nationen liegt.
8 Den Tod wird er für immer vernichten
und von jedem Gesicht die Tränen abwischen.
Dann nimmt er die Schande von seinem Volk,
unter der es überall gelitten hat.
Der HERR, der mächtige Gott, hat es
versprochen!
9 An jenem Tag wird man sagen:
»Er, der HERR, ist unser Gott!
Auf ihn hatten wir unsere Hoffnung gesetzt

a Wörtlich *der HERR Zebaot**. b Der Vers ist nicht sicher zu deuten.
c Wörtlich *Auf diesem Berg*. Das verweist auf den Schluss von Kap 24, der hier seine Fortsetzung findet.
d Wörtlich *Der HERR Zebaot**.

24,17-18 Jer 48,43-44; Am 5,19 **24,18** Gen 7,11 **24,23** 60,19; 14,32S; Ps 99,1-2; Ex 24,9-11 **25,4** 4,5-6 **25,6** 2,3S; Sach 14,16; Mt 8,11 par; Offb 19,9 **25,8** 26,19S; Offb 7,17S

und er hat uns die Rettung gebracht;
wir haben nicht vergeblich gehofft.
Nun können wir voll Freude singen,
weil er unser Retter ist!«

Das Ende Moabs

10 Die Hand des HERRN liegt schützend auf dem
Zionsberg.[a] Moab* aber wird im eigenen Land
zertreten wie Stroh in der Jauche. 11 Es rudert
darin mit den Armen wie ein Ertrinkender, der
zu schwimmen versucht. Doch der HERR ernied-
rigt das hochmütige Moab, auch wenn es sich
noch so geschickt wehrt. 12 Moabs hohe Mauern
reißt er nieder; die Burg, die niemand bezwingen
kann, macht er dem Erdboden gleich.

Die starke Stadt

26 Zu der Zeit wird man im Land Juda dieses
Lied singen:

»Fest und stark ist unsre Stadt!
Ihren Wall und ihre Mauer
hat der HERR zum Schutz errichtet.
2 Macht die Tore auf für alle,
die dem HERRN gehorsam folgen,
die in Treue zu ihm halten,
3 sich durch nichts beirren lassen.
Heil und Frieden gibt er ihnen,
weil sie sich auf ihn verlassen.

4 Setzt für immer das Vertrauen
auf den HERRN, der unser Gott ist,
unser Fels für alle Zeiten!
5 Tief erniedrigt hat er alle,
die in stolzer Höhe wohnten.
Ihre Stadt, sonst unbezwingbar,
hat er bis zum Grund zerschlagen
und sie in den Staub geworfen.
6 Arme und geringe Leute
dürfen nun die Stadt zertreten,
Menschen ohne eigene Macht.«

Gebet in der letzten Zeit

7 Allen, die auf dich hören, HERR,
bahnst du einen geraden Weg;
der Pfad, auf dem sie gehen,
führt geradeaus zum Ziel.
8 Auch dann, wenn du uns strafen musst,
warten wir voller Hoffnung auf dich.
Zu dir zu rufen, HERR, an dich zu denken,
das ist unser größtes Verlangen.
9 Bei Nacht sehnt sich mein Herz nach dir,
mit tiefer Sehnsucht schau ich nach dir aus.
Wenn du deine Urteile auf der Erde vollstreckst,
dann lernen die Menschen, das Recht zu achten.

10 Doch alle, die nicht auf dich hören wollen,
werden niemals lernen, was Recht ist,
wenn du sie straffrei ausgehen lässt.
Sogar in diesem Land, wo dein Recht gilt,
verdrehen sie es und tun weiter Unrecht;
sie sehen dich nicht in deiner Hoheit.
11 HERR, deine Hand ist drohend erhoben,
doch deine Feinde sehen es nicht.
Lass sie zu ihrer Beschämung erkennen,
wie leidenschaftlich du dein Volk verteidigst!
Das Feuer soll sie alle vernichten!

12 HERR, du wirst uns Frieden schenken;
denn auch alles, was wir bisher erreichten,
hast du selbst für uns getan.
13 HERR, unser Gott,
andere Herren haben über uns geherrscht,
doch du bist der Einzige, den wir rühmen!
14 Ihre Toten werden nicht wieder leben,
die Schatten stehen nie wieder auf.
Sie, die früher über uns herrschten,
hast du bestraft und ausgerottet
samt allem, was an sie erinnert.
15 Dein Volk aber hast du groß gemacht
und alle seine Grenzen ausgeweitet;
so erweist du deine Macht und Hoheit.

16 HERR, in der Bedrängnis suchen die Deinen
bei dir Hilfe;
wenn du strafst, kommen sie klagend zu dir.[b]
17 Wir liegen vor dir und schreien
wie eine Frau, die gebären soll,
wir krümmen und winden uns vor Schmerzen.
18 Wir liegen in Wehen wie eine Frau,
doch was wir gebären, ist nichts als Wind.
Befreiung können wir dem Land nicht bringen
und der Erde keine neue Hoffnung geben.

19 HERR, deine Toten werden wieder leben,
die Leichen meines Volkes werden auferstehen!
Ihr alle, die ihr in der Erde liegt,
wacht auf und jubelt vor Freude!

Du, HERR, bist wie der belebende Tau;
darum gibt die Erde die Toten heraus.

a *Zionsberg:* verdeutlichende Wiedergabe; siehe Anmerkung zu Vers 6. b *wenn …:* Deutung ganz unsicher.

25,10-12 15,1–16,14S **26,1** Ps 48,13-15 **26,2** Ps 118,19-20 **26,4** 8,14; Ps 18,3S **26,5** 25,2.12 **26,9** Ps 119,55S **26,13** Neh 9,36-37 **26,14** 26,19 **26,16** Hos 5,15 **26,19** Ez 37,1-14; Mk 12,26; Röm 14,8; Dan 12,2S

Das Strafgericht über Erde und Meer

20 Ihr Leute meines Volkes, geht in eure Häuser
und schließt die Türen hinter euch zu! Haltet
euch für kurze Zeit verborgen, bis das Straf-
gericht vorüber ist! 21 Der HERR tritt schon aus
seiner Wohnung hervor, um die Bewohner der
Erde für ihre Vergehen zu bestrafen. Die Erde
deckt das Blut wieder auf, das sie getrunken hat,
sie verbirgt die Ermordeten nicht länger.

27 Zu der Zeit wird der HERR abrechnen mit
dem Ungeheuer Leviatan*, der schnellen,
gewundenen Schlange, dem Drachen im Meer.[a]
Mit seinem scharfen, schweren, gewaltigen
Schwert bringt er das Ungeheuer um.

Das neue Lied vom Weinberg Gottes

2 An jenem Tage sagt der HERR zu euch:
»Ich habe einen wundervollen Weinberg;
singt alle, singt ein Lied zu seinem Ruhm!
3 Ich selber bin sein Wächter, ich, der HERR,
und alle Augenblicke tränk' ich ihn.
Bei Tag und Nacht bewache ich den Weinberg,
damit ihm nichts und niemand schaden kann.
4 Mein heißer Zorn auf ihn ist abgekühlt.
Doch wenn ich Dornen oder Disteln finde,
dann gibt es einen schonungslosen Krieg,
sie werden ausgerissen und verbrannt.
5 So geht es allen Feinden meines Weinbergs,
wenn sie nicht bei mir Zuflucht suchen
und Frieden mit mir schließen wollen.
Ja, Frieden schließen sollten sie mit mir!«

Verbannung und Vergebung für die Nachkommen Jakobs

6 Es kommt eine Zeit, da werden die Nachkom-
men Jakobs aufs Neue Wurzeln schlagen. Israel
wird wieder blühen und gedeihen und die ganze
Erde mit seinen Früchten bedecken. 7 Ist Gott
mit den Leuten von Israel so hart verfahren wie
mit denen, die hart zu ihnen waren? Hat er von
ihnen so viele getötet wie von ihren Mördern?
8 Nein, nur die verdiente Strafe hat er ihnen zu-
gemessen, als er sie in die Verbannung schickte.
Sein heftiger Atem trieb sie fort, blies sie davon
wie der heiße, stürmische Ostwind.

9 Die Leute von Israel sollen ihre Götzenaltäre
zu Pulver zermahlen wie Kalksteine, die geweih-
ten Pfähle* und die Räucheraltäre* sollen sie nie
wieder errichten. Daran wird sich zeigen, dass
ihre Verfehlungen gesühnt sind, und so werden
sie Vergebung finden für ihre Schuld.

10 Die starke, befestigte Stadt ist ein verlasse-
ner Ort geworden, einsam und menschenleer
wie die Steppe, ein Weideplatz für das Rindvieh.
Dort lagern die Herden und fressen das Gestrüpp
kahl. 11 Die kahl gefressenen Zweige verdorren,
und Frauen, die Brennholz suchen, brechen sie
ab.

Wahrhaftig, dieses Volk hat nichts verstan-
den! Darum hat sein Schöpfer, der es ins Leben
rief, kein Erbarmen mit ihm und gewährt ihm
keine Gnade.

12 Aber es kommt eine Zeit, da wird der HERR
das Volk Israel zusammenbringen. Vom Eufrat
bis zur Grenze* Ägyptens sammelt er einen nach
dem andern ein wie ein Bauer, der seine Ähren
ausklopft und die Körner aufliest, damit keines
verloren geht. 13 Die große Posaune* wird ertö-
nen und alle werden kommen: die nach Assyrien
Verbannten[b] und die nach Ägypten Verspreng-
ten. Nach Jerusalem werden sie kommen, auf
den heiligen Berg, und werden sich niederwer-
fen vor dem HERRN.

WORTE ÜBER ISRAEL UND JUDA AUS JESAJAS SPÄTERER ZEIT (Kapitel 28–35)

Unwetter über Samaria

28 Weh euch, betrunkene, vom Wein über-
wältigte Leute von Efraïm![c] Eure Stadt ist
euer ganzer Stolz; wie eine glänzende Krone
liegt sie auf der Anhöhe über dem fruchtbaren
Tal, prächtig wie die Blumenkränze auf euren
Köpfen. Aber wie die welkenden Blumen wird
sie fallen! 2 Denn der Herr schickt einen Starken
und Mächtigen; der wird kommen wie ein
Hagelgewitter, wie ein zerstörender Sturm, wie
ein Wolkenbruch, dessen Wassermassen alles
überfluten. Mit einer Handbewegung reißt er
alles zu Boden.

3 Dann wird sie von Füßen zertreten, die glän-
zende Krone der betrunkenen Leute von Efraïm,
4 der prächtige Kranz auf der Anhöhe über dem
fruchtbaren Tal. Sie wird fallen wie die welken-
den Blumen. Es wird ihr ergehen wie einer
frühen Feige, die schon vor Beginn der Erntezeit
reif geworden ist: Der Erste, der sie entdeckt,
pflückt sie und isst sie auf.

a Der *Drache* (siehe Sacherklärung »Meer«) steht hier für das gottfeindliche Weltreich; vgl. 30,7.
b Siehe Sacherklärung »Exil«. *c* Siehe Anmerkung zu 7,2.

26,21 Mi 1,2-3; Ijob 16,18 S **27,1** Ijob 26,12-13; Ps 74,14; Offb 13,1-2; 20,2 **27,2-5** 5,1-7 S **27,7-8** Sach 1,15 **27,9** 17,8; 30,22 **27,12** 1 Kön 8,65; Jes 28,27 **27,13** 11,11-12; Hos 11,11 **28,1** 1 Kön 16,24 **28,2** 2 Kön 17,5-6

5 Der Tag kommt, an dem der HERR, der Herrscher der Welt,[a] für die Überlebenden seines Volkes eine prachtvolle Krone sein wird und ein schmückender Kranz. 6 Denen, die Recht zu sprechen haben, wird er den richtigen Sinn für das Recht eingeben. Und denen, die den Feind aus der Stadt vertreiben sollen, wird er Mut und Kraft verleihen.

Wer nicht hören will ...

7 Sogar die Priester* und die Propheten* sind betrunken und taumeln! Sie haben so viel Bier und Wein getrunken, dass sie nicht mehr gerade stehen können. Die Propheten taumeln, wenn sie eine Vision haben; und die Priester schwanken, wenn sie ein Gerichtsurteil aussprechen sollen. 8 Die Tische, an denen sie ihre Gelage halten,[b] sind voll von dem, was sie erbrochen haben; kein Platz ist sauber geblieben.

9 Sie ärgern sich über mich und sagen:[c] »Der will uns belehren? Er will uns beibringen, was Gottes Wille ist? Für wen hält er uns? Sind wir vielleicht kleine Kinder, die eben von der Mutterbrust entwöhnt worden sind? 10 Was soll dieses ewige ›La, la – la, la. Ma, ma – ma, ma. Du da, pass auf‹?«[d]

11 Weil ihr nicht auf mich hören wollt,[e] wird der HERR Ausländer zu euch schicken, deren Sprache in euren Ohren wie dieses »La-la« klingen wird. Durch sie wird er euch eine Lektion erteilen. 12 Er hat zu euch gesagt: »Folgt meinem Rat, dann bekommt ihr Ruhe vor euren Feinden! Schont doch das erschöpfte Volk, dass es sich erholen kann. Ich biete euch Sicherheit!«

Aber ihr wolltet nicht auf ihn hören. 13 Darum ist nun dies die Antwort, die ihr vom HERRN zu hören bekommt: »La, la – la, la. Ma, ma – ma, ma. Du da, pass auf!« Bei jedem Schritt werdet ihr stolpern, bis ihr hinfallt und euch die Knochen brecht. Ihr werdet in die Falle laufen und in die Gefangenschaft abgeführt werden.

Gegen die falsche Sicherheit

14 Ihr Selbstsicheren, die ihr hier in Jerusalem über das Volk herrscht, hört, was der HERR euch sagen lässt! 15 Ihr bildet euch ein, dass euch nichts geschehen kann, weil ihr mit dem Tod und der Totenwelt* einen Pakt geschlossen habt. Ihr meint, die Katastrophe werde an euch vorübergehen, weil ihr euch mit Lügen und Betrügereien abgesichert habt.

16 Darum sagt der HERR, der mächtige Gott: »Auf dem Zionsberg* habe ich ein festes Fundament gelegt, einen harten und kostbaren Eckstein, der allen Anstürmen standhält. Auf ihm steht: ›Wer dem HERRN vertraut, weicht nicht von der Stelle.‹[f] 17 Meine Messschnur ist das Recht und mein Senkblei die Gerechtigkeit.«

Aber eure Lügenburg wird der Hagel zertrümmern und das Wasser euer Versteck fortschwemmen. 18 Euer Pakt mit dem Tod und der Totenwelt ist dann null und nichtig. Wenn die Katastrophe wie eine reißende Flut über euch kommt, gibt es für euch keine Rettung mehr. 19 Morgen für Morgen braust sie von neuem heran und auch in der Nacht habt ihr keine Ruhe. Jedes Prophetenwort wird eine neue Schreckensnachricht sein.

20 Es wird euch ergehen wie in dem Sprichwort: »Das Bett ist zu kurz, um sich darin zu strecken; die Decke zu schmal, um sich darin einzuwickeln.« 21 Wie damals am Berg Perazim und im Tal von Gibeon wird der HERR eingreifen.[g] Was er dann tut, wird euch fremd und unverständlich erscheinen. 22 Hört auf, so hochmütig meine Warnung zu verlachen! Sonst werden eure Fesseln nur noch enger. Der HERR, der Herrscher über die ganze Welt,[h] hat mich wissen lassen, dass er entschlossen ist, das Land völlig zu vernichten.

Gottes überlegenes Wissen

23 Hört mir gut zu, achtet auf das, was ich euch sage! 24 Wenn ein Bauer die Aussaat vorbereitet, pflügt er dann jeden Tag seinen Acker? Zieht er immer wieder dieselben Furchen und hört nicht auf, die Schollen zu ebnen? 25 Nicht wahr, wenn er sie geebnet hat, streut er Schwarzkümmel und Kreuzkümmel aus, sät Weizen, Hirse und Gerste auf sein Feld und Dinkel an die Ränder. 26 Sein Wissen hat er von Gott, der ihn unterwiesen hat, wie er vorgehen soll.

27 Den Schwarzkümmel drischt er nicht mit dem Dreschschlitten* aus, er fährt auch nicht mit einem Wagenrad über den Kreuzkümmel.

a Wörtlich *der HERR Zebaot**.
b *an denen ...:* verdeutlichender Zusatz. c Verdeutlichender Zusatz.
d Deutung unsicher. Wahrscheinlich wird der Unterricht in einer Kleinkinderschule nachgeäfft.
e Verdeutlichender Zusatz.
f *weicht nicht ...:* Deutung unsicher; andere Übersetzung *wird ebenso standhalten.*
g Zu den beiden erwähnten Schlachten vgl. 2Sam 5,20 und Jos 10,10. Damals stand Gott auf der Seite seines Volkes – jetzt wird es umgekehrt sein! h Wörtlich *Der Herr, der HERR Zebaot**.

28,7 5,11-12S **28,11** 33,19; Jer 5,15S **28,12** 7,9S **28,16** 7,9S; 14,32S; Röm 9,33S **28,22** 10,22-23

Nein, beide klopft er mit dem Stock aus. 28 Das
Brotgetreide drischt er nicht endlos, sonst wird
es ja zerquetscht. Wenn er den Erntewagen mit
den Zugtieren in Bewegung setzt, gibt er Acht,
dass das Korn nicht platt gequetscht wird.
29 Auch dieses Wissen hat er vom HERRN, dem
Herrscher der Welt.[a] Gottes Pläne sind zum
Staunen, und er weiß genau, wie er sie zum Ziel
führt.

Bedrohung und plötzliche Hilfe für Jerusalem

29 Der HERR sagt: »Weh dir, du Stadt, in der
mein Opferherd[b] steht, du Stadt, vor der
einst David sein Kriegslager aufschlug! Macht
nur Jahr für Jahr so weiter, lasst den Kreis eurer
Feste immer wieder ablaufen! 2 Ich werde euch
so zusetzen, dass ihr nur noch wimmert und
jammert. Dann soll eure Stadt wirklich zu meinem Opferherd werden! 3 Ich selbst werde rings
um die Stadt mein Lager aufschlagen, sie mit
Gräben und Wällen einschließen. 4 Dann liegt
ihr erniedrigt am Boden, eure Stimme klingt
dumpf, als käme sie tief unten aus der Erde; wie
eine Geisterstimme aus der Totenwelt* werdet
ihr aus dem Staub heraus wispern.

5 Doch wie Staub im Wind wird die Menge
der fremden Belagerer sein, wie davonwirbelnde
Spreu das Heer der mächtigen Angreifer. Denn
ganz plötzlich, ehe man sich's versieht, 6 greife
ich für euch ein, ich, der Herrscher der Welt,[c]
mit Donnerschlägen und dröhnendem Getöse,
mit Wirbelsturm und Gewitter und wütendem
Feuer. 7 Wie ein böser Traum, wie eine nächtliche Erscheinung wird die Horde der Völker
sein, die gegen die Stadt meines Opferherdes
ausgezogen ist, sie belagert und bestürmt.

8 Ein Hungriger träumt davon, dass er sich
satt isst, und wenn er aufwacht, knurrt ihm der
Magen. Ein Durstiger träumt von Wasser, und
wenn er aufwacht, hat er eine trockene Kehle
und ist völlig erschöpft. So wird es dieser Völkerhorde ergehen, die über den Zionsberg* herfallen will.«

Heuchelei und Verblendung

9 Entsetzt euch und werdet vor Entsetzen starr!
Seid verblendet und werdet in Verblendung
blind! Ihr seid betrunken, aber nicht von Wein!
Ihr schwankt hin und her, und das ohne Bier!
10 Der HERR hat einen Geist über euch kommen
lassen, der euch in tiefsten Schlaf versetzt hat.
Eure Augen – die Propheten* – hat er zugedrückt, und eure Köpfe – die Seher* – hat er
verhüllt.

11 Was der Prophet geschaut und verkündet
hat, ist für euch wie ein versiegeltes Buch.[d] Gibt
man es einem Menschen, der lesen kann, und
sagt zu ihm: »Hier, lies das!«, so antwortet er:
»Ich kann nicht, es ist versiegelt.« 12 Und gibt
man es einem Ungebildeten, so antwortet er:
»Ich kann nicht lesen.«

13 Der Herr hat gesagt: »Dieses Volk da behauptet, mich zu ehren. Aber sie ehren mich nur
mit Worten, mit dem Herzen sind sie weit weg
von mir. Ihr ganzer Gottesdienst ist sinnlos,
denn er besteht nur in der Befolgung von Vorschriften, die Menschen sich ausgedacht haben.
14 Deshalb will ich auch weiterhin fremdartig
und unverständlich an diesem Volk handeln.
Dann wird die Weisheit seiner Weisen vergehen
und von der Klugheit seiner Klugen wird nichts
mehr übrig bleiben.«

15 Weh denen, die ihre Geheimpläne machen,
ohne mit dem HERRN zu rechnen, die ihr Spiel
im Dunkeln treiben und denken: »Wer sieht uns
denn? Wer merkt schon etwas davon?« 16 Sie
bilden sich ein, sie könnten die Rollen vertauschen! Der Ton kann doch nicht so tun, als wäre
er der Töpfer! Oder kann das Werk von seinem
Schöpfer sagen: »Er hat mich nicht gemacht«?
Kann das Tongefäß vom Töpfer sagen: »Er
versteht nichts davon«?

Die Umkehrung der Verhältnisse

17 Nur noch ganz kurze Zeit, dann verwandelt
sich der abgeholzte Libanon in einen Obstgarten
und der Obstgarten wird zu einem wahren Wald.
18 Dann werden selbst Taube hören, was aus
dem Buch vorgelesen wird, und die Blinden
kommen aus ihrer Nacht hervor und können
sehen. 19 Für die Geringen wird der HERR eine
Quelle ständig wachsender Freude sein, und die
stets Benachteiligten werden jubeln über den
heiligen Gott Israels.

20 Dann ist es aus mit den Unterdrückern und
den frechen Spöttern. Ausgerottet werden alle,
die Böses im Schilde führen, 21 alle, die andere zu

a Wörtlich *vom HERRN Zebaot**.
b Wörtlich *Weh dir, Ariël, Ariël.* Die Bedeutung von *Ariël* ist unsicher. Nach Ez 43,15 ist es am wahrscheinlichsten, dass es sich um den oberen Teil des Brandopferaltars* handelt, den Herd, auf dem die Opfer verbrannt wurden. Jerusalem ist dann als Zentrum des Gottesdienstes angesprochen.
c Wörtlich *der HERR Zebaot**. d Wörtlich *eine versiegelte Buchrolle**.

29,1 Ez 43,15; 2 Sam 5,6-8 **29,3** Ez 4,1-3 **29,7** 17,14 **29,9-10** 6,9-10 **29,13** Mk 7,6-7 par **29,14** 28,21; 5,21; Jer 8,8-9; 1 Kor 1,19 **29,15** 30,1-2; Ps 14,1 S **29,16** 45,9 S **29,17** 32,15 **29,18** 35,5 S **29,21** 5,23

Unrecht beschuldigen, die einen Richter daran
hindern, Recht zu sprechen, und den, der Recht
sucht, mit haltlosen Begründungen abweisen.
22 Darum sagt der HERR, der Abraham gerettet
hat, zu den Nachkommen Jakobs: »Israel soll
nicht länger enttäuscht werden und sich schä-
men müssen. 23 Wenn ihr seht, was ich in eurer
Mitte tun werde, dann werdet ihr mich ehren,
mich, den heiligen Gott Jakobs; ihr werdet alles
tun, um mir, dem Gott Israels, nicht zu miss-
fallen. 24 Dann kommen die, die ihren klaren
Kopf verloren haben, wieder zur Einsicht und
die Aufsässigen nehmen Vernunft an.«

Von Ägypten ist keine Hilfe zu erwarten

30 Der HERR sagt: »Weh euch, meine eigen-
sinnigen Kinder! Ihr führt Pläne aus, mit
denen ich nichts zu tun habe. Ihr schließt Bünd-
nisse gegen meinen erklärten Willen. Damit
häuft ihr Schuld auf Schuld. 2 Ohne mich um Rat
zu fragen, lauft ihr nach Ägypten, um beim Pha-
rao Schutz zu suchen und euch im Schatten
Ägyptens unterzustellen.
3 Doch ihr werdet eine große Enttäuschung
erleben und gedemütigt wieder heimziehen,
denn der Pharao kann euch nicht beschützen
und Ägypten euch keine Zuflucht bieten. 4 Eure
führenden Männer sind nach Zoan gegangen
und eure Abgesandten sind bis nach Hanes
gekommen. 5 Aber sie werden enttäuscht, denn
das Volk dort kann niemand nützen; es kann
weder Hilfe noch Vorteil bieten, nur Schimpf
und Schande kann es euch bringen!«
6 Der HERR sagt: »Schwer beladen ziehen
Lasttiere durch das Südland, eine Gegend voll
von Gefahren und Schrecken, von knurrenden
Löwen, giftigen Schlangen und fliegenden Dra-
chen. Auf den Rücken der Esel und den Höckern
der Kamele bringen eure Führer und Abgesand-
ten Schätze und Geschenke zu einem Volk, das
niemand nützen kann. 7 Die Hilfe Ägyptens ist
nichts wert. Darum nenne ich es ›das unbeweg-
liche Ungeheuer‹.«

Ein Volk, das nur hören will, was ihm gefällt

8 Der HERR befahl mir: »Nimm eine Schreibtafel
und schreib darauf vor den Augen dieser Leute
mein Urteil über sie. Ritze es als Inschrift für alle
Zeiten ein, es soll für immer erhalten bleiben.
9 Sie sind ein eigensinniges Volk. Meine Kinder
wollen sie sein, aber sie sind Lügner; denn sie
wollen nicht hören, was ich, der HERR, von
ihnen verlange. 10 Zu den Sehern* sagen sie:
›Ihr sollt nichts sehen!‹, und zu den Propheten*:
›Ihr sollt keine Offenbarungen* haben! Sagt uns
nicht, was recht ist, sondern was uns gefällt!
Lasst uns doch unsere Illusionen! 11 Weicht von
der Wahrheit ab und lasst uns in Ruhe mit eurem
heiligen Gott Israels!‹
12 Deshalb sage ich, der heilige Gott Israels:
›Ihr wollt nicht hören, was ich euch sage, und
verlasst euch auf Gewalt und Betrug. 13 Diese
Schuld bleibt nicht ohne Folgen: Ihr gleicht einer
hohen Mauer, die einen Riss bekommen hat. Er
läuft immer tiefer und wird immer breiter, und
plötzlich stürzt die ganze Mauer ein. 14 Es wird
euch ergehen wie einem Tontopf, der so gründ-
lich zerschmettert wird, dass sich unter seinen
Scherben kein Stück mehr findet, mit dem man
Glut aus dem Ofen nehmen oder Wasser aus
einer Pfütze schöpfen könnte.‹«
15 Der HERR, der heilige Gott Israels, hat zu
euch gesagt: »Wenn ihr zu mir umkehrt und
stillhaltet, dann werdet ihr gerettet. Wenn ihr
gelassen abwartet und mir vertraut, dann seid
ihr stark.«
Aber ihr wollt ja nicht. 16 Ihr sagt: »Nein, auf
Pferden wollen wir dahinfliegen!« Aber ihr wer-
det nicht fliegen, sondern fliehen. Ihr sagt: »Auf
schnellen Rennern wollen wir reiten!« Aber eure
Verfolger werden schneller rennen als ihr.
17 Tausend von euch werden fliehen, wenn
sie einen einzigen Feind sehen; und wenn fünf
euch bedrohen, werdet ihr alle davonlaufen.
Von eurem stolzen Heer wird nichts übrig
bleiben als eine leere Fahnenstange auf einem
kahlen Hügel.

Gott will sich über sein Volk erbarmen

18 Trotzdem wartet der HERR sehnlich auf den
Augenblick, an dem er sich euch wieder zuwen-
den kann. Er will seine Macht zeigen und sich
über euch erbarmen, denn er ist ein Gott, der
dem Recht Geltung verschafft. Wie glücklich
sind alle, die ihre Hoffnung auf ihn setzen!
19 Ihr Bewohner Jerusalems, die ihr auf dem
Zionsberg* wohnt, ihr müsst nicht länger wei-
nen! Wenn ihr zum HERRN um Hilfe ruft, wird er
euch sein Erbarmen zuwenden; sobald er euer
Schreien vernimmt, gibt er euch Antwort. 20 Er
wird euch reichlich Brot und Wasser geben,
nicht so spärlich wie in der Zeit der Not und

29,22 Gen 12,12; 20,11; Jes 45,17; 54,4 **30,1-7** 20,1-6; 31,1-3; 36,6; Jer 2,18 S **30,1** 1,2 **30,3** 36,6 **30,7** Ez 29,3 **30,9** 1,2.4 **30,10** Jer 11,21-22 S; Hos 9,7b-8; Am 2,12 S; Mi 2,6 **30,14** Jer 19,1.10-11 **30,15** 7,9 S; Ps 62,2-3 **30,16** 31,1.3 **30,17** Dtn 32,30 **30,18** Hos 11,8 S **30,19** 65,24 S

Bedrängnis. Er wird sich nicht länger vor euch
verbergen; mit eigenen Augen werdet ihr ihn
sehen, ihn, euren Lehrer.
21 Wenn ihr nach rechts oder links abbiegen
wollt, werdet ihr hinter euch eine Stimme hören,
die zu euch sagt: »Dies hier ist der Weg, dem ihr
folgen sollt!« 22 Dann werdet ihr eure geschnitz-
ten und gegossenen Götzenbilder samt ihrem
silbernen oder goldenen Überzug als etwas Un-
reines* betrachten. »Weg damit!«, werdet ihr ru-
fen und sie wie Abfall hinauswerfen.
23 Für die Saat auf euren Feldern wird der
HERR euch Regen geben und der Ackerboden
wird Korn hervorbringen, das euch reiche und
kräftige Nahrung gibt. Zu der Zeit wird euer Vieh
auf weiten Wiesengründen weiden. 24 Die Rin-
der und Esel, mit denen ihr die Felder pflügt,
werden würziges Futter fressen, das man mit
Worfschaufel* und Gabel gemischt und vor
ihnen ausgebreitet hat.
25 Am Tag der großen Abrechnung, wenn die
feindlichen Türme stürzen, werden auf allen
Bergen und Hügeln Bäche voller Wasser fließen.
26 Dann wird der Mond so hell sein wie die
Sonne und die Sonne wird siebenmal so hell
scheinen – wie das Licht einer ganzen Woche an
einem einzigen Tag. An diesem Tag wird der
HERR die Wunden, die er seinem Volk geschlagen
hat, verbinden und heilen.

Gott rechnet mit Assyrien ab

27 Der HERR kommt von ferne her, er selbst
kommt! Feuer und dichter Rauch zeigen, wie
zornig er ist. Unheil strömt von seinen Lippen,
seine Zunge ist eine lodernde Flamme. 28 Sein
Atem tobt wie ein reißender Bach, dessen Was-
ser bis zum Hals reicht. Er schüttelt die Völker in
seinem Sieb und wirft sie fort wie wertlose
Spreu. Er legt ihnen einen Zaum ins Maul und
leitet sie damit in die Irre.
29 Ihr aber werdet Lieder singen wie in der
Nacht, in der ihr das Fest feiert.[a] Ihr werdet voll
Freude sein wie die Festpilger, die unter Flöten-
spiel hinaufziehen zum Berg des HERRN, zu ihm,
dem Felsen Israels.
30 Der HERR lässt seine gewaltige Stimme hö-
ren, er zeigt seinen starken Arm, wie er zu-
schlägt. Voller Zorn greift er ein, mit verzehren-
dem Feuer, mit Wolkenbruch und Unwetter und
Hagelschlag. 31 Schrecken kommt über Assy-
rien*, wenn es seine Stimme hört und seinen
Stock zu fühlen bekommt. 32 Bei jedem Stock-
hieb, den der HERR als Strafe über Assyrien ver-
hängt hat, werden die Pauken und Zithern
erklingen. Der HERR selbst hebt seine Hand zum
Kampf gegen Assyrien.[b]
33 Seit langem schon ist der Verbrennungs-
platz für den König bereit. Tief und breit ist die
Feuerstelle und Holz ist massenhaft aufgeschich-
tet. Der Atem des HERRN setzt es in Flammen
wie ein Strom von brennendem Schwefel.

Ägypter und Assyrer sind nur Menschen

31 Weh denen, die nach Ägypten gehen, u
Hilfe zu holen! Sie verlassen sich auf d
vielen Pferde und die zahlreichen Streitwager
Aber mit dem heiligen Gott Israels rechnen
nicht. Sie befragen den HERRN nicht, ob er
verstanden ist.
2 Sie meinen, klug zu handeln;[c] aber au
weiß, was er tut. Er lässt das Unglück herei
chen und nimmt seine Drohung nicht zurü
wendet sich gegen die ganze Bande von U
stiftern und gegen alle, die ihr helfen sollte
3 Die Ägypter sind Menschen[d] und
Gott. Und ihre Pferde – Geschöpfe sind s
aber Leben schaffender Geist*. Wenn d
seine Hand ausstreckt, dann stürzt der ...üt-
zer und der Beschützte mit ihm; alle be...en
zugrunde.
4 Der HERR hat zu mir gesagt: »Ein ...e, ob
alt oder jung, verteidigt knurrend sein ...te ge-
gen einen ganzen Trupp von Hirten, ...an zu-
sammengeholt hat, um ihn zu verja... Er lässt
sich von ihrem Geschrei nicht ersc...ken und
von ihrem Lärm nicht einschüchte... Genauso
komme ich auf den Zionsberg* her...nd vertei-
dige ihn gegen alle Angreifer, ich, Herrscher
der Welt.[e] 5 Wie ein Vogel übe...inem Nest
schwebt, um über seine Jungen wachen, so
werde ich, der Herrscher der We...erusalem be-
schützen. Ich werde es schütze...nd befreien,
verschonen und retten.«
6 Kommt zurück zum HERR...ihr Leute von
Israel! Ihr habt euch so weit ...ı ihm entfernt.
7 Ihr habt euch silberne und ...oldene Götzen-
bilder gemacht, das ist eine sc...vere Sünde. Aber
der Tag kommt, an dem ihr ...uch mit Abscheu
von euren Machwerken abw...nden werdet.
8 »Assyrien* wird fallen« ...agt der HERR, »das
Schwert wird es vernich...n; aber nicht das
Schwert eines Menschen. Vor diesem Schwert

a Vermutlich handelt es sich um das Laubhüttenfest*. *b* Der Vers ist nicht sicher zu deute.
c Verdeutlichender Zusatz. *d* *Menschen:* wörtlich *Fleisch**. *e* Wörtlich *der HER*...*Zebaot**, ebenso in Vers 5.

30,27 Ri 5,4-5 S **30,29** 8,14; Ps 18,3 S **30,30** 33,3; Ps 29,3-9 **31,1-3** 30,1-7 S **31,1** (Vertrauen nicht auf Waffen) 30,15-17; 7,9 S; Dtn 17,16; Jos 24,12b; Ps 20,8 S; Hos 1,7 S **31,3** Sach 4,6 **31,4** 14,32 S **31,5** 49,16 S **31,7** 2,20 **31,8-9** 10,24-26; 30,30-33

werden die Assyrer fliehen und ihre jungen
Krieger werden zur Fronarbeit* gezwungen.
9 Ihre starken Helden[a] lähmt der Schreck, ihre
Heerführer lassen die Fahne im Stich.«

Das sagt der HERR, der Heim und Herd in Jerusalem hat, dessen Feuer auf dem Zionsberg brennt.

Eine gute Regierung und was sie bewirkt

32 Bald wird ein König kommen, der ge-
recht regiert, und seine Minister werden
dem Recht Geltung verschaffen. 2 Jeder von
ihnen wird dem Volk wohl tun wie ein windge-
schützter Ort bei Stürmen, wie ein Schutzdach
bei prasselndem Regen, wie ein Wasserlauf in
einer ausgedörrten Gegend, wie der Schatten
eines großen Felsen in der Wüste.
3 Dann werden alle Augen wieder klar sehen
ınd alle Ohren wieder aufmerksam hören. 4 Die
erzen der Unbesonnenen kommen zur Ein-
ht und die Zungen der Stotternden können
ık und deutlich reden. 5 Dann nennt man
ändliche Dummköpfe nicht mehr vornehm
Schurken nicht mehr ehrlich.
Aus dem Mund eines unverbesserlichen
n kommt nur Unsinn und aus seinem Her-
ichts als Unheil. Sein Tun ist schändlich
in Reden beleidigt den HERRN. Den Hun-
g ı gibt er nichts zu essen und den Dursti-
ge ıts zu trinken. 7 Ein Schurke benutzt nie-
de tige Mittel, um seine hinterlistigen Pläne
aus ren. Mit Lügen bringt er die Armen vor
Geri ı Fall, auch dann, wenn sie im Recht
sind. ch ein redlicher Mensch macht red-
liche und nur für Redliches setzt er sich
ein.

Wa ng an die Frauen Jerusalems

9 Hört zu, sorglosen Frauen und unbeküm-
merten M ıen, hört, was ich euch zu sagen
habe! 10 No gut ein Jahr, dann werdet ihr Un-
bekümmert or Angst zittern; denn die Wein-
lese kommt n t und eine Ernte gibt es nicht.
11 Zittert, ih orglosen! Bekümmert euch, ihr
Unbekümmert Zieht eure Kleider aus, legt
den Sack* an! chlagt euch vor Verzweiflung
auf die Brüste! uert über die schönen Felder
und fruchtbaren einstöcke! 13 Trauert um das
Ackerland meines olkes, das von Dornen und
Disteln überwuch t wird. Trauert, weil die
Freude aus den Häu ern und die Fröhlichkeit aus
der Stadt verschwin t!

14 Der Palast wird leer und verlassen dastehen
und die lärmende Stadt wird totenstill. Burg-
hügel und Wachtturm werden für immer zum
Ruinenfeld, wo die wilden Esel sich wohl fühlen
und die Herden grasen.

Veränderung durch Gottes Geist

15 So wird es bleiben, bis Gott seinen Geist* über
uns ausgießt. Dann wird die Wüste zu einem
Obstgarten und der Obstgarten wird zu einem
wahren Wald. 16 Dann wird die Rechtsordnung
Gottes überall gelten, in der Wüste und im Obst-
garten; im ganzen Land werden Liebe und Treue
zu Hause sein.
17 Wo aber Liebe und Treue herrschen, da be-
wirken sie Frieden und Wohlstand, Ruhe und
Sicherheit. 18 Am Ort des Friedens wird mein
Volk leben, in sicheren Wohnungen, an ruhigen,
sorgenfreien Plätzen.
19 Den Wald der Feinde wird der Hagel nie-
derschlagen[b] und ihre Stadt wird untergehen.
20 Ihr aber, ihr könnt überall säen, es gibt reich-
lich Wasser; eure Rinder und Esel könnt ihr frei
umherlaufen lassen. Wie glücklich ihr seid!

Sichere Zeiten für den Zionsberg

33 Weh dir, Verwüster, der du noch nie ver-
wüstet worden bist, du Hinterlistiger, den
noch niemand hintergangen hat! Wenn du alles
verwüstet hast, wirst du selber verwüstet. Wenn
du jeden hintergangen hast, wirst du selbst ein
Opfer der Hinterlist.

2 HERR, wende uns dein Erbarmen zu!
Wir setzen unsere Hoffnung auf dich!
Sei jeden Morgen unser Schutz,
komm uns zu Hilfe in Zeiten der Not!

3 Wenn die Völker deine Stimme hören, HERR,
dann ergreifen sie die Flucht. Wenn du aufstehst,
zerstieben sie in alle Winde. 4 Dann stürzen wir
uns auf die Beute, wir fallen darüber her wie ein
Schwarm von Heuschrecken über alles Grün.
5 Der HERR ist mächtig und erhaben, denn er
wohnt hoch oben im Himmel. Er sorgt dafür,
dass auf dem Zionsberg* Recht und Treue zu fin-
den sind. 6 Dann werdet ihr in Sicherheit leben,
ihr Leute von Jerusalem. Die ganze Fülle von
Rettung, Weisheit, Erkenntnis werdet ihr haben,
und die Ehrfurcht vor dem HERRN wird euer
größter Reichtum sein.

a *Ihre starken Helden:* wö lich *Ihren Fels;* die Deutung ist unsicher.
b *Den Wald ...:* Deutung un cher.

32,1 11,1-5; Jer 23,5 **32,9** Am ,1 **32,15** 29,17; 44,3; (Geist) Joël 3,1 **33,1** Hab 2,7-8 **33,3** 30,3 **33,5** 1,21; 5,7

Gott greift ein

7 Die Bewohner Jerusalems[a] laufen schreiend
durch die Straßen. Die Boten, die schon Frieden
angekündigt haben, weinen verzweifelt. 8 Die
Landstraßen sind leer, kein Reisender wagt sich
hinaus. Der feindliche Herrscher hat den Vertrag
gebrochen und die Urkunden[b] missachtet. Men-
schenleben zählen nicht für ihn. 9 Auch das
Land trauert und verdorrt, der Libanon verwelkt
vor Scham, die fruchtbare Scharon-Ebene sieht
aus wie eine Wüste, im Baschan* und auf dem
Karmel verlieren die Bäume ihr Laub.

10 »Jetzt stehe ich auf«, sagt der HERR, »jetzt
greife ich ein und zeige mich in meiner ganzen
Macht! 11 Was ihr euch ausdenkt, ist Heu, und
was dabei herauskommt, ist Stroh. Und euer
zorniges Schnauben ist ein Feuer, das euch ver-
brennen wird. 12 Die Völker werden zu Pulver
verbrannt, ins Feuer geworfen wie abgehauenes
Dornengestrüpp. 13 Ihr Völker alle, fern und nah,
hört, was ich tue, erkennt meine Macht!«

14 Auf dem Zionsberg* erschrecken die Sün-
der; Zittern befällt alle, die Gott vergessen ha-
ben. »Wer kann denn neben einem lodernden
Feuer wohnen?«, fragen sie. »Wer hält es aus bei
dieser Glut, die nicht aufhört?«

15 Nur wer in allem tut, was recht ist, wer
stets die Wahrheit spricht, wer sich nicht durch
Unterdrückung anderer bereichert, wer sich
nicht durch Geschenke kaufen lässt, wer nicht
zuhört und mitmacht, wo man Mordpläne aus-
heckt, wer nicht beifällig zusieht, wo Unrecht
geschieht.

16 Alle, die sich an diese Regel halten, werden
auf sicheren Höhen wohnen und in Bergfestun-
gen Zuflucht finden. Ausreichende Nahrung ist
ihnen sicher und auch an Wasser wird es ihnen
nie fehlen.

»Der HERR ist unser König«

17 Einst werdet ihr Gott als König sehen
in seiner ganzen Pracht und Schönheit;
eure Augen erblicken ein weites Land.
18 Nur noch Erinnerung ist dann,
was euch früher in Schrecken versetzte:
Wo sind sie denn, die Unterdrücker,
die Steuern und Tribut eintrieben
und eure Befestigungen kontrollierten?
19 Ihr müsst dieses anmaßende Volk
nicht mehr sehen,
diese Leute von unverständlicher Sprache
mit gestammelten Worten, die keiner begreift.

20 Richtet den Blick auf die Zionsstadt*,
in der wir unsere Feste feiern!
Seht Jerusalem, diesen sicheren Ort:
ein Zelt, das an seiner Stelle bleibt,
dessen Pflöcke niemand mehr ausreißt,
dessen Seile niemand mehr löst.
21–22 Dort wird der HERR seine Größe zeigen.
Der HERR selbst ist unser Herrscher,
er ist es, der uns führt.
Der HERR selbst ist unser König,
er ist es, der uns hilft.

Dann liegt die Zionsstadt an einem Strom
mit mächtigen, breiten Armen.
Doch Rudergaleeren gibt es dort nicht,
kein feindliches Schiff darf darauf segeln.
23 Wenn sich trotzdem eines dort sehen lässt,
dann hängen die Taue schlaff herab;
sie können den Mast nicht aufrecht halten,
das Segel können sie nicht mehr spannen.
Seine Ladung fällt den Bewohnern zur Beute;
selbst Blinde und Lahme bekommen
reichlich davon ab.[c]
24 Kein Mensch im Land wird noch klagen,
er sei von Krankheit und Schwäche geplagt;
denn die Schuld des Volkes ist vergeben.

Der Untergang Edoms

34 Kommt herbei, ihr Völker! Versammelt
euch und hört zu! Alle Welt soll zu-
hören, die ganze Erde und alles, was auf ihr lebt!
2 Der HERR ist zornig auf alle Völker, sein Zorn
wendet sich gegen die ganze Heeresmacht sei-
ner Feinde. Er hat sie alle unter den Bann* ge-
stellt; sie sollen abgeschlachtet und vernichtet
werden. 3 Die Getöteten bleiben unbegraben lie-
gen, sie verwesen und stinken; von ihrem Blut
zergehen die Berge. 4 Die Gestirne zerfallen und
der Himmel rollt sich ein wie eine Buchrolle.
Die Sterne fallen herab wie welkes Laub vom
Weinstock, wie nicht ausgereifte, verkümmerte
Feigen.

5 Im Himmel ist das Schwert des HERRN bereit
zum Kampf. Da, es fährt nieder auf Edom*, auf

a *Bewohner Jerusalems* (wörtlich *Ariëliter;* vgl. Anmerkung zu 29,1): mit einigen Handschriften; H ist unverständlich.
b *Urkunden* (wörtlich *Zeugen*): mit einer wichtigen Handschrift; H *Städte.*
c *Dann liegt die Zionsstadt an einem Strom ...:* Der Abschnitt ist nicht sicher zu deuten. *Blinde und:* vermutlicher Text.

33,10 Ps 12,6 **33,14** Dtn 4,24 S **33,15-16** Ps 15,1-5 S **33,19** 28,11 **33,20** Ps 48 **33,21-22** Ps 47,6-10 S; 46,5 **33,24** 35,5-6; Jer 31,34 **34,4** Mk 13,25 par; Offb 6,13-14 **34,5-17** (gegen Edom) 63,1-6; Jer 49,7-22; Ez 25,12-14; 35,1-15; Am 1,11-12; Obd 1-14; Mal 1,2-5

das Volk, das der HERR vernichten will. 6 Es trieft
von Blut, es ist bedeckt mit Fett, wie beim
Schlachten von Lämmern und Böcken, wie vom
Fett an den Nieren der Widder. Denn der HERR
hält ein Opferfest in Bozra, eine Massenschlach-
tung im ganzen Land Edom. 7 Da fallen auch die
Büffel, die Rinder und die starken Stiere. Der Bo-
den ist von Blut durchtränkt, die Erde von Fett
durchweicht. 8 Das ist der Vergeltungstag des
HERRN, ein Jahr der Abrechnung mit den Fein-
den der Zionsstadt*.

9 Das Wasser der Bäche verwandelt sich in
Pech und der Erdboden wird zu Schwefel. So
wird das Edomiterland zu brennendem Pech,
10 das Tag und Nacht in Flammen steht und nicht
gelöscht wird; unaufhörlich steigt der schwarze
Qualm zum Himmel. Für alle Zeiten bleibt das
Land verwüstet, niemand zieht mehr dort hin-
durch. 11 Uhus und Käuze nehmen es in Besitz,
Eulen und Raben nisten dort. Der HERR misst das
Land mit der Messschnur aus und grenzt es ab,
damit es für immer wüst und unbewohnbar
bleibt.

12 Unter den Vornehmen ist keiner mehr, den
man zum König ausrufen könnte; von den
führenden Männern ist keiner mehr da. 13 Dor-
nenranken überwuchern die Paläste, Nesseln
und Disteln wachsen in den Burgen. Schakale
und Strauße bevölkern das Land. 14 Wildkatzen
und Hyänen treffen sich dort, Bocksgeister* be-
gegnen einander; selbst die Nachtgespenster fin-
den sich dort ein und ruhen sich aus. 15 Die Pfeil-
schlange* hat dort ihr Nest, sie legt ihre Eier und
brütet sie aus. Auch die Geier kommen und ver-
sammeln sich in Scharen.

16 Was ihr hier im Buch des HERRN lest, lässt
sich nachprüfen: Keins von ihnen fehlt, sie alle
sind beisammen. So hat es der HERR befohlen,[a]
sein Geist hat sie zusammengeführt. 17 Er hat das
Land unter sie durchs Los verteilt und jedem sein
Gebiet mit der Messschnur abgegrenzt. Für im-
mer ist es ihr Besitz, für alle Zeiten sollen sie dort
wohnen.

Die Heimkehr der Befreiten zum Zionsberg

35 Die Steppe soll sich freuen,
das dürre Land glücklich sein,
die Wüste jubeln und blühen!
2 Mit Blumen soll sie sich bedecken,
jauchzen und vor Freude schreien!
Herrlich wie der Libanon soll sie werden,
prächtig wie der Berg Karmel
und wie die Ebene Scharon.
Dann sieht das Volk die Herrlichkeit*
des HERRN,
die Pracht und Hoheit unseres Gottes.

3 Macht die erschlafften Hände wieder stark,
die zitternden Knie wieder fest!
4 Ruft den verzagten Herzen zu:
»Fasst wieder Mut! Habt keine Angst!
Dort kommt euer Gott!
Er selber kommt, er will euch befreien;
er übt Vergeltung an euren Feinden.«

5 Dann können die Blinden wieder sehen
und die Tauben wieder hören.
6 Dann springt der Gelähmte wie ein Hirsch
und der Stumme jubelt vor Freude.
In der Wüste brechen Quellen auf
und Bäche ergießen sich durch die Steppe.
7 Der glühende Sand verwandelt sich zum Teich
und im dürren Land sprudeln Wasserquellen.
Wo jetzt Schakale ihr Lager haben,
werden dann Schilf und Riedgras wachsen.

8 Eine feste Straße wird dort sein,
den ›heiligen Weg‹ wird man sie nennen.
Wer unrein* ist, darf sie nicht betreten,
nur für das Volk des HERRN ist sie bestimmt.
Selbst Unkundige finden den Weg,
sie werden dort nicht irregehen.
9 Auf dieser Straße gibt es keine Löwen,
kein Raubtier ist auf ihr zu finden;
nur die geretteten Menschen gehen dort.
10 Sie, die der HERR befreit hat, kehren heim;
voll Jubel kommen sie zum Zionsberg*.
Aus ihren Augen strahlt grenzenloses Glück.
Freude und Wonne bleiben bei ihnen,
Sorgen und Seufzen sind für immer vorbei.

BELAGERUNG UND RETTUNG JERUSALEMS (Kapitel 36–39)

Die Assyrer ziehen vor Jerusalem

(2 Kön 18,13-25)

36 Im 14. Regierungsjahr Hiskijas fiel der
assyrische König Sanherib mit seinen
Truppen in das Land Juda ein und eroberte alle
befestigten Städte. 2 Von Lachisch aus schickte er
den Obermundschenk zu König Hiskija nach
Jerusalem und gab ihm ein starkes Heer mit. Vor

a So mit einigen Handschriften *(der HERR:* wörtlich *sein Mund);* H *Mein Mund, er hat befohlen.*

34,10 Offb 19,3S **35,1-2** 32,15; 41,19; 51,3; 55,12-13 **35,2** 40,5 **35,3** Hebr 12,12 **35,4** 40,9 **35,5** Mt 11,5S **35,6-7** 41,17-19 **35,8-10** 40,3-4S **35,10** 51,11; 65,18-19; Offb 21,4 **36,2** 7,3

der Stadt machte der Obermundschenk Halt an
der Wasserleitung beim oberen Teich*, auf der
Straße, die vom Tuchmacherfeld kommt. 3 Der
Palastvorsteher Eljakim, der Sohn von Hilkija,
ging zu ihm hinaus und mit ihm der Staatsschrei-
ber Schebna und der Kanzler Joach, der Sohn
von Asaf.

4 Der Obermundschenk sagte zu ihnen:

»Meldet Hiskija, was der große König, der
König von Assyrien*, ihm sagen lässt: ›Worauf
vertraust du eigentlich, dass du dich so sicher
fühlst? 5 Meinst du etwa, dass du mit leeren
Worten gegen meine Kriegsmacht und Kriegs-
erfahrung antreten kannst?

Auf wen hoffst du, dass du es wagst, dich
gegen mich aufzulehnen? 6 Erwartest du etwa
Hilfe von Ägypten? Du kannst dich genauso gut
auf ein Schilfrohr stützen – es zersplittert und
durchbohrt dir die Hand. Der König von Ägypten
hat noch jeden im Stich gelassen, der sich auf ihn
verlassen hat.

7 Oder willst du behaupten, dass ihr euch auf
den HERRN, euren Gott, verlassen könnt? Dann
sag mir doch: Ist er nicht eben der Gott, dessen
Opferstätten und Altäre du, Hiskija, beseitigt
hast? Hast du nicht den Leuten von Juda und
Jerusalem befohlen, dass sie nur noch auf dem
Altar in Jerusalem Opfer darbringen sollen?‹

8 Mein Herr, der König von Assyrien, bietet
dir folgende Wette an: Er gibt dir zweitausend
Pferde, wenn du die Reiter dafür zusammen-
bringst. 9 Du kannst es ja nicht einmal mit dem
unbedeutendsten Truppenführer meines Herrn
aufnehmen. Du hoffst nur auf Ägypten und seine
Streitwagenmacht.

10 Im Übrigen lässt der König von Assyrien dir
sagen: ›Glaub nur nicht, ich sei gegen den Willen
des HERRN in dieses Land gekommen, um es in
Schutt und Asche zu legen! Der HERR selbst hat
mir befohlen: Greif dieses Land an und verwüste
es!‹«

Jerusalem wird zur Übergabe aufgefordert

(2 Kön 18,26-37; 19,1-8)

11 Da unterbrachen Eljakim, Schebna und Joach
den Obermundschenk und baten ihn: »Sprich
doch bitte aramäisch mit uns, wir verstehen es.
Sprich nicht hebräisch, die Leute auf der Stadt-
mauer hören uns zu!«

12 Aber der Obermundschenk erwiderte: »Hat
mich etwa mein Herr nur zu deinem Herrn und
zu dir gesandt? Nein, meine Botschaft gilt allen,
die dort oben auf der Stadtmauer sitzen und die
bald zusammen mit euch den eigenen Kot fres-
sen und den eigenen Harn saufen werden!«

13 Darauf trat der Obermundschenk noch ein
Stück weiter vor und rief laut auf Hebräisch:

»Hört, was der große König, der König von
Assyrien*, euch ausrichten lässt! So spricht der
König: 14 ›Lasst euch von Hiskija nicht täuschen!
Er kann euch nicht retten. 15 Lasst euch auch
nicht dazu überreden, auf den HERRN zu ver-
trauen! Glaubt Hiskija nicht, wenn er sagt: Der
HERR wird uns bestimmt retten und diese Stadt
nicht in die Hand des Assyrerkönigs fallen las-
sen!

16 Hört nicht auf Hiskija, hört auf mich! So
spricht der König von Assyrien: Kommt heraus
und ergebt euch! Jeder darf von seinem Wein-
stock und seinem Feigenbaum essen und Wasser
aus seiner Zisterne trinken, 17 bis ich euch in ein
Land bringe, das ebenso gut ist wie das eure.
Dort gibt es Korn und Brot, Most und Wein in
Fülle.

18 Lasst euch von Hiskija nichts vormachen!
Lasst euch nicht einreden: Der HERR wird uns
retten! Haben etwa die Götter der anderen
Völker ihre Länder vor mir retten können? 19 Wo
sind jetzt die Götter von Hamat und Arpad? Wo
sind die Götter von Sefarwajim? Haben die Göt-
ter von Samaria es vor mir beschützt? 20 Wer
von allen Göttern hat sein Land vor mir retten
können? Und da soll ausgerechnet der HERR,
euer Gott, Jerusalem vor mir beschützen?‹«

21 Die Männer auf der Mauer blieben still und
antworteten nichts; so hatte König Hiskija es
angeordnet. 22 Eljakim, Schebna und Joach zer-
rissen ihr Gewand, gingen zu Hiskija und be-
richteten ihm, was der Obermundschenk gesagt
hatte.

37 Als König Hiskija das hörte, zerriss auch
er sein Gewand, legte den Sack* an und
ging in den Tempel des HERRN. 2 Zugleich
schickte er den Palastvorsteher Eljakim, den
Staatsschreiber Schebna und die angesehensten
Priester mit dem Sack* bekleidet zum Propheten
Jesaja, dem Sohn von Amoz. 3 Sie sollten ihm im
Namen des Königs sagen:

»Heute straft uns Gott für unsere Sünden; wir
sind in Not und Schande geraten. Es geht uns
wie Kindern, die im Mutterschoß stecken ge-
blieben sind, weil die Mutter keine Kraft mehr
zum Gebären hat. 4 Der Assyrerkönig hat seinen
Obermundschenk hierher geschickt, um den
lebendigen Gott zu verhöhnen. Wenn doch
der HERR, dein Gott, hören wollte, wie dieser

36,3 22,15.20 **36,6** 29,1-5; 30,1-7 S **36,7** 2 Kön 18,4

Fremde ihn lästert! Wenn er ihn doch strafen
wollte für die Schmach, die er ihm angetan hat!
Bete zum HERRN für die, die von seinem Volk
übrig geblieben sind!«

5 Die Männer kamen zu Jesaja und überbrach-
ten ihm diese Botschaft. 6 Jesaja antwortete ih-
nen: »Sagt dem König: ›So spricht der HERR: Hab
keine Angst! Lass dich nicht einschüchtern,
wenn die Boten des Assyrerkönigs mich lästern
und behaupten, ich könnte euch nicht retten.
7 Ich werde dafür sorgen, dass er seinen Plan auf-
gibt. Er wird eine Nachricht erhalten und schleu-
nigst nach Hause zurückkehren. Dort werde ich
ihn umbringen lassen.‹«

8 Sanherib, der König von Assyrien, stand in-
zwischen nicht mehr vor Lachisch, sondern
kämpfte schon gegen die Festung Libna. Dorthin
kehrte der Obermundschenk zurück.

Sanherib prahlt – Hiskija betet

(2 Kön 19,9-19)

9 Der Assyrerkönig erfuhr, dass ein Heer unter
der Führung des äthiopischen* Königs Tirhaka
gegen ihn heranrückte. Da schickte er Gesandte
zu König Hiskija 10 und ließ ihm sagen:

»Verlass dich nicht zu sehr auf deinen Gott!
Lass dir nicht von ihm einreden, dass Jerusalem
niemals in meine Hand fallen wird. 11 Du weißt
doch, was die Könige von Assyrien* mit den
anderen Ländern gemacht haben. Sie haben sie
alle verwüstet, und da willst ausgerechnet du
dem Untergang entrinnen? 12 Denk doch an
Gosan, an Haran und Rezef und an die Leute
von Eden, die in Telassar wohnten. Haben ihre
Götter meine Vorgänger daran hindern können,
alle diese Städte dem Erdboden gleichzumachen?
13 Und wo sind die Könige, die in Hamat und
Arpad, Sefarwajim, Hena und Awa regierten?«

14 Die Abgesandten übergaben ihre Botschaft
in einem Brief. Als Hiskija ihn gelesen hatte, ging
er in den Tempel*, breitete ihn vor dem HERRN
aus 15 und betete:

16 »Herrscher der Welt,[a] du Gott Israels, der
über den Keruben* thront! Du allein bist der
Herr über alle Reiche der Welt. Du hast Himmel
und Erde geschaffen. 17 Sieh doch, wie es uns
ergeht! Höre doch, wie dieser Sanherib dich, den
lebendigen Gott, verhöhnt!

18 Es ist wahr, HERR: Die Könige von Assyrien
haben alle diese Länder vernichtet[b] 19 und ihre
Götter ins Feuer geworfen. Aber es waren ja
keine Götter, sondern nur Bilder aus Holz und
Stein, von Menschen angefertigt. Deshalb wur-
den sie auch vernichtet.

20 HERR, unser Gott, rette uns vor diesem As-
syrerkönig! Alle Königreiche der Welt sollen er-
kennen, dass du allein Gott bist!«

Gott spottet über den Assyrerkönig

(2 Kön 19,20-37)

21 Da ließ Jesaja, der Sohn von Amoz, dem König
Hiskija ausrichten: »So spricht der HERR, der Gott
Israels: ›Du hast zu mir um Hilfe gerufen gegen
den Assyrerkönig Sanherib. 22–23 Ich will dir sa-
gen, was ich mit ihm tun werde! So spreche ich
zu ihm:

Die unbesiegte Zionsstadt*
nur Spott und Verachtung für dich hat!
Die Jungfrau Zion lacht dich aus,
die Zunge streckt sie dir heraus.[c]
Mit wem hast du dich eingelassen,
gegen wen, du Narr, dich aufgeblasen?
Mich, den heiligen Gott Israels, kennst du nicht
und doch schmähst du und höhnst du
mir ins Gesicht!
24 Wahrhaftig, du warst schlecht beraten,
als du so prahltest mit deinen Taten.
Durch Boten ließest du überall sagen:
Ich bin der Herr! Ich bestieg meinen Wagen,
hoch auf den Libanon fuhr ich im Trab,
die Tannen und Zedern dort holzte ich ab,
all seine Schlupfwinkel spürte ich auf
und nie kam ins Stocken mein Siegeslauf!
25 Ich grub mir Brunnen mit eigener Hand,
so schafft' ich mir Wasser im Feindesland.
Ich trockne sie aus, die ägyptischen Flüsse,
sie müssen versiegen vom Tritt meiner Füße!

26 So prahlst du. Hör zu jetzt
und lass es dir sagen:
Ich hab's so beschlossen seit uralten Tagen;
ich hab es geplant, was jetzt ist geschehen,
drum mussten die Städte zugrunde gehen.
Nichts ist davon übrig als Trümmer nur,
von ihren Bewohnern blieb keine Spur.
27 Der Mut, sich zu wehren, war ihnen
entfallen,
verschwunden die Kraft, drum erging's
ihnen allen
wie Gras an einem trocknen Ort;
es sprießt – und schon ist es verdorrt.

a Wörtlich *HERR Zebaot**.
b So mit einer wichtigen Handschrift und G; H hat noch: *und ihre Länder verwüstet.*
c Wörtlich *sie schüttelt (höhnisch) den Kopf hinter dir her.*
37,6 7,9 S **37,16** Ex 25,22 S

28 Ich hab auch dich ganz fest in der Hand,
was immer du tust, ist mir vorher bekannt,
ob du stehst, liegst, kommst, gehst –
alles sehe ich,
ich weiß genau, wie du tobst gegen mich.
29 Weil mir dein Geschwätz in die Ohren dringt,
schmück ich dir die Nase mit einem
eisernen Ring,
ich lege dir meinen Zaum in das Maul
und zwing dich wie einen störrischen Gaul.
Den Weg, den du Prahlhans gekommen bist,
den bring ich zurück dich in kürzester Frist!

30 Dir, Hiskija, aber sage ich, was weiter ge-
schehen wird: In diesem Jahr und im folgenden
werdet ihr essen, was sich von selbst ausgesät
hat; aber im dritten Jahr könnt ihr wieder säen
und ernten, Weinberge anlegen und ihre Trau-
ben essen. Daran wirst du erkennen, dass man
sich auf meine Zusage verlassen kann und dass
die assyrische Bedrohung vorbei ist. 31 Die Be-
wohner von Juda, die mit dem Leben davonge-
kommen sind, werden gedeihen wie Pflanzen,
die tiefe Wurzeln schlagen und reiche Frucht
bringen. 32 Denn ein Rest wird übrig bleiben auf
dem Zionsberg in Jerusalem und das Land von
neuem besiedeln. Ich, der Herrscher der Welt,[a]
sorge dafür in meiner leidenschaftlichen Liebe
zu meinem Volk.

33 Ich sage dir noch einmal, wie es dem As-
syrerkönig ergehen wird: Er wird nicht in diese
Stadt eindringen, ja, nicht einen einzigen Pfeil
hineinschießen. Er wird nicht dazu kommen,
eine Rampe gegen ihre Mauer vorzutreiben und
seine Männer im Schutz der Schilde zum Angriff
aufzustellen. 34 Auf demselben Weg, auf dem er
gekommen ist, wird er wieder heimkehren. Er
wird ganz bestimmt nicht in die Stadt eindrin-
gen. Ich bin der HERR, ich sage es! 35 Um meiner
Ehre willen und meinem Diener David zuliebe
werde ich dieser Stadt beistehen und sie
retten!‹«

36 Darauf kam der Engel* des HERRN in das
Lager der Assyrer und tötete dort 185 000 Mann.
Als der Morgen anbrach, lag alles voller Leichen.
37 Da ließ König Sanherib zum Aufbruch blasen
und zog ab. Er kehrte in seine Heimat zurück
und blieb in Ninive. 38 Dort betete er eines Tages
im Tempel seines Gottes Nisroch. Da erschlugen
ihn seine Söhne Adrammelech und Sarezer mit
dem Schwert. Sie mussten in das Land Ararat
fliehen. Sanheribs Sohn Asarhaddon wurde sein
Nachfolger auf dem Thron.

Gott erhört Hiskijas Gebet

(2 Kön 20,1-11)

38 Damals wurde Hiskija todkrank. Der Pro-
phet Jesaja, der Sohn von Amoz, kam zu
ihm und sagte: »Der HERR schickt mich zu dir
und lässt dir sagen: ›Bereite dich auf dein Ende
vor! Du wirst von diesem Krankenlager nicht
wieder aufstehen.‹«

2 Hiskija drehte sich zur Wand und betete:
3 »Ach, HERR, denk doch daran, dass ich dir im-
mer treu war! Ich habe dir mit ganzem Herzen
gehorcht und stets getan, was dir gefällt.«

Hiskija brach in Tränen aus und weinte laut.

4 Da erging das Wort des HERRN an Jesaja; er
erhielt den Befehl: 5 »Kehr um und sag zu Hiski-
ja: ›Der HERR, der Gott deines Ahnherrn David,
lässt dir sagen: Ich habe dein Gebet gehört und
deine Tränen gesehen. Ich gebe dir noch fünf-
zehn Jahre dazu 6 und werde dich und diese
Stadt vor dem Assyrerkönig retten; ich werde Je-
rusalem beschützen. 7 Ich will dir ein Zeichen ge-
ben, an dem du erkennen kannst, dass ich meine
Zusage wahr mache: 8 Ich lasse den Schatten auf
der Treppe, die König Ahas gebaut hat, um zehn
Stufen zurückgehen.‹«

Und der Schatten ging um zehn Stufen zu-
rück.

Das Gebet Hiskijas

9 Als König Hiskija von seiner Krankheit genesen
war, schrieb er folgendes Gebet nieder:

10 »Ich sagte in meiner Not:
›Jetzt, im allerbesten Alter,
stehe ich am Tor der Totenwelt*
und darf mein Leben nicht zu Ende leben!
11 Hier, in der Welt der Lebenden,
darf ich den HERRN nicht länger sehen;
dort, wo alles zu Ende ist,
erblicke ich keinen Menschen mehr.
12 Das Haus, in dem ich lebe, wird abgebrochen
und weggetragen wie ein Hirtenzelt.
Wie ein Weber, der sein Tuch einrollt,
so habe ich mein Leben ausgewebt;
nun wird es vom Webstuhl abgeschnitten.
Tag und Nacht fühle ich mein Ende nahen.
13 Morgens bin ich wie zerschlagen und denke:
Er zermalmt meine Knochen wie ein Löwe.
Ja, Tag und Nacht fühle ich mein Ende nahen.
14 Wie eine Schwalbe piepst meine Stimme,
mein Klagen tönt wie das Gurren der Taube.
Mit müden Augen starre ich zum Himmel.

a Wörtlich *Der HERR Zebaot* (sorgt dafür ...).*

37,32 6,13; 10,22 S **38,10** Ps 102,25 **38,12** Ijob 4,21; 2 Kor 5,1

Ich kann nicht mehr, Herr! Tritt du für mich
ein!
15 Doch was richte ich mit Worten bei ihm aus?
Er hat getan, was er mir angekündigt hat.
In bitterem Leid verbring ich meine Jahre
und schleppe mich Schritt für Schritt dahin.
16 Ach, Herr, [a] erhalte mich am Leben!‹
17 Mein bitterer Schmerz hat sich in Glück
verwandelt!
In herzlicher Liebe hast du mich umfangen
und mein Leben vor dem Grab bewahrt;
denn alle meine Schuld hast du genommen
und sie weit hinter dich geworfen.
18 Dort unten bei den Toten preist dich
niemand;
wer tot ist, dankt dir nicht mit Liedern.
Wer schon ins Grab gesunken ist,
hofft nicht mehr auf deine Treue.
19 Allein die Lebenden danken dir,
so wie ich dir heute danke.
Die Väter sagen es ihren Kindern:
Auf dich ist Verlass.
20 Der HERR ließ sich erbitten und half mir!
Darum lasst uns singen
und ihn preisen vor seinem Tempel*,
solange wir leben.« [b]

Gott ist mit Hiskijas Politik nicht einverstanden

(2 Kön 20,12-19)

39 Als der babylonische* König Merodach-
Baladan, der Sohn Baladans, davon hör-
te, dass Hiskija krank gewesen und wieder
gesund geworden war, schickte er ihm ein
Glückwunschschreiben und ließ ihm Geschenke
überbringen. 2 Hiskija freute sich über die
Gesandten und zeigte ihnen alles, was er besaß:
Silber, Gold, Gewürze und kostbare Öle, seine
Waffen, Rüstungen und Lebensmittelvorräte.
Alle Schatzkammern, Geräte- und Vorratshäuser
in seinem Palast und in seinem ganzen Reich ließ
er sie sehen.
3 Da kam der Prophet Jesaja zu König Hiskija
und fragte ihn: »Was wollten diese Männer von
dir? Woher kamen sie?«
»Sie sind von weit her zu mir gekommen, aus
Babylon«, antwortete Hiskija.
4 »Was haben sie in deinem Palast gesehen?«,
fragte Jesaja.
»Ich habe ihnen alle meine Vorräte und
Schätze gezeigt«, sagte Hiskija. »Ich habe nichts
vor ihnen geheim gehalten.«
5 Da sagte Jesaja: »Höre, was der HERR, der
Herrscher der Welt, [c] dir sagen lässt: 6 ›Alle Schät-
ze in deinem Palast, die deine Vorfahren zusam-
mengetragen haben, werden eines Tages nach
Babylon weggeschafft werden, nichts davon
bleibt zurück. 7 Auch von den Söhnen, die dir
noch geboren werden, wird man einige nach
Babylon verschleppen. Sie werden dort den
König in seinem Palast bedienen müssen.‹«
8 Hiskija sagte: »Ich beuge mich unter die Ent-
scheidung des HERRN.« Und er fügte hinzu:
»Wenn nur wenigstens zu meinen Lebzeiten
noch Frieden und Sicherheit herrschen!«

TROSTWORTE FÜR DIE VERBANNTEN IN BABYLONIEN (Kapitel 40–55)

Gott bringt sein Volk zurück

40 »Tröstet, tröstet mein Volk!«, sagt euer
Gott. 2 »Sprecht den Leuten aus Jerusa-
lem Mut zu, sagt zu ihnen: ›Eure Gefangenschaft
ist zu Ende! Eure Schuld ist abgebüßt! Ihr habt
vom HERRN die volle Strafe für eure Vergehen
empfangen; jetzt ist alles beglichen!‹« [d]
3 Hört, jemand ruft: »Bahnt für den HERRN
einen Weg durch die Wüste, baut eine Straße für
unseren Gott! 4 Füllt die Täler auf, ebnet Berge
und Hügel ein, räumt alle Hindernisse aus dem
Weg! 5 Der HERR wird kommen in seiner ganzen
Herrlichkeit und alle Menschen werden es
sehen. Der HERR selbst hat das gesagt.«
6 Ich hörte eine Stimme sagen: »Rede zu dei-
nem Volk!«
»Was soll ich denn sagen?«, fragte ich. »Alle
Menschen sind vergänglich wie das Gras. Auch
wenn sie noch so gerecht und treu sind, es ergeht
ihnen nicht anders als den Blumen auf der

a Die Übersetzung übergeht hier einige hebräische Wörter, die keinen Sinn ergeben.
b Hier folgt noch: [21] *Jesaja sagte, man solle einen Verband aus gepressten Feigen auf die entzündete Stelle legen, damit der König wieder gesund werde.* [22] *Hiskija fragte: »Woran kann ich erkennen, dass ich in den Tempel des HERRN gehen werde?«* Dem Zusammenhang nach müsste diese Aussage nach Vers 6 stehen (an der entsprechenden Stelle findet sie sich im Parallelbericht in 2 Kön 20,6-11). Eine wichtige hebräische Handschrift lässt die beiden Verse aus.
c Wörtlich *der HERR Zebaot**.
d *jetzt ist ...:* verdeutlichender Zusatz; *die volle Strafe:* wörtlich *das Doppelte.* Das ist nach israelitischem Recht die übliche Schadenersatzforderung; vgl. Ex 22,3.6.8.

38,17 Ps 103,3-4; Mi 7,18-19 **38,18** Ps 6,6 S **38,19** Dtn 4,9; Ps 22,31-32 **39,6** 2 Kön 24,13 **39,7** Dan 1,3 **40,1** 61,1-2; 66,13 **40,2** 44,22; Jer 16,18 **40,3-4** 11,16; 35,8-9; 43,19; 49,11; 57,14; Mk 1,3 par **40,5** 35,2; 66,18 **40,6-8** 40,15; 51,12; Ps 90,5-6 S; 1 Petr 1,24-25

Wiese. 7 Das Gras verdorrt, die Blumen verwel-
ken, wenn der HERR seinen glühenden Atem dar-
über wehen lässt. Ja, wie Gras ist das Volk!«
8 Da sagte die Stimme: »Das Gras verdorrt, die
Blumen verwelken; aber das Wort unseres
Gottes bleibt für immer in Kraft.«

Die Freudenbotschaft

9 Steig auf einen hohen Berg, du Freudenbotin
Jerusalem! Ruf mit lauter Stimme deine Botschaft
aus, du Zionsstadt*! Tu es unbesorgt, hab keine
Angst! Sag den Städten Judas: »Euer Gott
kommt! 10 Der HERR, der mächtige Gott, kommt
als Sieger und herrscht mit starker Hand. Die Sie-
gesbeute, sein Volk, das er befreit hat, zieht vor
ihm her. 11 Er führt sein Volk wie ein guter Hirt,
der die Lämmer auf seinen Arm nimmt und an
seiner Brust trägt und der die Mutterschafe be-
hutsam leitet.«

Der Schöpfer der Welt als Herr der Geschichte

12 Wer kann mit der hohlen Hand das Wasser des
Meeres abmessen, mit der Spanne seiner Hand
den Umfang des Himmels bestimmen? Wer kann
den Boden, der die Erde bedeckt, in Eimer ab-
füllen oder die Berge und Hügel auf der Waage
abwiegen? 13 Und wer kann die Gedanken des
HERRN abmessen? Wer wird von ihm in seine
Pläne eingeweiht? 14 Braucht der Schöpfer der
Welt jemand, der ihm Ratschläge gibt und ihm
auf die Sprünge hilft, der ihn über Recht und Ge-
rechtigkeit belehrt und ihm den richtigen Weg
zeigt?
15 Begreift doch: Für den HERRN sind die Völ-
ker wie ein Tropfen am Eimer oder ein Stäub-
chen auf der Waagschale; der ganze Erdkreis
wiegt[a] für ihn nicht mehr als ein Sandkorn. 16 Al-
les Wild auf dem Libanon reicht nicht aus und
alle seine Bäume geben nicht genug Brennholz
für ein Opfer*, das ihm angemessen wäre. 17 Alle
Völker sind vor ihm wie nichts, mit all ihrer
Macht zählen sie für ihn nicht.
18 Mit wem wollt ihr Gott vergleichen? Gibt
es irgendetwas, das einen Vergleich mit ihm aus-
hält? 19 Da machen sie Götterbilder: Der Gießer
fertigt eine Bronzefigur an und der Goldschmied
beschlägt sie mit Goldblech und Silberstreifen.
20 Der Auftraggeber[b] wählt als Sockel ein Stück
Holz, das nicht fault, und sucht sich einen
geschickten Handwerker, der das Bild darauf
befestigt, sodass es nicht wackelt.
21 Begreift ihr denn nicht? Könnt ihr nicht hö-
ren? Wird es euch nicht seit Urzeiten verkündet?
Sagen es euch nicht die Fundamente der Erde?
22 Gott thront hoch über dem Erdkreis, sodass
die Menschen für ihn so klein wie Heuschrecken
sind. Wie ein Tuch hat er den Himmel ausge-
spannt, wie ein Zeltdach, unter dem die Men-
schen wohnen. 23 Die Großen und Mächtigen
der Erde sind vor ihm nichts und werden ver-
nichtet. 24 Eben erst sind sie hochgekommen
und schon ist es mit ihnen zu Ende; es ergeht ih-
nen wie dem Keimling oder Setzling, der gerade
Wurzel schlägt: Der Gluthauch des HERRN bläst
sie an und sie verdorren; der Sturm trägt sie fort
wie Spreu.
25 »Mit wem also wollt ihr mich vergleichen?
Wer kann es mit mir aufnehmen?«, fragt der hei-
lige Gott. 26 Seht doch nur in die Höhe! Wer hat
die Sterne da oben geschaffen? Er lässt sie alle
aufmarschieren, das ganze unermessliche Heer.
Jeden Stern ruft er einzeln mit Namen, und kei-
ner bleibt fern, wenn er, der Mächtige und Ge-
waltige, ruft.

Gott gibt Kraft zum Durchhalten

27 Ihr Leute von Israel, ihr Nachkommen Jakobs,
warum klagt ihr: »Der HERR kümmert sich nicht
um uns; unser Gott lässt es zu, dass uns Unrecht
geschieht«?
28 Habt ihr denn nicht gehört? Habt ihr nicht
begriffen? Der HERR ist Gott von Ewigkeit zu
Ewigkeit, seine Macht reicht über die ganze Er-
de; er hat sie geschaffen! Er wird nicht müde,
seine Kraft lässt nicht nach; seine Weisheit ist tief
und unerschöpflich. 29 Er gibt den Müden Kraft
und die Schwachen macht er stark. 30 Selbst jun-
ge Leute werden kraftlos, die Stärksten erlah-
men. 31 Aber alle, die auf den HERRN vertrauen,
bekommen immer wieder neue Kraft, es wach-
sen ihnen Flügel wie dem Adler. Sie gehen und
werden nicht müde, sie laufen und brechen
nicht zusammen.

Der Gott Israels fordert die Götter heraus

41 Der HERR sagt: »Hört mir zu, lasst mich
reden, ihr Völker, bis hin zu den Enden
der Erde! Nehmt eure ganze Kraft zusammen!

a *wiegt:* vermutlicher Text; H ist nicht sicher zu deuten. *b* Das hebräische Wort ist nicht sicher zu deuten.

40,8 55,11; Ps 119,89; Mk 13,31 par **40,10** 42,16; 43,1-7; 48,20-21; 51,11-16; 62,11 **40,11** 46,3-4; 49,9; Ez 34,11-16 S **40,12-14** Ijob 38,1–40,2 **40,13** 1 Kor 2,16 **40,18-26** Ps 96,5; Jer 51,15-19 **40,18-20** 46,1-8; 41,21-29 S; 44,9-20 S **40,22** 42,5; 44,24; 45,12; Sach 12,1; Ps 104,2-3 **40,23** 2,11-12 S; Lk 1,51-52 **40,26** 45,12; Gen 1,14-19; Ps 147,4 **40,27** 49,14; 50,1 **40,31** Ps 103,5; 2 Kor 12,9 **41,1** 41,21-29

Die Götter sollen vortreten und mir antworten.
Ich habe einen Rechtsstreit mit ihnen; wir wol-
len ihn vor euch austragen.
2 Wer war es, der den Mann aus dem Osten[a]
auftreten ließ, ihn, der überall siegt, wo er hin-
kommt? Er unterwirft sich die Völker und ent-
thront ihre Könige, mit seinen Heeren treibt er
sie vor sich her wie der Wind den Staub oder die
Spreu. 3 Er jagt ihnen nach, seine Füße scheinen
den Boden kaum zu berühren. Niemand kann
ihm etwas anhaben.
4 Wer war es, der dies in Gang gesetzt hat?
Der, der von Anfang an die Menschen ins Dasein
ruft und die Geschicke der Völker lenkt! Ich war
es, der HERR; ich bin der Erste, und bis zuletzt
bin ich der Herr der Geschichte!«[b]

Die Völker suchen Schutz

5 Die Bewohner der fernsten Länder sahen, was
da geschah, und zitterten vor Angst; sie machten
sich auf und kamen zusammen. 6 Sie helfen ein-
ander und sprechen sich gegenseitig Mut zu.
7 Sie machen ihr Götterbild fertig: Der Gießer
glättet es mit dem Hammer, dann sagt er zum
Goldschmied: »Nur zu!« Der Goldschmied häm-
mert den Belag auf und sagt: »Das hält!« Und zu-
letzt befestigt einer das Standbild mit Nägeln auf
dem Podest, damit es nicht wackelt.

Gott steht zu seinem erwählten Volk

8 Der HERR sagt: »Israel, du Volk Jakobs, das ich
erwählt habe, damit es mir dient, du Nachkom-
menschaft meines Freundes Abraham! 9 Du
weißt: Aus dem fernsten Winkel der Erde habe
ich dich gerufen und herbeigeholt, ich habe zu
dir gesagt: ›Du stehst in meinem Dienst!‹ Ich
habe dich erwählt und ich habe dich auch jetzt
nicht verstoßen.
10 Fürchte dich nicht, ich stehe dir bei! Hab
keine Angst, ich bin dein Gott! Ich mache dich
stark, ich helfe dir, ich schütze dich mit meiner
siegreichen Hand!
11 Alle, die gegen dich wüten, werden in
Schimpf und Schande dastehen; alle, die dir dein
Lebensrecht streitig machen, werden zugrunde
gehen. 12 Du wirst dich nach ihnen umsehen,
aber sie nicht mehr finden; alle deine Feinde ver-
schwinden und werden zu nichts. 13 Denn ich
bin der HERR, dein Gott, ich fasse dich bei der
Hand und sage zu dir: Fürchte dich nicht! Ich
selbst, ich helfe dir!
14 Fürchte dich nicht, Israel, du Nachkom-
menschaft Jakobs! Auch wenn du so schwach
und hilflos bist wie ein Wurm, den man zertritt
– ich, der HERR, helfe dir; darauf gebe ich dir
mein Wort. Ich, der heilige Gott Israels, bin dein
Befreier*. 15 Ich mache dich zu einem Dresch-
schlitten* mit neuen, scharfen Zähnen. Berge
und Hügel wirst du dreschen und zu Staub
zermahlen; 16 mit der Worfschaufel* wirfst du
sie in die Luft, sodass der Sturm sie wie Spreu
davonträgt. Dann wirst du jubeln über das, was
ich getan habe; du wirst den heiligen Gott Israels
preisen, der dir geholfen hat.«

Gott führt sein Volk durch die Wüste

17 Der HERR sagt: »Mein Volk ist am Verdursten,
sie suchen nach Wasser und finden keins; ihre
Zunge klebt schon am Gaumen. Aber ich, der
HERR, höre ihren Hilferuf; ich, der Gott Israels,
lasse sie nicht im Stich! 18 Auf den steinigen
Höhen lasse ich Wasser hervorbrechen und im
Wüstensand Quellen entspringen. In der Steppe
sollen sich Teiche bilden, aus dem ausgedörrten
Boden soll Wasser hervorsprudeln. 19 Mitten in
der Wüste lasse ich Schatten spendende Bäume
aufwachsen: Zedern, Akazien, Myrten und
Ölbäume, Wacholder, Pinien und Zypressen.
20 Wenn sie das sehen, werden sie begreifen,
dass ich, der HERR, eingegriffen habe, und sie
werden erkennen: Der heilige Gott Israels hat
dies alles geschaffen.«

Die Götter sollen ihre Macht beweisen

21 Der HERR, der König Israels, sagt zu den Göt-
tern der Völker: »Stellt euch auf zum Prozess!
Bringt eure Beweise vor! 22 Lasst uns hören, was
ihr vollbracht habt! Erzählt es uns, wir lassen
uns gerne belehren. Oder sagt uns voraus, was
ihr in Zukunft vollbringen wollt! Dann werden
wir euch glauben, wenn es eintrifft. 23 Sagt doch
irgendetwas voraus, etwas Gutes oder etwas
Schlimmes, dann werden wir alle erkennen, dass
ihr Götter seid, und werden Respekt vor euch
haben! 24 Aber ihr seid ja nichts und könnt auch
nichts. Wer euch liebt, ist mir verhasst.
25 Ich erweckte den Mann aus dem Osten[c]
und er machte sich auf; ich rief ihn beim Namen

a Gemeint ist der Perserkönig Kyrus; vgl. 44,28; 45,1.
b *und bis zuletzt …:* wörtlich *und bei den Letzten bin es noch ich.*
c *Osten:* wörtlich *Norden*,* dafür in der Fortsetzung *rief … aus dem Osten* (vgl. Vers 2); *ich rief ihn beim Namen:* mit einer wichtigen Handschrift; H *den, der meinen Namen anruft.*

41,2 45,1-5 S **41,4** 44,6 S **41,7** 44,9-20 S **41,8-13** Jer 30,10-11 S **41,8** Ps 135,4; 2 Chr 20,7 S **41,10** 41,13-14; 43,1.5; 44,8; 51,7; 54,4 **41,14** 41,10 S; (Befreier) 43,14; 44,6.24; 48,17; 49,7.26; 54,5; 59,20; 60,16; 63,16 **41,18** 35,7; 43,19 **41,19** 35,1-2 S **41,21-29** 41,1-4; 43,9; 44,7; 48,3-5; 40,18-20 S **41,24** (nichts) 1 Sam 12,21; Ps 115,4-7 **41,25** 45,1-5 S

und er kam. Er tritt die Mächtigen in den Staub,
er verfährt mit ihnen wie der Töpfer, der den
Ton mit den Füßen stampft. 26 Wer hat das im
Voraus angekündigt, sodass wir sagen müssten:
›Er hat Recht gehabt‹? Keiner von euch hat es an-
gekündigt, keiner hat es vorausgesagt, kein Wört-
chen hat man von euch gehört. 27 Ich allein, ich
habe das den Leuten von Jerusalem angekündigt
und der Zionsstadt* den Freudenboten mit die-
ser Nachricht geschickt.
28 Ich sehe mich um, da sind die Götter alle
verschwunden, und aus dem Kreis der Völker
nimmt sie keiner in Schutz. Niemand antwortet
auf meine Fragen. 29 Sie sind alle nichts,[a] die
Götter, sie haben nichts vorzuweisen. Und ihre
Bilder haben schon gar nichts zu bedeuten.«

Der Bevollmächtigte Gottes bringt Freiheit und Frieden

42 Der HERR hat gesagt: »Hier ist mein Be-
vollmächtigter*, hinter dem ich stehe.
Ihn habe ich erwählt, ihm gilt meine Liebe, ihm
gebe ich meinen Geist*. Er wird die Völker regie-
ren und ihnen das Recht bringen. 2 Er schreit
keine Befehle und lässt keine Verordnungen auf
der Straße ausrufen. 3 Das geknickte Schilfrohr
zerbricht er nicht, den glimmenden Docht löscht
er nicht aus. Er bringt dem geschlagenen Volk
das Recht, damit Gottes Treue ans Licht kommt.
4 Er selbst zerbricht nicht und wird nicht aus-
gelöscht. Er führt meinen Auftrag aus und richtet
unter den Völkern meine Rechtsordnung auf.
Noch an den fernsten Küsten warten sie auf
seine Weisung.«

Der Gott Israels rief den Perserkönig

5 Der HERR, der wahre und einzige Gott, hat den
Himmel geschaffen, wie ein Zelt hat er ihn aus-
gespannt; er hat die Erde ausgebreitet und Pflan-
zen und Tiere auf ihr entstehen lassen; er hat
den Menschen auf der Erde Leben und Geist ge-
geben. Er ist es auch, der gesagt hat:
6 »Ich, der HERR, habe dich berufen, damit du
meinen Auftrag ausführst. Ich stehe dir zur Seite
und rüste dich aus. Ich mache dich zum Frie-
densbringer für die Menschen und zu einem
Licht für alle Völker. 7 Die Gefangenen sollst du
aus dem Dunkel des Kerkers holen und den blind
gewordenen Augen das Licht wiedergeben.«
8 Euch Israeliten aber sagt er: »Ich bin der
HERR, der mächtige und helfende Gott![b] Diese
meine Ehre lasse ich mir von niemand nehmen,
meinen Ruhm überlasse ich nicht den Götzen!
9 Was ich früher vorausgesagt habe, ist eingetrof-
fen. Nun kündige ich Neues an. Ich sage es euch
im Voraus, noch ehe es eintrifft.«

Die ganze Erde wird Gottes Sieg feiern

10 Singt alle dem HERRN ein neues Lied! Noch am
äußersten Ende der Erde preist seinen Sieg!
Rühmt ihn alle, die auf dem Meer fahren, und
alles, was darin lebt! Rühmt ihn, ihr Menschen
der ganzen Erde! 11 Die Nomaden in der Steppe,
die Leute von Kedar*, sollen ihn mit Freuden-
rufen begrüßen, die Gebirgsbewohner von den
Gipfeln ihrer Berge ihm zujubeln. 12 Sie alle
sollen dem HERRN die Ehre geben; auf der gan-
zen weiten Erde sollen sie ihn als Sieger preisen.
13 Denn der HERR zieht aus wie ein Held, er
führt seine Scharen zum Kampf und feuert sie
an. Er erhebt das Kriegsgeschrei und wirft seine
Feinde zu Boden.

Gott kann nicht länger an sich halten

14 Der HERR sagt: »Lange habe ich geschwiegen,
ich habe an mich gehalten und nicht eingegrif-
fen. Aber jetzt stöhne ich wie eine Frau bei der
Geburt, ich keuche und ringe nach Luft. 15 Mit
meinem glühend heißen Atem dörre ich das
Dickicht auf Bergen und Hügeln hinweg; Ströme
lasse ich versiegen und Seen lege ich trocken.
16 Und dann nehme ich mein blindes Volk,
das Volk, das keinen Weg mehr sieht, an die
Hand und führe es. Das Dunkel, das vor ihm
liegt, mache ich hell und räume alle Hindernisse
beiseite. Das werde ich ganz sicher tun und mich
nicht davon abbringen lassen.
17 Aber alle, die sich auf Götzenbilder verlas-
sen und zu ihnen sagen: ›Ihr seid unsere Götter‹,
sehen sich dann im Stich gelassen und müssen
die Flucht ergreifen.«

Das Volk hat nichts gelernt …

18 Macht eure Ohren auf, ihr Schwerhörigen!
Macht eure Augen auf, ihr Blinden, damit ihr
etwas seht! 19 Ihr meint, der HERR sieht und hört
nichts;[c] aber wenn hier einer blind und taub
ist, dann seid ihr es, das Volk, das er zu seinem

a *nichts:* mit einer wichtigen Handschrift und alten Übersetzungen; H *Unheil/Unrecht.*
b *der mächtige …:* wörtlich *das ist mein Name.* Über die in Ex 3,14-15 gegebene Deutung hinaus (»Ich-bin-da«) schließt der *Name** Gottes für den Propheten die Überlegenheit des Gottes Israels über alle Mächte und Götter ein.
c *Ihr meint …:* verdeutlichender Zusatz.

41,27 52,7 **42,1-4** 49,1-6S; Mt 12,18-21 **42,1** 51,4; Mt 3,17S; (Geist) 1Sam 16,13S **42,5** 40,22S **42,6-7** 45,1-5S **42,6** Lk 2,32S **42,9** 48,3-11 **42,10-12** Ps 96,1S; Jes 44,23S **42,13** 40,10; 45,1-2; Ex 15,3 **42,14** Hos 11,8 **42,16** 40,10S **42,18** 43,8 **42,19** 41,8-9; 43,10

Diener erwählt und zu seinem Boten bestimmt
hat!
20 Ihr habt Augen zum Sehen und seht nichts,
ihr habt Ohren zum Hören und hört nichts.
21 Der HERR hat euch in diese Lage gebracht, weil
er über seiner Rechtsordnung wacht; eure Bestrafung erweist die Größe und Herrlichkeit
seines Gesetzes*. 22 Nur deshalb seid ihr jetzt
beraubt und ausgeplündert, sitzt gefangen in
Kerkern und Erdlöchern, die Feinde haben euch
als Beute weggeschleppt, und niemand befreit
euch, niemand holt euch zurück!
23 Hat das keinen von euch zum Nachdenken
gebracht? Nimmt sich das niemand zu Herzen
und zieht eine Lehre daraus?
24 Wer hat denn das Volk Israel, die Nachkommen Jakobs, an Räuber und Plünderer ausgeliefert? Der HERR hat es getan, weil wir ihm
ungehorsam gewesen sind! Die Israeliten wollten nicht nach seinen Weisungen leben und achteten nicht auf sein Gesetz. 25 Da strafte er sie in
seinem Zorn und ließ sie die Schrecken des Krieges erfahren. Sein lodernder Zorn schloss sie
ringsum ein und versengte sie; aber sie kamen
nicht zur Besinnung, sie haben nichts begriffen.

... aber trotzdem gibt Gott sein Volk nicht preis

43 Jetzt aber sagt der HERR, der dich ins
Leben gerufen hat, Volk Israel, du Nachkommenschaft Jakobs:
»Fürchte dich nicht, ich habe dich befreit! Ich
habe dich bei deinem Namen gerufen, du gehörst mir! 2 Musst du durchs Wasser gehen, so
bin ich bei dir; auch in reißenden Strömen wirst
du nicht ertrinken. Musst du durchs Feuer gehen, so bleibst du unversehrt; keine Flamme
wird dir etwas anhaben können. 3 Denn ich bin
der HERR, dein Gott; ich, der heilige Gott Israels,
bin dein Retter. Ich gebe Ägypten für dich als
Lösegeld, den Sudan und Äthiopien[a] noch dazu.
4 Völker gebe ich für dich hin, ja die ganze Welt,
weil du mir so viel wert bist und ich dich liebe.
5 Fürchte dich nicht, denn ich bin bei dir! Von
dort, wo die Sonne aufgeht, hole ich dich zurück;
von dort, wo sie untergeht, bringe ich die Zerstreuten meines Volkes zusammen. 6 Zum Norden sage ich: ›Gib sie heraus!‹, und zum Süden:
›Halte sie nicht zurück!‹ Zu den Enden der Erde
sage ich: ›Lasst meine Söhne und Töchter aus der
Fremde heimkehren! 7 Alle sollen zurückkehren,
die ich zu meiner Ehre geschaffen und ins Leben
gerufen, die ich zu meinem Eigentum erklärt
habe!‹«[b]

Zeugen, die selbst nichts begriffen haben

8 Der HERR sagt: »Mein Volk soll vortreten –
diese Leute, die Augen haben, aber nicht sehen,
die Ohren haben, aber nicht hören! 9 Alle Völker
sind zur Gerichtsverhandlung versammelt. Wer
von ihren Göttern hat angekündigt, was jetzt geschieht? Oder hat vielleicht einer von ihnen früher einmal etwas angekündigt, das eingetroffen
ist? Sie sollen ihre Zeugen beibringen, die es bestätigen können!«
10 »Meine Zeugen seid ihr«, sagt der HERR,
»die Leute von Israel, das Volk, das ich erwählt
und in meinen Dienst gestellt habe. Ihr werdet
zu Zeugen meines Tuns, damit ihr mich kennen
lernt und mir vertraut, damit ihr einseht, dass
ich der eine und einzige Gott bin.
Vor mir hat es keinen anderen Gott gegeben
und auch nach mir wird keiner kommen. 11 Ich
allein bin Gott, ich, der HERR; außer mir gibt es
keinen Retter!
12 Ich habe angekündigt, dass ich euch retten
will, und ihr alle habt es gehört. Ihr sollt bezeugen können, dass ich wahrhaftig Gott bin. Ich
habe euch schon früher gerettet 13 und das werde
ich auch in Zukunft tun. Ich bleibe derselbe.
Keine Macht der Welt kann mir etwas aus der
Hand reißen. Was ich tun will, kann niemand
verhindern.«

Gott bereitet die Heimkehr seines Volkes vor

14 Der HERR, der heilige Gott Israels, euer Befreier*, sagt: »Euretwegen schicke ich den Eroberer
gegen Babylon*. Die Bewohner der Stadt werden sich auf die Schiffe flüchten, auf denen sie
jetzt noch ihre rauschenden Feste feiern; sie werden sich den Fluss hinabtreiben lassen.[c] 15 Ich
bin der HERR, euer heiliger Gott, der Schöpfer
Israels, euer König.«
16 Der HERR sagt: »Einst habe ich für mein
Volk einen Weg durchs Meer gebahnt, mitten
durch gewaltige Wassermassen. 17 Das mächtige
Heer der Verfolger mit seinen Pferden und Streitwagen* habe ich in den Untergang geführt. Sie
sanken zu Boden und standen nicht mehr auf;

a *Äthiopien:* hier Wiedergabe von *Seba* = Äthiopien/Eritrea; vgl. Gen 10,7; Ps 72,10.
b *die ich zu meinem ...:* wörtlich *die mit meinem Namen gerufen sind,* d. h. über denen der Name des HERRN (zum Zeichen der Besitzergreifung) ausgerufen ist.
c Die zweite Vershälfte ist nicht sicher zu deuten.

42,20 6,10 **43,1 a** Ex 1,1-7 **43,1 b** 41,10 S **43,2** Ex 14,21; Dan 3,24-27; Ps 66,12 **43,3** (Retter) 43,11; 45,15.21; 47,4; 49,26; 60,16; Lk 1,47 **43,5-6** 41,10 S; 60,4 S; 11,11-12 S **43,7** 42,8; 48,11 **43,8** 42,18 **43,9** 41,21-29 S **43,10** 41,8-9; 44,8 **43,11** 43,3 S **43,14** 41,14 S; 45,1-5 S **43,16-17** Ex 14,21-28

wie ein Docht verglimmt, so wurden sie ausgelöscht.

18 Daran denkt ihr, daran klammert ihr euch. Aber blickt doch nicht immer zurück! 19 Ich schaffe jetzt etwas Neues! Es kündigt sich schon an, merkt ihr das nicht? Ich werde eine Straße durch die Wüste legen und lasse dort Ströme fließen, 20 damit mein erwähltes Volk unterwegs zu trinken hat.

Die Tiere der Steppe werden mich ehren, Schakale und Strauße mich preisen, weil ich Wasser durch das ausgedörrte Land fließen lasse. 21 Und auch das Volk, das ich mir erschaffen habe, wird mich rühmen und wird weitersagen, was ich getan habe.«

Gott antwortet auf die Vorwürfe seines Volkes

22 Der HERR sagt zu Israel, der Nachkommenschaft Jakobs: »Berufe dich nicht darauf, du hättest mich zu Gast geladen und dir Mühe gegeben, mich zu ehren. 23-24 Du hättest mir die Lämmer deiner Brandopfer dargebracht und mich mit deinen Opfermählern geehrt. Du hättest für mich die kostbaren Zutaten zum Salböl gekauft und mich mit dem Fett deiner Opfer* erfreut. Behaupte nur nicht, ich hätte dir eine schwere Last aufgeladen mit den Speiseopfern und dich geplagt mit den Räucheropfern, die ich von dir verlangt habe.

Im Gegenteil, du hast *mir* eine Last aufgeladen mit deinen Sünden und hast *mich* geplagt mit deinen verbrecherischen Taten! 25 Ich bin dir zu nichts verpflichtet. Und trotzdem vergebe ich deine Schuld und denke nicht mehr an deine Verfehlungen – weil ich es so will!

26 Lass uns miteinander vor Gericht gehen! Klage mich an! Trag deine Sache vor und beweise, dass du im Recht bist! 27 Schon dein Stammvater Jakob hat gesündigt, aber deine führenden Männer haben sich regelrecht gegen mich aufgelehnt. 28 Darum habe ich die Priester meines Heiligtums in den Schmutz getreten, ich habe die Nachkommen Jakobs in Acht und Bann getan und habe Schimpf und Schande über Israel kommen lassen.«

Gott gibt seinem Volk eine Zukunft

44 »Höre, mein Diener Jakob! Höre, Israel, den ich erwählt habe![a] 2 Ich, der HERR, dein Schöpfer, der dich im Mutterleib gebildet hat und dir seitdem beisteht, ich sage dir: Hab keine Angst, Jakob, mein Diener, Jeschurun*, mein Erwählter! 3 Wie ich strömenden Regen über das verdurstende Land ausgieße, so gieße ich meinen Lebensgeist aus über deine Nachkommen, sodass sie sich mehren durch meinen Segen. 4 Dann werden sie aufschießen wie Gras nach dem Regen, wie Pappeln an Wassergräben.«

5 Viele Menschen werden dann kommen und sich dem Volk des HERRN anschließen.[b] »Ich gehöre dem HERRN«, wird der eine sagen und der andere schreibt es sich sogar auf die Hand. »Auch ich zähle jetzt zu den Nachkommen Jakobs«, sagt ein dritter und der vierte legt sich den Ehrennamen ›Israel‹ bei.[c]

Israel kann auf seinen Gott vertrauen

6 Der HERR, Israels König und sein Befreier*, der Herrscher der Welt,[d] sagt: »Ich bin der Erste und ich bin der Letzte; außer mir gibt es keinen Gott. 7 Wer ruft wie ich immer Neues ins Dasein? Er soll den Beweis antreten und mir alles der Reihe nach aufzählen, angefangen bei der Urzeit, als ich die Menschen schuf! Und was künftig geschehen wird, das soll er einmal vor allen hier erzählen!

8 Habt keine Angst, ihr Leute von Israel, lasst euch nicht verwirren! Habe ich nicht im Voraus angekündigt, was jetzt geschieht? Ihr habt es gehört, ihr seid meine Zeugen. Gibt es einen Gott außer mir? Gibt es außer mir einen, auf den man sich felsenfest verlassen kann? Ich kenne keinen.«

Die Blindheit der Götzenverehrer

9 Ohnmächtige Menschen sind alle, die Götzenbilder herstellen, und auch die schönen Bilder sind ohnmächtig. Fragt man ihre Verehrer, was die Götzen denn vollbracht haben, so müssen sie beschämt verstummen; denn von Taten

a Das Volk in der Verbannung wird hier mit seinem Stammvater *Jakob,* der den Namen *Israel** erhielt, in eins gesehen. Das gilt auch für andere Stellen in Jes 40–49, an denen »Jakob« zur Verdeutlichung mit »Nachkommenschaft Jakobs« übersetzt ist; vgl. z. B. 40,27; 43,1; 49,5.
b Der Satz ist verdeutlichender Zusatz.
c *Auch ich zähle …:* mit veränderten Vokalen; H *Der wird den Namen Jakobs ausrufen und der wird den Namen Israel ehrend nennen.*
d *der Herrscher der Welt:* wörtlich *der HERR Zebaot**.

43,18-21 Jer 23,7-8 **43,19** 40,3-4 S; 41,18; 65,17 S **43,22-25** 1,10-20 S **43,25** 48,11; 44,22 **43,27** Hos 12,4 S **44,2** 41,10 S **44,3** 32,15 S **44,5** 14,1; 55,5; Ps 87,4-7 **44,6** 41,4; 48,12; Offb 1,8 S **44,7** 41,21-29 S **44,8** 43,10; Ps 18,32 **44,9-20** 40,19-20; 41,7; Jer 10,3-5; Hab 2,18-19; Weish 13,1–15,17 S

haben sie nie etwas zu sehen und zu hören
bekommen.
10 Wie kann jemand so töricht sein und sich
einen Gott machen, sich ein Götterbild gießen
lassen – ein Bild, das doch nicht helfen kann!
11 Die Handwerker, die es herstellen, sind ja auch
nur Menschen. Deshalb werden alle, die von
den Götzenbildern Hilfe erwarten, enttäuscht.
Sie sollen doch einmal kommen und das Gegen-
teil beweisen! Sie werden mit Schrecken feststel-
len, dass sie verlassen sind, und werden be-
schämt abziehen müssen.
12 Der Schmied nimmt ein Stück Eisen und be-
arbeitet es in der Glut. Mit großen und kleinen
Hämmern gibt er ihm die gewünschte Form. Er
wendet seine ganze Kraft auf, und weil er dar-
über Essen und Trinken vergisst, ist er am Ende
ganz erschöpft. 13 Der Holzschnitzer misst einen
Block ab, zeichnet die Umrisse der Gestalt darauf
und arbeitet sie mit dem Stecheisen heraus.
Schließlich glättet er noch die Oberfläche. So
schafft er ein Bild, das aussieht wie ein Mensch,
wie ein Prachtstück von einem Mann. Das Bild
wird in ein Haus gestellt und da bleibt es und
rührt sich nicht.
14 Man wählt dafür eine Zeder oder eine be-
sonders kräftige Eiche im Wald oder man zieht
Lorbeerbäume, die der Regen groß und kräftig
werden lässt. 15 Mit dem Holz dieser Bäume
macht sich der Mensch ein Feuer, er wärmt sich
daran oder backt Brot damit – und aus demsel-
ben Holz macht er sich ein Götterbild, vor dem
er sich zu Boden wirft. 16 Den einen Teil des Hol-
zes verbrennt er; auf dem Feuer brät er sich
Fleisch und isst sich an dem Braten satt. Er sitzt
am Feuer und sagt: »Ah, das wärmt! Was für ein
schönes Feuer!« 17 Aus dem anderen Teil macht
er sich einen Gott und wirft sich davor nieder. Er
betet zu dem Holz und sagt: »Rette mich! Du bist
doch mein Gott.«
18 Die Götzenverehrer haben keinen Ver-
stand. Ihre Augen sind verklebt, sodass sie
nichts sehen; ihr Herz ist verschlossen, sodass sie
nichts begreifen. 19 Wer sich ein Götzenbild
macht, denkt nicht darüber nach, was er tut;
sonst würde er zur Einsicht kommen und sagen:
»Die Hälfte des Holzes habe ich verbrannt, über
dem Feuer habe ich Fleisch gebraten und in der
Glut mein Brot gebacken. Und da sollte ich aus
der anderen Hälfte einen Götzen machen, mich
vor einem Holzklotz niederwerfen?« 20 Genauso
gut könnte er die Asche anbeten. Sein törichtes
Herz hat ihn in die Irre geführt. Auf diesem
Weg kann er sein Leben nicht retten. Er
müsste zur Einsicht kommen und sagen: »Das
ist doch Lug und Trug, was ich da in der Hand
halte!«

Gott hat schon eingegriffen

21 Der HERR sagt: »Ihr Leute von Israel, ihr Nach-
kommen Jakobs, denkt daran: Ihr steht unter
meinem Schutz. Ich habe euch geschaffen, ihr
seid meine Schützlinge.[a] Und ich vergesse euch
nicht! 22 Ich habe eure ganze Schuld vergeben;
sie ist verschwunden wie der Nebel vor der
Sonne. Wendet euch mir zu, denn ich werde
euch befreien.«
23 Der Himmel soll jauchzen und die ganze
Erde jubeln. Die Berge sollen in ein Freudenge-
schrei ausbrechen, der Wald und alle seine Bäu-
me sollen darin einstimmen. Denn der HERR hat
die Nachkommen Jakobs befreit, an Israel zeigt
er seine Macht und Herrlichkeit.

Der Schöpfer der Welt als Herr der Geschichte

24 Höre, Israel, was dein Befreier* verkündet, er,
der dich im Mutterleib geschaffen hat:
»Ich bin der HERR, der alles schafft und wirkt.
Ich ganz allein habe den Himmel ausgespannt
wie ein Zelt, ich habe die Erde ausgebreitet mit
eigener Kraft. 25 Ich strafe die Voraussagen der
Zeichendeuter Lügen und stelle die Wahrsager
als Narren bloß. Ich mache die Weisen ratlos
und zeige, dass ihr Wissen nichts wert ist.
26 Aber was meine Beauftragten voraussagen,
das lasse ich eintreffen, und was meine Boten als
meinen Plan verkünden, das führe ich aus.
Jetzt sage ich zu Jerusalem: ›Sei wieder be-
wohnt!‹; ich lasse es wieder erstehen aus seinen
Trümmern. Und zu den Städten Judas sage ich:
›Ihr werdet wieder aufgebaut!‹
27 Jetzt sage ich zum gefahrdrohenden Meer:[b]
›Trockne aus! Deine Fluten sollen versiegen!‹
28 Und jetzt sage ich zu Kyrus: ›Ich mache
dich zum Hirten meines Volkes.‹ Er wird alles
ausführen, was ich will. Er wird befehlen: ›Jeru-
salem wird wieder aufgebaut und der Tempel
wird von neuem errichtet.‹«

a *Schutz, Schützlinge:* Der Text spricht zweimal von Israel als Gottes *Knecht,* womit hier nicht das Dienst-, sondern das Schutzverhältnis gemeint ist.

b *Meer:* Gemeint ist wahrscheinlich die Weltmacht Babylonien. Sie wird mit dem »Urmeer« verglichen, das als Chaos der Schöpfung vorangeht und sie ständig bedroht (Ijob 38,8-11); siehe Sacherklärung »Meer«.

44,11 42,17 **44,22** 43,25 **44,23** 42,10-12; 49,13; 55,12; 35,1-2; Ps 96,11-13 **44,24** 41,14 S; 40,22 S **44,25** 29,14 S **44,26 b** (Jerusalem) Sach 1,16 S **44,27** Jos 4,23 **44,28** 45,1-5 S

Der Perserkönig Kyrus als Werkzeug Gottes

45 Der HERR sagt zu Kyrus, den er gesalbt*
und zum König eingesetzt hat:
»Ich habe dich bei der Hand genommen und
stehe dir zur Seite. Ich unterwerfe dir die Völker
und nehme ihren Königen die Macht; ich öffne
dir Türen und Tore. 2 Ich selbst gehe vor dir her
und beseitige alles, was dir im Weg steht. Die
bronzenen Türen schlage ich in Stücke und zer-
breche die eisernen Riegel. 3 Ich liefere dir die
verborgenen Schätze und die versteckten Vor-
räte aus.
Daran sollst du erkennen, dass ich der wahre
Gott bin, dass der HERR, der Gott Israels, dich
beim Namen gerufen und in seinen Dienst ge-
stellt hat. 4 Obwohl du mich nicht kennst, habe
ich dich berufen und verleihe dir einen Ehren-
namen; denn durch dich will ich meinem Diener
und Schützling Israel helfen, der Nachkommen-
schaft Jakobs, die ich erwählt habe. 5 Ich bin der
HERR, ich bin der Einzige, außer mir gibt es
keinen Gott. Ich gebe dir die Macht, obwohl du
nichts von mir weißt.
6 Überall auf der ganzen Erde sollen sie er-
kennen, dass ich allein Gott bin, ich, der HERR,
und sonst keiner. 7 Ich mache das Licht und ich
mache die Dunkelheit; Glück wie Unglück
kommen von mir. Ich, der HERR, bin es, der dies
alles vollbringt.
8 Öffne dich, Himmel! Sende Rettung auf die
Erde herab wie Regen! Die Erde lasse Heil und
Frieden aufsprießen! Dies bewirke ich, der HERR,
der Schöpfer.«

Gott ist den Völkern keine Rechenschaft schuldig

9 Weh dem Menschen, der seinen Schöpfer zur
Rechenschaft zieht! Aus Erde ist er gemacht; vor
dem, der ihn geformt hat, ist er nicht mehr als
eine Tonscherbe! Sagt vielleicht der Ton zum
Töpfer: »Was machst du da?«? Hält er ihm vor:
»Was du formst, ist misslungen!«? 10 Wer hat das
Recht, zu einem Vater zu sagen: »Warum hast du
gezeugt?«? Oder zu einer Frau: »Warum hast du
in Geburtswehen gelegen?«?
11 Der HERR, der heilige Gott Israels und sein
Schöpfer, sagt: »Ihr Völker wollt mich zur Re-
chenschaft ziehen? Ihr wollt mir vorhalten, dass
ich mein eigenes Volk bevorzuge?[a] Ihr wollt mir
vorschreiben, wie ich mit ihm, dem Werk mei-
ner Hände, zu verfahren habe?
12 Ich habe die Erde gemacht und die Men-
schen, die darauf leben. Ich habe den Himmel
ausgespannt mit eigener Hand, ich bestimme
den Sternen ihre Bahn. 13 Ich bin es auch, der
Kyrus erweckt hat und ihm den Sieg gibt. Ich
ebne ihm die Wege und breche jeden Wider-
stand. Er wird meine Stadt Jerusalem wieder auf-
bauen und mein verbanntes Volk heimkehren
lassen – und er bekommt dafür keine Bezahlung
und keine Geschenke!« Das sagt der HERR, der
Herrscher der Welt.[b]

Gott hilft seinem Volk

14 Der HERR sagt zur Zionsstadt*: »Die Leute aus
Ägypten und dem Sudan kommen zu dir und
bringen dir ihre Schätze; die hoch gewachsenen
Äthiopier[c] werden deine Sklaven, in Fesseln
kommen sie herbei. Sie werfen sich vor dir nie-
der, beten zu deinem Gott und bekennen: ›Nur
bei dir ist Gott! Es gibt sonst keinen, absolut kei-
nen!‹«
15 Wahrhaftig, du bist ein Gott, der sich ver-
birgt, du Gott Israels, der Retter!
16 Alle, die sich Götzenbilder machen, werden
enttäuscht und gehen in Schmach und Schande
zugrunde. 17 Euch aber, den Leuten von Israel,
hilft der HERR, er bringt euch die endgültige
Rettung. Nie und nimmer werdet ihr enttäuscht
werden und untergehen.

Einladung an alle Völker

18 Der HERR, der einzige Gott, hat Himmel und
Erde gemacht. Er hat die Erde fest gegründet;
und er hat sie nicht geschaffen, damit sie leer und
öde sein soll, sondern damit seine Geschöpfe auf
ihr wohnen können. Und dieser Gott sagt:
»Ich bin der HERR, es gibt keinen anderen
Gott! 19 Ich habe mich nicht vor euch verborgen
und mich nicht in Dunkel gehüllt, ich habe ge-
redet! Und ich habe zu den Nachkommen Jakobs
nicht gesagt: ›Sucht mich vergeblich!‹ Ich, der
HERR, rede zu euch von Hilfe und Rettung, und
was ich ankündige, das geschieht.
20 Kommt alle her, die ihr übrig geblieben
seid, als eure Völker untergingen! Kommt zur
Gerichtsversammlung! Wer Götterbilder aus
Holz mit sich herumträgt, hat keinen Verstand;

a *Ihr Völker ... ziehen:* verdeutlichender Zusatz. *Ihr wollt mir vorhalten ...:* mit einer kleinen Textänderung, die der Zusammenhang nahe legt; wörtlich *Das Künftige fragt mich wegen meiner Söhne.*
b Wörtlich *der HERR Zebaot*.* c Im Hebräischen steht hier *Leute von Seba;* siehe Anmerkung zu 43,3.

45,1-5 41,2.5; 42,6-7; 43,14; 44,28; 45,13; 46,11; 48,14-15; Esra 1,1-4 **45,7** Am 3,6S; 5,8 **45,9** 29,16; 64,7; Jer 18,6S; Röm 9,20-21 **45,12** 40,22S; 40,26S **45,13** 45,1-5S; 52,3S **45,14** 60,6 **45,15** 43,3S **45,16** 44,9-11 **45,18** (leer und öde) Gen 1,2 **45,19** 48,16; Jer 29,12-14; Mt 7,7 par **45,20-21** 41,21-29S; 43,11

er betet zu einem Gott, der nicht helfen kann.
21 Beratet miteinander, was ihr zu eurer Verteidi-
gung vorbringen könnt! Wer hat seit langem an-
gekündigt, was nun geschehen ist? War nicht ich
es, der HERR? Es gibt keinen Gott außer mir, kei-
nen, der Hilfe und Rettung bringen kann.

22 Kommt zu mir und lasst euch helfen, ihr
Menschen der ganzen Erde! Denn nur ich bin
Gott und sonst keiner. 23 Ich schwöre bei mir
selbst, und was ich sage, das geschieht auch: Alle
werden vor mir auf die Knie fallen und feierlich
bekennen: 24 ›Nur beim HERRN gibt es Rettung
und sicheren Schutz.‹«[a]

Beschämt werden alle zum HERRN kommen,
die sich ihm widersetzt haben. 25 Alle Nachkom-
men Jakobs aber finden bei ihm Rettung und
werden ihn voller Freude und Stolz dafür prei-
sen.

Die hilflosen Götter und der helfende Gott

46 Gott Bel geht in die Knie,
Gott Nebo sinkt um;[b]
ihre Bilder werden weggeschleppt
auf dem Rücken des Lastviehs.
Ihr Leute von Babylon*,[c]
eure Götter sind aufgeladen,
das Vieh schleppt sich müde daran!
2 Die Götter sind umgesunken,
sind in die Knie gegangen;
sie können die eigene Last nicht retten,
müssen selber in die Gefangenschaft!

3 »Hört, Volk Israel, der ganze Rest, der von den
Nachkommen Jakobs übrig geblieben ist«, sagt
der HERR. »Ich habe euch getragen, seit es euch
gibt; ihr seid mir aufgeladen, seit ihr aus dem
Mutterleib kamt. 4 Und ich bleibe derselbe in alle
Zukunft! Bis ihr alt und grau werdet, bin ich es,
der euch schleppt. Ich habe es bisher getan und
ich werde es auch künftig tun. Ich bin es, der
euch trägt und schleppt und rettet!

5 Mit wem wollt ihr mich vergleichen? Gibt
es irgendjemand, den ihr mit mir auf eine Stufe
stellen könnt? 6 Da schütten sie Gold und Silber
aus ihrem Beutel, sie wiegen es ab und beauftra-
gen den Goldschmied, dass er ihnen einen Gott
daraus macht. Vor dem werfen sie sich nieder,
7 sie heben ihn auf ihre Schultern, sie tragen ihn
feierlich umher, sie setzen ihn wieder auf seinen
Platz – und da steht er dann und rührt sich nicht.
Wenn jemand um Hilfe zu ihm ruft, antwortet er
nicht; er rettet keinen aus der Not. 8 Macht euch
das einmal klar und nehmt es euch zu Herzen!
Kommt endlich zur Besinnung!«

Die Hilfe ist nahe

9 »Denkt an das, was ich früher getan habe!«,
sagt der HERR. »Ich allein bin Gott und sonst
keiner, niemand ist mir gleich. 10 Ich kündige an,
was geschehen wird, lange bevor es eintrifft.
Und das sage ich euch: Wenn ich etwas plane,
dann wird es auch ausgeführt. Alles, was ich mir
vornehme, das tue ich auch. 11 Ich rufe jetzt den
Adler aus dem Osten, den Mann aus fernem
Land, der meinen Plan ausführen wird. Ich habe
es angekündigt und es wird eintreffen; es ist
schon im Gang, ich führe es herbei.

12 Hört her, ihr Starrsinnigen! Ihr habt alle
Hoffnung aufgegeben, weil ihr weit und breit
keine Hilfe seht. 13 Aber von mir kommt eure
Rettung, sie ist ganz nahe; meine Hilfe lässt nicht
auf sich warten. Auf dem Zionsberg* gebe ich
euch einen neuen Anfang und Israel mache ich
zu meinem Schmuckstück!«

Der Prophet kündet den Sturz Babylons an

47 Der HERR sagt:

»Steig von deinem Thron herunter,
Babylon*, du stolze Jungfrau!
In den Staub musst du dich setzen,
niemand wird dich fortan nennen
›die verwöhnte zarte Dame‹.
2 Sklavenarbeit wird dein Los sein:
Bück dich nieder, dreh den Mühlstein*.
Weg den Schleier, weg die Schleppe!
Raff das Kleid hoch, geh durch Pfützen!
3 Jeder sehe deine Blöße,
offenbar sei deine Schande.
Ich, der HERR, will jetzt vergelten,
niemand soll mich daran hindern.«

4 Ja, der HERR ist unser Retter,
ihm gehorchen alle Mächte,[d]
er ist unser heiliger Gott.

5 »Hör, was ich, der HERR, dir sage:

a Nach *beim HERRN* folgt noch *sagt man über mich.*
b *Bel* (= Marduk) und *Nebo* waren die babylonischen Hauptgötter (siehe die Sacherklärungen).
c *Ihr Leute ...:* verdeutlichender Zusatz.
d *Ja, der HERR ...:* wörtlich *Unser Befreier*, der HERR Zebaot* ist sein Name.*

45,23-24 Röm 14,11; Phil 2,10-11 **46,1-2** 21,9 S; Jer 50,2 **46,3-4** Dtn 1,31; Hos 11,3; Ps 71,17-18 **46,5-8** 40,18-21; 44,9-20 S **46,9** 43,16-17; 44,6 S **46,10** 41,21-29 S; Ps 115,3 **46,11** 45,1-5 S **46,12** 40,27 **47,1-15** 13,1-22 S

Babylon, du musst ins Dunkel,
einsam in der Stille sitzen,
niemand wird dich künftig nennen
›Herrin vieler Königreiche‹.
6 Auf mein Volk war ich sehr zornig,
gab mein Land dem Feinde preis,
lieferte mein Volk dir aus.
Doch du hattest kein Erbarmen;
auch die hochbetagten Alten
hast du mitleidlos geschunden.
7 Und du sagtest: ›Ewig leb ich,
ewig bleibe ich die Herrin!‹
Dachtest nicht, was deine Taten
dir am Ende bringen würden.

8 Üppig lebst du, Wohlstand liebst du,
wiegst dich stets in Sicherheit.
Ja, du sagst: ›Ich bin die Größte!
Neben mir kommt keiner auf.
Niemals werd ich Witwe sein,
ohne Zahl sind meine Kinder!‹
9 Doch an einem Tag verlierst du,
was bis jetzt dein Ruhm und Stolz ist:
Du verlierst den Mann, die Kinder,
einsam, schutzlos stehst du da.
Nichts kann dich davor bewahren,
Zaubersprüche helfen nicht.
10 Doch du denkst noch: ›Ungestraft
bleiben meine bösen Taten;
es gibt keinen, der sie sieht.‹

Durch dein Wissen, deine Weisheit
ließt du dich zum Stolz verleiten,
sagtest: ›Ja, ich bin die Größte!
Neben mir kommt keiner auf!‹
11 Doch schon naht sich dir das Unglück!
Eh du dessen dich versiehst,
stürzt du plötzlich ins Verderben.
Du hast es nicht kommen sehen
und du kannst ihm nicht entrinnen,
nicht durch Zauber, nicht durch Opfer.
12 Stell dich hin, brauch deine Künste,
mit Beschwörungen versuch es!
Darin bist du ja geübt,
schon seit deiner Jugendzeit!
Sieh, ob sie dir helfen können,
um das Unheil abzuwenden!

13 Hast du dich nicht stets bemüht,
von den Sternen Rat zu holen?
Ruf doch deine Himmelsdeuter,
die dir Horoskope stellen!
Ob sie dich wohl retten können?
14 Wie den Stoppeln geht es ihnen,
die im Nu das Feuer frisst:
Keiner kann sein Leben retten,
wenn der Feuersturm hereinbricht.
Das ist dann kein Lagerfeuer,
dran man sich die Hände wärmt,
nichts für eine traute Runde!

15 Wahrlich, schöne Stützen sind sie,
dieses ganze Händlervolk!
Seit der frühen Jugendzeit
hast du viel für sie getan.
Aber jetzt stehst du allein da:
Einer wie der andere taumelt
seines Weges – fort, nach Hause!
Da ist niemand, der dir hilft.«

Gott kündigt Israel Neues an

48 Hört, ihr Leute vom Volk Jakobs, ihr
Nachkommen Judas! Ihr tragt den Ehren-
namen Israel*, ihr schwört beim Namen* des
HERRN, ihr bekennt euch zum Gott Israels – aber
rechnet ihr vielleicht ernsthaft mit ihm?
2 Gewiss, ihr habt euch die Bewohner der Heili-
gen Stadt* genannt und im Gott Israels euren
Helfer gesehen, und das ist er auch; sein Name
ist: »der HERR, der Herrscher der Welt«.[a] Hört
also, was er euch sagt:
3 »Von jeher hatte ich euch angekündigt, was
geschehen würde; den Propheten hatte ich mein
Wort in den Mund gelegt und ihr konntet es
hören. Dann habe ich ganz plötzlich gehandelt
und alles traf ein. 4 Ich wusste, dass ihr starrsin-
nig seid; euer Nacken ist unbeugsam wie Eisen
und eure Stirn so hart wie Stahl. 5 Deshalb habe
ich euch das alles im Voraus angekündigt, damit
ihr nicht sagen könnt: ›Das hat mein Götze
getan; mein Götzenbild aus Holz und Metall hat
das angeordnet.‹ 6 Ihr habt alles gehört und ihr
seht: Es ist eingetroffen. Wollt ihr das nicht zu-
geben und öffentlich verkünden?
Aber von jetzt an kündige ich etwas Neues
an; bisher war es verborgen und ihr habt nichts
davon gewusst. 7 Es war nicht schon immer da,
eben erst habe ich es geschaffen und in Gang ge-
setzt. Bis zum heutigen Tag habt ihr nichts davon
gehört – sonst würdet ihr sagen: ›Wir haben es ja
schon lange gewusst!‹ 8 Nein, ihr habt nichts
davon gewusst, ihr habt nie etwas davon zu

a Wörtlich *der HERR Zebaot**.

47,6 Sach 1,15 **47,7** 37,24-25 **47,8-9** Zef 2,15; Offb 18,7-8 **47,10** Ps 14,1 S; (Stolz) Jer 9,22-23; Ez 28,3-5 **47,13** Dan 2,1-3 **47,15** Ez 27,36; Nah 3,16; Offb 18,15 **48,1** 65,9; Gen 49,1.8-12; 32,29 **48,2** Jer 7,4 **48,3-5** 41,21-29 S **48,4** Dtn 31,27; Ez 3,7 **48,6** 43,19-21 **48,8** 48,4 S

hören bekommen. Ich kannte euch doch und
wusste: Ihr seid durch und durch treulos. Man
nennt euch nicht umsonst ›Rebell vom Mutter-
leib an‹.
9 Aber weil ich mich mit euch verbunden ha-
be und die Ehre meines Namens auf dem Spiel
steht, bezwinge ich meinen Zorn und vernichte
euch nicht. 10 Im Schmelzofen des Leidens habe
ich euch geprüft, aber es kam kein Silber dabei
heraus![a] 11 Nicht euretwegen, sondern einzig
und allein meinetwegen schaffe ich euch Ret-
tung. Soll ich mich noch länger von den Völkern
verhöhnen lassen? Meine Ehre lasse ich mir von
niemand nehmen!«

Gott hat den Perserkönig beauftragt

12 Der HERR sagt: »Höre, Israel, du Volk der
Nachkommen Jakobs, das ich in meinen Dienst
gestellt habe! Ich bin der eine und einzige Gott,
der Erste und auch der Letzte. 13 Ich habe die
Erde auf festen Grund gestellt, ich habe den
Himmel ausgespannt; nur ein Wort von mir und
sie standen da.
14 Kommt alle herbei, ihr Leute von Israel,
und hört! Wer außer mir hat angekündigt, was
jetzt geschieht? Der Mann, den ich liebe, voll-
streckt meinen Willen an Babylon* und lässt die
Chaldäer* meine Macht spüren. 15 Ich allein
habe es vorhergesagt, ich habe ihn auch gerufen.
Ich habe ihn hergeholt und lasse sein Vorhaben
gelingen.
16 Kommt her zu mir, hört, was ich euch sage!
Von Anfang an habe ich dies öffentlich angekün-
digt, und seit es in Gang gekommen ist, habe ich
meine Hand im Spiel.«
Und jetzt hat der HERR, der mächtige Gott,
mich beauftragt und mir seinen Geist* gege-
ben.[b]

Steht eurem Glück nicht im Weg!

17 Der HERR, der heilige Gott Israels, euer Befrei-
er*, sagt: »Ich, der HERR, euer Gott, sage euch,
was ihr tun und wie ihr leben sollt. Meine Wei-
sungen dienen zu eurem Besten. 18 Hättet ihr
doch auf meine Gebote geachtet! Dann würdet
ihr jetzt Frieden haben und es würde euch an
nichts fehlen; euer Wohlstand würde anschwel-
len wie ein Strom, er würde sich ausbreiten wie
die Wogen des Meeres. 19 Eure Nachkommen
würden so unzählbar sein wie der Sand und ich
würde mich niemals von ihnen abwenden und
sie dem Untergang preisgeben!«

Vorblick auf den Auszug des Volkes Israel aus Babylonien

20 Brecht auf aus Babylon*! Verlasst das Land
der Chaldäer*, so schnell ihr könnt! Freut euch
und jubelt, macht überall bis ans Ende der Erde
bekannt: »Der HERR hat sein Volk, die Nachkom-
men Jakobs, befreit!« 21 Er führt sie durch Wüs-
ten, aber sie leiden keinen Durst; denn er gibt
ihnen zu trinken: Er spaltet Felsen und es strömt
Wasser heraus.
22 »Wer sich gegen mich auflehnt«, sagt der
HERR, »findet keinen Frieden*, sondern stürzt
sich ins Unglück.«

Eine neue Aufgabe für den Bevollmächtigten Gottes

49 Hört her, ihr Menschen am Rand der
Erde, ihr Völker in der Ferne! Schon als
ich noch im Leib meiner Mutter war, hat der
HERR mich in seinen Dienst gerufen und meinen
Namen bekannt gemacht. 2 Er hat mir eine
Zunge gegeben, die scharf ist wie ein Schwert,
und er hält seine schützende Hand über mich. Er
hat mich zu einem sicher treffenden Pfeil ge-
macht und verwahrt mich in seinem Köcher. 3 Er
hat zu mir gesagt: »Du bist mein Bevollmächtig-
ter*, Israel,[c] an dir will ich meine Herrlichkeit
sichtbar machen.«
4 Ich aber dachte: »Ich habe mich vergeblich
abgemüht. Ich habe meine ganze Kraft erschöpft
und nichts erreicht. Doch der HERR wird mir zu
meinem Recht verhelfen und meine Mühe be-
lohnen.«
5 Und nun hat der HERR zu mir gesprochen,
er, der mich schon im Mutterleib dazu bestimmt
hat, ihm zu dienen und die Nachkommen
Jakobs, das Volk Israel, zu sammeln und zu ihm
zurückzuführen. Bei ihm bin ich angesehen, er
gibt mir Kraft. 6 Er hat zu mir gesagt: »Es ist zu
wenig, dass du als mein Bevollmächtigter nur
die Stämme Israels wieder zu Ansehen bringst
und alle zurückführst, die von den Nachkom-
men Jakobs übrig geblieben sind. Ich mache

a Siehe Sacherklärung »Schlacke«.
b Wahrscheinlich gehört dieser Satz in den Zusammenhang von 49,1-6 (vgl. auch 61,1).
c Nach dem Zusammenhang handelt es sich bei dem Angeredeten um eine Einzelperson, die nach Vers 5 eine Aufgabe *an* Israel hat.

48,10 Jer 9,6; Sach 13,9; Mal 3,2-3; Jes 1,25 S; Spr 17,3 S; 1 Petr 1,7 **48,11** 48,9; 42,8; 43,25; Ps 115,1-2 S; Ez 36,20-23 S **48,12** 44,6 S **48,13** Ps 33,9 **48,14-15** 45,1-5 S **48,16** 45,19 **48,17** 41,14 S **48,18** Dtn 5,29 **48,19** Gen 22,17 **48,20** 40,10 S; 52,11-12; Jer 51,45 S **48,21** 41,17-20; Ex 17,6 **48,22** 57,21 **49,1-6** (Gottes Bevollmächtigter) 42,1-4; 50,4-11; 52,13–53,12 **49,1** Jer 1,5 **49,2** Offb 1,16 S **49,6** 42,6; Lk 2,32 S

dich auch zum Licht für die anderen Völker,
damit alle Menschen auf der Erde durch dich
meine rettende Hilfe erfahren.«

Wiederholte Zusage der Befreiung

7 Der HERR, der Befreier* Israels und sein heiliger
Gott, sagt zu dem Volk, das verachtet und von
allen verabscheut wird,[a] das den Tyrannen die-
nen muss: »Könige werden mit ansehen, wie du
befreit wirst, und sie werden vor dir aufstehen.
Fürsten werden sich vor dir niederwerfen.«

Das wird geschehen, weil der HERR sein Wort
hält, weil der heilige Gott Israels dich erwählt
hat.

Gott rettet seinen Bevollmächtigten und sein Volk

8 Der HERR sagt zu seinem Bevollmächtigten:[b]
»Wenn die Zeit kommt, dass ich mich über dich
erbarme, erhöre ich dich; wenn der Tag deiner
Rettung da ist, helfe ich dir. Ich bewahre dich
vor dem Untergang und mache dich zum Frie-
densbringer für mein Volk. Du sollst das ver-
ödete Land wieder bewohnbar machen und als
bleibenden Besitz neu verteilen. 9 Zu den Gefan-
genen wirst du sagen: ›Ihr seid frei!‹, und zu
denen, die im Dunkeln leben: ›Kommt ans Licht!‹

Es wird ihnen unterwegs an nichts fehlen,
wie den Schafen, die noch auf den kahlsten
Höhen Weide finden. 10 Sie werden weder Hun-
ger noch Durst leiden, die Glut der Sonne und
der heiße Wüstenwind werden sie nicht quälen;
denn ich führe sie und bringe sie zu erfrischen-
den Quellen, weil ich es gut mit ihnen meine.
11 Alle Berge, die ihnen im Wege sind, ebne ich
ein; feste Straßen schütte ich für sie auf. 12 Seht
doch, mein Volk kommt von weit her: aus dem
Norden, aus dem Westen und aus dem südlichs-
ten Ägypten!«[c]

13 Freut euch, Himmel und Erde; jubelt, ihr
Berge! Denn der HERR hilft seinem Volk, er hat
Erbarmen mit den Unterdrückten.

Gott liebt sein Volk wie eine Mutter

14 Die Zionsstadt* klagt: »Der HERR hat mich ver-
lassen, mein Gott hat mich vergessen!«

15 Doch der HERR sagt: »Bringt eine Mutter es
fertig, ihren Säugling zu vergessen? Hat sie nicht
Mitleid mit dem Kind, das sie in ihrem Leib
getragen hat? Und selbst wenn sie es vergessen
könnte, ich vergesse euch nicht!

16 Jerusalem, ich habe dich unauslöschlich in
meine Hände eingezeichnet; deine Mauern sind
mir stets vor Augen. 17 Die Leute, die dich wieder
aufbauen werden,[d] sind schon unterwegs; die
Feinde, die dich zerstört und verwüstet haben,
müssen abziehen.

18 Sieh doch, was rings um dich her geschieht!
Schon versammeln sich die Menschen, die in dir
wohnen werden, sie kommen zu dir. So gewiss
ich, der HERR, lebe: Du wirst dich über sie freuen
und stolz auf sie sein, du wirst dich mit ihnen
schmücken wie eine Braut mit dem Hochzeits-
schmuck.

19 In Trümmern lagst du und dein Land rings-
um war verwüstet und menschenleer; aber bald
werden so viele kommen, dass du sie nicht mehr
fassen kannst. Von denen, die dich zerstört
haben, wird man weit und breit nichts mehr se-
hen. 20 Du warst wie eine kinderlose Frau; aber
bald werden deine Kinder zu dir sagen: ›Uns ist
es zu eng hier; schaff uns mehr Platz, damit wir
wohnen können!‹

21 Dann wirst du fragen: ›Wer hat alle diese
Kinder für mich geboren? Meine eigenen hat
man mir geraubt, neue konnte ich nicht mehr ge-
bären; ich war verbannt und verstoßen. Wer hat
diese alle für mich großgezogen? Ich war doch
ganz allein übrig geblieben. Wo kommen sie
her?‹«

22 Der HERR, der mächtige Gott, sagt: »Sieh
her, ich hebe die Hand und stelle mein Feldzei-
chen auf, sodass die Völker es sehen. Dann wer-
den sie deine Söhne und Töchter auf ihre Arme
und Schultern heben und herbeibringen. 23 Kö-
nige werden dich hüten, Fürstinnen werden dich
wie Ammen versorgen. Mit dem Gesicht auf der
Erde müssen sie dich ehren und dir den Staub
von den Füßen küssen. Dann wirst du sehen,
dass ich, der HERR, für dich da bin und dass nie-
mand enttäuscht wird, der mir vertraut.«

24 »Kann man einem Starken seine Beute
wegnehmen?«, fragst du. »Kann man die Opfer
eines Tyrannen[e] aus dem Kerker befreien?«

a *und von allen …:* mit alten Übersetzungen; H *und das alle (Völker) verabscheut.*
b *zu seinem …:* verdeutlichender Zusatz; vgl. 42,1-7.
c *aus dem südlichsten Ägypten:* wörtlich *aus dem Gebiet von Syene* = Assuan (*Syene* mit einer wichtigen Handschrift; H *Sinim*).
d So mit einer wichtigen Handschrift und alten Übersetzungen (wörtlich *Deine Erbauer*); H *Deine Söhne.*
e *eines Tyrannen:* mit einer wichtigen Handschrift und alten Übersetzungen; H *eines Gerechten.*

49,7 49,23; 60,10 **49,8** 2 Kor 6,2 **49,9 a** 42,7 **49,9b-10** 40,11 S **49,11** 40,3-4 S **49,13** 44,23 S **49,14** 40,27 S **49,15** 66,13; Jer 31,20 S; Ps 27,10 **49,16** 31,5.9; 54,1-17 S; Sach 1,14 S **49,18** 60,4-5 **49,19-20** 54,1-3; 60,22; Jer 31,38-40; Sach 2,5-9; 10,10 **49,21** 66,7-8 **49,22** 11,12; 60,4 S **49,23** 60,16

25 Der HERR sagt: »Genau das wird geschehen:
Die Gefangenen des Tyrannen werden befreit
und dem Starken wird seine Beute entrissen. Ich
selbst kämpfe gegen deine Feinde, ich selbst
werde deine Kinder befreien. 26 Deine Unter-
drücker sollen sich gegenseitig umbringen und
in einem Blutrausch sich selbst vernichten. Dann
werden alle Menschen erkennen: Ich, der HERR,
der starke Gott Jakobs, bin dein Retter und dein
Befreier*.«

Gott antwortet auf Klagen seines Volkes

50 Der HERR sagt: »Ihr behauptet, ich hätte
Israel, eure Mutter, verstoßen. Zeigt mir
doch die Scheidungsurkunde*! Ihr behauptet,
ich hätte euch, meine Kinder, als Sklaven
verkauft, wie man es tut, um seine Schulden zu
tilgen. Zeigt mir doch den, dem ich etwas schul-
dig war! Nein, wegen eurer Schuld habe ich euch
weggegeben, wegen eurer Verbrechen habe ich
eure Mutter Israel weggeschickt!
2 Warum stellt sich mir keiner? Warum ant-
wortet ihr nicht?
Ihr denkt, ich sei zu schwach, um euch zu hel-
fen, mein Arm sei zu kurz, um euch zu befreien.
Und doch brauche ich nur ein Wort zu sprechen,
dann trocknet das Meer aus und die Ströme ver-
siegen, sodass die Fische elend umkommen.
3 Ich kann den Himmel schwarz werden lassen,
als trüge er ein Trauerkleid.«

Der Bevollmächtigte Gottes wird angefeindet

4 Gott, der HERR, hat meine Zunge in seinen
Dienst genommen, er zeigt mir immer neu, was
ich sagen soll, um die Müden zu ermutigen. Je-
den Morgen lässt er mich aufwachen mit dem
Verlangen, ihn zu hören. Begierig horche ich auf
das, was er mir zu sagen hat. 5 Er hat mir das
Ohr geöffnet und mich bereitgemacht, auf ihn
zu hören.
Ich habe mich nicht gesträubt und bin vor kei-
nem Auftrag zurückgescheut. 6 Ich habe meinen
Rücken hingehalten, wenn sie mich schlugen,
und mein Kinn, wenn sie mir die Barthaare aus-
rissen. Ich habe mich von ihnen beschimpfen
lassen und mein Gesicht nicht bedeckt, wenn sie
mich anspuckten.
Sie meinen, ich hätte damit mein Unrecht ein-
gestanden;[a] 7 aber der HERR, der mächtige Gott,
steht auf meiner Seite. Deshalb mache ich mein
Gesicht hart wie einen Kieselstein und halte alles
aus. Ich weiß, dass ich nicht unterliegen werde.
8 Ich habe einen Helfer, der meine Unschuld be-
weisen wird; er ist schon unterwegs. Wer wagt
es, mich anzuklagen? Er soll mit mir vor den
Richter treten! Wer will etwas gegen mich vor-
bringen? Er soll kommen! 9 Der HERR, der mäch-
tige Gott, tritt für mich ein. Wer will mich da ver-
urteilen? Alle, die mich beschuldigen, müssen
umkommen; sie zerfallen wie ein Kleid, das von
Motten zerfressen ist.
10 Wer von euch fragt nach dem HERRN, wer
hört auf seinen Bevollmächtigten*? Er darf wis-
sen: Auch wenn sein Weg durchs Dunkel führt
und er nirgends ein Licht sieht – auf den HERRN
kann er sich verlassen, sein Gott hält und führt
ihn. 11 Zu euch aber, die ihr das Feuer schürt und
Brandpfeile anzündet, sagt der HERR: »Ihr lauft
in euer eigenes Feuer und werdet selbst von den
Pfeilen getroffen, die ihr angezündet habt. Ihr
bekommt meine Macht zu spüren; ich sorge da-
für, dass ihr in Qualen endet.«

Das Gottesvolk wird wieder wachsen

51 Der HERR sagt: »Hört auf mich, alle, die
ihr euch bemüht, das Rechte zu tun, und
nach mir fragt! Seht doch auf den Felsen, aus
dem ihr gehauen seid, und auf den Brunnen-
schacht, aus dem ihr gegraben seid! 2 Seht auf
euren Stammvater Abraham und auf eure
Stammmutter Sara! Sie waren nur ein einzelnes
Menschenpaar, als ich sie rief; aber ich habe sie
gesegnet und ihre Nachkommen zu einem
großen Volk gemacht.«
3 Seid gewiss: Der HERR tröstet die Zionsstadt*,
aus den Trümmern lässt er sie neu erstehen. Das
verwüstete Land macht er zu einem Paradies; es
wird blühen und fruchtbar sein wie der Garten
Eden*. Freude und Jubel werden dort erschallen
und ihr werdet eurem Gott Danklieder singen.

Gott bringt seinem Volk immer währenden Frieden

4 Der HERR sagt: »Höre auf mich, mein Volk, ach-
te auf das, was ich sage! Ich lasse meine Weisung
ergehen, meine Rechtsordnung richte ich auf als
Licht für die Völker. 5 Ich bringe die Rettung, sie
ist ganz nahe; meine Hilfe ist schon unterwegs.
Mein starker Arm wird den Streit der Völker
schlichten. Die fernsten Länder setzen ihre
Hoffnung auf mich und warten, dass ich ein-

a *Sie meinen …:* verdeutlichender Zusatz.

49,25 Mk 3,27 par **49,26** Ri 7,22; Jes 41,14 S; 43,3 S **50,1** 54,6-8; Dtn 24,1; Jes 43,24b-25 **50,2** 59,1; Jos 4,23 **50,4-11** 49,1-6 S **50,6** Mk 14,65 par **50,7** Ez 3,8-9 S **50,8-9** Röm 8,31-34 **51,1** 48,1; Dtn 32,18 **51,2** Gen 12,1-2; 17,15-19 **51,3** Gen 2,8-9; Jes 35,1-2 S **51,4-5** 42,1-4.6; 49,6; 2,4 S **51,5** 60,9

greife. 6 Blickt zum Himmel empor: Er wird sich auflösen wie Rauch. Blickt auf die Erde unter euren Füßen: Sie wird zerfallen wie ein altes Kleid und ihre Bewohner werden dahinsterben wie Fliegen.[a] Aber die Rettung, die ich bringe, schafft immer währenden Frieden; nichts wird ihn erschüttern.

7 Hört her, ihr Menschen in meinem Volk! Ihr kennt meine Treue und tragt meine Gebote in eurem Herzen. Habt keine Angst, wenn man euch verhöhnt; lasst euch nicht einschüchtern, wenn man euch mit Spott überschüttet! 8 Eure Feinde werden untergehen, wie ein Wollkleid zerfällt, wenn es die Motten zerfressen. Aber der Frieden, den ich bringe, besteht für immer; mein rettendes Eingreifen bleibt wirksam für alle kommenden Generationen.«

Gott antwortet auf den Hilferuf seines Volkes

9 »Wach auf, HERR«, so ruft ihr, »wach auf! Zeig deine Macht! Gebrauche sie wie in alten Zeiten! Du warst es doch, der den Drachen Rahab* durchbohrt und zerteilt hat. 10 Du warst es, der in der Urzeit die Fluten des Meeres zurückgetrieben hat, sodass das trockene Land herauskam. Und du warst es, der mitten im tiefsten Meer einen Weg bahnte, damit dein befreites Volk hindurchziehen konnte.«

11 Ja, die Seinen, die der HERR befreit hat, kehren heim; voll Jubel kommen sie zum Zionsberg*. Aus ihren Augen strahlt grenzenloses Glück. Freude und Wonne bleiben bei ihnen, Sorgen und Seufzen sind für immer vorbei.

12 »Ich bin es«, sagt der HERR, »ich bin es, der eurem Leiden ein Ende macht! Wie kommt ihr dazu, euch vor Menschen zu fürchten, die doch sterben müssen, die vergänglich sind wie Gras? 13 Habt ihr euren Schöpfer vergessen, der euch erschaffen hat? Es ist derselbe, der den Himmel ausgespannt und die Erde auf festen Grund gestellt hat! Warum zittert ihr dann immerzu vor dem Zorn eurer Unterdrücker? Lasst sie wüten, so viel sie wollen – was können sie euch anhaben? 14 In Kürze werden die Gefangenen befreit, sie sollen nicht im Kerker umkommen, sie sollen nicht verhungern. 15 Denn ich bin der HERR, euer Gott; mein Name ist: ›der HERR, der Herrscher der Welt‹.[b] Ich wühle das Meer auf, dass seine Wogen brausen. 16 Ich spanne den Himmel aus und stelle die Erde auf festen Grund. Und ich sage den Bewohnern der Zionsstadt*: ›Ihr seid mein Volk! Ihr sollt meine Weisungen verkünden und ich halte meine schützende Hand über euch.‹«

17 Raff dich auf, Jerusalem; raff dich auf, steh auf! Der HERR hat dich aus dem Becher seines Zorns trinken lassen; du hast ihn bis zur Neige geleert und bist dem Untergang entgegengetaumelt. 18 Keins von den Kindern, die du geboren und großgezogen hattest, stand dir bei, keins nahm dich bei der Hand und stützte dich. 19 Ein doppeltes Unglück hat dich getroffen, aber niemand hat Mitgefühl mit dir, niemand tröstet dich:[c] Stadt und Land sind verwüstet, und das Volk ist dahingerafft durch Hunger und Schwert! 20 Erschöpft brachen deine Kinder auf den Straßen zusammen, an allen Straßenecken lagen sie und konnten nicht weiter wie das Wild, das sich im Netz verfangen hat. So schrecklich traf sie der grimmige Zorn deines Gottes!

21 Doch nun höre, du Zionsstadt, die du taumelst wie eine Betrunkene, aber nicht von Wein! 22 Höre, was der HERR, dein Gott, dir sagt, dein Beschützer, der für sein Volk eintritt: »Ich nehme dir den Becher aus der Hand, du musst nicht länger den Wein meines Zornes trinken. 23 Ich gebe ihn stattdessen deinen Unterdrückern, die zu dir sagten: ›Wirf dich nieder, damit wir über dich weggehen können!‹ Du musstest dich vor ihnen niederlegen und sie gingen über deinen Rücken wie über eine Straße.«

52 Wach auf, Jerusalem, wach auf! Raff dich auf! Zieh deine prächtigsten Kleider an, du Heilige Stadt! Künftig darf niemand mehr dich betreten, der unbeschnitten* oder unrein* ist. 2 Schüttle den Staub deiner Schande von dir ab und setze dich wieder auf deinen Thron! Der Strick um deinen Hals ist gelöst, du bist keine Gefangene mehr! 3 Denn der HERR sagt: »Als ich euch in die Sklaverei verkaufte, habe ich kein Geld dafür genommen. Darum sollt ihr nun auch ohne Lösegeld befreit werden.«

Gott befreit sein Volk aus Babylon

4 Der HERR, der mächtige Gott, sagt: »Am Anfang zog mein Volk nach Ägypten und musste dort in der Fremde leben. Später kamen die Assyrer* und haben es ohne Grund unterjocht. 5 Und wie steht es jetzt? Man hat sie wie Sklaven weg-

a *wie Fliegen:* mit einer wichtigen Handschrift (wörtlich *wie Heuschrecken*); H *wie dies.*
b Wörtlich *der HERR Zebaot*.*
c *niemand tröstet dich:* mit einer wichtigen Handschrift und alten Übersetzungen; H *Wer bin ich, dich zu trösten?*

51,6 24,4S; Ps 102,26-28; Jes 40,7-8 **51,9** Ps 74,12-14; 89,10-11 **51,10** Ex 14,21-22 **51,11** 35,10S **51,12** 40,6-8S; Ps 56,5S **51,15-16** Jer 31,35-36 **51,17** Jer 25,15S **52,1** Offb 21,2.27; Ez 44,9 **52,3** 45,13; 50,1; 52,5 **52,4** Gen 46,5-6; 2Kön 17,6 **52,5-6** 48,11S **52,5** 2Kön 25,11

geführt und nichts dafür bezahlt. Ihre Unterdrücker brüsten sich damit, ununterbrochen schmähen sie mich und ziehen meinen Namen in den Schmutz. 6 Deshalb werde ich eingreifen, und mein Volk wird erkennen, wer ich bin. Sie werden erfahren, dass ich zur Stelle bin!«

Gott kehrt mit seinem Volk zurück

7 Was für eine Freude! Über die Berge kommt der Siegesbote herbeigeeilt! Er bringt gute Nachricht, er verkündet Frieden und Rettung, er sagt zur Zionsstadt*: »Dein Gott ist König der ganzen Welt!«

8 Horch, die Wächter der Stadt rufen laut, sie jubeln vor Freude; denn sie sehen mit eigenen Augen, wie der HERR auf den Berg Zion zurückkehrt.

9 Jubelt vor Freude, ihr Trümmer Jerusalems; denn der HERR hat Erbarmen mit seinem Volk, er befreit Jerusalem. 10 Er greift ein, er hat seinen heiligen Arm vor den Augen aller Völker erhoben. Bis in den letzten Winkel der Erde sehen sie, wie unser Gott uns rettet.

11 Fort! Fort! Zieht weg von hier! Trennt euch von allem, was unrein ist! Zieht weg aus dem fremden Land, verlasst Babylon*! Macht euch rein*, denn ihr tragt die Geräte für den Tempel des HERRN. 12 Diesmal sollt ihr nicht in Hast und Eile ausziehen, als müsstet ihr fliehen. Der HERR, der Gott Israels, geht vor euch her und er selbst beschließt euren Zug.

Er trug unsere Schuld

13 Der HERR sagt: »Gebt Acht: Meinem Bevollmächtigten* wird gelingen, wozu ich ihn bestellt habe; er wird zu großem Ansehen und höchsten Ehren gelangen. 14 Viele haben sich entsetzt von ihm abgewandt, so entstellt war er. Er hatte keine Ähnlichkeit mehr mit einem Menschen. 15 Doch nun werden viele Völker über ihn staunen,[a] sogar ihren Königen wird es die Sprache verschlagen. Was niemals zuvor geschehen ist, das erleben sie jetzt; wovon sie noch nie etwas gehört haben, das sehen sie mit eigenen Augen.«

53 Wer hätte geglaubt, was uns da berichtet wurde? Wer hätte es für möglich gehalten, dass die Macht des HERRN sich auf solche Weise offenbaren würde? 2 Denn sein Bevollmächtigter wuchs auf wie ein kümmerlicher Spross aus dürrem Boden. So wollte es der HERR. Er war weder schön noch stattlich, wir fanden nichts Anziehendes an ihm. 3 Alle verachteten und mieden ihn; denn er war von Schmerzen und Krankheit gezeichnet. Voller Abscheu wandten wir uns von ihm ab. Wir rechneten nicht mehr mit ihm.

4 In Wahrheit aber hat er die Krankheiten auf sich genommen, die für uns bestimmt waren, und die Schmerzen erlitten, die wir verdient hatten. Wir meinten, Gott habe ihn gestraft und geschlagen; 5 doch wegen unserer Schuld wurde er gequält und wegen unseres Ungehorsams geschlagen. Die Strafe für unsere Schuld traf ihn und wir sind gerettet. Er wurde verwundet und wir sind heil geworden. 6 Wir alle waren wie Schafe, die sich verlaufen haben; jeder ging seinen eigenen Weg. Ihm aber hat der HERR unsere ganze Schuld aufgeladen.

7 Er wurde misshandelt, aber er trug es, ohne zu klagen. Wie ein Lamm, wenn es zum Schlachten geführt wird, wie ein Schaf, wenn es geschoren wird, duldete er alles schweigend, ohne zu klagen. 8 Mitten in der Zeit seiner Haft und seines Gerichtsverfahrens ereilte ihn der Tod. Weil sein Volk so große Schuld auf sich geladen hatte, wurde sein Leben ausgelöscht. Wer von den Menschen dieser Generation macht sich darüber Gedanken? 9 Sie begruben ihn zwischen Verbrechern, mitten unter den Ausgestoßenen,[b] obwohl er kein Unrecht getan hatte und nie ein unwahres Wort aus seinem Mund gekommen war.

10 Aber der HERR wollte ihn leiden lassen und zerschlagen. Weil er sein Leben als Opfer für die Schuld der anderen dahingab, wird er wieder zum Leben erweckt und wird Nachkommen haben. Durch ihn wird der HERR das Werk vollbringen, an dem er Freude hat. 11 Nachdem er so viel gelitten hat, wird er wieder das Licht[c] sehen und sich an dessen Anblick sättigen. Von ihm sagt der HERR:[d]

»Mein Bevollmächtigter hat eine Erkenntnis gewonnen, durch die er, der Gerechte, vielen Heil und Gerechtigkeit* bringt. Alle ihre Ver-

a *werden viele ...:* mit G; H *wird er viele Völker besprengen.*
b *mitten unter den Ausgestoßenen:* Dies ist im Zusammenhang der wahrscheinlichste Sinn; es kann aber auch übersetzt werden: *bei einem Reichen* bzw. *bei Reichen* (vgl. Mt 27,57-60).
c *das Licht:* mit einer wichtigen Handschrift und G; fehlt in H.
d *Von ihm ...:* verdeutlichender Zusatz.

52,7 40,9-10; 41,27; Nah 2,1; Röm 10,15; Eph 6,15; (Gott ist König) Ps 47,6-10 S **52,8** 40,3-5; Ez 43,1-9 **52,10** Ps 98,1-3 **52,11** 48,20 S; 2 Kor 6,17; (Geräte) 2 Kön 25,14-15 **52,12** Ex 12,11; 13,21 **52,13–53,12** 49,1-6 S **52,15** Röm 15,21 **53,1** Joh 12,38; Röm 10,16 **53,3** Ps 22,7 **53,4** Mt 8,17 **53,5-6** 1 Petr 2,24-25 **53,6** 2 Kor 5,21 **53,7-8** Apg 8,32-33 **53,7** Mk 14,65 par; Joh 1,29; Offb 5,6 **53,9** 1 Petr 2,22 **53,10** Mk 10,45 par; Gal 1,4; 1 Joh 2,2 **53,11 b** Apg 3,14 S; Röm 5,18-19; 1 Kor 1,30

gehen nimmt er auf sich. 12 Ich will ihn zu den
Großen rechnen, und mit den Mächtigen soll er
sich die Beute teilen. Denn er ging in den Tod
und ließ sich unter die Verbrecher zählen. So
trug er die Strafe für viele und trat für die Schul-
digen ein.«

Gott verwandelt die Schande Jerusalems in Ehre

54 »Freu dich, du Unfruchtbare, die keine
Kinder zur Welt gebracht hat! Juble laut,
obwohl du nie in Wehen gelegen hast! Denn die
verlassene Frau wird mehr Kinder haben als die,
die mit dem Mann zusammenlebt.« Das sagt der
HERR zur Zionsstadt*.

2 Mach dein Zelt größer! Spanne deine Zelt-
decken aus, ohne zu sparen! Verlängere die Seile
und schlag die Zeltpflöcke fest ein! 3 Denn nach
Süden und Norden wirst du dich ausbreiten.
Deine Kinder werden das Gebiet fremder Völker
in Besitz nehmen und die verwüsteten Städte
besiedeln.

4 Hab keine Angst! Du wirst nicht wieder ent-
täuscht, du brauchst dich nicht mehr zu schä-
men. An die Schande deiner Jugendzeit und die
Schmach deiner Witwenschaft wirst du bald
nicht mehr denken. 5 Denn dein Schöpfer ist ja
dein Ehemann – er heißt ›der HERR, der Herr-
scher der Welt‹.[a] Der heilige Gott Israels ist dein
Befreier* – der Gott, dem die ganze Erde gehört!

6 Jerusalem, du bist wie eine Frau, die von
ihrem Mann verlassen wurde und tief beküm-
mert ist; aber jetzt ruft er dich zurück.

»Kann denn jemand seine Jugendliebe ver-
stoßen?«, sagt der HERR. 7 »Für eine kleine Weile
habe ich dich verlassen, aber weil ich dich von
Herzen liebe, hole ich dich wieder heim. 8 Als
der Zorn in mir aufstieg, habe ich mich für einen
Augenblick von dir abgewandt. Aber nun will
ich dir für immer gut sein. Das sage ich, der
HERR, der dich befreit.

9 Zur Zeit Noachs schwor ich: ›Nie mehr soll
das Wasser die Erde überfluten!‹ So schwöre ich
jetzt: ›Nie mehr werde ich zornig auf dich sein
und nie mehr dir drohen! 10 Berge mögen von
ihrer Stelle weichen und Hügel wanken, aber
meine Liebe zu dir kann durch nichts erschüttert
werden und meine Friedenszusage wird nie-
mals hinfällig.‹ Das sage ich, der HERR, der dich
liebt.«

Gott macht Jerusalem herrlich und unbesiegbar

11 »Du heimgesuchte, verwüstete, preisgegebene
Stadt! Ich gründe deine Mauern auf ein Funda-
ment aus Lapislazuli,[b] ich bette ihre Steine
in kostbaren, unzerstörbaren Mörtel. 12 Deine
Mauerzinnen mache ich aus Rubin, deine Tore
aus Karfunkelstein und die Mauern schmücke
ich mit kostbaren Edelsteinen.

13 Alle deine Bewohner werden meinen Wil-
len kennen, ich selbst habe sie gelehrt, und sie
werden in Glück und ungestörtem Frieden le-
ben. 14 Mein Beistand wird dein Schutz sein. Du
brauchst keine Not zu fürchten, Angst und
Schrecken dürfen sich dir nicht nahen. 15 Wenn
dich jemand angreifen will, kann er nicht auf
meine Hilfe zählen; du wirst ihm den Untergang
bereiten.

16 Der Schmied, der das Feuer anfacht, um
eine Waffe zu schmieden, ist mein Geschöpf und
genauso der Krieger, der mit dieser Waffe Tod
und Verderben bringt. 17 Deshalb werden keine
Waffen etwas gegen dich ausrichten können,
und jede Anklage, die gegen dich erhoben wird,
kannst du entkräften. Dies garantiere ich dem
Volk, das mir dient; dies ist das Vorrecht, das ich
euch gewähre für alle Zeit.«

Das sagt der HERR.

Der Bund mit David ist nicht hinfällig

55 »Her, wer Durst hat! Hier gibt es Wasser!
Auch wer kein Geld hat, kann kommen!
Kauft euch zu essen! Es kostet nichts! Kommt,
Leute, kauft Wein und Milch! Zahlen braucht ihr
nicht! 2 Warum gebt ihr euer Geld aus für Brot,
das nichts taugt, und euren sauer verdienten
Lohn für Nahrung, die nicht satt macht? Hört
doch auf mich, dann habt ihr es gut und könnt
euch an den erlesensten Speisen satt essen!
3 Hört doch, kommt zu mir! Hört auf mich, dann
werdet ihr leben!

Ich will mit euch einen unauflöslichen Bund*
schließen. Die Zusagen, die ich David gegeben
habe, sind nicht ungültig geworden: An euch
werde ich sie erfüllen. 4 Ihn habe ich einst zum
Herrscher über viele Völker gemacht, damit sie
durch ihn meine Macht erkennen. 5 Auch durch
euch sollen jetzt fremde Völker mich kennen
lernen: Ihr werdet Völker rufen, die ihr nicht

a Wörtlich *der HERR Zebaot**.   *b* Lasurstein, ultramarinblaues Mineral.

53,12 Mk 15,27 par; Lk 22,37 **54,1-17** (Wende für Jerusalem) 62,1-12; 66,7-14; Joël 4,17; Sach 1,13-17; 2,5-9; 8,1-8; Jes 49,16 S; 60,1-22 S **54,1-3** 49,20-21 **54,1** Gal 4,27 **54,5** Hos 2,21; Jes 41,14 S **54,6** 50,1 **54,7-8** 60,10; Ps 30,6; Klgl 3,31-32 **54,9** Gen 9,8-17 **54,10** Ez 34,25 S **54,11-12** Tob 13,17; Offb 21,18-21 **54,13** Jer 31,34 S **55,1** 12,3; Joh 7,37 S **55,3 b** 61,8; 2 Sam 7,8-16; Ps 89,31-38; Apg 13,34 **55,5** 43,10-13; 44,5; 45,14-17; 49,7.22-23; 52,10

kennt; und Völker, die euch nicht kennen, wer-
den begierig zu euch kommen, wenn sie sehen,
was ich an euch tue. Denn ich, der heilige Gott
Israels, euer Gott, bringe euch zu hohen Ehren.«

Kann Gott seine Zusage wahr machen?

6 Sucht den HERRN, jetzt ist er zu finden! Ruft
ihn, jetzt ist er nahe! 7 Wer seine eigenen Wege
gegangen ist und sich gegen den HERRN aufge-
lehnt hat, der lasse von seinen bösen Gedanken
und kehre um zum HERRN, damit er ihm vergibt!
Denn unser Gott ist reich an Güte und Erbar-
men.
8 »Meine Gedanken – sagt der HERR – sind
nicht zu messen an euren Gedanken und meine
Möglichkeiten nicht an euren Möglichkeiten.
9 So hoch der Himmel über der Erde ist, so weit
reichen meine Gedanken hinaus über alles, was
ihr euch ausdenkt, und so weit übertreffen
meine Möglichkeiten alles, was ihr für möglich
haltet.
10 Wenn Regen oder Schnee vom Himmel
fällt, kehrt er nicht wieder dorthin zurück, ohne
dass er etwas bewirkt: Er durchfeuchtet die Erde
und macht sie fruchtbar, sodass sie Korn für das
tägliche Brot hervorbringt und Saatgut für eine
neue Ernte. 11 Genauso ist es mit dem Wort, das
ich spreche: Es kehrt nicht unverrichteter Dinge
zu mir zurück, sondern bewirkt, was ich will,
und führt aus, was ich ihm auftrage.«

Der Jubel des befreiten Volkes

12 Unter Jubel werdet ihr den Weg in die Freiheit
antreten, mit sicherem Geleit werdet ihr heim-
kehren. Berge und Hügel werden in ein Freu-
dengeschrei ausbrechen, wenn sie euch sehen,
und die Bäume der Steppe werden in die Hände
klatschen. 13 Wo ihr durchzieht, wachsen statt
Dornbüschen Zypressen und statt Brennnesseln
Myrten. Dies alles geschieht, damit der HERR
gerühmt und gepriesen wird. Er setzt sich damit
ein Denkmal, das alle Zeiten überdauert.

AUSBLICK AUF DIE KOMMENDE HEILSZEIT (Kapitel 56–66)

Gott nimmt sich der Ausgeschlossenen an

56 Der HERR sagt: »Tut, was recht ist, und
haltet euch an meine Ordnungen! Dann
kann ich euch bald die Hilfe bringen, die ich
euch zugesagt habe. 2 Glück und Frieden werden
alle erleben, die meine Gebote befolgen. Freuen
darf sich, wer den Sabbat* nicht durch Arbeit
entweiht und seine Hand von allem Unrecht zu-
rückhält!«
3 Der Ausländer, der sich dem Volk des HERRN
angeschlossen hat, soll nicht sagen: »Der HERR
wird mich wieder aus seinem Volk ausstoßen!«
Der Eunuch*, der zeugungsunfähig gemacht
worden ist, soll nicht sagen: »Ich bin ein abge-
storbener Baum!«
4 Der HERR sagt: »Wenn ein Kastrierter mei-
nen heiligen Tag, den Sabbat*, beachtet und
mein Gesetz* befolgt, 5 dann bekommt er in
meinem Haus einen Gedenkstein, auf dem sein
Name steht. Das wird die Erinnerung an ihn bes-
ser bewahren als Söhne und Töchter. So sorge
ich dafür, dass sein Name niemals in Vergessen-
heit gerät.
6 Und wenn Ausländer sich meinem Volk
anschließen, wenn sie mich lieben und mir ge-
horchen, den Sabbat nicht entweihen und das
Gesetz des Bundes* befolgen, den ich mit Israel
geschlossen habe, 7 dann dürfen sie in mein
Heiligtum auf dem Zionsberg* kommen und die
Festfreude meines Volkes teilen. Sie dürfen
Brandopfer und Mahlopfer auf meinem Altar
darbringen und ich werde an ihren Opfern*
Freude haben. Mein Tempel soll eine Stätte sein,
an der alle Völker zu mir beten können.«
8 Der HERR, der mächtige Gott, der die zer-
streuten Israeliten in ihr Land zurückgebracht
hat, sagt: »Ich will noch mehr Menschen herbei-
bringen und mit euch vereinen!«

Gegen die gewissenlosen Führer des Volkes

9 Der HERR sagt: »Ihr Völker, kommt und stürzt
euch auf mein Volk wie Raubtiere auf ihre Beute!
10 Seine Führer haben versagt; sie sehen nicht die
Gefahr, die ihm droht. Sie sind wie blinde Wäch-
ter, die nichts merken, wie stumme Wachhunde,
die nicht bellen können. Sie liegen da und dösen;
ihre Ruhe geht ihnen über alles. 11 Aber gierig
sind sie wie Hunde, die nie satt werden. Das sind
die rechten Hirten für meine Herde! Vom Auf-
passen halten sie nichts. Sie sorgen nur für sich
selbst und suchen ihren eigenen Vorteil. 12 Sie
grölen:

›Kommt und trinkt, vergesst die Sorgen!
Auf, schafft Bier und Wein ins Haus!
Schwingt die Becher heut und morgen,
gießt sie voll und trinkt sie aus!‹«

55,6 Jer 29,13-14 S **55,11** 40,8; 44,26; 48,13; Ps 33,4.9 **55,12** 44,23 S **55,13** 35,1-2 S **56,2** 58,13-14; Jer 17,21-22 S **56,3** 14,1; Apg 8,27-28 **56,4-5** Weish 3,14 **56,7** 1 Kön 8,41-43; Mk 11,17 par **56,8** 66,18b-19 **56,11** Ez 34,2 **56,12** 5,11-12 S

Gegen den Götzendienst der Israeliten

57 Der HERR sagt: »Die wenigen, die noch
das Recht achten und mir die Treue hal-
ten, gehen zugrunde und niemand macht sich
etwas daraus; sie kommen um und keiner küm-
mert sich darum. Aber ich nehme sie hinweg,
damit sie nicht länger unter der Gewalt des
Unrechts leiden müssen. Sie gehen ein in mei-
nen Frieden, 2 die ewige Ruhe wird ihnen zuteil.
Das ist der Lohn ihrer Treue.

3 Ihr aber, ihr Götzendiener, empfangt euer
Urteil! Ihr beleidigt mich mit eurer Zauberei und
Hurerei*! 4 Und dann spottet ihr noch über
mich, reißt euer großes Maul auf und streckt mir
die Zunge heraus! Wisst ihr nicht, wen ihr da
herausfordert, ihr Lügenbrut? 5 Unter jedem gro-
ßen Baum hurt ihr zu Ehren eurer Götzen, und
drunten in den Tälern, unter überhängenden
Felsen, schlachtet ihr ihnen die eigenen Kinder!
6 Den Steinen im Bachbett opfert ihr Speise- und
Trankopfer*; dafür werdet ihr jetzt unter ihnen
begraben. Oder meint ihr im Ernst, dass ich mir
das alles gefallen lasse?
7 Israel, du Hure! Auf jedem Berggipfel
schlägst du dein Hurenlager auf und feierst deine
Opfermähler*. 8 An der Innenseite deiner Türen
und Türpfosten bringst du magische Zeichen an.
Mich verlässt du und besteigst im Dienst fremder
Götter deine Hurenlager; du liebst dieses scham-
lose Treiben und lässt dich dafür bezahlen.[a]
9 Dem Götzen Melech[b] opferst du kostbares duf-
tendes Öl. Bis in die Totenwelt* schickst du
deine Boten. 10 Alles versuchst du, um Rat und
Hilfe zu finden. Du willst nicht einsehen, dass es
vergebliche Mühe ist. Immer wieder schöpfst du
neue Hoffnung.

11 Vor wem hast du denn solche Angst, dass
du meinst, mich betrügen zu müssen? Nach mir
fragst du nicht, um mich kümmerst du dich
nicht. Ich habe lange Zeit schweigend zuge-
sehen. Deshalb hast du gedacht, mit mir brauch-
test du nicht mehr zu rechnen. 12 Aber ich werde
aufdecken, was deine Taten wert sind. Alle
deine Vorkehrungen werden dich nicht retten.
13 Schrei doch zu deinen Götzen, damit sie dir
helfen! Ein Windhauch genügt, um sie wegzu-
blasen.

Die aber, die von mir allein Hilfe erwarten,
werden das Land Israel besitzen; sie werden auf
meinem heiligen Berg wohnen.«

Gottes Hilfe für die Zerschlagenen

14 Der HERR sagt: »Ebnet den Weg! Bahnt die
Straße! Schafft vor meinem Volk alle Hindernisse
beiseite!«
15 Er, der hohe und erhabene Gott, der Heili-
ge, dessen Thron ewig steht, sagt: »Ich wohne in
der Höhe, in unnahbarer Heiligkeit. Aber ich
wohne auch bei den Gedemütigten und Verzag-
ten, ich gebe ihnen Hoffnung und neuen Mut!
16 Ich klage nicht länger an, ich lasse meinem
Zorn nicht unbegrenzt freien Lauf. Sonst würde
mein Volk, das ich doch geschaffen habe, völlig
zugrunde gehen.
17 Ich war zornig und bestrafte sie, weil sie in
ihrer Habgier schwere Schuld auf sich geladen
hatten. Ich wandte mich von ihnen ab und ließ
Unheil über sie hereinbrechen, das sie selbst ver-
schuldet hatten. 18 Denn ich habe genau gese-
hen, wie sie es trieben.

Aber jetzt richte ich sie wieder auf und führe
sie. Als Entschädigung für das, was sie erlitten
haben, gebe ich ihnen Freude und Trost. 19 Ich
sorge dafür, dass sie mich mit Lobliedern preisen
können. Allen schenke ich Glück und Frieden:
denen, die in der Nähe leben, und denen, die
noch in der Ferne zerstreut sind. Ich mache alles
wieder gut. Ich, der HERR, sage es.
20 Die Menschen aber, die sich gegen mich
auflehnen, sind wie die unruhigen Meereswo-
gen, die Schlamm und Schmutz aufwühlen.
21 Wer nichts von mir wissen will, findet keinen
Frieden*, sondern stürzt sich ins Unglück.«
Das sagt mein Gott.

Hat unser Gottesdienst denn einen Sinn?

58 Der HERR sagt: »Rufe, so laut du kannst!
Lass deine Stimme erschallen wie eine
Posaune! Halte meinem Volk, den Nachkommen
Jakobs, ihr Unrecht und ihre Vergehen vor! 2 Sie
fragen mich Tag für Tag, warum ich sie solche
Wege führe. Wie ein Volk, das sich an das Recht
hält und meine Gebote befolgt, fordern sie von
mir, dass ich zu ihrer Rettung eingreife, und wün-
schen sich, dass ich ihnen nahe bin. 3 ›Was für
einen Sinn hat es‹, jammern sie, ›dass wir Fast-
tage* abhalten und deinetwegen Entbehrungen
auf uns nehmen? Du beachtest es ja gar nicht!‹

Darauf sage ich, der HERR: Seht doch, was ihr
an euren Fasttagen tut! Ihr geht euren Geschäf-
ten nach und beutet eure Arbeiter aus. 4 Ihr

a Oder mit einer kleinen Textänderung: *und bezahlst noch dafür* (vgl. Ez 16,30-34).
b *Melech* = »König«, ein kanaanitischer Gott.

57,1-2 Weish 3,1-3; Dan 12,13 **57,3-8** Jer 2,20 S; Ez 16,16-21 **57,9** 1 Sam 28,6-7 **57,11** Ps 14,1 S **57,13 b** Ps 37,9-11 **57,14** 40,3-4 S; 62,10 **57,15** 66,1-2; 61,1; Ps 113,5-9 **57,16** Jer 3,12 S **57,19** Eph 2,17 **57,21** 48,22

fastet zwar, aber ihr seid zugleich streitsüchtig
und schlagt sofort mit der Faust drein. Darum
kann euer Gebet nicht zu mir gelangen. 5 Ist das
vielleicht ein Fasttag, wie ich ihn liebe, wenn ihr
auf Essen und Trinken verzichtet, euren Kopf
hängen lasst und euch im Sack* in die Asche
setzt? Nennt ihr das ein Fasten, das mir gefällt?

6 Nein, ein Fasten, wie ich es haben will, sieht
anders aus! Löst die Fesseln der Gefangenen,
nehmt das drückende Joch* von ihrem Hals,
gebt den Misshandelten die Freiheit und macht
jeder Unterdrückung ein Ende! 7 Ladet die Hun-
gernden an euren Tisch,[a] nehmt die Obdach-
losen in euer Haus auf, gebt denen, die in Lum-
pen herumlaufen,[b] etwas zum Anziehen und
helft allen in eurem Volk, die Hilfe brauchen!

8 Dann strahlt euer Glück auf wie die Sonne
am Morgen und eure Wunden heilen schnell; eu-
re guten Taten gehen euch voran und meine
Herrlichkeit* folgt euch als starker Schutz.
9 Dann werdet ihr zu mir rufen und ich werde
euch antworten; wenn ihr um Hilfe schreit,
werde ich sagen: ›Hier bin ich!‹

Wenn ihr aufhört, andere zu unterdrücken,
mit dem Finger spöttisch auf sie zu zeigen und
schlecht über sie zu reden, 10 wenn ihr den Hun-
gernden zu essen gebt und euch den Notleiden-
den zuwendet, dann wird eure Dunkelheit hell
werden, rings um euch her wird das Licht strah-
len wie am Mittag. 11 Ich, der HERR, werde euch
immer und überall führen, auch im dürren Land
werde ich euch satt machen und euch meine
Kraft geben. Ihr werdet wie ein Garten sein, der
immer genug Wasser hat, und wie eine Quelle,
die niemals versiegt. 12 Was seit langer Zeit in
Trümmern liegt, werdet ihr wieder aufbauen;
auf den alten Fundamenten werdet ihr alles von
neuem errichten. Man wird euch das Volk nen-
nen, das die Lücken in den Stadtmauern schließt
und die Stadt wieder bewohnbar macht.«

Der Segen der Sabbatheiligung

13 Der HERR sagt: »Achtet den Sabbat* als einen
heiligen Tag, der mir gehört! Entehrt ihn nicht
dadurch, dass ihr euren Beschäftigungen nach-
geht. Entweiht ihn nicht durch Reisen oder
durch Arbeit oder irgendwelche Geschäfte. Be-
trachtet ihn nicht als eine Last, sondern als einen
Anlass zur Freude!

14 Dann werde ich selbst die Quelle eurer
Freude sein. Über alle Hindernisse lasse ich euch
triumphieren und ihr könnt den Ertrag des Lan-
des genießen, das ich eurem Stammvater Jakob
gegeben habe.«

Der HERR hat das gesagt.

Der Prophet erhebt Anklage gegen sein Volk

59 Meint ihr, der Arm des HERRN sei zu
kurz, um euch zu helfen, oder der HERR
sei taub und könne euren Hilferuf nicht hören?
2 Nein, sondern wie eine Mauer steht eure
Schuld zwischen euch und eurem Gott; wegen
eurer Vergehen hat er sich von euch abgewandt
und hört euch nicht! 3 An euren Händen klebt
Blut, Unrecht befleckt eure Finger, und wenn ihr
den Mund aufmacht, kommt Lüge und Betrug
heraus.

4 Vor Gericht seid ihr nicht ehrlich; keiner
fragt danach, ob wirklich Recht gesprochen
wird. Ihr stützt eure Anklagen auf Lug und Trug.
Ihr schmiedet Pläne, um andere ins Verderben
zu stürzen. 5 Eure Anschläge sind so tödlich wie
die Eier giftiger Schlangen: Wer davon isst, muss
sterben, und wenn man eins zerdrückt, schlüpft
eine Otter heraus. Was ihr tut, gleicht dem Ge-
webe der Spinnen: 6 Kleider und Decken kann
man daraus nicht machen; aber lebende Beute
wird darin gefangen und umgebracht.

7 Immerzu plant ihr Böses und brennt darauf,
es auszuführen. Ihr habt keine Hemmungen, das
Blut unschuldiger Menschen zu vergießen. Wo
ihr geht, hinterlasst ihr Zerstörung und Verwüs-
tung. 8 Um Glück und Frieden für andere küm-
mert ihr euch nicht; alle eure Taten sind Un-
recht.

Wer krumme Wege geht, findet keinen Frie-
den*, sondern stürzt sich ins Unglück.

Schuldbekenntnis des Volkes

9 »Jetzt wissen wir, warum Gott uns nicht gegen
unsere Feinde beisteht, weshalb wir von seiner
Treue nichts merken. Wir hoffen auf Licht, aber
rings um uns ist es dunkel. Wir warten darauf,
dass es hell wird, aber da ist nichts als finstere
Nacht. 10 Wie Blinde tasten wir uns an der Wand
entlang. Am hellen Mittag stolpern wir, als hätte
uns die Dunkelheit überfallen; in der Blüte unse-
res Lebens sind wir wie Tote. 11 Wir alle brum-
men wie aufgeschreckte Bären und gurren wie
klagende Tauben. Wir warten sehnlichst darauf,

a Wörtlich *Brich dem Hungernden dein Brot.* Mit dem »Brotbrechen« (siehe Sacherklärung) wurde die häusliche oder festliche Mahlzeit eröffnet. *b in Lumpen:* wörtlich *nackt;* vgl. Anmerkung zu 20,1-2.

58,5 (Fasttag) 2 Sam 12,16-17; Esra 10,6; Neh 1,4; 9,1; Est 4,3.16; Dan 9,3; 10,2-3; Joël 1,13-14; 2,15-17; Jona 3,5; Jdt 9,1 **58,6** Neh 5,1-13 **58,7** Dtn 15,7-8; Ez 18,7; Mt 25,35-36 **58,8** 52,12 **58,9** 65,24 S **58,11** Jer 31,12 **58,12** 61,4; Neh 2,16-17 **58,13** 56,2 S **58,14** Ps 37,4 **59,1** 50,2 **59,3** 1,15 **59,4-8** Spr 1,10-19 **59,7-8** Röm 3,15-17 **59,9-15** Dan 9,4-19 S **59,10** Dtn 28,29 **59,11** 38,14

dass Gott eingreift und uns von unseren Unter-
drückern befreit; aber nichts geschieht.
12 HERR, wir haben uns vielfach gegen dich
vergangen! Unsere Verfehlungen klagen uns an,
wir kennen unsere Schuld. 13 Wir waren dir un-
treu und sind dir abtrünnig geworden, wir haben
dir den Gehorsam verweigert. Wir haben unsere
Mitmenschen erpresst und verleumdet. Wir ha-
ben gelogen und betrogen. 14 Von Recht und Ge-
rechtigkeit ist nichts mehr bei uns zu finden.
Ehrlichkeit und Redlichkeit sind auf dem Markt-
platz nicht mehr gefragt. 15a Zuverlässigkeit gibt
es nicht mehr. Wer sich vom Unrecht fern hält,
dem spielen die anderen übel mit.«

Gott greift ein

15b Der HERR hat dies alles gesehen, und es miss-
fällt ihm, dass es kein Recht mehr gibt. 16 Er wun-
dert sich, dass niemand da ist, der dagegen ein-
schreitet. Darum greift er mit eigener Hand ein
und verschafft seinem Willen Geltung.
17 Er zieht die Gerechtigkeit als Panzer an,
und die rettende Macht ist sein Helm. Als Mantel
trägt er den festen Entschluss und das brennende
Verlangen, alles Unrecht zu bestrafen. 18 Seine
Feinde bekommen seinen vollen Zorn zu spüren,
selbst wenn sie am Ende der Erde wohnen. Er
lässt ihre Taten auf sie selbst zurückfallen.
19 Überall in Ost und West wird man seinen Na-
men ehren und seine Macht anerkennen. Denn
er kommt wie eine reißende Flut, die der Sturm
herantreibt. 20 Doch für die Gemeinde auf dem
Zionsberg* kommt er als Befreier*, für alle
Nachkommen Jakobs, die umkehren und sich
nicht länger gegen ihn auflehnen.
21 »Ich schließe mit ihnen einen Bund*«, sagt
der HERR, »und gebe ihnen die feste Zusage:
Mein Geist*, den ich dir, meinem Propheten*,
gegeben habe, und die Worte, die ich dir anver-
traut habe, werden bei deinen Nachkommen
lebendig bleiben und bei den Nachkommen
deiner Nachkommen, von einer Generation zur
andern. Ich, der HERR, sage es.«

Die künftige Herrlichkeit Jerusalems

60 Der HERR sagt: »Steh auf, du trauernde
Zionsstadt![a] Lass dein Gesicht hell strah-
len, denn dein Licht kommt: Die Herrlichkeit*
des HERRN geht über dir auf wie die Sonne! 2 Auf
der ganzen Erde liegt Finsternis, die Völker tap-
pen im Dunkel; doch über dir strahlt dein Gott
auf, der Glanz seiner Herrlichkeit geht über dir
auf. 3 Alle Völker machen sich auf zu dem Licht,
das sich über dich ergießt, und ihre Könige wol-
len den Glanz sehen, in dem du strahlst.
4 Sieh, was rings um dich her geschieht! Sieh,
wie sie sich versammeln und zu dir strömen!
Deine Söhne kommen aus der Ferne und deine
Töchter werden auf den Armen herbeigetragen.
5 Du wirst es sehen und dich freuen, vor Glück
wird dir das Herz klopfen. Die Schätze der Völ-
ker werden zu dir gebracht, ihre Reichtümer
weit über das Meer herbeigeschafft.
6 Karawanen von hoch beladenen Kamelen
kommen aus Midian* und Efa. Die Leute aus
Saba kommen mit Gold und Weihrauch und
rühmen meine mächtigen Taten. 7 Alle Schafe
von Kedar* und die prächtigen Schafböcke von
Nebajot werden zu dir getrieben und stehen dir
zur Verfügung. Als Opfer*, an denen ich Gefal-
len habe, kommen sie auf meinen Altar, und ich
werde meinen Tempel prächtig ausschmücken.
8 Was kommt da wie Wolken übers Meer ge-
flogen, wie Tauben, die zu ihren Schlägen zu-
rückkehren? Schiffe mit leuchtenden Segeln![b]
9 Die Völker an den fernsten Küsten setzen ihre
Hoffnung auf mich, ihre Schiffe[c] bringen deine
Kinder herbei und dazu als Geschenke Silber
und Gold. Das alles geschieht, um den HERRN,
deinen Gott, zu ehren, und weil ich, der heilige
Gott Israels, dich zu Ehren bringen will.
10 Ausländer bauen deine Mauern wieder auf,
ihre Könige stehen dir zu Diensten. In meinem
Zorn habe ich dich gestraft, aber nun habe ich
wieder Erbarmen mit dir und lasse dich meine
Liebe spüren. 11 Deine Tore werden nicht mehr
geschlossen, bei Tag und Nacht werden sie
offen stehen, damit die Völker ihre Reichtümer
zu dir bringen können; ihre Könige ziehen ihnen
voran.[d] 12 Aber die Völker und Reiche, die dir
nicht dienen wollen, werden vollständig ver-
nichtet.
13 Die prächtigen Bäume des Libanongebirges
werden zu dir gebracht, Stämme von Wacholder-
bäumen, Pinien und Zypressen, um mein Heilig-
tum, den Schemel meiner Füße, herrlich auszu-
statten. 14 Die Söhne deiner Unterdrücker und
alle, die dich verspottet haben, beugen sich tief

a *du trauernde Zionsstadt*:* verdeutlichender Zusatz.
b *Schiffe ...:* verdeutlichender Zusatz.
c Wörtlich *die Tarschisch-Schiffe:* siehe Sacherklärung »Tarschisch«.
d *ihre Könige ...:* mit veränderten Vokalen; H *und ihre hergetriebenen Könige.*

59,17 Eph 6,11-17 S **59,20** 41,14 S; Röm 11,26 **59,21** Dtn 18,15.18 **60,1-22** (Herrlichkeit Jerusalems) 65,16b-25; Sach 14,1-11; Offb 21,9–22,5; Jes 49,16 S; 54,1-17 S **60,1-2** 9,1; Ps 27,1 S; Offb 21,23 **60,3** 2,2.5; Offb 21,24 **60,4** 49,18.22; 62,10; 66,20; Bar 5,6 **60,5** 60,13; 66,12; Offb 21,26 **60,6** 1 Kön 10,1-2; Ps 72,10.15 **60,7** Ez 27,21; Hag 2,7 **60,9** 51,5 **60,10** 61,5; 54,8 **60,11** Offb 21,25-26 **60,13** Hag 2,7.9; (Schemel) Klgl 2,1 S **60,14** 14,2; Ez 48,35

und werfen sich vor dir nieder. Sie nennen dich: ›Zion, die Stadt, die dem HERRN, dem heiligen Gott Israels, gehört‹.

15 Du sollst nicht länger die verlassene und verhasste Stadt sein, die von allen gemieden wird; denn ich mache dich wieder groß und prächtig, zum Ort der Freude für alle kommenden Generationen. 16 Du wirst umhegt werden wie ein Säugling; du wirst die Milch der Völker saugen, und Könige werden dich an ihrer Brust nähren. Dann wirst du erkennen, dass ich, der HERR, der starke Gott Jakobs, dein Retter und Befreier bin.

17 Statt Bronze bringe ich dir Gold, statt Eisen Silber, statt Holz Bronze und statt Steinen Eisen. Du wirst nicht mehr unterdrückt und ausgebeutet, sondern Gerechtigkeit und Frieden werden regieren. 18 In deinem Land wird es keine Verbrechen mehr geben, keine Zerstörung und Verwüstung. Deine Mauern geben dir Schutz und deine Tore bringen dir Ruhm.

19 In Zukunft brauchst du nicht mehr die Sonne als Licht für den Tag noch den Mond als Licht für die Nacht; denn ich, der HERR, dein Gott, werde für immer dein Licht sein und dir mit meinem herrlichen Glanz leuchten. 20 Darum wird dein Licht niemals untergehen wie die Sonne oder abnehmen wie der Mond. Ich leuchte dir in alle Ewigkeit und deine Trauer wird für immer ein Ende haben.

21 Dein Volk wird sich nach meinen Geboten richten und nie wieder wird es aus dem Land vertrieben. Es wird gedeihen wie ein Garten, den ich selbst gepflanzt habe; ich zeige an ihm meine Schöpfermacht, damit meine Herrlichkeit allen Völkern sichtbar wird. 22 Es wird wachsen und stark werden; noch die kleinste Sippe wird tausend Glieder zählen. Wenn die Zeit gekommen ist, werde ich dies unversehens herbeiführen, ich, der HERR.«

Auftrag und Botschaft des Propheten

61 Der Geist* des HERRN hat von mir Besitz ergriffen. Denn der HERR hat mich gesalbt* und dadurch bevollmächtigt, den Armen gute Nachricht zu bringen. Er hat mich gesandt, den Verzweifelten neuen Mut zu machen, den Gefangenen zu verkünden: »Ihr seid frei! Eure Fesseln werden gelöst!« 2 Er hat mich gesandt, um das Jahr auszurufen, in dem der HERR sich seinem Volk gnädig zuwendet, um den Tag anzusagen, an dem unser Gott mit unseren Feinden abrechnen wird.

Die Weinenden soll ich trösten 3 und allen Freude bringen, die in der Zionsstadt* traurig sind. Sie sollen sich nicht mehr Erde auf den Kopf streuen und im Sack* umhergehen, sondern sich für das Freudenfest schmücken und mit duftendem Öl salben; sie sollen nicht mehr verzweifeln, sondern Jubellieder singen. Die Leute werden sie mit prächtigen Bäumen vergleichen, mit einem Garten, den der HERR gepflanzt hat, um seine Herrlichkeit zu zeigen.

4 Ja, ihr werdet die zerstörten Städte wieder aufbauen, die über Generationen in Trümmern lagen. 5 Fremde werden euch die Arbeit abnehmen, Ausländer werden eure Herden weiden, euer Land bestellen und eure Weinberge pflegen. 6 Ihr werdet Priester* des HERRN sein und man wird euch »Diener unseres Gottes« nennen. Der Reichtum der Völker wird euch zur Verfügung stehen; alles wird euch gehören.

7 Anstelle doppelter Schande und Schmach, die eure Feinde euch zugefügt haben, werdet ihr von deren Land einen doppelten Anteil bekommen und eure Freude wird kein Ende haben.

8 Denn der HERR sagt: »Ich liebe Gerechtigkeit und hasse gemeinen Raub.[a] Ich halte meinem Volk die Treue und belohne es für seine Leiden; ich schließe mit ihm einen unauflöslichen Bund* und sage ihm für alle Zeiten meinen Schutz zu. 9 Ihre Nachkommen werden bei allen Völkern bekannt und geachtet sein. Alle, die sie sehen, werden erkennen: Sie sind das Volk, das ich gesegnet habe.«

Danklied der Gemeinde

10 »Wir freuen uns und jubeln über den HERRN, unseren Gott! Er umgibt uns mit seiner Hilfe wie mit einem Kleid, hüllt uns in seinen Schutz wie in einen Mantel. Wir sind fröhlich wie ein Bräutigam, der seinen Turban umbindet, wie eine Braut, die ihren Hochzeitsschmuck anlegt. 11 Denn wie aus dem Boden die Saat keimt und wächst, so lässt der HERR, der mächtige Gott, unser Glück wachsen und mehrt unseren Ruhm bei allen Völkern.«

Erinnert Gott an Jerusalem!

62 Wenn ich dich, Jerusalem, sehe, raubt es mir die Ruhe, ich kann nicht schweigen. Ich muss so lange zu Gott rufen, bis er dir

a *gemeinen Raub:* mit einigen Handschriften und alten Übersetzungen; H *Raub mit einem Brandopfer.*

60,16 49,23; 43,3 S; 41,14 S **60,17** 1 Kön 10,21.27; 14,26-27 **60,18** 11,9 **60,19-20** Sach 14,6-7; Offb 21,23; 22,5 **60,22** 49,19-20; Jer 30,19 S **61,1-2** Lk 4,18-19 **61,1** 42,1 S; 57,15 S **61,2** 63,4; 34,8 **61,3** 60,21; Ps 30,12 **61,4** 58,12 **61,5** 60,10 **61,6** Ex 19,6; Offb 1,6 S; Jes 60,5 S **61,8** Ps 37,28; Hab 2,4; Jes 55,3 S **62,1** Ps 137,5-6

hilft, bis neues Glück für dich aufstrahlt wie die
Morgensonne oder wie Fackelschein in der
Nacht.
2 Alle Völker werden erfahren, wie der HERR
für dich alles zum Guten wendet; alle Könige
werden deine Pracht sehen. Der HERR wird dir
einen neuen Namen geben, mit dem sie dich
von da an nennen. 3 Du wirst zur prächtigen
Krone in der Hand deines Gottes.
4 Du wirst nicht länger »die Verstoßene« ge-
nannt oder dein Land »die verlassene Frau«.
Nein, du wirst »Gottes Liebling« heißen und
dein Land »die glücklich Vermählte«! Denn der
HERR wendet dir seine Liebe wieder zu und
vermählt sich mit deinem Land. 5 Wie ein jun-
ger Mann sich mit seinem Mädchen verbindet,
so wird sich dein Schöpfer[a] für immer mit dir
verbinden. Wie ein Bräutigam sich an seiner
Braut freut, so wird dein Gott Freude an dir
haben.
6 Ich habe Wächter auf deine Mauern gestellt,
Jerusalem! Weder bei Tag noch bei Nacht soll ihr
Ruf verstummen. Ihr Wächter seid dazu be-
stimmt, den HERRN an Jerusalem zu erinnern!
Ihr dürft euch keine Ruhe gönnen 7 und ihr dürft
Gott keine Ruhe lassen, bis er Jerusalem wieder-
hergestellt und so herrlich gemacht hat, dass alle
Welt es rühmt.
8 Der HERR hat geschworen, und er hat die
Macht es auszuführen: »Euer Korn sollen nicht
mehr Feinde essen und euren Wein nicht mehr
Fremde trinken, die nicht dafür gearbeitet
haben. 9 Wer die Ernte einbringt, soll auch das
Brot essen, und wer die Trauben liest, soll auch
den Wein trinken. Ihr werdet davon im Vorhof*
meines Tempels essen und trinken und mich
dabei preisen.«
10 Ihr Bewohner Jerusalems, zieht hinaus
durch die Tore eurer Stadt! Bahnt einen Weg für
das heimkehrende Volk! Baut eine Straße, räumt
die Steine aus dem Weg! Richtet ein Zeichen auf,
dass die Völker es sehen!
11 Auf der ganzen Erde lässt der HERR ausru-
fen: »Sagt der Zionsstadt*: ›Deine Hilfe ist nahe!
Der HERR kommt, und er bringt das Volk mit, das
er befreit hat.‹« 12 Es wird »Gottes heiliges Volk«
genannt werden, »das Volk, das der HERR geret-
tet hat«. Du selbst aber heißt dann »die Stadt, die
Gott liebt«, »die Stadt, die er wieder angenom-
men hat«.

Das Gericht über Edom und alle Völker

63 »Wer kommt da vom Edomiterland*, in
grell gefärbter Kleidung aus der Stadt
Bozra? Wer bist du, der so stolz einherschreitet
in seinem Gewand, erfüllt von unbändiger
Kraft?«
»Ich bin's, der Recht schafft und helfen
kann!«
2 »Warum ist dein Gewand so rot gefleckt wie
bei einem, der in der Kelter* die Trauben zer-
tritt?«
3 »Ganz allein trat ich die Kelter und niemand
aus den Völkern hat mir dabei geholfen. Ich habe
sie alle in meinem Zorn zerstampft wie Trauben,
ihr Blut ist auf mein Gewand gespritzt. 4 Ich sah,
dass die Zeit gekommen war, mein Volk zu
befreien und alle seine Feinde zu bestrafen. 5 Ich
dachte, es würde mir jemand helfen; aber als ich
mich umsah, war keiner bereit. Da habe ich mir
selber geholfen; mein Zorn gab mir die Kraft.
6 Ich trat die Völker nieder und zerstampfte
sie[b] in meinem Zorn, ihr Blut ließ ich in die Erde
fließen.«

Gebet des Volkes um Gottes Eingreifen

7 Ich denke an die Taten des HERRN,
die seinen Ruhm verkünden,
an die Beweise seiner Güte,
die er Israel gegeben hat,
damals in alten Zeiten![c]
Unermesslich reich ist der HERR
an Liebe und Erbarmen.
8 Er sagte zu sich: »Mein Volk sind sie,
meine Kinder, die mich nicht enttäuschen
werden.«
Darum ist er uns zu Hilfe gekommen.
9 Er hat uns seinen Engel* gesandt
und unserer Not ein Ende gemacht;
denn unsere Bedrängnis machte ihm
selber Not.
Er war voll Liebe und Erbarmen zu uns
und hat uns immer wieder gerettet –
wie ein Vater hat er für uns gesorgt
in so vielen Generationen.

10 Wir aber lehnten uns gegen ihn auf
und kränkten seinen Heiligen Geist*.
So machten wir ihn zu unserem Feind,

a *dein Schöpfer:* vermutlicher Text; H *deine Kinder.*
b *zerstampfte sie:* mit zahlreichen Handschriften; H *machte sie betrunken.*
c *damals ...:* verdeutlichender Zusatz; vgl. Vers 11.

62,2 62,12; 60,14S; Offb 2,17 **62,4** 54,6; 60,15; Hos 2,21-22 **62,6** 52,8 **62,8-9** 65,21-22 **62,9** Dtn 12,7.17-18 **62,10** 40,3-4S; 49,22S **62,11** 40,10S **63,1-6** 34,5-8; Joël 4,13; Offb 14,19-20; 19,13.15 **63,4** 61,2S **63,7** Ps 77,12-13 **63,8** Ex 6,7 **63,9** Ex 3,2.10; 14,19; Jes 63,16

er selbst kämpfte gegen sein Volk.
11 Da dachten wir voll Sehnsucht
an die alte Zeit,
als noch Mose in unserer Mitte war.
»Wo ist der Gott«, so klagten wir,
»der einst den großen Hirten seiner Herde
aus dem Wasser des Nilstroms gerettet hat?[a]
Wo ist der Gott, der Mose ausgerüstet hat,
der seinen Heiligen Geist auf ihn gelegt hat
12 und ihm beistand mit seinem
mächtigen Arm?
Der Gott, der das Meer zerteilte
vor seinem Volk,
damit sein großer Name gepriesen wird
in alle Ewigkeit?
13 Der sie über den Meeresgrund führte,
ungefährdet, ohne zu stolpern,
so sicher, wie Pferde die Steppe durchqueren?
14 Wie ein Hirt seine Rinderherde führt,
sie zum Rastplatz bringt im geschützten Tal,
so führte der HERR durch seinen
mächtigen Geist
sein Volk aus der Gefahr
und gab ihm Ruhe und Sicherheit.«

Ja, HERR, so hast du dein Volk geleitet,
damit dein herrlicher Name gepriesen wird!

15 HERR, sieh herab von deinem Himmel,
wo du in Heiligkeit und Hoheit thronst!
Wo ist deine brennende Liebe zu uns?
Wo ist deine unvergleichliche Macht?
Hast du kein Erbarmen mehr mit uns?
Wir spüren nichts davon, dass du uns liebst!
16 HERR, du bist doch unser Vater!
Abraham weiß nichts von uns,
auch Jakob[b] kennt uns nicht;
unsere Stammväter können uns nicht helfen.
Aber du, HERR, bist unser wahrer Vater!
»Unser Befreier* seit Urzeiten« –
das ist dein Name.

17 Warum hast du zugelassen,
dass wir von deinem Weg abwichen?
Warum hast du uns so starrsinnig gemacht,
dass wir dir nicht mehr gehorchten?
Wende dich uns wieder zu!
Wir sind doch deine Diener,
wir sind doch das Volk, das dir gehört!
18 Es war nur für eine kurze Zeit,
dass wir das Land besitzen durften;
nun ist dein Heiligtum von den Feinden
entweiht.
19 Es ist, als wärst du nie unser Herrscher
gewesen
und als wären wir nicht das Volk,
das du zu deinem Eigentum erklärt hast.[c]

Reiß doch den Himmel auf und komm herab,
dass die Berge vor dir erbeben!
64 Komm plötzlich,
komm mit großer Macht,
wie die Flammen trockenes Reisig ergreifen
und das Wasser im Kessel zum Sieden bringen!
Deine Feinde sollen erfahren, wer du bist;
die Völker sollen vor Angst vergehen.
2 Vollbringe Taten, die uns staunen lassen
und noch unsere kühnste Erwartung
übertreffen!
Komm herab, dass die Berge vor dir erbeben!
3 Noch nie hat man von einem Gott gehört,
der mit dir zu vergleichen wäre;
noch nie hat jemand einen Gott gesehen,
der so gewaltige Dinge tut
für alle, die auf ihn hoffen.

4 Du bist gut zu denen, die gern das Rechte tun,
die an deine Gebote denken und danach
handeln.
Uns aber hat dein Zorn getroffen,
weil wir dir nicht gehorsam waren.
Hilf uns, rette uns!
5 Wir alle sind von Unrecht befleckt;
selbst unsere allerbesten Taten
sind unrein* wie ein schmutziges Kleid.
Wir sind wie verdorrtes Laub,
das der Sturmwind packt und fortwirbelt –
das ist die Strafe für unsere Schuld.
6 Niemand hat dich beim Namen gerufen
und bei dir Hilfe gesucht,
niemand kam zur Besinnung
und hielt sich an dich.
Denn du selbst hattest dich von uns abgewandt,
du gabst uns die Folgen unserer Sünden
am eigenen Leibe zu spüren.

7 Dennoch, HERR: Du bist unser Vater!
Wir sind der Ton, du bist der Töpfer;
wir alle sind von deiner Hand geschaffen.
8 Darum sei nicht so zornig auf uns;

a der einst ...: mit einer wichtigen Handschrift und alten Übersetzungen; H *der sie aus dem Meer gerettet hat samt den Hirten seiner Herde.* *b* Wörtlich *Israel**.
c Wörtlich *über dem dein Name ausgerufen ist.*
63,11 Ex 2,1-10; Num 11,17 **63,12-13** Ex 14,21-29S **63,15** 57,15; Hos 11,8S **63,16** Ex 4,22S; Jes 41,14S; Jer 3,4S **63,17** 6,9-10 **63,18** Ps 79,1S **64,6** Ps 34,22S **64,7** 63,9.16; 45,9S **64,8** 63,8

trag es uns nicht für immer nach,
dass wir uns so schwer vergangen haben.
Wir alle sind dein Volk!
Sieh uns doch freundlich an!
9 Die Städte, die dir gehörten, sind verwüstet;
ein verlassener Trümmerhaufen
ist Jerusalem mit dem Zionsberg*.
10 Unser Tempel wurde ein Raub der Flammen,
die heilige und herrliche Stätte,
an der unsere Vorfahren dich priesen.
Zerstört ist alles, was uns lieb und wert war!

11 Kannst du das alles mit ansehen, HERR?
Rührt es dich gar nicht? Schweigst du dazu?
Lässt du uns vollends zugrunde gehen?

Belohnung der Treuen, Bestrafung der Treulosen

65 Der Herr sagt: »Ich war bereit, diesen
Leuten zu helfen, aber niemand hat mich
um Hilfe gebeten. Ich war für dieses Volk immer
zu finden, aber niemand hat mich gesucht.[a] Ob-
wohl keiner von ihnen meinen Namen rief,[b]
sagte ich immerzu: ›Ja, ich höre!‹ 2 Die ganze
Zeit über streckte ich einladend die Hände aus;
aber dieses widerspenstige Volk will nichts von
mir wissen.

Sie folgen ihren eigenen Gedanken und ge-
hen beharrlich ihre eigenen verkehrten Wege.
3 Fortwährend beleidigen sie mich und reizen
mich zum Zorn. In ihren heiligen Hainen op-
fern* sie den Götzen und verbrennen Weih-
rauch* auf Ziegelsteinen, 4 sie hocken in Grä-
bern und übernachten in Höhlen,[c] um die Toten
zu befragen und sich von den Geistern Auskunft
zu holen. Sie essen das Fleisch von Schweinen
und anderen unreinen* Tieren. 5 Sie sagen zu
jedem, der ihnen begegnet: ›Halt, komm mir
nicht zu nah! Ich bin mit heiligen* Dingen in
Berührung gekommen und bringe dich in Ge-
fahr!‹

Diese Leute haben meinen Zorn herausgefor-
dert; er brennt wie ein Feuer, das nicht erlischt.
6 Ihre Vergehen werden nicht vergessen; sie sind
sämtlich bei mir aufgeschrieben. Ich ruhe nicht,
bis ich ihnen alles heimgezahlt habe, 7 ihre eige-
nen Verfehlungen und die ihrer Vorfahren dazu.
Alle, die auf den Bergen und Hügeln Opfer dar-
gebracht und mich damit beleidigt haben, werde
ich bestrafen, wie es ihre Taten verdienen. Ich,
der HERR, sage es.«

8 Weiter sagt der HERR: »Wenn jemand eine
kümmerliche Weintraube findet, sagt man zu
ihm: ›Wirf sie nicht weg, es ist noch etwas Gutes
daran!‹ So will auch ich mein Volk nicht ganz
vernichten; denn es gibt noch Menschen darin,
die mir treu geblieben sind. 9 Es soll auch künftig
Nachkommen Jakobs und Judas geben, denen
das Land als Erbbesitz* zusteht. Die Menschen,
die ich erwählt habe und die mir dienen, sollen
auf meinen Bergen wohnen. 10 In der Scharon-
Ebene werden sie ihre Schafe weiden und im
Achor-Tal ihre Rinder. Das ganze Land gebe
ich meinem Volk, den Menschen, die nach mir
fragen.

11 Ihr anderen aber habt mir den Rücken ge-
kehrt und kommt nicht zu meinem heiligen
Berg. Stattdessen deckt ihr den Schicksalsgöttern
Gad und Meni* einen reichen Opfertisch und
füllt ihnen die Krüge mit Wein. 12 Dafür wird
euch euer Schicksal ereilen: Ich gebe euch den
Feinden preis, die euch wie Opfertiere ab-
schlachten werden. Ich habe gerufen, aber ihr
habt nicht geantwortet; ich habe euch gewarnt,
aber ihr habt nicht darauf gehört. Ihr habt es vor-
gezogen, mich zu beleidigen und zu tun, was
mir missfällt.

13 Darum hört, was ich, der HERR, euch ankün-
dige: Meine Diener, die mir treu geblieben sind,
bekommen zu essen und zu trinken, ihr aber
müsst Hunger und Durst leiden. Sie werden stolz
und glücklich sein, ihr aber werdet in Schande
gestürzt. 14 Sie werden jubeln vor Freude, aber
ihr müsst schreien vor Qual und heulen vor
Verzweiflung. 15 Ich werde euch töten, und die
Menschen, die ich erwählt habe und die mir
dienen, werden eure Namen als Fluchwort* ver-
wenden. Ihnen aber gebe ich neue ehrenvolle
Namen. 16a Wenn dann die Leute sich gegenseitig
grüßen im Land, grüßen sie sich nur noch
›bei dem treuen Gott‹, und wenn sie schwören,
schwören sie ›bei Gott, der Treue hält‹.«

a *Ich war für dieses Volk …:* wörtlich *Ich ließ mich finden von denen, die mich nicht suchten.* Paulus sieht nach Röm 10,20 in dieser paradoxen Aussage über das Verhalten Israels einen Hinweis auf die Bekehrung der übrigen Völker. Das ist möglich, weil er *Ich ließ mich finden* nicht als »Ich wäre zu finden gewesen«, sondern als »Ich wurde gefunden« deutet. Dieselbe Auffassung spricht aus dem folgenden Satz, so wie H ihn versteht (siehe die nächste Anmerkung).

b So mit der Deutung des hebräischen Konsonantentextes durch die alten Übersetzungen; H *Zu einem Volk, das nicht nach meinem Namen genannt war.*

c *in Höhlen:* vermutlicher Text; H *an geheimen Plätzen.* Der Rest des Satzes ist in der Übersetzung zur Verdeutlichung hinzugefügt.

64,11 63,15; Ps 74,10-11 **65,1-2** Röm 10,20-21 **65,3** 1,29 S **65,4** Lev 19,31 S; 11,7 **65,5 a** Ez 44,19; 2 Sam 6,6-7 **65,8** Gen 18,26-33 **65,9** 48,1 **65,12** 66,4; Jer 7,13 S **65,15** Jer 24,9 S; Offb 2,17 **65,16 a** Jer 4,2

Das erneuerte Jerusalem – die erneuerte Schöpfung

16b Der HERR sagt:
»Alle Not wird vergessen sein,
ich bereite ihr ein Ende.
17 Alles mache ich jetzt neu:
Einen neuen Himmel schaffe ich
und eine neue Erde.
Dann sehnt sich niemand nach dem zurück,
was früher einmal gewesen ist;
kein Mensch wird mehr daran denken.

18 Freut euch und jubelt ohne Ende
über das, was ich nun schaffe!
Ich mache Jerusalem zur Stadt der Freude
und seine Bewohner erfülle ich mit Glück.
19 Ich selbst will an Jerusalem wieder
Freude haben
und über mein Volk glücklich sein.

Niemand wird mehr weinen und klagen.
20 Es gibt keine Kinder mehr,
die nur ein paar Tage leben,
und niemand, der erwachsen ist,
wird mitten aus dem Leben gerissen.
Wenn jemand mit hundert Jahren stirbt,
wird man sagen: ›Er war noch so jung!‹
Selbst der Schwächste und Gebrechlichste
wird ein so hohes Alter erreichen.

21 Sie werden sich Häuser bauen
und auch darin wohnen können.
Sie werden Weinberge pflanzen
und selbst den Ertrag genießen.
22 Sie sollen nicht bauen und pflanzen
und sich lebenslang mühen,
nur damit andere den Gewinn davon haben.
Alt wie Bäume sollen sie werden,
die Menschen in meinem Volk,
und den Lohn ihrer Arbeit selbst genießen!

23 Sie werden sich nicht vergeblich
abmühen.
Die Frauen gebären ihre Kinder nicht länger
für eine Zukunft voller Schrecken.
Sie sind mein Volk, ich segne sie;
darum werden sie mit ihren Kindern leben.
24 Noch ehe sie zu mir um Hilfe rufen,
habe ich ihnen schon geholfen.
Bevor sie ihre Bitte ausgesprochen haben,
habe ich sie schon erfüllt.
25 Wolf und Lamm werden dann
gemeinsam weiden,
der Löwe frisst Häcksel wie das Rind,
und die Schlange nährt sich vom Staub
der Erde.
Auf dem Zion*, meinem heiligen Berg,
wird keiner mehr Böses tun und Unheil stiften.
Ich, der HERR, sage es.«

Gott ist nicht irgendein Götze

66 Der HERR sagt: »Der Himmel ist mein
Thron, die Erde mein Fußschemel. Was
für ein Haus wollt ihr da für mich bauen? Wo ist
die Wohnung, in der ich Raum finden könnte?
2 Ich, der HERR, habe mit eigener Hand Himmel
und Erde geschaffen, durch mich ist alles entstanden, was es gibt. Aber ich blicke freundlich
auf die Verzagten, die sich vor mir beugen, auf
alle, die mit Furcht und Zittern auf mein Wort
achten.
3 Doch da schlachten sie für mich Rinder –
und zugleich bringen sie Menschenopfer dar. Sie
schlachten für mich Schafe – und zugleich
opfern sie Hunde. Sie bringen mir Speiseopfer*
– und zugleich versprengen sie Schweineblut.
Sie verbrennen für mich Weihrauch* – und
zugleich opfern sie den Götzen. Sie gehen ihre
eigenen Wege und sind begierig auf alles, was
mir ein Gräuel ist.
4 Deshalb bin ich begierig, sie
ins Unglück zu stürzen und alles über sie zu
bringen, wovor sie zittern. Ich habe gerufen,
aber keiner hat mir geantwortet; ich habe gewarnt, aber niemand hat darauf gehört. Stattdessen haben sie mich beleidigt und getan, was
mir missfällt.«

Trost für Jerusalem

5 Hört, was der HERR euch sagt, ihr alle, die ihr
mit Furcht und Zittern auf sein Wort achtet:

»Weil ihr zu mir haltet, werdet ihr von Leuten aus eurem eigenen Volk gehasst und wie Ausgestoßene behandelt. Sie spotten: ›Der HERR soll doch seine Zusagen wahr machen! Wir möchten gerne erleben, wie ihr euch freut!‹ Aber sie täuschen sich!

6 Horcht, von der Stadt her schallt Kampfgetümmel, vom Tempel* her Kriegslärm! Der HERR vollstreckt das Strafgericht an seinen Feinden!

7–8 Hat man es schon erlebt, dass ein Kind geboren wurde, bevor die Mutter in Wehen kam?

65,16b-25 60,1-22S **65,17** 43,18-19; 46,8; 66,22; Offb 21,1S **65,18-19** 35,10S **65,20** Sach 8,4-5 **65,21-22** 62,8-9; Dtn 28,30; Ps 128,2 **65,24** 30,19; 58,9 **65,25** 11,6-9S; Gen 3,14 **66,1-2** 57,15S **66,3** 57,5; 65,4 **66,4** 65,12S **66,7-8** 49,20-21; 60,22

Hat man erlebt, dass ein Volk auf *einen* Schlag
geboren, dass ein menschenleeres Land an
einem Tag bevölkert wurde? Genau das wird
geschehen: Die Mutter Zion* wird Kinder be-
kommen, noch ehe sie etwas davon merkt.
9 Meint ihr, ich, der HERR, werde etwas anfangen
und nicht zu Ende führen? Werde ich die Geburt
einleiten und das Kind dann stecken lassen, ich,
euer Gott?

10 Freut euch mit der Zionsstadt, jubelt über
ihr Glück, ihr alle, die ihr sie liebt und denen ihr
Leid zu Herzen geht! 11 Sie wird euch teilgeben
an der Fülle ihrer Herrlichkeit; ihr werdet an
ihrer Mutterbrust saugen und mit Glück gesättigt
werden. 12 Ich, der HERR, verspreche: Ich schen-
ke der Zionsstadt Frieden und Wohlstand; der
Reichtum der Völker wird ihr zufließen wie ein
nie versiegender Strom. Ihr werdet an ihren
Brüsten saugen, ihr werdet euch fühlen wie
Kinder, die auf dem Arm getragen und auf den
Knien gewiegt werden.

13 Ich werde euch trösten, wie eine Mutter
tröstet. Das Glück Jerusalems wird euch glück-
lich machen. 14 Wenn ihr das erlebt, werdet ihr
voll Freude sein; neuer Lebensmut wird in euch
erwachen, so wie im Frühling das frische Grün
sprosst.«

Ja, der HERR zeigt seine rettende Macht an de-
nen, die ihm treu sind; aber seine Feinde bekom-
men seinen Zorn zu spüren. 15 Denn der HERR
kommt und lässt Feuer auf sie herabfallen;
sturmgepeitschte Wolken sind seine Streitwa-
gen*, feurige Blitze schleudert er in seinem glü-
henden Zorn. 16 Mit dem flammenden Schwert
vollzieht er sein Strafgericht auf der ganzen
Erde; viele liegen erschlagen. 17 »Alle, die sich
um eine Götzenpriesterin scharen und an den
Opferfeiern in den heiligen Hainen teilnehmen
– sagt der HERR –, werden vernichtet, sie alle,
die Schweine, Mäuse und andere unreine* Tiere
essen. 18a Ich weiß genau, was sie da treiben!«

Alle Völker ehren den Gott Israels

18b Der HERR sagt: »Die Zeit kommt, dass ich die
Menschen aller Völker und Sprachen ver-
sammle. Sie alle werden zu mir kommen und
meine Herrlichkeit* sehen. 19 Ich werde ein Zei-
chen unter ihnen aufrichten und Boten zu ihnen
senden – Menschen aus allen Völkern, die sich
mir angeschlossen haben. Zu den fernsten
Küsten sende ich meine Boten, nach Tarschisch,
Put und Lud, nach Meschech, Tubal und Jawan.[a]
Unter den Völkern, die noch nichts von mir
gehört und meine herrlichen Taten nicht ge-
sehen haben, sollen sie meinen Ruhm bekannt
machen.

20 Wenn sie zurückkehren, werden sie alle
eure Brüder und Schwestern[b] mitbringen, die
noch unter den Völkern zerstreut sind. Auf Pfer-
den, Maultieren und Dromedaren, in Wagen
und Sänften werden dann aus aller Welt die Zer-
streuten meines Volkes zu meinem heiligen Berg
nach Jerusalem gebracht werden, als eine Opfer-
gabe der Völker für mich, den HERRN – so wie
ihr Israeliten eure Speiseopfer* in reinen* Ge-
fäßen zu meinem Tempel* bringt. 21 Selbst aus
den anderen Völkern werde ich Menschen als
Priester* und Leviten* zum Dienst an meinem
Heiligtum bestimmen.

22 Wie der neue Himmel und die neue Erde,
die ich schaffe, durch meine Schöpfermacht für
immer bestehen bleiben, so werdet auch ihr als
Volk niemals untergehen. Ich, der HERR, sage es
euch zu.

23 Jeden Neumond* und Sabbat* werden die
Bewohner der ganzen Erde zu meinem Heilig-
tum kommen und sich vor mir, dem HERRN, nie-
derwerfen. 24 Danach werden sie vor die Stadt
hinausgehen und voller Abscheu die Leichen der
Menschen betrachten, die sich gegen mich auf-
gelehnt hatten. Deren Qual nimmt kein Ende,
sie brennen in ewigem Feuer.«

a Jawan ist Jonien (= das von Griechen besiedelte Kleinasien mit den Ägäischen Inseln); zu den übrigen Namen siehe die Sacherklärungen. *Put und Meschech* nach G; H *Pul und die den Bogen spannen.*
b Wörtlich *Brüder**.

66,10 Ps 122,6 **66,12** 60,5 S **66,13** 49,15 **66,15** Ps 50,3 S **66,16** Jer 25,30-31; Offb 19,15 **66,17** 1,29 S; Lev 11,1-23 **66,18b-19** 2,2-3 S; 55,5 S; Sach 2,15; Jes 56,8 **66,20** 60,4 S **66,22** 65,17 S **66,23** Ps 96,7-10 S **66,24** Jdt 16,17

DER PROPHET JEREMIA

Inhaltsübersicht

Das Buch Jeremia

1 In diesem Buch ist aufgeschrieben, was Jeremia verkündet und erlebt hat. Er war der Sohn von Hilkija und gehörte zur Priesterschaft von Anatot, einem Dorf im Gebiet des Stammes Benjamin. 2 Das Wort des HERRN erging zum ersten Mal an ihn im 13. Regierungsjahr des Königs Joschija von Juda, des Sohnes Amons, 3 und es erging an ihn weiterhin während der Regierungszeit von Joschijas Sohn Jojakim und dann bis zum Ende der Regierungszeit von Joschijas Sohn Zidkija, als im 5. Monat von dessen elftem Regierungsjahr die Bevölkerung Jerusalems in die Verbannung* geführt wurde.

DAS GERICHT GOTTES ÜBER JERUSALEM UND JUDA (1,4–25,14)

Jeremia wird zum Propheten berufen

4 Das Wort des HERRN erging an mich, er sagte zu mir: 5 »Noch bevor ich dich im Leib deiner Mutter entstehen ließ, hatte ich schon meinen Plan mit dir. Noch ehe du aus dem Mutterschoß kamst, hatte ich bereits die Hand auf dich gelegt. Denn zum Propheten* für die Völker habe ich dich bestimmt.«

6 Ich wehrte ab: »Ach, Herr, du mein Gott! Ich kann doch nicht reden, ich bin noch zu jung!«

7 Aber der HERR antwortete mir: »Sag nicht: ›Ich bin zu jung!‹ Geh, wohin ich dich sende, und verkünde, was ich dir auftrage! 8 Hab keine Angst vor Menschen, denn ich bin bei dir und schütze dich. Das sage ich, der HERR.«

9 Dann streckte der HERR seine Hand aus, berührte meine Lippen und sagte: »Ich lege meine Worte in deinen Mund. 10 Von heute an hast du Macht über Völker und Königreiche. Reiße aus und zerstöre, vernichte und verheere, baue auf und pflanze an!«

11 Wieder erging das Wort des HERRN an mich, er sagte: »Was siehst du, Jeremia?«

Ich antwortete: »Einen *Wacholderzweig*!«[a]

12 »Du hast richtig gesehen«, sagte der HERR, »ich *wache* darüber, dass geschieht, was ich dir sage.«

13 Und noch einmal erging das Wort des HERRN an mich, er sagte: »Was siehst du?«

Ich antwortete: »Einen dampfenden Kessel, dessen Rand sich von Norden her gegen mich neigt.«

14 »Du hast richtig gesehen«, sagte der HERR, »so ergießt sich von Norden* her Unheil über alle Bewohner dieses Landes. 15 Hör, was ich dir sage: Ich rufe alle Völker des Nordens! Ihre Könige sollen kommen und ihre Throne rings um die Mauern Jerusalems und um die Mauern aller anderen Städte in Juda aufstellen. 16 Dann will ich mein Urteil über die Leute von Juda sprechen und sie strafen für alles Böse, das sie getan haben. Denn sie haben mich verlassen und haben anderen Göttern geopfert; sie haben sich Götzenbilder gemacht und sie angebetet.

17 Du aber mach dich bereit, tritt vor sie hin und verkünde ihnen alles, was ich dir auftrage! Erschrick nicht vor ihnen, sonst sorge ich dafür, dass du wirklich vor ihnen erschrecken musst! 18 Ich gebe dir Kraft, damit du dastehst wie eine Festung, wie eine eiserne Säule, wie eine stahlharte Mauer. Das ganze Land wirst du gegen dich haben, die Könige, die Beamten, die Pries-

a Im Hebräischen liegt in Vers 11-12 ein Wortspiel zwischen *schaked* (Mandelbaum) und *schoked* (wachend sein) vor. Der Mandelbaum blüht im Frühjahr als Erster und scheint im Winter sozusagen gar nicht »geschlafen« zu haben. Die Übersetzung versucht, das Wortspiel wiederzugeben.

1,1 11,21-22 **1,2** 2 Kön 22,1–23,30 **1,3** 2 Kön 23,36–25,21 **1,5** Jes 49,1 **1,6-7** Ex 4,10-12; Ri 6,15-16 **1,8** 15,20; 30,11; 42,11 **1,9** Jes 6,7; Ez 2,8–3,3; Dan 10,16 **1,10** 1,5; 25,15-38; 46,1–51,64; Jes 42,1; (ausreißen – anpflanzen) Jer 18,7.9; 24,6; 31,28; 42,10; Am 9,15; Ez 36,36; Sir 49,7 **1,11** 24,3; Am 7,8; 8,2; Sach 4,2; 5,2 **1,14** (Norden) 4,6; 6,1.22; 10,22; 25,9; 46,20.24; 47,2; 50,3.41; Ez 38,15 S **1,16** 2,13 S **1,18-19** 15,20

ter* und die Männer von Juda. 19 Sie werden
gegen dich kämpfen, aber sie werden dich nicht
bezwingen, denn ich bin bei dir und schütze
dich. Das sage ich, der HERR.«

Israel, das treulose Volk

2 Das Wort des HERRN erging an mich, er sagte
zu mir: 2 »Geh und verkünde vor allen Leu-
ten in Jerusalem: ›So spricht der HERR: Ich erin-
nere mich, Israel, wie vertrauensvoll du mir
zugetan warst in deiner Jugend, wie du mich
liebtest in deiner Brautzeit. Du bist mir gefolgt in
der Wüste, im Land, wo nichts wächst. 3 Damals
hast du mir allein gehört, wie die erste Frucht*
des Ackers. Wer sich an dir vergriff, machte
sich schuldig und wurde bestraft!‹«
4 Hört das Wort des HERRN, ihr Nachkommen
Jakobs, all ihr Sippen Israels! 5 So spricht der
HERR: »Was hatten eure Vorfahren an mir aus-
zusetzen, dass sie sich von mir abwandten, nich-
tigen Götzen nachliefen und so selbst zunichte
wurden? 6 Sie fragten nicht: ›Wo ist der HERR zu
finden? Er hat uns doch aus Ägypten heraus-
geführt und hat uns in der Wüste sicher den Weg
gewiesen, in dürren Steppen und finsteren
Schluchten, in einem Land, das niemand be-
wohnt und niemand durchwandert.‹
7 Ja, ich war es, ich brachte euch in ein frucht-
bares Land, um euch mit all den Köstlichkeiten
zu speisen, die es hervorbringt. Aber kaum wart
ihr dort, habt ihr mein Land verdorben und mir
mein Eigentum zum Abscheu gemacht.
8 Eure Priester* fragten nicht nach mir; die
Leute, die Weisungen gaben, kannten mich
nicht. Die Führer des Volkes lehnten sich gegen
mich auf und die Propheten* redeten im Namen
Baals*. Alle beteten zu Göttern, die nicht helfen
können. 9 Darum muss ich, der HERR, euch an-
klagen und auch gegen eure Kinder und Enkel
werde ich Klage erheben.
10 Fahrt doch übers Meer zu den Inseln im
Westen und seht euch dort um! Oder schickt
eure Abgesandten zu den Völkern des Ostens[a]
und erkundigt euch, ob irgendwo etwas Ähnli-
ches geschehen ist! 11 Hat je ein Volk seine Götter
ausgewechselt? Und die sind nicht einmal Göt-
ter! Mein Volk aber hat mich ausgetauscht gegen
Götter, die ihm nicht helfen können; und dabei
hatte es doch meine ganze Herrlichkeit gesehen.
12 Himmel, erschrick darüber«, sagt der HERR,
»schaudere, bebe vor Entsetzen! 13 Mein Volk
hat doppeltes Unrecht verübt: Mich, die Quelle
frischen Wassers, hat es verlassen und statt-
dessen gräbt es sich Löcher für Regenwasser, die
auch noch rissig sind und das Wasser nicht
halten.«

Selbstverschuldeter Sturz

14 Der HERR sagt: »Israel, du bist doch kein Skla-
ve. Und schon gar nicht ein geborener Sklave,
für den es keine Befreiung gibt! Wie konnte es
dann so weit kommen? Warum haben deine
Feinde dich niedergeworfen? 15 Brüllend wie
hungrige Löwen fielen sie über dich her. Dein
Land ist verwüstet, deine Städte sind verbrannt
und menschenleer. 16 Und nun werden auch
noch die Ägypter, die Männer von Memfis und
Tachpanhes, kommen und dir den Kopf kahl
scheren!
17 Das hast du dir selbst zuzuschreiben, Volk
Israel! Ich, der HERR, dein Gott, ging dir voraus
und wollte dich führen, doch du hast dich von
mir abgewandt. 18 Was nützt es dir jetzt, nach
Ägypten zu laufen, um das Wasser des Nils zu
trinken? Was nützt es dir jetzt, nach Assyrien*
zu laufen, um das Wasser des Eufrats zu trinken?
19 Dich trifft die Strafe für deine eigene Bosheit;
es rächt sich, dass du mir den Rücken gekehrt
hast. Sieh doch ein, wie viel Leid und Unglück
es bringt, dem HERRN, deinem Gott, davonzu-
laufen und ihn nicht mehr ernst zu nehmen!«
Das sagt der HERR, der Herrscher über die ganze
Welt.[b]

Juda ist dem Baals-Dienst verfallen

20 Der HERR sagt: »Von jeher wolltest du mir
nicht dienen; es war dir eine Plage und lästige
Pflicht. ›Ich will endlich frei sein‹, sagtest du –
und legtest dich hin wie eine Hure auf jeder An-
höhe, unter jedem grünen Baum.
21 Ich hatte dich als edle Rebe gepflanzt;
du warst ein gutes, erlesenes Gewächs. Aber
was ist nun aus dir geworden? Ich sehe nur
noch die wuchernden Ranken eines verwilder-
ten Weinstocks, den ich nicht mehr wieder
erkenne.
22 Du kannst dich waschen, so viel du willst,
selbst mit der schärfsten Lauge – der Schmutz

a *zu den Inseln im Westen ... zu den Völkern des Ostens:* wörtlich *zu den Inseln der Kittäer* ... nach Kedar** (vgl. Jes 42,11; Ez 27,21).

b Wörtlich *der Herr, der HERR Zebaot**.

2,2 Dtn 2,7; Hos 2,17; 13,5 **2,3** Ex 23,19 S **2,8** 5,31; 18,18; Klgl 4,13 **2,11** Röm 1,23 S **2,13** 1,16; 2,17.19; 5,7.19; 16,11; 17,13 **2,15** 4,7 **2,18** 2,36-37; 17,5; Jes 30,1-7 S; Ez 29,6-7; Hos 5,13 S **2,20** (Hurerei = Götzendienst) 2,23-25; 3,1-2.6.9.13; 13,27; Jes 1,21; 57,5-8; Ez 16,23; Hos 1,2 S **2,21** (Weinstock) 5,10; 6,9; 12,10; Ps 80,9 S; Ez 15,1-8 S; Hos 10,1 **2,22** 17,1 S

deiner Schuld bleibt mir immer vor Augen«, sagt
Gott, der Herr.
23 »Wie kannst du behaupten: ›Ich bin doch
nicht schmutzig; mit den Baalen* hatte ich
nichts zu schaffen!‹ Sieh doch dein Treiben im
Tal; mach dir klar, was du getan hast! Wie eine
flinke junge Kamelstute in der Brunstzeit läufst
du hierhin und dorthin. 24 Du bist wie eine Wild-
eselin, die alle Fährten in der Wüste kennt; vor
lauter Gier schnappt sie nach Luft und ist von
niemand festzuhalten. Die Hengste brauchen
nicht lange nach ihr zu suchen; zur Brunstzeit
lässt sie sich gerne von ihnen finden.
25 Israel, gib Acht, du läufst dir noch die
Schuhsohlen durch und vom vielen Umherrennen
trocknet dir die Kehle aus! Aber du sagst: ›Halt
mich nicht auf, es hat keinen Zweck! Ich liebe
die Fremden und muss ihnen nach!‹«

Der Gott Israels ist kein Lückenbüßer

26 Der HERR sagt: »Wie ein ertappter Dieb sich
schämen muss und von allen verachtet wird, so
ergeht es jetzt euch Leuten von Israel samt euren
Königen und hohen Beamten, Priestern* und
Propheten*! 27 Von mir habt ihr euch völlig abge-
wandt; aber zu Holzfiguren sagt ihr: ›Du bist
mein Vater‹, zu Bildern aus Stein: ›Du bist die
Mutter, die mich geboren hat.‹
Wenn euch jetzt das Unglück trifft, schreit
ihr: ›HERR, komm und rette uns!‹ 28 Wo sind
denn eure Götter, die ihr euch zurechtgemacht
habt? *Sie* sollen kommen und zusehen, ob sie
euch retten können! Sie sind ja so zahlreich; es
gibt davon ebenso viele wie Städte in Juda!
29 Warum – sagt der HERR – klagt ihr *mich*
an? Ihr wolltet doch von mir nichts mehr wis-
sen! 30 Vergeblich habe ich euch geschlagen; ihr
habt keine Lehre angenommen. Euer Schwert
wütete unter den Propheten, die ich zu euch
schickte, als wäre es ein hungriger Löwe!«

Juda hat seinen Gott vergessen

31 Der HERR sagt: »Volk Israel, achte auf das, was
ich dir sage! Bin ich für dich denn eine Wüste ge-
wesen oder ein Land, in dem es nie Tag wird?
Warum sagst du: ›Wir wollen mit dir nichts mehr
zu tun haben, wir kommen nicht wieder zu dir
zurück‹?
32 Kann ein Mädchen seinen Schmuck verges-
sen oder die Braut den prächtigen Gürtel ihres
Hochzeitskleides? Aber du hast mich vergessen,
schon seit vielen, vielen Jahren!«

Baals-Dienst und verwilderte Rechtspflege

33 Der HERR sagt: »In der Jagd nach Liebhabern
bist du unübertrefflich. Deshalb merkst du es gar
nicht mehr, wenn du Verbrechen begehst. 34 So-
gar das Blut unschuldiger Menschen klebt am
Saum deiner Kleider, das Blut armer Leute – und
du kannst dich nicht damit herausreden, dass du
sie beim Einbruch ertappt hast!
Der Fluch all dieser Taten wird dich treffen!
35 Und da wagst du noch zu sagen: ›Ich bin frei
von Schuld; der HERR ist ja gar nicht mehr zornig
auf mich!‹ Darum mache ich dir den Prozess!«

Kein Bündnis kann Juda retten

36 Warum hast du es so eilig, den Bündnispartner
zu wechseln? Ägypten hilft dir so wenig wie As-
syrien*! 37 Auch von dort kommst du enttäuscht
und ratlos zurück! Denn der HERR hat die Mäch-
te verworfen, auf die du deine Hoffnung setzt.
Du wirst mit ihnen kein Glück haben!

Juda begreift nicht die Schwere seines Vergehens

3 Der HERR sagt: »Wenn ein Mann seine Frau
verstoßen hat und sie ist die Frau eines ande-
ren geworden, dann darf er sie später nicht wie-
der als seine Frau annehmen. Das Land, in dem
so etwas geschieht, würde dadurch entweiht. Du
aber hast dich mit zahllosen Liebhabern abgege-
ben und willst zu mir zurück? 2 Auf welchem der
Berge ringsum hast du nicht schon mit Männern
gelegen? An den Wegen hast du gesessen und
auf sie gewartet, wie die Araber an den Wüsten-
straßen auf Beute lauern.
Du hast das Land entweiht durch deine Hure-
rei*. 3 Darum fiel auch kein Regen*, im Herbst
nicht und auch nicht im Frühjahr. Aber wie eine
richtige Hure hast du dich geweigert, deine
Schande einzugestehen. 4 Ja, du wagtest es sogar,
mir zu sagen: ›Du bist mein Vater; solange ich
lebe, liebst du mich schon; 5 du wirst mir doch
nicht für immer böse sein?‹
Das sagtest du und bliebst bei deinem ver-
kommenen Treiben und brachtest es darin zur
Meisterschaft.«

Die beiden ehebrecherischen Schwestern

6 Während der Zeit, als König Joschija regierte,
sagte der HERR zu mir: »Hast du gesehen, was
Israel,[a] diese treulose Frau, getan hat? Sie hat
sich von mir abgewandt, ist auf jede Anhöhe

a Mit *Israel* ist hier und in den Versen 10 und 11 das Nordreich gemeint.

2,23 7,31 **2,27** 3,4 S; 3,9 **2,28** 11,12-13; Dtn 32,37-38 **2,30** 5,3 S **2,34** Ex 22,1 **2,36-37** 2,18 S **3,1-2** 2,20 S **3,1** Dtn 24,1-4 **3,2** 3,9; 2,7; Jes 24,5 **3,3** 5,24-25; 14,4; Dtn 28,23-24 **3,4** 2,27; 3,19; 31,9; Jes 63,16 **3,6** 1,2 S; 2,20 S

gestiegen und hat sich unter jeden grünen Baum
gelegt, um Unzucht* zu treiben. 7 Da dachte ich:
›Wenn sie genug davon hat, kehrt sie bestimmt
wieder zu mir zurück.‹ Aber sie kehrte nicht
zurück.

Ihre treulose Schwester Juda sah das mit an
8 und sie sah[a] auch, wie ich ihrer Schwester
Israel als Strafe für ihr ehebrecherisches Treiben
die Scheidungsurkunde* gab und sie weg-
schickte. Aber das schreckte sie nicht ab. Im Ge-
genteil, sie fing selber an, Unzucht zu treiben.
9 Durch ihre schamlose Hurerei hat sie das Land
entweiht. Steine und Holz hat sie angebetet und
so Ehebruch getrieben.

10 Und nach all dem ist Juda, die treulose
Schwester Israels, nicht wieder zu mir zurückge-
kehrt – mit dem Herzen nicht, nur mit leeren
Worten.« Das sagt der HERR.

Für die Verbannten aus dem Reich Israel steht die Rückkehr offen

11 Der HERR sagte zu mir: »Das abtrünnige Israel[b]
kann noch eher vor mir bestehen als das treulose
Juda.«

12 Deshalb befahl er mir, in Richtung Norden
zu rufen: »Der HERR sagt: ›Kehre wieder zurück,
Israel, ich will nicht mehr zornig auf dich sein!
Denn ich bin gütig und trage nicht ewig nach.
13 Doch sieh ein, dass du dich schuldig gemacht
hast. Du bist mir untreu geworden, mir dem
HERRN, deinem Gott, und bist den fremden Göt-
tern nachgelaufen; unter jedem grünen Baum
hast du dich ihnen hingegeben. Aber auf mich
hast du nicht mehr gehört.‹«

Hoffnung für Juda über die Katastrophe hinaus

14 Der HERR sagt: »Kommt zurück, ihr davonge-
laufenen Kinder, denn nach wie vor gehört ihr
mir! Aus jeder eurer Städte und Sippen werde ich
einen oder zwei nehmen und sie zum Zions-
berg* bringen. 15 Da werde ich euch Hirten ge-
ben, wie ich sie haben will, die euch mit Einsicht
und Verstand regieren.«

16 Und weiter sagt der HERR: »Wenn ihr euch
dann wieder vermehrt und das ganze Land be-
siedelt, wird kein Mensch mehr fragen: ›Wo ist
die Bundeslade* des HERRN?‹ Keinem kommt sie
mehr in den Sinn. Niemand denkt mehr an sie,
niemand vermisst sie und niemand macht eine
neue. 17 Denn ganz Jerusalem ist dann mein
Thron. Alle Völker kommen und versammeln
sich dort bei mir. Sie werden nicht mehr tun,
was ihr eigensinniges und böses Herz ihnen ein-
gibt.

18 Ihr Leute von Juda werdet euch dann den
Leuten von Israel anschließen und zusammen
mit ihnen aus dem Land im Norden* zurückkeh-
ren in das Land, das ich euren Vorfahren als blei-
benden Besitz gegeben habe.«

Judas Undank und Untreue

19 Der HERR sagte: »Ich war entschlossen, dir
eine Ehrenstellung unter den Völkern zu geben.
Ein herrliches Land, das herrlichste, das die Völ-
ker kennen, sollte für immer dir gehören. Und
ich dachte, du würdest mich Vater nennen und
dich nie von mir abwenden. 20 Aber wie eine
Frau, die einen Liebhaber findet und ihrem
Mann untreu wird, so hast du, Israel, mir die
Treue gebrochen.«

Klage Judas und Gottes Aufruf zur Umkehr

21 Auf den kahlen Höhen der Berge hört man kla-
gende Stimmen. Die Leute von Israel weinen
und flehen um Erbarmen. Sie haben den HERRN,
ihren Gott, vergessen und sind vom rechten Weg
abgeirrt. 22 Der HERR aber sagt: »Kommt zu mir
zurück, ihr davongelaufenen Kinder, ich bringe
alles zwischen euch und mir wieder in Ord-
nung!«

Ja, HERR, wir kommen zu dir zurück, denn du
bist unser Gott! 23 Das Rufen und Schreien zu
den Götzen auf den Bergen und Hügeln kann
uns nicht helfen; nur du, unser Gott, bringst
Israel Hilfe. 24 Der schändliche Baal* hat alles
gefressen, was unsere Vorfahren erworben hat-
ten. So weit wir zurückdenken können, frisst
er unsere Schafe und Rinder und unsere Söhne
und Töchter. 25 In Schande liegen wir da und
Schmach bedeckt uns. Wir haben uns gegen
dich, unseren Gott, vergangen. So war es von
jeher und so ist es bis heute geblieben. Wir
haben nicht auf dich gehört.

4 »Wenn du umkehrst, Israel, dann darfst du
zu mir zurückkommen; wenn du deine ab-
scheulichen Götzen wegschaffst, dann sollst du
bei mir wieder Geborgenheit finden. 2 Wenn du

a *sie sah:* vermutlicher Text; H *ich sah.*
b Gemeint ist das damals schon untergegangene Nordreich Israel*, dessen Oberschicht nach Assyrien (Vers 12: *in Richtung Norden*) ins Exil* geführt worden war.

3,8 2 Kön 17,5-6; Dtn 24,1 **3,9** 2,27 S **3,11** 23,13-14 **3,12** Ps 103,9 S; Klgl 3,31-32 **3,13** 2,20 S; 17,2-3; 1 Kön 14,23; 2 Kön 16,4; 17,10; Ez 6,13 **3,15** 10,21 S **3,16** 2 Makk 2,5-7 **3,17** (Thron) 14,21; 17,12; Ez 43,7; Offb 22,3; (Völker) Jer 12,16; Jes 2,2-3 S **3,18** 16,15; 50,4; Jes 11,11-12 S; Ez 37,15-28; Sach 10,6 **3,19** 3,4 S; Ez 20,6 **3,23** 14,8; Jes 43,3 S **3,24** 7,31 **3,25** Esra 9,6-7 **4,2** 5,2; 12,16; 44,26

beim Schwören sagst: ›So gewiss der HERR lebt‹,
und dabei ehrlich und rechtschaffen bist und zu
deinem Wort stehst, dann werden auch die ande-
ren Völker von mir Glück und Segen erwarten
und werden stolz sein, mich zu kennen.«
3 Ja, dies sagt der HERR dem Volk von Juda
und den Bewohnern Jerusalems: »Pflügt den
Acker völlig um, statt unter die Dornen zu
säen! 4 Beschneidet* euch so, wie es mir gefällt,
nämlich an euren Herzen. Schafft weg, was euch
von mir trennt. Sonst kommt mein Zorn über
euch und brennt wie ein Feuer. Dann hilft kein
Löschen mehr; ihr habt zu viel Böses getan!«

Jeremia sieht schon den Feind heranziehen

5 Blast überall im Land das Signalhorn, ruft aus
vollem Hals, sagt zu den Leuten von Juda und
Jerusalem: »Sammelt euch! Bringt euch in
Sicherheit! Auf, los! Hinein in die befestigten
Städte! 6 Stellt Wegweiser auf: ›Nach Zion*!‹
Vorwärts! Bleibt nicht stehen!« Denn der HERR
sagt: »Ich bringe Tod und Verderben über euch,
ich führe den Feind aus dem Norden* herbei!«
7 Der Völkerwürger hat sich aufgemacht. Wie
ein Löwe hat er sich von seinem Lager erhoben,
er ist unterwegs, eure Heimat zu einem Trüm-
merfeld zu machen, eure Städte zu zerstören
und zu entvölkern. 8 Darum zieht den Sack* an,
klagt und heult: »Der HERR ist immer noch zor-
nig auf uns!«
9 »Der Tag kommt«, sagt der HERR, »da ver-
geht dem König und seinen Beratern der Mut.
Die Priester* sind entsetzt und die Propheten*
verstört. 10 Sie werden[a] klagen: ›Herr, unser
Gott, du hast dieses Volk und Jerusalem schwer
betrogen! Du hast Frieden angekündigt, aber
jetzt haben wir das Schwert im Nacken.‹
11 Dann werde ich zu diesem Volk und zu Je-
rusalem sagen: ›Ein Glutwind stürzt sich von
den Bergen der Wüste auf euch herab, kein
Wind, mit dessen Hilfe ihr nach dem Dreschen
die Spreu vom Getreide trennen könnt;[b] 12 dazu
ist er zu heftig! Ein Sturm ist es und er kommt
auf meinen Befehl; denn ich will jetzt das Ge-
richtsurteil über euch sprechen.‹«

Gibt es noch Rettung?

13 Seht doch: Wie Wetterwolken kommen die
Feinde heran! Ihre Streitwagen* gleichen einem
heranbrausenden Sturm, ihre Pferde sind
schneller als Adler. Es ist aus mit uns, wir sind
verloren!
14 Jerusalem, wasche deine Bosheit von dei-
nem Herzen ab, damit du gerettet wirst! Wie
lange willst du dich noch mit bösen Gedanken
abgeben?
15 Hört doch: Boten bringen schlechte Nach-
richten aus Dan und dem Bergland von Efraïm!
16 Sie warnen die Völker ringsum. Sie sagen zu
Jerusalem: »Feinde aus einem fernen Land sind
im Anmarsch und erheben gegen die Städte von
Juda ihr Kriegsgeschrei.«
17 Die Feinde umstellen Juda und Jerusalem
wie Männer, die ein Feld bewachen. Der HERR
schickt sie, weil dieses Volk sich gegen ihn aufge-
lehnt hat. 18 Euer Tun und Treiben hat euch dies
eingebracht, ihr Leute von Juda! Eure Bosheit
hat euch in dieses bittere Leid gestürzt. Sie ist
das Schwert, das euch das Herz durchbohrt.

Jeremia muss Vernichtung ankündigen

19 Diese Qual in meinen Eingeweiden! Ich winde
mich vor Schmerzen. Mein Herz klopft, dass es
fast zerspringt. Ich kann nicht mehr schweigen!
Ich höre Kriegshörner* und Schlachtrufe. 20 Von
überall her meldet man Niederlagen und Zerstö-
rungen, das ganze Land wird verwüstet. Plötz-
lich sind unsere Zelte umgestürzt, die Zeltdecken
zerfetzt. 21 Wie lange muss ich noch die Feldzei-
chen der Feinde sehen und das Dröhnen ihrer
Kriegshörner hören?
22 Der HERR sagt: »Mein Volk ist dumm und
verbohrt. Sie kennen mich nicht, unverständig
wie Kinder sind sie, ohne Einsicht. Sie wissen ge-
nau, wie man Böses tut, aber wie man Gutes tut,
geht über ihren Verstand.«
23 Ich sah die Erde an – ein wüstes Chaos! Ich
blickte zum Himmel hinauf – da leuchtete kein
Stern mehr! 24 Ich sah hinüber zu den Bergen –
sie wankten, und alle Hügel bebten. 25 Ich sah
nach den Menschen – da war keiner mehr; auch
die Vögel waren fortgeflogen. 26 Ich sah nach
dem fruchtbaren Land – es war zur Wüste ge-
worden, alle Städte lagen in Trümmern, zerstört
durch den glühenden Zorn des HERRN.
27 Denn der HERR sagt: »Das ganze Land soll
zur Wüste werden – aber völlig vernichten will
ich es nicht.« 28 Auch wenn die Erde darüber
klagt und der Himmel sich vor Trauer verfinstert:
Der HERR hat es gesagt und nimmt es nicht

a *Sie werden:* mit einer wichtigen Handschrift und alten Übersetzungen; H *Ich werde.*
b *mit dessen Hilfe …:* wörtlich *zum Worfeln**.

4,3 Hos 10,12 **4,4** Dtn 10,16 **4,5** 4,19.21; 6,1; 51,27; Hos 5,8 **4,6** 1,14 S **4,7** 2,15; 5,6; 25,38; 49,19; 50,44 **4,10** 14,13 **4,14** Jes 1,16 **4,19** 4,5 S **4,27** 5,10.18; 30,11; 46,28

zurück; er hat seinen Beschluss gefasst und dabei
bleibt es.
29 Vor dem Lärm der Reiter und Bogenschüt-
zen sind alle Bewohner des Landes geflohen, sie
haben sich in Höhlen verkrochen,[a] im Dickicht
versteckt, sind auf Felsen geklettert. Alle Städte
sind verlassen, kein Mensch wohnt mehr darin.
30 Und was machst du, Jerusalem? Du bist
schon dem Untergang geweiht und putzt dich
noch mit leuchtend roten Kleidern heraus, be-
hängst dich mit Goldschmuck und bemalst dir
die Augenränder? Das wird dir nichts mehr nüt-
zen. Deine Liebhaber haben dich satt; sie wollen
dir jetzt ans Leben!
31 Ich höre einen Schrei wie von einer Frau,
die zum ersten Mal in Wehen liegt. Es ist die
Stimme der Zionsstadt*. Sie ringt nach Atem
und schreit, verzweifelt streckt sie die Hände
aus: »Hilfe! Sie bringen mich um!«

Zwiegespräch zwischen Gott und dem Propheten

5 Der HERR sagt: »Geht doch durch die Straßen
Jerusalems und macht eure Augen auf; seht
euch auf allen Plätzen um! Wenn ihr dort nur
einen Einzigen findet, der das Rechte tut und auf
den man sich verlassen kann, dann werde ich
die Schuld der ganzen Stadt vergeben. 2 Aber
wenn in Jerusalem jemand bei meinem Namen
schwört, dann ist es bestimmt ein Meineid!«
3 Doch dir, HERR, kommt es auf Treue und
Zuverlässigkeit an! Du hast dieses Volk geschla-
gen, aber es hat sich nichts daraus gemacht. Du
hast es fast vernichtet, aber es wollte nicht dar-
aus lernen. Sie blieben bei ihrem Starrsinn und
weigerten sich, zu dir umzukehren.
4 Ich hatte gedacht: Gewiss sind nur die ein-
fachen Leute so; die handeln verkehrt, weil sie
nicht wissen, was der HERR von ihnen erwartet
und was in seinen Augen recht ist. 5 Ich muss die
Gebildeten ansprechen, sie werden es bestimmt
wissen. Aber gerade sie haben Gott den Gehor-
sam aufgekündigt und sich von ihm losgerissen,
als wären seine Gebote nur eine lästige Fessel.
6 Der HERR sagt: »Darum wird dieses Volk von
seinen Feinden vernichtet! Sie fallen über es her
wie der Löwe aus dem Dickicht, sie packen es
wie der Wolf aus der Steppe. Wie der Leopard
lauern sie vor seinen Städten; jeder, der heraus-
kommt, wird zerrissen. Denn zahllos sind die
Vergehen dieses Volkes, es zeigt mir nur noch
den Rücken.«

Vergebung ist nicht mehr möglich

7 Der HERR sagt: »Warum sollte ich euch ver-
geben? Ihr habt mich verlassen und bei Göttern
geschworen, die gar keine Götter sind. Ich habe
euch satt gemacht, aber ihr habt mir die Treue
gebrochen und eure Zeit im Hurenhaus zuge-
bracht.[b] 8 Wie feiste, geile Hengste seid ihr ge-
worden: Jeder wiehert nach der Frau des ande-
ren.
9 Sollte ich das hingehen lassen«, sagt der
HERR, »sollte ich an einem solchen Volk nicht
Vergeltung üben? 10 Also hinauf in den Wein-
berg! Verwüstet ihn! – Aber vernichtet ihn nicht
ganz! – Reißt die Ranken ab; mir gehören sie
nicht! 11 Denn die Leute von Israel und von Juda
haben sich völlig von mir abgewandt.« Das sagt
der HERR.

Selbstsicherheit fordert das Gericht heraus

12 Die Leute von Juda nehmen den HERRN nicht
ernst. »Mit ihm braucht niemand zu rechnen«,
sagen sie. »Krieg und Hungersnot wird es nicht
geben; die ganze Katastrophe findet nicht statt.
13 Was die Propheten* verkündet haben, wird
sich als Wind erweisen. Was sie angedroht ha-
ben, soll sie selbst treffen; denn Gott hat gar
nicht zu ihnen gesprochen.«
14 Aber der HERR, der Gott der ganzen Welt,[c]
hat zu mir gesagt: »Weil die Leute von Juda so re-
den, sorge ich dafür, dass die Worte, die ich dir
auftrage, zu einem Feuersturm werden, und die-
ses Volk mache ich zum Brennholz; der Feuer-
sturm soll es fressen!
15 Sag zu ihnen: ›Ich führe von fern her ein
Volk gegen euch heran. Ihr kennt seine Sprache
nicht und versteht nicht, was diese Leute sagen.
Niemand kann es besiegen. Es ist ein uraltes
Volk von unerschöpflicher Kraft. 16 Aus den
Köchern seiner Krieger kommen Tod und Ver-
derben; sie alle sind im Kampf erprobt. 17 Dieses
Volk wird alles fressen: eure Ernte und eure
Vorräte, eure Söhne und Töchter, eure Schafe
und Rinder, eure Weinstöcke und Feigenbäume.
Es wird die befestigten Städte, auf die ihr ver-
traut, zerstören und ihre Bewohner mit dem
Schwert erschlagen.‹«

a *in Höhlen verkrochen:* mit G; in H offenbar ausgefallen.
b *eure Zeit zugebracht:* mit einigen Handschriften; H *euch Schnittwunden beigebracht.*
c Wörtlich *der HERR, Gott Zebaot**.

4,30 30,14; Ez 23,22 **5,1** Gen 18,20-32; Ps 14,2-3; Ez 22,30 **5,2** 4,2 **5,3** 2,30; 7,28; 8,5; 15,7; Am 4,6-11; Zef 3,2; Sach 7,11 **5,5** Mi 3,1 **5,6** 4,7 S **5,7** 2,13 S **5,9** 5,29; 9,8 **5,10** 2,21 S; 4,27 S **5,12** Ps 14,1 S **5,14** 20,9; 23,29 **5,15** 6,22; Dtn 28,49; Jes 28,11

Die Strafe entspricht dem Vergehen

18 »Aber auch dann will ich mein Volk nicht völ-
lig vernichten«, sagte der HERR zu mir. 19 »Und
wenn sie dich fragen: ›Weshalb hat der HERR uns
all das angetan?‹, so antworte ihnen: ›In eurem
eigenen Land habt ihr den HERRN, euren Gott,
verlassen und fremden Göttern gedient, deshalb
dient nun auch fremden Menschen in einem
Land, das nicht euch gehört.‹«

Ein unbelehrbares Volk

20 Der HERR sagte zu mir: »Verkünde den Nach-
kommen Jakobs, dem Volk von Juda: 21 ›Hört,
was der HERR sagt, ihr Leute ohne Einsicht
und Verstand, mit Augen, die nicht sehen, mit
Ohren, die nicht hören! 22 Wollt ihr mich nicht
endlich ernst nehmen? Wollt ihr nicht zittern
und beben vor mir?

Ich habe dem Meer eine Grenze gesetzt, die
es nie überschreiten kann. Einen Sandwall habe
ich darum gelegt und alles Toben und Schäu-
men hilft ihm nichts; es kommt nicht darüber
hinaus.

23 Doch ihr wollt nicht begreifen, ihr sperrt
euch gegen jede Einsicht. Ihr habt euch von mir
abgewandt und seid davongelaufen. 24 Ihr dach-
tet nicht daran, zu sagen: Wir wollen den HERRN,
unseren Gott, ehren, er schickt uns ja den
Regen*, im Herbst wie im Frühjahr, und sorgt
dafür, dass das Korn auf den Feldern zu seiner
Zeit reif wird.

25 Um diesen Segen habt ihr euch durch eure
Vergehen gebracht; Dürre und Missernte sind
die Folgen eurer Schuld!‹«

Skrupellose Jagd nach Bereicherung

26 Der HERR sagt: »In meinem Volk gibt es skru-
pellose Leute. Wie Vogelfänger sich ducken und
darauf lauern, dass ihnen Vögel in die Netze ge-
hen, so haben sie Fallen gestellt, um Menschen
zu fangen. 27 Wie der Käfig des Vogelfängers voll
ist von gefangenen Vögeln, so sind ihre Häuser
voll von unrecht erworbenem Gut.

Auf diese Weise sind sie groß und reich ge-
worden, 28 dick und fett sind sie. Ihre Rücksichts-
losigkeit kennt keine Grenzen. Das Recht ist bei
ihnen in schlechten Händen: Sie setzen sich
nicht für die Waisen ein und verhelfen den
Armen nicht zu dem, was ihnen zusteht. 29 Und
all das sollte ich hingehen lassen? Muss ich an
einem solchen Volk nicht Vergeltung üben?«

Die Schuld der Propheten und Priester

30 Der HERR sagt: »Was in diesem Land geschieht,
ist unglaublich und empörend: 31 Die Prophe-
ten* reden Lug und Trug, die Priester* suchen
nur den eigenen Vorteil,[a] und mein Volk hat es
gerne so. Was aber wollt ihr machen, wenn das
Ende da ist?«

Jerusalem am Rand der Katastrophe

6 Flieht aus Jerusalem, ihr Leute von Benja-
min! In Tekoa blast das Signalhorn, gebt
Rauchzeichen auf dem Berg von Bet-Kerem!
Denn von Norden* her naht Verderben und
Untergang!

2 Jerusalem, du schöne, wohl behütete Stadt,
jetzt ist dein Ende da! 3 Völkerhirten kommen zu
dir mit ihren Herden, sie schlagen rings um dich
ihre Zelte auf. Jeder weidet seinen Teil ab und
dann heißt es: 4 »Auf jetzt zum Kampf gegen die
Stadt! Noch am Mittag schlagen wir los!« – »Zu
spät! Die Zeit reicht nicht aus, es wird ja bald
dunkel!« – 5 »Dann greifen wir eben bei Nacht
an. Wir zerstören die Paläste Jerusalems!«

6 Der HERR, der Herrscher der Welt,[b] hat den
Feinden befohlen: »Fällt die Bäume rings um die
Stadt und treibt eine Angriffsrampe* gegen sie
vor; denn in ihr gibt es nichts als brutale Unter-
drückung. Sie hat ihre Strafe verdient. 7 Wie aus
einem Brunnen immer neues Wasser quillt, so
bringt sie stets neue Bosheit hervor. Überall hört
man nur von Gewalt und Misshandlung. Vor
meinen Augen wird pausenlos geschlagen und
gequält.

8 Jerusalem, lass dich doch warnen, sonst
kehre ich dir den Rücken! Ich mache dich zur
Wüste, zu einem Land, in dem niemand mehr
wohnt!«

Das Maß ist voll

9 Der HERR, der Herrscher der Welt, sagte zu mir:
»Wie man am Weinstock Nachlese hält, so soll
auch an dem, was von Israel übrig geblieben ist,
noch eine Nachlese gehalten werden. Wie die
Hand des Winzers noch einmal alle Reben
durchgeht, so wende auch du dich noch einmal
diesem Volk zu!«

a Andere Übersetzung: *herrschen nach ihrer* (der Propheten oder ihrer eigenen) *Weisung.*
b Wörtlich *Der HERR Zebaot**; ebenso in Vers 9.

5,18 4,27S **5,19** 16,10; 22,8; Dtn 29,23 **5,21** 4,22; Jes 6,9-10S; Mk 8,18 **5,22b** Ijob 38,8-11S **5,24-25** 3,3S; 14,22; Dtn 11,14; Sach 10,1 **5,26** Ps 10,9; Spr 1,11 **5,28** Ps 73,7 **5,29** 5,9S **5,30** 18,13; 23,14 **5,31** 2,8S **6,1** 4,5S; 1,14S **6,3** 4,17; 12,10; 25,34-36 **6,9** 2,21-22S

10 Ich aber sagte: »Wen soll ich denn noch an-
sprechen, wem ins Gewissen reden? Wer hört
denn? Ihre Ohren sind zugewachsen,[a] sie kön-
nen gar nicht hören! Was du mich ihnen sagen
lässt, empfinden sie als Beschimpfung und är-
gern sich darüber. 11 Dein Zorn ist auf mich über-
gesprungen; ich schaffe es nicht länger, ihn zu-
rückzuhalten!«

Da sagte der HERR zu mir: »Dann gieß meinen
Zorn über sie aus, sogar über die Kinder auf der
Straße und die Heranwachsenden! Sag ihnen:
Alle wandern in die Verbannung, Männer
wie Frauen, auch die Alten und Hochbetagten!
12 Ihre Häuser und Äcker nehmen andere in
Besitz; ihre Frauen werden eine Beute der Frem-
den. Denn ich erhebe meine Hand zum Schlag
gegen die Bewohner dieses Landes«, sagt der
HERR.

13 »Vornehme wie Geringe sind darauf aus,
sich zu bereichern. Propheten* wie Priester*
täuschen das Volk: 14 Sie tun so, als wären die
Wunden meines Volkes nur leichte Schram-
men. ›Alles steht gut‹, sagen sie, ›alles ist in Ord-
nung.‹

Aber nichts steht gut, nichts ist in Ordnung!
15 Sie müssten sich schämen wegen ihres schänd-
lichen Treibens. Aber sie denken nicht daran;
sie wissen gar nicht, was Schämen ist. Deshalb
werden sie untergehen, zusammen mit allen
anderen in Israel. Wenn ich komme und sie
bestrafe, ist es aus mit ihnen.« Das sagt der
HERR.

Die Folge der Halsstarrigkeit

16 Der HERR sagt: »Ich habe mein Volk gemahnt:
›Haltet an auf dem Weg, den ihr geht; seht euch
um und fragt, wie es euren Vorfahren ergangen
ist! Dann wählt den richtigen Weg und folgt
ihm, so wird euer Leben Erfüllung finden!‹ Aber
sie sagten: ›Wir wollen nicht.‹

17 Ich gab ihnen immer wieder Wächter, ich
sagte zu ihnen: ›Achtet darauf, wenn sie das
Alarmhorn* blasen!‹ Aber sie sagten: ›Das tun
wir nicht.‹

18 Darum hört, ihr Völker, und gebt gut Acht,[b]
was jetzt mit ihnen geschieht! 19 Die ganze Welt
soll es hören: Ich bringe Unglück über dieses
Volk; es ist die Folge ihrer eigenen Pläne. Meine
Weisungen und Warnungen haben sie in den
Wind geschlagen. 20 Was soll ich mit dem Weih-
rauch* aus Saba und den teuren Gewürzen aus
irgendeinem fernen Land? Ich halte nichts von
ihren Brandopfern*; mit ihren Mahlopfern* ma-
chen sie mir keine Freude! 21 Darum sage ich,
der HERR: Ich lege diesem Volk jetzt Hindernisse
in den Weg, es soll darüber stolpern und stürzen.
Alle werden umkommen: Väter und Söhne,
Nachbarn und Freunde.«

Der Feind aus dem Norden

22 Der HERR sagt: »Gebt Acht, ein großes Volk
kommt aus seinem Land im fernen Norden, vom
Ende der Erde macht es sich auf. 23 Seine Krieger
kämpfen mit Bogen und Krummschwert, sie sind
grausam und kennen kein Erbarmen. Auf Pfer-
den reiten sie heran; es dröhnt wie das Tosen der
Meeresbrandung. Sie sind bereit zum Angriff –
zum Angriff auf dich, du Zionsstadt*!«

24 Die Bewohner Jerusalems sagen: »Wir
haben gehört, was uns droht, und die Hände
sind uns herabgesunken. Angst hat uns gepackt;
es geht uns wie einer Frau, die von den Wehen
überfallen wird.«

25 »Geht ja nicht aufs Feld!«, rufen sie einan-
der zu. »Nur weg von der Straße! Die Feinde
bringen euch um! Schrecken überall!«

26 Du, mein Volk,[c] zieh den Sack* an und
wälze dich in Asche! Stimm die Totenklage* an,
so verzweifelt wie beim Tod des einzigen Soh-
nes; denn plötzlich ist der Feind da, der alles ver-
wüstet!

Hartes Eisen und wertloses Silber

27 Der HERR sagte zu mir: »Ich gab dir den Auf-
trag, mein Volk unnachgiebig[d] zu prüfen und
über sein Tun und Treiben ein Urteil zu fällen.
Du solltest die Menschen prüfen, so wie Metalle
geprüft werden.«

28 Das tat ich auch und ich bin zu dem Urteil
gekommen:[e] Dieses Volk ist hart wie Bronze
und Eisen. Alle sind sie Rebellen, Verleumder
und Verbrecher!

29 Der Blasebalg fauchte, aber nichts kam aus
dem Ofen heraus. Alle Mühe war vergeblich:
Das Blei ließ sich nicht ausscheiden; reines Silber
war nicht zu gewinnen.[f] 30 »Wertloses Silber«
werden sie das Volk Israel nun nennen, denn der
HERR hat es als wertlos weggeworfen.

a *zugewachsen:* wörtlich *unbeschnitten;* vgl. 9,25.
b *und gebt gut Acht:* vermutlicher Text; H *und erkenne, Gemeinde.* c Wörtlich *Du Tochter mein Volk.*
d *unnachgiebig:* wörtlich *(wie) eine Festung.* e *Das tat ich ...:* verdeutlichender Zusatz.
f Siehe Sacherklärung »Schlacke«.

6,12-15 8,10-12 **6,14** 23,17; Ez 13,10; Mi 2,11 **6,16** 18,15; Ps 25,4 S; Mt 11,29 **6,17** Ez 3,17-21; 33,1-9 **6,19** 2,19 **6,20** 7,21-23; 14,12; Jes 1,10-20 S **6,22-24** 50,41-43 **6,22** 1,14 S; 5,15 S **6,25** 20,3.10; 46,5; 49,29 **6,26** Am 8,10; Sach 12,10 **6,27-30** Ez 22,17-22 **6,28** 7,26 **6,29** Jes 1,25 S; Jer 17,1 S

Gegen das falsche Vertrauen auf den Tempel

7 Das Wort des HERRN erging an Jeremia; er
sagte zu ihm: 2 »Geh, stell dich an den Ein-
gang des Tempels* und rufe: ›Hört zu, ihr Leute
von Juda! Hört alle her, die ihr durch diese Tore
in den Tempel geht, um den HERRN anzubeten!
3 So spricht der Gott Israels, der Herrscher der
Welt:[a] Ändert euer Leben und Tun! Dann dürft
ihr hier wohnen bleiben.[b] 4 Glaubt nicht, dass es
euch etwas hilft, wenn ihr ständig wiederholt:
Dies ist der Tempel des HERRN, dies ist der Tem-
pel des HERRN, hier wohnt der HERR! Damit be-
trügt ihr euch selbst!

5 Nein, ihr müsst euer Leben und Tun gründ-
lich ändern! Geht gerecht miteinander um;
6 nutzt nicht Fremde, Waisen und Witwen aus;
vergießt nicht das Blut unschuldiger Menschen!
Lauft nicht den fremden Göttern nach, die euch
ins Unglück bringen! 7 Nur dann könnt ihr hier
wohnen bleiben, in dem Land, das ich euren
Vorfahren als Erbbesitz* gegeben habe.

8 Seht doch ein, dass ihr euch selbst betrügt!
9 Ihr stehlt und mordet, brecht die Ehe, schwört
Meineide, bringt dem Baal* eure Opfergaben*
und verehrt fremde Götter, die euch nichts ange-
hen. 10 Und dann kommt ihr und stellt euch hier
in meinem Haus vor mich hin und sagt: Uns
kann nichts geschehen! Dabei tut ihr weiterhin
alles, was ich verabscheue. 11 Ist denn dieses
Haus, das doch mein Eigentum ist, in euren Au-
gen ein Versteck für Räuber geworden? Gut,
dann werde auch ich es so ansehen. Das sage
ich, der HERR.

12 Geht doch nach Schilo*, wo ich früher
meinen Tempel hatte, die Wohnstätte meines
Namens![c] Seht euch an, wie ich ihn verwüstet
habe, weil die Leute von Israel so viel Böses
taten. 13 Ihr selbst treibt es genauso schlimm.
Dafür ziehe ich euch jetzt zur Rechenschaft, ich,
der HERR. Sooft ich auch zu euch sprach – ihr
habt nicht hingehört; wenn ich rief, habt ihr
nicht geantwortet.

14 Darum will ich jetzt mit dem Haus, das
mein Eigentum ist und auf das ihr euer Vertrauen
setzt, verfahren wie mit Schilo. Ich werde diesen
Tempel, in dem ich euch und euren Vorfahren
nahe sein wollte, genauso dem Erdboden gleich-
machen. 15 Und euch will ich nicht mehr sehen;
darum verstoße ich euch, wie ich euer Bruder-
volk, die Leute von Efraïm*, verstoßen habe.‹«

Jeremia darf nicht für sein Volk beten

16 »Du aber, Jeremia, hör auf, für dieses Volk zu
beten! Versuche nicht, bei mir für sie einzutre-
ten, dringe nicht in mich! Ich werde nicht auf
dich hören. 17 Sieh doch selbst, wie sie es in den
Städten in Juda und auf den Straßen Jerusalems
treiben! 18 Die Kinder sammeln Brennholz, die
Männer zünden Feuer an und die Frauen kneten
Teig und backen Kuchen als Opfer für die Him-
melskönigin*. Außerdem bringen sie anderen
Göttern Wein als Trankopfer* dar. Das alles tun
sie mir zum Trotz.

19 Aber bilden sie sich denn ein«, sagte der
HERR, »dass sie *mir* damit etwas antun? Sie scha-
den ja nur sich selbst! Sie werden es noch er-
leben, wie Unglück und Schande über sie kom-
men.«

20 Der HERR, der mächtige Gott, hat sein
Urteil gefällt, er sagt: »Ich gieße meinen Zorn
über diesen Tempel* aus. Er trifft die Menschen
und die Tiere, die Bäume und die Ernte auf
dem Feld. Er brennt wie ein Feuer, das niemand
löschen kann.«

Ein Volk, das nicht hört

21 Der HERR, der Herrscher der Welt,[d] der Gott
Israels, sagt: »Warum verbrennt ihr mir Tiere als
Brandopfer*? Tut sie zu den anderen dazu, die
ihr für das Opfermahl* schlachtet, esst das
Fleisch doch auf! 22 Als ich eure Vorfahren aus
Ägypten herausführte, habe ich ihnen nicht
befohlen, mir Brand- oder Mahlopfer darzubrin-
gen. 23 Aber das habe ich zu ihnen gesagt:
›Gehorcht mir und lebt nach den Geboten,
die ich euch gebe. Dann wird es euch gut gehen:
Ich will euer Gott sein und ihr sollt mein Volk
sein.‹

24 Aber sie hörten nicht auf mich, sondern
taten, was ihr böses und eigensinniges Herz ih-
nen eingab. Sie wandten sich von mir ab und
kehrten mir den Rücken. 25 So war es schon da-

a *der Herrscher der Welt:* wörtlich *der HERR Zebaot*.*
b Eine griechische Übersetzung und die lateinische Vulgata verstehen H im Sinn von *Dann werde ich hier bei euch wohnen bleiben.*
c *Wohnstätte ...:* siehe Anmerkung zu Dtn 12,5.
d Wörtlich *Der HERR Zebaot*.*

7,3 18,11 S; 26,13 **7,4** Ps 76,3 S **7,5-7** 22,3.17; Ex 22,20 S; 22,21 S; Dtn 19,10 **7,9** Hos 4,2; Ex 20,13-17; Jer 25,6 S **7,11** Mk 11,17 par **7,12** 26,9; Jos 18,1 S **7,13** 6,10; 7,25-26; 11,8; 13,10; 25,3; 26,5; 29,19; 35,14; 37,2 **7,15** 2 Kön 17,7-18 **7,16** 11,14; 14,11; 15,1 S; 18,20; 37,3-5; Gen 18,16-33; 20,7; 1 Kön 13,6; 2 Kön 19,4; Am 7,2.5 **7,17-18** 19,13; 44,17-19; Dtn 4,19 S **7,21-23** 6,20 S **7,22** Am 5,25 **7,23** 30,22 S; Ex 19,5; Lev 26,12; Dtn 26,17; Ez 11,20 S; Hos 2,25 S; Lev 18,5 S; Dtn 6,3 **7,24** 9,13; 11,8; 16,12; 18,12 **7,25-26** 7,13 S; 25,4 S

mals, als ich eure Vorfahren aus Ägypten führte,
und so ist es geblieben bis auf den heutigen Tag.
Immer von neuem schickte ich euch meine Die-
ner, die Propheten*; 26 aber niemand von euch
kümmerte sich darum, niemand hörte auf mich.
Ihr seid starrsinnig geblieben und habt es noch
schlimmer getrieben als eure Vorfahren.

27 Und du, Jeremia, wirst ihnen dies alles vor-
halten, aber sie werden nicht auf dich hören; du
wirst sie rufen und keine Antwort bekommen.
28 Dann sollst du ihnen sagen: ›Ihr seid das Volk,
das auf den HERRN, seinen Gott, nicht gehört
hat. Von Treue ist bei euch keine Rede mehr, ge-
storben ist sie!‹«

Tal des Mordens, Tal der Toten

29 Ihr Leute von Jerusalem, schneidet euer Haar
ab und werft es weg! Stimmt Trauerlieder an auf
den kahlen Höhen! Der HERR empfindet für euch
nur noch Zorn. Er hat euch fallen lassen und will
von euch nichts mehr wissen.

30 »So ist es«, sagt der HERR, »die Leute von
Juda haben getan, was mich beleidigt. Sie haben
ihre abscheulichen Götzenbilder im Tempel*
aufgestellt und dadurch das Haus geschändet,
das mein Eigentum ist. 31 Im Hinnom-Tal bauten
sie die Opferstätte Tofet*, um dort ihre Söhne
und Töchter als Opfer zu verbrennen. Das habe
ich nicht befohlen; es ist mir auch nie in den
Sinn gekommen, so etwas von ihnen zu verlan-
gen.

32 Deshalb ist der Tag nicht fern, an dem die-
ser Ort nicht mehr Tofet genannt wird oder Hin-
nom-Tal, sondern Mordtal. Sie werden dort die
Toten begraben, weil es sonst nirgends mehr
Platz dafür gibt. 33 Geier und Schakale werden
sich über die Leichen dieses Volkes hermachen
und niemand wird sie verscheuchen.

34 Ich mache allem Jubel und aller Freude in
den Städten von Juda und auf den Straßen Jeru-
salems ein Ende; den Jubelruf von Bräutigam
und Braut wird man dort nicht mehr hören,
denn das Land wird ein einziges Trümmerfeld
sein.«

Die Gräber Jerusalems werden geschändet

8 »Wenn das geschieht«, sagt der HERR, »wird
der Feind die Gebeine der Könige von Juda
und ihrer hohen Beamten, die Gebeine der
Priester* und der Propheten* und aller Bewoh-
ner Jerusalems aus ihren Gräbern holen. 2 Sie
werden zerstreut umherliegen vor der Sonne,
dem Mond und dem Sternenheer, vor den Göt-
tern, die sie liebten und anbeteten, denen sie Op-
fer* darbrachten, bei denen sie Weisung suchten
und nach denen sie ihr Leben ausrichteten. Nie-
mand wird die Gebeine sammeln, um sie wieder
ins Grab zu legen. Sie werden zerfallen und zum
Dünger für die Äcker werden.«

Sterben ist besser als Überleben

3 Der HERR, der Herrscher der Welt,[a] sagt: »Die
Menschen, die ich übrig lasse von dieser bösen
Generation, werde ich überallhin vertreiben und
an jedem Ort werden sie lieber sterben wollen
als leben.«

Beispiellose Halsstarrigkeit

4 »Sag zu ihnen: ›So spricht der HERR: Wenn je-
mand hinfällt, steht er dann nicht schnell wieder
auf? Wenn jemand vom Weg abkommt, kehrt er
nicht gleich wieder um? 5 Warum bleibt Jeru-
salem bei seinen falschen Göttern und weigert
sich, zu mir zurückzukehren?

6 Ich habe genau gehört, was sie reden. Sie
haben ihren Irrtum nicht erkannt. Niemand
bereut seine Schlechtigkeit, niemand fragt sich:
Was habe ich getan? Alle rennen auf ihrem Irr-
weg weiter wie Pferde, die sich in die Schlacht
stürzen.

7 Alle Zugvögel kennen ihre Ordnung und
gehen und kommen zu der Zeit, die ich ihnen
bestimmt habe: der Storch, die Taube, die
Schwalbe, die Drossel. Nur mein Volk hält sich
nicht an die Ordnungen, die ich ihm gegeben
habe.‹«

Warnung an das verführte Volk und an seine Verführer

8 Der HERR sagt: »Wie könnt ihr behaupten: ›Wir
wissen Bescheid, wir haben doch das Gesetz*
des HERRN‹?

Gewiss, ihr habt es, aber es ist durch seine
Ausleger völlig verfälscht worden! 9 Diese Leute,
die sich für weise halten, werden bestürzt und
sprachlos dastehen, wenn das Unheil sie trifft
und sie gefangen weggeführt werden. Sie haben
mein Wort verachtet, und da wollen sie auf Weis-
heit* Anspruch erheben?

10 Ihre Frauen und ihre Äcker nehme ich ih-
nen weg und gebe sie anderen. Denn Vornehme
wie Geringe sind darauf aus, sich zu bereichern.
Propheten* wie Priester* täuschen das Volk:
11 Sie tun so, als wären die Wunden meines

a Wörtlich *Der HERR Zebaot**.

7,26 7,13S; 17,23; 19,15 **7,28** 5,3S **7,30** 32,34; Ez 8,5.10 **7,31** 3,24; 19,5-6; Lev 18,21S **7,34** 16,9; 25,10; 33,10-11; Bar 2,23; Offb 18,23 **8,1-2** Bar 2,24-25 **8,2** 19,13; Dtn 4,19S **8,5** 5,3S **8,10-12** 6,12-15

Volkes nur leichte Schrammen. ›Alles steht gut‹, sagen sie, ›alles ist in Ordnung.‹

Aber nichts steht gut, nichts ist in Ordnung! 12 Sie müssten sich schämen wegen ihres schändlichen Treibens. Aber sie denken nicht daran; sie wissen gar nicht, was Schämen ist. Deshalb werden sie untergehen, zusammen mit allen anderen in Israel. Wenn ich komme und sie bestrafe, ist es aus mit ihnen.« Das sagt der HERR.

Keine falschen Hoffnungen!

13 »Will ich bei meinem Volk ernten«,[a] sagt der HERR, »so ist keine Traube und keine Feige zu finden und das Laub ist verwelkt. Darum habe ich dieses Volk aufgegeben; sollen die Fremden es doch zertreten!«

14 Die Leute in Juda sagen: »Was sitzen wir hier noch herum? Auf, los! Hinein in die befestigten Städte – auch wenn wir unser Leben dadurch nicht retten! Denn der HERR, unser Gott, hat unseren Tod beschlossen; er gibt uns vergiftetes Wasser zu trinken, weil wir vor ihm schuldig geworden sind. 15 Wir warteten darauf, dass sich alles noch zum Guten wenden würde, aber es kam nichts Gutes. Wir hofften auf eine Zeit, in der alle Wunden verheilen würden, aber nichts als Entsetzen ist gekommen: 16 Die Feinde stehen schon bei der Stadt Dan. Das Schnauben ihrer Pferde dringt bis zu uns herüber, von ihrem Wiehern zittert das Land. Sie kommen und werden alles vernichten: das offene Land und was darauf wächst, die Städte und ihre Bewohner.«

17 »Ja«, sagt der HERR, »ich lasse Giftschlangen auf euch los, gegen die keine Beschwörung hilft, und sie werden euch beißen!«

Jeremia leidet mit seinem Volk

18 Mein heiteres Gesicht verbirgt meinen Kummer. Er lastet auf mir und macht mich krank. 19 Aus dem ganzen Land höre ich mein Volk verzweifelt schreien: »Ist denn der HERR nicht mehr auf dem Zionsberg*? Wohnt unser König nicht mehr dort?«

Doch der HERR antwortet: »Warum haben sie mich mit ihren Götterbildern erzürnt, den fremden Götzen, die ihnen nichts helfen?«

20 Das Volk klagt: »Die Ernte ist vorüber, der Herbst vorbei und es ist keine Hilfe gekommen.«

21 Weil mein Volk zusammengebrochen ist, ist mein Herz zerbrochen. Trauer und Verzweiflung drücken mich nieder. 22 Gibt es denn in Gilead[b] keine Salbe mehr und ist dort kein Arzt zu finden? Gibt es für mein Volk[c] keine Heilung? Die Wunde will sich nicht schließen. 23 Wäre doch mein Kopf ein Brunnen, wären meine Augen Tränenquellen! Dann könnte ich Tag und Nacht weinen über die vielen aus meinem Volk, die erschlagen wurden!

Ein Volk, das Gott bestrafen muss

9 Wüsste ich nur einen Platz in der Wüste, eine Herberge für durchreisende Karawanen! Dann würde ich wegziehen von meinem Volk, ich würde es verlassen. Denn es ist eine Bande von Abtrünnigen; alle haben dem HERRN die Treue gebrochen.

2 »Ihre Zunge ist wie ein schussbereiter Bogen«, sagt der HERR. »Lüge ist Trumpf, die Wahrheit unterliegt. Sie begehen Verbrechen über Verbrechen; von mir wollen sie nichts wissen.

3 Darum seid auf der Hut vor euren Freunden und traut selbst eurem Bruder nicht! Denn der Bruder ist auch nicht besser als Jakob und betrügt euch bestimmt[d] und die Freunde reden nur schlecht über euch. 4 Jeder betrügt jeden, niemand sagt die Wahrheit. Sie sind Meister im Lügen und so ins Böse verstrickt, dass sie sich nicht mehr daraus lösen können. 5 Unterdrückung folgt auf Unterdrückung, Betrug auf Betrug.[e] Sie wollen mich nicht kennen.«

6 Deshalb sagt der HERR, der Herrscher der Welt:[f] »Wie Metall im Feuer geschmolzen und gereinigt wird, so werde ich mein Volk durch das Feuer des Gerichts schicken. Es bleibt mir nichts anderes übrig. 7 Ihre Worte sind wie tödliche Pfeile. Hinterhältig reden sie miteinander, täuschen Freundschaft und Wohlwollen vor, aber insgeheim stellen sie sich gegenseitig Fallen. 8 Sollte ich ein solches Volk nicht bestrafen«, sagt der HERR, »sollte ich an ihm nicht Vergeltung üben?«

a Deutung unsicher.
b Das ostjordanische Bergland Gilead* war offenbar bekannt für seine Heilkräuter und seine pharmazeutisch-ärztliche Kunst; vgl. 46,11.
c *mein Volk:* wörtlich *die Tochter mein Volk.*
d Wortspiel zwischen *Jakob* und *betrügen* (vgl. Anmerkung zu Gen 25,26).
e *und so ins Böse verstrickt ...:* mit alten Übersetzungen; H *und verkehrt zu handeln sind sie müde. [5]Dein Wohnen ist inmitten von Betrug.*
f Wörtlich *der HERR Zebaot*;* entsprechend in den Versen 14 und 16.

8,13 Mk 11,12-14 par **8,14** 4,5; 9,14; 23,15 **8,15** 14,19 **8,17** Num 21,6 **8,22** 10,19 S; 30,17; 33,6; 46,11 **8,23** 13,17; 14,17; 2 Kön 8,11-12; Jes 22,4; Klgl 3,48; Lk 19,41 **9,3** 12,6; Mi 7,5-6; Gen 25,26 S; 27,36 **9,6** Jes 48,10 S **9,7** Ps 12,3; 57,5 **9,8** 5,9

Totenklage über Juda und Jerusalem

[9] Ich will weinen über das Bergland, die Toten-
klage* singen über die Weideplätze in der Step-
pe; denn alles ist verbrannt und verwüstet. Kein
Mensch ist mehr unterwegs, das Blöken der Her-
den ist verstummt, selbst die Vögel und wilden
Tiere sind geflohen und lassen sich nicht mehr
sehen. [10] Der HERR sagt: »Jerusalem mache ich
zum Trümmerhaufen, in dem die Schakale hau-
sen. Die Städte in Juda mache ich zu Wüsten, in
denen niemand mehr wohnt.«

[11] Warum ist es so weit gekommen? Warum
wird das Land verbrannt und verwüstet, sodass
kein Mensch mehr hindurchzieht? Gibt es einen
Weisen*, der das erklären kann, einen Prophe-
ten*, dem der HERR es offenbart hat und der es
uns sagen kann?

[12] Der HERR selbst gibt darauf die Antwort:
»Sie halten sich nicht an meine Weisung, sie
hören nicht auf das, was ich sage. [13] Vielmehr
tun sie, was ihr böses und eigensinniges Herz
ihnen eingibt: Sie laufen den Baalen* nach, wie
sie es von ihren Vorfahren gelernt haben.

[14] Darum sage ich, der Herrscher der Welt,
der Gott Israels: ›Ich werde diesem Volk bittere
Kost zu essen geben und Gift zu trinken. [15] Ich
treibe sie fort zu fremden Völkern, von denen
weder sie noch ihre Vorfahren etwas wussten;
ich lasse Kriege gegen sie wüten, bis nichts mehr
von ihnen übrig ist.‹

[16] Darum sage ich, der Herrscher der Welt:
›Begreift, was die Stunde geschlagen hat: Ruft
die Klagefrauen! Holt die Frauen herbei, die sich
aufs Weinen und Klagen verstehen!‹«[a]

[17] Ja, schnellstens sollen sie kommen und
über uns das Klagelied anstimmen, damit unsere
Augen von Tränen überfließen! [18] Horcht, vom
Zionsberg* hört man schon die Klage:

»Ach, wir können es nicht fassen!
Schmach und Schande stürzte auf uns ein.
Alle unsere Häuser riss man ein.
Unser Land – wir mussten es verlassen!«

[19] Auf denn, ihr Frauen, begreift, was der HERR
gesagt hat! Singt euren Töchtern das Klagelied
vor, eine Frau soll es der anderen beibringen:

[20] »Durch die Fenster kam der Tod herein,
keins der Häuser hat er ausgelassen.
Unsere Kinder holt er auf den Straßen,
Burschen sammelt er vom Marktplatz ein.«

[21] Auch das noch hat der HERR gesagt und hat mir
befohlen, es weiterzusagen: »Menschenleichen
werden wie Dünger auf den Äckern liegen. Wie
Getreidehalme unter der Sichel des Schnitters, so
werden die Menschen fallen, aber niemand wird
da sein, um sie aufzuheben.«

Worauf ein Mensch stolz sein darf

[22] Der HERR sagt: »Der Weise soll sich nicht we-
gen seiner Weisheit* rühmen, der Starke nicht
wegen seiner Stärke und der Reiche nicht wegen
seines Reichtums. [23] Grund sich zu rühmen hat
nur, wer mich erkennt und begreift, was ich will.
Denn ich bin der HERR, der Liebe, Recht und
Treue auf der Erde schafft! An Menschen, die
sich danach richten, habe ich Freude.«

Gegen das Bündnis der Beschnittenen

[24] »Der Tag kommt«, sagt der HERR, »an dem ich
mit allen Beschnittenen* abrechne: [25] mit den
Ägyptern und den Leuten von Juda, mit den Edo-
mitern*, den Ammonitern*, den Moabitern*
und mit den Stämmen in der Wüste, die sich ihre
Schläfen kahl rasieren. Denn alle diese Völker –
auch die Leute von Israel – sind für mich unbe-
schnitten, weil sie ihr Herz nicht beschnitten
haben!«

Der Gott Israels und die Götter der Völker

10 Volk Israel, höre, was der HERR zu dir sagt!
[2] So spricht der HERR: »Folge nicht dem
Beispiel der anderen Völker! Sie mögen
vor ungewöhnlichen Himmelserscheinungen er-
schrecken, du sollst das nicht! [3] Ihre Vorstellun-
gen und Bräuche sind unsinnig: Da holt einer
Holz aus dem Wald, der Schnitzer macht einen
Gott daraus. [4] Der wird mit Silber und Gold ver-
ziert und auf einem Sockel befestigt, damit er
nicht umfällt. [5] Solche Götter stehen da wie
Vogelscheuchen im Gurkenfeld. Sie bringen kein
Wort heraus und müssen herumgetragen wer-
den, weil sie von allein nicht laufen können.
Habt keine Angst vor ihnen: Sie können euch
nichts Böses tun! Und etwas Gutes zu bewirken,
sind sie erst recht nicht imstande!«

[6] HERR, niemand ist dir gleich! Du bist mächtig
und bekannt für deine Stärke. [7] Wer wollte dich
nicht fürchten und ehren, du König aller Völker?
Darauf hast du ein Recht, denn unter allen

a *die Frauen, die ...:* wörtlich *die weisen * Frauen.*

9,10 26,18 **9,13** 7,24 S **9,14** 8,14 S **9,21** 14,16; 16,4; 25,33; Am 8,3 **9,22-23** Spr 21,30; Sir 10,22; 1 Kor 1,31 S **9,25** 4,4 **10,3-5** Jes 44,9-20 S **10,5** Ps 115,5 **10,6-7** 49,19; Ps 86,8-10; Jes 40,18

Weisen und Königen der Welt kann niemand es
mit dir aufnehmen.

8 Allesamt sind sie dumm und unverständig,
denn bei ihren Göttern gibt es nichts zu lernen;
die sind ja selber nur Holz. 9 Der Holzschnitzer
hat sie gemacht. Mit Silberblech aus Tarschisch*
und Gold aus Ufas hat der Goldschmied sie über-
zogen. Dann bekamen sie auch noch Kleider aus
blauem und rotem Purpurstoff. Alle diese Götter
sind das Werk kunstfertiger Menschen. 10 Aber
der HERR ist wirklich Gott, ein Gott, der lebt,
König von jeher und für alle kommenden Zeiten!
Wenn er zornig wird, bebt die Erde; seinem
Unmut hält kein Volk stand.

11 Angesichts der fremden Götter sollt ihr
Leute von Israel sagen: »Die Götter, die weder
Himmel noch Erde geschaffen haben, haben
unter diesem Himmel auch nichts zu suchen und
sollen von der Erde verschwinden!«

12 Der HERR hat die Erde geschaffen und da-
durch seine Macht gezeigt: Das feste Land ist ein
Werk seiner Weisheit, der Himmel darüber ein
Beweis für sein überlegenes Können. 13 Wenn er
es befiehlt, sammelt sich mit Donnergetöse das
Wasser am Himmel, Wolken steigen am Hori-
zont auf, Blitze öffnen dem Regen die Bahn und
der Wind bricht aus seinen Kammern hervor.

14 Kein Mensch kann das begreifen, sprachlos
vor Staunen steht jeder davor. Und alle, die Göt-
terbilder gemacht haben, müssen sich ihrer
Machwerke schämen; denn diese Bilder sind Be-
trug, kein Hauch von Leben ist in ihnen. 15 Wert-
lose Figuren sind sie, über die man spottet. Wenn
der HERR Gericht hält, ist es aus mit ihnen.
16 Wie anders ist der Gott Israels![a] Er hat das
Weltall geschaffen und das Volk Israel für immer
zu seinem Eigentum gemacht. Sein Name ist
»der HERR, der Herrscher der Welt«.[b]

Auf Jerusalems Bewohner wartet die Verbannung

17 Jerusalem, du belagerte Stadt, deine Bewohner
sollen ihre Habseligkeiten zusammenpacken!
18 Denn so spricht der HERR: »Es ist so weit! Dies-
mal treibe ich die Menschen dieses Landes weg
in die Verbannung. Sie sollen in eine Bedrängnis
geraten, aus der es keinen Ausweg mehr gibt.«[c]

19 Jerusalem klagt: »Ich unglückliche Stadt,
ich bin tödlich getroffen, meine Wunde wird
nicht mehr heilen. Ich hatte mir eingebildet,
mein Leiden sei nicht so schlimm, es ließe sich
ertragen. 20 Doch jetzt ist mein Zelt verwüstet,
alle Zeltstricke sind durchgeschnitten. Meine
Kinder sehe ich nicht mehr; sie sind weggegan-
gen. Niemand ist da, der mein Zelt wieder auf-
baut und die Zeltdecken darüber spannt.«

21 So rächt sich der Unverstand der Hirten des
Volkes. Sie haben sich nicht um den HERRN ge-
kümmert, deshalb handelten sie ohne Einsicht
und ihre Herde ging zugrunde.

22 Horcht! Lärm ist zu hören! Er kommt
näher! Ein Tosen und Dröhnen aus dem Land im
Norden*! Die feindlichen Heere rücken an! Sie
machen die Städte in Juda zu öden Steinwüsten,
zu einem Tummelplatz für Schakale!

Jeremia betet für sein Volk

23 HERR, ich sehe, dass der Mensch sein Geschick
nicht selbst in der Hand hat. Nicht er ist's, der
seinen Lebensweg bestimmt. 24 Strafe uns, HERR,
aber bleibe gerecht; lass nicht deinem Zorn frei-
en Lauf, denn das wäre unser Ende.

25 Dein Zorn soll die Völker treffen, die von
dir nichts wissen wollen. Denn wie Raubtiere
ihre Beute fressen, so haben sie dein Volk ge-
fressen, bis nichts mehr übrig war, und sein Land
haben sie zur Wüste gemacht.

Das Volk hat den Bund mit Gott gebrochen

11 Das Wort des HERRN erging an Jeremia; er
sagte zu ihm: 2 »Sprich[d] zu den Leuten von
Juda und den Bewohnern Jerusalems! Sag ihnen:
›Erfüllt die Verpflichtungen, die ich euch gege-
ben habe!‹

3 Sag zu ihnen: ›So spricht der HERR, der Gott
Israels: Fluch über jeden Menschen, der sich
nicht an die Bestimmungen meines Bundes*
hält! 4 Ich habe ihn mit euren Vorfahren ge-
schlossen, als ich sie aus Ägypten herausholte
wie aus dem Feuer eines Schmelzofens. Damals
sagte ich zu ihnen: Hört auf mich und haltet
euch an die Verpflichtungen, die ich euch aufer-
lege; dann seid ihr mein Volk und ich bin euer
Gott. 5 Nur dann kann ich den Eid halten, den
ich euren Vorfahren geschworen habe! Ich hatte
ja versprochen, ihnen ein Land zu geben, das
von Milch und Honig überfließt – das Land, in
dem ihr heute lebt. Doch wenn ihr nicht hört,
trifft euch der Fluch.‹«[e]

Ich antwortete: »Amen*, HERR!«

a *der Gott Israels:* wörtlich *Jakobs Anteil.* b Wörtlich *der HERR Zebaot**.
c *aus der es keinen ...:* mit alten Übersetzungen; H *damit sie finden.* d *Sprich* mit alten Übersetzungen; H *Sprecht.*
e *Doch wenn ...:* verdeutlichender Zusatz in Wiederaufnahme von Vers 3.

10,10 Ps 18,8S; Ps 47,6-10S; Jer 4,26 **10,12** 27,5; 32,17; Ps 121,2; Jes 40,22S **10,13** Ijob 38,22S **10,14** Jes 45,16 **10,16** Gen 1,1; Ex 19,5-6; Jer 50,34; Am 4,13 **10,19** 8,22S; 14,19; 15,18; 30,12.15 **10,21** 3,15; 23,1-4; 50,6; Ez 34,1-31; Sach 11,16-17; Mk 6,34 **10,22** 1,14S **10,23** Spr 16,1.9 **10,24** 30,11 **10,25** 12,14; 30,16; Ps 79,6-7 **11,3** Dtn 27,26 **11,4** 7,23S **11,5** Gen 12,7S; Ex 3,8S

6 Darauf sagte der HERR zu mir: »Verkünde in
den Städten von Juda und auf den Straßen Jerusalems: ›Nehmt die Verpflichtungen ernst, die
ich euch auferlegt habe, und erfüllt sie! 7 Denkt
an eure Vorfahren: Als ich sie aus Ägypten
herausführte, habe ich sie eindringlich ermahnt,
auf mich zu hören, so wie ich mein Volk bis
heute immer wieder ermahnte. 8 Aber sie dachten gar nicht daran; sondern sie alle taten, was
ihr eigensinniges und böses Herz ihnen eingab.
So musste ich alles wahr machen, was ich ihnen
angedroht hatte für den Fall, dass sie meinen
Bund brechen und sich nicht an seine Verpflichtungen halten!‹«

9 Und weiter sagte der HERR zu mir: »Die Leute von Juda und die Bewohner Jerusalems haben
sich gegen mich verschworen: 10 Sie sind zu den
Verfehlungen ihrer Vorfahren zurückgekehrt,
die mir nicht gehorchen wollten; sie verehren
fremde Götter. Die Leute von Israel und von Juda
haben den Bund gebrochen, den ich mit ihren
Vorfahren geschlossen habe.«

11 Deshalb sagt der HERR: »Jetzt bringe ich ein
Unglück über sie, dem sie nicht entrinnen können! Sie werden zu mir um Hilfe schreien, aber
ich werde sie nicht hören. 12–13 Dann werden sie
in den Städten von Juda und in Jerusalem zu den
Göttern schreien, denen sie Opfer* dargebracht
haben. Jede Stadt in Juda hat ja ihren eigenen
Gott und in Jerusalem stehen an allen Ecken
Altäre, auf denen sie dem schändlichen Baal*
Weihrauch opfern. Doch alle diese Götter werden sie nicht aus ihrer Not retten.

14 Du, Jeremia, sollst nicht mehr bei mir für
dieses Volk eintreten; unterlass alle Klage und
Fürbitte! Denn ich werde nicht mehr hören,
wenn sie in ihrem Unglück zu mir schreien!«

Israel, Gottes Ölbaum

15 »Das Volk, das ich liebe«, sagt der HERR, »treibt
ein böses Spiel. Was hat es in meinem Tempel*
zu suchen? Meint es, mit Opfern* das kommende Unheil abwenden und bald schon wieder
jubeln zu können?«[a]

16 Einen üppig grünenden Ölbaum mit den
besten Früchten hat der HERR dich früher genannt. Doch bald wird dich Schlachtlärm umgeben; dann legt der HERR Feuer an dich und alle
deine Äste verbrennen. 17 Der HERR, der Herrscher der Welt,[b] der dich gepflanzt hat, hat
deinen Untergang beschlossen. Das ist die Folge
deines Tuns, Volk von Israel und von Juda! Du
hast dem Baal* Opfer dargebracht und damit
den Zorn des HERRN herausgefordert!

Jeremia von seinen Mitbürgern bedroht

18 Der HERR hat es mir gesagt, deshalb weiß ich
jetzt über ihre Absichten Bescheid. 19 Ich war
wie ein zahmes, junges Lamm, das sich ohne Widerstand zum Schlachten wegführen lässt; ich
ahnte nicht, dass sie etwas gegen mich planten.
Sie sagten zueinander: »Wir hauen den Baum
um mitten in der Blüte! Wir machen seinem
Leben ein Ende, dann wird bald niemand mehr
an ihn denken!«

20 Aber du, HERR, du Herrscher der Welt,
kennst die geheimsten Gedanken und Wünsche
der Menschen und du bist ein gerechter Richter.
Dir habe ich meinen Fall übergeben und bin voll
Zuversicht: Ich werde noch erleben, wie du an
ihnen Vergeltung übst!

21–22 Die Leute von Anatot wollen mich töten.
»Hör auf, dich als Prophet* aufzuspielen und im
Namen des HERRN zu reden«, sagen sie, »sonst
bringen wir dich um!«

Doch der HERR, der Herrscher der Welt, antwortet: »Ich werde die Leute von Anatot zur
Rechenschaft ziehen! Ihre jungen Männer werden durch das Schwert umkommen und ihre
Kinder durch Hunger. 23 Das Volk dieser Stadt
geht restlos unter, wenn die Zeit der Abrechnung da ist und ich das Unglück hereinbrechen
lasse.«

Jeremia fragt – Gott antwortet

12 HERR, du bist gerecht; wie könnte ich gegen dich eine Anklage erheben! Aber ich
muss dich fragen, wie ich deine Gerechtigkeit erkennen soll. Warum haben Menschen, die dein
Gesetz* missachten, immer Erfolg? Warum
dürfen diese Abtrünnigen in Ruhe und Sicherheit
leben? 2 Du hast sie gepflanzt und sie haben
Wurzeln geschlagen; sie wachsen und gedeihen
und tragen Frucht. Ihr Mund redet dauernd von
dir, aber ihr Herz ist weit von dir entfernt.

3 HERR, du siehst mich, du kennst mich, du
weißt, dass ich immer mit ungeteiltem Herzen
auf deiner Seite gestanden habe. Darum hole sie
doch weg wie Schafe und stelle sie für den
Schlachttag bereit!

4 Wie lange soll das Land noch trauern und
alles Grün auf den Feldern verdorren? Wegen

a Vers 15 mit G; H unklar. *b* Wörtlich *Der HERR Zebaot*;* entsprechend in den Versen 20-22.

11,8 7,24S **11,11** 19,3 **11,12-13** 2,28 **11,14** 7,16S **11,19** Jes 53,7 **11,20** 17,10S; 20,12; Ps 139,1S; Weish 1,6-9 **11,21-22** (töten) 18,18.23; 20,1-2; 26,7-11.24; 32,2-3; 37,11–38,13; Jes 30,10S; Mt 23,37 par **12,1** 15,18; 20,18; Hab 1,13; Ijob 12,6S **12,2** Jes 29,13 **12,3** Ps 139,1.19

der Schlechtigkeit seiner Bewohner gehen Tiere
und Vögel zugrunde. Diese Leute sagen von mir:
»Was der da behauptet, trifft niemals ein.«

5 Der HERR antwortete mir: »Wenn es dir
schon zu viel ist, mit Fußgängern Schritt zu halten, wie willst du dann den Wettlauf mit Pferden
bestehen? Und wenn du dich nur im bewohnten
Land sicher fühlst, was willst du dann im Dickicht am Jordan machen?

6 Denn auch deine Brüder, alle deine Verwandten, haben dich fallen lassen und haben
voll eingestimmt in das Geschrei gegen dich. Sei
vorsichtig, wenn sie dir freundlich kommen!«

Zorn und bittere Trauer

7 Der HERR sagt: »Ich habe Israel aufgegeben.
Mein eigenes Volk habe ich verstoßen. Das Volk,
das ich von ganzem Herzen liebte, habe ich an
seine Feinde ausgeliefert. 8 Es ist mir fremd geworden, unheimlich wie ein Löwe im Dickicht;
genauso wie ein Löwe brüllt es mich feindselig
an. Darum ist es mir zuwider.

9 Ist das Land meines Volkes denn eine Hyänenhöhle[a] geworden, über der die Geier kreisen? Auf, bringt die wilden Tiere herbei, hier gibt
es zu fressen! 10 Fremde Hirten in großer Zahl
sind mit ihren Herden gekommen und haben
meinen Weinberg zugrunde gerichtet und meine
Felder zertrampelt; die herrlichen Felder haben
sie in eine trostlose Wüste verwandelt. 11 Traurig
und öde liegt das Land vor mir, weil niemand
meine Warnungen ernst genommen hat.«

12 Über alle kahlen Höhen der Steppe kamen
Verwüster ins Land. Ein Krieg, den der HERR
selber entfacht hat, verwüstet es vom einen
Ende bis zum andern; niemand bleibt da verschont. 13 Das Volk hat Weizen gesät, aber
Dornen musste es ernten. Es hat sich abgeplagt,
aber nichts erreicht; nun steht es enttäuscht vor
seinen Erträgen: Der glühende Zorn des HERRN
hat alles vernichtet.

Juda und seine Nachbarvölker

14 Der HERR sagt: »Die unverschämten Nachbarvölker, die mein Eigentum angetastet haben, das
Land, das ich meinem Volk Israel[b] als bleibenden Besitz gab – sie alle werde ich aus ihren
Ländern vertreiben. Aber ebenso treibe ich auch
das Volk von Juda fort! 15 Danach werde ich mit
allen diesen Völkern wieder Erbarmen haben:
Jedes wird in sein Land und zu seinem Besitz
zurückkehren.

16 Wenn die Nachbarn meines Volkes sich
dann von ganzem Herzen seinem Glauben anschließen, wenn sie von ihm lernen, beim
Schwören mich als Zeugen anzurufen, so wie sie
früher mein Volk dazu verführt haben, sich auf
Baal* zu berufen – wenn sie also beim Schwören
aus Überzeugung sagen: ›So gewiss der HERR
lebt!‹, dann werde ich ihnen von neuem Glück
und Gedeihen schenken und sie mitten unter
meinem Volk wohnen lassen. 17 Wenn eins dieser Nachbarvölker sich jedoch weigert, auf mich
zu hören, werde ich es endgültig vertreiben und
es wird unweigerlich zugrunde gehen.« Das sagt
der HERR.

Jeremias Lendenschurz: ein prophetisches Zeichen

13 Der HERR sagte zu mir: »Geh, kaufe dir
einen neuen Lendenschurz*, einen aus
Leinen, und trage ihn, aber sorge dafür, dass er
niemals mit Wasser in Berührung kommt!«

2 Ich kaufte den Lendenschurz und trug ihn,
wie der HERR es mir befohlen hatte.

3 Nach einiger Zeit erging das Wort des HERRN
ein zweites Mal an mich, er sagte: 4 »Geh mit
dem Lendenschurz zum Bach Fara[c] und verstecke ihn dort in einem Felsspalt!«

5 Ich ging hin und tat es.

6 Lange Zeit danach sagte der HERR zu mir:
»Geh jetzt und hole den Lendenschurz wieder,
den du am Bach Fara versteckt hast!«

7 Ich ging hin und holte den Lendenschurz
aus dem Versteck. Er war verrottet und zu nichts
mehr zu gebrauchen.

8 Da erging das Wort des HERRN an mich, er
sagte: 9 »Genauso will ich die ganze Pracht verrotten lassen, auf die Juda und Jerusalem so stolz
sind! Das sage ich, der HERR. 10 Dieses böse Volk
weigert sich, auf mich zu hören. In seinem
Starrsinn läuft es fremden Göttern nach, bringt
ihnen Opfer* und betet sie an. Darum soll es wie
dieser Lendenschurz werden, der zu nichts mehr
taugt!

11 So eng, wie ein Lendenschurz den Körper
eines Mannes umschließt, wollte ich Israel und
Juda um mich haben. Sie sollten das Volk sein,
das mir Ehre bringt und meinen Ruhm verkündet, aber sie haben mir nicht gehorcht.«

a *Hyänenhöhle* mit G; H *bunt gefärbter Raubvogel.*
b Mit *Israel* ist hier das Nordreich gemeint; vgl. Sacherklärung »Israel«.
c Ein Zufluss des Jordans, eine Stunde nördlich von Anatot. So mit der griechischen Übersetzung des Aquila; H *Eufrat.*

12,6 9,3 S **12,9** 7,33; 16,4; Dtn 28,26; Jes 56,9 **12,10** 6,3 S; 2,21 S **12,14** 10,25 S **12,15** 46,26 S **12,16** 3,17 S; 4,2 S **13,1-11** (Zeichenhandlung) 19,1-13; 27,1-15; 32,1-15; 43,8-13; 51,59-64; Jes 20,1-5; Ez 4,1–5,4 S; Hos 1,2-9; 3,1-5 **13,10** 7,13 S; 25,6 S **13,11** 33,9

Ein Scherzwort wird zum Gerichtswort[a]

12 Der HERR befahl mir: »Verkünde diesem Volk:
›So spricht der HERR, der Gott Israels: Weinkrüge
sind dafür da, dass man sie füllt!‹ Wenn sie dir
darauf entgegnen: ›Das ist nichts Neues, natür-
lich füllt man Weinkrüge mit Wein!‹, 13 dann gib
ihnen zur Antwort:
›So spricht der HERR: Ich werde die Menschen
in diesem Land bis zur Betrunkenheit füllen, die
Könige, die auf dem Thron Davids sitzen, die
Priester* und die Propheten* und alle Bewohner
Jerusalems! 14 Wie Weinkrüge werde ich sie ge-
geneinander schlagen, sodass einer am andern
zerbricht, einer am andern und die Eltern an
ihren Kindern. Schonungslos, ohne Mitleid und
Erbarmen, werde ich sie vernichten.‹«

Letzte dringliche Mahnung

15 Der HERR hat zu euch gesprochen; darum
macht die Ohren auf und seid nicht so überheb-
lich! 16 Gebt dem HERRN, eurem Gott, die Ehre,
bevor die Nacht über euch hereinbricht und eure
Füße in der Dunkelheit auf den Bergen stolpern!
Ihr erwartet das Licht eines neuen Tages, aber
der HERR verwandelt es in Finsternis, er bringt
dunkle Nacht über euch!
17 Wenn ihr auf diese Warnung nicht hört,
kann ich mich nur noch in einen Winkel verkrie-
chen und eure Überheblichkeit beweinen.
Meine Tränen werden unaufhörlich fließen, weil
das Volk des HERRN in die Gefangenschaft abge-
führt wird!

Ein Wort an König Jojachin

18 Der HERR sagte zu mir: »Befiehl dem König
und seiner Mutter:[b] ›Kommt herunter von
eurem Thron und setzt euch auf die Erde, denn
eure stolze Krone ist euch vom Kopf gefallen!
19 Die Städte im Süden von Juda sind für euch
verloren und keiner bringt sie euch wieder. Ganz
Juda wird weggeführt in die Verbannung!‹«

Jerusalem, die geschändete Frau

20 Jerusalem, sieh, was geschieht: Deine Feinde
rücken von Norden* heran! Was soll nun aus
den Städten in Juda werden? Sie waren dir anver-
traut wie eine Herde prächtiger Schafe und du
warst so stolz auf sie! 21 Was wirst du sagen,
wenn der HERR deine Feinde als Herren über
dich einsetzt, sie, die du immer als deine Freun-
de betrachtet hast? Vor Schmerz wirst du schrei-
en wie eine Frau, die in Wehen liegt!
22 Und wenn du fragst: »Warum trifft mich
dieses Unglück?«, dann lass dir sagen: Deine
vielen Vergehen sind der Grund dafür, dass man
dir jetzt das Kleid hochhebt und dich verge-
waltigt!
23 Der HERR sagt: »Kann ein Schwarzer seine
Hautfarbe wechseln oder ein Leopard sein ge-
flecktes Fell? Genauso wenig seid ihr fähig, das
Gute zu tun; ihr habt euch viel zu sehr an das
Böse gewöhnt! 24 Ich werde euch zerstreuen wie
die Spreu, die der Wüstenwind davonträgt!
25 So wird es dir ergehen, Jerusalem«, sagt der
HERR. »Ich selbst habe diese Strafe über dich ver-
hängt, weil du mich vergessen und auf falsche
Götter vertraut hast! 26 Ja, ich selber hebe dir das
Kleid hoch, hinauf bis über dein Gesicht! Sollen
doch alle deine Nacktheit sehen!
27 Ich habe genug von deinem ehebrecheri-
schen Treiben, von deinem geilen Lachen, von
der schamlosen Frechheit, mit der du mich hin-
tergehst. Ich kenne deine widerlichen Götzenbil-
der auf den Hügeln draußen im Land! Wie lange
noch soll das so weitergehen, Jerusalem? Du
wirst es büßen müssen, dass du das alles nicht
aufgeben willst!«

Eine Dürrekatastrophe (14,1–15,4)

14 Das Wort des HERRN erging an Jeremia, als
Antwort auf die Klagen wegen der Dürre-
katastrophe.[c]
2 Ganz Juda trauert, die Städte sterben, ihre
Bewohner hocken klagend auf dem Boden! Jeru-
salem schreit um Hilfe. 3 Die Reichen schicken
ihre Diener zum Wasserholen, doch die finden
keinen Tropfen mehr in den Zisternen. Mit lee-
ren Krügen kommen sie zurück; enttäuscht und
mutlos verhüllen sie ihr Gesicht.
4 Auch die Bauern sind verzweifelt und ver-
hüllen ihr Gesicht. Der Ackerboden ist ausge-
dörrt, weil kein Regen fällt. 5 Selbst die Hirsch-
kuh lässt ihr Neugeborenes im Stich, weil sie
kein Grün mehr findet. 6 Die Wildesel stehen auf
kahlen Bergen und schnappen nach Luft wie
Schakale. Ihr Blick ist erloschen, denn es gibt
nichts mehr zu fressen.
7 »HERR, unsere Vergehen klagen uns an, aber
hilf uns doch um deiner Ehre willen! Oft haben

a Die Drohung knüpft wahrscheinlich an ein derb-zweideutiges Scherzwort an: Trinker vergleichen sich mit Weinkrügen, die dazu da sind, mit Wein gefüllt zu werden. Die Situation ist vielleicht ähnlich der von Jes 28,7-8; vgl. ferner Jer 25,15-18.
b *Mutter:* siehe Sacherklärung »Königsmutter«.
c Dieser Satz ist Überschrift zu 14,2–15,4, hat aber speziell Gottes Antwort in den Versen 14,10-12.14-16; 15,1-4 im Auge.

13,13 25,15S; Ps 60,5; Jes 29,9-10; Ez 23,31-34 **13,16** Jes 5,30; 8,22; Am 8,9; Joh 12,35 **13,17** 4,19; 8,23S **13,18** 2Kön 24,8-17 **13,20** 1,14S **13,21** 2Kön 16,7; 20,13 **13,27** 2,20S **14,3-4** 2Sam 15,30 **14,4** 3,3S **14,7** 14,21S

wir uns von dir abgewandt und gegen dich ge-
sündigt. 8 Aber du bist Israels einzige Hoffnung,
du allein kannst uns retten, wenn wir in Not
sind! Warum tust du, als sei dir unser Land
gleichgültig – als wärst du ein Reisender, der nur
für eine Nacht absteigt? 9 Warum tust du, als
könntest du nicht helfen – als wärst du ein
Kriegsheld, den die Überraschung entwaffnet
hat? Du bist doch mitten unter uns, HERR! Wir
sind dein Volk, du hast uns zu deinem Eigentum
erklärt![a] Verlass uns nicht!«

Jeremia darf nicht für sein Volk beten

10 Aber der HERR sagte zu mir über dieses Volk:
»Sie laufen von einem zum andern, wie es ihnen
gerade passt; das ist so ihre Art. Ich habe keine
Freude mehr an ihnen. Ich sehe über ihre Verge-
hen nicht mehr hinweg, sondern ziehe sie jetzt
zur Rechenschaft.«

11 Weiter sagte der HERR zu mir: »Bete nicht
für dieses Volk! Bitte mich nicht darum, dass ich
der Not ein Ende mache! 12 Sie können fasten
und beten, so viel sie wollen, ich höre sie nicht;
auch mit Brandopfern* und Speiseopfern* kön-
nen sie mich nicht umstimmen. Ich bin ent-
schlossen, sie durch Krieg, Hunger und Pest zu
vernichten.«

13 »Ach, HERR, du mein Gott«, erwiderte ich,
»die Propheten* sind schuld! Die reden ihnen
ein: ›Es gibt keinen Krieg und keine Hungersnot!
Der HERR hat versprochen, dass er diese Stadt
immer schützen will.‹«

14 Aber der HERR antwortete mir: »Diese Pro-
pheten erzählen Lügen! Es ist nicht wahr, dass
sie in meinem Auftrag reden. Ich habe sie nicht
geschickt, ich habe kein Wort zu ihnen gesagt!
Was sie für Offenbarung* ausgeben, ist leeres
Gerede; sie prophezeien, was sie sich selbst aus-
gedacht haben!

15 Ich werde dir sagen, was ich mit diesen
Lügenpropheten tue, die euch einreden, dass das
Land von Krieg und Hungersnot verschont
bleibt: Sie selber werden durch Krieg und Hun-
ger umkommen! 16 Und genauso wird es den
Leuten gehen, die sich diese Prophezeiungen
anhören. Ihre Leichen werden auf den Straßen
Jerusalems herumliegen und die Leichen ihrer
Frauen und Kinder dazu. Niemand wird sie
begraben. So bestrafe ich sie für ihren Un-
gehorsam.«

Jeremia bekennt sich zur Schuld seines Volkes

17 Weiter sagte der HERR zu mir: »Lass sie wissen,
wie betroffen du bist! Sag zu ihnen: ›Ich weine
Tag und Nacht und kann nicht aufhören, denn
über mein geliebtes Volk[b] ist furchtbares Un-
glück hereingebrochen, es ist unheilbar ver-
wundet. 18 Gehe ich aufs Feld hinaus, sehe ich
die Leichen der Männer, die im Kampf um-
kamen; kehre ich in die Stadt zurück, finde ich
Menschen, die dem Hungertod nahe sind. Pries-
ter* und Propheten* laufen im Land umher und
wissen keinen Rat.‹«

19 »HERR«, erwiderte ich, »hast du denn Juda
ganz fallen lassen, willst du vom Zionsberg*
nichts mehr wissen? Warum hast du uns so ge-
schlagen, dass es für uns keine Heilung mehr
gibt? Wir warteten darauf, dass alles wieder gut
würde, aber es kam nichts Gutes. Wir hofften
auf Genesung, aber es wurde immer schlimmer.

20 Wir wissen es, HERR, und geben es zu: Wir
sind vor dir schuldig geworden, wir und unsere
Väter. 21 Aber jetzt geht es um die Ehre deines
Namens*, es geht um den Thron deiner gött-
lichen Herrlichkeit*, der in dieser Stadt steht!
Denk an den Bund*, den du mit uns geschlossen
hast, kündige ihn nicht auf! 22 Unter den Göttern
der anderen Völker gibt es keinen, der es regnen
lassen kann; und auch der Himmel macht nicht
den Regen! Du, HERR, unser Gott, hast alles ge-
schaffen, du allein bist unsere Hoffnung!«

Das Urteil ist gesprochen

15 Aber der HERR gab mir zur Antwort:
»Selbst wenn Mose und Samuel vor mir
stehen und mich darum bitten würden, ich wür-
de mich diesem Volk nicht mehr zuwenden. Jag
es fort; es soll mir aus den Augen gehen! 2 Und
wenn sie dich fragen: ›Wohin sollen wir gehen?‹,
dann antworte ihnen: ›So spricht der HERR: Wer
für die Pest bestimmt ist, bekomme die Pest! Wer
zum Tod durch das Schwert bestimmt ist, laufe
ins Schwert! Wer zum Hungertod bestimmt ist,
sterbe an Hunger! Wer zur Verbannung be-
stimmt ist, ziehe in die Verbannung!‹

3 Vier Schrecken lasse ich gegen dieses Volk
los«, sagt der HERR: »das Schwert, das die Men-
schen umbringt, die Hunde, die die Leichen weg-
schleifen, die Hyänen, die sie zerfleischen, und

a Siehe Anmerkung zu Jes 43,7. *b* Wörtlich *über die jungfräuliche Tochter meines Volkes* (vgl. 31,21-22).

14,8 3,23 S; 17,13 **14,11** 7,16 S **14,12** 6,20 S; 24,10 S **14,13-15** (Lügenpropheten) 6,14; 23,9-40; 27,9-10.14-18; 28,1–29,32; Klgl 2,14; Ez 13,1-16; 22,28 **14,16** 9,21 S **14,17** 8,23 S **14,19** 8,15; 10,19 S **14,20** Dan 9,4-19 **14,21** 3,17 S; (Gottes Ehre) 14,7; Ps 25,11; Jes 48,11 S; Ez 20,9 S; Dan 9,19 **14,22** 5,24-25 S **15,1** 7,16 S; (Mose und Samuel) Ps 99,6; Ex 32,11-14 S; 34,9; Num 11,2; Dtn 9,18-19; 1 Sam 7,8-9; 12,19.23; Sir 46,16-18 **15,2** 24,10 S; Offb 13,10 **15,3** Ez 14,21

die Geier, die den Rest auffressen, bis nichts mehr übrig ist! 4 Alle Völker der Erde werden entsetzt sein, wenn sie es sehen. Es ist die Strafe für das, was König Manasse, der Sohn von Hiskija, in Jerusalem getan hat!«

Kein Mitleid mehr mit Jerusalem

5 »Jerusalem, wer wird noch Mitleid haben mit dir und dich bedauern«, sagt der HERR, »wer wird deinetwegen einen Umweg machen, um zu fragen, wie es dir geht? 6 Du hast nichts mehr von mir wissen wollen und mir nur noch den Rücken gekehrt. Deshalb erhob ich die Hand gegen dich und schlug dich nieder. Ich war es müde, Erbarmen mit dir zu haben.

7 Mit den Leuten von Juda verfuhr ich wie einer, der mit der Worfschaufel* das gedroschene Getreide in die Luft wirft, sodass der Wind die Spreu davonträgt. Weil mein Volk sich nicht ändern wollte, ließ ich es zugrunde gehen. 8 Ich ließ mehr Frauen zu Witwen werden, als es Sandkörner am Meeresstrand gibt. Mütter traf am hellen Mittag die Schreckensnachricht vom Tod ihrer Söhne. Von einem Augenblick zum andern kamen Angst und Entsetzen über sie. 9 Der Frau, die sieben Söhnen das Leben schenkte, ist nicht einer geblieben. Sie ist am Ende, ihr stockt der Atem. Ihre Sonne ging unter mitten am Tag. In Schande und völlig gebrochen steht sie nun da. Aber auch alle, die bis jetzt noch übrig geblieben sind vom Volk, werde ich dem Schwert ihrer Feinde preisgeben.« Das sagt der HERR.

Jeremias Klage und Gottes Antwort

10 Ich klagte: »Ich Unglücklicher, warum hat meine Mutter mich geboren? Wohin ich auch komme, überall feinden sie mich an und setzen mir zu. Ich habe von niemand Geld geborgt und auch niemand etwas geliehen und trotzdem verwünschen sie mich alle.«

11 Darauf sagte der HERR: »Ich habe doch deine Fesseln gelöst[a] und deine Last erleichtert. Ich habe dafür gesorgt, dass dein Feind dich anfleht in Zeiten der Not und Verzweiflung.«

12 Weiter sagte der HERR: »Kann man denn Eisen zerbrechen, Eisen aus dem Norden, oder Bronze?[b] 13 Ihr Leute von Juda, euren ganzen Besitz gebe ich zur Plünderung frei. Das ist der Lohn[c] für all das Böse, das ihr überall in eurem Land begangen habt! 14 Ich mache euch zu Sklaven eurer Feinde,[d] ihr müsst ihnen dienen in einem fernen, unbekannten Land. Denn mein Zorn ist aufgelodert wie ein Feuer und dieses Feuer wird euch verbrennen!«

15 Ich gab zur Antwort: »Du weißt alles, HERR; denk an mich und hilf mir! Leg meinen Verfolgern das Handwerk! Hab nicht so lange Geduld mit ihnen, sonst gehe ich noch zugrunde! Du weißt doch, dass sie mich deinetwegen beschimpfen.

16 Wenn du zu mir sprachst, habe ich jedes Wort verschlungen. Deine Worte haben mein Herz mit Glück und Freude erfüllt, denn ich bin doch dein Eigentum, HERR, du Gott der ganzen Welt![e]

17 Ich kann nicht mit anderen Leuten fröhlich zusammensitzen und mit ihnen lachen. Denn du hast deine Hand auf mich gelegt und mich einsam gemacht; dein Zorn über dieses Volk hat von mir Besitz ergriffen. 18 Warum nimmt mein Leiden kein Ende? Warum will meine Wunde nicht heilen? Ich setze meine ganze Hoffnung auf dich; aber du lässt mich im Stich wie ein Bach, der im Sommer versiegt!«

19 Da sagte der HERR zu mir: »Wenn du zu mir umkehrst, nehme ich dich wieder an und du sollst wieder mein Diener sein. Wenn du nicht mehr solchen Unsinn redest, sondern deine Worte abwägst, dann darfst du mein Mund sein. Hör nicht auf die anderen, sondern sieh zu, dass sie auf dich hören!

20 Du wirst diesem Volk wie eine Mauer gegenüberstehen. Sie werden gegen dich anrennen, aber sie können dich nicht bezwingen. Denn ich stehe dir zur Seite, ich schütze dich, ich, der HERR. 21 Ich befreie dich aus der Hand deiner Feinde, ich reiße dich aus der Faust dieser Gewalttätigen!«

Jeremia kündet durch sein Verhalten das nahe Gericht an

16 Das Wort des HERRN erging an mich, er sagte zu mir: 2 »Du sollst nicht heiraten und keine Söhne und Töchter haben in diesem

a *deine Fesseln gelöst:* oder *dich gestärkt.* Der Vers ist insgesamt nicht sicher zu deuten.
b Es ist nicht deutlich, ob Vers 12 vom »Feind aus dem Norden« (vgl. 1,14-16; 6,22-23) oder von der Widerstandskraft des Propheten (vgl. 1,18-19; 15,20) oder von der Härte seiner Gegner (vgl. Vers 10-11) spricht.
c *Das ist der Lohn:* mit alten Übersetzungen (vgl. 17,3); H *ohne Lohn/Gegenleistung.*
d So mit einigen Handschriften und alten Übersetzungen (vgl. 17,4); H *Ich lasse deine Feinde kommen.*
e Wörtlich *du Gott Zebaot*.*

15,4 2 Kön 21,1-16; 24,3-4 **15,7** 5,3 S **15,10** 11,21-22 S; 20,14 S **15,11** 7,16 S **15,12** 1,14 S **15,14** 17,4; Dtn 4,24 S **15,16** Ps 19,9; 119,111.131 **15,17** 16,8 **15,18** 12,1; Ijob 6,15-20 **15,19** 1,9 **15,20** 1,18-19; 1,8 S **15,21** 26,24; 36,26; 38,9.13 **16,1-4** Ez 24,15-24; Mt 19,12; 1 Kor 7,26

Land! 3 Denn ich, der HERR, sage dir, was mit
den Söhnen und Töchtern geschehen wird, die
hier geboren werden, und ebenso den Müttern,
die sie gebären, und den Vätern, die sie zeugen:
4 Sie werden an qualvollen Seuchen sterben und
niemand wird da sein, der für sie die Totenkla-
ge* hält, niemand, der sie begräbt; ihre Leichen
werden zum Dünger für die Äcker werden.
Durch Krieg und Hunger werden sie umkom-
men, Geier und Schakale werden sie fressen!«
5 Weiter sagte der HERR zu mir: »Du sollst kein
Trauerhaus betreten und jeder Trauerfeier fern-
bleiben! Sprich auch niemand dein Beileid aus!
Denn ich, der HERR, habe diesem Volk meine
Freundschaft entzogen, meine Liebe und mein
Erbarmen. 6 Reiche und Arme in diesem Land
werden sterben. Niemand wird sie begraben,
niemand wird sie betrauern, niemand wird sich
zum Zeichen der Trauer die Haut blutig ritzen
oder den Kopf kahl scheren. 7 Und es wird nie-
mand mehr da sein, der den Hinterbliebenen das
Trauerbrot* spenden könnte, der denen den
Trostbecher reichen könnte, die Vater oder Mut-
ter verloren haben!
8 Auch ein Haus, in dem ein Fest gefeiert
wird, sollst du nicht betreten! Setz dich nicht mit
den Gästen zu Tisch, um mitzuessen und mit-
zutrinken! 9 Denn das sage ich, der Herrscher
der Welt,[a] der Gott Israels: Ich mache allem
Jubel und aller Freude in Juda ein Ende, den
Jubelruf von Bräutigam und Braut wird man
nicht mehr hören. Ihr werdet es selbst erleben
und mit eigenen Augen sehen!
10 Wenn du all dies dem Volk ankündigst,
werden sie dich fragen: ›Warum droht der HERR
uns so großes Unheil an? Was haben wir denn
Böses getan? Worin haben wir uns gegen den
HERRN, unseren Gott, vergangen?‹
11 Dann sollst du ihnen antworten: ›Schon
eure Vorfahren haben mich verlassen, sagt der
HERR; sie sind fremden Göttern nachgelaufen,
haben ihnen gedient und sie angebetet. Sie ha-
ben sich nicht um mich gekümmert und haben
nicht auf meine Weisungen geachtet.
12 Ihr aber habt es noch weit schlimmer getrie-
ben als sie. Ihr alle tut nur das, was euer eigen-
sinniges und böses Herz euch eingibt, niemand
hört auf mich.
13 Deshalb werde ich euch aus diesem Land
forttreiben in ein Land, das ihr vorher nicht
kanntet, ihr nicht und auch eure Vorfahren
nicht. Dort werdet ihr fremden Göttern dienen
müssen bei Tag und Nacht und ich werde kein
Erbarmen mit euch haben!‹«

Ausblick auf die Rückkehr aller Verschleppten

14 Der HERR sagt: »Die Zeit wird kommen, wo sie
in meinem Volk beim Schwören nicht mehr sa-
gen: ›So gewiss der HERR lebt, der das Volk Israel
herausgeführt hat aus Ägypten‹, 15 sondern: ›So
gewiss der HERR lebt, der die Leute von Israel
herausgeführt hat aus dem Land im Norden*
und aus all den anderen Ländern, in die er sie
vertrieben hatte.‹
Ja, ich werde sie zurückkehren lassen in das
Land, das ich ihren Vorfahren gegeben habe.«

Kein Schuldiger wird entkommen

16 »Ich rufe viele Fischer herbei«, sagt der HERR,
»die sollen die Leute von Juda wie Fische fangen.
Und danach rufe ich viele Jäger, die Treibjagd auf
sie machen und sie herunterholen von jedem
Berg und jedem Hügel und sie hervorholen aus
jedem Felsspalt.
17 Denn ich sehe genau, was sie treiben. Sie
können sich nicht vor mir verstecken; ihre
Schuld steht mir vor Augen. 18 Für diese Schuld
werden sie mir voll und ganz[b] büßen; ich erlasse
ihnen nichts. Sie haben mein Land entweiht mit
ihren abscheulichen Götzen, die unrein* sind
wie Leichen; überall haben sie ihre widerwärti-
gen Götterbilder hingestellt.«

Alle Völker erkennen den wahren Gott

19 Ich sagte: »HERR, du gibst mir Kraft, du be-
schützt mich, zu dir kann ich fliehen in Gefahr.
Von den Enden der Erde werden die Völker zu
dir kommen und werden sagen: ›Die Götter un-
serer Vorfahren sind nichts als Betrug; Luft sind
sie, nicht einer von ihnen kann helfen. 20 Kein
Mensch kann sich seine Götter selbst machen;
was dabei herauskommt, sind keine Götter.‹«
21 »Ja«, antwortete der HERR, »diesmal lasse
ich die Völker meine gewaltige Macht erfahren
und sie werden erkennen, dass ich der HERR bin!«

Tief sitzende Schuld, unabwendbare Strafe

17 Der HERR sagt: »Volk von Juda, deine
Schuld ist in dein Herz geschrieben und
auf die Hörner* deiner Altäre, so unauslöschlich

a Wörtlich *so spricht der HERR Zebaot*.* b *voll und ganz:* wörtlich *doppelt;* vgl. Jes 40,2 und die Anmerkung dort.

16,4 9,21 S **16,6** 22,18; 47,5; 48,37; Lev 19,27-28; Ez 24,16-17.22-23 **16,7** Tob 4,17 S **16,8** 15,17 **16,9** 7,34 S **16,10** 5,19 S **16,11** 2,13 S **16,12** 7,24 S **16,14-15** 23,7-8; Jes 43,16-21 **16,15** 3,18 S; 12,15; 24,6 **16,16** Ez 12,13; 17,20; Am 4,2; Hab 1,14-15 **16,17** 32,19; Ps 90,8; Ijob 34,21 **16,18** Lev 18,24-28; Ez 36,18; Jer 2,7 **16,19** 3,17; 10,8 **17,1** 2,22; 6,29; 13,23

wie eine Inschrift, die mit einem Meißel mit Dia-
mantspitze in eine Steintafel gehauen wird.

2-3 Du kümmerst dich um deine Götzenaltäre
und um deine geweihten Pfähle* unter den grü-
nen Bäumen auf den Bergen und Hügeln im
Land, als wären es deine eigenen Kinder. Du
Volk von Berg- und Hügelpilgern![a] Ich gebe dei-
nen ganzen Besitz und alle deine Opferstätten
zur Plünderung frei. Das ist die Strafe für das Un-
recht, das du überall in deinem Gebiet begangen
hast.

4 Das Land, das ich dir als Erbbesitz* gegeben
habe, wirst du verlassen müssen; das hast du dir
selbst zuzuschreiben. Ich mache dich zum Skla-
ven deiner Feinde in einem fernen, unbekann-
ten Land. Denn du hast meinen Zorn wie ein
Feuer angefacht und dieses Feuer hört nie mehr
auf zu brennen!«

Falsche und wahre Sicherheit

5 Der HERR sagt: »Fluch über alle, die sich von
mir abwenden und stattdessen auf die Hilfe ver-
gänglicher Menschen vertrauen! 6 Sie sind wie
kümmerliche Sträucher in der Steppe, in steini-
ger Wüste, in ödem, unbewohnbarem Land. Sie
werden niemals Glück erleben.

7 Doch Segen soll über alle kommen, die al-
lein auf mich, den HERRN, ihr Vertrauen setzen!
8 Sie sind wie Bäume, die am Wasser stehen und
ihre Wurzeln zum Bach hin ausstrecken. Sie
fürchten nicht die glühende Hitze; ihr Laub
bleibt grün und frisch. Selbst wenn der Regen
ausbleibt, leiden sie keine Not. Nie hören sie
auf, Frucht zu tragen.

9 Nichts ist so abgründig wie das menschliche
Herz. Voll Unheil ist es; wer kann es durchschau-
en? 10 Ich, der HERR, sehe bis auf seinen Grund,
ich kenne die geheimsten Wünsche der Men-
schen. Ich gebe jedem, was er aufgrund seiner
Taten verdient hat.

11 Allen, die auf unrechtmäßige Weise zu
Reichtum gekommen sind, geht es wie einem
Vogel, der fremde Eier ausgebrütet hat und
zusehen muss, wie die Jungen ihm davonlaufen:
In den besten Jahren müssen sie alles hergeben
und am Ende stehen sie mit leeren Händen da.«

Israels einzige Hoffnung

12 Ein herrlicher Thron, der von jeher alle Welt
überragt, das ist unser Tempel*! 13 HERR, du bist
die einzige Hoffnung Israels! Alle, die dich ver-
lassen, werden vor Schande vergehen; sie wer-
den verschwinden wie Namen, die man in den
Staub schrieb. Denn sie haben dich, die Quelle
frischen Wassers, verlassen!

Jeremias Hilferuf

14 Heile du mich, HERR, dann werde ich wieder
gesund! Hilf mir, dann ist mir wirklich geholfen!
Du hast mir doch immer Grund gegeben, dich zu
preisen.

15 Sie sagen zu mir: »Wo bleibt denn das Un-
glück, das der HERR angedroht hat? Es soll doch
kommen!«

16 HERR, du weißt, ich habe mich nie gewei-
gert, deine Aufträge auszuführen. Und eine Kata-
strophe habe ich schon gar nicht herbeige-
wünscht. Alles, was ich gesagt habe, weißt du
genau. 17 Willst du mir jetzt Angst einjagen? Du
bist doch meine Zuflucht, wenn das Unglück
kommt!

18 Bring Schande über alle, die mir nachstellen
– aber nicht über mich! Ihnen soll der Schreck in
die Glieder fahren – aber nicht mir! Bring den
Unglückstag über sie und gib ihnen die volle
Strafe, so wie sie es verdienen!

Der Sabbat gehört Gott

19 Der HERR befahl mir: »Stell dich an das Haupt-
tor der Stadt,[b] durch das die Könige von Juda
ein- und ausziehen, und auch an alle die anderen
Tore 20 und ruf dort aus: ›Hört, was der HERR
euch zu sagen hat, ihr Könige von Juda und ihr
alle, die ihr durch diese Tore ein- und ausgeht,
Leute von Juda und Bewohner Jerusalems!

21 So spricht der HERR: Wenn euch euer Leben
lieb ist, dann hütet euch, am Sabbat* irgendeine
Ware aufzuladen und mit ihr durch irgendeines
dieser Tore zu kommen! 22 Nicht einmal aus
eurem Haus sollt ihr etwas hinaustragen an die-
sem Tag. Am Sabbat muss jede Arbeit ruhen. Ihr
sollt ihn als einen heiligen* Tag begehen, der
ausschließlich mir gehört. So habe ich es schon
euren Vorfahren befohlen, 23 aber sie haben
nicht auf mich gehört und sich nicht darum ge-
kümmert. Hartnäckig haben sie sich geweigert,
mein Gebot zu beachten.

24 Folgt nicht ihrem schlechten Beispiel! Hört
auf mich, unterlasst es, am Sabbat mit euren
Waren bepackt durch die Tore dieser Stadt zu

a Wörtlich *Du Gebirgler im freien Feld.*

b Wörtlich *das Tor des Volkes.* Ein Tor dieses Namens ist sonst nicht erwähnt.

17,2-3 3,13 S **17,4** 15,14 S **17,5-8** Ps 1,1-6; 146,3-5; Spr 4,18-19 **17,7-8** Sir 34,14-20 **17,9** 7,24 S **17,10** (kenne) 11,20 S; (verdient) 21,14; 25,14; 32,19; Ijob 34,11; Ps 62,13; Ez 18,30; Hos 12,3; Sir 35,24 **17,12** 3,17 S **17,13** 2,13 S; 14,8; Ps 36,9-10 **17,14** Ps 6,3 **17,15** Jes 5,19; 2 Petr 3,3-4 **17,18** 11,18-20; 15,10; 18,18; 20,2.7-8.10; 26,8-9; 37,11-16; 38,4-6; Klgl 3,52 **17,21-22** Ex 20,8-10 S **17,23** 7,26 **17,24** Gen 2,3

kommen, und begeht den Sabbat als einen heili-
gen Tag, der mir gehört und an dem alle Arbeit
ruht!
25 Dann werden auch künftig Könige aus der
Familie Davids auf Pferden und Wagen ein- und
ausziehen durch diese Tore, ebenso ihre hohen
Beamten, das Volk von Juda und die Bewohner
Jerusalems. Für immer wird dann diese Stadt be-
wohnt bleiben. 26 Und auch künftig werden die
Leute aus den Städten in Juda, aus den Dörfern
rings um Jerusalem, aus dem Land Benjamin,
aus dem Hügelland, dem Gebirge und dem
Steppengebiet im Süden hierher zum Tempel*
kommen, um ihre Opfergaben* zu bringen:
Brandopfer und Mahlopfer, Speiseopfer und
Weihrauch* und Dankopfer.
27 Wenn ihr aber nicht auf mich hört, wenn
ihr den Sabbat behandelt wie jeden anderen Tag,
an dem ihr mit Lasten beladen durch die Tore
Jerusalems kommt, dann werde ich Feuer an
diese Tore legen, das wird die Paläste Jerusalems
fressen und niemand kann es löschen!‹«

Das Bild vom Töpfer: Gott gibt noch eine Chance

18 Das Wort des HERRN erging an mich, an
Jeremia; er sagte zu mir: 2 »Geh hinunter
zum Haus des Töpfers! Dort wirst du hören, was
ich dir zu sagen habe.«
3 Ich ging hin und fand den Töpfer bei seiner
Arbeit an der Töpferscheibe. 4 Wenn ihm ein
Gefäß unter den Händen misslang, dann machte
er aus dem Ton ein anderes, ganz wie er es für
richtig hielt.
5 Da erging das Wort des HERRN an mich, er
sagte: 6 »Kann ich es mit euch Leuten von Israel
nicht genauso machen? Wie der Ton in der Hand
des Töpfers, so seid ihr in meiner Hand.
7 Einmal sage ich zu einem Volk oder König-
reich, dass ich es ausreißen oder zerstören will.
8 Wenn dann aber dieses Volk sich ändert und
sein böses Treiben lässt, tut es mir Leid und ich
führe nicht aus, was ich ihm angedroht habe.
9 Ein anderes Mal sage ich zu einem Volk oder
Königreich, dass ich es aufbauen und fest ein-
pflanzen will. 10 Wenn dann aber dieses Volk
tut, was mir missfällt, und mir nicht gehorcht,
dann lasse ich nichts von all dem Guten kom-
men, das ich ihm versprochen hatte.
11 Sag also zu den Leuten von Juda und den
Bewohnern Jerusalems: ›So spricht der HERR: Ich
mache einen Plan gegen euch und bereite das
Unglück vor, das ich über euch bringen will.
Kommt doch zurück von eurem verkehrten Weg!
Ändert euer Leben und Tun!‹
12 Aber sie werden antworten: ›Daraus wird
nichts! Wir werden unsere eigenen Pläne aus-
führen und so böse und starrsinnig sein, wie es
uns gefällt!‹«

Unbegreifliche Abkehr von Gott

13 Deshalb sagt der HERR: »Erkundigt euch bei al-
len Völkern! Wo hat man je dergleichen gehört?
Was das Volk Israel[a] getan hat, ist unglaublich
und empörend. 14 Kommt es jemals vor, dass der
Schnee auf den Gipfeln des Libanons schmilzt
oder große Ströme versiegen?[b] 15 Mein Volk aber
hat mich vergessen; es opfert* Göttern, die keine
sind.
Von ihnen verführt, begann es, auf seinem
Weg zu stolpern, ja, seinen Weg zu verlassen und
in die Irre zu gehen. 16 Deshalb wird das Land so
verwüstet, dass alle, die vorbeikommen, sich
entsetzen und sich vor Furcht und Grauen schüt-
teln. 17 Ich lasse Feinde über mein Volk kommen,
die es wegtreiben, wie ein heftiger Ostwind den
Staub davonweht. An dem Tag, an dem das Un-
glück hereinbricht, kehre ich diesem Volk den
Rücken; ich helfe ihm nicht!«

Todfeindschaft gegen Jeremia

18 Da gibt es Leute, die sagen: »Los, wir müssen
gegen Jeremia etwas unternehmen! Er lügt! Nie
wird unseren Priestern* die Weisung ausgehen,
unseren erfahrenen Leuten guter Rat, unseren
Propheten* das Wort, das von Gott kommt! Wir
drehen ihm einen Strick aus seinen eigenen Wor-
ten, aber im Übrigen geben wir nicht mehr Acht
auf das, was er sagt!«
19 Gib du auf mich Acht, HERR! Hör doch, was
meine Gegner reden! 20 Soll denn Gutes mit Bö-
sem vergolten werden? Sie wollen mich in ihre
Gewalt bekommen. Dabei bin ich für sie ein-
getreten bei dir, um deinen Zorn von ihnen ab-
zuwenden; du weißt es, HERR!
21 Deshalb lass ihre Kinder den Hungertod
sterben! Lass sie selber durch Feindeshand
umkommen, sodass ihre Frauen als kinderlose
Witwen übrig bleiben! Die alten Männer soll die
Pest holen und die jungen sollen im Kampf
fallen! 22 Aus ihren Häusern soll man Hilfe-
schreie hören, wenn plötzlich plündernde Solda-

a *das Volk Israel:* wörtlich *die Jungfrau Israel.* b Der Vers ist nicht sicher zu deuten.

17,25 22,4 **17,27** 39,8 **18,6** Ijob 10,8-9; Jes 45,9 S; Sir 33,13 **18,7.9** 1,10 S **18,8** 26,3; 42,10; Joël 2,14 S **18,11** 7,3; 36,3; 2 Kön 17,13; Sach 1,4 **18,12** 7,24 S; 22,21 **18,13** 5,30 **18,15** 2,32; 6,16 S **18,16** 19,8; 25,9; 29,18; 49,17; 50,13; 51,37 **18,18** 2,8 S; 17,18 S **18,20** 7,16 S **18,22** 17,18 S; Ps 57,7

ten eindringen! Denn diese Leute haben es auf
mich abgesehen; eine Grube haben sie für mich
gegraben und Fangnetze ausgelegt.
23 Du, HERR, kennst ihre Pläne; sie haben es
darauf abgesehen, mich zu töten. Dieses Verbrechen verzeih ihnen nicht; diese Schuld vergiss
ihnen nie! Lass sie vor dir zusammenbrechen!
Wenn du kommst, um Gericht zu halten, dann
rechne mit ihnen ab!

Der zerschlagene Krug

19 Der HERR befahl Jeremia: »Kauf dir einen
Wasserkrug, wähle einige von den Ältesten* des Volkes und von den angesehensten Priestern* als Zeugen aus
2 und geh mit
ihnen durchs Scherbentor hinaus ins Hinnom-Tal*. Dort kündige ihnen an, was ich dir sagen
werde.
3 Das aber sollst du zu ihnen sagen: ›Ihr
Könige von Juda und ihr Bewohner Jerusalems,
hört das Wort, das der HERR euch ausrichten
lässt! So spricht der HERR, der Herrscher der
Welt,[a] der Gott Israels: Ich werde Unglück über
diesen Ort bringen; es wird so schrecklich sein,
dass jedem, der die Nachricht davon hört, die
Ohren wehtun werden.
4 Denn mein Volk hat
mich verlassen. Sie haben diesen Ort verdorben
und entweiht durch die Opfer*, die sie anderen
Göttern dargebracht haben. Von diesen Göttern
haben sie früher nichts gewusst, auch ihre Vorfahren und die Könige von Juda nicht. Sie haben
an diesem Ort das Blut unschuldiger Menschen
vergossen.
5 Sie haben auch einen Altar für den
Baal* gebaut, um darauf ihre Kinder als Opfer zu
verbrennen. Das habe ich nie befohlen; es ist
mir niemals in den Sinn gekommen, so etwas
von ihnen zu verlangen.
6 Deshalb wird eine Zeit kommen, da wird
man diesen Ort nicht mehr Tofet* oder Hinnom-Tal nennen, sondern Mordtal.
7 An diesem Ort
will ich alle Pläne der Leute von Juda und Jerusalem vereiteln. Sie sollen durch das Schwert
ihrer mordgierigen Feinde umkommen und ihre
Leichen werde ich den Vögeln und wilden
Tieren zum Fraß vorwerfen.
8 Ich werde diese
Stadt so völlig zerstören, dass jeder Mensch, der
vorübergeht, erschrickt und sich entsetzt abwendet.
9 Erbarmungslose Feinde werden die Stadt
einschließen und belagern und die Belagerung
wird so hart werden, dass die Leute in der Stadt
sich gegenseitig aufessen. Sogar ihre eigenen
Kinder werden sie dann essen.‹
10 Wenn du das gesagt hast, dann zerschlage
den Krug vor den Augen deiner Begleiter!
11 Sag
zu ihnen: ›So spricht der HERR, der Herrscher
der Welt: Ich zerschlage dieses Volk und diese
Stadt, wie man Tongeschirr in Scherben schlägt,
sodass es sich nicht mehr zusammenkitten lässt.
Sogar im Tofet werden die Toten begraben, weil
es sonst nirgendwo mehr Platz dafür gibt.
12 Ich
will diese Stadt und ihre Bewohner dem Tofet
gleichmachen. Das sage ich, der HERR.
13 Die Häuser in Jerusalem, die Häuser der
Könige von Juda, alle Häuser, auf deren Dächern
ihr zu Ehren des Sternenheeres Weihrauch* verbrannt und für andere Götter Trankopfer* ausgegossen habt, alle diese Häuser sollen unrein*
werden wie der Platz Tofet.‹«

Jeremia wird misshandelt

14 Als Jeremia vom Tofet zurückkehrte, wo er im
Auftrag des HERRN geredet hatte, begab er sich in
den Vorhof* des Tempels und verkündete allen
Leuten:
15 »So spricht der HERR, der Herrscher
der Welt, der Gott Israels: ›Ich bringe über die
Stadt Jerusalem und die Städte in Juda all das
Unglück, das ich ihnen angedroht habe; denn
sie haben sich hartnäckig geweigert, auf meine
Worte zu hören.‹«

20 Der Priester Paschhur, der Sohn Immers,
war damals Oberaufseher am Tempel.
Als er den Propheten Jeremia so reden hörte,
2 gab er Befehl, ihn festzunehmen, zu schlagen
und in den Block* einzuschließen, der sich
am oberen Benjamintor im Tempelbezirk befand.
3 Am folgenden Morgen kam Paschhur zu
Jeremia und löste ihn aus dem Block. Da sagte
Jeremia zu ihm: »Der HERR nennt dich nicht
mehr Paschhur, sondern ›Schrecken überall‹.
4 Höre, was er dir sagen lässt: ›Ich mache dich
zum Schrecken für dich selbst und alle deine
Freunde. Du musst mit eigenen Augen ansehen,
wie sie durch das Schwert ihrer Feinde fallen.

Ich liefere die Bewohner von ganz Juda an
den König von Babylonien* aus. Er wird einen
Teil von ihnen nach Babylonien wegführen und
die anderen mit dem Schwert töten.
5 Den ganzen Reichtum dieser Stadt gebe ich den Feinden,
allen Besitz und alle Kostbarkeiten, auch die
Schätze der Könige von Juda. Sie werden geraubt
und nach Babylonien weggeschafft.
6 Auch du, Paschhur, wirst mit deiner ganzen
Familie nach Babylonien verschleppt. Dort wirst

a Wörtlich *der HERR Zebaot*;* entsprechend in den Versen 11 und 15.

19,1-13 13,1-11 S **19,3** 11,11; 25,18; 2 Kön 21,12 **19,5** 7,31 S **19,8** 18,16 S **19,9** Lev 26,29 S **19,13** 8,2 S; 32,28-29 **19,15** 7,26 S
20,2 29,26 **20,3** 6,25 S **20,5** Jes 39,6

du sterben und begraben werden, zusammen
mit deinen Freunden, die du mit deinen falschen
Weisungen ins Verderben geführt hast.‹«

Jeremia klagt Gott sein Leid

7 Du hast mich verführt, HERR, und ich habe
mich verführen lassen; du hast mich gepackt und
mir Gewalt angetan. Nun spotten sie immerzu
über mich, alle lachen mich aus. 8 Denn sooft
ich in deinem Auftrag rede, muss ich Unrecht
anprangern. »Verbrechen!«, muss ich rufen,
»Unterdrückung!« Und das bringt mir nichts als
Spott und Hohn ein, Tag für Tag.

9 Aber wenn ich mir sage: »Ich will nicht
mehr an Gott denken und nicht mehr in seinem
Auftrag reden«, dann brennt dein Wort in mei-
nem Innern wie ein Feuer. Ich nehme meine
ganze Kraft zusammen, um es zurückzuhalten –
ich kann es nicht.

10 Viele höre ich tuscheln, sie nennen mich
schon »Schrecken überall«. Die einen fordern:
»Verklagt ihn!« Die anderen sagen: »Ja, wir wol-
len ihn anzeigen!« Sogar meine besten Freunde
warten darauf, dass ich mir eine Blöße gebe.
»Vielleicht bringen wir ihn dazu, dass er etwas
Unvorsichtiges sagt«, flüstern sie, »dann können
wir uns an ihm rächen!«

11 Doch du, HERR, stehst mir bei, du bist mein
mächtiger Beschützer! Deshalb kommen meine
Verfolger zu Fall, sie richten nichts aus. Ihre
Pläne misslingen und sie müssen sich auslachen
lassen. Diese Schande bleibt für immer an ihnen
hängen.

12 HERR, du Herrscher der Welt,[a] du kennst
alle, die dir die Treue halten! Du prüfst sie auf
Herz und Nieren. Lass mich sehen, wie du es
meinen Feinden heimzahlst; denn dir habe ich
meine Sache anvertraut. 13 Singt dem HERRN und
lobt ihn! Denn er rettet den Armen aus der Ge-
walt seiner Feinde.

14 Verflucht sei der Tag, an dem ich geboren
wurde, ausgelöscht der Tag, an dem meine Mut-
ter mich zur Welt brachte! 15 Verflucht sei der
Mann, der meinen Vater mit der Nachricht er-
freute: »Ein Junge ist's, du hast einen Sohn be-
kommen!« 16 Ausgelöscht soll jener Tag sein wie
die Städte, die der HERR ohne Erbarmen zer-
störte. Am Morgen sei er voll Klagen, am Mittag
voll Kriegslärm, 17 weil er mich nicht sterben ließ
im Mutterleib. Meine Mutter wäre mir dann
zum Grab geworden, sie wäre für immer
schwanger geblieben.

18 Warum musste ich den Mutterschoß verlas-
sen, um nichts als Elend und Kummer zu erleben
und in Schande zu enden!

Keine Rettung für Zidkija und Jerusalem

21 Das Wort des HERRN erging an Jeremia, da-
mals, als König Zidkija zwei Männer zu
ihm schickte – Paschur, den Sohn von Malkija,
und den Priester* Zefanja, den Sohn von Maase-
ja – und ihm sagen ließ: 2 »Du weißt, dass Nebu-
kadnezzar, der König von Babylonien*, den
Kampf gegen uns eröffnet hat. Frage doch den
HERRN, was geschehen wird, ob er vielleicht ein
Wunder tut wie in alten Zeiten und Nebukadnez-
zar zum Abzug zwingt.«

3 Jeremia gab dem König durch die beiden Ab-
gesandten den Bescheid: 4 »So spricht der HERR,
der Gott Israels: ›Das Heer des Königs von Baby-
lonien hat euch eingeschlossen. Noch versuchen
eure Truppen, den Angreifern außerhalb der
Mauern Widerstand zu leisten. Aber ich werde
dafür sorgen, dass sie sich in das Innere der Stadt
zurückziehen müssen.

5 Denn ich selbst kämpfe gegen euch mit star-
ker Hand und drohend erhobenem Arm und ihr
sollt die ganze Glut meines Zorns zu spüren
bekommen! 6 Alles, was in dieser Stadt lebt –
Menschen und Vieh –, wird von einer verhee-
renden Pest heimgesucht werden. 7 Danach gebe
ich Zidkija, den König von Juda, und seine
hohen Beamten in die Gewalt Nebukadnezzars,
des Königs von Babylonien, und dazu alle Be-
wohner der Stadt, die bis dahin noch nicht durch
Pest, Krieg und Hunger umgekommen sind. Das
sage ich, der HERR. Ich gebe euch in die Gewalt
eurer Feinde, die euch töten wollen. Nebukad-
nezzar wird euch alle mit dem Schwert umbrin-
gen, schonungslos, ohne Mitleid und Erbar-
men.‹«

8 Den Leuten von Jerusalem aber musste Jere-
mia ausrichten: »So spricht der HERR: ›Ich stelle
euch vor die Wahl zwischen Leben und Tod:
9 Wer in dieser Stadt bleibt, wird durch Hunger
oder Pest umkommen oder von den Feinden
erschlagen werden; wer aber die Stadt verlässt
und sich den Babyloniern ergibt, wird mit dem
Leben davonkommen.

a Wörtlich *HERR Zebaot**.

20,9 5,14; 6,11; Ijob 32,18-20; Am 3,7-8; Jona 1,3 **20,10** 6,25 S; Mk 3,2 **20,12** 11,20 S **20,13** Ps 9,13 S **20,14** 15,10; Ijob 3,3 S **20,18** 12,1 S; Ijob 3,20 **21,1** (Zidkija) 1,3 S; (Zefanja) 29,25; 37,3; 52,24; 2 Kön 25,18; Sach 6,10 **21,2** (Nebukadnezzar) 25,9; 27,6; 29,1; 34,1; 37,1; 39,1; 43,10; (frage den Herrn) 1 Kön 22,5 S; (Wunder) 2 Kön 19,32-36 **21,4-7** 2 Kön 25,1-12 **21,5** Dtn 4,34 **21,7** 24,10 S; 32,5; 34,4-5; 13,14 **21,8-9** 38,2

10 Denn ich bin entschlossen, Unglück über
diese Stadt zu bringen und ihr nicht zu helfen‹,
sagt der HERR. ›Sie wird in die Hand des Königs
von Babylonien fallen und er wird sie in Schutt
und Asche legen!‹«

Mahn- und Gerichtsworte an das Königshaus von Juda

11 Jeremia bekam den Auftrag, dem Königshaus
von Juda auszurichten:[a]

»Hört das Wort, das der HERR euch sagen
lässt, 12 ihr Nachkommen Davids! So spricht der
HERR: ›Beginnt euren Tag damit, dass ihr gerech-
tes Urteil sprecht und die Beraubten aus der
Hand ihrer Unterdrücker befreit! Sonst kommt
mein Zorn über euch und brennt wie ein Feuer,
das niemand löschen kann. Ihr habt zu viel
Böses getan!

13 Passt auf‹, sagt der HERR, ›jetzt komme ich
über euch, die ihr dort unten auf eurem Felsen
wohnt![b] Ihr behauptet, kein Feind könne bis zu
euch hinabsteigen und bis in eure Gemächer vor-
dringen. 14 Aber ich, ich selber, werde kommen
und euch zur Rechenschaft ziehen für all das,
was ihr getan habt‹, sagt der HERR. ›An den Wald
von Zedernsäulen in euren Palästen werde ich
Feuer legen, das wird alles ringsum vernichten!‹«

22 Der HERR gab Jeremia den Auftrag, in den
Palast des Königs von Juda hinunterzuge-
hen und zu rufen: 2 »Höre, was der HERR dir zu
sagen hat, du König von Juda, der auf dem Thron
seines Ahnherrn David sitzt; auch deine hohen
Beamten und das Volk, das dich in deinem Palast
aufsucht, sollen es hören!

3 So spricht der HERR: ›Sorgt für Gerechtigkeit
und befreit die Beraubten aus der Hand ihrer
Unterdrücker! Ihr sollt die Fremden, die bei euch
wohnen, nicht ausbeuten und die Schutzlosig-
keit der Waisen oder Witwen nicht ausnutzen!
Hört auf, in diesem Land das Blut unschuldiger
Menschen zu vergießen!

4 Nur unter dieser Bedingung werden auch
künftig Könige, die auf Davids Thron sitzen,
durch die Tore dieses Palastes ein- und auszie-
hen, auf Pferden und Wagen, sie und ihre hohen
Beamten, und auch das Volk wird weiterhin die-
sen Palast aufsuchen.

5 Wenn ihr aber nicht auf meine Weisungen
hört, dann wird dieser Palast zum Trümmerhau-
fen werden; das schwöre ich, der HERR, bei mir
selbst!‹«

6 Ja, der HERR sagt über den Palast des Königs
von Juda: »Wenn ich auch so viel Freude an dir
habe wie an den Eichen in Gilead* und an den
Zedern auf dem Libanon, trotzdem mache ich
aus dir eine Wüste, einen Trümmerhaufen, in
dem niemand mehr wohnt. 7 Ich schicke Män-
ner zu dir, die dich zerstören werden. Sie wer-
den mit ihren Äxten kommen und deine herr-
lichen Zedernsäulen umhauen und ins Feuer
werfen.

8 Menschen aus vielen Völkern werden an
den Trümmern Jerusalems vorüberziehen und
einander fragen: ›Warum hat der HERR dieser
großen Stadt das alles angetan?‹ 9 Und dann wird
man ihnen antworten: ›Ihre Bewohner haben
sich nicht an die Verpflichtungen gehalten, die
der Bund* mit dem HERRN, ihrem Gott, ihnen
auferlegt; sie haben fremde Götter verehrt und
ihnen gedient.‹«

Aufruf zur Trauer über König Schallum[c]

10 Volk von Juda, trauere nicht um den König,
der gefallen ist; weine nicht wegen Joschija!
Weine vielmehr um den anderen, den sie weg-
geführt haben, denn er wird dieses Land nicht
wiedersehen, in dem er geboren wurde!

11 Der HERR sagt über Schallum, den König
von Juda, der seinem Vater Joschija auf dem
Thron folgte und der diese Stadt verlassen
musste: »Schallum wird nicht hierher zurück-
kehren. 12 Er wird sterben an dem Ort, an den
sie ihn verschleppt haben; dieses Land wird er
nicht wiedersehen!«

Gerichtswort gegen König Jojakim

13 Weh dir! Du baust deinen Palast auf Unrecht
und stockst ihn auf, ohne dich um Gerechtigkeit
zu kümmern. Du lässt die Leute für dich arbeiten
und gibst ihnen keinen Lohn. 14 Du sagst: »Ich
baue mir einen großen Palast mit geräumigen
Zimmern im Obergeschoss!«

Du setzt Fenster ein, täfelst das Haus mit
Zedernholz, malst es rot an. 15 Meinst du, du
musst dich dadurch als König erweisen, dass du
Prachtbauten aus Zedernholz errichtest wie
andere Könige?

Hat dein Vater nicht auch gut gegessen und
getrunken und es sich wohl sein lassen? Aber er
regierte gerecht, weil er sich an die Weisungen
Gottes hielt, und deshalb ging es ihm gut. 16 Den
Schwachen und Armen verhalf er zum Recht,

a Der Anfang von Vers 11 ist eine Überschrift, die sich auf Jer 21,11–23,8 bezieht.
b Der Königspalast lag südlich unterhalb des Tempels (vgl. 22,1; 26,10; 36,12).
c *Schallum* ist ein anderer Name für Joahas; vgl. 2 Kön 23,30-34.

21,14 17,10 S **22,3** 7,5-7 S; 21,12 **22,4** 17,25 **22,5** 49,13 S **22,8** 5,19 S **22,13** Lev 19,13 **22,15** Sir 49,1-3

deshalb stand alles gut. »Wer so handelt, zeigt, dass er mich kennt«, sagt der HERR.

17 Aber du siehst nur deinen eigenen Vorteil und denkst an nichts anderes. Du vergießt das Blut unschuldiger Menschen und unterdrückst dein Volk mit harter Gewalt.

18 Darum sagt der HERR über König Jojakim, den Sohn von Joschija: »Es wird für ihn keine Totenklage* geben. Niemand wird rufen: ›Ach, Brüder, ach, Schwestern, warum musste er sterben!‹ Sie werden auch nicht klagen: ›Ach, unser Herrscher! Ach, seine Majestät!‹ 19 Er bekommt kein Begräbnis, er wird beseitigt wie ein toter Esel: Sie schleifen ihn weg und werfen ihn draußen vor den Toren Jerusalems hin.«

Jerusalems Ende ist abzusehen

20 Der HERR sagt: »Steig auf den Gipfel des Libanons, du Volk von Jerusalem, und stimme das Klagegeschrei an! Klage laut auf der Hochebene von Baschan* und vom Abarim-Gebirge herab, denn alle deine Verbündeten wurden vernichtend geschlagen!

21 Ich hatte dich gewarnt, als dir noch keine Gefahr drohte. Aber du sagtest: ›Lass mich in Ruhe!‹ Das war deine Art; schon von Jugend an wolltest du nicht auf mich hören.

22 Wie deine Verbündeten, so werden auch deine eigenen Führer in die Gefangenschaft geführt; sie werden alle weggefegt wie von einem Sturm. So erntest du Schmach und Schande für all das Unrecht, das du getan hast. 23 Noch thronst du hoch wie auf dem Libanon und wohnst in Palästen aus Zedernholz. Wie wirst du stöhnen, wenn das Unglück über dich kommt; stöhnen und schreien wirst du wie eine Frau, die in Wehen liegt!«

Gottes Urteil über König Jojachin

24 Jeremia bekam den Auftrag, dem neuen König zu verkünden:[a] »So gewiss ich lebe, sagt der HERR, selbst wenn du, Konja,[b] Sohn Jojakims, ein Siegelring an meiner rechten Hand wärst, ich würde dich wegreißen. 25 Ich liefere dich an deine Feinde aus, die dir nach dem Leben stehen und vor denen du Angst hast, an Nebukadnezzar, den König von Babylonien*, und an seine Kriegsleute. 26 Ich werde dich und deine Mutter gewaltsam in ein fremdes Land schaffen. Dort müsst ihr beide sterben. 27 Eure Heimat werdet ihr nie wiedersehen, sosehr ihr euch danach sehnen werdet.«

28 Ist dieser Konja wirklich so wertlos wie ein zerbrochener Krug, den niemand mehr haben will? Warum werden er und seine Kinder weggenommen und fortgeschleudert in ein Land, das sie nicht kennen?

29–30 Land, Land, Land! Höre das Wort, das der HERR sagt: »In der Liste der Könige schreibt unter den Namen dieses Mannes: ›Kinderlos. Hatte sein Leben lang nur Misserfolg.‹ Denn keinem seiner Nachkommen wird es gelingen, sich auf den Thron Davids zu setzen und wieder über Juda zu herrschen.«

Gott sammelt sein Volk und gibt ihm den rechten König

23 »Weh den führenden Männern meines Volkes, den Hirten, die meine Herde zugrunde gerichtet und auseinander getrieben haben! 2 Ich, der HERR, der Gott Israels, sage zu euch, den Hirten meines Volkes: ›Versprengt und auseinander getrieben habt ihr meine Schafe und habt euch nicht um sie gekümmert. Jetzt werde *ich* mich um *euch* kümmern: Ich werde euch zur Rechenschaft ziehen für eure bösen Taten!‹

3 Ich selbst werde den Rest meiner Schafe sammeln aus allen Ländern, in die ich sie versprengt habe. Ich werde sie zurückbringen an ihren Weideplatz; dort werden sie gedeihen und sich wieder vermehren. 4 Und ich werde ihnen Hirten geben, die wirklich für sie sorgen. Dann brauchen sie nichts mehr zu fürchten und vor nichts mehr zu erschrecken. Kein einziges Schaf geht dann noch verloren.« Das sagt der HERR.

5 »Der Tag kommt«, sagt der HERR, »an dem ich aus der Nachkommenschaft Davids einen Mann berufe, der dem Namen Davids wieder Ehre macht. Er wird als König verständig und gerecht regieren, weil er sich an die Weisungen Gottes hält. 6 Dann wird das Volk von Juda vor Feinden sicher sein und auch das Volk von Israel wird in Frieden leben. Dieser König wird den Namen tragen: ›Der HERR ist unsere Rettung‹![c]

7 Ja, der Tag kommt«, sagt der HERR, »an dem sie beim Schwören nicht mehr sagen werden: ›So gewiss der HERR lebt, der das Volk Israel herausgeführt hat aus Ägypten‹, 8 sondern: ›So

a Der Satz ist verdeutlichender Zusatz. b *Konja:* Kurzform von Jechonja = Jojachin; vgl. 2 Kön 24,6-12.
c Bezugnahme auf den damals regierenden König aus der Nachkommenschaft Davids, der seinem Namen Zidkija (Meine Rettung ist der HERR) nicht gerecht wurde.

22,17 7,6; 26,23 **22,18** 16,6 S **22,19** 36,30 **22,21** 2,25; 18,12 **22,24-27** 13,18 S **22,29-30** 1 Chr 3,17-24; Jer 36,30 **23,1-4** 10,21 S **23,3** (zurückbringen) 24,6; 29,14; 30,3; 31,7-8; 32,37; 50,19-20; Dtn 30,3-5; Jes 11,11-12 S **23,5** 30,9; 33,15.17; Jes 9,5-6 S; Ez 34,23-24; 37,24; Mi 5,1; Sach 6,12 **23,6** 31,27-28; 33,7.14; 3,18 S **23,7-8** 16,14-15 S

gewiss der HERR lebt, der die Leute von Israel
herausgeführt hat aus dem Land im Norden*
und aus all den anderen Ländern, in die er sie
fortgetrieben hatte, und der sie zurückgebracht
hat in ihr Land, damit sie dort wieder wohnen!‹«

Die Propheten sind nicht besser als alle anderen

9 Es folgen Worte Jeremias an die Propheten:[a]
Ich bin verstört und zittere am ganzen Leib,
wie ein Betrunkener bin ich, wie vom Wein
betäubt von dem, was der HERR, der heilige Gott,
zu mir gesagt hat. 10 Das Land ist voll von
Ehebrechern, darum liegt ein Fluch auf ihm und
es ist in Trauer versunken; die Weideplätze in
der Steppe liegen vertrocknet da. Alle haben nur
Böses im Sinn, im Unrechttun sind sie groß.
11 »Auch die Propheten* und die Priester*
sind Schurken alle miteinander«, sagt der HERR;
»sogar in meinem Tempel* stoße ich auf ihr
schlimmes Treiben. 12 Deshalb werden sie auf
ihrem Weg ausgleiten. In der Dunkelheit wird
einer den andern mitreißen, bis sie alle am
Boden liegen. Ich bringe Unheil über sie; die Zeit
der Abrechnung kommt!« Das sagt der HERR.

Die Propheten Jerusalems sind schlimmer als die von Samaria

13 »Was ich mit den Propheten* Samarias erleben
musste, war schon erschreckend genug!«, sagt
der HERR. »Sie redeten im Namen des Götzen
Baal* und führten mein Volk Israel in die Irre.
14 Aber was ich jetzt bei den Propheten Jeru-
salems sehe, ist unerhört: Sie begehen Ehebruch,
sie lügen und betrügen. Sie bestärken gewissen-
lose Leute noch in ihrem Treiben, sodass nie-
mand daran denkt, sein Leben zu ändern. Diese
Propheten sind in meinen Augen genauso ver-
kommen wie die Leute von Sodom*, und die Be-
wohner Jerusalems wie die Leute von Gomorra!
15 Deshalb sage ich, der Herrscher der Welt,[b]
über die Propheten Jerusalems: Ich werde ihnen
bittere Kost zu essen geben und Gift zu trinken,
denn sie sind zu einem Seuchenherd geworden
für das ganze Land!«

Die Propheten Jerusalems lügen

16 Der HERR, der Herrscher der Welt, sagt: »Hört
nicht auf das, was die Propheten* euch verkün-
den! Sie halten euch zum Narren. Sie sagen
euch, was ihr Herz ihnen eingibt, nicht was sie
aus meinem Mund gehört haben.
17 Denen, die meine Warnungen nicht ernst
nehmen, wagen sie zu verkünden: ›Der HERR
sagt: Es wird euch blendend gehen‹, und selbst
denen, die ihrem eigensinnigen und bösen Her-
zen folgen, sagen sie: ›Ihr habt nichts Schlimmes
zu befürchten.‹
18 Keiner dieser Propheten hat je in meiner
Ratsversammlung gestanden und von meinen
Plänen gehört; keiner hat erfasst, was ich will!«
19 Wie ein verheerender Sturm wird der Zorn
des HERRN losbrechen und alle Schuldigen tref-
fen. 20 Er wird nicht aufhören zu wüten, bis alles
ausgeführt ist, was der HERR sich vorgenommen
hat. Erst wenn es zu spät ist, werdet ihr zur Ein-
sicht kommen und alles begreifen.
21 »Ich habe diese Propheten nicht geschickt«,
sagt der HERR, »und doch sind sie losgelaufen;
ich habe nicht zu ihnen gesprochen und doch re-
den sie und berufen sich dabei auf mich.
22 Wenn sie in meiner Ratsversammlung gestan-
den hätten, dann müssten sie meinem Volk doch
verkünden, was ich gesagt habe; sie müssten es
dazu anhalten, sein Leben und Tun zu ändern!«
23 Der HERR sagt: »Ich bin nicht der nahe Gott,
über den ihr verfügen könnt, ich bin der ferne
Gott, der über euch verfügt.[c] 24 Niemand kann
sich so gut verstecken, dass ich ihn nicht doch
entdecken würde. Es gibt keinen Ort im Himmel
und auf der Erde, an dem ich nicht wäre!«

Weizen und Spreu unterscheiden!

25 Der HERR sagt: »Ich habe das Gefasel dieser
Propheten* gehört. ›Ich hatte einen Traum, ich
hatte einen Traum!‹, sagen sie und wollen damit
das Volk glauben machen, dass sie in meinem
Auftrag reden. Aber alles, was sie vorbringen, ist
Lug und Trug.
26 Wie lange soll das noch so weitergehen?
Was haben diese Propheten damit im Sinn, dass
sie Lügen verbreiten, ihre eigenen Hirngespins-
te? 27 Mit ihren Träumen, mit denen einer vor
dem andern großtut, verfolgen sie nur *ein* Ziel:
Mein Volk soll mich vergessen, genauso wie ihre
Vorfahren mich vergaßen und sich dem Götzen
Baal* zuwandten!
28 Der Prophet, der einen Traum hatte, kann
auch nur seinen Traum erzählen; aber der, zu
dem *ich* gesprochen habe, der wird zuverlässig

a Überschrift, die sich auf den ganzen Rest des Kapitels bis Vers 40 bezieht.
b Wörtlich *spricht der HERR Zebaot*;* entsprechend in Vers 16.
c *über den ihr verfügen könnt* und *der über euch verfügt* sind verdeutlichende Zusätze.

23,9 14,13-15 S **23,13** 3,11; Ez 16,44-52 **23,14** 5,30; Gen 18,20 S; Jes 1,10 **23,15** 8,14 **23,17** 6,14; 7,24 S **23,18** Ijob 1,6 S; 15,8; Am 3,7-8 **23,19** 30,23-24 **23,21** 14,14; 23,32 **23,22** 18,11 S **23,24** Ps 139,7-12 S

mein Wort ausrichten. Man wird doch noch
Weizen und Spreu unterscheiden können«, sagt
der HERR. 29 »Mein Wort brennt wie Feuer. Es ist
wie ein Hammer, der Felsen zerschlägt!
30 Darum passt auf«, sagt der HERR, »jetzt
gehe ich vor gegen diese Propheten, gegen diese
Leute, die einander die Worte aus dem Mund
stehlen und noch behaupten, sie stammten von
mir! 31 Jetzt gehe ich vor gegen die, die ihr eige-
nes Gerede für mein Wort ausgeben, 32 die sich
auf Träume berufen und ihre Träume weiter-
erzählen und mit solchem Unfug mein Volk
irreleiten! Von mir haben sie keinen Auftrag
bekommen; ich habe sie nicht geschickt! Sie
bringen diesem Volk nichts als Schaden! Das
sage ich, der HERR.«

Die »Last« des HERRN

33 Der HERR sagte zu mir: »Wenn ein Prophet*
oder ein Priester* oder Leute aus dem Volk dich
fragen: ›Was hat der HERR uns schon wieder als
Last auferlegt?‹,[a] dann antworte ihnen: Der
HERR sagt: ›Ihr seid eine Last, die *mir* auferlegt
ist. Aber ich bin schon dabei, euch abzuwerfen!‹
34 Jeden Propheten und Priester und jeden Mann
aus dem Volk, der künftig noch fragt: ›Was hat
der HERR uns auferlegt?‹, den werde ich zur
Rechenschaft ziehen, ihn selbst und seine ganze
Familie!«
35 Der HERR will, dass ihr stattdessen einander
fragt: »Was hat der HERR *geantwortet?*«, oder
»Was hat er *gesagt?*« 36 Die Frage »Was hat er
uns auferlegt?« soll es bei euch nicht mehr ge-
ben. Wer künftig noch so fragt, legt sich damit
selbst eine Last auf, denn er verkehrt den Sinn
dessen, was der lebendige Gott, der Herrscher
der Welt,[b] unser Gott, sagen will.
37 Fragt also den Propheten: »Was hat dir der
HERR *geantwortet?*«, oder »Was hat er *gesagt?*«
38 Für den Fall aber, dass ihr weiter nach der Last
fragt, die der HERR euch auferlegt, sagt der HERR:
39 »Ich werde euch wie etwas Lästiges weg-
werfen,[c] weit weg von mir, euch und die Stadt,
die ich euren Vorfahren und euch gegeben habe.
40 Ich bringe Schande über euch, die für immer
an euch hängen bleibt; niemals mehr wird man
aufhören, euch zu verhöhnen!«

Die Verbannten sind besser als die im Land Verbliebenen

24 Der HERR zeigte mir in einer Vision zwei
Körbe voll Feigen, die vor dem Tempel*
standen. Es war in der Zeit, nachdem der Babylo-
nierkönig Nebukadnezzar König Jojachin von
Juda, den Sohn Jojakims, samt den hohen Be-
amten und den Bau- und Metallhandwerkern
aus Jerusalem weggeführt und nach Babylonien*
gebracht hatte.
2 Die Feigen in dem einen Korb waren sehr
gut, wie die ersten reifen Feigen des Jahres; die
in dem andern aber waren so schlecht, dass man
sie nicht essen konnte.
3 Der HERR fragte mich: »Was siehst du, Jere-
mia?«
Ich antwortete: »Feigen! Die einen sind sehr
gut, die andern schlecht und ungenießbar.«
4 Da erging an mich das Wort des HERRN, er
sagte zu mir: 5 »Wie die Menschen Freude haben
beim Anblick der guten Feigen, so habe ich, der
Gott Israels, Freude beim Anblick der Leute aus
Juda, die ich nach Babylonien fortgetrieben
habe. 6 Ich werde mich ihnen wieder zuwenden
und sie in dieses Land zurückholen; ich werde
sie aufbauen und nicht niederreißen, sie sollen
neu eingepflanzt und nicht mehr ausgerissen
werden. 7 Ich gebe ihnen ein verständiges Herz,
damit sie mich erkennen und begreifen, dass ich
der HERR bin. Mit ganzem Herzen werden sie zu
mir umkehren. Sie werden mein Volk sein und
ich werde ihr Gott sein.
8 Aber mit König Zidkija von Juda und sei-
nen hohen Beamten und den restlichen Leuten
Jerusalems – ob sie nun im Land geblieben sind
oder sich in Ägypten niedergelassen haben –
werde ich tun, was man mit Feigen macht, die
zum Essen zu schlecht sind, ich, der HERR!
9 Alle Völker der Erde werden entsetzt sein,
wenn sie das sehen. Überall, wohin ich diese
Leute zerstreue, werden sie mit Hohn und
Spott überschüttet werden; ihr Unglück wird
sprichwörtlich werden und wer jemand verflu-
chen will, wird sagen: ›Es soll dir gehen wie
den Leuten von Jerusalem!‹[d] 10 Ich lasse Krieg
und Hunger und Pest gegen sie wüten, bis sie
ganz verschwunden sind aus dem Land, das ich

a Wörtlich *Was ist die Last/das Wort des HERRN?* Der hebräische Ausdruck bedeutet sowohl »Wort« als auch »Last«. Er wurde vielleicht Jeremia gegenüber bevorzugt gebraucht, weil seine Unheilsbotschaft als Last empfunden wurde.
b Wörtlich *der HERR Zebaot** .
c So mit einigen Handschriften und alten Übersetzungen; H *Ich vergesse euch ganz und werfe euch ...*
d *ihr Unglück ...:* wörtlich *(ich mache sie) zum Unglück, zum Sprichwort und Fluchwort**.

23,29 5,14S; Hebr 4,12 **23,32** 23,21S **24,1** Am 8,2; Jer 21,2S; 22,24-27 **24,3** 1,11S **24,4-6** 29,11S **24,6** 1,10S; 23,3S **24,7** 32,39; 31,34; Ez 36,26-27; Jer 30,22S **24,9** 25,18; 26,6; 29,18.22; 49,13; Jes 65,15 **24,10** 14,12; 15,2; 21,7; 27,8; 29,17; Ez 6,11-12S

ihren Vorfahren und ihnen selbst gegeben
hatte.«

Nach dreiundzwanzig Jahren erfolglosen Wirkens

25 Jojakim, der Sohn von Joschija, war das
vierte Jahr König von Juda und Nebukad-
nezzar das erste Jahr König von Babylonien*, da
erging das Wort des HERRN an Jeremia, ein Wort
für das ganze Volk. 2 Der Prophet verkündete es
dem Volk von Juda und allen Bewohnern Jerusa-
lems und sagte zu ihnen:

3 »Seit dem 13. Regierungsjahr von Joschija,
dem Sohn Amons, dem König von Juda, bis
heute, also seit nunmehr 23 Jahren, ergeht das
Wort des HERRN an mich. Und ebenso lange höre
ich nicht auf, euch immer und immer wieder zu
verkünden, was er sagt; aber ihr hört nicht hin.

4 Immer wieder hat der HERR seine Diener,
die Propheten*, zu euch gesandt, aber ihr habt
sie nicht ernst genommen. 5 Der HERR befahl mir,
zu euch zu sagen: ›Kehrt um von euren verkehr-
ten Wegen, macht Schluss mit eurem bösen Tun,
dann könnt ihr in dem Land wohnen bleiben,
das ich euren Vorfahren und euch für alle Zeiten
gegeben habe. 6 Lauft nicht den fremden Göttern
nach, dient ihnen nicht und betet sie nicht an!
Reizt mich nicht zum Zorn mit euren Götzen-
bildern,[a] sonst bringe ich Unglück über euch!‹

7 ›Aber ihr habt nicht auf mich gehört‹, sagt
jetzt der HERR. ›Im Gegenteil: Mit euren Götzen
habt ihr meinen Zorn herausgefordert und euch
damit selbst ins Unglück gestürzt.‹

8 Deshalb sagt der HERR, der Herrscher der
Welt:[b] ›Weil ihr nicht auf mein Wort gehört habt,
9 lasse ich nun alle Völker des Nordens* kom-
men, an ihrer Spitze meinen Bevollmächtigten*
Nebukadnezzar, den König von Babylonien. Sie
sollen über euch und euer Land herfallen, auch
über eure Nachbarn und ihre Länder. Ich gebe
euch alle der Vernichtung preis und eure Länder
sollen für immer zum Trümmerfeld werden. Wer
es sieht, wird aufschreien und sich mit Entsetzen
abwenden.

10 Ich mache allem Jubel und aller Freude bei
euch ein Ende; der Jubelruf von Bräutigam und
Braut wird nie mehr zu hören sein. Das Ge-
räusch der Handmühle am Morgen wird ver-
stummen und abends in den Häusern keine
Lampe mehr brennen. 11 Alles wird in Trümmern
liegen. Siebzig Jahre lang werdet ihr und eure
Nachbarvölker dem König von Babylonien unter-
worfen sein.

12 Wenn aber die siebzig Jahre um sind‹, sagt
der HERR, ›werde ich den König von Babylonien
und sein Volk zur Rechenschaft ziehen für das,
was *sie* an Schuld auf sich geladen haben. Dann
soll *ihr* Land für immer zu einem Trümmerfeld
werden.

13 Ich lasse an ihnen in Erfüllung gehen, was
ich ihnen angedroht habe. Es ist aufgeschrieben
in der Buchrolle*, in der steht, was Jeremia in
meinem Auftrag jedem einzelnen Volk angekün-
digt hat. 14 Ja, auch die Babylonier werden einst
großen Völkern und mächtigen Königen unter-
worfen sein. Ich zahle ihnen die Verbrechen
heim, die sie begangen haben!‹«

DAS GERICHT ÜBER DIE VÖLKER
(25,15-38; fortgesetzt in 46,1)

Vision vom Gericht Gottes über die Völker

15 Der HERR, der Gott Israels, hat zu mir gesagt:
»Nimm diesen Weinbecher aus meiner Hand. Er
ist gefüllt mit meinem Zorn. Gib ihn allen Völ-
kern zu trinken, zu denen ich dich sende! 16 Sie
sollen ihn austrinken! Betrunken sollen sie in
das Schwert hineintaumeln, das ich unter ihnen
wüten lasse.«

17 Da nahm ich den Becher und gab ihn allen
Völkern zu trinken, zu denen mich der HERR
schickte. 18 Zuerst mussten Jerusalem und die
Städte in Juda – samt ihren Königen und führen-
den Männern – trinken, damit sie zu Trümmer-
feldern würden, zu Stätten des Grauens, von de-
nen man sich mit Entsetzen abwendet und deren
Namen als Fluchwort* dienen, wie es bis heute
der Fall ist.

19 Dann kamen die anderen Völker an die Rei-
he und mussten aus dem Becher trinken: der
Pharao, der König Ägyptens, mit seinem ganzen
Hof und seinen Fürsten, mit all seinem Volk
20 und den Fremden, die in Ägypten leben; alle
Könige des Landes Uz; alle Könige der Philister-
städte* Aschkelon, Gaza, Ekron und des Restes
von Aschdod; 21 alle Edomiter*, Moabiter* und
Ammoniter*; 22 alle Könige von Tyrus und Sidon

a *mit euren Götzenbildern:* wörtlich *mit dem Werk eurer Hände;* so auch in Vers 7-8 *(Mit euren Götzen).*
b Wörtlich *der HERR Zebaot**.

25,1-2 1,3 S; 36,1; 45,1; 46,2 **25,3** 1,2 S; 7,13 S **25,4** 7,25-26; 11,7; 26,5; 29,19; 44,4 **25,5** 18,11 S **25,6** 7,9; 11,10; 13,10; Ex 20,2-3 S **25,9** 1,14 S; 21,2 S; 18,16 **25,10** 7,34 S **25,11** 29,10; 2 Chr 36,21; Dan 9,1-2; Sach 1,12; 7,5 **25,13** 46,1–51,64 **25,14** 17,10 S; 27,7; 50,15; 51,6.24.56 **25,15** (Zornbecher) 13,13 S; 49,12; 51,39; Ps 75,9; Klgl 4,21; Jes 51,17; Obd 16; Nah 3,11; Hab 2,15-16; Mk 10,38 par **25,18** 24,9 S **25,19** 46,2-26 **25,20** (Philister) 47,1-7 S **25,21** (Edomiter) Jes 34,5-17 S; (Moabiter) 48,1-47 S; (Ammoniter) 49,1-6 S **25,22** Jes 23,1-16 S

und von den Ländern jenseits des Meeres; 23 die
Leute von Dedan*, Tema und Bus und alle mit
geschorenen Schläfen; 24 alle Könige Arabiens
und alle Könige der Wüstenstämme; 25 alle
Könige von Simri, Elam* und Medien*; 26 alle
Könige des Nordens, die nahen und die fernen,
einer nach dem andern. Ja, alle Reiche der Erde
mussten davon trinken. Als Letzter wird der
König von Babylonien[a] davon trinken.

27 Dann gab der HERR mir den Auftrag, den
Völkern auszurichten: »So spricht der HERR, der
Herrscher der Welt,[b] der Gott Israels: ›Trinkt, be-
rauscht und erbrecht euch, bis ihr hinstürzt und
nicht mehr aufstehen könnt! Taumelt in das
Schwert, das ich unter euch wüten lasse!‹«

28 »Wenn sie sich aber weigern«, sagte er zu
mir, »den Becher aus deiner Hand anzunehmen
und zu trinken, dann sag ihnen: ›Der HERR, der
Herrscher der Welt, befiehlt euch: Ihr müsst trin-
ken, ob ihr wollt oder nicht! 29 Ich fange mit der
Strafe an bei der Stadt, die mein Eigentum ist.
Meint ihr vielleicht, ihr bleibt ungestraft? Nein,
auch euch trifft die Strafe! Ich rufe das Schwert
gegen alle Bewohner der Erde herbei. Das sage
ich, der Herrscher der Welt.‹«

30 »Weiter sollst du den Völkern ausrichten:
›Wie Gebrüll eines Löwen kommt die Stimme
des HERRN aus der Höhe, wie Donner dröhnt sie
von seiner heiligen Wohnung her. Sie schallt
über das Land wie der Ruf der Keltertreter* und
dringt zu allen Völkern, 31 bis an den Rand der
Erde! Denn allen Völkern macht der HERR den
Prozess; alles, was Mensch heißt, zieht er vor
Gericht und die Schuldigen übergibt er dem
Schwert.‹«

32 Der HERR, der Herrscher der Welt, sagt: »Ein
Sturm erhebt sich von den Enden der Erde; ein
Volk um das andere wird vom Unglück ereilt.«

33 Überall auf der Erde werden die Leichen
der Menschen liegen, die der HERR erschlagen
hat. Und es wird niemand mehr da sein, der um
sie trauert, der sie zusammenträgt und bestattet.
Sie werden zum Dünger für die Äcker.

34 Heult, ihr Völkerhirten, schreit und wälzt
euch im Staub, ihr Mächtigen; denn jetzt seid ihr
an der Reihe, geschlachtet zu werden! Ihr werdet
zerstreut! Ihr werdet hinfallen und zerbrechen
wie ein kostbares Gefäß! 35 Für die Hirten der
Völker gibt es kein Entkommen. 36 Ich höre
schon ihren Hilfeschrei und ihr Jammern, denn
der HERR vernichtet ihre Herden. 37 Der Glut-
hauch seines Zornes senkt sich auf die saftigen
Weiden und deckt sie zu mit dem Schweigen des
Todes.[c]

38 Ja, der HERR hat sich aufgemacht wie ein
Löwe, der sein Dickicht verlässt. Alles Land ist
zur Wüste geworden durch das furchtbare
Schwert, durch den glühenden Zorn des HERRN.

GEGEN FALSCHE PROPHETEN
(Kapitel 26–29)

Jeremia wird vor Gericht gestellt und freigesprochen

26 Jojakim, der Sohn von Joschija, war erst
kurze Zeit König über Juda, da erging das
Wort des HERRN an Jeremia. Der HERR sagte zu
dem Propheten: 2 »Stell dich in den Vorhof* des
Tempels und verkünde allen, die aus den Städten
in Juda dorthin zum Gottesdienst kommen, was
ich dir jetzt auftrage. Lass nichts aus! 3 Vielleicht
werden sie darauf hören und von ihren verkehr-
ten Wegen umkehren. Dann wird es mir Leid
tun und ich werde das Unglück nicht über sie
bringen, das ich ihnen wegen ihrer bösen Taten
angedroht habe.

4 Sag also zu ihnen: ›Der HERR warnt euch!
Hört auf mich, sagt er, und haltet euch an die
Weisungen, die ich euch gegeben habe! 5 Achtet
auf das, was euch meine Propheten* verkünden!
Ich habe immer neue zu euch gesandt; aber bis-
her habt ihr sie nie ernst genommen. 6 Wenn ihr
nicht auf mich hört, verfahre ich mit diesem
Tempel wie mit dem von Schilo*. Und eure Stadt
werde ich so verwüsten, dass alle Völker der
Erde ihren Namen als Fluchwort* benutzen
werden!‹«

7 Die Priester*, die Propheten und das ganze
Volk hörten, was Jeremia im Vorhof des Tempels
sagte. 8 Als er zu Ende geredet hatte, packten sie
ihn und schrien: »Dafür musst du sterben! 9 Du
wagst zu behaupten: ›Diesem Tempel wird es
ergehen wie Schilo und diese Stadt wird völlig
zerstört; niemand wird mehr hier leben!‹ Das
sagst du nicht im Auftrag des HERRN!«

Und das ganze Volk rottete sich im Vorhof des
Tempels gegen Jeremia zusammen.

10 Als die führenden Männer von Juda hörten,
was dort vorging, kamen sie vom Königspalast

a *Babylonien:* wörtlich *Scheschak,* ein Geheimname für Babylon*.
b Wörtlich *der HERR Zebaot*;* entsprechend in den Versen 28, 29 und 32.
c *und deckt sie ...:* verdeutlichender Zusatz.

25,23 49,32 S **25,24** 49,28-33 **25,25** 49,34-39 **25,26** 50,1–51,64 **25,29** 25,18; Ez 9,6; 1 Petr 4,17 **25,30** Am 1,2 S **25,33** 9,21 S **25,34-36** 6,3 **25,38** 4,7 S **26,1** 1,3 S **26,3** 18,8 S; 18,11 S **26,5** 25,4 S **26,6** 7,12.14; 24,9 S

zum Tempel herauf und nahmen am Eingang des
Neuen Tores zur Gerichtsverhandlung Platz.
11 Die Priester und Propheten erhoben vor ihnen
und vor dem ganzen Volk Anklage gegen Jeremia
und sagten: »Dieser Mann hat den Tod verdient,
denn er hat sich angemaßt, als Prophet gegen
unsere Stadt zu reden. Ihr habt es mit eigenen
Ohren gehört.«

12 Jeremia verteidigte sich und sagte zu den
Richtern und dem versammelten Volk: »Der
HERR hat mich gesandt, um gegen diesen Tempel
und diese Stadt all das zu sagen, was ihr gehört
habt. 13 Ändert jetzt euer Leben und Tun und
hört auf den HERRN, euren Gott! Dann wird es
ihm Leid tun und er wird das Unglück nicht über
euch bringen, das er euch angedroht hat.

14 Ich bin in eurer Hand; macht mit mir, was
euch gut und recht erscheint. 15 Doch das sollt
ihr wissen: Wenn ihr mich tötet, vergießt ihr das
Blut eines Unschuldigen. Ihr ladet Blutschuld auf
euch und auf diese ganze Stadt und ihre Bewohner.
Denn es ist wirklich der HERR, der mich zu
euch gesandt hat, um euch diese Warnung zu
überbringen.«

16 Da sagten die Richter und das ganze Volk
zu den Priestern und Propheten: »Dieser Mann
hat nichts getan, was den Tod verdient, denn er
hat wirklich im Namen des HERRN, unseres Gottes,
zu uns gesprochen.«

17 Zuvor waren einige von den Ältesten* des
Landes aufgestanden und hatten zur versammelten
Menge gesagt. 18 »Zur Zeit, als König Hiskija
über Juda regierte, wirkte hier der Prophet
Micha aus Moreschet. Er sagte zum ganzen Volk
von Juda: ›So spricht der HERR, der Herrscher
der Welt:[a] Der Berg Zion* wird umgepflügt wie
ein Acker, Jerusalem wird zu einem Trümmerhaufen,
der Tempelberg zu einem bewaldeten
Hügel!‹

19 Haben etwa damals der König und das Volk
von Juda den Propheten getötet? Haben sie nicht
vielmehr dem HERRN gehorcht und versucht,
seine Gunst wiederzugewinnen? Deshalb tat es
dem Herrn Leid und er hat das Unglück nicht
über sie gebracht, das er ihnen angedroht hatte.
Wir aber sind drauf und dran, durch großes Unrecht
unser Leben in Gefahr zu bringen.«

Wie es Jeremia fast ergangen wäre

20 Es gab damals noch einen anderen Propheten,
der im Auftrag des HERRN gegen Jerusalem und
das Land Juda auftrat – ganz ähnlich wie Jeremia.
Er hieß Urija, war ein Sohn von Schemaja
und stammte aus Kirjat-Jearim. 21 Als König Jojakim
und seine Heerführer und Minister hörten,
was Urija sagte, wollte der König ihn umbringen
lassen. Urija erfuhr davon, bekam Angst und floh
nach Ägypten.

22 König Jojakim aber schickte Elnatan, den
Sohn Achbors, mit einigen Männern dorthin.
23 Sie holten ihn aus Ägypten zurück und brachten
ihn vor den König. Der ließ ihn mit dem
Schwert hinrichten und seine Leiche auf dem
Armenfriedhof verscharren.

24 Jeremia jedoch entging der Hinrichtung –
aber nur, weil Ahikam, der Sohn Schafans, ihn
beschützte und nicht zuließ, dass er der wütenden
Menge ausgeliefert wurde.

Beugt euch unter das babylonische Joch!

27 Zidkija,[b] der Sohn von Joschija, war noch
nicht lange König von Juda, da erging
an mich, Jeremia, das Wort des HERRN, er sagte
zu mir: 2 »Mach dir aus Hölzern und Stricken
Joche* und leg sie dir auf den Nacken. 3 Dann
schicke sie den Königen von Edom*, Moab*,
Ammon*, Tyrus und Sidon. Sag ihren Gesandten,
die zu König Zidkija nach Jerusalem gekommen
sind:

4 ›Der Gott Israels, der Herrscher der Welt,[c]
befiehlt euch, euren Königen auszurichten: 5 Ich
bin es, der durch seine gewaltige Kraft und
Macht die Erde geschaffen hat mit allen Menschen
und Tieren, die darauf leben. Ich kann sie
geben, wem ich will. 6 Jetzt gebe ich alle eure
Länder in die Hand meines Bevollmächtigten*,
des Königs Nebukadnezzar von Babylonien*;
selbst die wilden Tiere habe ich zu seinen Untertanen
gemacht. 7 Alle Völker sollen ihm dienen,
ihm, seinem Sohn und seinem Enkel, bis auch
für sein eigenes Land die Zeit kommt, dass es
großen Völkern und mächtigen Königen unterworfen
wird.

8 Will aber ein Volk oder Reich König Nebukadnezzar
nicht dienen und den Nacken nicht
unter sein Joch beugen, so werde ich den König
von Babylonien gegen dieses Volk schicken, bis
ich es durch Schwert, Hunger und Pest völlig vernichtet
habe. Das sage ich, der HERR.

9 Hört nicht auf eure Propheten* und auf alle,
die mit Hilfe von Träumen, Totenbeschwörungen
oder Zauberei die Zukunft voraussagen wol-

a Wörtlich *der HERR Zebaot**. b *Zidkija:* mit einigen Handschriften und alten Übersetzungen; H *Jojakim.*
c *der Herrscher …:* wörtlich *der HERR Zebaot**.

26,13 18,8 S; 18,11 S **26,18** Mi 3,12 **26,19** 18,8 S **26,22** (Elnatan) 36,12.25; (Achbor) 2 Kön 22,12 **26,23** 22,17 **26,24** 15,21 S
27,1 2 Kön 24,17-18 **27,5** 10,12 S; Dan 4,14 **27,6** 21,2 S; 28,14; Jdt 11,7 **27,8** 24,10 S **27,9-10** 14,13-15 S

len. Sie reden euch ein, dass ihr euch dem König
von Babylonien nicht unterwerfen müsst.
10 Aber sie lügen! Wenn ihr auf sie hört, werdet
ihr aus eurer Heimat vertrieben; ich muss euch
verstoßen und ihr werdet zugrunde gehen.

11 Wenn aber ein Volk seinen Nacken unter
das Joch des Königs von Babylonien beugt und
sich ihm unterwirft, lasse ich es ungestört auf
seinem heimatlichen Boden; es kann ihn be-
bauen und dort wohnen bleiben. Das sage ich,
der HERR.‹«

12 Dasselbe sagte Jeremia[a] auch zu Zidkija,
dem König von Juda: »Beugt euren Nacken unter
das Joch des Königs von Babylonien; unterwerft
euch ihm und seinem Volk. Dann bleibt ihr am
Leben. 13 Oder willst du mit deinem Volk um-
kommen durch Schwert, Hunger oder Pest? Ein
solches Ende hat der HERR jedem Volk ange-
droht, das sich dem König von Babylonien nicht
unterwerfen will.

14 Hört nicht auf die Propheten, die zu euch
sagen: ›Unterwerft euch doch nicht dem König
von Babylonien!‹ Sie führen euch ins Unglück.
15 Der HERR sagt: ›Ich habe sie nicht gesandt. Sie
lügen, wenn sie behaupten, in meinem Auftrag
zu reden. Wenn ihr auf sie hört, muss ich euch
verstoßen. Ihr werdet zugrunde gehen, ihr und
die Propheten, die euch belügen!‹«

16 Zu den Priestern* und dem ganzen Volk
sagte Jeremia: »So spricht der HERR: ›Hört nicht
auf eure Propheten, die euch einreden wollen,
dass die heiligen Geräte des Tempels* bald aus
Babylon zurückgebracht werden. Sie lügen euch
an! 17 Hört nicht auf sie! Unterwerft euch dem
König von Babylonien, dann bleibt ihr am
Leben. Warum soll diese Stadt ein Trümmerfeld
werden?

18 Wären diese Leute wirklich Propheten, bei
denen das Wort des HERRN zu finden ist, dann
würden sie etwas anderes tun: Sie würden den
HERRN, den Herrscher der Welt,[b] bestürmen,
dass er die wenigen Schätze, die noch im Tem-
pel, im Königspalast und in der Stadt geblieben
sind, nicht auch noch nach Babylon wegbringen
lässt!‹

19–21 Noch sind sie hier: die beiden bronzenen
Säulen, das große Bronzebecken, die Kessel-
wagen und ein Rest der anderen Geräte; Nebu-
kadnezzar, der König von Babylonien, hat sie
nicht mitgenommen, als er Jojachin, den Sohn
Jojakims, den König von Juda, mit allen einfluss-
reichen Leuten aus Juda und Jerusalem nach
Babylonien weggeführt hat. Aber der HERR, der
Herrscher der Welt, der Gott Israels, sagt: ›Die
Schätze, die im Tempel, im Königspalast und in
der Stadt übrig geblieben sind, 22 werden auch
noch nach Babylon gebracht; und dort werden
sie bleiben, bis ich selbst dafür sorge, dass sie
hierher zurückkommen.‹«

Prophet steht gegen Prophet

28 Im fünften Monat desselben Jahres – es
war das vierte Regierungsjahr von Zidkija
– trat der Prophet Hananja, der Sohn Asurs aus
Gibeon, Jeremia im Tempel* entgegen. Er sagte
zu ihm in Gegenwart der Priester und des Vol-
kes: 2 »So spricht der Gott Israels, der Herrscher
der Welt: ›Ich zerbreche das Joch* des Königs
von Babylonien*! 3 Noch genau zwei Jahre,
dann bringe ich alle heiligen Geräte des Tem-
pels*, die Nebukadnezzar von hier nach Babylo-
nien geschafft hat, an diesen Ort zurück. 4 Auch
König Jojachin von Juda und alle anderen, die
aus Juda nach Babylonien verschleppt worden
sind, bringe ich zurück. Denn ich will das Joch
des Königs von Babylonien zerbrechen.‹ Das sagt
der HERR.«

5 Da antwortete der Prophet Jeremia dem Pro-
pheten Hananja vor den Priestern und dem gan-
zen Volk, das im Tempel versammelt war:
6 »Amen*! Ich wünschte, der HERR würde es
tun! Er lasse deine Worte in Erfüllung gehen und
bringe die Geräte des Tempels und alle Ver-
schleppten aus Babylonien hierher zurück!
7 Aber jetzt höre, was ich dir und dem ganzen
Volk zu sagen habe:

8 Auch die Propheten, die lange vor mir und
dir gelebt haben, sagten vielen Ländern und gro-
ßen Reichen nichts als Krieg, Unglück und Pest
voraus. 9 Sagt aber ein Prophet Glück und Sieg
voraus, so bleibt abzuwarten, ob sein Wort in Er-
füllung geht. Erst daran erweist sich, dass er
wirklich im Auftrag des HERRN gesprochen hat.«

10 Da nahm Hananja das Joch vom Nacken
Jeremias und zerbrach es. 11 Dann erklärte er vor
allen Leuten: »So spricht der HERR: ›Ebenso
nehme ich in zwei Jahren, genau auf den Tag,
das Joch, das König Nebukadnezzar allen
Völkern auferlegt hat, und zerbreche es.‹«

Jeremia ging weg. 12 Aber einige Zeit danach
erging das Wort des HERRN an Jeremia, er sagte
zu ihm: 13 »Geh und richte Hananja aus: So
spricht der HERR: ›Das Joch aus Holz hast du zer-
brochen, aber dafür kommt jetzt ein Joch aus

a *Jeremia:* wörtlich *ich.* b Wörtlich *den HERRN Zebaot*;* entsprechend in den Versen 19-21 und in 28,2.14.

27,13 24,10 S **27,14-18** 14,13-15 S **27,16** 2 Chr 36,7.10 **27,19-21** (Geräte) 1 Kön 7,15-50; 2 Chr 36,18 **27,22** Esra 1,7-11
28,1 51,59-60 **28,3** 27,16 S **28,4** 22,24-27 **28,8** 26,18; Jes 13,1–23,18; Am 1,3–2,16 **28,9** Dtn 18,22 **28,12** 42,7

Eisen. 14 Denn der Gott Israels, der Herrscher der
Welt, hat gesagt: Ein eisernes Joch lege ich auf
den Nacken aller Völker; sie müssen sich Nebu-
kadnezzar, dem König von Babylonien, unter-
werfen. Selbst die wilden Tiere werden ihm un-
tertan sein.‹«

15 Weiter sagte Jeremia zu ihm: »Hör gut zu,
Hananja! Der HERR hat dich nicht gesandt. Du
hast das Volk dazu verführt, auf Lügen zu ver-
trauen. 16 Deshalb sagt der HERR: ›Für dich ist
kein Platz mehr auf der Erde. Noch in diesem
Jahr wirst du sterben, denn du hast Auflehnung
gegen den HERRN gepredigt.‹«

17 Und der Prophet Hananja starb im siebten
Monat desselben Jahres.

Jeremia schreibt an die Verschleppten und warnt vor falschen Hoffnungen

29 Der Prophet Jeremia schickte einen Brief
von Jerusalem nach Babylonien* an die
Ältesten* der Gemeinde, die noch übrig geblie-
ben waren, und an die Priester*, die Propheten*
und alle anderen, die Nebukadnezzar dorthin
verschleppt hatte. 2 Denn der Babylonierkönig
hatte den König Jojachin, seine Mutter,[a] die Hof-
beamten und die führenden Männer von Juda
und Jerusalem sowie die Bau- und Metallhand-
werker aus Jerusalem weggeführt.

3 Jeremia schickte den Brief durch Elasa, den
Sohn von Schafan, und Gemarja, den Sohn von
Hilkija, die von König Zidkija zu Nebukadnezzar
nach Babylon gesandt worden waren. Der Brief
hatte folgenden Wortlaut:

4 Der Gott Israels, der Herrscher der Welt,[b] sagt
zu allen, die er aus Jerusalem nach Babylonien
wegführen ließ:
5 »Baut euch Häuser und richtet euch darin ein!
Legt euch Gärten an, denn ihr werdet noch lange
genug dort bleiben,[c] um zu essen, was darin
wächst! 6 Heiratet und zeugt Kinder! Verheiratet
eure Söhne und Töchter, damit auch sie Kinder
bekommen! Eure Zahl soll zunehmen und nicht
abnehmen. 7 Seid um das Wohl der Städte be-
sorgt, in die ich euch verbannt habe, und betet
für sie! Denn wenn es ihnen gut geht, dann geht
es auch euch gut.«
8 Der Gott Israels, der Herrscher der Welt, sagt:
»Lasst euch nicht täuschen von den Propheten
und Wahrsagern, die unter euch sind. Verlasst
euch nicht auf diese Träumer, die das für euch
träumen, was ihr euch wünscht! 9 Sie behaup-
ten, in meinem Auftrag zu reden. Aber sie lügen
euch an; ich habe sie nicht gesandt.
10 Ich sage euch: Die Zeit des Babylonischen
Reiches ist noch nicht abgelaufen. Es besteht
noch siebzig Jahre. Erst wenn die vorüber sind,
werde ich euch helfen. Dann werde ich mein
Versprechen erfüllen und euch heimführen;
11 denn mein Plan mit euch steht fest: Ich will
euer Glück und nicht euer Unglück. Ich habe
im Sinn, euch eine Zukunft zu schenken, wie ihr
sie erhofft. Das sage ich, der HERR.
12 Ihr werdet kommen und zu mir beten, ihr wer-
det rufen und ich werde euch erhören. 13 Ihr wer-
det mich suchen und werdet mich finden. Denn
wenn ihr mich von ganzem Herzen sucht,
14 werde ich mich von euch finden lassen. Das
sage ich, der HERR.
Ich werde alles wieder zum Guten wenden und
euch sammeln aus allen Völkern und Ländern,
wohin ich euch versprengt habe; ich bringe euch
an den Ort zurück, von dem ich euch weggeführt
habe. Das sage ich, der HERR.«
15 Ihr beruft euch darauf, dass der HERR euch
auch in Babylonien Propheten gegeben hat.
16 Doch lasst euch von ihnen nicht irreführen!
Denn von dem Nachkommen Davids, der jetzt
in Jerusalem herrscht, und von dem ganzen Volk
dort, euren Brüdern, die nicht in die Verbannung
geführt wurden, 17 sagt Gott, der Herrscher der
Welt:
»Ich bringe Krieg und Hunger und Pest über sie
und verfahre mit ihnen wie mit schlechten, un-
genießbaren Feigen. 18 Ja, mit Schwert, Hunger
und Pest werde ich ihnen nachstellen und sie
unter alle Königreiche der Erde versprengen. Ich
mache sie zum abschreckenden Beispiel, alle
werden sich mit Entsetzen von ihnen abwenden,
sie mit Hohn überschütten und ihren Namen als
Fluchwort* verwenden. 19 So bestrafe ich sie da-
für, dass sie nicht auf mich, den HERRN, gehört
haben. Immer und immer wieder habe ich
meine Diener, die Propheten, zu ihnen gesandt,
aber sie haben[d] nicht gehört.
20 Ihr nun, die ich von Jerusalem weg in die Ver-
bannung nach Babylonien geschickt habe, hört,
was ich, der HERR, euch sage!«

a *Mutter:* siehe Sacherklärung »Königsmutter«.
b Wörtlich *der HERR Zebaot*;* entsprechend in den Versen 8, 17, 21 und 25.
c *denn ihr werdet ...:* verdeutlichender Zusatz. d *sie haben:* mit alten Übersetzungen; H *ihr habt.*

28,14 Dtn 28,48; 27,6 S **28,16** 29,32; Dtn 13,16 **29,1-2** 2 Kön 24,14-16; Jer 22,24-27 **29,3** 26,24; 2 Kön 22,4-20 **29,6** 30,19 S **29,7** Esra 6,10 S **29,8-9** 14,13-15 S **29,10** 25,11 S **29,11** 24,4-6; 31,17; 32,40 **29,12** Ps 50,15 **29,13-14** (suchen – finden) Dtn 4,29; 2 Chr 15,2; Jes 55,6; Hos 5,15 **29,14** (Wende) 30,3.18; 32,44; 33,7.26; 23,3 S **29,16-18** 24,3-10 **29,17-18** 24,10 S; 18,16 S; 24,9 S **29,19** 7,13 S; 25,4 S

21 Über die beiden Propheten, Ahab, den Sohn
von Kolaja, und Zidkija, den Sohn von Maaseja,
die sich auf den HERRN berufen, euch aber Lügen
verkünden, sagt der Gott Israels, der Herrscher
der Welt:
»Ich liefere sie an den König Nebukadnezzar
von Babylonien aus. Er wird sie vor euren Augen
töten. 22 Wenn dann jemand von euch, den nach
Babylonien Weggeführten, einen andern verflu-
chen will, wird er sagen: ›Der HERR soll es dir
ergehen lassen wie Ahab und Zidkija, die der
König von Babylonien lebendig geröstet hat.‹
23 Denn sie haben getan, was in Israel als
Schande gilt: Sie haben mit den Frauen ihrer
Landsleute die Ehe gebrochen und unter Be-
rufung auf mich Lügen geredet, die ich ihnen
nicht in den Mund gelegt habe. Ich, der HERR,
weiß, was sie getan haben, und trete als Zeuge
gegen sie auf.«

Ein Prophet aus Babylon reagiert auf Jeremias Brief

24 Der HERR befahl Jeremia, dem Propheten
Schemaja aus Nehelam mitzuteilen: 25 »Der Gott
Israels, der Herrscher der Welt, lässt dir sagen:
Du hast im eigenen Namen, ohne einen Auftrag
der Gemeinde, einen Brief nach Jerusalem ge-
schrieben, an den Priester Zefanja, den Sohn von
Maaseja, und an alle Priester* und das ganze
Volk. So hast du geschrieben:
26 Der HERR hat dich, Zefanja, zum Nachfol-
ger des Priesters Jojada gemacht. Du hast die Auf-
gabe, dafür zu sorgen, dass jeder Verrückte, der
zum Tempel* kommt und sich als Prophet* aus-
gibt, in Block* und Halseisen gelegt wird. 27 War-
um bist du noch nicht gegen Jeremia aus Anatot
eingeschritten, der sich bei euch als Prophet auf-
spielt? 28 Er hat sich sogar angemaßt, uns nach
Babylonien zu schreiben: ›Ihr müsst noch lange
dort bleiben. Baut euch also Häuser und richtet
euch darin ein! Legt euch Gärten an und esst,
was darin wächst!‹«
29 Der Priester Zefanja hatte diesen Brief Jere-
mia vorgelesen. 30 Darauf erging das Wort des
HERRN an Jeremia mit der Weisung: 31 »Sende
eine Botschaft an alle Verschleppten und teile
ihnen mit, was ich über Schemaja aus Nehelam
beschlossen habe: ›Schemaja hat sich bei euch
als Prophet ausgegeben, obwohl ich ihn nicht ge-
sandt habe. Er hat euch dazu verleitet, auf Lügen
zu vertrauen. 32 Darum will ich ihn und seine
Familie bestrafen. Weder er noch irgendjemand
von seinen Nachkommen wird erleben, wie ich
mein Volk in die Heimat zurückführe. Das sage
ich, der HERR. Denn er hat Auflehnung gegen
mich gepredigt.‹«

KÜNFTIGES HEIL UND NEUER BUND (Kapitel 30–33)

Jeremias Trostschrift (Kapitel 30–31)

30 Das Wort des HERRN erging an Jeremia;
2 der HERR, der Gott Israels, gab ihm den
Auftrag: »Schreib alles, was ich dir gesagt habe,
in ein Buch;[a] 3 denn die Zeit kommt, in der ich
für mein Volk, die Leute aus Israel und aus Juda,
alles wieder zum Guten wende. Ich werde sie zu-
rückbringen in das Land, das ich ihren Vorfahren
gegeben habe; sie sollen es wieder in Besitz neh-
men.«
4 Folgendes hat der HERR über Israel[b] und
über Juda gesagt; 5a so hat er gesprochen:

Durch Katastrophen hindurch zur Befreiung

5b Wir hören Angstschreie, Grauen befällt uns.
6 Fragt doch nach, seht euch um: Können Män-
ner Kinder gebären? Warum pressen sie dann
die Hände auf den Leib wie Frauen, die in
Wehen liegen? Warum sind ihre Gesichter so
leichenblass? 7 Ja, das wird ein furchtbarer Tag
sein, keinem anderen gleich, eine Zeit der Not
für die Nachkommen Jakobs – doch sie werden
aus dieser Not gerettet werden!
8 »Denn es wird zugleich auch der Tag sein«,
sagt der HERR, der Herrscher der Welt,[c] »an dem
ich das Joch* von den Schultern der Nachkom-
men Jakobs nehmen und zerbrechen werde, ihre
Fesseln werde ich zerreißen. Sie sollen nicht
mehr Sklaven fremder Herren sein, 9 sondern
mir dienen, dem HERRN, ihrem Gott, und dem
Mann aus der Nachkommenschaft Davids, den
ich als König über sie einsetzen werde.
10 Ihr Nachkommen Jakobs, habt keine
Angst!«, sagt der HERR. »Ihr steht unter meinem

a Das *Buch* hat die Form einer Buchrolle*. Gedacht ist bei *alles* vermutlich an die Zusagen Gottes, die in Kapitel 30–31 gesammelt sind. Die Sammlung stellte ursprünglich eine eigene kleine »Trostschrift« dar.
b Mit *Israel** ist in den Kapiteln 30, 31 und 33 das Nordreich gemeint, dessen Bewohner hundert Jahre vor dem Wirken Jeremias nach Assyrien deportiert worden waren.
c Wörtlich *der HERR Zebaot**.

29,22 24,9 S **29,23** 23,9-40; 2 Sam 13,12 S; Jer 42,5 **29,25** 21,1 S **29,26** 20,2 **29,31** 14,13-15 S **30,2** 36,2.28; 51,59-60 **30,3** 23,3 S **30,7-8** Dan 12,1 **30,7** Am 5,18-20 S **30,8** 27,12; 28,10-14; Lev 26,13; Jes 10,27; 14,25; Ez 34,27 **30,9** Ex 19,6; Jer 23,5 S; Hos 3,5 **30,10-11** 42,11; 46,27-28; Jes 41,8-13

Schutz! Ihr Leute von Israel, verliert nicht den
Mut! Ich hole euch und eure Kinder heraus aus
dem fernen Land, in dem man euch gefangen
hält. Ihr werdet zurückkehren in euer Land und
dort in Frieden leben, sicher und ungestört.
11 Ich, der HERR, bin bei euch, ich helfe euch! Alle
Völker, unter die ich euch zerstreut habe, werde
ich vernichten, aber niemals euch! Euch strafe
ich nur, wie ihr es verdient habt, denn ungestraft
kann ich euch nicht lassen!«

Gott selbst wird die Wunden heilen

12 Der HERR sagt zur Zionsstadt*: »Du bist furcht-
bar zugerichtet, deine Wunden sind tödlich;
13 und niemand tut etwas für dich. Gegen deine
eiternden Wunden richtet keine Arznei etwas
aus; sie sind nicht mehr zu heilen. 14 Alle deine
Liebhaber haben dich vergessen und kümmern
sich nicht mehr um dich. Denn ich schlug auf
dich ein, als wäre ich dein Feind. So hart habe
ich dich bestraft wegen deiner zahllosen Ver-
gehen.

15 Warum beklagst du dich darüber, dass du so
zugerichtet wurdest? Wegen deiner großen
Schuld, wegen deiner zahllosen Vergehen muss-
te ich dich so bestrafen! 16 Doch alle, die dich ge-
fressen haben wie Raubtiere ihre Beute, werden
selbst gefressen werden. Alle deine Feinde wer-
den in die Gefangenschaft geführt, und alle, die
dich ausgeraubt und ausgeplündert haben, wer-
den selbst ausgeraubt und ausgeplündert. 17 Sie
sagen, ich hätte dich verstoßen: ›Das ist Jerusa-
lem, die Stadt, nach der niemand mehr fragt.‹
Darum werde ich dich wiederherstellen!«, sagt
der HERR. »Ich werde deine Wunden heilen!«

Wiederaufbau und Erneuerung des Königtums

18 Der HERR sagt: »Ich werde mit den Nachkom-
men Jakobs Erbarmen haben und alles wieder
zum Guten wenden. Über den Bergen von
Schutt sollen ihre Städte neu erstehen, die
Paläste an der alten Stelle wieder aufgebaut wer-
den. 19 Mein Volk soll sich wieder freuen können
und Danklieder singen. Ich lasse es wieder wach-
sen an Zahl und nicht mehr abnehmen.

Ich bringe sie so zu Ehren, dass niemand sie
mehr verachtet. 20 Es wird mit ihnen wieder wie
früher sein: Unter meinem Schutz leben sie in
Sicherheit; wer sie angreift, den ziehe ich zur
Rechenschaft. 21 Ihr Herrscher wird wieder einer
aus ihrer Mitte sein, einer aus ihrem eigenen
Volk. Ich werde ihm erlauben, in meine Nähe zu
kommen. Denn wer wollte das tun ohne meine
Erlaubnis? Er würde damit sein Leben aufs Spiel
setzen!« Das sagt der HERR.

Die Zusage Gottes gilt

22 Der HERR sagt: »Ihr sollt von neuem mein Volk
sein und ich will euer Gott sein!«

23 Wie ein verheerender Sturm bricht der
Zorn des HERRN los und wird alle Schuldigen tref-
fen. 24 Er wird nicht aufhören zu wüten, bis alles
ausgeführt ist, was der HERR sich vorgenommen
hat. Hinterher werdet ihr einsehen, warum alles
so kommen musste.

31 »Dann«, sagt der HERR, »werde ich wieder
der Gott aller Stämme Israels sein und sie
werden mein Volk sein.«

Die Verschleppten aus dem Nordreich dürfen heimkehren

2 Der HERR sagt: »Mein Erbarmen erweise ich
allen, die dem Schwert entronnen sind und in
der Fremde[a] leben. Israel[b] kehrt wieder in sein
Land zurück, dort wird es Ruhe finden!«

3 Von weit her ist der HERR seinem Volk er-
schienen; er sagt: »Ich habe nie aufgehört, dich
zu lieben. Ich bin dir treu wie am ersten Tag,
4 Israel, meine Geliebte![c] Ich gebe dir einen
neuen Anfang, deine Städte baue ich wieder auf.
Leg die Trauer ab, nimm wieder deine Tambu-
rine und tanze im Festreigen mit! 5 Pflanzt
Reben auf den Bergen von Samaria! Fürchtet
nicht, dass Fremde die Früchte genießen! 6 Der
Tag ist nicht fern, da wird man auf den Bergen
Efraïms rufen: ›Zieht hinauf zum Berg Zion*, zu
dem HERRN, unserem Gott!‹«

7 Der HERR sagt: »Singt und jubelt! Freut euch
mit Israel, dem ersten aller Völker! Preist und
dankt, sagt es überall weiter: ›Der HERR hat ge-
holfen![d] Alle, die von seinem Volk übrig geblie-
ben sind, hat er befreit.‹

8 Ja, ich, der HERR, hole sie heim aus den
Ländern des Nordens*, ich sammle sie von den
Enden der Erde. Blinde und Gelähmte bleiben
nicht zurück, auch die Schwangeren und Wöch-
nerinnen bringe ich mit. Alle kehren zurück,
eine mächtige Schar. 9 Weinend kommen sie her-
bei, sie vertrauen sich meiner Leitung an. Ich

a *Fremde:* wörtlich *Wüste.* b Siehe Anmerkung zu 30,4. c Wörtlich *Jungfrau Israel!*
d So mit G; H *HERR, rette dein Volk!*

30,11 4,27S; 10,24 **30,12** 10,19S **30,14** 4,30 **30,16** 10,25; Jes 33,1 **30,17** 8,22S **30,18** 29,13-14 **30,19** 29,6; Lev 26,9; Jes 60,22; Ez 36,10-11.37-38; 37,26 **30,21** Dtn 17,15; Sach 10,4; Ex 29,37S **30,22** 7,23S; 32,38 **30,23-24** 23,19-20 **31,1** 7,23S **31,2-4** Hos 2,16-17S **31,3** Dtn 33,2S; Mal 1,2S **31,6** 33,10-11; 50,4-5; 51,10; Ps 122,1 **31,7-8** 23,3S **31,9** Ps 23,2-3; Jes 49,9-11; Jer 3,4S; 31,20

führe sie auf gebahnten Wegen, sodass niemand fällt, ich bringe sie in wasserreiche Täler. Ich bin und bleibe Israels Vater und Efraïm* ist mein erstgeborener Sohn!«

10 Ihr Völker, hört, was der HERR euch sagt; macht es bis an die Enden der Erde bekannt: »Ich war es, der Israel in alle Winde zerstreut hat; jetzt sammle ich es wieder. Ich beschütze mein Volk wie ein Hirt seine Herde. 11 Ich, der HERR, rette die Nachkommen Jakobs, ich befreie sie aus der Gewalt des mächtigsten aller Völker. 12 Sie kommen zum Berg Zion und stimmen Jubellieder an. Sie freuen sich über meine Gaben, über Korn, Wein und Öl, über Schafe und Rinder. Sie blühen und gedeihen wie ein bewässerter Garten, nie mehr werden sie zugrunde gehen. 13 Die Mädchen freuen sich und tanzen, Jung und Alt sind fröhlich. Ich werde sie trösten; ich verwandle ihre Trauer in Jubel, ihren Kummer in Freude. 14 Meinen Priestern* gebe ich wieder die besten Stücke von den Opfern* und mein Volk mache ich satt mit meinen Gaben. Das sage ich, der HERR.«

Rahels Kinder kehren zurück

15 Der HERR sagt:[a] In Rama hört man Klagerufe und bitteres Weinen: Rahel weint um ihre Kinder und will sich nicht trösten lassen; denn sie sind nicht mehr da.[b]

16 Doch der HERR sagt zu ihr: »Hör auf zu klagen, lass das Weinen! Du sollst deine Kinder nicht umsonst großgezogen haben; sie kehren aus dem Land der Feinde zurück. 17 Es gibt Hoffnung für sie!«, sagt der HERR. »Deine Kinder kehren in die Heimat zurück!«

Die Heimkehr des verlorenen Sohnes

18 Der HERR sagt: »Ich habe wohl gehört, wie die Leute von Efraïm* klagen: ›Du hast uns geschlagen, HERR, und wir mussten geschlagen werden wie ein störrischer junger Stier. Doch jetzt lass uns zu dir zurückkehren, denn du, HERR, bist unser Gott! 19 Wir haben uns dir wieder zugewandt und bereuen, was wir getan haben. Wir sind zur Einsicht gekommen und raufen uns die Haare. Wir schämen uns bis ins Innerste wegen der Schuld, die wir leichtfertig auf uns luden und für die wir nun zu büßen haben.‹

20 Ist Efraïm denn nicht mein Lieblingssohn, das Kind, das ich über alles liebe?«, sagt der HERR. »Sooft ich seinen Namen erwähne, kommen meine Gedanken nicht mehr von ihm los. Und nun ist mein Innerstes völlig aufgewühlt: Ich *muss* mich über ihn erbarmen!«

Aufbruch in eine wunderbare Zukunft

21 Jungfrau Israel, überleg dir genau, wie der Weg verlief, auf dem du weggeführt worden bist! Stell Wegweiser auf und markiere die Straßen; denn auf ihnen sollst du jetzt heimkehren! Ja, kehre wieder heim in deine Städte! 22 Wie lange willst du noch zögern und dich sträuben, du widerspenstige Tochter? Der HERR schafft etwas völlig Neues auf der Erde: Sein Volk wird ihm in Treue zugetan sein.[c]

Auch das Geschick Judas wird sich wenden

23 Der HERR, der Herrscher der Welt,[d] der Gott Israels, sagte zu mir: »Auch für Juda wende ich alles wieder zum Guten. In den Städten und überall im Land wird es wieder heißen: ›Der HERR segne dich, du Land, dem Gott Heil und Frieden schenkt! Seid gesegnet, ihr Berge, die der HERR zu seinem Eigentum gemacht hat!‹

24 Dann werden die Städte in Juda wieder bevölkert sein; es wird wieder Bauern geben und Hirten, die mit ihren Herden durchs Land ziehen. 25 Allen, die vor Durst erschöpft sind, gebe ich zu trinken, allen, die von Hunger gequält sind, gebe ich reichlich zu essen!«

26 Darüber erwachte ich und fühlte mich frisch und gestärkt.

Israel und Juda werden wiederhergestellt

27 »Die Zeit kommt«, sagt der HERR, »da werde ich in Israel und in Juda wieder Menschen und Tiere leben lassen. 28 Wie ich darüber gewacht habe, dass man diese Reiche ausriss und zerstörte, vernichtete und verheerte, so werde ich jetzt darüber wachen, dass sie wieder angepflanzt und aufgebaut werden.«

29 Dann werden sie auch aufhören zu sagen: »Die Väter haben unreife Trauben gegessen und die Söhne haben davon stumpfe Zähne bekommen.« 30 Nur wer ein Verbrechen begeht, wird dafür sterben müssen, er ganz allein; nur wer die

a Dieser Satz bezieht sich auf den gesamten Textabschnitt, zunächst redet der Prophet.
b Rahel, die Mutter Josefs und Benjamins und damit Ahnfrau der Hauptstämme des Nordreichs, war nach älterer Auffassung in der Nähe von Rama bestattet; siehe Sacherklärung »Rahelgrab«.
c Wörtlich *Die Frau wird den Mann umgeben.* *d* Wörtlich *Der HERR Zebaot*;* entsprechend in Vers 35.

31,10 23,3 S; Ez 34,11-16 S **31,11** Jes 43,3 S **31,12-13** Jes 35,10 **31,15** Mt 2,18 **31,17** 29,11 S **31,18** Klgl 5,21 **31,20** 31,3.9; Jes 49,15; 63,9; Klgl 3,31-32; Hos 11,1.8 **31,22** 33,3-9; Jes 48,6 **31,23** 29,13-14 S **31,27** 23,6 S; 4,25 **31,28** 1,10 S; 1,12; 32,42 **31,29** Ez 18,2; Ex 20,5-6 **31,30** Dtn 24,16 S

sauren Trauben isst, bekommt stumpfe Zähne davon, sonst niemand!

Gottes neuer Bund mit Israel

31 »Gebt Acht!«, sagt der HERR. »Die Zeit kommt, da werde ich mit dem Volk von Israel und dem Volk von Juda einen neuen Bund* schließen. 32 Er wird nicht dem Bund gleichen, den ich mit ihren Vorfahren geschlossen habe, als ich sie bei der Hand nahm und aus Ägypten herausführte. Diesen Bund haben sie gebrochen, obwohl ich ihnen doch ein guter Herr gewesen war.

33 Der neue Bund, den ich dann mit dem Volk Israel schließen will, wird völlig anders sein: Ich werde ihnen mein Gesetz* nicht auf Steintafeln, sondern[a] in Herz und Gewissen schreiben. Ich werde ihr Gott sein und sie werden mein Volk sein«, sagt der HERR.

34 »Niemand muss dann noch seinen Nachbarn belehren oder zu seinem Bruder sagen: ›Lerne den HERRN kennen!‹ Denn alle werden dann wissen, wer ich bin, von den Geringsten bis zu den Vornehmsten. Das sage ich, der HERR. Ich will ihnen ihren Ungehorsam vergeben und nie mehr an ihre Schuld denken.«

Israel bleibt für immer das Volk Gottes

35 Der HERR hat die Sonne als Licht für den Tag bestimmt und den Mond und die Sterne als Lichter für die Nacht; er wühlt das Meer auf, dass seine Wellen toben – »der HERR, der Herrscher der Welt« ist sein Name. Er sagt: 36 »So gewiss ich dafür sorge, dass diese Ordnungen niemals umgestoßen werden, so gewiss sorge ich dafür, dass Israel für alle Zukunft mein Volk bleibt und Bestand haben wird.«

37 Der HERR sagt: »Sowenig ein Mensch die Weite des Himmels messen oder die Fundamente der Erde ergründen kann, sowenig kann ich das Volk Israel verstoßen – trotz allem, was es getan hat.«

Jerusalem wird wieder aufgebaut

38 »Die Zeit kommt«, sagt der HERR, »da wird Jerusalem zu meiner Ehre wieder aufgebaut. Seine Mauer verläuft zunächst wie früher vom Turm Hananel im Nordosten zum Ecktor im Nordwesten. 39 Doch von dort läuft sie geradeaus weiter bis hin zum Gareb-Hügel; erst dann biegt sie nach Süden ab in Richtung Goa. 40 Im Süden wird das ganze Tal einbezogen, in dem man die Toten begraben und die Opferasche ausgeschüttet hat. Selbst dieses unreine* Gebiet und weiter die ganzen Hänge diesseits des Kidronbachs bis hinauf zum Pferdetor im Osten werden dann mir geweiht und mein Eigentum sein. Und dieses Jerusalem wird nie mehr niedergerissen und vernichtet werden!«

Jeremias Ackerkauf als ermutigendes Zeichen

32 Im zehnten Regierungsjahr von Zidkija, dem König von Juda – es war das achtzehnte Regierungsjahr Nebukadnezzars –, erging das Wort des HERRN an Jeremia. 2 Das Heer Nebukadnezzars belagerte damals Jerusalem, der Prophet aber befand sich als Gefangener im Wachthof am Königspalast.

3 Der König hielt ihn dort gefangen, weil Jeremia verkündet hatte: »So spricht der HERR: ›Ich gebe diese Stadt in die Gewalt des Königs von Babylonien*; er wird sie erobern. 4 König Zidkija wird nicht entkommen, sondern unweigerlich in die Hände des Babylonierkönigs fallen. Er wird ihm Auge in Auge gegenübertreten und ihm Rede und Antwort stehen müssen. 5 Nebukadnezzar wird ihn nach Babylon mitnehmen und dort wird er bleiben bis zu seinem Tod.[b] Das sage ich, der HERR. Euer Kampf gegen die Babylonier ist sinnlos!‹«

6 Dort im Wachthof also erging das Wort des HERRN an Jeremia. Er selbst berichtet darüber:

7 Der HERR sagte zu mir: »Hanamel, der Sohn deines Onkels Schallum, wird zu dir kommen und dich bitten: ›Kauf mir doch meinen Acker in Anatot ab! Ich bin in Schwierigkeiten und nach der gesetzlichen Vorschrift zur Erhaltung des Sippenbesitzes[c] hast du die Pflicht, ihn zu erwerben.‹«

8 Und wirklich, mein Vetter Hanamel kam zu mir in den Wachthof, wie der HERR es angekündigt hatte, und sagte: »Kauf mir doch meinen Acker in Anatot im Gebiet von Benjamin ab! Dir als meinem nächsten Verwandten steht das Besitzrecht zu und nach dem Gesetz musst du dafür sorgen, dass er im Besitz der Sippe bleibt.[d] Bitte, kauf ihn!«

Ich begriff, dass dies ein Befehl des HERRN

a *nicht auf ...:* verdeutlichender Zusatz. b *bis zu seinem Tod:* wörtlich *bis ich mich seiner annehme.*
c Wörtlich *nach dem Recht der Auslösung;* siehe Sacherklärung »Löser«.
d *Dir als meinem ...:* wörtlich *Du hast das Besitzrecht und die Auslösung(spflicht);* siehe die vorige Anmerkung.

31,31-34 Hebr 8,8-12 **31,31** Lk 22,20S **31,32** 11,10 **31,33-34** Hebr 10,16-17 **31,33** 32,40; Jes 51,7; Ez 36,26-27S; Spr 7,3; Ex 24,12S **31,34** (kennen) 24,7S; Jes 11,9; Joh 6,45; (vergeben) 33,8; 50,20; Jes 33,24 **31,35-36** 33,20-21 **31,35** Gen 1,16-18 **31,37** Spr 30,4S; Jes 40,12; 49,15 **31,38-40** Sach 14,10-11 **31,40** 7,31-32 **32,1** 1,3S; 52,1.29 **32,2** 2Kön 25,1-2; Jer 37,21; 38,28 **32,3-5** 34,2-5; 2Kön 25,3-7 **32,5** 21,7S **32,7-8** Lev 25,25

war. 9 Ich kaufte den Acker und gab meinem Vet-
ter das Geld: siebzehn Silberstücke*. 10 Der Kauf-
vertrag* wurde ausgefertigt. Vor Zeugen wurde
das Original versiegelt und das Silber abge-
wogen.

11 Den Kaufvertrag – und zwar das vorschrifts-
mäßig versiegelte Original zusammen mit der
Abschrift – 12 gab ich Baruch, dem Sohn von
Nerija und Enkel von Machseja. Ich tat das in
Gegenwart meines Vetters und der Zeugen, die
den Vertrag unterschrieben hatten, und vor den
Augen aller Männer aus Juda, die sich im Wacht-
hof aufhielten.

13 Dann sagte ich zu Baruch vor ihnen allen:
14 »So spricht der HERR, der Herrscher der Welt,[a]
der Gott Israels: ›Nimm diesen Kaufvertrag, das
versiegelte Original zusammen mit der Ab-
schrift, und leg ihn in ein Tongefäß, damit er
lange unversehrt erhalten bleibt. 15 Denn – so
sagt der HERR, der Herrscher der Welt, der Gott
Israels: Eines Tages wird man wieder Häuser
und Äcker und Weinberge kaufen in diesem
Land.‹«

16 Nachdem ich Baruch den Kaufvertrag über-
geben hatte, betete ich zum HERRN: 17 »Ach,
Herr, mein Gott, durch deine gewaltige Kraft
und Macht hast du Himmel und Erde geschaf-
fen. Nichts ist dir unmöglich. 18 Du erweist
den Menschen Liebe und Treue über tausend
Generationen hin, doch wenn sie Schuld auf
sich geladen haben, bestrafst du auch ihre Kinder
dafür.

Du großer, starker Gott – ›der HERR, der Herr-
scher der Welt‹ ist dein Name: 19 Groß sind deine
Pläne und machtvoll deine Taten. Du achtest ge-
nau auf das, was die Menschen treiben, und
gibst jedem, was er aufgrund seiner Taten ver-
dient hat.

20 Damals in Ägypten und noch bis heute hast
du Staunen erregende Wunder getan, an uns wie
an anderen Völkern, sodass dein großer Name in
aller Welt bekannt geworden ist. 21 Unter Stau-
nen erregenden Wundern hast du mit starker
Hand und ausgestrecktem Arm dein Volk Israel
aus Ägypten herausgeführt; deine Feinde vergin-
gen vor Angst und Schrecken.

22 Du hast den Leuten von Israel dieses Land
gegeben, das du ihren Vorfahren mit einem Eid
zugesagt hattest, dieses Land, das von Milch und
Honig überfließt. 23 Als sie aber das Land in Be-
sitz genommen hatten, da hörten sie nicht mehr
auf dich und kümmerten sich nicht um deine
Weisungen. Alles, was du ihnen zu tun befohlen
hattest – sie taten es nicht. Da hast du schließlich
all dieses Unheil über sie hereinbrechen lassen.

24 Die Angriffsrampen*, über die die Babylo-
nier die Stadt erstürmen wollen, sind schon bis
an die Stadtmauern vorgetrieben. Bald wird Jeru-
salem fallen; die Waffen der Feinde zusammen
mit Hunger und Pest sorgen dafür. Es ist ein-
getroffen, was du angedroht hast; du siehst es
selbst. 25 Und doch, HERR, mein Gott, hast du
mir befohlen: ›Kauf dir den Acker! Tu es im Bei-
sein von Zeugen!‹ Dabei ist Jerusalem schon so
gut wie in der Hand der Babylonier!«

26 Da erging an mich das Wort des HERRN, er
sagte: 27 »Ich bin der HERR, der Gott aller Men-
schen. Sollte mir etwas unmöglich sein? 28 Ich
gebe jetzt diese Stadt in die Hand der Babylonier
und ihres Königs Nebukadnezzar. 29 Seine Trup-
pen werden in die Stadt eindringen und sie in
Brand stecken. Jerusalem wird in Schutt und
Asche sinken mit all den Häusern, auf deren
Dächern man zu Ehren Baals* Weihrauch ver-
brannt und für fremde Götter Trankopfer* aus-
gegossen hat, um mich zu beleidigen.

30 Die Leute von Israel und von Juda haben
von jeher nur getan, was mir missfällt, durch ihr
ganzes Tun und Treiben haben sie meinen Zorn
erregt. 31 Diese Stadt Jerusalem hat vom Tag ihrer
Gründung an bis heute meinen Zorn derart he-
rausgefordert, dass ich sie aus meinen Augen
wegschaffen muss. 32 Ich muss es tun wegen all
des Bösen, das die Leute von Israel und von Juda,
besonders aber ihre Könige und hohen Beamten,
ihre Priester* und Propheten* und die Bewoh-
ner Jerusalems verübt haben.

33 Sie wandten sich völlig von mir ab. Wieder
und wieder sagte ich ihnen, was sie tun sollten;
sie hörten nicht darauf, sie nahmen keine Be-
lehrung an. 34 Sie haben sogar im Tempel* ihre
abscheulichen Götzenbilder aufgestellt und da-
durch das Haus geschändet, das mein Eigentum
ist. 35 Im Hinnom-Tal* bauten sie die Opferstätte
für Baal*, um dort ihre Söhne und Töchter als
Opfer zu verbrennen.[b] Das habe ich nicht be-
fohlen; es ist mir nie in den Sinn gekommen, so
etwas von ihnen zu verlangen. Mit diesem
abscheulichen Treiben haben sie ganz Juda zum
Götzendienst verführt.

a Wörtlich *der HERR Zebaot*;* ebenso in den Versen 15 und 18.
b *als Opfer zu verbrennen:* Dies ist höchstwahrscheinlich der ursprüngliche Sinn des hebräischen Konsonantentextes (vgl. 19,5); von H gedeutet als *dem Moloch* zu opfern.*

32,12 36,4-32; 43,3; 45,1 **32,17** 10,12 S; Ijob 42,2 S **32,18** Ex 20,5-6 S **32,19** 16,17; 17,10 S **32,20** Ps 78,43-52 S **32,22** Gen 12,7 S; Ex 3,8 S **32,27** 32,17 S **32,29** 19,13 S; 2 Kön 25,1-11 **32,33** 5,3 S **32,34** 7,30 S **32,35** 7,31 S

36 Deshalb ist es nun so weit, dass ihr sagt: Diese Stadt fällt in die Hand Nebukadnezzars, dafür wird seine Heeresmacht sorgen zusammen mit Hunger und Pest. Und trotzdem – von eben dieser Stadt sage *ich*, der Herr, der Gott Israels: 37 Ich werde ihre Bewohner wieder sammeln aus all den Ländern, wohin ich sie in meinem glühenden Zorn versprenge. Ich führe sie zurück und lasse sie in Frieden und Sicherheit hier leben. 38 Sie sollen wieder mein Volk sein und ich will ihr Gott sein. 39 Ich werde ihr Denken und Tun auf ein einziges Ziel ausrichten: mich jederzeit ernst zu nehmen, damit es ihnen und ihren Nachkommen gut geht.

40 Mehr noch, für alle kommenden Zeiten schließe ich einen Bund* mit ihnen und verpflichte mich: Ich werde nicht mehr aufhören, ihnen Gutes zu tun, und ich werde die Ehrfurcht vor mir in ihr Herz legen, sodass sie sich nicht mehr von mir abwenden. 41 Dann wird es mir eine Freude sein, ihnen Gutes zu tun; ich werde sie endgültig in dieses Land einpflanzen, mit ganzem Herzen und mit aller Kraft werde ich das tun. 42 Denn wie ich all dieses Unglück über das Volk von Juda gebracht habe, so will ich ihm auch das Gute bringen, das ich ihm versprochen habe. Das sage ich, der HERR.

43 In diesem Land, von dem du und die anderen sagen: ›Es ist den Babyloniern ausgeliefert und wird zu einer Wüste werden, in der kein Mensch und kein Stück Vieh mehr lebt‹, in diesem Land werden wieder Äcker gekauft werden. 44 Man wird Kaufverträge ausstellen und versiegeln und Zeugen hinzurufen. Überall hier im Land! Im Gebiet von Benjamin, in Jerusalem und Umgebung und in allen Städten von Juda, ob sie oben im Gebirge liegen oder im Hügelland oder in der Steppe im Süden! Denn ich werde für mein Volk alles wieder zum Guten wenden. Das sage ich, der HERR!«

Dem Ende wird ein neuer Anfang folgen

33 Als Jeremia im Wachthof gefangen gehalten wurde, erging das Wort des HERRN noch ein zweites Mal an ihn. Er sagte: 2 »Ich, der HERR, bewirke alles, was geschieht; was ich will, das wird Wirklichkeit. Mein Name ist ›Der HERR*‹. 3 Wende dich an mich und ich werde dir antworten! Ich werde dir große Dinge zeigen, von denen du nichts weißt und auch nichts wissen kannst.

4–5 Häuser wurden abgebrochen, sogar die Paläste der Könige von Juda, um die Mauern zu verstärken gegen die Angriffsrampen* der Babylonier und um ihren Angriffen besser standhalten zu können. Die anderen Häuser aber wurden mit den Leichen der Menschen gefüllt, die ich in meinem glühenden Zorn erschlagen hatte. Denn ich hatte mich von Jerusalem abgewandt, weil seine Bewohner so viel Böses getan haben.

Doch jetzt sage ich, der HERR, der Gott Israels: 6 ›Ich werde die Wunden Jerusalems verbinden und heilen. Ich stelle es wieder her und schenke ihm echten, dauerhaften Frieden. 7 Ja, ich werde für Juda und Israel[a] alles wieder zum Guten wenden und sie wieder zu dem machen, was sie einmal waren. 8 Ich werde den Leuten von Juda und den Leuten von Israel die Schuld vergeben, die sie auf sich geladen haben, ihren Ungehorsam, ihre Vergehen und ihre Auflehnung gegen mich! 9 Und Jerusalem wird für mich wieder ein Grund zur Freude sein, eine Stadt, die mir bei allen Völkern der Welt Ruhm und Ehre einbringt. Die Völker werden sprachlos sein vor Staunen, wenn sie hören, wie viel Glück und Wohlstand ich dieser Stadt schenke.‹«

10–11 Weiter sagte der HERR: »Ihr meint: ›Bald wird hier niemand mehr wohnen, in Jerusalem und in allen Städten von Juda; das ganze Land wird zur Wüste werden, in der kein Mensch und kein Stück Vieh mehr lebt.‹ Aber seid gewiss: Jubel und Freude kehren zurück! Der Jubelruf von Bräutigam und Braut wird wieder zu hören sein. Das Volk wird wieder Dankopfer* zu meinem Tempel* bringen und dabei singen: ›Dankt dem HERRN, dem Herrscher der Welt,[b] denn er ist gut zu uns! Seine Liebe hört niemals auf!‹ Denn ich werde für dieses Land alles wieder zum Guten wenden; ich mache es wieder zu dem, was es früher war.«

12 Weiter sagte der Herr, der Herrscher der Welt: »Dieses Land wird jetzt zu einer Wüste, in der kein Mensch und kein Stück Vieh mehr lebt. Doch danach werden alle Städte in Juda wieder ihr Weideland haben, auf dem Hirten mit ihren Herden lagern – 13 die Städte im Gebirge, im Hügelland und in der Steppe im Süden, im Gebiet von Benjamin und im Umkreis von Jerusalem. Überall wird es wieder Hirten geben, die ihre Schafe zählen. Das sage ich, der HERR.«

a Siehe Anmerkung zu 30,4.
b Wörtlich *dem HERRN Zebaot*;* entsprechend in Vers 12.

32,37 23,3 S **32,38** 7,23 S **32,39** 24,7 S **32,40** 29,11 S; 31,33 S **32,41** Zef 3,17; Jer 1,10 S **32,44** 29,13-14 S **33,1** 32,2 S **33,3** 29,12; 31,22 S **33,6** 8,22 S **33,7** 23,6 S; 29,13-14 S **33,8** 31,34 S **33,9** 13,11 **33,10-11** 7,34 S; 29,13-14 S; 31,6 S; 1 Chr 16,34 S

Der Bund mit David und Levi hat Bestand

14 »Die Zeit kommt«, sagt der HERR, »da lasse
ich in Erfüllung gehen, was ich den Leuten
von Israel und von Juda versprochen habe:
15 Ich werde aus der Nachkommenschaft Davids
einen Mann berufen, der dem Namen Davids
wieder Ehre macht. Er wird das Land gerecht
regieren, weil er sich an meine Weisungen hält.
16 Dann wird das Volk von Juda vor Feinden
sicher sein und auch die Bewohner Jerusalems
werden in Frieden leben. Jerusalem wird dann
den Namen tragen: ›Der HERR ist unsere Ret-
tung!‹«

17 Ja, so spricht der HERR: »Stets wird einer
von Davids Nachkommen König über Israel sein
18 und stets wird es Priester* aus dem Stamm
Levi geben, die mir im Tempel Brandopfer* und
Speiseopfer* darbringen und die Tiere für die
Mahlopfer* schlachten!«

19 Und das Wort des HERRN erging an Jeremia:
20 »Ich habe mit dem Tag und der Nacht einen
Bund* geschlossen: Sie kommen und gehen zur
festgesetzten Zeit. Sowenig ein Mensch diesen
Bund außer Kraft setzen kann, 21 sowenig werde
ich den Bund außer Kraft setzen, den ich mit
David, meinem vertrauten Diener, geschlossen
habe. Ihm habe ich zugesagt, dass stets einer
seiner Nachkommen über sein Reich herrschen
wird. Und auch mein Bund mit den Priestern aus
dem Stamm Levi wird nicht außer Kraft gesetzt.
22 So unzählbar wie die Sterne am Himmel und
so unmessbar wie den Sand am Meer werde ich
die Nachkommen meines Dieners David machen
und auch die Nachkommen Levis, die mir als
Priester dienen.«

23 Weiter sagte der HERR zu Jeremia: 24 »Hast
du gehört, was gewisse Leute reden? Sie behaup-
ten: ›Der HERR hat Juda und Israel verstoßen, die
er sich doch selbst erwählt hatte.‹ So verachten
sie mein Volk; in ihren Augen hat es aufgehört,
ein Volk zu sein.

25 Doch ich sage dir: Ich habe mit dem Tag
und der Nacht einen Bund geschlossen; ich habe
dem Himmel und der Erde feste Ordnungen
gegeben. 26 So gewiss ich dies getan habe und
dazu stehe, so gewiss werde ich die Nachkom-
men Jakobs und die Nachkommen meines Die-
ners David nie verstoßen und so gewiss werden
immer Männer aus der Nachkommenschaft
Davids über die Nachkommen Abrahams, Isaaks
und Jakobs herrschen. Denn ich werde Erbar-
men haben mit meinem Volk und alles wieder
zum Guten wenden!«

WARNUNGEN AN KÖNIGE UND VOLK VON JUDA
(Kapitel 34–36)

Ein kleiner Lichtblick mitten im Untergang

34 Nebukadnezzar, der König von Babylo-
nien*, hatte den Kampf gegen Jerusalem
und die anderen Städte in Juda eröffnet. Er hatte
nicht nur das ganze babylonische Heer aufgebo-
ten, sondern auch noch die Truppen all der Völ-
ker und Reiche, die er sich unterworfen hatte.

Da erging das Wort des HERRN an Jeremia, er
sagte zu ihm: 2 »Ich, der HERR, der Gott Israels,
befehle dir: Geh zu Zidkija, dem König von Juda,
und sage ihm: ›So spricht der HERR: Ich gebe
diese Stadt in die Gewalt des Königs von Babylo-
nien; er wird sie in Brand stecken. 3 Auch du
selbst wirst ihm nicht entkommen. Seine Leute
werden dich gefangen nehmen und dann wer-
den sie dich nach Babylon schaffen.

4 Doch höre das Wort des HERRN, Zidkija,
König von Juda! So spricht der HERR zu dir: Sie
werden dich nicht umbringen! 5 Nein, in Frieden
sollst du sterben. Und wie man beim Tod deiner
Vorfahren, der früheren Könige von Juda, Feuer
entzündet und Weihrauch verbrannt hat, so soll
man es auch zu deiner Ehre tun. Das Volk soll
dir die Totenklage* halten und rufen: Ach, unser
Herrscher! Das sage ich, der HERR.‹«

6 Der Prophet Jeremia überbrachte diese Bot-
schaft Zidkija, dem König von Juda, in Jerusalem,
7 als das Heer des Babylonierkönigs den Kampf
gegen Jerusalem und gegen Lachisch und Aseka
eröffnet hatte. Lachisch und Aseka waren
damals die einzigen befestigten Städte in Juda,
die noch nicht gefallen waren.

Jerusalem nimmt Gott nicht ernst

8 Wieder erging das Wort des HERRN an Jeremia,
und dies war der Anlass:

König Zidkija hatte mit den Einwohnern Jeru-
salems ein feierliches Abkommen getroffen, dass
alle hebräischen* Sklaven und Sklavinnen frei-
zulassen seien. 9 Niemand sollte mehr einen
Mann oder eine Frau aus Juda, ein Mitglied des
eigenen Volkes, als Sklaven* oder als Sklavin für
sich arbeiten lassen. 10 Alle, die dem Abkommen
zugestimmt hatten, die führenden Männer Jeru-

33,15 23,5 S **33,16** Jes 1,26; Sach 8,3; Bar 5,4; Jer 23,6 **33,17** 23,5 S; 2 Sam 7,12-13 S **33,18** Dtn 10,8 S **33,20-21** 31,35-36; Ps 89,35-38 **33,22** Gen 15,5; 22,17 **33,26** 29,13-14 S **34,1** 2 Kön 25,1-2 **34,2-3** 32,3-5 **34,5** 2 Chr 16,14; 21,19; Jer 22,18 S **34,8-9** 2 Kön 4,1; Neh 5,5.8

salems und alle anderen, die es betraf, hatten
sich zunächst auch daran gehalten und die he-
bräischen Sklaven und Sklavinnen freigelassen.
11 Schon bald aber holten sie diese wieder zum
Sklavendienst zurück.

12 Da erging das Wort des HERRN an Jeremia.
Er erhielt den Auftrag, den Bewohnern Jerusa-
lems Folgendes auszurichten:

13 »So spricht der HERR, der Gott Israels: ›Als
ich eure Vorfahren aus Ägypten herausführte,
wo sie als Sklaven gelebt hatten, da habe ich mit
ihnen einen Bund* geschlossen und verfügt:
14 Alle sieben Jahre sollt ihr die Israeliten, die sich
als Sklaven verkaufen mussten, wieder freige-
ben. Sechs Jahre sollen sie eure Sklaven sein,
dann müsst ihr sie wieder freilassen. Doch eure
Vorfahren haben nicht auf mich gehört und sich
nicht daran gehalten. 15 Ihr nun hattet euch an-
ders besonnen und getan, was ich für recht und
gut erklärt habe. Ihr hattet die Freilassung eurer
Brüder und Schwestern verfügt und euch vor mir
im Tempel*, in meinem eigenen Haus, durch ein
feierliches Abkommen dazu verpflichtet. 16 Jetzt
aber habt ihr euch wieder anders besonnen: Die
Menschen, die gerade in die Freiheit entlassen
waren, habt ihr zurückgeholt und lasst sie erneut
als eure Sklaven arbeiten. Damit habt ihr meine
Ehre angetastet.

17 Darum sage ich euch: Weil ihr nicht auf
mich gehört und die Freilassung eurer Brüder
und Schwestern nicht durchgeführt habt, werde
ich, der HERR, jetzt an *euch* eine Freilassung
durchführen: Ich gebe euch frei für das Schwert,
für die Pest und den Hunger! Alle Völker der
Erde werden entsetzt sein, wenn sie sehen, was
mit euch geschieht.

18–19 Die führenden Männer von Juda und
Jerusalem, die Hofbeamten und Priester und alle
anderen, die es betrifft, haben das Abkommen
mit mir geschlossen, alle waren dabei, als der
Stier in zwei Hälften zerteilt wurde, alle sind
zwischen den Hälften hindurchgegangen. Aber
sie haben sich nicht an das Abkommen gehalten
und sind den Verpflichtungen nicht nachgekom-
men, die sie vor mir übernommen hatten. Dar-
um soll es ihnen nun ergehen wie jenem Stier.
20 Ich gebe sie in die Gewalt ihrer mordgierigen
Feinde, und Geier und Schakale werden ihre
Leichen fressen.

21 Auch König Zidkija und seine Minister lie-
fere ich den Kriegsleuten des Königs von Baby-
lonien* aus, die nur darauf warten, sie umzu-
bringen. Das Heer des Babylonierkönigs ist zwar
jetzt von euch abgezogen; 22 aber ich, der HERR,
befehle ihm, zu dieser Stadt zurückzukehren. Es
soll Jerusalem belagern und erobern und in
Schutt und Asche legen! Und die Städte in Juda
mache ich zu einer Wüste, in der niemand mehr
wohnt.‹«

Das Vorbild der Sippe Rechab

35 Während der Zeit, als in Juda König Joja-
kim, der Sohn von Joschija, regierte, er-
ging das Wort des HERRN an Jeremia. Der HERR
gab ihm den Auftrag: 2 »Geh zu den Männern
der Sippe Rechab und lade sie ein, mit dir in
einen der Versammlungsräume am Tempel* zu
kommen. Dort setze ihnen Wein vor und fordere
sie zum Trinken auf!«

3 Jeremia ging zu Jaasanja, dem Sohn von
Jirmeja und Enkel von Habazzinja, und holte ihn
mit seinen Brüdern und Söhnen und allen Mit-
gliedern der Sippe Rechab 4 zum Tempel. Er
führte sie in den Raum, in dem sich die Schüler
des Propheten* Hanan, des Sohnes von Jigdalja,
versammelten. Der Raum liegt neben dem Raum
der hohen Beamten und oberhalb vom Raum des
Torhüters* Maaseja, des Sohnes Schallums.
5 Dort ließ Jeremia den Leuten der Sippe Rechab
volle Weinkrüge vorsetzen und Becher geben
und lud sie ein zu trinken.

6 Aber die Männer der Sippe Rechab sagten:
»Wir trinken keinen Wein! Unser Ahnherr Jona-
dab, der Sohn Rechabs, hat uns und unseren
Nachkommen für alle Zeit befohlen: ›Trinkt kei-
nen Wein! 7 Ihr dürft auch keine Häuser bauen,
keine Felder bestellen und keine Weinberge an-
legen und besitzen! Ihr sollt für immer in Zelten
wohnen bleiben; dann werdet ihr lange leben in
diesem Land!‹

8 Wir haben die Weisung unseres Ahnherrn
zu jeder Zeit und in allen Einzelheiten befolgt.
Wir trinken also keinen Wein, auch unsere
Frauen, unsere Söhne und unsere Töchter nicht.
9–10 Wir bauen uns auch keine Häuser, sondern
wohnen in Zelten. Wir haben keine Weinberge,
keine Felder, kein Saatgut. In allem halten wir
uns genau an das, was unser Ahnherr Jonadab
uns befohlen hat.

11 Als Nebukadnezzar in das Land einfiel, be-
schlossen wir jedoch, nach Jerusalem zu ziehen,
um uns vor dem Heer der Babylonier* und
Syrer* in Sicherheit zu bringen. Nur deshalb
sind wir jetzt hier in Jerusalem.«

12 Da erging das Wort des HERRN an Jeremia,
er sagte zu ihm: 13 »Ich, der Herrscher der Welt,[a]

[a] Wörtlich *der HERR Zebaot**; entsprechend in den Versen 17-19.

34,14 Ex 21,2-4 S; Jer 7,13 S **34,21-22** 32,2.24; 37,3-10 **35,6** 2 Kön 10,15-16 **35,11** 4,5; 8,14

der Gott Israels, befehle dir: Geh und verkünde
den Leuten von Juda und Jerusalem: ›Der HERR
sagt: Wollt ihr euch nicht endlich dazu bewegen
lassen, auf mich zu hören? 14 Was Jonadab, der
Sohn Rechabs, seinen Söhnen befohlen hat, das
haben sie eingehalten: Er hat ihnen befohlen,
keinen Wein zu trinken, und sie trinken keinen
Wein bis auf den heutigen Tag. Sie haben die
Anordnung ihres Ahnherrn befolgt.

Ich aber habe euch wieder und wieder gesagt,
was ihr tun sollt; und ihr habt nicht auf mich ge-
hört. 15 Immer von neuem habe ich meine Die-
ner, die Propheten, zu euch gesandt und euch
mahnen lassen: Kehrt doch um von euren ver-
kehrten Wegen, hört auf, Böses zu tun, lauft
nicht den fremden Göttern nach und bringt
ihnen keine Opfergaben*, dann könnt ihr in
dem Land wohnen bleiben, das ich euch und
euren Vorfahren gegeben habe! Aber ihr wolltet
nicht auf mich hören.

16 Die Nachkommen Jonadabs haben die
Anordnung ihres Ahnherrn befolgt, aber ihr, das
Volk von Juda, habt auf mich nicht gehört.
17 Darum bringe ich jetzt über euch, die Leute
von Juda und die Bewohner Jerusalems, all das
Unglück, das ich euch angedroht habe. Das sage
ich, der Herrscher der Welt, der Gott Israels. Ich
hatte euch befohlen, was ihr tun sollt; aber ihr
habt nicht darauf gehört. Ich hatte euch gerufen,
aber ihr habt nicht geantwortet.‹«

18 Dann sagte Jeremia zu den Männern der
Sippe Rechab: »So spricht der Herrscher der
Welt, der Gott Israels: ›Ihr habt die Anordnung
eures Ahnherrn Jonadab befolgt; alles, was er
euch befohlen hat, habt ihr getan. 19 Deshalb
wird es Jonadab, dem Sohn Rechabs, nie an
Nachkommen fehlen, die der Weisung ihres
Ahnherrn treu bleiben und mir auf ihre Weise
dienen!‹ Das sagt der HERR, der Herrscher der
Welt, der Gott Israels!«

Die Aufzeichnung der Worte Jeremias

36 Jojakim, der Sohn von Joschija, war das
vierte Jahr König über Juda, da erging das
Wort des HERRN an Jeremia. Der HERR sagte
zu ihm: 2 »Nimm eine Buchrolle* und schreib
alles hinein, was ich dir über Israel[a] und Juda
und alle anderen Völker gesagt habe, von der
Zeit des Königs Joschija bis zum heutigen Tag.
3 Vielleicht werden die Leute von Juda umkeh-
ren, wenn sie hören, welches Unheil ich über sie
bringen will. Vielleicht geben sie ihr verkehrtes
Leben auf und ich kann ihnen ihre Schuld ver-
geben.«

4 Jeremia rief Baruch, den Sohn von Nerija. Er
diktierte ihm alles, was er während dieser gan-
zen Zeit im Auftrag des HERRN verkündet hatte,
und Baruch schrieb es in die Buchrolle.

5 Dann sagte Jeremia zu ihm: »Ich darf den
Tempel* nicht mehr betreten. 6 Deshalb geh du
am nächsten Fasttag* hin und lies die Buchrolle
allen Leuten vor, die im Tempel zusammenkom-
men. Nicht nur die Bürger von Jerusalem sollen
es hören, sondern auch die Leute aus den Städ-
ten in Juda. 7 Vielleicht werden sie sich dann von
ihrem verkehrten Weg abwenden und den
HERRN um Gnade anflehen; denn er ist voller
Zorn auf dieses Volk und hat ihm furchtbare
Strafen angedroht.«

Baruch liest die Worte Jeremias öffentlich vor

8 Baruch tat, was ihm Jeremia befohlen hatte,
und las die Worte des HERRN im Tempel* vor.
9 Es war im fünften Regierungsjahr des Königs
Jojakim, im neunten Monat. Alle Leute aus Jeru-
salem und aus den nahe gelegenen Städten von
Juda waren damals zu einem Fasttag* im Tempel
zusammengerufen worden. 10 Baruch las der ver-
sammelten Menge die Worte Jeremias im oberen
Tempelhof vor. Er stand dabei in der Nähe des
Neuen Tores, vor dem Raum, der Gemarja, dem
Sohn des ehemaligen Staatsschreibers Schafan,
gehörte.

11 Gemarjas Sohn Micha hörte alles, was
Baruch aus der Buchrolle* vorlas, alle Worte, die
der HERR durch Jeremia gesagt hatte. 12 Schnell
ging er zum Königspalast hinab. Im Zimmer des
Staatsschreibers waren gerade sämtliche Minis-
ter zu einer Sitzung versammelt. Außer dem
Staatsschreiber Elischama waren dort Delaja, der
Sohn von Schemaja, Elnatan, der Sohn Achbors,
Gemarja, der Sohn Schafans, Zidkija, der Sohn
von Hananja, und weitere hohe Beamte.

13 Micha berichtete ihnen, was Baruch dem
Volk aus der Buchrolle vorgelesen hatte. 14 Die
Minister schickten daraufhin Jehudi, um Baruch
zu holen. – Jehudi war ein Sohn von Netanja,
sein Großvater hieß Schelemja und sein Urgroß-
vater Kuschi. – Jehudi befahl Baruch: »Bring das
Buch, aus dem du dem Volk vorgelesen hast, zu
den Ministern!«

Baruch nahm die Buchrolle und ging hin.

15 Die Minister sagten zu Baruch: »Setz dich

a Siehe Anmerkung zu 30,4.

35,14 7,13S **35,15** 25,4S **36,1** 25,1-2S **36,2** 1,2; 30,1-2S **36,3** 18,11S **36,4** 32,12S **36,5** 20,1-6; 26,7-8 **36,10** 26,24 **36,12** (Elnatan) 26,22

und lies uns das Buch vor!« Baruch setzte sich
und las. 16 Als sie alles gehört hatten, schauten
sie einander erschrocken an und sagten zu ihm:
»Das müssen wir unbedingt dem König melden!«

17 Dann sagten sie zu Baruch: »Woher hast
du alle diese Worte, die du da aufgeschrieben
hast?«[a]

18 Er antwortete ihnen: »Jeremia hat es mir
Satz für Satz diktiert und ich habe nichts anderes
getan, als seine Worte mit Tinte in diese Buchrolle geschrieben.«

19 Da gaben ihm die Minister den Rat: »Du
und Jeremia, ihr müsst euch schnell verstecken!
Niemand darf wissen, wo ihr seid!«

König Jojakim vernichtet die Rolle

20 Die Minister ließen die Buchrolle* im Zimmer
des Staatsschreibers Elischama zurück und begaben sich zum König in den Palasthof. Sie berichteten ihm alles. 21 Der König schickte Jehudi,
um die Rolle zu holen. Er holte sie aus dem
Zimmer des Staatsschreibers Elischama und begann, sie vor dem König und den führenden
Männern, die bei ihm versammelt waren, vorzulesen.

22 Der König wohnte damals im Winterhaus,
denn es war der neunte Monat.[b] In einem Kohlenbecken vor ihm brannte ein Feuer. 23 Er hatte
ein Messer zur Hand genommen, wie es die
Schreiber zum Anspitzen der Federkiele benutzen, und immer, wenn Jehudi drei oder vier
Spalten gelesen hatte, schnitt der König sie mit
dem Messer von der Buchrolle ab und warf sie in
die Flammen, bis schließlich die ganze Rolle vernichtet war.

24 Keiner von den Zuhörern erschrak über die
Worte, die aus der Buchrolle vorgelesen wurden,
keiner zerriss seine Kleider, weder der König
noch irgendeiner seiner Leute. 25 Elnatan, Delaja
und Gemarja hatten zwar den König dringend
gebeten, die Rolle nicht zu verbrennen, aber er
hörte nicht auf sie. 26 Im Gegenteil, er gab seinem Sohn Jerachmeël sowie Seraja, dem Sohn
Asriëls, und Schelemja, dem Sohn Abdeels, den
Befehl, den Propheten Jeremia und seinen Sekretär Baruch zu verhaften. Der HERR aber hatte
dafür gesorgt, dass man sie nirgends fand.

Jeremia diktiert seine Worte noch einmal

27 Nachdem König Jojakim die Buchrolle* verbrannt hatte, erging das Wort des HERRN an
Jeremia: 28 »Nimm eine neue Rolle und lass
alles darauf schreiben, was in der ersten Rolle
stand!

29 Über Jojakim aber sollst du aufschreiben
lassen: ›So spricht der HERR: Du hast die erste
Rolle verbrannt und hast Jeremia vorgehalten:
Wie kannst du schreiben lassen, der König von
Babylonien* werde bestimmt kommen und dieses Land verwüsten und Menschen und Vieh
daraus vertreiben?

30 Darum sage ich über dich, Jojakim, König
von Juda: Keiner deiner Nachkommen wird dir
auf dem Thron Davids folgen! Deinen Leichnam
wird man draußen hinwerfen, wo er schutzlos
der Hitze des Tages und der Kälte der Nacht ausgesetzt ist. 31 Ich strafe dich, deine Nachkommen
und alle deine Komplizen für eure Schuld. Über
euch und über die Bewohner Jerusalems und alle
Leute von Juda bringe ich all das Unglück, das
ich ihnen angedroht habe; denn niemand von
euch wollte auf mich hören.‹«

32 Da nahm Jeremia eine neue Buchrolle und
gab sie seinem Schreiber Baruch. Dieser schrieb
nach Jeremias Diktat noch einmal alles auf, was
schon in der Rolle stand, die König Jojakim ins
Feuer geworfen hatte. Doch fügte Jeremia noch
viele ähnliche Worte hinzu.

DIE LEIDEN DES PROPHETEN JEREMIA (Kapitel 37–45)

Jeremia warnt König Zidkija vor falschen Hoffnungen

37 Der Babylonierkönig Nebukadnezzar
hatte König Jojachin,[c] den Sohn Jojakims,
abgesetzt und an seiner Stelle Zidkija, einen Bruder von Jojakim und[d] Sohn von Joschija, als König über das Land Juda eingesetzt. 2 Aber weder
König Zidkija noch seine Hofleute noch die Bewohner des Landes nahmen ernst, was der HERR
ihnen durch Jeremia sagen ließ.

3 König Zidkija sandte Juchal, den Sohn von
Schelemja, und den Priester* Zefanja, den Sohn
von Maaseja, zum Propheten Jeremia mit dem
Auftrag: »Bete doch für uns zum HERRN, unserem Gott!« 4–5 Die babylonischen Belagerer waren nämlich von Jerusalem abgezogen, denn sie
hatten erfahren, dass ein Heer des Pharaos aus
Ägypten gegen sie anrückte.

Jeremia konnte sich damals noch frei bewe-

a So mit G; H *aus seinem (Jeremias) Mund aufgeschrieben hast.* b Mitte November bis Mitte Dezember.
c *Jojachin:* wörtlich *Konja;* vgl. 22,24. d *einen Bruder …:* verdeutlichender Zusatz; vgl. 2Kön 23,34.

36,24 2 Kön 22,11 **36,26** 15,21 S **36,28** 30,1-2 S **36,30** 22,19.30; 9,21 S **36,31** 7,13 S **37,1** 2 Kön 24,17 **37,3** 21,1 S; 7,16 S

gen; sie hatten ihn noch nicht ins Gefängnis ge-
worfen.
6 Da erging das Wort des HERRN an den Pro-
pheten Jeremia als Antwort für die Abgesandten
Zedekijas: 7 »So spricht der HERR, der Gott
Israels: Geht wieder zum König von Juda, der
euch hergeschickt hat, um mich zu fragen. Sagt
ihm: ›Das Heer des Pharaos, das ausgezogen ist,
um euch zu helfen, ist schon wieder auf dem
Heimweg nach Ägypten. 8 Die Babylonier* kom-
men zurück. Sie werden diese Stadt angreifen,
sie erobern und niederbrennen.
9 Ich, der HERR, warne euch: Redet euch nicht
ein, die Babylonier würden endgültig abziehen.
Sie werden *nicht* abziehen. 10 Selbst wenn ihr
das ganze babylonische Heer in die Flucht schla-
gen könntet und nur ein paar Verwundete in
ihren Zelten zurückblieben, sie würden aufste-
hen und diese Stadt niederbrennen!‹«

Jeremia kommt ins Gefängnis

11 Als das Heer der Belagerer von Jerusalem abge-
zogen und den Ägyptern entgegengezogen war,
12 wollte Jeremia die Stadt verlassen und ins
Gebiet des Stammes Benjamin gehen, um mit
seinen Verwandten eine Erbschaft zu teilen.
13 Am Benjamintor hielt der wachhabende
Offizier ihn an. Es war Jirija, der Sohn von Sche-
lemja und Enkel von Hananja. Er rief Jeremia
zu: »Halt, du willst zu den Babyloniern* über-
laufen!«
14 Jeremia entgegnete: »Das ist nicht wahr, ich
bin kein Überläufer!«
Doch Jirija glaubte ihm nicht. Er nahm ihn
fest und führte ihn vor die Minister. 15 Diese wa-
ren wütend auf Jeremia. Sie ließen ihn schlagen
und in das Haus des Staatsschreibers Jonatan
bringen, das man zum Gefängnis gemacht hatte.
16 Jeremia kam in einen gewölbten Keller, der
vorher als Zisterne gedient hatte. Dort blieb er
lange Zeit.

Jeremia bekommt Hafterleichterung

17 Eines Tages ließ König Zidkija den Propheten
heimlich in seinen Palast holen und fragte ihn:
»Hast du für mich eine Botschaft vom HERRN?«
Jeremia antwortete: »Ja, sie lautet: ›Du wirst
an den König von Babylonien* ausgeliefert.‹«
18 Dann fragte Jeremia den König: »Welches
Verbrechen habe ich an dir oder an deinen Hof-
leuten oder an diesem Volk begangen, dass ihr
mich ins Gefängnis geworfen habt? 19 Wo sind
denn jetzt eure Propheten*, die euch vorausge-
sagt haben, der König von Babylonien werde
euch und dieses Land nicht überfallen?«
20 Und er fügte hinzu: »Mein Herr und König,
gewähre mir doch, worum ich dich jetzt bitte:
Lass mich nicht in das Haus Jonatans zurückbrin-
gen. Das wäre mein sicherer Tod!«
21 Da gab König Zidkija den Befehl, sie sollten
Jeremia im Wachthof gefangen halten. Dort be-
kam er als Tagesration einen kleinen Brotlaib aus
der Bäckergasse, bis das Brot in der Stadt ganz
ausging.

Jeremia soll zum Schweigen gebracht werden

38 Einige Beamte des Königs hörten, was Je-
remia zu allen Kriegsleuten im Wachthof
sagte. Es waren Schefatja, der Sohn Mattans,
und Gedalja, der Sohn Paschhurs, sowie Juchal,
der Sohn von Schelemja, und Paschhur, der Sohn
von Malkija.
2 Jeremia hatte nämlich zu allen Männern ge-
sagt: »So spricht der HERR: ›Wer in dieser Stadt
bleibt, kommt um durch Schwert, Hunger oder
Pest. Wer aber jetzt hinausgeht und sich den Ba-
byloniern* ergibt, kommt mit dem Leben davon.
3 Macht euch nichts vor: Diese Stadt wird dem
Heer des Königs von Babylonien in die Hände
fallen; Nebukadnezzar wird sie erobern.‹ Das
sagt der HERR.«
4 Die Beamten meldeten dies dem König und
sagten: »Diesen Mann muss man töten! Wenn er
so weiterredet, verlieren die Kriegsleute, die uns
noch geblieben sind, und all die anderen Men-
schen in der Stadt den letzten Mut. Er sucht
nicht das Wohl des Volkes, sondern seinen Un-
tergang!«
5 »Macht mit ihm, was ihr wollt«, sagte der
König. »Ich kann euch nicht daran hindern.«
6 Da führten sie Jeremia zur Zisterne des Prin-
zen Malkija, die sich im Wachthof befand. Man
ließ ihn an Stricken hinunter. In der Zisterne
war kein Wasser, sondern nur Schlamm, in den
Jeremia einsank.

Ein Ausländer rettet Jeremia

7–8 Im Königspalast gab es einen äthiopischen
Eunuchen* namens Ebed-Melech. Als er hörte,
dass sie Jeremia in die Zisterne geworfen hatten,
verließ er sofort den Palast und suchte den König
auf, der sich gerade am Benjamintor aufhielt.
Ebed-Melech sagte zu ihm: 9 »Mein König, was
diese Männer mit dem Propheten Jeremia ge-
macht haben, ist ein schweres Unrecht. Sie

37,12 32,7-8 **37,19** 14,13-15S **38,2** 24,10S **38,3** (Paschhur, Sohn Malkijas) 21,1

haben ihn in die Zisterne geworfen und lassen
ihn dort unten elend verhungern. Es gibt ja
ohnehin kaum noch Brot in der Stadt.«
10 Da befahl der König: »Nimm dreißig Män-
ner mit und zieh ihn aus der Zisterne, bevor er
stirbt!«
11 Ebed-Melech ging mit den Männern in den
Königspalast und holte aus der Kleiderkammer
des Vorratshauses abgetragene und zerrissene
Kleider. Er ließ sie an Stricken zu Jeremia in die
Zisterne hinunter 12 und rief ihm zu: »Lege
die Lumpen unter deine Achseln, damit dir die
Stricke nicht ins Fleisch schneiden.«[a]

Jeremia tat es. 13 Nun zogen sie ihn mit den
Seilen hoch und holten ihn aus der Zisterne her-
aus. Von da an blieb Jeremia wieder im Wacht-
hof.

Der König lässt den Propheten heimlich zu sich rufen

14 Eines Tages bestellte König Zidkija den Prophe-
ten Jeremia zum dritten Tempeltor. Dort sagte er
zu ihm: »Ich möchte wissen, was der Herr dir
gesagt hat. Verschweige mir nichts!«
15 Jeremia antwortete: »Wenn ich dir die
Wahrheit sage, lässt du mich umbringen; und
wenn ich dir einen Rat gebe, hörst du doch nicht
darauf.«
16 Da versicherte ihm der König unter vier
Augen mit einem Eid: »So gewiss der HERR lebt,
der uns das Leben gegeben hat, ich lasse dich
nicht töten und liefere dich nicht den Männern
aus, die dich umbringen wollen.«
17 Darauf sagte Jeremia zu Zidkija: »So spricht
der Gott Israels, der Herrscher der Welt:[b] ›Wenn
du aus der Stadt hinausgehst und dich den Heer-
führern des Königs von Babylonien* ergibst,
dann wirst du gerettet und diese Stadt wird nicht
in Brand gesteckt. Du bleibst am Leben mit
deiner ganzen Familie. 18 Wenn du aber nicht
hinausgehst, wird diese Stadt an die Babylonier
ausgeliefert und niedergebrannt. Auch du wirst
ihnen dann nicht entkommen.‹«
19 Der König antwortete: »Ich habe Angst vor
unseren Leuten aus Juda, die zu den Babyloniern
übergelaufen sind. Die Babylonier könnten mich
an sie ausliefern und sie würden mir bestimmt
übel mitspielen.«
20 Jeremia versicherte: »Nein, man wird dich
nicht an sie ausliefern! Hör doch auf das, was
der HERR dir sagen lässt; dann geschieht dir
nichts und du rettest dein Leben. 21 Weigerst du
dich aber hinauszugehen, so wird geschehen,
was mir der HERR gezeigt hat: 22 Ich sah, wie
man alle Frauen, die im Palast des Königs von
Juda zurückgeblieben waren, zu den Heerfüh-
rern der Babylonier hinausbrachte. Und ich
hörte sie klagen und über dich sagen: ›Verführt
und betrogen haben sie ihn, seine guten
Freunde! Jetzt, wo ihm das Wasser bis zum Hals
geht, lassen sie ihn im Stich!‹«
23 Und Jeremia schloss: »Ja, alle deine Frauen
und Kinder wird man zu den Babyloniern hin-
ausführen, auch du selbst wirst ihnen nicht ent-
rinnen. Sie werden dich gefangen nehmen und
ihrem König übergeben. Diese Stadt aber wird
niedergebrannt.«[c]
24 Da sagte Zidkija zu Jeremia: »Niemand darf
erfahren, was wir hier miteinander gesprochen
haben, sonst musst du sterben. 25 Wenn meine
Minister von unserer Unterredung hören, wer-
den sie zu dir kommen und dich ausfragen: ›Was
hast du zum König gesagt und was hat er dir
geantwortet? Verheimliche uns nichts, sonst
bringen wir dich um!‹ 26 Dann sag ihnen nichts
weiter als: ›Ich habe den König dringend ge-
beten, mich nicht in das Haus Jonatans zurück-
zuschicken, weil ich dort sterben müsste.‹«
27 Tatsächlich kamen alle Hofleute zu Jeremia
und fragten ihn aus. Er antwortete ihnen genau,
wie der König es von ihm verlangt hatte. Da lie-
ßen sie ihn in Ruhe; denn von der Unterredung
war sonst nichts bekannt geworden. 28 So blieb
Jeremia im Wachthof bis zu dem Tag, an dem
Jerusalem fiel.

Der Untergang Jerusalems

(52,4-11)

39 Im neunten Regierungsjahr von Zidkija,
dem König von Juda, im zehnten Monat,
erschien Nebukadnezzar, der König von Baby-
lonien*, mit seinem ganzen Heer vor Jerusalem
und begann mit der Belagerung der Stadt. 2 Im
elften Jahr Zidkijas, am 9. Tag des 4. Monats,
schlugen die Babylonier eine Bresche in die
Stadtmauer.
3 Die babylonischen Heerführer hielten Ein-
zug in Jerusalem und richteten beim Mitteltor
ihr Hauptquartier ein. Bei ihnen befanden sich
auch Nergal-Sarezer, Samgar-Nebu, der Palast-
vorsteher Sar-Sechim und noch ein anderer Ner-
gal-Sarezer, der oberste königliche Berater.
4 Als König Zidkija und seine Kriegsleute das
sahen, verließen sie bei Nacht die Stadt durch

a *damit dir …:* verdeutlichender Zusatz. b *der Herrscher der Welt:* wörtlich *der HERR Zebaot**.
c So mit G; H *Du wirst diese Stadt niederbrennen.*

38,13 15,21 S **38,17** 21,9 **38,26** 37,15 **38,28** 37,21 **39,1-10** 52,4-16

den Torweg zwischen den beiden Mauern am königlichen Garten und flohen in östlicher Richtung zur Jordanebene. 5 Sofort nahmen babylonische Truppen die Verfolgung auf und holten Zidkija in der Ebene bei Jericho ein. Er wurde gefangen genommen und zu Nebukadnezzar nach Ribla in der Provinz Hamat gebracht.

Dort sprach ihm Nebukadnezzar selbst das Urteil. 6 Zidkija musste mit ansehen, wie man seine Söhne abschlachtete. Auch alle führenden Männer von Juda wurden dort hingerichtet. 7 Danach wurden Zidkija die Augen ausgestochen. Mit Ketten gefesselt wurde er nach Babylon gebracht.

8 In Jerusalem steckten die Babylonier den königlichen Palast und alle anderen Häuser in Brand und rissen die Stadtmauern ein. 9 Den Rest der Stadtbevölkerung, auch alle, die zu den Babyloniern übergelaufen waren, führte Nebusaradan, der Befehlshaber der Leibwache Nebukadnezzars, in die Verbannung* nach Babylonien. 10 Nur von der ärmsten Schicht der Bevölkerung ließ er einen Rest in Juda zurück, Leute, die gar keinen Besitz hatten. Ihnen gab Nebusaradan Äcker und Weinberge.

Jeremias Befreiung

11 Für die Behandlung Jeremias hatte Nebukadnezzar dem Befehlshaber der Leibwache, Nebusaradan, folgende Anweisung mitgegeben: 12 »Sieh zu, dass du den Mann findest! Nimm ihn in deine persönliche Obhut und achte darauf, dass niemand ihm etwas antut! Wenn er Wünsche äußert, erfülle sie ihm!«

13–14 Darum gaben die führenden Männer des babylonischen Heeres den Befehl, Jeremia aus dem Wachthof zu holen – es waren der Oberbefehlshaber Nebusaradan, der Palastvorsteher Nebuschasban, der oberste königliche Berater Nergal-Sarezer und die übrigen babylonischen Befehlshaber. Sie übergaben Jeremia an Gedalja, den Sohn Ahikams und Enkel Schafans, damit er ihn sicher nach Hause geleite. So blieb Jeremia mitten unter dem Volk.

Verheißung an den Ausländer Ebed-Melech

15 Als Jeremia noch im Wachthof gefangen gehalten wurde, war an ihn das Wort des HERRN ergangen, und er erhielt den Auftrag: 16 »Geh zu dem Äthiopier* Ebed-Melech und sage ihm: ›So spricht der HERR, der Herrscher der Welt,[a] der Gott Israels: Jetzt lasse ich in Erfüllung gehen, was ich dieser Stadt angekündigt habe: Sie wird untergehen. Du selbst wirst das miterleben, 17 aber dich werde ich retten, wenn es so weit ist. Du wirst nicht den Leuten in die Hände fallen, vor denen du dich fürchtest. 18 Ich sorge dafür, dass niemand dich umbringt. Du sollst mit dem Leben davonkommen, weil du auf mich, den HERRN, vertraut hast!‹«

Jeremia bleibt in Juda

40 Der HERR sprach wieder zu Jeremia,[b] nachdem dieser von Nebusaradan, dem Befehlshaber der Leibwache, in Rama erkannt und freigelassen worden war.

Jeremia befand sich dort mit gefesselten Händen unter all den Leuten aus Jerusalem und Juda, die als Gefangene nach Babylonien* gebracht werden sollten. 2 Doch der Befehlshaber der Leibwache entdeckte ihn, ließ ihn zu sich bringen und sagte zu ihm: »Der HERR, dein Gott, hat diesem Land das Unheil im Voraus angedroht, 3 das jetzt eingetroffen ist. Er hat seine Drohung wahr gemacht. Weil ihr euch gegen ihn verfehlt und nicht auf ihn gehört habt, musste es so kommen. 4 Aber dir nehme ich jetzt die Fesseln ab; du sollst frei sein. Wenn du mit mir nach Babylonien gehen willst, dann komm mit; ich werde mich um dich kümmern. Willst du nicht mitkommen, ist es auch gut. Das ganze Land hier steht dir offen; du kannst gehen, wohin du willst.«

5 Als Jeremia sich nicht sogleich entscheiden konnte, sagte Nebusaradan zu ihm: »Kehr doch zurück zu Gedalja, dem Sohn Ahikams und Enkel Schafans, den der König von Babylonien als Statthalter über die Städte von Juda eingesetzt hat. Du kannst bei ihm wohnen und so mitten unter deinem Volk bleiben. Du musst es aber nicht; du kannst gehen, wohin du willst!«

Nebusaradan machte Jeremia noch ein Geschenk und gab ihm Verpflegung mit auf den Weg. 6 Jeremia ging daraufhin zu Gedalja nach Mizpa und lebte mitten unter den Leuten, die im Land zurückgeblieben waren.

Das Volk sammelt sich um Gedalja

7 Einige Truppenführer aus Juda waren mit ihren Leuten noch im offenen Land verstreut. Sie hör-

a Wörtlich *der HERR Zebaot**.
b Wörtlich *Das Wort, das vom HERRN an Jeremia erging.* Ein spezielles »Wort des HERRN« wird im Folgenden jedoch nicht mitgeteilt. Vielleicht soll mit der Formel an Jer 1,2-3 angeknüpft und nur allgemein der Beginn eines weiteren Zeitraums prophetischer Tätigkeit Jeremias gekennzeichnet werden.

39,11-14 40,1-5 **39,16** 38,7-13 **39,18** 45,5 **40,1-5** 39,11-14 **40,6** Ri 20,1 S **40,7-9** 2 Kön 25,22-24

ten, dass der König von Babylonien* Gedalja,
den Sohn Ahikams, zum Statthalter über Juda
eingesetzt und ihm den ärmeren Teil der Bevölke-
rung unterstellt hatte, der nicht nach Babylonien
weggeführt worden war, Männer, Frauen und
Kinder. 8 Es waren Jischmaël, der Sohn von Ne-
tanja, Johanan und Jonatan, die Söhne Kareachs,
Seraja, der Sohn Tanhumets, ferner die Söhne
von Efai aus Netofa und Jaasanja aus Maacha. Sie
alle kamen daraufhin zu Gedalja nach Mizpa.

9 Gedalja sagte zu ihnen: »Ich gebe euch mein
Wort: Ihr habt nichts zu befürchten, wenn ihr
euch den Babyloniern unterwerft! Bleibt im
Land, dient dem Babylonierkönig, und es wird
euch gut gehen! 10 Ich selbst bleibe hier in Miz-
pa, um unsere Anliegen den Babyloniern gegen-
über zu vertreten. Geht in die Städte ringsum
und lasst euch dort nieder! Kümmert euch um
die Wein- und Obst- und Olivenernte und legt
davon Vorräte an!«

11 Viele Leute aus Juda waren zu den Moabi-
tern*, Ammonitern*, Edomitern* oder in ande-
re Länder geflüchtet. Als sie erfuhren, dass der
Babylonierkönig einen Rest der Bevölkerung in
Juda zurückgelassen und Gedalja zum Statthalter
ernannt hatte, 12 kamen auch sie nach Juda zu-
rück und meldeten sich bei Gedalja in Mizpa. Sie
ernteten Wein und Obst in großer Menge.

Gedalja wird von Jischmaël ermordet

13 Eines Tages kamen Johanan, der Sohn Ka-
reachs, und die anderen Truppenführer, die im
Land geblieben waren, zu Gedalja nach Mizpa
14 und sagten zu ihm: »Weißt du schon: Der Am-
moniterkönig* Baalis hat Jischmaël, den Sohn
von Netanja, losgeschickt, um dich zu ermor-
den!« Aber Gedalja glaubte ihnen nicht.

15 Johanan machte Gedalja sogar heimlich ein
Angebot; er sagte: »Ich werde Jischmaël umbrin-
gen und niemand wird erfahren, wer das getan
hat! Wir dürfen nicht dulden, dass er dich tötet.
Das hätte nur zur Folge, dass alle, die sich um
dich gesammelt haben, wieder zerstreut werden
und so auch noch der letzte Rest von Juda zu-
grunde geht!«

16 Aber Gedalja antwortete: »Was du über
Jischmaël sagst, ist nicht wahr. Du wirst ihm
nichts zuleide tun!«

41 Im siebten Monat desselben Jahres kam
Jischmaël, der Sohn von Netanja und
Enkel von Elischama, in Begleitung von zehn
anderen Männern zu Gedalja nach Mizpa.
Jischmaël gehörte zur königlichen Familie und
war einer der höchsten Offiziere des Königs
gewesen. Während sie alle miteinander aßen,
2 standen Jischmaël und seine Begleiter auf,
zogen ihre Schwerter und töteten Gedalja, den
der Babylonierkönig zum Statthalter für das
Land eingesetzt hatte.

3 Jischmaël brachte auch die anderen Männer
aus Juda um, die bei Gedalja in Mizpa waren,
und ebenso die babylonischen Kriegsleute, die er
dort fand.

Jischmaël ermordet Pilger aus Samarien

4 Am folgenden Tag – noch hatte niemand erfah-
ren, dass Gedalja von Jischmaël ermordet wor-
den war – 5 näherten sich Mizpa achtzig Män-
ner. Zum Zeichen der Trauer waren ihre Bärte
abgeschnitten, ihre Kleider zerrissen, ihre Haut
blutig geritzt. Sie kamen aus Sichem, Schilo und
Samaria und wollten nach Jerusalem, um Weih-
rauch* und andere Opfergaben zum Tempel*
des HERRN zu bringen.

6 Jischmaël ging weinend aus Mizpa hinaus
ihnen entgegen und lud sie ein: »Kommt zu Ge-
dalja, dem Sohn Ahikams!« 7 Als die Männer
aber in der Stadt waren, wurden sie von Jisch-
maël und seinen Leuten niedergemetzelt und ih-
re Leichen in eine Zisterne geworfen.

8 Nur zehn von ihnen wurden verschont.
Sie hatten zu Jischmaël gesagt: »Töte uns nicht!
Wir zeigen dir, wo wir auf dem Feld Vorräte
versteckt haben: Weizen und Gerste, Öl und
Honig.«

9 Die Zisterne, in die Jischmaël die Leichen
der Ermordeten werfen ließ, war dieselbe große[a]
Zisterne, die König Asa von Juda hatte aushauen
lassen, als er gegen Bascha, den König von Israel,
Krieg führte. Jetzt füllte Jischmaël, der Sohn von
Netanja, sie ganz mit Leichen.

Die Mitgeschleppten werden befreit

10 Den Rest der Bevölkerung von Mizpa und
auch die Töchter des Königs von Juda, alle, die
Nebusaradan, der Befehlshaber der Leibwache,
in die Obhut Gedaljas gegeben hatte, nahm
Jischmaël gefangen und zog ab, um mit ihnen
auf ammonitisches Gebiet hinüberzugelangen.

11 Als Johanan, der Sohn Kareachs, und die an-
deren Truppenführer hörten, was Jischmaël ge-
tan hatte, 12 verfolgten sie ihn mit allen ihren
Männern und holten ihn beim großen Teich von
Gibeon ein. 13 Die Leute, die Jischmaël aus
Mizpa mitgeschleppt hatte, freuten sich, als sie
Johanan und die anderen Truppenführer kom-

a *war dieselbe große:* mit G; H *durch die Hand Gedaljas, war dieselbe.*

41,1-3 2 Kön 25,25 **41,9** 1 Kön 15,16 **41,12** 2 Sam 2,13

men sahen. 14 Sie kehrten Jischmaël den Rücken
und liefen zu Johanan, dem Sohn Kareachs,
über. 15 Jischmaël entkam mit acht seiner Männer und ging zu den Ammonitern*.

Aufbruch nach Ägypten

16 Johanan, der Sohn Kareachs, und die anderen Truppenführer übernahmen nun die Verantwortung für die Leute, die Jischmaël nach dem Mord an Gedalja aus Mizpa weggeführt hatte und die sie ihm bei Gibeon abgejagt hatten. Es waren Männer, Frauen und Kinder, und unter den Männern auch Hofbeamte und Kriegsleute.

17 Sie alle flohen nach Süden bis zur Herberge Kimhams bei Betlehem. Dort machten sie vorläufig Halt, um dann weiter nach Ägypten zu ziehen.
18 Sie hatten Angst vor den Babyloniern*,
denn Jischmaël hatte Gedalja ermordet, den der Babylonierkönig zum Statthalter für Juda eingesetzt hatte.

Warnung vor der Auswanderung nach Ägypten

42 Vor dem Aufbruch kamen alle Truppenführer, an ihrer Spitze Johanan, der Sohn von Kareach, und Asarja, der Sohn von Hoschaja, und ebenso alle Flüchtlinge von den Vornehmsten bis zu den Geringsten zum Propheten
Jeremia. 2 Sie sagten zu ihm: »Erfülle doch unseren Wunsch und bete für uns zum HERRN, deinem Gott! Wir waren einmal viele; aber du siehst: Nur wenige sind von uns übrig geblieben.
3 Bete für uns zum HERRN, deinem Gott, dass er uns sagt, wohin wir gehen und was wir tun sollen!«

4 Jeremia antwortete ihnen: »Gut, ich will eure Bitte erfüllen und zum HERRN, eurem Gott, beten. Ich werde euch alles sagen, was er mir antwortet; ich werde euch nichts verschweigen.«

5 Sie versicherten ihm: »Der HERR soll als unbestechlicher Zeuge gegen uns auftreten, wenn wir nicht genau das tun, was er uns durch dich
befiehlt! 6 Ob sein Befehl uns gefällt oder nicht, wir werden unserem Gott, den wir durch dich befragen, gehorchen. Denn dann wird es uns gut gehen.«

7 Es dauerte zehn Tage, bis das Wort des
HERRN an Jeremia erging. 8 Der Prophet rief
Johanan, die Truppenführer und das ganze Volk zusammen, von den Vornehmsten bis zu den
Geringsten, 9 und sagte zu ihnen: »Ihr habt mich gebeten, dem HERRN, dem Gott Israels, euer Anliegen vorzutragen. Hört, was er euch darauf antwortet:

10 ›Wenn ihr ruhig in diesem Land wohnen bleibt, werde ich euch einpflanzen und nicht ausreißen; ich werde euch aufbauen und nicht niederreißen. Denn es tut mir Leid, dass ich Un-
glück über euch bringen musste. 11 Ihr habt jetzt
Angst vor dem König von Babylonien*. Aber ich, der HERR, sage euch: Ihr braucht keine Angst vor ihm zu haben; denn ich bin bei euch, ich werde
euch aus seiner Hand retten. 12 Ich bringe ihn
dazu, dass er Erbarmen mit euch hat und euch in eure Häuser zurückkehren lässt.‹

13 Aber ihr müsst dem HERRN, eurem Gott, gehorchen und dürft dieses Land nicht verlassen.
14 Ihr dürft nicht sagen: ›Wir wollen nach Ägypten ziehen, wo wir keine Kriegshörner* mehr hören, keine Kämpfe mehr miterleben und auch nicht mehr hungern müssen; dort wollen wir
bleiben!‹ 15 Für diesen Fall lässt euch der HERR,
der Herrscher der Welt,[a] der Gott Israels, sagen: ›Ihr Leute von Juda, die ihr noch übrig geblieben seid! Wenn ihr auf eurem Plan besteht und nach
Ägypten auswandert, 16 dann wird der Krieg,
dem ihr entgehen wollt, euch dort erreichen und der Hunger, der euch Angst macht, euch dorthin verfolgen; ihr werdet in Ägypten umkommen.
17 Alle, die sich entschließen, nach Ägypten auszuwandern, werden dort durch Krieg, Hunger und Pest sterben. Keiner wird entkommen, niemand wird dem Unheil entrinnen, das ich über euch bringen werde.‹

18 Denn so spricht der HERR, der Herrscher der Welt, der Gott Israels: ›Wenn ihr nach Ägypten flieht, wird euch mein Zorn genauso treffen, wie er die Bewohner Jerusalems getroffen hat. Wer euch dann sieht, wird vor euch entsetzt sein. Alle werden über euch spotten und euren Namen als Fluchwort* verwenden. Dieses Land aber werdet ihr nie wiedersehen.‹«[b]

Die Warnung wird in den Wind geschlagen

43 Als Jeremia den Versammelten alles gesagt hatte, was der HERR ihm aufgetragen
hatte, 2 sagten Asarja, Johanan und alle anderen,
die ebenso anmaßend waren wie sie: »Du lügst!

a Wörtlich *der HERR Zebaot*;* ebenso in Vers 18.
b Der Rest von Kapitel 42 ist zwischen Vers 3 und Vers 4 von Kapitel 43 eingefügt worden, weil es so der wahrscheinlich ursprünglichen Reihenfolge entspricht.

41,18 42,11 **42,1** 40,7-8.13 **42,2-4** 7,16 S **42,2** Dtn 28,62 **42,5** 29,23 **42,7** 28,12 **42,10** 1,10 S; 18,8 S **42,11** 41,17-18; 1,8 S **42,14** 4,5 S; Num 14,3-4 **42,17** 24,10 S; 44,14 **42,18** 24,9 S **43,2** 42,1

Durch dich spricht nicht der HERR, unser Gott,
wenn du sagst, dass wir nicht nach Ägypten aus-
wandern sollen. 3 Dein Schreiber Baruch hetzt
dich gegen uns auf! Er will, dass wir den Babylo-
niern* in die Hände fallen, damit sie uns um-
bringen oder in ihr Land verschleppen.«

42 19 Da erwiderte Jeremia:[a] »Nein, der
HERR ist es, der zu euch, dem Rest von Ju-
da, gesagt hat: ›Geht nicht nach Ägypten!‹
Macht euch also nichts vor! Ich habe euch ge-
warnt. 20 Ihr setzt euer Leben aufs Spiel! Erst
schickt ihr mich zum HERRN und sagt: ›Bete für
uns zum HERRN, unserem Gott! Dann teile uns
alles mit, was er dir sagt; wir werden uns danach
richten.‹ 21 Nun aber wollt ihr nicht auf den
HERRN hören und wollt nicht tun, was ich euch
heute in seinem Auftrag gesagt habe. 22 Lasst es
euch gesagt sein: In dem Land, wohin ihr aus-
wandern wollt, werdet ihr durch Krieg, Hunger
und Pest umkommen!«

43 4 Aber Johanan, die Truppenführer und
das ganze Volk hörten nicht auf den Be-
fehl des HERRN, im Land Juda zu bleiben. 5 Unter
der Führung Johanans und der anderen Offiziere
zogen sie nach Ägypten: die Leute aus Juda, die
zuerst in die Nachbarländer geflohen und dann
zurückgekehrt waren, 6 Männer, Frauen und
Kinder, außerdem die Töchter des Königs und
alle übrigen Leute, die Nebusaradan, der Be-
fehlshaber der Leibwache Nebukadnezzars, bei
Gedalja in Mizpa zurückgelassen hatte.

Auch Jeremia und Baruch zwangen sie mitzu-
gehen. 7 Gegen den Befehl des HERRN brachen
sie auf und kamen nach Tachpanhes an der
ägyptischen Grenze.

Auch Ägypten bietet keine Zuflucht vor Nebukadnezzar

8 In Tachpanhes erging das Wort des HERRN an
Jeremia, er sagte zu ihm: 9 »Nimm große Steine
und lasse sie am Eingang des Regierungsgebäu-
des in den Lehmboden ein! Einige Männer aus
Juda sollen als Zeugen dabei sein. 10 Zu ihnen
sagst du: ›So spricht der HERR, der Herrscher der
Welt,[b] der Gott Israels: Ich hole meinen Diener
Nebukadnezzar, den König von Babylonien*,
herbei. Ich werde auf diesen Steinen hier seinen
Thron errichten und er wird darüber sein Prunk-
zelt aufspannen. 11 Er wird in Ägypten einfallen
und es besiegen. Die Ägypter werden durch
Schwert oder Pest umkommen oder in die Ver-
bannung geführt werden, jeder, wie es für ihn
bestimmt ist.

12 Ich werde Feuer an die Tempel der ägypti-
schen Götter legen; ihre Bilder wird Nebukad-
nezzar verbrennen und wegführen. Wie ein Hirt
die Läuse aus seinen Kleidern entfernt, so wird
er die Götterbilder aus Ägypten beseitigen. Dann
wird er es wieder verlassen, ohne dass ihm je-
mand in den Weg tritt. 13 Er wird die Obelisken
von Heliopolis zertrümmern und die Tempel der
ägyptischen Götter niederbrennen.‹«

Die Entronnenen haben nichts gelernt

44 Das Wort des HERRN erging an Jeremia;
der HERR gab ihm eine Botschaft an alle
Leute aus Juda, die in Ägypten wohnten, in
Migdol, Tachpanhes, Memfis und im südlichen
Teil des Landes. Jeremia musste ihnen ausrich-
ten:

2 »So spricht der HERR, der Herrscher der
Welt,[c] der Gott Israels: ›Ihr habt das Unglück
miterlebt, das ich über Jerusalem und alle Städte
in Juda gebracht habe. Heute sind sie nur noch
verlassene Trümmerfelder. 3 Das haben ihre Be-
wohner durch ihr schlimmes Treiben verschul-
det; denn sie haben fremde Götter verehrt, die
niemand von euch früher gekannt hat, auch eure
Vorfahren nicht. Sie haben ihnen Opfer* dar-
gebracht und mich damit zum Zorn gereizt.

4 Immer wieder habe ich meine Diener, die
Propheten*, zu euch geschickt mit der Mah-
nung: Tut doch nicht so etwas Abscheuliches, ich
hasse es! 5 Aber ihr habt nicht darauf gehört und
euch nicht von eurem bösen Tun abgewandt.
Nein, ihr habt darauf beharrt, diesen Göttern
Opfer darzubringen. 6 Darum habe ich meinem
Zorn freien Lauf gelassen. Er wütete in den Städ-
ten von Juda und in den Straßen Jerusalems, so-
dass sie zu Trümmerfeldern und zu Schutthaufen
wurden, wie sie es heute noch sind.‹

7-8 Deshalb fragt euch heute der HERR, der
Herrscher der Welt, der Gott Israels: ›Habt ihr
daraus nichts gelernt? Auch hier in Ägypten op-
fert ihr fremden Göttern und reizt mich damit
zum Zorn! Wollt ihr euch selbst ins Unglück stür-
zen und das Volk von Juda, Männer, Frauen,
Kinder und Säuglinge, vollends bis auf den letz-
ten Rest ausrotten? Mit eurem Tun bereitet ihr
euch selbst den Untergang! Unter allen Völkern
wird man über euch spotten und euren Namen
als Fluchwort* verwenden.

a Zur Umstellung siehe Anmerkung zu 42,18. b Wörtlich *der HERR Zebaot**.
c Wörtlich *der HERR Zebaot**; ebenso in den Versen 7-8, 11 und 25.

43,3 32,12S **43,5-7** 2Kön 25,26 **43,8-13** 13,1-11S **43,10** 21,2S **43,11-12** 46,13.25-26; Ez 29,19-20S **44,3** 25,6S **44,4** 25,4S
44,7-8 24,9S

9 Habt ihr denn alles vergessen, womit ihr
mich in Juda und in den Straßen Jerusalems
beleidigt habt, ihr und eure Vorfahren, eure
Frauen, eure Könige und deren Frauen? 10 Bis
auf den heutigen Tag seid ihr unverbesserlich
geblieben. Ihr fürchtet euch nicht vor mir und
haltet euch nicht an das Gesetz* und die Gebote,
die ich euch und euren Vorfahren gegeben
habe.‹

11 Deshalb sagt der HERR, der Herrscher der
Welt, der Gott Israels: ›Ich bin entschlossen,
Unglück über euch zu bringen und das Volk von
Juda vollends zu vernichten. 12 Auch die Über-
lebenden, die darauf bestanden haben, nach
Ägypten auszuwandern, bringe ich jetzt um. Sie
alle, Vornehme wie Geringe, werden durch
Krieg und Hunger sterben. Die Menschen wer-
den es mit Entsetzen sehen, sie werden über
euch spotten und euren Namen als Fluchwort
verwenden. 13 Wie ich Jerusalem bestraft habe,
so strafe ich jetzt die Leute aus Juda, die in
Ägypten wohnen – mit Krieg, Hunger und Pest.
14 Niemand wird entrinnen oder überleben.
Niemand wird nach Juda zurückkehren, obwohl
sie sich danach sehnen, wieder dort zu wohnen.
Nur einige wenige werden entkommen und
dorthin zurückkehren.‹«

Gott behält das letzte Wort

15 Alle Männer, die wussten, dass ihre Frauen
fremden Göttern Opfer darbrachten, und alle
Frauen, die dabeistanden – es waren sehr
viele –, und auch die Leute von Israel, die im
südlichen Landesteil wohnten, sagten darauf zu
Jeremia: 16 »Was du da als Botschaft des HERRN
zu uns gesagt hast, wollen wir nicht hören!
17 Wir werden weiterhin treu die Gelübde* er-
füllen, die wir der Himmelskönigin* gemacht
haben. Wir werden ihr Räucheropfer* und
Trankopfer* darbringen, so wie wir es früher in
Jerusalem und in den Städten Judas getan haben,
wir und unsere Vorfahren, auch die Könige und
führenden Männer.

Damals ging es uns gut, wir hatten Brot genug
und litten keine Not. 18 Aber seit wir aufgehört
haben, der Himmelskönigin Opfer darzubrin-
gen, fehlt es uns an allem und wir kommen
durch Krieg und Hunger um.« 19 Und die Frauen
fügten hinzu: »Unsere Männer sind ganz damit
einverstanden, dass wir der Himmelskönigin
Räucheropfer und Trankopfer darbringen und
ihr die Opferkuchen backen, die nach ihrem Bild
geformt sind.«

20 Jeremia antwortete dem ganzen Volk, den
Männern und Frauen: 21 »Eben diese Opfer
haben euch ins Unglück gestürzt, die ihr in den
Städten von Juda und in den Gassen Jeru-
salems dargebracht habt, ihr selbst, eure Vor-
fahren, eure Könige und führenden Männer
und das ganze Volk! Dafür hat der HERR euch
bestraft. 22 Er konnte euer abscheuliches Tun
nicht mehr ertragen, deshalb wurde euer Land
ein Trümmerfeld, menschenleer, ein Bild des
Grauens, und sein Name muss als Fluchwort*
dienen.

23 Das kommt davon, dass ihr der Himmels-
königin Opfer dargebracht habt. Ihr habt gegen
den HERRN gesündigt und ihm nicht gehorcht;
ihr habt euch nicht an sein Gesetz, seine Gebote
und Mahnungen gehalten. Deshalb hat er euch
in das Unglück gestürzt, das euch bis heute ver-
folgt.«

24 Dann sagte Jeremia zu dem ganzen Volk,
besonders zu den Frauen: »Ihr Leute aus Juda,
hört nun, was der HERR euch ankündigt. 25 So
spricht der HERR, der Herrscher der Welt, der
Gott Israels: ›Ihr seid Leute, die tun, was sie
versprechen! Ihr sagt: Wir haben das Gelübde
getan, der Himmelskönigin Räucheropfer und
Trankopfer darzubringen, und wir wollen uns
genau daran halten. Nun gut, haltet eure Ver-
sprechen und erfüllt eure Gelübde! 26 Aber hört
auch, was ich, der HERR, euch sage, allen Leuten
aus Juda, die jetzt in Ägypten leben! Ich schwöre
bei meinem großen Namen: Keiner von euch
soll mehr meinen Namen in den Mund nehmen
und sagen: So gewiss Gott, der HERR, lebt!
27 Denn ich werde jetzt nicht mehr für euer
Wohlergehen sorgen, sondern nur noch für
euren Untergang. Alle Leute aus Juda, die in
Ägypten leben, werden durch Krieg oder Hun-
ger umkommen. 28 Nur wenige werden dem
Schwert entrinnen und aus Ägypten in das Land
Juda zurückkehren. Die werden dann einsehen,
wessen Wort in Erfüllung geht, meins oder das
eure!

29 Ich will euch auch ein Zeichen geben, an
dem ihr erkennen könnt, dass ich euch hier in
diesem Land strafe und meine Drohungen gegen
euch wahr mache: 30 Ich werde den ägyptischen
König Hofra an seine Todfeinde ausliefern, so
wie ich damals Zidkija, den König von Juda, an
seinen Todfeind Nebukadnezzar, den König von
Babylonien, ausgeliefert habe. Das sage ich, der
HERR.‹«

44,12 24,9 S **44,14** 42,17 **44,17-19** 7,17-18 S **44,18** 1 Makk 1,11 **44,21** 11,12-13 **44,22** 15,6 **44,23** 24,10 **44,26** 4,2 S; 49,13 S **44,30** 46,26; 39,5

Ein Trostwort für Baruch

45 Jojakim, der Sohn von Joschija, war das
vierte Jahr König über Juda. Damals sagte
Jeremia zu Baruch, dem Sohn von Nerija, der die
Worte des Propheten nach dessen Diktat in die
Buchrolle* geschrieben hatte:
2 »Der HERR, der Gott Israels, redet zu dir,
Baruch, und sagt: 3 ›Du klagst: Ich Unglück-
licher! Angst und Sorge drücken mich nieder
und der HERR fügt immer neue Drohungen hin-
zu.[a] Ich bin erschöpft von Stöhnen und finde
keine Ruhe mehr!‹
4 Im Auftrag des HERRN sage ich dir: ›So
spricht der HERR: Sieh her, auf der ganzen Erde
lege ich in Trümmer, was ich aufgebaut habe,
und reiße aus, was ich eingepflanzt habe. 5 Und
da willst du für dich ein Leben in Wohlstand und
Sicherheit?[b] Verlange es nicht! Ich bringe Un-
glück über alle Menschen; dir aber gebe ich dein
Leben als Beutestück, wohin du auch kommst.
Das sage ich, der HERR.‹«

DAS GERICHT GOTTES ÜBER DIE VÖLKER (Kapitel 46–51)

46 Hier ist aufgeschrieben, was der HERR
den Propheten Jeremia als Gerichtsbot-
schaft gegen die Völker verkünden ließ.

Ägypten unterliegt in der Schlacht bei Karkemisch

2 Worte über Ägypten:
Als das Heer des Pharaos Necho, des Königs
von Ägypten, bei Karkemisch am Eufrat stand
und dort von Nebukadnezzar, dem König von
Babylonien*, besiegt wurde – es war im vierten
Jahr Jojakims, des Königs von Juda –, verkündete
Jeremia in Jerusalem:
3–4 »Ich höre die Kommandorufe der Ägyp-
ter:[c] ›Schilde aufnehmen! – Pferde anschirren! –
Aufsitzen! – Helm auf! In Schlachtordnung an-
treten! – Lanzen bereitmachen! – Panzer an-
legen! – Zum Kampf vorrücken!‹
5 Aber was muss ich sehen? Wie konnte es
dazu kommen? Die Kriegsleute verlässt der Mut;
sie weichen zurück! Selbst die Tapfersten kön-
nen nicht standhalten; jeder flieht, so schnell er
kann, ohne sich umzusehen! ›Schrecken über-
all‹, sagt der HERR. 6 Auch der Schnellste kann
nicht mehr entkommen, auch der Stärkste sich
nicht mehr retten. Im Norden, am Ufer des
Eufrats, stürzen sie hin und bleiben tot liegen.
7 Wer braust da heran wie das Wasser eines
reißenden Stromes, wie der Nil, der das Land
überflutet? 8 Das ist Ägypten. Es sagt: ›Ich will
nach Norden ziehen und das ganze Land über-
fluten. Ich will die Städte vernichten samt allen
ihren Bewohnern. 9 Auf, ihr Pferde! Ihr Streit-
wagen*, rast los! Die besten Truppen voran, die
Schildträger aus Kusch und Put und die Bogen-
schützen aus Lud!‹[d]
10 Aber dem HERRN gehört die Erde und am
Tag der Schlacht nimmt er Rache an den Ägyp-
tern, seinen Feinden! Da frisst sein Schwert, bis
es satt ist, und betrinkt sich an ihrem Blut! Der
HERR, der Herrscher über die ganze Welt,[e] will
ein Schlachtfest halten im Land des Nordens, am
Ufer des Eufrats!
11 Armes Ägypten,[f] lauf ruhig hinauf bis ins
Bergland von Gilead und hol dir dort Salbe! Aber
alle Arzneien können dir nichts helfen; deine
Wunde heilt nicht mehr zu. 12 Die Völker haben
erfahren, wie sehr du gedemütigt wurdest; alle
Welt hat dich schreien hören. Deine Kriegsleute
stürzten einer über den andern und keiner kam
mit dem Leben davon.«

Die Babylonier dringen in Ägypten ein

13 Als Nebukadnezzar, der König von Babylo-
nien*, anrückte, um Ägypten zu erobern, sprach
der HERR zum Propheten Jeremia und befahl
ihm, diese Botschaft zu verkünden:
14 »Sagt den Ägyptern, was auf sie zukommt;
die Leute in Migdol und Memfis und Tachpanhes
sollen es wissen! Sagt ihnen: ›Macht euch zum
Kampf bereit; nehmt eure Waffen zur Hand!
Denn all eure Nachbarn fraß schon das Schwert!‹
15 Aber was sehe ich? Auch der mächtige Pha-
rao liegt schon am Boden? Ja, er hat nicht stand-
halten können, denn der HERR war es, der ihm
den Stoß versetzte! 16 Der HERR ließ die Söldner
des Pharaos stolpern und stürzen, einer fiel über
den andern! Da riefen sie sich zu: ›Los, gehen
wir nach Hause, zurück in die Länder, aus denen

a *Angst und Sorge …:* wörtlich *Der HERR fügt Kummer zu meinem Leid.* Offenbar ist dabei an den Inhalt der aufgeschriebenen Worte gedacht. b *ein Leben …:* wörtlich *Großes/große Dinge.*
c *Ich höre …:* verdeutlichender Zusatz. d Zu den Völkernamen siehe die Sacherklärungen.
e Wörtlich *Der Herr, der HERR Zebaot*.*
f Wörtlich *Jungfräuliche Tochter Ägypten.* Zur Fortsetzung vgl. Anmerkung zu 8,22.

45,1 25,1-2S; 32,12S **45,4** 1,10S **45,5** 39,18; 43,6 **46,1** 1,10 **46,2** Jes 19,1-15S; Jer 25,19; 25,1-2S; 2Kön 23,29 **46,5** 6,25S **46,10** 47,6; Ez 21,19-21 **46,11** 8,22S **46,13** 43,11S

wir stammen, nur weg aus diesem mörderischen Kampf! 17 Gebt dem Pharao einen neuen Namen; nennt ihn:[a] Großmaul, dessen Stunde vorüber ist!‹

18 ›So gewiss ich lebe‹, sagt der HERR, der König der ganzen Welt, ›wie der Berg Tabor die umliegenden Hügel überragt, wie der Karmel herausragt aus dem Meer, so überragend an Macht ist der, der gegen dich, Pharao, anrückt! 19 Packt eure Habseligkeiten, ihr Ägypter, ihr müsst in die Verbannung! Denn Memfis wird zur Wüste werden, zu einem Trümmerfeld, in dem niemand mehr wohnt!‹

20 Wie eine prächtige junge Kuh ist Ägypten. Die Stechfliege aus dem Norden* fällt über es her. 21 Da laufen auch die Söldner davon, die in Ägypten gemästet wurden wie die Kälber. Kein Einziger von ihnen hält stand, wenn der HERR abrechnet und Verderben über sie bringt.

22 Ägyptens Heer weicht zurück wie eine zischende Schlange, sobald die Feinde mit Macht anrücken und ihre Äxte schwingen wie Holzfäller. 23 Sie schlagen ganz Ägypten kahl, wie man ein Dickicht abholzt. Zahlreicher sind sie als Heuschrecken; niemand kann sie zählen. 24 Ägypten[b] ist mit Schande bedeckt, preisgegeben dem Volk aus dem Norden.

25 Der Herrscher der Welt,[c] der Gott Israels, sagt: ›Jetzt rechne ich ab mit Amon, dem Gott von Theben, mit Ägypten und all seinen Göttern und Königen, mit dem Pharao und allen, die sich auf ihn verlassen! 26 Ich liefere sie ihren Todfeinden aus: dem König Nebukadnezzar von Babylonien* und seinem Heer!

Doch später soll Ägypten wieder bewohnt sein wie in alten Zeiten.‹ Das sagt der HERR.«

Trostwort an Israel

27 »Aber ihr Nachkommen Jakobs, meines vertrauten Dieners, habt keine Angst!«, sagt der HERR. »Ihr steht unter meinem Schutz. Ihr Leute von Israel, verliert nicht den Mut! Ich hole euch und eure Kinder heraus aus dem fernen Land, in dem man euch gefangen hält. Ihr werdet zurückkehren in euer Land und dort in Frieden leben, sicher und ungestört.

28 Fürchtet euch nicht, ihr Nachkommen meines Dieners Jakob«, sagt der HERR, »ihr steht unter meinem Schutz. Ich bin bei euch! Alle Völker, unter die ich euch zerstreut habe, werde ich vernichten, aber niemals euch! Euch strafe ich nur, wie ihr es verdient habt, denn ganz ungestraft kann ich euch nicht lassen.«

Über die Philister

47 Noch bevor der Pharao die Stadt Gaza eroberte, sprach der HERR zum Propheten Jeremia und befahl ihm, über die Philister* folgende Botschaft zu verkünden:

2 »So spricht der HERR: ›Wasser bricht von Norden* herein. Es wird zu einem reißenden Strom, der alles überflutet: das offene Land und was dort wächst, die Städte und ihre Bewohner. Die Menschen klagen und schreien, 3 denn sie hören das Stampfen der Pferde, das Rasseln der Streitwagen*, das Rollen der Räder. Da kümmern selbst Eltern sich nicht mehr darum, wo ihre Kinder bleiben; so sehr hat die Angst sie gepackt. 4 Denn der Tag ist gekommen, der allen Philistern den Untergang bringt. Niemand wird übrig bleiben, der Tyrus und Sidon künftig noch zu Hilfe kommen könnte. Ich selbst, der HERR, bin es, der die Philister vernichtet, den Rest dieser Leute, die einst von der Insel Kreta kamen.‹«

5 Die Einwohner von Gaza trauern; sie haben sich den Kopf kahl geschoren. In Aschkelon ist jeder Freudenlaut verstummt. Ihr Nachkommen der Anakiter,[d] wie lange werdet ihr noch trauern müssen und euch die Haut blutig ritzen? 6 Ach, Schwert des HERRN, willst du denn keine Ruhe geben? Kehr zurück in deine Scheide! Hör auf zu wüten, halt ein!

7 Aber wie könnte es Ruhe geben? Der HERR selbst gab ihm den Befehl, Aschkelon und das Gebiet an der Küste zu schlagen.

Moabs Ende ist gekommen (48,1-47)

48 Worte über Moab*:

So spricht der Herrscher der Welt,[e] der Gott Israels: »Wehe den Bewohnern von Nebo; ihre Stadt wird verwüstet. Schande kommt über Kirjatajim; es wird erobert. Moab, die sichere Festung, wird eingenommen und geschleift; 2 mit seinem Ruhm ist es vorbei. In Heschbon haben die Feinde den Plan gefasst, der Moab den Untergang bringt. ›Kommt‹, sagten sie, ›dieses Volk lassen wir von der Erde verschwinden!‹ Auch in deinen Mauern, Madmen, wird bald Totenstille herrschen; die Heere, die dich vernichten, sind schon unterwegs!«

a *Gebt dem Pharao …:* mit alten Übersetzungen; H *Sie riefen dort: Pharao.*
b Wörtlich *Die Tochter Ägypten.* c Wörtlich *Der HERR Zebaot*.*
d So mit G (vgl. Sacherklärung); H *Der Rest ihrer Talebene.* e Wörtlich *der HERR Zebaot*.*

46,17 Jes 30,7 **46,20.24** 1,14 S **46,25-26** 43,12 S; 44,30 **46,26** (wieder) 12,15; 48,47; 49,6.39; Jes 19,19-25 S **46,27-28** 30,10-11 **47,1-7** 25,20; Jes 14,28-32 S **47,2** 1,14 S **47,4** Dtn 2,23; Am 9,7; Zef 2,5 **47,5** 16,6 S **47,6** 46,10 S **48,1-47** 25,21; Jes 15,1–16,14 S **48,2** Num 21,26

3 Horcht! Hilfegeschrei von Horonajim her!
Alles wird verwüstet, alles sinkt in Trümmer.
4 Mit Moab ist es zu Ende. Seine kleinen Kinder
schreien laut. 5 Weinend ziehen die Überleben-
den den Aufstieg nach Luhit hinauf. Am Abstieg
von Horonajim hört man Menschen schreien in
ihrer Not. 6 »Weg von hier!«, rufen sie. »Bringt
euch in Sicherheit! Lauft in die Steppe und fristet
dort euer Leben wie der Wacholderstrauch!«[a]

7 Moab, du hast dich auf deine Festungen und
auf deine Vorräte verlassen, gerade deshalb wirst
du erobert! Dein Gott Kemosch wird in die Ver-
bannung geführt, er und alle seine Priester und
die führenden Männer! 8 Der Feind, der alles
vernichtet, kommt über jede Stadt; keine entgeht
ihrem Schicksal. Unten am Jordan und oben auf
der Hochebene wird alles in Trümmer sinken. So
hat der HERR es befohlen. 9 Setzt Moab einen
Grabstein, denn mit ihm ist es aus![b] Seine Städte
werden zu Wüsten, in denen keiner mehr
wohnt.

10 Fluch über alle, die nur halbherzig ausfüh-
ren, was der HERR will! Fluch über jeden, der
sein Schwert zurückhält vom Blutvergießen!

Mit Moabs Ruhe ist es vorbei

11 Nie wurde Moab* von Feinden angegriffen,
nie musste sein Volk in Verbannung gehen. Es ist
wie ein Wein, der ungestört lagern durfte, der
nie umgefüllt wurde von einem Gefäß ins andere
und der so seinen Geschmack und seinen Duft
voll entfalten konnte.

12 »Deshalb ist jetzt der Tag nicht mehr fern«,
sagt der HERR, »an dem ich Küfer nach Moab
schicke, damit sie den Wein umfüllen. Sie leeren
alle Krüge aus und schlagen sie in Stücke!
13 Moab wird von seinem Gott Kemosch genauso
im Stich gelassen, wie Israel im Stich gelassen
wurde von dem Stierbild in Bet-El, auf das es
seine Hoffnung setzte!«

14 Ihr Leute von Moab, wie könnt ihr sagen:
»Wir sind tapfere Kriegsleute, Männer wie gebo-
ren zum Kampf«? 15 Die Feinde, die euer Land
verwüsten und seine Städte erstürmen werden,
sind schon im Anmarsch. Die besten eurer jun-
gen Männer ziehen ihnen nur entgegen, um
abgeschlachtet zu werden! Das sagt der König –
»der HERR, der Herrscher der Welt«[c] ist sein
Name.

16 Der Untergang Moabs steht nahe bevor;
ganz schnell geht es mit ihm zu Ende. 17 Auf, ihr
Nachbarn und alle seine Bekannten, stimmt die
Totenklage an und sagt: »Unfassbar! Dieses
mächtige Reich ist zerbrochen, dieses mächtige,
ruhmvolle Reich!«

Die Botschaft der Flüchtlinge

18 Stadt Dibon,[d] steig herab von deiner stolzen
Höhe und setz dich in den Staub! Denn die Fein-
de, die ganz Moab* verwüsten, ziehen zu dir
hinauf und zerstören deine Befestigungen. 19 Ihr
Leute von Aroër, stellt euch an die Straße und
schaut, was da kommt! Fragt die flüchtenden
Männer und Frauen: »Was ist geschehen?«
20 Sie werden euch sagen: »Mit Moab ist es aus;
es ist schmählich zusammengebrochen! Heult!
Schreit! Lasst es auch die Leute am Arnon wis-
sen: Moab ist vernichtet!«

21 Das Strafgericht brach herein über das
Hochland nördlich des Arnontals: über Holon,
Jahaz und Mefaat, 22 über Dibon, Nebo und Bet-
Diblatajim, 23 über Kirjatajim, Bet-Gamul und
Bet-Meon, 24 über Kerijot und Bozra und alle
übrigen Städte der Moabiter.

25 »Der stolzen Macht Moabs mache ich ein
Ende!«, sagt der HERR.

Moab – Gegenstand verdienten Spottes

26–27 Gebt Moab* Wein zu trinken, bis es be-
trunken ist und sich erbrechen muss! Gegen den
HERRN hat es sich groß aufgespielt; verspottet
habt ihr Moabiter sein Volk Israel. Sooft ihr von
ihm spracht, habt ihr höhnisch den Kopf ge-
schüttelt, als handle es sich um Leute, die beim
Diebstahl ertappt worden sind. Darum sollt ihr
nun selbst zum Gespött werden!

28 Volk von Moab, verlass deine Städte und
richte dich zwischen Felsen ein! Du musst wie
die Wildtauben leben, die an den Wänden gäh-
nender Schluchten ihre Nester bauen!

Trauer um Moab

29 Wir kennen Moabs* maßlosen Hochmut; wie
überheblich und vermessen ist dieses Volk, wie
eingebildet auf seine Macht!

30 »Auch mir ist bekannt«, sagt der HERR,
»wie sehr es von sich eingenommen ist. Ständig
führt es das große Wort, aber seine Taten zeigen,
dass nichts dahinter steckt.«

31 Über Moab stimme ich ein Klagelied an; ich
schreie um Hilfe für dieses Volk, mich jammern
die Leute von Kir-Heres. 32 Volk von Sibma, um

a *wie der Wacholderstrauch:* vermutlicher Text; H *wie Aroër.*
b So mit G. Der Sinn von H ist unsicher; vielleicht: *Gebt Moab Flügel, denn fliegend wird es wegziehen.*
c Wörtlich *der HERR Zebaot*.
d Wörtlich *Tochter Dibon.*

48,7 Ri 11,24; Jer 49,3-4 **48,13** 50,2 S; 1 Kön 12,28-29 **48,26-27** 25,15 S; (aufgespielt) 48,42; 50,29; 51,5

dich weine ich noch mehr als um das Volk von
Jaser. Du bist wie ein Weinstock, dessen Ranken
hinüberreichen bis ans Tote Meer und hinauf bis
nach Jaser.[a] Doch zur Zeit der Obsternte und der
Weinlese kommen die Feinde über dich und ver-
wüsten alles. 33 Dann ist es vorbei mit der Freude
und dem Jubel in den Obst- und Weingärten
Moabs. Kein Traubensaft fließt in die Bottiche,
denn niemand tritt mehr die Kelter*, und statt
der fröhlichen Rufe ist nur lautes Wehgeschrei
zu hören.

34 Die Leute von Heschbon schreien um Hilfe;
ihr Schreien dringt bis nach Elale und Jahaz; von
Zoar bis nach Horonajim und Eglat-Schelischija
ist es zu hören. Selbst die Oase von Nimrim wird
zur Wüste.

35 »Bald wird es in Moab niemand mehr ge-
ben, der auf den Altar* hinaufsteigt, um seinen
Göttern zu opfern«, sagt der HERR, »ich mache
dem ein Ende!«

36 Darum singe ich mein Klagelied über
Moab, über die Leute von Kir-Heres. Es klingt
traurig wie die Flöten, die man zum Begräbnis
spielt. Denn alle Schätze, die Moab sich gesam-
melt hatte, sind verloren. 37 Zum Zeichen der
Trauer ist jeder Kopf kahl geschoren, jeder Bart
abrasiert, alle Hände sind voll blutiger Ein-
schnitte, alle haben den Sack* angezogen. 38 Auf
den flachen Dächern der Häuser und auf den
Plätzen der Städte gibt es nur noch Klagen und
Weinen.

Der HERR sagt: »Ich habe Moab zerbrochen
wie einen Krug, den niemand haben will.«

39 Heult und schreit es hinaus: »Mit Moab ist
es zu Ende! In seiner Schmach kehrt es allen den
Rücken.« Alle Nachbarvölker werden es verspot-
ten und sich entsetzt von ihm abwenden.

Das abschließende Urteil

40 So spricht der HERR: »Wie Adler kommen die
Feinde herangeschossen und stürzen sich auf
Moab*!«

41 Die Städte und Burgen werden erobert. An
jenem Tag werden die tapfersten Männer Moabs
Angst haben wie eine Frau, die in Wehen liegt.
42 Das Volk von Moab wird ausgelöscht, es wird
von der Erde verschwinden, weil es sich gegen
den HERRN groß aufgespielt hat.

43 »Schrecken, Fallgrube und Fangnetz war-
ten auf euch, ihr Bewohner von Moab«, sagt der
HERR. 44 »Wem es gelingt, dem Schrecken zu ent-
fliehen, der fällt in die Grube; wer es schafft, aus
der Grube herauszukommen, verfängt sich im
Netz. Das ist das Schicksal, das ich euch bereite,
wenn ich mit euch abrechne!«

45 Flüchtlinge kommen nach Heschbon und
suchen Schutz. Aber die Stadt steht in Flammen,
vom Palast König Sihons geht ein Feuer aus, das
ganz Moab verzehrt, dieses Land voller Maul-
helden, die Abhänge und die Höhen. 46 Weh dir,
Moab, du Volk des Gottes Kemosch, dein Ende
ist da! Deine Männer und Frauen werden in die
Gefangenschaft weggeführt.

47 »Doch später werde ich für die Moabiter
alles wieder zum Guten wenden«, sagt der HERR.

Hier enden die Gerichtsworte über Moab.

Über die Ammoniter

49 Worte über die Ammoniter*:
So spricht der HERR: »Warum hat Mil-
kom,[b] der Gott der Ammoniter, sich das Gebiet
des Stammes Gad angeeignet? Warum hat sein
Volk die Städte dort in Besitz genommen? Als ob
Israel keine Söhne und rechtmäßigen Erben
mehr hätte! 2 Aber wartet«, sagt der HERR, »der
Tag kommt, an dem ich gegen Rabba, die Haupt-
stadt der Ammoniter, Feinde heranführe! Rabba
wird zum Schutthaufen werden und die umlie-
genden Orte wird das Feuer vernichten! Dann
wird Israel die beerben, die ihm seinen Erb-
besitz* raubten!«

3 Ihr Leute von Heschbon, weint und klagt,
denn die Stadt Ai[c] ist zur Wüste geworden!
Schreit, ihr Bewohner der Städte, die zu Rabba
gehören, legt den Sack* an, rennt klagend um-
her auf euren Feldern, denn euer Gott Milkom
geht in die Verbannung samt seinen Priestern
und allen führenden Männern! 4 Rabba, du
Stadt, die sich gegen den HERRN und sein Volk
vergangen hat, was prahlst du mit deinen frucht-
baren Tälern? Du vertraust auf deine Vorräte
und sagst: »Wer kommt schon gegen mich an?«
5 Der HERR, der Herrscher über die ganze Welt,[d]
sagt: »Warte, von allen Seiten bringe ich Schre-
cken über dich. Deine Bewohner sollen in alle
Richtungen zerstieben und niemand wird da
sein, der sie noch einmal sammelt!

6 Doch später werde ich für die Ammoniter
alles wieder zum Guten wenden«, sagt der HERR.

a *nach Jaser:* mit zwei Handschriften (vgl. Jes 16,8); H *zum Meer von Jaser.*
b *Milkom* mit alten Übersetzungen; H *ihr König* (vgl. 2Sam 12,30); ebenso in Vers 3.
c Vielleicht ist *Ar* zu lesen (vgl. Num 21,15); ein *Ai* im Ostjordanland ist sonst nicht bekannt.
d Wörtlich *Der Herr, der HERR Zebaot*.*

48,37 16,6 S **48,38** (Krug) 22,28 **48,40** 49,22 **48,42** 48,26-27 S **48,43-44** Jes 24,17-18 S **48,45-46** 48,2; Num 21,26-29 **48,47** 46,26 S **49,1-6** 25,21; Ez 21,33-34; 25,1-7; Am 1,13-15; Zef 2,8-10 **49,1** Jos 13,24-28 **49,3-4** 48,2.7 **49,6** 46,26 S

Edom ist mit seiner Weisheit am Ende (49,7-22)

7 Worte über Edom*:

So spricht der HERR, der Herrscher der Welt:[a] »Wo ist die Weisheit* von Teman[b] geblieben? Fällt den klugen Köpfen dort nichts mehr ein? Ist ihr Verstand eingerostet? 8 Ihr Kaufleute aus Dedan*, macht kehrt und flieht! Versteckt euch in Höhlen, denn ich bringe Verderben über die Nachkommen Esaus; jetzt rechne ich mit ihnen ab! 9 Winzer werden über sie kommen, die für eine Nachlese nichts mehr übrig lassen; Diebe werden nachts bei ihnen eindringen und nach Herzenslust rauben und plündern.

10 Ich selber liefere die Nachkommen Esaus an ihre Feinde aus. Ich gebe ihre Schlupfwinkel preis; es hilft ihnen nichts, wenn sie sich verstecken. Alle Edomiter finden den Tod. Es wird keine Brüder oder Nachbarn mehr geben, die sagen könnten: 11 ›Lass deine Kinder bei mir, ich werde für sie sorgen; deine Frau kann sich auf meine Hilfe verlassen!‹«

12 »Hört gut zu, ihr Edomiter!«, sagt der HERR. »Aus dem Becher, der gefüllt ist mit meinem Zorn, müssen selbst Leute trinken, die gar nicht dazu verurteilt waren. Und ausgerechnet ihr solltet davon verschont bleiben? Ihr kommt nicht ungestraft davon; ihr werdet ihn trinken! 13 Ich, der HERR, habe bei mir selbst geschworen: Eure Hauptstadt Bozra wird zum Bild des Grauens werden, zu einem Gegenstand des Spottes, zum Inbegriff der Verwüstung; ihr Name wird als Fluchwort* dienen. Auch die übrigen Städte Edoms sollen für immer zu Trümmerhaufen werden!«

Gott ruft die Völker zum Kampf gegen Edom

14 Der HERR hat mir gesagt, dass er einen Boten zu den Völkern gesandt hat mit dem Befehl: »Sammelt eure Heere zum Kampf gegen Edom*! Greift es an!«

15–16 Zu Edom aber sagt der HERR: »Du wohnst in Felsklüften und auf hohen Bergen; aller Welt jagst du Angst und Schrecken ein und hältst dich für den Größten. Dafür mache ich dich jetzt zum kleinsten der Völker; alle Welt wird dich verachten! Du kannst dein Nest so hoch bauen wie ein Adler, ich hole dich von dort herunter!« Das sagt der HERR.

Edom wird verwüstet

17 Der HERR sagt: »Edom* wird so verwüstet, dass jeder, der vorübergeht, erschrickt und sich entsetzt abwendet. 18 Wie Sodom* und Gomorra mit ihren Nachbarstädten wird es Edom ergehen: Es wird so völlig zerstört, dass niemand dort wohnen bleibt und kein Mensch sich dort aufhalten mag.

19 Wie ein Löwe aus dem Dickicht am Jordan heraufsteigt ins Weideland, so werde ich kommen, und augenblicklich werden alle Edomiter die Flucht ergreifen. Dann werde ich den Mann, den ich dazu bestimmt habe, als Herrscher über Edom einsetzen. Wer ist mir gleich, wer will Rechenschaft von mir fordern? Wo ist der Herrscher, der mir Widerstand leisten könnte?«

20 Hört also, was der HERR über Edom beschlossen hat, was mit den Leuten von Teman geschehen wird: Wie eine Viehherde wird man sie forttreiben, selbst die Kinder und Schwachen! Ihr eigenes Land wird sich entsetzen, wenn es das sieht. 21 Edom wird fallen! Von der Wucht seines Falls wird die Erde beben und das Klagegeschrei der Edomiter wird bis zum Roten Meer zu hören sein. 22 Wie Adler steigen die Feinde auf, kommen herangeschossen und stürzen sich auf Bozra. Da bekommen die tapfersten Männer Angst wie eine Frau, die in Wehen liegt.

Über Damaskus

23 Worte über Damaskus:[c]

Die Leute von Hamat und Arpad sind bestürzt; sie vergehen vor Angst wegen der Unglücksnachricht, die sie erhielten. Auch an der Küste herrscht tiefe Besorgnis; niemand kommt mehr zur Ruhe. 24 Denn Damaskus hat den Mut verloren. Schon wendet sich sein Heer zur Flucht. Schmerz und Angst haben die Stadt ergriffen wie eine gebärende Frau. 25 Damaskus, die berühmte Stadt, die meine Freude war – man hätte sie einfach verlassen sollen!

26 »Nun aber werden ihre jungen Männer auf den Plätzen der Stadt tot niedersinken«, sagt der HERR, der Herrscher der Welt.[d] »An jenem Tag wird keiner der Verteidiger mit dem Leben davonkommen. 27 Ich werde Feuer an die Mauern von Damaskus legen, das wird die Paläste Ben-Hadads vernichten!«

a Wörtlich *der HERR Zebaot**. b Stadt in Edom, berühmt wegen der Weisheit ihrer Bewohner (vgl. Bar 3,22-23).
c *Damaskus* war die Hauptstadt des Reiches der Syrer*. d Wörtlich *der HERR Zebaot**; entsprechend in Vers 35.

49,7-22 25,21; Jes 34,5-17S **49,12** 25,15S **49,13** (geschworen) 22,5; 44,26; 51,14; Am 4,2; 8,7; (Grauen) Jer 24,9S **49,17** 18,16S **49,18** 50,40; Gen 19,24-25 **49,19** 4,7S **49,22** 48,40 **49,23** 2Kön 19,13; Jes 10,9 **49,24-27** Jes 17,1-3S

Über verschiedene arabische Stämme

28 Worte über den Nomadenstamm Kedar* und
die sesshaften Stämme von Hazor, die König
Nebukadnezzar von Babylonien* inzwischen
besiegt hat:[a]

Der HERR gab den Babyloniern den Befehl:
»Auf zum Kampf gegen Kedar! Überwältigt die
Stämme des Steppenlandes im Osten!« 29 Ihre
Zelte und ihre Herden wird man ihnen wegneh-
men, ihre Zeltdecken, ihren ganzen Hausrat und
ihre Kamele, und dazu rufen: »Schrecken über-
all!«

30 Den Leuten von Hazor ließ der HERR sagen:
»Flieht! Bringt euch schnellstens in Sicherheit!
Haltet euch in Höhlen versteckt! Nebukadnezzar
hat es auf euch abgesehen; sein Plan gegen euch
steht fest! 31 Ich selbst, der HERR, habe den Baby-
loniern befohlen: ›Auf zum Kampf gegen dieses
sorglose, unbekümmerte Volk! Einsam lebt es
für sich und hat darum keine Städte, deren Tore
man verriegeln kann. 32 Holt euch ihre Kamele,
holt euch ihre riesigen Herden!‹

Ja, ich, der HERR, werde die Leute mit den
kahl geschorenen Schläfen in alle Winde zer-
streuen; von allen Seiten lasse ich Unheil über
sie kommen! 33 Hazor wird für immer zur
Wüste, zu einem Tummelplatz für Schakale. Nie-
mand wird dort wohnen bleiben, kein Mensch
sich dort aufhalten wollen.«

Über Elam

34 Zu Beginn der Regierungszeit von Zidkija,
dem König von Juda, sprach der HERR zum Pro-
pheten Jeremia und befahl ihm, über die Elami-
ter* folgende Botschaft zu verkünden:

35 »Der HERR, der Herrscher der Welt sagt:
›Die Stärke der Elamiter sind ihre Bogenschüt-
zen, aber ich werde ihnen die Bogen zerbre-
chen! 36 Ich lasse Stürme gegen sie los aus allen
vier Windrichtungen zugleich, und in alle Winde
werden sie zerstreut! Dann wird es kein einziges
Volk mehr geben, bei dem man nicht auf ver-
sprengte Elamiter stößt. 37 Ich werde dafür sor-
gen, dass sie vor ihren mordgierigen Feinden
den Mut verlieren. Ich bringe Unheil über sie;
sie sollen die Glut meines Zorns zu spüren be-
kommen! Krieg lasse ich gegen sie wüten, bis
nichts mehr von ihnen übrig ist. 38 Den König
von Elam und seine Minister werde ich ver-
nichten und meinen eigenen Thron dort errich-
ten!‹

39 Doch später werde ich für die Elamiter alles
wieder zum Guten wenden«, sagt der HERR.

Über Babylonien (50,1–51,58)

50 Der HERR sprach zum Propheten Jeremia
und befahl ihm, über Babylonien* und
seine Hauptstadt Babylon Folgendes zu verkün-
den:

Babyloniens Ende – Israels Heimkehr

2 Ruft es unter den Völkern aus, alle sollen es
hören! Schlagt es in allen Ortschaften an, macht
es überall bekannt! Verschweigt es nicht, damit
alle es erfahren: Babylon* ist gefallen! Sein Herr
und Beschützer hat versagt: Der Gott Marduk
liegt am Boden; die abscheulichen Götzenbilder
sind zertrümmert! 3 Von Norden* her rückt ein
Volk heran, das Babylonien zur Wüste macht.
Niemand mehr kann dort leben; Menschen und
Tiere ergreifen die Flucht und verschwinden
aus dem Land!

4 »Wenn es so weit ist«, sagt der HERR, »wer-
den die Leute aus Israel[b] und die Leute aus Juda
gemeinsam in ihr Land heimkehren. Weinend
werden sie kommen und meine Nähe suchen,
die Nähe ihres Gottes. 5 Nach dem Weg zum
Berg Zion* werden sie fragen; dort liegt ihr Ziel.
Sie werden zueinander sagen: ›Kommt, wir keh-
ren wieder zum HERRN zurück und wollen den
Bund* mit ihm nie mehr vergessen!‹

6 Wie eine verlorene Herde war mein Volk.
Seine Hirten leiteten es in die Irre; sie führten es
auf Berge, auf denen es der Verführung erlag,
mir den Rücken zu kehren.[c] Von einem Berg
zum andern zog es und vergaß darüber seinen
Lagerplatz. 7 Jeder, der es fand, fiel über es her.
›Wir machen uns damit nicht schuldig‹, sagten
seine Feinde, ›denn diese Leute haben sich
gegen den HERRN vergangen, der sie doch treu
mit allem versorgte, was sie zum Leben brauch-
ten, und auf den ihre Vorfahren alle Hoffnung
setzten!‹«

Bestrafung Babyloniens – Vergebung für Israels Rest

8 Der HERR sagt: »Ihr Ausländer alle, flieht aus
Babylon* und verlasst das Land, so schnell ihr
könnt! Drängt euch durch wie die Böcke in der

a Die Stämme der syrisch-arabischen Wüste wurden 599/98 v. Chr. von Nebukadnezzar ausgeplündert.
b Siehe Anmerkung zu 30,4. *c* Anspielung auf den Götzendienst; vgl. 2,20 und die Vergleichsstellen dort.

49,28-33 25,24; Jes 21,13-17 **49,29** 6,25 S **49,32** 9,25; 25,23 **49,34-38** 25,25; Ez 32,24-25 **49,39** 46,26 S **50,1–51,64** 25,26; Jes 13,1-22 S **50,2** 48,13; 51,44; Jes 21,9 S **50,3** 1,14 S **50,4** 3,18 S; 31,9 **50,5** 31,6 S **50,6** 10,21 S; 50,17; Sach 10,2 **50,8** 50,16; 51,45 S

Herde, dass ihr noch rechtzeitig wegkommt!
9 Denn ich biete die Heeresmacht großer Völker
gegen Babylon auf; aus dem Land im Norden*
werden sie heranrücken und die Stadt erobern.
Sie verstehen ihr Handwerk: keiner ihrer Pfeile
verfehlt sein Ziel! 10 Ganz Babylonien fällt in ihre
Hand und sie werden es nach Herzenslust aus-
plündern!

11 Freut euch nur und jubelt, ihr Babylonier!
Ihr habt mein Volk und mein Land ausgeplün-
dert. Springt nur wie die Kälber und wiehert wie
übermütige Hengste! 12 Bald wird Babylon, eure
Mutter, die euch geboren hat, ganz erbärmlich
dastehen. Ihr werdet das letzte der Völker sein
und euer Land wird zur ausgedörrten Wüste.
13 Mein Zorn wird es völlig unbewohnbar ma-
chen, alles wird zur Wüste! Und eure Hauptstadt
Babylon wird so zerstört, dass jeder, der vorbei-
kommt, vor Entsetzen aufschreit!«

14 Ihr Bogenschützen, geht rings um Babylon
in Stellung! Schießt und spart nicht mit Pfeilen,
denn diese Stadt hat sich gegen den HERRN ver-
gangen! 15 Erhebt lautes Kriegsgeschrei von allen
Seiten und greift an!

Seht! Babylon ergibt sich! Seine Türme stür-
zen ein! Seine Mauern fallen! Der HERR selbst
will an dieser Stadt Vergeltung üben, darum gebt
es ihr und verfahrt mit ihr, wie sie mit anderen
verfuhr! 16 Lasst niemand am Leben, der noch
einmal ein Feld bestellen oder die Ernte einbrin-
gen könnte! Alle aber, die nicht in diesem Land
zu Hause sind, sollen vor dem Wüten des
Schwertes fliehen und zu ihrem Volk und in ihre
Heimat zurückkehren!

17 Israel war ein versprengtes Schaf, auf das
die Löwen Jagd machten: Zuerst packte es der
König von Assyrien* und machte sich über es
her. Dann kam Nebukadnezzar, der König von
Babylonien, nahm den Rest und zermalmte auch
noch die Knochen.

18 Darum sagt der HERR, der Herrscher der
Welt,[a] der Gott Israels: »Jetzt ziehe ich den
König von Babylonien und sein ganzes Land zur
Rechenschaft, genauso wie ich den König von
Assyrien zur Rechenschaft gezogen habe.
19 Israel aber bringe ich zurück an seinen Weide-
platz. Es soll wieder weiden auf dem Karmel und
auf der Hochebene von Baschan*, im Bergland
von Efraïm und von Gilead* und es wird ihm an
nichts mehr fehlen. 20 Dann wird man vergeb-
lich nach der Schuld Israels und nach den Sün-
den Judas suchen – sie sind nicht mehr da; denn
ich habe denen die Schuld vergeben, die ich aus
meinem Volk übrig lasse.«

Vergeltung für die Zerstörung des Tempels

21 Der HERR hat den Befehl gegeben: »Auf zum
Kampf gegen das Land Meratajim, gegen die Be-
wohner von Pekod![b] Vollstreckt den Bann* an
den Menschen und ihrem ganzen Besitz! Haltet
euch genau an diesen Befehl!«

22 Schon ist das Land voll Kriegslärm, schon
sinkt alles in Trümmer. 23 Babylon*, du Hammer,
der die ganze Welt in Stücke schlug, jetzt liegst
du selber zerschmettert am Boden, ein Bild des
Grauens für alle Völker!

24 »Babylon, ich selbst habe dir eine Falle ge-
stellt«, sagt der HERR, »und prompt bist du hin-
eingelaufen. Ich habe dich gefangen und jetzt
rechne ich mit dir ab; denn mit mir, dem HERRN,
hast du dich angelegt!«

25 Wie einer Waffen aus der Rüstkammer holt,
so holt der HERR in seinem Zorn die Völker her-
bei. Er, der Herrscher über die ganze Welt,[c] hat
Arbeit für sie im Land der Babylonier. 26 Er be-
fiehlt ihnen: »Fallt über sie her von allen Seiten!
Brecht ihre Vorratshäuser auf! Werft alles, was
ihr findet, auf einen Haufen und vollstreckt dar-
an den Bann; nichts darf übrig bleiben! 27 Bringt
die jungen Männer um, führt sie ab wie junge
Stiere zur Schlachtung! Weh über sie, der Tag der
Abrechnung ist da!«

28 Horcht! Flüchtlinge aus Babylonien sind ge-
kommen! Sie berichten auf dem Berg Zion*, wie
der HERR, unser Gott, den Babyloniern vergilt,
was sie mit seinem Tempel gemacht haben!

Die Vermessenheit Babylons wird bestraft

29 Bietet alle Bogenschützen auf gegen Babylon*
und schließt den Belagerungsring! Niemand darf
aus der Stadt entkommen! Zahlt ihr die Verbre-
chen heim, die sie begangen hat; verfahrt mit ihr
genauso, wie sie mit anderen verfahren ist! Sie
hat sich groß aufgespielt gegen den heiligen Gott
Israels!

30 »Ja«, sagt der HERR, »die jungen Männer
von Babylon werden auf den Plätzen der Stadt
tot niedersinken; keiner der Verteidiger kommt
mit dem Leben davon!

a Wörtlich *der HERR Zebaot**.
b *Meratajim* und *Pekod* sind Landschaften in Babylonien, die hier für das Land als Ganzes stehen. Ihre Namen erinnern an die hebräischen Wörter für »Empörung/Widerspenstigkeit« und »bestrafen«.
c *Er, der Herrscher ...:* wörtlich *Der Herr, der HERR Zebaot**; entsprechend in Vers 31.

50,13 18,16S **50,15** 25,14S **50,17** 50,6S **50,18** Jes 10,12 **50,19** 23,3S; Ez 34,11-16S **50,20** 31,34S; Jes 4,4 **50,21** 51,3S **50,23** 51,20; Jes 10,5 **50,26-27** 51,3S **50,28** 51,11 **50,29** 25,14S; 48,26-27S; Offb 18,6

31 Babylon, du hochmütige Stadt«, sagt der
HERR, der Herrscher über die ganze Welt, »der
Tag ist gekommen, dass ich mit dir abrechne!
32 Du wirst stürzen und niemand hilft dir wieder
auf. Ich lege Feuer an die Städte, die zu dir
gehören; das wird das ganze Land ringsum ver-
nichten!«

Gott erzwingt die Freilassung seines Volkes

33 So spricht der HERR, der Herrscher der Welt:[a]
»Die Leute aus Israel und aus Juda werden unter-
drückt. Das Volk, das sie gefangen weggeführt
hat, will sie nicht wieder gehen lassen. 34 Doch
an mir haben sie einen starken Anwalt – ›der
HERR, der Herrscher der Welt‹ ist sein Name. Ich
werde ihnen zum Recht verhelfen und der Erde
wieder Ruhe verschaffen. Doch die Bewohner
Babylons* will ich das Zittern lehren!«
35 »Tod den Babyloniern!«, sagt der HERR.
»Tod ihren mächtigen Führern und weisen Ratge-
bern, allen Bewohnern der Hauptstadt Babylon!
36 Tod ihren Wahrsagern; was für Narren sind
sie! Tod ihren Elitetruppen; sie sind vor Schre-
cken starr! 37 Tod ihren Pferden und Streit-
wagen*! Tod ihren fremden Söldnertruppen; sie
vergehen vor Angst wie Frauen! Weg mit ihren
Schätzen und Vorräten; sie werden alle geplün-
dert! 38 Weg mit ihren Bewässerungskanälen;
das ganze Land soll versteppen und verdorren!

Es ist ein Land voller Götzenbilder; ihre
scheußlichen Fratzen haben den Babyloniern
den Verstand geraubt! 39 Darum sollen jetzt
Wildkatzen, Schakale und Strauße sich in ihrem
Land tummeln, aber Menschen werden dort
niemals mehr wohnen! 40 Wie es Sodom* und
Gomorra und ihren Nachbarstädten erging, so
wird es Babylonien ergehen«, sagt der HERR, »es
wird so völlig zerstört, dass niemand dort woh-
nen bleibt und kein Mensch sich dort aufhalten
mag!«

Der Feind aus dem Norden

41 Ein großes Volk kommt von Norden* her,
mächtige Könige machen sich auf vom Ende der
Erde. 42 Ihre Krieger kämpfen mit Bogen und
Krummschwert, sie sind grausam und kennen
kein Erbarmen. Auf Pferden reiten sie heran; es
dröhnt wie das Tosen der Meeresbrandung. Sie
sind bereit zum Angriff; zum Angriff auf dich,
Babylon*! 43 Als dein König die Nachricht davon
erhielt, sind ihm die Hände herabgesunken!
Angst hat ihn befallen, Schmerzen wie die
Wehen einer gebärenden Frau!

44 »Wie ein Löwe aus dem Dickicht am Jordan
heraufsteigt ins Weideland, so werde ich selber
kommen«, sagt der HERR, »und augenblicklich
werden alle Babylonier die Flucht ergreifen.
Dann werde ich den Mann, den ich dazu be-
stimmt habe, als Herrscher über Babylonien ein-
setzen. Wer ist mir gleich, wer will Rechenschaft
von mir fordern? Wo ist der Herrscher, der mir
Widerstand leisten könnte?«

45 Hört also, was der HERR über Babylon be-
schlossen hat, was mit den Bewohnern Baby-
loniens geschehen wird: Wie eine Viehherde
wird man sie forttreiben, selbst die Kinder und
Schwachen! Ihr eigenes Land wird sich entset-
zen, wenn es das sieht! 46 Von dem Ruf »Babylon
ist gefallen!« wird die Erde erzittern, und das
Klagegeschrei der Besiegten wird zu allen
Völkern durchdringen!

Das Gericht Gottes über Babylon

51 So spricht der HERR: »Ich lasse einen ver-
heerenden Sturm losbrechen gegen die
Stadt Babylon* und gegen alle, die in diesem
Zentrum des Aufruhrs gegen mich wohnen! 2 Ich
schicke Fremde, die sollen das Volk von Babylon
davonjagen, so wie der Wind die Spreu fortweht;
sie sollen das ganze Land ausplündern. Wenn für
Babylonien die Stunde geschlagen hat, wird es
von allen Seiten zugleich angegriffen! 3 Ich gebe
seinen Feinden den Befehl: ›Schießt die Bogen-
schützen nieder und all die stolzen gepanzerten
Krieger! Habt kein Mitleid mit den jungen Män-
nern von Babylon, vollstreckt den Bann* an
seinem ganzen Heer!‹«

4 Dann wird Babylon übersät sein von Toten
und auf allen Straßen werden Verwundete lie-
gen. 5 Ja, Israel und Juda sind nicht im Stich ge-
lassen von ihrem Gott, dem Herrscher der Welt![b]
Babylonien hat sich schwer gegen ihn, den heili-
gen Gott Israels, vergangen! 6 Flieht aus Babylo-
nien, ihr Leute von Israel und Juda, rettet euer
Leben! Ihr sollt nicht mit umkommen, wenn die-
ses Land jetzt für seine Schuld bestraft wird!
Denn die Zeit der Vergeltung ist da; jetzt zahlt
der HERR den Babyloniern alles heim, was sie ge-
tan haben!

7 Babylon war ein goldener Becher in der
Hand des HERRN. Mit seinem Wein machte es
die ganze Welt betrunken; alle Völker verloren
davon den Verstand. 8 Plötzlich fällt der Becher

a Wörtlich *der HERR Zebaot**; ebenso in Vers 34.
b Wörtlich *dem HERRN Zebaot**.

50,34 10,16 S; 51,36 **50,39** Zef 2,14 S; Offb 18,2 S **50,40** 49,18 S **50,41-43** 6,22-24 **50,41** 1,14 S **50,44** 4,7 S; (Mann) Jes 41,2.25; 45,1-5 S **51,2** 15,7 **51,3** 50,21.26-27; Dtn 7,1-4 S **51,5** 50,29 S **51,6** 25,14 S; 51,45 S **51,8** 8,22 S

zu Boden und zerbricht. Ihr Völker, haltet die To-
tenklage* für Babylon! Schafft Salbe herbei für
seine Wunden, vielleicht heilen sie! 9 Aber die
Abgesandten der Völker entgegnen: »Wir haben
Babylon zu helfen versucht, doch ihm ist nicht
mehr zu helfen! Überlasst es seinem Schicksal,
wir kehren in unsere Heimat zurück. Dieses
Strafgericht überschreitet jedes irdische Maß!«[a]
10 Die Leute aus Israel und Juda aber werden
sagen: »Der HERR hat unser Recht wiederherge-
stellt! Kommt, wir wollen zum Berg Zion* gehen
und dort erzählen, was der HERR, unser Gott,
getan hat!«

Die Meder vollstrecken das Gericht Gottes

11 Der HERR hat den Königen von Medien* in
den Sinn gegeben, gegen Babylonien* Krieg zu
führen. Sie sollen das Land vernichten. So vergilt
er den Babyloniern, was sie mit seinem Tempel*
gemacht haben. Ich höre schon die Kommando-
rufe der Meder:[b] »Pfeile bereitmachen! – Schilde
aufnehmen! 12 Gebt das Zeichen zum Angriff auf
die Mauern von Babylon! – Verstärkt den Bela-
gerungsring! – Stellt überall Posten auf! – Legt
Truppen in den Hinterhalt!«
Ja, der HERR führt durch, was er sich vorge-
nommen und den Babyloniern angedroht hat!
13 Volk von Babylon, du wohnst an den Ufern
großer Ströme und bist unermesslich reich. Doch
deine Zeit ist abgelaufen, du hast genug zusam-
mengeraubt! 14 Der HERR, der Herrscher der
Welt,[c] hat bei sich selbst geschworen: »Die
Feinde werden in dein Land einfallen wie Heu-
schreckenschwärme und ihr Triumphgeschrei
über dich erheben!«
15 Der HERR hat die Erde geschaffen und da-
durch seine Macht gezeigt: Das feste Land ist ein
Werk seiner Weisheit, der Himmel darüber ein
Beweis seines überlegenen Könnens. 16 Wenn er
es befiehlt, sammelt sich mit Donnergetöse das
Wasser am Himmel, Wolken steigen am Hori-
zont auf, Blitze öffnen dem Regen die Bahn und
der Wind bricht aus seinen Kammern hervor.
17 Kein Mensch kann das begreifen, sprachlos
vor Staunen steht jeder davor. Und alle, die Göt-
terbilder gemacht haben, müssen sich ihrer
Machwerke schämen; denn diese Bilder sind Be-
trug, kein Hauch von Leben ist in ihnen. 18 Wert-
lose Figuren sind sie, über die man spottet. Wenn
der HERR Gericht hält, ist es aus mit ihnen.
19 Wie anders ist der Gott Israels! Er hat das
Weltall geschaffen und das Volk Israel für immer
zu seinem Eigentum gemacht. »Der HERR, der
Herrscher der Welt« ist sein Name.

Größe und Grenze der Macht Babyloniens

20 Der HERR sagt: »Die Babylonier* sind mein
Hammer, meine Kriegswaffe, mit ihnen zerschla-
ge ich Völker und Königreiche. 21 Mit ihnen zer-
schlage ich Pferde und Reiter, Wagen und Len-
ker, 22 Männer und Frauen, Greise, junge Leute
und Kinder. 23 Mit ihnen zerschlage ich die Hir-
ten samt ihren Herden, die Bauern samt ihren
Zugtieren. Statthalter und Befehlshaber zerschla-
ge ich mit ihnen.
24 Aber jetzt sollt ihr Leute von Israel mit eige-
nen Augen sehen, wie ich ihnen das Böse heim-
zahle, das sie an Jerusalem verübt haben!
25 Babylon, du Berg der Vernichtung, von
dem Vernichtung ausgeht in alle Welt, pass auf,
jetzt komme ich über dich!«, sagt der HERR. »Ich
packe dich und stürze dich in die Tiefe! Ich
mache aus dir einen Berg von Schutt und Asche!
26 Man soll keinen Stein mehr in dir finden, der
noch einmal für eine Grundmauer oder als Eck-
stein* zu verwenden wäre; für alle Zeiten wirst
du ein Schutthaufen sein!«

Babylons Ende ist gekommen

27 Gebt das Zeichen zum Kampf gegen Babylon*,
bei allen Völkern stoßt ins Kriegshorn*! Ruft die
Völker auf zum heiligen Krieg! Bietet die König-
reiche von Ararat, Minni und Aschkenas zum
Kampf auf! Bestellt die Offiziere, die die Truppen
ausheben! Lasst Reiterscharen anrücken, zahl-
reich und grausam wie Heuschreckenschwärme!
28 Ruft die Völker auf zum heiligen Krieg! Die
Könige von Medien* sollen sich rüsten, ihre
Statthalter und Befehlshaber und die Völker,
über die sie gebieten!
29 Da zittert und bebt die Erde, denn der Plan
des HERRN geht jetzt in Erfüllung: Die Stadt Baby-
lon und das ganze Land werden zu einer Wüste,
in der kein Mensch mehr wohnt.
30 Die Verteidiger Babylons haben den Kampf
schon aufgegeben. Die stärksten Krieger hocken
in den Festungstürmen, haben keine Kraft mehr
und vergehen vor Angst wie Frauen. Schon sind
die Tore der Stadt erobert, viele Häuser stehen in
Flammen. 31 Ein Bote nach dem andern kommt,
um dem König von Babylon zu melden: »Die
Feinde dringen von allen Seiten in die Stadt ein!

a *Dieses Strafgericht …:* wörtlich *Sein (Babylons) Gericht reicht bis an den Himmel und erhebt sich bis zu den Wolken.*
b *Ich höre …:* verdeutlichender Zusatz. c Wörtlich *Der HERR Zebaot*;* ebenso in Vers 19.

51,10 31,6 S **51,11** Jes 13,17; Jer 50,28 **51,13** Offb 17,1 **51,14** 49,13 S **51,15-19** 10,12-16 **51,20** 50,23 **51,24** 25,14 S **51,26** Jes 28,16 **51,27** 4,5 S

– 32 Sie haben die Flussübergänge besetzt und
die Verteidigungsanlagen in Brand gesteckt! –
Unter unseren Männern ist Panik ausgebro-
chen!«

33 So spricht der HERR, der Herrscher der
Welt,[a] der Gott Israels: »Wenn der Dreschplatz
festgestampft wird, ist die Zeit des Dreschens
nicht mehr fern. Das eine geschieht schon mit
Babylon, das andere wird dann nicht lange auf
sich warten lassen!«

Gott verhilft Jerusalem zu seinem Recht

34 Ich höre die Zionsstadt* klagen:[b] »Nebukad-
nezzar, der König von Babylonien*, hat mich
vernichtet! Er hat mich leer gefressen und wie
eine leere Schüssel stehen lassen. Er hat sich den
Bauch mit meinen Leckerbissen voll geschlagen
und mich dann von sich gestoßen. Wie ein Dra-
che hat er mich verschlungen!«

35 Darum soll Jerusalem sagen: »Was sie mir
angetan haben, soll der Stadt Babylon heimge-
zahlt werden! Für mein Blut, das geflossen ist,
soll ganz Babylonien zur Rechenschaft gezogen
werden!«

36 So spricht der HERR zur Zionsstadt: »Ich
werde dir zum Recht verhelfen und den Babylo-
niern heimzahlen, was sie dir angetan haben.
Den Eufrat lasse ich austrocknen, ich lasse seine
Quellen versiegen. 37 Die Stadt Babylon soll zum
Trümmerhaufen werden, zu einem Tummelplatz
der Schakale, zum Bild des Grauens. Wer das
sieht, wird sich mit Entsetzen abwenden. Kein
Mensch soll dort mehr wohnen.

38 Lass die Babylonier nur brüllen wie die
Löwen und knurren wie Löwenjunge. 39 Für
ihren Heißhunger bereite ich ihnen ein Festmahl
und mache sie dabei betrunken! Sie sollen lustig
werden und dann einschlafen – für immer! Das
sage ich, der HERR. 40 Wie Lämmer, wie Schaf-
und Ziegenböcke führe ich sie zur Schlachtung!«

Spott über den Sturz Babylons

41 Wie war das möglich? Babylon[c] ist gefallen,
diese weltberühmte Stadt! Wie konnte es dahin
kommen? Alle Völker sind entsetzt. 42 Das Meer
ist nach Babylon vorgedrungen und hat die Stadt
unter seinen donnernden Fluten begraben.
43 Auch die anderen Städte sind alle vernichtet!
Babylonien ist zur Wüste geworden, zu einer
dürren Steppe, zu einem Land, das niemand
mehr bewohnt und niemand durchwandert!

Bel und die berühmte Mauer werden fallen

44 Der HERR sagt: »Jetzt rechne ich ab mit Bel*,
dem Gott von Babylon*! Ich zwinge ihn, alles,
was er geraubt und verschlungen hat, wieder
auszubrechen. Die Völker werden nicht mehr zu
ihm strömen, um ihm Opfer* zu bringen! Auch
die Mauer von Babylon wird fallen!

45 Ihr, die ihr zu meinem Volk gehört, verlasst
diese Stadt! Bringt euer Leben in Sicherheit,
denn mein glühender Zorn wird sich über ihr
entladen!«

Zuspruch für das verzagte Volk

46 Ihr Leute von Israel, verliert nicht den Mut!
Fürchtet euch nicht wegen der schlimmen Nach-
richten, die im Land umlaufen! Wenn ihr heute
die eine Schreckensmeldung hört und morgen
die nächste, wenn überall brutale Gewalt
herrscht und ein Machthaber den andern ver-
jagt, 47 dann haltet euch an das, was ich, der
HERR, sage:

»Der Tag kommt, an dem ich mit den Götzen
Babylons abrechne! Babylonien* wird mit
Schimpf und Schande untergehen; überall wer-
den Tote liegen! 48 Himmel und Erde und alles,
was auf Erden lebt, wird in Jubel ausbrechen,
wenn von Norden* her die Feinde anrücken und
Babylonien vernichten!«

Gottes Beschluss steht fest

49 Babylons wegen sind Menschen in aller Welt
gefallen, aber wegen der Gefallenen aus Israel[d]
wird nun Babylon* fallen! 50 Ihr aber aus dem
Volk Israel, die ihr mit dem Leben davongekom-
men seid, verlasst Babylonien; verliert keine
Zeit! Denkt in der Ferne an den HERRN; vergesst
Jerusalem nicht!

51 Ihr sagt zwar: »Der HERR hat uns ent-
täuscht! Alle Völker haben uns verspottet und
verhöhnt; wir müssen uns schämen, dass Frem-
de in den heiligen Tempel* des HERRN eindrin-
gen konnten.«

52 Doch der HERR antwortet: »Der Tag kommt,
an dem ich mit den Götzen Babylons abrechne;
dann wird ganz Babylonien voll sein vom Stöh-
nen tödlich Verwundeter! 53 Und wenn Babylon
auch bis in den Himmel aufstiege, sich in unzu-

a Wörtlich *der HERR Zebaot*;* entsprechend in den Versen 57 und 58. b Verdeutlichender Zusatz.
c Wörtlich *Scheschak* (siehe Anmerkung zu 25,26).
d *aber wegen der Gefallenen …:* vermutlicher Text; H *ihr Gefallenen aus Israel.*

51,36 50,34 **51,37** 18,16 S **51,39** 25,15 S **51,44** 50,2 S **51,45** 51,6.50; Jes 48,20; Sach 2,10; Offb 18,4; Jer 50,8.16 **51,48** Offb 18,20; Jer 50,3 **51,50** 51,45 S; Ps 137,5-6 **51,51** Ps 79,1-4; Klgl 1,10; Jes 40,27 S **51,53** Jes 14,13-15; Ijob 20,4-7

gänglicher Höhe verschanzte, die Feinde, die ich
herbeirufe, würden es dennoch zerstören!«

Kriegslärm und Todesschweigen beenden das Lärmen der Weltstadt Babylon

54 Horcht! Hilfegeschrei von Babylon* her; das
ganze Land sinkt in Trümmer! 55 Der HERR ver-
nichtet Babylon, er macht seinem lärmenden
Treiben ein Ende. Wie tobende, brüllende Mee-
reswogen 56 sind die Feinde über die Stadt ge-
kommen und verwüsten alles. Babylons Solda-
ten werden gefangen genommen, ihre Bogen
zerbrochen. Ein Gott der Vergeltung ist der
HERR; er rechnet gründlich ab!
57 »Ich mache die mächtigen und klugen Füh-
rer Babylons betrunken«, sagt der HERR, »alle
seine Statthalter und Befehlshaber und seine
Kriegsleute! Sie sollen in einen Schlaf versinken,
aus dem sie nicht mehr erwachen!« Das sagt der
König, der den Namen trägt »Der HERR, der Herr-
scher der Welt«.

Noch einmal über Babylons Mauer

58 Der HERR, der Herrscher der Welt, sagt: »Die
gewaltige Mauer von Babylon wird bis auf den
Grund zerstört und seine stolzen Tore werden
verbrannt!«

Ganze Völker haben sich vergeblich für dich
geplagt, es ist alles dem Untergang geweiht.

Der Auftrag Jeremias an Seraja

59-60 Alle diese Unheilsankündigungen gegen
Babylon* hatte Jeremia auf eine Buchrolle* ge-
schrieben. Als Zidkija, der König von Juda, in sei-
nem vierten Regierungsjahr nach Babylon reiste,
begleitet vom Oberquartiermeister Seraja, einem
Sohn von Nerija und Enkel von Machseja, gab
Jeremia die Rolle Seraja mit und erteilte ihm
folgenden Auftrag:
61 »Wenn du in Babylon angekommen bist,
dann verliest du alles, was in dieser Rolle steht,
62 und anschließend sagst du: ›HERR, damit hast
du selbst dieser Stadt das Todesurteil gesprochen;
kein Mensch und kein Stück Vieh sollen mehr in
ihr wohnen, sie soll für immer zu einer Wüste
werden.‹
63 Danach bindest du einen Stein an die Rolle
und wirfst sie in den Eufrat. 64 Dabei rufst du:
›So wie diese Rolle wird die Stadt Babylon versin-
ken und nicht wieder hochkommen wegen des
Unheils, das der HERR über sie bringt! Mit Baby-
lon ist es aus!‹«

Hier enden die Worte Jeremias.

Das Ende von König Zidkija

(39,1-7; 2 Kön 24,18–25,7)

52 Zidkija war 21 Jahre alt, als er König wur-
de, und er regierte elf Jahre in Jerusalem.
Seine Mutter hieß Hamutal; sie war eine Tochter
von Jirmeja und stammte aus Libna. 2 Zidkija tat,
was dem HERRN missfällt, genauso wie sein Bru-
der Jojakim. 3 Nun aber war das Maß voll. Der
HERR war so zornig über die Bewohner von Jeru-
salem und Juda, dass er sie aus seinen Augen
wegschaffen ließ.

Zidkija lehnte sich gegen Nebukadnezzar,
den König von Babylonien*, auf. 4 Da erschien
dieser im neunten Regierungsjahr von Zidkija
mit allen seinen Truppen vor Jerusalem. Rings
um die Stadt ließ er einen Belagerungswall auf-
schütten. Am 10. Tag des 10. Monats begann die
Belagerung 5 und sie dauerte bis ins elfte Regie-
rungsjahr von Zidkija. 6 Zuletzt waren die Nah-
rungsmittel in der Stadt völlig aufgebraucht.

Am 9. Tag des 4. Monats im elften Jahr Zidki-
jas 7 schlugen die Babylonier eine Bresche in die
Stadtmauer. Im Schutz der Dunkelheit gelang es
König Zidkija und seinen Kriegsleuten, durch
den Torweg zwischen den beiden Mauern am
königlichen Garten die Stadt zu verlassen und
den Belagerungsring zu durchbrechen. Sie flo-
hen in östlicher Richtung zur Jordanebene.
8 Sofort nahmen babylonische Truppen die
Verfolgung auf und holten Zidkija in der Ebene
bei Jericho ein. Von seinen Kriegsleuten im Stich
gelassen, 9 wurde er gefangen genommen und
nach Ribla in der Provinz Hamat vor den König
von Babylonien gebracht.

Nebukadnezzar selbst sprach ihm das Urteil.
10 Zidkija musste mit ansehen, wie man seine
Söhne abschlachtete. Auch alle führenden Män-
ner von Juda wurden dort hingerichtet. 11 Da-
nach wurden Zidkija die Augen ausgestochen.
Mit Ketten gefesselt nahm Nebukadnezzar ihn
mit nach Babylon und warf ihn ins Gefängnis.
Dort blieb er bis zu seinem Tod.

Die Zerstörung Jerusalems und das Schicksal der Bevölkerung

(39,8-10; 2 Kön 25,8-21)

12 Im 19. Regierungsjahr Nebukadnezzars, am
10. Tag des 5. Monats, traf Nebusaradan, der
Befehlshaber der königlichen Leibwache, einer
der engsten Vertrauten des Babylonierkönigs, in
Jerusalem ein. 13 Er ließ den Tempel* des HERRN,
den Königspalast und alle vornehmen Häuser

51,56 25,14 S **51,57** 25,15 S **51,58** Hab 2,13; Sir 14,19 **51,59-60** 28,1; 30,1-2 S **51,61-64** 13,1-11 S **51,63-64** Offb 18,21 **52,3** 32,31 **52,4-11** 39,1-7 **52,11** 32,5 **52,12-16** 39,8-10

Jerusalems niederbrennen. Auch alle anderen
Häuser gingen in Flammen auf. 14 Seine Leute
rissen die Mauern der Stadt ringsum nieder.
15 Nebusaradan ließ die restliche Stadtbevöl-
kerung,[a] auch alle, die zu den Babyloniern über-
gelaufen waren, sowie den Rest der Handwerker
gefangen wegführen. 16 Nur aus der ärmsten
Schicht der Landbevölkerung ließ er eine Anzahl
zurück, damit sie die Weinberge und Äcker be-
stellten.
17 Die Babylonier zertrümmerten die bronze-
nen Säulen, die vor dem Tempel des HERRN auf-
gestellt waren, und ebenso die Kesselwagen und
das große Bronzebecken und schafften das ganze
Metall nach Babylon. 18 Sie nahmen aus dem
Tempel die Töpfe, Schaufeln und Messer mit, die
Schalen zum Auffangen des Blutes und die Pfan-
nen, alle Bronzegeräte, die für den Tempeldienst
gebraucht worden waren. 19 Auch alle goldenen
und silbernen Geräte des Tempels nahm Nebusa-
radan mit: die Schüsseln, Feuerbecken, Schalen
und Töpfe, die Leuchter und die Schalen und die
Kannen für das Trankopfer*.
20 Für die beiden Säulen, das große Becken,
die zwölf Rinder, auf denen es ruhte, und die
Kesselwagen[b] hatte König Salomo eine unge-
heure Menge Bronze verarbeitet. 21 Die beiden
Säulen waren neun Meter hoch. Ihr Umfang
betrug sechs Meter. Sie waren innen hohl, der
Metallmantel war acht Zentimeter dick. 22 Jede
trug ein bronzenes Kapitell von zweieinhalb
Meter Höhe. Die Kapitelle waren ringsum mit
Bandgeflecht und Granatäpfeln aus Bronze ver-
ziert. 23 Hundert Granatäpfel waren an jedem
Kapitell, sechsundneunzig davon waren von
unten zu sehen.
24 Nebusaradan, der Befehlshaber der Leib-
wache, ließ den Obersten Priester* Seraja, sei-
nen Stellvertreter Zefanja und die drei Torhüter*
festnehmen. 25 In der Stadt fanden sich außer-
dem noch ein hoher Offizier, sieben Männer aus
der nächsten Umgebung des Königs, der Beamte,
der für die Musterung des Heeres verantwortlich
war, und sechzig angesehene Männer aus dem
Gebiet von Juda. Auch sie ließ Nebusaradan ver-
haften 26 und brachte sie zum babylonischen
König nach Ribla in der Provinz Hamat. 27 Dort
ließ Nebukadnezzar sie hinrichten.

So wurde das Volk von Juda aus seinem Land
in die Verbannung* weggeführt.
28 Hier ist die Zahl der Weggeführten: In sei-
nem siebten Regierungsjahr[c] führte Nebukad-
nezzar 3023 Männer aus Juda in die Gefangen-
schaft, 29 in seinem achtzehnten Regierungsjahr[d]
832 Einwohner von Jerusalem. 30 Im dreiund-
zwanzigsten Regierungsjahr[e] Nebukadnezzars
brachte Nebusaradan, der Befehlshaber der Leib-
wache, nochmals 745 Männer aus Juda nach
Babylonien. Insgesamt waren es 4600 Männer,
die in die Verbannung nach Babylonien weg-
geführt wurden.

Grund für neue Hoffnung?

(2 Kön 25,27-30)

31 Als Ewil-Merodach König von Babylonien*
wurde, begnadigte er noch im selben Jahr König
Jojachin von Juda und holte ihn aus dem Gefäng-
nis. Das geschah im 37. Jahr der Gefangenschaft
Jojachins, am 25. Tag des 12. Monats.
32 Der neue König behandelte Jojachin
freundlich und gab ihm eine Ehrenstellung unter
den fremden Königen, die wie Jojachin nach
Babylon gebracht worden waren. 33 Jojachin
durfte seine Gefängniskleidung ablegen und
zeitlebens an der königlichen Tafel speisen.
34 Auf Anordnung des Königs von Babylonien
wurde ihm bis zu seinem Tod täglich alles ge-
liefert, was er zu seinem Unterhalt brauchte.

a Es folgt noch: *eine Anzahl aus der ärmsten Schicht der Bevölkerung und,* was wohl versehentlich aus Vers 16 hierher geraten ist (vgl. 2 Kön 25,11).
b *Rinder, auf denen …:* mit alten Übersetzungen; H *Rinder unter den Kesselwagen.*
c 598 v. Chr.; nach 2 Kön 24,12 war dies das achte Regierungsjahr Nebukadnezzars.
d 587 v. Chr.; nach 2 Kön 25,8; Jer 52,12 war dies das neunzehnte Regierungsjahr Nebukadnezzars.
e 582 v. Chr.

52,17-23 27,19-22; 1 Kön 7,15-50 **52,24** (Zefanja) 21,1 S **52,28** 29,2 **52,29** 32,1 **52,31-34** 22,24-30

DIE KLAGELIEDER

Jerusalem, eine einsame Witwe

1 Ach, wie einsam ist die Stadt geworden,
die früher voller Menschen war!
Einst war sie bei allen Völkern geachtet,
jetzt gleicht sie einer schutzlosen Witwe.
Sie, die Herrin über viele Länder,
muss nun als Sklavin Frondienst* leisten.

2 Sie weint und klagt die ganze Nacht,
Tränen laufen ihr über die Wangen.
Von den Liebhabern, die sie einst begehrten,
kommt nicht einer, um sie zu trösten.
Alle Freunde sind ihr untreu geworden
und haben sich gegen sie gewandt.

3 Nach langer Zeit der Not und Bedrängnis
wurden die Leute von Juda weggeführt.
Die Verfolger trieben sie in die Enge
und setzten ihnen grausam zu.
Unter fremden Völkern müssen sie wohnen
und können nirgendwo Ruhe finden.

4 Die Wege zum Zionsberg* liegen verlassen;
sie trauern, weil niemand zum Fest kommt.
Die Tore der Stadt sind trostlose Trümmer,
die Priester des Tempels* seufzen vor Gram,
bedrückt sind die Mädchen, die früher
dort sangen,
Jerusalem selbst leidet tödliche Qualen.

5 Die Feinde sind auf dem Gipfel des Glücks;
sie haben endlich erreicht, was sie wollten.
Der HERR hat der Stadt dieses Leid geschickt
als Strafe für ihre vielen Vergehen.
Ihre Kinder hat der Feind geraubt
und als Gefangene vor sich hergetrieben.

6 Die Zionsstadt hat all ihren Glanz verloren:
Ihre Führer sind wie hungernde Hirsche,
die nirgendwo ihre Weide finden
und kraftlos immer weiter fliehen,
weil der Jäger ihnen auf den Fersen bleibt.

7 Die Zionsstadt denkt zurück an die Tage,
als sie in höchste Bedrängnis geriet.
Sie denkt traurig an die verlorenen Schätze,
die sie seit uralter Zeit besaß.

Als ihr Volk in die Hand des Feindes fiel,
gab es weit und breit niemand, der ihr half.
Ihre Gegner schauten schadenfroh zu
und lachten, als sie unterging.

8 Sie hatte schwere Schuld auf sich geladen
und sich selbst zum Gespött gemacht.
Wer sie früher verehrte, verachtet sie nun,
weil er sie nackt und schutzlos liegen sah.
Sie aber seufzt und stöhnt vor Scham
und wendet ihr Gesicht von ihnen ab.

9 Bei ihrem schlimmen Treiben bedachte
sie nicht,
dass sie ihre Unreinheit* nicht verbergen kann.
Entsetzlich tief ist sie gefallen
und niemand ist da, der sie trösten will.
Nun schreit sie: »Sieh doch mein Elend, HERR!
Höre doch, wie die Feinde prahlen!«

10 Die Hand des Feindes hat zugegriffen
und alle ihre Schätze geraubt.
Hilflos musste sie es mit ansehen,
wie die Fremden ins Heiligtum eindrangen,
Fremde, denen der HERR doch verboten hatte,
mit seinem Volk dort vor ihn zu treten.

11 Alle Bewohner der Zionsstadt stöhnen,
verzweifelt suchen sie nach Nahrung.
Sie geben ihren Schmuck für ein Stück Brot,
damit sie sich am Leben erhalten.
Laut klagt die Stadt: »HERR, sieh mich doch an!
Sieh doch, wie sehr man mich verachtet!«

12 Allen, die vorübergehen, ruft sie zu:
»Nichts dergleichen möge euch treffen!
Schaut her, wo gibt es solche Qualen,
wie ich sie jetzt erleiden muss?
Der HERR hat sie mir auferlegt
am Tag, an dem sein Zorn mich traf.
13 Von oben her schickte er Feuer auf mich,
das in mir wütete und mich bezwang.
Er spannte sein Netz aus, um mich zu fangen;

1,1 Jer 44,2; Jes 49,21 **1,2** Jer 30,14 **1,7** 2,16; 3,46 **1,8** 1,18 S **1,10** Jer 52,17-23; 51,51

ich lief hinein und stürzte zu Boden.
Er hat mich völlig zugrunde gerichtet
und mich für alle Zukunft krank gemacht.
14 Alle meine Sünden hat er genommen;
ein Joch* hat er daraus gemacht,
das hat er mir auf den Nacken gelegt
und ich bin darunter zusammengebrochen.
Er hat mich den Feinden preisgegeben,
vor denen ich nicht standhalten konnte.
15 Meine Krieger, die ich bei mir hatte,
schob er mit einer Handbewegung fort.
Er rief die Feinde gegen mich zusammen,
um meine jungen Männer zu vernichten.
Wie man Trauben in der Kelter* zertritt,
so ließ er das Volk von Juda von ihnen
zertreten.
16 Darum fließen meine Tränen unaufhörlich,
ich weine mir die Augen aus dem Kopf.
Ich habe niemand, um mich zu trösten,
niemand, der mir Erleichterung bringt.
Meine Kinder haben keine Zukunft mehr,
die Übermacht der Feinde war zu groß.«

17 Die Zionsstadt streckt die Hände aus,
doch niemand ist da, der sie tröstet.
Der HERR hat die Nachbarvölker gerufen,
um sein Volk in die Enge zu treiben.
Jerusalem ist für sie eine Stadt,
auf die sie voller Abscheu blicken.

18 »Der HERR ist im Recht, wenn er mich straft;
denn ich habe mich seinem Wort widersetzt.
Ihr Völker alle, hört meine Klage!
Seht, welche Qualen ich erdulden muss:
Meine Mädchen und meine jungen Männer,
sie mussten fort in die Gefangenschaft!
19 Ich rief die Liebhaber, die mich einst
begehrten,
doch sie ließen mich alle im Stich.
Meine Priester und die führenden Männer,
elend sind sie umgekommen in der Stadt,
weil sie nirgends etwas zu essen fanden,
um sich am Leben zu erhalten.
20 HERR, sieh doch, wie verzweifelt ich bin,
wie es brennt in meinen Eingeweiden!
Das Herz dreht sich mir im Leibe um!
Wie konnte ich so widerspenstig sein?
Draußen raubte mir das Schwert die Kinder,
drinnen raffte sie die Seuche hin.
21 Meine Feinde haben mich stöhnen gehört:
›Niemand ist da, um mich zu trösten!‹
Sie haben von meinem Unglück gehört
und sich gefreut, dass du mir das angetan hast.
Du hast dein Strafgericht über mich gebracht,
das du mir seit langem angekündigt hattest;
aber auch ihnen soll es ergehen wie mir!
22 Ihre Verbrechen sollen vor dein Gericht
kommen;
zieh sie dafür zur Rechenschaft,
so wie du es mit mir getan hast
wegen meiner vielen Vergehen!
Ach, mein Stöhnen nimmt kein Ende,
mein Herz ist schon ganz krank davon.«

Gott hat wie ein Feind gehandelt

2 Ach, der Zorn des Herrn liegt auf der
Zionsstadt[a]
wie eine schwere, dunkle Wolke.
Jerusalem, die Zierde Israels,
hat er vom Himmel auf die Erde gestürzt.
An seinem Gerichtstag nahm er keine
Rücksicht darauf,
dass Zion der Fußschemel seines Thrones war.
2 Die Dörfer und Felder Israels
hat er schonungslos vernichtet.
Alle befestigten Städte in Juda
hat er zornig niedergerissen.
Dem Königreich und seinen Fürsten
hat er ein schändliches Ende bereitet.
3 In seinem Zorn hat er alles zerschlagen,
wodurch Israel stark und mächtig war.
Im Augenblick, als die Feinde kamen,
zog er die schützende Hand von uns zurück.
Er setzte Israel in Flammen
wie ein Feuer, das nach allen Seiten frisst.
4 Wie ein Feind hielt er den Bogen gespannt,
seine rechte Hand bereit zum Schuss;
so tötete er unsere blühende Jugend,
die ganze Freude unserer Augen.
Er goss seinen Zorn wie einen Feuerstrom
über das Heiligtum der Zionsgemeinde.

5 Der HERR hat uns behandelt wie ein Feind,
er hat Israel ganz vernichtet;
die schönen Paläste hat er zerstört,
die starken Burgen in Trümmer gelegt.
Nur noch seufzen und stöhnen kann
das Volk von Juda.
6 Er zertrat sein eigenes Land,
den blühenden Garten,
seine Stadt, in der er wohnen wollte,
die Stätte, an der wir zu ihm kamen;
sein Volk ließ er Festtag und Sabbat* vergessen.

a *Zionsstadt:* wörtlich *Tochter Zion*;* ebenso statt *Jerusalem, Zionsgemeinde, Zionsstadt* in den Versen 4.8.10.13.18.

1,18 3,42; 5,16; Esra 9,7; Dan 9,4-14 **1,22** Jer 11,20 **2,1** 1 Chr 28,2; Jes 60,13; 66,1; Ez 43,7 **2,4-5** Jes 63,10; Jer 21,5 **2,6** Ps 76,3 S; Hos 2,13

In seinem schrecklichen, glühenden Zorn
verstieß er den König und die Priester*.
7 Von seinem Altar* wollte er nichts wissen,
sein Heiligtum sah er mit Abscheu.
Die Mauern und Türme der Zionsstadt
übergab er in die Gewalt der Feinde.
In seinem Tempel jubelten die Fremden,
so wie wir es früher taten bei unseren Festen.

8 Es war die erklärte Absicht des HERRN,
die Mauern Jerusalems niederzureißen.
Er wollte sie bis auf den Grund zertrümmern
und hörte nicht auf, bis alles zerstört war.
Wall und Mauer lässt er trauern,
denn beide sind zu Schutt geworden.
9 Die Tore sind in die Erde versunken,
ihre festen Riegel schlug er in Stücke.
König und Fürsten sind in der Fremde,
von den Priestern kommt keine Weisung mehr;
auch die Propheten haben nichts zu sagen,
weil der HERR ihnen keine Botschaft mehr gibt.
10 Die erfahrenen Männer der Zionsstadt
sitzen trauernd am Boden und schweigen;
sie haben sich Erde auf den Kopf gestreut
und den Sack* um die Hüften gelegt.
Die jungen Mädchen von Jerusalem
lassen bekümmert die Köpfe hängen.

11 Von Tränen sind meine Augen ganz blind,
es brennt und tobt in meinen Eingeweiden,
Schmerz und Verzweiflung brechen aus mir
heraus;
denn ich sah, wie mein Volk zugrunde ging.
Kinder und Säuglinge sah ich verschmachten,
draußen auf den Straßen der Stadt.
12 Gequält von Hunger und Durst
schrien sie laut nach ihren Müttern.
Wie Verwundete brachen sie zusammen,
draußen auf den Straßen der Stadt,
und in den Armen ihrer Mütter
taten sie den letzten Atemzug.

13 Jerusalem, du geliebte Stadt,
ich weiß nicht, was ich dir sagen soll!
Mit welchem Schicksal soll ich deins
vergleichen,
um dich zu trösten, du Jungfrau Zion!
Dein Schaden ist unermesslich wie das Meer!
Kann dich noch jemand heilen?

14 Was deine Propheten dir als Zukunft
ankündigten,
waren nur schöne, bunte Träume.
Deine Schuld haben sie nicht aufgedeckt,
sonst hätten sie noch alles zum Guten
wenden können.
Mit ihren leeren Prophetensprüchen
haben sie dich betrogen und verführt.

15 Alle, die an dir vorüberkommen,
klatschen schadenfroh in die Hände.
Sie spotten und schütteln ihre Köpfe
über die Trümmer Jerusalems:
»Ist das die Stadt, die viel gerühmte,
die Krone der Schönheit, die Freude der Welt?«

16 Deine Feinde überschütteten dich mit Hohn,
weit rissen sie ihre Mäuler auf,
sie zischten und zeigten dir drohend die Zähne.
»Die haben wir erledigt!«, sagten sie.
»Endlich ist der Tag gekommen,
auf den wir so lange gewartet haben!«

17 Der HERR hat seine Pläne ausgeführt,
er hat seine Drohungen wahr gemacht.
Seit langem hatte er es angekündigt,
nun hat er dich schonungslos zertrümmert.
Er ließ die Macht der Feinde triumphieren,
sie durften sich über dein Unglück freuen.

18 Jerusalem, lass deine Mauern schreien,
sie sollen zum Herrn um Erbarmen rufen![a]
Lass deine Tränen fließen wie Bäche,
unaufhörlich, bei Tag und bei Nacht!
Gönne dir keine Ruhepause,
lass deine Augen nicht trocken werden!
19 Steh immer wieder auf in der Nacht
und bring deine Klage vor den Herrn!
Geh und suche seine Nähe,
schütte dein ganzes Herz bei ihm aus!
Streck ihm deine Hände entgegen;
flehe ihn an für deine Kinder,
die vor Hunger zusammenbrechen,
draußen an allen Straßenecken!

20 »Sieh doch, HERR, schau her zu mir!
Bedenke, wem du das alles antust!
Sollten Mütter ihre Kinder essen,
die Kleinen, die sie auf Händen trugen?
Durfte man Priester und Propheten töten,
sogar in deinem Heiligtum?
21 Hingestreckt in den Staub der Gassen
liegen Kinder und alte Leute;
meine Mädchen und jungen Männer
sind dem Schwert zum Opfer gefallen.
Am Tag, an dem dein Zorn mich traf,

a *Jerusalem, lass ...:* vermutlicher Text; H *Ihre Herzen schrien zum Herrn, Mauer Jerusalems.*

2,9 Ps 74,9; Ez 7,26 **2,14** Jer 14,13-15 S **2,15** Jer 18,16 S; Ps 48,3; 50,2 **2,16** 1,7 S **2,17** Sach 1,6 S **2,20** Lev 26,29 S

hast du sie mitleidslos hingeschlachtet.
22 Alle Schrecken, die mich überfielen,
riefst du wie zu einem Fest zusammen.
An jenem Tag, HERR, als dein Zorn losbrach,
blieb niemand verschont, ist keiner
entkommen.
Die Kinder, die ich aufzog und umsorgte –
der Feind hat sie alle ausgelöscht.«

Hoffnung trotz tiefster Not

3 Ich bin der Mann, der viel gelitten hat
unter den zornigen Schlägen des HERRN.
2 Ich bin es, den er vor sich hertrieb,
immer tiefer in die dunkelste Nacht.
3 Immer nur mich traf seine Faust,
Tag für Tag, ohne einzuhalten.

4 Er lässt meine Haut und mein Fleisch
zerfallen
und zerbricht mir alle meine Knochen.
5 Von allen Seiten schließt er mich ein,
er umstellt mich mit Bitterkeit und Qual.
6 In Finsternis lässt er mich wohnen
wie die, die schon seit langem tot sind.
7 Er hat mich ummauert und in Ketten gelegt,
aus diesem Gefängnis gibt es keinen Ausweg.

8 Ich kann um Hilfe schreien, so viel ich will –
mein Rufen dringt nicht durch bis an sein Ohr.
9 Er hat mir den Weg mit Steinen versperrt,
sodass ich ständig in die Irre gehe.
10 Wie ein Bär hat er mir aufgelauert,
wie ein Löwe in seinem Hinterhalt.

11 Er hat mich vom Weg heruntergezerrt,[a]
dann hat er mich zusammengeschlagen.
12 Er hat den Bogen auf mich angelegt
und mich als Ziel für seine Pfeile benutzt.
13 Pfeil auf Pfeil hat er abgeschossen
und mir den Rücken damit durchbohrt.
14 Die Leute meines Volkes lachen mich aus,
täglich singen sie ihr Spottlied über mich.

15 Er gab mir die bitterste Kost zu essen
und ließ mich bitteren Wermut trinken.
16 Er hat mich in den Staub gedrückt
und mich gezwungen, Kies zu kauen.
17 Das ruhige Leben hat er mir genommen;
ich weiß nicht mehr, was Glück bedeutet.
18 Ich habe keine Zukunft mehr,
vom HERRN ist nichts mehr zu erhoffen!

19 An all dieses rastlose Elend zu denken
ist Gift für mich und macht mich bitter.
20 Doch immer wieder muss ich daran denken
und bin erfüllt von Verzweiflung
und Schwermut.
21 Ich will mich an etwas anderes erinnern,
damit meine Hoffnung wiederkommt:
22 Von Gottes Güte kommt es,
dass wir noch leben.
Sein Erbarmen ist noch nicht zu Ende,
23 seine Liebe ist jeden Morgen neu
und seine Treue unfassbar groß.
24 Ich sage: Der HERR ist mein Ein und Alles;
darum setze ich meine Hoffnung auf ihn.
25 Der HERR ist gut zu denen,
die nach ihm fragen,
zu allen, die seine Nähe suchen.
26 Darum ist es das Beste, zu schweigen
und auf die Hilfe des HERRN zu warten.

27 Für jeden Menschen ist es gut,
wenn er schon früh gelernt hat, Last zu tragen.
28 Wenn der HERR ihm etwas auferlegt,
soll er für sich allein bleiben und schweigen.
29 Er soll seinen Mund auf den Boden pressen –
vielleicht ist doch noch Hoffnung auf Hilfe!
30 Dem, der ihn schlägt, soll er die Backe
hinhalten
und alle Schmach und Schande auf sich
nehmen.
31 Der Herr verstößt uns nicht für immer.
32 Auch wenn er uns Leiden schickt,
erbarmt er sich doch wieder über uns,
weil seine Liebe so reich und groß ist.
33 Es macht ihm selbst keine Freude,
seinen Kindern Schmerz und Kummer
zu bereiten.

34 Alle Gefangenen in unserem Land
wurden getreten und misshandelt;
35 unter den Augen des höchsten Gottes
wurden sie um ihr Recht gebracht;
36 Unschuldige wurden verurteilt –
und das soll der Herr nicht gesehen haben?
37 Wer sonst spricht ein Wort und es geschieht?
Geschieht nicht alles auf seinen Befehl?
38 Wenn Glück oder Unglück über uns kommt,
hat nicht der Höchste es angeordnet?

39 Mit welchem Recht beklagt sich der Mensch
bei Gott?
Gegen seine Sünde soll er Klage erheben!

a Deutung unsicher.

3,6 Ps 88,12-13 **3,7** Ijob 19,8S **3,8** Ps 22,3 **3,10** Hos 13,7-8 **3,12-13** Ijob 6,4S **3,14** Ijob 30,9; Jer 20,7 **3,15** Jer 8,14S **3,22** Neh 9,31 **3,26** Ps 62,2 **3,30** Jes 50,6; Mt 5,39 par **3,31-32** Jer 3,12S **3,37** Ps 33,9 **3,38** Am 3,6S

40 Lasst uns unser Leben überprüfen
und wieder umkehren zu dem HERRN!
41 Lasst uns die Hände zum Himmel strecken
und Herz und Sinn zum HERRN hinwenden!
42 Wir haben gesündigt und dir, HERR, getrotzt
und du hast uns die Schuld noch nicht
vergeben.

43 Du hast dich ganz in deinen Zorn gehüllt,
uns schonungslos gejagt und getötet.
44 In einer Wolke hast du dich versteckt,
damit kein Gebet dich erreichen konnte.
45 Wie Dreck hast du uns zusammengekehrt,
wie Abfall mitten unter den Völkern.
46 Alle unsere Feinde spotten über uns,
höhnisch reißen sie ihre Mäuler auf.
47 Schrecken und Entsetzen wurden unser Los,
Zusammenbruch und Untergang.

48 Meine Augen zerfließen in Tränen,
weil mein Volk zugrunde gegangen ist.
49 Wie ein Bach, der nie zur Ruhe kommt,
strömen meine Tränen, ohne zu versiegen,
50 bis der HERR sich vom Himmel herabneigt
und seinen Blick wieder auf uns richtet.
51 Es tut mir weh, wenn ich sehen muss,
wie es den Frauen in der Stadt ergeht.

52 Sie haben mir nachgestellt wie einem Vogel,
obwohl ich niemandem Anlass gab,
mein Feind zu sein.
53 Sie haben mich lebend in die Grube gestürzt
und einen Stein auf die Öffnung gewälzt.
54 Das Wasser stieg mir bis an die Kehle,
ich dachte schon, es sei aus mit mir.
55 Da rief ich zu dir, HERR, um Hilfe;
aus der Tiefe der Grube schrie ich zu dir:
56 »Verschließ dein Ohr nicht! Hör mein Flehen!«
Und du hast meinen Hilferuf gehört!
57 Als ich zu dir schrie, bist du gekommen
und hast zu mir gesagt: »Hab keine Angst!«
58 Du hast mich verteidigt und mir Recht
verschafft;
das Leben hast du mir gerettet.

59 Du weißt, was sie mir angetan haben.
Stell mein Recht doch völlig wieder her!
60 Du hast ihren ganzen Hass gesehen
und ihre finsteren Pläne gegen mich.
61 Du hast gehört, wie sie mich schmähten
und ihre Pläne gegen mich berieten.
62 Alles, was sie reden und denken,
ist gegen mich gerichtet, Tag für Tag.
63 Behalte ihr Tun und Lassen fest im Auge!
Noch immer singen sie ihr Spottlied auf mich.
64 Alles, was sie mir angetan haben,
HERR, zahl es ihnen heim, vergilt es ihnen!
65 Verblende sie, verwirre ihren Sinn,
schleudere deinen Fluch gegen sie!
66 Verfolge sie mit deinem ganzen Zorn
und fege sie von der Erde weg!

Jerusalems Belagerung und Fall

4 Ach, wie dunkel ist das Gold geworden,
das reine Gold hat seinen Glanz verloren,
die Edelsteine liegen auf der Straße:
2 Die wertvollen Söhne der Zionsstadt*,
die man in Gold hätte aufwiegen müssen,
man behandelt sie wie wertlose Krüge,
wie Tongeschirr aus der Töpferwerkstatt!
3 Selbst Schakalmütter folgen ihrem Instinkt
und geben ihren Jungen zu trinken;
doch die Frauen meines Volkes sind grausam,
gleichgültig wie Strauße in der Steppe.
4 Die Säuglinge leiden so großen Durst,
dass ihnen die Zunge am Gaumen klebt.
Die Kinder betteln um ein Stück Brot,
doch niemand ist da, ihren Hunger zu stillen.
5 Sie, die früher nur Leckerbissen aßen,
verschmachten jetzt auf den Straßen der Stadt.
Früher legte man sie auf Purpurkissen,
jetzt wälzen sie sich in den Abfallhaufen.

6 Die Schuld meines Volkes ist übergroß,
größer als die der Bewohner von Sodom,
deren Stadt ganz plötzlich unterging,
ohne dass eine Hand sich bewegte.
7 Unsere Fürsten glänzten heller als der Schnee,
ihr Gesicht war reiner und weißer als Milch,
ihr Körper gesund und rot wie Korallen,
ihre Adern schimmerten blau wie Saphir.
8 Jetzt sind sie schwärzer als Ruß geworden,
auf der Straße erkennt sie niemand mehr;
ihre Haut ist faltig und trocken wie Holz
und alle ihre Knochen kann man zählen.

9 Die im Krieg Erschlagenen hatten es besser
als die anderen, die vor Hunger starben.
Vor Entkräftung brachen sie zusammen,
weil von den Feldern nichts mehr in die Stadt
hereinkam.
10 Frauen, die sonst voll Zärtlichkeit waren,
kochten ihre eigenen Kinder
und hielten ihre grauenvolle Mahlzeit
mitten im Untergang meines Volkes.

3,42 1,18 S **3,46** 1,7 S **3,48** Jer 8,23 S **3,50** Ps 102,20-21 **3,52** Jer 17,18 S **3,53** Jer 38,6 **3,54** Ps 69,2; Jona 2,6 **3,64** 1,21; Ps 137,8; 1 Petr 2,23 S **4,1** Ps 79,1 **4,6** Gen 18,20 S; Ez 16,48 **4,10** Lev 26,29 S

11 Der HERR entfesselte seinen ganzen Zorn
und er ließ ihm freien Lauf.
Er zündete in der Zionsstadt ein Feuer an,
das alles niederbrannte bis auf den Grund.
12 Keiner von den Königen der Erde,
kein Mensch in der Welt hätte je geglaubt,
dass eines Tages ein feindliches Heer
durch die Tore Jerusalems einziehen würde.
13 Das Unheil kam durch die Schuld
der Propheten*,
durch das Unrecht, das die Priester* begingen:
Sie sprachen das Todesurteil über Menschen,
die Gott gehorchten und schuldlos waren.

14 Elend mussten sie[a] durch die Straßen irren,
schwankend und mit Blut besudelt;
niemand durfte sie berühren,
weil ihre Gewänder so blutig waren.
15 »Vorsicht! Er ist unrein*!«, schrie man
ihretwegen.
»Geht ihm aus dem Weg! Berührt ihn nicht!«
So flohen sie und wussten nicht wohin.
Darum sagte man bei den fremden Völkern:
»Für sie ist kein Platz mehr unter uns!«
16 Der HERR selber hat sie weggetrieben,
weil er sie nicht mehr sehen wollte.
Auf die Priester nahm man keine Rücksicht,
nicht einmal Greise wurden verschont.

17 Unsere Augen spähten nach Rettung aus –
vergeblich, denn keine Rettung kam.
Wir warteten auf Hilfe von einem Volk,
das uns gar nicht helfen konnte.
18 Die Feinde bewachten uns
auf Schritt und Tritt,
wir konnten uns nicht mehr
nach draußen wagen.
Das Ende nahte, unsere Zeit war um –
ja, unser Ende war gekommen!
19 Die Verfolger jagten hinter uns her,
sie waren schneller als die Adler.
Auf den Bergen jagten sie uns nach,
in der Steppe lauerten sie uns auf.
20 Wir hatten gedacht, im Schutz
unseres Königs
könnten wir unter den Völkern leben.
Doch er, von dem unser Leben abhing,
der Erwählte des HERRN, ist nun gefangen.

21 Freut euch darüber, solange ihr könnt,
ihr Bewohner von Edom* und von Uz!
Auch ihr müsst den Becher des Zornes trinken,
ihr werdet taumeln und euch entblößen!
22 Dann ist deine Strafe vorbei, du Zionsstadt*;
noch einmal wird der HERR dich nicht
wegführen.
Aber Edom zieht er dann zur Rechenschaft
und bestraft es für alle seine Verbrechen.

Bring uns wieder zu dir zurück!

5 HERR, vergiss nicht, was uns zugestoßen ist!
Sieh doch, wie sie uns schmähen
und beschimpfen!
2 Das Land, das du uns gabst, ist in fremder
Hand,
Ausländer wohnen in unseren Häusern.
3 Unsere Väter sind im Krieg gefallen
und unsere Mütter sind Witwen geworden.
4 Unser Wasser bekommen wir nur für Geld,
auch Brennholz müssen wir teuer bezahlen.
5 Der Feind sitzt uns ständig im Nacken;
wir sind erschöpft, doch wir dürfen nicht
rasten.

6 Nach Ägypten streckten wir die Hand
zum Bündnis,
nach Assyrien, um uns satt zu essen.
7 Unsere Väter sündigten – sie leben
nicht mehr;
wir aber müssen nun die Folgen tragen.
8 Sklaven sind Herren über uns geworden
und niemand befreit uns aus ihrer Gewalt.

9 Die Ernte zu holen ist lebensgefährlich,
weil Räuberbanden in der Steppe lauern.
10 Der Hunger quält uns und lässt uns fiebern,
unsere Körper glühen wie ein Ofen.
11 In Jerusalem und den Städten Judas
haben sie Frauen und Mädchen geschändet.
12 Führende Männer hat man aufgehängt
und den Alten keine Achtung erwiesen.
13 Junge Männer müssen die Handmühle*
drehen
und Knaben schwere Holzlasten schleppen.
14 Die Alten beraten nicht mehr im Stadttor,
die Jungen spielen nicht mehr auf der Laute.
15 Von Lebensfreude ist nichts mehr zu spüren,
statt froher Tänze gibt es nur noch Trauer.

16 Mit unserem Glanz ist es aus und vorbei:
Unsere Schuld hat uns ins Unglück gestürzt!

a Die Deutung der Verse 14 und 15 ist unsicher; es ist unklar, auf wen sich *sie* bezieht.

4,12 2 Sam 5,6 **4,13** 2,14; Jer 2,8 S **4,15** Lev 13,45 **4,16** 2,20; 5,12 **4,19** 2 Kön 25,4-5 **4,20** 2 Kön 25,6-7 **4,21** Jer 25,15; 49,12 **4,22** Jes 40,2; Ez 35,14-15 **5,6** Jes 30,2; Jer 2,18 S; 37,3-8; 2 Kön 16,7; Hos 7,11 S **5,7** Ex 20,5; Jer 31,29 **5,12** 2 Kön 25,19-21 **5,16** 1,18 S

[17] Unsere Herzen sind schwach und krank
geworden
und unsere Augen von Tränen trüb;
[18] denn der Zionsberg* ist ein Trümmerfeld,
ein Ort, an dem die Schakale hausen.

[19] Du aber, HERR, bleibst König für immer,
dein Thron steht für alle Zeiten fest!

[20] Willst du uns wirklich für immer vergessen
und fern von uns bleiben, solange wir leben?
[21] HERR, bring uns wieder zurück zu dir,
damit wir uns wieder zu dir hinkehren!
Lass es uns ergehen wie in früheren Zeiten
und gib uns neues Leben!
[22] Oder hast du uns ganz verstoßen?
Soll dein Zorn nie ein Ende nehmen?

DER PROPHET EZECHIËL (HESEKIËL)

Inhaltsübersicht

EZECHIËLS BERUFUNG ZUM PROPHETEN (Kapitel 1–3)

Ezechiël schaut Gottes Herrlichkeit

1 [1-3] Im dreißigsten Jahr, am 5. Tag des 4. Monats, das ist im fünften Jahr, nachdem man König Jojachin in die Verbannung* geführt hatte, erging das Wort des HERRN zum ersten Mal an Ezechiël, den Sohn des Priesters* Busi.[a] Dies geschah in Babylonien* am Fluss Kebar. Damals legte der HERR seine Hand auf Ezechiël und nahm ihn in seinen Dienst. Ezechiël berichtet:

Ich lebte unter den Verbannten aus Juda am Fluss Kebar. An jenem Tag öffnete sich der Himmel und ich hatte eine Vision.

[4] Ich sah, wie der Sturm eine mächtige Wolke von Norden herantrieb; sie war von einem hellen Schein umgeben und Blitze zuckten aus ihr. Die Wolke brach auf und aus ihrem Inneren leuchtete ein helles Licht wie der Glanz von gleißendem Gold.

[5] In dem Licht sah ich vier Gestalten, die wie
Menschen aussahen, [6-12] doch hatte jede von ihnen vier Flügel. Sie hatten Menschenbeine mit Hufen wie Stiere und ihr ganzer Körper funkelte wie blankes Metall. Unter den Flügeln sah ich vier Menschenarme, je einen Arm unter einem Flügel. Mit zwei von ihren Flügeln bedeckten sie ihren Leib, die beiden anderen hatten sie ausgespannt und mit den Enden der ausgespannten Flügel berührten sie sich gegenseitig.

Jede der geflügelten Gestalten hatte vier Gesichter: vorne das Gesicht eines Menschen, rechts das Gesicht eines Löwen, links das Gesicht eines Stiers und hinten das Gesicht eines Adlers. Sie konnten sich in alle vier Richtungen bewegen, ohne sich umzuwenden. Sie gingen, wohin der Geist* Gottes sie trieb.

[13] Zwischen den[b] geflügelten Gestalten war etwas, das wie ein Kohlenfeuer aussah, und etwas wie Fackeln zuckte zwischen den Gestalten hin und her. Das Feuer leuchtete hell und aus
dem Feuer kamen Blitze. [14] Die Gestalten liefen hin und her, dass es aussah wie Blitze.[c]

[15] Als ich genauer hinsah, erblickte ich neben jeder der vier Gestalten ein Rad, das den Boden
berührte. [16] Alle Räder waren gleich groß und funkelten wie Edelsteine. In jedes Rad war ein zweites Rad im rechten Winkel eingefügt, [17] sodass es nach allen vier Richtungen laufen
konnte, ohne vorher gedreht zu werden. [18] Die Räder waren riesengroß und ihre Felgen waren ringsum mit funkelnden Augen bedeckt – ein Furcht erregender Anblick.

[19] Wenn sich die geflügelten Gestalten fortbewegten, dann bewegten sich auch die Räder mit ihnen, und wenn sich die Gestalten von der Erde erhoben, hoben sich auch die Räder von der
Erde. [20-21] *Ein* Geist und *ein* Wille beherrschte alle vier. Wohin sie auch gingen, die Räder gingen mit, denn sie wurden von den Gestalten gelenkt. Ganz gleich, ob die geflügelten Gestalten

a Oder *an den Sohn Busis, den Priester.*
b *Zwischen den:* mit G und der Parallele in 10,2.6-7; H *Das Aussehen der.*
c Die Aussage dieses Verses ist rätselhaft und schwer in das übrige Bild einzuordnen.

5,18 Mi 3,12; Jer 7,14; 26,6 **5,19** Ps 102,13-15; 146,10 **5,21** Jer 31,18-19 **1,1-3** 2 Kön 24,10-16 **1,4** Ijob 38,1 S

sich bewegten oder stillstanden oder sich von
der Erde erhoben – die Räder taten dasselbe.

22 Über den Köpfen der vier Gestalten sah
ich etwas wie eine feste Platte, von der ein
Schrecken erregender Glanz ausging wie von
einem Kristall. Sie ruhte auf den Köpfen der
Gestalten. 23 Unter der Platte hielten die Gestal-
ten je zwei ihrer Flügel ausgespannt, mit deren
Enden sie sich gegenseitig berührten; mit den
beiden anderen Flügeln bedeckten sie ihren
Leib.

24–25 Ich hörte das Rauschen der Flügel: Es
dröhnte wie die Brandung des Meeres, wie ein
Heerlager, wie die Donnerstimme des allmächti-
gen Gottes. Wenn sie stillstanden und ihre Flügel
sinken ließen, hörte es nicht auf zu dröhnen,
denn auch über der Platte rauschte es laut.

26 Auf der Platte aber stand etwas, das aussah
wie ein Thron aus blauem Edelstein, und darauf
war eine Gestalt zu erkennen, die einem Men-
schen glich. 27 Oberhalb der Stelle, wo beim
Menschen die Hüften sind, sah ich etwas, das
wie helles Gold aussah, umgeben von Feuer-
flammen, und unterhalb etwas wie loderndes
Feuer. Die ganze Gestalt war von einem Licht-
kranz umgeben, 28a der wie ein Regenbogen aus-
sah, der nach dem Regen in den Wolken er-
scheint.

So zeigte sich mir der HERR in seiner strahlen-
den Herrlichkeit*.

Ezechiël wird zum Propheten berufen

28b Als ich diese Erscheinung sah, stürzte ich zu
2 Boden. Darauf hörte ich jemand reden, 1 der
sagte zu mir: »Du Mensch, steh auf! Ich
habe dir etwas zu sagen.«

2 Da kam Geist in mich[a] und stellte mich auf
die Füße. Dann hörte ich ihn zu mir sagen: 3 »Du
Mensch, ich sende dich zu den Leuten von
Israel. Sie sind ein widerspenstiges Volk, das sich
gegen mich auflehnt. So haben es schon ihre
Vorfahren getan und sie selbst sind nicht besser.
Auch zu den anderen Völkern sende ich dich,
4 aber vor allem zu diesem frechen und trotzigen
Volk. Du sollst zu ihnen sagen: ›So spricht der
HERR, der mächtige Gott …‹ 5 Auch wenn sie wi-
derspenstig bleiben und nicht auf dich hören –
sie sollen wenigstens wissen, dass es einen Pro-
pheten* bei ihnen gibt.

6 Du Mensch, hab keine Angst vor ihnen und
ihren Spottreden! Du wirst unter ihnen leben
wie unter Skorpionen, wie mitten im Dorn-
gestrüpp. Aber du brauchst dich nicht vor ihnen
zu fürchten. 7 Sag ihnen die Worte, die ich dir
auftrage, ganz gleich, ob sie auf dich hören oder
nicht. Du weißt ja, sie sind ein widerspenstiges
Volk.

8 Du selbst aber, du Mensch, höre, was ich dir
zu sagen habe: Sei nicht trotzig wie dieses wider-
spenstige Volk! Mach deinen Mund auf und iss,
was ich dir gebe!«

9 Ich schaute auf und sah vor mir eine ausge-
streckte Hand, die eine Buchrolle* hielt. 10 Als
die Rolle geöffnet wurde, sah ich, dass sie auf bei-
den Seiten mit Klagen, Seufzern und Verzweif-
lungsschreien voll geschrieben war.

3 Er sagte zu mir: »Du Mensch, nimm diese
Buchrolle und iss sie auf! Dann geh und
sprich zu den Leuten von Israel!«

2 Ich öffnete den Mund und er gab mir die
Rolle zu essen. 3 Er sagte: »Du Mensch, verspeise
diese Buchrolle, die ich dir gebe! Fülle deinen
Magen damit!« Da aß ich die Rolle; in meinem
Mund war sie süß wie Honig.

4 Weiter sagte er zu mir: »Du Mensch, geh
nun zu den Leuten von Israel und verkünde
ihnen die Worte, die ich dir sage. 5 Ich sende
dich nicht zu einem fremden Volk mit einer
unverständlichen Sprache, sondern zu deinem
eigenen, dem Volk Israel. 6 Wenn ich dich zu
fremden Völkern schicken würde, deren Sprache
du nicht verstehst – sie würden auf dich
hören. 7 Aber die Leute von Israel werden nicht
auf dich hören, denn sie wollen nicht auf *mich*
hören!

Sie alle haben eine eiserne Stirn und ein stei-
nernes Herz. 8 Aber ich mache dich ebenso hart
wie sie! Ich mache deine Stirn so eisern wie die
ihre, 9 noch härter als Feuerstein, so hart wie
Diamant. Sie sind ein widerspenstiges Volk, aber
erschrick nicht vor ihnen, lass dir von ihnen
keine Angst einjagen!«

10 Weiter sagte er zu mir: »Du Mensch, hör
gut zu und merke dir alle Worte, die ich dir sage.
11 Dann geh zu den Verbannten aus deinem Volk
und sag zu ihnen: ›So spricht der HERR, der
mächtige Gott …‹ Kümmere dich nicht darum,
ob sie darauf hören oder sich abwenden.«

12 Dann nahm der Geist* des HERRN mich
weg. Hinter mir hörte ich den donnernden Ruf:
»Gepriesen sei die Herrlichkeit* des HERRN in
ihrer himmlischen Wohnung!« 13 Der Ruf war
begleitet von einem mächtigen Getöse: dem
Rauschen der ausgespannten Flügel der vier Ge-

a Ob der Geist* Gottes oder der menschliche Lebensgeist gemeint ist oder beides miteinander, ist nicht zu entscheiden.

1,26 Ex 24,10; Offb 4,2-3 **1,28 b** 3,23; Dan 8,17S; Apg 9,4 **2,2** 3,24 **2,3-5** 3,7.9.26-27; 12,2-3; 17,12; 20,8; 44,6 **2,5** 33,33 **2,6** Jer 1,8.17 **2,7** 3,11.27 **3,1-3** Offb 10,9-10; Jer 15,16; Ps 119,103 **3,7** 2,3-5S **3,8-9** Jes 50,7; Jer 1,18; 15,20

stalten und dem Dröhnen der rollenden Räder.
14 Der Geist führte mich weg und ich ging mei-
nen Weg verstört und sehr erregt; die Hand des
HERRN lag schwer auf mir.
15 So kam ich zurück zu den Verbannten, die
in Tel Abib am Fluss Kebar lebten. Sieben Tage
lang saß ich dort starr und regungslos.

Der Prophet hat Israel zu warnen

(33,1-9)

16 Als die sieben Tage vergangen waren, erging
das Wort des HERRN an mich, er sagte: 17 »Du
Mensch, ich bestelle dich zum Wächter, der die
Leute von Israel vor drohender Gefahr zu war-
nen hat. Wenn du eine Botschaft von mir ver-
nimmst, musst du sie ihnen weitersagen, damit
sie wissen, was auf sie zukommt.
18 Wenn ich dir ankündige, dass ein bestimm-
ter Mensch wegen seiner schlimmen Taten ster-
ben muss, dann bist du dafür verantwortlich,
dass er es erfährt und die Gelegenheit bekommt,
sich zu bessern und sein Leben zu retten. Warnst
du ihn nicht, so wird er zwar sterben, wie er es
verdient; aber dich ziehe ich dafür zur Rechen-
schaft wie für einen Mord. 19 Warnst du ihn und
er hört nicht darauf, so wird er ebenfalls sterben,
du aber hast dein eigenes Leben gerettet.
20 Auch wenn ein Mensch, der bisher stets
das Rechte getan hat, von mir auf die Probe ge-
stellt wird, den rechten Weg verlässt und Un-
recht zu tun beginnt, muss er sterben. Alles
Gute, was er vorher getan hat, zählt dann nicht
mehr. Hast du ihn nicht gewarnt, so werde ich
dich für seinen Tod zur Rechenschaft ziehen wie
für einen Mord. 21 Hast du ihn aber gewarnt und
er hat es sich zu Herzen genommen, so lasse
ich ihn leben und auch du hast dein Leben ge-
rettet.«

Ezechiël soll die Belagerung Jerusalems ankündigen

22 Ich spürte, wie der HERR seine Hand auf mich
legte. Er befahl mir: »Steh auf und geh hinaus in
die Ebene! Dort will ich dir etwas sagen.«
23 Ich stand auf und ging. Als ich in die Ebene
kam, sah ich dort die Herrlichkeit* des HERRN.
Sie sah genauso aus, wie sie sich mir das erste
Mal am Fluss Kebar gezeigt hatte.
Ich stürzte zu Boden, 24 aber dann kam Geist
in mich[a] und stellte mich auf die Füße.
Dann sprach der HERR zu mir und sagte: »Du
Mensch, geh in dein Haus und schließ dich ein!
25 Dort wirst du wie mit Stricken gefesselt, so-
dass du nicht mehr aus dem Haus gehen kannst.
26 Ich lasse dir die Zunge am Gaumen kleben
und mache dich stumm. Du sollst die Leute von
Israel nicht mehr zurechtweisen können, dieses
widerspenstige Volk.
27 Sobald ich aber mit dir rede, werde ich
deine Zunge lösen, damit du zu ihnen sagen
kannst: ›So spricht der HERR ...‹ Wer es hören
will, soll es hören; wer es nicht hören will, muss
die Folgen tragen. Sie sind ein widerspenstiges
Volk!«

DAS GERICHT GOTTES ÜBER JERUSALEM (Kapitel 4–24)

Jerusalem wird belagert werden

4 Weiter sagte der HERR: »Du Mensch! Nimm
eine Tontafel, lege sie vor dich hin und ritze
den Grundriss der Stadt Jerusalem darauf ein.
2 Dann fang an, die Stadt zu belagern: Schütte
einen Wall auf, treibe Angriffsrampen gegen die
Mauern vor, lege befestigte Truppenlager an und
setze von allen Seiten her Rammböcke* an die
Mauern.
3 Nimm eine Herdplatte und stelle sie als
eiserne Mauer der Stadt gegenüber auf. Blicke
die Stadt feindlich an und belagere sie! So sollst
du den Leuten von Israel deutlich machen, was
bevorsteht.«
4–5 Dann sagte der HERR: »Leg dich auf die
linke Seite und nimm die Schuld des Reiches
Israel auf dich! 390 Tage musst du so am Boden
liegen, denn so viele Jahre hat Israel Schuld auf
sich geladen. 6 Dann lege dich 40 Tage lang auf
die rechte Seite, damit ich dir die Schuld des
Reiches Juda auflade, für jedes Jahr einen Tag.[b]
7 Lass dabei das belagerte Jerusalem nicht aus
den Augen! Drohe der Stadt mit der Faust und
kündige ihr in meinem Namen den Untergang
an. 8 Ich fessele dich mit Stricken, sodass du dich
nicht von einer Seite auf die andere wälzen
kannst, bis du diese schweren Tage überstanden
hast.«

a Siehe Anmerkung zu 2,2.

b Die 390 Jahre führen in die Regierungszeit Davids bzw. Salomos. Demnach wäre an die Schuld Gesamtisraels, nicht des *Reiches Israel** (= Nordreiches) allein gedacht, und entsprechend wären die 40 Jahre für das Südreich Juda nicht als Zeit der Schuld, sondern der bevorstehenden Strafe zu verstehen (vgl. 29,11-13). Die Summe von 430 Jahren entspricht der Zeit, die Israel vor seiner Befreiung in Ägypten zugebracht hat (Ex 12,40-41).

3,17 2 Kön 9,17; Hebr 13,17 **3,18** Gen 9,5 **3,20** 18,24 **3,22** 1,1-3; 3,14; 8,1; 33,22; 37,1; 40,1 **3,23** 1,1-28 **3,24a** 2,2 **3,26-27** 2,3-5 S; 7,3-4 S **4,1–5,4** (Zeichenhandlungen) 12,1-20; 21,23-29; 24,15-27; Jes 20,1-4 S **4,2** 17,17; 21,27; 26,8-9

Die Not in der belagerten Stadt

9 Weiter sagte der HERR: »Nimm Weizen, Gerste,
Bohnen, Linsen, Hirse und Dinkel, mische alles
zusammen und backe daraus Brot! Das ist deine
Speise für die 390 Tage, in denen du auf der lin-
ken Seite liegst. 10–11 Deine Tagesration beträgt
230 Gramm Brot und drei Becher Wasser.[a] Teile
sie dir ein und iss und trink zu festgesetzten
Zeiten.«

12 Dann sagte der HERR zu mir: »Backe das
Brot wie Gerstenfladen* und nimm als Brenn-
material vor aller Augen Menschenkot. 13 Denn
die Leute von Israel werden Speisen essen müs-
sen, die ich als unrein* verboten habe, wenn ich
sie unter die Völker verstreue.«

14 Ich aber sagte: »Ach HERR, du mächtiger
Gott, ich habe von meiner Kindheit an bis heute
nichts gegessen, was unrein macht. Nie habe ich
von einem Tier gegessen, das verendet oder von
Raubtieren geschlagen worden ist, und nie habe
ich verdorbenes Fleisch angerührt.«

15 Da sagte er zu mir: »Gut, dann kannst du
Kuhmist statt Menschenkot nehmen.«

16 Und er fuhr fort: »Du Mensch, ich lasse das
Brot in Jerusalem knapp werden. Sie werden es
abwiegen und auch das Wasser genau abmessen
und beständig in Sorge sein. 17 Die Bewohner
Jerusalems werden Mangel an Brot und Wasser
haben und werden einer nach dem anderen
elend zugrunde gehen. Das ist die Strafe für ihre
Schuld.«

Das Strafgericht über Jerusalem

5 Dann sagte der HERR: »Du Mensch, nimm
ein scharfes Schwert! Schere dir damit den
Kopf kahl und schneide dir den Bart ab.

Teile die Haare auf der Waage in drei Teile.
2 Und wenn die belagerte Stadt sturmreif ist,
dann verbrenne das erste Drittel mitten in der
Stadt, zerhaue das zweite Drittel mit dem
Schwert draußen vor ihren Toren und das letzte
Drittel streue in den Wind. Denn so werde ich
ihre Bewohner mit gezogenem Schwert weg-
treiben.

3 Nur ganz wenige Haare sollst du retten und
in den Saum deines Gewandes einbinden. 4 Aber
auch von ihnen sollst du noch einmal einen Teil
nehmen und ins Feuer werfen. Das Feuer wird
sich ausbreiten und das ganze Volk Israel ver-
nichten.

5 Sag zu den Leuten von Israel: ›So spricht der
HERR, der mächtige Gott: Diese belagerte Stadt
ist Jerusalem! Ich habe sie zum Mittelpunkt aller
Länder gemacht, 6 aber sie lehnte sich gegen
mich auf und gehorchte mir nicht. Ihre Bewoh-
ner trieben es schlimmer als alle Völker ringsum.
Sie missachteten meine Gebote und traten mein
Gesetz* mit Füßen.

7 Ihr Leute von Jerusalem, hört, was ich, der
mächtige Gott, euch sage! Von meiner Rechts-
ordnung wolltet ihr nichts wissen, aber hättet
ihr euch doch wenigstens nach den Gesetzen
gerichtet, die bei euren Nachbarvölkern gelten!
Weil ihr noch widerspenstiger seid als sie, 8 sehe
ich nun nicht länger zu. Ich, der mächtige Gott,
vollziehe an euch mein Strafgericht vor den
Augen der fremden Völker.

9 Weil ihr euch mit den abscheulichen Götzen
abgegeben habt, strafe ich euch so furchtbar, wie
ich es noch nie getan habe und in aller Zukunft
nicht schlimmer tun kann. 10 Die Not wird so
groß sein, dass der Vater seinen Sohn aufisst und
der Sohn seinen Vater. Ich vollziehe mein Ge-
richt an euch, und den Rest, der die Katastrophe
überlebt, zerstreue ich in alle Winde.

11 Ihr habt meinen heiligen Tempel mit eurem
abscheulichen Götzendienst entweiht, deshalb
habe ich keine Nachsicht, kein Erbarmen mit
euch. Ich werde Jerusalem kahl scheren! 12 Ein
Drittel von euch soll in der Stadt durch Pest und
Hunger umkommen, ein weiteres Drittel vor der
Stadt mit dem Schwert erschlagen werden, den
Rest aber zerstreue ich in alle Winde; mit gezoge-
nem Schwert treibe ich sie vor mir her.

13 Ihr sollt meinen ganzen Zorn zu spüren be-
kommen; ich will meine Wut an euch stillen und
euch alle Untaten heimzahlen, damit ihr er-
kennt, dass es mir ernst war mit meinen War-
nungen.

14–15 Ich mache dich, Jerusalem, zu einem
Trümmerhaufen, sodass alle Völker ringsum über
dich spotten; jeder Fremde, der vorbeigeht, wird
dich verhöhnen. Die Nachbarvölker werden sich
entsetzen und es sich zur Warnung dienen las-
sen, wenn sie sehen, wie hart ich dich in mei-
nem Zorn bestrafe. Ich habe es gesagt, der HERR,
der mächtige Gott.

16–17 Ich schieße meine tödlichen Pfeile[b]
gegen euch ab, um euch zu vernichten, und ich
sende euch Hunger und wilde Tiere, denen eure
Kinder zum Opfer fallen; Seuche und Schwert

a Hebräische Maßangaben: *20 Schekel** und $^1/_6$ *Hin**.
b Es folgt noch *des Hungers,* doch sind die Pfeile offensichtlich Bild für die Pest.

4,13 Hos 9,3-4 **4,14** Lev 17,15 S; Apg 10,12-14 **4,16** Lev 26,26 **5,5** 38,12 S **5,9** 7,20 S **5,10** Lev 26,29 S **5,11** 8,7-18 **5,12** 5,2; Lev 26,33 **5,13** 6,10 S **5,14-15** 22,4-5; Dtn 28,37; Jer 24,9 S **5,16-17** 6,11-12 S; Dtn 32,23-25

lasse ich unter euch wüten. Ich habe es gesagt,
der HERR, der mächtige Gott.‹«

Die Strafe für den Götzendienst Israels

6 Das Wort des HERRN erging an mich, er
sagte: 2 »Du Mensch, schau in die Richtung,
in der die Berge Israels liegen, und kündige
ihnen mein Strafgericht an! 3 Sag zu ihnen: ›Ihr
Berge Israels, hört das Wort, das der HERR, der
mächtige Gott, zu euch sagt, zu euch Bergen und
Hügeln mit euren Tälern und Schluchten:

Ich, der mächtige Gott, lasse das Schwert ge-
gen euch los und zerstöre eure Götzenheilig-
tümer! 4–5 Eure Brandopferaltäre* werden abge-
rissen, eure Räucheraltäre* in Stücke geschla-
gen. Die Leichen der Erschlagenen werfe ich ih-
ren Götzen vor die Füße und verstreue ihre Ge-
beine rings um die Götzenaltäre.

6 In ganz Israel liegen dann die Städte in
Trümmern, die Heiligtümer sind zerstört, die
Altäre abgerissen und entweiht, die selbst ge-
machten Götzenbilder zerschlagen. 7 Überall
werden die Erschlagenen unbestattet herumlie-
gen und die Leute von Israel werden erkennen,
dass ich der HERR bin.

8 Einen Rest des Volkes aber werde ich am
Leben lassen und werde sie unter fremde Völker
zerstreuen. 9 Dort werden sie an mich denken
und begreifen, dass ich sie bestrafen musste, weil
sie mir die Treue gebrochen und sich mit den
Götzen eingelassen hatten. Sie werden sich vor
sich selber ekeln, wenn sie daran denken, was
für abscheuliche Dinge sie getrieben haben.
10 Dann werden sie erkennen, dass ich, der
HERR, keine leeren Worte gemacht habe, als ich
ihnen eine solche Strafe androhte.‹«

11 Weiter sagte der HERR, der mächtige Gott,
zu mir: »Schlage zornig die Hände zusammen
und stampfe mit dem Fuß auf den Boden! Rufe:
›Wehe den Leuten von Israel, denn ihr Treiben
ist abscheulich!‹ Ich lasse sie durch Schwert,
Hunger und Pest umkommen. 12 Wer nicht durch
das Schwert der Feinde fällt, stirbt an der Pest;
und wer der Pest entrinnt, geht am Hunger zu-
grunde. Ich bestrafe Jerusalem in meinem Zorn,
13 damit die Verbannten aus Juda erkennen, dass
ich der HERR bin. Die Erschlagenen werden rings
um die Altäre und zwischen den Götzenbildern
liegen, genau dort, wo sie den Opferrauch zu
ihren Götzen aufsteigen ließen, auf allen Bergen
und Hügeln und unter jedem dicht belaubten
Baum. 14 Ich selbst wende mich gegen sie und
verwüste ihr ganzes Land von der Steppe im
Süden bis hinauf nach Ribla.[a] Sie sollen erken-
nen, dass ich der HERR bin!«

Das selbstverschuldete Ende ist da

7 Das Wort des HERRN erging an mich, er
sagte: 2 »Du Mensch, höre, was ich, der
HERR, den Bewohnern des Landes Israel zu
sagen habe: ›Das Ende ist da! Über das ganze
Land bricht das Ende herein! 3 Ich lasse jetzt mei-
nen Zorn gegen euch wüten und es ist mit euch
zu Ende. Ich bestrafe euch für eure Vergehen;
die Folgen eures schändlichen Treibens sollen
euch ereilen. 4 Ich werde weder Nachsicht noch
Erbarmen mit euch haben. Euer Tun soll auf
euch selbst zurückfallen; das Verderben soll sich
auswirken, das ihr mit eurem Götzendienst
heraufbeschworen habt. Ihr sollt erkennen, dass
ich der HERR bin!

5 Das sage ich euch, der HERR, der mächtige
Gott: Ich bringe Unheil über euch, so furchtbar,
wie man es noch nie erlebt hat! Es kommt unauf-
haltsam! 6–7 Das Ende kommt, das Ende! Es
bricht über euch herein, ihr Bewohner des Lan-
des! Es lässt nicht auf sich warten. Wehklagen
und nicht Jubel hört man dann auf den Bergen.
8 In Kürze werde ich meinen ganzen Zorn über
euch ausschütten; ich bestrafe euch für eure Ver-
gehen; die Folgen eures schändlichen Treibens
sollen euch ereilen. 9 Ich werde weder Nachsicht
noch Erbarmen mit euch haben; ihr werdet ern-
ten, was ihr gesät habt. Dann werdet ihr erken-
nen, dass ich es bin, der HERR, der dies alles über
euch hereinbrechen lässt.‹«[b]

Der Gerichtstag Gottes

10 Der Tag des Gerichts ist da! Unaufhaltsam
bricht das Verderben herein. Denn Übermut und
Gewalt haben überhand genommen, 11 Unrecht
bringt immer neues Unrecht hervor. Aber von
denen, die auf Gewalt und Unrecht setzen, wird
nichts übrig bleiben, mögen sie noch so zahl-
reich sein und sich noch so aufspielen; mit ihrer
Macht und Pracht hat es ein Ende.

12 Die Frist ist abgelaufen, der Tag des Ge-
richts ist da! Wer jetzt noch etwas kauft, soll sich
nicht darüber freuen; und wer etwas verkaufen
muss, soll ihm nicht nachtrauern. Denn der Zorn
des HERRN kommt über diese ganze lärmende
Menge. 13 Wer etwas verkaufen muss, braucht

a *Ribla:* vermutlicher Text; H *Dibla.* b *dass ich es bin …:* mit G; H *dass ich, der HERR, zuschlage.*

6,2 36,1 **6,4-6** Lev 26,30-31; Ez 7,20 S **6,8** Jes 10,21-22 **6,9** 20,43 S **6,10** 5,13; 17,21; 24,24; 33,33; 37,14; Jes 55,11 S **6,11-12** (Schwert, Hunger, Pest) 5,12.16-17; 7,15; 12,16; 14,21; Jer 24,10 S **6,13** Jer 3,13 S; Hos 4,13 **7,3-4** (Folgen) 3,27; 7,8.16; 9,10; 11,21; 16,43.58; 22,31; 23,35.49; 33,10; 36,29; Hos 8,7 S **7,10-27** (Gerichtstag) Am 5,18-20 S **7,12-13** Lev 27,24; 1 Kor 7,29-31

sich nicht nach dem Erlassjahr* zu sehnen, in
dem es wieder an ihn zurückfällt; denn das er-
lebt er nicht mehr.[a] Die Schuld ist zu groß, nie-
mand wird sein Leben retten können.

14 Man bläst Alarm, alles greift zu den Waffen,
aber in die Schlacht zieht keiner; so schnell
kommt der Zorn des HERRN über sie alle.
15 Schwert, Hunger und Pest werden unter ihnen
wüten: Wer auf dem freien Feld ist, fällt durch
das Schwert der Feinde, wer in der Stadt ist, wird
von Hunger und Pest dahingerafft. 16 Wenn ein
paar Versprengte auf die Berge entkommen,
werden sie dort wie verängstigte Tauben sein; sie
werden jammern über die schlimmen Folgen
ihrer Schuld.

17 Von Schrecken gelähmt lassen alle die Hän-
de sinken; vor Angst können sie das Wasser nicht
mehr halten. 18 Sie ziehen den Sack* an und
scheren sich den Kopf kahl. Sie zittern an allen
Gliedern; ihre Gesichter sind verstört, weil sol-
che Schande über sie hereinbricht. 19 Ihr Silber
und Gold werfen sie auf die Straße wie Kehricht;
es kann sie nicht retten am Gerichtstag des
HERRN. Es ist wertlos geworden, sie können ih-
ren quälenden Hunger nicht damit stillen.

Das ist die Strafe dafür, dass sie sich durch ihr
Silber und Gold zur Auflehnung gegen den
HERRN verführen ließen. 20 In ihrem Übermut
haben sie daraus ihre abscheulichen Götzen-
bilder gemacht. Darum müssen sie es jetzt voll
Ekel wegwerfen.

21 »Ich gebe ihre Schätze den Fremden zum
Raub«, sagt der HERR, »den Feinden zur Beute.
Die werden ihre Götzenbilder entweihen. 22 Ich
wende mich von meinem Volk ab und lasse
sogar mein eigenes Heiligtum entweihen. Räu-
ber werden in den Tempel* eindringen, ihn
schänden 23 und ein Blutbad anrichten.[b] Denn
das Land ist voll Mord und Totschlag und in
Jerusalem regiert Gewalt. 24 Deshalb rufe ich die
erbarmungslosesten Völker herbei, damit sie die
prächtigen Häuser in Besitz nehmen. Ich mache
ein Ende mit der Überheblichkeit ihrer Bewoh-
ner, und alles, was ihnen heilig ist, wird ent-
weiht.

25 Angst und Panik erfasst sie; jeder sucht sich
zu retten, aber es gibt keine Rettung. 26 Unglück
türmt sich auf Unglück, eine Schreckensnach-
richt jagt die andere. Vergeblich suchen sie ein
Gotteswort beim Propheten; der Priester* hat
keine Antwort, die Ältesten* wissen keinen Rat.
27 Der König wird von Entsetzen gepackt, er
stimmt die Totenklage* an und die Männer des
Landes sind gelähmt vor Schrecken.

Ich ziehe sie alle zur Rechenschaft für ihr
schlimmes Treiben; ich verurteile sie so unbarm-
herzig, wie sie andere verurteilt haben. Sie sol-
len erkennen, dass ich der HERR bin!«

Ezechiël sieht den Götzendienst im Jerusalemer Tempel

8 Es war im sechsten Jahr unserer Verban-
nung*, am 5. Tag des 6. Monats. Die führen-
den Männer der aus Juda Weggeführten saßen
bei mir in meinem Haus. Da spürte ich, wie der
HERR, der mächtige Gott, seine Hand auf mich
legte.

2 Als ich aufblickte, sah ich eine Gestalt, die
aussah wie ein Mann.[c] Von der Stelle, wo die
Hüften sind, nach unten sah sie aus wie Feuer,
nach oben aber strahlend wie helles Gold. 3 Sie
streckte etwas wie eine Hand nach mir aus und
packte mich an den Haaren. So hob mich der
Geist* in meiner Vision weit über die Erde
empor und trug mich nach Jerusalem, zum Ein-
gang des nördlichen Stadttors.[d] Bei diesem Tor
stand das Götzenbild, das den Zorn des HERRN
erregt.

4 Da sah ich den Gott Israels in seiner strah-
lenden Herrlichkeit*, genau wie ich ihn in der
Ebene am Fluss Kebar gesehen hatte. 5 Er sagte
zu mir: »Du Mensch, sieh nach Norden!«

Ich blickte nach Norden und sah außerhalb
des Tores einen Altar; am Toreingang stand ein
Götzenbild.

6 »Du Mensch«, sagte der HERR, »siehst du,
was sie da treiben? Die Leute von Israel küm-
mern sich nicht um meinen Tempel*; stattdessen
verüben sie diesen abscheulichen Götzendienst.
Aber du wirst noch Schlimmeres sehen.«

7 Er führte mich zum Eingangstor des äußeren
Tempelvorhofs; dort sah ich ein Loch in der
Mauer.

8 »Du Mensch«, befahl er mir, »durchbrich
die Mauer!« Ich tat es und stand vor einer Tür.

9 »Geh hinein«, sagte er, »und sieh, was sie
dort Abscheuliches treiben!«

10 Ich ging hinein und sah, dass man überall
an den Wänden die Bilder von unreinen* Tieren
eingemeißelt hatte, die dem HERRN ein Gräuel

a Deutung unsicher. b *und ein Blutbad ...:* mit G; H ist nicht sicher zu deuten, vielleicht *Fertige eine Kette an.*
c *wie ein Mann:* mit G; H *wie Feuer* . d So mit G; H *zum Eingang des Tores des Innern.*

7,15 6,11-12 S **7,16** 7,3-4 S **7,17** Jes 13,7 **7,18** Jer 16,6 S; Am 8,10 **7,19** Spr 11,4; Zef 1,18 **7,20** (Götzenbilder) 6,6; 8,3.12.17; 16,17; 20,7-8; Jes 2,8; Jer 8,19; Hos 8,4 **7,22** 2 Kön 25,9.13-15 **7,24** Jes 2,11.17-18 **7,26** 1 Sam 28,6; Am 8,11-12; Klgl 2,9
8,1 14,1; 20,1; 3,22 S **8,3** DanZ C,36; Offb 1,10 S **8,4** 1,1-28 **8,10** Lev 11,1-47; Jer 7,30; Röm 1,23

sind. Das waren die Götzen des Volkes Israel.
11 Vor diesen Bildern standen siebzig Männer
mit Räucherpfannen in der Hand, von denen
Weihrauchwolken aufstiegen. Die siebzig gehör-
ten zu den Ältesten* Israels, auch Jaasanja, der
Sohn Schafans, war unter ihnen.

12 Der HERR fragte mich: »Du Mensch, siehst
du, was die führenden Männer Israels im Ver-
borgenen treiben? So machen sie es auch zu
Hause, jeder vor seinem Götzenschrein. Sie den-
ken: ›Der HERR sieht es nicht; er kümmert sich
nicht mehr um unser Land.‹ 13 Aber du wirst
sehen, dass sie noch Schlimmeres tun.«

14 Darauf führte er mich zum Nordtor des
inneren Tempelvorhofs. Dort saßen Frauen und
weinten über den Tod des Gottes Tammus*.
15 Der HERR sagte zu mir: »Du Mensch, siehst du
das? Du wirst noch Schlimmeres sehen.«

16 Er führte mich in den inneren Vorhof* des
Tempels. Vor dem Eingang zum Tempelhaus,
zwischen dem Brandopferaltar* und der Vor-
halle, standen etwa fünfundzwanzig Männer.
Sie blickten nach Osten, mit dem Rücken zum
Tempel des HERRN, und warfen sich nieder, um
die Sonne anzubeten.

17 Der HERR sagte zu mir: »Du Mensch, siehst
du das? Reicht es nicht, dass die Leute von Juda
überall im Land Götzen verehren und Unrecht
tun? Müssen sie mich auch noch damit reizen,
dass sie es hier in meinem Tempel tun? 18 Jetzt
kenne ich keine Rücksicht mehr. Erbarmungslos
und ohne Schonung werde ich gegen sie vor-
gehen. Auch wenn sie noch so sehr um Gnade
flehen – ich höre sie nicht mehr.«

Das Gericht über Jerusalem

9 Dann rief der HERR vor meinen Ohren mit
lauter Stimme: »Kommt herbei, die ihr das
Strafgericht an Jerusalem vollstrecken sollt!
Bringt euer Mordinstrument mit!«

2 Da kamen sechs Männer durch das nörd-
liche Tempeltor. Jeder hatte ein Schwert in der
Hand und mit ihnen kam ein siebter, der hatte
ein leinenes Priestergewand an. An seinem Gür-
tel hing eine Schreibtafel. Sie kamen näher und
blieben bei dem bronzenen Altar stehen.

3 Die strahlende Herrlichkeit* Gottes, näm-
lich der Gott Israels in der Gestalt, wie er sich
mir gezeigt hatte, erhob sich von den geflügelten
Gestalten, den Keruben*, und trat an den Ein-
gang des Tempels*. Er rief dem Mann im Leinen-
gewand mit dem Schreibzeug zu: 4 »In Jerusalem
gibt es noch Menschen, die sich an dem abscheu-
lichen Treiben nicht beteiligt haben und die dar-
über Schmerz und Trauer empfinden. Geh durch
die Stadt und mach ihnen ein Zeichen an die
Stirn!«

5 Ich hörte auch, wie er zu den sechs anderen
sagte: »Geht hinter ihm her durch die Stadt und
bringt ohne Schonung alle um: 6 alte Männer
und junge, Mädchen, Kinder und Frauen. Rührt
aber niemand an, der das Zeichen an der Stirn
trägt! Beginnt hier beim Tempel!«

Sie taten es und machten den Anfang mit den
Ältesten*, die vor dem Tempel standen. 7 Und
der HERR sagte: »Füllt die Tempelhöfe mit Lei-
chen; scheut euch nicht, den Tempel zu schän-
den! Dann geht in die Stadt und schlagt dort zu!«

8 Die Männer erschlugen alle, die im Tempel-
bezirk waren – nur mich verschonten sie. Ich
warf mich nieder und schrie: »Ach HERR, du
mächtiger Gott, willst du in deinem Zorn über
Jerusalem den ganzen Rest deines Volkes aus-
rotten?«

9 Er antwortete: »Die Leute von Israel und
von Juda haben schwere Schuld auf sich geladen;
in Stadt und Land haben sie gemordet und das
Recht mit Füßen getreten. Sie denken: ›Der HERR
kümmert sich nicht um unser Land, er sieht uns
ja nicht!‹ 10 Darum schone ich sie nicht und habe
kein Erbarmen mit ihnen. Jetzt trifft sie die ver-
diente Strafe.«

11 Da kam der Mann mit dem Leinengewand
und dem Schreibzeug aus der Stadt zurück und
meldete: »Ich habe deinen Befehl ausgeführt.«

Feuer verzehrt Jerusalem

10 Ich blickte auf die Stelle über den Köpfen
der geflügelten Gestalten, der Keruben*.
Da sah ich auf der festen Platte etwas, das aussah
wie ein Thron aus blauem Edelstein. 2 Die Ge-
stalt auf dem Thron befahl dem Mann in dem lei-
nenen Priestergewand: »Nimm aus dem Feuer-
becken zwischen den Keruben zwei Hände voll
glühender Kohlen und streue sie über die Stadt
aus!«

Der Mann ging vor meinen Augen in den
Raum zwischen den Rädern der vier Keruben.
3 Diese standen vom Tempelhaus gesehen auf
der rechten Seite, nach Süden zu. Der innere
Vorhof* des Tempels war ganz angefüllt von der
Wolke der göttlichen Gegenwart.

4 Da erhob sich die Herrlichkeit* des HERRN
von ihrem Thron und trat auf die Schwelle des

8,11 Ex 24,1; Num 11,16 **8,12** Ps 14,1 S **8,14** Dan 11,37 **8,16** Dtn 4,19 S; 2 Kön 23,5.11 **8,17** 7,20 S **8,18** 7,4; Jes 1,15 **9,3** 1,28; 8,4 **9,4** Offb 7,2-4 **9,8** 11,13; Am 7,2.5 **9,9** Ps 14,1 S **9,10** 5,11; 7,3-4 S **10,1** 9,3; 1,22.26 **10,2** Offb 8,5 **10,4** (Wolke) Ex 40,34-35 S; Jes 6,4

Tempelhauses. Die Wolke erfüllte das ganze Haus und der Vorhof leuchtete im Glanz der Herrlichkeit des HERRN. 5 Das Rauschen der Kerubenflügel klang wie die Donnerstimme Gottes, des Gewaltigen*; es erfüllte auch den äußeren Vorhof des Tempels.

6 Als der Mann in dem leinenen Gewand auf Befehl des HERRN in den Raum zwischen den Keruben trat, 7 streckte einer von ihnen die Hand nach dem Feuerbecken aus, das in der Mitte stand, und legte die Glut in die Hände des Mannes. Der Mann verließ damit den Tempel, um die glühenden Kohlen über die Stadt auszustreuen.

Gott zieht aus seinem Tempel aus

8 Unter den Flügeln der Keruben* sah ich etwas, das aussah wie Menschenarme. 9–10 Ich sah auch vier Räder, neben jedem Kerub eines. Sie waren alle gleich groß und funkelten wie Edelsteine. In jedes Rad war ein zweites im rechten Winkel eingefügt, 11 sodass es nach allen vier Richtungen laufen konnte, ohne vorher gedreht zu werden. Die Räder rollten immer in der Richtung, die das jeweils vorderste einschlug.

12–13 Es waren dieselben Räder, die ich in meiner ersten Vision gesehen hatte. Sie wurden vor meinen Ohren Galgal[a] genannt. Sie waren ringsum mit Augen bedeckt, ebenso der Leib, die Arme und die Flügel der Keruben. 14 Jeder Kerub hatte vier verschiedene Gesichter. Beim ersten sah das Stiergesicht nach vorn, beim zweiten das Menschengesicht, beim dritten das Löwengesicht und beim vierten das Adlergesicht.

15 Jetzt begannen die Keruben sich zu erheben. Es waren dieselben Gestalten, die ich am Fluss Kebar geschaut hatte. 16–17 Wenn sie sich fortbewegten, bewegten sich die Räder mit ihnen, und wenn sie sich mit ihren Flügeln von der Erde erhoben, hoben sich die Räder mit. Wenn sie anhielten, blieben auch die Räder stehen. In allem wurden die Räder von den Keruben gelenkt.

18 Die Herrlichkeit* des HERRN ging von der Schwelle des Tempelhauses weg und nahm den Platz über den Keruben ein. 19 Die Keruben breiteten ihre Flügel aus und erhoben sich vor meinen Augen ein Stück über den Boden und die Räder erhoben sich mit. Dann verließ die Herrlichkeit des Gottes Israels den Tempelbezirk, über den Keruben thronend, durch das östliche Tor.

20 Ich erkannte deutlich die vier mächtigen Gestalten wieder, die am Fluss Kebar vor meinen Augen den Thron des Gottes Israels getragen hatten. 21 Jede von ihnen hatte vier Gesichter und vier Flügel und unter den Flügeln konnte ich ihre Menschenarme erkennen. 22 Auch ihre Gesichter waren dieselben, die ich am Fluss Kebar gesehen hatte. Wohin sie auch gingen, immer blickte eins von ihren vier Gesichtern geradeaus.

Die Überheblichkeit der in Jerusalem Zurückgebliebenen

11 Der Geist* nahm mich und brachte mich zum östlichen Tor des Tempelbezirks. Vor dem Tor waren fünfundzwanzig Männer versammelt. Ich erkannte darunter zwei der führenden Männer der Stadt, Jaasanja, den Sohn Assurs, und Pelatja, den Sohn von Benaja.

2 Der HERR sagte zu mir: »Du Mensch, das sind die Männer, die in dieser Stadt schlimme Anschläge und verderbliche Pläne aushecken! 3 Sie sagen: ›In nächster Zeit brauchen wir keine Häuser zu bauen! Die Stadt ist der Topf und wir sind das Fleisch!‹[b] 4 Darum musst du ihnen das Strafgericht ankündigen.«

5 Der Geist des HERRN nahm von mir Besitz und der HERR befahl mir, den Leuten von Israel anzukündigen: »So spricht der HERR: ›Ich weiß, wie ihr redet und was eure Pläne sind! 6 Ihr habt es auf dem Gewissen, dass die Straßen dieser Stadt von Erschlagenen bedeckt sind. 7 Deshalb sage ich, der HERR: Die Erschlagenen auf euren Straßen sind das Fleisch im Topf der Stadt; die Toten haben es besser als die Lebenden![c] Euch aber hole ich heraus 8 und lasse euch hinrichten. Ihr fürchtet das Schwert und durch das Schwert sollt ihr sterben. Das sage ich, der mächtige Gott.

9 Ich hole euch aus eurer Stadt heraus und gebe euch in die Gewalt von Fremden. Durch sie vollziehe ich an euch mein Strafgericht. 10 An der Grenze Israels lasse ich euch mit dem Schwert hinrichten. Ihr sollt erkennen, dass ich der HERR bin.

11 Ihr werdet nicht in dieser Stadt bleiben wie das Fleisch im Topf. An der Grenze Israels werde ich mein Gericht an euch vollziehen. 12 Ihr sollt erkennen, dass ich der HERR bin. Denn ihr habt

a D. h. *Rundes* oder *Rollendes*.

b In den Topf kommen die Fleischstücke, nicht die ungenießbaren Teile eines geschlachteten Tieres. Die bei der ersten Wegführung 597 v. Chr. in Jerusalem Zurückgebliebenen drücken mit dem Sprichwort ihr Überlegenheitsgefühl gegenüber den Verschleppten aus.

c *die Toten ...:* verdeutlichender Zusatz.

10,5 Ps 29,3-9 S **10,8-17** 1,5-21 **10,12-13** Offb 4,8 **10,18-19** 9,3; 11,22-23; 43,1-7 **11,3-12** 24,1-14 **11,10** 2 Kön 25,20-21 **11,12** 5,7-8

meine Weisungen nicht befolgt und euch nicht
nach meinen Geboten gerichtet, sondern habt
nach den Gesetzen eurer Nachbarvölker ge-
lebt.‹«
13 Während ich diese Ankündigung aussprach,
starb Pelatja, der Sohn von Benaja. Ich warf mich
zu Boden und rief laut: »Ach HERR, du mächtiger
Gott! Willst du den Rest Israels vollends ver-
nichten?«

Trost für die Verschleppten

14 Da erging das Wort des HERRN an mich, er
sagte: 15 »Du Mensch, die Bewohner Jerusalems
sagen über deine Brüder und Verwandten und
über alle Leute von Israel, die in die Verbannung
geführt worden sind: ›Sie sollen bleiben, wo sie
sind, weit weg vom HERRN! Das Land gehört jetzt
uns!‹
16 Deshalb sollst du verkünden: ›So spricht
der HERR, der mächtige Gott: Es stimmt, ich habe
sie in fremde Länder gebracht und unter die
Völker zerstreut und sie können mich dort
nur noch aus der Ferne in bescheidenen Gottes-
diensten verehren. 17 Aber ich, der mächtige Gott,
werde sie aus den Völkern, unter die sie zerstreut
sind, sammeln und ihnen das Land Israel zum
Besitz geben. 18 Wenn sie dorthin zurückkehren,
werden sie das Land von allem Götzendienst
reinigen.
19 Ich werde ihnen ein neues Herz[a] und einen
neuen Geist geben. Ich nehme das versteinerte
Herz aus ihrer Brust und schenke ihnen ein
Herz, das lebt. 20 Dann werden sie nach meinen
Weisungen leben, auf meine Gebote achten und
sie befolgen. Sie werden mein Volk sein und ich
werde ihr Gott sein. 21 Aber die verdiente Strafe
wird alle treffen, die ihr Herz an die Götzen ge-
hängt haben und ihnen auf die abscheuliche
Weise dienen, die diesen Götzen gefällt. Das sage
ich, der HERR, der mächtige Gott.‹«

Gott verlässt Jerusalem

22 Die Keruben*, über denen die strahlende
Herrlichkeit* des Gottes Israels zu sehen war, be-
wegten ihre Flügel und zusammen mit ihnen er-
hoben sich die Räder vom Boden. 23 So verließ
die Herrlichkeit des HERRN die Stadt in Richtung
auf den Berg im Osten Jerusalems.
24 Mich aber nahm der Geist* und brachte
mich in meiner Vision zurück nach Babylo-
nien*. Dann verschwand die Vision 25 und ich
berichtete den Verbannten alles, was der HERR
mir gezeigt hatte.

Den Verbannten wird die Wegführung der Zurückgebliebenen angekündigt

12 Das Wort des HERRN erging an mich, er
sagte: 2 »Du Mensch, du lebst mitten unter
einem widerspenstigen Volk! Diese Leute haben
Augen und sehen nicht, sie haben Ohren und
hören nicht. 3 Deshalb schnüre dir ein Bündel,
wie es Verschleppte mit sich tragen, und geh
damit vor aller Augen von deinem Wohnort weg
zu einem anderen Ort. Vielleicht gehen ihnen
die Augen auf, so widerspenstig sie auch sind.
4 Bring dein Bündel am hellen Tag aus dem
Haus, sodass alle es sehen, und gegen Abend,
wenn die Hitze nachlässt, zieh vor ihren Augen
weg, wie jemand, der in die Verbannung geführt
wird. 5 Brich vor ihren Augen von innen ein
Loch in die Wand deines Hauses und zwänge
dich dadurch hinaus. 6 Nimm dein Bündel auf
die Schulter und geh in der Dunkelheit fort. Ver-
hülle dein Gesicht, damit du das Land nicht
siehst, das du verlassen musst.
So mache ich dich für die Leute von Israel zu
einem Zeichen, an dem sie sehen, was ihnen
bevorsteht.«
7 Ich machte genau, was der HERR mir befoh-
len hatte. Ich schnürte mir ein Bündel, wie es
Verschleppte mit sich tragen, und brachte es am
hellen Tag aus dem Haus. Am Abend brach ich
von innen ein Loch in die Wand und zwängte
mich durch das Loch hinaus. Vor aller Augen
hob ich das Bündel auf die Schulter.
8 Am anderen Morgen erging an mich das
Wort des HERRN, er sagte: 9 »Du Mensch, die
Leute von Israel, dieses widerspenstige Volk,
haben dich doch gefragt: ›Was machst du da?‹
10 Gib ihnen die Erklärung! Sag zu ihnen:
›Der HERR, der mächtige Gott, hat zu mir ge-
sprochen! Was er mir aufgetragen hat, betrifft
den König in Jerusalem und alle Leute von Israel,
die dort leben. 11 Ich bin für euch ein Zeichen. So
wie ich es vorgemacht habe, wird es den Leuten
von Jerusalem ergehen. Alle müssen in die Ver-
bannung*.
12 Ihr König aber wird in tiefster Dunkelheit
sein Bündel auf die Schulter nehmen und die
Stadt verlassen. Seine Männer werden die
Mauer durchbrechen, um ihre Habseligkeiten
hinauszubringen. Er wird sein Gesicht verhül-

a So mit G; H *ein einziges Herz.*

11,13 9,8 **11,15** 33,24 **11,17** 28,25 S **11,19** 36,26-27 S **11,20** (mein Volk – ihr Gott) 14,11; 34,30; 36,28; 37,23.27; Jer 7,23 S; Sach 8,8; 13,9 **11,21** 7,3-4 S; 7,20 S **11,22-23** 10,18-19 S; Dtn 31,17 **11,24** 8,3 **12,2** 2,3-5 S; Jes 6,9-10; Jer 5,21 **12,6** 24,24 **12,9** 2,3-5 S **12,12-13** 17,20; 2 Kön 25,4-7

len, denn das Land Israels wird er nie wiedersehen.

13 Ich werde mein Fangnetz ausspannen, ihn einfangen und nach Babylonien bringen; aber er wird das Land nicht sehen können. Dort wird er sterben. 14 Sein Gefolge und seine Kriegsleute werde ich in alle Winde zerstreuen, mit gezogenem Schwert werde ich sie auseinander treiben. 15 Ich zerstreue sie in fremde Länder und unter fremde Völker, damit sie erkennen, dass ich der HERR bin.

16 Nur wenige von ihnen sollen dem Schwert, dem Hunger und der Pest entrinnen, damit sie unter den Völkern erzählen können, mit was für abscheulichen Taten sie sich dieses Schicksal verdient haben. Sie sollen erkennen, dass ich der HERR bin!‹«

Die Leute in Jerusalem werden zittern

17 Das Wort des HERRN erging an mich, er sagte: 18 »Du Mensch, iss dein Brot und trink dein Wasser mit Zittern und Beben! 19 Und dann sag zu deinen verschleppten Landsleuten: ›So spricht der HERR, der mächtige Gott: Mit Zittern und Entsetzen werden die Leute, die in Jerusalem im Land Israel geblieben sind, ihr Brot essen und ihr Wasser trinken. Zur Strafe dafür, dass überall Unrecht und Gewalt herrschen, kommt die Vernichtung über das Land. 20 Die Städte veröden, die fruchtbaren Felder werden zur Wüste. Ihr sollt erkennen, dass ich der HERR bin!‹«

Gott macht keine leeren Worte

21 Das Wort des HERRN erging an mich, er sagte: 22 »Du Mensch, was reden die Leute bei euch im Land Israel? Sie sagen: ›Die Zeit kommt und geht und die Prophezeiungen treffen nie ein!‹

23 Ich werde dafür sorgen, dass dieses Gerede in Israel ein Ende hat. Sag zu ihnen: ›So spricht Gott, der HERR: Die Zeit ist gekommen, dass alles eintrifft, was meine Propheten euch angedroht haben. 24 Künftig wird es im Volk Israel keine falschen Propheten mehr geben, die leere Träume erzählen und den Menschen nach dem Mund reden.

25 Ich, der HERR, rede; und was ich ankündige, das trifft ein. Es lässt nicht lange auf sich warten. Ich sage ein Wort und ich setze es in die Tat um, beides zu euren Lebzeiten, ihr widerspenstigen Leute! Das sage ich, der mächtige Gott.‹«

26 Noch einmal erging das Wort des HERRN an mich: 27 »Du Mensch, die Leute von Israel sagen über dich: ›Die Offenbarungen*, die er empfangen hat, betreffen nicht unsere Gegenwart, sondern eine ferne Zukunft.‹

28 Darum antworte ihnen: ›So spricht Gott, der HERR: Alles, was ich angekündigt habe, wird in Kürze geschehen. Wenn ich ein Wort sage, dann geschieht es auch. Das sage ich, der HERR.‹«

Das Ende der falschen Propheten

13 Das Wort des HERRN erging an mich, er sagte: 2 »Du Mensch, kündige den Propheten Israels, die nach ihrem eigenen Gutdünken prophezeien, mein Strafgericht an! Sag zu ihnen: ›Hört das Wort des HERRN! 3 Das sagt Gott, der HERR, zu euch:

Weh euch falschen Propheten, die nicht nach mir fragen, sondern ihren eigenen Einfällen folgen, die prophezeien, was ihnen nicht offenbart worden ist!

4 Ihr Propheten seid zu Israels Totengräbern geworden![a] 5 Ihr seid nicht in die Bresche gesprungen, ihr habt nicht die Lücken in der Schutzmauer um mein Volk Israel aufgefüllt, damit es an meinem Gerichtstag bestehen kann.

6–7 Eure eigenen Hirngespinste schaut ihr, Lügen verkündet ihr! Ihr sagt: ›So spricht der HERR‹, wo ich euch doch gar nicht beauftragt und nicht zu euch gesprochen habe. Und da erwartet ihr auch noch, dass ich eure leeren Versprechen einlöse!

8 Darum sage ich, der mächtige Gott: Weil ihr Hirngespinste schaut und Lügen verkündet, sollt ihr mich kennen lernen, mich, den HERRN! 9 Ich werde gegen euch Lügenpropheten vorgehen. In der Versammlung meines Volkes habt ihr nichts mehr zu suchen, eure Namen werden aus den Listen der Sippen Israels getilgt, ihr werdet nie mehr ins Land Israel zurückkehren. Ihr sollt erkennen, dass ich der HERR bin!

10 Ihr habt mein Volk in die Irre geführt, ihr habt verkündet: Alles steht gut!, während es in Wirklichkeit gar nicht gut stand. Da baut sich mein Volk eine Mauer aus losen Steinen und ihr streicht Tünche darüber! 11–12 Wenn nun ein Platzregen kommt, wenn Hagelwetter niedergeht und der Sturm wütet, sodass die Mauer einfällt, wird man dann nicht über euch spotten: Wo ist der schöne Anstrich geblieben?

13 Darum sage ich, der mächtige Gott: Ich werde in meinem Zorn ein Unwetter schicken,

a *zu Israels Totengräbern:* wörtlich *wie Füchse in den Trümmern.* Das Bild ist vielleicht im Sinn von Neh 3,35 zu deuten.

12,16 6,11-12 S; 14,22-23 **12,19** 4,16; 7,10-11 **12,22** 2 Petr 3,4; Hab 2,3 **12,24** 13,1-16 **13,2** 12,24; 22,28; Jer 14,13-15 S **13,5** 22,30 S **13,9** 14,9 **13,10** Jer 6,14 S

Sturm, Hagel und Platzregen; 14 die Mauer, die
ihr mit Tünche überstrichen habt, lasse ich ein-
stürzen, sodass kein Stein auf dem andern bleibt
und ihr selbst unter den Trümmern begraben
werdet. Ihr sollt erkennen, dass ich der HERR
bin!

15 Ich werde an der Mauer und an denen, die
sie angestrichen haben, meinen ganzen Zorn
auslassen. Dann werden sie[a] über euch spotten:
Die Mauer ist hin, und von denen, die sie ange-
strichen haben, ist auch keiner mehr da! 16 Ja,
keiner bleibt übrig von den Propheten, die Jeru-
salem eine herrliche Zukunft vor Augen gemalt
haben, als es dicht vor dem Untergang stand.
Das sage ich, der HERR, der mächtige Gott.‹«

Das Ende der magischen Praktiken

17 Weiter sagte der HERR: »Du Mensch, wende
dich gegen die Frauen deines Volkes, die nach
ihrem eigenen Gutdünken prophezeien, und
kündige ihnen mein Strafgericht an! 18 Sag zu
ihnen: ›Das sagt der HERR, der mächtige Gott, zu
euch:

Weh euch Seelenfängerinnen, die ihr für jedes
Handgelenk die passenden Zauberbänder näht
und magische Schleier für jede Kopf- und Körper-
größe! Ihr spielt mit dem Leben der Menschen
in meinem Volk. Und da meint ihr, ihr könntet
euer eigenes Leben retten?

19 Bei euren Praktiken missbraucht ihr mei-
nen Namen; für den Lohn von ein paar Hand
voll Gerste oder ein wenig Brot liefert ihr schuld-
lose Menschen dem Tod aus und erhaltet solche
am Leben, die ihn verdient hätten. Meinem
Volk, das so gern auf Lügen hört, gaukelt ihr eine
goldene Zukunft vor.

20–21 Darum werde ich, der mächtige Gott,
euch die Zauberbänder vom Arm reißen und
eure Zauberschleier zerfetzen. Ich jage euch
eure Beute ab und rette die Menschenleben, die
ihr verderben wollt. Ich befreie mein Volk aus
eurer Gewalt, niemand soll euch mehr zum
Opfer fallen. Ihr sollt erkennen, dass ich der
HERR bin!

22 Ihr macht unschuldigen Leuten Angst, die
von mir gar nichts zu befürchten haben; aber die
Verbrecher ermutigt ihr und verhindert damit,
dass sie ihr böses Treiben aufgeben und ihr
Leben retten. 23 Deshalb soll es mit eurer verlo-
genen Wahrsagerei ein Ende haben. Ich werde
mein Volk aus eurer Gewalt befreien. Ihr sollt
erkennen, dass ich der HERR bin!‹«

Abrechnung mit den Götzendienern

14 Einige von den Ältesten* Israels kamen
zu mir und wollten einen Bescheid von
Gott haben. Sie setzten sich vor mich hin und
warteten.

2 Da erging das Wort des HERRN an mich, er
sagte: 3 »Du Mensch, diese Männer öffnen ihr
Herz noch immer den Götzen und haben Ge-
fallen an dem, was sie in Schuld verstrickt. Und
da soll ich ihnen eine Auskunft erteilen?

4 Antworte ihnen: ›So spricht der HERR, der
mächtige Gott: Wenn jemand aus dem Volk
Israel das Herz den Götzen öffnet und Gefallen
hat an dem, was ihn in Schuld verstrickt, und
wenn er dann noch zu meinem Propheten
kommt und einen Bescheid von mir erbittet,
dann bekommt er die Antwort, die er verdient
hat – von mir, dem HERRN! 5 Dem ganzen Volk
Israel, das sich von mir abgewandt und den
Götzen zugewandt hat, werde ich damit eine
Lehre erteilen.‹

6 Zu den Leuten von Israel aber sollst du sa-
gen: ›So spricht der HERR, der mächtige Gott:
Kehrt um und wendet euch ab von euren Götzen
und von eurem abscheulichen götzendieneri-
schen Treiben! 7 Wenn jemand aus dem Volk
Israel oder von den Fremden, die bei euch leben,
mir den Rücken kehrt, sein Herz den Götzen öff-
net und Gefallen hat an dem, was ihn in Schuld
verstrickt, und wenn er dann noch zu meinem
Propheten kommt, um einen Bescheid von mir
zu erbitten, dann bekommt er von mir persön-
lich eine Antwort, von mir, dem HERRN! 8 Ich
wende mich gegen einen solchen Menschen, ich
handle so an ihm, dass es eine Warnung für alle
ist und man noch lange davon reden wird: Ich
rotte ihn aus meinem Volk aus. Ihr sollt er-
kennen, dass ich der HERR bin!

9 Wenn aber der Prophet sich so weit verirrt,
dass er in meinem Namen einen Bescheid erteilt,
dann werde *ich* ihn in die Irre führen: Ich werde
die Hand gegen ihn erheben und ihn aus mei-
nem Volk Israel ausstoßen und vernichten.
10 Alle beide müssen die Folgen ihrer Schuld tra-
gen: der Götzendiener, der fragt, und der Pro-
phet, der antwortet. 11 Das soll den Leuten von
Israel eine Warnung sein, dass sie nicht von mir
weglaufen und sich nicht mehr unrein* machen
durch ihre Verfehlungen. Sie sollen mein Volk
sein und ich will ihr Gott sein. Das sage ich, der
HERR, der mächtige Gott!‹«

a *werden sie:* vermutlicher Text; H *werde ich.*

13,18 Lev 19,26 S **13,22** 33,8; Jer 23,14 **14,1** 8,1; 20,1 **14,9** 13,9 **14,11** 11,20 S

Das Strafgericht über Jerusalem ist unabwendbar

12 Das Wort des HERRN erging an mich, er sagte:
13 »Du Mensch, angenommen, ein Volk vergeht
sich gegen mich und bricht mir die Treue und ich
schicke zur Strafe eine Hungersnot ins Land und
Menschen und Tiere sterben daran. 14 Wenn
dann die drei großen Männer Noach, Daniel[a]
und Ijob unter diesem Volk lebten, so würden
nur sie aufgrund ihrer Rechtschaffenheit ihr
Leben retten. Das sage ich, der HERR, der mäch-
tige Gott.

15 Oder angenommen, ich lasse zur Strafe
Raubtiere in ein Land einfallen, die seine Bewoh-
ner töten, und das Land wird menschenleer wie
eine Wüste, weil wegen der Lebensgefahr nie-
mand mehr durchzuziehen wagt. 16 Wenn dann
diese drei Männer dort lebten, könnten sie nicht
einmal ihre Söhne und Töchter retten, sondern
allein sich selbst – so gewiss ich, der HERR, lebe!
Das ganze Land würde restlos entvölkert wer-
den.

17 Oder angenommen, ich schicke zur Strafe
Feinde in ein Land, die Menschen und Tiere nie-
dermachen, 18 und diese drei Männer wären in
diesem Land: Sie könnten nicht einmal ihre
Söhne und Töchter retten, sondern allein sich
selbst – so gewiss ich lebe, ich, der HERR!

19 Oder aber ich schicke zur Strafe die Pest in
ein Land und vernichte in meinem glühenden
Zorn Menschen und Tiere. 20 Wären dann die
drei großen Männer Noach, Daniel und Ijob in
diesem Land, sie könnten weder Söhne noch
Töchter retten, so gewiss ich lebe, ich, der HERR!
Nur ihr eigenes Leben könnten sie aufgrund
ihrer Rechtschaffenheit retten.

21 Und nun sage ich, der HERR, der mächtige
Gott: ›Wenn ich meine vier Geißeln – Hunger,
Raubtiere, Krieg und Pest – auf Jerusalem los-
lasse, um Menschen und Tiere darin zu vernich-
ten, meint ihr, dass dann jemand mit dem Leben
davonkommt? 22 Doch, ich lasse einige übrig,
Männer und Frauen, die werden aus der Stadt
weggeführt und kommen zu euch. Ihr werdet se-
hen, was das für Leute sind und wie schlimm sie
es treiben. Das wird euch trösten, wenn ihr über
den Untergang Jerusalems trauert, über alles,
was ich der Stadt angetan habe. 23 Diese Leute
werden euch ein Trost sein, wenn ihr seht, wie
gründlich verdorben sie sind! Denn ihr werdet
daran erkennen, dass ich an Jerusalem nur die
gerechte Strafe vollzogen habe. Das sage ich, der
HERR, der mächtige Gott.‹«

Jerusalem als nutzloses Rebholz

15 Das Wort des HERRN erging an mich, er
sagte: 2 »Du Mensch, was hat der Wein-
stock vor den wild wachsenden Rankengewäch-
sen voraus? 3 Lässt sich aus seinem Holz irgend-
etwas Brauchbares herstellen? Kann man auch
nur einen Pflock für die Wand daraus schnitzen,
um etwas daran aufzuhängen?

4 Nun ist die Weinranke auch noch ins Feuer
geworfen worden; die Enden sind schon ver-
kohlt und die Mitte ist angesengt: Wozu kann
man sie jetzt noch verwenden? 5 Schon als sie
noch unversehrt war, war ihr Holz zu nichts zu
gebrauchen; was lässt sich dann jetzt noch damit
anfangen?

6 Darum sage ich, der HERR, der mächtige
Gott: Der Weinstock Jerusalem ist für mich nicht
mehr wert als ein gewöhnliches Rankenge-
wächs. Das Holz des Weinstocks ist zum Ver-
brennen bestimmt und genauso gebe ich die Be-
wohner Jerusalems der Vernichtung preis. 7 Mit
knapper Not sind sie dem Feuer entronnen, aber
das Feuer wird sie vollends verzehren. Dann
werdet ihr erkennen, dass ich der HERR bin. Ich
selbst wende mich gegen sie 8 und mache ihr
Land zu einer Wüste, weil sie mir untreu gewor-
den sind. Das sage ich, der HERR, der mächtige
Gott.«

Jerusalem, die treulose Frau (16,1-63)

16 Das Wort des HERRN erging an mich, er
sagte: 2 »Du Mensch, mache der Stadt
Jerusalem klar, was für abscheuliche Dinge sie
tut! 3 Halte ihr vor: ›So spricht der HERR, der
mächtige Gott: Du bist eine Kanaaniterin*; hier
im Land wurdest du geboren. Dein Vater war ein
Amoriter*, deine Mutter eine Hetiterin*.

4 Und so erging es dir bei deiner Geburt:
Deine Nabelschnur wurde nicht ordentlich ab-
geschnitten, du wurdest nicht gebadet und mit
Salz abgerieben, du wurdest nicht in Windeln ge-
wickelt. 5 Niemand kümmerte sich um dich,
niemand hatte Mitleid mit dir und versorgte
dich. Du wurdest aufs freie Feld geworfen, weil
niemand dich haben wollte. So erging es dir, als
du geboren wurdest.

6 Da kam ich vorüber und sah dich in deinem

a Mit Daniel ist vermutlich nicht der Visionär gemeint, von dem das biblische Buch dieses Namens berichtet; siehe Sacherklärung »Daniel«.

14,14 Gen 6,9; Ijob 1,1; Jer 15,1 **14,21** 6,11-12 S; Jer 15,3 **14,22-23** 12,16 **15,1-8** (Weinstock) Jer 2,21 S; Ez 17,5-10; 19,10-14 **15,7** Am 4,11 **16,1-63** 23,1-49 **16,3** 16,45; Jos 15,63; Ri 19,10-13

Blut liegen und zappeln. Ich sagte zu dir: Du
sollst leben! Du sollst leben 7 und gedeihen![a] Ich
ließ dich aufblühen wie eine Blume. So wuchst
du heran und wurdest groß und überaus schön.
Die Brüste wurden rund und das Schamhaar
sprosste. Aber noch immer warst du nackt und
bloß.
8 Wieder kam ich an dir vorüber und ich sah,
dass du zur Liebe reif warst. Da nahm ich dich
zur Frau. Ich breitete meinen Gewandsaum über
dich zum Zeichen, dass du mir gehören und nicht
mehr nackt und bloß sein solltest. Ich schwor dir
Treue und schloss den Bund fürs Leben mit dir,
ich, der HERR. So wurdest du mein.
9 Ich badete dich und wusch dir das Blut ab,
salbte dich mit Öl 10 und gab dir ein buntes Kleid
und Sandalen aus weichem Leder, ein Kopftuch
aus feinstem Leinen und einen schön gewebten
Mantel. 11 Ich legte dir Schmuck an: Arm-
spangen, Halskette, 12 Nasenring, Ohrringe und
einen kostbaren Stirnreif.
13 So warst du nun mit Gold und Silber ge-
schmückt und trugst Kleider aus den schönsten
und erlesensten Stoffen. Du hattest Gebäck aus
feinstem Mehl zu essen, das mit Honig und Öl
bereitet war. Du warst unaussprechlich schön
und wurdest zur Königin. 14 Alle Welt rühmte
deine Schönheit, die durch meinen Schmuck erst
vollkommen wurde‹, sagt der HERR, der mäch-
tige Gott!

Die Untreue Jerusalems: Götzendienst

15 ›Aber du vergaßt, dass du deine Schönheit und
deinen Ruhm mir verdanktest. Du wurdest über-
mütig und locktest mit deinen Reizen jeden an,
der vorbeikam. Jedem botest du dich an. 16 An
den Plätzen, wo man die Götzen verehrt, brei-
tetest du deine bunten Kleider aus und hurtest
herum. Dazu hätte es niemals kommen dürfen.
17 Aus dem Silber und Gold, das ich dir ge-
schenkt hatte, machtest du dir Götzen und be-
trogst mich mit ihnen. 18 Du zogst ihnen deine
bunten Gewänder an und opfertest ihnen den
Weihrauch und das Öl, das du von mir bekom-
men hattest. 19 Die Leckerbissen, die ich dir gege-
ben hatte, das feine Honiggebäck, brachtest du
zu ihnen, um sie damit zu erfreuen. So weit kam
es‹, sagt der HERR, der mächtige Gott.
20 ›Aber du hast noch Schlimmeres getan! Du
hast nicht nur mit den Götzen gehurt, sondern
ihnen auch noch die Söhne und Töchter zum
Fraß vorgeworfen, die du mir geboren hattest.
21 Du hast meine Kinder geschlachtet und als
Opfer für deine Götzen verbrannt. 22 So hast du
es getrieben und hast ganz vergessen, was ich für
dich getan hatte, als du noch nackt und zappelnd
in deinem Blut auf der Erde lagst.‹

Die Untreue Jerusalems: Bündnispolitik

23 ›Deine Schandtaten musst du büßen. Dafür
stehe ich ein, ich, der mächtige Gott. 24-25 Du
hast auf jedem freien Platz und an jeder Straßen-
ecke dein Hurenlager aufgeschlagen und hast
deine Schönheit in den Schmutz gezogen. Du
warst unersättlich und hast vor jedem, der vo-
rüberging, die Beine gespreizt. 26 Deine Nach-
barn, die Ägypter mit dem großen Glied, waren
deine besten Freunde; mit ihnen hast du gehurt,
um mich zu kränken. 27 Da strafte ich dich und
nahm dir einen Teil von dem, was ich dir ge-
schenkt hatte. Ich gab dich der Gier der Philiste-
rinnen* preis, die dich hassten, die aber von
deinem schamlosen Treiben selber angewidert
waren.
28 Doch du hattest noch nicht genug und
gingst zu den Assyrern*, um mit ihnen zu huren,
und auch das reichte dir noch nicht. 29 Darum
triebst du es mit den Babyloniern*, diesem
Händlervolk; doch auch da bekamst du nicht
genug. 30 Du branntest darauf, dich hinzugeben;
an Schamlosigkeit warst du nicht mehr zu über-
treffen‹, sagt der HERR, der mächtige Gott.
31 ›An jeder Straßenecke und an jedem freien
Platz hast du dein Hurenlager aufgeschlagen.
Aber du hast dich nicht wie eine Hure für Geld
hingegeben. 32 Du hast deinen Ehemann mit
fremden Männern betrogen, 33 und während
man eine Hure bezahlt, hast du deine Liebhaber
noch mit Geschenken angelockt, damit sie von
überallher zu dir kamen. 34 Anderen Frauen läuft
man nach und gibt ihnen Geld, aber dir läuft nie-
mand nach und du zahlst auch noch dafür. So
sehr bist du aus der Art geschlagen.‹

Die verdiente Strafe

35 ›Jerusalem, du Hure! Höre das Wort des
HERRN! So spricht der HERR, der mächtige Gott:
36 Weil du dich vor deinen Liebhabern und dei-
nen ekelhaften Götzenbildern nackt ausgezogen
und den Götzen deine Kinder geopfert hast,
37 rechne ich jetzt mit dir ab. Ich rufe deine
ganze Kundschaft zusammen, die Männer, mit
denen du gehurt hast, und auch die anderen, die

a *und gedeihen:* mit G; H *eine große Menge.*

16,8 Rut 3,9 **16,15-19** 7,20S; Jer 2,20S **16,17** Hos 8,4 **16,18** Hos 2,10 **16,20-21** 20,26; 23,37; Lev 18,21S **16,26** 23,20; Jes 30,1-7S **16,28-29** 23,12-18 **16,37** Hos 2,12

du nicht mochtest. Wenn sie von überallher zu-
sammengelaufen sind, dann hebe ich vor ihren
Augen deine Kleider hoch und gebe dich der
Schande preis.
38 Ich verfahre mit dir, wie es das Gesetz für
eine Ehebrecherin und Mörderin vorschreibt.
Weil du meinen Zorn gereizt und meine Eifer-
sucht geweckt hast, verurteile ich dich zum Tod.
39 Ich liefere dich ihnen aus, dass sie deine
Hurenbude und deine Götzenaltäre einreißen,
dir deinen Schmuck nehmen, dir die Kleider
vom Leib reißen und dich nackt und bloß liegen
lassen.
40 Dann werden sie eine Gerichtsversamm-
lung einberufen. Sie werden dich steinigen* und
deine Leiche mit dem Schwert in Stücke hauen.
41 Alle Frauen werden sehen, wie man das Urteil
an dir vollstreckt und deine Häuser nieder-
brennt. Aus ist es dann mit deiner Hurerei, du
kannst dir keine Liebhaber mehr kaufen!
42 Dann ist endlich mein Zorn und meine Ei-
fersucht gestillt; ich habe wieder Ruhe und muss
mich nicht mehr von dir kränken lassen. 43 Du
warst undankbar und vergaßest, was ich seit
deiner Kindheit für dich getan hatte. Durch dein
schamloses Treiben hast du mich herausge-
fordert. Jetzt musst du die Folgen tragen. Das
sage ich, der HERR, der mächtige Gott.‹

›Du treibst es schlimmer als Sodom und Samaria!‹

44 ›Jerusalem, man wird dich verspotten mit dem
Sprichwort: Wie die Mutter, so die Tochter!
45 Du bist um kein Haar besser als deine Mutter
und deine Schwestern – auch die scherten sich
nicht um Mann und Kinder.
Wie deine Schwestern, zwischen denen du
wohnst, hast du eine Hetiterin* zur Mutter und
einen Amoriter* zum Vater. 46 Deine größere
Schwester ist die Stadt Samaria im Norden mit
ihren Tochterstädten und deine kleinere Schwes-
ter die Stadt Sodom* im Süden mit ihren Toch-
terstädten. 47 Alle Schändlichkeiten hast du den
beiden nachgemacht und sie darin in kurzer Zeit
übertroffen.
48 So gewiss ich, der HERR, lebe: Deine
Schwester Sodom mit ihren Töchtern hat sich
nicht so schändlich benommen wie du und deine
Töchter! 49 Sie war eingebildet und lebte mit ih-
ren Töchtern sorglos und im Überfluss; um Arme
und Unterdrückte kümmerte sie sich nicht. 50 Sie
war überheblich und beging abscheuliche Ver-
brechen. Als ich das sah, schaffte ich sie weg.
51 Auch Samaria hat nicht die Hälfte deiner
abscheulichen Taten begangen. Du hast viel
mehr gesündigt als sie beide. Du hast es so
schlimm getrieben, dass deine beiden Schwes-
tern neben dir geradezu unschuldig dastehen.
52 Weil du viel schlimmer warst als deine
Schwestern und sie durch dein schmutziges Trei-
ben reingewaschen hast, musst du dich schämen
und deine ganze Schande tragen.‹

›Ich beschäme dich durch meine Treue!‹

53 ›Doch dann wende ich für Sodom und Samaria
alles wieder zum Guten und auch für dich, Jeru-
salem, die du so tief gefallen bist wie sie! 54 Das
tue ich, damit du einsiehst, wie schändlich du ge-
handelt hast. Du sollst dich schämen, dass du so-
gar noch verdorbener warst als deine Schwes-
tern und sie damit entlastet hast. 55 Ihr alle drei
samt euren Tochterstädten werdet wieder aufge-
baut werden und blühen wie früher.
56 In deinem Hochmut hast du über deine
Schwester Sodom die Nase gerümpft, 57 aber
jetzt wissen alle, dass du nicht besser bist als sie.
Wie du deine Schwester Sodom verachtet hast,
so verachten dich jetzt alle deine Nachbarinnen,
die Edomiterinnen[a] und die Philisterinnen.
58 Du musst nun die Folgen deines schamlosen
Treibens und deiner abscheulichen Verbrechen
tragen. Das sage ich, der HERR, der mächtige
Gott.‹«
59–60 Weiter sagt der HERR, der mächtige Gott:
»Wie du mir, so ich dir! Du hast mir Treue ge-
schworen und sie nicht gehalten. Aber obwohl
du den Bund* gebrochen hast, den ich mit dir in
deiner Jugend geschlossen hatte, will ich zu mei-
nem Wort stehen und mit dir einen Bund für alle
Zeiten schließen. 61 Du wirst darüber beschämt
sein, wie schändlich du gehandelt hast, wenn
ich dich über deine beiden Schwestern stellen
und sie dir als Töchter geben werde. Das ist noch
mehr, als ich dir einst zugesagt hatte, als ich den
Bund mit dir schloss.[b]
62 Wenn ich so handle, wirst du erkennen,
dass ich der HERR bin. 63 Ich nehme deine ganze
Schuld von dir, damit du in dich gehst und vor
Scham verstummst. Das sage ich, der HERR, der
mächtige Gott.«

a *Edomiterinnen*:* mit einigen Handschriften und der syrischen Übersetzung (vgl. 35,1-15), H *Syrerinnen;* vgl. Anmerkung zu 2 Sam 8,12.
b *Das ist noch mehr …:* Deutung unsicher.

16,38-40 23,45-47; Lev 20,1-2.10 **16,41** 2 Kön 25,9 **16,43** 7,3-4 S **16,45 b** 16,3 S **16,48** Mt 10,15 **16,50** Gen 18,20 S **16,51-52** Jer 3,11 **16,58** 7,3-4 S **16,59-60** 16,8; 37,26 S; Jer 31,33 S **16,61-63** 16,54; 20,43 S

Das Gleichnis vom Weinstock und den Adlern

17 Das Wort des HERRN erging an mich, er sagte: 2 »Du Mensch, mache den Leuten von Israel durch ein Gleichnis* deutlich, 3 was ich, der HERR, der mächtige Gott, ihnen zu sagen habe:

Ein großer Adler mit mächtigen Flügeln und dichten bunten Federn kam zum Libanon und brach den Wipfel einer Zeder ab. 4 Er brachte ihn ins Krämerland in eine Händlerstadt.

5 Dann nahm er aus dem Boden Israels einen Steckling und pflanzte ihn in ein wohlbewässertes Feld neben einem Wassergraben. 6 Der Adler wollte, dass daraus ein üppig wuchernder, aber niedrig bleibender Weinstock werden sollte. Seine Wurzeln sollten unter den Flügeln des Adlers verbleiben und seine Ranken sich ihm zuwenden. Und aus dem Steckling wurde tatsächlich ein Weinstock mit kräftigen Ranken.

7 Aber da war noch ein anderer Adler mit großen Flügeln und dichten Federn. Ihm streckte der Weinstock seine Ranken entgegen und ließ seine Wurzeln zu dessen Land hinwachsen, damit er ihm Wasser gäbe – weg von dem Land, in das er gepflanzt worden war. 8 Dabei war er doch in gutes, wasserreiches Land gepflanzt und hatte dort alles, was er brauchte, um Ranken zu treiben und Frucht zu bringen und ein prächtiger Weinstock zu werden.

9 Erzähl den Leuten von Israel dieses Gleichnis* und dann sag zu ihnen: ›So spricht der HERR, der mächtige Gott: Meint ihr, dass das gut geht? Wird nicht der erste Adler die Trauben des Weinstocks zerfetzen und seine Wurzeln ausreißen, sodass alle seine Blätter verdorren? Es wird keine große Kraft brauchen, um ihn aus dem Boden zu reißen. 10 Es wird bestimmt nicht gut gehen! Wenn der glühend heiße Ostwind kommt, wird der Weinstock auf dem Feld, in das er gepflanzt worden ist, verdorren. Völlig verdorren wird er.‹«

Die Deutung des Gleichnisses: König Zidkijas Untreue

11 Darauf erging an mich das Wort des HERRN, er sagte: 12 »Sag zu diesem widerspenstigen Volk: ›Habt ihr begriffen, was dieses Gleichnis* bedeutet? Ich will es euch erklären:

Der König von Babylonien* kam nach Jerusalem und nahm den König und seine Minister mit sich nach Babylon. 13 Er setzte an dessen Stelle einen anderen aus der königlichen Familie als König ein, schloss einen Vertrag mit ihm und ließ ihn Treue schwören. Die führenden Männer nahm er mit, 14 um zu verhindern, dass der neue König seine Befugnisse überschreite und sich über den Vertrag hinwegsetze und ihn breche. 15 Trotzdem brach der König den Vertrag und schickte Gesandte zum König von Ägypten, damit er ihn mit Pferden und Streitwagen* und einem starken Heer unterstütze.

Wird das gut gehen? Kann einer, der Verträge bricht, Erfolg haben? Wird er seiner Strafe entgehen?

16 So gewiss ich, der HERR, lebe: In Babylon wird er sterben, in der Stadt des Königs, der ihn eingesetzt und dem er einen Eid geschworen hat – und dann hat er trotzdem den Vertrag gebrochen! 17 Der Pharao kommt ihm nicht mit seiner Heeresmacht zu Hilfe, wenn er belagert wird und die Angreifer einen Wall um die Stadt aufschütten und Angriffsrampen* gegen die Mauern vortreiben und viele Menschen den Tod finden. 18 Er hat den Eid missachtet und den Vertrag gebrochen; er gab sein Wort und hat es nicht gehalten. Für ihn gibt es keine Rettung.‹

19 Der HERR, der mächtige Gott, sagt: ›So gewiss ich lebe, das wird er mir büßen! Bei meinem Namen* hat er geschworen und es nicht gehalten, *meinen* Vertrag hat er gebrochen! 20 Deshalb spanne ich mein Netz aus und fange ihn ein. Ich bringe ihn nach Babylon und stelle ihn dort vor mein Gericht, denn *mir* ist er untreu geworden. 21 Seine Kriegsleute werden davonlaufen und mit dem Schwert niedergemacht werden; ihr Rest wird in alle Winde zerstreut. Dann werdet ihr erkennen, dass ich geredet habe, ich, der HERR!‹

Der künftige Herrscher auf dem Zionsberg

22 Der HERR, der mächtige Gott, sagt: ›Ich werde einen zarten Spross aus dem Wipfel der hohen Zeder brechen und ihn auf einem hoch ragenden Berg einpflanzen. 23 Auf dem Berg in der Mitte Israels werde ich ihn einpflanzen und er wird Zweige treiben und Frucht tragen und zur prächtigen Zeder werden. In ihren Zweigen werden alle Arten von Vögeln wohnen. 24 Dann werden alle Bäume auf dem Feld erkennen, dass ich, der HERR, den hohen Baum erniedrigt und den niedrigen Baum erhöht habe, den Baum mit saftigem Grün verdorren und den verdorrten Baum von neuem grünen ließ. Ich, der HERR, sage das und tue es auch.‹«

17,4 16,29 **17,5-10** 15,1-8 S **17,12 a** 2,3-5 S **17,12 b** 2 Kön 24,10-12.15-16 **17,13** 2 Kön 24,17 **17,15** 2 Chr 36,13 **17,16** 12,13; 2 Kön 25,7 **17,17** 4,2 S **17,20-21** 12,13-14 **17,22** Jes 11,1 **17,23** 20,40 **17,24** 21,30-31; 31,10 S; 1 Sam 2,7-8

Niemand soll für die Schuld seiner Vorfahren büßen (18,1-32)

18 Das Wort des HERRN erging an mich, er
sagte: 2 »Was habt ihr da für ein Sprich-
wort im Land Israel? Ihr sagt: ›Die Väter essen
unreife Trauben und die Söhne bekommen da-
von stumpfe Zähne.‹ 3 So gewiss ich, der HERR,
lebe: Niemand von euch, niemand in Israel
wird dieses Wort noch einmal wiederholen!
4 Ich habe das Leben jedes Einzelnen in der
Hand, das Leben des Sohnes so gut wie das
Leben des Vaters. Alle beide sind mein Eigen-
tum. Nur wer sich schuldig macht, muss sterben.
5 Nehmt den Fall eines Menschen, der stets
das Rechte tut und sich nichts zuschulden kom-
men lässt: 6 Er betet nicht zu den Götzen der
Leute von Israel und hält für sie auf den Bergen
keine Opfermähler. Er rührt keine fremde Frau
an und keine Frau, die gerade ihre Blutung hat.
7 Er beutet andere nicht aus und gibt dem armen
Schuldner sein Pfand zurück. Er nimmt niemand
etwas weg, sondern gibt den Hungernden zu es-
sen und den Frierenden[a] etwas anzuziehen. 8 Er
nimmt keinen Zins, wenn er Geld ausleiht. Er
unterstützt vor Gericht nicht die ungerechte Sa-
che, sondern fällt stets ein unparteiisches Urteil.
9 Mit einem Wort: Er gehorcht meinen Geboten
und tut, was recht ist. Ein solcher Mensch hat
keine Schuld, er soll am Leben bleiben. Das sage
ich, der HERR, der mächtige Gott.
10 Nun kann es sein, dass dieser rechtschaf-
fene Mann einen missratenen Sohn hat, der Blut
vergießt oder sonst etwas von alldem tut, 11 was
sein Vater gemieden hat: auf den Bergen Opfer-
mähler hält, mit fremden Frauen schläft, 12 die
Schutzlosen unterdrückt und ausraubt, das Pfand
nicht zurückgibt, sich mit den Götzen einlässt
und zu ihnen betet 13 oder Geld gegen Zins leiht.
Soll ein solcher Mensch am Leben bleiben?
Nein! Wer solche Verbrechen begeht, muss getö-
tet werden. Ihn trifft die gerechte Strafe.
14 Dieser verbrecherische Mensch hat viel-
leicht wieder einen Sohn, der die Untaten seines
Vaters sieht und sich durch sein schlimmes Bei-
spiel warnen lässt. 15 Er betet nicht zu den Göt-
zen der Leute von Israel und hält für sie auf den
Bergen keine Opfermähler; er rührt keine
fremde Frau an; 16 er beutet niemand aus; er
fordert kein Pfand, wenn er etwas ausleiht; er
nimmt niemand etwas weg, sondern gibt den
Hungernden zu essen und den Frierenden Klei-
dung; 17 er begeht kein Unrecht an den Schutz-
losen und nimmt keinen Zins – mit einem Wort:
Er gehorcht meinen Geboten und tut, was recht
ist. Ein solcher Mensch muss nicht für die Schuld
seines Vaters büßen; er soll am Leben bleiben.
18 Nur sein Vater, der andere erpresst und be-
raubt und seiner Familie ein schlechtes Beispiel
gegeben hat, muss sterben.«

Jeder Mensch bereitet sich selbst sein Schicksal

19 »Ihr fragt, warum der Sohn nicht mit dem
Vater bestraft wird? Weil er das Rechte getan
und meine Gebote befolgt hat! Deshalb bleibt
er am Leben. 20 Nur wer sich schuldig macht,
muss sterben. Der Sohn soll nicht für den Vater
büßen und der Vater nicht für den Sohn. Am
Rechtschaffenen wird sich seine Rechtschaffen-
heit auswirken und am Verbrecher sein Verbre-
chen.
21 Wenn aber der Verbrecher umkehrt und
das Böse lässt, das er getan hat, wenn er alle
meine Gebote befolgt und das Rechte tut, bleibt
auch er am Leben und muss nicht sterben. 22 All
das Böse, das er früher getan hat, wird ihm nicht
angerechnet. Weil er danach das Rechte getan
hat, bleibt er am Leben. 23 Meint ihr, ich hätte
Freude daran, wenn ein Mensch wegen seiner
Vergehen sterben muss?«, sagt Gott, der HERR.
»Nein, ich freue mich, wenn er von seinem fal-
schen Weg umkehrt und am Leben bleibt!
24 Wenn aber der Rechtschaffene sich vom
rechten Weg abwendet und Böses zu tun be-
ginnt, dieselben Abscheulichkeiten wie der Ver-
brecher, soll er dann am Leben bleiben? Nein!
All das Gute, das er früher getan hat, wird ihm
nicht angerechnet. Weil er mir untreu geworden
ist und Böses getan hat, muss er sterben.«

Gott gibt jedem noch eine Chance

25 »Nun behauptet ihr Israeliten: ›Der HERR tut
uns Unrecht!‹ Hört her, ihr Leute von Israel: Bin
ich es, der Unrecht tut? Seid es nicht vielmehr
ihr?
26 Wenn ein Mensch, der immer das Rechte
getan hat, sich davon abkehrt und Unrecht tut
und daraufhin stirbt, dann stirbt er wegen des
Unrechts, das er getan hat. 27 Und wenn ein
Mensch, der immer Böses getan hat, sich davon
abkehrt und das Rechte tut, dann rettet er da-
durch sein Leben. 28 Wenn er zur Besinnung
kommt und umkehrt, wenn er mit allem Un-

a Wörtlich *den Nackten,* d. h. denen, die nur einen Lendenschurz*, aber kein Obergewand* haben.

18,2-4 Jer 31,29-30; Dtn 24,16S **18,6** 7,20S; 22,9; Jes 57,7; Lev 18,19.20 **18,7** Ex 22,25-26; Jes 58,7 **18,8** Ex 22,24S; 23,6-8 **18,9** Lev 18,5S **18,19** Ex 20,5 **18,20** Dtn 24,16S **18,21-32** 33,10-20 **18,21-24** Jer 18,7-10 **18,24** 3,20

recht Schluss macht, dann soll er am Leben bleiben und nicht sterben.

29 Und da sagen die Leute von Israel: ›Der HERR tut uns Unrecht!‹ Tue *ich* Unrecht, ihr Leute von Israel, oder tut es *ihr?* 30 Jeder Einzelne von euch bekommt das Urteil, das er mit seinen Taten verdient hat. Das sage ich, der HERR, der mächtige Gott!

Kehrt also um und macht Schluss mit allem Unrecht! Sonst verstrickt ihr euch immer tiefer in Schuld. 31 Trennt euch von allen Verfehlungen! Schafft euch ein neues Herz und eine neue Gesinnung! Warum wollt ihr unbedingt sterben, ihr Leute von Israel?

32 Ich habe keine Freude daran, wenn ein Mensch wegen seiner Vergehen sterben muss. Das sage ich, der HERR, der mächtige Gott. Also kehrt um, damit ihr am Leben bleibt!«

Klage über den Untergang der Könige von Juda

19 Der HERR befahl mir, ein Klagelied* über den Tod der Könige Israels anzustimmen:

2 »Ach, eure Mutter war wie eine Löwin,
im Kreis der andern Löwen hoch geachtet,
umgeben von den Jungen, die sie großzog.
3 Ihr Liebling unter ihnen wurde mächtig,
ein junger Löwe, der auf Raub ausging,
und viele Menschen wurden seine Beute.
4 Die Völker zogen aus, als sie es hörten,
sie fingen ihn in einer tiefen Grube
und schleppten ihn mit Haken nach Ägypten.

5 Die Löwenmutter setzte ihre Hoffnung
auf einen andern ihrer jungen Löwen.
6 Auch dieser wurde mächtig, ging auf Raub aus
und viele Menschen wurden seine Beute.
7 Er drang in Städte und Paläste ein,[a]
verlassen lagen sie, verwüstet ganz.
Voll Schrecken hörte jeder sein Gebrüll.
8 Da rief man alle Völker rings zusammen;
sie spannten ihre Jägernetze aus
und fingen ihn in einer tiefen Grube.
9 Sie zogen ihm den Haken durch die Nase,
sie spannten seinen Hals in einen Block
und brachten ihn nach Babylon* zum König.
Dort sperrten sie ihn ein in einem Zwinger.
Nun wird man auf den Höhen Israels
sein mächtiges Gebrüll nie wieder hören.

10 Ach, eure Mutter war wie eine Rebe,
ein Weinstock, dem es nicht an Wasser fehlte,
der Ranken trieb und reiche Früchte trug.
11 Die Ranken aber wurden stark und kräftig,
zu Holz, aus dem man Herrscherstäbe schnitzt.
Besonders eine wuchs zu stolzer Höhe,
sie streckte sich hinauf bis zu den Wolken.
Durch ihre vielen dicht belaubten Zweige
und ihre Größe fiel sie allen auf.
12 Doch eine harte Hand griff nach dem Weinstock,
sie riss ihn aus dem Boden, warf ihn hin;
der heiße Ostwind ließ ihn bald verdorren.
Auch seine Früchte wurden abgerissen;
der hoch gewachsene Trieb vertrocknete,
am Ende wurde er ein Raub der Flammen.
13 Nun ist der Weinstock wieder eingepflanzt
und steht in einer wasserlosen Wüste.
14 Das Feuer kam von jenem hohen Trieb,
verzehrte alle Zweige und die Frucht.
Kein Zweig an ihm wird jemals stark genug,
um noch zu einem Herrscherstab zu taugen.«

Dies ist ein Klagelied – es bleibt nur noch die Klage.

Die Geschichte der Untreue Israels

20 Im siebten Jahr unserer Verbannung*,
am 10. Tag des 5. Monats, kamen einige
von den Ältesten* Israels zu mir und wollten einen Bescheid von Gott haben. Sie setzten sich vor mich hin und warteten.

2 Da erging das Wort des HERRN an mich, er
sagte: 3 »Du Mensch, antworte den Ältesten Israels: ›So spricht der HERR, der mächtige Gott: Ihr wollt einen Bescheid von mir haben? So gewiss ich lebe, von euch lasse ich mich nicht befragen, ich nicht!‹«

4 Und er befahl mir: »Du Mensch, du sollst sie stattdessen zur Rechenschaft ziehen; hast du verstanden! Halte ihnen vor, wie schändlich ihre Vorfahren mir die Treue gebrochen haben. 5 Sag
zu ihnen:

›So spricht der HERR, der mächtige Gott: Als die Israeliten in Ägypten waren, habe ich sie erwählt und zu meinem Volk gemacht. Ich habe mich ihnen zu erkennen gegeben und mich durch einen Eid mit ihnen verbunden. Ich habe ihnen zugesagt: Ich bin der HERR, euer Gott!
6 Und ich habe ihnen geschworen, sie aus Ägypten in ein Land zu führen, das ich selbst für sie

a *drang ein in:* nach G (wörtlich *zerstörte*); H *erkannte*.

18,30a Jer 17,10S **18,31** 36,26S **19,3-4** 2Kön 23,31-34 **19,5-9** 2Kön 24,8-15 **19,10** 15,1-8S **20,1** 8,1; 14,1 **20,3-4** 14,3-4 **20,4** 16,2; 22,2; 23,36 **20,5-6** Ex 6,2-8; 3,8S

ausgesucht hatte, ein Land, das von Milch und
Honig überfließt und das an Herrlichkeit alle
anderen Länder übertrifft. 7 Gleichzeitig befahl
ich ihnen: Jeder von euch muss seine Götzenbil-
der fortwerfen! Ihr habt mit den abscheulichen
Göttern Ägyptens nichts zu schaffen! Ich bin der
HERR, euer Gott!

8 Sie aber waren widerspenstig und gehorch-
ten mir nicht. Keiner warf seine Götzenbilder
fort; sie wollten sich nicht von den Göttern
Ägyptens trennen. Da hätte ich sie in meinem
Zorn beinahe noch in Ägypten vernichtet. 9 Aber
ich verschonte sie um meiner selbst willen. Ich
wollte nicht, dass mein Name bei den Völkern,
unter denen sie lebten, in Verruf geriet. Denn
ich hatte ja vor aller Welt meinen Entschluss
kundgegeben, mein Volk aus Ägypten wegzufüh-
ren. 10 So führte ich die Israeliten aus Ägypten
und brachte sie in die Wüste.

11 Dort gab ich ihnen meine Gebote und Ord-
nungen, durch die der Mensch, wenn er sie be-
folgt, sein Leben bewahrt. 12 Ich gab ihnen auch
meinen Ruhetag, den Sabbat*. Die Einhaltung
der Sabbatruhe sollte das sichtbare Zeichen sein
für den Bund* zwischen mir und meinem Volk.
Alle sollten daran erkennen, dass ich, der HERR,
die Israeliten als mein heiliges Volk für mich aus-
gesondert habe.

13 Aber auch in der Wüste gehorchten sie mir
nicht. Sie hielten sich nicht an meine Gebote
und Ordnungen, durch deren Befolgung der
Mensch sein Leben bewahrt; sie schändeten den
Sabbat auf die schlimmste Weise. Da hätte ich sie
in meinem Zorn beinahe in der Wüste vernich-
tet. 14 Aber ich verschonte sie um meiner selbst
willen. Ich wollte nicht, dass mein Name bei den
Völkern, vor deren Augen ich sie aus Ägypten
herausgeführt hatte, in Verruf geriet. 15 Aller-
dings schwor ich ihnen, dass ich sie nicht in das
Land bringen würde, das ich ihnen zugedacht
hatte, dieses Land, das an Herrlichkeit alle ande-
ren übertrifft und das von Milch und Honig
überfließt. 16 Das sollte die Strafe dafür sein, dass
sie immer noch an ihren Götzen hingen und des-
halb meine Gebote nicht befolgt und meinen
Ruhetag entweiht hatten. 17 Doch verschonte ich
sie und sah davon ab, sie in der Wüste bis auf
den letzten Mann zu vernichten.

18 Zu ihren Söhnen aber sagte ich in der
Wüste: Folgt nicht den Geboten, nach denen
eure Väter gelebt haben, und habt nichts zu
schaffen mit ihren Götzen! 19 Ich bin der HERR,
euer Gott! Nach *meinen* Geboten und Ordnun-
gen sollt ihr leben! 20 Und ihr sollt den Sabbat
beachten als den Tag, der mir heilig ist. Die Ein-
haltung der Sabbatruhe soll das Zeichen sein für
den Bund zwischen mir und euch. Alle sollen
daran erkennen, dass ich, der HERR, euer Gott
bin.

21 Aber auch die Söhne gehorchten mir nicht.
Sie kümmerten sich nicht um meine Gebote und
Ordnungen, durch deren Befolgung der Mensch
sein Leben bewahrt, und sie entweihten meinen
Ruhetag. Da hätte ich sie in meinem Zorn beina-
he in der Wüste vernichtet. 22 Aber ich hielt mich
zurück und verschonte sie um meiner selbst wil-
len. Ich wollte nicht, dass mein Name bei den
Völkern, vor deren Augen ich sie aus Ägypten
herausgeführt hatte, in Verruf geriet.

23 Aber ich schwor ihnen schon damals in der
Wüste, dass ich sie unter fremde Völker und in
ferne Länder zerstreuen würde, 24 zur Strafe da-
für, dass sie meine Gebote nicht befolgt und mei-
nen Ruhetag entweiht hatten und immer noch
an den Götzen ihrer Väter hingen. 25 Außerdem
gab ich ihnen schlimme Gebote, deren Befol-
gung nicht zum Leben, sondern zum Tod führen
sollte. 26 Durch ihre Opfergaben wurden sie un-
rein*, wenn sie mir alle Erstgeburten* als Brand-
opfer darbrachten. Das befahl ich, damit sie sich
entsetzen sollten. Sie sollten erkennen, dass ich
der HERR bin.‹«

27 Dann sagte der HERR: »Du Mensch, rede
noch weiter zu den Leuten von Israel; sag zu
ihnen: ›So spricht der HERR, der mächtige Gott:
Noch mit etwas anderem haben eure Vorfahren
mich beleidigt und mir die Treue gebrochen.
28 Als ich sie in das Land brachte, das ich ihnen
mit einem Eid zugesagt hatte, reizten sie mich
zum Zorn mit den Opfern*, die sie auf jedem
Berg und unter jedem grünen Baum darbrach-
ten, ihren Mahlopfern, Räucheropfern und
Trankopfern.

29 Ich fragte sie: Was habt ihr da auf der Höhe
zu suchen? – Deshalb nennt man bis heute diese
Opferstätten Höhen.‹ [a]

30 Darum sollst du zu den Leuten von Israel
sagen: ›Hier ist die Antwort des HERRN: Ihr seid
noch genauso treulos wie eure Vorfahren und
lauft den abscheulichen Götzen nach. 31 Bis
heute bringt ihr ihnen eure Opfergaben und
macht euch damit unrein, sogar eure Kinder

a Der hebräische Name für die von den Landesbewohnern übernommenen Opferstätten (siehe Sacherklärung) wird hier durch ein Wortspiel erklärt, das im Deutschen nicht wiederzugeben ist.

20,8 7,20 S; Ex 20,2-5 **20,9** 20,14.22.44; 36,20-23 S **20,11** Lev 18,5 S **20,12** 20,20; Ex 20,8-10 S **20,13** 22,8 S **20,14** 20,9 S; Num 14,12-16 **20,15** Num 14,28-30 **20,23** Lev 26,33; Dtn 28,63-64 **20,26** 16,20-21 S **20,28** 6,13 S; Dtn 12,2

opfert ihr ihnen als Brandopfer. Und da soll ich
euch Auskunft geben, ihr Leute von Israel? So
gewiss ich lebe, ich, der HERR: Von euch lasse ich
mich nicht befragen!‹«

Gott macht einen neuen Anfang

32 »Aber das darf niemals wahr werden, was da
als Gedanke in euch aufgestiegen ist!«, sagt der
HERR. »Ihr sagt: ›Es bleibt uns nichts übrig, als zu
werden wie die anderen Völker und Göttern aus
Holz und Stein zu dienen!‹

33 So gewiss ich lebe, ich, der HERR: Mit star-
ker Hand und hoch erhobenem Arm und mit
mächtigem Zorn werde ich mich als euer König
erweisen! 34 Ich werde euch aus den Ländern
der Völker, unter die ihr zerstreut worden seid,
herausholen – mit starker Hand und hoch erho-
benem Arm und mächtigem Zorn. Ich werde
euch sammeln 35 und euch in die Wüste zwi-
schen den Völkern führen. Dort werde ich euch
vor mein Gericht stellen, Auge in Auge. 36 Ich
werde euch zur Rechenschaft ziehen, so wie ich
eure Vorfahren in der Wüste Ägyptens zur Re-
chenschaft zog. Das sage ich, der HERR, der
mächtige Gott.

37 Wie der Hirt seine Herde unter dem Hirten-
stab durchziehen lässt, so nehme ich mir euch
vor, damit ihr wieder zu dem Volk werdet, das
nach den Ordnungen meines Bundes* lebt.
38 Alle, die mir ungehorsam waren und sich
gegen mich aufgelehnt haben, scheide ich aus
meinem Volk aus. Ich hole sie zwar aus den
Ländern, in die sie verschleppt worden sind, her-
aus; aber ins Land Israel werden sie nicht kom-
men. Ihr sollt erkennen, dass ich der HERR bin!«

39 Hört, ihr Leute von Israel, was der HERR,
der mächtige Gott, zu euch sagt: »Tut, was ihr wollt;
dient euren Götzen! Ihr werdet schon sehen,
wie es euch dann ergeht. Zuletzt aber werdet
ihr wieder auf mich hören und meinen heiligen
Namen nicht mehr durch Opfergaben* entwei-
hen, die von eurem Götzendienst verunreinigt
sind. 40 Auf meinem heiligen Berg, auf dem
hohen Berg mitten im Land Israel, wird das
ganze Volk Israel mir dienen. Dort werde ich
die vorgeschriebenen Opfergaben und Ernte-
abgaben gerne von euch annehmen.

41 Dann werden die Opfer, die ihr auf meinem
Altar verbrennt, mir Freude machen und ich
werde euch meine Liebe zuwenden. So wird es
sein, wenn ich euch aus den Ländern, in die ihr
zerstreut worden seid, herausgeholt habe. Denn
vor den Augen aller Völker werde ich euch weg-
führen und mich so als der heilige Gott erwei-
sen.

42 Ich bringe euch wieder in das Land, das ich
euren Vorfahren mit einem Eid zugesagt habe.
Dann werdet ihr erkennen, dass ich der HERR
bin. 43 Ihr werdet Ekel vor euch selbst empfin-
den, wenn ihr daran denkt, wie schändlich ihr
euch aufgeführt und wie abscheulich ihr euch
durch euer böses Tun verunreinigt habt. 44 Ihr
werdet erkennen, dass ich der HERR bin, wenn
ich so an euch handle, wie ich es euch mit mei-
nem Namen* verbürgt habe – und nicht, wie ihr
es mit eurer Auflehnung und euren bösen Taten
verdient hättet, ihr Leute von Israel! Das sage
ich, der HERR, der mächtige Gott.«

Feuer und Schwert über Jerusalem

21 Das Wort des HERRN erging an mich, er
sagte: 2 »Du Mensch, blicke drohend auf
den Wald im Süden und kündige ihm mein Straf-
gericht an! 3 Sag zu ihm: ›So spricht der HERR, der
mächtige Gott: Ich werde ein Feuer in dir anzün-
den, das alle deine Bäume verzehrt, die grünen
so gut wie die dürren. Niemand kann es löschen
und alle, die in dem Wald leben, vom Süden
bis zum Norden, werden von den Flammen ver-
sengt. 4 Alle Welt soll erkennen, dass ich, der
mächtige Gott, diesen Brand gelegt habe. Er wird
nicht erlöschen, bis alles niedergebrannt ist.‹«

5 Ich erwiderte: »Ach HERR, mein Gott, sie
werden mir vorhalten, dass ich wieder einmal in
Rätseln rede!«

6 Da erging an mich das Wort des HERRN:
7 »Du Mensch, blicke drohend in Richtung Jeru-
salem und kündige dem Tempel* und dem gan-
zen Land mein Strafgericht an! 8–9 Sag zum Land
Israel: ›So spricht der HERR: Ich sehe nicht länger
zu! Ich ziehe mein Schwert und vernichte alle
deine Bewohner, die Guten genauso wie die Bö-
sen, vom Süden bis zum Norden. 10 Alle Welt soll
erkennen, dass ich, der HERR, mein Schwert ge-
zogen habe. Es wird nicht in seine Scheide zu-
rückkehren, bis alle Bewohner des Landes ver-
nichtet sind.‹

11 Du, Mensch, aber stöhne! Du sollst vor aller
Augen zusammenbrechen und vor Schmerz un-
aufhörlich stöhnen. 12 Und wenn sie dich fragen:
›Was stöhnst du so?‹, dann antworte: ›Weil ich
das Unheil kommen sehe! Alle werden entsetzt
und verzagt sein; wie gelähmt lassen sie die Hän-
de sinken und können das Wasser nicht mehr
halten. Der HERR, der mächtige Gott, hat gesagt:
Es wird mit Sicherheit eintreffen!‹«

20,33 Dtn 4,34; Jes 33,21-22 **20,36** Num 14,22-38 **20,37** Lev 27,32-33 **20,40** Ps 48,3; Ez 45,17–46,15; 44,30 **20,41** 28,25 S
20,43 6,9; 16,61-63; 36,31-32; 39,26-27; 43,10 **20,44** 20,9 S **21,8-10** 21,14-16.19-21; 5,1-2 **21,11-12** 12,9; 24,18-19; Jer 4,19

Ein Lied vom strafenden Schwert

13 Das Wort des HERRN erging an mich, er sagte:
14 »Du Mensch, kündige den Leuten von Israel
mein Strafgericht an! Sag zu ihnen: ›So spricht
der HERR:

Das Schwert kommt über euch, das Schwert,
es ist bereit, die Klinge blitzt!
15–16 Zum Schlachten hat man es gewetzt,
es funkelt hell, es glänzt und blitzt.
Der Waffenschmied hat es geschärft,
dem Schlächter gebt es in die Hand!

Sagt nicht: Wir haben Grund, uns zu freuen;
denn unser König verlacht alle anderen Herr-
scher! 17–18 Ich habe ihn geprüft: Dieser König
wird keinen anderen mehr verlachen!‹[a]

Du Mensch, schreie und heule laut! Schlag dir
auf die Hüften! Denn das Schwert richtet sich ge-
gen mein Volk und alle seine Führer. Alle ohne
Ausnahme fallen ihm zum Opfer. 19–20 Schlag
zornig die Hände zusammen, du Mensch, und
kündige mein Strafgericht an:

›Das Schwert verdoppelt seine Wucht,
es wirbelt, kreist, die Schläge prasseln;
in allen Städten wütet es.
Die Leichen türmen sich empor,
den Tapfersten entfällt der Mut.
Der HERR hat dieses Schwert geschickt;
er hielt es lange wohl verwahrt,
für diesen Tag ist es bereit,
nun soll es treffen wie der Blitz.
21 Auf, Schwert, schlag drein, nach links,
nach rechts!
Gehorche, wie die Hand dich führt!

22 Auch ich werde die Hände zusammenschlagen
und meinem Zorn freien Lauf lassen. Das sage
ich, der HERR.‹«

Das Los fiel auf Jerusalem

23 Das Wort des HERRN erging an mich, er sagte:
24 »Du Mensch, zeichne die beiden Wege auf,
die das Heer[b] des Königs von Babylonien* ein-
schlagen kann. Sie gehen beide vom selben
Punkt aus. An der Gabelung sollst du zwei Weg-
weiser aufstellen, 25 einen nach Rabba, der
Hauptstadt der Ammoniter*, den anderen nach
Juda mit der als uneinnehmbar geltenden Stadt
Jerusalem.

26 Schon steht der babylonische König an der
Wegscheide und befragt das Orakel. Er schüttelt
die Pfeile, die ihm als Lose dienen, und beschaut
die Leber der Opfertiere. 27 Jetzt hat er das Los
›Jerusalem‹ gezogen, mit der rechten Hand hält
er es hoch. Er ist entschlossen, mit seinem Heer
gegen die Stadt zu ziehen. Er wird das Kriegs-
geschrei gegen sie anstimmen, einen Wall um
sie aufschütten, Angriffsrampen* gegen ihre
Mauern vortreiben und die Tore mit Ramm-
böcken* berennen.

28 Die Leute von Juda bilden sich ein, es sei
ein Lügenorakel, das ihm fälschlich Erfolg ver-
heißt. Denn man hat ihnen heilige Eide ge-
schworen, dass dies nicht geschehen werde.
Aber das Orakel spricht die Wahrheit; es hat ihre
Vergehen an den Tag gebracht, damit sie endlich
bestraft werden.

29 Darum sage ich, der HERR, der mächtige
Gott, zu den Leuten von Juda: ›Ihr seid über-
führt: Eure Schuld ist aufgedeckt, euer Ungehor-
sam und eure Auflehnung liegen offen zutage.
Jetzt werdet ihr mit harter Hand gepackt!‹

30–31 Zu dir aber, dem Herrscher Israels, dem
eidbrüchigen Schurken, sagt der HERR, der mäch-
tige Gott: ›Der Tag der Abrechnung ist da! Her-
unter mit Turban und Kronreif! Deine Herrschaft
hat ein Ende! Der Mächtige wird gestürzt, der
Machtlose erhöht! 32 In Trümmer lege ich
Jerusalem, in Trümmer, in Trümmer! Nie zuvor
hat man so etwas erlebt. Der Mann ist schon
unterwegs, der in meinem Auftrag das Straf-
gericht vollzieht.‹«

33 Weiter befahl mir der HERR: »Du Mensch,
kündige den Ammonitern mein Strafgericht an;
denn mich, den mächtigen Gott, haben sie
verhöhnt! Sag ihnen in meinem Auftrag:

›Das Schwert kommt über euch, das Schwert,
es funkelt hell, es glänzt und blitzt,
zum Schlachten ist es ausgesandt!‹

34 Während eure Lügenorakel euch noch Rettung
verheißen, ist das Schwert schon an eure Hälse
gesetzt, ihr schändlichen Verbrecher! Der Tag
der Abrechnung ist gekommen!

35 Doch dann zurück in deine Scheide,
Schwert! Auch mit dir, meinem Strafwerkzeug,
will ich abrechnen, im Land deiner Herkunft, an
dem Ort, an dem ich dich geschaffen habe.[c]
36 Ihr sollt meinen ganzen Zorn zu spüren be-
kommen, wie ein verzehrendes Feuer wird er

a *Sagt nicht …*: Der Text ist nicht sicher zu deuten. b Wörtlich *das Schwert*.
c Das Wort bezieht sich offenbar auf die Babylonier als das Strafwerkzeug (»Schwert«) Gottes.
21,27 2 Kön 25,1; Ez 4,2 S **21,30-31** 17,24 S **21,33-34** Jer 49,1-6 S **21,35-37** Jes 13,1-22 S

euch treffen. Ich gebe euch in die Hand roher Männer, die sich aufs Morden verstehen. 37 Das Feuer soll euch verzehren; euer eigenes Land soll euer Blut trinken. Euer Andenken soll völlig ausgelöscht werden. Ich habe es gesagt, ich, der HERR.«

Jerusalem, die Stadt der Verbrecher

22 Das Wort des HERRN erging an mich, er sagte: 2 »Du Mensch, mach dich bereit, die Stadt der Mörder anzuklagen! Halte ihr vor, was für abscheuliche Verbrechen sie begangen hat. 3 Sag zu ihr:

›So spricht der HERR, der mächtige Gott: Du Stadt, die in ihren Mauern das Blut Unschuldiger vergießt und damit ihr Ende heraufbeschwört, die sich unrein* macht durch ihre Götzenbilder! 4 Dein Untergang ist nahe, du hast ihn selbst herbeigeführt! Durch dein Blutvergießen hast du schwere Schuld auf dich geladen, durch deine Götzenbilder bist du mir zum Abscheu geworden!

Darum gebe ich dich der Schande preis, alle Völker werden über dich spotten, 5 alle nah und fern werden sich über dich lustig machen. Berühmt bist du durch deine Unreinheit, groß durch deine Verbrechen!

6 Deine führenden Männer missbrauchen ihre Macht dazu, unschuldige Menschen umzubringen. 7 Deine Bewohner verachten Vater und Mutter, sie unterdrücken die Fremden, die bei ihnen Schutz gesucht haben, sie verweigern den Waisen und Witwen ihr Recht. 8 Sie missachten mein Heiligtum und schänden den Sabbat*. 9 Verleumder liefern unschuldige Menschen dem Tod aus. Auf den Bergen werden Opfermähler für die Götzen gefeiert.

Die schlimmsten Untaten werden in deiner Mitte verübt. 10 Da schläft man mit einer Frau des eigenen Vaters und verkehrt mit Frauen während der Zeit ihrer monatlichen Blutung. 11 Man treibt Ehebruch mit der Frau des anderen, man macht sich nichts daraus, mit der Schwiegertochter oder der Halbschwester, der Tochter des eigenen Vaters, zu schlafen. 12 Bestechliche Richter verurteilen Unschuldige zum Tod. Geld wird gegen Zinsen verliehen und die Notlage der Armen wird schamlos zum eigenen Vorteil ausgenutzt. Mich aber habt ihr vergessen, den HERRN, den mächtigen Gott!

13 Aber warte nur, du Verbrecherstadt, wenn ich mit dir abrechne, voll Zorn über das Morden und Betrügen in deiner Mitte! 14 Bildest du dir ein, du könntest vor mir bestehen? Meinst du, du könntest auch nur die Hand heben, wenn ich gegen dich vorgehe? Ich, der HERR, habe gesprochen, und was ich angekündigt habe, das werde ich tun. 15 Ich zerstreue deine Bewohner weit und breit in fremde Länder und setze deinen Verbrechen ein Ende. 16 Mag auch mein Ansehen unter den Völkern deswegen leiden:[a] Du sollst erkennen, dass ich der HERR bin!‹«

Israel als wertlose Schlacke

17 Das Wort des HERRN erging an mich, er sagte: 18 »Du Mensch, die Leute von Israel sind für mich wie die Schlacken geworden, die beim Ausschmelzen des Silbers anfallen, das wertlose Gemisch aus Kupfer, Zinn, Eisen und Blei. Schlacken sind sie, aber kein Silber![b]

19–20 Darum sage ich, der HERR, der mächtige Gott: ›Weil ihr wertlose Schlacken geworden seid, werde ich entsprechend mit euch verfahren. Wie man in einem Schmelzofen silberhaltiges Blei, Kupfer, Eisen und Zinn zusammenwirft und das Feuer darunter anfacht, so bringe ich euch in Jerusalem zusammen und lasse euch die Glut meines Zornes spüren. Jerusalem soll für euch zum Schmelzofen werden! 21 Ich entfache gegen euch das Feuer meines Zorns, darin sollt ihr geschmolzen werden! 22 Wie das Metallgemisch im Ofen sollt ihr geschmolzen werden! Ihr sollt erkennen, dass ich, der HERR, meinen glühenden Zorn über euch ausgegossen habe.‹«

Die führenden Schichten sind schuld am Untergang Judas

23 Das Wort des HERRN erging an mich, er sagte: 24 »Du Mensch, sag zum Land Israel: ›Du bist so unrein* geworden, dass ich in meinem Zorn keinen Regen mehr schicke. 25 Deine Herrscher[c] haben sich aufgeführt wie beutegierige Löwen: Sie raubten Schätze zusammen und mordeten. Wie viele Frauen haben sie zu Witwen gemacht!

a So mit G (wörtlich *Ich lasse mich durch dich entweihen vor den Völkern*); H *Du wirst durch dich entweiht …*
b Siehe Sacherklärung »Schlacke«.
c So mit G; H *Die Rotte deiner Propheten.*

22,2-4 (Blutvergießen) 9,9; 24,6-7; 36,18; 7,20 S; Jes 1,15-16; 2 Kön 21,1-9.16; Nah 3,1 **22,6-7** Ex 20,13.12; 22,20-21; Jes 1,17 S **22,8** 20,13; 22,26; 23,38-39; 44,24; Lev 19,30 **22,9** Lev 19,16; Ez 6,13; 18,6 **22,10** Lev 18,8.19 **22,11** Lev 18,20.15.11 **22,12** Ex 23,7-8; 22,24 S **22,16** 36,20 **22,18-21** Jes 1,25 S; Jer 6,29-30 **22,24** Dtn 11,16-17; Jer 14,2-4 **22,25-28** Zef 3,3-4 **22,25** 2 Kön 21,16

26 Deine Priester* haben meine Gebote will-
kürlich ausgelegt und die Opfer*, die sie mir
darbrachten, entweiht. Sie machten keinen
Unterschied zwischen heiligen* und unheiligen
Dingen, belehrten das Volk nicht über das, was
unrein macht, und kümmerten sich nicht darum,
wenn der Sabbat* geschändet wurde. So kam es
dazu, dass die Leute von Israel mir ohne jede
Ehrerbietung begegneten.
27 Deine Richter benahmen sich wie beute-
hungrige Wölfe; sie machten sich nichts daraus,
Menschen umzubringen, um sich zu berei-
chern.
28 Deine Propheten aber deckten all dieses
Unrecht mit beschwichtigenden Worten zu. Sie
verkündeten trügerische Hirngespinste und sag-
ten: So spricht der HERR, der mächtige Gott – wo
ich doch gar nicht zu ihnen gesprochen hatte.
29 Deine angesehenen Leute verlegten sich
auf Raub und Erpressung. Sie nutzten die Armen
und Schutzlosen aus und verweigerten den
Fremden ihr Recht.
30 Ich suchte überall nach einem, der in die
Bresche springen und die Mauer um mein Volk
vor dem Einsturz bewahren würde, damit ich es
nicht vernichten müsste; aber ich fand keinen.
31 Da schüttete ich die Glut meines Zorns über
sie aus und gab sie dem Untergang preis. Ihr eige-
nes Tun ließ ich auf sie zurückfallen.‹«
Das sagt der HERR, der mächtige Gott.

Die beiden Schwestern Samaria und Jerusalem (23,1-49)

23 Das Wort des HERRN erging an mich, er
sagte: 2 »Du Mensch, da waren zwei
Frauen, Töchter derselben Mutter. 3 Schon in
ihrer Jugend, als sie noch in Ägypten waren,
gaben sie sich Männern hin und ließen ihre
jugendlichen Brüste drücken. 4 Die ältere
Schwester hieß Ohola und die jüngere Oholiba.[a]
Ohola ist Samaria und Oholiba Jerusalem. Sie
wurden meine Frauen und gebaren mir Söhne
und Töchter.
5 Ohola aber wurde mir untreu und ließ sich
mit Liebhabern ein, den assyrischen Kriegern.
6 Sie warf ihr Auge auf die in Purpur gekleideten
Statthalter und Offiziere, allesamt schöne junge
Männer hoch zu Ross. 7 Ihnen gab sie sich hin,
der Elite Assyriens*, und verunreinigte sich mit
ihren Götzen. 8 Auch von den Ägyptern ließ sie
nicht; die hatten es ja schon in ihrer Jugend mit
ihr getrieben, sie hatten bei ihr gelegen und ihre
jugendlichen Brüste gedrückt.
9 Deshalb gab ich sie in die Gewalt ihrer Lieb-
haber, der Assyrer, auf die sie so versessen war.
10 Die zogen sie nackt aus, nahmen ihr die Söhne
und Töchter weg und erschlugen sie dann mit
dem Schwert. So vollzogen sie das Strafgericht
an ihr, als warnendes Beispiel für alle Frauen.
11 Obwohl Oholiba das Ende ihrer Schwester
mit angesehen hatte, trieb sie es selber noch
schlimmer. 12 Auch sie warf ihr Auge auf die assy-
rischen Krieger, diese prächtig gekleideten Statt-
halter und Offiziere, die schönen jungen Män-
ner hoch zu Ross. 13 Ich sah, wie sie sich mit
ihnen verunreinigte; darin waren sich die beiden
Schwestern völlig gleich.
14 Aber das war ihr nicht genug. Sie sah näm-
lich Wandbilder von Babyloniern*, eingeritzt
und mit roter Farbe nachgezogen: 15 Bilder von
Männern aus Chaldäa*, die prächtige Gürtel tru-
gen und eine Binde um den Kopf, unter der ihr
langes Haar hervorquoll, lauter Offizierstypen.
16 Als sie ihre Bilder sah, war sie sofort für sie
entbrannt und schickte Boten zu ihnen nach
Chaldäa.
17 Da kamen die Babylonier, schliefen mit ihr
und machten sie dadurch unrein*. Aber als sie
sich mit ihnen verunreinigt hatte, wandte sie
sich sogleich wieder von ihnen ab.
18 Da wandte *ich* mich von *ihr* ab, wie ich
mich schon von ihrer Schwester abgewandt
hatte; denn sie hatte sich in aller Öffentlichkeit
diesen Männern hingegeben.
19 Sie aber trieb es immer so weiter. Sie dachte
an ihre Jugendzeit, wo sie sich den Ägyptern hin-
gegeben hatte, 20 und bekam Sehnsucht nach
ihren Freunden von damals, den Männern, de-
ren Glied so groß wird wie das eines Esels und
deren Samenerguss so mächtig ist wie der eines
Hengstes. 21 Sie wollte es wieder mit ihnen trei-
ben wie in ihrer Jugend, als man in Ägypten ihre
Brüste gedrückt hatte.«

Das Strafgericht über die jüngere Schwester

22 »Weil du es so getrieben hast, Oholiba, sage
ich, der HERR, der mächtige Gott: Ich hetze deine
früheren Liebhaber, von denen du dich ab-
gewandt hast, gegen dich auf. Von allen Seiten
sollen sie über dich herfallen, 23 die Männer aus
Babylon* und alle Chaldäer*, die Männer aus

a In beiden Namen steckt das hebräische Wort für »Zelt«, was an die nomadische Herkunft der Israeliten erinnert.

22,26 Lev 10,10 S; Ez 22,8 S **22,28** Jer 14,13-15 **22,30** 13,5; Ps 106,23 **22,31** 7,3-4 S **23,1-49** 16,1-63; Jer 3,6-10 **23,3** 20,8 **23,8** 2 Kön 17,4 **23,9-10** 2 Kön 17,5-6 **23,12-13** 2 Kön 16,7-18 **23,14-18** 2 Kön 20,12-18 **23,19-21** 2 Kön 24,1.20b; Ez 17,15 **23,20** 16,26 **23,23-25** 2 Kön 25,1-12

Pekod, Schoa und Koa und dazu die Assyrer*,
lauter schöne junge Leute hoch zu Ross, Statt-
halter und Befehlshaber, Offiziere und Edel-
leute.
24 Mit ihrer Streitwagenmacht und einem rie-
sigen, wohlbewaffneten Heer werden sie gegen
dich anrücken; auf allen Seiten wirst du von
einem Meer von Helmen, Rund- und Lang-
schilden umgeben sein. Ich liefere dich an sie
aus, damit sie dich nach ihrem Recht bestrafen.
25 Du hast mich zur Eifersucht gereizt, des-
halb lasse ich ein schweres Strafgericht an dir
vollziehen. Nase und Ohren werden sie dir ab-
schneiden und deine Kinder mit dem Schwert
umbringen. Alle deine Söhne und Töchter wer-
den sie aus der Stadt herausführen und die Stadt
in Flammen aufgehen lassen. 26 Sie werden dir
die Kleider ausziehen und dir deinen Schmuck
wegnehmen.
27 Ich setze dem schändlichen Treiben ein En-
de, das du schon in Ägypten angefangen hast.
Du sollst nicht mehr nach Männern Ausschau
halten und dich nicht mehr nach den Ägyptern
sehnen.
28 Denn das sage ich, der HERR, der mächtige
Gott: Ich gebe dich in die Gewalt deiner früheren
Liebhaber, von denen du dich abgewandt hast
und die du jetzt verabscheust. 29 Du wirst ihre
Rache zu spüren bekommen: Sie rauben dich
völlig aus und lassen dich nackt und bloß liegen.
Deine Scham wird entblößt, dein ganzes schänd-
liches Treiben kommt an den Tag. 30 So wirst du
dafür bestraft, dass du mit den Völkern herum-
gehurt und dich mit ihren Götzen verunreinigt
hast.
31 Du bist dem schlimmen Beispiel deiner
Schwester gefolgt, darum musst du denselben
Becher austrinken wie sie. 32 Das sage ich, der
HERR, der mächtige Gott: Den Becher deiner
Schwester musst du leeren, den Riesenbecher;
verspotten und verhöhnen wird man dich. 33 Vor
Gram und Verzweiflung wirst du wie betrunken
taumeln. Einen Becher voll Grauen und Entset-
zen musst du leeren wie deine Schwester Sama-
ria. 34 Bis auf den letzten Tropfen musst du ihn
ausschlürfen und dir mit seinen Scherben die
Brüste zerkratzen. Ich habe es gesagt, der HERR,
der mächtige Gott.
35 Weil du mich vergessen und mir den
Rücken gekehrt hast, musst du nun die Folgen
deiner Untreue und deines schamlosen Treibens
tragen. Das sage ich, der HERR, der mächtige
Gott.«

Die beiden Schwestern als warnendes Beispiel

36 Der HERR sagte zu mir: »Du Mensch, mach
dich bereit, Ohola und Oholiba zur Rechenschaft
zu ziehen! Halte ihnen ihr schändliches Treiben
vor! 37 Ehebruch haben sie begangen, Blut klebt
an ihren Händen: Sie haben mich mit ihren Göt-
zen betrogen und haben ihnen auch noch die
Kinder, die sie mir geboren hatten, zum Fraß
hingeworfen. 38–39 Und was der Gipfel ist: Noch
am selben Tag, an dem sie den Götzen ihre Kin-
der geschlachtet hatten, kamen sie in mein Hei-
ligtum. Mein Haus haben sie entweiht, und auch
meinen Ruhetag, den Sabbat*, haben sie ge-
schändet.
40 Außerdem haben sie Boten zu fremden
Männern geschickt, damit sie von weit her zu ih-
nen kämen; sie haben sich für sie fein gemacht,
sich gebadet, ihre Augen geschminkt und ihren
Schmuck angelegt. 41 Dann haben sie sich auf ei-
nem weichen Ruhebett niedergelassen, vor dem
ein gedeckter Tisch stand, und auf den Tisch ha-
ben sie Weihrauch und duftendes Öl gestellt –
die Gaben, die ich ihnen geschenkt hatte.
42 Ringsum war alles erfüllt vom festlichen
Stimmengewirr der Menge, die man aus der
Wüste herbeigeholt hatte. Die Männer legten
den beiden Schwestern Armspangen an und
setzten ihnen kostbare Kronen auf. 43 Ich aber
dachte: Ihre Schönheit ist verwelkt, und sie ha-
ben immer noch nicht genug von ihrer Hurerei![a]
44 Die Männer verkehrten mit ihnen, wie man
mit Huren verkehrt; so schamlos trieben es Oho-
la und Oholiba.
45 Aber unbescholtene Männer werden über
die beiden zu Gericht sitzen und sie verurteilen,
wie man Ehebrecherinnen und Mörderinnen
verurteilt; denn das sind sie. 46 Ich, der HERR, der
mächtige Gott, befehle: ›Das Volk soll sich ver-
sammeln und dann werden die beiden der Men-
ge zur Misshandlung und Ausplünderung preis-
gegeben. 47 Die ganze Versammlung soll sie
durch Steinigung* hinrichten und ihre Leichen
soll man noch mit dem Schwert zerstückeln. Ihre
Söhne und Töchter soll man töten und ihre Häu-
ser niederbrennen.‹
48 So mache ich, der HERR, eurem schändli-
chen Treiben ein Ende und zugleich gebe ich al-
len Frauen im Land eine Warnung, eurem
schlimmen Beispiel nicht zu folgen. 49 Euch trifft
die verdiente Strafe für eure Treulosigkeit; ihr
müsst die Folgen eures Götzendienstes tragen.

a Die Verse 42a und 43 sind nur vermutungsweise wiederzugeben.

23,31-34 Jer 13,13 S **23,33** Jes 51,17 **23,35** 7,3-4 S **23,37** (Kinder) 16,20-21 S **23,38-39** 22,8 S **23,45-47** 16,38-40 S **23,49** 7,3-4 S

Ihr sollt erkennen, dass ich der HERR bin, der
mächtige Gott.«

Jerusalem, der Topf auf dem Feuer

24 Im neunten Jahr unserer Verbannung*,
am 10. Tag des 10. Monats, erging das
Wort des HERRN an mich, er sagte: 2 »Du
Mensch, schreib dir das Datum des heutigen
Tages auf! Heute hat der König von Babylon* die
Stadt Jerusalem eingeschlossen. 3 Deinen ver-
bannten Landsleuten aber, diesem widerspensti-
gen Volk, sollst du ein Gleichnis* vortragen, sag
zu ihnen: ›So spricht der HERR, der mächtige
Gott:

Den Topf aufs Feuer!
Wasser hinein!
4 Das Fleisch zerlegen!
Die Stücke in den Topf,
lauter gute Stücke
von Lende und Schulter!
Dazu Knochenstücke voller Mark!
5 Alles nur von ausgesuchten Schafen!
Unter dem Topf das Holz[a] aufschichten!
Tüchtig sieden lassen!
Die Knochen gut auskochen!‹

6 So spricht der HERR, der mächtige Gott: ›Weh
der blutbefleckten Stadt! Weh dem rostigen
Topf, dessen Rost nicht mehr zu entfernen ist!
Ein Stück ums andere fischt man aus ihm heraus,
ohne das Los zu werfen – wie es gerade
kommt![b]

7 Du Stadt, in der unschuldige Menschen er-
mordet wurden! Auf dem nackten Felsen hat
man Blut vergossen und es nicht einmal mit Erde
bedeckt. 8 Es soll auch nicht zugedeckt werden,
damit es nach Rache schreit. Es soll das Straf-
gericht über dich herbeirufen!‹

9–10 So spricht der HERR, der mächtige Gott:
›Weh der blutbefleckten Stadt! Ich schichte jetzt
den Holzstoß auf, zünde das Feuer an und koche
das Fleisch so lange, bis die Brühe ganz verkocht
ist und die Knochen verkohlen.

11 Ich lasse den leeren Topf in der Glut, bis er
selber glüht, damit der ganze Rost, alles, was ihn
verunreinigt, ausgebrannt wird. 12 Aber das ist
vergebliche Mühe: Er ist so über und über mit
Rost bedeckt, dass auch die Feuersglut ihn nicht
reinigen kann. 13 Ich wollte dich reinigen, Jeru-
salem, aber du warst nicht rein zu bekommen.
Nun sollst du unrein* bleiben, damit ich meinen
ganzen Zorn an dir stillen kann.

14 Ich sehe nicht mehr über deine Verbrechen
hinweg; ich habe kein Mitleid mit dir, ich lasse
mich nicht umstimmen. Dich trifft die verdiente
Strafe für dein böses Tun.

Das sagt der HERR, der mächtige Gott.‹«

Ein Trauerfall als Zeichen für den Fall Jerusalems

15 Das Wort des HERRN erging an mich, er sagte:
16 »Du Mensch, ich nehme dir dein Liebstes, die
Freude deiner Augen, durch einen jähen Tod.
Aber du darfst keine Totenklage* halten und
keine Tränen vergießen. 17 Sitze starr und reglos
und stöhne; aber unterlass alle Trauerbräuche*:
Behalte den Turban auf und lege die Schuhe
nicht ab, verhülle nicht das Gesicht und iss nichts
von dem Brot, das die Nachbarn dir bringen.«

18–19 Am selben Abend starb meine Frau und
am anderen Morgen verhielt ich mich so, wie
der HERR es mir befohlen hatte. Die Leute fragten
mich: »Warum machst du das? Was hat das zu be-
deuten?« Und ich erklärte es ihnen.

20 Ich sagte zu ihnen: »Das Wort des HERRN
ist an mich ergangen, er hat zu mir gesagt: 21 ›Sag
zu den Leuten von Israel: So spricht der HERR,
der mächtige Gott: Gebt Acht! Ich entweihe
mein Heiligtum, auf das ihr so stolz seid, auf das
ihr euer ganzes Vertrauen setzt, die Freude eurer
Augen und das Ziel eurer Sehnsucht. Ich gebe es
der Schändung und Vernichtung preis.[c] Eure
Söhne und Töchter aber, die ihr in Jerusalem
zurückgelassen habt, werden durchs Schwert
umkommen.

22 Dann werdet ihr genauso handeln wie Eze-
chiël jetzt: Ihr werdet euer Gesicht nicht verhül-
len und kein Trauerbrot* von den Nachbarn an-
nehmen. 23 Ihr werdet den Turban auf dem Kopf
behalten und die Schuhe an den Füßen. Ihr wer-
det keine Totenklage halten und keine Tränen
vergießen. Nur wortlos stöhnen werdet ihr, ei-
ner wie der andere; unter den Folgen eurer Ver-
fehlungen werdet ihr dahinsiechen.

24 Mein Prophet Ezechiël ist ein Zeichen für
euch: Genauso wie er werdet ihr euch verhalten.
Wenn es eintrifft, werdet ihr erkennen, dass ich
der HERR bin, der mächtige Gott.‹«

25 Weiter sagte der HERR zu mir: »Du Mensch,
an dem Tag, an dem ich den Leuten von Israel
ihre Zuflucht, ihre Freude, das Ziel ihrer Sehn-

a *das Holz:* vermutlicher Text; H *die Knochen.* b Die zweite Vershälfte ist nicht sicher zu deuten.
c *Ich gebe es …:* verdeutlichender Zusatz.

24,2 2 Kön 25,1 **24,3-5** 11,3-11 **24,6-7** 22,2-5 S **24,8** Ijob 16,18 S **24,14** 7,3-4 S **24,17** Jer 16,6 S **24,18-19** 21,11-12 S **24,22-23** Jer 16,6 S; 7,3-4 S **24,24** 12,6; 6,10 S

sucht nehme und ihre Söhne und Töchter dazu, 26 an jenem Tag wird ein Flüchtling zu dir kommen und dir darüber berichten.

27 Dann wird deine Zunge gelöst werden, du wirst mit ihm reden können und nicht länger stumm sein. So mache ich dich für die Leute von Israel zu einem Zeichen, an dem sie erkennen, dass ich der HERR bin.«

DAS GERICHT GOTTES ÜBER DIE VÖLKER (Kapitel 25–32)

Das Strafgericht über die Ammoniter

25 Das Wort des HERRN erging an mich, er sagte: 2 »Du Mensch, wende dich gegen die Ammoniter* und kündige ihnen mein Strafgericht an! 3 Sag zu ihnen:

›Hört das Wort, das der HERR sagt! So spricht der HERR, der mächtige Gott: Ihr höhnt und spottet über mein Heiligtum, weil es entweiht ist, über das Land Israel, weil es verwüstet ist, und über das Volk von Juda, weil es weggeschleppt ist. 4 Deshalb gebe ich euer Land den Beduinen, die aus der Wüste im Osten kommen. Sie werden ihre Zelte und Pferche bei euch aufschlagen; sie werden die Früchte des Landes ernten und die Milch seiner Herden trinken. 5 Eure Hauptstadt Rabba mache ich zu einer Weide für Kamele und eure Städte und Dörfer zum Lagerplatz für Schafe und Ziegen. Ihr sollt erkennen, dass ich der HERR bin.

6 So spricht der HERR, der mächtige Gott: Mit hämischer Schadenfreude habt ihr Ammoniter zugesehen, wie das Land Israel verwüstet wurde; triumphierend habt ihr in die Hände geklatscht und mit den Füßen aufgestampft. 7 Deshalb gehe ich jetzt gegen euch vor und liefere euch an fremde Völker aus; ich vernichte euch vollständig. Ihr sollt erkennen, dass ich der HERR bin!‹«

Das Strafgericht über die Moabiter

8 So spricht der HERR, der mächtige Gott: »Die Moabiter[a] spotten und sagen: ›Dem Volk von Juda ist es nicht besser ergangen als den anderen Völkern!‹ 9 Deshalb gebe ich seinen Stolz, die befestigten Städte auf den Bergen Moabs, in die Hand der Feinde – Bet-Jeschimot, Baal-Meon und Kirjatajim. 10 Ich gebe das ganze Land den Beduinen, die aus der Wüste im Osten kommen, genauso wie das Land der Ammoniter*. An die Ammoniter wird sich niemand mehr erinnern, 11 und auch an den Moabitern vollstrecke ich mein Strafgericht. Sie sollen erkennen, dass ich der HERR bin.«

Das Strafgericht über die Edomiter

12 So spricht der HERR, der mächtige Gott: »Die Edomiter* haben an den Leuten von Juda grausam Rache genommen und dabei schwere Schuld auf sich geladen. 13 Deshalb gehe ich jetzt gegen sie vor, ich, der HERR; ich töte Menschen und Tiere und verwüste das ganze Land. Alle seine Bewohner werden durch das Schwert umkommen, in seinem ganzen Gebiet von Teman bis Dedan*. 14 Dieses Strafgericht vollstrecke ich an ihnen durch mein Volk Israel. Sie sollen durch die Leute von Israel meinen ganzen Zorn zu spüren bekommen. Sie sollen erkennen, dass ich an ihnen Rache nehme!«

Das sagt der HERR, der mächtige Gott.

Das Strafgericht über die Philister

15 So spricht der HERR, der mächtige Gott: »Die Philister* haben an Juda grausam Rache genommen. Voll Hass und aus uralter Feindschaft wollten sie es völlig vernichten. 16 Deshalb gehe ich jetzt gegen sie vor, ich, der HERR. Ich vernichte die Bewohner der Küstenebene, diese Leute aus Kreta, bis auf den letzten Rest. 17 Ich nehme Rache an ihnen und vollziehe an ihnen ein schweres Strafgericht. Sie sollen erkennen, dass ich der HERR bin, wenn ich ihnen vergelte, was sie meinem Volk angetan haben.«

Das Strafgericht über die mächtige Handelsstadt Tyrus

26 Im elften Jahr unserer Verbannung*, am ersten Tag des Monats,[b] erging das Wort des HERRN an mich, er sagte: 2 »Du Mensch, die Leute von Tyrus jubeln vor Freude über den Fall Jerusalems und rufen: ›Erobert ist die Stadt, die man das Tor der Völker nennt! Uns wird jetzt ihr Reichtum zufallen! Sie ist nur noch ein Trümmerhaufen.‹

3 Deshalb sage ich, der HERR, der mächtige Gott, zu Tyrus: ›Du bekommst es jetzt mit mir zu tun! Wie das Meer gegen deine Klippen brandet, so lasse ich viele Völker gegen dich anstürmen. 4 Sie werden deine Mauern schleifen und deine Türme niederreißen. Ich schwemme alle deine

a *Moabiter*:* mit alten Übersetzungen; H hat noch *und Seïr* (d. h. die Edomiter); vgl. Vers 12.
b Der Name des Monats ist nicht überliefert.

24,26 33,21 **25,1-7** Jer 49,1-6 S **25,3** 25,8; 35,12; 36,1-3; Klgl 2,15-16 **25,8-11** Jes 15,1–16,14 S **25,12-14** Jes 34,5-17 S **25,12** 35,5-6 S **25,15-17** Jes 14,28-32 S **26,1-28,19** Jes 23,1-16 S **26,2** 25,3 S

Erde weg, sodass nur noch der nackte Fels aus
dem Meer ragt. 5 Darauf werden die Fischer ihre
Netze zum Trocknen auslegen. Ich habe es ge-
sagt, ich, der HERR. Die Völker werden dich aus-
plündern 6 und auch deine Tochterstädte auf
dem Festland zerstören. Ihr sollt erkennen, dass
ich der HERR bin.‹

7 Weiter sagt der HERR, der mächtige Gott, zu
Tyrus: ›Ich führe Nebukadnezzar, den König von
Babylonien*, den mächtigsten aller Könige, von
Norden gegen dich heran. Er kommt mit Pferden
und Streitwagen* und mit einem riesigen Heer.
8 Er wird deine Tochterstädte erobern und zer-
stören. Dann wird er einen Wall gegen dich auf-
schütten, Angriffsrampen* zu deinen Mauern
vortreiben und Schutzdächer für die angreifen-
den Truppen aufstellen. 9 Er wird deine Mauern
mit Rammböcken* erschüttern und deine Türme
mit eisernen Haken einreißen.

10 Eine Staubwolke wird dich bedecken,
wenn er mit seiner riesigen Streitwagenmacht
gegen dich heranrollt; wenn er durch die aufge-
brochenen Tore einfährt, werden vom Lärm der
Hufe und Räder die Mauern zittern. 11 Die Hufe
seiner Pferde werden das Pflaster deiner Straßen
aufreißen; seine Männer werden deine Bewoh-
ner mit dem Schwert erschlagen. Die prächtigen
Säulen, auf die du so stolz bist, werden bersten
und in Trümmer sinken.

12 Die Feinde werden dich ausplündern und
dir alle deine Schätze rauben; sie werden deine
Mauern niederreißen, deine prächtigen Paläste
zerstören und Steine, Balken und Schutt ins
Meer werfen. 13 Ich lasse deine festlichen Lieder
verstummen, kein Harfenklang wird mehr in dir
zu hören sein. 14 Ich mache dich zu einem nack-
ten Felsen, auf dem die Fischer ihre Netze zum
Trocknen auslegen; du wirst nicht wieder aufge-
baut werden. Ich habe es gesagt, der HERR, der
mächtige Gott.‹«

Tyrus muss hinab ins Totenreich

15 So sagt der HERR, der mächtige Gott, zu Tyrus:
»Die Inseln im Meer werden beben, wenn du
mit Donnergetöse fällst. Ihre Bewohner werden
zittern, wenn sie das Wutgeschrei der Mörder
hören und die Todesschreie ihrer Opfer. 16 Alle
Könige der Völker am Meer werden von ihren
Thronen steigen und ihre prächtigen Gewänder
ablegen. Gelähmt vor Entsetzen werden sie sich
auf die nackte Erde setzen 17 und die Totenklage*
über dich anstimmen. Sie werden sagen:

›Ach, du ruhmvolle Stadt,
Festung mitten im Meer,
brausend von Leben erfüllt,
nun ist dein Untergang da!
Schrecken flößtest du ein
allen Bewohnern am Meer.
18 Jetzt sind die Inseln entsetzt,
Zittern befällt sie und Angst
bei deinem schrecklichen Sturz.‹

19 Höre, Tyrus, was ich, der mächtige Gott, dir sa-
ge: Ich mache dich zur verwüsteten, menschen-
leeren Stadt, ich führe die große Flut gegen dich
heran, dass du darin untergehst. 20 In die Toten-
welt* musst du hinunter, zu den längst Verstor-
benen, in die tiefste Tiefe zu den früher verwüs-
teten Städten; bei den Schatten musst du hausen.
Du wirst nie mehr bewohnt werden, nie mehr
wieder erstehen im Land der Lebenden.[a] 21 Zum
abschreckenden Beispiel mache ich dich. Man
wird dich suchen, aber nicht mehr finden; dein
Ende ist unwiderruflich für alle Zeiten. Das sage
ich, der HERR, der mächtige Gott.«

Klage über den Untergang des Prachtschiffs Tyrus

27 Das Wort des HERRN erging an mich, er
sagte: 2 »Du Mensch, stimme ein Klage-
lied* an über Tyrus, 3 die Stadt, die den Zugang
zum Meer beherrscht und mit vielen Völkern
über das Meer hin Handel treibt. Sag zu ihr: ›So
spricht der HERR, der mächtige Gott:

Tyrus, du warst so stolz auf deine Schönheit.
4 Ein Schiff warst du, ringsum vom Meer
umgeben;
die Meister, die dich bauten, waren Künstler,
die dich zu einem wahren Schmuckstück
machten.
5 Vom Hermon holten sie Zypressenholz,
um deinen Rumpf aus Planken wohl zu fügen.
Ein Zedernstamm vom hohen Libanon
war dir als Mastbaum aufrecht eingepflanzt.
6 Aus Baschan-Eichen machten sie die Ruder,
aus Zypern kam das Buchsbaumholz fürs Deck.
7 Als Segel diente Leinen aus Ägypten;
von weit her sah man darauf deine Farben.
Ein Sonnendach aus violettem Purpur,
das brachten deine Händler aus Elischa*.
8-9 Sidon und Arwad stellten Ruderknechte.
Die Ältesten* von Byblos sahen nach,
dass nirgends Wasser eindrang durch ein Leck.

a *nie mehr wieder erstehen:* mit G; H *ich gebe Schmuck.*

26,7-14 29,17-20 **26,7** Jer 1,14 S **26,8** 4,2 S **26,16** 28,19 S **26,20** 32,18; Jes 14,9-11 **27,3b** 28,17

Aus Tyrus kamen Männer voll Erfahrung
als deine Steuermänner und Matrosen.
Aus aller Herren Länder kamen Schiffe,
um ihre Waren bei dir einzutauschen.
10 Aus Put und Lud und Paras[a] kamen Krieger,
um dir zu helfen gegen deine Feinde.
Von deiner Reling blitzten Helm und Schild,
die hängten sie als Zierde daran auf.

11 Männer aus Arwad verstärkten die Kriegsleute
auf deinen Mauern, Männer aus Gammad vertei-
digten deine Türme. Ihre runden Schilde häng-
ten sie ringsum an deine Mauerzinnen und
machten deine Schönheit damit vollkommen.
12 Reiche Handelsgüter hattest du anzubieten.
Die Stadt Tarschisch* kaufte deine Waren und
lieferte dir dafür Silber, Eisen, Zinn und Blei.
13 Die Griechen und die Leute von Tubal und
Meschech* brachten dir als Tauschgüter Sklaven
und Kupferwaren. 14 Die Bewohner von Bet-
Togarma schickten dir Zug- und Reitpferde und
Maultiere. 15 Die Leute von Rhodos[b] und die
Bewohner vieler Küsten trieben Handel mit dir,
sie brachten dir Elfenbein und Ebenholz.
16 Die Edomiter[c] kauften aus deinem reichen
Angebot und lieferten dir dafür Edelsteine, Koral-
len, bunte Stoffe und feines Leinen. 17 Juda und
Israel brachten dir als Tauschgüter Weizen,
Hirse, Honig, Öl und duftendes Harz. 18 Die
Händler von Damaskus kauften aus deinem
überreichen Warenangebot und lieferten dir da-
für Wein aus Helbon und Wolle aus Zahar. 19 Die
Leute von Wedan und Jawan im Gebiet von
Usal[d] brachten dir als Tauschgüter Eisenwaren,
Zimt und andere Gewürze.
20 Die Leute von Dedan* verkauften dir Stoffe
für Satteldecken. 21 Die Scheiche von Arabien
und von Kedar* trieben Handel mit dir, sie liefer-
ten Schafe und Ziegen. 22 Die Händler von Saba*
und Ragma waren für dich tätig und gaben dir
für deine Waren die kostbarsten duftenden Öle,
alle Arten von Edelsteinen und Gold. 23–24 Die
Leute von Haran, Kanne und Eden,[e] von Assur
und Kilmad trieben Handel für dich und lieferten
dir prächtige Gewänder, Purpurmäntel, bunte
Stoffe und Seile.
25 Seetüchtige Handelsschiffe[f] bildeten deine
Karawanen; sie brachten dir diese ganze Fülle
von Gütern und Waren. Du wurdest reich und
mächtig auf deiner Insel. 27 [g]Aber du wirst
untergehen und dann stürzt alles ins Meer, die
Güter und Waren, dein ganzer Reichtum und
dazu deine Seeleute und Schiffsbauleute, deine
Händler und das ganze Aufgebot an Kriegsleu-
ten, die dich verteidigen sollten.

26 Als Prachtschiff fuhrst du, Tyrus, übers Meer,
von Rudern angetrieben auf den Wogen.
Da fasste dich der Sturm, brach dich in Stücke;
28 bis an die Küsten hört man mit Entsetzen,
wie die Ertrinkenden um Hilfe schreien.
29 Nun steigen die Matrosen von den Schiffen
und alle Ruderbänke leeren sich;
an Land geht jeder, der das Meer befuhr.
30–31 Sie alle hüllen sich in einen Sack*,
sie scheren sich das Haar und streuen Erde
auf ihren Kopf, sie wälzen sich im Staub.
Voll Trauer und Entsetzen klagen sie,
sie schreien laut, sie weinen, jammern, heulen;
32 sie singen dir das Totenklagelied*:

Wer konnte je mit Tyrus sich vergleichen,
der starken Stadt, von Wogen rings umspült?
33 Der Wohlstand vieler Völker kam zu dir
und mancher König wurde durch dich reich,
als noch dein Handel auf den Meeren blühte.
34 Nun aber ruhst du dort im tiefsten Meer,
zerschmettert bist du, tot sind deine Krieger,
dein Reichtum ist die Beute deiner Feinde.
35 Entsetzen packt die Völker an den Küsten
und ihren Herrschern sträuben sich die Haare,
in den Gesichtern malt sich Furcht und Grauen;
36 die Händler wenden sich mit Schaudern ab:
Du bist ein Bild des Jammers und des
Schreckens,
für alle Zeiten ist's um dich geschehen!‹«

Gegen die Überheblichkeit des Königs von Tyrus

28 Das Wort des HERRN erging an mich, er
sagte: 2 »Du Mensch, sag zum Herrscher
von Tyrus: ›So spricht der HERR, der mächtige
Gott: Du bildest dir etwas ein auf deine große
Macht. Du behauptest: Ein Gott bin ich; wie ein
Gott throne ich auf meiner Insel mitten im Meer!
Du hast dich zum Gott erklärt, obwohl du doch
nur ein Mensch bist.
3 Du bist zwar weiser als der berühmte Da-

a *Paras:* wahrscheinlich Persien; zu *Put* und *Lud* siehe Sacherklärungen.
b *Rhodos* (hebräisch *Rodan*): mit G; H *Dedan;* vgl. Gen 10,4.
c *Edomiter*:* mit G; H *Syrer* (siehe Anmerkung zu 2 Sam 8,12).
d Die Angaben sind nicht sicher zu deuten.
e H wiederholt noch *die Händler von Saba* (vgl. Vers 22), wofür G *deine Händler* liest.
f Wörtlich *Tarschisch-Schiffe;* siehe Sacherklärung »Tarschisch«.
g Der Vers wurde umgestellt, da er als Beschreibung in breiter Prosa das mit Vers 26 beginnende Klagelied unterbricht.
27,17 1 Kön 5,24-25 **27,21-22** Jes 60,6-7 **27,25** 1 Kön 10,22 **27,35-36** 28,19 S **28,2** Jes 14,13-14; Gen 3,5 **28,3** 14,14

niel,[a] kein Geheimnis ist dir zu tief. [4–5] Durch
deine Klugheit blühte dein Handel, du bist reich
geworden und hast deine Schatzkammern mit
Gold und Silber gefüllt. Aber dein Reichtum ist
dir zu Kopf gestiegen; du überhebst dich [6] und
stellst dich Gott gleich. Deshalb sage ich, der
HERR:

[7] Ich führe Feinde gegen dich heran, die er-
barmungslosesten der Völker; dann hilft dir
deine ganze Weisheit* nichts mehr und deine
Pracht wird in den Schmutz getreten. [8] Du selbst
musst hinunter zu den Toten; in deiner Festung
mitten im Meer wirst du erschlagen.

[9] Wenn deine Mörder auf dich eindringen,
wirst du dann auch noch sagen: Ein Gott bin
ich? Du wirst ihnen so hilflos ausgeliefert sein
wie irgendein Mensch. [10] Fremde erschlagen
dich, du erleidest einen schändlichen Tod. Ich
habe es gesagt, der HERR, der mächtige Gott.‹«

Nachruf zu Lebzeiten auf den König von Tyrus

[11] Das Wort des HERRN erging an mich, er sagte:
[12] »Du Mensch, stimme die Totenklage* an über
den König von Tyrus! Sag zu ihm:

›So spricht der HERR, der mächtige Gott: Du
warst die Vollkommenheit selbst, voll Weisheit*
und erlesener Schönheit. [13] In Eden*, dem Got-
tesgarten, lebtest du. Dein Gewand war mit
Edelsteinen aller Art besetzt, mit Rubin, Topas,
Jaspis, Chrysolith, Karneol, Onyx, Smaragd,
Karfunkel und Lapislazuli. Mit Gold warst du
geschmückt an dem Tag, an dem ich dich er-
schuf. [14] Ich gab dich dem Wächter des Gartens,
dem Kerub* mit den ausgebreiteten Flügeln,
zum Gefährten;[b] du wohntest auf dem heiligen
Götterberg* mitten unter feurigen Steinen.

[15] Vollkommen hatte ich dich geschaffen und
du bliebst es, bis du in Sünde fielst. [16] Deine aus-
gedehnten Handelsgeschäfte verführten dich zu
Erpressung und Unterdrückung; so wurdest du
schuldig. Da verstieß ich dich vom Götterberg
und der Wächter, der Kerub, schaffte dich aus
der Mitte der feurigen Steine weg.[c] [17] Deine
Schönheit hatte dich überheblich gemacht; aus
lauter Eitelkeit hattest du deine Weisheit preisge-
geben und warst zum Narren geworden. Des-
halb stürzte ich dich auf die Erde hinunter und
gab dich dem Spott der Könige preis.

[18] Durch das Unrecht, das du bei deinen Han-
delsgeschäften begingst, bist du schuldig gewor-
den und hast deine Tempel entweiht. Darum
habe ich Feuer in deiner Stadt ausbrechen lassen
und sie niedergebrannt; wer jetzt vorbeikommt,
findet nur noch Schutt und Asche. [19] Alle Völker
ringsum sind starr vor Entsetzen. Ein Bild des
Schreckens bist du geworden, für alle Zeiten ist
es um dich geschehen.‹«

Gegen die Stadt Sidon

[20] Das Wort des HERRN erging an mich, er sagte:
[21] »Du Mensch, wende dich gegen die Stadt
Sidon und kündige ihr mein Strafgericht an!
[22] Sag zu ihr: ›So spricht der HERR, der mächtige
Gott: Ich gehe gegen dich vor, Sidon, ich werde
an dir meine Macht zeigen! Deine Bewohner sol-
len erkennen, dass ich der HERR bin, wenn ich
mein Strafgericht vollstrecke und mich an dir als
der heilige Gott erweise. [23] Ich schicke die Pest
in deine Mauern; deine Straßen werden mit Er-
schlagenen bedeckt sein, wenn die Feinde von
allen Seiten in dich eindringen. Sie sollen erken-
nen, dass ich der HERR bin.‹«

Israel wird vor Feinden sicher sein

[24] »Die Leute von Israel«, sagt der HERR, »werden
künftig nicht mehr unter den Nachbarvölkern
zu leiden haben, die jetzt wie Dornen und
Disteln für sie sind und ihnen voll Verachtung
begegnen. Mein Volk soll erkennen, dass ich der
HERR bin.

[25] Ich, der HERR, der mächtige Gott, sage: ›Ich
werde mich vor aller Welt als der heilige Gott
erweisen und mein Volk aus den Völkern, unter
denen es zerstreut worden ist, sammeln. Die
Leute von Israel werden wieder in dem Land
wohnen, das ich meinem Diener Jakob gegeben
habe. [26] Dort sollen sie in Frieden und Sicherheit
leben; sie können ungestört Häuser bauen und
Weinberge anlegen. An den Völkern aber, die ih-
nen mit Verachtung begegnet sind, werde ich
mein Strafgericht vollstrecken. Dann werden die
Leute von Israel erkennen: Ich bin der HERR, ihr
Gott!‹«

Das befristete Strafgericht über Ägypten

29 Im zehnten Jahr unserer Verbannung*,
am 12. Tag des 10. Monats, erging das
Wort des HERRN an mich, er sagte: [2] »Du
Mensch, wende dich gegen den Pharao, den

a Siehe Anmerkung zu 14,14.
b *Ich gab dich …:* mit veränderten Vokalen; H *Du schützender Kerub mit den ausgebreiteten Flügeln, und ich hatte dich gemacht.* c *und der Wächter …:* mit veränderten Vokalen; H *und ich schaffte dich, du schützender Kerub, aus … weg.*

28,4-5 28,12.17; 31,10 S **28,7** 30,11; 31,12; 32,12 **28,8** 26,20 **28,12** (Totenklage) 26,17; 27,2; 32,2; Am 5,1; (Vollkommenheit) Ez 28,3-5 **28,13** Gen 2,8 **28,14** Jes 14,13 **28,17** 27,3b **28,19** 26,16; 27,35-36; 32,10 **28,20-23** Jes 23,2-4.12; Joël 4,4; Mt 11,21-22 par **28,24** 34,30 **28,25** 11,17; 20,34-35.41; 34,12-13; 36,24; 37,21; 39,26-27; Jes 11,11-12 S **28,26** Jes 65,21-22 **29,1-32,32** Jes 19,1-15 S

König von Ägypten, und kündige ihm und seinem ganzen Land mein Strafgericht an. 3 Sag zu ihm:

›So spricht der HERR, der mächtige Gott: Du bekommst es mit mir zu tun, Pharao, du großes Krokodil, das in seinen Nilarmen liegt und sagt: Mir gehört der Nil, ich habe ihn geschaffen! 4 Ich fange dich ein mit Haken, die sich in deine Kinnlade bohren. Ich ziehe dich heraus aus deinen Nilarmen samt den Fischen, die sich in deinem Schuppenpanzer verfangen. 5 Ich schleudere dich in die Wüste samt allen deinen Fischen. Dort bleibst du liegen und niemand begräbt dich; ich werfe dich den Schakalen und Aasgeiern zum Fraß hin. 6 Alle Bewohner Ägyptens sollen erkennen, dass ich der HERR bin.

Ägypten, du hast den Leuten von Israel falsche Hoffnungen gemacht! Wie ein Stab aus Schilfrohr bist du für sie gewesen: 7 Wenn man sich darauf stützen will, splittert er, sodass man hinfällt[a] und sich auch noch den Arm daran aufreißt.

8 Deshalb sage ich, der mächtige Gott: Ich gebe dich Feinden preis, die deine Menschen und dein Vieh umbringen, 9 deine Städte in Trümmer legen und das ganze Land verwüsten. Die Ägypter sollen erkennen, dass ich der HERR bin.

Du, Pharao, hast gesagt: Mir gehört der Nil, ich habe ihn geschaffen! 10 Deshalb gehe ich jetzt gegen dich vor und gegen deinen Nil und das ganze Land. Ich werde Ägypten zu einem Trümmerfeld machen, von Migdol an nilaufwärts bis nach Syene und weiter bis an die Grenze von Äthiopien. 11 In ganz Ägypten wird kein Mensch und kein Tier mehr leben; vierzig Jahre lang wird niemand dort wohnen. 12 Inmitten von Ländern, die selbst verwüstet sind, wird Ägypten diese ganze Zeit über eine Wüste sein und seine Städte werden als Trümmerhaufen daliegen. Seine Bewohner werde ich in fremde Länder und unter fremde Völker zerstreuen.

13 Doch das sage ich, der mächtige Gott: Wenn die vierzig Jahre um sind, werde ich die Ägypter aus den Völkern herausholen, unter denen sie als Verbannte leben. 14 Ich werde für sie alles zum Guten wenden; ich werde sie ins Land Patros bringen, nach dem oberen Ägypten, wo sie ursprünglich zu Hause waren. Dort sollen sie ein kleines Königreich bilden, 15 kleiner und schwächer als alle anderen Königreiche. Sie sollen sich nicht mehr über andere erheben. Ich vermindere ihre Zahl, damit sie nicht mehr über andere Völker herrschen.

16 Dann können sie den Leuten von Israel keine falschen Hoffnungen mehr machen. Mein Volk wird sich nicht mehr dazu verführen lassen, sein Vertrauen auf sie zu setzen und dadurch schuldig zu werden. Die Ägypter sollen erkennen, dass ich der HERR bin!‹«

Ägypten als Lohn für Nebukadnezzar

17 Im 27. Jahr unserer Verbannung*, am 1. Tag des 1. Monats, erging das Wort des HERRN an mich, er sagte: 18 »Du Mensch, König Nebukadnezzar von Babylon* hat sein Heer vor der Stadt Tyrus hart arbeiten lassen. Wie Fronarbeiter* haben seine Kriegsleute sich bei der Errichtung der Belagerungswerke blutig geschunden. Aber einen Lohn für ihre Mühe haben er und sein Heer von Tyrus nicht bekommen.

19 Deshalb sage ich, der mächtige Gott: ›Nebukadnezzar, der König von Babylon, bekommt dafür das Land Ägypten! Der ganze Reichtum der Ägypter soll ihm zufallen; seine Kriegsleute werden alles, was wertvoll ist, als Beute wegschleppen. 20 Nebukadnezzar hat in meinem Auftrag gehandelt, deshalb gebe ich ihm Ägypten als Lohn für seine Mühe.‹ Das sage ich, der HERR, der mächtige Gott.

21 Zur gleichen Zeit lasse ich auch Israel wieder stark und mächtig werden. Und dir, Ezechiël, gebe ich neuen Mut, als mein Prophet* zu den Leuten von Israel zu sprechen. Sie sollen erkennen, dass ich der HERR bin.«

Gottes Strafgericht über Ägypten

30 Das Wort des HERRN erging an mich, er sagte: 2 »Du Mensch, kündige mein Strafgericht an und sage: ›So spricht der HERR, der mächtige Gott: Schreit vor Entsetzen, ihr Ägypter; denn der Tag ist da, 3 der Tag der Abrechnung, an dem der HERR Gericht hält! Dunkel wie die Nacht ist dieser Tag, für viele Völker hat die Stunde geschlagen!

4 Das Schwert hält blutige Ernte in Ägypten, die Schätze des Landes werden weggeschleppt, seine Städte dem Erdboden gleichgemacht. Die Nachbarvölker im Süden sehen es und zittern vor Angst. 5 Zusammen mit den Ägyptern werden auch ihre Hilfstruppen niedergemacht, die Söldner aus Kusch*, Put*, Lud* und Kub und wo sie sonst noch herkommen, auch die Söldner

a *hinfällt* mit alten Übersetzungen; H *feststeht.*

29,3-5 32,2-6 **29,3** 31,10 S **29,6** (erkennen) 30,8 S **29,6b-7** 2 Kön 18,21 S **29,13-16** Jes 19,19-25; Jer 46,26 **29,19-20** 30,10.24; 32,11; Jer 43,11-12 S **30,2-3** Joël 4,14-16 S

aus den Reihen des Volkes, mit dem ich meinen Bund* geschlossen habe.‹

6 Denn der HERR, der mächtige Gott, sagt: ›Alle Helfer Ägyptens werden fallen, seine ganze stolze Armee; von einem Ende des Landes bis zum andern liegen die Erschlagenen. 7 Wie die umliegenden Länder, die dieses Schicksal trifft, wird auch Ägypten zur Wüste werden und seine Städte liegen in Trümmern. 8 Die Ägypter werden erkennen, dass ich der HERR bin, wenn ich ihr Land niederbrenne und alle ihre Helfer vernichte.

9 An jenem Tag werde ich Boten auf Schiffen den Nil hinaufschicken, damit sie die Schreckensnachricht nach Äthiopien* bringen. Die Äthiopier werden zittern vor Angst. Der Untergang Ägyptens ist unabwendbar!‹

10 Der HERR, der mächtige Gott, sagt: ›So vernichte ich das stolze Heer der Ägypter durch mein Werkzeug, den Babylonierkönig* Nebukadnezzar. 11 Die erbarmungslosesten Völker führt er gegen Ägypten heran. Sie werden das Land verwüsten und es mit den Leichen der Ägypter und ihrer Söldner bedecken. 12 Ich werde den Nil trockenlegen und Ägypten in die Gewalt grausamer Menschen geben. Durch sie verwandle ich das blühende Land in eine Wüste. Ich habe es gesagt, der HERR, der mächtige Gott.‹

13 Der HERR, der mächtige Gott, sagt: ›Ich vernichte die Götzen Ägyptens; die falschen Götter schaffe ich aus Memfis fort. Es wird keinen Herrscher mehr in Ägypten geben und die Bewohner des Landes werden vor Angst vergehen.

14 Ich verwüste das Land Patros im oberen Ägypten, ich brenne Zoan nieder, ich vollstrecke das Strafgericht an No.[a] 15 Mein Zorn trifft die Festung Sin,[b] ich verwüste die prächtigen Paläste von No. 16 Ich setze ganz Ägypten in Brand. Sin windet sich in Krämpfen, in die Mauern von No werden Breschen geschlagen, Memfis wird in ständiger Angst leben. 17 Die jungen Männer von On[c] und Pi-Beset[d] werden erschlagen und die übrigen Bewohner in die Fremde verschleppt.

18 In Tachpanhes wird der Tag zur Nacht, wenn ich dort die Joche* zerbreche, mit denen die Ägypter die Völker geknechtet haben; mit der stolzen Macht Ägyptens mache ich ein Ende. Eine dunkle Wolke wird das ganze Land bedecken und seine Frauen werden in die Fremde verschleppt. 19 Ich vollziehe mein Strafgericht an Ägypten und die Ägypter werden erkennen, dass ich der HERR bin.‹«

Die Macht des Pharaos wird gebrochen

20 Im elften Jahr unserer Verbannung*, am 7. Tag des 1. Monats, erging das Wort des HERRN an mich, er sagte: 21 »Du Mensch, ich habe dem Pharao, dem König von Ägypten, den Arm gebrochen und ich sorge dafür, dass er nicht wieder zusammenwächst. Der gebrochene Arm wird nicht geschient und verbunden; nie mehr wird der Pharao mit ihm das Schwert führen.«

22 Und weiter sagte der HERR, der mächtige Gott: »Der Pharao, der König von Ägypten, bekommt es mit mir zu tun! Ich breche ihm die Arme, auch den, der noch heil ist. Ich schlage ihm das Schwert aus der Hand 23 und zerstreue die Ägypter in die Länder fremder Völker.

24 Aber die Arme des Königs von Babylon mache ich stark; ihm gebe ich mein Schwert in die Hand. Mit gebrochenen Armen wird sich der Pharao vor ihm im Staub winden und stöhnen wie ein tödlich Getroffener. 25 Ich mache die Arme des Königs von Babylon stark, aber der Pharao muss seine Arme kraftlos sinken lassen. Die Ägypter sollen erkennen, dass ich der HERR bin, wenn ich dem König von Babylon mein Schwert in die Hand gebe, damit er es gegen sie gebraucht. 26 Und ich werde die Ägypter in fremde Länder und unter fremde Völker zerstreuen. Sie sollen erkennen, dass ich der HERR bin.«

Ägypten, der gestürzte Weltenbaum

31 Im elften Jahr unserer Verbannung*, am 1. Tag des 3. Monats, erging das Wort des HERRN an mich, er sagte: 2 »Du Mensch, sag zum Pharao, dem König von Ägypten, mit seinem ganzen stolzen Heer:

›Wie mächtig du bist! Womit kann ich dich vergleichen? 3 Du bist wie eine prächtige Zeder auf dem Libanon! Ihre mächtigen Zweige geben reichlich Schatten. Sie ist hoch gewachsen, ihr Wipfel reicht bis in die Wolken. 4 Das Wasser, das aus der Tiefe kommt, hat sie so groß gemacht; das Meer in der Tiefe der Erde speist die Quellen, die rings um sie aufbrechen und das Feld bewässern.

5 Darum wurde sie größer als alle anderen Bäume und breitete ihre mächtigen Äste weit aus. 6 Die Vögel bauten in den Zweigen ihre

a *No* = No-Amon (griechisch Theben). b Entweder Saïs oder (wahrscheinlicher) der Hafen Pelusium.
c Griechisch: Heliopolis (*On* mit veränderten Vokalen; H *Awen* = Unheil/Unrecht). d Griechisch: Bubastis.

30,8 30,19.25-26; 29,6.9.16; 32,15; Ex 14,4 **30,10** 29,19-20 S **30,11** 28,7 S **30,13** 29,19-20 S **30,14** Nah 3,8 **30,18** Jer 43,7-11 **30,21** 2 Kön 24,7 **30,24** 29,19-20 S **30,25-26** 30,8 S **31,2-18** Dan 4,7-24

Nester und das Wild warf in ihrem Schutz seine
Jungen. Ganze Völker wohnten in ihrem Schat-
ten. 7 Schön war sie und stattlich mit ihrer brei-
ten Krone; denn ihre Wurzeln hatten reichlich
Wasser.
8 Keine andere Zeder war so prächtig wie sie,
keine Zypresse und keine Platane hatte so mäch-
tige Äste; nicht einmal die Bäume im Garten
Gottes konnten es mit ihr aufnehmen. 9 Ich hatte
sie so schön gemacht, dass alle Bäume im Para-
dies sie beneideten.
10 Doch nun sagt der HERR, der mächtige Gott:
Weil ihre Größe ihr zu Kopf gestiegen und sie
überheblich geworden ist, 11 rufe ich einen mäch-
tigen König herbei. Er wird seine Grausamkeit
an ihr auslassen; denn ich habe sie verstoßen.
12 Aus der Ferne kommt ein erbarmungsloses
Volk und fällt sie. Da liegt sie dann auf den Ber-
gen und die abgeschlagenen Äste füllen die Täler
und Schluchten. Die Völker, die in ihrem Schat-
ten gewohnt haben, ergreifen die Flucht. 13 Die
Vögel setzen sich achtlos auf den gefällten
Stamm und über die Äste läuft das Wild.
14 Kein Baum, und stehe er noch so nah am
Wasser, soll mehr so groß und mächtig werden,
seinen Wipfel in die Wolken strecken und sich
stolz über andere erheben. Jeder hohe Baum
wird gefällt und kommt in die Totenwelt*, ge-
nauso wie alle Menschen.
15 Der HERR, der mächtige Gott, sagt: An dem
Tag, an dem ich die Riesenzeder in die Totenwelt
stürze, trauert das Wasser in der Tiefe der Erde,
die Flüsse fließen nicht mehr und die Quellen
versiegen. Auch der Libanon trauert, alle Bäume
in Feld und Wald verdorren. 16 Wenn ich die Ze-
der mit gewaltigem Krachen in die Totenwelt
hinabstürze, zittern alle Völker vor Angst. Drun-
ten aber freuen sich die Prachtbäume, die Bäume
des Libanons und alle mächtigen Bäume, die am
Wasser standen, und trösten sich damit, dass
auch die große Zeder ihr Schicksal teilt. 17 Auch
alle ihre Helfer, die unter ihrem Schatten ge-
wohnt haben, müssen mit ihr hinunter an den
Ort, wo die Erschlagenen sind.
18 Du prächtige Zeder, wer kann sich an Grö-
ße und Herrlichkeit mit dir vergleichen? Und
doch musst du mit all den prächtigen Bäumen in
die Totenwelt hinunter. Dort liegst du dann in
der Tiefe, bei den Erschlagenen und Unbestatte-
ten.[a] So ergeht es dem Pharao und seinem
ganzen großen Volk.‹ Das sagt der HERR, der
mächtige Gott.«

Der Pharao, der erlegte Drache

32 Im zwölften Jahr unserer Verbannung*,
am 1. Tag des 12. Monats, erging das Wort
des HERRN an mich, er sagte: 2 »Du Mensch,
stimme die Totenklage* an über den Pharao, den
König von Ägypten! Sag zu ihm:

›Von allen Königen warst du der größte,
du Drachenungetüm im weiten Meer!
Aus deiner Nase schossen Wasserstrahlen,[b]
mit deinen Füßen wühltest du im Schlamm,
dein Toben machte jedes Wasser trüb.‹

3 Und dann fahre fort: ›So spricht der HERR, der
mächtige Gott: Ich werde mein Fangnetz aus-
spannen! Die Heere vieler Völker werde ich ge-
gen dich aufbieten, die werden dich in meinem
Netz einfangen und aus dem Meer ziehen.
4 Dann schleudere ich dich auf das Land und
werfe dich allen Raubvögeln und wilden Tieren
der Erde zum Fraß hin. 5 Dein Leichnam wird
die Berge bedecken und die Täler ausfüllen;
6 dein Blut wird das Land tränken, es wird von
den Bergen herabströmen und die Bäche an-
schwellen lassen. 7 Während ich das Strafgericht
an dir vollziehe, bedecke ich den Himmel mit
düsteren Wolken, sodass Sonne, Mond und
Sterne verschwinden. 8 Deinetwegen mache ich
alle hellen Lichter am Himmel dunkel und breite
Finsternis über dein Land. Das sage ich, der
HERR, der mächtige Gott.
9 Viele Völker werden in Unruhe gestürzt
werden, wenn die Nachricht von deinem Fall zu
ihnen kommt – sogar Völker, von denen du noch
nie gehört hast. 10 Das Strafgericht, das ich an dir
vollziehe, wird sie mit Schauder erfüllen; ihre
Könige werden von Entsetzen geschüttelt, wenn
sie mich das Schwert schwingen sehen und dei-
nen Untergang erleben.
11 Denn das sage ich, der mächtige Gott: Der
König von Babylon wird mit seinem Heer gegen
dich heranziehen. 12 Seinem Befehl gehorchen
die erbarmungslosesten der Völker; durch sie
vernichte ich deine ganze stolze Heeresmacht.
13 Auch alles Vieh im Land vernichte ich; kein
Huf und kein Menschenfuß wird mehr an den
Tränkstellen das Wasser trüben. 14 Ruhig und un-
gestört wird der Nil in seinem Bett dahinfließen,
so glatt wie Öl. Das sage ich, der mächtige Gott.
15 Ich fege Ägypten leer und mache es zur Wüste,
alle seine Bewohner erschlage ich. Dann werden
sie erkennen, dass ich der HERR bin.‹

a Siehe Anmerkung zu 32,19. *b* Vermutlicher Text; H *Du sprudeltest mit deinen Strömen.*

31,8-9 Gen 2,8-9 **31,10** 28,2-6; 29,3; Jes 2,11-12S; Jer 48,26-27S; Dan 5,20 **31,12** 28,7S **31,15-18** 32,17-32; Jes 14,9-11 **32,2-6** 29,3-5 **32,2** (Totenklage) 28,12S **32,3** 12,13 **32,7** Joël 2,10S **32,10** 28,19S **32,11** 29,19-20S **32,12** 28,7S **32,15** 30,8S

16 Diese Totenklage werden die Frauen aller
Völker anstimmen. Sie sollen Ägypten und sein
stolzes Heer wie einen Toten betrauern. Das sage
ich, der HERR, der mächtige Gott.«

Ägypten wird im Totenreich empfangen

17 Im zwölften Jahr unserer Verbannung*, am 15.
Tag des Monats,[a] erging das Wort des HERRN an
mich, er sagte: 18 »Du Mensch, singe im Voraus
das Lied vom Untergang der stolzen ägyptischen
Heeresmacht! Schicke sie mit diesem Lied hinun-
ter an den Ort tief unter der Erde, wo schon die
Kriegsleute vieler anderer Völker ein unrühmli-
ches Ende genommen haben![b] Sag zu Ägypten:

19 ›Meinst du, du wärst schöner als andere
und würdest bevorzugt behandelt? Hinunter mit
dir zu den Toten! In die tiefste Tiefe zu denen,
die kein ordentliches Begräbnis bekommen ha-
ben![c] 20 Bei den Erschlagenen und Hingerichte-
ten sollst du liegen mit deiner ganzen stolzen
Heeresmacht! 21 Die Helden, die schon drunten
bei den Toten sind, sagen über euch und eure
Helfer: Sie sind also auch hier unten angekom-
men! Da liegen sie nun, erschlagen und unbe-
stattet!

22–23 Da drunten erwartet dich Assur* mit sei-
nem ganzen Heer, lauter durchs Schwert erschla-
gene Männer. Als sie noch lebten, haben sie die
Völker der Erde in Furcht und Schrecken ver-
setzt; aber jetzt liegen sie in der tiefsten Grube,
der König in der Mitte und rings um ihn seine
Kriegsleute.

24–25 Da drunten erwartet dich Elam* mit sei-
nem ganzen stolzen Heer, lauter durchs Schwert
erschlagene Männer. Als sie noch lebten, haben
sie die Völker der Erde in Furcht und Schrecken
versetzt; nun liegen sie an dem Ort tief unter der
Erde bei den Erschlagenen, der König in der
Mitte und rings um ihn seine Kriegsleute. Nie-
mand hat sie ordentlich begraben und so liegen
sie mitten unter den Erschlagenen und müssen
ihre Schande tragen zusammen mit allen, die ein
unrühmliches Ende genommen haben.

26 Da drunten erwartet dich Meschech-Tu-
bal* mit seinem ganzen stolzen Heer. Als sie
noch lebten, haben sie die Völker der Erde in
Furcht und Schrecken versetzt; nun liegen sie er-
schlagen ohne ein ordentliches Begräbnis bei
den Toten, der König in der Mitte und rings um
ihn seine Kriegsleute. 27 Sie haben keinen Ehren-
platz unter den Toten wie die Helden der Vor-
zeit,[d] die nach dem Tod in der Schlacht mit vol-
ler Rüstung in die Totenwelt* gelangt sind; man
begrub sie, das Schwert unter den Kopf gelegt
und vom Schild bedeckt.[e] Auch sie verbreiteten
Schrecken unter den Völkern.

28 Nun musst auch du, Ägypten, hinunter zu
denen, die vom Schwert erschlagen wurden und
kein ordentliches Begräbnis bekommen haben!

29 Auch Edom* erwartet dich drunten mit sei-
nen Königen und Fürsten, lauter tapfere Kämp-
fer, aber in der Totenwelt liegen sie bei den
Erschlagenen und Hingerichteten, die kein or-
dentliches Begräbnis bekommen haben. 30 Auch
die Könige des Nordens und alle Phönizier* er-
warten dich. Sie haben als tapfere Kämpfer
Furcht und Schrecken verbreitet, aber sie muss-
ten hinunter zu den Erschlagenen und Hinge-
richteten und müssen ihre Schande tragen zu-
sammen mit denen, die ein unrühmliches Ende
genommen haben.‹

31 Sie alle wird der Pharao dort unten antref-
fen und das wird ihn darüber trösten, dass sein
ganzes stolzes Heer verloren ist. Denn todge-
weiht ist er mit seiner ganzen Heeresmacht; das
sage ich, der HERR, der mächtige Gott.

32 Ich habe es zugelassen, dass er unter den
Völkern Furcht und Schrecken verbreitet hat;
jetzt aber ist sein Platz bei den Erschlagenen und
Hingerichteten, die kein ordentliches Begräbnis
bekommen haben. So ergeht es dem Pharao und
seinem ganzen stolzen Heer. Das sage ich, der
HERR, der mächtige Gott.«

RETTUNG UND ERNEUERUNG ISRAELS
(Kapitel 33–39)

Der Prophet als Warner

33 Das Wort des HERRN erging an mich, er
sagte: 2 »Du Mensch, sag zu den Leuten
aus deinem Volk: ›Der HERR sagt: Angenommen,

a Der Name des Monats ist nicht überliefert.
b *wo schon die Kriegsleute ...:* wörtlich *zu denen, die in die Grube gefahren sind.* Damit wird hier nicht das allgemeine Todesschicksal bezeichnet; vgl. die folgende Anmerkung.
c *In die tiefste ...:* wörtlich *Werde zu den Unbeschnittenen gelegt!* Hier und im Folgenden steht das Wort *unbeschnitten* (vgl. Sacherklärung »Beschneidung«) im weiteren Sinn für Menschen, die kein ordentliches Begräbnis erhalten. (In Israel kamen unbeschnittene Familienmitglieder nicht ins Familiengrab.) Dasselbe gilt für die *Ermordeten und Hingerichteten* und sogar für die im Kampf *(vom Schwert) Erschlagenen,* die unbestattet bleiben oder ins Massengrab geworfen werden (ab Vers 20-23).
d *der Vorzeit:* mit G; H *der Unbeschnittenen.*
e *vom Schild bedeckt:* vermutlicher Text; H *ihre Verfehlungen liegen auf ihren Gebeinen.*

32,17-32 31,15-18 S **32,22-23** Jes 10,5-19 S **32,24-25** Jer 49,34-38 S **32,26-27** 27,13; 38,1–39,22; Gen 10,2 **32,29** Jes 34,5-17 S **32,30** (Phönizier) Jes 23,1-16 S **33,1-9** 3,16-21

ich schicke Feinde gegen ein Land und die Män-
ner des Landes haben einen aus ihrer Mitte zum
Wächter bestellt, der drohende Gefahren melden
soll. 3 Wenn dieser Wächter die Feinde kommen
sieht, hat er die Pflicht, das Alarmhorn* zu bla-
sen und die anderen zu warnen.

4 Wenn jemand das Alarmsignal hört, sich
aber nicht warnen lässt und deshalb umkommt,
dann trägt die betreffende Person allein die
Schuld. 5 Sie ist gewarnt worden, aber hat die
Warnung in den Wind geschlagen. Hätte sie die
Warnung ernst genommen, so wäre sie mit dem
Leben davongekommen.

6 Anders ist es, wenn der Wächter es versäumt
hat, Alarm zu blasen und die Leute zu warnen.
Wenn dann jemand durch Feinde umgebracht
wird, ereilt die betreffende Person damit zwar
die Strafe für das Unrecht, das sie begangen hat;
aber den unzuverlässigen Wächter ziehe ich zur
Rechenschaft wie für einen Mord.‹

7 Du Mensch, dich habe ich als Wächter be-
stellt, der die Leute von Israel vor drohender Ge-
fahr warnen soll. Wenn du eine Botschaft von
mir vernimmst, musst du sie ihnen weitersagen,
damit sie wissen, was auf sie zukommt. 8 Wenn
ich dir ankündige, dass ein bestimmter Mensch
wegen seiner schlimmen Taten sterben muss,
dann bist du dafür verantwortlich, dass er ge-
warnt wird. Versäumst du es, so wird er zwar
sterben, wie er es verdient; aber dich ziehe ich
dafür zur Rechenschaft wie für einen Mord.
9 Warnst du ihn, aber er hört nicht darauf, so
wird er ebenfalls sterben, wie er es verdient hat;
aber du hast dein Leben gerettet.

10 Du Mensch, sag zu den Leuten von Israel:
›Ihr habt allen Mut verloren und klagt: Unsere
Schuld ist zu groß, an den Folgen unserer Verfeh-
lungen gehen wir zugrunde, wir haben keine Zu-
kunft mehr! 11 Aber der HERR, der mächtige Gott,
sagt: So gewiss ich lebe, mir macht es keine Freu-
de, wenn ein Mensch wegen seiner Vergehen
sterben muss. Nein, ich freue mich, wenn er sei-
nen falschen Weg aufgibt und am Leben bleibt.
Darum kehrt um, kehrt schleunigst um! Warum
wollt ihr in euer Verderben laufen, ihr Leute von
Israel?‹

12 Du Mensch, sag auch das zu den Leuten
aus deinem Volk: ›Wenn ein rechtschaffener
Mensch anfängt, Unrecht zu tun, dann nützt
ihm seine ganze frühere Rechtschaffenheit
nichts – sie kann ihm nicht das Leben retten.
Und wenn ein verbrecherischer Mensch anfängt,
das Rechte zu tun, dann schaden ihm alle seine
früheren Vergehen nichts – sie können ihn nicht
das Leben kosten. 13 Wenn ich einem rechtschaf-
fenen Menschen zusichere: Du wirst am Leben
bleiben!, und er denkt: Nun bin ich sicher!, und
beginnt Unrecht zu tun, dann zählt sein ganzer
vorbildlicher Lebenswandel nicht mehr; weil er
Unrecht getan hat, muss er sterben. 14 Und wenn
ich zu einem verbrecherischen Menschen sage:
Du musst sterben!, und er wendet sich vom Un-
recht ab, 15 gibt dem armen Schuldner sein Pfand
zurück, erstattet, was er widerrechtlich an sich
gebracht hat, und hält sich an die Weisungen,
die zum Leben führen, dann muss er nicht ster-
ben. 16 Alles Unrecht, das er früher getan hat,
zählt dann nicht mehr. Weil er jetzt das Rechte
tut, soll er am Leben bleiben.

17 Ihr Leute von Israel behauptet: Der HERR
tut uns Unrecht! Aber ihr selbst tut Unrecht!
18 Wenn ein Mensch, der früher vorbildlich ge-
lebt hat, Unrecht zu tun beginnt, muss er dafür
sterben. 19 Und wenn ein verbrecherischer
Mensch sich von seinen Verbrechen abwendet
und das Rechte tut, rettet er damit sein Leben.
20 Und da sagt ihr: Der HERR tut Unrecht! Nein,
jeder bekommt von mir, was er mit seinen Taten
verdient hat. Kommt zur Besinnung, ihr Leute
von Israel!‹«

Ein Augenzeuge aus Jerusalem

21 Im zwölften Jahr unserer Verbannung*, am
5. Tag des 10. Monats, kam ein Mann aus Jerusa-
lem zu mir, der den Untergang der Stadt überlebt
hatte. Er brachte die Nachricht: »Die Stadt ist ge-
fallen!«

22 Am Abend vorher hatte ich gespürt, wie
sich die Hand des HERRN schwer auf mich legte.
Als aber der Mann am Morgen bei mir eintrat,
gab mir der HERR die Sprache wieder. Von da an
war meine Zunge gelöst und ich konnte wieder
frei reden.

Die falsche Sicherheit der in Juda Zurückgebliebenen

23 Das Wort des HERRN erging an mich, er sagte:
24 »Du Mensch, die Leute, die in den zerstörten
Städten im Land Israel geblieben sind, sagen:
›Abraham war nur einer und Gott gab ihm dieses
Land zum Besitz. Wir sind viele, also gehört es
uns erst recht!‹

25 Darum sag zu ihnen: ›So spricht der HERR,
der mächtige Gott: Ihr esst das Fleisch mit dem
Blut*, betet Götzen an und mordet, und aus-
gerechnet euch soll ich das Land überlassen?

33,10-20 18,1-32 **33,10** 7,3-4 S; 37,11 **33,11** Jes 55,7; Joël 2,12-13 **33,13-16** Jer 18,7-10 **33,21-22** 24,25-27 **33,21** 2 Kön 25,4 **33,22** 3,22 S **33,24** 11,15; Jes 51,2 S **33,25** Lev 17,10-14 S

26 Ihr übt Faustrecht, begeht Ehebruch und tut,
was mir verhasst ist, und euch soll das Land ge-
hören?‹
27 Sag zu ihnen: ›So spricht der HERR, der
mächtige Gott: Wer in den Ruinen haust, kommt
durchs Schwert um; wer im offenen Land lebt,
wird von wilden Tieren zerrissen; wer auf Berge
und in Höhlen geflohen ist, stirbt an der Pest.
28 Ich mache das Land zur menschenleeren Ein-
öde, ich verwüste seine ganze stolze Pracht. Ich
mache die Berge Israels zu einer Wildnis, durch
die niemand mehr durchzieht. 29 Ihr werdet er-
kennen, dass ich der HERR bin, wenn ich das
Land zur Wüste mache wegen all der abscheu-
lichen Taten, die ihr begangen habt!‹«

Der Prophet und seine Zuhörer

30 Der HERR sagte zu mir: »Du Mensch, die Leute
aus deinem Volk reden über dich, wenn sie vor
ihren Häusern beisammenstehen. Sie sagen zu-
einander: ›Wir wollen zum Propheten* gehen
und hören, was der HERR zu ihm gesagt hat!‹
31 Und dann kommen sie scharenweise zu dir,
sitzen im Kreis um dich und hören, was du sagst;
aber sie nehmen es nicht ernst.

Ihr Mund lobt dich überschwänglich, aber ihr
Herz ist nur damit beschäftigt, wie sie sich skru-
pellos bereichern können. 32 Wie eingängige
Musik klingen ihnen deine Worte, aber sie den-
ken nicht daran, sie ernst zu nehmen. 33 Doch
wenn dann deine Ankündigungen eintreffen –
und das werden sie mit Sicherheit –, werden sie
erkennen, dass ein Prophet unter ihnen gelebt
hat.«

Gegen die schlechten Hirten Israels

34 Das Wort des HERRN erging an mich, er
sagte: 2 »Du Mensch, kündige den füh-
renden Männern in Israel das Strafgericht an.
Sag zu ihnen:

›So spricht der HERR, der mächtige Gott: Weh
euch! Ihr seid die Hirten meines Volkes; aber
anstatt für die Herde zu sorgen, habt ihr nur an
euch selbst gedacht. 3 Die Milch der Schafe habt
ihr getrunken,[a] aus ihrer Wolle habt ihr euch
Kleider gemacht und die besten Tiere habt ihr
geschlachtet. Aber für einen guten Weideplatz
habt ihr nicht gesorgt.

4 War ein Tier schwach, so habt ihr ihm nicht
geholfen; war eins krank, so habt ihr es nicht ge-
pflegt. Wenn eins ein Bein gebrochen hatte, habt
ihr ihm keinen Verband angelegt. Die Verstreu-
ten habt ihr nicht zurückgeholt, die Verlorenge-
gangenen nicht gesucht. Alle Tiere habt ihr miss-
handelt und unterdrückt. 5 Weil meine Schafe
keinen Hirten hatten, verliefen sie sich und fie-
len den Raubtieren zur Beute. 6 Sie irrten überall
umher, auf Bergen und Hügeln, denn niemand
war da, der sie suchte, niemand, der sich um sie
kümmerte.

7 Darum, ihr Hirten, hört, was der HERR, sagt:
8 So gewiss ich lebe, der HERR, der mächtige
Gott: Ich schaue nicht mehr länger zu! Meine
Schafe wurden geraubt und von wilden Tieren
gefressen, weil sie keinen Hirten hatten; denn
meine Hirten haben nur für sich selbst gesorgt
und nicht für meine Herde.

9 Darum hört, ihr Hirten, was der HERR sagt!
10 So spricht der HERR, der mächtige Gott:

Die Hirten meiner Schafe bekommen es mit
mir zu tun, ich fordere meine Herde von ihnen
zurück! Ich setze sie ab; sie können nicht länger
meine Hirten sein; sie sollen nicht länger mein
Volk ausbeuten! Ich reiße meine Schafe aus ih-
rem Rachen, sie sollen ihnen nicht länger zum
Fraß dienen!‹

Der gute Hirt sorgt für seine Herde

11 ›Der HERR, der mächtige Gott, hat gesagt: Ich
selbst will jetzt nach meinen Schafen sehen und
mich um sie kümmern. 12 Wie ein Hirt seine Her-
de wieder zusammensucht, wenn sie auseinan-
der getrieben worden ist, so suche ich jetzt
meine Schafe zusammen. Ich hole sie zurück
von allen Orten, wohin sie an jenem unheil-
vollen Tag vertrieben wurden

13 Aus fremden Ländern und Völkern hole ich
sie heraus; ich sammle sie und bringe sie in ihre
Heimat zurück. Die Berge und Täler Israels sol-
len wieder ihr Weideland sein. 14 Ich lasse sie
dort auf saftigen Wiesen grasen; auf den hohen
Bergen Israels sollen sie ihre Weide finden und
sich lagern. 15 Ich will selber für meine Herde
sorgen und sie zu ihren Ruheplätzen führen. Das
sage ich, der HERR, der mächtige Gott.

16 Ich will die Verlorengegangenen suchen
und die Versprengten zurückbringen. Ich will
mich um die Verletzten und Kranken kümmern
und die Fetten und Starken in Schranken halten.[b]
Ich bin ihr Hirt und sorge für sie, wie es recht ist.

17 Ihr aber, meine Herde, sollt wissen: Ich
selbst, der HERR, der mächtige Gott, sorge jetzt

a *Die Milch …:* mit alten Übersetzungen; H *Ihr aßt das Fett.*
b *in Schranken halten:* mit alten Übersetzungen; H *ausrotten.*

33,33 2,5; 6,10 S **34,1-6** Jer 10,21 S **34,5-6** Num 27,17 S **34,10** Jer 23,2 **34,11-16** Jes 40,11 S; 40,10 S; Ps 23,1-4 S **34,12-13** 28,25 S; Jer 23,3 S **34,17-22** 7,10-11; Jes 1,23; Ps 9,13 S

für Recht; ich nehme die schwachen Tiere vor
den starken in Schutz. Ihr Widder und Böcke,
18 ist es euch nicht genug, das beste Gras zu fres-
sen? Warum zertrampelt ihr den Rest? Ist es euch
nicht genug, das klare Wasser zu trinken? War-
um wühlt ihr auch noch den Schlamm vom
Grund auf? 19 Meine Schafe müssen fressen, was
ihr zertrampelt habt, und trinken, was ihr ver-
schmutzt habt.

20 Darum sage ich, der HERR, der mächtige
Gott: Jetzt werde ich selbst die schwächeren Tie-
re vor euch starken in Schutz nehmen! 21 Ihr
habt sie mit Schulter und Hinterteil beiseite ge-
drängt, mit euren Hörnern gestoßen und weit
von der Herde weggetrieben. 22 Aber jetzt
komme ich meinen Schafen zu Hilfe. Sie sollen
nicht länger eurer Willkür ausgeliefert sein. Ich
helfe den Schwachen gegen die Starken und ver-
schaffe ihnen ihr Recht.‹

Das Reich des Friedens

23 ›Ich setze über meine Herde einen einzigen
Hirten ein, der sie auf die Weide führen und für
sie sorgen wird: einen Nachkommen Davids, der
meinem Diener David gleicht.[a] Er wird ihr Hirt
sein 24 und ich, der HERR, werde ihr Gott sein.
Der Mann, der meinem Diener David gleicht,
soll ihr Fürst[b] sein. Ich habe es gesagt, der HERR,
der mächtige Gott.

25 Ich schließe mit ihnen einen Bund* und
verbürge mich für Frieden und Sicherheit. Ich
befreie das Land von wilden Tieren, sodass sie
sogar in der Wüste sicher sind und in den Wäl-
dern unbesorgt schlafen können.

26 Ich mache das ganze Land rings um mei-
nen Berg fruchtbar. Ich schicke Regen zur rech-
ten Zeit, 27 sodass ihre Bäume und ihre Felder
reichen Ertrag bringen.

Sie werden in ihrem Land vor Feinden sicher
sein. Ich zerbreche ihr Sklavenjoch und entreiße
sie der Gewalt ihrer Unterdrücker. Dann werden
sie erkennen, dass ich der HERR bin.

28 Weder fremden Völkern noch wilden Tie-
ren werden sie mehr zur Beute; ohne Angst und
Sorgen werden sie in ihrem Land wohnen. 29 Ich
mache ihr Land zu einem prächtigen Garten.
Niemand von ihnen wird mehr verhungern und
die anderen Völker werden sie nicht mehr ver-
spotten. 30 Dann werden sie erkennen: Ich, der
HERR, ihr Gott, bin bei ihnen und sie, die Leute
von Israel, sind mein Volk. Das sage ich, der
HERR, der mächtige Gott.

31 Ihr seid meine Herde, für die ich sorge, und
ich bin euer Gott. Das sage ich, der HERR, der
mächtige Gott.‹«

Gottes Strafgericht über die Edomiter

35 Das Wort des HERRN erging an mich, er
sagte: 2 »Du Mensch, wende dich gegen
das Bergland Seïr und kündige ihm mein Straf-
gericht an! 3 Sag zu ihm:

›So spricht der HERR, der mächtige Gott: Du
bekommst es mit mir zu tun! Ich gehe jetzt gegen
dich vor, du Bergland von Edom![c] Ich mache aus
dir eine menschenleere Wildnis. 4 Deine Städte
lege ich in Trümmer und verwüste das ganze
Land. Du sollst erkennen, dass ich der HERR bin!

5 Schon immer haben deine Bewohner das
Volk Israel mit ihrem Hass verfolgt, und als mein
verheerendes Strafgericht über die Leute von
Juda hereinbrach, haben sie sie ohne Erbarmen
ans Messer geliefert. 6 Jetzt geht es ihnen selber
ans Leben, so gewiss ich lebe, ich, der HERR! Sie
haben hemmungslos Blut vergossen, jetzt wird
ihr eigenes Blut von ihnen gefordert.

7 Und dich, Bergland von Edom, mache ich zu
einer Wildnis, die keines Menschen Fuß mehr
betritt. 8 Das ganze Land, Berge wie Täler, be-
decke ich mit Erschlagenen. 9 Für alle Zeiten
sollst du eine Wüste sein; niemand soll mehr in
deinen Städten wohnen. Ihr Edomiter sollt er-
kennen, dass ich der HERR bin.

10 Ihr habt gesagt: Die beiden Länder Israel
und Juda gehören jetzt uns, wir wollen sie in Be-
sitz nehmen! Aber ihr vergesst, dass es *mein*
Land ist! 11 So gewiss ich lebe, ich, der HERR: Ich
lasse alles, was ihr in eurem Zorn und eurem
Hass den Leuten von Juda angetan habt, auf euch
zurückfallen. Ihr sollt mich kennen lernen,
wenn ich mein Strafgericht an euch vollstrecke.
12 Ihr sollt zu spüren bekommen, dass ich genau
gehört habe, wie ihr euren Spott über das Berg-
land Israels ausgegossen habt. Ihr habt gesagt:
Die Berge Israels sind verwüstet und entvölkert;
das ist ein gefundenes Fressen für uns! 13 So habt
ihr geprahlt und das Maul gegen mich aufgeris-
sen. Ich habe alles gehört.

14–15 Deshalb sage ich, der HERR, der mächtige
Gott: Du Bergland von Edom, du warst voll Scha-
denfreude, weil der Erbbesitz* der Israeliten

a *einen Nachkommen ...:* wörtlich *meinen Diener David;* entsprechend in Vers 24.
b Der Königstitel, durch das Verhalten der Könige Judas belastet, wird offenbar bewusst vermieden (vgl. 37,25; 45,7-17).
c *Edom*:* wörtlich *Seïr;* so auch im Folgenden.

34,23-24 37,22.24-25; Jer 3,18 S; 23,5 S; Hos 2,2; Offb 7,10 **34,25** 37,26; Jes 54,10; Jer 23,6; Hos 2,20; Lev 26,6 **34,26-27 a** Lev 26,4 **34,27 b** Jer 30,8 S **34,29** 36,29-30 **34,30-31** 11,20 S **34,31** Ps 100,3 **35,1-15** Jes 34,5-17 S **35,5** Ps 137,7 **35,12** 25,3 S **35,14-15** 7,3-4 S

vom Feind verwüstet wurde. Dafür werde ich
nun genauso mit dir verfahren: Verwüstet und
entvölkert sollst du daliegen, du Bergland Seïr
und das ganze Land Edom! Deine Bewohner sol-
len erkennen, dass ich der HERR bin.‹«

Die Rückkehr der Verbannten nach Israel

36 »Du Mensch«, sagte der HERR, »kündige
den Bergen Israels an, was ich tun werde!
Sag zu ihnen: ›Ihr Berge Israels, hört das Wort
des HERRN! 2 So spricht der HERR, der mächtige
Gott: Der Feind verhöhnt und verspottet euch
und sagt: Die Berge, die den Israeliten als Besitz
für alle Zeiten zugesprochen waren, gehören
jetzt uns!‹

3 Darum sprich als Prophet* und sag zu den
Bergen: ›Ihr seid verwüstet, von allen Seiten fal-
len sie über euch her; die Nachbarvölker haben
euch unter sich aufgeteilt und alle Welt spottet
über euch.‹

4 Sag zu ihnen: ›Ihr Berge Israels, hört das
Wort, das der HERR sagt!‹

Der HERR, der mächtige Gott, spricht zu den
Bergen und Hügeln, zu den Schluchten und Tä-
lern, zu den Städten, die von Menschen verlas-
sen in Trümmern liegen – zu dem ganzen Land,
das von den Nachbarvölkern verhöhnt und aus-
geplündert wird; 5 er sagt: ›In meinem brennen-
den Eifer werde ich mit Edom und den übrigen
Völkern abrechnen, weil sie mein Land in Besitz
genommen und ausgeplündert haben, weil sie
voll Schadenfreude und Verachtung sind!‹

6 Darum sprich als Prophet zum Land Israels,
zu den Bergen und Hügeln, den Schluchten und
Tälern! Sag ihnen, was ich in meinem Eifer für
mein Land und in meinem Zorn über die Völker,
die es verspotten, tun werde! 7 Denn das sage
ich, der HERR, der mächtige Gott; ich erhebe
meine Hand und schwöre: ›Was die Völker rings-
um euch angetan haben, soll auf sie selbst zu-
rückfallen. *Sie* müssen nun Spott und Schande
tragen!

8 Ihr aber, ihr Berge Israels, werdet wieder
grünen und Frucht tragen für mein Volk Israel,
das nun bald zurückkommt. 9 Ich greife ein und
wende mich euch zu; ihr sollt von neuem be-
pflanzt und besät werden. 10 Ich lasse die Men-
schen auf euch zahlreich werden. Das ganze
Volk Israel kommt zurück, die Städte sollen aus
den Trümmern wieder aufgebaut und bewohnt
werden. 11 Ich lasse die Menschen und Tiere
zahlreich werden, sie sollen fruchtbar sein und
sich vermehren. Ich mache euch bewohnt wie in
früheren Zeiten und ich werde euch mehr Gutes
erweisen als jemals zuvor.

Daran werdet ihr erkennen, dass ich der HERR
bin. 12 Ich lasse wieder Menschen auf euch woh-
nen, mein Volk Israel. Sie werden euch in Besitz
nehmen als Erbland für immer und ihr werdet
sie nie mehr ihrer Kinder berauben.‹

13 Der HERR, der mächtige Gott, sagt zum
Land Israels: ›Sie verspotten dich als ein Land,
das seine Bewohner verschlingt und ihm die Kin-
der raubt. 14 Darum sage ich, der mächtige Gott:
In Zukunft wird das nicht mehr geschehen!
15 Die Völker sollen dich nicht mehr verhöhnen
dürfen, du wirst ihren Spott nicht mehr ertragen
müssen. Denn du wirst dein Volk nie mehr kin-
derlos machen.[a] Das sage ich, der HERR, der
mächtige Gott.‹«

»Nicht euretwegen helfe ich euch!«

16 Das Wort des HERRN erging an mich, er sagte:
17 »Du Mensch, als die Leute von Israel noch in
ihrem Land wohnten, haben sie es durch ihr Tun
und Treiben unrein* gemacht. Durch ihr Verhal-
ten haben sie sich vor mir genauso verunreinigt,
wie eine Frau durch die monatliche Blutung
unrein wird. 18 Sie haben Unschuldige getötet
und das Land mit ihren Götzen geschändet.

Deshalb schüttete ich meinen ganzen Zorn
über sie aus 19 und zerstreute sie unter fremde
Völker und in fremde Länder. Ich bestrafte sie,
wie sie es mit ihrem Tun und Treiben verdient
hatten.

20 Aber wohin sie auch kamen, überall brach-
ten sie meinen heiligen Namen* in Verruf; denn
die Leute dort sagten: ›Sie sind das Volk des
HERRN; aber er hat nicht verhindern können,
dass sie sein Land verlassen mussten.‹ 21 Überall,
wohin mein Volk kam, reden die Leute so über
mich. Das schmerzte mich, dass die Leute von
Israel meinen heiligen Namen so in Verruf
brachten.

22 Darum sollst du zu den Leuten von Israel
sagen: ›So spricht der HERR, der mächtige Gott:
Nicht euretwegen greife ich ein, ihr Leute von
Israel, sondern wegen meines heiligen Namens,
den ihr überall in Verruf gebracht habt, bei allen
Völkern, zu denen ihr gekommen seid. 23 Ich
werde meinem großen Namen, den ihr entehrt
habt, wieder Ehre verschaffen. Alle Völker sollen
erkennen, dass ich der HERR bin, wenn ich

a *kinderlos machen:* mit einigen Handschriften; H *straucheln lassen.*

36,1-15 6,1-7 **36,2-3** 25,3S; 35,10-15 **36,8** 28,25S **36,10-11** Jer 30,19S **36,11** Gen 1,28S **36,13** Num 13,32 **36,17** Lev 18,24-25; 15,19 **36,18** 22,2-5S; Jer 16,18S **36,20-23** (Ehre des Namens) 20,9S; 39,25; Jes 48,11S; Jer 14,21S **36,23** 38,23S

mich vor ihren Augen an euch als der heilige
Gott erweise. Das sage ich, der HERR, der mäch-
tige Gott.
24 Ich hole euch heraus aus den Völkern, ich
sammle euch aus allen Ländern und bringe euch
wieder in euer Land zurück. 25 Dort besprenge
ich euch mit reinem Wasser und wasche den
ganzen Schmutz ab, der durch den Umgang mit
euren Götzen an euch haftet.
26 Ich gebe euch ein neues Herz und einen
neuen Geist. Ich nehme das versteinerte Herz
aus eurer Brust und schenke euch ein Herz, das
lebt. 27 Ich erfülle euch mit meinem Geist* und
mache aus euch Menschen, die nach meinen
Ordnungen leben, die auf meine Gebote achten
und sie befolgen. 28 Dann dürft ihr für immer in
dem Land wohnen, das ich euren Vorfahren ge-
geben habe. Ihr werdet mein Volk sein und ich
werde euer Gott sein.
29 Ich sorge dafür, dass ihr nicht mehr unter
den Folgen eurer unreinen Taten leiden müsst.
Ich werde keine Hungersnot mehr über euch
bringen. Ich rufe das Korn herbei und lasse es
wachsen und sich mehren, 30 ich lasse die
Früchte auf den Bäumen reichlich gedeihen und
alles, was auf den Feldern wächst. Die anderen
Völker sollen euch nicht mehr als Hungerleider
verspotten. 31 Wenn ihr dann an euer schänd-
liches Treiben von früher denkt, wird es euch
vor euch selber ekeln wegen der abscheulichen
Untaten, die ihr begangen habt. 32 Denn das
müsst ihr wissen, ihr Leute von Israel: Ich tue
das nicht, weil ihr es verdient hättet. Ganz im
Gegenteil, ihr habt allen Grund, euch zu
schämen! Das sage ich, der HERR, der mächtige
Gott.‹
33 Und auch das, sagt der HERR, der mächtige
Gott: ›Wenn ich euch von eurer Schuld reinge-
waschen habe, werden auch eure Städte aus den
Trümmern wieder aufgebaut und von Menschen
bewohnt werden. 34–35 Die Felder sollen nicht
länger verwüstet daliegen, sondern von neuem
bestellt werden. Wer bei euch durchreist, wird
sagen: Dieses Land war eine Wüste, jetzt ist es
wie der Garten Eden* geworden! Die Städte la-
gen verlassen und in Trümmern, jetzt sind sie be-
wohnt und gut befestigt!
36 Die Völker ringsum, die mein Strafgericht
überlebt haben, sollen erkennen, dass ich, der
HERR, das Eingerissene wieder aufbaue und das
Verwüstete neu anpflanze. Ich, der HERR, habe
das angekündigt und ich führe es auch aus.‹
37 Auch das sagt der HERR, der mächtige Gott:
›Noch eine Bitte werde ich dann den Leuten von
Israel erfüllen: Ich will sie vermehren wie eine
Schafherde. 38 In den Städten, die jetzt noch in
Trümmern liegen, soll es von Menschen wim-
meln wie einst in Jerusalem von Opferschafen
während der großen Feste. Sie sollen erkennen,
dass ich der HERR bin!‹«

Gott erweckt das tote Israel zu neuem Leben

37 Ich spürte, wie der HERR seine Hand auf
mich legte. Er führte mich im Geist durch
die Luft und setzte mich mitten in der Ebene nie-
der. Der ganze Boden war mit Totengebeinen
bedeckt.
2 Der HERR führte mich überall herum und
zeigte mir die Gebeine. Es waren unzählige und
sie waren völlig ausgetrocknet.
3 Dann fragte er mich: »Du Mensch, können
diese Knochen wieder zu lebenden Menschen
werden?«
Ich antwortete: » HERR, das weißt nur du!«
4 Und er fuhr fort: »Rede als Prophet* zu die-
sen Gebeinen! Ruf ihnen zu: ›Ihr vertrockneten
Knochen, hört das Wort des HERRN! 5 So spricht
der HERR, der mächtige Gott, zu euch: Gebt Acht,
ich bringe Lebensgeist in euch und ihr werdet
wieder lebendig! 6 Ich lasse Sehnen und Fleisch
auf euch wachsen und überziehe euch mit Haut.
Und dann hauche ich euch meinen Lebensgeist
ein, damit wieder Leben in euch kommt. Ihr sollt
erkennen, dass ich der HERR bin!‹«
7 Ich tat, was der HERR mir befohlen hatte.
Während ich noch redete, hörte ich es rauschen.
Die Knochen rückten zueinander, so wie sie
zusammengehörten. 8 Ich sah, wie Sehnen und
Fleisch darauf wuchsen und sich eine Haut bil-
dete. Aber es war noch kein Lebensgeist in
ihnen.
9 Da sagte der HERR zu mir: »Du Mensch,
sprich als Prophet zum Lebensgeist, sag zu ihm:
›So spricht der HERR, der mächtige Gott: Komm
aus allen vier Himmelsrichtungen und hauche
diese Toten an, damit wieder Leben in sie
kommt!‹«
10 Ich tat, was der HERR mir befohlen hatte.
Da kam der Lebensgeist in sie und sie wurden
lebendig und standen auf. Es war eine riesige
Menschenmenge.
11 Dann sagte der HERR zu mir: »Du Mensch,
diese Totengebeine sind das Volk Israel. Du hörst

36,24-27 11,17-20 **36,24** 28,25 S **36,25** Num 19,1-22; Sach 13,1; Hebr 10,22 **36,26-27** 11,19; 39,29; 18,31; Jer 31,33 S **36,27** Joël 3,1 S; Ez 37,24b **36,28** 11,20 S **36,29** 7,3-4 S **36,30** 34,26-29 **36,31** 20,43 S **36,36** 37,28; Jer 1,10 S **36,37-38** Jer 30,19 S **37,1** 3,22 S **37,9-10** Jes 26,19 S; (Lebensgeist) Gen 2,7; Ps 104,30 **37,11** 33,10

doch, wie sie sagen: ›Unsere Gebeine sind ver-
trocknet, unsere Hoffnung ist dahin; wir haben
keine Zukunft mehr!‹
12 Darum rede als Prophet zu ihnen und sage:
›So spricht der HERR, der mächtige Gott: Gebt
Acht, ich öffne eure Gräber und hole euch, mein
Volk, heraus; ich führe euch heim ins Land
Israel. 13 Ihr werdet erkennen, dass ich der HERR
bin, wenn ich das tue – wenn ich eure Gräber
öffne und euch, mein Volk, aus ihnen heraus-
hole. 14 Ich gebe meinen Geist* in euch, damit
wieder Leben in euch kommt, und bringe euch
in euer Land zurück. Ihr sollt erkennen, dass ich
das angekündigt habe und dass ich tue, was ich
sage, ich, der HERR.‹«

Israel und Juda werden wieder ein Reich

15 Das Wort des HERRN erging an mich, er sagte:
16 »Du Mensch, nimm einen Stab und schreibe
darauf: ›Juda und die zu ihm gehörenden Leute
von Israel‹. Nimm einen zweiten Stab und
schreibe darauf: ›Josef und das ganze übrige Volk
Israel‹. 17 Dann halte die beiden Stäbe so in der
Hand, dass sie wie ein einziger Stab aussehen.
18 Wenn deine Landsleute dich fragen, was
das bedeuten soll, 19 dann antworte ihnen: ›So
spricht der HERR, der mächtige Gott: Gebt Acht,
ich nehme den Herrscherstab Josefs, der im Be-
sitz des Stammes Efraïm ist, und füge ihn in mei-
ner Hand mit dem Herrscherstab Judas zu einem
einzigen Stab zusammen. Ich verbinde die
Stämme Israels[a] wieder mit dem Stamm Juda.‹
20 Du sollst die beschriebenen Stäbe vor aller
Augen in der Hand halten 21 und zu deinen
Landsleuten sagen: ›So spricht der HERR, der
mächtige Gott: Gebt Acht, ich hole die Leute von
Israel aus den Völkern, zu denen sie gehen muss-
ten, heraus und bringe sie von überall her in ihre
Heimat zurück. 22 Dort auf den Bergen Israels
mache ich aus ihnen ein einziges Volk unter ei-
nem einzigen König. Sie sollen nicht mehr zwei
getrennte Völker sein und auch nicht zwei ge-
trennte Königreiche. 23 Sie werden sich nicht
mehr durch ihren Götzendienst und ihre ab-
scheulichen Untaten verunreinigen. Ich befreie
sie von ihrer Schuld und mache sie wieder rein*;
ich bringe sie von ihren Irrwegen zurück.[b] Sie
werden mein Volk sein und ich werde ihr Gott
sein, 24 und der Nachkomme Davids, der mei-
nem Diener David gleicht,[c] wird ihr König sein.
Sie alle werden *einen* Hirten haben.
Sie werden nach meinen Weisungen leben
und meine Gebote befolgen. 25 Sie werden wie-
der in dem Land leben, das ich meinem Diener
Jakob gegeben habe und in dem ihre Vorfahren
gelebt haben; für alle Zeiten werden sie dort
leben, ihre Kinder und Enkel und alle kommen-
den Generationen. In alle Zukunft wird ein
Fürst,[d] der meinem Diener David gleicht, über
sie herrschen.
26 Ich schließe mit ihnen einen Bund* für alle
Zeiten und verbürge ihnen Glück und Frieden.
Sie sollen sich vermehren und zu einem großen
Volk werden. Für immer wird mein Heiligtum in
ihrer Mitte sein; 27 ich will bei ihnen wohnen
und ihr Gott sein und sie sollen mein Volk sein.
28 Wenn die Völker sehen, dass mein Heilig-
tum für alle Zeiten in ihrer Mitte ist, werden sie
erkennen, dass ich der HERR bin, der Israel als
sein heiliges Volk erwählt hat.‹«

Der zukünftige Feind des Gottesvolkes und seine Vernichtung (Kapitel 38–39)

38 Das Wort des HERRN erging an mich, er
sagte: 2 »Du Mensch, wende dich an Gog
aus dem Land Magog, den Großfürsten der Völ-
ker Meschech* und Tubal, und kündige ihm
mein Strafgericht an. 3 Sag zu ihm:
›So spricht der HERR, der mächtige Gott: Du
bekommst es mit mir zu tun, Gog, du Großfürst
von Meschech und Tubal! 4 Ich lenke dich, ich
ziehe dir Haken durch deine Kinnlade und hole
dich herbei, und mit dir dein ganzes großes Heer,
lauter gut gerüstete Reiter mit Langschilden,
Rundschilden und Schwertern. 5–6 Die Kriegsleu-
te vieler Völker folgen dir, Männer aus Gomer
und Bet-Togarma im äußersten Norden, Männer
aus Persien, Äthiopien* und Libyen, gerüstet mit
Helm und Schild. 7 Halte dich bereit mit der gan-
zen Heeresmacht, die sich bei dir versammelt
hat, und halte sie fest im Griff!
8 Es werden zwar noch viele Jahre vergehen,
aber dann werde ich dich holen und in das Land
Israel rufen. Der Krieg hatte es entvölkert und
lange Zeit lag es verwüstet und menschenleer
doch inzwischen habe ich seine Bewohner aus
fremden Völkern wieder dorthin zurück-
gebracht. Während sie sorglos und in Frieden in
ihrem Land leben, 9 wirst du wie ein Gewitter-

a Mit *Israel** wird hier das Nordreich bezeichnet, in Vers 21 das gesamte Volk.
b *ich bringe sie …:* mit zahlreichen Handschriften und mit alten Übersetzungen; H *ich rette sie aus ihren Wohnsitzen.*
c *der Nachkomme …:* wörtlich *mein Diener David.* d Siehe Anmerkung zu 34,24.

37,12 28,25 S **37,14** Joh 6,63 S; Ez 6,10 S **37,16** 1 Kön 12,19-21 **37,19** Gen 49,26.10 **37,21** 28,25 S **37,22** 34,23-24; Jes 11,12-13 **37,23** 36,25; 11,20 S **37,24a** 34,23-24 S **37,24b** 36,27 **37,25** (Jakob) Gen 35,12 **37,26-28** 43,7; 11,20 S; Lev 26,11-12; Offb 21,3 **37,26** 34,25 S; Jer 30,19 S **37,28** 39,7 **38,2** 32,26-27 S **38,4** 29,4; 39,1-2

sturm über sie hereinbrechen; dein Reiterheer mit den Hilfstruppen aus vielen Völkern wird das ganze Land überschwemmen.‹

10 Der HERR, der mächtige Gott, sagt: ›Zu jener Zeit werden böse Gedanken aus deinem Herzen aufsteigen, du wirst einen heimtückischen Plan fassen 11 und sagen: Ich will in ein ungeschütztes Land einfallen, wo die Menschen sorglos und in Frieden leben; ihre Städte haben weder Mauern noch Tore! 12 Weil dich die reiche Beute lockt, wirst du über das Volk herfallen, das aus fremden Völkern heimgekehrt ist und die zerstörten Städte von neuem besiedelt hat. Es wohnt in dem Land, das den Nabel* der Erde bildet, und hat wieder reichen Besitz an Herden und wertvollen Dingen.

13 Die Händler aus Saba* und Dedan* und aus der fernen Stadt Tarschisch* werden zu dir sagen: Aha, du hast es auf Beute abgesehen! Du hast dein Riesenheer aufgeboten, um Gold und Silber und Vieh und alles, was Wert hat, wegzuschleppen! Du wirst einen großen Fang machen!‹

Von Gott gerufen – von Gott vernichtet

14 Darum rede als Prophet*, du Mensch, und sag zu Gog: ›So spricht der HERR, der mächtige Gott: Einst, wenn mein Volk Israel sorglos und in Frieden lebt, wirst du dich aufmachen[a] 15 und aus dem Land im äußersten Norden herbeikommen, gefolgt von deinen Reiterheeren aus vielen Völkern, einer riesigen Heeresmacht. 16 Du wirst mit ihr gegen mein Volk Israel heranziehen und das ganze Land überschwemmen. In der letzten Zeit wird das geschehen; dann lasse ich dich gegen mein Land heranziehen. Und alle Völker werden mich erkennen, wenn ich mich vor ihren Augen an dir, Gog, als der heilige Gott erweise.‹

17 Der HERR, der mächtige Gott, sagt zu dir: ›Du bist der Mann, auf den ich durch meine Knechte, die Propheten Israels, hingewiesen habe. Durch sie habe ich schon lange angekündigt, dass ich dich gegen Israel heranführen werde.‹

18 Der HERR, der mächtige Gott, sagt: ›An dem Tag, an dem Gog in das Land Israel einfällt, wird mein Zorn mächtig auflodern. 19 Schon jetzt bin ich von Zorn erfüllt und schwöre: An diesem Tag soll das Land von einem schweren Erdbeben heimgesucht werden. 20 Menschen und Tiere werden vor mir zittern, selbst die Vögel in der Luft und die Fische im Meer. Die Berge brechen auseinander, die Felsen stürzen ins Tal und alle Mauern fallen ein.

21 Ich rufe gegen Gog alle Schrecken herbei,[b] in seinem Heer wird jeder gegen jeden das Schwert ziehen. Das sage ich, der HERR, der mächtige Gott. 22 Ich richte unter seinen Truppen ein Blutbad an, ich schicke die Pest unter sie, ich kämpfe gegen sie mit Hagel und sintflutartigem Regen, ich lasse Feuer und Schwefel auf sie fallen. 23 Vor den Augen vieler Völker will ich mich an ihm als mächtig und heilig erweisen. Die Völker sollen mich kennen lernen, alle Welt soll erkennen, dass ich der HERR bin.‹

39 Du Mensch aber sollst Gog mein Strafgericht ankündigen und zu ihm sagen: ›So spricht der HERR, der mächtige Gott: Du bekommst es mit mir zu tun, Gog, du Großfürst der Völker Meschech* und Tubal! 2 Ich lenke dich, ich schreibe dir deinen Weg vor, ich führe dich aus dem äußersten Norden auf die Berge Israels. 3 Dort schlage ich dir den Bogen aus der linken Hand und lasse dir die Pfeile aus der rechten Hand fallen. 4 Auf den Bergen Israels wirst du den Tod finden, du und dein ganzes Heer aus vielen Völkern. Den Raubvögeln und wilden Tieren werfe ich dich zum Fraß hin! 5 Auf freiem Feld wirst du fallen. Ich habe es gesagt, der HERR, der mächtige Gott!

6 Ich lege Feuer an die Städte des Landes Magog und an die Städte am Meer, in denen die Menschen sorglos dahinleben. Sie sollen erkennen, dass ich der HERR bin. 7 Ich erweise mich als der heilige Gott inmitten meines Volkes Israel; nie mehr sollen die Völker verächtlich über meinen heiligen Namen* reden. Sie sollen erkennen, dass ich der HERR bin, der sich in Israel als heilig erweist. 8 Gebt Acht, es kommt, es geschieht! Das ist der Tag, den ich schon lange angekündigt habe.‹

Das sagt der HERR, der mächtige Gott.«

Das Schlachtfeld wird aufgeräumt

9 »Wenn das geschieht«, sagt der HERR, »werden die Leute in den Städten Israels hinausgehen und die Waffen der Feinde auflesen, um damit Feuer zu machen. Rund- und Langschilde, Bogen und Pfeile, Speere und Lanzen werden sie sammeln und einen Vorrat an Holz zusammenbringen, der für sieben Jahre ausreicht. 10 Sie werden

a *dich aufmachen:* mit alten Übersetzungen; H *erkennen.*
b *alle Schrecken herbei:* mit G; H *zugunsten meiner Berge das Schwert.*

38,12 5,5; Ri 9,37 **38,15** (Norden) 26,7; Jes 14,31; Jer 1,14 S; Joël 2,20 **38,16** 38,23 S **38,21** Ri 7,22; Sach 14,13 **38,23** Ex 14,4; Ez 20,41; 36,23; 38,16; 39,21 **39,2** 38,4 S **39,7** 36,23; 37,28 **39,8** 38,17 **39,9** Jes 9,4; Ps 46,10

nicht mehr in den Wald gehen und Holz sammeln oder Bäume fällen, sie werden die Ausrüstung des Feindes zum Feuermachen verwenden. So wird der Feind, der Israel ausplündern wollte, nun selber ausgeplündert; der Räuber wird zum Beraubten. Das sage ich, der mächtige Gott.«

11 »An jenem Tag«, sagt der HERR, »bestimme ich für Gog im Land Israel einen Begräbnisplatz: das Karawanental östlich vom Toten Meer. Dort wird man ihn und sein ganzes Heer begraben. Der Grabhügel wird so groß sein, dass er das ganze Tal versperrt und niemand mehr durchziehen kann. Das Tal wird man ›Tal der Heeresmacht Gogs‹ nennen. 12–13 Die Leute von Israel werden alle Gefallenen dort begraben, damit das Land wieder rein* wird. Alle Männer in Israel werden sieben Monate lang damit zu tun haben. Dadurch gebe ich ihnen teil an meinem Sieg und sie dürfen sich dessen rühmen. Das sage ich, der mächtige Gott.

14 Nach Ablauf der sieben Monate wird man Leute ausschicken, die das ganze Land nach unbegrabenen Gebeinen absuchen, damit es vollends rein wird. 15 Wenn einer von ihnen irgendwo einen Menschenknochen entdeckt, richtet er daneben ein Zeichen auf, damit die Totengräber kommen und ihn im ›Tal der Heeresmacht Gogs‹ begraben. – 16 Auch eine Stadt wird nach dem Untergang der Heeresmacht Gogs benannt werden.[a] – So werden sie das ganze Land von den Überresten der toten Feinde reinigen.«

17 Auch das sagte der HERR, der mächtige Gott, zu mir: »Du Mensch, sag zu den Raubvögeln und wilden Tieren: ›Kommt von überall her und versammelt euch auf den Bergen Israels! Ich lade euch zum großen Opfermahl*! Ihr bekommt Fleisch zu essen und Blut zu trinken, so viel ihr wollt, 18 das Fleisch der tapfersten Krieger und das Blut der edelsten Fürsten. Sie sind die wohlgemästeten Schafe, Böcke und Stiere, die ich für mein Opfermahl schlachte. 19 Kommt zum Mahl, das ich für euch bereitet habe! Fresst euch voll mit Fett und berauscht euch am Blut! 20 Sättigt euch an meinem Tisch mit Pferden, Reitern und Kriegsleuten!‹ Das sage ich, der HERR, der mächtige Gott.«

Die Zukunft Israels

21 Der HERR sagt: »Wenn ich an Gog und seinem Heer mein Strafgericht vollstrecke, werden alle Völker meine Macht und Herrlichkeit sehen. 22 Und alle im Volk Israel werden erkennen, dass ich der HERR, ihr Gott, bin, und sie werden es nie mehr vergessen in alle Zukunft.

23 Die anderen Völker aber werden begreifen, dass mein Volk Israel aus eigener Schuld in die Verbannung musste. Es war mir untreu geworden; deshalb hatte ich mich von ihm abgewandt und es in die Gewalt seiner Feinde gegeben, sodass alle seine Kriegsleute erschlagen wurden. 24 Weil die Leute von Israel sich durch ihre bösen Taten verunreinigt hatten, habe ich mich von ihnen abgewandt und sie dafür büßen lassen.

25 Jetzt aber – sagt der HERR, der mächtige Gott – will ich für die Nachkommen Jakobs alles wieder zum Guten wenden und mit dem ganzen Volk Israel Erbarmen haben. Ich will nicht, dass mein heiliger Name* noch länger entehrt wird. 26–27 Ich werde sie aus den Ländern ihrer Feinde holen und wieder in ihr eigenes Land bringen. So erweise ich mich vor allen Völkern als der heilige Gott. Wenn sie dann vor Feinden sicher in ihrem Land leben, werden sie beschämt sein, wenn sie daran denken, wie treulos sie gegen mich gewesen sind.

28 Ich habe sie aus ihrem Land weggeführt und unter die Völker zerstreut; aber ich hole sie wieder zusammen und lasse niemand zurück. Daran werden sie erkennen, dass ich der HERR, ihr Gott, bin. 29 Ich werde meinen Geist* über das Volk Israel ausgießen und dann werde ich mich nie mehr von ihnen abwenden. Das sage ich, der HERR, der mächtige Gott.«

ZUKUNFTSVISION VOM NEUEN TEMPEL IM ERNEUERTEN LAND (Kapitel 40–48)

Der Prophet sieht die Tempelstadt

40 Im 25. Jahr unserer Verbannung*, am Jahresanfang, am 10. Tag des Monats – das war im 14. Jahr nach der Einnahme der Stadt Jerusalem –, spürte ich, wie der HERR seine Hand auf mich legte und mich genau dorthin brachte. 2 In einer Vision führte er mich ins Land Israel und setzte mich auf einem sehr hohen Berg nieder.

Auf der Südseite des Berges sah ich etwas, das aussah wie eine Art Stadt. 3 Am Tor stand ein

a Der hebräische Text gibt der Stadt den Namen *Hamona,* was einen Anklang an *hamon* = »Menge, Heer« enthält. Das Tal heißt im Hebräischen entsprechend *Hamon-Gog.*

39,12-16 Num 19,11-16 **39,17-19** Offb 19,17-18; Jes 34,6 **39,21** 38,23 S **39,25** 36,20-23 S **39,26-27** 28,25 S; 20,43 S **39,29** Joël 3,1 S **40,1** 3,22 S **40,2** 8,3; Sach 14,10 **40,3** Sach 2,5; Offb 21,15

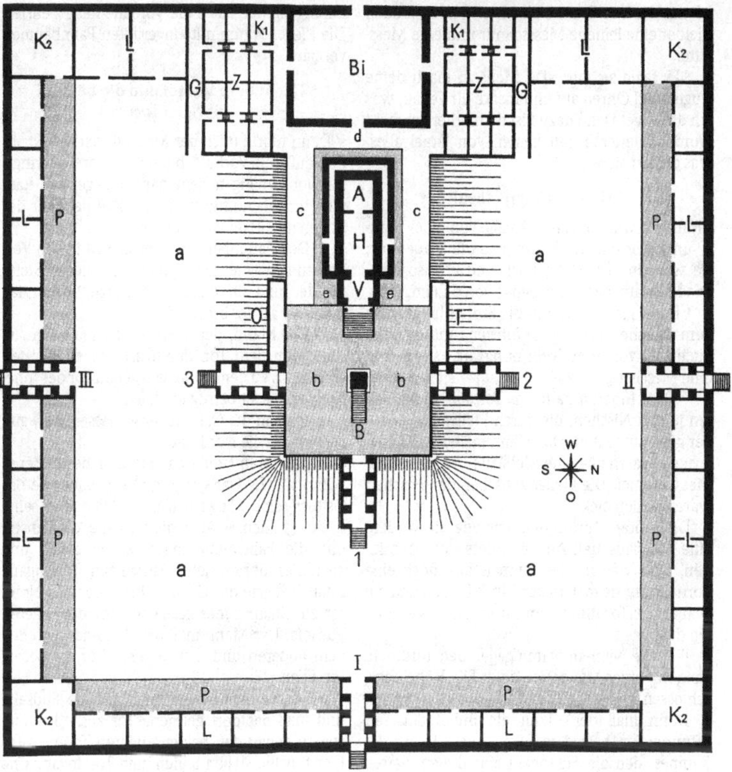

Vision des künftigen Tempels (Versuch einer Rekonstruktion)

I, II, III	Tore des äußeren Vorhofs	A	Allerheiligstes des Tempels (40,3-4)
1, 2, 3	Tore des inneren Vorhofs	Bi	Bau ohne Bestimmung (hebr. *binjan* = Gebäude; 41,12)
a	Äußerer Vorhof (40,17-27)	Z	Räume für die Priester (»Zellen«; 42,1-14)
b	Innerer Vorhof (40,28-46)	G	Gang als Zugangsweg zum Priesterbau (42,4.7-8)
c, d	Freier Raum um das Tempelgebäude (41,8-12)	T	Räume für Priester im allgemeinen Tempeldienst (40,44-45)
e	Terrasse des Tempelgebäudes (41,8-11)	O	Räume für Priester im Opferdienst (40,44.46)
L	Räume für Tempelbesucher (»Laien«; 40,17)	K_1	Küchen für die Priester (46,19-20)
P	Pflaster vor den Hallen (40,17-18)	K_2	Küchen für Tempelbesucher (46,21-24)
B	Brandopferaltar (40,47; 43,13-17)		
V	Vorhalle des Tempelgebäudes (40,48-49)		
H	Hauptraum des Tempelgebäudes (»Heiligtum«; 41,1-2)		

Mann, der wie Bronze glänzte. In den Händen
hielt er eine leinene Messschnur und eine Mess-
latte.
4 Er sagte zu mir: »Du Mensch, mach deine
Augen und Ohren auf und merke dir genau, was
ich dir zeige! Denn dazu bist du hierher gebracht
worden. Berichte den Leuten von Israel alles,
was du hier siehst.«

Das Osttor des Tempelbezirks[a]

5 Ringsum war die ganze Anlage von einer Mau-
er umschlossen. Der Mann maß die Mauer aus;
sie war eine Messlatte hoch und ebenso dick.
Die Messlatte hatte eine Länge von 6 Ellen.[b]
6 Dann ging der Mann die Stufen hinauf, die
zum östlichen Toreingang führten, und maß die
Tiefe der vorderen Toröffnung aus: sie betrug
eine Messlatte.
7–10 Im Inneren hatte das Tor auf beiden Sei-
ten je drei Nischen, die durch Pfeiler voneinan-
der getrennt waren. Der Mann maß die Nischen
aus; sie waren alle eine Messlatte breit und eine
Messlatte tief. Die Pfeiler zwischen den Nischen
waren 5 Ellen dick.
Die hintere Toröffnung war wie die vordere
eine Messlatte tief. An sie schloss sich nach in-
nen, zum Vorhof* des Tempels hin, noch eine
Vorhalle an; sie maß in der Länge 8 Ellen und die
Mauer der Toröffnung an ihrem Ende war 2 El-
len dick.
11–12 Die Nischen waren gegen den Tordurch-
gang mit einer Mauer von einer Elle Höhe abge-
schlossen.
Dann maß der Mann die Breite der Tor-
öffnung: Sie betrug 13 Ellen, nach Abzug des
Raumes, den die Türangeln einnahmen, waren
es 10 Ellen. 13 Die Entfernung von der Rück-
wand der Nischen auf der linken Seite zur Rück-
wand der Nischen auf der rechten Seite betrug
25 Ellen.
14 Die Vorhalle ragte mit zwei Torpfeilern in
den äußeren Vorhof hinein. Der Mann be-
stimmte die Höhe der Pfeiler; sie betrug 60 El-
len.[c] 15 Die Gesamtlänge des Tordurchgangs von
der vorderen Toröffnung bis zur Ausgangstür am
Ende der Vorhalle betrug 50 Ellen.
16 In den Außenwänden der Nischen waren
Fensteröffnungen, durch die Licht in den Tor-
durchgang fiel. Auch die Vorhalle hatte Fenster.
Die Pfeiler waren mit eingeritzten Palmbäumen
verziert.

Der äußere Vorhof und die beiden übrigen Tore

17 Dann führte mich der Mann durch das Tor in
den äußeren Vorhof* hinein. Dieser war rings-
um von dreißig nebeneinander liegenden Räu-
men umgeben und vor diesen Räumen war der
Boden mit Steinplatten belegt.
18 Der Plattenbelag reichte so weit in den Vor-
hof hinein wie die Torbauten. Dieses Stein-
pflaster und überhaupt der ganze Vorhof lag
niedriger als der innere Vorhof.
19 Der Mann, der mich führte, maß den Ab-
stand von dem Tor, durch das wir eingetreten
waren, bis zu dem höher gelegenen Tor des inne-
ren Vorhofs; er betrug 100 Ellen*.
Nachdem die Ostseite ausgemessen war, gin-
gen wir auf die Nordseite.
20 Der Mann maß das Nordtor des äußeren
Vorhofs. 21 Es war genau gleich gebaut wie das
Osttor; seine Länge betrug 50 Ellen und seine
Breite 25 Ellen. 22 Auch die Vorhalle, die Fenster
und die Palmverzierungen waren gleich und
auch hier führten sieben Stufen zum Toreingang
hinauf. 23 Wie das Osttor führte auch das Nord-
tor zu einem höher gelegenen Tor des inneren
Vorhofs. Der Mann maß den Abstand zwischen
dem äußeren und dem inneren Tor; er betrug
100 Ellen.
24–26 Dann führte er mich auf die Südseite
und maß das dort gelegene Tor aus. Alles ent-
sprach genau den beiden anderen Toren. Auch
hier führten sieben Stufen zum Toreingang und
die Pfeiler waren mit eingeritzten Palmbäumen
verziert, je ein Palmbaum auf jedem Pfeiler.
27 Auch hier führte das Tor zu einem höher gele-
genen Tor des inneren Vorhofs; die Entfernung
zwischen den beiden Toren betrug 100 Ellen.

Die Tore des inneren Vorhofs

28–30 Dann führte der Mann mich durch das süd-
liche Tor in den inneren Vorhof*. Das Tor war
gleich gebaut wie die anderen Tore, mit Nischen,
Pfeilern, Vorhalle und Fenstern. Der Mann maß
es aus und auch in den Maßen stimmte das Tor

a In 40,5–42,20 ist der hebräische Text oft schwer zu verstehen, sodass die Übersetzung stellenweise nur ein Versuch sein kann. Manche Einzelheit der Tempelanlage ist ungeklärt.

b *6 Ellen:* wörtlich *6 Großellen von je 1 Elle und 1 Handbreite.* Die Großelle hat eine Länge von ca. 52 cm, die normale Elle von ca. 46 cm. In der Übersetzung der Kapitel 40–48 sind die Längenmaße nicht in Meter umgerechnet, da die Grundzahl 50, die den ganzen Abschnitt beherrscht, offenbar eine symbolische Bedeutung hat (vgl. Lev 25,10).

c Außer in 41,8-11 und 43,14-17 werden in der Beschreibung sonst keine Höhenmaße genannt. Für den schwer zu verstehenden Vers gilt das in Anmerkung *a* Gesagte.

40,5-42,20 1 Kön 6,1-38

genau mit den anderen Toren überein. Es war
50 Ellen* lang und 25 Ellen breit.[a] 31 Die Vorhal-
le lag hier jedoch nicht am Ausgang, sondern am
Eingang des Tores und war dem äußeren Vorhof
zugekehrt. Die Pfeiler waren mit eingeritzten
Palmbäumen verziert und acht Stufen führten
zum Toreingang hinauf.

32–37 Dann führte der Mann mich auf die Ost-
seite und vermaß das dort gelegene Tor, und an-
schließend vermaß er auch das Tor auf der Nord-
seite. Die beiden Tore stimmten in allem genau
mit dem Südtor überein; die Vorhalle war dem
äußeren Vorhof zugekehrt und acht Stufen führ-
ten zum Toreingang hinauf.

Einzelheiten des inneren Vorhofs

38 Neben dem nördlichen Tor lag ein Raum, der
durch eine Tür mit der Vorhalle verbunden war.
Dort werden die Eingeweide und Schenkel der
Tiere, die für das Brandopfer* geschlachtet wor-
den sind, abgespült. 39 In der Vorhalle selbst
standen auf jeder Seite zwei Tische. Auf ihnen
werden die Tiere für das Brand-, Schuld- und
Wiedergutmachungsopfer* geschlachtet. 40 Au-
ßerhalb der Vorhalle, vor der Mauer rechts und
links der Toröffnung, standen ebenfalls je zwei
Tische. 41 Auf ihnen werden die Tiere für das
Mahlopfer* geschlachtet.

Insgesamt waren es acht Tische, vier auf der
rechten und vier auf der linken Seite. 42–43 Die
Tische für die Brand-, Schuld- und Wiedergutma-
chungsopfer waren aus behauenen Steinen ge-
baut, eineinhalb Ellen lang und breit und eine
Elle hoch. Auf die Tische wird das Fleisch der
Opfertiere gelegt, ebenso die Messer, mit denen
die Opfertiere geschlachtet werden. Ringsum
waren in der Mauer Haken befestigt; ihre Länge
betrug eine Handbreite.

44 Neben dem Nordtor und neben dem Süd-
tor war je ein Raum,[b] der sich nach dem inneren
Vorhof* öffnete, der Raum am Nordtor nach
Süden und der am Südtor nach Norden.

45 Der Mann, der mich führte, erklärte mir:
»Der Raum, der nach Süden schaut, ist für die
Priester*, die im Tempel allgemeine Dienste
verrichten, 46 und der gegenüberliegende Raum
für die Priester, die den Opferdienst am Altar
versehen. Diese zweite Gruppe wird von den
Nachkommen Zadoks gestellt; sie besteht aus
dem Teil der Nachkommen Levis, die als Priester
vor den HERRN treten dürfen.«

Das Tempelhaus

47 Der Mann, der mir dies alles zeigte, vermaß
den inneren Vorhof*: Er war 100 Ellen* lang
und 100 Ellen breit. Vor dem Tempelhaus stand
der große Altar.

48 Dann führte der Mann mich in die Vorhalle
des Tempelhauses und maß sie aus. Das Ein-
gangstor war 14 Ellen breit, die Mauerstücke
rechts und links des Tores maßen je 3 Ellen;[c] ihre
Dicke betrug 5 Ellen. 49 Die Halle war 20 Ellen
breit und 12 Ellen tief; zehn Stufen führten zu ihr
hinauf.[d] Vor den beiden Mauerstücken rechts
und links des Toreingangs stand je eine Säule.

41 1–2 Dann führte der Mann mich ins Innere
des Tempelhauses und maß es aus. Das
Eingangstor war 10 Ellen breit. Die Mauerstücke
rechts und links davon sprangen je 5 Ellen vor;
ihre Dicke betrug 6 Ellen. Das Innere des Tem-
pelhauses war 40 Ellen lang und 20 Ellen breit.

3 Dann ging der Mann allein weiter und ver-
maß den hintersten Raum des Tempels. Die Tür-
öffnung war 6 Ellen breit; die Mauern sprangen
auf beiden Seiten der Tür je 7 Ellen vor und wa-
ren 2 Ellen dick. 4 Der Raum selbst war 20 Ellen
breit und 20 Ellen tief. Der Mann, der mich hier-
her geführt hatte, sagte zu mir: »Dies ist das
Allerheiligste*.«

Die Anbauten am Tempelhaus

5 Dann maß der Mann, der mich führte, die Di-
cke der Tempelmauern; sie betrug 6 Ellen*. Auf
drei Seiten war das Tempelhaus mit einem An-
bau von 4 Ellen Breite umgeben. 6 Er bestand
aus drei Stockwerken mit je dreißig Kammern.
Die Stockwerke waren auf der Innenseite nicht
in der Tempelmauer verankert, sondern ruhten
auf nach oben zurückspringenden Mauerabsät-
zen. 7 So kam es, dass der Innenraum des An-
baus sich von Stockwerk zu Stockwerk verbrei-
terte; im untersten Stockwerk war er am schmals-
ten, im obersten Stockwerk am breitesten.

8–11 Die Außenmauer des Anbaus war 5 Ellen
dick. Rings um den Anbau lief eine Terrasse von
6 Ellen Höhe; sie war 5 Ellen breit. Auf die Ter-
rasse öffneten sich die beiden Türen des Anbaus,
eine im Norden und eine im Süden.

a So mit G; H hat als Vers 30 den oben nicht berücksichtigten Text, der vermutlich durch fehlerhafte Doppelschreibung entstanden ist: *Ringsum lagen Vorhallen, 25 Ellen lang und 5 Ellen breit.*
b *je ein Raum* (wörtlich *zwei Räume*): mit G; H *die Räume der Sänger.*
c Dabei ist die Dicke der Seitenmauern (siehe 41,5) nicht mitgerechnet. Der vollständige Text dieses Satzes wird nur von G überliefert; H *Die Breite des Tores betrug auf beiden Seiten 3 Ellen.*
d *12 Ellen* und *zehn Stufen* mit G; H *10 Ellen, und zwar an den Stufen, die zu ihr hinaufführten.*

40,46 44,15 **40,47** 43,13-17 **40,49** 1 Kön 7,15-22

An die Terrasse grenzte ringsum ein freier Raum von 20 Ellen Breite. 12 Westlich vom Tempelhaus lag angrenzend an diesen unbebauten Streifen ein Gebäude; es war innen 90 Ellen breit und 70 Ellen tief. Seine Mauern waren 5 Ellen dick.

13–15a Nun maß der Mann, der mich hergeführt hatte, den Gesamtumfang der Tempelanlage aus. Die Länge von Tempelhaus und Anbau betrug 100 Ellen, ihre Breite einschließlich des unbebauten Streifens zu beiden Seiten ebenfalls 100 Ellen. Der Bau im Westen des Tempelhauses war 100 Ellen breit und einschließlich des freien Platzes davor 100 Ellen lang. Ebenso lang waren auch die terrassenförmig gestuften Gebäude, die sich auf beiden Seiten neben jenem Bau erhoben.

Schmuck und Ausstattung des Tempels

15b Alles wurde gemessen: das Innere des Tempelhauses, die Vorhalle, 16 die vom Boden bis zu den Fenstern hinaufreichende Holzverkleidung, die Fenster mit ihrem dreifach gestaffelten Rahmen, 17 die Wand über dem Eingangstor und überhaupt das ganze Tempelhaus von außen und innen. Alles hatte sein genaues Maß.

18 Geschnitzte Bilder von Keruben* und Palmbäumen schmückten die Wände; immer abwechselnd eine Palme und ein Kerub. Die Keruben hatten zwei Gesichter; 19–20 der Palme auf der einen Seite wandten sie ein Menschengesicht zu und der Palme auf der anderen ein Löwengesicht.

Die ganze Wand des Tempelinneren vom Fußboden bis über die Höhe der Türöffnung hinaus war ringsum mit diesen Schnitzereien bedeckt. 21 Die Eingangstür des Tempelhauses hatte einen vierfach abgestuften Türrahmen.

Vor dem Allerheiligsten* stand etwas, das aussah 22 wie ein Altar aus Holz, 3 Ellen* hoch und je 2 Ellen lang und breit.[a] An den vier Ecken hatte er Hörner*; auch seine Seitenwände und der Sockel[b] waren aus Holz. Der Mann, der mich führte, sagte zu mir: »Dies ist der Tisch, der vor dem HERRN steht.«

23–24 Der Eingang des Tempelhauses und ebenso der Eingang zum Allerheiligsten* war mit einer Doppeltür verschließbar; rechts und links waren hintereinander je zwei drehbare Türflügel angebracht. 25 Die Türen waren genau wie die Wände mit geschnitzten Keruben und Palmen verziert. Außen über dem Eingang der Vorhalle war ein hölzernes Dach. 26 Die Seitenwände der Vorhalle waren von Fenstern durchbrochen und mit geschnitzten Palmbäumen verziert.[c]

Die Räume für die Priester

42 Der Mann führte mich in den äußeren Vorhof* hinaus, und zwar auf die Nordseite. Dort lag ein Gebäude mit einzelnen Räumen, rechts neben dem Bau hinter dem Tempel und dem freien Platz vor diesem Bau. 2 Es war 100 Ellen* lang und 50 Ellen breit; der Zugang befand sich auf der Langseite im Norden.

3 Der Bau stieß auf der einen Seite an den freien Platz auf der Rückseite des Tempels und auf der anderen Seite an das Pflaster, das um den äußeren Vorhof führt. Er erhob sich in drei terrassenförmig gestuften Stockwerken.

4 Auf der Nordseite des Baus lief ein 10 Ellen breiter Gang; auf dieser Seite waren auch die Eingänge. Zum inneren Vorhof führte ein Durchgang, eine Elle breit. 5–6 Weil der Bau terrassenförmig angelegt war, wurden die Räume von Stockwerk zu Stockwerk kleiner. Der Bau hatte keine Arkaden wie die Hallen, die rings um den äußeren Vorhof lagen. 7–8 Den Gang auf der Eingangsseite begrenzte gegen den äußeren Vorhof eine Mauer. Sie reichte 50 Ellen weit in den äußeren Vorhof hinein und setzte sich nach hinten in der Wand der Hallen am Rand dieses Vorhofs fort. Das Gebäude selbst war 100 Ellen lang. 9 Der mauergesäumte Gang war vom äußeren Vorhof aus zugänglich, und zwar von Osten.

10 Auch auf der Südseite grenzte an die Mauer des äußeren Vorhofs ein Gebäude mit einzelnen Räumen, links neben dem Bau hinter dem Tempel und dem freien Platz vor diesem Bau, 11 und auch hier führte ein Gang an der Eingangsfront entlang. Das Gebäude glich in allem dem auf der gegenüberliegenden Seite, 12 auch der Zugang war entsprechend angelegt; ein von einer Mauer flankierter Gang führte aus dem äußeren Vorhof zu den Eingangstüren, ebenfalls im Osten.

13 Der Mann sagte zu mir: »Die Räume dieser beiden Gebäude, die durch den freien Platz hinter dem Tempel getrennt werden, sind für die Priester* bestimmt, die im Tempel in nächster Nähe des HERRN ihren Dienst tun. Hier an diesem heiligen Ort essen sie von ihrem Anteil an den Opfergaben* die Teile, die besonders heilig* sind. Dorthin sollen sie von ihrem Anteil an den Opfergaben alles bringen, was besonders heilig

a So mit G; in H fehlt eine Angabe über die Breite. *b* *Sockel* mit G; H *seine Länge.*
c Der Rest des Verses ist nicht zu deuten.
42,7-8 40,17 **42,13** Num 18,8-10 S

ist: ihren Anteil an den Speiseopfern, Schuld-
opfern und Wiedergutmachungsopfern; denn es
ist ein heiliger Ort.
14 Wenn die Priester ihren Dienst im Heilig-
tum verrichtet haben, dürfen sie anschließend
nicht sofort zum übrigen Volk in den äußeren
Vorhof gehen. Sie müssen zuvor in diesen Räu-
men die Kleidung ablegen, in der sie dem HERRN
genaht sind. Kein Unbefugter darf damit in
Berührung kommen. Sie dürfen erst unters Volk
gehen, nachdem sie sich umgezogen haben.«

Der Gesamtumfang des Tempelbezirks

15 Als der Mann, der mich führte, den Tempel
und seine Vorhöfe* vermessen hatte, ging er mit
mir durch das Osttor nach draußen und maß den
äußeren Umfang des Tempelbezirks. 16–20 Der
ganze Bezirk war ringsum von einer Mauer um-
geben. Der Mann maß mit seiner Messlatte zu-
erst die Ostseite aus; sie war 500 Ellen* lang.
Dann maß er die drei übrigen Seiten; auch sie
waren je 500 Ellen. Die Mauer von 500 Ellen im
Geviert bildet eine Scheidewand zwischen der
heiligen Stätte und dem übrigen Land.

Gott kehrt in sein Heiligtum zurück

43 Dann führte der Mann mich zum öst-
lichen Tempeltor. 2 Dort sah ich die Herr-
lichkeit* des Gottes Israels von Osten herankom-
men. Ein Rauschen ging von ihr aus wie von der
Brandung des Meeres und ihr Glanz tauchte die
ganze Umgebung in strahlendes Licht.
3 Es war dieselbe Erscheinung, die ich am
Fluss Kebar gesehen hatte und dann noch ein-
mal, als der HERR sich aufmachte, um Jerusalem
zu vernichten.
Ich warf mich zu Boden, 4 während die Herr-
lichkeit des HERRN durch das Osttor in den Tem-
pel einzog. 5 Da hob mich der Geist* von der
Erde auf und brachte mich in den inneren Vor-
hof* des Tempels. Ich sah, dass die Herrlichkeit
des HERRN das ganze Tempelhaus füllte. 6 Der
Mann, der mich geführt hatte, stand neben mir.
Aus dem Tempel aber hörte ich eine Stimme,
7 die sagte:
»Du Mensch, hier ist der Ort, an dem mein
Thron steht und der Schemel, auf den ich meine
Füße stelle! Hier will ich für alle Zeiten in der
Mitte des Volkes Israel wohnen! Die Leute von
Israel sollen meinen heiligen Namen* nie mehr
durch schändlichen Götzendienst entehren und
durch die Leichen ihrer Könige, die sie in meiner
Nähe bestatten.[a] 8 Ihre Könige sollen ihre Pa-
läste nicht mehr neben meinem Tempel bauen,
nie mehr Tür an Tür mit mir wohnen, sodass nur
eine Wand sie von mir trennt.
Die Abscheulichkeiten, die ihre Könige begin-
gen, haben meinen heiligen Namen geschändet.
Deshalb musste ich sie in meinem Zorn vernich-
ten. 9 Aber wenn die Leute von Israel keine Göt-
zen mehr verehren und die Leichen ihrer Könige
von mir fern halten, werde ich von nun an für
immer in ihrer Mitte wohnen.
10 Du aber, du Mensch, sollst den Leuten von
Israel den Tempel beschreiben, den du geschaut
hast. Wenn sie sich seine Ausmaße vergegenwär-
tigen, werden sie sich schämen, dass sie mich
früher so sehr missachtet haben. 11 Und wenn ih-
nen ihre Vergehen Leid tun, sollst du ihnen alles
genau im Einzelnen schildern: das Aussehen des
Tempelhauses, seine Einrichtung und die Zugän-
ge zu ihm. Zeichne vor ihren Augen einen Plan
und sag ihnen alle Vorschriften und Anordnun-
gen für den Tempeldienst, damit sie sie künftig
genau befolgen.
12 Die wichtigste Bestimmung aber ist: Der ge-
samte Tempelbezirk auf dem Gipfel des Berges
ist mir geweiht. Selbst die Vorhöfe des Tempels
sind im höchsten Grade heilig*, genauso heilig
wie das Innere des Tempelhauses. Dies ist das
grundlegende Gesetz des Tempels.«

Der Brandopferaltar* und seine Einweihung

13 Hier sind die Maße des großen Altars: Unten
läuft ringsherum ein Graben, eine Elle* breit
und eine Elle tief, eingefasst von einem Mauer-
rand, der eine halbe Elle breit ist. 14 Darüber er-
hebt sich der Altar in Stufen. Die unterste Stufe
ist 2 Ellen hoch, dann springt die Altarwand um
eine Elle zurück; die nächste Stufe ist 4 Ellen
hoch und wieder springt die Wand eine Elle
zurück.
15 Dann erhebt sich der Altar noch einmal
4 Ellen hoch; dieser Teil ist der Opferherd, an
dessen Ecken die vier Hörner* aufgesetzt sind.
16 Der Opferherd ist viereckig, 12 Ellen lang und
12 Ellen breit, 17 die nächstuntere Stufe ist 14 El-
len lang und breit, ebenfalls viereckig. Der Gra-
ben ist eine Elle breit und der Mauerrand rings
um den Graben eine halbe Elle. An der Ostseite
führen Treppenstufen den Altar hinauf.
18 Der HERR, der mächtige Gott, sagte zu mir:
»Du Mensch, hier sind die Bestimmungen für

a *die sie …:* wörtlich *(nämlich) ihre Grabhügel.*

42,14 44,19 S **43,2-4** 1,1-28a; 8,4; 10,18-19 S **43,5** Ex 40,34-35 S **43,7** 37,26-28 S; (Thron) Jer 3,17 S; (Schemel) Klgl 2,1 S **43,10** 20,43 S **43,13-17** 40,47 **43,15** (Opferherd) Jes 29,1

die Weihe des Altars: Wenn der Altar errichtet
ist, auf dem die Brandopfer* dargebracht werden
und an den das Blut der Opfertiere gesprengt
wird, 19 sollst du den Priestern aus der Nachkom-
menschaft Zadoks, die den Opferdienst verrich-
ten, einen Stier für das Sühneopfer* geben.
20 Mit dem Blut des Stieres sollst du die vier Hör-
ner* des Altars, die vier Ecken seiner Stufen und
den Mauerrand an seinem Fuß bestreichen, da-
mit der Altar von jeder Befleckung durch Schuld
gereinigt wird. 21 Danach soll der Stier an einem
dafür bestimmten Platz außerhalb des Tempel-
bezirks verbrannt werden.

22 Am folgenden Tag sollst du einen fehler-
freien Ziegenbock als Schuldopfer* darbringen
und sie sollen mit ihm genauso verfahren wie
mit dem Stier am Tag zuvor, damit der Altar von
jeder Befleckung durch Schuld gereinigt wird.
23–24 Anschließend sollst du einen Stier und
einen Schafbock vor mich bringen, beides fehler-
freie Tiere. Die Priester sollen sie zerlegen und
Salz auf die Stücke streuen und sie mir als Brand-
opfer darbringen.

25 Dieselben Opfer sollst du auch an den fol-
genden Tagen darbringen lassen. 26 Insgesamt
sieben Tage lang sollen die Priester den Altar von
aller Befleckung durch Schuld reinigen und ihn
weihen. 27 Vom achten Tag ab können sie dann
eure regelmäßigen Brandopfer und Mahlopfer*
auf dem Altar darbringen. Wenn ihr so verfahrt,
werde ich eure Opfergaben freundlich anneh-
men.«

Das sagt der HERR, der mächtige Gott.

Das verschlossene Osttor

44 Der Mann brachte mich wieder zum öst-
lichen Tor des äußeren Vorhofs*. Es war
jetzt geschlossen. 2 Der HERR sagte zu mir: »Die-
ses Tor soll geschlossen bleiben. Niemand darf
hindurchgehen, nachdem der HERR, der Gott
Israels, auf diesem Weg in den Tempel eingezo-
gen ist. Es muss für immer verschlossen bleiben.
3 Der regierende Fürst[a] darf im Torbau Platz
nehmen, wenn er seinen Anteil am Opfermahl*
verzehrt. Er betritt ihn vom inneren Vorhof her
durch die Vorhalle und verlässt ihn wieder auf
demselben Weg.«

Der Prophet erhält Anweisungen von Gott

4 Nun führte mich der Mann durch das nördliche
Tor in den inneren Vorhof* vor den Eingang des
Tempels. Ich sah das ganze Tempelhaus von der
Herrlichkeit* des HERRN erfüllt und warf mich
zu Boden. 5 Der HERR sagte zu mir: »Du Mensch,
mach deine Augen und Ohren auf und merke dir
alles, was ich dir zu sagen habe. Du erfährst
jetzt, was in meinem Tempel zu beachten ist,
wer ihn betreten darf und wer nicht.«

Ausschluss von Fremden und Degradierung der Leviten

6 »Sag zu den Leuten von Israel, diesem wider-
spenstigen Volk: ›So spricht der HERR, der mäch-
tige Gott: Es muss ein Ende damit haben, dass
ihr mein Heiligtum entweiht, ihr Leute von
Israel! 7 Ihr habt Fremde in meinen Tempel
gebracht, die nicht nur am Körper, sondern auch
im Herzen unbeschnitten* waren. Sie standen
dabei, während ihr mir das Fett und Blut der
Opfertiere, meine Speise, dargebracht habt.
Dadurch habt ihr gegen das Gesetz meines
Bundes* verstoßen und mein Heiligtum geschän-
det. 8 Anstatt selbst die Dienste in meinem
Heiligtum zu verrichten, habt ihr Fremde dazu
angestellt und ihnen Dienste übertragen, die für
mich getan werden!

9 Darum sage ich, der HERR, der mächtige
Gott: Von jetzt an darf nie mehr ein Fremder, der
am Körper und im Herzen unbeschnitten ist,
mein Heiligtum betreten, niemand von den
Fremden, die mitten unter euch leben. 10–11 Die
Dienste, die sie bisher verrichtet haben, sollen
die Leviten* übernehmen. Sie müssen künftig
an den Toren des Tempelbezirks Wache halten
und alle niederen Dienste an meinem Heiligtum
verrichten. Außerdem sollen sie für die übrigen
Israeliten die Opfertiere für die Brand- und Mahl-
opfer schlachten und den Leuten, die ein Opfer*
darbringen, in allem zur Verfügung stehen.

So bestrafe ich die Leviten dafür, dass sie mir
untreu wurden, als die Leute von Israel sich von
mir abwandten und den Götzen nachliefen.
12 Sie haben für das Volk Götzenopfer darge-
bracht und es so in schwere Schuld gestürzt. Des-
halb habe ich meine Hand gegen sie erhoben
und lasse sie ihre Vergehen büßen. Das sage ich,
der HERR, der mächtige Gott.

13 Sie dürfen nicht mehr als Priester* vor mich
treten; sie dürfen nicht mehr mit den besonders
heiligen* Dingen in Berührung kommen. Sie
müssen die Folgen ihrer abscheulichen Vergehen
tragen 14 und alle niederen Dienste am Tempel
verrichten.

a Vgl. Anmerkung zu 34,24.

43,21 Lev 16,27 **43,23-24** Lev 2,13 **43,26** Ex 29,35-37 **44,1-2** 43,4; Ps 24,7-10 **44,3** 46,2 **44,4** 43,5 S **44,5** Ps 15,1-5 S **44,6** 2,3-5 S **44,7** Jes 52,1; Jer 4,4 **44,12** 7,20 S **44,13** 1 Chr 23,13 **44,14** 1 Chr 23,28-32

15 Die Priester* aus der Nachkommenschaft
Zadoks aber haben den Dienst an meinem Hei-
ligtum treu versehen, als die Israeliten sich von
mir abwandten. Deshalb sollen sie auch künftig
meine Priester sein und mir das Fett und Blut der
Opfertiere darbringen. Das sage ich, der HERR,
der mächtige Gott. 16 Sie allein dürfen den Dienst
am Altar verrichten, nur sie dürfen in das Innere
meines Tempels gehen und als Priester vor mich
treten.‹«

Anweisungen für die Priester

17–18 Weiter sagte der HERR: »Wenn die Priester*
den inneren Vorhof* betreten, sollen sie leinene
Kleider anziehen. Solange sie im inneren Bereich
des Heiligtums Dienst tun, dürfen sie keine Klei-
dung aus Wolle auf dem Leib tragen, die Schweiß
treibt. Sie sollen einen Turban aus Leinen und
leinene Hosen anziehen und auch die Oberklei-
der sollen aus Leinen sein.

19 Bevor sie dann zum Volk in den äußeren
Vorhof zurückkehren, müssen sie die Kleider, in
denen sie den Priesterdienst verrichtet haben,
wieder ausziehen und in den heiligen Räumen
der Priester ablegen. Wenn das übrige Volk mit
diesen heiligen Kleidern in Berührung kommt,
bringt es sich in Gefahr.

20 Die Priester sollen ihr Haar regelmäßig
schneiden lassen; sie dürfen sich weder den Kopf
kahl scheren noch die Haare frei wachsen lassen.
21 Wenn sie zum Dienst in den inneren Vorhof
gehen, dürfen sie vorher keinen Wein trinken.
22 Sie dürfen weder eine Witwe noch eine
geschiedene Frau heiraten, sondern nur ein
unberührtes Mädchen aus dem Volk Israel. Auch
die Witwe eines anderen Priesters dürfen sie
heiraten.

23 Die Priester sollen das Volk unterweisen,
damit es unterscheiden lernt zwischen gewöhn-
lichen Orten und meinem Heiligtum, zwischen
reinen* Dingen und unreinen. 24 Sie sollen als
Richter Streitfälle entscheiden und sich dabei an
meine Gesetze halten. Sie haben dafür zu sor-
gen, dass meine Feste zur rechten Zeit und in der
richtigen Ordnung gefeiert werden und dass der
Sabbat* nicht entweiht wird.

25 Sie dürfen nicht mit Toten in Berührung
kommen und sich dadurch verunreinigen. Nur
wenn der Vater oder die Mutter, ein Sohn oder
eine Tochter, ein Bruder oder eine unverheira-
tete Schwester sterben, ist dieses Verbot auf-
gehoben. 26 Sie müssen dann aber nicht nur
die übliche Zeit warten, bis sie wieder rein
sind, sondern noch sieben Tage dazuzählen.
27 Dann dürfen sie wieder den inneren Vorhof
betreten; aber bevor sie dort Priesterdienst ver-
richten, müssen sie erst noch ein Sühneopfer*
für sich darbringen. Das sage ich, der mächtige
Gott.

28 Die Priester dürfen keinen Grundbesitz
haben. Ich selbst, der HERR, bin ihr Besitz. Ihr
dürft ihnen keinen Anteil am Land Israels zu-
weisen; denn ich selbst bin ihr Anteil. 29 Für
ihren Unterhalt bekommen sie ihren Teil von
den Opfergaben*, den Speiseopfern, Sühneop-
fern und Wiedergutmachungsopfern; dazu alles,
was mir geweiht worden ist. 30 Weiter gehört ih-
nen der beste Teil der ersten Früchte* und aller
anderen Abgaben, die die Israeliten ans Heilig-
tum abliefern, auch das erste Brot von der neuen
Ernte. Wenn die Israeliten diese Gaben ord-
nungsgemäß abliefern, wird Segen auf dem
Land liegen.

31 Die Priester dürfen kein Fleisch von einem
verendeten oder gerissenen Tier essen, weder
von einem Vogel noch einem Wild noch einem
Stück Vieh.«

Der Anteil Gottes und des Fürsten an Israels Land

45 »Wenn ihr das Land von neuem unter
euch verlost, sollt ihr ein Stück von
25 000 Ellen* Länge und 20 000[a] Ellen Breite für
mich aussondern. Dieses ganze Gebiet ist mir ge-
weiht.

2–3 Davon sollt ihr nochmals die Hälfte, also
ein Stück von 25 000 auf 10 000 Ellen, abtrennen.
Dieses Stück Land ist heilig*; denn auf ihm
befindet sich mein Heiligtum, diese hochheilige
Stätte, ein umgrenzter Bezirk von je 500 Ellen
Länge und Breite, der ringsum von einem 500
Ellen breiten Streifen Land umgeben ist. 4 Die-
ses heilige Gebiet von 25 000 auf 10 000 Ellen
wird den Priestern* zur Nutzung überlassen,
die in meinem Heiligtum, in meiner unmit-
telbaren Nähe, ihren Dienst verrichten. Sie dür-
fen darauf rings um mein Heiligtum ihre Häuser
bauen.

5 Das verbleibende Stück Land von 25 000 auf
10 000 Ellen soll den Leviten*, die im Tempel die

a *20 000* mit G; H *10 000*. Zum Ellenmaß siehe Anmerkung zu 40,5.

44,15 40,46; 48,10-12 **44,17-18** Ex 28,39-43; Lev 16,4 **44,19** 42,14; Lev 6,3-4; 16,23; Ex 29,37 S **44,20** Lev 21,5 **44,21** Lev 10,9 **44,22** Lev 21,13-14 **44,23** 22,26 S **44,24** Dtn 17,8-9; Ez 45,18-25; 22,8 S **44,25** Lev 21,1-4 **44,26** Num 19,11 **44,28** Num 18,20 S **44,29-30** Num 18,8-10 S **44,29** (geweiht) Lev 27,28-29; Num 18,14 **44,30** Num 15,20-21 **44,31** Lev 22,8; Ex 22,30 **45,1-8** 48,1-29 **45,1** Jos 14,1-5 **45,5** 44,10-14

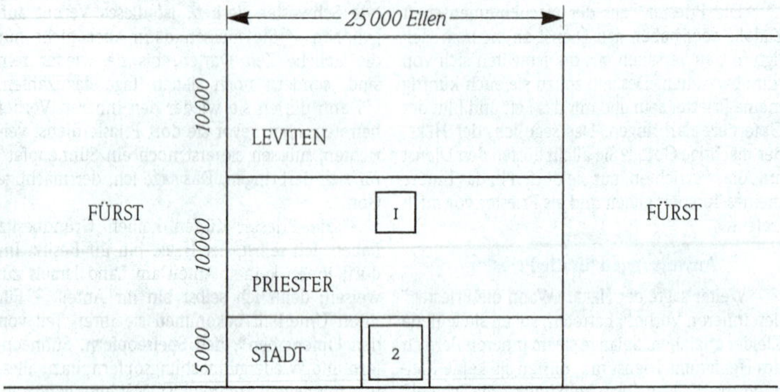

1 Tempelbereich 2 Stadt einschließlich umgebender Weidefläche

untergeordneten Dienste verrichten, als erbli-
cher Grundbesitz zugesprochen werden. Darauf
können sie ihre Siedlungen bauen.[a]
6 Die Stadt Jerusalem aber erhält neben dem
Landanteil, der für mich ausgesondert ist, ein
Gebiet von 25 000 auf 5000 Ellen. Menschen aus
ganz Israel sollen hier ihren erblichen Grund-
besitz haben.
7 Auf beiden Seiten schließt sich an das Gebiet
der Stadt und das mir geweihte Gebiet der
Grundbesitz des regierenden Fürsten, und zwar
so weit nach Osten und Westen, wie auch der
Landbesitz der einzelnen Stämme reicht. 8 Die-
ses Stück Land und nicht mehr ist der Anteil des
Fürsten am Landbesitz Israels. Die Herrscher
meines Volkes sollen nicht länger mein Volk
unterdrücken und ausbeuten. Sie müssen das
Land dem Volk Israel mit seinen Stämmen über-
lassen.«

Mahnung an die Herrscher Israels und das Volk

9 Der HERR, der mächtige Gott, sagt: »Schluss
jetzt mit Gewalt und Unterdrückung, ihr Herr-
scher Israels! Achtet das Recht und regiert mit
Gerechtigkeit! Hört auf, Menschen meines
Volkes von Grund und Boden zu vertreiben! Das
sage ich, der HERR.
10 Gebraucht ungefälschte Maße und Ge-
wichte![b] 11 Bei den Hohlmaßen müssen das Efa
als Getreidemaß und das Bat als Flüssigkeitsmaß
genau gleich groß sein. Die Norm für alle Hohl-
maße ist das Homer. Es gilt: 1 Homer = 10 Efa =
10 Bat. 12 Bei den Gewichten gilt: 20 Gera =
1 Schekel; 60 Schekel = 1 Mine.
13 Als Abgaben sollt ihr an mein Heiligtum ab-
führen: von Weizen und Gerste den sechzigsten
Teil, 14 von Olivenöl den hundertsten Teil, 15 von
euren Schaf- und Ziegenherden ein Tier von
zweihundert. Aus dem ganzen Land müssen die
Leute von Israel diese Abgaben liefern, damit sie
mir als Speiseopfer, Brandopfer und Mahlopfer
dargebracht werden. Auf diese Weise wird alles
wieder ins Reine gebracht, was zwischen mir
und dem Volk steht. Ich, der HERR, der mächtige
Gott, ordne das an.
16 Jede Familie im Land ist zu dieser Abgabe
verpflichtet. Der regierende Fürst soll die Gaben
entgegennehmen; 17 er ist verantwortlich dafür,
dass für das ganze Volk zu den vorgeschriebenen
Zeiten – an den Festtagen, am Sabbat* und am
Neumondstag* – die Opfer* dargebracht wer-
den, die Brand-, Speise-, Trank- und Sühneopfer.
Unter seiner Oberaufsicht bringen die Priester
zwischen mir und dem Volk Israel alles wieder
ins Reine.«

Die großen Feste und ihre Opfer

18 Weiter sagte der HERR, der mächtige Gott: »Am
1. Tag des 1. Monats sollt ihr mir einen fehler-
freien Stier als Sühneopfer* darbringen, um das
Heiligtum von der Befleckung durch Verfehlun-
gen zu reinigen. 19 Mit dem Blut des Opfertieres
bestreicht ein Priester* die Türpfosten des Tem-
pelhauses, die vier Ecken des Altars und die Tür-
pfosten am Osttor des inneren Vorhofs*. 20 Diese

a *Darauf können sie ...:* mit G; H *zwanzig Gemächer.*
b Zu den folgenden Maßangaben siehe die Sacherklärungen »Efa« und »Schekel«.
45,8-9 46,18; Jer 21,11-12; 22,3-4; Mi 3,1-4 S **45,10** Lev 19,35-36 S **45,18-20** Lev 16,29-34 S

Handlung wird am 7. Tag desselben Monats wiederholt, um das Heiligtum von der Befleckung durch Verfehlungen zu reinigen, die unwissentlich und unbeabsichtigt begangen worden sind.

[21] Am 14. Tag des 1. Monats sollt ihr sieben Tage lang das Passafest* feiern. Während dieser Zeit darf nur solches Brot gegessen werden, das ohne Sauerteig* zubereitet ist.

[22] Zu Beginn des Festes soll der regierende Fürst einen Stier als Sühneopfer darbringen, um seine eigene Schuld und die Schuld des ganzen Volkes mir gegenüber ins Reine zu bringen. [23] Außerdem soll er mir an jedem der Festtage ein Brandopfer* darbringen, täglich sieben Stiere und sieben Schafböcke, lauter fehlerfreie Tiere, und dazu als Sühneopfer jeden Tag einen Ziegenbock. [24] Als Speiseopfer* kommen auf jeden Stier und jeden Schafbock 1 Efa* (= 12 Kilo) Weizenmehl und 1 Hin* (= $3\frac{1}{2}$ Liter) Olivenöl.

[25] Am 15. Tag des 7. Monats und während der daran anschließenden Festwoche bringt der Fürst sieben Tage lang genau dieselben Opfer dar.«

Die regelmäßigen Opfer

46 Der HERR, der mächtige Gott, sagte: »Das östliche Tor des inneren Tempelvorhofs soll die Woche über geschlossen bleiben und nur am Sabbat* und am Neumondstag* geöffnet werden.

[2] An diesen Tagen betritt der regierende Fürst vom äußeren Vorhof* her das Tor, durchschreitet dessen Vorhalle und stellt sich an den Türpfosten des Torausgangs. Von dort aus verfolgt er die Opferhandlungen der Priester*, die in seinem Auftrag das Brandopfer* und das Mahlopfer* darbringen. Danach wirft er sich auf der Schwelle des Tores zur Anbetung nieder und geht auf demselben Weg wieder hinaus.

[3] Die Leute aus dem Volk werfen sich an diesen beiden Tagen draußen im äußeren Vorhof, am Eingang desselben Tores, zur Anbetung vor dem HERRN nieder.

[4] Das Brandopfer, das der Fürst darbringen lässt, umfasst am Sabbat sechs Schafe und einen Schafbock, alles fehlerfreie Tiere. [5] Als Speiseopfer* kommt zu dem Schafbock 1 Efa* (= 12 Kilo) Weizenmehl und zu den Schafen, so viel der Fürst geben will, außerdem 1 Hin* (= $3\frac{1}{2}$ Liter) Olivenöl auf jedes Efa. [6] Am Neumondstag besteht das Opfer aus einem Stier, sechs Schafen und einem Schafbock, alles fehlerfreie Tiere. [7] Als Speiseopfer kommen zu dem Stier und dem Schafbock je 1 Efa Mehl und zu den Schafen, so viel der Fürst geben will, außerdem 1 Hin Öl auf jedes Efa.

[8] Wenn der Fürst zum Tempel kommt, nimmt er den Weg zu seinem Platz im Osttor des inneren Vorhofs durch die Vorhalle des Tores und geht auf demselben Weg wieder hinaus. [9] Wenn dagegen die Leute aus dem ganzen Land an den großen Festen zum Tempel kommen, um sich im äußeren Vorhof zur Anbetung niederzuwerfen, dürfen sie den Tempelbezirk nicht durch dasselbe Tor betreten und wieder verlassen. Wer durch das Nordtor eingetreten ist, soll durch das Südtor hinausgehen, und wer durch das Südtor eingetreten ist, durch das Nordtor. [10] Der Fürst soll an diesen Festen mitten unter der Volksmenge den Tempelbezirk betreten und ihn ebenso wieder verlassen.

[11] Auch an den Festtagen kommt als Speiseopfer auf einen Stier oder einen Schafbock je 1 Efa Mehl und auf die Schafe, so viel der Fürst geben will, außerdem 1 Hin Öl auf jedes Efa.

[12] Will der Fürst irgendwann dem HERRN ein freiwilliges Opfer darbringen, ein Brand- oder Mahlopfer, dann soll man das Osttor des inneren Vorhofs für ihn öffnen. Nachdem die Priester wie am Sabbat das Opfer für ihn dargebracht haben, verlässt er das Tor und es wird wieder geschlossen.

[13] Jeden Tag muss dem HERRN am Morgen ein fehlerfreies einjähriges Schaf als Brandopfer dargebracht werden [14] und ebenso jeden Morgen als Speiseopfer $\frac{1}{6}$ Efa (= 2 Kilo) Mehl und $\frac{1}{3}$ Hin (= gut 1 Liter) Öl, das auf das Mehl gegossen wird. Diese Vorschrift über das Speiseopfer für den HERRN gilt für alle Zukunft. [15] Das Schaf, das Mehl und das Öl sind dem HERRN jeden Morgen, Tag für Tag, als regelmäßiges Brandopfer darzubringen.«

Über den Grundbesitz des Fürsten

[16] Der HERR, der mächtige Gott, sagte: »Wenn der Fürst seinen Söhnen etwas von seinem Grundbesitz schenkt, geht es für immer in deren Besitz über. [17] Schenkt er aber einem seiner Beamten etwas, so gehört es diesem nur bis zum nächsten Erlassjahr*; dann fällt es an den Fürsten zurück. Nur bei seinen eigenen Söhnen begründet die Schenkung ein dauerndes Besitzrecht.

[18] Der Fürst darf nicht Leuten aus dem Volk mit Gewalt ihren erblichen Grundbesitz wegnehmen, um ihn seinen Söhnen zu geben. Die Söhne müssen aus seinem eigenen Grundbesitz

45,21-24 Lev 23,5-8; Num 28,16-25 **45,25** Lev 23,33-36; Num 29,12-38 **46,4-5** Num 28,9-10 **46,6-7** Num 28,11-13 **46,9** Ex 23,17 **46,13-15** Ex 29,38-42; Num 28,1-8 **46,17** Lev 25,10 **46,18** 45,8-9 S; 1 Kön 21,3

ihren Teil bekommen. Mein Volk soll nicht in alle Winde zerstreut werden. Niemand darf von seinem Grund und Boden vertrieben und um sein Eigentum gebracht werden.«

Die Tempelküchen

19 Der Mann, der mich führte, brachte mich durch den Gang neben dem Nordtor des inneren Vorhofs* zu den auf der Nordseite gelegenen Priesterräumen. Ganz hinten, im Westen, war ein besonderer Raum. 20 Der Mann sagte zu mir: »Hier kochen die Priester* das Fleisch, das ihnen von den Sühne- und Wiedergutmachungsopfern zufällt, und hier backen sie auch das Brot aus dem Mehl der Speiseopfer. Sie dürfen nichts, was von einem Opfer* stammt, in den äußeren Vorhof hinausbringen, da sie sonst das Volk mit dem Heiligen* in Berührung und dadurch in Gefahr bringen.«

21 Dann führte mich der Mann in den äußeren Vorhof und zeigte mir die vier Ecken des Hofes. In jeder Ecke war ein kleinerer Hof, 22 40 Ellen* lang und 30 Ellen breit. Alle vier waren genau gleich groß. 23 Rings um jeden dieser Höfe lief eine Steinmauer, an der auf der Innenseite Feuerstellen angelegt waren. 24 Der Mann sagte zu mir: »Hier sollen die Diener des Tempels das Fleisch für das Opfermahl des Volkes kochen.«

Der Strom, der vom Tempel ausgeht

47 Der Mann, der mich führte, brachte mich zur Eingangstür des Tempelhauses, die an der Ostseite angebracht ist. Dort sah ich unter der Türschwelle einen Wasserlauf entspringen; ein Stück weit floss er an der Eingangsseite des Tempels entlang nach Süden, dann bog er um und floss am Altar vor dem Tempel vorbei nach Osten.

2 Der Mann brachte mich durch die beiden nördlichen Tore aus dem Tempelbezirk und dann im Bogen zum äußeren Osttor. Da sah ich, wie das Wasser auf der südlichen Seite des Tores hervorquoll.

3 Mit seiner Messschnur ging der Mann ostwärts und maß eine Strecke von 1000 Ellen* ab. Dann ließ er mich durch das Wasser waten; es reichte mir bis an die Knöchel. 4 Er maß weitere 1000 Ellen ab, da reichte das Wasser mir schon bis an die Knie. Nach weiteren 1000 Ellen ging es mir bis zu den Hüften. 5 Als er noch einmal 1000 Ellen abgemessen hatte, verlor ich den Grund unter den Füßen. Das Wasser war zu einem Fluss geworden, den man nur noch schwimmend durchqueren konnte.

6 Der Mann sagte zu mir: »Du Mensch, hast du das gesehen?« Dann half er mir aus dem Wasser und führte mich ans Ufer. 7 Da sah ich auf beiden Seiten des Flusses eine große Zahl von Bäumen stehen.

8 Der Mann erklärte mir: »Der Fluss fließt immer weiter nach Osten, bis er in die Jordanebene kommt; dann ergießt er sich in das Tote Meer und macht das Salzwasser süß.

9 Der Fluss schenkt Leben: Wo er hinkommt, gedeihen die Tiere, und das Tote Meer wimmelt von Fischen, weil sein Wasser gesund geworden ist. 10 Rings am Ufer des Meeres stehen Fischer; von En-Gedi bis En-Eglajim breiten sie ihre Netze zum Trocknen aus. Es gibt dort so viele Fische und Fischarten wie im Mittelmeer. 11 Nur in den Sümpfen und Teichen am Meer bleibt das Wasser salzig, damit daraus Salz gewonnen werden kann.

12 Die Bäume, die an beiden Ufern des Flusses stehen, sind das ganze Jahr über grün und bringen immerfort Früchte, jeder nach seiner Art. Zwölfmal im Jahr lassen sich frische Früchte von ihnen ernten; denn die Bäume wachsen an dem Wasser, das aus dem Heiligtum des HERRN kommt. Die Früchte dienen als Nahrung und die Blätter als Heilmittel.«

Die Grenzen des neu zu verteilenden Landes

13–14 Der HERR, der mächtige Gott, sagte: »Die zwölf Stämme Israels sollen das Land von neuem als ständigen Besitz unter sich verteilen. Jeder Stamm bekommt einen gleich großen Anteil; die Josefsstämme erhalten zwei Teile. Ich habe das Land euren Vorfahren mit einem Eid zugesagt; darum gebe ich es euch für immer zum Besitz.

15 Die Nordgrenze des Landes verläuft vom Mittelmeer über die Orte Hetlon, Lebo-Hamat, Zedad,[a] 16 Berota und Sibrajim, das an der Grenze zwischen Damaskus und Hamat liegt, nach Hazar-Enan[b] an der Grenze des Hauran-gebiets. 17 Nördlich dieser Linie zwischen dem Mittelmeer und Hazar-Enan liegt das Gebiet von Hamat und von Damaskus.

18 Die Ostgrenze beginnt dort, wo das Gebiet von Damaskus an den Hauran grenzt. Sie folgt dem Jordan, der das Land Israel von der Land-

a So mit G; H *Hetlon, Lebo, Zedad, Hamat.* *b* So mit G; H *Hazar-Tikon;* vgl. Vers 17.

46,20 42,13; 44,29.19 **47,1-12** Joël 4,18; Sach 14,8; Ps 46,5; Offb 22,1-2 **47,3** 40,3 **47,13-14** 45,1S; Jos 17,17; (zugesagt) Gen 12,7S **47,15-20** Num 34,1-12

schaft Gilead* trennt, bis zum Toten Meer und endet bei Tamar an dessen Südende.[a]

19 Die Südgrenze verläuft von Tamar nach Meribat-Kadesch und folgt dann dem Bachtal, das die Grenze* Ägyptens bildet, bis zum Mittelmeer. 20 Die Westgrenze ist die Mittelmeerküste, von der ägyptischen Grenze bis hinauf nach Lebo-Hamat.

21 Dieses ganze Land sollt ihr unter die zwölf Stämme Israels aufteilen. 22 Jede israelitische Familie bekommt durchs Los ihren Landanteil zugewiesen, aber ebenso die Familien der Fremden, die bei euch leben. Die Fremden sollen zusammen mit den Stämmen Israels an der Landverteilung teilnehmen. Sie müssen den Israeliten in allem gleichgestellt werden. 23 Im Gebiet des Stammes, in dem sie leben, sollen sie ihren Anteil an Grund und Boden zugeteilt bekommen. Das sage ich, der HERR.«

Die Aufteilung des Landes

48 Weiter bezeichnete der HERR den Landanteil jedes einzelnen Stammes. Er sagte:

»Ganz im Norden des Landes liegt der Landanteil des Stammes Dan. Er erstreckt sich entlang der Nordgrenze auf der ganzen Breite von Westen nach Osten. 2–7 Darauf folgen in südlicher Richtung, jeweils als gleich große Streifen Land von der Westgrenze bis zur Ostgrenze, die Landanteile der Stämme Ascher, Naftali, Manasse, Efraïm, Ruben und Juda.

8 An das Gebiet Judas schließt nach Süden auf der vollen Breite von West nach Ost der Landstreifen, den ihr für mich aussondern sollt. In Nord-Süd-Richtung misst er 25 000 Ellen*. Mitten darin liegt der Tempel.

9 Das mir im Besonderen geweihte Stück misst in Ost-West-Richtung 25 000 Ellen und in Nord-Süd-Richtung 10 000 Ellen. 10–12 Es soll den Priestern* zugewiesen werden, den Nachkommen Zadoks, die sich nicht wie die Leviten* von mir abwandten, als das Volk Israel mir untreu wurde. Ihnen gehört deshalb von dem Land, das für mich ausgesondert wird, ein eigenes Stück neben dem der Leviten; es ist in besonderem Maße heilig*, denn in seiner Mitte steht mein Heiligtum.

13 Die Leviten erhalten nördlich des Priesterlandes einen Streifen von derselben Größe, 25 000 Ellen auf 10 000 Ellen. 14 Sie dürfen nichts davon verkaufen oder durch Tausch weggeben. Es ist der Anteil des Landes, den die Leute von Israel mir übergeben, so wie sie mir von jeder Ernte die ersten Früchte* übergeben. Deshalb darf nichts davon in andere Hände übergehen.

15 Der Streifen von 5000 Ellen, der nach dem Land der Priester und der Leviten noch übrig bleibt – auch er in Ost-West-Richtung 25 000 Ellen lang –, ist gewöhnliches, nicht heiliges Land. Er gehört als Wohngebiet und Weideland der Stadt Jerusalem, die in seiner Mitte liegt.

16 Die Stadt bildet ein Quadrat von 4500 Ellen Seitenlänge, 17 das ringsum von einem 250 Ellen breiten Streifen Weideland umgeben ist. 18 Daran schließt sich nach Westen und nach Osten je ein 10 000 Ellen langes Stück Land an, das auf der Nordseite an den mir geweihten Bezirk grenzt. Von seinem Ertrag sollen die Menschen leben, die in der Stadt wohnen und arbeiten, 19 Menschen aus allen Stämmen Israels. Sie sollen dieses Land bestellen.

20 Das Land der Priester und der Leviten bildet zusammen mit dem Stadtgebiet und dem zur Stadt gehörenden Land ein Quadrat von 25 000 Ellen Seitenlänge. 21–22 Das Gebiet, das sich nach beiden Seiten an dieses Mittelstück anschließt, nach Osten bis zum Jordan und nach Westen bis zum Meer, gehört dem regierenden Fürsten, also der ganze Landstreifen zwischen dem Stammesgebiet von Juda im Norden und dem von Benjamin im Süden, ausgenommen das Gebiet des Tempels, der Grundbesitz der Leviten und der Besitz der Stadt.

23–28 Nach Süden schließen sich an diesen Landstreifen auf der vollen Länge von Westen nach Osten die Landanteile der Stämme Benjamin, Simeon, Issachar, Sebulon und Gad an. Die südliche Grenze des Stammesgebiets von Gad fällt mit der Südgrenze des Landes zusammen.

29 Dieses Land gehört dem Volk Israel als bleibender Besitz und nach diesen Angaben sollt ihr es unter die Stämme Israels aufteilen. Das sage ich, der HERR, der mächtige Gott.«

Die Tore Jerusalems und sein neuer Name

30–31 Weiter sagte der HERR: »Dies sind die Tore der Stadt; sie sind nach den Stämmen Israels benannt:

auf der Nordseite – sie misst 4500 Ellen* – sind es drei Tore: das Ruben-Tor, das Juda-Tor, das Levi-Tor;

a *und endet ...:* mit alten Übersetzungen; H *ihr sollt messen.*

47,22-23 (Fremde) Lev 19,33-34; Dtn 23,8-9; Jes 14,1; 56,3.6-7 **48,8-19** 45,1-8 **48,10-12** 44,15-16 **48,14** (Früchte) Ex 23,19 S **48,16** 48,30-35 **48,21-22** 45,7 **48,30-35** 37,26-28; 43,7; Jes 60,14; Offb 21,12-13

32 auf der Ostseite – sie misst ebenfalls
4500 Ellen – sind es drei Tore: das Josef-Tor,
das Benjamin-Tor, das Dan-Tor;
33 auf der Südseite – auch sie misst 4500 Ellen
– sind es drei Tore: das Simeon-Tor, das
Issachar-Tor, das Sebulon-Tor;
34 und auf der Westseite – auch sie misst
4500 Ellen – sind es drei Tore: das Gat-Tor,
das Ascher-Tor und das Naftali-Tor.
35 Der Gesamtumfang der Stadt beträgt 18 000
Ellen. Ihr Name soll künftig nicht mehr Jerusa-
lem lauten, sondern ›Der HERR ist da‹.«

DAS BUCH DANIEL

Inhaltsübersicht

BEWÄHRUNG DANIELS UND SEINER FREUNDE IN BABYLON (Kapitel 1–6)

Daniel und seine Freunde am babylonischen Hof

1 Im dritten Regierungsjahr Jojakims, des
Königs von Juda, zog der babylonische König
Nebukadnezzar mit einem Heer vor Jerusalem
und belagerte die Stadt. 2 Der HERR gab Jojakim
in die Gewalt Nebukadnezzars und auch ein Teil
der heiligen Geräte fiel dem Babylonierkönig in
die Hände. Er ließ die Geräte nach Babylonien[a]
bringen und bewahrte sie in der Schatzkammer
beim Tempel seines Gottes auf.

3 Nebukadnezzar befahl seinem Palastvor-
steher Aschpenas, junge Israeliten aus der Ver-
wandtschaft des Königs und aus den vornehmen
Familien für ihn auszusuchen. 4 »Sie müssen ge-
sund sein und gut aussehen«, sagte er. »Außer-
dem müssen sie klug und verständig sein und
eine umfassende Bildung haben, damit sie zum
Dienst in meinem Palast geeignet sind. Und
dann sollen sie auch unsere Sprache und Schrift
lernen.«

5 Drei Jahre lang sollten die jungen Leute aus-
gebildet werden, um dann in den Dienst des
Königs zu treten. Der König ordnete an, dass sie
jeden Tag Speisen und Wein von seiner eigenen
Tafel bekamen.

6 Unter den ausgesuchten jungen Männern
aus Juda waren auch Daniel, Hananja, Mischaël
und Asarja. 7 Der Palastvorsteher gab ihnen ba-
bylonische Namen: Daniel nannte er Beltschaz-
zar, Hananja Schadrach, Mischaël Meschach
und Asarja Abed-Nego.

Daniels Treue wird belohnt

8 Daniel war fest entschlossen, kein Essen und
Trinken von der Tafel des Königs anzurühren,
um nicht unrein* zu werden. Deshalb bat er den
Palastvorsteher, nicht von den Speisen des
Königs essen zu müssen. 9 Gott half ihm, sodass
der Palastvorsteher ihn wohlwollend anhörte.
10 Allerdings sagte er zu Daniel: »Ich habe Angst
vor meinem Herrn, dem König. Er hat selbst be-
stimmt, was ihr essen und trinken sollt. Wenn er
feststellt, dass du und deine drei Freunde
schlechter aussehen als die anderen jungen
Leute, lässt er mir den Kopf abschlagen.«

11 Daniel wandte sich an den Aufseher, den
der Palastvorsteher für ihn und seine drei Freun-
de bestimmt hatte. 12 »Mach doch einmal zehn
Tage lang einen Versuch mit uns«, bat er ihn.
»Lass uns Gemüse essen und Wasser trinken!
13 Danach vergleichst du unser Aussehen mit
dem der andern jungen Leute, die ihr Essen von
der Tafel des Königs bekommen. Und dann ent-
scheidest du, was weiter geschehen soll!«

14 Der Aufseher war einverstanden und ging
auf den Versuch ein. 15 Nach Ablauf der zehn
Tage zeigte es sich, dass Daniel und seine Freun-
de sogar besser und kräftiger aussahen als die
andern jungen Leute, die ihr Essen von der
königlichen Tafel erhielten. 16 Da ließ er ihnen
weiterhin Gemüse geben; den Wein und die für
sie bestimmten Speisen stellte er weg.

17 Gott aber gab den vier jungen Männern
Klugheit und Verstand, sodass sie alles begriffen
und sich bald in jedem Wissensgebiet auskann-
ten. Daniel besaß darüber hinaus die Fähigkeit,
Träume und Visionen zu verstehen und zu deu-
ten.

a *nach Babylonien:* wörtlich *in das Land Schinar**. Durch die Wahl des Namens wird vermutlich wie in Sach 5,11 eine Wertung ausgedrückt; er erinnert an die Überheblichkeit der Menschen in der Turmbaugeschichte Gen 11,1-9.

1,1-2 2 Chr 36,5-7 **1,3-4** 2 Kön 20,18 **1,8** Jdt 12,2; EstG C,28; (unrein) Lev 11,1-47 par; 17,10-12 **1,9** Gen 39,21

18 Am Ende der Zeit, die König Nebukadnez-
zar festgesetzt hatte, sollten ihm alle jungen
Leute zur Prüfung vorgeführt werden. Als der
Palastvorsteher sie zu ihm brachte 19 und er sich
mit ihnen unterhielt, zeigte es sich, dass Daniel,
Hananja, Mischaël und Asarja allen anderen
überlegen waren. Sie wurden in den könig-
lichen Dienst aufgenommen, 20 und sooft der
König in schwierigen Fragen ihren Rat suchte,
merkte er, dass sie zehnmal klüger waren als alle
Gelehrten und Magier in seinem ganzen König-
reich.

21 Daniel blieb im königlichen Dienst bis ins
erste Regierungsjahr des Königs Kyrus.

König Nebukadnezzar stellt seine Traumdeuter auf die Probe

2 In seinem zweiten Regierungsjahr hatte
König Nebukadnezzar einen Traum, der ihn
so beunruhigte, dass er nicht wieder einschlafen
konnte. 2 Er ließ alle seine Gelehrten, Magier,
Wahrsager und Sterndeuter rufen, damit sie ihm
seinen Traum erklären sollten. Sie kamen und
traten vor den König 3 und er sagte zu ihnen:
»Ich habe einen Traum gehabt, der mich sehr
beunruhigt. Ich möchte wissen, was es mit dem
Traum auf sich hat.«

4 Sie erwiderten:[a] »Der König möge ewig
leben! Er erzähle uns seinen Traum, dann wer-
den wir ihm die Deutung sagen.«

5 Der König erwiderte: »Nein, ihr müsst mir
auch den Traum sagen, nicht nur die Deutung!
Ich bestehe darauf, sonst lasse ich euch in Stücke
hauen und eure Häuser in Trümmer legen.
6 Wenn ihr mir aber beides, den Traum und die
Deutung, sagen könnt, beschenke ich euch reich
und erweise euch hohe Ehren. Also los, sagt es
mir!«

7 Die Ratgeber des Königs wiederholten:
»Wenn der König seinen ergebenen Dienern den
Traum erzählt, werden wir ihm sagen können,
was er bedeutet.«

8 »Ihr macht nur Ausflüchte, um Zeit zu ge-
winnen!«, fuhr der König sie an. »Ihr habt genau
verstanden, dass es mir mit meiner Drohung
ernst ist. 9 Ihr habt euch verabredet, mir eine
lügenhafte Deutung aufzutischen.[b] Deshalb
bleibt es dabei: Sagt mir den Traum und beweist
mir damit, dass ihr fähig seid, ihn auch zu deu-
ten!«

10 Die Weisen Babyloniens antworteten:
»Kein Mensch auf der ganzen Erde kann diese
Forderung erfüllen. Und noch nie hat ein König,
so groß und mächtig er auch war, etwas Derarti-
ges von seinen Gelehrten, Wahrsagern und
Sterndeutern verlangt. 11 Was der König fordert,
ist unmöglich. Nur die Götter könnten dem
König seinen Traum sagen; aber sie wohnen
nicht unter uns Menschen.«

12 Da packte den König die Wut und er befahl,
alle Weisen Babyloniens umzubringen. 13 Auch
Daniel und seine Freunde sollten getötet wer-
den. 14 Als aber Arioch, der Befehlshaber der kö-
niglichen Leibwache, diesen Befehl ausführen
wollte, sprach Daniel ruhig und überlegen mit
ihm. 15 Er ließ sich von ihm den Grund für den
strengen Befehl des Königs sagen, 16 ging zum
König und bat sich eine Frist aus; dann wolle er
ihm den Traum und seine Deutung sagen.

17 Darauf ging er in sein Haus und erzählte
alles seinen drei Freunden. 18 Er forderte sie auf:
»Fleht den Gott des Himmels um Erbarmen an!
Bittet ihn, dass er mir das Geheimnis enthüllt,
damit wir nicht mit den übrigen Weisen Babylo-
niens umgebracht werden!«

19 In einer nächtlichen Vision wurde Daniel
der Traum enthüllt. Da rühmte er den Gott des
Himmels 20 und sagte:

»Gepriesen sei der Name* Gottes in alle
Ewigkeit;
denn Gott verfügt über Macht und Weisheit.
21 Er verändert das Bestehende
und gibt allem seine Frist;
er setzt Könige ab und setzt Könige ein.
Er gibt den Weisen ihre Weisheit
und den Klugen ihren Verstand.
22 Er enthüllt, was tief verborgen ist,
er sieht, was im Dunkeln ist;
doch ihn selbst umstrahlt reinstes Licht.
23 Gott meiner Väter, dich rühme und preise ich!
Du hast mir Weisheit und Kraft verliehen.
Unser Gebet hast du erhört
und hast mir den Traum des Königs enthüllt.«

24 Darauf ging Daniel zu Arioch, der vom König
den Befehl hatte, die Weisen Babyloniens zu
töten. Er sagte zu ihm: »Bring die Weisen nicht
um! Führe mich zum König, ich werde ihm sei-
nen Traum deuten.«

25 Arioch brachte ihn sofort zum König und
sagte: »Ich habe unter den Leuten aus Juda einen

a Es folgt noch *auf Aramäisch* – möglicherweise ein Hinweis darauf, dass von hier ab (bis zum Ende von Kapitel 7) das Danielbuch nicht in hebräischer, sondern in aramäischer Sprache abgefasst ist.
b Es folgt noch die schwer verständliche Aussage *bis die Zeit sich ändert.*

1,21 6,29; Esra 1,1 **2,1-3** Gen 41,8 **2,21** 4,14.22.29; 1 Sam 2,7; Ijob 12,13-21; Spr 2,6

Mann gefunden, der dem König seinen Traum
deuten will.«
26 Der König fragte Daniel, der mit seinem ba-
bylonischen Namen Beltschazzar hieß: »Kannst
du mir wirklich meinen Traum sagen und ihn
deuten?«
27 Daniel erwiderte: »Kein Gelehrter, Magier,
Wahrsager oder Sterndeuter kann das vollbrin-
gen, was der König verlangt. 28 Aber es gibt einen
Gott des Himmels, der das Verborgene enthüllt,
und dieser Gott hat dir, König Nebukadnezzar,
gezeigt, was am Ende der Zeit geschehen wird.

Ich sage dir jetzt, was es mit deinem Traum
auf sich hat: 29 Du machtest dir auf deinem Lager
Gedanken über das, was künftig geschehen
wird, und der Gott, der alles weiß, hat dich im
Traum einen Blick in die Zukunft tun lassen.
30 Ich habe dieses Geheimnis nicht durch beson-
dere Weisheit entdeckt, die ich anderen Men-
schen voraus hätte, sondern Gott hat es mir
enthüllt, damit du, König, es erfährst und die
Gedanken deines Herzens verstehst.

31 Du sahst im Traum ein riesiges Standbild
vor dir stehen. Sein Anblick war zum Erschre-
cken und blendender Glanz ging von ihm aus.
32 Der Kopf war aus reinem Gold, Brust und
Arme waren aus Silber, der Leib bis zu den Hüf-
ten war aus Bronze, 33 die Beine waren aus Eisen
und die Füße zum Teil aus Eisen und zum Teil
aus Ton. 34 Du blicktest noch auf das Standbild,
da löste sich von einem Felsen ein Stein ohne
Zutun eines Menschen, der traf die Füße aus
Eisen und Ton und zerschmetterte sie. 35 Auf
einen Schlag zerfielen Ton, Eisen, Bronze, Silber
und Gold zu Staub und wurden wie Spreu vom
Wind davongeweht. Keine Spur blieb davon
übrig. Der Stein aber, der das Bild zermalmt
hatte, wurde zu einem großen Felsmassiv, das
die ganze Erde ausfüllte.

36 Das war der Traum und nun will ich dem
König die Deutung geben: 37 Du, mein König,
bist der größte aller Könige. Der Gott des Him-
mels hat dir Herrschaft, Macht und Ehre verlie-
hen 38 und alles in deine Hand gegeben, was auf
der Erde lebt, die Menschen, die Tiere des Feldes
und die Vögel am Himmel. Über sie alle hat er
dich als Herrscher eingesetzt – du bist das Haupt
aus Gold.

39 Auf dein Reich wird ein anderes folgen, das
nicht ganz so mächtig sein wird, und danach ein
drittes, das bronzene, das über die ganze Erde
reicht. 40 Dann kommt ein viertes, das hart wie
Eisen ist und alles zerschmettert, was sich ihm in
den Weg stellt.
41–42 Aber es wird ein geteiltes Reich sein; des-
halb sind die Füße und Zehen teils aus Eisen,
teils aus Ton. Die eine Hälfte wird fest sein wie
Eisen, die andere zerbrechlich wie Ton. 43 Das
Nebeneinander von Eisen und Ton bedeutet: Die
beiden Teilreiche werden sich durch gegenseitige
Heirat zu verbinden suchen; aber ihre Verbin-
dung hat keinen Bestand, so wie Eisen und Ton
sich nicht miteinander verbinden lassen.

44 Zur Zeit dieser beiden Königreiche aber
wird der Gott des Himmels sein Reich errichten,
das niemals untergehen wird; kein anderes Volk
wird danach noch zur Herrschaft kommen und
dieses Reich ablösen. Das Königreich Gottes be-
seitigt alle anderen Reiche, aber es selbst bleibt
für alle Zeiten bestehen. 45 Dies hast du geschaut
im Bild des Steines, der sich ohne menschliches
Zutun aus dem Felsen löste und das Standbild
aus Ton, Eisen, Bronze, Silber und Gold zer-
malmte. Ein mächtiger Gott hat den König wis-
sen lassen, was künftig geschehen wird. Der
Traum sagt die Wahrheit und seine Deutung ist
zuverlässig.«

46 König Nebukadnezzar warf sich vor Daniel
zu Boden und befahl seinen Dienern, ihm
Speiseopfer* und Räucheropfer* darzubringen.
47 Er sagte zu Daniel: »Euer Gott ist wahrhaftig
der Herr über alle Götter und Könige! Er kennt
das Verborgene, sonst hättest du nicht dieses
Geheimnis enthüllen können.«
48 Der König beschenkte Daniel reich und
machte ihn zum Statthalter der Provinz Baby-
lon* und zum ersten der königlichen Ratgeber.
49 Auf Daniels Bitte betraute der König Schad-
rach, Meschach und Abed-Nego, die drei
Freunde Daniels, mit der Aufsicht über die Ver-
waltung der Provinz Babylon. Daniel selbst blieb
am Königshof.

Daniels Freunde verraten ihren Glauben nicht

3 König Nebukadnezzar ließ ein goldenes
Standbild anfertigen, dreißig Meter hoch
und drei Meter breit,[a] und ließ es in der Ebene
Dura in der Provinz Babylon* aufstellen.
2–3 Dann berief er sämtliche hohen Beamten sei-
nes Reiches zu einer Versammlung ein, die Pro-
vinzstatthalter, Militärbefehlshaber und Unter-
statthalter, die Ratgeber, Schatzmeister, Richter,
Polizeigewaltigen und alle hohen Beamten der

a Hebräische (bzw. aramäische) Maßangabe *60* bzw. *6 Ellen**.

2,28 Gen 41,16 **2,37-38** Ez 26,7; Jer 28,14; Jdt 11,7 **2,43** 11,6.17 **2,44** 7,14.27; Lk 1,33; 1 Kor 15,24-28; Offb 11,15 **2,46** Apg 14,13.18 **2,47** Dtn 10,17; Ps 135,5

Provinzen. Sie sollten an der Einweihung des Standbildes teilnehmen, das er errichtet hatte. Sie alle kamen zu der Einweihung und stellten sich vor dem Standbild auf.

4 Ein Herold rief mit lauter Stimme: »Ihr Leute aus allen Nationen, Völkern und Sprachen, hört diesen Befehl: 5 Wenn ihr den Klang der Hörner, Flöten und Pfeifen, der Harfen, Lauten, Dudelsäcke und aller anderen Instrumente hört, müsst ihr euch niederwerfen und das goldene Standbild anbeten, das König Nebukadnezzar aufrichten ließ. 6 Wer es nicht tut, wird auf der Stelle in den glühenden Ofen geworfen.«

7 Als die Instrumente ertönten, die Hörner, Flöten und Pfeifen, die Harfen, Lauten, Dudelsäcke und alle anderen, warfen sich die Leute aus allen Völkern, Nationen und Sprachen nieder und beteten das goldene Standbild an.

8 Einige Babylonier aber ergriffen die Gelegenheit, die Juden anzuzeigen. 9 Sie sagten zu Nebukadnezzar: »Der König möge ewig leben! 10 Du, König, hast doch den Befehl erlassen: ›Jeder, der den Klang der Hörner, Flöten und Pfeifen, der Harfen, Lauten, Dudelsäcke und aller anderen Instrumente hört, soll sich niederwerfen und das goldene Standbild anbeten. 11 Wer es nicht tut, soll auf der Stelle in den glühenden Ofen geworfen werden.‹ 12 Da sind aber einige Juden, denen du die Verwaltung der Provinz Babylon anvertraut hast: Schadrach, Meschach und Abed-Nego. Diese Männer haben deinen Befehl missachtet. Sie erweisen deinem Gott keine Ehre und beten das goldene Standbild, das du errichten ließest, nicht an.«

13 Nebukadnezzar tobte vor Wut und befahl, Schadrach, Meschach und Abed-Nego zu holen. Sie wurden ihm vorgeführt 14 und er fuhr sie an: »Stimmt das, was ich da gehört habe? Ihr wollt meinem Gott nicht die Ehre geben und sein goldenes Standbild nicht anbeten? 15 Wir werden es ja sehen! Wenn jetzt die Hörner, Flöten und Pfeifen, die Harfen, Lauten, Dudelsäcke und alle anderen Instrumente ertönen und ihr euch augenblicklich niederwerft und das Standbild anbetet, das ich habe machen lassen, dann soll die Sache erledigt sein. Wenn ihr es aber nicht tut, werdet ihr sofort in den glühenden Ofen geworfen. Welcher Gott sollte euch dann vor mir schützen?«

16 Schadrach, Meschach und Abed-Nego erwiderten dem König: »Wir haben es nicht nötig, dir etwas darauf zu antworten. 17 Unser Gott, dem wir gehorchen, kann uns zwar aus dem glühenden Ofen und aus deiner Gewalt retten; 18 aber auch wenn er das nicht tut: Deinen Gott werden wir niemals verehren und das goldene Standbild, das du errichtet hast, werden wir nicht anbeten.«

19 Da geriet Nebukadnezzar noch mehr in Wut und sein Gesicht verzerrte sich vor Zorn über Schadrach, Meschach und Abed-Nego. Er ließ den Ofen siebenmal so stark heizen wie sonst. 20 Dann befahl er seinen kräftigsten Kriegsleuten, die drei zu fesseln und in den glühenden Ofen zu werfen.

21 Der Befehl wurde auf der Stelle ausgeführt und man warf sie mit allen ihren Kleidern, mit Hosen, Mänteln und Mützen, in den glühenden Ofen. 22 Weil der Ofen auf Befehl des Königs so stark geheizt worden war, wurden die Männer, die die drei hinaufbrachten, von den herausschlagenden Flammen getötet. 23 Schadrach, Meschach und Abed-Nego fielen gefesselt mitten in die Glut. [a]

Gott rettet die drei Freunde aus dem glühenden Ofen

24 König Nebukadnezzar aber erschrak, sprang auf und fragte seine Minister: »Haben wir nicht drei Männer gefesselt ins Feuer geworfen?«

»So ist es, König!«, erwiderten sie.

25 »Aber ich sehe doch vier im Feuer umhergehen!«, rief der König. »Sie sind frei von Fesseln und die Flammen können ihnen nichts anhaben. Der vierte sieht aus wie ein Engel!« [b]

26 Nebukadnezzar trat an die Tür des glühenden Ofens und rief: »Schadrach, Meschach und Abed-Nego, ihr Diener des höchsten Gottes, kommt heraus!«

Da kamen die drei aus dem Ofen. 27 Die Provinzstatthalter, die Militärbefehlshaber, die Unterstatthalter und die Ratgeber des Königs liefen herbei und überzeugten sich davon, dass die Flammen ihnen nicht den geringsten Schaden zugefügt hatten. Das Haar auf ihrem Kopf war nicht versengt, ihre Kleidung war unversehrt, nicht einmal Brandgeruch war an ihnen wahrzunehmen.

a G fügt an dieser Stelle das Gebet Asarjas und den Gesang der drei Männer im Feuerofen ein, die in dieser Bibelübersetzung in Ausgaben mit den »Spätschriften des Alten Testaments« unter den *Zusätzen zum Buch Daniel* zu finden sind (Kap A).

b Wörtlich *wie ein Sohn der Götter* (bzw. *Gottes*); vgl. die Sacherklärung »Gottessöhne«. In Vers 28 wird dafür das Wort *Engel* gebraucht.

3,6 Jer 29,22; Offb 13,15 **3,10** 6,13 **3,12** 2,49 **3,15** 2 Kön 18,34-35 **3,17** Dtn 4,20; Jes 43,2 **3,18** Ex 20,3-5 **3,25** Jes 43,2 **3,27** 6,24

28 Da rief Nebukadnezzar: »Gepriesen sei der
Gott Schadrachs, Meschachs und Abed-Negos!
Er hat seinen Engel gesandt, um diese Männer
zu retten, die ihm gehorcht und auf ihn vertraut
haben. Sie haben sich meinem Befehl widersetzt
und ihr Leben gewagt, weil sie keinen anderen
Gott verehren und anbeten wollten außer dem
ihren.
29 Darum erlasse ich den Befehl an alle Völ-
ker, an die Menschen aus allen Nationen und
Sprachen in meinem Reich: ›Wer den Gott
Schadrachs, Meschachs und Abed-Negos
schmäht, wird in Stücke gehauen und sein Haus
wird in einen Schutthaufen verwandelt. Denn es
gibt keinen anderen Gott, der aus solch einer
Lage retten kann.‹«
30 Der König sorgte dafür, dass Schadrach,
Meschach und Abed-Nego eine noch höhere
Stellung in der Provinz Babylon* erhielten.

Ein weiterer Traum Nebukadnezzars

31 König Nebukadnezzar schrieb einen Brief an
die Menschen aller Nationen, Völker und Spra-
chen auf der ganzen Erde. Er lautete:

Glück und Frieden euch allen! 32 Mit diesem
Schreiben möchte ich überall bekannt machen,
was für große Wunder der höchste Gott an mir
getan hat. 33 Seine Taten sind staunenerregend,
seine Wunder unvergleichlich. Sein Reich bleibt
für immer bestehen, seine Herrschaft nimmt
kein Ende.

4 Ich, Nebukadnezzar, lebte glücklich und zu-
frieden in meinem Palast. 2 Eines Nachts lag
ich auf meinem Bett und hatte einen Traum, der
mir meine Ruhe raubte. Was meine Augen zu
sehen bekamen, stürzte mich in Angst und
Schrecken. 3 Ich ließ alle Weisen Babyloniens*
rufen, damit sie mir den Traum deuten sollten.
4 Sie alle kamen, die Gelehrten, Magier, Wahr-
sager und Sterndeuter, und ich erzählte ihnen
meinen Traum; aber keiner konnte mir die Deu-
tung sagen.
5 Ganz zuletzt trat Daniel vor mich, der nach
meinem Gott Bel* den Namen Beltschazzar er-
halten hatte und vom Geist der heiligen Götter
erfüllt ist. Ich sagte zu ihm: 6 »Beltschazzar, du
bist der oberste der königlichen Ratgeber. Ich
weiß, dass du vom Geist der heiligen Götter er-
füllt bist und es kein Geheimnis gibt, das du
nicht enträtseln könntest. Sag mir, was mein
Traum bedeutet!«
7 Dann erzählte ich Beltschazzar den Traum:
»Während ich schlief, sah ich in der Mitte der
Erde einen hohen Baum stehen. 8 Er wurde im-
mer größer und mächtiger, sodass er zuletzt bis
zum Himmel reichte und noch von den äußers-
ten Enden der Erde zu sehen war. 9 Er trug dich-
tes Laub und reiche Früchte. In seinem Schatten
ruhten die Tiere; Vögel nisteten in seinen Zwei-
gen; und alles, was lebte, bekam seine Nahrung
von ihm.
10 Immer noch auf meinem Bett liegend, sah
ich einen Engel[a] vom Himmel herabsteigen.
11 Der rief laut: ›Fällt den Baum und hackt seine
Äste ab! Streift das Laub von den Zweigen und
streut die Früchte überall umher! Die Tiere, die
unter seinem Schatten Schutz fanden, und die
Vögel in seinen Zweigen sollen fliehen. 12 Nur
den Stumpf lasst in der Erde, aber fesselt ihn mit
eisernen und bronzenen Ketten, damit er unten
am Boden bleibt zwischen Gras und Kräutern.
Der Tau soll auf ihn fallen; wie das Wild soll er
im Gras liegen. 13 Statt eines Menschenverstan-
des soll ihm der Verstand eines Tieres gegeben
werden. So sollen sieben Jahre über ihn hin-
gehen. 14 Dies ist im himmlischen Rat beschlos-
sen worden, damit alle Menschen erkennen:
Der höchste Gott ist Herr über die Reiche der
Welt; er gibt die Herrschaft, wem er will; den
Geringsten unter den Menschen kann er zum
Herrscher über alle erheben.‹
15 Dies habe ich, König Nebukadnezzar,
geträumt. Und nun, Beltschazzar, sag mir, was
es bedeutet! Alle Weisen meines Reiches konn-
ten es mir nicht sagen; aber du kannst es, weil
du vom Geist der heiligen Götter erfüllt bist.«
16 Daniel, der auch Beltschazzar heißt,
schwieg eine Zeit lang ganz betroffen; seine
Gedanken erschreckten ihn. Ich sagte zu ihm:
»Beltschazzar, lass dir nicht Angst machen von
meinem Traum!«
Er aber erwiderte: »Mein Herr und König,
was der Traum ankündigt, das möge deine
Feinde treffen! 17 Der Baum, den du gesehen
hast, dieser große und mächtige Baum, der bis
zum Himmel reichte, 18 der dichtes Laub hatte
und reiche Früchte trug, in dessen Schatten die
Tiere ruhten und in dessen Zweigen die Vögel
nisteten und der allem, was lebt, Nahrung bot –
19 dieser Baum bist du selbst, mein König!

Du wurdest groß und mächtig, deine Gewalt
reichte bis an den Himmel und deine Herrschaft
erstreckte sich bis an die äußersten Enden der
Erde. 20 Dann aber sahst du den Engel[b] vom Him-
mel herabkommen, der befahl: ›Fällt den Baum,

a Wörtlich *einen Wachenden, einen Heiligen.* b Siehe Anmerkung zu Vers 10.

3,28 6,23 **3,29** 2,47; 6,27 **3,33** 4,31; 6,27; 7,14.27; Ps 145,13 **4,1-4** 2,1-3 **4,5** 2,24-26; 5,11-12 **4,7-11** Ez 31,3-14 **4,14** 2,21 S

vernichtet ihn! Nur den Stumpf lasst übrig und
legt ihn in Ketten; er bleibe unten am Boden
zwischen Gras und Tieren und sei schutzlos dem
Tau preisgegeben, sieben Jahre lang!‹
21 Mein Herr und König, das bedeutet, dass
der höchste Gott sein Urteil über dich gespro-
chen hat. 22 Du wirst aus der Gemeinschaft der
Menschen ausgestoßen werden und unter den
wilden Tieren leben müssen, du wirst Gras fres-
sen wie ein Rind und nass werden vom Tau, der
vom Himmel fällt. Sieben Jahre werden so über
dich hingehen, bis du erkennst: Der höchste Gott
allein ist Herr über alle Menschen und er gibt die
Herrschaft, wem er will.
23 Dass aber der Befehl erging, den Stumpf in
der Erde zu lassen, das bedeutet: Die Herrschaft
wird dir zurückgegeben werden, wenn du Gott[a]
als den höchsten Herrn anerkennst. 24 Lass dir
deshalb raten, mein König: Kehre dich ab vom
Unrecht und halte dich an das Recht; mach deine
Verfehlungen wieder gut, indem du den Armen
Gutes tust. Sonst wird dein Glück nicht von
Dauer sein.«
25 Was Daniel mir angekündigt hatte, traf ein.
26 Ein Jahr später erging ich mich auf dem Dach
meines Palastes in Babylon* 27 und sagte zu mir
selbst: »Diese großartige Stadt habe ich als meine
Residenz erbaut! Mit meiner gewaltigen Macht
habe ich das fertig gebracht und habe damit mei-
ner Größe ein Denkmal gesetzt!«
28 Ich hatte noch nicht ausgeredet, da ertönte
eine Stimme vom Himmel herab: »König Nebu-
kadnezzar, hiermit wird dir die Herrschaft weg-
genommen! 29 Du wirst aus der Gemeinschaft
der Menschen ausgestoßen und musst unter den
wilden Tieren leben, du wirst Gras fressen wie
ein Rind, und das sieben Jahre lang, bis du er-
kennst: Der höchste Gott allein ist Herr über alle
Menschen und er gibt die Herrschaft, wem er
will.«
30 Sofort wurde dieses Urteil vollstreckt: Ich
wurde aus der Gemeinschaft der Menschen aus-
gestoßen, aß Gras wie ein Rind und schlief unbe-
deckt im Freien, sodass ich nass wurde vom Tau.
Im Lauf der Zeit wurden meine Haare so lang
wie Adlerfedern und meine Nägel wie Vogel-
krallen.
31 Nach Ablauf der sieben Jahre aber erhob
ich den Blick zum Himmel. Da kehrte mein
menschlicher Verstand wieder zurück und ich
sagte:

»Du höchster Gott, du Gott, der ewig lebt:
Ich preise dich, lobe und rühme dich!
Dein Reich bleibt für immer bestehen,
deine Herrschaft nimmt kein Ende.
32 Alle Bewohner der Erde sind vor dir
wie nichts
und mit den Göttern des Himmels[b]
verfährst du nach Belieben.
Es gibt keinen, der dich zur Rechenschaft
ziehen,
niemand, der dir vorhalten kann:
›Was tust du da?‹«

33 Im selben Augenblick bekam ich auch wieder
meine herrscherlichen Fähigkeiten, die den
Ruhm meines Königtums begründet hatten. Dar-
aufhin kamen meine Minister und die führenden
Männer zu mir und setzten mich wieder als
König ein. Meine Macht wurde noch größer als
zuvor.
34 Ich, Nebukadnezzar, aber preise, rühme
und verherrliche nun den König, der im Himmel
regiert. Was er tut, ist gut und recht; er demütigt
alle, die sich überheben.

Die rätselhafte Schrift an der Wand

5 König Belschazzar[c] hatte die tausend mäch-
tigsten Männer seines Reiches zu einem
Gastmahl geladen. Er trank mit ihnen Wein,
2 und als er in Stimmung kam, befahl er, die gol-
denen und silbernen Gefäße herbeizubringen,
die sein Vater Nebukadnezzar aus dem Tempel*
in Jerusalem geraubt hatte. Er wollte mit den
geladenen Männern und seinen Frauen und
Nebenfrauen daraus trinken. 3 Die geraubten
Gefäße wurden gebracht und alle tranken daraus
Wein. 4 Dabei priesen sie die Götter aus Gold,
Silber, Bronze, Eisen, Holz und Stein.
5 Plötzlich wurde eine Hand sichtbar, die
etwas auf die gekalkte Wand des Königspalastes
schrieb. Es war genau an der Stelle, auf die das
volle Licht des Leuchters fiel. Als der König
die schreibende Hand sah, 6 wurde er bleich
und seine Gedanken erschreckten ihn so sehr,
dass ihn alle Kraft verließ[d] und seine Knie zitter-
ten.
7 Er rief laut, man solle die Weisen Babylons*,

a Wörtlich *den Himmel.* b Gemeint sind die Sterne, denen die babylonische Religion göttliche Macht zuschrieb.
c *Belschazzar* bedeutet »Bel* schütze den König« (in der Lutherbibel lautet der Name *Belsazar*). Daniels babylonischer Name Beltschazzar bedeutet dagegen: »Schütze sein Leben!« (Der angeredete Gott ist in diesem Fall nicht mit Namen genannt.)
d *ihn alle ...:* wörtlich *seine Hüftgelenke sich lösten.*

4,24 Spr 19,17; Sir 3,30-31 S **4,27-28** Spr 16,18; Ez 31,10 S **4,31** 3,33 S **4,32** Jes 40,17; Ijob 9,12 **4,34** Lk 1,51; 18,14 **5,2** 1,2; 2 Kön 25,13-15 **5,4** BrJer 3; Offb 9,20 S **5,7-8** 2,2-3; 4,4; Gen 41,8

die Wahrsager, Magier und Sterndeuter holen.
Als sie kamen, sagte er: »Wer die Schrift an der
Wand lesen und erklären kann, was sie bedeutet,
wird in Purpur gekleidet und bekommt eine gol-
dene Ehrenkette um den Hals. Er wird der dritt-
mächtigste Mann in meinem Reich!«

8 Alle Weisen des Königs traten vor, aber sie
konnten das Geschriebene nicht lesen und erst
recht nicht seinen Sinn deuten. 9 Da erschrak
König Belschazzar noch mehr und er wurde
noch bleicher. Auch die geladenen Männer
waren ratlos.

Daniel kündigt König Belschazzar den Untergang an

10 Die Mutter des Königs hatte von draußen alles
mitgehört, was der König und seine Gäste gesagt
hatten. Sie kam herein und sagte zu ihrem Sohn:
»Der König möge ewig leben! Du brauchst nicht
zu erschrecken, du musst nicht so bleich wer-
den! 11 Es gibt in deinem Reich einen Mann, der
vom Geist der heiligen Götter erfüllt ist. Zur Zeit
deines Vaters Nebukadnezzar zeigte sich, dass in
ihm so viel Erleuchtung und Einsicht und Weis-
heit sind, wie sie sonst nur die Götter haben.
Dein Vater machte ihn zum ersten seiner Rat-
geber, der Weisen, Wahrsager, Magier und Stern-
deuter. 12 Er heißt Daniel, dein Vater gab ihm
den Namen Beltschazzar. Er ist ungewöhnlich
klug und kann Träume deuten, Rätsel lösen und
die geheimnisvollsten Dinge erklären. Lass ihn
rufen! Er wird dir sagen, was die Schrift be-
deutet.«

13 Sofort wurde Daniel herbeigeholt und der
König sagte: »Du bist also Daniel, einer von den
Leuten, die mein Vater aus Juda hierher gebracht
hat? 14 Ich habe gehört, dass du vom Geist der
Götter erfüllt und mit ungewöhnlicher Weisheit
und Einsicht begabt bist. 15 Ich habe meine Wei-
sen und Wahrsager holen lassen, damit sie diese
Schrift lesen und mir ihren Sinn deuten; aber sie
können es nicht. 16 Über dich aber habe ich
gehört, dass du die schwierigsten Fragen lösen
und die verborgensten Geheimnisse enthüllen
kannst. Wenn das wahr ist und du mir diese
Schrift vorlesen und deuten kannst, wirst du in
Purpur gekleidet und bekommst eine goldene
Ehrenkette. Ich mache dich zum drittmäch-
tigsten Mann in meinem Reich.«

17 Daniel antwortete dem König: »Deine Ge-
schenke kannst du behalten oder einem anderen
geben. Aber ich werde dir die Schrift vorlesen
und dir sagen, was sie bedeutet. 18 Mein König,
der höchste Gott hatte deinen Vater Nebukad-
nezzar zu einem mächtigen Herrscher gemacht
und ihm Ehre und Ruhm gegeben. 19 Deshalb zit-
terten die Menschen aller Nationen, Völker und
Sprachen vor ihm. Er konnte töten und am
Leben lassen, wen er wollte. Er gewährte und
entzog seine Gunst, ganz wie es ihm gefiel.
20 Als er aber stolz und hochmütig wurde, kam
er um Thron und Herrscherwürde. 21 Statt seines
menschlichen Verstandes wurde ihm der Ver-
stand eines Tieres gegeben und er wurde aus der
Gemeinschaft der Menschen ausgestoßen. Er
musste bei den Wildeseln leben und Gras fressen
wie ein Rind. Er schlief unbedeckt im Freien,
sodass er nass wurde vom Tau. Das dauerte so
lange, bis er einsah: Der höchste Gott allein ist
Herr über alle Menschen und er gibt die Herr-
schaft, wem er will.

22 Du aber, sein Sohn Belschazzar, hast dies
alles gewusst und hast dich trotzdem nicht vor
Überheblichkeit gehütet. 23 Du hast den höchs-
ten Herrn herausgefordert und dir die heiligen
Gefäße seines Tempels* bringen lassen, du hast
mit deinen führenden Männern, deinen Frauen
und Nebenfrauen daraus Wein getrunken und
die Götzen aus Gold, Silber, Bronze, Eisen, Holz
und Stein gepriesen, die weder sehen noch
hören können und auch keinen Verstand haben.
Dem Gott aber, der dein Leben in der Hand hat
und dein ganzes Schicksal bestimmt, hast du die
Ehre verweigert.

24 Deshalb hat er diese Hand geschickt und
die Schrift an die Wand schreiben lassen. 25 Was
da geschrieben steht, lautet: ›Mene mene tekel
u-parsin.‹ 26 Das bedeutet: *Gezählt* hat Gott die
Tage deiner Herrschaft – und ihr ein Ende ge-
macht. 27 *Gewogen* hat er dich – und dich zu
leicht gefunden. 28 *Zerteilt* hat er dein Reich und
es den Medern und Persern gegeben.«[a]

29 Belschazzar befahl, Daniel in Purpur zu
kleiden und ihm eine goldene Halskette umzu-
legen, und erklärte ihn zum drittmächtigsten
Mann in seinem Reich. 30 Noch in derselben
Nacht aber wurde Belschazzar, der König der
6 Babylonier, umgebracht 1 und der Meder
Darius übernahm die Herrschaft. Darius
war damals 62 Jahre alt.

a Mene mene tekel u-parsin wird in den Versen 26-28 gedeutet als »Gezählt, gezählt, gewogen und geteilt«. Gleichzeitig bezeichnen die Wörter Geldeinheiten, und zwar mit absteigendem Wert, wie etwa Mark, Groschen, Pfennig oder Zehner, Fünfer, Einser, womit ebenfalls ein vernichtendes Urteil über den König ausgesprochen ist. Das Wort für »geteilt« erinnert zugleich an »Perser«.

5,11-12 2,48; 4,5-6; 1,7.17 **5,18** 2,37-38 **5,20-21** 4,25-30; Ez 31,10 S **5,29** 2,48; Gen 41,42-43 **6,1** 9,1-2; Jes 13,17

Daniels Rivalen stellen ihm eine Falle

2 Darius fand es zweckmäßig, das Reich in hun-
dertzwanzig Provinzen einzuteilen und an die
Spitze jeder Provinz einen Statthalter zu be-
rufen. 3 Außerdem ernannte er drei Bevollmäch-
tigte, denen die Statthalter Rechenschaft geben
mussten, damit dem König kein Schaden ent-
stand. Einer von den dreien war Daniel.

4 Es zeigte sich bald, dass Daniel den beiden
anderen Bevollmächtigten und allen Statthaltern
geistig weit überlegen war. Deshalb wollte der
König ihn zum obersten Bevollmächtigten für
das ganze Reich machen. 5 Da suchten die bei-
den anderen Bevollmächtigten und die Statt-
halter einen Vorwand, um Daniel anklagen zu
können. Sie fanden aber nichts, was sie ihm vor-
werfen konnten; denn er führte sein Amt treu
und gewissenhaft. Sie konnten nicht die ge-
ringste Nachlässigkeit entdecken.

6 Da sagten sie: »Der einzige Punkt, wo wir
ihn fassen können, ist seine Treue zum Gesetz*
seines Gottes.«

7 So begaben sie sich alle miteinander eilig
zum König und sagten: »König Darius, mögest
du ewig leben! 8 Die Bevollmächtigten deines
Reiches, die Militärbefehlshaber, die Statthalter,
die Ratgeber und die Unterstatthalter sind über-
eingekommen, dass du folgenden Befehl erlassen
und für seine strikte Befolgung sorgen sollst:
›Wer in den nächsten dreißig Tagen ein Gebet
oder eine Bitte an irgendeinen Gott oder Men-
schen richtet außer an dich, unseren König,
der soll zu den Löwen in die Grube geworfen
werden.‹ 9 Gib diesem Verbot die Form eines
offiziellen königlichen Erlasses, der nach dem
Gesetz der Meder und Perser von niemand
widerrufen werden kann.«

10 König Darius ließ den Befehl ausfertigen
und unterschrieb ihn.

11 Daniel hatte im Obergeschoss seines Hauses
Fenster in Richtung Jerusalem. Dreimal täglich
kniete er dort nieder, um Gott zu preisen und
seine Bitten vor ihn zu bringen. Als er von dem
königlichen Befehl erfuhr, ging er wie immer in
sein Haus und kniete zur gewohnten Zeit am
offenen Fenster nieder. 12 Da stürmten seine
Feinde herein und fanden ihn, wie er zu seinem
Gott betete und ihn anflehte.

13 Darauf gingen sie zum König und sagten:
»Du hast doch einen schriftlichen Befehl erlas-
sen, dass jeder, der in den nächsten dreißig
Tagen von einem Gott oder Menschen etwas
erbittet außer von dir, zu den Löwen in die
Grube geworfen werden soll.«

»So ist es«, erwiderte der König, »und nach
dem Gesetz der Meder und Perser gilt es un-
widerruflich!«

14 Da berichteten sie dem König: »Daniel, der
zu den Verschleppten aus Juda gehört, kümmert
sich nicht um dich und dein Verbot, sondern
betet wie bisher dreimal täglich zu seinem
Gott.«

Gott schützt Daniel in der Löwengrube

15 Was der König da hörte, bedrückte ihn sehr
und er überlegte, wie er Daniel retten könnte.
Den ganzen Tag über suchte er nach einem Aus-
weg. 16 Aber bei Sonnenuntergang kamen die
Ankläger wieder zu ihm und hielten ihm vor:
»Du weißt, König: Es ist ein Gesetz der Meder
und Perser, dass kein Erlass des Königs wider-
rufen werden kann.«

17 Nun musste König Darius den Befehl
geben, Daniel herzubringen und in die Löwen-
grube zu werfen. Er sagte zu ihm: »Möge dein
Gott, den du so treu verehrst, dich retten!«

18 Ein Stein wurde auf die Öffnung der Grube
gewälzt und mit dem Siegel des Königs und sei-
ner höchsten Beamten versiegelt, damit niemand
den Stein wegrücken und Daniel helfen konnte.

19 Danach ging der König in seinen Palast. Er
rührte an diesem Abend kein Essen an und ver-
sagte sich jede Unterhaltung.[a] Er konnte die gan-
ze Nacht keinen Schlaf finden. 20 Beim ersten
Morgengrauen stand er auf, lief zur Löwengrube
21 und rief schon von ferne voller Angst: »Daniel,
du Diener des lebendigen Gottes, hat dich dein
Gott, den du so treu verehrst, vor den Löwen ret-
ten können?«

22 Daniel antwortete: »O König, mögest du
ewig leben! 23 Mein Gott sandte seinen Engel*
und verschloss den Löwen den Rachen, sodass
sie mir nichts antun konnten. Denn er hat keine
Schuld an mir gefunden und auch gegen dich,
mein König, habe ich kein Unrecht begangen.«

24 Der König war überglücklich und befahl,
Daniel aus der Löwengrube zu holen. Daniel
wurde heraufgezogen. Er war völlig unverletzt
geblieben, weil er seinem Gott vertraut hatte.

25 Der König aber befahl, die Männer, die
Daniel angezeigt hatten, samt ihren Frauen und
Kindern zu den Löwen hinunterzuwerfen. Sie
hatten noch nicht den Boden berührt, da fielen

a versagte sich …: wörtlich *ließ sich kein(e) … bringen;* die Bedeutung des ausgelassenen Wortes ist unbekannt.

6,2 Est 1,1 **6,9** Est 1,19S **6,11** 1 Kön 8,48; Tob 3,11; Ps 55,18 **6,13-14** 3,10-12 **6,16** Est 1,19S **6,21** 3,17 **6,23** 3,28 **6,24** 3,27

schon die Löwen über sie her und zermalmten
ihnen alle Knochen.
26 Darauf schrieb König Darius an die Men-
schen aller Nationen, Völker und Sprachen auf
der ganzen Erde:

»Glück und Frieden euch allen! 27 Hiermit ordne
ich an: In meinem gesamten Reich soll man den
Gott Daniels fürchten und vor ihm zittern; denn
er ist der lebendige, ewige Gott. Sein Reich ist
unzerstörbar und seine Herrschaft nimmt kein
Ende. 28 Er kann befreien und retten; am Him-
mel und auf der Erde sind die Zeichen seiner
Macht zu sehen. Er hat Daniel aus dem Rachen
der Löwen gerettet.«

29 Daniel aber wurde hoch geehrt während der
Herrschaft des Königs Darius und auch unter der
Herrschaft des Perserkönigs Kyrus.

DIE VISIONEN DANIELS
(Kapitel 7–12)

Daniels erste Vision: Die Weltreiche und das Gottesreich

7 Im ersten Regierungsjahr des babylonischen
Königs Belschazzar hatte Daniel in der Nacht
im Traum eine Vision. Er schrieb auf, was er
geschaut hatte; 2 hier ist sein Bericht:
Ich sah in meiner nächtlichen Vision, wie aus
den vier Himmelsrichtungen die Winde bliesen
und das große Meer aufwühlten. 3 Vier große
Tiere stiegen aus dem Meer; jedes hatte eine
andere Gestalt.
4 Das erste Tier sah aus wie ein Löwe, hatte
aber Adlerflügel. Während ich es betrachtete,
wurden ihm die Flügel ausgerissen, es wurde
aufgerichtet, dass es auf zwei Füßen stand wie
ein Mensch, und es erhielt einen menschlichen
Verstand.
5 Das zweite Tier sah aus wie ein Bär. Es war
halb aufgerichtet und hatte zwischen seinen Zäh-
nen drei Rippenknochen. Es erhielt den Befehl:
»Steh auf! Friss dich voll mit Fleisch!«
6 Danach sah ich ein Tier, das aussah wie ein
Panther. Es hatte vier Vogelflügel auf dem Rü-
cken und vier Köpfe. Ihm wurde große Macht
gegeben.
7 Schließlich sah ich in meiner Vision ein vier-
tes Tier, das sah schreckenerregend aus und war
sehr stark. Es hatte große Zähne aus Eisen, mit
denen es alles zermalmte, und was es nicht hin-
unterschlingen konnte, zertrat es mit den Füßen.
Es war völlig verschieden von den anderen
Tieren und hatte zehn Hörner.
8 Während ich die Hörner beobachtete, brach
ein weiteres Horn zwischen ihnen hervor. Drei
von den vorigen Hörnern wurden seinetwegen
ausgerissen. Das Horn hatte Menschenaugen
und ein Maul, das großmächtig prahlte.
9 Dann sah ich, wie Thronsessel aufgestellt
wurden. Jemand, der uralt war, setzte sich auf
einen von ihnen. Sein Gewand war weiß wie
Schnee und sein Haupthaar so weiß wie reine
Wolle. Sein Thron bestand aus lodernden Flam-
men und stand auf feurigen Rädern. 10 Ein Feuer-
strom ging von ihm aus. Abertausende standen
zu seinem Dienst bereit und eine unzählbare
Menge stand vor ihm.
Richter setzten sich und Bücher wurden auf-
geschlagen. 11 Ich sah, wie das Tier, dessen Horn
so prahlerisch dahergeredet hatte, getötet wurde.
Sein Körper wurde ins Feuer geworfen und völlig
vernichtet. 12 Schon zuvor war den anderen
Tieren ihre Macht genommen worden; auf Tag
und Stunde war die ihnen zugemessene Frist
bestimmt.
13 Danach sah ich in meiner Vision einen,
der aussah wie der Sohn eines Menschen.[a]
Er kam mit den Wolken heran und wurde vor
den Thron des Uralten geführt. 14 Der verlieh
ihm Macht, Ehre und Herrschaft, und die Men-
schen aller Nationen, Völker und Sprachen
unterwarfen sich ihm. Seine Macht ist ewig und
unvergänglich, seine Herrschaft wird niemals
aufhören.

Die Deutung der Vision

15 Ich war verwirrt und erschreckt von dem, was
ich sah. 16 Ich wandte mich an einen, der in der
Nähe stand, und bat ihn, mir zu erklären, was
das alles bedeutete. Er sagte zu mir: 17 »Die vier
großen Tiere sind vier Weltreiche, die nach-
einander auftreten werden; 18 aber zuletzt wird
das heilige Volk des höchsten Gottes die Herr-
schaft ergreifen und sie behalten bis in alle
Ewigkeit.«
19 Ich wollte Genaueres erfahren über das
vierte Tier, das ganz anders war als die anderen,
diese schreckliche Bestie mit Zähnen aus Eisen
und Krallen aus Bronze, die alles zermalmte und

a D. h. nach biblischem Sprachgebrauch: wie ein Wesen von der Gattung Mensch. Die so bezeichnete Gestalt erhält im Frühjudentum und im Neuen Testament den Titel »Menschensohn« (siehe dazu die Sacherklärung).

6,26 3,31 **6,27** 3,33S **6,29** 1,21 **7,1** 5,1 **7,7** Offb 13,1 **7,8** 8,9; 11,36; Offb 13,5-6 **7,9** Ez 1,26.15-21; Ps 90,2; Offb 4,2 **7,10** Mal 3,16S; Offb 5,11 **7,12** 2,21 **7,13** Mk 13,26S; Offb 1,13S **7,14** 2,44S **7,18** Offb 20,4.6; 22,5

verschlang und den Rest mit den Füßen zertrat.
20 Vor allem wollte ich wissen, was die zehn Hör-
ner auf seinem Kopf bedeuten sollten und das
elfte Horn, das zuletzt hervorbrach und vor dem
drei andere weichen mussten – Menschenaugen
hatte es und ein Maul, das großmächtig prahlte,
und es sah größer aus als die übrigen Hörner.
21 Ich hatte beobachtet, wie dieses Horn mit dem
heiligen Volk Gottes Krieg führte und es unter-
warf; 22 aber dann kam der Uralte, um Gericht
zu halten, und die Herrschaft wurde seinem
Volk, den Heiligen des höchsten Gottes, über-
geben.

23 Auf meine Frage bekam ich zur Antwort:
»Das vierte Tier bedeutet ein viertes Reich, das
anders ist als alle vorhergehenden. Es wird alle
Völker der Erde zermalmen, verschlingen und
zertreten. 24 Die Hörner bedeuten, dass zehn
Könige in diesem Reich regieren werden, dann
aber kommt ein elfter König an die Macht, der
sich von allen seinen Vorgängern unterscheidet.

Drei Könige wird er vom Thron stoßen. 25 Er
wird verächtlich über Gott, den Höchsten, reden
und das heilige Volk des höchsten Gottes unter-
drücken. Er wird versuchen, das Gesetz* Gottes
und die heiligen Feste abzuschaffen.

Ein Jahr und zwei Jahre und ein halbes Jahr
wird das Volk Gottes in seine Gewalt gegeben.
26 Dann aber tritt das himmlische Gericht zusam-
men und nimmt ihm seine Macht; er wird end-
gültig vernichtet.

27 Darauf wird der höchste Gott die Herr-
schaft über die Völker der ganzen Erde seinem
heiligen Volk übertragen. Dessen Reich soll alle
anderen Reiche ablösen und ihre Macht und
Größe in sich vereinen. Gott aber behält die
Herrschaft in alle Ewigkeit, alle Mächtigen der
Erde werden ihm dienen und gehorchen
müssen.«

28 Hier endete meine Vision. Ich, Daniel, war
so erschrocken, dass alle Farbe aus meinem
Gesicht wich; aber ich behielt im Gedächtnis,
was ich geschaut hatte.

Eine zweite Vision: Der Zweikampf zwischen Widder und Ziegenbock

8 Im dritten Regierungsjahr des Königs Bel-
schazzar hatte ich, Daniel, wieder eine
Vision. 2 In der Vision sah ich mich in der Resi-
denzstadt Susa in der Provinz Elam*, und zwar
in der Nähe des Ulai-Kanals.

3 Als ich genauer hinsah, stand da am Was-
ser ein Widder mit zwei mächtigen Hörnern.
Das eine Horn war größer als das andere,
obwohl es erst nach dem anderen gewachsen
war. 4 Ich sah, wie der Widder mit den Hörnern
nach Westen, Norden und Süden stieß. Kein an-
deres Tier konnte sich gegen ihn behaupten,
niemand konnte es mit ihm aufnehmen. Darum
durfte er sich alles erlauben und wurde immer
mächtiger.

5 Während ich den Widder beobachtete, kam
plötzlich ein Ziegenbock von Westen. Er flog nur
so über die Erde, ohne den Boden zu berühren;
zwischen den Augen trug er ein einziges, starkes
Horn. 6–7 Als er bei dem Widder am Wasser an-
gekommen war, stürzte er sich wutentbrannt auf
ihn. Der Zorn gab ihm solche Kraft, dass er dem
Widder beide Hörner abbrach. Der Widder
konnte ihm nicht standhalten; da ihm niemand
zu Hilfe kam, warf der Bock ihn zu Boden und
zertrampelte ihn.

8 Der Ziegenbock wurde immer mächtiger,
aber auf dem Höhepunkt seiner Macht brach
sein großes Horn ab. An seiner Stelle wuchsen
vier kräftige Hörner, jedes nach einer anderen
Himmelsrichtung. 9 Aus einem von ihnen kam
ein weiteres Horn hervor, zunächst ganz klein,
aber dann wuchs es gewaltig nach Osten und
auch nach Süden zum Heiligen Land hin.[a]

10 Dann wuchs es bis zum Heer des Himmels
hinauf, es warf einige von dem Heer und von
den Sternen auf die Erde und zertrat sie. 11 Sogar
bis zum Herrn des Himmelsheeres[b] drang es
vor; es nahm ihm das tägliche Abend- und Mor-
genopfer* weg und entweihte sein Heiligtum.
12 In frevelhafter Weise setzte es einen anderen
Opferdienst an die Stelle des täglichen Opfers
und warf so die Wahrheit zu Boden. Alles, was
es unternahm, gelang ihm.[c]

13 Da hörte ich zwei Engel miteinander reden.
Der eine fragte: »Wie lange soll das dauern, was
in der Vision zu sehen war, dass die täglichen
Opfer unterbunden werden und das Heiligtum
durch frevelhafte Entweihung verödet? Wie
lange darf er ungestraft die Macht des Himmels
herausfordern?«

a Wörtlich *zu (dem Land/Ort) der Zierde/Schönheit hin.*

b D. h. bis zu Gott, dem *Herrn* der Götter. Der Seleuzidenkönig Antiochus IV., auf den hier hingedeutet wird, hat durch seine Religionspolitik in den Kult zahlreicher antiker Götter eingegriffen; zum Ende des Verses vgl. 1 Makk 1 und die Sacherklärung »Scheusal, entsetzliches«.

c Die Übersetzung der Verse 12 und 13 ist teilweise unsicher.

7,25 11,31-36; 8,14 S **7,26** 11,45 **7,27** 7,18 S; 2,44 S **7,28** 8,27 **8,1** 7,1 S **8,2** Neh 1,1; Est 1,2 **8,9** 7,8; 1 Makk 1,10.17; 3,37 **8,10** 11,37 **8,11-12** 12,11 S

14 Ich hörte den anderen Engel antwor-
ten: »Zweitausenddreihundert Mal wird kein
Abend- und Morgenopfer dargebracht. Erst dann
wird die Ordnung des Heiligtums wiederherge-
stellt.«

Die Deutung der Vision vom Widder und vom Ziegenbock

15 Während ich über den Sinn dieser Vision
nachgrübelte, sah ich plötzlich jemand daste-
hen, der wie ein Mann aussah. 16 Und ich hörte
über dem Ulai-Kanal eine Stimme, die ihm zu-
rief: »Gabriel*! Erkläre ihm, was er geschaut
hat!«
17 Der Engel Gabriel trat auf mich zu und ich
erschrak darüber so sehr, dass ich zu Boden
stürzte. Er sagte zu mir: »Du Mensch, du hast
geschaut, was in der letzten Zeit geschehen
wird.«
18 Während er das sagte, lag ich wie betäubt
am Boden, mit dem Gesicht zur Erde. Der Engel
fasste mich bei der Hand und richtete mich auf.
19 Dann sagte er: »Ich enthülle dir jetzt, was
geschehen wird, wenn das Strafgericht Gottes
seinen abschließenden Höhepunkt erreicht.
Denn es geht bei dem, was du geschaut hast, um
die Zeit, in der das Ende kommt.
20 Der Widder mit den beiden Hörnern ist das
Reich der Meder und Perser, 21 der zottige Zie-
genbock das Reich der Griechen. Das große
Horn zwischen den Augen des Ziegenbocks ist
der erste König des Griechenreiches. 22 Dass das
Horn abbricht und an seiner Stelle vier andere
Hörner nachwachsen, bedeutet: Aus dem einen
Reich werden vier Reiche entstehen, die jedoch
nicht so mächtig sind wie das eine.
23 Wenn die Zeit dieser Reiche zu Ende geht
und das Maß ihrer Untaten voll ist, wird ein an-
maßender und hinterlistiger König auftreten.
24 Seine Macht wird groß sein, aber nicht durch
eigene Kraft. Alles, was er unternimmt, wird
ihm gelingen. Mächtige Gegner wird er vernich-
ten, er wird aber auch gegen das heilige Volk
Gottes vorgehen und unerhörte Zerstörungen
anrichten.
25 Er wird dabei so geschickt vorgehen, dass
er mit seinen Täuschungen Erfolg hat. Er wird
überheblich werden und viele ahnungslose Men-
schen umbringen. Aber weil er sich gegen den
höchsten Herrn erhebt, wird er ohne menschli-
ches Zutun vernichtet werden. 26 Auch was du
über die Abend- und Morgenopfer* gehört hast,
wird eintreffen.
Halte geheim, was du geschaut hast; denn es
betrifft eine ferne Zukunft.«
27 Ich, Daniel, war ganz zerschlagen und lag
tagelang krank. Als ich wieder aufstehen konnte,
nahm ich meinen Dienst beim König wieder auf;
aber meine Vision ließ mir keine Ruhe, denn ich
konnte sie immer noch nicht begreifen.

Daniel bittet Gott um Erbarmen und Erleuchtung

9 1-2 Inzwischen war der Meder Darius, der
Sohn von Xerxes, König über das Babyloni-
sche Reich geworden. In seinem ersten Regie-
rungsjahr dachte ich darüber nach, was wohl die
siebzig Jahre bedeuten, von denen ich in den
Heiligen Schriften gelesen hatte. So lange näm-
lich sollte – nach einem Wort des HERRN an den
Propheten Jeremia – Jerusalem in Trümmern
liegen. 3 Ich fastete* und setzte mich im Sack* in
die Asche. Dann wandte ich mich im Gebet an
den HERRN, meinen Gott. 4 Vor ihm legte ich ein
Bekenntnis unserer gemeinsamen Schuld ab und
sagte:
»Ach HERR, du großer und Ehrfurcht gebieten-
der Gott! Du stehst in unerschütterlicher Treue
zu deinem Bund* und zu denen, die dich lieben
und nach deinen Geboten leben. 5 Wir sind
schuldig geworden, wir haben dir die Treue ge-
brochen, wir haben uns gegen dich aufgelehnt
und deine Gebote und Weisungen nicht befolgt.
6 Wir haben nicht auf die Warnungen deiner Die-
ner, der Propheten*, gehört, die in deinem Auf-
trag unseren Königen und führenden Männern,
den Sippenoberhäuptern und dem ganzen Volk
ins Gewissen geredet haben.
7 Du, HERR, hast zu deinem Bund gestanden,
du bist im Recht, wenn du uns so hart gestraft
hast. Wir aber müssen beschämt vor dir stehen,
die Leute von Juda und Jerusalem und alle Isra-
eliten nah und fern, die du wegen ihres Treu-
bruchs verstoßen und unter die Völker zerstreut
hast.
8 Ja, HERR, wir sind voller Scham, wir, unsere
Könige und führenden Männer und unsere Sip-
penoberhäupter; 9 du aber, HERR, unser Gott,
bist voll Erbarmen! Wir brauchen deine Verge-
bung, denn wir sind dir ungehorsam gewesen!
10 Wir haben nicht auf dich, den HERRN, unseren
Gott, gehört, als du uns durch deine Diener, die

8,14 7,25; 12,11 S **8,16** (Gabriel) 9,21; Lk 1,19.26 **8,17** 10,8-9; Ez 1,28bS; Offb 1,17 **8,21-22** 11,3-4 **8,23-25** 8,9 S; 11,21-45 **8,26** 8,11; (geheim) 12,4 **8,27** 7,28 **9,1-2** Jer 25,11 S **9,3** Jes 58,5 S **9,4-19** Esra 9,5-15; Neh 9,6-37; Jes 59,9-15; Jer 14,7-9.19-22; Bar 1,15–3,8; Tob 3,2-5 **9,4b** Dtn 7,9 S **9,9** Ex 34,6 S

Propheten, gewarnt und auf den rechten Weg
zurückgerufen hast.
11 Ganz Israel hat sich gegen dich aufgelehnt
und deine Gebote missachtet. Deshalb traf uns
der Fluch, mit dem im Gesetzbuch* deines Die-
ners Mose jeder bedroht wird, der dir nicht
gehorcht. 12 Du hast Unheil über Jerusalem
gebracht, das unter dem Himmel seinesgleichen
sucht; aber du hast damit nur wahr gemacht,
was du unseren Königen und führenden Män-
nern für den Fall unseres Ungehorsams ange-
droht hattest.
13 Was im Gesetzbuch Moses angedroht war,
ist alles eingetroffen; denn wir sind nicht umge-
kehrt von unseren falschen Wegen, um dich,
den HERRN, unseren Gott, wieder gnädig zu
stimmen, wir haben uns nicht nach deiner zu-
verlässigen Weisung gerichtet. 14 Deshalb hast
du, HERR, das angedrohte Unheil über uns
hereinbrechen lassen. Wir haben nicht auf dich
gehört, darum bist du, unser Gott, im Recht mit
allem, was du gegen uns getan hast.
15 HERR, wir sind schuldig, wir waren dir un-
gehorsam! Aber du, unser Gott, bist es doch, der
sein Volk durch seine starke Hand aus Ägypten
herausgeführt hat! In aller Welt hast du dir
dadurch einen Namen gemacht. 16 Immer von
neuem hast du in der Vergangenheit deine Treue
an uns erwiesen. Sei auch nun nicht länger
zornig über deine Stadt Jerusalem und über den
Zion*, deinen heiligen Berg!

Durch unsere Schuld und die Schuld unserer
Vorfahren ist es so weit gekommen, dass alle Völ-
ker ringsum über deine Stadt Jerusalem und über
dein Volk spotten. 17 Darum, unser Gott, höre
mein Gebet, höre mein demütiges Bitten! Blicke
wieder freundlich auf dein verwüstetes Heilig
tum, tu es um deiner eigenen Ehre willen!
18 Mein Gott, wende dich mir zu und höre
mich! Sieh doch, wie elend wir dran sind und
wie es um die Stadt steht, die dein Eigentum ist.[a]
Wir wissen, dass wir es nicht verdient haben.
Wir vertrauen nicht auf unsere Leistungen, son-
dern allein auf dein großes Erbarmen. 19 Höre
mich, HERR! Vergib uns! Sieh unser Elend und
greif ein! Lass uns nicht länger warten! Tu es um
deiner Ehre willen; denn du hast doch deine Stadt
und dein Volk zu deinem Eigentum erklärt!«

Der Engel deutet Daniel das Geheimnis der siebzig Jahre

20 Während ich so vor dem HERRN meine Schuld
und die Schuld meines Volkes bekannte und
meinen Gott für seinen heiligen Berg, den Ort
seines Heiligtums, anflehte, 21 kam schon der
Engel Gabriel*, den ich vorher in meiner Vision
gesehen hatte, in schnellem Flug auf mich zu. Es
war um die Zeit des Abendopfers*.
22 Er öffnete mir das Verständnis für das Pro-
phetenwort, über das ich nachgedacht hatte,
und sagte zu mir: »Daniel, ich will dir helfen,
den Sinn jenes Wortes zu verstehen. 23 Als du
zu beten begannst, gab Gott mir eine Antwort
für dich; denn er liebt dich. Ich bin hier, um sie
dir mitzuteilen. Gib gut Acht auf das, was ich dir
zu sagen habe, damit du die Vision verstehst!
24 Nicht siebzig *Jahre,* sondern siebzig *Jahr-
wochen*[b] müssen nach Gottes Plan vergehen, bis
er das Schicksal deines Volkes und der Heiligen
Stadt* wendet. Dann erst ist die Auflehnung
gebüßt und die Schuld vergeben. Dann bringt
Gott alles für immer in Ordnung. Dann lässt er
das Prophetenwort in Erfüllung gehen und der
Tempel* wird von neuem geweiht.
25 Gib Acht, damit du es verstehst: Von dem
Zeitpunkt an, als das Wort erging, dass Jerusalem
wieder aufgebaut werden soll, vergehen sieben
Jahrwochen bis zu dem Zeitpunkt, an dem in
Jerusalem von neuem ein Oberhaupt durch Sal-
bung* eingesetzt wird. Dann wird Jerusalem 62
Jahrwochen hindurch wieder aufgebaut und
befestigt sein und dabei schwere Zeiten erleben.
26 Nach Ablauf dieser Zeit wird ein Gesalbter
getötet werden;[c] die Stadt und der Tempel wer-
den durch das Heer eines fremden Herrschers
verwüstet, über das jedoch die Vernichtung wie
eine Flut hereinbricht; und bis zum Ende wird es
Krieg und Verwüstung geben, wie es in Gottes
Plan vorgesehen ist. 27 Der fremde Herrscher
wird mit der Mehrheit des Volkes ein festes Ab-
kommen treffen, das eine Jahrwoche lang Be-
stand hat.[d] In der Mitte dieser Woche wird er
den Opferdienst im Tempel unterbinden und
den Altar eines fremden Götzen dort aufstellen,
bis ihn selbst die Vernichtung trifft, die in Gottes
Plan für ihn vorgesehen ist.«

a *die dein ...:* wörtlich *über der dein Name ausgerufen ist;* entsprechend in Vers 19.
b *Nicht siebzig Jahre ...:* wörtlich *Siebzig Wochen.* Eine Jahrwoche zählt sieben Jahre.
c Hier folgt noch *und er wird nicht haben;* was, wird nicht gesagt.
d Andere Übersetzungsmöglichkeit: *Der Bund wird sich für die Mehrheit des Volkes eine Jahrwoche lang als stark erweisen.*

9,11.13 (Fluch) Lev 26,14-39; Dtn 28,15-68 **9,15** Ex 12,51; Jer 32,20-21 **9,17** Ez 36,20-23 S **9,18** Dtn 9,4-6; Röm 3,23-24
9,19 Jer 14,21 S **9,21** 8,16 S; Num 28,3-8 **9,24** 9,1-2; 1 Makk 4,36-59 **9,25** Sach 3,1; 4,14 **9,26** 2 Makk 3,1; 4,7.33-35
9,27 12,11 S

Daniel wird auf eine abschließende Offenbarung vorbereitet

10 Im dritten Regierungsjahr des Perserkönigs
Kyrus erhielt Daniel, der auch Belt-
schazzar heißt, eine Botschaft von Gott. Was
ihm darin offenbart wurde, ist wahr und betrifft
eine Zeit großer Not. Daniel suchte den Sinn
der Botschaft zu verstehen und in einer Vision
wurde ihm das Verständnis eröffnet. Er berich-
tet:

2 Damals trauerte ich, Daniel, drei Wochen
lang über das Schicksal meines Volkes. 3 Ich aß
die ganze Zeit über kein Fleisch und keine wohl-
schmeckenden Speisen, trank keinen Wein und
pflegte mein Gesicht und mein Haar nicht mit
Öl.

4 Am 24. Tag des 1. Monats stand ich am Ufer
des Tigris 5 und als ich aufblickte, sah ich einen
Mann in einem leinenen Gewand mit goldenem
Gürtel. 6 Sein Leib funkelte wie ein Edelstein,
sein Gesicht leuchtete wie der Blitz und seine
Augen brannten wie Flammen. Seine Arme und
Beine glänzten wie polierte Bronze und seine
Stimme klang wie das Rufen einer vielstimmigen
Menschenmenge.

7 Nur ich allein sah diese Erscheinung; meine
Begleiter sahen nichts. Doch packte sie ein gro-
ßer Schrecken, sie liefen davon und versteckten
sich. 8 Ich blieb allein zurück. Beim Anblick der
gewaltigen Erscheinung verließ mich alle Kraft
und das Blut wich aus meinem Gesicht. 9 Der
Mann begann zu sprechen und kaum waren die
ersten Worte an mein Ohr gedrungen, da stürzte
ich ohnmächtig zu Boden und blieb mit dem
Gesicht zur Erde liegen. 10 Sogleich griff eine
Hand nach mir und zog mich hoch, sodass ich
mich auf die Knie aufrichten und mit den
Händen aufstützen konnte.

11 Der Mann sagte zu mir: »Gott liebt dich,
Daniel! Steh auf und gib Acht auf das, was ich
dir zu sagen habe. Gott hat mich zu dir gesandt.«

Zitternd stand ich auf 12 und er sagte zu mir:
»Hab keine Angst, Daniel! Du hast dich vor dei-
nem Gott gebeugt, um Einsicht in seinen verbor-
genen Plan zu erlangen; und schon am ersten
Tag, als du damit begannst, hat er dein Gebet er-
hört. So lange bin ich schon unterwegs; 13 aber
der Engelfürst* des Perserreiches trat mir in den
Weg und hat mich 21 Tage lang aufgehalten.
Dann kam Michael*, einer der höchsten Engel-
fürsten, mir zu Hilfe, sodass ich mich dort los-
machen konnte. 14 Nun bin ich hier, um dir zu
sagen, wie es deinem Volk am Ende der Zeit
ergehen wird. Denn auch diese Vision handelt
von einer fernen Zukunft.«

15 Als er das sagte, schlug ich die Augen zu
Boden und konnte kein Wort herausbringen.
16 Da berührte er, der aussah wie ein Mensch,
meine Lippen und ich konnte wieder reden. Ich
sagte zu ihm: »Mein Herr! Als ich dich in meiner
Vision erblickte,[a] überfielen mich heftige
Schmerzen und nahmen mir alle Kraft. 17 Wie
kann ich kleiner Mensch mit einem so mächti-
gen Engel* sprechen? Der Atem stockt mir und
alle Kraft hat mich verlassen.«

18 Da berührte er, der aussah wie ein Mensch,
mich noch einmal und stärkte mich. 19 Dann
sagte er zu mir: »Hab keine Angst! Gott liebt
dich. Frieden sei mit dir! Sei stark und mutig!«

Ich fühlte mich so gestärkt, dass ich sagte:
»Rede jetzt! Du hast mir die Kraft gegeben, dich
anzuhören.«

20–21 Er erwiderte: »Weißt du nun, warum ich
zu dir gekommen bin? Ich will dir offenbaren,
was im Buch der Wahrheit geschrieben steht.
Wenn ich dich verlasse, muss ich wieder mit dem
Engelfürsten des Perserreiches kämpfen; und
wenn ich den besiegt habe, muss ich gegen den
Engelfürsten der Griechen antreten. Niemand
steht mir gegen sie bei außer Michael*, dem
11 Engelfürsten eures Volkes, 1 so wie auch ich
ihm beistand im ersten Regierungsjahr des
Mederkönigs Darius.«

Prophetischer Gang durch die Geschichte: Alexander der Große und sein Ende

2 Der Engel sagte:[b] »Jetzt will ich dir mitteilen,
was mit Sicherheit künftig geschehen wird.
Noch drei Könige werden über Persien regieren;
danach kommt ein vierter, der reicher sein wird
als alle seine Vorgänger. Wenn er durch seinen
Reichtum zu großer Macht gelangt ist, wird er
sie gegen das Königreich der Griechen aufbieten.
3 Dann wird ein großer Held König von Grie-
chenland[c] werden. Er wird mit großer Macht
regieren und alle seine Pläne ausführen. 4 Aber
kaum hat er sein Ziel erreicht, so bricht sein

a Der Text kann auch so verstanden werden, dass es sich in Vers 16a und Vers 18 um eine zweite Gestalt neben der von Vers 4-6 und Vers 16b (und 19) handelt; dann ist – wörtlicher – zu übersetzen: *Da berührte einer, der aussah ... Ich sagte zu dem, der mir gegenüberstand ... Als ich die Vision sah ...*

b Verdeutlichender Zusatz; ebenso in 12,1. Es spricht immer noch der *Mann* von 10,5-6.

c *von Griechenland:* verdeutlichender Zusatz.

10,1 1,7.21 **10,5** 8,15; 12,5-6; Ez 9,2 **10,7** Apg 9,7 **10,8-10** 8,17 S **10,13** (Michael) 10,20-21; 12,1; Jud 9; Offb 12,7 **10,14** 8,17 **10,16** Jer 1,9 S **10,18** 8,18 **10,19** (liebt dich) 9,23 **10,20-21** 10,13 S **11,1** 9,1-2 **11,3-4** 8,21-22; 1 Makk 1,1-6

Reich wieder auseinander und zerfällt in vier
Teile, nach den vier Himmelsrichtungen. Keines
der Teilreiche erreicht die Macht, die er in seiner
Hand vereinigt hatte, und nicht seine Nachkom-
men herrschen dort, sondern das Erbe fällt ande-
ren zu; sein Königshaus wird vollständig aus-
gelöscht.

Die Rivalität zwischen Ptolemäer- und Seleuzidenreich

5 Der König des südlichen Reiches wird mächtig
sein; aber einer seiner Fürsten wird ihn an
Macht übertreffen und im nördlichen Teil[a] ein
eigenes großes Reich begründen.

6 Nach einiger Zeit werden die beiden Reiche
sich verbünden und zur Besiegelung des Bünd-
nisses wird der König des Südens dem König des
Nordens seine Tochter zur Frau geben. Aber sie
wird ihren Einfluss verlieren und das Bündnis
wird keinen Bestand haben. Sie selbst wird ster-
ben müssen und ebenso die beiden, die diese
Verbindung gestiftet haben, ihr Vater und ihr
Mann.

7 Anstelle ihres Vaters wird einer ihrer Brü-
der[b] König werden. Er wird den König des Nor-
dens angreifen, sein Heer besiegen und seine
Hauptstadt erobern und ausplündern. 8 Die Göt-
terbilder samt ihren kostbaren Geräten aus Silber
und Gold wird er nach Ägypten mitnehmen,
doch sonst nichts gegen den König des Nordens
unternehmen. Nach einigen Jahren 9 wird der
König des Nordens in das südliche Reich einfal-
len, aber dann wieder heimkehren.

10 Doch seine Söhne werden sich zum Krieg
rüsten und große Truppenmassen zusammen-
bringen. Einer von ihnen wird mit seinem Heer
wie eine Sturmflut über den Gegner herein-
brechen und nachdem er seine Truppenmacht
noch einmal verstärkt hat, wird er bis vor die
befestigte Stadt kommen, die dem Südkönig ge-
hört. 11 Da wird der König des Südens voller Wut
gegen den König des Nordens in den Kampf
ziehen und ihn trotz seiner Übermacht besiegen.
12 Von den feindlichen Kriegsleuten werden
Zehntausende den Tod finden.

Dieser Sieg wird den König des Südens stolz
und selbstsicher machen; aber er wird seine
Überlegenheit nicht halten können. 13 Denn
nach einigen Jahren wird der König des Nordens
ein noch größeres Heer aufstellen und ihn an-
greifen.

14 Zu dieser Zeit werden sich viele gegen den
König des Südens auflehnen. Sogar aus deinem
eigenen Volk werden gewalttätige Leute sich
gegen ihn erheben und damit eine Vision erfül-
len; aber sie werden scheitern. 15 Der König des
Nordens wird gegen eine stark befestigte Stadt
anrücken, einen Wall aufschütten und sie be-
lagern. Er wird sie einnehmen; das Heer des
Südens wird nicht standhalten können, selbst
die Elitetruppen sind nicht stark genug, um ihm
zu widerstehen. 16 Der König des Nordens kann
tun, was ihm gefällt, weil er nirgends mehr auf
Widerstand trifft; er wird auch in das Heilige
Land[c] eindringen und dort Verwüstungen an-
richten.

17 Er wird den Plan fassen, sich mit dem Reich
des Südens zu verbünden, um es in seine Ge-
walt zu bekommen. Zu diesem Zweck wird er
dem König des Südens eine seiner Töchter zur
Frau geben; aber er wird sein Ziel nicht er-
reichen. 18 Dann wird er sich den Inseln zuwen-
den und viele erobern; aber ein fremder Heer-
führer wird ihm entgegentreten und ihm seinen
Übermut austreiben. 19 Darauf wird er die Städte
seines eigenen Landes ausplündern müssen und
dabei den Untergang finden.

20 Sein Nachfolger wird einen Steuereintrei-
ber in das Heilige Land[d] schicken; aber nach
kurzer Zeit wird er getötet werden, nicht im
Krieg, sondern auf hinterhältige Weise.

Antiochus Epiphanes, der Feind des Gottesvolkes

21 Seinen Platz wird ein niederträchtiger Mensch
einnehmen. Er hat keinen Anspruch auf das
Königtum, aber er reißt es durch Intrigen an sich.
22 Alle Heere, die in sein Land einfallen wollen,
vernichtet er.

Auch ein Oberhaupt des Gottesvolkes[e] fin-
det durch ihn den Untergang. 23 Es hat seine
Freundschaft gesucht, aber er hintergeht es,
zieht gegen die Heilige Stadt und bringt sie in
seine Gewalt, obwohl er nur eine kleine Truppe
bei sich hat.

24 Unversehens fällt er in wohlhabende Land-
striche ein, raubt sie aus und verteilt die Beute
verschwenderisch unter seine Gefolgsleute.
Keiner seiner Vorgänger hat je so etwas getan.
Seine Pläne richten sich auch gegen die be-
festigten Städte. Aber das dauert nur eine Zeit
lang.

a *im nördlichen Teil:* verdeutlichender Zusatz. b Wörtlich *ein Spross aus ihren Wurzeln.*
c wörtlich *das Land der Zierde;* ebenso in Vers 41 (vgl. 8,9). d *in das ...:* wörtlich *in den Schmuck des Reiches.*
e *ein Oberhaupt ...:* wörtlich *ein Fürst des Bundes*.*

11,6 2,43 **11,16** 8,9 S **11,17** 2,43 **11,20** 2 Makk 3,7-40 **11,21** 7,24; 8,23; 2 Makk 4,7; 1 Makk 1,10 **11,22 b** 9,26 S

25 Dann nimmt er alle seine Kraft zusammen
und zieht mit einem großen Heer gegen den
König des Südens, der ein noch größeres Heer
gegen ihn aufgestellt hat. Der König des Südens
hat kein Glück, denn es werden Intrigen gegen
ihn gesponnen. 26 Seine eigenen Vertrauten
stürzen ihn; sein Heer zerstreut sich und viele
finden den Tod.

27 Darauf verhandeln die beiden Könige mit-
einander, sie sitzen am selben Tisch, aber sie
meinen es nicht ehrlich. Ihre Pläne gelingen
nicht, weil die Zeit für das Ende noch nicht reif
ist. 28 Der König des Nordens kehrt mit reicher
Beute in sein Land zurück. Auf dem Weg dorthin
aber führt er aus, was er sich gegen das Gottes-
volk und seinen Glauben[a] vorgenommen hat.

29 Nach einer von Gott bestimmten Zeit zieht
er von neuem mit einem Heer gegen das Reich
des Südens; aber diesmal wird es nicht so enden
wie beim ersten Mal. 30 Von Westen her treffen
Schiffe ein und zwingen ihn durch Drohungen
zur Umkehr. Darauf lässt er seinen Zorn am Got-
tesvolk und seinem Glauben aus.

Er verbündet sich mit denen im Volk, die ih-
rem Gott untreu geworden sind, 31 und schickt
seine Truppen. Diese werden das Heiligtum[b]
entweihen, die täglichen Opfer abschaffen und
das entsetzliche Scheusal* dort aufstellen. 32 Er
bringt die Menschen, die es mit dem Bund* Got-
tes und seinem Gesetz* nicht ernst nehmen, mit
List und Tücke so weit, dass sie ihren Glauben
preisgeben; aber die anderen, die ihrem Gott
treu sind, bleiben fest und halten sich weiter an
Gottes Gesetz.

33 Einsichtige Männer aus dem Volk werden
viele auf den rechten Weg weisen. Dafür werden
sie eine Zeit lang mit Feuer und Schwert verfolgt;
man verhaftet sie und plündert ihren Besitz.
34 Während der Verfolgungszeit erfahren sie von
gewisser Seite ein wenig Hilfe, aber viele andere
schließen sich ihnen nur dem Schein nach an.
35 Auch von ihnen selbst kommen einige zu Fall;
denn das Volk Gottes muss geprüft werden, da-
mit es am Ende rein und geläutert dasteht. Und
noch ist das Ende nicht da.

36 Der König aber wird schalten und walten,
wie er will. Er wird sich einbilden, er sei mächti-
ger als alle Götter; sogar über den höchsten Gott
wird er verächtlich reden. Aber das kann er nur,
solange Gott es im Zorn über sein Volk zulässt;
denn es geschieht alles genau nach Gottes festem
Plan.

37 Dieser König missachtet selbst die Götter,[c]
die seine Vorfahren verehrten, auch den Lieb-
lingsgott der Frauen – jeden Gott ohne Aus-
nahme verachtet er, über jeden erhebt er
sich. 38 Stattdessen verehrt er den Gott der
Festungen, den seine Vorfahren noch nicht
gekannt haben; er wird ihm Gold, Silber, Edel-
steine und andere Kostbarkeiten zum Geschenk
machen. 39 Mithilfe dieses fremden Gottes wird
er starke Festungen zu Fall bringen. Wer seinen
Gott verehrt, den überhäuft er mit Ehren und
gibt ihm Land und Herrschaft über viele Men-
schen.

40 Dann aber, wenn das Ende kommt, wird
der König des Südens ihn angreifen und der
König des Nordens wird zurückschlagen mit
Streitwagen* und Reitern und zahlreichen Schif-
fen. Er wird nach Süden vordringen, unaufhalt-
sam wie die Flut. 41 Das Heilige Land bringt er in
seine Gewalt und von dessen Bewohnern wer-
den Zehntausende[d] umkommen; aber die Edo-
miter* und Moabiter* und der Großteil der Am-
moniter* werden verschont.

42–43 Auch Ägypten kann sich nicht vor sei-
nem Zugriff retten; sein Gold und Silber und alle
seine Schätze fallen ihm in die Hand. Selbst
Libyen und Äthiopien* werden sich ihm unter-
werfen. 44 Dann aber hört er, dass Feinde von
Osten und Norden in sein Land eingefallen sind,
und er wird wutentbrannt umkehren, um sie zu
vernichten.

45 Aber wenn er gerade seine prächtigen Zelte
zwischen dem Meer und dem Berg Zion[e] aufge-
schlagen hat, wird ihn das Ende ereilen und nie-
mand kann ihn retten.«

Michaels Eingreifen und die Auferstehung der Toten

12 »Zu jener Zeit«, sagte der Engel, »wird der
große Engelfürst Michael* eingreifen und
für dein Volk kämpfen. Es wird eine Zeit der Not
und Bedrängnis sein, wie es sie seit Menschenge-
denken nicht gegeben hat. Aber dein Volk wird
gerettet werden, alle, deren Namen im Buch
Gottes geschrieben stehen.

2 Viele, die in der Erde schlafen, werden er-

a *seinen Glauben:* wörtlich *den heiligen Bund*;* ebenso in Vers 30.
b Hier folgt noch *die Festung,* was keinen erkennbaren Sinn ergibt. (Zur späteren Befestigung des Tempelbezirks vgl. 1 Makk 4,60.)
c Andere Übersetzungsmöglichkeit: *den Gott ...*
d So mit einer alten Übersetzung; H *viele.*
e Wörtlich *Berg der heiligen Zierde.*

11,25-28 1 Makk 1,16-24 **11,29-35** 8,24-25; 1 Makk 1,29-64 **11,31** 12,11 S **11,33** 12,3; 2 Makk 6,18-7,41 **11,34** 1 Makk 2,1–4,61 **11,36** 7,8.25 **11,37** (Lieblingsgott) Ez 8,14 **11,45** 7,26 **12,1** 10,13 S; Mal 3,16 S; Mk 13,19 par **12,2** 12,13; Jes 26,19 S; 66,22-24; 2 Makk 7,9.14.36; 12,43-45; Weish 2,23–3,8; Mt 25,46 S

wachen, die einen zu ewigem Leben, die andern
zu ewiger Schmach und Schande. 3 Die Einsichti-
gen werden leuchten wie der taghelle Himmel,
und alle, die anderen den rechten Weg gezeigt
haben, werden glänzen wie die Sterne für ewige
Zeiten.«
4 Dann sagte er noch zu mir: »Halte geheim,
was ich dir jetzt gesagt habe; schreibe es auf und
versiegle das Buch, damit es in der letzten Zeit
geöffnet wird! Viele werden ratlos umherirren;
aber in diesem Buch wird Rat zu finden sein.«

Über den Zeitpunkt des Endes

5 In diesem Augenblick sah ich zwei weitere
Männer, einen auf dieser, einen auf jener Seite
des Tigrisstromes. 6 Der eine fragte den Mann in
dem leinenen Gewand, der über dem Wasser des
Stromes war: »Wie lange wird es dauern, bis
diese erstaunlichen Ereignisse an ihr Ende ge-
kommen sind?«
7 Der Mann über dem Wasser erhob beide
Hände zum Himmel und schwor bei Gott, der
ewig lebt: »Es dauert ein Jahr, zwei Jahre und
ein halbes Jahr. Wenn die Leiden von Gottes hei-
ligem Volk ein Ende haben,[a] dann wird dies alles
vollendet werden.«
8 Ich hörte seine Worte, konnte sie aber nicht
begreifen. Deshalb fragte ich: »Mein Herr, wie
wird das Ende aussehen?«
9 Er sagte: »Geh jetzt, Daniel! Was ich dir
gesagt habe, soll bis zur letzten Zeit geheim und
versiegelt bleiben. 10 Viele werden von Gott
geprüft werden, damit Gottes Volk am Ende rein
und geläutert dasteht; und die Treulosen, die
sich von Gott abgewandt haben, werden bis
zuletzt auf ihrer Untreue beharren. Sie werden
nicht verstehen können, was ich dir offen-
bart habe, aber die Einsichtigen werden es ver-
stehen.
11 Von dem Zeitpunkt an, wenn die täglichen
Opfer unterbunden werden und das entsetzliche
Scheusal* aufgestellt wird, dauert es 1290 Tage.
12 Freuen dürfen sich alle, die geduldig aushar-
ren, bis 1335 Tage vergangen sind![b]
13 Du aber geh jetzt und leg dich zur Ruhe!
Am Ende der Zeit wirst du auferstehen. Dann
wird dir das Leben zuteil, das Gott für alle be-
stimmt hat, die ihm treu geblieben sind.«

DER PROPHET HOSEA

Inhaltsübersicht

Buchüberschrift

1 In diesem Buch steht, was der HERR durch
Hosea, den Sohn von Beeri, verkünden ließ.
Das Wort des HERRN erging an Hosea während
der Zeit, als in Juda nacheinander die Könige
Usija, Jotam, Ahas und Hiskija regierten, wäh-
rend in Israel Jerobeam, der Sohn von Joasch,
König war.

ISRAEL HAT SEINEM GOTT DIE TREUE GEBROCHEN (1,2–3,5)

Hoseas Kinder als leibhaftige Gerichtspredigt

2 Als der HERR zum ersten Mal zu Hosea sprach,
sagte er: »Heirate eine Hure und zeuge mit ihr
Hurenkinder![c] Denn das ganze Land ist mir un-
treu geworden und läuft wie eine Hure fremden
Göttern nach.«
3 Hosea ging und heiratete Gomer, die Toch-
ter Diblajims. Sie wurde schwanger und gebar
ihm einen Sohn.
4 Da sagte der HERR zu Hosea: »Gib ihm den
Namen Jesreel! Denn es dauert nicht mehr
lange, bis ich das Blutbad, das König Jehu in Jes-
reel angerichtet hat, an seinen Nachkommen

a Wörtlich *Wenn die Zerstörung der Hand* (= der Macht oder des Gebietes?) *des heiligen Volkes ein Ende hat.*
b G überliefert im Zusammenhang mit dem Daniel-Buch noch die Erzählungen von Daniel und Susanna, Daniel und Bel, Daniel und dem Drachen. Sie finden sich in dieser Bibelübersetzung in Ausgaben mit den »Spätschriften des Alten Testaments« unter den *Zusätzen zum Buch Daniel* (Kap B–C).
c *Hurenkinder* charakterisiert die Abstammung, nicht die Wesensart der Kinder.

12,3 11,33; Mt 13,43 **12,4** 8,26; Offb 22,10 **12,5-6** 10,5-6 **12,6** 8,13; Mk 13,3 par **12,7** 8,14 S; Offb 11,2 S **12,10** 11,35; Offb 22,11 **12,11** 8,11-14; 9,27; 11,31; Mk 13,14 par **12,13** 12,2 S **1,1** Am 1,1 S **1,2** 2,4-10; 3,1; 4,11-14; 5,3-4.7; Jer 2,20 S **1,4** 2 Kön 9,14–10,17; 17,3-6

räche und dem Königtum in Israel[a] ein Ende
mache. 5 Eben dort, in der Ebene Jesreel, werde
ich an jenem Tag das Heer Israels völlig vernich-
ten.«
6 Gomer wurde zum zweiten Mal schwanger
und gebar eine Tochter.
Da sagte der HERR zu Hosea: »Gib ihr den
Namen ›Kein Erbarmen‹; denn ich habe jetzt
kein Erbarmen mehr mit den Leuten von Israel;
ich vergebe ihnen ihre Schuld nicht mehr. 7 Doch
mit den Leuten von Juda werde ich Erbarmen
haben und ihnen helfen, denn ich bin der HERR,
ihr Gott; aber ich helfe ihnen nicht mit Kriegs-
waffen, Rossen und Reitern.«
8 Als Gomer ihre Tochter ›Kein Erbarmen‹
nicht mehr stillte, wurde sie zum dritten Mal
schwanger und gebar einen Sohn.
9 Der HERR sagte: »Gib ihm den Namen ›Nicht
mein Volk‹! Denn ihr seid nicht mehr mein Volk
und ich bin nicht mehr für euch da.«[b]

Israels Wiederannahme nach dem Gericht

2 Die Israeliten werden einmal so zahlreich
werden wie der Sand am Meer, der sich
weder zählen noch mit dem Hohlmaß messen
lässt. Sie, zu denen der HERR gesagt hatte: »Ihr
seid nicht mein Volk«, werden dann ›Söhne des
lebendigen Gottes‹ genannt werden.
2 Die Leute von Juda und die Leute von Israel
werden aus dem ganzen Land zusammenkom-
men und sich ein gemeinsames Oberhaupt wäh-
len. Sie werden das Land bedecken wie Gras,
das aus dem Boden sprießt. Das wird ein großer
Tag sein, wenn geschieht, was der Name Jesreel
bedeutet: »Gott sät«.[c]
3 Sagt zu euren Brüdern »Mein Volk!« und zu
euren Schwestern »Es gibt Erbarmen!«

Gott zieht das treulose Israel zur Rechenschaft

4 »Erhebt Anklage gegen eure Mutter Israel!«,
sagt der HERR. »Klagt sie an! Denn sie hat so ge-
handelt, dass sie nicht mehr meine Frau sein
kann und ich nicht mehr ihr Mann. Sie soll die
Zeichen ihrer Hurerei* aus ihrem Gesicht und
von ihrer Brust entfernen,[d] alles, was daran erin-
nert, dass sie mir die Treue gebrochen hat.
5 Sonst werde ich ihr alle Kleider nehmen, sodass
sie nackt und bloß ist wie am Tag ihrer Geburt.
Ich mache sie zu einer Wüste, zum wasserlosen
Land; ich lasse sie verdursten.
6 Mit ihren Kindern habe ich kein Erbarmen,
weil sie Kinder einer Hure sind. 7 Ihre Mutter hat
es mit anderen Männern getrieben und gesagt:
›Ich laufe meinen Liebhabern nach. Sie geben
mir, was ich brauche: Brot und Wasser, Wolle
und Flachs, Öl und Wein.‹
8 Darum versperre ich ihr den Weg mit Dor-
nengestrüpp und verbaue ihn mit einer Mauer.
9 Wenn sie dann ihren Liebhabern nachläuft,
kann sie sie nicht erreichen; sie sucht sie, aber
kann sie nicht finden. Dann wird sie sagen: ›Ich
will zu meinem ersten Mann zurückkehren. Bei
ihm ging es mir besser!‹ 10 Sie wollte nicht wahr-
haben, dass ich es gewesen bin, der ihr Korn,
Wein und Öl gab. Mit Silber und Gold habe ich
sie überhäuft – und sie hat es zu ihrem Baal*
getragen!
11 Darum nehme ich mein Korn und meinen
Wein wieder an mich, gerade dann, wenn sie die
Ernte einbringen will. Ich nehme ihr meine
Wolle und meinen Flachs, sodass sie nichts mehr
anzuziehen hat. 12 Ich stelle sie nackt vor ihren
Liebhabern an den Pranger und keiner von
ihnen kann sie aus meiner Hand befreien.
13 Ich mache all ihren Freudenfesten ein
Ende, den Feiern am Neumond* und am Sab-
bat* und den großen Festen im Jahreslauf. 14 Ich
vernichte ihre Weinstöcke und Feigenbäume,
von denen sie sagte: ›Das ist der Lohn, den mir
meine Liebhaber gegeben haben!‹ Die Pflanzun-
gen lasse ich verwildern; was noch wächst, wird
vom Wild abgefressen.
15 So bestrafe ich sie dafür, dass sie ihren Lieb-
habern, den Baalen, nachgelaufen ist, dass sie
ihnen Opfer* dargebracht und sich für sie mit
Ohrringen und Halsketten geschmückt hat –
und mich hat sie vergessen! Das sage ich, der
HERR.«

Gottes Treue überwindet Israels Untreue

16 »Dann aber will ich selbst sie umwerben. Ich
werde sie in die Wüste bringen und ihr zu Her-
zen reden. 17 Dort wird sie meine Liebe erwidern
wie damals, als sie jung war, als sie aus Ägypten

a Im ganzen Buch Hosea ist mit *Israel* (siehe Sacherklärung) immer das Nordreich gemeint, das häufig nach dem größten Stamm auch *Efraïm* genannt wird.
b *ich bin ... für euch da:* Anspielung auf die Deutung des Gottesnamens in Ex 3,14.
c *Das wird ...:* wörtlich *Groß ist der Tag von Jesreel.*
d Wahrscheinlich handelt es sich um Amulette, die im Zusammenhang mit der Verehrung anderer Götter stehen.

1,7 (nicht mit Waffen) Jes 31,1S; Mi 5,9; Sach 4,6; 2Kön 19,32-37; Spr 21,31 **1,9** Ex 3,14; Jer 7,23S; Hos 2,25 **2,1** Gen 12,2S; Röm 9,26 **2,2** Jer 3,18S; Hos 1,4; 2,23-24 **2,3** 1,9.6 **2,4** 1,2S **2,5** Ez 16,4-5; 23,29 **2,7** Jer 44,17-18 **2,9** Lk 15,17-18 **2,10** Dtn 7,12-13; Ez 16,17.19 **2,12** Ez 16,36-37 **2,13** Am 8,10 **2,16-17** 11,1-3; 12,10; 13,4-5; Jer 31,2-4 **2,17** Jos 7,26S

kam. Danach werde ich sie zurückbringen und
ihr die Weinberge wiedergeben, und das Achor-
tal, das »Unglückstal«,[a] soll zu einem Tor der
Hoffnung werden.
18 Wenn das geschieht, wirst du mich deinen
Mann nennen – sagt der HERR zu Israel – und
nicht mehr deinen Baal.[b] 19 Ich werde dich dazu
bringen, dass du das Wort Baal nie mehr in den
Mund nimmst. 20 Und ich werde mit dem Wild,
den Vögeln und allen anderen Tieren eine Über-
einkunft treffen, dass sie dir keinen Schaden
mehr tun. Ich zerbreche alle Kriegswaffen und
entferne sie aus deinem Land, sodass du in Frie-
den und Sicherheit leben kannst. 21 Ich schließe
die Ehe mit dir für alle Zeiten; mein Brautge-
schenk für dich sind meine Hilfe und mein
Schutz, meine Liebe, mein Erbarmen 22 und
meine unwandelbare Treue. Du wirst erkennen,
wer ich bin – ich, der HERR.
23 Zu jener Zeit – sagt der HERR – werde ich
die Bitten des Himmels erhören und der Himmel
die Bitten der Erde. 24 Die Erde wird die Bitten
von Korn, Wein und Öl erhören und Korn, Wein
und Öl die Bitten von Jesreel.[c]
25 Ich will dich, Israel, wieder in dein Land
einsäen. War dein Name zuvor ›Kein Erbarmen‹,
so werde ich mich jetzt über dich erbarmen.
Warst du zuvor ›Nicht mein Volk‹, so sage ich
jetzt zu dir: ›Du bist mein Volk‹, und du antwor-
test: ›Du bist mein Gott!‹«

Hosea veranschaulicht Gottes Gericht über Israel

3 Der HERR befahl mir: »Nimm dir nochmals
eine Frau und liebe sie[d] – eine Frau, die
einen anderen Mann liebt und wegen Ehebruch
verstoßen ist! Denn genauso liebe ich die Leute
von Israel, obwohl sie sich anderen Göttern
zuwenden und Presskuchen aus Rosinen
lieben.«[e]
2 Ich kaufte die Frau um fünfzehn Silber-
stücke* und sechs Zentner Gerste[f] 3 und sagte
zu ihr: »Für eine lange Zeit wirst du jetzt im
Haus bleiben und dich mit keinem Mann einlas-
sen und auch ich werde nicht mit dir ver-
kehren.«
4 Genauso wird es den Leuten von Israel er-
gehen: Sie werden lange Zeit keinen König und
keine führenden Männer haben, keine Opfer-
stätten, keine geweihten Steinmale* und keine
Orakel.[g] 5 Zuletzt aber werden sie umkehren, sie
werden sich dem HERRN, ihrem Gott, zuwenden
und ihrem König aus der Nachkommenschaft
Davids. Sie werden dem HERRN voll Ehrfurcht
dienen und alles Gute allein von ihm erwarten.
So geschieht es am Ende der Zeit.

GERICHTSWORTE GEGEN ISRAEL UND SEINE FÜHRER (Kapitel 4–10)

Die Priester als die Hauptschuldigen

4 Hört das Wort des HERRN, ihr Leute
von Israel! Der HERR erhebt Anklage gegen
die Bewohner des Landes, denn nirgends gibt
es noch Treue und Liebe, niemand kennt Gott
und seinen Willen. 2 Sie missbrauchen den
Gottesnamen,[h] um andere zu verfluchen;
sie verdrehen die Wahrheit, sie morden, stehlen,
brechen die Ehe; ein Verbrechen reiht sich
ans andere. 3 Deshalb vertrocknet das Land
und seine Bewohner verdursten, auch die Tiere
des Feldes und die Vögel; sogar die Fische ver-
enden.
4 »Aber nicht das Volk soll man dafür zur
Rechenschaft ziehen«, sagt der HERR. »Dein Volk
hat allen Grund, die Priester* anzuklagen!
5 Ihr Priester werdet am helllichten Tag zu
Fall kommen und die Propheten* werden mit
euch fallen bei Nacht; ich lasse euch mit eurer
ganzen Sippschaft zugrunde gehen.[i] 6 Denn
mein Volk rennt in den Untergang, weil es den
rechten Weg nicht kennt. Ihr habt euch gewei-
gert, meine Weisungen weiterzugeben; darum
weigere auch ich mich, euch noch länger als

a Vgl. Jos 7 und Sacherklärung »Achortal«.
b Baal bedeutet »Herr, Besitzer«; es ist gleichzeitig Name des kanaanitischen Hauptgottes und die übliche Bezeichnung für »Ehemann«. Siehe weiter die Sacherklärung »Baal«.
c Der Name der Ebene *Jesreel* steht hier für das ähnlich klingende »Israel«; er klingt im folgenden Vers in *einsäen* an (vgl. 2,2).
d Wörtlich *Geh nochmals, liebe eine Frau.* Viele Ausleger sehen in der Frau die verstoßene Ehefrau des Propheten (vgl. 1,2).
e Der Genuss von getrockneten Weinbeeren, die zu »Kuchen« zusammengepresst wurden, gehörte offenbar zum landesüblichen Baalskult.
f Hebräische Maßangabe *1 Homer und 1 Letech* (Letech = halbes Homer); 1 Homer = 10 Efa*.
g *keine Orakel:* wörtlich *weder Efod noch Terafim,* das sind Geräte, mit deren Hilfe in einer Art Losverfahren der Wille Gottes erfragt wurde (siehe Sacherklärung »Priesterschurz 2«).
h *Sie missbrauchen …:* verdeutlichender Zusatz.
i *ich lasse euch …:* mit veränderten Vokalen; H *ich werde deine Mutter vernichten.*

2,20 Jes 11,6-9 S; 2,4 S **2,21** Jes 54,5-6 **2,22** Jer 31,34 **2,25** 1,3-9; Röm 9,25; 1 Petr 2,10 **3,1** 1,2 S **3,5** (König) Jer 23,5 S **4,2** Jer 7,9 **4,3** Jer 12,4 **4,4** Jer 5,4-5 **4,6** Mal 3,7-8; Jer 2,8 S; Ez 22,26

meine Priester gelten zu lassen. Ihr habt mein Gesetz* vergessen, darum werde ich eure Nachkommen vergessen.

7 Je zahlreicher sie wurden, die Priester, desto mehr haben sie gegen mich gesündigt. Deshalb entziehe ich ihnen ihre Ehrenstellung und stürze sie in Schimpf und Schande. 8 Sie mästen sich von den Sühneopfern* meines Volkes, deshalb sind sie so gierig nach seinen Verfehlungen.[a]

9 Darum wird es den Priestern ergehen wie dem Volk: Ich bestrafe sie für ihren Ungehorsam und lasse ihre Taten auf sie selbst zurückfallen. 10 Sie essen und werden nicht satt. Sie treiben Hurerei*, aber haben keine Nachkommen. So ergeht es ihnen, weil sie mir, dem HERRN, die Treue gebrochen haben.«

Der Götzendienst der Israeliten

11 Der HERR sagt: »Hurerei* und neuer Wein rauben den Verstand! 12 Mein Volk holt sich Rat bei seinen Götzenbildern aus Holz, seine Orakelstäbe sollen ihm Weisung geben. Es lässt sich vom Geist der Hurerei verführen und in die Irre locken. Treulos wenden sich alle von mir ab, von ihrem Gott, dem sie doch gehören. 13 Sie verbrennen Opfergaben* und halten Opfermähler* auf den Bergen und Hügeln, unter den Eichen, Pappeln und Terebinthen. In deren Schatten ist es so angenehm!

Daher kommt es, dass eure Töchter zu Huren werden und eure Schwiegertöchter die Ehe brechen. 14 Aber nicht sie ziehe ich zur Rechenschaft! Die Priester selbst gehen mit den Huren beiseite und schlachten Opfertiere zusammen mit den geweihten* Frauen. Kein Wunder, dass das unwissende Volk es ihnen nachmacht!

15 Aber wenn es auch die Leute von Israel so treiben und mir untreu werden: Ihr Leute von Juda sollt nicht dieselbe Schuld auf euch laden! Geht nicht zu den Heiligtümern von Gilgal oder Bet-El[b] und schwört dort nicht: ›So gewiss der HERR lebt!‹«

16 Israel ist wie eine störrische Kuh. Wie könnte der HERR es auf freiem Feld weiden lassen wie die fügsamen Lämmer? 17 Die Leute von Efraïm* haben sich mit den Götzen verbündet; ihnen ist nicht zu helfen. 18 Im Saufen und Huren sind sie groß; am schlimmsten treiben es ihre Führer. Aber es nimmt mit ihnen ein böses Ende.[c] 19 Ein Sturmwind fegt sie hinweg. Dann helfen ihnen ihre Opfer nichts mehr.

Die Schuld der Verantwortlichen

5 Der HERR sagt: »Hört her, ihr Priester*; hört her, ihr Sippenoberhäupter in Israel[d] und das ganze Königshaus: Euch ziehe ich zur Rechenschaft! Ihr habt die Israeliten ins Verderben gelockt. Ihr wart für sie wie eine Falle in Mizpa, wie ein Fangnetz auf dem Tabor, 2 wie eine tiefe Fanggrube in Schittim.[e] Ihr alle werdet[f] dafür meine Strafe zu spüren bekommen.«

Israels Bestrafung ist unausweichlich

3 Der HERR sagt: »Ich kenne die Israeliten, die Leute von Efraïm*; was sie treiben, ist mir nicht verborgen. Sie haben sich beschmutzt durch Götzendienst und Hurerei*. 4 Sie haben sich so sehr darin verstrickt, dass sie nicht mehr fähig sind, zu mir, ihrem Gott, zurückzukehren. Sie sind vom Geist der Hurerei besessen. Mich, den HERRN, kennen sie nicht mehr.«

5 Der Hochmut der Leute von Israel zeugt gegen sie. Ihre eigene Schuld bringt ihnen den Untergang und genauso ergeht es den Leuten von Juda. 6 Sie können noch so viele Schafe und Rinder zum HERRN bringen, sie können ihn suchen, so viel sie wollen; sie werden ihn nicht finden; denn er hat sich von ihnen zurückgezogen. 7 Sie haben ihm die Treue gebrochen und Hurenkinder herangezogen.[g] Ihre Opferfeiern am Neumondstag* bringen ihnen nicht Erntesegen, sondern Vernichtung, ihnen und ihren Feldern!

a Sie profitieren von den Sühneopfern, von denen ihnen ein Anteil zufällt (vgl. Lev 7,6-7).
b Wörtlich *Bet-Awen* (Haus des Unheils/Unrechts): bewusste Umdeutung von Bet-El (Haus Gottes) unter Verwendung des Namens eines Nachbarortes (vgl. 5,8).
c Die Deutung des Verses ist unsicher.
d *ihr Sippenoberhäupter …:* wörtlich *Haus Israel**; der Zusammenhang lässt erkennen, dass die Verantwortlichen gemeint sind.
e Die drei in den beiden Versen genannten Orte besaßen wahrscheinlich Baalsheiligtümer. *Fanggrube in Schittim* ist vermutlicher Text; H ergibt keinen Sinn.
f Vermutlicher Text; H *Sie alle werden.*
g Wörtlich *fremde Kinder gezeugt.* Gemeint ist wohl, dass in Israel eine neue Generation heranwächst, an die der Glaube der Vorfahren nicht mehr unverfälscht, sondern vermischt mit heidnischen Riten und Vorstellungen weitergegeben wird. Die Fortsetzung wörtlich *Nun wird sie Neumond fressen samt ihren Landanteilen* (vgl. 2,13).

4,8 Lev 7,6-7 **4,11** 1,2S; 4,18S **4,12** Jer 2,27 **4,13** Jer 3,13S; Dtn 12,2-3S **4,14** 9,1; 1 Kön 14,24S **4,15** Am 4,4-5; 5,5 **4,18** (Saufen) Jes 5,11-12S; Hos 4,11; 7,5 **5,1** 4,6S **5,3** 1,2S **5,4** Jer 13,23 **5,5** 7,10.16; Jes 2,11-12S **5,6** Am 8,11-12S

Die feindlichen Brüder trifft dasselbe Geschick[a]

8 Der HERR sagt: »Stoßt ins Horn in Gibea! Blast
Alarm in Rama! Gebt Warnsignale in Bet-Awen!
Bietet die Männer von Benjamin auf! 9 Für
Efraïm* kommt jetzt die Strafe; es wird zur
Wüste werden. Ich, der HERR, kündige den Stämmen Israels an, was mit Sicherheit eintreffen
wird.

10 Die Führer von Juda handeln wie Leute, die
Grenzsteine verrücken. Mein Zorn wird über sie
niedergehen wie ein Platzregen.

11 Efraïm ist von Feinden bedrängt und das
Recht wird mit Füßen getreten, weil sie dem
Drecksgötzen Baal* nachgelaufen sind. 12 Ich,
der HERR, bin für Efraïm wie ein Eitergeschwür
und für Juda wie eine schwärende Wunde.

13 Als die beiden sahen, wie übel sie dran
waren, wandten sich die Leute von Israel an den
König von Assyrien*. Aber er kann euch nicht
helfen, er kann eure Wunden nicht heilen!
14 Denn ich, der HERR, falle Efraïm und Juda an
wie ein Löwe. Ich zerfleische sie und lasse sie
liegen; wenn ich sie wegschleppe, kann niemand
sie vor mir retten. 15 Ich ziehe mich von ihnen
zurück, bis sie ihre Schuld eingestehen und sich
mir wieder zuwenden. Die Not wird sie lehren,
nach mir zu fragen.«

Ein Bußlied und Gottes Antwort darauf

6 »Kommt,
wir kehren um zum HERRN!
Hat er uns zerrissen,
wird er uns auch wieder heilen.
Hat er uns Wunden geschlagen,
wird er sie auch verbinden.
2 Zwei, drei Tage lässt er uns leiden,
dann gibt er uns neues Leben.
3 Kommt,
lasst uns alles daransetzen,
ihn und seine Wege zu erkennen!
So gewiss der Nacht ein Morgen folgt,
so gewiss zu seiner Zeit der Regen fällt,
der das ausgedörrte Land durchfeuchtet,
so gewiss kommt Er, um uns zu helfen!«

4 Der HERR antwortet: »Was soll ich nur mit dir
tun, Efraïm*, und was mit dir, Juda? Eure Treue
zu mir ist so flüchtig wie ein Morgennebel, sie
vergeht so rasch wie der Tau vor der Sonne.
5 Darum habe ich wieder und wieder durch
meine Propheten* zugeschlagen und euch durch
meine Gerichtsworte den Tod gebracht.

Was ich von euch verlange, ist klar wie der
helle Tag:[b] 6 Treue will ich von euch und nicht,
dass ihr mir Tiere schlachtet! Ihr sollt mir nicht
Brandopfer* bringen, sondern erkennen, wer
ich bin und was mir gefällt.«

Das Verbrechen regiert im Land

7 Der HERR sagt: »Bei der Stadt Adam[c] haben sie
meinen Bund* gebrochen; dort sind sie mir untreu geworden. 8 Gilead* ist eine Stadt voller
Verbrecher, Blutspuren überall! 9 An der Straße
nach Sichem liegen Priester* auf der Lauer wie
eine Räuberbande; sie morden, sie begehen Verbrechen.

10 Entsetzliche Dinge sah ich in Israel: Die
Leute von Efraïm* laufen fremden Göttern nach
und beschmutzen sich damit. 11 Aber auch auf
dich, Juda, wartet eine schreckliche Ernte,
bevor[d] ich für mein Volk alles wieder zum
Guten wende.

7 Wenn ich Israel heilen und zurechtbringen
will, kommt nur die Schuld der Leute von
Efraïm an den Tag. In Samaria gehen Diebe um,
es herrscht Lug und Trug; draußen im Land
plündern Räuberhorden. 2 Sie denken nicht
daran, dass ich ihre Schandtaten im Gedächtnis
behalte. Jetzt werden sie von ihren eigenen
Taten eingekreist, die sie mir zum Trotz begangen haben.«

Königsmacher und Königsmörder

3 Der HERR sagt: »Hinterlistig laden sie den König
und seine Minister zum Gelage und bringen sie
in Feststimmung. 4 Treulos sind sie alle miteinander, ihre Leidenschaft glüht wie ein Ofen, den
der Bäcker so kräftig geheizt hat, dass er nichts
nachzulegen braucht, während er den Teig knetet und gehen lässt. 5 Am Krönungstag des
Königs machen sie seine Minister betrunken
und er selbst stößt unwissend mit seinen Verrätern an. 6 Die brennen darauf zu handeln; aber
die Nacht über halten sie sich zurück. Erst am
Morgen schlagen sie los.[e] 7 Ihre Zerstörungswut
brennt wie ein loderndes Feuer; König um König

a Viele Ausleger vermuten als Hintergrund des folgenden Prophetenwortes die Ereignisse des »Syrisch-Efraïmitischen Krieges« (siehe die Sacherklärung).
b *Was ich ...:* mit G; H *Deine Gerichte ein Licht (das) hervorgeht.* *c* Vermutlicher Text; H *Wie Adam.*
d *bevor:* wörtlich *wenn.* *e* Die Verse 4-6 sind nicht sicher zu deuten.

5,8 Jer 4,5 S **5,10** Dtn 27,17 S **5,13** 2 Kön 15,19-20; 17,3-4; Hos 7,11; 8,9; 10,6; 12,2; 14,4 **5,14** 13,7-8 S **5,15** Jes 26,16; Jer 29,13-14 S **6,1-3** 1 Sam 2,6 S **6,1** 5,14 **6,4** 13,3 **6,5** 11,2; 12,11; Jer 25,4 S **6,6** 8,11-13; Jes 1,10-20 S; Mi 6,8; Mt 9,13; 12,7 **6,8** 12,12; 2 Kön 15,25 **6,10** 5,3-4 **7,5** 4,18 S **7,7** 2 Kön 15,10.14.25.30

fällt ihnen zum Opfer. Aber niemand wendet
sich an mich.«

Israel sucht Hilfe bei den Falschen

8 Der HERR sagt: »Efraïm* wandte sich um Hilfe
an fremde Völker. Dabei ist es ihm ergangen wie
einem Fladen, den man nicht umdreht und der
deshalb verbrennt.[a] 9 Fremde saugen ihn aus,
aber er merkt es nicht; sein Haar wird grau, aber
er achtet nicht darauf. 10 Der Hochmut der Leute
von Israel zeugt gegen sie. Sie kehren nicht um
zu mir, dem HERRN, ihrem Gott; sie suchen nicht
meine Nähe.

11 Efraïm ist dumm wie eine Taube. Erst ruft
es die Ägypter zu Hilfe; dann wendet es sich an
die Assyrer*. 12 Wenn es so weitermacht, spanne
ich mein Netz aus und fange den Vogel. Ich
bestrafe die Leute von Efraïm, wie ich es ihnen
in der Volksversammlung angedroht habe.

13 Weh, sie müssen es büßen, dass sie von mir
weggeflohen sind! Es ist ihr Verderben, dass sie
sich gegen mich aufgelehnt haben! Ich würde sie
gerne retten, aber sie reden ja nur Lügen über
mich. 14 Sie schreien zu mir um Hilfe, aber es
kommt nicht von Herzen. Sie liegen da und heu-
len und machen sich Einschnitte,[b] damit ich ihre
Bitten um Korn und Wein höre; aber sie sind
und bleiben aufsässig[c] gegen mich.

15 Ich hatte sie eingeübt und stark gemacht,
aber sie haben nur Böses gegen mich im Sinn.
16 Sie wenden sich um, doch nicht zu mir.[d] Wie
ein verzogener Bogen sind sie, mit dem man
das Ziel nicht trifft. Ihre führenden Männer wer-
den durch das Schwert des Feindes fallen, weil
sie mich in ihrer Überheblichkeit verspottet
haben. Dafür wird man in Ägypten über sie
spotten.«

Abrechnung mit Israel

8 Der HERR sagte zu mir: »Blase Alarm! Wie
ein Adler stürzt sich der Feind auf mein
Land.[e] Denn seine Bewohner haben meinen
Bund* gebrochen und sich gegen mein Gesetz*
aufgelehnt. 2 Sie schreien zwar: ›Mein Gott!‹
Und: ›Wir kennen dich doch! Wir sind doch dein
Volk Israel!‹ 3 Aber Israel hat sein Glück verwor-
fen und so wird jetzt der Feind über sie her-
fallen!

4 Sie setzen Könige ein, ohne von mir ermäch-
tigt zu sein, und Minister, ohne mich zu fragen.
Ihr Silber und Gold legen sie in Götzenbildern
an – so ist es am sichersten verloren!

5 Ich verwerfe euren Stiergötzen,[f] ihr Leute
von Samaria! Der Zorn über euch hat mich
gepackt. Wie lange noch seid ihr unfähig, euch
von diesem Schmutz zu reinigen? 6 Was hat so
etwas in Israel zu suchen?[g] Dieses Bild ist kein
Gott, ein Handwerker hat es gemacht, zu Klein-
holz wird es zerhackt, euer Kalb!

7 Wer Wind sät, wird Sturm ernten: wer sich
mit nichtigen Götzen abgibt, wird selbst vernich-
tet. Saat, die nicht Halme treibt, bringt keine
Ähren; was doch noch wächst, werden Fremde
verzehren.

8 Mit Israel ist es zu Ende. Seine Rolle unter
den Völkern ist ausgespielt; 9 denn seine Führer
haben bei den Assyrern* Hilfe gesucht. Ein
Wildesel wahrt seine Unabhängigkeit, aber die
Leute von Efraïm* suchen überall Freunde zu
kaufen.[h]

10 Doch so viele Geschenke sie den Völkern
auch anbieten, es hilft ihnen nichts. Ich werde
sie zusammentreiben und dafür sorgen, dass sie
dahinschwinden unter der Last, die der König
von Assyrien ihnen auflegen wird.

11 O ja, Efraïm hat seine Altäre vervielfacht;
aber sie dienen ihm nur dazu, neue Verfehlun-
gen auf sich zu laden; es sind Altäre zum Sündi-
gen! 12 Ich könnte ihnen die Weisungen meines
Gesetzes* tausendmal aufschreiben, sie würden
denken, es gehe sie nichts an. 13 Sie schlachten
Opfertiere – für ihren Bauch; sie stürzen sich voll
Gier auf das Fleisch des Opfermahls*. Solche
Opfer mag ich nicht! Ich vergesse nicht, was sie
Böses getan haben; ich werde sie jetzt bestrafen,
wie sie es verdienen: Sie müssen wieder in die
Sklaverei nach Ägypten zurückkehren!

14 Israel hat den Gott vergessen, dem es sein
Dasein verdankt; es hat prächtige Paläste gebaut
und Juda immer neue Festungen. Aber ich, der
HERR, werfe Feuer in die Städte, dass es ihre
Paläste verzehrt.«

a *und der ...:* verdeutlichender Zusatz.
b *machen sich Einschnitte:* mit einigen Handschriften und G; H *treiben sich herum.*
c *sie sind ...:* mit geänderten Vokalen; *sie weichen ab.*
d *doch nicht zu mir:* Deutung unsicher.
e *auf mein Land:* wörtlich *auf das Haus des HERRN.* Mit »Haus« ist hier nicht der Tempel gemeint; vgl. auch 9,15.
f Gemeint ist das Stierbild* in Bet-El (siehe die Vergleichsstellen zu diesem Vers).
g So mit veränderten Vokalen; H *Denn aus Israel (ist) auch es.*
h *Wildesel* bildet im Hebräischen ein Wortspiel mit dem Namen *Efraïm.*

7,10 5,5S; Jer 5,3S **7,11** 5,13S; 2 Kön 17,4; Jer 2,18S **7,14** 1 Kön 18,28 **7,16** 5,5S **8,1** Jer 4,5S **8,2** 6,1-3 **8,4** 7,7S; 2,10; 13,2 **8,5-6** 1 Kön 12,28-29; Hos 10,5; 13,2 **8,6** Jes 44,9-20S **8,7** (ernten) 10,13; 12,15; 4,9; 7,2; Spr 22,8S; Ez 7,3-4S **8,9** 5,13S **8,11-13** 6,6S; 10,1-2; Am 4,4-5 **8,13** (Sklaverei in Ägypten) 9,6; Ex 20,2; Dtn 28,68 **8,14** Dtn 32,15; Am 2,5

Hoseas Auftritt am Erntefest

9 Ihr habt keinen Grund, euch so übermütig
zu freuen, ihr Leute von Israel – keinen
Grund, in Jubel auszubrechen wie die Fremden!
Eurem Gott seid ihr untreu geworden, ihr habt
euch auf allen Dreschplätzen* mit den fremden
Göttern eingelassen. 2 Aber ihr werdet euren
Ernteertrag nicht genießen können, das Korn,
das Öl und den Wein!

3 Ihr müsst fort aus dem Land des HERRN! Die
Leute von Efraïm* müssen nach Ägypten zurück
oder in die Fremde nach Assyrien und müssen
dort unreine Speisen essen. 4 Sie können dem
HERRN dort nicht mehr Trankopfer* und Mahl-
opfer* darbringen, und die Nahrung, die sie
dann zu sich nehmen, ist unrein* und macht
jeden unrein, der davon isst – wie das Brot, das
sich in einem Trauerhaus befindet.[a] – Das ist so,
weil sie die ganze Ernte selbst verzehren und
nichts davon in den Tempel* des HERRN bringen.
– 5 Wie wollt ihr dann Feste feiern wie das
heutige, den großen Festtag des HERRN?

6 Die aber, die aus dem verwüsteten Land
nach Ägypten flüchten, wird man dort mit offe-
nen Armen aufnehmen – um sie zu begraben in
Memfis.[b] Wo jetzt die silbernen Geräte glänzen,
wird Unkraut wuchern, und Dorngestrüpp auf
den Ruinen ihrer Häuser. 7 Die Zeit der Abrech-
nung ist gekommen; jetzt wird euch heimge-
zahlt! Ihr Leute von Israel werdet es am eigenen
Leib zu spüren bekommen.

»Der Prophet* ist verrückt! Der Mann des
Geistes ist von Geistern besessen!« So feindet ihr
mich an in eurem Hass; aber euer Hass ist genau-
so groß wie eure Schuld. 8 Ihr Leute von Efraïm,
ihr wendet euch gegen meinen Gott! Mir, sei-
nem Propheten, stellt ihr Fallen, wo ich gehe
und stehe; sogar im Haus meines Gottes bin ich
nicht sicher. 9 Ihr seid so tief gesunken wie einst
die Leute von Gibea. Der HERR wird nicht dar-
über hinweggehen, er wird euch für eure Schuld
zur Rechenschaft ziehen!

Israel einst und jetzt

10 Der HERR sagt: »Wie Trauben in der Wüste wa-
ren für mich die Israeliten, als ich ihnen zuerst
begegnet bin. Wie die köstliche Frühfeige waren
eure Vorfahren für mich. Aber kaum waren sie
nach Baal-Pegor gekommen, verbanden sie sich
mit dem Schandgötzen und wurden so wider-
wärtig wie der, dem sie sich hingaben.

11 Efraïm* entflog mir wie ein Vogel, darum
wird auch seine Macht und Herrlichkeit ver-
fliegen: keine Geburt mehr, keine Schwanger-
schaft, nicht einmal eine Empfängnis! 12 Selbst
wenn sie noch Kinder bekommen und großzie-
hen, werde ich sie ihnen nehmen, bis keins
mehr da ist. Und auch sie selbst sind dem Unter-
gang geweiht, wenn ich mich von ihnen abwen-
de. 13 Wie eine junge Palme, gepflanzt auf frucht-
barem Grund, so war einst Efraïm für mich, und
dieses Efraïm muss nun seine Söhne dem
Schlächter ausliefern!«

14 HERR, wenn es sein muss, dann strafe sie
wenigstens nur mit unfruchtbarem Mutterschoß
und versiegten Brüsten!

15 »Schon in Gilgal[c] zeigte sich ihre ganze Ver-
ruchtheit; dort begann ich, ihr Feind zu werden.
Und wegen ihrer schlimmen Taten verjage ich sie
jetzt aus meinem Land.[d] Ich kann sie nicht mehr
lieben; denn ihre Führer sind allesamt Aufrührer.
16 Efraïm ist wie ein Baum, dessen Wurzel ver-
dorrt ist: Er bringt keine Frucht mehr. Und wenn
ihre Frauen noch Kinder bekämen, würde ich sie,
ihre Lieblinge, unbarmherzig töten.«

17 Mein Gott soll sie verstoßen, denn sie
hören nicht auf ihn! Als Flüchtlinge müssen sie
umherirren unter den Völkern.

Reiche Opfer, aber falsches Herz

10 Israel war wie ein üppiger Weinstock, der
reiche Frucht trägt. Je reicher die Leute
von Israel wurden, desto reichere Opfer* brach-
ten sie auf die Altäre. Je mehr der Wohlstand im
Land wuchs, umso prächtiger schmückten sie
die geweihten Steinmale*. 2 Aber sie waren nur
mit halbem Herzen beim HERRN. Dafür trifft sie
jetzt die Strafe: Der HERR selbst reißt ihre Altäre
nieder und zertrümmert ihre Steinmale.

Nach der Katastrophe die Einsicht

3 Wenn es so weit ist, werden sie sagen: »Wir
haben keinen König mehr, weil wir den HERRN
nicht ernst genommen haben. Aber was kann
ein König schon für uns tun?«

4 Das kann ich euch sagen: Reden halten,
Meineide schwören und Bündnisse schließen ...
Und was sich Rechtsprechung nennt, ist so töd-
lich wie Giftkraut im Getreidefeld!

a Siehe Sacherklärung »Trauerbrot«. *b* Memfis war berühmt durch sein riesiges Gräberfeld.
c Wahrscheinlich Anspielung auf die Einführung des Königtums in Israel (1 Sam 11,14-15; vgl. 15,13-23), in dem Hosea eine Wurzel der Auflehnung gegen Gott sieht (vgl. Hos 13,9-11).
d aus meinem Land: wörtlich *aus meinem Haus;* vgl. Anmerkung zu 8,1.

9,1 1,2-3 S **9,2** 2,11 **9,3-4** Ez 4,8; Ex 23,19 **9,7b-8** Jes 30,10 S; Jer 29,26; 2 Kön 9,11; (besessen) Mk 3,21-22 **9,9** 10,9; Ri 19,22-30 **9,10** 2,17; Num 25,1-5 **9,17** 1 Sam 15,23; Gen 4,14 **10,1** Jer 2,21 S; Hos 8,11

Das Ende des Götzendienstes

5 Um den Stiergötzen von Bet-Awen[a] werden die Bewohner Samarias zittern. Seine Verehrer werden um ihn trauern, die Götzenpriester werden in Klagegeheul ausbrechen. Denn seine Pracht[b] wird ihm weggenommen, fortgeschafft wird sie. 6 Auch den Stier selbst wird man nach Assyrien* bringen, als Geschenk für den Assyrerkönig.

Die Leute von Efraïm* werden den Spott davon haben, sie müssen scheitern mit ihren Plänen. 7 Die Stadt Samaria verschwindet, ihr König treibt wie ein abgebrochener Zweig auf dem Wasser fort. 8 Verwüstet werden die Opferstätten, die Israel zum Götzendienst verführt haben. Dornen und Disteln werden die Altäre überwuchern. Dann werden sie zu den Bergen sagen: »Stürzt auf uns!«, und zu den Hügeln: »Begrabt uns!«

9 Der HERR sagt: »Seit den Tagen von Gibea hast du Schuld auf dich geladen, Israel! Seit damals haben sich die Leute von Israel nicht geändert. Deshalb werden diese Empörer genau dort in Gibea vom Krieg heimgesucht. 10 Ich bin entschlossen, sie zu bestrafen. Völkerscharen werde ich gegen sie aufbieten, weil sie doppelt schuldig geworden sind.«

Israel hat seinen Gott enttäuscht

11 Der HERR sagt: »Efraïm* war eine junge Kuh, die im Dreschen* geübt war, sie tat es gerne. Als ich an ihr vorbeikam und ihren kräftigen Nacken sah, wollte ich sie zu einer schwereren Arbeit einspannen. Juda sollte pflügen, Jakob eggen.

Ich sagte zu ihnen: 12 ›Sät nach dem Maß der Gerechtigkeit, erntet nach dem Maß der Liebe! Macht einen neuen Anfang wie der Bauer, der ein neues, ausgeruhtes Stück Land unter den Pflug nimmt![c] Es ist Zeit, dass ihr zu mir, dem HERRN, kommt und fragt, was ich will. Dann komme ich zu euch und werde Glück und Segen[d] auf euch regnen lassen!‹ 13 Aber ihr habt Unrecht eingepflügt und Verbrechen geerntet; ihr habt die Frucht eurer Falschheit gegessen!

Weil ihr eurem eigenen Kopf folgen wolltet und euch auf die Zahl eurer Krieger verlassen habt, 14 wird euer Volk Kriegslärm hören müssen und alle eure Festungen werden zerstört. Es ergeht euch wie der Stadt Bet-Arbel, die von Schalman zerstört wurde; man zerschmetterte die Kinder und die Mütter dazu. 15 Das alles hat euch Bet-El eingebracht, wegen des schlimmen Götzendienstes, den ihr dort getrieben habt! Kaum dass die Sonne aufgegangen ist am Tag der Schlacht,[e] wird der König von Israel schon vernichtet sein.«

ISRAELS SCHULD UND GOTTES ERBARMEN
(Kapitel 11–14)

Gottes Liebe siegt über seinen Zorn

11 Der HERR sagt: »Als Israel noch jung war, gewann ich es lieb. Aus Ägypten rief ich es als meinen Sohn. 2 Immer wieder rief ich die Leute von Israel durch meine Propheten*, aber sie liefen von mir weg. Sie schlachteten Tiere für den Baal* und verbrannten Opfer* vor seinen Bildern. 3 Dabei war doch ich es, der Efraïm* die ersten Schritte gelehrt und es auf den Armen getragen hatte. Aber sie erkannten nicht, dass ich mich so um sie kümmerte.

4 Ich war zu ihnen wie jemand, der sein Rind schonend am Strick zieht und es leitet; mit Seilen der Liebe leitete ich sie. Ja, ich war zu ihnen wie die Landleute, die ihrem Rind das Joch* anheben, damit es leichter fressen kann, die sich sogar bücken, um ihm sein Futter hinzuhalten.

5 Deshalb hatten sie es nicht nötig, wieder nach Ägypten zurückzukehren; aber zur Strafe für ihren Undank werden nun die Assyrer* über sie herrschen. 6 In ihren Städten wird das Schwert wüten und alle Schwätzer vernichten, die eigensinnige Pläne schmieden.[f] 7 Mein Volk kehrt nicht um und hält an seiner Auflehnung gegen mich fest. Sie rufen zum Baal*, aber der kann ihnen nie und nimmer helfen![g]

8 Doch wie könnte ich dich aufgeben, Efraïm, wie dich im Stich lassen? Ich kann dich doch nicht vernichten, Israel, wie die Städte Adma und Zebojim*! Mein Entschluss hat sich mir umgedreht, mit aller Macht ist die Reue in mir entbrannt. 9 Ich kann meinem glühenden Zorn

a *Bet-Awen* = Bet-El; vgl. Anmerkung zu 4,15. Zu Stiergötze vgl. Anmerkung zu 8,5.
b Wahrscheinlich ist an den Goldüberzug des Stierbildes gedacht.
c *Macht einen neuen ...:* wörtlich *Pflügt euch Neuland* (bzw. brachliegendes Land neu).
d *Glück und Segen:* wörtlich *Gerechtigkeit**. e *am Tag ...:* verdeutlichender Zusatz.
f Deutung unsicher. g *zum Baal, aber ...:* Deutung unsicher.

10,5 8,5-6 S **10,6** 5,13 S **10,8** 4,13 S; 2 Kön 23,15-16; Lk 23,13 **10,9** 9,9 S **10,10** Jer 2,13 **10,13** 8,7 S; (Krieger) 1,7 S **10,15** 10,5; 8,5-6 **11,1** Ex 4,22 S; Jer 31,20 S; Mt 2,15 **11,2** 2,15; 4,13; 6,5 S **11,3** Dtn 1,31; Hos 2,10 **11,8** 14,5; Jer 31,20; Jes 54,8; (Adma) Dtn 29,21-22

nicht freien Lauf lassen, ich kann Efraïm nicht noch einmal preisgeben!

Denn ich bin Gott und nicht ein Mensch; ich, der heilige Gott, komme, um dir zu helfen, und nicht, um dich zu vernichten. 10 Die Verbannten werden hinter mir herziehen. Wenn ich brülle wie ein Löwe, kommen sie zitternd über das Meer im Westen. 11 Willig, mir zu gehorchen, kommen sie aus Ägypten und aus Assyrien*, so wie eine Taube herbeigeflogen kommt. Ich bringe sie wieder in ihre Heimat. Das sage ich, der HERR.«

Israel schlägt seinem Stammvater nach

12 Der HERR sagt: »Die Leute von Israel setzen mir zu mit ihrem Lügen und Betrügen und auch die Leute von Juda suchen immer noch etwas anderes neben mir, ihrem heiligen Gott.«

2 Die Leute von Efraïm* handeln so töricht wie jemand, der den Wind einfangen möchte, ja wie einer, der auch noch dem glühend heißen Ostwind nachjagt. Sie treiben es täglich schlimmer mit ihrem Lügen und Betrügen.[a] Sie schließen mit den Assyrern* ein Bündnis gegen die Ägypter und gleichzeitig bringen sie den Ägyptern das kostbarste Olivenöl als Geschenk. 3 Aber auch die Leute von Juda zieht der HERR zur Rechenschaft. Alle Nachkommen Jakobs muss er bestrafen, wie sie es mit ihren bösen Taten verdient haben.

4 Ihrem Stammvater schlagen sie nach, der schon im Mutterleib seinen Bruder übervorteilte[b] und als Mann[c] mit Gott gekämpft hat. 5 Er kämpfte mit dem Engel Gottes und besiegte ihn, weil er ihm mit Bitten und Tränen zusetzte. In Bet-El erschien ihm Gott und sagte zu ihm: 6 »So gewiss ich der Gott bin, der alle Macht hat,[d] so wahr ich der HERR heiße: 7 Du wirst mit meiner Hilfe wieder hierher zurückkehren. Aber halte dich an die Liebe und an das Recht, hüte sie gut;[e] und setze deine Hoffnung immer auf mich, deinen Gott!«

8 Der HERR sagt:[f] »Ein Händlervolk bist du geworden, Efraïm, nach dem Vorbild der Kanaaniter*! Mit gefälschten Gewichtssteinen betrügst du die Leute. 9 Du sagst: ›Ich bin reich geworden und habe ein Vermögen verdient; daran ist doch nichts Schlechtes. Niemand kann mir Betrug vorwerfen!‹ 10 Aber ich bin der HERR, dein Gott, der dich aus Ägypten geführt hat! Du wirst wieder in einfachen Zelten wohnen müssen, wie du das jetzt nur noch während ein paar Festtagen tust.«

11 Immer wieder redete ich zu den Propheten* und gab ihnen Offenbarungen; durch meine Propheten kündigte ich warnend die kommenden Ereignisse an. 12 Aber sie wollten nicht hören: Obwohl sie für den Götzendienst in Gilead* so schwer bestraft worden waren, opferten sie in Gilgal Stiere! Darum werden ihre Altäre zerstört; wie die Steinhaufen am Feldrand sollen sie werden.

13 Jakob aber floh ins Aramäerland*; Israel, der Gotteskämpfer,[g] wurde zum Sklaven wegen einer Frau; einer Frau zuliebe hütete er Schafe.[h] 14 Der HERR dagegen führte Israel durch einen Propheten aus Ägypten; durch einen Propheten hütete er sein Volk.

15 Schwer beleidigt hat das Volk von Efraïm* seinen Herrn. Deshalb wird er es ihm heimzahlen; es muss die Folgen seiner unerhörten Untaten tragen.

Letzte Abrechnung mit Israel

13 Der HERR sagt: »Wenn Efraïm* redete, zitterten alle; mächtig war dieser Stamm in Israel. Aber dann ließ er sich mit dem Baal* ein und verfiel dem Tod. 2 Trotzdem luden die Leute von Efraïm auch weiterhin Schuld auf sich: Sie machten aus ihrem Silber Götzenbilder, ein Werk von Menschenhänden. Sie sagten: ›Wer Gott Opfer* darbringen will, muss die Stiere küssen!‹ 3 Darum werden sie so rasch und spurlos untergehen, wie eine Morgenwolke sich auflöst, wie der Tau verdunstet, die Spreu auf der Tenne vom Wind davongeblasen wird oder der Rauch aus der Luke zieht.

a *Betrügen* mit G; H *Gewalttat.*
b *übervorteilte:* Das hebräische Wort kann zugleich »betrügen« und »die Ferse halten« bedeuten. Der in Gen 25,26 erzählte Vorgang wird von Hosea als erster Betrugsversuch gedeutet (vgl. Jer 9,3).
c *als Mann:* Auch hier ist das Hebräische doppeldeutig; es kann sowohl *in seiner Manneskraft* bedeuten wie *in seiner Schlechtigkeit.* d *der Gott …:* wörtlich *Gott Zebaot*.*
e Das Wort *hüten* wird in Vers 13-14 wieder aufgenommen.
f Die Verse 8-10 unterbrechen den Zusammenhang und stellen wohl ein ursprünglich selbstständiges Prophetenwort dar.
g *der Gotteskämpfer:* verdeutlichender Zusatz (vgl. Vers 4 und die Namensdeutung in Gen 32,29).
h Jakobs Dienst für eine Frau wird hier zum Bild für die Untreue Israels gegenüber seinem Gott (für seine »Hurerei«; vgl. 2,4-15), vor der er es durch seine Propheten (vgl. Verse 11 und 14) vergeblich gewarnt hat.

11,10 5,14; 13,7-8; Am 1,2S **11,11** Jes 11,11-12S **12,2** 7,11S **12,3** Jer 17,10S **12,4** Gen 25,26; 27,36; Jer 9,3 **12,5** Gen 32,25-30; 28,10-19 **12,7** Mi 6,8 **12,8** Am 8,5S **12,10** 13,4; Ex 20,2; Lev 23,42-43 **12,11** 6,5S **12,12** 6,8S; 9,15 **12,13** Gen 29,1-30 **12,14** Ex 3,1-10; Dtn 34,10-12 **12,15** 8,7S **13,1** Lev 25,1-5 **13,2** 8,4; 8,5-6S **13,3** 6,4

4 Aber ich bin der HERR, euer Gott, der euch
aus Ägypten geführt hat! Für euch gibt es keinen
anderen Gott, und keiner kann euch helfen
außer mir. 5 Ich war es, der euch in der ausge-
dörrten Wüste am Leben erhalten hat.[a] 6 Doch
als es euch immer besser ging, wurdet ihr satt
und überheblich und ihr vergaßt mich. 7–8 Dar-
um bin ich euer Feind geworden: Wie ein Löwe
oder Panther laure ich euch auf; ich falle euch an
wie eine Bärin, der man die Jungen geraubt hat;
ich zerfleische euch, ich reiße euch in Stücke,
ich verschlinge euch.

9 Es ist dein Untergang, Israel, dass du dich ge-
gen mich, deinen einzigen Helfer, gewandt hast.
10 Wo ist denn nun dein König, der dir helfen
und deine Städte schützen sollte? Wo sind deine
führenden Männer? Ihr habt gefordert: ›Gib uns
einen König und Männer, die uns regieren!‹
11 Da gab ich euch einen König im Zorn, und im
Zorn nahm ich ihn wieder weg.

12 Ich vergesse die Schuld Efraïms nicht, sie ist
wohlverschnürt und gut aufbewahrt! 13 Wenn
dann der Tag der Entscheidung kommt, wird es
ihm ergehen wie dem Kind im Mutterleib, das
sich quer gelegt hat und den Ausgang nicht fin-
det. 14 Ich denke nicht daran, euch vor dem Tod
zu bewahren oder aus der Totenwelt* loszukau-
fen. Tod, schicke deine Seuchen aus! Totenwelt,
zeige deine Macht! Ich kenne kein Mitleid mehr.

15 Efraïm ist wie ein blühender Garten unter seinen Bruderstämmen; aber die Feinde werden darüber herfallen wie der sengende Ostwind aus der Wüste, der alle Quellen versiegen lässt. Ich selbst schicke sie. Sie werden euch ausplündern und alle eure Schätze wegschaffen.

14 Samaria wird dafür bestraft, dass es sich gegen seinen Gott aufgelehnt hat. Die Männer fallen im Kampf, die Kinder werden am Boden zerschmettert und den schwangeren Frauen schlitzt man den Leib auf.«

Gott überwindet Israels Auflehnung

2 Ihr Leute von Israel, kehrt um zum HERRN,
eurem Gott! Denn durch eure eigene Schuld seid
ihr ins Unglück gestürzt. 3 Wendet euch an den
HERRN, kommt zu ihm und sprecht: »Vergib uns
unsere Schuld! Nimm unsere Gabe an! Wir brin-
gen dir nicht Opfertiere, sondern unser Wort:
4 ›Wir suchen nicht mehr Hilfe bei den As-
syrern*, wir vertrauen nicht mehr auf unsere
Pferde und Streitwagen*, wir wollen nicht mehr
das Machwerk unserer Hände als unseren Gott
anrufen! Denn du hast Erbarmen mit dem, der
keinen Beschützer hat.‹«

5 »Ich überwinde ihre Auflehnung gegen
mich«, sagt der HERR. »Ich wende ihnen meine
Liebe zu, obwohl sie es nicht verdient haben; ich
will nicht länger zornig auf sie sein. 6 Ich will für
Israel wie der Tau sein. Es wird blühen wie eine
Lilie und seine Wurzeln tief einsenken wie eine
Zeder; 7 es wird sich reich verzweigen wie ein
prächtiger Ölbaum und duften wie die Zedern
auf dem Libanon. 8 Die Israeliten werden wieder
in meinem Schatten wohnen, sie werden Ge-
treide aussäen, sie werden blühen und gedeihen
wie die berühmten Weinstöcke am Abhang des
Libanons.

9 Efraïm*, wozu brauchst du noch deine Göt-
zen?[b] Ich bin es, der eure Bitten hört und
freundlich auf euch blickt![c] Ich bin wie ein üppig
grünender Baum; von meinen Früchten könnt
ihr leben.«

Ein Nachwort

10 Wer klug und einsichtig ist, der achte auf das, was in diesem Buch geschrieben steht! Die Gebote des HERRN weisen den Weg zu einem erfüllten Leben. Wer sie befolgt, kommt ans Ziel; aber wer sich gegen den HERRN auflehnt, kommt zu Fall.

a *am Leben erhalten* mit G; H *erkannt.* b So mit G; H *Efraïm, was habe ich mit den Götzen zu schaffen?*
c Die beiden Zeitwörter enthalten im Hebräischen Anklänge an die Namen der Fruchtbarkeitsgöttinnen Anat und Aschera, sodass vielleicht zugleich die Aussage mitgehört werden soll: »Ich bin eure Anat und eure Aschera!«

13,4 12,10; Jes 45,21 **13,5-6** Dtn 8,11-20; 32,10.15 **13,7-8** 11,10 S; Jer 4,7 S **13,10-11** 1 Sam 8,5-9 **13,11** 10,3.15; 7,7 **13,14** 1 Kor 15,55 **14,1** 2 Kön 17,5-6; 15,16 **14,3** 6,6 **14,4** 5,13 S; 1,7 S; 8,5-6 S **14,5** 11,8 S **14,7-8** Ps 52,10 **14,9** 2,10.23-24 **14,10** Ps 1,1-6

DER PROPHET JOËL

Inhaltsübersicht

Buchüberschrift

1 In diesem Buch steht, was der HERR durch
Joël, den Sohn Petuëls, verkünden ließ.

Heuschrecken und Dürre suchen Juda heim

2 Hört her, ihr Alten und Erfahrenen, hört her,
alle Leute im Land! Ist so etwas Unerhörtes
schon einmal vorgekommen, zu euren Lebzeiten
oder zur Zeit eurer Vorfahren? 3 Erzählt es euren
Kindern, damit sie es ihren eigenen Kindern wei-
tersagen und diese wieder der folgenden Genera-
tion!

4 Heuschrecken sind über die Felder hergefal-
len, Schwarm auf Schwarm; alles haben sie kahl
gefressen. Was die einen übrig ließen, haben die
nächsten verzehrt.[a] 5 Wacht auf, ihr Betrunke-
nen, und weint! Heult, ihr Zecher alle, denn es
wird keinen neuen Wein geben! 6 Ein Heer, das
unbesiegbar und nicht zu zählen ist, hat unser
Land überfallen. Sie haben Zähne wie Löwen.
7 Unsere Weinstöcke haben sie kahl gefressen
und die Feigenbäume entlaubt, sogar die Rinde
haben sie abgenagt und nur das nackte Holz
übrig gelassen.

8 Weint und klagt wie eine Braut, die im
Sack* umhergeht, weil sie ihren Bräutigam ver-
loren hat! 9–10 Die Felder sind verwüstet und aus-
gedörrt. Die Ernte ist vernichtet; niemand bringt
mehr Korn, Öl und Wein als Speise- und Trank-
opfer* in den Tempel* des HERRN. Darum trau-
ern die Priester, die den Opferdienst für den
HERRN versehen.

11 Klagt über euer Unglück, ihr Bauern und
Weingärtner! Es gibt weder Weizen noch Gerste,
die ganze Ernte ist verloren. 12 Die Weinstöcke
sind verdorrt, die Feigen- und Dattelbäume, die
Granat- und Apfelbäume und alle wild wachsen-
den Bäume im Land sind entlaubt. Die ganze
Freude der Menschen welkt dahin.
13 Ihr Priester* am Altar* des HERRN, legt
den Sack* um die Hüften und klagt! Behaltet
ihn auch bei Nacht an! Es gibt keine Speise-
und Trankopfer mehr im Tempel eures Gottes.
14 Ruft einen Fasttag* aus! Ordnet einen Buß-
gottesdienst an! Die Ältesten* und das ganze
Volk sollen sich im Tempel des HERRN, eures
Gottes, versammeln und zu ihm um Hilfe
rufen!

Klage des Propheten

15 Wehe, was steht uns bevor! Der Tag, an dem
der HERR Gericht hält, ist nahe. Ein gewaltiges
Strafgericht kommt von Gott, dem Gewaltigen*!
16 Mit eigenen Augen mussten wir zusehen, wie
unsere Nahrung vernichtet wurde. Darum sind
Freude und Jubel im Haus unseres Gottes ver-
stummt. 17 Die Saatkörner liegen vertrocknet un-
ter den Erdschollen. Die Vorräte sind aufge-
braucht, die Speicher verfallen; denn es gibt kein
Korn mehr. 18 Brüllend irren die Rinder umher,
weil sie kein Futter finden, und sogar die Schaf-
herden leiden Not.

19 Zu dir, HERR, rufe ich um Hilfe! Die Glut-
hitze hat das Gras in der Steppe verzehrt und
die Bäume auf dem Feld versengt. 20 Auch
die wilden Tiere schreien zu dir; denn die
Wasserläufe sind versiegt und das Gras ist ver-
dorrt.

Steht Gottes Gerichtstag bevor?

2 Blast das Alarmhorn auf dem Zion*, gebt
Alarm auf dem heiligen Berg des HERRN!
Zittert, ihr Bewohner des Landes! Der Tag, an
dem der HERR Gericht hält, ist nahe! 2 Dunkel
wie die Nacht ist dieser Tag, verhangen mit
düsteren Wolken. So plötzlich, wie das frühe
Morgenlicht sich über die Berge ausbreitet, fällt
ein gewaltiges Heer von Feinden ins Land ein,
das nicht zu zählen ist. Noch nie habt ihr so
etwas erlebt und nie wieder wird es das geben in
allen künftigen Generationen.

3 Vor ihnen her wütet Feuer und hinter ihnen
lodern die Flammen. Bevor sie kommen, ist das
Land blühend wie der Garten Eden*, und wenn

a Im Hebräischen stehen hier vier verschiedene Bezeichnungen für Arten oder Wachstumsstadien der Heuschrecke.
1,4 2,25; Am 4,9; 7,1-2; Ex 10,12-15; Dtn 28,38; Ps 105,34-35 **1,6** Offb 9,8 **1,11** Jer 14,4 **1,13** Jer 16,6S; Am 8,10 **1,14** Jes 58,5S
1,15 Am 5,18-20S **1,16** Dtn 16,11; Ps 118,24 **1,20** Ps 104,27-28S **2,1** Jer 4,5S; Am 5,18-20S **2,3** 1,19; Am 7,4

sie vorübergezogen sind, liegt es so trostlos da
wie die Wüste. Nichts wird von ihnen verschont.

4 Sie sehen aus wie Pferde, sie rennen daher
wie Rosse in der Schlacht. 5 Wenn sie über die
Berggipfel springen, klingt es wie das Rasseln
von Streitwagen*, wie das Prasseln der Flammen, die ein Stoppelfeld verzehren. Sie sind wie
ein kampfbereites Heer.

6 Bei ihrem Anblick winden sich die Völker
vor Angst, alle Gesichter werden bleich. 7 Wie
Sturmtruppen greifen sie an und erklettern die
Mauern. Unbeirrbar gehen sie ihren Weg; keiner
weicht einen Schritt davon ab 8 oder kommt dem
Nebenmann in die Quere. Keine Waffe kann
ihren Vormarsch aufhalten. 9 Sie überfallen die
Stadt, erstürmen die Mauern, klettern wie Diebe
durch die Fenster in alle Häuser.

10 Die Erde bebt und der Himmel zittert vor
ihnen, Sonne und Mond verfinstern sich und
die Sterne hören auf zu strahlen. 11 Der HERR
selbst führt sie an, er gibt ihnen mit Donnerstimme Befehle. Das ganze riesengroße Heer
vollstreckt seinen Willen. Schrecklich ist der Tag,
an dem der HERR eingreift. Wer wird ihn überstehen?

Hoffnung auf Gottes Geduld

12 »Aber selbst jetzt noch könnt ihr zu mir umkehren«, sagt der HERR. »Wendet euch mir zu
von ganzem Herzen, fastet*, weint und klagt!
13 Zerreißt eure Herzen und nicht eure Kleider!«

Ja, kehrt um zum HERRN, eurem Gott! Ihr
wisst doch: »Er ist voll Liebe und Erbarmen. Er
hat Geduld, seine Güte kennt keine Grenzen.
Das Unheil, das er androht – wie oft tut es ihm
Leid!« 14 Vielleicht tut es ihm auch diesmal Leid
und er lässt auf euren Feldern und Weinbergen
wieder eine Ernte heranwachsen. Dann könnt
ihr ihm, eurem Gott, wieder Korn und Wein als
Opfer* darbringen.

Appell an Gottes Erbarmen

15 Blast das Horn auf dem Zionsberg*! Ruft einen
Fasttag* aus, ordnet einen Bußgottesdienst an!
16 Versammelt das Volk und sorgt dafür, dass es
rein* vor den HERRN tritt! Vom Säugling bis zum
Greis sollen alle zusammenkommen. Selbst die
Brautleute sollen aus der Hochzeitskammer
kommen!

17 Die Priester*, die Diener des HERRN, sollen
auf dem Platz zwischen Tempel* und Altar
weinen und beten: »HERR, hab Erbarmen mit
deinem Volk! Wir sind doch dein Eigentum! Tu
uns nicht die Schande an, dass fremde Völker
über uns herrschen. Lass nicht zu, dass Fremde
über uns spotten und sagen: ›Wo ist nun ihr
Gott?‹«

Gott antwortet

18 Da erwacht im HERRN die brennende Liebe für
sein Land und das Erbarmen mit seinem Volk.
19 Er antwortet ihnen: »Verlasst euch darauf: Ich
gebe euch so viel Korn, Wein und Öl, dass ihr
euch daran satt essen könnt. Ihr werdet den Völkern nicht mehr zum Spott dienen. 20 Denn ich
rette euch vor dem Feind aus dem Norden*.
Seine Vorhut treibe ich ins Tote Meer und seine
Nachhut ins Mittelmeer; sein ganzes übriges
Heer jage ich in die Wüste, wo es vernichtet
wird. Die Leichen werden die Luft mit ihrem
Gestank erfüllen. So bestrafe ich ihn für seine
Prahlerei.«

21 Ihr Felder, habt keine Angst mehr, freut
euch und jubelt! Der HERR hat Großes getan.
22 Ihr Tiere auf freiem Feld, habt keine Angst
mehr! Die Weiden in der Steppe sind wieder
grün. Auch die Bäume tragen wieder Frucht;
Feigenbaum und Weinstock bringen reichen
Ertrag.

23 Ihr Bewohner des Zionsberges*, freut euch
und jubelt über den HERRN, euren Gott! Er erweist euch seine Güte und schickt euch Regen*
wie zuvor, Frühregen im Herbst und Spätregen
im Frühjahr. 24 Auf den Dreschplätzen häuft sich
das Getreide und in der Kelter laufen die Wannen über von Most und Öl.

25 Der HERR sagt: »Ich habe mein großes Heer
gegen euch geschickt. Aber jetzt ersetze ich euch
die Ernten, die die Heuschreckenschwärme[a] vernichtet haben. 26 Ihr werdet euch richtig satt essen können. Dann werdet ihr mich, euren Gott,
preisen, weil ich solche Wunder für euch getan
habe. Nie mehr werden die anderen Völker über
mein Volk spotten. 27 Daran werdet ihr Leute
von Israel erkennen, dass ich, der HERR, in eurer
Mitte bin, dass ich euer Gott bin und sonst keiner. Nie mehr überlasse ich mein Volk der
Schande.«

a Siehe Anmerkung zu 1,4.

2,4-5 Offb 9,7-9 **2,9** Ex 10,6 **2,10** 3,3-4; 4,15; Jes 13,10; Ez 32,7-8; Am 8,9; Mk 13,24 par; Offb 6,12 **2,11** Ps 29,3-9 S; Jes 10,5-6; Ez 38,4 **2,12** Dtn 4,29; Ez 18,23 **2,13** (Kleider) 1 Kön 21,27; 2 Kön 19,1; Esra 9,3; Jer 41,5; 4,4 S; (voll Liebe) Ex 34,6 S **2,14** (Vielleicht) Am 5,15; Jona 3,9; Zef 2,3; Tob 13,8 **2,15** Jes 58,5 S **2,17** Ps 115,1-2 S **2,18** Sach 1,14 S; Hos 11,8 S **2,20** Jer 1,14 S; Jes 2,11-12 S **2,23** Jer 5,24-25 S **2,25** 1,4 S **2,26** Dtn 8,10; Ez 36,13-15 **2,27** 4,17; Ez 34,30; Jes 12,6

Vorzeichen des Weltgerichts

3 Weiter sagt der HERR: »Es kommt die Zeit, da werde ich meinen Geist* ausgießen über alle Menschen. Eure Männer und Frauen werden dann zu Propheten*; Alte und Junge haben Träume und Visionen. 2 Sogar über die Knechte und Mägde werde ich zu jener Zeit meinen Geist ausgießen.

3–4 Dann ist der große und schreckliche Tag nahe, an dem ich Gericht halte. Am Himmel und auf der Erde werden seine Vorzeichen zu sehen sein: Menschen liegen erschlagen in ihrem Blut, Flammen und Rauchwolken steigen auf; die Sonne verfinstert sich und der Mond wird blutrot. 5 Aber alle, die sich zu mir bekennen und meinen Namen* anrufen, werden gerettet.«[a]

Dann wird geschehen, was der HERR angekündigt hat: »Auf dem Zionsberg* in Jerusalem gibt es Rettung – und auch für alle, die unter die Völker zerstreut sind; denn ich rufe sie zurück.«

Bestrafung der Feinde des Gottesvolkes

4 Der HERR sagt: »Wenn die Zeit kommt, dass ich für Juda und Jerusalem alles wieder zum Guten wende, 2 werde ich alle Völker zusammenrufen und sie in das Tal führen, das den Namen trägt ›Der HERR richtet‹.[b] Dort ziehe ich sie zur Rechenschaft für das, was sie meinem Volk Israel angetan haben, diesem Volk, das mein Eigentum ist. Sie haben es unter die Völker zerstreut, haben mein Land aufgeteilt 3 und seine Bewohner durchs Los unter sich verteilt. Mit einem Jungen hat man da für die Nacht bei einer Prostituierten bezahlt, ein Mädchen hat man für den Wein eines Zechgelages verkauft.

4 Ihr Leute von Tyrus und Sidon und ihr Philister* alle, ihr wollt gegen mich vorgehen? Ihr wollt euch an mir rächen? Ich habe vielmehr Grund, mich an euch zu rächen! Im Handumdrehen lasse ich eure Untaten auf euch zurückfallen. 5 Ihr habt mein Silber und Gold weggenommen und meine kostbaren Schätze in eure Paläste gebracht. 6 Die jungen Männer aus Juda und Jerusalem habt ihr an die Griechen verkauft und weit weg von ihrer Heimat in die Fremde geschafft.

7 Aber ich rufe sie von dort zurück und lasse eure Untaten auf euch selbst zurückfallen. 8 Eure eigenen jungen Leute, die Männer und auch die Mädchen, werde ich dann den Leuten von Juda ausliefern und die werden sie weit weg in die Fremde, an die Leute von Saba*, verkaufen. Ich habe es gesagt, ich, der HERR.

9 Ruft unter den Völkern aus: ›Rüstet euch zum Kampf! Stellt eure Truppen auf! Lasst alle eure wehrfähigen Männer antreten und marschieren! 10 Schmiedet aus euren Pflugscharen Schwerter, macht aus euren Winzermessern Speerspitzen! Noch der Schwächste soll erklären: Ich kämpfe wie ein Löwe! 11 Kommt her, ihr Völker, kommt von allen Seiten!‹«

Und wenn sie dort versammelt sind, dann lass, HERR, deine starken Engel* gegen sie antreten!

12 »So sollen die Völker aufgeboten werden und in das Tal mit dem Namen ›Der HERR richtet‹ ziehen. Dort werde ich auf dem Richterstuhl sitzen und sie zur Rechenschaft ziehen, alle die Völker ringsum. 13 Nehmt die Sichel, die Ernte ist reif! Tretet die Kelter*, sie ist bis zum Rand gefüllt! Das Maß ist voll; die Schuld der Völker ist riesengroß.«

Die künftige Herrlichkeit Judas und Jerusalems

14 Ich höre den Lärm riesiger Heere im Tal des Gerichts. Der Tag ist nahe, an dem der HERR dort mit den Völkern abrechnet. 15 Sonne und Mond verfinstern sich und die Sterne hören auf zu strahlen.

16 Wie Löwengebrüll, wie Donnergrollen schallt vom Zionsberg* in Jerusalem die Stimme des HERRN und lässt Himmel und Erde erzittern. Doch für sein Volk Israel ist der HERR eine sichere Zuflucht und eine schützende Burg. 17 »Dann – sagt der HERR – werdet ihr erkennen, dass ich euer Gott bin. Auf dem Zion wohne ich, meinem heiligen Berg, und Jerusalem wird unantastbar sein; nie mehr werden Fremde dort eindringen.«

18 Der HERR sagt: »Zu jener Zeit werden die Berge von Wein triefen und die Hügel von Milch und die Bäche Judas werden das ganze Jahr über Wasser führen. An meinem Tempel* wird eine Quelle entspringen, die auch noch das trockenste Tal[c] bewässert.

a *sich zu mir bekennen und:* verdeutlichender Zusatz. b Hebräisch *Joschafat.*
c Wörtlich *das Tal Schittim.* Die Lage ist unbekannt; der Name deutet auf Akazien hin, die in Steppe und Wüste wachsen.

3,1-5 Num 11,25-29; Apg 2,17-21 **3,1** Num 11,25-29; 12,6; Ez 39,29 **3,3-4** Jes 2,11-20S; Joël 2,10S **3,5** (Zionsberg) 4,17; Obd 17S **4,1** Jer 29,13-14S; Hos 7,1 **4,10** Jes 2,4 **4,12** Ps 96,13 **4,13** Mt 13,30.39; Offb 14,14-20; (Kelter) Jes 63,1-6 **4,14-16** Jes 13,6-13; Ez 30,2-3; Obd 15a-17; Mal 3,19-21; Jes 2,11-21S **4,14** 4,2 **4,15** 2,10S **4,16** Am 1,2S; Joël 3,5S **4,17** Ps 76,3S; Jes 54,1-17S **4,18** Am 9,13; Jes 30,23.25; Ez 47,1-12S

19 Ägypten und Edom* aber werden zur Wüste werden als Strafe für die Verbrechen, die ihre Männer in Juda begangen haben. Sie haben dort unschuldige Menschen getötet. 20 Aber Juda soll für alle Zeiten bewohnt bleiben und Jerusalem für immer bestehen. 21 Ich erkläre ihre Bewohner für unschuldig, was ich früher nicht getan habe; niemand wird ungestraft bleiben, der ihr Leben antastet.[a] Denn auf dem Zionsberg wohne ich, der HERR!«

DER PROPHET AMOS

Inhaltsübersicht

Buchüberschrift

1 In diesem Buch steht, was Amos, einem Viehzüchter aus dem Dorf Tekoa, vom HERRN offenbart* worden ist. Er empfing die hier aufgeschriebenen Worte als Botschaft für das Reich Israel[b] zwei Jahre vor dem großen Erdbeben, als in Juda König Usija regierte und in Israel Jerobeam, der Sohn Joaschs.

2 Amos sagte:

Wie Löwengebrüll und Donnergrollen
schallt es vom Zionsberg* in Jerusalem her.
Dort wohnt der HERR,
im Zorn erhebt er die Stimme;
da vertrocknen die saftigen Weiden,
selbst der Wald auf dem Gipfel des Karmels
verdorrt.

ANKÜNDIGUNG DES GERICHTS ÜBER DAS NORDREICH ISRAEL (1,3–6,14)

Israels Nachbarvölker haben Gottes Strafgericht zu erwarten …

3 Hört, was der HERR sagt: »Die Leute von *Damaskus* haben Verbrechen auf Verbrechen gehäuft.[c] Sie haben Gilead* so grauenvoll verwüstet, als hätte man es mit eisernen Dreschschlitten* gedroschen. Darum verschone ich sie nicht. 4 Ich lege Feuer an die befestigten Paläste, die ihre Könige Hasaël und Ben-Hadad gebaut haben. 5 Ich zerbreche die Riegel an den Toren von Damaskus und gebe die Stadt ihren Feinden preis,[d] auch die Herrscher von Bikat-Awen (Unrechtstal) und Bet-Eden (Lusthausen) bringe ich um. Die Bevölkerung von ganz Syrien* wird nach Kir verschleppt. Das sage ich, der HERR.«

6 Hört, was der HERR sagt: »Die Leute von *Gaza* haben Verbrechen auf Verbrechen gehäuft. Sie haben ganze Dörfer entvölkert und ihre Bewohner an die Edomiter verkauft. Darum verschone ich sie nicht. 7 Ich lege Feuer an die Mauern von Gaza, damit es seine Prachtbauten verzehrt. 8 Auch die Herrscher von Aschdod und Aschkelon bringe ich um, die Stadt Ekron bekommt meine Hand zu spüren. Und der ganze Rest der Philister* wird auch umkommen. Das sage ich, der HERR.«

9 Hört, was der HERR sagt: »Die Leute von *Tyrus* haben Verbrechen auf Verbrechen gehäuft. Sie haben den Freundschaftsbund mit Israel gebrochen und die Bewohner ganzer Dörfer an die Edomiter verkauft. Darum verschone ich sie nicht. 10 Ich lege Feuer an die Mauern von Tyrus, damit es seine Prachtbauten verzehrt.«

11 Hört, was der HERR sagt: »Die Leute von *Edom** haben Verbrechen auf Verbrechen gehäuft. Den Israeliten, die doch ihr Brudervolk sind, haben sie erbarmungslos mit dem Schwert

a *niemand wird …:* verdeutlichender Zusatz.
b Hier und im ganzen Buch Amos bezeichnet *Israel** das Nordreich mit der Hauptstadt Samaria (3,9) und dem Reichsheiligtum Bet-El (7,10.13).
c Wörtlich *Wegen drei Verbrechen von Damaskus und wegen vier (verschone ich sie nicht).* Die Zahlen sind nicht wörtlich zu nehmen, sondern drücken eine anhaltende Steigerung des Unrechts aus; genannt wird jeweils nur das schlimmste. Dieselbe Formulierung auch in 1,6.9.11.13; 2,1.4.6.
d *und gebe …:* verdeutlichender Zusatz.

4,19 Am 1,11; Obd 10-11 **4,20-21** Jes 60,15; 65,18; Jer 17,25; Sach 14,10-11 **1,1** 7,14-15; 8,8; Sach 14,5; 7,9-11; 2 Kön 14,23-29; 15,1-7; Jes 1,1; Hos 1,1 **1,2** Joël 4,16; Jer 25,30-31; 4,7 S; Hos 11,10; Ps 29,3-9 S; 76,3 S **1,3-5** Jes 9,11; 17,1-3 S **1,3** 2 Kön 10,32-33 **1,4** 2 Kön 13,3 **1,5** 9,7; 2 Kön 16,9 **1,6-8** Jes 14,28-32 S **1,9-10** Jes 23,1-16 S **1,9** 1 Kön 5,26 **1,11-12** Jes 34,5-17 S; Gen 36,1.6-8

nachgestellt und den Hass immer aufs Neue
geschürt. Darum verschone ich sie nicht. 12 Ich
schicke Feuer in ihr Land, damit es die Pracht-
bauten von Bozra verzehrt.«

13 Hört, was der HERR sagt: »Die Leute von
*Ammon** haben Verbrechen auf Verbrechen
gehäuft. Als sie ihr Gebiet zu erweitern suchten,
haben sie in der Landschaft Gilead sogar
schwangeren Frauen den Leib aufgeschlitzt. Dar-
um verschone ich sie nicht. 14 Ich lege Feuer
an die Mauern ihrer Hauptstadt Rabba, damit es
die Prachtbauten verzehrt. Das Kriegsgeschrei
dröhnt, wie ein brausender Sturm tobt die
Schlacht, wenn das geschieht. 15 Der Ammoniter-
könig muss mit allen führenden Männern in die
Verbannung. Das sage ich, der HERR.«

2 Hört, was der HERR sagt: »Die Leute von
*Moab** haben Verbrechen auf Verbrechen
gehäuft. Sie haben die Gebeine des Edomiter-
königs zu Asche verbrannt. Darum verschone
ich sie nicht. 2 Ich schicke Feuer in ihr Land,
damit es die Prachtbauten von Kerijot verzehrt.
Ihre Männer fallen in der tosenden Schlacht, un-
ter dem Kriegsgeschrei und dem Lärm der Kriegs-
hörner* ihrer Feinde. 3 Ihren Herrscher und alle
führenden Männer bringe ich um. Das sage ich,
der HERR.«

4 Hört, was der HERR sagt: »Die Leute von
Juda haben Verbrechen auf Verbrechen gehäuft.
Sie haben mein Gesetz* missachtet, meine Ge-
bote übertreten und sich von falschen Göttern
verführen lassen, genau wie ihre Vorfahren. Dar-
um verschone ich sie nicht. 5 Ich schicke Feuer
in das Land, damit es die Prachtbauten Jeru-
salems verzehrt.«

... aber Israel erst recht!

6 Hört, was der HERR sagt: »Auch ihr Leute von
Israel habt Verbrechen auf Verbrechen gehäuft!
Darum verschone ich euch nicht. Ihr verkauft
ehrliche Leute als Sklaven*, nur weil sie ihre
Schulden nicht bezahlen können, ja ihr verkauft
einen Armen schon, wenn er euch eine Kleinig-
keit wie ein Paar Sandalen schuldet. 7 Ihr giert
sogar nach der Asche auf dem Kopf der Verzwei-
felten und wendet jeden Trick an, um die Schwa-
chen um ihr Recht zu bringen. Vater und Sohn
missbrauchen dasselbe Mädchen. Mit all dem
befleckt ihr meinen heiligen Namen*. 8 Neben
jedem Altar streckt ihr euch auf Kleidern aus, die
ihr den Armen als Pfand abgenommen habt; in
euren Heiligtümern trinkt ihr Wein, den ihr als
Ersatz für nicht bezahlte Schulden eingefordert
habt.

9 Dabei habe ich doch euretwegen die Amori-
ter* vernichtet. Sie waren so groß wie Zedern
und so stark wie Eichen, aber ich habe sie mit
Stumpf und Stiel ausgerottet. 10 Ich habe euch
aus Ägypten befreit und euch vierzig Jahre lang
durch die Wüste geführt, bis ihr das Land der
Amoriter in Besitz nehmen konntet. 11 Als meine
Zeugen habe ich aus eurer Mitte Propheten* be-
rufen und Männer, die sich mir geweiht haben.
So ist es doch, ihr Leute von Israel!«, sagt der
HERR. 12 »Aber meinen Geweihten* habt ihr
Wein zu trinken gegeben und den Propheten
habt ihr verboten, in meinem Namen zu spre-
chen.

13 Ich werde euch bestrafen, dass ihr ächzt
und stöhnt wie ein überladener Erntewagen.[a]
14–15 Auch der Schnellste kann dann nicht mehr
entkommen, dem Stärksten nützt seine Kraft
und dem Mutigsten sein Mut nichts. Die Bogen-
schützen werden überrannt, bevor sie einen
Pfeil abschießen können, auch die Besatzung der
Streitwagen* kann sich nicht mehr retten.
16 Selbst der Tapferste der Tapferen wird an
jenem Tag alles wegwerfen und um sein Leben
laufen. Das sage ich, der HERR.«

Das bevorzugte Volk

3 Hört her, ihr Leute von Israel! Ihr seid das
Volk, das der HERR aus Ägypten heraus-
geführt hat. Er lässt euch sagen: 2 »Von allen
Völkern der Erde habe ich euch allein aus-
gewählt. Deshalb wiegt eure Schuld so schwer
und ich muss euch dafür zur Rechenschaft
ziehen.«

Der Prophet hat keine Wahl

3 Gehen zwei Männer miteinander
denselben Weg,
wenn sie sich nicht vorher getroffen haben?
4 Brüllt der Löwe im Wald,
wenn er kein Beutetier vor sich sieht?
Lässt der Junglöwe sein Knurren hören,
wenn er kein Opfer in den Krallen hat?
5 Geht der Vogel ins Netz,
wenn kein Köder ausgelegt ist?
Schnappt die Falle zu,
wenn sich nichts darin gefangen hat?
6 Bläst man Alarm in der Stadt

a Deutung unsicher.

1,13-15 Jer 49,1-6 S **2,1-3** Jes 15,1–16,14 S **2,6** 5,11-12; 8,4-6; Jes 1,17 S; Mi 3,1-4 **2,8** Ex 22,25-26 **2,9** Num 13,27-33; 21,21-24 **2,10** Ex 20,2; Dtn 2,7; Hos 13,4-5 **2,11** Dtn 18,15; Hos 11,2 **2,12** 7,12-13; Jes 30,10 S; Num 6,2-3 **2,14-16** 9,1 **3,1-2** 9,7-8 **3,1** 2,10 **3,2** Ex 19,5-6 S **3,6** (geschickt) Jes 45,7; Klgl 3,37-38

und es fährt niemand zusammen?
Trifft ein Unglück die Stadt
und der HERR hat es nicht geschickt?

7-8 Der Löwe brüllt –
wer fürchtet sich nicht?
Der HERR, der mächtige Gott, redet –
wer wird da nicht zum Propheten*?

Der HERR, der mächtige Gott, tut nichts, ohne dass er es zuvor seine Diener, die Propheten, wissen lässt.

Der Untergang Samarias

9 Der HERR sagt: »Lasst vor den Palästen in der Philisterstadt* Aschdod und in Ägypten ausrufen: ›Kommt, versammelt euch auf den Bergen rings um die Stadt Samaria und seid Zeugen dafür, wie dort Unterdrückung und Gewalt an der
Tagesordnung sind! 10 Ihre Bewohner treten das
Recht mit Füßen und häufen in ihren Häusern Schätze auf, die sie mit Raub und Mord an sich gebracht haben.‹

11 Deshalb kündige ich, der mächtige Gott, den Leuten von Samaria an: ›Feinde werden euer Land umzingeln, eure Befestigungen niederreißen und alle eure Häuser ausplündern.
12 Von den Israeliten, die in Samaria wohnen,
wird genauso viel übrig bleiben wie von einem Lamm, das ein Löwe verschlingt. So wie ein Hirt gerade noch zwei Schenkelknochen oder einen Zipfel vom Ohr als Beweisstück rettet, so werden die feinen Leute ›gerettet‹, die sich in Samaria auf ihren Luxusbetten räkeln.‹«[a]

13 Der HERR, der Gott und Herrscher der ganzen Welt,[b] sagt: »Hört her und verkündet es den
Nachkommen Jakobs: 14 ›Der Tag kommt, an
dem ich die Leute von Israel für ihre Verbrechen bestrafen werde. Dann zerstöre ich die Altäre des Heiligtums in Bet-El, ihre Hörner werden ab-
gebrochen am Boden liegen.[c] 15 Ich lasse die
prächtigen Häuser in Trümmer sinken, die Sommervillen und die Winterpaläste; die elfenbeingeschmückten und hoch aufgestockten[d] Bauten werden dem Erdboden gleichgemacht.‹ Das sage ich, der HERR.«

Gegen die reichen Frauen von Samaria

4 Hört, ihr Frauen von Samaria, gut genährt und schön wie Baschans* Kühe! Ihr unterdrückt die Schwachen und schindet die Armen. Ihr sagt zu euren Männern: »Los, schafft uns zu trinken herbei!«

2 Der HERR, der mächtige Gott, hat bei seinem
heiligen Namen* geschworen: »Die Zeit kommt, dass man euch mit Fanghaken herausholen wird,
die Letzten von euch mit Fischangeln. 3 Eine
nach der andern müsst ihr durch die nächste Bresche in der Mauer hinaus und sie werden euch in Richtung Hermon[e] fortjagen. Das sage ich, der HERR!«

Religion und Verbrechen blühen

4 »Kommt zum Heiligtum von Bet-El – und sündigt! Kommt zum Heiligtum von Gilgal – und begeht Verbrechen! Feiert am ersten Festtag eure Mahlopfer* und am Tag darauf die Ablieferung
eurer Zehnten*! 5 Lasst gesäuertes Brot als Dank-
opfer* in Rauch aufgehen und kündigt freiwillige Opfer an – so laut, dass alle es hören! So liebt ihr es doch, ihr Leute von Israel!« Das sagt der HERR, der mächtige Gott.

Israel ist unbelehrbar

6 Der HERR sagt: »Ich schickte euch eine Hungersnot, sodass es in euren Städten und Dörfern nichts mehr zu beißen gab. Das kam von mir! Trotzdem seid ihr nicht zu mir umgekehrt.

7 Ich hielt den Regen zurück, als die Felder
ihn am nötigsten gebraucht hätten.[f] Über der einen Stadt ließ ich es regnen, auf die andere fiel nicht ein Tropfen. Das eine Feld stand prächtig,
während auf dem andern alles verdorrte. 8 Von
überall her schleppten die Leute sich halb verdurstet zu einer Stadt, die noch Wasser hatte; aber es reichte nicht für so viele. Trotzdem seid ihr nicht zu mir umgekehrt«, sagt der HERR.

9 »Ich schickte euch Mehltau und Kornbrand; die meisten eurer Gärten und Weinberge, eurer Feigenbäume und Ölbäume fraßen die Heuschrecken kahl. Trotzdem seid ihr nicht zu mir umgekehrt«, sagt der HERR.

a *als Beweisstück:* verdeutlichender Zusatz (vgl. Ex 22,12); *die sich auf ihren Luxusbetten räkeln:* wörtlich *die am Kopfende einer Couch oder am Fußende einer Damaszenerliege sitzen* – Möbelstücke, die damals den Gipfel des Luxus darstellten.
b Wörtlich *Der Herr HERR, Gott Zebaot**.
c Die abgebrochenen *Hörner** sind ein Bild dafür, dass Israel dem Untergang schutzlos preisgegeben ist: Die Hörner des Altars bieten dem Verfolgten, der sie ergreift, Schutz und werden mit dem sühnenden Opferblut bestrichen.
d Oder *zahlreichen.* e Vermutlicher Text; H *Harmon.*
f *als die Felder ...:* wörtlich *als noch drei Monate waren bis zur Ernte.*

3,7-8 Jer 20,7-9; 1 Kor 9,16; 1 Kön 22,16-23 **3,9-12** 4,1-3; 6,1-7 **3,12** Ex 22,12; Am 6,4 **3,14** 2 Kön 23,15S **3,15** 5,11-12; 6,8.11; 1 Kön 22,39 **4,1** 5,11-12; Jes 56,12 **4,2** Jer 49,13S **4,4-5** 5,4-5.21-24; Hos 4,15 **4,6-12** Lev 26,14-39; Jer 5,3S **4,7-8** Jer 3,3S **4,9** Joël 1,4S

10 »Ich schickte euch die Pest wie einst den
Ägyptern. Ich ließ eure jungen Männer im
Kampf umkommen und gab eure Pferde den
Feinden zur Beute. In euren Lagern ließ ich euch
den Leichengestank in die Nase steigen. Trotz-
dem seid ihr nicht zu mir umgekehrt«, sagt der
HERR.
11 »Ich ließ ganze Städte untergehen wie einst
Sodom* und Gomorra, nur ein paar Menschen
überlebten die Katastrophe – so wie ein ange-
kohltes Holzscheit gerade noch aus dem Feuer
gerissen wird. Trotzdem seid ihr nicht zu mir
umgekehrt«, sagt der HERR.
12 »Jetzt aber komme ich selbst und ziehe
euch zur Rechenschaft. Macht euch bereit, mir
gegenüberzutreten, ihr Leute von Israel!«

Gott, der mächtige Schöpfer

13 Er hat die Berge geformt
und die Winde geschaffen.
Er verkündet den Menschen, was er vorhat.
Er lässt den Tag zur Nacht werden;
er schreitet über die höchsten Gipfel der Erde.
»Der HERR, der Gott der ganzen Welt«[a] ist sein
Name!

Gibt es noch Rettung für Israel?[b]

5 (A) Hört die Totenklage*, die ich über euch
anstimme, ihr Leute von Israel:

2 Erschlagen liegt sie da,
die Jungfrau Israel,
und steht nie wieder auf!
Verlassen liegt sie da
in ihrem eignen Land
und niemand hilft ihr mehr!

3 Denn der HERR, der mächtige Gott, sagt: »Wenn
aus einer Stadt tausend Männer in den Kampf
ziehen, kehren nur hundert zurück, und wenn
hundert ausziehen, nur zehn. So wird es überall
im ganzen Reich Israel sein.«
(B) 4 Der HERR lässt den Leuten von Israel
sagen: »Kommt zu mir, dann bleibt ihr am
Leben! 5 Geht nicht nach Bet-El; denn Bet-El
muss an den Bettelstab! Geht auch nicht nach
Gilgal; denn Gilgal muss an den Galgen! Und
geht erst recht nicht über die Grenze nach Beer-
scheba!«[c]
6 Kommt zum HERRN, dann werdet ihr leben!
Sonst wird er wie Feuer über die Nachkommen
Josefs herfallen. Dieser Brand wird auch das Hei-
ligtum von Bet-El fressen; niemand kann ihn
löschen.
(C) 7 Weh euch! Ihr tretet das Recht mit
Füßen; ihr verdreht es, dass es bitter wird wie
Galle!

(D) 8 Er hat das Siebengestirn und den Orion
geschaffen.
Er lässt aus Dunkelheit Licht werden
und aus Licht wieder Dunkelheit.
Er ruft das Wasser aus dem Meer
und lässt es auf die Erde herabregnen.
»HERR« ist sein Name*!
9 Er vernichtet die Mächtigen
und zerstört ihre Festungen.

(C) 10 Weh euch! Ihr hasst jeden, der in der Ge-
richtsversammlung die Wahrheit sagt und das
Unrecht anprangert! 13 [d] Deshalb handelt jeder
klug, der in solch einer bösen Zeit schweigt und
sich euch nicht ans Messer liefert.
11–12 Ich kenne eure Vergehen, eure zahllosen
Verbrechen! Ihr beutet die Armen aus und ver-
langt von ihnen hohe Abgaben an Korn. Ihr ver-
folgt ehrbare Bürger, nehmt Bestechungsgelder
an und verweigert den Schutzlosen ihr Recht.
Aber die Strafe lässt nicht auf sich warten:[e] Ihr
werdet eure neuen Häuser aus behauenen Stei-
nen nicht bewohnen und den Wein aus euren
neu angelegten Weinbergen nicht trinken.
(B) 14 Kommt zurück zum Guten, kehrt euch
ab vom Bösen! Dann werdet ihr am Leben blei-
ben. Dann wird der HERR, der Gott der ganzen
Welt,[f] wirklich bei euch sein, wie ihr behauptet.
15 Hasst das Böse, liebt das Gute! Sorgt vor Ge-
richt dafür, dass Recht Recht bleibt! Vielleicht

a Wörtlich *Der HERR, Gott Zebaot**.
b Die Verse 1-17 bestehen aus einer kunstvoll verschränkten Folge von Prophetenworten, die um das zentrale Stück Vers 8-9 symmetrisch (ABCDCBA) angeordnet sind – ohne Rücksicht darauf, dass der logische Zusammenhang dadurch mehrfach unterbrochen wird (vgl. die Anmerkung zu Vers 13). Die inhaltlich aufeinander bezogenen Abschnitte werden oben durch gleiche Buchstaben (A, B, C usw.) gekennzeichnet.
c An den drei Orten befanden sich alte Heiligtümer. *Beerscheba* lag im südlichen Teil von Juda. Das Wort über *Gilgal* ist im Hebräischen ein Wortspiel, das über *Bet-El* (Haus Gottes) spielt mit der Verballhornung zu Bet-Awen (Haus des Unheils/Unrechts), die sich mehrfach bei Hosea findet (Hos 4,15; 5,8; 10,5).
d Der Vers wird zur Verdeutlichung des Zusammenhangs umgestellt. Auch hier besteht eine symmetrische Beziehung: Vers 13 gehört über Vers 11-12 hinweg zu Vers 10, wie im Großen Vers 10-13 zu Vers 7 und Vers 14-15 zu Vers 4-6 usw.
e *Aber die Strafe …:* verdeutlichender Zusatz. *f* Wörtlich *der HERR, Gott Zebaot*;* ebenso in Vers 15.

4,10 Ex 9,3; Dtn 28,21-22 **4,11** Gen 19,24-25 **4,13** 5,8-9; 9,5-6; 3,7-8; Mi 1,2-3 **5,1** Ez 28,12 S **5,3** 6,9; Dtn 28,62 **5,4-5** 4,4-5 S **5,6** 5,4.15 **5,7** 5,24; 6,12; 2,6 S **5,8-9** 4,13; 9,5-6 **5,8** Ijob 9,9 S; Jes 45,7 **5,11-12** 2,6 S; 3,15 S **5,14** Jer 7,1-11 **5,15** Ps 34,15; Joël 2,14 S; Jes 10,22 S

wird dann der HERR, der Gott der ganzen Welt,
denen gnädig sein, die von den Nachkommen
Josefs übrig bleiben.
(A) 16 Weil ihr das Recht mit Füßen tretet,
kündigt der HERR, der Gott und Herrscher der
ganzen Welt,[a] euch an:
»Auf allen Plätzen wird man Trauerlieder
hören, in allen Gassen Weherufe. Die Landleute
werden von den Feldern geholt, um die Toten zu
beweinen; alle, die sich darauf verstehen, wer-
den zur Totenklage* herbeigerufen. 17 Selbst die
Weinberge, in denen sonst Freude und Jubel
herrschten,[b] werden erfüllt sein von Klage-
geschrei. Denn ich werde unter euch blutige
Ernte halten. Das sage ich, der HERR!«

Israel wiegt sich in falscher Sicherheit

18 Weh euch, die ihr den Tag herbeisehnt, an
dem der HERR eingreift! Was erwartet ihr denn
von diesem Tag? Finsternis wird er euch bringen
und nicht Licht! 19 Es wird euch ergehen wie
dem Mann, der vor einem Löwen davonläuft
und auf einen Bären trifft, und wenn er glücklich
das Haus erreicht hat und sich an die Wand
lehnt, beißt ihn eine Schlange.
20 Der Tag des HERRN bringt Finsternis und
nicht Licht, ein schwarzer Tag ist er; auch nicht
einen Schimmer von Hoffnung lässt er euch.

Gottesdienst ersetzt nicht gerechtes Handeln

21 Der HERR sagt: »Ich hasse eure Feste und kann
eure Feiern nicht ausstehen. 22 Eure Brandopfer
und Speiseopfer* sind mir zuwider; das gemäs-
tete Vieh, das ihr für das Opfermahl* schlachtet,
kann ich nicht mehr sehen. 23 Hört auf mit dem
Geplärr eurer Lieder! Euer Harfengeklimper ist
mir lästig!
24 Sorgt lieber dafür, dass jeder zu seinem
Recht kommt! Recht und Gerechtigkeit sollen
das Land erfüllen wie ein Strom, der nie aus-
trocknet.
25 Habe ich von euch Israeliten während der
vierzig Wüstenjahre vielleicht Mahlopfer und
Speiseopfer verlangt? 26 Habt ihr damals schon
die Götzenbilder eures Himmelskönigs Sakkut
und eures Sterngottes Kewan herumgetragen,
wie ihr es jetzt tut?[c] 27 Ihr könnt euch darauf
verlassen: Ich werde euch in die Verbannung
führen, noch über Damaskus hinaus.«
Das sagt der HERR, der Gott der ganzen
Welt.[d]

Die Schuld der führenden Kreise

6 Weh euch, ihr Sorglosen auf dem Berg
Zion*! Ihr Selbstsicheren auf dem Berg von
Samaria! Ihr Vornehmen Israels, des ersten aller
Völker, bei denen die Leute Rat und Hilfe
suchen! 2 Geht doch in die Stadt Kalne, geht in
die große Stadt Hamat und in die Philisterstadt
Gat! Seid ihr vielleicht besser gerüstet als diese
Königreiche? Oder ist euer Gebiet so viel kleiner
als das ihre, dass ihr denkt, die Assyrer* werden
sich nichts daraus machen?[e]
3 Ihr meint, das Unheil sei noch fern – dabei
habt ihr ein System der Unterdrückung und Aus-
beutung eingeführt! 4 Ihr räkelt euch auf euren
elfenbeinverzierten Polsterbetten und esst das
zarte Fleisch von Lämmern und Mastkälbern.
5 Ihr grölt zur Harfe und bildet euch ein, ihr
könntet Lieder machen wie David.[f] 6 Ihr trinkt
den Wein kübelweise und verwendet die kost-
barsten Parfüme; aber dass euer Land[g] in den
Untergang treibt, lässt euch kalt.
7 Deshalb sagt der HERR, der Gott der ganzen
Welt:[h] »Ihr müsst als Erste in die Verbannung ge-
hen und eure Gelage nehmen ein jähes Ende.«

Die Zerstörung Samarias

8 Der HERR, der Gott der ganzen Welt, sagt: »Der
Hochmut der Nachkommen Jakobs ist mir zu-
wider, ich hasse ihre prächtigen Paläste. Deshalb
gebe ich Samaria dem Untergang preis mit allen
seinen Bewohnern. Das habe ich, der mächtige
Gott, bei mir selbst geschworen.
9 Wenn irgendwo in einem Haus noch zehn
Menschen übrig geblieben sind – auch sie müs-
sen sterben. 10 Und wenn im hintersten Winkel
eines Hauses ein Überlebender sitzt und es
kommt ein Verwandter, um die Toten zur Bestat-
tung aus dem Haus zu holen, und fragt ihn: ›Lebt
hier noch jemand außer dir?‹, und er antwortet:
›Niemand‹; dann wird der andere sagen: ›Pst!

a Wörtlich *der HERR, Gott Zebaot*, der Herr.* b *in denen …:* verdeutlichender Zusatz.
c Deutung unsicher. Manche Ausleger verstehen den Satz als Strafankündigung: »Ihr werdet (in der Verbannung) die Bilder der assyrischen Götzen herumtragen« (vgl. Sacherklärung »Kewan«). d Wörtlich *der HERR, Gott Zebaot*.*
e *Oder ist euer Gebiet …:* wörtlich *Oder ist deren Gebiet etwa größer als das eure?* f Deutung unsicher.
g *euer Land:* wörtlich *Josef*, d.h. die Josefsstämme als Kern des Nordreiches.
h Wörtlich *der HERR, Gott Zebaot*;* ebenso in den Versen 8 und 14.

5,16-17 Jer 9,16-21 **5,18-20** (Tag des HERRN) Jer 30,7-8; Ez 7,10-27; Joël 1,15; 2,1-11; 4,14-16 S; Zef 2,1-15; Mal 3,2-5 **5,21-24** Jes 1,10-20 S **5,24** 5,7 **5,25** Jer 7,22 **5,26** Apg 7,42-43 **5,27** 6,7; 7,11.17; 9,4; Hos 9,3-4; 2 Kön 17,6 **6,4** 3,12 **6,5-6** Jes 5,11-12 S **6,6** 2,8; 4,1 **6,8** 3,15; Jes 2,11-12 S **6,9** Jes 6,13

Erwähne nur nicht den Namen des HERRN, sonst
merkt er, dass hier noch jemand lebt!‹«[a]
11 Der HERR wird einen Befehl geben und
dann werden die Häuser und Paläste in Trümmer
geschlagen, die großen wie die kleinen.

Die Strafe für Unrecht und Selbstüberhebung

12 Fährt man mit Ross und Wagen über Fels-
blöcke oder pflügt mit Rindern das Meer?[b] Ihr
aber habt das Recht in tödliches Gift verwandelt;
und was ihr Gerechtigkeit nennt, ist bitter wie
Galle.
13 Ihr bildet euch etwas darauf ein, dass ihr
die Stadt Lo-Dabar erobert habt. Ihr prahlt: »Wir
haben Karnajim[c] eingenommen, das haben wir
aus eigener Kraft geschafft!« 14 Aber der HERR,
der Gott der ganzen Welt, sagt: »Ich werde gegen
euch Israeliten ein Volk aufbieten, das wird euer
Land in Besitz nehmen und euch unterdrücken
von Lebo-Hamat im Norden bis zum Toten
Meer.«

VISIONEN UND AUSWEISUNG DES PROPHETEN (Kapitel 7–9)

Drei Visionen: Die Strafe ist unabwendbar

7 Hört, was der HERR, der mächtige Gott, mich
schauen ließ: Ich sah, wie er einen Heu-
schreckenschwarm schuf. Es war nicht lange,
nachdem das Gras für den König gemäht worden
war; die Sommersaat ging gerade auf. 2 Die Heu-
schrecken machten sich daran, alles Grün auf-
zufressen.
Da sagte ich: »HERR, du mächtiger Gott, ver-
gib doch deinem Volk![d] Wie kann es sonst über-
leben? Es ist ja so klein!«
3 Dem HERRN tat es Leid und er sagte: »Gut, es
soll nicht geschehen.«
4 Dann ließ der HERR, der mächtige Gott,
mich etwas anderes sehen: Er rief eine Gluthitze
herbei, die zehrte alles Wasser auf. Als sie anfing,
auch das Ackerland zu verzehren, 5 sagte ich:
»HERR, du mächtiger Gott, halt doch ein! Wie
kann dein Volk sonst überleben? Es ist ja so
klein!«
6 Dem HERRN tat es Leid und er sagte: »Gut,
es soll nicht geschehen.«
7 Dann ließ der HERR mich wieder etwas
anderes sehen: Er selbst stand auf einer Mauer
aus Zinn und hielt einen Klumpen Zinn in der
Hand.[e] 8 Er fragte mich: »Amos, was siehst du?«
»Einen Zinnklumpen«, antwortete ich.
Da sagte er: »Ja, ich werfe einen Zinnklumpen
mitten in mein Volk Israel! Ich werde es jetzt
nicht mehr verschonen. 9 Die Opferstätten der
Nachkommen Isaaks und die Staatsheiligtümer
Israels sollen verwüstet werden und gegen das
Königshaus Jerobeams werde ich mit dem
Schwert vorgehen.«

Amos wird aus dem Reich Israel ausgewiesen

10 Amazja, der oberste Priester* in Bet-El, ließ
Jerobeam, dem König des Reiches Israel,[f] mel-
den: »Amos zettelt mitten in Israel eine Ver-
schwörung gegen dich an! Was er redet, ist uner-
träglich. 11 Er hat gesagt: ›Jerobeam wird durchs
Schwert umkommen und das Volk Israel wird
aus seinem Land in ein anderes verschleppt.‹«
12 Zu Amos aber sagte Amazja: »Du Prophet*,
flieh von hier und geh nach Juda! Rede dort als
Prophet; sie werden dir dort sicher zu essen
geben. 13 Hier in Bet-El darfst du nicht mehr
auftreten; denn dies ist ein Reichsheiligtum, das
dem König von Israel gehört.«
14 Amos erwiderte: »Ich bin kein berufsmäßi-
ger Prophet und gehöre auch zu keiner Prophe-
tengemeinschaft*. Ich bin unabhängig; ich be-
sitze Rinder und Maulbeerfeigenbäume*. 15 Aber
der HERR hat mich von meiner Herde weggeholt
und gesagt: ›Geh und rede als Prophet zu mei-
nem Volk Israel!‹
16 So höre nun das Wort des HERRN! Du sagst:
›Rede nicht als Prophet gegen Israel; verkünde
den Nachkommen Isaaks keine Drohbotschaf-
ten!‹ 17 Deshalb sagt der HERR: ›Deine Frau wird
hier in der Stadt zur Hure gemacht, deine Söhne

a *sonst merkt ...:* verdeutlichender Zusatz. b So mit veränderten Vokalen; H *oder pflügt sie mit Rindern um.*
c Die Namen der beiden Städte im nördlichen Ostjordanland klingen im Hebräischen wie »Nichts, Nichtigkeit« und »Hörner« (= Stärke, Kraft).
d *deinem Volk:* wörtlich *Jakob* (= Israel; vgl. Gen 32,29; 35,10); so auch in Vers 5.
e *Zinn* (und nicht Blei) ist durch neuere Forschungen eindeutig als Sinn des hebräischen Wortes erwiesen. Das Metall erinnert als Bestandteil der Bronzelegierung an Kriegswaffen und hat offenbar auch bei magischen Riten eine Rolle gespielt; es hat von daher die Bedeutung eines schlimmen Vorzeichens.
f Es handelt sich um Jerobeam II. (siehe Zeittafel im Anhang), nicht um den Begründer des Nordreiches Israel desselben Namens (vgl. 1 Kön 12).

6,12 5,7 **6,13** Dtn 8,17; 2 Kön 14,25 **6,14** 2 Kön 17,5-6 **7,1-2** Joël 1,4 S **7,2b.5** Ex 32,11-13; Jer 7,16 S **7,4** Joël 1,17-20 **7,8** (siehst) Jer 1,11 S **7,10** 1 Kön 12,28-32; 2 Kön 14,23-29; Jer 38,4 **7,11** 5,27 S **7,12** (zu essen) Num 22,7.17-18; 1 Sam 9,6-7; 1 Kön 14,3; 2 Kön 4,42; Mi 3,5.11 **7,15** 1,1; 3,3-8; 2 Sam 7,8 **7,16** 2,12 **7,17** 5,27 S

und Töchter werden im Krieg umkommen, dein
Grundbesitz wird verteilt und du selbst wirst in
der Fremde sterben, in einem unreinen* Land.‹
Denn das Volk Israel muss sein Land verlassen
und in die Verbannung gehen.«

Erneute Vision vom kommenden Strafgericht

8 Noch etwas ließ der HERR, der mächtige
Gott, mich sehen: einen Erntekorb voll Obst.
2 Er fragte mich: »Amos, was siehst du?«
Ich antwortete: »Einen Korb mit reifem Obst.«
Da sagte der HERR: »Ja, reif ist mein Volk –
zum Gericht! Ohne Erbarmen will ich alles
abernten. 3 Dann werden die Sängerinnen im
Königspalast Klagelieder* anstimmen. An allen
Orten liegen Leichen herum, niemand begräbt
sie, überall Totenstille.«
Das sagt der HERR, der mächtige Gott.

Gegen Unrecht und Ausbeutung

4 Hört her, ihr Unterdrücker und Ausbeuter!
Euer ganzes Tun zielt darauf ab, die Armen im
Land zu ruinieren! 5 Ihr sagt: »Wann ist endlich
das Neumondfest* vorbei, wann ist endlich der
Sabbat* vorüber? Dann können wir unsere Spei-
cher öffnen und Korn verkaufen, das Getreide-
maß kleiner machen und das Gewicht, mit dem
wir das Silber zur Bezahlung abwiegen, größer,
die Waagbalken verstellen 6 und sogar noch den
Abfall mit Gewinn loswerden.«
Die Armen macht ihr zu euren Sklaven*,
auch wenn sie euch nur ein Paar Sandalen schul-
den. 7 Aber der HERR, auf den ihr Nachkommen
Jakobs so stolz seid, hat geschworen: »Nie werde
ich ihnen diese Untaten verzeihen!«
8 Wen wundert es da, dass die Erde bebt und
alle ihre Bewohner erschrecken? Sie hebt und
senkt sich wie der Nil in Ägypten.

Der Tag des Gerichts: Gott schweigt

9 »An jenem Tag geht die Sonne am Mittag unter
und am helllichten Tag wird es finster«, sagt der
HERR, der mächtige Gott. 10 »Ich verwandle eure
Freudenfeste in Leichenfeiern; statt fröhliche
Lieder zu singen, werdet ihr weinen und klagen.
Ihr werdet euch die Köpfe kahl scheren und den
Sack* um die Hüften binden und so verzweifelt
klagen wie beim Tod des einzigen Sohnes. Das
Ende dieses Tages wird bitter und trostlos sein!«
11 Weiter sagt der HERR, der mächtige Gott:
»Es kommt die Zeit, da werde ich eine Not über
das Land kommen lassen, die schlimmer ist als
Hunger und Durst: Die Leute werden nicht nach
Brot hungern oder nach Wasser lechzen, son-
dern verzweifelt darauf warten, von mir das ret-
tende Wort zu hören. 12 Sie werden im Land um-
herirren, vom Toten Meer bis zum Mittelmeer
und vom Norden bis zum Osten. Überall werden
sie nach einem Wort des HERRN fragen, aber
keines zu hören bekommen.
13 An jenem Tag werden selbst die blühenden
jungen Mädchen und die kräftigen jungen Män-
ner verdurstet umsinken. 14 Sie werden fallen
und nicht mehr aufstehen – alle, die bei dem ab-
scheulichen Götzen von Samaria schwören oder
beim Pilgerweg nach Beerscheba oder die sagen:
›So gewiss dein Gott lebt, Dan!‹«

Eine letzte Vision: Niemand entrinnt dem Gericht

9 Ich sah den Herrn in Bet-El riesengroß am
Altar vor dem Tempel stehen. Er gab einem
Engel* den Befehl: »Schlag auf die Kapitelle der
Tempelsäulen, dass der ganze Bau bis in die
Fundamente erzittert! Zerschmettere die Säulen,
dass sie diesen Leuten auf den Kopf fallen! Und
wer das überlebt, soll durch das Schwert des
Feindes umkommen. Niemand wird sich retten
können, niemand mit dem Leben davonkom-
men.
2 Selbst wenn sie sich in der Totenwelt* ver-
graben, ich werde sie von dort zurückholen;
selbst wenn sie in den Himmel hinaufsteigen,
ich werde sie von dort herunterholen. 3 Ver-
stecken sie sich auf dem Berg Karmel, so werde
ich sie auch dort ausfindig machen; verbergen
sie sich auf dem Meeresboden, so befehle ich der
Seeschlange*, sie zu beißen. 4 Und wenn sie von
ihren Feinden in die Verbannung geführt wer-
den, lasse ich sie dort mit dem Schwert um-
bringen. Ich behalte sie im Auge, aber nicht, um
ihnen zu helfen, sondern um sie zu vernichten.«

Gott der Schöpfer und Richter

5 Der HERR, der Herrscher über die ganze Welt:[a]
berührt er die Erde, so bebt sie,
sie hebt und senkt sich wie der Nil in Ägypten,
und überall trauern ihre Bewohner
um die Opfer,

a Wörtlich *Der Herr, der HERR Zebaot* (berührt die Erde).*

8,1-3 7,1-9; 9,1-4 **8,2** Jer 1,11 S; 24,1; Joël 4,13 S **8,3** 5,16-17; 6,10; Jer 9,21 S **8,4-6** 2,6-8 **8,5** Lev 19,35-36; Hos 12,8; Mi 6,10-11 **8,6b** 2,6 **8,8** 1,1; 9,5 **8,9** 5,18; Joël 2,10 S **8,10** Tob 2,6; Hos 2,13; Jer 16,6 S; 6,26 S **8,11-12** 1 Sam 3,1; 28,6; Spr 1,28; Ps 74,9; Hos 5,6; Mi 3,6-7 **8,14** Hos 8,5-6 S; Am 5,5 **9,1** Jes 6,1; Am 2,14-16 **9,2** Ps 139,7-12 S **9,4** 5,27 S **9,5-6** 4,13; 5,8-9 **9,5** 8,8; Ps 104,32

die unter den Trümmern begraben sind.
6 Er hat über der Erde das Himmelsgewölbe* errichtet
und sich droben im Himmel seine Wohnung gebaut.
Er ruft das Wasser aus dem Meer
und lässt es auf die Erde herabregnen.
»HERR« ist sein Name!

Es gibt kein Sonderrecht für Israel

7 Der HERR sagt: »Meint ihr Israeliten, ihr wärt in
meinen Augen etwas Besseres als die Leute von
Kusch*, die am Ende der Welt wohnen?[a] Ge-
wiss, ich habe euch aus Ägypten herausgeführt,
aber ebenso die Philister* aus Kreta und die
Syrer* aus Kir. 8 Ich, der HERR, der mächtige
Gott, sehe genau, was man in Israel, diesem ver-
dorbenen Königreich, treibt. Deshalb lasse ich es
spurlos von der Erde verschwinden.

Aber ich werde die Nachkommen Jakobs
nicht völlig ausrotten, das verspreche ich, der
HERR. 9 Ich werde den Befehl geben, sie zu sich-
ten. – Das wird geschehen, wenn sie unter alle
Völker zerstreut werden. – Die Schuldigen wer-
den ausgesiebt, so wie man verunreinigtes Korn
im Sieb schüttelt, bis nur noch die Steine zurück-
bleiben. 10 Alle, die jetzt so selbstsicher sagen:
›Du, HERR, wirst kein Unglück an uns herankom-
men lassen‹, werden dann durch das Schwert
des Feindes umkommen.«

Die Wiederherstellung Israels nach der Katastrophe

11 Der HERR sagt: »Es kommt der Tag, an dem ich
die verfallene Hütte Davids[b] wieder aufrichten
werde. Ich maure die Risse zu und ziehe die ein-
gestürzten Mauern hoch, sodass das Haus Davids
in alter Pracht wieder ersteht. 12 Die Leute von
Israel werden dann den Überrest von Edom* in
Besitz nehmen und ebenso alle Nachbarländer,
über denen einst mein Name ausgerufen wur-
de.[c] Ich, der HERR, sage das und werde es auch
tun.

13 Es kommt eine Zeit – sagt der HERR –,
da werden die Schnitter schon zur Ernte an-
treten, kaum dass der Pflüger seine Arbeit be-
endet hat, und an die Weinlese schließt sich
sogleich die nächste Aussaat. Es wird so viele
Trauben geben, dass ihr Saft die Berge und Hügel
herabfließt. 14 Dann werde ich für mein Volk
alles wieder zum Guten wenden. Die Leute von
Israel werden die zerstörten Städte wieder
aufbauen und auch darin wohnen, sie werden
Weinberge anpflanzen und den Wein davon
trinken, werden Gärten anlegen und essen, was
darin wächst. 15 Ich werde mein Volk wieder
in das Land einpflanzen, das ich ihm gegeben
habe, sodass es niemand mehr herausreißen
kann.«

Das sagt der HERR, euer Gott.

DER PROPHET OBADJA

Buchüberschrift

Hier ist aufgeschrieben, was der HERR dem Propheten Obadja offenbart* hat.

Gottes Strafgericht über die Edomiter*

1b Der HERR, der mächtige Gott, hat sein Wort
gegen Edom* gesprochen, wir haben es gehört;
durch einen Boten ließ er unter den Völkern
verkünden: »Auf, wir ziehen gemeinsam gegen
die Edomiter! Auf zum Kampf!«

2 Zu Edom aber sagte der HERR: »Ich mache
dich zum letzten der Völker, alle werden dich
verachten. 3 Du bildest dir ein, du seist unbesieg-
bar,[d] weil du in Felsklüften wohnst, auf unzu-
gänglicher Höhe. Du denkst: ›Mich kann keiner
hier herunterholen!‹ 4 Aber wenn du dein Nest
auch so hoch anlegst wie der Adler, wenn du es
selbst zwischen die Sterne am Himmel setzt –
ich, der HERR, stürze dich in die Tiefe.

5 Diebe und Räuber werden im Schutz der
Nacht bei dir eindringen und nach Herzenslust

a *die am Ende ...:* verdeutlichender Zusatz.
b Das Bild von *Hütte* und *Haus* lässt an die Dynastie (das »Königshaus«) Davids denken, an sein Reich nur als Folge (Vers 12).
c *Ausgerufen* zum Zeichen der Besitzergreifung. G versteht *Edom* als *Adam* (= Mensch/Menschen; gleiche Konsonanten); so kommt es zu dem Wortlaut in Apg 15,17.
d *Du bildest ...:* wörtlich *Der Übermut deines Herzens hat dich betrogen.*

9,6 Ps 104,3 **9,7** 3,1-2; 1,5; Jer 47,4 S **9,8** (nicht völlig) 5,15; Jer 4,27 S **9,10** 6,3; Jer 7,4.10; Mi 2,7; 3,11 **9,11-12** Apg 15,16-18 **9,13** Lev 26,5; Joël 4,18 **9,14-15** Ez 36,33-36 **9,14** Jer 29,13-14 S; 31,5; Jes 65,21-22; Hos 14,8 **9,15** Jer 24,6 **1-21** Jes 34,5-17 S **4** Jes 14,13

plündern, Winzer werden über dich kommen,
die für eine Nachlese nichts übrig lassen. Was
wird dir dann bleiben? 6 Dein ganzes Land[a]
wird durchsucht, alle deine versteckten Schätze
werden aufgespürt. 7–8 Alle deine Verbündeten
lassen dich im Stich, deine eigenen Freunde, die
dein Brot essen,[b] fallen dir in den Rücken, sie
stellen dir Fallen.

An jenem Tag – sagt der HERR – werde ich
den weisen Leuten in Edom den Garaus machen,
sodass es im Bergland Esaus niemand mehr gibt,
der Rat weiß; es gibt dann in Edom keinen Ver-
stand mehr. 9–10 Die tapferen Krieger aus Teman
werden von Angst gepackt, deshalb wird keiner
im Bergland Esaus mit dem Leben davonkom-
men. Weil ihr euch mit Mord und Gewalttat an
euren Brüdern, den Nachkommen Jakobs, ver-
gangen habt, werdet ihr Edomiter mit Schande
bedeckt und für immer ausgelöscht werden.«

11 Ihr habt dabeigestanden, als Fremde in Jeru-
salem eindrangen und seine Bewohner unter
sich verlosten, als sie Menschen und Besitz mit
sich wegschleppten. Ihr habt mit ihnen gemein-
same Sache gemacht!

12–13 Weidet euch nicht am Unglück eurer
Brüder! Seht nicht schadenfroh ihrem Untergang
zu! Spottet nicht über ihre Qualen! Nutzt ihre
Niederlage nicht aus, dringt nicht auch noch in
die eroberte Stadt ein! Wenigstens ihr solltet
euch nicht an den Leiden der Leute von Juda er-
götzen, euch nicht an ihrem Eigentum vergrei-
fen, nachdem dieser entsetzliche Unglückstag
über sie hereingebrochen ist, ein Tag des Unter-
gangs und der Verzweiflung. 14 Aber ihr stellt
euch sogar an den Fluchtwegen auf, ihr erschlagt
die Entkommenen oder liefert sie an ihre Verfol-
ger aus.

15b [c] Das alles wird auf euch selbst zurückfal-
len. Was ihr euren Brüdern angetan habt, wird
euch selber angetan!

Die Rettung Israels

15a »Der Tag ist nahe, an dem ich über alle Völker
Gericht halte«, sagt der HERR. 16 »Wie ihr Leute
von Juda auf meinem heiligen Berg aus dem Be-
cher meines Zorns[d] trinken musstet, so werden
dann die übrigen Völker ohne Ende daraus trin-
ken müssen. Sie sollen so spurlos verschwinden,
als wären sie nie gewesen.

17 Aber für euch gibt es Rettung auf dem Berg
Zion*; dieser Berg wird ein heiliger Ort sein. Ihr
Nachkommen Jakobs werdet das Land der Völ-
ker in Besitz nehmen, die euch das eure geraubt
hatten.

18 Die Leute von Juda und Israel werden dann
wie Feuer sein und die Leute von Edom wie
Stroh,[e] das vom Feuer verzehrt wird. Von den
Nachkommen Esaus wird niemand sein Leben
retten. Ich habe es gesagt, ich, der HERR.«

19 Die Judäer aus der Steppe im Süden werden
dann das edomitische Bergland in Besitz neh-
men und die Judäer aus dem westlichen Hügel-
land das Gebiet der Philister*, die übrigen Judäer
aber das Gebiet von Efraïm mit der Stadt Samaria
und die Leute von Benjamin das Bergland Gi-
lead*. 20 Die Verschleppten aus dem Reich Israel
werden das Land der Kanaaniter* bis hinauf
nach Sarepta besetzen[f] und die Leute aus Jeru-
salem, die nach Sefarad[g] weggeführt worden
sind, die Städte im Süden Judas.

21 Alle, die auf dem Berg Zion Zuflucht gefun-
den haben, werden über das edomitische Berg-
land herrschen. So wird der HERR seine Herr-
schaft antreten.

a *Dein ganzes Land:* wörtlich *Esau;* vgl. Gen 36,1.
b *deine eigenen Freunde ...:* wörtlich *deine Freunde dein Brot* (vgl. Ps 41,10).
c Umstellung mit Rücksicht auf den Zusammenhang.
d *aus dem Becher meines Zorns:* verdeutlichender Zusatz.
e *Die Leute von Juda und Israel ...:* wörtlich *Das Haus Jakob und das Haus Josef werden ... und das Haus Esau* (= Edom*) *wie Stroh.* f Deutung unsicher. g Sardes im westlichen Kleinasien (vgl. Offb 3,1).

9-11 Joël 4,19; Ps 137,7; Klgl 4,21-22 **9-10** Am 1,11 **11** Joël 4,3; Nah 3,10 **12-13** Klgl 1,7 **15a-17** Joël 4,14-16 S **16** Jer 25,15 S **17** (Rettung auf dem Zion) Joël 3,5; 4,17; Jes 14,32 S **18** Sach 12,6 **21** Jes 24,23; Ps 99,1-2

DER PROPHET JONA

Der Prophet flieht vor seinem Auftrag

1 Das Wort des HERRN erging an Jona, den Sohn
von Amittai, er sagte zu ihm: 2 »Geh nach
Ninive*, der großen Stadt, und kündige ihr mein
Strafgericht an! Ich kann nicht länger mit an-
sehen, wie böse die Leute dort sind.«
3 Jona machte sich auf den Weg, aber in die
entgegengesetzte Richtung. Er wollte nach Tar-
schisch* in Spanien fliehen, um dem HERRN zu
entkommen. In der Hafenstadt Jafo fand er ein
Schiff, das dorthin segeln sollte. Er bezahlte das
Fahrgeld und stieg ein.

Der Hebräer wird von fremden Seeleuten beschämt

4 Da schickte der HERR einen Sturm aufs Meer,
der war so heftig, dass das Schiff auseinander zu
brechen drohte. 5 Die Seeleute hatten große
Angst und jeder schrie zu seinem Gott um Hilfe.
Um die Gefahr für das Schiff zu verringern, war-
fen sie die Ladung ins Meer.
Jona war nach unten gegangen, hatte sich
hingelegt und schlief fest. 6 Der Kapitän kam zu
ihm herunter und sagte: »Wie kannst du schla-
fen? Steh auf, rufe zu deinem Gott! Vielleicht
hilft er uns und wir müssen nicht untergehen!«
7 Die Seeleute wollten durch das Los heraus-
finden, wer an ihrem Unglück schuld sei. Da fiel
das Los auf Jona. 8 Sie bestürmten ihn mit Fra-
gen: »Sag uns: Warum sind wir in diese Gefahr
geraten? Wer bist du eigentlich? Was für Ge-
schäfte treibst du? Zu welchem Volk gehörst du,
wo ist deine Heimat?«
9 Jona antwortete: »Ich bin ein Hebräer* und
verehre den HERRN, den Gott des Himmels, der
Land und Meer geschaffen hat.«
10 Er sagte ihnen auch, dass er auf der Flucht
vor dem HERRN war. Da bekamen die Männer
noch mehr Angst und sie fragten ihn: »Wie konn-
test du das tun? 11 Was sollen wir jetzt mit dir
machen, damit das Meer sich beruhigt und uns
verschont?« Denn es war inzwischen noch
stürmischer geworden.
12 Jona sagte: »Werft mich ins Meer, dann
wird es sich beruhigen. Ich weiß, dass dieser
Sturm nur meinetwegen über euch gekommen
ist.«
13 Die Seeleute machten einen letzten Ver-
such, durch Rudern das Land zu erreichen; doch
sie schafften es nicht, denn der Sturm tobte
immer heftiger. 14 Da beteten sie zum HERRN:
»HERR, strafe uns nicht, wenn wir diesen Mann
jetzt opfern müssen! Rechne uns seinen Tod
nicht als Mord an. Es war dein Wille, und alles,
was du willst, geschieht.«
15 Dann nahmen sie Jona und warfen ihn ins
Meer. Sofort wurde es ruhig.
16 Da packte sie alle große Furcht vor dem
HERRN. Sie schlachteten ein Opfertier für ihn
und machten ihm Versprechen für den Fall ihrer
Rettung.

Ein Gebet in höchster Not

2 Der HERR aber ließ einen großen Fisch kom-
men, der verschlang Jona. Drei Tage und drei
Nächte lang war Jona im Bauch des Fisches.
2 Dort betete er zum HERRN, seinem Gott:

3 »In meiner Not rief ich zu dir, HERR,
und du hast mir geantwortet.
Aus der Tiefe der Totenwelt* schrie ich zu dir
und du hast meinen Hilfeschrei vernommen.

4 Du hattest mich mitten ins Meer geworfen,
die Fluten umgaben mich;
alle deine Wellen und Wogen
schlugen über mir zusammen.
5 Ich dachte schon,
du hättest mich aus deiner Nähe verstoßen,
deinen heiligen Tempel* würde ich nie mehr
sehen.
6 Das Wasser ging mir bis an die Kehle.
Ich versank im abgrundtiefen Meer,
Schlingpflanzen wanden sich mir um den Kopf.
7 Ich sank hinunter bis zu den Fundamenten der
Berge
und hinter mir schlossen sich die Riegel der
Totenwelt*.

1,1 2 Kön 14,25 **1,2** Nah 1,1 **1,3** Ps 139,7-10 **1,4** Ps 107,23-26 **1,5** Apg 27,18 **1,6** Mk 4,38 par **1,7** Spr 16,33 **1,9** Gen 1,9-10 **1,12** 2 Sam 24,17 **2,1** Mt 12,40 **2,3** Ps 120,1; Klgl 3,55 **2,4** Ps 42,8 S **2,5** Ps 31,23 **2,6** Ps 18,5; 69,2-3; Klgl 3,54 **2,7** Ps 40,3

Aber du, HERR, mein Gott,
hast mich lebendig aus der Grube gezogen.
8 Als mir die Sinne schwanden, dachte ich an
dich
und mein Gebet drang zu dir in deinen heiligen
Tempel.
9 Wer sich auf nichtige Götzen verlässt,
bricht dir die Treue.
10 Ich aber will dir danken
und dir die Opfer* darbringen,
die ich dir versprochen habe;
denn du, HERR, bist mein Retter.«
11 Da befahl der HERR dem Fisch, ans Ufer zu
schwimmen und Jona wieder auszuspucken.

Die erfolgreiche Bußpredigt

3 Zum zweiten Mal erging das Wort des HERRN
an Jona, er sagte zu ihm: 2 »Geh nach Nini-
ve*, der großen Stadt, und rufe dort aus, was ich
dir auftrage!«
3 Diesmal gehorchte Jona dem HERRN und
ging nach Ninive. Die Stadt war ungeheuer groß;
man brauchte drei Tage, um vom einen Ende
zum andern zu kommen. 4 Jona ging eine Tages-
reise weit in die Stadt hinein, dann stellte er sich
hin und rief: »Noch vierzig Tage und Ninive ist
ein Trümmerhaufen!«
5 Die Leute von Ninive setzten ihre Hoffnung
auf Gott. Sie beschlossen zu fasten*; und alle,
Reiche wie Arme, legten zum Zeichen der Reue
den Sack* an.
6 Jonas Botschaft war nämlich dem König von
Ninive gemeldet worden. Der stieg von seinem
Thron, legte den Königsmantel ab, zog den Sack
an und setzte sich in die Asche. 7 Er ließ in der
ganzen Stadt ausrufen: »Hört den Befehl des
Königs und seiner Minister: ›Niemand darf et-
was essen oder trinken, weder Mensch noch
Rind noch Schaf! 8 Menschen und Vieh sollen
den Sack anlegen und laut zu Gott rufen. Alle sol-
len von ihrem bösen Weg umkehren und auf-
hören, Unrecht zu tun. 9 Vielleicht lässt Gott sich
umstimmen. Vielleicht können wir seinen
schweren Zorn besänftigen und er lässt uns am
Leben.‹«
10 Gott sah, dass sie sich von ihrem bösen Trei-
ben abwandten. Da tat es ihm Leid, sie zu ver-
nichten, und er führte seine Drohung nicht aus.

Gottes Menschenliebe geht seinem Erwählten zu weit

4 Das gefiel Jona gar nicht und er wurde zor-
nig. 2 Er sagte: »Ach HERR, genau das habe
ich vermutet, als ich noch zu Hause war! Darum
wollte ich ja auch nach Spanien fliehen. Ich
wusste es doch: Du bist voll Liebe und Erbar-
men, du hast Geduld, deine Güte kennt keine
Grenzen. Das Unheil, das du androhst, tut dir
hinterher Leid. 3 Deshalb nimm mein Leben zu-
rück, HERR! Sterben will ich, das ist besser als
weiterleben!«
4 Aber der HERR fragte ihn: »Hast du ein Recht
dazu, so zornig zu sein?«

Gott entlarvt die Selbstsucht seines Erwählten

5 Jona verließ die Stadt in Richtung Osten. In
einiger Entfernung hielt er an und machte sich
ein Laubdach. Er setzte sich darunter in den
Schatten, um zu sehen, was mit der Stadt gesche-
hen würde.
6 Da ließ Gott, der HERR, eine Rizinusstaude
über Jona emporwachsen, die sollte ihm Schat-
ten geben und seinen Ärger vertreiben. Jona
freute sich riesig über diese wunderbare Staude.
7 Aber früh am nächsten Morgen schickte Gott
einen Wurm. Der nagte den Rizinus an, sodass
er verdorrte. 8 Als dann die Sonne aufging, ließ
Gott einen heißen Ostwind kommen. Die Sonne
brannte Jona auf den Kopf und ihm wurde ganz
elend. Er wünschte sich den Tod und sagte:
»Sterben will ich, das ist besser als weiter-
leben!«
9 Aber Gott fragte ihn: »Hast du ein Recht da-
zu, wegen dieser Pflanze so zornig zu sein?«
»Doch«, sagte Jona, »mit vollem Recht bin ich
zornig und wünsche mir den Tod!«
10 Da sagte der HERR: »Schau her, du hast
diese Staude nicht großgezogen, du hast sie
nicht gehegt und gepflegt; sie ist in der einen
Nacht gewachsen und in der andern abge-
storben. Trotzdem tut sie dir Leid. 11 Und mir
sollte nicht diese große Stadt Ninive* Leid tun,
in der mehr als hundertzwanzigtausend Men-
schen leben, die rechts und links nicht unter-
scheiden können,[a] und dazu noch das viele
Vieh?«

a Damit sind kaum Kinder gemeint, sondern die gesamte Einwohnerschaft als Menschen, die zum eigenen Urteilen noch nicht fähig sind.

2,8 Ps 18,7 **2,9** Ps 31,7 **2,10** Ps 22,26 **3,1-2** 1,2 **3,4-5** Lk 11,30.32 **3,5** Jes 58,5S **3,9** Joël 2,14S **3,10** Jer 18,7-8 **4,2** Ex 34,6S **4,3** 1Kön 19,4S **4,8-9** 4,3-4 **4,11** Weish 11,23-26

DER PROPHET MICHA

Inhaltsübersicht

Buchüberschrift

1 In diesem Buch steht, was der HERR dem Pro-
pheten Micha aus dem Dorf Moreschet über
Samaria und Jerusalem offenbart* hat. Das Wort
des HERRN erging an Micha zu der Zeit, als in
Juda nacheinander die Könige Jotam, Ahas und
Hiskija regierten.

Strafe für Samarias Götzendienst

2-3 Hört, alle Völker! Gebt Acht, ihr Bewohner
der ganzen Erde! Der HERR, der mächtige Gott,
tritt als Richter in eure Mitte. Er kommt aus
seiner himmlischen Wohnung und schreitet über
die höchsten Gipfel der Erde. 4 Unter seinen
Füßen werden die Berge zu Tälern, sie schmel-
zen wie Wachs im Feuer, fließen weg wie
Wasser, das den Abhang hinabschießt. 5 Das alles
geschieht, weil die Leute von Israel gesündigt
und dem HERRN nicht gehorcht haben.

Aber wer hat Israel zur Sünde verleitet?
Samaria! Und wer Juda zum Götzendienst an
den Opferstätten? Jerusalem!

6 »Ich werde Samaria zerstören und seine
Trümmer ins Tal hinabstürzen«, sagt der HERR.
»Ich mache es dem Erdboden gleich; dort, wo es
stand, wird man Reben anpflanzen. 7 Alle seine
Götzenbilder schlage ich in Stücke, alle Weihe-
gaben der Götzen werden verbrannt. Alles, was
es von den Fremden erworben hat, ist Lohn für
seine Hurerei*, und als Hurenlohn wird es den
plündernden Feinden dienen.«

Auch Jerusalem bleibt nicht verschont

8 Deswegen packt mich das Entsetzen! Zum Zei-
chen der Trauer gehe ich barfuß und halb nackt,
ich heule wie ein Schakal und wimmere wie der
Vogel Strauß. 9 Samaria wird sich nicht mehr von
diesem Schlag erholen; er trifft auch Juda: Der
Feind kommt bis nach Jerusalem, in die Stadt
meines Volkes.

10 Sprecht nicht davon in Gat, weint dort
nicht so laut![a] Wälzt euch voll Entsetzen im
Staub von Afra! 11 Flieht, ihr Bewohner von
Schafir, nackt und in Schande! Die Männer von
Zaanan wagen es nicht, ihre Stadt zu verlassen.
Bet-Ezel ist von Wehklagen erfüllt, seine Mauern
bieten niemand mehr Schutz. 12 Die Bewohner
von Marot zittern um ihr Hab und Gut. Denn
der HERR bringt Unheil über Jerusalem und öff-
net dem Feind den Zugang zu ganz Juda.

13 Spannt die Pferde vor die Streitwagen*, ihr
Männer von Lachisch, und flieht! Bei euch
nahm die Sünde der Zionsstadt* ihren Anfang;
bei euch finden sich die sichtbaren Zeichen für
den Ungehorsam Israels.[b]

14 Ihr Leute von Juda, Moreschet im Gebiet
von Gat müsst ihr aufgeben; es ist ein Abschied
für immer. Auf Geschirr aus den Töpfereien[c]
von Achsib werden eure Könige nicht mehr
zählen können. 15 Ihr Bewohner von Marescha,
der HERR wird euch einen schicken, der euch
beerben wird – das geschieht ja nicht zum ersten
Mal! In der Höhle von Adullam muss sich der
König von Israel verstecken.[d]

16 Schere dir den Kopf kahl, Jerusalem, dass er
dem kahlen Scheitel des Geiers gleicht! Traure
über den Verlust deiner geliebten Kinder! Denn
deine Bewohner müssen fort in die Gefangen-
schaft.

a Weil es die Philister* jenseits der Grenze hören und in Schadenfreude ausbrechen könnten. Im Unterschied zu der Zeit von 2 Sam 1,20 ist Gat hier in judäischem Besitz (vgl. 2 Chr 26,6). Die Verse 10-15 enthalten im Hebräischen zahlreiche Wortspiele mit den verschiedenen Ortsnamen, die im Deutschen nicht wiederzugeben sind.

b Wahrscheinlich wird damit auf den Ausbau dieser Stadt zur Festung und die Stationierung einer Streitwagentruppe angespielt, womit nach der Auffassung des Propheten eine verhängnisvolle Politik eingeleitet wurde.

c Geschirr aus ...: wörtlich *die Häuser.* In 1 Chr 4,22-23 wird die wahrscheinlich mit Achsib identische Stadt Koseba genannt, aus der das Töpfergeschirr für den königlichen Hof kam.

d In der Höhle ...: wörtlich *Bis Adullam wird die Herrlichkeit Israels kommen;* vgl. 1 Sam 22,1; 2 Sam 23,13-14.

1,1 Jes 1,1; 2 Kön 15,32–20,21; Jer 26,18 **1,2-3** 1 Kön 22,28; Jes 26,21; Am 4,13 **1,4** Ps 97,5 **1,7** Hos 8,4; 13,2; 4,14 **1,8** Ijob 30,29 **1,13** 5,9; 2 Chr 9,25; Jes 2,7; 30,16; 31,1 **1,16** Jer 7,29

Der unbequeme Mahner

2 Weh denen, die nachts wach liegen und
Böses ausbrüten, um es früh am Morgen aus-
zuführen, weil sie die Macht haben! 2 Wollen sie
ein Stück Land, so rauben sie es; gefällt ihnen
ein Haus, so nehmen sie es. Rücksichtslos unter-
drücken sie die Leute und nehmen ihnen ihr
Eigentum weg. 3 Darum sagt der HERR: »Auch ich
denke mir Böses aus gegen eure ganze Sipp-
schaft! Ich lege euch ein Joch* auf den Nacken,
damit ihr den Kopf nicht mehr so hoch tragen
könnt. Es warten schlimme Zeiten auf euch!«
4 Dann werden sie euch verspotten und euer
Klagegeschrei nachäffen:

»Unser Ende ist gekommen,
Gott gab Fremden unser Land.
Alles haben sie genommen,
nichts mehr blieb in unserer Hand!«

5 Wenn das Land neu verteilt wird, werdet ihr
leer ausgehen. In der Gemeinde des HERRN wird
es niemand geben, der für euch noch einen
Acker ausmisst.
6 »Hör auf mit dem Gesabber«, so sabbern
diese Leute.[a] »So darf ein Prophet nicht reden!
Deine Beschimpfung trifft uns nicht! 7 So spricht
man nicht zu den Nachkommen Jakobs. Der
HERR verliert nicht die Geduld mit uns, das ist
nicht seine Art!«
Was wollt ihr denn? Ich verkünde doch Gutes
– für den, der krumme Wege meidet!
8 Der HERR sagt: »Erst gestern wieder sind die
führenden Kreise in meinem Volk als Feinde ge-
gen mich aufgetreten! So macht ihr es: Wenn ein
Schuldner nichts ahnend an euch vorübergeht
und keinen Streit sucht, entreißt ihr ihm vor aller
Augen sein Letztes, das Obergewand*, und stellt
ihn damit bloß.[b] 9 Die Frauen treibt ihr vom
heimatlichen Herd und bringt ihre Kinder um
das väterliche Erbe.[c] 10 Fort mit euch, in die-
sem Land findet ihr keine Ruhe mehr! Denn ihr
habt es mit euren Verbrechen unrein* gemacht
und werdet einen schrecklichen Untergang er-
leben.«
11 Soll ich etwa den Mantel nach dem Wind
hängen, soll ich lügen, dass sich die Balken bie-
gen, soll ich prophezeien, dass es Wein und Bier
in Strömen regnet? Das wäre ein Prophet* nach
dem Geschmack dieses Volkes!

Zukünftige Rettung

12 Der HERR sagt: »Ich hole euch zusammen, ihr
Nachkommen Jakobs! Ich versammle alles, was
von Israel übrig geblieben ist; ich bringe euch zu-
sammen wie Schafe im schützenden Pferch,[d]
wie eine Herde auf der Weide,[e] und es wird im
Land nur so wimmeln von Menschen.«
13 Ein starker Held wird sie anführen, mit ihm
an der Spitze brechen sie hervor. Der HERR ist
dieser Held, als ihr König zieht er ihnen voran.

Gegen die führenden Kreise und die falschen Propheten

3 Micha sagte: »Hört her, ihr Anführer der
Nachkommen Jakobs, ihr Mächtigen Israels!
Ihr müsstet wahrhaftig das Recht kennen!
2–3 Aber ihr hasst das Gute und liebt das Böse.
Ihr behandelt die Menschen meines Volkes wie
das Schlachtvieh, dem man die Haut abzieht, das
Fleisch von den Knochen reißt, die Knochen zer-
schlägt und sie samt dem Fleisch in den Kessel
wirft. So beutet ihr das Volk aus! 4 Ihr werdet
noch zum HERRN um Hilfe schreien, doch er
wird euch nicht hören. Er wird sich von euch
abwenden, weil ihr eure Macht so missbraucht
habt.
5 Auch für eure Propheten* habe ich eine
Botschaft des HERRN! Sie verkünden Glück und
Erfolg, wenn man ihnen zu essen gibt, und dro-
hen jedem den Untergang an, der ihnen keine
Geschenke macht. Weil sie mein Volk irreführ-
ren, lässt der HERR ihnen sagen: 6 ›Ich lasse die
Sonne für euch untergehen und Nacht über euch
hereinbrechen, dass ihr im Dunkeln tappt. Ihr
könnt nicht mehr in die Zukunft sehen und war-
tet vergeblich auf eine Offenbarung*. 7 Wenn ihr
mich fragt, bekommt ihr keine Antwort mehr.
Dann müsst ihr Propheten und Wahrsager euch
schämen und euch wie Trauernde den Bart ver-
hüllen.‹
8 Mich aber hat der HERR stark gemacht und
mit seinem Geist* erfüllt! Deshalb trete ich

a Anspielung auf den Speichelfluss als Begleiterscheinung ekstatischer Prophetenrede (siehe Sacherklärung »Prophet«).
b Deutung unsicher; wörtlich: *Gegenüber einem Obergewand entkleidet ihr der Ehre die, die im Gefühl der Sicherheit vorübergehen und vom Streit abgewandt sind.*
c *das väterliche Erbe:* Deutung unsicher: wörtlich *meine Zier für immer.*
d *Schafe im (schützenden) Pferch:* mit alten Übersetzungen; H *Schafe von Bozra.*
e *Weide:* mit alten Übersetzungen; H unverständlich.

2,1 Ps 36,5 **2,2** Spr 24,15 **2,6** Jes 30,10 S **2,8** Ex 22,25-26 **2,9** 2 Kön 4,1 **2,11** Jer 6,14 S **2,12** Ez 34,15; 36,37-38 **2,13** Jes 42,13 **3,1-4** 2,1-3.8-9; 3,9-11; 6,12; Ps 14,4; 58,2-3; Am 2,6 S **3,4** Spr 1,28 S **3,5** 2,11; Am 7,12 S **3,6-7** Am 8,11-12 S **3,8** Jes 61,1; 58,1

mutig für das Recht ein, ich halte den Leuten von
Israel, den Nachkommen Jakobs, alle ihre Ver-
brechen vor.
9 Hört her, ihr Anführer der Nachkommen
Jakobs, ihr Mächtigen Israels! Ihr tretet das
Recht mit Füßen und verkehrt es in Unrecht.
10 Ihr baut Jerusalem prächtig aus, aber eure
Häuser sind auf Mord und Totschlag gegründet.
11 Die Anführer lassen sich bestechen; die Pries-
ter* geben zu allem den Segen, wenn sie dafür
bezahlt werden; die Propheten wahrsagen für
Geld. Und dann sagt ihr noch: ›Der HERR ist
mitten unter uns, uns kann nichts passieren!‹
Glaubt ihr wirklich, dass er euch helfen wird?
12 Nein, der Berg Zion* wird umgepflügt wie
ein Acker, Jerusalem wird zu einem Trümmer-
haufen, und wo jetzt der Tempel* steht, wird
Gestrüpp wuchern. Das ist die Strafe für eure
Verbrechen!«

Gottes Frieden geht vom Zion aus

4 Es kommt eine Zeit, da wird der Berg, auf
dem der Tempel des HERRN steht, uner-
schütterlich fest stehen und alle anderen Berge
überragen. Die Völker strömen zu ihm hin.
2 Überall werden die Leute sagen: »Kommt,
wir gehen auf den Berg des HERRN, zu dem
Haus, in dem der Gott Jakobs wohnt! Er soll uns
lehren, was recht ist; was er sagt, wollen wir
tun!«
Denn vom Zionsberg* in Jerusalem wird der
HERR sein Wort ausgehen lassen. 3 Er weist
mächtige Völker zurecht und schlichtet ihren
Streit, bis hin in die fernsten Länder. Dann
schmieden sie aus ihren Schwertern Pflugscha-
ren und aus ihren Speerspitzen Winzermesser.
Kein Volk wird mehr das andere angreifen und
niemand lernt mehr das Kriegshandwerk. 4 Jeder
wird in Frieden bei seinen Feigenbäumen und
Weinstöcken wohnen, niemand braucht sich
mehr zu fürchten. Der HERR, der Herrscher der
Welt,[a] hat es gesagt.
5 Jetzt allerdings lebt noch jedes Volk im Ver-
trauen auf seinen eigenen Gott und nach dessen
Weisungen. Wir aber vom Volk Israel gehen un-
seren Weg im Vertrauen auf den HERRN, unseren
Gott; ihm und seinen Weisungen folgen wir.
Und so bleibt es in alle Zukunft.
6 Der HERR sagt: »Der Tag wird kommen, an
dem ich die verirrten und hinkenden Schafe
meiner Herde von überall her zusammenhole.
Ich habe Unglück über sie gebracht, 7 aber ich
mache sie von neuem zu einem großen Volk.
Ich, der HERR, werde dann für alle Zukunft
auf dem Zionsberg ihr König sein. 8 Du Wacht-
turm für meine Herde, Berg Zion, du wirst das
Königtum in seinem alten Glanz zurückkeh-
ren sehen! Jerusalem wird wieder Königsstadt
sein!«

Gegenwärtige Bedrängnis und künftige Rettung

9 Nun, Jerusalem: Warum schreist du so? Hast du
keinen König oder ist dein Ratgeber umgekom-
men, dass du dich krümmst wie eine gebärende
Frau in den Wehen? 10 Krümme dich nur, du
Zionsstadt*, und stöhne wie eine Frau in
Wehen! Du musst jetzt aus deinen Mauern aus-
ziehen und auf dem freien Feld wohnen; bis
nach Babylon* wirst du zuletzt kommen. Aber
dort wirst du gerettet, dort befreit dich der HERR
aus der Gewalt deiner Feinde!
11 Nun, Jerusalem: Viele Völker sind gegen
dich herangezogen, die dein Heiligtum schänden
und sich an deinem Untergang weiden wollen.
12 Aber sie wissen nicht, was der HERR mit ihnen
vorhat; sie merken nicht, dass er sie hier versam-
melt hat wie Garben, die man zum Dreschen auf
der Tenne ausbreitet. 13 »Steh auf und drisch, du
Zionsstadt*!«, sagt der HERR. »Ich mache dich
stark; mit eisernen Hufen wirst du die vielen
Völker zermalmen! Ihre Schätze wirst du erbeu-
ten, um sie mir zu weihen, dem Herrn der gan-
zen Erde.«
14 Nun, du belagerte Stadt: Traure, ritze dir
die Haut blutig! Feindliche Truppen haben uns
eingeschlossen. Sie werden dem Herrscher
Israels mit dem Stock ins Gesicht schlagen!

Der Retter kommt aus Betlehem

5 Doch dir, Betlehem im Gebiet der Sippe
Efrat, lässt der HERR sagen: »So klein du bist
unter den Städten in Juda, aus dir wird der künf-
tige Herrscher über mein Volk Israel kommen.
Sein Ursprung liegt in ferner Vergangenheit, in
den Tagen der Urzeit.«
2 Der HERR gibt sein Volk den Feinden preis,
bis eine Frau den erwarteten Sohn zur Welt
bringt. Dann werden die Verschleppten, die
noch am Leben sind, zu den anderen Israeliten
zurückkehren. 3 Im höchsten Auftrag des HERRN,

a Wörtlich *Der HERR Zebaot**.

3,10 Am 5,11-12 **3,11** 2,6-7; Jer 7,4.10; Am 9,10; 7,12 S **3,12** Jer 26,18 **4,1-3** Jes 2,2-4 **4,4** 1 Kön 5,5; 2 Kön 18,31; Sach 3,10 **4,6** Ez 34,12-16 **4,7** Jer 30,19 S; Ps 76,3 S; 99,1-2 **4,8** Jes 1,8 **4,9** Jes 33,21-22 **4,10** 2 Kön 24,15-16; 25,11 **4,11-13** Jes 17,12-14 **4,14** 2 Kön 18,17 **5,1** 1 Sam 16,1; Jes 11,1 S; Mt 2,4-6; Joh 7,42 **5,2** Jes 7,14

seines Gottes, und mit der Kraft, die der HERR
ihm gibt, wird er die Leute von Israel schützen
und leiten. Sie werden in Sicherheit leben kön-
nen, weil alle Völker der Erde seine Macht aner-
kennen. 4–5 Er wird Frieden bringen und uns vor
den Assyrern* retten, wenn sie herkommen und
in unser Land einfallen.

Wenn die Assyrer in unser Land einfallen und
unsere befestigten Städte in Besitz nehmen wol-
len, haben wir viele mächtige Bundesgenossen,[a]
die wir gegen sie aufbieten. Sie werden Assyrien,
das Land der Nachfahren Nimrods, erobern und
alle seine Städte verwüsten.

Israels Rest unter den Völkern. Seine Reinigung

6 Die Überlebenden aus den Nachkommen
Jakobs sind inmitten der Völker wie der Tau, den
der HERR schickt, wie der Regen, der auf die
Pflanzen fällt. Sie warten nicht auf Menschen-
hilfe und setzen ihre Hoffnung nicht auf Men-
schen.

7 Die Überlebenden aus den Nachkommen
Jakobs sind inmitten der Völker wie der Löwe
unter den Tieren des Waldes, wie ein junger Lö-
we mitten in einer Schafherde. Er wirft zu Boden
und zerfleischt, was in seine Fänge kommt, und
niemand kann ihm etwas entreißen.

8 Ja, HERR, erhebe deine Hand gegen deine
Feinde und vernichte sie!

9 Der HERR sagt: »Der Tag wird kommen, da
nehme ich eure Rosse weg und vernichte eure
Streitwagen*, 10 ich zerstöre eure Städte und
schleife eure Festungen, 11 ich nehme euch die
Zaubermittel und Wahrsager. 12 Ich zerschlage
eure Götzenbilder und eure heiligen Steine*, da-
mit ihr nicht mehr Dinge anbeten könnt, die ihr
selbst geschaffen habt. 13 Ich reiße eure geweih-
ten Pfähle* aus und zerstöre eure Städte. 14 Aber
auch die anderen Völker, die nicht auf mich hö-
ren wollen, werden meinen schrecklichen Zorn
zu spüren bekommen.«

Was Gott von seinem Volk erwartet

6 Hört, was der HERR mir befohlen hat: »Ver-
tritt meine Sache gegen mein Volk! Berge
und Hügel sollen die Zeugen sein.«

2 Ihr uralten Berge, ihr Fundamente, auf de-
nen die Erde ruht: Hört, was der HERR seinem
Volk zu sagen hat! Denn er zieht Israel zur
Rechenschaft.

3 »Habe ich dir irgendetwas angetan, mein
Volk?«, fragt der HERR. »Habe ich etwa zu viel
von dir verlangt? Bring deine Klage vor! 4 Ich
habe dich aus der Sklaverei in Ägypten befreit.
Ich habe dir Mose, Aaron und Mirjam als Führer
gegeben. 5 Denk daran, mein Volk, was der Moa-
biterkönig Balak gegen dich im Schilde führte
und was ihm der Seher Bileam antworten muss-
te! Denk an den Jordanübergang zwischen Schit-
tim und Gilgal! Dann wirst du erkennen, wie viel
Gutes ich für dich getan habe!«

6 Ihr fragt: »Womit soll ich vor den HERRN tre-
ten, diesen großen und erhabenen Gott? Was soll
ich ihm bringen, wenn ich mich vor ihm nieder-
werfe? Soll ich einjährige Rinder als Opfer* auf
seinem Altar verbrennen? 7 Kann ich ihn damit
erfreuen, dass ich ihm Tausende von Schaf-
böcken und Ströme von Olivenöl bringe? Soll ich
meinen erstgeborenen Sohn opfern, damit er
mir meine Schuld vergibt?«

8 Der HERR hat dich wissen lassen, Mensch,
was gut ist und was er von dir erwartet: Halte
dich an das Recht, sei menschlich zu deinen Mit-
menschen und lebe in steter Verbindung mit
deinem Gott!

Strafe für das Unrecht in Jerusalem

9 Hört, was der HERR der Stadt zuruft![b] Lasst
euch warnen durch den Stock, der euch schlägt,
und durch den, der euch die Schläge geschickt
hat!

10 »Wie lange noch häufen Verbrecher in die-
ser Stadt Schätze in ihren Häusern auf, die sie
durch Betrug an sich gebracht haben?«, sagt der
HERR. »Wie lange beleidigen sie mich noch mit
ihren gefälschten Messgefäßen, die unter mei-
nem Fluch stehen? 11 Ich muss diese Stadt
schuldig sprechen,[c] weil ihre Händler falsche
Gewichtssteine im Beutel haben, 12 weil ihre
Reichen brutale Ausbeuter sind, weil alle ihre
Bewohner lügen und betrügen!

13 Aber jetzt gehe ich daran,[d] euch zu schla-
gen, ich richte euch zugrunde wegen eurer
schlimmen Taten. 14 Ihr werdet nicht genug zu
essen haben und ständig von Hunger gequält
sein. Was ihr in Sicherheit zu bringen sucht, wer-

a *viele mächtige …:* wörtlich *sieben Hirten und acht Menschenfürsten.*
b Es folgen noch die schwer deutbaren Worte *Gelingen/Umsicht ist, wer deinen Namen sieht/respektiert.*
c So mit veränderten Vokalen; H *Kann ich rein sein?*
d *gehe ich daran:* mit alten Übersetzungen; H *habe ich krank gemacht* (ohne stimmige Fortsetzung).

5,4-5 (Nimrod) Gen 10,8-12 **5,6** Hos 14,6; Jes 7,9 S **5,9-13** Jes 2,6-8 **5,9** 1,13; Jes 31,1 S; Sach 9,10 **6,1-8** Ps 50,4-15 **6,4** Ex 20,2; 4,13-16; 15,20-21 **6,5** Num 22,17-18; 23,7-8; 24,10; Jos 3,15-16; 4,19 **6,6-8** Ps 15,1-5 S; Jes 1,10-20 S **6,7** Ex 22,28; Ez 20,25-26 **6,8** Dtn 10,12; Hos 12,7 **6,10-11** Am 8,5 S **6,12** 3,1-4

det ihr nicht retten können; und was ihr rettet,
gebe ich dem Schwert eurer Feinde preis. 15 Ihr
werdet säen, aber keine Ernte einbringen; ihr
werdet Oliven auspressen, aber euch mit dem Öl
nicht salben; ihr werdet Wein keltern, aber ihn
nicht trinken.

16 Voll Eifer seid ihr dem schlimmen Beispiel
der Könige Omri und Ahab und der ganzen
Ahabsfamilie gefolgt; alles habt ihr ihnen getreulich nachgemacht. Darum bringe ich Unglück über euch, über die Stadt und alle ihre Bewohner. Die anderen Völker werden mit Fingern auf euch zeigen und sich entsetzt von euch abwenden. Ihr als mein Volk werdet für sie zum Gespött.«

Klage des Propheten

7 Weh mir! Es ist mir ergangen wie einem
Hungernden, der im Spätherbst Weinstöcke
und Feigenbäume absucht: Keine Traube mehr
zu finden, keine Spur mehr von den köstlichen
Feigen! 2 Im ganzen Land gibt es keinen red-
lichen Menschen mehr, niemand, der Gott die
Treue hält.

Sie schrecken nicht vor Mord und Totschlag
zurück und stellen sich gegenseitig Fallen. 3 Sie
sind voll Eifer, wenn es gilt, Böses zu tun; darauf
verstehen sie sich. Die Beamten schrauben die
Abgaben in die Höhe; die Richter geben *dem*
Recht, der ihnen am meisten zahlt; die Mächtigen schalten nach ihrer Willkür. So drehen sie
gemeinsam dem Volk einen Strick.[a] 4 Noch der
Beste und Anständigste von ihnen ist schlimmer
als eine Dornenhecke.

Aber der Tag der Abrechnung ist da, eure Warner haben ihn vorausgesagt. Dann werdet ihr nicht mehr aus noch ein wissen.

5 Traut niemand, nicht dem Nachbarn, nicht
dem besten Freund! Hütet eure Zunge, selbst
vor der Frau, die ihr liebt! 6 Es ist so weit gekom-
men, dass der Sohn verächtlich auf den Vater herabsieht, die Tochter sich der Mutter widersetzt und die Schwiegertochter der Schwiegermutter. Ein Mann hat seine Feinde jetzt im eigenen Haus.

7 Ich aber schaue aus nach dem HERRN, ich
warte auf den Gott, der mir hilft. Mein Gott wird
mein Rufen erhören.

Trost für das geschlagene Volk

8 Jerusalem sagt:[b] »Sei nicht so schadenfroh, du
Feindin meines Volkes! Ich liege am Boden, aber
ich stehe wieder auf; ich sitze im Dunkeln, aber
der HERR ist mein Licht. 9 Ich hatte gegen ihn ge-
sündigt, deshalb bekam ich seinen Zorn zu spüren. Aber er wird mir auch wieder beistehen und mir zu meinem Recht verhelfen. Er wird mich aus dem Dunkel ins Licht führen; ich werde es
erleben, dass er mich rettet. 10 Meine Feindin
wird es mit ansehen müssen und ihr Triumph wird zuschanden. Sie hat gehöhnt: ›Wo ist denn der HERR, dein Gott?‹ Aber nun werde ich mich an ihrem Unglück weiden. Sie wird zertreten wie Kot auf der Straße.«

11 Ja, Jerusalem,[c] der Tag kommt, an dem
deine Mauern wieder aufgebaut und deine
Grenzen ausgeweitet werden. 12 Dann werden
sie von überall her zu dir kommen: von Assyrien* bis zu den Städten Ägyptens und von Ägypten bis zum Eufrat, von einem Meer bis zum andern und von einem Gebirge bis zum
andern. 13 Die Erde aber wird eine Wüste; das ist
die Folge der schlimmen Taten, die ihre Bewohner begangen haben.

Gebet um die Wiederherstellung Israels

14 Sorge für dein Volk, HERR, wie der Hirt für
seine Herde! Wir sind doch dein Eigentum! Wir leben auf engem Raum und auf kargem Boden, und ringsum ist gutes Land. Führe uns, deine Herde, auf die fetten Weiden von Baschan* und Gilead* wie in alten Zeiten!

15 Vollbringe[d] Wundertaten wie damals, als
du mit deinem Volk aus Ägypten zogst! 16 Ohn-
mächtig sollen die Völker zuschauen müssen trotz all ihrer Macht, es soll ihnen die Sprache verschlagen, Hören und Sehen sollen ihnen vergehen, 17 sie sollen sich auf dem Boden winden
und Staub fressen wie die Schlange. Zitternd sollen sie aus ihren Schlupfwinkeln hervorkriechen und sich dir, HERR, unser Gott, voll Furcht und Schrecken unterwerfen.

18 HERR, wo sonst gibt es einen Gott wie dich?
Allen, die von deinem Volk übrig geblieben sind, vergibst du ihre Schuld und gehst über ihre Verfehlungen hinweg. Du hältst nicht für immer an

a *So drehen ...:* Deutung unsicher; wörtlich *So haben sie es verflochten.*
b Verdeutlichender Zusatz. Die Verse 8-10 sind ein Vertrauenslied, das der Stadt in den Mund gelegt wird. Mit *Feindin* sind die umliegenden Völker gemeint.
c Verdeutlichender Zusatz.
d Vermutlicher Text; H *Ich werde vollbringen.*

6,15 Am 5,11-12; Zef 1,13 **6,16** 1 Kön 16,23-33; 21,1-16; 2 Kön 8,26-27; Zef 2,15 **7,2-3** 3,9-11; Jes 59,7-8 **7,2** Ps 14,3; Jer 5,1 **7,4b** (Warner) Ez 3,16-19 **7,5-6** Jer 9,3-4; Mk 13,12 par; Mt 10,35-36 par **7,7** Jes 8,17; Hab 2,1 **7,8** Obd 12-13; Ps 27,1 S **7,10** Ps 115,1-2 S **7,11-13** 5,4-5; Jes 10,5-19 S **7,14** Ps 23,1 S; Jer 50,19 **7,15** Ex 14,10-30 **7,17** Gen 3,14; Jes 2,19.21 **7,18** Jer 50,20; Ps 103,8-12; Ex 34,6 S

deinem Zorn fest; denn Güte und Liebe zu er-
weisen macht dir Freude. 19 Du wirst mit uns
Erbarmen haben und alle unsere Schuld weg-
schaffen; du wirst sie in das Meer werfen, dort,
wo es am tiefsten ist. 20 Den Nachkommen Abra-
hams und Jakobs wirst du mit Liebe und Treue
begegnen, wie du es einst unseren Vorfahren
mit einem Eid zugesagt hast.

DER PROPHET NAHUM

Buchüberschrift

1 Dieses Buch enthält Prophetenworte gegen
Ninive*, die Hauptstadt des Assyrerreiches.[a]
Es ist darin aufgeschrieben, was der HERR dem
Propheten Nahum aus dem Dorf Elkosch offen-
bart* hat.

Vertrauen auf Gottes rettende Macht

2 Der HERR ist ein Gott, der leidenschaftlich
über seine Ehre wacht.
Wer sich gegen ihn empört,
bekommt seinen ganzen Zorn zu spüren.
Wer sich ihm als Feind entgegenstellt,
den trifft sein harter, vergeltender Schlag.
3 Der HERR hat Geduld und wartet zu,
doch er übersieht kein Unrecht;
an Macht zum Strafen fehlt es ihm nicht!

Im Toben des Sturmes schreitet er dahin;
die Wolken sind der Staub,
den seine Füße aufgewirbelt haben.
4 Er herrscht das Meer an und es trocknet aus,
die Ströme bringt er zum Versiegen,
die üppigen Weiden in Baschan* verdorren,
die Bäume auf dem Karmel sterben ab
und auf dem Libanon verwelkt die Blütenpracht.

5 Die Berge zittern vor ihm und die Hügel
beben,
die Erde hebt sich bei seinem Anblick
und mit ihr alle, die darauf wohnen.
6 Wer kann bestehen, wenn er Gericht hält?
Wer kann seinen glühenden Zorn ertragen?
Der ergießt sich wie ein Feuerstrom
und sprengt die mächtigsten Felsen.

7 Doch für die Seinen ist der HERR voll Güte,
eine sichere Zuflucht in Zeiten der Not.
Er kennt alle, die bei ihm Schutz suchen.
8 Durch eine gewaltige, reißende Flut
fegt er die überhebliche Stadt[b] von ihrem Platz
und seine Feinde treibt er fort,
hinunter ins Dunkel der Totenwelt*.[c]

9 Was macht ihr Pläne und rechnet nicht mit
dem HERRN? Er wird die Feinde so vernichtend
schlagen, dass sie nicht noch einmal aufstehen
und euch bedrängen. 10 Sie können sich zusam-
menballen wie Dornen, die sich ineinander ver-
flechten, sie können sich Mut antrinken, so viel
sie wollen: Das Feuer wird sie fressen wie dürres
Stroh.

Die Macht der Assyrer wird endgültig gebrochen

11 Aus Ninive* stammt der Mann, der sich gegen
den HERRN auflehnte und Böses plante! 12 Aber
der HERR sagt zu seinem Volk: »Wenn eure
Feinde auch noch so zahlreich und gut gerüstet
sind, es wird nichts von ihnen übrig bleiben. Ich
habe euch in Not und Verzweiflung gestürzt,
aber ich werde es nicht wieder tun. 13 Ich werde
euch vom Joch* der Fremdherrschaft befreien
und die Last, unter der ihr stöhnt, von euch neh-
men.«
14 Über den feindlichen König aber hat der
HERR das Urteil gesprochen und gesagt: »Dein
Grab ist schon geschaufelt; für mich existierst du
nicht mehr. Deine Familie lasse ich aussterben;
die Götterbilder in deinem Tempel zerschlage
ich.«

Vision vom Untergang Ninives

2 Seht, da kommt schon über die Berge der
Siegesbote geeilt, der den Frieden ausruft!
Feiert wieder eure Feste, ihr Leute von Juda, löst
die Versprechen ein, die ihr dem HERRN in der

a *die Hauptstadt ...:* verdeutlichender Zusatz. b *die überhebliche Stadt:* wörtlich *sie* (d. h. Ninive*).
c *und seine Feinde ...:* wörtlich *und seine Feinde, Finsternis wird sie verfolgen.*

7,19 Jes 38,17 **7,20** Gen 22,16-18; 28,13-15; Lk 1,55.72-75 **1,1** Jona 1,1-2; Jes 10,5-19 S **1,2-3 a** Ex 20,5-6 **1,3 a** Ex 34,6 S **1,3 b** (Sturm) Ijob 38,1 S **1,4** Jes 50,2; 51,10; Am 1,2 **1,5** Ps 18,8 **1,6** Offb 6,17 S **1,7** Ps 18,3 S; 1,6 **1,11** 2 Kön 19,35 **1,13** Jes 9,3 **2,1** Jes 52,7 S

Not gegeben habt! Nie mehr wird der grausame
Feind in euer Land einfallen, er ist völlig vernich-
tet. 2–3 Die Feinde haben das Land verwüstet
und die Weinstöcke abgehauen; aber der HERR
wird Juda und Israel[a] in ihrer alten Herrlichkeit
wiederherstellen.

Schon zieht er heran, der dich zerschlagen
wird, Ninive*! Rüste dich nur! »Alle Mann auf
Posten! Die Schwerter umschnallen! Die Straße
beobachten!« 4 Da kommt der Feind: Rot bemalt
sind Schilde und Kleidung der Kämpfer, blitzend
wie Feuer die Streitwagen* und die Lanzen, die
sie schwingen. 5 Auf den Straßen und Plätzen
rasen die Streitwagen daher und überholen ein-
ander – ein Anblick wie Fackeln, wie zuckende
Blitze.

6 In der Stadt bietet der König seine Getreuen
auf, sie rennen los, stürzen zur Mauer; schon er-
richtet der Feind die Schutzdächer für seine
Sturmtruppen. 7 Die Tore zum Fluss springen
auf; Panik ergreift die Bewohner des Königs-
palastes. 8 Der König wird an den Pranger ge-
stellt,[b] der Königin reißt man die Kleider vom
Leib, sie wird abgeführt; ihre Dienerinnen
schluchzen wie gurrende Tauben und schlagen
verzweifelt an ihre Brust.

9 Alle fliehen aus Ninive, wie das Wasser aus
einem Teich entweicht, wenn er abgelassen
wird.[c] »Bleibt doch, bleibt!«, ruft man ihnen
nach, aber keiner dreht sich um.

10 Plündert, greift zu, ihr Eroberer! Nehmt
Silber und Gold! Die Stadt ist voll von herrlichen
Dingen, von kostbaren Schätzen. 11 Wo man hin-
sieht, Verheerung und Verwüstung, verzagte
Herzen und schlotternde Knie, schmerzge-
krümmte Leiber und aschfahle Gesichter.

12–13 Ninive, du warst wie eine Löwenhöhle,
wie das Versteck, in das sich der Löwe zurück-
zieht und in dem er seine Jungen füttert, die dort
ungestört aufwachsen. Der Löwe ging auf Raub,
schleppte Beute heran für seine Jungen, Beute
für seine Löwinnen. Er füllte alle Winkel seiner
Höhle mit Beutegut. Wo ist nun das Löwennest
geblieben?

14 »Jetzt bekommst du es mit mir zu tun, du
Löwe!«, sagt der HERR, der Herrscher der Welt.[d]
»Ich werde dich mit all deiner Pracht[e] in Flam-
men aufgehen lassen und deine Jungen wird das
Schwert niedermähen. Dein Beutegut wird aus
deinem Land weggeschafft und nie mehr wirst
du Boten aussenden, die von deiner Macht und
Größe künden.«

Die Strafe für das schuldbeladene Ninive

3 Weh der Stadt, die so viel Blut vergossen hat,
die Meister ist in Lüge und Verstellung! Voll
gestopft ist sie mit Raub und kann doch das Rau-
ben nicht lassen. 2 Ihr Untergang naht mit Peit-
schenknall und Rädergerassel, galoppierenden
Pferden, rasenden Wagen 3 und daherjagenden
Reitern. Schwerter wie Flammen und blitzende
Speere! Haufen von Gefallenen, man stolpert
über die Leichen, sie sind nicht zu zählen! 4 Es
geht an Ninive*, die Hure, die mit ihren Reizen
und Zauberkünsten die Völker versklavt hat.

5 »Jetzt rechne ich mit dir ab«, sagt der HERR,
der Herrscher der Welt. »Ich hebe dir das Kleid
hoch bis übers Gesicht, dass du nackt dastehst
vor den Völkern und alle Königreiche deine
Schande sehen. 6 Ich bewerfe dich mit Kot und
stelle dich an den Pranger. 7 Alle, die dich sehen,
werden sich von dir abwenden und sagen: ›Ni-
nive ist verwüstet! Wer wird darüber trauern?‹
Niemand wird sich finden, der bereit ist, dich zu
trösten.«

Ninives Schicksal ist besiegelt

8 Meinst du, es wird dir besser ergehen als der
Stadt Theben,[f] die am Nilstrom lag und rings
von Wasser geschützt war? 9 Unzählige Ägypter
und Äthiopier* hatten sie verteidigt, dazu als
Hilfstruppen die Leute von Put* und Lud*.
10 Trotzdem wurden ihre Bewohner in die Ver-
bannung geführt. Ihre führenden Männer wur-
den gefesselt und durchs Los unter die Sieger
verteilt, ihre Kinder an allen Straßenecken zer-
schmettert. 11 Auch du wirst den Zornbecher des
HERRN leeren müssen und nicht mehr aus noch
ein wissen; du wirst vergeblich Schutz suchen
vor dem Feind.

12 Deine Grenzfestungen sind wie Feigen-
bäume und ihre Besatzungen wie die Früchte
darauf: Schüttelt man den Baum, so fallen einem
die Feigen in den Mund. 13 Die starken Männer
sind zu Memmen geworden, dein Land ist dem
Feind schutzlos preisgegeben, deine Festungen
werden ein Raub der Flammen.

14 Auf, schöpfe Wasser als Vorrat für die Zeit
der Belagerung! Verstärke deine Mauern!
Stampfe den Lehm und forme Ziegelsteine! 15 Es

a Wörtlich *Jakob und Israel;* unsicher ist, welcher Name welches der beiden Reiche bezeichnet.
b Wörtlich *Er ist hingestellt.* c Deutung unsicher. d Wörtlich *der HERR Zebaot*;* ebenso in 3,5.
e *mit all deiner Pracht:* mit G; H *mit deiner Menge.* f Im hebräischen Text steht der ägyptische Name *No-Amon.*

2,2-3 2 Kön 18,13.17 **3,1** Ez 22,2 **3,4** Offb 17,1-2 **3,5** Jes 47,3 **3,8** Jer 46,25-26; Ez 30,14-16 **3,9** Ez 30,5 **3,10** Joël 4,3; Hos 10,14 **3,11** Jer 25,15 S **3,13** Jer 51,30 **3,15** Joël 1,4 S

wird dir nichts nützen, denn das Feuer verzehrt
dich; deine Bewohner fallen durchs Schwert.
Es bleibt genauso wenig von dir übrig wie von
einem Saatfeld, in das ein Heuschrecken-
schwarm einfällt. Ihr könnt selber so zahlreich
werden wie die Heuschrecken, es hilft euch
nichts!
16 Deine Händler sind zahlreicher als die
Sterne am Himmel, aber sie werden plötzlich
verschwunden sein wie eine Heuschrecke, die
soeben aus der Puppe geschlüpft ist – weg ist sie!
17 Deine Aufsichtsbeamten und Schreiber wer-
den sich davonmachen wie ein Heuschrecken-
schwarm, der sich an einem kalten Tag auf einer
Mauer niedergelassen hat: Sobald ihn der erste
Sonnenstrahl wärmt, fliegt er fort; niemand
weiß, wohin. Ja, wo sind sie geblieben?
18 Du König von Assyrien*, deine Minister
schlafen den Todesschlaf, deine Generäle liegen
erschlagen, deine Krieger haben sich zerstreut
wie eine hirtenlose Herde auf den Bergen. 19 Dir
kann niemand mehr helfen, von diesem Schlag
erholst du dich nie! Wer von deinem Unglück
hört, klatscht vor Freude in die Hände; denn es
gibt niemand, der nicht deine Grausamkeit zu
spüren bekam.

DER PROPHET HABAKUK

Buchüberschrift

1 Dieses Buch enthält die Worte, die der HERR
dem Propheten Habakuk offenbart* hat.

Klage des Propheten über das Unrecht im Land

2 Schon so lange, HERR, rufe ich zu dir um Hilfe
und du hörst mich nicht! Ich schreie: »Gewalt
regiert!«, und du greifst nicht ein! 3 Warum lässt
du mich solches Unrecht erleben? Warum siehst
du untätig zu, wie die Menschen geschunden
werden? Wo ich hinsehe, herrschen Gewalt und
Unterdrückung, Entzweiung und Streit. 4 Weil
du nicht eingreifst, ist dein Gesetz* machtlos
geworden und das Recht kann sich nicht mehr
durchsetzen. Verbrecher umzingeln den Un-
schuldigen und das Recht wird verdreht.

Gottes Antwort: Die Babylonier kommen

5 Der HERR antwortet:[a] »Seht euch einmal um
unter den Völkern! Ihr werdet staunen! Es tut
sich etwas, ihr werdet es erleben. Wenn es euch
jemand erzählen würde, ihr würdet ihm nicht
glauben.
6 Ich rufe die Babylonier*, dieses wilde, erbar-
mungslose Volk. Sie ziehen über die Erde hin,
um Länder in Besitz zu nehmen, die ihnen nicht
gehören. 7 Furcht und Schrecken verbreiten sie;
sie nehmen sich heraus zu bestimmen, was
Recht ist.
8 Ihre Pferde sind schneller als Panther und
wilder als hungrige Wölfe. Ihre Reiterei sprengt
daher, kommt herangejagt aus weiter Ferne. Wie
der Geier sich auf den Fraß stürzt, 9 so stürzen
sie sich in die Schlacht. Keiner blickt zurück, sie
sammeln Gefangene ein wie Sand. 10 Mit Köni-
gen treiben sie ihr Spiel, sie spotten über die ho-
hen Würdenträger. Festungen sind für sie kein
Hindernis: Sie schütten einen Belagerungswall
auf und nehmen sie in Besitz.
11 Dann ziehen sie weiter; sie fegen dahin wie
der Sturm und machen sich schuldig. Die eigene
Kraft ist ihr Gott.«

Klage über die Schreckensherrschaft der Babylonier

12 HERR, bist du nicht unser Gott von jeher, ein
heiliger Gott? Lass uns nicht sterben! Du, unser
starker Schutz, hast die Babylonier* gerufen, um
dein Strafgericht zu vollstrecken. 13 Aber deine
Augen sind zu rein, als dass du Böses mit anse-
hen könntest. Du kannst doch nicht zusehen,
wie Menschen gequält und misshandelt werden!
Warum lässt du diese Räuber gewähren? War-
um greifst du nicht ein, wenn diese Verbrecher
andere verschlingen, die rechtschaffener sind als
sie? 14 Warum lässt du zu, dass Menschen behan-
delt werden, als wären sie Fische und andere
Meerestiere, die keinen König haben, der sie
beschützt?
15 Mit Angeln holen sie alle heraus und
schleppen sie mit Netzen davon. Wie Fischer

[a] Verdeutlichender Zusatz.

3,16 Jes 47,15 S **3,18** 1 Kön 22,17 **1,4** Am 5,7 **1,6** 2 Kön 24,1-2.10; 25,1; Jes 13,1-22 S **1,11** Jes 10,13 **1,12** Jes 10,5-6

über ihren Fang, so jubeln sie über ihre Menschenbeute. 16 Und dann bringen sie ihrem Fangnetz Opfergaben* und verbrennen vor ihm Weihrauch* wie für einen Gott, zum Dank dafür, dass es ihnen so reiche Beute und einen gedeckten Tisch beschert.

17 Dürfen sie denn immerfort mit dem Schwert[a] wüten und ganze Völker erbarmungslos hinmorden?

Gottes Antwort: Das Recht bleibt der unverrückbare Maßstab

2 Ich sagte: »Ich stelle mich auf meinen Posten und halte dort aus. Ich warte angespannt darauf, was der HERR mir sagen wird; ich warte begierig, was er auf meine Fragen und Anklagen antworten wird.«

2 Und der HERR antwortete mir und sagte: »Was ich dir jetzt enthülle, sollst du öffentlich auf Tafeln schreiben, in deutlicher Schrift, damit alle es lesen können! 3 Was ich da ankündige, wird erst zur vorbestimmten Zeit eintreffen. Die Botschaft spricht vom Ende und täuscht nicht. Wenn das Angekündigte sich verzögert, dann warte darauf; es wird bestimmt eintreffen und nicht ausbleiben. Schreibe also:

4 ›Wer falsch und unredlich ist, geht zugrunde; aber wer mir die Treue hält und das Rechte tut, rettet sein Leben.[b] 5 Deshalb wird der prahlerische Räuber,[c] der anmaßende Kraftprotz, sein Ziel nicht erreichen – mag er seinen Rachen aufreißen wie die Totenwelt* und so unersättlich sein wie der Tod, mag er auch ein Volk nach dem andern verschlingen.‹«

Drohworte gegen den Unterdrücker der Völker

6 Alle diese Völker werden ein Spottlied über den Unterdrücker anstimmen und ihn mit spitzen Worten verhöhnen; sie werden sagen:

»Tod und Verderben über dich, weil du fremdes Eigentum bei dir aufhäufst! Wie lange willst du es noch so treiben? Völker behandelst du, als wären sie deine Schuldner! 7 Aber ganz plötzlich werden die Ausgebeuteten aufstehen und dir mit gleicher Münze heimzahlen; der Räuber wird ausgeraubt! 8 Wie du die Völker ausgeplündert hast, so werden die Völker dann dich ausplündern und du wirst bestraft für die Blut- und Schreckensherrschaft, die du in allen Städten und Ländern ausgeübt hast.

9 Tod und Verderben über dich, weil du mit unredlichen Mitteln deinen Besitz vermehrst! Das bringt dir und deinen Nachkommen kein Glück. Du legst dir ein unzugängliches Nest an wie der Adler und meinst, du seist sicher vor jedem Zugriff. 10 Aber deine Pläne bringen nichts als Schande über dein Königshaus. Du hast beschlossen, viele Völker zu vernichten; damit hast du dein Leben verwirkt! 11 Sogar die Steine in der Mauer schreien dein Unrecht heraus und die Sparren im Gebälk stimmen mit ein.

12 Tod und Verderben über dich, weil du Städte mit Blut baust und auf Unrecht gründest! 13 Hat nicht der HERR, der Herrscher der Welt,[d] von dir gesagt: ›Ganze Völker haben sich vergeblich für dich geplagt, es ist alles dem Untergang geweiht‹? 14 Wie das Meer voll Wasser ist, so wird die ganze Erde erfüllt werden von Erkenntnis der Herrlichkeit* des HERRN.

15 Tod und Verderben über dich, weil du deinen Nachbarvölkern den Wein deines Zorns eingeschenkt und dich an ihrer Ohnmacht und Schande geweidet hast! 16 Meinst du vielleicht, das bringt dir Ehre? Dir selbst wird nun eingeschenkt: Der HERR gibt dir den Becher seines Zorns zu trinken und stürzt dich vor aller Augen in die tiefste Schande. 17 Du hast den Libanon abgeholzt und sein Wild ausgerottet; das musst du jetzt büßen. Du wirst bestraft für die Blut- und Schreckensherrschaft, die du in allen Städten und Ländern ausgeübt hast.«

Die Ohnmacht der Götter Babylons

18 Was nützen Götterbilder aus Holz oder Metall, angefertigt von Menschenhand? Sie sind nichts als Lug und Trug. Wie kann jemand auf stumme Götzen vertrauen, die er selbst hergestellt hat?

19 Tod und Verderben über den, der zu einem Stück Holz sagt: »Wach auf!«, und zu einem toten Stein: »Werde lebendig!« Prächtig sind sie mit Silber und Gold überzogen, aber es ist kein Leben in ihnen und Rat wissen sie nicht.

20 Der HERR aber ist in seinem heiligen Tempel*. Werdet still, erweist ihm Ehre, ihr Menschen der ganzen Erde!

a *Schwert:* mit einer Handschrift; H *Netz.*
b *wer mir die Treue ...:* wörtlich *der Rechtschaffene wird durch seine Treue am Leben bleiben.* Paulus deutet die Aussage in Röm 1,17; Gal 3,11 mit anderer Beziehung der Satzglieder: »Wer durch Vertrauen/Glauben vor Gott als gerecht gilt, wird leben.«
c *Deshalb ...:* vermutlicher Text; H *Umso mehr ist der Wein trügerisch.*
d Wörtlich *der HERR Zebaot*.*

2,1 Mi 7,7 **2,2** Jes 8,1 S **2,3** 2 Petr 3,9 **2,4** Am 5,14; Ez 18,5-9; Röm 1,17; Gal 3,11; Hebr 10,38 **2,6-17** Jes 13,1-22 S **2,7-8** Jes 33,1; Sach 2,13 **2,9** Obd 4 **2,12** Jer 22,13; Mi 3,10 **2,13** *zit* Jer 51,58 **2,14** Jes 11,9 **2,15-16** Jer 25,15 S **2,17** Jes 14,8; 37,24 **2,18-19** Jes 44,9-20 S **2,20** Ps 11,4; Sach 2,17; Zef 1,7

Habakuk schaut Gottes Eingreifen

3 Ein Gebet des Propheten Habakuk. [a]
2 Herr, von deinen Ruhmestaten habe ich
gehört,
sie erfüllen mich mit Schrecken und Staunen.
Erneuere sie doch, jetzt, in unserer Zeit!
Lass uns noch sehen, wie du eingreifst!
Auch wenn du zornig bist – hab mit uns
Erbarmen!

3 Gott kommt von Teman her,
der heilige Gott kommt vom Gebirge Paran. [b]
Seine Majestät überstrahlt den Himmel,
sein Glanz erfüllt die ganze Erde.
4 Rings um ihn leuchtet es wie Sonnenlicht,
nach allen Seiten strahlt es von ihm aus –
darin verbirgt sich seine große Macht.
5 Die Pest geht vor ihm her
und hinter ihm folgt die Seuche.
6 Setzt er den Fuß auf die Erde, so bebt sie;
blickt er die Heere der Völker an,
so erschrecken sie und stieben auseinander.
Die ewigen Berge zerbersten,
die uralten Hügel sinken zusammen;
so schreitet er seit grauer Vorzeit über die Erde.

7 Niedergeduckt vor drohendem Unheil
sehe ich die Zelte der Kuschiter, [c]
die Zeltdecken der Midianiter* zittern.
8 Herr, gegen wen ist dein Zorn gerichtet?
Gilt er den Fluten des Meeres, der Macht der
Tiefe?
Wenn du ausziehst mit deinen Rossen,
dann bringen deine Wagen den Sieg.
9 Du ziehst deinen Bogen aus seiner Hülle,
mit Drohworten begleitest du die Pfeile.
Du spaltest die Erde und Ströme brechen
hervor.
10 Die Berge sehen dich und erbeben
wie eine Frau, die in Wehen liegt.
Regengüsse prasseln hernieder,
die Wellen des Meeres tosen
und türmen sich auf.
11 Sonne und Mond verstecken sich,
sie ziehen sich in ihr Haus zurück,
weil deine leuchtenden Pfeile schwirren
und dein blitzender Speer die Nacht erhellt.
12 Du schreitest über die Erde,
in deinem Zorn trittst du die Völker nieder.
13 Du bist ausgezogen, um deinem Volk zu
helfen,
ihm und dem König, den du gesalbt* hast.
Das Dach hast du abgerissen vom Palast deines
Feindes,
dass nur noch kahle Mauern zum Himmel ragen.
14 Seine Heerführer wollten uns jagen,
sie stürmten heran wie ein Wirbelwind;
sie freuten sich schon bei dem Gedanken,
uns Arme in ihr Versteck zu schleppen,
uns zu verschlingen wie der Löwe seine Beute. [d]
Du aber durchbohrtest sie mit ihren eigenen
Pfeilen.
15 Mit deinen Rossen bahntest du dir den Weg
durch die schäumenden Wogen des Meeres.

16 Als ich die Kunde davon vernahm,
fuhr mir der Schreck in die Glieder,
meine Lippen fingen an zu zittern;
meine Knie wurden weich und gaben nach,
ich war am ganzen Leib wie zerschlagen.
Noch muss ich warten auf den Tag,
der dem Volk, das uns angreift, den Untergang
bringt.
17 Noch gibt es keine Feigen oder Trauben,
noch sind keine Oliven zu ernten;
noch wächst kein Korn auf unseren Feldern
und die Schafhürden und Viehställe stehen
leer –
18 und doch kann ich jubeln, weil der Herr
mir hilft;
was er zugesagt hat, erfüllt mich mit Freude.
19 Der Herr, der mächtige Gott, gibt mir Kraft!
Er macht mich leichtfüßig wie die Gazelle
und lässt mich sicher über die Berge schreiten.

Dieses Lied ist auf Saiteninstrumenten zu begleiten.

a Es folgt noch eine musikalisch-technische Angabe, die nicht zu deuten ist. Sie verweist wie das dreimalige »Sela« (Verse 3, 9, 13) darauf, dass das Gebet später im Gottesdienst verwendet wurde.
b D. h. aus der Richtung des Berges Sinai* (vgl. Dtn 33,2; Ri 5,4).
c Vgl. Anmerkung zu Num 12,1. *d* *wie der Löwe …:* verdeutlichender Zusatz.

3,2 2,3 **3,3-6** Ri 5,4-5 S **3,5** 2 Sam 24,13-15 **3,6** Ps 68,8-9; 104,32; Jes 17,12-14 **3,8-11** Ps 18,8-16; 77,17-20 **3,8** Ijob 38,8-11; Ps 68,18 **3,13** Ps 2,6; 110,1-2 **3,16** Jes 21,3-4; Hab 2,3 **3,18** Jes 61,10 **3,19 a** Ps 18,34

DER PROPHET ZEFANJA

Buchüberschrift

1 In diesem Buch steht, was der HERR durch
Zefanja verkünden ließ. Zefanja war ein
Sohn von Kuschi und Enkel von Gedalja, seine
weiteren Vorfahren waren Amarja und Hiskija.
Das Wort des HERRN erging an ihn zu der Zeit,
als in Juda König Joschija, der Sohn Amons, re-
gierte.

Der Tag des Gerichts

2 »Ausrotten, völlig ausrotten werde ich alles,
was auf der Erde lebt«, sagt der HERR. 3 »Ich rotte
die Menschen aus und die Tiere, auch die Vögel
unter dem Himmel und die Fische im Meer,
alles, was die Menschen zum Götzendienst ver-
führt hat. Ja, ich werde alle Menschen vom Erd-
boden vertilgen.

4 Auch gegen Juda und Jerusalem strecke ich
meine Hand aus! Den Götzendienst, der dort ge-
trieben wird, rotte ich aus, sodass keine Spur
mehr davon bleibt; an die Baalspriester und die
Priester* überhaupt wird nichts mehr erinnern.
5 Ich vernichte alle, die nachts auf den Dächern
ihrer Häuser das Sternenheer am Himmel an-
beten, ich vernichte auch die, die sich vor mir
niederwerfen, aber zugleich bei dem Götzen
Milkom[a] schwören. 6 Ich vernichte alle, die mir
den Rücken kehren, die nicht nach meinen Wei-
sungen fragen und nichts von mir wissen wol-
len.«

7 Werdet still vor dem HERRN, dem mächtigen
Gott! Sein Gerichtstag naht. Der HERR bereitet
ein Opfermahl* vor, die Feinde Judas sind schon
als Gäste geladen.[b]

8 »An jenem Tag«, sagt der HERR, »rechne ich
ab mit den führenden Männern des Landes und
den Mitgliedern des Königshauses, ich rechne ab
mit allen, die ausländische Kleidung tragen.
9 Nach dem Brauch der Fremden vermeiden sie
es peinlichst, beim Betreten des Königspalastes
auf die Schwelle zu treten,[c] aber sie machen sich
kein Gewissen daraus, Schätze dorthin zu
schleppen, die sie durch Gewalt und Betrug an
sich gebracht haben.

10 An jenem Tag – sagt der HERR – wird man
Kampfgeschrei hören vom Fischtor her, Angst-
schreie aus der Neustadt und Schlachtlärm von
den Hügeln. 11 Klagt und jammert, ihr Händler
im Krämerviertel, denn für euch alle hat die
letzte Stunde geschlagen!

12 Dann werde ich, der HERR, in alle Winkel
Jerusalems mit der Lampe hineinleuchten und
die selbstzufriedenen Leute aufspüren, die sorg-
los ihren Wohlstand genießen und denken: ›Der
HERR tut ja doch nichts, weder Gutes noch
Böses!‹ 13 Ihr Besitz wird geplündert, ihre Häuser
werden dem Erdboden gleichgemacht. Die neu-
en Häuser, die sie sich gebaut haben, werden sie
nicht bewohnen, und aus den neuen Wein-
bergen, die sie angelegt haben, werden sie nicht
einen Tropfen trinken.«

14 Der große Tag des HERRN ist nahe, schnell
rückt er heran. Hört ihr nicht die Schreckens-
rufe? Selbst die Tapfersten schreien um Hilfe!

15 Ein Tag des Gerichts ist dieser Tag, ein Tag
voll Angst und Not, voll Sturm und Verwüs-
tung, voll drohender schwarzer Wolken, ein
finsterer Tag, 16 ein Tag, an dem sich Kampfge-
schrei erhebt, an dem zum Sturm geblasen wird
auf die befestigten Städte und hohen Türme.
17 Die Menschen werden vor Angst vergehen
und wie Blinde umhertappen. Ihr Blut tränkt
den Staub, ihre Eingeweide[d] liegen im Straßen-
kot.

Das alles bricht über sie herein, weil sie sich
gegen den HERRN aufgelehnt haben. 18 Ihr Silber
und Gold kann sie nicht retten, wenn der HERR
Gericht hält. Wie ein Feuersturm wird sein Zorn
das Land verwüsten und alle seine Bewohner un-
versehens vertilgen.

a *Milkom:* mit alten Übersetzungen; siehe Anmerkung zu 2 Sam 12,30.
b *die Feinde ...:* wörtlich *er hat seine Geladenen geheiligt,* d. h. rein* gemacht für die Teilnahme an einer Opferhandlung.
c *Nach dem Brauch ...:* wörtlich *Ich rechne ab mit allen, die über die Schwelle springen.* Der Sinn dieses Brauches ist unsicher.
d Das hebräische Wort ist nicht sicher zu deuten. Wörtlich *Ihr Blut wird ausgeschüttet wie Staub und ihr ... wie Kot.*

1,1 2 Kön 22,1; Jer 1,2 **1,2-3** Gen 6,5-7 **1,4** 2 Kön 23,4-7 **1,5** Jer 19,13; 49,1; 2 Kön 23,13 **1,7** Hab 2,20 S **1,8** Am 5,18-20 S **1,12** Ps 14,1 S **1,13** Am 5,11-12 **1,14-18** Am 5,18-20 S **1,18** 3,8; Ez 7,19

Vielleicht gibt es noch Rettung

2 Geht in euch, beugt euch vor dem HERRN, ihr alle, die ihr so selbstsicher seid![a] 2 Beugt euch rechtzeitig, bevor beim HERRN der Entschluss gereift ist. Bedenkt, die Tage fliegen dahin wie Spreu vor dem Wind. Kehrt um, bevor der Tag da ist, an dem der HERR Gericht hält, der Tag, an dem er seinen glühenden Zorn über euch ausschüttet!

3 Euch aber, die ihr euch vor dem HERRN gebeugt und nach seinen Geboten gelebt habt, sage ich: Wendet euch ganz dem HERRN zu, tut weiterhin, was vor ihm recht ist, und bleibt demütig! Vielleicht werdet ihr dann verschont an dem Tag, an dem der HERR sein Zorngericht vollstreckt.

Das Gericht über die Feinde Israels

4 Gaza wird entvölkert, Aschkelon verwüstet, schon um die Mittagszeit werden die Bewohner von Aschdod weggeführt; Ekron wird dem Erdboden gleichgemacht.

5 Euer Untergang naht, ihr Bewohner des Küstenlandes, ihr Eindringlinge aus Kreta! Denn der HERR sagt über das ganze Philisterland:[b] »Ich werde dich verwüsten, sodass niemand mehr in dir wohnt! 6–7 Das Küstenland wird zum Weidegebiet; Hirten werden dort mit ihren Herden umherziehen und sich nachts in den Häusern von Aschkelon lagern. Das ganze Land der Philister* wird den Überlebenden von Juda gehören.« Denn der HERR, ihr Gott, wird Erbarmen mit ihnen haben und alles für sie wieder zum Guten wenden.

8 Der HERR sagt: »Ich habe gehört, wie die Moabiter* und Ammoniter* mein Volk verhöhnt und wie sie prahlerisch verkündet haben, sie würden ihm sein Land wegnehmen.[c] 9 Darum sage ich, der HERR, der Herrscher der Welt,[d] der Gott Israels:

›So gewiss ich lebe, Moab und Ammon soll es ergehen wie Sodom* und Gomorra: Ihr Gebiet soll für immer zu einer Wüste voller Salzgruben werden, zwischen denen nur Disteln wuchern. Die Überlebenden meines Volkes werden die Moabiter und Ammoniter ausplündern und ihr Land in Besitz nehmen. 10 Das ist die Strafe dafür, dass sie in ihrem Hochmut mein Volk verhöhnt, dass sie sich prahlerisch über das Volk des HERRN, des Herrschers der Welt, erhoben haben.‹«

11 In seiner Schrecken erregenden Majestät wird der HERR gegen sie aufstehen. Er wird die Götter aller Völker der Erde vernichten. Dann wird jedes Volk, auch noch das fernste, in seinem Land dem HERRN die Ehre geben und ihn anbeten.

12 »Auch ihr Äthiopier* werdet von meinem Schwert dahingerafft«, sagt der HERR.

13 Der HERR wird seine Hand auch nach Norden ausstrecken, er wird Assyrien* verwüsten und seine Hauptstadt Ninive in Trümmer legen. Die Stadt wird zur menschenleeren Steppe werden, 14 Herden werden dort lagern, Igel und Pelikan[e] zwischen den umgestürzten Säulen Unterschlupf suchen. In den leeren Fensterhöhlen kreischen Vögel, die Türschwellen sind mit Trümmern bedeckt, das Getäfel aus Zedernholz ist heruntergerissen. 15 So ergeht es der stolzen Stadt, die sich für uneinnehmbar hält und sich einbildet: »Mit mir nimmt es niemand auf!« Zur Wüste wird sie, zum Lagerplatz wilder Tiere. Jeder, der vorbeigeht, verspottet sie und wendet sich entsetzt von ihr ab.

Das Gericht über Jerusalem

3 In den Untergang stürzt die Stadt, die sich gegen den HERRN aufgelehnt hat, in der Unrecht und Gewalt herrschen! 2 Auf keine Warnung hat sie gehört, keine Mahnung ernst genommen. Sie suchte keine Hilfe bei ihrem Gott; sie hatte kein Vertrauen zum HERRN.

3 Ihre führenden Männer sind beutegierige Löwen, ihre Richter hungrige Wölfe, die von ihrem Raub nicht einen Knochen bis zum anderen Morgen übrig lassen. 4 Ihre Propheten* sind Schwätzer und Schwindler, ihre Priester* entweihen das Heiligtum und unterwerfen Gottes Gesetz* der eigenen Willkür.

5 Und all das treiben sie, obwohl der HERR mitten unter ihnen wohnt! Er tut kein Unrecht, seine Rechtsordnung bleibt in Geltung. Tag für Tag bestätigt er sie, so sicher jeden Morgen die Sonne aufgeht. Aber diese Leute schämen sich nicht, immer neues Unrecht zu begehen.

6 »Ich habe ganze Völker vernichtet«, sagt der HERR, »habe ihre Festungen zerstört, die Straßen veröden lassen und die Städte verwüstet, sodass niemand mehr darin wohnt. 7 Ich dachte, ihr

a Die Deutung des Verses ist unsicher. *b* Wörtlich *über Kanaan, das Land der Philister.*
c *prahlerisch verkündet …:* wörtlich *gegen sein Gebiet großgetan haben.*
d Wörtlich *der HERR Zebaot*;* entsprechend in Vers 10. *e* *Igel und Pelikan:* Identifizierung unsicher.

2,3 Joël 2,14S **2,4-7** Jes 14,28-32S **2,5** Jer 47,4S **2,8-10** Jes 15,1–16,14S; Jer 49,1-6S **2,9b** Gen 19,24-25 **2,10** Jer 48,26-27S **2,12** Jes 18,1-6; Ez 30,9 **2,13-15** Nah 1,1S **2,14** Jes 13,21-22; 34,11; Jer 50,39 **2,15** Jes 47,8; Jer 18,16S **3,1** Jes 1,21-23; Ez 22,2-12 **3,2** Jes 7,9S; Jer 5,3S **3,3-4** Ez 22,25-28 **3,4** Jer 2,8S **3,5** Ps 76,3S; Jer 7,4

würdet eine Lehre daraus ziehen! Dann würde eure Stadt nicht verwüstet werden wegen all der Untaten, für die ich euch zur Verantwortung ziehen muss. Aber ihr hattet nichts Eiligeres zu tun, als nun erst recht lauter Untaten zu begehen.

8 Deshalb macht euch darauf gefasst, dass ich eingreife«, sagt der HERR. »Wartet auf den Tag, an dem ich aufstehe und ein Ende mache! So sieht mein Strafgericht aus: Ich biete Völker und Reiche gegen euch auf – aber ich tue es, um dann über *sie* meinen ganzen glühenden Zorn auszugießen. Von der Leidenschaft, mit der ich um meine Ehre kämpfe, wird die ganze Erde verbrannt.«

Der gereinigte Rest Israels

9 »Dann aber – sagt der HERR – werde ich den Völkern neue, reine Lippen geben, sodass sie nicht mehr die Namen ihrer Götzen in den Mund nehmen, sondern[a] meinen Namen* im Gebet anrufen und ohne Ausnahme mir dienen. 10 Selbst noch aus dem fernen Äthiopien* werden sie – nämlich meine Anbeter, mein zerstreutes Volk – mir Opfergaben bringen.

11 An jenem Tag braucht ihr euch nicht mehr zu schämen, weil ihr euch gegen mich aufgelehnt und so viel Böses getan habt. Denn ich werde die Prahler und Angeber aus eurer Mitte entfernen, sodass es keine Überheblichkeit mehr gibt auf meinem heiligen Berg. 12–13 Nur ein Volk aus armen und demütigen Leuten lasse ich dort als Überrest Israels wohnen, Menschen, die auf mich ihre ganze Hoffnung setzen. Sie werden kein Unrecht tun und weder lügen noch betrügen. Sie werden in Glück und Frieden leben, kein Feind wird sie aufschrecken.«

14 Freu dich, Israel! Jubelt, ihr Leute auf dem Zionsberg*! Singt und jauchzt aus vollem Herzen, ihr Bewohner Jerusalems! 15 Der HERR straft euch nicht länger, eure Feinde hat er weggejagt. Er selbst ist als Israels König mitten unter euch, deshalb braucht ihr nichts mehr zu fürchten.

16 An jenem Tag wird man Jerusalem Mut zusprechen und sagen: »Hab keine Angst, Stadt auf dem Zionsberg, lass die Hände nicht mutlos sinken! 17 Der HERR, dein Gott, ist in deinen Mauern, er ist mächtig und hilft dir. Er hat Freude an dir, er droht dir nicht mehr, denn er liebt dich; er jubelt laut, wenn er dich sieht.«

Die Heimkehr des zerstreuten Volkes

18 Der HERR sagt: »Ich nehme die Last der Schande von Jerusalem. Ich bringe alle zurück, die darüber trauern, dass sie in der Fremde leben müssen und nicht mehr an meinen Festen teilnehmen können.

19 Dann rechne ich ab mit den Peinigern, die euch gequält haben. Ich sammle die Zerstreuten und sorge dafür, dass auch noch die Schwächsten wohlbehalten ans Ziel kommen. Ich verwandle ihre Schande in Ehre, auf der ganzen Erde wird man sie rühmen.

20 Zu jener Zeit werde ich euch sammeln und hierher bringen; ich mache euch hoch angesehen bei allen Völkern der Erde. Ich werde für euch alles wieder zum Guten wenden – ihr werdet es erleben! Das sage ich, der HERR.«

DER PROPHET HAGGAI

Aufforderung zum Wiederaufbau des Tempels

1 Im zweiten Regierungsjahr des Königs Darius, am 1. Tag des 6. Monats,[b] gab der HERR dem Propheten Haggai eine Botschaft für Serubbabel, den Sohn Schealtiëls, den königlichen Bevollmächtigten in Juda, und für den Obersten Priester* Jeschua, den Sohn Jozadaks. 2–3 Der HERR ließ den Propheten Folgendes verkünden:

»So spricht der HERR, der Herrscher der Welt:[c] ›Dieses Volk behauptet, es sei noch zu früh, meinen Tempel* wieder aufzubauen. 4 Aber es ist offenbar nicht zu früh, dass sie selbst in prächtigen Häusern wohnen, während mein Haus noch in Trümmern liegt!

5 Achtet doch einmal darauf, wie es euch ergeht! 6 Ihr habt reichlich Samen ausgesät und doch nur eine kümmerliche Ernte eingebracht. Das Korn reicht nicht zum Sattwerden und der

a *nicht mehr …:* verdeutlichender Zusatz. b Ende August 520 v. Chr.
c Wörtlich *der HERR Zebaot**; entsprechend in den Versen 7 und 14.

3,8 1,18; Sach 14,2 **3,9** Jes 45,22-24 **3,10** Jes 18,7; Ps 68,32 **3,11** Jes 11,9 **3,14-15** Sach 2,14 S **3,16-17** Jes 49,16; 60,16; 62,4.12; 65,19; Jer 32,41 **3,18** Ps 137,1 **3,19** Jes 11,11-12 S; Ez 34,12-16 **3,20** Jes 60,3; Jer 29,13-14 S **1,1** Sach 1,1; Esra 5,1; (Serubbabel) Hag 1,12; 2,2.21; Esra 2,2a S; Sir 49,11; Mt 1,12; (Jeschua) Hag 1,12; 2,2; Esra 2,2aS; Sir 49,12 **1,4** 2 Sam 7,2

Wein nicht für einen ordentlichen Schluck. Ihr
müsst frieren, weil ihr nicht genug anzuziehen
habt. Und das Geld, das einer für seine Arbeit be-
kommt, zerrinnt ihm zwischen den Fingern.‹

7 Deshalb sagt der HERR, der Herrscher der
Welt: ›Merkt ihr denn nicht, weshalb es euch so
schlecht geht? 8 Geht ins Gebirge, schlagt Holz
und baut meinen Tempel! Daran habe ich Freu-
de; damit ehrt ihr mich!

9 Ihr habt viel erhofft und wenig erreicht.
Wenn ihr den Ertrag eurer Arbeit in eure Häuser
brachtet, blies ich ihn fort.

Warum das alles? Ihr lasst mein Haus in Trüm-
mern liegen und jeder denkt nur daran, wie er
sein eigenes Haus baut! 10 Deshalb kommt vom
Himmel weder Tau noch Regen für euch und die
Erde lässt nichts mehr wachsen. 11 Deshalb habe
ich diese Dürre über euer Land kommen lassen,
über die Berge, die Kornfelder, die Weingärten
und Olivenhaine, sodass nichts mehr gedeiht.
Menschen und Tiere müssen darunter leiden,
und was ihr unternehmt, will euch nicht mehr
gelingen.‹«

Gott sagt den Bauwilligen seinen Beistand zu

12 Serubbabel, Jeschua und alle, die vom Volk
von Juda übrig waren, nahmen sich zu Herzen,
was der HERR, ihr Gott, ihnen durch Haggai
sagen ließ. Sie erkannten, dass Gott den Prophe-
ten zu ihnen geschickt hatte, und erschraken
darüber, dass sie den HERRN nicht gebührend
geehrt hatten.

13 Da ließ der HERR ihnen durch seinen Boten
Haggai sagen: »Ich stehe euch bei! Ich, der HERR,
sage es.«

14–15a So machte der HERR den königlichen Be-
vollmächtigten Serubbabel, den Obersten Pries-
ter Jeschua und den Überrest des Volkes bereit,
den Tempel* des HERRN, des Herrschers der
Welt, ihres Gottes, wieder aufzubauen. Sie be-
gannen mit der Arbeit am 24. Tag des 6. Monats.[a]

Die künftige Herrlichkeit des Tempels

15b Im zweiten Regierungsjahr des Königs Darius,
2 am 21. Tag des 7. Monats,[b] gab der HERR
dem Propheten Haggai wieder eine Botschaft
2 für den königlichen Bevollmächtigten Serub-
babel, den Obersten Priester* Jeschua und den
Überrest des Volkes. Der Prophet sollte zu ihnen
sagen:

3 »Wer von euch hat den Tempel* noch gese-
hen, bevor er zerstört wurde? Wie prächtig war
er damals! Und wie kümmerlich ist das, was ihr
jetzt entstehen seht! Es ist nichts, verglichen mit
dem, was früher hier stand.

4 Aber jetzt sagt euch der HERR: ›Lasst euch
nicht entmutigen! Ans Werk, Serubbabel, ans
Werk, Jeschua, Sohn Jozadaks, du Oberster
Priester! Ans Werk, ihr Leute von Juda! Ich stehe
euch bei. Das sage ich, der HERR, der Herrscher
der Welt.[c] 5 Ich habe euch meine Hilfe zugesagt,
als ihr aus Ägypten gezogen seid, und diese Zu-
sage gilt auch jetzt noch. Mein Geist* ist mitten
unter euch, habt keine Angst!

6 Ich, der Herrscher der Welt, sage euch: Es
dauert nicht mehr lange, dann werde ich die
Welt in ihren Fundamenten erschüttern, Himmel
und Erde, Land und Meer. 7 Ich werde alle Völ-
ker in Bewegung setzen, sodass sie ihre ganzen
Schätze hierher bringen. So sorge ich dafür, dass
mein Haus prächtig geschmückt wird. 8 Denn
mir, dem HERRN, gehört alles Silber und alles
Gold. 9 Der neue Tempel wird den alten an
Pracht weit übertreffen. Von dieser Stätte aus
werde ich meinem Volk Frieden und Wohlstand
schenken. Das sage ich, der HERR, der Herrscher
der Welt.‹«

Dürfen die Leute von Samarien* am Tempel mitbauen?

10 Im zweiten Regierungsjahr des Königs Darius,
am 24. Tag des 9. Monats,[d] erging das Wort des
HERRN an den Propheten Haggai, er sagte zu
ihm: 11 »Ich, der HERR, der Herrscher der Welt,
befehle dir: Geh zu den Priestern* und lass dir
eine Auskunft geben! Frage sie:

12 ›Wenn jemand Fleisch in seinem Gewand-
zipfel trägt, das mir geweiht ist und nur von den
Priestern gegessen werden darf,[e] und er berührt
mit dem Zipfel ein Stück Brot oder etwas Ge-
kochtes oder Wein oder Öl oder irgendein ande-
res Nahrungsmittel: Wird das Berührte dadurch
ebenfalls zu etwas Geweihtem?‹«

Haggai legte die Frage den Priestern vor und
bekam die Antwort: »Nein.«

13 Dann fragte er die Priester im Auftrag des
HERRN: »Wenn jemand, der einen Toten berührt
hat und deshalb unrein* ist, etwas von diesen
Dingen berührt: Wird das Berührte dadurch
ebenfalls unrein?«

Die Priester antworteten: »Ja.«

a Mitte September 520 v. Chr. (vgl. 1,1). *b* Mitte Oktober 520 v. Chr.
c Wörtlich *der HERR Zebaot*;* entsprechend in den Versen 6, 9, 11, 21, 23. *d* Mitte Dezember 520 v. Chr.
e *und nur ...:* verdeutlichender Zusatz.

1,13 Jes 41,10 **1,14-15 a** Sach 4,6-10a **2,2** 1,1 S **2,3** Esra 3,12 **2,4-5** Sach 4,6 **2,7** Jes 60,6-7.13 **2,8** Ijob 41,3 **2,9** Sach 1,17 **2,10** 1,1; 2,1; Sach 1,1.7 **2,12** Num 18,8-10 S **2,13** Num 19,11.22

14 Darauf erklärte Haggai: »Der HERR sagt:
›Dieses fremde Volk ist in meinen Augen unrein.
Deshalb ist auch alles, was sie tun, unrein und
jeder Ort, an dem sie Opfer* darbringen, wird
unrein.‹«

Der Gehorsam der Gemeinde wird Früchte tragen

15 Weiter sagte der HERR: »Jetzt passt auf! Achtet
darauf, was von heute an geschieht! Wie war es
denn, bevor ihr angefangen habt, die Mauern
meines Tempels* wieder aufzubauen? 16 Damals
gab es von einem Feld statt der erwarteten zwan-
zig Sack Korn nur zehn und von einem Wein-
berg statt der erwarteten fünfzig Krug Wein nur
zwanzig. 17 Ich schickte euch Hagel, Mehltau
und Getreidebrand und machte alle eure Arbeit
zunichte. Trotzdem wolltet ihr euch mir nicht
zuwenden.

18 Aber jetzt achtet darauf, was von heute an
geschieht – vom 24. Tag des 9. Monats an,[a] dem
Tag, an dem das Fundament für meinen Tempel
gelegt wurde: 19 Zwar ist das Saatgut noch nicht
ausgebracht und es gibt noch kein Anzeichen,
dass die Weinstöcke, Feigen-, Granatapfel- und
Ölbäume künftig Frucht tragen, aber von heute
ab werde ich euer Land segnen und alles gedei-
hen lassen!«

Serubbabel als der künftige Heilskönig

20 Noch ein zweites Mal erging das Wort des
HERRN am 24. Tag des Monats an Haggai. 21 Er
gab ihm eine Botschaft für Serubbabel, den
königlichen Bevollmächtigten für Juda, die laute-
te: »Ich, der HERR, der Herrscher der Welt, werde
Himmel und Erde in ihren Fundamenten er-
schüttern. 22 Ich stoße die Königsthrone um und
mache der Herrschaft der Völker ein Ende; ich
stürze die Streitwagen* samt ihren Fahrern um
und werfe die Pferde zu Boden, sodass die Reiter
mit dem Schwert übereinander herfallen.

23 An jenem Tag setze ich dich, Serubbabel,
den Sohn Schealtiëls, zu meinem Bevollmächtig-
ten* ein und mache dich zu meinem Siegelring;
denn ich habe dich erwählt. Das sagt der HERR,
der Herrscher der Welt.«

DER PROPHET SACHARJA

Inhaltsübersicht

Aufruf zur Umkehr

1 Im zweiten Regierungsjahr des Königs Da-
rius, im 8. Monat, erging das Wort des HERRN
an Sacharja, den Sohn von Berechja und Enkel
von Iddo, den Propheten*:

2 »Ich, der HERR, bin sehr zornig gewesen
über eure Vorfahren. 3 Jetzt aber sollst du zu der
gegenwärtigen Generation sagen: So spricht der
HERR, der Herrscher der Welt:[b] Kehrt um und
wendet euch mir wieder zu, denn ich will um-
kehren und mich euch wieder zuwenden – sagt
der HERR, der Herrscher der Welt. 4 Folgt nicht
dem schlechten Beispiel eurer Vorfahren! Ihnen
ließ ich durch die früheren Propheten verkün-
den: ›So spricht der HERR, der Herrscher der
Welt: Kehrt um von euren verkehrten Wegen,
macht Schluss mit eurem bösen Tun!‹ Aber sie
beachteten es nicht und hörten nicht auf mich.

5 Und wo sind eure Vorfahren geblieben?
Auch die Propheten leben nicht ewig; 6 aber
meine Ankündigungen und meine Weisungen,
die ich meine Diener, die Propheten, verkünden
ließ – haben die sich nicht an euren Vorfahren
ausgewirkt? Kehrten sie nicht um und mussten
bestätigen: ›Der HERR, der Herrscher der Welt,
hat ausgeführt, was er ins Auge gefasst hatte; er
ist mit uns so verfahren, wie es unseren ver-
kehrten Wegen und unserem bösen Tun ent-
sprach‹?«

DIE VISIONEN SACHARJAS (1,7–6,8)

7 Im zweiten Regierungsjahr des Königs Darius,
am 24. Tag des 11. Monats – das ist der Monat

a Siehe Anmerkung zu 2,10 und vgl. 1,14-15a.
b Wörtlich *der HERR Zebaot*;* entsprechend in der Fortsetzung und weiter in den Versen 12, 16 und 17.

2,14 Esra 4,1-3 **2,15-19** 1,5-11; Sach 8,9-13 **2,17** Am 4,9 **2,18** Esra 3,10 **2,21** 1,1 S; 2,6; Hebr 12,26 **2,22** Ex 15,1; Ri 7,21-22 **2,23** Jer 22,24 **1,1** Hag 1,1; Esra 5,1 **1,3** Mal 3,7 **1,4** *zit* Jer 25,5; 5,3 S; 7,13 S; 25,4 S; Zef 2,1-3 **1,6** Jer 23,20; Klgl 1,18; 2,17 **1,7** 1,1; Hag 2,10

Schebat* –, erging das Wort des HERRN an Sa-
charja, den Sohn von Berechja und Enkel von
Iddo, den Propheten*. Er berichtet selbst:

Erste Vision: Neue Zukunft für Jerusalem

8 In der Nacht hatte ich eine Vision. Ich sah
einen Mann auf einem rotbraunen Pferd. Er hielt
bei den Myrtenbäumen im Tal, hinter ihm sah
ich andere Reiter auf rotbraunen, fuchsroten und
weißen Pferden.

9 Ich fragte den Engel*, der mit mir sprach
und mir meine Visionen erklärte:[a] »Herr, was
sind das für Reiter?« Er antwortete: »Du wirst
es sogleich erfahren.« 10 Da sagte der Mann bei
den Myrtenbäumen: »Wir sind die Reiter, die
der HERR ausgesandt hat, um die Erde zu er-
kunden.«

11 Plötzlich sah ich den Engel des HERRN[b] zwi-
schen den Myrtenbäumen stehen. Die Reiter
meldeten ihm: »Wir haben die ganze Erde durch-
zogen. Überall herrscht Ruhe.« 12 Da wandte er
sich an den HERRN und sagte: »HERR, du Herr-
scher der ganzen Welt, schon siebzig Jahre lässt
du nun Jerusalem und die Städte von Juda deinen
Zorn spüren. Wann hast du endlich Erbarmen
mit ihnen?«

13 Der HERR gab dem Engel, der mit mir
redete, eine freundliche, tröstliche Antwort.
14 Daraufhin sagte der Engel zu mir: »Du sollst
verkünden: ›So spricht der HERR, der Herrscher
der Welt: Ich bin voll brennender Liebe zu
Jerusalem und zum Berg Zion*; 15 aber den
selbstherrlichen Völkern gilt mein glühender
Zorn. Ich wollte meinem Volk durch sie nur eine
Lehre erteilen, aber sie haben es ins Unglück
gestürzt.

16 Darum soll Jerusalem jetzt von neuem
meine Liebe zu spüren bekommen. Mein Tem-
pel* dort soll wieder errichtet werden, die ganze
Stadt wird neu aufgebaut.‹ Das sagt der HERR,
der Herrscher der Welt.

17 Und weiter sollst du verkünden: ›So spricht
der HERR, der Herrscher der Welt: Es soll wieder
Wohlstand und Überfluss herrschen in den Städ-
ten meines Volkes. Ich helfe der Gemeinde auf
dem Zionsberg* wieder auf und Jerusalem soll
wieder meine Stadt sein.‹«

Zweite Vision: Bestrafung der feindlichen Völker

2 Ich blickte auf und sah: Da waren vier Hör-
ner*. 2 Ich fragte den Engel*, der mir alles
erklärte: »Was bedeuten diese Hörner?« Er ant-
wortete: »Es sind die Mächte, die Juda, Israel
und Jerusalem niedergeworfen und ihre Bewoh-
ner in alle Welt zerstreut haben.«

3 Darauf ließ mich der HERR vier Männer mit
Schmiedehämmern schauen 4 und ich fragte:
»Wozu sind die gekommen?« Der Engel antwor-
tete mir: »Sie sollen die Hörner abschlagen, die
Juda zu Boden geworfen und sein Volk zerstreut
haben. Sie sollen den Völkern, die sich gegen
Juda erhoben haben, Furcht und Schrecken ein-
jagen und ihre Macht zerschlagen.«

Dritte Vision: Jerusalem braucht keine Mauern mehr

5 Ich blickte auf und sah: Da war ein Mann mit
einer Messschnur in der Hand. 6 Ich fragte ihn:
»Wohin gehst du?«, und er antwortete: »Nach
Jerusalem! Ich will ausmessen, wie groß es wer-
den muss und wo seine Mauern verlaufen sol-
len.«[c]

7 Jetzt kam der Engel* dazu, der mir alles er-
klärte. Er gab einem anderen Engel, der ihm ent-
gegenkam, 8 den Befehl: »Jerusalem soll nicht
durch Mauern eingeengt werden, sonst ist kein
Platz darin für die vielen Menschen und Tiere!
9 Der HERR sagt: ›Ich selbst werde für die Stadt
eine Mauer aus Feuer sein und ich will in meiner
strahlenden Herrlichkeit* darin wohnen.‹«

Aufruf zur Heimkehr und Trost für Jerusalem

10 »Auf, auf! Flieht aus dem Land im Norden!«,
sagt der HERR. »Denn wie die vier Winde habe
ich euch überallhin zerstreut. 11 Auf, rettet euch
zum Zionsberg*, alle, die ihr noch in Babylo-
nien* seid!«

12 Der HERR, der Herscher der Welt,[d] will
einen reichen Schatz einsammeln. Deshalb hat
er mich zu den fremden Völkern gesandt, die
euch ausgeplündert haben.[e] Er sagt zu euch:
»Wer euch antastet, tastet meinen Augapfel an!«
13 Und er sagt: »Ich erhebe die Hand gegen diese

a *und mir ...:* verdeutlichender Zusatz.
b Dies ist bei Sacharja der Engel, der für Israel vor Gott eintritt (vgl. 3,1-7), im Unterschied zu dem Engel, der dem Propheten seine Visionen deutet (Vers 9). Für das übrige Alte Testament vgl. die Sacherklärung »Engel«.
c *wie groß ...:* wörtlich *wie breit und wie lang es sein wird.*
d Wörtlich *Der HERR Zebaot*;* entsprechend in den Versen 13 und 15.
e Deutung unsicher.

1,12 Jer 25,11 S **1,14** 3,2; 8,2; Jes 49,16 S; 54,6-8; Joël 2,18; Zef 3,16-17 S **1,15** Jes 47,6; 10,5-7 **1,16** 4,7; 8,3.9; 2,5-9; Hag 1,14-15; Jes 44,26; Jer 31,38 **1,17** Hag 2,9 **2,5** Ez 40,3 **2,6** 1,16 S **2,9** 9,8; Jes 60,19; Offb 21,3 **2,10** Jer 51,45 S **2,11** Obd 17 S **2,13** Hab 2,7-8; Jes 14,2

Völker und dann werden sie von denen ausge-
plündert, die bisher ihre Sklaven waren!«

Wenn das geschieht, werdet ihr erkennen,
dass der HERR, der Herrscher der Welt, mich zu
euch gesandt hat.

14 »Freut euch und jubelt, ihr Bewohner der
Zionsstadt!«, sagt der HERR. »Ich komme und
wohne mitten unter euch. 15 Viele Völker wer-
den sich dann zu mir bekennen und mein Volk
werden; ihr aber werdet die sein, in deren Mitte
ich selber wohne.«

Wenn das geschieht, werdet ihr erkennen,
dass der HERR, der Herrscher der Welt, mich zu
euch gesandt hat. 16 In seinem heiligen Land
wird Juda zu seinem besonderen Eigentum wer-
den und Jerusalem wird er wieder zu seiner
Stadt erwählen.

17 Alle Welt werde still vor dem HERRN, denn
er kommt aus seiner heiligen Wohnung.

Vierte Vision: Der Oberste Priester Jeschua von Gott bestätigt

3 Darauf ließ der HERR mich den Obersten
Priester* Jeschua sehen. Er stand vor dem
Engel* des HERRN und rechts von ihm stand der
Satan* und wollte ihn anklagen.

2 Doch der HERR sagte zu ihm: »Schweig,
Satan! Ich verbiete dir, deine Anklage vorzu-
bringen; denn ich liebe Jerusalem. Ich habe doch
diesen Jeschua wie ein brennendes Holzscheit
aus dem Feuer gerettet!«

3 Jeschua stand da vor dem Engel in be-
schmutzten Kleidern. 4 »Zieht ihm die schmutzi-
gen Kleider aus!«, sagte der HERR zu den dienen-
den Engeln, die vor ihm standen, und zu Jeschua
sagte er: »Ich nehme die Schuld von dir und lasse
dich in Festgewänder kleiden.« 5 Ich bat: »Setzt
ihm auch einen reinen Turban auf!« Sie taten es
und kleideten Jeschua neu ein, während der
Engel des HERRN dabeistand.

6 Dann gab der Engel des HERRN Jeschua die
feierliche Zusage: 7 »So spricht der HERR, der
Herrscher der Welt:[a] ›Wenn du meine Gebote
befolgst und meinen Dienst recht versiehst,
wenn du in meinem Haus und in meinen Vor-
höfen* über der Ordnung wachst, dann gebe
ich dir das Recht, zusammen mit denen, die hier
vor meinem Thron stehen, an der himmlischen
Ratsversammlung teilzunehmen.‹«

Zusage für die Zukunft

8 Weiter sagte der HERR: »Höre, Jeschua, du
Oberster Priester*, und auch deine Mitpriester,
die vor dir sitzen: Ihr seid die lebendige Bürg-
schaft dafür, dass ich meinen Bevollmächtigten*,
den ›Spross* Davids‹ senden werde. 9 Seht den
Stein, den ich vor Jeschua niedergelegt habe: ein
einziger Stein und darauf sieben Augen! Jetzt
werde ich selbst die Inschrift darauf anbringen,
ich, der Herrscher der Welt. Ich werde die Schuld
des Landes an einem einzigen Tag wegnehmen.
10 An jenem Tag – sagt der HERR, der Herrscher
der Welt – werdet ihr euch gegenseitig einladen
und in Frieden und Sicherheit die Früchte eurer
Weinstöcke und Feigenbäume miteinander ge-
nießen.«

Fünfte Vision: Priester und König in der Heilszeit[b]

4 Wieder kam der Engel*, der jeweils mit mir
sprach. Er rüttelte mich auf, wie man je-
mand aus dem Schlaf weckt, 2 und fragte mich:
»Was siehst du?«

Ich antwortete: »Einen Leuchter aus Gold. Er
trägt oben ein Ölbecken, an dessen Rand rings-
um sieben Lichtschalen* angebracht sind. Und
jede Schale hat sieben Schnäbel für die Dochte.
3 Links und rechts ragt über dem Leuchter je ein
Ölbaum auf. 4 Was hat das zu bedeuten, Herr?«

5 »Verstehst du es nicht?«, fragte der Engel.
»Nein, Herr«, erwiderte ich, 6a und er sagte:
10b »Die sieben Lichtschalen sind die Augen des
HERRN, die alles sehen, was auf der Erde ge-
schieht.«[c]

11–12 Ich fragte weiter: »Und was bedeuten die
beiden Ölbäume rechts und links von dem
Leuchter, die ihr Öl durch die beiden Goldröhren
herabfließen lassen?«

13 »Verstehst du es nicht?«, fragte er, und als
ich verneinte, 14 antwortete er mir: »Das sind die
beiden Männer, die der Herr der ganzen Erde
mit Öl gesalbt* und in seinen Dienst gestellt
hat.«

Ermutigung für Serubbabel

6b Dies ist das Wort des HERRN für Serubbabel:
»Nicht durch menschliche Macht und Gewalt
wird es dir gelingen, sondern durch meinen
Geist*! Das sage ich, der HERR, der Herrscher der

a Wörtlich *der HERR Zebaot*;* entsprechend in den Versen 9 und 10.
b 4,6b-10a findet sich im folgenden Abschnitt.
c Die Verse 5 und 6a finden ihre Fortsetzung offensichtlich in Vers 10b. Der dazwischen eingeschobene Abschnitt wird zum besseren Verständnis hinter Vers 14 abgedruckt.

2,14 9,9; Jes 12,6; Ez 37,28; Zef 3,14 **2,15** 8,20-23; Jes 2,2-3 S **2,17** Hab 2,20 S **3,1** Hag 1,1 S; Ijob 1,6 S **3,2** 1,14 S **3,4** Jes 6,7 **3,5** Ex 28,39 **3,7** Ps 99,6; Sir 35,20-21; Hebr 9,24 **3,8** 6,12; Jes 11,1 S **3,9** 4,10b; Offb 5,6 **3,10** Mi 4,4 S **4,2** Jer 1,11 S; Ex 25,31-40 **4,10 b** 2 Chr 16,9 **4,14** 6,13; Ex 29,7; 1 Sam 16,12-13 **4,6-7** Hag 2,4-5 **4,6** Hag 1,1 S

Welt.[a] 7 Wie ein Berg türmen sich die Wider-
stände vor dir auf; aber ich werde sie wegschaf-
fen. Du wirst den Schlussstein in den wieder auf-
gebauten Tempel* einsetzen und alle werden in
Jubel ausbrechen.«

8 Weiter erging an mich das Wort des HERRN:
9–10a »Serubbabel hat den Grund für diesen Tem-
pel gelegt und er wird ihn auch vollenden. Wer
blickt hier verächtlich auf den kümmerlichen
Beginn? Er wird sich noch mitfreuen, wenn er
den Schlussstein in der Hand Serubbabels sieht!«

Wenn das geschieht, werdet ihr[b] erkennen, dass der HERR, der Herrscher der Welt,[c] mich zu euch gesandt hat.[d]

Sechste Vision: Bestrafung unentdeckter Unrechts

5 Als ich wieder aufblickte, sah ich: Da flog
eine Buchrolle* durch die Luft; sie war ganz
entrollt. 2 Der Engel* fragte mich: »Was siehst
du?«, und ich antwortete: »Eine fliegende Buch-
rolle, zehn Meter lang und fünf Meter breit.«[e]

3 Da sagte er zu mir: »Das ist der Fluch, der in
das ganze Land ausgeht. Auf der Rolle steht er
geschrieben und wird alle ereilen, die gestohlen
oder einen Meineid geschworen haben. Zu lange
schon sind diese Vergehen unbestraft geblieben.
4 Der HERR, der Herrscher der Welt, sagt: ›Ich
sende diesen Fluch in das Haus jedes Diebes und
in das Haus eines jeden, der unter Anrufung mei-
nes Namens* einen Meineid schwört. Der Fluch
setzt sich dort fest und zerstört das ganze Haus,
die Balken samt den Steinen.‹«

Siebte Vision: Die Frau im Fass

5 Der Engel*, der mit mir redete, trat vor und
sagte: »Blick auf und sieh, was da erscheint!«

6 »Was ist denn das?«, fragte ich und er ant-
wortete: »Es ist ein Fass. Darin steckt das, wor-
auf das ganze Land versessen ist.«[f] 7 Das Fass
war mit einem Deckel aus Blei verschlossen; als
er aufging, kam eine Frau zum Vorschein. 8 Der
Engel sagte: »Das ist die Auflehnung gegen
Gott«, stieß die Frau wieder hinein und schlug
den bleiernen Deckel zu.

9 Dann sah ich, wie der Wind zwei Frauen
mit Storchenflügeln dahertrug; die nahmen das
Fass und flogen mit ihm davon. 10 Ich fragte den
Engel: »Wohin bringen sie die Frau?« 11 Er ant-
wortete: »Ins Land Schinar*. Dort baut man ihr
einen Tempel und stellt sie auf ein Podest.«

Achte Vision: Wagen zur Heimkehr für die in alle Welt Zerstreuten

6 Als ich noch einmal aufblickte, da sah ich:
Zwischen den beiden bronzenen Bergen am
Himmelseingang[g] kamen vier Wagen hervor.
2 Der erste wurde von rotbraunen Pferden gezo-
gen, der zweite von schwarzen, 3 der dritte von
weißen und der vierte von gescheckten, lauter
kräftigen Tieren.

4 Ich fragte den Engel*, der mit mir sprach:
»Was bedeutet das, Herr?« 5 Er antwortete:
»Diese Gespanne sind die vier Winde des Him-
mels. Sie kommen eben vom Herrn der ganzen
Erde, vor dem sie gestanden haben. 6 Das
schwarze Gespann wird in das Land im Norden
ziehen, das weiße hinter ihm her und das ge-
scheckte in das Land im Süden.«

7 Die starken Pferde drängten ungeduldig vor-
wärts. Da sagte der Engel des HERRN: »Los!
Durchzieht die Erde!« Und sie stürmten davon.

8 Mir aber rief er zu: »Achte auf die, die nach
Norden ziehen! Sie bringen meinen Geist* nach
Babylonien*, damit er dort wirken kann.«[h]

Die stellvertretende Krönung des Priesters Jeschua

9 Das Wort des HERRN erging an mich, er sagte:
10 »Geh in das Haus von Joschija, dem Sohn von
Zefanja! Dort findest du Heldai, Tobija und Jeda-
ja, die soeben aus Babylonien* angekommen
sind. Sie haben dir etwas mitgebracht. 11 Nimm
das Silber und Gold und mach daraus eine
Krone! Setze sie dem Obersten Priester* Jeschua,
dem Sohn Jozadaks, auf 12 und sage zu ihm:

›So spricht der HERR, der Herrscher der Welt:[i]
Der Spross* Davids kommt und unter ihm wird
es sprießen! Er wird meinen Tempel* bauen.
13 Ja, er wird ihn wieder aufbauen, und voller
Hoheit wird er von seinem Thron aus herrschen.
Ein Priester* wird seinen Thron mit ihm teilen

a *Das sage ich ...:* wörtlich *Das sagt der HERR Zebaot**.
b Wörtlich *wirst du* (Serubbabel?).
c Wörtlich *der HERR Zebaot*;* entsprechend in 5,4.
d Die Verse 10 b-14 finden sich im vorangehenden Abschnitt.
e Hebräische Maßangabe *20* bzw. *10 Ellen**.
f Wörtlich *Das ist ihr Auge* (andere Überlieferung: *ihre Sünde*) *im ganzen Land.*
g *am Himmelseingang:* verdeutlichender Zusatz.
h Deutung unsicher; wörtlich *Sie lassen meinen Geist nieder* (oder *ruhen*) *im Land des Nordens.* Da Gottes *Geist* seine wirkende Macht ist, ist anzunehmen, dass er dort *wirken* will, vermutlich unter den in Babylonien lebenden Judäern (z. B. um sie zur Heimkehr bereit zu machen).
i Wörtlich *der HERR Zebaot*;* ebenso in Vers 15.

4,9-10 a Esra 3,8-13; 6,14-16 **5,2** Jer 1,11 S **5,3** Dtn 27,14-26 **6,1-3** 1,8 **6,10** Jer 21,1 S **6,11** 3,1-7 **6,12-13** 3,8; 4,6-10a; Hag 2,20-23 **6,12** Jer 23,5 S

und beide werden gute Freunde sein. 14 Die Krone soll zur Erinnerung an Heldai,[a] Tobija und Jedaja und an die Gastfreundschaft von Joschija in meinem Tempel aufbewahrt werden. 15 Aus weiter Ferne werden Menschen kommen, um an meinem Tempel mitzubauen.‹«

Wenn das geschieht, werdet ihr erkennen, dass der HERR, der Herrscher der Welt, mich zu euch gesandt hat. Es wird mit Sicherheit eintreffen, wenn ihr auf den HERRN, euren Gott, hört und ihm gehorcht.

ÜBER FASTEN UND TEMPELBAU
(Kapitel 7–8)

Ist der Tag von Jerusalems Fall weiterhin als Trauertag zu begehen?

7 Es war im vierten Regierungsjahr des Königs Darius, am 4. Tag des 9. Monats, das ist der Monat Kislew*. Da erging das Wort des HERRN an den Propheten Sacharja. 2 Damals war eine Abordnung aus Bet-El nach Jerusalem gekommen; sie bestand aus Sar-Ezer und Regem-Melech und dessen Leuten. Sie kamen, um den Segen des HERRN zu erbitten, 3 und legten den Priestern* am Tempel des HERRN, des Herrschers der Welt,[b] und den Propheten* dort die Frage vor: »Sollen wir auch künftig den Fast- und Trauertag im 5. Monat begehen, wie wir es schon so viele Jahre tun?«

4 Da erging an mich das Wort des HERRN, des Herrschers der Welt, er sagte zu mir: 5 »Richte dem Volk von Juda und den Priestern meine Antwort aus:

›Siebzig Jahre lang haltet ihr nun schon die Fast- und Trauertage im 5. und 7. Monat.[c] Meint ihr, ihr hättet da für *mich* gefastet? 6 Wenn ihr esst und trinkt, tut ihr es doch auch für euch selbst!

7 Wisst ihr nicht, was ich durch die früheren Propheten verkünden ließ, als Jerusalem noch nicht zerstört war und als die Städte Judas, die Steppe im Süden und das Hügelland im Westen noch bewohnt waren?‹« 8 Und der HERR erinnerte mich daran, wie er euren Vorfahren durch seine Propheten verkünden ließ:[d]

9 »So spricht der HERR, der Herrscher der Welt: ›Richtet gerecht und erweist einander Liebe und Erbarmen, 10 unterdrückt nicht Witwen und Waisen, Fremde* und Arme, und heckt nicht immer neue Pläne aus, um einander zu schaden! Ihr seid doch alle Brüder und Schwestern![e]

11 Aber sie wollten nicht darauf hören, sie stellten sich taub und waren unwillig wie ein störrischer Esel. 12 Sie machten ihre Herzen so hart wie Diamant und weigerten sich, auf die Worte und Weisungen zu hören, die ich, der Herrscher der Welt, ihnen durch meinen Geist* – durch den Mund der früheren Propheten – sagen ließ. Deshalb traf sie mein Zorn mit voller Wucht. 13 Es kam, wie es kommen musste: Sie hörten nicht, als ich rief, darum hörte auch ich nicht, als sie in der Not zu mir riefen. 14 Ich zerstreute sie unter ferne Völker, von denen sie vorher nichts wussten, und ließ das Land hinter ihnen öde und menschenleer liegen. Sie selbst sind es, die das schöne Land zu einer Wüste gemacht haben!‹«

Jerusalems künftiges Glück

8 Das Wort des HERRN, des Herrschers der Welt,[f] erging, er sagte:

2 »So spricht der HERR, der Herrscher der Welt: Ich bin voll brennender Liebe zur Zionsstadt*, ich setze mich für sie ein und lasse ihre Feinde meinen Zorn spüren.

3 So spricht der HERR: Ich kehre zum Berg Zion zurück und werde mitten in Jerusalem wohnen. Jerusalem wird dann ›Stadt der Treue‹ heißen und der Berg, auf dem ich als Herrscher der Welt wohne, der ›Heilige Berg‹.

4 So spricht der HERR, der Herrscher der Welt: Es werden wieder alte Menschen auf den Plätzen der Stadt sitzen, Männer und Frauen, den Stock in der Hand, auf den sie sich beim Gehen stützen müssen – ein so hohes Alter werden sie erreichen. 5 Und auf den Straßen wird es von spielenden Kindern, Jungen und Mädchen, wimmeln.

6 So spricht der HERR, der Herrscher der Welt: Wenn all das dem Überrest meines Volkes unmöglich erscheint, soll es dann auch für mich, den Herrscher der Welt, unmöglich sein?

7 So spricht der HERR, der Herrscher der Welt: Ja, ich befreie die Menschen meines Volkes aus dem Land im Osten und aus dem Land im Westen, 8 ich bringe sie heim und lasse sie in

a So mit einer alten Übersetzung; H *Helem.* *b* Wörtlich *des HERRN Zebaot*;* entsprechend in den Versen 4, 8-10 und 12.
c Im 5. Monat zur Erinnerung an die Zerstörung Jerusalems und des Tempels (2 Kön 25,8), im 7. Monat zur Erinnerung an die Ermordung von Gedalja (2 Kön 25,25).
d Und der HERR ...: wörtlich *Und das Wort des HERRN erging an Sacharja;* (vgl. 1,4).
e Wörtlich *Brüder*.* *f* Wörtlich *Der HERR Zebaot*;* entsprechend in den Versen 3, 6, 9-11, 14, 18 und 20-22.

6,14 4,11-14 **6,15 a** Jes 60,10 **7,1** 1,1.7 **7,3** 8,19; Jes 58,5 S; Jer 52,12-13 **7,5** Jer 25,11 S **7,8-10** Jes 1,17 S; Jer 7,5-7 **7,11** Jer 5,3 S; Ez 2,3-5 S **7,12** Jes 48,4 **7,13** Jes 1,15; Jer 11,11 **8,2** 1,14 S **8,3** Jes 2,3 S; 1,26 **8,4** Jes 65,20 **8,6** Ijob 42,2 S **8,7** Jes 11,11-12 S **8,8** Jer 24,7 S; Ez 11,20 S

Jerusalem wohnen. Sie sollen mein Volk sein, und ich will ihr Gott sein in unwandelbarer Treue.«

Rückblick und Ermutigung

9 So spricht der HERR, der Herrscher der Welt: »Lasst nicht nach und packt zu! Denkt an die Worte, die ich euch durch meine Propheten* sagen ließ an dem Tag, als der Grundstein für den Wiederaufbau meines Tempels* gelegt wurde: 10–11 ›Bis jetzt war all eure Mühe vergeblich: Eure Arbeit brachte euch nichts ein und euer Vieh ebenso wenig. Es gab keinen Frieden im Land: Wer die Stadt verließ, war vor Feinden nicht sicher, und auch unter euch selbst stiftete ich Streit. Aber von jetzt an zeige ich mich dem Überrest meines Volkes von einer anderen Seite. Das sage ich, der HERR, der Herrscher der Welt.

12 Denn die Saat des Friedens wird aufgehen! Der Weinstock wird seine Frucht geben, der Boden seinen Ertrag, der Himmel Tau und Regen – und ich gebe das alles dem Rest meines Volkes zu Eigen. 13 Und wie ihr, die Leute von Juda und die Leute von Israel, für die anderen Völker zum Inbegriff eines Volkes geworden seid, das vom Fluch getroffen ist, so werdet ihr durch das, was ich an euch tue, zum Inbegriff des Segens werden.‹

Ja, so wird es geschehen. Habt also keine Angst, packt zu!«

14 Ja, so spricht der HERR, der Herrscher der Welt: »Als eure Vorfahren mich zum Zorn reizten, war ich entschlossen, euch ins Unglück zu stürzen, und ich ließ mich durch nichts davon abbringen. 15 Genauso unverrückbar ist mein Entschluss, die Leute von Jerusalem und Juda jetzt mit Gutem zu überschütten. Habt also keine Angst! 16 Aber tut auch, was ich von euch erwarte! Lügt eure Mitmenschen nicht an, fällt im Gericht gerechtes Urteil zum Wohl aller, 17 sucht nicht einander zu schaden und schwört keine Meineide. Denn all dies ist mir verhasst.«

Das sagt der HERR.

Ende der Trauer und Zustrom der Völker

18 Das Wort des HERRN, des Herrschers der Welt, erging an mich. 19 So spricht der HERR, der Herrscher der Welt: »Die Fast- und Trauertage im vierten, fünften, siebten und zehnten Monat[a] werden für die Leute von Juda zu Freudenfesten werden, die Klage wird sich in Jubel verwandeln. Aber haltet mir die Treue und behaltet das Wohl aller im Auge!«

20 So spricht der HERR, der Herrscher der Welt: »Viele Völker und die Bewohner großer Städte werden sich aufmachen, 21 sie werden sich gegenseitig aufsuchen und sagen: ›Kommt, wir wollen zum HERRN gehen, dem Herrscher der Welt, um seinen Segen zu erbitten und bei ihm Hilfe zu suchen! Ich jedenfalls werde hingehen.‹ 22 Und so werden große und starke Völker nach Jerusalem kommen, um beim HERRN, dem Herrscher der Welt, Hilfe zu suchen und seinen Segen zu erbitten.«

23 So spricht der HERR, der Herrscher der Welt: »Zu jener Zeit wird man es erleben, dass zehn Männer aus Völkern mit ganz verschiedenen Sprachen sich an einen Juden hängen, seinen Gewandzipfel ergreifen und sagen: ›Lasst uns mit euch nach Jerusalem ziehen! Wir haben gehört, dass Gott auf eurer Seite steht.‹«

DAS KÜNFTIGE HEIL JERUSALEMS
(Kapitel 9–14)

Erweiterung Israels über die Grenzen des Davidsreiches hinaus

9 Prophetische Botschaft:
Das Wort des HERRN hat das Land Hadrach erreicht, es wohnt in Damaskus; denn auf den HERRN richten sich die Blicke aller Menschen und der Stämme Israels. 2 Es ist ins angrenzende Hamat gelangt und es kommt bis nach Tyrus und Sidon, wo die Leute so überaus klug sind. 3 Tyrus hat sich mit mächtigen Mauern umgeben, es hat Berge von Gold und Silber aufgehäuft; 4 aber der Herr wird ihm seine Schätze wegnehmen und seine Mauern ins Meer stürzen;[b] die Stadt wird zum Opfer der Flammen.

5 Die Philister* in den Städten Aschkelon, Gaza und Ekron werden davon hören und vor Angst vergehen, weil sie nun keinen Beschützer mehr haben. Der König wird aus Gaza verschwinden, Aschkelon wird entvölkert, 6 in Aschdod werden Fremde angesiedelt. »Ich mache ein Ende mit der Überheblichkeit der Philister«, sagt der HERR. 7 Er reißt ihnen die blutigen Fleischstücke aus den Zähnen und das

a Im 4. Monat war 587 v. Chr. die erste Bresche in die Mauer Jerusalems geschlagen worden (2 Kön 25,3-4), in den 10. Monat fiel der Beginn der Belagerung (2 Kön 25,1); weiter siehe Anmerkung zu 7,5.

b und seine Mauern …: andere mögliche Übersetzung *und seine Macht/Streitmacht* (d. h. Flotte) *auf dem Meer zerschlagen.*

8,9 Esra 3,10 **8,10-13** Hag 2,15-19 **8,13** Gen 22,18 **8,16-17** 7,8-10 S **8,19** 7,3.5 **8,20-22** 2,15; Ps 96,7-10 S **9,2-4** Jes 23,1-16 S; Ez 28,3-5 **9,5-7** Jes 14,28-32 S **9,7** Lev 17,10-14; 11,1-47 par; Jos 15,63

Fleisch der Tiere, die er verabscheut. Dann zählt
der Überrest der Philister zum Volk unseres Got-
tes, sie werden zu einer Sippe in Juda, und die
Leute von Ekron werden so unter ihnen wohnen
wie die Jebusiter in Jerusalem.
8 »Ich selbst«, sagt der HERR, »stelle mich als
Wache vor mein Haus und meine Stadt, sodass
kein fremder Herrscher mit seinem Heer mehr
dort einfällt. Ich selbst kümmere mich jetzt um
mein Volk.«

Der Friedenskönig zieht in Jerusalem ein

9 Freu dich, du Zionsstadt*!
Jubelt laut, ihr Bewohner Jerusalems!
Seht, euer König kommt zu euch!
Er bringt Gerechtigkeit,
Gott steht ihm zur Seite.[a]
Demütig ist er vor seinem Gott.
Er reitet auf einem Esel,
auf einem starken Eselshengst.[b]
10 Er schafft die Pferde und Streitwagen* ab
in Jerusalem und ganz Israel,
auch die Kriegsbogen werden zerbrochen.
Er stiftet Frieden unter den Völkern.
Von Meer zu Meer reicht seine Herrschaft,
vom Eufratstrom bis zu den Enden der Erde.

Was dem Einzug des Friedenskönigs vorangeht

11 »Hört!«, sagt der HERR, »ich werde eure Gefan-
genen aus dem Kerker holen, aus der wasser-
losen Grube,[c] so gewiss ich mit euch meinen
Bund* geschlossen und mit Opferblut besiegelt
habe. 12 Kehrt zurück zur befestigten Stadt, ihr
Gefangenen, eure Hoffnung wird nicht ent-
täuscht! Die Zusage gilt noch immer: ›Ich werde
euch voll[d] entschädigen.‹
13 Ich selbst werde gegen das Heer der Grie-
chen antreten: Die Männer von Juda sind mein
Bogen, die Männer von Efraïm meine Pfeile und
die von Jerusalem mein Schwert, das ich gegen
die Feinde schwinge.«
14 Ja, der HERR wird über dem ausziehenden
Heer seines Volkes erscheinen: Sein Pfeil fährt
dahin wie der Blitz; donnernd stößt er ins Horn;
er fegt einher im Sturm aus dem Süden. 15 Der
HERR, der Herrscher der Welt,[e] wird sein Volk
beschützen. Seine Krieger werden die Schleuder-
steine auffangen[f] und zu Boden treten, sie wer-
den von Blut betrunken sein wie von Wein, sie
werden von Feindesblut überströmt sein wie
Opferschalen, wie die Ecken des Opferaltars.
16 An jenem Tag wird der HERR, der Gott
Israels, die Seinen retten, denn sie sind seine
Herde. Wie funkelnde Edelsteine werden sie das
Land zieren. 17 Wie herrlich wird das sein! Die
Kinder werden zu blühenden jungen Leuten
heranwachsen, weil das Land so viel Korn und
Wein hervorbringt.

Nur Gott schenkt Regen

10 Bittet den HERRN, dass er zur rechten
Zeit[g] den ersehnten Regen sendet! Denn
der HERR ist es, der die Wetterwolken zusam-
menballt; er gibt Regen und lässt für alle etwas
wachsen. 2 Befragt nicht die Orakel, sie spenden
euch falschen Trost; geht nicht zu den Wahr-
sagern, sie erzählen euch lügnerische Träume!
Weil ihr das tut, seid ihr wie Schafe, die umher-
irren und umkommen, weil sie keinen Hirten
haben.

Befreiung Judas und Heimkehr aller Israeliten

3 Der HERR sagt: »Ich bin voll Zorn auf die frem-
den Hirten, die meine Herde unterdrücken, und
auch gegen die gewalttätigen Böcke in der Herde
werde ich vorgehen. Ich, der HERR, der Herr-
scher der Welt, will mich um meine Herde, das
Volk von Juda, kümmern. Ich mache es zu mei-
nem Kriegsross, wenn ich jetzt zum Kampf an-
trete. 4 Aus meinem Volk selbst kommen dann
die Männer, die für es ›Eckstein‹ sind und ›Zelt-
pflock‹ und ›Kriegsbogen‹,[h] und die fremden

a *Gott steht ...:* wörtlich *Er ist einer, dem geholfen wird;* die Wiedergabe im Neuen Testament (Mt 21,5) entspricht den alten Übersetzungen: *Er ist ein Helfer.*
b *auf einem starken ...:* wörtlich *auf einem Hengst, dem Sohn einer Eselin.* Die alten Übersetzungen und Mt 21,5 haben *Hengst* als *Fohlen* gedeutet; *Sohn* bezeichnet im Hebräischen nicht das jugendliche Alter, sondern die Abstammung.
c Wasserlose Zisternen wurden oft als zeitweiliges Gefängnis benutzt; vgl. Gen 37,20-24; Jer 37,7-9.
d *voll:* wörtlich *doppelt.* Das ist nach israelitischem Recht die übliche Entschädigung; vgl. Ex 22,3.6.8.
e Wörtlich *Der HERR Zebaot*;* entsprechend in 10,3.
f *auffangen:* wörtlich *fressen.* Deutung unsicher.
g Wörtlich *zur Zeit des Spätregens.* Gemeint ist die wichtige Regenzeit im Frühjahr, kurz vor der Ernte (siehe Sacherklärung »Regen«).
h *Eckstein* und *Zeltpflock* sind tragende bzw. haltende Elemente für Haus und Zelt. Der Text lässt nicht erkennen, ob an eine einzige Person oder an drei gedacht ist; wörtlich *Von ihm kommt der Eckstein, von ihm der Pflock, von ihm der Kriegsbogen.*

9,8 2,9; Ez 34,25.27-28 **9,9** 2,14; Zef 3,14; Mt 21,5 **9,10** Mi 5,9 S **9,11** Jes 61,1; Ex 24,8 **9,12** 10,8-9; Jes 40,2; 61,7 **9,13** 1 Makk 1,1-9; Dan 8,21-22 S **9,14** Ps 18,15 **9,16** Ps 74,1 S **9,17** Ps 144,12-13 **10,1** Jer 5,24-25 S **10,3** Jer 6,3; 23,1-4; Ez 34,2 **10,4** Jer 30,21

Unterdrücker müssen aus ihm verschwinden.
5 Die Leute von Juda werden kämpfen wie Hel-
den und den Feind wie Straßendreck zertreten,
denn ich, der HERR, stehe ihnen bei. Die feind-
liche Reiterei wird an ihnen zuschanden.
6 Ich helfe nicht nur den Leuten von Juda,
ich helfe auch den Nachkommen Josefs, den
Leuten von Israel*. Ich habe Erbarmen mit
ihnen und lasse sie in ihr Land zurückkehren;
es soll alles wieder wie früher sein, als ob ich
sie nie verstoßen hätte. Denn ich, der HERR,
bin ihr Gott und höre ihren Hilferuf. 7 Dann
werden die Männer Efraïms stark sein wie
Helden und voller Kampfeslust wie einer, der
Wein getrunken hat. Ihre Kinder werden jubeln,
wenn sie es sehen, und werden mich voll Freude
preisen.
8 Ich werde allen Verbannten das Signal zur
Heimkehr geben; denn ich will sie befreien.
Mein Volk soll wieder so zahlreich sein wie
einst. 9 Wenn sie sich mir wieder zuwenden,
dort bei den Völkern, unter die ich sie zerstreut
habe, dann werden sie es erleben, dass sie zu-
sammen mit ihren Kindern zurückkehren dür-
fen. 10 Ich lasse sie heimkehren aus Ägypten und
Assyrien und bringe sie in die Landschaft Gi-
lead* und in den Libanon; aber nicht einmal
dort werden sie genug Raum haben.
11 Ich werde ihnen aus der Not helfen, ich
werde die Wogen des Meeres zurücktreiben und
die Nilarme versiegen lassen. Ich werde das
stolze Assyrien[a] niederwerfen und die Macht
Ägyptens brechen. 12 Durch mich, den HERRN,
wird mein Volk stark sein; es wird im Vertrauen
auf mich und nach meinen Weisungen leben
und bestehen. Das sage ich, der HERR.«

Die Entmachtung der Völker und ihrer Herrscher

11 Öffne deine Tore, Libanon, damit das
Feuer bei dir eindringen und deine Zedern
verzehren kann! 2 Heult, ihr Zypressen, weil die
Zedern gestürzt, weil die mächtigsten der Bäume
dahin sind! Heult, ihr Eichen von Baschan*, weil
der Sturm den dichten Wald niedergelegt hat!
3 Hört, wie die Völkerhirten klagen, weil ihre
herrlichen Weiden vernichtet sind! Hört, wie der
Löwe brüllt, weil sein Versteck, der Buschwald
am Jordan, verwüstet ist!

Eine Zukunftsvision: Der gute Hirt wird abgelehnt

4 Der HERR, mein Gott, sagte zu mir: »Weide die
Schafe, die zum Schlachten bestimmt sind! 5 Ihre
Besitzer töten sie und machen sich kein
Gewissen daraus; sie verkaufen sie und sagen:
›Gepriesen sei der HERR! Wir haben ein gutes
Geschäft gemacht!‹ Und auch ihre Hirten gehen
schonungslos mit der Herde um.«
6 Der HERR sagt: »Auch ich werde die Bewoh-
ner der Erde nicht mehr verschonen. Ich liefere
jeden der Hand seiner Mitmenschen und seines
Königs aus. Mögen diese die ganze Erde ver-
wüsten, ich werde niemand aus ihrer Hand ret-
ten.«
7 Ich folgte dem Befehl des HERRN und weide-
te die Schafe, die von den Viehhändlern zum
Schlachten bestimmt waren.[b] Ich nahm mir
zwei Hirtenstöcke, den einen nannte ich
»Freundschaft«, den andern »Bruderschaft«, und
damit weidete ich die Schafe.
8 Ich entfernte die drei schlechten Hirten in
einem einzigen Monat. Aber ich verlor die Ge-
duld mit den Schafen, denn sie wollten nichts
von mir wissen. 9 Ich sagte: »Ich will nicht mehr
euer Hirte sein! Wer unbedingt sterben will, soll
eben sterben; wer in die Irre gehen will, soll in
die Irre gehen; und der Rest mag sich gegenseitig
auffressen.«
10 Darauf zerbrach ich den Stock mit Namen
»Freundschaft« und hob damit den Waffenstill-
stand auf, den ich zugunsten Israels mit allen
Völkern ringsum geschlossen hatte. 11 Die Wir-
kung war sofort zu spüren, und die Viehhänd-
ler,[c] die gesehen hatten, wie ich den Stab zer-
brach, erkannten, dass ich im Auftrag des HERRN
gehandelt hatte.
12 Ich sagte zu ihnen: »Wenn ihr wollt, gebt
mir jetzt meinen Lohn, wenn nicht, verzichte
ich darauf.« Da zählten sie mir 30 Silberstücke
ab[d] und gaben sie mir. 13 Darauf sagte der HERR
zu mir: »Diese stolze Summe bin ich ihnen also
wert! Wirf das Silber dem Schmelzer hin!« Ich
nahm die 30 Silberstücke und warf sie im Tem-
pel* dem Mann hin, der das Gold und das Silber
einschmilzt.
14 Dann zerbrach ich meinen zweiten Stock
mit Namen »Bruderschaft« und hob damit den
Bruderbund zwischen Juda und Israel auf.

a *Assyrien* steht hier für die Nachfolgereiche des alten Assyrischen Reiches in Mesopotamien.
b So mit G; H *die Schafe, die zum Schlachten bestimmt waren, deshalb die ärmsten der Herde.*
c So mit G; H *die Ärmsten der Herde* (vgl. Vers 7 und Anmerkung).
d Wörtlich *wogen mir 30 Schekel* Silber ab* (etwa 350 g).

10,6 Jer 3,18 S; 31,2-20 **10,8** Jes 11,11-12 S **10,10** Jes 49,19-20 S **10,11** Ex 14,21-22; Jes 11,15; 50,2 **11,3** Jer 23,1-2; 25,34-36 **11,12** Ex 21,32; Mt 26,15; 27,9 **11,14** Ez 37,15-24

15 Weiter sagte der HERR zu mir: »Rüste dich
noch einmal als ein Hirt aus, aber spiele jetzt ei-
nen schlechten Hirten! 16 Denn ich werde einen
Völkerhirten im Land auftreten lassen, der das
Gegenteil eines guten Hirten ist: Die Verirrten
sucht er nicht; auf die kläglichen Schreie der Be-
drängten hört er nicht; hat ein Tier das Bein ge-
brochen, so schient er es nicht; er kümmert sich
nicht darum, ob die Tiere Weide und Wasser ha-
ben. Die besten Tiere der Herde schlachtet er für
sich selbst und reißt ihnen in seiner Gier sogar
die Klauen auf.
17 Weh dem Hirten, der keiner ist, der die
Herde im Stich lässt! Der rechte Arm soll ihm
abgehackt, das rechte Auge ihm ausgestochen
werden! Sein Arm sei verkrüppelt, sein Auge sei
erblindet!«

Gottes Schutz für Jerusalem

12 Prophetische Botschaft, Wort des HERRN
über Israel, Ausspruch des HERRN, der den
Himmel ausgespannt und die Erde fest verankert
hat, der den Lebensgeist im Innern der Men-
schen geformt hat:
2 So kommt es: Ich mache Jerusalem für alle
Völker ringsum zu einer Taumelschale. Wenn sie
sich an ihm vergreifen wollen, beginnen sie zu
taumeln wie jemand, der starken Wein getrun-
ken hat.[a] – Auch Juda wird mit betroffen sein,
wenn sie Jerusalem belagern. 3 Ja, ich mache
Jerusalem an jenem Tag zu einem Hebestein für
alle Völker: Wenn sie ihn anzuheben versuchen,
werden sie sich daran die Hände wund reißen.
Alle Völker der Erde werden sich gegen Jerusa-
lem zusammentun; 4 aber ich lasse ihre Pferde
scheuen und lasse panische Angst über ihre Rei-
ter kommen. Ja, ich werde die Pferde aller Völker
blind machen, sodass sie den Weg nicht mehr
finden. Ich wache darüber, dass den Leuten von
Juda kein Leid geschieht.
5 Die führenden Männer von Juda werden
nach Jerusalem blicken und sagen: »Die Leute
von Jerusalem sind stark, denn sie vertrauen fest
auf den HERRN, den Herrscher der Welt,[b] ihren
Gott.« 6 Ich werde den Anführern von Juda bei-
stehen; für die feindlichen Heere ringsum wer-
den sie wie eine Schale mit glühenden Kohlen
mitten in einem Holzstoß sein oder wie eine
Fackel im Garbenhaufen. Jerusalem aber wird
für immer bestehen bleiben.
7 Der HERR wird die Leute von Juda *vor* denen
von Jerusalem aus der Hand der Feinde retten,
damit die Nachkommen Davids und die Bewoh-
ner Jerusalems nicht zu stolz werden und auf
Juda herabsehen. 8 Danach wird der HERR auch
Jerusalem seine Hilfe zuwenden und dessen Be-
wohner stärken. Der Schwächste von ihnen wird
so stark sein wie David, und die Nachkommen
Davids an ihrer Spitze sind dann so stark wie
Engel*, ja wie der Engel des HERRN.

Reue des Volkes und Klage um den Durchbohrten

9 »Zu jener Zeit«, sagt der HERR, »da werde ich
alle Völker vernichten, die gegen Jerusalem an-
gerückt sind. 10 Die Nachkommen Davids und
die Bewohner Jerusalems aber werde ich mit
einem reumütigen Geist erfüllen, der sie dazu
treibt, mich um Erbarmen anzuflehen. Sie wer-
den schuldbewusst zu mir aufblicken wegen des
Mannes, den sie durchbohrt haben. Sie werden
um ihn trauern, wie man um den einzigen Sohn
trauert, sie werden weinen und klagen wie um
einen Erstgeborenen.
11 Die Klage Jerusalems um ihn wird so groß
sein wie die Klage um Hadad-Rimmon in der
Ebene von Megiddo.[c] 12-13 Alle Sippen im Land
werden an dieser Totenklage* teilnehmen, jede
für sich, Männer und Frauen getrennt: die Sippe
David, die Sippe Natan, die Sippe Levi, die Sippe
Schimi 14 und alle übrigen Sippen im Land.
13 Zu jener Zeit wird in Jerusalem eine
Quelle entspringen, die die Nachkommen
Davids und die Bewohner der Stadt von der
Befleckung durch Schuld und Ungehorsam
reinigt.«

Reinigung des Landes von Götzen und falschen Propheten

2 Der HERR, der Herrscher der Welt,[d] sagt: »Zu
jener Zeit werde ich jede Spur von Götzendienst
aus dem Land entfernen, nicht einmal an die
Namen der fremden Götter wird man sich noch
erinnern.
Auch die Propheten, die von einem fremden
Geist getrieben werden, müssen aus dem Land
verschwinden. 3 Wenn noch einer als Prophet*
auftritt, werden sein Vater und seine Mutter zu
ihm sagen: ›Du hast dein Leben verwirkt, weil
du unter Berufung auf den HERRN Lügen verkün-

a *Wenn sie sich ...:* verdeutlichender Zusatz. b Wörtlich *den HERRN Zebaot**.
c *Hadad-Rimmon* ist vielleicht der Ort, bei dem der letzte bedeutende König von Juda, Joschija, 609 v. Chr. gefallen ist (2 Kön 23,29), sodass man zu verstehen hätte: Klage um die Katastrophe von Hadad-Rimmon. Nach 2 Chr 25,20-25 ist die Klage um Joschija in Juda zum festen Brauch geworden. d Wörtlich *Der HERR Zebaot*;* entsprechend in Vers 7.

11,15-16 Ez 34,2-4 **12,1** Jes 40,22 S **12,2** 14,2; Jer 25,15 S **12,3** 14,3; Joël 4,9-13 **12,6** Obd 18 **12,9** Offb 20,9 **12,10** Joh 19,37 S; Jer 6,26 S **12,11** 2 Kön 5,18 **13,1** 14,8 S; Jes 12,3 **13,2b-3** Jer 14,13-15 S

det hast.‹ Und seine eigenen Eltern werden ihn
mit dem Schwert durchbohren, bloß weil er als
Prophet aufgetreten ist.

4 Zu jener Zeit werden sich die Propheten
hüten, ihre Visionen öffentlich zu erzählen; sie
werden nicht mehr im Prophetenmantel aus
Ziegenhaar auftreten, um ihre trügerischen Bot-
schaften zu verkünden. 5 Stellt man einen von
ihnen zur Rede, so wird er sagen: ›Ich bin kein
Prophet, ich bin ein Bauer! Schon in meiner
Jugend hat mich jemand als Sklaven* erworben.‹
6 Und wenn man ihn auf die Striemen an seinem
Leib hinweist, wird er sagen: ›Das ist von einer
Schlägerei mit meinen Zechbrüdern!‹«

Das Volk – eine hirtenlose Herde

7 »Schwert, stürze dich auf meinen Hirten, auf
den Mann, der mir nahe steht!«, sagt der HERR,
der Herrscher der Welt. »Töte den Hirten, sodass
die Schafe auseinander laufen! Sogar die Schwa-
chen in der Herde werde ich nicht verschonen.

8 Das ganze Land wird getroffen werden«,
sagt der HERR. »Zwei Drittel seiner Bewohner
werden umkommen, nur ein Drittel wird über-
leben. 9 Aber auch dieser Rest muss durchs
Feuer hindurch. Ich werde die Überlebenden
reinigen, wie man Silber im Schmelzofen von
Schlacken* reinigt; ich werde sie prüfen, wie
man Gold im Feuer auf seine Echtheit prüft.
Dann werden sie zu mir rufen und ich werde ihr
Rufen hören. Ich werde zu ihnen sagen: ›Ihr seid
mein Volk‹, und sie werden sagen: ›Du, HERR,
bist unser Gott.‹«

Gott regiert die erneuerte Welt von Jerusalem aus

14 Der HERR sagt: »Mein Gerichtstag, der Tag
des HERRN, kommt, da werden eure Fein-
de vor euren Augen die Beute verteilen, die sie
euch abgenommen haben. 2 Alle Völker werde
ich zum Kampf gegen Jerusalem versammeln.
Sie werden die Stadt erobern, die Häuser plün-
dern und die Frauen schänden. Von den Leuten
in der Stadt wird die Hälfte in die Gefangen-
schaft geführt; nur der Rest darf in der Stadt
bleiben.«

3 Dann aber, an jenem Tag, wird der HERR
selbst gegen diese Völker in den Kampf ziehen,
wie er in früheren Zeiten für sein Volk gekämpft
hat. 4 Er stellt sich auf den Ölberg*, der östlich
von Jerusalem liegt, und der Berg wird sich von
Osten nach Westen in zwei Teile spalten. Die
eine Hälfte weicht nach Norden aus, die andere
nach Süden, sodass ein breites Tal entsteht. 5 In
dieses Tal zwischen meinen beiden Bergen wer-
det ihr fliehen und das Tal wird sich bis nach
Azal[a] erstrecken; ihr werdet fliehen, wie eure
Vorfahren zur Zeit des Königs Usija vor dem Erd-
beben geflohen sind. Dann wird der HERR, unser
Gott, in Jerusalem einziehen, begleitet von allen
seinen heiligen Engeln*.

6 An jenem Tag wird es kein Licht mehr ge-
ben, das wieder dunkel wird.[b] 7 Es wird dann
ununterbrochen Tag sein, nicht abwechselnd Tag
und Nacht; ja, auch am Abend bleibt es hell. Nur
der HERR weiß, wann das eintrifft.

8 An jenem Tag wird in Jerusalem eine Quelle
mit Leben spendendem Wasser entspringen; die
eine Hälfte fließt in das Meer, das im Osten liegt,
die andere in das Meer im Westen. Das Wasser
wird im Winter wie im Sommer fließen und nie
versiegen.

9 Dann wird der HERR über alle Völker der
Erde König sein. Er allein wird Gott sein an
jenem Tag, zu ihm allein werden die Völker be-
ten. 10 Das ganze Land von Geba bis Rimmon
südlich von Jerusalem verwandelt sich in eine
Ebene, Jerusalem selbst aber bleibt erhöht und
überragt das übrige Land. Die Stadt erstreckt sich
dann vom Benjamintor über das zugemauerte
Tor bis zum Ecktor und vom Turm Hananel bis
zu den königlichen Weinkeltern. 11 Ihre Bewoh-
ner werden in Sicherheit leben und keine Ver-
nichtung wird sie mehr bedrohen.

12 Die Völker aber, die gegen Jerusalem heran-
gezogen sind, wird der HERR mit einer schreck-
lichen Krankheit schlagen. Ihr Fleisch verfault,
während sie noch auf ihren Füßen stehen; die
Augen in ihren Höhlen und die Zunge im Mund
werden plötzlich verwesen. 13 An jenem Tag
wird der HERR sie so sehr erschrecken, dass sie
völlig verwirrt sind und einer über den andern
herfällt – 14 auch Juda über Jerusalem. Dann wer-
den die Schätze im Lager der feindlichen Völker
eingesammelt: eine große Menge Gold, Silber
und kostbare Gewänder. 15 Die Pferde, Maultie-
re, Kamele, Esel und alle anderen Tiere im Lager
wird der HERR mit derselben Krankheit schlagen
wie die Menschen.

a *Azal* oder Jasol: ein Tal, das südwestlich von Jerusalem ins Kidrontal mündet.
b *das wieder …:* wörtlich *dessen Klarheiten sich zusammenziehen.*

13,7 Mk 14,27 par **13,9** Jes 48,10 S; Ez 11,20 S; Hos 2,25 **14,2** 12,3 S **14,3** 12,4; Ex 14,14; 23,27-28; Dtn 1,30-31; Ri 5,4-5; 7,7; Jes 42,13 **14,5** Am 1,1 **14,6-7** Jes 60,19-20 S **14,8** 13,1; Ez 47,1-12 S **14,9** Ps 96,7-10 S **14,10-11** Jer 31,38-40 **14,11** Jer 33,16 **14,12** 2 Kön 19,34-35 **14,13** Ez 38,21 S

Die Wallfahrt der Völker zum Berg Zion

16 Die Überlebenden aus den Völkern, die gegen
Jerusalem herangezogen sind, werden von da an
jedes Jahr nach Jerusalem pilgern, um das Laub-
hüttenfest* zu feiern und den HERRN, den Herr-
scher der Welt,[a] als ihren König zu verehren.
17 Wenn ein Volk sich weigert, zu kommen und
dem HERRN, dem König der Welt, Ehre zu er-
weisen, wird auf sein Land kein Regen fallen.
18–19 Wenn es aber die Ägypter sind, wird der
HERR sie auf entsprechende Weise strafen.[b] Es
wird sie der gleiche Schlag treffen, mit dem der
HERR die Völker bestrafen wird, die nicht nach
Jerusalem zum Laubhüttenfest ziehen.

20 Auf den Schellen der Pferde wird dann ein-
geritzt sein: »Dem HERRN geweiht«. Die Koch-
töpfe im Tempel des HERRN werden so heilig*
sein wie die Schalen mit dem Opferblut vor dem
Altar. 21 Alle Kochtöpfe in Jerusalem und Juda
werden dem HERRN geweiht sein; die Menschen,
die zum Tempel strömen, können sie nehmen
und das Opferfleisch darin kochen. Im Tempel
des HERRN, des Herrschers der Welt, wird es
dann keinen Händler mehr geben.

DER PROPHET MALEACHI

Buchüberschrift

1 Dieses Buch enthält die prophetische Bot-
schaft, die der HERR dem Volk Israel durch
Maleachi ausrichten ließ.

Gott liebt sein Volk

2 »Ich liebe euch, ihr Leute von Israel«, hat der
HERR gesagt; aber ihr entgegnet: »Lieben? Davon
merken wir nichts!«

Darauf antwortet der HERR: »Sind nicht Esau
und Jakob Brüder? Trotzdem liebe ich Jakob,
3 Esau aber hasse ich. Ich habe das Erbland der
Nachkommen Esaus, das Bergland von Edom*,
zur Wüste gemacht und es den Schakalen über-
lassen.

4 Die Leute von Edom erklären zwar: ›Unsere
Städte sind zerstört, doch wir bauen sie wieder
auf!‹ Aber ich, der HERR, der Herrscher der
Welt,[c] sage: Sie sollen nur bauen, ich werde es
wieder einreißen! Ihr Gebiet wird das gottverlas-
sene Land heißen und sie selbst das Volk, das in
alle Zukunft meinen Zorn zu spüren bekommt.
5 Mit eigenen Augen werdet ihr es noch sehen
und werdet dann sagen: ›Groß erweist sich der
HERR über dem Gebiet Israels!‹«

Die Nachlässigkeit beim Opferdienst beleidigt Gott

6 »Ein Sohn ehrt seinen Vater und ein Diener sei-
nen Herrn. Ihr nennt mich euren Vater, aber ihr
ehrt mich nicht! Ihr nennt mich euren Herrn,
aber ihr gehorcht mir nicht!« Das hat der HERR,
der Herrscher der Welt, zu euch Priestern* ge-
sagt, weil ihr ihm seine Ehre nehmt und ihn ver-
ächtlich behandelt.

Aber ihr entgegnet dem HERRN: »Womit
haben wir dich denn verächtlich behandelt?«

7 Darauf antwortet er: »Ihr habt auf meinem
Altar unreine* Gaben dargebracht und da fragt
ihr noch: ›Womit haben wir dich verunreinigt?‹
Damit, dass ihr sagt: ›Beim Tisch des HERRN
kommt es nicht so darauf an!‹ So macht ihr mich
verächtlich.[d]

8 Ihr bringt mir als Opfer* ein blindes Tier
und denkt: ›Das ist doch nicht schlimm!‹ Ihr
bringt mir ein lahmes oder krankes Tier und
denkt: ›Das ist doch nicht schlimm!‹ Versucht
das doch einmal beim Statthalter! Meint ihr, dass
ihr damit seine Gunst gewinnen könnt?«, sagt
der HERR, der Herrscher der Welt.

9 Und nun kommt ihr mit so etwas zu Gott
und bittet ihn, dass er uns seine Gnade erweist!

a Wörtlich *den HERRN Zebaot*;* entsprechend in Vers 21.
b *wird der HERR …:* verdeutlichender Zusatz. Der hebräische Text ist offenbar lückenhaft überliefert; die Ägypter müssten entsprechend durch das Ausbleiben der Nilüberschwemmung gestraft werden.
c Wörtlich *der HERR Zebaot*;* entsprechend in den Versen 6, 8-11, 13, 14.
d *Beim Tisch …:* wörtlich *Der Tisch des HERRN, er ist verächtlich.*

14,16 Ps 96,7-10 S; Ex 23,16 S **14,20** Ex 28,36; (Blutschalen) 1 Kön 7,40-45 **14,21** (Kochtöpfe) Ez 46,24; (Händler) Mk 11,15 par; Offb 21,26-27 **1,2** Dtn 7,7-8; Hos 11,1; Sach 1,14 S; (Esau) Gen 25,23-26 **1,3** Gen 36,9; Jes 34,5-17 S **1,6** Ex 20,12; Dtn 32,6 **1,8** Lev 22,19-20 S

So unsinnig handelt ihr. Bildet ihr euch ein, dass
der Herrscher der Welt sich das gefallen lässt?
10 »Wenn doch nur jemand die Zugänge zu
meinem Tempel* verschließen würde, damit ihr
nicht solche sinnlosen Opfer auf meinem Altar
darbringt! Ich kann euch nicht ausstehen – sagt
der HERR, der Herrscher der Welt –, ich nehme
von euch keine Opfer an!
11 Auf der ganzen Erde – von dort, wo die
Sonne aufgeht, bis dort, wo sie niedersinkt –
wird mein Name* unter den Völkern geehrt. An
unzähligen Orten werden mir würdige Opferga-
ben dargebracht. Ja, mein Name steht in Ehren
unter den Völkern – sagt der HERR, der Herrscher
der Welt.
12 Ihr aber nehmt mir meine Ehre, denn ihr
sagt: ›Den Tisch des HERRN kann man ruhig
verunreinigen; da kommt es nicht so darauf an,
was als Gabe darauf gelegt wird!‹
13 Und dann
stöhnt ihr noch über euren Dienst! Damit reizt
ihr mich zum Zorn,[a] mich, den Herrscher der
Welt. Außer den lahmen und kranken Tieren
lasst ihr auch noch gestohlene Tiere zum Opfer
zu. Und das soll ich von euch annehmen, ich,
der HERR?
14 Wer ein Gelübde* ablegt und mir ein voll-
wertiges männliches Tier aus seiner Herde ver-
spricht, mich aber hinterher darum betrügt und
mir ein minderwertiges opfert, den trifft mein
Fluch. Denn ich bin der höchste König und alle
Völker ehren meinen Namen.«
Das sagt der HERR, der Herrscher der Welt.

Wahres und falsches Priestertum

2 »Deshalb spreche ich jetzt mein Urteil über
euch Priester*«, sagt der HERR, der Herrscher
der Welt.[b]
2 »Wenn ihr nicht meine Warnung zu
Herzen nehmt und meinem Namen* die Ehre
gebt, werde ich den Fluch* gegen euch schleu-
dern und euch Unglück schicken. Den Segen,
den ihr euren Kindern zusprecht, werde ich zum
Fluch machen – ja, ich mache das bestimmt, weil
ihr meine Warnungen ja doch nicht zu Herzen
nehmt.
3 Ich stürze eure Nachkommen ins Un-
glück. Ich schleudere euch den Kot eurer Opfer-
tiere ins Gesicht und ihr werdet auf den Abfall-
haufen geworfen, der sich von euren Opferfesten
angesammelt hat.
4 Dann werdet ihr erkennen: Ich, der HERR,
der Herrscher der Welt, habe dieses Urteil an
euch vollstreckt, damit mein Bund* mit den
Nachkommen von Levi weiterbestehen kann.
5 Darin besteht mein Bund mit ihnen: Ich gab
ihnen Leben und Wohlergehen und sie erwiesen
mir Ehre. Meine Nähe erfüllte sie mit Furcht und
Zittern.
6 Sie verkündeten dem Volk meine Wei-
sungen unverfälscht und gaben zuverlässig Aus-
kunft; sie versahen ihren Dienst in ganzer Treue
und in engster Verbindung mit mir. So bewahr-
ten sie viele Menschen davor, Schuld auf sich zu
laden.
7 Denn das ist der Auftrag der Priester*: Sie
sollen mein Gesetz* verkünden und wer Rat
sucht, soll bei ihnen Rat finden; sie sind Bot-
schafter des HERRN, des Herrschers der Welt.
8 Ihr aber seid von meinem Weg abgewichen
und habt viele in die Irre geführt mit euren
falschen Weisungen. So habt ihr den Bund ge-
brochen, den ich mit den Nachkommen von Levi
geschlossen habe. Darum sage ich, der Herrscher
der Welt:
9 Weil ihr mein Gesetz missachtet und
euch bei euren Weisungen nach Rang und Stand
der Menschen richtet, die zu euch kommen,
darum strafe auch ich euch mit Verachtung; ihr
sollt in Schande dastehen vor dem ganzen Volk.«

Unerlaubte Ehen und Ehescheidungen

10 Haben wir nicht alle denselben Vater? Hat
nicht der eine Gott uns alle geschaffen? Warum
handeln wir dann treulos aneinander und ent-
weihen so den Bund*, den Gott mit unseren Vor-
fahren geschlossen hat?
11 In Jerusalem und im ganzen Land ist Ab-
scheuliches geschehen: Männer von Juda haben
Gott die Treue gebrochen, sie haben Frauen ge-
heiratet, die fremde Götter verehren, und haben
damit den Tempel* des HERRN entweiht, den er
liebt.
12 Wer so etwas tut, dessen Nachkommen
sollen aus dem Volk Jakobs ausgerottet werden;
er soll keine Söhne haben, die ihm beistehen
und für ihn eintreten und dem HERRN, dem Herr-
scher der Welt, Opfer* darbringen.
13 Aber noch etwas Zweites muss ich euch
vorhalten:
Ihr überschwemmt den Altar des HERRN mit
Tränen, ihr weint und schluchzt, weil der HERR
eure Opfer nicht annimmt und euch nicht hilft.
14 Und dann fragt ihr: »Warum das?«
Weil der HERR als Zeuge und Richter gegen
euch auftritt! Ihr habt eurer ersten Frau die Treue

a *Damit reizt ...:* mit dem mutmaßlich ursprünglichen Text; H *Und ihr entfacht ihn* (den Altar?) oder *missachtet ihn* (meinen Namen).
b Wörtlich *der HERR Zebaot*;* entsprechend in den Versen 4, 7, 8, 12, 16.

1,10 Jes 1,10-20 S **1,13** Jes 43,22-24 **1,14** Lev 22,17-25 **2,2-6** Dtn 33,8-11 **2,4** Num 25,12-13 **2,5** Dtn 18,1-8 **2,7** Hos 4,4-6 **2,10** 1,6; Ijob 31,15; Eph 4,6 **2,11** Esra 9,1-2 S

gebrochen, obwohl sie zu eurem eigenen Volk
gehört, dem Volk, mit dem der HERR seinen
Bund geschlossen hat. 15 Das tut keiner, in dem
noch etwas von der Gesinnung dieses Bundes
lebt. Denn solch einem Menschen liegt alles dar-
an, Nachkommen hervorzubringen, die zum
Volk Gottes gehören.[a] Darum hütet euch vor
eigensüchtiger Gesinnung und verstoßt nicht
eure erste Frau!

16 Der HERR, der Gott Israels, der Herrscher
der Welt, sagt: »Ich hasse es, wenn einer seine
Frau verstößt. Wer so etwas tut, begeht ein Ver-
brechen.«[b] Lasst euch also warnen! Keiner ver-
stoße seine Frau!

Gott sorgt bestimmt für Recht!

17 Hört, ihr werdet dem HERRN lästig mit eurem
Gerede! Ihr fragt: »Mit was für einem Gerede?«
Nun, ihr sagt: »Jeder, der Böses tut, ist gut in den
Augen des HERRN, an solchen Leuten hat er Ge-
fallen. Wo bleibt er denn? Warum sorgt er nicht
für Recht?«

3 Dazu sagt der HERR, der Herrscher der Welt:[c]
»Gebt Acht! Ich sende meinen Boten, der
mir den Weg bahnen soll. Der Engel* meines
Bundes, nach dem ihr ausschaut, ist schon unter-
wegs. Dann werde ich, der Herr, auf den ihr war-
tet, ganz plötzlich in meinem Tempel* Einzug
halten.«

2 Doch wer wird den Tag überleben, an dem
der HERR kommt? Wer kann vor dem HERRN be-
stehen, wenn er erscheint? Er ist wie das Feuer
im Schmelzofen und wie die Lauge im Wasch-
trog. 3 Er macht es wie einer, der Silber erhitzt,
um Verunreinigungen auszuschmelzen. Er rei-
nigt die Nachkommen von Levi, wie Gold oder
Silber durchs Feuer gereinigt wird, damit sie sei-
nen Opferdienst recht versehen. 4 Dann werden
die Opfer, die in Juda und Jerusalem dargebracht
werden, dem HERRN Freude machen wie einst in
alten Zeiten.

5 Der HERR, der Herrscher der Welt, sagt: »Ich
komme zum Gericht und werde kurzen Prozess
machen mit allen, die mich nicht ehren: mit
Zauberern, Ehebrechern und Meineidigen, mit
denen, die ihren Arbeitern den Lohn vorent-
halten, Witwen und Waisen übervorteilen und
den Fremden, die bei euch leben, ihr Recht
verweigern.«

Gott die Ehre geben macht nicht arm

6 »Nein, ich habe mich nicht geändert«, sagt der
HERR, »aber ihr habt euch auch nicht geändert.
Ihr seid immer noch die echten Söhne eures
Stammvaters Jakob![d] 7 Wie alle eure Vorfahren
habt ihr mir nicht gehorcht und meine Gebote
nicht befolgt. Kehrt um zu mir, dann will auch
ich zu euch umkehren und euch helfen, ich, der
HERR, der Herrscher der Welt.

Ihr fragt: ›Wovon sollen wir denn umkehren?‹
8 Nun, ist es in Ordnung, dass der Mensch Gott
beraubt? Ihr aber beraubt mich und fragt auch
noch: ›Wo haben wir dich beraubt?‹ Ihr habt mir
den Zehnten* von euren Ernteerträgen und den
Priesteranteil der Opfer* nicht ordnungsgemäß
übergeben. 9 Ein Fluch liegt auf euch, weil das
ganze Volk mich betrügt.

10 Bringt den zehnten Teil eurer Erträge un-
verkürzt zu meinem Tempel*, damit meine
Priester nicht Hunger leiden. Habt keine Sorge,
dass ihr dann selber in Not kommt! Stellt mich
auf die Probe«, sagt der HERR, der Herrscher der
Welt, »macht den Versuch, ob ich dann nicht die
Fenster des Himmels öffne und euch mit Segen
überschütte! 11 Ich werde auch die Schädlinge
von euren Feldern und Weinbergen fern halten,
damit sie die Ernte nicht verderben. Das sage
ich, der Herrscher der Welt! 12 Dann werden
euch alle Völker glücklich preisen, weil ihr in
einem so fruchtbaren Land wohnt.«

Treue findet zuletzt ihren Lohn

13 Der HERR sagt: »Was ihr da über mich redet,
geht zu weit! Ihr fragt: ›Was sagen wir denn über
dich?‹ 14 Ihr sagt doch: ›Es ist ganz vergeblich,
dass wir Gott die Treue halten. Was haben wir
davon, dass wir seine Gebote genau befolgen
und uns in Demut vor ihm, dem Herrscher der
Welt, beugen? 15 Wir preisen die Menschen
glücklich, die sich frech und stolz gegen den
HERRN erheben! So böse sie sind, immer geht es
ihnen gut. Sie fordern Gott heraus, aber sie müs-
sen es nicht büßen.‹«

16 Der HERR hat aufmerksam zugehört, als die
Menschen, die ihm treu geblieben waren, so un-
tereinander redeten. Er hat die Namen aller, die
ihn ernst nehmen und ehren, in ein Buch schrei-
ben lassen, damit sie vor ihm in Erinnerung blei-

a *Das tut keiner …:* Deutung unsicher.
b Wörtlich *bedeckt sein Gewand mit Gewalt.*
c Wörtlich *der HERR Zebaot*;* entsprechend in den Versen 5, 7, 10, 11, 14, 17, 19, 21.
d Zu *Jakob* vgl. Hos 12,4-7.13-14 und Vergleichsstellen zu Hos 12,4.

2,16 Dtn 24,1; Mk 10,2-12 par **2,17** 3,13-14; Jes 40,27 **3,1** Mk 1,2 par; Lk 1,17.76 **3,2** 3,23-24 **3,3** Jes 48,10 S **3,5** Lev 19,13 S **3,6** Sach 1,2-3 **3,8** Num 18,8-10 S; 18,21 S; Neh 13,10 **3,9-11** Hag 1,5-8 **3,12** Jes 61,9 **3,14-15** 2,17; Ps 73,1-28 S **3,16** Ex 32,32 S; Jes 4,3; Dan 7,10; 12,1

ben. 17 Und er, der Herrscher der Welt, hat ge-
sagt:
»An dem Tag, an dem ich eingreife, wird es
sich erweisen, dass sie mein persönliches Eigen-
tum sind. Ich werde sie verschonen wie ein Vater
seinen gehorsamen Sohn. 18 Dann werdet ihr
wieder den Unterschied sehen zwischen Bösen
und Guten und ihr werdet erleben, was es aus-
macht, ob jemand Gott gehorcht oder nicht.
19 Denn es kommt der Tag, an dem mein Zorn
wie loderndes Feuer brennt. Dann werden alle
Bösen, die mich voll Übermut verachten, dahin-
gerafft wie Stroh, das vom Feuer verzehrt wird.
Nichts bleibt von ihnen übrig, weder Wurzeln
noch Zweige. Das sage ich, der HERR, der Herr-
scher der Welt.
20 Für euch aber, die ihr mir treu gewesen
seid, wird an diesem Tag die Sonne aufgehen. Sie
wird euer Recht an den Tag bringen und alle
Wunden heilen.[a] Ihr werdet Freudensprünge
machen wie Kälber, die aus dem engen Stall auf
die Weide gelassen werden. 21 Dann werdet ihr
alle zertreten, die sich gegen mich aufgelehnt
haben. So mächtig sie jetzt sind, sie werden wie
Staub unter euren Füßen sein an dem Tag, den
ich herbeiführe.«
Das sagt der HERR, der Herrscher der Welt.

Gesetz und Propheten – eine Einheit

22 Der HERR sagt: »Denkt an das Gesetz* Moses,
meines Bevollmächtigten*! Befolgt die Gebote
und Ordnungen, die ich ihm am Berg Sinai* für
das ganze Volk Israel gegeben habe!
23 Ich sende euch den Propheten* Elija, bevor
der große und schreckliche Tag kommt, an dem
ich, der HERR, Gericht halte. 24 Er wird das Herz
der Eltern den Kindern zuwenden und das Herz
der Kinder den Eltern. Er wird beide miteinan-
der versöhnen,[b] damit ich nicht das ganze Volk
vernichten muss, wenn ich komme.«

a *wird an diesem Tag ...:* wörtlich *wird die Sonne der Gerechtigkeit aufgehen und Heilung an ihren Flügeln.*
b *Er wird beide ...:* verdeutlichender Zusatz.

3,17 Ps 103,13; Ex 4,22 S **3,18** Ps 1,1-6 S **3,19-21** Joël 4,14-16 S **3,20** Jes 60,1; Ps 36,10 **3,22** Dtn 4,10-14 **3,23-24** Sir 48,10-11 **3,23** Jes 2,11-21 S **3,24** Lk 1,17

DAS NEUE TESTAMENT

DIE GUTE NACHRICHT NACH MATTHÄUS
(Matthäus-Evangelium)

Inhaltsübersicht

HERKUNFT, GEBURT UND VORGESCHICHTE DES AUFTRETENS VON JESUS (1,1–4,22)

Jesus – Ziel und Erfüllung der Geschichte Israels

(Lk 3,23-38)

1 Dieses Buch berichtet über die Herkunft und Geschichte von Jesus Christus, dem Nachkommen Davids und Nachkommen Abrahams. [a]

2 Abraham zeugte Isaak.
Isaak zeugte Jakob.
Jakob zeugte Juda und seine Brüder.
3 Juda zeugte Perez und Serach;
die Mutter war Tamar.
Perez zeugte Hezron.
Hezron zeugte Ram.
4 Ram zeugte Amminadab.
Amminadab zeugte Nachschon.
Nachschon zeugte Salmon.
5 Salmon zeugte Boas;
die Mutter war Rahab.
Boas zeugte Obed;
die Mutter war Rut.
Obed zeugte Isai.
6 Isai zeugte den König David.

David zeugte Salomo;
die Mutter war die Frau Urijas.
7 Salomo zeugte Rehabeam.
Rehabeam zeugte Abija.
Abija zeugte Asa.
8 Asa zeugte Joschafat.
Joschafat zeugte Joram.
Joram zeugte Usija.
9 Usija zeugte Jotam.
Jotam zeugte Ahas.
Ahas zeugte Hiskija.
10 Hiskija zeugte Manasse.
Manasse zeugte Amon.
Amon zeugte Joschija.
11 Joschija zeugte Jojachin und seine Brüder.
Das war zu der Zeit, als die Bevölkerung von Jerusalem und Juda nach Babylonien in die Verbannung* weggeführt wurde.

12 Nach der Wegführung zeugte Jojachin Schealtiël.
Schealtiël zeugte Serubbabel.
13 Serubbabel zeugte Abihud.
Abihud zeugte Eljakim.
Eljakim zeugte Azor.
14 Azor zeugte Zadok.
Zadok zeugte Achim.
Achim zeugte Eliud.
15 Eliud zeugte Eleasar.
Eleasar zeugte Mattan.
Mattan zeugte Jakob.
16 Jakob zeugte Josef, den Mann von Maria.
Sie wurde die Mutter von Jesus, der Christus* genannt wird.

17 Zusammengerechnet sind es vierzehn Generationen von Abraham bis David, vierzehn weitere von David bis zur Wegführung nach Babylonien

a Wörtlich *Buch der Entstehung/Abstammung von Jesus Christus, dem Sohn Davids*, dem Sohn Abrahams*.* Vers 1 bezieht sich zunächst auf den Abschnitt 1,2-25, dient aber zugleich als Überschrift für das ganze Buch »Die Gute Nachricht nach Matthäus«.

1,1 Apg 13,23; Röm 1,3-4; 2 Tim 2,8; Mt 20,30-31 S **1,2** Gen 21,2-3; 25,26; 29,32–30,24 **1,3-6 a** Rut 4,18-22 **1,3** Gen 38,29-30 **1,6 b** 2 Sam 12,24 **1,7-12** 1 Chr 3,10-19 **1,11** 2 Kön 24,8-16 **1,12** Hag 1,1 S **1,16** Lk 1,27

und noch einmal vierzehn von dieser Zeit bis zu Christus.[a]

Jesus – Gottessohn und Davidssohn

18 Mit der Zeugung von Jesus Christus verhielt es sich so: Seine Mutter Maria war mit Josef schon rechtsgültig verheiratet,[b] aber sie hatten die Ehe noch nicht vollzogen. Da stellte sich heraus, dass Maria ein Kind erwartete – durch die Wirkung des Heiligen Geistes*. 19 Josef, ihr Mann, war großmütig[c] und wollte sie nicht vor Gericht bringen. Deshalb hatte er vor, sich stillschweigend von ihr zu trennen.

20 Während er noch hin und her überlegte, erschien ihm im Traum der Engel* des Herrn und sagte zu ihm: »Josef, du Nachkomme Davids*, scheue dich nicht, Maria, deine Frau, zu dir zu nehmen! Denn das Kind, das sie erwartet, kommt vom Geist Gottes. 21 Sie wird einen Sohn zur Welt bringen; den sollst du Jesus nennen. Denn er wird sein Volk von aller Schuld befreien.«[d]

22 Dies alles geschah, damit in Erfüllung ging, was der Herr durch den Propheten* angekündigt hatte: 23 »Die Jungfrau wird schwanger werden und einen Sohn zur Welt bringen, den werden sie Immanuël nennen.« Der Name bedeutet: »Gott steht uns bei«.

24 Als Josef erwachte, tat er, was der Engel des Herrn ihm befohlen hatte, und nahm seine Frau zu sich. 25 Er hatte aber keinen ehelichen Verkehr mit ihr, bis sie ihren Sohn geboren hatte. Und er gab ihm den Namen Jesus.

Jesus – von den Völkern erwartet und als König begrüßt

2 Jesus wurde in Betlehem in Judäa* geboren, zur Zeit, als König Herodes[e] das Land regierte. Bald nach seiner Geburt kamen Sterndeuter* aus dem Osten nach Jerusalem 2 und fragten: »Wo finden wir den neugeborenen König der Juden? Wir haben seinen Stern aufgehen sehen und sind gekommen, um uns vor ihm niederzuwerfen.«

3 Als König Herodes das hörte, erschrak er und mit ihm ganz Jerusalem. 4 Er ließ alle führenden Priester* und Gesetzeslehrer* im Volk Gottes zu sich kommen und fragte sie: »Wo soll der versprochene Retter[f] geboren werden?«

5 Sie antworteten: »In Betlehem in Judäa. Denn so hat der Prophet* geschrieben: 6 ›Du Betlehem im Land Juda! Du bist keineswegs die unbedeutendste unter den führenden Städten in Juda, denn aus dir wird der Herrscher kommen, der mein Volk Israel schützen und leiten soll.‹«

7 Daraufhin rief Herodes die Sterndeuter heimlich zu sich und fragte sie aus, wann sie den Stern zum ersten Mal gesehen hätten. 8 Dann schickte er sie nach Betlehem und sagte: »Geht und erkundigt euch genau nach dem Kind, und wenn ihr es gefunden habt, gebt mir Nachricht! Dann will ich auch hingehen und mich vor ihm niederwerfen.«

9 Nachdem sie vom König diesen Bescheid erhalten hatten, machten sich die Sterndeuter auf den Weg. Und der Stern, den sie schon bei seinem Aufgehen beobachtet hatten, ging ihnen voraus. Genau über der Stelle, wo das Kind war, blieb er stehen.

10 Als sie den Stern sahen, kam eine große Freude über sie. 11 Sie gingen in das Haus und fanden das Kind mit seiner Mutter Maria. Da warfen sie sich vor ihm zu Boden und ehrten es als König. Dann holten sie die Schätze hervor, die sie mitgebracht hatten, und legten sie vor ihm nieder: Gold, Weihrauch* und Myrrhe*.

12 In einem Traum befahl ihnen Gott, nicht wieder zu Herodes zu gehen. So zogen sie auf einem anderen Weg in ihr Land zurück.

Jesus – wie einst das Volk Israel Flüchtling in Ägypten

13 Nachdem die Sterndeuter* wieder gegangen waren, erschien dem Josef im Traum der Engel* des Herrn und sagte: »Steh auf, nimm das Kind und seine Mutter und flieh nach Ägypten! Bleib dort, bis ich dir sage, dass du wieder zurückkommen kannst. Herodes wird nämlich das Kind suchen, weil er es umbringen will.«

14 Da stand Josef auf, mitten in der Nacht, nahm das Kind und seine Mutter und floh mit ihnen nach Ägypten. 15 Dort lebten sie bis zum Tod von Herodes.

a Dem Aufbau der Abstammungsliste liegt eine Zahlensymbolik zugrunde: Im Hebräischen hat jeder Buchstabe einen Zahlenwert. Zählt man die Zahlenwerte der Buchstaben zusammen, die den Namen David ausmachen, so erhält man die Zahl 14. Abmessung und Gliederung der Abstammungsliste (dreimal 14) sollen verkünden: In Jesus ist der verheißene Nachkomme Davids, der versprochene Retter Israels, erschienen.

b *rechtsgültig verheiratet:* wörtlich *verlobt**.

c Wörtlich *gerecht.* Der Begriff schließt Verantwortung für den Mitmenschen, Liebe und Barmherzigkeit ein; siehe Sacherklärung »Gerechtigkeit«. *d* Zur Bedeutung des Namens *Jesus* siehe die Sacherklärung.

e Siehe Sacherklärung »Herodes (1)«. *f* Wörtlich *der Christus* *.

1,18 Lk 1,35 **1,21** Lk 1,31 S; Apg 4,12; Ps 130,8 **1,23** *nach* Jes 7,14 **2,1** Lk 2,4-7 **2,2** 27,11 S **2,6** *nach* Mi 5,1 *und* 2 Sam 5,2; Joh 7,42 **2,11** Ps 72,10.15; Jes 60,6 **2,13** Ex 2,15 **2,15** *nach* Hos 11,1

So sollte in Erfüllung gehen, was der Herr
durch den Propheten* angekündigt hatte: »Aus
Ägypten habe ich meinen Sohn gerufen.«

Jesus – wie Mose dem Kindermord entkommen[a]

16 Als Herodes merkte, dass die Sterndeuter* ihn
hintergangen hatten, wurde er sehr zornig. Er
befahl, in Betlehem und Umgebung alle kleinen
Jungen bis zu zwei Jahren zu töten. Das ent-
sprach der Zeitspanne, die er aus den Angaben
der Sterndeuter entnommen hatte.
17 So sollte in Erfüllung gehen, was Gott durch
den Propheten Jeremia angekündigt hatte: 18 »In
Rama hört man Klagerufe und bitteres Weinen:
Rahel weint um ihre Kinder und will sich nicht
trösten lassen; denn sie sind nicht mehr da.«[b]

Jesus – der Nazoräer*

19 Als Herodes gestorben war, erschien dem Josef
in Ägypten der Engel* des Herrn im Traum
20 und sagte: »Steh auf, nimm das Kind und seine
Mutter und kehre in das Land Israel zurück;
denn alle, die das Kind umbringen wollten, sind
gestorben.«
21 Da stand Josef auf, nahm das Kind und
seine Mutter und kehrte nach Israel zurück.
22 Unterwegs erfuhr Josef, dass in Judäa*
Archelaus als Nachfolger seines Vaters Herodes
König geworden war.[c] Da bekam er Angst, dort-
hin zu ziehen. Im Traum erhielt er eine neue Wei-
sung und zog daraufhin nach Galiläa*. 23 Er kam
in die Stadt Nazaret und ließ sich dort nieder.
So sollte in Erfüllung gehen, was Gott durch
die Propheten angekündigt hatte: Der verspro-
chene Retter wird Nazoräer genannt werden.[d]

Johannes der Täufer tritt auf

(Mk 1,2-6; Lk 3,1-6; Joh 1,19-23)

3 Damals trat der Täufer* Johannes in der Wüs-
te von Judäa* auf und verkündete: 2 »Ändert
euer Leben![e] Gott wird jetzt seine Herrschaft
aufrichten und sein Werk vollenden!«[f]
3 Diesen Johannes hatte Gott schon durch den
Propheten Jesaja angekündigt, der gesagt hat:
»In der Wüste ruft einer: ›Macht den Weg bereit,
auf dem der Herr kommt! Ebnet ihm die
Straßen!‹«
4 Johannes trug ein Gewand aus Kamelhaaren
und um die Hüften einen Ledergurt. Seine Nah-
rung bestand aus Heuschrecken und Honig von
wilden Bienen. 5 Die Leute aus Jerusalem, aus
ganz Judäa und der ganzen Jordangegend kamen
zu ihm, 6 bekannten öffentlich ihre Sünden und
ließen sich von ihm im Jordan taufen.

Der Täufer fordert zur Umkehr auf

(Lk 3,7-9)

7 Auch viele Pharisäer* und Sadduzäer* kamen,
um sich von Johannes taufen zu lassen. Zu ihnen
sagte er: »Ihr Schlangenbrut, wer hat euch
gesagt, dass ihr dem bevorstehenden Gericht
Gottes entgeht? 8 Zeigt durch euer Leben, dass
ihr euch wirklich ändern wollt![g]
9 Ihr bildet euch ein, dass euch nichts gesche-
hen kann, weil Abraham* euer Stammvater ist.
Aber das sage ich euch: Gott kann Abraham aus
diesen Steinen hier neue Nachkommen
schaffen!
10 Die Axt ist schon angelegt, um die Bäume
an der Wurzel abzuschlagen. Jeder Baum, der
keine guten Früchte bringt, wird umgehauen
und ins Feuer geworfen.«

Der Täufer weist auf Christus hin

(Mk 1,7-8; Lk 3,15-18; Joh 1,24-28)

11 Johannes sagte auch: »Ich taufe euch mit Was-
ser, damit ihr euer Leben ändert.[h] Aber der, der
nach mir kommt, ist mächtiger als ich. Ich bin
nicht einmal gut genug, ihm die Schuhe auszu-
ziehen. Er wird euch mit dem Heiligen Geist*
und mit dem Feuer des Gerichts taufen.
12 Er hat die Worfschaufel* in seiner Hand. Er
wird die Spreu vom Weizen scheiden und seinen
Weizen in die Scheune bringen. Die Spreu wird
er in einem Feuer verbrennen, das nie mehr aus-
geht.«

Jesus lässt sich von Johannes taufen

(Mk 1,9-11; Lk 3,21-22; Joh 1,32-34)

13 Um diese Zeit kam Jesus von Galiläa* her an
den Jordan, um sich von Johannes taufen zu

a Vgl. Ex 1,22–2,10. *b* Siehe Sacherklärung »Rahelgrab«.
c *Archelaus* führte nicht den Königstitel; das Reich von Herodes war unter seine Söhne aufgeteilt worden; siehe Sacherklärung »Herodes (2) bis (4)«.
d Ein Prophetenwort mit diesem Wortlaut ist nicht bekannt, siehe jedoch Sacherklärung »Nazoräer«.
e Siehe Sacherklärung »Umkehr«.
f *Gott wird jetzt ...:* wörtlich *Die Königsherrschaft* der Himmel ist nahe herbeigekommen.*
g *ändern:* siehe Sacherklärung »Umkehr«.
h *euer Leben ändert:* siehe Sacherklärung »Umkehr«.

2,16 Ex 1,15-22 **2,18** *zit* Jer 31,15-16 **2,20** Ex 4,19 **3,2** 4,17 S; Lk 3,3 **3,3** *nach* Jes 40,3 **3,4** 2 Kön 1,8 **3,7** 12,34; 23,33 **3,9** (Abraham) Lk 1,54-55 S; Joh 8,33.39; Röm 2,28-29 S; 4,12; 9,7 **3,10** 7,19 **3,11-12** 11,3; Dan 7,13-14 **3,11** Lk 3,16 S; Ps 51,9.12-14 S

lassen. 14 Johannes versuchte, ihn davon abzubringen, und sagte: »Ich müsste von *dir* getauft werden und du kommst zu mir?«

15 Aber Jesus antwortete: »Zögere nicht, mich zu taufen! Das ist es, was wir jetzt tun müssen. So eröffnen wir den Weg, auf dem der Wille Gottes ohne Abstriche erfüllt wird.«[a]

Da gab Johannes nach.

16 Sobald Jesus getauft war, stieg er aus dem Wasser. Da öffnete sich der Himmel, und er sah den Geist* Gottes wie eine Taube auf sich herabkommen. 17 Und eine Stimme aus dem Himmel sagte: »Dies ist mein Sohn*, ihm gilt meine Liebe, ihn habe ich erwählt.«

Jesus wird auf die Probe gestellt

(Mk 1,12-13; Lk 4,1-13)

4 Danach führte der Geist* Gottes Jesus in die Wüste, wo er vom Teufel auf die Probe gestellt werden sollte.

2 Nachdem er vierzig Tage und Nächte gefastet* hatte, war er hungrig. 3 Da trat der Versucher an ihn heran und sagte: »Wenn du Gottes Sohn* bist, dann befiehl doch, dass die Steine hier zu Brot werden!«

4 Jesus antwortete: »In den Heiligen Schriften* steht: ›Der Mensch lebt nicht nur von Brot; er lebt von jedem Wort, das Gott spricht.‹«

5 Darauf führte der Teufel ihn in die Heilige Stadt*, stellte ihn auf den höchsten Punkt des Tempels* 6 und sagte: »Wenn du Gottes Sohn bist, dann spring doch hinunter; denn in den Heiligen Schriften steht: ›Deinetwegen wird Gott seine Engel* schicken und sie werden dich auf Händen tragen, damit du dich an keinem Stein stößt.‹«

7 Jesus antwortete: »In den Heiligen Schriften heißt es auch: ›Du sollst den Herrn, deinen Gott, nicht herausfordern.‹«

8 Zuletzt führte der Teufel Jesus auf einen sehr hohen Berg, zeigte ihm alle Reiche der Welt in ihrer Größe und Pracht 9 und sagte: »Dies alles will ich dir geben, wenn du dich vor mir niederwirfst und mich anbetest.«

10 Da sagte Jesus: »Weg mit dir, Satan*! In den Heiligen Schriften heißt es: ›Vor dem Herrn, deinem Gott, wirf dich nieder, ihn sollst du anbeten und niemand sonst.‹«

11 Darauf ließ der Teufel von Jesus ab, und Engel kamen und versorgten ihn.

Jesus beginnt sein Wirken in Galiläa

(Mk 1,14-15; Lk 4,14-15)

12 Als Jesus hörte, dass man Johannes ins Gefängnis geworfen hatte,[b] zog er sich nach Galiläa* zurück. 13 Er blieb aber nicht in Nazaret, sondern nahm seinen Wohnsitz in Kafarnaum, einer Stadt am See Gennesaret*, im Gebiet der Stämme Sebulon und Naftali.

14 Das geschah, damit in Erfüllung ging, was Gott durch den Propheten Jesaja angekündigt hatte: 15 »Du Land von Sebulon und Naftali, am See gelegen und jenseits des Jordans, Galiläa der gottfernen Völker! 16 Das Volk, das im Dunkeln lebt, sieht ein großes Licht. Und für alle, die im finsteren Land des Todes wohnen, leuchtet ein Licht auf!«

17 Von da an verkündete Jesus seine Botschaft: »Ändert euer Leben![c] Gott wird jetzt seine Herrschaft aufrichten und sein Werk vollenden!«[d]

Jesus beruft vier Fischer zu Jüngern

(Mk 1,16-20; Lk 5,1-11)

18 Als Jesus am See von Galiläa* entlangging, sah er zwei Brüder: Simon – bekannt unter dem Namen Petrus* – und Andreas. Sie warfen gerade ihr Netz aus, denn sie waren Fischer. 19 Jesus sagte zu ihnen: »Kommt, folgt mir! Ich mache euch zu Menschenfischern.« 20 Sofort ließen sie ihre Netze liegen und folgten ihm.

21 Als Jesus von dort weiterging, sah er zwei andere Brüder: Jakobus, den Sohn von Zebedäus, und seinen Bruder Johannes. Sie waren mit ihrem Vater im Boot und richteten die Netze her. Jesus rief sie, 22 und sofort verließen sie das Boot und ihren Vater und folgten ihm.

a *Zögere nicht …:* wörtlich *Lass es sofort geschehen; denn so ist es geziemend für uns, alle Gerechtigkeit zu erfüllen.* Vgl. Sacherklärung »Taufe (2)«.

b Wörtlich *dass Johannes ausgeliefert worden war.* Durch das Wort *ausliefern* will Matthäus andeuten: Auch in dem Geschick, das der Täufer erleidet, ist er der Vorläufer von Jesus (vgl. 17,22; 20,18; 26,45 und 1Kor 11,23) und von dessen Jüngern (vgl. 10,17.19.21; 24,9).

c Siehe Sacherklärung »Umkehr«.

d *Gott wird jetzt …:* wörtlich *Die Königsherrschaft* der Himmel ist nahe herbeigekommen.*

3,15 5,17 S; 28,19 S **3,16** (Himmel geöffnet) Jes 63,19; Ez 1,1-3; Joh 1,51; Apg 7,56; 10,11; Offb 4,1; 19,11 **3,17** Jes 42,1; Ps 2,7; Mt 12,18; 17,5 par; 21,37 par **4,1** Hebr 2,18; 4,15 **4,2** Ex 34,28; 1 Kön 19,8; Mt 6,16-17 S **4,4** *nach* Dtn 8,3; Joh 4,34 **4,6** *nach* Ps 91,11-12 **4,7** *nach* Dtn 6,16 **4,10** *nach* Dtn 6,13; 5,9 **4,12** 14,3 **4,13** Joh 2,12 **4,15-16** *nach* Jes 8,23–9,1 **4,16** Lk 1,79 **4,17** 3,2; 4,23; 6,10; 10,7 **4,20.22** 8,21-22 S

JESUS LEHRT: DIE BERGPREDIGT (4,23–7,29)

Jesus lehrt und heilt, um ihn sammelt sich das Volk

(Mk 3,7-12; Lk 6,17-19)

23 Jesus zog durch ganz Galiläa*. Er lehrte in den
Synagogen* und verkündete die Gute Nachricht*, dass Gott jetzt seine Herrschaft aufrichten
und sein Werk vollenden wird.[a] Er heilte alle
Krankheiten und Leiden im Volk. 24 Die Kunde
von ihm verbreitete sich sogar in ganz Syrien.
Die Leute brachten alle zu Jesus, die an irgendwelchen Krankheiten oder Beschwerden litten, auch Besessene*, Epileptiker* und Gelähmte, und er machte sie gesund.
25 Große Menschenmengen aus Galiläa*, aus
dem Gebiet der Zehn Städte*, aus Jerusalem und Judäa* und von der anderen Seite des Jordans zogen mit ihm.

5 Als Jesus die Menschenmenge sah, stieg er auf einen Berg[b] und setzte sich. Seine Jünger* traten zu ihm.
2a Dann begann er zu reden
und lehrte sie, was Gott jetzt von seinem Volk verlangt.[c]

Wer sich freuen darf ... (Die Seligpreisungen)

(Lk 6,20-23)

2b Er sagte:

3 »Freuen dürfen sich alle,
die nur noch von Gott etwas erwarten[d] –
mit Gott werden sie leben in seiner
neuen Welt.[e]

4 Freuen dürfen sich alle,
die unter dieser heillosen Welt leiden[f] –
Gott wird ihrem Leid ein Ende machen.

5 Freuen dürfen sich alle,
die unterdrückt sind und auf Gewalt
verzichten –
Gott wird ihnen die Erde zum Besitz geben.

6 Freuen dürfen sich alle,
die danach hungern und dürsten,
dass sich auf der Erde Gottes gerechter Wille
durchsetzt –
Gott wird ihren Hunger stillen.

7 Freuen dürfen sich alle,
die barmherzig sind –
Gott wird auch mit ihnen barmherzig sein.

8 Freuen dürfen sich alle,
die im Herzen rein* sind –
sie werden Gott sehen.

9 Freuen dürfen sich alle,
die Frieden stiften –
Gott wird sie als seine Söhne und Töchter[g]
annehmen.

10 Freuen dürfen sich alle,
die verfolgt werden, weil sie tun, was Gott will[h] –
mit Gott werden sie leben in seiner neuen Welt.

11 Freuen dürft ihr euch, wenn sie euch beschimpfen und verfolgen und verleumden, weil
ihr zu mir gehört.
12 Freut euch und jubelt, denn
bei Gott erwartet euch reicher Lohn. So haben sie die Propheten* vor euch auch schon behandelt.«

Die Aufgabe der Jünger

(Lk 14,34-35; 11,33)

13 »Ihr seid das Salz für die Welt. Wenn aber das Salz seine Kraft verliert, wodurch kann es sie wiederbekommen? Es ist zu nichts mehr zu gebrauchen. Es wird weggeworfen und die Menschen zertreten es.
14 Ihr seid das Licht für die Welt. Eine Stadt, die auf einem Berg liegt, kann nicht verborgen
bleiben.
15 Auch zündet niemand eine Lampe* an, um sie dann unter einen Topf zu stellen. Im Gegenteil, man stellt sie auf den Lampenständer,
damit sie allen im Haus Licht gibt.
16 Genauso
muss auch euer Licht vor den Menschen leuchten: Sie sollen eure guten Taten sehen und euren Vater im Himmel preisen.«

Den Willen Gottes im Gesetz ganz ernst nehmen ...

(Lk 16,17)

17 »Denkt nicht, ich sei gekommen, um das Gesetz* und die Weisungen der Propheten* außer

a die Gute Nachricht, dass Gott ...: wörtlich *die Gute Nachricht von der Königsherrschaft*.*
b Wörtlich *auf den Berg;* siehe Sacherklärung »Berg«. *c was Gott jetzt ...:* verdeutlichender Zusatz.
d die nur noch ...: wörtlich *die Armen in Bezug auf den Geist;* siehe Sacherklärung »Seligpreisungen«.
e Mit Gott ...: wörtlich *Ihrer ist die Herrschaft* der Himmel;* ebenso in Vers 10.
f die unter ...: wörtlich *die Trauernden;* siehe Sacherklärung »Seligpreisungen«.
g Wörtlich *Söhne;* siehe die Sacherklärung. *h weil sie tun ...:* wörtlich *um der Gerechtigkeit* willen.*

4,23 9,35; 4,17S **5,1** 14,23; 15,29; 17,1; 28,16 **5,3** Jes 57,15; 61,1 **5,4** Ps 126,5 **5,5** Mt 21,5; Ps 37,8-11 **5,7** 18,33; 25,35-46; Jak 2,13 **5,8** Ps 24,3-5 **5,9** Hebr 12,14 **5,10** 1 Petr 3,14 **5,11** Lk 6,22S **5,12** 2 Chr 36,16; Mt 23,30-31; Lk 11,47-49; 13,34; Apg 7,52; 1 Thess 2,15; Jak 5,10 **5,13** Mk 9,50 **5,14** Joh 8,12S **5,15** Mk 4,21 par **5,16** Eph 5,8-9; Phil 2,15; 1 Petr 2,12 **5,17** 3,15; 7,12; 22,40; Röm 3,31

Kraft zu setzen. Ich bin nicht gekommen, um sie außer Kraft zu setzen, sondern um sie zu erfüllen und ihnen volle Geltung zu verschaffen.

18 Ich versichere euch: Solange Himmel und Erde bestehen, wird kein i-Punkt und kein Komma im Gesetz gestrichen. Das ganze Gesetz muss erfüllt werden. 19 Wer also ein noch so unbedeutendes Gebot für ungültig erklärt und die Menschen in diesem Sinne lehrt, wird in der neuen Welt Gottes[a] den letzten Platz einnehmen. Wer es aber befolgt und andere dazu anhält, wird in der neuen Welt Gottes hoch geachtet sein.

20 Ich sage euch: Ihr werdet niemals in Gottes neue Welt kommen, wenn ihr seinen Willen nicht besser erfüllt als die Gesetzeslehrer* und Pharisäer*.«

... beim Gebot, nicht zu morden

21 »Ihr wisst, dass unseren Vorfahren gesagt worden ist: ›Du sollst nicht morden! Wer einen Mord begeht, soll vor Gericht gestellt werden.‹

22 Ich aber sage euch: Schon wer auf seinen Bruder oder seine Schwester[b] zornig ist, gehört vor Gericht. Wer zu seinem Bruder oder seiner Schwester sagt: ›Du Idiot‹, gehört vor das oberste Gericht. Und wer zu seinem Bruder oder seiner Schwester sagt: ›Geh zum Teufel‹, gehört ins Feuer der Hölle*.

23 Wenn du zum Altar gehst, um Gott deine Gabe zu bringen, und dort fällt dir ein, dass dein Bruder oder deine Schwester etwas gegen dich hat, 24 dann lass deine Gabe vor dem Altar liegen, geh zuerst hin und söhne dich aus. Danach komm und bring Gott dein Opfer*.

25 Einige dich mit deinem Gläubiger rechtzeitig, solange du noch mit ihm auf dem Weg zum Gericht bist. Sonst wird er dich dem Richter ausliefern und der wird dich dem Gerichtsdiener übergeben, damit er dich ins Gefängnis steckt. 26 Ich versichere dir: Dort kommst du erst wieder heraus, wenn du deine Schuld bis auf den letzten Pfennig bezahlt hast.«

... beim Gebot, die Ehe nicht zu brechen

(Lk 16,18)

27 »Ihr wisst, dass es heißt: ›Du sollst nicht die Ehe brechen!‹[c] 28 Ich aber sage euch: Wer die Frau eines anderen begehrlich ansieht, hat in seinem Herzen schon die Ehe mit ihr gebrochen.

29 Wenn dich dein rechtes Auge zur Sünde verführt, dann reiß es aus und wirf es weg! Es ist besser für dich, du verlierst eines deiner Glieder, als dass du ganz in die Hölle* geworfen wirst. 30 Und wenn dich deine rechte Hand zur Sünde verführt, dann hau sie ab und wirf sie weg! Es ist besser für dich, du verlierst eines deiner Glieder, als dass du ganz in die Hölle kommst.

31 Bisher hieß es: ›Wer sich von seiner Frau trennen will, muss ihr eine Scheidungsurkunde* ausstellen.‹

32 Ich aber sage euch: Wer sich von seiner Frau trennt, außer sie hat ihrerseits die Ehe gebrochen,[d] der treibt sie in den Ehebruch. Und wer eine Geschiedene heiratet, wird zum Ehebrecher.«

... beim Gebot, keinen Meineid zu schwören

33 »Ihr wisst auch, dass unseren Vorfahren gesagt worden ist: ›Ihr sollt keinen Meineid schwören und sollt halten, was ihr Gott mit einem Eid versprochen habt.‹

34 Ich aber sage euch: Ihr sollt überhaupt nicht schwören! Nehmt weder den Himmel zum Zeugen, denn er ist Gottes Thron, 35 noch die Erde, denn sie ist sein Fußschemel, und auch nicht Jerusalem, denn es ist die Stadt des himmlischen Königs. 36 Nicht einmal mit eurem eigenen Kopf sollt ihr euch für etwas verbürgen; denn es steht nicht in eurer Macht, dass auch nur ein einziges Haar darauf schwarz oder weiß wächst.

37 Sagt einfach Ja oder Nein; jedes weitere Wort stammt vom Teufel.«

... beim Gebot, nur maßvoll zu vergelten

(Lk 6,29-30)

38 »Ihr wisst, dass es heißt: ›Auge um Auge, Zahn um Zahn.‹

39 Ich aber sage euch: Verzichtet auf Gegenwehr, wenn euch jemand Böses tut!

Mehr noch: Wenn dich jemand auf die rechte Backe schlägt, dann halte auch die linke hin. 40 Wenn jemand mit dir um dein Hemd prozessieren will, dann gib ihm den Mantel* dazu.

a Wörtlich *in der Königsherrschaft* der Himmel;* entsprechend in Vers 20.
b *seinen Bruder oder seine Schwester:* In diesem und im folgenden Vers ist wörtlich jeweils nur von *Bruder* die Rede; siehe Sacherklärung »Bruder«.
c Siehe Sacherklärung »Ehebruch«.
d *außer sie hat ...:* wörtlich *abgesehen von einer Unzuchtssache;* siehe Sacherklärung »Unzuchtsklausel«.

5,18-19 Jak 2,10 **5,21** *zit* Ex 20,13; *nach* Lev 24,17 **5,22** 1 Joh 3,15 **5,24** 6,14-15 S **5,25-26** Lk 12,58-59 **5,26** 18,34 **5,27** *zit* Ex 20,14 **5,28** Ijob 31,1; 2 Petr 2,14 **5,29-30** Mk 9,43-47 par **5,31** *nach* Dtn 24,1; Jes 50,1; Mt 19,7 par **5,32** 19,9 par; 1 Kor 7,10-11 **5,33-37** 23,16-22; Jak 5,12 **5,33** *nach* Lev 9,12 *und* Num 30,3 **5,34-35** Jes 66,1; Apg 7,49 **5,35** Ps 76,3 S **5,37** 2 Kor 1,17-19 **5,38** *zit* Ex 21,24 **5,39a** Röm 12,17 S **5,40** 1 Kor 6,7; Hebr 10,34

41 Und wenn jemand dich zwingt, *eine* Meile*
mit ihm zu gehen, dann geh mit ihm zwei.
42 Wenn jemand dich um etwas bittet, gib es
ihm; wenn jemand etwas von dir borgen
möchte, sag nicht nein.«

... beim Gebot, den Mitmenschen zu lieben

(Lk 6,27-28.32-36)

43 »Ihr wisst, dass es heißt: ›Liebe deinen Mit-
menschen; hasse deinen Feind.‹ [a]
44 Ich aber sage euch: Liebt eure Feinde und
betet für alle, die euch verfolgen. 45 So erweist
ihr euch als Kinder eures Vaters im Himmel.
Denn er lässt seine Sonne scheinen auf böse
Menschen wie auf gute, und er lässt es regnen
auf alle, ob sie ihn ehren oder verachten.
46 Wie könnt ihr von Gott eine Belohnung
erwarten, wenn ihr nur die liebt, die euch
ebenfalls lieben? Das tun auch die Betrüger! [b]
47 Was ist denn schon Besonderes daran, wenn
ihr nur zu euresgleichen freundlich seid? Das
tun auch die, die Gott nicht kennen! [c]
48 Nein, wie die Liebe eures Vaters im Him-
mel, so soll auch eure Liebe sein: vollkommen
und ungeteilt.« [d]

Falsche und wahre Frömmigkeit ...

6 »Hütet euch, eure Frömmigkeit vor den
Menschen zur Schau zu stellen! Denn dann
habt ihr keinen Lohn mehr von eurem Vater im
Himmel zu erwarten.«

... beim Spenden für Bedürftige

2 »Wenn du also einem Bedürftigen etwas
spendest, dann häng es nicht an die große Glo-
cke! Benimm dich nicht wie die Scheinheiligen
in den Synagogen* und auf den Straßen. Sie
wollen nur von den Menschen geehrt werden.
Ich versichere euch: Sie haben ihren Lohn schon
kassiert.
3 Wenn du also etwas spendest, dann tu es
so unauffällig, dass deine linke Hand nicht
weiß, was die rechte tut. 4 Dein Vater, der auch
das Verborgene sieht, wird dich dafür beloh-
nen.«

... beim Beten

(Lk 11,2-4; Mk 11,25-26)

5 »Wenn ihr betet, dann tut es nicht wie die
Scheinheiligen! Sie beten gern öffentlich in den
Synagogen* und an den Straßenecken, damit sie
von allen gesehen werden. Ich versichere euch:
Sie haben ihren Lohn schon kassiert.
6 Wenn du beten willst, dann geh in dein
Zimmer, schließ die Tür zu und bete zu deinem
Vater, der im Verborgenen ist. Dein Vater, der
auch das Verborgene sieht, wird dich dafür
belohnen.
7 Wenn ihr betet, dann leiert nicht Gebets-
worte herunter wie die Heiden*. Sie meinen, sie
könnten bei Gott etwas erreichen, wenn sie viele
Worte machen. 8 Ihr sollt es anders halten. Euer
Vater weiß, was ihr braucht, bevor ihr ihn bittet.
9 So sollt ihr beten:

Unser Vater im Himmel!
Mach deinen Namen* groß in der Welt.
10 Komm und richte deine Herrschaft* auf.
Verschaff deinem Willen Geltung,
auf der Erde genauso wie im Himmel.
11 Gib uns, was wir heute zum Leben brauchen.
12 Vergib uns unsere Schuld,
wie auch wir allen vergeben haben,
die an uns schuldig geworden sind.
13 Lass uns nicht in die Gefahr kommen,
dir untreu zu werden,
sondern rette uns aus der Gewalt des Bösen. [e]

14 Wenn ihr den andern vergebt, was sie euch an-
getan haben, dann wird euer Vater im Himmel
euch auch vergeben. 15 Wenn ihr aber den an-

a Nur die erste Hälfte des Zitats findet sich im Alten Testament (Lev 19,18). Zur zweiten Hälfte siehe Sacherklärung »Bergpredigt (2)«.

b Wörtlich *die Zolleinnehmer**.

c Wörtlich *die Menschen der nichtjüdischen Völker;* siehe Sacherklärung »Heiden«.

d *Nein, wie die Liebe ...:* wörtlich *Ihr nun sollt vollkommen sein, wie euer himmlischer Vater vollkommen ist;* siehe Sacherklärung »Bergpredigt (3)«.

e Spätere Handschriften fügen noch einen abschließenden Lobspruch hinzu, der in Anlehnung an 1 Chr 29,10-11 gestaltet ist: *Dir gehört die Herrschaft und Macht und Herrlichkeit in Ewigkeit. Amen.* Im Gottesdienst ist heute für das Gebet des Herrn folgende ökumenische Fassung gebräuchlich:
Vater unser im Himmel, geheiligt werde dein Name. Dein Reich komme. Dein Wille geschehe, wie im Himmel, so auf Erden. Unser tägliches Brot gib uns heute. Und vergib uns unsere Schuld, wie auch wir vergeben unsern Schuldigern. Und führe uns nicht in Versuchung, sondern erlöse uns von dem Bösen. (Denn dein ist das Reich und die Kraft und die Herrlichkeit in Ewigkeit. Amen.)

5,43 *nach* Lev 19,18; Mk 12,31 S **5,44** Ex 23,4-5; Röm 12,20; 1 Petr 2,20-23; (betet) Apg 7,60 S **5,45** Eph 5,1 **5,48** Lev 19,2b **6,1** 23,5 S **6,8** 6,32 par **6,9** Ez 36,23 **6,10** (Herrschaft) 4,17 S; (Wille) 7,21 S; 12,50 par; 18,14; 21,31; 26,39.42; Joh 6,38 S; Apg 21,14 **6,11** 6,24-34 par **6,12** Sir 28,2 **6,13** (Gefahr) 10,16-25; 24,3-28 par; (retten) Joh 17,15 S; 2 Tim 4,18; 2 Petr 2,9 **6,14-15** 5,24; Mk 11,25; Lk 6,37 **6,14** Sir 28,2; Eph 4,32 S **6,15** 18,35 S

dern nicht vergebt, dann wird euer Vater euch
eure Verfehlungen auch nicht vergeben.«

... beim Fasten

16 »Wenn ihr fastet,* dann setzt keine Leidens-
miene auf wie die Scheinheiligen. Sie machen
ein saures Gesicht, damit alle Welt merkt, dass
sie fasten. Ich versichere euch: Sie haben ihren
Lohn schon kassiert.

17 Wenn du fasten willst, dann wasche dein
Gesicht und kämme dich, 18 damit niemand es
merkt als nur dein Vater, der im Verborgenen ist.
Dein Vater, der auch das Verborgene sieht, wird
dich dafür belohnen.«

Das Verhältnis zum Besitz

(Lk 12,33-34; 11,34-36)

19 »Sammelt keine Schätze hier auf der Erde!
Denn ihr müsst damit rechnen, dass Motten und
Rost sie zerfressen oder Einbrecher sie stehlen.
20 Sammelt lieber Schätze bei Gott. Dort werden
sie nicht von Motten und Rost zerfressen und
können auch nicht von Einbrechern gestohlen
werden. 21 Denn euer Herz wird immer dort
sein, wo ihr eure Schätze habt.

22 Aus dem Auge leuchtet das Innere des Men-
schen: Wenn dein Auge klar blickt, ist deine gan-
ze Erscheinung hell; 23 wenn dein Auge durch
Neid oder Habgier getrübt ist,[a] ist deine ganze
Erscheinung finster. – Wie groß muss diese
Finsternis sein, wenn statt des Lichtes in dir nur
Dunkelheit ist!«

Ungeteilter Dienst

(Lk 16,13; 12,22-31)

24 »Niemand kann zwei Herren zugleich dienen.
Er wird den einen vernachlässigen und den
andern bevorzugen. Er wird dem einen treu
sein und den andern hintergehen. Ihr könnt
nicht beiden zugleich dienen: Gott und dem
Geld.[b]

25 Darum sage ich euch: Macht euch keine
Sorgen um euer Leben, ob ihr etwas zu essen
oder zu trinken habt, und um euren Leib, ob ihr
etwas anzuziehen habt! Das Leben ist mehr als
Essen und Trinken, und der Leib ist mehr als die
Kleidung!

26 Seht euch die Vögel an! Sie säen nicht, sie
ernten nicht, sie sammeln keine Vorräte – aber
euer Vater im Himmel sorgt für sie. Und ihr seid
ihm doch viel mehr wert als Vögel!

27 Wer von euch kann durch Sorgen sein
Leben auch nur um einen Tag verlängern?

28 Und warum macht ihr euch Sorgen um
das, was ihr anziehen sollt? Seht, wie die
Blumen auf den Feldern wachsen! Sie arbeiten
nicht und machen sich keine Kleider, 29 doch ich
sage euch: Nicht einmal Salomo bei all seinem
Reichtum war so prächtig gekleidet wie irgend-
eine von ihnen. 30 Wenn Gott sogar die Feld-
blumen so ausstattet, die heute blühen und
morgen verbrannt werden, wird er sich dann
nicht erst recht um euch kümmern? Habt ihr so
wenig Vertrauen?

31 Also macht euch keine Sorgen! Fragt nicht:
›Was sollen wir essen?‹ ›Was sollen wir trinken?‹
›Was sollen wir anziehen?‹ 32 Mit all dem plagen
sich Menschen, die Gott nicht kennen.[c] Euer
Vater im Himmel weiß, dass ihr all das braucht.
33 Sorgt euch zuerst darum, dass ihr euch seiner
Herrschaft* unterstellt und tut, was er verlangt,
dann wird er euch schon mit all dem anderen
versorgen.

34 Quält euch also nicht mit Gedanken an
morgen; der morgige Tag wird für sich selber sor-
gen. Es genügt, dass jeder Tag seine eigene Last
hat.«

Nicht verurteilen

(Lk 6,37-38.41-42)

7 »Verurteilt nicht andere, damit Gott nicht
euch verurteilt! 2 Denn euer Urteil wird auf
euch zurückfallen, und ihr werdet mit demsel-
ben Maß gemessen werden, das ihr bei anderen
anlegt.

3 Warum kümmerst du dich um den Splitter
im Auge deines Bruders oder deiner Schwester[d]
und bemerkst nicht den Balken in deinem eige-
nen? 4 Wie kannst du zu deinem Bruder oder
deiner Schwester sagen: ›Komm her, ich will dir
den Splitter aus dem Auge ziehen‹, wenn du
selbst einen ganzen Balken im Auge hast?
5 Scheinheilig bist du! Zieh doch erst den Balken
aus deinem eigenen Auge, dann kannst du dich
um den Splitter in einem anderen Auge küm-
mern!«

a Wörtlich *wenn aber dein Auge böse ist;* siehe Sacherklärung »Bergpredigt (4)«.
b *Geld:* Im griechischen Text steht *Mamon;* siehe Sacherklärung »Mam(m)on«.
c *Menschen, die ....:* wörtlich *die Menschen der nichtjüdischen Völker;* herkömmliche Übersetzung *Heiden**.
d Wörtlich *deines Bruders;* ebenso in Vers 4. Siehe Sacherklärung »Bruder«.

6,16-17 (fasten) 4,2 par; 9,14-15 par; 17,21; Lk 2,37; 18,12; Apg 13,2-3; 14,23; 2 Kor 6,5; Jes 58,5 S **6,19** Jak 5,2-3 **6,20** Lk 12,33 S **6,24-34** 6,11 **6,25** Phil 4,6 S **6,26** 10,29-31 par **6,29** 1 Kön 10,1-25 **6,30** 14,31 S **6,32** 6,8 **6,33** 1 Kön 3,11-14 **6,34** Ex 16,4.19-20 **7,1** Jak 4,11-12; 1 Kor 4,5 **7,2** Mk 4,24; Röm 2,1; 14,10-12

Vorsicht ist erlaubt und geboten

6 »Gebt das Heilige, das euch anvertraut ist, nicht den Hunden! Und eure Perlen werft nicht den Schweinen vor! Die trampeln doch nur darauf herum, und dann wenden sie sich gegen euch und reißen euch in Stücke.«

Voll Vertrauen zu Gott beten

(Lk 11,9-13)

7 »Bittet und ihr werdet bekommen! Sucht und ihr werdet finden! Klopft an und es wird euch geöffnet! 8 Denn wer bittet, der bekommt; wer sucht, der findet; und wer anklopft, dem wird geöffnet.

9 Wer von euch würde seinem Kind einen Stein geben, wenn es um Brot bittet? 10 Oder eine Schlange, wenn es um Fisch bittet? 11 So schlecht ihr auch seid, ihr wisst doch, was euren Kindern gut tut, und gebt es ihnen. Wie viel mehr wird euer Vater im Himmel denen Gutes geben, die ihn darum bitten.«

Eine einfache Grundregel

(Lk 6,31)

12 »Behandelt die Menschen so, wie ihr selbst von ihnen behandelt werden wollt – das ist es, was das Gesetz* und die Propheten* fordern.«

Abschließende Mahnung

(Lk 13,24)

13 »Geht durch das enge Tor! Denn das Tor zum Verderben ist breit und ebenso die Straße, die dorthin führt. Viele sind auf ihr unterwegs. 14 Aber das Tor, das zum Leben führt, ist eng und der Weg dorthin schmal. Nur wenige finden ihn.«

Warnung vor falschen Propheten

(Lk 6,43-44)

15 »Hütet euch vor den falschen Propheten![a] Sie sehen zwar aus wie Schafe, die zur Herde gehören, in Wirklichkeit sind sie Wölfe, die auf Raub aus sind.

16 An ihren Taten sind sie zu erkennen. Von Dornengestrüpp lassen sich keine Weintrauben pflücken und von Disteln keine Feigen. 17 Ein gesunder Baum trägt gute Früchte und ein kranker Baum schlechte. 18 Unmöglich kann ein gesunder Baum schlechte Früchte tragen und ein kranker gute. 19 Jeder Baum, der keine guten Früchte trägt, wird umgehauen und verbrannt werden.

20 An ihren Taten also könnt ihr die falschen Propheten erkennen.«

Warnung vor Selbsttäuschung

(Lk 6,46; 13,26-27)

21 »Nicht alle, die zu mir sagen ›Herr, Herr‹, werden in Gottes neue Welt[b] kommen, sondern nur die, die auch tun, was mein Vater im Himmel will.

22 Am Tag des Gerichts werden viele zu mir sagen: ›Herr, Herr! In deinem Namen haben wir prophetische Weisungen* verkündet, in deinem Namen haben wir böse Geister* ausgetrieben und viele Wunder getan.‹ 23 Und trotzdem werde ich das Urteil sprechen: ›Ich habe euch nie gekannt. Ihr habt versäumt, nach Gottes Willen zu leben; geht mir aus den Augen!‹«

Das Gleichnis vom Hausbau

(Lk 6,47-49)

24 »Wer diese meine Worte hört und sich nach ihnen richtet, wird am Ende dastehen wie ein kluger Mann, der sein Haus auf felsigen Grund baute. 25 Als dann die Regenflut kam, die Flüsse über die Ufer traten und der Sturm tobte und an dem Haus rüttelte, stürzte es nicht ein, weil es auf Fels gebaut war.

26 Wer dagegen diese meine Worte hört und sich nicht nach ihnen richtet, wird am Ende wie ein Dummkopf dastehen, der sein Haus auf Sand baute. 27 Als dann die Regenflut kam, die Flüsse über die Ufer traten, der Sturm tobte und an dem Haus rüttelte, fiel es in sich zusammen und alles lag in Trümmern.«

Die Wirkung der Bergpredigt

28 Als Jesus seine Rede beendet hatte, waren alle von seinen Worten tief beeindruckt. 29 Denn er lehrte wie einer, der Vollmacht von Gott hat – ganz anders als ihre Gesetzeslehrer*.

a Ihr Auftreten wird für die Zukunft angekündigt (siehe die Vergleichsstellen). In den frühen christlichen Gemeinden hat der *Prophet* eine wichtige Aufgabe; siehe Sacherklärung »Prophet (3)«.
b Wörtlich *in die Königsherrschaft* der Himmel.*

7,7 Jer 29,13-14 S; Mt 18,19; 21,22 par; Jak 1,5; Joh 15,16 S **7,11** Jak 1,17 **7,12** 5,17 S; Röm 13,8-10; Gal 5,14 **7,13-14** Lk 13,24 S **7,14** Apg 14,22 **7,15** (falsche Propheten) Dtn 13,2-4; Jer 14,13-15 S; Mt 24,11.24 par; Apg 20,29; 2 Kor 11,13-15; 2 Petr 2,1; 1 Joh 4,1 **7,16-18** 12,33 par **7,16** Jak 3,12 **7,17** Gal 5,19-23 **7,19** 3,10 par; Joh 15,2.6 **7,21** 6,10 S; (nur die) 7,24-27 par; 21,28-31; Röm 2,13; Jak 1,22-25; 2,14-26 **7,23** 25,12; 2 Tim 2,19 **7,24-27** 7,21 S **7,28-29** Mk 1,22 par

JESUS VOLLBRINGT WUNDER
(8,1–9,34)

Jesus heilt einen Aussätzigen
(Mk 1,40-45; Lk 5,12-16)

8 Jesus stieg vom Berg herab und zog weiter.
Eine große Menschenmenge folgte ihm. 2 Da
kam ein Aussätziger* zu ihm, warf sich vor ihm
nieder und sagte: »Herr, wenn du willst, kannst
du mich gesund[a] machen!«
3 Jesus streckte die Hand aus und berührte
ihn. »Ich will«, sagte er, »sei gesund!« Im selben
Augenblick war der Kranke von seinem Aussatz
geheilt.
4 Jesus befahl ihm: »Sieh zu, dass du niemand
etwas sagst, sondern geh zum Priester, lass dir
von ihm deine Heilung bestätigen und bring das
Opfer*, das Mose vorgeschrieben hat. Die Verantwortlichen sollen wissen, dass ich das
Gesetz* ernst nehme.«[b]

Der Hauptmann von Kafarnaum
(Lk 7,1-10; 13,28-29; Joh 4,46-53)

5 Jesus kam nach Kafarnaum. Da trat ein Hauptmann*, ein Nichtjude,[c] an ihn heran und bat
ihn um Hilfe: 6 »Herr«, sagte er, »mein Diener
liegt gelähmt bei mir zu Hause und hat furchtbare Schmerzen!«
7 Jesus fragte ihn: »Soll ich etwa kommen und
ihn gesund machen?«
8 Der Hauptmann erwiderte: »Herr, ich
weiß, dass ich dir, einem Juden, nicht zumuten kann, mein Haus zu betreten. Aber sag
nur ein Wort und mein Diener wird gesund.
9 Auch ich unterstehe höherem Befehl und kann
meinen Soldaten Befehle erteilen. Wenn ich zu
einem sage: ›Geh!‹, dann geht er; wenn ich zu
einem andern sage: ›Komm!‹, dann kommt er;
und wenn ich meinem Diener befehle: ›Tu das!‹,
dann tut er's.«
10 Als Jesus das hörte, staunte er und sagte
zu den Leuten, die ihm folgten: »Wahrhaftig, solch ein Vertrauen habe ich in Israel nirgends gefunden! 11 Doch ich sage euch: Viele
werden kommen, aus Ost und West, und zusammen mit Abraham*, Isaak und Jakob in Gottes
neuer Welt[d] zu Tisch sitzen. 12 Aber die Menschen, die bis jetzt das Anrecht darauf hatten,
werden in die Dunkelheit hinausgestoßen. Dort
gibt es nur noch Jammern und Zähneknirschen.«
13 Dann sagte Jesus zu dem Hauptmann: »Geh
nach Hause! Wie du es im Vertrauen von mir
erwartet hast, soll es geschehen.«
Zur selben Stunde wurde sein Diener gesund.

Jesus heilt die Schwiegermutter von Petrus und viele andere Kranke
(Mk 1,29-34; Lk 4,38-41)

14 Jesus ging in das Haus von Petrus und fand
dort dessen Schwiegermutter mit Fieber im Bett.
15 Er berührte ihre Hand; da verließ sie das
Fieber, und sie stand auf und bewirtete ihn.[e]
16 Am Abend brachten die Leute viele Besessene* zu Jesus. Mit seinem Wort trieb er die
bösen Geister aus und heilte alle Kranken.
17 Damit ging in Erfüllung, was Gott durch
den Propheten Jesaja angekündigt hatte: »Er hat
unsere Leiden von uns genommen und unsere
Krankheiten weggeschafft.«[f]

Jüngerschaft ohne Wenn und Aber
(Lk 9,57-62)

18 Als Jesus die vielen Menschen sah, die ihn
umdrängten, befahl er seinen Jüngern*, mit ihm
auf die andere Seite des Sees hinüberzufahren.
19 Da kam ein Gesetzeslehrer* zu ihm und
sagte: »Lehrer*, ich bin bereit, dir zu folgen,
ganz gleich, wohin du gehst!«
20 Jesus antwortete ihm: »Die Füchse haben
ihren Bau und die Vögel ihr Nest; aber der Menschensohn* hat keinen Platz, wo er sich hinlegen und ausruhen kann.«
21 Ein anderer, einer von den Jüngern, sagte
zu Jesus: »Herr, erlaube mir, dass ich erst noch
hingehe und meinen Vater begrabe.«
22 Aber Jesus sagte zu ihm: »Komm, folge
mir! Überlass es den Toten, ihre Toten zu begraben!«

Im Sturm auf die Probe gestellt
(Mk 4,35-41; Lk 8,22-25)

23 Jesus stieg in das Boot und seine Jünger folgten
ihm. 24 Als sie auf dem See waren, kam ein

a Wörtlich *rein**; ebenso in Vers 3 (auch für *geheilt*).
b *Die Verantwortlichen …:* wörtlich *ihnen zur Bezeugung;* siehe Anmerkung zu Mk 1,44.
c *ein Nichtjude:* verdeutlichender Zusatz; ebenso *einem Juden* in Vers 8.
d Wörtlich *in der Königsherrschaft* der Himmel.*
e Wörtlich *diente ihm;* siehe Anmerkung zu Mk 1,31.
f Matthäus gibt dem Prophetenwort von Jes 53,4 eine überraschende Deutung.
8,4 Lev 14,2-32; Mk 5,43 S; Lk 17,14 **8,11** Jes 25,6 **8,12** 13,42.50; 22,13; 24,51; 25,30 **8,13** 9,29; 15,28; 9,22 par; Lk 7,50 S
8,14 1 Kor 9,5 **8,20** 2 Kor 8,9 **8,21-22** (folge mir) 4,20 par; 4,22 par; 9,9 par; 19,21 par; Lk 5,11; Joh 1,43; 21,19-22

schwerer Sturm auf,[a] und die Wellen drohten
das Boot unter sich zu begraben. Aber Jesus
schlief.
25 Die Jünger gingen zu ihm, weckten ihn
und riefen: »Rette uns, Herr, wir gehen unter!«
26 Jesus sagte zu ihnen: »Warum habt ihr
solche Angst? Ihr habt zu wenig Vertrauen!«
Dann stand er auf und sprach ein Machtwort zu
dem Wind und den Wellen. Da wurde es ganz
still.
27 Die Leute aber fragten voller Staunen: »Was
muss das für einer sein, dass ihm sogar Wind
und Wellen gehorchen!«

Die beiden Besessenen von Gadara

(Mk 5,1-20; Lk 8,26-39)

28 Auf der anderen Seite des Sees kam Jesus in
das Gebiet von Gadara. Dort liefen ihm zwei
Männer aus den Grabhöhlen entgegen. Sie
waren von bösen Geistern* besessen und so
gefährlich, dass niemand es wagte, jenen Weg zu
benutzen.
29 Sie fingen an zu schreien: »Was hast du bei
uns zu suchen, du Sohn* Gottes? Bist du her-
gekommen, um uns schon vor der Zeit[b] zu
quälen?«
30 In der Ferne weidete eine große Schweine-
herde. 31 Die bösen Geister in den beiden Män-
nern baten Jesus: »Wenn du uns schon aus-
treibst, dann schick uns doch in die Schweine-
herde!«
32 »Geht!«, sagte Jesus; und die bösen Geister
kamen aus den beiden heraus und fuhren in die
Schweine. Da raste die ganze Herde das steile
Ufer hinab in den See, und alle ertranken im
Wasser.
33 Die Schweinehirten liefen davon und
erzählten in der Stadt, was sie erlebt hatten
und dass die beiden Besessenen aus der Gewalt
der bösen Geister befreit seien. 34 Da zogen
alle Leute hinaus, um Jesus zu begrüßen. Doch
als sie ihn sahen, baten sie ihn, ihr Gebiet zu
verlassen.

Jesus heilt einen Gelähmten

(Mk 2,1-12; Lk 5,17-26)

9 Jesus stieg wieder ins Boot, fuhr über den
See zurück und ging in seine Stadt. 2 Da
brachten einige Männer einen Gelähmten auf
einer Tragbahre zu ihm.
Als Jesus sah, wie groß ihr Vertrauen war,
sagte er zu dem Gelähmten: »Mein Kind, fasse
Mut! Deine Schuld ist vergeben.«
3 Da dachten einige Gesetzeslehrer*: »Er läs-
tert Gott!«
4 Jesus wusste, was in ihnen vorging, und
sagte: »Warum habt ihr so böswillige Gedanken?
5 Was ist leichter – zu sagen: ›Deine Schuld ist
dir vergeben‹, oder: ›Steh auf und geh‹? 6 Aber
ihr sollt sehen, dass der Menschensohn* Voll-
macht hat, hier auf der Erde Schuld zu ver-
geben!«
Und er sagte zu dem Gelähmten: »Steh auf,
nimm deine Bahre und geh nach Hause!« 7 Da
stand er auf und ging nach Hause.
8 Als die Leute das sahen, erschraken sie, und
sie priesen Gott, dass er den Menschen solche
Vollmacht gegeben hat.

Jesus beruft Matthäus und isst mit den Zolleinnehmern

(Mk 2,13-17; Lk 5,27-32)

9 Jesus ging weiter und sah einen Zolleinneh-
mer* an der Zollstelle sitzen. Er hieß Matthäus.
Jesus sagte zu ihm: »Komm, folge mir!« Und
Matthäus stand auf und folgte ihm.
10 Als Jesus dann zu Hause[c] zu Tisch saß,
kamen viele Zolleinnehmer und andere, die
einen ebenso schlechten Ruf hatten, um mit ihm
und seinen Jüngern* zu essen. 11 Die Pharisäer*
sahen es und fragten die Jünger: »Wie kann euer
Lehrer* sich mit den Zolleinnehmern und ähn-
lichem Volk an einen Tisch setzen?«
12 Jesus hörte es und antwortete: »Nicht die
Gesunden brauchen den Arzt, sondern die Kran-
ken! 13 Überlegt doch einmal, was es bedeutet,
wenn Gott sagt: ›Ich fordere von euch nicht, dass
ihr mir irgendwelche Opfer[d] bringt, sondern
dass ihr barmherzig seid.‹

a Wörtlich *entstand ein gewaltiges Beben im Meer.* Matthäus verwendet hier dasselbe Wort *(Erd-)Beben* wie in 24,7; 27,51.54; 28,2 (vgl. ferner Offb 6,12; 16,18 usw.). Er deutet die Bedrohung der Jünger als ein endzeitliches Geschehen, in dem ihr Vertrauen zu Gott und zu Jesus sich bewähren muss.

b D.h. noch ehe Gott endgültig seine Herrschaft aufrichtet und alle dämonischen Mächte vernichtet (vgl. 12,28).

c Matthäus denkt wahrscheinlich an das Haus, das Jesus in Kafarnaum, »seiner Stadt« (9,1), als Standquartier diente; vgl. 4,13; 9,28; 13,1.36; 17,25.

d In dem angeführten Wort aus Hos 6,6 geht es um Brand- und Mahlopfer*, hier jedoch eher um Opfer im übertragenen Sinn: um die Einhaltung der Reinheitsvorschriften*, wie sie von den Pharisäern ausgelegt und praktiziert wurden.

8,26 Ps 89,10 S; Mt 14,30-32; 14,31 S **8,29** Mk 3,11 S; 1 Kor 15,24 **9,2** (vergeben) Mk 2,5 S; Ps 103,3 **9,6** Joh 5,36 **9,9** 8,21-22 S **9,10** 11,19 par; Lk 15,1-2; 19,7 **9,13** *nach* Hos 6,6; Mt 12,7

Ich bin nicht gekommen, solche Menschen in
Gottes neue Welt einzuladen,[a] bei denen alles in
Ordnung ist, sondern solche, die Gott den
Rücken gekehrt haben.«

Die Hochzeit hat begonnen

(Mk 2,18-22; Lk 5,33-39)

14 Danach kamen die Jünger* des Täufers Johan-
nes zu Jesus und fragten: »Wie kommt es, dass
wir und die Pharisäer* regelmäßig fasten*, aber
deine Jünger nicht?«
15 Jesus antwortete: »Können die Hochzeits-
gäste mit Trauermienen herumsitzen, solange
der Bräutigam unter ihnen ist? Die Zeit kommt
früh genug, dass der Bräutigam ihnen entrissen
wird; dann werden sie fasten.
16 Niemand flickt ein altes Kleid mit einem
neuen Stück Stoff, sonst reißt das neue Stück
wieder aus und macht das Loch nur noch größer.
17 Auch füllt niemand neuen Wein, der noch
gärt, in alte Schläuche; sonst platzen die
Schläuche, der Wein fließt aus und auch die
Schläuche sind hin. Nein, neuen Wein füllt man
in neue Schläuche, dann bleibt beides erhalten.«

Jesus heilt eine kranke Frau und erweckt ein Mädchen vom Tod

(Mk 5,21-43; Lk 8,40-56)

18 Während Jesus ihnen das erklärte, kam einer
der Gemeindevorsteher zu ihm, warf sich vor
ihm nieder und sagte: »Meine Tochter ist gerade
gestorben. Aber komm und leg ihr deine Hand
auf, dann wird sie wieder leben!«
19 Jesus stand auf und folgte ihm. Auch seine
Jünger* gingen mit.
20 Unterwegs trat eine Frau von hinten an
Jesus heran und berührte eine Quaste* seines Ge-
wandes. Sie litt seit zwölf Jahren an Blutungen
21 und sagte sich: »Wenn ich nur sein Gewand
berühre, werde ich gesund.«
22 Jesus drehte sich um, sah die Frau und
sagte: »Nur Mut, meine Tochter! Dein Vertrauen
hat dir geholfen.« Im selben Augenblick war die
Frau geheilt.
23 Jesus kam in das Trauerhaus. Als er die Flö-
tenspieler für das Begräbnis und all die aufgereg-
ten Menschen sah, 24 sagte er: »Hinaus mit euch!
Das Mädchen ist nicht tot, es schläft nur.« Da
lachten sie ihn aus.
25 Er ließ die Leute hinauswerfen, ging in den
Raum, in dem das Mädchen lag, und nahm es
bei der Hand; da stand es auf.
26 Die Nachricht davon verbreitete sich in der
ganzen Gegend.

Jesus heilt zwei Blinde

27 Als Jesus von dort weiterging, liefen zwei
Blinde hinter ihm her und riefen: »Du Sohn
Davids*, hab Erbarmen mit uns!«
28 Als er ins Haus ging, folgten sie ihm, und er
fragte sie: »Traut ihr mir zu, dass ich euch helfen
kann?«
»Ja, Herr!«, antworteten sie.
29 Da berührte Jesus ihre Augen und sagte:
»Was ihr in eurem Vertrauen von mir erwartet,
soll geschehen.« 30 Da konnten sie sehen.
Jesus befahl ihnen streng: »Seht zu, dass es
niemand erfährt!« 31 Sie aber gingen hinaus und
erzählten von Jesus in der ganzen Gegend.

Jesus heilt einen Stummen. Unterschiedliche Reaktionen

32 Als die beiden gegangen waren, wurde ein
Mann zu Jesus gebracht, der war stumm, weil
ihn ein böser Geist* in seiner Gewalt hatte.
33 Kaum war der böse Geist ausgetrieben, fing
der Stumme an zu reden, und alle riefen
erstaunt: »So etwas hat es in Israel noch nie
gegeben!«
34 Aber die Pharisäer* erklärten: »Er kann
nur deshalb die bösen Geister austreiben, weil
der oberste aller bösen Geister ihm die Macht
dazu gibt.«

DIE AUSSENDUNG DER JÜNGER: ISRAEL MUSS SICH ENTSCHEIDEN (9,35–12,50)

Die Aussendung der Jünger

(Mk 6,34.7; 3,13-19; Lk 10,2; 9,1; 6,12-16)

35 Jesus zog durch alle Städte und Dörfer. Er
lehrte in den Synagogen* und verkündete die
Gute Nachricht, dass Gott jetzt seine Herrschaft
aufrichtet und sein Werk vollendet.[b] Er heilte
alle Krankheiten und Leiden.
36 Als er die vielen Menschen sah, ergriff ihn
das Mitleid, denn sie waren so hilflos und er-
schöpft wie Schafe, die keinen Hirten haben.
37 Darum sagte er zu seinen Jüngern*: »Hier war-

a *in Gottes neue ...:* wörtlich *zu rufen.*
b *die Gute Nachricht, dass ...:* wörtlich *die Gute Nachricht* von der Königsherrschaft*.*

9,14 6,16-17 S; 11,18-19 par **9,15** 22,2; 25,10; Joh 2,1-12; 3,29; Offb 19,7 **9,20** Lev 15,25-27; Mt 14,36 par; Lk 6,19 **9,22** Lk 7,50 S; Mt 8,13 S **9,24** Joh 11,11-13 **9,25** Mk 5,41 S **9,27-30** 20,29-34 par **9,27** 20,30-31 S **9,29** 8,13 S **9,30** Mk 5,43 S **9,31** Mk 7,36 S **9,32-34** 12,22-24 par **9,34** 10,25; 12,24.27 par; Joh 8,48 S **9,35** 4,23 S **9,36** Mk 8,2 S; Sach 10,2

tet eine reiche Ernte, aber es gibt nicht genug Menschen, die helfen, sie einzubringen. 38 Bittet den Herrn, dem diese Ernte gehört, dass er die nötigen Leute schickt!«

10 Und er rief seine zwölf Jünger zu sich und gab ihnen die Vollmacht, böse Geister* auszutreiben und alle Krankheiten und Leiden zu heilen.

2 Hier sind die Namen dieser zwölf Apostel*:

Der erste von ihnen Simon, bekannt unter dem Namen Petrus*;
dann Andreas, der Bruder Simons;
Jakobus, der Sohn von Zebedäus, und sein Bruder Johannes;
3 Philippus und Bartholomäus;
Thomas und der Zolleinnehmer* Matthäus;
Jakobus, der Sohn von Alphäus, und Thaddäus;
4 Simon, der zur Partei der Zeloten gehört hatte,[a]
und Judas Iskariot, der Jesus später verriet.

Der Auftrag der Jünger

(Mk 6,7-13; Lk 9,2-6; 10,4-12)

5 Diese zwölf sandte Jesus aus mit dem Auftrag: »Meidet die Orte, wo Nichtjuden wohnen, und geht auch nicht in die Städte Samariens*, 6 sondern geht zum Volk Israel, dieser Herde von verlorenen Schafen. 7 Verkündet ihnen: ›Jetzt wird Gott seine Herrschaft aufrichten und sein Werk vollenden!‹[b] 8 Heilt die Kranken, weckt die Toten auf, macht die Aussätzigen* rein und treibt die bösen Geister* aus!

Umsonst habt ihr alles bekommen, umsonst sollt ihr es weitergeben. 9 Beschafft euch kein Reisegeld, weder Goldstücke noch Silber- oder Kupfergeld! 10 Besorgt euch auch keine Vorratstasche, kein zweites Hemd, keine Schuhe und keinen Wanderstock! Denn wer arbeitet, hat ein Anrecht auf Unterhalt.

11 Wenn ihr in eine Stadt oder in ein Dorf kommt, dann findet heraus, wer es wert ist, euch in sein Haus aufzunehmen. Bleibt dort, bis ihr weiterzieht. 12 Wenn ihr das Haus betretet, dann wünscht allen, die darin wohnen, Frieden*! 13 Wenn sie es wert sind, wird euer Friedenswunsch in Erfüllung gehen. Andernfalls bleibt er wirkungslos.

14 Wo sie euch nicht aufnehmen und nicht anhören wollen, da geht aus dem Haus oder der Stadt weg und schüttelt den Staub* von den Füßen. 15 Ich versichere euch: Am Tag des Gerichts wird Gott mit den Leuten von Sodom* und Gomorra mehr Nachsicht haben als mit den Bewohnern einer solchen Stadt.«

Drohende Verfolgungen

16 »Das muss euch klar sein: Ich sende euch wie Schafe mitten unter Wölfe. Seid klug wie die Schlangen und doch ohne Hinterlist wie die Tauben. 17 Nehmt euch in Acht vor den Menschen! Sie werden euch an die Gerichte ausliefern und in ihren Synagogen auspeitschen*. 18 Auch vor Statthalter und Könige werdet ihr um meinetwillen gestellt werden, um auch vor ihnen, den Vertretern der nichtjüdischen Völker,[c] als Zeugen für mich auszusagen.

19 Wenn sie euch an die Gerichte ausliefern, dann macht euch keine Sorgen, was ihr sagen sollt oder wie ihr es sagen sollt. Es wird euch im entscheidenden Augenblick schon eingegeben werden. 20 Nicht ihr werdet dann reden, sondern der Geist* eures Vaters wird aus euch sprechen.

21 Ein Bruder wird den andern dem Henker ausliefern und ein Vater seine Kinder. Kinder werden sich gegen ihre Eltern stellen und sie in den Tod schicken. 22 Alle werden euch hassen, weil ihr euch zu mir bekennt. Aber wer bis zum Ende standhaft bleibt, wird gerettet.

23 Wenn sie euch in der einen Stadt verfolgen, dann flieht in eine andere. Ich versichere euch: Ihr werdet mit eurem Auftrag in den Städten Israels nicht fertig werden, bis der Menschensohn* kommt.

24 Kein Schüler steht über seinem Lehrer und kein Sklave über seinem Herrn. 25 Der Schüler kann froh sein, wenn es ihm ergeht wie seinem Lehrer, und der Sklave, wenn es ihm ergeht wie seinem Herrn. Wenn sie schon den Hausherrn Oberteufel[d] nennen, dann werden sie seine Leute erst recht so beschimpfen.«

Wen man fürchten muss

(Lk 12,2-9)

26 »Fürchtet euch nicht vor diesen Menschen! Was verhüllt ist, wird offenbar werden, und was niemand weiß, wird allen bekannt werden.

a Wörtlich *Simon, der Kananäer;* siehe Sacherklärung »Zeloten«.
b *Jetzt wird Gott ...:* wörtlich *Nahe herbeigekommen ist die Königsherrschaft* der Himmel.*
c Wörtlich *vor ihnen und (damit) den Heiden*.* d Wörtlich *Beelzebul*.*

10,2-4 Apg 1,13; Joh 1,40-44 **10,2** Lk 6,13S **10,5-15** Lk 10,4-12 **10,5** Lk 10,33S **10,6** Jer 50,6; Mt 15,24; Apg 13,46 **10,7** 4,17S **10,10** 1 Kor 9,14; 1 Tim 5,18 **10,13** Lk 2,14S **10,14** Apg 13,51S **10,15** Gen 18,20; 19,1-29; Mt 11,24; Lk 10,12 **10,16** Lk 10,3 **10,17-22** 24,9-14 par; Joh 16,1-4 **10,17** Apg 5,40; 2 Kor 11,24 **10,18** Apg 24,1–26,32 **10,19-20** Lk 12,11-12S **10,21** Mt 10,35 par S **10,22** Lk 6,22S; Joh 15,18-19S **10,23** Apg 8,1; Mt 16,28 par **10,24-25** Joh 13,16S **10,25** 9,34S **10,26** Mk 4,22 par

27 Was ich euch in der Dunkelheit anvertraue,
das sagt am hellen Tag weiter, und was ich euch
ins Ohr flüstere, das ruft laut in der Öffentlich-
keit aus.
28 Fürchtet euch nicht vor denen, die nur den
Leib, aber nicht die Seele* töten können. Fürch-
tet euch vor Gott, der Leib und Seele ins ewige
Verderben schicken kann.
29 Kauft man nicht zwei Spatzen für einen
Groschen? Und doch fällt nicht einmal ein Spatz
auf die Erde, ohne dass euer Vater es weiß. 30 Bei
euch aber ist sogar jedes Haar auf dem Kopf
gezählt. 31 Habt also keine Angst: Ihr seid Gott
mehr wert als ein ganzer Schwarm Spatzen!
32 Wer sich vor den Menschen zu mir
bekennt, zu dem werde auch ich mich bekennen
am Gerichtstag vor meinem Vater im Himmel.
33 Wer mich aber vor den Menschen nicht
kennen will, den werde auch ich am Gerichtstag
vor meinem Vater im Himmel nicht kennen.«

Kein fauler Frieden

(Lk 12,51-53; 14,26-27; 17,33)

34 »Denkt nicht, dass ich gekommen bin, Frieden
in die Welt zu bringen. Nein, ich bin nicht
gekommen, Frieden zu bringen, sondern Streit.
35 Ich bin gekommen, um die Söhne mit ihren
Vätern zu entzweien, die Töchter mit ihren Müt-
tern und die Schwiegertöchter mit ihren Schwie-
germüttern. 36 Die nächsten Verwandten wer-
den einander zu Feinden werden.
37 Wer Vater oder Mutter mehr liebt als mich,
ist es nicht wert, zu mir zu gehören. Wer Sohn
oder Tochter mehr liebt als mich, ist es nicht
wert, zu mir zu gehören. 38 Wer nicht sein
Kreuz* auf sich nimmt und mir auf meinem Weg
folgt, ist es nicht wert, zu mir zu gehören.
39 Wer sein Leben festhalten will, wird es ver-
lieren. Wer es aber um meinetwillen verliert,
wird es gewinnen.«

Die Würde der Jünger

(Lk 10,16; Mk 9,41)

40 »Wer euch aufnimmt, nimmt mich auf; und
wer mich aufnimmt, nimmt den auf, der mich
gesandt hat.
41 Wer einen Propheten[a] aufnimmt, weil er
ein Prophet ist, wird auch wie ein Prophet
belohnt. Wer einen Gerechten* aufnimmt,
weil er ein Gerechter ist, wird auch wie ein Ge-
rechter belohnt. 42 Und wer einem ganz
unbedeutenden Menschen auch nur einen
Schluck kaltes Wasser zu trinken gibt – einfach
weil er mein Jünger ist –, ich versichere euch,
wer das tut, wird ganz gewiss nicht leer aus-
gehen.«

Abschluss der Jüngerunterweisung

11 Diese Anweisungen gab Jesus seinen
zwölf Jüngern*. Als er die Rede beendet
hatte, zog er weiter, um in den Städten des Lan-
des zu lehren, was Gott jetzt von seinem Volk
verlangt, und die Gute Nachricht* zu ver-
künden.[b]

Die Anfrage des Täufers Johannes

(Lk 7,18-23)

2 Der Täufer* Johannes hatte im Gefängnis von
den Taten gehört, die Jesus als den versproche-
nen Retter auswiesen;[c] darum schickte er einige
seiner Jünger* zu ihm. 3 »Bist du wirklich der,
der kommen soll«, ließ er fragen, »oder müssen
wir auf einen anderen warten?«
4 Jesus antwortete ihnen: »Geht zu Johannes
und berichtet ihm, was ihr hört und seht:
5 Blinde sehen, Gelähmte gehen, Aussätzige*
werden gesund,[d] Taube hören, Tote stehen auf
und den Armen wird die Gute Nachricht* ver-
kündet. 6 Freuen darf sich, wer nicht an mir irre-
wird!«

Jesus spricht über Johannes

(Lk 7,24-35; 16,16)

7 Als die Abgesandten des Täufers* wieder weg-
gegangen waren, fing Jesus an, zu der Menge
über Johannes zu sprechen:
»Als ihr in die Wüste zu ihm hinausgezogen
seid, was habt ihr da erwartet? Etwa ein Schilf-
rohr, das jedem Wind nachgibt? 8 Oder was
sonst wolltet ihr sehen? Einen Menschen in vor-
nehmer Kleidung? Solche Leute wohnen in
Palästen!
9 Also, was habt ihr erwartet? Einen Prophe-
ten*? Ich versichere euch: Ihr habt mehr gese-
hen als einen Propheten! 10 Johannes ist der, von
dem es in den Heiligen Schriften* heißt: ›Ich
sende meinen Boten vor dir her, sagt Gott, damit
er den Weg für dich bahnt.‹
11 Ich versichere euch: Der Täufer Johannes ist
der Bedeutendste unter allen, die je von einer

a Siehe Anmerkung zu 7,15. b Wörtlich *zu lehren und zu verkünden.*
c Wörtlich *von den Werken des Christus**. d *gesund:* wörtlich *rein**.

10,28 Ps 56,5 S; Hebr 10,31 **10,30** Lk 21,18 **10,33** Mk 8,38 par; 2 Tim 2,12 **10,34** Lk 2,14 S **10,35** Mi 7,6; Mt 10,21; 24,10; Mk 13,12 par; Lk 12,52-53 **10,37** Dtn 13,7-10; 33,9; Mt 19,29 par **10,38-39** 16,24-25 par; Lk 17,33; Joh 12,25-26 **10,40** 18,5 par; Joh 13,20; Gal 4,14 **11,2** 14,3; (Taten) 8,1–9,34; 11,19 **11,3** 3,11-12; Joh 1,15.27; 3,31; 11,27 **11,5** Jes 35,5-6; 29,18; 26,19; 61,1; Lk 4,18 **11,10** *nach* Mal 3,1 *und* Ex 23,20; Lk 1,76 S

Frau geboren wurden. Aber der Geringste, der
zu Gottes neuer Welt[a] gehört, ist größer als er.
12 Als der Täufer Johannes auftrat, hat Gott
angefangen, seine Herrschaft* aufzurichten;
aber bis heute stellen sich ihr Feinde in den Weg.
Sie hindern andere mit Gewalt daran, sich dieser
Herrschaft zu unterstellen. 13 Das Gesetz* und
alle Propheten bis hin zu Johannes haben ange-
kündigt, was jetzt geschieht. 14 Und ob ihr es
wahrhaben wollt oder nicht: Johannes ist
tatsächlich der Prophet Elija*, dessen Kommen
vorausgesagt war. 15 Wer Ohren hat, soll gut
zuhören!
16 Mit wem soll ich die Menschen von heute
vergleichen? Sie sind wie die Kinder, die auf dem
Marktplatz spielen. Die einen werfen den
andern vor: 17 ›Wir haben euch Hochzeitslieder
gespielt, aber ihr habt nicht getanzt!‹ ›Wir haben
euch Trauerlieder gesungen, aber ihr habt nicht
geweint.‹[b]
18 Johannes ist gekommen, aß nicht und trank
nicht und die Leute sagen: ›Er ist von einem
bösen Geist* besessen.‹ 19 Der Menschensohn*
ist gekommen, isst und trinkt und sie sagen:
›Seht ihn euch an, diesen Vielfraß und Säufer,
diesen Kumpan der Zolleinnehmer* und
Sünder!‹
Aber die Weisheit* Gottes wird bestätigt
durch die Taten, die sie vollbringt.«

Wer nicht hören will ...

(Lk 10,13-15)

20 Dann begann Jesus mit harten Worten über
die Orte zu sprechen, in denen er die meisten
Wunder getan hatte und die Menschen hatten
sich doch nicht geändert:[c]
21 »Weh dir, Chorazin! Weh dir, Betsaida!
Wenn in Tyrus und Sidon die Wunder geschehen
wären, die bei euch geschehen sind, die Leute
dort hätten schon längst den Sack* umgebun-
den, sich Asche auf den Kopf gestreut und ihr
Leben geändert. 22 Ich versichere euch: Am Tag
des Gerichts wird es den Bewohnern von Tyrus
und Sidon besser ergehen als euch!
23 Und du, Kafarnaum, meinst du, du wirst in
den Himmel erhoben werden? In den tiefsten
Abgrund* wirst du gestürzt! Wenn in Sodom*
die Wunder geschehen wären, die bei dir gesche-
hen sind, dann würde es heute noch stehen.
24 Ich versichere dir: Am Tag des Gerichts wird
es Sodom besser ergehen als dir!«

Jesus und der Vater. Einladung zu erfülltem Leben

(Lk 10,21-22)

25 Danach rief Jesus: »Vater, Herr über Himmel
und Erde, du hast angefangen, deine Herrschaft*
aufzurichten.[d] Das hast du den Klugen und Ge-
lehrten verborgen, aber den Unwissenden hast
du es offenbar gemacht. Dafür preise ich dich!
26 Ja, Vater, so wolltest du es haben!
27 Mein Vater hat mir alle Macht übergeben.
Niemand kennt den Sohn*, nur der Vater, und
niemand den Vater, nur der Sohn – und die,
denen der Sohn ihn offenbaren will.
28 Ihr plagt euch mit den Geboten, die die
Gesetzeslehrer* euch auferlegt haben. Kommt
alle zu mir; ich will euch die Last abnehmen![e]
29 Ich quäle euch nicht und sehe auf niemand
herab. Stellt euch unter meine Leitung[f] und lernt
bei mir; dann findet euer Leben Erfüllung.
30 Was *ich* anordne, ist gut für euch, und was *ich*
euch zu tragen gebe, ist keine Last.«

Jesus und der Sabbat

(Mk 2,23-28; Lk 6,1-5)

12 Damals ging Jesus an einem Sabbat*
durch die Felder. Seine Jünger* hatten
Hunger; darum fingen sie an, Ähren abzureißen
und die Körner zu essen.
2 Als die Pharisäer* das sahen, sagten sie zu
Jesus: »Da sieh dir an, was deine Jünger tun! Das
ist nach dem Gesetz* am Sabbat verboten!«
3 Jesus antwortete ihnen: »Habt ihr nicht ge-
lesen, was David tat, als er und seine Männer
hungrig waren? 4 Er ging in das Haus Gottes und
aß mit ihnen von den geweihten Broten*,
obwohl das verboten war – denn nur Priester
dürfen davon essen.
5 Oder habt ihr nicht im Gesetz gelesen, dass
die Priester auch am Sabbat im Tempel* arbei-
ten? Dadurch übertreten sie die Sabbatvorschrif-

a Wörtlich *der Geringste in der Königsherrschaft* der Himmel.*
b *nicht geweint:* wörtlich *euch nicht (auf die Brüste) geschlagen;* siehe Sacherklärung »Trauerbräuche«.
c *geändert:* siehe Sacherklärung »Umkehr«; ebenso zu Vers 21.
d *du hast angefangen ...:* verdeutlichender Zusatz.
e *Ihr plagt euch ...:* wörtlich *Auf zu mir, alle, die ihr euch plagt und schwere Lasten zu tragen habt, und ich werde euch Ruhe verschaffen.* Der Vers ist vor dem Hintergrund von 23,4 zu verstehen; vgl. auch Apg 15,10.
f *Stellt euch ...:* wörtlich *Nehmt mein Joch* auf euch.*

11,14 1 Kön 17,1 S; Mt 17,12-13 par; Lk 1,17; Joh 1,21 **11,18-19** 9,14 par; 6,16-17 S **11,19 a** 9,10 S **11,19 b** 11,2 S **11,21** Jes 23,1-16 S **11,23** 4,13; 9,1; Jes 14,13-15 **11,24** 10,15 S **11,25** Jes 29,14; 1 Kor 1,18-29 **11,27** Joh 3,35 S; 1,18; 10,15 **11,28** 23,4 par; Sir 24,19-22 **11,29** Jes 28,12; Jer 6,16 **11,30** 1 Joh 5,3 **12,1-8** Mk 2,27-28 S **12,1** Dtn 23,25-26 **12,2** Ex 20,8-10 S **12,3-4** 1 Sam 21,2-7; Lev 24,5-9 **12,5** Num 28,9-10

ten; trotzdem werden sie nicht schuldig. 6 Und
ich sage euch: Hier ist mehr als der Tempel!

7 Wenn ihr verstanden hättet, was mit dem
Wort gemeint ist: ›Ich fordere von euch nicht,
dass ihr mir irgendwelche Opfer[a] bringt,
sondern dass ihr barmherzig seid‹, dann würdet
ihr nicht Unschuldige verurteilen.

8 Der Menschensohn* ist Herr über den
Sabbat; er hat zu bestimmen, was an diesem Tag
getan werden darf.«[b]

Jesus heilt am Sabbat

(Mk 3,1-6; Lk 6,6-11)

9 Jesus ging weiter und kam in ihre Synagoge*.
10 Dort war ein Mann mit einer abgestorbenen
Hand. Die Pharisäer* hätten Jesus gerne ange-
zeigt und fragten ihn deshalb: »Ist es erlaubt, am
Sabbat* zu heilen?«

11 Jesus antwortete: »Stellt euch vor, einer von
euch hat nur ein einziges Schaf und das fällt an
einem Sabbat in eine Grube. Packt er dann nicht
zu und holt es heraus? 12 Ein Mensch ist doch
viel mehr wert als ein Schaf! Also ist es erlaubt,
einem Menschen am Sabbat Gutes zu tun.«

13 Dann sagte er zu dem Mann: »Streck deine
Hand aus!« Er streckte sie aus, und sie wurde so
gesund wie die andere.

14 Da gingen die Pharisäer hinaus und
beschlossen, dass Jesus sterben müsse.

Die erfüllte Zusage

(Mk 3,7-12; Lk 6,17-19)

15 Als Jesus davon hörte, zog er sich von dort
zurück. Viele Menschen folgten ihm. Er heilte
alle Kranken, 16 verbot ihnen aber nachdrücklich,
öffentlich von ihm zu reden.

17 Damit sollte in Erfüllung gehen, was der
Prophet Jesaja angekündigt hatte:

18 »Hier ist mein Bevollmächtigter*!
Ihn habe ich erwählt,
ihm gilt meine Liebe,
an ihm habe ich Freude.
Ihm gebe ich meinen Geist*.
Er wird den Völkern der Welt meine Rechts-
ordnung verkünden.
19 Er streitet nicht und macht keinen Lärm,
er hält keine lauten Reden auf den Straßen.
20 Das geknickte Schilfrohr zerbricht er nicht,
den glimmenden Docht löscht er nicht aus.
So handelt er, bis er meiner Rechtsordnung
zum Sieg verholfen hat.
21 Auf ihn werden die Völker ihre Hoffnung
setzen.«

Steht Jesus mit dem Teufel im Bund?

(Lk 11,14-23; 12,10; Mk 3,22-30)

22 Damals brachten sie einen Mann zu Jesus, der
war blind und stumm, weil er von einem bösen
Geist* besessen war. Jesus heilte ihn, und er
konnte wieder sprechen und sehen. 23 Darüber
geriet die Menge in große Erregung und alle
fragten sich: »Ist er vielleicht der versprochene
Sohn Davids*?«

24 Als die Pharisäer das hörten, widerspra-
chen sie: »Er kann die bösen Geister nur austrei-
ben, weil Beelzebul*, der oberste aller bösen
Geister, ihm die Macht dazu gibt!«

25 Jesus wusste, was sie dachten, und sagte zu
ihnen: »Jeder Staat, dessen Machthaber einan-
der befehden, muss untergehen, und keine Stadt
oder Familie, in der die Leute miteinander im
Streit liegen, kann bestehen. 26 Würde der
Satan* sich selbst austreiben, dann wäre er mit
sich selbst zerstritten. Wie könnte da seine
Herrschaft bestehen?

27 Wenn ich die bösen Geister austreibe, weil
ich mit Beelzebul im Bund stehe, wer gibt dann
euren Anhängern die Macht, sie auszutreiben?
Eure eigenen Leute werden es sein, die euch das
Urteil sprechen!

28 Nein, ich treibe die bösen Geister mit Hilfe
von Gottes Geist* aus, und daran könnt ihr er-
kennen, dass Gott schon angefangen hat, mitten
unter euch seine Herrschaft* aufzurichten.

29 Oder wie kann einer in das Haus eines Star-
ken eindringen und ihm seine Beute rauben,
wenn er den Starken nicht zuvor gefesselt hat?
Dann erst kann er sein Haus ausrauben!

30 Wer nicht für mich ist, der ist gegen mich,
und wer mir nicht sammeln hilft, der zerstreut.
31 Deshalb sage ich euch: Jede Sünde und jede
Gotteslästerung kann den Menschen vergeben
werden; aber wenn jemand den Geist Gottes
beleidigt, gibt es keine Vergebung. 32 Sogar wer
den Menschensohn* beschimpft, kann Ver-
gebung finden. Wer aber den Heiligen Geist be-
leidigt, wird niemals Vergebung finden, weder
in dieser Welt noch in der kommenden.«

a Zu dem angeführten Wort aus Hos 6,6 vgl. Anmerkung zu 9,13; hier ist mit *Opfer* an die Einhaltung des Sabbatgebotes gedacht, wie es von den Pharisäern ausgelegt und praktiziert wurde.
b er hat zu …: verdeutlichender Zusatz

12,7 9,13 S **12,9-14** Mk 2,27-28 S **12,11-12** Lk 13,15-16 **12,11** Lk 14,5 S **12,14** Mk 11,18 S; Joh 7,1 S **12,16** Mk 5,43 S **12,17-21** *nach* Jes 42,1-4 **12,18** 3,17 S; 28,19 **12,21** Röm 15,12 **12,22-24** 9,32-34 **12,23** 20,30-31 S **12,24** 9,34 S **12,28** Lk 17,21 **12,29** Jes 49,24-25 **12,30** Mk 9,40 par **12,31-32** 12,24 par

Worte offenbaren den Menschen – und werden gewogen

(Lk 6,43-45)

33 »Wenn ihr einen gesunden Baum habt, habt ihr gute Früchte von ihm zu erwarten. Wenn ihr einen kranken Baum habt, habt ihr schlechte Früchte von ihm zu erwarten. An den Früchten ist zu erkennen, was der Baum wert ist.

34 Ihr Schlangenbrut! Wie könnt ihr Gutes reden, wo ihr doch böse seid! Denn wovon das Herz voll ist, davon redet der Mund. 35 Ein guter Mensch bringt Gutes hervor, weil er im Innersten gut ist. Ein schlechter Mensch kann nur Böses hervorbringen, weil er von Grund auf böse ist.

36 Aber das sage ich euch: Am Tag des Gerichts werden die Menschen sich verantworten müssen für jedes unnütze Wort, das sie gesprochen haben. 37 Aufgrund deiner eigenen Worte wirst du dann freigesprochen oder verurteilt werden.«

Die Gegner fordern von Jesus einen Beweis

(Lk 11,16.29-32)

38 Darauf antworteten einige der Gesetzeslehrer* und Pharisäer* und forderten: »Lehrer*, wir wollen von dir ein Wunder sehen, das eindeutig beweist, dass du von Gott beauftragt bist!«[a]

39 Jesus erwiderte: »Diese böse Generation, die von Gott nichts wissen will,[b] verlangt einen Beweis, aber es wird ihr keiner gegeben werden – ausgenommen das Wunder, das am Propheten Jona* geschah: Den Beweis werden sie bekommen! 40 So wie Jona drei Tage und drei Nächte im Bauch des Seeungeheuers war, so wird auch der Menschensohn* drei Tage und drei Nächte in der Tiefe der Erde verborgen sein.

41 Am Tag des Gerichts werden die Bewohner von Ninive* aufstehen und diese Generation schuldig sprechen; denn als Jona sie warnte, haben sie ihr Leben geändert.[c] Und hier steht ein Größerer als Jona!

42 Am Tag des Gerichts wird die Königin aus dem Süden aufstehen und diese Generation schuldig sprechen; denn sie kam vom Ende der Welt, um die weisen Lehren Salomos zu hören. Und hier steht ein Größerer als Salomo!«

Warnung vor der Rückkehr des ausgetriebenen Geistes

(Lk 11,24-26)

43 »Wenn ein böser Geist* einen Menschen verlässt, irrt er durch Wüsten und sucht nach einer Bleibe und findet keine. 44 Dann sagt er sich: ›Ich gehe lieber wieder in meine alte Behausung!‹ Er kehrt zurück und findet alles leer, sauber und aufgeräumt.

45 Darauf geht er hin und sucht sich sieben andere böse Geister, die noch schlimmer sind als er selbst, und sie kommen und wohnen dort. So ist dieser Mensch am Ende schlimmer dran als am Anfang.

Genauso wird es auch dieser bösen Generation ergehen.«

Die wahre Familie von Jesus

(Mk 3,31-35; Lk 8,19-21)

46 Während Jesus noch zu der Menschenmenge sprach, kamen seine Mutter und seine Brüder dazu. Sie standen vor dem Haus und wollten ihn sprechen.

47 Einer aus der Menge sagte zu Jesus: »Deine Mutter und deine Brüder stehen draußen und wollen dich sprechen!«

48 Jesus antwortete ihm: »Wer ist meine Mutter? Wer sind meine Brüder?«

49 Dann streckte er seine Hand über seine Jünger* aus und sagte: »Das hier sind meine Mutter und meine Brüder! 50 Denn wer tut, was mein Vater im Himmel will, der ist mein Bruder, meine Schwester und meine Mutter.«

JESUS SPRICHT IN GLEICHNISSEN

(13,1-52)

Jesus muss ins Boot steigen

(Mk 4,1-2; Lk 8,4)

13 Am selben Tag verließ Jesus das Haus und setzte sich ans Seeufer. 2 Es kamen so viele Menschen zusammen, dass er in ein Boot steigen und darin Platz nehmen musste. Die Menge blieb am Ufer stehen, 3a und er sagte ihnen vieles in Form von Gleichnissen*.

a Wörtlich *wir wollen von dir ein Zeichen sehen.*
b Wörtlich *Eine böse und ehebrecherische Generation.* Das Wort *ehebrecherisch* ist hier im übertragenen Sinn zu verstehen; siehe Sacherklärung »Hurerei«.
c *ihr Leben geändert:* siehe Sacherklärung »Umkehr«.

12,33 7,16-18 **12,34** 3,7S **12,36-37** Jak 3,6-10 **12,38-39** 16,1-4 par **12,38** Joh 6,30S **12,40** Jona 2,1; Mt 27,63; 16,21 par **12,41** Jona 3,5 **12,42** 1 Kön 10,1-10 **12,45** 2 Petr 2,20 **12,50** 6,10S

Das Gleichnis von der Aussaat

(Mk 4,2-9; Lk 8,5-8)

3b Er sagte: »Ein Bauer ging aufs Feld, um zu
säen. 4 Als er die Körner ausstreute, fiel ein Teil
von ihnen auf den Weg. Die Vögel kamen und
pickten sie auf.

5 Andere Körner fielen auf felsigen Grund,
der nur mit einer dünnen Erdschicht bedeckt
war. Sie gingen rasch auf, weil sie sich nicht in
der Erde verwurzeln konnten; 6 als aber die
Sonne hochstieg, vertrockneten die jungen
Pflanzen, und weil sie keine Wurzeln hatten,
verdorrten sie.

7 Wieder andere Körner fielen in Dornenge-
strüpp, das bald das Getreide überwucherte und
erstickte.

8 Andere Körner schließlich fielen auf guten
Boden und brachten Frucht. Manche brachten
hundert Körner, andere sechzig und wieder
andere dreißig.«

9 Und Jesus sagte: »Wer Ohren hat, soll gut
zuhören!«

Warum Jesus Gleichnisse gebraucht

(Mk 4,10-12.25; Lk 8,9-10.18; 10,23-24)

10 Die Jünger* kamen zu Jesus und fragten: »Wa-
rum sprichst du in Gleichnissen*, wenn du zu
den Leuten redest?«

11 Jesus antwortete: »Euch hat Gott die
Geheimnisse seines Planes erkennen lassen,
nach dem er schon begonnen hat, seine Herr-
schaft in der Welt aufzurichten;[a] den anderen
hat er diese Erkenntnis nicht gegeben. 12 Denn
wer viel hat, dem wird noch mehr gegeben wer-
den, sodass er übergenug haben wird. Wer aber
wenig hat, dem wird auch noch das Wenige
genommen werden, das er hat.

13 Aus diesem Grund rede ich in Gleichnissen,
wenn ich zu ihnen spreche. Denn sie sehen
zwar, aber erkennen nichts; sie hören zwar, aber
verstehen nichts. 14 An ihnen erfüllt sich die
Voraussage des Propheten Jesaja:

›Hört nur zu, ihr versteht doch nichts; seht
hin, so viel ihr wollt, ihr erkennt doch nichts!
15 Denn dieses Volk ist im Innersten verstockt.
Sie halten sich die Ohren zu und schließen die
Augen, damit sie nur ja nicht sehen, hören und
begreifen, sagt Gott. Sonst würden sie zu mir
umkehren und ich könnte sie heilen.‹

16 Ihr dagegen dürft euch freuen; denn eure
Augen sehen und eure Ohren hören. 17 Ich ver-
sichere euch: Viele Propheten* und Gerechte*
wollten sehen, was ihr jetzt seht, aber sie haben
es nicht gesehen. Sie wollten hören, was ihr jetzt
hört, aber sie haben es nicht gehört.«

Jesus erklärt das Gleichnis von der Aussaat

(Mk 4,13-20; Lk 8,11-15)

18 »Euch will ich also sagen, was das Gleichnis*
vom Bauern und der Saat bedeutet.

19 Es gibt Menschen, die die Botschaft hören,
dass Gott seine Herrschaft* aufrichten will; aber
sie verstehen sie nicht. Dann kommt der Feind
Gottes und nimmt weg, was in ihr Herz gesät
worden ist. Bei ihnen ist es wie bei dem Samen,
der auf den Weg fällt.

20 Bei anderen ist es wie bei dem Samen, der
auf felsigen Grund fällt. Sie hören die Botschaft
und nehmen sie sogleich mit Freuden an; 21 aber
sie kann in ihnen keine Wurzeln schlagen, weil
sie unbeständig sind. Wenn sie dieser Botschaft
wegen in Schwierigkeiten geraten oder verfolgt
werden, werden sie gleich an ihr irre.

22 Wieder bei anderen ist es wie bei dem
Samen, der in das Dornengestrüpp fällt. Sie
hören zwar die Botschaft; aber sie hat bei ihnen
keine Wirkung, weil sie sich in ihren Alltagssor-
gen verlieren und sich vom Reichtum verführen
lassen. Dadurch wird die Botschaft erstickt.

23 Bei anderen schließlich ist es wie bei dem
Samen, der auf guten Boden fällt. Sie hören und
verstehen die Botschaft, und sie bringen dann
auch Frucht: manche hundertfach, andere sech-
zigfach und wieder andere dreißigfach.«

Das Unkraut im Weizen

24 Dann erzählte Jesus der Volksmenge ein ande-
res Gleichnis*:

»Mit der neuen Welt Gottes[b] ist es wie mit
dem Mann, der guten Samen auf seinen Acker
gesät hatte: 25 Eines Nachts, als alles schlief, kam
sein Feind, säte Unkraut zwischen den Weizen
und verschwand. 26 Als nun der Weizen wuchs
und Ähren ansetzte, schoss auch das Unkraut
auf.

27 Da kamen die Arbeiter zum Gutsherrn und
fragten: ›Herr, du hast doch guten Samen auf
deinen Acker gesät, woher kommt das ganze
Unkraut?‹

28 Der Gutsherr antwortete ihnen: ›Das hat
einer getan, der mir schaden will.‹

a *Euch hat Gott …:* wörtlich *Euch ist es gegeben, zu erkennen die Geheimnisse der Königsherrschaft der Himmel.* Bei den *Geheimnissen* ist hier an all das zu denken, was Jesus in den Gleichnissen über die Herrschaft* Gottes lehrt.
b *der neuen Welt Gottes:* wörtlich *der Königsherrschaft* der Himmel.*

13,11 11,25 **13,12** 25,29 S **13,14-15** *nach* Jes 6,9-10; Mk 4,12 S **13,17** 1 Petr 1,10-12 **13,22** 1 Tim 6,9-10

Die Arbeiter fragten: ›Sollen wir hingehen
und das Unkraut ausreißen?‹
29 ›Nein‹, sagte der Gutsherr, ›wenn ihr es
ausreißt, könntet ihr zugleich den Weizen mit
ausreißen. 30 Lasst beides wachsen bis zur Ernte!
Wenn es so weit ist, will ich den Erntearbeitern
sagen: Sammelt zuerst das Unkraut ein und bün-
delt es, damit es verbrannt wird. Aber den Wei-
zen schafft in meine Scheune.‹«

Senfkorn und Sauerteig: Der entscheidende Anfang ist gemacht

(Lk 13,18-21; Mk 4,30-32)

31 Jesus erzählte ihnen noch ein anderes Gleich-
nis*:
»Wenn Gott jetzt seine Herrschaft* aufrichtet,
geht es ähnlich zu wie bei einem Senfkorn, das
jemand auf seinen Acker gesät hat. 32 Es gibt kei-
nen kleineren Samen; aber was daraus wächst,
wird größer als alle anderen Gartenpflanzen. Es
wird ein richtiger Baum, sodass die Vögel kom-
men und in seinen Zweigen ihre Nester
bauen.«[a]
33 Noch ein Gleichnis erzählte er ihnen:
»Wenn Gott jetzt seine Herrschaft aufrich-
tet, ist es wie mit dem Sauerteig*: Eine Frau
mengte eine Hand voll davon unter eine riesige
Menge Mehl,[b] und er machte den ganzen Teig
sauer.«

Noch einmal: Warum Gleichnisse?

(Mk 4,33-34)

34 Das alles erzählte Jesus der Menschenmenge
in Form von Gleichnissen*; er sagte ihnen
nichts, ohne Gleichnisse zu gebrauchen.
35 Damit sollte in Erfüllung gehen, was Gott
durch den Propheten* angekündigt hatte: »Ich
will in Gleichnissen reden, nur in Gleichnissen
will ich von dem sprechen, was seit der Erschaf-
fung der Welt verborgen ist.«

Jesus erklärt das Gleichnis vom Unkraut

36 Dann schickte Jesus die Menschenmenge weg
und ging ins Haus. Seine Jünger* traten zu ihm
und baten: »Erkläre uns doch das Gleichnis*
vom Unkraut auf dem Acker!«
37 Jesus antwortete: »Der Mann, der den
guten Samen aussät, ist der Menschensohn*,
38 und der Acker ist die Welt. Der gute Same sind
die Menschen, die sich der Herrschaft* Gottes
unterstellen. Das Unkraut sind die Menschen,
die dem Bösen folgen. 39 Der Feind, der das
Unkraut gesät hat, ist der Teufel. Die Ernte ist
das Ende der Welt und die Erntearbeiter sind die
Engel*.
40 Wie das Unkraut eingesammelt und ver-
brannt wird, so wird es auch am Ende der Welt
zugehen: 41 Der Menschensohn wird seine Engel
aussenden und sie werden aus seinem Herr-
schaftsgebiet alle einsammeln, die Gott ungehor-
sam waren und andere zum Ungehorsam verlei-
tet haben. 42 Sie werden sie in den glühenden
Ofen werfen; dort gibt es nur noch Jammern und
Zähneknirschen.
43 Dann werden alle, die Gott gehorcht
haben, in der neuen Welt Gottes, ihres Vaters,[c]
so hell strahlen wie die Sonne.
Wer Ohren hat, soll gut zuhören!«

Der versteckte Schatz und die Perle

44 »Die neue Welt Gottes[d] ist mit einem Schatz
zu vergleichen, der in einem Acker vergraben
war: Ein Mensch fand ihn und deckte ihn schnell
wieder zu. In seiner Freude verkaufte er alles,
was er hatte, und kaufte dafür den Acker mit
dem Schatz.
45 Wer die Einladung in Gottes neue Welt hört
und ihr folgt, handelt wie der Kaufmann,[e] der
schöne Perlen suchte. 46 Als er eine entdeckte,
die besonders wertvoll war, verkaufte er alles,
was er hatte, und kaufte sie.«

Das Gleichnis vom Netz

47 »Wenn Gott sein Werk vollendet, wird es sein
wie bei dem Netz,[f] das im See ausgeworfen wur-
de und Fische aller Art einfing: 48 Als es voll war,
zogen es die Fischer an Land, setzten sich hin
und sortierten den Fang. Die guten Fische
kamen in Körbe, die unbrauchbaren wurden
weggeworfen.
49 So wird es auch am Ende der Welt sein. Die
Engel* Gottes werden kommen und die Men-
schen, die Böses getan haben, von denen tren-
nen, die getan haben, was Gott will. 50 Sie wer-
den die Ungehorsamen in den glühenden Ofen
werfen; dort gibt es nur noch Jammern und
Zähneknirschen.«

a Zum Bild vom *Baum* siehe Anmerkung zu Mk 4,32. *b* 20 kg; griechische Maßangabe *3 Sata* (1 Saton = ca. 13 l).
c Wörtlich *in der Königsherrschaft* ihres Vaters.* *d* Wörtlich *Die Königsherrschaft* der Himmel.*
e Wörtlich *Die Königsherrschaft* der Himmel ist gleich einem Kaufmann.*
f Wörtlich *Die Königsherrschaft* der Himmel ist gleich einem Netz.*

13,30 3,12 par; Offb 14,14-15 **13,31** 17,20; Lk 17,6 **13,32** Ez 17,23 **13,33** 1 Kor 5,6; Gal 5,9 **13,34-35** 13,2-3.10-15 **13,35** *nach* Ps 78,2 **13,40** 7,19 S **13,41** 24,31 par **13,42** 8,12 S; Dan 3,6 S **13,43** Dan 12,3; Ri 5,31 **13,44** 19,29 par; Phil 3,7-14 **13,50** 8,12 S; Dan 3,6 S

Neue Gesetzeslehrer

51 »Habt ihr das alles verstanden?«, fragte Jesus seine Jünger*, und sie antworteten: »Ja!«

52 Da sagte er zu ihnen: »So wird es denn künftig neue Gesetzeslehrer* geben, solche, die gelernt haben, was es mit der Herrschaft* Gottes auf sich hat. Diese Gesetzeslehrer sind zu vergleichen mit einem Hausherrn, der aus seiner Vorratskammer Neues und Altes herausholt.«

53 Als Jesus diese Reihe von Gleichnissen* beendet hatte, verließ er die Gegend am See.[a]

MACHTTATEN UND MAHNWORTE (13,54–16,12)

Jesus in Nazaret

(Mk 6,1-6; Lk 4,16-30)

54 Jesus kam in seine Heimatstadt und lehrte in der Synagoge*, und die Leute, die ihn hörten, waren sehr verwundert.

»Woher hat er diese Weisheit«, fragten sie einander, »und woher die Kraft, solche Wunder zu tun? 55 Ist er nicht der Sohn des Zimmermanns*? Ist nicht Maria seine Mutter und sind nicht Jakobus, Josef, Simon und Judas seine Brüder? 56 Leben nicht auch seine Schwestern alle hier bei uns? Woher hat er dann das alles?«

57 Darum wollten sie nichts von ihm wissen.

Aber Jesus sagte zu ihnen: »Ein Prophet* gilt nirgends so wenig wie in seiner Heimat und in seiner Familie.«

58 Weil sie ihm das Vertrauen verweigerten, tat er dort nur wenige Wunder.

Was Herodes von Jesus denkt

(Mk 6,14-16; Lk 9,7-9)

14 Zu dieser Zeit hörte Herodes Antipas,[b] der Fürst in jenem Teil des Landes, was sich die Leute von Jesus erzählten. 2 »Das ist der Täufer* Johannes«, sagte er zu seinem Gefolge. »Er ist vom Tod auferweckt worden, darum wirken solche Kräfte in ihm.«

Vom Tod des Täufers Johannes

(Mk 6,17-29)

3 Herodes hatte nämlich Johannes festnehmen und gefesselt ins Gefängnis werfen lassen. Der Grund dafür war: Herodes hatte seinem Bruder Philippus die Frau, Herodias*, weggenommen und sie geheiratet. 4 Johannes hatte ihm daraufhin vorgehalten: »Das Gesetz* Gottes erlaubt dir nicht, sie zu heiraten.«

5 Herodes hätte ihn deshalb gerne getötet; aber er hatte Angst vor dem Volk, das Johannes für einen Propheten* hielt.

6 Als nun Herodes Geburtstag hatte, tanzte die Tochter von Herodias vor den Gästen. Das gefiel Herodes so gut, 7 dass er einen Eid schwor und ihr versprach, ihr alles zu geben, was sie sich wünschte.

8 Auf Anraten ihrer Mutter sagte das Mädchen: »Gib mir hier auf einem Teller den Kopf des Täufers Johannes!«

9 Der König wurde traurig, aber weil er vor allen Gästen einen Schwur geleistet hatte, befahl er, ihr den Wunsch zu erfüllen. 10 Er schickte den Henker ins Gefängnis; der enthauptete Johannes. 11 Sein Kopf wurde auf einem Teller hergebracht und dem Mädchen überreicht. Das gab ihn weiter an seine Mutter.

12 Die Jünger* von Johannes holten den Toten und begruben ihn. Danach gingen sie zu Jesus und berichteten ihm, was geschehen war.

Jesus macht mehr als fünftausend Menschen satt

(Mk 6,30-44; Lk 9,10-17; Joh 6,1-13)

13 Als Jesus das hörte, ging er von dort weg und fuhr mit dem Boot an eine einsame Stelle. Aber die Leute in den umliegenden Orten erfuhren es und folgten ihm auf dem Landweg.

14 Als Jesus aus dem Boot stieg, sah er eine große Menschenmenge vor sich. Da ergriff ihn das Mitleid und er heilte ihre Kranken.

15 Darüber wurde es Abend. Seine Jünger* kamen zu ihm und sagten: »Es ist schon spät und die Gegend hier ist einsam. Schick doch die Leute weg! Sie sollen in die Dörfer gehen und sich etwas zu essen kaufen!«

16 Jesus antwortete ihnen: »Warum sollen sie weggehen? Gebt doch *ihr* ihnen zu essen!«

17 Die Jünger hielten ihm entgegen: »Wir haben nur fünf Brote und zwei Fische hier.«

18 »Bringt sie mir her!«, sagte Jesus.

19 Er forderte die Leute auf, sich ins Gras zu setzen. Dann nahm er die fünf Brote und die zwei Fische, sah zum Himmel auf und sprach das Segensgebet darüber. Er brach die Brote in Stücke und gab sie den Jüngern, und die verteilten sie an die Menge.

a am See: verdeutlichender Zusatz; vgl. die Verse 1 und 54.
b Wörtlich *Herodes;* siehe Sacherklärung »Herodes (3)«.

13,52 Sir 39,1-3 **13,54** Joh 7,15 **13,55** Joh 6,42 **13,57** Joh 4,44 **14,2** 16,14 S **14,3-4** Lk 3,19-20 **14,4** Ex 20,14; Lev 18,16; 20,21 **14,5** Joh 7,1 S; Mt 21,26 par **14,13-21** 15,32-39 par **14,14** Mk 8,2 S

20 Alle aßen und wurden satt, und sie füllten sogar noch zwölf Körbe mit dem Brot, das übrig blieb. 21 Etwa fünftausend Männer hatten an der Mahlzeit teilgenommen, dazu noch Frauen und Kinder.

Jesus geht auf dem Wasser

(Mk 6,45-52; Joh 6,15-21)

22 Gleich darauf drängte Jesus die Jünger*, ins Boot zu steigen und ans andere Seeufer vorauszufahren. Er selbst wollte erst noch die Menschenmenge verabschieden. 23 Als er damit fertig war, stieg er allein auf einen Berg,[a] um zu beten. Als es dunkel wurde, war er immer noch dort.

24 Das Boot mit den Jüngern war inzwischen weit draußen auf dem See. Der Wind trieb ihnen die Wellen entgegen und machte ihnen schwer zu schaffen.

25 Im letzten Viertel der Nacht kam Jesus auf dem Wasser zu ihnen. 26 Als die Jünger ihn auf dem Wasser gehen sahen, erschraken sie und sagten: »Ein Gespenst!«, und schrien vor Angst.

27 Sofort sprach Jesus sie an: »Fasst Mut! *Ich bin's,*[b] fürchtet euch nicht!«

28 Da sagte Petrus: »Herr, wenn du es bist, dann befiehl mir, auf dem Wasser zu dir zu kommen!«

29 »Komm!«, sagte Jesus.

Petrus stieg aus dem Boot, ging über das Wasser und kam zu Jesus. 30 Als er dann aber die hohen Wellen sah, bekam er Angst. Er begann zu sinken und schrie: »Hilf mir, Herr!«

31 Sofort streckte Jesus seine Hand aus, fasste Petrus und sagte: »Du hast zu wenig Vertrauen! Warum hast du gezweifelt?« 32 Dann stiegen beide ins Boot, und der Wind legte sich.

33 Die Jünger im Boot warfen sich vor Jesus nieder und riefen: »Du bist wirklich Gottes Sohn*!«

Jesus heilt Kranke in Gennesaret

(Mk 6,53-56)

34 Sie überquerten den See und landeten bei Gennesaret*. 35 Die Bewohner des Ortes erkannten Jesus und verbreiteten die Nachricht von seiner Ankunft in der ganzen Umgebung. Daraufhin brachte man alle Kranken zu ihm 36 und bat ihn, ob sie nicht wenigstens eine Quaste* seines Gewandes berühren dürften. Und alle, die es taten, wurden gesund.

Falscher Gottesdienst

(Mk 7,1-13)

15 Damals kamen Pharisäer* und Gesetzeslehrer* aus Jerusalem zu Jesus und fragten ihn: 2 »Warum übertreten deine Jünger die Vorschriften, die von den früheren Gesetzeslehrern aufgestellt und dann weiterüberliefert worden sind? Warum waschen sie sich nicht die Hände vor dem Essen?«[c]

3 Jesus antwortete ihnen: »Und warum übertretet ihr das Gebot Gottes euren überlieferten Vorschriften zuliebe? 4 Gott hat gesagt: ›Ehre deinen Vater und deine Mutter!‹, und: ›Wer zu seinem Vater oder seiner Mutter etwas Schändliches sagt, wird mit dem Tod bestraft.‹ 5 Ihr dagegen behauptet: ›Wenn jemand zu seinem Vater oder seiner Mutter sagt: Was ihr von mir bekommen müsstet, ist für Gott bestimmt[d] 6 – dann darf er seine Eltern nicht mehr damit ehren.‹ So habt ihr das Wort Gottes außer Kraft gesetzt mit euren Überlieferungen.

7 Ihr Scheinheiligen, treffend hat der Prophet Jesaja euch im Voraus beschrieben: 8 ›Dieses Volk ehrt mich nur mit Worten, sagt Gott, aber mit dem Herzen ist es weit weg von mir. 9 Ihr ganzer Gottesdienst ist sinnlos, denn sie lehren nur Gebote, die sich Menschen ausgedacht haben.‹«

Was unrein macht

(Mk 7,14-23)

10 Jesus rief die Menge hinzu und sagte: »Hört zu und versteht! 11 Nicht das macht den Menschen unrein*, was er durch den Mund in sich aufnimmt, sondern das, was aus seinem Mund herauskommt!«

12 Hinterher traten seine Jünger* zu ihm und sagten: »Weißt du, dass die Pharisäer* empört waren, weil du das gesagt hast?«

13 Jesus antwortete: »Alles, was mein Vater im Himmel nicht selbst gepflanzt hat, wird ausgerissen werden. 14 Lasst sie reden! Sie wollen Blinde führen und sind selbst blind. Wenn ein Blinder den andern führt, fallen beide in die Grube.«

15 Da sagte Petrus: »Erkläre uns doch, was du mit dem Wort von der Unreinheit gemeint hast!«

16 »Habt ihr auch noch nichts verstanden?«, erwiderte Jesus. 17 »Begreift ihr nicht, dass alles,

a Wörtlich *auf den Berg;* siehe Sacherklärung »Berg«. *b* *Ich bin's:* siehe Anmerkung zu Joh 8,24.
c Es geht nicht um Hygiene, sondern um die kultische Reinheit; siehe Sacherklärung »Pharisäer«.
d Wörtlich *ist Weihegabe;* siehe Sacherklärung »Korban«.

14,23 5,1 S; Lk 5,16 S **14,25** Ijob 9,8 **14,26** Lk 24,37 **14,31** 6,30 par; 8,26 par; 16,8; 17,20 par **14,33** 16,16 par; 27,54; Mk 15,39 S; Joh 1,34 S **14,36** 9,20 S **15,2** 23,25; Lk 11,38-39 **15,4** *zit* Ex 20,12; *nach* Ex 21,17 **15,7-9** *nach* Jes 29,13 **15,11** Mk 7,15 S **15,14** 23,16.24; Lk 6,39; Röm 2,19

was durch den Mund aufgenommen wird, in
den Magen gelangt und dann vom Körper wie-
der ausgeschieden wird? 18 Was aber aus dem
Mund herauskommt, kommt aus dem Herzen,
und das macht den Menschen unrein. 19 Denn
aus dem Herzen kommen die bösen Gedanken
und mit ihnen Mord, Ehebruch, Unzucht, Dieb-
stahl, falsche Zeugenaussagen und Beleidigun-
gen. 20 Das ist es, was den Menschen unrein
macht, aber nicht, dass er es unterlässt, sich vor
dem Essen die Hände zu waschen.«

Das Vertrauen einer nichtjüdischen Frau

(Mk 7,24-30)

21 Jesus verließ die Gegend und zog sich in das
Gebiet von Tyrus und Sidon zurück. 22 Eine
kanaanitische[a] Frau, die dort wohnte, kam zu
ihm und rief: »Herr, du Sohn Davids*, hab Erbar-
men mit mir! Meine Tochter wird von einem
bösen Geist* sehr geplagt.«

23 Aber Jesus gab ihr keine Antwort. Schließ-
lich drängten ihn die Jünger: »Sieh zu, dass du
sie loswirst;[b] sie schreit ja hinter uns her!«

24 Aber Jesus sagte: »Ich bin nur zum Volk
Israel, dieser Herde von verlorenen Schafen,
gesandt worden.«

25 Da warf die Frau sich vor Jesus nieder und
sagte: »Hilf mir doch, Herr!«

26 Er antwortete: »Es ist nicht recht, den
Kindern das Brot wegzunehmen und es den
Hunden vorzuwerfen.«

27 »Gewiss, Herr«, sagte sie; »aber die Hunde
bekommen doch wenigstens die Brocken, die
vom Tisch ihrer Herren herunterfallen.«

28 Da sagte Jesus zu ihr: »Du hast ein großes
Vertrauen, Frau! Was du willst, soll geschehen.«
Im selben Augenblick wurde ihre Tochter
gesund.

Jesus heilt viele Menschen und macht über viertausend satt

(Mk 7,31–8,10)

29 Jesus ging von dort weg und kam an den
See von Galiläa*. Er stieg auf einen Berg[c] und
setzte sich. 30 Eine große Menschenmenge kam
zu ihm mit Gelähmten, Verkrüppelten, Blinden,
Stummen und vielen anderen Kranken. Die
Leute legten sie vor seinen Füßen nieder und er
heilte sie.

31 Alle staunten, als sie sahen, dass die Stum-
men sprachen, die Verkrüppelten wiederherge-
stellt wurden, die Gelähmten umherliefen und
die Blinden sehen konnten. Laut priesen sie den
Gott Israels.

32 Danach rief Jesus seine Jünger* zu sich und
sagte: »Die Menschen tun mir Leid. Seit drei
Tagen sind sie hier bei mir und haben nichts zu
essen. Ich will sie jetzt nicht hungrig nach Hause
schicken, sie könnten sonst unterwegs zusam-
menbrechen.«

33 Aber die Jünger sagten: »Wo sollen wir hier
in dieser unbewohnten Gegend genug Brot
bekommen, um so viele satt zu machen?«

34 »Wie viele Brote habt ihr?«, fragte Jesus,
und sie antworteten: »Sieben, und noch ein paar
kleine Fische.« 35 Da forderte er die Leute auf,
sich auf die Erde zu setzen.

36 Er nahm die sieben Brote und die Fische
und sprach darüber das Dankgebet. Dann brach
er die Brote in Stücke und gab sie seinen Jün-
gern; und die Jünger verteilten sie an die Menge.

37 Alle aßen und wurden satt, und sie füllten
sogar noch sieben Körbe mit dem Brot, das übrig
blieb. 38 Viertausend Männer hatten an der Mahl-
zeit teilgenommen, dazu noch Frauen und Kinder.

39 Dann schickte Jesus die Leute nach Hause,
stieg in ein Boot und fuhr in das Gebiet von
Magadan.

Die Gegner fordern erneut einen Beweis

(Mk 8,11-13; Lk 12,54-56)

16 Die Pharisäer* und Sadduzäer* kamen zu
Jesus, um ihn auf die Probe zu stellen. Sie
verlangten von ihm ein Zeichen vom Himmel als
Beweis dafür, dass er wirklich von Gott beauf-
tragt sei.[d]

2 Aber Jesus antwortete ihnen:[e] »Wenn
der Abendhimmel rot ist, dann sagt ihr: ›Morgen
gibt es schönes Wetter.‹ 3 Und wenn der Morgen-
himmel rot und trübe ist, sagt ihr: ›Heute gibt es
Sturm.‹ Ihr könnt also das Aussehen des
Himmels beurteilen und schließt daraus, wie
das Wetter wird. Warum versteht ihr dann
nicht auch, was die Ereignisse dieser Zeit an-
kündigen?

a Die Bezeichnung unterstreicht, dass die Frau nicht zum Gottesvolk Israel gehört; vgl. z.B. Esra 9,1.
b Möglich ist auch die Übersetzung: *Tu ihr den Gefallen und dann lass sie gehen!*
c Wörtlich *auf den Berg;* siehe Sacherklärung »Berg«.
d Wörtlich *Sie verlangten, er solle ihnen ein Zeichen vom Himmel vorzeigen.*
e Die Verse 2b *(Wenn der Abendhimmel …)* und 3 fehlen in vielen wichtigen Handschriften; vgl [illegible] Lk 12,54-56.

15,19 Gal 5,19-21 S **15,22** 20,30-31 S **15,24** 10,6 S; Röm 15,8 **15,28** 8,13 S **15,30** [illegible] **15,32-39** 14,13-21 par **15,32** Mk 8,2 S **16,1-4** Joh 6,30 S

4 Diese böse Generation, die von Gott nichts
wissen will,[a] verlangt einen Beweis; aber es wird
ihr keiner gegeben werden – ausgenommen das
Wunder, das am Propheten Jona* geschah: Den
Beweis werden sie bekommen!«
Damit ließ er sie stehen und ging weg.

Unverständige Jünger

(Mk 8,14-21)

5 Als die Jünger* am anderen Seeufer ankamen,
hatten sie vergessen, Brot mitzunehmen. 6 Jesus
sagte zu ihnen: »Nehmt euch in Acht vor dem
Sauerteig* der Pharisäer* und Sadduzäer*!«
7 Da sagten die Jünger zueinander: »Wir
haben kein Brot mitgenommen!«
8 Jesus hörte es und sagte: »Was macht ihr
euch Gedanken darüber, dass ihr kein Brot habt?
Habt ihr so wenig Vertrauen? 9 Habt ihr immer
noch nichts begriffen? Habt ihr vergessen, wie
ich die fünf Brote unter fünftausend Menschen
ausgeteilt habe? Und wie viele Körbe mit Resten
ihr da eingesammelt habt? 10 Und dann die
sieben Brote unter die viertausend – wie viele
Körbe mit Resten waren es da? 11 Ihr müsstet
doch merken, dass ich nicht von Broten spreche.
Ich spreche vom Sauerteig der Pharisäer und
Sadduzäer; davor nehmt euch in Acht!«
12 Da endlich verstanden sie, dass er nicht den
Sauerteig gemeint hatte, der zum Brotbacken
verwendet wird, sondern die Lehre der Pharisäer
und Sadduzäer.

JESUS AUF DEM WEG NACH JERUSALEM (16,13–20,34)

Du bist Christus! – Du bist Petrus!

(Mk 8,27-30; Lk 9,18-21)

13 Als Jesus in die Gegend der Stadt Cäsarea Phil-
ippi kam, fragte er seine Jünger*: »Für wen
halten die Leute den Menschensohn*?«
14 Die Jünger gaben zur Antwort: »Die einen
halten dich für den wieder auferstandenen
Täufer* Johannes, andere halten dich für den
wiedergekommenen Elija*, und wieder andere
meinen, du seist Jeremia oder sonst einer von
den alten Propheten.«
15 »Und ihr«, wollte Jesus wissen, »für wen
haltet ihr mich?«
16 Da sagte Simon Petrus: »Du bist Christus,
der versprochene Retter,[b] der Sohn* des lebendi-
gen Gottes!«
17 Darauf sagte Jesus zu ihm: »Du darfst dich
freuen, Simon, Sohn von Johannes,[c] denn diese
Erkenntnis hast du nicht aus dir selbst; mein
Vater im Himmel hat sie dir gegeben.
18 Darum sage ich dir: Du bist Petrus*; und
auf diesem Felsen werde ich meine Gemeinde
bauen! Nicht einmal die Macht des Todes[d] wird
sie vernichten können. 19 Ich werde dir die
Schlüssel zu Gottes neuer Welt[e] geben. Was du
hier auf der Erde für verbindlich erklären wirst,
das wird auch vor Gott verbindlich sein; und was
du hier für nicht verbindlich erklären wirst, das
wird auch vor Gott nicht verbindlich sein.«[f]
20 Dann schärfte Jesus den Jüngern ein: »Sagt
niemand, dass ich der versprochene Retter[g]
bin!«

Jesus kündigt zum ersten Mal seinen Tod an

(Mk 8,31-33; Lk 9,22)

21 Von da an begann Jesus seinen Jüngern* zu er-
öffnen, was Gott mit ihm vorhatte: dass er nach
Jerusalem gehen musste, dass er dort von den
Ratsältesten*, den führenden Priestern* und
den Gesetzeslehrern* vieles erleiden musste,
dass er getötet werden und am dritten Tag auf-
erweckt werden musste.
22 Da nahm Petrus ihn beiseite, fuhr ihn an
und sagte: »Das möge Gott verhüten, Herr; nie
darf dir so etwas zustoßen!«
23 Aber Jesus wandte sich von ihm ab und
sagte: »Geh weg! Hinter mich, an deinen Platz,[h]
du Satan*! Du willst mich von meinem Weg ab-
bringen! Deine Gedanken stammen nicht von
Gott, sie sind typisch menschlich.«

a Wörtlich *Eine böse und ehebrecherische Generation.* Das Wort *ehebrecherisch* ist hier im übertragenen Sinn zu verstehen; siehe Sacherklärung »Hurerei«.
b Wörtlich *Du bist der Christus*.*
c *Sohn von Johannes:* So die wahrscheinlichste Deutung von *Barjona* (vgl. Joh 1,42); für eine andere Deutung siehe Sacherklärung »Zeloten«.
d Wörtlich *die Tore der Totenwelt*.* *e* Wörtlich *die Schlüssel der Königsherrschaft* der Himmel.*
f für verbindlich erklären/für nicht verbindlich erklären: wörtlich *binden/lösen.* Es geht um die Auslegung und Anwendung des Gotteswillens, wie er von Jesus verkündet worden ist (vgl. 7,24-27). Eingeschlossen ist die Vollmacht, aus der Gemeinde auszuschließen oder wieder in sie aufzunehmen (siehe 18,18 im dortigen Zusammenhang).
g Wörtlich *der Christus*.* *h* Siehe Anmerkung zu Mk 8,33.

16,6 Lk 12,1 **16,7-9** Mk 6,52 **16,8** 14,31 S **16,9** 14,20 **16,10** 15,37 **16,14** 14,2; 17,10-11 S; 17,12-13 S; 21,11 S **16,16** 14,33 S **16,18** Lk 22,32; Joh 1,42; 21,15-17; Eph 2,20 **16,19** Lk 11,52 par; Mt 18,18; Joh 20,23 **16,20** Mk 9,9 S **16,21** Mk 8,31 S; Mt 28,6 S

Jesus folgen heißt: ihm das Kreuz nachtragen

(Mk 8,34–9,1; Lk 9,23-27)

24 Dann sagte Jesus zu seinen Jüngern*: »Wer
mir folgen will, muss sich und seine Wünsche
aufgeben, sein Kreuz* auf sich nehmen und auf
meinem Weg hinter mir hergehen.
25 Denn wer sein Leben retten will, wird es
verlieren. Aber wer sein Leben um meinetwillen
verliert, wird es gewinnen.
26 Was hat ein Mensch davon, wenn er die
ganze Welt gewinnt, aber zuletzt sein Leben
verliert? Womit will er es dann zurückkaufen?
27 Denn der Menschensohn* wird in der
Herrlichkeit* seines Vaters mit seinen Engeln*
kommen. Dann wird er allen vergelten nach
ihrem Tun.
28 Ich versichere euch: Einige von euch, die
jetzt hier stehen, werden noch zu ihren Lebzeiten sehen, wie der Menschensohn seine Herrschaft antritt.«

Drei Jünger sehen Jesus in Herrlichkeit (Die »Verklärung«)

(Mk 9,2-10; Lk 9,28-36)

17 Sechs Tage später nahm Jesus die drei
Jünger* Petrus, Jakobus und Johannes,
den Bruder von Jakobus, mit sich und führte sie
auf einen hohen Berg. Sonst war niemand bei
ihnen.
2 Vor den Augen der Jünger ging mit Jesus
eine Verwandlung vor sich: Sein Gesicht leuchtete wie die Sonne und seine Kleider wurden
strahlend weiß.
3 Und dann sahen sie auf einmal
Mose und Elija bei Jesus stehen und mit ihm
reden.
4 Da sagte Petrus zu Jesus: »Wie gut, dass wir
hier sind, Herr! Wenn du willst, schlage ich hier
drei Zelte auf, eins für dich, eins für Mose und
eins für Elija.«
5 Während er noch redete, erschien eine
leuchtende Wolke über ihnen, und eine Stimme
aus der Wolke sagte: »Dies ist mein Sohn*, ihm
gilt meine Liebe, ihn habe ich erwählt. Auf ihn
sollt ihr hören!«
6 Als die Jünger diese Worte hörten, warfen
sie sich voller Angst nieder, das Gesicht zur Erde.
7 Aber Jesus trat zu ihnen, berührte sie und sagte:
»Steht auf, habt keine Angst!«
8 Als sie aufblickten, sahen sie nur noch Jesus allein.
9 Während sie den Berg hinunterstiegen,
befahl er ihnen: »Sprecht zu niemand über das,
was ihr gesehen habt, bis der Menschensohn*
vom Tod auferweckt ist.«

Elija und der Täufer Johannes

(Mk 9,11-13)

10 Die drei Jünger* fragten Jesus: »Warum behaupten die Gesetzeslehrer*, dass vor dem Ende
erst noch Elija* wiederkommen muss?«
11 Jesus sagte: »Gewiss, Elija kommt und
wird das ganze Volk Gottes wiederherstellen.
12 Aber ich sage euch: Elija *ist* schon gekommen;
doch niemand hat ihn erkannt, sondern sie
haben mit ihm gemacht, was sie wollten. So
wird auch der Menschensohn* durch sie zu
leiden haben.«
13 Da verstanden die Jünger, dass er vom
Täufer* Johannes sprach.

Mangelndes Vertrauen

(Mk 9,14-29; Lk 9,37-43a)

14 Als sie zu der Volksmenge zurückkehrten,
kam ein Mann zu Jesus, warf sich vor ihm auf
die Knie
15 und sagte: »Herr, hab Erbarmen mit
meinem Sohn! Er leidet an Epilepsie* und hat so
furchtbare Anfälle, dass er oft ins Feuer oder
auch ins Wasser fällt.
16 Ich habe ihn zu deinen
Jüngern* gebracht, aber sie konnten ihn nicht
heilen.«
17 Da sagte Jesus: »Was seid ihr doch für eine
verkehrte Generation, die Gott nichts zutraut!
Wie lange soll ich noch bei euch aushalten und
euch ertragen? Bringt den Jungen her!«
18 Jesus sprach ein Machtwort zu dem bösen
Geist*, der den Jungen in seiner Gewalt hatte,
und er verließ ihn. Der Junge war von da an
gesund.
19 Später kamen die Jünger allein zu Jesus und
fragten ihn: »Warum konnten wir den bösen
Geist nicht austreiben?«
20 »Weil ihr Gott nicht genug vertraut«, sagte
Jesus. »Ich versichere euch: Wenn euer Vertrauen auch nur so groß ist wie ein Senfkorn,
dann könnt ihr zu dem Berg da sagen: ›Geh von
hier nach dort‹, und er wird es tun. Dann wird
euch nichts mehr unmöglich sein.«[a]

---

a Einige Handschriften fügen hinzu (Vers 21): *Doch diese Art von bösen Geistern kann nur durch Gebet und Fasten ausgetrieben werden* (vgl. Mk 9,29).

16,24-25 10,38-39 S **16,24** 1 Petr 2,21 **16,27** Mt 25,31 S; (vergelten) Jer 17,10 S; Mt 13,41-42; 25,31-46; Joh 5,29; Röm 2,6 S; Offb 22,12 S **16,28** Mk 9,1 S **17,1** 26,37 par; Mk 5,37 par; 13,3 **17,2-8** 2 Petr 1,16-18; Offb 1,16 **17,5** 3,17 S; Dtn 18,15 **17,9** Mk 9,9 S **17,10-11** Mal 3,23-24; Sir 48,10; Mt 16,14 S **17,12-13** 11,14 S **17,17** Mk 9,19 S **17,20** 21,21 par; 13,31 S; 14,31 S

Jesus kündigt zum zweiten Mal seinen Tod an

(Mk 9,30-32; Lk 9,43-45)

22 Als Jesus und die Jünger* wieder alle in Gali-
läa* beisammen waren, sagte er zu ihnen: »Bald
wird der Menschensohn* nach dem Willen
Gottes an die Menschen ausgeliefert. 23 Sie
werden ihn töten, doch am dritten Tag wird er
auferweckt werden.«

Da wurden sie sehr traurig.

Über die Tempelsteuer

24 Als sie nach Kafarnaum zurückgekehrt waren,
kamen die Kassierer der Tempelsteuer* zu Petrus
und fragten ihn: »Zahlt euer Lehrer* nicht das
Doppel-Silberstück als Tempelsteuer?«

25 »Doch!«, sagte Petrus.

Als er dann ins Haus hineinging, fragte ihn
Jesus, noch bevor Petrus etwas von dem Vorfall
erzählen konnte: »Was meinst du, Simon? Von
wem nehmen die Könige der Erde Zölle oder
Steuern? Von ihren eigenen Söhnen oder von
ihren Untertanen?«

26 »Von den Untertanen«, antwortete Petrus.

Jesus sagte: »Das heißt also, dass die Söhne
nichts zu zahlen brauchen! 27 Aber wir wollen
sie nicht unnötig verärgern. Geh an den See und
wirf die Angel aus. Nimm den ersten Fisch, den
du fängst, und öffne ihm das Maul. Du wirst
darin ein Vierfach-Silberstück finden. Nimm es
und bezahle damit die Steuer für mich und für
dich!«

Anweisungen für das Gemeindeleben (18,1-35)

Gegen die Geltungssucht

(Mk 9,33-37; Lk 9,46-48)

18 Um diese Zeit kamen die Jünger* zu Jesus
und fragten ihn: »Wer ist in der neuen
Welt Gottes[a] der Größte?«

2 Da rief Jesus ein Kind herbei, stellte es in
ihre Mitte 3 und sagte: »Ich versichere euch:
Wenn ihr euch nicht ändert und den Kindern
gleich werdet, dann könnt ihr in Gottes neue
Welt überhaupt nicht hineinkommen. 4 Wer es
auf sich nimmt, vor den Menschen so klein und
unbedeutend dazustehen wie dieses Kind, ist in
der neuen Welt Gottes der Größte. 5 Und wer
einen solchen Menschen[b] in meinem Namen
aufnimmt, nimmt mich auf.«

Verführer und Verführungen

(Mk 9,42-48; Lk 17,1-3a)

6 »Wer dagegen einen dieser kleinen, unbedeu-
tenden Menschen, die zu mir halten und mir
vertrauen,[c] an mir irrewerden lässt, käme noch
gut weg, wenn er mit einem Mühlstein* um den
Hals im Meer versenkt würde, dort, wo es am
tiefsten ist.

7 Wehe der Welt*, in der Menschen an mir
irrewerden. Das muss zwar so kommen; aber
wehe dem, der dazu beiträgt!

8 Wenn deine Hand oder dein Fuß dich zur
Sünde verführen, dann hau sie ab und wirf sie
weg. Es ist besser für dich, mit nur einer Hand
oder einem Fuß ewig bei Gott zu leben, als mit
beiden Händen und Füßen ins ewige Feuer
geworfen zu werden.

9 Und wenn dich dein Auge zur Sünde
verführt, dann reiß es aus und wirf es weg. Es ist
besser für dich, mit nur einem Auge ewig bei
Gott zu leben, als mit beiden Augen in das Feuer
der Hölle* geworfen zu werden.«

Sorge um die Verlorengehenden

(Lk 15,3-7)

10 »Hütet euch davor, einen dieser kleinen, un-
bedeutenden Menschen überheblich zu behan-
deln. Denn ich versichere euch: Ihre Engel*
haben immer Zugang zu meinem Vater im
Himmel![d]

12 Was meint ihr: Was wird ein Mann tun, der
hundert Schafe hat, und eines davon hat sich
verlaufen? Wird er nicht die neunundneunzig
allein im Bergland weitergrasen lassen und wird
losziehen und das verirrte suchen? 13 Und wenn
er es dann findet – ich versichere euch: Er wird
sich über das eine Schaf mehr freuen als über die
neunundneunzig, die sich nicht verlaufen
haben.

14 Genauso ist es mit eurem Vater im Himmel:
Er will nicht, dass einer dieser kleinen, unbedeu-
tenden Menschen verloren geht.«

a Wörtlich *in der Königsherrschaft* der Himmel;* entsprechend in den Versen 3 und 4.
b Wörtlich *ein solches Kind.* Gemeint sind die »unbedeutenden« Jesusjünger von Vers 4 (vgl. Vers 6; 10,42).
c *die zu mir...:* wörtlich *die an mich glauben*.*
d Einige Handschriften fügen hinzu (Vers 11): *Denn der Menschensohn* ist gekommen, um die Verlorenen zu retten* (vgl. Lk 19,10).

17,22-23 Mk 8,31 S; Mt 28,6 S **17,24** Ex 30,13-14 **18,1** Lk 22,24 **18,3** 19,14 par **18,4** 23,12 **18,5** 10,40 par S **18,8-9** 5,29-30 **18,10-14** Joh 10,11-15 **18,14** 6,10 S; Sir 18,13

Regelung bei Verstößen gegen Gottes Gebot

(Lk 17,3b)

15 »Wenn dein Bruder – und das gilt entspre-
chend für die Schwester[a] – ein Unrecht began-
gen hat,[b] dann geh hin und stell ihn unter vier
Augen zur Rede. Wenn er mit sich reden lässt,
hast du ihn zurückgewonnen.

16 Wenn er aber nicht auf dich hört, dann geh
wieder hin, diesmal mit ein oder zwei anderen;
denn jede Sache soll ja aufgrund der Aussagen
von zwei oder drei Zeugen entschieden werden.

17 Wenn er immer noch nicht hören will,
dann bring die Angelegenheit vor die Gemeinde.
Wenn er nicht einmal auf die Gemeinde hört,
dann behandle ihn wie einen Ungläubigen oder
Betrüger.[c]

18 Ich versichere euch: Was ihr hier auf der
Erde für verbindlich erklären werdet, das wird
auch vor Gott verbindlich sein; und was ihr hier
für nicht verbindlich erklären werdet, das wird
auch vor Gott nicht verbindlich sein.[d]

19 Aber auch das versichere ich euch: Wenn
zwei von euch auf der Erde gemeinsam um
irgendetwas bitten, wird es ihnen von meinem
Vater im Himmel gegeben werden. 20 Denn wo
zwei oder drei in meinem Namen zusammen-
kommen, da bin ich selbst in ihrer Mitte.«

Unbegrenzte Bereitschaft zur Vergebung

(Lk 17,4)

21 Da wandte sich Petrus an Jesus und fragte ihn:
»Herr, wenn mein Bruder oder meine Schwes-
ter[e] an mir schuldig wird, wie oft muss ich ihnen
verzeihen? Siebenmal?«

22 Jesus antwortete: »Nein, nicht siebenmal,
sondern siebzigmal siebenmal!«

Das Gleichnis vom hartherzigen Schuldner

23 Jesus fuhr fort: »Macht euch klar, was es
bedeutet, dass Gott angefangen hat, seine Herr-
schaft aufzurichten! Er handelt dabei wie jener
König,[f] der mit den Verwaltern seiner Güter ab-
rechnen wollte.

24 Gleich zu Beginn brachte man ihm einen
Mann, der ihm einen Millionenbetrag schuldete.
25 Da er nicht zahlen konnte, befahl der Herr,
ihn zu verkaufen, auch seine Frau und seine Kin-
der und seinen ganzen Besitz, und den Erlös für
die Tilgung der Schulden zu verwenden. 26 Aber
der Schuldner warf sich vor ihm nieder und bat:
›Hab doch Geduld mit mir! Ich will dir ja alles zu-
rückzahlen.‹ 27 Da bekam der Herr Mitleid; er
gab ihn frei und erließ ihm auch noch die ganze
Schuld.

28 Kaum draußen, traf dieser Mann auf einen
Kollegen, der ihm einen geringen Betrag schul-
dete. Den packte er an der Kehle, würgte ihn
und sagte: ›Gib zurück, was du mir schuldest!‹
29 Der Schuldner fiel auf die Knie und bettelte:
›Hab Geduld mit mir! Ich will es dir ja zurück-
geben!‹ 30 Aber sein Gläubiger wollte nichts
davon hören, sondern ließ ihn ins Gefängnis
werfen, bis er die Schuld beglichen hätte.

31 Als das seine anderen Kollegen sahen,
konnten sie es nicht fassen. Sie liefen zu ihrem
Herrn und erzählten ihm, was geschehen war.
32 Er ließ den Mann kommen und sagte: ›Was
bist du für ein böser Mensch! Ich habe dir die
ganze Schuld erlassen, weil du mich darum gebe-
ten hast. 33 Hättest du nicht auch Erbarmen ha-
ben können mit deinem Kollegen, so wie ich es
mit dir gehabt habe?‹ 34 Dann übergab er ihn
voller Zorn den Folterknechten zur Bestrafung,
bis er die ganze Schuld zurückgezahlt haben
würde.

35 So wird euch mein Vater im Himmel auch
behandeln, wenn ihr eurem Bruder oder eurer
Schwester nicht von Herzen verzeiht.«

Jesus bricht auf nach Judäa

(Mk 10,1)

19 Als Jesus diese Rede beendet hatte, ging er
von Galiläa* weg und kam in das
judäische Gebiet auf der anderen Seite des
Jordans. 2 Sehr viele Menschen folgten ihm
dorthin und er heilte sie.

Über Ehescheidung und Ehelosigkeit

(Mk 10,2-12)

3 Da kamen einige Pharisäer* zu ihm und ver-
suchten, ihm eine Falle zu stellen. Sie fragten
ihn: »Ist es erlaubt, dass ein Mann seine Frau aus
jedem beliebigen Grund wegschickt?«

4 Jesus antwortete: »Habt ihr nicht gelesen,

a *und das gilt …*: verdeutlichender Zusatz; siehe Sacherklärung »Bruder«.
b Viele Handschriften fügen nach *Unrecht* ein: *gegen dich,* wahrscheinlich unter dem Einfluss von Mt 18,21 und Lk 17,4.
c Wörtlich *wie einen Heiden* oder Zolleinnehmer*.* d Vgl. Anmerkung zu 16,19.
e Wörtlich *mein Bruder;* entsprechend in Vers 35. Vgl. dazu Sacherklärung »Bruder«.
f *Macht euch klar …*: wörtlich *Deshalb ist die Königsherrschaft* der Himmel einem König gleich geworden.*

18,15 Lev 19,17; Sir 19,13-17; Gal 6,1 **18,16** (Zeugen) Dtn 19,15S; Joh 8,17; 2 Kor 13,1; 1 Tim 5,19; Hebr 10,28 **18,17** Tit 3,10 **18,18** 16,19S **18,19** 7,7S **18,20** 28,20 **18,22** Gen 4,24 **18,23** 25,19 **18,27** Lk 7,42 **18,33** 5,7S **18,34** 5,26 **18,35** 6,12.15; Jak 2,13; Eph 4,32; Kol 3,13 **19,4** Gen 1,27

was in den Heiligen Schriften* steht? Dort heißt es, dass Gott am Anfang den Menschen als Mann und Frau geschaffen hat. 5 Und er hat gesagt: ›Deshalb verlässt ein Mann Vater und Mutter, um mit seiner Frau zu leben. Die zwei sind dann eins, mit Leib und Seele.‹ 6 Sie sind also nicht mehr zwei, sondern eins. Und was Gott zusammengefügt hat, sollen Menschen nicht scheiden.«

7 Die Pharisäer fragten: »Wie kann Mose dann vorschreiben: Der Mann soll der Frau eine Scheidungsurkunde* ausstellen und sie wegschicken?«

8 Jesus antwortete: »Mose hat euch die Ehescheidung nur zugestanden, weil ihr euer Herz gegen Gott verhärtet habt – und damit eure Hartherzigkeit ans Licht kommt.[a] Aber das war ursprünglich nicht so. 9 Darum sage ich euch: Wer sich von seiner Frau trennt und eine andere heiratet, begeht Ehebruch – ausgenommen den Fall, dass sie ihrerseits die Ehe gebrochen hat.«[b]

10 Da sagten seine Jünger* zu ihm: »Wenn es zwischen Mann und Frau so steht, sollte man lieber gar nicht heiraten.«

11 Aber Jesus antwortete: »Was ich jetzt sage, können nicht alle verstehen, sondern nur die, denen Gott das Verständnis gegeben hat. 12 Es gibt verschiedene Gründe, warum jemand nicht heiratet. Manche Menschen sind von Geburt an eheunfähig, manche – wie die Eunuchen – sind es durch einen späteren Eingriff geworden. Noch andere verzichten von sich aus auf die Ehe, weil sie ganz davon in Anspruch genommen sind, dass Gott jetzt seine Herrschaft* aufrichtet. Das sage ich für die, die es verstehen können.«

Jesus und die Kinder

(Mk 10,13-16; Lk 18,15-17)

13 Damals wollten einige Leute ihre Kinder zu Jesus bringen, damit er ihnen die Hände auflege und für sie bete; aber die Jünger* fuhren sie an und wollten sie wegschicken.

14 Da sagte Jesus: »Lasst doch die Kinder! Hindert sie nicht, zu mir zu kommen; denn für Menschen wie sie steht Gottes neue Welt[c] offen.«

15 Dann legte er den Kindern segnend die Hände auf und zog von dort weiter.

Die Gefahr des Reichtums

(Mk 10,17-27; Lk 18,18-27)

16 Da kam ein Mann zu Jesus und fragte ihn: »Lehrer*, was muss ich Gutes tun, um das ewige Leben zu bekommen?«

17 Jesus antwortete: »Warum fragst du mich, was gut ist? Es gibt nur Einen, der gut ist! Wenn du bei ihm leben willst, dann befolge seine Gebote.«

18 »Welche Gebote?«, fragte der Mann.

Jesus antwortete: »Du sollst nicht morden, nicht die Ehe brechen, nicht stehlen, nichts Unwahres über deinen Mitmenschen sagen; 19 ehre deinen Vater und deine Mutter, und liebe deinen Mitmenschen wie dich selbst!«

20 »Ich habe alle diese Gebote befolgt«, erwiderte der junge Mann. »Was muss ich sonst noch tun?«

21 Jesus sagte zu ihm: »Wenn du in der Liebe zu deinen Mitmenschen vollkommen und ungeteilt sein willst,[d] dann geh, verkaufe alles, was du besitzt, und gib das Geld den Armen, so wirst du bei Gott einen unverlierbaren Besitz haben. Und dann komm und folge mir!«

22 Als der junge Mann das hörte, ging er traurig weg; denn er hatte großen Grundbesitz.

23 Da sagte Jesus zu seinen Jüngern*: »Ich versichere euch: Ein Reicher wird nur schwer in die neue Welt Gottes[e] kommen. 24 Ich sage es noch einmal: Eher kommt ein Kamel durch ein Nadelöhr als ein Reicher in Gottes neue Welt.«

25 Als die Jünger das hörten, waren sie entsetzt und fragten: »Wer kann dann überhaupt gerettet werden?«

26 Jesus sah sie an und sagte: »Wenn es auf die Menschen ankommt, ist es unmöglich, aber für Gott ist alles möglich.«

Der Lohn für die, die alles aufgegeben haben

(Mk 10,28-31; Lk 18,28-30)

27 Darauf sagte Petrus zu Jesus: »Du weißt, wir haben alles stehen und liegen lassen und sind dir gefolgt. Was haben wir davon?«

a weil ihr euer Herz ...: wörtlich *auf eure Hartherzigkeit hin.* Zu *Hartherzigkeit* siehe Sacherklärung »Scheidungsurkunde«.
b Wörtlich *außer wegen Unzucht;* siehe Sacherklärung »Unzuchtsklausel«.
c Wörtlich *die Königsherrschaft* der Himmel.*
d Wörtlich *Wenn du vollkommen sein willst.* Die »Vollkommenheit« bezieht sich wie in 5,48 auf die radikale Verwirklichung des Liebesgebots, das in Vers 19 an letzter Stelle als Inbegriff aller zu erfüllenden Gebote genannt wurde. Vgl. Sacherklärung »Bergpredigt (3)«.
e Wörtlich *in die Königsherrschaft* der Himmel;* in Vers 24 wörtlich *in die Königsherrschaft Gottes.*

19,5 *zit* Gen 2,24; Eph 5,31 **19,7** 5,31 S **19,9** 5,32 par **19,14** 18,3 **19,18-19** *zit* Ex 20,12-16 *und* Lev 19,18 **19,19** (liebe) Mk 12,31 S **19,21** Lk 12,33 S; Mt 8,21-22 S **19,22** Ps 62,11 **19,26** Ijob 42,2 S

28 Jesus antwortete: »Ich versichere euch: Wenn Gott die Welt erneuert und der Menschensohn* auf seinem Herrscherthron Platz nimmt, dann werdet auch ihr, die ihr mir gefolgt seid, auf zwölf Thronen sitzen und über die zwölf Stämme Israels Gericht halten. 29 Wer auch immer um meinetwillen Häuser oder Brüder oder Schwestern oder Vater oder Mutter oder Kinder oder Felder zurücklässt, wird das alles hundertfach wiederbekommen und dazu das ewige Leben.

30 Aber viele, die jetzt vorn sind, werden dann am Schluss stehen, und viele, die jetzt die Letzten sind, werden schließlich die Ersten sein.«

Die Arbeiter im Weinberg

20 »Wenn Gott sein Werk vollendet, wird es sein wie bei dem Weinbergbesitzer,[a] der früh am Morgen auf den Marktplatz ging, um Leute zu finden und für die Arbeit in seinem Weinberg anzustellen. 2 Er einigte sich mit ihnen auf den üblichen Tageslohn von einem Silberstück*, dann schickte er sie in den Weinberg.

3 Um neun Uhr ging er wieder auf den Marktplatz und sah dort noch ein paar Männer arbeitslos herumstehen. 4 Er sagte auch zu ihnen: ›Ihr könnt in meinem Weinberg arbeiten, ich will euch angemessen bezahlen.‹ 5 Und sie gingen hin.

Genauso machte er es mittags und gegen drei Uhr. 6 Selbst als er um fünf Uhr das letzte Mal zum Marktplatz ging, fand er noch einige herumstehen und sagte zu ihnen: ›Warum tut ihr den ganzen Tag nichts?‹

7 Sie antworteten: ›Weil uns niemand eingestellt hat.‹

Da sagte er: ›Geht auch ihr noch hin und arbeitet in meinem Weinberg!‹

8 Am Abend sagte der Weinbergbesitzer zu seinem Verwalter: ›Ruf die Leute zusammen und zahl allen ihren Lohn! Fang bei denen an, die zuletzt gekommen sind, und höre bei den ersten auf.‹

9 Die Männer, die erst um fünf Uhr angefangen hatten, traten vor und jeder bekam ein Silberstück.

10 Als nun die an der Reihe waren, die ganz früh angefangen hatten, dachten sie, sie würden entsprechend besser bezahlt, aber auch sie bekamen jeder ein Silberstück.

11 Da murrten sie über den Weinbergbesitzer 12 und sagten: ›Diese da, die zuletzt gekommen sind, haben nur eine Stunde lang gearbeitet, und du behandelst sie genauso wie uns? Dabei haben wir den ganzen Tag über in der Hitze geschuftet!‹

13 Da sagte der Weinbergbesitzer zu einem von ihnen: ›Mein Lieber, ich tue dir kein Unrecht. Hatten wir uns nicht auf ein Silberstück geeinigt? 14 Das hast du bekommen, und nun geh! Ich will nun einmal dem Letzten hier genauso viel geben wie dir! 15 Ist es nicht meine Sache, was ich mit meinem Eigentum mache? Oder bist du neidisch, weil ich großzügig bin?‹«

16 Jesus schloss: »So werden die Letzten die Ersten sein und die Ersten die Letzten.«

Jesus kündigt zum dritten Mal seinen Tod an

(Mk 10,32-34; Lk 18,31-34)

17 Jesus war auf dem Weg nach Jerusalem. Da rief er einmal die zwölf Jünger* allein zu sich und sagte zu ihnen: 18 »Hört zu! Wir gehen nach Jerusalem. Dort wird der Menschensohn* nach dem Willen Gottes an die führenden Priester* und die Gesetzeslehrer* ausgeliefert werden. Sie werden ihn zum Tod verurteilen 19 und den Fremden übergeben, die Gott nicht kennen,[b] damit sie ihren Spott mit ihm treiben, ihn auspeitschen und ans Kreuz* nageln. Doch am dritten Tag wird er vom Tod auferweckt werden.«

Nicht herrschen, sondern dienen

(Mk 10,35-45; Lk 22,24-27)

20 Damals ging die Mutter der beiden Söhne von Zebedäus zusammen mit ihren Söhnen zu Jesus hin und warf sich vor ihm nieder, weil sie ihn um etwas bitten wollte.

21 »Was möchtest du denn?«, fragte Jesus.

Sie sagte: »Ordne doch an, dass meine beiden Söhne rechts und links neben dir sitzen, wenn du deine Herrschaft angetreten hast!«

22 Jesus sagte zu den beiden Söhnen: »Ihr wisst nicht, was ihr da verlangt. Könnt ihr den Kelch trinken, den ich trinken werde?«[c]

»Das können wir!«, antworteten sie.

23 Jesus erwiderte: »Ihr werdet tatsächlich den gleichen Kelch trinken wie ich, aber ich kann nicht darüber verfügen, wer rechts und links neben mir sitzen wird. Auf diesen Plätzen werden die sitzen, die mein Vater dafür bestimmt hat.«

a Wörtlich *Die Königsherrschaft* der Himmel ist gleich einem Hausherrn.*
b *den Fremden …:* siehe Anmerkung zu Mk 10,33. c Zu *Kelch* vgl. 26,39 und die Anmerkung zu Mk 14,36.

19,28 25,31S; (auch ihr) Lk 22,30; 1Kor 6,2; Offb 3,21 **19,29** 10,37 par **19,30** 20,16S **20,8** Lev 19,13; Dtn 24,15 **20,16** 19,30 par; Lk 13,30 **20,17-19** Mk 8,31S **20,19** 27,26-31; 28,6S **20,21** 19,28 **20,22** 26,39 par; Joh 18,11 **20,23** Apg 12,2

24 Die anderen zehn Jünger* hatten das Ge-
spräch mit angehört und ärgerten sich über die
beiden Brüder. 25 Darum rief Jesus alle zwölf zu
sich her und sagte: »Ihr wisst: Die Herrscher der
Völker, die Großen in der Welt, unterdrücken
ihre Leute und lassen sie ihre Macht spüren.
26 Bei euch muss es anders sein! Wer unter euch
groß sein will, soll euer Diener sein, 27 und wer
an erster Stelle stehen will, soll euch Sklaven-
dienste leisten.

28 Auch der Menschensohn* ist nicht gekom-
men, um sich bedienen zu lassen, sondern um
zu dienen und sein Leben als Lösegeld für alle
Menschen hinzugeben.«

Jesus heilt zwei Blinde

(Mk 10,46-52; Lk 18,35-43)

29 Als Jesus mit seinen Jüngern* Jericho verließ,
folgte ihm eine große Menschenmenge. 30 Am
Straßenrand saßen zwei Blinde. Sie hörten, dass
Jesus vorbeikam, und riefen laut: »Herr, du Sohn
Davids*, hab Erbarmen mit uns!«

31 Die Leute fuhren die beiden an, sie sollten
still sein; aber die schrien nur noch lauter: »Herr,
du Sohn Davids, hab Erbarmen mit uns!«

32 Jesus blieb stehen, rief die beiden zu sich
und fragte sie: »Was wollt ihr? Was soll ich für
euch tun?«

33 »Herr«, sagten sie, »wir möchten sehen
können.«

34 Jesus hatte Erbarmen mit ihnen und
berührte ihre Augen. Sofort konnten sie sehen
und folgten ihm.

AUSEINANDERSETZUNGEN IN JERUSALEM (Kapitel 21–23)

Jesus zieht in Jerusalem ein

(Mk 11,1-11; Lk 19,28-40; Joh 12,12-19)

21 Kurz vor Jerusalem kamen sie zu der Ort-
schaft Betfage am Ölberg*. Dort schickte
Jesus zwei Jünger* fort 2 mit dem Auftrag: »Geht
in das Dorf da drüben! Gleich am Ortseingang
findet ihr eine Eselin und ihr Junges angebun-
den. Bindet beide los und bringt sie zu mir!
3 Und wenn jemand etwas sagt, dann antwortet:
›Der Herr braucht sie.‹ Dann wird man sie euch
sofort geben.«

4 Damit sollte in Erfüllung gehen, was der
Prophet* angekündigt hatte:

5 »Sagt der Zionsstadt*:
Dein König kommt jetzt zu dir!
Er verzichtet auf Gewalt.
Er reitet auf einem Esel
und auf einem Eselsfohlen,
dem Jungen eines Lasttiers.«

6 Die beiden Jünger gingen hin und taten, was
Jesus ihnen befohlen hatte. 7 Sie brachten die
Eselin und ihr Junges und legten ihre Kleider
darüber, und Jesus setzte sich darauf. 8 Viele
Menschen aus der Menge breiteten ihre Kleider
als Teppich auf die Straße, andere rissen Zweige
von den Bäumen und legten sie auf den Weg.

9 Die Menschenmenge, die Jesus vorauslief
und ihm folgte, rief immer wieder: »Gepriesen
sei der Sohn Davids*! Heil dem, der im Auftrag
des Herrn kommt! Gepriesen sei Gott in der
Höhe!«

10 Als Jesus in Jerusalem einzog, geriet alles
in große Aufregung. »Wer ist dieser Mann?«,
fragten die Leute in der Stadt.

11 Die Menge, die Jesus begleitete, rief: »Das
ist der Prophet* Jesus aus Nazaret in Galiläa*!«

Jesus im Tempel

(Mk 11,15-19; Lk 19,45-48; Joh 2,13-17)

12 Jesus ging in den Tempel* und trieb alle Händ-
ler und Käufer hinaus. Er stieß die Tische der
Geldwechsler* und die Stände der Tauben-
verkäufer um.

13 Dazu sagte er ihnen: »In den Heiligen
Schriften* steht, dass Gott erklärt hat: ›Mein
Tempel soll eine Stätte sein, an der die Menschen
zu mir beten können!‹ Ihr aber macht eine
Räuberhöhle daraus!«

14 Dann kamen dort im Tempel Blinde und
Gelähmte zu ihm, und er machte sie gesund.

15 Die führenden Priester* und die Gesetzes-
lehrer* sahen die Wunder, die Jesus tat, und sie
hörten, wie die Kinder im Tempel laut riefen:
»Gepriesen sei der Sohn Davids*!« Da wurden
sie wütend 16 und fragten Jesus: »Hörst du, was
die da rufen?«

Jesus sagte zu ihnen: »Gewiss! Habt ihr denn
nie gelesen, was in den Heiligen Schriften*
steht: ›Du, Gott, sorgst dafür, dass die Unmündi-
gen und die kleinen Kinder dich preisen‹?«

17 Damit ließ er sie stehen, ging aus der Stadt
hinaus und übernachtete in Betanien.

20,26-27 23,11 S **20,28** Mk 10,45 S **20,29-34** 9,27-30 **20,30-31** (Sohn Davids) 1,1 S; 9,27; 12,23; 15,22; 21,9.15; 22,41-46 par; Mk 11,10; Lk 1,32.69; 2,11; Joh 7,42; Offb 5,5 **21,5** *nach* Jes 62,11 *und* Sach 9,9; Mt 5,5 **21,7-11** 1 Kön 1,38-40 **21,8** 2 Kön 9,13 **21,9** Ps 118,26; 148,1; Mt 20,30-31 S **21,11** 16,14 par; 21,46; 26,68 par; Lk 7,16 S **21,13** *nach* Jes 56,7; Jer 7,11 **21,14** 11,5-6; 15,29-31; 2 Sam 5,8 **21,15-16** 11,25 S **21,15** 20,30-31 S **21,16** *nach* Ps 8,3

Der Feigenbaum: Vorzeichen des Gerichts über Israel. Aufruf zum Vertrauen

(Mk 11,12-14.20-25)

18 Früh am nächsten Morgen kehrte Jesus nach
Jerusalem zurück. Unterwegs bekam er Hunger.
19 Als er einen Feigenbaum am Straßenrand sah,
ging er hin; aber er fand nichts als Blätter daran.
Da sagte er zu dem Baum: »Du sollst niemals
mehr Frucht tragen!« Und sofort verdorrte der
Baum.

20 Voller Staunen sahen es die Jünger* und
fragten: »Wie konnte der Baum so plötzlich ver-
dorren?«

21 Jesus antwortete ihnen: »Ich versichere
euch: Wenn ihr Vertrauen zu Gott habt und
nicht zweifelt, könnt ihr nicht nur tun, was ich
mit diesem Feigenbaum getan habe. Ihr könnt
dann sogar zu diesem Berg sagen: ›Auf, stürze
dich ins Meer!‹, und es wird geschehen. 22 Wenn
ihr nur Vertrauen habt, werdet ihr alles bekom-
men, worum ihr Gott bittet.«

Woher hat Jesus die Vollmacht?

(Mk 11,27-33; Lk 20,1-8)

23 Jesus ging wieder in den Tempel. Während er
dort die Menschen lehrte, traten die führenden
Priester* und die Ältesten* des Volkes an ihn
heran und fragten: »Woher nimmst du das Recht,
hier so aufzutreten? Wer hat dir die Vollmacht
dazu gegeben?«

24 Jesus antwortete: »Auch ich will euch eine
Frage stellen. Wenn ihr sie mir beantwortet,
werde ich euch sagen, mit welchem Recht ich so
handle. 25 Sagt mir: Woher hatte der Täufer*
Johannes den Auftrag, zu taufen? Von Gott oder
von Menschen?«

Sie überlegten: »Wenn wir sagen ›Von Gott‹,
wird er uns fragen: Warum habt ihr dann Johan-
nes nicht geglaubt? 26 Wenn wir aber sagen ›Von
Menschen‹, dann haben wir die Menge gegen
uns, weil alle überzeugt sind, dass Johannes ein
Prophet* war.« 27 So sagten sie zu Jesus: »Wir
wissen es nicht.«

»Gut«, erwiderte Jesus, »dann sage ich euch
auch nicht, wer mich bevollmächtigt hat.«

Das Gleichnis von den beiden Söhnen

28 Dann sagte Jesus: »Was meint ihr zu folgen-
der Geschichte? Ein Mann hatte zwei Söhne.
Er sagte zu dem einen: ›Mein Sohn, geh und
arbeite heute im Weinberg!‹ 29 ›Ich will nicht‹,
erwiderte der Sohn; später aber überlegte er es
sich und ging doch. 30 Dasselbe sagte der Vater
auch zu seinem anderen Sohn. ›Ja, Herr‹,
antwortete der, ging aber nicht. 31 Wer von den
beiden hat nun nach dem Willen des Vaters
gehandelt?«

»Der Erste«, antworteten sie.

Da sagte Jesus: »Ich versichere euch: Die Zoll-
einnehmer* und die Prostituierten werden eher
in die neue Welt Gottes[a] kommen als ihr.

32 Der Täufer Johannes ist gekommen und
zeigte euch, was ihr jetzt tun müsst, um Gottes
Willen zu erfüllen;[b] aber ihr habt ihm nicht ge-
glaubt. Die Zolleinnehmer und die Prostituierten
haben ihm geglaubt! Aber ihr – nicht einmal als
ihr das saht, habt ihr euch besonnen und ihm
Glauben geschenkt.«

Das Gleichnis von den bösen Weinbergspächtern

(Mk 12,1-12; Lk 20,9-19)

33 »Hört ein anderes Gleichnis*:

Ein Grundbesitzer legte einen Weinberg an,
machte einen Zaun darum, baute eine Wein-
presse und errichtete einen Wachtturm. Dann
verpachtete er den Weinberg und verreiste.

34 Zur Zeit der Weinlese schickte er seine
Boten zu den Pächtern, um den Ertrag abholen
zu lassen. 35 Die Pächter aber packten die Boten,
verprügelten den einen, schlugen einen anderen
tot, und wieder einen anderen steinigten* sie.
36 Noch einmal schickte der Besitzer Boten,
mehr als beim ersten Mal; doch mit denen mach-
ten sie es genauso.

37 Schließlich schickte er seinen Sohn, weil er
dachte: ›Vor meinem Sohn werden sie Respekt
haben.‹ 38 Aber als die Pächter den Sohn kom-
men sahen, sagten sie zueinander: ›Das ist der
Erbe! Wir bringen ihn um und nehmen seine
Erbschaft, den Weinberg, in Besitz.‹ 39 So pack-
ten sie ihn, stießen ihn aus dem Weinberg hinaus
und töteten ihn.

40 Was wird nun der Besitzer des Weinbergs
mit den Pächtern machen, wenn er selbst
kommt?«, fragte Jesus.

41 Sie sagten: »Er wird diesen Verbrechern ein
schreckliches Ende bereiten und den Weinberg
anderen anvertrauen, die ihm zur Erntezeit sei-
nen Ertrag pünktlich abliefern!«

a Wörtlich *in die Königsherrschaft* Gottes.*
b *ist gekommen und zeigte ...:* wörtlich *kam auf dem Weg der Gerechtigkeit.*

21,19 Lk 13,6 **21,21** 17,20; Lk 17,6 **21,22** 7,7 S **21,26** 14,5 **21,28-31** 7,21 S **21,28** Lk 15,11 **21,32** Lk 7,29-30 **21,33** Jes 5,1-7 S **21,35** 22,6 **21,39** Hebr 13,12 **21,41** 22,7

42 Jesus sagte zu ihnen: »Ihr habt ja wohl ge-
lesen, was in den Heiligen Schriften* steht:

›Der Stein, den die Bauleute als wertlos
weggeworfen haben,
ist zum Eckstein* geworden.
Der Herr hat dieses Wunder vollbracht,
und wir haben es gesehen.‹

43 Darum sage ich euch: Das Vorrecht, Gottes
Volk unter Gottes Herrschaft zu sein, wird euch
entzogen. Es wird einem Volk gegeben, das tut,
was dieser Berufung entspricht.[a]
44 Wer auf diesen Stein stürzt, wird zer-
schmettert, und auf wen er fällt, den zermalmt
er.«
45 Die führenden Priester* und die Pharisäer*
merkten, dass die beiden Gleichnisse auf sie
gemünzt waren. 46 Sie hätten Jesus gerne fest-
genommen, wagten es aber nicht, weil die
Menge ihn für einen Propheten* hielt.

Das Gleichnis vom Hochzeitsfest. Das hochzeitliche Kleid

(Lk 14,16-24)

22 Darauf erzählte ihnen Jesus noch ein wei-
teres Gleichnis*:
2 »Gott hat angefangen, seine Herrschaft auf-
zurichten, und er handelt wie jener König,[b] der
seinem Sohn die Hochzeit ausrichtete:
3 Er schickte seine Diener aus, um die gelade-
nen Gäste zum Fest zu bitten; aber sie wollten
nicht kommen.
4 Darauf schickte er noch einmal andere Die-
ner zu den Geladenen und ließ ihnen sagen:
›Hört! Ich habe mein Festessen vorbereitet,
meine Ochsen und meine Mastkälber sind
geschlachtet, alles steht bereit. Kommt zur Hoch-
zeitsfeier!‹
5 Sie aber kümmerten sich nicht darum,
sondern gingen ihren Geschäften nach. Einer
ging auf seine Felder, ein anderer in seinen
Laden. 6 Manche packten sogar die Diener des
Königs, trieben ihren Spott mit ihnen und
töteten sie.
7 Da wurde der König zornig und schickte
seine Heere. Er ließ die Mörder umbringen und
ihre Stadt niederbrennen.
8 Dann sagte er zu seinen Dienern: ›Die Vor-
bereitungen zum Fest sind getroffen, aber die
geladenen Gäste waren es nicht wert, daran teil-
zunehmen. 9 Geht jetzt hinaus auf die Land-
straßen und ladet alle zur Hochzeit ein, die euch
begegnen!‹
10 Die Diener gingen hinaus auf die Straßen
und brachten alle mit, die sie fanden – schlechte
und gute Leute. So wurde der Hochzeitssaal
voll.
11 Als nun der König kam, um sich die Gäste
anzusehen, entdeckte er einen, der nicht hoch-
zeitlich gekleidet war. 12 Er sprach ihn an: ›Wie
bist denn du hier hereingekommen? Du bist ja
gar nicht hochzeitlich angezogen.‹ Der Mann
hatte keine Entschuldigung. 13 Da befahl der
König seinen Dienern: ›Bindet ihm Hände
und Füße und werft ihn hinaus in die Finsternis!
Dort gibt es nur noch Jammern und Zähne-
knirschen.‹
14 Denn viele sind berufen«, schloss Jesus,
»aber nur wenige von ihnen sind erwählt.«

Die Frage nach der Steuer für den Kaiser

(Mk 12,13-17; Lk 20,20-26)

15 Daraufhin beschlossen die Pharisäer*, Jesus
mit einer verfänglichen Frage in die Falle zu
locken.
16 Sie schickten ihre Jünger* zu Jesus und
auch einige Parteigänger von Herodes; die sagten
zu ihm: »Lehrer*, wir wissen, dass es dir nur um
die Wahrheit geht. Du lehrst klar und deutlich,
wie wir nach Gottes Willen leben sollen. Denn
du lässt dich nicht von Menschen beeinflussen,
auch wenn sie noch so mächtig sind. 17 Nun sag
uns deine Meinung: Ist es nach dem Gesetz*
Gottes erlaubt, dem römischen Kaiser Steuer zu
zahlen, oder nicht?«
18 Jesus erkannte ihre böse Absicht und sagte:
»Ihr Scheinheiligen, ihr wollt mir doch nur eine
Falle stellen! 19 Zeigt mir eins von den Geld-
stücken, mit denen ihr die Steuer bezahlt.«
Sie gaben ihm eine Silbermünze*, 20 und er
fragte: »Wessen Bild und wessen Name sind
denn hier aufgeprägt?«
21 »Das Bild und der Name des Kaisers«, ant-
worteten sie.
Da sagte Jesus: »Dann gebt dem Kaiser, was
dem Kaiser gehört, – aber gebt Gott, was Gott ge-
hört!«
22 Solch eine Antwort hatten sie nicht erwar-
tet. Sie ließen Jesus in Ruhe und gingen weg.

a *Das Vorrecht ...:* wörtlich *Die Königsherrschaft* Gottes wird von euch weggenommen und einem Volk gegeben werden, das ihre* (der Königsherrschaft) *Früchte bringt.*
b Wörtlich *Die Königsherrschaft* der Himmel ist gleich geworden einem König.*
21,42 *zit* Ps 118,22-23 **21,44** Jes 8,14-15; Dan 2,34-35.44-45 **21,46** 21,11 S; 26,4-5 **22,2** 9,15 S **22,6** 21,35 par; 23,37 par **22,7** 21,41 par **22,9** 28,18-20 **22,13** 8,12 S **22,21** Röm 13,7

Werden die Toten auferstehen?

(Mk 12,18-27; Lk 20,27-40)

23 Noch am selben Tag kamen Sadduzäer* zu
Jesus. Die Sadduzäer bestreiten, dass die Toten
auferstehen* werden. 24 »Lehrer*«, sagten sie,
»Mose hat angeordnet: ›Wenn ein verheirateter
Mann kinderlos stirbt, dann muss sein Bruder
die Witwe heiraten und dem Verstorbenen
Nachkommen verschaffen.‹

25 Nun gab es hier einmal sieben Brüder. Der
älteste heiratete und starb kinderlos. 26 Darauf
heiratete der zweite die Witwe, starb aber auch
kinderlos; und dem dritten erging es nicht
anders. So war es bei allen sieben. 27 Zuletzt
starb auch die Frau.

28 Wie ist das nun bei der Auferstehung der
Toten: Wem von den sieben soll die Frau dann
gehören? Sie war ja mit allen verheiratet!«

29 »Ihr denkt ganz falsch«, antwortete Jesus.
»Ihr kennt weder die Heiligen Schriften* noch
wisst ihr, was Gott in seiner Macht tun kann.
30 Wenn die Toten auferstehen, werden sie nicht
mehr heiraten, sondern sie werden leben wie die
Engel* im Himmel.

31 Was aber die Auferstehung der Toten über-
haupt betrifft: Habt ihr nicht gelesen, was Gott
euch in den Heiligen Schriften gesagt hat? Er sagt
dort: 32 ›Ich bin der Gott Abrahams, der Gott
Isaaks und der Gott Jakobs.‹ Und er ist doch
nicht ein Gott von Toten, sondern von Leben-
den!«

33 Die ganze Menschenmenge, die zugehört
hatte, war tief beeindruckt von dem, was Jesus
da lehrte.

Das wichtigste Gebot

(Mk 12,28-31; Lk 10,25-28)

34 Als die Pharisäer* erfuhren, dass Jesus die
Sadduzäer zum Schweigen gebracht hatte,
kamen sie bei Jesus zusammen. 35 Einer von
ihnen, ein Gesetzeslehrer*, stellte Jesus eine
Falle. Er fragte ihn: 36 »Lehrer*, welches ist das
wichtigste Gebot des Gesetzes*?«

37 Jesus antwortete: »›Liebe den Herrn,
deinen Gott, von ganzem Herzen, mit ganzem
Willen und mit deinem ganzen Verstand!‹
38 Dies ist das größte und wichtigste Gebot.
39 Aber gleich wichtig ist ein zweites: ›Liebe
deinen Mitmenschen wie dich selbst!‹
40 In diesen beiden Geboten ist alles zusam-
mengefasst, was das Gesetz und die Propheten*
fordern.«

Davids Sohn oder Davids Herr?

(Mk 12,35-37; Lk 20,41-44)

41 Da die Pharisäer* nun einmal versammelt wa-
ren, stellte Jesus auch ihnen eine Frage. 42 Er
sagte zu ihnen: »Was denkt ihr über den verspro-
chenen Retter?[a] Wessen Sohn ist er?«

Sie antworteten: »Der Sohn Davids*.«

43 Da sagte Jesus: »Wie kann David ihn dann,
vom Geist* Gottes erleuchtet, ›Herr‹ nennen?
Denn David sagt ja:

44 ›Gott, der Herr, sagte zu meinem Herrn:
Setze dich an meine rechte Seite!
Ich will dir deine Feinde unterwerfen,
sie als Schemel unter deine Füße legen.‹

45 Wenn also David ihn ›Herr‹ nennt, wie kann
er dann sein Sohn sein?«

46 Keiner konnte ihm darauf eine Antwort
geben. Und von dem Tag an wagte es auch
niemand mehr, ihm noch irgendeine Frage zu
stellen.

Rede über die Ausleger des Gesetzes (Kapitel 23)

Der Unterschied zwischen Lehre und Vorbild

(Mk 12,38-39; Lk 20,45-46; 11,43.46)

23 Darauf wandte sich Jesus an die Men-
schenmenge und an seine Jünger* 2 und
sagte:

»Die Gesetzeslehrer* und die Pharisäer* sind
die berufenen Ausleger des Gesetzes*, das Mose
euch gegeben hat.[b] 3 Ihr müsst ihnen also gehor-
chen und tun, was sie sagen. Aber nach ihrem
Verhalten dürft ihr euch nicht richten; denn sie
selber tun gar nicht, was sie lehren. 4 Sie schnü-
ren schwere, kaum tragbare Lasten zusammen
und laden sie den Menschen auf die Schultern,
aber sie selbst machen keinen Finger krumm,
um sie zu tragen.

5 Alles, was sie tun, tun sie nur, um von den
Leuten gesehen zu werden. Sie tragen auffällig
breite Gebetsriemen* und besonders lange
Quasten* an ihren Kleidern. 6 Bei Festmählern

a Wörtlich *über den Christus**.
b *Die Gesetzeslehrer …*: wörtlich *Auf dem Lehrstuhl Moses sitzen die Gesetzeslehrer und die Pharisäer.*
22,23 Lk 20,27 S **22,24** *nach* Dtn 25,5-6 *und* Gen 38,8 **22,32** *zit* Ex 3,6 **22,37** *nach* Dtn 6,4-5 **22,39** *zit* Lev 19,18; Mk 12,31 S **22,40** Mt 7,12 S **22,41-46** 20,30-31 S **22,44** *nach* Ps 110,1; Mk 12,36 S **22,46** Mk 12,34; Lk 20,40 **23,3** Röm 2,21-23 **23,5** 6,1; Ex 13,9; Dtn 6,8; 22,12 S **23,6** Lk 14,7

sitzen sie auf den Ehrenplätzen und beim Gottes-
dienst in der vordersten Reihe. 7 Sie haben es
gern, wenn die Leute sie auf der Straße respekt-
voll grüßen und sie als ›ehrwürdiger Lehrer‹[a]
anreden.

8 Aber ihr sollt euch nicht ›ehrwürdiger
Lehrer‹ nennen lassen; denn ihr seid untereinan-
der alle Brüder und Schwestern,[b] und nur *einer*
ist euer Lehrer.

9 Auch sollt ihr hier auf der Erde keinen von
euch ›Vater‹ nennen; denn nur einer ist euer
Vater: der im Himmel.

10 Ihr sollt euch auch nicht ›Lehrmeister‹*
nennen lassen, denn auch Lehrmeister ist bei
euch nur einer: Christus*, der versprochene
Retter.

11 Wer unter euch am größten ist, soll
euer Diener sein. 12 Denn wer sich selbst groß
macht, wird von Gott gedemütigt, und wer sich
selbst gering achtet, wird von ihm zu Ehren
gebracht.«

Sieben Weherufe über die Gesetzeslehrer und Pharisäer

(Lk 11,39-42.44.47-48.52)

13 »Weh euch Gesetzeslehrern* und Pharisäern*!
Ihr Scheinheiligen! Ihr versperrt den Zugang zur
neuen Welt Gottes[c] vor den Menschen. Ihr
selbst geht nicht hinein und ihr hindert alle, die
hineinwollen.[d]

15 Weh euch Gesetzeslehrern und Pharisäern!
Ihr Scheinheiligen! Ihr reist um die halbe Welt,
um auch nur einen einzigen Anhänger zu gewin-
nen, und wenn ihr einen gefunden habt, dann
macht ihr ihn zu einem Anwärter der Hölle*,
der doppelt so schlimm ist wie ihr.

16 Weh euch! Ihr wollt andere führen und seid
selbst blind. Ihr sagt: ›Wer beim Tempel*
schwört, ist nicht an den Schwur gebunden; nur
wer beim Gold im Tempel schwört, muss seinen
Schwur halten.‹ 17 Töricht und blind seid ihr!
Was ist denn wichtiger: das Gold oder der Tem-
pel, durch den das Gold erst heilig wird? 18 Ihr
sagt auch: ›Wenn einer beim Altar schwört,
braucht er seinen Schwur nicht zu halten, nur
wenn er beim Opfer* auf dem Altar schwört.‹
19 Ihr Verblendeten! Was ist wichtiger: die Opfer-
gabe oder der Altar, der das Opfer erst heilig
macht? 20 Wer beim Altar schwört, der schwört
doch zugleich bei allem, was darauf liegt, 21 und
wer beim Tempel schwört, der schwört damit
auch bei Gott, der dort wohnt. 22 Und wenn
einer beim Himmel schwört, dann schwört er
beim Thron Gottes und bei Gott, der darauf sitzt.

23 Weh euch Gesetzeslehrern und Pharisäern!
Ihr Scheinheiligen! Ihr gebt Gott den zehnten*
Teil von allem, sogar noch von Gewürzen wie
Minze, Dill und Kümmel; aber um das Wichtigs-
te an seinem Gesetz*, um Gerechtigkeit, Barm-
herzigkeit und Treue, darum kümmert ihr euch
nicht. Dies solltet ihr tun, ohne das andere zu
lassen! 24 Ihr wollt die Menschen führen und
seid selbst blind. Die winzigste Mücke fischt ihr
aus dem Becher, aber Kamele schluckt ihr
unbesehen hinunter.

25 Weh euch Gesetzeslehrern und Pharisäern!
Ihr Scheinheiligen! Ihr reinigt sogar noch das
Äußere von Becher und Schüssel.[e] Aber was
darin ist, habt ihr euch in eurer Gier zusammen-
gestohlen. 26 Ihr blinden Pharisäer! Sorgt zuerst
dafür, dass es mit dem Inhalt des Bechers seine
Richtigkeit hat, dann wird auch sein Äußeres
rein*.

27 Weh euch Gesetzeslehrern und Pharisäern!
Ihr Scheinheiligen! Ihr seid wie weiß angestri-
chene Gräber, die äußerlich schön aussehen;
aber drinnen sind Totengebeine und alles mög-
liche Ungeziefer, das unrein macht. 28 So seid
ihr: Von außen hält man euch für fromm, inner-
lich aber steckt ihr voller Heuchelei und Unge-
horsam gegen Gott.

29 Weh euch Gesetzeslehrern und Pharisäern!
Ihr Scheinheiligen! Ihr baut den Propheten*
wunderschöne Grabmäler und schmückt die
Gräber der Gerechten*. 30 Und ihr sagt: ›Hätten
wir zur Zeit unserer Vorfahren gelebt, wir hätten
uns nicht daran beteiligt, die Propheten umzu-
bringen!‹ 31 Damit gebt ihr selbst zu, dass ihr von
Prophetenmördern abstammt. 32 Macht nur das
Maß eurer Väter voll! 33 Ihr Nattern, ihr Schlan-
genbrut! Wie wollt ihr der Höllenstrafe* entge-
hen?«

a *ehrwürdiger Lehrer:* wörtlich *Rabbi**; ebenso in Vers 8.

b Wörtlich *Brüder;* siehe Sacherklärung »Bruder«.

c Wörtlich *zur Königsherrschaft* der Himmel.*

d Einige Handschriften fügen hinzu (Vers 14): *Weh euch Gesetzeslehrern und Pharisäern! Ihr Scheinheiligen! Ihr sprecht lange Gebete, um einen guten Eindruck zu machen. In Wahrheit aber seid ihr Betrüger, die schutzlose Witwen um ihren Besitz bringen. Ihr werdet einmal besonders streng bestraft werden* (vgl. Mk 12,40; Lk 20,47).

e Damals war es unter den Gesetzeslehrern strittig, ob ein Gefäß, das von innen *gereinigt* worden war, auch noch von außen gereinigt werden musste.

23,8 Joh 13,13 **23,11** 20,26-27 par; Mk 9,35 par; Lk 9,48 **23,12** Ps 75,8 S; Mt 18,4; Lk 14,11; 18,14; 1,52 S **23,16-22** 5,33-37 S **23,16** 15,14 S **23,21** 1 Kön 8,13 **23,23** Lev 27,30; Lk 18,12; Mi 6,8; Sach 7,8-10; Mt 9,13; 12,7; 22,34-40 **23,24** 15,14 S **23,25** Mk 7,4 **23,26** Joh 9,40 **23,28** Lk 16,15 **23,30** 5,12 S **23,33** 3,7 S

Die Strafe wird kommen

(Lk 11,49-51)

34 »Hört gut zu! Ich werde euch Propheten,[a] weise Männer und echte Gesetzeslehrer* schicken. Ihr werdet einige von ihnen töten, andere ans Kreuz bringen, wieder andere in euren Synagogen auspeitschen* und von Stadt zu Stadt verfolgen. 35 So stellt ihr euch in eine Reihe mit euren Vorfahren und werdet zur Rechenschaft gezogen werden für die Ermordung aller Gerechten*, von Abel* an bis hin zu Secharja, dem Sohn von Berechja, den ihr zwischen Tempelhaus und Brandopferaltar* umgebracht habt.[b] 36 Ich versichere euch: Diese Generation wird die Strafe für alle diese Schandtaten bekommen.«

Klage über Jerusalem

(Lk 13,34-35)

37 »Jerusalem, Jerusalem, du tötest die Propheten und steinigst* die Boten, die Gott zu dir schickt. Wie oft wollte ich deine Bewohner um mich scharen, wie eine Henne ihre Küken unter die Flügel nimmt! Aber ihr habt nicht gewollt. 38 Deshalb wird Gott euren Tempel* verlassen, und er wird verwüstet daliegen. 39 Ich sage euch, ihr werdet mich erst wiedersehen, wenn ihr rufen werdet: ›Heil dem, der im Auftrag des Herrn kommt!‹«

REDE ÜBER ENDZEIT UND WELTGERICHT (Kapitel 24–25)

Ankündigung der Zerstörung des Tempels

(Mk 13,1-2; Lk 21,5-6)

24 Jesus verließ den Tempel* und wollte weggehen. Da kamen seine Jünger* zu ihm und wiesen ihn auf die Prachtbauten der Tempelanlage hin. 2 Aber Jesus sagte: »Ihr bewundert das alles? Ich sage euch, hier wird kein Stein auf dem andern bleiben. Alles wird bis auf den Grund zerstört werden.«

Der Anfang vom Ende

(Mk 13,3-8; Lk 21,7-11)

3 Dann ging Jesus auf den Ölberg* und setzte sich dort nieder. Nur seine Jünger* waren bei ihm. Sie traten zu ihm und fragten ihn: »Sag uns, wann wird das geschehen, und woran können wir erkennen, dass du wiederkommst und das Ende der Welt da ist?«

4 Jesus sagte zu ihnen: »Seid auf der Hut und lasst euch von niemand täuschen! 5 Viele werden unter meinem Namen auftreten und von sich behaupten: ›Ich bin der wiedergekommene Christus*!‹ Damit werden sie viele irreführen.

6 Erschreckt nicht, wenn nah und fern Kriege ausbrechen! Es muss so kommen, aber das ist noch nicht das Ende. 7 Ein Volk wird gegen das andere kämpfen, ein Staat den andern angreifen. In vielen Ländern wird es Hungersnöte und Erdbeben geben. 8 Das alles ist erst der Anfang vom Ende – der Beginn der Geburtswehen.«

Die Verfolgung der Jünger

(Mk 13,9-13; Lk 21,12-19)

9 »Dann werden sie euch an die Gerichte ausliefern, euch misshandeln und töten. Die ganze Welt wird euch hassen, weil ihr euch zu mir bekennt. 10 Wenn es so weit ist, werden viele vom Glauben abfallen und sich gegenseitig verraten und einander hassen. 11 Zahlreiche falsche Propheten[c] werden auftreten und viele von euch irreführen. 12 Und weil der Ungehorsam gegen Gottes Gesetz überhand nimmt, wird die Liebe bei den meisten von euch erkalten. 13 Wer aber bis zum Ende standhaft bleibt, wird gerettet.

14 Aber die Gute Nachricht*, dass Gott schon angefangen hat, seine Herrschaft* aufzurichten, wird in der ganzen Welt verkündet werden. Alle Völker sollen sie hören. Danach erst kommt das Ende.«

Die letzte Schreckenszeit

(Mk 13,14-23; Lk 21,20-24; 17,23-24.37)

15 »Im Buch des Propheten Daniel ist die Rede von einem ›entsetzlichen Scheusal‹* – wer das liest, überlege sich, was es bedeutet! Wenn ihr das ›entsetzliche Scheusal‹ im Heiligtum stehen seht, 16 dann sollen die Bewohner Judäas* in die Berge fliehen. 17 Wer gerade auf dem Dach ist, soll keine Zeit damit verlieren, erst noch seine Sachen aus dem Haus zu holen.[d] 18 Wer gerade zur Arbeit auf dem Feld ist, soll nicht zurück-

a Siehe Anmerkung zu 7,15.
b Vers 35 wörtlich: *So kommt auf euch das gerechte Blut, das auf der Erde ausgeschüttet wurde: vom Blut des gerechten Abel bis zum Blut Secharjas …* Secharja war nach 2 Chr 24,20-22 ein Sohn des Priesters Jojada. Ein *Sohn von Berechja* war der bekannte Prophet Sacharja; doch wird von ihm nicht berichtet, dass er ein solches Ende nahm.
c Siehe Anmerkung zu 7,15. *d* Siehe Anmerkung zu Mk 13,15.

23,34 13,52; 1 Thess 2,15 S **23,35** Gen 4,8-10; 2 Chr 24,21 **23,37** 22,6 S; 5,12 S **23,38** 1 Kön 9,7-8; Ez 10,18-19 S **23,39** *zit* Ps 118,26 **24,2** Lk 19,44 **24,5** 24,24 par; 2 Thess 2,9-10; 1 Joh 2,18 **24,9-14** 10,17-22; Joh 16,1-4 **24,9** Lk 6,22 S **24,10** 1 Tim 4,1; Mt 10,35 par S **24,11** 7,15 S **24,12** 2 Tim 3,1-5 **24,13** Offb 14,12 S **24,14** 28,19 S **24,15** Dan 12,11 S **24,17-18** Lk 17,31

gehen, um noch sein Obergewand* mitzu-
nehmen, das er am Wegrand abgelegt hat.[a]
19 Besonders hart wird es die Frauen treffen,
die gerade ein Kind erwarten oder einen Säug-
ling stillen. 20 Bittet Gott, dass ihr nicht im Win-
ter oder an einem Sabbat* fliehen müsst.
21 Denn was dann geschieht, wird furchtbarer
sein als alles, was jemals seit Beginn der Welt
geschehen ist oder in Zukunft noch geschehen
wird. 22 Wenn Gott diese Schreckenszeit nicht
abkürzen würde, dann würde kein Mensch
gerettet werden. Er wird sie aber denen zuliebe
abkürzen, die er erwählt hat.
23 Wenn dann jemand zu euch sagt: ›Seht her,
hier ist Christus*, der versprochene Retter!‹,
oder: ›Dort ist er!‹ – glaubt ihm nicht. 24 Denn es
werden so manche mit dem Anspruch auftreten,
der versprochene Retter oder ein Prophet zu
sein. Sie werden sich durch große und Aufsehen
erregende Wunder ausweisen und würden damit
sogar die von Gott Erwählten irreführen, wenn
das möglich wäre.
25 Denkt daran, dass ich es euch vorausgesagt
habe! 26 Wenn also die Leute zu euch sagen:
›Draußen in der Wüste ist er‹, dann geht nicht
hinaus! Oder wenn sie sagen: ›Er ist hier und
hält sich in einem Haus verborgen‹, dann glaubt
ihnen nicht! 27 Denn der Menschensohn* wird
für alle sichtbar kommen, wie ein Blitz, der von
Ost nach West über den Himmel zuckt. 28 Er
wird so sicher zu sehen sein wie die Geier, die
hoch über einem verendenden Tier kreisen.«[b]

Der Weltrichter kommt

(Mk 13,24-27; Lk 21,25-28)

29 »Doch sofort nach dieser Schreckenszeit wird
sich die Sonne verfinstern und der Mond wird
nicht mehr scheinen, die Sterne werden vom
Himmel fallen und die Ordnung des Himmels
wird zusammenbrechen.
30 Dann wird der Menschensohn* für alle
sichtbar am Himmel erscheinen. Dies ist das
Zeichen, dass das Ende da ist.[c] Die Völker der
ganzen Welt werden jammern und klagen, wenn
sie den Menschensohn auf den Wolken des
Himmels mit göttlicher Macht und Herrlichkeit*
kommen sehen.
31 Dann wird die Posaune* ertönen und der
Menschensohn wird seine Engel* in alle
Himmelsrichtungen ausschicken, damit sie von
überall her die Menschen zusammenbringen,
die er erwählt hat.«

Das Gleichnis vom Feigenbaum

(Mk 13,28-31; Lk 21,29-33)

32 »Lasst euch vom Feigenbaum eine Lehre ge-
ben: Wenn der Saft in die Zweige schießt und
der Baum Blätter treibt, dann wisst ihr, dass der
Sommer bald da ist. 33 So ist es auch, wenn ihr
dies alles geschehen seht:[d] Dann wisst ihr, dass
das Ende unmittelbar bevorsteht. 34 Ich ver-
sichere euch: Diese Generation wird das alles
noch erleben.
35 Himmel und Erde werden vergehen, aber
meine Worte vergehen nicht; sie bleiben gültig
für immer und ewig.«

Das Ende kommt überraschend

(Mk 13,32; Lk 17,26-27.30.34-35; 12,39-40)

36 »Doch den Tag und die Stunde, wann das Ende
da ist, kennt niemand, auch nicht die Engel* im
Himmel – nicht einmal der Sohn*. Nur der Vater
kennt sie.
37 Wenn der Menschensohn* kommt, wird es
sein wie zur Zeit Noachs*. 38 Damals vor der gro-
ßen Flut aßen die Menschen und tranken und
heirateten, wie sie es gewohnt waren – bis zu
dem Tag, an dem Noach in die Arche* ging.
39 Sie begriffen nicht, was ihnen drohte, bis
dann die Flut hereinbrach und sie alle weg-
schwemmte.
So wird es auch sein, wenn der Menschen-
sohn kommt. 40 Zwei Männer werden dann zu-
sammen auf dem Feld arbeiten: Der eine wird an-
genommen, der andere zurückgelassen. 41 Zwei
Frauen werden zusammen Korn mahlen: Die
eine wird angenommen, die andere zurückgelas-
sen. 42 Darum seid wachsam! Denn ihr wisst
nicht, an welchem Tag euer Herr kommen wird.
43 Macht euch doch das eine klar: Wenn ein
Hausherr im Voraus wüsste, zu welcher Nacht-
stunde der Dieb kommt, würde er aufbleiben
und den Einbruch verhindern. 44 Darum seid
jederzeit bereit; denn der Menschensohn wird
zu einer Stunde kommen, wenn ihr es nicht er-
wartet.«

a Siehe Anmerkung zu Mk 13,16.
b Hier wird ein Sprichwort zitiert, das wörtlich lautet: *Wo das Aas liegt, da sammeln sich die Geier;* vgl. Lk 17,37.
c *Dann wird …:* wörtlich *Und dann wird das Zeichen des Menschensohnes am Himmel erscheinen.*
d Gemeint sind wahrscheinlich die in den Versen 15-28 genannten Ereignisse.

24,21 Dan 12,1; Offb 7,14 **24,24** 24,5 S; 7,15 S; Apg 5,36-37; 21,38; Offb 13,13-14 **24,27** Mk 13,26 S; Lk 17,24; 1 Thess 5,1-2; Jak 5,7-8; 2 Petr 3,4; Mt 25,31 S **24,28** Ijob 39,30; Offb 19,17-18 **24,29** Joël 2,10 S; Jes 34,4 S; Hag 2,6.21; 2 Petr 3,10.12 **24,30** Sach 12,10-14; Mk 13,26 S **24,31** 13,41; 1 Kor 15,52; 1 Thess 4,16 **24,34** 16,28 par **24,35** Jes 40,8 **24,36** Apg 1,7 **24,37-39** Gen 6,11-13; 7,7-13; 2 Petr 3,6 **24,42.44** 25,13 S **24,43** 1 Thess 5,2; 2 Petr 3,10; Offb 3,3; 16,15

Der verantwortungsbewusste Diener

(Lk 12,42-46)

45 »Wer von euch ist nun der treue und kluge
Diener, dem sein Herr den Auftrag gegeben hat,
die übrige Dienerschaft zu beaufsichtigen und
jedem pünktlich seine Tagesration auszuteilen?
46 Ein solcher Diener darf sich freuen, wenn der
Herr zurückkehrt und ihn bei seiner Arbeit
findet. 47 Ich versichere euch: Der Herr wird ihm
die Verantwortung für alle seine Güter übertragen.

48 Wenn er aber ein schlechter Mensch ist
und sich sagt: ›So bald kommt mein Herr nicht
zurück‹, 49 und anfängt, die ihm unterstellten
Diener zu schlagen und mit Säufern Gelage zu
halten, 50 dann wird sein Herr an einem Tag und
zu einer Stunde zurückkehren, wenn der Diener
überhaupt nicht damit rechnet. 51 Er wird diesen
Diener in Stücke hauen und dorthin bringen
lassen, wo die Scheinheiligen ihre Strafe verbüßen. Dort gibt es nur noch Jammern und
Zähneknirschen.«

Das Gleichnis von den Brautjungfern

25 »Wenn Gott sein Werk vollendet, wird
es zugehen wie in der folgenden Geschichte:

Zehn Brautjungfern[a] gingen mit ihren Lampen* hinaus, dem Bräutigam entgegen, um ihn
zu empfangen. 2 Fünf von ihnen handelten klug,
die anderen fünf gedankenlos. 3 Die Gedankenlosen nahmen nur ihre gefüllten Lampen mit,
4 während die Klugen auch noch Öl zum Nachfüllen mitnahmen.

5 Weil der Bräutigam sich verspätete, wurden
sie alle müde und schliefen ein. 6 Mitten in der
Nacht ertönte der Ruf: ›Der Bräutigam kommt,
geht ihm entgegen!‹ 7 Die zehn Brautjungfern
standen auf und brachten ihre Lampen in
Ordnung.

8 Da baten die Gedankenlosen die anderen:
›Gebt uns von eurem Öl etwas ab, denn unsere
Lampen gehen aus.‹ 9 Aber die Klugen sagten:
›Ausgeschlossen, dann reicht es weder für uns
noch für euch. Geht doch zum Kaufmann und
holt euch welches!‹ 10 So machten sich die fünf
auf den Weg, um Öl zu kaufen.

Inzwischen kam der Bräutigam. Die fünf Klugen, die darauf vorbereitet waren, gingen mit
ihm hinein zum Hochzeitsfest, und die Türen
wurden geschlossen.

11 Schließlich kamen die anderen nach und
riefen: ›Herr, Herr, mach uns auf!‹ 12 Aber der
Bräutigam wies sie ab und sagte: ›Ich versichere
euch, ich kenne euch nicht!‹

13 Darum seid wachsam, denn ihr wisst weder
Tag noch Stunde im Voraus!«

Das Gleichnis vom anvertrauten Geld

(Lk 19,12-27)

14 »Es ist wie bei einem Mann, der verreisen
wollte. Er rief vorher seine Diener zusammen
und vertraute ihnen sein Vermögen an. 15 Dem
einen gab er fünf Zentner* Silbergeld, dem
anderen zwei Zentner und dem dritten einen, je
nach ihren Fähigkeiten. Dann reiste er ab.

16 Der erste, der die fünf Zentner bekommen
hatte, steckte sofort das ganze Geld in Geschäfte
und konnte die Summe verdoppeln. 17 Ebenso
machte es der zweite: Zu seinen zwei Zentnern
gewann er noch zwei hinzu. 18 Der aber, der nur
einen Zentner bekommen hatte, vergrub das
Geld seines Herrn in der Erde.

19 Nach langer Zeit kam der Herr zurück und
wollte mit seinen Dienern abrechnen. 20 Der
erste, der die fünf Zentner erhalten hatte, trat
vor und sagte: ›Du hast mir fünf Zentner anvertraut, Herr, und ich habe noch weitere fünf
dazuverdient; hier sind sie!‹

21 ›Sehr gut‹, sagte sein Herr, ›du bist ein tüchtiger und treuer Diener. Du hast dich in kleinen
Dingen als zuverlässig erwiesen, darum werde
ich dir auch Größeres anvertrauen. Komm zum
Freudenfest deines Herrn!‹

22 Dann kam der mit den zwei Zentnern und
sagte: ›Du hast mir zwei Zentner gegeben, Herr,
und ich habe noch einmal zwei Zentner
dazuverdient.‹

23 ›Sehr gut‹, sagte der Herr, ›du bist ein tüchtiger und treuer Diener. Du hast dich in kleinen
Dingen als zuverlässig erwiesen, darum werde
ich dir auch Größeres anvertrauen. Komm zum
Freudenfest deines Herrn!‹

24 Zuletzt kam der mit dem einen Zentner
und sagte: ›Herr, ich wusste, dass du ein harter
Mann bist. Du erntest, wo du nicht gesät hast,
und sammelst ein, wo du nichts ausgeteilt hast.
25 Deshalb hatte ich Angst und habe dein Geld
vergraben. Hier hast du zurück, was dir gehört.‹

a *Wenn Gott sein Werk vollendet ...:* wörtlich *Dann wird die Königsherrschaft* der Himmel zehn Jungfrauen gleichen, die gingen ...*

24,45-47 25,21-23 **24,48** 2 Petr 3,4 **24,50** 25,13S **24,51** 8,12S **25,1** Lk 12,35-36 **25,10** 9,15S **25,11-12** Lk 13,25 **25,12** 7,23 **25,13** 24,42.44 par.50 par; Mk 13,33.35; Lk 21,36 **25,14-15** Mk 13,34 **25,15** Röm 12,6 **25,19** 18,23 **25,21-23** 24,45-47 par; Lk 16,10

26 Da sagte der Herr zu ihm: ›Du unzuverlässiger und fauler Diener! Du wusstest also, dass ich ernte, wo ich nicht gesät habe, und sammle, wo ich nichts ausgeteilt habe? 27 Dann hättest du mein Geld wenigstens auf die Bank bringen sollen, und ich hätte es mit Zinsen zurückbekommen!

28 Nehmt ihm sein Teil weg und gebt es dem, der die zehn Zentner hat! 29 Denn wer viel hat, soll noch mehr bekommen, bis er mehr als genug hat. Wer aber wenig hat, dem wird auch noch das Letzte weggenommen werden. 30 Und diesen Taugenichts werft hinaus in die Dunkelheit draußen! Dort gibt es nur noch Jammern und Zähneknirschen.‹«

Wonach der Weltrichter urteilt

31 »Wenn der Menschensohn* in seiner Herrlichkeit kommt, begleitet von allen Engeln*, dann wird er auf seinem Herrscherthron Platz nehmen. 32 Alle Völker der Erde werden vor ihm versammelt werden, und er wird die Menschen in zwei Gruppen teilen, so wie ein Hirt die Schafe von den Böcken trennt. 33 Die Schafe wird er auf seine rechte Seite stellen und die Böcke auf seine linke Seite.

34 Dann wird der König zu denen auf seiner rechten Seite sagen: ›Kommt her! Euch hat mein Vater gesegnet. Nehmt Gottes neue Welt[a] in Besitz, die er euch von allem Anfang an zugedacht hat. 35 Denn ich war hungrig und ihr habt mir zu essen gegeben; ich war durstig und ihr habt mir zu trinken gegeben; ich war fremd und ihr habt mich bei euch aufgenommen; 36 ich war nackt und ihr habt mir etwas anzuziehen gegeben; ich war krank und ihr habt mich versorgt; ich war im Gefängnis und ihr habt mich besucht.‹

37 Dann werden die, die den Willen Gottes getan haben, fragen: ›Herr, wann sahen wir dich jemals hungrig und gaben dir zu essen? Oder durstig und gaben dir zu trinken? 38 Wann kamst du als Fremder zu uns und wir nahmen dich auf, oder nackt und wir gaben dir etwas anzuziehen? 39 Wann warst du krank oder im Gefängnis und wir besuchten dich?‹

40 Dann wird der König antworten: ›Ich versichere euch: Was ihr für einen meiner geringsten Brüder oder für eine meiner geringsten Schwestern[b] getan habt, das habt ihr für mich getan.‹

41 Dann wird der König zu denen auf seiner linken Seite sagen: ›Geht mir aus den Augen, Gott hat euch verflucht! Fort mit euch in das ewige Feuer, das für den Teufel und seine Engel vorbereitet ist! 42 Denn ich war hungrig, aber ihr habt mir nichts zu essen gegeben; ich war durstig, aber ihr habt mir nichts zu trinken gegeben; 43 ich war fremd, aber ihr habt mich nicht aufgenommen; ich war nackt, aber ihr habt mir nichts anzuziehen gegeben; ich war krank und im Gefängnis, aber ihr habt euch nicht um mich gekümmert.‹

44 Dann werden auch sie ihn fragen: ›Herr, wann sahen wir dich jemals hungrig oder durstig, wann kamst du als Fremder, wann warst du nackt oder krank oder im Gefängnis – und wir hätten uns nicht um dich gekümmert?‹

45 Aber er wird ihnen antworten: ›Ich versichere euch: Was ihr an einem von meinen geringsten Brüdern oder an einer von meinen geringsten Schwestern[c] zu tun versäumt habt, das habt ihr an mir versäumt.‹

46 Auf diese also wartet die ewige Strafe. Die anderen aber, die den Willen Gottes getan haben, empfangen das ewige Leben.«

LEIDEN, TOD UND AUFERSTEHUNG VON JESUS (Kapitel 26–28)

Der Beschluss, Jesus zu töten

(Mk 14,1-2; Lk 22,1-2; Joh 11,45-53)

26 Als Jesus diese seine letzte Rede beendet hatte, sagte er zu seinen Jüngern: 2 »Wie ihr wisst, ist übermorgen das Passafest*. Dann wird der Menschensohn* ausgeliefert und ans Kreuz genagelt werden.«

3 Da kamen die führenden Priester* und die Ältesten* des Volkes im Palast des Obersten Priesters Kajaphas zusammen. 4 Sie fassten den Beschluss, Jesus heimlich zu verhaften und umzubringen.

5 »Aber auf keinen Fall darf es während des Festes geschehen«, sagten sie, »sonst gibt es einen Aufruhr im Volk.«

a Wörtlich *die Königsherrschaft**.
b Wörtlich *für einen von diesen meinen geringsten Brüdern;* siehe Sacherklärung »Bruder«.
c Wörtlich *Was ihr an einem dieser Geringsten;* vgl. Vers 40 und die Anmerkung dort.

25,29 13,12; Mk 4,25 par **25,30** 8,12 S **25,31-46** 16,27 S **25,31** Dtn 33,2; Sach 14,5; Mt 16,27 par; 19,18; 24,27 S; Joh 5,22 S; 1 Thess 3,13; 2 Thess 1,7; Jud 14 **25,35-36** Jes 58,7 **25,40.45** Spr 14,21 S; Mt 10,40.42 **25,41** Offb 19,20 S; (Engel des Teufels) Offb 12,7.9 **25,46** Dan 12,2; Joh 5,29; Röm 2,8; Jak 2,13 **26,2** Mk 8,31 S **26,3** Lk 3,2; Joh 11,49; 18,13.24; Apg 4,6 **26,4-5** 21,46 par

Eine Frau ehrt Jesus vor seinem Sterben

(Mk 14,3-9; Joh 12,1-8)

6 Jesus war in Betanien bei Simon, dem Aussätzi-
gen*, zu Gast. 7 Während des Essens trat eine
Frau an Jesus heran. Sie hatte ein Fläschchen mit
sehr wertvollem Salböl; das goss sie Jesus über
den Kopf.
8 Die Jünger* sahen es und waren empört.
»Was soll diese Verschwendung?«, sagten sie.
9 »Dieses Öl hätte man teuer verkaufen und das
Geld den Armen geben können!«
10 Jesus hörte das und sagte: »Warum bringt
ihr die Frau in Verlegenheit? Sie hat eine gute Tat
an mir getan. 11 Arme wird es immer bei euch
geben; aber mich habt ihr nicht mehr lange bei
euch.
12 Sie hat dieses Salböl auf meinen Körper
gegossen und hat ihn damit für das Begräbnis
vorbereitet. 13 Ich versichere euch: Überall in der
Welt, wo in Zukunft die Gute Nachricht*
verkündet wird, wird auch berichtet werden,
was sie getan hat. Ihr Andenken wird immer
lebendig bleiben.«

Judas wird zum Verräter

(Mk 14,10-11; Lk 22,3-6)

14 Darauf ging Judas Iskariot, einer aus dem Kreis
der Zwölf*, zu den führenden Priestern* 15 und
sagte: »Was gebt ihr mir, wenn ich ihn euch in
die Hände spiele?«
Sie zahlten ihm dreißig Silberstücke*.
16 Von da an suchte Judas eine günstige Ge-
legenheit, Jesus zu verraten.

Vorbereitungen zum Passamahl

(Mk 14,12-16; Lk 22,7-13)

17 Am ersten Tag der Festwoche, während der un-
gesäuertes Brot* gegessen wird, kamen die Jün-
ger* zu Jesus und fragten: »Wo sollen wir für
dich das Passamahl* vorbereiten?«
18 Er antwortete: »Geht zu einem Mann in
der Stadt – er nannte ihnen den Namen – und
richtet ihm aus: ›Unser Lehrer* sagt: Die Stunde
meines Todes ist nah. Bei dir will ich mit meinen
Jüngern das Passamahl feiern.‹«
19 Die Jünger taten, was Jesus ihnen aufgetra-
gen hatte, und bereiteten das Passamahl vor.

Jesus feiert mit den Zwölf das Abschiedsmahl

(Mk 14,17-26; Lk 22,14-23)

20 Als es Abend geworden war, setzte sich Jesus
mit den Zwölf* zu Tisch. 21 Während der Mahl-
zeit sagte er: »Ich versichere euch: Einer von
euch wird mich verraten.«
22 Sie waren bestürzt, und einer nach dem
andern fragte ihn: »Du meinst doch nicht mich,
Herr?«
23 Jesus antwortete: »Der soeben mit mir das
Brot in die Schüssel getaucht hat, der ist es, der
wird mich verraten. 24 Der Menschensohn*
muss zwar sterben, wie es in den Heiligen
Schriften* angekündigt ist. Aber wehe dem
Menschen, der den Menschensohn verrät! Er
wäre besser nie geboren worden!«
25 Da fragte Judas, der ihn verraten wollte:
»Du meinst doch nicht etwa mich, Rabbi*?«
»Doch«, antwortete Jesus, »dich!«
26 Während der Mahlzeit nahm Jesus ein
Brot, sprach das Segensgebet darüber, brach es
in Stücke und gab es seinen Jüngern* mit den
Worten: »Nehmt und esst, das ist mein Leib!«
27 Dann nahm er den Becher, sprach darüber
das Dankgebet, gab ihnen auch den und sagte:
»Trinkt alle daraus; 28 das ist mein Blut, das für
alle Menschen vergossen wird zur Vergebung
ihrer Schuld. Mit ihm wird der Bund* in Kraft ge-
setzt, den Gott jetzt mit den Menschen schließt.
29 Ich sage euch: Von jetzt an werde ich
keinen Wein mehr trinken, bis ich ihn neu mit
euch trinken werde, wenn mein Vater sein Werk
vollendet hat!«[a]
30 Dann sangen sie die Dankpsalmen[b] und
gingen hinaus zum Ölberg*.

Jesus sagt das Versagen von Petrus voraus

(Mk 14,27-31)

31 Unterwegs sagte Jesus zu ihnen: »Heute Nacht
werdet ihr alle an mir irrewerden, denn es heißt:
›Ich werde den Hirten töten und die Schafe der
Herde werden auseinander laufen.‹ 32 Aber
wenn ich vom Tod auferweckt worden bin,
werde ich euch vorausgehen nach Galiläa*.«
33 Petrus widersprach ihm: »Selbst wenn alle
andern an dir irrewerden – ich niemals!« 34 Jesus
antwortete: »Ich versichere dir: In dieser Nacht,
bevor der Hahn kräht, wirst du mich dreimal

a wenn mein Vater ...: wörtlich *in der Königsherrschaft* meines Vaters.*

b Nach dem Passamahl werden die Psalmen 114 bis 118 gesungen.

26,6-7 Lk 7,37-38 **26,11** Dtn 15,11 **26,14-16** Joh 11,57; 13,2 **26,15 b** Sach 11,12; Ex 21,32 **26,20-25** Joh 13,2.21-30 **26,23** Ps 41,10 **26,24** Jes 53,8-9; Lk 24,26-27; Mt 18,7 par **26,26-28** 1 Kor 10,16; 11,23-26 **26,28** Mk 14,24 S **26,30** Lk 22,39 S **26,31** *nach* Sach 13,7; Mt 26,56 par; Joh 16,32 **26,32** 28,7.10.16 **26,34-35** Lk 22,34-35; Joh 13,36-38

verleugnen und behaupten, dass du mich nicht
kennst.«
35 Da sagte Petrus: »Und wenn ich mit dir
sterben müsste, ich werde dich ganz bestimmt
nicht verleugnen!«
Das Gleiche sagten auch alle anderen Jünger*.

Jesus betet im Garten Getsemani

(Mk 14,32-42; Lk 22,39-46)

36 Dann kam Jesus mit seinen Jüngern* zu einem
Grundstück, das Getsemani* hieß. Er sagte zu
ihnen: »Setzt euch hier! Ich gehe dort hinüber,
um zu beten.«
37 Petrus und die beiden Söhne von Zebedäus
nahm er mit. Angst und tiefe Traurigkeit befielen
ihn, 38 und er sagte zu ihnen: »Ich bin so
bedrückt, ich bin mit meiner Kraft am Ende.
Bleibt hier und wacht mit mir!«
39 Dann ging er noch ein paar Schritte weiter,
warf sich nieder, das Gesicht zur Erde, und
betete: »Mein Vater, wenn es möglich ist,
erspare es mir, diesen Kelch trinken zu müssen![a]
Aber es soll geschehen, was *du* willst, nicht was
ich will.«
40 Dann kehrte er zu den Jüngern zurück und
sah, dass sie eingeschlafen waren. Da sagte er zu
Petrus: »Konntet ihr nicht eine einzige Stunde
mit mir wach bleiben? 41 Bleibt wach und betet,
damit ihr in der kommenden Prüfung nicht ver-
sagt. Der Geist in euch ist willig, aber eure
menschliche Natur ist schwach.«[b]
42 Noch einmal ging Jesus weg und betete:
»Mein Vater, wenn es nicht anders sein kann
und ich diesen Kelch trinken muss, dann
geschehe dein Wille!«
43 Als er zurückkam, schliefen sie wieder, die
Augen waren ihnen zugefallen.
44 Zum dritten Mal ging Jesus ein Stück weit
weg und betete noch einmal mit den gleichen
Worten. 45 Als er dann zu den Jüngern zurück-
kam, sagte er: »Schlaft ihr denn immer noch und
ruht euch aus? Die Stunde ist da; jetzt wird der
Menschensohn* an die Menschen, die Sünder,
ausgeliefert. 46 Steht auf, wir wollen gehen. Er
ist schon da, der mich verrät!«

Jesus wird verhaftet

(Mk 14,43-50; Lk 22,47-53; Joh 18,3-12)

47 Noch während Jesus das sagte, kam Judas,
einer der Zwölf*, mit einem großen Trupp von
Männern, die mit Schwertern und Knüppeln
bewaffnet waren. Sie waren von den führenden
Priestern* und den Ältesten* des Volkes ge-
schickt worden.
48 Der Verräter hatte mit ihnen ein Erken-
nungszeichen ausgemacht: »Wem ich einen Be-
grüßungskuss gebe, der ist es. Den nehmt fest!«
49 Judas ging sogleich auf Jesus zu und sagte:
»Sei gegrüßt, Rabbi*!«, und er küsste ihn so, dass
alle es sehen konnten.
50 Jesus sagte zu ihm: »Freund, komm zur
Sache!« Darauf traten die Bewaffneten heran,
packten Jesus und nahmen ihn fest.
51 Einer von den Jüngern* zog sein Schwert,
hieb auf den Bevollmächtigten des Obersten
Priesters* ein und schlug ihm ein Ohr ab. 52 Aber
Jesus befahl ihm: »Steck dein Schwert weg; denn
alle, die zum Schwert greifen, werden durch das
Schwert umkommen. 53 Weißt du nicht, dass ich
nur meinen Vater um Hilfe zu bitten brauche,
und er schickt mir sofort mehr als zwölf Legio-
nen* Engel? 54 Aber wie soll sich dann erfüllen,
was in den Heiligen Schriften* angekündigt ist?
Es *muss* doch so kommen!«
55 In jener Stunde sagte Jesus zu denen, die
ihn festgenommen hatten: »Warum rückt ihr
hier mit Schwertern und Knüppeln an, um mich
gefangen zu nehmen? Bin ich denn ein Verbre-
cher? Täglich saß ich im Tempel* und lehrte die
Menschen; da habt ihr mich nicht festgenom-
men. 56 Aber das alles ist so gekommen, damit in
Erfüllung geht, was die Propheten* in ihren
Schriften angekündigt haben.«
Da verließen ihn alle seine Jünger und flohen.

Jesus vor dem jüdischen Rat

(Mk 14,53-65; Lk 22,54-55.63-71; Joh 18,12-14.19-24)

57 Die Männer, die Jesus verhaftet hatten, brach-
ten ihn zum Obersten Priester* Kajaphas, wo
schon die Gesetzeslehrer* und Ratsältesten* ver-
sammelt waren. 58 Petrus folgte Jesus in weitem
Abstand und kam bis in den Innenhof des Palas-
tes. Dort setzte er sich zu den Dienern, um zu
sehen, wie die Sache ausgehen würde.
59 Die führenden Priester* und der ganze
Rat* versuchten, Jesus durch falsche Zeugenaus-
sagen zu belasten, damit sie ihn zum Tod verur-
teilen könnten. 60 Aber das gelang nicht, obwohl
eine ganze Reihe von Zeugen auftrat. Schließlich
kamen zwei 61 und sagten: »Dieser Mann hat

a erspare es mir …: wörtlich *dann gehe dieser Kelch an mir vorüber.* Zu *Kelch* siehe Anmerkung zu Mk 10,38.
b eure menschliche Natur: wörtlich *das Fleisch**.

26,36-46 Lk 5,16 S; Hebr 5,7-8 **26,39** 20,22 par; Joh 18,11; Hebr 10,9; Mt 6,10 S **26,41** Eph 6,18; 1 Petr 5,8; Mt 6,13 **26,42** Mt 6,10 S **26,44** 2 Kor 12,8 **26,45** Joh 12,23; 13,1; 17,1 **26,52** Gen 9,5-6 **26,56** (angekündigt) Lk 24,44 S; (verließen) Mt 26,31 S **26,61** Joh 2,19 S

behauptet: ›Ich kann den Tempel* Gottes nieder-
reißen und ihn in drei Tagen wieder aufbauen!‹«
62 Da stand der Oberste Priester auf und
fragte Jesus: »Hast du nichts zu sagen zu dem,
was diese beiden gegen dich vorbringen?«
63 Aber Jesus schwieg.

Der Oberste Priester sagte: »Ich nehme von
dir einen Eid bei dem lebendigen Gott und for-
dere dich auf, uns zu sagen: Bist du Christus, der
versprochene Retter,[a] der Sohn* Gottes?«
64 Jesus antwortete: »Ja! Aber ich sage euch,
von jetzt an gilt: Ihr werdet den Menschensohn*
sehen, wie er an der rechten Seite des Allmäch-
tigen sitzt und auf den Wolken des Himmels
kommt!«
65 Da zerriss der Oberste Priester sein
Gewand und sagte: »Das ist eine Gotteslässte-
rung! Was brauchen wir noch Zeugen? Ihr habt
es selbst gehört, wie er Gott beleidigt hat. 66 Wie
lautet euer Urteil?«

»Er hat den Tod verdient!«, riefen sie.
67 Dann spuckten sie ihm ins Gesicht und
schlugen ihn mit Fäusten. Andere gaben ihm
Ohrfeigen 68 und höhnten: »He, Christus, du ver-
sprochener Retter, du bist doch ein Prophet! Sag
uns: Wie heißt der, der dich gerade schlug?«

Petrus verleugnet Jesus

(Mk 14,66-72; Lk 22,56-62; Joh 18,15-18.25-27)

69 Petrus saß noch immer draußen im Hof, als
eine Dienerin auf ihn zukam und sagte: »Du
warst doch auch mit Jesus aus Galiläa* zusam-
men!«
70 Petrus stritt es vor allen Leuten ab und
sagte: »Ich weiß nicht, wovon du redest!«
71 Dann ging er in die Torhalle hinaus. Dort
sah ihn eine andere Dienerin und sagte zu
denen, die herumstanden: »Der da war mit Jesus
aus Nazaret[b] zusammen!«
72 Und wieder stritt Petrus es ab und schwor:
»Ich kenne den Mann überhaupt nicht!«
73 Kurz darauf traten die Umstehenden zu
Petrus und sagten: »Natürlich gehörst du zu
denen. Das merkt man doch schon an deiner
Aussprache!«
74 Petrus aber schwor: »Gott soll mich strafen,
wenn ich lüge! Ich kenne den Mann nicht!«

In diesem Augenblick krähte ein Hahn,
75 und Petrus erinnerte sich daran, dass Jesus zu
ihm gesagt hatte: »Bevor der Hahn kräht, wirst
du mich dreimal verleugnen und behaupten,
dass du mich nicht kennst.«

Da ging er hinaus und begann, bitter zu wei-
nen.

Jesus wird an Pilatus ausgeliefert

(Mk 15,1; Lk 23,1; Joh 18,28)

27 Früh am Morgen schließlich fassten die
führenden Priester* und die Ältesten*
des Volkes einmütig den Beschluss, Jesus hinrich-
ten zu lassen. 2 Sie ließen ihn fesseln; dann nah-
men sie ihn mit und übergaben ihn dem römi-
schen Statthalter* Pilatus.

Judas bereut seinen Verrat und erhängt sich

(Apg 1,16-20)

3 Als der Verräter Judas erfuhr, dass Jesus hinge-
richtet werden sollte, packte ihn die Reue und
er brachte die dreißig Silberstücke* zu den
führenden Priestern* und den Ratsältesten*
zurück.
4 Er sagte zu ihnen: »Ich habe eine schwere
Schuld auf mich geladen; ein Unschuldiger wird
getötet und ich habe ihn verraten.«

»Was geht das uns an?«, antworteten sie.
»Das ist deine Angelegenheit!«
5 Da warf Judas das Geld in den Tempel*, lief
fort und erhängte sich.
6 Die führenden Priester nahmen das Geld an
sich und sagten: »An diesem Geld klebt Blut; es
ist nach dem Gesetz* verboten, solches Geld in
den Tempelschatz zu tun.« 7 Sie berieten sich
und beschlossen, davon den Töpferacker zu
kaufen und als Friedhof für Ausländer zu be-
nutzen. 8 Noch heute heißt darum dieses Stück
Land ›Blutacker‹.
9 So ging in Erfüllung, was der Prophet
Jeremia angekündigt hatte: »Sie nahmen die
dreißig Silberstücke, die Summe, die er den
Leuten von Israel wert war, 10 und kauften davon
den Töpferacker, so wie es der Herr mir gesagt
hatte.«

Jesus vor Pilatus

(Mk 15,2-5; Lk 23,2-5; Joh 18,29-38)

11 Jesus stand vor dem Statthalter*. Der fragte
ihn: »Bist du der König der Juden?«

a Wörtlich *Bist du der Christus*;* entsprechend in Vers 68.
b Wörtlich *mit Jesus, dem Nazoräer**.

26,63 Mk 14,61 S; 15,39 S **26,64** Mk 12,36 S; 13,26 S **26,65** (zerriss) Joël 2,13 S; (Gotteslästerung) Lev 24,16; Joh 10,33; 19,7 **26,67** Jes 50,6; 53,5; Mt 27,30 **26,68** 21,11 S **26,75** 26,34 par **27,3** 26,15 **27,6** Dtn 23,19 **27,9-10** *nach* Sach 11,12-13 *und* Jer 32,8-9 **27,9** Lk 23,47; Apg 3,14 S **27,11** (König der Juden) 2,2; 27,29 par; 27,37 par; 27,42 par; Mk 15,9.12; Joh 1,49; 12,13; 18,33.39; 19,15.19.21

»Du sagst es!«, gab Jesus zur Antwort. 12 Aber
als die führenden Priester* und die Ratsältesten*
ihn beschuldigten, schwieg er.

13 Darum fragte Pilatus ihn: »Hörst du nicht,
was sie alles gegen dich vorbringen?«

14 Aber Jesus gab ihm auf keine einzige Frage
mehr eine Antwort. Darüber war der Statthalter
sehr erstaunt.

Das Todesurteil

(Mk 15,6-15; Lk 23,13-25; Joh 18,39–19,16)

15 Es war üblich, dass der römische Statthalter*
zum Passafest* einen Gefangenen begnadigte,
den das Volk bestimmen durfte. 16 Damals gab es
einen berüchtigten Gefangenen, der Jesus Bar-
abbas hieß. 17 Als nun die Volksmenge versam-
melt war, fragte Pilatus: »Wen soll ich euch frei-
geben: Jesus Barabbas oder Jesus, den angeb-
lichen Retter?«[a] 18 Denn er wusste genau, dass
man ihm Jesus nur aus Neid ausgeliefert hatte.

19 Während Pilatus auf dem Richterstuhl saß,
ließ seine Frau ihm ausrichten: »Lass die Hände
von diesem Gerechten*! Seinetwegen hatte ich
letzte Nacht einen schrecklichen Traum.«

20 Inzwischen hatten die führenden Priester*
und die Ratsältesten* das Volk überredet, es solle
für Barabbas die Freilassung und für Jesus den
Tod verlangen.

21 Der Statthalter fragte noch einmal: »Wen
von den beiden soll ich euch herausgeben?«

»Barabbas!«, schrien sie.

22 »Und was soll ich mit Jesus machen, eurem
so genannten Retter?«, fragte Pilatus weiter.

»Kreuzigen*!«, riefen alle.

23 »Was hat er denn verbrochen?«, fragte Pila-
tus.

Aber sie schrien noch lauter: »Kreuzigen!«

24 Als Pilatus merkte, dass seine Worte nichts
ausrichteten und die Erregung der Menge nur
noch größer wurde, nahm er Wasser und wusch
sich vor allen Leuten die Hände. Dabei sagte er:
»Ich habe keine Schuld am Tod dieses Mannes.
Das habt ihr zu verantworten!«

25 Das ganze Volk schrie: »Wenn er unschul-
dig ist, dann komme die Strafe für seinen Tod auf
uns und unsere Kinder!«[b]

26 Da ließ Pilatus ihnen Barabbas frei und gab
den Befehl, Jesus mit der Geißel* auszupeit-
schen* und zu kreuzigen.

Die Soldaten verspotten Jesus

(Mk 15,16-20; Joh 19,2-3)

27 Die Soldaten des Statthalters* brachten Jesus
in den Palast[c] und versammelten die ganze
Mannschaft um ihn. 28 Sie zogen ihm seine Klei-
der aus und hängten ihm einen roten Soldaten-
mantel um, 29 flochten eine Krone aus Dornen-
zweigen und drückten sie ihm auf den Kopf. Sie
gaben ihm einen Stock in seine rechte Hand,
warfen sich vor ihm auf die Knie und machten
sich über ihn lustig. »Hoch lebe der König der
Juden!«, riefen sie. 30 Dann spuckten sie ihn an,
nahmen ihm den Stock wieder weg und
schlugen ihn damit auf den Kopf.

31 Nachdem sie so ihren Spott mit ihm getrie-
ben hatten, nahmen sie ihm den Soldatenmantel
ab, zogen ihm seine eigenen Kleider wieder an
und führten ihn hinaus, um ihn ans Kreuz* zu
nageln.

Jesus am Kreuz

(Mk 15,21-32; Lk 23,26-43; Joh 19,17-27)

32 Unterwegs trafen sie einen Mann aus Zyrene
namens Simon. Den zwangen sie, für Jesus das
Kreuz* zu tragen.

33 So kamen sie an die Stelle, die Golgota
heißt, das bedeutet »Schädelplatz«. 34 Dort ga-
ben sie Jesus Wein mit einem Zusatz, der bitter
war wie Galle; aber als er davon gekostet hatte,
wollte er ihn nicht trinken.

35 Sie nagelten ihn ans Kreuz und losten dann
untereinander seine Kleider aus. 36 Danach
setzten sie sich hin und bewachten ihn. 37 Über
seinem Kopf hatten sie ein Schild angebracht,
auf dem der Grund für seine Hinrichtung
geschrieben stand: »Dies ist Jesus, der König der
Juden!«

38 Mit Jesus zusammen wurden zwei Ver-
brecher gekreuzigt, einer rechts und einer links
von ihm. 39 Die Leute, die vorbeikamen, schüt-
telten den Kopf und verhöhnten Jesus: 40 »Du
wolltest den Tempel niederreißen und in drei
Tagen wieder aufbauen! Wenn du Gottes Sohn*
bist, dann befrei dich doch und komm herunter
vom Kreuz!«

41 Genauso machten sich die führenden Pries-
ter* und die Gesetzeslehrer* und Ratsältesten*
über Jesus lustig. 42 »Anderen hat er geholfen«,
spotteten sie, »aber sich selbst kann er nicht hel-

a *den angeblichen Retter:* wörtlich *der Christus* genannt wird.* So auch in Vers 22 *(eurem so genannten Retter).*
b *Wenn er …:* wörtlich *Sein Blut komme auf uns …;* siehe Anmerkung zu Lev 20,9. c Wörtlich *in das Prätorium*.*

27,12-14 Mk 14,61 S **27,19** Lk 23,47 S **27,24** Dtn 21,6-8 S **27,25** Jer 26,15; Apg 5,28; Mt 21,37-41; 22,7 **27,26-31** 20,19 **27,28** Lk 23,11 **27,29** 27,11 S **27,30** 26,67 S **27,34** Ps 69,22 **27,35** Ps 22,19 **27,37** 27,11 S **27,38** Jes 53,12 **27,39** Ps 22,8; 109,25 **27,40** Joh 2,19 S; Mk 15,39 S **27,42** 27,11 S

fen! Wenn er der König von Israel ist, soll er vom
Kreuz herunterkommen, dann werden wir ihm
glauben. 43 Er hat doch auf Gott vertraut; der soll
ihm jetzt helfen, wenn ihm etwas an ihm liegt.
Er hat ja behauptet: ›Ich bin Gottes Sohn.‹«

44 Genauso beschimpften ihn auch die beiden
Verbrecher, die zusammen mit ihm gekreuzigt
worden waren.

Jesus stirbt

(Mk 15,33-41; Lk 23,44-49; Joh 19,28-30)

45 Um zwölf Uhr mittags verfinsterte sich der
Himmel über dem ganzen Land. Das dauerte bis
um drei Uhr. 46 Gegen drei Uhr schrie Jesus: »Eli,
eli, lema sabachtani?« – das heißt: »Mein Gott,
mein Gott, warum hast du mich verlassen?«

47 Einige von denen, die dabeistanden und es
hörten, sagten: »Der ruft nach Elija!« 48 Einer lief
schnell nach einem Schwamm, tauchte ihn in
Essig*, steckte ihn auf eine Stange und wollte
Jesus trinken lassen. 49 Aber die anderen riefen:
»Lass das! Wir wollen sehen, ob Elija kommt
und ihm hilft.«

50 Doch Jesus schrie noch einmal laut auf und
starb.

51 Da zerriss der Vorhang* vor dem Allerhei-
ligsten im Tempel von oben bis unten. Die Erde
bebte, Felsen spalteten sich 52 und Gräber bra-
chen auf. Viele Tote aus dem Volk Gottes[a] wur-
den auferweckt 53 und verließen ihre Gräber.
Später, als Jesus vom Tod auferweckt worden
war, kamen sie in die Heilige Stadt* und wurden
dort von vielen Leuten gesehen.

54 Als der römische Hauptmann und die Sol-
daten, die Jesus bewachten, das Erdbeben und
alles andere miterlebten, erschraken sie sehr und
sagten: »Er war wirklich Gottes Sohn*!«

55 Es waren auch viele Frauen da, die alles aus
der Ferne beobachteten. Sie waren Jesus seit der
Zeit seines Wirkens in Galiläa* gefolgt und hat-
ten für ihn gesorgt; 56 darunter waren Maria aus
Magdala, Maria, die Mutter von Jakobus und
Josef, sowie die Mutter der beiden Söhne von
Zebedäus.

Jesus wird ins Grab gelegt

(Mk 15,42-47; Lk 23,50-56; Joh 19,38-42)

57 Am Abend kam ein reicher Mann aus Arima-
thäa; er hieß Josef und war gleichfalls ein Jün-
ger* von Jesus geworden. 58 Er ging zu Pilatus
und bat ihn, den Leichnam von Jesus freizu-
geben. Da befahl Pilatus, ihn auszuliefern.

59 Josef nahm den Toten, wickelte ihn in ein
neues Leinentuch 60 und legte ihn in sein eigenes
Grab, das in einen Felsen gehauen und noch
unbenutzt war. Dann rollte er einen schweren
Stein vor den Grabeingang und ging fort.

61 Maria aus Magdala und die andere Maria
blieben dort und setzten sich dem Grab gegen-
über nieder.

Die Grabwache

62 Am nächsten Tag – es war der Sabbat* –
kamen die führenden Priester* und die Pha-
risäer* miteinander zu Pilatus 63 und sagten:
»Herr, uns ist eingefallen, dass dieser Schwind-
ler, als er noch lebte, behauptet hat: ›Nach drei
Tagen werde ich vom Tod auferweckt werden.‹
64 Gib deshalb Anweisung, das Grab bis zum
dritten Tag zu bewachen! Sonst könnten seine
Jünger* kommen, die Leiche stehlen und dann
dem Volk erzählen: ›Er ist vom Tod auferweckt
worden.‹ Dieser letzte Betrug wäre dann noch
schlimmer als alles andere vorher.«

65 »Da habt ihr eine Wache«, sagte Pilatus.
»Geht und sichert das Grab, so gut ihr könnt.«

66 Sie gingen also zum Grab und versiegelten
den Stein, der den Eingang zur Grabkammer ver-
schloss. Die Wache half ihnen dabei und blieb
am Grab zurück.

Die Frauen am leeren Grab

(Mk 16,1-8; Lk 24,1-12; Joh 20,1-18)

28 Als der Sabbat vorüber und der Sonntag*
angebrochen war, kamen Maria aus Mag-
dala und die andere Maria, um nach dem Grab
zu sehen. 2 Da bebte plötzlich die Erde, denn der
Engel* des Herrn kam vom Himmel herab, trat
an das Grab, rollte den Stein weg und setzte sich
darauf. 3 Er leuchtete wie ein Blitz und sein
Gewand war schneeweiß. 4 Als die Wächter ihn
sahen, zitterten sie vor Angst und fielen wie tot
zu Boden.

5 Der Engel sagte zu den Frauen: »*Ihr* braucht
keine Angst zu haben! Ich weiß, ihr sucht Jesus,
der ans Kreuz* genagelt wurde. 6 Er ist nicht
hier, er ist auferweckt worden, so wie er es ange-
kündigt hat. Kommt her und seht die Stelle, wo
er gelegen hat! 7 Und jetzt geht schnell zu seinen
Jüngern* und sagt ihnen: ›Gott hat ihn vom Tod

a Wörtlich *Viele Leiber der entschlafenen Heiligen**.

27,43 Ps 22,9; Weish 2,16-20; Mk 15,39S **27,45** Am 8,9 **27,46** *zit* Ps 22,1 **27,48** Ps 69,22 **27,51** Ex 26,31-33; 2 Chr 3,14; Hebr 10,19-20 **27,54** 14,33S; 26,63; Mk 15,39S **27,55-56** Lk 8,2-3S **27,57-58** Dtn 21,22-23 **27,63** 12,40 **27,64** 28,13 **27,66** Dan 6,18 **28,6** (angekündigt) 12,40; 16,21 par; 17,23 par; 20,19 par **28,7** 26,32S; Mk 14,28

auferweckt! Er geht euch voraus nach Galiläa*,
dort werdet ihr ihn sehen.‹ Ihr könnt euch auf
mein Wort verlassen.«

8 Erschrocken und doch voller Freude liefen
die Frauen vom Grab weg. Sie gingen schnell zu
den Jüngern, um ihnen die Botschaft des Engels
zu überbringen.

9 Da stand plötzlich Jesus selbst vor ihnen
und sagte: »Seid gegrüßt!«

Die Frauen warfen sich vor ihm nieder und
umfassten seine Füße.

10 »Habt keine Angst!«, sagte Jesus zu ihnen.
»Geht und sagt meinen Brüdern,[a] sie sollen nach
Galiläa gehen. Dort werden sie mich sehen.«

Der Bericht der Wache

11 Während die Frauen noch auf dem Weg
waren, liefen einige von den Wächtern in
die Stadt und meldeten den führenden Pries-
tern*, was geschehen war.
12 Diese fassten zu-
sammen mit den Ratsältesten* einen Beschluss:
Sie gaben den Soldaten viel Geld
13 und schärften
ihnen ein: »Erzählt allen: ›In der Nacht, wäh-
rend wir schliefen, sind seine Jünger* gekom-
men und haben den Toten gestohlen.‹
14 Wenn
der Statthalter* von der Geschichte erfährt, wer-
den wir mit ihm sprechen. Ihr habt nichts zu be-
fürchten!«

15 Die Wächter nahmen das Geld und taten,
wie man sie gelehrt hatte. So kam diese Ge-
schichte auf und wird bei den Juden bis heute
weitererzählt.

Jesus zeigt sich seinen Jüngern

16 Die elf Jünger* gingen nach Galiläa* auf den
Berg, zu dem Jesus sie bestellt hatte.
17 Als sie
ihn sahen, warfen sie sich vor ihm nieder, doch
einige hatten auch Zweifel.

18 Jesus trat auf sie zu und sagte: »Gott hat mir
unbeschränkte Vollmacht im Himmel und auf
der Erde gegeben.

19 Darum geht nun zu allen Völkern der Welt
und macht die Menschen zu meinen Jüngern
und Jüngerinnen![b]

Tauft* sie im Namen des Vaters und des Soh-
nes* und des Heiligen Geistes*,
20 und lehrt sie,
alles zu befolgen, was ich euch aufgetragen
habe.

Und das sollt ihr wissen: Ich bin immer bei
euch, jeden Tag, bis zum Ende der Welt.«

a Mit den *Brüdern* sind an dieser Stelle die Jünger gemeint.

b *macht zu Jüngern und Jüngerinnen:* Im Griechischen steht ein Tätigkeitswort *in die Schule nehmen/belehren.* Es ist von dem Hauptwort *Schüler/Jünger** abgeleitet, hier aber sicher nicht nur auf männliche »Schüler/Jünger« zu beziehen.

28,10 12,50 par; Joh 20,17 S **28,13** 27,64 **28,16** 5,1 S; 26,32 S **28,17** 14,31 S **28,18** Dan 7,13-14; Joh 3,35 S **28,19** (alle Völker) 10,5-6; 21,41.43; 24,14; Mk 16,15; Lk 24,47; (Taufe) Mt 3,15; Mk 16,16; Apg 2,38; 8,36; 1 Kor 1,13-16; Eph 4,5; Röm 6,3-4 S; (Vater, Sohn, Geist) 2 Kor 13,13 **28,20 a** 5,2–7,27; 11,28-30 **28,20 b** 1,23; 18,20

DIE GUTE NACHRICHT NACH MARKUS
(Markus-Evangelium)

Inhaltsübersicht

DER ANFANG DER GUTEN NACHRICHT (1,1-13)

Wie es anfing

1 In diesem Buch ist aufgeschrieben, wie die Gute Nachricht von Jesus Christus*, dem Sohn* Gottes, ihren Anfang nahm.[a]

Johannes der Täufer tritt auf und kündigt Christus an

(Mt 3,1-12; Lk 3,1-18; Joh 1,19-28)

2 Es begann, wie es im Buch des Propheten Jesaja angekündigt wurde:

»›Ich sende meinen Boten vor dir her‹, sagt Gott,
›damit er den Weg für dich bahnt.‹
3 In der Wüste ruft einer:
›Macht den Weg bereit, auf dem der Herr kommt!
Ebnet ihm die Straßen!‹«

4 Dies traf ein, als der Täufer* Johannes in der Wüste auftrat und den Menschen verkündete: »Kehrt um und lasst euch taufen, denn Gott will euch eure Schuld vergeben!«[b]

5 Aus dem ganzen Gebiet von Judäa* und aus Jerusalem strömten die Leute in Scharen zu ihm hinaus, bekannten öffentlich ihre Sünden und ließen sich von ihm im Jordan taufen.

6 Johannes trug ein Gewand aus Kamelhaaren und um die Hüften einen Ledergurt; er lebte von Heuschrecken und dem Honig wilder Bienen.

7 Er kündigte an: »Nach mir kommt der, der
mächtiger ist als ich. Ich bin nicht einmal gut
genug, mich zu bücken und ihm die Schuhe
aufzubinden. 8 Ich habe euch mit Wasser ge-
tauft; er wird euch mit dem Heiligen Geist*
taufen.«

Jesus lässt sich taufen und wird auf die Probe gestellt

(Mt 3,13–4,11; Lk 3,21-22; 4,1-13; Joh 1,32-34)

9 Zu dieser Zeit geschah es: Jesus kam aus
Nazaret in Galiläa* zu Johannes und ließ sich
von ihm im Jordan taufen*. 10 Als er aus dem
Wasser stieg, sah er, wie der Himmel aufriss und
der Geist* Gottes wie eine Taube auf ihn herab-
kam. 11 Und eine Stimme aus dem Himmel sagte
zu ihm: »Du bist mein Sohn*, dir gilt meine
Liebe, dich habe ich erwählt.«

12 Gleich danach trieb der Geist Gottes Jesus
in die Wüste. 13 Dort blieb er vierzig Tage und
wurde vom Satan* auf die Probe gestellt. Er lebte
mit den wilden Tieren zusammen, und die
Engel* Gottes versorgten ihn.[c]

JESUS WIRKT IN GALILÄA (1,14–8,26)

Jesus beginnt sein Wirken

(Mt 4,12-17; Lk 4,14-15)

14 Nachdem man Johannes ins Gefängnis gewor-
fen hatte,[d] kam Jesus nach Galiläa* zurück und
verkündete im Auftrag Gottes: 15 »Es ist so weit:
Jetzt wird Gott seine Herrschaft aufrichten und

a Vers 1 wörtlich: *Anfang der Guten Nachricht* von Jesus Christus, dem Sohn Gottes* (*dem Sohn Gottes* fehlt in einigen alten Handschriften).
b *den Menschen verkündete …:* wörtlich *verkündete die Taufe der Umkehr* zur Vergebung der Sünden.*
c *Er lebte …:* Jesus ist der neue Adam (vgl. Gen 3), der die Versuchung besteht und das verlorene Paradies zurückbringt.
d Wörtlich *Nachdem Johannes ausgeliefert worden war.* Durch das Wort *ausliefern* will Markus andeuten: Auch in dem Geschick, das der Täufer erleidet, ist er der Vorläufer von Jesus (vgl. 9,31; 10,33; 14,41; 1 Kor 11,23) und von dessen Jüngern (vgl. 13,9.11.12).

1,1 3,11; 14,61; 15,39; (Anfang) Hebr 2,3; Apg 10,37-40 **1,2** *nach* Mal 3,1 *und* Ex 23,20; Lk 1,76 S **1,3** *nach* Jes 40,3 **1,6** 2 Kön 1,8 **1,8** Ps 51,9.12-14 S **1,11** Ps 2,7; Jes 42,1; Mk 9,7 par; 12,6 par; 2 Petr 1,17 **1,13** (Tiere) Jes 11,6-8 S; (Engel) 1 Kön 19,5; Ps 91,11-13 **1,14** 6,17-18

sein Werk vollenden.[a] Ändert euer Leben[b] und glaubt dieser guten Nachricht!«

Jesus beruft vier Fischer zu Jüngern

(Mt 4,18-22; Lk 5,1-11)

16 Als Jesus am See von Galiläa* entlangging, sah er Simon und seinen Bruder Andreas, wie sie gerade ihr Netz auswarfen; sie waren Fischer. 17 Jesus sagte zu ihnen: »Kommt, folgt mir! Ich mache euch zu Menschenfischern.« 18 Sofort ließen sie ihre Netze liegen und folgten ihm.

19 Als Jesus ein kleines Stück weiterging, sah er Jakobus, den Sohn von Zebedäus, und seinen Bruder Johannes. Sie saßen gerade im Boot und besserten die Netze aus. 20 Jesus rief sie, und sie ließen ihren Vater Zebedäus mit den Gehilfen im Boot zurück und folgten ihm.

Jesus zeigt seine Macht

(Lk 4,31-37)

21 Sie gingen weiter und kamen miteinander nach Kafarnaum, und gleich am Sabbat* ging Jesus in die Synagoge*. Dort sprach er zu den Versammelten. 22 Sie waren von seinen Worten tief beeindruckt; denn er lehrte wie einer, der Vollmacht von Gott hat – ganz anders als die Gesetzeslehrer*.

23 In ihrer Synagoge war ein Mann, der von einem bösen Geist* besessen war. Er schrie: 24 »Was haben wir mit dir zu schaffen, Jesus von Nazaret? Du bist doch nur gekommen, um uns zu vernichten! Ich weiß genau, wer du bist: Du bist der, der an Gottes Heiligkeit teil hat!«[c]

25 Drohend sagte Jesus zu dem bösen Geist: »Schweig und fahr aus von diesem Menschen!« 26 Da zerrte der Geist den Mann hin und her und fuhr aus mit lautem Geschrei.

27 Die Leute erschraken alle und fragten einander: »Was hat das zu bedeuten? Er hat eine ganz neue Art zu lehren – wie einer, dem Gott Vollmacht gegeben hat! Er befiehlt sogar den bösen Geistern und sie gehorchen ihm.«

28 Wie ein Lauffeuer verbreitete sich die Kunde von Jesus ringsum in Galiläa*.

Jesus heilt die Schwiegermutter von Petrus und viele andere Menschen

(Mt 8,14-17; Lk 4,38-41)

29 Sie verließen die Synagoge* und gingen in das Haus von Simon und Andreas. Auch Jakobus und Johannes kamen mit.

30 Die Schwiegermutter Simons lag mit Fieber im Bett, und gleich, als sie ins Haus kamen, sagten sie es Jesus. 31 Er ging zu ihr, nahm sie bei der Hand und richtete sie auf. Das Fieber verließ sie, und sie bereitete für alle das Essen.[d]

32 Am Abend, nach Sonnenuntergang, brachten die Leute alle Kranken und alle Besessenen* zu Jesus. 33 Die ganze Stadt hatte sich vor dem Haus versammelt. 34 Jesus heilte viele Menschen von allen möglichen Krankheiten und trieb viele böse Geister aus. Er ließ die bösen Geister nicht zu Wort kommen; denn sie wussten genau, wer er war.

Jesus zieht durch Galiläa

(Lk 4,42-44)

35 Am nächsten Morgen verließ Jesus lange vor Sonnenaufgang die Stadt und zog sich an eine abgelegene Stelle zurück. Dort betete er.

36 Simon und seine Gefährten zogen ihm nach 37 und fanden ihn. »Alle suchen dich«, sagten sie.

38 Jesus antwortete: »Wir wollen jetzt weitergehen, in die umliegenden Dörfer. Ich muss auch dort die Gute Nachricht* verkünden, denn dazu bin ich gekommen.«

39 So zog Jesus durch ganz Galiläa*, verkündete in den Synagogen* die Gute Nachricht und trieb die bösen Geister* aus.

Jesus heilt einen Aussätzigen

(Mt 8,1-4; Lk 5,12-16)

40 Einmal kam ein Aussätziger* zu Jesus, warf sich vor ihm auf die Knie und bat ihn um Hilfe. »Wenn du willst«, sagte er, »kannst du mich gesund[e] machen.«

41 Jesus hatte Mitleid mit ihm, streckte die Hand aus und berührte ihn. »Ich will«, sagte er. »Sei gesund!« 42 Im selben Augenblick verschwand der Aussatz und der Mann war geheilt.

43 Sofort schickte Jesus ihn weg und befahl ihm streng: 44 »Sag ja niemand ein Wort davon,

a *Es ist so weit ...:* wörtlich *Erfüllt ist die Zeit und nahe herbeigekommen ist die Königsherrschaft* Gottes.*
b Siehe Sacherklärung »Umkehr«.
c *der, der an Gottes ...:* wörtlich *der Heilige Gottes;* siehe Sacherklärung »Heiliger«.
d Wörtlich *und sie diente ihnen.* Das griechische Wort bezeichnet oft den Tischdienst; vgl. Lk 10,40; Joh 2,7; Apg 6,2.
e *gesund:* wörtlich *rein*;* entsprechend in den Versen 41 *(gesund)* und 42 *(geheilt).*

1,18.20 Mt 8,21-22 S **1,22** Mt 7,28-29; Joh 7,46 **1,24** 3,11 S **1,31** 5,41 S **1,35** Lk 5,16 S **1,39** Mt 4,23 **1,44** 5,43 S; Lev 14,2-32; Lk 17,14

sondern geh zum Priester, lass dir deine Heilung bestätigen und bring die Opfer*, die Mose zur Wiederherstellung der Reinheit vorgeschrieben hat. Die Verantwortlichen sollen wissen, dass ich das Gesetz* ernst nehme.«[a]

45 Aber der Mann ging weg und fing überall an, von Jesus und seiner Botschaft zu erzählen und davon, wie er geheilt worden war. Jesus konnte sich bald in keiner Ortschaft mehr sehen lassen. Er hielt sich draußen in unbewohnten Gegenden auf; doch die Leute kamen von überall her zu ihm.

Jesus heilt einen Gelähmten

(Mt 9,1-8; Lk 5,17-26)

2 Einige Tage später kam Jesus nach Kafarnaum zurück, und bald wusste jeder, dass er wieder zu Hause[b] war. 2 Die Menschen strömten so zahlreich zusammen, dass kein Platz mehr blieb, nicht einmal draußen vor der Tür. Jesus verkündete ihnen die Botschaft Gottes.

3 Da brachten vier Männer einen Gelähmten herbei, 4 aber sie kamen wegen der Menschenmenge nicht bis zu Jesus durch. Darum stiegen sie auf das flache Dach, gruben die Lehmdecke auf und beseitigten das Holzgeflecht, genau über der Stelle, wo Jesus war. Dann ließen sie den Gelähmten auf seiner Matte durch das Loch hinunter.

5 Als Jesus sah, wie groß ihr Vertrauen war, sagte er zu dem Gelähmten: »Mein Kind, deine Schuld ist vergeben!«

6 Da saßen aber einige Gesetzeslehrer*, die dachten bei sich: 7 »Was nimmt der sich heraus! Das ist eine Gotteslästerung! Nur Gott kann den Menschen ihre Schuld vergeben, sonst niemand!«

8 Jesus erkannte sofort, dass sie das dachten, und fragte sie: »Was macht ihr euch da für Gedanken? 9 Was ist leichter – diesem Gelähmten zu sagen: ›Deine Schuld ist dir vergeben‹, oder: ›Steh auf, nimm deine Matte und geh umher‹? 10 Aber ihr sollt sehen, dass der Menschensohn* die Vollmacht hat, hier auf der Erde Schuld zu vergeben!«

Und er sagte zu dem Gelähmten: 11 »Ich befehle dir: Steh auf, nimm deine Matte und geh nach Hause!« 12 Der Mann stand auf, nahm seine Matte und ging vor aller Augen weg.

Da waren sie alle außer sich; sie priesen Gott und sagten: »So etwas haben wir noch nie erlebt!«

Jesus beruft Levi und isst mit den Zolleinnehmern

(Mt 9,9-13; Lk 5,27-32)

13 Dann ging Jesus wieder hinaus an den See. Alle kamen zu ihm und er sprach zu ihnen. 14 Als er weiterging, sah er einen Zolleinnehmer* an der Zollstelle sitzen: Levi, den Sohn von Alphäus. Jesus sagte zu ihm: »Komm, folge mir!«

Und Levi stand auf und folgte ihm.

15 Als Jesus dann in seinem Haus[c] zu Tisch saß, waren auch viele Zolleinnehmer dabei und andere, die einen ebenso schlechten Ruf hatten. Sie alle aßen zusammen mit Jesus und seinen Jüngern*. – Was die Zahl der Jünger betrifft: Es waren inzwischen viele, die sich Jesus angeschlossen hatten.

16 Die Gesetzeslehrer* von der Partei der Pharisäer* sahen, wie Jesus mit diesen Leuten zusammen aß. Sie fragten seine Jünger: »Wie kann er sich mit den Zolleinnehmern und ähnlichem Volk an einen Tisch setzen?«

17 Jesus hörte es und er antwortete ihnen: »Nicht die Gesunden brauchen den Arzt, sondern die Kranken. Ich bin nicht gekommen, solche Menschen in Gottes neue Welt einzuladen,[d] bei denen alles in Ordnung ist, sondern solche, die Gott den Rücken gekehrt haben.«

Die Hochzeit hat begonnen

(Mt 9,14-17; Lk 5,33-39)

18 Es war an einem Tag, an dem die Jünger* des Täufers Johannes und die Pharisäer* fasteten. Da kamen Leute zu Jesus und fragten ihn: »Wie kommt es, dass die Jünger des Täufers und die Jünger der Pharisäer regelmäßig fasten*, aber deine Jünger fasten nicht?«

19 Jesus antwortete: »Können die Hochzeitsgäste fasten, während der Bräutigam unter ihnen ist? Unmöglich können sie das, solange er bei

a *Die Verantwortlichen ...:* wörtlich *ihnen zur Bezeugung.* Wer von Aussatz genesen war, musste dies zunächst vom Priester *bestätigen* lassen (so verdeutlicht die Übersetzung; wörtlich nur *sondern geh hin, zeige dich dem Priester*). »Rein« wurde die geheilte Person erst danach durch die verschiedenen Riten und Opfer, die in Lev 14,1-32 beschrieben sind.

b Wörtlich *im Haus.* Gedacht ist wahrscheinlich an das Haus von Simon und Andreas (1,29); es dürfte Jesus in Kafarnaum als Standquartier gedient haben (vgl. 9,33).

c Es ist nicht zu entscheiden, wessen *Haus* gemeint ist: das von Levi oder das von Simon und Andreas, das Jesus in Kafarnaum als Standquartier diente (vgl. 2,1 und die Anmerkung dort).

d *in Gottes neue Welt einzuladen:* wörtlich *zu rufen.*

1,45 7,36S **2,5** Lk 5,20; 7,48 **2,10** Joh 5,36 **2,14** Mt 8,21-22S **2,15** Mt 9,10S **2,17** Lk 19,10S **2,18** Mt 6,16-17S; Mt 11,18-19 par **2,19** Mt 9,15S

ihnen ist! 20 Die Zeit kommt früh genug, dass der Bräutigam ihnen entrissen wird; dann werden sie fasten, immer an jenem Tag.[a]

21 Niemand flickt ein altes Kleid mit einem neuen Stück Stoff; sonst reißt das neue Stück wieder aus und macht das Loch nur noch größer.

22 Auch füllt niemand neuen Wein, der noch gärt, in alte Schläuche; sonst sprengt der Wein die Schläuche, der Wein ist hin und die Schläuche auch. Nein, neuer Wein gehört in neue Schläuche!«

Jesus und der Sabbat

(Mt 12,1-8; Lk 6,1-5)

23 An einem Sabbat* ging Jesus durch die Felder. Seine Jünger* fingen unterwegs an, Ähren abzureißen und die Körner zu essen.

24 Die Pharisäer* sagten zu Jesus: »Da sieh dir an, was sie tun! Das ist nach dem Gesetz* am Sabbat verboten!«

25 Jesus antwortete ihnen: »Habt ihr nie gelesen, was David tat, als er und seine Männer hungrig waren und etwas zu essen brauchten? 26 Er ging in das Haus Gottes und aß von den geweihten Broten*, damals, als Abjatar Oberster Priester* war. Nach dem Gesetz dürfen doch nur die Priester dieses Brot essen – und trotzdem aß David davon und gab es auch seinen Begleitern!«

27 Jesus fügte hinzu: »Gott hat den Sabbat für den Menschen geschaffen, nicht den Menschen für den Sabbat. 28 Also ist der Menschensohn* Herr auch über den Sabbat; er hat zu bestimmen, was an diesem Tag getan werden darf.«[b]

Jesus heilt am Sabbat

(Mt 12,9-14; Lk 6,6-11)

3 Wieder einmal ging Jesus in eine Synagoge*. Dort war ein Mann mit einer abgestorbenen Hand. 2 Die Pharisäer* hätten Jesus gerne angezeigt; darum beobachteten sie genau, ob er es wagen würde, ihn am Sabbat* zu heilen.

3 Jesus sagte zu dem Mann mit der abgestorbenen Hand: »Steh auf und stell dich in die Mitte!«

4 Darauf fragte er die anderen: »Was darf man nach dem Gesetz* am Sabbat tun? Gutes oder Böses? Einem Menschen das Leben retten oder ihn umkommen lassen?«

Er bekam keine Antwort. 5 Da sah er sie zornig der Reihe nach an. Zugleich war er traurig, weil sie so engstirnig und hartherzig waren.

Dann sagte er zu dem Mann: »Streck deine Hand aus!« Er streckte sie aus und sie wurde wieder gesund.

6 Da gingen die Pharisäer hinaus. Sie trafen sich sogleich mit den Parteigängern von Herodes und sie beschlossen miteinander, dass Jesus sterben müsse.

Zustrom zu Jesus am See von Galiläa

(Mt 4,23-25; 12,15-21; Lk 6,17-19)

7 Jesus zog sich mit seinen Jüngern* an den See zurück. Viele Menschen aus Galiläa* folgten ihm. Auch aus Judäa* 8 und aus Jerusalem, aus Idumäa und dem Gebiet auf der anderen Seite des Jordans und aus der Gegend der Städte Tyrus und Sidon kamen viele zu Jesus. Sie hatten von seinen Taten gehört und wollten ihn sehen.

9 Jesus wies seine Jünger an, ein Boot für ihn bereitzuhalten; denn die Menge war so groß, dass sie ihn fast erdrückte. 10 Weil er schon so viele geheilt hatte, stürzten sich alle Kranken auf ihn und wollten ihn berühren. 11 Menschen, die von bösen Geistern* besessen waren, warfen sich vor ihm nieder, sobald sie ihn sahen, und schrien: »Du bist der Sohn* Gottes!« 12 Aber Jesus verbot ihnen nachdrücklich, ihn bekannt zu machen.

Jesus beruft den Kreis der Zwölf

(Mt 10,1-4; Lk 6,12-16)

13 Dann stieg Jesus auf einen Berg[c] und rief von seinen Jüngern* die zu sich, die er für eine besondere Aufgabe vorgesehen hatte. Sie kamen zu ihm, 14 und er setzte sie ein als die Zwölf.[d] Sie sollten ständig bei ihm sein. Sie sollten dann auch von ihm ausgesandt werden, um die Gute Nachricht* zu verkünden, 15 und sollten die Vollmacht bekommen, die bösen Geister* auszutreiben.

16 Die zwölf, die Jesus dafür bestimmte, waren:

Simon, dem er den Namen Petrus* gab;
17 Jakobus und sein Bruder Johannes,
die er Donnersöhne[e] nannte;
18 dazu Andreas,
Philippus,

a *immer* ist verdeutlichender Zusatz. Gedacht ist wahrscheinlich an ein regelmäßiges Fasten am Karfreitag oder wöchentlich jeweils am Freitag als dem Todestag von Jesus. b *er hat zu bestimmen ...*: verdeutlichender Zusatz
c Wörtlich *auf den Berg;* siehe Sacherklärung »Berg«.
d *Zwölf:* siehe Sacherklärung. Viele Handschriften fügen hinzu: *die er auch Apostel* nannte* (vgl. Lk 6,13; Mt 10,2).
e Wörtlich *er gab ihnen den Beinamen Boanerges, das bedeutet Donnersöhne.*

2,23-28 2,27-28 S **2,23** Dtn 23,25-26 **2,24** Ex 20,8-10 **2,25-26** 1 Sam 21,2-7; Lev 24,5-9 **2,27-28** (Sabbatkonflikt) Mt 12,1-8 par; 12,9-14 par; Lk 13,10-17; 14,1-6; Joh 5,1-18; 7,21-24; 9,1-16 **2,27** Dtn 5,14 **3,1-6** 2,27-28 S **3,6** Joh 7,1 S **3,11** 1,1 S; 1,24 par; 5,7 par; Lk 4,41 **3,12** 1,34 par **3,15** 6,12-13 par; 16,17 **3,16-19** Apg 1,13; Joh 1,40-44

Bartholomäus,
Matthäus,
Thomas,
Jakobus, der Sohn von Alphäus,
Thaddäus,
Simon, der zur Partei der Zeloten gehört hatte,[a]
19 und Judas Iskariot, der Jesus später verriet.

Steht Jesus mit dem Teufel im Bund?

(Mt 12,22-32; Lk 11,14-23; 12,10)

20 Dann ging Jesus nach Hause.[b] Wieder strömte
eine so große Menge zusammen, dass er und
seine Jünger* nicht einmal zum Essen kamen.
21 Als das seine Angehörigen erfuhren, machten
sie sich auf den Weg, um ihn mit Gewalt wegzu-
holen, denn sie sagten sich: »Er muss verrückt
geworden sein.«
22 Einige Gesetzeslehrer*, die aus Jerusalem
gekommen waren, sagten: »Er ist von Beelze-
bul* besessen! Der oberste aller bösen Geister
gibt ihm die Macht, die Geister auszutreiben.«
23 Da rief Jesus die Gesetzeslehrer zu sich und
erklärte ihnen die Sache durch Bilder: »Wie kann
der Satan* sich selbst austreiben? 24 Ein Staat
muss doch untergehen, wenn seine Machthaber
einander befehden. 25 Eine Familie muss zerfal-
len, wenn ihre Glieder miteinander im Streit lie-
gen. 26 Würde also der Satan gegen sich selbst
aufstehen und mit sich selbst im Streit liegen,
dann müsste er ja untergehen; er würde sich
selbst das Ende bereiten!
27 Hier gilt eine ganz andere Regel, als ihr
meint:[c] Niemand kann in das Haus eines Star-
ken eindringen und ihm seine Beute rauben,
wenn er den Starken nicht zuvor gefesselt hat.
Dann erst kann er sein Haus ausrauben!
28 Das versichere ich euch: Alles kann den
Menschen vergeben werden, jede Sünde, auch
jede Gotteslästerung, wie schlimm sie auch sei.
29 Wer aber den Heiligen Geist* beleidigt, für
den gibt es keine Vergebung; er ist auf ewig
schuldig geworden.«
30 Das sagte Jesus, weil sie behauptet hatten:
»Er ist von einem bösen Geist besessen.«

Die Angehörigen von Jesus

(Mt 12,46-50; Lk 8,19-21)

31 Inzwischen waren die Mutter und die Brüder
von Jesus angekommen. Sie standen vor dem
Haus und schickten jemand, um ihn herauszu-
rufen.
32 Rings um Jesus saßen die Menschen dicht
gedrängt. Sie gaben die Nachricht an ihn wei-
ter: »Deine Mutter und deine Brüder[d] stehen
draußen und fragen nach dir!«
33 Jesus antwortete: »Wer sind meine Mutter
und meine Brüder?« 34 Er sah auf die Leute, die
um ihn herumsaßen, und sagte: »Das hier sind
meine Mutter und meine Brüder! 35 Wer tut, was
Gott will, der ist mein Bruder, meine Schwester
und meine Mutter!«

Jesus spricht zum Volk in Gleichnissen

(Mt 13,1-3; Lk 8,4)

4 Wieder einmal war Jesus am See und wollte
zu den Menschen sprechen. Es hatte sich
aber eine so große Menge versammelt, dass er
sich in ein Boot setzen und ein Stück vom Ufer
abstoßen musste.
Die Menge blieb am Ufer, 2a und Jesus er-
klärte ihnen vieles von seiner Botschaft mit Hilfe
von Gleichnissen*.

Das Gleichnis von der Aussaat

(Mt 13,3-9; Lk 8,5-8)

2b Unter anderem sagte er: 3 »Hört zu! Ein Bauer
ging aufs Feld, um zu säen. 4 Als er die Körner
ausstreute, fiel ein Teil von ihnen auf den Weg.
Da kamen die Vögel und pickten sie auf.
5 Andere Körner fielen auf felsigen Grund,
der nur mit einer dünnen Erdschicht bedeckt
war. Sie gingen rasch auf, weil sie sich nicht in
der Erde verwurzeln konnten; 6 aber als die
Sonne hochstieg, vertrockneten die jungen
Pflanzen, und weil sie keine Wurzeln hatten,
verdorrten sie.
7 Wieder andere Körner fielen in Dornen-
gestrüpp, das bald die Pflanzen überwucherte
und erstickte, sodass sie keine Frucht brachten.
8 Andere Körner schließlich fielen auf guten
Boden; sie gingen auf, wuchsen und brachten
Frucht. Manche brachten dreißig Körner, andere
sechzig, wieder andere hundert.«
9 Und Jesus sagte: »Wer Ohren hat, soll gut zu-
hören!«

a Wörtlich *Simon, der Kananäer;* siehe Sacherklärung »Zeloten«.
b Siehe Anmerkung zu 2,1.
c Wörtlich *Sondern.*
d Einige Handschriften fügen hinzu: *und deine Schwestern.*

3,21 Joh 7,5; 8,48 **3,22** Mt 9,34 S; Joh 8,48 S **3,27** Jes 49,24-25 **3,31** 3,21 **3,35** Mt 6,10 S **4,1** 3,9

Warum Jesus Gleichnisse gebraucht

(Mt 13,10-17; Lk 8,9-10)

10 Als Jesus mit dem Kreis der Zwölf* und den anderen Jüngern* allein war, wollten sie wissen, warum er in Gleichnissen* sprach.

11 Jesus sagte: »Euch hat Gott seinen geheimnisvollen Plan erkennen lassen, nach dem er schon begonnen hat, seine Herrschaft in der Welt aufzurichten;[a] aber die Außenstehenden erfahren von alledem nur in Gleichnissen.

12 Es heißt ja: ›Sie sollen hinsehen, so viel sie wollen, und doch nichts erkennen; sie sollen zuhören, so viel sie wollen, und doch nichts verstehen, damit sie nicht zu Gott umkehren und er ihnen ihre Schuld vergibt!‹«

Jesus erklärt das Gleichnis von der Aussaat

(Mt 13,18-23; Lk 8,11-15)

13 Jesus fragte die Zwölf* und die anderen Jünger*:[b] »Versteht ihr dieses Gleichnis* denn nicht? Wie wollt ihr dann all die anderen Gleichnisse verstehen?

14 Der Bauer, der die Samenkörner ausstreut, sät die Botschaft Gottes aus. 15 Manchmal fallen die Worte auf den Weg. So ist es bei den Menschen, die die Botschaft zwar hören, aber dann kommt sofort der Satan* und nimmt weg, was in ihr Herz gesät wurde.

16 Bei anderen ist es wie bei dem Samen, der auf felsigen Grund fällt. Sie hören die Botschaft und nehmen sie sogleich mit Freuden an; 17 aber sie kann in ihnen keine Wurzeln schlagen, weil diese Leute unbeständig sind. Wenn sie wegen der Botschaft in Schwierigkeiten geraten oder verfolgt werden, werden sie gleich an ihr irre.

18 Wieder bei anderen ist es wie bei dem Samen, der in das Dornengestrüpp fällt. Sie hören zwar die Botschaft, 19 aber sie verlieren sich in ihren Alltagssorgen, lassen sich vom Reichtum verführen und leben nur für ihre Wünsche. Dadurch wird die Botschaft erstickt und bleibt wirkungslos.

20 Bei anderen schließlich ist es wie bei dem Samen, der auf guten Boden fällt. Sie hören die Botschaft, nehmen sie an und bringen Frucht, manche dreißigfach, andere sechzigfach, wieder andere hundertfach.«

Vom Verstehen der Guten Nachricht

(Lk 8,16-18)

21 Jesus fuhr fort: »Ist die Lampe* etwa dazu da, um sie unter einen Topf oder unters Bett zu stellen? Nein, sie wird auf den Lampenständer gestellt! 22 So soll alles, was jetzt noch an Gottes Botschaft verborgen ist, ans Licht kommen, und was jetzt noch an ihr unverständlich ist, soll verstanden werden.[c] 23 Wer Ohren hat, soll gut zuhören!«

24 Er fügte hinzu: »Achtet auf das, was ich euch sage! Nach dem Maß eures Zuhörens wird Gott euch Verständnis geben, ja noch über das Maß eures Zuhörens hinaus! 25 Denn wer viel hat, dem wird noch mehr gegeben werden, aber wer wenig hat, dem wird auch noch das wenige genommen werden, das er hat.«

Das Gleichnis von der selbstwachsenden Saat

26 Zu den versammelten Menschen[d] sagte Jesus: »Mit der neuen Welt Gottes[e] ist es wie mit dem Bauern und seiner Saat: Hat er gesät, 27 so geht er nach Hause, legt sich nachts schlafen, steht morgens wieder auf – und das viele Tage lang.

Inzwischen geht die Saat auf und wächst; der Bauer weiß nicht wie. 28 Ganz von selbst lässt der Boden die Pflanzen wachsen und Frucht bringen. Zuerst kommen die Halme, dann bilden sich die Ähren und schließlich füllen sie sich mit Körnern.

29 Sobald das Korn reif ist, schickt der Bauer die Schnitter, denn es ist Zeit zum Ernten.«

Das Gleichnis vom Senfkorn: Der entscheidende Anfang ist gemacht

(Mt 13,31-32.34-35; Lk 13,18-19)

30 »Wie geht es zu, wenn Gott seine Herrschaft* aufrichtet?«, fragte Jesus. »Womit können wir das vergleichen? 31 Es ist wie beim Senfkorn: Wenn es in die Erde gesät wird, ist es der kleinste Same, den es gibt. 32 Aber ist es einmal gesät, so

a *Euch hat Gott ...:* wörtlich *Euch ist das Geheimnis der Königsherrschaft Gottes gegeben.* Das *Geheimnis* – so lässt Markus erkennen – besteht darin, dass die Herrschaft* Gottes in den Worten und Taten von Jesus schon hereinbricht (vgl. 1,27; 2,5-7), dass sie sich trotz äußerlicher Schwäche und Unscheinbarkeit durchsetzt (vgl. 4,1-9.26-32) und gerade das Leiden und Sterben von Jesus dabei die entscheidende Rolle spielt (vgl. 8,31; 9,2.7; 15,39).

b *Jesus fragte ...:* wörtlich *Und er sagt(e) zu ihnen;* vgl. Vers 10.

c *an Gottes Botschaft* und *an ihr:* verdeutlichende Zusätze.

d Verdeutlichender Zusatz. Aus Vers 33 darf geschlossen werden, dass die Gleichnisse in den Versen 26-32 wieder (wie das Gleichnis in den Versen 3-9) an die versammelte Menschenmenge gerichtet sind.

e Wörtlich *Mit der Königsherrschaft* Gottes.*

4,11 Mt 11,25 **4,12** *nach* Jes 6,9-10; Joh 12,40; Apg 28,26-27 **4,19** 1 Tim 6,9-10 **4,21** Mt 5,15 par **4,22** Mt 10,26 par **4,24** Mt 7,2 par **4,25** Mt 25,29 S **4,27** Jak 5,7 **4,29** Joël 4,13; Offb 14,14-15 **4,32** Ez 17,23

geht es auf und wird größer als alle anderen
Gartenpflanzen. Es treibt so große Zweige,
dass die Vögel in seinem Schatten ihre Nester
bauen.«[a]

33 Jesus erzählte den Leuten noch viele ähn-
liche Gleichnisse*, damit sie ihn besser ver-
stehen konnten, und verkündete ihnen so die
Botschaft Gottes. 34 Nie sprach er zu ihnen, ohne
Gleichnisse zu gebrauchen. Aber wenn er mit
seinen Jüngern* allein war, erklärte er ihnen
alles.

Im Sturm auf die Probe gestellt

(Mt 8,18.23-27; Lk 8,22-25)

35 Am Abend jenes Tages sagte Jesus zu seinen
Jüngern*: »Kommt, wir fahren zum anderen
Ufer hinüber!« 36 Die Jünger verabschiedeten die
Leute; dann stiegen sie ins Boot, in dem Jesus
noch saß, und fuhren los. Auch andere Boote
fuhren mit.

37 Da kam ein schwerer Sturm auf, sodass die
Wellen ins Boot schlugen. Das Boot füllte sich
schon mit Wasser, 38 Jesus aber lag hinten im
Boot auf dem Sitzkissen und schlief. Die Jünger
weckten ihn und riefen: »Lehrer*, kümmert es
dich nicht, dass wir untergehen?«

39 Jesus stand auf, sprach ein Machtwort zu
dem Sturm und befahl dem tobenden See:
»Schweig! Sei still!« Da legte sich der Wind und
es wurde ganz still.

40 »Warum habt ihr solche Angst?«, fragte
Jesus. »Habt ihr denn immer noch kein Ver-
trauen?«

41 Da befiel sie große Furcht und sie fragten
sich: »Wer ist das nur, dass ihm sogar Wind und
Wellen gehorchen!«

Der Besessene von Gerasa

(Mt 8,28-34; Lk 8,26-39)

5 Auf der anderen Seite des Sees kamen sie in
das Gebiet von Gerasa.

2 Als Jesus aus dem Boot stieg, lief ihm aus
den Grabhöhlen ein Mann entgegen, der von
einem bösen Geist* besessen war. 3 Er hauste
dort in den Grabhöhlen und niemand konnte
ihn bändigen, nicht einmal mit Ketten. 4 Schon
oft hatte man ihn an Händen und Füßen ge-
fesselt, aber jedes Mal hatte er die Ketten zerris-
sen. Kein Mensch wurde mit ihm fertig. 5 Er war
Tag und Nacht in den Grabhöhlen oder auf den
Bergen und schrie und schlug mit Steinen auf
sich ein.

6 Schon von weitem sah er Jesus, rannte auf
ihn zu, warf sich vor ihm nieder 7 und schrie:
»Jesus, du Sohn* des höchsten Gottes, was habe
ich mit dir zu schaffen? Ich beschwöre dich bei
Gott, quäle mich nicht!« 8 Denn Jesus hatte dem
bösen Geist* befohlen, aus dem Mann auszu-
fahren.

9 Nun fragte Jesus ihn: »Wie heißt du?«

Er antwortete: »Legion*. Wir sind nämlich
viele!« 10 Und er flehte Jesus an: »Vertreib uns
nicht aus dieser Gegend!«

11 In der Nähe weidete eine große Schweine-
herde am Berghang. 12 Die bösen Geister baten:
»Schick uns doch in die Schweine!«

13 Jesus erlaubte es ihnen. Da kamen sie her-
aus aus dem Mann und fuhren in die Schweine,
und die Herde raste das steile Ufer hinab in den
See und ertrank. Es waren etwa zweitausend
Tiere.

14 Die Schweinehirten liefen davon und er-
zählten in der Stadt und in den Dörfern, was
geschehen war. Die Leute wollten es mit eige-
nen Augen sehen. 15 Sie kamen zu Jesus und
sahen den Mann, der von einer ganzen Legion
böser Geister besessen gewesen war: Er saß da,
ordentlich angezogen und bei klarem Verstand.
Da befiel sie große Furcht. 16 Die Augenzeugen
berichteten ihnen ausführlich, was an dem Be-
sessenen geschehen war, und sie erzählten auch
die Geschichte mit den Schweinen. 17 Darauf
forderten die Leute Jesus auf, ihr Gebiet zu ver-
lassen.

18 Als Jesus ins Boot stieg, bat ihn der Ge-
heilte: »Ich möchte bei dir bleiben!«

19 Aber Jesus erlaubte es ihm nicht, sondern
sagte: »Geh zurück zu deinen Angehörigen und
erzähl ihnen, was Gott an dir getan und wie er
mit dir Erbarmen gehabt hat.«

20 Der Mann gehorchte und ging. Er zog
durch das Gebiet der Zehn Städte* und verkün-
dete überall, was Jesus an ihm getan hatte. Und
alle staunten.

Jesus heilt eine kranke Frau und erweckt ein Mädchen vom Tod

(Mt 9,18-26; Lk 8,40-56)

21 Jesus fuhr wieder ans andere Seeufer zurück.
Bald hatte sich eine große Menschenmenge um
ihn versammelt.

Noch während Jesus am See war, 22 kam ein
Synagogenvorsteher* namens Jaïrus, sah ihn,
warf sich vor ihm nieder 23 und bat ihn dring-

a Mit dem Bild vom *Baum* und seinen *Vögeln* wird auf die bildhafte Ankündigung der Herrschaft Gottes bei den Propheten angespielt; vgl. Dan 4,9.17-18; Ez 17,23. Bei den *Vögeln* ist wohl speziell an die nichtjüdischen Völker zu denken.

4,39 Ps 89,10 S; Mk 6,51 **5,7** 3,11 S

lich: »Meine kleine Tochter ist todkrank. Komm
doch und leg ihr die Hände auf, damit sie gerettet
wird und am Leben bleibt!«
24 Da ging Jesus mit ihm.
Eine große Menschenmenge folgte Jesus und
umdrängte ihn. 25 Es war auch eine Frau dabei,
die seit zwölf Jahren an Blutungen litt. 26 Sie war
schon bei den verschiedensten Ärzten gewesen
und hatte viele Behandlungen über sich ergehen
lassen. Ihr ganzes Vermögen hatte sie dabei
ausgegeben, aber es hatte nichts genützt; im
Gegenteil, ihr Leiden war nur schlimmer ge-
worden.
27 Diese Frau hatte von Jesus gehört; sie
drängte sich in der Menge von hinten an ihn her-
an und berührte sein Gewand. 28 Denn sie sagte
sich: »Wenn ich nur sein Gewand anfasse, werde
ich gesund.« 29 Im selben Augenblick hörte die
Blutung auf, und sie spürte, dass sie ihre Plage
los war.
30 Jesus bemerkte, dass heilende Kraft von
ihm ausgegangen war, und sofort drehte er sich
in der Menge um und fragte: »Wer hat mein Ge-
wand berührt?«
31 Die Jünger* sagten: »Du siehst, wie die
Leute sich um dich drängen, und da fragst du
noch: ›Wer hat mich berührt?‹«
32 Aber Jesus blickte umher, um zu sehen,
wer es gewesen war. 33 Die Frau zitterte vor
Angst; sie wusste ja, was mit ihr vorgegangen
war. Darum trat sie vor, warf sich vor Jesus nie-
der und erzählte ihm alles.
34 Jesus sagte zu ihr: »Meine Tochter, dein
Vertrauen hat dir geholfen. Geh in Frieden* und
sei frei von deinem Leiden!«
35 Während Jesus noch sprach, kamen Boten
aus dem Haus des Synagogenvorstehers und
sagten zu Jaïrus: »Deine Tochter ist gestorben.
Du brauchst den Lehrer* nicht weiter zu be-
mühen.«
36 Jesus hörte mit an, was sie redeten, und
sagte zu dem Synagogenvorsteher: »Erschrick
nicht, hab nur Vertrauen!« 37 Er ließ niemand
weiter mitkommen außer Petrus, Jakobus und
dessen Bruder Johannes.
38 Als sie zum Haus des Synagogenvorstehers
kamen, sah Jesus schon die aufgeregten Men-
schen und hörte das laute Klagegeschrei. 39 Er
ging ins Haus und sagte: »Was soll der Lärm?
Warum weint ihr? Das Kind ist nicht tot – es
schläft nur.«
40 Da lachten sie ihn aus. Er aber warf sie alle
hinaus, nahm nur den Vater des Kindes und die
Mutter und die drei Jünger mit sich und ging in
den Raum, in dem das Kind lag. 41 Er nahm es
bei der Hand und sagte: »Talita kum!« Das heißt
übersetzt: »Steh auf, Mädchen!«
42 Das Mädchen stand sofort auf und ging um-
her. Es war zwölf Jahre alt.
Alle waren vor Entsetzen außer sich. 43 Aber
Jesus schärfte ihnen nachdrücklich ein, es nie-
mand weiterzuerzählen.
Dann sagte er: »Gebt dem Kind etwas zu
essen!«

Jesus in Nazaret

(Mt 13,53-58; Lk 4,16-30)

6 Von dort ging Jesus in seine Heimatstadt.
Seine Jünger* begleiteten ihn.
2 Am Sabbat* sprach er in der Synagoge*,
und viele, die ihn hörten, waren sehr verwun-
dert. »Wo hat er das her?«, fragten sie einander.
»Was ist das für eine Weisheit, die ihm gegeben
ist? Und erst die Wunder, die durch ihn gesche-
hen! 3 Ist er nicht der Zimmermann*, der Sohn
von Maria, der Bruder von Jakobus, Joses, Judas
und Simon? Und leben nicht auch seine Schwes-
tern hier bei uns?«
Darum wollten sie nichts von ihm wissen.
4 Aber Jesus sagte zu ihnen: »Ein Prophet* gilt
nirgends so wenig wie in seiner Heimat, bei sei-
nen Verwandten und in seiner Familie.«
5 Deshalb konnte er dort auch keine Wunder
tun; nur einigen Kranken legte er die Hände
auf und heilte sie. 6a Er wunderte sich, dass die
Leute von Nazaret ihm das Vertrauen verwei-
gerten.

Die Aussendung der Zwölf

(Mt 10,1.5-14; Lk 9,1-6)

6b Jesus ging in die umliegenden Dörfer und
sprach dort zu den Menschen. 7 Dann rief er die
Zwölf* zu sich; er gab ihnen die Vollmacht, die
bösen Geister* auszutreiben, und sandte sie zu
zweien aus. 8 Er befahl ihnen, nichts mit auf den
Weg zu nehmen außer einem Wanderstock; kein
Brot, keine Vorratstasche und auch kein Geld.
9 »Sandalen dürft ihr anziehen«, sagte er, »aber
nicht zwei Hemden übereinander!«[a]
10 Weiter sagte er: »Wenn jemand euch auf-
nimmt, dann bleibt in seinem Haus, bis ihr von
dem Ort weiterzieht. 11 Wenn ihr in einen Ort
kommt, wo die Leute euch nicht aufnehmen und
euch auch nicht anhören wollen, dann zieht so-

a Dies war bei wohlhabenden Leuten üblich.

5,25 Lev 15,25-27 **5,27** Mt 9,20 S **5,34** Lk 7,50 S **5,39** Joh 11,11-13 **5,41** 1,31 par; 9,27; Apg 9,41 **5,43** 1,44 par; 3,12 par; 7,36; Mt 9,30; Lk 8,56; Mk 9,9 S **6,2** Joh 7,15 **6,3** Joh 6,42 **6,4** Joh 4,44

gleich weiter und schüttelt den Staub von den
Füßen, damit sie gewarnt sind.«[a]
12 Die Zwölf machten sich auf den Weg und
forderten die Menschen auf, ihr Leben zu än-
dern.[b] 13 Sie trieben viele böse Geister aus und
salbten viele Kranke mit Öl und heilten sie.

Was das Volk und Herodes von Jesus denken

(Mt 14,1-2; Lk 9,7-9)

14 Inzwischen hatte auch König Herodes[c] von
Jesus gehört; denn überall redete man von ihm.
Die einen sagten: »Der Täufer* Johannes ist vom
Tod auferweckt worden, darum wirken solche
Kräfte in ihm.« 15 Andere meinten: »Er ist der
wiedergekommene Elija*«; wieder andere: »Er
ist ein Prophet wie die Propheten* der alten
Zeit.«
16 Herodes aber war überzeugt, dass er der
Täufer Johannes sei. »Es ist der, dem ich den
Kopf abschlagen ließ«, sagte er, »und jetzt ist er
vom Tod auferweckt worden.«

Vom Tod des Täufers Johannes

(Mt 14,3-12)

17 Herodes hatte nämlich Johannes festnehmen
und gefesselt ins Gefängnis werfen lassen. Der
Grund dafür war: Herodes hatte seinem Bruder
Philippus die Frau, Herodias*, weggenommen
und sie geheiratet. 18 Johannes hatte ihm darauf-
hin vorgehalten: »Das Gesetz* Gottes erlaubt dir
nicht, die Frau deines Bruders zu heiraten.«
19 Herodias war wütend auf Johannes und
wollte ihn töten, konnte sich aber nicht durch-
setzen. 20 Denn Herodes wusste, dass Johannes
ein frommer und heiliger Mann war; darum
wagte er nicht, ihn anzutasten. Er hielt ihn zwar
in Haft, ließ sich aber gerne etwas von ihm
sagen, auch wenn er beim Zuhören jedes Mal in
große Verlegenheit geriet.
21 Aber dann kam für Herodias die günstige
Gelegenheit. Herodes hatte Geburtstag und ver-
anstaltete ein Festessen für seine hohen Regie-
rungsbeamten, die Offiziere und die angesehens-
ten Bürger von Galiläa*. 22 Dabei trat die Toch-
ter von Herodias[d] als Tänzerin auf. Das gefiel
Herodes und den Gästen so gut, dass der König
zu dem Mädchen sagte: »Wünsche dir, was du
willst; du wirst es bekommen.« 23 Er schwor so-
gar: »Ich gebe dir alles, was du willst, und wenn
es mein halbes Königreich wäre!«
24 Das Mädchen ging hinaus zu seiner Mutter
und fragte: »Was soll ich mir wünschen?«
Die Mutter sagte: »Den Kopf des Täufers
Johannes.«
25 Schnell ging das Mädchen wieder hinein
zum König und verlangte: »Ich will, dass du mir
sofort auf einem Teller den Kopf des Täufers
Johannes überreichst!«
26 Der König wurde sehr traurig; aber weil
er vor allen Gästen einen Schwur geleistet
hatte, wollte er die Bitte nicht abschlagen. 27 Er
schickte den Henker und befahl ihm, den Kopf
von Johannes zu bringen.
Der Henker ging ins Gefängnis und enthaup-
tete Johannes. 28 Er brachte den Kopf auf einem
Teller herein, überreichte ihn dem Mädchen,
und das Mädchen gab ihn seiner Mutter.
29 Als die Jünger* des Täufers erfuhren, was
geschehen war, holten sie den Toten und legten
ihn in ein Grab.

Jesus macht fünftausend Menschen satt

(Mt 14,13-21; Lk 9,10-17; Joh 6,1-13)

30 Die Apostel* kehrten zu Jesus zurück und
berichteten ihm, was sie alles in seinem Auftrag
getan und den Menschen verkündet hatten.
31 Jesus sagte zu ihnen: »Kommt jetzt mit, ihr al-
lein! Wir suchen einen ruhigen Platz, damit ihr
euch ausruhen könnt.« Denn es war ein ständi-
ges Kommen und Gehen, sodass sie nicht einmal
Zeit zum Essen hatten.
32 So stiegen sie in ein Boot und fuhren an
eine einsame Stelle. 33 Aber die Leute sahen sie
abfahren und erzählten es weiter. So kam es,
dass Menschen aus allen Orten zusammenliefen
und noch früher dort waren als Jesus und die
Zwölf*.
34 Als Jesus aus dem Boot stieg, sah er die vie-
len Menschen. Da ergriff ihn das Mitleid, denn
sie waren wie Schafe, die keinen Hirten haben.
Darum sprach er lange zu ihnen.
35 Als es Abend wurde, kamen die Jünger* zu
Jesus und sagten: »Es ist schon spät und die Ge-
gend hier ist einsam. Schick doch die Leute weg!
36 Sie sollen in die Höfe und Dörfer ringsum ge-
hen und sich etwas zu essen kaufen!«

a *damit sie …:* wörtlich *ihnen zur Bezeugung;* siehe Sacherklärung »Staub«.
b *ihr Leben zu ändern:* siehe Sacherklärung »Umkehr«.
c Herodes Antipas; siehe Sacherklärung »Herodes (3)«.
d In den wichtigsten Handschriften steht *seine Tochter Herodias.* Doch der Zusammenhang erfordert zwingend die Deutung: *seine Tochter, die der Herodias.*

6,13 Jak 5,14 **6,14-15** 8,28 S **6,15** Lk 7,16 S **6,17-18** Lk 3,19-20 **6,18** Ex 20,14; Lev 18,16; 20,21 **6,23** Est 5,3 S **6,30** Lk 10,17 **6,32-44** 8,1-10 par **6,34** 8,2 S

37 Jesus erwiderte: »Gebt doch *ihr* ihnen zu essen!«

Die Jünger sagten: »Da müssten wir ja losgehen und für *zweihundert* Silberstücke* Brot kaufen!«

38 Jesus fragte sie: »Wie viele Brote habt ihr denn bei euch? Geht, seht nach!«

Sie sahen nach und sagten: »Fünf, und zwei Fische.«

39 Da ließ er die Jünger dafür sorgen, dass sich alle in Tischgemeinschaften im grünen Gras niedersetzten. 40 So lagerten sich die Leute in Gruppen zu hundert und zu fünfzig.

41 Dann nahm Jesus die fünf Brote und die zwei Fische, sah zum Himmel auf und sprach das Segensgebet darüber. Er brach die Brote in Stücke und gab die Stücke den Jüngern, damit sie sie an die Leute verteilten. Auch die zwei Fische ließ er an alle austeilen.

42 Und sie aßen alle und wurden satt. 43 Sie füllten sogar noch zwölf Körbe mit dem, was von den Broten übrig blieb. Auch von den Fischen wurden noch Reste eingesammelt. 44 Fünftausend Männer hatten an der Mahlzeit teilgenommen.

Jesus geht über das Wasser

(Mt 14,22-33; Joh 6,16-21)

45 Gleich darauf drängte Jesus seine Jünger*, ins Boot zu steigen und nach Betsaida ans andere Seeufer vorauszufahren. Er selbst wollte erst noch die Menschenmenge verabschieden. 46 Als er damit fertig war, ging er auf einen Berg,[a] um zu beten.

47 Bei Einbruch der Dunkelheit war Jesus allein an Land und das Boot mitten auf dem See. 48 Jesus sah, dass seine Jünger beim Rudern nur mühsam vorwärts kamen, weil sie gegen den Wind ankämpfen mussten. Deshalb kam er im letzten Viertel der Nacht zu ihnen. Er ging über das Wasser und wollte an ihnen vorübergehen.

49 Als die Jünger ihn auf dem Wasser gehen sahen, meinten sie, es sei ein Gespenst, und schrien auf. 50 Denn sie sahen ihn alle und waren ganz verstört. Sofort sprach er sie an: »Fasst Mut! *Ich* bin's,[b] fürchtet euch nicht!« 51 Dann stieg er zu ihnen ins Boot und der Wind legte sich.

Da gerieten sie vor Entsetzen ganz außer sich. 52 Denn sie waren durch das Wunder mit den Broten nicht zur Einsicht gekommen; sie waren im Innersten verstockt.

Jesus heilt Kranke in Gennesaret

(Mt 14,34-36)

53 Sie überquerten den See und landeten bei Gennesaret*. 54 Als sie aus dem Boot stiegen, erkannten die Leute Jesus sofort. 55 Sie liefen in die ganze Gegend und brachten die Kranken auf ihren Matten immer an den Ort, von dem sie hörten, dass Jesus dort sei. 56 Wohin er auch kam, in Städte, Dörfer oder Höfe, überall legte man die Kranken hinaus auf die Plätze und bat ihn, dass sie nur die Quaste* seines Gewandes berühren dürften. Und alle, die es taten, wurden gesund.

Gottes Gebot und menschliche Überlieferung

(Mt 15,1-9)

7 Eines Tages versammelten sich die Pharisäer* bei Jesus und dazu noch eine Anzahl Gesetzeslehrer*, die von Jerusalem gekommen waren. 2 Sie sahen, dass einige seiner Jünger* mit unreinen* Händen aßen, das heißt, dass sie die Hände vor dem Essen nicht nach der religiösen Vorschrift gewaschen hatten.

3 Denn die Pharisäer und auch alle anderen Juden richten sich nach den Vorschriften, die von den früheren Gesetzeslehrern aufgestellt und dann weiterüberliefert worden sind: Sie essen nichts, wenn sie sich nicht vorher mit einer Hand voll Wasser die Hände gewaschen haben. 4 Wenn sie vom Markt kommen, essen sie nicht, bevor sie sich nicht ganz im Wasser untergetaucht haben. So befolgen sie noch eine Reihe von anderen überlieferten Vorschriften: über die Reinigung von Bechern, Krügen, Kupferschüsseln und Sitzpolstern.

5 Daher fragten die Pharisäer und Gesetzeslehrer Jesus: »Warum richten sich deine Jünger nicht nach den Vorschriften, die von den früheren Gesetzeslehrern aufgestellt und uns überliefert worden sind? Warum essen sie mit unreinen Händen?«

6 Jesus antwortete ihnen: »Euch Scheinheilige hat der Prophet Jesaja treffend im Voraus beschrieben! In seinem Buch heißt es ja: ›Dieses Volk ehrt mich nur mit Worten, sagt Gott, aber mit dem Herzen ist es weit weg von mir. 7 Ihr ganzer Gottesdienst ist sinnlos, denn sie lehren nur Gebote, die sich Menschen ausgedacht haben.‹ 8 Das Gebot Gottes schiebt ihr zur Seite und haltet euch stattdessen an Vorschriften, die von Menschen stammen.«

a Wörtlich *auf den Berg;* siehe Sacherklärung »Berg«. b Siehe Anmerkung zu Joh 8,24.

6,46 Lk 5,16 S **6,48** Ijob 9,8; Lk 24,28; (vorübergehen) Ex 33,19; 34,6; 1 Kön 19,11; (Zeitpunkt) Ex 14,24; Ps 46,6; Jes 17,14 **6,49** Lk 24,37 **6,51** 4,39 par **6,52** 8,16-21 par **6,56** Mt 9,20 S **7,2-4** Mt 23,25; Lk 11,38-39; Kol 2,21-22 **7,6-7** *nach* Jes 29,13

9 Jesus fuhr fort: »Sehr geschickt bringt ihr es
fertig, das Gebot Gottes außer Kraft zu setzen,
um eure überlieferte Vorschrift zur Geltung zu
bringen!
10 Mose hat bekanntlich gesagt: ›Ehre deinen
Vater und deine Mutter!‹, und: ›Wer zu seinem
Vater oder seiner Mutter etwas Schändliches
sagt, wird mit dem Tod bestraft.‹
11 Ihr dagegen behauptet: Wenn jemand zu
seinem Vater oder seiner Mutter sagt: Korban* –
das heißt: Was ihr von mir bekommen müsstet,
ist für Gott bestimmt –,
12 dann braucht er für
seine Eltern nichts mehr zu tun. Ja, ihr erlaubt es
ihm dann nicht einmal mehr.
13 So setzt ihr das Wort Gottes außer Kraft und
ersetzt es durch eure Überlieferungen. Dafür gibt
es noch viele andere Beispiele.«

Was unrein macht

(Mt 15,10-20)

14 Dann rief Jesus die Menge wieder zu sich und
sagte: »Hört mir alle zu und begreift!
15 Nichts,
was der Mensch von außen in sich aufnimmt,
kann ihn unrein* machen. Nur das, was aus ihm
herauskommt, macht ihn unrein!«[a]
17 Als Jesus sich von der Menge in ein Haus
zurückgezogen hatte, fragten ihn seine Jünger*,
wie er das gemeint habe.
18 Er antwortete: »Seid
ihr denn auch so unverständig? Begreift ihr das
nicht? Alles, was der Mensch von außen in sich
aufnimmt, kann ihn nicht unrein machen,
19 weil es nicht in sein Herz, sondern nur in den
Magen gelangt und dann vom Körper wieder
ausgeschieden wird.« Damit erklärte Jesus alle
Speisen für rein.
20 »Aber das«, fuhr er fort, »was aus dem
Menschen selbst herauskommt, das macht ihn
unrein!
21 Denn aus ihm selbst, aus seinem
Herzen, kommen die bösen Gedanken und mit
ihnen Unzucht, Diebstahl und Mord;
22 Ehebruch,
Habsucht und Niedertracht; Betrug, Ausschwei-
fung und Neid; Verleumdung, Überheblichkeit
und Unvernunft.
23 All das kommt aus dem Inne-
ren des Menschen und macht ihn unrein.«

Das Vertrauen einer nichtjüdischen Frau

(Mt 15,21-28)

24 Jesus ging von dort weg in das Gebiet von
Tyrus. Er zog sich in ein Haus zurück und wollte,
dass niemand von ihm erfuhr. Aber er konnte
nicht verborgen bleiben.
25 Schon hatte eine Frau von ihm gehört, de-
ren Tochter von einem bösen Geist* besessen
war. Sie kam und warf sich Jesus zu Füßen.
26 Sie
war keine Jüdin, sondern war in dieser Gegend
zu Hause.[b] Sie bat ihn, den bösen Geist aus ihrer
Tochter auszutreiben.
27 Aber Jesus sagte zu ihr: »Zuerst müssen die
Kinder satt werden. Es ist nicht recht, ihnen das
Brot wegzunehmen und es den Hunden vorzu-
werfen.«
28 »Herr«, entgegnete sie, »aber auch die Hun-
de bekommen ja die Brocken, die die Kinder un-
ter den Tisch fallen lassen.«
29 Jesus sagte zu ihr: »Das war ein Wort! Geh
nach Hause; der böse Geist ist aus deiner Tochter
ausgefahren.«
30 Die Frau ging nach Hause und fand ihr
Kind aufs Bett geworfen; der böse Geist war aus-
gefahren.

Jesus heilt einen Taubstummen

(Mt 15,29-31)

31 Jesus verließ wieder das Gebiet von Tyrus und
zog über Sidon zum See von Galiläa*, mitten ins
Gebiet der Zehn Städte.*
32 Dort brachten sie
einen Taubstummen zu ihm mit der Bitte, ihm
die Hände aufzulegen.
33 Jesus führte ihn ein Stück von der Menge
fort und legte seine Finger in die Ohren des
Kranken; dann berührte er dessen Zunge mit
Speichel.
34 Er blickte zum Himmel empor,
stöhnte und sagte zu dem Mann: »Effata!« Das
heißt: »Öffne dich!«
35 Im selben Augenblick konnte der Mann
hören; auch seine Zunge löste sich und er konnte
richtig sprechen.
36 Jesus verbot den Anwesenden, es irgend-
jemand weiterzusagen; aber je mehr er es ihnen
verbot, desto mehr machten sie es bekannt.
37 Die Leute waren ganz außer sich und sagten:
»Wie gut ist alles, was er gemacht hat: Den Ge-
hörlosen gibt er das Gehör und den Stummen
die Sprache!«

Jesus macht viertausend Menschen satt

(Mt 15,32-39)

8 Damals waren wieder einmal viele Men-
schen bei Jesus versammelt, und sie hatten
nichts zu essen. Da rief Jesus die Jünger* zu sich
und sagte:
2 »Die Leute tun mir Leid. Seit drei
Tagen sind sie hier bei mir und haben nichts zu

a Einige Handschriften fügen hinzu (Vers 16): *Wer Ohren hat, soll gut zuhören!*
b Wörtlich *Die Frau war eine Griechin, Syrophönizierin der Abstammung nach.*
7,10 *zit* Ex 20,12; *nach* Ex 21,17 **7,15** Apg 10,15; 1 Tim 4,4; Tit 1,15 **7,21-22** Gal 5,19-21 S **7,33** 8,23 **7,36** (Verbot) 5,43 S; (Weitersagen trotz Verbot) 1,45 par; Mt 9,31 **7,37** Sir 39,16; Jes 35,5-6 **8,1-10** 6,32-44 par **8,2** 6,34 par; Mt 9,36; Num 27,17 S

essen. 3 Wenn ich sie jetzt hungrig nach Hause schicke, werden sie unterwegs zusammenbrechen; denn sie sind zum Teil von weit her gekommen.«

4 Die Jünger gaben zu bedenken: »Wo soll jemand hier in dieser unbewohnten Gegend das Brot hernehmen, um all diese Menschen satt zu machen?«

5 »Wie viele Brote habt ihr?«, fragte Jesus, und sie sagten: »Sieben!« 6 Da forderte er die Leute auf, sich auf die Erde zu setzen.

Dann nahm er die sieben Brote, sprach darüber das Dankgebet, brach sie in Stücke und gab sie seinen Jüngern zum Austeilen. Die Jünger verteilten sie an die Menge.

7 Außerdem hatten sie ein paar kleine Fische. Jesus segnete sie und ließ sie ebenfalls austeilen.

8 Die Leute aßen und wurden satt und füllten sogar noch sieben Körbe mit dem Brot, das übrig blieb. 9 Es waren etwa viertausend Menschen.

Dann schickte Jesus sie nach Hause, 10 stieg mit seinen Jüngern in ein Boot und fuhr in die Gegend von Dalmanuta.

Die Pharisäer fordern einen Beweis

(Mt 16,1-4)

11 Jetzt kamen die Pharisäer* zu Jesus und begannen, mit ihm zu streiten. Sie wollten ihn auf die Probe stellen und verlangten von ihm ein Zeichen vom Himmel als Beweis dafür, dass er wirklich von Gott beauftragt sei.[a]

12 Jesus stöhnte und sagte: »Wieso verlangt diese Generation einen Beweis? Ich versichere euch: Diese Generation bekommt nie und nimmer einen Beweis!«

13 Damit ließ er sie stehen, stieg wieder ins Boot und fuhr ans andere Seeufer.

Unverständige Jünger

(Mt 16,5-12)

14 Die Jünger* hatten vergessen, Brot zu besorgen; nur ein einziges hatten sie bei sich im Boot. 15 Jesus warnte sie: »Nehmt euch in Acht vor dem Sauerteig* der Pharisäer und vor dem Sauerteig von Herodes!«

16 Da sagten sie zueinander: »Wir haben kein Brot!«

17 Jesus hörte es und sagte zu ihnen: »Was macht ihr euch Sorgen darüber, dass ihr kein Brot habt? Versteht ihr immer noch nichts? Begreift ihr denn gar nichts? Seid ihr genauso verstockt wie die anderen? 18 Ihr habt doch Augen, warum seht ihr nicht? Ihr habt doch Ohren, warum hört ihr nicht?

Erinnert ihr euch nicht daran, 19 wie ich die fünf Brote unter fünftausend Menschen ausgeteilt habe? Wie viele Körbe mit Resten habt ihr da eingesammelt?«

»Zwölf«, sagten sie.

20 »Und als ich die sieben Brote unter viertausend Menschen ausgeteilt habe, wie viele Körbe mit Resten waren es da?«

»Sieben«, antworteten sie; 21 und Jesus sagte: »Begreift ihr denn immer noch nichts?«

Jesus heilt einen Blinden

22 Als sie nach Betsaida kamen, brachten die Leute einen Blinden und baten Jesus, den Mann zu berühren.

23 Jesus nahm ihn bei der Hand und führte ihn aus dem Ort hinaus. Er spuckte ihm in die Augen,[b] legte ihm die Hände auf und fragte: »Kannst du etwas erkennen?«

24 Der Blinde blickte auf und sagte: »Ja, ich sehe die Menschen; sie sehen aus wie wandelnde Bäume.«

25 Noch einmal legte ihm Jesus die Hände auf die Augen. Danach blickte der Mann wieder auf – und war geheilt. Er konnte jetzt alles ganz deutlich erkennen.

26 Jesus befahl ihm: »Geh nicht erst nach Betsaida hinein, sondern geh gleich nach Hause!«

JESUS AUF DEM WEG NACH JERUSALEM (8,27–10,52)

Petrus spricht aus, wer Jesus ist

(Mt 16,13-20; Lk 9,18-21)

27 Jesus zog mit seinen Jüngern* weiter in die Dörfer bei Cäsarea Philippi. Unterwegs fragte er sie: »Für wen halten mich eigentlich die Leute?«

28 Die Jünger gaben zur Antwort: »Einige halten dich für den wieder auferstandenen Täufer* Johannes, andere halten dich für den wiedergekommenen Elija*, und noch andere meinen, du seist einer von den alten Propheten.«

29 »Und ihr«, wollte Jesus wissen, »für wen haltet ihr mich?«

Da sagte Petrus: »Du bist Christus*, der versprochene Retter!«

a Wörtlich *verlangten von ihm ein Zeichen vom Himmel.*

b Dem Speichel wurde Heilkraft zugeschrieben, besonders bei Augenkrankheiten.

8,11-12 Mt 12,38-40 par **8,11** Joh 6,30 S **8,15** Lk 12,1 **8,16-18** 6,52 **8,18** Jer 5,21 **8,19** 6,43 par **8,20** 8,8 par **8,23** 7,33; Joh 9,6 **8,28** 6,14-15 par; 9,11-12 par; Lk 7,16 S **8,29** Mt 14,33 S; Joh 1,49; 10,24-25; 11,27

30 Aber Jesus schärfte ihnen ein, mit niemand darüber zu reden.

Jesus kündigt zum ersten Mal seinen Tod an

(Mt 16,21-23; Lk 9,22)

31 Danach begann Jesus den Jüngern* klar zu machen, was Gott mit ihm vorhatte: dass der Menschensohn* vieles erleiden und von den Ratsältesten*, den führenden Priestern* und den Gesetzeslehrern* verworfen[a] werden müsse, dass er getötet werden und nach drei Tagen auferstehen müsse. 32 Jesus sagte ihnen das ganz offen.

Da nahm Petrus ihn beiseite, fuhr ihn an und wollte ihm das ausreden. 33 Aber Jesus wandte sich um, sah die anderen Jünger und wies Petrus scharf zurecht. »Geh weg!«, sagte er. »Hinter mich, an deinen Platz, du Satan*![b] Deine Gedanken stammen nicht von Gott, sie sind typisch menschlich.«

Jesus folgen heißt: ihm das Kreuz nachtragen

(Mt 16,24-28; Lk 9,23-27)

34 Dann rief Jesus die ganze Menschenmenge hinzu und sagte: »Wer mir folgen will, muss sich und seine Wünsche aufgeben, sein Kreuz* auf sich nehmen und auf meinem Weg hinter mir hergehen.

35 Denn wer sein Leben retten will, wird es verlieren. Aber wer sein Leben wegen mir und wegen der Guten Nachricht* verliert, wird es retten.

36 Was hat ein Mensch davon, wenn er die ganze Welt gewinnt, aber zuletzt sein Leben verliert? 37 Womit will er es dann zurückkaufen?

38 Die Menschen dieser schuldbeladenen Generation wollen von Gott nichts wissen. Wenn jemand nicht den Mut hat, sich vor ihnen[c] zu mir und meiner Botschaft zu bekennen, dann wird auch der Menschensohn* keinen Mut haben, sich zu ihm zu bekennen, wenn er in der Herrlichkeit seines Vaters mit den heiligen Engeln* kommt!«

9 Und er fügte hinzu: »Ich versichere euch: Einige von euch, die jetzt hier stehen, werden noch zu ihren Lebzeiten sehen, wie Gottes Herrschaft* machtvoll aufgerichtet wird.«

Drei Jünger sehen Jesus in Herrlichkeit (Die »Verklärung«)

(Mt 17,1-9; Lk 9,28-36)

2 Sechs Tage später nahm Jesus die drei Jünger* Petrus, Jakobus und Johannes mit sich und führte sie auf einen hohen Berg. Sonst war niemand bei ihnen.

Vor den Augen der Jünger ging mit Jesus eine Verwandlung vor sich: 3 Seine Kleider strahlten in einem Weiß, wie es niemand durch Waschen oder Bleichen hervorbringen kann. 4 Und dann sahen sie auf einmal Elija* und dazu Mose bei Jesus stehen und mit ihm reden.

5 Da sagte Petrus zu Jesus: »Wie gut, dass wir hier sind, Rabbi*! Wir wollen drei Zelte aufschlagen, eins für dich, eins für Mose und eins für Elija.« 6 Er wusste nämlich nicht, was er sagen sollte, denn er und die beiden andern waren vor Schreck ganz verstört.

7 Da kam eine Wolke und warf ihren Schatten über sie, und eine Stimme aus der Wolke sagte: »Dies ist mein Sohn*, ihm gilt meine Liebe; auf ihn sollt ihr hören!« 8 Dann aber, als sie um sich blickten, sahen sie niemand mehr, nur Jesus allein war noch bei ihnen.

9 Während sie den Berg hinunterstiegen, befahl ihnen Jesus, mit niemand über das zu sprechen, was sie gesehen hatten, bevor nicht der Menschensohn* vom Tod auferstanden wäre.

10 Dieses Wort griffen sie auf und diskutierten darüber, was denn das heiße, vom Tod auferstehen.

Vom Kommen des Propheten Elija

(Mt 17,10-13)

11 Die drei Jünger* fragten Jesus: »Warum behaupten die Gesetzeslehrer*, dass vor dem Ende erst noch Elija wiederkommen muss?«

12 Jesus sagte: »Gewiss, Elija kommt zuerst, um das ganze Volk Gottes wiederherzustellen. Aber warum heißt es dann noch in den Heiligen Schriften*, dass der Menschensohn* vieles erleiden muss und verachtet sein wird? 13 Doch ich sage euch: Elija* ist schon gekommen, und auch mit ihm haben sie gemacht, was sie wollten. So ist es ja auch über ihn geschrieben.«

a Gemeint ist: *als unbrauchbar verworfen* im Sinn von Ps 118,22.
b *Hinter mich* gibt das griechische Wort wieder, das in 1,17.20; 8,34 (vgl. Mt 4,19; 10,38; 16,24) die vom Jünger geforderte Gefolgschaft ausdrückt (dort mit *folgen* übersetzt); *an deinen Platz* ist verdeutlichender Zusatz.
c *Die Menschen ...:* wörtlich *Wenn jemand sich scheut, sich vor dieser ehebrecherischen und sündigen Generation (zu mir ... zu bekennen).* Das Wort *ehebrecherisch* ist hier im übertragenen Sinn zu verstehen; siehe Sacherklärung »Hurerei«.

8,30 9,9 par S **8,31** 9,30-32 par; 10,32-34 par; Mt 12,40 **8,34** Mt 10,38 par; 1 Petr 2,21 **8,35** Mt 10,39 par; Joh 12,25 **8,38** Mt 10,33 par **9,1** 13,30 par; Mt 10,23; Joh 21,23 **9,7** 1,11 S; Dtn 18,15 **9,9** 8,30 par; 5,43 S **9,11-12** 8,28 S **9,13** Mt 11,14 S; Lk 1,17 S; (geschrieben) 1 Kön 19,2.10

Jesus heilt ein besessenes Kind und mahnt Vertrauen an

(Mt 17,14-20; Lk 9,37-43)

14 Als sie zu den anderen Jüngern* zurück-
kamen, fanden sie diese im Streit mit einigen
Gesetzeslehrern* und umringt von einer gro-
ßen Menschenmenge. 15 Sobald die Menschen
Jesus sahen, gerieten sie in Aufregung; sie liefen
zu ihm hin und begrüßten ihn.

16 Jesus fragte sie: »Was streitet ihr mit meinen
Jüngern?«

17 Ein Mann aus der Menge gab ihm zur Ant-
wort: »Lehrer*, ich habe meinen Sohn zu dir ge-
bracht; er ist von einem bösen Geist* besessen,
darum kann er nicht sprechen. 18 Immer wenn
dieser Geist ihn packt, wirft er ihn zu Boden.
Schaum steht dann vor seinem Mund, er
knirscht mit den Zähnen und sein ganzer Körper
wird steif. Ich habe deine Jünger gebeten, den
bösen Geist auszutreiben, aber sie konnten es
nicht.«

19 Da sagte Jesus zu allen, wie sie dastanden:
»Was ist das für eine Generation, die Gott nichts
zutraut! Wie lang soll ich noch bei euch aus-
halten und euch ertragen? Bringt den Jungen
her!«

20 Sie brachten ihn zu Jesus. Sobald der böse
Geist Jesus erblickte, zerrte er das Kind hin und
her; es fiel hin und wälzte sich mit Schaum vor
dem Mund auf der Erde.

21 »Wie lange hat er das schon?«, fragte Jesus.

»Von klein auf«, sagte der Vater, 22 »und oft
hat der böse Geist ihn auch schon ins Feuer oder
ins Wasser geworfen, um ihn umzubringen. Hab
doch Erbarmen mit uns und hilf uns, wenn du
kannst!«

23 »Was heißt hier: ›Wenn du kannst‹?«, sagte
Jesus. »Wer Gott vertraut, dem ist alles möglich.«

24 Da rief der Vater: »Ich vertraue ihm ja –
und kann es doch nicht! Hilf mir vertrauen!«

25 Jesus sah, dass immer mehr Leute zusam-
menliefen; da sagte er drohend zu dem bösen
Geist: »Du stummer und tauber Geist, ich be-
fehle dir: Fahr aus aus diesem Kind und komm
nie wieder zurück!«

26 Der Geist schrie anhaltend und zerrte den
Jungen wie wild hin und her, dann fuhr er aus
ihm aus. Der Junge lag wie leblos am Boden, so-
dass die Leute schon sagten: »Er ist tot.« 27 Aber
Jesus nahm ihn bei der Hand und richtete ihn
auf, und er stand auf.

28 Als Jesus später im Haus war, fragten ihn
seine Jünger: »Warum konnten wir den bösen
Geist nicht austreiben?«

29 Er gab ihnen zur Antwort: »Nur durch Ge-
bet[a] können solche Geister ausgetrieben wer-
den.«

Jesus kündigt zum zweiten Mal seinen Tod an

(Mt 17,22-23; Lk 9,43-45)

30 Sie gingen von dort weiter und zogen durch
Galiläa*. Jesus wollte nicht, dass es bekannt wur-
de, 31 denn ihm lag daran, seinen Jüngern* zu er-
klären, was ihm bevorstand.

Er sagte zu ihnen: »Der Menschensohn* wird
nach dem Willen Gottes an die Menschen aus-
geliefert werden, und sie werden ihn töten.
Doch drei Tage nach seinem Tod wird er auf-
erstehen.«

32 Die Jünger wussten mit dem, was Jesus da
sagte, nichts anzufangen; aber sie scheuten sich,
ihn zu fragen.

Wer ist der Größte?

(Mt 18,1-5; Lk 9,46-48)

33 Sie kamen nach Kafarnaum. Im Haus an-
gelangt,[b] fragte Jesus seine Jünger*: »Worüber
habt ihr euch unterwegs gestritten?«

34 Sie schwiegen, denn sie hatten sich gestrit-
ten, wer von ihnen wohl der Größte wäre.

35 Da setzte Jesus sich hin, rief die Zwölf* zu
sich und sagte zu ihnen: »Wer der Erste sein will,
der muss der Letzte von allen werden und allen
anderen dienen!«

36 Und er winkte ein Kind heran, stellte es in
ihre Mitte, nahm es in seine Arme und sagte zu
ihnen: 37 »Wer in meinem Namen solch ein Kind
aufnimmt, nimmt mich auf. Und wer mich auf-
nimmt, nimmt nicht nur mich auf, sondern
gleichzeitig den, der mich gesandt hat.«

Wer nicht gegen uns ist, ist für uns

(Lk 9,49-50; Mt 10,42)

38 Johannes sagte zu Jesus: »Lehrer*, wir haben
da einen Mann gesehen, der hat deinen Namen
dazu benutzt, böse Geister* auszutreiben. Wir
haben versucht, ihn daran zu hindern, weil er
nicht zu uns gehört.«

39 »Lass ihn doch!«, sagte Jesus. »Wer meinen
Namen gebraucht, um Wunder zu tun, kann
nicht im nächsten Augenblick schlecht von mir
reden. 40 Wer nicht gegen uns ist, ist für uns!

a Viele Handschriften fügen ein: *und Fasten.* *b* Vgl. 2,1 und die Anmerkung dort.

9,19 Num 14,27; Dtn 32,5.20; Jes 65,2 **9,23** Ijob 42,2 S **9,27** 5,41 S **9,30-32** 8,31 S **9,33-34** Lk 22,24 **9,35** 10,43-44 par **9,37** Mt 10,40 par; Joh 13,20 **9,40** Mt 12,30 par

41 Wer euch nur einen Schluck Wasser zu trin-
ken gibt, weil ihr zu Christus* gehört – ich ver-
sichere euch, ein solcher Mensch wird ganz ge-
wiss seinen Lohn erhalten!«

Warnung vor jeder Art von Verführung

(Mt 18,6-9; Lk 17,1-2)

42 »Wer einen dieser kleinen, unbedeutenden
Menschen, die mir vertrauen, an mir irrewerden
lässt, der käme noch gut weg, wenn er mit einem
Mühlstein* um den Hals ins Meer geworfen
würde.
43 Wenn deine Hand dich zur Sünde verführt,
dann hau sie ab! Es ist besser für dich, mit nur
einer Hand ewig bei Gott zu leben, als mit bei-
den Händen in die Hölle* zu kommen, in das
Feuer, das nie ausgeht.[a]
45 Und wenn dein Fuß dich zur Sünde ver-
führt, dann hau ihn ab! Es ist besser für dich,
mit nur einem Fuß ewig bei Gott zu leben, als
mit beiden Füßen in die Hölle geworfen zu wer-
den.[a]
47 Und wenn dein Auge dich zur Sünde ver-
führt, dann reiß es aus! Es ist besser für dich, mit
nur einem Auge in die neue Welt Gottes[b] zu
kommen, als mit beiden Augen in die Hölle ge-
worfen zu werden, 48 wo die Qual nicht aufhört
und das Feuer nicht ausgeht.«

Ein ernstes Wort an die Jünger

(Mt 5,13; Lk 14,34-35)

49 »Zu jeder Opfergabe gehört das Salz und zu
jedem von euch das Feuer des Leidens, das euch
reinigt und bewahrt.[c]
50 Salz ist etwas Gutes; wenn es aber seine
Kraft verliert, wodurch wollt ihr sie ihm wieder-
geben? Zeigt, dass ihr die Kraft des Salzes in euch
habt: Haltet Frieden untereinander!«

Jesus bricht auf nach Judäa

(Mt 19,1-2)

10 Dann brach Jesus von dort auf und zog
nach Judäa* und in das Gebiet auf der an-
deren Seite des Jordans. Auch dort versammelten
sich viele Menschen bei ihm, und wie immer
sprach er zu ihnen.

Über die Ehescheidung

(Mt 19,3-12)

2 Da kamen einige Pharisäer* und versuchten,
ihm eine Falle zu stellen. Sie fragten ihn: »Ist
es einem Mann erlaubt, seine Frau wegzuschi-
cken?«
3 Jesus antwortete mit der Gegenfrage: »Was
hat Mose euch denn für eine Vorschrift gege-
ben?«
4 Sie erwiderten: »Mose hat erlaubt, dass ein
Mann seiner Frau eine Scheidungsurkunde* aus-
stellen und sie dann wegschicken kann.«
5 Da sagte Jesus: »Mose hat euch diese Vor-
schrift nur gegeben, weil ihr euer Herz gegen
Gott verhärtet habt – und damit eure Hartherzig-
keit ans Licht kommt.[d]
6 Gott hat am Anfang den Menschen als
Mann und Frau geschaffen. 7 Deshalb verlässt
ein Mann Vater und Mutter, um mit seiner Frau
zu leben. 8 Die zwei sind dann eins, mit Leib
und Seele. Sie sind also nicht mehr zwei, son-
dern eins. 9 Und was Gott zusammengefügt hat,
das sollen Menschen nicht scheiden.«
10 Als sie dann im Haus waren, baten die Jün-
ger* Jesus wieder um eine Erklärung, 11 und er
sagte zu ihnen: »Wer sich von seiner Frau trennt
und eine andere heiratet, begeht Ehebruch ge-
genüber seiner ersten Frau. 12 Und auch umge-
kehrt: Eine Frau, die sich von ihrem Mann
trennt und einen andern heiratet, begeht Ehe-
bruch.«

Jesus und die Kinder

(Mt 19,13-15; Lk 18,15-17)

13 Einige Leute wollten ihre Kinder zu Jesus brin-
gen, damit er sie berühre; aber seine Jünger*
fuhren sie an und wollten sie wegschicken.
14 Als Jesus es bemerkte, wurde er zornig und
sagte zu den Jüngern: »Lasst die Kinder doch zu
mir kommen und hindert sie nicht daran; denn
für Menschen wie sie steht Gottes neue Welt[e]
offen. 15 Ich versichere euch: Wer sich Gottes
neue Welt nicht schenken lässt wie ein Kind,
wird niemals hineinkommen.«
16 Dann nahm er die Kinder in die Arme, legte
ihnen die Hände auf und segnete sie.

a Einige Handschriften fügen hinzu (Vers 44 bzw. 46): *wo die Qual nicht aufhört und das Feuer nicht ausgeht* (vgl. Vers 48).
b Wörtlich *in die Königsherrschaft* Gottes*.
c Wörtlich *Jeder wird mit Feuer gesalzen werden.* Die Deutung ist unsicher; die meisten Ausleger sehen das Wort im Zusammenhang mit Lev 2,13; Ez 43,24. Zu *Feuer* vgl. Lk 12,49-53 und 1Petr 1,6-7.
d *weil ihr …:* wörtlich *auf eure Hartherzigkeit hin.* Zu *Hartherzigkeit* siehe Sacherklärung »Scheidungsurkunde«.
e *Gottes neue Welt:* wörtlich *die Königsherrschaft* Gottes;* ebenso in Vers 15.

9,43 Mt 5,30 **9,47** Mt 5,29 **9,48** Jes 66,24 S **9,49** Lev 2,13 S **9,50** (Frieden) Lk 2,14 S; 1 Thess 5,13; 1 Kor 7,15 S; (untereinander) 9,33-34 **10,3-4** Dtn 24,1 S **10,6** Gen 1,27 **10,7-8** *zit* Gen 2,24 **10,11-12** Mt 5,32 S **10,15** Mt 18,3

Die Gefahr des Reichtums

(Mt 19,16-26; Lk 18,18-27)

17 Als Jesus weitergehen wollte, kam ein Mann
zu ihm gelaufen, warf sich vor ihm auf die Knie
und fragte: »Guter Lehrer*, was muss ich tun,
um das ewige Leben zu bekommen?«
18 Jesus antwortete: »Warum nennst du mich
gut? Nur einer ist gut: Gott! 19 Und seine Gebote
kennst du doch: Du sollst nicht morden, nicht
die Ehe brechen, nicht stehlen, nichts Unwahres
über deinen Mitmenschen sagen, niemand be-
rauben; ehre deinen Vater und deine Mutter!«
20 »Lehrer«, erwiderte der Mann, »diese Ge-
bote habe ich von Jugend an alle befolgt.«
21 Jesus sah ihn an; er gewann ihn lieb[a] und
sagte zu ihm: »Eines fehlt dir: Geh, verkauf alles,
was du hast, und gib das Geld den Armen, so
wirst du bei Gott einen unverlierbaren Besitz
haben. Und dann komm und folge mir!«
22 Der Mann war enttäuscht über das, was
Jesus ihm sagte, und ging traurig weg; denn er
hatte großen Grundbesitz.
23 Jesus sah seine Jünger* der Reihe nach an
und sagte: »Wie schwer haben es doch die Besit-
zenden, in die neue Welt Gottes[b] zu kommen!«
24 Die Jünger erschraken über seine Worte,
aber Jesus sagte noch einmal: »Ja, Kinder, es ist
sehr schwer, dort hineinzukommen! 25 Eher
kommt ein Kamel durch ein Nadelöhr als ein Rei-
cher in Gottes neue Welt.«
26 Da gerieten die Jünger völlig außer sich.
»Wer kann dann überhaupt gerettet werden?«,
fragten sie einander.
27 Jesus sah sie an und sagte: »Wenn es auf die
Menschen ankommt, ist es unmöglich, aber
nicht, wenn es auf Gott ankommt. Für Gott ist
alles möglich.«

Der Lohn für die, die alles aufgegeben haben

(Mt 19,27-30; Lk 18,28-30)

28 Da sagte Petrus zu Jesus: »Du weißt, wir haben
alles stehen und liegen lassen und sind dir ge-
folgt.«
29 Jesus antwortete: »Ich versichere euch: Nie-
mand bleibt unbelohnt, der um meinetwillen
und um die Gute Nachricht* weiterzusagen
etwas aufgibt. Wer dafür irgendetwas zurück-
lässt – Haus oder Brüder oder Schwestern oder
Mutter oder Vater oder Kinder oder Felder –,
30 wird das Zurückgelassene hundertfach neu be-
kommen: zunächst noch in dieser Welt* Häuser
und Brüder und Schwestern und Mütter und
Kinder und Felder, wenn auch mitten in Verfol-
gungen, und in der kommenden Welt das ewige
Leben.
31 Aber viele, die jetzt vorn sind, werden dann
am Schluss stehen, und viele, die jetzt die Letz-
ten sind, werden schließlich die Ersten sein.«

Jesus kündigt zum dritten Mal seinen Tod an

(Mt 20,17-19; Lk 18,31-34)

32 Sie waren unterwegs nach Jerusalem; Jesus
ging ihnen voran. Alle, die dabei waren, wunder-
ten sich; die Jünger* aber hatten Angst.

Wieder nahm Jesus die Zwölf* beiseite und
machte ihnen klar, was bald mit ihm geschehen
werde. 33 »Hört zu!«, sagte er. »Wir gehen jetzt
nach Jerusalem. Dort wird der Menschensohn*
nach dem Willen Gottes den führenden Pries-
tern* und den Gesetzeslehrern* ausgeliefert
werden. Sie werden ihn zum Tod verurteilen
und den Fremden übergeben, die Gott nicht
kennen.[c] 34 Die werden ihren Spott mit ihm trei-
ben, ihn anspucken, auspeitschen und töten;
doch nach drei Tagen wird er vom Tod auferste-
hen.«

Nicht herrschen, sondern dienen

(Mt 20,20-28; Lk 22,24-27)

35 Da gingen Jakobus und Johannes, die Söhne
von Zebedäus, zu Jesus hin und sagten zu ihm:
»Lehrer*, wir möchten, dass du uns eine Bitte er-
füllst!«
36 »Was möchtet ihr denn?«, fragte sie Jesus.
»Was soll ich für euch tun?«
37 Sie sagten: »Wir möchten, dass du uns
rechts und links neben dir sitzen lässt, wenn du
deine Herrschaft angetreten hast!«
38 Jesus sagte zu ihnen: »Ihr wisst nicht, was
ihr da verlangt! Könnt ihr den Kelch trinken, den
ich trinke? Könnt ihr die Taufe auf euch nehmen,
mit der ich getauft werde?«[d]

a *gewann ihn lieb:* Das griechische Wort kann hier auch eine konkrete Äußerung der Liebe bedeuten: *er umarmte/küsste/liebkoste ihn.*
b Wörtlich *in die Königsherrschaft* Gottes;* ebenso in Vers 25.
c *den Fremden, die Gott nicht kennen:* wörtlich *den Nichtjuden;* herkömmliche Übersetzung *Heiden**.
d *Kelch* und *Taufe* sind Bilder für das Todesleiden, das Jesus auf sich nehmen muss; zu *Kelch* vgl. Anmerkung zu 14,36.

10,19 Ex 20,12-16 **10,21** Mt 19,21 S **10,22** Ps 62,11 **10,27** Ijob 42,2 S **10,29** Mt 10,37 par **10,31** Mt 20,16 S **10,32-34** 8,31 S **10,34** 15,15-20 par **10,38** Lk 12,50; Mk 14,36 par; Joh 18,11

39 »Das können wir!«, sagten sie.
Jesus erwiderte: »Ihr werdet tatsächlich den
gleichen Kelch trinken wie ich und mit der Taufe
getauft werden, die mir bevorsteht. 40 Aber ich
kann nicht darüber verfügen, wer rechts und
links neben mir sitzen wird. Auf diesen Plät-
zen werden die sitzen, die Gott dafür bestimmt
hat.«
41 Die anderen zehn hatten das Gespräch mit
angehört und ärgerten sich über Jakobus und
Johannes. 42 Da rief Jesus alle zwölf zu sich her
und sagte: »Ihr wisst: Die Herrscher der Völker,
ihre Großen, unterdrücken ihre Leute und lassen
sie ihre Macht spüren. 43 Bei euch muss es
anders sein! Wer von euch groß sein will, soll
euer Diener sein, 44 und wer der Erste sein will,
soll allen anderen Sklavendienste leisten.
45 Auch der Menschensohn* ist nicht gekom-
men, um sich bedienen zu lassen, sondern um
zu dienen und sein Leben als Lösegeld für alle
Menschen hinzugeben.«

Jesus heilt einen Blinden

(Mt 20,29-34; Lk 18,35-43)

46 Sie kamen nach Jericho. Als Jesus die Stadt
wieder verließ, gefolgt von seinen Jüngern* und
einer großen Menschenmenge, saß da am Stra-
ßenrand ein Blinder und bettelte. Es war Bar-
timäus, der Sohn von Timäus.
47 Als er hörte, dass es Jesus von Nazaret war,
der da vorbeikam, fing er an, laut zu rufen:
»Jesus, Sohn Davids*! Hab Erbarmen mit mir!«
48 Viele fuhren ihn an, er solle still sein; aber
er schrie nur noch lauter: »Sohn Davids, hab Er-
barmen mit mir!«
49 Da blieb Jesus stehen und sagte: »Ruft ihn
her!«
Einige liefen zu dem Blinden hin und sagten
zu ihm: »Fasse Mut, steh auf! Jesus ruft dich!«
50 Da warf der Blinde seinen Mantel ab,
sprang auf und kam zu Jesus.
51 »Was willst du?«, fragte Jesus. »Was soll ich
für dich tun?«
Der Blinde sagte: »Rabbuni*, ich möchte wie-
der sehen können!«
52 Jesus antwortete: »Geh nur, dein Vertrauen
hat dir geholfen!«
Im gleichen Augenblick konnte er sehen und
folgte Jesus auf seinem Weg.

AUSEINANDERSETZUNGEN IN JERUSALEM (Kapitel 11–12)

Jesus zieht in Jerusalem ein

(Mt 21,1-11; Lk 19,28-40; Joh 12,12-19)

11 Kurz vor Jerusalem kamen sie zu den Ort-
schaften Betfage und Betanien am Öl-
berg*. Dort schickte Jesus zwei seiner Jünger*
fort 2 mit dem Auftrag: »Geht in das Dorf da drü-
ben! Gleich am Ortseingang werdet ihr einen
jungen Esel angebunden finden, auf dem noch
nie ein Mensch geritten ist. Bindet ihn los und
bringt ihn her! 3 Und wenn jemand fragt: ›War-
um macht ihr das?‹, dann antwortet: ›Der Herr
braucht ihn und wird ihn gleich wieder zurück-
schicken.‹«
4 Die beiden gingen hin und fanden tatsäch-
lich den jungen Esel draußen auf der Straße an
einem Hoftor angebunden. Als sie ihn losmach-
ten, 5 sagten ein paar Leute, die dort standen:
»Was tut ihr da? Warum bindet ihr den Esel los?«
6 Da sagten sie, was Jesus ihnen aufgetragen
hatte, und die Leute ließen sie machen.
7 Die beiden Jünger brachten den Esel zu
Jesus und legten ihre Kleider über das Tier, und
Jesus setzte sich darauf. 8 Viele Menschen brei-
teten ihre Kleider als Teppich auf die Straße.
Andere rissen Zweige von den Büschen auf den
Feldern und legten sie auf den Weg.
9 Die Menschen, die Jesus vorausliefen und
die ihm folgten, riefen immer wieder: »Geprie-
sen sei Gott! Heil dem, der in seinem Auftrag
kommt! 10 Heil der Herrschaft unseres Vaters
David, die jetzt anbricht! Gepriesen sei Gott in
der Höhe!«
11 So zog Jesus nach Jerusalem hinein und
ging in den Tempel*. Dort sah er sich alles an.
Doch weil es schon spät geworden war, verließ
er die Stadt wieder und ging nach Betanien, zu-
sammen mit dem Kreis der Zwölf*.

Israel – ein Feigenbaum ohne Früchte

(Mt 21,18-19)

12 Als sie Betanien am nächsten Morgen wieder
verließen, bekam Jesus Hunger. 13 Da sah er in
einiger Entfernung einen Feigenbaum, der schon
Blätter trug. Er ging hin, um zu sehen, ob nicht
Früchte an ihm wären. Aber er fand nichts als
Blätter, denn es war nicht die Jahreszeit für
Feigen.
14 Da sagte Jesus zu dem Feigenbaum: »Von

10,39 Apg 12,2 **10,43-44** Mt 23,11 S **10,45** Jes 53,12; 1 Kor 6,20; 7,23; Gal 1,4 S; 1 Petr 1,18-19 **10,47-48** Mt 20,30-31 S **10,52** Lk 7,50 S **11,8** 2 Kön 9,13 **11,9** Ps 118,26 S **11,10** Ps 148,1; Mt 20,30-31 S **11,13** Lk 13,6

dir soll nie mehr jemand Feigen essen!« Seine
Jünger konnten es hören.

Jesus im Tempel

(Mt 21,12-17; Lk 19,45-48; Joh 2,13-17)

15 In Jerusalem ging Jesus wieder in den Tem-
pel*. Dort begann er, die Händler und Käufer
hinauszujagen. Er stieß die Tische der Geld-
wechsler* und die Stände der Taubenverkäufer
um 16 und ließ nicht zu, dass jemand irgendetwas
durch den Vorhof des Tempels trug.

17 Dazu sagte er ihnen: »Steht nicht in den
Heiligen Schriften*, dass Gott erklärt hat: ›Mein
Tempel soll eine Stätte sein, an der alle Völker zu
mir beten können‹? Ihr aber habt eine Räuber-
höhle daraus gemacht!«

18 Als das die führenden Priester* und die Ge-
setzeslehrer* hörten, suchten sie nach einer
Möglichkeit, Jesus umzubringen. Sie fürchteten
seinen Einfluss, denn die Volksmenge war tief
beeindruckt von dem, was er sagte.

19 Am Abend verließ Jesus mit seinen Jün-
gern* wieder die Stadt.

Vorzeichen des Gerichts über Israel. Grundlagen der Jüngerexistenz

(Mt 21,20-22; 6,14)

20 Früh am nächsten Morgen kamen sie wieder
an dem Feigenbaum vorbei. Er war bis in die
Wurzel abgestorben. 21 Da erinnerte sich Petrus
und sagte zu Jesus: »Rabbi*, sieh, der Feigen
baum, den du verflucht hast, ist verdorrt!«

22 Jesus antwortete: »Habt Vertrauen zu Gott!
23 Ich versichere euch: Wenn jemand zu diesem
Berg sagt: ›Auf, stürze dich ins Meer!‹, und hat
keinerlei Zweifel, sondern vertraut fest darauf,
dass es geschieht, dann geschieht es auch.

24 Deshalb sage ich euch: Wenn ihr Gott um
irgendetwas bittet, müsst ihr nur darauf vertrau-
en, dass er eure Bitte schon erfüllt hat,[a] dann
wird sie auch erfüllt.

25 Aber wenn ihr betet, sollt ihr euren Mit-
menschen vergeben, falls ihr etwas gegen sie
habt, damit euer Vater im Himmel auch euch die
Verfehlungen vergibt.«[b]

Woher hat Jesus die Vollmacht?

(Mt 21,23-27; Lk 20,1-8)

27 Dann gingen sie wieder nach Jerusalem hin-
ein. Als Jesus dort im Tempel* umherging, ka-
men die führenden Priester*, die Gesetzesleh-
rer* und die Ratsältesten* zu ihm 28 und sagten:
»Woher nimmst du das Recht, hier so auf-
zutreten? Wer hat dir die Vollmacht dazu ge-
geben?«

29 Jesus erwiderte: »Ich habe nur *eine* Frage
an euch. Die beantwortet mir, dann werde ich
euch sagen, mit welchem Recht ich so handle.
30 Sagt mir: Woher hatte der Täufer* Johannes
den Auftrag, zu taufen? Von Gott oder von Men-
schen?«

31 Sie überlegten: »Wenn wir sagen ›Von
Gott‹, wird er fragen: ›Warum habt ihr dann Jo-
hannes nicht geglaubt?‹ 32 Aber können wir et-
wa sagen ›Von Menschen‹?« Dafür hatten sie zu
viel Angst vor der Menge; denn alle waren über-
zeugt, dass Johannes wirklich ein Prophet* war.
33 So sagten sie zu Jesus: »Wir wissen es nicht.«

»Gut«, erwiderte Jesus, »dann sage ich euch
auch nicht, wer mich bevollmächtigt hat.«

Das Gleichnis von den bösen Weinbergspächtern

(Mt 21,33-46; Lk 20,9-19)

12 Dann wandte sich Jesus mit einem Gleich-
nis* an sie. Er sagte:

»Ein Mann legte einen Weinberg an, machte
einen Zaun darum, baute eine Weinpresse und
errichtete einen Wachtturm. Dann verpachtete
er den Weinberg und verreiste.

2 Zur gegebenen Zeit schickte er einen Boten
zu den Pächtern, um seinen Anteil am Ertrag des
Weinbergs abholen zu lassen. 3 Die Pächter aber
verprügelten den Boten und ließen ihn unver-
richteter Dinge abziehen.

4 Der Besitzer schickte einen zweiten, dem
schlugen sie den Kopf blutig und behandelten
ihn auf die schimpflichste Weise.

5 Da schickte er einen weiteren Boten. Den
brachten sie sogar um. Und so machten sie es
noch mit vielen anderen, die er schickte: Die
einen wurden misshandelt, die anderen umge-
bracht.

6 Schließlich blieb ihm nur noch sein eigener
Sohn, dem seine ganze Liebe galt. Den schickte
er zu den Pächtern, weil er sich sagte: ›Vor mei-
nem Sohn werden sie Respekt haben.‹

7 Aber die Pächter sagten zueinander: ›Das ist
der Erbe! Wir bringen ihn um, dann gehört seine
Erbschaft, der Weinberg, uns!‹ 8 So töteten sie

a Möglich ist ebenso die Übersetzung: *dass er eure Bitte erfüllen wird.*
b Einige Handschriften fügen hinzu (Vers 26): *Wenn ihr anderen nicht vergebt, wird euer Vater im Himmel euch eure Verfehlungen auch nicht vergeben* (vgl. Mt 6,15).

11,17 *zit* Jes 56,7 *und* Jer 7,11 **11,18** 12,12 par; 14,1-2 par **11,23** Lk 17,6 par **11,24** Mt 7,7 S **11,25** Mt 7,1 par **11,32** Mt 14,5 **12,1** Jes 5,1-7 S **12,6** 1,11 S

ihn und warfen die Leiche aus dem Weinberg
hinaus.
9 Was wird nun der Besitzer des Weinbergs
tun? Er wird selbst kommen, die Pächter töten
und den Weinberg anderen anvertrauen. 10 Ihr
kennt ja wohl die Stelle in den Heiligen Schrif-
ten*, wo es heißt:

›Der Stein, den die Bauleute als wertlos
weggeworfen haben,
ist zum Eckstein* geworden.
11 Der Herr hat dieses Wunder vollbracht,
und wir haben es gesehen.‹«

12 Die führenden Priester*, die Gesetzeslehrer*
und die Ratsältesten* hätten Jesus gerne festge-
nommen; denn sie merkten, dass das Gleichnis
auf sie gemünzt war. Aber sie hatten Angst vor
der Menge. So ließen sie ihn unbehelligt und gin-
gen weg.

Die Frage nach der Steuer für den Kaiser

(Mt 22,15-22; Lk 20,20-26)

13 Einige Pharisäer* und dazu einige Parteigän-
ger von Herodes wurden nun zu Jesus geschickt,
um ihm eine verfängliche Frage zu stellen.
14 Sie kamen zu ihm und sagten: »Lehrer*, wir
wissen, dass es dir nur um die Wahrheit geht. Du
lässt dich nicht von Menschen beeinflussen, auch
wenn sie noch so mächtig sind, sondern sagst uns
klar und deutlich, wie wir nach Gottes Willen
leben sollen. Ist es nach dem Gesetz* Gottes
erlaubt, dem römischen Kaiser Steuer zu zahlen,
oder nicht? Sollen wir es tun oder nicht?«
15 Jesus erkannte ihre Scheinheiligkeit und
sagte: »Ihr wollt mir doch nur eine Falle stellen!
Gebt mir eine Silbermünze*; ich will sie mir an-
sehen.«
16 Sie gaben ihm eine und er fragte: »Wessen
Bild und wessen Name sind denn hier aufge-
prägt?«
»Das Bild und der Name des Kaisers«, antwor-
teten sie.
17 Da sagte Jesus: »Dann gebt dem Kaiser, was
dem Kaiser gehört – aber gebt Gott, was Gott ge-
hört!«
Solch eine Antwort hatten sie nicht von ihm
erwartet.

Werden die Toten auferstehen?

(Mt 22,23-33; Lk 20,27-40)

18 Dann kamen Sadduzäer* zu Jesus. Die Saddu-
zäer bestreiten, dass die Toten auferstehen* wer-
den.
19 »Lehrer*«, sagten sie, »Mose hat uns die
Vorschrift gegeben: ›Wenn ein Mann stirbt und
eine Frau hinterlässt, aber kein Kind, dann muss
sein Bruder die Witwe heiraten und dem Verstor-
benen Nachkommen verschaffen.‹
20 Nun gab es einmal sieben Brüder. Der
älteste heiratete und starb kinderlos. 21 Darauf
heiratete der zweite die Witwe, starb aber auch
kinderlos. Beim dritten war es genauso. 22 Alle
sieben heirateten sie und starben ohne Nach-
kommen. Zuletzt starb auch die Frau.
23 Wie ist das nun bei der Auferstehung der
Toten – wenn es eine gibt? Wem von den Män-
nern soll die Frau dann gehören? Sie war ja mit
allen sieben verheiratet!«
24 Jesus erwiderte: »Liegt euer Fehler nicht
darin, dass ihr weder die Heiligen Schriften*
kennt noch wisst, was Gott in seiner Macht tun
kann? 25 Wenn die Toten auferstehen, werden
sie nicht mehr heiraten, sondern sie werden
leben wie die Engel* im Himmel.
26 Was aber die Sache mit den Toten über-
haupt betrifft, dass sie nämlich auferweckt wer-
den: Habt ihr nie im Buch Moses die Geschichte
vom brennenden Dornbusch gelesen und wie
Gott dort zu Mose sagt: ›Ich bin der Gott Abra-
hams, der Gott Isaaks und der Gott Jakobs‹?
27 Gott ist doch nicht ein Gott von Toten, son-
dern von Lebenden! Ihr seid also ganz und gar
im Irrtum.«

Das wichtigste Gebot

(Mt 22,34-40; Lk 10,25-28)

28 Ein Gesetzeslehrer* hatte dieser Auseinander-
setzung zugehört. Er war davon beeindruckt,
wie Jesus den Sadduzäern* geantwortet hatte,
und so fragte er ihn: »Welches ist das wichtigste
von allen Geboten des Gesetzes*?«
29 Jesus sagte: »Das wichtigste Gebot ist die-
ses: ›Höre, Israel! Der Herr ist unser Gott, der
Herr und sonst keiner. 30 Darum liebt ihn von
ganzem Herzen und mit ganzem Willen, mit
ganzem Verstand und mit aller Kraft.‹ 31 Das
zweite ist: ›Liebe deinen Mitmenschen wie dich
selbst!‹ Es gibt kein Gebot, das wichtiger ist als
diese beiden.«
32 Da sagte der Gesetzeslehrer zu Jesus: »Du
hast vollkommen Recht, Lehrer*! Es ist so, wie
du sagst: Nur einer ist Gott, und es gibt keinen
Gott außer ihm. 33 Ihn zu lieben von ganzem
Herzen, mit ganzem Verstand und mit aller Kraft
und unsere Mitmenschen zu lieben wie uns
selbst, das ist viel wichtiger als alle die Brand-

12,10-11 *zit* Ps 118,22-23 **12,12** 11,18 S **12,17** Röm 13,7 **12,18** Lk 20,27 S **12,19** *nach* Dtn 25,5-6 *und* Gen 38,8 **12,26** *zit* Ex 3,6 **12,29-30** *zit* Dtn 6,4-5 **12,31** *zit* Lev 19,18; Mt 5,43; 19,19; Röm 13,9; Gal 5,14; Jak 2,8 **12,32** Lk 20,39 **12,33** Jes 1,10-20 S

opfer und anderen Opfer*, die wir ihm darbringen.«

34 Jesus fand, dass der Gesetzeslehrer vernünftig geantwortet hatte, und sagte zu ihm: »Du bist nicht weit weg von der neuen Welt Gottes.«[a]

Von da an wagte es niemand mehr, ihn noch etwas zu fragen.

Davids Sohn oder Davids Herr?

(Mt 22,41-46; Lk 20,41-44)

35 Nach diesen Auseinandersetzungen im Tempel stellte Jesus zuletzt selbst eine Frage an alle.[b] Er sagte: »Wie können die Gesetzeslehrer* behaupten, dass der versprochene Retter[c] ein Sohn Davids* ist? 36 David selbst sagte doch, erleuchtet vom Heiligen Geist*:

›Gott, der Herr, sagte zu meinem Herrn:
Setze dich an meine rechte Seite!
Ich will dir deine Feinde unterwerfen,
sie als Schemel unter deine Füße legen.‹

37a David selbst nennt ihn also ›Herr‹ – wie kann er dann sein Sohn sein?«

Jesus warnt vor den Gesetzeslehrern

(Mt 23,1.6-7.14; Lk 20,45-47)

37b Die Menschenmenge hörte Jesus gerne zu. 38 Als er zu ihnen redete, warnte er sie:

»Nehmt euch in Acht vor den Gesetzeslehrern*! Sie zeigen sich gern in ihren Talaren und lassen sich auf der Straße respektvoll grüßen. 39 Beim Gottesdienst sitzen sie in der vordersten Reihe, und bei Festmählern nehmen sie die Ehrenplätze ein. 40 Sie sprechen lange Gebete, um einen guten Eindruck zu machen; in Wahrheit aber sind sie Betrüger, die schutzlose Witwen um ihren Besitz bringen. Sie werden einmal besonders streng bestraft werden.«

Das Opfer der Witwe

(Lk 21,1-4)

41 Dann setzte sich Jesus im Tempel* in der Nähe des Schatzhauses hin und beobachtete, wie die Besucher des Tempels Geld in die Opferkästen warfen. Viele wohlhabende Leute gaben großzügig. 42 Dann kam eine arme Witwe und steckte zwei kleine Kupfermünzen hinein – zusammen so viel wie ein Groschen.[d]

43 Da rief Jesus seine Jünger* zu sich heran und sagte zu ihnen: »Ich versichere euch: Diese arme Witwe hat mehr gegeben als alle anderen. 44 Die haben alle nur etwas von ihrem Überfluss abgegeben. Sie aber hat alles hergegeben, was sie selbst dringend zum Leben gebraucht hätte.«

DIE REDE ÜBER DAS ENDE DER WELT (Kapitel 13)

Ankündigung der Zerstörung des Tempels

(Mt 24,1-2; Lk 21,5-6)

13 Als Jesus danach den Tempel* verließ, sagte einer seiner Jünger* zu ihm: »Lehrer*, sieh doch nur diese gewaltigen Steine und diese prachtvollen Gebäude!«

2 Da sagte Jesus: »Du bewunderst diese mächtigen Bauten? Hier wird kein Stein auf dem andern bleiben. Alles wird bis auf den Grund zerstört werden!«

Der Anfang vom Ende

(Mt 24,3-8; Lk 21,7-11)

3 Dann ging Jesus auf den Ölberg*. Dort setzte er sich dem Tempel gegenüber nieder. Petrus, Jakobus, Johannes und Andreas waren bei ihm. Sie fragten ihn: 4 »Sag uns, wann wird das geschehen? Und woran können wir erkennen, dass das Ende von allem bevorsteht?«

5 Jesus sagte zu ihnen: »Seid auf der Hut und lasst euch von niemand täuschen! 6 Viele werden unter meinem Namen auftreten und von sich behaupten: ›*Ich* bin es!‹[e] Damit werden sie viele irreführen.

7 Erschreckt nicht, wenn nah und fern Kriege ausbrechen. Es muss so kommen, aber das ist noch nicht das Ende. 8 Ein Volk wird gegen das andere kämpfen, ein Staat den andern angreifen. In vielen Ländern wird es Erdbeben und Hungersnöte geben. Das ist aber erst der Anfang vom Ende – der Beginn der Geburtswehen.«

Die Verfolgung der Jünger

(Mt 24,9-14; Lk 21,12-19)

9 »Was euch angeht, so seid darauf gefasst, dass sie euch an die Gerichte ausliefern und in den Synagogen* auspeitschen werden. Auch vor Statthaltern und Königen werdet ihr stehen um

a Wörtlich *von der Königsherrschaft* Gottes.*
b *Nach diesen ...:* wörtlich *Jesus antwortete, lehrend im Tempel*.* c Wörtlich *dass der Christus*.*
d *ein Groschen:* wörtlich *zwei Lepta, das ist ein Quadrans.* Lepton ist die griechische Bezeichnung für die kleinste jüdische Kupfermünze; Quadrans drückt den Geldwert in römischer Währung aus (= ¼ As).
e Siehe Anmerkung zu Joh 8,24.

12,34 Mt 22,46; Lk 20,40 **12,35-37** Mt 20,30-31 S **12,36** *nach* Ps 110,1; Dan 7,13-14; Apg 2,33 S; 2,34-35; 1 Kor 15,24.27; Hebr 8,1 S **12,38-39** Lk 11,43 **12,41** 2 Kön 12,10 **12,44** 2 Kor 8,12 **13,2** Lk 19,44 **13,8** Jes 19,2 **13,9-13** Mt 10,17-22 S

meinetwillen, um auch vor ihnen als Zeugen für
mich auszusagen; 10 denn nach Gottes Plan muss
die Gute Nachricht* allen Völkern verkündet
werden, bevor das Ende kommt.

11 Wenn sie euch verhaften und an die Ge-
richte ausliefern, dann macht euch keine Sorgen,
wie ihr euch verteidigen sollt. Sagt, was euch in
dem Augenblick eingegeben wird. Denn nicht
ihr werdet dann reden, sondern der Heilige
Geist* wird aus euch sprechen.

12 Ein Bruder wird den andern dem Henker
ausliefern und ein Vater seine Kinder. Kinder
werden sich gegen ihre Eltern stellen und sie in
den Tod schicken. 13 Alle Menschen werden euch
hassen, weil ihr euch zu mir bekennt. Aber wer
bis zum Ende standhaft bleibt, wird gerettet wer-
den.«

Die letzte Schreckenszeit

(Mt 24,15-28; Lk 21,20-24; 17,23)

14 »In den Heiligen Schriften* ist die Rede von
einem ›entsetzlichen Scheusal*‹ – wer das liest,
überlege sich, was es bedeutet! Wenn ihr dieses
›entsetzliche Scheusal‹ dort stehen seht, wo es
nicht stehen darf,[a] dann sollen die Bewohner
Judäas* in die Berge fliehen. 15 Wer gerade auf
dem Dach ist, soll keine Zeit damit verlieren, erst
noch etwas aus dem Haus zu holen.[b] 16 Wer
gerade zur Arbeit auf dem Feld ist, soll nicht
zurückgehen, um noch sein Obergewand* mit-
zunehmen, das er am Wegrand abgelegt hat.[c]

17 Besonders hart wird es die Frauen treffen,
die gerade ein Kind erwarten oder einen Säug-
ling stillen. 18 Bittet Gott, dass es dann nicht ge-
rade Winter ist! 19 Denn was in jenen Tagen ge-
schieht, wird furchtbarer sein als alles, was
jemals geschah, seit Gott die Welt erschuf, und
als alles, was bis dahin noch geschehen wird.
20 Wenn der Herr diese Schreckenszeit nicht ab-
kürzen würde, dann würde kein Mensch geret-
tet werden. Er wird sie aber abkürzen – denen
zuliebe, die er erwählt hat.

21 Wenn dann jemand zu euch sagt: ›Seht her,
hier ist Christus*, der versprochene Retter!‹,
oder: ›Dort ist er!‹ – glaubt ihm nicht! 22 Denn es
werden so manche mit dem Anspruch auftreten,
der versprochene Retter oder ein Prophet zu
sein. Sie werden sich durch Aufsehen erregende
Wunder ausweisen und würden damit sogar die
von Gott Erwählten irreführen, wenn das mög-
lich wäre.

23 Darum seid auf der Hut! Ich habe euch alles
vorausgesagt.«

Der Weltrichter kommt

(Mt 24,29-31; Lk 21,25-28)

24 »Aber dann, nach dieser Schreckenszeit, wird
sich die Sonne verfinstern und der Mond wird
nicht mehr scheinen, 25 die Sterne werden vom
Himmel fallen und die Ordnung des Himmels
wird zusammenbrechen.

26 Dann kommt der Menschensohn* auf den
Wolken mit göttlicher Macht und Herrlichkeit*,
und alle werden ihn sehen. 27 Er wird die Engel*
in alle Himmelsrichtungen ausschicken, um von
überall her die Menschen zusammenzubringen,
die er erwählt hat.«

Das Gleichnis vom Feigenbaum

(Mt 24,32-35; Lk 21,29-33)

28 »Lasst euch vom Feigenbaum eine Lehre ge-
ben: Wenn der Saft in die Zweige schießt und
der Baum Blätter treibt, dann wisst ihr, dass der
Sommer bald da ist. 29 So ist es auch, wenn ihr
dies alles geschehen seht:[d] Dann wisst ihr, dass
das Ende unmittelbar bevorsteht. 30 Ich versiche-
re euch: Diese Generation wird das alles noch er-
leben.

31 Himmel und Erde werden vergehen, aber
meine Worte vergehen nicht; sie bleiben gültig
für immer und ewig.«

Das Ende kommt überraschend

(Mt 24,36; 25,13-15; 24,42.44; Lk 19,12-13; 12,38-40)

32 »Doch den Tag oder die Stunde, wann das
Ende da ist, kennt niemand, auch nicht die
Engel* im Himmel – nicht einmal der Sohn*.
Nur der Vater kennt sie.

33 Seht zu, dass ihr wach bleibt! Denn ihr
wisst nicht, wann der Zeitpunkt da ist. 34 Es ist
wie bei einem Mann, der verreist. Er verlässt
sein Haus und überträgt seinen Dienern die Ver-
antwortung. Jedem weist er seine Aufgabe zu,
und dem Türhüter befiehlt er, wachsam zu sein.

a In den Heiligen Schriften ...: wörtlich *Wenn ihr das »Scheusal«, das Verwüstung/Verödung hervorruft, dort stehen seht, wo es nicht darf – der Lesende merke auf.*

b Das flache *Dach* mit einem eventuell darauf gebauten Obergemach ist durch eine Treppe außen an der Mauer zu erreichen.

c zur Arbeit und *das er am Wegrand abgelegt hat:* verdeutlichende Zusätze.

d Gemeint sind wahrscheinlich die in den Versen 14-23 genannten Ereignisse.

13,11 Lk 12,11-12 S **13,12** Mt 10,35 par S **13,13** Joh 15,21; Offb 14,2 S **13,14** Dan 12,11 S **13,15-16** Lk 17,31 **13,19** Dan 12,1; Offb 7,14 **13,22** Mt 24,24 S; Joh 6,30 S **13,24-25** Mt 24,29 S **13,26** Dan 7,13; Mt 24,27 S; 26,64 par; 1 Kor 15,23; 1 Thess 4,15-16; 2 Thess 2,1; Offb 1,7 **13,27** Mt 13,41 **13,30** 9,1 S **13,31** Jes 40,8 **13,32** Apg 1,7 **13,33.35** Mt 25,13 S **13,34** Mt 25,14-15 par

35 So sollt auch ihr wach bleiben, weil ihr nicht wisst, wann der Hausherr kommen wird: am Abend, um Mitternacht, beim ersten Hahnenschrei oder wenn die Sonne aufgeht. 36 Wenn er kommt, soll er euch nicht im Schlaf überraschen! 37 Was ich euch vier Jüngern* hier sage, das gilt für alle: Bleibt wach!«

LEIDEN, TOD UND AUFERSTEHUNG VON JESUS (Kapitel 14–16)

Pläne gegen Jesus

(Mt 26,1-5; Lk 22,1-2; Joh 11,45-53)

14 Es waren noch zwei Tage bis zum Passafest* und dem Fest der Ungesäuerten Brote. Die führenden Priester* und die Gesetzeslehrer* suchten nach einer Möglichkeit, Jesus heimlich zu verhaften und umzubringen.

2 »Auf keinen Fall darf es während des Festes geschehen«, sagten sie, »sonst gibt es einen Aufruhr im Volk.«

Eine Frau ehrt Jesus vor seinem Sterben

(Mt 26,6-13; Joh 12,1-8)

3 Jesus war in Betanien bei Simon, dem Aussätzigen*, zu Gast. Während des Essens kam eine Frau herein. Sie hatte ein Fläschchen mit reinem, kostbarem Nardenöl*. Das öffnete sie und goss Jesus das Öl über den Kopf.

4 Einige der Anwesenden waren empört darüber. »Was soll diese Verschwendung?«, sagten sie zueinander. 5 »Dieses Öl hätte man für mehr als dreihundert Silberstücke* verkaufen und das Geld den Armen geben können!« Sie machten der Frau heftige Vorwürfe.

6 Aber Jesus sagte: »Lasst sie in Ruhe! Warum bringt ihr sie in Verlegenheit? Sie hat eine gute Tat an mir getan. 7 Arme wird es immer bei euch geben und ihr könnt ihnen helfen, sooft ihr wollt. Aber mich habt ihr nicht mehr lange bei euch.

8 Sie hat getan, was sie jetzt noch tun konnte: Sie hat meinen Körper im Voraus für das Begräbnis gesalbt. 9 Ich versichere euch: Überall in der Welt, wo in Zukunft die Gute Nachricht* verkündet wird, wird auch berichtet werden, was sie getan hat. Ihr Andenken wird immer lebendig bleiben.«

Judas wird zum Verräter

(Mt 26,14-16; Lk 22,3-6)

10 Darauf ging Judas Iskariot, einer aus dem Kreis der Zwölf*, zu den führenden Priestern*, um ihnen Jesus in die Hände zu spielen. 11 Sie freuten sich darüber und versprachen ihm Geld.

Von da an suchte Judas eine günstige Gelegenheit, Jesus zu verraten.

Vorbereitungen zum Passamahl

(Mt 26,17-19; Lk 22,7-13)

12 Es kam der erste Tag der Festwoche, während der ungesäuertes Brot* gegessen wird, der Tag, an dem die Passalämmer geschlachtet werden. Da fragten die Jünger* Jesus: »Wo sollen wir für dich das Passamahl* vorbereiten?«

13 Jesus schickte zwei von ihnen mit dem Auftrag weg: »Geht in die Stadt! Dort werdet ihr einen Mann treffen, der einen Wasserkrug trägt. Folgt ihm, 14 bis er in ein Haus hineingeht, und sagt dem Hausherrn dort: ›Unser Lehrer* lässt fragen: Welchen Raum kannst du mir zur Verfügung stellen, dass ich dort mit meinen Jüngern das Passamahl feiere?‹ 15 Dann wird er euch ein großes Zimmer im Obergeschoss zeigen, das mit Polstern ausgestattet und schon zur Feier hergerichtet ist. Dort bereitet alles für uns vor.«

16 Die beiden gingen in die Stadt. Sie fanden alles so, wie Jesus es ihnen gesagt hatte, und bereiteten das Passamahl vor.

Jesus feiert mit den Zwölf das Abschiedsmahl

(Mt 26,20-30; Lk 22,14-23)

17 Als es Abend geworden war, kam Jesus mit den Zwölf* dorthin. 18 Während der Mahlzeit sagte er: »Ich versichere euch: Einer von euch wird mich verraten – einer, der jetzt mit mir isst.«

19 Sie waren bestürzt, und einer nach dem andern fragte ihn: »Du meinst doch nicht mich?«

20 Jesus antwortete: »Einer von euch zwölf wird es tun; einer, der sein Brot mit mir in dieselbe Schüssel taucht. 21 Der Menschensohn* muss zwar sterben, wie es in den Heiligen Schriften* angekündigt ist. Aber wehe dem Menschen, der den Menschensohn verrät! Er wäre besser nie geboren worden!«

22 Während der Mahlzeit nahm Jesus ein Brot, sprach das Segensgebet darüber, brach es in Stücke und gab es ihnen mit den Worten: »Nehmt, das ist mein Leib!«

23 Dann nahm er den Becher, sprach darüber das Dankgebet, gab ihnen auch den, und alle tranken daraus. 24 Dabei sagte er zu ihnen: »Das ist mein Blut, das für alle Menschen vergossen

14,1-2 11,18 S **14,3** Lk 7,37-38 **14,7** Dtn 15,11 **14,10** 3,19 par; Joh 12,4 S **14,12** Ex 12,15-20 S; 12,1-14 S **14,17-21** Joh 13,2.21-30 **14,18** Ps 41,10 **14,23-24** 1 Kor 10,16; 11,23-25 **14,24** Ex 24,8; Jer 31,31; Hebr 7,22; 9,15-20

wird. Mit ihm wird der Bund* in Kraft gesetzt,
den Gott jetzt mit den Menschen schließt.
25 Ich sage euch: Ich werde keinen Wein mehr
trinken, bis ich ihn neu trinken werde an dem
Tag, an dem Gott sein Werk vollendet hat!«[a]
26 Dann sangen sie die Dankpsalmen[b] und
gingen hinaus zum Ölberg*.

Jesus sagt das Versagen von Petrus voraus

(Mt 26,31-35)

27 Unterwegs sagte Jesus zu ihnen: »Ihr werdet
alle an mir irrewerden, denn es heißt: ›Ich werde
den Hirten töten und die Schafe werden aus-
einander laufen.‹ 28 Aber wenn ich vom Tod auf-
erweckt worden bin, werde ich euch voraus-
gehen nach Galiläa*.«
29 Petrus widersprach ihm: »Selbst wenn alle
andern an dir irrewerden – ich nicht!«
30 Jesus antwortete: »Ich versichere dir:
Heute, in dieser Nacht, bevor der Hahn zweimal
kräht, wirst du mich dreimal verleugnen und be-
haupten, dass du mich nicht kennst.«
31 Da sagte Petrus noch bestimmter: »Und
wenn ich mit dir sterben müsste, ich werde dich
ganz bestimmt nicht verleugnen!«
Das Gleiche sagten auch alle andern.

Jesus betet im Garten Getsemani

(Mt 26,36-46; Lk 22,39-46)

32 Sie kamen zu einem Grundstück, das Getse-
mani* hieß. Jesus sagte zu seinen Jüngern*:
»Bleibt hier sitzen, während ich beten gehe!«
33 Petrus, Jakobus und Johannes nahm er mit.
Angst und Schrecken befielen ihn, 34 und er
sagte zu ihnen: »Ich bin so bedrückt, ich bin
mit meiner Kraft am Ende. Bleibt hier und
wacht!«
35 Dann ging er noch ein paar Schritte weiter
und warf sich auf die Erde. Er betete zu Gott,
dass er ihm, wenn es möglich wäre, diese
schwere Stunde erspare. 36 »Abba*, Vater«, sagte
er, »alles ist dir möglich! Erspare es mir, diesen
Kelch trinken zu müssen![c] Aber es soll gesche-
hen, was *du* willst, nicht was ich will.«
37 Dann kehrte er zu den Jüngern zurück und
sah, dass sie eingeschlafen waren. Da sagte er zu
Petrus: »Simon, du schläfst? Konntest du nicht
eine einzige Stunde wach bleiben?«
38 Dann sagte er zu ihnen allen: »Bleibt wach
und betet, damit ihr in der kommenden Prüfung
nicht versagt. Der Geist in euch ist willig, aber
eure menschliche Natur ist schwach.«[d]
39 Noch einmal ging Jesus weg und betete mit
den gleichen Worten wie vorher. 40 Als er zu-
rückkam, schliefen sie wieder. Die Augen waren
ihnen zugefallen, und sie wussten nicht, was sie
ihm antworten sollten.
41 Als Jesus das dritte Mal zurückkam, sagte er
zu ihnen: »Schlaft ihr denn immer noch und
ruht euch aus? Genug jetzt, die Stunde ist da!
Jetzt wird der Menschensohn* an die Men-
schen, die Sünder, ausgeliefert. 42 Steht auf, wir
wollen gehen; er ist schon da, der mich verrät.«

Jesus wird verhaftet

(Mt 26,47-56; Lk 22,47-53; Joh 18,3-12)

43 Noch während Jesus das sagte, kam Judas,
einer der Zwölf*, mit einem Trupp von Män-
nern, die mit Schwertern und Knüppeln bewaff-
net waren. Sie waren von den führenden Pries-
tern*, den Gesetzeslehrern* und den Ratsältes-
ten* geschickt worden.
44 Der Verräter hatte mit ihnen ein Erken-
nungszeichen ausgemacht: »Wem ich einen Be-
grüßungskuss gebe, der ist es. Den nehmt fest
und führt ihn unter Bewachung ab!«
45 Judas ging sogleich auf Jesus zu, begrüßte
ihn mit »Rabbi*!« und küsste ihn so, dass alle es
sehen konnten. 46 Da packten sie Jesus und nah-
men ihn fest. 47 Aber einer von denen, die dabei-
standen, zog sein Schwert, hieb auf den Bevoll-
mächtigten des Obersten Priesters* ein und
schlug ihm ein Ohr ab.
48 Jesus sagte zu den Männern: »Warum rückt
ihr hier mit Schwertern und Knüppeln an, um
mich gefangen zu nehmen? Bin ich denn ein
Verbrecher? 49 Täglich war ich bei euch im Tem-
pel und lehrte die Menschen, da habt ihr mich
nicht festgenommen. Aber was in den Heiligen
Schriften* angekündigt wurde, muss in Er-
füllung gehen.«
50 Da verließen ihn alle seine Jünger* und
flohen.

a an dem Tag ...: wörtlich *in der Königsherrschaft* Gottes.*
b Nach dem Passamahl werden die Psalmen 114 bis 118 gesungen.
c Wörtlich *Nimm diesen Kelch von mir.* Jesus trinkt ihn anstelle der schuldbeladenen Menschen, die ihn eigentlich trinken müssten (vgl. Ps 75,9; Jes 51,17.21-22; Jer 25,15; Offb 14,9-10). Auch das im Frühjudentum bekannte Bild vom Becher des Märtyrertodes (»Leidenskelch«) klingt an.
d eure menschliche Natur: wörtlich *das Fleisch*.

14,26 Lk 22,39 S **14,27** *nach* Sach 13,7; Mk 14,50-52; Joh 16,32 **14,28** 16,7 par **14,30-31** Lk 22,33-34; Joh 13,36-38 **14,32-42** Lk 5,16 S; Hebr 5,7-8 **14,35** Joh 12,27 **14,36** 10,38 S; Röm 8,15 S; Mt 6,10 S; Hebr 10,9 **14,38** Mt 25,13 S; Eph 6,18; Hebr 2,18 **14,49** Lk 24,46 S **14,50** 14,27

51 Ein junger Mann folgte Jesus; er war nur
mit einem leichten Überwurf bekleidet. Ihn
wollten sie auch festnehmen; 52 aber er riss sich
los, ließ sein Kleidungsstück zurück und rannte
nackt davon.

Jesus vor dem jüdischen Rat

(Mt 26,57-68; Lk 22,54-55.63-71; Joh 18,12-14.19-24)

53 Sie brachten Jesus zum Obersten Priester*.
Dort versammelten sich alle führenden Priester
und alle Ratsältesten und Gesetzeslehrer. 54 Pe-
trus folgte Jesus in weitem Abstand und kam bis
in den Innenhof des Palastes. Dort saß er bei den
Dienern und wärmte sich am Feuer.
55 Die führenden Priester und der ganze Rat*
versuchten, Jesus durch Zeugenaussagen zu be-
lasten, damit sie ihn zum Tod verurteilen könn-
ten; aber es gelang ihnen nicht. 56 Es sagten zwar
viele falsche Zeugen gegen Jesus aus, aber ihre
Aussagen stimmten nicht überein.
57 Dann traten einige auf und behaupteten:
58 »Wir haben ihn sagen hören: ›Ich werde die-
sen Tempel*, der von Menschen erbaut wurde,
niederreißen und werde in drei Tagen einen an-
deren bauen, der nicht von Menschen gemacht
ist.‹« 59 Aber auch ihre Aussagen widersprachen
einander.
60 Da stand der Oberste Priester auf, trat in
die Mitte und fragte Jesus: »Hast du nichts zu
sagen zu dem, was diese beiden gegen dich vor-
bringen?«
61 Aber Jesus schwieg und sagte kein Wort.
Darauf fragte der Oberste Priester ihn: »Bist
du Christus, der versprochene Retter, der Sohn*
Gottes?«[a]
62 »Ich bin es«, sagte Jesus, »und ihr werdet
den Menschensohn* sehen, wie er an der rech-
ten Seite des Allmächtigen sitzt und mit den Wol-
ken des Himmels kommt!«
63 Da zerriss der Oberste Priester sein Ge-
wand und sagte: »Was brauchen wir noch Zeu-
gen? 64 Ihr habt es selbst gehört, wie er Gott be-
leidigt hat. Wie lautet euer Urteil?«
Einstimmig erklärten sie, er habe den Tod ver-
dient.
65 Einige begannen, Jesus anzuspucken. Sie
warfen ihm ein Tuch über den Kopf, sodass er
nichts sehen konnte; dann schlugen sie ihn mit
Fäusten und sagten: »Wer war es? Du bist doch
ein Prophet*!« Dann nahmen ihn die Gerichts-
polizisten* vor und gaben ihm Ohrfeigen.

Petrus verleugnet Jesus

(Mt 26,69-75; Lk 22,56-62; Joh 18,15-18.25-27)

66 Petrus war noch immer unten im Hof. Eine
Dienerin des Obersten Priesters* kam vorbei.
67 Als sie Petrus am Feuer bemerkte, sah sie ihn
genauer an und meinte: »Du warst doch auch
mit dem Jesus aus Nazaret zusammen!«
68 Petrus stritt es ab: »Ich habe keine Ahnung;
ich weiß überhaupt nicht, wovon du redest!«
Dann ging er hinaus in die Vorhalle. In dem Au-
genblick krähte ein Hahn.
69 Die Dienerin entdeckte Petrus dort wieder
und sagte zu den Umstehenden: »Der gehört
auch zu ihnen!« 70 Aber er stritt es wieder ab.
Kurz darauf fingen die Umstehenden noch
einmal an: »Natürlich gehörst du zu denen, du
bist doch auch aus Galiläa*!«
71 Aber Petrus schwor: »Gott soll mich strafen,
wenn ich lüge! Ich kenne den Mann nicht, von
dem ihr redet.«
72 In diesem Augenblick krähte der Hahn zum
zweiten Mal, und Petrus erinnerte sich daran,
dass Jesus zu ihm gesagt hatte: »Bevor der Hahn
zweimal kräht, wirst du mich dreimal verleug-
nen und behaupten, dass du mich nicht kennst.«
Da fing er an zu weinen.

Jesus vor Pilatus

(Mt 27,1-2.11-14; Lk 23,1-5; Joh 18,28-38)

15 Früh am Morgen schließlich trafen die
führenden Priester zusammen mit den
Ratsältesten und Gesetzeslehrern – also der gan-
ze jüdische Rat* – die Entscheidung: Sie ließen
Jesus fesseln, führten ihn ab und übergaben ihn
dem Statthalter* Pilatus.
2 Pilatus fragte Jesus: »Bist du der König der
Juden?«
»Du sagst es«, gab Jesus zur Antwort.
3 Die führenden Priester brachten viele Be-
schuldigungen gegen ihn vor. 4 Pilatus fragte ihn:
»Willst du dich nicht verteidigen? Du hast ja ge-
hört, was sie dir alles vorwerfen.«
5 Aber Jesus sagte kein einziges Wort. Dar-
über war Pilatus erstaunt.

Das Todesurteil

(Mt 27,15-26; Lk 23,13-25; Joh 18,39–19,16)

6 Es war üblich, dass Pilatus zum Passafest*
einen Gefangenen begnadigte, den das Volk
bestimmen durfte.
7 Damals war gerade ein gewisser Barabbas

a Wörtlich *Bist du Christus*, der Sohn des Gepriesenen.*

14,56 Dtn 19,15S; Ps 35,11 **14,58** Joh 2,19S **14,61** (schwieg) Jes 53,7; Mk 15,3-5par; Joh 19,9; (Sohn Gottes) 15,39S **14,62** 12,36S; 13,26S **14,63-64** Mt 26,65S **14,65** Jes 50,6; 53,5; Lk 7,16S **14,72** 14,30par **15,2** Mt 27,11S **15,3-5** 14,61S

im Gefängnis, zusammen mit anderen, die wäh-
rend eines Aufruhrs einen Mord begangen hat-
ten. 8 Die Volksmenge zog also zu Pilatus und
bat für Barabbas um die übliche Begnadigung.

9 Pilatus erwiderte: »Soll ich euch nicht den
König der Juden freigeben?« 10 Ihm wurde
nämlich immer klarer, dass die führenden Pries-
ter* Jesus nur aus Neid an ihn ausgeliefert
hatten.

11 Doch die führenden Priester redeten auf die
Leute ein, sie sollten fordern, dass er ihnen lieber
Barabbas freigebe.

12 Da versuchte es Pilatus noch einmal und
fragte sie: »Was soll ich dann mit dem anderen
machen, den ihr den König der Juden nennt?
Was wollt ihr?«

13 »Kreuzigen*!«, schrien sie.

14 »Was hat er denn verbrochen?«, fragte Pila-
tus.

Aber sie schrien noch lauter: »Kreuzigen!«

15 Um die Menge zufrieden zu stellen, ließ
Pilatus ihnen Barabbas frei und gab den Befehl,
Jesus mit der Geißel* auszupeitschen und zu
kreuzigen.

Die Soldaten verspotten Jesus

(Mt 27,27-31; Joh 19,2-3)

16 Die Soldaten brachten Jesus in den Innenhof
des Palastes, der dem Statthalter* als Amtssitz
diente,[a] und riefen die ganze Mannschaft zu-
sammen. 17 Sie hängten ihm einen purpurfarbe-
nen Mantel um, flochten eine Krone aus Dor-
nenzweigen und setzten sie ihm auf.

18 Dann fingen sie an, ihn zu grüßen: »Hoch
lebe der König der Juden!« 19 Sie schlugen ihn
mit einem Stock auf den Kopf, spuckten ihn an,
knieten vor ihm nieder und huldigten ihm wie
einem König.

20 Nachdem sie so ihren Spott mit ihm getrie-
ben hatten, nahmen sie ihm den Mantel wieder
ab, zogen ihm seine eigenen Kleider wieder an
und führten ihn hinaus, um ihn ans Kreuz* zu
nageln.

Jesus am Kreuz

(Mt 27,32-44; Lk 23,26-43; Joh 19,17-27)

21 Sie zwangen einen Mann, der gerade vorbei-
ging, für Jesus das Kreuz* zu tragen. Es war
Simon aus Zyrene, der Vater von Alexander und
Rufus, der gerade vom Feld in die Stadt zurück-
kam.

22 Sie brachten Jesus an die Stelle, die Golgota
heißt, das bedeutet übersetzt »Schädelplatz«.
23 Dort wollten sie ihm Wein mit einem betäu-
benden Zusatz zu trinken geben; aber Jesus
nahm nichts davon.

24 Sie nagelten ihn ans Kreuz und verteilten
dann untereinander seine Kleider. Durch das Los
bestimmten sie, was jeder bekommen sollte.
25 Es war neun Uhr morgens, als sie ihn kreuzig-
ten. 26 Als Grund für seine Hinrichtung hatte
man auf ein Schild geschrieben: »Der König der
Juden!«

27 Zugleich mit Jesus kreuzigten sie zwei Ver-
brecher, einen links und einen rechts von ihm.[b]

29 Die Leute, die vorbeikamen, schüttelten
den Kopf und verhöhnten Jesus: »Ha! Du woll-
test den Tempel niederreißen und in drei Tagen
einen neuen bauen! 30 Dann befreie dich doch
und komm herunter vom Kreuz!«

31 Genauso machten sich die führenden Pries-
ter* und die Gesetzeslehrer* über ihn lustig.
»Anderen hat er geholfen«, spotteten sie, »aber
sich selbst kann er nicht helfen! 32 Wenn er der
versprochene Retter[c] ist, der König von Israel,
dann soll er doch jetzt vom Kreuz herunterkom-
men! Wenn wir das sehen, werden wir ihm glau-
ben.«

Auch die beiden, die mit ihm gekreuzigt wa-
ren, beschimpften ihn.

Jesus stirbt

(Mt 27,45-56; Lk 23,44-49; Joh 19,28-30)

33 Um zwölf Uhr mittags verfinsterte sich der
Himmel über dem ganzen Land. Das dauerte bis
um drei Uhr. 34 Gegen drei Uhr schrie Jesus:
»Eloï, eloï, lema sabachtani?« – das heißt über-
setzt: »Mein Gott, mein Gott, warum hast du
mich verlassen?«

35 Einige von denen, die dabeistanden und es
hörten, sagten: »Der ruft nach Elija!« 36 Einer
holte schnell einen Schwamm, tauchte ihn in
Essig*, steckte ihn auf eine Stange und wollte
Jesus trinken lassen. Dabei sagte er: »Lasst mich
machen! Wir wollen doch sehen, ob Elija kommt
und ihn herunterholt.«

37 Aber Jesus schrie laut auf und starb.

38 Da zerriss der Vorhang* vor dem Aller-

a Wörtlich *in den Hof, das ist das Prätorium**.
b Einige Handschriften fügen hinzu (Vers 28): *So ging in Erfüllung, was in den Heiligen Schriften* vorausgesagt war: »Er wurde unter die Verbrecher gezählt«* (vgl. Lk 22,37 und Jes 53,12).
c Wörtlich *der Christus**.

15,9 Mt 27,11 S **15,17** Lk 23,11 **15,18** Mt 27,11 S **15,19** 14,65 S **15,21** Röm 16,13 **15,24** Ps 22,19 **15,26** Mt 27,11 S **15,27** Jes 53,12 **15,29-32** Ps 22,8; 109,25 **15,29** Joh 2,19 S **15,33** Am 8,9 **15,34** *zit* Ps 22,2 **15,36** Ps 69,22 **15,38** Ex 26,31-33; 2 Chr 3,14; Hebr 10,19-20

heiligsten im Tempel von oben bis unten. 39 Der
römische Hauptmann aber, der dem Kreuz*
gegenüberstand und miterlebte, wie Jesus auf-
schrie und starb, sagte: »Dieser Mensch war
wirklich Gottes Sohn*!«

40 Auch einige Frauen waren da, die alles aus
der Ferne beobachteten, unter ihnen Maria aus
Magdala und Maria, die Mutter von Jakobus
dem Jüngeren und von Joses, sowie Salome.
41 Schon während seines Wirkens in Galiläa*
waren sie Jesus gefolgt und hatten für ihn ge-
sorgt. Außer ihnen waren noch viele andere
Frauen da, die mit Jesus nach Jerusalem gekom-
men waren.

Jesus wird ins Grab gelegt

(Mt 27,57-61; Lk 23,50-56; Joh 19,38-42)

42 Weil es ein Freitag war, der Vorbereitungstag
für den Sabbat*, und weil es schon Abend wur-
de, 43 wagte Josef von Arimathäa, zu Pilatus zu
gehen und ihn um den Leichnam von Jesus zu
bitten. Josef war ein hoch geachtetes Ratsmit-
glied* und einer von denen, die auch darauf
warteten, dass Gott seine Herrschaft* aufrichte.

44 Pilatus war erstaunt zu hören, dass Jesus
schon gestorben sei. Er ließ sich daher von dem
Hauptmann Bericht erstatten und fragte ihn, ob
es sich so verhalte. 45 Als der Hauptmann es ihm
bestätigte, überließ er Josef den Leichnam.

46 Josef kaufte ein Leinentuch, nahm Jesus
vom Kreuz und wickelte ihn in das Tuch. Dann
legte er ihn in ein Grab, das in einen Felsen ge-
hauen war, und rollte einen Stein vor den Grab-
eingang.

47 Maria aus Magdala und Maria, die Mutter
von Joses, sahen sich genau an, wo Jesus bestat-
tet worden war.

Die Frauen am leeren Grab

(Mt 28,1-8; Lk 24,1-12; Joh 20,1-13)

16 Am Abend, als der Sabbat* vorbei war,
kauften Maria aus Magdala und Maria,
die Mutter von Jakobus, und Salome wohlrie-
chende Öle, um den Toten damit zu salben.
2 Ganz früh am Sonntagmorgen*, als die Sonne
gerade aufging, kamen sie zum Grab.

3 Unterwegs hatten sie noch zueinander ge-
sagt: »Wer wird uns den Stein vom Grabeingang
wegrollen?« 4 Denn der Stein war sehr groß.
Aber als sie hinsahen, bemerkten sie, dass er
schon weggerollt worden war.

5 Sie gingen in die Grabkammer hinein und
sahen dort auf der rechten Seite einen jungen
Mann in einem weißen Gewand sitzen.[a]

Sie erschraken sehr. 6 Er aber sagte zu ihnen:
»Habt keine Angst! Ihr sucht Jesus aus Nazaret,
der ans Kreuz* genagelt wurde. Er ist nicht hier;
Gott hat ihn vom Tod auferweckt! Hier seht ihr
die Stelle, wo sie ihn hingelegt hatten. 7 Und nun
geht und sagt seinen Jüngern*, vor allem Petrus:
›Er geht euch nach Galiläa* voraus. Dort werdet
ihr ihn sehen, genau wie er es euch gesagt hat.‹«

8 Da verließen die Frauen die Grabkammer
und flohen. Sie zitterten vor Entsetzen und sag-
ten niemand ein Wort. Solche Angst hatten sie.

Die Erscheinungen des Auferstandenen[b]

9 Nachdem Jesus früh am Sonntag* auferstanden
war, zeigte er sich zuerst Maria aus Magdala, die
er von sieben bösen Geistern* befreit hatte.
10 Sie ging und berichtete es denen, die früher
mit Jesus zusammen gewesen waren und die
jetzt trauerten und weinten. 11 Als sie hörten,
dass Jesus lebe und Maria ihn gesehen habe,
glaubten sie es nicht.

12 Danach zeigte sich Jesus in fremder Gestalt
zwei von ihnen, die zu einem Ort auf dem Land
unterwegs waren. 13 Sie kehrten um und erzähl-
ten es den anderen, aber die glaubten ihnen
auch nicht.

14 Schließlich zeigte sich Jesus den Elf, wäh-
rend sie beim Essen waren. Er machte ihnen Vor-
würfe, weil sie gezweifelt hatten und denen
nicht glauben wollten, die ihn nach seiner Auf-
erstehung gesehen hatten.

15 Dann sagte er zu ihnen: »Geht in die ganze
Welt und verkündet die Gute Nachricht* allen
Menschen![c] 16 Wer zum Glauben* kommt und
sich taufen* lässt, wird gerettet. Wer nicht
glaubt, den wird Gott verurteilen.

17 Die Glaubenden aber werden an folgenden
Zeichen zu erkennen sein: In meinem Namen

a Nach jüdischer Ausdrucksweise handelt es sich um einen Engel; vgl. Tob 5,4-5; 2Makk 3,26.33; Apg 1,10; 10,30.
b Der Abschnitt Verse 9-20 fehlt in den ältesten und wichtigsten Handschriften. In einigen anderen Handschriften findet sich vor ihm oder an seiner Stelle folgender Text, der den Bericht Mk 16,1-8 zu Ende führt: *Alles, was ihnen aufgetragen worden war, verkündeten die Frauen unverzüglich Petrus und den anderen Jüngern um ihn. Danach sandte Jesus selbst durch Petrus und die anderen die heilige und für immer gültige Botschaft von der ewigen Rettung in die ganze Welt hinaus, von dort, wo die Sonne aufgeht, bis dorthin, wo sie versinkt. Amen.*
c *allen Menschen:* wörtlich *jedem Geschöpf* oder *der ganzen Schöpfung.* Nach jüdischem Sprachgebrauch ist damit die Menschenwelt gemeint. Dafür spricht auch der folgende Vers.

15,39 1,1 S; 1,11 S; Mt 27,11 S **15,40-41** Lk 8,2-3 S **16,6** 8,31 S **16,7** 14,28 par **16,9-10** Joh 20,14-18 **16,10-11** Lk 24,9-11 **16,12-13** Lk 24,13-35 **16,14-16** Lk 24,36-49; Joh 20,19-23 **16,15-16** Mt 28,19 **16,16** Apg 2,38 **16,17** (böse Geister) Apg 8,7; 16,18; (Sprachen) Apg 2,4; 10,46; 19,6; 1 Kor 12,10; 14,1-40

werden sie böse Geister* austreiben und in un-
bekannten Sprachen* reden. 18 Wenn sie Schlan-
gen anfassen oder Gift trinken, wird ihnen das
nicht schaden, und Kranke, denen sie die Hände
auflegen, werden gesund.«
19 Nachdem Jesus, der Herr, ihnen dies gesagt
hatte, wurde er in den Himmel aufgenommen
und setzte sich an die rechte Seite Gottes. 20 Die
Jünger aber gingen und verkündeten überall die
Gute Nachricht. Der Herr half ihnen dabei und
bekräftigte die Botschaft durch die Wunder, die
er geschehen ließ.

16,18 (Schlangen) Lk 10,19; Apg 28,5; Ps 91,13; (Kranke) Apg 4,30; 5,16; 8,7; Jak 5,14-15 **16,19** Lk 24,50-51; Apg 1,9; Mk 12,36S **16,20** Hebr 2,4

DIE GUTE NACHRICHT NACH LUKAS
(Lukas-Evangelium)

Inhaltsübersicht

VORWORT (1,1-4)

Lukas schreibt an Theophilus

1 Schon viele haben versucht, die Ereignisse
zusammenhängend darzustellen, die Gott
unter uns geschehen ließ und mit denen er seine
Zusagen eingelöst hat.
2 Diese Ereignisse sind uns überliefert in den
Berichten der Augenzeugen, die von Anfang an
alles miterlebt hatten und die den Auftrag erhiel-
ten, die Botschaft Gottes weiterzugeben.
3 So habe auch ich mich dazu entschlossen,
all diesen Überlieferungen bis hin zu den ersten
Anfängen sorgfältig nachzugehen und sie für
dich, verehrter Theophilus, in der rechten Ord-
nung und Abfolge niederzuschreiben.
4 Du sollst dadurch die Zuverlässigkeit der
Lehre erkennen, in der du unterwiesen wurdest.

GEBURT UND KINDHEIT VON JOHANNES DEM TÄUFER UND JESUS (1,5–2,52)

Die Geburt des Täufers Johannes wird angekündigt

5 Zu der Zeit, als König Herodes* über das jüdi-
sche Land herrschte, lebte ein Priester* namens
Zacharias, der zur Priestergruppe Abija gehörte.
Auch seine Frau stammte aus einer Priesterfami-
lie; sie hieß Elisabet. 6 Beide führten ein Leben,
das Gott gefiel; sie richteten sich in allem nach
den Geboten und Anweisungen des Herrn. 7 Sie
waren aber kinderlos, denn Elisabet konnte
keine Kinder bekommen; außerdem waren sie
auch schon sehr alt.
8 Einmal hatte Zacharias wieder Dienst am
Tempel* in Jerusalem, weil die Priestergruppe,
zu der er gehörte, gerade an der Reihe war. 9 Es
war unter den Priestern üblich, die einzelnen
Dienste durch das Los* zu verteilen. An einem
bestimmten Tag fiel Zacharias die Aufgabe zu,
das Räucheropfer* darzubringen. So ging er in
das Innere des Tempels, 10 während das ganze
versammelte Volk draußen betete.
11 Da erschien ihm plötzlich der Engel* des
Herrn. Der Engel stand an der rechten Seite des
Altars, auf dem der Weihrauch verbrannt wurde.
12 Als Zacharias ihn sah, erschrak er und bekam
große Angst. 13 Aber der Engel sagte zu ihm:
»Hab keine Angst, Zacharias! Gott hat dein
Gebet erhört. Deine Frau Elisabet wird dir einen
Sohn gebären, den sollst du Johannes nennen.
14 Dann wirst du voll Freude und Jubel sein,
und noch viele andere werden sich freuen über
seine Geburt. 15 Denn er ist vom Herrn zu gro-
ßen Taten berufen.
Als Gottgeweihter* wird er keinen Wein und
auch sonst keinen Alkohol trinken. Schon im
Mutterleib wird der Geist* Gottes ihn erfüllen,
16 und er wird viele aus dem Volk Israel zum
Herrn, ihrem Gott, zurückführen.
17 Er wird dem Herrn als Bote vorausgehen,
im gleichen Geist und mit der gleichen Kraft
wie der Prophet Elija. Seine Aufgabe wird es sein,
das Herz der Eltern den Kindern zuzuwenden
und alle Ungehorsamen auf den rechten Weg zu-
rückzubringen. So wird er dem Herrn ein Volk
zuführen, das auf sein Kommen vorbereitet ist.«
18 Zacharias sagte zu dem Engel: »Woran soll
ich erkennen, dass es wirklich so kommen wird?
Ich bin doch ein alter Mann, und meine Frau ist
auch schon in vorgeschrittenen Jahren.«

1,3 Apg 1,1 **1,5** 1 Chr 24,7-18 Nr. 8 **1,7** Gen 25,21 S **1,8** 1 Chr 24,19 **1,9** Ex 30,7-8 **1,11-17** Ri 13,3-5 **1,12** 1,29; 2,9; Ri 6,22; 13,22; Dan 8,17 S **1,13** 1,30; 2,10; Ri 6,23; Dan 10,12.19 **1,15** Num 6,3-4 S; Lk 7,33; 1,35 **1,17** Mal 3,1.23-24; Mt 17,10-11 S; 11,14 S **1,18** Gen 17,17; 18,11-12; Lk 1,34

19 Der Engel antwortete: »Ich bin Gabriel*,
der vor Gottes Thron steht.[a] Gott hat mich zu
dir gesandt, um dir diese gute Nachricht zu
bringen. 20 Was ich gesagt habe, wird zur gege-
benen Zeit eintreffen. Aber weil du mir nicht
geglaubt hast, wirst du so lange stumm sein und
nicht mehr sprechen können, bis es eingetroffen
ist.«

21 Das Volk wartete draußen auf Zacharias
und wunderte sich, dass er so lange im Tempel
blieb. 22 Als er schließlich herauskam, konnte er
nicht zu ihnen sprechen. Da merkten sie, dass er
im Tempel eine Erscheinung gehabt hatte. Er gab
ihnen Zeichen mit der Hand und blieb auch wei-
terhin stumm.

23 Als seine Dienstwoche im Tempel beendet
war, ging Zacharias nach Hause. 24 Bald darauf
wurde seine Frau Elisabet schwanger und zog
sich fünf Monate lang völlig zurück. Sie sagte:
25 »Das hat der Herr an mir getan! Wegen meiner
Kinderlosigkeit haben mich die Leute verachtet;
aber er hat sich um mich gekümmert und die
Schande von mir genommen.«[b]

Die Geburt des Retters Jesus wird angekündigt

26 Als Elisabet im sechsten Monat war, sandte
Gott den Engel Gabriel* nach Nazaret in Gali-
läa* 27 zu einem jungen Mädchen mit Namen
Maria. Sie war noch unberührt[c] und war ver-
lobt* mit einem Mann namens Josef, einem
Nachkommen Davids.

28 Der Engel kam zu ihr und sagte: »Sei
gegrüßt, Maria, der Herr ist mit dir; er hat dich
zu Großem ausersehen!«

29 Maria erschrak über diesen Gruß und
überlegte, was er bedeuten sollte.

30 Da sagte der Engel zu ihr: »Hab keine Angst,
du hast Gnade bei Gott gefunden! 31 Du wirst
schwanger werden und einen Sohn gebären.
Dem sollst du den Namen Jesus* geben. 32 Er wird
groß sein und wird ›Sohn des Höchsten‹ genannt
werden. Gott, der Herr, wird ihn auf den Thron
seines Ahnherrn David erheben, 33 und er wird
für immer über die Nachkommen Jakobs regie-
ren. Seine Herrschaft wird nie zu Ende gehen.«

34 Maria fragte den Engel: »Wie soll das zuge-
hen? Ich bin doch mit keinem Mann zusam-
men!«

35 Er antwortete: »Gottes Geist* wird über
dich kommen, seine Kraft wird das Wunder voll-
bringen. Deshalb wird auch das Kind, das du zur
Welt bringst, heilig und Sohn* Gottes genannt
werden.

36 Auch Elisabet, deine Verwandte, bekommt
einen Sohn – trotz ihres Alters. Sie ist bereits im
sechsten Monat, und es hieß doch von ihr, sie
könne keine Kinder bekommen. 37 Für Gott ist
nichts unmöglich.«

38 Da sagte Maria: »Ich gehöre dem Herrn,
ich bin bereit.[d] Es soll an mir geschehen, was du
gesagt hast.«

Darauf verließ sie der Engel.

Maria besucht Elisabet

39 Bald danach machte sich Maria auf den Weg
und eilte zu einer Stadt im Bergland von Judäa.
40 Dort ging sie in das Haus von Zacharias und
begrüßte Elisabet.

41 Als Elisabet ihren Gruß hörte, hüpfte das
Kind in ihrem Leib. Da wurde sie vom Geist*
Gottes erfüllt 42 und rief laut:

»Gesegnet bist du von Gott, auserwählt unter
allen Frauen, und gesegnet ist die Frucht deines
Leibes! 43 Wie komme ich zu der Ehre, dass die
Mutter meines Herrn mich besucht? 44 Ja, das
bist du; denn[e] in dem Augenblick, als dein Gruß
an mein Ohr drang, machte das Kind einen Freu-
densprung in meinem Leib. 45 Du darfst dich
freuen, denn du hast geglaubt, dass sich erfüllen
wird, was der Herr dir ankündigen ließ.«

Maria preist Gott (Der Lobgesang Marias: Magnificat)

46 Maria aber sprach:

»Mein Herz preist den Herrn,
47 alles in mir jubelt vor Freude
über Gott, meinen Retter!
48 Ich bin nur seine geringste Dienerin,
und doch hat er sich mir zugewandt.
Jetzt werden die Menschen mich glücklich
preisen
in allen kommenden Generationen;

a Er ist einer der sieben »Thronengel«; vgl. Tob 12,15; Offb 8,2.
b Zur Kinderlosigkeit als »Schande« vgl. Gen 16,5; 30,1; 1 Sam 1,6.11. *c* Wörtlich *zu einer Jungfrau (die war verlobt)*; ebenso steht *Jungfrau* für *junges Mädchen* am Versende. Hier wird schon angespielt auf Jes 7,14 in der Fassung der griechischen Übersetzung, also auf das Prophetenwort, das hinter Vers 31 steht (vgl. Mt 1,22-23).
d Wörtlich *Siehe (ich bin) die Sklavin des Herrn.* *e Ja, das ...:* verdeutlichender Zusatz.

1,19 Dan 8,16 S **1,24** Gen 21,1-2; Ri 13,24; 1 Sam 1,19-20 **1,25** Gen 21,6-7; 30,23 **1,26** Dan 8,16 S **1,27** Mt 1,16 **1,28** Ri 6,12; Rut 2,4 **1,29** 1,12 S **1,30** 1,13 S **1,31** Gen 16,11; 17,19; Ri 13,3; Jes 7,14; Mt 1,21 S; Lk 2,21; 1,59 **1,32** Jes 9,6; 2 Sam 7,16; Mt 20,30-31 S **1,33** Dan 2,44 S **1,34** 1,18 S **1,35** Mt 1,18; Lk 4,18 S **1,37** Ijob 42,2 S **1,45** Gen 15,6 **1,46-55** 1 Sam 2,1-10 **1,47** Hab 3,18; Jes 43,3 S

49 denn Gott hat Großes an mir getan,
er, der mächtig und heilig ist.
50 Sein Erbarmen hört niemals auf;
er schenkt es allen, die ihn ehren,
von einer Generation zur andern.

51 Jetzt hebt er seinen gewaltigen Arm
und fegt die Stolzen weg samt ihren Plänen.
52 Jetzt stürzt er die Mächtigen vom Thron
und richtet die Unterdrückten auf.
53 Den Hungernden gibt er reichlich zu essen
und schickt die Reichen mit leeren Händen fort.
54 Er hat an seinen Diener Israel gedacht
und sich über sein Volk erbarmt.
55 Wie er es unsern Vorfahren versprochen
hatte,
Abraham* und seinen Nachkommen
für alle Zeiten.«

56 Maria blieb etwa drei Monate bei Elisabet und
kehrte dann wieder nach Hause zurück.

Der Täufer Johannes wird geboren

57 Als für Elisabet die Zeit der Entbindung ge-
kommen war, gebar sie einen Sohn. 58 Die Nach-
barn und Nachbarinnen und die Verwandten
hörten es und freuten sich mit, dass Gott so
großes Erbarmen mit ihr gehabt hatte.
59 Als das Kind acht Tage alt war und beschnit-
ten* werden sollte, kamen sie alle dazu. Sie woll-
ten es nach seinem Vater Zacharias nennen.
60 Aber die Mutter sagte: »Nein, er soll Johan-
nes heißen!«
61 Sie wandten ein: »Warum denn? In deiner
ganzen Verwandtschaft gibt es keinen, der so
heißt.«
62 Sie fragten den Vater durch Zeichen, wie
der Sohn heißen solle. 63 Zacharias ließ sich eine
Schreibtafel geben und schrieb: »Er heißt Johan-
nes.« Und sie wunderten sich alle. 64 Im selben
Augenblick konnte Zacharias wieder sprechen,
und sofort fing er an, Gott zu preisen.
65 Da ergriff alle, die aus der Nachbarschaft
gekommen waren, ehrfürchtiges Staunen, und
im ganzen Bergland von Judäa* sprachen die
Leute über das, was geschehen war. 66 Alle, die
davon hörten, dachten darüber nach und fragten
sich: »Was wird aus dem Kind einmal werden?«
Denn es war offensichtlich, dass der Herr etwas
Besonderes mit Johannes vorhatte.

Dank für die bevorstehende Rettung. Vorblick auf den Auftrag von Johannes (Der Lobgesang von Zacharias: Benedictus)

67 Erfüllt vom Geist* Gottes sprach der Vater des
Kindes prophetische Worte:

68 »Gepriesen sei der Herr, der Gott Israels;
denn er ist uns zu Hilfe gekommen
und hat sein Volk befreit!
69 Einen starken Retter hat er uns gesandt,
einen Nachkommen seines Dieners David*!

70 So hat er es durch seine heiligen Propheten*
schon seit langem angekündigt:
71 Er wollte uns retten vor unseren Feinden,
aus der Gewalt all derer, die uns hassen.
72 Er wollte unseren Vorfahren Erbarmen
erweisen
und die Zusagen seines heiligen Bundes*
nicht vergessen,
den er mit ihnen geschlossen hatte.
73 Schon unserem Ahnvater Abraham*
hat er mit einem Eid versprochen,
74–75 uns aus der Macht der Feinde zu befreien,
damit wir keine Furcht mehr haben müssen
und unser Leben lang ihm dienen können
als Menschen, die ganz ihrem Gott gehören
und tun, was er von ihnen verlangt.

76 Und du, mein Kind –
ein Prophet des Höchsten wirst du sein;
du wirst dem Herrn vorausgehen,
um den Weg für ihn zu bahnen.
77 Du wirst dem Volk des Herrn verkünden,
dass nun die versprochene Rettung kommt,
weil Gott ihnen ihre Schuld vergeben will.

78 Unser Gott ist voll Liebe und Erbarmen;
er schickt uns den Retter,
das Licht, das von oben kommt.
79 Dieses Licht leuchtet allen, die im Dunkeln
sind,
die im finsteren Land des Todes leben;
es wird uns führen und leiten,
dass wir den Weg des Friedens* finden.«

Das Leben des Täufers Johannes bis zu seinem Auftreten

80 Johannes wuchs heran und nahm zu an Ver-
stand. Später zog er sich in die Wüste zurück bis
zu dem Tag, an dem er unter dem Volk Israel
offen mit seinem Auftrag hervortreten sollte.

1,50 Ps 103,8.17 **1,51** Dtn 5,15; 26,8 **1,52** Ps 75,8S; Mt 23,12S; Jak 4,6.10 **1,53** Ps 107,9; 34,11; Lk 6,21 **1,54-55** Mi 7,20S; Ps 98,3; Gen 17,7 **1,59** Gen 17,12-13 **1,60.63** 1,13 **1,64** 1,20 **1,68** Ps 41,14; 72,18; 111,9; Lk 4,18-21; 7,16; 19,44 **1,69** Ps 132,17; Mt 20,30-31S **1,70** Röm 1,2; Jes 9,1-6; Mi 5,1-3 **1,71** Ps 106,10 **1,72** Ps 106,45; 105,8-9; Lev 26,42 **1,73** Gen 22,16-18; Mi 7,20 **1,74-75** Tit 2,12.14 **1,76** Mal 3,1; Mt 11,10 par; Mk 1,2 par **1,77** Jer 31,34S **1,78** Ex 34,6S; Mal 3,20S **1,79** Jes 9,1.5; 42,6-7; Mt 4,16; (Frieden) Lk 2,14S **1,80** Ri 13,24-25; 1Sam 2,26; Lk 2,40.52

Jesus, der Retter, wird geboren …

2 Zu jener Zeit ordnete Kaiser Augustus* an,
dass alle Menschen in seinem Reich gezählt
und für die Steuer erfasst werden sollten. 2 Diese
Zählung war die erste und wurde durchgeführt,
als Quirinius* Statthalter der Provinz Syrien war.
3 Und alle gingen hin, um sich einschreiben zu
lassen, jeder in die Heimatstadt seiner Vorfahren.
4 Auch Josef machte sich auf den Weg. Aus
Galiläa*, aus der Stadt Nazaret, ging er nach
Judäa* in die Stadt Davids, nach Betlehem. Denn
er stammte aus der Familie von König David.
5 Dorthin ging er, um sich einschreiben zu las-
sen, zusammen mit Maria, seiner Verlobten*;
die war schwanger.
6 Während sie dort waren, kam für Maria die
Zeit der Entbindung. 7 Sie gebar ihren Sohn, den
Erstgeborenen, wickelte ihn in Windeln und
legte ihn in eine Futterkrippe im Stall. Denn in
der Herberge hatten sie keinen Platz gefunden.

… von Engeln verkündet …

8 In jener Gegend waren Hirten auf freiem Feld,
die hielten Wache bei ihren Herden in der
Nacht. 9 Da trat der Engel* des Herrn zu ihnen,
und die Herrlichkeit* des Herrn umstrahlte sie,
und sie fürchteten sich sehr.
10 Aber der Engel sagte zu ihnen: »Habt keine
Angst! Ich habe eine große Freudenbotschaft für
euch und für das ganze Volk. 11 Heute ist euch
der Retter geboren worden, in der Stadt Davids:
Christus*, der Herr! 12 Und dies ist das Zeichen,
an dem ihr ihn erkennt: Ihr werdet ein neuge-
borenes Kind finden, das liegt in Windeln ge-
wickelt in einer Futterkrippe.«
13 Und plötzlich war bei dem Engel ein ganzes
Heer von Engeln, all die vielen, die im Himmel
Gott dienen; die priesen Gott und riefen:

14 »Groß ist von jetzt an Gottes Herrlichkeit
im Himmel;
denn sein Frieden* ist herabgekommen
auf die Erde zu den Menschen,
die er erwählt hat und liebt!«[a]

… von Hirten bekannt gemacht

15 Als die Engel in den Himmel zurückgekehrt
waren, sagten die Hirten zueinander: »Kommt,
wir gehen nach Betlehem und sehen uns an, was
da geschehen ist, was Gott uns bekannt gemacht
hat!«
16 Sie liefen hin, kamen zum Stall und fanden
Maria und Josef und bei ihnen das Kind in der
Futterkrippe. 17 Als sie es sahen, berichteten sie,
was ihnen der Engel von diesem Kind gesagt
hatte. 18 Und alle, die dabei waren, staunten über
das, was ihnen die Hirten erzählten. 19 Maria
aber bewahrte all das Gehörte in ihrem Herzen
und dachte viel darüber nach.
20 Die Hirten kehrten zu ihren Herden zurück
und priesen Gott und dankten ihm für das, was
sie gehört und gesehen hatten. Es war alles
genauso gewesen, wie der Engel es ihnen ver-
kündet hatte.

Jesus erhält seinen Namen und wird im Tempel Gott geweiht

21 Nach acht Tagen war es Zeit, das Kind be-
schneiden* zu lassen. Es bekam den Namen
Jesus* – so wie es der Engel des Herrn angeord-
net hatte, noch ehe Maria das Kind empfing.
22 Vierzig Tage nach der Geburt war die Zeit der
Unreinheit* für Mutter und Kind vorüber, die im
Gesetz* Moses festgelegt ist. Da brachten die
Eltern das Kind in den Tempel nach Jerusalem, um
es Gott zu weihen*. 23 Denn im Gesetz Gottes
heißt es: »Wenn das erste Kind, das eine Frau zur
Welt bringt, ein Sohn ist, soll es dem Herrn ge-
hören.«
24 Zugleich brachten sie das Reinigungsopfer*,
wie es im Gesetz des Herrn vorgeschrieben ist:
ein Paar Turteltauben oder zwei junge Tauben.

Simeon und Hanna erkennen den Retter und machen ihn bekannt (Der Lobgesang Simeons: Nunc dimittis)

25 Damals lebte in Jerusalem ein Mann namens
Simeon. Er war fromm, hielt sich treu an Gottes
Gesetz* und wartete auf die Rettung Israels. Er
war vom Geist* Gottes erfüllt, 26 und der hatte
ihm die Gewissheit gegeben, er werde nicht
sterben, bevor er den von Gott versprochenen
Retter[b] mit eigenen Augen gesehen habe.
27 Simeon folgte einer Eingebung des Heiligen
Geistes und ging in den Tempel*. Als die Eltern
das Kind Jesus dorthin brachten und es Gott wei-
hen wollten, wie es nach dem Gesetz üblich

a *denn sein Frieden …:* wörtlich *auf der Erde Frieden den Menschen des Wohlgefallens.* Die Ausleger sind sich einig, dass hier das Wohlgefallen Gottes gemeint ist, d. h. seine erwählende Liebe. Die lateinische Bibel (Vulgata) bietet die sklavisch-genaue, jedoch missverständliche und oft missverstandene Übersetzung *den Menschen des guten Willens.* – Luther übersetzte nach anderer griechischer Überlieferung *(und) den Menschen ein Wohlgefallen.*
b Wörtlich *den Christus* des Herrn.*

2,4-7 Mt 2,1; Joh 7,42 **2,9** 1,12 S **2,10** 1,13 S **2,11** (Davids) Mt 20,30-31 S; (Retter) Lk 22,67 S; Apg 5,31; 13,23; Joh 4,42; 1 Joh 4,14; 2 Petr 1,11 S **2,14** (jetzt) Offb 11,17; 12,10; 19,6; (Frieden) Jes 57,19; Lk 1,79; 10,5-6 par; 12,51 par; 19,38.42; 24,36; Apg 10,36 S; Mk 9,50 S; Joh 14,27 S **2,19** 2,51 **2,21** 1,31 S **2,22-24** Lev 12,1-4.7-8 **2,23** *nach* Ex 13,2 **2,25** 1,6 **2,26** 2,11 S

war, 28 nahm Simeon das Kind auf die Arme,
pries Gott und sagte:

29 »Herr, nun kann ich in Frieden sterben,
denn du hast dein Versprechen eingelöst!
30–31 Mit eigenen Augen habe ich es gesehen:
Du hast dein rettendes Werk begonnen,
und alle Welt wird es erfahren.
32 Allen Völkern sendest du das Licht,
und dein Volk Israel bringst du zu Ehren.«

33 Der Vater von Jesus und seine Mutter wunder-
ten sich über das, was Simeon von dem Kind
sagte. 34–35 Simeon segnete sie und sagte zur
Mutter Maria: »Dieses Kind ist von Gott dazu
bestimmt, viele in Israel zu Fall zu bringen und
viele aufzurichten. Es wird ein Zeichen Gottes
sein, gegen das sich viele auflehnen werden. So
sollen ihre innersten Gedanken an den Tag kom-
men. Du aber wirst um dieses Kind viele Schmer-
zen leiden müssen; wie ein scharfes Schwert
werden sie dir ins Herz schneiden.«

36 In Jerusalem lebte auch eine Prophetin*
namens Hanna, eine Tochter Penuëls aus dem
Stamm Ascher. Sie war schon sehr alt. Sieben
Jahre war sie verheiratet gewesen, 37 und seit
vierundachtzig Jahren war sie Witwe. Sie verließ
den Tempel nicht mehr und diente Gott Tag und
Nacht mit Fasten und Beten. 38 Auch sie kam
jetzt hinzu und pries Gott. Sie sprach über das
Kind zu allen, die auf die Rettung Jerusalems
warteten.

Dic Rückkehr nach Nazaret

39 Als Maria und Josef alles getan hatten, was das
Gesetz* des Herrn vorschreibt, kehrten sie mit
Jesus nach Galiläa* in ihre Heimatstadt Nazaret
zurück. 40 Das Kind wuchs heran und wurde
kräftig. Es hatte ein ungewöhnliches Verständnis
für den Willen Gottes, und Gottes Liebe ruhte
sichtbar auf ihm.

Gottes Sohn, der kommende Lehrer Israels (Der zwölfjährige Jesus im Tempel)

41 Die Eltern von Jesus gingen jedes Jahr zum
Passafest* nach Jerusalem. 42 Als Jesus zwölf
Jahre alt war, nahmen sie ihn zum ersten Mal mit.
43 Nach den Festtagen machten die Eltern sich
wieder auf den Heimweg, während der junge
Jesus in Jerusalem blieb. Seine Eltern wussten
aber nichts davon. 44 Sie dachten, er sei irgend-
wo unter den Pilgern. Sie wanderten den ganzen
Tag und suchten ihn dann abends unter ihren
Verwandten und Bekannten. 45 Als sie ihn nicht
fanden, kehrten sie am folgenden Tag nach Jeru-
salem zurück und suchten ihn dort.
46 Endlich am dritten Tag entdeckten sie ihn
im Tempel*. Er saß mitten unter den Gesetzes-
lehrern*, hörte ihnen zu und diskutierte mit
ihnen. 47 Alle, die dabei waren, staunten über
sein Verständnis und seine Antworten.
48 Seine Eltern waren ganz außer sich, als sie
ihn hier fanden. Die Mutter sagte zu ihm: »Kind,
warum hast du uns das angetan? Dein Vater und
ich haben dich überall gesucht und große Angst
um dich ausgestanden.«
49 Jesus antwortete: »Warum habt ihr mich
denn gesucht? Habt ihr nicht gewusst, dass ich
im Haus meines Vaters[a] sein muss?«
50 Aber sie verstanden nicht, was er damit
meinte.
51 Jesus kehrte mit seinen Eltern nach Nazaret
zurück und gehorchte ihnen willig. Seine Mutter
aber bewahrte das alles in ihrem Herzen.
52 Jesus nahm weiter zu an Jahren wie an Ver-
ständnis, und Gott und die Menschen hatten
ihre Freude an ihm.

VORBEREITUNGEN FÜR DAS AUFTRETEN VON JESUS (3,1–4,13)

Johannes der Täufer* tritt auf

(Mt 3,1-6; Mk 1,2-6; Joh 1,19-23)

3 Es war im fünfzehnten Regierungsjahr des
Kaisers Tiberius. Pontius Pilatus war Statt-
halter* von Judäa, Herodes Antipas[b] regierte in
Galiläa, sein Bruder Philippus[c] in Ituräa und
Trachonitis, Lysanias regierte in Abilene. 2 Die
Obersten Priester* waren Hannas und Kajaphas.
Johannes, der Sohn von Zacharias, hielt sich
noch in der Wüste auf. Dort erging an ihn der
Ruf Gottes. 3 Da machte er sich auf, durchzog die
ganze Gegend am Jordan und verkündete:
»Kehrt um[d] und lasst euch taufen*, denn Gott
will euch eure Schuld vergeben!«
4 Schon im Buch des Propheten Jesaja steht:
»In der Wüste ruft einer: ›Macht den Weg bereit,
auf dem der Herr kommt! Ebnet ihm die Straßen!

a Wörtlich *in dem (, was) meines Vaters (ist).* b Wörtlich *Herodes;* siehe Sacherklärung »Herodes (3)«.
c Siehe Sacherklärung »Herodes (4)«. d Siehe Sacherklärung »Umkehr«.

2,30-31 Jes 52,10; Lk 10,23-24 **2,32** Jes 49,6 S; 46,13 **2,33** Jes 8,14-15; 28,16; 1 Petr 2,8 **2,34** Röm 9,33 S **2,35** Joh 19,25 **2,37** 1 Tim 5,5; Mt 6,16-17 S **2,38** 2,25; 23,51; 24,21 **2,40** 1,80 S **2,41** Ex 12,1-14 S; 12,15-20 S **2,49** Joh 2,16 **2,51** Phil 2,6-8; Hebr 5,8; Eph 6,1; Kol 3,20; Lk 2,19 **2,52** 1,80 S **3,2** 1,80 **3,3** Apg 13,24; 19,4; Lk 24,47 **3,4-6** *nach* Jes 40,3-5

5 Füllt alle Täler auf, tragt Berge und Hügel ab, beseitigt die Windungen und räumt die Hindernisse aus dem Weg! 6 Dann wird alle Welt sehen, wie Gott die Rettung bringt.‹«

Der Täufer fordert radikale Umkehr

(Mt 3,7-10)

7 Die Menschen kamen in Scharen zu Johannes, um sich von ihm taufen* zu lassen. Er hielt ihnen vor: »Ihr Schlangenbrut, wer hat euch gesagt, dass ihr dem bevorstehenden Gericht Gottes entgeht? 8 Zeigt durch eure Taten, dass ihr es mit der Umkehr* ernst meint!

Ihr bildet euch ein, dass euch nichts geschehen kann, weil Abraham* euer Stammvater ist. Aber das sage ich euch: Gott kann Abraham aus diesen Steinen hier neue Nachkommen schaffen!

9 Die Axt ist auch schon angelegt, um die Bäume an der Wurzel abzuschlagen. Jeder Baum, der keine guten Früchte bringt, wird umgehauen und ins Feuer geworfen.«

10 Die Menschen fragten Johannes: »Was sollen wir denn tun?« 11 Seine Antwort war: »Wer zwei Hemden hat, soll dem eins geben, der keines hat. Und wer etwas zu essen hat, soll es mit jemand teilen, der hungert.«

12 Auch Zolleinnehmer* kamen und wollten sich taufen lassen; sie fragten ihn: »Lehrer*, was sollen wir tun?« 13 Seine Antwort war: »Verlangt nicht mehr, als festgesetzt ist!«

14 Auch Soldaten fragten ihn: »Was sollen denn *wir* tun?« Die Antwort war: »Beraubt und erpresst niemand, sondern gebt euch mit eurem Sold zufrieden!«

Der Täufer weist auf Christus hin

(Mt 3,11-12; Mk 1,7-8; Joh 1,25-28)

15 Das Volk war voll Erwartung und fragte sich, ob Johannes vielleicht der versprochene Retter[a] sei. 16 Da erklärte er allen:

»Ich taufe euch mit Wasser. Es kommt aber der, der mächtiger ist als ich. Ich bin nicht einmal gut genug, ihm die Schuhe aufzubinden. Er wird euch mit dem Heiligen Geist* und mit dem Feuer des Gerichts taufen.

17 Er hat die Worfschaufel* in seiner Hand, um die Spreu vom Weizen zu scheiden und den Weizen in seine Scheune zu bringen. Die Spreu wird er in einem Feuer verbrennen, das nie mehr ausgeht.«

18 Mit diesen und vielen anderen Worten rüttelte Johannes das Volk auf und verkündete ihm die Gute Nachricht* vom Kommen des versprochenen Retters.

Das Wirken des Täufers geht zu Ende

(Mt 14,3-4; Mk 6,17-18)

19 Johannes tadelte auch den Fürsten Herodes,[b] weil er Herodias, die Frau seines Bruders, geheiratet und auch sonst viel Unrecht getan hatte. 20 Deswegen ließ Herodes ihn ins Gefängnis werfen und lud zu allem anderen auch noch diese Schuld auf sich.

Jesus lässt sich taufen

(Mt 3,13-17; Mk 1,9-11; Joh 1,32-34)

21 Zusammen mit dem ganzen Volk hatte auch Jesus sich taufen* lassen. Gleich darauf, während er betete, öffnete sich der Himmel. 22 Der Heilige Geist* kam sichtbar auf ihn herab, anzusehen wie eine Taube. Und eine Stimme sagte vom Himmel her: »Du bist mein Sohn*, dir gilt meine Liebe, dich habe ich erwählt.«

Jesus – Ziel und Erfüllung der Geschichte Israels und der Menschheit

23 Als Jesus sein Werk begann, war er etwa dreißig Jahre alt. Er galt als Sohn Josefs.

Josef war ein Sohn Elis; 24 seine weiteren Vorfahren waren: Mattat, Levi, Melchi, Jannai, Josef,
25 Mattitja, Amos, Nahum, Hesli, Naggai,
26 Mahat, Mattitja,
Schimi, Josech, Joda, 27 Johanan, Resa, Serubbabel, Schealtiël,
Neri, 28 Melchi, Addi, Kosam, Elmadam, Er,
29 Joschua,
Eliëser, Jorim, Mattat, Levi, 30 Simeon, Juda, Josef,
Jonam, Eljakim, 31 Melea, Menna, Mattata, Natan, David,
32 Isai, Obed, Boas, Salmon, Nachschon,
33 Amminadab, Admin,
Arni, Hezron, Perez, Juda, 34 Jakob, Isaak, Abraham,
Terach, Nahor, 35 Serug, Regu, Peleg, Eber, Schelach,
36 Kenan, Arpachschad, Sem, Noach, Lamech,
37 Metuschelach, Henoch,

a Wörtlich *der Christus**. b Siehe Sacherklärung »Herodes (3)«.

3,7 Mt 3,7 S; Lk 21,5-36 **3,8** Mt 3,9 S **3,9** Mt 7,19 **3,16** (Geist) Ps 51,9.12-14 S; Apg 1,5; 11,16; 19,2-4; 13,25; Lk 4,18 S **3,19-20** Mk 6,17-18 par **3,21** 5,16 S; Mt 3,16 S **3,22** 4,18 S; Mt 3,17 S **3,23** Gen 41,46; 2 Sam 5,4; Num 4,3 **3,27** 1 Chr 3,17; Esra 3,2 **3,31-33** Rut 4,18-22; 1 Chr 2,1-14 **3,31** (Natan) 2 Sam 5,14 **3,33-38** Gen 29,35; 25,19-26; 11,10-20; 5,1-32

Jered, Mahalalel, Kenan, 38 Enosch, Set, Adam – und Adam stammte von Gott.[a]

Jesus wird auf die Probe gestellt

(Mt 4,1-11; Mk 1,12-13)

4 1-2 Vom Heiligen Geist* erfüllt, ging Jesus vom Jordan weg. Vierzig Tage lang wurde er vom Geist in der Wüste umhergetrieben und vom Teufel auf die Probe gestellt. Die ganze Zeit hindurch aß er nichts, sodass er schließlich sehr hungrig war.

3 Da sagte der Teufel zu ihm: »Wenn du Gottes Sohn* bist, dann befiehl doch diesem Stein hier, dass er zu Brot wird!«

4 Jesus antwortete: »In den Heiligen Schriften* steht: ›Der Mensch lebt nicht nur von Brot.‹«

5 Darauf führte ihn der Teufel hinauf und zeigte ihm auf einen Blick alle Reiche der Welt 6 und sagte: »Ich will dir die Macht über alle diese Reiche in ihrer ganzen Größe und Pracht geben. Sie ist mir übertragen worden und ich kann sie weitergeben, an wen ich will. 7 Alles soll dir gehören, wenn du dich vor mir niederwirfst und mich anbetest.«

8 Aber Jesus sagte: »In den Heiligen Schriften heißt es: ›Vor dem Herrn, deinem Gott, wirf dich nieder, ihn sollst du anbeten und niemand sonst!‹«

9 Dann führte ihn der Teufel nach Jerusalem, stellte ihn auf den höchsten Punkt des Tempels* und sagte: »Wenn du Gottes Sohn bist, dann spring doch hinunter; 10 denn in den Heiligen Schriften steht: ›Deinetwegen wird Gott seine Engel* schicken, dass sie dich beschützen.‹ 11 Und: ›Sie werden dich auf Händen tragen, damit du dich an keinem Stein stößt.‹«

12 Jesus antwortete ihm: »Es heißt in den Heiligen Schriften auch: ›Du sollst den Herrn, deinen Gott, nicht herausfordern.‹«

13 Als der Teufel mit all dem Jesus nicht zu Fall bringen konnte, ließ er ihn vorläufig in Ruhe.

JESUS IN GALILÄA (4,14–9,50)

Jesus beginnt sein Wirken in Galiläa

(Mt 4,12-17; Mk 1,14-15)

14 Erfüllt mit der Kraft des Heiligen Geistes* kehrte Jesus nach Galiläa* zurück. Die Kunde von ihm verbreitete sich in der ganzen Gegend. 15 Er lehrte in den Synagogen* und alle sprachen mit höchster Achtung von ihm.

Jesus wird in Nazaret abgelehnt

(Mt 13,53-58; Mk 6,1-6)

16 So kam Jesus auch nach Nazaret, wo er aufgewachsen war. Am Sabbat* ging er wie immer in die Synagoge*. Er stand auf, um aus den Heiligen Schriften* vorzulesen, 17 und der Synagogendiener reichte ihm die Buchrolle* mit den Worten des Propheten Jesaja. Jesus rollte sie auf und wählte die Stelle aus, an der es heißt:

18 »Der Geist* des Herrn hat von mir Besitz ergriffen, weil der Herr mich gesalbt* und bevollmächtigt hat. Er hat mich gesandt, den Armen gute Nachricht* zu bringen, den Gefangenen zu verkünden, dass sie frei sein sollen, und den Blinden, dass sie sehen werden. Den Misshandelten soll ich die Freiheit bringen, 19 und das Jahr ausrufen, in dem der Herr sich seinem Volk gnädig zuwendet.«

20 Jesus rollte das Buch wieder zusammen, gab es dem Synagogendiener zurück und setzte sich. Alle in der Synagoge blickten gespannt auf ihn. 21 Er begann und sagte: »Heute, da ihr dieses Prophetenwort aus meinem Mund hört, ist es unter euch in Erfüllung gegangen.«

22 Alle spendeten seiner Rede Beifall und staunten über die Botschaft von Gottes rettender Gnade. Aber sie wunderten sich, so etwas aus seinem Mund zu hören, und sagten zueinander: »Ist das nicht der Sohn Josefs?«

23 Da sagte Jesus zu ihnen: »Sicher werdet ihr mir jetzt mit dem Sprichwort kommen: ›Arzt, hilf dir selbst! Wenn du in Kafarnaum so große Dinge getan hast, wie wir gehört haben, dann tu sie auch hier in deiner Vaterstadt!‹ 24 Aber ich versichere euch: Kein Prophet* gilt etwas in seiner Heimat.

25 Ja, ich muss euch noch mehr sagen: Zur Zeit des Propheten Elija lebten viele Witwen in Israel, damals, als es dreieinhalb Jahre lang nicht regnete und im ganzen Land große Hungersnot herrschte. 26 Trotzdem wurde Elija zu keiner von ihnen geschickt, sondern zu einer Witwe in Sarepta im Gebiet von Sidon. 27 Und zur Zeit des Propheten Elischa gab es viele Aussätzige* in

a Dem Aufbau des Stammbaums liegt eine Zahlensymbolik zugrunde, die auf der Bedeutung der Zahlen 7 und 12 beruht: Die Geschichte Israels und der Menschheit wird in 11 × 7 Generationsfolgen (entsprechend die Absatzgliederung der Übersetzung) bis auf ihren Ursprung in Gott zurückverfolgt. So erscheint Jesus als Anfang einer neuen, der 12. »Generationsfolge«: In ihm erfüllt sich die Menschheitsgeschichte.

4,1-2 Hebr 4,15; Lk 4,18S **4,4** *zit* Dtn 8,3 **4,6** Mt 28,18 **4,8** *nach* Dtn 6,13; 5,9 **4,10-11** *nach* Ps 91,11-12 **4,12** *nach* Dtn 6,16 **4,14** 4,18S **4,18-19** *nach* Jes 61,1-2 *und* 58,6; Lk 7,22 par **4,18** (Geist) 1,35; 3,16 par; 3,22 par; 4,1 par; 4,14; 10,21; 24,49; Apg 1,2.5.8; 2,4.17.18.33.38 **4,19** Lev 25,10 **4,22** Joh 6,42 **4,24** Joh 4,44 **4,25-26** 1 Kön 17,1.8-16 **4,27** 2 Kön 5,1-14

Israel; aber keiner von ihnen wurde geheilt, nur
der Syrer Naaman.«
28 Als die Menschen in der Synagoge das hör-
ten, wurden sie wütend. 29 Sie sprangen auf und
trieben Jesus aus der Stadt hinaus, bis an den
Rand des Berges, auf dem Nazaret liegt. Dort
wollten sie ihn hinunterstürzen.
30 Aber Jesus ging mitten durch die Menge
hindurch und zog weiter.

Jesus zeigt seine Macht

(Mk 1,21-28)

31 Jesus ging hinunter nach Kafarnaum, einer
Stadt in Galiläa*. Dort sprach er jeweils am
Sabbat* in der Synagoge*, 32 und die Menschen
waren sehr beeindruckt; denn er redete wie
einer, den Gott dazu ermächtigt hat.
33 In der Synagoge war ein Mann, der von
einem bösen Geist* besessen war. Der schrie
laut: 34 »Lass uns in Ruhe, Jesus von Nazaret!
Was hast du bei uns zu suchen? Du bist doch nur
gekommen, um uns zu vernichten! Ich weiß
genau, wer du bist: Du bist der, der an Gottes
Heiligkeit teilhat!«[a]
35 Drohend sagte Jesus zu dem bösen Geist:
»Schweig und fahr aus von diesem Menschen!«
Da schleuderte der Geist den Mann in die Mitte
der Synagoge und fuhr aus, ohne ihm einen
Schaden zuzufügen.
36 Die Leute erschraken alle und sagten zu-
einander: »Was für eine Wortgewalt! Mit Voll-
macht und Kraft gibt er den bösen Geistern
einen Befehl und sie fahren aus!«
37 So kam es, dass man bald in der ganzen
Gegend von Jesus sprach.

Jesus heilt die Schwiegermutter von Petrus und viele andere Menschen

(Mt 8,14-17; Mk 1,29-34)

38 Jesus verließ die Synagoge* und ging in
das Haus Simons. Dessen Schwiegermutter lag
mit hohem Fieber im Bett, und die Leute im
Haus baten Jesus, ihr zu helfen. 39 Jesus trat zu
ihr hin, bedrohte das Fieber, und es verschwand.
Sofort stand sie auf und bereitete für alle das
Essen.[b]
40 Als die Sonne unterging, brachten alle Leu-
te ihre Kranken zu Jesus, Männer und Frauen
mit den verschiedensten Leiden. Jedem Einzel-
nen legte Jesus die Hände auf und heilte sie.
41 Von vielen Besessenen* fuhren böse Geister
aus, die schrien: »Du bist der Sohn* Gottes!«
Aber Jesus drohte ihnen und ließ sie nicht weiter-
reden; denn sie wussten, dass er der verspro-
chene Retter[c] war.

Aufbruch zur Verkündigung der Botschaft im ganzen Land

(Mk 1,35-39)

42 Am nächsten Morgen verließ Jesus die Stadt
und zog sich an eine abgelegene Stelle zurück.
Aber die Leute suchten nach ihm, bis sie ihn
fanden; sie wollten ihn festhalten und nicht weg-
gehen lassen.
43 Doch er sagte zu ihnen: »Ich muss auch
den anderen Städten die Gute Nachricht* ver-
künden, dass Gott seine Herrschaft* aufrichtet;
denn dazu hat Gott mich gesandt.«
44 Von da an verkündete Jesus die Gute Nach-
richt überall in den Synagogen* des jüdischen
Landes.

Die ersten Jünger

(Mt 4,18-22; Mk 1,16-20)

5 Eines Tages stand Jesus am Ufer des Sees von
Gennesaret*. Die Menschen drängten sich
um ihn und wollten Gottes Botschaft hören. 2 Da
sah er zwei Boote am Ufer liegen. Die Fischer
waren ausgestiegen und reinigten ihre Netze.
3 Er stieg in das eine, das Simon gehörte, und bat
ihn, ein Stück vom Ufer abzustoßen. Dann setzte
er sich und sprach vom Boot aus zu der Men-
schenmenge.
4 Als er seine Rede beendet hatte, sagte er zu
Simon: »Fahr hinaus auf den See und wirf mit
deinen Leuten die Netze zum Fang aus!«
5 Simon erwiderte: »Herr, wir haben uns die
ganze Nacht abgemüht und nichts gefangen.
Aber weil du es sagst, will ich die Netze noch
einmal auswerfen.«
6 Sie taten es und fingen so viele Fische, dass
die Netze zu reißen drohten. 7 Sie mussten die
Fischer im anderen Boot zur Hilfe herbeiwinken.
Schließlich waren beide Boote so überladen,
dass sie fast untergingen.
8 Als Simon Petrus* das sah, warf er sich vor
Jesus nieder und bat: »Herr, geh fort von mir! Ich
bin ein sündiger Mensch!«
9 Denn ihn und alle anderen, die bei ihm im
Boot waren, hatte die Furcht gepackt, weil sie ei-
nen so gewaltigen Fang gemacht hatten. 10 So
ging es auch denen aus dem anderen Boot, Jako-

a der, der an Gottes …: wörtlich *der Heilige Gottes;* siehe Sacherklärung »Heiliger«.
b Siehe Anmerkung zu Mk 1,31. *c* Wörtlich *der Christus**.

4,30 13,32-33; Joh 7,30 **4,31** Mt 4,13 **4,32** Mt 7,28-29 **4,34** Mk 3,11 S **4,40** Mk 5,41 S **4,41** Mk 3,11 S **4,43** 11,2 S; Mt 4,17 S
5,8 18,13

bus und Johannes, den Söhnen von Zebedäus,
die mit Simon zusammenarbeiteten.
Jesus aber sagte zu Simon: »Hab keine Angst!
Von jetzt an wirst du Menschen fischen!«
11 Da zogen sie die Boote an Land, ließen alles
zurück und folgten Jesus.

Jesus heilt einen Aussätzigen

(Mt 8,1-4; Mk 1,40-45)

12 In einer der Ortschaften traf Jesus einen
Mann, der am ganzen Körper den Aussatz*
hatte. Als er Jesus sah, warf er sich vor ihm nie-
der, das Gesicht zur Erde, und flehte ihn an:
»Herr, wenn du willst, kannst du mich gesund[a]
machen!«
13 Jesus streckte die Hand aus und berührte
ihn. »Ich will«, sagte er, »sei gesund!« Im selben
Augenblick verschwand der Aussatz.
14 Jesus befahl ihm, niemand etwas zu sagen.
»Sondern geh zum Priester«, sagte er, »lass dir
von ihm deine Heilung bestätigen und bring die
Opfer*, die Mose zur Wiederherstellung der
Reinheit vorgeschrieben hat. So sollen alle erfah-
ren, dass du geheilt worden bist.«[b]
15 Darauf verbreitete sich die Nachricht von
Jesus noch mehr. Scharenweise kamen die Men-
schen, um ihn zu hören und sich von ihren
Krankheiten heilen zu lassen. 16 Aber Jesus zog
sich zurück und hielt sich in einsamen Gegenden
auf, um zu beten.

Jesus heilt einen Gelähmten

(Mt 9,1-8; Mk 2,1-12)

17 Während dieser Zeit geschah einmal Folgen-
des: Jesus sprach gerade zu den Menschen, und
vor ihm saßen Pharisäer* und Gesetzeslehrer*,
die aus allen Ortschaften Galiläas* und Judäas*
und sogar aus Jerusalem gekommen waren. In
Jesus war Gottes Kraft am Werk und trieb ihn
dazu, Kranke zu heilen.
18 Da brachten einige Männer einen Gelähm-
ten auf einer Tragbahre herbei. Sie wollten ihn
in das Haus hineintragen und vor Jesus nieder-
legen. 19 Aber wegen der Menschenmenge konn-
ten sie nicht bis zu Jesus durchkommen. So
stiegen sie auf das Dach, deckten einige Ziegel ab
und ließen die Bahre mit dem Kranken mitten in
der Menge genau vor Jesus nieder.
20 Als Jesus sah, wie groß ihr Vertrauen war,
sagte er zu dem Kranken: »Du Mensch, deine
Schuld ist dir vergeben!«
21 Die Gesetzeslehrer und Pharisäer dachten:
»Was maßt der sich an, dass er eine solche
Gotteslästerung auszusprechen wagt! Nur Gott
kann den Menschen ihre Schuld vergeben, sonst
niemand!«
22 Aber Jesus wusste, was sie dachten, und
fragte sie: »Was macht ihr euch da für Gedan-
ken? 23 Was ist leichter – zu sagen: ›Deine Schuld
ist dir vergeben‹, oder: ›Steh auf und geh
umher‹? 24 Aber ihr sollt sehen, dass der
Menschensohn* die Vollmacht hat, hier auf der
Erde Schuld zu vergeben!«
Und er sagte zu dem Gelähmten: »Ich befehle
dir: Steh auf, nimm deine Tragbahre und geh
nach Hause!«
25 Sofort stand der Mann vor aller Augen auf,
nahm die Bahre, auf der er gelegen hatte, und
ging nach Hause. Dabei pries er Gott.
26 Eine große Erregung erfasste alle, die ver-
sammelt waren, und auch sie priesen Gott. Von
Furcht erfüllt, sagten sie: »Unglaubliche Dinge
haben wir heute erlebt!«

Jesus beruft Levi und isst mit den Zolleinnehmern

(Mt 9,9-13; Mk 2,13-17)

27 Als Jesus danach die Stadt verließ, sah er einen
Zolleinnehmer* an der Zollstelle sitzen. Er hieß
Levi. Jesus sagte zu ihm: »Komm, folge mir!«
28 Und Levi ließ alles zurück, stand auf und folgte
Jesus.
29 Später gab Levi für Jesus ein großes Fest-
essen in seinem Haus. Daran nahmen viele
seiner bisherigen Kollegen und andere Bekannte
teil. 30 Die Pharisäer*, besonders die Gesetzes-
lehrer* unter ihnen, murrten darüber und sagten
zu den Jüngern*: »Warum esst und trinkt ihr mit
den Zolleinnehmern und ähnlichem Volk?«
31 Aber Jesus antwortete ihnen: »Nicht die
Gesunden brauchen den Arzt, sondern die
Kranken. 32 Ich bin nicht gekommen, solche
Menschen in Gottes neue Welt einzuladen, bei
denen alles in Ordnung ist, sondern solche, die
Gott den Rücken gekehrt haben. Sie soll ich dazu
aufrufen, ihr Leben zu ändern.«[c]

a Wörtlich *rein*;* ebenso in Vers 13.
b So sollen alle …: wörtlich *ihnen zur Bezeugung.* Lukas versteht diese Wendung offenbar anders als Markus und Matthäus: Das Wirken von Jesus soll in Israel amtlich anerkannt und allgemein bekannt werden. Zu den übrigen Aussagen vgl. Anmerkung zu Mk 1,44.
c solche Menschen …: wörtlich *Gerechte zu rufen, sondern Sünder zur Umkehr*.*

5,11 Mt 8,21-22 S **5,14** Mk 5,43 S; Lev 14,2-32; Lk 17,14 **5,15** Mk 7,36 S **5,16** (beten) 3,21; 6,12; 9,18.28-29; 11,1; 22,39-46 par; Mk 1,35; 6,46 par; Apg 12,5 S **5,20** Mk 2,5 S **5,21** Ps 130,4 **5,24** Joh 5,36 **5,28** Mt 8,21-22 S **5,29** Mt 9,10 S **5,32** 19,10 S

Die Hochzeit hat begonnen

(Mt 9,14-17; Mk 2,18-22)

33 Darauf hielten die Pharisäer* und ihre Gesetzeslehrer* Jesus vor: »Die Jünger des Täufers* Johannes fasten* oft und verrichten Gebete, so wie es auch unsere Jünger tun. Aber deine Jünger essen und trinken!«

34 Jesus antwortete: »Ihr könnt doch nicht verlangen, dass die Hochzeitsgäste fasten, solange der Bräutigam da ist! 35 Die Zeit kommt früh genug, dass der Bräutigam ihnen entrissen wird; dann werden sie fasten.«

36 Jesus erklärte ihnen das Verhalten seiner Jünger noch weiter in Bildern; er sagte:[a] »Niemand schneidet ein Stück von einem neuen Kleid ab, um damit ein altes zu flicken. Sonst hat er das neue Kleid zerschnitten, und zu dem alten passt der Flicken von dem neuen gar nicht.

37 Auch füllt niemand neuen Wein, der noch gärt, in alte Schläuche. Sonst sprengt der neue Wein die alten Schläuche; der Wein fließt aus und auch die Schläuche sind hin. 38 Nein, neuer Wein gehört in neue Schläuche!

39 Aber niemand, der alten Wein getrunken hat, wird danach neuen haben wollen. Denn er wird sagen: ›Der alte ist besser.‹«

Jesus und der Sabbat

(Mt 12,1-8; Mk 2,23-28)

6 An einem Sabbat* ging Jesus durch die Felder. Seine Jünger* rissen Ähren ab, zerrieben sie in der Hand und aßen die Körner.

2 Da sagten einige von den Pharisäern*: »Warum tut ihr da etwas, was nach dem Gesetz* am Sabbat verboten ist?«

3 Jesus antwortete ihnen: »Habt ihr denn nicht gelesen, was David tat, als er und seine Männer hungrig waren? 4 Er ging in das Haus Gottes, nahm die geweihten Brote*, aß davon und gab auch seinen Begleitern zu essen, obwohl nach dem Gesetz nur Priester davon essen dürfen.«

5 Und Jesus fügte hinzu: »Der Menschensohn* ist Herr über den Sabbat; er hat zu bestimmen, was an diesem Tag getan werden darf.«[b]

Jesus heilt am Sabbat

(Mt 12,9-14; Mk 3,1-6)

6 An einem anderen Sabbat* ging Jesus in die Synagoge* und sprach zu den Menschen. Dort war ein Mann, dessen rechte Hand war abgestorben. 7 Die Gesetzeslehrer* und die Pharisäer* suchten einen Anlass, Jesus anzuzeigen; sie beobachteten deshalb genau, ob er am Sabbat heilen würde.

8 Aber Jesus kannte ihre Gedanken. Er sagte zu dem Mann mit der abgestorbenen Hand: »Steh auf und stell dich in die Mitte!« Der Mann stand auf und trat vor.

9 Dann sagte Jesus zu den Gesetzeslehrern und den Pharisäern: »Ich frage euch, was darf man nach dem Gesetz* am Sabbat tun? Gutes oder Böses? Einem Menschen das Leben retten oder ihn umkommen lassen?«

10 Er schaute sie alle der Reihe nach an und sagte zu dem Mann: »Streck deine Hand aus!« Er tat es und sie wurde wieder gesund.

11 Die Gesetzeslehrer und die Pharisäer packte eine unsinnige Wut und sie berieten miteinander, was sie gegen Jesus unternehmen könnten.

Jesus wählt die zwölf Apostel aus

(Mt 10,1-4; Mk 3,13-19)

12 Damals geschah Folgendes: Jesus ging auf einen Berg,[c] um zu beten. Die ganze Nacht hindurch sprach er im Gebet mit Gott.

13 Als es Tag wurde, rief er seine Jünger* zu sich und wählte aus ihnen zwölf aus, die er auch Apostel* nannte. 14–16 Es waren:

Simon, dem er den Namen Petrus* gab,
und dessen Bruder Andreas;
dazu Jakobus,
Johannes,
Philippus,
Bartholomäus,
Matthäus,
Thomas,
Jakobus, der Sohn von Alphäus,
Simon, genannt der Zelot*,
Judas, der Sohn von Jakobus,
und Judas Iskariot, der Jesus später verriet.

DIE PREDIGT AM BERG (6,17-49)

Die Schar der Zuhörenden: die Apostel, die Jünger und das Volk

(Mt 4,23-25; 12,15-16; Mk 3,7-12)

17 Jesus stieg mit den Aposteln* den Berg hinunter. Auf einem ebenen Platz hatte sich eine große Menge seiner Jünger versammelt, Männer

a *Jesus erklärte ...:* wörtlich *Er sagte zu ihnen aber auch ein Gleichnis**. b *er hat zu ...:* verdeutlichender Zusatz.
c Wörtlich *auf den Berg;* siehe Sacherklärung »Berg«.

5,33 Mt 6,16-17S; 11,18-19 par **5,34** Mt 9,15S **6,1** Dtn 23,25-26 **6,2** Ex 20,8-10 **6,3-4** 1Sam 21,2-7; Lev 24,5-9 **6,6-11** Mk 2,27-28S **6,11** Joh 7,1S **6,12** 5,16S **6,13** 9,10 par; 11,49; 17,5; 22,14; 24,10; Apg 1,2.21-22.26; 2,42 **6,14-16** Apg 1,13; Joh 1,40-44

und Frauen,[a] und dazu noch viele Menschen aus dem ganzen jüdischen Land und aus Jerusalem und aus dem Küstengebiet von Tyrus und Sidon.

18 Sie wollten ihn hören und sich von ihren Krankheiten heilen lassen. Menschen, die von bösen Geistern* besessen waren, wurden von ihnen befreit. 19 Alle wollten Jesus berühren, denn es ging heilende Kraft von ihm aus und machte sie alle gesund.

Wer sich freuen darf ... Seligpreisungen und Weherufe

(Mt 5,1-12)

20 Jesus blickte auf die große Schar seiner Jünger*, die Männer und Frauen, und sagte:

»Freut euch, ihr Armen!
Ihr werdet mit Gott leben in seiner neuen Welt.[b]
21 Freut euch, die ihr jetzt Hunger habt!
Gott wird euch satt machen.
Freut euch, die ihr jetzt weint!
Bald werdet ihr lachen.

22 Freuen dürft ihr euch, wenn euch die Leute hassen, ja, wenn sie euch aus ihrer Gemeinschaft ausstoßen und beschimpfen und verleumden,[c] weil ihr euch zum Menschensohn* bekennt! 23 Freut euch und springt vor Freude, wenn das geschieht; denn Gott wird euch reich belohnen. Mit den Propheten* haben es die Vorfahren dieser Leute auch so gemacht.

24 Aber weh euch, ihr Reichen!
Ihr habt euren Anteil schon kassiert.
25 Weh euch, die ihr jetzt satt seid!
Ihr werdet hungern.
Weh euch, die ihr jetzt lacht!
Ihr werdet weinen und klagen.

26 Weh euch, wenn euch alle Leute loben; denn genauso haben es ihre Vorfahren mit den falschen Propheten gemacht.«

Die Feinde lieben

(Mt 5,38-47; 7,12)

27 »Euch, die ihr mir zuhört, sage ich: Liebt eure Feinde; tut denen Gutes, die euch hassen; 28 segnet die, die euch verfluchen, und betet für alle, die euch schlecht behandeln.

29 Wenn dich jemand auf die Backe schlägt, dann halte ihm auch die andere Backe hin. Wenn dir jemand den Mantel* wegnimmt, dann gib ihm noch das Hemd dazu.

30 Wenn jemand dich um etwas bittet, dann gib es ihm; und wenn jemand dir etwas wegnimmt, dann fordere es nicht zurück.

31 Behandelt die Menschen so, wie ihr selbst von ihnen behandelt sein wollt.

32 Warum erwartet ihr von Gott eine Belohnung, wenn ihr nur die liebt, die euch auch lieben? Das tun sogar die Menschen, die nicht nach dem Willen Gottes fragen.[d] 33 Warum erwartet ihr von Gott eine Belohnung, wenn ihr nur die gut behandelt, die euch auch gut behandeln? Das tun auch die hartgesottensten Sünder. 34 Warum erwartet ihr von Gott eine Belohnung, wenn ihr nur denen etwas leiht, von denen ihr wisst, dass sie es euch zurückgeben werden? Ausleihen, um es auf Heller und Pfennig zurückzubekommen, das tun auch die Sünder gegenüber ihresgleichen!

35 Nein, eure Feinde sollt ihr lieben! Tut Gutes und leiht, ohne etwas zurückzuerwarten! Dann bekommt ihr reichen Lohn: Ihr werdet zu Kindern des Höchsten. Denn auch er ist gut zu den undankbaren und schlechten Menschen.«

Niemand verurteilen

(Mt 5,48; 7,1-2; Mk 4,24)

36 »Werdet barmherzig, so wie euer Vater barmherzig ist!

37 Verurteilt nicht andere, dann wird Gott auch euch nicht verurteilen. Sitzt über niemand zu Gericht, dann wird Gott auch über euch nicht zu Gericht sitzen.

a *Männer und Frauen* ist verdeutlichender Zusatz; ebenso in Vers 20. Das Lukas-Evangelium unterscheidet deutlicher als die übrigen Evangelien zwischen dem engen Jüngerkreis der Zwölf* oder *Apostel** und einem weiteren Kreis von Jüngern, zu dem auch Frauen gehören (vgl. 8,1-3 und Sacherklärung »Jünger«). Auch auf dem Weg nach Jerusalem ab 9,51 wird Jesus von Frauen begleitet (vgl. 23,49). Wenn Lukas in diesem Teil seines Evangeliums von *Jüngern* spricht, sind sie in der Regel mitgemeint. Die Übersetzung erinnert daran von Fall zu Fall durch den Zusatz *Männer und Frauen*, trägt aber auch der Tatsache Rechnung, dass bestimmte Aussagen sich ausschließlich an einen männlichen Adressatenkreis richten (z.B. 14,26; 18,29). Sie vermeidet den Begriff »Jüngerin«, weil Lukas selbst ihn im Evangelium nie gebraucht (vgl. dagegen Apg 9,36).

b Wörtlich *Euch gehört die Königsherrschaft* Gottes.*

c *ausstoßen ...:* Die im Griechischen verwendeten Ausdrücke lassen an den Ausschluss aus der Synagogengemeinschaft denken.

d *die Menschen, die ...:* wörtlich *die Sünder.*

6,19 Mt 9,20 S **6,20** Jak 2,5 **6,21** Offb 7,16-17; Jer 31,25; Ps 126,5; Jes 61,3 **6,22** Mt 5,11; 10,22; 24,9 par; Joh 15,18-19 S; 16,2; Apg 5,41; 1 Petr 4,14 **6,23** Mt 5,12 S **6,24** Mt 19,23-24 par; Jak 5,1 **6,25** 1 Kor 4,8 **6,26** Jak 4,4; Jer 5,31 **6,27-28** Mt 5,44 S **6,29** Röm 12,17 S **6,32-34** 14,12-13 S **6,35** Lev 25,35-37 **6,37** Mt 6,14-15 S

Verzeiht, dann wird Gott euch verzeihen.
38 Schenkt, dann wird Gott euch schenken; ja,
er wird euch so überreich beschenken, dass
ihr gar nicht alles fassen könnt. Darum ge-
braucht anderen gegenüber ein reichliches
Maß;[a] denn Gott wird bei euch dasselbe Maß
verwenden.«

Gegen blinde und überhebliche Besserwisserei

(Mt 7,3-5; 15,14; 10,24-25)

39 Jesus machte ihnen auch in Bildern deutlich,
wovor sie sich hüten sollen; er sagte:[b]
»Kein Blinder kann einen Blinden führen,
sonst fallen beide in die Grube. 40 Kein Schüler
steht *über* seinem Lehrer. Und wenn er ausge-
lernt hat, soll er *wie* sein Lehrer sein.
41 Warum kümmerst du dich um den Splitter
im Auge deines Bruders oder deiner Schwester[c]
und bemerkst nicht den Balken in deinem eige-
nen? 42 Wie kannst du zu deinem Bruder oder
deiner Schwester sagen: ›Komm her, Bruder;
komm her, Schwester; ich will dir den Splitter
aus dem Auge ziehen‹, und merkst gar nicht,
dass du selbst einen ganzen Balken im Auge
hast? Scheinheilig bist du! Zieh doch erst den
Balken aus deinem eigenen Auge, dann kannst
du dich um den Splitter in einem anderen Auge
kümmern!«

Der Baum und die Früchte

(Mt 7,16-20; 12,33-35)

43 »Ein gesunder Baum trägt keine schlechten
Früchte und ein kranker Baum trägt keine guten.
44 An den Früchten ist zu erkennen, was jeder
Baum wert ist. Von Disteln kann man ja auch
keine Feigen pflücken und von Dornengestrüpp
keine Weintrauben ernten.
45 Ein guter Mensch bringt Gutes hervor, weil
er im Herzen gut ist. Aber ein schlechter Mensch
kann nur Böses hervorbringen, weil er von
Grund auf böse ist. Denn wovon das Herz voll
ist, davon redet der Mund!«

Das Gleichnis vom Hausbau

(Mt 7,21.24-27)

46 »Was nennt ihr mich immerzu ›Herr‹, wenn
ihr doch nicht tut, was ich sage?
47 Wer zu mir kommt und meine Worte hört
und sich nach ihnen richtet – ich werde euch
zeigen, wem er gleicht: 48 Er gleicht einem
Menschen, der ein Haus baute und dabei tief
grub und die Fundamente auf Felsgrund legte.
Als das Hochwasser kam, prallten die Fluten
gegen das Haus, aber es blieb stehen, weil es so
fest gebaut war.
49 Wer dagegen meine Worte hört und sich
nicht nach ihnen richtet, ist wie ein Mensch, der
sein Haus einfach auf das Erdreich stellte, ohne
ein Fundament. Als die Fluten dagegen prallten,
fiel es sofort in sich zusammen und alles lag in
Trümmern.«

Der Hauptmann von Kafarnaum

(Mt 8,5-13; Joh 4,46-53)

7 Nachdem Jesus das alles vor den Ohren des
versammelten Volkes gesagt und seine Rede
beendet hatte, ging er nach Kafarnaum. 2 Dort
lebte ein Hauptmann*, ein Nichtjude.[d] Er hatte
einen Diener, den er sehr schätzte; der war
schwer krank und lag im Sterben.
3 Als der Hauptmann von Jesus hörte, schickte
er einige von den jüdischen Ortsvorstehern zu
ihm. Sie sollten ihn bitten, zu kommen und
seinem Diener das Leben zu retten.
4 Die Männer kamen zu Jesus und baten ihn
dringend: »Der Mann ist es wert, dass du ihm
hilfst. 5 Er liebt unser Volk. Er hat uns sogar die
Synagoge* gebaut.«
6 Jesus ging mit ihnen. Als er nicht mehr weit
vom Haus entfernt war, schickte der Hauptmann
ihm Freunde entgegen und ließ ihm ausrichten:
»Herr, bemühe dich doch nicht! Ich weiß, dass
ich dir, einem Juden, nicht zumuten kann, mein
Haus zu betreten. 7 Deshalb hielt ich mich auch
nicht für würdig, selbst zu dir zu kommen. Sag
nur ein Wort und mein Diener wird gesund!
8 Auch ich unterstehe höherem Befehl und kann
meinen Soldaten Befehle erteilen. Wenn ich zu
einem sage: ›Geh!‹, dann geht er; wenn ich zu
einem andern sage: ›Komm!‹, dann kommt er;
und wenn ich meinem Diener befehle: ›Tu das!‹,
dann tut er's.«
9 Als Jesus das hörte, wunderte er sich über
ihn. Er drehte sich um und sagte zu der Menge,
die ihm folgte: »Wahrhaftig, solch ein Vertrauen
habe ich nicht einmal in Israel gefunden!«
10 Als die Boten des Hauptmanns in das Haus
zurückkamen, war der Diener gesund.

a Verdeutlichender Zusatz im Blick auf den Zusammenhang.
b *Jesus machte ...:* wörtlich *Er sagte aber auch ein Gleichnis* zu ihnen.*
c Wörtlich *deines Bruders;* ebenso in Vers 42. Siehe Sacherklärung »Bruder«.
d *ein Nichtjude:* verdeutlichender Zusatz. Ebenso *einem Juden* in Vers 6.
6,38 Mk 4,24 **6,39** Mt 15,14 S **6,40** Mt 23,8-10; Joh 13,13-16 **6,46-49** Mt 7,21 S **6,46** Mal 1,6

Jesus macht einen Toten lebendig

11 Bald darauf ging Jesus nach Naïn. Seine Jünger,
die Männer und Frauen,[a] und noch viele Leute
folgten ihm. 12 Als sie in die Nähe des Stadttores
kamen, wurde gerade ein Toter zur Bestattung
hinausgetragen. Es war der Sohn einer Witwe,
ihr einziger. Zahlreiche Bewohner der Stadt
begleiteten die Mutter.
13 Als der Herr die Witwe sah, ergriff ihn das
Mitleid und er sagte zu ihr: »Weine nicht!«
14 Dann trat er näher und berührte die
Bahre; die Träger blieben stehen. Er sagte zu
dem Toten: »Du junger Mann, ich befehle dir:
Steh auf!«
15 Da richtete der Tote sich auf und fing an
zu reden, und Jesus gab ihn seiner Mutter
zurück.
16 Alle wurden von Furcht gepackt; sie priesen
Gott und riefen: »Ein großer Prophet* ist unter
uns aufgetreten! Gott selbst ist seinem Volk zu
Hilfe gekommen!«
17 Die Kunde von dem, was Jesus getan hatte,
verbreitete sich im ganzen jüdischen Land und
in allen angrenzenden Gebieten.

Die Anfrage des Täufers Johannes

(Mt 11,2-6)

18 Johannes hörte durch seine Jünger* von all
diesen Ereignissen. Er rief zwei von ihnen zu
sich 19 und schickte sie zum Herrn mit der Frage:
»Bist du wirklich der, der kommen soll, oder
müssen wir auf einen anderen warten?«
20 Die beiden kamen zu Jesus und sagten zu
ihm: »Der Täufer* Johannes hat uns zu dir
geschickt, um dich zu fragen: ›Bist du wirklich
der, der kommen soll, oder müssen wir auf einen
anderen warten?‹«
21 Jesus heilte damals gerade viele Leute von
Krankheiten und schlimmen Leiden; er befreite
Menschen von bösen Geistern* und gab vielen
Blinden das Augenlicht.
22 Er antwortete den Boten: »Geht zurück zu
Johannes und berichtet ihm, was ihr hier gese-
hen und gehört habt: Blinde sehen, Gelähmte ge-
hen, Aussätzige* werden gesund,[b] Taube hören,
Tote stehen auf und den Armen wird die Gute
Nachricht* verkündet. 23 Freuen darf sich, wer
an mir nicht irrewird!«

Jesus spricht über den Täufer

(Mt 11,7-19)

24 Als die Boten des Täufers* wieder weggegan-
gen waren, fing Jesus an, zu der Menge über
Johannes zu sprechen:
»Als ihr zu ihm in die Wüste hinausgezogen
seid, was habt ihr da erwartet? Etwa ein Schilf-
rohr, das jedem Windzug nachgibt? 25 Oder was
sonst wolltet ihr sehen? Einen Menschen in
vornehmer Kleidung? Leute mit prächtigen
Kleidern, die im Luxus leben, wohnen in Paläs-
ten!
26 Also, was habt ihr erwartet? Einen Prophe-
ten*? Ich versichere euch: Ihr habt mehr gese-
hen als einen Propheten! 27 Johannes ist der, von
dem es in den Heiligen Schriften* heißt: ›Ich
sende meinen Boten vor dir her, sagt Gott, damit
er den Weg für dich bahnt.‹
28 Ich versichere euch: Johannes ist der
Bedeutendste unter allen, die je von einer Frau
geboren wurden. Aber der Geringste, der mit-
erlebt, wie Gott jetzt seine Herrschaft* auf-
richtet, ist größer als er.
29 Das ganze Volk, das Johannes zuhörte,
sogar die Zolleinnehmer*, unterwarfen sich dem
Urteil Gottes und ließen sich von Johannes
taufen. 30 Nur die Pharisäer* und die Gesetzes-
lehrer* missachteten die Rettung, die Gott ihnen
zugedacht hatte, und lehnten es ab, sich von
Johannes taufen zu lassen.
31 Mit wem soll ich die Menschen von heute
vergleichen? Was für ein Bild passt auf sie?
32 Sie sind wie die Kinder, die auf dem Markt-
platz herumsitzen und sich gegenseitig vorwer-
fen: ›Wir haben euch Hochzeitslieder gespielt,
aber ihr habt nicht getanzt!‹ – ›Wir haben euch
Trauerlieder gesungen, aber ihr habt nicht
geweint!‹
33 Der Täufer Johannes ist gekommen, aß kein
Brot und trank keinen Wein, und ihr sagt: ›Er
ist von einem bösen Geist* besessen.‹ 34 Der
Menschensohn* ist gekommen, isst und trinkt,
und ihr sagt: ›Seht ihn euch an, diesen Vielfraß
und Säufer, diesen Kumpan der Zolleinnehmer
und Sünder!‹
35 Aber die Weisheit Gottes wird bestätigt
durch alle, die für sie offen sind.«[c]

a *die Männer und Frauen:* verdeutlichender Zusatz; siehe Anmerkung zu 6,17.
b *gesund:* wörtlich *rein**.
c *durch alle …:* wörtlich *vonseiten aller ihrer Kinder.*

7,12 1 Kön 17,17 **7,15** 1 Kön 17,22-23 **7,16** (Prophet) Mt 21,11 S; Mk 6,15 par; Lk 7,39; 24,19; Joh 6,14 S; Lk 1,68 S **7,22** Mt 11,5 S
7,27 *nach* Mal 3,1 *und* Ex 23,20; Lk 1,76 S **7,29-30** Mt 21,32 **7,29** 3,7.12 **7,33-34** Mt 9,14 par **7,33** 1,15 **7,34** Mt 9,10 S

Jesus, der Pharisäer und die Prostituierte

36 Ein Pharisäer* hatte Jesus zum Essen einge-
laden. Jesus ging in sein Haus und legte* sich zu
Tisch.

37 In derselben Stadt lebte eine Frau, die als
Prostituierte bekannt war.[a] Als sie hörte, dass
Jesus bei dem Pharisäer eingeladen war, kam sie
mit einem Fläschchen voll kostbarem Salböl.
38 Weinend trat sie an das Fußende des Polsters,
auf dem Jesus lag, und ihre Tränen fielen auf
seine Füße. Mit ihren Haaren trocknete sie ihm
die Füße ab, bedeckte sie mit Küssen und salbte
sie mit dem Öl.

39 Als der Pharisäer, der Jesus eingeladen
hatte, das sah, sagte er sich: »Wenn dieser Mann
wirklich ein Prophet* wäre, wüsste er, was für
eine das ist, von der er sich da anfassen lässt! Er
müsste wissen, dass sie eine Hure ist.«

40 Da sprach Jesus ihn an: »Simon, ich muss
dir etwas sagen!«

Simon sagte: »Lehrer*, bitte sprich!«

41 Jesus begann: »Zwei Männer hatten Schul-
den bei einem Geldverleiher, der eine schuldete
ihm fünfhundert Silberstücke, der andere fünf-
zig. 42 Weil keiner von ihnen zahlen konnte,
erließ er beiden ihre Schulden. Welcher von
ihnen wird ihm wohl dankbarer sein?«

43 Simon antwortete: »Ich nehme an: der, der
ihm mehr geschuldet hat.«

»Du hast Recht«, sagte Jesus.

44 Dann wies er auf die Frau und sagte zu
Simon: »Sieh diese Frau an! Ich kam in dein
Haus und du hast mir kein Wasser für die Füße
gereicht; sie aber hat mir die Füße mit Tränen
gewaschen und mit ihren Haaren abgetrocknet.
45 Du gabst mir keinen Kuss zur Begrüßung, sie
aber hat nicht aufgehört, mir die Füße zu küssen,
seit ich hier bin. 46 Du hast meinen Kopf nicht
mit Öl gesalbt, sie aber hat mit kostbarem Öl
meine Füße gesalbt.

47 Darum sage ich dir: Ihre große Schuld ist
ihr vergeben worden. Eben deshalb hat sie mir
so viel Liebe erwiesen.[b] Wem wenig vergeben
wird, der zeigt auch nur wenig Liebe.«

48 Dann sagte Jesus zu der Frau: »Deine
Schuld ist dir vergeben!«

49 Die anderen Gäste fragten einander: »Was
ist das für ein Mensch, dass er sogar Sünden
vergibt?«

50 Jesus aber sagte zu der Frau: »Dein Ver-
trauen hat dich gerettet. Geh in Frieden*!«

Verkündigung der Botschaft im ganzen Land. Die Zwölf und viele Frauen begleiten Jesus

8 In der nun folgenden Zeit zog Jesus von
Stadt zu Stadt und von Dorf zu Dorf. Überall
verkündete er die Gute Nachricht*, dass Gott
jetzt seine Herrschaft aufrichten und sein Werk
vollenden werde.[c]

Dabei begleiteten ihn ständig die Zwölf*
2 und einige Frauen, die er von bösen Geistern*
befreit und von Krankheiten geheilt hatte. Es wa-
ren Maria aus Magdala, aus der er sieben böse
Geister ausgetrieben hatte, 3 Johanna, die Frau
von Chuzas, einem Beamten in der Verwaltung
des Fürsten Herodes,[d] sowie Susanna; dazu
kamen noch viele andere Frauen. Sie alle sorgten
aus ihren eigenen Mitteln für Jesus und den Kreis
der Zwölf.

Das Gleichnis von der Aussaat

(Mt 13,1-9; Mk 4,1-9)

4 Eine große Menschenmenge sammelte sich um
Jesus, aus allen Orten strömten die Leute zu
ihm. Da erzählte er ihnen ein Gleichnis*:

5 »Ein Bauer ging aufs Feld, um seinen Samen
zu säen. Als er die Körner ausstreute, fiel ein Teil
von ihnen auf den Weg. Dort wurden sie zertre-
ten und von den Vögeln aufgepickt. 6 Andere
Körner fielen auf felsigen Boden. Sie gingen auf,
vertrockneten dann aber, weil sie nicht genug
Feuchtigkeit hatten. 7 Wieder andere Körner
fielen mitten in Dornengestrüpp, das wuchs mit
auf und erstickte das Korn. 8 Andere Körner
schließlich fielen auf guten Boden, gingen auf
und brachten hundertfache Frucht.«

Darauf rief Jesus: »Wer Ohren hat, soll gut
zuhören!«

Jesus erklärt das Gleichnis von der Aussaat

(Mt 13,10-23; Mk 4,10-20)

9 Die Jünger* fragten Jesus, was dieses Gleich-
nis* bedeute. 10 Jesus antwortete: »Euch hat Gott
die Geheimnisse seines Planes erkennen lassen,

a *als Prostituierte bekannt:* wörtlich *eine Sünderin;* ebenso in Vers 39 für *Hure.*
b *Eben deshalb ...:* wörtlich *weil sie viel Liebe erwiesen hat.* Die Liebe ist Ausdruck der Dankbarkeit, nicht Ursache der Vergebung: »Du siehst, dass ihr vergeben ist, weil (= daran, dass) sie so viel Liebe erweist.« Die offenbar schon früher von Jesus zugesprochene Vergebung wird jetzt (Vers 48) noch einmal in aller Öffentlichkeit bestätigt.
c *Überall verkündete ...:* wörtlich *ausrufend und als Gute Nachricht verkündigend die Königsherrschaft* Gottes.*
d Siehe Sacherklärung »Herodes (3)«.

7,36 11,37; 14,1 **7,37-38** Mk 14,3 par **7,39** 7,16 S **7,42** Mt 18,27 **7,44** Gen 18,4; 1 Tim 5,10 **7,48** Mk 2,5 S **7,50** 8,48 par; 17,19; 18,42 par; Apg 3,16; Mt 8,13 S **8,2-3** 23,49 par; 23,55-56 par; 24,10; Mk 16,1 par; Joh 19,25; Apg 1,14 **8,10** Mk 4,12 S

nach dem er schon begonnen hat, seine Herr-
schaft in der Welt aufzurichten;[a] die anderen
bekommen davon nur in Gleichnissen zu hören.
Sie sollen sehen und doch nichts erkennen, sie
sollen hören und doch nichts verstehen.
11 Das Gleichnis will Folgendes sagen:
Der Samen ist die Botschaft Gottes. 12 Bei
manchen, die sie hören, geht es wie bei dem
Samen, der auf den Weg fällt. Der Teufel kommt
und nimmt weg, was in ihr Herz gesät worden
ist. Er will nicht, dass sie die Botschaft an-
nehmen und gerettet werden.
13 Bei anderen ist es wie bei dem Samen, der
auf felsigen Boden fällt. Sie hören die Botschaft
und nehmen sie mit Freuden an. Aber sie sind
Menschen ohne Wurzel: Eine Zeit lang halten
sie sich an die Botschaft; aber wenn sie auf die
Probe gestellt werden, fallen sie ab.
14 Wieder bei anderen ist es wie bei dem
Samen, der in das Dornengestrüpp fällt. Sie
hören zwar die Botschaft, aber dann gehen sie
davon und ersticken in ihren Alltagssorgen, in
Reichtum und Vergnügungen und bringen keine
Frucht.
15 Bei anderen schließlich ist es wie bei dem
Samen, der auf guten Boden fällt. Sie nehmen
die Botschaft mit gutem und willigem Herzen
an, bewahren sie und bringen durch Standhaftig-
keit Frucht.«

Zuhören und weitersagen

(Mk 4,21-25)

16 »Niemand zündet eine Lampe* an und deckt
sie dann mit einem Topf zu oder stellt sie unters
Bett. Im Gegenteil, sie wird auf einen Lampen-
ständer gestellt, damit alle, die das Haus be-
treten, das Licht sehen können.
17 So verhält es sich auch mit der Botschaft
Gottes:[b] Es gibt nichts Verborgenes an ihr, das
nicht ans Licht kommen wird; nichts Geheimes,
das nicht bekannt und öffentlich verkündet wer-
den wird.
18 Gebt also Acht, dass ihr richtig zuhört!
Denn wer viel hat, dem wird noch mehr gegeben
werden, und wer wenig hat, dem wird auch noch
das Wenige genommen werden, das er zu haben
meint.«

Die Angehörigen von Jesus

(Mt 12,46-50; Mk 3,31-35)

19 Die Mutter und die Brüder von Jesus woll-
ten ihn besuchen, konnten aber wegen der
Menge nicht bis zu ihm durchkommen. 20 Es
wurde ihm ausgerichtet: »Deine Mutter und
deine Brüder stehen da hinten und wollen dich
besuchen.«
21 Aber Jesus sagte: »Meine Mutter und meine
Brüder sind die, die Gottes Botschaft hören und
danach handeln.«

Im Sturm auf die Probe gestellt

(Mt 8,18.23-27; Mk 4,35-41)

22 Während dieser Zeit geschah es einmal, dass
Jesus mit seinen Jüngern* in ein Boot stieg und
zu ihnen sagte: »Wir fahren ans andere Ufer!« So
fuhren sie ab.
23 Unterwegs schlief Jesus ein. Plötzlich kam
ein Sturm auf, ein Fallwind von den Bergen.[c]
Das Wasser schlug ins Boot und sie waren in
großer Gefahr.
24 Die Jünger gingen zu Jesus, weckten ihn
und riefen: »Herr, Herr, wir gehen unter!«
Jesus stand auf und sprach ein Machtwort zu
dem Wind und den Wellen. Da hörten sie auf zu
toben und es wurde ganz still.
25 Zu den Jüngern aber sagte er: »Wo ist euer
Vertrauen?«
Sie waren erschrocken und sehr erstaunt und
sagten zueinander: »Wer ist das nur, dass er sogar
dem Wind und den Wellen befiehlt, und sie
gehorchen ihm!«

Der Besessene von Gerasa

(Mt 8,28-34; Mk 5,1-20)

26 Sie fuhren weiter und erreichten das Gebiet
von Gerasa, das Galiläa* gegenüber am anderen
Seeufer liegt. 27 Als Jesus aus dem Boot stieg, lief
ihm ein Mann aus jener Stadt entgegen. Er war
von bösen Geistern* besessen. Kleider trug er
schon lange nicht mehr; er war auch nicht im
Haus festzuhalten, sondern lebte in den Grab-
höhlen.
28 Als er Jesus sah, schrie er auf, warf sich vor
ihm zu Boden und rief: »Was hast du bei mir zu

a *Euch hat Gott ...:* wörtlich *Euch ist es gegeben, zu erkennen die Geheimnisse der Königsherrschaft Gottes.* Als die *Geheimnisse* (Mehrzahl!) lassen sich im Zusammenhang der »Guten Nachricht nach Lukas« erkennen: dass die Herrschaft* Gottes in den Worten und Taten von Jesus schon in unsere Welt hereinbricht (10,23-24; 11,20; 17,20-21), die Identität von Jesus als »Christus« (9,20; 10,21-22) und nicht zuletzt der Leidensweg, den er nach dem Willen Gottes gehen »muss« (9,22.30-31).

b Verdeutlichender Zusatz, ebenso im folgenden Satz *an ihr.*

c Winde, die von Westen, vom Mittelmeer her, durch die Berge Galiläas auf eine Höhe von 600–1000 m hochgedrückt werden, »fallen« dann auf den See hinab, der 209 m unter dem Meeresspiegel liegt.

8,14 1 Tim 6,9-10 **8,16** 11,33 par **8,17** 12,2 par **8,18** Mt 25,29 S **8,21** 11,28 **8,24** Ps 89,10 S **8,25** Mt 14,31 S **8,28** Mk 3,11 S

suchen, Jesus, du Sohn* des höchsten Gottes? Bitte, quäle mich nicht!«

29 Jesus hatte nämlich dem bösen Geist befohlen, aus dem Besessenen auszufahren. Dieser Geist hatte den Mann schon lange in seiner Gewalt. Man hatte den Besessenen zwar immer wieder wie einen Gefangenen an Händen und Füßen gefesselt, aber jedes Mal hatte er die Ketten zerrissen und war von dem bösen Geist in die Wildnis getrieben worden.

30 Jesus fragte ihn: »Wie heißt du?«

Er antwortete: »Legion*.« Es waren nämlich viele böse Geister in den Mann gefahren. 31 Die baten Jesus, er solle sie nicht in den Abgrund* verbannen.

32 In der Nähe weidete eine große Schweineherde auf dem Berg, und die bösen Geister baten ihn, in die Schweine fahren zu dürfen. Jesus erlaubte es ihnen. 33 Da kamen sie heraus aus dem Mann und fuhren in die Schweine, und die Herde raste das steile Ufer hinab in den See und ertrank.

34 Als die Schweinehirten das sahen, liefen sie davon und erzählten in der Stadt und in den Dörfern, was geschehen war. 35 Die Leute wollten es selbst sehen. Sie kamen zu Jesus und fanden den Mann, aus dem die bösen Geister ausgefahren waren, zu seinen Füßen sitzen. Er war ordentlich angezogen und bei klarem Verstand. Da befiel sie große Furcht.

36 Die Augenzeugen erzählten ihnen, wie der Besessene geheilt worden war. 37 Darauf bat die gesamte Bevölkerung von Gerasa und Umgebung, Jesus möge ihr Gebiet verlassen; so sehr fürchteten sie sich. Da stieg er ins Boot, um zurückzufahren.

38 Der Mann, aus dem die bösen Geister ausgefahren waren, bat Jesus, mit ihm gehen zu dürfen. Aber Jesus schickte ihn weg und sagte: 39 »Geh nach Hause und erzähl, was Gott für dich getan hat!« Der Mann zog durch die ganze Stadt und machte überall bekannt, was Jesus für ihn getan hatte.

Jesus heilt eine kranke Frau und erweckt ein Mädchen vom Tod

(Mt 9,18-26; Mk 5,21-43)

40 Als Jesus ans andere Seeufer zurückkam, empfing ihn die Volksmenge voll Freude; alle hatten auf ihn gewartet. 41 Da trat ein Mann namens Jaïrus auf ihn zu. Er war der Synagogenvorsteher* am Ort. Er warf sich vor Jesus nieder und bat ihn, doch in sein Haus zu kommen; 42 seine etwa zwölfjährige Tochter, sein einziges Kind, lag nämlich im Sterben.

Unterwegs umdrängten die Leute Jesus so, dass sie ihn fast erdrückten. 43 Es war auch eine Frau dabei, die seit zwölf Jahren an Blutungen litt. Niemand hatte ihr bisher helfen können, obwohl sie ihr ganzes Vermögen an Ärzte ausgegeben hatte. 44 Sie drängte sich von hinten an Jesus heran und berührte eine Quaste* seines Gewandes. Sofort hörte die Blutung auf.

45 Jesus fragte: »Wer hat mich berührt?«

Niemand wollte es gewesen sein, und Petrus sagte: »Herr, die Leute umringen dich so und erdrücken dich fast!«

46 Aber Jesus erwiderte: »Jemand hat mich berührt. Ich spürte, wie heilende Kraft von mir ausging.«

47 Als die Frau merkte, dass ihr Tun nicht verborgen geblieben war, trat sie zitternd vor und warf sich vor Jesus nieder. Vor dem ganzen Volk erklärte sie, warum sie ihn angefasst hatte und dass sie im selben Augenblick geheilt worden war.

48 Jesus sagte zu ihr: »Meine Tochter, dein Vertrauen hat dir geholfen. Geh in Frieden*!«

49 Während Jesus noch sprach, kam ein Bote aus dem Haus des Synagogenvorstehers und sagte zu Jaïrus: »Deine Tochter ist gestorben. Bemühe den Lehrer* nicht weiter!«

50 Jesus hörte es und sagte zu Jaïrus: »Hab keine Angst! Fass nur Vertrauen, dann wird sie gerettet!«

51 Als er zum Haus kam, ließ er nur Petrus, Johannes und Jakobus mit hineingehen und dazu den Vater des Kindes und die Mutter.

52 Drinnen weinten alle und trauerten um das Mädchen. Jesus sagte: »Weint nicht! Es ist nicht tot, es schläft nur.« 53 Da lachten sie ihn aus, denn sie wussten, es war tot.

54 Aber Jesus nahm es bei der Hand und rief: »Mädchen, steh auf!« 55 Da kehrte wieder Leben in das Mädchen zurück und es stand sofort auf; und Jesus ließ ihm etwas zu essen geben.

56 Die Eltern waren fassungslos. Jesus aber befahl ihnen, es niemand weiterzusagen.

Die Aussendung der Zwölf

(Mt 10,1.5-15; Mk 6,7-13)

9 Jesus rief die Zwölf* zusammen und gab ihnen Kraft und Vollmacht, alle bösen Geister* auszutreiben und Krankheiten zu heilen. 2 Er sandte sie aus mit dem Auftrag, das Kommen

8,43-44 Mt 9,20 S **8,46** 6,19 **8,48** 7,50 S **8,52** Joh 11,11-13 **8,54** Mk 5,41 S **8,56** Mk 5,43 S **9,1-6** 10,1-12 **9,2** 11,2 S

der Herrschaft* Gottes zu verkünden und die
Kranken gesund zu machen.
3 Er sagte zu ihnen: »Nehmt nichts auf
den Weg mit, keinen Wanderstock, keine
Vorratstasche, kein Brot, kein Geld und auch
kein zweites Hemd! 4 Wenn jemand euch auf-
nimmt, dann bleibt in seinem Haus, bis ihr von
dort weiterzieht. 5 Wo sie euch nicht aufnehmen
wollen, da verlasst den Ort und schüttelt den
Staub* von den Füßen, damit die Bewohner
gewarnt sind.«[a]
6 Die Zwölf machten sich auf den Weg und
wanderten durch die Dörfer. Sie verkündeten
überall die Gute Nachricht* und heilten die
Kranken.

Herodes ist ratlos

(Mt 14,1-2; Mk 6,14-16)

7 Herodes Antipas,[b] der Fürst in jenem Teil des
Landes, hörte von all diesen Vorgängen. Er wuss-
te nicht, was er davon halten sollte. Denn man-
che Leute sagten: »Der Täufer* Johannes ist vom
Tod auferweckt worden.« 8 Andere meinten,
Elija* sei aus dem Himmel zurückgekommen,
und wieder andere, einer der alten Propheten*
sei auferstanden.
9 Herodes aber sagte: »Johannes habe ich
doch selber den Kopf abschlagen lassen. Wer ist
dann der, von dem ich solche Dinge höre?«
Darum wollte Herodes Jesus kennen lernen.

Jesus macht fünftausend Menschen satt

(Mt 14,13-21; Mk 6,30-44; Joh 6,1-13)

10 Die Apostel* kamen zurück und berichteten
Jesus, was sie getan hatten. Darauf zog er sich
mit ihnen in Richtung Betsaida zurück. 11 Sobald
die Leute das merkten, folgten sie ihm. Jesus
wies sie nicht ab, sondern sprach zu ihnen über
das Kommen der Herrschaft* Gottes und heilte
alle, die Hilfe brauchten.
12 Darüber wurde es Abend, und die Zwölf*
kamen und sagten zu ihm: »Schick doch die Leu-
te weg! Sie sollen in die Dörfer und Höfe rings-
um gehen, damit sie dort übernachten können
und etwas zu essen bekommen. Hier sind wir ja
in einer ganz einsamen Gegend.«
13 Aber Jesus sagte zu ihnen: »Gebt doch ihr
ihnen zu essen!«
Sie antworteten: »Wir haben nur fünf Brote
und zwei Fische; wir müssten erst losgehen und
für dieses ganze Volk zu essen kaufen!« 14 Es
waren nämlich an die fünftausend Männer ver-
sammelt.
Jesus sagte zu seinen Jüngern*: »Sorgt dafür,
dass die Leute sich hinsetzen, in Tischgemein-
schaften von je etwa fünfzig.« 15 Die Jünger taten
es und alle setzten sich.
16 Dann nahm Jesus die fünf Brote und die
zwei Fische, sah zum Himmel auf und sprach
das Segensgebet darüber. Er brach die Brote in
Stücke, zerteilte auch die Fische und gab alles
den Jüngern, damit sie es an die Menge aus-
teilten.
17 Und die Leute aßen und wurden alle satt.
Was sie an Brotstücken übrig ließen, wurde ein-
gesammelt: Es waren zwölf volle Körbe.

Petrus spricht aus, wer Jesus ist, und Jesus kündigt zum ersten Mal seinen Tod an

(Mt 16,13-23; Mk 8,27-33)

18 Einmal hatte sich Jesus zum Gebet zurück-
gezogen und nur seine Jünger* waren bei ihm.
Da fragte er sie: »Für wen halten mich eigentlich
die Leute?«
19 Die Jünger gaben zur Antwort: »Einige
halten dich für den wieder auferstandenen
Täufer* Johannes, andere für den wiedergekom-
menen Elija*, und wieder andere meinen, einer
der alten Propheten* sei auferstanden.«
20 »Und ihr«, wollte Jesus wissen, »für wen
haltet ihr mich?«
Petrus antwortete: »Für Christus*, den von
Gott versprochenen Retter!« 21 Da verbot er
ihnen streng, es irgendjemand zu sagen, 22 und
fügte hinzu: »Der Menschensohn* muss vieles
erleiden und muss von den Ratsältesten*, den
führenden Priestern* und den Gesetzeslehrern*
verworfen werden,[c] er muss getötet und am
dritten Tag auferweckt werden.«

Jesus folgen heißt ihm das Kreuz nachtragen

(Mt 16,24-28; Mk 8,34–9,1)

23 Dann wandte sich Jesus an alle und sagte:
»Wer mir folgen will, muss sich und seine Wün-
sche aufgeben, muss Tag für Tag sein Kreuz* auf
sich nehmen und auf meinem Weg hinter mir
hergehen.
24 Denn wer sein Leben retten will, wird es
verlieren. Wer aber sein Leben um meinetwillen

a Siehe Anmerkung zu Mk 6,11. *b* Wörtlich *Herodes;* siehe Sacherklärung »Herodes (3)«.
c Gemeint ist *als unbrauchbar verworfen* im Sinn von Ps 118,22.

9,3 22,35 **9,5** Apg 13,51 S **9,7-8** Mk 8,28 S **9,8** Mt 16,14 S **9,9** 23,8 **9,10-17** Mt 15,32-39 par **9,10** 6,13 S; 10,17 **9,13-14** Num 11,21-22 **9,18** 5,16 S **9,19** Mk 8,28 S **9,20** Mk 8,29 S; Lk 22,67 **9,21** Mk 9,9 S **9,21-22** Mk 8,31 S; Lk 17,25; 24,6-7 **9,23-24** Mt 10,38-39 S; Lk 14,27 **9,23** 1 Petr 2,21

verliert, gerade der wird es retten. 25 Was hat ein Mensch davon, wenn er die ganze Welt gewinnt, aber zuletzt sich selbst verliert oder sich doch schweren Schaden zufügt?

26 Wenn jemand nicht den Mut hat, sich zu mir und meiner Botschaft zu bekennen, dann wird auch der Menschensohn* keinen Mut haben, sich zu ihm zu bekennen, wenn er in seiner Herrlichkeit kommt und in der Herrlichkeit des Vaters und der heiligen Engel*.

27 Doch ich versichere euch: Einige von euch, die jetzt hier stehen, werden noch zu ihren Lebzeiten sehen, wie Gottes Herrschaft* sich durchsetzt!«

Drei Jünger sehen Jesus in Herrlichkeit (Die »Verklärung«)

(Mt 17,1-9; Mk 9,2-10)

28 Etwa acht Tage nachdem Jesus das gesagt hatte, nahm er Petrus, Johannes und Jakobus mit sich und stieg auf einen Berg,[a] um zu beten.

29 Während er betete, veränderte sich sein Gesicht und seine Kleider wurden leuchtend weiß. 30 Und dann standen auf einmal zwei Männer neben ihm und redeten mit ihm. Es waren Mose und Elija. 31 Sie erschienen in himmlischem Glanz und sprachen mit ihm über das Ende, das er nach Gottes Plan in Jerusalem nehmen sollte.

32 Petrus und die zwei anderen Jünger waren in tiefen Schlaf gefallen. Als sie aufwachten, sahen sie Jesus in seinem himmlischen Glanz und die zwei Männer, die bei ihm standen. 33 Als die beiden von Jesus weggehen wollten, sagte Petrus zu Jesus: »Wie gut, dass wir hier sind, Herr! Wir wollen drei Zelte aufschlagen, eins für dich, eins für Mose und eins für Elija.« – Er wusste nicht, was er da redete.

34 Noch während Petrus das sagte, kam eine Wolke und warf ihren Schatten auf Jesus und auf Mose und Elija. Die drei wurden ganz eingehüllt von der Wolke,[b] und die Jünger bekamen Angst. 35 Eine Stimme aus der Wolke sagte: »Dies ist mein Sohn*, ihn habe ich erwählt; auf ihn sollt ihr hören!«

36 Nachdem die Stimme das gesagt hatte, war nur noch Jesus allein zu sehen.

Die drei Jünger behielten dies alles für sich und erzählten damals niemand, was sie gesehen hatten.

Jesus heilt ein besessenes Kind. Die Hilflosigkeit der Jünger

(Mt 17,14-18; Mk 9,14-27)

37 Als Jesus mit den drei Jüngern* am nächsten Tag den Berg hinunterstieg, kamen ihm viele Menschen entgegen. 38 Aus der Menge rief ein Mann ihm zu: »Lehrer*, ich bitte dich, sieh nach meinem Sohn! Er ist mein einziges Kind. 39 Ein böser Geist* packt ihn, lässt ihn plötzlich aufschreien, zerrt ihn hin und her, bis ihm der Schaum vor dem Mund steht, und lässt ihn kaum wieder los; er richtet ihn noch zugrunde. 40 Ich habe deine Jünger gebeten, den bösen Geist auszutreiben, aber sie konnten es nicht.«

41 Jesus antwortete: »Was seid ihr doch für eine verkehrte Generation, die Gott nichts zutraut! Wie lange soll ich noch bei euch aushalten und euch ertragen? Bring deinen Sohn hierher!«

42 Als der Junge kam, riss ihn der böse Geist zu Boden und zerrte ihn hin und her. Jesus sprach ein Machtwort zu dem bösen Geist, machte den Jungen gesund und gab ihn seinem Vater zurück. 43a Da erschraken alle sehr über die Macht und Größe Gottes.

Jesus kündigt zum zweiten Mal seinen Tod an

(Mt 17,22-23; Mk 9,30-32)

43b Während die Menge staunte über all das, was Jesus tat, sagte er zu seinen Jüngern*: 44 »Merkt euch gut, was ich sage: Bald wird der Menschensohn* den Menschen ausgeliefert werden.«

45 Aber sie verstanden nicht, was er damit sagen wollte. Gott hatte es ihnen verborgen; sie sollten es noch nicht begreifen. Doch sie fürchteten sich auch, Jesus danach zu fragen.

Wer ist der Größte?

(Mt 18,1-5; Mk 9,33-37)

46 Unter den Jüngern* kam die Frage auf, wer von ihnen der Größte sei.

47 Jesus kannte ihre Gedanken. Er nahm ein Kind, stellte es neben sich 48 und sagte zu ihnen: »Wer dieses Kind in meinem Namen aufnimmt, nimmt mich auf. Und wer mich aufnimmt, nimmt den auf, der mich gesandt hat. Also: Wer unter euch der Allergeringste ist, der ist groß.«

a Wörtlich *auf den Berg;* siehe Sacherklärung »Berg«.
b Nach anderem Verständnis des nicht eindeutigen Textes hüllt die Wolke auch die Jünger ein.

9,26 12,9 par; 2 Tim 1,8; 2,12 **9,27** Mk 9,1 S **9,28-29** 5,16 S **9,29-36** 2 Petr 1,16-18 **9,31** 24,25-27.44-46; Apg 26,22-23 **9,32** Joh 1,14 **9,35** Mt 3,17 S; (hören) Dtn 18,15 S **9,36** 9,21 par **9,41** Mk 9,19 S **9,43b-45** 9,21-22 S **9,45** 18,34 **9,46-48** 22,24-26 **9,48** Mt 10,40 S; 22,26 par

Wer nicht gegen euch ist, ist für euch

(Mk 9,38-40)

49 Darauf sagte Johannes zu Jesus: »Herr, wir ha-
ben einen Mann gesehen, der hat deinen Namen
dazu benutzt, böse Geister* auszutreiben. Wir
haben versucht, ihn daran zu hindern, weil er
sich dir nicht anschließt so wie wir.«
50 »Lasst ihn doch!«, sagte Jesus. »Wer nicht
gegen euch ist, der ist für euch.«

JESUS AUF DEM WEG NACH JERUSALEM (9,51–19,27)

Jesus macht sich auf den Weg und wird abgewiesen

51 Als der von Gott bestimmte Zeitpunkt näher
rückte, an dem Jesus in den Himmel aufgenom-
men werden sollte, fasste er fest in den Blick,
was auf ihn zukam, und machte sich auf den
Weg nach Jerusalem.[a]
52 Jesus schickte Boten vor sich her. Die
kamen in ein Dorf in Samarien* und wollten
eine Unterkunft für ihn bereitmachen. 53 Aber
die Dorfbewohner weigerten sich, Jesus auf-
zunehmen, weil er auf dem Weg nach Jerusalem
war.
54 Als seine Jünger* Jakobus und Johannes
das hörten, sagten sie zu Jesus: »Herr, sollen wir
befehlen, dass Feuer vom Himmel fällt und sie
vernichtet?«
55 Jesus wandte sich nach ihnen um und wies
sie zurecht.[b] 56 So zogen sie in ein anderes Dorf.

Jüngerschaft ohne Wenn und Aber

(Mt 8,19-22)

57 Unterwegs sagte jemand zu Jesus: »Ich bin be-
reit, dir zu folgen, ganz gleich, wohin du gehst!«
58 Jesus antwortete ihm: »Die Füchse haben ih-
ren Bau und die Vögel ihr Nest; aber der
Menschensohn* hat keinen Platz, wo er sich
hinlegen und ausruhen kann.«
59 Zu einem anderen sagte Jesus: »Komm,
folge mir!« Er aber antwortete: »Herr, erlaube
mir, dass ich erst noch hingehe und meinen
Vater begrabe.« 60 Jesus sagte zu ihm: »Überlass
es den Toten, ihre Toten zu begraben! Du aber
geh hin und verkünde, dass Gott jetzt seine Herr-
schaft* aufrichten will!«
61 Ein anderer sagte: »Herr, ich will ja gerne
mit dir gehen, aber lass mich erst noch von
meiner Familie Abschied nehmen!« 62 Jesus
sagte zu ihm: »Wer seine Hand an den Pflug legt
und zurückschaut, den kann Gott nicht gebrau-
chen, wenn er jetzt seine Herrschaft aufrichten
will.«

Die Aussendung der Siebzig

(Mt 9,37-38; 10,16.5-15)

10 Danach bestimmte der Herr weitere sieb-
zig Boten[c] und sandte sie zu zweien aus.
Sie sollten vor ihm her in alle Städte und Ort-
schaften gehen, durch die er kommen würde.
2 Er sagte zu ihnen: »Hier wartet eine reiche
Ernte, aber es gibt nicht genug Menschen, die
helfen, sie einzubringen. Bittet den Herrn, dem
diese Ernte gehört, dass er die nötigen Leute
schickt!
3 Und nun geht! Ich sende euch wie Lämmer
mitten unter Wölfe. 4 Nehmt keinen Geldbeutel
mit, keine Vorratstasche und keine Schuhe. Und
bleibt unterwegs nicht stehen, um jemand zu
begrüßen.
5 Wenn ihr in ein Haus kommt, sagt zuerst:
›Frieden* sei mit diesem Haus!‹ 6 Wenn dort je-
mand wohnt, der für diesen Frieden bereit ist,
wird euer Wunsch an ihm in Erfüllung gehen;
andernfalls bleibt er wirkungslos. 7 Bleibt in die-
sem Haus und esst und trinkt, was euch angebo-
ten wird; denn wer arbeitet, hat ein Anrecht auf
Lohn. Geht nicht von einem Haus zum andern.
8 Wenn ihr in eine Stadt kommt und sie euch
aufnehmen, dann esst, was euch angeboten
wird. 9 Heilt die Kranken in der Stadt und sagt
den Leuten: ›Gott richtet jetzt seine Herrschaft*
bei euch auf!‹
10 Aber wenn ihr in eine Stadt kommt und
niemand euch aufnehmen will, dann geht hin-
aus auf die Straßen der Stadt und ruft: 11 ›Sogar
den Staub* eurer Stadt, der sich an unsere Füße

a *fasste er ...:* wörtlich *machte er sein Gesicht hart/fest* (vgl. Jes 50,7!), *um nach Jerusalem zu gehen.*
b Einige Handschriften fügen hinzu: *Er sagte: »Ihr wisst nicht, was für ein Geist da aus euch spricht! 56 Der Menschensohn* ist nicht gekommen, um Menschenleben zu vernichten, sondern um sie zu retten!«*
c Im Unterschied zu den Zwölf in 9,1-6. Statt *siebzig* haben viele Handschriften hier und in Vers 17 *zweiundsiebzig.* Diese Zahl entspricht der Anzahl aller Völker der Erde nach der griechischen Übersetzung von Gen 10 (H *siebzig*). Aber wenn an eine Sendung an die Völker gedacht wäre, kämen immer zwei Völker auf ein Botenpaar. Die Zahl *siebzig* entspricht dagegen der Anzahl der Ältesten Israels in Ex 24,1.9; Num 11,16.24. Dies passt dazu, dass die Boten von Jesus hier nur zum Volk Israel gesandt werden.

9,50 11,23 par **9,51** Mk 10,1; Lk 9,31; (Himmel) 24,50-51; Apg 9,1.22 **9,52** 10,33 S **9,54** 2 Kön 1,10.12 **9,59-60** Mt 8,21-22 S **9,61** 1 Kön 19,20-21 **9,62** 11,2 S; Phil 3,13 **10,1-12** 9,1-6 par **10,4** 22,35; 2 Kön 4,29 **10,5-6** 2,14 S **10,7** 1 Tim 5,18; 1 Kor 9,6-14 **10,9.11** 11,2 S **10,11** Apg 13,51 S

geheftet hat, wischen wir ab und lassen ihn euch
da. Aber das sollt ihr wissen: Gott richtet jetzt
seine Herrschaft auf!‹
12 Ich sage euch: Am Tag des Gerichts wird es
den Menschen von Sodom* besser ergehen als
den Leuten einer solchen Stadt.«

Wer nicht hören will ...

(Mt 11,20-24; 10,40)

13 »Weh dir, Chorazin! Weh dir, Betsaida! Wenn
in Tyrus und Sidon die Wunder geschehen
wären, die bei euch geschehen sind, die Leute
dort hätten schon längst den Sack* umgebun-
den, sich Asche auf den Kopf gestreut und ihr
Leben geändert.[a] 14 Am Tag des Gerichts wird es
den Bewohnern von Tyrus und Sidon besser
ergehen als euch!
15 Und du, Kafarnaum, meinst du, du wirst in
den Himmel erhoben werden? In den tiefsten
Abgrund* wirst du gestürzt!
16 Wer auf euch hört, hört auf mich. Wer euch
abweist, weist mich ab. Wer aber mich abweist,
weist den ab, der mich gesandt hat.«

Die Rückkehr der Siebzig

17 Die Siebzig[b] kamen zurück und berichteten
voller Freude: »Herr, sogar die bösen Geister*
gehorchen uns, wenn wir uns auf deinen Namen
berufen!«
18 Jesus sagte zu ihnen: »Ich sah den Satan*
wie einen Blitz vom Himmel fallen. 19 Ja, es ist
wahr:[c] Ich habe euch Vollmacht gegeben, auf
Schlangen und Skorpione zu treten und die
ganze Macht des Feindes zunichte zu machen.
Er wird euch nicht das Geringste antun können.
20 Aber nicht darüber sollt ihr euch freuen, dass
euch die bösen Geister gehorchen. Freut euch
lieber darüber, dass eure Namen bei Gott auf-
geschrieben sind!«

Grund zu Freude und Jubel

(Mt 11,25-27; 13,16-17)

21 Damals wurde Jesus vom Geist* Gottes mit
jubelnder Freude erfüllt und rief: »Vater, Herr
über Himmel und Erde, du hast angefangen,
deine Herrschaft* aufzurichten.[d] Das hast du
den Klugen und Gelehrten verborgen, aber den
Unwissenden hast du es offenbar gemacht. Dafür
preise ich dich! Ja, Vater, so wolltest du es
haben!
22 Mein Vater hat mir alle Macht übergeben.
Niemand kennt den Sohn*, nur der Vater, und
niemand den Vater, nur der Sohn – und die,
denen der Sohn ihn offenbaren will.«
23 Dann wandte sich Jesus zu seinen Jüngern,
den Männern und Frauen,[e] und sagte: »Ihr dürft
euch freuen, dass Gott euch die Augen gab, zu
sehen und zu verstehen, was hier geschieht.[f]
24 Ich sage euch: Viele Propheten* und Könige
wollten sehen, was ihr jetzt seht, aber sie haben
es nicht gesehen. Sie wollten hören, was ihr jetzt
hört, aber sie haben es nicht gehört.«

Das wichtigste Gebot

(Mt 22,34-40; Mk 12,28-31)

25 Da kam ein Gesetzeslehrer* und wollte Jesus
auf die Probe stellen; er fragte ihn: »Lehrer*,
was muss ich tun, um das ewige Leben zu be-
kommen?«
26 Jesus antwortete: »Was steht denn im
Gesetz*? Was liest du dort?«
27 Der Gesetzeslehrer antwortete: »Liebe den
Herrn, deinen Gott, von ganzem Herzen, mit
ganzem Willen und mit aller deiner Kraft und
deinem ganzen Verstand! Und: Liebe deinen
Mitmenschen wie dich selbst!«
28 »Du hast richtig geantwortet«, sagte Jesus.
»Handle so, dann wirst du leben.«

Das Beispiel des barmherzigen Samariters*

29 Aber dem Gesetzeslehrer* war das zu ein-
fach,[g] und er fragte weiter: »Wer ist denn mein
Mitmensch?«
30 Jesus nahm die Frage auf und erzählte die
folgende Geschichte:
»Ein Mann ging von Jerusalem nach Jericho
hinab. Unterwegs überfielen ihn Räuber. Sie
nahmen ihm alles weg, schlugen ihn zusammen
und ließen ihn halb tot liegen.
31 Nun kam zufällig ein Priester denselben
Weg. Er sah den Mann liegen und ging vor-

a *ihr Leben geändert:* siehe Sacherklärung »Umkehr«. b Siehe Anmerkung zu Vers 1.
c Wörtlich *Siehe.* In Vers 19 wird etwas nachgetragen, was in Vers 9 nicht ausdrücklich zur Sprache kam; vgl. 9,1.
d *du hast angefangen ...:* verdeutlichender Zusatz.
e *den Männern und Frauen* ist verdeutlichender Zusatz; siehe Anmerkung zu 6,17.
f *Ihr dürft euch ...:* wörtlich *Selig die Augen, die sehen, was ihr seht.* Das Wort ist im Licht der vorausgehenden Stellen 8,10 und 10,21-22 zu lesen.
g Wörtlich *er wollte sich* (d.h. seine Frage) *rechtfertigen.*

10,12 Mt 10,15 S **10,13-14** (Tyrus und Sidon) Jes 23,1-16 S **10,15** Jes 14,13-15 **10,16** Mt 10,40 S **10,17** 9,10 par **10,18** Jes 14,12; Joh 12,31; Offb 12,9 **10,19** Mk 16,18 S; Dtn 8,15 **10,20** Offb 3,5 S **10,21** 4,18 S **10,22** Mt 11,27 S **10,24** 2,30-31; 1 Petr 1,10-12 **10,25** 18,18 par **10,27** *nach* Dtn 6,5 *und* Lev 19,18; Mk 12,31 S **10,28** Lev 18,5; Röm 10,5; Gal 3,12; Mt 19,17; Joh 13,17

bei. 32 Genauso machte es ein Levit*, als er an
die Stelle kam: Er sah ihn liegen und ging vorbei.
33 Schließlich kam ein Reisender aus Samarien*. Als er den Überfallenen sah, ergriff ihn
das Mitleid. 34 Er ging zu ihm hin, behandelte
seine Wunden mit Öl und Wein und verband sie.
Dann setzte er ihn auf sein eigenes Reittier und
brachte ihn in das nächste Gasthaus, wo er sich
weiter um ihn kümmerte.

35 Am anderen Tag zog er seinen Geldbeutel
heraus, gab dem Wirt zwei Silberstücke* und
sagte: ›Pflege ihn! Wenn du noch mehr brauchst,
will ich es dir bezahlen, wenn ich zurückkomme.‹«

36 »Was meinst du?«, fragte Jesus. »Wer von
den dreien hat an dem Überfallenen als Mitmensch gehandelt?«

37 Der Gesetzeslehrer antwortete: »Der ihm
geholfen hat!«

Jesus erwiderte: »Dann geh und mach du es
ebenso!«

Jesus bei Maria und Marta

38 Als Jesus mit seinen Jüngern* weiterzog, kam
er in ein Dorf. Dort nahm ihn eine Frau namens
Marta gastlich auf.

39 Sie hatte eine Schwester mit Namen Maria,
die setzte sich zu Füßen des Herrn nieder und
hörte ihm zu. 40 Marta dagegen war voll damit
beschäftigt, das Essen vorzubereiten.

Schließlich trat Marta vor Jesus hin und sagte:
»Herr, kümmert es dich nicht, dass mich meine
Schwester die ganze Arbeit allein tun lässt? Sag
ihr doch, dass sie mir helfen soll!«

41 Der Herr antwortete ihr: »Marta, Marta, du
machst dir viele Sorgen und verlierst dich an
vielerlei, 42 aber nur *eins* ist nötig. Maria hat die
richtige Wahl getroffen. Sie hat sich für ein Gut
entschieden,[a] das ihr niemand wegnehmen
kann.«

Über das Beten

(Mt 6,9-13; 7,7-11)

11 Einmal hatte sich Jesus zum Gebet zurückgezogen. Als er es beendet hatte, bat ihn einer der Jünger*: »Herr, sag uns doch, wie wir beten sollen! Johannes hat es seine Jünger auch gelehrt.«

2 Jesus antwortete: »Das soll euer Gebet sein:
Vater!
Mach deinen Namen* groß in der Welt!
Komm und richte deine Herrschaft* auf!
3 Gib uns jeden Tag, was wir zum Leben brauchen.
4 Vergib uns unsere Verfehlungen,
denn auch wir vergeben allen,
die an uns schuldig geworden sind.
Und lass uns nicht in die Gefahr kommen,
dir untreu zu werden.«

5 Dann sagte Jesus zu seinen Jüngern: »Stellt
euch vor, einer von euch geht mitten in der
Nacht zu seinem Freund und bittet ihn: ›Lieber
Freund, leih mir doch drei Brote! 6 Ich habe
gerade Besuch von auswärts bekommen und
kann ihm nichts anbieten.‹

7 Würde da der Freund im Haus wohl rufen:
›Lass mich in Ruhe! Die Tür ist schon zugeschlossen und meine Kinder liegen bei mir im Bett. Ich
kann nicht aufstehen und dir etwas geben‹?

8 Ich sage euch, wenn er auch nicht gerade
aus Freundschaft aufsteht und es ihm gibt, so
wird er es doch wegen der Unverschämtheit
jenes Menschen tun und ihm alles geben, was er
braucht.

9 Deshalb sage ich euch: Bittet und ihr werdet
bekommen! Sucht und ihr werdet finden! Klopft
an und es wird euch geöffnet! 10 Denn wer bittet,
der bekommt; wer sucht, der findet; und wer
anklopft, dem wird geöffnet.

11 Ist unter euch ein Vater, der seinem Kind
eine Schlange geben würde, wenn es um einen
Fisch bittet? 12 Oder einen Skorpion, wenn es
um ein Ei bittet? 13 So schlecht ihr auch seid, ihr
wisst doch, was euren Kindern gut tut, und gebt
es ihnen. Wie viel mehr wird der Vater im
Himmel denen den Heiligen Geist* geben, die
ihn darum bitten.«

Steht Jesus mit dem Teufel im Bund?

(Mt 12,22-30; Mk 3,22-27)

14 Jesus heilte einen Stummen, der von einem
bösen Geist* besessen war. Als der böse Geist
von ihm ausgefahren war, konnte der Mann
wieder sprechen. Die Menge staunte, 15 aber
einige sagten: »Er kann die bösen Geister nur
austreiben, weil Beelzebul*, der oberste aller
bösen Geister, ihm die Macht dazu gibt.«

16 Andere wollten Jesus auf die Probe stellen

[a] *die richtige Wahl...:* wörtlich *den guten Anteil erwählt.* Anspielung auf Ps 16,5-6 nach G. Im Hintergrund ist Lk 10,23-24 mitzuhören.

10,33 (Samarien) 9,52; 17,11.16; Mt 10,5; Joh 4,9.39-40; Apg 1,8; 8,1.5.14-17.28; 9,31 **10,38** Joh 11,1-2; 12,1-3 **10,39-42** Apg 6,1-4 **10,39-40** 8,14.18; 12,22.29-31 **10,39** 8,21; 11,28; Apg 16,14 **10,42** Ps 119,57 **11,1** 5,16S **11,2** (Herrschaft Gottes) 4,43; 9,2.62; 10,9 par.11; 11,20 par; 17,21; 19,11; Apg 1,6-8; 28,23S **11,3** 12,22-32 par **11,4** Mt 6,14-15S; Mt 6,13S **11,7-8** 18,5 **11,9** Mt 7,7S **11,14-15** Mt 9,32-34 **11,15** Mt 9,34S **11,16** Joh 6,30S

und verlangten von ihm ein Zeichen vom Him-
mel als Beweis dafür, dass er wirklich von Gott
beauftragt sei.[a]
17 Jesus wusste, was sie dachten, und sagte zu
ihnen: »Jeder Staat, dessen Machthaber einan-
der befehden, muss untergehen, und alle Häuser
sinken in Trümmer. 18 Wenn nun der Satan* mit
sich im Streit läge – und das behauptet ihr ja,
wenn ihr sagt, ich würde die bösen Geister mit
Hilfe von Beelzebul austreiben –, wie könnte da
seine Herrschaft bestehen?
19 Und wenn ich die bösen Geister austreibe,
weil ich mit Beelzebul im Bund stehe, wer gibt
dann *euren* Leuten die Macht, sie auszutreiben?
Eure eigenen Leute werden es sein, die euch das
Urteil sprechen!
20 Nein, ich treibe die bösen Geister mit dem
Finger Gottes[b] aus, und daran könnt ihr sehen,
dass Gott schon angefangen hat, mitten unter
euch seine Herrschaft* aufzurichten.
21 Solange ein Starker, mit Waffen gut ausge-
rüstet, seinen Palast bewacht, ist sein Besitz in
Sicherheit. 22 Sobald aber ein Stärkerer kommt,
der ihn besiegt, nimmt der ihm alle Waffen weg,
auf die er sich verließ, und verteilt die Beute, die
er bei sich aufgehäuft hat.
23 Wer nicht für mich ist, der ist gegen mich,
und wer mir nicht sammeln hilft, der zerstreut.«

Warnung vor der Rückkehr des ausgetriebenen Geistes

(Mt 12,43-45)

24 »Wenn ein böser Geist* einen Menschen ver-
lässt, irrt er durch Wüsten und sucht nach einer
Bleibe. Wenn er keine findet, sagt er sich: ›Ich
gehe lieber wieder in meine alte Behausung!‹
25 Er kehrt zurück und findet alles sauber und
aufgeräumt.
26 Darauf geht er hin und sucht sich sieben an-
dere böse Geister, die noch schlimmer sind als er
selbst, und sie kommen und wohnen dort. So ist
dieser Mensch am Ende schlimmer dran als am
Anfang.«

Wer sich freuen darf ...

27 Als Jesus das sagte, rief eine Frau aus der Men-
ge: »Die Frau darf sich freuen, die dich geboren
und aufgezogen hat!«
28 Aber Jesus erwiderte: »Mehr noch dürfen
die sich freuen, die Gottes Wort hören und da-
nach leben!«

Jesus verweigert den gewünschten Beweis

(Mt 12,38-42)

29 Als immer mehr Menschen bei Jesus zusam-
menströmten, sagte er: »Diese Generation ist
eine böse Generation. Sie verlangt einen
Beweis,[c] aber es wird ihr keiner gegeben wer-
den. Ausgenommen das Wunder, das an
Jona* geschah – den Beweis wird sie be-
kommen! 30 Wie nämlich Jona für die Leute von
Ninive* zu einem ›Beweis‹ wurde, so wird es
der Menschensohn* für diese Generation
werden.
31 Am Tag des Gerichts wird die Königin aus
dem Süden aufstehen und die Menschen dieser
Generation schuldig sprechen; denn sie kam
vom Ende der Welt, um die weisen Lehren Salo-
mos zu hören. Und hier steht ein Größerer als
Salomo!
32 Am Tag des Gerichts werden die Bewohner
von Ninive aufstehen und diese Generation
schuldig sprechen; denn als Jona sie warnte,
haben sie ihr Leben geändert.[d] Und hier steht
ein Größerer als Jona!«

Jesus als das Licht sehen, empfangen und festhalten

(Mt 5,15; 6,22-23)

33 »Niemand zündet eine Lampe* an, um sie
dann zu verstecken oder unter einen Topf zu
stellen. Im Gegenteil, sie kommt auf den
Lampenständer, damit alle, die das Haus betre-
ten, das Licht sehen können.[e]
34 Dein Auge vermittelt dir das Licht. Ist dein
Auge gut, so bist du ganz von Licht durchdrun-
gen; ist es schlecht, so bist du voller Finsternis.
35 Gib also Acht, dass das Licht in dir nicht
Finsternis ist!
36 Wenn du nun ganz vom Licht durchdrun-
gen bist und nichts mehr an dir finster ist, dann
wirst du ganz und gar im Licht sein – so wie du
es bist, wenn der Lichtstrahl der Lampe dich
trifft.«

a *als Beweis ...:* verdeutlichender Zusatz. b Anspielung auf den Sieg Moses über die ägyptischen Zauberer, die im Wunder wirkenden Stock Moses den *Finger Gottes* erkannten; vgl. Ex 8,15. c Vgl. Vers 16.
d *ihr Leben geändert:* siehe Sacherklärung »Umkehr«. e Das Bildwort von der Lampe auf dem Lampenständer erscheint in verschiedenen Zusammenhängen und verschiedenen Deutungen (vgl. 8,16; Mt 5,15; Mk 4,21). Hier ist es von den Versen 29-32 her gesehen und auf Jesus und seine Verkündigung bezogen (vgl. 10,23). Entsprechend spricht Vers 34 von einem Sehvermögen, das sich auf das so verstandene *Licht* bezieht, und von dessen Folgen für den inneren Menschen.

11,20 11,2 **11,21** Jes 49,24 **11,23** 9,50 par **11,26** 2 Petr 2,20 **11,27-28** 8,19-21 par **11,29-30** Joh 6,30 S **11,30** Jona 2,1.11; 1,2 **11,31** 1 Kön 10,1-10 **11,32** Jona 3,5 **11,33** 8,16 par **11,34** Apg 26,18; 2 Kor 4,6 **11,35** 2 Kor 6,14; Eph 5,8.14; 1 Thess 5,5

Weherufe über die Pharisäer und die Gesetzeslehrer

(Mt 23,1-36)

37 Jesus hatte gerade aufgehört zu sprechen, da
lud ihn ein Pharisäer* zum Essen ein. Jesus ging
zu ihm ins Haus und setzte sich zu Tisch.

38 Der Pharisäer war überrascht, als er sah,
dass Jesus sich vor dem Essen die Hände nicht
wusch.[a]

39 Da sagte der Herr zu ihm: »So seid ihr
Pharisäer! Ihr reinigt sogar noch das Äußere von
Becher und Schüssel.[b] Aber ihr selbst seid in
eurem Innern voll von Raub und Schlechtigkeit.
40 Was seid ihr doch unverständig! Hat Gott, der
das Äußere gemacht hat, nicht auch das Innere
gemacht? 41 Gebt den Armen, was in den
Schüsseln ist, und alles ist euch rein*!

42 Weh euch Pharisäern! Ihr gebt Gott den
zehnten* Teil von allem, sogar noch von Gewür-
zen wie Minze und Raute und von jedem Gar-
tenkraut. Aber ihr kümmert euch nicht um das
Recht eurer Mitmenschen und die Liebe zu Gott.
Dies solltet ihr tun, ohne das andere zu vernach-
lässigen!

43 Weh euch Pharisäern! Ihr liebt die Ehren-
plätze im Gottesdienst und lasst euch auf der
Straße gern respektvoll grüßen.

44 Weh euch! Ihr seid wie unkenntlich ge-
wordene Gräber, über die die Menschen nichts
ahnend hinweggehen und dadurch unrein* wer-
den.«[c]

45 Einer der Gesetzeslehrer* sagte: »Lehrer*,
damit beleidigst du auch uns!«

46 Jesus antwortete: »Weh auch euch Geset-
zeslehrern! Ihr ladet den Menschen kaum trag-
bare Lasten auf, macht aber selbst keinen Finger
krumm, um sie zu tragen.

47 Weh euch! Ihr baut wunderschöne Grab-
mäler für die Propheten*, die von euren Vorfah-
ren umgebracht worden sind. 48 Damit bezeugt
ihr öffentlich, dass ihr mit den Taten eurer Vor-
fahren einverstanden seid: Sie haben die Prophe-
ten umgebracht und ihr baut die Grabmäler.

49 Deshalb hat die Weisheit* Gottes ja auch
über euch gesagt:[d] ›Ich werde ihnen Propheten
und Apostel* senden; sie aber werden einige
von ihnen töten und die anderen verfolgen. 50 So
kommt es dahin, dass diese Generation zur
Rechenschaft gezogen wird für die Ermordung
aller Propheten seit der Erschaffung der Welt,
51 von Abel* bis hin zu Secharja,[e] der zwischen
Brandopferaltar* und Tempelhaus umgebracht
worden ist.‹

Ich versichere euch: Diese Generation wird
für das alles zur Rechenschaft gezogen werden.

52 Weh euch, ihr Gesetzeslehrer! Ihr habt den
Schlüssel weggenommen, der die Tür zur Er-
kenntnis öffnet. Ihr selbst seid nicht hineinge-
gangen, und ihr habt alle gehindert, die hinein-
wollten.«

53 Nachdem Jesus das Haus verlassen hatte,
ließen die Gesetzeslehrer und die Pharisäer ihn
nicht mehr aus den Augen und achteten genau
auf alles, was er sagte. 54 Sie lauerten darauf,
eine verfängliche Äußerung aus seinem Mund
zu hören.

Warnung vor Scheinheiligkeit

(Mt 10,26-27)

12 Inzwischen waren Tausende von Men-
schen zusammengekommen, so viele,
dass sie einander auf die Füße traten. Jesus
wandte sich zuerst seinen Jüngern zu, den Män-
nern und Frauen;[f] er sagte zu ihnen: »Nehmt
euch in Acht vor dem Sauerteig* der Pharisäer*
– ich meine: Lasst euch nicht von ihrer Schein-
heiligkeit anstecken!

2 Was verhüllt ist, wird offenbar werden, und
was niemand weiß, wird allen bekannt werden.
3 Deshalb lasst auch ihr euch warnen: Was ihr in
der Dunkelheit gesagt habt, werden alle am hel-
len Tag zu hören bekommen. Was ihr jemand
hinter verschlossener Tür ins Ohr geflüstert
habt, wird laut in der Öffentlichkeit ausgerufen
werden.«

Aufforderung zu furchtlosem Bekennen

(Mt 10,28-33; 12,32)

4 »Euch, meinen Freunden, den Männern und
Frauen, sage ich: Fürchtet euch nicht vor Men-
schen! Sie können nur den Leib töten, aber dar-
über hinaus können sie euch nichts anhaben.
5 Ich will euch sagen, wen ihr fürchten sollt:

a Es geht nicht um Hygiene, sondern um die kultische Reinheit* (vgl. Mk 7,2-3). b Siehe Anmerkung zu Mt 23,25.
c *und dadurch unrein werden:* verdeutlichender Zusatz; vgl. Num 19,16.
d *über euch* ist verdeutlichender Zusatz. Jesus spricht etwas aus, was so in keiner der biblischen Weisheitsschriften überliefert ist. Zur Weisheit als redender Person vgl. Spr 1,20-33; 8,1-34; Sir 24,1-22; Weish 7,27; Lk 7,35. Zu den *Propheten* im folgenden Satz siehe Sacherklärung »Prophet (3)«.
e Zu *Secharja* siehe Anmerkung zu Mt 23,35.
f *den Männern und Frauen:* verdeutlichender Zusatz; ebenso in Vers 4 (siehe Anmerkung zu 6,17).

11,37 7,36 S **11,38-39** Mk 7,2-4 S **11,41** 12,33 S **11,42** Mt 23,23 S **11,43** 20,46 par **11,46** Apg 15,10-11 **11,47-48** Mt 5,12 S **11,51** Gen 4,8-10; 2 Chr 24,21 **11,52** Mt 16,19 **11,54** 20,20 par **12,1** Mk 8,15 par **12,2** 8,17 **12,5** Hebr 10,31

Fürchtet den, der nicht nur töten kann, sondern auch noch die Macht hat, euch ins ewige Verderben zu schicken. Ja, ich sage euch, den sollt ihr fürchten!

6 Kauft man nicht fünf Spatzen für zwei Groschen? Und doch kümmert sich Gott um jeden Einzelnen von ihnen. 7 Doch bei euch ist sogar jedes Haar auf dem Kopf gezählt. Habt keine Angst: Ihr seid Gott mehr wert als ein ganzer Schwarm Spatzen!

8 Ich sage euch: Wer sich vor den Menschen zu mir bekennt, zu dem wird sich auch der Menschensohn* am Gerichtstag bekennen vor den Engeln* Gottes. 9 Wer mich aber vor den Menschen nicht kennen will, den wird auch der Menschensohn nicht kennen am Gerichtstag vor den Engeln Gottes.

10 Wer den Menschensohn beschimpft, kann Vergebung finden. Wer aber den Heiligen Geist* beleidigt, wird keine Vergebung finden. [a]

11 Wenn sie euch vor die Synagogengerichte* schleppen und vor andere Richter und Machthaber, dann macht euch keine Sorgen darüber, wie ihr euch verteidigen oder was ihr sagen sollt. 12 Denn der Heilige Geist wird euch in dem Augenblick eingeben, was ihr sagen müsst.«

Gegen die Sorge um Reichtum und Lebenssicherung

13 Ein Mann in der Menge wandte sich an Jesus: »Lehrer*, sag doch meinem Bruder, er soll mit mir das Erbe teilen, das unser Vater uns hinterlassen hat!« [b]

14 Jesus antwortete ihm: »Freund, ich bin nicht zum Richter für eure Erbstreitigkeiten bestellt!«

15 Dann sagte er zu allen: »Gebt Acht! Hütet euch vor jeder Art von Habgier! Denn der Mensch gewinnt sein Leben nicht aus seinem Besitz, auch wenn der noch so groß ist.«

16 Jesus erzählte ihnen dazu eine Geschichte:

»Ein reicher Grundbesitzer hatte eine besonders gute Ernte gehabt. 17 ›Was soll ich jetzt tun?‹, überlegte er. ›Ich weiß gar nicht, wo ich das alles unterbringen soll! 18 Ich hab's‹, sagte er, ›ich reiße meine Scheunen ab und baue größere! Dann kann ich das ganze Getreide und alle meine Vorräte dort unterbringen 19 und kann zu mir selbst sagen: Gut gemacht! Jetzt bist du auf viele Jahre versorgt. Gönne dir Ruhe, iss und trink nach Herzenslust und genieße das Leben!‹

20 Aber Gott sagte zu ihm: ›Du Narr, noch in dieser Nacht werde ich dein Leben von dir zurückfordern! Wem gehört dann dein Besitz?‹«

21 Und Jesus schloss: »So steht es mit allen, die für sich selber Besitz aufhäufen, aber bei Gott nichts besitzen.«

Die vielen Sorgen und die einzige Sorge

(Mt 6,25-34)

22 Dann sagte Jesus zu seinen Jüngern, den Männern und Frauen: [c] »Darum sage ich euch: Macht euch keine Sorgen um euer Leben, ob ihr etwas zu essen habt, und um euren Leib, ob ihr etwas anzuziehen habt! 23 Das Leben ist mehr als Essen und Trinken, und der Leib ist mehr als die Kleidung!

24 Seht euch die Raben an! Sie säen nicht und ernten nicht, sie haben weder Scheune noch Vorratskammer. Aber Gott sorgt für sie. Und ihr seid ihm doch viel mehr wert als die Vögel!

25 Wer von euch kann durch Sorgen sein Leben auch nur um einen Tag verlängern? 26 Wenn ihr nicht einmal so eine Kleinigkeit zustande bringt, warum quält ihr euch dann mit Sorgen um all die anderen Dinge?

27 Seht euch die Blumen auf den Feldern an, wie sie wachsen! Sie arbeiten nicht und machen sich keine Kleider, doch ich sage euch: Nicht einmal Salomo bei all seinem Reichtum war so prächtig gekleidet wie irgendeine von ihnen. 28 Wenn Gott sogar die Feldblumen so ausstattet, die heute blühen und morgen verbrannt werden, dann wird er sich erst recht um euch kümmern. Habt doch mehr Vertrauen!

29 Zerbrecht euch also nicht den Kopf darüber, was ihr essen und trinken werdet. 30 Mit all dem plagen sich Menschen, die Gott nicht kennen. [d] Euer Vater weiß, was ihr braucht. 31 Sorgt euch nur darum, dass ihr euch seiner Herrschaft* unterstellt, dann wird er euch schon mit dem anderen versorgen.

a Das Wort richtet sich eher an Außenstehende (vgl. Mt 12,32). Vorausgeblickt wird auf die Zeit nach Pfingsten: Der auf Erden lebende Jesus – auch wenn ihm die Vollmacht des *Menschensohnes* eigen ist – mag von ihnen noch verkannt und gelästert werden, doch das Kommen des *Geistes* wird ihn von Gott her bestätigen in einer Eindeutigkeit, die jede weitere Lästerung unverzeihlich macht.

b das unser Vater …: verdeutlichender Zusatz.

c den Männern und Frauen: verdeutlichender Zusatz; siehe Anmerkung zu 6,17.

d Menschen, die …: wörtlich *die Völker der Welt;* siehe Sacherklärung »Heiden«.

12,7 21,18 **12,9** 9,26 par **12,10** Mk 3,28-29 par **12,11-12** 21,14-15 par; Mt 10,19-20; Mk 13,11; Apg 4,8 **12,15** 18,22-25 par; 1 Tim 6,9-10 **12,19-20** Ps 49,21; Sir 11,19 **12,20** Weish 15,8 **12,21** 12,33 **12,22-32** 11,3 **12,24** Ps 147,9 **12,27** (Salomo) 1 Kön 10,1-29 **12,28** Mt 14,31 S

32 Sei ohne Angst, du kleine Herde! Euer
Vater ist entschlossen, euch seine neue Welt[a] zu
schenken!«

Reichtum bei Gott

(Mt 6,19-21)

33 »Verkauft euren Besitz und schenkt das Geld
den Armen! Verschafft euch Geldbeutel, die kein
Loch bekommen, und sammelt Reichtümer bei
Gott, die euch nicht zwischen den Fingern zer-
rinnen und nicht von Dieben gestohlen und von
Motten zerfressen werden. 34 Denn euer Herz
wird immer dort sein, wo ihr eure Schätze habt.«

Bereit für Gottes neue Welt und das Kommen des Menschensohnes

(Mt 24,43-51)

35 »Haltet euch bereit[b] und lasst eure Lampen
nicht verlöschen! 36 Seid wie Diener und Diene-
rinnen,[c] die auf ihren Herrn warten, der auf
einer Hochzeit ist. Wenn er dann spät zurück-
kommt und an die Tür klopft, können sie ihm
sofort aufmachen.

37 Sie dürfen sich freuen, wenn der Herr sie
bei seiner Ankunft wach und dienstbereit findet.
Ich versichere euch: Er wird sich die Schürze
umbinden, sie zu Tisch bitten und sie selber be-
dienen.

38 Vielleicht kommt er erst um Mitternacht
oder sogar noch später. Freude ohne Ende ist ih-
nen gewiss, wenn er sie dann wachend antrifft!

39 Macht euch das eine klar: Wenn ein Haus-
herr im Voraus wüsste, zu welcher Stunde der
Dieb kommt, würde er den Einbruch verhin-
dern. 40 So müsst auch ihr jederzeit bereit sein;
denn der Menschensohn* wird zu einer Stunde
kommen, wenn ihr es nicht erwartet.«

Die besondere Verantwortung der Apostel

(Mt 24,45-51)

41 Petrus fragte: »Herr, bezieht sich der Vergleich
mit dem Hausherrn auf alle oder nur auf uns
Apostel*?«[d]

42 Der Herr antwortete: »Wer ist denn wohl
der treue und kluge Verwalter, dem sein Herr
den Auftrag geben wird, die Dienerschaft zu be-
aufsichtigen und jedem pünktlich die Tagesration
auszuteilen? 43 Er darf sich freuen, wenn sein
Herr zurückkehrt und ihn bei seiner Arbeit fin-
det. 44 Ich versichere euch: Sein Herr wird ihm
die Verantwortung für alle seine Güter über-
tragen.

45 Wenn er sich aber sagt: ›So bald kommt
mein Herr nicht zurück‹, und anfängt, die Diener
und Dienerinnen zu schlagen, üppig zu essen
und sich zu betrinken, 46 dann wird sein Herr
an einem Tag und zu einer Stunde zurückkeh-
ren, wenn er überhaupt nicht damit rechnet. Er
wird ihn in Stücke hauen und ihn dorthin brin-
gen lassen, wo die Treulosen ihre Strafe ver-
büßen.

47 Der Diener, der die Anweisungen seines
Herrn kennt und sie nicht bereitwillig befolgt,
wird hart bestraft. 48 Ein Diener, der den Willen
seines Herrn *nicht* kennt und etwas tut, wofür er
Strafe verdient hätte, wird besser davonkom-
men. Wem viel gegeben worden ist, von dem
wird auch viel verlangt. Je mehr einem Men-
schen anvertraut wird, desto mehr wird von ihm
gefordert.«

Zeit der Entscheidung, Zeit der Entzweiung

(Mt 10,34-36)

49 »Ich bin gekommen, um auf der Erde ein Feuer
zu entzünden, und ich wollte, es stünde schon
in hellen Flammen. 50 Aber ich muss noch eine
Taufe auf mich nehmen[e] – hätte ich sie doch
schon hinter mir!

51 Meint ihr, ich sei gekommen, um Frieden
in die Welt zu bringen? Nein, nicht Frieden, sage
ich euch, sondern Entzweiung. 52 Denn so wird
es von nun an zugehen: Wenn fünf Menschen in
einer Familie zusammenleben, werden drei ge-
gen zwei stehen und zwei gegen drei. 53 Der
Vater wird gegen den Sohn sein und der Sohn
gegen den Vater. Die Mutter wird gegen die
Tochter sein und die Tochter gegen die Mutter.
Die Schwiegermutter wird gegen die Schwieger-
tochter sein und die Schwiegertochter gegen die
Schwiegermutter.«

a *seine neue Welt:* wörtlich *die Königsherrschaft**.
b Wörtlich *Eure Hüften seien gegürtet.* So lautet bei wörtlicher Übersetzung die Anweisung für die Nacht vor dem Auszug aus Ägypten in Ex 12,11!
c Wörtlich *wie Menschen.*
d *Apostel:* verdeutlichender Zusatz. Dabei ist zugleich an diejenigen zu denken, die später in der Nachfolge der Apostel die Gemeinden leiten.
e Siehe Anmerkung zu Mk 10,38.

12,32 Jes 41,14; Lk 22,29 **12,33** 11,41; 18,22 par; Apg 2,45; 4,32-37 **12,35-36** Mt 25,1 **12,36** Offb 3,20 **12,39-40** Mt 24,43S; 25,13S **12,42-44** 19,17-19 par; 16,10 **12,46** Offb 21,8 **12,47** Jak 4,17 **12,50** Mk 10,38S **12,51** 2,14S **12,52-53** 14,26 par; 21,16 par **12,53** Mi 7,6

Letzte Gelegenheit, sein Leben in Ordnung zu bringen

(Mt 16,2-3; 5,25-26)

54 Jesus wandte sich wieder der Volksmenge zu
und sagte: »Wenn ihr eine Wolke im Westen auf-
steigen seht, sagt ihr gleich: ›Es wird regnen‹,
und dann regnet es auch. 55 Wenn ihr merkt,
dass Südwind weht, sagt ihr: ›Es wird heiß wer-
den‹, und so geschieht es auch.
56 Ihr Scheinheiligen! Das Aussehen von Him-
mel und Erde könnt ihr beurteilen und schließt
daraus, wie das Wetter wird. Warum versteht ihr
dann nicht, was die Ereignisse dieser Zeit ankün-
digen?
57 Könnt ihr denn nicht von selbst erkennen,
worauf es jetzt ankommt? 58 Es ist, wie wenn du
von deinem Gläubiger vor Gericht geschleppt
wirst. Dann gibst du dir doch auch Mühe, die
Sache mit ihm in Ordnung zu bringen, solange
du noch mit ihm auf dem Weg bist. Wenn du erst
einmal vor Gericht stehst, wird dich der Richter
dem Gefängniswärter übergeben, und der bringt
dich ins Gefängnis. 59 Ich sage dir: Dort kommst
du erst wieder heraus, wenn du deine Schuld bis
auf den letzten Pfennig bezahlt hast!«

Wenn ihr euch nicht ändert ...

13 Um diese Zeit kamen einige Leute zu Jesus
und erzählten ihm von den Männern aus
Galiläa*, die Pilatus töten ließ, als sie gerade im
Tempel Opfer* darbrachten; ihr Blut vermischte
sich mit dem Blut ihrer Opfertiere.
2 Jesus sagte zu ihnen: »Meint ihr etwa, dass
sie einen so schrecklichen Tod fanden, weil sie
schlimmere Sünder waren als die anderen Leute
in Galiläa? 3 Nein, ich sage euch: Wenn ihr euch
nicht ändert,[a] werdet ihr alle genauso umkom-
men!
4 Oder denkt an die achtzehn, die der Turm
am Teich Schiloach* unter sich begrub! Meint
ihr, dass sie schlechter waren als die übrigen Ein-
wohner Jerusalems? 5 Nein, ich sage euch: Ihr
werdet alle genauso umkommen, wenn ihr euch
nicht ändert!«

Eine letzte Gnadenfrist

6 Dann erzählte ihnen Jesus folgendes Gleich-
nis*:
»Ein Mann hatte in seinem Weinberg einen
Feigenbaum gepflanzt. Er kam und suchte
Früchte an ihm und fand keine. 7 Da sagte er zu
seinem Weingärtner: ›Hör zu: Drei Jahre sind es
nun schon, dass ich herkomme und an diesem
Feigenbaum nach Früchten suche und keine
finde. Also hau ihn um, was soll er für nichts und
wieder nichts den Boden aussaugen!‹
8 Aber der Weingärtner sagte: ›Herr, lass ihn
doch dieses Jahr noch stehen! Ich will den Boden
rundherum gut auflockern und düngen. 9 Viel-
leicht trägt der Baum dann im nächsten Jahr
Früchte. Wenn nicht, dann lass ihn umhauen!‹«

Jesus heilt eine Frau am Sabbat

10 Einmal sprach Jesus am Sabbat* in einer Syn-
agoge*. 11 Nun war dort eine Frau, die schon
achtzehn Jahre lang von einem bösen Geist* ge-
plagt wurde, der sie krank machte. Sie war ver-
krümmt und konnte sich nicht mehr aufrichten.
12 Als Jesus sie sah, rief er sie zu sich und sagte
zu ihr: »Frau, du sollst deine Krankheit los sein!«
13 Und er legte ihr die Hände auf. Sofort richtete
sie sich auf und pries Gott.
14 Da griff der Synagogenvorsteher* ein. Er
ärgerte sich, dass Jesus die Frau ausgerechnet am
Sabbat geheilt hatte, und sagte zu der Menge:
»Die Woche hat sechs Tage zum Arbeiten. Also
kommt an einem Werktag, um euch heilen zu
lassen, aber nicht am Sabbat.«
15 Der Herr erwiderte ihm: »Ihr Scheinheili-
gen! Jeder von euch bindet doch am Sabbat sei-
nen Ochsen oder Esel von der Futterkrippe los
und führt ihn zur Tränke. 16 Aber diese Frau hier,
die eine Tochter Abrahams* ist – achtzehn Jahre
lang hielt sie der Satan* gebunden, und sie sollte
nicht an einem Sabbat von dieser Fessel befreit
werden dürfen?«
17 Als Jesus das sagte, mussten alle seine Geg-
ner sich geschlagen geben. Aber die ganze große
Menge freute sich über all die wunderbaren
Taten, die Jesus vollbrachte.

Senfkorn und Sauerteig: Der entscheidende Anfang ist gemacht

(Mt 13,31-33; Mk 4,30-32)

18 Dann sagte Jesus: »Wie geht es zu, wenn Gott
seine Herrschaft* aufrichtet? Womit kann ich
das vergleichen?
19 Es ist wie bei dem Senfkorn, das jemand in
seinem Garten in die Erde steckte. Es ging auf
und wuchs und wurde zu einem Baum, und die
Vögel bauten ihre Nester in seinen Zweigen.«[b]

a *ändert:* siehe Sacherklärung »Umkehr«; ebenso zu Vers 5.
b Zum Bild vom *Baum* siehe Anmerkung zu Mk 4,32.

12,58 Mt 18,34 **13,3** Ps 7,13 **13,6** Mk 11,13 par **13,8-9** 2 Petr 3,9.15 **13,10-17** Mk 2,27-28 S **13,14** Ex 20,9-10 **13,15-16** 14,5 S **13,16** (Tochter Abrahams) 19,9; 1,54-55; 3,8; Mt 3,9 S **13,17** Ex 34,10 **13,18** 11,2 S **13,19** Mt 13,31 S; Ez 17,23

20 Noch einmal fragte Jesus: »Womit kann ich das vergleichen, wenn Gott seine Herrschaft aufrichtet?

21 Es ist wie mit dem Sauerteig*: Eine Frau mengte eine Hand voll davon unter eine riesige Menge Mehl,[a] und er machte den ganzen Teig sauer.«

Die enge Tür – die verschlossene Tür: Aufruf zu rechtzeitigem Handeln

(Mt 7,13-14.22-23; 8,11-12)

22 Jesus zog weiter auf dem Weg nach Jerusalem. Unterwegs sprach er in Städten und Dörfern.

23 Einmal fragte ihn jemand: »Herr, werden nur wenige gerettet?«

Jesus antwortete: 24 »Die Tür zu Gottes neuer Welt ist eng; kämpft darum, dass ihr Einlass findet! Denn viele, sage ich euch, werden sich am Ende darum bemühen, aber es nicht mehr schaffen.[b]

25 Wenn der Hausherr aufsteht und die Tür abschließt, werdet ihr draußen stehen und klopfen und rufen: ›Herr, mach uns auf!‹ Doch er wird euch antworten: ›Ich weiß nicht, wo ihr herkommt!‹

26 Dann werdet ihr sagen: ›Wir haben doch mit dir zusammen gegessen und getrunken und du hast auf den Straßen unserer Stadt gelehrt.‹

27 Aber er wird euch antworten: ›Ich weiß nicht, wo ihr herkommt. Ihr habt es allesamt versäumt, das Rechte zu tun, geht mir aus den Augen!‹

28 Da werdet ihr dann jammern und mit den Zähnen knirschen, wenn ihr Abraham*, Isaak, Jakob und alle Propheten in Gottes neuer Welt[c] seht, doch ihr selbst seid ausgeschlossen. 29 Aus Ost und West, aus Nord und Süd werden die Menschen kommen und in Gottes neuer Welt zu Tisch sitzen.

30 Seid darauf gefasst: Es gibt solche, die jetzt noch zu den Letzten zählen; die werden dann die Ersten sein. Und andere zählen jetzt zu den Ersten, die werden dann die Letzten sein.«

Jesus muss bis nach Jerusalem kommen

31 Da kamen einige Pharisäer* zu Jesus und warnten ihn: »Verlass diese Gegend und geh anderswo hin; Herodes[d] will dich töten!«

32 Jesus antwortete: »Geht und sagt diesem Fuchs: ›Ich treibe böse Geister* aus und heile Kranke heute und morgen; erst am dritten Tag werde ich am Ziel sein.[e] 33 Aber heute und morgen und auch am Tag danach muss ich meinen Weg noch fortsetzen; denn es ist undenkbar, dass ein Prophet* außerhalb von Jerusalem umgebracht wird.‹«

Klage über Jerusalem

(Mt 23,37-39)

34 »Jerusalem, Jerusalem, du tötest die Propheten* und steinigst* die Boten, die Gott zu dir schickt! Wie oft wollte ich deine Bewohner um mich scharen, wie eine Henne ihre Küken unter die Flügel nimmt! Aber ihr habt nicht gewollt.

35 Deshalb wird Gott euren Tempel* verlassen. Ich sage euch, ihr werdet mich erst wiedersehen, wenn ihr rufen werdet: ›Heil dem, der im Auftrag des Herrn kommt!‹«

Jesus zu Tisch mit Pharisäern (14,1-24)

Kritik an ihrer Gesetzesauslegung: Heilung am Sabbat

14 An einem Sabbat* ging Jesus zum Essen in das Haus eines der führenden Pharisäer*, und die dort versammelten Männer beobachteten ihn genau.

2 Auf einmal stand vor Jesus ein Mann, der an Wassersucht litt. 3 Jesus fragte die Gesetzeslehrer* und Pharisäer: »Ist es nach dem Gesetz* Gottes erlaubt, am Sabbat Kranke zu heilen, oder nicht?«

4 Sie gaben ihm keine Antwort. Da berührte Jesus den Kranken, machte ihn gesund und ließ ihn gehen. 5 Dann sagte er zu den Anwesenden: »Wenn einem von euch ein Kind in den Brunnen fällt oder auch nur ein Rind, holt er es dann nicht auf der Stelle heraus, auch wenn es gerade Sabbat ist?«

6 Sie wussten nicht, was sie dagegen vorbringen sollten.

Kritik an ihrer Selbsteinschätzung: Wer bekommt die Ehrenplätze?

7 Jesus hatte beobachtet, wie die zum Essen Geladenen die Ehrenplätze für sich aussuchten. Das nahm er zum Anlass, sie in einem Bild darauf

a Siehe Anmerkung zu Mt 13,33.
b *zu Gottes neuer Welt; am Ende; mehr:* zur Verdeutlichung hinzugefügt.
c Wörtlich *in der Königsherrschaft* Gottes;* ebenso im folgenden Vers.
d Siehe Sacherklärung »Herodes (3)«.
e Oder *vollendet sein* (vgl. Hebr 2,10; 5,9). Die unbestimmte Zeitangabe *am dritten Tag* enthält einen verschlüsselten Hinweis auf die Auferstehung von Jesus (vgl. 9,22; 18,33; 24,7.46).

13,22 9,51 **13,24** 1 Kor 9,25; Kol 1,29; 1 Tim 6,12 **13,25** Mt 25,11-12 **13,27** 2 Tim 2,19 **13,30** Mt 20,16 S **13,35** Ez 10,18-19 S; *zit* Ps 118,26 **14,1-6** Mk 2,27-28 S **14,1** 7,36 S **14,5** 13,15-16; Mt 12,11 **14,7** 20,46 par

hinzuweisen, welche Regeln an Gottes Tisch gelten.[a]

8 »Wenn dich jemand zu einem Hochzeitsmahl einlädt, dann setz dich nicht gleich auf den Ehrenplatz. Es könnte ja sein, dass eine noch vornehmere Person eingeladen ist. 9 Der Gastgeber, der euch beide geladen hat, müsste dann kommen und dich auffordern, den Ehrenplatz abzutreten. Dann müsstest du beschämt auf dem untersten Platz sitzen.

10 Setz dich lieber auf den letzten Platz, wenn du eingeladen bist. Wenn dann der Gastgeber kommt, wird er zu dir sagen: ›Lieber Freund, komm, nimm weiter oben Platz!‹ So wirst du vor allen geehrt, die mit dir eingeladen sind.

11 Denn alle, die sich selbst groß machen, werden von Gott gedemütigt, und alle, die sich selbst gering achten, werden von ihm zu Ehren gebracht.«

Kritik an ihrem berechnenden Wesen: Wer ist einzuladen?

12 Dann wandte sich Jesus an den Gastgeber: »Wenn du ein Essen gibst, am Mittag oder am Abend, dann lade nicht deine Freunde ein, deine Brüder und Verwandten oder die reichen Nachbarn. Sie laden dich dann nur wieder ein, und du hast deinen Lohn gehabt.

13 Nein, wenn du ein Essen gibst, dann lade Arme, Verkrüppelte, Gelähmte und Blinde ein! 14 Dann darfst du dich freuen, weil sie es dir nicht vergelten können; denn Gott selbst wird es dir vergelten, wenn er die vom Tod erweckt*, die getan haben, was ihm gefällt.«

Warnung, Gottes Einladung auszuschlagen: Gleichnis vom großen Festmahl

(Mt 22,1-10)

15 Einer von den Gästen griff dieses Wort auf und sagte zu Jesus: »Ja, freuen dürfen sich alle, die mit zu Tisch sitzen werden in Gottes neuer Welt!«[b]

16 Doch Jesus antwortete ihm mit einem Gleichnis*; er sagte:

»Ein Mann hatte viele Leute zu einem großen Essen eingeladen. 17 Als die Stunde für das Mahl da war, schickte er seinen Diener, um die Gäste zu bitten: ›Kommt! Alles ist hergerichtet!‹ 18 Aber einer nach dem andern begann, sich zu entschuldigen.

Der erste erklärte: ›Ich habe ein Stück Land gekauft, das muss ich mir jetzt unbedingt ansehen; bitte, entschuldige mich.‹

19 Ein anderer sagte: ›Ich habe fünf Ochsengespanne gekauft und will gerade sehen, ob sie etwas taugen; bitte, entschuldige mich.‹

20 Ein dritter sagte: ›Ich habe eben erst geheiratet, darum kann ich nicht kommen.‹

21 Der Diener kam zurück und berichtete alles seinem Herrn. Da wurde der Herr zornig und befahl ihm: ›Lauf schnell auf die Straßen und Gassen der Stadt und hol die Armen, Verkrüppelten, Blinden und Gelähmten her!‹

22 Der Diener kam zurück und meldete: ›Herr, ich habe deinen Befehl ausgeführt, aber es ist immer noch Platz da.‹

23 Der Herr sagte zu ihm: ›Dann geh auf die Landstraßen und an die Zäune draußen vor der Stadt, wo die Landstreicher sich treffen,[c] und dränge die Leute hereinzukommen, damit mein Haus voll wird!‹«

24 Jesus schloss: »Das sollt ihr wissen: Von den zuerst geladenen Gästen kommt mir niemand an meinen Tisch!«

Was Jesus von denen verlangt, die ihm folgen wollen

(Mt 10,37-38)

25 Als Jesus wieder unterwegs war, zog eine große Menge Menschen hinter ihm her. Er wandte sich nach ihnen um und sagte: 26 »Wer sich mir anschließen will, muss bereit sein, mit Vater und Mutter zu brechen, ebenso mit Frau und Kindern, mit Brüdern und Schwestern; er muss bereit sein, sogar das eigene Leben aufzugeben. Sonst kann er nicht mein Jünger* sein. 27 Wer nicht sein Kreuz* trägt und mir auf meinem Weg folgt, kann nicht mein Jünger sein.

28 Wenn jemand von euch ein Haus bauen will, setzt er sich doch auch zuerst hin und überschlägt die Kosten. Er muss ja sehen, ob sein Geld dafür reicht. 29 Sonst hat er vielleicht das Fundament gelegt und kann nicht mehr weiterbauen. Alle, die das sehen, werden ihn dann auslachen und werden sagen: 30 ›Dieser Mensch wollte ein Haus bauen, aber er kann es nicht vollenden.‹

31 Oder wenn ein König gegen einen anderen König Krieg führen will, wird er sich auch zuerst überlegen, ob er mit zehntausend Mann stark genug ist, sich den zwanzigtausend des anderen entgegenzustellen. 32 Wenn nicht, tut er besser

a *Das nahm er ...:* wörtlich *Er sagte zu ihnen ein Gleichnis**. b Wörtlich *in der Königsherrschaft* Gottes.* c *draußen vor der Stadt ...:* verdeutlichender Zusatz.

14,8-10 Spr 25,7 **14,11** Mt 23,12 S **14,12-13** 6,32-34 par; Dtn 14,29; Spr 14,21 S **14,15** 13,29 par **14,21** 14,13 **14,24** 22,30 **14,26** 12,51-53; 18,29 par; Mt 10,37 S **14,27** Mt 10,38-39 S

daran, dem Gegner Unterhändler entgegenzu-
schicken, solange er noch weit weg ist, und die
Friedensbedingungen zu erkunden.«
33 Jesus schloss: »Niemand von euch kann
mein Jünger sein, wenn er nicht zuvor alles auf-
gibt, was er hat.«

Ein ernstes Wort an die Jünger

(Mt 5,13; Mk 9,50)

34 »Salz ist etwas Gutes; wenn es aber seine Kraft
verliert, wie kann es sie wiederbekommen?
35 Selbst für den Acker oder den Misthaufen
taugt es nicht mehr und wird weggeworfen. Wer
Ohren hat, soll gut zuhören!«

Das verlorene Schaf

(Mt 18,12-14)

15 Eines Tages waren wieder einmal alle Zoll-
einnehmer* und all die anderen, die ei-
nen ebenso schlechten Ruf hatten, bei Jesus ver-
sammelt und wollten ihn hören. 2 Die Pharisäer*
und die Gesetzeslehrer* murrten und sagten:
»Er lässt das Gesindel zu sich! Er isst sogar mit
ihnen!« 3 Da erzählte ihnen Jesus folgendes
Gleichnis*:
4 »Stellt euch vor, einer von euch hat hundert
Schafe und eines davon verläuft sich. Lässt er
dann nicht die neunundneunzig allein in der
Steppe weitergrasen und sucht das verlorene so
lange, bis er es findet? 5 Und wenn er es gefun-
den hat, dann freut er sich, nimmt es auf die
Schultern 6 und trägt es nach Hause. Dort ruft er
seine Freunde und Nachbarn zusammen und
sagt zu ihnen: ›Freut euch mit mir, ich habe mein
verlorenes Schaf wiedergefunden!‹
7 Ich sage euch: Genauso ist bei Gott im Him-
mel mehr Freude über einen Sünder, der ein neu-
es Leben anfängt,[a] als über neunundneunzig an-
dere, die das nicht nötig haben.«

Das verlorene Geldstück

8 »Oder stellt euch vor, eine Frau hat zehn Silber-
stücke* und verliert eins davon. Zündet sie da
nicht eine Lampe* an, fegt das ganze Haus und
sucht in allen Ecken, bis sie das Geldstück ge-
funden hat? 9 Und wenn sie es gefunden hat, ruft
sie ihre Freundinnen und Nachbarinnen zusam-
men und sagt zu ihnen: ›Freut euch mit mir, ich
habe mein verlorenes Silberstück wiederge-
funden!‹
10 Ich sage euch: Genauso freuen sich die En-
gel* Gottes über einen einzigen Sünder, der ein
neues Leben anfängt.«

Der Vater und seine zwei Söhne

11 Jesus erzählte weiter:
»Ein Mann hatte zwei Söhne. 12 Der jüngere
sagte: ›Vater, gib mir den Teil der Erbschaft, der
mir zusteht!‹ Da teilte der Vater seinen Besitz un-
ter die beiden auf.
13 Nach ein paar Tagen machte der jüngere
Sohn seinen ganzen Anteil zu Geld und zog weit
weg in die Fremde. Dort lebte er in Saus und
Braus und verjubelte alles.
14 Als er nichts mehr hatte, brach in jenem
Land eine große Hungersnot aus; da ging es
ihm schlecht. 15 Er hängte sich an einen Bürger
des Landes, der schickte ihn aufs Feld zum
Schweinehüten. 16 Er war so hungrig, dass er
auch mit dem Schweinefutter zufrieden gewesen
wäre; aber er bekam nichts davon.
17 Endlich ging er in sich und sagte: ›Mein
Vater hat so viele Arbeiter, die bekommen alle
mehr, als sie essen können, und ich komme hier
um vor Hunger. 18 Ich will zu meinem Vater ge-
hen und zu ihm sagen: Vater, ich bin vor Gott
und vor dir schuldig geworden; 19 ich bin es nicht
mehr wert, dein Sohn zu sein. Nimm mich als
einen deiner Arbeiter in Dienst!‹
20 So machte er sich auf den Weg zu seinem
Vater.
Er war noch ein gutes Stück vom Haus ent-
fernt, da sah ihn schon sein Vater kommen, und
das Mitleid ergriff ihn. Er lief ihm entgegen, fiel
ihm um den Hals und überhäufte ihn mit Küs-
sen.
21 ›Vater‹, sagte der Sohn, ›ich bin vor Gott
und vor dir schuldig geworden, ich bin es nicht
mehr wert, dein Sohn zu sein!‹
22 Aber der Vater rief seinen Dienern zu:
›Schnell, holt die besten Kleider für ihn, steckt
ihm einen Ring an den Finger und bringt ihm
Schuhe! 23 Holt das Mastkalb und schlachtet es!
Wir wollen ein Fest feiern und uns freuen!
24 Denn mein Sohn hier war tot, jetzt lebt er wie-
der. Er war verloren, jetzt ist er wiedergefun-
den.‹ Und sie begannen zu feiern.
25 Der ältere Sohn war noch auf dem Feld. Als
er zurückkam und sich dem Haus näherte, hörte
er das Singen und Tanzen. 26 Er rief einen der
Diener herbei und fragte ihn, was denn da los
sei. 27 Der sagte: ›Dein Bruder ist zurückgekom-
men und dein Vater hat das Mastkalb schlachten
lassen, weil er ihn gesund wiederhat.‹
28 Der ältere Sohn wurde zornig und wollte
nicht ins Haus gehen. Da kam der Vater heraus

a *ein neues Leben anfängt:* siehe Sacherklärung »Umkehr«; ebenso zu Vers 10.

14,33 9,62 **15,1-2** Mt 9,10 S **15,3-7** Joh 10,11-15 **15,4** Ez 34,11.16 **15,11** Mt 21,28 **15,13** Spr 29,3 **15,24** Eph 2,5

und redete ihm gut zu. 29 Aber der Sohn sagte zu
ihm: ›Du weißt doch: All die Jahre habe ich wie
ein Sklave für dich geschuftet, nie war ich dir un-
gehorsam. Was habe ich dafür bekommen? Mir
hast du nie auch nur einen Ziegenbock gegeben,
damit ich mit meinen Freunden feiern konnte.
30 Aber der da, dein Sohn, hat dein Geld mit
Huren durchgebracht; und jetzt kommt er nach
Hause, da schlachtest du gleich das Mastkalb für
ihn.‹

31 ›Mein Sohn‹, sagte der Vater, ›du bist im-
mer bei mir, und dir gehört alles, was ich habe.
32 Aber jetzt mussten wir doch feiern und uns
freuen! Denn dein Bruder war tot und ist wieder
am Leben. Er war verloren und ist wiedergefun-
den.‹«

Vom Umgang mit Geld: Die Geschichte vom untreuen Verwalter

16 Dann wandte sich Jesus seinen Jüngern
zu, den Männern und Frauen,[a] und er-
zählte ihnen folgende Geschichte:

»Ein reicher Mann hatte einen Verwalter, der
ihn betrog. Als sein Herr davon erfuhr, 2 ließ er
ihn rufen und stellte ihn zur Rede: ›Was muss ich
von dir hören? Leg die Abrechnung vor, du
kannst nicht länger mein Verwalter sein!‹

3 Da sagte sich der Mann: ›Was soll ich ma-
chen, wenn mein Herr mir die Stelle wegnimmt?
Für schwere Arbeiten bin ich zu schwach, und
zu betteln schäme ich mich. 4 Ich weiß, was ich
tun werde: Ich muss mir Freunde verschaffen,
die mich in ihre Häuser aufnehmen, wenn ich
hier entlassen werde.‹

5 So rief er nacheinander alle zu sich, die bei
seinem Herrn Schulden hatten. Er fragte den Ers-
ten: ›Wie viel schuldest du meinem Herrn?‹

6 ›Hundert Fässer Olivenöl‹, war die Antwort.

›Hier ist dein Schuldschein‹, sagte der Verwal-
ter; ›setz dich hin und schreib fünfzig!‹

7 Einen anderen fragte er: ›Wie steht es bei
dir, wie viel Schulden hast du?‹

›Hundert Sack Weizen‹, war die Antwort.

›Hier ist dein Schuldschein, schreib achtzig!‹«

8 Jesus, der Herr, lobte den betrügerischen
Verwalter wegen seines klugen Vorgehens. Denn
in der Tat: Die Menschen dieser Welt* sind,
wenn es ums Überleben geht,[b] viel klüger als die
Menschen des Lichtes.

9 »Ich sage euch«, forderte Jesus seine Jünger
auf, »nutzt das leidige Geld[c] dazu, durch Wohl-
taten Freunde zu gewinnen. Wenn es mit euch
und eurem Geld zu Ende geht, werden sie euch
in der neuen Welt Gottes in ihre Wohnungen
aufnehmen.«

Vom Umgang mit Geld: Zuverlässigkeit, wie Jesus sie versteht

(Mt 6,24)

10 Jesus fuhr fort: »Wer in kleinen Dingen zuver-
lässig ist, wird es auch in großen sein, und wer in
kleinen unzuverlässig ist, ist es auch in großen.

11 Wenn ihr also im Umgang mit dem leidigen
Geld nicht zuverlässig seid, wird euch niemand
das wirklich Wertvolle anvertrauen. 12 Wenn ihr
mit dem nicht umgehen könnt, was euch gar
nicht gehört, wie soll Gott euch dann schenken,
was er euch als Eigentum zugedacht hat?[d]

13 Kein Diener kann zwei Herren zugleich die-
nen. Er wird den einen vernachlässigen und den
anderen bevorzugen. Er wird dem einen treu
sein und den anderen hintergehen. Ihr könnt
nicht beiden zugleich dienen: Gott und dem
Geld.«[e]

Vom Umgang mit Geld: Der Spott der Pharisäer

14 Das alles hatten die Pharisäer* mit angehört.
Weil sie geldgierig waren, lachten sie über Jesus.
15 Er aber sagte zu ihnen: »Vor den Menschen
stellt ihr euch so hin, als führtet ihr ein Leben,
das Gott gefällt; aber Gott sieht euch ins Herz.
Was bei den Menschen Eindruck macht, das ver-
abscheut Gott.«

Das Gesetz Moses und die neue Zeit. Am Beispiel der Ehe …

(Mt 11,12-13; 5,18.32)

16 »Bisher gab es nur das Gesetz* und die Wei-
sungen der Propheten*. Diese Zeit ist mit dem
Täufer* Johannes abgeschlossen. Seitdem wird
die Gute Nachricht* verkündet, dass Gott seine

a *den Männern und Frauen:* verdeutlichender Zusatz; siehe Anmerkung zu 6,17.
b *wenn es ums Überleben geht:* wörtlich *gegenüber ihrer Generation/unter ihresgleichen,* d. h. so wie man dort sein Überleben zu sichern sucht. Was das für die *Menschen des Lichts* bedeutet, zeigt Vers 9.
c Wörtlich *den ungerechten Mamon;* ebenso in Vers 11. Siehe Sacherklärung »Mam(m)on«.
d Jesus will sagen, dass das *Geld* den Notleidenden zusteht *(gehört);* vgl. Vers 9. Das zugedachte *Eigentum* ist das ewige Leben; bei dem *wirklich Wertvollen* könnte zudem an den Dienst der Verkündigung der Guten Nachricht* gedacht sein (vgl. 2Tim 2,15).
e *Geld:* im griechischen Text steht *Mamon* (vgl. Vers 9).

16,8 Eph 5,8 **16,9** 12,33 par **16,10** 19,17-19 par **16,11** 12,42.48 **16,15** Mt 23,28

Herrschaft* aufrichtet, und alle drängen herbei und wollen in die neue Welt Gottes eingelassen werden.[a]

17 Doch eher werden Himmel und Erde vergehen, als dass auch nur ein Komma im Gesetz ungültig wird. 18 Das bedeutet zum Beispiel:[b] Wer sich von seiner Frau trennt und eine andere heiratet, begeht Ehebruch. Und wer eine Geschiedene heiratet, wird zum Ehebrecher.«

... und am Beispiel des Besitzes (Der reiche Mann und der arme Lazarus)

19 »Es war einmal ein reicher Mann, der immer die teuerste Kleidung trug und Tag für Tag im Luxus lebte.

20 Vor seinem Haustor lag ein Armer, der hieß Lazarus. Sein Körper war ganz mit Geschwüren bedeckt. 21 Er wartete darauf, dass von den Mahlzeiten des Reichen ein paar kümmerliche Reste für ihn abfielen. Er konnte sich nicht einmal gegen die Hunde wehren, die seine Wunden beleckten.

22 Der Arme starb und die Engel* trugen ihn an den Ort, wo das ewige Freudenmahl gefeiert wird; dort erhielt er den Ehrenplatz an der Seite Abrahams.[c]

Auch der Reiche starb und wurde begraben. 23 In der Totenwelt* litt er große Qualen. Als er aufblickte, sah er in weiter Ferne Abraham, und Lazarus auf dem Platz neben ihm. 24 Da rief er laut: ›Vater Abraham, hab Erbarmen mit mir! Schick mir doch Lazarus! Er soll seine Fingerspitze ins Wasser tauchen und meine Zunge ein wenig kühlen, denn das Feuer hier brennt entsetzlich.‹

25 Aber Abraham sagte: ›Mein Sohn, denk daran, dass du schon zu Lebzeiten das dir zugemessene Glück erhalten hast, Lazarus aber nur Unglück. Dafür kann er sich nun hier freuen, während du Qualen leidest. 26 Außerdem liegt zwischen uns und euch ein riesiger Graben. Selbst wenn jemand wollte, könnte er nicht zu euch kommen, genauso wie keiner von dort zu uns gelangen kann.‹

27 Da bat der reiche Mann: ›Vater Abraham, dann schick Lazarus doch wenigstens in mein Elternhaus! 28 Ich habe noch fünf Brüder. Er soll sie warnen, damit sie nicht auch an diesen schrecklichen Ort kommen!‹

29 Doch Abraham sagte: ›Deine Brüder haben das Gesetz* Moses und die Weisungen der Propheten*. Sie brauchen nur darauf zu hören.‹

30 Der Reiche erwiderte: ›Vater Abraham, das genügt nicht! Aber wenn einer von den Toten zu ihnen käme, dann würden sie ihr Leben ändern.‹[d]

31 Abraham sagte: ›Wenn sie auf Mose und die Propheten nicht hören, dann lassen sie sich auch nicht überzeugen, wenn jemand vom Tod aufersteht.‹«

Vom gegenseitigen Verhalten in der Jüngergemeinschaft

(Mt 18,6-7.15.21-22; Mk 9,42)

17 Jesus wandte sich wieder seinen Jüngern zu, den Männern und Frauen,[e] und sagte zu ihnen:

»Es ist unvermeidlich, dass Menschen an mir irrewerden. Aber wehe dem, der dazu beiträgt! 2 Es wäre besser für ihn, er würde mit einem Mühlstein* um den Hals ins Meer geworfen, als dass er auch nur einen dieser kleinen, unbedeutenden Menschen, die zu mir halten,[f] an mir irremacht. 3 Seid wachsam gegen euch selbst!

Wenn dein Bruder – und das gilt entsprechend für die Schwester[g] – ein Unrecht begangen hat, dann stell ihn zur Rede, und wenn er es bereut, dann verzeih ihm. 4 Selbst wenn er siebenmal am Tag an dir schuldig wird, sollst du ihm verzeihen, wenn er kommt und sagt: ›Es tut mir Leid!‹«

Von der Macht des Gottvertrauens

(Mt 17,20)

5 Die Apostel* sagten zum Herrn: »Stärke doch unser Vertrauen zu Gott!«

6 Der Herr antwortete: »Wenn euer Vertrauen auch nur so groß wäre wie ein Senfkorn, dann könntet ihr zu dem Maulbeerbaum* dort sagen: ›Zieh deine Wurzeln aus der Erde und ver-

a Vers 16 wörtlich: *Das Gesetz und die Propheten (reichen) bis Johannes. Von da an wird die Königsherrschaft Gottes verkündet und jeder dringt (gewalttätig) in sie ein.*
b Verdeutlichender Zusatz.
c *trugen ihn ...:* wörtlich *trugen ihn fort an die Brust Abrahams*;* siehe Sacherklärung »liegen«.
d *ihr Leben ändern:* siehe Sacherklärung »Umkehr«.
e *den Männern und Frauen:* verdeutlichender Zusatz; siehe Anmerkung zu 6,17.
f *dieser kleinen ...:* wörtlich *dieser Kleinen;* vgl. Mt 18,6; Mk 9,42.
g *und das gilt entsprechend ...:* verdeutlichender Zusatz; siehe Sacherklärung »Bruder«.

16,18 Mk 10,11 par; 1 Kor 7,10-11 **16,25** 6,20-21.24-25; 1,51-53 **16,29** 2 Tim 3,16 **17,5** 6,13 S; Mt 14,31 S **17,6** Mk 11,23 par; 4,31 par

pflanze dich ins Meer!‹, und er würde euch ge-
horchen.«

Kein Anspruch auf besondere Anerkennung

7 »Stellt euch vor, jemand von euch hat einen
Sklaven* und der kommt vom Pflügen oder
Schafehüten nach Hause. Wird er wohl gleich als
Erstes zu ihm sagen: ›Bitte, komm und setz dich
zu Tisch‹?
8 Gewiss nicht! Er wird ihm sagen: ›Mach mir
das Essen fertig, binde dir die Schürze um und
bediene mich bei Tisch! Wenn ich fertig bin,
kannst du auch essen und trinken.‹
9 Wird er sich etwa bei dem Sklaven bedan-
ken, weil der getan hat, was ihm befohlen war?
10 So ist es auch mit euch. Wenn ihr alles ge-
tan habt, was Gott euch befohlen hat, dann sagt:
›Wir sind Diener, weiter nichts; wir haben nur
getan, was uns aufgetragen war.‹«

Der dankbare Samariter

11 Auf dem Weg nach Jerusalem zog Jesus durch
das Grenzgebiet von Samarien und Galiläa.[a]
12 Als er in ein Dorf ging, kamen ihm zehn Aus-
sätzige* entgegen. Sie blieben in gehörigem Ab-
stand stehen 13 und riefen laut: »Jesus! Herr! Hab
Erbarmen mit uns!«
14 Jesus sah sie und befahl ihnen: »Geht zu
den Priestern und lasst euch eure Heilung bestä-
tigen!«[b]
Und als sie unterwegs waren, wurden sie tat-
sächlich gesund.
15 Einer aus der Gruppe kam zurück, als er es
merkte. Laut pries er Gott, 16 warf sich vor Jesus
nieder, das Gesicht zur Erde, und dankte ihm.
Und das war ein Samariter*.
17 Jesus sagte: »Sind nicht alle zehn gesund[c]
geworden? Wo sind dann die anderen neun?
18 Ist keiner zurückgekommen, um Gott die Ehre
zu erweisen, nur dieser Fremde hier?«
19 Dann sagte er zu dem Mann: »Steh auf und
geh nach Hause, dein Vertrauen hat dich ge-
rettet.«

Wann richtet Gott seine Herrschaft auf?

20 Einige Pharisäer* fragten Jesus, wann die
Herrschaft* Gottes anbrechen werde.
Jesus antwortete: »Ihr dürft nicht nach Vor-
zeichen ausschauen 21 und an allen möglichen
Orten nach ihr suchen! Denn schon jetzt, mitten
unter euch, richtet Gott seine Herrschaft auf!«

Vom Kommen des Menschensohnes

(Mt 24,26-27.37-41; 10,39; 24,28)

22 Dann sagte Jesus zu den Jüngern, den Män-
nern und Frauen:[d] »Es wird die Zeit kommen,
wo ihr euch danach sehnt, auch nur einen Tag
unter der Herrschaft des Menschensohnes* zu
erleben. Aber es wird euch nicht vergönnt sein.
23 Sie werden zu euch sagen: ›Schaut doch
hierher!‹, oder: ›Schaut dorthin!‹ Aber geht nicht
hin und gebt nichts darauf. 24 Wenn sein Tag da
ist, wird der Menschensohn kommen wie ein
Blitz, der mit einem Schlag den ganzen Horizont
ringsum erhellt.
25 Aber zuvor muss er noch vieles erleiden
und von den Menschen dieser Generation ver-
worfen[e] werden.
26 Wenn der Menschensohn kommt, wird es
genauso sein wie zur Zeit Noachs*: 27 Die Men-
schen aßen und tranken und heirateten, wie sie
es gewohnt waren – bis zu dem Tag, an dem
Noach in die Arche* ging. Dann kam die Flut
und vernichtete sie alle.
28 Und es wird auch genauso sein wie in den
Tagen Lots*: Sie aßen und tranken, sie kauften
und verkauften, bestellten das Land und bauten
Häuser, wie sie es gewohnt waren. 29 An dem
Tag aber, an dem Lot die Stadt Sodom* verließ,
fiel Feuer und Schwefel vom Himmel und
vernichtete sie alle. 30 Ganz genauso wird es an
dem Tag sein, an dem der Menschensohn er-
scheint.
31 Wer an jenem Tag gerade auf dem Dach ist
und seine Sachen unten im Haus liegen hat, soll
keine Zeit damit verlieren, erst noch hineinzu-
gehen, um sie zu holen.[f] Und wer gerade auf
dem Feld ist, soll nicht einmal mehr zurück-
schauen, um sein Haus noch einmal zu sehen.[g]
32 Denkt an Lots Frau! 33 Wer sein Leben retten
will, wird es verlieren, und wer es verliert, wird
es retten.
34 Ich sage euch: Zwei Männer werden in
jener Nacht auf einem Bett schlafen: Der eine
wird angenommen, der andere zurückgelassen.

a So der wahrscheinliche Sinn. Wörtlich *mitten durch Samarien* und Galiläa**.
b Wörtlich *zeigt euch den Priestern;* vgl. Lev 14,1-32. *c* Wörtlich *rein**.
d *den Männern und Frauen:* verdeutlichender Zusatz; siehe Anmerkung zu 6,17.
e Gemeint ist: als unbrauchbar *verworfen* im Sinn von Psalm 118,22.
f Siehe Anmerkung zu Mk 13,15. *g* Wörtlich *soll nicht zurückschauen.*

17,10 1 Kor 9,16-17 **17,11** 13,22 S **17,12** Lev 13,45-46 **17,14** 5,14 S **17,16** 10,33 S **17,19** 7,50 S **17,21** 11,2 S; 10,17-18; 16,16 **17,23** Mk 13,21 par **17,24** Mt 24,27 S **17,25** 9,21-22 S **17,28-29** Gen 19,24-25 **17,31** Mk 13,15-16 par **17,32** Gen 19,26 **17,33** Mt 10,38-39 S

35 Zwei Frauen werden zusammen Korn mahlen:
Die eine wird angenommen, die andere zurück-
gelassen.«[a]
37 Die Jünger fragten: »Wo wird das gesche-
hen, Herr?«
Jesus antwortete ihnen: »Wo Aas liegt, da
sammeln sich die Geier.«

Das Gleichnis vom Richter und der Witwe

18 Mit einem Gleichnis* zeigte Jesus seinen
Jüngern, den Männern und Frauen,[b] dass
sie immer beten müssen und darin nicht nach-
lassen dürfen. Er erzählte:
2 »In einer Stadt lebte ein Richter, der nicht
nach Gott fragte und alle Menschen verachtete.
3 In der gleichen Stadt lebte auch eine Witwe.
Sie kam immer wieder zu ihm gelaufen und bat
ihn: ›Verhilf mir zu meinem Recht!‹
4 Lange Zeit wollte der Richter nicht, doch
schließlich sagte er sich: ›Es ist mir zwar völlig
gleichgültig, was Gott und Menschen von mir
halten; 5 aber weil die Frau mir lästig wird, will
ich dafür sorgen, dass sie ihr Recht bekommt.
Sonst kratzt sie mir noch die Augen aus.‹«
6 Und der Herr fuhr fort: »Habt ihr gehört,
was dieser korrupte Richter sagt? 7 Wird dann
nicht Gott erst recht seinen Erwählten zu ihrem
Recht verhelfen, wenn sie Tag und Nacht zu ihm
schreien? Wird er sie etwa lange warten lassen?
8 Ich sage euch: Er wird ihnen sehr schnell ihr
Recht verschaffen.
Aber wird der Menschensohn*, wenn er
kommt, auf der Erde überhaupt noch Menschen
finden, die in Treue auf ihn warten?«

Die Beispielgeschichte von dem Pharisäer und dem Zolleinnehmer

9 Dann wandte sich Jesus einigen Leuten zu, die
voller Selbstvertrauen meinten, in Gottes Augen
untadelig dazustehen, und deshalb für alle ande-
ren nur Verachtung übrig hatten. Er erzählte ih-
nen folgende Geschichte:
10 »Zwei Männer gingen hinauf in den Tem-
pel*, um zu beten, ein Pharisäer* und ein Zoll-
einnehmer*.
11 Der Pharisäer stellte sich vorne hin und be-
tete leise bei sich: ›Gott, ich danke dir, dass ich
nicht so bin wie die anderen Menschen, alle
diese Räuber, Betrüger und Ehebrecher, oder
auch wie dieser Zolleinnehmer hier! 12 Ich faste*
zwei Tage in der Woche und gebe dir den vorge-
schriebenen Zehnten* sogar noch von dem, was
ich bei anderen einkaufe!‹[c]
13 Der Zolleinnehmer aber stand ganz hinten
und getraute sich nicht einmal, zum Himmel auf-
zublicken. Er schlug sich zerknirscht an die Brust
und sagte: ›Gott, hab Erbarmen mit mir, ich bin
ein sündiger Mensch!‹«
14 Jesus schloss: »Ich sage euch, der Zollein-
nehmer ging aus dem Tempel in sein Haus hin-
unter als einer, den Gott für gerecht* erklärt
hatte – ganz im Unterschied zu dem Pharisäer.
Denn alle, die sich selbst groß machen, werden
von Gott gedemütigt, und alle, die sich selbst ge-
ring achten, werden von ihm zu Ehren ge-
bracht.«

Jesus und die Kinder

(Mt 19,13-15; Mk 10,13-16)

15 Einige Leute wollten auch ihre kleinen Kinder
zu Jesus bringen, damit er sie berühre. Als die
Jünger* es sahen, fuhren sie die Leute an und
wollten sie wegschicken.
16 Doch Jesus rief die Kinder zu sich und
sagte: »Lasst die Kinder zu mir kommen und hin-
dert sie nicht, denn für Menschen wie sie steht
Gottes neue Welt[d] offen. 17 Ich versichere euch:
Wer sich Gottes neue Welt nicht schenken lässt
wie ein Kind, wird niemals hineinkommen.«

Die Gefahr des Reichtums

(Mt 19,16-22; Mk 10,17-22)

18 Ein einflussreicher Mann fragte Jesus: »Guter
Lehrer*, was muss ich tun, um das ewige Leben
zu bekommen?«
19 Jesus antwortete: »Warum nennst du mich
gut? Nur einer ist gut, Gott! 20 Und seine Gebote
kennst du doch: Du sollst nicht die Ehe brechen,
nicht morden, nicht stehlen, nichts Unwahres
über deinen Mitmenschen sagen; ehre deinen
Vater und deine Mutter!«
21 »Diese Gebote habe ich von Jugend an alle
befolgt«, erwiderte der Mann.
22 Als Jesus das hörte, sagte er zu ihm: »Eines
fehlt dir noch: Verkauf alles, was du hast, und

a Einige Handschriften fügen hinzu (Vers 36): *Von zwei Männern, die auf dem Feld arbeiten, wird der eine angenommen, der andere zurückgelassen.*
b *den Männern und Frauen:* verdeutlichender Zusatz; siehe Anmerkung zu 6,17.
c Aus Vorsicht für den Fall, dass der Verkäufer die Abgabe des Zehnten versäumt hat.
d Wörtlich *die Königsherrschaft* Gottes;* ebenso im folgenden Vers.

17,37 Ijob 39,30 **18,1** Röm 12,12; Eph 6,18; Phil 4,6; Kol 4,2; 1 Thess 5,17 **18,5** 11,7-8 **18,8** Mt 24,27S **18,12** Mt 6,16-17; Lk 11,42 par **18,13** 5,8; Ps 51,3.5 **18,14** Ps 51,19; Mt 23,12S **18,17** Mt 18,3 **18,18** 10,25 par **18,20** Ex 20,12-16 **18,22** 12,33S; Mt 8,21-22S

verteil das Geld an die Armen, so wirst du bei
Gott einen unverlierbaren Besitz haben. Und
dann komm und folge mir!«

23 Als der Mann das hörte, wurde er sehr trau-
rig, denn er war überaus reich.

24 Jesus sah ihn so dastehen und sagte: »Wie
schwer haben es doch die Besitzenden, in die
neue Welt Gottes[a] zu kommen! 25 Eher kommt
ein Kamel durch ein Nadelöhr als ein Reicher in
Gottes neue Welt.«

26 Als die Leute das hörten, fragten sie Jesus:
»Wer kann dann überhaupt gerettet werden?«

27 Er antwortete: »Was für die Menschen un-
möglich ist, das ist für Gott möglich.«

Der Lohn für die, die alles aufgegeben haben

(Mt 19,23-30; Mk 10,23-31)

28 Da sagte Petrus: »Du weißt, wir haben unser
Eigentum aufgegeben und sind dir gefolgt.«

29 Jesus wandte sich seinen Jüngern* zu und
sagte: »Ich versichere euch: Niemand bleibt
unbelohnt, der irgendetwas aufgibt, um die Gute
Nachricht* verkünden zu können, dass Gott
jetzt seine Herrschaft* aufrichtet. Wer dafür
etwas zurücklässt – Haus, Frau, Geschwister
oder Eltern oder Kinder –, 30 wird schon in die-
ser Welt* ein Vielfaches davon wiederbekom-
men und in der kommenden Welt das ewige
Leben.«

Jesus kündigt zum dritten Mal seinen Tod an

(Mt 20,17-19; Mk 10,32-34)

31 Jesus nahm die Zwölf* beiseite und sagte zu
ihnen: »Hört zu! Wir gehen nach Jerusalem.
Dort wird alles in Erfüllung gehen, was die Pro-
pheten* über den Menschensohn* geschrieben
haben: 32 Er wird den Fremden ausgeliefert wer-
den, die Gott nicht kennen.[b] Er wird verspottet
und beleidigt und angespuckt werden. 33 Sie wer-
den ihn auspeitschen und töten, doch am dritten
Tag wird er auferstehen.«

34 Die Zwölf verstanden kein Wort. Was Jesus
sagte, blieb ihnen verborgen; sie wussten nicht,
wovon er sprach.

Jesus heilt einen Blinden

(Mt 20,29-34; Mk 10,46-52)

35 Als Jesus in die Nähe von Jericho kam, saß dort
ein Blinder am Straßenrand und bettelte. 36 Er
hörte die Menge vorbeiziehen und fragte, was
da los sei. 37 Er erfuhr, dass Jesus aus Nazaret[c]
vorbeikomme. 38 Da rief er laut: »Jesus, Sohn
Davids*! Hab Erbarmen mit mir!«

39 Die Leute, die Jesus vorausgingen, fuhren
ihn an, er solle still sein; aber er schrie nur
noch lauter: »Sohn Davids, hab Erbarmen mit
mir!«

40 Jesus blieb stehen und ließ ihn zu sich
holen. Als er herangekommen war, fragte ihn Je-
sus: 41 »Was soll ich für dich tun?«

Er antwortete: »Herr, ich möchte wieder
sehen können!«

42 Jesus sagte: »Du sollst sehen können! Dein
Vertrauen hat dich gerettet.«

43 Sofort konnte der Blinde sehen. Er pries
Gott und folgte Jesus. Und das ganze Volk, das
dabei war, rühmte Gott.

Jesus und Zachäus

19 Jesus ging nach Jericho hinein und zog
durch die Stadt.

2 In Jericho lebte ein Mann namens Zachäus.
Er war der oberste Zolleinnehmer* in der Stadt
und war sehr reich. 3 Er wollte unbedingt sehen,
wer dieser Jesus sei. Aber er war klein und die
Menschenmenge versperrte ihm die Sicht. 4 So
lief er voraus und kletterte auf einen Maulbeer-
feigenbaum*, um Jesus sehen zu können; denn
dort musste er vorbeikommen.

5 Als Jesus an die Stelle kam, schaute er hinauf
und redete ihn an: »Zachäus, komm schnell her-
unter, ich muss heute dein Gast sein!«

6 Zachäus stieg schnell vom Baum und nahm
Jesus voller Freude bei sich auf.

7 Alle sahen es und murrten; sie sagten:
»Bei einem ausgemachten Sünder ist er ein-
gekehrt!«

8 Aber Zachäus wandte sich an den Herrn
und sagte zu ihm: »Herr, ich verspreche dir, ich
werde die Hälfte meines Besitzes den Armen
geben. Und wenn ich jemand zu viel abgenom-
men habe, will ich es ihm vierfach zurück-
geben.«

9 Darauf sagte Jesus zu ihm: »Heute ist dir
und deiner ganzen Hausgemeinschaft die Ret-
tung zuteil geworden! Auch du bist ja ein Sohn
Abrahams*. 10 Der Menschensohn* ist gekom-
men, um die Verlorenen zu suchen und zu
retten.«

a Wörtlich *in die Königsherrschaft* Gottes;* ebenso im folgenden Vers.
b den Fremden ...: siehe Anmerkung zu Mk 10,33.
c Wörtlich *Jesus, der Nazoräer*.*

18,27 Ijob 42,2S **18,29** 14,26S; 9,59-62 **18,31-34** 9,21-22S **18,31** 9,51 **18,34** 9,45; 24,45 **18,38-39** Mt 20,30-31S **18,42** 7,50S **19,7** Mt 9,10S **19,8** Ex 21,37; Ez 33,14-16 **19,9** 13,16S; Apg 16,31 **19,10** Ez 34,16; Lk 5,32par; 1 Tim 1,15

Jesus kündigt seinen Weggang und seine Wiederkunft an (Das Gleichnis vom anvertrauten Geld)

(Mt 25,14-30)

11 Alle Leute hatten gehört, was Jesus zu Zachäus
sagte. Deshalb und weil Jesus nun auch schon
nahe bei Jerusalem war, meinten sie, die neue
Welt Gottes[a] werde in allernächster Zukunft an-
brechen. Darum fügte Jesus noch ein Gleichnis*
hinzu. 12 Er sagte:

»Ein Mann von königlicher Herkunft reiste in
ein fernes Land. Dort wollte er sich zum König
über sein eigenes Volk und Land einsetzen las-
sen und danach zurückkehren.[b]

13 Bevor er abreiste, rief er zehn seiner Die-
ner, gab jedem ein Pfund Silberstücke[c] und sagte
zu ihnen: ›Treibt Handel damit und macht etwas
daraus, bis ich komme!‹

14 Aber seine Landsleute konnten ihn nicht
leiden. Deshalb schickten sie Boten hinter ihm
her, die erklären sollten: ›Wir wollen diesen
Mann nicht als König haben!‹

15 Als er nun König geworden war, kam er zu-
rück und ließ die Diener rufen, denen er das
Geld anvertraut hatte. Er wollte sehen, was sie
damit erwirtschaftet hatten.

16 Der erste kam und berichtete: ›Herr, dein
Pfund Silberstücke hat zehn weitere Pfund einge-
bracht.‹

17 ›Sehr gut‹, sagte sein Herr, ›du bist ein tüch-
tiger Diener. Weil du in so kleinen Dingen zuver-
lässig warst, mache ich dich zum Herrn über
zehn Städte.‹

18 Der zweite kam und berichtete: ›Herr, dein
Pfund Silberstücke hat fünf weitere Pfund einge
bracht.‹

19 Der Herr sagte zu ihm: ›Dich mache ich
zum Herrn über fünf Städte.‹

20 Ein dritter aber kam und sagte: ›Herr, hier
hast du dein Pfund Silberstücke zurück. Ich habe
es im Tuch verwahrt und immer bei mir getra-
gen.[d] 21 Ich hatte Angst vor dir, weil du ein stren-
ger Mann bist. Du hebst Geld ab, das du nicht
eingezahlt hast,[e] und du erntest, was du nicht
gesät hast.‹

22 Zu ihm sagte der Herr: ›Du Nichtsnutz, du
hast dir selbst das Urteil gesprochen. Du wusstest
also, dass ich ein strenger Mann bin, dass ich ab-
hebe, was ich nicht eingezahlt habe, und ernte,
was ich nicht gesät habe. 23 Warum hast du dann
mein Geld nicht wenigstens auf die Bank ge-
bracht? Dort hätte ich es bei meiner Rückkehr
mit Zinsen wiederbekommen.‹

24 Dann sagte er zu den Umstehenden:
›Nehmt ihm sein Pfund ab und gebt es dem, der
die zehn erwirtschaftet hat.‹

25 Sie wandten ein: ›Herr, der hat doch schon
zehn!‹

26 Aber der König erwiderte: ›Ich sage euch,
wer viel hat, soll noch mehr bekommen. Wer
aber wenig hat, dem wird auch noch das Letzte
weggenommen werden.

27 Nun aber zu meinen Feinden, die mich
nicht als König haben wollten! Bringt sie her
und macht sie vor meinen Augen nieder!‹«

AUSEINANDERSETZUNGEN IN JERUSALEM (19,28–21,4)

Jesus kommt nach Jerusalem

(Mt 21,1-11; Mk 11,1-11; Joh 12,12-19)

28 Nachdem Jesus dieses Gleichnis* erzählt
hatte, zog er weiter, hinauf nach Jerusalem.

29 In der Nähe der Ortschaften Betfage und
Betanien am Ölberg* schickte er zwei seiner
Jünger* fort 30 mit dem Auftrag: »Geht in das
Dorf da drüben! Am Ortseingang werdet ihr
einen jungen Esel angebunden finden, auf dem
noch nie ein Mensch geritten ist. Bindet ihn los
und bringt ihn her! 31 Und wenn euch jemand
fragt: ›Warum bindet ihr den Esel los?‹, dann
antwortet: ›Der Herr braucht ihn.‹«

32 Die beiden gingen hin und fanden alles so,
wie Jesus es ihnen gesagt hatte. 33 Als sie den Esel
losbanden, fragten die Besitzer: »Warum bindet
ihr den Esel los?«

34 »Der Herr braucht ihn«, antworteten sie
35 und brachten ihn zu Jesus. Sie legten ihre
Kleider über das Tier und ließen Jesus auf-
steigen. 36 Während er einherritt, breiteten die

a Wörtlich *die Königsherrschaft* Gottes*.
b Anspielung auf damalige Verhältnisse: Die landeseigenen Könige konnten ihre Herrschaft nur antreten, wenn sie von Rom ermächtigt bzw. in Rom dazu eingesetzt wurden.
c Wörtlich *gab ihnen zehn Minen.* Jeder bekam also eine Mine. Damit ist nicht ein Geldstück, sondern eine (abgewogene) Geldmenge gemeint, die etwa einem Gewicht von 600 g entspricht.
d Wörtlich *habe es im Schweißtuch aufbewahrt*, d. h. im Nackentuch, das gegen die Sonne schützte und in dem man, darin eingebunden, sein Geld bei sich trug.
e *Du hebst ...:* eine sprichwörtliche Wendung für »(hohe) Zinsgewinne machen«.

19,11 24,21; 11,2 S **19,12-13** Mk 13,34; Apg 1,11; 2,33-36 **19,14** Apg 4,17; 5,28; 13,44-46; 28,25-28 **19,17-19** 12,42-44 par; 16,10 **19,26** Mt 25,29 S **19,30** 23,53 **19,35-38** 1 Kön 1,38-40 **19,36** 2 Kön 9,13

anderen Jünger ihre Kleider als Teppich auf die Straße.

37 Als Jesus dann an die Stelle kam, wo der Weg den Ölberg hinunterführt nach Jerusalem, brach die ganze Menge der Jünger, die Männer und Frauen,[a] in lauten Jubel aus. Sie priesen Gott für all die Wunder, die sie miterlebt hatten. 38 Sie riefen:

»Heil dem König, der im Auftrag des Herrn kommt! Gott hat Frieden* bereitet im Himmel! Ihm in der Höhe gehört alle Ehre!«[b]

39 Ein paar Pharisäer* riefen aus der Menge: »Lehrer*, bring doch deine Jünger zur Vernunft!«

40 Jesus antwortete: »Ich sage euch, wenn sie schweigen, dann werden die Steine schreien!«

Jesus weint über Jerusalem

41 Als Jesus sich der Stadt näherte und sie vor sich liegen sah, weinte er 42 und sagte: »Wenn doch auch du heute erkannt hättest, was dir Frieden* bringt! Aber Gott hat dich blind dafür gemacht.[c]

43 Darum kommt jetzt über dich eine Zeit, da werden deine Feinde einen Wall rings um dich aufwerfen, dich belagern und von allen Seiten einschließen. 44 Sie werden dich und deine Bewohner völlig vernichten und keinen Stein auf dem andern lassen. Denn du hast den Tag nicht erkannt, an dem Gott dir zu Hilfe kommen wollte.«

Jesus im Tempel

(Mt 21,12-17; Mk 11,15-19; Joh 2,13-17)

45 Jesus ging in den Tempel* und fing an, die Händler hinauszujagen. 46 Dazu sagte er ihnen: »In den Heiligen Schriften* steht, dass Gott erklärt hat: ›Mein Tempel soll eine Stätte sein, an der die Menschen zu mir beten können!‹ Ihr aber habt eine Räuberhöhle daraus gemacht!«

47 Jesus lehrte jeden Tag im Tempel. Die führenden Priester*, die Gesetzeslehrer* und auch die Ältesten* des Volkes suchten nach einer Möglichkeit, ihn zu töten; 48 aber sie wussten nicht, wie sie es anfangen sollten. Denn das Volk war dauernd um ihn und wollte sich keines seiner Worte entgehen lassen.

Die Frage nach dem Auftraggeber

(Mt 21,23-27; Mk 11,27-33)

20 Eines Tages lehrte Jesus wieder im Tempel und verkündete dem Volk die Gute Nachricht*. Da kamen die führenden Priester*, die Gesetzeslehrer* und auch die Ratsältesten* 2 und fragten: »Sag uns, woher nimmst du das Recht, hier so aufzutreten? Wer hat dir die Vollmacht dazu gegeben?«

3 Jesus antwortete ihnen: »Auch ich will euch eine Frage stellen. Sagt mir: 4 Woher hatte der Täufer* Johannes den Auftrag, zu taufen? Von Gott oder von Menschen?«

5 Sie überlegten: »Wenn wir sagen ›Von Gott‹, dann wird er fragen: Warum habt ihr dann Johannes nicht geglaubt? 6 Wenn wir aber sagen ›Von Menschen‹, dann wird uns das Volk steinigen*, denn alle sind überzeugt, dass Johannes ein Prophet* war.«

7 So sagten sie zu Jesus, dass sie es nicht wüssten. 8 »Gut«, erwiderte Jesus, »dann sage ich euch auch nicht, wer mich bevollmächtigt hat.«

Das Gleichnis von den bösen Weinbergspächtern

(Mt 21,33-46; Mk 12,1-12)

9 Darauf wandte sich Jesus wieder dem Volk zu und erzählte ihm dieses Gleichnis*:

»Ein Mann legte einen Weinberg an. Den verpachtete er und verreiste dann für längere Zeit.

10 Zum gegebenen Zeitpunkt schickte er einen Boten zu den Pächtern, um seinen Anteil am Ertrag des Weinbergs abholen zu lassen. Aber die Pächter verprügelten den Boten und ließen ihn unverrichteter Dinge abziehen.

11 Der Besitzer schickte einen zweiten, aber auch den verprügelten sie, behandelten ihn auf die schimpflichste Weise und schickten ihn mit leeren Händen weg.

12 Er sandte auch noch einen dritten. Den schlugen die Pächter blutig und jagten ihn ebenfalls davon.

a *die Männer und Frauen:* verdeutlichender Zusatz; siehe Anmerkung zu 6,17.
b Wörtlich *Im Himmel Frieden und Ehre in den Höhen.* Der Ruf ist ein Gegenstück zu dem Ruf der Engel in 2,14. In prophetischer Vorausschau verkündet er als schon vollzogen, was unmittelbar bevorsteht: Gott bereitet Israel und der Welt das Heil *(Frieden*)*, indem er Jesus durch Tod und Auferstehung hindurch zum König an seiner rechten Seite einsetzt (vgl. 9,51; 19,12.15; 24,46-47; Apg 2,36-39).
c *Gott hat dich ...:* wörtlich *es wurde verborgen vor deinen Augen.* Die unpersönliche, passivische Redeweise dient der ehrfürchtig scheuen Umschreibung von Gottes Handeln. Mit *auch* am Versanfang wird auf die Jüngerschar hingewiesen (vgl. Verse 37-38).

19,37 2,20; 24,52-53 **19,38** *zit* Ps 118,26; Lk 2,14 S **19,40** Hab 2,11; Lk 19,44; 21,5-6.20-24 **19,41-44** 21,20-24 **19,41** Jer 8,23 S **19,42** Dtn 32,28-29; Lk 2,14 S; (blind) Apg 28,26-27; Röm 11,8.10 **19,44** 21,6 par; (Hilfe) 1,68 S **19,46** *nach* Jes 56,7; Jer 7,11; Lk 5,16 **19,47** 21,37; Mt 26,55 par; Joh 18,20; 7,1 S; Mk 11,18 S **19,48** 20,19 par; 21,38; 22,2 par **20,6** Mt 14,5 **20,9** Jes 5,1-7 S **20,10-12** 2 Chr 36,15-16

13 Da sagte der Besitzer des Weinbergs: ›Was
soll ich tun? Ich werde meinen Sohn schicken,
dem meine ganze Liebe gilt; vor dem werden sie
wohl Respekt haben.‹
14 Aber als die Pächter ihn kommen sahen,
sagten sie zueinander: ›Das ist der Erbe! Wir
bringen ihn um, dann gehört seine Erbschaft,
der Weinberg, uns.‹ 15 So stießen sie ihn aus dem
Weinberg hinaus und töteten ihn.

Was wird nun der Besitzer des Weinbergs mit
ihnen machen? 16 Er wird kommen und diese
bösen Pächter töten und wird den Weinberg an-
deren anvertrauen.«

Als die Leute das hörten, sagten sie: »Das darf
nicht geschehen!«

17 Jesus schaute sie an und sagte: »Was bedeu-
tet denn dieses Wort in den Heiligen Schriften*:

›Der Stein, den die Bauleute als wertlos
weggeworfen haben,
ist zum Eckstein* geworden‹?

18 Wer auf diesen Stein stürzt, wird zerschmet-
tert, und auf wen er fällt, den zermalmt er!«

19 Die Gesetzeslehrer* und die führenden
Priester* hätten Jesus am liebsten auf der Stelle
festgenommen; denn sie merkten, dass das
Gleichnis* auf sie gemünzt war. Aber sie hatten
Angst vor dem Volk.

Die Frage nach der Steuer für den Kaiser

(Mt 22,15-22; Mk 12,13-17)

20 Die Gesetzeslehrer* und die führenden Pries-
ter* ließen Jesus jetzt nicht mehr aus den Augen.
Sie schickten Spitzel zu ihm, die so tun sollten,
als ob es ihnen nur um die gewissenhafte Befol-
gung des Gesetzes* ginge. Die sollten Jesus bei
einem verfänglichen Wort ertappen, damit sie
ihn an den römischen Statthalter* ausliefern
könnten.

21 Diese Leute legten Jesus die Frage vor:
»Lehrer*, wir wissen, dass du die richtige Lehre
hast. Du lässt dich auch nicht von Menschen be-
einflussen, selbst wenn sie noch so mächtig sind,
sondern sagst uns klar und deutlich, wie wir
nach Gottes Willen leben sollen. 22 Sag uns:
Ist es uns nach dem Gesetz* Gottes erlaubt,
dem römischen Kaiser Steuer zu zahlen, oder
nicht?«

23 Jesus durchschaute ihre Hinterlist und sagte
zu ihnen: 24 »Zeigt mir eine Silbermünze* her!
Wessen Bild und Name ist denn hier aufge-
prägt?«

»Das Bild und der Name des Kaisers«, antwor-
teten sie.

25 Da sagte Jesus: »Dann gebt dem Kaiser, was
dem Kaiser gehört – aber gebt Gott, was Gott ge-
hört!«

26 So konnten sie ihn vor dem Volk nicht zu
einer verfänglichen Aussage verleiten. Sie waren
von seiner Antwort so überrascht, dass sie nichts
mehr zu sagen wussten.

Werden die Toten auferstehen?

(Mt 22,23-33; Mk 12,18-27)

27 Dann kamen einige Sadduzäer* zu Jesus. Die
Sadduzäer bestreiten, dass die Toten auferste-
hen* werden.

28 »Lehrer*«, sagten sie, »Mose hat uns die
Vorschrift gegeben: ›Wenn ein Mann stirbt und
er hat eine Frau, ist aber kinderlos, dann muss
sein Bruder die Witwe heiraten und dem Verstor-
benen Nachkommen verschaffen.‹

29 Nun gab es einmal sieben Brüder. Der ältes-
te heiratete und starb kinderlos. 30 Darauf heira-
tete der zweite die Witwe, 31 darauf der dritte.
Und so alle sieben: Sie heirateten die Frau, hin-
terließen keine Kinder und starben.

32 Zuletzt starb auch die Frau.

33 Wie ist das nun mit dieser Frau bei der Auf-
erstehung der Toten? Wem von den Männern
soll sie dann gehören? Sie war ja mit allen sieben
verheiratet!«

34 Jesus antwortete: »Heiraten ist eine Sache
für diese gegenwärtige Welt. 35 Die Menschen
aber, die Gott auferstehen lässt und die in seiner
kommenden Welt leben dürfen, werden nicht
mehr heiraten. 36 Sie können dann ja auch nicht
mehr sterben und brauchen nicht mehr für
Nachkommen zu sorgen.[a] Weil sie vom Tod auf-
erstanden sind, sind sie wie die Engel: Sie sind
Söhne und Töchter Gottes![b]

37 Dass Gott aber wirklich die Toten aufer-
wecken wird, das hat Mose schon bei der Be-
gegnung am Dornbusch deutlich zu verstehen
gegeben, als er den Herrn dort den ›Gott Abra-
hams, den Gott Isaaks und den Gott Jakobs‹
nannte. 38 Gott ist doch kein Gott von Toten,
sondern von Lebenden! Für ihn sind alle leben-
dig.«

a *und brauchen ...:* verdeutlichender Zusatz.
b Wörtlich *Sie sind Söhne Gottes;* siehe Sacherklärung »Engel«. Die *Töchter* sind sinngemäß hinzugefügt (vgl. Vers 33).

20,13 3,22S **20,17** *zit* Ps 118,22 **20,18** Dan 2,34-35.44-45; 1 Petr 2,8S **20,19** 19,48S **20,20** 11,53-54 **20,25** Röm 13,7
20,27 Mt 3,7; 16,1.6.11-12; 22,23 par; Apg 4,1-2; 5,17; 23,6-8 **20,28** *nach* Dtn 25,5-6 *und* Gen 38,8 **20,36** Weish 5,5; 1 Joh 3,1-2
20,37 Ex 3,2.6

39 Einige Gesetzeslehrer* sagten dazu: »Leh-
rer, das war eine gute Antwort.« 40 Die Saddu-
zäer wagten es nämlich nicht mehr, ihm noch
irgendeine weitere Frage zu stellen.

Davids Sohn oder Davids Herr?

(Mt 22,41-46; Mk 12,35-37)

41 Nun wandte Jesus sich an sie alle und fragte:
»Wie lässt sich behaupten, der versprochene
Retter[a] müsse ein Sohn Davids* sein? 42 David
selbst sagt doch im Buch der Psalmen:

›Gott, der Herr, sagte zu meinem Herrn:
Setze dich an meine rechte Seite!
43 Ich will dir deine Feinde unterwerfen,
sie als Schemel unter deine Füße legen.‹

44 David nennt ihn also ›Herr‹ – wie kann er
dann sein Sohn sein?«

Jesus warnt vor den Gesetzeslehrern

(Mk 12,37-40; Mt 23,1.6-7.14)

45 Vor dem ganzen versammelten Volk warnte
Jesus seine Jünger, die Männer und Frauen:[b]
46 »Nehmt euch in Acht vor den Gesetzesleh-
rern*! Sie zeigen sich gern in ihren Talaren und
fühlen sich geschmeichelt, wenn sie auf der
Straße respektvoll gegrüßt werden. Beim Gottes-
dienst sitzen sie in der vordersten Reihe und bei
Festmählern nehmen sie die Ehrenplätze ein.
47 Sie sprechen lange Gebete, um einen guten
Eindruck zu machen; in Wahrheit aber sind sie
Betrüger, die schutzlose Witwen um ihren Besitz
bringen. Sie werden einmal besonders streng
bestraft werden.«

Das Opfer der Witwe

(Mk 12,41-44)

21 Jesus blickte auf und sah, wie reiche Leute
ihre Geldspenden in den Opferkasten
warfen. 2 Er sah auch eine arme Witwe, die
steckte zwei kleine Kupfermünzen hinein.
3 Da sagte er: »Ich versichere euch: Diese
arme Witwe hat mehr gegeben als alle ande-
ren. 4 Die haben alle nur etwas von ihrem Über-
fluss abgegeben. Sie aber hat alles hergegeben,
was sie selbst dringend zum Leben gebraucht
hätte.«

ÜBER DEN UNTERGANG JERUSALEMS UND DAS ENDE DER WELT (21,5-38)

Ankündigung der Zerstörung des Tempels

(Mt 24,1-2; Mk 13,1-2)

5 Einige Leute dort im Tempel* unterhielten sich
über den Bau – über die herrlichen Steine und
die Ausstattung mit kostbaren Weihegeschen-
ken. 6 Da sagte Jesus: »Alles, was ihr da seht,
wird bis auf den Grund zerstört werden. Es
kommt die Zeit, dass kein Stein auf dem andern
bleiben wird.«

Die Zerstörung des Tempels bedeutet noch nicht das Ende der Welt

(Mt 24,3-6; Mk 13,3-7)

7 Da fragten sie ihn: »Lehrer*, wann wird das ge-
schehen, und woran können wir erkennen, dass
es so weit ist?«
8 Jesus antwortete: »Seid auf der Hut und lasst
euch nicht täuschen! Viele werden unter mei-
nem Namen auftreten und von sich behaupten:
›*Ich* bin es![c] Jetzt ist es so weit!‹ Lauft ihnen
nicht nach! 9 Erschreckt auch nicht, wenn ihr
von Krieg und Aufruhr hört. Das muss so kom-
men, aber dann kommt noch nicht sofort das
Ende.«

Vorzeichen des Weltendes

(Mt 24,7-8; Mk 13,8)

10 Dann sagte er zu ihnen: »Ein Volk wird gegen
das andere kämpfen, ein Staat den andern an-
greifen. 11 Schwere Erdbeben wird es geben und
in vielen Ländern Hungersnöte und Seuchen.
Noch Schrecklicheres wird geschehen, und am
Himmel werden gewaltige Zeichen zu sehen
sein.«

Ein Wort an die Jüngergemeinschaft

(Mt 24,9-14; Mk 13,9-13)

12 »Aber bevor dies alles geschieht, werden sie
euch verfolgen und festnehmen. Weil ihr zu mir
gehört, werdet ihr an die Synagogengerichte*
ausgeliefert und ins Gefängnis geworfen werden.
Vor Könige und Statthalter werden sie euch stellen.
13 Das wird euch Gelegenheit bieten, als
Zeugen für mich auszusagen. 14 Verzichtet aber
bewusst darauf, im Voraus festzulegen, wie ihr

[a] Wörtlich *der Christus**. [b] *die Männer und Frauen:* verdeutlichender Zusatz; siehe Anmerkung zu 6,17.
[c] Vgl. Anmerkung zu Joh 8,24.

20,39 Mk 12,32 **20,40** Mt 22,46S **20,41-44** Mt 20,30-31S **20,42-43** *nach* Ps 110,1; Mk 12,36S **20,46** 11,43par; 14,7 **21,1** 2Kön 12,10 **21,4** 2Kor 8,12 **21,6** 19,44 **21,7-24** 17,22-24 **21,10** Mk 13,8S **21,12-19** Mt 10,17-22S **21,12** (vor Könige) Apg 12,1-4; 18,12-17; 24,1-26,29 **21,14-15** 12,11-12S; Apg 6,10

eure Sache vertreten wollt! 15 Ich selbst werde
euch Worte eingeben, die keiner von euren Geg-
nern zu widerlegen weiß; ich werde euch eine
Weisheit schenken, der niemand widerstehen
kann.
16 Sogar eure Eltern werden euch ausliefern,
eure Geschwister, Verwandten und Freunde.
Einige von euch werden getötet werden. 17 Alle
Menschen werden euch hassen, weil ihr euch
zu mir bekennt. 18 Aber nicht ein Haar von
eurem Kopf wird verloren gehen. 19 Haltet
durch, dann werdet ihr das wahre Leben ge-
winnen!«

Über die Zerstörung Jerusalems

(Mt 24,15-22; Mk 13,14-20)

20 »Wenn ihr Jerusalem von feindlichen Heeren
eingeschlossen seht, dann seid gewiss: Seine Zer-
störung steht bevor. 21 Dann sollen die Bewoh-
ner Judäas* in die Berge fliehen! Wer in der Stadt
ist, soll sie schnell verlassen, und die Leute vom
Land sollen nicht in die Stadt gehen! 22 Denn
dann kommen die Tage der Vergeltung, an denen
alles in Erfüllung geht, was in den Heiligen
Schriften* vorausgesagt ist.
23 Weh den Frauen, die dann gerade ein Kind
erwarten oder einen Säugling stillen. Denn das
ganze Land wird in schreckliche Not kommen,
weil Gott über dieses Volk Gericht hält. 24 Die
Menschen werden mit dem Schwert erschlagen
oder als Gefangene in die ganze Welt verschleppt
werden. Jerusalem wird von den Völkern, die
Gott nicht kennen,[a] verwüstet werden und wird
in Trümmern liegen, bis die Zeit der Völker abge-
laufen ist.«

Der Weltrichter kommt

(Mt 24,29-32; Mk 13,24-27)

25 »Unheil kündende Zeichen werden zu sehen
sein an der Sonne, am Mond und an den Ster-
nen, und auf der Erde werden die Völker zittern
und nicht mehr aus und ein wissen vor dem
tobenden Meer und seinen Wellen. 26 Die Men-
schen werden halb tot vor Angst darauf warten,
was für Katastrophen die Erde noch heimsuchen
werden. Denn die ganze Ordnung des Himmels
wird zusammenbrechen.
27 Dann kommt der Menschensohn* auf ei-
ner Wolke mit göttlicher Macht und Herrlich-
keit, und alle werden ihn sehen.
28 Wenn ihr die ersten Anzeichen von alldem
bemerkt, dann richtet euch auf und erhebt freu-
dig den Kopf: Bald werdet ihr gerettet!«

Das Gleichnis vom Feigenbaum

(Mt 24,33-35; Mk 13,28-31)

29 Jesus gebrauchte einen Vergleich; er sagte:
»Seht den Feigenbaum an oder die anderen Bäu-
me! 30 Wenn die ersten Blätter herauskommen,
dann erkennt ihr daran, dass der Sommer bald
da ist. 31 So ist es auch, wenn ihr diese Anzeichen
seht. Dann wisst ihr, dass die neue Welt Gottes[b]
anbricht.
32 Ich versichere euch: Diese Generation wird
das alles noch erleben. 33 Himmel und Erde wer-
den vergehen, aber meine Worte vergehen nicht;
sie bleiben gültig für immer und ewig.«

Wach bleiben!

34 »Seht euch vor! Lasst euch nicht vom Rausch
umnebeln oder von den Alltagssorgen gefangen
nehmen! Sonst werdet ihr von jenem Tag unvor-
bereitet überrascht wie von einer Falle, die zu-
schlägt. 35 Denn er kommt plötzlich über alle,
die auf der Erde leben.
36 Bleibt wach und hört nicht auf zu beten,
damit ihr alles, was noch kommen wird, durch-
stehen und zuversichtlich vor den Menschen-
sohn* treten könnt!«

Jesus, der Lehrer des Volkes

37 Jeden Tag lehrte Jesus im Tempel*. Am Abend
ging er dann auf den Ölberg* und blieb die
Nacht über dort. 38 Früh am Morgen war schon
wieder das ganze Volk im Tempel versammelt
und wollte ihn hören.

LEIDEN, TOD UND AUFERSTEHUNG VON JESUS (Kapitel 22–24)

Pläne gegen Jesus

(Mt 26,1-5; Mk 14,1-2; Joh 11,45-53)

22 Es war kurz vor dem Fest der Ungesäuer-
ten Brote*, dem Passafest*. 2 Die führen-
den Priester* und die Gesetzeslehrer* suchten
nach einer Möglichkeit, Jesus zu beseitigen, aber
so, dass es kein Aufsehen erregte; denn sie hat-
ten Angst vor dem Volk.

a Herkömmliche Übersetzung *von den Heiden**.
b Wörtlich *die Königsherrschaft* Gottes*.

21,16 Mt 10,35 S **21,18** 1 Sam 14,45; Lk 12,7 par **21,19** 17,33; Offb 13,10 **21,20-24** 19,41-44 **21,22** Dtn 32,35; Jer 5,29; Ez 9,1; Dan 9,26; Hos 9,7; Mi 3,12; Lk 11,49-51 par **21,24** Jer 25,11-14 **21,25** Mt 24,29 S; Ps 46,3-4; Weish 5,22 **21,27** Mk 13,26 S **21,32** Mk 9,1 S **21,33** Jes 40,8 **21,34-35** 17,26-30 par; 1 Thess 5,1-3 **21,36** Mt 25,13 S; Offb 6,17 **21,37** 19,47; (Ölberg) 22,39 S **22,1** Ex 12,15-20 S; 12,1-14 S **22,2** 19,47-48; Mk 11,18 S

Judas wird zum Verräter

(Mt 26,14-16; Mk 14,10-11)

3 Da fuhr der Satan* in Judas, der auch Iskariot
genannt wird. Judas war einer aus dem Kreis der
Zwölf*. 4 Er ging zu den führenden Priestern*
und den Hauptleuten der Tempelwache* und
besprach mit ihnen, wie er ihnen Jesus in die
Hände spielen könnte.
5 Sie freuten sich und boten ihm eine Geld-
summe an. 6 Judas war einverstanden. Er suchte
von da an eine günstige Gelegenheit, Jesus zu
verraten, ohne dass das Volk etwas merkte.

Vorbereitungen zum Passamahl

(Mt 26,17-19; Mk 14,12-16)

7 Es kam nun der Tag, von dem an ungesäuertes
Brot* gegessen wurde und an dem die Passaläm-
mer geschlachtet werden mussten. 8 Jesus gab
Petrus und Johannes den Auftrag: »Geht und
bereitet das Passamahl* für uns vor!«
9 »Wo willst du es vorbereitet haben?«, frag-
ten sie.
10 Er sagte: »Hört zu! Wenn ihr in die Stadt
kommt, werdet ihr einen Mann treffen, der
einen Wasserkrug trägt. Folgt ihm in das Haus,
in das er geht, 11 und sagt zum Hausherrn dort:
›Unser Lehrer* lässt dich fragen: Welchen Raum
kannst du zur Verfügung stellen, dass ich dort
mit meinen Jüngern* das Passamahl feiere?‹
12 Er wird euch ein großes Zimmer im Oberge-
schoss zeigen, das mit Polstern ausgestattet ist.
Dort bereitet alles vor.«
13 Die beiden gingen und fanden alles so, wie
Jesus es ihnen gesagt hatte, und sie bereiteten
das Passamahl vor.

Jesus feiert mit den Aposteln das Abschiedsmahl

(Mt 26,20-29; Mk 14,17-25; 1 Kor 11,23-25)

14 Als die Stunde gekommen war, setzte sich
Jesus zu Tisch und die Apostel* mit ihm. 15 Er
sagte: »Ich habe mich sehr danach gesehnt, die-
ses Passamahl* mit euch zu feiern, bevor ich lei-
den muss. 16 Denn ich sage euch: Ich werde es
erst wieder feiern, wenn das, worauf jedes Passa-
mahl hinweist, in der neuen Welt Gottes[a] zur
Erfüllung gekommen ist.«
17 Dann nahm er den Becher mit Wein, sprach
darüber das Dankgebet und sagte: »Nehmt die-
sen Becher und teilt ihn unter euch! 18 Denn ich
sage euch: Ich werde erst wieder Wein trinken,
wenn die neue Welt Gottes da ist.«
19 Dann nahm Jesus ein Brot, sprach darüber
das Dankgebet, brach es in Stücke und gab es ih-
nen mit den Worten: »Das ist mein Leib, der für
euch geopfert wird. Tut das immer wieder, damit
unter euch gegenwärtig ist, was ich für euch ge-
tan habe!«[b]
20 Ebenso nahm er nach dem Essen den Be-
cher mit Wein und sagte: »Dieser Becher ist Got-
tes neuer Bund*, der in Kraft gesetzt wird durch
mein Blut, das für euch vergossen wird.
21 Aber ihr müsst wissen: Der Verräter sitzt
hier mit mir am gleichen Tisch. 22 Der Men-
schensohn* muss zwar den Weg gehen, der ihm
bestimmt ist; aber wehe dem Menschen, der ihn
verrät.«
23 Da fingen sie an, einander zu fragen, wer
von ihnen es wohl sei, der so etwas tun würde.

Wer ist der Größte?

(Mt 20,25-28; 19,28; Mk 10,42-45)

24 Es kam unter ihnen auch ein Streit darüber
auf, wer von ihnen als der Größte zu gelten
habe.
25 Da sagte Jesus zu ihnen: »Die Könige üben
Macht über ihre Völker aus, und die Tyrannen
lassen sich sogar noch ›Wohltäter des Volkes‹
nennen. 26 Bei euch muss es anders sein! Der
Größte unter euch muss wie der Geringste wer-
den und der Führende wie einer, der dient.
27 Wer ist denn größer: der am Tisch sitzt oder
der bedient? Natürlich der am Tisch! Aber ich
bin unter euch wie der Diener.
28 Ihr habt mit mir durchgehalten in allen Prü-
fungen, die ich zu bestehen hatte. 29 Dafür wer-
de ich euch an der Herrschaft beteiligen, die
mein Vater mir übertragen hat. 30 Wenn ich
meine Herrschaft angetreten habe, werdet ihr an
meinem Tisch essen und trinken und über die
zwölf Stämme Israels herrschen.«

Jesus und Simon Petrus

(Joh 13,36-38)

31 »Simon, Simon! Pass gut auf! Gott hat dem Sa-
tan* erlaubt, euch auf die Probe zu stellen und
die Spreu vom Weizen zu scheiden. 32 Aber ich
habe für dich gebetet, dass dein Glaube an mich
nicht aufhört. Wenn du dann wieder zu mir zu-

a Wörtlich *in der Königsherrschaft* Gottes;* ebenso in Vers 18.
b Wörtlich *Tut das zu meinem Gedenken.* In der Sprache der Bibel bedeutet »Gedenken« nicht ein bloßes Erinnern, sondern zugleich das Gegenwärtigwerden des Erinnerten.

22,3 4,13; 10,18; 22,31.53; Joh 12,4 S **22,7** Ex 12,6 **22,14** 6,13 S **22,20** (neuer Bund) Jer 31,31-34; Ex 24,6-8; Röm 11,27; 1 Kor 11,25; 2 Kor 3,6; Gal 4,24; Hebr 8,6 S **22,21-23** Joh 13,2.21-30 **22,24-26** 9,46-48 par **22,26** Mt 23,11 S **22,27** Joh 13,4-5.12-17 **22,29** 12,32 **22,30** Mt 19,28 S **22,31** 22,3 S; Ijob 1,6-12; 2,1-6 **22,32** Mt 16,18 S; Lk 22,62; 24,34

rückgefunden hast, musst du deine Brüder und
Schwestern[a] im Glauben an mich stärken!«
33 Petrus antwortete: »Herr, ich bin bereit,
mit dir ins Gefängnis zu gehen, ja mit dir zu
sterben!«
34 Jesus antwortete: »Ich sage dir, Petrus,
noch ehe heute der Hahn kräht, wirst du mich
dreimal verleugnen und behaupten, dass du
mich nicht kennst.«

Von jetzt ab wird für die Jünger alles anders

35 Dann fragte Jesus die Apostel*: »Als ich euch
ohne Geldbeutel, Vorratstasche und Schuhe auf
den Weg schickte, habt ihr da an irgendetwas
Mangel gehabt?«
»Nein, an nichts«, sagten sie.
36 Jesus erwiderte: »Von jetzt ab gilt etwas an-
deres: Wer einen Geldbeutel hat, soll ihn mitneh-
men, und wer eine Vorratstasche hat, ebenso!
Wer nichts hat als sein Obergewand*, soll es ver-
kaufen und sich ein Schwert dafür beschaffen.
37 Denn ich sage euch, es muss an mir in Erfül-
lung gehen, was in den Heiligen Schriften*
steht: ›Er wurde unter die Verbrecher gezählt.‹
Mit mir geht es jetzt zu Ende.«
38 Die Apostel sagten: »Herr, da haben wir
zwei Schwerter!«
Jesus antwortete: »Ihr versteht mich nicht.«[b]

Jesus betet im Garten Getsemani

(Mt 26,36-46; Mk 14,32-42)

39 Jesus ging wie gewohnt zum Ölberg* und
seine Jünger* folgten ihm. 40 Als er dort war,
sagte er zu ihnen: »Betet darum, dass ihr in der
kommenden Prüfung nicht versagt.«
41 Dann ging er allein weiter. Einen Steinwurf
von ihnen entfernt kniete er nieder und betete:
42 »Vater, wenn es dein Wille ist, dann erspare es
mir, diesen Kelch trinken zu müssen.[c] Aber dein
Wille soll geschehen, nicht der meine!«
43 Da erschien ihm ein Engel* vom Himmel
und gab ihm Kraft. 44 In seiner Todesangst betete
Jesus noch angespannter und sein Schweiß
tropfte wie Blut auf den Boden.[d]
45 Als er sich vom Gebet erhob und wieder zu
den Jüngern kam, schliefen sie; so erschöpft wa-
ren sie vor Kummer. 46 »Wie könnt ihr schla-
fen?«, sagte er zu ihnen. »Steht auf und betet,
damit ihr in der kommenden Prüfung nicht ver-
sagt!«

Jesus wird verhaftet

(Mt 26,47-56; Mk 14,43-50; Joh 18,3-11)

47 Noch während Jesus das sagte, kam ein Trupp
von Männern, voran Judas, einer von den
Zwölf*. Er ging auf Jesus zu und wollte ihm den
Begrüßungskuss geben. 48 Aber Jesus sagte zu
ihm: »Judas, mit einem Kuss willst du den Men-
schensohn* verraten?«
49 Da merkten auch die Jünger*, was bevor-
stand, und fragten: »Herr, sollen wir mit dem
Schwert zuschlagen?« 50 Und einer von ihnen
hieb auf den Bevollmächtigten des Obersten Pries-
ters* ein und schlug ihm das rechte Ohr ab.
51 Aber Jesus sagte: »Halt! Hört auf!« Er be-
rührte das Ohr und heilte den Mann.
52 Dann wandte er sich an die führenden
Priester*, die Hauptleute der Tempelwache* und
die Ratsältesten*, die ihn festnehmen wollten:
»Warum rückt ihr hier mit Schwertern und
Knüppeln an; bin ich denn ein Verbrecher?
53 Täglich war ich bei euch im Tempel* und ihr
seid nicht gegen mich vorgegangen. Aber jetzt ist
eure Stunde gekommen. Jetzt haben die dunklen
Mächte Gewalt über mich.«

Petrus verleugnet Jesus

(Mt 26,57-58.69-75; Mk 14,53-54.66-72; Joh 18,12-18.25-27)

54 Sie nahmen Jesus fest, führten ihn ab und
brachten ihn in das Haus des Obersten Pries-
ters*. Petrus folgte ihnen in weitem Abstand.
55 Im Hof war ein Feuer angezündet. Viele saßen
darum herum, und Petrus setzte sich mitten
unter sie.
56 Eine Dienerin bemerkte ihn im Schein des
Feuers, sah ihn genauer an und sagte: »Der da
war auch mit ihm zusammen!«
57 Aber Petrus stritt es ab: »Frau, ich kenne
ihn überhaupt nicht!«
58 Bald darauf wurde ein Mann auf ihn auf
merksam und sagte: »Du gehörst doch auch zu
denen!«
Aber Petrus widersprach: »Mensch, ich habe
nichts mit ihnen zu tun!«
59 Etwa eine Stunde später bestand ein ande-
rer darauf und sagte: »Kein Zweifel, der war

a Wörtlich *deine Brüder;* vgl. Anmerkung zu 6,17.
b Wörtlich *Es ist genug.* Dies bezieht sich nicht auf die Anzahl der *Schwerter;* Jesus bricht damit das Gespräch ab und weist die Antwort der Apostel zurück.
c *erspare es mir …:* wörtlich *nimm diesen Kelch von mir.* Zu *Kelch* siehe Anmerkung zu Mk 14,36.
d Die Verse 43-44 fehlen in wichtigen Handschriften und gehören vermutlich nicht zum ursprünglichen Text.

22,33-34 Mk 14,30-31 par **22,34** 22,61 par **22,35** 9,3 par; 10,4 **22,36** Mt 10,34 **22,37** *nach* Jes 53,12 **22,39-46** 5,16 S **22,39** 21,37; Mt 26,30 par; Joh 18,1-2 **22,42** Mk 10,38 S; Mt 6,10 S; Joh 12,27-28 **22,53** 19,47 S; 22,3 S

auch mit ihm zusammen, er ist doch auch aus
Galiläa*.«
60 Aber Petrus stritt es ab: »Mensch, ich weiß
überhaupt nicht, wovon du sprichst!«
Und sofort, während er noch redete, krähte
ein Hahn.
61 Der Herr drehte sich um und sah Petrus an.
Da fiel Petrus ein, was er zu ihm gesagt hatte:
»Bevor heute der Hahn kräht, wirst du mich drei-
mal verleugnen und behaupten, dass du mich
nicht kennst.«
62 Und er ging hinaus und begann, bitter zu
weinen.

Jesus wird verspottet und geschlagen

(Mt 26,67-68; Mk 14,65)

63 Die Männer, die Jesus bewachten, trieben ih-
ren Spott mit ihm. 64 Sie warfen ihm ein Tuch
über den Kopf, sodass er nichts sehen konnte;
dann schlugen sie ihn und riefen: »Du bist doch
ein Prophet! Sag uns: Wer war es, der dich ge-
rade schlug?« 65 Und noch viele andere Schmä-
hungen musste er sich gefallen lassen.

Jesus vor dem jüdischen Rat

(Mt 27,1; 26,57.63-65; Mk 15,1; 14,53.61-64; Joh 18,19-24)

66 Als es Tag wurde, versammelten sich die Ältes-
ten* des Volkes, dazu die führenden Priester*
und die Gesetzeslehrer*, und ließen Jesus vor
ihre Ratsversammlung bringen. 67 Sie forderten
ihn auf: »Wenn du Christus* bist, der verspro-
chene Retter, dann sag es uns!«
Jesus antwortete: »Wenn ich es euch sage,
werdet ihr mir nicht glauben, 68 und wenn ich
euch etwas frage, werdet ihr keine Antwort ge-
ben. 69 Aber von nun an wird der Menschen-
sohn* an der rechten Seite des allmächtigen Got-
tes sitzen!«
70 Da riefen sie alle: »Dann bist du also der
Sohn* Gottes?«
Er antwortete: »Ihr sagt es: Ich bin's.«
71 Darauf erklärten sie: »Was brauchen wir
noch eine Zeugenaussage? Wir haben es selbst
aus seinem Mund gehört!«

Jesus vor Pilatus

(Mt 27,2.11-14; Mk 15,1-5; Joh 18,28-38)

23 Alle standen auf und brachten Jesus zu
Pilatus. 2 Dort erhoben sie Anklage gegen
ihn; sie sagten: »Wir haben festgestellt, dass die-
ser Mann unser Volk aufhetzt! Er sagt, wir sollen
keine Steuern mehr an den Kaiser zahlen, und er
sei Christus, der König, den Gott uns als Retter
zu schicken versprach.«[a]
3 Pilatus fragte ihn: »Bist du der König der
Juden?«
»Du sagst es«, gab Jesus zur Antwort.
4 Pilatus erklärte darauf den führenden Pries-
tern* und der versammelten Volksmenge: »Ich
sehe keinen Grund, diesen Menschen zu verur-
teilen.«
5 Aber sie drängten weiter: »Mit seiner Lehre
wiegelt er das Volk auf im ganzen jüdischen
Land. Angefangen hat er in Galiläa* und jetzt ist
er bis hierher gekommen.«

Jesus vor Herodes Antipas

6 Als Pilatus das Wort »Galiläa« hörte, fragte er,
ob der Mann aus Galiläa* sei. 7 Es wurde ihm be-
stätigt, dass Jesus aus dem Herrschaftsbereich
von Herodes[b] stamme. Da ließ Pilatus ihn zu
Herodes bringen, der zu dieser Zeit ebenfalls in
Jerusalem war.
8 Herodes freute sich sehr, als er Jesus sah;
denn er wollte ihn schon lange einmal kennen
lernen. Er hatte viel von ihm gehört und hoffte
nun, selbst eines seiner Wunder mitzuerleben.
9 Er stellte ihm viele Fragen, aber Jesus gab keine
Antwort.
10 Die führenden Priester* und die Gesetzes-
lehrer* stellten sich hin und brachten schwere
Beschuldigungen gegen Jesus vor. 11 Aber Hero-
des und seine Soldaten hatten nur Spott für ihn
übrig. Zum Hohn ließ Herodes ihm ein Prachtge-
wand anziehen und schickte ihn in diesem Auf-
zug zu Pilatus zurück.
12 Herodes und Pilatus hatten sich früher ge-
hasst, aber an diesem Tag wurden sie Freunde.

Pilatus erklärt Jesus für unschuldig

13 Pilatus ließ die führenden Priester, die anderen
Mitglieder des jüdischen Rates* und das Volk zu-
sammenrufen 14 und erklärte vor ihnen allen:
»Ihr habt mir diesen Menschen gebracht und be-
hauptet, er wiegle das Volk auf. Nun, ich habe
ihn in eurem Beisein verhört und von den Ankla-
gen, die ihr gegen ihn vorgebracht habt, keine
einzige bestätigt gefunden. 15 Aber auch Herodes
hat nichts herausgefunden; er hat ihn ja zu uns
zurückgeschickt. Ich stelle also fest: Dieser
Mensch hat nichts getan, worauf die Todesstrafe

a den Gott uns ...: verdeutlichender Zusatz; siehe Sacherklärung »Christus«.
b Gemeint ist Herodes Antipas; siehe Sacherklärung »Herodes (3)«.

22,61 22,34; Mk 14,30 par **22,64** 7,16 S **22,67** 9,20; Mk 8,29 S; Joh 4,25 S; Apg 5,42 S; Jer 38,15 **22,69** Mk 12,36 S **22,70** Mt 14,33 S; Lk 1,32.35 **23,2** 20,20-26 par **23,3** Mt 27,11 S **23,7** 3,1 **23,8** 9,9; 13,31-33 **23,11** Mk 15,17 par **23,12** Ps 2,1-2

steht. 16 Deshalb lasse ich ihn jetzt auspeitschen*
und gebe ihn frei.«[a]

Das Todesurteil

(Mt 27,15-26; Mk 15,6-15; Joh 18,39–19,16)

18 Aber sie alle miteinander schrien laut: »Weg
mit ihm! Gib uns Barabbas frei!«
19 Barabbas hatte sich an einem Aufruhr in
der Stadt beteiligt und einen Mord begangen;
deshalb saß er im Gefängnis.
20 Pilatus wollte dagegen Jesus freilassen und
redete auf die Leute ein. 21 Doch alle schrien:
»Ans Kreuz* mit ihm, ans Kreuz!«
22 Pilatus versuchte es ein drittes Mal und
sagte zu ihnen: »Was hat er denn verbrochen?
Ich habe bei ihm kein Vergehen entdeckt, auf
das die Todesstrafe steht. Deshalb lasse ich ihn
jetzt auspeitschen* und gebe ihn frei.«
23 Sie aber setzten ihm weiter zu und forder-
ten mit lautem Geschrei, dass Jesus gekreuzigt
werden müsse.

Und ihr Geschrei zeigte Wirkung. 24 Pilatus
entschied, dass sie ihren Willen haben sollten.
25 Den, der wegen Aufruhr und Mord im Ge-
fängnis saß und um den sie gebeten hatten, ließ
er frei, Jesus aber gab er ihrem Willen preis.

Jesus auf dem Weg zur Hinrichtung

(Mt 27,32; Mk 15,21; Joh 19,17)

26 Sie führten Jesus zur Hinrichtung. Unterwegs
hielten die Soldaten einen Mann aus Zyrene mit
Namen Simon an, der gerade vom Feld in die
Stadt zurückkam. Ihm luden sie das Kreuz* auf,
damit er es hinter Jesus hertrage.
27 Eine große Volksmenge folgte Jesus, darun-
ter auch viele Frauen, die sich auf die Brüste
schlugen[b] und laut weinten.
28 Aber er drehte sich zu ihnen um und sagte:
»Ihr Frauen von Jerusalem! Klagt nicht um mich!
Klagt um euch selbst und um eure Kinder!
29 Denn bald kommt die Zeit, dass die Menschen
sagen werden: ›Glücklich die Frauen, die keine
Kinder bekommen können! Glücklich der
Schoß, der nie geboren hat, und die Brüste, die
nie gestillt haben!‹ 30 Die Leute werden dann zu
den Bergen sagen: ›Stürzt auf uns!‹, und zu den
Hügeln: ›Begrabt uns!‹ 31 Denn wenn schon das
grüne Holz vom Feuer erfasst wird, wie wird es
dann erst dem dürren ergehen?«
32 Zusammen mit Jesus wurden auch zwei
Verbrecher zur Hinrichtung geführt.

Jesus am Kreuz

(Mt 27,33-44; Mk 15,22-32; Joh 19,17-27)

33 Als sie zu der Stelle kamen, die »Schädel« ge-
nannt wird, nagelten die Soldaten Jesus ans
Kreuz* und mit ihm die beiden Verbrecher, den
einen links von Jesus, den anderen rechts.
34 Jesus sagte: »Vater, vergib ihnen! Sie wissen
nicht, was sie tun.«[c]

Dann losten die Soldaten untereinander seine
Kleider aus. 35 Das Volk stand dabei und sah bei
der Hinrichtung zu.

Die Ratsmitglieder* verhöhnten Jesus: »Ande-
ren hat er geholfen; jetzt soll er sich selbst helfen,
wenn er wirklich der ist, den Gott uns zum
Retter bestimmt hat!«[d]
36 Auch die Soldaten machten sich lustig über
ihn. Sie gingen zu ihm hin, reichten ihm Essig*
37 und sagten: »Hilf dir selbst, wenn du wirklich
der König der Juden bist!« 38 Über seinem Kopf
hatten sie eine Aufschrift angebracht: »Dies ist
der König der Juden.«
39 Einer der Verbrecher, die mit ihm gekreu-
zigt worden waren, beschimpfte ihn: »Bist du
denn nicht der versprochene Retter?[e] Dann hilf
dir selbst und uns!«
40 Aber der andere wies ihn zurecht und
sagte: »Nimmst du Gott immer noch nicht ernst?
Du bist doch genauso zum Tod verurteilt wie er,
41 aber du bist es mit Recht. Wir beide leiden hier
die Strafe, die wir verdient haben. Aber der da
hat nichts Unrechtes getan!«
42 Und zu Jesus sagte er: »Denk an mich,
Jesus, wenn du deine Herrschaft antrittst!«
43 Jesus antwortete ihm: »Ich versichere dir,
du wirst noch heute mit mir im Paradies* sein.«

Jesus stirbt

(Mt 27,45-56; Mk 15,33-41; Joh 19,28-30)

44–45 Es war schon etwa zwölf Uhr mittags, da
verfinsterte sich die Sonne und es wurde dunkel
im ganzen Land bis um drei Uhr. Dann riss der
Vorhang* vor dem Allerheiligsten im Tempel

a Einige Handschriften fügen hinzu (Vers 17): *Weil es so üblich war, musste Pilatus ihnen an jedem Passafest* einen Gefangenen freigeben.*
b *auf die Brüste:* verdeutlichender Zusatz; siehe Sacherklärung »Trauerbräuche«.
c *Jesus sagte …:* Dieser Versteil fehlt in einigen wichtigen Handschriften.
d *wenn er …:* wörtlich *wenn er der Christus* Gottes ist, der Erwählte.*
e Wörtlich *der Christus*.*

23,18-25 Apg 3,13-14 **23,28** 19,41-44 **23,29** 21,23 par; Jer 16,1-4 **23,30** Hos 10,8; Offb 6,16 **23,31** 1 Petr 4,17 **23,33** Jes 53,12 **23,34** Apg 7,60 S; Ps 22,19 **23,35.36.39** Ps 22,8; 109,31; Lk 2,11 S **23,36** Ps 69,22 **23,37-38** Mt 27,11 S **23,42** Mk 10,37 par **23,44-45** Mt 24,29 S; 27,51 S

mitten durch, 46 und Jesus rief laut: »Vater, ich
gebe mein Leben in deine Hände!« Mit diesen
Worten starb er.
47 Als der römische Hauptmann, der die Auf-
sicht hatte,[a] dies alles geschehen sah, pries er
Gott und sagte: »Wahrhaftig, dieser Mensch war
unschuldig, er war ein Gerechter*!«
48 Auch all die Leute, die nur aus Schaulust
zusammengelaufen waren, schlugen sich an die
Brust und kehrten betroffen in die Stadt zu-
rück, nachdem sie gesehen hatten, was da ge-
schah.
49 Alle Freunde von Jesus aber standen weit
entfernt,[b] auch die Frauen, die seit der Zeit
seines Wirkens in Galiläa* mit Jesus gezogen
waren. Die Frauen sahen dies alles mit an.

Jesus wird ins Grab gelegt

(Mt 27,57-61; Mk 15,42-47; Joh 19,38-42)

50 Es war auch ein Mann da namens Josef. Ob-
wohl Mitglied des jüdischen Rates*, war er ein
vorbildlicher und gerechter Mensch; 51 er hatte
den Beschlüssen und dem Vorgehen der anderen
Ratsmitglieder nicht zugestimmt. Er stammte aus
der jüdischen Stadt Arimathäa und lebte in der
Erwartung, dass Gott seine Herrschaft aufrichten
und sein Werk vollenden werde.[c]
52 Dieser Mann nun ging zu Pilatus und bat
ihn um den Leichnam von Jesus. 53 Dann nahm
er den Toten vom Kreuz, hüllte ihn in ein Leinen-
tuch und legte ihn in ein Grab, das in einen
Felsen gehauen war. Noch nie war jemand darin
bestattet worden. 54 Das geschah am Freitag,
unmittelbar vor Beginn des Sabbats*.
55 Die Frauen, die zusammen mit Jesus aus
Galiläa* gekommen waren, folgten Josef. Sie
sahen das Grab und waren dabei, als der Leich-
nam von Jesus hineingelegt wurde. 56 Dann
kehrten sie in die Stadt zurück und beschafften
sich wohlriechende Salböle. Doch den Sabbat
verbrachten sie in Ruhe, wie das Gesetz* es
vorschreibt.

Die Frauen am leeren Grab

(Mt 28,1-8; Mk 16,1-8; Joh 20,1-2.11-13)

24 Am Sonntagmorgen* dann, in aller Frü-
he, nahmen die Frauen die wohlriechen-
den Öle, die sie sich beschafft hatten, und gingen
zum Grab. 2 Da sahen sie, dass der Stein vom
Grabeingang weggerollt war. 3 Sie gingen hinein,
doch der Leichnam von Jesus, dem Herrn, war
nicht mehr da.
4 Während sie noch ratlos dastanden, traten
plötzlich zwei Männer in strahlend hellem Ge-
wand zu ihnen.[d] 5 Die Frauen fürchteten sich
und wagten sie nicht anzusehen; sie blickten zu
Boden.
Die beiden sagten zu ihnen: »Was sucht ihr den
Lebenden bei den Toten? 6 Er ist nicht hier; Gott
hat ihn vom Tod auferweckt! Erinnert euch an das,
was er euch schon in Galiläa* gesagt hat: 7 ›Der
Menschensohn* muss den Menschen, den Sün-
dern, ausgeliefert und ans Kreuz* genagelt werden
und am dritten Tag vom Tod auferstehen.‹«
8 Da erinnerten sich die Frauen an seine Wor-
te. 9 Sie verließen das Grab und gingen zu den
Elf und allen Übrigen, die bei ihnen waren, und
berichteten ihnen alles. 10a Es waren Maria aus
Magdala und Johanna und Maria, die Mutter
von Jakobus, sowie die anderen Frauen, die mit
ihnen am Grab gewesen waren.

Petrus am leeren Grab

(Joh 20,3-10)

10b Als die Frauen den Aposteln* sagten, was sie
erlebt hatten, 11 hielten die es für leeres Gerede
und wollten ihnen nicht glauben. 12 Nur Petrus
stand auf und lief zum Grab. Er schaute hinein
und sah dort nichts als die Leinenbinden liegen.
Darauf ging er wieder zurück und fragte sich ver-
wundert, was da wohl geschehen war.

Jesus begleitet zwei Jünger auf dem Weg nach Emmaus

13 Am selben Tag gingen zwei, die zu den Jün-
gern* von Jesus gehört hatten, nach dem Dorf
Emmaus*, das zwölf Kilometer von Jerusalem
entfernt lag.[e] 14 Unterwegs unterhielten sie sich
über alles, was geschehen war.
15 Als sie so miteinander sprachen und alles
hin und her überlegten, kam Jesus selbst hinzu
und ging mit ihnen. 16 Aber sie erkannten ihn
nicht; sie waren wie mit Blindheit geschlagen.
17 Jesus fragte sie: »Worüber redet ihr denn so
erregt unterwegs?«
Da blieben sie stehen und blickten ganz trau-
rig drein, 18 und der eine – er hieß Kleopas –
sagte: »Du bist wohl der Einzige in Jerusalem,

a *der die Aufsicht hatte:* verdeutlichender Zusatz. b Die Formulierung spielt auf Ps 38,12; 88,9 an.
c *und lebte …:* wörtlich *er wartete immerzu auf die Königsherrschaft* Gottes.*
d Gemeint sind Engel; siehe Anmerkung zu Mk 16,5. e Griechische Maßangabe *60 Stadien**.

23,46 *nach* Ps 31,6; Apg 7,59 **23,47** Apg 3,14S **23,49** 8,2-3S; Ps 38,12; 88,9.19 **23,50-51** 2,25 **23,53** 19,30 par **23,55** 8,2-3S **23,56** Ex 20,8-10 **24,4-6** Apg 1,10-11 **24,6-7** 9,21-22S **24,9-11** Mk 16,10-11 **24,10a** 8,2-3S; 6,13S **24,13-35** Mk 16,12-13 **24,16** Joh 20,14-15; 21,4

der nicht weiß, was dort in diesen Tagen gesche-
hen ist?«
19 »Was denn?«, fragte Jesus.
»Das mit Jesus von Nazaret«, sagten sie. »Er
war ein Prophet*; in Worten und Taten hat er
vor Gott und dem ganzen Volk seine Macht
erwiesen. 20 Unsere führenden Priester* und die
anderen Ratsmitglieder* haben ihn zum Tod
verurteilt und ihn ans Kreuz* nageln lassen.
21 Und wir hatten doch gehofft, er sei der er-
wartete Retter, der Israel befreien soll!
Aber zu alledem ist heute auch schon der
dritte Tag, seitdem dies geschehen ist![a] 22 Und
dann haben uns auch noch einige Frauen, die zu
uns gehören, in Schrecken versetzt. Sie waren
heute früh zu seinem Grab gegangen 23 und
fanden seinen Leichnam nicht mehr dort. Sie
kamen zurück und erzählten, sie hätten Engel*
gesehen, die hätten ihnen gesagt, dass er lebt.
24 Einige von uns sind gleich zum Grab ge-
laufen und haben alles so gefunden, wie es die
Frauen erzählten. Nur ihn selbst sahen sie
nicht.«
25 Da sagte Jesus zu ihnen: »Was seid ihr doch
schwer von Begriff! Warum rafft ihr euch nicht
endlich auf zu glauben, was die Propheten gesagt
haben? 26 *Musste* der versprochene Retter[b]
nicht dies alles erleiden und auf diesem Weg zu
seiner Herrschaft gelangen?«
27 Und Jesus erklärte ihnen die Worte, die sich
auf ihn bezogen, von den Büchern Moses und
der Propheten angefangen durch die ganzen Hei-
ligen Schriften*.

Jesus gibt sich den beiden Jüngern zu erkennen

28 Inzwischen waren sie in die Nähe von Em-
maus gekommen. Jesus tat so, als wollte er wei-
tergehen. 29 Aber sie ließen es nicht zu und sag-
ten: »Bleib doch bei uns! Es geht schon auf den
Abend zu, gleich wird es dunkel!« Da folgte er
ihrer Einladung und blieb bei ihnen.
30 Als er dann mit ihnen zu Tisch saß, nahm
er das Brot, sprach das Segensgebet darüber,
brach es in Stücke und gab es ihnen. 31 Da gingen
ihnen die Augen auf und sie erkannten ihn. Aber
im selben Augenblick verschwand er vor ihnen.
32 Sie sagten zueinander: »Brannte es nicht
wie ein Feuer in unserem Herzen, als er
unterwegs mit uns sprach und uns den Sinn der
Heiligen Schriften* aufschloss?« 33 Und sie
machten sich sofort auf den Rückweg nach
Jerusalem.
Als sie dort ankamen, waren die Elf mit allen
Übrigen versammelt 34 und riefen ihnen zu:
»Der Herr ist wirklich auferweckt worden! Er
hat sich Simon gezeigt!«
35 Da erzählten sie ihnen, was sie selbst unter-
wegs erlebt hatten und wie sie den Herrn er-
kannten, als er das Brot brach und an sie aus-
teilte.

Jesus zeigt sich dem ganzen Jüngerkreis in Jerusalem

(Joh 20,19-29)

36 Während die beiden noch erzählten, stand
plötzlich der Herr selbst mitten unter ihnen. Er
grüßte sie: »Frieden* sei mit euch!«
37 Sie erschraken und fürchteten sich; denn
sie meinten, einen Geist zu sehen.
38 Aber er sagte: »Warum seid ihr so erschro-
cken? Warum kommen euch solche Gedanken?
39 Schaut mich doch an, meine Hände, meine
Füße, dann erkennt ihr, dass ich es wirklich bin!
Fasst mich an und überzeugt euch; ein Geist hat
doch nicht Fleisch und Knochen wie ich!«
40 Während er das sagte, zeigte er ihnen seine
Hände und seine Füße.
41 Als sie es in ihrer Freude und Verwunde-
rung noch immer nicht fassen konnten, fragte
er: »Habt ihr etwas zu essen hier?« 42 Da gaben
sie ihm ein Stück gebratenen Fisch, 43 und er
nahm es und aß es vor ihren Augen.

Die letzten Worte von Jesus

44 Dann sagte er zu ihnen: »Als ich noch mit
euch zusammen war, habe ich euch gesagt:
›Alles, was im Gesetz*, in den Schriften der Pro-
pheten* und in den Psalmen über mich steht,
muss in Erfüllung gehen.‹« 45 Und er half ihnen,
die Heiligen Schriften* richtig zu verstehen.
46 »Hier steht es geschrieben«, erklärte er
ihnen: »Der versprochene Retter[c] muss leiden
und sterben und am dritten Tag vom Tod aufer-

a Dahinter steht die volkstümliche Vorstellung, dass der Lebensgeist eines Verstorbenen noch bis zu drei Tagen den Leichnam umschwebt und eventuell in ihn zurückkehren kann.
b Wörtlich *der Christus**. *c* Wörtlich *Der Christus**.

24,19 7,16 S; Apg 2,22 **24,21** 1,68; 2,38 S; 19,11 **24,24** 24,12; Joh 20,3-10 **24,26** Apg 14,22 **24,27** 24,44 S **24,28** Mk 6,48; Offb 3,20 **24,30** 9,16; 22,19 **24,34** 1 Kor 15,5 **24,36-39** Mk 16,14-16 **24,36** 1 Kor 15,5; Lk 2,14 S **24,37** Mk 6,49 par **24,40** Joh 20,20 **24,41-43** 24,30-31; Joh 21,5.10; Apg 10,41 **24,44** 24,27; (Gesetz) Joh 5,46 S; (Propheten) Jes 52,13-53,12; (Psalmen) Ps 22,2.8-9.16.19; 69,5.10.22 **24,45** 24,27.32 **24,46** 22,67 S; (geschrieben) Mk 14,49 par; 1 Kor 15,3-4; Apg 3,18; 17,2-3; 28,23

stehen. 47 Und den Menschen aller Völker muss
verkündet werden, dass ihnen um seinetwillen
Umkehr* zu Gott und Vergebung der Schuld angeboten
wird. In Jerusalem muss der Anfang
gemacht werden. 48 Ihr seid Zeugen geworden
von allem, was geschehen ist, und sollt es überall
bezeugen!
49 Ich aber werde den Geist*, den mein Vater
versprochen hat, zu euch herabsenden. Wartet
hier in der Stadt, bis das eintritt und ihr mit der
Kraft von oben gestärkt werdet.«

Jesus wird in den Himmel aufgenommen

50 Darauf führte Jesus sie aus der Stadt hinaus
nach Betanien. Dort erhob er die Hände, um sie
zu segnen. 51 Und während er sie segnete, entfernte
er sich von ihnen und wurde zum Himmel
emporgehoben.
52 Sie aber warfen sich vor ihm nieder. Dann
kehrten sie voller Freude nach Jerusalem zurück.
53 Sie verbrachten ihre ganze Zeit im Tempel*
und priesen Gott.

24,47 Apg 2,38; 5,31; 11,18; 17,30-31; 20,21; (Anfang) Apg 1,8; Röm 15,19 **24,48-49** Apg 5,32; Joh 15,26-27 **24,48** Apg 1,8 S **24,49** 4,18 S **24,50** Sir 50,20-21 **24,51** 9,51; Apg 1,9; 3,21; Mk 16,19; **24,52** Apg 1,12 **24,53** Apg 2,46; 5,12

DIE GUTE NACHRICHT NACH JOHANNES
(Johannes-Evangelium)

Inhaltsübersicht

JESUS, DAS EWIGE WORT; DER TÄUFER UND DIE ERSTEN JÜNGER
(Kapitel 1)

Jesus Christus – Gottes Wort von Ewigkeit her

1 Am Anfang[a] war das Wort*.
Das Wort war bei Gott,
und in allem war es Gott gleich.
2 Von Anfang an war es bei Gott.
3 Alles wurde durch das Wort geschaffen;
und ohne das Wort ist nichts entstanden.[b]
4 In ihm war das Leben,
und dieses Leben war das Licht
für die Menschen.
5 Das Licht strahlt in der Dunkelheit,
aber die Dunkelheit hat sich ihm verschlossen.

6 Es trat einer auf, den Gott gesandt hatte; er
hieß Johannes. 7 Er sollte Zeuge sein für das Licht
und alle darauf hinweisen, damit sie es erkennen
und annehmen.[c] 8 Er selbst war nicht das Licht;
er sollte nur auf das Licht hinweisen. 9 Das wah-
re Licht, das in die Welt gekommen ist und nun
allen Menschen leuchtet, ist Er, der das Wort
ist.[d]

10 Er, das Wort, war schon immer in der Welt,
die Welt ist durch ihn geschaffen worden,
und doch erkannte sie ihn nicht.
11 Er kam in seine eigene Schöpfung,
doch seine Geschöpfe, die Menschen,
wiesen ihn ab.[e]
12 Aber allen, die ihn aufnahmen
und ihm Glauben* schenkten,
verlieh er das Recht,
Kinder Gottes zu werden.
13 – Das werden sie nicht durch natürliche Ge-
burt oder menschliches Wollen und Machen,
sondern weil Gott ihnen ein neues Leben gibt. –

14 Er, das Wort, wurde ein Mensch,
ein wirklicher Mensch von Fleisch und Blut.[f]
Er lebte unter uns,
und wir sahen seine Macht und Hoheit,
die göttliche Hoheit,
die ihm der Vater gegeben hat,
ihm, seinem einzigen Sohn*.
Gottes ganze Güte und Treue
ist uns in ihm begegnet.

15 Johannes trat als Zeuge für ihn auf und rief:
»Das ist der, von dem ich sagte: ›Nach mir
kommt einer, der über mir steht; denn bevor ich
geboren wurde, war er schon da.‹«

16 Aus seinem Reichtum
hat er uns beschenkt,
uns alle mit grenzenloser Güte überschüttet.

17 Durch Mose gab Gott uns das Gesetz*, in Jesus
Christus aber ist uns seine Güte und Treue begeg-
net. 18 Kein Mensch hat Gott jemals gesehen.

a Anspielung auf Gen 1,1. *b* Wörtlich *und ohne es entstand auch nicht eines, was entstanden ist.* Aufgrund einer anderen Satzeinteilung, die von den frühen Kirchenvätern bevorzugt wurde, ergibt sich die Übersetzung … *auch nicht eines. Was entstanden ist* – (Vers 4) *in ihm war das Leben (dafür).* Doch meint *Leben* in der »Guten Nachricht nach Johannes« immer »Leben in voller Gemeinschaft mit Gott«, »ewiges Leben« und nicht das naturhaft-biologische Leben.
c Wörtlich *damit alle durch ihn zum Glauben* kommen.*
d der das Wort ist: verdeutlichender Zusatz. Im Griechischen ist *Wort* grammatisch nicht ein Neutrum, sondern männlich: *der Logos*. Das *Wort* ist deshalb von Anfang an als Person kenntlich.
e Andere Deutung: *Er kam in sein eigenes Land, doch sein eigenes Volk wies ihn ab;* vgl. Sir 24,7-11.
f Er, das Wort …: wörtlich *Das Wort wurde Fleisch** (vgl. Sacherklärung »Gnosis«).

1,1-2 17,5; 1 Joh 1,1-2; Gen 1,1–2,4a; Phil 2,6 **1,3** 1,10; 1 Kor 8,6; Kol 1,16-17; Weish 9,1; Hebr 1,2 **1,4** 5,26; 8,12S **1,6** Mk 1,4par **1,8** 1,20 **1,9** 8,12S **1,10** 17,25 **1,12** 1 Joh 3,1S; Gal 3,26; 4,5; Eph 1,5 **1,13** 3,5-6; 1 Petr 1,23 **1,14** Gal 4,4; Phil 2,7; 1 Tim 3,16; Hebr 2,14; 1 Joh 4,2; Bar 3,38; Sir 24,7-22; (sahen) 1 Joh 1,1-3; (Güte) Ex 34,6S **1,15** 1,30 **1,17** 7,19; Ex 31,18 **1,18** 6,46; 14,8-9; 1 Joh 4,12; 1 Tim 6,16; Ex 33,20S; Mt 11,27

Nur der Eine, der selbst Gott ist[a] und mit dem
Vater in engster Gemeinschaft steht, hat uns gesagt und gezeigt, wer Gott ist.

Die Zeugenaussage des Täufers

(Mt 3,1-12; Mk 1,1-8; Lk 3,1-18)

19 Die führenden Männer[b] aus Jerusalem schickten Priester und Leviten* zu Johannes. Die sollten ihn fragen: »Wer bist du?«

Da machte Johannes seine Zeugenaussage;
20 er wich der Antwort nicht aus, sondern bezeugte mit aller Deutlichkeit: »Ich bin nicht der versprochene Retter[c].«

21 »Wer bist du dann?«, fragten sie ihn. »Bist du Elija?«

»Nein, der bin ich auch nicht.«

»Bist du der erwartete Prophet*?«

»Nein.«

22 »Sag uns, wer du bist«, forderten sie. »Die Männer, die uns geschickt haben, verlangen eine Antwort von uns. Was sagst du selbst von dir?«

23 Johannes antwortete: »Der Prophet Jesaja hat von mir gesprochen. Ich bin die Stimme, die in der Wüste ruft: ›Macht den Weg bereit, auf dem der Herr kommt!‹«

24 Unter den Abgesandten waren auch Pharisäer*.
25 Sie fragten Johannes: »Wenn du weder der versprochene Retter bist noch Elija und auch nicht der Prophet, warum taufst* du dann die Leute?«

26 Johannes antwortete: »Ich taufe nur mit Wasser. Aber mitten unter euch steht schon der,
den ihr nicht kennt:
27 er, der nach mir kommt. Ich bin nicht gut genug, ihm die Schuhe aufzubinden.«

28 Das ereignete sich in Betanien auf der anderen Seite des Jordans, wo Johannes taufte.

Das Gotteslamm

29 Als Johannes am nächsten Tag Jesus auf sich zukommen sah, sagte er: »Seht dort das Opferlamm* Gottes, das die Schuld der ganzen Welt
wegnimmt.
30 Von ihm habe ich gesprochen, als ich sagte: ›Nach mir kommt einer, der über mir steht; denn bevor ich geboren wurde, war er
schon da.‹
31 Auch ich kannte ihn vorher nicht. Aber eben deshalb bin ich gekommen und habe mit Wasser getauft*, damit er in Israel bekannt wird.«

32 Johannes machte dazu folgende Zeugenaussage: »Ich sah, dass der Geist* Gottes wie eine Taube vom Himmel auf ihn kam und bei ihm
blieb.
33 Vorher wusste ich nicht, dass er es war. Aber Gott, der mir den Auftrag gab, mit Wasser zu taufen, hatte zu mir gesagt: ›Wenn du einen siehst, auf den sich der Geist niederlässt und bei dem er bleibt, dann weißt du: Das ist der, der mit
dem Heiligen Geist tauft.‹
34 Das habe ich gesehen«, sagte Johannes, »und ich verbürge mich dafür, dass dieser der Sohn* Gottes ist.«

Die ersten Jünger

35 Am nächsten Tag stand Johannes an derselben Stelle, und zwei von seinen Jüngern* waren bei
ihm.
36 Als er Jesus vorbeigehen sah, sagte er:
»Seht dort das Opferlamm* Gottes.«
37 Die beiden hörten es und gingen Jesus nach.

38 Jesus drehte sich um, sah, dass sie ihm folgten, und fragte: »Was sucht ihr?«

Sie antworteten: »Wo wohnst du, Rabbi*?« – Rabbi bedeutet Lehrer.

39 »Kommt, dann werdet ihr es sehen!«, antwortete er. Sie gingen mit ihm, sahen, wo er wohnte, und verbrachten den Rest des Tages mit ihm. Es war ungefähr vier Uhr nachmittags.

40 Der eine von den beiden, die Johannes reden gehört hatten und Jesus gefolgt waren, war
Andreas, der Bruder von Simon Petrus.
41 Als er bald darauf seinen Bruder Simon traf, sagte er zu ihm: »Wir haben den Messias gefunden, den ver-
sprochenen Retter.«[d]
42 Dann brachte er ihn zu Jesus.

Jesus sah ihn an und sagte: »Du bist Simon, der Sohn von Johannes. Du wirst einmal Kephas genannt werden.« Kephas ist das hebräische* Wort für Petrus* (Fels).

Philippus und Natanaël

43 Am Tag darauf wollte Jesus nach Galiläa* aufbrechen. Er traf Philippus und forderte ihn auf:
»Komm, folge mir!«
44 Philippus stammte wie Andreas und Petrus aus Betsaida.

a *Nur der Eine …:* wörtlich *Der einzig-artige Gott.* Das griechische Wort für »einzig-artig« wird auch im Sinn von »einziggeboren« verwendet, was aber im Zusammenhang mit »Gott« nicht passt. Deshalb haben viele Handschriften statt »Gott« das Wort »Sohn« verwendet (vgl. 3,18; siehe auch Sacherklärung »eingeboren«).
b *die führenden Männer:* wörtlich *die Juden.* Bei Johannes wird diese Bezeichnung mit verschiedenen Bedeutungen verwendet. Die Übersetzung verdeutlicht, wer im jeweiligen Zusammenhang damit gemeint ist. Johannes wählt jedoch die umfassende Bezeichnung, weil die ablehnende Haltung »der Juden« bei ihm beispielhaft für den Widerstand der gottfeindlichen »Welt« gegen Jesus steht (siehe eingehender Sacherklärung »Juden«).
c Wörtlich *der Christus*.* d Wörtlich *den Messias, das heißt übersetzt Christus*.*

1,21 (Elija) Mt 11,14S; (Prophet) Joh 6,14S **1,23** *nach* Jes 40,3 **1,28** 10,40 **1,29** (Opferlamm) 1,36; 1Joh 2,2; Jes 53,6-7; 1Petr 1,19; Offb 5,6 **1,30** 1,15 **1,32** Mk 1,10 par **1,34** (Sohn Gottes) 1,49; 5,19-23; 10,36; 11,27; 20,31; 5,18S; Mt 3,17S; 27,54S; Apg 9,20 **1,36** 1,29S **1,40-42** Mk 1,16-18 par **1,41** 4,25S **1,42** Mt 10,2; 16,18S

45 Philippus wiederum traf Natanaël und
sagte zu ihm: »Wir haben den gefunden, über
den Mose im Gesetz* geschrieben hat und den
die Propheten* angekündigt haben. Es ist Jesus
aus Nazaret, der Sohn Josefs.«
46 »Kann aus Nazaret etwas Gutes kommen?«, fragte Natanaël.

Philippus antwortete: »Komm mit und überzeuge dich selbst!«
47 Als Jesus Natanaël kommen sah, sagte er:
»Da kommt ein wahrer Israelit, ein Mann ohne
Falschheit.«
48 Natanaël fragte ihn: »Woher kennst du
mich?«

Jesus antwortete: »Bevor Philippus dich rief,
habe ich dich unter dem Feigenbaum gesehen.«
49 Da sagte Natanaël: »Rabbi*, du bist der
Sohn* Gottes! Du bist der König von Israel!«
50 Jesus sagte: »Glaubst du das jetzt, weil
ich dir sagte, dass ich dich unter dem Feigenbaum sah? Du wirst noch viel größere Dinge erleben.«
51 Und er fuhr fort: »Amen*, ich versichere
euch: Ihr werdet den Himmel offen sehen und
erleben, wie die Engel Gottes zum Menschensohn* herab- und von ihm zum Himmel hinaufsteigen!«[a]

DAS ÖFFENTLICHE WIRKEN VON JESUS (Kapitel 2–12)

Die Hochzeit in Kana

2 Am dritten Tag[b] wurde in Kana in Galiläa*
eine Hochzeit gefeiert. Die Mutter von Jesus
war dabei, 2 und auch Jesus war mit seinen Jüngern* dazu eingeladen.
3 Als der Weinvorrat zu Ende war, sagte seine
Mutter zu ihm: »Sie haben keinen Wein mehr!«
4 Jesus erwiderte ihr: »Frau,[c] das ist meine
Sache, nicht deine! Meine Stunde ist noch nicht
gekommen.«
5 Da wandte sich seine Mutter an die Diener
und sagte: »Tut alles, was er euch befiehlt!«
6 Im Haus standen sechs Wasserkrüge aus
Stein, von denen jeder etwa hundert Liter[d] fasste. Man brauchte sie wegen der Reinigung*, die
das Gesetz* vorschreibt.
7 Jesus sagte zu den Dienern: »Füllt diese Krüge mit Wasser!« Sie füllten sie bis an den Rand.
8 Dann befahl er ihnen: »Jetzt nehmt eine Probe
davon und bringt sie dem Mann, der für das Festessen verantwortlich ist.«

Sie brachten ihm eine Probe, 9 und er kostete
das Wasser, das zu Wein geworden war. Er wusste nicht, woher dieser Wein kam; nur die Diener,
die das Wasser geschöpft hatten, wussten es. Er
rief den Bräutigam zu sich 10 und sagte: »Jeder
bringt doch zuerst den guten Wein auf den Tisch,
und wenn die Gäste schon reichlich getrunken
haben, folgt der schlechtere. Aber du hast den
guten Wein bis zuletzt aufgehoben!«
11 So vollbrachte Jesus in Kana in Galiläa sein
erstes Wunderzeichen* und offenbarte seine
Herrlichkeit*. Und seine Jünger kamen zum
Glauben* an ihn. 12 Danach ging er mit seiner
Mutter, seinen Brüdern und seinen Jüngern nach
Kafarnaum hinunter und blieb einige Tage dort.

Jesus im Tempel

(Mt 21,12-13; Mk 11,15-17; Lk 19,45-46)

13 Als das Passafest* näher kam, ging Jesus hinauf
nach Jerusalem. 14 Im Vorhof des Tempels* sah
er die Händler, die dort Rinder, Schafe und Tauben verkauften; auch die Geldwechsler* saßen
dort an ihren Tischen.
15 Da machte er sich aus Stricken eine Peitsche und trieb sie alle aus dem Tempelbezirk,
mitsamt ihren Rindern und Schafen. Er fegte das
Geld der Wechsler zu Boden und warf ihre
Tische um. 16 Den Taubenverkäufern befahl er:
»Schafft das hier weg! Macht aus dem Haus meines Vaters keine Markthalle!«
17 Seinen Jüngern* kam das Wort aus den Heiligen Schriften* in den Sinn: »Die Liebe zu deinem Haus wird mich noch umbringen.«[e]
18 Die führenden Männer[f] fragten ihn: »Woran können wir erkennen, dass du so etwas tun
darfst? Gib uns ein Wunderzeichen als Beweis!«
19 Jesus antwortete ihnen: »Reißt diesen Tempel nieder, und in drei Tagen werde ich ihn wieder aufbauen!«

a Dieser Vers ist eine Anspielung auf die Erzählung in Gen 28,10-17.
b Wahrscheinlich gerechnet vom Tag des Aufbruchs nach Galiläa 1,43.
c Die Anrede *Frau* ist nicht respektlos (vgl. 4,21; 8,10; 20,13.15), aber der Mutter gegenüber doch ungewöhnlich (auch in 19,26): Sie lässt erkennen, wie radikal sich Jesus an den Willen seines Vaters im Himmel gebunden weiß, sodass selbst die engsten familiären Beziehungen zurücktreten müssen (vgl. auch Mk 3,31-35; Lk 11,27-28).
d Griechische Maßangabe *2 bis 3 Metreten* (= je ca. 40 l).
e Wörtlich *wird mich verzehren/fressen* (nach Ps 69,10).
f Wörtlich *Die Juden;* vgl. Anmerkung zu 1,19.

1,45 (Gesetz) Dtn 18,15; (Propheten) Jes 9,5; 42,1-4; Ez 34,23; Mi 5,1-3 **1,49** 1,34 S; 12,13 **1,51** Mt 3,16 S **2,4** (Stunde) 7,6.30; 8,20; 12,23; 13,1; 17,1 **2,6** Mk 7,3-4 **2,11** (Wunderzeichen) 2,23; 3,2; 4,54; 6,26; 11,47-48; 20,30; Apg 2,22 S; Röm 15,19 **2,12** Mt 4,13 **2,13** (Passafest) 6,4; 11,55; 12,1.12; Ex 12,1-14 S **2,16** Lk 2,49 **2,19** Mk 14,58 par; 15,29 par; Apg 6,14

20 Sie hielten ihm entgegen: »Für den Bau dieses Tempels wurden sechsundvierzig Jahre gebraucht! Und du willst ihn in drei Tagen wieder aufbauen?«

21 Mit dem Tempel meinte Jesus aber seinen Leib. 22 Als er vom Tod auferstanden war, erinnerten sich seine Jünger an dieses Wort. Da glaubten sie den Heiligen Schriften und dem, was Jesus damals gesagt hatte.

Jesus kennt die Menschen

23 Während sich Jesus am Passafest* in Jerusalem aufhielt, kamen viele zum Glauben* an ihn, weil sie die Wunder sahen, die er vollbrachte. 24 Aber Jesus traute ihnen nicht und hielt sich ihnen gegenüber zurück, weil er sie alle durchschaute. 25 Über die Menschen brauchte ihm niemand etwas zu sagen, denn er kannte das menschliche Herz bis auf den Grund.

Jesus und Nikodemus

3 Einer von den Pharisäern* war Nikodemus, ein Mitglied des jüdischen Rates*. 2 Eines Nachts kam er zu Jesus und sagte zu ihm: »Rabbi*, wir wissen, dass Gott dich gesandt und dich als Lehrer bestätigt hat. Nur mit Gottes Hilfe kann jemand solche Wunder vollbringen, wie du sie tust.«

3 Jesus antwortete: »Amen*, ich versichere dir: Nur wer von oben her[a] geboren wird, kann Gottes neue Welt zu sehen bekommen.«

4 »Wie kann ein Mensch geboren werden, der schon ein Greis ist?«, fragte Nikodemus. »Er kann doch nicht noch einmal in den Mutterschoß zurückkehren und ein zweites Mal auf die Welt kommen!«

5 Jesus sagte: »Amen, ich versichere dir: Nur wer von Wasser und Geist* geboren wird, kann in Gottes neue Welt hineinkommen.[b] 6 Was Menschen zur Welt bringen, ist und bleibt von menschlicher Art. Von geistlicher* Art kann nur sein, was vom Geist Gottes geboren wird. 7 Wundere dich also nicht, dass ich zu dir sagte: ›Ihr müsst alle von oben her geboren werden.‹ 8 Der Wind weht, wo es ihm gefällt. Du hörst ihn nur rauschen, aber du weißt nicht, woher er kommt und wohin er geht. So geheimnisvoll ist es auch, wenn ein Mensch vom Geist geboren wird.«

9 »Wie ist so etwas möglich?«, fragte Nikodemus.

10 Jesus antwortete: »Du bist ein anerkannter Lehrer Israels und weißt das nicht? 11 Amen, ich versichere dir: Wir sprechen über Dinge, die wir kennen, und bezeugen das, was wir gesehen haben. Aber keiner von euch ist bereit, auf unsere Aussage zu hören. 12 Wenn ich zu euch über die irdischen Dinge rede und ihr mir nicht glaubt, wie werdet ihr mir dann glauben, wenn ich über die himmlischen Dinge mit euch rede?«[c]

Ohne Glauben an Jesus kein Leben

13 Niemand ist in den Himmel hinaufgestiegen als nur der eine, der vom Himmel herabgekommen ist, der Menschensohn*. 14 Mose richtete in der Wüste den Pfahl mit der bronzenen Schlange auf. Genauso muss auch der Menschensohn erhöht[d] werden, 15 damit alle, die sich im Glauben ihm zuwenden,[e] durch ihn ewiges Leben bekommen.

16 Gott hat die Menschen so sehr geliebt, dass er seinen einzigen Sohn[f] hergab. Nun werden alle, die sich auf den Sohn Gottes verlassen, nicht zugrunde gehen, sondern ewig leben.

17 Gott sandte den Sohn nicht in die Welt, um die Menschen zu verurteilen, sondern um sie zu retten. 18 Wer sich an den Sohn Gottes hält, wird nicht verurteilt. Wer sich aber nicht an ihn hält, ist schon verurteilt, weil er Gottes einzigen Sohn nicht angenommen hat.

19 So geschieht die Verurteilung: Das Licht ist in die Welt gekommen, aber die Menschen liebten die Dunkelheit mehr als das Licht; denn ihre Taten waren schlecht. 20 Jeder, der Böses tut, hasst das Licht und bleibt im Dunkeln, damit seine schlechten Taten nicht offenbar werden. 21 Aber wer der Wahrheit* gehorcht, kommt

a von oben her: So die wahrscheinlichere Deutung, weil diese Geburt durch den Heiligen Geist (Vers 8) bewirkt wird. Andere übersetzen *von neuem.*

b Das *Wasser* weist auf die christliche Taufe hin, die nach biblischem Verständnis mit dem Empfang des Heiligen Geistes verbunden ist (siehe Sacherklärung »Taufe«).

c Mit den *irdischen Dingen* ist die Situation des Menschen und die Notwendigkeit der »Geburt von oben her« gemeint. Mit den himmlischen Dingen deutet Jesus an, was er über den Weg in die himmlische Herrlichkeit sagen wird (vgl. 8,12; 12,32; 14,2-3.6; 17,24).

d Vgl. Vers 13 und die Anmerkung zu 12,32.

e die sich ...: wörtlich *die an ihn glauben**. Wegen der Missverständlichkeit dieses Ausdrucks wird »glauben an« auch in den Versen 16 und 18 umschrieben mit *sich verlassen auf, sich halten an, annehmen.*

f Siehe Sacherklärung »eingeboren(er Sohn)«.

2,22 12,16; 14,26; Lk 24,6-8.27 **2,23** 2,11 S; (Glauben) 4,41.53; 7,31; 8,30; 10,42; 11,45; 12,11.42 **3,1** (Nikodemus) 7,50; 19,39 **3,2** Mk 12,14 par; (Wunder) 2,11 S **3,3** 1,13 **3,6** 6,63 **3,11** 3,32; 8,26 **3,12** 14,1-5; Weish 9,16-17 **3,13** Spr 30,4 **3,14** Num 21,9; (erhöht) Joh 12,32-34 S **3,15** 20,31 **3,16** 3,36; 5,24 S; 1 Joh 4,9-10; Röm 8,32 **3,17** 12,47 **3,18** 5,22 S **3,19** 8,12 S **3,20** Eph 5,11-13

zum Licht; denn das Licht macht offenbar, dass
er mit seinen Taten Gott gehorsam war.

Jesus und der Täufer

22 Danach ging Jesus mit seinen Jüngern* in das
Gebiet von Judäa*. Dort verbrachte er einige Zeit
mit ihnen und taufte*. 23 Auch Johannes taufte
in Änon, nicht weit von Salim, denn dort gab es
reichlich Wasser. Immer noch kamen Leute zu
ihm und er taufte sie; 24 denn er war zu jener
Zeit noch nicht im Gefängnis.
25 Einmal stritten sich einige Jünger von Jo-
hannes mit einem anderen Juden darüber, wel-
che Taufe den höheren Rang habe.[a] 26 Sie kamen
deshalb zu Johannes und sagten zu ihm: »Rab-
bi*, der Mann, der dich am anderen Jordanufer
aufsuchte und auf den du als Zeuge hingewiesen
hast, der tauft jetzt auch und alle gehen zu ihm!«
27 Johannes antwortete: »Kein Mensch kann
sich etwas nehmen, auch nicht das Geringste,
wenn Gott es ihm nicht gegeben hat. 28 Ihr
könnt selbst bestätigen, dass ich sagte: ›Ich bin
nicht der versprochene Retter,[b] sondern ich bin
nur vor ihm hergesandt worden.‹ 29 Wer die
Braut bekommt, ist der Bräutigam. Der Freund*
des Bräutigams steht dabei, und wenn er den
Bräutigam jubeln hört, ist er voller Freude. Ge-
nauso geht es jetzt mir: An meiner Freude fehlt
nichts mehr. 30 Sein Einfluss muss wachsen, mei-
ner muss abnehmen.«

Gottes Sohn bringt das Leben

31 Er, der von oben kommt, steht über allen. Wer
von der Erde stammt, gehört zur Erde und redet
aus irdischer Sicht. Er aber, der vom Himmel
kommt, 32 bezeugt das, was er dort gesehen und
gehört hat. Doch keiner hört auf ihn.
33 Wer auf ihn hört, bestätigt damit, dass Gott
die Wahrheit sagt. 34 Der von Gott Gesandte
spricht ja die Worte Gottes, denn Gott gibt ihm
seinen Geist* in grenzenloser Fülle.
35 Der Vater liebt den Sohn* und hat alles in
seine Hand gegeben. 36 Wer sich an den Sohn
hält,[c] hat das ewige Leben. Wer nicht auf den
Sohn hört, wird niemals das Leben finden; er
wird dem Zorngericht Gottes nicht entgehen.

Jesus und die Frau aus Samarien

4 Jesus erfuhr, dass die Pharisäer* auf ihn auf-
merksam wurden, weil er mehr Anhänger
gewann und taufte als Johannes. – 2 Er selbst
taufte übrigens nicht; das taten seine Jünger*. –
3 Deshalb verließ Jesus Judäa* und ging zurück
nach Galiläa*.
4 Dabei musste er durch Samarien* ziehen.
5 Unterwegs kam er in die Nähe des Dorfes Sy-
char, das nicht weit von dem Feld entfernt liegt,
das Jakob einst seinem Sohn Josef vererbt hatte.
6 Dort befand sich der Jakobsbrunnen. Jesus war
von dem langen Weg müde geworden und setzte
sich an den Brunnen. Es war gegen Mittag.
7 Da kam eine samaritische Frau zum Wasser-
holen. Jesus sagte zu ihr: »Gib mir einen Schluck
Wasser!« 8 Seine Jünger waren ins Dorf gegan-
gen, um etwas zu essen zu kaufen.
9 Die Frau antwortete: »Du bist ein Jude und
ich bin eine Samariterin. Wie kannst du mich da
um etwas zu trinken bitten?« – Die Juden ver-
meiden nämlich jeden Umgang mit Samaritern*.
10 Jesus antwortete: »Wenn du wüsstest, was
Gott den Menschen schenken will und wer es
ist, der dich jetzt um Wasser bittet, dann hättest
du *ihn* um Wasser gebeten und er hätte dir leben-
diges Wasser gegeben.«[d]
11 »Herr, du hast doch keinen Eimer«, sagte
die Frau, »und der Brunnen ist tief. Woher willst
du dann das lebendige Wasser haben? 12 Unser
Stammvater Jakob hat uns diesen Brunnen hin-
terlassen. Er selbst, seine Söhne und seine ganze
Herde tranken daraus. Du willst doch nicht
sagen, dass du mehr bist als Jakob?«
13 Jesus antwortete: »Wer dieses Wasser trinkt,
wird wieder durstig. 14 Wer aber von dem Wasser
trinkt, das ich ihm geben werde, wird nie mehr
Durst haben. Ich gebe ihm Wasser, das in ihm zu
einer Quelle wird, die bis ins ewige Leben wei-
tersprudelt.«
15 »Herr, gib mir von diesem Wasser«, bat die
Frau, »dann werde ich keinen Durst mehr haben
und muss nicht mehr hierher kommen, um Was-
ser zu schöpfen.«
16 Jesus sagte zu ihr: »Geh und bring deinen
Mann her!«
17 »Ich habe keinen Mann«, sagte die Frau.

a *welche Taufe ...:* wörtlich *über die Reinigung*;* vgl. auch Sacherklärung »Täufer«.
b Wörtlich *der Christus**.
c Wörtlich *Wer an den Sohn glaubt**.
d *Lebendiges Wasser* ist ursprünglich Quellwasser im Unterschied zu Wasser aus einer Zisterne; hier geht es um »Wasser, das Leben gibt«. In der »Guten Nachricht nach Johannes« ist dies ein Bild für den Heiligen Geist*; vgl. 7,39.

3,24 Mk 1,14 par; 6,17 par **3,26** 1,29-34 **3,28** 1,20 **3,29** Mk 2,19 par; Mt 9,15 S **3,31** 8,23; 1 Joh 4,5 **3,32** 3,11 **3,35** 5,20; 10,17; 13,3; 14,10; 17,2; Mt 11,27; 28,18 **3,36** 3,16 S **4,1-2** 3,22 **4,5** Gen 33,14; 48,22 **4,9** Lk 10,33 S **4,10** 7,37 **4,12** 8,53 **4,13-14** 7,37; 6,35 **4,15** 6,34

Jesus erwiderte: »Es stimmt, wenn du sagst:
›Ich habe keinen Mann.‹ 18 Fünfmal warst du
verheiratet, und der, mit dem du jetzt zusam-
menlebst, ist nicht dein Mann. Da hast du die
Wahrheit gesagt.«
19 »Herr, ich sehe, du bist ein Prophet*«, sagte
die Frau. 20 »Unsere Vorfahren verehrten Gott
auf diesem Berg. Ihr Juden dagegen behauptet,
dass Jerusalem der Ort ist, an dem Gott verehrt
werden will.«
21 Jesus sagte zu ihr: »Glaube mir, Frau, es
kommt die Zeit, da werdet ihr den Vater weder
auf diesem Berg noch in Jerusalem anbeten.
22 Ihr Samariter betet zu Gott, aber ihr kennt ihn
nicht; doch wir kennen ihn, denn die Rettung
für alle Menschen kommt von den Juden.
23–24 Aber die Stunde kommt, ja sie ist schon ge-
kommen,[a] da wird der Heilige Geist*, der Gottes
Wahrheit* enthüllt, Menschen befähigen, den
Vater an jedem Ort anzubeten. Gott ist ganz an-
ders als diese Welt*, er ist machtvoller Geist, und
alle, die ihn anbeten wollen, müssen vom Geist
der Wahrheit erfüllt sein. Von solchen Menschen
will der Vater angebetet werden.«
25 Die Frau sagte zu ihm: »Ich weiß, dass
der Messias kommen wird, der versprochene
Retter.[b] Wenn er kommt, wird er uns alles sa-
gen.«
26 Jesus antwortete: »Er spricht mit dir; *ich*
bin es.«[c]
27 In diesem Augenblick kehrten seine Jünger
zurück. Sie wunderten sich, ihn im Gespräch mit
einer Frau anzutreffen.[d] Aber keiner fragte ihn:
»Was willst du von ihr?«, oder: »Worüber redest
du mit ihr?«
28 Die Frau ließ ihren Wasserkrug stehen, ging
ins Dorf und sagte zu den Leuten: 29 »Da ist ei-
ner, der mir alles gesagt hat, was ich getan habe.
Kommt mit und seht ihn euch an! Ist er vielleicht
der versprochene Retter?«[e] 30 Da gingen sie alle
hinaus zu Jesus.
31 Inzwischen forderten die Jünger ihn auf:
»Rabbi*, iss doch etwas!«
32 Aber er antwortete: »Ich lebe von einer
Nahrung, die ihr nicht kennt.«
33 Da fragten sie einander: »Hat ihm vielleicht
jemand etwas zu essen gebracht?«
34 Jesus sagte zu ihnen: »Meine Nahrung ist,
dass ich dem gehorche, der mich gesandt hat,
und sein Werk vollende. 35 Ihr denkt, wie es im
Sprichwort heißt: ›Zwischen Saat und Ernte lie-
gen vier Monate!‹ Aber ich sage euch: Macht die
Augen auf und seht euch die Felder an! Das Korn
ist schon reif für die Ernte. 36 Er, der sie ein-
bringt, erhält schon jetzt seinen Lohn und sam-
melt Frucht für das ewige Leben. Er freut sich
zur gleichen Zeit wie der, der gesät hat.
37 Aber das andere Sprichwort, das trifft zu:
›Einer sät und ein anderer erntet.‹ 38 Denn ich
habe euch zum Ernten auf ein Feld geschickt,
auf dem ihr nicht gearbeitet habt. Andere haben
sich vor euch dort abgemüht, ihr braucht ihre
Arbeit nur weiterzuführen.«
39 Viele Samariter in jenem Ort kamen zum
Glauben* an Jesus, weil die Frau bezeugt hatte:
»Er hat mir alles gesagt, was ich getan habe.«
40 Als sie nun bei Jesus eintrafen, baten sie ihn
zu bleiben, und er verbrachte zwei Tage bei
ihnen.
41 Da kamen noch viel mehr von ihnen zum
Glauben aufgrund seiner Worte. 42 Sie erklärten
der Frau: »Jetzt glauben wir nicht länger wegen
deiner Erzählung, sondern weil wir ihn selbst ge-
hört haben. Wir wissen jetzt, dass er wirklich
der Retter der Welt ist.«

Jesus heilt den Sohn eines königlichen Beamten

43 Nachdem Jesus zwei Tage dort geblieben war,
verließ er die Gegend und ging weiter nach Gali-
läa*. 44 Er selbst hatte gesagt: »Kein Prophet* gilt
etwas in seiner Heimat.« 45 Als er nun nach Gali-
läa kam, nahmen ihn die Leute freundlich auf.
Sie waren nämlich beim Passafest* in Jerusalem
gewesen und hatten alles gesehen, was er dort
während der Feiertage getan hatte.
46 In Galiläa kam Jesus auch wieder nach
Kana, wo er das Wasser zu Wein gemacht hatte.
Damals lebte in Kafarnaum ein königlicher Be-
amter, dessen Sohn war krank. 47 Als er hörte,

a Die Verse 23-24 von hier ab wörtlich: *dass die wahren Anbeter den Vater in Geist und Wahrheit anbeten; denn solche sucht auch der Vater als seine Anbeter. Gott ist Geist, und die, die ihn anbeten wollen, müssen ihn in Geist und Wahrheit anbeten.* Die wörtliche Wiedergabe ist jedoch missverständlich, weil die beiden wichtigsten Begriffe (*Geist* und *Wahrheit*; vgl. die Sacherklärungen) bei Johannes Bedeutungen haben, die im heutigen Deutsch ungebräuchlich sind. Die Übersetzung entfaltet den beabsichtigten Sinn.

b Wörtlich *der Messias kommen wird, der Christus* genannt wird.*

c Vgl. Anmerkung zu 8,24.

d Für einen Juden, besonders einen Rabbi, war es nicht üblich, sich mit einer Frau zu unterhalten.

e Wörtlich *der Christus*?*

4,19 9,17; Mt 21,46 **4,20** Dtn 12,5-14 **4,22** Jes 2,3; Obd 17; Röm 9,4 **4,23-24** 3,3-8; 2 Kor 3,17; Phil 3,3 **4,25** 1,41; 7,26.31; 10,24; 11,27; Lk 22,67 S **4,26** 9,37 **4,34** 6,38; 8,28; 10,18; 12,49-50; 14,31; 15,10; 17,4 **4,35** Mt 9,37 **4,37** Mi 6,15 **4,41** 2,23 S **4,42** Lk 2,11 S **4,44** Mk 6,4 par **4,46-53** Mt 8,5-13 par **4,46** 2,1-11

dass Jesus von Judäa* nach Galiläa gekommen
war, ging er zu ihm und bat ihn: »Komm doch
nach Kafarnaum und mach meinen Sohn ge-
sund; er liegt im Sterben.«

48 Jesus sagte zu ihm: »Ihr alle glaubt mir
nur, wenn ihr Aufsehen erregende Wunder
seht.«

49 Der Beamte bat ihn: »Herr, komm doch mit
mir, bevor mein Kind stirbt!«

50 »Geh ruhig heim«, sagte Jesus zu ihm,
»dein Sohn lebt!«

Er glaubte dem Wort, das Jesus zu ihm gesagt
hatte, und ging. 51 Schon unterwegs kamen ihm
seine Diener entgegen und berichteten: »Dein
Sohn lebt!« 52 Er fragte sie, seit wann es ihm bes-
ser gehe, und sie antworteten: »Gestern Mittag
um ein Uhr hat das Fieber aufgehört.«

53 Da erkannte der Vater, dass es genau zu der
Stunde geschehen war, als Jesus zu ihm sagte:
»Dein Sohn lebt!« Er kam zum Glauben* an
Jesus, er und seine ganze Hausgemeinschaft.

54 Dieses zweite Wunderzeichen* vollbrachte
Jesus, als er von Judäa wieder nach Galiläa ge-
kommen war.

Die Heilung am Teich Betesda

5 Bald darauf war ein jüdisches Fest und
Jesus ging hinauf nach Jerusalem. 2 Am
Schaftor in Jerusalem befindet sich ein Teich mit
fünf offenen Hallen. Auf Hebräisch* wird er
Betesda genannt. 3 Eine große Anzahl von
Kranken lag ständig in den Hallen: Blinde, Ge-
lähmte und Menschen mit erstorbenen Glie-
dern.[a]

5 Unter ihnen war auch ein Mann, der seit
achtunddreißig Jahren krank war. 6 Jesus sah ihn
dort liegen. Er erkannte, dass der Mann schon
lange unter seiner Krankheit litt, und fragte ihn:
»Willst du gesund werden?«

7 Der Kranke antwortete: »Herr, ich habe kei-
nen, der mir in den Teich hilft, wenn das Wasser
sich bewegt. Wenn ich es allein versuche, ist im-
mer schon jemand vor mir da.«

8 Jesus sagte zu ihm: »Steh auf, nimm deine
Matte und geh!« 9 Im selben Augenblick wurde
der Mann gesund. Er nahm seine Matte und
konnte wieder gehen.

Der Tag, an dem dies geschah, war ein Sab-
bat*. 10 Einige von den führenden Männern[b]
sagten deshalb zu dem Geheilten: »Heute ist Sab-
bat, da darfst du deine Matte nicht tragen!«

11 Er antwortete: »Der Mann, der mich ge-
heilt hat, sagte zu mir: ›Nimm deine Matte und
geh!‹«

12 Da fragten sie ihn: »Wer ist es, der dir so et-
was befohlen hat?« 13 Aber er konnte keine Aus-
kunft darüber geben; denn Jesus hatte den Ort
wegen der vielen Menschen schon wieder ver-
lassen.

14 Später traf Jesus ihn im Tempel und sagte:
»Hör zu! Du bist jetzt gesund. Tu nichts Unrech-
tes mehr, sonst wird es dir noch schlimmer er-
gehen.«

15 Der Geheilte ging fort und berichtete den
führenden Männern, dass es Jesus war, der ihn
gesund gemacht hatte. 16 Da begannen sie, Jesus
zu verfolgen, weil er an einem Sabbat geheilt
hatte.

17 Jesus aber sagte zu ihnen: »Mein Vater ist
ständig am Werk und deshalb bin ich es auch.«

18 Daraufhin waren sie noch fester entschlos-
sen, ihn zu töten. Denn Jesus setzte nicht nur die
Sabbatvorschriften außer Kraft, er behauptete so-
gar, dass Gott sein Vater[c] sei, und stellte sich so
mit Gott auf eine Stufe.

Die Vollmacht des Sohnes

19 Jesus erwiderte auf ihre Vorwürfe: »Amen*,
ich versichere euch: Der Sohn* kann nichts von
sich aus tun; er kann nur tun, was er den Vater
tun sieht. Was der Vater tut, genau das tut auch
der Sohn.

20 Der Vater liebt den Sohn und zeigt ihm al-
les, was er selber tut. Er wird ihm noch größere
Taten zeigen, sodass ihr staunen werdet. 21 Denn
wie der Vater die Toten auferweckt und ihnen
das Leben gibt, so gibt auch der Sohn das Leben,
wem er will.

22 Auch seine ganze richterliche Macht hat
der Vater dem Sohn übergeben; er selbst spricht
über niemand das Urteil. 23 Denn alle sollen den
Sohn ebenso ehren wie den Vater. Wer den Sohn
nicht ehrt, ehrt auch den Vater nicht, der ihn ge-
sandt hat.

a Viele spätere Handschriften fügen hinzu: *Sie warteten darauf, dass das Wasser Wellen schlug;* [4] *denn von Zeit zu Zeit kam ein Engel Gottes und brachte das Wasser in Bewegung. Wer als Erster in das bewegte Wasser hineinging, wurde gesund, ganz gleich, welche Krankheit er hatte.*
b Wörtlich *Die Juden,* ebenso in Vers 15; vgl. Anmerkung zu 1,19.
c Wörtlich *sein eigener Vater;* d.h. Vater in der herausgehobenen Bedeutung von 1,18.

4,48 6,30 S **4,53** 2,23 S **4,54** 2,11 S **5,8-9** Mk 2,10-11 par **5,9** (Sabbat) 5,16.18; 7,21-22; 9,14; Mk 2,27-28 S **5,10** Ex 20,8-10 S; Jer 17,21-22 **5,13** 6,15; 11,54; 12,36b; Mt 8,18; 13,36 **5,14** 8,11; Mt 12,45 par; Jak 5,16 **5,18** 7,1 S; (Gott sein Vater) 3,35; 8,16.19; 10,17-18.29-38; 14,8-11.20.28; 15,9-10; 16,27-28; 17,1-26; 1,34 S **5,19** 1,34 S **5,20** 3,35 S **5,21** 11,25 **5,22** (Jesus als Richter) 3,18; 5,27.30; 9,39; 12,47-48; 1 Joh 2,28; Apg 10,42 S; Jud 14-15 **5,23** Phil 2,10-11

24 Amen, ich versichere euch: Alle, die auf
mein Wort hören und dem glauben, der mich ge-
sandt hat, haben das ewige Leben. Sie kommen
nicht mehr vor Gottes Gericht; sie haben den
Tod schon hinter sich gelassen und das unver-
gängliche Leben erreicht.

25 Amen, ich versichere euch: Die Stunde
kommt – ja, sie ist schon da –, dass die Toten die
Stimme des Gottessohnes hören werden, und
wer sie hört, wird leben. 26 Wie der Vater der
Geber des Lebens ist, so hat er auch dem Sohn
Macht verliehen, Leben zu geben. 27 Und er hat
dem Sohn die Macht verliehen, Gericht zu hal-
ten, weil er der Menschensohn* ist.

28 Wundert euch nicht darüber! Die Stunde
kommt, da werden alle Toten in den Gräbern
seine Stimme hören 29 und ihre Gräber verlas-
sen. Alle, die Gutes getan haben, werden auf-
erstehen*, um das Leben zu empfangen, und die
Böses getan haben, um verurteilt zu werden.

30 Ich kann nichts von mir aus tun, sondern
entscheide als Richter so, wie ich den Vater ent-
scheiden höre. Meine Entscheidung ist gerecht,
denn ich setze nicht meinen eigenen Willen
durch, sondern den Willen dessen, der mich ge-
sandt hat.«

Zeugen für Jesus

31 »Wenn ich für mich selbst als Zeuge auftreten
wollte, hätte meine Aussage keine Beweiskraft.
32 Es gibt einen anderen Zeugen, der für mich
aussagt, und ich weiß, dass er die Wahrheit über
mich sagt.

33 Ich meine damit nicht Johannes.[a] Ihr habt
Boten zu ihm geschickt und er ist als Zeuge für
die Wahrheit eingetreten. 34 Ich brauche aber
keinen Menschen als Zeugen; auf Johannes ver-
weise ich nur, weil ich möchte, dass ihr gerettet
werdet. 35 Johannes war wie eine brennende
Lampe, ihr aber wolltet nichts weiter, als eine
Zeit lang an seinem Licht eure Freude haben.

36 Ich habe ein Zeugnis auf meiner Seite, das
die Aussage von Johannes weit übertrifft: die
Taten meines Vaters, die ich in seinem Auftrag
vollenden soll. Sie sprechen für mich und bestäti-
gen, dass mein Vater mich gesandt hat.

37 Der Vater selbst, der mich gesandt hat, hat
mit diesen Taten für mich ausgesagt. Ihr habt
seine Stimme niemals gehört und seine Gestalt
nie gesehen. 38 Auch sein Wort in den Heiligen
Schriften nützt euch nichts mehr – weil ihr dem,
den er gesandt hat, keinen Glauben schenkt.
39 Ihr forscht doch in den Heiligen Schriften*
und seid überzeugt, in ihnen das ewige Leben zu
finden – und gerade sie weisen auf mich hin.
40 Aber ihr seid nicht bereit, zu mir zu kommen
und so das ewige Leben zu haben.

41 Ich bin nicht darauf aus, von Menschen ge-
ehrt zu werden. 42 Außerdem kenne ich euch;
ich weiß, dass in euren Herzen keine Liebe zu
Gott ist. 43 Ich bin im Auftrag meines Vaters ge-
kommen, doch ihr weist mich ab. Wenn aber je-
mand in seinem eigenen Auftrag kommt, werdet
ihr ihn aufnehmen. 44 Wie könntet ihr denn
auch zum Glauben* an mich kommen? Ihr legt
ja nur Wert darauf, einer vom andern bestätigt
zu werden. Aber die Anerkennung bei Gott, dem
Einen, zu dem ihr euch bekennt,[b] die sucht ihr
nicht.

45 Ihr braucht aber nicht zu denken, dass ich
euch bei meinem Vater verklagen werde. Mose
klagt euch an, derselbe Mose, auf dessen Für-
sprache ihr hofft. 46 Wenn ihr Mose wirklich
glaubtet, dann würdet ihr auch mir glauben;
denn er hat über mich geschrieben. 47 Da ihr
aber seinen geschriebenen Worten nicht glaubt,
wie könnt ihr dann meinen gesprochenen glau-
ben?«

Jesus macht mehr als fünftausend Menschen satt

(Mt 14,13-21; Mk 6,30-44; Lk 9,10-17)

6 Danach fuhr Jesus über den See von Gali-
läa*, der auch See von Tiberias heißt. 2 Eine
große Menge Menschen folgten ihm, weil sie
seine Wunder an den Kranken gesehen hatten.
3 Jesus stieg auf einen Berg[c] und setzte sich mit
seinen Jüngern*. 4 Es war kurz vor dem jüdi-
schen Passafest*.

5 Jesus blickte auf und sah die Menschen-
menge auf sich zukommen. Er wandte sich an
Philippus: »Wo können wir Brot kaufen, damit
alle diese Leute zu essen bekommen?« 6 Das
sagte er, um Philippus auf die Probe zu stellen; er
selbst wusste schon, was er tun würde.

7 Philippus antwortete: »Zweihundert Silber-
stücke* wären nicht genug, um so viel zu kau-
fen, dass jeder auch nur einen Brocken abbe-
kommt.«

8 Andreas, ein anderer Jünger, der Bruder von

a *Ich meine ...:* verdeutlichender Zusatz. b Wörtlich *bei dem alleinigen Gott;* vgl. Dtn 6,4.
c Wörtlich *auf den Berg*.*

5,24 (ewiges Leben) 3,16S; 8,51; 10,28; 11,25-26; 14,6; 17,2; 20,31; 1 Joh 2,25; 3,14; 5,11; (Gericht) 5,22S **5,26** 1,4 **5,30** 4,34S **5,33-34** 1,19.15.34 **5,36** 4,34; 10,25.38; 14,10-11; 15,24 **5,37** Ex 20,19; Dtn 4,12 **5,38** 16,9S **5,39** 2 Tim 3,15-16; Lk 24,27.44; 1 Petr 1,10-11 **5,41** 7,18S **5,44** 12,43 **5,46** Dtn 18,15.18; Lk 24,27.44; Apg 3,22; 7,37 **5,47** Lk 16,31 **6,2** 2,23S **6,3** Mt 5,1S **6,4** 2,13S **6,8** (Andreas) 1,40; 12,22; Mk 1,16 par; 13,3

Simon Petrus, sagte: [9] »Hier ist ein Junge, der hat
fünf Gerstenbrote und zwei Fische. Aber was ist
das schon bei so einer Menschenmenge?«
[10] »Sorgt dafür, dass die Leute sich setzen«,
sagte Jesus. Es gab viel Gras an dem Ort. Sie setz-
ten sich; ungefähr fünftausend Männer waren
da. [11] Jesus nahm die Brote, sprach darüber das
Dankgebet und verteilte sie an die Menge. Mit
den Fischen tat er dasselbe, und alle hatten reich-
lich zu essen.
[12] Als sie satt waren, sagte er zu seinen Jün-
gern: »Sammelt die Brotreste auf, damit nichts
verdirbt.« [13] Sie taten es und füllten zwölf Körbe
mit den Resten. So viel war von den fünf Gersten-
broten übrig geblieben.
[14] Als die Leute das Wunder sahen, das Jesus
vollbracht hatte, sagten sie: »Das ist wirklich der
Prophet*, der in die Welt kommen soll!«
[15] Jesus merkte, dass sie drauf und dran wa-
ren, ihn mit Gewalt zu ihrem König zu machen.
Deshalb zog er sich wieder auf den Berg zurück,
ganz für sich allein.

Jesus geht über das Wasser

(Mt 14,22-33; Mk 6,45-52)

[16] Als es Abend geworden war, gingen seine Jün-
ger* zum See hinunter. [17] Sie stiegen in ein Boot,
um über den See nach Kafarnaum zurückzufah-
ren. Es wurde Nacht und Jesus war immer noch
nicht zu ihnen gekommen. [18] Das Wetter war
sehr stürmisch und das Wasser schlug hohe
Wellen.
[19] Die Jünger hatten eine Strecke von etwa
fünf Kilometern[a] zurückgelegt, da sahen sie
plötzlich Jesus, wie er über das Wasser ging und
sich ihrem Boot näherte. Die Angst packte sie.
[20] Aber Jesus sagte: »Habt keine Angst, *ich*
bin's!«[b]
[21] Sie wollten ihn zu sich ins Boot nehmen.
Aber da waren sie auch schon am Ufer, dort, wo
sie hinwollten.

Jesus ist das Brot, das Leben gibt

[22] Die Volksmenge, die am anderen Ufer geblie-
ben war, erinnerte sich am nächsten Tag, dass
nur ein einziges Boot am Ufer gelegen hatte. Die
Leute wussten, dass Jesus nicht ins Boot gestie-
gen war und seine Jünger* ohne ihn abgefahren
waren.
[23] Es legten aber andere Boote, die von
Tiberias kamen, nahe bei dem Ort an, wo der
Herr das Dankgebet gesprochen und die Menge
das Brot gegessen hatte. [24] Als die Leute nun
sahen, dass Jesus nicht mehr da war und seine
Jünger auch nicht, stiegen sie in diese Boote. Sie
fuhren nach Kafarnaum und wollten Jesus dort
suchen.
[25] Sie fanden ihn tatsächlich auf der anderen
Seite des Sees und fragten ihn: »Rabbi*, wann
bist du hierher gekommen?«
[26] Jesus antwortete: »Amen*, ich versichere
euch: Ihr sucht mich nicht, weil ihr meine Wun-
der als Zeichen verstanden habt, sondern weil
ihr von dem Brot gegessen habt und satt gewor-
den seid. [27] Bemüht euch nicht um vergängliche
Nahrung, sondern um wirkliche Nahrung, die
für das ewige Leben vorhält. Diese Nahrung
wird euch der Menschensohn* geben, denn ihn
hat Gott, der Vater, als seinen Gesandten be-
stätigt.«
[28] Da fragten sie ihn: »Was müssen wir denn
tun, um Gottes Willen zu erfüllen?«
[29] Jesus antwortete: »Gott verlangt nur eins
von euch: Ihr sollt den anerkennen,[c] den er ge-
sandt hat.«
[30] Sie erwiderten: »Gib uns einen Beweis für
deine Bevollmächtigung! Lass uns ein eindeuti-
ges Wunderzeichen* sehen, damit wir dir glau-
ben. [31] Unsere Vorfahren aßen das Manna* in
der Wüste. In den Heiligen Schriften* heißt es
von Mose:[d] ›Er gab ihnen Brot *vom Himmel* zu
essen.‹«
[32] Jesus entgegnete: »Amen, ich versichere
euch: Nicht Mose hat euch das Brot vom Himmel
gegeben, sondern mein Vater gibt euch das
wahre Brot vom Himmel. [33] Das wahre Brot Got-
tes ist das, das vom Himmel herabsteigt und der
Welt das Leben gibt.«
[34] »Herr«, sagten sie, »gib uns immer von die-
sem Brot!«
[35] »*Ich* bin das Brot, das Leben schenkt«,[e]
sagte Jesus zu ihnen. »Wer zu mir kommt, wird
nie mehr hungrig sein. Wer sich an mich hält,[f]
wird keinen Durst mehr haben.
[36] Aber ich habe es euch bereits gesagt: Ob-
wohl ihr meine Taten gesehen habt, schenkt ihr
mir keinen Glauben. [37] Alle, die mein Vater mir
gibt, werden zu mir kommen, und niemand, der

a Griechische Maßangabe *25 bis 30 Stadien**. *b* Vgl. Anmerkung zu 8,24. *c* Wörtlich *an den glauben**.
d von Mose ist im Blick auf Vers 32 hinzugefügt. Die Heiligen Schriften selbst kennen nur Gott als Geber des Manna, doch spielt in der jüdischen Auslegung Mose als Vermittler eine wichtige Rolle.
e Ich bin: siehe Sacherklärung »Ich-bin-Worte«; ebenso zu den Versen 48 und 51. *f* Wörtlich *Wer an mich glaubt**.

6,11 21,9.13 **6,14** (Prophet) Dtn 18,15.18; Lk 7,16 S; Joh 1,21; 4,19; 7,40; 9,17 **6,15** 5,13 S **6,23** 6,11 **6,26** 2,11 S **6,30** 4,48; Mt 12,38 par; Mk 8,11 par; 13,22 par; 1 Kor 1,22 **6,31** *nach* Ps 78,24 **6,34** 4,15 **6,35** 4,13-14; 6,48-58; 7,37 **6,36** 20,29; 16,9 S **6,37** 17,2.24

zu mir kommt, wird von mir abgewiesen. 38 Ich
bin vom Himmel gekommen, nicht um zu tun,
was *ich* will, sondern um zu tun, was der will,
der mich gesandt hat. 39 Und er will von mir,
dass ich niemand von denen verliere, die er mir
gegeben hat. Vielmehr soll ich sie alle am letzten
Tag zum Leben erwecken*. 40 Mein Vater will,
dass alle, die den Sohn* sehen und sich an ihn
halten,[a] ewig leben. Ich werde sie am letzten
Tag vom Tod auferwecken.«

41 Die Zuhörenden[b] murrten, weil er gesagt
hatte: »Ich bin das Brot, das vom Himmel gekom-
men ist.« 42 Sie sagten: »Wir kennen doch seinen
Vater und seine Mutter! Er ist doch Jesus, der
Sohn Josefs! Wie kann er behaupten: ›Ich
komme vom Himmel‹?«

43 Jesus sagte zu ihnen: »Was murrt ihr?
44 Nur die können zu mir kommen, die der Va-
ter, der mich gesandt hat, zu mir führt. Und ich
werde alle, die zu mir kommen, am letzten Tag
vom Tod auferwecken. 45 In den Schriften der
Propheten* heißt es: ›Alle werden von Gott un-
terwiesen sein.‹ Wer den Vater hört und von
ihm lernt, kommt zu mir. 46 Nicht, dass je ein
Mensch den Vater gesehen hätte. Nur der Eine,
der von Gott gekommen ist, hat den Vater ge-
sehen.

47 Amen, ich versichere euch: Wer sich an
mich hält,[c] hat das ewige Leben. 48 *Ich* bin das
Brot, das Leben schenkt. 49 Eure Vorfahren aßen
das Manna in der Wüste und sind trotzdem ge-
storben. 50 Hier aber ist das Brot, das vom Him-
mel herabkommt, damit, wer davon isst, *nicht*
stirbt. 51 *Ich* bin das lebendige Brot, das vom
Himmel gekommen ist. Wer von diesem Brot
isst, wird ewig leben. Das Brot, das ich geben
werde, ist mein Leib.[d] Ich gebe ihn hin, damit
die Menschen zum Leben gelangen können.«

52 Das löste unter den Zuhörern einen hefti-
gen Streit aus. »Wie kann dieser Mensch uns sei-
nen Leib, sein Fleisch, zu essen geben?«, fragten
sie.

53 Jesus sagte zu ihnen: »Amen, ich versichere
euch: Ihr habt keinen Anteil am Leben, wenn
ihr das Fleisch des Menschensohns nicht esst
und sein Blut nicht trinkt. 54 Wer mein Fleisch
isst und mein Blut trinkt, hat das ewige Leben,
und ich werde ihn am letzten Tag vom Tod er-
wecken. 55 Denn mein Fleisch ist die wahre Nah-
rung, und mein Blut ist der wahre Trank. 56 Wer
mein Fleisch isst und mein Blut trinkt, bleibt mit
mir verbunden und ich mit ihm. 57 Der Vater,
von dem das Leben kommt, hat mich gesandt,
und ich lebe durch ihn. Genauso wird jeder, der
mich isst, durch mich leben.

58 Das also ist das Brot, das vom Himmel her-
abgekommen ist. Es ist etwas ganz anderes als
das Brot, das eure Vorfahren gegessen haben. Sie
sind gestorben, wer aber dieses Brot isst, wird
ewig leben.«

59 Dies sagte Jesus in der Synagoge* von
Kafarnaum, so lehrte er dort die Menschen.

Worte, die zum ewigen Leben führen

60 Als sie das hörten, sagten viele, die sich
Jesus angeschlossen hatten: »Was er da redet,
geht zu weit! So etwas kann man nicht mit
anhören!«

61 Jesus wusste schon von sich aus, dass sie
murrten, und sagte zu ihnen: »Daran nehmt ihr
Anstoß? 62 Wartet doch, bis ihr den Menschen-
sohn* dorthin zurückkehren seht, wo er vorher
war! 63 Gottes Geist* allein macht lebendig; alle
menschlichen Möglichkeiten richten nichts aus.[e]
Die Worte, die ich zu euch gesprochen habe,
sind von diesem Geist erfüllt und bringen das
Leben. 64 Doch einige von euch haben keinen
Glauben*.«

Jesus kannte nämlich von Anfang an die, die
ihn nicht annehmen würden, und wusste auch,
wer ihn verraten würde. 65 Und er fügte hinzu:
»Aus diesem Grund habe ich zu euch gesagt: Nur
die können zu mir kommen, die der Vater dazu
fähig macht.«

66 Als sie das hörten, wandten sich viele sei-
ner Anhänger von ihm ab und wollten nicht län-
ger mit ihm gehen.

67 Da fragte Jesus die Zwölf*: »Und ihr, was
habt ihr vor? Wollt ihr mich auch verlassen?«

68 Simon Petrus antwortete ihm: »Herr, zu
wem sonst sollten wir gehen? Deine Worte
bringen das ewige Leben. 69 Wir glauben und
wissen, dass du der bist, in dem Gott uns be-
gegnet.«[f]

a Wörtlich *an ihn glauben*;* ebenso in Vers 47. b Wörtlich *Juden,* ebenso in Vers 52; vgl. Anmerkung zu 1,19.
c Wörtlich *Wer glaubt*.*
d Wörtlich *mein Fleisch;* die Doppeldeutigkeit dieses Wortes gibt den Anstoß zu dem folgenden Wortwechsel.
e *Alle menschlichen ...:* wörtlich *das Fleisch* ist zu nichts zu gebrauchen.* Das gilt auch für den Menschensohn, solange er »im Fleisch« ist (1,14), deshalb die Aufforderung in Vers 62 (vgl. dazu 16,7 im Zusammenhang mit 14,25-26).
f Wörtlich *dass du der Heilige* Gottes bist;* »heilig« bezeichnet hier die engste Beziehung zu Gott.

6,38 4,34 S; Mk 14,36 par **6,39** 10,28; 17,12; 18,9 **6,40** 5,24 S **6,42** Mk 6,3 par **6,45** *nach* Jes 54,13 **6,46** 1,18 S **6,48** 6,35 **6,53-58** Mk 14,22-24 par; 1 Kor 10,16 **6,56** 15,4-5 S **6,63** 3,5-8; 1 Kor 15,45; 2 Kor 3,6 **6,64** 13,11; 16,9 S **6,65** 6,44 **6,67-69** Mk 8,27-30 par **6,69** Mk 1,24 par

70 Jesus antwortete ihm: »Euch zwölf habe ich doch selber ausgewählt. Trotzdem ist einer von euch ein Teufel!« 71 Er meinte Judas, den Sohn von Simon Iskariot. Judas war es, der Jesus später verriet – einer aus dem Kreis der Zwölf.

Jesus und seine Brüder

7 Danach zog Jesus in Galiläa* umher. Er hielt sich von Judäa* fern, weil die führenden Männer[a] dort ihn töten wollten.

2 Das jüdische Laubhüttenfest* stand vor der Tür. 3 Da sagten seine Brüder zu ihm: »Du solltest nicht hier bleiben, sondern nach Judäa gehen, damit deine Anhänger dort die großen Taten zu sehen bekommen, die du tust. 4 Wenn jemand bekannt werden möchte, versteckt er sich nicht. Wenn du schon solche Taten vollbringst, dann sorge auch dafür, dass alle Welt davon erfährt!« 5 Denn nicht einmal seine Brüder schenkten ihm Glauben.

6 Jesus sagte zu ihnen: »Meine Zeit ist noch nicht da. Für euch dagegen passt jede Zeit. 7 Euch kann die Welt* nicht hassen; aber mich hasst sie, weil ich als Zeuge gegen sie bestätige, dass ihr Tun böse ist. 8 Zieht doch ihr zu diesem Fest hinauf! Ich gehe nicht zum Fest, weil meine Zeit noch nicht da ist.«

9 Das sagte er zu ihnen und blieb in Galiläa.

Jesus in Jerusalem

10 Nachdem seine Brüder zum Fest nach Jerusalem hinaufgegangen waren, kam Jesus nach; aber er zeigte sich nicht in der Öffentlichkeit.

11 Die führenden Männer[b] suchten ihn unter den Festbesuchern. »Wo ist er?«, fragten sie. 12 In der Volksmenge wurde viel über ihn geflüstert. »Der Mann ist gut«, meinten einige. Andere entgegneten: »Nein, er ist ein Volksverführer.« 13 Aber niemand sprach offen über ihn, weil sie Angst vor ihren führenden Männern hatten.

14 Die Hälfte der Festwoche war schon vorüber, da ging Jesus hinauf in den Tempel und lehrte das Volk. 15 Die Leute waren sehr erstaunt und sagten: »Er hat doch keinen Lehrer gehabt. Wie kommt es, dass er die Heiligen Schriften* so gut kennt?«

16 Jesus ging darauf ein und sagte: »Meine Lehre habe ich nicht selbst ausgedacht. Ich habe sie von Gott, der mich gesandt hat. 17 Wer bereit ist, Gott zu gehorchen, wird merken, ob meine Lehre von Gott ist oder ob ich meine eigenen Gedanken vortrage. 18 Wer seine eigenen Gedanken vorträgt, dem geht es um die eigene Ehre. Wer aber die Ehre dessen sucht, der ihn gesandt hat, ist vertrauenswürdig. Man kann ihm keinen Betrug vorwerfen. 19 Mose hat euch doch das Gesetz* gegeben. Aber niemand von euch hält sich daran. Ihr wollt mich sogar töten!«

20 Die Menge antwortete: »Du bist wohl von einem bösen Geist* besessen! Wer will dich töten?«

21 Jesus antwortete: »Ich habe hier in Jerusalem eine einzige Tat vollbracht und ihr nehmt alle Anstoß daran.[c] 22 Ihr beschneidet* eure Söhne, wenn es sein muss, auch am Sabbat*, weil Mose angeordnet hat, dass eure Kinder am achten Tag beschnitten werden sollen.[d] – Aber eigentlich haben schon die Stammväter die Beschneidung eingeführt und nicht erst Mose. – 23 Ein Junge wird also auch am Sabbat an einem Teil seines Körpers beschnitten, damit die Vorschriften Moses nicht verletzt werden. Wie könnt ihr euch dann über mich aufregen, weil ich am Sabbat einen ganzen Menschen gesund gemacht habe? 24 Urteilt nicht nach dem äußeren Eindruck, sondern wie es wirklich dem Gesetz entspricht!«

Ist er der versprochene Retter?

25 Einige Leute in Jerusalem sagten: »Seht euch das an! Ist das nicht der, den sie töten wollten? 26 Er redet in aller Öffentlichkeit und keiner verbietet es ihm! Sollten die Ratsmitglieder* zu der Überzeugung gekommen sein, dass er der versprochene Retter[e] ist? 27 Aber wenn der Retter eines Tages auftritt, wird keiner wissen, woher er kommt. Und die Herkunft dieses Menschen kennen wir doch alle!«

28 Jesus aber, der gerade im Tempel* lehrte, rief mit lauter Stimme: »Wisst ihr wirklich, wer ich bin und woher ich komme? Ich bin nicht im eigenen Auftrag gekommen. Aber der, der mich gesandt hat, ist glaubwürdig. Und den kennt ihr nicht. 29 Ich kenne ihn, denn ich komme von ihm und er hat mich gesandt.«

30 Da wollten sie ihn festnehmen. Aber keiner konnte Hand an ihn legen, denn seine Stunde war noch nicht gekommen. 31 Viele in der

a Wörtlich *die Juden;* vgl. Anmerkung zu 1,19. b Wörtlich *Die Juden,* ebenso in den Versen 13 und 15 *(Leute);* vgl. Anmerkung zu 1,19. c Es handelt sich um die Heilung des Kranken am Teich Betesda (vgl. 5,5-9).
d *wenn es sein muss* und *am achten Tag ...:* verdeutlichende Zusätze; vgl. Lev 12,3.
e Wörtlich *der Christus*;* ebenso in Vers 31.

6,71 12,4 S **7,1** 5,18; 7,19-20.25; 8,37.40; 11,53; Mk 3,6 par; 6,19 par **7,2** Ex 23,16 S **7,5** 16,9 S **7,6** 2,4 S **7,7** 15,18-19 S **7,11** 11,56 **7,13** 9,22 S **7,15** Mk 6,2 par; Lk 2,47 **7,16** 12,49; 14,10 **7,18** 8,50; 5,41; 12,43 **7,19** 1,17; Röm 2,17-24 **7,20** 8,48 S **7,22** Lev 12,3; Gen 17,9-14 S **7,25** 7,1 S **7,26** 4,25 S **7,27** 9,29 **7,28-29** 8,14.55; 17,8.25 **7,30** 7,44; 2,4 S **7,31** 2,23 S; 4,25 S

Menge kamen zum Glauben* an ihn und sagten:
»Kann der versprochene Retter, wenn er kommt,
mehr Wunderzeichen* tun, als dieser Mann ge-
tan hat?«

Jesus kündigt seinen Weggang an

32 Die Pharisäer* hörten, dass die Leute so über
Jesus redeten. Auf ihre Veranlassung schickten
die führenden Priester* einige Gerichtspoli-
zisten* aus, die ihn verhaften sollten.
33 Jesus sagte: »Nur noch kurze Zeit bin ich
bei euch, dann kehre ich zu dem zurück, der
mich gesandt hat. 34 Ihr werdet mich suchen,
aber nicht finden; denn wo ich dann bin, dort-
hin könnt ihr nicht kommen.«
35 Die Leute[a] sagten unter sich: »Wohin wird
er gehen, dass wir ihn nicht finden können? Will
er ins Ausland reisen und dort den Nichtjuden
seine Lehre vortragen? 36 Was soll das heißen,
wenn er sagt: ›Ihr werdet mich suchen, aber
nicht finden‹? Und: ›Wo ich dann bin, dorthin
könnt ihr nicht kommen‹?«

Lebendiges Wasser im Überfluss

37 Am letzten Festtag,[b] dem Höhepunkt des gan-
zen Festes, trat Jesus vor die Menge und rief:
»Wer durstig ist, soll zu mir kommen und trinken
– 38 jeder, der mir vertraut! Denn in den Heiligen
Schriften* heißt es: ›Aus seinem Innern wird le-
bendiges Wasser strömen.‹«[c]
39 Jesus meinte damit den Geist* Gottes, den
die erhalten sollten, die ihn im Glauben* anneh-
men. Damals war der Geist noch nicht gekom-
men, weil Jesus noch nicht in Gottes Herrlichkeit
aufgenommen war.

Meinungsverschiedenheiten

40 Als die Leute in der Menge dieses Wort von Je-
sus hörten, sagten einige: »Er ist wirklich der
Prophet*, der kommen soll!« 41 Andere meinten:
»Er ist der versprochene Retter!«[d] Wieder ande-
re sagten: »Der Retter kommt doch nicht aus Ga-
liläa*! 42 In den Heiligen Schriften* steht, dass er
von David abstammt und aus Betlehem kommt,
dem Dorf, in dem David lebte.«
43 Die Menge war also geteilter Meinung über
ihn. 44 Einige hätten ihn am liebsten festgenom-
men; aber niemand konnte Hand an ihn legen.

Der Unglaube der Verantwortlichen

45 Die Gerichtspolizisten* kehrten wieder zu-
rück. Die führenden Priester* und die Pharisäer*
fragten sie: »Warum habt ihr ihn nicht mitge-
bracht?«
46 Die Männer antworteten: »So wie dieser
Mensch hat noch keiner gesprochen.«
47 »Ihr habt euch also auch von ihm hinters
Licht führen lassen!«, sagten die Pharisäer.
48 »Gibt es denn unter den Mitgliedern des Ra-
tes* oder den Pharisäern einen Einzigen, der sei-
nen Anspruch ernst nimmt?[e] 49 Die Menge tut
es. Sie kennt Gottes Gesetz* nicht und steht des-
halb unter seinem Fluch.«
50 Da sagte Nikodemus, der selbst Pharisäer
und Ratsmitglied war und der Jesus früher ein-
mal aufgesucht hatte: 51 »Ist es nach unserem Ge-
setz möglich, einen Menschen zu verurteilen,
ohne dass wir ihn verhört haben? Erst muss doch
festgestellt werden, ob er sich strafbar gemacht
hat.«
52 »Du kommst anscheinend auch aus Gali-
läa*«, erwiderten sie. »Lies die Heiligen Schrif-
ten* genauer, dann wirst du sehen, dass der
erwartete Prophet[f] nicht aus Galiläa kommt.«

Jesus und die Ehebrecherin[g]

8 7,53 Dann gingen sie alle nach Hause. 1 Jesus
aber ging zum Ölberg*. 2 Am nächsten Mor-
gen kehrte er sehr früh zum Tempel* zurück.
Alle Leute dort versammelten sich um ihn. Er
setzte sich und sprach zu ihnen über den Willen
Gottes.
3 Da führten die Gesetzeslehrer* und Pha-
risäer* eine Frau herbei, die beim Ehebruch er-
tappt worden war. Sie stellten sie in die Mitte
4 und sagten zu Jesus: »Lehrer*, diese Frau
wurde ertappt, als sie gerade Ehebruch* beging.
5 Im Gesetz* schreibt Mose uns vor, dass eine
solche Frau gesteinigt* werden muss. Was sagst
du dazu?«

a Wörtlich *die Juden;* vgl. Anmerkung zu 1,19.
b Siehe Sacherklärung »Laubhüttenfest«, auch zu 8,12.
c Im Alten Testament findet sich keine Stelle mit diesem Wortlaut, man kann aber vermuten, dass an Stellen wie Num 20,8 und Ez 47,1-12 gedacht ist; vgl. auch 1 Kor 10,4.
d Wörtlich *der Christus**. *e* Wörtlich *der an ihn glaubt**.
f *der erwartete Prophet*:* wörtlich *der Prophet.* Viele Handschriften haben *ein Prophet;* doch dagegen spricht die Herkunft des Propheten Jona aus Galiläa (2 Kön 14,25). Vgl. außerdem Joh 1,21; 6,14; 7,40.
g Der Abschnitt 7,53–8,11 ist sehr alt, hat aber ursprünglich nicht zur »Guten Nachricht nach Johannes« gehört. In vielen Handschriften fehlt er ganz, in anderen ist er an unterschiedlichen Stellen eingeordnet.

7,33 13,33 **7,34** 8,21; 13,36 **7,37** Lev 23,36; Joh 4,10.14; Offb 22,17 **7,39** 14,16 S **7,40** 6,14 S **7,42** Jes 11,1; Mi 5,1; Mt 20,30-31 S **7,44** 7,30 **7,50** 3,1 S **7,51** Dtn 1,16-17; 17,6 **8,5** Dtn 22,22-24; Lev 20,10

6 Mit dieser Frage wollten sie ihm eine Falle
stellen, um ihn anklagen zu können. Aber Jesus
bückte sich nur und schrieb mit dem Finger auf
die Erde. 7 Als sie nicht aufhörten zu fragen, rich-
tete er sich auf und sagte zu ihnen: »Wer von
euch noch nie eine Sünde begangen hat, soll den
ersten Stein auf sie werfen!« 8 Dann bückte er
sich wieder und schrieb auf die Erde.

9 Als sie das hörten, zog sich einer nach dem
andern zurück; die Älteren gingen zuerst. Zuletzt
war Jesus allein mit der Frau, die immer noch
dort stand.

10 Er richtete sich wieder auf und fragte sie:
»Frau, wo sind sie geblieben? Ist keiner mehr da,
um dich zu verurteilen?«

11 »Keiner, Herr«, antwortete sie.

Da sagte Jesus: »Ich verurteile dich auch
nicht. Du kannst gehen; aber tu diese Sünde
nicht mehr!«

Jesus ist das Licht der Welt

12 Jesus sprach weiter zu den Leuten: »*Ich* bin
das Licht für die Welt.[a] Wer mir folgt, tappt nicht
mehr im Dunkeln, sondern hat das Licht und mit
ihm das Leben.«

13 Die Pharisäer* sagten zu ihm: »Jetzt trittst
du als Zeuge in eigener Sache auf. Was du sagst,
hat keine Beweiskraft!«

14 »Was ich sage, ist wahr«, entgegnete Jesus,
»selbst wenn ich mein eigener Zeuge bin. Ich
weiß nämlich, woher ich gekommen bin und
wohin ich gehe. Ihr aber wisst nicht, woher ich
komme und wohin ich gehe. 15 Ihr urteilt und
*ver*urteilt nach menschlichen Maßstäben; *ich*
verurteile niemand.

16 *Wenn* ich aber ein Urteil fälle, dann ist es
auf die Wahrheit gegründet und gültig; denn ich
stehe damit nicht allein da. Es ist mein Urteil
und das meines Vaters, der mich gesandt hat.
17 In eurem Gesetz* heißt es, dass die überein-
stimmende Aussage von zwei Zeugen gültig ist.
18 Ich bin mein eigener Zeuge, und auch der
Vater, der mich gesandt hat, tritt für mich als
Zeuge auf.«

19 »Wo ist denn dein Vater?«, fragten sie ihn.

Jesus antwortete: »Ihr kennt weder mich
noch meinen Vater. Wenn ihr mich kennen wür-
det, würdet ihr auch meinen Vater kennen.«

20 Das alles sagte Jesus, als er im Tempel*
lehrte. Es geschah in der Halle, wo die Kästen für
die Geldspenden aufgestellt waren. Und keiner
konnte ihn festnehmen; denn seine Stunde war
noch nicht gekommen.

Wo ich hingehe, dorthin könnt ihr nicht kommen

21 Jesus sagte noch einmal zu ihnen: »Ich werde
fortgehen. Dann werdet ihr vergeblich nach mir
suchen und in eurem Unglauben[b] zugrunde ge-
hen. Wo ich hingehe, dorthin könnt ihr nicht
kommen.«

22 Die Leute[c] meinten: »Wenn er sagt: ›Wo
ich hingehe, dorthin könnt ihr nicht kommen‹ –
heißt das, dass er Selbstmord begehen will?«

23 Jesus antwortete: »Ihr seid von hier unten,
aber ich komme von oben. Ihr gehört zu dieser
Welt*, aber ich bin nicht von dieser Welt. 24 Ich
habe es euch ja gesagt, dass ihr in eurem Unglau-
ben zugrunde gehen werdet. *Ich* bin der, an dem
sich alles entscheidet.[d] Wenn ihr das nicht glau-
ben wollt, werdet ihr in eurem Unglauben zu-
grunde gehen.«

25 »Du? Wer bist du denn?«, fragten sie ihn.

Jesus antwortete: »Was rede ich überhaupt
noch zu euch?[e] 26 Ich hätte zwar vieles *über*
euch zu sagen und allen Grund, euch zu verurtei-
len; aber der, der mich gesandt hat, steht zu sei-
nen Zusagen; und ich sage der Welt nur das, was
ich bei ihm gehört habe.«

27 Sie verstanden nicht, dass Jesus vom Vater
sprach. 28 Deshalb sagte er zu ihnen: »Wenn ihr
den Menschensohn* erhöht[f] habt, werdet ihr es
begreifen: *Ich* bin der, an dem sich alles entschei-
det. Dann werdet ihr auch erkennen, dass ich
nichts von mir aus tue, sondern nur das sage,
was der Vater mich gelehrt hat. 29 Er, der mich
gesandt hat, steht mir zur Seite und lässt mich
nicht allein; denn ich tue stets, was ihm gefällt.«

30 Als Jesus das sagte, kamen viele zum Glau-
ben* an ihn.

a *Ich bin:* siehe Sacherklärung »Ich-bin-Worte«.
b *eurem Unglauben:* wörtlich *eurer Sünde.*
c Wörtlich *die Juden;* vgl. Anmerkung zu 1,19.
d Wörtlich *Ich bin;* ebenso in Vers 28. Jesus verwendet hier die Formel, mit der im Alten Testament Gott von sich selbst spricht und sich seinem Volk gegenüber als den Retter und Herrn der Welt bezeichnet (Jes 41,4; 43,10 u. a.).
e *überhaupt* gibt eine griechische Wendung wieder, die wörtlich lautet *(was) den Anfang / das Prinzip (betrifft).* Der ganze Satz kann als Frage oder als Ausruf verstanden werden.
f Jesus spricht von seiner Kreuzigung; vgl. Anmerkung zu 12,32.

8,6 Mk 12,13 par **8,7** Dtn 17,7; 13,10 **8,11** 5,14 **8,12** (Licht) 1,5.9-10; 3,19; 9,5; 12,46; 1 Joh 2,8; Jes 49,6; (Licht–Dunkel) 1,5; 9,4; 11,9-10; 12,35-36.46; 1 Joh 1,5-7; Eph 5,8-14 **8,13** 5,31-32 **8,14** 7,28-29 **8,17** Dtn 19,15 S; Mt 18,16 S **8,18** 5,36-37; 1 Joh 5,9 **8,19** 5,18 S **8,20** 2,4 S **8,21** 7,33-34 **8,23** 3,31 **8,24** 13,19 **8,26** 3,17; 8,15; 12,47 **8,28** 12,32-34 S; 4,34 S **8,30** 2,23 S

Freiheit oder Sklaverei

31 Jesus sagte zu den Juden, die zum Glauben
an ihn gekommen waren: »Wenn ihr bei dem
bleibt, was ich euch gesagt habe, und euer
Leben darauf gründet,[a] seid ihr wirklich meine
Jünger*. 32 Dann werdet ihr die Wahrheit* er-
kennen und die Wahrheit wird euch frei
machen.«

33 »Wir stammen von Abraham* ab«, antwor-
teten sie ihm, »und wir haben nie jemand als
Sklaven gedient. Was meinst du, wenn du sagst:
›Ihr werdet frei werden‹?«

34 Jesus sagte zu ihnen: »Amen*, ich versiche-
re euch: Wer sündigt, ist ein Sklave der Sünde.
35 Ein Sklave gehört nicht für immer zur Familie.
Nur der Sohn gehört für immer dazu. 36 Wenn
der Sohn* euch frei macht, dann seid ihr wirk-
lich frei.

37 Ich weiß wohl, dass ihr von Abraham ab-
stammt. Trotzdem versucht ihr, mich zu töten,
weil ihr mein Wort nicht in euch wohnen und
wirken lasst. 38 Ich rede von dem, was mein
Vater mir gezeigt hat. Ihr aber tut, was *euer*
Vater euch gesagt hat.«

39 Sie wandten ein: »Unser Vater ist Abra-
ham!«

Jesus erwiderte: »Wenn ihr wirklich Abra-
hams Kinder wärt, würdet ihr in seinem Sinne
handeln. 40 Alles, was ich getan habe, war, euch
die Wahrheit weiterzugeben, wie ich sie von
Gott gehört habe. Ihr aber versucht, mich zu
töten. So etwas hat Abraham nicht getan. 41 Ihr
handelt wie euer wirklicher Vater!«

»Wir sind nicht im Ehebruch[b] gezeugt«, er-
widerten sie. »Wir haben nur den einen Vater:
Gott.«

42 Jesus sagte zu ihnen: »Wäre Gott wirklich
euer Vater, dann würdet ihr mich lieben. Denn
ich bin von Gott zu euch gekommen. Ich kam
nicht in eigenem Auftrag, sondern er hat mich
gesandt.

43 Warum versteht ihr denn nicht, was ich
sage? Weil ihr unfähig seid, mein Wort aufzu-
nehmen. 44 Ihr seid Kinder des Teufels, der ist
euer Vater, und ihr wollt nur ausführen, wonach
ihm der Sinn steht. Er ist von Anfang an ein Mör-
der gewesen und hat niemals etwas mit der
Wahrheit zu tun gehabt, weil es in ihm keine
Wahrheit gibt. Wenn er lügt, so entspricht das
seinem Wesen; denn er ist ein Lügner und alle
Lüge stammt von ihm. 45 Gerade weil ich die
Wahrheit sage, glaubt ihr mir nicht.

46 Wer von euch kann mir eine Sünde nach-
weisen? Wenn ich die Wahrheit sage, warum
glaubt ihr mir dann nicht? 47 Wer Gott zum Vater
hat, hört, was Gott sagt. Aber ihr hört es nicht,
weil ihr ihn nicht zum Vater habt.«

Jesus und Abraham

48 Die Juden erwiderten: »Wir haben doch
Recht! Du bist ein Samariter* und bist von einem
bösen Geist* besessen.«

49 »Ich bin nicht besessen«, sagte Jesus, »ich
erweise nur meinem Vater Ehre; aber ihr verach-
tet mich. 50 Ich selbst suche keine Ehre für mich.
Ein anderer sucht sie, und er ist der Richter.
51 Amen*, ich versichere euch: Wer sich nach
meinem Wort richtet, wird in Ewigkeit nicht
sterben.«

52 Da sagten sie: »Jetzt sind wir sicher, dass
ein böser Geist aus dir spricht. Abraham* ist ge-
storben, die Propheten* sind gestorben, und du
sagst: ›Wer sich nach meinem Wort richtet, wird
in Ewigkeit nicht sterben.‹ 53 Unser Vater Abra-
ham ist tot. Du willst doch nicht etwa behaup-
ten, dass du mehr bist als Abraham? Auch die
Propheten sind gestorben. Für wen hältst du
dich eigentlich?«

54 Jesus antwortete: »Wenn ich mich selbst eh-
ren wollte, hätte diese Ehre keinen Wert. Mein
Vater ehrt mich, von dem ihr sagt, er sei euer
Gott. 55 Ihr habt ihn nie wirklich erkannt, ich
aber kenne ihn. Ich wäre ein Lügner wie ihr,
wenn ich behauptete, ihn nicht zu kennen. Ich
kenne ihn und gehorche seinem Wort. 56 Euer
Vater Abraham jubelte darüber, dass er mein
Kommen erleben sollte.[c] Er erlebte es und war
glücklich!«

57 Da sagten sie zu ihm: »Du bist noch keine
fünfzig Jahre alt und willst Abraham gesehen
haben?«

58 Jesus erwiderte: »Amen, ich versichere
euch: *Ich* bin – bevor Abraham überhaupt gebo-
ren wurde.«[d]

59 Da hoben sie Steine auf und wollten ihn
töten. Aber Jesus brachte sich in Sicherheit und
verließ den Tempel.

a Wenn ihr bei dem …: wörtlich *Wenn ihr in meinem Wort bleibt.* *b* Zum bildhaften Sinn vgl. Sacherklärung »Hurerei«.
c Die jüdische Auslegung fand diesen Gedanken im Lachen Abrahams über die Verheißung eines Sohnes (Gen 17,16-17).
d Die Antwort von Jesus enthält eine Anspielung auf Ex 3,14; vgl. außerdem die Anmerkung zu Vers 24.

8,31 15,8; 14,15 **8,33** Mt 3,9 S **8,34** Röm 6,16.20; 2 Petr 2,19 **8,35** Ex 21,2 **8,36** 2 Kor 3,17 S **8,37.40** 7,1 S **8,41** (einen Vater) Dtn 32,6; Jes 63,16 S **8,42** 1 Joh 5,1 **8,44** 1 Joh 3,2; 2,4; Weish 2,24; Gen 3,1-5 **8,46** 2 Kor 5,21; 1 Joh 3,5 S **8,47** 10,27; 18,37 **8,48** 4,9; (böser Geist) 7,20; 10,20; Mk 3,21-22 par **8,50** 7,18 S **8,51** 5,24 S **8,53** 4,12 **8,55** 7,28-29; 4,34 S **8,58** 1,1-2; 17,5 **8,59** 11,8 S

Jesus heilt einen Blindgeborenen

9 Im Vorbeigehen sah Jesus einen Mann, der
von Geburt blind war. 2 Die Jünger* fragten
Jesus: »Rabbi*, wer ist schuld, dass er blind gebo-
ren wurde? Wer hat hier gesündigt, er selbst oder
seine Eltern?«[a]
3 Jesus antwortete: »Weder er ist schuld noch
seine Eltern. Er ist blind, damit Gottes Macht an
ihm sichtbar wird. 4 Solange es Tag ist, müssen
wir die Taten Gottes vollbringen, der mich ge-
sandt hat. Es kommt eine Nacht, in der niemand
mehr wirken kann. 5 Solange ich in der Welt bin,
bin ich das Licht der Welt.«
6 Als Jesus dies gesagt hatte, spuckte er auf
den Boden und rührte einen Brei mit seinem
Speichel an. Er strich den Brei auf die Augen des
Mannes 7 und befahl ihm: »Geh zum Teich Schi-
loach* und wasche dir das Gesicht.«
Schiloach bedeutet: der Gesandte. Der Mann
ging dorthin und wusch sein Gesicht. Als er zu-
rückkam, konnte er sehen.
8 Da sagten seine Nachbarn und die Leute,
die ihn vorher als Bettler gekannt hatten: »Ist das
nicht der Mann, der immer an der Straße saß
und bettelte?« 9 Einige meinten: »Das ist er.«
Andere sagten: »Nein, er ist es nicht; er sieht
ihm nur ähnlich.«
Der Mann selbst bestätigte: »Ich bin es!«
10 »Wieso kannst du auf einmal sehen?«, frag-
ten sie ihn.
11 Er antwortete: »Der Mann, der Jesus heißt,
machte einen Brei, strich ihn auf meine Augen
und sagte: ›Geh zum Teich Schiloach und wa-
sche dein Gesicht.‹ Ich ging hin, und als ich mich
gewaschen hatte, konnte ich sehen.«
12 »Wo ist er?«, fragten sie ihn.
Er antwortete: »Ich weiß es nicht.«

Die Pharisäer verhören den Geheilten

13 Sie brachten den Mann, der blind gewesen
war, vor die Pharisäer*. 14 Der Tag, an dem Jesus
den Brei gemacht und den Blinden geheilt hatte,
war ein Sabbat*. 15 Auch die Pharisäer fragten
ihn, wie er sehend geworden sei.
Er erzählte ihnen: »Der Mann strich einen
Brei auf meine Augen, ich wusch mein Gesicht,
und jetzt kann ich sehen.«
16 Einige von den Pharisäern sagten: »Wenn
er das getan hat, kann er nicht von Gott kom-
men, weil er die Sabbatvorschriften nicht ein-
hält.« Andere aber sagten: »Wie kann jemand
ein Sünder sein, der solche Wunder vollbringt?«
Die Meinungen waren geteilt.
17 Da befragten sie den Geheilten noch ein-
mal: »Was hältst denn *du* von ihm? Du bist doch
der, den er sehend gemacht hat.«
»Er ist ein Prophet*!«, antwortete der Mann.
18 Die Pharisäer[b] wollten ihm aber nicht glau-
ben, dass er blind gewesen war und nun sehen
konnte. Sie riefen seine Eltern 19 und verhörten
sie: »Ist das euer Sohn? Besteht ihr darauf, dass
er blind geboren wurde? Wie ist es dann mög-
lich, dass er jetzt sehen kann?«
20 Die Eltern antworteten: »Wir wissen, dass
er unser Sohn ist und blind geboren wurde.
21 Aber wir haben keine Ahnung, auf welche
Weise er sehend wurde oder wer ihn sehend ge-
macht hat. Fragt ihn selbst! Er ist alt genug, um
selbst zu antworten.«
22 Sie sagten das, weil sie vor den führenden
Männern Angst hatten. Diese hatten nämlich
beschlossen, alle aus der Synagogengemeinde*
auszuschließen, die sich zu Jesus als dem ver-
sprochenen Retter[c] bekennen würden. 23 Aus
diesem Grund sagten seine Eltern: »Er ist alt ge-
nug. Fragt ihn selbst!«
24 Die Pharisäer ließen den Blindgeborenen
ein zweites Mal rufen und forderten ihn auf:
»Gib Gott die Ehre! Wir wissen, dass dieser
Mensch ein Sünder ist!«
25 »Ob er ein Sünder ist oder nicht, das weiß
ich nicht«, entgegnete der Mann, »aber eins
weiß ich: Ich war blind, und jetzt kann ich
sehen.«
26 »Was hat er mit dir gemacht?«, fragten sie.
»Wie hat er dich sehend gemacht?«
27 »Das habe ich euch schon erzählt«, sagte
er, »aber ihr habt ja nicht zugehört. Warum wollt
ihr es noch einmal hören? Möchtet ihr vielleicht
auch seine Jünger* werden?«
28 Da beschimpften sie ihn und sagten: »*Du*
bist ein Jünger dieses Menschen! Wir aber sind
Jünger von Mose. 29 Wir wissen, dass Gott zu
Mose gesprochen hat. Aber von diesem Men-
schen wissen wir nicht einmal, woher er
kommt.«
30 Der Geheilte antwortete: »Das ist wirklich
seltsam! Ihr wisst nicht, woher er kommt, und
mich hat er sehend gemacht! 31 Wir wissen doch

a Zu dem vorausgesetzten Zusammenhang von Sünde und Krankheit siehe Sacherklärung »Krankheit«.
b Wörtlich *Die Juden,* ebenso in Vers 22 *(führende Männer);* vgl. Anmerkung zu 1,19.
c Wörtlich *als dem Christus**.

9,2 Ex 20,5; Ez 18,20; Lk 13,2.4 **9,3** 11,4 **9,4** 5,17 **9,5** 8,12 S **9,6** Mk 8,23 S **9,8** Apg 3,10 **9,14** 5,9 S **9,16** 7,43; 10,19 **9,17** 6,14 S **9,22** 7,13; 12,42; 19,38; 20,19; 16,2 **9,29** 7,27 **9,31** Ps 66,18; Spr 15,29; Jes 1,15

alle, dass Gott das Gebet von Sündern nicht hört.
Er hört nur auf die, die ihn ehren und seinen Wil-
len befolgen. 32 Seit die Welt besteht, hat noch
niemand von einem Menschen berichtet, der
einen Blindgeborenen sehend gemacht hat.
33 Käme dieser Mann nicht von Gott, so wäre er
dazu nicht fähig gewesen.«

34 Sie erwiderten: »Du bist ja schon von dei-
ner Geburt her ein ausgemachter Sünder,[a] und
dann willst du uns belehren?«

Und sie warfen ihn hinaus.

Die Blindheit der Pharisäer

35 Als Jesus hörte, dass sie ihn aus der Synagogen-
gemeinde* ausgeschlossen hatten, suchte er ihn
auf und fragte ihn: »Willst du ganz zum Men-
schensohn* gehören?«[b]

36 Der Mann antwortete: »Herr, wenn du mir
sagst, wer es ist, will ich es tun.«

37 Jesus sagte: »Er steht vor dir und spricht mit
dir.«

38 »Herr, ich will dir allein gehören!«,[c] sagte
der Mann und warf sich vor Jesus nieder.

39 Jesus sagte: »Ich bin in diese Welt* gekom-
men, damit die Blinden sehend und die Sehen-
den blind werden. Darin vollzieht sich das Ge-
richt.«

40 Einige Pharisäer*, die in der Nähe standen,
hörten das und sagten: »Soll das etwa heißen,
dass wir auch blind sind?«

41 Jesus antwortete: »Wenn ihr blind wärt,
würde euch keine Schuld angerechnet. Weil ihr
aber sagt: ›Wir können sehen‹, bleibt eure
Schuld bestehen.«

Vom Hirten und seinen Schafen

10 Jesus sagte: »Amen*, ich versichere euch:
Wer den Schafstall nicht durch die Tür be-
tritt, sondern auf einem anderen Weg eindringt,
ist ein Räuber und ein Dieb.

2 Der Schafhirt geht durch die Tür hinein;
3 der Wächter am Eingang öffnet ihm. Die Schafe
erkennen seine Stimme; er ruft die, die ihm ge-
hören, einzeln beim Namen und führt sie ins
Freie. 4 Wenn sie alle draußen sind, geht er vor
ihnen her und sie folgen ihm, weil sie seine Stim-
me kennen. 5 Einem anderen Menschen werden
sie niemals folgen. Im Gegenteil: Sie werden vor
ihm davonlaufen, weil sie seine Stimme nicht
kennen.«

6 Dieses Gleichnis* erzählte Jesus, aber seine
Zuhörer verstanden nicht, was er ihnen damit
sagen wollte.

Jesus – die Tür

7 Darum begann Jesus noch einmal: »Amen*, ich
versichere euch: *Ich* bin die Tür zu den Scha-
fen.[d] 8 Alle, die vor mir gekommen sind, sind
Räuber und Diebe, doch die Schafe haben nicht
auf sie gehört.

9 *Ich* bin die Tür für die Schafe. Wer durch
mich hineingeht, wird gerettet. Er wird ein- und
ausgehen und Weideland finden. 10 Der Dieb
kommt nur, um die Schafe zu stehlen, zu
schlachten und ins Verderben zu stürzen. Ich
aber bin gekommen, um ihnen das Leben zu
geben, Leben im Überfluss.«

Jesus – der gute Hirt

11 »*Ich* bin der gute Hirt.[d] Ein guter Hirt ist be-
reit, für seine Schafe zu sterben.

12 Einer, dem die Schafe nicht selbst gehören,
ist kein richtiger Hirt. Darum lässt er sie im Stich,
wenn er den Wolf kommen sieht, und läuft da-
von. Dann stürzt sich der Wolf auf die Schafe
und jagt die Herde auseinander. 13 Wer die Schafe
nur gegen Lohn hütet, läuft davon; denn die
Schafe sind ihm gleichgültig.

14 *Ich* bin der gute Hirt. Ich kenne meine
Schafe und sie kennen mich, 15 so wie der Vater
mich kennt und ich ihn kenne. Ich bin bereit, für
sie zu sterben.

16 Ich habe noch andere Schafe, die nicht zu
diesem Schafstall gehören; auch die muss ich
herbeibringen. Sie werden auf meine Stimme hö-
ren, und alle werden in *einer* Herde unter *einem*
Hirten vereint sein.

17 Der Vater liebt mich, weil ich bereit bin,
mein Leben zu opfern, um es aufs Neue zu erhal-
ten. 18 Niemand kann mir das Leben nehmen.
Ich gebe es aus freiem Entschluss. Es steht in
meiner Macht, es zu geben, und auch in meiner
Macht, es wieder an mich zu nehmen. Damit er-
fülle ich den Auftrag meines Vaters.«

19 Wegen dieser Rede waren die Leute[e] wie-
der geteilter Meinung über Jesus. 20 Viele von ih-
nen sagten: »Er ist von einem bösen Geist* be-
sessen. Er ist verrückt! Warum hört ihr ihm über-
haupt zu?« 21 Aber andere meinten: »So redet

a *Sünder:* vgl. Anmerkung zu Vers 2. b Wörtlich *Glaubst* du an den Menschensohn?*
c Wörtlich *Herr, ich glaube*.* d *Ich bin ...:* siehe Sacherklärung »Ich-bin-Worte«; ebenso zu den folgenden Versen.
e Wörtlich *die Juden,* ebenso in den Versen 24 und 31; vgl. Anmerkung zu 1,19.

9,33 3,2 **9,37** 4,26 **9,39** 5,22 S **9,40** Mt 15,14 S **9,41** 15,22 **10,4** 10,27; Offb 14,4 **10,6** 16,25 **10,8** Jer 23,1-2 **10,9** 14,6; Ps 23,2; Ez 34,14 **10,11** (Hirt) Ps 23,1 S; Mt 18,12-14; Hebr 13,20; Offb 7,17; (sterben) Joh 15,13 S **10,14** 10,27; 2 Tim 2,19 **10,16** 11,52; Jes 56,8; 66,18b-19; Ez 34,23-24; 1 Petr 2,25 **10,17** 3,35 S; 5,18 S **10,18** 4,34 S **10,19** 9,16 **10,20** 8,48 S

kein Besessener! Kann ein böser Geist etwa blin-
de Menschen sehend machen?«

Jesus wird abgelehnt

22 Es war im Winter, als in Jerusalem das Fest zur
Erinnerung an die Wiedereinweihung des Tem-
pels[a] gefeiert wurde. 23 Jesus ging im Tempel in
der Salomohalle* umher. 24 Da umringten ihn
die Leute und fragten: »Wie lange willst du uns
noch hinhalten? Sag es uns frei heraus: Bist du
der versprochene Retter?«[b]

25 Jesus antwortete: »Ich habe es euch schon
gesagt,[c] aber ihr wollt mir nicht glauben. Die
Taten, die ich im Auftrag meines Vaters voll-
bringe, sprechen für mich. 26 Aber ihr gehört
nicht zu meinen Schafen, darum glaubt ihr mir
nicht.

27 Meine Schafe hören auf mich. Ich kenne
sie und sie folgen mir. 28 Ich gebe ihnen das
ewige Leben und sie werden niemals umkom-
men. Niemand kann sie mir aus den Händen
reißen, 29 weil niemand sie aus den Händen
meines Vaters reißen kann. Er schützt die, die
er mir gegeben hat; denn er ist mächtiger als
alle.[d] 30 Der Vater und ich sind untrennbar
eins.«

31 Da hoben die Leute wieder Steine auf, um
ihn zu töten. 32 Jesus aber sagte zu ihnen: »Viele
gute Taten habe ich vor euren Augen getan,
die meine Verbundenheit mit dem Vater bezeu-
gen. Für welche davon wollt ihr mich steini-
gen*?«

33 Sie gaben ihm zur Antwort: »Wir steinigen
dich nicht wegen einer guten Tat, sondern weil
du ein Gotteslästerer bist. Du bist nur ein
Mensch und gibst dich als Gott aus.«

34 Jesus antwortete: »In eurem eigenen Ge-
setz* heißt es doch: ›Ich habe zu euch gesagt: Ihr
seid Götter.‹ 35 Und was in den Heiligen Schrif-
ten* steht, ist unumstößlich, das wissen wir.

Gott nannte also die, an die er sein Wort rich-
tete, Götter. 36 Mich aber hat der Vater bevoll-
mächtigt und in die Welt gesandt. Wie könnt ihr
da behaupten, ich lästere Gott, wenn ich sage,
dass ich sein Sohn* bin?

37 Wenn das, was ich tue, nicht die Taten mei-
nes Vaters sind, braucht ihr mir nicht zu glau-
ben. 38 Sind sie es aber, dann solltet ihr wenigs-
tens diesen Taten glauben, wenn ihr mir selbst
schon nicht glauben wollt. An ihnen müsste
euch doch aufgehen, dass der Vater in mir lebt
und ich im Vater lebe.«

39 Von neuem versuchten sie, Jesus festzuneh-
men, aber er entkam ihnen. 40 Er überquerte
den Jordan und ging an die Stelle zurück, wo
Johannes früher getauft hatte. Er blieb dort,
41 und viele kamen zu ihm und sagten: »Johan-
nes hat keine Wunder getan; aber alles, was er
über diesen Menschen gesagt hat, entspricht der
Wahrheit.«

42 Viele von denen, die dort waren, kamen
zum Glauben an ihn.

Lazarus stirbt

11 Lazarus aus Betanien war krank gewor-
den – aus dem Dorf, in dem Maria und
ihre Schwester Marta wohnten. 2 Maria war es,
die später die Füße des Herrn mit dem kostbaren
Öl übergossen und dann mit ihrem Haar ge-
trocknet hat; deren Bruder war der erkrankte
Lazarus.

3 Da ließen die Schwestern Jesus mitteilen:
»Herr, dein Freund ist krank.«

4 Als Jesus das hörte, sagte er: »Diese Krank-
heit führt nicht zum Tod. Sie dient dazu, die
Herrlichkeit* Gottes offenbar zu machen; denn
durch sie wird der Sohn* Gottes zu seiner Herr-
lichkeit gelangen.«[e]

5 Jesus liebte Marta und ihre Schwester und
Lazarus. 6 Aber als er die Nachricht erhielt, dass
Lazarus krank sei, blieb er noch zwei Tage an
demselben Ort. 7 Erst dann sagte er zu seinen
Jüngern*: »Wir gehen nach Judäa* zurück!«

8 Sie antworteten: »Rabbi*, kürzlich erst hät-

a Es handelt sich um die Wiedereinweihung des Tempels* im Jahr 165 v. Chr. nach seiner Entweihung durch Antiochus IV. Epiphanes (siehe Vergleichsstellen zu diesem Vers).

b Wörtlich *der Christus**.

c Direkt sagt Jesus es bei Johannes nirgendwo, doch indirekt erhebt er den Anspruch auf vielfache und unüberhörbare Weise; siehe Vergleichsstellen.

d Er schützt …: wörtlich *Mein Vater ist, was die betrifft, die er mir gab, größer als alle.* Die Textüberlieferung ist unsicher; nach anderen Handschriften wäre (wörtlich) zu übersetzen: *Mein Vater – was er mir gab, ist größer als alles;* nach wieder anderen: *Mein Vater, der sie mir gegeben hat, ist größer als alle.*

e denn durch sie …: wörtlich *damit durch sie der Sohn Gottes verherrlicht wird.* Die Aussage hat einen doppelten Sinn: Die Verherrlichung geschieht in der Auferweckung von Lazarus (vgl. Verse 25-26), diese aber wird zum Anlass für die weitergehende Verherrlichung von Jesus, die in seinem Tod und in seiner Auferweckung geschieht (vgl. Verse 46-53; 13,31-32; 17,1.2.5).

10,22 2 Makk 1,9 S **10,23** Apg 3,11 S **10,24** 4,25 S **10,25** 5,36 S **10,26** 16,9 S **10,27** 10,3.14; 8,47 **10,28** 5,24 S; 6,39 S **10,30** 5,18 S; 17,21 **10,31** 11,8 S **10,33** Lev 24,16; Mk 14,64 par **10,34** *zit* Ps 82,6 **10,36** 1,34 S **10,39** 7,30; 8,20 **10,40** 1,28 **10,41** 1,29-34; 3,27-28 **10,42** 2,23 S **11,1-2** 12,1-3; Lk 10,38-39 **11,4** 9,3; 17,1 S **11,8** 8,59; 10,31

ten dich die Leute dort[a] beinahe gesteinigt*. Und nun willst du zu ihnen zurückkehren?«

9 Jesus sagte: »Der Tag hat zwölf Stunden. Wenn jemand am hellen Tag wandert, stolpert er nicht, weil er das Tageslicht sieht. 10 Lauft ihr aber in der Nacht umher, so stolpert ihr, weil das Licht nicht mehr bei euch ist.«[b]

11 Danach sagte Jesus zu seinen Jüngern: »Unser Freund Lazarus ist eingeschlafen. Aber ich werde hingehen und ihn aufwecken.«

12 Sie antworteten: »Herr, wenn er schläft, dann geht's ihm bald besser.«

13 Jesus hatte jedoch von seinem Tod gesprochen; sie aber meinten, er rede nur vom Schlaf. 14 Da sagte Jesus ihnen ganz offen: »Lazarus ist tot. 15 Und euretwegen bin ich froh, dass ich nicht bei ihm war. So wird euer Glaube gefestigt. Aber gehen wir jetzt zu ihm!«

16 Thomas, der auch Zwilling genannt wird, sagte zu den anderen Jüngern: »Auf, gehen wir mit Jesus und sterben mit ihm!«

Jesus ist das Leben. Lazarus wird vom Tod auferweckt

17 Als Jesus nach Betanien kam, lag Lazarus schon vier Tage im Grab.

18 Das Dorf war keine drei Kilometer[c] von Jerusalem entfernt, 19 und viele Leute aus der Stadt[d] hatten Marta und Maria aufgesucht, um sie zu trösten.

20 Als Marta hörte, dass Jesus kam, ging sie ihm entgegen vor das Dorf, aber Maria blieb im Haus. 21 Marta sagte zu Jesus: »Herr, wenn du hier gewesen wärst, hätte mein Bruder nicht sterben müssen. 22 Aber ich weiß, dass Gott dir auch jetzt keine Bitte abschlägt.«

23 »Dein Bruder wird auferstehen*«, sagte Jesus zu Marta.

24 »Ich weiß«, erwiderte sie, »er wird auferstehen, wenn alle Toten lebendig werden, am letzten Tag.«

25 Jesus sagte zu ihr: »*Ich* bin die Auferstehung und das Leben.[e] Wer mich annimmt, wird leben, auch wenn er stirbt, 26 und wer lebt und sich auf mich verlässt, wird niemals sterben, in Ewigkeit nicht.[f] Glaubst du mir das?«

27 Sie antwortete: »Ja, Herr, ich glaube, dass du der versprochene Retter[g] bist, der Sohn* Gottes, der in die Welt kommen soll.«

28 Nach diesen Worten ging Marta zu ihrer Schwester zurück, nahm sie beiseite und sagte zu ihr: »Unser Lehrer* ist hier und will dich sehen!« 29 Als Maria das hörte, stand sie schnell auf und lief zu ihm hinaus.

30 Jesus selbst war noch nicht in das Dorf hineingegangen. Er war immer noch an der Stelle, wo Marta ihn getroffen hatte. 31 Die Leute aus Jerusalem,[h] die bei Maria im Haus waren, um sie zu trösten, sahen, wie sie aufsprang und hinauseilte. Sie meinten, Maria wolle zum Grab gehen, um dort zu weinen, und folgten ihr.

32 Als Maria zu Jesus kam und ihn sah, warf sie sich vor ihm nieder. »Herr, wenn du hier gewesen wärst, hätte mein Bruder nicht sterben müssen«, sagte sie zu ihm.

33 Jesus sah sie weinen; auch die Leute, die mit ihr gekommen waren, weinten. Da wurde er zornig und war sehr erregt. 34 »Wo habt ihr ihn hingelegt?«, fragte er.

»Komm und sieh es selbst, Herr!«, sagten sie.

35 Jesus fing an zu weinen. 36 Da sagten die Leute: »Er muss ihn sehr geliebt haben!« 37 Aber einige meinten: »Den Blinden hat er sehend gemacht. Hätte er nicht verhindern können, dass Lazarus stirbt?«

38 Aufs Neue wurde Jesus zornig. Er ging zum Grab. Es bestand aus einer Höhle, deren Zugang mit einem Stein verschlossen war.

39 »Nehmt den Stein weg!«, befahl er.

Marta, die Schwester des Toten, wandte ein: »Herr, der Geruch! Er liegt doch schon vier Tage im Grab.«

40 Jesus sagte zu ihr: »Ich habe dir doch gesagt, dass du die Herrlichkeit* Gottes sehen wirst, wenn du nur Glauben hast.« 41 Da nahmen sie den Stein weg.

Jesus blickte zum Himmel auf und sagte: »Vater, ich danke dir, dass du meine Bitte erfüllst. 42 Ich weiß, dass du mich immer erhörst. Aber wegen der Menschenmenge, die hier steht, spreche ich es aus – damit sie glauben, dass du mich gesandt hast.«

43 Nach diesen Worten rief er laut: »Lazarus, komm heraus!« 44 Der Tote kam heraus; seine

a *die Leute dort:* wörtlich *die Juden;* vgl. Anmerkung zu 1,19.
b In Vers 9 spricht Jesus von sich: Sein Tag ist noch nicht abgelaufen. In Vers 10 warnt er die Jünger vor innerem Schaden, wenn sie sich jetzt von ihm, dem *Licht,* trennen sollten.
c Griechische Maßangabe *15 Stadien**. d Wörtlich *viele von den Juden;* vgl. Anmerkung zu 1,19.
e *Ich bin ...:* siehe Sacherklärung »Ich-bin-Worte«.
f *Wer mich annimmt* und *(wer) sich auf mich verlässt:* wörtlich *Wer/wer an mich glaubt**.
g Wörtlich *der Christus**. h Wörtlich *die Juden,* ebenso in den Versen 33 und 36; vgl. Anmerkung zu 1,19.

11,9-10 12,35-36; 8,12S **11,9** 9,4 **11,11** Mk 5,39par **11,16** Mk 14,31par; (Thomas) Joh 20,24S **11,24** 5,29; Dan 12,2S **11,25** 5,21.24S; 8,51 **11,27** 4,25S; 1,34S **11,37** 9,6-7 **11,38** 20,1; Mk 15,46par **11,42** 12,30 **11,44** 20,6-7

Hände und Füße waren mit Binden umwickelt und sein Gesicht war mit einem Tuch verhüllt.

Jesus sagte: »Nehmt ihm das alles ab und lasst ihn nach Hause gehen!«

Einer soll für das Volk sterben

45 Viele Leute aus der Stadt,[a] die zu Maria gekommen waren und alles miterlebt hatten, kamen zum Glauben* an Jesus. 46 Aber einige von ihnen gingen zu den Pharisäern* und berichteten ihnen, was er getan hatte.

47 Da beriefen die führenden Priester mit den Pharisäern eine Sitzung des Rates* ein und sagten: »Was sollen wir machen? Dieser Mann tut viele Wunder. 48 Wenn wir ihn so weitermachen lassen, werden sich ihm noch alle anschließen.[b] Dann werden die Römer einschreiten und uns auch noch den Rest an Verfügungsgewalt über Tempel und Volk entziehen.«

49 Kajaphas, einer von ihnen, der in jenem Jahr der Oberste Priester* war, sagte: »Ihr begreift rein gar nichts! 50 Seht ihr nicht, dass es euer Vorteil ist, wenn einer für alle stirbt und nicht das ganze Volk vernichtet wird?«

51 Das sagte er aber nicht aus sich selbst, sondern als der Oberste Priester in jenem Jahr sprach er aus prophetischer Eingebung, und so sagte er voraus, dass Jesus für das jüdische Volk sterben werde – 52 und nicht nur für dieses Volk, sondern auch, um die in aller Welt verstreut lebenden Kinder Gottes zusammenzuführen.

53 Von diesem Tag an waren die führenden Männer fest entschlossen, Jesus zu töten. 54 Er zeigte sich deshalb nicht mehr in der Öffentlichkeit,[c] sondern ging von dort weg in die Gegend am Rand der Wüste, in eine Ortschaft namens Efraïm. Dort blieb er mit seinen Jüngern*.

55 Es war kurz vor dem jüdischen Passafest*, und viele Bewohner aus dem ganzen Land zogen nach Jerusalem hinauf. Sie wollten sich vor dem Fest nach den vorgeschriebenen Regeln reinigen*. 56 Sie suchten Jesus überall, und als sie im Tempel beisammenstanden, fragten sie einander: »Was meint ihr? Zum Fest wird er doch sicher kommen!«

57 Die führenden Priester und Pharisäer hatten aber angeordnet: »Jeder, der seinen Aufenthaltsort kennt, soll es melden!« Denn sie wollten ihn verhaften.

Eine Frau ehrt Jesus vor seinem Sterben

(Mt 26,6-13; Mk 14,3-9)

12 Sechs Tage vor dem Passafest* kam Jesus wieder nach Betanien, dem Ort, wo Lazarus wohnte, den er vom Tod auferweckt hatte. 2 Die Geschwister hatten Jesus zu Ehren ein Festessen vorbereitet. Marta trug auf, während Lazarus mit Jesus und den anderen zu Tisch lag*. 3 Maria aber nahm eine Flasche[d] mit reinem, kostbarem Nardenöl, goss es Jesus über die Füße und trocknete diese mit ihrem Haar. Das ganze Haus duftete nach dem Öl.

4 Judas Iskariot, einer von den Jüngern*, der Jesus später verriet, sagte: 5 »Warum wurde dieses Öl nicht für dreihundert Silberstücke* verkauft und das Geld an die Armen verteilt?« 6 Er sagte das nicht etwa, weil er ein Herz für die Armen hatte, sondern weil er ein Dieb war. Er verwaltete die gemeinsame Kasse und griff oft zur eigenen Verwendung hinein.

7 Jesus sagte: »Lass sie in Ruhe! Nach Gottes Willen hat sie dieses Öl für den Tag meines Begräbnisses aufbewahrt.« 8 Und an alle Jünger gewandt, fügte er hinzu: »Arme wird es immer bei euch geben, aber mich habt ihr nicht mehr lange bei euch.«

Lazarus in Gefahr

9 Die große Menge der Leute in Jerusalem[e] hatte inzwischen gehört, dass Jesus in Betanien sei, und sie gingen dorthin. Sie kamen nicht nur seinetwegen, sondern auch weil sie Lazarus sehen wollten, den Jesus vom Tod auferweckt hatte.

10 Da beschlossen die führenden Priester*, auch Lazarus zu töten; 11 denn seinetwegen gingen viele Juden dorthin und kamen zum Glauben* an Jesus.

Jesus zieht in Jerusalem ein

(Mt 21,1-11; Mk 11,1-11; Lk 19,28-40)

12 Am nächsten Tag hörte die große Menge, die zum Passafest* gekommen war, Jesus sei auf dem Weg nach Jerusalem. 13 Da nahmen sie Palmzweige, zogen ihm entgegen vor die Stadt und riefen laut: »Gepriesen sei Gott! Heil dem, der in seinem Auftrag kommt! Heil dem König Israels!«

14 Jesus aber fand einen jungen Esel und setzte

a Wörtlich *viele Juden;* vgl. Anmerkung zu 1,19. b Wörtlich *werden noch alle an ihn glauben**.
c Wörtlich *öffentlich unter den Juden;* vgl. Anmerkung zu 1,19. d *eine Flasche:* wörtlich *1 Litra* (= ca. 325 g).
e Wörtlich *Die große Menge der Juden;* vgl. Anmerkung zu 1,19.

11,45 2,23 S **11,47-48** 2,11 S; Mk 14,1-2 par; Apg 4,16 **11,49-50** 18,14 **11,52** 10,16 S **11,53** 7,1 S **11,54** 5,13 S **11,55** 2,13 S; 2 Chr 30,17-18 **11,56** 7,11 **12,1-3** 11,1-2 **12,2** Lk 10,40 **12,3** Lk 7,37-38 **12,4** (Judas) 6,71; 13,2.27; 18,2 **12,7** 19,40 **12,8** Dtn 15,11 **12,9.11** 11,43.45; 2,23 S **12,13** *zit* Ps 118,26; (König) Joh 1,49 S; 6,15; Mt 27,11 S

sich darauf, so wie es schon in den Heiligen
Schriften* heißt:

15 »Fürchte dich nicht, du Zionsstadt*!
Sieh, dein König kommt!
Er reitet auf einem jungen Esel.«

16 Damals verstanden seine Jünger* dies alles
noch nicht; aber als Jesus in Gottes Herrlichkeit
aufgenommen war, wurde ihnen bewusst, dass
dieses Schriftwort sich auf ihn bezog und dass
die Volksmenge ihn dementsprechend empfan-
gen hatte.

17 Als Jesus Lazarus aus dem Grab gerufen und
vom Tod auferweckt hatte, waren viele dabei ge-
wesen und hatten es als Zeugen weitererzählt.
18 Aus diesem Grund kam ihm jetzt eine so große
Menschenmenge entgegen. Sie alle hatten von
dem Wunder gehört, das er vollbracht hatte.

19 Die Pharisäer* aber sagten zueinander: »Da
seht ihr doch, dass wir so nicht weiterkommen!
Alle Welt läuft ihm nach!«

Vertreter der nichtjüdischen Welt suchen Jesus

20 Unter denen, die zum Fest nach Jerusalem ge-
kommen waren, um Gott anzubeten, befanden
sich auch einige Nichtjuden.[a] 21 Sie gingen zu
Philippus, der aus Betsaida in Galiläa* stammte,
und sagten zu ihm: »Herr, wir möchten gerne
Jesus kennen lernen.«

22 Philippus sagte es Andreas, und die beiden
gingen zu Jesus.

23 Er antwortete ihnen: »Die Stunde ist ge-
kommen! Jetzt wird die Herrlichkeit des Men-
schensohns* sichtbar werden.

24 Amen*, ich versichere euch: Das Weizen-
korn muss in die Erde fallen und sterben, sonst
bleibt es allein. Aber wenn es stirbt, bringt es viel
Frucht.

25 Wer sein Leben liebt, wird es verlieren.
Wer aber sein Leben in dieser Welt gering achtet,
wird es für das ewige Leben bewahren. 26 Wer
mir dienen will, muss mir auf meinem Weg fol-
gen, und wo ich bin, werden dann auch die sein,
die mir gedient haben. Sie alle werden von mei-
nem Vater geehrt werden.«

Jesus spricht von seinem Tod

27 »Mir ist jetzt sehr bange. Was soll ich tun? Soll
ich sagen: ›Vater, lass diese Stunde an mir vorbei-
gehen‹? Aber ich bin ja in diese Stunde gekom-
men, um sie durchzustehen. 28 Vater, bring du
deinen Namen jetzt zu Ehren!«

Da sagte eine Stimme vom Himmel: »Das
habe ich bisher getan, ich werde es auch jetzt
tun.«

29 Die Menge, die dort stand, hörte die Stim-
me, und einige sagten: »Es hat gedonnert!« An-
dere meinten: »Ein Engel hat mit ihm gespro-
chen.«

30 Aber Jesus sagte zu ihnen: »Diese Stimme
wollte nicht mir etwas sagen, sondern euch.
31 Jetzt wird Gericht gehalten über diese Welt*.
Jetzt wird der Herrscher* dieser Welt gestürzt.
32 Ich aber werde von der Erde erhöht werden,[b]
und dann werde ich alle zu mir ziehen.« 33 Mit
diesem Wort deutete er an, welche Todesart er
erleiden würde.

34 Die Menge wandte ein: »Das Gesetz* sagt
uns, dass der versprochene Retter[c] in alle Ewig-
keit bleiben wird. Wie kannst du dann sagen,
dass der Menschensohn* erhöht werden muss?
Wer ist überhaupt dieser Menschensohn?«

35 Jesus antwortete: »Das Licht wird noch kur-
ze Zeit unter euch sein. Geht euren Weg, solange
es hell ist, damit die Dunkelheit euch nicht über-
fällt! Wer im Dunkeln geht, weiß nicht, wohin
der Weg führt. 36a Haltet euch an[d] das Licht, so-
lange ihr es habt! Dann werdet ihr Menschen,
die ganz vom Licht erfüllt sind.«[e]

Die Menge lehnt Jesus ab

36b Nachdem Jesus das gesagt hatte, ging er fort
und verbarg sich vor ihnen. 37 Obwohl er sich
durch so große Wunderzeichen* vor ihnen ausge-
wiesen hatte, schenkten sie ihm keinen Glauben.

38 Aber es sollte so kommen, wie es der Pro-
phet Jesaja vorausgesagt hatte: »Herr, wer hat
unserer Botschaft geglaubt? Wem ist die Macht
des Herrn sichtbar geworden?« 39 Sie konnten
nicht glauben, weil Jesaja auch das vorausgesagt
hat: 40 »Gott hat ihre Augen geblendet und ihre

a Wörtlich *Griechen;* damit sind Menschen aus nichtjüdischen Völkern gemeint, die den einen Gott Israels verehrten und sich untereinander auf Griechisch verständigten.
b *erhöht:* In der »Guten Nachricht nach Johannes« spricht Jesus von seiner bevorstehenden Kreuzigung so, dass deutlich wird: In ihr vollzieht sich seine Aufnahme in die Herrlichkeit Gottes (vgl. 12,23; 13,31), in die Machtstellung bei Gott, aus der heraus er der Welt das Leben Gottes schenken kann (3,14-15; vgl. 17,1-2). Siehe auch Sacherklärung »Erhöhung«.
c Wörtlich *der Christus**. *d* Wörtlich *Glaubt* an …* *e* *Menschen, die …:* wörtlich *Söhne des Lichtes.*

12,15 *zit* Sach 9,9 **12,16** 2,22; 17,1 S **12,19** 11,48 **12,21** 1,44 **12,23** 2,4 S **12,24** 1 Kor 15,36 **12,25** Mt 10,38-39 S **12,26** 14,3; 17,24; Mt 10,24-25; Mk 10,44-45 par **12,27** 12,23; Mk 14,34-36 par **12,28** 17,1 S; (Stimme) Mk 1,11 par; 9,7 par **12,30** 11,42 **12,31** 14,30; 16,11 **12,32-34** (erhöht) 3,14; 8,28; 18,32 **12,34** Ps 89,37; 110,4; Ez 37,25 **12,35-36 a** 7,33; 8,12 S **12,36 b** 5,13 S **12,37** 16,9 S **12,38** *nach* Jes 53,1; Röm 10,16 **12,40** *nach* Jes 6,10; Mk 4,12 S

Herzen verschlossen. So kommt es, dass sie mit ihren Augen nicht sehen und mit ihrem Verstand nichts begreifen und nicht zu mir, dem Herrn, kommen, damit ich sie heile.« 41 Jesaja sprach hier von Jesus. Er konnte das sagen, weil er dessen Herrlichkeit* geschaut hatte.[a]

42 Es gab sogar unter den Ratsmitgliedern* viele, die zum Glauben an Jesus gekommen waren, aber wegen der Pharisäer* bekannten sie sich nicht öffentlich dazu; denn sie wollten nicht aus der Synagogengemeinde* ausgeschlossen werden. 43 Der Beifall von Menschen war ihnen wichtiger als die Anerkennung von Gott.

Jesus ruft zur Entscheidung auf

44 Jesus rief laut: »Wer mich annimmt,[b] nimmt nicht mich an, sondern den, der mich gesandt hat. 45 Wer mich sieht, sieht den, der mich gesandt hat. 46 Ich bin als Licht in die Welt gekommen, damit alle, die mich annehmen, nicht im Dunkeln bleiben.

47 Wer hört, was ich sage, und sich nicht danach richtet, den verurteile ich nicht; denn ich bin nicht als Richter in die Welt gekommen, sondern als Retter. 48 Wer mich ablehnt und nicht annimmt, was ich sage, hat seinen Richter schon gefunden: Die Worte, die ich gesprochen habe, werden ihn am letzten Tag verurteilen.

49 Was ich euch gesagt habe, stammt nicht von mir; der Vater, der mich gesandt hat, hat mir aufgetragen, was ich zu sagen und zu reden habe. 50 Und ich weiß, dass das, was er mir aufgetragen hat, euch ewiges Leben bringt. Für alle meine Worte gilt also: Ich sage euch genau das, was der Vater mir gesagt hat.«

DIE ABSCHIEDSREDEN AN DIE JÜNGER (Kapitel 13–17)

Jesus wäscht seinen Jüngern die Füße

13 Das Passafest* stand bevor. Jesus wusste, dass für ihn die Stunde gekommen war, diese Welt zu verlassen und zum Vater zu gehen. Er hatte die Menschen, die in der Welt zu ihm gehörten, immer geliebt. Jetzt gab er ihnen einen letzten und äußersten Beweis seiner Liebe.

2 Jesus aß mit seinen Jüngern* zu Abend. Der Teufel hatte Judas, dem Sohn von Simon Iskariot, schon den Gedanken eingegeben, Jesus zu verraten. 3 Jesus wusste, dass der Vater ihm alles in die Hand gegeben hatte. Er wusste, dass er von Gott gekommen war und bald wieder zu Gott zurückkehren würde. 4 Da stand er vom Tisch auf, legte sein Obergewand* ab, band sich ein Tuch um 5 und goss Wasser in eine Schüssel. Dann fing er an, seinen Jüngern die Füße zu waschen und sie mit dem Tuch abzutrocknen.

6 Als er zu Simon Petrus kam, sagte der: »Du, Herr, willst *mir* die Füße waschen?«

7 Jesus antwortete ihm: »Was ich tue, kannst du jetzt noch nicht verstehen, aber später wirst du es begreifen.«

8 Petrus widersetzte sich: »Niemals sollst *du mir* die Füße waschen, in Ewigkeit nicht!«

Jesus antwortete: »Wenn ich dir nicht die Füße wasche, hast du keinen Anteil an mir und an dem, was ich bringe.«

9 Da sagte Simon Petrus: »Herr, dann nicht nur die Füße, sondern auch die Hände und den Kopf!«

10 Jesus erwiderte: »Wer vorher gebadet hat, ist am ganzen Körper rein und braucht sich nur noch die Füße zu waschen.[c] Ihr seid alle rein – bis auf einen.« 11 Jesus wusste, wer ihn verraten würde. Deshalb sagte er: »Ihr seid alle rein, bis auf einen.«

12 Nachdem Jesus ihnen die Füße gewaschen hatte, zog er sein Oberkleid wieder an und kehrte zu seinem Platz am Tisch zurück.

»Begreift ihr, was ich eben getan habe?«, fragte er sie. 13 »Ihr nennt mich Lehrer* und Herr. Ihr habt Recht, das bin ich. 14 Ich bin euer Herr und Lehrer, und doch habe ich euch soeben die Füße gewaschen. So sollt auch ihr euch gegenseitig die Füße waschen. 15 Ich habe euch ein Beispiel gegeben, damit auch ihr so handelt, wie ich an euch gehandelt habe.

16 Amen*, ich versichere euch: Ein Diener ist nicht größer als sein Herr und ein Bote nicht größer als sein Auftraggeber. 17 Das wisst ihr jetzt; freuen dürft ihr euch, wenn ihr auch danach handelt!

18 Ich meine nicht euch alle. Ich weiß, wen ich erwählt habe; aber was die Heiligen Schriften* vorausgesagt haben, muss eintreffen: ›Einer, der mein Brot isst, tritt nach mir.‹ 19 Ich sage

a Vorausgesetzt ist hier, dass der Prophet in Jes 6,1-4 zugleich mit der Herrlichkeit* Gottes auch die des ewigen Wortes Gottes gesehen hat (vgl. 1,14; 17,5) und in Jes 6,9-10 auch schon von Jesus und seinem Auftrag spricht.
b mich annimmt: wörtlich *an mich glaubt*;* entsprechend in Vers 46. *c* Siehe Sacherklärung »Fußwaschung«.

12,41 Jes 6,1-3 **12,42** 2,23 S; 9,22 S **12,43** 7,18 S **12,45** 14,9 **12,46** 8,12 S **12,47** 3,17; 5,22 S **12,49** 7,16-17 **12,50** 4,34 S **13,1** 2,4 S **13,2** 12,4 S; Lk 22,3 **13,3** 3,35 S **13,4-5** Lk 12,37 **13,10** 15,3 **13,11** 6,64.70-71 **13,12-14** Mt 23,8-12; Mk 10,41-45 par; Lk 22,27; 1 Tim 5,10 **13,15** Phil 2,5 S **13,16** 15,20; Mt 10,24-25; Lk 6,40 **13,18** *nach* Ps 41,10; Joh 17,12 **13,19** 14,29; 16,4; 8,24

euch dies jetzt, bevor es eintrifft, damit ihr nicht an mir irrewerdet, wenn es dann so kommt, sondern im Glauben daran festhaltet: *Ich* bin der, an dem sich alles entscheidet.[a]

20 Amen, ich versichere euch: Wer einen Menschen aufnimmt, den ich gesandt habe, nimmt mich auf. Und wer mich aufnimmt, nimmt den auf, der mich gesandt hat.«

Jesus und sein Verräter

(Mt 26,20-25; Mk 14,17-21; Lk 22,21-23)

21 Als Jesus das gesagt hatte, wurde er sehr traurig und sagte ihnen ganz offen: »Amen*, ich versichere euch: Einer von euch wird mich verraten.«

22 Seine Jünger* sahen sich ratlos an und fragten sich, wen er meinte. 23 Der Jünger, den Jesus besonders lieb hatte, saß neben ihm.[b] 24 Simon Petrus gab ihm durch ein Zeichen zu verstehen: »Frag du ihn, von wem er spricht!« 25 Da rückte er näher an Jesus heran und fragte: »Herr, wer ist es?«

26 Jesus sagte zu ihm: »Ich werde ein Stück Brot in die Schüssel tauchen, und wem ich es gebe, der ist es.« Er nahm ein Stück Brot, tauchte es ein und gab es Judas, dem Sohn von Simon Iskariot.

27 Sobald Judas das Brot genommen hatte, nahm der Satan* ihn in Besitz. Jesus sagte zu ihm: »Beeile dich und tu, was du tun musst!«

28 Keiner von den Übrigen am Tisch begriff, was Jesus ihm da gesagt hatte. 29 Weil Judas das Geld verwaltete, dachten manche, Jesus habe ihn beauftragt, die nötigen Einkäufe für das Fest zu machen, oder er habe ihn angewiesen, den Armen etwas zu geben.

30 Nachdem Judas das Stück Brot gegessen hatte, ging er sofort hinaus. Es war Nacht.

Das neue Gebot

31 Als Judas gegangen war, sagte Jesus: »Jetzt gelangt der Menschensohn* zu seiner Herrlichkeit, und durch ihn wird die Herrlichkeit* Gottes offenbar. 32 Wenn aber der Menschensohn die Herrlichkeit Gottes sichtbar gemacht hat, dann wird Gott ihm dafür auch seine eigene Herrlichkeit schenken. Und das wird bald geschehen. 33 Ich bin nicht mehr lange bei euch, meine Kinder. Ihr werdet mich suchen; aber ich muss euch jetzt dasselbe sagen, was ich früher schon den anderen[c] gesagt habe: Wo ich hingehe, dorthin könnt ihr nicht kommen.

34 Ich gebe euch jetzt ein neues Gebot: Ihr sollt einander lieben! Genauso wie ich euch geliebt habe, sollt ihr einander lieben! 35 An eurer Liebe zueinander werden alle erkennen, dass ihr meine Jünger* seid.«

Jesus und Petrus

(Mt 26,31-35; Mk 14,27-31; Lk 22,31-34)

36 »Herr, wohin willst du gehen?«, fragte ihn Simon Petrus.

Jesus antwortete: »Wo ich hingehe, dorthin kannst du mir jetzt nicht folgen, aber später wirst du nachkommen.«

37 »Herr, warum kann ich jetzt nicht mitkommen?«, fragte Petrus. »Ich bin bereit, für dich zu sterben!«

38 »Für mich sterben?«, erwiderte Jesus. »Amen*, ich versichere dir: Bevor der Hahn kräht, wirst du mich dreimal verleugnen und behaupten, dass du mich nicht kennst.«

Jesus ist der Weg zum Vater

14 Dann sagte Jesus zu allen:[d] »Erschreckt nicht, habt keine Angst! Vertraut auf Gott und vertraut auch auf mich![e]

2 Im Haus meines Vaters gibt es viele Wohnungen, und ich gehe jetzt hin, um dort einen Platz für euch bereitzumachen. Sonst hätte ich euch doch nicht mit der Ankündigung beunruhigt, dass ich weggehe.[f] 3 Und wenn ich gegangen bin und euch den Platz bereitet habe, dann werde ich zurückkommen und euch zu mir nehmen, damit auch ihr seid, wo ich bin.

4 Den Weg zu dem Ort, an den ich gehe, den kennt ihr ja.«

5 Thomas sagte zu ihm: »Herr, wir wissen nicht einmal, wohin du gehst! Wie sollen wir dann den Weg dorthin kennen?«

6 Jesus antwortete: »*Ich* bin der Weg, denn ich bin die Wahrheit und das Leben.[g] Einen anderen Weg zum Vater gibt es nicht. 7 Wenn ihr mich kennt, werdet ihr auch meinen Vater ken-

a Wörtlich *Ich bin;* vgl. Anmerkung zu 8,24. *b* Wörtlich *lag an der Brust Jesu;* siehe Sacherklärung »legen«.
c Wörtlich *den Juden;* vgl. 7,33-35 und Anmerkung zu 1,19. *d* Der Satz ist verdeutlichender Zusatz.
e Vertraut auf (beide Male): wörtlich *Glaubt* an.*
f und ich gehe jetzt hin ...: wörtlich *wenn es nicht so wäre, hätte ich euch dann gesagt, dass ich hingehe, um euch einen Platz zu bereiten?*
g denn ich bin ...: wörtlich *und die Wahrheit* und das Leben.* Siehe Sacherklärung »Ich-bin-Worte«.

13,20 Mk 9,37S **13,23** 19,26; 20,2; 21,7.20 **13,27** 12,4S **13,29** 12,6 **13,31-32** 17,1S **13,33** 7,33-36 **13,34** (neues Gebot) 15,12.17; 1Joh 2,7-8; 3,11.23; 4,11.21; 2Joh 5-6 **13,35** 1Joh 3,14 **13,36** 8,14; 21,19 **13,38** 18,27 **14,3** 12,26S **14,5** (Thomas) 20,24S **14,6** 10,9; Hebr 10,20

nen. Schon jetzt kennt ihr ihn und habt ihn ge-
sehen.«
[8] Philippus sagte zu ihm: »Herr, zeige uns den
Vater! Mehr brauchen wir nicht.«
[9] Jesus antwortete: »Nun bin ich so lange mit
euch zusammen gewesen, Philippus, und du
kennst mich immer noch nicht? Wer mich ge-
sehen hat, hat den Vater gesehen. Wie kannst du
dann sagen: ›Zeige uns den Vater‹? [10] Glaubst du
nicht, dass du in mir dem Vater begegnest?
Was ich zu euch gesprochen habe, das stammt
nicht von mir. Der Vater, der immer in mir ist,
vollbringt durch mich seine Taten. [11] Glaubt mir:
Ich lebe im Vater und der Vater in mir. Wenn ihr
mir nicht auf mein Wort hin glaubt, dann glaubt
mir wegen dieser Taten.
[12] Amen*, ich versichere euch: Wer im Glau-
ben mit mir verbunden bleibt, wird die gleichen
Taten vollbringen, die ich tue. Ja, er wird noch
größere Taten vollbringen, denn ich gehe zum
Vater.
[13] Wenn ihr dann in meinem Namen, unter
Berufung auf mich, um irgendetwas bittet,
werde ich es tun. So wird durch den Sohn die
Herrlichkeit* des Vaters offenbar werden. [14] Ja,
wenn ihr mich um etwas bittet und euch dabei
auf mich beruft, werde ich eure Bitte erfüllen.«

Jesus verspricht den Heiligen Geist

[15] »Wenn ihr mich liebt, werdet ihr meine Ge-
bote befolgen. [16] Und ich werde den Vater bitten,
dass er euch an meiner Stelle einen anderen Hel-
fer* gibt, der für immer bei euch bleibt, [17] den
Geist der Wahrheit*. Die Welt* kann ihn nicht
bekommen, weil sie ihn nicht sehen kann und
nichts von ihm versteht. Aber ihr kennt ihn,
denn er wird bei euch bleiben und in euch
leben.
[18] Ich lasse euch nicht wie Waisenkinder
allein; ich komme wieder zu euch. [19] Es dauert
noch eine kurze Zeit, dann wird die Welt mich
nicht mehr sehen. Aber ihr werdet mich dann
sehen, und ihr werdet leben, weil ich lebe.
[20] Wenn dieser Tag kommt, werdet ihr erken-
nen, dass ich in meinem Vater lebe und dass ihr
in mir lebt und ich in euch. [21] Wer meine Gebote
annimmt und sie befolgt, der liebt mich wirklich.
Und wer mich liebt, den wird mein Vater lieben.
Auch ich werde ihn lieben und ihm meine Herr-
lichkeit offenbaren.«
[22] Judas – nicht der Judas Iskariot – sagte:
»Warum willst du deine Herrlichkeit nur uns
zeigen und nicht der Welt?«
[23] Jesus antwortete ihm: »Wer mich liebt,
wird sich nach meinem Wort richten; dann wird
ihn mein Vater lieben, und wir werden zu ihm
kommen und bei ihm wohnen. [24] Wer mich
nicht liebt, richtet sich nicht nach meinen Wor-
ten – und dabei kommen doch die Worte, die ihr
gehört habt, nicht von mir, sondern von meinem
Vater, der mich gesandt hat.
[25] Ich habe euch dies gesagt, solange ich noch
bei euch bin. [26] Der Vater wird euch in meinem
Namen den Helfer senden, der an meine Stelle
tritt, den Heiligen Geist*. Der wird euch alles
Weitere lehren und euch an alles erinnern, was
ich selbst schon gesagt habe.
[27] Zum Abschied gebe ich euch den Frieden*,
meinen Frieden, nicht den Frieden, den die Welt
gibt. Erschreckt nicht, habt keine Angst! [28] Ihr
habt gehört, wie ich zu euch sagte: ›Ich verlasse
euch und werde wieder zu euch kommen.‹
Wenn ihr mich wirklich liebtet, würdet ihr euch
freuen, dass ich zum Vater gehe; denn er ist
größer als ich.
[29] Ich habe euch das alles im Voraus gesagt,
damit euer Glaube festbleibt, wenn es dann ein-
trifft. [30] Ich werde nicht mehr viel mit euch
reden, weil der Herrscher* dieser Welt schon auf
dem Weg ist. Er hat keine Macht über mich,
[31] aber die Welt soll erkennen, dass ich den Vater
liebe. Darum handle ich so, wie es mir mein
Vater aufgetragen hat.
Und nun steht auf! Wir wollen gehen!«

Jesus ist der wahre Weinstock

15 »*Ich* bin der wahre Weinstock,[a] und mein
Vater ist der Weinbauer. [2] Er entfernt jede
Rebe an mir, die keine Frucht bringt; aber die
fruchttragenden Reben reinigt er, damit sie noch
mehr Frucht bringen. [3] Ihr seid schon rein ge-
worden durch das Wort, das ich euch verkündet
habe. [4] Bleibt mit mir vereint, dann werde auch
ich mit euch vereint bleiben. Nur wenn ihr mit
mir vereint bleibt, könnt ihr Frucht bringen, ge-
nauso wie eine Rebe nur Frucht bringen kann,
wenn sie am Weinstock bleibt.
[5] *Ich* bin der Weinstock und ihr seid die
Reben. Wer mit mir verbunden bleibt, so wie ich
mit ihm, bringt reiche Frucht. Denn ohne mich

a *Ich bin ...:* siehe Sacherklärung »Ich-bin-Worte«.

14,9 12,45; 1,18 S **14,10** 3,35 S **14,11** 5,18 S; 5,36 S **14,13** 15,16 S; 17,1 S **14,15** (Gebote) 14,21.23; 15,10; 1 Joh 5,3; 2 Joh 6 **14,16** 7,39; 14,26; 15,26; 16,7.13; 20,22; 1 Joh 3,24; 4,13; Apg 1,4; 2,4 **14,17** 1 Kor 2,10-16 **14,19** 16,16 **14,20** 5,18 S **14,23** Offb 3,20 **14,24** 7,16 **14,26** 14,16 S **14,27** 16,33; 20,19.21; Lk 2,14 S **14,29** 13,19 **14,30** 12,31 S **14,31** 4,34 S **15,1** Ps 80,9-12 **15,2** Mt 3,10 par **15,3** 13,10 **15,4-5** (vereint) 15,7.10; 6,56; 1 Joh 2,6.28; 3,6.24 **15,5** 2 Kor 3,5; 4,7

könnt ihr nichts ausrichten. 6 Wer nicht mit mir
vereint bleibt, wird wie eine abgeschnittene Re-
be fortgeworfen und vertrocknet. Solche Reben
werden gesammelt und ins Feuer geworfen, wo
sie verbrennen.

7 Wenn ihr mit mir vereint bleibt und meine
Worte in euch lebendig sind, könnt ihr den Vater
um alles bitten, was ihr wollt, und ihr werdet es
bekommen. 8 Die Herrlichkeit* meines Vaters
wird ja dadurch sichtbar, dass ihr reiche Frucht
bringt und euch so als meine Jünger* erweist.

9 So wie der Vater mich liebt, habe ich euch
meine Liebe erwiesen. Bleibt in dieser Liebe!
10 Wenn ihr meine Gebote befolgt, dann bleibt
ihr in meiner Liebe, so wie ich die Gebote mei-
nes Vaters befolgt habe und in seiner Liebe
bleibe. 11 Ich habe euch dies gesagt, damit meine
Freude euch erfüllt und an eurer Freude nichts
mehr fehlt.

12 Dies ist mein Gebot: Ihr sollt einander so
lieben, wie ich euch geliebt habe. 13 Niemand
liebt mehr als einer, der sein Leben für seine
Freunde opfert. 14 Ihr seid meine Freunde, wenn
ihr mein Gebot befolgt.

15 Ich nenne euch nicht mehr Diener; denn
ein Diener weiß nicht, was sein Herr tut. Viel-
mehr nenne ich euch Freunde; denn ich habe
euch alles gesagt, was ich von meinem Vater ge-
hört habe. 16 Nicht ihr habt mich erwählt, son-
dern ich habe euch erwählt. Ich habe euch dazu
bestimmt, reiche Frucht zu bringen, Frucht, die
Bestand hat. Darum gilt auch: Alles, was ihr vom
Vater in meinem Namen, unter Berufung auf
mich, erbittet, wird er euch geben.

17 Dieses eine Gebot gebe ich euch: Ihr sollt
einander lieben!«

Der Hass der Welt

18 »Wenn die Welt* euch hasst, dann denkt dar-
an, dass sie mich zuerst gehasst hat. 19 Die Welt
würde euch als ihre Kinder lieben, wenn ihr zu
ihr gehören würdet. Aber ich habe euch aus der
Welt herausgerufen und ihr gehört nicht zu ihr.
Aus diesem Grund hasst euch die Welt.

20 Denkt an das, was ich euch gesagt habe:
Kein Diener ist größer als sein Herr. Wie sie mich
verfolgt haben, werden sie auch euch verfolgen.
Und so viel oder so wenig sie sich nach meinem
Wort gerichtet haben, werden sie sich auch nach
dem euren richten.

21 Das alles werden sie euch antun, weil ihr
euch zu mir bekennt. Sie kennen nämlich den
nicht, der mich gesandt hat. 22 Sie hätten keine
Schuld, wenn ich nicht gekommen wäre und zu
ihnen gesprochen hätte. So aber haben sie keine
Entschuldigung mehr. 23 Wer mich hasst, der
hasst auch meinen Vater. 24 Sie hätten keine
Schuld, wenn ich nicht Taten unter ihnen voll-
bracht hätte, die noch kein Mensch getan hat.
Doch sie haben diese Taten gesehen und hassen
mich trotzdem, mich und meinen Vater. 25 Aber
das muss so sein, damit in Erfüllung geht, was in
ihrem Gesetz* steht: ›Ohne jeden Grund haben
sie mich gehasst.‹

26 Der Helfer* wird kommen, der an meine
Stelle tritt. Es ist der Geist der Wahrheit*, der
vom Vater kommt. Ich werde ihn zu euch sen-
den, wenn ich beim Vater bin, und er wird als
Zeuge über mich aussagen. 27 Und auch ihr wer-
det meine Zeugen sein, denn ihr seid von Anfang
an bei mir gewesen.

16 Ich habe euch dies gesagt, damit ihr nicht
an mir irrewerdet. 2 Sie werden euch
aus den Synagogengemeinden* ausschließen. Es
wird sogar so weit kommen, dass alle, die
euch töten, es als einen Opferdienst zur Ehre
Gottes verstehen. 3 Das alles werden sie euch
antun, weil sie weder mich noch den Vater
erkannt haben. 4a Aber ich habe es euch gesagt.
Wenn es eintrifft, werdet ihr an meine Worte
denken.«

Die Aufgabe des Heiligen Geistes

4b »Ich habe euch dies alles zu Anfang nicht ge-
sagt, weil ich ja bei euch war. 5 Jetzt gehe ich zu
dem, der mich gesandt hat. Doch niemand von
euch fragt mich, wohin ich gehe. 6 Ihr seid nur
traurig, weil ich euch dies alles gesagt habe.
7 Aber glaubt mir, es ist gut für euch, dass ich
fortgehe; denn sonst wird der Helfer* nicht zu
euch kommen. Wenn ich aber fortgehe, dann
werde ich ihn zu euch senden und er wird meine
Stelle einnehmen.

8 Wenn er kommt, wird er gegen die Welt*
auftreten. Er wird den Menschen zeigen, was
Sünde ist und was Gerechtigkeit und was Ge-
richt. 9 Die Sünde besteht darin, dass sie mich ab-
lehnen.[a] 10 Die Gerechtigkeit besteht darin, dass
Gott mir Recht gibt; denn ich gehe zum Vater
und ihr werdet mich nicht mehr sehen. 11 Das

a Wörtlich: *dass sie nicht an mich glauben**.

15,6 Mt 7,19 **15,7** 15,16 S **15,8** 17,1 S **15,9** 5,18 S **15,10** 14,15 S; 4,34 S **15,11** 16,22.24; 17,13; 20,20; 1 Joh 1,4 **15,12** 13,34 S **15,13** 10,11; 1 Joh 3,16; Röm 5,8 **15,16** (Bitte) 14,13; 15,7; 16,23-24; (Erhörung) 1 Joh 3,22; 5,14-15; Mt 7,7 S **15,17** 13,34 S **15,18-19** 7,7; 16,32-33; 17,14; 1 Joh 3,13 **15,20** 13,16 S **15,21** 16,3 **15,22** 9,41 **15,23** 5,23; Lk 10,16 **15,24** 5,36 S **15,25** *nach* Ps 69,5; 35,19 **15,26** 14,16 S **15,27** 1,14; 1 Joh 1,2; 4,14; Apg 1,8 S **16,2** 9,22; Apg 26,9-11 **16,3** 15,21 **16,4 a** 13,19 S **16,7** 14,16 S **16,8** Apg 24,25 **16,9** 5,38; 6,36.64; 7,5; 10,26; 12,37 **16,11** 12,31 S

Gericht aber besteht darin, dass der Herrscher*
dieser Welt schon verurteilt ist.
12 Ich hätte euch noch vieles zu sagen, doch
das würde euch jetzt überfordern. 13 Aber wenn
der Helfer kommt, der Geist der Wahrheit*, wird
er euch anleiten, in der vollen Wahrheit zu
leben.[a]

Was er euch sagen wird, hat er nicht von sich
selbst, sondern er wird euch nur sagen, was er
hört. Er wird euch jeweils vorbereiten auf das,
was auf euch zukommt.[b] 14 Er wird meine Herr-
lichkeit* sichtbar machen; denn was er an euch
weitergibt, hat er von mir. 15 Alles, was der Vater
hat, gehört auch mir. Darum habe ich gesagt: Was
der Geist an euch weitergibt, hat er von mir.«

Abschied und Wiedersehen

16 »Es dauert noch eine kurze Zeit, und ihr wer-
det mich nicht mehr sehen. Dann wird wieder
eine kurze Zeit vergehen, und ihr werdet mich
wiedersehen.«
17 Unter seinen Jüngern* erhob sich die Frage:
»Wie sollen wir das verstehen – und das andere
Wort: ›Ich gehe zum Vater‹? 18 Was bedeutet
›eine kurze Zeit‹? Wir verstehen nicht, was er
sagt.«
19 Jesus wusste schon, dass sie ihn fragen woll-
ten. Darum sagte er zu ihnen: »Ich habe gesagt:
›Es dauert noch eine kurze Zeit, und ihr werdet
mich nicht mehr sehen. Dann wird wieder eine
kurze Zeit vergehen, und ihr werdet mich wie-
dersehen.‹ Darüber macht ihr euch nun Gedan-
ken?
20 Amen*, ich versichere euch: Ihr werdet
jammern und weinen, und die Welt wird sich
freuen. Ihr werdet traurig sein; doch ich sage
euch: Eure Trauer wird sich in Freude verwan-
deln. 21 Wenn eine Frau ein Kind zur Welt bringt,
leidet sie Angst und Schmerzen; aber wenn das
Kind geboren ist, denkt sie nicht mehr daran,
was sie ausgestanden hat, und ist nur noch
glücklich, dass ein Mensch zur Welt gekommen
ist. 22 So wird es auch mit euch sein: Jetzt seid ihr
voll Angst und Trauer. Aber ich werde euch wie-
dersehen. Dann wird euer Herz voll Freude sein,
und diese Freude kann euch niemand nehmen.
23 Wenn dieser Tag kommt, werdet ihr mich
nichts mehr fragen. Amen, ich versichere euch:
Der Vater wird euch dann alles geben, worum
ihr ihn bittet, weil ihr es in meinem Namen tut
und euch auf mich beruft. 24 Bisher habt ihr
nichts in meinem Namen erbeten. Bittet, und ihr
werdet es bekommen, damit eure Freude voll-
kommen und ungetrübt ist.«

Der Sieg über die Welt

25 »Ich habe euch dies alles in Andeutungen ge-
sagt, die euch rätselhaft erscheinen müssen. Die
Stunde kommt, dass ich nicht mehr in Rätseln zu
euch rede, sondern offen und unverhüllt zu euch
über den Vater spreche. 26 Dann werdet ihr ihn
unter Berufung auf mich bitten. Ich sage aber
nicht, dass *ich* dann den Vater für euch bitten
werde; 27 denn der Vater liebt euch. Er liebt euch,
weil ihr mich liebt und nicht daran zweifelt,[c]
dass ich von Gott gekommen bin. 28 Ich bin vom
Vater in die Welt gekommen. Jetzt verlasse ich
die Welt wieder und gehe zum Vater.«
29 Da sagten seine Jünger* zu ihm: »Nun
sprichst du offen zu uns, nicht mehr in Rätseln.
30 Jetzt haben wir verstanden, dass du alles
weißt. Du weißt schon vorher, was man dich
fragen möchte. Darum glauben wir, dass du von
Gott gekommen bist.«
31 Jesus erwiderte: »Ihr meint, ihr glaubt?
Jetzt schon? 32 Die Stunde kommt, ja, sie ist
schon da, dass man euch auseinander treiben
wird. Jeder wird nur noch an sich denken, und
mich werdet ihr allein lassen. Trotzdem bin ich
nicht allein, weil mein Vater bei mir ist.
33 Dies alles habe ich euch gesagt, damit ihr in
meinem Frieden* geborgen seid. In der Welt*
wird man euch hart zusetzen, aber verliert nicht
den Mut: Ich habe die Welt besiegt!«

Jesus betet für seine Jünger

17 Als Jesus diese Rede beendet hatte, blickte
er zum Himmel auf und sagte:
»Vater, die Stunde ist gekommen! Setze
deinen Sohn* in seine Herrlichkeit ein, damit
der Sohn deine Herrlichkeit* offenbar machen
kann. 2 Du hast ihm ja die Macht über alle Men-
schen gegeben, damit er denen, die du ihm an-
vertraut hast, ewiges Leben schenkt. 3 Und das
ewige Leben besteht darin, dich zu erkennen,
den einzig wahren Gott, und den, den du ge-
sandt hast, Jesus Christus.
4 Ich habe deine Herrlichkeit auf der Erde
sichtbar gemacht; denn ich habe die Aufgabe
erfüllt, die du mir übertragen hast. 5 Vater, gib

a Wörtlich *wird er euch (an)leiten in der ganzen Wahrheit.* Viele Handschriften haben *wird er euch (hineinge)leiten in die ganze Wahrheit.*
b Wörtlich *Er wird euch die kommenden (Dinge) verkünden.*
c *und nicht ...:* wörtlich *und glaubt**.

16,13 14,16 S; 1 Joh 2,27 **16,14** 17,1 S **16,15** 17,10 **16,16** 14,19 **16,22** 15,11 S **16,23** 15,16 S **16,24** 15,11 S **16,25** Mt 13,34 **16,27** 14,21 **16,32** Mk 14,27 par; 14,50 par; Sach 13,7 **16,33** 14,27; 1 Joh 5,4 **17,1** 2,4 S; (Herrlichkeit) 11,4; 12,16.23.41; 13,31-32; 14,13; 15,8; 16,14; 17,10.22.24 **17,2** 3,35 S; 5,24 S; Mt 28,18 **17,3** 1 Joh 5,20; Weish 15,3 **17,4** 4,34 S **17,5** 1,1-2; 8,58; 17,24

mir nun wieder die Herrlichkeit, die ich schon
bei dir hatte, bevor die Welt geschaffen wurde!
6 Ich habe dich[a] den Menschen bekannt ge-
macht, die du aus der Welt* ausgesondert und
mir anvertraut hast. Dir haben sie schon immer
gehört, und du hast sie mir gegeben. Sie haben
sich nach deinem Wort gerichtet 7 und wissen
jetzt, dass alles, was du mir gegeben hast, von dir
stammt. 8 Ich habe ihnen die Worte weiterge-
sagt, die du mir gegeben hast, und sie haben sie
aufgenommen. Sie haben erkannt, dass ich wirk-
lich von dir komme, und sind zum Glauben ge-
kommen, dass du mich gesandt hast.
9 Für sie bete ich. Ich bete nicht für die Welt*,
sondern für die Menschen, die du mir gegeben
hast; denn sie gehören dir. 10 Alles, was mir ge-
hört, gehört auch dir, und dein Eigentum ist auch
mein Eigentum. Durch sie wird meine Herrlich-
keit sichtbar. 11 Ich bin jetzt auf dem Weg zu dir.
Ich bleibe nicht länger in der Welt, aber sie
bleiben in der Welt.
Heiliger* Vater, bewahre sie in deiner gött-
lichen Gegenwart, die ich ihnen vermitteln durf-
te,[b] damit sie eins sind, so wie du und ich eins
sind. 12 Solange ich bei ihnen war, habe *ich* sie in
deiner göttlichen Gegenwart beschützt und be-
wahrt. Keiner von ihnen ist verloren gegangen,
nur der eine, der verloren gehen musste, damit
die Voraussage der Heiligen Schriften* in Erfül-
lung ging.
13 Und jetzt bin ich auf dem Weg zu dir. Ich
sage dies alles, solange ich noch bei ihnen in der
Welt bin, damit meine Freude ihnen in ganzer
Fülle zuteil wird. 14 Ich habe ihnen dein Wort
weitergesagt. Deshalb hasst sie die Welt, denn
sie gehören nicht zu ihr, ebenso wie ich nicht zu
ihr gehöre.
15 Ich bitte dich nicht, sie aus der Welt wegzu-
nehmen, aber sie vor dem Bösen in Schutz zu
nehmen. 16 Sie gehören nicht zu dieser Welt, so
wie ich nicht zu ihr gehöre. 17 Lass sie in deiner
göttlichen Wirklichkeit leben und weihe sie da-
durch zum Dienst. Dein Wort erschließt diese
Wirklichkeit.[c] 18 Ich sende sie in die Welt, wie
du mich in die Welt gesandt hast. 19 Ich weihe
mein Leben für sie zum Opfer, damit sie in
deiner göttlichen Wirklichkeit leben und zum
Dienst geweiht sind.
20 Ich bete nicht nur für sie, sondern auch für
alle, die durch ihr Wort von mir hören und zum
Glauben* an mich kommen werden. 21 Ich bete
darum, dass sie alle eins seien, so wie du in mir
bist, Vater, und ich in dir. So wie wir sollen auch
sie in uns eins sein, damit die Welt glaubt, dass
du mich gesandt hast. 22 Ich habe ihnen die glei-
che Herrlichkeit gegeben, die du mir gegeben
hast, damit sie eins sind, so wie du und ich.
23 Ich lebe in ihnen und du lebst in mir; so sollen
auch sie vollkommen eins sein, damit die Welt
erkennt, dass du mich gesandt hast und dass du
sie, die zu mir gehören, ebenso liebst wie mich.
24 Vater, du hast sie mir gegeben, und ich will,
dass sie mit mir dort sind, wo ich bin. Sie sollen
meine Herrlichkeit sehen, die du mir gegeben
hast, weil du mich schon liebtest, bevor die Welt
geschaffen wurde.
25 Vater, du bist gerecht. Die Welt hat dich
nicht erkannt; aber ich kenne dich, und diese
hier haben erkannt, dass du mich gesandt hast.
26 Ich habe ihnen gezeigt, wer du bist,[d] und
werde es weiter tun. So wird die Liebe, die du zu
mir hast, auch sie erfüllen und ich werde in ih-
nen leben.«

LEIDEN, TOD UND AUFERSTEHUNG VON JESUS (Kapitel 18–20)

Jesus wird verhaftet

(Mt 26,47-56; Mk 14,43-50; Lk 22,47-53)

18 Nachdem Jesus dies gesagt hatte, brach er
mit seinen Jüngern* auf. Sie überquerten
den Kidronbach. Auf der anderen Seite befand
sich ein Garten, und Jesus ging mit seinen
Jüngern hinein. 2 Der Verräter Judas kannte die-
sen Ort gut, denn Jesus war dort oft mit seinen
Jüngern zusammen gewesen. 3 Er nahm also die
Soldaten der römischen Besatzung[e] und einige
Gerichtspolizisten*, die von den führenden
Priestern* und den Pharisäern* mitgeschickt
wurden, und kam dorthin. Die Männer waren
bewaffnet und trugen Fackeln und Laternen.

a Wörtlich *deinen Namen;* vgl. Vers 11 und die Anmerkung dazu.
b Wörtlich *bewahre sie in deinem Namen*, den du mir gegeben hast;* so auch im folgenden Vers.
c Wörtlich *Heilige sie in deiner Wahrheit, dein Wort ist die Wahrheit;* siehe Sacherklärung »Wahrheit«.
d *gezeigt, wer du bist:* wörtlich *deinen Namen bekannt gemacht* (siehe Anmerkung zu Vers 11).
e *die Soldaten ...:* wörtlich *die Kohorte.* Damit ist offenbar die Truppe gemeint, die ständig auf der Burg Antonia stationiert war und die nach dem Rang ihres Kommandanten (siehe Vers 12 und Sacherklärung »Hauptmann«) genau diese Stärke besaß.

17,10 16,15 **17,11** 10,30; 17,21-23; Gal 3,28 **17,12** 6,39S; 13,18 **17,13** 15,11S **17,14** 15,18S **17,15** Mt 6,13S; 1Joh 5,18; 2Thess 3,3 **17,18** 20,21 **17,19** Hebr 10,10 **17,21-23** 17,11S; 5,18S **17,24** 12,26; 17,5 **17,25** 8,55; Mt 11,25-27 **18,1-2** Mk 14,32par; Lk 22,39S **18,2** 12,4S

4 Im vollen Wissen um alles, was nun mit ihm
geschehen würde, ging Jesus hinaus aus dem
Garten, ihnen entgegen, und fragte sie: »Wen
sucht ihr?«
5 »Jesus von Nazaret!«,[a] antworteten sie.
»*Ich* bin es!«,[b] sagte Jesus. Der Verräter Judas
stand bei ihnen.
6 Als Jesus zu ihnen sagte: »*Ich* bin es«, wi-
chen sie zurück und fielen zu Boden. 7 Jesus
fragte sie noch einmal: »Wen sucht ihr?«
»Jesus von Nazaret!«, antworteten sie.
8 »Ich habe euch gesagt, *ich* bin es«, sagte
Jesus. »Wenn ihr also mich sucht, dann lasst
diese hier gehen.« 9 So bestätigte sich, was Jesus
früher gesagt hatte: »Von denen, die du mir gege-
ben hast, Vater, habe ich keinen verloren.«
10 Simon Petrus hatte ein Schwert. Er zog es,
holte gegen den Bevollmächtigten des Obersten
Priesters* aus und schlug ihm das rechte Ohr ab.
Der Bevollmächtigte hieß Malchus.
11 Jesus sagte zu Petrus: »Steck dein Schwert
weg! Diesen Kelch[c] hat mein Vater für mich be-
stimmt. Muss ich ihn dann nicht trinken?«

Jesus wird Hannas vorgeführt

(Mt 26,57-58; Mk 14,53-54; Lk 22,54)

12 Die römischen Soldaten mit ihrem Komman-
danten und die Gerichtspolizisten* verhafteten
Jesus, fesselten ihn 13 und brachten ihn zuerst zu
Hannas. Hannas war der Schwiegervater von Ka-
japhas, der in jenem Jahr das Amt des Obersten
Priesters* ausübte. 14 Kajaphas war es, der den
Ratsmitgliedern[d] klar gemacht hatte, dass es von
Vorteil sei, wenn ein Einziger für das ganze Volk
sterbe.

Petrus verleugnet Jesus

(Mt 26,69-70; Mk 14,66-68; Lk 22,55-57)

15 Simon Petrus und ein anderer Jünger* folgten
Jesus. Der andere Jünger war mit dem Obersten
Priester* gut bekannt, deshalb konnte er mit
Jesus bis in den Innenhof des Hauses gehen.
16 Petrus blieb draußen am Tor stehen. Der
andere Jünger, der Bekannte des Obersten Pries-
ters, kam wieder zurück, verhandelte mit der
Pförtnerin und nahm dann Petrus mit hinein.
17 Die Pförtnerin fragte Petrus: »Bist du nicht
auch ein Jünger von diesem Menschen?«
»Nein, das bin ich nicht«, antwortete Petrus.
18 Es war kalt. Die Diener des Obersten Pries-
ters und die Gerichtspolizisten* hatten deshalb
einen Stoß Holzkohlen angezündet, standen um
das Feuer herum und wärmten sich.
Petrus ging hin, stellte sich zu ihnen und
wärmte sich auch.

Hannas verhört Jesus

19 Der Oberste Priester* fragte Jesus nach seinen
Jüngern* und nach seiner Lehre.
20 Jesus antwortete: »Ich habe immer offen
vor aller Welt gesprochen. Ich habe in den
Synagogen* und im Tempel* gelehrt, wo sich
alle Juden treffen, und habe niemals etwas im
Geheimen gesagt. 21 Warum fragst du dann
mich? Frag doch die Leute, die meine Worte
gehört haben! Sie wissen es.«
22 Als Jesus das sagte, schlug ihn einer der Ge-
richtspolizisten* ins Gesicht und sagte: »Wie
kannst du es wagen, so mit dem Obersten Pries-
ter zu sprechen?«
23 Jesus erwiderte ihm: »Wenn ich etwas Un-
rechtes gesagt habe, dann weise es mir nach! Bin
ich aber im Recht, warum schlägst du mich?«
24 Hannas schickte darauf Jesus in Fesseln
zum Obersten Priester Kajaphas.

Petrus verleugnet Jesus noch einmal

(Mt 26,71-75; Mk 14,69-72; Lk 22,58-62)

25 Simon Petrus stand noch immer beim Feuer
und wärmte sich. Da sagten die anderen zu ihm:
»Bist du nicht auch einer von seinen Jüngern*?«
Petrus erwiderte: »Nein, ich bin es nicht!«
26 Ein Diener des Obersten Priesters*, ein
Verwandter des Mannes, dem Petrus das Ohr ab-
geschlagen hatte, sagte: »Ich habe dich doch mit
eigenen Augen bei ihm in dem Garten gesehen!«
27 Wieder stritt Petrus es ab, und in diesem
Augenblick krähte ein Hahn.

Jesus vor Pilatus

(Mt 27,1-2.11-14; Mk 15,1-5; Lk 23,1-5)

28 Die führenden Priester[e] brachten Jesus am frü-
hen Morgen von Kajaphas zum Palast des römi-
schen Statthalters*.[f] Sie selbst gingen nicht in
den Palast hinein, weil sie nicht unrein* werden
wollten. Sonst hätten sie nicht am Passamahl*
teilnehmen können.
29 Pilatus kam zu ihnen heraus und fragte:
»Welche Anklage erhebt ihr gegen diesen
Mann?«

a *von Nazaret:* wörtlich *den Nazoräer**; ebenso in Vers 7. b *Ich bin es:* siehe Anmerkung zu 8,24.
c Siehe Anmerkung zu Mk 14,36. d Wörtlich *den Juden;* vgl. Anmerkung zu 1,19.
e Wörtlich *Sie;* vgl. 18,3; 19,6. f *Palast ...:* wörtlich *Prätorium**; ebenso in Vers 33.

18,9 6,39S **18,10** Lk 22,36.38 **18,11** 12,27; Mk 10,38 par; 14,36 par **18,13** 18,24; Lk 3,2 **18,14** 11,49-50 **18,15-16** Mk 14,54 par **18,20** 7,26.14; 6,59; Mt 4,23 par; Mk 14,49 par; Apg 26,26 **18,22** 19,3; Apg 23,2 **18,26** 18,10

30 Sie antworteten: »Wenn er kein Verbrecher
wäre, hätten wir ihn dir nicht übergeben.«
31 »Nehmt *ihr* ihn doch«, sagte Pilatus, »und
verurteilt ihn nach eurem eigenen Gesetz*!«

»Wir dürfen ja niemand hinrichten!«, er-
widerten sie. 32 So ging in Erfüllung, was Jesus
gesagt hatte, als er von der Art seines Todes
sprach.

33 Pilatus ging in den Palast zurück und ließ
Jesus vorführen. »Bist du der König der Juden?«,
fragte er ihn.

34 Jesus antwortete: »Bist du selbst auf diese
Frage gekommen, oder haben dir andere von
mir erzählt?«

35 Pilatus erwiderte: »Bin ich etwa ein Jude?
Dein eigenes Volk und die führenden Pries-
ter[a] haben dich mir übergeben. Was hast du
getan?«

36 Jesus sagte: »Mein Königtum stammt nicht
von dieser Welt*. Sonst hätten meine Leute da-
für gekämpft, dass ich den Juden nicht in die
Hände falle. Nein, mein Königtum ist von ganz
anderer Art!«

37 Da fragte Pilatus ihn: »Du bist also doch ein
König?«

Jesus antwortete: »Ja, ich bin ein König. Ich
wurde geboren und bin in die Welt gekommen,
um die Wahrheit* offenbar zu machen und als
Zeuge für sie einzutreten. Wem es um die Wahr-
heit geht, der hört auf mich.«

38a »Wahrheit«, meinte Pilatus, »was ist das?«

Das Todesurteil

(Mt 27,15-31; Mk 15,6-20; Lk 23,13-25)

38b Pilatus ging wieder zu den führenden
Priestern* hinaus und sagte zu ihnen: »Ich sehe
keinen Grund, ihn zu verurteilen. 39 Es ist aber
üblich, dass ich euch jedes Jahr zum Passafest*
einen Gefangenen freilasse. Soll ich euch den
König der Juden freigeben?«

40 Sie schrien: »Nein, den nicht! Wir wollen
Barabbas!« Barabbas aber war ein Straßen-
räuber.

19 Da ließ Pilatus Jesus abführen und auspeit-
schen*. 2 Die Soldaten flochten aus Dor-
nenzweigen eine Krone und setzten sie Jesus
auf. Sie hängten ihm einen purpurfarbenen
Mantel um, 3 traten vor ihn hin und riefen:
»Hoch lebe der König der Juden!« Dabei schlu-
gen sie ihm ins Gesicht.

4 Darauf ging Pilatus noch einmal zu ihnen
hinaus und sagte: »Ich bringe ihn euch hier
heraus, damit ihr seht, dass ich keinen Grund zu
seiner Verurteilung finden kann.«

5 Als Jesus herauskam, trug er die Dornen-
krone und den purpurfarbenen Mantel. Pilatus
sagte zu ihnen: »Da, seht ihn euch an, den Men-
schen!«

6 Als die führenden Priester* und die Ge-
richtspolizisten* ihn sahen, schrien sie im Chor:
»Kreuzigen*! Kreuzigen!«

Pilatus sagte zu ihnen: »Nehmt ihn doch und
kreuzigt ihn selbst! Ich finde keinen Grund, ihn
zu verurteilen.«

7 Sie hielten ihm entgegen: »Wir haben ein
Gesetz und nach diesem Gesetz muss er sterben,
denn er hat sich zu Gottes Sohn* erklärt.«

8 Als Pilatus das hörte, bekam er noch mehr
Angst. 9 Er ging in den Palast[b] zurück und fragte
Jesus: »Woher kommst du?«

Aber Jesus antwortete ihm nicht.

10 Pilatus sagte zu ihm: »Willst du nicht mit
mir reden? Vergiss nicht, dass ich die Macht
habe, dich freizugeben, aber auch die Macht,
dich ans Kreuz zu bringen!«

11 Jesus antwortete: »Du hättest keine Macht
über mich, wenn Gott es nicht zugelassen hätte.
Darum liegt die größere Schuld bei denen, die
mich dir ausgeliefert haben.«

12 Wegen dieser Worte versuchte Pilatus noch
einmal, ihn freizulassen. Aber die Wortführer
der Juden schrien: »Wenn du ihn freilässt, bist du
kein Freund* des Kaisers! Wer sich als König aus-
gibt, stellt sich gegen den Kaiser!«

13 Als Pilatus das hörte, ließ er Jesus heraus-
führen. Er setzte sich auf den Richterstuhl an der
Stelle, die Steinpflaster heißt, auf Hebräisch*:
Gabbata. 14 Es war der Tag vor dem Passafest,
etwa zwölf Uhr mittags.

Pilatus sagte zu den anwesenden Juden: »Da
habt ihr euren König!«

15 Sie schrien: »Weg mit ihm! Ans Kreuz!«

Pilatus fragte sie: »Euren König soll ich kreuzi-
gen lassen?«

Die führenden Priester antworteten: »Unser
einziger König ist der Kaiser in Rom!« 16a Da

a Mit dem *Volk* sind dessen Vertreter im Rat, die Ratsältesten*, gemeint. Sie werden im Folgenden nicht mehr erwähnt, während die *führenden Priester** als Verhandlungspartner mit Pilatus mehrfach genannt sind (19,6.15b.21). Darüber hinaus bleiben die jeweiligen Sprecher unbestimmt; die Übersetzung setzt für »sie« oder »die Juden« (so wörtlich in 18,38b; 19,7.12.14) die im Zusammenhang wahrscheinlichsten Akteure ein. Zu diesem Verfahren und zum Hintergrund der Darstellung der Ereignisse bei Johannes siehe Sacherklärung »Juden«.

b Wörtlich *ins Prätorium**.

18,32 12,32-33S; Mt 20,19 **18,36** 6,15 **18,37** 19,12S; 8,47; 3,32-33; 1Joh 4,6; 1Tim 6,13 **19,4** 18,38; Lk 23,4 **19,6** 18,31 **19,7** 5,18; Mk 14,61-64 par; Lev 24,16 **19,9** Mk 14,60-61 par; 15,5 par **19,12** 18,37; Lk 23,2; Apg 17,7

lieferte Pilatus ihnen Jesus aus und gab ihn frei
zur Kreuzigung.

Jesus am Kreuz

(Mt 27,32-44; Mk 15,21-32; Lk 23,26-43)

16b Die Soldaten übernahmen Jesus. 17 Er trug sel-
ber sein Kreuz* aus der Stadt hinaus, bis zum so
genannten Schädelplatz – auf Hebräisch* heißt
er Golgota. 18 Dort nagelten sie Jesus ans Kreuz
und mit ihm noch zwei andere, den einen links,
den anderen rechts und Jesus in der Mitte.
19 Pilatus ließ ein Schild am Kreuz anbringen;
darauf stand: »Jesus von Nazaret,[a] der König der
Juden«. 20 Der Ort, wo Jesus gekreuzigt wurde,
war nicht weit von der Stadt entfernt, deshalb
lasen viele Juden diese Aufschrift. Sie war in
hebräischer, lateinischer und griechischer Spra-
che abgefasst.
21 Die führenden Priester* sagten zu Pilatus:
»Schreib nicht: ›Der König der Juden‹, sondern
dass dieser Mann behauptet hat: ›Ich bin der
König der Juden.‹«
22 Pilatus sagte: »Was ich geschrieben habe,
habe ich geschrieben.«
23 Nachdem die Soldaten Jesus ans Kreuz ge-
nagelt hatten, nahmen sie seine Kleider und teil-
ten sie in vier Teile. Jeder erhielt einen Teil. Das
Untergewand aber war in einem Stück gewebt
und hatte keine Naht. 24 Die Soldaten sagten zu-
einander: »Wir wollen es nicht zerreißen; das
Los soll entscheiden, wer es bekommt.« So traf
ein, was in den Heiligen Schriften* vorausgesagt
war: »Sie haben meine Kleider unter sich ver-
teilt. Mein Gewand haben sie verlost.« Genau
das taten die Soldaten.
25 Nahe bei dem Kreuz, an dem Jesus hing,
standen seine Mutter und deren Schwester so-
wie Maria, die Frau von Klopas, und Maria aus
Magdala. 26 Jesus sah seine Mutter dort stehen
und neben ihr den Jünger*, den er besonders
lieb hatte. Da sagte er zu seiner Mutter: »Frau,[b]
er ist jetzt dein Sohn!« 27 Und zu dem Jünger
sagte er: »Sie ist jetzt deine Mutter!« Von da an
nahm der Jünger sie bei sich auf.

Jesus stirbt

(Mt 27,45-56; Mk 15,33-41; Lk 23,44-49)

28 Jesus wusste, dass nun alles zu Ende gebracht
war. Aber damit die Voraussagen der Heiligen
Schriften* vollends ganz in Erfüllung gingen,
sagte er: »Ich habe Durst!«
29 In der Nähe stand ein Gefäß mit Essig*.
Die Soldaten tauchten einen Schwamm hinein,
steckten ihn auf einen Ysopstängel* und hielten
ihn Jesus an die Lippen.
30 Jesus nahm davon und sagte: »Jetzt ist alles
vollendet.« Dann ließ er den Kopf sinken und
gab sein Leben in die Hände des Vaters zurück.[c]

Jesus wird die Seite durchstochen

31 Es war Freitag, der Vorbereitungstag für den
Sabbat*. Die führenden Priester[d] wollten nicht,
dass die Gekreuzigten den Sabbat über am
Kreuz* hängen blieben. Darum baten sie Pilatus,
ihnen die Beine brechen und die Toten dann
wegschaffen zu lassen. Der kommende Sabbat
war außerdem ein ganz besonders hoher Feier-
tag.
32 Die Soldaten gingen hin und brachen die
Beine der beiden Männer, die mit Jesus zusam-
men gekreuzigt worden waren. 33 Als sie zu
Jesus kamen, merkten sie, dass er schon tot
war. Darum brachen sie seine Beine nicht.
34 Aber einer der Soldaten stach ihm mit seinem
Speer in die Seite. Da kam Blut und Wasser
heraus.[e]
35 Der Jünger*, der dies gesehen hat, hat es
bezeugt. Was er sagt, ist wahr, und er weiß, dass
er die Wahrheit sagt. Deshalb könnt auch ihr
euren Glauben darauf gründen. 36 Das geschah,
damit eintraf, was in den Heiligen Schriften*
vorausgesagt war: »Sie werden ihm keinen Kno-
chen brechen.« 37 Und an einer anderen Stelle
heißt es: »Sie werden auf den blicken, den sie
durchbohrt haben.«

Jesus wird ins Grab gelegt

(Mt 27,57-61; Mk 15,42-47; Lk 23,50-56)

38 Als das geschehen war, bat Josef aus Arima-
thäa Pilatus um die Erlaubnis, den Leichnam
vom Kreuz* abnehmen zu dürfen. Josef war ein
Jünger* von Jesus, aber nur heimlich, weil er vor
den führenden Männern[f] Angst hatte. Pilatus
überließ ihm den Toten, und Josef ging und
nahm ihn vom Kreuz ab.
39 Auch Nikodemus, der Jesus anfangs einmal
bei Nacht aufgesucht hatte, kam dazu; er brachte
ungefähr hundert Pfund[g] Myrrhenharz* mit

a *von Nazaret:* wörtlich *der Nazoräer**. b Zu dieser Anrede vgl. 2,4 und die Anmerkung dazu.
c *gab sein Leben ...:* wörtlich *übergab den Geist.* d Wörtlich *Die Juden;* vgl. Anmerkung zu 18,35.
e *Blut* steht für die erlösende Kraft des Todes Jesu, *Wasser* für den Geist und das Leben, die der Erhöhte schenkt (vgl. auch Sacherklärung »Gnosis«). f Wörtlich *vor den Juden;* vgl. Anmerkung zu 1,19 bzw. 18,35.
g Wörtlich *100 Litra* (1 Litra = ca. 325 g).

19,24 *nach* Ps 22,19 **19,25** Mk 15,40-41 par; Lk 8,2-3S **19,26** 13,23S **19,28** *nach* Ps 22,16 **19,29** Ps 69,22 **19,31** Dtn 21,22-23 **19,34** 1Joh 5,6 **19,35** 21,24 **19,36** *nach* Ps 34,20-21; Ex 12,46 **19,37** *nach* Sach 12,10; Offb 1,7 **19,38** 9,22S **19,39** 3,1S

Aloë*. 40 Die beiden nahmen den Leichnam von
Jesus und wickelten ihn mit den Duftstoffen in
Leinenbinden, wie es der jüdischen Begräbnis-
sitte entspricht.
41 Nahe bei der Stelle, wo Jesus gekreuzigt
worden war, befand sich ein Garten. Darin war
eine neue Grabkammer, in der noch niemand
gelegen hatte. 42 Dort hinein legten sie Jesus,
weil es für die Juden der Vorbereitungstag
auf den Sabbat* war und das Grab in der Nähe
lag.

Das leere Grab

(Mt 28,1-8; Mk 16,1-8; Lk 24,1-12)

20 Am Tag nach dem Sabbat[a] kam Maria
aus Magdala in aller Frühe zum Grab, als
es noch dunkel war. Sie sah, dass der Stein vom
Eingang des Grabes entfernt war. 2 Da lief sie zu
Simon Petrus und zu dem Jünger*, den Jesus
besonders lieb hatte, und berichtete ihnen: »Sie
haben den Herrn aus dem Grab genommen
und wir wissen nicht, wohin sie ihn gelegt
haben!«
3 Petrus und der andere Jünger machten sich
auf den Weg zum Grab. 4 Sie liefen miteinander
los, aber der andere Jünger lief schneller als
Petrus und war als Erster am Grab. 5 Er beugte
sich vor und sah die Leinenbinden liegen, aber
er ging nicht hinein.
6 Als Simon Petrus nachkam, ging er sofort in
die Grabkammer. Er sah die Leinenbinden 7 und
das Tuch, mit dem sie Jesus das Gesicht be-
deckt hatten. Dieses Tuch lag nicht bei den Bin-
den, sondern war getrennt davon zusammen-
gelegt.
8 Nun ging auch der andere Jünger hinein, der
zuerst am Grab angekommen war. Er sah alles
und kam zum Glauben. 9 Denn sie hatten die
Heiligen Schriften* noch nicht verstanden, in
denen doch steht, dass Jesus vom Tod auferste-
hen muss.
10 Danach gingen die beiden Jünger nach
Hause zurück.

Jesus zeigt sich Maria aus Magdala

(Mt 28,9-10; Mk 16,9-11)

11 Maria stand noch draußen vor dem Grab und
weinte. Dabei beugte sie sich vor und schaute
hinein. 12 Da sah sie zwei weiß gekleidete
Engel*. Sie saßen an der Stelle, wo Jesus ge-
legen hatte, einer am Kopfende und einer am
Fußende.
13 »Frau, warum weinst du?«, fragten die
Engel.
Maria antwortete: »Sie haben meinen Herrn
fortgetragen und ich weiß nicht, wo sie ihn hin-
gelegt haben!«
14 Als sie sich umdrehte, sah sie Jesus da-
stehen. Aber sie wusste nicht, dass es Jesus war.
15 Er fragte sie: »Frau, warum weinst du? Wen
suchst du?«
Sie dachte, er sei der Gärtner, und sagte zu
ihm: »Herr, wenn du ihn fortgenommen hast,
dann sag mir, wo du ihn hingelegt hast. Ich will
hingehen und ihn holen.«
16 »Maria!«, sagte Jesus zu ihr.
Sie wandte sich ihm zu und sagte: »Rab-
buni*!« Das ist hebräisch* und heißt: Mein Leh-
rer!
17 Jesus sagte zu ihr: »Halte mich nicht fest![b]
Ich bin noch nicht zum Vater zurückgekehrt.
Aber geh zu meinen Brüdern[c] und sag ihnen
von mir: ›Ich kehre zurück zu meinem Vater und
eurem Vater, zu meinem Gott und eurem Gott.‹«
18 Maria aus Magdala ging zu den Jüngern*
und verkündete: »Ich habe den Herrn gesehen!«
Und sie richtete ihnen aus, was er ihr aufgetra-
gen hatte.

Jesus zeigt sich seinen Jüngern

(Mk 16,14-18; Lk 24,36-49)

19 Es war Abend geworden an jenem Sonntag*.
Die Jünger* waren beisammen und hatten aus
Angst vor den führenden Juden[d] die Türen abge-
schlossen. Da kam Jesus, trat in ihre Mitte und
sagte: »Frieden* sei mit euch!«
20 Dann zeigte er ihnen seine Hände und
seine Seite. Als die Jünger den Herrn sahen, kam
große Freude über sie.
21 Noch einmal sagte Jesus zu ihnen: »Frieden
sei mit euch! Wie der Vater mich gesandt hat, so
sende ich nun euch.«
22 Dann hauchte er sie an und sagte: »Emp-
fangt den Heiligen Geist*! 23 Wenn ihr jemand
die Vergebung seiner Schuld zusprecht, ist die
Schuld auch von Gott vergeben. Wenn ihr die
Vergebung verweigert, bleibt die Schuld be-
stehen.«

a Siehe Sacherklärung *Sonntag*.
b Weniger wahrscheinlich ist die Übersetzung *Berühre mich nicht!* Vorausgesetzt ist vermutlich eine Begrüßungsgeste wie die in Mt 28,9. *c* Damit sind hier die Jünger gemeint.
d Wörtlich *vor den Juden;* vgl. Anmerkung zu 1,19.

19,40 11,44 **20,2** 13,23 S **20,6-7** 19,40; 11,44 **20,9** 1 Kor 15,4 S **20,14** 21,4; Lk 24,16 **20,17** (Brüder) Röm 8,29; Hebr 2,11-12 **20,19** 9,22 S; 14,27 S **20,20** 15,11 S **20,21** 17,18 **20,22** 14,16 S **20,23** Mt 16,19 S

Jesus zeigt sich Thomas

24 Als Jesus kam, war Thomas, genannt der Zwil-
ling, einer aus dem Kreis der Zwölf, nicht dabei
gewesen. 25 Die anderen Jünger* erzählten ihm:
»Wir haben den Herrn gesehen!«

Thomas sagte zu ihnen: »Niemals werde ich das glauben! Da müsste ich erst die Spuren von den Nägeln an seinen Händen sehen und sie mit meinem Finger fühlen und meine Hand in seine Seitenwunde legen – sonst nicht!«

26 Eine Woche später waren die Jünger wieder im Haus versammelt und Thomas war bei ihnen. Die Türen waren abgeschlossen. Jesus kam, trat in ihre Mitte und sagte: »Frieden* sei mit euch!«

27 Dann wandte er sich an Thomas und sagte: »Leg deinen Finger hierher und sieh dir meine Hände an! Streck deine Hand aus und lege sie in meine Seitenwunde! Hör auf zu zweifeln und glaube*!«

28 Da antwortete Thomas: »Mein Herr und mein Gott!«

29 Jesus sagte zu ihm: »Du glaubst, weil du mich gesehen hast. Freuen dürfen sich alle, die mich nicht sehen und trotzdem glauben!«

Der Zweck dieses Buches

30 Jesus tat vor den Augen seiner Jünger* noch
viele andere Wunderzeichen*, die nicht in die-
sem Buch stehen. 31 Was aber in diesem Buch
steht, wurde aufgeschrieben, damit ihr festbleibt
in dem Glauben,[a] dass Jesus der versprochene
Retter[b] ist, der Sohn* Gottes. Wenn ihr das tut,[c]
habt ihr durch ihn das Leben.

EIN NACHTRAG: PETRUS UND DER LIEBLINGSJÜNGER (Kapitel 21)

Jesus zeigt sich sieben Jüngern am See von Tiberias

21 Später zeigte sich Jesus seinen Jüngern* noch einmal am See von Tiberias. Das geschah so:

2 Einige von ihnen waren dort am See beisammen – Simon Petrus, Thomas, der auch Zwilling genannt wurde, Natanaël aus Kana in Galiläa*, die Söhne von Zebedäus und zwei andere Jünger.

3 Simon Petrus sagte zu den anderen: »Ich gehe fischen!«

»Wir kommen mit«, sagten sie. Gemeinsam gingen sie zum See und stiegen ins Boot; aber während der ganzen Nacht fingen sie nichts.

4 Es wurde schon Morgen, da stand Jesus am
Ufer. Die Jünger wussten aber nicht, dass es
Jesus war. 5 Er redete sie an: »Kinder, habt ihr
nicht ein paar Fische?«

»Nein, keinen einzigen!«, antworteten sie.

6 Er sagte zu ihnen: »Werft euer Netz an der rechten Bootsseite aus! Dort werdet ihr welche finden.«

Sie warfen das Netz aus und fingen so viele Fische, dass sie das Netz nicht ins Boot ziehen konnten.

7 Der Jünger, den Jesus besonders lieb hatte, sagte zu Petrus: »Es ist der Herr!«

Als Simon Petrus das hörte, warf er sich das
Obergewand* über, band es hoch und sprang ins
Wasser. Er hatte es nämlich zum Arbeiten abge-
legt. 8 Die anderen Jünger ruderten das Boot an
Land – es waren noch etwa hundert Meter[d] –
und zogen das Netz mit den Fischen hinter sich
her.

9 Als sie an Land gingen, sahen sie ein Holz-
kohlenfeuer mit Fischen darauf, auch Brot lag da-
bei. 10 Jesus sagte zu ihnen: »Bringt ein paar von
den Fischen, die ihr gerade gefangen habt!«

11 Simon Petrus ging zum Boot und zog das Netz an Land. Es war voll von großen Fischen, genau hundertdreiundfünfzig. Aber das Netz riss nicht, obwohl es so viele waren.

12 Jesus sagte zu ihnen: »Kommt her und esst!«

Keiner von den Jüngern wagte zu fragen: »Wer bist du?« Sie wussten, dass es der Herr war.

13 Jesus trat zu ihnen, nahm das Brot und verteilte es unter sie, ebenso die Fische.

14 Dies war das dritte Mal, dass sich Jesus seinen Jüngern zeigte, seit er vom Tod auferstanden war.

Jesus und Petrus

15 Nachdem sie gegessen hatten, sagte Jesus zu Simon Petrus: »Simon, Sohn von Johannes, liebst du mich mehr, als die hier mich lieben?«

Petrus antwortete: »Ja, Herr, du weißt, dass ich dich liebe.«

Jesus sagte zu ihm: »Sorge für meine Lämmer!«

a Wörtlich *damit ihr glaubt*;* nach anderen Handschriften *damit ihr zum Glauben* kommt.*
b Wörtlich *der Christus*.* *c* Wörtlich *Wenn ihr das glaubt*.* *d* Griechische Maßangabe *200 Ellen*.*

20,24 (Thomas) 11,16; 14,5; 20,26-28; 21,2 **20,29** 1 Petr 1,8 **20,30** 2,11 S; 1,14 **20,31** 1,34 S; 3,15 S; 1 Joh 5,13 **21,2** 1,41-42; 20,24 S; 1,45-46; Mk 1,19-20 **21,4** 20,14; Lk 24,16 **21,6** Lk 5,4-7 **21,7** 13,23 S; Mt 14,29 **21,11** Lk 5,6 **21,13** 6,11; Mk 6,41 par; 8,6 par **21,15-17** (meine Schafe) 10,14-16; Apg 20,28; 1 Petr 5,2

16 Ein zweites Mal sagte Jesus zu ihm:
»Simon, Sohn von Johannes, liebst du mich?«
»Ja, Herr, du weißt, dass ich dich liebe«, antwortete er.

Jesus sagte zu ihm: »Leite meine Schafe!«
17 Ein drittes Mal fragte Jesus: »Simon, Sohn
von Johannes, liebst du mich?«

Petrus wurde traurig, weil er ihn ein drittes Mal fragte: »Liebst du mich?« Er sagte zu ihm: »Herr, du weißt alles, du weißt auch, dass ich dich liebe.«

Jesus sagte zu ihm: »Sorge für meine Schafe!
18 Amen*, ich versichere dir: Als du jung warst, hast du deinen Gürtel selbst umgebunden und bist gegangen, wohin du wolltest; aber wenn du einmal alt bist, wirst du deine Hände ausstrecken, und ein anderer wird dich binden und dich dorthin bringen, wohin du *nicht* willst.«
19 Mit diesen Worten deutete Jesus an, mit welchem Tod Petrus einst Gott ehren werde. Dann sagte Jesus zu ihm: »Komm, folge mir!«

Petrus und der andere Jünger

20 Petrus drehte sich um und sah hinter sich den Jünger*, den Jesus besonders lieb hatte. Es war derselbe, der während des letzten Mahles neben Jesus gesessen und ihn gefragt hatte: »Herr, wer wird dich verraten?«
21 Als Petrus ihn sah, fragte er Jesus: »Herr, was geschieht denn mit dem?«
22 Jesus antwortete ihm: »Wenn ich will, dass er so lange lebt, bis ich wiederkomme, was geht das *dich* an? Du sollst mir folgen!«
23 Deswegen verbreitete sich in der Gemeinde[a] das Gerücht, dass der andere Jünger nicht sterben werde. Aber Jesus hatte nicht gesagt, dass er nicht sterben werde, sondern: »Wenn ich will, dass er so lange lebt, bis ich wiederkomme, was geht *dich* das an?«

Schlusswort zum gesamten Buch

24 Dieser Jünger* ist es, der alles bezeugt, was in diesem Buch steht. Er selbst hat es niedergeschrieben, und wir wissen, dass er die Wahrheit sagt.
25 Es gibt noch vieles andere, was Jesus getan hat. Wenn alles einzeln aufgeschrieben würde – ich denke, die ganze Welt könnte die Bücher nicht fassen, die dann geschrieben werden müssten.

a Wörtlich *unter den Brüdern.*

21,18 2 Petr 1,14 **21,19** 13,36 **21,20** 13,23 S **21,24** 19,35 **21,25** 20,30

DIE GESCHICHTE DER APOSTEL
(Apostelgeschichte)

Inhaltsübersicht

VOM LUKAS-EVANGELIUM ZUR APOSTELGESCHICHTE (Kapitel 1)

Lukas schreibt die Fortsetzung

1 Verehrter Theophilus, in meiner ersten
Schrift[a] habe ich alles berichtet, was Jesus tat
und lehrte, von Anfang an 2 bis zu dem Tag, an
dem er in den Himmel aufgenommen wurde. Zuvor gab er den Aposteln* Anweisungen für die Zukunft. Er hatte sie früher mit dem Beistand
des Heiligen Geistes* ausgewählt. 3 Nach seinem
Leiden und Sterben hatte er sich ihnen wiederholt gezeigt und ihnen die Gewissheit gegeben, dass er lebte. Während vierzig Tagen kam er damals zu ihnen und sprach mit ihnen darüber, wie Gott seine Herrschaft aufrichten und sein Werk vollenden werde.[b]

Jesus nimmt Abschied von seinen Jüngern
(Lk 24,47-52)

4 Als Jesus wieder einmal bei ihnen war und mit
ihnen aß, schärfte er ihnen ein: »Bleibt in Jerusalem und wartet auf den Geist*, den mein Vater versprochen hat. Ich habe euch sein Kommen
angekündigt, als ich euch sagte: 5 ›Johannes hat
mit Wasser getauft*, aber ihr werdet schon bald mit dem Geist Gottes getauft werden.‹«
6 Die Versammelten fragten Jesus: »Herr*, wirst du dann die Herrschaft* Gottes in Israel wieder aufrichten?«
7 Jesus antwortete: »Mein Vater hat festgelegt, welche Zeiten bis dahin noch verstreichen müssen und wann es so weit ist. Ihr braucht
das nicht zu wissen. 8 Aber ihr werdet mit dem
Heiligen Geist erfüllt werden, und dieser Geist wird euch die Kraft geben, überall als meine Zeugen aufzutreten: in Jerusalem, in ganz Judäa* und Samarien* und bis ans äußerste Ende der Erde.«
9 Während er das sagte, wurde er vor ihren Augen emporgehoben. Eine Wolke nahm ihn auf, sodass sie ihn nicht mehr sehen konnten.
10 Als sie noch wie gebannt nach oben starrten und hinter ihm hersahen, standen plötzlich zwei weiß gekleidete Männer[c] neben ihnen.
11 »Ihr Galiläer*«, sagten sie, »warum steht ihr hier und schaut nach oben? Dieser Jesus, der von euch weg in den Himmel aufgenommen wurde, wird auf dieselbe Weise wiederkommen, wie ihr ihn habt weggehen sehen!«

Die Lücke im Apostelkreis wird geschlossen

12 Darauf kehrten sie vom Ölberg* nach Jerusalem zurück. Das ist ein Weg von etwa einer hal-
ben Stunde.[d] 13 Dort gingen sie in das Oberge-

a Gemeint ist »Die Gute Nachricht nach Lukas« (Lukas-Evangelium), die in der Anordnung der biblischen Schriften durch »Die Gute Nachricht nach Johannes« von der Apostelgeschichte als ihrer Fortsetzung getrennt ist.
b Wörtlich *sprach über das, was mit der Königsherrschaft* Gottes zusammenhängt.*
c Vgl. Lk 24,4 und Anmerkung zu Mk 16,5.
d Wörtlich *ein Sabbatweg*, d.h. die Strecke, die man am Sabbat* gehen darf.

1,1 Lk 1,1-4 **1,2** Lk 24,50-53; (ausgewählt) Lk 6,13 S; (Geist) Lk 4,18 S **1,3** Lk 24,13-52; (vierzig Tage) Ex 24,18 S; (Herrschaft) Apg 28,23 S **1,4** 11,16; Joh 14,16 S **1,5** Lk 3,16 par **1,6** Lk 11,2 S; 24,21 **1,7** Mk 13,32 par **1,8** 1,21-22; 2,32; 3,15; 4,33; 5,32; 10,39; 13,31; Lk 24,48; Joh 15,27 S **1,9** Lk 24,51; Mk 16,19; 1 Petr 3,22 **1,11** Lk 21,27; Offb 1,7 **1,12** Lk 6,13 S; 24,52 **1,13** Lk 6,14-16

mach des Hauses, wo sie von nun an beisammenblieben.

Es waren: Petrus, Johannes, Jakobus und Andreas, Philippus und Thomas, Bartholomäus und Matthäus, Jakobus, der Sohn von Alphäus, und Simon, der zur Partei der Zeloten* gehört hatte,
und schließlich Judas, der Sohn von Jakobus.
14 Auch die Frauen waren dabei und Maria, die Mutter von Jesus, sowie seine Brüder.

Sie alle waren einmütig beieinander und beteten beharrlich um das Kommen des Heiligen Geistes*.[a]

15 Einmal während dieser Zeit stand Petrus auf und ergriff das Wort – es waren etwa hundertundzwanzig Menschen versammelt.

16 »Liebe Brüder«,[b] sagte er, »was in den Heiligen Schriften* über Judas vorausgesagt worden ist, musste eintreffen. Dort hat der Geist Gottes durch David von dem Verräter gesprochen, der den Männern den Weg wies, die Jesus verhaften
sollten.
17 Der Verräter gehörte zu uns Aposteln*
und hatte denselben Auftrag empfangen wie wir.
18 Mit dem Geld, das er als Belohnung für seine böse Tat erhielt, kaufte er sich ein Landgut. Dort stürzte er so schlimm, dass sein Leib aufplatzte
und die Eingeweide heraustraten.
19 Alle Bewohner von Jerusalem hörten davon, und sie nannten das Grundstück in ihrer Sprache Hakeldamach, das bedeutet ›Blutacker‹.

20 Im Buch der Psalmen steht es geschrieben: ›Sein Gehöft soll leer stehen; niemand soll es bewohnen.‹ Dort wird aber auch gesagt: ›Sein
Amt soll ein anderer übernehmen.‹
21 Wir brauchen also einen Ersatz für ihn. Es muss einer von den Männern sein, die mit uns Aposteln zusammen waren während der ganzen Zeit, in der Jesus, der Herr*, unter uns gelebt und gewirkt
hat –
22 angefangen von seiner Taufe* durch Johannes bis zu dem Tag, an dem er in den Himmel aufgenommen wurde. Einer von denen, die das alles miterlebt haben, soll mit uns zusammen Zeuge dafür sein, dass Jesus vom Tod auferstanden* ist.«

23 Die Versammelten schlugen zwei Männer vor: Josef, der auch Barsabbas genannt wurde
und den Beinamen Justus trug,[c] und Matthias.
24 Dann beteten sie: »Herr, du kennst die Menschen durch und durch. Zeige uns, welchen von
diesen beiden du ausgewählt hast!
25 Judas hat uns verlassen, um dorthin zu gehen, wohin er gehört. Wer von ihnen soll an seiner Stelle das Apostelamt übernehmen?«

26 Sie ließen das Los* zwischen den beiden entscheiden und es fiel auf Matthias. Darauf wurde er als Zwölfter in den Kreis der Apostel aufgenommen.

DIE ANFANGSZEIT DER KIRCHE IN JERUSALEM: URGEMEINDE (Kapitel 2–5)

An Pfingsten kommt der Heilige Geist

2 Als das Pfingstfest* kam, waren wieder alle,
die zu Jesus hielten,[d] versammelt.
2 Plötzlich gab es ein mächtiges Rauschen, wie wenn ein Sturm vom Himmel herabweht. Das Rauschen
erfüllte das ganze Haus, in dem sie waren.
3 Dann sahen sie etwas wie Feuer, das sich zerteilte, und auf jeden ließ sich eine Flammen-
zunge nieder.
4 Alle wurden vom Geist* Gottes erfüllt und begannen in anderen Sprachen[e] zu reden, jeder und jede, wie es ihnen der Geist Gottes eingab.

5 Nun lebten in Jerusalem fromme Juden[f] aus
aller Welt, die sich hier niedergelassen hatten.
6 Als sie das mächtige Rauschen hörten, strömten sie alle zusammen. Sie waren ganz verwirrt, denn jeder hörte die Versammelten, die Apostel* und die anderen, in seiner eigenen Sprache reden.

7 Außer sich vor Staunen riefen sie: »Die
Leute, die da reden, sind doch alle aus Galiläa*!
8 Wie kommt es, dass jeder von uns sie in seiner
Muttersprache reden hört?
9 Wir kommen aus Persien, Medien* und Elam*, aus Mesopotamien, aus Judäa* und Kappadozien, aus Pontus
und aus der Provinz Asien*,
10 aus Phrygien und Pamphylien, aus Ägypten, aus der Gegend von
Zyrene in Libyen und sogar aus Rom.
11 Wir sind geborene Juden und Fremde, die sich der jüdischen Gemeinde angeschlossen haben,[g] Insel-
und Wüstenbewohner.[h] Und wir alle hören sie

a *beteten beharrlich ...:* wörtlich *harrten einmütig aus im Gebet.* Zum Inhalt des Gebets vgl. Vers 8 sowie Lk 3,21-22; 11,13.
b Wörtlich *Männer, Brüder.*
c Barsabbas bedeutet vermutlich »Sohn von Sabbas«; Justus = lateinisch »der Gerechte«.
d Wörtlich *alle.*
e Siehe Sacherklärung »Sprachen, unbekannte«.
f *fromme Juden:* wörtlich *Juden, fromme Männer.*
g *Fremde, die sich ...:* wörtlich *Proselyten*.*
h Wörtlich *Kreter und Araber.*

1,14 Lk 8,2-3 S **1,16** Ps 41,10 **1,18-19** Mt 27,3-8; 2 Chr 21,15 **1,20** *nach* Ps 69,26; *zit* Ps 109,8 **1,21-22** Lk 1,2; 3,21; 24,51; Joh 15,27 **1,26** Lk 1,9; Spr 16,33 **2,1** Ex 23,16 S **2,3-4** Lk 3,16 **2,4** (Geist Gottes) 4,31; 6,3.5; 7,55; 8,17; 10,44; 11,15.24; 15,8; 19,2.6; (andere Sprachen) 4,31; 10,45-46; 19,6; 1 Kor 12,10; 14,2-12

in unserer eigenen Sprache die großen Taten
Gottes verkünden!«
12 Erstaunt und ratlos fragten sie einander,
was das bedeuten solle. 13 Andere machten sich
darüber lustig und meinten: »Die Leute sind
doch betrunken!«

Die Pfingstpredigt des Apostels Petrus

14 Da stand Petrus auf und die elf anderen Apos-
tel* mit ihm, und er rief laut: »Ihr Juden[a] aus al-
ler Welt und alle Bewohner Jerusalems! Lasst
euch erklären, was hier vorgeht; hört mich an!
15 Die Leute hier sind nicht betrunken, wie ihr
meint; es ist ja erst neun Uhr früh. 16 Nein, hier
geschieht, was Gott durch den Propheten Joël
angekündigt hat:

17 ›Wenn die letzte Zeit anbricht, sagt Gott, dann
gieße ich über alle Menschen meinen Geist* aus.
Männer und Frauen in Israel werden dann zu
Propheten*. Junge Leute haben Visionen und
die Alten prophetische Träume. 18 Über alle, die
mir dienen, Männer und Frauen, gieße ich zu je-
ner Zeit meinen Geist aus und sie werden als
Propheten reden.
19 Danach lasse ich erschreckende Zeichen er-
scheinen, unten auf der Erde und droben am
Himmel: Menschen liegen erschlagen in ihrem
Blut, Flammen und Rauchwolken steigen auf;
20 die Sonne verfinstert sich und der Mond wird
blutrot. So kündigt sich der große Tag des Herrn
an, dem niemand entrinnen kann. 21 Wer sich
dann zum Herrn* bekennt und seinen Namen
anruft, wird gerettet.‹

22 Ihr Männer von Israel, hört, was ich euch zu
sagen habe! Jesus von Nazaret[b] wurde von Gott
bestätigt durch die machtvollen und Staunen er-
regenden Wunder, die Gott durch ihn unter euch
vollbracht hat; ihr wisst es selbst. 23 Den habt ihr
durch Menschen, die das Gesetz* Gottes nicht
kennen, ans Kreuz* schlagen und töten lassen.
So hatte Gott es nach seinem Plan im Voraus be-
stimmt. 24 Und genau den hat Gott aus der Ge-
walt des Todes befreit und zum Leben erweckt*;
denn der Tod konnte ihn unmöglich gefangen
halten.
25 Schon David hat von ihm gesprochen und
ihn sagen lassen:

›Ich hatte den Herrn immer vor Augen.
Er stand mir zur Seite,
darum fühlte ich mich sicher.
26 Das erfüllte mein Herz mit Freude
und ließ mich jubelnd singen.
Selbst im Grab ruht mein Leib voll Hoffnung.
27 Ich bin gewiss:
Du, Herr, lässt mich nicht bei den Toten;
du gibst deinen treuen Diener nicht der
Verwesung preis.
28 Du hast mir den Weg zum Leben gezeigt;
in deiner Nähe werde ich froh
und glücklich sein.‹

29 Liebe Brüder,[c] ich darf ganz offen zu euch
über unseren großen Vater David sprechen: Er
starb und wurde begraben, und sein Grab ist
noch heute bei uns zu sehen. 30 Aber er war ein
Prophet, und Gott hatte ihm feierlich zugesagt,
einer seiner Nachkommen werde auf Gottes
Thron sitzen. 31 David sah also voraus, was Gott
vorhatte, und seine Worte beziehen sich auf die
Auferstehung des versprochenen Retters.[d] Von
diesem gilt, dass Gott ihn nicht bei den Toten
ließ und sein Körper nicht der Verwesung an-
heim fiel.
32 Diesen Jesus also hat Gott vom Tod aufer-
weckt; wir alle sind dafür Zeugen. 33 Er wurde
zu dem Ehrenplatz an Gottes rechter Seite erho-
ben und erhielt von seinem Vater die verspro-
chene Gabe, den Heiligen Geist*, damit er ihn
über uns ausgießt. Was ihr hier seht und hört,
sind die Wirkungen dieses Geistes!
34 Nicht David ist ja in den Himmel aufge-
nommen worden; vielmehr sagt er selbst:

›Gott, der Herr, sagte *zu meinem Herrn*:
35 Setze dich an meine rechte Seite!
Ich will dir deine Feinde unterwerfen,
sie als Schemel unter deine Füße legen.‹

36 Alle Menschen in Israel sollen also an dem,
was sie hier sehen und hören,[e] mit Gewissheit
erkennen: Gott hat diesen Jesus, den ihr gekreu-
zigt habt,[f] zum Herrn* und Christus* gemacht.«

Die Wirkung der Predigt

37 Dieses Wort traf die Zuhörer mitten ins Herz
und sie fragten Petrus und die anderen Apostel*:
»Brüder, was sollen wir tun?«

a Wörtlich *Männer, Juden.* b Wörtlich *Jesus, der Nazoräer**. c Wörtlich *Männer, Brüder.*
d Wörtlich *des Christus**. e *an dem, was ...:* verdeutlichender Zusatz.
f *ihr:* vgl. 3,13-15.

2,12-13 1 Kor 14,23 **2,13** 26,24-26 **2,17-21** *zit* Joël 3,1-5 **2,19-20** Lk 21,10-11.25-26 **2,21** 2,36; 9,14.21; 22,16; Röm 10,13; Phil 2,11 **2,22** Lk 24,19; Joh 2,11 S **2,23** 4,28 **2,24** Lk 24,5-6; Apg 4,2 S **2,25-28** *zit* Ps 16,8-11 **2,29** 1 Kön 2,10; Apg 13,36 **2,30** *nach* 2 Sam 7,16; 7,12-13 S **2,31** Lk 22,67 S; Ps 16,10 **2,32** 1,8 S **2,33** (rechte Seite) 5,31-32; 7,55-56; Mk 12,36 S; 14,62 par; 16,19; Röm 8,34; Eph 1,20; Kol 3,1; (ausgießt) 2,17-18; 10,45; Röm 5,5; Tit 3,6 **2,34-35** *zit* Ps 110,1 **2,37** 16,30; Lk 3,10.12.14

38 Petrus antwortete: »Kehrt jetzt um[a] und lasst euch taufen auf Jesus Christus; lasst seinen Namen über euch ausrufen und bekennt euch zu ihm – jeder und jede im Volk![b] Dann wird Gott euch eure Schuld vergeben und euch seinen Heiligen Geist* schenken. 39 Denn was Gott versprochen hat, ist für euch und eure Kinder bestimmt und für alle, die jetzt noch fern sind und die der Herr, unser Gott, hinzurufen wird.«

40 Noch mit vielen anderen Worten beschwor und ermahnte sie Petrus. Und er sagte zu ihnen: »Lasst euch retten vor dem Strafgericht, das über diese verdorbene Generation hereinbrechen wird!«

41 Viele nahmen seine Botschaft an und ließen sich taufen. Etwa dreitausend Menschen wurden an diesem Tag zur Gemeinde hinzugefügt.

Das Leben der Gemeinde

42 Sie alle widmeten sich eifrig dem, was für sie als Gemeinde wichtig war: Sie ließen sich von den Aposteln* unterweisen, sie hielten in gegenseitiger Liebe zusammen, sie feierten das Mahl des Herrn,[c] und sie beteten gemeinsam.

43 Alle Menschen in Jerusalem wurden von ehrfürchtiger Scheu ergriffen; denn Gott ließ durch die Apostel viele Staunen erregende Wunder geschehen.

44 Alle, die zum Glauben gekommen waren, bildeten eine enge Gemeinschaft und taten ihren ganzen Besitz zusammen. 45 Von Fall zu Fall verkauften sie Grundstücke und Wertgegenstände und verteilten den Erlös unter die Bedürftigen in der Gemeinde.

46 Tag für Tag versammelten sie sich einmütig im Tempel*, und in ihren Häusern hielten sie das Mahl des Herrn und aßen gemeinsam, mit jubelnder Freude und reinem Herzen. 47 Sie priesen Gott und wurden vom ganzen Volk geachtet.

Der Herr aber führte ihnen jeden Tag weitere Menschen zu, die gerettet werden sollten.

Ein Gelähmter wird geheilt

3 Einmal gingen Petrus und Johannes in den Tempel*. Es war drei Uhr, die Zeit für das Nachmittagsgebet. 2 Am Schönen Tor des Tempelvorhofs saß ein Mann, der von Geburt an gelähmt war. Jeden Tag ließ er sich dorthin tragen und bettelte die Leute an, die in den Tempel gingen.

3 Als er Petrus und Johannes sah, wie sie gerade durch das Tor gehen wollten, bat er sie um eine Gabe. 4 Die beiden blickten ihn fest an und Petrus sagte: »Sieh uns an!«

5 Der Gelähmte tat es und erwartete, dass sie ihm etwas geben würden. 6 Aber Petrus sagte: »Gold und Silber habe ich nicht; doch was ich habe, will ich dir geben. Im Namen von Jesus Christus aus Nazaret:[d] Steh auf und geh umher!« 7 Und er fasste den Gelähmten bei der rechten Hand und half ihm auf.

Im gleichen Augenblick erstarkten seine Füße und Knöchel; 8 mit einem Sprung war er auf den Beinen und ging umher. Er folgte Petrus und Johannes in den Vorhof des Tempels, lief umher, sprang vor Freude und dankte Gott mit lauter Stimme.

9 Das ganze Volk dort sah, wie er umherging und Gott dankte. 10 Sie erkannten in ihm den Bettler, der sonst immer am Schönen Tor gesessen hatte. Und sie staunten und waren ganz außer sich über das, was mit ihm geschehen war.

Petrus spricht im Tempel

11 Das ganze Volk im Tempel* beobachtete, wie der Geheilte sich eng an Petrus und Johannes hielt, und alle folgten ihnen voll Staunen in die Salomohalle*.

12 Petrus aber sagte zu dem Volk, das dort zusammengeströmt war:

»Ihr Männer von Israel, warum staunt ihr? Was starrt ihr uns so an? Denkt nur nicht, wir hätten aus eigener Kraft oder durch unsere Frömmigkeit erreicht, dass der Mann hier gehen kann! 13 Nein, der Gott unserer Vorfahren, der

a Siehe Sacherklärung »Umkehr«.
b *lasst euch taufen ...:* wörtlich *Und es lasse sich jeder von euch taufen auf den Namen von Jesus Christus* (vgl. Sacherklärung »Taufe«). Der griechische Text enthält eine Anspielung auf Vers 21 *(bekennen)* und eine Beziehung zu Jak 2,7 *(Namen ausrufen)*. – Angeredet sind die anwesenden Männer (Verse 22.29), doch ist hier zweifellos das ganze *Volk* im Blick.
c Für das *Mahl* des Herrn* wird hier und in Vers 46 der Ausdruck *Brotbrechen* verwendet. Es handelt sich um eine der ältesten Bezeichnungen für die Feier des Abendmahls bzw. Eucharistischen Mahls in der Gemeinde. Die eröffnende Handlung des Brotbrechens (vgl. Mk 14,22 par) steht hier für das ganze Mahl.
d *aus Nazaret:* wörtlich *dem Nazoräer**.

2,38 3,19; Lk 3,3; Mt 28,19 S **2,39** Jes 57,19; Eph 2,17 **2,40** 2,21; Dtn 32,5 **2,41** (Gemeinde wächst) 2,47; 4,4; 5,14; 6,7; 11,21.24; 12,24; 14,1; 16,5; 21,20 **2,44-45** Lk 12,33 S **2,46** Lk 24,53 S **3,1** (Petrus und Johannes) 4,1-23; 8,14; Lk 22,8; Gal 2,9; (Zeit) 10,3.30 **3,2** 14,8 **3,6** (im Namen) 3,16; 4,7.10; 8,12; 16,18; 19,13 **3,8** 14,10; Joh 5,9 **3,11** 5,12; Joh 10,23 **3,13** 7,32; Ex 3,15 S; (verherrlicht) Joh 17,1 S; (ausgeliefert) Lk 23,1-5.13-25

Gott Abrahams, Isaaks und Jakobs, hat Jesus, sei-
nen Bevollmächtigten*, durch dieses Wunder
verherrlicht[a] – denselben Jesus, den ihr an Pila-
tus ausgeliefert und vor seinem Richterstuhl
preisgegeben habt, obwohl Pilatus ihn freilassen
wollte. 14 Den Heiligen* und Gerechten* habt
ihr abgelehnt und lieber die Freigabe eines Mör-
ders verlangt. 15 So habt ihr den, der euch das
Leben bringen sollte,[b] getötet. Doch Gott hat ihn
vom Tod auferweckt*; dafür sind wir Zeugen.
16 Das Vertrauen auf diesen Jesus hat dem Mann,
der hier steht und den ihr alle kennt, Kraft gege-
ben. Der Name* von Jesus hat in ihm Glauben
geweckt und ihm die volle Gesundheit ge-
schenkt, die ihr an ihm seht.

17 Ich weiß wohl, meine Brüder: Ihr habt so
gehandelt, ihr und eure Führer, weil ihr es nicht
besser gewusst habt. 18 Aber Gott selbst hat ge-
wollt, dass der versprochene Retter[c] leiden
sollte. Durch alle Propheten* hat er es im Voraus
angekündigt, und auf diese Weise ließ er es jetzt
in Erfüllung gehen. 19 Geht also in euch und
kehrt um, damit Gott eure Schuld auslöscht!
20 Auch für euch will er die Heilszeit anbrechen
lassen und den Retter senden, den er im Voraus
für euch bestimmt hat. Jesus ist dieser Retter,
21 doch muss er den Platz im Himmel einneh-
men, bis wirklich auch *alles* eingetroffen ist, was
Gott schon vor langer Zeit durch seine heiligen
Propheten angekündigt hat.[d]

22 Mose hat nämlich gesagt: ›Einen Propheten
wie mich wird der Herr, euer Gott, aus euren
Brüdern berufen. Auf ihn sollt ihr hören und al-
les befolgen, was er euch sagt. 23 Wer nicht auf
diesen Propheten hört, wird aus dem Volk Got-
tes ausgestoßen.‹ 24 Und auch alle Propheten –
angefangen mit Samuel und dann der Reihe
nach alle, die ihm folgten – haben von all dem
gesprochen, was in unserer Zeit in Erfüllung
gehen soll.

25 Euch als den Nachkommen der Propheten
gilt, was sie angekündigt haben; euch gilt auch
der Bund*, den Gott mit euren Vorfahren ge-
schlossen hat, als er zu Abraham sagte: ›Durch
deinen Nachkommen[e] werde ich alle Völker der
Erde segnen.‹ 26 Euch zuerst hat Gott nun seinen
Bevollmächtigten* gesandt, nachdem er ihn vom
Tod auferweckt hat. Durch ihn sollt ihr gesegnet
werden, wenn ihr euch von euren bösen Taten
abkehrt – jeder und jede im Volk!«

Petrus und Johannes vor dem jüdischen Rat

4 Während Petrus und Johannes noch zum
Volk sprachen, traten ihnen die Priester*
mit dem Befehlshaber der Tempelwache* und
die Sadduzäer* entgegen. 2 Sie waren aufge-
bracht, weil die Apostel* sich herausnahmen,
das Volk zu lehren und am Beispiel von Jesus die
Auferstehung* der Toten zu verkünden. 3 Darum
nahmen sie die beiden fest und brachten sie bis
zum nächsten Tag ins Gefängnis; es war nämlich
schon Abend.

4 Aber viele, die die Apostel gehört hatten,
kamen zum Glauben, und die Gemeinde wuchs
so stark an, dass allein die Zahl der Männer bei
fünftausend lag.

5 Am nächsten Tag kamen in Jerusalem die
führenden Priester*, die Ratsältesten* und die
Gesetzeslehrer* zusammen, 6 dazu der Oberste
Priester* Hannas mit Kajaphas, Johannes, Alex-
ander und all den anderen, die zur Familie des
Obersten Priesters gehörten.

7 Sie ließen die Apostel vorführen und fragten
sie: »Woher hattet ihr die Kraft, diesen Mann zu
heilen? In wessen Namen habt ihr es getan?«

8 Petrus antwortete ihnen, erfüllt vom Heili-
gen Geist*: »Führer des Volkes und seine Äl-
testen! 9 Wir werden hier vor Gericht gestellt,
weil wir einem Kranken geholfen haben, und
wir sollen Rechenschaft geben, wodurch er ge-
heilt worden ist. 10 Nun, ihr und das ganze Volk
Israel sollt es wissen: Es geschah im Namen von
Jesus Christus aus Nazaret,[f] eben dem, den ihr
gekreuzigt habt[g] und den Gott vom Tod aufer-
weckt* hat! Durch die Kraft seines Namens* steht
der Mann hier gesund vor euch. 11 Auf diesen Je-
sus bezieht sich das Wort in den Heiligen Schrif-
ten*: ›Der Stein, den die Bauleute weggeworfen
haben, weil sie ihn für unbrauchbar hielten, ist
zum Eckstein* geworden.‹ 12 Jesus Christus und

a durch dieses Wunder: verdeutlichender Zusatz. Es könnte auch an die »Verherrlichung« von Jesus durch seine Erhöhung zu Gott gedacht sein (vgl. 2,36; Lk 24,26), die in jedem Fall die grundlegende Voraussetzung für das geschehene Heilungswunder darstellt.

b Wörtlich *den Anführer des Lebens.* *c* Wörtlich *der Christus*;* entsprechend in Vers 20.

d Aus der Fortsetzung geht hervor, was gemeint ist: Ganz Israel muss mit Jesus Christus bekannt gemacht und zur Entscheidung ihm gegenüber aufgerufen werden (Verse 22-24 und 26); aber auch zu allen nichtjüdischen Völkern muss die Botschaft hinausgetragen werden (Vers 25). *e* Vgl. Gal 3,16 und Anmerkung dort.

f aus Nazaret: wörtlich *dem Nazoräer*.* *g* Vgl. 3,13-15.

3,14 (Heiliger) Lk 1,35; (Gerechter) Apg 7,52; 22,14; Lk 23,47; Mt 27,19; 1 Petr 3,18; 1 Joh 2,1; Jes 53,11b **3,15** 1,8 S **3,16** Lk 7,50 S **3,17** Lk 23,34; 1 Tim 1,13 **3,18** Lk 22,67 S; 24,44 S **3,19** 2,38 **3,21** 1 Kor 15,25 **3,22-23** *nach* Dtn 18,15.19 **3,25** *nach* Gen 12,3; Gal 3,8 **4,1-2** (Sadduzäer) Lk 20,27 S **4,2** 23,6-9; (Auferstehung) 3,15.26; 2,24; 4,33; 13,30-31; 17,18; 23,8; 26,8.23 **4,4** 2,41 S; Lk 9,14 **4,7** Lk 20,2 **4,8** 2,4 S **4,10** 3,6 S **4,11** *zit* Ps 118,22; Lk 20,17 par; 1 Petr 2,4-7 **4,12** Mt 1,21; 1 Kor 3,11

sonst niemand kann die Rettung bringen. Auf
der ganzen Welt hat Gott keinen anderen Na-
men bekannt gemacht, durch den wir gerettet
werden könnten.«
13 Die Mitglieder des jüdischen Rates* waren
überrascht, mit welcher Sicherheit Petrus und
Johannes sich verteidigten, obwohl sie offenkun-
dig keine Gelehrten waren, sondern einfache
Leute. Es war ihnen schnell klar, dass die beiden
zur Gefolgschaft von Jesus gehörten, 14 und den
Mann, der geheilt worden war, sahen sie bei
ihnen stehen. So konnten sie nichts gegen ihre
Aussagen vorbringen.
15 Sie schickten Petrus und Johannes aus dem
Sitzungssaal, berieten sich 16 und sagten zueinan-
der: »Was sollen wir mit ihnen machen? Dass ein
eindeutiges Wunder durch sie geschehen ist,
können wir nicht leugnen. Ganz Jerusalem hat
davon gehört. 17 Aber damit nicht noch mehr
Leute im Volk davon erfahren« – das war ihr
Beschluss –, »wollen wir ihnen mit Nachdruck
verbieten, zu irgendeinem Menschen unter Be-
rufung auf diesen Namen zu sprechen.«
18 Sie riefen also die beiden wieder herein und
verboten ihnen streng, die Botschaft von Jesus
noch weiter in der Öffentlichkeit zu verbreiten
und unter Berufung auf seinen Namen vor dem
Volk als Lehrer aufzutreten.
19 Aber Petrus und Johannes erwiderten
ihnen: »Entscheidet selbst, ob es vor Gott recht
ist, euch mehr zu gehorchen als ihm! 20 Wir kön-
nen nicht verschweigen, was wir gesehen und
gehört haben!«
21 Da drohten sie ihnen noch einmal und lie-
ßen sie dann gehen. Mit Rücksicht auf das Volk
wagten sie nicht, sie zu bestrafen; denn alle prie-
sen Gott für das, was geschehen war. 22 Der
Mann, der auf so wunderbare Weise geheilt
wurde, war nämlich von Geburt an über vierzig
Jahre lang gelähmt gewesen.

Die Gemeinde betet um Kraft

23 Nach ihrer Freilassung gingen Petrus und
Johannes zu der versammelten Gemeinde und
erzählten dort, was die führenden Priester* und
Ratsältesten* zu ihnen gesagt hatten. 24 Darauf
beteten alle miteinander einmütig zu Gott:
»Herr, du hast Himmel, Erde und Meer ge-
schaffen und alles, was lebt. 25 Durch den Heili-
gen Geist* hast du unseren Vater David, deinen
Diener, sagen lassen:

›Was soll das Toben der Völker?
Wozu schmieden die Menschen im Land
vergebliche Pläne?
26 Die Könige der Erde haben sich aufgelehnt,
die Machthaber haben sich verbündet
gegen den Herrn und seinen Christus*.‹

27 Tatsächlich haben sie sich hier in Jerusalem
verbündet gegen Jesus, deinen heiligen Bevoll-
mächtigten*, den du zum Retter bestimmt hast:[a]
Herodes[b] und Pontius Pilatus, Menschen aus
den fremden Völkern und Menschen aus dem
Volk Israel. 28 Aber sie konnten nur vollziehen,
was du in deiner Macht schon längst geplant
und vorherbestimmt hattest.
29 Höre nun, Herr, wie sie uns drohen! Gib
uns, deinen Dienern und Dienerinnen,[c] die
Kraft, deine Botschaft mutig und offen zu ver-
künden! 30 Hilf uns dabei! Strecke deine Hand
aus und heile Kranke! Und lass Staunen erregen-
de Wunder geschehen durch den Namen* deines
heiligen Bevollmächtigten Jesus!«
31 Als sie geendet hatten, bebte die Erde an
ihrem Versammlungsort. Alle wurden vom Heili-
gen Geist erfüllt und verkündeten die Botschaft
Gottes ohne Furcht.

Brüderliches Teilen in der Gemeinde

32 All die vielen Menschen, die zum Glauben an
Jesus gefunden hatten, waren ein Herz und eine
Seele. Niemand von ihnen betrachtete etwas
von seinem Besitz als persönliches Eigentum;
alles, was sie besaßen, gehörte ihnen gemein-
sam.
33 Mit großer Kraft und bestätigt durch Wun-
dertaten[d] bezeugten die Apostel* Jesus als den
auferstandenen Herrn*, und für alle sichtbar lag
großer Segen auf der ganzen Gemeinde.
34 Es gab unter ihnen niemand, der Not leiden
musste. Denn die in der Gemeinde, die Grund-
stücke oder Häuser besaßen, verkauften sie,
wenn es an etwas fehlte,[e] brachten den Erlös
herbei 35 und legten ihn vor den Füßen der Apos-
tel nieder. Das wurde dann unter die Bedürftigen
verteilt.
36 So machte es auch Josef, ein Levit* aus

a Wörtlich *den du gesalbt hast;* siehe Sacherklärung »Christus«. *b* Siehe Sacherklärung »Herodes« (3).
c Wörtlich *deinen Dienern;* doch vgl. die Verse 23-24 und 31 sowie 2,3-4.11.17-18.
d Wörtlich *Mit großer Kraft.* Das schließt das Zeugnis durch Taten ein; vgl. Vers 10; 3,12-16.
e *wenn es an etwas fehlte:* verdeutlichender Zusatz. Dass der Verkauf jeweils von Fall zu Fall, bei bestehenden Notlagen, erfolgte, geht aus 2,44-45 und auch aus der Nennung der Einzelfälle in 4,36-37 und 5,1-11 hervor.

4,13 Lk 21,15 **4,15** 5,34-35 **4,16** Joh 11,47 **4,24** Ps 146,6 **4,25** *zit* Ps 2,1-2 **4,27** Lk 23,6-12 **4,28** 2,23 **4,31** 2,4S **4,32-37** Lk 12,33S; 14,33 **4,33** 1,8S **4,34** Dtn 15,4 **4,36-37** 9,27S

Zypern, den die Apostel Barnabas nannten, das
heißt »der Mann, der anderen Mut macht«. 37 Er
verkaufte seinen Acker, brachte das Geld und
legte es den Aposteln zu Füßen.

Hananias und Saphira belügen den Heiligen Geist

5 Auch ein Mann namens Hananias und seine
Frau Saphira verkauften ein Stück Land.
2 Hananias behielt mit Wissen seiner Frau einen
Teil des Geldes zurück; das Übrige brachte er
und legte es den Aposteln* zu Füßen.
3 Doch Petrus sagte zu ihm: »Hananias, war-
um hast du dein Herz dem Satan* geöffnet? War-
um belügst du den Heiligen Geist* und behältst
einen Teil vom Erlös deines Feldes für dich? 4 Du
hättest ja das Land behalten können, und nach-
dem du es verkauft hattest, auch das Geld. War-
um hast du dich auf dieses falsche Spiel einge-
lassen? Du hast nicht Menschen, sondern Gott
belogen!«
5 Als Hananias diese Worte hörte, brach er zu-
sammen und starb. Ein gewaltiger Schrecken
packte alle, die davon erfuhren. 6 Ein paar junge
Leute standen auf, wickelten den Toten in ein
Tuch, trugen ihn hinaus und begruben ihn.
7 Etwa drei Stunden später kam seine Frau.
Sie wusste noch nicht, was geschehen war. 8 Pe-
trus fragte sie: »Sag mir, habt ihr das Feld zu
diesem Preis verkauft?«
»Ja«, antwortete sie, »zu diesem Preis.«
9 Da sagte Petrus: »Warum habt ihr euch ver-
abredet, den Geist des Herrn herauszufordern?
Ich sage dir: Vor der Tür stehen schon die Leute,
die deinen Mann begraben haben. Sie werden
auch dich hinaustragen!«
10 Im selben Augenblick fiel sie vor seinen
Füßen zu Boden und starb. Die jungen Leute
kamen herein, sahen sie tot daliegen, trugen sie
hinaus und begruben sie neben ihrem Mann.
11 Ein gewaltiger Schrecken packte die ganze
Gemeinde und alle, die davon hörten.

Das Ansehen der Gemeinde wächst

12 Durch die Apostel* geschahen viele Staunen
erregende Wunder unter dem Volk. Die ganze
Gemeinde war Tag für Tag einmütig in der Salo-
mohalle* beisammen. 13 Das Volk sprach voller
Lob von ihnen, doch eine heilige Scheu hielt die
Außenstehenden davon ab, sich zu ihnen zu
gesellen. 14 Umso mehr führte der Herr selbst
ihnen Menschen zu, die zum Glauben gekom-
men waren, eine große Zahl von Männern und
Frauen.
15 Die Leute trugen die Kranken auf die Straße
und legten sie dort auf Betten und Matten. Wenn
Petrus vorbeiging, sollte wenigstens sein Schat-
ten auf einige von ihnen fallen. 16 Auch aus der
Umgebung von Jerusalem brachten die Leute
Kranke und solche, die von bösen Geistern* be-
sessen waren, und alle wurden gesund.

Die Apostel werden verhaftet und vor den Rat gestellt

17 Der Oberste Priester* und sein ganzer An-
hang, die Partei der Sadduzäer*, wurden nei-
disch und beschlossen einzugreifen. 18 Sie ließen
die Apostel* verhaften und ins öffentliche Ge-
fängnis werfen.
19 Doch in der Nacht öffnete der Engel* des
Herrn die Gefängnistore, führte die Apostel her-
aus und sagte zu ihnen: 20 »Geht in den Tempel*
und verkündet dem Volk die Botschaft von dem
Leben, das Jesus gebracht hat!«
21 Die Apostel gehorchten, gingen früh am
Morgen in den Tempel, stellten sich hin und
lehrten das Volk.
Der Oberste Priester und sein Anhang hatten
inzwischen den jüdischen Rat* samt allen Äl-
testen* des Volkes Israel zu einer Sitzung zusam-
mengerufen. Sie schickten in das Gefängnis, um
die Apostel vorführen zu lassen. 22 Aber die Die-
ner, die sie hinschickten, konnten die Apostel
dort nicht finden. Sie kamen zurück und berich-
teten: 23 »Wir fanden das Gefängnis ordnungs-
gemäß verschlossen und vor allen Türen standen
die Wachen. Aber als wir aufschlossen, war
niemand darin.«
24 Der Befehlshaber der Tempelwache* und
die führenden Priester* waren ratlos und konn-
ten sich das nicht erklären. 25 Da kam einer und
berichtete: »Die Männer, die ihr ins Gefängnis
gesperrt habt, stehen im Tempel und lehren das
Volk!« 26 Der Befehlshaber ging mit der Tempel-
wache hin, um sie zu holen. Sie vermieden es
aber, Gewalt anzuwenden; denn sie hatten
Angst, das Volk würde sie steinigen*.
27 Sie brachten die Apostel vor den jüdischen
Rat und der Oberste Priester verhörte sie. 28 Er
sagte: »Wir haben euch deutlich genug befohlen,
nicht mehr unter Berufung auf diesen Namen*
vor dem Volk als Lehrer aufzutreten. Und was
habt ihr getan? Ganz Jerusalem ist voll von dem,
was ihr lehrt! Ihr macht uns für den Tod dieses

5,2 4,35 **5,3** Joh 13,2 **5,9** 1 Kor 10,9 **5,12** 2,43; 3,11 S **5,14** 2,41 S **5,15-16** 19,11-12 **5,17** Lk 20,27 S **5,19** 12,7-10 **5,22-24** 12,18-19 **5,26** Lk 20,19; 22,2 **5,28-29** 4,17-19 **5,28** Mt 27,25

Menschen verantwortlich und wollt die Strafe
Gottes über uns bringen!«[a]
29 Aber Petrus und die anderen Apostel ant-
worteten: »Gott muss man mehr gehorchen als
den Menschen. 30 Der Gott unserer Vorfahren
hat Jesus vom Tod auferweckt*, eben den, den
ihr ans Kreuz* gebracht und damit zu einem von
Gott Verfluchten erklärt habt.[b] 31 Und er hat ihn
als Bringer des Lebens[c] und Retter der Men-
schen auf den Ehrenplatz an seiner rechten Seite
erhoben. Damit gibt er dem Volk Israel die Ge-
legenheit umzukehren*, damit ihm seine Schuld
vergeben wird. 32 Das alles haben wir zu be-
zeugen und durch uns bezeugt es der Heilige
Geist*, den Gott denen gegeben hat, die ihm
gehorchen.«

Der Pharisäer Gamaliël rät zum Zuwarten

33 Als die Ratsmitglieder das hörten, wurden sie
zornig und wollten die Apostel töten. 34 Da mel-
dete sich im Rat ein Pharisäer namens Gamaliël*
zu Wort, ein Gesetzeslehrer*, der beim ganzen
Volk in hohem Ansehen stand. Er verlangte, dass
die Angeklagten vorübergehend aus dem Saal ge-
bracht werden, 35 und sagte dann zu dem ver-
sammelten Rat:
»Ihr Männer aus Israel, seid vorsichtig und
überlegt euch gut, wie ihr mit diesen Leuten ver-
fahren wollt. 36 Vor einiger Zeit trat Theudas*
auf und behauptete, eine besondere Sendung zu
haben. Etwa vierhundert Männer schlossen sich
ihm an; aber dann fand er den Tod, seine Anhän-
ger liefen auseinander und alles war zu Ende.
37 Danach kam zur Zeit der Volkszählung der
Galiläer Judas* und rief zum Aufstand auf. Er
brachte eine stattliche Schar von Anhängern
zusammen; aber auch er kam um, und alle, die
ihm gefolgt waren, wurden auseinander getrie-
ben.
38 Darum rate ich euch: Geht nicht gegen
diese Leute vor! Lasst sie laufen! Wenn das, was
sie wollen und was sie da angefangen haben,
nur von Menschen kommt, löst sich alles von
selbst wieder auf. 39 Kommt es aber von Gott,
dann könnt ihr nichts gegen sie machen. Wollt
ihr am Ende als Leute dastehen, die gegen *Gott*
kämpfen?«
Die Ratsmitglieder gaben Gamaliël Recht.
40 Sie riefen die Apostel wieder herein, ließen sie
auspeitschen* und verboten ihnen, weiterhin
von Jesus zu sprechen und unter Berufung auf
seinen Namen* öffentlich aufzutreten. Dann
ließen sie sie frei.
41 Die Apostel gingen aus dem Rat weg und
waren voller Freude, weil Gott sie für wert gehal-
ten hatte, für den Namen* von Jesus zu leiden.
42 Unbeirrt lehrten sie Tag für Tag im Tem-
pel* und in den Häusern und verkündeten die
Gute Nachricht* von Jesus, dem versprochenen
Retter.[d]

AUSBREITUNG DER GUTEN NACHRICHT IN JUDÄA UND SAMARIEN (6,1–9,31)

Sieben Helfer für die Apostel

6 Die Gemeinde wuchs und die Zahl der Jün-
ger und Jüngerinnen[e] wurde immer größer.
Da kam es – um eben diese Zeit – zu einem Streit
zwischen den Griechisch sprechenden Juden
in der Gemeinde und denen mit hebräischer*
Muttersprache.[f] Die griechische Gruppe be-
schwerte sich darüber, dass ihre Witwen bei der
täglichen Verteilung von Lebensmitteln benach-
teiligt würden.
2 Da riefen die Zwölf* die ganze Gemeinde
zusammen und sagten: »Es geht nicht an, dass
wir die Verkündigung der Botschaft Gottes ver-
nachlässigen und uns um die Verteilung der
Lebensmittel kümmern. 3 Darum, liebe Brüder,
wählt aus eurer Mitte sieben Männer aus, die
einen guten Ruf haben und vom Geist* Gottes
und von Weisheit erfüllt sind. Ihnen wollen
wir diese Aufgabe übertragen. 4 Wir selbst wer-
den uns auch weiterhin mit ganzer Kraft dem
Gebet und der Verkündigung der Botschaft
Gottes widmen.«
5 Alle waren mit dem Vorschlag einverstan-
den. Sie wählten Stephanus, einen Mann voll

a *Ihr macht uns ...:* wörtlich *Ihr seid entschlossen, (die Strafe für) das (vergossene) Blut dieses Menschen über uns zu bringen* (vgl. Anmerkung zu Lev 20,9).
b *den ihr ans Kreuz ...:* wörtlich *den ihr ermordet habt, indem ihr ihn ans Holz hängtet.* Damit wird auf das Verfluchtsein eines Gehängten nach Dtn 21,23 angespielt (vgl. auch Gal 3,13).
c Wörtlich *als Anführer;* vgl. 3,15.
d Wörtlich *dem Christus**.
e Wörtlich ist nur von *Jüngern* die Rede. Lukas verwendet die Mehrzahl »Jünger« von dieser Stelle an wiederholt als Bezeichnung für die Christen insgesamt, die Gemeinde; dabei sind die Frauen mit gemeint bzw. Männer und Frauen gemeinsam im Blick (siehe Sacherklärung »Jünger«).
f *den Griechisch sprechenden ...:* wörtlich *den Hellenisten und den Hebräern;* siehe Sacherklärung »Hellenisten«.

5,31 Lk 2,11 S; Apg 2,33 S **5,32** 1,8 S **5,34** 22,3 **5,36** 21,38 **5,37** Lk 2,2; 13,1-2 **5,39** 2 Makk 7,19; Weish 12,13-14 **5,40** 4,18; 5,28; Mt 10,17 **5,41** Lk 6,22-23; 1 Petr 4,13 **5,42** (Retter) Lk 22,67 S; Apg 2,31; 3,18; 8,5; 9,22; 17,3; 18,5.28; 26,23 **6,1** 2,45; 4,35 **6,3** 1 Tim 3,8-13

lebendigen Glaubens und erfüllt vom Heiligen
Geist; außerdem Philippus, Prochorus, Nikanor,
Timon, Parmenas und Nikolaus, einen Nicht-
juden aus der Stadt Antiochia, der zum Judentum
übergetreten war.[a] 6 Diese sieben brachten sie
zu den Aposteln. Die beteten für sie und legten
ihnen die Hände auf.

7 Die Botschaft Gottes aber breitete sich wei-
ter aus. Die Zahl der Glaubenden[b] in Jerusalem
stieg von Tag zu Tag. Auch viele Priester* folgten
dem Aufruf zum Glauben.

Stephanus wird verhaftet

8 In der Kraft, die Gott ihm schenkte, vollbrachte
Stephanus große und Staunen erregende Wun-
der. 9 Da traten Leute aus verschiedenen jüdi-
schen Gemeinden gegen ihn auf und verwickel-
ten ihn in ein Streitgespräch. Es waren Männer
aus der Synagoge* der Freigelassenen[c] und den
Synagogen der Juden aus Zyrene und Alexan-
dria sowie derer aus Zilizien und der Provinz
Asien*. 10 Aber sie waren der Weisheit und dem
Geist nicht gewachsen, die aus Stephanus spra-
chen.

11 Darauf stifteten sie eine Anzahl Männer
dazu an, dass sie überall verbreiten sollten: »Wir
haben ihn Dinge sagen hören! Er hat Mose und
Gott gelästert!« 12 Damit brachten sie das Volk,
die Ratsältesten* und die Gesetzeslehrer* gegen
ihn auf. Dann ergriffen sie Stephanus und
schleppten ihn vor den jüdischen Rat*.

13 In der Ratsversammlung ließen sie falsche
Zeugen auftreten, die behaupteten: »Dieser
Mann hält ununterbrochen Reden gegen diese
heilige Stätte und gegen das Gesetz*. 14 Wir
haben selbst gehört, wie er sagte: ›Jesus von Na-
zaret[d] wird diesen Tempel* niederreißen und
die Ordnungen ändern, die Mose uns im Auftrag
Gottes übergeben hat.‹«

15 Alle im Rat blickten gespannt auf Stepha-
nus. Sie sahen, dass sein Gesicht leuchtete wie
das eines Engels*.

Die Rede von Stephanus vor dem jüdischen Rat (7,1-53)

7 Der Oberste Priester* fragte: »Stimmt das,
was diese Männer gegen dich vorbringen?«
2a Stephanus antwortete:

Erinnerung an den Bund Gottes mit Abraham

2b »Brüder und Väter, hört mich an! Gott im
Glanz seiner Herrlichkeit* erschien unserem
Ahnvater Abraham*, als er noch in Mesopota-
mien lebte und noch nicht nach Haran gezogen
war. 3 Er sagte zu ihm: ›Verlass deine Heimat
und deine Sippe und zieh in das Land, das ich dir
zeigen werde!‹ 4 Da verließ Abraham das Land
der Chaldäer* und zog nach Haran. Nachdem
dann sein Vater gestorben war, brachte Gott ihn
hierher in dieses Land, in dem ihr heute lebt.
5 Doch gab er ihm darin keinen Grundbesitz,
nicht einen Fußbreit. Er versprach ihm nur, ihm
das Land zum Besitz zu geben, ihm und seinen
Nachkommen. Dabei war Abraham damals noch
kinderlos!

6 Über Abrahams Nachkommen aber sagte
Gott: ›Sie werden als Fremde in einem Land
leben, das ihnen nicht gehört; vierhundert Jahre
lang wird man sie hart behandeln und zu Skla-
vendiensten zwingen. 7 Aber ich – sagte Gott –
werde das Volk, das sie unterdrückt, bestrafen,
und dann werden sie von dort wegziehen und
mir hier an diesem Ort Opfer* darbringen und
mich anbeten.‹

8 Gott schloss mit Abraham einen Bund*, des-
sen Zeichen die Beschneidung* ist. Auf der
Grundlage dieses Bundes zeugte Abraham seinen
Sohn Isaak und beschnitt ihn am achten Tag
nach der Geburt; und so zeugte und beschnitt
auch Isaak seinen Sohn Jakob und Jakob seine
zwölf Söhne, unsere Stammväter.«

Josef und die Übersiedlung nach Ägypten

9 »Jakobs Söhne, unsere Stammväter, waren je-
doch eifersüchtig auf ihren Bruder Josef und ver-
kauften ihn als Sklaven nach Ägypten. Aber Gott
war mit Josef 10 und half ihm aus allen Schwierig-
keiten. Er schenkte ihm Weisheit und verschaffte
ihm Ansehen beim Pharao, dem König von
Ägypten. So vertraute der Pharao ihm die Ver-
waltung ganz Ägyptens und die Aufsicht über
die königlichen Güter an.

11 Da kam eine Hungersnot und brachte große
Bedrängnis über ganz Ägypten und über das
Land Kanaan*, und unsere Vorfahren hatten

a einen Nichtjuden ...: wörtlich *einen Proselyten**. *b* Wörtlich *der Jünger**.

c Es handelt sich wahrscheinlich um freigelassene Nachkommen der Juden, die Pompeius 63 v. Chr. als Kriegsgefangene nach Rom mitgenommen hatte.

d von Nazaret: wörtlich *der Nazoräer**.

6,6 (Hände auflegen) 9,17; 13,2-3; 14,23; 1 Tim 4,14; 5,22; 2 Tim 1,6 **6,7** 2,41 S **6,10** 6,3; Lk 21,15 **6,11-13** Mk 14,55-59 par; Apg 21,28 S **6,14** Joh 2,19 S **7,3** *zit* Gen 12,1; Hebr 11,8-10 **7,4** Gen 11,31; 12,4 **7,5** Gen 12,7 S **7,6-7** *zit* Gen 15,13-14 *und* Ex 3,12 **7,8** Gen 17,9-14 S; 21,2-3; 25,26; 29,31-30,24; 35,16-18 **7,9** Gen 37,11.28; 39,2.21 **7,10** Gen 41,37-44 **7,11-12** Gen 41,54; 42,1-2.5

nichts mehr zu essen. 12 Als Jakob hörte, dass es
in Ägypten noch Getreide gab, schickte er seine
Söhne, unsere Stammväter, dorthin. 13 Als sie
noch ein zweites Mal dorthin kamen, gab sich
Josef seinen Brüdern zu erkennen, und der Pha-
rao erfuhr, aus welcher Familie Josef stammte.

14 Josef lud dann seinen Vater Jakob ein, mit
der gesamten Familie, insgesamt 75 Personen,[a]
nach Ägypten überzusiedeln. 15 So kam Jakob
nach Ägypten. Dort starb er auch, er und seine
Söhne, unsere Stammväter. 16 Nach ihrem Tod
wurden sie nach Sichem überführt und dort in
dem Familiengrab bestattet, das Abraham* von
der Sippe Hamors durch Kauf erworben hatte.«

Moses Rettung und sein Einsatz für das unterdrückte Volk

17 »Dann kam die Zeit, dass Gott das Versprechen
einlösen wollte, das er einst Abraham gegeben
hatte. Die Nachkommen Jakobs waren inzwi-
schen in Ägypten zu einem großen Volk gewor-
den. 18 Da kam ein neuer König an die Macht,
der von Josef nichts mehr wusste. 19 Nach einem
heimtückischen Plan wollte er unser Volk ausrot-
ten. Er zwang unsere Vorfahren, ihre neugebore-
nen Kinder auszusetzen; keines sollte am Leben
bleiben. 20 In dieser Zeit wurde Mose geboren,
ein Kind, an dem Gott Gefallen hatte. Drei
Monate lang konnte er in seinem Elternhaus ver-
borgen gehalten werden. 21 Als er dann ausge-
setzt werden musste, rettete ihn die Tochter des
Pharaos und ließ ihn als ihren eigenen Sohn auf-
ziehen. 22 Er studierte alle Wissenschaften der
Ägypter und wurde ein wortmächtiger und tat-
kräftiger Mann.

23 Als Mose vierzig Jahre alt war, fasste er den
Entschluss, sich um seine Brüder, die Israeliten,
zu kümmern. 24 Er wurde Zeuge, wie ein Israelit
von einem Ägypter geschlagen wurde. Da griff er
ein, zahlte es dem Ägypter heim und schlug ihn
tot.

25 Er dachte, seine Brüder, die Israeliten, wür-
den begreifen, dass Gott sie durch ihn befreien
wollte; aber sie begriffen es nicht. 26 Am nächs-
ten Tag nämlich kam er gerade dazu, als zwei
Israeliten miteinander stritten. Er wollte sie ver-
söhnen und sagte: ›Hört her, ihr seid doch Brü-
der! Warum schlagt ihr einander?‹ 27 Aber der
eine, der angefangen hatte, stieß Mose beiseite
und fragte: ›Wer hat dich zum Aufseher und
Richter über uns eingesetzt? 28 Willst du mich
auch umbringen wie gestern den Ägypter?‹

29 Als Mose das hörte, floh er aus Ägypten
und lebte als Fremder im Land Midian*. Dort
wurden ihm zwei Söhne geboren.«

Moses Berufung und Auszug Israels aus Ägypten. Hinweis auf Christus und Offenbarung des Gesetzes

30 »Wieder waren vierzig Jahre vergangen, und
Mose war eines Tages in der Wüste am Berg
Sinai*. Da erschien ihm ein Engel* in einem
brennenden Dornbusch. 31 Mose wunderte sich
über den brennenden Busch; er wollte hingehen
und ihn genauer ansehen. Doch da hörte er die
Stimme des Herrn: 32 ›Ich bin der Gott deiner
Vorfahren, der Gott Abrahams, Isaaks und Ja-
kobs.‹ Mose zitterte vor Angst und wagte nicht
hinzuschauen. 33 Der Herr aber sagte: ›Zieh
deine Schuhe aus, denn du stehst auf heiligem
Boden! 34 Ich habe genau gesehen, wie mein
Volk in Ägypten misshandelt wird, und habe sein
Stöhnen gehört; ich bin gekommen, um es zu
retten. Deshalb geh jetzt, ich schicke dich nach
Ägypten!‹

35 Eben den Mose, den die Israeliten abge-
lehnt und zu dem sie gesagt hatten: ›Wer hat
dich zum Aufseher und Richter eingesetzt?‹,
eben den schickte Gott ihnen als Anführer und
Befreier – durch den Engel, der ihm im Dorn-
busch erschienen war. 36 Genau dieser Mose
führte sie in die Freiheit. Er vollbrachte Staunen
erregende Wunder, zuerst in Ägypten, dann am
Roten Meer* und dann vierzig Jahre lang in der
Wüste.

37 Genau dieser Mose ist es auch, der zu den
Israeliten sagte: ›Einen Propheten wie mich wird
Gott aus euren Brüdern berufen.‹

38 Er war es auch, der in der Wüste, als das
Volk am Berg Sinai versammelt war, als Vermitt-
ler auftrat zwischen dem Engel, der auf dem
Berg zu ihm sprach, und unseren Vorfahren. Er
empfing Weisungen, die zum Leben führen,
damit er sie an uns weitergebe.«

Ungehorsam des Volkes in der Wüste

39 »Aber unsere Vorfahren wollten Mose nicht
gehorchen, sondern lehnten sich gegen ihn auf.
Sie waren mit ihrem Herzen schon wieder auf

a Die Zahl 75 findet sich in der griechischen Übersetzung von Gen 46,27; in G werden in der Liste von Gen 46 fünf zusätzliche Namen aufgeführt.

7,13 Gen 45,1.3.16 **7,14-15** Gen 45,9-10.18; 46,6-7.27 **7,16** (Grab) Gen 23,3-16; 33,19; 49,29-30; 50,13; Jos 24,32; Hebr 11,22 **7,17-18** Ex 1,7-8 **7,19** Ex 1,15-19.22 **7,20-21** Ex 2,2-10; Hebr 11,23 **7,23-29** Ex 2,11-15; Hebr 11,24-27 **7,29** Ex 2,15.21-22; 18,4 **7,30-34** Ex 3,1-10 **7,35** Ex 3,2; 2,14 **7,36** (Wunder) Ex 7,3; 14,21-29; 15,25; 16,1–17,13; Num 20,2-11; (vierzig) Num 14,33 **7,37** 3,22-23S **7,38** Ex 19,1–20,17; Apg 7,53S **7,39** Num 14,3-4; Neh 9,17

dem Weg zurück nach Ägypten, 40 als sie zu
Aaron* sagten: ›Mach uns Götter, die uns voran-
ziehen! Denn was aus diesem Mose geworden
ist, der uns aus Ägypten herausgeführt hat –
niemand weiß es.‹ 41 So machten sie sich da-
mals ein Stierbild*, brachten ihm Opfer* und
feierten ein Fest zu Ehren ihres selbst gemachten
Götzen.

42 Da wandte sich Gott von ihnen ab und lie-
ferte sie noch anderen Götzen aus. Er ließ es zu,
dass sie die Sterne am Himmel anbeteten, wie
das im Buch der zwölf Propheten[a] nachzulesen
ist. Dort sagt Gott: ›Habt ihr Israeliten etwa *mir*
zu Ehren Opfertiere geschlachtet und andere
Opfer dargebracht die vierzig Jahre in der
Wüste? 43 Nein, das Zelt des Götzen Moloch*
habt ihr mitgeführt und den Stern eures Götzen
Räfan[b] – Bilder, die ihr euch gemacht hattet, um
sie anzubeten. Deshalb werde ich euch in die
Verbannung führen, noch über Babylon* hin-
aus!‹«

Der Irrtum des Tempelbaus

44 »Unsere Vorfahren hatten in der Wüste das
Heilige Zelt*; es war angefertigt aufgrund der
Weisung Gottes an Mose und nach dem Modell,
das Mose von Gott gezeigt worden war. 45 Die
folgende Generation brachte dieses Zelt mit, als
sie unter der Führung von Josua das Land in Be-
sitz nahm, aus dem Gott die früheren Bewohner
vor ihnen vertrieb. Jede neue Generation über-
nahm das Zelt von der vorhergehenden, bis zur
Zeit Davids.

46 David gewann Gottes Gunst und bat Gott
darum, ihn für das Zeltheiligtum der Nachkom-
men Jakobs einen festen Platz finden zu lassen.
47 Salomo aber maßte sich an, Gott ein *Haus* zu
bauen.

48 Der höchste Gott wohnt jedoch nicht in
Häusern, die von Menschen gemacht sind!
Durch den Propheten Jesaja hat er gesagt: 49 ›Der
Himmel ist mein Thron, die Erde mein Fuß-
schemel. Was für ein Haus wollt ihr da für mich
bauen? Wo ist die Wohnung, in der ich Raum fin-
den könnte? 50 Habe ich nicht mit eigener Hand
Himmel und Erde geschaffen?‹«

Anklage gegen die Ankläger

51 »Ihr widerspenstiges Volk, am Körper seid ihr
beschnitten*, aber euer Herz ist unbeschnitten,
und eure Ohren sind verschlossen für Gottes Bot-
schaft!

Ständig widersetzt ihr euch dem Geist* Got-
tes, ihr genauso wie damals eure Vorfahren!
52 Gibt es einen einzigen Propheten*, den sie
nicht verfolgt haben? Sie haben die Boten Gottes
umgebracht, die das Kommen des einzig Gerech-
ten* angekündigt hatten. Den habt ihr nun ver-
raten und ermordet!

53 Gott hat euch durch Vermittlung von
Engeln* sein Gesetz* gegeben; aber ihr habt es
nicht befolgt!«

Stephanus wird gesteinigt

54 Bei diesen Worten gerieten die Mitglieder des
jüdischen Rates* über Stephanus in solche Wut,
dass sie mit den Zähnen knirschten. 55 Stephanus
aber blickte zum Himmel empor, vom Heiligen
Geist* erfüllt; er sah Gott im Glanz seiner Herr-
lichkeit* und Jesus an seiner rechten Seite 56 und
rief: »Ich sehe den Himmel offen und den Men-
schensohn* an der rechten Seite Gottes stehen!«

57 Als sie das hörten, schrien sie laut auf und
hielten sich die Ohren zu. Alle miteinander
stürzten sich auf Stephanus 58 und schleppten
ihn vor die Stadt, um ihn zu steinigen*. Die Zeu-
gen legten ihre Oberkleider vor einem jungen
Mann namens Saulus* ab, damit er sie be-
wachte.

59 Während sie ihn steinigten, bekannte sich
Stephanus zu Jesus, dem Herrn*,[c] und rief:
»Herr Jesus, nimm meinen Geist auf!« 60 Dann
fiel er auf die Knie und rief laut: »Herr, strafe sie
nicht für diese Schuld!«

Mit diesen Worten starb er.

8 1a Saulus aber war völlig einverstanden mit
dieser Hinrichtung.

Die Gemeinde wird verfolgt

1b An diesem Tag begann für die Gemeinde in
Jerusalem eine harte Verfolgung. Alle, die zu ihr
gehörten, zerstreuten sich über Judäa* und

a Wörtlich *im Buch der Propheten.* Gemeint sind die zwölf sog. »kleinen Propheten« (Hosea bis Maleachi), die im hebräischen Text zu einem einzigen »Buch« zusammengefasst sind. Das Zitat findet sich in Am 5,25-27.

b Das Prophetenwort aus Am 5,25-27 ist hier nach G zitiert, wo die Götzen mit anderen Namen erscheinen als in H. *Räfan* ist fehlerhafte Wiedergabe des hebräischen *Kewan**.

c *bekannte sich zu Jesus:* wörtlich *rief Jesus an,* im Griechischen eine Anspielung auf 2,21; siehe auch Vergleichsstellen dort.

7,40-41 Ex 32,1-8 **7,44** Ex 25,9 S **7,45** Jos 3,14-17; 18,1; 2 Chr 1,3; 5,5 **7,46** 2 Sam 7,1-2; Ps 132,1-5 **7,47** 2 Sam 7,5-7; 1 Kön 6,1-38 **7,48** 17,24 S **7,49-50** *zit* Jes 66,1-2 **7,51** Ex 32,9; 33,5; Jer 4,4 S; Röm 2,28-29; Ez 2,2-5 S **7,52** Mt 5,12 S; (Gerechter) Apg 3,14 S **7,53** (durch Engel) 7,38; Gal 3,19; Hebr 2,2 **7,55-56** Mt 3,16 S; Lk 12,8-9 **7,58** 22,20 **7,59** Lk 23,46; Ps 31,6 **7,60** Lk 23,34; 6,28 par **8,1 b** 8,4-5; 11,19

Samarien*; nur die Apostel* blieben in Jerusa-
lem zurück. 2 Ein paar fromme Männer begru-
ben Stephanus und hielten eine große Toten-
klage* für ihn.
3 Saulus aber wollte die Gemeinde vernich-
ten. Er durchsuchte die Häuser und ließ Männer
und Frauen ins Gefängnis werfen.

Die Botschaft kommt nach Samarien

4 Die über das Land zerstreuten Christen zogen
umher und verkündeten die Botschaft Gottes.
5 Unter ihnen war auch Philippus. Er kam nach
Samaria, der Hauptstadt von Samarien*, und
verkündete, dass in Jesus der versprochene
Retter gekommen sei.[a]
6 Die Menge schenkte dem, was Philippus
sagte, durchweg die größte Aufmerksamkeit;
denn alle hörten von den Wundern, die er voll-
brachte, und wurden auch selbst Augenzeugen
davon. 7 Mit lautem Geschrei fuhren aus vielen
Besessenen böse Geister* aus, und viele Ge-
lähmte und Verkrüppelte wurden geheilt. 8 In
der ganzen Stadt herrschte große Freude.
9 Nun lebte dort in der Stadt seit einiger Zeit
ein Mann namens Simon, der sich mit Magie be-
fasste und mit dem Anspruch auftrat, ein ganz
Großer zu sein. Das ganze Volk von Samaria war
von ihm hellauf begeistert. 10 Bis jetzt war *er* es
gewesen, der alle Aufmerksamkeit auf sich gezo-
gen hatte, und alle Leute, von den einfachsten
bis zu den gebildetsten, sagten von ihm: »Er ist
die Kraft Gottes, die die Große genannt wird!«
11 Dass er so im Mittelpunkt der Aufmerksamkeit
stand, hatte seinen Grund; denn durch seine
Zauberkünste hatte er die Menschen im Lauf der
Zeit regelrecht um den Verstand gebracht.
12 Als nun Philippus die Botschaft von der an-
brechenden Herrschaft* Gottes verkündete und
von Jesus Christus und der Macht seines Na-
mens*, glaubten die Leute ihm und ließen sich
taufen*, Männer wie Frauen. 13 Auch Simon
kam zum Glauben. Nach seiner Taufe schloss er
sich eng an Philippus an und konnte nicht genug
staunen über die großen, machtvollen Wunder,
die durch ihn geschahen.

Die Getauften empfangen den Heiligen Geist

14 Die Apostel* in Jerusalem hörten, dass die
Leute in Samarien* die Botschaft Gottes ange-
nommen hatten. Deshalb schickten sie Petrus
und Johannes dorthin.
15 Die beiden kamen in die Stadt Samaria und
beteten zu Gott, dass er den Getauften seinen
Geist* schenke. 16 Denn die Menschen waren
zwar im Namen von Jesus, dem Herrn, getauft*
worden, aber der Heilige Geist* war noch auf
keinen von ihnen herabgekommen.
17 Nach dem Gebet legten Petrus und Johan-
nes den Getauften die Hände auf, und sie wur-
den vom Heiligen Geist erfüllt.

Der Magier Simon wird zurechtgewiesen

18 Als Simon sah, dass die Menschen den Heili-
gen Geist* empfingen, wenn die Apostel* ihnen
die Hände auflegten, bot er Petrus und Johannes
Geld an 19 und sagte: »Verleiht doch auch mir
diese Fähigkeit! Ich möchte, dass jeder, dem ich
die Hände auflege, den Heiligen Geist emp-
fängt!«
20 Aber Petrus sagte zu ihm: »Zur Hölle mit
dir und deinem Geld! Meinst du vielleicht, du
könntest kaufen, was Gott schenkt? 21 Du ge-
hörst nicht mehr zu uns, für dich ist kein Platz in
der Gemeinde, weil du dich Gott nicht aufrichtig
zuwendest. 22 Kehr um und gib deine Falschheit
auf! Bete zum Herrn, dass er dir vielleicht deine
bösen Absichten verzeiht! 23 Ich sehe, du bist
voller Verkehrtheit und ganz ins Böse ver-
strickt!«
24 Da bat Simon die Apostel: »Betet *ihr* für
mich zum Herrn, dass die Strafen nicht über
mich kommen, die ihr mir angedroht habt!«
25 Petrus und Johannes blieben noch in Sama-
ria, bezeugten Jesus als den Herrn* und sagten
den Menschen die Botschaft Gottes; dann kehr-
ten sie nach Jerusalem zurück. Unterwegs ver-
kündeten sie die Gute Nachricht* in vielen
Dörfern Samariens.

Philippus und der Eunuch aus Äthiopien

26 Der Engel* des Herrn aber sagte zu Philippus:
»Mach dich auf den Weg und geh nach Süden,
zu der Straße, die von Jerusalem nach Gaza hin-
abführt!« Diese Straße wird kaum von jemand
benutzt.[b] 27 Philippus machte sich auf den Weg
und ging dorthin.
Da kam in seinem Reisewagen ein Äthiopier*

a Wörtlich *und verkündete ihnen den Christus**.
b Wörtlich *Diese ist einsam.* Vielleicht soll damit auf das Unerwartete der sogleich zu schildernden Begegnung aufmerksam gemacht werden.

8,3 (Saulus als Verfolger) 9,1-2.13.21; 22,4-5; 26,9-11; 1 Kor 15,9; Gal 1,13; Phil 3,6; 1 Tim 1,13 **8,5** 6,5; 5,42 S **8,7** Lk 9,1 par; Mk 16,17 S **8,12** (Herrschaft) 28,23 S; (Name) 3,6 S **8,14** 3,1 S **8,16-17** 19,1-6 **8,18** 6,6 S **8,24** Ex 9,27-28 **8,27** Jes 18,7 S

gefahren. Es war ein hoch gestellter Mann, der
Finanzverwalter der äthiopischen Königin, die
den Titel Kandake führt, ein Eunuch.[a] Er war in
Jerusalem gewesen, um den Gott Israels anzu-
beten. 28 Jetzt befand er sich auf der Rückreise.
Er saß in seinem Wagen und las im Buch des
Propheten Jesaja.

29 Der Geist* Gottes sagte zu Philippus: »Lauf
hin und folge diesem Wagen!« 30 Philippus lief
hin und hörte, wie der Mann laut aus dem Buch
des Propheten Jesaja las. Er fragte ihn: »Verstehst
du denn, was du da liest?«

31 Der Äthiopier sagte: »Wie kann ich es ver-
stehen, wenn mir niemand hilft!« Und er for-
derte Philippus auf, zu ihm in den Wagen zu
steigen.

32 Die Stelle, die er gerade gelesen hatte, lau-
tete:

»Wie ein Lamm, wenn es zum Schlachten ge-
führt wird, wie ein Schaf, wenn es geschoren
wird, so duldete er alles schweigend, ohne zu
klagen. 33 Er wurde aufs tiefste erniedrigt; aber
mitten in seiner Erniedrigung wurde das Urteil
gegen ihn aufgehoben. Wer wird je seine Nach-
kommen zählen können? Denn von der Erde
weg wurde sein Leben emporgehoben.«

34 Der Mann aus Äthiopien fragte: »Bitte, sag
mir doch: Um wen geht es hier eigentlich? Meint
der Prophet sich selbst oder einen anderen?«

35 Da ergriff Philippus die Gelegenheit und
verkündete ihm, von dem Prophetenwort aus-
gehend, die Gute Nachricht* von Jesus.

36 Unterwegs kamen sie an einer Wasserstelle
vorbei, und der Äthiopier sagte: »Hier gibt es
Wasser! Spricht etwas dagegen, dass ich getauft
werde?«[b] 38 Er ließ den Wagen anhalten. Die bei-
den stiegen ins Wasser hinab, Philippus und der
Äthiopier, und Philippus taufte ihn.

39 Als sie aus dem Wasser herausstiegen, wur-
de Philippus vom Geist des Herrn gepackt und
weggeführt, und der Äthiopier sah ihn nicht
mehr. Von Freude erfüllt setzte er seine Reise
fort.

40 Philippus tauchte danach in Aschdod auf.
Von dort zog er nach Cäsarea und verkündete
unterwegs in allen Städten, durch die er kam, die
Gute Nachricht.

Die Bekehrung von Saulus*

9 Saulus verfolgte die Jünger und Jüngerin-
nen[c] des Herrn* weiterhin voller Wut und
mit schweren Drohungen. Er ging zum Obersten
Priester* 2 und ließ sich Briefe an die jüdischen
Gemeinden in Damaskus geben. Darin wurde
ihm die Vollmacht erteilt, auch dort nach An-
hängern der neuen Lehre[d] zu suchen und sie
gegebenenfalls – Männer wie Frauen – festzu-
nehmen und nach Jerusalem zu schaffen.

3 Auf dem Weg nach Damaskus, kurz vor der
Stadt, umstrahlte ihn plötzlich ein Licht vom
Himmel. 4 Er stürzte zu Boden und hörte eine
Stimme: »Saul, Saul, warum verfolgst du mich?«

5 »Wer bist du, Herr?«, fragte Saulus.

Die Stimme sagte: »Ich bin Jesus, den du ver-
folgst! 6 Aber steh auf und geh in die Stadt! Dort
wirst du erfahren, was du tun sollst.«

7 Den Männern, die Saulus begleiteten, ver-
schlug es die Sprache. Sie hörten zwar die Stim-
me, aber sie sahen niemand. 8 Saulus stand von
der Erde auf und öffnete die Augen – aber er
konnte nichts mehr sehen. Da nahmen sie ihn
an der Hand und führten ihn nach Damaskus.
9 Drei Tage lang war er blind und aß nichts und
trank nichts.

10 In Damaskus lebte ein Jünger namens
Hananias. Dem erschien der Herr und sagte:
»Hananias!«

»Ja, Herr«, antwortete er.

11 Der Herr sagte: »Steh auf, geh in die Gerade
Straße in das Haus von Judas und frag nach
Saulus aus Tarsus. Er ist dort und betet. 12 In
einer Vision hat er gesehen, wie ein Mann
namens Hananias zu ihm kommt und ihm die
Hände auflegt, damit er wieder sehen kann.«

13 Hananias antwortete: »Herr, ich habe von
vielen Seiten gehört, wie viel Böses dieser Mann
in Jerusalem deiner Gemeinde[e] angetan hat.
14 Und jetzt ist er hier und hat von den führen-
den Priestern* die Vollmacht, alle zu verhaften,
die sich zu deinem Namen* bekennen.«

a Im griechischen Text wird er auch in den Versen 34, 36, 38 und 39 *Eunuch* genannt (siehe Sacherklärung). Die Verse 36 und 38 berichten, wie ein Eunuch als Vollmitglied in die christliche Gemeinde aufgenommen wird, so wie später auch die »Heiden«* in Kap 10.

b Einige Handschriften fügen hinzu (Vers 37): *Philippus sagte: »Du kannst getauft werden, wenn du von ganzem Herzen glaubst.« »Ja«, antwortete er, »ich glaube, dass Jesus Christus der Sohn Gottes ist.«* (Siehe Sacherklärung »Taufe«.)

c Siehe Anmerkung zu 6,1.

d Wörtlich *nach solchen, die von dem Weg sind.* »Der Weg« ist eine der ältesten Kurzbezeichnungen für das, was im Namen von Jesus verkündet und von den Christen als Grundlage und Richtschnur ihres Lebens angenommen wurde. Sie findet sich auch in 18,25-26; 19,9.23; 22,4; 24,14.22.

e Wörtlich *deinen Heiligen**.

8,32-33 *nach* Jes 53,7-8 **8,35** Lk 24,27 **8,36** (Taufe) Mt 28,19 S **8,39** 1 Kön 18,12 **8,40** 21,8 **9,1-22** 22,5-16; 26,12-28; Gal 1,15-16 **9,1** 8,3 S **9,3** (Licht) Hab 3,3-4; 1 Tim 6,18; 2 Kor 4,4.6 **9,4** Ez 1,28 S **9,5** 1 Kor 15,8 **9,8** 13,11 **9,12** Mk 8,23-25

15 Aber der Herr sagte: »Geh nur hin! Gerade ihn habe ich als mein Werkzeug ausgesucht. Er wird meinen Namen den nichtjüdischen Völkern und ihren Herrschern bekannt machen und auch dem Volk Israel. 16 Und ich will ihm zeigen, wie viel nun *er* für das Bekenntnis zu meinem Namen leiden muss.«

17 Da ging Hananias in jenes Haus. Er legte Saulus die Hände auf und sagte: »Bruder Saul, der Herr hat mich geschickt – Jesus, der dir unterwegs erschienen ist. Du sollst wieder sehen können und mit dem Heiligen Geist* erfüllt werden.«

18 Im selben Augenblick fiel es Saulus wie Schuppen von den Augen und er konnte wieder sehen. Er stand auf und ließ sich taufen*. 19a Dann aß er etwas und kam wieder zu Kräften.

Saulus verkündet Jesus in Damaskus

19b Saulus war erst ein paar Tage bei den Jüngern und Jüngerinnen[a] in Damaskus, 20 da ging er auch schon in die Synagogen* und verkündete dort Jesus als den Sohn* Gottes. 21 Alle, die ihn hörten, waren außer sich und sagten: »Ist das nicht der, der in Jerusalem alle verfolgt hat, die sich zu Jesus bekannt haben? Er ist doch eigens hergekommen, um auch hier die Anhänger dieses Menschen festzunehmen und den führenden Priestern* auszuliefern!«

22 Aber Saulus trat nur umso entschiedener auf und brachte die Juden in Damaskus völlig aus der Fassung, indem er aus den Heiligen Schriften nachwies, dass Jesus der versprochene Retter[b] ist.

23 Nach einiger Zeit beschlossen die Juden, Saulus zu töten; 24 aber er erfuhr davon. Um ihn in die Hand zu bekommen und beseitigen zu können, stellten sie sogar bei Tag und Nacht Wachen an die Stadttore. 25 Da ließen ihn seine Jünger eines Nachts in einem Korb die Stadtmauer hinunter und verhalfen ihm so zur Flucht.

Saulus in Jerusalem. Seine Abreise nach Tarsus

26 Saulus kam nach Jerusalem und wollte sich dort den Jüngern und Jüngerinnen anschließen. Aber sie hatten noch immer Angst vor ihm; sie konnten es nicht glauben, dass er wirklich einer der Ihren geworden war.

27 Da nahm Barnabas die Sache in die Hand und brachte ihn zu den Aposteln*. Er erzählte ihnen, wie Saulus auf dem Weg nach Damaskus den Herrn* gesehen und der Herr zu ihm gesprochen hatte. Er schilderte ihnen auch, wie mutig Saulus dann in Damaskus im Namen von Jesus aufgetreten und für diesen Namen* eingetreten war. 28 Von da an ging Saulus bei den Aposteln in Jerusalem aus und ein. Mit ihnen zusammen trat er offen und mutig für Jesus und seinen Namen ein.

29 Vor allem sprach und diskutierte Saulus mit den Griechisch sprechenden Juden. Die aber wollten ihn umbringen. 30 Als seine Glaubensbrüder das erfuhren, brachten sie ihn in die Hafenstadt Cäsarea hinab, damit er von dort nach Tarsus fahren konnte.

Petrus besucht die Gemeinden und kommt nach Lydda und Joppe. Wunder an Äneas und Tabita

31 Die Gemeinde in ganz Judäa*, Galiläa* und Samarien* erlebte nun eine friedliche Zeit. Sie festigte sich und machte Fortschritte in einem gottgefälligen Leben. Der Heilige Geist* stand ihr bei und ließ die Zahl der Glaubenden ständig zunehmen.

32 Petrus durchzog das ganze Land und besuchte die einzelnen Gemeinden. Dabei kam er auch zu den Christen[c] in Lydda.

33 Dort sah er einen Menschen – er hieß Äneas –, der seit acht Jahren das Bett nicht mehr verlassen konnte; er war gelähmt. 34 »Äneas«, sagte Petrus zu ihm, »Jesus Christus hat dich geheilt. Steh auf und mach dein Bett!«

Im selben Augenblick konnte Äneas aufstehen. 35 Alle Bewohner von Lydda und der ganzen Scharon-Ebene sahen ihn gesund umhergehen und nahmen Jesus als den Herrn* an.

36 In Joppe wohnte eine Jüngerin[d] mit Namen Tabita. Ihr griechischer Name war Dorkas; beides bedeutet »Gazelle«. Sie hatte viel Gutes getan und den Armen geholfen. 37 Nun aber war sie krank geworden und gestorben. Sie wurde gewaschen und im Obergemach aufgebahrt.

38 Von Joppe war es nicht weit nach Lydda, und als sie in Joppe erfuhren, dass Petrus gerade

a Siehe Anmerkung zu 6,1; ebenso zu Vers 26.
b Wörtlich *der Christus*; aus den Heiligen Schriften** ist verdeutlichender Zusatz.
c Wörtlich *den Heiligen**; entsprechend in Vers 41 für *die ganze Gemeinde.*
d Lukas gebraucht hier das Wort zum einzigen Mal in seiner weiblichen Form; vgl. Anmerkung zu 6,1.

9,15 22,21; 23,11; 26,1; 27,24; Röm 1,5 S **9,16** 20,23; Lk 21,12; 2 Kor 11,23-28 **9,17** 6,6 S **9,20** 17,2 S; Lk 22,70 S **9,21** 8,1; 9,13-14 **9,22** 5,42 S **9,23-25** 2 Kor 11,32-33 **9,26-27** Gal 1,18 **9,27** (Barnabas) 4,36-37; 11,22-26.30; 12,25; 13,1-4.7.43-51; 14,12.20; 15,2-12.22.35-39; 1 Kor 9,6 S **9,29** 6,9 **9,30** 9,11; Gal 1,21

dort war, schickten sie zwei Männer zu ihm und
ließen ihn bitten, so schnell wie möglich zu kom-
men.
39 Petrus ging sofort mit, und als er in Joppe
ankam, führten sie ihn in das Obergemach. Die
Witwen der Gemeinde drängten sich um ihn und
zeigten ihm unter Tränen die vielen Kleider und
Mäntel, die Dorkas für sie gemacht hatte, als sie
noch unter ihnen lebte.
40 Petrus aber schickte sie alle aus dem Zim-
mer, kniete nieder und betete. Dann wandte er
sich der Toten zu und sagte: »Tabita, steh auf!«
Sie öffnete die Augen, und als sie Petrus erblick-
te, setzte sie sich auf. 41 Er reichte ihr die Hand
und half ihr auf die Füße. Dann rief er die Wit-
wen und die ganze Gemeinde herein und gab ih-
nen Dorkas lebendig zurück.
42 Die Nachricht verbreitete sich im ganzen
Ort und viele kamen zum Glauben an Jesus als
den Herrn.
43 Petrus blieb längere Zeit in Joppe; er
wohnte bei einem Gerber namens Simon.

DIE GUTE NACHRICHT KOMMT ZU DEN NICHTJUDEN (10,1–15,35)

Kornelius in Cäsarea hat eine Vision

10 In Cäsarea lebte Kornelius, ein Haupt-
mann*, der zum so genannten Italischen
Regiment gehörte. 2 Er glaubte an Gott und hielt
sich mit seiner ganzen Hausgemeinschaft* zur
jüdischen Gemeinde.[a] Er tat viel für Not leiden-
de Juden und betete regelmäßig.
3 An einem Nachmittag gegen drei Uhr hatte
er eine Vision. Er sah deutlich, wie ein Engel*
Gottes bei ihm eintrat, und hörte, wie er zu ihm
sagte: »Kornelius!«
4 Erschrocken blickte er den Engel an und
fragte: »Warum kommst du, Herr?«
Der Engel antwortete: »Gott hat genau be-
merkt, wie treu du betest und wie viel Gutes du
den Armen tust, und er will dich dafür belohnen.
5 Darum schicke jetzt Boten nach Joppe und lass
einen gewissen Simon zu dir bitten, der den Bei-
namen Petrus* trägt. 6 Er ist zu Gast bei einem
Gerber Simon, der sein Haus unten am Meer
hat.«
7 Als der Engel wieder fortgegangen war, rief
Kornelius zwei Diener und einen frommen Sol-
daten aus seinem persönlichen Gefolge. 8 Er er-
zählte ihnen, was er erlebt hatte, und schickte
sie nach Joppe.

Petrus in Joppe hat eine Vision

9 Am nächsten Tag, als die Boten von Kornelius
Joppe schon fast erreicht hatten, begab sich Pe-
trus um die Mittagszeit auf das flache Dach des
Hauses, um zu beten. 10 Da bekam er Hunger
und wollte essen. Während das Essen zubereitet
wurde, hatte er eine Vision.
11 Er sah den Himmel geöffnet und es kam
daraus etwas auf die Erde herab, das sah aus wie
ein großes Tuch, das an vier Ecken gehalten
wird. 12 Darin befanden sich alle Arten von vier-
füßigen Tieren, Kriechtieren und Vögeln. 13 Eine
Stimme rief: »Auf, Petrus, schlachte und iss!«
14 Aber Petrus antwortete: »Auf keinen Fall,
Herr! Noch nie habe ich etwas Verbotenes oder
Unreines gegessen.«
15 Doch die Stimme forderte ihn ein zweites
Mal auf und sagte: »Was Gott für rein* erklärt
hat, das erkläre du nicht für unrein!« 16 Und
noch ein drittes Mal erging an Petrus dieselbe
Aufforderung. Gleich danach wurde das Tuch
samt Inhalt wieder in den Himmel hinaufge-
hoben.

Die Boten von Kornelius bei Petrus in Joppe

17 Während Petrus noch ratlos darüber nach-
dachte, was die Vision bedeuten sollte, hatten
sich schon die Boten aus Cäsarea zu Simons
Haus durchgefragt und standen unten vor dem
Tor. 18 »Ist hier ein Simon mit dem Beinamen Pe-
trus* zu Gast?«, riefen sie.
19 Petrus grübelte noch über den Sinn seiner
Vision, da sagte ihm der Geist* Gottes: »Drei
Männer wollen zu dir! 20 Geh hinunter und
folge ihnen ohne Bedenken; ich habe sie ge-
schickt.«
21 Da ging er hinunter und sagte zu ihnen:
»Ich bin der, den ihr sucht. Was führt euch zu
mir?«
22 »Wir kommen vom Hauptmann* Korne-
lius«, sagten sie. »Er führt ein vorbildliches
Leben und hält sich zur jüdischen Gemeinde;
alle Juden bei uns reden nur das Beste über ihn.
Ein heiliger Engel* hat ihm aufgetragen, dich in
sein Haus einzuladen und zu hören, was du zu
sagen hast.«
23a Darauf ließ Petrus die Männer herein, be-
wirtete sie und gab ihnen ein Nachtquartier.

a *hielt sich …:* wörtlich *fürchtete Gott,* d.h. er gehörte zu den sog. Gottesfürchtigen*; entsprechend in Vers 22.

9,40 Mk 5,40-41 par **9,43** 10,6.32 **10,1-2** 27,1.3 **10,3** 3,1 **10,6** 9,43 **10,11** Mt 3,16S **10,12-14** Lev 11,1-47; Ez 4,14 **10,15** Mk 7,15S **10,19** (sagte der Geist) 11,12; 13,2.4; 15,28; 16,6; 22,22-23; 21,4.11

Petrus bei Kornelius in Cäsarea

23b Am anderen Morgen machte sich Petrus mit
ihnen auf den Weg; einige Brüder aus Joppe be-
gleiteten ihn. 24 Am Tag darauf kamen sie in
Cäsarea an. Kornelius hatte seine Verwandten
und die engsten Freunde zusammengerufen und
erwartete sie.

25 Als Petrus durchs Hoftor trat, kam ihm Kor-
nelius entgegen und warf sich vor ihm nieder.
26 Doch Petrus zog ihn hoch und sagte: »Steh
auf, ich bin auch nur ein Mensch!« 27 Er sprach
noch weiter mit ihm und betrat dabei das Haus.

Als er die vielen Leute sah, 28 sagte er zu
ihnen: »Ihr wisst, dass ein Jude nicht mit einem
Nichtjuden verkehren und vollends nicht sein
Haus betreten darf. Aber mir hat Gott gezeigt,
dass ich keinen Menschen als unrein* oder un-
berührbar betrachten soll. 29 Deshalb bin ich
eurer Einladung ohne Widerrede gefolgt. Aber
jetzt möchte ich doch gern erfahren, warum ihr
mich gerufen habt!«

30 Kornelius antwortete: »Es war vor drei
Tagen, ungefähr zur selben Zeit wie jetzt. Ich
betete hier im Haus zur Gebetszeit um drei Uhr
nachmittags, als plötzlich ein Mann in leuch-
tendem Gewand vor mir stand 31 und sagte:
›Kornelius, Gott hat deine Gebete erhört und er
will dir das Gute vergelten, das du den Armen
getan hast. 32 Schicke darum Boten nach Joppe
und lass Simon mit dem Beinamen Petrus* zu
dir bitten! Er ist zu Gast beim Gerber Simon
unten am Meer!‹ 33 Da habe ich sofort zu dir ge-
schickt, und ich freue mich, dass du gekommen
bist. Nun sind wir alle hier vor Gott versammelt
und bereit zu hören, was der Herr dir aufge-
tragen hat.«

Petrus predigt vor den Nichtjuden im Haus von Kornelius

34 Petrus begann zu sprechen:

»Wahrhaftig, jetzt begreife ich, dass Gott
keine Unterschiede macht! 35 Er liebt alle Men-
schen, ganz gleich, zu welchem Volk sie gehö-
ren, wenn sie ihn nur ernst nehmen und tun,
was vor ihm recht ist. 36 Seinem Volk Israel hat
er die Botschaft verkünden lassen, dass er Frie-
den* gestiftet hat durch Jesus Christus – aber
dieser Jesus Christus ist ja der Herr über *alle*!

37 Ihr habt sicherlich erfahren, was sich im
jüdischen Land zugetragen hat, beginnend in
Galiläa*, nachdem Johannes zur Taufe aufge-
rufen hatte. 38 Ihr wisst von Jesus aus Nazaret,
den Gott zum Retter bestimmt und mit sei-
nem Geist* und seiner Kraft erfüllt hat. Wo er
hinkam, tat er Gutes und heilte alle, die
der Teufel in seiner Gewalt hatte; denn Gott
stand ihm bei. 39 Wir können alles bezeugen,
was er im jüdischen Land und in Jerusalem ge-
tan hat.

Die Juden töteten ihn, sie hängten ihn ans
Kreuz*, an das Fluchholz.[a] 40 Aber Gott hat ihn
am dritten Tag vom Tod auferweckt* und ihn
sichtbar erscheinen lassen – 41 nicht vor dem
ganzen Volk, sondern vor den Zeugen, die er im
Voraus dazu bestimmt hatte. Wir, die Apostel*,
sind diese Zeugen; wir haben mit Jesus gegessen
und getrunken, nachdem er von den Toten aufer-
standen war. 42 Und uns gab Jesus den Auftrag,
dem Volk Israel zu verkünden und zu bezeugen,
dass er von Gott zum Richter über die Lebenden
und die Toten eingesetzt ist.

43 Alle Propheten* haben von ihm gespro-
chen; sie bezeugen, dass durch die Macht seines
Namens* alle Menschen die Vergebung ihrer
Schuld empfangen sollen, alle, die auf ihn ver-
trauen.«

Der Heilige Geist kommt noch vor der Taufe auf die Nichtjuden herab

44 Petrus hatte noch nicht zu Ende gesprochen,
da kam der Heilige Geist* auf alle herab, die bei
Kornelius versammelt waren und die Botschaft
hörten.

45 Die Christen jüdischer Herkunft, die mit
Petrus aus Joppe gekommen waren, gerieten
außer sich vor Staunen, dass Gott nun auch über
die Nichtjuden seinen Geist ausgegossen hatte.
46 Sie hörten nämlich, wie die Versammelten
in unbekannten Sprachen* redeten und Gott
priesen.

Darauf sagte Petrus zu seinen Begleitern:
47 »Diese Leute haben genau wie wir den Heili-
gen Geist empfangen. Wer kann ihnen da noch
die Taufe* verweigern?« 48 Und er befahl, sie im
Namen* von Jesus Christus zu taufen.

Danach baten sie ihn, noch ein paar Tage bei
ihnen zu bleiben.

a Vgl. 5,30 und Anmerkung dort.

10,25-26 14,13-15; Offb 19,10 **10,28** 10,15; Gal 2,12 **10,30** 3,1; 1,10; Lk 24,4 **10,34** Röm 2,11 S **10,36** (Frieden) Röm 3,25-26; 5,1; 2 Kor 5,18-20; Eph 2,14-17; Kol 1,20; Lk 2,14 S **10,37** Lk 4,44 **10,38** Lk 4,18 S; 13,16; Joh 3,2 **10,39** 1,8 S **10,41** Lk 24,41-43 S **10,42** (Richter) 17,31; Joh 5,22 S; Röm 14,9; 2 Tim 4,1; 1 Petr 4,5; 2 Kor 5,10 S **10,43** Lk 24,44 S; (Vergebung) Jer 31,34 S; Apg 13,38; 26,18; Lk 1,77 **10,44-46** 2,4 S **10,45** (ausgegossen) 2,33 S **10,47** 8,36

Petrus rechtfertigt sich vor der Gemeinde in Jerusalem

11 Die Apostel* und die Brüder in Judäa* hörten, dass auch die Nichtjuden die Botschaft Gottes angenommen hatten. 2 Als nun Petrus nach Jerusalem zurückkehrte, machten sie ihm Vorwürfe: 3 »Du bist zu Leuten gegangen, die nicht zu unserem Volk gehören! Du hast sogar mit ihnen gegessen!«

4 Da erzählte ihnen Petrus ausführlich, was geschehen war:

5 »Als ich eines Tages in Joppe betete, hatte ich eine Vision. Ich sah etwas vom Himmel herabkommen, das sah aus wie ein großes Tuch, das an den vier Ecken gehalten wird. Es kam bis zu mir herunter. 6 Als ich genau hinschaute, sah ich darin alle Arten von vierfüßigen und wilden Tieren, von Kriechtieren und Vögeln. 7 Dann hörte ich auch eine Stimme, die sagte: ›Auf, Petrus, schlachte und iss!‹ 8 Aber ich sagte: ›Auf gar keinen Fall, Herr! Ich habe noch nie in meinem Leben etwas Verbotenes oder Unreines gegessen.‹ 9 Doch die Stimme von oben forderte mich ein zweites Mal auf und sagte: ›Was Gott für rein* erklärt, das erkläre du nicht für unrein!‹ 10 Und noch ein drittes Mal erging an mich dieselbe Aufforderung. Danach wurde alles wieder in den Himmel hinaufgezogen.

11 In diesem Augenblick kamen drei Männer vor dem Haus an, in dem wir waren, Boten, die man aus Cäsarea zu mir geschickt hatte. 12 Der Geist* Gottes befahl mir, ihnen ohne Widerrede zu folgen. So ging ich mit. Die sechs Brüder, die ich hierher mitgebracht habe, begleiteten mich. Wir kamen nach Cäsarea und betraten das Haus des Mannes, der nach mir geschickt hatte.

13 Er erzählte uns, er habe den Engel in seinem Haus stehen gesehen, der ihm sagte: ›Schick jemand nach Joppe und lass Simon zu dir bitten, den mit dem Beinamen Petrus*! 14 Was er dir zu sagen hat, wird dir die Rettung bringen, dir und deiner ganzen Hausgemeinschaft*.‹

15 Ich hatte aber noch kaum begonnen, zu ihnen zu sprechen, da kam der Heilige Geist* auf sie herab, genauso wie damals am Anfang auf uns. 16 Mir fiel sofort das Wort ein, das der Herr* gesagt hatte: ›Johannes hat mit Wasser getauft, aber ihr werdet mit dem Geist Gottes getauft werden.‹

17 Da war mir klar: Gott hatte ihnen das gleiche Geschenk gegeben wie damals uns, als wir zum Glauben an Jesus Christus, den Herrn, gekommen waren. Wie hätte *ich* mich da Gott in den Weg stellen können?«

18 Als die Apostel und die anderen das hörten, gaben sie ihren Widerstand auf. Sie priesen Gott und sagten: »Also hat Gott auch den Nichtjuden den Weg eröffnet, zu ihm umzukehren und das wahre Leben zu gewinnen.«

Die Gemeinde in Antiochia

19 Die von der Gemeinde, die in der Verfolgungszeit nach der Ermordung von Stephanus aus Jerusalem geflohen waren, kamen zum Teil bis nach Phönizien*, Zypern und Antiochia. Sie verkündeten die Botschaft Gottes zunächst nur unter den Juden. 20 Aber einige von ihnen, die aus Zypern und Zyrene stammten, kamen nach Antiochia und verkündeten dort auch den Nichtjuden die Gute Nachricht* von Jesus, dem Herrn*. 21 Gott stand ihnen zur Seite, sodass viele Menschen zum Glauben kamen und Jesus als den Herrn annahmen.

22 Die Gemeinde in Jerusalem hörte davon, und die Apostel* schickten Barnabas nach Antiochia. 23 Als er hinkam und sah, was Gott dort gewirkt hatte, freute er sich. Er machte allen Mut und bestärkte sie in ihrem Vorsatz, dem Herrn treu zu bleiben. 24 Denn Barnabas war ein tüchtiger Mann, erfüllt mit dem Heiligen Geist* und mit lebendigem Glauben.

Gott führte der Gemeinde immer mehr Menschen zu. 25 Barnabas aber ging nach Tarsus, um Saulus* zu suchen; 26 und als er ihn gefunden hatte, nahm er ihn mit nach Antiochia. Ein ganzes Jahr lang wirkten beide gemeinsam in der Gemeinde und unterwiesen viele Menschen im Glauben.

Hier in Antiochia kam für die Jünger und Jüngerinnen[a] zum ersten Mal die Bezeichnung »Christen« auf.[b]

Ihre Fürsorge für die Gemeinde in Jerusalem

27 Während dieser Zeit kamen Propheten* von Jerusalem nach Antiochia. 28 Einer von ihnen,

a Wörtlich *für die Jünger;* siehe Anmerkung zu 6,1.

b *Christen* (wörtlich *Christianer*) ist zunächst Bezeichnung im Mund von Außenstehenden (vgl. 26,28), dann auch im Mund der Betroffenen selbst (1 Petr 4,16). Zur gängigen Selbstbezeichnung der Christen wurde es erst in nachneutestamentlicher Zeit.

11,3 10,28 S **11,14** 16,31 **11,15** 2,4 **11,16** Lk 3,16 S **11,18** (Nichtjuden) 13,48; 14,15.27; 15,4.12.22-29; 17,12; 18,5-11; 19,8-10; 20,21; 21,19; 26,20 **11,19** 8,1b-4 **11,21** 2,41 S **11,22** 9,27 S **11,23** (machte Mut) 13,43; 14,22; 15,32; 16,40; 18,23; 20,1.28-31 **11,25** 9,30 **11,27** (Propheten) 13,1; 15,32; 21,9-10

Agabus, trat vor die versammelte Gemeinde und
sagte auf Eingebung des Heiligen Geistes* vor-
aus, dass eine große Hungersnot über die ganze
Erde kommen werde – wie sie dann auch tat-
sächlich unter der Regierung des Kaisers Klau-
dius* eintraf.
29 Da beschloss die Gemeinde in Antiochia,[a]
den Brüdern und Schwestern[b] in Judäa* nach
Kräften zu helfen – entsprechend dem, was die
Einzelnen in der Gemeinde erübrigen konnten.
30 Sie schickten ihre Spende durch Barnabas und
Saulus an die Gemeindeältesten* in Jerusalem.

Jakobus wird hingerichtet, Petrus gefangen genommen

12 Um diese Zeit ließ König Herodes[c] ver-
schiedene Mitglieder der Gemeinde von
Jerusalem festnehmen und schwer misshandeln.
2 Jakobus, den Bruder von Johannes, ließ er ent-
haupten. 3 Als er merkte, dass dies den Juden ge-
fiel, ging er noch einen Schritt weiter und ließ
auch Petrus gefangen nehmen – gerade in den
Tagen des Passafestes*.
4 Petrus wurde ins Gefängnis gebracht; zu sei-
ner Bewachung wurden vier Gruppen zu je vier
Soldaten abgestellt, die einander ablösen sollten.
Herodes wollte ihm nach dem Fest vor allem
Volk den Prozess machen.
5 So saß Petrus also streng bewacht im Ge-
fängnis. Die Gemeinde aber betete Tag und
Nacht inständig für ihn zu Gott.

Petrus wird aus dem Gefängnis befreit

6 In der Nacht, bevor Herodes ihn vor Gericht
stellen wollte, schlief Petrus zwischen zwei der
Wachsoldaten, mit Ketten an sie gefesselt. Vor
der Tür der Zelle waren die zwei anderen als
Wachtposten aufgestellt.
7 Plötzlich stand da der Engel* des Herrn, und
die ganze Zelle war von strahlendem Licht
erfüllt. Der Engel weckte Petrus durch einen
Stoß in die Seite und sagte: »Schnell, steh auf!«
Da fielen Petrus die Ketten von den Händen.
8 Der Engel sagte: »Leg den Gürtel um und
zieh die Sandalen an!« Petrus tat es, und der
Engel sagte: »Wirf dir den Mantel um und komm
mit!«
9 Petrus folgte ihm nach draußen. Er wusste
nicht, dass es Wirklichkeit war, was er da mit
dem Engel erlebte; er meinte, er hätte eine
Vision. 10 Sie kamen ungehindert am ersten der
Wachtposten vorbei, ebenso am zweiten, und
standen schließlich vor dem eisernen Tor, das in
die Stadt führte. Das Tor öffnete sich von selbst.
Sie traten hinaus und gingen die Straße entlang,
doch als Petrus in die nächste einbog, war der
Engel plötzlich verschwunden.
11 Als Petrus zu sich kam, sagte er: »Es ist also
wirklich wahr! Der Herr hat seinen Engel ge-
schickt, um mich vor Herodes zu retten und vor
dem zu bewahren, was das jüdische Volk sich er-
hofft hat!«
12 Als ihm das klar geworden war, ging er zu
dem Haus, das Maria gehörte, der Mutter von
Johannes mit dem Beinamen Markus. Dort
waren viele Christen versammelt und beteten
immer noch für seine Freilassung. 13 Petrus
klopfte an das Hoftor, und die Dienerin Rhode
kam, um zu hören, wer draußen sei. 14 Als sie
Petrus an der Stimme erkannte, vergaß sie vor
Freude, das Tor zu öffnen; sie rannte ins Haus
und meldete, Petrus stehe draußen. 15 »Du bist
nicht ganz bei Verstand!«, sagten die im Haus.
Und als Rhode darauf bestand, meinten sie: »Das
ist sein Schutzengel*!«
16 Petrus aber klopfte und klopfte, bis sie
schließlich aufmachten. Als sie ihn sahen, ge-
rieten sie außer sich. 17 Er bat mit einer Hand-
bewegung um Ruhe und erklärte ihnen, wie ihn
Gott aus dem Gefängnis befreit hatte. »Berichtet
das Jakobus[d] und allen anderen Brüdern und
Schwestern!«,[e] sagte er. Dann verließ er Jeru-
salem.
18 Als es Tag wurde, gab es bei der Wachmann-
schaft eine große Aufregung, weil Petrus ver-
schwunden war. 19 Herodes ließ überall nach
ihm suchen, aber vergeblich. Darauf verhörte er
die Soldaten. Er befand sie für schuldig und ließ
sie hinrichten.

Danach begab sich Herodes von Jerusalem hinab nach Cäsarea in seine Hauptresidenz.

Der Tod von Herodes Agrippa I.

20 König Herodes lag im Streit mit den Bürgern
von Tyrus und Sidon, und sein Zorn über sie war
groß. Nun hatten sie eine Abordnung geschickt
und um eine friedliche Beilegung des Konflikts
gebeten. Den königlichen Palastverwalter Blas-

a Wörtlich *beschlossen die Jünger;* siehe Anmerkung zu 6,1. b Wörtlich *den Brüdern**.
c Agrippa I., genannt *Herodes,* ein Enkel von Herodes dem Großen; siehe Sacherklärung »Herodes (5)«.
d Gemeint ist Jakobus, der »Bruder des Herrn«, dem von jetzt an die führende Rolle in der Gemeinde von Jerusalem zufällt (vgl. 15,13; 21,18; Gal 1,19; 2,9.12).
e Wörtlich *den Brüdern**.

11,30 12,25; Röm 15,26S **12,2** Mk 10,35-40 par **12,4** 4,3; 5,18 **12,5** 1,14; 2,42; 6,4; Jak 5,16 **12,7-10** 5,19 **12,12** (Markus) 12,25; 13,5.13; 15,37; Kol 4,10; 2 Tim 4,11; Phlm 24; 1 Petr 5,13 **12,18-19** 5,22-24

tus hatten sie dafür gewonnen, beim König ein
Wort für sie einzulegen. Die Bürger von Tyrus
und Sidon waren nämlich für ihre Lebensmittel-
versorgung auf Lieferungen aus dem Gebiet des
Königs angewiesen.

21 An dem Tag, an dem die Beilegung des
Streits feierlich verkündet werden sollte, nahm
Herodes in der Pracht seiner königlichen Ge-
wänder auf der Tribüne Platz und hielt in öffent-
licher Volksversammlung eine Rede an die Ab-
ordnung aus Tyrus und Sidon. 22 Das Volk von
Cäsarea aber rief laut: »So redet ein Gott, nicht
ein Mensch!«

23 Im selben Augenblick schlug ihn der Engel*
des Herrn – weil er sich als einen Gott feiern
ließ, anstatt dem wahren Gott die Ehre zu geben.
Der König wurde von Würmern zerfressen und
starb.

24 Die Botschaft Gottes aber breitete sich aus
und die Zahl der Glaubenden nahm immer
mehr zu.

Die erste Missionsreise von Paulus (12,25–14,28)

Barnabas und Saulus von der Gemeinde in Antiochia ausgesandt

25 Nachdem Barnabas und Saulus die Geldspen-
de in Jerusalem übergeben hatten, kehrten sie
nach Antiochia zurück. Sie brachten Johannes
mit dem Beinamen Markus aus Jerusalem mit.

13 In der Gemeinde von Antiochia gab es
eine Reihe von Propheten* und Lehrern*;
es waren Barnabas, Simeon, genannt »der
Schwarze«, Luzius von Zyrene, Manaën, der zu-
sammen mit dem Fürsten Herodes[a] erzogen
worden war, und Saulus.

2 Als sie einmal für einige Zeit fasteten* und
sich ganz dem Gebet widmeten,[b] sagte ihnen
der Heilige Geist*: »Gebt mir Barnabas und Sau-
lus für die besondere Aufgabe frei, zu der ich sie
berufen habe!«

3 Nach einer weiteren Zeit des Fastens und
Betens legten sie den beiden die Hände auf und
ließen sie ziehen.

Barnabas und Saulus auf Zypern

4 So wurden Barnabas und Saulus vom Heiligen
Geist* ausgesandt und auf den Weg geschickt.
Sie gingen hinab nach Seleuzia und reisten von
dort mit dem Schiff zur Insel Zypern. 5 Als sie in
die Stadt Salamis kamen, verkündeten sie die
Botschaft Gottes in den jüdischen Synagogen*.
Als Helfer hatten sie noch Johannes Markus bei
sich.

6 Dann durchzogen sie die ganze Insel und
kamen nach Paphos. Dort trafen sie einen Juden
namens Barjesus, der war ein Magier* und
falscher Prophet. 7 Er gehörte zum Gefolge des
römischen Statthalters* der Insel, Sergius Paulus,
einem gebildeten Mann. Der Statthalter hatte
Barnabas und Saulus rufen lassen und wollte
die Botschaft Gottes hören. 8 Aber Elymas, wie
Barjesus sich auch nannte – das bedeutet
»Magier« –, trat ihnen entgegen und suchte mit
allen Mitteln zu verhindern, dass der Statthalter
der Botschaft glaubte.

9 Saulus – mit seinem römischen Namen
heißt er übrigens Paulus[c] – sah den Magier
scharf an; erfüllt vom Heiligen Geist, 10 sagte
er zu ihm: »Du Sohn des Teufels, du bist voll
List und Tücke und kämpfst gegen alles Gute.
Willst du nicht endlich aufhören, die klaren Ab-
sichten Gottes zu durchkreuzen? 11 Der Herr
wird dich dafür bestrafen: Du sollst blind sein
und für einige Zeit das Sonnenlicht nicht mehr
sehen!«

Im selben Augenblick fand sich der Magier
in die tiefste Dunkelheit getaucht. Er tappte um-
her und suchte einen, der ihn an der Hand
führte.

12 Als der Statthalter sah, was geschehen war,
kam er zum Glauben; denn er war tief beein-
druckt davon, wie mächtig sich die Lehre von
Jesus, dem Herrn*, erwiesen hatte.

Die Predigt in der Synagoge von Antiochia in Pisidien

13 Paulus und seine Begleiter bestiegen in Paphos
ein Schiff und fuhren nach Perge in Pamphylien.
Dort trennte sich Johannes Markus von ihnen
und kehrte nach Jerusalem zurück. 14 Die beiden
anderen zogen von Perge weiter nach Antiochia
in Pisidien.

Am Sabbat* gingen sie dort in die Synagoge*
und setzten sich unter die Zuhörer. 15 Nach der
Lesung aus dem Gesetz* und den Schriften der
Propheten* ließen die Synagogenvorsteher*
den Gästen sagen: »Brüder, wenn ihr dem Volk

a Herodes Antipas; siehe Sacherklärung »Herodes (3)«. b Wörtlich *dem Herrn (gottesdienstlich) dienten.*
c Wörtlich *Saulus, auch Paulus.* Von hier an wird in der Apostelgeschichte nur noch der Name Paulus verwendet; siehe Sacherklärung »Saulus«.

12,22 Ez 28,2 **12,23** 2 Makk 9,5-12 **12,24** 2,41 S **12,25** 9,27 S; 11,29-30; 12,12 S **13,1** 11,27 S **13,2** 10,19 S; 9,15 S; Gal 1,15-16 **13,3** Mt 6,16-17 S; Apg 6,6 S **13,4** 10,19 S **13,5** 17,2 S; 12,12 S **13,8** 2 Tim 3,8 **13,11** 9,8 **13,13** 12,12 S **13,15** 15,21

ein ermutigendes Wort zu sagen habt, dann
sprecht!«

16 Da stand Paulus auf, bat mit einer Hand-
bewegung um Ruhe und begann:
»Ihr Männer aus dem Volk Israel und ihr
anderen, die ihr den Glauben Israels teilt,[a] hört
mich an! 17 Der Gott unseres Volkes, der Gott
Israels, hat unsere Vorfahren erwählt und hat sie
zu einem großen Volk gemacht, während sie als
Fremde in Ägypten lebten. Mit hoch erhobenem
Arm führte er sie aus Ägypten heraus, 18 und
vierzig Jahre lang ertrug er sie[b] in der Wüste.
19 Er vernichtete vor ihnen sieben Völker im
Land Kanaan* und gab ihnen ihr Land zum
Besitz. 20 Das war etwa 450 Jahre nachdem
unsere Vorfahren nach Ägypten gekommen
waren.

Dann gab er ihnen Richter bis zur Zeit des
Propheten Samuel. 21 Von da an wollten sie
einen König haben, und Gott gab ihnen Saul,
den Sohn von Kisch aus dem Stamm Benjamin.
Nach vierzigjähriger Herrschaft aber 22 verstieß
er Saul und erhob David zu ihrem König. Ihm
stellte er das Zeugnis aus: ›David, den Sohn von
Isai, habe ich erwählt, einen Mann, der mir
gefällt. Er wird alles ausführen, was ich will.‹
23 Und einen der Nachkommen von eben diesem
David hat Gott nun seinem Volk Israel als Retter
gesandt, wie er es versprochen hatte, nämlich
Jesus.

24 Vor ihm her hatte Johannes alle im Volk
Israel dazu aufgerufen, sie sollten umkehren*
und sich taufen* lassen. 25 Als Johannes am Ende
seines Wirkens stand, sagte er zu den Leuten:
›Ich bin nicht der, für den ihr mich haltet.
Aber *nach* mir kommt der Erwartete; ich bin
nicht einmal gut genug, ihm die Schuhe aufzu-
binden.‹

26 Liebe Brüder,[c] ihr Nachkommen Abra-
hams*, und ihr anderen hier, die ihr den Glau-
ben Israels teilt: Jetzt hat Gott *uns,* die wir hier
versammelt sind, die Botschaft von dieser Ret-
tung gesandt! 27 Denn die Bewohner Jerusalems
und ihre führenden Männer haben Jesus nicht
erkannt. Sie haben ihn verurteilt, aber mit die-
sem Urteil haben sie nur die Ankündigungen der
Propheten* in Erfüllung gehen lassen, die jeden
Sabbat vorgelesen werden. 28 Sie forderten näm-
lich von Pilatus seine Hinrichtung, obwohl sie
kein todeswürdiges Verbrechen an ihm gefun-
den hatten. 29 Und nachdem sie alles getan hat-
ten, was in den Heiligen Schriften* über Jesus
vorhergesagt ist, nahmen sie ihn vom Kreuz und
legten ihn ins Grab. 30 Aber Gott hat ihn vom
Tod auferweckt*, 31 und als Auferstandener
zeigte er sich während vieler Tage den Männern,
die mit ihm von Galiläa* nach Jerusalem gekom-
men waren. Diese sind heute seine Zeugen vor
dem Volk Israel.

32 Und wir verkünden euch nun also die gute
Nachricht, dass Gott seine Zusagen eingelöst
hat! Was er unseren Vorfahren versprochen
hatte, 33 das hat er für uns, die Nachkommen, in
Erfüllung gehen lassen. Er hat Jesus vom Tod auf-
erweckt, und damit ist eingetreten, was bei-
spielsweise im zweiten Psalm geschrieben steht,
wo Gott sagt: ›Du bist mein Sohn, heute habe ich
dich dazu gemacht!‹

34 Dass er ihn mit der Auferweckung aber *für
immer* dem Tod und der Verwesung entrissen
hat – und mit ihm auch uns[d] –, das stellt er klar
mit den Worten: ›Ich gebe euch die heiligen und
unvergänglichen Gaben, die ich David verspro-
chen habe.‹ 35 Darum sagt auch David in einem
anderen Psalm: ›Du gibst deinen Heiligen nicht
der Verwesung preis.‹

36 David selbst hatte nur eine Aufgabe an
seiner eigenen Generation zu erfüllen. Dann ist
er nach Gottes Willen gestorben, wurde neben
seinen Vorfahren beigesetzt und fiel der Verwe-
sung anheim. 37 Doch der, den Gott vom Tod
auferweckt hat, der fiel nicht der Verwesung
anheim.

38 Und durch diesen Jesus – das sollt ihr wis-
sen, Brüder – wird euch die Vergebung eurer
Schuld angeboten! Das Gesetz* Moses hatte
nicht die Kraft, eure Schuld wegzunehmen;
39 aber wer von euch Jesus vertraut, wird vor
Gott als gerecht* bestehen können.

40 Gebt also Acht, dass nicht eintrifft, was
im Buch der zwölf Propheten[e] gesagt wird:
41 ›Schaut her, ihr Verächter, wundert euch und

a Wörtlich *und ihr Gottesfürchtigen*;* ebenso in Vers 26.
b Nach anderen Handschriften *ernährte er sie.*
c Wörtlich *Männer, Brüder;* ebenso in Vers 38.
d *und mit ihm ...:* verdeutlichender Zusatz im Blick auf das *euch* im folgenden Zitat.
e Wörtlich *bei den Propheten;* vgl. Anmerkung zu 7,42. Das Zitat aus Hab 1,5 (nach G) deutet die Möglichkeit an, dass das jüdische Volk das in Jesus angebotene Heil abweisen könnte, während Menschen aus den anderen Völkern danach greifen; vgl. hier Verse 44-48 und 28,23-28.

13,17 Ex 1,7; Dtn 5,15 **13,18** Ex 16,35; Dtn 29,4 **13,19** Dtn 7,1; Jos 14,1 **13,20 b** Ri 2,16; 1 Sam 3,20 **13,21** 1 Sam 8,5.19; 10,21-24; 11,15 **13,22** 1 Sam 16,1.12; *nach* 1 Sam 13,14 **13,23** Jer 23,5 S; Mt 1,1 S; Lk 2,11 S **13,24** Lk 3,3 **13,25** Lk 3,15-16.19-20 **13,27** 3,17-18 **13,28** Lk 23,4.14-15.21-23; 23,47 S **13,29** Lk 23,50-56 par; 24,44 S **13,30** 4,2 S **13,31** 1,8 S **13,33** *nach* Ps 2,7; Röm 1,3-4 **13,34** *nach* Jes 55,3 **13,35** *nach* Ps 16,10 **13,36** 2,29 **13,38** 10,43 **13,39** Röm 4,25; 10,4

geht zugrunde! Denn in euren Tagen werde ich
etwas tun – wenn es euch jemand erzählte, ihr
würdet es ihm nicht glauben!‹«
42 Als Paulus und Barnabas aus der Synagoge
gingen, wurden sie gebeten, am folgenden Sab-
bat weiter über diese Sache zu sprechen. 43 Doch
schon gleich nach dem Gottesdienst kamen viele
mit Paulus und Barnabas mit, Juden und Leute,
die zum Judentum übergetreten waren.[a] Die bei-
den sprachen zu ihnen und redeten ihnen zu,
die angebotene Gnade Gottes zu ergreifen und
an ihr festzuhalten.

Konflikt mit den Juden, Hinwendung zu den Nichtjuden

44 Am nächsten Sabbat* war fast die ganze
Stadt in der Synagoge* versammelt, um die Bot-
schaft Gottes zu hören. 45 Als die Juden den
großen Andrang sahen, wurden sie eifer-
süchtig.[b] Ständig widersprachen sie dem, was
Paulus sagte, und stießen Lästerungen gegen
Jesus aus.
46 Schließlich erklärten Paulus und Barnabas
frei und offen: »Euch musste als Ersten die Bot-
schaft Gottes verkündet werden. Aber weil ihr
nichts davon wissen wollt und euch damit als un-
würdig erweist, das ewige Leben zu empfangen,
wenden wir uns jetzt an die Nichtjuden. 47 Dazu
haben wir vom Herrn den Auftrag erhalten;
denn er hat gesagt: ›Ich mache dich zum Licht
für die anderen Völker, damit alle bis ans Ende
der Erde durch dich meine rettende Hilfe er-
fahren.‹«[c]
48 Als die Nichtjuden das hörten, brachen sie
in Jubel aus. Sie wollten gar nicht mehr aufhö-
ren, Gott für seine rettende Botschaft zu preisen.
Und alle, die für das ewige Leben bestimmt wa-
ren, kamen zum Glauben.
49 Die Botschaft Gottes verbreitete sich in der
ganzen Gegend. 50 Aber die Juden hetzten vor-
nehme Frauen, die sich zur jüdischen Gemeinde
hielten,[d] und die führenden Männer der Stadt
gegen Paulus und Barnabas auf. Die beiden wur-
den festgenommen, aus der Stadt ausgewiesen
und mussten die Gegend verlassen.
51 Vor der Stadt schüttelten sie den Staub*
von ihren Füßen, ihnen zur Warnung, und
gingen nach Ikonion. 52 Die neu gewonnenen
Jünger und Jüngerinnen[e] in Antiochia aber
wurden von Freude und vom Heiligen Geist* er-
füllt.

Paulus und Barnabas in Ikonion

14 In Ikonion gingen Paulus und Barnabas
wieder genauso in die Synagoge* und sie
sprachen dort auch so, wie sie es schon in Antio-
chia getan hatten. Eine große Zahl von Men-
schen kam daraufhin zum Glauben, Juden wie
Griechen.[f]
2 Aber die übrigen Juden, die sich nicht über-
zeugen lassen wollten, fingen an, die nichtjüdi-
sche Bevölkerung der Stadt gegen die Christen[g]
aufzuhetzen. 3 Trotzdem konnten Paulus und
Barnabas noch längere Zeit in der Stadt bleiben.
Im Vertrauen auf den Herrn verkündeten sie die
Botschaft von der rettenden Gnade frei und of-
fen, und der Herr bestätigte die Botschaft durch
die Staunen erregenden Wunder, die er durch
Paulus und Barnabas geschehen ließ.
4 So kam es, dass die Stadt schließlich in zwei
Lager gespalten war: die einen hielten zu den
Juden, die andern zu den Aposteln*. 5 Die feind-
lich gesinnte Gruppe – Nichtjuden ebenso wie
Juden samt den jeweils führenden Männern –
bereitete einen Anschlag gegen Paulus und Bar-
nabas vor. Sie wollten an den beiden ihre Wut
auslassen und sie steinigen*.
6 Aber Paulus und Barnabas merkten, was sie
vorhatten. Sie flohen nach Lystra und dann wei-
ter nach Derbe, zwei Städten in Lykaonien.
7 Dort und in der weiteren Umgebung verkünde-
ten sie die Gute Nachricht*.

Paulus und Barnabas in Lystra

8 In Lystra sahen Paulus und Barnabas einen
Mann sitzen, der seit seiner Geburt gelähmt
war. Seine Füße waren kraftlos; er hatte in sei-
nem ganzen Leben noch keinen Schritt getan.
9 Er hörte zu, wie Paulus die Gute Nachricht*
verkündete.

a *Leute, die ...:* wörtlich *gottesfürchtige Proselyten**. In Vers 26 war nur von *Gottesfürchtigen** die Rede; vielleicht sind jetzt beide Gruppen gemeint.
b Möglicherweise ist zu übersetzen *packte sie (heiliger) Eifer;* vgl. 21,20; 22,3; Gal 1,14.
c Das Wort aus Jes 49,6 gilt zunächst für Jesus (vgl. Lk 2,32), wird aber hier auf seine Boten, speziell auf Paulus bezogen (vgl. Apg 22,21; 26,17-18).
d Wörtlich *die gottesfürchtigen* (Frauen).*
e Wörtlich *Jünger;* siehe Anmerkung zu 6,1.
f *Griechen:* nämlich Gottesfürchtige* aus der griechischen Bevölkerung der Stadt (vgl. 13,16).
g Wörtlich *gegen die Brüder.*

13,43 2,41 S; 11,23 S **13,44** 17,2 S **13,46** (als Ersten) 3,26; 18,6; Röm 1,16; 2,9 **13,48** 11,18 S **13,51** 18,6; Lk 9,5 par **14,5** 14,19; 2 Tim 3,11 **14,6** Mt 10,23 **14,8** 3,2

Paulus blickte ihn an, und als er merkte, dass der Gelähmte das feste Vertrauen hatte, geheilt zu werden, 10 sagte er laut: »Steh auf, stell dich aufrecht auf deine Beine!« Da sprang der Mann auf und ging umher.

11 Als die Volksmenge sah, was Paulus getan hatte, riefen alle in ihrer lykaonischen Sprache: »Die Götter haben Menschengestalt angenommen und sind zu uns herabgestiegen!« 12 Sie nannten Barnabas Zeus* und Paulus nannten sie Hermes* – weil er das Wort geführt hatte. 13 Der Priester aus dem Zeus-Tempel vor der Stadt brachte Stiere und Blumenkränze ans Stadttor und wollte zusammen mit der Menge den beiden Opfer* darbringen.

14 Als die Apostel* merkten, was da vor sich ging, zerrissen sie ihre Kleider, stürzten sich in die Menge und riefen: 15 »Ihr Männer, was macht ihr da? Wir sind doch Menschen genauso wie ihr! Mit unserer Botschaft wollen wir euch ja gerade dazu aufrufen, dass ihr euch *abwendet* von all diesen Göttern, die gar keine sind, und euch dem lebendigen Gott zuwendet – dem Gott, der Himmel, Erde, Meer und alles, was lebt, geschaffen hat! 16 Bis jetzt hat er alle Völker außer den Juden ihre eigenen Wege gehen lassen. 17 Und doch hat er sich auch ihnen schon immer zu erkennen gegeben: *Er* ist es doch, der euch Wohltaten erweist! *Er* gibt euch den Regen und lässt die Ernte reifen! *Er* gibt euch zu essen und macht euch froh und glücklich!«

18 Doch auch damit konnten sie die Leute kaum davon abbringen, ihnen zu opfern.

19 Aber dann kamen Juden aus Antiochia in Pisidien und aus Ikonion. Sie brachten die Menge auf ihre Seite und bewarfen Paulus mit Steinen. Darauf schleiften sie ihn aus der Stadt hinaus; denn sie hielten ihn für tot. 20 Doch als die Christen[a] sich um ihn drängten, kam er wieder zu sich, stand auf und ging ganz offen in die Stadt zurück.

Am nächsten Tag machte er sich mit Barnabas auf den Weg nach Derbe.

Besuch der Gemeinden auf der Rückreise von Derbe aus

21 In Derbe verkündeten Paulus und Barnabas die Gute Nachricht* und konnten viele Menschen als Jünger und Jüngerinnen für Jesus gewinnen.[b] Dann traten sie die Rückreise an. Sie kamen wieder nach Lystra und dann nach Ikonion und schließlich nach dem pisidischen Antiochia. 22 Überall machten sie den Christen Mut und ermahnten sie, unbeirrt am Glauben festzuhalten. »Der Weg in Gottes neue Welt«,[c] sagten sie zu ihnen, »führt uns durch viel Not und Verfolgung. So ist es der Wille Gottes.«

23 In jeder Gemeinde setzten sie Gemeindeälteste* ein und stellten sie und alle, die zum Glauben an den Herrn* gekommen waren, mit Gebet und Fasten* unter dessen Schutz.

24 Sie zogen dann weiter durch Pisidien nach Pamphylien. 25 Sie verkündeten die Botschaft Gottes in Perge und gingen hinunter ans Meer nach Attalia. 26 Von dort kehrten sie mit dem Schiff zum Ausgangspunkt ihrer Reise, nach Antiochia in Syrien, zurück. Hier waren sie der Gnade Gottes anbefohlen worden für das Werk, das sie nun vollendet hatten.

27 Nach ihrer Ankunft riefen sie die ganze Gemeinde zusammen und berichteten, was Gott alles durch sie getan hatte und dass er den Nichtjuden die Tür zum Glauben geöffnet habe.

28 Paulus und Barnabas blieben nun für längere Zeit bei den Brüdern und Schwestern in Antiochia.[d]

Das »Apostelkonzil« und seine Beschlüsse (15,1-35)

Müssen die Nichtjuden auf das Gesetz verpflichtet werden?

15 Damals kamen einige Christen aus Judäa* nach Antiochia und erklärten den Brüdern: »Ihr könnt nicht gerettet werden, wenn ihr euch nicht beschneiden* lasst, wie es das Gesetz* Moses vorschreibt!«

2 Paulus und Barnabas bestritten das und hatten eine heftige Auseinandersetzung mit ihnen. Die Brüder beschlossen deshalb, Paulus und Barnabas und einige andere aus der Gemeinde nach Jerusalem zu senden. Sie sollten den Aposteln* und Gemeindeältesten* dort die Streitfrage vorlegen.

3 Paulus und Barnabas wurden von der Gemeinde feierlich verabschiedet. Sie zogen durch Phönizien* und Samarien* und erzählten überall in den Gemeinden, wie die Nichtjuden Jesus als den Herrn* angenommen hatten. Bei allen

a Wörtlich *die Jünger;* ebenso in Vers 22; siehe Anmerkung zu 6,1.
b Wörtlich *zu Jüngern machen;* siehe Anmerkung zu 6,1.
c Wörtlich *in die Königsherrschaft* Gottes.*
d Wörtlich *bei den Jüngern;* siehe Anmerkung zu 6,1.

14,11 8,10; 12,21-22; 28,6 **14,13-15** 10,25-26; Dan 2,46 **14,15** Ps 96,5 S; 1 Kor 8,4-6 **14,16** 17,30 **14,17** Ps 147,8; Jer 5,24 **14,19** (Paulus verfolgt) 14,5; 13,50; 17,13; 2 Kor 11,25 **14,22** 11,23 S; 1 Thess 3,4 **14,26** 13,1-2 **14,27** 11,18 S **15,1-2** Gal 2,1-10; 5,2

Brüdern und Schwestern[a] lösten sie damit große
Freude aus.
4 Als sie nach Jerusalem kamen, wurden sie
von der ganzen Gemeinde und den Aposteln
und Gemeindeältesten freundlich aufgenom-
men. Sie berichteten ihnen, was Gott alles durch
sie unter den Nichtjuden getan hatte.
5 Aber einige von der Richtung der Phari-
säer*, die Christen geworden waren, standen
auf und erklärten: »Man muss sie beschneiden
und von ihnen fordern, dass sie das Gesetz*
Moses befolgen!«

Petrus: Gott hat schon entschieden!

6 Daraufhin fand eine weitere Versammlung
statt:[b] Die Apostel* und die Gemeindeältesten*
traten zusammen, um vor der gesamten Ge-
meinde die Frage zu erörtern. 7 Als die Diskus-
sion heftig wurde, stand Petrus auf und sagte:
»Liebe Brüder,[c] ihr wisst doch: Gott hat
schon seit langem unter euch seinen Willen
kundgegeben. Er hat entschieden, dass die Men-
schen der anderen Völker durch mich die Gute
Nachricht* hören und zum Glauben kommen
sollten. 8 Und er, der ins Herz sieht, hat diesen
Menschen ein gutes Zeugnis ausgestellt: Er hat
ihnen genauso wie uns den Heiligen Geist* ge-
schenkt. 9 In keinem Punkt hat er einen Unter-
schied gemacht zwischen ihnen und uns. Sie
sind rein*, weil er sie durch den Glauben im
Herzen rein gemacht hat.
10 Warum also fordert ihr Gott heraus und
wollt diesen Menschen eine Last auferlegen, die
weder unsere Vorfahren noch wir selbst tragen
konnten? 11 Es ist doch allein die Gnade Gottes,
auf die wir unser Vertrauen setzen und von der
wir unsere Rettung erwarten – wir genauso wie
sie!«
12 Aus der ganzen Versammlung kam kein
Wort des Widerspruchs und alle hörten aufmerk-
sam zu, als nun Paulus und Barnabas noch einge-
hender berichteten, was für Staunen erregende
Wunder Gott durch sie unter den Nichtjuden
vollbracht hatte.

Jakobus macht sich zum Anwalt der nichtjüdischen Christen

13 Als die beiden geendet hatten, stand Jakobus[d]
auf und sagte:
»Hört mir zu, liebe Brüder! 14 Simon hat uns
gezeigt, wie Gott selbst von Anfang an darauf be-
dacht war, aus den Nichtjuden Menschen zu
sammeln, die sein Volk sind und ihn ehren.
15 Das stimmt mit den Worten der Propheten*
überein, denn bei ihnen heißt es:
16 ›Danach werde ich mich euch zuwenden,
sagt der Herr, und die verfallene Hütte Davids
wieder aufbauen. Aus den Trümmern werde ich
sie von neuem errichten.[e] 17 Das werde ich tun,
damit auch die übrigen Menschen nach mir fra-
gen, alle Völker, die doch von jeher mein Eigen-
tum sind. Ich, der Herr, werde tun, 18 was ich seit
Urzeiten beschlossen habe.‹
19 Darum bin ich der Ansicht, wir sollten den
Menschen aus den anderen Völkern, die sich
Gott zuwenden, nicht eine unnötige Last auf-
erlegen. Wir sollten sie nicht dazu verpflichten,
das ganze jüdische Gesetz* zu befolgen, 20 son-
dern sie nur in einem Schreiben auffordern,
dass sie kein Fleisch von Tieren essen, die als
Opfer für die Götzen geschlachtet worden sind,
denn es ist unrein*; weiter sollen sie sich vor
Blutschande hüten, kein Fleisch von Tieren
essen, deren Blut* nicht vollständig ausgeflossen
ist, und kein Tierblut genießen. 21 Denn diese
Vorschriften Moses[f] sind seit alten Zeiten in
jeder Stadt bekannt; jeden Sabbat* wird ja über-
all in den Synagogen* aus dem Gesetz vorge-
lesen.«

Beschluss und Brief an die nichtjüdischen Christen

22 Darauf beschlossen die Apostel* und die Ge-
meindeältesten* zusammen mit der ganzen Ge-
meinde, Männer aus ihrer Mitte auszuwählen
und mit Paulus und Barnabas nach Antiochia zu
schicken. Sie bestimmten dafür Judas mit dem
Beinamen Barsabbas und Silas, zwei führende

a *Brüder und Schwestern* steht für ein einziges griechisches Wort, dessen Mehrzahlform nicht nur, wie herkömmlich übersetzt, die »Brüder« bezeichnet, sondern je nach Zusammenhang auch die Gesamtheit der Gemeinde aus Männern und Frauen (siehe Sacherklärung »Bruder«).
b Verdeutlichender Zusatz; ebenso im folgenden *vor der gesamten Gemeinde* (vgl. Verse 12 und 22).
c Wörtlich *Männer, Brüder;* entsprechend in Vers 13.
d Zu *Jakobus* siehe Anmerkung zu 12,17.
e Wiederhergestellt wurde die *Hütte* (= Herrschaft) Davids in der Erhebung des Davidnachkommen Jesus auf Gottes Thron (vgl. 2,22-36); aber auch das Wirken der Apostel galt zunächst dem im Zustand des »Verfalls« – der Fremdherrschaft und Heilsferne – befindlichen Israel (vgl. 1,6-8; 2,39; 3,26; 5,31).
f Sie finden sich sämtlich in Lev 17,8–18,18 und werden dort auch für die »Fremden« – zunächst die in Israel lebenden – verbindlich gemacht (siehe Sacherklärung »Blutschande« und die Vergleichsstellen zu Vers 20).

15,7-8 10,44-45 **15,9** 10,34-35 **15,10** 15,19; Lk 11,46; Mt 11,28-30 **15,11** 13,38; Gal 2,16; 3,10-12; Eph 2,5-8 **15,16-17** *nach* Am 9,11-12 **15,18** *nach* Jes 45,21 **15,19** Gal 5,3 **15,20** 15,29; 21,25; (Opferfleisch) 1 Kor 8,1-13; 10,23-33; (Blutschande) Lev 18,6-18; (ausgeflossen) Lev 17,15 S; (Tierblut) Lev 17,10-14 S **15,21** 13,15 **15,22** (Silas/Silvanus) 15,40; 16,19; 17,4.10.14-15; 18,5; 1 Thess 1,1 S

Leute der Gemeinde, 23 und gaben ihnen folgen-
des Schreiben mit:

»Die Apostel und die Gemeindeältesten, eure
Brüder, grüßen ihre Brüder und Schwestern[a]
nichtjüdischer Abstammung in Antiochia, Syrien
und Zilizien.
24 Wir haben erfahren, dass einige aus unserer
Gemeinde mit ihren Äußerungen Verwirrung
und Niedergeschlagenheit unter euch verbreitet
haben. Sie hatten aber keinerlei Auftrag von
uns.
25 Nachdem wir nun in dieser Frage zu einer ein-
helligen Auffassung gekommen sind, haben wir
beschlossen, ausgewählte Männer unserer Ge-
meinde zu euch zu schicken. Sie kommen zu-
sammen mit unseren geliebten Brüdern Bar-
nabas und Paulus, 26 die im Dienst für Jesus
Christus, unseren Herrn*, ihr Leben aufs Spiel
gesetzt haben. 27 Unsere Abgesandten Judas und
Silas werden euch alles auch noch mündlich
mitteilen und erläutern.
28 Vom Heiligen Geist* geleitet, haben wir
nämlich beschlossen,[b] euch keine weitere Last
aufzuladen außer den folgenden Einschrän-
kungen, die unbedingt von euch zu beachten
sind:
29 Esst kein Fleisch von Tieren, die als Opfer für
die Götzen geschlachtet wurden; genießt kein
Blut; esst kein Fleisch von Tieren, deren Blut
nicht vollständig ausgeflossen ist; und hütet euch
vor Blutschande.[c]
Wenn ihr euch vor diesen Dingen in Acht nehmt,
tut ihr recht. Lebt wohl!«

30 Die beiden Abgesandten gingen mit Paulus
und Barnabas nach Antiochia. Vor der versam-
melten Gemeinde übergaben sie den Brief. 31 Als
er vorgelesen wurde, freuten sich alle über den
ermutigenden Bescheid. 32 Judas und Silas, die
selbst Propheten waren,[d] sprachen lange mit
den Brüdern und Schwestern, machten ihnen
weiter Mut und stärkten sie. 33 Sie blieben noch
einige Zeit dort; dann wurden sie von der Ge-
meinde herzlich verabschiedet, um nach Jeru-
salem zurückzukehren.[e]
35 Paulus und Barnabas blieben in Antiochia.
Zusammen mit vielen anderen unterwiesen sie
die Gemeinde und verkündeten den Menschen
in der Stadt die Botschaft Gottes.

PAULUS MISSIONIERT IN KLEINASIEN UND GRIECHENLAND (15,36–19,20)

Die zweite Missionsreise von Paulus (15,36–18,22)

Aufbruch und Trennung von Barnabas

36 Nach einiger Zeit sagte Paulus zu Barnabas:
»Lass uns noch einmal alle die Orte besuchen, in
denen wir die Botschaft Gottes verkündet haben!
Wir wollen sehen, wie es den Brüdern und
Schwestern[f] geht!«
37 Barnabas wollte Johannes Markus mitneh-
men, 38 aber Paulus lehnte es ab, noch einmal
mit ihm zusammenzuarbeiten; denn er hatte sie
auf der vorhergehenden Reise in Pamphylien im
Stich gelassen und die Zusammenarbeit abge-
brochen.
39 Es kam zu einer heftigen Auseinanderset-
zung, und Paulus und Barnabas trennten sich.
Barnabas fuhr mit Markus nach Zypern, 40 Pau-
lus aber wählte sich Silas als Begleiter.
Die Brüder und Schwestern beteten für
Paulus, dass Gottes Gnade ihn begleite, und er
machte sich auf den Weg. 41 Er zog durch Syrien
und Zilizien und stärkte die Gemeinden im
Glauben.

Paulus gewinnt Timotheus. Bekanntgabe des Beschlusses von Jerusalem

16 Paulus kam auch wieder nach Derbe und
nach Lystra. In Lystra lebte ein Jünger*
mit Namen Timotheus. Seine Mutter, selbst
Christin, war jüdischer Herkunft, der Vater da-
gegen Grieche.
2 Timotheus stand bei den Brüdern und
Schwestern in Lystra und Ikonion in gutem Ruf.
3 Paulus wollte ihn gern als seinen Begleiter auf
die Reise mitnehmen. Mit Rücksicht auf die
Juden in der Gegend beschnitt er ihn; denn sie
wussten alle, dass sein Vater ein Grieche war.[g]

a Siehe Anmerkung zu Vers 3; ebenso für Vers 32. *b* Wörtlich *Dem Heiligen Geist und uns schien es gut.*
c Zum Sinn der genannten Bestimmungen siehe Sacherklärung »Blutschande«.
d Wie die *Propheten** der Gemeinde in Antiochia; vgl. 13,1.
e Zahlreiche Handschriften fügen – wohl mit Rücksicht auf Vers 40 – hinzu (Vers 34): *Silas beschloss dazubleiben und Judas kehrte allein zurück.*
f Siehe Anmerkung zu Vers 3; entsprechend für Vers 40 und 16,2.
g Zur Beschneidung* des Mitarbeiters siehe Sacherklärung »Timotheus«.

15,24 Gal 1,7 S **15,29** 15,20 S **15,32** 11,27 S; 11,23 S **15,37** 12,12 S **15,38** 13,13 **15,40** (Silas) 15,22 S; (Gnade) 14,26 **16,1** 14,6; (Timotheus) 17,14-15; 18,5; 19,22; 20,4; 1 Kor 4,17 S **16,2** Phil 2,20.22

4 In allen Städten, durch die sie kamen, über-
gaben sie den Gemeinden die Vorschriften, die
die Apostel* und Gemeindeältesten* in Jeru-
salem erlassen hatten, und sie ermahnten sie,
danach zu leben. 5 So wurden die Gemeinden in
ihrem Glauben gefestigt, und täglich schlossen
sich ihnen weitere Menschen an.

Paulus in Troas: Der Ruf nach Europa

6 Danach zogen sie weiter durch Phrygien und
die Landschaft Galatien*; denn der Heilige
Geist* erlaubte ihnen nicht, in der Provinz
Asien* die Botschaft Gottes zu verkünden.

7 Als sie, westwärts ziehend, an die Grenze
von Mysien kamen, wollten sie von dort in
das nördlich gelegene Bithynien weiterziehen.
Aber auch das ließ der Geist, durch den Jesus
sie leitete, nicht zu. 8 So zogen sie an Mysien
vorbei und gingen ans Meer hinunter nach
Troas.[a]

9 Dort in Troas hatte Paulus in der Nacht eine
Vision: Er sah einen Mann aus Mazedonien vor
sich stehen, der bat ihn: »Komm zu uns herüber
nach Mazedonien und hilf uns!«

10 Darauf suchten wir sofort nach einem
Schiff, das uns nach Mazedonien mitnehmen
konnte. Denn wir waren sicher, dass Gott uns
gerufen hatte, den Menschen dort die Gute
Nachricht* zu bringen.

Paulus in Philippi: Die Bekehrung von Lydia

11 Wir fuhren von Troas auf dem kürzesten Weg
zur Insel Samothrake und am zweiten Tag er-
reichten wir Neapolis. 12 Von dort gingen wir
landeinwärts nach Philippi, einer Stadt im ersten
Bezirk Mazedoniens, einer Ansiedlung von rö-
mischen Bürgern.[b] Wir hielten uns einige Tage
dort auf 13 und warteten auf den Sabbat*.

Am Sabbat gingen wir vor das Tor an den
Fluss. Wir vermuteten dort eine jüdische Gebets-
stätte und fanden sie auch. Wir setzten uns und
sprachen zu den Frauen, die zusammengekom-
men waren.

14 Auch eine Frau namens Lydia war dar-
unter; sie stammte aus Thyatira und handelte mit
Purpurstoffen. Sie hielt sich zur jüdischen
Gemeinde.[c] Der Herr öffnete ihr das Herz, so-
dass sie begierig aufnahm, was Paulus sagte.
15 Sie ließ sich mit ihrer ganzen Hausgemein-
schaft*, ihren Angehörigen und Dienstleuten,
taufen*.

Darauf lud sie uns ein und sagte: »Wenn ihr
überzeugt seid, dass ich treu zum Herrn* stehe,
dann kommt in mein Haus und nehmt dort
Quartier!« Sie drängte uns, die Einladung anzu-
nehmen.

Paulus treibt einen Wahrsagegeist aus ...

16 Auf dem Weg zur Gebetsstätte der Juden trafen
wir eines Tages eine Sklavin*, aus der redete ein
Geist, der die Zukunft wusste. Mit ihren Prophe-
zeiungen brachte sie ihren Besitzern viel Geld
ein. 17 Die Frau lief hinter Paulus und uns ande-
ren her und rief: »Diese Leute sind Diener des
höchsten Gottes! Sie zeigen euch den Weg zur
Rettung.«

18 Das ging viele Tage so, bis Paulus es nicht
länger anhören konnte. Er drehte sich um und
sagte zu dem Geist: »Ich befehle dir im Namen
von Jesus Christus: Fahre von ihr aus!«

Im gleichen Augenblick fuhr der Wahrsage-
geist von ihr aus.

... und muss mit Silas ins Gefängnis

19 Die Besitzer der Sklavin sahen sofort, dass mit
dem Geist auch ihre Hoffnung auf Gewinn aus-
gefahren war. Sie packten Paulus und Silas und
schleppten sie zum Marktplatz vor das städtische
Gericht. 20 Sie stellten sie vor die beiden Stadt-
obersten[d] und erklärten: »Diese Menschen hier
stiften Unruhe in unserer Stadt. Juden sind sie;
21 sie wollen Sitten einführen, die gegen unsere
Ordnung sind und die wir als römische Bürger
nicht annehmen dürfen.« 22 Auch die Volksmen-
ge war aufgebracht und verlangte ihre Bestra-
fung.

Die Stadtobersten ließen Paulus und Silas die
Kleider vom Leib reißen und gaben Befehl, sie
mit Stöcken zu prügeln. 23 Nachdem man ihnen
viele Schläge verabreicht hatte, brachte man sie
ins Gefängnis. Dem Gefängniswärter wurde ein-
geschärft, sie sicher zu verwahren. 24 Er sperrte
sie darauf in die hinterste Zelle und schloss ihre
Füße in den Block*.

Befreiung der Gefangenen und Bekehrung des Gefängniswärters

25 Um Mitternacht beteten Paulus und Silas und
priesen Gott in Lobgesängen. Die anderen Ge-

a Die ausgebauten Straßen führten im Norden (an der Küste entlang) und im Süden (über Pergamon) um Mysien herum. Die Route auf der beigegebenen Farbkarte »Reisen des Apostels Paulus« ist an diesem Punkt nicht ganz korrekt.
b Wörtlich *einer (römischen) Kolonie**. c Wörtlich *war eine Gottesfürchtige**. d Siehe Anmerkung zu 17,6.

16,4 15,20-29 **16,5** 2,41 S **16,6** 18,23; 10,19 S **16,14** 17,4 S **16,15** (taufen) 8,36; 16,33; 18,8; 19,5 **16,16** 19,24 **16,17** 19,15; Lk 4,34.41 **16,18** 3,6 S **16,20** 17,6 **16,22b-23** 1 Thess 2,2; 2 Kor 11,25 **16,25** DanZ A,3

fangenen hörten zu. 26 Da gab es plötzlich ein
gewaltiges Erdbeben. Die Mauern des Gefäng-
nisses schwankten, alle Türen sprangen auf und
die Ketten fielen von den Gefangenen ab.
27 Der Gefängniswärter fuhr aus dem Schlaf.
Als er die Türen offen stehen sah, zog er sein
Schwert und wollte sich töten; denn er dachte,
die Gefangenen seien geflohen.
28 Aber Paulus rief, so laut er konnte: »Tu dir
nichts an! Wir sind alle noch hier.«
29 Der Wärter rief nach Licht, stürzte in die
Zelle und warf sich zitternd vor Paulus und Silas
nieder. 30 Dann führte er sie hinaus und fragte:
»Ihr Herren, Götter oder Boten der Götter![a] Was
muss ich tun, um gerettet zu werden?«
31 Sie antworteten: »*Jesus* ist der Herr*! Er-
kenne ihn als Herrn an und setze dein Vertrauen
auf *ihn,* dann wirst du gerettet und die Deinen
mit dir!« 32 Und sie verkündeten ihm und allen
in seinem Haus die Botschaft Gottes.
33 Der Gefängniswärter nahm Paulus und
Silas noch in derselben Nachtstunde mit sich
und wusch ihre Wunden. Dann ließ er sich mit
seiner ganzen Hausgemeinschaft*, seiner Fa-
milie und seinen Dienstleuten, taufen*. 34 An-
schließend führte er die beiden hinauf ins Haus
und lud sie zu Tisch. Er und alle die Seinen
waren überglücklich, dass sie zum Glauben an
Gott gefunden hatten.

Entschuldigung der Richter und Abschied von Philippi

35 Als es Tag geworden war, schickten die Stadt-
obersten die Amtsdiener zum Gefängniswärter
mit der Weisung: »Lass die beiden Männer frei
und sorge dafür, dass sie das Stadtgebiet verlas-
sen!«[b]
36 Der Gefängniswärter berichtete es Paulus
und sagte: »Die Stadtobersten haben mir befoh-
len, euch freizulassen und wegzuschicken. Ver-
lasst also das Gefängnis und die Stadt; geht im
Frieden Gottes!«
37 Aber Paulus wandte sich an die Amtsdiener
und sagte: »Die Stadtobersten haben uns öffent-
lich prügeln lassen, ohne Prozess und richter-
liches Urteil. Dabei besitzen wir das römische
Bürgerrecht*! Auch noch ins Gefängnis haben
sie uns gesteckt. Und jetzt wollen sie uns heim-
lich abschieben? Das kommt nicht in Frage!
Sie sollen persönlich herkommen und uns frei-
lassen.«
38 Die Amtsboten meldeten das den Stadt-
obersten. Als diese hörten, dass Paulus und Silas
römische Bürger seien, erschraken sie. 39 Sie
kamen selbst und entschuldigten sich. Dann
führten sie die beiden aus dem Gefängnis und
baten sie, die Stadt zu verlassen.
40 Vom Gefängnis aus gingen Paulus und Silas
zu Lydia. Dort trafen sie die Brüder und Schwes-
tern[c] und machten ihnen Mut. Danach verlie-
ßen sie die Stadt.

Der Konflikt in Thessalonich

17 Über Amphipolis und Appollonia kamen
Paulus und Silas nach Thessalonich.
Dort gab es eine jüdische Gemeinde, 2 und
nach seiner Gewohnheit ging Paulus in ihre Syn-
agoge*. An drei aufeinander folgenden Sabba-
ten* sprach er zu den Versammelten. Er ging
von den Heiligen Schriften* aus, 3 half ihnen, sie
zu verstehen, und wies ihnen daraus nach, dass
der versprochene Retter[d] leiden und sterben
und danach vom Tod auferstehen* musste. »Und
dieser versprochene Retter«, sagte Paulus, »ist
Jesus. Den verkündige ich euch.«
4 Von den Juden ließen sich nur wenige über-
zeugen; aber von den Griechen, die sich zur jüdi-
schen Gemeinde hielten,[e] schloss sich eine
große Anzahl Paulus und Silas an, darunter auch
viele einflussreiche Frauen.
5 Da wurden die Juden von Eifersucht ge-
packt.[f] Sie holten sich ein paar Männer, die auf
dem Markt herumlungerten und zu allem fähig
waren, brachten mit ihrer Hilfe einen Volksauf-
lauf zustande und versetzten die ganze Stadt in
Aufregung. Mit der Volksmenge zogen sie vor
das Haus Jasons und wollten Paulus und Silas
herausholen, um sie vor die Volksversammlung
zu stellen.
6 Als sie die beiden dort nicht fanden, schlepp-
ten sie Jason und einige andere Brüder vor die
Stadtobersten[g] und riefen: »Die Leute, die in der

a Wörtlich *Ihr Herren.* Das verwendete Wort meint im Zusammenhang göttliche »Herren« (vgl. 1 Kor 8,5); die Reaktion des Gefängniswärters entspricht dem Verhalten der Volksmenge in Lystra (vgl. 14,11-13).
b *und sorge dafür …:* verdeutlichender Zusatz im Blick auf Vers 37; entsprechend im folgenden Vers.
c Siehe Anmerkung zu 15,3. d Wörtlich *der Christus*;* ebenso im folgenden Satz.
e Wörtlich *von den gottesfürchtigen* Griechen.* f Siehe Anmerkung zu 13,45.
g Lukas verwendet hier ein anderes griechisches Wort als in 16,20.35. Im Unterschied zu der römischen Kolonie* Philippi handelt es sich in Thessalonich nicht um römische Beamte (die sog. Duumviri, ein Zweimännerkollegium, Präsidenten des Senats und oberste Stadtrichter), sondern um eine entsprechende einheimische Behörde.

16,27 12,18-19 **16,30-31** 2,37; 11,14; Joh 6,28-29 **16,33** 16,15 S **16,37** 22,25-29; 23,27 **16,40** 11,23 S **17,1-9** 1 Thess 2,1-2 **17,2** (Synagoge) 9,20; 13,5.14.44; 14,1; 16,13; 17,10.17; 18,5.26; 19,8-9; 28,17 **17,3** 5,42 S; Lk 24,44 S **17,4** (zur jüd. Gemeinde) 13,50; 16,14; 17,17 **17,5** Röm 16,21 **17,6** 16,20

ganzen Welt Unruhe stiften, sind in unsere Stadt
gekommen! 7 Jason hat sie in sein Haus aufge-
nommen. Allesamt verletzen sie die Gesetze des
Kaisers und behaupten, ein anderer sei König,
nämlich Jesus.«
8 Mit diesen Worten versetzten sie die Volks-
menge und die Stadtobersten in große Aufregung.
9 Jason und die anderen Christen mussten eine
Kaution stellen, bevor man sie wieder freiließ.

Kurzer Aufenthalt in Beröa

10 Noch in der Nacht brachten die Brüder Paulus
und Silas auf den Weg nach Beröa. Auch dort
gingen die beiden bei der ersten Gelegenheit in
die Synagoge*.
11 Die Juden in Beröa waren aufgeschlossener
als die in Thessalonich. Sie nahmen die Botschaft
mit großer Bereitwilligkeit auf und studierten
täglich die Heiligen Schriften*, um zu sehen, ob
das, was Paulus sagte, auch zutraf. 12 Viele von
ihnen kamen zum Glauben, auch viele einfluss-
reiche Griechen, Frauen wie Männer.
13 Als die Juden von Thessalonich erfuhren,
dass Paulus auch in Beröa die Botschaft Gottes
verkündete, kamen sie und brachten mit ihren
Hetzreden auch hier die Volksmenge gegen ihn
auf. 14 Deshalb schickten die Brüder Paulus
schnell weiter, hinunter zur Küste. Silas und
Timotheus blieben in Beröa.
15 Die Brüder, die Paulus das Geleit gaben,
brachten ihn bis nach Athen, dann kehrten sie
zurück. Für Silas und Timotheus gab Paulus
ihnen die Anweisung mit, sie sollten so bald wie
möglich nachkommen.

Paulus in Athen

16 Während Paulus in Athen auf die beiden war-
tete, war er im Innersten empört, weil die Stadt
voll von Götzenbildern war. 17 Er redete in der
Synagoge* zu den Juden und zu denen, die sich
zur jüdischen Gemeinde hielten,[a] und er sprach
jeden Tag mit den Leuten, die er auf dem Markt-
platz antraf.
18 Darunter waren auch Philosophen der epi-
kureischen und stoischen Richtung, die mit ihm
diskutierten. Einige von ihnen meinten: »Was
will dieser Schwätzer eigentlich?« Andere sag-
ten: »Er scheint irgendwelche fremden Götter zu
verkünden.« Paulus hatte ihnen nämlich die
Gute Nachricht* von Jesus und der Auferste-
hung[b] verkündet.
19 Sie nahmen ihn mit sich zum Areopag* und
wollten Näheres erfahren. »Uns interessiert deine
Lehre«, sagten sie. 20 »Manches klingt sehr
fremdartig und wir würden gerne genauer wis-
sen, was es damit auf sich hat.« 21 Denn die Athe-
ner und die Fremden in Athen kennen keinen
besseren Zeitvertreib, als stets das Allerneueste in
Erfahrung zu bringen und es weiterzuerzählen.

Paulus spricht auf dem Areopag

22 Paulus trat in die Mitte des Areopags* und
sagte:
»Ihr Männer von Athen! Ich sehe, dass es
euch mit der Religion sehr ernst ist. 23 Ich bin
durch eure Stadt gegangen und habe mir eure
heiligen Stätten angesehen. Dabei habe ich auch
einen Altar entdeckt mit der Inschrift: ›Für einen
unbekannten Gott‹. Was ihr da verehrt, ohne es
zu kennen, das mache *ich* euch bekannt.
24 Es ist der Gott, der die Welt geschaffen hat
und alles, was darin lebt. Als Herr über Himmel
und Erde wohnt er nicht in Tempeln, die ihm die
Menschen gebaut haben. 25 Er ist auch nicht dar-
auf angewiesen, von den Menschen versorgt zu
werden; denn er selbst gibt ihnen das Leben und
alles, was sie zum Leben brauchen.
26 Er hat aus einem einzigen Menschen die
ganze Menschheit hervorgehen lassen, damit sie
die Erde bewohnt. Für jedes Volk hat er im
Voraus bestimmt, wie lange es bestehen und in
welchen Grenzen es leben soll.
27 Und er hat gewollt, dass die Menschen ihn
suchen, damit sie ihn vielleicht ertasten und fin-
den könnten. Denn er ist ja jedem von uns ganz
nahe. 28 Durch ihn leben wir doch, regen wir uns,
sind wir! Oder wie es einige eurer Dichter aus-
gedrückt haben: ›Wir sind sogar von seiner Art.‹
29 Wenn wir Menschen aber von Gottes Art
sind, dann dürfen wir nicht meinen, die Gottheit
gleiche den Bildern aus Gold, Silber und Stein,
die von Menschen mit ihrer Erfindungskraft und
Kunstfertigkeit geschaffen wurden!
30 Nun, Gott ist bereit, mit Nachsicht über das
hinwegzusehen, was ihr bisher aus reiner Un-
wissenheit getan habt. Jetzt aber fordert er alle
Menschen überall auf, umzudenken und einen
neuen Anfang zu machen.[c] 31 Denn er hat einen

a Wörtlich *und den Gottesfürchtigen**.
b *Auferstehung:* griechisch *anastasis*. Die Zuhörer halten Jesus und die »Anastasis« für ein Götterpaar.
c *umzudenken und ...:* wörtlich etwa »umzusinnen«; vgl. Sacherklärung »Umkehr«.

17,7 Lk 23,2; Joh 19,12 **17,11** Joh 5,39 **17,12** 11,18 S **17,13** 14,5.19; 1 Thess 2,14-16 **17,17** 17,2 S; 17,4 S **17,18** 1 Kor 1,22; Apg 4,2 S **17,24** 7,48; 1 Kön 8,27 S **17,25** Ps 50,9-13 **17,26** Dtn 32,8; Ijob 12,23 **17,27** Jer 29,13-14 S; Weish 13,6-9 **17,29** 19,26; Jes 44,9-20 S; Weish 13,10-19 S **17,30** 14,16; Weish 11,23 S; Röm 2,4 S **17,31** 10,42 S

Tag festgesetzt, an dem er über die ganze
Menschheit ein gerechtes Gericht halten will,
und zwar durch den Mann, den er dazu be-
stimmt hat. Ihn hat er vor aller Welt dadurch aus-
gewiesen, dass er ihn vom Tod auferweckt* hat.«

Geteiltes Echo auf die Rede

32 Als sie Paulus von der Auferstehung* reden
hörten, lachten ihn einige aus; andere sagten:
»Darüber musst du uns ein andermal mehr er-
zählen.«

33 Als Paulus darauf die Versammlung verließ,
34 schlossen sich ihm ein paar Männer an und
kamen zum Glauben, darunter Dionysius, der
dem Areopag* angehörte, außerdem eine Frau
namens Damaris.

Paulus in Korinth

18 Danach verließ Paulus Athen und ging
nach Korinth. 2 Dort traf er einen Christen
jüdischer Abkunft[a] aus Pontus. Er hieß Aquila
und war mit seiner Frau Priszilla vor kurzem aus
Italien angekommen; denn Kaiser Klaudius*
hatte alle Juden aus Rom ausweisen lassen.

Paulus fand Aufnahme bei den beiden, 3 und
weil er dasselbe Handwerk ausübte wie sie, blieb
er bei ihnen und arbeitete dort. Sie waren näm-
lich Zeltmacher*.

4 An jedem Sabbat* sprach Paulus in der Syn-
agoge* und versuchte, Juden und Griechen zu
überzeugen. 5 Als Silas und Timotheus aus Ma-
zedonien nachkamen, konnte Paulus sich ganz
seiner eigentlichen Aufgabe widmen.[b] Er be-
zeugte den Juden, dass Jesus der versprochene
Retter[c] ist.

6 Als sie ihm aber widersprachen und Läste-
rungen gegen Jesus ausstießen, schüttelte er den
Staub* aus seinen Kleidern und sagte: »Ihr habt
es euch selbst zuzuschreiben, wenn ihr verloren
geht.[d] Mich trifft keine Schuld. Von jetzt ab wer-
de ich mich an die Nichtjuden wenden.«

7 Er verließ die Synagoge und sprach von nun
an im Haus von Titius Justus, einem Griechen,
der sich zur jüdischen Gemeinde hielt;[e] das Haus
lag direkt neben der Synagoge.

8 Der Synagogenvorsteher* Krispus kam zum
Glauben an Jesus als den Herrn* und mit ihm
seine ganze Hausgemeinschaft*. Viele in Ko-
rinth, die davon erfuhren, kamen ebenfalls zum
Glauben und ließen sich taufen*.

9 Der Herr sagte in einer nächtlichen Vision
zu Paulus: »Hab keine Angst, sondern verkünde
unbeirrt die Gute Nachricht*! 10 Ich bin bei dir!
Niemand kann dir etwas anhaben; denn mir ge-
hört ein großes Volk in dieser Stadt.«

11 So blieb Paulus eineinhalb Jahre in Korinth,
verkündete die Botschaft Gottes und sagte den
Menschen, wie sie dieser Botschaft gemäß leben
sollten.[f]

Paulus vor dem Statthalter Gallio

12 Damals war Gallio Statthalter* der römischen
Provinz Achaia*. Die Juden rotteten sich zusam-
men und schleppten Paulus vor seinen Richter-
stuhl. 13 »Dieser Mann«, sagten sie, »überredet
die Leute, Gott auf eine Weise zu verehren, die
gegen das Gesetz verstößt.«

14 Paulus wollte gerade mit seiner Verteidi-
gung beginnen, da erklärte Gallio: »Wenn es sich
um ein Verbrechen oder einen heimtückischen
Anschlag handeln würde, wäre es meine Pflicht,
euch Juden anzuhören. 15 Aber weil es hier um
Streitfragen über religiöse Lehren und Autoritä-
ten und um euer eigenes Gesetz* geht, müsst ihr
die Angelegenheit schon unter euch abmachen.
Ich mag in solchen Fragen nicht den Richter
spielen.« 16 Und er trieb sie von seinem Richter-
stuhl weg.

17 Das Volk aus Korinth aber, das dabeistand,[g]
packte den Synagogenvorsteher Sosthenes und
verprügelte ihn unter Gallios Augen; doch der
kümmerte sich überhaupt nicht darum.

Die dritte Missionsreise von Paulus (18,23–21,16)

Reise nach Jerusalem, Antiochia und wieder nach Kleinasien

18 Paulus blieb noch eine Zeit lang bei den Brü-
dern und Schwestern[h] in Korinth, dann verab-
schiedete er sich, um nach Syrien zu fahren.
Priszilla und Aquila fuhren mit. Bevor sie in

a Wörtlich *einen Juden.* Dass Aquila und Priszilla Christen sind, geht aus den Versen 18 und 26 hervor (siehe weiter die Vergleichsstellen zu Vers 2). Es gibt keinen Hinweis darauf, dass erst Paulus sie für den Glauben gewonnen hätte.
b Die beiden hatten offenbar aus den mazedonischen Gemeinden eine finanzielle Unterstützung für Paulus mitgebracht (vgl. 2 Kor 11,8-9).
c Wörtlich *der Christus*.* *d* *Ihr habt es ...:* wörtlich *Euer Blut auf euren Kopf;* vgl. 2Sam 1,16 und Anmerkung dort.
e *einem Griechen ...:* wörtlich *einem Gottesfürchtigen*.*
f *verkündete ...:* wörtlich *lehrte unter ihnen die Botschaft Gottes;* vgl. Sacherklärung »Lehrer«.
g Wörtlich *Alle aber (packten).* *h* Siehe Anmerkung zu 15,3.

18,2 (Aquila) 18,18.26; Röm 16,3; 1 Kor 16,19; 2 Tim 4,19 **18,3** (arbeitete) 20,33-34; 1 Kor 4,12; 9,12-18; 1 Thess 2,9; 2 Thess 3,7-9 **18,5** 5,42 S **18,6** 13,51 S; 13,46 S; 20,26 **18,8** 16,15 S **18,9-10** 1 Kor 2,3-4; Jes 41,10 S; Jer 1,8 S **18,13** 21,28 S **18,14-15** 23,29; 25,18-20; Joh 18,31

Kenchreä an Bord gingen, ließ sich Paulus wegen eines Gelübdes das Haar abschneiden.[a]

19 Sie kamen nach Ephesus; dort ließ Paulus Priszilla und Aquila zurück. Er selbst ging in die Synagoge* und sprach zu den Juden. 20 Sie baten ihn, doch länger zu bleiben, aber er ging nicht darauf ein. 21 »Wenn Gott es will, werde ich zu euch zurückkommen«, sagte er und nahm Abschied.

22 Er fuhr mit dem Schiff bis Cäsarea und ging von dort zu Fuß nach Jerusalem hinauf. Nach einem kurzen Besuch bei der Gemeinde reiste er weiter nach Antiochia.

23 Auch hier blieb er nicht lange. Er zog durch Galatien* und Phrygien und stärkte alle Jünger und Jüngerinnen[b] in ihrem Glauben.

Apollos in Ephesus und Korinth

24 Inzwischen kam nach Ephesus ein Jude, der Apollos hieß und aus Alexandria stammte. Er war ein gebildeter, wortgewandter Mann und kannte sich bestens in den Heiligen Schriften* aus. 25 Er war auch in der christlichen Lehre[c] unterrichtet worden, sprach von Jesus mit großer innerer Begeisterung und unterrichtete zuverlässig über sein Leben und seine Lehre; er kannte jedoch nur die Taufe, wie sie Johannes geübt hatte.[d]

26 Dieser Apollos nun trat in der Synagoge* von Ephesus auf und sprach dort frei und offen von Jesus. Priszilla und Aquila hörten ihn, luden ihn zu sich ein und erklärten ihm die christliche Lehre noch genauer.

27 Als Apollos dann nach Achaia* gehen wollte, bestärkten ihn die Christen in Ephesus[e] in diesem Vorsatz und gaben ihm einen Empfehlungsbrief mit. Darin baten sie die Brüder und Schwestern in Korinth,[f] sie möchten ihn freundlich aufnehmen.

Tatsächlich konnte er den Glaubenden dort mit seiner besonderen Gabe viel helfen. 28 In öffentlichen Streitgesprächen widerlegte er die Juden mit schlagenden Argumenten und bewies ihnen aus den Heiligen Schriften*, dass Jesus der versprochene Retter[g] ist.

Paulus in Ephesus. Begegnung mit Johannesjüngern

19 Während Apollos in Korinth war, kam Paulus auf dem Weg über das kleinasiatische Hochland nach Ephesus. Er traf dort einige Jünger* 2 und fragte sie: »Habt ihr den Heiligen Geist* empfangen, als ihr zum Glauben gekommen seid?«

Sie antworteten: »Nein. Wir haben noch nicht einmal gehört, dass es so etwas wie einen Heiligen Geist gibt.«

3 »Was für eine Taufe* habt ihr denn empfangen?«

»Die Taufe, die auf Johannes zurückgeht«, sagten sie.

4 Daraufhin erklärte ihnen Paulus: »Johannes hat das Volk zur Umkehr aufgefordert; seine Taufe war das Siegel auf die Bereitschaft, ein neues Leben anzufangen.[h] Doch sagte er allen, sie müssten, um gerettet zu werden, ihr Vertrauen auf den setzen, der nach ihm komme: auf Jesus.«

5 Als sie das hörten, ließen sie sich im Namen von Jesus, dem Herrn, taufen*, zur Übereignung an ihn. 6 Dann legte Paulus ihnen die Hände auf und der Heilige Geist* kam auf sie herab. Sie redeten in unbekannten Sprachen* und mit prophetischen Worten.

7 Es waren etwa zwölf Männer.

Paulus wirkt über zwei Jahre lang in Ephesus

8 In den nächsten drei Monaten ging Paulus regelmäßig in die Synagoge*. Dort verkündete er frei und offen, dass Gott schon angefangen hat, durch Jesus seine Herrschaft aufzurichten.[i] Er setzte sich mit Einwänden auseinander und suchte die Zuhörenden zu überzeugen.

9 Aber einige verschlossen sich der Botschaft und wollten nichts von ihr wissen. Als sie die neue Lehre[j] vor der ganzen Versammlung verspotteten, kehrte Paulus ihnen den Rücken und löste die Jünger und Jüngerinnen[k] aus der Synagogengemeinde.

a Das Abschneiden des Haares erfolgte in der Regel am Ende der Zeitspanne, für die sich jemand verpflichtet hatte, als Nasiräer* zu leben. Über Anlass und Art des Gelübdes, das Paulus übernommen hatte, erfahren wir nichts Näheres.
b Wörtlich *alle Jünger;* siehe Anmerkung zu 6,1.
c Wörtlich *im Weg des Herrn;* entsprechend in Vers 26 *Weg Gottes.* Siehe Anmerkung zu 9,2.
d Also nicht die Taufe »im bzw. auf den Namen von Jesus«; siehe Sacherklärungen »Täufer« und »Taufe«.
e Wörtlich *die Brüder.* f Wörtlich *die Jünger;* siehe Anmerkung zu 6,1. g Wörtlich *der Christus*.*
h Wörtlich *Johannes taufte eine Taufe der Umkehr* für das Volk.* Im nächsten Satz ist *um gerettet zu werden* verdeutlichender Zusatz.
i *dass Gott schon ...:* wörtlich *das über die Königsherrschaft* Gottes.*
j Wörtlich *den Weg;* siehe Anmerkung zu 9,2. k Wörtlich *die Jünger;* siehe Anmerkung zu 6,1.

18,21 Jak 4,15S **18,23** 11,23S **18,24** (Apollos) 19,1; 1 Kor 1,12; 3,4-6; 4,6; 16,12; Tit 3,13 **18,25** 19,3-4 **18,26** 17,2S; 18,2S **18,28** 5,42S **19,2a** 8,16; 2,38 **19,3-4** 18,25; Lk 3,3-4.16-17 **19,6** 2,4S; 2,17-18 **19,8** 28,23S **19,9** 9,2S

Von nun an sprach er täglich im Lehrsaal eines Griechen namens Tyrannus. 10 Er tat dies zwei Jahre lang, sodass alle in der Provinz Asien*, Juden und Griechen, die Botschaft Gottes hörten.

Überwindung von religiösen Scharlatanen, Befreiung aus magischen Bindungen

11 Gott ließ durch Paulus ganz ungewöhnliche Dinge geschehen. 12 Die Leute nahmen sogar seine noch schweißfeuchten Kopf- und Taschentücher und legten sie den Kranken auf. Dann verschwanden die Krankheiten und die bösen Geister* fuhren von den Besessenen aus.

13 Auch manche Juden, die als Dämonenbeschwörer durchs Land zogen, gebrauchten bei ihren Beschwörungen den Namen von Jesus, dem Herrn*. Sie sagten zu den bösen Geistern: »Ich beschwöre euch bei dem Jesus, den Paulus verkündet!« 14 Das versuchten einmal auch die sieben Söhne eines gewissen Skevas, eines führenden jüdischen Priesters.[a] 15 Aber der böse Geist in dem Kranken erwiderte: »Ich kenne Jesus und ich kenne auch Paulus. Aber wer seid ihr?« 16 Der Besessene fiel über sie her und schlug sie allesamt zu Boden. Blutend und halb nackt mussten sie aus dem Haus fliehen. 17 Die Geschichte wurde in ganz Ephesus bekannt. Juden wie Nichtjuden erschraken und sie ehrten und priesen den Namen von Jesus, dem Herrn.

18 Viele von denen, die zum Glauben gekommen waren, kamen jetzt und gaben offen zu, dass auch sie früher Zauberkünste getrieben hatten. 19 Eine beträchtliche Anzahl von ihnen brachte ihre Zauberbücher und verbrannte sie öffentlich. Man schätzte, dass die verbrannten Bücher 50 000 Silberstücke* wert waren.

20 So erwies die Botschaft Gottes ihre Macht und breitete sich immer weiter aus.

PAULUS BEZEUGT DIE GUTE NACHRICHT IN JERUSALEM UND ROM (19,21–28,31)

Der Entschluss zur Reise

21 Nach all diesen Ereignissen entschloss sich Paulus, über Mazedonien und Griechenland nach Jerusalem zu reisen. »Danach«, sagte er, »muss ich auch Rom besuchen.«

22 Zwei seiner Helfer, Timotheus und Erastus, schickte er nach Mazedonien voraus. Er selbst blieb noch eine Weile in der Provinz Asien*.

Gefährliche Unruhen in Ephesus

23 In dieser Zeit kam es wegen der neuen Lehre[b] zu schweren Unruhen in Ephesus. 24 Es gab dort nämlich einen Silberschmied namens Demetrius, der silberne Nachbildungen vom Tempel der Göttin Artemis* verkaufte; das brachte ihm und den Handwerkern, die er beschäftigte, einen schönen Gewinn.

25 Dieser Demetrius rief alle, die in diesem Gewerbe tätig waren, zusammen und sagte: »Männer, ihr wisst: Unser ganzer Wohlstand hängt davon ab, dass wir diese Nachbildungen herstellen. 26 Und ihr werdet erfahren haben, dass dieser Paulus den Leuten einredet: ›Götter, die man mit Händen macht, sind gar keine Götter.‹ Er hat mit seinen Reden nicht nur hier in Ephesus Erfolg, sondern fast überall in der Provinz Asien*.

27 Es besteht aber nicht nur die Gefahr, dass er unseren Geschäftszweig in Verruf bringt, nein, auch die Achtung vor dem Tempel der großen Göttin Artemis wird schwinden! Es wird noch dahin kommen, dass die Göttin ihr Ansehen vollständig einbüßt – sie, die heute in der ganzen Provinz Asien und überall in der Welt verehrt wird!«

28 Als die Männer das hörten, wurden sie wütend und riefen: »Groß ist die Artemis von Ephesus!«

29 Die ganze Stadt geriet in Aufruhr und die Leute stürmten ins Theater. Gaius und Aristarch, Reisegefährten von Paulus aus Mazedonien, wurden von der Menge gepackt und mit dorthin geschleppt. 30 Paulus selbst wollte sich der Menge stellen, aber die Jünger* ließen ihn nicht aus dem Haus. 31 Auch einige hohe Beamte der Provinz, die ihm freundlich gesinnt waren, warnten ihn durch Boten davor, sich im Theater sehen zu lassen.

32 Unter den dort Zusammengeströmten herrschte die größte Verwirrung. Alle schrien durcheinander und die meisten wussten nicht einmal, worum es ging. 33 Die Juden schickten Alexander nach vorn und einige aus der Menge erklärten ihm den Anlass. Alexander winkte mit der Hand und wollte vor dem Volk eine Verteidigungsrede für die Juden halten. 34 Aber als die Leute merkten, dass er Jude war, schrien sie ihn

a Magier und Geisterbeschwörer jüdischer Herkunft standen in der damaligen Welt in hohem Ansehen (vgl. 13,6-7).
b Wörtlich *wegen des Weges;* siehe Anmerkung zu 9,2.

19,12 5,15; Lk 6,19 **19,13** 3,6 S; Lk 9,49-50 **19,15** 16,17 **19,20** 2,41 S **19,21** (Rom) 23,11 S; Röm 1,10-11.13; 15,22-24 **19,22** 2 Tim 4,20 S **19,23** 2 Kor 1,8 S **19,24** 16,16 **19,26** 17,29 S **19,29** (Aristarch) 20,4; 27,2; Kol 4,10; Phlm 24

nieder und riefen zwei Stunden lang im Chor:
»Groß ist die Artemis von Ephesus!«
35 Schließlich gelang es dem Verwaltungs-
direktor der Stadt,[a] die Menge zu beruhigen.
»Männer von Ephesus«, rief er, »in der ganzen
Welt weiß man doch, dass unsere Stadt den Tem-
pel und das vom Himmel gefallene Standbild der
großen Artemis hütet. 36 Das wird kein Mensch
bestreiten! Beruhigt euch also und lasst euch zu
nichts hinreißen! 37 Ihr habt diese Männer herge-
schleppt, obwohl sie weder den Tempel beraubt
noch unsere Göttin beleidigt haben. 38 Wenn De-
metrius und seine Handwerker Anklage wegen
Geschäftsschädigung gegen jemand erheben
wollen, dann gibt es dafür Gerichte und Behör-
den. Dort können sie ihre Sache vorbringen.
39 Wenn ihr aber irgendwelche anderen Forde-
rungen habt, muss das auf einer ordentlich ein-
berufenen Volksversammlung geklärt werden.
40 Was heute geschehen ist, kann uns leicht als
Rebellion ausgelegt werden. Es gibt keinen
Grund für diesen Aufruhr; wir können ihn durch
nichts rechtfertigen.«
Mit diesen Worten löste er die Versammlung
auf.

Reise durch Mazedonien und Griechenland und Rückkehr nach Troas

20 Als der Tumult sich gelegt hatte, rief Pau-
lus die Gemeinde zusammen. Er machte
den Jüngern und Jüngerinnen[b] noch einmal Mut
und verabschiedete sich von ihnen, um nach
Mazedonien zu reisen. 2 Dort besuchte er überall
die Gemeinden und stärkte sie durch seine
Worte.
Schließlich kam er nach Griechenland 3 und
blieb drei Monate dort. Dann wollte er mit
einem Schiff nach Syrien fahren. Weil aber die
Juden während der Schiffsreise einen Anschlag
auf ihn machen wollten,[c] entschloss er sich, wie-
der den Landweg über Mazedonien zu nehmen.
4 Auf dieser Reise begleiteten ihn sieben Ver-
treter der Gemeinden: aus Beröa Sopater, der
Sohn von Pyrrhus, aus Thessalonich Aristarch
und Sekundus, aus Derbe Gaius, weiter Timo-
theus und schließlich aus der Provinz Asien*
Tychikus und Trophimus.
5 Diese beiden fuhren nach Troas voraus und
erwarteten uns dort. 6 Wir anderen bestiegen
nach dem Passafest* in Philippi ein Schiff und
stießen nach fünftägiger Fahrt in Troas zu ihnen.
Wir blieben dort eine Woche.

Abschied in Troas. Tod und Auferweckung von Eutychus

7 Am Sonntagabend kamen wir zum Mahl des
Herrn[d] zusammen. Paulus sprach zu den Ver-
sammelten, und weil er zum letzten Mal mit
ihnen zusammen war – denn er wollte am
nächsten Tag weiterreisen –, dehnte er seine Re-
de bis Mitternacht aus.
8 In unserem Versammlungsraum im obersten
Stock brannten zahlreiche Lampen. 9 Auf der
Fensterbank saß ein junger Mann mit Namen
Eutychus. Als Paulus so lange sprach, schlief er
ein und fiel drei Stockwerke tief aus dem Fenster.
Als sie ihn aufhoben, war er tot.
10 Paulus aber ging hinunter, legte sich auf
ihn, umfasste ihn und sagte: »Macht euch keine
Sorgen, er lebt!« 11 Dann ging er wieder hinauf.
Er brach das Brot, teilte es aus und aß es mit ih-
nen. Danach sprach er noch lange mit ihnen und
verabschiedete sich erst, als die Sonne aufging.
12 Den jungen Mann aber brachten sie gesund
nach Hause und alle waren von großer Freude
erfüllt.

Von Troas nach Milet

13 Wir alle außer Paulus bestiegen ein Schiff und
fuhren nach Assos. Dort sollten wir Paulus an
Bord nehmen. Er hatte es so angeordnet, weil
er die Strecke zu Fuß gehen wollte. 14 Als er in
Assos zu uns stieß, fuhren wir gemeinsam nach
Mitylene. 15 Von da aus ging es am nächsten Tag
weiter bis in die Nähe von Chios. Am Tag darauf
legten wir in Samos an und noch einen Tag
später erreichten wir Milet.

Abschiedsrede an die Ältesten der Gemeinde von Ephesus

16 Paulus hatte beschlossen, an Ephesus vorbei-
zufahren, um nicht zu viel Zeit zu verlieren. Er
wollte so schnell wie möglich weiterkommen,
um bis Pfingsten* in Jerusalem zu sein.
17 Von Milet aus schickte er jedoch den Ältes-
ten* der Gemeinde in Ephesus eine Nachricht
und ließ sie bitten, zu ihm zu kommen. 18 Als sie
eingetroffen waren, sagte Paulus zu ihnen:

a Seine Aufgabe war es unter anderem, die Volksversammlung der Stadt einzuberufen.
b Wörtlich *den Jüngern;* siehe Anmerkung zu 6,1.
c *während der Schiffsreise:* verdeutlichender Zusatz. Vielleicht handelt es sich um ein Schiff mit jüdischen Pilgern, die zum Passafest (vgl. Vers 6) nach Jerusalem wollten. *d* Wörtlich *um das Brot zu brechen* (vgl. Vers 11); siehe Anmerkung zu 2,42. Zu *Sonntagabend* siehe Sacherklärung »Sonntag«.

20,1 11,23 S **20,4** (Gaius und Aristarch) 19,29 S; (Timotheus) 16,1 S; (Tychikus) Eph 6,21 S; (Trophimus) Apg 21,29 S **20,7** 2,42.46 **20,10** 1 Kön 17,21 **20,17** 18,21 **20,18 b** 18,19-20; 19,10

»Ihr wisst, wie ich von dem Tag an, als ich die
Provinz Asien* betrat, bei euch gelebt habe.
19 Mit selbstloser Hingabe habe ich mich für den
Herrn* eingesetzt und ihm gedient, manchmal
unter Tränen und unter schweren Prüfungen,
die ich zu bestehen hatte, wenn die Juden mich
verfolgten. 20 Ich habe euch nichts verschwiegen,
was für euch wichtig ist, wenn ich in der
Öffentlichkeit oder in euren Hausgemeinden
sprach. 21 Juden wie Nichtjuden habe ich be-
schworen, zu Gott umzukehren und ihr Ver-
trauen auf Jesus, unseren Herrn, zu setzen.

22 Seht, ich gehe jetzt nach Jerusalem – ge-
fesselt vom Heiligen Geist* und als sein Gefange-
ner. Ich weiß nicht, wie es mir dort ergehen
wird; 23 aber das weiß ich: In jeder Stadt, in die
ich komme, kündigt der Heilige Geist mir an,
dass in Jerusalem Verfolgung und Fesselung auf
mich warten. 24 Doch was liegt schon an meinem
Leben! Wichtig ist nur, dass ich bis zum Schluss
den Auftrag erfülle, den mir Jesus, der Herr, über-
tragen hat: die Gute Nachricht* zu verkünden,
dass Gott sich über die Menschen erbarmt hat.

25 Seht, ich weiß, dass ich jetzt zum letzten
Mal unter euch bin. Ihr und alle, denen ich die
Botschaft von der anbrechenden Herrschaft*
Gottes gebracht habe, ihr werdet mich nicht wie-
dersehen. 26 Deshalb erkläre ich heute feierlich
vor euch: Mich trifft keine Schuld, wenn einer
von euch verloren geht. 27 Ich habe euch nichts
vorenthalten, sondern euch die Heilsabsicht
Gottes unverkürzt verkündet.

28 Gebt Acht auf euch selbst und auf die ganze
Herde, die der Heilige Geist eurer Aufsicht und
Leitung anvertraut hat! Seid treue Hirten der Ge-
meinde, die Gott durch das Blut* seines eigenen
Sohnes* für sich erworben hat! 29 Denn ich
weiß, wenn ich nicht mehr unter euch bin, wer-
den gefährliche Wölfe bei euch eindringen und
unter der Herde wüten. 30 Aus euren eigenen
Reihen werden Männer auftreten und mit ihren
verkehrten Lehren die Jünger und Jüngerinnen[a]
zu verführen suchen, sodass sie nicht mehr dem
Herrn, sondern *ihnen* folgen. 31 Darum gebt
Acht und denkt daran, dass ich mich drei Jahre
lang bei Tag und Nacht, oft unter Tränen, um
jeden und jede in der Gemeinde bemüht habe.

32 Nun stelle ich euch unter den Schutz Gottes
und unter die Botschaft seiner rettenden Gnade.
Durch sie wird er eure Gemeinde im Glauben
reifen lassen und ihr das ewige Erbe schenken,
gemeinsam mit allen anderen, die er zu seinem
heiligen* Volk gemacht hat.

33–34 Noch etwas: Ihr wisst, dass ich nie Unter-
stützung angenommen habe. Weder Geld noch
Kleider habe ich je von jemand erbeten. Mit die-
sen meinen Händen habe ich erarbeitet, was ich
und meine Begleiter zum Leben brauchten.
35 Überhaupt habe ich euch mit meiner Lebens-
führung gezeigt, dass wir hart arbeiten müssen,
um auch den Bedürftigen etwas abgeben zu kön-
nen. Wir sollen uns immer an das erinnern, was
Jesus, der Herr, darüber gesagt hat. Von ihm
stammt das Wort: ›Auf dem Geben liegt mehr
Segen als auf dem Nehmen.‹«

36 Nachdem Paulus geendet hatte, kniete er
zusammen mit allen nieder und betete. 37 Als es
an den Abschied ging, brachen alle in lautes Wei-
nen aus, umarmten und küssten ihn. 38 Am meis-
ten bedrückten sie seine Worte: »Ihr werdet
mich nicht wiedersehen.« Dann begleiteten sie
ihn zum Schiff.

Von Milet nach Tyrus. Paulus wird gewarnt

21 Nachdem wir uns von ihnen losgerissen
hatten, fuhren wir ab, kamen auf direk-
tem Weg nach Kos, erreichten am nächsten Tag
Rhodos und dann Patara. 2 Dort fanden wir ein
Schiff, das nach Phönizien* fuhr, und gingen an
Bord. 3 Als Zypern in Sicht kam, steuerten wir
südlich an der Insel vorbei mit Kurs auf Syrien.
In Tyrus musste das Schiff die Ladung löschen
und wir gingen an Land.

4 Wir suchten die Jünger* am Ort auf und
blieben eine Woche bei ihnen. Vom Heiligen
Geist* getrieben, warnten sie Paulus vor der
Reise nach Jerusalem. 5 Als unser vorgesehener
Aufenthalt zu Ende ging, begleiteten sie uns mit
ihren Frauen und Kindern bis vor die Stadt.
Am Strand knieten wir mit ihnen nieder und
beteten. 6 Dann verabschiedeten wir uns und
bestiegen das Schiff, während sie nach Hause
zurückkehrten.

Von Tyrus nach Cäsarea. Warnung durch den Propheten Agabus

7 Von Tyrus fuhren wir nach Ptolemaïs; dort war
unsere Schiffsreise zu Ende. Wir besuchten die
Brüder und Schwestern[b] am Ort und blieben
einen Tag bei ihnen.

a Wörtlich *die Jünger;* siehe Anmerkung zu 6,1. b Siehe Anmerkung zu 15,3.

20,21 11,18 S; 16,31; 26,18; 1 Thess 1,9-10 **20,22-23** 10,19 S **20,23** 21,4.11; 9,16 **20,24** 21,13; Phil 1,21; 2 Tim 4,7 **20,25** 28,23 S **20,26** 18,6 **20,28-31** 11,23 S **20,28** 1 Petr 2,25; 5,2 **20,29** Mt 7,15 S; Joh 10,12 **20,30** 1 Joh 2,19; Gal 4,17 **20,31** 19,8.10; 1 Thess 2,11-12; 2 Kor 11,28 **20,32** 26,18; 1 Thess 5,23-24; 2 Thess 1,11-12 **20,33-34** 18,3 S **20,35** Mt 10,8; Sir 4,31 **20,38** 20,25 **21,4** 20,23; 21,11 **21,5** 20,36

8 Am anderen Morgen gingen wir zu Fuß wei-
ter und erreichten Cäsarea. Dort kehrten wir im
Haus des Evangelisten* Philippus ein. Er war
einer aus dem Kreis der Sieben[a] 9 und hatte vier
Töchter, die ehelos geblieben waren und die
Gabe hatten, prophetische Weisungen* zu ver-
künden.

10 Nach einigen Tagen kam aus Judäa* ein
Prophet* namens Agabus. 11 Er trat in unsere
Mitte, nahm Paulus den Gürtel ab, fesselte sich
damit die Hände und die Füße und sagte: »So
spricht der Heilige Geist*: ›Den Mann, dem die-
ser Gürtel gehört, werden die Juden in Jerusalem
genauso fesseln und ihn den Fremden ausliefern,
die Gott nicht kennen.‹«[b]

12 Als wir das hörten, flehten wir und ebenso
die Brüder und Schwestern am Ort[c] Paulus an,
nicht nach Jerusalem zu gehen. 13 Er aber sagte:
»Warum weint ihr und macht mir das Herz
schwer? Ich bin bereit, mich in Jerusalem nicht
nur fesseln zu lassen, sondern auch für Jesus,
den Herrn*, zu sterben.«

14 Da Paulus sich nicht umstimmen ließ,
gaben wir nach und sagten: »Wie der Herr es
will, so soll es geschehen!«

Empfang in Jerusalem. Rücksicht auf das Misstrauen der gesetzestreuen Christen

15 Nach diesen Tagen in Cäsarea machten wir
uns wieder reisefertig und zogen hinauf nach
Jerusalem. 16 Einige Jünger* aus Cäsarea beglei-
teten uns. Sie brachten uns zu einem Mann
namens Mnason aus Zypern, bei dem wir unter-
wegs ein Nachtquartier fanden;[d] er war ein
Jünger aus der Anfangszeit.

17 Bei der Ankunft in Jerusalem wurden wir
von den Brüdern und Schwestern[e] herzlich auf-
genommen. 18 Am nächsten Tag ging Paulus mit
uns zu Jakobus. Auch alle Ältesten* der Gemein-
de waren versammelt. 19 Paulus begrüßte sie und
gab einen ausführlichen Bericht über das, was
Gott durch seinen Dienst als Verkünder der
Guten Nachricht* bei den Nichtjuden vollbracht
hatte.

20 Als sie das hörten, priesen sie Gott. Doch
dann sagten sie zu Paulus: »Du siehst, lieber Bru-
der, wie es hier steht. Wir haben Tausende von
Juden, die Jesus als den Herrn* angenommen
haben, und sie alle halten sich weiterhin streng
an das Gesetz* Moses. 21 Man hat ihnen erzählt,
du würdest allen Juden, die unter den fremden
Völkern leben, den Abfall von Mose predigen.
Du würdest sie auffordern, ihre Kinder nicht
mehr zu beschneiden* und nicht länger nach
den Vorschriften des Gesetzes zu leben.

22 Was sollen wir machen? Sie werden sicher
erfahren, dass du hier bist. 23 Deshalb solltest du
unserem Rat folgen. Wir haben hier vier Män-
ner, die das Gelübde* auf sich genommen haben,
eine Zeit lang keinen Wein zu trinken und sich
das Haar nicht schneiden zu lassen.[f] 24 Die Zeit
ihres Gelübdes läuft in diesen Tagen aus. Küm-
mere dich um diese Männer, bereite dich mit
ihnen zusammen auf die abschließende gottes-
dienstliche Feier im Tempel* vor und übernimm
die anfallenden Kosten.[g] Dann werden alle er-
kennen, dass die Berichte über dich falsch sind
und dass auch du sehr wohl nach dem Gesetz
Moses lebst.

25 Was die Nichtjuden angeht, die Christen
geworden sind, so haben wir ja schon eine
Entscheidung getroffen. Wir haben ihnen ge-
schrieben, sie sollen weder Fleisch vom Götzen-
opfer* essen noch Blut genießen, kein Fleisch
von Tieren essen, deren Blut nicht vollständig
ausgeflossen ist, und sich vor Blutschande
hüten.«[h]

26 Paulus folgte dem Rat, den Jakobus und die
Ältesten ihm gegeben hatten. Er kümmerte sich
um die vier Männer, begann gleich am nächsten
Tag mit den Vorbereitungen und ging zu den
Priestern und meldete ihnen, dass die Zeit ihres
Gelübdes abgelaufen sei. Nach der üblichen
Frist von sieben Tagen sollte dann für jeden von
ihnen das vorgeschriebene Opfer dargebracht
werden.

Paulus wird im Tempel verhaftet

27 Die sieben Tage waren fast vorüber, da sahen
Juden aus der Provinz Asien* Paulus im Tem-
pel*. Sie hetzten das Volk auf, packten Paulus
28 und schrien: »Männer von Israel, zu Hilfe!

a Gemeint ist der in 6,3-6 erwähnte Kreis (vgl. Sacherklärung »Hellenisten«).
b *den Fremden ...:* herkömmliche Übersetzung *den Heiden**. *c* Wörtlich *die Einheimischen.*
d Oder *bei dem wir* (in Jerusalem) *wohnen sollten.* *e* Siehe Anmerkung zu 15,3.
f *die das Gelübde ...:* wörtlich *die ein Gelübde auf sich genommen haben.* Aus dem Zusammenhang geht hervor, dass es sich um das Nasiräergelübde gehandelt haben muss; siehe Sacherklärung »Nasiräer«.
g Wörtlich *und übernimm die Kosten für sie, damit sie sich den Kopf scheren lassen können.* Siehe dazu Sacherklärung »Nasiräer«.
h Vgl. 15,28-29 und Sacherklärung »Blutschande«.

21,8 6,5; 8,5-13.26-40 **21,9** 2,17; 11,27 S **21,10** 11,28 **21,11** 10,19 S; 20,23; 21,33; Röm 15,31 **21,13** 20,24 **21,14** Mt 6,10 S **21,18** (Jakobus) 12,17; 15,13; Gal 1,19; Jak 1,1 S **21,19** 11,18 S **21,21** (beschneiden) 16,3; Gal 3,25.28; 5,2 **21,23-24** (Gelübde) Num 6,1-21 **21,25** 15,20 S **21,26** 1 Kor 9,19-23 **21,28** 6,13; 18,13; 24,6

Das ist der Verräter, der überall unter allen Men-
schen Lehren verbreitet, die gegen unser Volk
und gegen das Gesetz* und gegen diesen Tempel
gerichtet sind! Jetzt hat er sogar Griechen in den
Tempel mitgebracht und diesen heiligen Ort ent-
weiht!«
29 Sie hatten nämlich Paulus vorher in der
Stadt mit Trophimus aus Ephesus zusammen ge-
sehen und dachten, er hätte ihn auch in den
Tempel mitgenommen.
30 In Windeseile sprach es sich in der Stadt
herum und das Volk lief zusammen. Sie packten
Paulus, zerrten ihn aus dem Heiligtum, aus dem
inneren Vorhof, hinaus, und sofort wurden die
Tore hinter ihm geschlossen.
31 Die Menge stürzte sich auf Paulus und
wollte ihn schon umbringen, da wurde dem
Kommandanten der römischen Garnison gemel-
det: »Ganz Jerusalem ist in Aufruhr!« 32 Sofort
nahm er seine Soldaten samt ihren Hauptleuten*
und eilte zu der Volksmenge. Als die Leute den
Kommandanten und die Soldaten kommen
sahen, ließen sie davon ab, auf Paulus einzu-
schlagen.
33 Der Kommandant ging auf Paulus zu, nahm
ihn fest und ließ ihn mit zwei Ketten fesseln.
Dann wollte er von den Umstehenden wissen,
wer der Mann sei und was er getan habe. 34 Aber
in der Menge schrien die einen dies, die andern
jenes. Weil der Kommandant bei dem Tumult
nichts Sicheres herausbekommen konnte, befahl
er, Paulus in die Kaserne zu bringen.
35 Am Aufgang zur Kaserne kam die Menge
Paulus gefährlich nahe, sodass die Soldaten ihn
tragen mussten. 36 Denn das ganze Volk lief hin-
terher und schrie: »Weg mit ihm!«

Paulus darf zum Volk sprechen

37 Bevor Paulus in die Kaserne geführt wurde,
sagte er zu dem Kommandanten: »Darf ich ein
Wort mit dir reden?«
»Du sprichst griechisch?«, erwiderte der Kom-
mandant. 38 »Dann bist du also nicht der Ägyp-
ter, der vor einiger Zeit den Aufstand angezettelt
und die viertausend bewaffneten Terroristen in
die Wüste hinausgeführt hat?«
39 Paulus antwortete: »Ich bin ein Jude aus
Zilizien, ein Bürger der bekannten Stadt Tarsus.
Ich habe eine Bitte an dich: Erlaube mir, zum
Volk zu sprechen.«
40 Der Kommandant war einverstanden. Pau-
lus stand auf der Freitreppe und bat die Menge
mit einer Handbewegung um Ruhe. Es wurde
sehr still und er begann auf Hebräisch* zu
reden.

Paulus schildert seine Vergangenheit als Christenverfolger

22 »Liebe Brüder und Väter, hört, was ich
euch zu meiner Verteidigung zu sagen
habe!«
2 Als sie hörten, dass er auf Hebräisch* zu ih-
nen sprach, wurden sie noch stiller und Paulus
konnte weiterreden:
3 »Ich bin ein Jude aus Tarsus in Zilizien, aber
aufgewachsen bin ich hier in Jerusalem. Mein
Lehrer war Gamaliël*. Bei ihm erhielt ich eine
sorgfältige Ausbildung im Gesetz* unserer Vor-
fahren, und ich trat ebenso leidenschaftlich für
den Gott Israels ein, wie ihr alle es heute tut.
4 Ich bekämpfte die Lehre der Christen[a] bis
aufs Blut. Männer und Frauen nahm ich fest und
ließ sie ins Gefängnis werfen. 5 Der Oberste
Priester* und der ganze jüdische Rat* können
das bestätigen.
Ich ließ mir von ihnen sogar Briefe an die
jüdischen Brüder in den Synagogen* von Da-
maskus geben. Darin wurde mir die Vollmacht
erteilt, auch dort die Menschen, die zu Jesus hiel-
ten, festzunehmen und sie in Ketten nach
Jerusalem zu bringen, damit sie dort bestraft
würden.«

Paulus schildert seine Berufung durch Christus und seine Sendung zu den nichtjüdischen Völkern

6 »Doch dann geschah es: Auf dem Weg nach
Damaskus, kurz vor der Stadt, umstrahlte mich
plötzlich gegen Mittag ein blendend helles Licht
vom Himmel. 7 Ich stürzte zu Boden und hörte
eine Stimme zu mir sagen: ›Saul, Saul, warum
verfolgst du mich?‹
8 ›Wer bist du, Herr?‹, fragte ich und die
Stimme sagte: ›Ich bin Jesus von Nazaret,[b] den
du verfolgst!‹ 9 Meine Begleiter sahen wohl das
Licht, hörten aber nicht die Stimme, die mit mir
redete.
10 Ich fragte: ›Herr, was soll ich tun?‹
Der Herr* sagte: ›Steh auf und geh nach
Damaskus! Dort wirst du alles erfahren, was
Gott dir zu tun bestimmt hat.‹
11 Von dem hellen Lichtstrahl war ich blind
geworden und musste mich von meinen Beglei-
tern nach Damaskus führen lassen.

a *die Lehre der Christen:* wörtlich *diesen Weg;* siehe Anmerkung zu 9,2. b Wörtlich *Jesus, der Nazoräer**.

21,29 (Trophimus) 20,4; 2 Tim 4,20 **21,36** 22,22; Lk 23,18; Joh 19,15 **21,38** 5,36-37 **22,3** 21,39; 5,34 **22,4-5** 8,3 S **22,6-16** 9,1-22; 26,12-18 **22,6-7** 9,3 S

12 Dort lebte ein frommer Mann, Hananias,
der sich streng an das Gesetz* hielt und bei allen
Juden in der Stadt in gutem Ruf stand. 13 Er
suchte mich auf, trat zu mir und sagte: ›Bruder
Saul, du sollst wieder sehen!‹ Im gleichen Augen-
blick wurden meine Augen geöffnet und ich sah
ihn vor mir stehen.

14 Er sagte: ›Der Gott unserer Vorfahren hat
dich dazu erwählt, seinen Heilsplan kennen zu
lernen und den einzig Gerechten* zu sehen und
aus seinem Mund das Wort zu hören, das dich
auf den Weg weist.[a] 15 Denn du sollst vor allen
Menschen für ihn eintreten und allen bezeugen,
was du gesehen und gehört hast. 16 Was zögerst
du noch? Steh auf und lass dich taufen*! Be-
kenne dich zum Namen* von Jesus und lass dir
deine Sünden abwaschen!‹

17 Als ich dann wieder nach Jerusalem zurück-
gekehrt war und hier im Tempel* betete, hatte
ich eine Vision. 18 Ich sah den Herrn, der sagte
zu mir: ›Verlass Jerusalem auf dem schnellsten
Weg, denn die Leute hier werden dir nicht glau-
ben, wenn du für mich eintrittst.‹

19 ›Herr‹, sagte ich, ›aber gerade sie müssten
mir doch glauben; denn sie wissen ja, wie ich
früher in den Synagogen* deine Anhänger fest-
nehmen und auspeitschen* ließ. 20 Auch als dein
Zeuge Stephanus gesteinigt* wurde, war ich
dabei; ich war mit allem einverstanden und
bewachte die Kleider seiner Mörder.‹

21 Doch der Herr sagte: ›Geh, ich will dich
weit hinaus zu fremden Völkern senden!‹«

Paulus löst einen Tumult aus und stellt sich unter den Schutz des römischen Bürgerrechts

22 Bis dahin hatte die Menge Paulus ruhig zu-
gehört. Aber jetzt, bei diesem letzten Satz, fin-
gen sie alle an zu schreien: »Weg mit ihm! So
einer muss von der Erde verschwinden! Es
gehört sich nicht, dass er lebt!« 23 Sie tobten,
rissen sich die Kleider vom Leib und warfen
Staub in die Luft.

24 Der Kommandant befahl, Paulus in die
Kaserne zu bringen. Er wollte ihn unter Peit-
schenhieben verhören lassen, um herauszubrin-
gen, warum die Juden so wütend auf ihn waren.
25 Als die Soldaten ihn schon festbinden wollten,
sagte Paulus zu dem Hauptmann*, der die Aus-
führung überwachte: »Dürft ihr denn einen
römischen Bürger auspeitschen*, noch dazu
ohne ein ordentliches Gerichtsverfahren?«

26 Der Hauptmann lief zum Kommandanten
und sagte: »Weißt du, was du da tust? Der Mann
hat das römische Bürgerrecht*!«

27 Der Kommandant ging selbst zu Paulus
und fragte ihn: »Bist du wirklich römischer Bür-
ger?«

Paulus bestätigte es, 28 und der Kommandant
sagte zu ihm: »Ich musste für mein Bürgerrecht
viel Geld bezahlen.«

Paulus erwiderte: »Ich besitze es von Geburt
an!«

29 Die Männer, die ihn verhören sollten, lie-
ßen sofort von ihm ab, und der Kommandant be-
kam es mit der Angst zu tun, weil er einen römi-
schen Bürger hatte fesseln lassen.

Paulus vor dem jüdischen Rat

30 Am folgenden Tag machte der Kommandant
einen weiteren Versuch, herauszubringen, was
die Juden so gegen Paulus aufgebracht hatte. Er
ließ ihm die Ketten abnehmen, gab Befehl, die
führenden Priester* und den ganzen jüdischen
Rat* zusammenzurufen, und stellte Paulus vor
die Versammlung.

23 Paulus richtete den Blick fest auf die Ver-
sammelten und erklärte: »Brüder, ich
habe immer so gehandelt, dass ich mir vor Gott
nicht das mindeste vorzuwerfen habe, und das
bis zum heutigen Tag!«

2 Der Oberste Priester* Hananias befahl den
dabeistehenden Dienern, Paulus auf den Mund
zu schlagen. 3 Da sagte Paulus zu ihm: »Dich
wird *Gott* schlagen, du übertünchte Wand![b] Du
willst nach dem Gesetz über mich richten und
lässt mich *gegen* alles Gesetz schlagen?«

4 Die Diener sagten: »Wie, du wagst den
Obersten Priester Gottes zu beleidigen?«

5 Paulus entschuldigte sich und sagte: »Ich
habe nicht gewusst, Brüder, dass er der Oberste
Priester ist. Ich weiß wohl, dass in den Heiligen
Schriften* steht: ›Ihr sollt ein Oberhaupt eures
Volkes nicht verfluchen.‹«

6 Da Paulus wusste, dass die Anwesenden teils
Sadduzäer*, teils Pharisäer* waren, rief er in die
Versammlung hinein: »Brüder, ich bin ein Phari-
säer und komme aus einer Pharisäerfamilie. Ich
stehe hier vor Gericht, nur weil ich daran
glaube, dass die Toten auferstehen!«

a das Wort ...: wörtlich *eine Stimme zu hören.* Da Paulus Jesus bisher nicht gesehen hat, ist an die im Folgenden (Verse 17-21) geschilderte Vision und Beauftragung zu denken.
b Ein Bild für Scheinheiligkeit; vgl. Mt 23,27.

22,14 (Gerechter) 3,14 S **22,16** 2,21 **22,17** 9,26 **22,20** 7,58; 8,1 **22,21** 9,15 S **22,22** 21,36 S **22,25** 16,37 S **23,1** 24,16 S **23,2-3** Mt 23,27-28; Joh 18,22-23; Lev 19,15 **23,5** *zit* Ex 22,27 **23,6** (Pharisäerfamilie) 26,5; Phil 3,5; Gal 1,14; Apg 24,21

7 Damit spaltete er den Rat in zwei Lager,
denn Sadduzäer und Pharisäer fingen sofort an,
miteinander zu streiten. 8 Die Sadduzäer leugnen
nämlich die Auferstehung* der Toten und sie be-
streiten auch, dass es Engel* und andere unsicht-
bare Wesen gibt. Die Pharisäer dagegen beken-
nen sich zum Glauben an beides. 9 So kam es zu
einer lautstarken Auseinandersetzung.

Schließlich traten einige Gesetzeslehrer* aus
der Gruppe der Pharisäer vor und erklärten:
»Wir können dem Mann nichts vorwerfen. Viel-
leicht hat ja tatsächlich ein Geist zu ihm gespro-
chen oder ein Engel!«

10 Der Tumult wurde am Ende so heftig, dass
der Kommandant fürchtete, sie könnten Paulus
in Stücke reißen. So ließ er aus der Kaserne eine
Abteilung Soldaten kommen, die ihn heraushol-
ten und wieder dorthin zurückbrachten.

11 In der folgenden Nacht aber trat der Herr*
zu Paulus und sagte zu ihm: »Nur Mut! Wie du
hier in Jerusalem für mich eingetreten bist, so
musst du es auch in Rom tun.«

Eine Verschwörung gegen Paulus

12 Am nächsten Morgen taten sich eine Anzahl
Juden zu einem Anschlag gegen Paulus zusam-
men. Sie schworen, nichts zu essen und zu trin-
ken, bis sie ihn umgebracht hätten. 13 Mehr als
vierzig Männer beteiligten sich an dieser Ver-
schwörung.

14 Sie gingen zu den führenden Priestern*
und den Ratsältesten* und weihten sie ein: »Wir
haben feierlich geschworen, nichts zu essen und
zu trinken, bis wir Paulus getötet haben. 15 Geht
also jetzt im Namen des ganzen jüdischen Rates*
zum Kommandanten und fordert ihn auf, euch
Paulus noch einmal vorzuführen; ihr wolltet sei-
nen Fall noch genauer untersuchen. Wir halten
uns dann bereit und bringen ihn um, noch bevor
er hier eintrifft.«

16 Aber ein Neffe von Paulus, der Sohn seiner
Schwester, hörte von dem geplanten Anschlag.
Er ging in die Kaserne und erzählte Paulus da-
von. 17 Der rief einen von den Hauptleuten* und
sagte zu ihm: »Bring diesen jungen Mann zum
Kommandanten! Er hat eine wichtige Nachricht
für ihn.«

18 Der Hauptmann brachte ihn zum Komman-
danten und sagte: »Der Gefangene Paulus hat
mich rufen lassen und mich gebeten, diesen jun-
gen Mann zu dir zu führen. Er soll eine wichtige
Nachricht für dich haben.«

19 Der Kommandant nahm den jungen Mann
beiseite und fragte ihn: »Was hast du mir zu be-
richten?«

20 Da erzählte er: »Die Juden wollen dich bit-
ten, Paulus morgen noch einmal vor ihren Rat*
zu bringen, damit sie ihn noch genauer verhören
können. 21 Aber du darfst ihnen nicht glauben,
denn mehr als vierzig Männer planen einen An-
schlag. Sie alle haben geschworen, erst wieder
zu essen und zu trinken, wenn sie Paulus getötet
haben. Sie halten sich bereit und warten nur dar-
auf, dass du ihn herausführen lässt.«

22 Der Kommandant sagte: »Verrate keinem,
dass du mir davon erzählt hast!« Dann ließ er
den jungen Mann gehen.

Paulus wird zum Statthalter nach Cäsarea gebracht

23 Der Kommandant rief zwei Hauptleute* und
befahl ihnen: »Sorgt dafür, dass zweihundert Sol-
daten sich für heute Abend um neun Uhr zum
Abmarsch nach Cäsarea bereitmachen, dazu
siebzig Reiter und noch zweihundert Leicht-
bewaffnete. 24 Besorgt ein paar Reittiere für Pau-
lus und bringt ihn sicher zum Statthalter* Felix!«

25 Dann schrieb er folgenden Brief:

26 »Klaudius Lysias grüßt den hochverehrten
Statthalter Felix.

27 Den Mann, den ich dir sende, hatten die Juden
ergriffen und wollten ihn töten. Als ich erfuhr,
dass er römischer Bürger* ist, ließ ich ihn durch
meine Soldaten in Sicherheit bringen. 28 Weil ich
herausbekommen wollte, weshalb sie ihn verfol-
gen, brachte ich ihn vor ihren Rat*. 29 Aber es
stellte sich heraus, dass er nichts getan hat, wor-
auf Todesstrafe oder Gefängnis steht. Ihre Vor-
würfe beziehen sich nur auf strittige Fragen des
jüdischen Gesetzes*.

30 Nun wurde mir gemeldet, dass ein Anschlag
gegen ihn geplant ist, deshalb schicke ich ihn
umgehend zu dir. Ich habe auch die Kläger
angewiesen, ihre Sache gegen ihn bei dir vorzu-
tragen.«

31 Die Soldaten übernahmen Paulus und brach-
ten ihn befehlsgemäß noch in der Nacht bis nach
Antipatris. 32 Am nächsten Tag kehrten die Fuß-
truppen nach Jerusalem in die Kaserne zurück,
während die Reiter Paulus weitergeleiteten.
33 Sie brachten ihn nach Cäsarea und übergaben
den Brief und den Gefangenen dem Statthalter
Felix.

34 Der Statthalter las den Brief und fragte Pau-

23,8 Lk 20,27S; Apg 4,2S **23,11** 18,9; (Rom) 19,21; 27,24; 28,23 **23,12** 9,23 **23,27** 21,30-36; 16,37S **23,28** 22,30
23,29 18,14-15; 26,31; 28,18

lus, aus welcher Provinz er stamme. »Aus Zilizien«, sagte Paulus.

35 Felix erklärte: »Ich werde dich verhören, sobald deine Ankläger auch hier sind.« Dann befahl er, Paulus an seinem Amtssitz, in dem von Herodes erbauten Palast,[a] gefangen zu halten.

Die führenden Juden klagen Paulus an

24 Nach fünf Tagen kam der Oberste Priester* Hananias mit einigen Ratsältesten* und dem Anwalt Tertullus nach Cäsarea. Sie erhoben beim Statthalter* Felix Anklage gegen Paulus. 2-3 Als man Paulus gerufen hatte, begann Tertullus seine Anklagerede:

»Hochverehrter Felix! Dein Verdienst ist es, dass wir schon so lange in Frieden leben. Deiner Umsicht verdanken wir auch eine ganze Reihe von wichtigen Reformen in unserem Land. Das erkennen wir in tiefer Dankbarkeit an, wo und wann immer sich die Gelegenheit bietet. 4 Ich will aber jetzt deine kostbare Zeit nicht unnötig in Anspruch nehmen und bitte dich, uns für einen Augenblick freundlich anzuhören.

5 Wir haben festgestellt, dass dieser Paulus so gefährlich ist wie die Pest. Als Haupträdelsführer der Nazarener-Sekte[b] stiftet er die Juden in der ganzen Welt zum Aufruhr an. 6a Er hat auch versucht, den Tempel* zu entweihen. Dabei haben wir ihn festgenommen.[c] 8b Wenn du ihn verhörst, wird er dir gegenüber alles zugeben müssen, was wir ihm vorwerfen.«

9 Die anderen Juden schlossen sich der Anklage an und bestätigten alles.

Paulus verteidigt sich vor dem Statthalter

10 Mit einem Zeichen forderte der Statthalter* Paulus zum Reden auf, und der begann:

»Weil ich weiß, dass du seit vielen Jahren in diesem Land der oberste Richter bist, gehe ich voll Zuversicht daran, mich zu verteidigen. 11 Wie du leicht nachprüfen kannst, bin ich erst vor zwölf Tagen nach Jerusalem gekommen, um dort im Tempel* anzubeten. 12 Niemand hat gesehen, dass ich diskutiert oder die Leute aufgehetzt hätte, weder im Tempel noch in den Synagogen* noch sonst wo in der Stadt. 13 Für das, was mir hier vorgeworfen wird, gibt es keinerlei Beweise.

14 Das allerdings bekenne ich offen vor dir: Ich diene dem Gott unserer Vorfahren in der Weise, wie es jener neuen Richtung entspricht,[d] die sie als Sekte bezeichnen. Doch genau auf diese Weise diene ich ihm wirklich! Ich erkenne alles an, was im Gesetz* Moses und in den Prophetenbüchern steht. 15 Ich habe die gleiche feste Hoffnung auf Gott wie sie, nämlich dass er die Toten auferwecken* wird, die Guten wie die Bösen. 16 Und aus diesem Grund bemühe auch ich mich, immer ein reines Gewissen zu haben vor Gott und den Menschen.

17 Nach vielen Jahren im Ausland war ich nun nach Jerusalem zurückgekommen. Ich wollte Geldspenden für mein Volk übergeben und Gott Opfer* darbringen. 18-19 Da sahen mich einige Juden aus der Provinz Asien* im Tempel, als ich mich gerade auf ein Opfer vorbereitete; ich hatte keine Anhänger um mich gesammelt, es gab auch keinen Aufruhr. Diese Leute sollten jetzt eigentlich hier sein und ihre Klage vorbringen, wenn sie mir etwas vorzuwerfen haben!

20 Du kannst aber auch diese Männer hier fragen, was für ein Vergehen sie mir im Verhör vor dem Rat* der Juden denn nachweisen konnten. 21 Es könnte höchstens der eine Satz sein, den ich dem versammelten Rat zurief: ›Ich stehe heute vor eurem Gericht, weil ich glaube, dass die Toten auferstehen.‹«

22 Felix, der über die christliche Lehre[e] ziemlich genau Bescheid wusste, ließ die Verhandlung abbrechen und sagte: »Der Fall wird entschieden, sobald der Kommandant Lysias aus Jerusalem eintrifft.«

23 Er ließ Paulus wieder abführen, befahl aber dem Hauptmann*, dem Gefangenen einige Erleichterungen zu gewähren. Seine Freunde sollten die Erlaubnis haben, ihn zu versorgen.

Felix und Drusilla bei Paulus. Verschleppung des Prozesses

24 Einige Tage später erschien Felix zusammen mit seiner Frau Drusilla, einer Jüdin, in seinem Amtssitz und ließ Paulus aus dem Gefängnis zu sich bringen; denn er wollte noch mehr über den Glauben an Jesus Christus erfahren. 25 Als aber Paulus zuletzt von einem Leben nach Gottes Geboten, von der Zügelung der Leiden-

a *an seinem Amtssitz ...:* wörtlich *im Prätorium* des Herodes.* b Wörtlich *der Sekte der Nazoräer*.*
c Einige Handschriften fügen hinzu: 6b *Wir wollten ihn nach unserem eigenen Gesetz* aburteilen,* 7 *aber der Kommandant Lysias hat ihn uns mit Gewalt entrissen* 8a *und hat befohlen, wer eine Anklage gegen den Mann vorzubringen habe, solle damit zu dir gehen.*
d *in der Weise ...:* wörtlich *entsprechend dem Weg;* siehe Anmerkung zu 9,2.
e Wörtlich *über den Weg;* siehe Anmerkung zu 9,2.

24,1 23,2 **24,5** 17,6 **24,6a** 21,28S **24,14** (Richtung) 9,2S **24,15** Dan 12,2S; Apg 4,2S; 23,6 **24,16** 23,1; 2 Kor 1,12; 1 Kor 4,4; 2 Tim 1,3 **24,17** 11,29-30 **24,18-19** 21,27-28 **24,21** 24,15S **24,22** 23,26 **24,23** 27,3; 28,16.30 **24,24** 9,15S **24,25** 17,32

schaften und vom kommenden Gericht Gottes
sprach, wurde es Felix unbehaglich und er sagte:
»Für diesmal ist es genug, du kannst jetzt gehen!
Wenn ich wieder Zeit habe, lasse ich dich
holen.«

26 Er hoffte auch im Stillen, von Paulus Be-
stechungsgelder zu bekommen. Darum ließ er
ihn von Zeit zu Zeit rufen und unterhielt sich mit
ihm.

27 Als Felix zwei Jahre später durch Porzius
Festus abgelöst wurde, wollte er den Juden noch
einen Gefallen tun und ließ Paulus im Gefängnis.

Wiederaufnahme des Verfahrens unter Festus. Paulus appelliert an den Kaiser in Rom

25 Drei Tage nach seinem Amtsantritt zog
Festus von Cäsarea nach Jerusalem hin-
auf. 2 Die führenden Priester* und die angese-
hensten Männer des jüdischen Volkes erneuer-
ten bei ihm ihre Anklage gegen Paulus, und sie
erbaten sich von ihm 3 als besonderes Zeichen
seiner Gunst, dass er den Gefangenen wieder
nach Jerusalem verlegen lasse. Sie planten näm-
lich einen Anschlag und wollten ihn unterwegs
töten.

4 Doch Festus erklärte, Paulus werde in Cäsa-
rea bleiben. Er selbst kehre bald wieder dorthin
zurück. 5 »Eure Bevollmächtigten«, sagte er,
»können ja mitkommen und ihre Anklage vor-
bringen, wenn der Mann wirklich das Recht ver-
letzt hat.«

6 Festus blieb noch eine gute Woche in Jerusa-
lem und reiste dann nach Cäsarea zurück. Gleich
am nächsten Tag eröffnete er die Gerichtsver-
handlung und ließ Paulus vorführen. 7 Als er er-
schien, umstellten ihn die Juden aus Jerusalem
und brachten viele schwere Anklagen gegen ihn
vor, konnten sie aber nicht belegen.

8 Paulus verteidigte sich: »Ich habe mich we-
der gegen das Gesetz* der Juden noch gegen den
Tempel* noch gegen den Kaiser vergangen.«

9 Festus wollte den Juden nun doch den Gefal-
len tun und fragte Paulus: »Willst du nicht nach
Jerusalem gehen, damit dort in meinem Beisein
über diese Punkte verhandelt und entschieden
werden kann?«

10 Aber Paulus erwiderte: »Ich stehe hier vor
dem kaiserlichen Gericht, und vor ihm muss
mein Fall entschieden werden.[a] Ich habe mich
gegen die Juden in keiner Weise vergangen, wie
du selbst genau weißt. 11 Wäre ich im Unrecht
und hätte etwas getan, worauf die Todesstrafe
steht, so wäre ich sofort bereit zu sterben. Da
aber feststeht, dass ihre Anklagen falsch sind,
kann mich niemand bloß aus Gefälligkeit an sie
ausliefern. Ich verlange, dass mein Fall vor den
Kaiser kommt!«

12 Festus besprach sich mit seinen Beratern
und entschied dann: »Du hast an den Kaiser
appelliert, darum sollst du vor den Kaiser ge-
bracht werden.«

Festus informiert König Agrippa über den Fall Paulus

13 Einige Zeit später kamen König Agrippa[b] und
seine Schwester Berenike nach Cäsarea, um Fes-
tus zu besuchen. 14 Nach einigen Tagen brachte
Festus den Fall Paulus zur Sprache:

»Mein Vorgänger Felix hat mir hier einen Ge-
fangenen hinterlassen. 15 Als ich nach Jerusalem
kam, erhoben die führenden Priester* und die
jüdischen Ratsältesten* Anklage gegen ihn und
drängten mich, ihn zu verurteilen. 16 Aber ich
machte ihnen klar, dass es bei uns Römern nicht
üblich ist, einen Angeklagten – nur um jemand
einen Gefallen zu tun – abzuurteilen, bevor er
sich nicht persönlich gegenüber seinen Anklä-
gern verteidigen konnte.

17 Als sie dann hierher kamen, habe ich sofort
eine Verhandlung angesetzt und den Mann vor-
führen lassen. 18 Aber die Anklagen, die seine
Gegner vorbrachten, gingen gar nicht auf irgend-
einen Rechtsbruch, wie ich bis dahin vermuten
musste. 19 Alles drehte sich vielmehr um religiöse
Streitfragen und um einen Toten namens Jesus,
von dem Paulus behauptet, er lebe.

20 Da ich mich auf solche Fragen nicht genü-
gend verstehe, fragte ich ihn, ob er nicht lieber
nach Jerusalem gehen wolle, damit dort über
diese Punkte verhandelt und entschieden wird.
21 Aber Paulus legte dagegen Beschwerde ein: Er
wolle vor den Kaiser gebracht werden und bis
dahin in Haft bleiben. Also gab ich Befehl, ihn
weiter in Haft zu halten, bis ich ihn zum Kaiser
schicken kann.«

22 Agrippa sagte zu Festus: »Ich würde den
Mann gern einmal kennen lernen.«

»Morgen sollst du dazu Gelegenheit haben«,
sagte Festus.

a Das *muss* deutet an, dass es so dem Willen Gottes entspricht – weil Paulus nach Rom kommen soll; vgl. 19,21; 23,11.
b Herodes Agrippa II.; siehe Sacherklärung »Herodes (6)«.

24,27 25,9 **25,2** 24,1 **25,3** 23,12-15 **25,7** 24,5-6.13 **25,9** 24,27 **25,11-12** (Kaiser) 23,11; 25,21.25; 28,19 **25,14** 24,27 **25,18-19** 18,14-15 S **25,22-23** Lk 23,8; 21,12 S

Paulus wird König Agrippa vorgeführt

23 Agrippa und Berenike erschienen also am
nächsten Tag in ihrer ganzen fürstlichen Pracht
und betraten, begleitet von hohen römischen
Offizieren und den maßgebenden Persönlichkei-
ten der Stadt, den Audienzsaal. Festus gab den
Befehl, und Paulus wurde hereingeführt. 24 Dar-
auf sagte Festus:

»König Agrippa! Meine verehrten Gäste! Hier
seht ihr den Mann, dessentwegen mich alle
Juden sowohl in Jerusalem als auch hier in dieser
Stadt bestürmt haben. Sie schrien, er dürfe nicht
länger am Leben bleiben. 25 Ich musste jedoch
feststellen, dass er nichts getan hat, worauf die
Todesstrafe steht. Da er selbst an den Kaiser
appelliert hat, habe ich beschlossen, ihn nach
Rom zu schicken.

26 Ich habe allerdings kaum etwas Stichhalti-
ges, was ich meinem Herrn, dem Kaiser, schrei-
ben könnte. Deshalb stelle ich euch den Mann
vor, besonders dir, König Agrippa, damit ich
durch ein neues Verhör einige Anhaltspunkte für
meinen Brief bekomme. 27 Denn es erscheint
mir unsinnig, einen Gefangenen nach Rom zu
schicken, ohne eine Aufstellung der Anklage-
punkte mitzugeben.«

Die Rede von Paulus vor König Agrippa

26 Agrippa sagte zu Paulus: »Du hast die Ge-
legenheit, in eigener Sache zu sprechen.«
Paulus machte eine Handbewegung und be-
gann seine Verteidigungsrede:

2 »König Agrippa! Ich freue mich, dass ich
mich heute vor dir gegen die Angriffe der Juden
verteidigen kann, 3 vor allem, weil du dich in
ihren Gebräuchen und religiösen Streitfragen
auskennst. Bitte, hör mich geduldig an!

4 Mein Leben, wie ich es seit meiner Jugend
unter meinem Volk und in Jerusalem geführt
habe, ist allen Juden von Anfang an bekannt.
5 Sie kennen mich von früher her und können,
wenn sie wollen, bezeugen, dass ich nach der
strengsten Richtung unserer Religion gelebt ha-
be. Ich war nämlich Pharisäer*. 6 Und wenn ich
jetzt vor Gericht stehe, dann nur deshalb, weil
ich fest auf die Zusage vertraue, die Gott unseren
Vorfahren gegeben hat.

7 Unser Zwölfstämmevolk Israel dient Gott
unablässig bei Tag und Nacht in der Hoffnung,
endlich die Erfüllung dieser Zusage zu erleben.
Und ich, König Agrippa, werde um derselben
Hoffnung willen ausgerechnet von Juden ange-
klagt! 8 Warum wollt ihr Juden es denn nicht
glauben, dass Gott tatsächlich einen Toten auf-
erweckt hat?

9 Anfangs allerdings hatte auch ich gemeint,
ich müsste dem Bekenntnis zu Jesus von Naza-
ret[a] mit allen Mitteln entgegentreten. 10 Das ha-
be ich in Jerusalem auch getan. Ausgestattet mit
einer Vollmacht der führenden Priester* brachte
ich viele Christen[b] ins Gefängnis und gab meine
Stimme gegen sie ab, wenn sie zum Tod verur-
teilt wurden. 11 In allen Synagogen* habe ich im-
mer wieder versucht, sie durch Auspeitschen*
dahin zu bringen, dass sie ihrem Glauben ab-
schwören. Mein Hass war so groß, dass ich sie
sogar noch über die Grenzen des Landes hinaus
verfolgen wollte.

12 In dieser Absicht reiste ich im Auftrag der
führenden Priester und mit ihrer Vollmacht nach
Damaskus. 13 Auf dem Weg dorthin, mein König,
umstrahlte mich und meine Begleiter mitten am
Tag ein Licht vom Himmel, heller als die Sonne.
14 Wir stürzten alle zu Boden und ich hörte eine
Stimme auf Hebräisch* rufen: ›Saul, Saul, war-
um verfolgst du mich? Es ist sinnlos, dass du ge-
gen mich ankämpfst!‹[c]

15 ›Wer bist du, Herr?‹, fragte ich, und der
Herr* sagte: ›Ich bin Jesus, den du verfolgst.
16 Doch steh auf, denn ich bin dir erschienen,
um dich in meinen Dienst zu stellen. Du sollst
bezeugen, was du heute gesehen hast und was
ich dir noch zeigen werde. 17 Ich werde dich
beschützen vor den Juden und auch vor den
Nichtjuden, zu denen ich dich sende. 18 Gerade
ihnen sollst du die Augen öffnen, damit sie aus
der Finsternis ins Licht kommen, aus der Gewalt
des Satans* zu Gott. Denn wenn sie auf mich
vertrauen, wird ihnen ihre Schuld vergeben und
sie erhalten ihren Platz unter denen, die Gott zu
seinem heiligen* Volk gemacht hat.‹

19 Ich habe mich, König Agrippa, dem nicht
widersetzt, was diese Erscheinung vom Himmel
mir befohlen hatte. 20 Zuerst in Damaskus und
Jerusalem und später in ganz Judäa und bei den
nichtjüdischen Völkern rief ich die Menschen
dazu auf, umzukehren*, sich Gott zuzuwenden
und durch ihre Lebensführung zu zeigen, dass es

a zu Jesus …: wörtlich *zum Namen* von Jesus, dem Nazoräer*.* *b* Wörtlich *viele der Heiligen*.*
c Wörtlich *Es ist schwer für dich, gegen den Stachel auszuschlagen.* Zu diesem Vergleich mit einem störrischen Zugtier siehe Sacherklärung »Ochsenstachel«.

26,5 23,6 S **26,6-8** 4,2 S; 24,15; 28,20 **26,9-11** 8,3 S **26,12-18** 9,1-22; 22,5-16 **26,18** (Licht) 1 Thess 5,4-5; 2 Kor 4,6; Kol 1,13; Eph 5,8; 1 Petr 2,9; Jes 42,7.16; (zu Gott) Apg 14,15; (Schuld) 10,43 S; (Volk) 1 Kor 1,2; 6,11 **26,20** 9,19-20.28-29; 11,18 S

ihnen mit der Umkehr ernst ist. [21] Einzig deswegen haben mich die Juden im Tempel* ergriffen und zu töten versucht.

[22] Aber bis heute hat Gott mir geholfen, und so stehe ich als sein Zeuge vor den Menschen, den hoch gestellten wie den ganz einfachen. Ich verkünde nichts anderes, als was die Propheten* und Mose angekündigt haben: [23] Der versprochene Retter,[a] sagten sie, muss leiden und sterben und wird als der Erste unter allen Toten auferstehen*, um dem jüdischen Volk und allen Völkern der Welt das rettende Licht zu bringen.«

Die Reaktion von Festus und Agrippa auf die Rede

[24] Als Paulus sich auf diese Weise verteidigte, rief Festus ihm zu: »Du bist verrückt geworden, Paulus! Das viele Studieren hat dich um den Verstand gebracht!«

[25] Paulus aber antwortete: »Hochverehrter Festus, ich bin nicht verrückt. Was ich sage, ist wahr und vernünftig. [26] Der König weiß, wovon ich rede, und mit ihm kann ich frei und offen darüber sprechen. Ich bin überzeugt, dass ich ihm auch gar nichts Neues sage; denn die Sache hat sich ja nicht irgendwo im Winkel abgespielt. [27] König Agrippa, glaubst du den Ankündigungen der Propheten*? Ich weiß, du glaubst ihnen!«

[28] Agrippa erwiderte: »Es dauert nicht mehr lange und du überredest mich noch dazu, dass ich selber Christ werde!«

[29] »Ob es nun kurz oder lang dauert«, sagte Paulus, »ich bete zu Gott, dass nicht nur du, sondern alle, die mich hier hören, mir gleich werden – die Fesseln natürlich ausgenommen.«

[30] Darauf standen der König, der Statthalter*, Berenike und die anderen auf [31] und gingen hinaus. »Der Mann verdient weder den Tod noch das Gefängnis«, war das einmütige Urteil.

[32] Und Agrippa sagte zu Festus: »Der Mann könnte freigelassen werden, wenn er nicht an den Kaiser appelliert hätte.«

Paulus als Gefangener auf dem Weg nach Rom

27 Als unsere Abreise nach Italien beschlossen war, übergab man Paulus und einige andere Gefangene einem Hauptmann* namens Julius aus einem syrischen Regiment, das den Ehrennamen ›Kaiserliches Regiment‹ trug.[b]

[2] Wir gingen an Bord eines Schiffes aus Adramyttion, das die Häfen an der Küste der Provinz Asien* anlaufen sollte, und fuhren ab. Der Mazedonier Aristarch aus Thessalonich begleitete uns.

[3] Am nächsten Tag erreichten wir Sidon. Julius war Paulus gegenüber sehr entgegenkommend und erlaubte ihm, seine Glaubensgenossen[c] dort zu besuchen und sich bei ihnen zu erholen.

[4] Als wir von dort weiterfuhren, hatten wir Gegenwind; darum segelten wir auf der Ostseite um Zypern herum. [5] Zilizien und Pamphylien ließen wir rechts liegen und erreichten schließlich Myra in Lyzien.

[6] Dort fand der Hauptmann ein Schiff aus Alexandria, das nach Italien fuhr, und brachte uns an Bord. [7] Viele Tage lang machten wir nur wenig Fahrt und kamen mit Mühe bis auf die Höhe von Knidos. Dann zwang uns der Wind, den Kurs zu ändern. Wir hielten auf die Insel Kreta zu, umsegelten Kap Salmone [8] und erreichten mit knapper Not einen Ort, der Kaloi Limenes (Guthäfen) heißt, nicht weit von der Stadt Lasäa.

Paulus im Seesturm

[9] Wir hatten inzwischen viel Zeit verloren. Das Herbstfasten[d] war vorbei und die Schifffahrt wurde gefährlich. Deshalb warnte Paulus seine Bewacher. [10] »Ich sehe voraus«, sagte er, »dass eine Weiterfahrt zu großen Schwierigkeiten führen wird. Sie bringt nicht nur Ladung und Schiff in Gefahr, sondern auch das Leben der Menschen an Bord.«

[11] Aber der Hauptmann* hörte mehr auf den Steuermann und den Kapitän als auf das, was Paulus sagte. [12] Außerdem war der Hafen zum Überwintern nicht sehr geeignet. So waren die meisten dafür, wieder in See zu stechen und zu versuchen, noch bis nach Phönix zu kommen. Dieser ebenfalls auf Kreta gelegene Hafen ist nach Westen hin offen und man konnte dort den Winter zubringen.

[13] Als ein leichter Südwind einsetzte, nahmen die Seeleute es für ein günstiges Zeichen. Die An-

a Wörtlich *Der Christus**.
b *aus einem syrischen ...:* wörtlich *von der Kaiserlichen Kohorte.* Hilfstruppen, bestehend aus Soldaten der jeweiligen Region, wurden öfter mit dem Ehrentitel »Kaiserliche« ausgezeichnet.
c Wörtlich (aus der Sicht des Römers gesprochen) *seine Freunde.*
d Gemeint ist der »Versöhnungstag« Ende September/Anfang Oktober; siehe Sacherklärung.

26,22 Lk 24,44 S **26,23** 5,42 S; 1 Kor 15,23; Jes 49,6; Apg 11,18 S **26,26** Joh 18,20 S **26,28** 11,26 **26,31** 23,29 S **26,32** 25,11-12 S **27,2** 19,29 S **27,3** 24,23 S **27,9-10** 1 Kor 11,26

ker wurden gelichtet, und das Schiff segelte so
dicht wie möglich an der Küste Kretas entlang.
14 Aber bald brach aus der Richtung der Insel ein
Sturm los, der gefürchtete Nordost, 15 und riss
das Schiff mit. Da es unmöglich war, Kurs zu
halten, ließen wir uns einfach treiben.

16 Im Schutz der kleinen Insel Kauda war der
Sturm etwas weniger heftig und wir konnten mit
einiger Mühe das Beiboot einholen. 17 Danach
legten die Seeleute zur Sicherung ein paar Taue
fest um das ganze Schiff. Um nicht in die Große
Syrte verschlagen zu werden, brachten sie den
Treibanker[a] aus und ließen das Schiff dahin-
treiben.

18 Der Sturm setzte dem Schiff stark zu, des-
halb warf man am nächsten Tag einen Teil der
Ladung ins Meer. 19 Am Tag darauf warfen die
Seeleute eigenhändig die Schiffsausrüstung über
Bord.

20 Tagelang zeigten sich weder Sonne noch
Sterne am Himmel. Der Sturm ließ nicht nach,
und so verloren wir am Ende jede Hoffnung
auf Rettung. 21 Niemand wollte mehr etwas
essen.

Da erhob sich Paulus und sagte: »Ihr hättet
auf meine Warnung hören und im Hafen bleiben
sollen. Dann wäre uns dies erspart geblieben.
22 Doch jetzt bitte ich euch: Lasst den Mut nicht
sinken! Alle werden am Leben bleiben, nur das
Schiff geht verloren. 23 In der vergangenen
Nacht erschien mir nämlich ein Engel* des Got-
tes, dem ich gehöre und dem ich diene, 24 und
sagte zu mir: ›Hab keine Angst, Paulus! Du musst
vor den Kaiser treten, und auch alle anderen, die
mit dir auf dem Schiff sind, wird Gott deinet-
wegen retten.‹ 25 Also seid mutig, Männer! Ich
vertraue Gott, dass alles so kommen wird, wie er
es zu mir gesagt hat. 26 Wir werden an einer
Insel stranden.«

27 Wir trieben nun schon die vierzehnte
Nacht im Sturm auf dem Mittelmeer. Gegen Mit-
ternacht vermuteten die Seeleute Land in der
Nähe. 28 Sie warfen ein Lot aus und kamen auf
37 Meter Wassertiefe. Etwas später waren es nur
noch 28 Meter.[b] 29 Sie fürchteten, auf ein
Küstenriff aufzulaufen, darum warfen sie vom
Heck vier Anker aus und wünschten sehnlichst
den Tag herbei.

30 Aber noch in der Dunkelheit versuchten
die Seeleute, das Schiff zu verlassen. Unter dem
Vorwand, auch vom Bug aus Anker auswerfen
zu wollen, brachten sie das Beiboot zu Wasser.
31 Doch Paulus warnte den Hauptmann* und die
Soldaten: »Wenn die Seeleute das Schiff verlas-
sen, habt ihr keine Aussicht auf Rettung mehr.«
32 Da hieben die Soldaten die Taue durch und
ließen das Beiboot davontreiben.

33 Noch bevor der Tag anbrach, forderte Pau-
lus alle auf, doch etwas zu essen. »Ihr wartet
nun schon vierzehn Tage auf Rettung«, sagte er,
»und habt die ganze Zeit über nichts gegessen.
34 Ich bitte euch deshalb, esst etwas; das habt ihr
nötig, wenn ihr überleben wollt. Niemand von
euch wird auch nur ein Haar von seinem Kopf
verlieren.«

35 Dann nahm Paulus ein Brot, sprach dar-
über vor allen ein Dankgebet, brach das Brot in
Stücke und fing an zu essen. 36 Da bekamen sie
alle wieder Mut und aßen ebenfalls. 37 Wir
waren insgesamt 276 Leute auf dem Schiff.

38 Als alle satt waren, warfen sie die Getreide-
ladung über Bord, um das Schiff zu erleichtern.

Schiffbruch

39 Bei Tagesanbruch sahen die Seeleute eine
Küste, die ihnen unbekannt war. Doch entdeck-
ten sie eine Bucht mit einem flachen Strand und
wollten versuchen, das Schiff dort auf Grund zu
setzen. 40 Sie kappten die Ankertaue, ließen die
Anker im Meer zurück und machten zugleich
die Steuerruder klar. Dann hissten sie das Vor-
dersegel, und als das Schiff im Wind wieder
Fahrt machte, hielten sie auf die Küste zu.

41 Sie liefen jedoch auf eine Sandbank auf.
Der Bug rammte sich so fest ein, dass das Schiff
nicht wieder flottzumachen war, und das Hinter-
deck zerbrach unter der Wucht der Wellen.

42 Da beschlossen die Soldaten, alle Gefange-
nen zu töten, damit keiner durch Schwimmen
entkommen könne. 43 Aber der Hauptmann*
wollte Paulus retten und verhinderte es. Er be-
fahl den Schwimmern, sie sollten als Erste über
Bord springen und das Land zu erreichen
suchen; 44 die Übrigen sollten sich Planken und
anderen Wrackteilen anvertrauen. So kamen alle
unversehrt an Land.

a Eine große Holzplanke, die quer zur Fahrtrichtung liegt und, durch Gewichte an der einen Kante und eine leere Tonne an der anderen im Wasser aufrecht gehalten, die Fahrtgeschwindigkeit des Schiffes abbremste. Andere Deutung: *holten das Hauptsegel ein,* wofür es allerdings reichlich spät gewesen wäre.
b Griechische Maßangabe *20* bzw. *15 Armspannen* (= je 1,85 m).

27,18 Jona 1,5 **27,24** 23,11 S **27,26** 28,1 **27,34** Lk 12,7 **27,35** Lk 22,19

Auf der Insel Malta

28 Nach unserer Rettung erfuhren wir, dass die Insel Malta hieß. 2 Die Eingeborenen – keine Griechen[a] – waren überaus freundlich zu uns. Sie machten ein offenes Feuer und holten uns alle dorthin; denn es hatte angefangen zu regnen und es war kalt.

3 Paulus raffte ein Bündel Reisig zusammen und warf es in die Flammen. Da schoss eine Schlange heraus und biss sich an seiner Hand fest; die Hitze hatte sie aufgescheucht.

4 Die Eingeborenen sahen die Schlange an seiner Hand und sagten: »Der Mann muss ein Mörder sein: Aus dem Meer hat er sich gerettet, aber jetzt fordert die Rachegöttin sein Leben.« 5 Doch Paulus schüttelte die Schlange ins Feuer und es geschah ihm nichts.

6 Die Leute warteten darauf, dass er langsam anschwellen oder plötzlich tot umfallen würde. Nachdem sie ihn aber eine Zeit lang beobachtet hatten und nichts dergleichen geschah, änderten sie ihre Meinung und sagten, er sei ein Gott.

7 In der Nähe der Stelle, an der wir uns befanden, hatte der Angesehenste unter den Leuten der Insel, Publius, seine Besitzungen. Er nahm uns freundlich auf und wir waren für drei Tage seine Gäste.

8 Sein Vater hatte die Ruhr und lag mit Fieber im Bett. Paulus ging zu ihm ins Zimmer, betete über ihm, legte ihm die Hände auf und machte ihn gesund. 9 Darauf kamen auch alle anderen Kranken der Insel und ließen sich heilen. 10 Sie überschütteten uns mit ehrenvollen Geschenken, und bei der Abfahrt brachten sie uns alles, was wir für die Reise brauchten.

Von Malta nach Rom

11 Nach drei Monaten fuhren wir mit einem Schiff weiter, das in einem Hafen von Malta überwintert hatte. Es kam aus Alexandria und trug an seinem Bug als Schiffszeichen das Bild der Dioskuren.[b]

12 Wir kamen nach Syrakus, wo wir drei Tage blieben. 13 Von dort ging es weiter nach Rhegion. Am Tag darauf kam Südwind auf und wir brauchten nur zwei Tage bis Puteoli. 14 In der Stadt fanden wir Christen,[c] die uns einluden, eine Woche bei ihnen zu bleiben.

Und dann kamen wir nach Rom. 15 Die Christen dort hatten von unserer Ankunft in Puteoli gehört und kamen uns bis Tres-Tabernae (Drei Tavernen) entgegen, einige sogar bis Forum Appii (Appiusmarkt). Als Paulus sie sah, dankte er Gott und wurde voller Zuversicht.

Paulus in Rom. Begegnung mit den Juden der Stadt

16 In Rom bekam Paulus die Erlaubnis, sich eine Privatunterkunft zu suchen. Er hatte nur einen Soldaten als Wache.

17 Nach drei Tagen lud er die führenden Juden der Stadt ein. Als sie alle versammelt waren, sagte er: »Liebe Brüder! Obwohl ich nichts gegen unser Volk oder das Gesetz* unserer Vorfahren getan habe, wurde ich in Jerusalem festgenommen und an die Römer ausgeliefert. 18 Die Römer haben mich verhört und wollten mich freilassen, weil sie keinen Grund fanden, mich zum Tod zu verurteilen. 19 Doch weil die Juden dagegen protestierten, blieb mir nur der Ausweg, an den Kaiser zu appellieren. Ich hatte dabei aber nicht die Absicht, mein Volk anzuklagen. 20 Das wollte ich euch sagen und darum habe ich euch hergebeten. Ich bin gefangen, weil ich das verkünde, worauf ganz Israel hofft.«

21 Sie antworteten ihm: »Uns hat niemand aus Judäa* über dich geschrieben; es ist auch kein Bruder gekommen, der uns offiziell oder privat etwas Belastendes über dich mitgeteilt hätte. 22 Wir würden aber gern deine Ansichten hören, denn wir haben erfahren, dass die Glaubensrichtung, zu der du gehörst, überall auf Widerspruch stößt.« 23 So verabredeten sie sich für ein andermal.

Am festgesetzten Tag kamen noch mehr von ihnen zu Paulus in seine Unterkunft. Er erklärte und bezeugte ihnen, dass Gott angefangen hat, seine Herrschaft* aufzurichten. Er wies sie auf die Ankündigungen im Gesetz Moses und in den Schriften der Propheten* hin, um sie für Jesus zu gewinnen – den ganzen Tag über, vom Morgen bis zum Abend. 24 Die einen ließen sich von seinen Worten überzeugen, die andern schenkten ihm keinen Glauben. 25 Sie konnten sich darüber nicht einig werden und so gingen sie weg.

a *Die Eingeborenen …:* wörtlich *Die Barbaren,* was ursprünglich nur das Nichtgriechische, dann aber auch den Bildungsstand bezeichnet.

b *trug an seinem Bug …:* wörtlich *gekennzeichnet mit Dioskuren.* Die Dioskuren (= Zeus-Söhne) Kastor und Pollux galten als Beschützer der Schifffahrt.

c Wörtlich *Brüder;* ebenso im folgenden Vers.

28,2 2 Kor 11,27 **28,5** Mk 16,18 S **28,6** 14,11 **28,16** 24,23 S **28,18** 23,29 S **28,19** 25,11-12 S **28,20** (Israel hofft) 23,6; 24,15; 26,6-8 **28,22** 24,14 **28,23** (Herrschaft) 28,31; 1,3; 8,12; 19,8; 20,25; Lk 11,2 S

Paulus sagte noch zu ihnen: »Ich sehe, es ist wahr, was der Heilige Geist* durch den Propheten Jesaja zu euren Vorfahren gesagt hat:
26 ›Geh zu diesem Volk und sage: Hört nur zu, ihr versteht doch nichts; seht hin, so viel ihr wollt, ihr erkennt doch nichts! 27 Denn dieses Volk ist im Innersten verstockt. Sie halten sich die Ohren zu und schließen die Augen, damit sie nur ja nicht sehen, hören und begreifen, sagt Gott. Sonst würden sie zu mir umkehren und ich könnte sie heilen.‹«
28 Paulus fügte hinzu: »Ich muss euch sagen, Gott hat dieses Heil jetzt den anderen Völkern[a] angeboten. Und die werden hören!«[b]

Paulus verkündet die Botschaft Gottes ungehindert in der Hauptstadt der Welt

30 Volle zwei Jahre lang blieb Paulus in seiner Mietwohnung und konnte dort alle empfangen, die ihn aufsuchen wollten. 31 Ihnen allen verkündete er, wie Gott jetzt seine Herrschaft* aufrichtet, und lehrte sie alles über Jesus Christus, den Herrn* – frei und offen und völlig ungehindert.

a Herkömmliche Übersetzung *den Heiden**.
b Zahlreiche Handschriften fügen hinzu (Vers 29): *Als Paulus das gesagt hatte, gingen die Juden weg und stritten heftig miteinander.*
28,26-27 *nach* Jes 6,9-10; Mk 4,12S **28,28** Lk 3,6; Apg 13,46S **28,31** 28,23S

DER BRIEF DES APOSTELS PAULUS AN DIE GEMEINDE IN ROM
(Römerbrief)

Inhaltsübersicht

BRIEFEINGANG UND BRIEFTHEMA
(1,1-17)

Paulus im Dienst der Guten Nachricht

1 Diesen Brief schreibt Paulus, der Jesus Chris-
tus dient, zum Apostel* berufen und dazu er-
wählt, Gottes Gute Nachricht* bekannt zu
machen.
2 Diese Gute Nachricht hat Gott durch seine
Propheten* in den Heiligen Schriften* schon
lange angekündigt. 3-4 Es ist die Botschaft von
seinem Sohn*, Jesus Christus, unserem Herrn*.

Als Mensch geboren, ist er ein Nachkomme des
Königs David*.
Durch die Kraft des Heiligen Geistes* als Erster
vom Tod erweckt*, ist ihm die Macht über-
tragen, die ihm als Sohn Gottes zusteht.

5 Er hat mich bevollmächtigt, sein Apostel zu
sein. Mein Auftrag ist es, zur Ehre seines Na-
mens Menschen aus allen Völkern[a] dafür zu ge-
winnen, dass sie sich Gott im Gehorsam unter-
stellen und ihm vertrauen. 6 Zu ihnen gehört
auch ihr. Denn Gott hat euch in die Gemein-
schaft mit Jesus Christus berufen.
7 Dieser Brief ist für alle in Rom, die Gott liebt
und dazu berufen hat, ihm als sein heiliges* Volk
zu gehören.[b] Gnade und Frieden* sei mit euch
von Gott, unserem Vater, und von Jesus Christus,
dem Herrn!

Paulus möchte nach Rom kommen

8 Als Erstes danke ich meinem Gott durch Jesus
Christus für euch alle; denn in der ganzen Welt
erzählen sie von eurem Glauben. 9 Gott selbst,
dem ich durch die Verbreitung der Guten Nach-
richt* von seinem Sohn* mit ganzer Hingabe
diene, kann mir bezeugen: In meinen Gebeten
denke ich stets an euch 10 und bitte Gott immer
darum, dass er es mir doch endlich einmal er-
laubt, euch zu besuchen. 11 Ich sehne mich da-
nach, bei euch zu sein und euch etwas von dem
weiterzugeben, was mir der Geist* Gottes ge-
schenkt hat. Ich möchte euch damit in eurem
Glauben stärken. 12 Oder besser gesagt: Ich
möchte in eurer Mitte zusammen mit euch er-
mutigt werden durch den gegenseitigen Aus-
tausch über unseren gemeinsamen Glauben.
13 Ich kann euch versichern, liebe Brüder und
Schwestern:[c] Ich hatte schon oft einen Besuch
bei euch geplant, nur bin ich bis jetzt immer dar-
an gehindert worden. Wie bei den anderen Völ-
kern wollte ich auch bei euch Menschen für
Christus gewinnen. 14 Ich bin die Botschaft von
Christus allen Menschen schuldig: solchen aus
hochkultivierten wie aus unzivilisierten Völkern,
Gebildeten wie Unwissenden. 15 Darum war ich
schon immer bereit, auch euch in Rom die Gute
Nachricht zu verkünden.

Die Gute Nachricht bringt allen Rettung

16 Zur Guten Nachricht* bekenne ich mich offen
und ohne Scheu. In ihr ist die Kraft Gottes am
Werk und rettet alle, die der Botschaft glau-
ben und sie im Vertrauen annehmen – an
erster Stelle die Menschen aus dem jüdischen

a Das griechische Wort bezeichnet speziell die nichtjüdischen Völker; vgl. Sacherklärung »Heiden«.
b *und dazu berufen …:* wörtlich *den berufenen Heiligen**.
c *Brüder und Schwestern* steht für ein einziges griechisches Wort, das als Mehrzahlform nicht nur, wie herkömmlich übersetzt, die »Brüder« bezeichnet, sondern auch je nach Zusammenhang die gesamte Gemeinde aus Männern und Frauen (siehe dazu Sacherklärung »Bruder«).

1,1 Apg 9,3-15; 26,16; Gal 1,15-16 **1,2** 3,21; 1 Petr 1,10-12 **1,3-4** Apg 13,33; (Nachkomme Davids) Mt 1,1 S **1,5** Apg 9,15 S; Röm 11,13; 15,15-19; Gal 2,7.9; Eph 3,2; 1 Tim 2,7 **1,8** 16,19; 1 Thess 1,8 **1,10** 15,23.32; Apg 19,21 **1,13** 15,22 **1,16** 2 Tim 1,8; 1 Kor 1,18.24; (an erster Stelle) Apg 13,46 S

Volk und dann auch die aus den anderen Völkern.[a]

17 In der Guten Nachricht macht Gott seine Gerechtigkeit* offenbar: seine rettende Treue, die selbst für das aufkommt, was er vom Menschen fordert. Nur auf den vertrauenden Glauben* kommt es an, und alle sind zu solchem Glauben aufgerufen.[b] So steht es ja in den Heiligen Schriften*: »Wer durch Glauben vor Gott als gerecht gilt, wird leben.«

DIE GANZE MENSCHHEIT IST SCHULDIG (1,18–3,20)

Die Menschen haben Gottes Strafgericht verdient

18 Alle Menschen sind nämlich dem Gericht Gottes verfallen und dieses Gericht beginnt schon offenbar zu werden. Sein heiliger Zorn wird[c] vom Himmel herab alle treffen, die Gott nicht ehren und seinen Willen missachten. Mit ihrem verkehrten Tun verdunkeln sie die offenkundige Wahrheit Gottes. 19 Denn was Menschen von Gott wissen können, ist ihnen bekannt. Gott selbst hat ihnen dieses Wissen zugänglich gemacht. 20 Weil Gott die Welt geschaffen hat, können die Menschen sein unsichtbares Wesen, seine ewige Macht und göttliche Majestät mit ihrem Verstand an seinen Schöpfungswerken wahrnehmen.

Sie haben also keine Entschuldigung. 21 Obwohl sie Gott kannten, ehrten sie ihn nicht als Gott und dankten ihm nicht. Ihre Gedanken liefen ins Leere und in ihren unverständigen Herzen wurde es finster. 22 Sie gaben sich für besonders gescheit aus und wurden dabei zu Narren: 23 An die Stelle des ewigen Gottes in seiner Herrlichkeit* setzten sie Bilder von sterblichen Menschen und von Vögeln und vierfüßigen und kriechenden Tieren. 24 Darum lieferte Gott sie ihren Begierden aus und gab sie der Ausschweifung preis, sodass sie ihre eigenen Körper schänden.

25 Sie tauschten den wahren Gott gegen ein Lügengespinst ein, sie haben die Geschöpfe geehrt und angebetet anstatt den Schöpfer – gepriesen sei er in Ewigkeit, Amen! 26 Darum lieferte er sie schändlichen Leidenschaften aus. Ihre Frauen vertauschten den natürlichen Geschlechtsverkehr mit dem widernatürlichen. 27 Ebenso gaben die Männer den natürlichen Verkehr mit Frauen auf und entbrannten in Begierde zueinander. Männer treiben es schamlos mit Männern. So empfangen sie am eigenen Leib den gebührenden Lohn für die Verirrung ihres Denkens.

28 Weil sie es verwarfen, Gott zu erkennen, überließ er sie ihrem untauglichen Verstand, sodass sie alles Verwerfliche tun. 29 Es findet sich bei ihnen jede Art von Unrecht, Niedertracht, Gier, Gemeinheit. Sie sind voll Neid, sie morden, streiten, betrügen und stellen einander Fallen. Sie reden gehässig über andere 30 und verleumden sie. Sie verachten Gott, sind gewalttätig, überheblich und prahlerisch. Sie sind erfinderisch im Bösen. Sie wollen sich ihren Eltern nicht unterordnen. 31 Unverständig sind sie und unzuverlässig, lieblos und ohne Erbarmen. 32 Dabei kennen sie genau den Willen Gottes und wissen, dass alle, die so etwas tun, vor seinem Gericht den Tod verdient haben. Trotzdem tun sie es und ermuntern mit ihrem Beifall auch noch andere, die so handeln.

Für alle gilt der gleiche Maßstab

2 Aber auch du, Mensch, der du dieses Treiben missbilligst: du hast keine Entschuldigung. Wenn du solche Leute verurteilst, sprichst du damit dir selbst das Urteil; denn du handelst genauso wie sie. 2 Wir wissen: Über die Menschen, die all dies Böse tun, wird Gott ein unbestechliches Gericht halten. 3 Wie wollt ihr da der Strafe entgehen, wo ihr doch genau das tut, was ihr an den anderen verurteilt? 4 Missachtet ihr die große Güte, Nachsicht und Geduld, die Gott euch bis jetzt erwiesen hat? Seht ihr nicht, dass er euch durch seine Güte zur Umkehr bewegen will? 5 Aber ihr kommt nicht zur Einsicht und wollt euch nicht ändern. Damit häuft ihr ständig noch mehr Schuld auf und bereitet euch selbst das Verderben, das am Tag der Abrechnung über euch hereinbricht – an dem Tag, an dem Gott sich als Richter offenbart und gerechtes Gericht hält.

6 Dann wird Gott alle Menschen belohnen oder bestrafen, wie sie es mit ihren Taten verdient haben. 7 Den einen gibt er unvergängliches

a *die aus den anderen Völkern:* wörtlich *die Griechen*. Gemeint sind die nichtjüdischen Völker, deren sprachliches Einheitsband damals das Griechische war; ebenso in 2,9-10 und 3,9.
b *In der Guten Nachricht ...:* wörtlich *In ihr wird die Gerechtigkeit Gottes offenbart aufgrund des Glaubens und für den Glauben.* c *Alle Menschen ...:* wörtlich *Denn der Zorn Gottes wird offenbart. Er wird ...*

1,17 3,21-30; 4,1-25; 10,4-13; Gal 3,9-12; Phil 3,9; (Schriften) *nach* Hab 2,4; Gal 3,11; Hebr 10,38 **1,18** 2,5.8; Eph 5,6S **1,19-20** Apg 17,27-28; 1Kor 1,21; Ijob 12,7-10; Ps 19,2-5; Weish 13,1-9 **1,21** Eph 4,17-19 **1,22** 1Kor 1,19-20 **1,23** Dtn 4,16-18; Ps 106,20; Jer 2,11; Weish 11,15S **1,24-32** Weish 14,22-26 **1,27** 1Kor 6,9 **1,29** Gal 5,19-21S **2,1** Mt 7,2 **2,4** Apg 17,30S; 2Petr 3,9.15 **2,6** Mt 16,27S; 2Kor 5,10S; Eph 6,8

Leben in Ehre und Herrlichkeit – es sind die, die
sich auf das ewige Ziel hin ausrichten und uner-
müdlich das Gute tun. 8 Die anderen trifft sein
vernichtendes Gericht – es sind die, die nur an
sich selbst denken, sich den Ordnungen Gottes
widersetzen und dem Unrecht folgen. 9–10 Über
alle, die Böses tun, lässt Gott Not und Verzweif-
lung hereinbrechen. Denen aber, die das Gute
tun, wird Gott ewige Herrlichkeit, Ehre und Frie-
den* schenken. Dies beides gilt in erster Linie
für die Juden, aber ebenso auch für die Men-
schen aus den anderen Völkern. 11 Denn Gott ist
ein unparteiischer Richter.

12 Da sind die einen, die das Gesetz* Gottes
nicht kennen: Wenn sie Unrecht tun, werden sie
auch ohne dieses Gesetz verloren gehen. Und da
sind die anderen, denen Gott sein Gesetz schrift-
lich gegeben hat: Wenn sie Unrecht tun, werden
sie aufgrund eben dieses Gesetzes verurteilt wer-
den. 13 Denn es genügt nicht, das Gesetz zu
hören, um vor Gott als gerecht bestehen zu kön-
nen. Nur wer auch *tut,* was das Gesetz verlangt,
wird bei Gott Anerkennung finden.

14 Auch wenn die anderen Völker das Gesetz
Gottes nicht haben, gibt es unter ihnen doch
Menschen, die aus natürlichem Empfinden her-
aus tun, was das Gesetz verlangt. Ohne das Ge-
setz zu kennen, tragen sie es also in sich selbst.
15 Ihr Verhalten beweist, dass ihnen die Forde-
rungen des Gesetzes ins Herz geschrieben sind,
und das zeigt sich auch an der Stimme ihres Ge-
wissens und an den Gedanken, die sich gegen-
seitig anklagen oder auch verteidigen. 16 Dies
alles kommt ans Licht, wenn Gott durch Jesus
Christus Gericht halten und das Innerste der
Menschen aufdecken wird. So bezeugt es die
Gute Nachricht, die mir anvertraut ist.

Das jüdische Volk macht keine Ausnahme

17 Wie steht es denn mit euch Juden? Ihr führt
euren Namen als Ehrennamen, ihr gründet euer
Vertrauen auf das Gesetz* und ihr seid stolz auf
eure besondere Beziehung zu Gott. 18 Aus dem
Gesetz kennt ihr seinen Willen und könnt beur-
teilen, was in jeder Lage das Rechte ist. 19 Ihr
wisst euch berufen, die Blinden zu führen und
denen, die im Dunkeln sind, das Licht zu brin-
gen, 20 die Unverständigen zu erziehen und die
Unwissenden zu belehren; denn mit dem Gesetz
habt ihr in vollendeter Form alles, was der
Mensch über Gott und seinen Willen wissen
muss.

21 Ihr belehrt also andere – aber euch selbst
belehrt ihr nicht. Ihr predigt: »Stehlt nicht« –
und stehlt selbst. 22 Ihr sagt: »Brecht nicht die
Ehe« – und tut es selbst. Ihr verabscheut die
Götzenbilder – und bereichert euch am Handel
mit ihnen.[a] 23 Ihr seid stolz auf das Gesetz; aber
ihr lebt nicht danach und macht Gott Schande.
24 So steht es in den Heiligen Schriften*: »Durch
euch kommt der Name Gottes bei den Völkern
in Verruf.«

25 Auch die Beschneidung* nützt euch nur,
wenn ihr das Gesetz befolgt. Wenn ihr es über-
tretet, steht ihr in Wahrheit den Unbeschnitte-
nen gleich. 26 Wenn aber nun Unbeschnittene
nach den Vorschriften des Gesetzes leben – wer-
den sie dann nicht von Gott den Beschnittenen
gleichgestellt? 27 So kommt es dahin, dass Unbe-
schnittene einst über euch Juden das Urteil spre-
chen werden. Solche nämlich, die das Gesetz
Gottes befolgen, während ihr es übertretet, ob-
wohl ihr es schriftlich habt und beschnitten seid.

28 Beim Judesein geht es nicht um äußerliche
Merkmale und bei der Beschneidung nicht um
den äußeren, körperlichen Vollzug. 29 Die wah-
ren Juden sind die, die es innerlich sind, und die
wahre Beschneidung ist die Beschneidung des
Herzens, die nicht nach dem Buchstaben des Ge-
setzes erfolgt, sondern durch den Geist* Gottes.
Juden in diesem Sinn suchen nicht den Beifall
der Menschen, aber sie werden bei Gott Aner-
kennung finden.

Auseinandersetzung mit Einwendungen

3 Was hat dann das jüdische Volk den anderen
Völkern voraus? Bedeutet es überhaupt noch
etwas, zum Volk der Beschneidung* zu gehö-
ren?

2 Doch, in jeder Hinsicht eine ganze Menge!
Erstens hat Gott ihnen sein Wort[b] anvertraut.
3 Es stimmt zwar, dass einige dieses Vertrauen
enttäuscht haben. Aber kann das Gottes Treue
aufheben? 4 Auf keinen Fall! Vielmehr wird sich
am Ende herausstellen, dass Gott zuverlässig ist,
die Menschen aber samt und sonders versagt
haben. So steht es in den Heiligen Schriften*:
»Es wird sich erweisen, Herr, dass deine Worte
zuverlässig sind; du wirst Recht behalten, wenn
dich jemand zur Rechenschaft ziehen will.«

a Deutung unsicher; wörtlich *und begeht Tempelraub.* *b* Wörtlich *seine Worte,* d.h. seine Gebote und Zusagen in den Heiligen Schriften. Dies wird entfaltet (und damit das *Erstens* fortgeführt) in 9,4-5.

2,11 Apg 10,34; Eph 6,9; Kol 3,25; 1 Petr 1,17; Jak 2,1 S **2,13** Mt 7,21 S **2,16** 1 Kor 4,5 **2,17** 9,4; Jes 48,1 **2,19** Mt 15,14 S **2,21** Mt 23,3-4; Joh 7,19 **2,24** *nach* Jes 52,5 **2,25** 1 Kor 7,19; Gal 5,3 **2,29** 9,6; Phil 3,2-3; Kol 2,11; Jer 4,4 S **3,2** 9,4; Ps 147,19-20 **3,3-4** 9,6; 11,29; 2 Tim 2,13; Num 23,19 **3,4** *nach* Ps 51,6

5 Wenn aber unsere Untreue die Treue Gottes
erst richtig ins Licht setzt, was dann? Ist Gott
dann nicht ungerecht, wenn er uns vor sein Ge-
richt stellt? Ich rede eben, wie Menschen reden.
6 Aber das kann nicht sein! Wie könnte er sonst
die ganze Welt richten? 7 Du sagst: »Wenn durch
mein Versagen die Zuverlässigkeit Gottes erst
voll zur Geltung kommt und sein Ruhm vergrö-
ßert wird, dann darf er mich doch nicht als Sün-
der verurteilen!« 8 Nun, dann könnten wir auch
gleich sagen: »Tun wir doch Böses, damit Gutes
dabei herauskommt!« Einige verleumden mich
und unterstellen mir solche Grundsätze. Sie wer-
den der verdienten Strafe nicht entgehen!

Das Ergebnis: Kein Mensch kann vor Gott bestehen

9 Also wie steht es nun mit den Juden? Drücke
ich mich um eine klare Auskunft?[a] Durchaus
nicht! Ich habe eindeutig klargestellt, dass die
Menschen aus dem jüdischen Volk genauso wie
die aus den anderen Völkern in der Gewalt der
Sünde sind. 10 So heißt es auch in den Heiligen
Schriften*:

»Kein Mensch kann vor Gott als gerecht bestehen;
11 kein Mensch hat Einsicht und fragt nach
Gottes Willen.
12 Alle haben den rechten Weg verlassen;
verdorben sind sie alle, ausnahmslos.
Niemand ist da, der Gutes tut, nicht einer.
13 Ihre Worte bringen Tod und Verderben,
von ihren Lippen kommen böse Lügen,
tödlich wie Natterngift sind ihre Reden.
14 Nur Fluch und Drohung quillt aus ihrem Mund.
15 Rücksichtslos opfern sie Menschenleben.
16 Wo sie gehen, hinterlassen sie Trümmer
und Elend.
17 Was zum Frieden* führt, ist ihnen unbekannt.
18 Sie wissen nichts von Gottesfurcht.«

19 So steht es im Buch des Gesetzes*. Wir wissen
aber: Was das Gesetz sagt, das gilt für die, denen
das Gesetz gegeben ist. Niemand kann sich also
herausreden. Die ganze Menschheit ist vor Gott
schuldig. 20 Denn das steht fest: Mit Taten, wie
sie das Gesetz verlangt, kann kein Mensch vor
Gott als gerecht* bestehen. Durch das Gesetz ler-
nen wir erst die ganze Macht der Sünde kennen.

GOTTES WEG ZUR RETTUNG: VERTRAUENDER GLAUBE (3,21–4,25)

Gott selbst hat eingegriffen

21 Jetzt aber ist die Gerechtigkeit* Gottes, näm-
lich seine rettende Treue, offenbar geworden: Er
hat einen Weg zum Leben eröffnet, der nicht
über das Gesetz* führt[b] und doch in Überein-
stimmung steht mit dem, was das Gesetz und die
Propheten bezeugen. 22 Dieser Weg besteht im
Glauben*, das heißt im Vertrauen auf das, was
Gott durch Jesus Christus getan hat.

Alle erfahren Gottes rettende Treue, die in
diesem Glauben stehen.[c] Es gibt hier keinen Un-
terschied: 23 Alle sind schuldig geworden und
haben die Herrlichkeit verloren, in der Gott
den Menschen ursprünglich geschaffen hatte.
24 Ganz unverdient, aus reiner Gnade, lässt Gott
sie vor seinem Urteil als gerecht bestehen – auf-
grund der Erlösung, die durch Jesus Christus ge-
schehen ist.

25 Ihn hat Gott als Sühnezeichen aufgerichtet
vor aller Welt.
Sein Blut*, das am Kreuz vergossen wurde,
hat die Schuld getilgt – und das wird wirksam
für alle, die es im Glauben annehmen.
Damit hat Gott seine Gerechtigkeit unter Beweis
gestellt,
nachdem er früher die Verfehlungen
der Menschen ungestraft hingehen ließ,
26 in der Zeit seiner Geduld.[d]

Ja, jetzt in unserer Zeit erweist Gott seine Ge-
rechtigkeit als Treue zu sich selbst und zu seinen
Menschen: Er verschafft seinem Rechtsanspruch
Geltung und schafft selber die von den Men-
schen schuldig gebliebene Gerechtigkeit, und
das für alle, die einzig und allein auf das ver-
trauen, was er durch Jesus getan hat.[e]

a Wörtlich *Schützen wir etwas vor?* Die verbreitete Übersetzung »Haben wir (Juden) einen Vorzug?« ist vom griechischen Sprachgebrauch her nicht zu begründen. *b* Wörtlich *Jetzt aber ist unabhängig vom Gesetz Gottes Gerechtigkeit offenbar geworden* (vgl. Anmerkung zu 1,17). *c Dieser Weg besteht ...:* wörtlich *nämlich die Gerechtigkeit Gottes durch den Glauben, der sich auf Jesus Christus gründet, für alle, die glauben.* Mit »Jesus Christus« ist hier nicht die Person gemeint, auf die sich der Glaube richtet; es handelt sich um einen abkürzenden Ausdruck für das mit dieser Person verbundene Heilshandeln Gottes. Ebenso am Ende der Versgruppe 25-26 (vgl. die folgende Anmerkung). *d* Paulus zitiert hier offenbar ein geprägtes christliches Bekenntnis (und kommentiert es durch den Hinweis auf den *Glauben*). In diesem Traditionsstück wird *Gerechtigkeit* verstanden als Eigenschaft des Richters, der für begangene Verfehlungen Sühne fordern muss; Paulus selbst fasst den Begriff im Folgenden weiter (siehe Sacherklärung »Gerechtigkeit«). *e Er verschafft ...:* wörtlich *sodass er selbst gerecht ist und gerecht macht den, der aus dem Glauben/aufgrund des Glaubens an Jesus (lebt).*

3,10-12 *zit* Ps 14,1-3 **3,13** *zit* Ps 5,10 *und* 140,4 **3,14** *nach* Ps 10,7 **3,15-17** *zit* Jes 59,7-8 **3,18** *nach* Ps 36,2 **3,20** Gal 2,16; 3,22; Ps 130,3; Ijob 4,17S; (Macht der Sünde) Röm 4,15S **3,21-22** 1,17S **3,23** Weish 2,23 **3,24** Eph 2,8; Tit 3,4-7 **3,25-26** (Blut) Mk 14,24par; Eph 1,7S; 1Joh 1,7S; Hebr 9,12S

27 Gibt es da noch irgendeinen Grund, sich
mit etwas zu rühmen? Nein, alles Rühmen* ist
ausgeschlossen! Durch welches Gesetz? Etwa
durch das Gesetz der Werke, das vom Menschen
Leistungen fordert? Nein, sondern durch das Ge-
setz des Glaubens, das den Menschen zum Ver-
trauen einlädt![a]

28 Denn für mich steht fest: Allein aufgrund
des Glaubens nimmt Gott Menschen an und lässt
sie vor seinem Urteil als gerecht bestehen. Er
fragt dabei nicht nach Leistungen, wie das Ge-
setz sie fordert.

29 Oder ist Gott nur ein Gott für Juden? Ist er
nicht auch für Menschen aus den anderen Völ-
kern da? Ganz gewiss ist er das! 30 Gott ist der
Eine und Einzige, darum gilt auch: Beschnitte-
ne* wie Unbeschnittene nimmt er aufgrund des
Glaubens an.

31 Setze ich etwa durch den Glauben das Ge-
setz außer Kraft? Im Gegenteil: Gerade so bringe
ich es zur Geltung!

Das Beispiel Abrahams

4 Wie war es denn bei unserem leiblichen
Stammvater Abraham*? Wird von ihm nicht
gesagt, dass er »Gnade gefunden« hat?[b] 2 Wenn
er, wie man sagt, aufgrund seiner Gehorsams-
leistungen als gerecht anerkannt wurde, hat er
Grund, sich zu rühmen* – aber nicht vor Gott!
3 Wie heißt es denn in den Heiligen Schriften*?
»Abraham vertraute Gott und glaubte seiner Zu-
sage, und dies rechnete Gott ihm als Gerechtig-
keit* an.«

4 Nun, einem Arbeiter, der Leistungen er-
bracht hat, wird sein Lohn nicht als etwas
Unverdientes angerechnet, sondern als etwas,
worauf er Anspruch hat. 5 Wenn dagegen ein
Mensch vor Gott keine Leistungen vorzuweisen
hat, aber er vertraut auf den, der die Gottlosen
annimmt, dann wird ihm sein Glaube* als Ge-
rechtigkeit angerechnet.

6 Im gleichen Sinn preist David die Menschen
glücklich, denen Gott Gerechtigkeit anrechnet,
obwohl sie keine guten Werke vorzuweisen
haben:

7 »Freuen dürfen sich alle,
denen der Herr ihr Unrecht vergeben
und ihre Verfehlungen zugedeckt hat!
8 Freuen dürfen sich alle,
denen der Herr die Schuld nicht anrechnet!«

9 Gilt das nur für Beschnittene oder auch für Un-
beschnittene? Ich habe schon gesagt: Abrahams
Glaube wurde ihm von Gott als Gerechtigkeit an-
gerechnet. 10 Unter welchen Umständen geschah
dies? War er damals schon beschnitten, oder war
er es noch nicht? Er war es noch nicht! 11 Die Be-
schneidung* erhielt Abraham erst als Bestäti-
gung. Durch sie wurde besiegelt, dass Gott ihn
schon vor seiner Beschneidung um seines Glau-
bens willen angenommen hatte.

So ist Abraham der Vater aller geworden, die
Gott vertrauen, ohne beschnitten zu sein – und
denen dieses Vertrauen als Gerechtigkeit ange-
rechnet wird. 12 Er ist aber genauso der Vater der
Beschnittenen, sofern sie nicht nur wie Abraham
beschnitten sind, sondern auch in dessen Spuren
gehen und Gott so vertrauen wie unser Vater
Abraham, als er noch nicht beschnitten war.

Es kommt nur auf den vertrauensvollen Glauben an

13 Dasselbe gilt für die Zusage, die Gott Abraham
und seinen Nachkommen gab: sie sollten die
ganze Erde zum Besitz erhalten.[c] Diese Zusage
erfolgte nicht auf der Grundlage des Gesetzes*,
sondern auf der Grundlage der Gerechtigkeit*,
die Gott dem Glauben* zuspricht. 14 Wenn die
Erde denen als Besitz versprochen wäre, die das
Gesetz befolgen, wäre der Glaube entwertet und
die Zusage hätte ihren Sinn verloren. 15 Das Ge-
setz führt aber in Wirklichkeit zu Gottes Strafge-
richt; denn nur wo kein Gesetz ist, gibt es auch
keine Übertretungen.

16 Deshalb hat Gott alles auf den Glauben ge-
stellt, damit alles auf Gnade beruht. Auf diese
Weise gilt die Zusage unverbrüchlich für alle
Nachkommen Abrahams, nicht nur für die, die
nach den Ordnungen des Gesetzes leben, son-
dern auch für alle, die wie Abraham der Zusage

a Entweder gebraucht Paulus das Wort *Gesetz* hier in dem formalen Sinn von »Gesetzmäßigkeit/Regel«, oder er denkt daran, dass der Glaube als Vertrauen im Alten Testament schon vor und neben dem Leistungs-Gesetz seine Stelle hat (vgl. Kap 4!) und dass sich beides, Leistungs-Gesetz und Glaubens-Gesetz, innerhalb der »Gesetz« genannten Bücher des Alten Testaments (Mose-Bücher; hebräisch Tora) findet. Im zweiten Fall wäre zu übersetzen: *durch das Gesetz, sofern es Leistungen fordert/zum Vertrauen einlädt.*

b Paulus denkt an Gen 18,3. Von *unserem (Stammvater)* spricht er im Blick auf die Gemeindeglieder jüdischer Abstammung.

c Weil im Hebräischen das Wort für Land auch *Erde* bedeuten kann, wurde die Landzusage von Gen 12,7 im Frühjudentum in diesem Sinne verstanden.

3,27 8,2 **3,28** Gal 2,16 **3,30** Dtn 6,4; Gal 3,20 **3,31** Mt 5,17 **4,2** Jak 2,21 **4,3** *zit* Gen 15,6; Gal 3,6; Jak 2,23 **4,6-8** *zit* Ps 32,1-2 **4,11** Gen 17,9-14; Gal 3,7; Röm 2,28-29 S **4,12** Mt 3,9 S **4,13** Gen 12,7; 22,17; Sir 44,21 **4,14** Gal 3,18 **4,15** 3,20; 5,13.20; 7,7-13; Gal 3,19

Gottes glauben. So ist Abraham der Vater von uns allen. [17] Denn Gott hat zu ihm gesagt: »Ich habe dich zum Vater vieler Völker gemacht.«

Abraham hatte Gott vor Augen und glaubte ihm, der die Toten lebendig macht und das Nichtseiende ins Dasein ruft. [18] Obwohl nichts mehr zu hoffen war, hielt er an der Hoffnung fest und vertraute darauf, dass Gott ihn zum Vater vieler Völker machen werde. Denn Gott hatte zu ihm gesagt: »Deine Nachkommen werden so zahlreich sein wie die Sterne.«

[19] Abraham, fast hundertjährig, wusste genau, dass seine Lebenskraft aufgezehrt und der Mutterschoß Saras erstorben war. Trotzdem wurde er nicht schwach im Glauben [20] und zweifelte nicht an der Zusage Gottes, vielmehr wurde sein Glaube nur umso fester. Er gab Gott die Ehre [21] und war felsenfest davon überzeugt: Was Gott zusagt, das kann er auch tun. [22] Darum wurde ihm sein Glaube als Gerechtigkeit angerechnet.

[23] Dass er angerechnet wurde, ist aber nicht nur wegen Abraham gesagt, [24] sondern auch wegen uns. Auch uns wird Gott einst den Glauben als Gerechtigkeit anrechnen, so gewiss wir auf Ihn vertrauen, der Jesus, unseren Herrn*, aus dem Tod auferweckt* hat. [25] Er gab ihn dahin, um unsere Vergehen zu sühnen, und hat ihn zum Leben erweckt, damit wir vor ihm als gerecht bestehen können.

ÜBERWINDUNG VON SÜNDE UND GESETZ. NEUES LEBEN AUS DEM GEIST (Kapitel 5–8)

Gottes Liebe als Grund unserer Hoffnung

5 Nachdem wir nun aufgrund des Glaubens* bei Gott angenommen sind, haben wir Frieden* mit Gott. Das verdanken wir Jesus Christus, unserem Herrn*. [2] Er öffnete uns den Weg des Vertrauens und damit den Zugang zur Gnade Gottes, in der wir jetzt festen Stand gewonnen haben. Nun haben wir Grund, uns zu rühmen*, weil wir die gewisse Hoffnung haben, dass Gott uns an seiner Herrlichkeit* teilnehmen lässt.

[3] Mehr noch: Wir rühmen uns sogar der Leiden, die wir für Christus auf uns nehmen müssen. Denn wir wissen: Durch Leiden lernen wir Geduld, [4] durch Geduld kommt es zur Bewährung, durch Bewährung festigt sich die Hoffnung. [5] Unsere Hoffnung aber wird uns nicht enttäuschen. Denn dass Gott uns liebt, ist uns unumstößlich gewiss.[a] Seine Liebe ist ja in unsere Herzen ausgegossen durch den Heiligen Geist*, den er uns geschenkt hat.

[6] Diese Liebe zeigt sich darin, dass Christus sein Leben für uns hingegeben hat. Zur rechten Zeit, als wir noch in der Gewalt der Sünde waren, ist er für uns gottlose Menschen gestorben. [7] Nun wird sich kaum jemand finden, der für einen Gerechten stirbt; allenfalls opfert sich jemand für einen Wohltäter. [8] Wie sehr Gott uns liebt, beweist er uns damit, dass Christus für uns starb, als wir noch Sünder waren.

[9] Wenn wir aber jetzt bei Gott angenommen sind, weil Christus sein Leben für uns gab, dann werden wir durch ihn erst recht aus dem kommenden Strafgericht gerettet werden. [10] Als wir Gott noch als Feinde gegenüberstanden, hat er uns durch den *Tod* seines Sohnes mit sich versöhnt. Dann werden wir als mit Gott Versöhnte nun erst recht durch das *Leben* seines Sohnes vor dem Verderben gerettet werden. [11] Darauf hoffen wir – ja noch mehr: Wir rühmen uns damit, dass wir Gott auf unserer Seite haben. Das verdanken wir Jesus Christus, unserem Herrn, der uns die Versöhnung mit Gott gebracht hat.

Christus überwindet die Sünde Adams und ihre Folgen

[12] Deshalb gilt: Wie die Sünde durch einen einzigen Menschen in die Welt kam, so auch die Überwindung der Sünde.[b] Die Sünde dieses einen brachte den Tod mit sich, und alle verfielen dem Tod, weil sie auch alle selbst sündigten. [13] Die Sünde war schon in der Welt, bevor das Gesetz* durch Mose verkündet wurde; aber solange es kein Gesetz gibt, wird Sünde nicht als Übertretung angerechnet. [14] Trotzdem herrschte der Tod schon in der Zeit von Adam* bis Mose über die Menschen, auch wenn sie nicht wie Adam* gegen einen ausdrücklichen Befehl Gottes verstoßen hatten. Mit seinem Ungehorsam ist Adam* das genaue Gegenbild zu dem Anderen, der kommen sollte.

[15] Doch die rettende Gnade ist nicht einfach

a *Denn dass Gott ...:* Zusatz, der den folgenden Satz verdeutlicht.
b *so auch ...:* verdeutlichender Zusatz. Paulus greift den abgebrochenen Satz erst in Vers 18 wieder auf.

4,17 *zit* Gen 17,5; 2 Kor 1,9 S **4,18** *zit* Gen 15,5 **4,19-20** Gen 17,1-6; Hebr 11,11 **4,21** Gen 18,14; Lk 1,37 **4,22** 4,3 S **4,25** Jes 53,4-5.10; Röm 8,32-34; 1 Kor 15,17 **5,1** 8,32-34; (Frieden) Apg 10,36 S **5,2** (Gnade) 6,14; 2 Kor 6,1; 12,9; Eph 2,5-8; (Herrlichkeit) Röm 8,17-18; 1 Kor 2,7; 2 Kor 3,18; 4,17; Kol 1,27; 3,4; 1 Thess 2,12; 2 Tim 2,10; 1 Petr 1,7; 4,13-14; 5,10 **5,3-5** Jak 1,2-3.12; 1 Petr 1,5-7 **5,5** Hebr 6,18-19; Röm 8,39 S; (ausgegossen) Apg 2,33 S **5,6-7** 1 Petr 3,18 **5,6** 1 Kor 15,3 **5,8** Joh 3,16 S **5,11** 5,1 S **5,12** Gen 2,17; 3,19; Röm 7,9-10 **5,13** 4,15 S **5,14** 1 Kor 15,21-22.45-49

das Gegenstück der begangenen Sünde. Die Verfehlung des *einen* Menschen hat allen übrigen den Tod gebracht. Das wird mehr als aufgewogen durch die Gnade Gottes und das Geschenk, das allen durch die Liebestat des *einen* Menschen Jesus Christus zuteil wird. 16 Dieses Gnadengeschenk und das Gericht über die Schuld des *einen* sind überhaupt nicht vergleichbar. Das Gericht hat es mit der Verfehlung eines Einzigen zu tun und führt zur Verurteilung. Die Gnade hat es mit einer Unzahl von Verfehlungen zu tun und führt zur Gerechtsprechung. 17 Durch die Verfehlung des *einen* kam – dieses *einen* wegen – der Tod zur Herrschaft über die Menschen. Umso mehr werden durch den *einen* Jesus Christus alle die im ewigen Leben zur Herrschaft gelangen, die die überreiche Gnade Gottes und das Geschenk der Gerechtsprechung empfangen!

18 Also: Durch die Gebotsübertretung des *einen* Menschen kam es dazu, dass alle verurteilt wurden. Ebenso bewirkt die Gehorsamstat des *einen,* dass alle für gerecht erklärt werden und leben. 19 Weil ein Einziger ungehorsam war, sind alle zu Sündern geworden. Ebenso werden alle vor Gott zu Gerechten, weil der *eine* gehorsam war.

20 Das Gesetz ist nachträglich hinzugekommen, damit die Macht der Sünde sich in Gesetzesübertretungen entfalten sollte. Wo aber die Sünde ihr volles Maß erreicht hatte, da wuchs die Gnade über alles Maß hinaus. 21 Wie die Sünde ihre Macht ausübte, indem sie den Tod brachte, so wird die Gnade ihre Macht ausüben, indem sie uns vor Gott bestehen lässt und zum ewigen Leben führt. Das verdanken wir Jesus Christus, unserem Herrn*.

Durch Christus befreit zu einem neuen Leben

6 Was folgt nun daraus? Sollen wir ruhig weitersündigen, damit die Gnade sich noch mächtiger entfalten kann? 2 Unmöglich! Die Sünde hat kein Anrecht mehr an uns, für sie sind wir tot[a] – wie könnten wir dann noch weiter in der Sünde leben? 3 Ihr müsst euch doch darüber im Klaren sein, was bei der Taufe mit euch geschehen ist. Wir alle, die »in Jesus Christus hinein«[b] getauft wurden, sind damit in seinen Tod hineingetauft, ja hineinge*taucht*[c] worden. 4 Durch diese Taufe wurden wir auch zusammen mit ihm begraben. Und wie Christus durch die Lebensmacht Gottes, des Vaters, vom Tod auferweckt* wurde, so ist uns ein neues Leben geschenkt worden, in dem wir nun auch *leben* sollen.

5 Denn wenn wir mit seinem Tod verbunden wurden, dann werden wir auch mit seiner Auferstehung verbunden sein. 6 Das gilt es also zu begreifen: Der alte Mensch, der wir früher waren, ist mit Christus am Kreuz gestorben. Unser von der Sünde beherrschtes Ich ist damit tot und wir müssen nicht länger Sklaven der Sünde sein. 7 Denn wer gestorben ist, kann nicht mehr sündigen; er ist von der Herrschaft der Sünde befreit.

8 Wenn wir nun mit Christus gestorben sind, werden wir – davon sind wir überzeugt – auch zusammen mit ihm leben. 9 Wir wissen ja, dass Christus vom Tod auferweckt wurde und nie mehr stirbt. Der Tod hat keine Macht mehr über ihn. 10 Mit seinem Tod hat Christus der Sünde ein für alle Mal gegeben, was sie zu fordern hat; mit seinem Leben aber gehört er Gott. 11 Genauso müsst ihr von euch selbst denken: Ihr seid tot für die Sünde, aber weil ihr mit Jesus Christus verbunden seid, lebt ihr für Gott.

12 Lasst also nicht zu, dass euer sterblicher Leib von der Sünde beherrscht wird. Gehorcht nicht seinen Begierden! 13 Stellt eure Glieder und alle eure Fähigkeiten nicht länger in den Dienst der Sünde, die sie als Waffen gegen das Gute benutzt. Stellt euch vielmehr in den Dienst Gottes als Menschen, die gewissermaßen schon von den Toten auferstanden sind, damit Gott eure Glieder und Fähigkeiten als Waffen im Kampf für das Gute gebrauchen kann. 14 Die Sünde *wird* nicht Herr werden über euch! Denn ihr lebt nicht mehr unter dem Gesetz*, sondern unter der Gnade.

Entweder versklavt an die Sünde oder frei zum Tun des Guten

15 Wie steht es nun also? Können wir ruhig sündigen, weil das Gesetz* uns nicht mehr verurteilt, sondern die Gnade Gottes uns von unserer Schuld freispricht? Auf keinen Fall! 16 Ihr wisst doch: Wem ihr euch als Sklaven unterstellt, dem müsst ihr dienen. Entweder ihr wählt die Sünde;

a *Die Sünde hat ...:* wörtlich *Wir sind der Sünde gestorben.*
b Zu dieser Formel vgl. Sacherklärung »Taufe«.
c *ja hineingetaucht:* verdeutlichender Zusatz; die Taufe erfolgte durch Untertauchen.

5,17 (zur Herrschaft) Dan 7,27; Weish 3,8; Mt 19,28; 1 Kor 4,8; 6,2-3; 2 Tim 2,12; Offb 1,6 S **5,20** 4,15 S **5,21** 6,23 **6,1** 3,5-8.31 **6,2** 6,6; 7,4 **6,3-4** Gal 3,27; Kol 2,12; Tit 3,5; 1 Petr 3,21 **6,4** 2 Kor 5,14-15.17; Gal 6,15; Kol 3,1-5.10 **6,5** Phil 3,10-11 **6,6** Gal 5,24 S **6,10** Hebr 9,27 S **6,11** Gal 2,19; 1 Petr 2,24 **6,13** 12,1 S **6,14** Gal 5,18; 1 Joh 3,6; Röm 5,2 S **6,16** Joh 8,34 S

dann werdet ihr sterben. Oder ihr wählt den Gehorsam; dann werdet ihr vor dem Gericht Gottes bestehen können. 17 Gott sei gedankt! Früher wart ihr Sklaven der Sünde; aber jetzt gehorcht ihr von Herzen der Lehre, die für euch verbindlich geworden ist.[a] 18 Ihr seid vom Sklavendienst der Sünde befreit und als Sklaven in den Dienst der Gerechtigkeit gestellt, das heißt in den Dienst des Guten, das Gott will.

19 Ich rede sehr menschlich vom »Sklavendienst« der Gerechtigkeit – ich gebrauche dieses Bild, weil euer Verständnis noch schwach ist. Früher hattet ihr eure Glieder und alle eure Fähigkeiten in den Dienst der Ausschweifung und Zügellosigkeit gestellt. Ihr führtet ein Leben, das Gott nicht gefallen konnte. So stellt jetzt umgekehrt eure Glieder und Fähigkeiten in den Dienst des Guten und führt euer Leben als Menschen, die Gott gehören.[b]

20 Solange ihr Sklaven der Sünde wart, wart ihr dem Guten gegenüber frei. 21 Was kam dabei heraus? Ihr schämt euch jetzt, wenn ihr daran denkt; denn was ihr damals getan habt, führt am Ende zum Tod. 22 Aber jetzt seid ihr vom Dienst der Sünde frei geworden und dient Gott. Was dabei herauskommt, ist eine Lebensführung, durch die ihr euch als Gottes heiliges* Volk erweist, und am Ende erwartet euch ewiges Leben.

23 Der Lohn, den die Sünde zahlt, ist der Tod. Gott aber schenkt uns unverdient, aus reiner Gnade, ewiges Leben durch Jesus Christus, unseren Herrn*.

Freiheit vom Gesetz

7 Brüder und Schwestern,[c] ihr kennt doch das Gesetz* und wisst: Es hat für einen Menschen nur Geltung, solange er lebt. 2 Eine verheiratete Frau zum Beispiel ist durch das Gesetz an ihren Mann gebunden, solange er lebt. Wenn der Mann stirbt, gilt für sie das Gesetz nicht mehr, das sie an ihn bindet. 3 Wenn sie sich also zu Lebzeiten ihres Mannes mit einem anderen einlässt, nennt man sie zu Recht eine Ehebrecherin. Stirbt aber der Mann, so ist sie frei von dem Gesetz, das sie an ihren Mann bindet. Sie begeht keinen Ehebruch, wenn sie sich einem anderen hingibt.

4 So steht es auch mit euch, meine Brüder und Schwestern! Weil ihr mit Christus gestorben seid,[d] seid ihr dem Gesetz gegenüber tot. Ihr gehört jetzt nicht mehr dem Gesetz, sondern Christus, der vom Tod erweckt* worden ist. Darum können wir nun so leben, dass unser Tun für Gott Frucht bringt.

5 Als wir noch unserer selbstsüchtigen Natur folgten,[e] war unser ganzes Verhalten beherrscht von den sündigen Leidenschaften, die durch das Gesetz in uns geweckt wurden. Wir lebten so, dass unser Tun nur dem Tod Gewinn brachte. 6 Aber jetzt stehen wir nicht mehr unter dem Gesetz; wir sind tot für das Gesetz, das uns früher gefangen hielt. So dienen wir Gott in einem neuen Leben, das sein Geist* in uns schafft, und nicht mehr auf die alte Weise nach dem Buchstaben des Gesetzes.

Die Sünde missbraucht das Gesetz

7 Behaupte ich damit, dass Gesetz* und Sünde dasselbe sind? Das ganz gewiss nicht! Aber ohne das Gesetz hätten wir Menschen[f] die Sünde nie kennen gelernt. Die Begehrlichkeit wäre nicht in uns erwacht, wenn das Gesetz nicht gesagt hätte: »Du sollst nicht begehren!« 8 Die Sünde machte sich das Gebot zunutze und stachelte mit seiner Hilfe alle Begierden in uns an. Ohne das Gesetz ist die Sünde tot. 9 Einst kannten wir das Gesetz noch nicht. Damals *lebten* wir; aber als das Gebot kam, lebte die Sünde auf 10 und wir mussten sterben. Das Gebot, das uns das Leben erhalten sollte, brachte uns den Tod. 11 Denn die Sünde benutzte es für ihre Zwecke: sie täuschte uns Leben vor und tötete uns – eben durch das von ihr missbrauchte Gebot. 12 Es bleibt also dabei: Das Gesetz ist der heilige Wille Gottes, und die Gebote sind heilig, gerecht und gut.

13 Hat dann etwa das Gute, das Gesetz, unseren Tod bewirkt? Auf keinen Fall! Die Sünde war schuld; sie hat das gute Gesetz benutzt, um uns

a Paulus denkt wahrscheinlich an die Unterweisung, die im Zusammenhang mit der Taufe gegeben wurde; vgl. Sacherklärung »Lehrer«.
b und führt ...: wörtlich *zur Heiligung.* Auch in Vers 22 *(Lebensführung ...)* spricht der Text wörtlich von »Heiligung«; siehe Sacherklärung »heilig«. *c* Siehe Anmerkung zu 1,13; ebenso für Vers 4.
d Wörtlich *Durch den* (am Kreuz hingegebenen) *Leib von Christus.*
e Wörtlich *noch im Fleisch* waren.*
f Wörtlich *hätte ich.* Paulus spricht in den Versen 7-25 in der 1. Person, redet aber nicht nur von sich persönlich, sondern beschreibt die Situation des Menschen ohne Christus. In den Versen 9-11 bezieht er sich auf die Geschichte vom »Sündenfall« in Gen 3, die sich in gewisser Weise in jedem Menschenleben wiederholt.

6,17 Joh 8,32 **6,18** 1 Petr 2,24 **6,21** 7,5; 8,6.13; Gal 6,8; Jak 1,14-15; Weish 1,12 **6,23** 5,21 **7,2** 1 Kor 7,39 **7,4** 6,4; Gal 2,19 **7,5** 6,21 S **7,6** 8,2-4; 2 Kor 3,6 **7,7-13** 4,15 S **7,7** *nach* Dtn 5,21; Gen 2,16-17; 3,6 **7,8** 1 Kor 15,56 **7,10** Lev 18,5 S **7,12** 1 Tim 1,8

den Tod zu bringen. So sollte sie ihr wahres Gesicht zeigen und sich durch den Missbrauch des Gesetzes in ihrer ganzen Verworfenheit enthüllen.

Die Ohnmacht des guten Willens

14 Es steht außer Frage: Das Gesetz* ist »geistlich«, es kommt von Gott. Wir aber sind »fleischlich«, das heißt schwache Menschen, der Macht der Sünde ausgeliefert. 15 Wir sind uns nicht im Klaren darüber, was wir anrichten. Wir tun nämlich nicht, was wir eigentlich wollen, sondern das, was wir verabscheuen. 16 Wenn wir aber das Böse, das wir tun, gar nicht tun wollen, dann beweist das, dass wir dem Gesetz zustimmen und seine Forderungen als berechtigt anerkennen. 17 Nicht wir sind es also, die das Böse tun, vielmehr tut es die Sünde, die sich in uns eingenistet hat.

18 Wir wissen genau: In uns selbst, so wie wir der Sünde ausgeliefert sind,[a] lebt nicht die Kraft zum Guten. Wir bringen es zwar fertig, uns das Gute vorzunehmen; aber wir sind zu schwach, es auszuführen. 19 Wir tun nicht das Gute, das wir wollen, sondern gerade das Böse, das wir nicht wollen. 20 Wenn wir aber tun, was wir gar nicht wollen, dann verfügen nicht wir selbst über uns, sondern die Sünde, die sich in uns eingenistet hat.

21 Wir finden demnach unser Leben von folgender Gesetzmäßigkeit bestimmt: Ich will das Gute tun, bringe aber nur Böses zustande. 22 In meinem Innern stimme ich dem Gesetz Gottes freudig zu. 23 Aber in meinen Gliedern, in meinem ganzen Verhalten, sehe ich ein anderes Gesetz am Werk. Dieses Gesetz liegt im Streit mit dem Gesetz, das ich innerlich bejahe, und macht mich zu seinem Gefangenen. Es ist das Gesetz der Sünde, das in meinen Gliedern regiert und mir mein Verhalten diktiert.

24 Ich unglückseliger Mensch! Wer rettet mich aus dieser tödlichen Verstrickung?[b]

25 Gott sei gedankt durch Jesus Christus, unseren Herrn*: Er hat es getan!

Nun diene also ich, ein und derselbe Mensch, mit meinem bewussten Streben dem Gesetz Gottes, aber mit meinen Gliedern dem Gesetz der Sünde.[c]

Der Geist Gottes überwindet die Sünde

8 Vor dem Gericht Gottes gibt es also keine Verurteilung mehr für die, die mit Jesus Christus verbunden sind. 2 Denn dort, wo Jesus Christus ist, gilt: Du bist befreit von dem Gesetz*, das von der Sünde missbraucht wird und zum Tod führt. Denn du stehst jetzt unter dem Gesetz, in dem der Geist* Gottes wirkt, der zum Leben führt.[d]

3 Das Gesetz konnte uns Menschen kein Leben bringen, weil es gegen unsere selbstsüchtige Natur[e] nicht ankam. Deshalb sandte Gott seinen Sohn* in der leiblichen Gestalt von uns selbstsüchtigen, der Sünde verfallenen Menschen[f] und ließ ihn sterben als Opfer für die Sündenschuld. So machte er der Sünde den Prozess eben dort, wo sie ihre Macht entfaltet hatte: in der menschlichen Natur.[g] 4 Als Folge davon kann jetzt die Forderung des Gesetzes von uns erfüllt werden, so gewiss unser Leben nicht mehr von unserer selbstsüchtigen Natur bestimmt wird, sondern vom Geist Gottes.

5 Wenn wir von unserer selbstsüchtigen Natur bestimmt werden, liegt uns an dem, was unsere Natur will; wenn wir vom Geist Gottes bestimmt werden, liegt uns an dem, was der Geist Gottes will. 6 Was unsere selbstsüchtige Natur will, führt zum Tod. Was der Geist Gottes will, führt zum Leben, zu Heil und Frieden*. 7 Denn unser selbstsüchtiger Wille lehnt sich gegen Gott auf. Er gehorcht seinen Geboten nicht; er kann es gar nicht. 8 An denen, die Gefangene ihrer selbstsüchtigen Natur sind, kann Gott unmöglich Gefallen finden.

9 Ihr aber seid nicht mehr von eurer eigenen

a *so wie wir …:* wörtlich *das heißt in unserem* (bzw. meinem) *Fleisch* *.

b Wörtlich *Wer wird mich aus diesem Leib des Todes retten?* Wie Kap 8 zeigt, geht es nicht um Befreiung vom Leib, sondern von einer Grundverfassung des menschlichen Lebens, in der der Leib zum Werkzeug der Sünde geworden ist.

c Diese Aussage ist mit dem Vorangehenden schwer vereinbar. Manche Ausleger halten sie für einen späteren Zusatz, andere stellen sie vor Vers 24.

d Nach Paulus handelt es sich um dasselbe Gesetz, das jetzt unter einem neuen Vorzeichen steht. Vers 2 wörtlich *Denn das Gesetz des Geistes des Lebens in Christus Jesus hat dich befreit von dem Gesetz der Sünde und des Todes.* Viele Ausleger verstehen allerdings *Gesetz* beim ersten Vorkommen *(Gesetz des Geistes)* im Sinn von *Regel/Ordnung;* vgl. Anmerkung zu 3,27.

e Wörtlich *gegen das Fleisch**. Entsprechend wird auch in den Versen 4-13 das Wort *Fleisch* durch *unsere (selbstsüchtige) Natur* wiedergegeben.

f *in der leiblichen …:* wörtlich *in der Gestalt des Fleisches* der Sünde.*

g *eben dort, wo …:* wörtlich *im Fleisch**.

7,15 Gal 5,17 **7,18** Gen 8,21; Phil 2,13 **7,23** Gal 5,17 **7,24** 1 Kor 15,57 **8,1** 1,18; 5,1.9 **8,2** 7,7-11; 3,27 **8,3** Gal 4,4; Phil 2,7-8; 2 Kor 5,21 **8,4** 6,22; 7,4; Gal 5,16.25 **8,6** 6,21 S **8,9** 1 Kor 3,16 S; 2,16

Natur bestimmt, sondern vom Geist, so gewiss
der Geist Gottes in euch Wohnung genommen
hat. Wer diesen Geist – den Geist von Christus –
nicht hat, gehört auch nicht zu ihm.
10 Wenn nun also Christus durch den Geist in
euch lebt, dann bedeutet das: Euer Leib ist zwar
wegen der Sünde dem Tod verfallen, aber der
Geist erfüllt euch mit Leben, weil Christus die
Sünde besiegt hat und ihr deshalb bei Gott ange-
nommen seid.[a] 11 Mehr noch: Der Geist, der in
euch lebt, ist ja der Geist dessen, der Jesus vom
Tod auferweckt* hat. Dann wird derselbe Gott,
der Jesus Christus vom Tod auferweckt hat, auch
euren todverfallenen Leib lebendig machen. Das
bewirkt er durch seinen Geist, der schon jetzt in
euch lebt.

Nicht mehr Sklaven, sondern Kinder

12 Brüder und Schwestern![b] Wir stehen also
nicht mehr unter dem Zwang, unserer selbst-
süchtigen Natur zu folgen. 13 Wenn ihr nach
eurer eigenen Natur lebt, werdet ihr sterben.
Wenn ihr aber in der Kraft des Geistes euren
selbstsüchtigen Willen tötet, werdet ihr leben.[c]
14 Alle, die sich vom Geist Gottes führen las-
sen, die sind Gottes Söhne und Töchter.[d] 15 Der
Geist, den Gott euch gegeben hat, ist ja nicht ein
Sklavengeist, sodass ihr wie früher in Angst
leben müsstet. Es ist der Geist, den ihr als seine
Söhne und Töchter habt. Von diesem Geist
erfüllt rufen wir zu Gott: »Abba*! Vater!« 16 So
macht sein Geist uns im Innersten gewiss,
dass wir Kinder Gottes sind. 17 Wenn wir aber
Kinder sind, dann sind wir auch Erben, und das
heißt: wir bekommen teil am unvergänglichen
Leben des Vaters, genauso wie Christus und
zusammen mit ihm. Wie wir mit Christus leiden,
sollen wir auch seine Herrlichkeit mit ihm
teilen.

Die ganze Schöpfung wartet auf unsere endgültige Befreiung

18 Ich bin überzeugt: Was wir in der gegenwärti-
gen Zeit noch leiden müssen, fällt überhaupt
nicht ins Gewicht im Vergleich mit der Herrlich-
keit, die Gott uns zugedacht hat und die er in der
Zukunft offenbar machen wird. 19 Die ganze
Schöpfung wartet sehnsüchtig auf den Tag, an
dem die Kinder Gottes vor aller Augen in dieser
Herrlichkeit offenbar werden. 20 Denn alles Ge-
schaffene ist der Sinnlosigkeit ausgeliefert, ver-
sklavt an die Vergänglichkeit,[e] und das nicht
durch eigene Schuld, sondern weil Gott es so
verfügt hat. Er gab aber seinen Geschöpfen die
Hoffnung, 21 dass auch sie eines Tages von
der Versklavung an die Vergänglichkeit befreit
werden und teilhaben an der unvergäng-
lichen Herrlichkeit, die Gott seinen Kindern
schenkt.
22 Wir wissen, dass die ganze Schöpfung bis
jetzt noch stöhnt und in Wehen liegt wie eine
Frau bei der Geburt. 23 Aber auch wir selbst, die
doch schon als Anfang des neuen Lebens –
gleichsam als Anzahlung – den Heiligen Geist*
bekommen haben, stöhnen ebenso in unserem
Innern. Denn wir warten sehnsüchtig auf die
volle Verwirklichung dessen, was Gott uns als
seinen Kindern zugedacht hat: dass unser Leib
von der Vergänglichkeit erlöst wird.
24 Wir sind gerettet, aber noch ist alles Hoff-
nung. Eine Hoffnung, die sich schon sichtbar
erfüllt hat, ist keine Hoffnung. Ich kann nicht
erhoffen, was ich vor Augen habe. 25 Wenn wir
aber auf etwas hoffen, das wir noch nicht sehen
können, dann heißt das, dass wir beharrlich
danach Ausschau halten.

Der Beistand des Geistes und die Gewissheit unserer Rettung

26 Aber ebenso wie wir seufzt und stöhnt auch
der Geist* Gottes, der uns zu Hilfe kommt. Wir
sind schwache Menschen und unfähig, unsere
Bitten in der rechten Weise vor Gott zu bringen.
Deshalb tritt sein Geist für uns ein mit einem
Stöhnen, das sich nicht in Worte fassen lässt.
27 Und Gott, vor dem unser Innerstes offen liegt,
weiß, was sein Geist in unserem Innern ihm
sagen will. Denn so, wie es vor Gott angemessen
ist, legt er Fürsprache ein für die, die Gott als sein
Eigentum ausgesondert hat.[f]
28 Was auch geschieht,[g] das eine wissen wir:
Für die, die Gott lieben, muss alles zu ihrem Heil
dienen. Es sind die Menschen, die er nach sei-
nem freien Entschluss berufen hat. 29 Sie alle,

a *weil Christus ...:* wörtlich *wegen der Gerechtigkeit*;* vgl. 3,21-24. b Siehe Anmerkung zu 1,13.
c *Wenn ihr aber ...:* wörtlich *Wenn ihr durch den Geist die Taten des Leibes tötet.* Paulus spricht vom Leib, wie er unter der Herrschaft der Sünde steht, also in dem Sinn, in dem er sonst von »Fleisch« spricht.
d Paulus spricht in den Versen 14 und 15 von *Söhnen,* in 16-17 von *Kindern.* Vgl. Sacherklärung »Söhne«.
e *versklavt an ...:* verdeutlichende Vorwegnahme aus Vers 21. f *für die ...:* wörtlich *für die Heiligen*.*
g Zusatz, der den Rückbezug auf die Verse 18-23 verdeutlicht.

8,10 Gal 2,20; 1 Joh 3,24 **8,11** 2 Kor 4,14 **8,12** 6,18 **8,13** Gal 6,8; Eph 4,22-24 **8,14** 1 Joh 3,1 S **8,15** Gal 4,5-7; Mk 14,36 **8,17** Gal 4,7; Röm 5,2 S **8,18** 2 Kor 4,17; Weish 3,4-6 **8,19** Kol 3,4; 1 Joh 3,2 **8,20** Gen 3,17-19 **8,23** 2 Kor 1,22 S **8,24** 2 Kor 5,7; Hebr 11,1 **8,25** 2 Kor 4,18 **8,29** Kol 1,18

die Gott im Voraus ausgewählt hat, die hat er
auch dazu bestimmt, seinem Sohn* gleich zu
werden. Nach dessen Bild sollen sie alle gestaltet
werden, damit er der Erstgeborene unter vielen
Brüdern und Schwestern[a] ist. 30 Und wenn Gott
sie dazu bestimmt hat, dann hat er sie auch be-
rufen, und wenn er sie berufen hat, dann hat er
sie auch für gerecht* erklärt, und wenn er sie für
gerecht erklärt hat, dann steht auch fest, dass
sie an seiner Herrlichkeit teilhaben.

Nichts kann uns trennen von der Liebe Gottes

31 Was bleibt zu alldem noch zu sagen? Gott
selbst ist *für* uns, wer will sich dann *gegen* uns
stellen? 32 Er hat seinen eigenen Sohn* nicht ver-
schont, sondern hat ihn für uns alle in den Tod
gegeben. Wenn er uns aber den Sohn geschenkt
hat, wird er uns dann noch irgendetwas vorent-
halten? 33 Wer kann die Menschen anklagen, die
Gott erwählt hat? Gott selbst spricht sie frei.
34 Wer kann sie verurteilen? Christus ist für sie
gestorben, ja noch mehr: Er ist vom Tod er-
weckt* worden. Er hat seinen Platz an Gottes
rechter Seite. Dort tritt er für uns ein.

35 Kann uns noch irgendetwas von Christus
und seiner Liebe trennen? Etwa Leiden, Angst
und Verfolgung, Hunger oder Kälte, Gefahren
für Leib und Leben oder gar die Hinrichtung?
36 Es ergeht uns wirklich so, wie es in den Heili-
gen Schriften* steht: »Weil wir zu dir, Herr, ge-
hören, sind wir ständig in Todesgefahr. Wir wer-
den angesehen wie Schafe, die zum Schlachten
bestimmt sind.«

37 Aber mitten in alldem triumphieren wir als
Sieger mit Hilfe dessen, der uns so sehr geliebt
hat. 38 Ich bin ganz sicher, dass nichts uns von
seiner Liebe trennen kann: weder Tod noch Le-
ben, weder Engel noch Dämonen[b] noch andere
gottfeindliche Mächte, weder Gegenwärtiges
noch Zukünftiges, 39 weder Himmel noch Höl-
le.[c] Nichts in der ganzen Welt[d] kann uns jemals
trennen von der Liebe Gottes, die uns verbürgt
ist in Jesus Christus, unserem Herrn*.

GOTTES WEG MIT SEINEM VOLK ISRAEL (Kapitel 9–11)

Sind die Zusagen Gottes an sein Volk Israel ungültig geworden?

9 Für das, was ich jetzt sage, rufe ich Christus
als Zeugen an. Es ist die Wahrheit; ich lüge
nicht. Auch mein Gewissen bezeugt es, das vom
Heiligen Geist* bestätigt wird: 2 Ich bin tieftrau-
rig und es quält mich unablässig, 3 wenn ich an
meine Brüder und Schwestern[e] denke, die Men-
schen aus meinem Volk. Wenn es möglich wäre,
würde ich es auf mich nehmen, selbst an ihrer
Stelle verflucht und für immer von Christus ge-
trennt zu sein. 4 Sie sind doch Israel, das von
Gott erwählte Volk.[f] Ihnen gehört das Vorrecht,
Kinder Gottes zu sein. Ihnen offenbarte er seine
Herrlichkeit*. Mit ihnen hat er wiederholt sei-
nen Bund* geschlossen. Ihnen hat er sein Ge-
setz* gegeben und die Ordnungen für den Opfer-
dienst zu seiner Verehrung. Ihnen hat er das
künftige Heil versprochen. 5 Sie sind die Nach-
kommen der von Gott erwählten Väter,[g] und zu
ihnen zählt nach seiner menschlichen Herkunft
auch Christus, der versprochene Retter.[h] Dafür
sei Gott, der Herr über alles, in Ewigkeit geprie-
sen![i] Amen.

Gott trifft eine Auswahl

6 Es kann keine Rede davon sein, dass dies alles
nicht mehr gilt und also das Wort Gottes ungültig
geworden ist. Aber nicht alle Israeliten gehören
wirklich zu Israel, 7 und nicht alle leiblichen
Nachkommen Abrahams* sind als solche schon
Abrahams Kinder. Gott sagte zu Abraham:
»Durch *Isaak* gebe ich dir die Nachkommen, die
ich dir versprochen habe.« 8 Das heißt: Nicht die

a Siehe Anmerkung zu 1,13.
b Wörtlich *Gewalthaber;* auch mit den *Engeln* sind hier wahrscheinlich gottfeindliche Engelmächte gemeint; siehe Sacherklärung »Engel«.
c Wörtlich *weder Höhe noch Tiefe.* Wahrscheinlich sind kosmische Mächte gemeint, die man mit den Gestirnen bzw. Planeten verbunden sah.
d Wörtlich *Kein anderes Geschaffenes.* e Siehe Anmerkung zu 1,13.
f *Israel, das ...:* wörtlich *Israeliten.* Im Gegensatz zu anderen Bezeichnungen ist der Name »Israel« mit der grundlegenden Erwählungszusage verbunden; vgl. Gen 32,29; Dtn 6,4.
g Gemeint sind die Vorfahren (vor allem Abraham, Isaak, Jakob), denen Gott seine Heilszusagen gegeben hatte; vgl. Kap 4; 15,8; Ex 3,15. h Wörtlich *auch der Christus*.*
i Möglich ist auch die Übersetzung *Er* (Christus) *ist Gott über alle, für immer und ewig gepriesen.*

8,30 2 Thess 2,13-14 **8,31-34** Jes 50,8-9 **8,32** 5,8; Joh 3,16 S **8,34** 4,25; Apg 2,33 S; (tritt ein) Hebr 7,25 S **8,36** *zit* Ps 44,23; 1 Kor 15,30-31; 2 Kor 4,11 **8,37** 1 Joh 5,4-5 **8,38** (Mächte) Eph 1,21 S; 1 Kor 3,22; 15,24; 1 Petr 3,22 **8,39** 5,5; Eph 1,4; 2,4; 2 Thess 2,16 S; Joh 3,16 S **9,3** Ex 32,32 **9,4** (Kinder Gottes) Ex 4,22 S; (Herrlichkeit) Ex 16,7 S; (Bund) Gen 17,9-10; Ex 24,8; Dtn 28,69 S; (Gesetz) Ex 20,1–24,18; (Opferdienst) Lev 1,1–9,24; (künftiges Heil) Jes 9,5-6 S; Jer 31,34 S **9,5** (Christus) Mt 1,1 S **9,6** 3,3-4 S; 2,28-29 **9,7** Mt 3,9 S; *zit* Gen 21,12 **9,8** Gal 4,23; 3,7

natürliche Abstammung von Abraham, sondern
erst die göttliche Zusage macht zu echten Abra-
hamskindern und damit zu Kindern Gottes.
9 Denn es war eine göttliche Zusage, mit der die
Geburt Isaaks angekündigt wurde: »Nächstes
Jahr um diese Zeit komme ich wieder, dann hat
Sara einen Sohn.«

10 Das wird bestätigt durch ein zweites Bei-
spiel: Rebekka war von unserem Vorfahren Isaak
mit Zwillingen schwanger, mit Esau und Jakob.
11–12 Die beiden Kinder waren noch nicht ge-
boren und keines von beiden hatte irgendetwas
Gutes oder Böses getan. Da sagte Gott zu ihrer
Mutter Rebekka: »Der Ältere muss dem Jüngeren
dienen.« Damit stellte er klar, dass es allein von
seinem freien Entschluss abhängt, wenn er einen
Menschen erwählt. Es kommt dabei nicht auf
menschliche Leistungen, sondern nur auf den
göttlichen Ruf an. 13 Dasselbe geht aus der
anderen Stelle hervor, wo Gott sagt: »Ich liebe
Jakob, Esau aber hasse ich.«

Gott verteilt sein Erbarmen nach freiem Ermessen

14 Folgt daraus, dass Gott ungerecht ist? Keines-
wegs! 15 Er sagte ja zu Mose: »Es liegt in meiner
freien Entscheidung, wem ich meine Gnade er-
weise; es ist allein meine Sache, wem ich mein
Erbarmen schenke.« 16 Es kommt also nicht auf
den Willen und die Anstrengung des Menschen
an, sondern einzig auf Gott und sein Erbarmen.
17 So verfährt er auch mit dem Pharao*, dem er
seine Gunst entzieht, indem er zu ihm sagt:[a]
»Nur deshalb habe ich dich als König eingesetzt,
um an dir meine Überlegenheit zu beweisen und
meinen Namen in der ganzen Welt bekannt zu
machen.« 18 Gott verfährt also ganz nach seinem
freien Willen: Mit den einen hat er Erbarmen,
die andern macht er starrsinnig, sodass sie ins
Verderben laufen.

19 Vielleicht wird mir jemand entgegenhalten:
»Warum zieht uns dann Gott für unser Tun zur
Rechenschaft? Wenn er bestimmt, dann kann
doch niemand dagegen ankommen!« 20 Du
Mensch, vergiss nicht, wer du bist! Du kannst
dir doch nicht herausnehmen, Gott zu kriti-
sieren! Sagt vielleicht ein Gebilde aus Ton zu
seinem Bildner: »Warum hast du mich so
gemacht?« 21 Und hat ein Töpfer nicht das Recht,
aus einem Tonklumpen zwei ganz verschiedene
Gefäße zu machen: eines, das auf der Festtafel
zu Ehren kommt, und ein anderes als Behälter
für den Abfall?

22 Du kannst also Gott nicht anklagen, wenn
er an den Gefäßen seines Zorns sein Gericht voll-
strecken und seine Macht erweisen will; aber
selbst sie, die zum Untergang bestimmt waren,
hat er mit großer Geduld ertragen. 23 So handelt
er, damit er an den Gefäßen seines Erbarmens
zeigen kann, wie unerschöpflich reich seine
Herrlichkeit* ist – an ihnen, die er im Voraus
zum Leben in seiner Herrlichkeit bestimmt hat.
24 Das sind wir, die er berufen hat – nicht nur
aus dem jüdischen Volk, sondern auch aus den
anderen Völkern.[b]

25 Das ist schon beim Propheten Hosea ange-
kündigt, durch den Gott im Blick auf die anderen
Völker sagt: »Ich werde die, die nicht mein Volk
sind, ›mein Volk‹ nennen und die Ungeliebten
›Geliebte‹. 26 Und dieselben Leute, zu denen ich
gesagt hatte: ›Ihr seid nicht mein Volk‹, werden
dann ›Kinder des lebendigen Gottes‹ genannt
werden.«

27 Über das Volk Israel aber sagt Jesaja das
prophetische Wort: »Selbst wenn die Israeliten
so zahlreich wären wie der Sand am Meer, nur
ein kleiner Rest wird gerettet. 28 Der Herr wird
sein Rettungswerk auf der Erde endgültig und
doch mit Einschränkung ausführen.« 29 Es ist so,
wie Jesaja es vorausgesagt hat: »Hätte der Herr,
der Herrscher der Welt, nicht einen kleinen Rest
von uns Israeliten übrig gelassen, so wäre es uns
wie Sodom* und Gomorra ergangen.«

An Jesus Christus scheiden sich die Wege

30 Was folgt daraus? Es ist offenbar so: Menschen
aus den anderen Völkern, die sich gar nicht dar-
um bemüht hatten, haben das Ziel erreicht,
vor Gott als gerecht* zu bestehen. Sie haben es
dadurch erreicht, dass sie in vertrauendem Glau-
ben* angenommen haben, was Gott für sie
getan hat.[c] 31 Das Volk Israel aber, das mit
aller Kraft danach strebt, auf dem Weg der Ge-
setzeserfüllung vor Gott als gerecht zu bestehen,
hat das vom Gesetz* in Aussicht gestellte Ziel
nicht erreicht. 32 Warum nicht? Weil sie den Weg
des Glaubens abwiesen und meinten, ihre Ge-
horsamsleistungen müssten sie ans Ziel bringen.

a *So verfährt ...:* wörtlich *Denn die Schrift sagt zum Pharao*;* vgl. Ex 9,16.
b *anderen Völkern:* herkömmliche Übersetzung *Heiden*;* ebenso im Folgenden.
c *die sich gar nicht darum bemüht ...:* wörtlich *die nicht der Gerechtigkeit* nachjagen, haben die Gerechtigkeit erlangt, nämlich die Gerechtigkeit aufgrund des Glaubens.*

9,9 *zit* Gen 18,10.14 **9,10-12** Gen 25,21-23; Röm 11,6 **9,13** *zit* Mal 1,2-3 **9,15** *zit* Ex 33,19 **9,16** Eph 2,8 **9,18** Ex 4,21; 1 Petr 2,8 **9,20** Jes 45,9 S **9,21** Jer 18,4-6; Weish 15,7; 2 Tim 2,20 **9,22** 2 Makk 6,14-15; Weish 12,2-18 **9,24** 10,12 **9,25** *nach* Hos 2,25; 1 Petr 2,10 **9,26** *zit* Hos 2,1 **9,27-28** *nach* Jes 10,22-23 **9,29** *zit* Jes 1,9

Sie kamen zu Fall an dem ›Stein des Anstoßes‹,
33 von dem Gott sagt: »Auf dem Zionsberg* lege
ich ein festes Fundament, einen Stein, an dem
sie sich stoßen, einen Felsblock, an dem sie zu
Fall kommen. Aber wer auf ihn vertraut, wird
nicht zugrunde gehen.«

Der Glaube als Weg zur Rettung für alle

10 Liebe Brüder und Schwestern,[a] mein Her-
zenswunsch und meine Bitte an Gott ist,
dass die Angehörigen meines Volkes gerettet
werden. 2 Ich kann ihnen bezeugen, dass sie sich
mit brennendem Eifer für die Sache Gottes ein-
setzen. Aber ihr Eifer beruht nicht auf der richti-
gen Einsicht. 3 Sie begreifen nicht, dass Gott
selbst eingegriffen hat, damit Menschen vor ihm
als gerecht bestehen können. Deshalb suchen sie
durch eigene Anstrengungen Gerechtigkeit zu er-
ringen, anstatt sich Gott zu unterwerfen, der in
seiner Gerechtigkeit*, nämlich seiner heilschaf-
fenden Treue, für sie gehandelt hat. 4 Denn seit
Christus ist das Gesetz nicht mehr der Weg zum
Heil.[b] Vielmehr gilt jetzt: Alle, die im Glauben*
auf Christus vertrauen, werden vor dem Gericht
Gottes als gerecht anerkannt werden.

5 Wenn es darum geht, auf der Grundlage des
Gesetzes vor Gott als gerecht zu bestehen, gilt,
was Mose schreibt: »Wer die Gebote befolgt,
gewinnt dadurch das Leben.« 6 Ganz anders
spricht die Stimme, die dazu aufruft, auf der
Grundlage vertrauenden Glaubens vor Gott als
gerecht zu bestehen; sie sagt: »Ihr braucht nicht
zu fragen: ›Wer steigt für uns in den Himmel hin-
auf?‹« – als müsste man Christus erst von dort
herabholen. 7 »Auch nicht: ›Wer steigt für uns in
die Totenwelt* hinab?‹« – als müsste man Chris-
tus aus dem Tod zurückholen. 8 Nein, die
Stimme sagt: »Das Wort, das von Gott kommt, ist
euch ganz nahe; es ist in eurem Mund und in
eurem Herzen.« Das ist das Wort vom Glauben,
das wir verkünden.

9 Wenn ihr also mit dem Mund bekennt:
»Jesus ist der Herr*«, und im Herzen glaubt, dass
Gott ihn vom Tod auferweckt* hat, werdet ihr
gerettet. 10 Wer mit dem Herzen glaubt, wird
von Gott als gerecht anerkannt; und wer mit
dem Mund bekennt, wird im letzten Gericht
gerettet. 11 So steht es ja in den Heiligen Schrif-
ten*: »Wer ihm glaubt und auf ihn vertraut, wird
nicht zugrunde gehen.« 12 Das gilt ohne Unter-
schied für Juden und Nichtjuden. Sie alle haben
ein und denselben Herrn: Jesus Christus.[c] Aus
seinem Reichtum schenkt er allen, die sich zu
ihm als ihrem Herrn bekennen, ewiges Leben.
13 Es heißt ja auch: »Alle, die sich zum Herrn
bekennen und seinen Namen anrufen, werden
gerettet.«

Israel hat die Botschaft gehört und abgelehnt

14 Sie können sich aber nur zu ihm bekennen,
wenn sie vorher zum Glauben* gekommen sind.
Und sie können nur zum Glauben kommen,
wenn sie die Botschaft gehört haben. Die Bot-
schaft aber können sie nur hören, wenn sie
ihnen verkündet worden ist. 15 Und sie kann
ihnen nur verkündet werden, wenn Boten mit
der Botschaft ausgesandt worden sind.

Aber genau das ist geschehen! Es ist eingetrof-
fen, was vorausgesagt war: »Welche Freude ist
es, wenn die Boten kommen und die Gute Nach-
richt* bringen!« 16 Doch nicht alle sind dem Ruf
der Guten Nachricht gefolgt. Schon der Prophet
Jesaja sagt: »Herr, wer hat schon unserer Bot-
schaft Glauben geschenkt?«

17 Der Glaube kommt also aus dem Hören der
Botschaft; die Botschaft aber gründet in dem
Auftrag, den Christus gegeben hat. 18 Haben sie
vielleicht die Botschaft nicht gehört? Aber natür-
lich haben sie die Botschaft gehört; in den Heili-
gen Schriften* heißt es ja: »Ihr Ruf ging über die
ganze Erde, bis hin zu ihren äußersten Grenzen
war er zu hören.«

19 Ich frage weiter: Hat vielleicht das Volk
Israel die Botschaft nicht verstanden? O doch!
Der erste Zeuge dafür ist Mose, wenn er sagt:
»Ich will euch Israeliten eifersüchtig machen auf
ein Un-Volk, sagt Gott. Ich reize euch zum Zorn
über ein Volk ohne Einsicht.«[d] 20 Jesaja aber
wagt sogar zu sagen: »Ich ließ mich finden von
denen, die mich nicht suchten, sagt Gott. Ich ha-
be mich denen gezeigt, die nicht nach mir frag-

a Siehe Anmerkung zu 1,13.
b Wörtlich *Denn Christus ist das Ende des Gesetzes.* Die sprachlich ebenfalls mögliche Übersetzung *Ziel des Gesetzes* ist im Zusammenhang nicht nahe liegend.
c *Jesus Christus* ist zur Verdeutlichung hinzugefügt. Im gesamten Zusammenhang, auch in dem Zitat in Vers 13, ist »Herr« als Hoheitstitel für Jesus gebraucht.
d Die Eifersucht auf die von Gott angenommenen Nichtjuden (vgl. 11,11.14) beweist für Paulus, dass Israel sehr wohl begriffen hat, worum es bei der Guten Nachricht geht.

9,33 *nach* Jes 8,14 *und* 28,16; 1 Petr 2,6-8; Lk 2,34 **10,1** 9,1-3 **10,3** 1,17 **10,4** Gal 3,24-25 **10,5** *zit* Lev 18,5; Lk 10,28 S **10,6-8** *nach* Dtn 30,12-14 **10,9** 1 Kor 12,3 S **10,11** *zit* Jes 28,16; Röm 9,33 **10,12** 3,22.30 **10,13** *nach* Joël 3,5 **10,15 b** *zit* Jes 52,7 **10,16** *nach* Jes 53,1; Joh 12,38 **10,17** Joh 17,20 **10,18** *zit* Ps 19,5 **10,19** *zit* Dtn 32,21; Röm 11,11 **10,20** *nach* Jes 65,1; Röm 9,30

ten.« 21 Über Israel dagegen heißt es an derselben Stelle: »Tag für Tag habe ich einladend die Hände ausgestreckt nach einem Volk, das mir nicht gehorcht und mir ständig widerspricht.«

Nur ein Rest hat die Botschaft angenommen

11 Ich frage nun: Hat Gott sein eigenes Volk verstoßen? Das kann nicht sein! Ich selbst bin ja ein Israelit, ein Nachkomme Abrahams aus dem Stamm Benjamin. 2 Gott hat das Volk, das er von Anfang an erwählt hatte, nicht verstoßen. Ihr wisst doch, was in den Heiligen Schriften* von Elija berichtet wird, der sich bei Gott über dieses Volk beklagte. 3 »Herr!«, sagte er, »sie haben deine Propheten umgebracht und deine Altäre niedergerissen. Ich allein bin übrig geblieben, und nun wollen sie mich auch noch töten!«

4 Was gab Gott ihm zur Antwort? »Siebentausend Männer habe ich mir übrig behalten, die alle den Götzen Baal* nicht angebetet haben.« 5 So ist es auch jetzt: Aus Gnade hat Gott einen Rest ausgewählt. 6 Wenn aber aus Gnade, dann gibt nicht mehr das menschliche Tun den Ausschlag. Sonst wäre die Gnade nicht wirklich Gnade.

7 Wie steht es also? Das jüdische Volk als Ganzes hat nicht erreicht, worum es sich so sehr abmüht: die Anerkennung bei Gott. Nur die haben dieses Ziel erreicht, die Gott aus seinem Volk ausgewählt hat. Die Übrigen hat er starrsinnig gemacht, 8 wie es in den Heiligen Schriften* vorhergesagt ist: »Gott hat ihren Geist verdunkelt, sodass sie mit ihren Augen nicht sehen und mit ihren Ohren nicht hören, bis zum heutigen Tag.« 9 Und David sagt: »Ihre Opfer[a] sollen ihnen zur Schlinge und zum Fallstrick werden, zum Verderben und zum Strafgericht. 10 Lass sie blind werden, damit sie nichts mehr sehen. Beuge ihren Rücken für immer unter das Sklavenjoch!«

Juden und Nichtjuden sollen gemeinsam zum Ziel kommen

11 Ich frage nun: Haben die Juden sich an Christus gestoßen, um für immer zu Fall zu kommen? Gewiss nicht! Es ist vielmehr so: Weil sie Gottes Rettungsangebot ablehnten, wurde es den anderen Völkern gebracht, und das soll dazu führen, dass die Juden auf die anderen eifersüchtig werden und es ihnen gleichtun wollen. 12 Schon ihr Nein brachte der Welt reichen Gewinn, und dass sie bis auf den kleinen Rest ausgefallen sind, wurde für die anderen Völker eine Quelle des Segens. Wie groß wird dann erst der Segen für die Welt sein, wenn das Volk Israel in seiner Gesamtheit zu Gottes Rettungstat Ja sagt!

13 Den Nichtjuden unter euch aber sage ich: Es stimmt, dass mein Auftrag als Apostel* den nichtjüdischen Völkern gilt, und ich danke Gott dafür, dass es so ist. 14 Denn vielleicht kann ich durch meine Missionsarbeit die Angehörigen meines eigenen Volkes eifersüchtig machen und so wenigstens einige von ihnen retten. 15 Schon ihre Verstoßung hat der übrigen Welt die Versöhnung mit Gott gebracht, was wird dann erst ihre Wiederannahme bringen? Nicht weniger als die Auferstehung der Toten!

Das Bild vom Ölbaum: Warnung an die Nichtjuden

16 Wenn das erste Brot von der neuen Ernte Gott geweiht worden ist, gilt alles Brot von dieser Ernte als geweiht. Wenn die Wurzeln des Baumes Gott geweiht sind, sind es auch die Zweige.

17 Nun sind einige Zweige an dem edlen Ölbaum ausgebrochen worden, und unter die übrigen wurdet ihr als neue Zweige eingepfropft. Obwohl ihr von einem wilden Ölbaum stammt, habt ihr jetzt Anteil an den guten Säften des edlen Ölbaums. 18 Darum überhebt euch nicht über die Zweige, die ausgebrochen wurden. Ihr habt keinen Grund, euch etwas einzubilden! Nicht ihr tragt die Wurzel, sondern die Wurzel trägt euch.

19 Ihr werdet vielleicht sagen: »Die Zweige sind ausgebrochen worden, um uns Platz zu machen!« 20 Gewiss, aber sie wurden ausgebrochen, weil sie nicht glaubten. Und ihr gehört nur dazu, weil ihr glaubt – und wenn ihr im Glauben* beharrt. Seid also nicht überheblich, sondern bedenkt, mit wem ihr es zu tun habt! 21 Wenn Gott schon die Juden nicht verschont hat, obwohl sie die natürlichen Zweige sind, dann wird er euch bestimmt nicht verschonen.

22 Ihr seht hier die Güte und zugleich die Strenge Gottes. Streng ist er zu denen, die sich von ihm abwenden. Gütig ist er zu euch – wenn ihr euch nur bewusst bleibt, dass ihr allein von

a Wörtlich *Ihr Tisch.* Paulus denkt möglicherweise an die Opfer im Tempel (*Tisch* = Opfertisch, Altar), die durch den Opfertod von Jesus ihren Sinn verloren haben.

10,21 *zit* Jes 65,2 **11,1** Phil 3,5; 2 Kor 11,22; Gal 1,13-14; Apg 22,3 **11,2** 11,29; Ps 94,14; Jer 31,37 **11,3-4** *zit* 1 Kön 19,10.14.18 **11,5** 9,27 **11,6** 4,5; Gal 3,18 **11,7** 9,31 **11,8** *nach* Jes 29,10 *und* Dtn 29,3; Mk 4,12 S **11,9-10** *nach* Ps 69,23-24 *und* 35,8 **11,11** 9,32; 10,19; Apg 13,46 **11,13** 1,5 S **11,16** Num 15,19-21 **11,17** Eph 2,11-13 **11,18** Joh 4,22 **11,20** 1 Kor 10,12

seiner Güte lebt; sonst werdet ihr auch ausge-
hauen. 23 Aber auch die Juden werden wieder
eingepfropft, wenn sie die Einladung zum Glau-
ben nicht länger abweisen. Gott hat sehr wohl
die Macht dazu. 24 Er hat euch als Zweige eines
wilden Ölbaums ganz gegen die natürliche Ord-
nung in den edlen Ölbaum eingepfropft. Dann
kann er erst recht die Juden als die natürlichen
Zweige wieder in ihren eigenen Baum einpfrop-
fen.

Zuletzt wird ganz Israel gerettet

25 Meine Brüder und Schwestern,[a] ich muss
euch jetzt mit Gottes geheimnisvollem Plan be-
kannt machen. Wenn ihr euch auf eure eigene
Klugheit verlasst, könnt ihr leicht zu falschen
Schlüssen kommen. Gott hat verfügt, dass ein
Großteil des jüdischen Volkes sich gegen die Ein-
ladung zum Glauben* verhärtet. Aber das gilt
nur so lange, bis alle, die er aus den anderen Völ-
kern[b] erwählt hat, den Weg zum Heil gefunden
haben. 26 Wenn das geschehen ist, dann wird
das ganze Volk Israel gerettet werden, wie es in
den Heiligen Schriften* vorhergesagt ist: »Vom
Zionsberg* wird der Retter kommen und alle
Auflehnung gegen Gott von den Nachkommen
Jakobs nehmen. 27 Dann werde ich ihnen ihre
Verfehlungen vergeben, sagt Gott; und so erfüllt
sich der Bund*, den ich mit ihnen geschlossen
habe.«
28 Im Blick auf die Gute Nachricht* gilt: Sie
sind Gottes Feinde geworden, damit die Bot-
schaft zu euch kommen konnte. Im Blick auf
ihre Erwählung gilt: Sie bleiben die von Gott
Geliebten, weil sie die Nachkommen der erwähl-
ten Väter sind. 29 Denn Gott nimmt seine
Gnadengeschenke nicht zurück, und eine einmal
ausgesprochene Berufung widerruft er nicht.
30 Ihr aus den anderen Völkern habt Gott *früher*
nicht gehorcht; aber weil *sie* ungehorsam
waren, hat Gott jetzt *euch* sein Erbarmen
geschenkt. 31 Genau entsprechend gehorchen sie
Gott *jetzt* nicht, weil er *euch* sein Erbarmen
schenken wollte; und so werden künftig auch *sie*
Erbarmen finden. 32 Gott hat alle ohne Aus-
nahme dem Ungehorsam ausgeliefert, weil er
sich über alle erbarmen will.

Lobpreis der wunderbaren Weisheit Gottes

33 Wie unergründlich tief ist Gottes Reichtum,
wie tief seine Weisheit und seine Voraussicht!
Wie unerforschlich sind seine Gerichtsurteile,
wie unbegreiflich seine Führungen!
34 Denn wer hat die Gedanken des Herrn
erkannt,
oder wer ist sein Ratgeber gewesen?
35 Wer hat ihm je ein Geschenk gemacht,
sodass er etwas dafür fordern könnte?
36 *Von* Gott kommt alles,
durch Gott lebt alles,
zu Gott geht alles.
Ihm gehört die Herrlichkeit* für immer und
ewig! Amen.

FOLGERUNGEN AUS DEM GESCHENK DER GNADE FÜR DAS LEBEN DER CHRISTEN (12,1–15,13)

Unser Leben als Gottesdienst

12 Brüder und Schwestern,[c] weil Gott so viel
Erbarmen mit euch gehabt hat, bitte und
ermahne ich euch: Stellt euer ganzes Leben Gott
zur Verfügung! Bringt euch Gott als lebendiges
Opfer dar, ein Opfer völliger Hingabe, an dem er
Freude hat. Das ist für euch der »vernunftge-
mäße«[d] Gottesdienst. 2 Passt euch nicht den
Maßstäben dieser Welt* an. Lasst euch vielmehr
von Gott umwandeln, damit euer ganzes Den-
ken erneuert wird. Dann könnt ihr euch ein
sicheres Urteil bilden, welches Verhalten dem
Willen Gottes entspricht, und wisst in jedem ein-
zelnen Fall, was gut und gottgefällig und voll-
kommen ist.

Gaben und Dienste in der Gemeinde

3 In der Vollmacht, die Gott mir als Apostel* ge-
geben hat,[e] wende ich mich an jeden Einzelnen
von euch. Niemand soll sich über andere erhe-
ben und höher von sich denken, als es angemes-
sen ist. Bleibt bescheiden und sucht das rechte
Maß! Durch den Glauben* hat jeder von euch
seinen besonderen Anteil an den Gnadengaben

a Siehe Anmerkung zu 1,13.
b anderen Völkern: herkömmliche Übersetzung *Heiden**.
c Siehe Anmerkung zu 1,13.
d Paulus greift die zu seiner Zeit verbreitete Kritik am »äußerlichen« Opfergottesdienst mit seinen Tieropfern auf. Er stellt ihm aber nicht eine rein geistige Gottesverehrung entgegen, wie sie damals in bestimmten Kreisen unter diesem Schlagwort (wörtlich »logos-gemäß«) propagiert wurde, sondern den Gottesdienst des tätigen Lebens – womit er andere Formen des Gottesdienstes natürlich nicht ausschließen will.
e Wörtlich *Durch die Gnade* (= Gnadengabe des Apostelamtes), *die mir gegeben wurde.*

11,25 Mt 24,14; Joh 10,16 **11,26-27** *nach* Jes 59,20-21; 27,9; Jer 31,33-35 **11,29** 11,2; 15,8; 3,3-4S **11,32** 3,22-24; Gal 3,22 **11,33** Ijob 11,7; Ps 139,17 **11,34** Ijob 15,8; Jes 40,13 **11,35** Ijob 41,3 **11,36** 1 Kor 8,6 **12,1** 6,13; 1 Petr 2,5 **12,2** Eph 4,22-24; 1 Thess 5,21 **12,3** Mk 10,43 par; 1 Kor 12,11.28; Eph 4,7

bekommen. Daran hat jeder den Maßstab, nach
dem er sich einschätzen soll. [a]

4 Denkt an den menschlichen Leib: Er bildet
ein lebendiges Ganzes und hat doch viele Teile,
und jeder Teil hat seine besondere Funktion. 5 So
ist es auch mit uns: Als Menschen, die zu
Christus gehören, bilden wir alle ein unteilbares
Ganzes; aber als Einzelne stehen wir zueinander
wie Teile mit ihrer besonderen Funktion.

6 Wir haben ganz verschiedene Gaben, so wie
Gott sie uns in seiner Gnade zugeteilt hat. Einige
sind befähigt, Weisungen* für die Gemeinde von
Gott zu empfangen; was sie sagen, muss dem ge-
meinsamen Bekenntnis entsprechen. 7 Andere
sind befähigt, praktische Aufgaben in der Ge-
meinde zu übernehmen; sie sollen sich treu die-
sen Aufgaben widmen. Wer die Gabe hat, als
Lehrer* die Gemeinde zu unterweisen, gebrau-
che sie. 8 Wer die Gabe hat, andere zu ermahnen
und zu ermutigen, nutze sie. Wer Bedürftige un-
terstützt, soll sich dabei nicht in Szene setzen.
Wer in der Gemeinde eine Verantwortung über-
nimmt, soll mit Hingabe bei der Sache sein. Wer
sich um Notleidende kümmert, soll es nicht mit
saurer Miene tun.

Weisungen für ein Leben aus der Liebe

9 Die Liebe darf nicht geheuchelt sein. Verab-
scheut das Böse, tut mit ganzer Kraft das Gute!
10 Liebt einander von Herzen als Brüder und
Schwestern, [b] und ehrt euch gegenseitig in zuvor-
kommender Weise. 11 Werdet im Eifer nicht
nachlässig, sondern lasst euch vom Geist* Gottes
entflammen. Dient in allem Christus, dem
Herrn*. 12 Seid fröhlich als Menschen der Hoff-
nung, bleibt standhaft in aller Bedrängnis, lasst
nicht nach im Gebet. 13 Sorgt für alle in der Ge-
meinde, [c] die Not leiden, und wetteifert in der
Gastfreundschaft.

14 Wünscht denen, die euch verfolgen, Gutes.
Segnet sie, anstatt sie zu verfluchen. 15 Freut
euch mit den Fröhlichen und weint mit den
Traurigen. 16 Seid alle miteinander auf Einigkeit
bedacht. Strebt nicht hoch hinaus, sondern hal-
tet Gemeinschaft mit den Verachteten. [d] Verlasst
euch nicht auf eure eigene Klugheit.

17 Wenn euch jemand Unrecht tut, dann zahlt
es niemals mit gleicher Münze heim. Seid darauf
bedacht, vor den Augen aller Menschen be-
stehen zu können. 18 So weit es möglich ist und
auf euch ankommt, lebt mit allen in Frieden.
19 Nehmt keine Rache, holt euch nicht selbst
euer Recht, meine Lieben, sondern überlasst das
Gericht Gott. Er sagt ja in den Heiligen Schrif-
ten*: »Ich bin der Rächer, ich habe mir das Ge-
richt vorbehalten, ich selbst werde vergelten.«
20 Handelt vielmehr nach dem Wort: »Wenn dein
Feind hungrig ist, dann gib ihm zu essen, und
wenn er Durst hat, gib ihm zu trinken. Dann
wird es ihm bald Leid tun, dein Feind zu sein.« [e]
21 Lass dich nicht vom Bösen besiegen, sondern
überwinde es durch das Gute!

Weisungen für das Verhalten gegenüber staatlichen Organen

13 Alle ohne Ausnahme müssen sich den Trä-
gern der Staatsgewalt unterordnen. Denn
es gibt keine staatliche Macht, die nicht von Gott
kommt. Die jeweiligen Amtsträger sind von ihm
eingesetzt. 2 Wer sich also gegen die staatliche
Ordnung auflehnt, widersetzt sich der Anord-
nung Gottes, und wer das tut, zieht sich damit
die Verurteilung im Gericht Gottes zu.

3 Vor den staatlichen Machthabern müssen
sich nicht die fürchten, die Gutes tun, sondern
nur die, die Böses tun. Wenn du also ohne Angst
vor der Staatsgewalt leben willst, dann tu, was
recht ist, und sie wird dich dafür loben. 4 Denn
die staatliche Macht steht im Dienst Gottes, um
dich zum Tun des Guten anzuspornen. Wenn du
aber Böses tust, musst du dich vor ihr fürchten.
Ihre Vertreter tragen nicht umsonst das Schwert.
Sie stehen im Dienst Gottes und vollstrecken
sein Urteil an denen, die Böses tun. 5 Darum
müsst ihr euch der Staatsgewalt unterordnen,
nicht nur aus Furcht vor dem Gericht Gottes,
sondern auch, weil euer Gewissen euch dazu
anhält.

6 Deshalb zahlt ihr ja auch Steuern. Denn die
Staatsbeamten handeln als Beamte Gottes, wenn
sie beharrlich darauf bestehen. 7 Gebt also je-
dem, was ihr ihm schuldig seid! Wem Steuern

a *Durch den Glauben ...:* wörtlich *jeder, wie Gott (ihm) das Maß des Glaubens zugemessen hat.*
b Wörtlich *In der Bruderliebe* (bzw. *Geschwisterliebe*) *zueinander seid herzlich;* vgl. Sacherklärung »Bruder«.
c *alle in der Gemeinde:* wörtlich *die Heiligen**.
d Wörtlich *lasst euch herabziehen zu den Niedrigen.* Das kann auch »sächlich« auf *niedrige Dienste* bezogen werden.
e Vgl. Anmerkung zu Spr 25,22.

12,4-5 1 Kor 12,27 S **12,6-8** 1 Kor 12,4-11; 14,12; 1 Petr 4,10 **12,9** 2 Kor 6,6; 8,24; 1 Tim 1,5; 1 Petr 1,22 S; 1 Kor 13,4-7 **12,10** Gal 5,13; 6,3; Eph 4,2; Phil 2,3; Joh 13,14-15 **12,12** Lk 18,1 S **12,13** Hebr 13,2 S **12,14** Mt 5,44 S **12,15** Ijob 30,25; 1 Kor 12,26; 2 Kor 11,29 **12,16** 1 Kor 1,10-11 S; 8,1; (Verachteten) 1 Kor 1,26-28 S **12,17** Spr 20,22 S; 1 Kor 6,7; 1 Thess 5,15; 1 Petr 3,9 **12,18** Mk 9,50 S **12,19** *nach* Dtn 32,35 (Anmerkung); Mt 5,39 **12,20** *zit* Spr 25,21-22; Mt 5,44 par **13,1-7** Tit 3,1; 1 Petr 2,13-17; Apg 5,29 **13,1** Spr 8,15-16 **13,3** 1 Petr 2,14; 3,13 **13,7** Mk 12,17 par

zustehen, dem zahlt Steuern, wem Zoll zusteht, dem zahlt Zoll. Wem Respekt[a] zusteht, dem erweist Respekt, und wem Ehre zusteht, dem erweist Ehre.

Das Liebesgebot als Summe der Gebote Gottes

8 Bleibt niemand etwas schuldig – außer der Schuld, die ihr niemals abtragen könnt: der Liebe, die ihr einander erweisen sollt. Wer den Mitmenschen liebt, hat alles getan, was das Gesetz* fordert. 9 Ihr kennt die Gebote: »Brich nicht die Ehe, morde nicht, beraube niemand, blicke nicht begehrlich auf das, was anderen gehört.« Diese Gebote und alle anderen sind in dem *einen* Satz zusammengefasst: »Liebe deinen Mitmenschen wie dich selbst.« 10 Wer liebt, fügt seinem Mitmenschen nichts Böses zu. Also wird durch die Liebe das ganze Gesetz erfüllt.

Leben im Licht des kommenden Tages

11 Macht Ernst damit – und das erst recht, weil ihr wisst, was die Stunde geschlagen hat! Es ist Zeit für euch, aus dem Schlaf aufzuwachen. Denn unsere endgültige Rettung ist nahe; sie ist uns jetzt näher als damals, als wir zum Glauben kamen. 12 Die Nacht geht zu Ende, bald ist es Tag. Deshalb wollen wir alles ablegen, was zur Finsternis gehört, und wollen uns mit den Waffen des Lichtes rüsten. 13 Wir wollen so leben, wie es zum hellen Tag passt. Keine Sauf- und Fressgelage, keine sexuellen Ausschweifungen, keine Streitigkeiten und Rivalitäten! 14 Lasst Jesus Christus, den Herrn, euer ganzes Leben bestimmen,[b] und hätschelt nicht eure alte selbstsüchtige Natur,[c] damit die Begierden keine Macht über euch gewinnen.

Die »Starken« und die »Schwachen« dienen demselben Herrn

14 Haltet Gemeinschaft mit denen, die einen schwachen Glauben haben! Streitet nicht mit ihnen über unterschiedliche Auffassungen! 2 Die einen sind überzeugt, dass ihr Glaube ihnen erlaubt, *alles* zu essen. Die anderen haben Angst, sich zu versündigen, und essen lieber nur Pflanzenkost.[d] 3 Wer Fleisch isst, soll die anderen nicht verachten; aber wer kein Fleisch isst, soll die anderen auch nicht verurteilen, denn Gott hat sie ja in seine Gemeinschaft aufgenommen. 4 Wie kommst du dazu, den Sklaven oder die Sklavin eines anderen zur Rechenschaft zu ziehen? Es geht nur ihren Herrn etwas an, ob sie stehen oder fallen. Sie werden aber stehen bleiben; denn ihr Herr hat die Macht, sie aufrecht zu halten.

5 Die einen beachten an bestimmten Tagen besondere Regeln;[e] für die anderen sind alle Tage gleich. Es kommt nur darauf an, dass jeder nach seiner festen Überzeugung handelt. 6 Wer besondere Regeln beachtet, tut es für den Herrn*, für Christus. Auch wer alles isst, tut es für den Herrn; denn er dankt ja Gott für das, was er isst. Und auch wer nur Pflanzenkost isst, tut es für den Herrn und dankt Gott dafür.

7 Niemand von uns lebt für sich selbst und niemand stirbt für sich selbst. 8 Wenn wir leben, leben wir für den Herrn, und wenn wir sterben, sterben wir für den Herrn. Wir gehören dem Herrn im Leben und im Tod. 9 Denn Christus ist gestorben und wieder lebendig geworden, um Herr zu sein über alle, Tote wie Lebende.

10 Warum verurteilst du dann deinen Bruder oder deine Schwester?[f] Und du, warum verachtest du sie? Wir werden alle einmal vor Gott stehen und von ihm gerichtet werden. 11 In den Heiligen Schriften* heißt es ja: »So gewiss ich, der Herr, lebe: Alle werden vor mir auf die Knie fallen, alle werden Gott die Ehre geben.« 12 So wird also jeder Einzelne von uns sich für sein eigenes Tun verantworten müssen.

Rücksicht der »Starken« auf die »Schwachen«

13 Hören wir also auf, uns gegenseitig zu verurteilen! Seid vielmehr kritisch gegen euch selbst, wenn ihr euch im Glauben stark fühlt, und vermeidet alles, was einem Bruder oder einer Schwester[g] Anstoß bereiten oder sie zu Fall bringen kann. 14 Gewiss, ich bin davon überzeugt und kann mich dafür auf Jesus, den Herrn*, berufen: Es gibt nichts, was aus sich heraus unrein* ist und deshalb nicht gegessen werden

a Wörtlich *Furcht.* An dieser Stelle ist wohl kaum an die Gott geschuldete Furcht gedacht, wie dies in 1Petr 2,17 der Fall ist.
b Wörtlich *Zieht den Herrn* Jesus Christus an;* vgl. Gal 3,27; Eph 4,24; Kol 3,9-10.
c Wörtlich *und sorgt nicht für das Fleisch*.*
d Aus Rücksicht auf die Nahrungsvorschriften (siehe Sacherklärung) des jüdischen Gesetzes.
e Gedacht ist offenbar an den Sabbat* und an jüdische Fasttage*.
f Wörtlich *deinen Bruder*.* *g* Wörtlich *dem Bruder*;* entsprechend zweimal in Vers 15.

13,8-10 1Kor 13,1-13; 16,14S **13,9** *zit* Dtn 5,17-21; *zit* Lev 19,18; Mk 12,31S **13,10** Mt 7,12S **13,11-12** 1Thess 5,5-8; 1Joh 2,8; Eph 5,14-16; 6,11.13; 1Kor 15,34 **13,13** Eph 5,18; Lk 21,34 **14,5** Gal 4,10 **14,6** 1Tim 4,3-5 **14,7-9** 2Kor 5,14-15; Gal 2,19-20 **14,10** 2,6S **14,11** *nach* Jes 49,18 *und* 45,23; Phil 2,10-11 **14,12** Gal 6,5 **14,13** 1Kor 10,32 **14,14** Mk 7,15S

darf.[a] Aber wenn jemand etwas für unrein hält, dann ist es für die betreffende Person tatsächlich unrein. 15 Wenn du also deinen Bruder oder deine Schwester bloß wegen einer Speise in Verwirrung stürzt und im Glauben irremachst, dann lebst du nicht mehr in der Liebe. Bring nicht durch dein Essen den Bruder oder die Schwester ins Verderben, für die Christus gestorben ist!

16 Bringt das Gute, was Gott euch geschenkt hat, nicht in Verruf. 17 Denn wo Gott seine Herrschaft aufrichtet, geht es nicht um Essen und Trinken, sondern um ein Leben unter der rettenden Treue Gottes und in Frieden* und Freude,[b] wie es der Heilige Geist* schenkt. 18 Wer Christus mit einem solchen Leben dient, gefällt Gott und wird von den Menschen geachtet.

19 Wir wollen also alles daransetzen, dass wir in Frieden miteinander leben und einander in unserem Glauben fördern. 20 Ihr als Gemeinde seid Gottes Werk – zerstört es nicht wegen einer Essensfrage! Gewiss, alles ist rein*; aber es ist schlimm, wenn jemand etwas mit schlechtem Gewissen isst und dadurch zu Fall kommt. 21 Deshalb tust du gut daran, kein Fleisch zu essen und keinen Wein zu trinken und auch sonst alles zu unterlassen, was deinen Bruder oder deine Schwester[c] zu Fall bringen könnte.

22 Wenn du einen starken Glauben hast, dann habe ihn für dich selbst, als eine Sache zwischen dir und Gott. Freuen darf sich, wer seiner Sache sicher ist und sich nicht selbst verurteilen muss. 23 Wer aber beim Essen ein schlechtes Gewissen hat, *ist* schon verurteilt. Denn er handelt nicht so, wie es dem Glauben*, dem Vertrauen auf Jesus Christus, entspricht. Und alles Tun, das nicht aus dem Glauben kommt, ist Sünde.

Dem Beispiel folgen, das Christus gegeben hat

15 Wenn wir einen starken Glauben haben, ist es unsere Pflicht, die anderen in ihren Schwächen mitzutragen, anstatt selbstgefällig nur an uns zu denken. 2 Jeder von uns soll seinem Mitmenschen zu Gefallen leben, natürlich im guten Sinn, und das heißt so, dass damit die Gemeinschaft gefördert und die Gemeinde aufgebaut wird. 3 Auch Christus hat ja nicht sich selbst zu Gefallen gelebt, sondern so, wie es in den Heiligen Schriften* vorhergesagt war: »Die Schmähungen, mit denen man dich, Gott, lästert, sind auf mich gefallen.«

4 Was in den Heiligen Schriften steht, wurde im Voraus aufgeschrieben, damit wir den Nutzen davon haben.[d] Es soll uns zum geduldigen Ertragen anleiten und uns Mut machen, an der gewissen Hoffnung auf die endgültige Erlösung festzuhalten. 5 Gott, der Geduld und Mut schenkt, gebe euch, dass ihr alle in der gleichen Gesinnung miteinander verbunden seid, so wie es Jesus Christus gemäß ist. 6 Dann werdet ihr alle einmütig und wie aus einem Mund den Gott und Vater unseres Herrn Jesus Christus preisen.

Alle werden gemeinsam Gott preisen

7 Lasst einander also gelten und nehmt euch gegenseitig an, so wie Christus euch angenommen hat. Das dient zum Ruhm und zur Ehre Gottes.

8 Denn das sage ich: Christus ist ein Diener der Juden geworden, um Gottes *Treue*[e] zu bezeugen. Durch ihn hat Gott die Zusagen eingelöst, die er ihren Vorfahren gegeben hatte. 9 Die anderen Völker aber haben Grund, Gott für sein *Erbarmen*[e] zu rühmen, wie es schon in den Heiligen Schriften* heißt: »Dafür will ich dich, Herr, preisen unter den Völkern und deinen Ruhm besingen.«

10 Es heißt dort auch: »Jubelt, ihr Völker, zusammen mit Gottes erwähltem Volk!« 11 Und weiter: »Preist den Herrn, alle Völker; alle Nationen sollen ihn rühmen!« 12 Und der Prophet Jesaja sagt: »Es kommt der Spross aus der Wurzel Isais, er steht auf, um über die Völker zu herrschen. Auf ihn werden Menschen aller Völker ihre Hoffnung setzen.«

13 Ich bitte Gott, auf den sich unsere Hoffnung gründet, dass er euch in eurem Glauben mit aller Freude und allem Frieden* erfüllt, damit eure Hoffnung durch die Kraft des Heiligen

a *und deshalb …:* verdeutlichender Zusatz.
b Wörtlich *Die Königsherrschaft* Gottes ist nicht Essen und Trinken, sondern Gerechtigkeit* und Frieden und Freude.*
c Wörtlich *deinen Bruder**. d Wörtlich *zu unserer Belehrung;* vgl. Sacherklärung »Lehrer«.
e *Treue* und *Erbarmen* bilden im Alten Testament ein festes Begriffspaar, mit dem häufig das heilschaffende Handeln Gottes zusammenfassend beschrieben wird (wobei die Reihenfolge meist umgekehrt ist und die Übersetzung statt *Erbarmen* in der Regel »Güte« oder »Liebe« verwendet, also: *Güte/Liebe und Treue* (vgl. Ex 34,6; Ps 98,3; Mi 7,20; für das Neue Testament vgl. Joh 1,14.17).

14,15 1 Kor 8,11-13 **14,17** Gal 5,22-24 **14,21** 1 Kor 8,13 **15,1** 14,1-2; 1 Kor 10,23-24; Gal 6,2 **15,2** 1 Kor 8,1b S **15,3** *nach* Ps 69,10 **15,4** 1 Kor 10,11; 2 Tim 3,16 **15,5** Phil 2,2-5 **15,8** Mt 15,24; Apg 3,25-26 **15,9** 11,30; *zit* Ps 18,50 **15,10** *nach* Dtn 32,43 **15,11** *zit* Ps 117,1 **15,12** *nach* Jes 11,10 (vgl. 11,1)

Geistes* immer stärker und unerschütterlicher wird.

REISEPLÄNE DES APOSTELS UND BRIEFSCHLUSS (15,14–16,27)

Warum Paulus so offen schreibt

14 Liebe Brüder und Schwestern,[a] ich bin ganz sicher: Ihr seid von allem guten Willen erfüllt und seid euch voll bewusst, was Gott für euch getan hat. Darum könnt ihr euch auch selbst gegenseitig ermahnen.

15 Ich habe in diesem Brief zum Teil sehr deutliche Worte gebraucht; aber ich habe den ganzen Brief nur geschrieben, um euch in Erinnerung zu rufen, was die Grundlagen unseres Glaubens sind.[b] Und dazu bin ich bevollmächtigt durch den Auftrag, den Gott mir gegeben hat. 16 Denn er hat mich dazu berufen, Jesus Christus zu dienen und ihn unter den nichtjüdischen Völkern zu verkünden. Gleichsam als Priester im Dienst der Guten Nachricht* arbeite ich darauf hin, dass die Menschen dieser Völker eine Opfergabe für Gott werden – eine Gabe, die Gott Freude macht, weil sie durch den Heiligen Geist* selbst heilig* gemacht worden ist.

17 Wenn ich darauf vor Gott stolz sein kann, dann nur, weil Jesus Christus mich in seinen Dienst genommen hat. 18 Ich nehme mir nicht heraus, die Botschaft auf eigene Verantwortung zu verkünden. Christus selbst hat durch mich, durch mein Reden und Tun, bewirkt, dass Menschen aus allen Völkern sich Gott im Gehorsam unterstellt haben. 19 Er selbst erwies hier seine Macht, in Staunen erregenden Wundern und durch das Wirken des Heiligen Geistes*.

So war es mir möglich, von Jerusalem aus in weitem Bogen bis nach Illyrien die Gute Nachricht von Christus zu verbreiten. 20 Dabei war es mir stets eine Ehrensache, die Botschaft nur dort zu verkünden, wo man noch nichts von Christus gehört hatte. Ich wollte nicht auf einem Fundament aufbauen, das ein anderer gelegt hat. 21 Vielmehr richtete ich mich nach dem Wort in den Heiligen Schriften*: »Gerade die sollen ihn kennen lernen, denen noch nichts von ihm gesagt worden ist. Eben die sollen zur Einsicht kommen, die noch nie etwas davon gehört haben.«

Paulus will nach Rom kommen

22 Weil mich diese Aufgabe ganz ausgefüllt hat, war ich bisher immer verhindert, zu euch zu kommen. 23 Jetzt finde ich in diesen Gegenden kein neues Missionsfeld mehr; es ist aber seit vielen Jahren mein Wunsch, euch zu besuchen, 24 wenn ich nach Spanien reise. So hoffe ich nun, dass ich euch auf dem Weg dorthin sehen kann und von euch für die Weiterreise mit allem Nötigen ausgestattet werde. Doch vorher möchte ich mich eine Weile an eurer Gemeinschaft stärken.

25 Zunächst gehe ich jetzt nach Jerusalem, um der Gemeinde dort[c] Hilfe zu bringen. 26 Die Christen in Mazedonien und Achaia haben nämlich beschlossen, für die Armen der dortigen Gemeinde Geld zu sammeln. 27 Sie haben sich freiwillig dazu entschlossen, und sie stehen ja auch in deren Schuld. Als Angehörige der anderen Völker haben sie am geistlichen Reichtum der Christen in Jerusalem Anteil bekommen; dafür müssen sie ihnen nun auch mit irdischen Gütern aushelfen.

28 Wenn ich diese Angelegenheit zum Abschluss gebracht und ihnen den Ertrag der Sammlung ordnungsgemäß übergeben habe, möchte ich auf dem Weg über euch nach Spanien reisen. 29 Ich weiß, wenn ich zu euch komme, werde ich euch die ganze Fülle des Segens mitbringen, den Christus schenkt.

30 Brüder und Schwestern,[d] im Namen unseres Herrn* Jesus Christus und bei der Liebe, die der Heilige Geist* schenkt, bitte ich euch inständig: Betet für mich zu Gott! Setzt euch in euren Gebeten zusammen mit mir dafür ein, 31 dass ich vor den Nachstellungen der Ungläubigen in Judäa gerettet werde und dass meine Hilfe für Jerusalem von den Gläubigen dort gut aufgenommen wird. 32 Dann kann ich, wenn Gott es will, voll Freude zu euch kommen und mich bei euch von den Mühen erholen.

33 Gott, der Frieden* schenkt, sei mit euch allen! Amen*.

a Siehe Anmerkung zu 1,13.
b aber ich habe ...: wörtlich *wie um euch zu erinnern.* Das griechische Wort für »erinnern« bezieht sich auf die Wiederholung bekannter Überlieferungen; Paulus denkt hier also nicht nur an die vorstehenden Ermahnungen, sondern an den Inhalt des gesamten Briefes.
c der Gemeinde dort: wörtlich *den Heiligen**; entsprechend in Vers 26 und für *Gläubigen* in Vers 31.
d Siehe Anmerkung zu 1,13.

15,15-16 1,5 S **15,16** Phil 2,17 S **15,18** 2 Kor 3,5 **15,19** 2 Kor 12,12 S; Mk 16,17-18 **15,20** 2 Kor 10,15-16; 1 Kor 3,10-12 **15,21** *nach* Jes 52,15 **15,22-24** 1,9-13 **15,25** Apg 19,21; 20,22; 24,17 **15,26** Apg 11,30; 1 Kor 16,1; 2 Kor 8,4; 9,1-2.12; Gal 2,10 **15,27** 1 Kor 9,4.11.14; Gal 6,6 **15,30** 2 Kor 1,11; Eph 6,19; Kol 4,3-4; 1 Thess 5,25; 2 Thess 3,1-2 **15,31** Apg 21,11; 1 Thess 2,14-15

Empfehlung für Phöbe und persönliche Grüße

16 Ich empfehle euch unsere Schwester Phöbe; sie ist Diakonin* der Gemeinde in Kenchreä. 2 Nehmt sie auf im Namen des Herrn*, wie es sich für Christen[a] gehört. Gebt ihr jede Hilfe, die sie braucht. Sie selbst hat vielen geholfen, auch mir.

3 Grüßt Priska und ihren Mann Aquila, meine Mitarbeiter im Dienst für Jesus Christus. 4 Unter Einsatz ihres Lebens haben sie mich vor dem Tod gerettet. Nicht nur ich schulde ihnen dafür Dank, sondern auch alle nichtjüdischen Gemeinden. 5 Grüßt auch die Gemeinde, die sich in ihrem Haus versammelt.

Grüßt meinen lieben Epänetus. Er war der Erste, der in der Provinz Asien* zum Glauben kam.[b] 6 Grüßt Maria, die sich so viel für euch abgemüht hat. 7 Grüßt Andronikus und Junia,[c] meine jüdischen Landsleute, die mit mir gefangen waren. Sie nehmen unter den Aposteln* einen hervorragenden Platz ein und sind schon vor mir Christen geworden.

8 Grüßt meinen lieben Ampliatus, mit dem ich durch den Herrn* verbunden bin. 9 Grüßt Urbanus, unseren Mitarbeiter im Missionsdienst, und meinen lieben Stachys. 10 Grüßt Apelles, der sich als Christ bewährt hat. Grüßt die Leute im Haus von Aristobul. 11 Grüßt meinen Landsmann Herodion und die Christen im Haus von Narzissus. 12 Grüßt Tryphäna und Tryphosa, die sich tatkräftig für die Gemeinde einsetzen, und die liebe Persis, die sich im Dienst des Herrn so viel abgemüht hat.

13 Grüßt Rufus, den erwählten Christen, und seine Mutter, die auch für mich zu einer Mutter geworden ist. 14 Grüßt Asynkritus, Phlegon, Hermes, Patrobas, Hermas und die Brüder und Schwestern[d] bei ihnen. 15 Grüßt Philologus und Julia, Nereus und seine Schwester sowie Olympas und alle Christen,[e] die sich bei ihnen versammeln.

16 Grüßt euch gegenseitig mit dem Friedenskuss*! Alle Gemeinden, die sich zu Christus bekennen, lassen euch grüßen.

Eine dringliche Mahnung

17 Ich bitte euch sehr, meine Brüder und Schwestern: Nehmt euch in Acht vor denen, die Spaltungen hervorrufen und etwas anderes lehren, als was ihr gelernt habt. Sie wollen euch von eurem Glauben abbringen. Geht ihnen aus dem Weg! 18 Solche Menschen dienen nicht Christus, unserem Herrn*, sondern nur ihrem eigenen aufgeblähten Ich.[f] Mit schönen Worten und einschmeichelnden Reden führen sie arglose Menschen in die Irre.

19 Von euch hört man überall, dass ihr euch im Gehorsam Gott unterstellt habt. Deshalb freue ich mich über euch. Ich möchte aber, dass ihr mit Klugheit das Gute wählt und mit Entschiedenheit euch vom Bösen abwendet. 20 Es dauert nicht mehr lange, bis Gott, der uns Frieden* schenkt, euch den endgültigen Sieg über den Satan* geben wird.

Die Gnade unseres Herrn Jesus Christus sei mit euch!

Grüße aus der Umgebung von Paulus

21 Mein Mitarbeiter Timotheus lässt euch grüßen, ebenso grüßen euch meine Landsleute Luzius, Jason und Sosipater.

22 Ich, Tertius, der diesen Brief nach Diktat niedergeschrieben hat, grüße euch als einer, der mit euch durch den Herrn* verbunden ist.

23 Es grüßt euch Gaius, mein Gastgeber und der Gastgeber der ganzen Christenheit.[g] Es grüßen euch Erastus, der Stadtkämmerer, und der Bruder Quartus.[h]

Abschließendes Lobgebet

25 Preis und Dank sei Gott!
Er hat die Macht,
euch in eurem Glaubensstand zu festigen.
So bezeugt es die Gute Nachricht*,
die ich verkünde,
die Botschaft von Jesus Christus.
Sie offenbart den geheimen Plan,

a Wörtlich *für die Heiligen**.
b Wörtlich *Er ist die Erstlingsgabe der Provinz Asien für Christus;* siehe Sacherklärung »Erstling«.
c Es handelt sich mit großer Wahrscheinlichkeit um einen Frauennamen; siehe Sacherklärung »Junia«.
d Siehe Anmerkung zu 1,13; ebenso für Vers 17.
e Wörtlich *alle Heiligen**.
f Wörtlich *sondern ihrem Bauch;* vgl. Phil 3,19.
g Er hat ein offenes Haus für alle durchreisenden Christen.
h Vers 24 lautet: *Die Gnade von Jesus Christus, unserem Herrn, sei mit euch allen! Amen.* Der Vers fehlt in den ältesten und besten Handschriften, in anderen steht er hinter Vers 27. Viele Ausleger vermuten, dass die Verse 25-27, die in einigen Handschriften fehlen, erst später als volltönender Abschluss des Briefes hinzugefügt worden sind.

16,1 Apg 18,18 **16,3** Apg 18,2S **16,5** (Hausgemeinde) 1 Kor 16,19; Kol 4,15; Phlm 2; (der Erste) 1 Kor 16,15 **16,13** Mk 15,21 **16,16** (Friedenskuss) 1 Kor 16,20; 2 Kor 13,12; 1 Thess 5,26; 1 Petr 5,14 **16,17** 2 Thess 3,6; Tit 3,9-10; Mt 7,15S; 2 Joh 10 **16,18** Phil 3,19; Kol 2,4 **16,19** 1,8 **16,21** 1 Kor 4,17S **16,23** 2 Tim 4,20S **16,25** Eph 1,9; 3,4-5; Kol 1,26

der seit Urzeiten verborgen gehalten,
26 jetzt aber enthüllt worden ist.
Auf Befehl des ewigen Gottes
ist er in prophetischen Schriften[a]
bekannt gemacht worden,
damit alle Völker sich Gott im Gehorsam
unterstellen und ihm vertrauen.
27 Ihm, dem allein weisen Gott,
gehört die Herrlichkeit* durch Jesus Christus
in Ewigkeit! Amen.

DER ERSTE BRIEF DES APOSTELS PAULUS AN DIE GEMEINDE IN KORINTH

(1. Korintherbrief)

Inhaltsübersicht

BRIEFEINGANG (1,1-9)

Eingangsgruß

1 Paulus, nach dem Willen Gottes zum Apostel* von Jesus Christus berufen, und der Bruder Sosthenes schreiben diesen Brief
2 an die Gemeinde Gottes in Korinth, an alle, die durch die Verbindung mit Jesus Christus für Gott ausgesondert und zu seinem heiligen Volk berufen[b] sind. Darüber hinaus gilt unser Brief allen, die sich zu Jesus Christus, unserem gemeinsamen Herrn*, bekennen und seinen Namen* anrufen, wo sie auch sind.

3 Gnade und Frieden* sei mit euch von Gott, unserem Vater, und von Jesus Christus, dem Herrn!

Dank für das Wirken des Geistes in der Gemeinde

4 Ich danke meinem Gott immerzu dafür, dass er euch durch Jesus Christus seine Gnade geschenkt hat.
5 Durch sie seid ihr reich geworden an allem, was aus der Gemeinschaft mit Jesus Christus erwächst, an jeder Art von geistgewirktem Wort und von geistlicher Erkenntnis*.
6 Weil die Botschaft von Christus zum festen Grund eures Glaubens geworden ist,
7 fehlt euch keine von den Gaben, die der Geist* Gottes schenkt. Und so wartet ihr voll Zuversicht darauf, dass Jesus Christus, unser Herr*, kommt und vor aller Welt offenbar wird.

8 Er wird euch auch helfen, bis zum Ende fest auf diesem Grund zu stehen, sodass euch an seinem Gerichtstag niemand anklagen kann.
9 Gott selbst hat euch dazu berufen, für immer mit seinem Sohn* Jesus Christus, unserem Herrn, verbunden zu sein, und er ist treu: Er steht zu seinem Wort.

SPALTUNGEN IN DER GEMEINDE (1,10–4,21)

Spaltungen in der Gemeinde durch Personenkult

10 Brüder und Schwestern,[c] im Namen von Jesus Christus, unserem Herrn*, rufe ich euch auf:

a Falls die abschließenden Verse nachträglich hinzugefügt wurden, wird hier vermutlich schon auf Schriften des in Entstehung befindlichen Neuen Testaments hingewiesen; »prophetisch« sind sie, sofern sie die Erfüllung der prophetischen Voraussagen in Jesus Christus bezeugen.

b *zu seinem heiligen ...:* wörtlich *berufene Heilige**.

c *Brüder und Schwestern* steht für ein einziges griechisches Wort, das als Mehrzahlform nicht nur, wie herkömmlich übersetzt, die »Brüder« bezeichnet, sondern auch je nach Zusammenhang die gesamte Gemeinde aus Männern und Frauen (siehe dazu Sacherklärung »Bruder«).

1,1 Apg 18,17 **1,2** Apg 18,1-18 **1,5** 2 Kor 8,7 **1,7** 2 Thess 1,7; Tit 2,13 **1,8** Phil 1,10 S; 1 Thess 5,23 S **1,9** 1 Thess 5,24 **1,10** Eph 4,2-6; Phil 2,2; Joh 17,21-23

Seid einig! Bildet keine Gruppen, die sich gegenseitig bekämpfen! Haltet in gleicher Gesinnung und Überzeugung zusammen!

11 Durch Leute aus dem Haus von Chloë[a] habe ich erfahren, dass es unter euch Auseinandersetzungen gibt. 12 Ich meine damit, dass ihr euch alle irgendeiner Gruppe zurechnet. Die einen sagen: »Ich gehöre zu Paulus!« Die andern: »Ich gehöre zu Apollos!«, oder auch: »Ich gehöre zu Petrus!« Und wieder andere erklären: »Ich gehöre zu Christus!«

13 Christus lässt sich doch nicht zerteilen! Ist vielleicht Paulus für euch am Kreuz* gestorben? Oder wurdet ihr auf seinen Namen getauft*?

14 Ich danke Gott, dass ich außer Krispus und Gaius niemand von euch getauft habe, 15 sonst würdet ihr am Ende noch sagen, dass ihr auf *meinen* Namen getauft worden seid!

16 Doch, ich habe auch noch Stephanas und seine Hausgemeinschaft* getauft. Aber ich kann mich nicht erinnern, dass ich sonst noch irgendjemand getauft hätte. 17a Denn Christus hat mich nicht beauftragt zu taufen, sondern die Gute Nachricht* zu verkünden.

Der eine und einigende Grund: die Botschaft vom Kreuz

17b Die Gute Nachricht* darf ich aber nicht mit Worten tiefsinniger Weisheit verkünden; denn sonst verliert der Tod, den Christus am Kreuz* gestorben ist, seinen ganzen Sinn.

18 Die Botschaft, dass für alle Menschen am Kreuz die Rettung vollbracht ist,[b] muss denen, die verloren gehen, als barer Unsinn erscheinen. Wir aber, die gerettet werden, erfahren darin Gottes Kraft. 19 Gott hat doch gesagt: »Ich will die Weisheit der Weisen zunichte machen und die Klugheit der Klugen verwerfen.«

20 Wo bleiben da die Weisen? Wo die Kenner der Heiligen Schriften*? Wo die gewandten Diskussionsredner dieser Welt*? Was für diese Welt als größter Tiefsinn gilt, das hat Gott als reinen Unsinn erwiesen. 21 Denn obwohl die Weisheit Gottes sich in der ganzen Schöpfung zeigt, haben die Menschen mit ihrer Weisheit Gott nicht erkannt. Darum beschloss er, durch die Botschaft vom Kreuzestod, die der menschlichen Weisheit als Torheit erscheint, alle zu retten, die diese Botschaft annehmen.

22 Die Juden fordern von Gott sichtbare Machterweise; die Griechen suchen in allen Dingen einen Sinn, den die Vernunft begreift.[c] 23 Wir aber verkünden den gekreuzigten Christus als den von Gott versprochenen Retter.[d] Für Juden ist das eine Gotteslästerung, für die anderen barer Unsinn. 24 Aber alle, die von Gott berufen sind, Juden wie Griechen, erfahren in dem gekreuzigten Christus Gottes Kraft und erkennen in ihm Gottes Weisheit.

25 Gott erscheint töricht – und ist doch weiser als Menschenweisheit. Gott erscheint schwach – und ist doch stärker als Menschenkraft.

Nach welchem Maßstab Gott Menschen erwählt

26 Schaut doch euch selbst an, Brüder und Schwestern![e] Wen hat Gott denn da berufen? Es gibt ja nicht viele unter euch, die nach menschlichen Maßstäben klug oder einflussreich sind oder aus einer angesehenen Familie stammen. 27 Gott hat sich vielmehr in der Welt die Einfältigen und Machtlosen ausgesucht, um die Klugen und Mächtigen zu demütigen. 28 Er hat sich die Geringen und Verachteten ausgesucht, die nichts gelten, denn er wollte die zu nichts machen, die in der Welt etwas ›sind‹. 29 Niemand soll sich vor Gott rühmen* können.

30 Euch aber hat Gott zur Gemeinschaft mit Jesus Christus berufen. Mit ihm hat er uns alles geschenkt: Er ist unsere Weisheit – die wahre Weisheit, die von Gott kommt. Durch ihn können wir vor Gott als gerecht* bestehen. Durch ihn hat Gott uns zu seinem heiligen* Volk gemacht und von unserer Schuld befreit. 31 Es sollte so kommen, wie es in den Heiligen Schriften* steht: »Wer sich mit etwas rühmen will, soll sich mit dem rühmen, was der Herr getan hat.«

Paulus erinnert an sein erstes Auftreten

2 Brüder und Schwestern,[e] als ich zu euch kam und euch Gottes verborgenen Plan zur Rettung der Menschen verkündete, habe ich euch doch nicht mit tiefsinniger Weisheit und geschliffener Redekunst zu beeindrucken versucht. 2 Ich hatte mir vorgenommen, unter euch nichts

a Es ist nicht zu erkennen, ob es sich bei ihr um eine Christin handelt.
b Wörtlich *Denn das Wort vom Kreuz.*
c Wörtlich *Die Juden fordern Zeichen, die Griechen suchen Weisheit.*
d Wörtlich *verkündigen den gekreuzigten Christus**. *e* Siehe Anmerkung zu 1,10.

1,11 3,3; 11,18; 2 Kor 12,20 **1,12** 3,4; (Apollos) Apg 18,24 S **1,14** (Krispus) Apg 18,8; (Gaius) Röm 16,23 **1,16** (Stephanas) 16,15.17 **1,18** 2 Kor 4,3; Röm 1,16 S **1,19-20** 3,18-20; Röm 1,22; Mt 11,25 **1,19** *nach* Jes 29,14 **1,21** Röm 1,19-20 **1,22** Joh 6,30 S; Apg 17,18.32 **1,23** Gal 3,1; 5,11 **1,25** 2 Kor 13,4 **1,27-28** Röm 12,16; Jak 2,5; Lk 1,51-53 **1,29** Eph 2,9 S **1,31** *nach* Jer 9,22-23; (rühmen) 1,29; 4,7; 2 Kor 1,12; 10,17; 11,30; 12,5; Eph 2,9 **2,2** Gal 6,14 S

anderes zu kennen als Jesus Christus, und zwar
Jesus Christus, den Gekreuzigten. 3 Als schwa-
cher Mensch trat ich vor euch und zitterte inner-
lich vor Angst. 4 Mein Wort und meine Botschaft
wirkten nicht durch Tiefsinn und Überredungs-
kunst, sondern weil Gottes Geist* sich darin
mächtig erwies. 5 Euer Glaube sollte sich nicht
auf Menschenweisheit gründen, sondern auf die
Kraft Gottes.

Die tiefe Weisheit in der Botschaft vom Kreuz

6 Auch wir[a] verkünden tiefsinnige Weisheit – für
alle, die dafür reif sind. Aber das ist nicht die
Weisheit dieser Welt* und auch nicht die ihrer
Machthaber, die zum Untergang bestimmt sind.
7 Vielmehr verkünden wir Gottes geheimnisvolle
Weisheit, die bis jetzt verborgen war.

Schon bevor Gott die Welt erschuf, hatte er
den Plan gefasst, uns an seiner Herrlichkeit* An-
teil zu geben. 8 Aber keiner von den Machtha-
bern dieser Welt konnte Gottes weisheitsvollen
Plan durchschauen. Sonst hätten sie den Herrn*,
der die Herrlichkeit Gottes teilt, nicht ans Kreuz*
gebracht.[b] 9 Es heißt ja in den Heiligen Schrif-
ten*: »Was kein Auge jemals gesehen und kein
Ohr gehört hat, worauf kein Mensch jemals ge-
kommen ist, das hält Gott bereit für die, die ihn
lieben.«

10 Uns hat Gott dieses Geheimnis enthüllt
durch seinen Geist*, den er uns gegeben hat.
Denn der Geist erforscht alles, auch die geheims-
ten Absichten Gottes. 11 Wie die Gedanken eines
Menschen nur seinem eigenen Geist bekannt
sind, so weiß auch nur der Geist Gottes, was in
Gott vorgeht. 12 Wir haben aber nicht den Geist
dieser Welt erhalten, sondern den Geist, der von
Gott kommt. Darum können wir erkennen, was
Gott uns geschenkt hat.

13 Davon reden wir nicht in Worten, wie sie
menschliche Weisheit lehrt, sondern in Worten,
die der Geist Gottes eingibt. Von dem, was Gott
uns durch seinen Geist offenbart, reden wir so,
wie sein Geist es uns lehrt.[c]

14 Menschen, die sich auf ihre natürlichen
Fähigkeiten verlassen, lehnen ab, was der Geist
Gottes enthüllt. Es kommt ihnen unsinnig vor.
Sie können nichts damit anfangen, weil es nur
mit Hilfe des Geistes beurteilt werden kann.
15 Wer dagegen den Geist hat, kann über alles ur-
teilen, aber nicht von jemand beurteilt werden,
der den Geist nicht hat.

16 Es heißt ja in den Heiligen Schriften*: »Wer
kennt den Geist des Herrn? Wer will sich heraus-
nehmen, ihn zu belehren?« Und das ist der
Geist, den wir empfangen haben: der Geist von
Christus, dem Herrn.[d]

Der Personenkult beweist: Die Gemeinde ist noch nicht reif

3 Zu euch, Brüder und Schwestern,[e] konnte
ich bisher nicht reden wie zu Menschen, die
von Gottes Geist* erfüllt sind. Ich musste euch
behandeln wie Menschen, die sich von ihrer
selbstsüchtigen Natur leiten lassen[f] und im Glau-
ben noch Kinder sind. 2 Darum gab ich euch
Milch, nicht feste Nahrung, weil ihr die noch
nicht vertragen konntet.

Auch jetzt könnt ihr das noch nicht; 3 denn
ihr steht immer noch im Bann eurer selbstsüchti-
gen Natur. Ihr rivalisiert miteinander und streitet
euch. Das beweist doch, dass ihr nicht aus dem
Geist Gottes lebt, sondern eurer selbstsüchtigen
Natur folgt und so handelt wie alle anderen Men-
schen auch! 4 Wenn die einen sagen: »Ich gehöre
zu Paulus«, und die andern: »Ich gehöre zu Apol-
los« – seid ihr da nicht immer noch die ›alten‹
Menschen?

Alle arbeiten am gleichen Werk

5 Nun, was ist denn Apollos? Und was ist Paulus?
Gottes Helfer sind sie, durch die ihr zum Glau-
ben gekommen seid. Jeder von uns beiden hat
von Gott seine besondere Aufgabe bekommen.
6 Ich habe gepflanzt, Apollos hat begossen; aber
Gott hat es wachsen lassen. 7 Es zählt also nicht,
wer pflanzt oder wer begießt; es kommt alles auf
Gott an, der es wachsen lässt.

8 Wir beide arbeiten an demselben Werk: der,
der pflanzt, und der, der begießt; doch wird Gott

a wir: Paulus könnte an seine Mitarbeiter denken; vielleicht spricht er aber auch nur von sich selbst. Die Mehrzahl wurde gebraucht, um die Autorität des Sprechenden hervorzukehren, aber auch umgekehrt dazu, sie bescheiden zurückzunehmen.

b Bei den *Machthabern dieser Welt* hier und in Vers 6 denkt Paulus an dämonische Mächte, aber auch an die politischen Machthaber – jüdische wie römische –, die zu Werkzeugen in der Hand dieser Mächte wurden, als sie Jesus ans Kreuz brachten.

c Möglich ist auch die Übersetzung: *Wir deuten das Wirken des Geistes für Menschen, die vom Geist erfüllt sind.*

d dem Herrn: verdeutlichender Zusatz. Paulus bezieht den *Herrn* des Zitats (aus Jes 40,13) auf Christus. Zu Christus als geisterfülltem Vermittler des Geistes Gottes vgl. Röm 8,9.

e Siehe Anmerkung zu 1,10. *f* Wörtlich *wie Fleischliche;* entsprechend in Vers 3 (vgl. Sacherklärung »Fleisch«).

2,3 2 Kor 10,1.10 **2,4** 1 Thess 1,5 **2,7** (Plan) Röm 16,25 S; (Herrlichkeit) Röm 5,2 S **2,9** *nach* Jes 52,15 *und* 64,3 *und* Sir 1,10 **2,12** Röm 8,15 **2,16** Röm 11,34 **3,2** Hebr 5,12-13; 1 Petr 2,2 **3,3-4** 1,10-11 S; Gal 5,19-20 **3,6** Apg 18,4.11.24-28 **3,8** 4,5

jeden nach seinem persönlichen Einsatz beloh-
nen.

Die Gemeinde als Bau und die Verantwortung der Bauleute

9 Wir sind also Gottes Mitarbeiter,[a] ihr aber seid
Gottes Ackerland. Oder mit einem anderen Bild:
Ihr seid Gottes Bau. 10 Nach dem Auftrag, den
Gott mir gegeben hat, habe ich wie ein umsich-
tiger Bauleiter das Fundament gelegt. Andere
bauen nun darauf weiter. Aber jeder soll sehen,
wie er weiterbaut!

11 Das Fundament ist gelegt: Jesus Christus.
Niemand kann ein anderes legen. 12–13 Es wird
auch nicht verborgen bleiben, was jemand dar-
auf baut, ob Gold, Silber oder wertvolle Steine,
ob Holz, Schilf oder Stroh. Am Tag des Gerichts
wird sich erweisen, ob es Bestand hat. Dann
wird die Feuerprobe gemacht: Das Werk eines
jeden wird im Feuer auf seinen Wert geprüft.
14 Wenn das, was ein Mensch gebaut hat, die
Probe besteht, wird er belohnt. 15 Wenn es ver-
brennt, wird er bestraft. Er selbst wird zwar ge-
rettet, aber so, wie jemand gerade noch aus dem
Feuer gerissen wird.

16 Wisst ihr nicht, dass ihr als Gemeinde der
Tempel Gottes seid und dass der Geist* Gottes in
euch wohnt? 17 Wer den Tempel Gottes zugrunde
richtet, wird dafür von Gott zugrunde gerichtet.
Denn der Tempel Gottes ist heilig, und dieser
Tempel seid ihr.

Es gibt keinen Grund zur Verherrlichung von Menschen

18 Niemand soll sich etwas vormachen! Wenn es
welche unter euch gibt, die sich nach den Maß-
stäben dieser Welt* für weise halten, müssen sie
erst töricht werden nach diesen Maßstäben, um
wirklich weise zu sein. 19 Was die Menschen für
Tiefsinn halten, ist in den Augen Gottes Unsinn.
In den Heiligen Schriften* heißt es: »Gott fängt
die Klugen im Netz ihrer eigenen Schlauheit.«
20 Und es heißt auch: »Der Herr kennt die Ge-
danken der Weisen und weiß, wie sinnlos sie
sind.«

21 Darum soll sich niemand etwas auf einen
Menschen einbilden und mit dem von ihm be-
vorzugten Lehrer prahlen. Euch gehört doch
alles, 22 ob es nun Paulus ist oder Apollos oder
Petrus;[b] euch gehört die ganze Welt, das Leben
und der Tod, die Gegenwart und die Zukunft.
Alles gehört euch, 23 ihr aber gehört Christus,
und Christus gehört Gott.

Nur Christus steht ein Urteil über Paulus zu

4 Ihr seht also, wie ihr von uns denken müsst:
Wir sind Menschen, die im Dienst von
Christus stehen und Gottes Geheimnisse zu ver-
walten haben.

2 Von Verwaltern wird verlangt, dass sie zu-
verlässig sind. 3 Aber für mich zählt dabei nicht,
wie ich von euch oder von irgendeinem mensch-
lichen Gericht beurteilt werde. Auch ich selbst
maße mir kein Urteil an. 4 Mein Gewissen ist
zwar rein, aber damit bin ich noch nicht freige-
sprochen, denn mein Richter ist der Herr*.

5 Urteilt also nicht vorzeitig, bevor Christus
kommt, der das Verborgene ans Licht bringen
und die geheimsten Gedanken enthüllen wird.
Dann wird Gott das Lob austeilen, so wie jeder
und jede es verdient.

Was Paulus erleiden muss, soll die Gemeinde zur Besinnung bringen

6 Brüder und Schwestern,[c] ich habe von Apollos
und mir gesprochen. An unserem Beispiel wollte
ich euch zeigen, was der Grundsatz bedeutet:
»Nicht über das hinausgehen, was geschrieben
steht!« Niemand soll sich wichtig machen und
den von ihm bevorzugten Lehrer gegen den
eines anderen ausspielen.

7 Wer gibt dir denn das Recht, dir etwas einzu-
bilden? Kommt nicht alles, was du hast, von
Gott? Wie kannst du dann damit angeben, als
hättest du es von dir selbst?

8 Aber ihr seid ja schon satt. Ihr seid ja schon
reich. Ihr seid schon mit Christus zur Herrschaft
gelangt – ohne mich. Wenn es doch schon so
weit wäre, dann könnte ich mit euch herrschen!

9 Es kommt mir so vor, als hätte Gott uns
Apostel* den allerletzten Platz angewiesen.
Wir stehen da wie die Verbrecher, die zum Tod in
der Arena verurteilt sind. Ein Schauspiel sind wir
für die ganze Welt, für Engel* und Menschen.

10 Wir sind die Einfältigen, weil wir uns zu
Christus halten, aber ihr seid durch Christus
klug. Wir sind schwach, aber ihr seid stark. Ihr
seid geehrt, und wir sind verachtet. 11 Bis zu die-
sem Augenblick leiden wir Hunger und Durst,

a Paulus denkt auch weiterhin an sich und Apollos, wie schon in den Versen 5-8 (vgl. 1,12).
b Wörtlich *Kephas**. *c* Siehe Anmerkung zu 1,10.

3,9 Mk 4,2-9 par; Eph 2,20-21; 1 Petr 2,4-6 **3,11** Jes 28,16; Apg 4,11-12 **3,13-15** 2 Kor 5,10 S **3,15** Jud 23 **3,16** 6,19; 2 Kor 6,16; 1 Petr 2,5 **3,18** 4,10 **3,19** *nach* Ijob 5,12-13; 1 Kor 1,20 **3,20** *zit* Ps 94,11 **3,22** Röm 8,38 **3,23** Röm 14,7-9; 1 Kor 15,28 **4,1** 2,7 **4,2** Lk 12,42 **4,4** Apg 24,16 S **4,5** 3,8; Röm 2,16 **4,7** Gal 6,3 **4,8** (Herrschaft) Röm 5,17 S **4,9** Röm 8,36; Hebr 10,33 **4,10-13** 2 Kor 11,23-29 S **4,10** 3,18

wir gehen in Lumpen und werden geschlagen,
heimatlos ziehen wir von Ort zu Ort. 12 Wir
arbeiten hart für unseren Unterhalt. Wir werden
verflucht, aber wir segnen. Wir werden verfolgt,
aber wir geben nicht auf. 13 Wir werden be-
schimpft, aber wir antworten freundlich. Wir
sind zum Abschaum der ganzen Welt geworden,
zum Auswurf der Menschheit – bis zu dieser
Stunde!

Paulus als Vater und Vorbild der Gemeinde

14 Ich sage das nicht, um euch zu beschämen. Ich
möchte euch nur auf den rechten Weg bringen.
Ihr seid doch meine geliebten Kinder! 15 Selbst
wenn ihr in eurem Christenleben Tausende von
Erziehenden hättet, so habt ihr doch nicht eine
Vielzahl von Vätern. Als ich euch die Gute Nach-
richt* brachte, habe ich euch gezeugt als Men-
schen, die zu Jesus Christus gehören, und bin so
euer Vater geworden.

16 Darum bitte ich euch: Nehmt mich zum
Vorbild! 17 Weil mir daran liegt, habe ich Timo-
theus zu euch geschickt. Als Christ ist er mein ge-
liebtes Kind, und ich kann mich auf ihn verlas-
sen. Er wird euch daran erinnern, wie ich selbst
lebe und welche Weisungen ich euch für euer
Leben mit Christus gegeben habe. Es sind die-
selben, die ich überall den Gemeinden einpräge.

18 Einige von euch machen sich wichtig und
sagen: »Er selbst traut sich ja nicht her!« 19 Aber
ich werde sehr bald zu euch kommen, wenn der
Herr es zulässt. Dann werde ich sehen, was an
den Worten dieser Wichtigtuer dran ist, ob auch
Kraft dahinter steht. 20 Denn wo Gott seine Herr-
schaft* aufrichtet, tut er das nicht durch Gerede,
sondern durch den Erweis seiner Kraft. 21 Was ist
euch lieber? Soll ich mit dem Stock zu euch kom-
men oder mit Liebe und Nachsicht?

SCHWERE MISSSTÄNDE IN DER GEMEINDE (Kapitel 5–6)

Ein beschämender Fall

5 Überhaupt hört man ganz schlimme Dinge
von euch! Es soll da einen Fall von Unzucht
geben, wie er nicht einmal unter den Menschen
vorkommt, die Gott nicht kennen:[a] dass nämlich
einer mit seiner Stiefmutter zusammenlebt.
2 Und darauf seid ihr noch stolz und gebt es
als Zeichen eurer christlichen Freiheit aus![b] Ihr
solltet vielmehr traurig sein und den, der so
etwas getan hat, aus eurer Gemeinschaft aus-
stoßen!

3 Ich selbst bin zwar körperlich fern, aber im
Geist unter euch; und im Geist bei euch anwe-
send, habe ich schon das Urteil gesprochen über
den, der so etwas Schlimmes getan hat. 4–5 Wenn
ihr zusammenkommt und ich im Geist dabei bin
und auch Jesus, unser Herr*, mit seiner Kraft
gegenwärtig ist, dann soll dieser Mensch im
Namen von Jesus, unserem Herrn, dem Satan*
übergeben werden. Der soll an seinem Körper
die verdiente Strafe vollziehen, damit er als
einer, der von Gott den Heiligen Geist* empfan-
gen hat,[c] am Gerichtstag des Herrn doch noch
gerettet wird.

6 Euer Rühmen* ist wahrhaftig unangebracht!
Ihr wisst, dass ein klein wenig Sauerteig* ge-
nügt, um den ganzen Teig sauer zu machen.
7 Reinigt euch also! Entfernt den alten Sauerteig,
damit ihr wieder ein frischer, ungesäuerter Teig
seid! Denn das seid ihr doch, seit Christus als
unser Passalamm* geopfert wurde. 8 Lasst uns
darum auch entsprechend feiern: nicht mit Brot
aus dem alten Sauerteig der Sünde und Schlech-
tigkeit, sondern mit dem ungesäuerten Brot der
Reinheit und Rechtschaffenheit.

9 In meinem früheren Brief habe ich euch ge-
schrieben, ihr sollt nichts mit Menschen zu tun
haben, die Unzucht treiben. 10 Natürlich dachte
ich dabei nicht an Menschen, die außerhalb der
Gemeinde stehen, genauso wenig, wenn ich
euch vor dem Umgang mit Geldgierigen, Räu-
bern und Götzenanbetern gewarnt habe. Sonst
müsstet ihr ja diese Welt* überhaupt verlassen.

11 Ich schreibe euch darum jetzt ausdrücklich:
Ihr sollt mit niemand Umgang haben, der sich
Bruder nennt und trotzdem Unzucht treibt oder
am Geld hängt oder Götzen verehrt, der ein
Verleumder, Trinker oder Räuber ist. Mit solch
einem sollt ihr auch nicht zusammen essen.

12 Warum sollen wir über die Außenste-
henden zu Gericht sitzen? Eure Aufgabe ist es,
die eigenen Leute zur Rechenschaft zu ziehen.
13 Über die draußen wird Gott Gericht halten.
Entfernt also den Bösen aus eurer Mitte!

a *Menschen, die Gott nicht kennen:* herkömmliche Übersetzung *Heiden**.
b So die wahrscheinlichste Deutung; wörtlich *Und da seid ihr aufgeblasen.* c Wörtlich *damit der Geist.*

4,12 Apg 18,3 S; Lk 6,28; Röm 12,14 **4,15** Gal 4,19 **4,16** 11,1; Phil 3,17; 4,9; 1 Thess 1,6; 2 Thess 3,7.9; 2 Tim 3,10; Tit 2,7; 1 Petr 5,3 **4,17** (Timotheus) 16,10; 2 Kor 1,1.19; Röm 16,21; Phil 2,19; 1 Thess 3,2.6; Hebr 13,23; Apg 16,1 S **4,19** Jak 4,15 S **4,21** 2 Kor 13,2 S **5,1** Lev 18,8 S **5,2** 6,12; 10,23 **5,3** Kol 2,5 **5,4-5** 3,15; 1 Tim 1,20 **5,6** Gal 5,9 **5,7** (Entfernt den Sauerteig) Ex 12,15; 13,7; (Passalamm) Joh 1,29 S **5,11** 6,9-10 S; 2 Thess 3,6; Tit 3,10; 2 Joh 10 **5,13** Dtn 13,6

Ebenso beschämend: Gerichtsverfahren unter Christen

6 Wenn jemand von euch mit einem Mitchris-
ten Streit hat, wie kann er da vor ungläubige
Richter gehen, anstatt die Gemeinde[a] entschei-
den zu lassen? 2 Ihr wisst doch, dass die Gemein-
de Gottes einst die Welt richten wird. Und da
seid ihr nicht fähig, Bagatellfälle zu entscheiden?
3 Wisst ihr nicht, dass wir sogar über Engel* zu
Gericht sitzen werden? Dann werden wir doch
auch Alltagsstreitigkeiten beurteilen können!
4 Und ihr lasst solche Fälle von Außenstehenden
entscheiden, die in der Gemeinde nichts zu sa-
gen haben!

5 Ich sage dies, damit ihr euch schämt. Hat
denn unter euch niemand so viel Verstand und
kann einen Streit unter Brüdern und Schwes-
tern[b] schlichten? 6 Müsst ihr wirklich gegen-
einander prozessieren, und das auch noch vor
Ungläubigen?

7 Es ist schon schlimm genug, dass ihr über-
haupt Prozesse gegeneinander führt. Warum
lasst ihr euch nicht lieber Unrecht tun? Warum
lasst ihr euch nicht lieber übervorteilen? 8 Statt-
dessen tut ihr selbst Unrecht und übervorteilt
andere, und das unter Brüdern und Schwes-
tern![c]

9 Denkt daran: Für Menschen, die Unrecht
tun, ist kein Platz in Gottes neuer Welt![d] Täuscht
euch nicht: Menschen, die Unzucht treiben oder
Götzen anbeten, die die Ehe brechen oder als
Männer mit Knaben oder ihresgleichen verkeh-
ren, 10 Diebe, Wucherer, Trinker, Verleumder
und Räuber werden nicht in Gottes neue Welt
kommen.

11 Manche von euch gehörten früher dazu.
Aber ihr seid reingewaschen und Gott hat
euch zu seinem heiligen* Volk gemacht, zu
Menschen, die vor seinem Urteil als gerecht*
bestehen können. Das ist geschehen, als ihr
Jesus Christus, dem Herrn*, übereignet worden
seid[e] und den Geist* unseres Gottes empfangen
habt.

Auch der Körper gehört Gott

12 Ihr sagt:[f] »Mir ist alles erlaubt!« Mag sein,
aber nicht alles ist gut für euch. Alles ist mir er-
laubt; aber das darf nicht dazu führen, dass ich
meine Freiheit an irgendetwas verliere.

13 Ihr sagt: »Die Nahrung ist für den Magen
und der Magen für die Nahrung. Gott wird ja
doch allen beiden ein Ende machen.« Aber unser
Körper ist deshalb noch lange nicht für die Un-
zucht da, sondern für den Herrn*, der auch der
Herr über unseren Körper ist. 14 Denn so wie
Gott Christus, den Herrn, vom Tod auferweckt*
hat, so wird er durch seine Kraft auch uns vom
Tod auferwecken.

15 Wisst ihr nicht, dass ihr samt eurem Körper
Glieder am Leib* von Christus seid? Kann ich
die Glieder von Christus einfach zu Gliedern von
Prostituierten machen? Das darf nicht sein! 16 Ihr
müsst doch wissen, dass jemand, der sich mit
einer Prostituierten einlässt, mit ihr ein einziger
Leib wird. In den Heiligen Schriften* heißt es
ja: »Die zwei sind dann *ein* Leib.«[g] 17 Aber wer
sich mit dem Herrn verbindet, ist mit ihm *ein*
Geist.

18 Hütet euch vor der Unzucht! Alle anderen
Sünden, die ein Mensch begehen kann, betref-
fen nicht seinen Körper. Wer aber Unzucht
treibt, vergeht sich an seinem eigenen Leib.

19 Wisst ihr nicht, dass euer Leib ein Tempel
des Heiligen Geistes* ist, der in euch wohnt?
Gott hat euch seinen Geist gegeben und ihr ge-
hört nicht mehr euch selbst. 20 Er hat euch freige-
kauft und als sein Eigentum erworben. Macht
ihm also Ehre an eurem Leib!

ÜBER EHE UND EHELOSIGKEIT
(Kapitel 7)

Ehe, Ehelosigkeit und Ehescheidung

7 Nun aber zu dem, was ihr geschrieben habt!
Ihr sagt:[h] »Das Beste ist es, wenn ein Mann
überhaupt keine Frau berührt.«

a Wörtlich *die Heiligen**, ebenso bei *Gemeinde Gottes* in Vers 2.
b Wörtlich *zwischen dem Bruder* (hinzuzudenken *und seinem Bruder*). *c* Siehe Anmerkung zu 1,10.
d Wörtlich *Menschen, die ..., werden Gottes Königsherrschaft* nicht erben;* entsprechend in Vers 10.
e *Das ist geschehen, als ...:* wörtlich *durch den Namen des Herrn Jesus Christus.* Bei der Taufe (siehe Sacherklärung), an die auch das Wort *reingewaschen* erinnert, wurde dieser *Name* über dem Täufling ausgerufen (vgl. Apg 2,38; Jak 2,7).
f *Ihr sagt:* verdeutlichender Zusatz; ebenso in Vers 13. Im Folgenden setzt sich Paulus mit einem Schlagwort auseinander, das in bestimmten Gruppen in Korinth eine große Rolle spielte (vgl. 10,23).
g An der angeführten Stelle aus Gen 2,24 bezeichnet *ein Leib* (wörtlich *ein Fleisch*) die leiblich-seelische Gemeinschaft im umfassenden Sinn. Im Fall der Unzucht verkümmert sie zu einer rein »fleischlichen« Verbindung, die aber nach Paulus gerade nicht bagatellisiert werden darf. *h* *Ihr sagt:* verdeutlichender Zusatz; vgl. Anmerkung zu 6,12.

6,2 Röm 5,17S **6,3** Jud 6S **6,7** Röm 12,17S; Mt 5,39-40 **6,9-10** 15,50; Gal 5,19-21S **6,11** (früher) Tit 3,3-7; (reingewaschen) Hebr 9,14; 1 Joh 1,7; Eph 5,26S **6,12** 10,23; 8,9; Gal 5,13S **6,13** 1 Thess 4,3 **6,14** 2 Kor 4,14; Röm 8,11; 6,4; 1 Kor 15,15.20; Kol 1,18 **6,15** 12,27 **6,16** *zit* Gen 2,24 **6,17** Röm 8,9-11 **6,19** 3,16S **6,20** 7,23; Röm 13,14; 1 Petr 1,18-19

2 Ich dagegen sage: Damit ihr nicht der Unzucht verfallt, soll jeder Mann seine Ehefrau haben und jede Frau ihren Ehemann.

3 Der Mann soll der Frau die eheliche Pflicht leisten und ebenso die Frau dem Mann. 4 Die Frau verfügt nicht über ihren Körper, sondern der Mann; ebenso verfügt der Mann nicht über seinen Körper, sondern die Frau. 5 Entzieht euch einander nicht – höchstens wenn ihr euch einig werdet, eine Zeit lang auf den ehelichen Verkehr zu verzichten, um euch dem Gebet zu widmen. Aber danach sollt ihr wieder zusammenkommen; sonst verführt euch der Satan*, weil ihr ja doch nicht enthaltsam leben könnt.

6 Was den zeitweisen Verzicht angeht,[a] so sage ich das als Zugeständnis, nicht als bindende Vorschrift. 7 Allerdings wäre es mir lieber, wenn alle ehelos lebten wie ich. Aber Gott gibt jedem Menschen seine besondere Gnadengabe. Den einen gibt er diese, den andern eben andere.

8 Den Unverheirateten und den Verwitweten sage ich: Es ist am besten, wenn sie meinem Vorbild folgen und allein bleiben. 9 Aber wenn ihnen das zu schwer fällt, sollen sie heiraten. Das ist besser, als wenn sie von unbefriedigtem Verlangen verzehrt werden.

10 Für die Verheirateten dagegen habe ich eine verbindliche Vorschrift. Sie stammt nicht von mir, sondern von Christus, dem Herrn*: Eine Frau darf sich von ihrem Mann nicht trennen. 11 Hat sie sich von ihm getrennt, so soll sie unverheiratet bleiben oder sich wieder mit ihrem Mann aussöhnen. Ebenso wenig darf ein Mann seine Frau fortschicken.

12 Im Übrigen sage ich, nicht der Herr: Wenn ein Christ eine ungläubige Frau hat, die weiterhin bei ihm bleiben will, soll er sich nicht von ihr trennen. 13 Dasselbe gilt für eine Christin, die einen ungläubigen Mann hat: Wenn er bei ihr bleiben will, soll sie sich nicht von ihm trennen. 14 Sie wird durch die Ehe mit ihm nicht befleckt, denn der ungläubige Mann wird durch die Verbindung mit ihr rein. Das Entsprechende gilt für einen christlichen Mann mit einer ungläubigen Frau. Sonst müsstet ihr auch eure Kinder als befleckt betrachten, aber in Wirklichkeit sind sie doch rein.[b]

15 Wenn aber der ungläubige Teil auf der Trennung besteht, dann gebt ihn frei. In diesem Fall ist der christliche Teil, Mann oder Frau, nicht an die Ehe gebunden. Gott hat euch zu einem Leben im Frieden* berufen. 16 Weißt du denn, Frau, ob du deinen Mann zum Glauben führen und dadurch retten kannst? Oder weißt du, Mann, ob dir das bei deiner Frau gelingt?

Nicht nach Veränderungen streben

17 Grundsätzlich sollen alle sich nach dem Maß richten, das der Herr* ihnen zugeteilt hat; das will sagen: Alle sollen an dem Platz bleiben, an dem sie waren, als Gott sie berief. Diese Anweisung gebe ich in allen Gemeinden.

18 Wenn einer beschnitten war, als er berufen wurde, soll er nicht versuchen, die Beschneidung* rückgängig zu machen. Wenn er unbeschnitten war, soll er sich nicht beschneiden lassen. 19 Es ist vor Gott völlig gleichgültig, ob einer beschnitten ist oder nicht. Es kommt nur darauf an, dass er nach Gottes Geboten lebt.

20 Alle sollen Gott an dem Platz dienen, an dem sein Ruf sie erreicht hat. 21 Warst du Sklave* oder Sklavin, als Gott dich rief, so mach dir nichts daraus! Wenn dir allerdings die Freilassung angeboten wird, dann nutze ruhig die Gelegenheit.[c] 22 Grundsätzlich gilt: Die, die bei ihrer Berufung Sklaven oder Sklavinnen waren, sind Freigelassene des Herrn*. Und entsprechend sind die, die bei ihrer Berufung Freie waren, Sklaven und Sklavinnen des Herrn.

23 Christus hat für euch bezahlt und euch freigekauft, sodass ihr jetzt ihm gehört. Darum macht euch nicht zu Sklaven menschlicher Maßstäbe!

24 Ihr alle, Brüder und Schwestern,[d] sollt also an dem Platz bleiben, an dem ihr wart, als Gott euch berief, und ihr sollt diesen Platz so ausfüllen, wie es Gott gefällt.

a Verdeutlichender Zusatz. Viele Ausleger beziehen das Wort *Zugeständnis* auf Vers 2, d. h. auf die Ehe selbst.

b Vers 14 wörtlich: *Denn der ungläubige Mann wird geheiligt durch die Frau und die ungläubige Frau durch den Bruder; sonst wären ja eure Kinder unrein, sie sind aber doch heilig.* Paulus sagt nicht, in welchem Sinn der ungläubige Teil bzw. die (ungetauften) Kinder *heilig* sind; im strengen Sinn, in dem die Christen als »Heilige« (siehe Sacherklärung) gelten, können sie es nicht sein. Offenbar wehrt er die Befürchtung ab, der christliche Partner werde durch den nichtchristlichen verunreinigt (siehe Sacherklärung »rein«).

c Paulus drückt sich sehr verkürzt aus. Je nachdem, was als (notwendige) Ergänzung hinzugedacht wird, ergibt sich die gegenteilige Deutung: *Auch wenn sich dir die Gelegenheit bietet, frei zu werden, bleibe lieber im Sklavenstand.*

d Siehe Anmerkung zu 1,10.

7,2 1 Thess 4,3-4 **7,3** Eph 5,21-29 **7,7** Mt 19,11-12; (Gnadengabe) 1 Kor 12,11 S **7,9** 1 Tim 5,14 **7,10-11** Mt 5,32 S **7,14** Röm 11,16 **7,15** (im Frieden) 14,33; Röm 12,18; 14,19; Hebr 12,14; Kol 1,20; 3,15; 2 Kor 13,11; Joh 14,27 S **7,16** 1 Petr 3,1 **7,18** 1 Makk 1,15; Gal 5,1 **7,19** Röm 2,25-29; Gal 5,6 **7,22** Phlm 16; Eph 6,6 **7,23** 6,20 S

Besser ist es, frei zu sein für den Herrn

25 Wie sollen sich nun aber die unverheirateten
jungen Leute[a] verhalten? Ich habe dafür keine
Anweisung des Herrn*, doch sage ich euch
meine Meinung als einer, den der Herr in seinem
Erbarmen als vertrauenswürdig erachtet und in
seinen Dienst genommen hat.

26 Ich meine also, dass es wegen der bevor-
stehenden Notzeit das Beste ist, wenn jemand
unverheiratet bleibt. 27 Wenn du eine Frau hast,
dann versuche nicht, dich von ihr zu trennen.
Aber wenn du keine hast, so bemühe dich auch
nicht darum, eine zu finden. 28 Heiratest du
trotzdem, so ist das keine Sünde, und wenn die
junge Frau[b] heiratet, sündigt sie nicht. Ich
möchte euch nur die Belastungen ersparen,
die jetzt in der Endzeit auf die Eheleute zukom-
men.

29 Denn ich mache euch darauf aufmerksam,
Brüder und Schwestern:[c] Die Tage dieser Welt*
sind gezählt. Darum gilt für die Zeit, die uns
noch bleibt: Auch wer verheiratet ist, muss in-
nerlich so frei sein, als wäre er unverheiratet.
30 Wer traurig ist, lasse sich nicht von seiner
Trauer gefangen nehmen, und wer fröhlich ist,
nicht von seiner Freude. Kauft ein, als ob ihr das
Gekaufte nicht behalten würdet, 31 und geht so
mit der Welt um, dass ihr nicht darin aufgeht.
Denn die gegenwärtige Welt wird nicht mehr
lange bestehen.

32 Ich möchte, dass ihr frei seid von falschen
Sorgen. Wenn einer unverheiratet ist, sorgt er
sich, so zu leben, wie es dem Herrn gefällt.
33 Aber wenn einer verheiratet ist, sorgt er sich
um die Dinge der Welt, nämlich wie er seiner
Frau gefällt. 34 So zieht es ihn nach zwei Seiten.
Ebenso ist es mit der Frau: Wenn sie unverheira-
tet ist, ist sie darum besorgt, mit ihrem ganzen
Tun und Denken dem Herrn zu gehören. Wenn
sie dagegen verheiratet ist, sorgt sie sich um die
Dinge der Welt, nämlich wie sie ihrem Mann
gefällt.

35 Ich sage das nicht, um euch zu bevor-
munden, sondern weil ich euch helfen will.
Denn ich möchte, dass ihr ein anständiges Leben
führt und beharrlich und ungeteilt dem Herrn
dient.

Rat für Verlobte und Witwen

36 Wenn nun einer meint, er begehe ein Unrecht
an seiner Verlobten, wenn er sie nicht heiratet,
und wenn sein Verlangen nach ihr zu stark ist,
dann sollen die beiden ruhig heiraten. Es ist
keine Sünde. 37 Wer aber innerlich so fest ist,
dass er nicht vom Verlangen bedrängt wird und
sich ganz in der Gewalt hat, der soll sich nicht
von dem Entschluss abbringen lassen, seine Ver-
lobte nicht zu berühren. 38 Wer seine Verlobte
heiratet, handelt gut; aber wer sie nicht heiratet,
handelt noch besser.

39 Eine Frau ist gebunden, solange ihr Mann
lebt. Wenn er stirbt, ist sie frei, und sie kann hei-
raten, wen sie will. Nur darf die neue Bindung
ihre Verbundenheit mit dem Herrn* nicht beein-
trächtigen.[d] 40 Sie wird jedoch glücklicher sein,
wenn sie unverheiratet bleibt. Das ist nur meine
Meinung, aber ich glaube, dass auch ich den
Geist* Gottes habe.

ÜBER DEN UMGANG MIT GÖTZENOPFERFLEISCH – GRENZEN CHRISTLICHER FREIHEIT (8,1–11,1)

Liebe steht über Erkenntnis

8 Nun zur nächsten Frage! Was ist von
dem Fleisch von Tieren zu halten, die
als Opfer für die Götzen geschlachtet worden
sind?

Grundsätzlich ist es schon richtig:[e] »Wir alle
haben ›Erkenntnis‹.« Aber Erkenntnis allein
macht überheblich. Nur Liebe baut die Gemein-
de auf. 2 Wer meint, etwas ›erkannt‹ zu haben,
hat noch lange nicht erkannt, worauf es bei der
Erkenntnis ankommt. 3 Wer aber Gott liebt, ist
von *ihm* erkannt, und *so* hat er die richtige Er-
kenntnis.[f]

4 Was also das Essen von Opferfleisch* be-
trifft: Es ist ganz richtig, was ihr sagt: »Es gibt

a Wörtlich *die Jungfrauen;* vgl. aber Vers 27 und 28.
b Wörtlich *die Jungfrau.* c Siehe Anmerkung zu 1,10. d *Nur darf ...:* wörtlich *Nur (geschehe es) im Herrn.*
e Wörtlich *Wir wissen.* Im Folgenden nimmt Paulus einen Satz auf, mit dem die angesprochenen Kreise in Korinth ihre überlegen-freizügige Haltung begründeten (dasselbe gilt für die Aussagen in Vers 4). *Erkenntnis* ist das Zauberwort dieser offenbar gnostisch infizierten Christen (siehe Sacherklärungen »Erkenntnis« und »Gnosis«), das von Paulus im Folgenden kritisch beleuchtet wird.
f *und so hat er ...:* verdeutlichender Zusatz. Von Gott *erkannt* sein bedeutet nach biblischem Sprachgebrauch, von ihm erwählt und geliebt sein. Nur wer Gottes Liebe erfahren hat und darüber selbst zu einem Liebenden geworden ist, »erkennt« richtig.

7,25 1 Tim 1,12 **7,26** Jer 16,1-4; Apg 14,22; 1 Thess 3,3-4 **7,28** Lk 21,23 **7,29-31** Ez 7,12-13; Röm 13,11-13; 1 Petr 4,7; Phil 4,5S **7,33** Lk 14,20 **7,39** Röm 7,2-3 **8,1b** 13,1-7; 16,14; Röm 15,1-2 **8,3** 12,13; Gal 4,9 **8,4** Dtn 6,4

überhaupt keine Götzen«, und: »Es gibt keinen Gott außer dem Einen«. 5 Denn wenn es auch so genannte Götter gibt im Himmel und auf der Erde – es gibt ja unzählige Götter, unzählige ›Herren‹ –, 6 so gilt doch für uns das Bekenntnis:

Einer ist Gott:
der Vater,
von dem alles kommt
und zu dem wir unterwegs sind.
Und *einer* ist der Herr*:
Jesus Christus,
durch den alles geschaffen ist
und durch den wir das neue Leben erhalten.

7 Aber nicht alle haben sich diese ›Erkenntnis‹ schon ganz zu Eigen gemacht. Manche sind aus Gewohnheit noch in ihren alten Vorstellungen befangen. Wenn sie Opferfleisch essen, tun sie es in der Meinung, dass sie damit tatsächlich den Götzen anerkennen, dem das Opfer dargebracht wurde. Darum belastet es ihr schwaches Gewissen.

8 Nun liegt es auf keinen Fall an einem Nahrungsmittel, wie wir vor Gott dastehen. Wenn wir Bedenken haben, davon zu essen, sind wir vor Gott nicht weniger wert; und wenn wir davon essen, sind wir vor ihm nicht mehr wert. 9 Gebt aber Acht, dass nicht die Freiheit, die euer Verhalten bestimmt, die Schwachen in der Gemeinde zu Fall bringt.

10 Angenommen, du hast die ›Erkenntnis‹ und nimmst im Tempel eines Götzen an einem Opfermahl* teil. Dort sieht dich jemand, der sich diese Erkenntnis noch nicht zu Eigen gemacht hat. Wird das diesen Schwachen nicht ermutigen, gegen die Überzeugung seines Gewissens vom Opferfleisch zu essen? 11 Der Schwache geht also durch deine Erkenntnis zugrunde. Dabei ist er doch dein Bruder, für den Christus gestorben ist!

12 Ihr versündigt euch an Christus, wenn ihr euch so an euren Brüdern und Schwestern[a] versündigt und ihr schwaches Gewissen misshandelt. 13 Wenn ein Nahrungsmittel dazu führt, dass jemand in der Gemeinde schuldig wird, will ich nie mehr Fleisch essen, in Ewigkeit nicht! Denn ich will nicht, dass mein Bruder oder meine Schwester[b] verloren geht!

Paulus als Vorbild: Verzicht um der Liebe willen

9 Nehmt euch ein Beispiel an mir! Bin ich nicht frei? Bin ich nicht Apostel*? Habe ich nicht Jesus, unseren Herrn*, gesehen? Seid nicht ihr die Frucht meines Wirkens für den Herrn? 2 Auch wenn andere mich nicht als Apostel anerkennen – für euch bin ich es! Meine Beglaubigung als Apostel seid ihr selbst, weil ihr zum Glauben an den Herrn* gekommen seid.

3 Hier ist meine Antwort an die Leute, die Kritik an mir üben: 4 Hätte ich nicht Anspruch darauf, für meinen Dienst als Apostel Essen und Trinken zu bekommen? 5 Hätte ich nicht das Recht, eine Christin als Ehefrau auf meine Reisen mitzunehmen, wie es die anderen Apostel tun und die Brüder des Herrn und auch Petrus?[c] 6 Sind ich und Barnabas die Einzigen, die mit ihrer Hände Arbeit für ihren Unterhalt aufkommen müssen? 7 Wer zieht denn schon auf eigene Kosten in den Krieg? Wer pflanzt einen Weinberg, ohne von seinen Trauben zu essen? Wer hütet Schafe, ohne von ihrer Milch zu trinken?

8 Ich berufe mich nicht nur auf das, was allgemein üblich ist. Das Gesetz* Gottes sagt dasselbe. 9 Im Gesetzbuch Moses steht geschrieben: »Einem Ochsen, der zum Dreschen* eingespannt wird, darfst du das Maul nicht zubinden.« Geht es Gott vielleicht um die Ochsen, 10 oder meint er nicht vielmehr *uns* bei allem, was er sagt?

So ist es: Von uns ist hier die Rede, um unseretwillen steht es geschrieben. Wer pflügt und erntet, muss damit rechnen können, selbst einen Teil vom Ertrag zu bekommen. 11 Ich habe geistliche Gaben, den Samen der Botschaft Gottes, unter euch ausgesät. Ist es zu viel verlangt, wenn ich dafür natürliche Gaben ernte, nämlich was ich zum Leben brauche?[d] 12 Andere nehmen dieses Recht in Anspruch und lassen sich von euch versorgen. Habe ich nicht einen viel größeren Anspruch darauf?

Und doch habe ich von meinem Recht keinen Gebrauch gemacht. Ich nehme alle Mühen und Entbehrungen auf mich, um der Guten Nachricht* von Christus kein Hindernis in den Weg zu legen. 13 Ihr wisst, dass die Priester, die im Tempel* Dienst tun, ihren Lebensunterhalt von den Einkünften des Tempels bekommen; und

a Siehe Anmerkung zu 1,10. *b* Wörtlich *mein Bruder.* *c* Wörtlich *Kephas**.
d Wörtlich *Wenn wir* (= ich) *Geistliches unter euch ausgesät haben, ist es da etwas Großes, wenn wir von euch Fleischliches ernten?*

8,5 10,19-20 **8,6** 12,5-6; Eph 4,5-6; Kol 1,16; Joh 1,3 **8,7-12** 10,23-33 **8,9** Gal 5,13 S **9,1-2** 15,8 S; 2 Kor 10,7-8; 11,5 S; Gal 1,1 **9,2** (Beglaubigung) 4,15; 2 Kor 3,1-3; 10,13 **9,4** Mt 10,10 par; 2 Thess 3,9 **9,6** (Barnabas) Apg 9,27 S; Gal 2,1.9.13; (Unterhalt) Apg 18,3 S **9,9** *zit* Dtn 25,4; 1 Tim 5,18 **9,11** Röm 15,27 S **9,12 b** Apg 20,33-34; 2 Kor 11,9 **9,13** Num 18,8-10 S

wer am Altar den Opferdienst verrichtet, be-
kommt einen Teil von den Opfergaben. 14 Ge-
nauso hat es Jesus, der Herr*, für uns angeord-
net:[a] Wer die Gute Nachricht verbreitet, soll da-
von leben können. 15 Aber ich habe von diesem
Recht nie irgendwelchen Gebrauch gemacht.

Ich schreibe das auch nicht, damit ich künftig
in den Genuss davon komme. Eher sterben als
das! Meinen Ruhm soll mir niemand nehmen!
16 Denn wenn ich die Gute Nachricht verkünde,
habe ich noch keinen Grund, mich zu rühmen*.
Ich kann ja gar nicht anders – weh mir, wenn
ich sie nicht weitergebe! 17 Nur wenn ich sie aus
eigenem Antrieb verkünden würde, könnte ich
dafür einen Lohn erwarten. Aber ich tue es nicht
freiwillig, sondern weil ich mit einem Amt be-
traut bin.

18 Worin besteht also mein Lohn? Mein Lohn
ist, dass ich die Gute Nachricht ohne Entgelt
verbreite und auf das verzichte, was mir dafür
zusteht.

Frei zum Dienst an allen

19 Obwohl ich also frei und von niemand ab-
hängig bin, habe ich mich zum Sklaven aller
gemacht, um möglichst viele für Christus zu ge-
winnen.

20 Wenn ich mit Juden zu tun hatte, lebte ich
wie ein Jude, um sie für Christus zu gewinnen.
Unter ihnen, die von der Befolgung des Geset-
zes* das Heil erwarten, lebte auch ich nach den
Vorschriften des Gesetzes, obwohl ich selbst das
Heil nicht mehr vom Gesetz erwarte – und das
nur, um sie für Christus zu gewinnen.

21 Wenn ich dagegen mit Menschen zu tun
hatte, die nichts vom Gesetz wissen, lebte
auch ich nicht nach dem Gesetz, obwohl ich
doch vor Gott nicht gesetzlos lebe; ich stehe ja
unter dem Gesetz, das Christus gegeben hat[b] –
und auch das tat ich, um sie für Christus zu
gewinnen.

22 Und wenn ich mit Menschen zu tun hatte,
deren Glaube noch schwach war, wurde ich wie
sie und machte von meiner Freiheit keinen Ge-
brauch – nur um sie für Christus zu gewinnen.

Ich stellte mich allen gleich, um überall we-
nigstens einige zu retten. 23 Das alles tue ich für
die Gute Nachricht*, damit ich selbst Anteil be-
komme an dem, was sie verspricht.

Verzicht für ein großes Ziel

24 Ihr wisst doch, dass an einem Wettlauf viele
teilnehmen; aber nur einer bekommt den Preis,
den Siegeskranz*. Darum lauft so, dass ihr den
Kranz gewinnt! 25 Alle, die an einem Wettkampf
teilnehmen wollen, nehmen harte Einschrän-
kungen auf sich. Sie tun es für einen Sieges-
kranz, der vergeht. Aber auf uns wartet ein
Siegeskranz, der unvergänglich ist.

26 Darum laufe ich wie einer, der das Ziel er-
reichen will. Darum kämpfe ich wie ein Faust-
kämpfer, der nicht danebenschlägt. 27 Ich treffe
mit meinen Schlägen den eigenen Körper, sodass
ich ihn ganz in die Gewalt bekomme. Ich will
nicht anderen predigen und selbst versagen.

Warnung vor Selbstsicherheit: Taufe und Mahl des Herrn sind keine Garantie

10 Ich will, dass ihr euch klar macht, Brüder
und Schwestern,[c] 2 wie es unseren Vor-
fahren nach dem Auszug aus Ägypten ergangen
ist. Sie waren alle unter der Wolke und gingen
alle durch das Meer. Sie alle wurden durch die
Wolke und das Wasser des Meeres auf Mose ge-
tauft. 3 Alle aßen auch dieselbe geistliche Speise
4 und tranken denselben geistlichen Trank. Sie
tranken ja aus dem geistlichen Felsen, der mit
ihnen ging, und dieser Felsen war Christus.[d]
5 Trotzdem verwarf Gott die meisten von ihnen
und ließ sie in der Wüste sterben.

6 Alle diese Ereignisse sind uns als warnendes
Beispiel gegeben. Wir sollen unser Verlangen
nicht auf das Böse richten, so wie sie es taten, als
sie ihren Gelüsten folgten. 7 Betet auch keine
Götzen an, wie es ein Teil von ihnen getan hat –
es heißt ja in den Heiligen Schriften*: »Sie setz-
ten sich zum Essen und Trinken nieder und da-
nach tanzten sie vor dem goldenen Stier.« 8 Wir
wollen auch nicht Unzucht treiben wie ein Teil
von ihnen; damals starben an einem Tag drei-
undzwanzigtausend. 9 Wir wollen Christus nicht
herausfordern wie ein Teil von ihnen; sie kamen
durch Schlangen um. 10 Murrt auch nicht wie ein
Teil von ihnen, die Mose und Aaron Vorwürfe
machten; der Todesengel vernichtete sie.

11 Dies alles geschah mit ihnen in vorausdeu-
tender Weise. Es ist zu unserer Warnung aufge-

a Bei der Jüngeraussendung Lk 10,7 f. *b* Paulus versteht darunter das Liebesgebot; vgl. Gal 6,2.
c Siehe Anmerkung zu 1,10. Die Fortsetzung lautet wörtlich *dass unsere Väter alle unter der Wolke waren …*
d Vgl. dazu Sacherklärung »geistlich«.

9,15 Apg 18,3 S **9,16** Jer 20,9 **9,19-22** 10,32-33; (gewinnen) 2 Kor 5,11 S **9,20** Apg 16,3; 21,20-26 **9,22** 2 Kor 11,29 **9,24-25** (Wettlauf) Phil 3,12-14; 2 Tim 2,5; 4,7; Hebr 12,1; (Siegeskranz) 2 Tim 4,8; Jak 1,12; 1 Petr 5,4; Offb 2,10; 3,11 **10,1** Ex 14,19-22; Weish 19,7 **10,3** Ex 16,13-21; 16,31 S **10,4** Ex 17,6 S **10,5** Num 14,29-30 **10,6** Num 11,4.34 **10,7** *zit* Ex 32,6 **10,8** Num 25,1-9 **10,9** Num 21,5-6 **10,10** Num 17,6-15; Ex 14,11-12 S; (Todesengel) Weish 18,20.22.25 **10,11** 7,31; Röm 15,4

schrieben worden; denn wir leben in der letzten
Zeit. 12 Du meinst sicher zu stehen? Gib Acht,
dass du nicht fällst! 13 Die Proben, auf die euer
Glaube bisher gestellt worden ist, sind über das
gewöhnliche Maß noch nicht hinausgegangen.
Aber Gott ist treu und wird nicht zulassen, dass
die Prüfung über eure Kraft geht. Wenn er euch
auf die Probe stellt, sorgt er auch dafür, dass ihr
sie bestehen könnt.

Teilnahme am Götzenopfer und am Mahl des Herrn sind unvereinbar

14 Meine Lieben, haltet euch also von Götzen-
dienst fern! 15 Ihr seid doch verständige Leute;
beurteilt selbst, was ich sage. 16 Denkt an den
Segensbecher, über den wir beim Mahl des
Herrn* das Segensgebet sprechen: Gibt er uns
nicht teil an dem Blut*, das Christus für uns ver-
gossen hat? Denkt an das Brot, das wir austeilen:
Gibt es uns nicht teil an seinem Leib? 17 Es ist nur
ein einziges Brot. Darum bilden wir alle, auch
wenn wir viele sind, einen einzigen Leib*; denn
wir essen alle von dem einen Brot.

18 Seht doch, wie es bis heute beim Volk Israel
ist! Alle, die vom Fleisch der Opfertiere essen,
kommen in engste Verbindung mit Gott, dem das
Opfer* dargebracht wurde.[a] 19 Will ich damit
sagen, dass das Opferfleisch* etwas bedeutet?
Oder dass der Götze, dem das Opfer dargebracht
wurde, etwas bedeutet? 20 Nein! Aber was die
Götzenverehrer opfern, das opfern sie nicht Gott,
sondern den Dämonen*. Ich möchte aber nicht,
dass ihr euch mit Dämonen verbindet.

21 Ihr könnt nicht aus dem Becher des Herrn
trinken und zugleich aus dem Becher der Dämo-
nen. Ihr könnt nicht am Tisch des Herrn essen
und am Tisch der Dämonen. 22 Oder wollen wir
den Herrn herausfordern? Sind wir etwa stärker
als er?

Abschließende Stellungnahme: Liebe geht vor Freiheit

23 Ihr sagt: »Alles ist erlaubt!« Mag sein, aber
nicht alles ist deshalb auch schon gut. Alles ist er-
laubt, aber nicht alles fördert die Gemeinde.
24 Ihr sollt nicht an euch selbst denken, sondern
an die anderen.
25 Ihr könnt jedes Fleisch essen, das auf dem
Markt verkauft wird. Es ist nicht nötig, dass ihr
eine Gewissenssache daraus macht und nach-
forscht, woher das Fleisch kommt. 26 Denn es
heißt: »Dem Herrn gehört die ganze Erde mit al-
lem, was darauf lebt.«

27 Auch wenn Ungläubige euch zum Essen
einladen und ihr die Einladung annehmen wollt,
könnt ihr essen, was euch angeboten wird. Es ist
nicht nötig, dass ihr aus Gewissensgründen
nachforscht, woher das Fleisch kommt. 28 Nur
wenn euch dort jemand sagt: »Das Fleisch ist
von einem Opfer«, dann esst nicht davon. Unter-
lasst es mit Rücksicht auf die Person, die euch
darauf hingewiesen hat, und mit Rücksicht auf
das Gewissen. 29 Ich meine nicht euer Gewissen,
sondern das ihre.

Ein fremdes Gewissen darf sich allerdings
nicht zum Richter über meine Freiheit machen.
30 Ich genieße das Opferfleisch mit Dank gegen
Gott. Niemand hat das Recht, mich zu tadeln,
wenn ich etwas esse, wofür ich Gott danke.[b]

31 Ich sage also: Ob ihr esst oder trinkt oder
sonst etwas tut, so tut alles zur Ehre Gottes.
32 Lebt so, dass ihr für niemand ein Glaubenshin-
dernis seid, weder für Juden noch für Nicht-
juden noch für die Gemeinde Gottes. 33 Macht es
so wie ich: Ich nehme in allem Rücksicht auf
alle. Ich suche nicht meinen eigenen Vorteil,
sondern den Vorteil aller anderen, damit sie ge-
rettet werden.

11 Nehmt mich zum Vorbild, so wie ich Chris-
tus zum Vorbild nehme!

MISSSTÄNDE IM GOTTESDIENST (11,2-34)

Vom Verhalten der Frauen beim Gottesdienst

2 Ich muss euch dafür loben, dass ihr immer an
mich denkt und die Anweisungen befolgt, die
ich euch weitergegeben habe. 3 Ich muss euch
aber auch noch dies sagen:

Jeder Mann ist unmittelbar Christus unter-
stellt, die Frau aber dem Mann; und Christus ist
Gott unterstellt.[c] 4 Ein Mann, der im Gottes-

a Wörtlich *in engste Verbindung mit dem Altar.* »Altar« ist hier ehrfurchtsvolle Umschreibung für Gott.

b Die Verse 28.29a sprechen vom Gewissen des Nichtchristen, der das Essen nicht als Zeichen christlicher Freiheit, sondern als Beweis für die Vereinbarkeit von christlichem Gottesglauben und heidnischer Vielgötterei missverstehen müsste. Die Verse 29b.30 scheinen dagegen vom Gewissen eines »schwachen« Christen zu sprechen, das sich nicht zum Richter über die Freiheit eines anderen machen darf. Die Sätze sind im Zusammenhang schwer einzuordnen; vgl. auch 8,7-13.

c Wörtlich *Christus ist das Haupt des Mannes, der Mann das Haupt der Frau und Gott das Haupt von Christus.*

10,12 Gal 6,1 **10,13** Jak 1,13-14; 1 Thess 5,24 **10,14** 1 Joh 5,21 **10,16** 11,24-25 **10,17** 12,27 S **10,18** Lev 19,5-8 **10,19** 8,4 **10,21** 2 Kor 6,15-16 **10,23** 6,12; 8,7-12 **10,24** 10,32; 13,5; Röm 15,1-2; Phil 2,4 **10,26** *zit* Ps 24,1; 89,12 **10,28** 8,7 **10,30** Röm 14,6; 1 Tim 4,3-4 **10,31** Kol 3,17; 1 Petr 4,11 **10,32** Röm 14,13 **10,33** 9,19-22 **11,1** 4,16 S **11,3** Eph 5,23; Gen 3,16

dienst öffentlich betet oder Weisungen* Gottes
verkündet, entehrt sich selbst, wenn er dabei sei-
nen Kopf bedeckt. 5 Eine Frau, die im Gottes-
dienst öffentlich betet oder Weisungen Gottes
verkündet, entehrt sich selbst, wenn sie dabei
ihren Kopf *nicht* bedeckt. Es ist genauso, als ob
sie kahl geschoren wäre. 6 Wenn sie keine Kopf-
bedeckung trägt, kann sie sich gleich die Haare
abschneiden lassen. Es ist doch eine Schande für
eine Frau, sich die Haare abschneiden oder den
Kopf kahl scheren zu lassen. Dann soll sie auch
ihren Kopf verhüllen.

7 Der Mann dagegen soll seinen Kopf nicht
bedecken; denn der Mann ist das Abbild Gottes
und spiegelt die Herrlichkeit* Gottes wider. In
der Frau spiegelt sich die Herrlichkeit des Man-
nes. 8 Der Mann wurde nicht aus der Frau ge-
schaffen, sondern die Frau aus dem Mann. 9 Der
Mann wurde auch nicht für die Frau geschaffen,
wohl aber die Frau für den Mann. 10 Deshalb
muss die Frau ein Zeichen der Unterordnung
und zugleich der Bevollmächtigung auf dem
Kopf tragen. Damit genügt sie der Ordnung, über
die die Engel* wachen.[a]

11 Vor dem Herrn* gibt es jedoch die Frau
nicht ohne den Mann und den Mann nicht ohne
die Frau. 12 Zwar wurde die Frau aus dem Mann
geschaffen; aber der Mann wird von der Frau
geboren. Und beide kommen von Gott, der alles
geschaffen hat.

13 Urteilt selbst: Gehört es sich für eine Frau,
im Gottesdienst ein Gebet zu sprechen, ohne
dass sie eine Kopfbedeckung trägt? 14 Schon die
Natur lehrt euch, dass langes Haar für den Mann
eine Schande ist, 15 aber eine Ehre für die Frau.
Die Frau hat langes Haar erhalten, um sich zu
verhüllen.

16 Falls aber jemand mit mir darüber streiten
möchte, kann ich nur eines sagen: Weder ich
noch die Gemeinden Gottes kennen eine andere
Sitte im Gottesdienst.

Wie das Mahl des Herrn gefeiert werden soll

17 Wenn ich schon einmal Anweisungen gebe:
Ich kann es nicht loben, dass eure Gemeindever-
sammlungen den Aufbau der Gemeinde nicht
fördern, sondern beeinträchtigen. 18 Erstens[b]
wurde mir berichtet, dass es unter euch Spal-
tungen gibt, wenn ihr zusammenkommt. Ich
glaube, dass dies mindestens teilweise zutrifft.
19 Es *muss* ja auch zu Spaltungen unter euch
kommen, damit offenbar wird, wer sich bei euch
im Glauben bewährt.

20 Wenn ihr zusammenkommt, feiert ihr in
Wirklichkeit gar nicht das Mahl* des Herrn.
21 Denn bevor das gemeinsame Mahl beginnt,
fangen die Anwesenden schon einmal an zu
essen, was sie mitgebracht haben; und wenn
dann die später Kommenden hungrig eintreffen,
sind die Ersten schon betrunken.[c] 22 Könnt ihr
denn nicht zu Hause essen und trinken? Oder
verachtet ihr die Gemeinde Gottes und wollt die
unter euch beschämen, die nichts haben? Was
soll ich dazu sagen? Soll ich euch loben? In die-
sem Punkt lobe ich euch nicht!

23 Ich nämlich habe als Überlieferung, die
vom Herrn* kommt, empfangen, was ich euch
weitergegeben habe:

In der Nacht, in der Jesus, der Herr, ausgeliefert
wurde, nahm er Brot, 24 sprach darüber das
Dankgebet, brach es in Stücke und sagte: »Das
ist mein Leib, der für euch geopfert wird. Tut das
immer wieder, damit unter euch gegenwärtig ist,
was ich für euch getan habe!«[d]

25 Ebenso nahm er nach dem Essen den Be-
cher und sagte: »Dieser Becher ist Gottes neuer
Bund*, der durch mein Blut* in Kraft gesetzt
wird. Tut das, sooft ihr von ihm trinkt, damit un-
ter euch gegenwärtig ist, was ich für euch getan
habe!«

26 Jedes Mal also, wenn ihr dieses Brot esst und
von diesem Becher trinkt, verkündet ihr damit
die Rettung, die durch den Tod des Herrn gesche-
hen ist, bis er wiederkommt.

27 Wer daher auf unwürdige Weise[e] das Brot
des Herrn isst und von seinem Becher trinkt,
macht sich am Leib und am Blut des Herrn schul-
dig. 28 Darum sollt ihr euch prüfen, bevor ihr das
Brot esst und von dem Becher trinkt. 29 Denn

a Wörtlich *Deshalb muss die Frau eine Vollmacht auf dem Kopf haben wegen der Engel*.* Die Kopfbedeckung ist zunächst Zeichen der *Unterordnung* unter den Mann (Vers 3). Die Einhaltung dieser Ordnung ist die Voraussetzung *(Bevollmächtigung)* dafür, dass die Frau im Gottesdienst öffentlich auftreten darf.

b Der zweite Punkt sind offenbar die in Kap 12–14 angesprochenen Missstände.

c Denn bevor …: wörtlich *Denn jeder nimmt beim Essen sein eigenes Mahl vorweg, und so ist der eine hungrig, der andere betrunken.* Die Übersetzung verdeutlicht im Blick auf Vers 33 (»wartet aufeinander«). Die später Kommenden sind offenbar die Ärmeren, die noch arbeiten müssen und wenig mitzubringen haben.

d Wörtlich *Tut das zu meinem Gedenken* (ebenso in Vers 25). In der Sprache der Bibel bedeutet »Gedenken« nicht ein bloßes Erinnern, sondern zugleich das Gegenwärtigwerden des Erinnerten.

e Paulus meint mit *unwürdig* die in den Versen 20-22 beschriebenen Zustände.

11,7 Gen 1,26-27 **11,8-9** Gen 2,18-23; 1 Tim 2,13 **11,18** 1,10-11 S **11,22** Jak 2,5-6 **11,23-25** 10,16; Mk 14,22-24 par **11,25** Lk 22,20 S

wenn ihr esst und trinkt ohne Rücksicht darauf, dass ihr es mit dem Leib des Herrn zu tun habt,[a] zieht ihr euch durch euer Essen und Trinken Gottes Strafgericht zu. 30 Das ist ja auch der Grund, weshalb viele von euch schwach und krank sind und nicht wenige sind sogar gestorben.

31 Wenn wir uns selbst zur Rechenschaft ziehen würden, müsste der Herr uns nicht auf diese Weise richten. 32 Wenn er es aber tut, dann geschieht es, um uns zurechtzuweisen, damit wir nicht im letzten Gericht zusammen mit der ungläubigen Welt* verurteilt werden.

33 Meine Brüder und Schwestern,[b] wenn ihr also zusammenkommt, um das Mahl des Herrn zu feiern, dann wartet aufeinander. 34 Wer zu großen Hunger hat, soll vorher zu Hause essen. Sonst bringen eure Versammlungen euch nur Bestrafung ein.

Alles Weitere werde ich regeln, wenn ich komme.

ÜBER DIE GABEN DES HEILIGEN GEISTES (Kapitel 12–14)

Von den Fähigkeiten, die Gottes Geist schenkt

12 Brüder und Schwestern! Ich komme nun zu den Fähigkeiten, die der Geist* Gottes schenkt, und sage euch, was ihr darüber wissen müsst.

2 Ihr erinnert euch: Als ihr noch Ungläubige wart, seid ihr vor den stummen Götzen in Ekstase geraten. 3 Darum muss ich euch vor allem eines sagen: Wenn Gottes Geist von einem Menschen Besitz ergriffen hat, kann dieser nicht sagen: »Jesus sei verflucht!« Umgekehrt kann niemand sagen: »Jesus ist der Herr*!«, wenn nicht der Heilige Geist in ihm wirkt.

4 Es gibt verschiedene Gaben, doch ein und derselbe Geist teilt sie zu. 5 Es gibt verschiedene Dienste, doch ein und derselbe Herr macht dazu fähig. 6 Es gibt verschiedene Wunderkräfte, doch ein und derselbe Gott schenkt sie – er, der alles in allen wirkt. 7 Doch an jedem und jeder in der Gemeinde zeigt der Heilige Geist seine Wirkung in der Weise und mit dem Ziel, dass alle etwas davon haben.

8 Die einen befähigt der Geist dazu, Gottes weisheitsvolle Pläne zu enthüllen; andere lässt er erkennen, was in einer schwierigen Lage getan werden soll. 9 Derselbe Geist gibt den einen besondere Glaubenskraft und den anderen die Kraft, zu heilen. 10 Der Geist ermächtigt die einen, Wunder zu tun; andere macht er fähig, Weisungen* Gottes zu verkünden. Wieder andere können unterscheiden, was aus dem Geist Gottes kommt und was nicht. Die einen befähigt der Geist, in unbekannten Sprachen* zu reden; anderen gibt er die Fähigkeit, das Gesagte zu deuten.

11 Aber das alles bewirkt ein und derselbe Geist. So wie er es will, teilt er jedem und jeder in der Gemeinde die eigene Fähigkeit zu.

Das Bild vom Körper und seinen Teilen: Niemand hat seine Fähigkeiten für sich allein

12 Der Körper des Menschen ist einer und besteht doch aus vielen Teilen. Aber all die vielen Teile gehören zusammen und bilden einen unteilbaren Organismus. So ist es auch mit Christus: mit der Gemeinde, die sein Leib* ist.[c] 13 Denn wir alle, Juden wie Griechen, Menschen im Sklavenstand wie Freie, sind in der Taufe* durch denselben Geist* in den einen Leib, in Christus, eingegliedert und auch alle mit demselben Geist erfüllt worden.

14 Ein Körper besteht nicht aus einem einzigen Teil, sondern aus vielen Teilen. 15 Wenn der Fuß erklärt: »Ich gehöre nicht zum Leib, weil ich nicht die Hand bin« – hört er damit auf, ein Teil des Körpers zu sein? 16 Oder wenn das Ohr erklärt: »Ich gehöre nicht zum Leib, weil ich nicht das Auge bin« – hört es damit auf, ein Teil des Körpers zu sein? 17 Wie könnte ein Mensch hören, wenn er nur aus Augen bestünde? Wie könnte er riechen, wenn er nur aus Ohren bestünde? 18 Nun aber hat Gott im Körper viele Teile geschaffen und hat jedem Teil seinen Platz zugewiesen, so wie er es gewollt hat. 19 Wenn alles nur ein einzelner Teil wäre, wo bliebe da der Leib? 20 Aber nun gibt es viele Teile, und alle gehören zu dem einen Leib.

21 Das Auge kann nicht zur Hand sagen: »Ich brauche dich nicht!« Und der Kopf kann nicht zu den Füßen sagen: »Ich brauche euch nicht!« 22 Gerade die Teile des Körpers, die schwächer

a *ohne Rücksicht …*: wörtlich *ohne den Leib richtig zu beurteilen.* Paulus denkt wohl im Blick auf Vers 22 zugleich an die Solidarität innerhalb der Gemeinde als dem »Leib des Herrn« (vgl. 12,12).

b Siehe Anmerkung zu 1,10; ebenso für 12,1.

c Wörtlich *So ist auch Christus.*

12,2 Gal 4,8 **12,3** 1 Joh 4,2-3; Röm 10,9; Phil 2,11 **12,4-11** 12,27–14,40; Röm 12,6-8; Eph 4,4 **12,7** 14,26 S **12,10** Apg 2,4 S **12,11** 7,7; Röm 12,3; Eph 4,7; 1 Petr 4,10 **12,12** 12,27 S **12,13** Gal 3,27-28 S

scheinen, sind besonders wichtig. 23 Die Teile,
die als unansehnlich gelten, kleiden wir mit be-
sonderer Sorgfalt und die unanständigen mit be-
sonderem Anstand. 24 Die edleren Teile haben
das nicht nötig. Gott hat unseren Körper zu
einem Ganzen zusammengefügt und hat dafür
gesorgt, dass die geringeren Teile besonders ge-
ehrt werden. 25 Denn er wollte, dass es keine Un-
einigkeit im Körper gibt, sondern jeder Teil sich
um den anderen kümmert. 26 Wenn irgendein
Teil des Körpers leidet, leiden alle anderen mit.
Und wenn irgendein Teil geehrt wird, freuen
sich alle anderen mit.

27 Ihr alle seid zusammen der Leib* von
Christus, und als Einzelne seid ihr Teile an die-
sem Leib. 28 So hat Gott in der Gemeinde allen
ihre Aufgabe zugewiesen. Da gibt es erstens die
Apostel*, zweitens die, die prophetische Wei-
sungen* erteilen, drittens die, die zum Lehren
befähigt sind.[a] Dann kommen die, die Wunder
tun oder heilen können, die Dienste oder Lei-
tungsaufgaben übernehmen oder in unbekann-
ten Sprachen* reden. 29 Nicht alle sind Apostel,
nicht alle erteilen prophetische Weisungen,
nicht alle sind zum Lehren befähigt. Nicht alle
können Wunder tun, 30 nicht alle Kranke heilen,
nicht alle in unbekannten Sprachen reden, nicht
alle diese Sprachen deuten. 31a Bemüht euch aber
um die höheren Geistesgaben!

Nichts geht über die Liebe (Das »Hohelied der Liebe«)

31b Ich zeige euch jetzt etwas, das noch weit
wichtiger ist als alle diese Fähigkeiten.

13 Wenn ich die Sprachen aller Menschen spreche
und sogar die Sprache der Engel*,
aber ich habe keine Liebe –
dann bin ich doch nur ein dröhnender Gong
oder eine lärmende Trommel.
2 Wenn ich prophetische Eingebungen* habe
und alle himmlischen Geheimnisse weiß
und alle Erkenntnis* besitze,
wenn ich einen so starken Glauben habe,
dass ich Berge versetzen kann,
aber ich habe keine Liebe –
dann bin ich nichts.
3 Und wenn ich all meinen Besitz verteile
und den Tod in den Flammen auf mich nehme,[b]
aber ich habe keine Liebe –
dann nützt es mir nichts.

4 Die Liebe ist geduldig und gütig.
Die Liebe eifert nicht für den eigenen Standpunkt,
sie prahlt nicht und spielt sich nicht auf.
5 Die Liebe nimmt sich keine Freiheiten heraus,
sie sucht nicht den eigenen Vorteil.
Sie lässt sich nicht zum Zorn reizen
und trägt das Böse nicht nach.
6 Sie ist nicht schadenfroh,
wenn anderen Unrecht geschieht,
sondern freut sich mit,
wenn jemand das Rechte tut.
7 Die Liebe gibt nie jemand auf,
in jeder Lage vertraut und hofft sie für andere;
alles erträgt sie mit großer Geduld.

8 Niemals wird die Liebe vergehen.
Prophetische Eingebungen hören einmal auf,
das Reden in Sprachen* des Geistes verstummt,
auch die Erkenntnis wird ein Ende nehmen.
9 Denn unser Erkennen ist Stückwerk,
und unser prophetisches Reden ist Stückwerk.
10 Wenn sich die ganze Wahrheit enthüllen wird,
ist es mit dem Stückwerk vorbei.

11 Einst, als ich noch ein Kind war,
da redete ich wie ein Kind,
ich fühlte und dachte wie ein Kind.
Als ich dann aber erwachsen war,
habe ich die kindlichen Vorstellungen abgelegt.
12 Jetzt sehen wir nur ein unklares Bild
wie in einem trüben Spiegel;
dann aber schauen wir Gott von Angesicht.
Jetzt kennen wir Gott nur unvollkommen;
dann aber werden wir Gott völlig kennen,
so wie *er* uns jetzt schon kennt.

13 Auch wenn alles einmal aufhört –
Glaube, Hoffnung und Liebe nicht.
Diese drei werden immer bleiben;
doch am höchsten steht die Liebe.

Zur Beurteilung des »Redens in unbekannten Sprachen« (Zungenreden)

14 Bemüht euch also darum, dass euch die
Liebe geschenkt wird!

Von den Gaben des Geistes* wünscht euch
besonders die Fähigkeit, prophetische Weisun-

a Siehe Sacherklärung »Lehrer«.
b und den Tod ...: Wichtige alte Textzeugen lesen (mit nur einem Buchstaben Unterschied) *und meinen Leib hingebe, um mich zu rühmen.*

12,26 Röm 12,15; 2 Kor 11,29 S **12,27** 6,15; 10,17; 12,12; Röm 12,4-5; Eph 1,23 S **12,28** 12,8-10; Eph 4,11-12 **12,31 a** 14,1 **13,1-7** 8,1 S; Röm 13,8-10 **13,1** 2 Kor 12,3-4 **13,2** 12,8; Mt 7,22; 17,20 **13,3** Mk 10,21 par; Dan 3,19-20 **13,8** 14,1-5 **13,12** 2 Kor 5,7; Röm 8,24; 1 Joh 3,2 **13,13** 1 Thess 1,3; 5,8; Gal 5,5-6; Kol 1,4-5; Hebr 10,22-24 **14,1 b** (Weisungen) 12,10

gen* zu verkünden. 2 Wenn du in unbekannten Sprachen* redest, sprichst du nicht zu Menschen, sondern zu Gott. Niemand versteht dich. Durch die Wirkung des Geistes redest du geheimnisvolle Worte. 3 Wenn du aber prophetische Weisungen empfängst, kannst du sie an andere weitergeben. Du kannst damit die Gemeinde aufbauen, ermutigen und trösten. 4 Wenn jemand in unbekannten Sprachen spricht, hat niemand sonst etwas davon. Wer prophetische Weisungen gibt, dient der ganzen Gemeinde.

5 Ich wünschte, dass ihr alle in Sprachen des Geistes reden könntet; aber noch lieber wäre es mir, ihr alle könntet prophetische Weisungen verkünden. Das hat mehr Gewicht, als in unbekannten Sprachen zu reden, außer es gibt jemand gleich die Deutung dazu, damit die Gemeinde etwas davon hat.

6 Was nützt es euch, Brüder und Schwestern,[a] wenn ich zu euch komme und in unbekannten Sprachen rede? Ihr habt nur etwas davon, wenn ich euch göttliche Wahrheiten enthülle oder Erkenntnisse* bringe oder Weisungen von Gott oder Lehren weitergebe.

7 Denkt an die Musikinstrumente, an die Flöte oder die Harfe. Wenn sich die einzelnen Töne nicht deutlich unterscheiden, ist keine Melodie zu erkennen. 8 Und wenn die Trompete kein klares Signal gibt, wird keiner zu den Waffen greifen. 9 Bei euch ist es genauso: Wenn ihr mit eurer Stimme undeutliche Laute von euch gebt, kann niemand verstehen, was ihr sagt. Ihr sprecht dann in den Wind.

10 Oder denkt an die vielen Sprachen in der Welt! Jedes Volk hat seine eigene. 11 Wenn ich nun die Sprache eines anderen Menschen nicht kenne, kann er sich nicht mit mir verständigen, und mir geht es genauso mit ihm.

12 Das gilt auch für euch. Wenn ihr schon so großen Wert auf die Gaben des Geistes legt, dann bemüht euch um die, die dem Aufbau der Gemeinde dienen. An solchen Gaben sollt ihr reich werden. 13 Wer also in unbekannten Sprachen spricht, soll um die Gabe bitten, das Gesprochene auch deuten zu können. 14 Wenn ich in solchen Sprachen rede, betet der Geist, der von mir Besitz ergriffen hat, aber mein Verstand ist untätig, und niemand hat etwas davon.

15 Was folgt daraus? Ich will beides tun: mit dem Geist beten und mit dem Verstand beten. Ich will mit dem Geist singen und auch mit dem Verstand. 16 Wenn du Gott nur in der Sprache des Geistes rühmst, wie können dann andere, die diese Sprache nicht verstehen, auf dein Gebet mit »Amen«* antworten? Sie wissen ja gar nicht, was du gesagt hast. 17 Die anderen werden nicht in ihrem Glauben gefördert, auch wenn du ein noch so schönes Gebet sprichst.

18 Ich danke Gott, dass ich mehr als ihr alle in Sprachen des Geistes rede. 19 Aber in der Gemeindeversammlung spreche ich lieber fünf verständliche Sätze, um die anderen im Glauben zu unterweisen, als zehntausend Wörter, die niemand versteht.

20 Brüder und Schwestern, seid nicht Kinder dem Verstand nach! In der Schlechtigkeit sollt ihr wie kleine Kinder sein, aber im Denken müsst ihr erwachsen sein. 21 Im Buch des Gesetzes* heißt es: »Ich werde zu diesem Volk in unbekannten Sprachen reden und in fremden Worten, sagt der Herr. Aber auch dann werden sie nicht auf mich hören.« 22 Das Reden in Sprachen des Geistes ist also gar nicht für die Glaubenden bestimmt, sondern für die Ungläubigen – es ist ein Zeichen des Gerichts über ihren Unglauben. Bei den prophetischen Botschaften ist es umgekehrt: Sie sind nicht für die Ungläubigen bestimmt, sondern für die Glaubenden oder die, die zum Glauben kommen sollen.[b]

23 Stellt euch vor, die ganze Gemeinde versammelt sich und alle fangen an, in unbekannten Sprachen zu reden. Wenn nun Neulinge oder Ungläubige hereinkommen, werden sie euch bestimmt für verrückt erklären. 24 Nehmt dagegen an, ihr alle verkündet prophetische Weisungen. Wenn dann ein Neuling, der noch nicht glaubt, hereinkommt, wird ihn alles, was er hört, von seiner Schuld überzeugen. Er wird sich von allen zur Rechenschaft gezogen sehen. 25 Seine geheimen Gedanken kommen ans Licht. Er wird sich niederwerfen, wird Gott anbeten und bekennen: »Wahrhaftig, Gott ist mitten unter euch!«

Die Ordnung bei der Gemeindeversammlung

26 Was folgt daraus für euch, Brüder und Schwestern? Wenn ihr zum Gottesdienst zusammenkommt, kann jeder und jede etwas dazu beitragen: ein Lied vorsingen oder eine Lehre

a Siehe Anmerkung zu 1,10; ebenso für die Verse 20, 26 und 39.
b *oder die …:* verdeutlichender Zusatz im Blick auf die Verse 24-25.

14,2 (Sprachen) Apg 2,4 S **14,4** 14,26 S **14,5** Num 11,29 **14,16** 2 Kor 1,20 **14,20** Eph 4,14 **14,21** *nach* Jes 28,11-12 **14,23** Apg 2,13 **14,25** Joh 4,17-19; Jes 45,14 **14,26** 12,8-10; (Aufbau der Gemeinde) 8,1; 12,7; 14,4.12; Eph 4,11-13

vortragen oder eine Offenbarung weitergeben
oder in unbekannten Sprachen* reden oder die
Deutung dazu geben. Aber alles muss dem Auf-
bau der Gemeinde dienen.
27 In unbekannten Sprachen sollen zwei oder
höchstens drei sprechen, aber der Reihe nach,
und jemand soll die Deutung geben. 28 Wenn
niemand da ist, der es deuten kann, sollen die
Betreffenden schweigen. Sie sollen dann für sich
zu Hause reden, wo nur sie selbst und Gott es
hören.
29 Auch von denen, die prophetische Wei-
sungen* verkünden können, sollen nur zwei
oder drei sprechen. Die andern, die diese Fähig-
keit haben, sollen das Gesagte beurteilen. 30 Viel-
leicht erhält von diesen andern, die dabeisitzen,
jemand eine Botschaft, während gerade einer
spricht; dann soll der Erste aufhören. 31 Ihr könnt
doch alle der Reihe nach sprechen. Dann werden
alle etwas lernen und alle werden ermutigt wer-
den. 32 Die prophetisch Begabten werden von
ihren Eingebungen nicht überwältigt, sondern
haben es selbst in der Hand, wann und wie sie
sie weitergeben. 33 Gott liebt doch nicht die
Unordnung, sondern er schafft Frieden*!
Wie es bei allen christlichen Gemeinden[a] üb-
lich ist, 34 sollen die Frauen in euren Versamm-
lungen schweigen. Sie dürfen nicht lehren, son-
dern sollen sich unterordnen, wie es auch das
Gesetz* vorschreibt. 35 Wenn sie etwas wissen
wollen, sollen sie zu Hause ihren Ehemann fra-
gen. Denn es schickt sich nicht für eine Frau,
dass sie in der Gemeindeversammlung spricht.[b]
36 Ist denn die Botschaft Gottes von euch in die
Welt ausgegangen? Oder ist sie nur zu euch ge-
kommen?
37 Wer von euch meint, die Prophetengabe zu
besitzen oder vom Geist Gottes erfüllt zu sein,
muss auch einsehen, dass meine Anweisungen
vom Herrn kommen. 38 Wer das nicht aner-
kennt, wird auch von Gott nicht anerkannt.
39 Meine Brüder und Schwestern, bemüht
euch also um die Gabe der prophetischen Rede,
hindert aber auch niemand daran, in unbekann-
ten Sprachen zu reden. 40 Nur soll alles anstän-
dig und geordnet zugehen.

ÜBER DIE AUFERSTEHUNG DER TOTEN (Kapitel 15)

Christus wurde vom Tod auferweckt ...

15 Brüder und Schwestern,[c] ich erinnere
euch an die Gute Nachricht*, die ich euch
verkündet habe. Ihr habt sie angenommen; sie
ist der Grund, auf dem ihr im Glauben steht.
2 Durch sie werdet ihr gerettet, wenn ihr sie un-
verfälscht festhaltet – und zwar dem Wortlaut
entsprechend, in dem ich sie euch übermittelt
habe. Anderenfalls wärt ihr vergeblich zum
Glauben gekommen!
3 Ich habe an euch weitergegeben, was ich
selbst als Überlieferung empfangen habe, näm-
lich als Erstes und Grundlegendes:

Christus ist für unsere Sünden gestorben, wie es
in den Heiligen Schriften* vorausgesagt war,
4 und wurde begraben.
Er ist am dritten Tag vom Tod auferweckt wor-
den, wie es in den Heiligen Schriften voraus-
gesagt war, 5 und hat sich Petrus[d] gezeigt, da-
nach dem ganzen Kreis der Zwölf*.
6 Später sahen ihn über fünfhundert Brüder auf
einmal; einige sind inzwischen gestorben,
aber die meisten leben noch.
7 Dann erschien er Jakobus und schließlich allen
Aposteln*.

8 Ganz zuletzt ist er auch mir erschienen, der
»Fehlgeburt«.[e] 9 Ich bin der geringste unter den
Aposteln, ich verdiene es überhaupt nicht, Apos-
tel zu sein; denn ich habe die Gemeinde Gottes
verfolgt. 10 Aber durch Gottes Gnade bin ich es
dennoch geworden, und sein gnädiges Eingreifen
ist nicht vergeblich gewesen. Ich habe viel mehr
für die Gute Nachricht gearbeitet als alle anderen
Apostel. Doch nicht mir habe ich das zuzuschrei-
ben – die Gnade Gottes hat durch mich gewirkt.
11 Mit den anderen Aposteln bin ich in dieser
Sache völlig einig. Wir alle verkünden die Gute
Nachricht genau so, wie ich es gerade angeführt
habe, und genau so habt ihr sie auch angenom-
men.

a Wörtlich *bei allen Gemeinden der Heiligen**.
b Paulus setzt in 11,5 voraus, dass Frauen im Gottesdienst öffentlich auftreten. Das Verbot in Kap 14 steht jedoch in Einklang mit 1 Tim 2,11-12. Es fällt auf, dass die Verse 14,34-35 in einigen Handschriften ganz am Ende des Kapitels stehen. Dies ist vielleicht ein Hinweis darauf, dass es sich um eine später angebrachte Randnotiz handelt, die nachträglich in den Text des Briefes aufgenommen wurde.
c Siehe Anmerkung zu 1,10. *d* Wörtlich *Kephas**.
e Paulus spielt wohl darauf an, dass er zunächst seine Bestimmung (vgl. Gal 1,15) verfehlt hatte.

14,29 1 Thess 5,21 **14,33** 7,15 S **14,34-35** 11,3; Eph 5,22; 1 Tim 2,11-12 **14,34** Gen 3,16 **15,2** 15,17; 2 Kor 6,1; Gal 3,4; 1 Thess 3,5; Gal 2,2 S **15,3 a** 11,23 **15,3 b** (vorausgesagt) Jes 53,5-12 **15,4** Apg 2,24-31; Mt 12,40; Joh 20,9 **15,5** Lk 24,34.36 par **15,7** Lk 24,50 **15,8** 9,1; Gal 1,15-16; Apg 9,3-6 **15,9-10** Gal 1,13-14; Eph 3,8; 1 Tim 1,12-16 **15,10** 2 Kor 11,23 **15,11** Gal 2,6-9

... deshalb werden auch wir auferweckt werden

12 Das also ist unsere Botschaft: Gott hat Christus
vom Tod auferweckt. Wie können dann einige
von euch behaupten, dass die Toten nicht auf-
erstehen* werden?
13 Wenn es keine Auferstehung der Toten gibt,
dann ist auch Christus nicht auferweckt worden.
14 Und wenn Christus nicht auferweckt worden
ist, dann hat weder unsere Verkündigung einen
Sinn noch euer Glaube. 15 Wir wären dann als
falsche Zeugen für Gott entlarvt; denn wir hätten
gegen die Wahrheit bezeugt, dass er Christus
vom Tod auferweckt hat – den er doch gar nicht
auferweckt hat, wenn wirklich die Toten nicht
auferweckt werden.
16 Wenn die Toten nicht auferweckt werden,
ist auch Christus nicht auferweckt worden. 17 Ist
aber Christus nicht auferweckt worden, so ist
euer ganzer Glaube vergeblich. Eure Schuld ist
dann nicht von euch genommen, 18 und wer im
Vertrauen auf Christus gestorben ist, ist dann
verloren. 19 Wenn wir nur für das jetzige Leben
auf Christus hoffen, sind wir bedauernswerter
als irgendjemand sonst auf der Welt.
20 Nun aber *ist* Christus vom Tod auferweckt
worden, und als der erste Auferweckte gibt er
uns die Gewähr, dass auch die übrigen Toten auf-
erweckt werden.[a] 21 Durch einen Menschen
kam der Tod. So kommt auch durch einen
Menschen die Auferstehung vom Tod. 22 Alle
Menschen gehören zu Adam*, darum müssen
sie sterben; aber durch die Verbindung mit
Christus wird ihnen das neue Leben geschenkt
werden.

Die Vollendung steht noch aus

23 Doch das alles geschieht zu seiner Zeit und in
seiner vorbestimmten Ordnung: Als Erster[b]
wurde Christus vom Tod auferweckt. Wenn er
wiederkommt, werden die auferweckt, die zu
ihm gehören. 24 Dann ist das Ende da: Christus
übergibt die Herrschaft Gott, dem Vater, nach-
dem er alles vernichtet hat, was sich gegen Gott
erhebt und was Macht und Herrschaft be-
ansprucht.
25 Denn Christus muss so lange herrschen, bis
er alle Feinde unter seinen Füßen hat. 26 Als letz-
ten Feind vernichtet er den Tod. 27 Denn es heißt
in den Heiligen Schriften*: »Alles hat Gott ihm
unterworfen.«
Wenn hier gesagt wird, dass *alles* ihm unter-
worfen ist, dann ist natürlich der nicht ein-
geschlossen, der ihm alles unterworfen hat.
28 Wenn aber alles Christus unterworfen sein
wird, dann unterwirft auch er selbst, der Sohn*,
sich dem Vater, der ihm alles unterworfen hat.
Dann ist Gott allein der Herr – über alles und in
allem.

Aufruf zur Besinnung

29 Überlegt einmal: Was machen denn die unter
euch, die sich für ungetauft Verstorbene taufen*
lassen? Wenn die Toten gar nicht auferweckt*
werden, welchen Sinn hat es dann, dass sie sich
für sie taufen lassen?
30 Und warum begebe ich mich stündlich in
Lebensgefahr? 31 Brüder und Schwestern,[c]
täglich sehe ich dem Tod ins Auge. Das ist die
Wahrheit, so gewiss ihr durch Jesus Christus
mein Ruhm* seid vor Gott! 32 In Ephesus habe
ich mit wilden Tieren gekämpft.[d] Wenn ich
keine Hoffnung hätte, hätte ich mir das ersparen
können!
Wenn die Toten nicht auferweckt werden,
dann halten wir uns doch lieber an das Sprich-
wort: »Lasst uns essen und trinken, denn mor-
gen sind wir tot!«
33 Macht euch nichts vor! »Schlechter Um-
gang verdirbt gute Sitten.« 34 Werdet wieder
nüchtern und lebt, wie es Gott gefällt. Ich muss
zu eurer Schande sagen: Einige von euch kennen
Gott nicht.

Wie sollen wir uns die Auferstehung vorstellen?

35 Aber vielleicht fragt jemand: »Wie soll denn
das zugehen, wenn die Toten auferweckt* wer-
den? Was für einen Körper werden sie dann
haben?«
36 Wie kannst du nur so fragen! Wenn du
einen Samen ausgesät hast, muss er zuerst
sterben, damit die Pflanze leben kann. 37 Du säst
nicht die ausgewachsene Pflanze, sondern nur
den Samen, ein Weizenkorn oder irgendein an-
deres Korn. 38 Gott aber gibt jedem Samen, wenn
er keimt, den Pflanzenkörper, den er für ihn be-

a Wörtlich *Nun aber ist Christus von den Toten auferweckt worden als Erstling* der Entschlafenen.*
b Wörtlich *Als Erstling**. *c* Siehe Anmerkung zu 1,10.
d Wahrscheinlich nicht wörtlich gemeint, sondern Bild für eine extrem gefährliche Situation.

15,15 Apg 1,8S **15,17** 15,2S; Röm 4,25S **15,20** 6,14S **15,21-22** Gen 3,17-19; Röm 5,12-21 **15,23** 1Thess 4,16-17 **15,24** Röm 8,38S **15,25** Ps 110,1; Mk 12,36S **15,26** Offb 1,18; 20,14; 21,4 **15,27** *zit* Ps 8,7 **15,28** Röm 11,36 **15,30-31** Röm 8,36S **15,32** *zit* Jes 22,13; 2Kor 1,8S **15,34** Röm 13,11-12 **15,36-37** Joh 12,24

stimmt hat. Jede Samenart erhält ihre besondere
Gestalt. 39 Auch die Lebewesen haben ja nicht
alle ein und dieselbe Gestalt. Menschen haben
eine andere Gestalt als Tiere, Vögel eine andere
als Fische.
40 Außer den Körpern auf der Erde aber gibt
es auch noch solche am Himmel. Die Himmels-
körper haben eine andere Schönheit als die Kör-
per auf der Erde, 41 und unter ihnen leuchtet die
Sonne anders als der Mond, der Mond wieder
anders als die Sterne. Auch die einzelnen Sterne
unterscheiden sich voneinander durch ihren
Glanz.
42 So könnt ihr euch auch ein Bild von der
Auferstehung der Toten machen. Was in die Erde
gelegt wird, ist vergänglich; aber was zum neuen
Leben erweckt wird, ist unvergänglich. 43 Was in
die Erde gelegt wird, ist armselig; aber was zum
neuen Leben erweckt wird, ist voll Herrlichkeit.
Was in die Erde gelegt wird, ist hinfällig; aber
was zum neuen Leben erweckt wird, ist voll
Kraft. 44 Was in die Erde gelegt wird, war von
natürlichem Leben beseelt; aber was zu neuem
Leben erwacht, wird ganz vom Geist* Gottes
beseelt sein.

Wenn es einen natürlichen Körper gibt, muss
es auch einen vom Geist beseelten Körper geben.
45 Es heißt ja in den Heiligen Schriften*: »Der
erste Mensch Adam wurde von natürlichem
Leben beseelt.«[a] Christus dagegen, der letzte
Adam, wurde zum Geist, der lebendig macht.
46 Aber zuerst kommt die Natur, dann der
Geist, nicht umgekehrt. 47 Der erste Adam wurde
aus Erde gemacht; er ist Erde. Der zweite Adam
stammt vom Himmel.[b] 48 Die irdischen Men-
schen sind wie der irdische Adam, die himm-
lischen Menschen wie der himmlische Adam.
49 So wie wir jetzt dem Menschen gleichen, der
aus Erde gemacht wurde, so werden wir künftig
dem gleichen, der vom Himmel gekommen ist.

Die Verwandlung der Lebenden und der letzte Sieg

50 Brüder und Schwestern,[c] das ist ganz sicher:
Menschen aus Fleisch und Blut können nicht in
Gottes neue Welt gelangen.[d] Ein vergänglicher
Körper kann nicht unsterblich werden.
51 Ich sage euch jetzt ein Geheimnis: Wir
werden nicht alle sterben, wir werden aber alle
verwandelt werden. 52 Das geschieht in einem
Augenblick, so schnell, wie jemand mit der
Wimper zuckt, sobald die Posaune* das Ende
ankündigt.

Die Posaune gibt das Signal, dann werden die
Verstorbenen zu unvergänglichem Leben er-
weckt*, und wir, die dann noch am Leben sind,
bekommen den neuen Körper. 53 Unser vergäng-
licher Körper, der dem Tod verfallen ist, muss in
einen unvergänglichen Körper verwandelt wer-
den, über den der Tod keine Macht hat.
54 Wenn das geschieht, wenn das Vergängli-
che mit Unvergänglichkeit überkleidet wird und
das Sterbliche mit Unsterblichkeit, dann wird
das Prophetenwort wahr:

»Der Tod ist vernichtet!
Der Sieg ist vollkommen!
55 Tod, wo ist dein Sieg?
Tod, wo ist deine Macht?«

56 Die Macht des Todes kommt von der Sünde.
Die Sünde aber hat ihre Kraft aus dem Gesetz*.
57 Dank sei Gott, dass er uns durch Jesus Chris-
tus, unseren Herrn*, den Sieg schenkt!
58 Darum, meine lieben Brüder und Schwes-
tern, werdet fest und unerschütterlich in eurem
Glauben und tut stets euer Bestes für die Sache
des Herrn. Ihr wisst, dass der Herr euren Einsatz
belohnen wird.

SAMMLUNG FÜR JERUSALEM UND BRIEFSCHLUSS
(Kapitel 16)

Die Sammlung für die Urgemeinde

16 Ich komme jetzt zu der Geldsammlung für
die Gemeinde in Jerusalem.[e] Ihr müsst es
so halten, wie ich es auch den Gemeinden in
Galatien* gesagt habe: 2 Jeden Sonntag legt ihr
bei euch zu Hause etwas auf die Seite, so viel

a Wörtlich lautet das Zitat aus Gen 2,7: *Der (erste) Mensch (Adam) wurde eine lebende Seele.* Demgemäß spricht Paulus in Vers 44 von einem *seelischen Körper* und einem *geistigen Körper.* Vers 46 lautet wörtlich *Aber nicht zuerst der geistige (Körper), sondern der seelische, danach (erst) der geistige.*
b *Adam:* im Unterschied zu Vers 45 steht hier beide Male im Griechischen wörtlich *Mensch* (vgl. Anmerkung zu Gen 3,20). In Vers 48 wörtlich nur *Die Irdischen/Himmlischen ... der Irdische/Himmlische.*
c Siehe Anmerkung zu 1,10; ebenso für Vers 58.
d Wörtlich *die Königsherrschaft* Gottes erben.*
e Wörtlich *für die Heiligen*.*

15,43 Phil 3,21 **15,45-49** 15,21-22S **15,45** Joh 6,63; 2 Kor 3,6 **15,52** 1 Thess 4,15-17 **15,53** 2 Kor 5,4 **15,54** *nach* Jes 25,8 **15,55** *nach* Hos 13,14 **15,56** Röm 4,15S; 6,23 **15,57** Röm 7,24 **15,58** 16,13S; 2 Chr 15,7 **16,1** Röm 15,26S

jeder oder jede entbehren kann. Bewahrt es auf; dann muss nicht erst gesammelt werden, wenn ich komme. 3 Nach meiner Ankunft werde ich die Brüder, die ihr aussucht, mit Empfehlungsschreiben nach Jerusalem schicken, damit sie eure Spende übergeben. 4 Wenn es sich empfiehlt, dass ich selbst mitkomme, werden wir gemeinsam reisen.

Die Pläne des Apostels

5 Ich komme über Mazedonien zu euch. Dort werde ich nur durchreisen, 6 bei euch dagegen möchte ich, wenn möglich, eine Zeit lang bleiben, vielleicht sogar den Winter über. Dann könnt ihr mich für die Weiterreise mit allem Nötigen ausstatten. 7 Ich möchte euch diesmal nicht nur flüchtig auf der Durchreise besuchen. Ich hoffe, dass ich einige Zeit bei euch verbringen kann, wenn der Herr* es erlaubt.

8 Ich habe vor, noch bis Pfingsten in Ephesus zu bleiben. 9 Hier steht mir die Tür weit offen für ein erfolgreiches Wirken, und ich muss mich mit vielen Gegnern auseinander setzen.

10 Wenn Timotheus zu euch kommt, dann seht darauf, dass ihr ihn nicht entmutigt. Denn er arbeitet genau wie ich für den Herrn. 11 Niemand soll ihn verachten. Verabschiedet ihn in gutem Einvernehmen und gebt ihm, was er braucht, damit er zu mir zurückkommen kann. Ich erwarte ihn zusammen mit den Brüdern, die bei ihm sind.

12 Dem Bruder Apollos habe ich lange zugeredet, mit den Brüdern zusammen zu euch zu reisen, aber er wollte jetzt einfach nicht. Wenn es ihm besser passt, wird er kommen.

Abschließende Ermahnungen und Grüße

13 Seid wachsam! Steht im Glauben fest! Seid mutig und stark! 14 Alles, was ihr tut, soll von der Liebe bestimmt sein.

15 Ihr wisst, Brüder und Schwestern:[a] Die Stephanas-Familie war die erste bei euch in Achaia*, die zum Glauben kam,[b] und sie hat sich ganz für den Dienst an der Gemeinde[c] zur Verfügung gestellt. Ich bitte euch: 16 Ordnet euch solchen Menschen unter! Begegnet allen mit Achtung, die in der Gemeinde mitarbeiten und Aufgaben übernehmen. 17 Ich freue mich, dass Stephanas, Fortunatus und Achaikus bei mir sind. Sie haben mich dafür entschädigt, dass ihr nicht alle hier sein könnt. 18 Sie haben mich aufgemuntert, so wie sie es auch mit euch getan haben. Solche Menschen sollt ihr achten.

19 Die Gemeinden der Provinz Asien* lassen euch grüßen. Das Ehepaar Aquila und Priska und die Gemeinde, die sich in ihrem Haus versammelt, grüßen vielmals euch alle, mit denen sie durch den Herrn* verbunden sind. 20 Alle Brüder und Schwestern lassen euch grüßen.

Grüßt euch gegenseitig mit dem Friedenskuss*!

Eigenhändiges Schlusswort

21 Zum Schluss mein persönlicher Gruß! Ich, Paulus, schreibe ihn mit eigener Hand.

22 Wer den Herrn* verachtet, soll verflucht sein, dem Gericht Gottes übergeben!

Maranata* – Unser Herr, komm!

23 Die Gnade des Herrn Jesus sei mit euch!

24 Meine Liebe gilt euch allen. Durch Jesus Christus sind wir miteinander verbunden.

a Siehe Anmerkung zu 1,10.
b Wörtlich *ist die Erstlingsgabe Achaias;* siehe Sacherklärung »Erstling«; zu *Familie* siehe Sacherklärung »Hausgemeinschaft«.
c Wörtlich *an den Heiligen**.

16,5 Apg 19,21; 2 Kor 1,16 **16,6** Röm 15,24 **16,7** Jak 4,15 S **16,8-9** Apg 19,8-10 **16,10** 4,17 S **16,12** Apg 18,24 S **16,13** 15,58; Eph 6,10; Ps 31,25 **16,14** 8,1 S; Röm 12,9 S; 13,8-10; Joh 13,34 S **16,15** 1,16; Röm 16,5 **16,19** Apg 18,2 S; Röm 16,5 S **16,20** Röm 16,16 S **16,21** Gal 6,11; Kol 4,18; 2 Thess 3,17; Phlm 19 **16,22** Gal 1,8-9; (komm) Offb 22,20

DER ZWEITE BRIEF DES APOSTELS PAULUS AN DIE GEMEINDE IN KORINTH

(2. Korintherbrief)

Inhaltsübersicht

DER APOSTEL RECHTFERTIGT SEIN VERHALTEN (1,1–2,13)

Eingangsgruß

1 Paulus, Apostel* von Jesus Christus nach
dem Willen Gottes, und der Bruder Timo-
theus schreiben diesen Brief an die Gemeinde
Gottes in Korinth und zugleich an alle Christen[a]
in der Provinz Achaia*.
2 Gnade und Frieden* sei mit euch von Gott,
unserem Vater, und von Jesus Christus, dem
Herrn*!

Paulus dankt Gott für Trost und Ermutigung

3 Gepriesen sei der Gott und Vater unseres
Herrn* Jesus Christus! Er ist ein Vater, dessen Er-
barmen unerschöpflich ist, und ein Gott, der uns
nie verzweifeln lässt. 4 Auch wenn ich[b] viel
durchstehen muss, gibt er mir immer wieder
Mut. Darum kann ich auch anderen Mut ma-
chen, die Ähnliches durchstehen müssen. Ich
kann sie trösten und ermutigen, so wie Gott
mich selbst getröstet und ermutigt hat.
5 Ich leide mit Christus und in seinem Dienst
in reichem Maß. Aber ebenso reich sind der
Trost und die Ermutigung, die mir durch ihn ge-
schenkt werden. 6 Wenn ich leide, so geschieht
es, damit ihr Mut bekommt und zur Rettung ge-
langt. Und wenn ich getröstet werde, so ge-
schieht es, damit ihr den Mut bekommt, die glei-
chen Leiden wie ich geduldig zu ertragen.
7 Ich bin voller Zuversicht, wenn ich an euch
denke; denn ich weiß: Wie ihr meine Leiden
teilt, so habt ihr auch teil an dem Trost und der
Ermutigung, die mir geschenkt werden.
8 Ihr sollt wissen, Brüder und Schwestern,[c]
dass ich in der Provinz Asien* in einer ausweg-
losen Lage war. Was ich zu ertragen hatte, war
so schwer, dass es über meine Kraft ging. Ich
hatte keine Hoffnung mehr, mit dem Leben da-
vonzukommen, 9 ja, ich war ganz sicher, dass
das Todesurteil über mich gesprochen war.
Aber das geschah, damit ich nicht auf mich
selbst vertraue, sondern mich allein auf Gott ver-
lasse, der die Toten zum Leben erweckt*. 10 Und
er hat mich ja auch vor dem sicheren Tod gerettet
– und wird es auch künftig tun. Ich setze die
feste Hoffnung auf ihn: Er wird mich auch in
Zukunft aus Todesgefahr retten.
11 Dazu helfen auch eure Gebete für mich,
und aus vielen Herzen wird dann der Dank für
meine gnädige Bewahrung vielstimmig zu Gott
aufsteigen.

Warum Paulus nicht nach Korinth kam

12 Wenn ich mich mit etwas rühme*, dann mit
dem, was mir auch mein Gewissen bezeugt:
Mein Verhalten überall in der Welt und beson-

a Wörtlich *an alle Heiligen**.

b Wörtlich *wir* (so durchgehend bis Vers 14 und ab 2,14 auf weite Strecken in diesem Brief). Es ist möglich, dass Paulus sich durch die Wir-Form mit Timotheus als Mitabsender des Briefs (1,1) zusammenschließt. Der Inhalt der Aussagen, zugespitzt auf den in Korinth umstrittenen Apostel, und der häufige Wechsel von »ich« und »wir«, in der Regel ohne erkennbaren Anlass, weisen jedoch eher darauf hin, dass es sich um eine bekannte Stilform handelt (vgl. Anmerkung zu 1 Kor 2,6). Die Schärfe der Aussagen wird für uns deutlicher, wenn sie – von eindeutigen Ausnahmen wie 5,20 abgesehen – in der Ich-Form wiedergegeben werden.

c *Brüder und Schwestern* steht für ein einziges griechisches Wort, das als Mehrzahlform nicht nur, wie herkömmlich übersetzt, die »Brüder« bezeichnet, sondern auch je nach Zusammenhang die gesamte Gemeinde aus Männern und Frauen (siehe dazu Sacherklärung »Bruder«).

1,1 1 Kor 4,17 S **1,3** Eph 1,3; 1 Petr 1,3 **1,5** 4,10 S; Ps 34,20 **1,6-7** 4,15.17 **1,8** 4,8; Apg 19,23; 1 Kor 15,32 **1,9 b** Röm 4,17; Hebr 11,12.19 **1,10** 2 Tim 4,18 **1,11** Röm 15,30 S **1,12** (rühme) 1 Kor 1,31 S; (Gewissen) Apg 24,16 S; Hebr 13,18; (Verhalten) 2 Kor 2,17 S; (Klugheit) 1 Kor 1,17.19; 2,13

ders bei euch war stets bestimmt von völliger Ehrlichkeit und Selbstlosigkeit, wie es dem Willen Gottes entspricht. Ich ließ mich nicht von eigennütziger Klugheit leiten, sondern vom Wirken der Gnade Gottes.

13 Auch was ich in meinen Briefen schreibe, meine ich genau so, wie ihr es lesen und verstehen könnt. Ich hoffe, dass ihr es vollends ganz verstehen werdet. 14 Zum Teil habt ihr mich ja schon verstanden, nämlich dass ihr auf mich stolz sein dürft, so wie ich auf euch[a] – an dem Tag, an dem Jesus, unser Herr*, kommt.

15 Im Vertrauen auf all das hatte ich den Plan gefasst, zuerst zu euch zu kommen,[b] damit ich euch zweimal besuchen und euch zweimal die Gnade Gottes bringen könnte. 16 Ich wollte über euch nach Mazedonien reisen und von dort wieder zu euch zurückkehren, damit ihr mich für die Reise nach Judäa mit allem Nötigen ausrüstet.

17 War ich leichtfertig, als ich mir das vorgenommen habe? Oder mache ich meine Pläne nach Menschenart, sodass mein Ja auch ein Nein sein kann? 18 Gott ist mein Zeuge: Kein Wort, das ich euch sage, ist Ja und Nein zugleich!

19 Denn Jesus Christus, der Sohn* Gottes, den Silvanus, Timotheus und ich bei euch verkündet haben, war nicht Ja und Nein zugleich. In ihm ist das reine Ja Wirklichkeit geworden. 20 Mit ihm sagt Gott Ja zu allen seinen Zusagen. Von ihm gedrängt und ermächtigt sprechen wir darum auch das Amen* zur Ehre Gottes.

21 Gott hat uns zusammen mit euch auf diesen festen Grund gestellt: auf Christus. Er hat uns gesalbt 22 und uns sein Siegel aufgedrückt.[c] Er hat seinen Geist* in unser Herz gegeben als Anzahlung auf das ewige Leben, das er uns schenken will.

23 Ich rufe Gott als Zeugen an; er soll mich zur Rechenschaft ziehen, wenn ich nicht die Wahrheit sage! Nur um euch zu schonen, bin ich nicht wieder[d] nach Korinth gekommen. 24 Denn ich betrachte mich nicht als Richter über euren Glauben. Meine Aufgabe ist es doch, zu eurer Freude beizutragen! Im Glauben steht ihr ja fest.

Der »Tränenbrief« und seine Absicht

2 Ich war fest entschlossen: Ich wollte nicht noch einmal zu euch kommen und euch nur wieder traurig machen. 2 Denn wenn ich euch traurig mache, bleibt mir ja niemand, der mich wieder froh machen kann. 3 Genau das habe ich euch in meinem Brief geschrieben. Ich wollte nicht kommen und erleben, dass die mich traurig machen, die mir eigentlich Freude bereiten sollten. Denn ich bin ganz sicher: Euch allen macht es Freude, wenn ihr mir Freude machen könnt.

4 Ich war sehr bedrückt und niedergeschlagen und habe euch unter vielen Tränen geschrieben. Aber ich wollte euch nicht betrüben. Ihr solltet vielmehr sehen, wie sehr ich gerade euch liebe.

Paulus bittet die Gemeinde, seinem Gegner zu verzeihen

5 Wenn einer von euch jemand Kummer bereitet hat, so hat er ihn nicht mir bereitet, sondern euch allen. Oder doch einem großen Teil von euch, damit ich nicht übertreibe. 6 Er ist genug gestraft mit dem, was die Mehrheit von euch über ihn verhängt hat. 7 Jetzt ist es an der Zeit, dass ihr ihm verzeiht und ihn ermutigt, damit er nicht in Verzweiflung getrieben wird.

8 Ich bitte euch also: Beschließt, ihn wieder in Liebe anzunehmen! 9 Mit meinem Brief wollte ich eure Treue erproben und sehen, ob ihr meinen Anweisungen in allem Folge leistet. 10 Wem ihr verzeiht, dem verzeihe ich auch. Wenn ich hier überhaupt etwas zu verzeihen hatte, so habe ich es um euretwillen vor Christus getan. 11 Der Satan* soll uns nicht überlisten. Wir wissen doch genau, was für Absichten er verfolgt!

Paulus wartete sehnlichst auf Nachricht

12 Ich war bis nach Troas gekommen und verkündete dort die Gute Nachricht* von Christus. Der Herr hatte mir die Tür geöffnet für ein erfolgreiches Wirken; 13 aber ich war unruhig, weil mein Mitarbeiter Titus nicht eintraf. Darum nahm ich Abschied und reiste nach Mazedonien.[e]

a Wörtlich *dass ich euer Ruhm bin, so wie auch ihr der meine;* vgl. Sacherklärung »rühmen«.
b *zuerst:* Bei einem überraschenden Zwischenbesuch, bei dem es zu schweren Auseinandersetzungen kam (darauf nimmt Paulus in 2,1-11 Bezug), hatte Paulus offenbar seine baldige Rückkehr nach Korinth zugesagt, um von dort nach Mazedonien weiterzureisen; vgl. den ursprünglichen Plan in 1 Kor 16,5. Die Fortsetzung im Text lautet wörtlich *damit ihr eine zweite Gnade empfangt.* c Salbung* (vgl. 1 Joh 2,20.27 und Anmerkungen) und Versiegelung sind Bilder für die Taufe und weisen insbesondere auf den mit ihr verbundenen Empfang des Heiligen Geistes hin (siehe Sacherklärung »Taufe«).
d Wörtlich *nicht mehr.* Paulus war demnach inzwischen schon in Korinth gewesen. Es ist nicht zu erkennen, ob es sich dabei um den geplanten ersten Besuch von Vers 15-16 handelt oder um einen ungeplanten Zwischenbesuch wegen alarmierender Nachrichten. e Der abgebrochene Bericht wird in 7,5 wieder aufgenommen.

1,14 Phil 2,16S **1,16** 1 Kor 16,5-6 **1,17** 1 Kor 4,18-19 **1,19** Apg 18,5 **1,20** 1 Kor 14,16; Offb 3,14 **1,22** 5,5; Röm 8,11.23; Eph 1,13-14; 4,30 **1,23** 13,2S **1,24** 4,5; 1 Petr 5,3 **2,1** 1 Kor 4,21; 2 Kor 12,21 **2,3** 13,10 **2,4** 7,8 **2,6** 7,11 **2,7** Kol 3,13 **2,9** 7,12.15 **2,11** 1 Petr 5,8 **2,13** (Titus) 7,6.13-14; 8,6.16-18.22-23; 12,18; Gal 2,1.3; 2 Tim 4,10; Tit 1,4

DER GROSSARTIGE AUFTRAG DES APOSTELS (2,14–7,16)

Paulus als Apostel im Dienst von Christus

14 Ich[a] danke Gott, dass er mich immer im Triumphzug[b] von Christus mitführt und seine rettende Botschaft durch mich an allen Orten bekannt macht, wie einen Wohlgeruch, der sich ausbreitet.[c] 15 Von mir geht der Wohlgeruch der Botschaft von Christus aus, und das zur Ehre Gottes. Er erreicht die, die gerettet werden, und die, die verloren gehen. 16 Für die Verlorengehenden ist es ein tödlicher Duft, an dem sie sterben. Für die, die gerettet werden, ist es ein Duft, der sie zum Leben führt.

Wer ist einer solchen Aufgabe gewachsen? 17 Viele verbreiten die Botschaft Gottes, wie man ein Geschäft betreibt. Ich dagegen verkünde sie völlig uneigennützig. Ich rede als einer, der Christus dient. Was ich sage, kommt von Gott, dem ich mich verantwortlich weiß.

Die Gemeinde als Empfehlungsbrief für Paulus

3 Fange ich schon wieder an, mich selbst anzupreisen? Oder brauche ich vielleicht Empfehlungsschreiben an euch oder von euch, wie gewisse Leute sie nötig haben? 2 Ihr selbst seid mein Empfehlungsbrief! Er ist in mein Herz geschrieben und alle können ihn sehen und lesen. 3 Für alle ist sichtbar: Ihr seid ein Brief von Christus, ausgefertigt und überbracht durch meinen Dienst als Apostel*.

Dieser Brief ist nicht mit Tinte geschrieben, sondern mit dem Geist* des lebendigen Gottes. Er steht nicht auf Steintafeln, sondern in den Herzen von Menschen.

Paulus als Diener des neuen Bundes

4 So viel Selbstvertrauen habe ich vor Gott, weil Christus mich in seinen Dienst gestellt hat. 5 Ich meine nicht, dass ich einem solchen Auftrag aus eigener Kraft gewachsen bin und mir irgendetwas selbst zuschreiben kann. Gott ist es, der mir die Fähigkeit dazu geschenkt hat.

6 Er hat mich fähig gemacht, ihm zu dienen durch die Bekanntmachung seines neuen Bundes*. Dieser Bund unterscheidet sich dadurch von dem früheren Bund, dass Gott jetzt nicht ein geschriebenes Gesetz* gibt, sondern seinen Geist*. Der Buchstabe des Gesetzes führt zum Tod; der Geist aber führt zum Leben.

Der neue Bund führt zum Leben

7 Der Dienst, der Mose übertragen wurde, galt dem Gesetz*, das mit Buchstaben in steinerne Tafeln eingegraben war. Obwohl dieser Dienst den Menschen den Tod brachte, war der Glanz auf dem Gesicht Moses so stark, dass die Israeliten ihn nicht ertragen konnten. Und das war doch nur ein vergänglicher Glanz!

Wenn also schon der Dienst, der den Menschen den Tod brachte, mit so viel Herrlichkeit ausgestattet gewesen ist, 8 wie herrlich muss dann erst der Dienst sein, der sie durch den Geist* zum Leben führt! 9 Wenn schon der Dienst, der den Menschen die Verurteilung brachte, Gottes Herrlichkeit* ausstrahlte, wie viel mehr wird dann der Dienst die Herrlichkeit Gottes ausstrahlen, der ihnen den Freispruch bringt!

10 Verglichen mit diesem überwältigenden Glanz ist jener andere Glanz gar nichts. 11 Schon das, was vergehen muss, hat Gottes Herrlichkeit ausgestrahlt. Wie viel mehr wird dann die Herrlichkeit Gottes von dem ausstrahlen, was für immer besteht!

Der neue Bund führt zur Freiheit

12 Weil ich eine so große Hoffnung habe, kann ich frei und offen auftreten. 13 Ich brauche es nicht wie Mose zu machen, der sein Gesicht jedes Mal mit einem Tuch bedeckte. Denn die Israeliten sollten nicht sehen, dass der Glanz wieder verschwand.

14 Aber sie wurden ja auch mit Blindheit geschlagen. Wenn sie die Schriften des Alten Bundes lesen, liegt für sie bis heute immer noch dieselbe Decke über deren Worten, und es wird ihnen nicht klar, dass dieser Bund durch Christus an sein Ende gekommen ist. 15 Auch über ihrem Verstand liegt bis heute eine Decke, wenn sie die Schriften Moses lesen. 16 Aber was für Mose galt,

a *ich:* wörtlich *wir* (und so weiter bis 6,12); siehe Anmerkung zu 1,4.
b Im alten Rom wurde der siegreiche Feldherr dadurch geehrt, dass er, gefolgt von seinen Truppen, auf dem Triumphwagen durch die Stadt geführt wurde, ihm voraus Kriegsgefangene und Beutestücke – vielleicht sieht Paulus sich als überwundenen ehemaligen Gegner (vgl. 1 Kor 15,9-10; Apg 9,4-6.15-16). An den Brauch, dabei wohlriechende Essenzen zu versprühen, knüpft möglicherweise die Fortsetzung an.
c *seine rettende ...:* wörtlich *den Wohlgeruch seiner Erkenntnis ... offenbar macht.* Zu *Erkenntnis* vgl. 4,6.

2,15 1 Kor 1,18 **2,17** 4,2; Phil 1,15-17; 1 Thess 2,3.5.10 **3,1** 5,12; 10,12; Apg 18,27 **3,2** 1 Kor 9,1-2 S **3,3 b** Jer 31,33 S **3,5** Röm 15,18 **3,6** Lk 22,20 S; Röm 7,6 S; Joh 6,63 **3,7** Ex 34,29-30 **3,9** Gal 3,10; Röm 8,2.33 **3,13** Ex 34,33-35 **3,14-15** Röm 10,4; 11,7-8; Eph 2,15 **3,14** Jes 6,10; Röm 11,25 **3,16** *nach* Ex 34,34

gilt auch für sie alle: »Wenn er sich dem Herrn zu-
wendet, wird die Verhüllung weggenommen.«
17 Der Herr aber, von dem dieses Wort spricht,
nämlich Jesus Christus,[a] wirkt durch seinen
Geist*. Und wo der Geist des Herrn ist, da ist
Freiheit. 18 Wir alle sehen in Christus mit unver-
hülltem Gesicht die Herrlichkeit* Gottes wie in
einem Spiegel. Dabei werden wir selbst in das
Spiegelbild verwandelt und bekommen mehr
und mehr Anteil an der göttlichen Herrlichkeit.
Das bewirkt der Herr durch seinen Geist.

Der Apostel hat nichts zu verbergen

4 Gott hat sich über mich erbarmt und mir
diesen Dienst übertragen. Darum verliere
ich nicht den Mut. 2 Ich meide alle dunklen
Machenschaften. Ich handle nicht hinterhältig
und verdrehe nicht das Wort Gottes. Vielmehr
verkünde ich offen die unverfälschte Wahrheit
der Guten Nachricht* in Verantwortung vor
Gott. Das ist meine ›Empfehlung‹, und das wer-
den alle erkennen, die ihr Gewissen prüfen.
3 Wenn die Gute Nachricht, die ich verkünde,
glanzlos und verhüllt erscheint, so ist sie das nur
für die Menschen, die verloren gehen. 4 Der
Satan, der Herrscher dieser Welt,[b] hat sie mit
Blindheit geschlagen, sodass sie der Guten Nach-
richt nicht glauben. Und so können sie auch
deren hellen Glanz nicht sehen – den Glanz, in
dem Christus aufleuchtet, der das Bild Gottes ist.
5 Denn ich verkünde nicht mich selbst, son-
dern Jesus Christus als den Herrn*. Ich selbst
komme nur als euer Diener in Betracht, und das
bin ich, weil ich Christus diene. 6 Gott hat einst
gesagt: »Licht strahle auf aus der Dunkelheit!« So
hat er auch sein Licht in meinem Herzen auf-
leuchten lassen und mich zur Erkenntnis seiner
Herrlichkeit* geführt, der Herrlichkeit Gottes,
wie sie aufgestrahlt ist in Jesus Christus.

Der Dienst des Apostels in Schwachheit und Leiden

7 Ich trage diesen Schatz in einem ganz gewöhn-
lichen, zerbrechlichen Gefäß.[c] Denn es soll deut-
lich sichtbar sein, dass das Übermaß an Kraft,
mit dem ich wirke, von Gott kommt und nicht
aus mir selbst.
8 Ich bin von allen Seiten bedrängt, aber ich
werde nicht erdrückt. Ich weiß oft nicht mehr
weiter, aber ich verzweifle nicht. 9 Ich werde ver-
folgt, aber Gott lässt mich nicht im Stich. Ich wer-
de niedergeworfen, aber ich komme wieder auf.
10 Ich erleide fortwährend das Sterben, das
Jesus durchlitten hat, an meinem eigenen Leib.
Aber das geschieht, damit auch das Leben, zu
dem Jesus auferweckt worden ist, an mir sicht-
bar wird. 11 Denn als Lebender bin ich ständig
für Jesus dem Tod ausgeliefert, damit auch das
Leben, das Jesus hat, an meinem todverfallenen
Körper offenkundig wird. 12 So wirkt nun also
der Tod in mir, das Leben aber in euch.
13 Ich bin erfüllt vom Geist des Vertrauens,
von dem in den Heiligen Schriften* gesagt wird:
»Ich vertraute auf Gott, darum redete ich.« Ge-
nauso vertraue auch ich auf Gott, und darum re-
de ich auch und verkünde die Gute Nachricht.[d]
14 Gott hat Jesus, den Herrn*, vom Tod aufer-
weckt*, und ich weiß, dass er mich genauso wie
Jesus auferwecken und zusammen mit euch vor
seinen Thron stellen wird.
15 Ich tue ja das alles für euch! Die Botschaft
von Gottes Gnade soll immer mehr Menschen
erreichen, und der Dank dafür soll überströmen
zur Ehre Gottes.

Die Hoffnung des Apostels auf die künftige Herrlichkeit

16 Darum verliere ich nicht den Mut. Die Lebens-
kräfte, die ich von Natur aus habe, werden auf-
gerieben; aber das Leben, das Gott mir schenkt,
erneuert sich jeden Tag. 17 Die Leiden, die ich
jetzt ertragen muss, wiegen nicht schwer und ge-
hen vorüber. Sie werden mir eine Herrlichkeit
bringen, die alle Vorstellungen übersteigt und
kein Ende hat. 18 Ich baue nicht auf das Sicht-
bare, sondern auf das, was jetzt noch niemand
sehen kann. Denn was wir jetzt sehen, besteht
nur eine gewisse Zeit. Das Unsichtbare aber
bleibt ewig bestehen.

5 Wir wissen ja: Wenn das irdische Zelt, in
dem wir jetzt leben, nämlich unser Körper,
abgebrochen wird, hat Gott eine andere Behau-
sung für uns bereit: ein Haus im Himmel, das
nicht von Menschen gebaut ist und das in Ewig-
keit bestehen bleibt.
2 Weil wir das wissen, stöhnen wir und seh-

a *von dem …:* verdeutlichender Zusatz; zur Deutung der alttestamentlichen Aussage auf Jesus Christus vgl. Sacherklärung »Herr«.
b *Der Satan …:* wörtlich *Der Gott dieser Welt**; siehe Sacherklärung »Satan«.
c Wörtlich *in einem Tongefäß.* d *und verkünde …:* verdeutlichender Zusatz.

3,17 Röm 8,2; Gal 5,1.13.18; Joh 8,32.36 **3,18** 4,6; Röm 5,2S **4,1** 3,4.6 **4,2** 2,17S; 3,1; 6,4 **4,3** 1 Kor 1,18 **4,4** (Satan) 1 Kor 2,6; Eph 2,2; Joh 12,31S; (Bild Gottes) Kol 1,15; Hebr 1,3 **4,5** 1,24 **4,6** Gen 1,3; 2 Kor 3,18; 1 Petr 2,9 **4,8** 1,8; 7,5; 11,23-29S **4,10** 1,5; Gal 6,17; Röm 6,8; Phil 3,10-11; Kol 1,24; 1 Petr 4,13 **4,11** Röm 8,36S **4,12** Kol 1,24 **4,13** *nach* Ps 116,10 **4,14** 1 Kor 6,14S **4,17** Röm 5,2S **4,18** Hebr 11,1S **5,1** 2 Petr 1,14 **5,2** Röm 8,22-23.26

nen uns danach, mit dieser himmlischen Behausung umkleidet zu werden; 3 denn wir wollen ja nicht nackt dastehen, wenn wir den irdischen Körper ablegen müssen. 4 Ja, wir sind bedrückt und stöhnen, solange wir noch in diesem Körper leben; wir wollen aber nicht von unserem sterblichen Körper befreit werden, sondern in den unvergänglichen Körper hineinschlüpfen. Was an uns vergänglich ist, soll vom Leben verschlungen werden.

5 Wir werden auch an dieses Ziel gelangen, denn Gott selbst hat in uns die Voraussetzung dafür geschaffen:[a] Er hat uns ja schon als Anzahlung auf das ewige Leben seinen Geist* gegeben.

6 Deshalb bin ich in jeder Lage zuversichtlich. Ich weiß zwar: Solange ich in diesem Körper lebe, bin ich vom Herrn* getrennt. 7 Wir leben ja noch in der Zeit des Glaubens, noch nicht in der Zeit des Schauens. 8 Ich bin aber voller Zuversicht und würde am liebsten sogleich von meinem Körper getrennt und beim Herrn zu Hause sein.

9 Weil ich mich danach sehne, setze ich aber auch alles daran, zu tun, was ihm gefällt, ob ich nun in diesem Körper lebe oder zu Hause bin beim Herrn. 10 Denn wir alle müssen vor Christus erscheinen, wenn er Gericht hält. Dann wird jeder Mensch bekommen, was er verdient, je nachdem, ob er in seinem irdischen Leben Gutes getan hat oder Schlechtes.

Gottes Friedensangebot in Christus

11 Im Bewusstsein, dass ich dem Herrn* Rechenschaft schuldig bin, suche ich Menschen zu gewinnen.[b] Vor Gott habe ich nichts zu verbergen. Ich hoffe, dass auch ihr zu dieser Einsicht kommt, wenn ihr euer Gewissen befragt.

12 Ich preise mich nicht schon wieder selbst an. Vielmehr möchte ich euch zeigen, dass ihr Grund habt, auf mich stolz zu sein.[c] Dann wisst ihr auch, wie ihr die zum Schweigen bringen könnt, die auf äußere Vorzüge stolz sind, aber im Innern haben sie nichts vorzuweisen.

13 Wenn mich der Geist* ergreift und in ekstatische Zustände versetzt – das gibt es auch bei mir[d] –, dann geht das nur Gott etwas an. Wenn ich dagegen bei klarem Verstand bin, dann geht das *euch* an, und ich bin es *euch* zugute!

14 Denn die Liebe, die Christus uns erwiesen hat, bestimmt mein ganzes Handeln. Ich halte mir stets vor Augen: Einer ist für alle in den Tod gegangen, also sind sie alle gestorben. 15 Weil er für sie gestorben ist, gehört ihr Leben nicht mehr ihnen selbst, sondern dem, der für sie gestorben und zum Leben erweckt* worden ist.

16 Darum beurteile ich von jetzt an niemand mehr nach menschlichen Maßstäben. Auch Christus nicht, den ich einst so beurteilt habe. 17 Wenn also ein Mensch zu Christus gehört, ist er schon »neue Schöpfung«. Was er früher war, ist vorbei; etwas ganz Neues hat begonnen.

18 Das alles aber kommt von Gott. Obwohl ich sein Feind war, hat er sich durch Christus mit mir ausgesöhnt und mir den Auftrag gegeben, seine Versöhnungsbotschaft zu verbreiten. 19 So lautet diese Botschaft: In Christus hat Gott selbst gehandelt und hat die Menschen mit sich versöhnt. Er hat ihnen ihre Verfehlungen vergeben und rechnet sie nicht an. Diese Versöhnungsbotschaft lässt er unter uns verkünden.

20 Uns Aposteln* hat Christus den Auftrag und die Vollmacht gegeben, diese Botschaft überall bekannt zu machen. Ja, Gott selbst ist es, der durch uns die Menschen ruft. So bitten wir im Auftrag von Christus: »Bleibt nicht Gottes Feinde! Nehmt die Versöhnung an, die Gott euch anbietet!«[e]

21 Gott hat Christus, der ohne Sünde war, an unserer Stelle als Sünder verurteilt, damit wir durch ihn vor Gott als gerecht* bestehen können.

6 Als Gottes Mitarbeiter rufe ich euch also auf: Gebt Acht, dass ihr die Gnade Gottes nicht vergeblich empfangt! 2 Gott sagt: »Wenn die Zeit kommt, dass ich mich über euch erbarme, erhöre ich euch; wenn der Tag eurer Rettung da ist, helfe ich euch.« *Jetzt* ist die Zeit der Gnade! *Jetzt* ist der Tag der Rettung!

Der Apostel im Dienst der Versöhnungsbotschaft

3 Weil mir diese Botschaft anvertraut ist, sehe ich darauf, dass mein Verhalten in jeder Hinsicht einwandfrei ist; denn ich möchte nicht, dass der Dienst, der mir aufgetragen ist, in Verruf kommt.

a *Wir werden …:* wörtlich *Der uns aber dazu vorbereitet hat, ist Gott.*
b Wörtlich *zu beschwatzen.* Offenbar wurde Paulus dieser Vorwurf gemacht; vgl. Gal 1,10.
c Wörtlich *euch meiner zu rühmen*;* entsprechend im nächsten Satz.
d *das gibt es …:* verdeutlichender Zusatz. Paulus hat mit Gegnern zu tun, die sich auf entsprechende Erlebnisse berufen.
e *Bleibt nicht …:* wörtlich *Lasst euch versöhnen mit Gott.*

5,4 1 Kor 15,53-54 **5,5** 1,22 S **5,7** 1 Kor 13,12 S **5,8** Phil 1,23 **5,10** 1 Kor 3,13-15; 4,5; 2 Kor 11,15; Röm 2,6 S; 2 Thess 1,7-10; Apg 10,42 S **5,11** 1 Kor 4,1-5; (gewinnen) 4,2; 6,4; 1 Kor 9,22; Röm 1,13 **5,12** 3,1; Phil 2,16 S **5,13** 1 Kor 14,18-19 **5,14** Eph 3,19 **5,15** Röm 6,3-4; 7,4; 14,7-9 **5,17** (Neues) Röm 6,4 S; Eph 4,24; Offb 21,5 **5,18** Röm 5,10; Eph 2,16 **5,19** Röm 3,24-26; Kol 1,20 **5,21** Joh 8,46 S; Hebr 4,15 S; Röm 8,3 S **6,2** *zit* Jes 49,8; Lk 4,19-21

4 Meine »Empfehlung« ist es, dass ich mich in
allem als Diener Gottes erweise:
Mit großer Geduld ertrage ich Sorgen, Nöte
und Schwierigkeiten. 5 Ich werde geschlagen,
ich werde eingesperrt, sie hetzen das Volk gegen
mich auf. Ich arbeite mich ab, ich verzichte auf
Schlaf und Nahrung.
6 Ich empfehle mich weiter durch ein ein-
wandfreies Leben, durch Erkenntnis*, durch Ge-
duld und durch Freundlichkeit, durch Wirkun-
gen des Heiligen Geistes* und durch aufrichtige
Liebe, 7 durch das Verkünden der Wahrheit und
durch die Kraft, die von Gott kommt. Meine
Waffe für Angriff und Verteidigung ist, dass ich
tue, was vor Gott und vor Menschen recht ist.
8 Es macht mir nichts aus, ob ich geehrt oder
beleidigt werde, ob man Gutes über mich redet
oder Schlechtes. Ich werde als Betrüger verdäch-
tigt und bin doch ehrlich. 9 Ich werde verkannt
und bin doch anerkannt. Ich bin ein Sterbender
und doch lebe ich. Ich werde misshandelt und
doch komme ich nicht um. 10 Ich erlebe Kummer
und bin doch immer fröhlich. Ich bin arm wie
ein Bettler und mache doch viele reich. Ich besit-
ze nichts und habe doch alles.

Paulus wirbt um die Gemeinde

11 Meine Lieben in Korinth, ich habe kein Blatt
vor den Mund genommen! Ich habe euch mein
Herz weit geöffnet. 12 Es stimmt nicht, dass ihr
keinen Platz darin habt. Ihr habt nur euer eige-
nes Herz zugemacht. 13 Ich spreche zu euch als
zu meinen Kindern. Begegnet mir so, wie ich
euch begegne! Öffnet auch ihr eure Herzen weit!

Warnung vor schädlichen Einflüssen

14 Macht keine gemeinsame Sache mit Ungläubi-
gen![a] Wie passen denn Gerechtigkeit und Un-
gerechtigkeit zusammen? Was hat das Licht mit
der Finsternis zu tun? 15 Ist Christus in Einklang
zu bringen mit dem Teufel?[b] Haben Glaubende
etwas mit Ungläubigen gemeinsam? 16 Haben
Götzenbilder etwas im Tempel Gottes zu su-
chen?
Und das sind wir doch: der Tempel des leben-
digen Gottes! Denn Gott hat gesagt: »Ich will bei
ihnen wohnen und mitten unter ihnen leben.
Ich will ihr Gott sein und sie sollen mein Volk
sein.« 17 Deshalb sagt er auch: »Zieht weg von
hier, trennt euch von ihnen! Berührt nichts Un-
reines! Dann werde ich euch meine Liebe zu-
wenden. 18 Ich will euer Vater sein und ihr sollt
meine Söhne und Töchter sein. Das sagt der
Herr, der Herrscher der ganzen Welt.«
7 Uns, meine Lieben, gelten diese Zusagen!
Wir wollen uns darum von allem reinigen,
was Körper und Geist beschmutzt. Wir wollen
Gott ernst nehmen und uns bemühen, vollends
ganz sein heiliges* Volk zu werden.

Weiteres Werben um die Gemeinde

2 Gebt mir Raum in euren Herzen! Ich habe doch
keinem von euch Unrecht getan! Ich habe nie-
mand zugrunde gerichtet oder ausgebeutet!
3 Ich sage das nicht, um euch zu verurteilen.
Ich habe euch ja schon gesagt, dass ich euch in
meinem Herzen trage. Ihr seid in Tod und Leben
so untrennbar mit mir verbunden, wie wir es
mit Christus im Sterben und Leben sind.[c] 4 Ich
habe volles Vertrauen zu euch, ich bin sogar
stolz auf euch. Trotz aller Not bin ich zuversicht-
lich und voll überschwänglicher Freude.

Titus ist gekommen: Ende der Sorgen für Paulus

5 Auch als ich nach Mazedonien kam,[d] fand ich
keine Ruhe. Von allen Seiten stürmte es auf mich
ein: von außen Feinde, von innen Sorgen.
6 Doch Gott, der die Niedergeschlagenen ermu-
tigt, gab mir durch die Ankunft von Titus neuen
Mut.
7 Es war aber nicht nur seine Ankunft – noch
viel mehr bedeutet es für mich, dass ihr Titus so
ermutigt habt. Er hat mir erzählt, wie gern ihr
mich sehen wollt, wie sehr ihr das Vorgefallene
bedauert und wie rückhaltlos ihr bereit seid,
euch auf meine Seite zu stellen. Das hat mich
noch glücklicher gemacht.

a Wörtlich *Zieht nicht mit Ungläubigen zusammen am fremden Joch**.
b *Teufel:* wörtlich *Beliar* (von hebräisch *belijaal* = Bosheit, Verderben). Die Bezeichnung findet sich sonst nicht in der Bibel, war aber im Frühjudentum verbreitet.
c *dass ich euch in meinem Herzen ...:* wörtlich *dass ihr in meinem Herzen seid zum Mitsterben und Mitleben.* Mitzuhören ist 4,10-11.
d Hier wird der Gedankengang von 2,13 wieder aufgenommen. (Für *ich* in den Versen 5-7, 9 Ende, 13, 14b wörtlich *wir*; siehe Anmerkung zu 1,4.)

6,4 4,2S **6,5-10** 11,23-29S **6,6** Röm 12,9S **6,7** 10,4-5S **6,9** 4,10-11 **6,10** (reich) Phil 4,12-13 **6,13** 1 Kor 4,14 **6,16 b** 1 Kor 3,16S; *nach* Lev 26,12; Ez 37,26-28S **6,17** *nach* Jes 52,11 **6,18** *nach* 2 Sam 7,14 *und* Jes 43,6 **7,2** 6,13; 12,17 **7,3** 6,11; Phil 1,7 **7,5** 2,13; 4,8 **7,6** 1,3-4; 2,13S

Heilsamer Schmerz durch den »Tränenbrief«

8 Ich habe euch durch meinen Brief wehgetan;
aber ich bedaure es nicht, dass ich ihn geschrie-
ben habe. Als ich hörte, wie hart er euch zuerst
getroffen hat, tat es mir zwar Leid, 9 aber jetzt
freue ich mich darüber. Natürlich nicht deshalb,
weil mein Brief euch Schmerz bereitet hat, son-
dern weil dieser Schmerz euch zur Besinnung ge-
bracht hat. Es war ein Schmerz, wie Gott ihn
haben will. Deshalb war es nicht zu eurem Scha-
den, dass ich euch so geschrieben habe. 10 Denn
der Schmerz, wie Gott ihn haben will, ruft eine
Reue hervor, die niemand je bereut; denn sie
führt zur ewigen Rettung. Der Schmerz, wie ihn
die Menschen dieser Welt* empfinden, führt
dagegen zum ewigen Tod.

11 Meine Worte haben euch einen Schmerz
bereitet, wie Gott ihn haben will. Seht doch, wel-
chen Gewinn euch das gebracht hat! Wie viel gu-
ten Willen zeigt ihr jetzt! Wie eifrig seid ihr be-
müht, eure Unschuld zu beweisen! Der Unwille
über den Schuldigen, die Furcht vor meinem
Zorn, die Sehnsucht nach meiner Gegenwart
und der Eifer, den Schuldigen zu bestrafen – das
alles ist daraus erwachsen. Damit habt ihr ge-
zeigt, dass ihr in dieser Sache unschuldig seid.

12 Es ging mir also bei meinem Brief nicht um
den, der Unrecht getan hat, oder um mich, dem
Unrecht geschehen ist. Ihr solltet Gelegenheit be-
kommen, vor Gott zu beweisen, dass ihr voll zu
mir steht. 13a So ist es geschehen und das hat mir
wieder Mut gegeben.

Paulus freut sich für und mit Titus

13b Aber noch viel mehr als über diese Ermuti-
gung habe ich mich gefreut über die Freude, mit
der Titus von euch zurückkam. Er war ganz
glücklich, weil ihr alle so freundlich zu ihm gewe-
sen seid. 14 Ich hatte euch vor ihm gerühmt und
ihr habt mich nicht enttäuscht. So wie ich euch
gegenüber immer die Wahrheit gesagt habe, so
hat sich nun auch das, was ich Titus gegenüber
von euch gerühmt habe, als Wahrheit erwiesen.

15 Jetzt liebt er euch noch mehr als zuvor. Er
hat ja erlebt, wie ihr ihn mit Angst und Bangen
aufnahmt und wie bereitwillig ihr euch meinen
Anordnungen gefügt habt. 16 Ich bin froh, dass
ich mich in allem auf euch verlassen kann.

DIE SAMMLUNG FÜR DIE GEMEINDE IN JERUSALEM
(Kapitel 8–9)

Erinnerung und Ermunterung

8 Ich will euch berichten, Brüder und Schwes-
tern,[a] was Gottes Gnade in den Gemeinden
in Mazedonien bewirkt hat. 2 Sie hatten viel
zu leiden und haben es nicht nur standhaft er-
tragen; vielmehr wurde ihre Freude im Glau-
ben nur umso stärker und führte trotz ihrer
großen Armut zu einer erstaunlichen Hilfsbereit-
schaft.

3 Ihr könnt es mir glauben: Sie spendeten, so
viel sie konnten, ja noch mehr, und sie taten es
ohne Aufforderung. 4 Sie haben sich mir geradezu
aufgedrängt und darum gebeten, sich an diesem
Werk der Gnade Gottes beteiligen zu dürfen – an
dieser Hilfeleistung, in der die Verbundenheit mit
der Gemeinde in Jerusalem[b] zum Ausdruck
kommt. 5 Sie taten dabei noch mehr, als ich gehofft
hatte: Sie schenkten sich selbst, zuerst dem Herrn*
und dann, dem Willen Gottes gemäß, auch mir.

6 Deshalb habe ich Titus zugeredet, dass er sich
bei euch um diese Sache kümmert. Er hat ja schon
früher bei euch damit angefangen. Nun soll er
euch helfen, dieses Werk der Gnade auch zu Ende
zu bringen. 7 Ihr habt alles im Überfluss: Glauben,
kraftvolles Wort, Erkenntnis*, guten Willen und
die gegenseitige Liebe, die ich euch vorgelebt und
unter euch geweckt habe. Ich möchte, dass euer
Beitrag zu diesem Gnadenwerk ebenso reich wird.

8 Ich gebe euch keinen Befehl. Ich sage euch
nur, wie hilfsbereit andere sind, um euch da-
durch anzuspornen. Ich möchte erproben, wie
ernst es euch mit eurer Liebe ist. 9 Ihr wisst ja,
was Jesus Christus, unser Herr*, in seiner Liebe
für euch getan hat. Er war reich und wurde für
euch arm; denn er wollte euch durch seine
Armut reich machen.

10 Ich gebe euch nur meinen Rat. Ich meine,
es ist zu eurem eigenen Besten, dass ihr euch an
der Sammlung beteiligt. Ihr habt euch ja schon
im vorigen Jahr dazu entschlossen und habt auch
schon damit angefangen. 11 Bringt das Begon-
nene jetzt zum guten Ende, damit die Ausfüh-
rung nicht hinter dem Vorsatz zurückbleibt.

Natürlich immer entsprechend dem, was ihr
habt! 12 Wenn der gute Wille da ist, ist er will-

a Siehe Anmerkung zu 1,8. Auch in Kap 8 wechseln im griechischen Text »wir« und »ich«; siehe Anmerkung zu 1,4 (wörtlich *ich* nur in Vers 3, 8, 10).
b Wörtlich *mit den Heiligen**.

7,8 2,4 **7,12** 2,9 **7,14** 8,24 **7,15** (gefügt) 2,9 **8,1-5** Röm 15,26 S **8,6** 2,13 S **8,7** 1 Kor 1,5; 2 Kor 9,11 **8,9** Phil 2,6-7; Mt 8,20 par **8,10** (Rat) 1 Kor 7,25 **8,12** Mk 12,43 par

kommen mit dem, was jemand hat, nicht mit
dem, was jemand nicht hat. 13 Ihr sollt nicht
selbst Mangel leiden, damit andern geholfen
wird. Vielmehr soll es zu einem Ausgleich kom-
men. 14 Im Augenblick habt ihr mehr als die an-
dern. Darum ist es nur recht, dass ihr denen
helft, die in Not sind. Wenn dann einmal ihr in
Not seid und sie mehr haben als ihr, sollen sie
euch helfen. So kommt es zu einem Ausgleich
zwischen euch.

15 In den Heiligen Schriften* heißt es: »Wer
viel gesammelt hatte, hatte nicht zu viel, und
wer wenig gesammelt hatte, hatte nicht zu
wenig.«

Die Helfer bei der Sammlung

16 Ich danke Gott dafür, dass er Titus den glei-
chen Eifer für euch ins Herz gegeben hat, den
ich für euch habe. 17 Titus hat nicht nur meinen
Vorschlag angenommen; er war noch viel eifri-
ger und hatte schon von sich aus beschlossen, zu
euch zu reisen.

18 Mit ihm schicke ich den Bruder, der wegen
seines Wirkens für die Gute Nachricht* bei allen
Gemeinden in hohem Ansehen steht. 19 Und
nicht nur das: Die Gemeinden haben ihn auch
dazu bestimmt, mich zu begleiten, wenn ich
diese Liebesgabe überbringe – die Gabe, die ich
jetzt einsammle zur Ehre Gottes und zum Zei-
chen meines guten Willens.[a] 20 So soll vermie-
den werden, dass man mich verdächtigt, wenn
ich eine so große Summe allein verwalte. 21 Es
liegt mir daran, dass alles einwandfrei zugeht,
nicht nur vor dem Herrn, sondern auch vor den
Menschen.

22 Ich schicke noch einen anderen Bruder
mit ihnen. Ich habe ihn oft erprobt, und jedes
Mal war er sehr eifrig. Jetzt ist er noch viel eifri-
ger als sonst, eine so hohe Meinung hat er von
euch. 23 Titus ist mein Gefährte und mein Mit-
arbeiter im Dienst an euch. Die anderen Brüder
kommen im Auftrag der Gemeinden und sind
Menschen, die Christus Ehre machen. 24 Zeigt
ihnen, dass eure Liebe echt ist, und beweist den
anderen Gemeinden, dass ich euch zu Recht ge-
lobt habe.

Nochmals zur Sammlung

9 Ich brauche euch über den Liebesdienst für
die Gemeinde in Jerusalem[b] ja nicht mehr aus-
führlich zu schreiben. 2 Ich weiß, dass ihr helfen
wollt. Ich habe euch schon bei den Mazedoniern
gelobt: »Die Brüder und Schwestern[c] in Korinth
und Umgebung sammeln seit dem vorigen Jahr!«
Euer Eifer hat die meisten von ihnen angesteckt.

3 Ich schicke jetzt die Brüder zu euch; denn
ich will nicht enttäuscht werden, weil ich euch
gelobt und erklärt habe: »Sie haben schon ge-
sammelt.« 4 Wie stehe ich da, wenn dann Leute
von Mazedonien mit mir kommen und feststel-
len, dass es gar nicht so ist! Wie werde ich mich
schämen müssen – und erst ihr selbst!

5 Darum hielt ich es für nötig, die Brüder zu bitten,
dass sie mir vorausreisen und die angekündigte
Spende einsammeln, damit sie dann wirklich bereit-
liegt. Sie soll eine echte Spende sein: eine Gabe
des Dankes[d] und nicht eine Gabe des Geizes.

Gott gibt, damit wir geben können

6 Denkt daran: Wer spärlich sät, wird nur wenig
ernten. Aber wer mit vollen Händen sät, auf den
wartet eine reiche Ernte. 7 Jeder soll so viel ge-
ben, wie er sich in seinem Herzen vorgenom-
men hat. Es soll ihm nicht Leid tun und er soll es
auch nicht nur geben, weil er sich dazu gezwun-
gen fühlt. Gott liebt fröhliche Geber!

8 Er hat die Macht, euch so reich zu beschen-
ken, dass ihr nicht nur jederzeit genug habt für
euch selbst, sondern auch noch anderen reich-
lich Gutes tun könnt. 9 Dann gilt von euch, was
in den Heiligen Schriften* steht: »Großzügig gibt
er den Bedürftigen; seine Wohltätigkeit wird in
Ewigkeit nicht vergessen werden.«[e]

10 Gott, der dem Sämann Saatgut und Brot
gibt, wird auch euch Samen geben und ihn wach-
sen lassen, damit eure Wohltätigkeit eine reiche
Ernte bringt. 11 Er wird euch so reich machen,
dass ihr jederzeit freigebig sein könnt. Dann wer-
den viele Menschen Gott wegen der Gaben dan-
ken, die wir ihnen von euch übergeben.

12 Dieser Liebesdienst soll ja nicht nur die Not
der Gemeinde in Jerusalem lindern, sondern dar-
über hinaus viele Menschen zum Dank gegen

a Paulus löst mit der Sammlung sein Versprechen von Gal 2,10 ein.
b Wörtlich *für die Heiligen *;* ebenso in Vers 12. *c* Siehe Anmerkung zu 1,8.
d Paulus gebraucht ein Wortspiel; das entsprechende, hier zweimal hintereinander gebrauchte griechische Wort kann sowohl »Spende« als auch »Segen, Segens-, Dankesgabe, reichliche Gabe« bedeuten.
e *seine Wohltätigkeit …:* wörtlich *seine Gerechtigkeit bleibt in Ewigkeit.* »Gerechtigkeit« hat in neutestamentlicher Zeit unter anderem den Sinn von »Mildtätigkeit« angenommen. Der zitierte Psalm (112,9) spricht ursprünglich allgemeiner von der Treue zu Gott und seinen Weisungen.

8,15 *zit* Ex 16,18 **8,23** 2,13 S **8,24** Röm 12,9 S; 2 Kor 7,14 **9,1** 8,4 **9,3** 8,22; 8,24 S **9,6** Spr 11,24; 19,17; 28,27 **9,7** (fröhliche Geber) Sir 35,11 **9,9** *nach* Ps 112,9 **9,11** 8,7

Gott bewegen. 13 Wenn ihr euch in dieser Sache
bewährt, werden die Brüder und Schwestern in
Jerusalem Gott dafür preisen. Sie werden ihm
danken, dass ihr so treu zur Guten Nachricht*
von Christus steht und so selbstverständlich mit
ihnen und mit allen teilt. 14 Und weil sie sehen,
dass Gott euch in so überreichem Maß seine
Gnade erwiesen hat, werden sie für euch beten
und sich nach euch sehnen.

15 Lasst uns Gott danken für sein unsagbar
großes Geschenk!

DER APOSTEL WIRBT UM DIE GEMEINDE (Kapitel 10–13)

Paulus verteidigt sich gegen Angriffe

10 Ich, Paulus, muss jetzt von mir selbst re-
den.[a] Ich bin angeblich kleinlaut, wenn
ich bei euch bin, aber aus der Ferne spiele ich
den starken Mann. Ich bitte euch bei der Güte
und Freundlichkeit, die Christus uns erwiesen
hat: 2 Zwingt mich nicht, meine Stärke zu zei-
gen, wenn ich komme!

Ich habe keine Angst vor denen, die mir
menschliche Schwächen und mangelnde geist-
liche Vollmacht vorwerfen.[b] 3 Ich bin zwar nur ein
Mensch, aber ich kämpfe nicht nach Menschen-
art. 4 Meine Waffen in diesem Kampf sind nicht
die eines schwachen Menschen, sondern die
mächtigen Waffen Gottes. Mit ihnen zerstöre ich
feindliche Festungen: Ich bringe falsche Gedan-
kengebäude zum Einsturz 5 und reiße den Hoch-
mut nieder, der sich der wahren Gotteserkenntnis
entgegenstellt. Jeden Gedanken, der sich gegen
Gott auflehnt, nehme ich gefangen und unterstel-
le ihn dem Befehl von Christus. 6 Ich stehe bereit,
alle Widersetzlichen zu bestrafen, sobald ihr als
Gemeinde zum vollen Gehorsam gefunden habt.

7 Seht doch den Tatsachen ins Auge! Wenn je-
mand bei euch den Anspruch erhebt, zu Christus zu
gehören, darf er nicht übersehen: Ich gehöre zu
Christus genauso wie er. 8 Ich könnte sogar noch
mehr für mich in Anspruch nehmen und die Voll-
macht ausspielen, die der Herr* mir gegeben hat.
Damit würde ich mich bestimmt nicht übernehmen.

Aber ich erhielt meinen Auftrag, um euch als
Gemeinde aufzubauen, und nicht, um euch zu-
grunde zu richten. 9 Es soll nicht so aussehen, als
ob ich euch mit meinen Briefen einschüchtern
wollte. 10 Sie sagen ja schon: »Die Briefe, die er
schreibt, sind gewichtig und kraftvoll; aber wenn
er persönlich bei uns ist, macht er eine erbärm-
liche Figur, und was er sagt, hat keine Kraft.«

11 Wer so denkt, dem sage ich: Genau so, wie
meine Briefe auf euch wirken, werde ich han-
deln, wenn ich zu euch komme.

Gegen den Selbstruhm der eingedrungenen Missionare

12 Ich wage allerdings nicht, mich mit denen in
eine Reihe zu stellen, die sich selbst anpreisen.
Ich kann mich selbstverständlich nicht mit ihnen
messen. Sie sind so unverständig, dass sie ihre
eigenen Maßstäbe aufrichten und sich an sich
selbst messen.

13 Ich dagegen rühme* mich nicht ohne Maß.
Gott hat mich mit der Guten Nachricht* bis zu
euch gelangen lassen. Das ist der Maßstab, nach
dem ich mich beurteile. 14 Ich brauche meine
Leistung nicht zu übertreiben, denn ich bin ja
tatsächlich mit der Guten Nachricht von Christus
auch bis zu euch gekommen!

15 Ich verliere also nicht das Maß und prahle
nicht mit der Arbeit, die andere getan haben. Ich
hoffe vielmehr, dass euer Glaube wächst und ich
dann noch weit mehr Ruhm ernten werde – und
zwar nach dem Maßstab, der für *mich* gilt.
16 Statt nach einem fremden Maßstab mit einer
Arbeit zu prahlen, die andere schon vor mir ge-
tan haben, werde ich dann die Gute Nachricht
noch weit über Korinth hinaus verkünden.

17 In den Heiligen Schriften* heißt es: »Wer
sich mit etwas rühmen will, soll sich mit dem
rühmen, was der Herr getan hat.« 18 Als bewährt
gilt, wer vom Herrn gelobt wird, und nicht, wer
sich selbst anpreist.

Paulus und die falschen Apostel

11 Wenn ihr mir[c] doch erlauben würdet, ein-
mal den Verrückten zu spielen – aber das
erlaubt ihr ja gern – und mich selbst anzuprei-
sen! 2 Wache ich doch ebenso eifersüchtig über
euch wie Gott selbst. Ihr seid für mich wie eine

a *muss jetzt ...:* verdeutlichender Zusatz. In den Versen 3-6 und 12-18 für *ich* wörtlich *wir*; dazwischen Wechsel zwischen Ich- und Wir-Form, ohne dass Paulus in das Wir jemand anderen einbeziehen würde (in Vers 9 wörtlich *ich*, in Vers 11 *wir*!). Vgl. Anmerkung zu 1,4.

b *die mir menschliche ...:* wörtlich *die meinen, wir lebten nach dem Fleisch**. Gedacht ist an Vorwürfe, wie sie aus 4,2 und 10,10 hervorgehen.

c Die Verteidigungsrede in Kap 11–12, in der Paulus den *Verrückten* zu spielen vorgibt, ist nicht in der autoritativen Wir-Form, sondern durchgehend in der Ich-Form gehalten; vgl. Anmerkung zu 1,4.

10,2 13,10 **10,4** (Waffen Gottes) 6,7; Röm 13,12; Eph 6,13-17; 1 Thess 5,8 **10,5** Jes 2,12-17 **10,6** 2,9 **10,8 b** 13,10 **10,11** 13,1-2 **10,12** 3,1 S **10,13** Röm 12,3; Gal 2,7 **10,15-16** Röm 15,20 **10,17** *nach* Jer 9,22-23; 1 Kor 1,31 S **10,18** 1 Kor 4,4-5 **11,1** 11,19 **11,2** Eph 5,25-27

Tochter, die ich für *einen* Mann bestimmt und
mit ihm verlobt habe, um sie ihm unberührt zu-
zuführen, nämlich Christus.
3 Eva wurde durch die klugen Lügen der
Schlange verführt. Ich fürchte, dass eure Gedan-
ken genauso verwirrt werden und ihr Christus
nicht mehr rein und ungeteilt liebt. 4 Ihr lasst es
euch gefallen, wenn jemand kommt und euch
einen anderen Jesus verkündet als den, den ich
euch gebracht habe. Ihr lasst euch gerne einen
anderen Geist* geben als den, den ihr zuerst emp-
fangen habt, und nehmt eine andere Gute Nach-
richt* an als die, die ihr von mir gehört habt.
5 Ich bin überzeugt, dass ich euren Überapos-
teln* in nichts nachstehe. 6 Vielleicht bin ich
kein Meister im Reden, aber in der Erkenntnis*
nehme ich es mit jedem auf. Das habe ich euch
gegenüber zu jeder Zeit und in jeder Lage bewie-
sen.
7 Oder war es vielleicht unrecht von mir, dass
ich euch die Gute Nachricht ohne jede Gegenleis-
tung verkündete? Ich habe mich selbst erniedrigt,
um euch zu erhöhen! 8 Für meinen Dienst an
euch habe ich mich von anderen Gemeinden be-
zahlen lassen; ich habe sie um euretwillen be-
raubt. 9 Solange ich bei euch war, bin ich nie-
mand zur Last gefallen, wenn ich in Not war.
Denn die Brüder, die aus Mazedonien kamen,
brachten mir, was ich brauchte. Ich habe nichts
von euch in Anspruch genommen.
So werde ich es auch in Zukunft halten. 10 Ich
verspreche euch bei Christus, der die Wahrheit
ist und der in mir lebt: Meinen Ruhm in diesem
Punkt wird mir niemand in der ganzen Provinz
Achaia* nehmen! 11 Warum bestehe ich darauf?
Etwa weil ich euch nicht liebe? Gott weiß, wie es
damit steht!
12 Wenn ich auch in Zukunft nichts von euch
annehme, so hat das einen anderen Grund: Den
Gefallen tue ich euren Überaposteln nicht! Sie
warten nur auf die Gelegenheit, mich zu sich
herabzuziehen und sich noch ungehinderter an-
preisen zu können.[a]
13 In Wirklichkeit sind sie falsche Apostel*;
sie sind Betrüger, die sich nur für Apostel von
Christus ausgeben. 14 Das braucht euch nicht zu
wundern. Sogar der Satan* verstellt sich und gibt
sich für einen Engel[b] aus! 15 Es ist also nichts Be-
sonderes, wenn auch seine Helfer sich verstellen
und sich als Diener Gottes ausgeben. Aber am
Ende ergeht es ihnen, wie sie es mit ihren Taten
verdient haben.

Was Paulus vorzuweisen hat

16 Ich wiederhole: Niemand soll glauben, ich sei
nicht ganz bei Verstand! Aber wer es meint, soll
mich dann eben so nehmen, damit ich mich
auch ein klein wenig anpreisen kann. 17 Was ich
jetzt sage, ist nicht im Sinne des Herrn* gesagt.
Ich spreche wie ein Unzurechnungsfähiger,
wenn ich mich darauf einlasse, mich zu rüh-
men*. 18 Aber weil so viele sich auf ihre Vorzüge
berufen, will ich es auch einmal tun.
19 Ihr seid ja so vernünftig, dass ihr die Ver-
rückten gerne ertragt. 20 Ihr duldet es, wenn
euch jemand unterdrückt, euch ausbeutet und
einfängt, euch verachtet und ins Gesicht schlägt.
21 Ich muss zu meiner Schande gestehen: Dazu
war ich zu schwach!
Ich rede jetzt wirklich wie ein Verrückter:
Womit andere prahlen, damit kann ich auch
prahlen. 22 Sie sind echte Hebräer*? Das bin ich
auch. Sie sind Israeliten? Das bin ich auch. Sie
sind Nachkommen Abrahams*? Das bin ich
auch. 23 Sie dienen Christus? Ich rede im Wahn-
sinn: Ich diene ihm noch viel mehr!
Ich habe härter für Christus gearbeitet. Ich
bin öfter im Gefängnis gewesen, öfter geschla-
gen worden. Häufig war ich in Todesgefahr.
24 Fünfmal habe ich von den Juden die neununddreißig
Schläge bekommen. 25 Dreimal wurde
ich von den Römern mit Stöcken geprügelt, ein-
mal wurde ich gesteinigt*. Ich habe drei Schiff-
brüche erlebt; das eine Mal trieb ich eine Nacht
und einen Tag auf dem Meer.
26 Auf meinen vielen Reisen haben mich
Hochwasser und Räuber bedroht. Juden und
Nichtjuden haben mir nachgestellt. Es gab Ge-
fahren in Städten und in Einöden, Gefahren auf
hoher See und Gefahren bei falschen Brüdern.
27 Ich hatte Mühe und Not und oftmals schlaf-
lose Nächte. Ich war hungrig und durstig, oft
hatte ich tagelang nichts zu essen. Ich fror und
hatte nichts Warmes anzuziehen.
28 Ich könnte noch vieles aufzählen; aber ich
will nur noch eins nennen: die Sorge um alle Ge-
meinden, die mir täglich zu schaffen macht.
29 Wenn irgendwo jemand schwach ist, bin ich

a *Sie warten nur …:* wörtlich *Sie suchen einen Anlass, damit sie in dem, worin/womit sie sich rühmen, so wie wir* (= ich) *gefunden werden.*

b Wörtlich *für einen Engel* des Lichts.* Paulus kennt auch böse Engel; vgl. 12,7.

11,3 Gen 3,1-5.13 **11,4** Gal 1,6-9 **11,5** 12,11; 1 Kor 15,10; Gal 2,6.9 **11,6** 1 Kor 2,6-16 **11,7** 12,13; 1 Kor 9,12-18 **11,8-9** Phil 4,15-18 **11,10** 1 Kor 9,15-18 **11,12** 11,5; 12,11 **11,13** Phil 3,2; Offb 2,2 **11,15** Röm 2,6 S **11,22** Röm 11,1 S **11,23-29** (Leiden des Apostels) 1 Kor 4,11-13; 2 Kor 4,8-12; 6,5-10; 2 Tim 3,11 **11,23 b** 1 Kor 15,10; (Gefängnis) Apg 16,23; Eph 3,1 S; 2 Kor 6,5 **11,24** Dtn 25,3; Mt 10,17 **11,25** Apg 16,22; 14,19 S **11,26** (nachgestellt) Apg 9,23-25; 14,5 **11,27** 6,5 **11,29** 1 Kor 9,22; Gal 6,2

es mit ihm. Und wenn jemand an Gott irrewird, brennt es mich wie Feuer.

30 Wenn schon geprahlt werden muss, will ich mit meiner Schwäche prahlen. 31 Der Gott und Vater unseres Herrn* Jesus – gepriesen sei er in Ewigkeit – weiß, dass ich nicht lüge.

32 Als ich in Damaskus war, stellte der Bevollmächtigte des Königs Aretas* Wachen an die Stadttore, um mich zu verhaften. 33 Aber durch das Fenster eines an die Stadtmauer gebauten Hauses wurde ich in einem Korb hinuntergelassen und entkam.

Hohe Offenbarungen – und was wirklich zählt

12 Ihr zwingt mich dazu, dass ich mein Selbstlob noch weiter treibe. Zwar hat niemand einen Nutzen davon; trotzdem will ich jetzt von den Visionen und Offenbarungen sprechen, die vom Herrn* kommen.

2 Ich kenne einen mit Christus verbundenen Menschen, der vor vierzehn Jahren in den dritten Himmel* versetzt wurde. Ich bin nicht sicher, ob er körperlich dort war oder nur im Geist; das weiß nur Gott. 3–4 Jedenfalls weiß ich, dass diese Person ins Paradies* versetzt wurde, ob körperlich oder nur im Geist, das weiß nur Gott. Dort hörte sie geheimnisvolle Worte, die kein Mensch aussprechen kann.

5 Im Blick auf diese Person will ich prahlen.[a] Im Blick auf mich selbst prahle ich nur mit meiner Schwäche. 6 Wollte ich aber für mich selbst damit prahlen, so wäre das kein Anzeichen, dass ich den Verstand verloren hätte; ich würde ja die reine Wahrheit sagen. Trotzdem verzichte ich darauf; denn jeder soll mich nach dem beurteilen, was er an mir sieht und mich reden hört, und nicht höher von mir denken.

7 Ich habe unbeschreibliche Dinge geschaut. Aber damit ich mir nichts darauf einbilde, hat Gott mir einen »Stachel ins Fleisch« gegeben: Ein Engel des Satans[b] darf mich mit Fäusten schlagen, damit ich nicht überheblich werde.

8 Dreimal habe ich zum Herrn gebetet, dass der Satansengel von mir ablässt. 9 Aber der Herr hat zu mir gesagt: »Du brauchst nicht mehr als meine Gnade. Je schwächer du bist, desto stärker erweist sich an dir meine Kraft.«

Jetzt trage ich meine Schwäche gern, ja, ich bin stolz darauf, weil dann Christus seine Kraft an mir erweisen kann. 10 Darum freue ich mich über meine Schwächen, über Misshandlungen, Notlagen, Verfolgungen und Schwierigkeiten. Denn gerade wenn ich schwach bin, dann bin ich stark.

Paulus sorgt sich um die Korinther

11 Jetzt habe ich mich wirklich wie ein Unzurechnungsfähiger aufgeführt! Aber ihr habt mich ja dazu gezwungen. Es wäre doch eigentlich *eure* Sache gewesen, meine Vorzüge herauszustreichen! Auch wenn ich nichts bin, euren Überaposteln* stehe ich in keiner Weise nach. 12 Unter schwierigen Umständen, in großer Geduld, sind durch mich Staunen erregende, machtvolle Wunder geschehen: die Zeichen, an denen man den Apostel erkennt.

13 Habe ich euch in irgendeinem Punkt schlechter behandelt als die übrigen Gemeinden? Ich weiß nur, dass ich euch nicht mit der Forderung nach Unterhalt zur Last gefallen bin. Verzeiht mir dieses Unrecht!

14 Jetzt will ich zum dritten Mal zu euch kommen und auch diesmal werde ich keine Ansprüche erheben. Euch selbst möchte ich, nicht euer Geld! Schließlich sollen nicht die Kinder für ihre Eltern sorgen, sondern die Eltern für ihre Kinder. 15 Euch zugute würde ich gerne alles hergeben, auch mein eigenes Leben. Es kann doch nicht sein, dass ihr mich umso weniger liebt, je mehr ich euch liebe!

16 Nun gut, das gebt ihr zu, dass ich euch nicht zur Last gefallen bin. Aber vielleicht war ich listig und hinterhältig? 17 Vielleicht habe ich euch durch einen meiner Boten ausgebeutet? 18 Ich schickte euch Titus und den anderen Bruder. Wollt ihr behaupten, dass Titus euch ausgebeutet hat? Handelten wir nicht beide im gleichen Geist? Gingen wir nicht in denselben Spuren?

19 Ihr denkt vielleicht schon lange, dass ich mich wie ein Angeklagter vor euch verteidige. Aber ich rede vor Gott als einer, der Christus gehört. Ich tue das alles zu eurem Besten, meine Lieben!

20 Denn ich habe Angst, dass ich euch bei meiner Ankunft nicht so antreffe, wie ich euch haben möchte – und dass dann auch ihr mich anders findet, als ihr mich haben wollt. Ich befürchte, dass ich Streit und Rivalität vorfinde, Wutausbrüche, Intrigen, Beleidigungen, Verleumdungen, Überheblichkeit und Unordnung.

21 Ich möchte nicht, dass mich Gott nochmals

a Wörtlich *mich rühmen**. b Siehe Anmerkung zu 11,14.

11,30 1 Kor 1,31 S **11,31** 1,23 **11,32-33** Apg 9,24-25 **12,5-6** 11,16.30 **12,7** Gal 4,13-14; Ijob 2,6-7; Num 33,55 **12,9** Phil 4,13; Jes 40,29-31; (Gnade) Röm 5,2 S **12,11** 11,5 S **12,12** (Wunder) Röm 15,19; Apg 13,6-12; 14,8-10; 16,16-18; 19,11-16; 20,7-12; 28,3-6 **12,13** 11,7-9 **12,15** Phil 2,17 **12,17** 7,2 **12,18** 2,13 S **12,20** 1,23; 10,2; 1 Kor 1,10-11 S **12,21** 13,2

vor euch demütigt, wenn ich jetzt zu euch
komme. Ich möchte nicht traurig sein müssen
über die vielen, die früher gesündigt haben und
die sich immer noch nicht abgekehrt haben von
ihrem schmutzigen, unzüchtigen, ausschweifen-
den Leben.

Letzte Warnungen und Grüße

13 Ich besuche euch jetzt zum dritten Mal.
Denkt an den Grundsatz: »Aufgrund von
zwei oder drei Zeugenaussagen wird der Schuld-
spruch gefällt.« 2 Für die von euch, die früher ge-
sündigt haben, und für alle anderen wiederhole
ich jetzt aus der Ferne, was ich schon während
meines zweiten Besuches angekündigt habe:
Wenn ich das nächste Mal komme, gibt es keine
Schonung!

3 Da habt ihr dann den gewünschten Beweis
dafür, dass Christus durch mich spricht. Christus
ist euch gegenüber nicht schwach, sondern er-
weist unter euch seine Kraft. 4 Als er am Kreuz*
starb, war er schwach. Aber jetzt lebt er durch
Gottes Kraft. Auch ich[a] bin mit Christus
schwach. Aber ich werde mit ihm leben und
mich stark erweisen euch gegenüber aus Gottes
Kraft.

5 Anstatt *mich* zu prüfen, prüft lieber euch
selbst, ob ihr überhaupt noch im Glauben steht!
Tretet *ihr* den Beweis an, dass ihr euch bewährt
habt, statt von mir einen zu verlangen![b] Ihr
müsst ja doch an euch selbst erkennen können,
ob Jesus Christus noch in eurer Mitte ist. Wenn
er es nicht ist, dann habt *ihr* versagt! 6 Ich hoffe
nur, ihr werdet noch einsehen, dass *ich* jeden-
falls *nicht* versagt habe.

7 Ich bete zu Gott, dass ihr keinerlei Böses
und Verwerfliches tut. Nicht, damit ich dann da-
stehe als der, der Recht behalten und sich durch-
gesetzt hat! Nein, wenn nur ihr das Gute tut, will
ich gern auch weiterhin wie ein Schwächling
und Versager dastehen. 8 Denn ich kann ja nichts
gegen die Wahrheit der Guten Nachricht* aus-
richten, sondern nur *für* sie. 9 Deshalb freue ich
mich, wenn ich schwach bin und ihr stark seid.
Genau darum bete ich zu Gott: Ich bitte ihn, dass
er euch wieder zurechtbringt.

10 Dies alles schreibe ich euch, solange ich
noch fern von euch bin. Ich möchte nicht streng
mit euch umgehen müssen, wenn ich komme.
Die Vollmacht, die der Herr* mir gab, habe ich
nicht bekommen, um die Gemeinde zu zerstö-
ren, sondern um sie aufzubauen.

11 Im Übrigen, Brüder und Schwestern,[c] freut
euch! Nehmt meine Worte zu Herzen und lasst
euch wieder auf den rechten Weg bringen. Seid
einer Meinung und lebt in Frieden miteinander.
Dann wird Gott, der uns seine Liebe und seinen
Frieden* schenkt, bei euch sein.

12 Grüßt einander mit dem Friedenskuss*!
Die ganze Gemeinde hier[d] lässt euch grüßen.

13 Die Gnade unseres Herrn Jesus Christus
und die Liebe Gottes und die Gemeinschaft stif-
tende Kraft des Heiligen Geistes[e] sei mit euch
allen!

a *ich:* wörtlich *wir* (ebenso in Vers 7-9 und in 12,19); siehe Anmerkung zu 1,4.
b *statt von mir ...:* verdeutlichender Zusatz, ebenso zu Beginn des Verses *Anstatt mich zu prüfen* und *lieber.*
c Siehe Anmerkung zu 1,8.
d Wörtlich *Alle Heiligen* (lassen).*
e Wörtlich *die Gemeinschaft des Heiligen Geistes**, womit sowohl die Verbindung *mit* dem Geist wie die vom Geist gestiftete Verbindung *untereinander* angesprochen ist.

13,1 Mt 18,16 S **13,2** 1,23; 10,11; 12,20; 13,10; 1 Kor 4,21 **13,4** 1 Kor 1,25; 2 Kor 12,9-10 **13,5** Röm 8,9-13 **13,7-9** 4,5 **13,10** 13,2 S; 10,8 **13,11** 1 Kor 7,15 S; Joh 14,27 S **13,12** Röm 16,16 S **13,13** Mt 28,19

DER BRIEF DES APOSTELS PAULUS AN DIE GEMEINDEN IN GALATIEN
(Galaterbrief)

Inhaltsübersicht

AUTORITÄT UND VERKÜNDIGUNG DES APOSTELS (Kapitel 1–2)

Ein ungewöhnlicher Briefeingang

1 Diesen Brief schreibt Paulus, der Apostel*.
Ich schreibe ihn als einer, der seinen Auftrag
nicht von Menschen erhalten hat, auch nicht
durch menschliche Vermittlung, sondern von
Jesus Christus und von Gott, dem Vater, der Jesus
vom Tod auferweckt* hat. 2 Zusammen mit allen
Brüdern und Schwestern,[a] die bei mir sind,
schreibe ich an die Gemeinden in Galatien*.
3 Gnade und Frieden* sei mit euch von Gott,
unserem Vater, und von Jesus Christus, dem
Herrn*, 4 der sein Leben für unsere Sünden hin-
gegeben hat. Das tat er, um uns aus der gegen-
wärtigen Welt* zu befreien, die vom Bösen be-
herrscht wird. So war es der Wille unseres Gottes
und Vaters – 5 ihm gehört die Herrlichkeit* für
alle Ewigkeit! Amen.

Es gibt nur die eine Gute Nachricht

6 Ich wundere mich über euch! Gott hat euch
durch die Gute Nachricht* dazu berufen, dass
ihr unter der Gnade steht, die Christus gebracht
hat. Und nun kehrt ihr ihm so schnell den Rü-
cken und wendet euch einer *anderen* Guten
Nachricht zu! 7 Es gibt in Wirklichkeit gar keine
andere; es gibt nur gewisse Leute, die unter euch
Verwirrung stiften. Sie wollen die Gute Nach-
richt von Christus in ihr Gegenteil verkehren.
8 Aber nicht einmal ich selbst oder ein Engel*
vom Himmel darf euch eine Gute Nachricht brin-
gen, die der widerspricht, die ich euch gebracht
habe. Wer es tut, soll verflucht sein, dem Gericht
Gottes übergeben! 9 Ich habe es euch schon frü-
her eingeschärft und wiederhole es jetzt: Wer
euch eine andere Gute Nachricht bringt als die,
die ihr angenommen habt, soll verflucht sein,
dem Gericht Gottes übergeben!
10 Will ich jetzt wieder Menschen beschwat-
zen – oder gar Gott selbst?[b] Oder rede ich etwa
Menschen nach dem Mund? Ich gehöre Christus
und diene ihm – wie kann ich da noch den Bei-
fall der Menschen suchen!

Die von Paulus verkündete Gute Nachricht kommt direkt von Christus

11 Das müsst ihr wissen, Brüder und Schwes-
tern:[c] Die Gute Nachricht*, die ich verkünde, ist
kein Menschenwort. 12 Ich habe sie nicht von
irgendeinem Menschen übernommen und bin
auch von keinem Menschen darüber belehrt
worden. Ich habe sie dadurch empfangen, dass
Gott mich Jesus als den von ihm bestätigten
Retter schauen ließ.[d]
13 Ihr habt doch gehört, wie entschieden ich
früher für die jüdische Religion eingetreten bin.
Über alles Maß hinaus verfolgte ich die Gemein-
de Gottes und tat alles, um sie zu vernichten.
14 In meiner Treue zum Gesetz* übertraf ich viele
meiner Altersgenossen in meinem Volk. Leiden-
schaftlicher als die anderen setzte ich mich für
die Befolgung der strengen Vorschriften ein, die
die früheren Gesetzeslehrer* aufgestellt haben.

a *Brüder und Schwestern* steht für ein einziges griechisches Wort, das als Mehrzahlform nicht nur, wie herkömmlich übersetzt, die »Brüder« bezeichnet, sondern auch je nach Zusammenhang die gesamte Gemeinde aus Männern und Frauen (siehe dazu Sacherklärung »Bruder«).
b Die Gegner werfen Paulus vor, er verkünde die Freiheit vom Gesetz (vgl. Kap 3) nur, um den Menschen einen bequemen Weg zu weisen, und so *beschwatze* er sie dazu, seine Botschaft anzunehmen. Er wolle vielleicht Gott selbst *beschwatzen*, das von ihm gegebene Gesetz* nicht mehr so ernst zu nehmen!
c Siehe Anmerkung zu 1,2.
d Wörtlich *Ich habe sie empfangen durch Offenbarung des Jesus Christus,* d.h. dadurch, dass Gott mir Jesus (als den) Christus geoffenbart hat; vgl. Sacherklärung »Christus«.

1,1 1 Kor 9,1-2 S **1,4** (Leben gegeben) 2,20; 2 Kor 5,21; Eph 5,2; 1 Tim 2,6; Tit 2,14; Hebr 9,28 S; Mk 10,45 S; Joh 1,29 S; (vom Bösen) 1 Joh 5,19 **1,7** 5,8.10; 2,4; Apg 15,1.24 **1,8-9** (verflucht) 1 Kor 5,2-5; 16,22 **1,10** 1 Thess 2,4-6 **1,13** Apg 8,3 S **1,14** Apg 23,6 S

15 Aber dann kam es ganz anders.[a] Gott hatte
mich ja schon vom Mutterleib an ausgesondert
und in seiner Gnade berufen. Und so gefiel es
ihm jetzt, 16 mir seinen Sohn* zu zeigen, damit
ich ihn unter den nichtjüdischen Völkern be-
kannt mache. Als mir diese Offenbarung zuteil
wurde, fragte ich nicht erst Menschen um Rat.
17 Ich ging auch nicht nach Jerusalem zu denen,
die schon vor mir Apostel* waren, sondern be-
gab mich nach Arabien[b] und kehrte dann wieder
nach Damaskus zurück.

18 Erst drei Jahre später ging ich nach Jerusa-
lem, um Petrus[c] kennen zu lernen. Ich blieb
zwei Wochen bei ihm. 19 Von den anderen Apos-
teln sah ich damals keinen, nur Jakobus, den
Bruder des Herrn*. 20 Was ich euch hier schrei-
be, ist die reine Wahrheit; Gott weiß es.

21 Dann ging ich nach Syrien und Zilizien.
22 Den christlichen Gemeinden in Judäa blieb
ich persönlich unbekannt. 23 Sie hatten nur ge-
hört: »Der Mann, der uns verfolgte, verkündet
jetzt den Glauben, den er früher ausrotten
wollte!« 24 Und sie dankten Gott dafür, dass er
dies an mir bewirkt hatte.

Die maßgebenden Leute in der Urgemeinde erkennen Paulus an

2 Erst vierzehn Jahre später ging ich wieder
nach Jerusalem, diesmal mit Barnabas; auch
Titus nahm ich mit. 2 Ich ging aufgrund einer
göttlichen Weisung und trug dort vor, was ich als
Gute Nachricht* bei den nichtjüdischen Völkern
verkünde.

Das tat ich vor der versammelten Gemeinde
und auch noch in besonderen Zusammenkünf-
ten vor ihren maßgebenden Leuten. Denn ich
war in Sorge, meine Missionsarbeit könnte nicht
anerkannt werden und meine ganze Mühe ver-
geblich sein, die künftige wie die bisherige.[d]
3 Aber nicht einmal mein Begleiter Titus, ein
Grieche, wurde gezwungen, sich beschneiden
zu lassen.

4 Es waren allerdings falsche Brüder einge-
drungen, wie sie sich damals auch anderswo in
den Gemeinden eingeschlichen hatten.[e] Sie
wollten sich zu Richtern über die Freiheit ma-
chen, die wir durch Jesus Christus haben, und
uns wieder unter das Gesetz* zwingen. 5 Aber
ich habe ihnen nicht einen Augenblick nachge-
geben. Die Gute Nachricht sollte euch unver-
fälscht erhalten bleiben!

6 Dagegen machten mir die maßgebenden
Leute in der Gemeinde keinerlei Auflagen. –
Was sie früher einmal waren, interessiert mich
im Übrigen nicht; bei Gott gibt es keine Rang-
unterschiede.[f] – 7 Ganz im Gegenteil: Sie er-
kannten, dass Gott mich beauftragt hat, die Gute
Nachricht den nichtjüdischen Völkern[g] zu brin-
gen, so wie er Petrus beauftragt hat, sie den
Juden zu bringen. 8 Denn Gott wirkte durch
Petrus bei seiner Missionsarbeit unter den Juden
und hat ihn so als Apostel* für die Juden bestä-
tigt. Und er wirkte auch durch mich in meiner
Missionsarbeit unter den Nichtjuden und hat
mich so als Apostel für die anderen Völker be-
stätigt.

9 Die maßgebenden Leute, die als »die Säu-
len*« gelten, Jakobus, Petrus und Johannes, er-
kannten, dass Gott mir diesen Auftrag anvertraut
hat. So gaben sie mir und Barnabas die Hand
zum Zeichen der Gemeinschaft. Wir einigten
uns, dass Barnabas und ich unter den anderen
Völkern die Gute Nachricht verkünden sollten
und sie unter den Juden. 10 Sie machten nur zur
Bedingung, dass wir die verarmte Gemeinde in
Jerusalem[h] unterstützten. Darum habe ich mich
auch wirklich bemüht.

Eine notwendige Klarstellung

11 Als Petrus später in Antiochia war, stellte ich
ihn öffentlich zur Rede, weil sein Verhalten un-
entschuldbar war. 12 Zuerst nämlich nahm er zu-
sammen mit den nichtjüdischen Brüdern und
Schwestern[i] an den gemeinsamen Mahlzeiten
teil. Aber dann kamen Leute aus dem Kreis um

a Wörtlich *Aber.*
b Gemeint ist wahrscheinlich das Gebiet der Nabatäer* südlich von Damaskus.
c Paulus gebraucht hier (und in 2,9.11.14) die Namensform *Kephas**.
d *meine Missionsarbeit …:* wörtlich *dass ich ins Leere laufe oder gelaufen bin.*
e *wie sie sich damals …:* wörtlich *die sich eingeschlichen hatten.* Paulus fasst hier ihr damaliges Auftreten in Jerusalem und ihr früheres in anderen Gemeinden zusammen (vgl. Apg 15,1.24).
f *bei Gott gibt es …:* wörtlich *Gott schaut nicht auf die Person.* Die christlichen Autoritäten in Jerusalem waren *früher* Jünger des irdischen Jesus bzw. Mitglieder seiner Familie; siehe Vers 9 und Sacherklärung »Säulen«.
g Herkömmliche Übersetzung *den Heiden*;* entsprechend in Vers 9.
h Wörtlich *die Armen.*
i Wörtlich *mit den Nichtjuden* (herkömmliche Übersetzung *Heiden**); entsprechend in den Versen 14 und 15.

1,15 Jes 49,1S **1,16** Apg 9,3-5; 9,15S; 1Kor 15,10 **1,18** Apg 9,26-28 **1,19** 1Kor 15,7 **1,21** Apg 9,30 **2,1-10** Apg 15,1-29 **2,1** (Barnabas) 1Kor 9,6S; (Titus) 2Kor 2,13S **2,2** (vergeblich) 1Kor 15,2S; Gal 4,11; Phil 2,16 **2,4** 1,7S; (Freiheit) Gal 5,1.13; 1Kor 9,21 **2,6** Jak 2,1S **2,7** Röm 1,5S **2,10** Röm 15,26S **2,12** Apg 11,3

Jakobus, die das jüdische Gesetz* streng befol-
gen. Da zog sich Petrus von den gemeinsamen
Mahlzeiten zurück und aß aus Furcht vor ihnen
nicht mehr mit den Nichtjuden.
13 Auch die anderen Juden in der Gemeinde
blieben gegen ihre Überzeugung den gemeinsa-
men Mahlzeiten fern, sodass sogar Barnabas an-
gesteckt wurde und genau wie sie seine Überzeu-
gung verleugnete.
14 Als ich sah, dass sie damit die Wahrheit der
Guten Nachricht* preisgaben, sagte ich zu Pe-
trus vor der ganzen Gemeinde:
»Obwohl du ein Jude bist, hast du bisher die
Vorschriften des jüdischen Gesetzes nicht beach-
tet und hast wie ein Nichtjude gelebt. Warum
zwingst du dann jetzt durch dein Verhalten die
nichtjüdischen Brüder und Schwestern, so wie
Juden nach den Vorschriften des Gesetzes zu
leben?«[a]
15 Es stimmt, wir sind von Geburt Juden und
nicht Sünder wie die Angehörigen der anderen
Völker. 16 Aber wir wissen, dass kein Mensch
deshalb vor Gott als gerecht* bestehen kann,
weil er das Gesetz befolgt. Nur die finden bei
Gott Anerkennung, die in vertrauendem Glau-
ben* annehmen, was Gott durch Jesus Christus
für uns getan hat.[b] Deshalb haben auch wir un-
ser Vertrauen auf Jesus Christus gesetzt, um
durch das Vertrauen auf ihn bei Gott Anerken-
nung zu finden und nicht durch Erfüllung des
Gesetzes; denn mit Taten, wie sie das Gesetz ver-
langt, kann kein Mensch vor Gott bestehen.

Gesetz und Gnade

17 Auch wir als Juden suchen also durch Chris-
tus vor dem Urteil Gottes zu bestehen, und da-
mit geben wir zu, dass wir genauso Sünder
sind wie die Menschen der anderen Völker.
Soll das heißen, dass es nicht mehr auf gut und
böse ankommt und demnach Christus der Sün-
de Vorschub leistet?[c] Auf keinen Fall! 18 Viel-
mehr mache ich mich selbst zum Sünder, näm-
lich zum Übertreter des Gesetzes*, wenn ich
durch mein Verhalten das Gesetz zuerst für un-
gültig erkläre und es dann doch wieder in Gel-
tung setze.
19 Das Gesetz hat nichts mehr von mir zu for-
dern: Es hat mir den Tod gebracht, deshalb bin
ich für das Gesetz tot[d] und lebe jetzt für Gott.
Weil ich aber mit Christus am Kreuz gestorben
bin, 20 lebe in Wirklichkeit nicht mehr ich, son-
dern Christus lebt in mir. Das Leben, das ich jetzt
noch in diesem vergänglichen Körper lebe, lebe
ich im Vertrauen auf den Sohn* Gottes, der mir
seine Liebe erwiesen und sein Leben für mich
gegeben hat.
21 Ich weise die Gnade Gottes nicht zurück.
Wenn wir vor Gott damit bestehen könnten, dass
wir das Gesetz erfüllen, dann wäre ja Christus
vergeblich gestorben!

GLAUBE ALS FREIHEIT VOM GESETZ (3,1–5,12)

Der unbegreifliche Rückfall der Gemeinde

3 Ihr unvernünftigen Galater! Welcher Dä-
mon hat euch um den Verstand gebracht?
Habe ich euch nicht Jesus Christus, den Ge-
kreuzigten, in aller Deutlichkeit vor Augen ge-
stellt?
2 Ich möchte euch nur eines fragen: Hat Gott
euch seinen Geist* gegeben, weil ihr das Gesetz*
befolgt habt oder weil ihr die Botschaft gehört
und angenommen habt, dass es vor Gott auf den
vertrauenden Glauben* ankommt?[e]
3 Warum begreift ihr denn nicht? Was der
Geist Gottes in euch angefangen hat, das wollt
ihr jetzt aus eigener Kraft zu Ende führen? 4 Ihr
habt so große Dinge erlebt – war das alles ver-
geblich? Es kann nicht vergeblich gewesen sein!
5 Gott gibt euch seinen Geist und lässt Wunder
bei euch geschehen – tut er das, weil ihr das

a Dazu wären sie gezwungen, wenn sie weiterhin mit den jüdischen Christen Gemeinschaft halten wollten. Es geht hier um die Reinheits-, speziell Nahrungsvorschriften des Gesetzes, von deren Beachtung für gesetzestreue Juden die Möglichkeit der Tischgemeinschaft abhängt (vgl. Sacherklärungen »rein« und »Blut«).

b Nur die finden …: wörtlich *sondern nur durch den Glauben, der sich auf Jesus Christus richtet.* Gemeint ist hier und im folgenden Satz nicht die persönliche Beziehung zu Jesus, sondern (wie in Röm 3,22.26) in Kurzform das mit seinem Namen verbundene Heilshandeln Gottes.

c dass es nicht mehr …: wörtlich *dass Christus ein Diener der Sünde ist?*

d Nämlich weil es den Sündern den Tod bringt (vgl. Röm 6,23; 1 Kor 15,56), der aber für die »mit Christus« Gestorbenen die Tür zum Leben ist (vgl. Röm 6,3-11 und die unmittelbare Fortsetzung hier). *Das Gesetz hat …:* wörtlich *Ich bin durch das Gesetz dem Gesetz gestorben.*

e oder weil ihr die Botschaft …: wörtlich *oder (habt ihr ihn) aus der Botschaft vom Glauben (empfangen)?*

2,16 3,10-12; Röm 3,20 S; 3,21-30 **2,19** 6,14; Röm 7,6; 6,2-4.11 **2,20** Röm 8,10-11; Gal 1,4 S **3,2-5** 4,6; Röm 8,9-16; 2 Kor 3,6.17

Gesetz befolgt oder weil ihr die Botschaft vom
Glauben gehört und angenommen habt?

Die Gute Nachricht gründet in der Zusage an Abraham

6 Von Abraham* heißt es doch in den Heiligen
Schriften*: »Er vertraute Gott und glaubte sei-
ner Zusage, und dies rechnete Gott ihm als Ge-
rechtigkeit* an.« 7 Ihr seht also, wer die echten
Nachkommen Abrahams sind: Es sind die Men-
schen, die der Zusage Gottes glauben. 8 In den
Heiligen Schriften ist auch vorausgesehen, dass
Gott die nichtjüdischen Völker aufgrund des
Glaubens* annehmen werde. Deshalb wird dort
Abraham im Voraus die Gute Nachricht* ver-
kündet: »Durch dich werden alle Völker der
Erde gesegnet werden.« 9 Daraus geht hervor,
dass alle, die Gott glauben und ihm vertrauen,
zusammen mit dem glaubenden Abraham ge-
segnet werden.

Das Gesetz führt nicht zum Leben

10 Die anderen dagegen, die durch Erfüllung des
Gesetzes* vor Gott als gerecht* bestehen wollen,
leben unter einem Fluch. Denn es heißt in den
Heiligen Schriften*: »Fluch über jeden, der nicht
alle Bestimmungen im Buch des Gesetzes genau
befolgt!«
11 Es ist offenkundig: Wo das Gesetz regiert,
kann niemand vor Gott als gerecht bestehen.
Denn es heißt ja auch: »Wer durch Glauben* vor
Gott als gerecht gilt, wird leben.« 12 Beim Gesetz
jedoch geht es nicht um Glauben und Vertrauen;
vom Gesetz gilt: »Wer seine Vorschriften befolgt,
wird dadurch leben.«
13 Christus hat uns von dem Fluch losgekauft,
unter den uns das Gesetz gestellt hatte. Denn er
hat an unserer Stelle den Fluch auf sich genom-
men. Es heißt ja in den Heiligen Schriften: »Wer
am Holz hängt, ist von Gott verflucht.« 14 So
sollte durch Jesus Christus der Segen, der Abra-
ham* zugesagt wurde, zu allen Völkern[a] kom-
men, damit wir alle durch vertrauenden Glau-
ben den Geist* erhalten, den Gott versprochen
hat.

Gottes Zusage ist älter als das Gesetz

15 Brüder und Schwestern,[b] ich nehme einen
Vergleich aus dem täglichen Leben. Wenn ein
Mensch ein Testament[c] aufgesetzt hat und es
rechtsgültig geworden ist, kann niemand sonst
es für ungültig erklären oder etwas hinzufügen.
16 So ist es auch mit den Zusagen, die Gott Abra-
ham und seinem Nachkommen gemacht hat. Er
sagt übrigens nicht: »und dein*en* Nachkom-
men«, als ob viele gemeint wären, sondern er
sagt ausdrücklich: »dein*em* Nachkommen«,[d]
und er meint damit Christus.
17 Ich will damit Folgendes sagen: Das Testa-
ment, das Gott rechtskräftig ausgefertigt hat,
kann nicht außer Kraft gesetzt werden durch das
Gesetz*, das erst 430 Jahre später erlassen wur-
de. Es kann die Zusage nicht aufheben. 18 Gott
hat ein großartiges Erbe ausgesetzt. Wenn sein
Empfang von der Befolgung des Gesetzes abhin-
ge, dann wäre es nicht mehr ein Geschenk der
freien Zusage. Gott aber hat Abraham aus reiner
Gnade diese Zusage gemacht.

Die Herrschaft des Gesetzes ist befristet

19 Was für einen Sinn hat dann das Gesetz*? Es
ist hinzugefügt worden, damit die Macht der
Sünde in den Gesetzesübertretungen sichtbar
wird. Es sollte auch nur so lange gelten, bis der
Nachkomme Abrahams da wäre, an dem die Zu-
sage in Erfüllung geht. Im Übrigen ist das Gesetz
durch Engel gegeben und von einem Vermittler
überbracht.[e] 20 Es braucht aber keinen Vermitt-
ler, wenn eine einzige Person handelt; und Gott
ist doch Einer.
21 Steht dann das Gesetz in Widerspruch zu
den göttlichen Zusagen? Keineswegs! Es wurde
ja nicht ein Gesetz erlassen, das zum Leben füh-
ren kann. Nur dann könnten die Menschen
durch Erfüllung des Gesetzes vor Gott als ge-
recht* bestehen. 22 In den Heiligen Schriften*
heißt es aber, dass die gesamte Menschheit in
der Gewalt der Sünde ist. Was Gott zugesagt hat,
sollten die Menschen geschenkt bekommen auf-
grund des Glaubens*, nämlich des Vertrauens

a Wörtlich *zu den (nichtjüdischen) Völkern;* herkömmliche Übersetzung *Heiden**.
b Siehe Anmerkung zu 1,2.
c Das griechische Wort bedeutet zugleich *Bund**.
d Das griechische Hauptwort steht der grammatischen Form nach in der Einzahl: »Same« = Nachkommenschaft. Paulus spielt auf die Landverheißung von Gen 12,7 an und deutet sie wie in Röm 4,13 als Zusage eines viel umfassenderen »Erbes«. Im ganzen weiteren Zusammenhang steht diese Stelle aus der Abrahamsgeschichte im Hintergrund; vgl. das Stichwort »Erbe« in 3,18-19; 4,1-7.
e Der *Vermittler* Mose erscheint hier als Unterhändler, der die Gruppe der *Engel* (vgl. Sacherklärung) gegenüber dem Volk vertritt. Die Zusage ist dem Gesetz darin überlegen, dass sie direkt von dem *einen* Gott an Abraham ergeht.

3,6 *zit* Gen 15,6; Röm 4,3 **3,7** Röm 4,11-12 **3,8** *nach* Gen 12,3 **3,10** *zit* Dtn 27,26; Jak 2,10 S **3,11** Röm 3,20 S; *nach* Hab 2,4; Röm 1,17 S **3,12** *zit* Lev 18,5; Lk 10,28 S **3,13** 2 Kor 5,21 S; *zit* Dtn 21,23 **3,14** 2 Kor 1,22 S **3,16** *nach* Gen 12,7; 17,7-8 **3,17** Ex 12,40 **3,18** Röm 4,14; 11,6 **3,19** Röm 4,15 S; (Engel) Apg 7,53 S **3,21** Röm 7,13; 8,2 **3,22** Röm 3,9-30; 11,32

auf das, was Gott durch Jesus Christus getan
hat.[a] Alle, die darauf vertrauen, sollen es be-
kommen.
23 Bevor uns Gott diesen Weg des Glaubens
geöffnet hat, waren wir unter der Aufsicht des
Gesetzes in das Gefängnis der Sünde einge-
schlossen. Das sollte so lange dauern, bis Gott
den vertrauenden Glauben als Weg in die Frei-
heit bekannt machen würde, 24 und das heißt:
bis Christus kam. So lange war das Gesetz unser
Aufseher; es war für uns wie der Sklave, der die
Kinder mit dem Stock zur Ordnung anhält. Denn
nicht durch das Gesetz, sondern einzig und
allein durch vertrauenden Glauben sollten wir
vor Gott als gerecht bestehen.
25 Jetzt ist der Weg des Glaubens geöffnet;
darum sind wir nicht mehr unter dem Aufseher
mit dem Stock.

Statt Sklaven des Gesetzes Kinder Gottes

26 Ihr alle seid jetzt mündige Söhne und Töchter[b]
Gottes – durch den Glauben* und weil ihr in
engster Gemeinschaft mit Jesus Christus verbun-
den seid. 27 Denn als ihr in der Taufe* Christus
übereignet wurdet, habt ihr Christus angezogen
wie ein Gewand.[c] 28 Es hat darum auch nichts
mehr zu sagen, ob ein Mensch Jude ist oder
Nichtjude, ob im Sklavenstand oder frei, ob
Mann oder Frau. Durch eure Verbindung mit
Jesus Christus seid ihr alle zu *einem* Menschen
geworden.[d]
29 Wenn ihr aber zu Christus gehört, seid ihr
auch Abrahams* Nachkommen und bekommt
das Erbe, das Gott Abraham versprochen hat.

4 Nun sage ich: Solange der rechtmäßige Erbe
minderjährig ist, unterscheidet er sich in
nichts von einem Sklaven*, auch wenn ihm in
Wirklichkeit alles gehört. 2 Bis zu dem Zeitpunkt,
den der Vater im Testament festgelegt hat, ist er
von Vormündern und Vermögensverwaltern ab-
hängig.
3 So standen auch wir früher als Unmündige
unter der Herrschaft der Mächte dieser Welt.[e]
4 Als aber die Zeit gekommen war, sandte Gott
seinen Sohn*. Der wurde als Mensch geboren[f]
und dem Gesetz* unterstellt, 5 um alle zu be-
freien, die unter der Herrschaft des Gesetzes
standen. Durch ihn wollte Gott uns als seine
mündigen Söhne und Töchter annehmen.
6 Weil ihr nun Gottes Söhne und Töchter
seid, gab Gott euch den Geist* seines Sohnes ins
Herz. Der ruft aus uns: »Abba*! Vater!« 7 Du bist
also nicht länger Sklave, sondern mündiger
Sohn und mündige Tochter, und wenn du das
bist, dann bist du nach Gottes Willen auch Erbe:
Du bekommst, was Gott Abraham versprochen
hat.[g]

Paulus sorgt sich um die Gemeinde

8 Ganz anders war es damals, als ihr Gott noch
nicht gekannt habt: Wie Sklaven dientet ihr
Göttern, die gar keine sind. 9 Jetzt habt ihr
Gott erkannt, besser gesagt: Gott hat *euch* er-
kannt.[h] Wie könnt ihr dann wieder zu diesen
schwachen und armseligen Mächten zurück-
kehren? Wollt ihr von neuem ihre Sklaven
sein? 10 Ihr meint, ihr müsst auf bestimmte
Tage, Monate, Festzeiten, Jahre achten und
euch danach richten. 11 Ihr macht mir Sorgen!
Soll meine ganze Arbeit an euch vergeblich
gewesen sein?
12 Ich bitte euch, liebe Brüder und Schwes-
tern:[i] Werdet wie ich, weil ich ja auch wie ihr ge-
worden bin – nämlich frei vom Gesetz*.[j] Ihr
habt mir nie eine Kränkung zugefügt. 13 Ihr wisst
doch noch, wie ich zum ersten Mal bei euch war
und euch die Gute Nachricht* brachte. Ich war
krank, 14 und mein Zustand stellte euch auf eine

a *aufgrund des Glaubens …:* wörtlich *aufgrund des Glaubens, der sich auf Jesus Christus richtet;* vgl. Anmerkung zu 2,16.
b *mündige Söhne und Töchter:* wörtlich *Söhne;* entsprechend in 4,5-7. Paulus schließt die Frauen ein (siehe Sacherklärung »Bruder«), spricht aber von »Söhnen« wegen der Parallele zu Christus als dem »Sohn« und weil Töchter nur in Ausnahmefällen erbberechtigt waren.
c Das Bild vom *Gewand* bezeichnet hier nicht eine äußerliche Veränderung, sondern ein neues Sein: Der Mensch ist, was er trägt (vgl. die Bedeutung der Einkleidung bei Königskrönung und Priesterweihe).
d Vgl. das Bild von der Gemeinde als dem Leib* von Christus (1 Kor 12,13; Röm 12,4-5) und als dem *einen* neuen Menschen (Kol 3,10-11; Eph 2,15-16).
e Wörtlich *der Elemente* (= Grundkräfte) *der Welt.* Gedacht ist an die Abhängigkeit von Schicksalsmächten wie den Gestirnen (vgl. Vers 10), also religiös überhöhten naturhaften Ordnungen, die wie das Mosegesetz vom Menschen, der Lebensglück sucht, die sklavische Befolgung bestimmter Regeln verlangen (vgl. 3,12).
f Wörtlich *wurde von einer Frau geboren.* Paulus gebraucht die hebräische Wendung »Frauggeborener« (vgl. Mt 11,11), um das volle Menschsein von Jesus Christus zu unterstreichen.
g *Du bekommst …:* verdeutlichender Zusatz in Anlehnung an 3,29.
h Das heißt: »euch erwählt«; vgl. 1 Kor 8,2-3.
i Siehe Anmerkung zu 1,2.
j *nämlich frei …:* verdeutlichender Zusatz.

3,24-25 Röm 10,4 **3,26** Joh 1,12 S **3,27-28** Röm 6,3; (keine Unterschiede) Röm 10,12; 1 Kor 12,13; Kol 3,11 **4,3** Eph 1,21 S **4,4** Joh 1,14 S **4,6** Röm 8,15 S **4,7** Röm 8,17 **4,8** 1 Kor 8,4-6; 12,2 **4,9** Kol 2,20 **4,10** Kol 2,16 S **4,11** 2,2; Phil 2,16 **4,12** 1 Kor 9,19-21 **4,13** Apg 16,6

harte Probe. Trotzdem habt ihr mich nicht verachtet oder verabscheut. Im Gegenteil, ihr habt mich wie einen Engel* Gottes aufgenommen, ja wie Jesus Christus selbst.

15 Damals habt ihr euch glücklich gepriesen. Wo ist das nun geblieben? Ich kann euch bezeugen: Wenn es möglich gewesen wäre, hättet ihr euch sogar die Augen ausgerissen[a] und sie mir gegeben. 16 Bin ich jetzt euer Feind geworden, weil ich euch die Gute Nachricht unverfälscht bewahren will?

17 Ihr werdet von Leuten umworben, die es nicht gut mit euch meinen. Sie wollen euch nur von mir und von Christus trennen,[b] damit ihr *sie* umwerbt. 18 Dagegen ist es gut, wenn ihr im guten Sinne *mich* umwerbt, und das nicht nur, wenn ich bei euch bin.

19 Meine Kinder, ich leide noch einmal Geburtswehen um euch, bis Christus in eurer Mitte Gestalt angenommen hat! 20 Könnte ich nur bei euch sein und so zu euch reden, dass es euch ins Herz dringt! Ich bin ratlos, was ich mit euch machen soll.

Die beiden Söhne Abrahams

21 Ihr wollt euch dem Gesetz* unterwerfen. Ich frage euch: Hört ihr nicht, was das Gesetz sagt? 22 Im Buch des Gesetzes steht: Abraham* hatte zwei Söhne, einen von der Sklavin* Hagar und einen von der freien Frau Sara. 23 Der Sohn der Sklavin verdankte sein Leben den menschlichen Kräften,[c] der Sohn der Freien verdankte es der Zusage Gottes.

24 Diese Erzählung hat einen tieferen Sinn: Die beiden Mütter bedeuten zwei verschiedene Ordnungen Gottes. Die eine Ordnung, für die Hagar steht, wurde am Berg Sinai* erlassen und bringt Sklaven hervor. 25 Das Wort Hagar bezeichnet nämlich den Berg Sinai in Arabien. Er entspricht dem jetzigen Jerusalem; denn dies lebt mit seinen Kindern in der Sklaverei.

26 Das Jerusalem dagegen, das im Himmel bereitsteht, ist frei. Das ist unsere Mutter! 27 Von ihr heißt es: »Freu dich, du Unfruchtbare, obwohl du keine Kinder zur Welt bringst! Juble laut, obwohl du nicht in Wehen kommst! Denn die verlassene Frau hat viele Kinder, mehr als die, die den Mann hat.«

28 Brüder und Schwestern,[d] ihr verdankt wie Isaak euer Leben der Zusage Gottes. 29 Aber schon damals verfolgte der Sohn, der aus menschlichen Kräften geboren wurde, den andern, der sein Leben vom Geist* Gottes hatte. So ist es auch jetzt. 30 Aber was steht in den Heiligen Schriften*? »Jage die Sklavin und ihren Sohn fort; denn der Sohn der Sklavin darf nicht mit dem Sohn der Freien zusammen erben.«

31 Begreift doch, Brüder und Schwestern: Wir sind nicht Kinder der Sklavin, sondern der Freien!

Lasst euch eure Freiheit nicht nehmen!

5 Christus hat uns befreit; er will, dass wir jetzt auch frei *bleiben*. Steht also fest und lasst euch nicht wieder ins Sklavenjoch einspannen!

2 Ich, Paulus, sage euch mit aller Deutlichkeit: Wenn ihr euch beschneiden* lasst, dann wird Christus und alles, was er gebracht hat, für euch nutzlos sein. 3 Ich sage noch einmal mit Nachdruck jedem, der sich beschneiden lässt: Er verpflichtet sich damit, das ganze Gesetz* zu befolgen. 4 Wenn ihr wirklich vor Gott als gerecht* bestehen wollt, indem ihr das Gesetz befolgt, habt ihr euch von Christus losgesagt und die Gnade vertan.

5 Wir dagegen leben aus der Kraft des Heiligen Geistes* und setzen alles auf Glauben* und Vertrauen, und so erwarten wir das Ziel, auf das wir hoffen dürfen: dass wir vor Gott als gerecht bestehen und das Heil erlangen werden. 6 Wo Menschen mit Jesus Christus verbunden sind, zählt nicht, ob jemand beschnitten ist oder nicht. Es zählt nur der vertrauende Glaube, der sich in tätiger Liebe auswirkt.

7 Ihr kamt so gut voran! Wer hat euch aufgehalten, dass ihr der Wahrheit nicht mehr folgen wollt? 8 Das, was man euch da einreden will, kommt nicht von Gott, der euch berufen hat. 9 Denkt daran: »Ein klein wenig Sauerteig* macht den ganzen Teig sauer.« 10 Weil ich mit Christus, dem Herrn*, rechne, bin ich zuversichtlich, dass ihr zur gleichen Überzeugung kommen werdet. Die, die euch irremachen, werden ihr Urteil empfangen, ganz gleich, wer sie sind.

11 Meine Brüder und Schwestern,[e] wenn ich selbst fordern würde, dass Christen sich be-

a Der Ausdruck ist bildlich und besagt nicht, dass Paulus eine Augenkrankheit hatte.
b Wörtlich *Sie wollen euch ausschließen.* *c verdankte ...:* wörtlich *wurde nach Art des Fleisches* gezeugt.*
d Siehe Anmerkung zu 1,2; ebenso für Vers 31. *e* Siehe Anmerkung zu 1,2; ebenso für Vers 13.

4,17 1,7S **4,19** 1 Thess 2,11S **4,22** Gen 16,15; 21,3 **4,23** Röm 9,7-9; 4,17-21; Gen 17,18-19 **4,24** Ex 19,3–24,18; Gal 3,23; 4,1; 5,1; (Hagar) Gen 16,1 **4,26** Hebr 12,22; Offb 21,2 **4,27** *zit* Jes 54,1 **4,29** Gen 21,9 **4,30** *zit* Gen 21,10 **5,1** 2,4; 4,5.9; 5,3.13 **5,3** 3,10-12; Röm 2,25; Jak 2,10S **5,5** 2,16S; Röm 8,4 **5,6** 3,28; 6,15; 1 Kor 7,19 **5,8** 1,6-7 **5,9** 1 Kor 5,6 **5,10** 1,7S **5,11** 6,12; 1 Kor 1,23

schneiden lassen müssen, wie manche mir unterstellen:[a] Warum werde ich dann noch verfolgt? Dann wäre ja der Stein des Anstoßes beseitigt, dass wir allein durch das gerettet werden, was am Kreuz* für uns geschehen ist. 12 Wenn die Leute, die euch aufhetzen, schon so viel Wert aufs Beschneiden legen, dann sollen sie sich doch gleich kastrieren lassen!

BEFREIT ZUR LIEBE
(5,13–6,10)

Leben in Liebe aus der Kraft des Geistes

13 Gott hat euch zur Freiheit berufen, meine Brüder und Schwestern! Aber missbraucht eure Freiheit nicht als Freibrief zur Befriedigung eurer selbstsüchtigen Wünsche, sondern dient einander in Liebe. 14 Das ganze Gesetz* ist erfüllt, wenn dieses eine Gebot befolgt wird: »Liebe deinen Mitmenschen wie dich selbst.« 15 Wenn ihr einander wie wilde Tiere kratzt und beißt, dann passt nur auf, dass ihr euch nicht gegenseitig verschlingt!

16 Ich will damit sagen: Lebt aus der Kraft, die der Geist* Gottes gibt; dann müsst ihr nicht euren selbstsüchtigen Wünschen folgen. 17 Die menschliche Selbstsucht kämpft gegen den Geist Gottes und der Geist Gottes gegen die menschliche Selbstsucht: Die beiden liegen im Streit miteinander, sodass ihr von euch aus das Gute nicht tun könnt, das ihr doch eigentlich wollt. 18 Wenn ihr euch aber vom Geist Gottes führen lasst, dann steht ihr nicht mehr unter dem Gesetz, das euch diesem Widerspruch ausliefert.[b]

19 Was die menschliche Selbstsucht hervorbringt, ist offenkundig, nämlich: Unzucht, Verdorbenheit und Ausschweifung, 20 Götzenanbetung und magische Praktiken, Feindschaft, Streit und Rivalität, Wutausbrüche, Intrigen, Uneinigkeit und Spaltungen, 21 Neid, Trunk- und Fresssucht und noch vieles dergleichen. Ich warne euch, wie ich es schon früher getan habe: Menschen, die solche Dinge tun, werden nicht erben, was Gott versprochen hat; für sie ist kein Platz in Gottes neuer Welt.[c]

22 Der Geist Gottes dagegen lässt als Frucht eine Fülle von Gutem wachsen, nämlich: Liebe, Freude und Frieden, Geduld, Freundlichkeit und Güte, Treue, 23 Bescheidenheit und Selbstbeherrschung. Gegen all dies hat das Gesetz nichts einzuwenden. 24 Menschen, die zu Jesus Christus gehören, haben ja doch ihre selbstsüchtige Natur[d] mit allen Leidenschaften und Begierden ans Kreuz* genagelt.

Die Last teilen

25 Wenn wir nun durch Gottes Geist* ein neues Leben haben, dann wollen wir auch aus diesem Geist unser Leben führen. 26 Wir wollen nicht mit unseren vermeintlichen Vorzügen voreinander großtun, uns damit gegenseitig herausfordern oder einander beneiden.

6 Brüder und Schwestern,[e] auch wenn jemand unter euch in Sünde fällt, müsst ihr zeigen, dass der Geist Gottes euch leitet. Bringt einen solchen Menschen mit Nachsicht wieder auf den rechten Weg. Passt aber auf, dass ihr dabei nicht selbst zu Fall kommt!

2 Helft einander, eure Lasten zu tragen. So erfüllt ihr das Gesetz, das Christus uns gibt.[f] 3 Wer sich dagegen einbildet, besser zu sein als andere, und es doch gar nicht ist, betrügt sich selbst. 4 Jeder und jede von euch soll das eigene Tun überprüfen, ob es vor Gott bestehen kann. Ob sie etwas an sich zu rühmen* haben, das lesen sie dann an sich selber ab und nicht an anderen, über die sie sich erheben. 5 Jeder wird genug an dem zu tragen haben, was er selbst vor Gott verantworten muss.

6 Wer im christlichen Glauben unterwiesen wird, soll dafür seinem Lehrer von allem etwas abgeben, was zum Leben nötig ist.

7 Macht euch nichts vor! Gott lässt keinen Spott mit sich treiben. Jeder Mensch wird ernten, was er gesät hat. 8 Wer auf den Boden der menschlichen Selbstsucht[g] sät, wird von ihr den Tod ernten. Wer auf den Boden von Gottes Geist sät, wird von ihm unvergängliches Leben ernten.

9 Wir wollen nicht müde werden zu tun, was

a *wie manche mir ...:* verdeutlichender Zusatz. Vielleicht missdeuten die Gegner des Apostels böswillig eine Handlungsweise wie die in Apg 16,3 berichtete.

b *das euch diesem ...:* verdeutlichender Zusatz. Den Zusammenhang zwischen Gesetz und »Fleisch« (so wörtlich in den Versen 13, 16, 17, 19 für *selbstsüchtige Wünsche/menschliche Selbstsucht*) erörtert Paulus ausführlich in Röm 7,7-25.

c *werden nicht ...:* wörtlich *werden die Königsherrschaft* Gottes nicht erben.*

d Wörtlich *ihr Fleisch*.* e Siehe Anmerkung zu 1,2.

f Wörtlich *das Gesetz von Christus;* vgl. 5,14. g Wörtlich *auf das Fleisch*.*

5,13 1 Kor 6,12; 10,23-24; 1 Petr 2,16 **5,14** *zit* Lev 19,18; Mk 12,31 S **5,16** 5,25; Röm 8,2-13 **5,17** Röm 7,13-23 **5,18** Röm 6,14; 7,4 **5,19-21** Mk 7,21-22; 1 Kor 6,9-10; Röm 1,28-32; Eph 5,3-5; Kol 3,5-8; 1 Tim 1,9-10; 2 Tim 3,2-4; 1 Petr 4,3 **5,22** Eph 5,9 **5,24** 2,19; 6,14; Röm 6,6; Kol 3,5; 1 Joh 3,6 **5,25** 5,16; Röm 8,4; 1 Kor 6,19 **5,26** Phil 2,3; Röm 12,10 S **6,1** Mt 18,15; Jak 5,19; 1 Kor 10,12 **6,2** 2 Kor 11,29 **6,3** 1 Kor 4,7 **6,5** Röm 14,12 **6,6** Röm 15,27 S **6,7** Ijob 4,8 S **6,8** Röm 8,6.13 **6,9** 2 Thess 3,13

gut und recht ist. Denn wenn die Zeit da ist, wer-
den wir auch die Ernte einbringen; wir dürfen
nur nicht aufgeben. 10 Solange wir also noch Zeit
haben, wollen wir allen Menschen Gutes tun,
besonders denen, die mit uns durch den Glauben
verbunden sind.

EIGENHÄNDIGER SCHLUSS (6,11-18)

Letzte Mahnung: Das Kreuz als Maßstab

11 Ihr seht die großen Buchstaben, mit denen ich
euch jetzt eigenhändig schreibe!
12 Diese Leute drängen euch zur Beschnei-
dung*, weil sie damit vor Menschen gut da-
stehen wollen. Sie tun es nämlich nur, damit sie
für ihr Bekenntnis zum gekreuzigten Christus*
nicht von den Juden[a] verfolgt werden. 13 Sie tre-
ten zwar für die Beschneidung* ein und sind
auch beschnitten, aber nicht einmal sie selbst be-
folgen das Gesetz* in vollem Umfang.[b] Ihr
sollt euch nur deshalb beschneiden lassen, damit
sie das vorweisen und sich damit rühmen* kön-
nen.
14 Ich aber will sonst nichts vorweisen als
allein das Kreuz* unseres Herrn* Jesus Christus
und mich mit nichts anderem rühmen. Weil er
am Kreuz gestorben ist, ist für mich die Welt* ge-
kreuzigt und ich bin gekreuzigt für die Welt.
15 Darum hat es keine Bedeutung mehr, beschnit-
ten zu sein, und auch keine, unbeschnitten zu
sein. Was allein zählt, ist: durch Christus neu ge-
schaffen sein.
16 Allen bei euch, die sich an diesen Grund-
satz halten, schenke Gott seinen Frieden* und
sein Erbarmen, ihnen und dem ganzen Israel
Gottes.[c]
17 Künftig soll mir niemand mehr in dieser
Sache das Leben schwer machen! Durch die
Wundnarben an meinem Körper bin ich als
Eigentum von Jesus ausgewiesen.
18 Die Gnade unseres Herrn Jesus Christus sei
mit euch.[d]

DER BRIEF DES APOSTELS PAULUS AN DIE GEMEINDE IN EPHESUS (Epheserbrief)

Inhaltsübersicht

DIE FÜLLE DER GNADE UND WEISHEIT IN CHRISTUS (Kapitel 1–3)

Eingangsgruß

1 Paulus, Apostel* von Jesus Christus durch
den Willen Gottes, schreibt diesen Brief an
alle in Ephesus, die Gott für sich ausgesondert
hat[e] und die durch Jesus Christus zum Glauben
an ihn gekommen sind.
2 Gnade und Frieden* sei mit euch von Gott,
unserem Vater, und von Jesus Christus, dem
Herrn*!

Gottes Liebe in Christus

3 Gepriesen sei unser Gott,
der Gott und Vater unseres Herrn*
Jesus Christus!
Denn durch Christus hat er uns Anteil gegeben
an der Fülle der Gaben seines Geistes*
in der himmlischen Welt.
4 Schon bevor er die Welt erschuf,
hat er uns vor Augen gehabt
als Menschen, die zu Christus gehören;
in ihm hat er uns dazu erwählt,[f]
dass wir heilig* und fehlerlos vor ihm stehen.
Aus Liebe 5 hat er uns dazu bestimmt,
seine Söhne und Töchter zu werden[g] –

a *von den Juden:* verdeutlichender Zusatz. b *in vollem Umfang:* verdeutlichender Zusatz.
c Wahrscheinlich denkt Paulus hier an die Christen allgemein. Zu ihrer Bezeichnung als *Israel Gottes* vgl. 3,29; 4,28-29; Phil 3,3. d Wörtlich *sei mit eurem Geist.* Wahrscheinlich liegt eine hebräische Ausdrucksweise zugrunde, die mit »Geist« den ganzen Menschen bezeichnet.
e Wörtlich *an die Heiligen* in Ephesus.* Die Angabe *in Ephesus* fehlt in einigen wichtigen Handschriften. Möglicherweise handelt es sich bei dem Brief ursprünglich um ein Rundschreiben an mehrere Gemeinden.
f *hat er uns vor Augen ...:* wörtlich *hat er uns in ihm (Christus) erwählt.*
g *hat er uns dazu ...:* wörtlich *hat er uns im Voraus zur Sohnschaft bestimmt;* vgl. Anmerkung zu Gal 3,26.

6,10 (allen) 1 Thess 3,12; 2 Petr 1,7; (besonders) Gal 5,6.13-14; Röm 12,10; 14,15; 1 Kor 8,1 S; 2 Kor 8,7-8; 1 Thess 4,9; Joh 13,34 S; 1 Petr 1,22 S **6,11** 1 Kor 16,21 S **6,12** 5,2.11 **6,14** 1 Kor 1,23.29.31; 2,2; Gal 2,19 **6,15** 5,6 S; (neu geschaffen) 2 Kor 5,17 S **6,17** 2 Kor 4,10 S; 11,24-25 **1,1** (Ephesus) Apg 18,19-21; 19,1 **1,3** 2,6 **1,4** (fehlerlos) 5,27 S **1,5** Joh 1,12 S

durch Jesus Christus und im Blick auf ihn.
Das war sein Wille und so gefiel es ihm,
6 damit der Lobpreis seiner Herrlichkeit erklingt:
der Lobpreis der Gnade, die er uns erwiesen hat
durch Jesus Christus, seinen geliebten Sohn*.

7 Durch dessen Blut* sind wir erlöst:
Unsere ganze Schuld ist uns vergeben.
So zeigte Gott uns den Reichtum seiner Gnade.
8 In seiner überströmenden Güte
schenkte er uns Einsicht
und ließ uns seine Wege erkennen.
9 Er hielt sein Geheimnis vor allen verborgen;
niemand erfuhr etwas von seinem Plan,
den er durch Christus ausführen wollte.
Uns aber hat er bekannt gemacht,
10 wie er nach seiner Absicht
die Zeiten zur Erfüllung bringt:
Alles im Himmel und auf der Erde
wollte er zur Einheit zusammenführen
unter Christus als dem Haupt.

11 Durch Christus
haben wir Anteil bekommen am künftigen Heil.
Dazu hat Gott uns von Anfang an bestimmt
nach seinem Plan und Willen –
er, der alle Dinge bewirkt.
12 Denn ein Lobpreis seiner Herrlichkeit
sollen wir sein – wir alle,
die wir durch Christus von Hoffnung
erfüllt sind!

13 Durch Christus
hat Gott auch euch sein Siegel aufgedrückt:
Er hat euch den Heiligen Geist gegeben,
den er den Seinen versprochen hatte –
nachdem ihr zuvor das Wort der Wahrheit*
gehört hattet,
die Gute Nachricht*, die euch die Rettung bringt,
und ihr zum Glauben gekommen seid.
14 Dieser Geist ist das Angeld dafür,
dass wir auch alles andere erhalten,
alles, was Gott uns versprochen hat.
Gott will uns die Erlösung schenken,
das endgültige, volle Heil –
und das alles wird geschehen
zum Lobpreis seiner Herrlichkeit.

Dank und Bitte

15 Weil das so ist und weil ich von eurem Glauben
und eurer Liebe gehört habe – dem Glauben, der
durch Jesus, den Herrn*, in euch lebt, und der
Liebe zu allen Christen[a] –, 16 darum danke ich
Gott unermüdlich für euch, wenn ich in meinen
Gebeten an euch denke. 17 Und ich bitte den Gott
unseres Herrn Jesus Christus, den Vater, dem alle
Macht und Herrlichkeit gehört, euch durch seinen
Geist* Weisheit und Einblick zu geben, sodass
ihr ihn und seine Heilsabsicht erkennen könnt.
18 Er öffne euch das innere Auge, damit ihr seht,
welche Hoffnung er euch gegeben, zu welch groß-
artigem Ziel er euch berufen hat. Er lasse euch er-
kennen, wie reich er euch beschenken will und
zu welcher Herrlichkeit er euch in der Gemein-
schaft der heiligen Engel[b] bestimmt hat. 19 Ihr
sollt begreifen, wie überwältigend groß die Kraft
ist, mit der er an uns, den Glaubenden, wirkt.

Es ist dieselbe gewaltige Kraft, 20 mit der er an
Christus gewirkt hat, als er ihn vom Tod aufer-
weckte* und in der himmlischen Welt an seine
rechte Seite setzte. 21 Dort thront jetzt Christus
über allen unsichtbaren Mächten* und Gewal-
ten,[c] über allem, was irgend Rang und Namen
hat, in dieser Welt und auch in der kommenden.

22 Alles hat Gott ihm unterworfen; ihn aber,
den Herrn über alles, gab er der Gemeinde zum
Haupt. 23 Die Gemeinde ist sein Leib*: Er, der
alles zur Vollendung führen wird, lebt in ihr mit
seiner ganzen Fülle.

Vom Tod zum Leben

2 Auch ihr habt an diesem Leben teil. In der
Vergangenheit wart ihr tot;[d] denn ihr wart
Gott ungehorsam und habt gesündigt. 2 Ihr habt
nach der Art dieser Welt* gelebt und euch jener
Geistesmacht unterworfen, die ihr Reich zwi-
schen Himmel und Erde hat und von dort her
ihre Herrschaft über diese Welt ausübt.[e] Sie

a Wörtlich *zu allen Heiligen**.
b Wörtlich *Heiligen*; nach dem Zusammenhang bezieht sich das Wort hier nicht auf die Christen.
c *über allen unsichtbaren …:* wörtlich *über jeder Macht und Gewalt und Kraft und Herrschaft.*
d *Auch ihr habt …:* wörtlich *Auch euch, die ihr tot wart.* Der Satz bricht hier ab; der Gedanke wird in Vers 5 fortgesetzt: *hat Gott lebendig gemacht.*
e *und euch jener Geistesmacht …:* wörtlich *(gelebt) gemäß dem Herrscher, der seine Macht im Luftbereich ausübt.* Die Macht des Bösen wirkt nach der hier zugrunde liegenden Anschauung nicht von unten (»Hölle«) her, sondern aus dem Zwischenbereich von Himmel und Erde. Von dort her nimmt sie Einfluss auf die Menschen, indem sie den »Zeitgeist« negativ bestimmt, sozusagen die geistige »Luft« vergiftet, die die Menschen einatmen. – Erst über diesem Zwischenreich sind die (guten) »Mächte« zu suchen, die zur himmlischen Welt gehören, aber ebenfalls Christus unterworfen werden (vgl. 1,21; 3,10).

1,6 Mt 3,17 S **1,7** (Blut) 2,13; Kol 1,20; 1 Kor 10,16; Röm 3,25-26 S **1,10** 1,22; Kol 1,16.20 **1,13-14** 2 Kor 1,22 S **1,20** (rechte Seite) Apg 2,33 S **1,21** (über allen Mächten) 6,12; Kol 1,13.20; 2,9-10.15.20; Röm 8,38 S; Gal 4,8-9 **1,22** (Haupt) 1,10; 4,15; 5,23; Kol 1,18; 2,19 **1,23** (Leib) 2,16; 4,4-16.25; 5,30; Kol 1,18; 2,19; 3,15; 1 Kor 12,27 S **2,1** Röm 5,12; Kol 2,13 **2,2** 6,12 S; 2 Kor 4,4 S

wirkt noch jetzt als Geist der Verführung in den
Menschen, die sich Gott nicht unterstellen. 3 So
wie sie haben wir alle früher gelebt. Wir haben
uns von unseren selbstsüchtigen Wünschen
leiten lassen und getan, was unsere Triebe
und Sinne verlangten.[a] Darum waren wir wie
alle anderen Menschen nach unserer ganzen
Wesensart dem Strafgericht Gottes verfallen.

4 Aber Gott ist reich an Erbarmen. Er hat uns
seine ganze Liebe geschenkt. 5 Durch unseren
Ungehorsam waren wir tot; aber er hat uns mit
Christus zusammen lebendig gemacht. – Be-
denkt: Aus reiner Gnade hat er euch gerettet! –
6 Er hat uns mit Jesus Christus vom Tod aufer-
weckt und zusammen mit ihm in die himmlische
Herrschaft eingesetzt. 7 In den kommenden Zei-
ten soll das enthüllt werden. Dann soll der un-
endliche Reichtum seiner Gnade sichtbar wer-
den: die Liebe, die Gott uns durch Jesus Christus
erwiesen hat.

8 Eure Rettung ist wirklich reine Gnade, und
ihr empfangt sie allein durch den Glauben*. Ihr
selbst habt nichts dazu getan, sie ist Gottes Ge-
schenk. 9 Ihr habt sie nicht durch irgendein Tun
verdient; denn niemand soll sich mit irgend-
etwas rühmen* können. 10 Wir sind ganz und
gar Gottes Werk. Durch Jesus Christus hat er uns
so geschaffen, dass wir nun Gutes tun können.
Er hat sogar unsere guten Taten im Voraus ge-
schaffen, damit sie nun in unserem Leben Wirk-
lichkeit werden.

Durch Christus geeint

11 Denkt daran, was ihr früher gewesen seid! Ihr
gehörtet ja zu den Völkern, die von den Juden
die »Unbeschnittenen« genannt werden – dabei
haben sie selbst doch nur die Beschneidung*, die
von Menschen vollzogen wird. 12 Jedenfalls wart
ihr damals von Christus getrennt. Ihr wart Frem-
de und gehörtet nicht zur Gemeinde Israels. Die
Zusagen, die Gott bei seinen Bundschließungen
gemacht hatte, galten für euch nicht. Ohne Hoff-
nung und ohne Gott lebtet ihr in der Welt. 13 Da-
mals wart ihr fern von Gott, jetzt aber seid ihr
ihm nahe durch die Verbindung mit Jesus Chris-
tus, durch das Blut*, das er vergossen hat.

14 Christus ist es, der uns allen den Frieden*
gebracht und Juden und Nichtjuden zu einem
einzigen Volk verbunden hat. Er hat die Mauer
eingerissen, die die beiden trennte und zu Fein-
den machte. Denn durch sein Sterben 15 hat er
das jüdische Gesetz* mit seinen zur Trennung
führenden Vorschriften beseitigt.

So hat er Frieden gestiftet. Er hat die getrenn-
ten Teile der Menschheit mit sich verbunden
und daraus den einen neuen Menschen geschaf-
fen. 16 Durch seinen Tod am Kreuz* hat er die
beiden – als in *einem* Leib*, der Gemeinde, ver-
einigte – zur Aussöhnung mit Gott gebracht. In
seiner Person, durch seinen Tod, hat er alle
Feindschaft für immer getötet.

17 Und dann kam er und hat diesen Frieden
allen verkündet:[b] euch, die ihr fern wart, und
ebenso denen, die nahe waren. 18 Durch ihn dür-
fen wir beide, Juden und Nichtjuden, in *einem*
Geist vor Gott, den Vater, treten.

19 Ihr Menschen aus den anderen Völkern
seid also nicht länger Fremde und Gäste. Ihr habt
Bürgerrecht im Himmel zusammen mit den heili-
gen Engeln[c], ihr seid Gottes Hausgenossen.

20 Denn ihr seid ja in den Bau eingefügt,
dessen Fundament die Apostel* und Propheten*
bilden, und der Eckstein* im Fundament ist
Jesus Christus. 21 Durch ihn wird der ganze Bau
zusammengehalten, durch ihn, den Herrn*,
wächst er auf zu einem heiligen Tempel.

22 Weil ihr zu Christus gehört, seid auch ihr
als Bausteine in diesen Tempel eingefügt, in dem
Gott durch seinen Geist* wohnt.

Der besondere Auftrag des Apostels

3 Deshalb bete ich, Paulus, für euch zu Gott.[d]
Ich bin im Gefängnis, weil ich Jesus Christus
diene. Für euch, die Menschen aus den anderen
Völkern,[e] leide ich dies alles. 2 Ihr habt gehört,
wie Gott mich für seinen Plan in Dienst genom-
men und mir den Auftrag gegeben hat, die Gute
Nachricht* euch, den Nichtjuden, zu verkün-

a *haben uns von unseren ...:* wörtlich *(haben gelebt) in den Begierden unseres Fleisches*, ausführend die Strebungen des Fleisches und der lüsternen Gedanken.*

b Nämlich durch die Apostel*, in deren Verkündigung der gekreuzigte und auferstandene Christus selbst gegenwärtig ist (vgl. Apg 3,26; 2Kor 5,20; Mt 28,18-20).

c Wörtlich *Heiligen;* vgl. die Anmerkung zu 1,18.

d Wörtlich *Deshalb ich Paulus.* Der Satz wird in Vers 14 wieder aufgenommen.

e *die Menschen ...:* traditionelle Übersetzung *die Heiden*;* entsprechend in Vers 8 und für *nichtjüdische Völker* in Vers 6 (*den Nichtjuden* in Vers 2 ist verdeutlichender Zusatz).

2,3 5,6S; Kol 3,7S **2,4** Röm 8,39S **2,5** Kol 2,13; Röm 3,24 **2,6** 1,3; Kol 2,12; 3,3-4 **2,8** Gal 2,16S **2,9** Röm 3,28; 2Tim 1,9; Tit 3,5; 1Kor 1,31S **2,11-13** Röm 11,17 **2,11** Röm 2,28-29S; Gal 5,6S **2,12** Röm 9,4; 1Thess 4,13S **2,13** 1,7S **2,14** (Frieden) 2,16; 4,3; Apg 10,36S; (ein Volk) Eph 4,1-6; 1Kor 12,13; Gal 3,28 **2,15a** Kol 2,14 **2,15b** (neuen Menschen) 2Kor 5,17S **2,16** 1,23S; 2Kor 5,18S **2,17** Jes 57,19; Apg 2,39 **2,19** 3,6S **2,20** Offb 21,14; Mt 16,18; 1Kor 3,10-11 **2,21** 1Kor 3,16S **2,22** 1Petr 2,5; 1Kor 3,17 **3,1** (Gefängnis) 4,1; 6,20; Phil 1,7.12; Kol 4,18; Phlm 1.9; 2Kor 11,23S **3,2** Röm 1,5S

den. 3 Durch Offenbarung[a] hat er mir das Geheimnis enthüllt, von dem ich soeben schon in Kürze gesprochen habe.

4 Wenn dieser Brief bei euch vorgelesen wird, könnt ihr aus ihm entnehmen, welch tiefe Einsicht Gott mir geschenkt hat – Einsicht in den geheimnisvollen Plan, den er mit Christus verfolgt. 5 Frühere Generationen kannten dieses Geheimnis noch nicht; aber jetzt hat Gott es seinen Aposteln* und Propheten* durch seinen Geist* enthüllt. 6 Dies ist das Geheimnis: Durch Jesus Christus bekommen die nichtjüdischen Völker Anteil am Heil, sind ein Teil am Leib* von Christus, sind mit einbezogen in die Zusagen Gottes für sein Volk.

Dies wird öffentlich bekannt gemacht und kommt zur Wirkung[b] durch die Gute Nachricht*, 7 in deren Dienst ich stehe. In seiner Gnade hat Gott mir meinen Auftrag gegeben und damit an mir seine Macht gezeigt. 8 Gerade mir, dem Geringsten von allen, die er in sein heiliges Volk berief,[c] hat er diesen Auftrag anvertraut, den anderen Völkern die Gute Nachricht von dem unergründlichen Reichtum zu bringen, der uns durch Christus geschenkt wird.

9 Ich sollte ans Licht bringen,[d] wie Gott seinen verborgenen Plan verwirklicht. Er, der alles geschaffen hat, hat diesen Plan vor aller Zeit gefasst und als sein Geheimnis bewahrt. 10 Jetzt macht er ihn den Mächten und Gewalten in der himmlischen Welt[e] durch seine Gemeinde bekannt: An ihr und durch sie sollen sie seine Weisheit in ihrem ganzen Reichtum erkennen. 11 So entspricht es Gottes ewigem Plan, den er durch Jesus Christus, unseren Herrn*, ausgeführt hat.

12 Weil wir uns auf diesen Herrn verlassen, dürfen wir zuversichtlich und vertrauensvoll vor Gott treten. 13 Darum bitte ich euch: Lasst euch nicht irremachen durch das, was ich leiden muss. Es geschieht zu eurem Besten, damit ihr an der Herrlichkeit Anteil bekommt, die für euch bestimmt ist.

Paulus betet für die Gemeinde

14 Deshalb knie ich vor Gott nieder und bete zu ihm. Er ist der Vater, 15 der alle Wesen[f] in der himmlischen und in der irdischen Welt beim Namen gerufen hat und am Leben erhält. 16 Ich bitte ihn, dass er euch aus dem Reichtum seiner Herrlichkeit* beschenkt und euch durch seinen Geist* innerlich stark macht. 17 Ich bitte ihn, dass Christus durch den Glauben* in euch lebt und ihr fest in seiner Liebe wurzelt und auf sie gegründet seid. 18 Ich bitte ihn, dass ihr zusammen mit der ganzen Gemeinschaft der Glaubenden[g] begreifen lernt, wie unermesslich reich euch Gott beschenkt.[h] 19 Ihr sollt die Liebe erkennen, die Christus zu uns hat und die alle Erkenntnis* übersteigt. So werdet ihr immer umfassender Anteil bekommen an der ganzen Fülle des Lebens mit Gott.

20 Gott kann unendlich viel mehr an uns tun, als wir jemals von ihm erbitten oder uns ausdenken können. So mächtig ist die Kraft, mit der er in uns wirkt. 21 Ihm gehört die Ehre in der Gemeinde und durch Jesus Christus in allen Generationen, für Zeit und Ewigkeit! Amen*.

DAS NEUE LEBEN AUS DER GNADE
(Kapitel 4–6)

Die Einheit der Kirche

4 Nun bitte ich euch als einer, der für den Herrn* im Gefängnis ist: Lebt so, wie es sich für Menschen gehört, die Gott in seine Gemeinde berufen hat. 2 Erhebt euch nicht über andere, sondern seid immer freundlich. Habt Geduld und sucht in Liebe miteinander auszukommen. 3 Bemüht euch darum, die Einheit zu bewahren, die der Geist* Gottes euch geschenkt hat. Der Frieden*, der von Gott kommt, soll euch alle miteinander verbinden!

4 Ihr alle seid ja *ein* Leib*, in euch allen lebt *ein* Geist, ihr alle habt die *eine* Hoffnung, die Gott euch gegeben hat, als er euch in seine Gemeinde berief. 5 Es gibt für euch nur *einen* Herrn*, nur *einen* Glauben und nur *eine* Taufe*. 6 Und ihr kennt nur den *einen* Gott, den Vater von allem, was lebt. Er steht über allen. Er wirkt durch alle und in allen.

7 Jeder und jede von uns hat einen eigenen Anteil an den Gaben erhalten, die Christus in sei-

a Gedacht ist an die Christuserscheinung 1 Kor 15,8; vgl. Gal 1,15-16. b *Dies wird ...:* verdeutlichender Zusatz.
c Wörtlich *dem geringsten von allen Heiligen**.
d Zahlreiche Handschriften haben *Ich sollte allen darüber Licht bringen.* e Vgl. Anmerkung zu 2,2.
f Wörtlich *jede Vaterschaft,* was eine zusammengehörige Gruppe von *Wesen* wie Sippe, Volk bzw. entsprechende Gruppierungen bei den Engeln* bezeichnet.
g Wörtlich *zusammen mit allen Heiligen**.
h *wie unermesslich ...:* wörtlich *was die Länge und die Breite und die Höhe und die Tiefe ist.* Damit wird bildhaft die Fülle des geschenkten Heils umschrieben.

3,3 Gal 1,12 **3,6** (Geheimnis) 2,14.18-19; Kol 1,26-27; Röm 16,25-26 **3,7-8** (dem geringsten) 1 Kor 15,9-10 S **3,12** Hebr 10,19 S **3,13** Kol 1,24 **3,17** Kol 2,7; Eph 5,2 S **3,18-19** Kol 2,2 **3,19** 5,2 S; 2 Kor 5,14 **4,1** 3,1 S **4,2** Kol 3,12-13 **4,3** 2,14-16; Kol 3,14-15 **4,4** (Leib) 1,23 S; (Geist) 2,18 **4,5** (ein Herr) 1 Kor 8,6; Joh 10,16 **4,6** 1 Kor 12,6; Apg 17,28 **4,7** 1 Kor 12,11 S

ner Gnade ausgeteilt hat. 8 Von ihm heißt es in
den Heiligen Schriften*:

»Er ist in den Himmel hinaufgestiegen
und hat gefangen genommen, was uns gefangen
hielt.[a]
Er hat den Menschen Gaben ausgeteilt.«

9 Wenn es heißt: »Er ist hinaufgestiegen«, dann
setzt das voraus, dass er zuerst herabgekommen
ist. 10 Er ist auf die Erde herabgekommen und
dann wieder hinaufgestiegen. Dabei hat er alle
Himmel* unter sich gelassen und durchdringt
jetzt das ganze All samt allem, was darin lebt,
mit seiner göttlichen Macht.

11 Und auch die versprochenen »Gaben« hat er
ausgeteilt: Er hat die einen zu Aposteln* gemacht,
andere zu Propheten*, andere zu Evangelisten*,
wieder andere zu Hirten und Lehrern* der Ge-
meinde. 12 Deren Aufgabe ist es, die Glaubenden[b]
zum Dienst bereitzumachen, damit die Gemein-
de, der Leib* von Christus, aufgebaut wird.

13 So soll es dahin kommen, dass wir alle die
einende Kraft des *einen* Glaubens und der *einen*
Erkenntnis des Sohnes* Gottes an uns zur Wir-
kung kommen lassen und darin eins werden –
dass wir alle zusammen den vollkommenen Men-
schen bilden, der Christus ist, und hineinwachsen
in die ganze Fülle, die Christus in sich umfasst.

14 Wir sind dann nicht mehr wie unmündige
Kinder, die kein festes Urteil haben und auf dem
Meer der Meinungen umhergetrieben werden
wie ein Schiff von den Winden. Wir fallen nicht
auf das falsche Spiel herein, mit dem betrügeri-
sche Menschen andere zum Irrtum verführen.

15 Vielmehr stehen wir fest zu der Wahrheit,
die Gott uns bekannt gemacht hat, und halten in
Liebe zusammen. So wachsen wir in allem zu
Christus empor, der unser Haupt ist. 16 Von ihm
her wird der ganze Leib zu einer Einheit zusam-
mengefügt und durch verbindende Glieder zu-
sammengehalten und versorgt. Jeder einzelne
Teil erfüllt seine Aufgabe, und so wächst der gan-
ze Leib und baut sich durch die Liebe auf.

Das neue Leben der Christen

17 Das aber sage ich euch im Auftrag des Herrn*
mit allem Nachdruck: Ihr dürft nicht mehr wie
die Menschen leben, die Gott nicht kennen und
deshalb[c] von ihrem verkehrten Denken in die
Irre geführt werden. 18 Ihr Verstand ist verdun-
kelt und sie haben keinen Zugang mehr zum
wahren Leben, zu Gott. Das kommt von ihrer
Unwissenheit und ihrem verhärteten Herzen.
19 Aus ihrer inneren Leere heraus überlassen sie
sich dem Laster. Sie treiben jede Art von Unzucht
und sind von unersättlicher Habgier.

20 Ihr wisst, dass sich ein solches Leben nicht
mit dem verträgt, was ihr über Christus gelernt
habt. 21 Ihr habt doch von ihm gehört, ihr seid
über ihn unterrichtet worden und habt an Jesus
den Maßstab für euer eigenes Leben.

22 Legt also eure frühere Lebensweise ab! Ja,
legt den ganzen alten Menschen ab, der seinen
Begierden folgt! Die betrügen ihn nur und füh-
ren ihn ins Verderben. 23 Lasst euch in eurem
Denken erneuern durch den Geist*, der euch ge-
schenkt ist. 24 Zieht den neuen Menschen an,
den Gott nach seinem Bild geschaffen hat und
der gerecht und heilig* lebt aus der Wahrheit
Gottes, an der nichts trügerisch ist.

Was bedeutet das im Einzelnen?

25 Legt das Lügen ab und sagt zueinander die
Wahrheit; denn wir alle sind Glieder am Leib*
von Christus.

26 Versündigt euch nicht, wenn ihr in Zorn ge-
ratet! Versöhnt euch wieder und lasst die Sonne
nicht über eurem Zorn untergehen. 27 Gebt dem
Versucher keine Chance!

28 Wer vom Diebstahl gelebt hat, muss jetzt
damit aufhören. Er soll seinen Lebensunterhalt
durch eigene Arbeit verdienen und zusehen, dass
er auch noch etwas für die Armen übrig hat.

29 Lasst ja kein giftiges Wort über eure Lippen
kommen! Seht lieber zu, dass ihr für die ande-
ren, wo es nötig ist, ein gutes Wort habt, das
weiterhilft und denen wohl tut, die es hören.

30 Beleidigt nicht durch euer Verhalten den
Heiligen Geist*! Er ist wie ein Siegel, das Gott
euch aufgedrückt hat, und er verbürgt euch die
endgültige Erlösung. 31 Weg also mit aller Verbit-
terung, mit Aufbrausen, Zorn und jeder Art von
Beleidigung! Schreit einander nicht an! Legt jede
feindselige Gesinnung ab! 32 Seid freundlich und
hilfsbereit zueinander und vergebt euch gegen-
seitig, was ihr einander angetan habt, so wie
Gott euch durch Christus vergeben hat, was ihr
ihm angetan habt.

a Bei seinem Aufstieg über alle Himmel hat Christus die uns versklavenden Mächte überwunden; vgl. 2,2 und Anmerkung dort sowie Sacherklärung »Mächte«.

b Wörtlich *die Heiligen**.

c Wörtlich *wie die Nichtjuden* (die sog. *Heiden**) *leben, die …*

4,8 *nach* Ps 68,19 **4,9** Joh 3,13 **4,11** 1 Kor 12,28 **4,12** 1 Kor 14,26 S **4,13** Kol 1,28 **4,14** 1 Kor 14,20 **4,15** 1,22 S **4,16** (Einheit) 2,21-22; 4,13; Kol 2,19 **4,17-18** Röm 1,21; 1 Petr 1,14 **4,22** Kol 3,9; Röm 8,13 **4,23** Röm 12,2 **4,24** Kol 3,10; 2 Kor 5,17 S; Gen 1,26-27 **4,25** 1,23 S **4,28** 1 Thess 4,11 S **4,29** 5,4; Kol 4,6; Jak 3,10 **4,30** 2 Kor 1,22 S; Jes 63,10 **4,32** Mt 6,14-15 S; 18,22-35; Kol 3,13

5 Nehmt also Gott zum Vorbild! Ihr seid doch
seine geliebten Kinder! 2 Euer ganzes Leben
soll von der Liebe bestimmt sein. Denkt daran,
wie Christus uns geliebt und sein Leben für uns
gegeben hat, als eine Opfergabe, an der Gott Ge-
fallen hatte.

Leben im Licht

3 Weil ihr Gottes heiliges Volk seid,[a] schickt es
sich nicht, dass bei euch von Unzucht, Aus-
schweifung und Habgier auch nur gesprochen
wird. 4 Es passt auch nicht zu euch, gemeine,
dumme oder schlüpfrige Reden zu führen. Be-
nutzt eure Zunge lieber, um Gott zu danken!
5 Ihr müsst wissen: Wer Unzucht treibt, ein aus-
schweifendes Leben führt oder von Habgier er-
füllt ist – und Habgier ist eine Form von Götzen-
dienst –, für den ist kein Platz in der neuen Welt,
in der Christus zusammen mit Gott herrschen
wird.[b]

6 Lasst euch nicht durch leeres Geschwätz
verführen! Genau diese Dinge sind es, mit denen
die Menschen, die Gott nicht gehorchen wollen,
sich sein Strafgericht zuziehen. 7 Mit solchen
Leuten dürft ihr nichts zu tun haben!

8 Auch ihr gehörtet einst zur Finsternis, ja, ihr
wart selbst Finsternis, aber jetzt seid ihr Licht,
weil ihr mit dem Herrn* verbunden seid. Lebt
nun auch als Menschen des Lichts! 9 Aus dem
Licht erwächst als Frucht jede Art von Güte,
Rechtschaffenheit und Treue. 10 Fragt immer,
was dem Herrn gefällt! 11 Beteiligt euch nicht an
dem finsteren Treiben, das keine Frucht hervor-
bringt. Im Gegenteil, deckt es auf! 12 Man muss
sich schämen, auch nur zu nennen, was manche
heimlich tun. 13 Wenn es aber vom Licht, das ihr
ausstrahlt,[c] aufgedeckt wird, kommt es ans
Licht. 14 Und was ans Licht kommt, wird selbst
Licht. Darum singen wir:

»Wach auf, du Schläfer!
Steh auf vom Tod!
Und Christus, deine Sonne,
geht für dich auf.«

15 Darum achtet genau auf eure Lebensweise!
Lebt nicht wie Unwissende, sondern wie Men-
schen, die wissen, worauf es ankommt. 16 Nutzt
die Zeit; denn wir leben in einer bösen Welt*.
17 Seid also nicht uneinsichtig, sondern begreift,
was der Herr von euch erwartet.

18 Betrinkt euch nicht; denn zu viel Wein ver-
führt zu einem liederlichen Lebenswandel. Lasst
euch lieber vom Geist* Gottes erfüllen! 19 Er-
muntert einander mit Psalmen und Lobliedern,
wie der Geist sie euch eingibt. Singt und spielt
Christus, dem Herrn, von ganzem Herzen.
20 Dankt Gott, dem Vater, zu jeder Zeit für alles
im Namen unseres Herrn Jesus Christus.

Gegenseitige Unterordnung: Männer und Frauen

21 Ordnet euch einander unter, wie es die Ehr-
furcht vor Christus verlangt.

22 Ihr Frauen, ordnet euch euren Männern
unter, so wie ihr euch dem Herrn* unterordnet.
23 Denn der Mann steht über der Frau, so wie
Christus über der Gemeinde steht. Christus als
dem Haupt verdankt die Gemeinde, die sein
Leib* ist, ihre Rettung. 24 Wie nun die Gemeinde
Christus untergeordnet ist, so müssen auch die
Frauen sich ihren Männern in allem unter-
ordnen.

25 Ihr Männer, liebt eure Frauen so, wie
Christus die Gemeinde geliebt hat! Er hat sein
Leben für sie gegeben, 26 um sie rein und heilig*
zu machen im Wasser der Taufe und durch das
dabei gesprochene Wort.[d] 27 Denn er wollte sie
als seine Braut in makelloser Schönheit vor sich
stellen, ohne Flecken und Falten oder einen
anderen Fehler, heilig und vollkommen.

28 So müssen auch die Männer ihre Frauen
lieben wie ihren eigenen Körper. Denn ein
Mann, der seine Frau liebt, liebt sich selbst.
29 Niemand hat doch je seinen eigenen Körper
gehasst; im Gegenteil, er ernährt und pflegt ihn.
So tut es auch Christus mit der Gemeinde, 30 die
sein Leib* ist.[e] Und wir alle sind doch Teile an
diesem Leib.

31 Ihr kennt das Wort: »Deshalb verlässt ein
Mann Vater und Mutter, um mit seiner Frau zu
leben. Die zwei sind dann eins, mit Leib und
Seele.« 32 In diesem Wort liegt ein tiefes Geheim-

a Wörtlich *Für Heilige**. b Wörtlich *in der Königsherrschaft* von Christus und Gott.*
c *das ihr ausstrahlt:* verdeutlichender Zusatz nach der wahrscheinlichsten Deutung. Durch das Beispiel eines »Lebens aus dem Licht« kommen die in der Finsternis Lebenden zum Bewusstsein ihres Tuns und wenden sich möglicherweise selber dem Licht zu (Vers 14).
d Wörtlich *um sie heilig zu machen, sie reinigend im Bad des Wassers durch das Wort;* vgl. die Sacherklärung »Taufe«.
e *die sein Leib ist:* verdeutlichender Zusatz.

5,1 Mt 5,45-48; Joh 1,12S **5,2** (Liebe) 3,17-19; 4,15-16; Phil 2,2; Kol 2,2; 3,14; Gal 6,10S; (Leben gegeben) Gal 1,4S **5,3-5** Gal 5,19-21S **5,4** 4,29S **5,6** 2,3; Kol 3,6; Röm 1,18S **5,8** Kol 3,7S; Apg 26,18; Joh 8,12S **5,9** Gal 5,22-23 **5,14** Röm 13,11-12S; Jes 60,1 **5,15-16** Kol 4,5 **5,18** Röm 13,13 **5,19-20** Kol 3,16-17 **5,21** 1 Petr 5,5 **5,22-24** Kol 3,18; 1 Petr 3,1-6; Tit 2,3-5 **5,23** 1,22-23; 1 Kor 11,3 **5,25-33** Kol 3,19; 1 Petr 3,7; Tit 2,6 **5,25** Gal 1,4S **5,26** Tit 3,5; 1 Kor 6,11S; Hebr 10,22; 1 Petr 3,21 **5,27** 1,4; Kol 1,22; Phil 1,10; 2 Kor 11,2 **5,30** 1,23S **5,31** *zit* Gen 2,24 **5,32** Offb 19,7

nis. Ich beziehe die Aussage auf Christus und die Gemeinde. 33 Es gilt aber auch für euch: Jeder von euch muss seine Frau so lieben wie sich selbst. Die Frau aber soll ihren Mann achten.

Kinder und Eltern

6 Ihr Kinder, gehorcht euren Eltern, wie es der Gemeinschaft mit dem Herrn* entspricht; denn so ist es recht. 2 »Du sollst deinen Vater und deine Mutter ehren« ist das erste und grundlegende der Gebote, die das Verhalten der Menschen untereinander betreffen.[a] Darum folgt ihm auch eine Zusage: 3 »Dann wird es dir gut gehen und du wirst lange leben auf dieser Erde.«

4 Ihr Väter,[b] behandelt eure Kinder nicht so, dass sie widerspenstig werden! Erzieht sie mit Wort und Tat so, wie es dem Herrn gemäß ist.

Sklaven und Herren

5 Ihr Sklaven* und Sklavinnen, gehorcht euren irdischen Herren und Herrinnen![c] Ehrt und fürchtet sie. Dient ihnen so aufrichtig, als dientet ihr Christus. 6 Tut es nicht nur äußerlich, um euch bei ihnen einzuschmeicheln. Betrachtet euch vielmehr als Sklaven von Christus, die den Willen Gottes gerne tun. 7 Tut eure Arbeit mit Lust und Liebe, als Leute, die nicht Menschen dienen, sondern dem Herrn*. 8 Denkt daran: Der Herr wird jeden für seine guten Taten belohnen, gleichgültig ob jemand Sklave ist oder frei.

9 Ihr Herren und Herrinnen, behandelt eure Sklaven und Sklavinnen im gleichen Geist! Lasst das Schelten und Drohen! Denkt daran, dass sie einen Herrn im Himmel haben, der auch euer Herr ist. Und der ist ein unparteiischer Richter.

Die Waffen Gottes

10 Noch ein letztes Wort: Werdet stark durch die Verbindung mit dem Herrn*! Lasst euch stärken von seiner Kraft! 11 Legt die Waffen an, die Gott euch gibt, dann können euch die Schliche des Teufels nichts anhaben. 12 Denn wir kämpfen nicht gegen Menschen. Wir kämpfen gegen unsichtbare Mächte* und Gewalten, gegen die bösen Geister,[d] die diese finstere Welt* beherrschen. 13 Darum greift zu den Waffen Gottes! Wenn dann der schlimme Tag kommt, könnt ihr Widerstand leisten, jeden Feind niederkämpfen und siegreich das Feld behaupten.

14 Seid also bereit! Legt die Wahrheit als Gürtel um und die Gerechtigkeit als Panzer an. 15 Bekleidet euch an den Füßen mit der Bereitschaft, die Gute Nachricht* vom Frieden mit Gott zu verkünden. 16 Vor allem haltet das Vertrauen auf Gott als Schild vor euch, mit dem ihr alle Brandpfeile des Satans* abfangen könnt. 17 Die Gewissheit eurer Rettung sei euer Helm und das Wort Gottes das Schwert, das der Geist* euch gibt.

18 Betet dabei zu jeder Zeit und bittet Gott in der Kraft seines Geistes. Seid wach und hört nicht auf, für alle Gläubigen[e] zu beten. 19 Betet auch für mich, dass Gott mir die rechten Worte in den Mund legt und ich das Geheimnis der Guten Nachricht freimütig bekannt machen kann. 20 Auch jetzt im Gefängnis bin ich ein Botschafter in ihrem Dienst. Betet darum, dass ich aus ihr die Kraft gewinne, sie mutig und offen zu verkünden, wie es mein Auftrag ist.

Grüße und Wünsche

21 Ihr sollt aber auch etwas über mich erfahren, damit ihr wisst, wie es mit mir steht. Tychikus, der geliebte Bruder und treue Sachwalter im Dienst des Herrn*, wird euch alles erzählen. 22 Ich schicke ihn eben deshalb zu euch, damit er euch von mir berichtet und euch Mut macht.

23 Allen Brüdern und Schwestern[f] wünsche ich den Frieden und die Liebe und das unerschütterliche Vertrauen, die von Gott, dem Vater, kommen und von Jesus Christus, dem Herrn*.

24 Die Gnade Gottes sei mit allen, die unseren Herrn Jesus Christus lieben, und schenke ihnen unvergängliches Leben!

a *die das Verhalten ...:* verdeutlichender Zusatz.
b *Väter:* mögliche, aber weniger wahrscheinliche Übersetzung *Eltern.*
c Wörtlich *Ihr Sklaven, gehorcht euren irdischen Herren* (ebenso in Vers 9). Die Mehrzahlformen im Griechischen schließen die Frauen ein; vgl. Sacherklärung »Sklaven«.
d Wörtlich *die bösen Geister im Himmel.* Es sind die unteren Bereiche des »Himmels« gemeint; vgl. 2,2 und Anmerkung dort. e Wörtlich *für alle Heiligen**.
f Vgl. Anmerkung zu Phil 1,12.

6,1 Kol 3,20 **6,2-3** *nach* Dtn 5,16 **6,4** Kol 3,21 **6,5-8** Kol 3,22-25; 1 Tim 6,1-2a; Tit 2,9-10; 1 Petr 2,18-21 **6,6** 1 Kor 7,22 **6,8** 2 Kor 5,10 S **6,9** Kol 4,1; Jak 2,1 S **6,10** 1 Kor 16,13 S **6,11-17** 2 Kor 10,4 S; Jes 59,17; Weish 5,17-20 **6,11** Jak 4,7 **6,12** 2,2; 1,21 S; 1 Petr 5,8-9 **6,13** Röm 13,12 **6,14** Jes 11,5 **6,15** Jes 52,7 S **6,17** Hebr 4,12 S **6,18-19** 3,14; Kol 4,2-4; Lk 18,1 S; Röm 15,30 S **6,19** Apg 4,29 **6,20** 3,1 S **6,21** (Tychikus) Apg 20,4; Kol 4,7-8; 2 Tim 4,12

DER BRIEF DES APOSTELS PAULUS AN DIE GEMEINDE IN PHILIPPI

(Philipperbrief)

Inhaltsübersicht

Eingangsgruß

1 Paulus und Timotheus, die Jesus Christus die-
nen, schreiben diesen Brief an alle in Philip-
pi, die Gott durch Jesus Christus für sich ausge-
sondert hat,[a] an die ganze Gemeinde mit ihren
leitenden Mitgliedern[b] und den Diakonen.[c]
2 Gnade und Frieden* sei mit euch von Gott,
unserem Vater, und von Jesus Christus, dem
Herrn*.

Paulus, im Gefängnis für die Gute Nachricht, betet für die Gemeinde

3 Ich danke meinem Gott jedes Mal, wenn ich
beim Beten an euch denke. 4 Jedes Gebet für
euch – für euch alle! – wird mir erneut zum
Dank und erfüllt mich mit Freude: Dank und
Freude, 5 dass ihr euch so eifrig für die Gute
Nachricht* einsetzt, seit dem Tag, an dem ihr sie
angenommen habt, und bis heute. 6 Ich bin ganz
sicher: Gott wird das gute Werk, das er bei euch
angefangen hat, auch vollenden bis zu dem Tag,
an dem Jesus Christus kommt.
7 Ich kann gar nicht anders, als so über euch
denken; denn ich trage euch alle in meinem Her-
zen, gerade jetzt, da ich für die Gute Nachricht
im Gefängnis bin und sie vor Gericht verteidige
und ihre Wahrheit bezeuge. Ihr alle habt ja teil
an der Gnade, die Gott mir damit erweist. 8 Er
weiß auch, wie sehr ich mich nach euch allen
sehne mit der herzlichen Liebe, die Jesus Chris-
tus in mir geweckt hat.
9 Ich bete zu Gott, dass eure Liebe immer rei-
cher wird an Einsicht und Verständnis. 10 Dann
könnt ihr in jeder Lage entscheiden, was das
Rechte ist, und werdet an dem Tag, an dem
Christus Gericht hält, rein und ohne Fehler da-
stehen, 11 reich an guten Taten, die Jesus Christus
zum Ruhm und zur Ehre Gottes durch euch ge-
wirkt hat.

Die Gefangenschaft des Apostels dient der Verbreitung der Guten Nachricht

12 Ihr sollt wissen, Brüder und Schwestern,[d] dass
meine Gefangenschaft sogar zur Verbreitung der
Guten Nachricht* beigetragen hat. 13 Die Beam-
ten am Sitz des Statthalters[e] und alle, die meinen
Prozess verfolgt haben, wissen jetzt, dass ich
angeklagt bin, weil ich Christus diene. 14 Und
gerade weil ich im Gefängnis sitze, sind die
meisten Brüder und Schwestern[f] hier am Ort
durch den Beistand des Herrn* voller Zuversicht
und getrauen sich, die Botschaft Gottes nun erst
recht und ohne Furcht weiterzusagen.
15 Manche tun es zwar, weil sie neidisch sind
und mich ›ausstechen‹ wollen; aber andere ver-
künden Christus in der besten Absicht. 16 Sie tun
es aus Liebe zu mir; denn sie wissen, dass Gott
mich dazu bestimmt hat, vor Gericht die Gute
Nachricht zu verteidigen. 17 Die anderen aller-
dings verbreiten die Botschaft von Christus in
unehrlicher und eigennütziger Absicht. Sie wol-
len mir in meiner Gefangenschaft Kummer be-
reiten.
18a Aber was macht das? Ob es mit Hinter-
gedanken geschieht oder aufrichtig – die Haupt-

a an alle, die Gott ...: wörtlich *an die Heiligen* in Christus Jesus.*
b Wörtlich *mit den Aufsehern.* Von dem entsprechenden griechischen Wort ist das Wort »Bischof« abgeleitet; vgl. Sacherklärung »Gemeindeleiter«.
c Diakoninnen könnten mit eingeschlossen sein; vgl. Röm 16,1 und Sacherklärung »Diakon«.
d Brüder und Schwestern steht für ein einziges griechisches Wort, das als Mehrzahlform nicht nur, wie herkömmlich übersetzt, die »Brüder« bezeichnet, sondern auch je nach Zusammenhang die gesamte Gemeinde aus Männern und Frauen (siehe dazu Sacherklärung »Bruder«).
e Die Beamten ...: wörtlich *Das ganze Prätorium*.* *f* Siehe Anmerkung zu Vers 12.

1,1 1 Kor 4,17 S **1,6** 2,13; 1 Thess 5,24 S **1,7** 2 Kor 7,3; Eph 3,1 S **1,8** 2 Kor 5,14 **1,10** Röm 12,2; (Tag) Phil 1,6; 2,16; 1 Kor 1,8; 2 Kor 5,10 S; 1 Thess 3,13; 5,23; (ohne Fehler) Eph 5,27 S **1,11** Joh 15,8 **1,12** 2 Tim 2,9; Eph 3,1 S **1,15-17** 2 Kor 2,17 S

sache ist, dass Christus auf jede Weise verkündet
wird.

Wie es auch ausgeht: die Zukunft heißt Christus

18b Darüber freue ich mich; aber auch künftig
werde ich Grund haben, mich zu freuen.
19 Denn ich weiß, dass meine Gefangenschaft –
gleichgültig, wie sie endet – letztlich zu meiner
Rettung führen wird. Das verbürgen mir eure Ge-
bete und Jesus Christus, der mir durch seinen
Geist* beisteht. 20 Ich hoffe und erwarte voller
Zuversicht, dass Gott mich nicht versagen lässt.
Ich vertraue darauf: Auch jetzt, so wie bisher
stets, wird Christus in aller Öffentlichkeit groß
gemacht werden durch das, was mit mir ge-
schieht, ob ich nun am Leben bleibe oder sterbe.

21 Denn Leben, das ist für mich Christus; dar-
um bringt Sterben für mich nur Gewinn. 22 Aber
wenn ich am Leben bleibe, kann ich noch weiter
für Christus wirken. Deshalb weiß ich nicht, was
ich wählen soll. 23 Es zieht mich nach beiden Sei-
ten: Ich möchte am liebsten aus diesem Leben
scheiden und bei Christus sein; das wäre bei wei-
tem das Beste. 24 Aber es ist wichtiger, dass ich
noch hier ausharre, weil ihr mich braucht.

25 Darauf baue ich und bin deshalb ganz
sicher, dass ich euch allen erhalten bleibe. Dann
kann ich euch helfen, dass ihr weiterkommt und
die volle Freude erlebt, die der Glaube schenkt.
26 Und ihr werdet euch noch viel zuversichtlicher
dessen rühmen* können, was Jesus Christus
durch mich an euch getan hat, wenn ich wieder
bei euch bin und unter euch wirken kann.

Für Christus kämpfen und leiden

27 Das Wichtigste ist: Lebt als Gemeinde so, dass
ihr der Guten Nachricht* von Christus Ehre
macht, ob ich euch nun besuchen und sehen
kann oder ob ich nur aus der Ferne von euch höre.
Steht alle fest zusammen in derselben Gesin-
nung! Kämpft einmütig für den Glauben, der in
der Guten Nachricht gründet. 28 Lasst euch von
den Gegnern in keiner Weise einschüchtern! Gott
will ihnen durch eure Standhaftigkeit zeigen,
dass sie verloren sind, ihr aber gerettet werdet.

29 Gott hat euch die Gnade erwiesen, dass ihr
etwas für Christus tun dürft – nicht nur ihm ver-
trauen, sondern auch für ihn leiden. 30 Ihr habt
jetzt denselben Kampf zu bestehen wie ich. Was
für ein Kampf das ist, habt ihr früher an mir er-
lebt und hört es jetzt von mir aus der Ferne.

Der Weg, den Christus ging, als Maßstab für das Leben der Christen

2 Bei euch gibt es doch das ermutigende Wort
im Auftrag von Christus; es gibt den trösten-
den Zuspruch, der aus der Liebe kommt; es gibt
Gemeinschaft durch den Heiligen Geist*; es
gibt herzliches Erbarmen. 2 Dann macht mich
vollends glücklich und habt alle dieselbe Gesin-
nung, dieselbe Liebe und Eintracht! Verfolgt alle
dasselbe Ziel! 3 Handelt nicht aus Selbstsucht
oder Eitelkeit! Seid bescheiden und achtet den
Bruder oder die Schwester[a] mehr als euch selbst.
4 Denkt nicht an euren eigenen Vorteil, sondern[b]
an den der anderen, jeder und jede von euch!

5 Habt im Umgang miteinander stets vor
Augen, was für einen Maßstab Jesus Christus
gesetzt hat:[c]

6 Er war in allem Gott gleich,
und doch hielt er nicht gierig daran fest,
so wie Gott zu sein.
7 Er gab alle seine Vorrechte auf
und wurde einem Sklaven gleich.
Er wurde ein Mensch in dieser Welt
und teilte das Leben der Menschen.
8 Im Gehorsam gegen Gott
erniedrigte er sich so tief,
dass er sogar den Tod auf sich nahm,
ja, den Verbrechertod am Kreuz*.

9 Darum hat Gott ihn auch erhöht*
und ihm den Rang und Namen verliehen,
der ihn hoch über alle stellt.[d]
10 Vor Jesus müssen alle auf die Knie fallen –
alle, die im Himmel sind,
auf der Erde und unter der Erde;
11 alle müssen feierlich bekennen:
»Jesus Christus ist der Herr!«
Und so wird Gott, der Vater, geehrt.

Bewährung der Gemeinde auf dem Weg zur Vollendung

12 Meine Lieben! Ihr habt doch immer auf mich
gehört. Tut es nicht nur, wenn ich unter euch an-
wesend bin, sondern jetzt erst recht, da ich fern

a Wörtlich *achtet einander.* b Viele Handschriften haben *sondern auch.*
c Wörtlich *Dies sinnt unter euch, was auch in Christus Jesus.*
d Wörtlich *und ihm den Namen verliehen, der über jeden Namen ist;* gemeint ist der Würdetitel *Herr** (Vers 11).

1,19 Röm 15,30 S **1,21** Gal 2,20; Kol 3,3-4 **1,23** 2 Kor 5,8-9 **1,27** Kol 1,10; 1 Thess 2,12; 4,1.7 **1,30** Apg 16,19-40 **2,2** Eph 5,2 S; 1 Kor 1,10-11 S **2,3** Röm 12,10 S; Gal 5,26 **2,4** 1 Kor 10,24 S **2,5** Joh 13,15; 1 Petr 2,21; Röm 15,5 **2,6** Joh 1,1-2; 17,5; Hebr 1,3 **2,7** 2 Kor 8,9; Joh 1,14 S **2,8** Hebr 5,8; 12,2 **2,9** Apg 2,33 S; Eph 1,21; Hebr 1,4 **2,10-11** Jes 45,23; Joh 5,23-24; Offb 5,13

von euch bin. Arbeitet an euch selbst mit Furcht und Zittern, damit ihr gerettet werdet! 13 Ihr könnt es, denn Gott selbst bewirkt in euch nicht nur das Wollen, sondern auch das Vollbringen, so wie es ihm gefällt.

14 Tut das alles ohne Murren und langes Hin- und Herreden! 15 Ihr sollt ja rein und fehlerlos sein und euch als Gottes vollkommene Kinder erweisen mitten unter verirrten und verdorbenen Menschen; ihr sollt leuchten unter ihnen wie die Sterne am nächtlichen Himmel. 16 Dazu müsst ihr an der Botschaft festhalten, die euch das ewige Leben verspricht. Dann werdet ihr mein Ruhm* sein an dem Tag, an dem Christus kommt, weil meine Arbeit und Mühe nicht vergeblich gewesen sind.

17 Aber auch wenn ich bei meinem Dienst – diesem Opferdienst, in dem ich Gott euren Glauben darbringe – mein Blut wie ein dazugehöriges Trankopfer* vergießen muss: Ich freue mich und freue mich mit euch allen. 18 Freut ihr euch ebenso und freut euch mit mir!

Timotheus und Epaphroditus

19 Ich hoffe im Vertrauen auf Jesus, den Herrn*, dass ich Timotheus bald zu euch schicken kann. Ich möchte gern erfahren, wie es um euch steht, damit auch mir das Herz leichter wird.

20 Ich habe sonst niemand, der so zuverlässig ist und sich so selbstlos wie er um euch kümmern wird. 21 Die andern kümmern sich alle nur um ihre eigenen Angelegenheiten und nicht um Jesus Christus und seine Sache. 22 Ihr wisst, wie bewährt er ist. Ihr habt selbst erlebt, wie er sich mit mir zusammen für die Gute Nachricht* eingesetzt hat – so wie ein Sohn dem Vater zur Hand geht.

23 Ihn also hoffe ich euch schicken zu können, sobald ich sehe, wie mein Prozess ausgehen wird. 24 Aber im Vertrauen auf den Herrn rechne ich sogar damit, dass ich euch in Kürze selbst besuchen kann.

25 Es erschien mir notwendig, Epaphroditus zu euch zurückzuschicken, meinen Bruder, Mitarbeiter und Mitstreiter. Ihr hattet ihn zu mir geschickt als Überbringer eurer Gabe, mit der ihr meinem Mangel abhelfen wolltet. 26 Jetzt aber sehnte er sich so sehr nach euch allen und war in Sorge, weil ihr von seiner Krankheit gehört hattet. 27 Es stand tatsächlich schlimm um ihn; er war dem Tode nah. Aber Gott hat sich über ihn erbarmt – und nicht nur über ihn, sondern auch über mich. Habe ich doch schon Kummer genug!

28 Umso schneller schicke ich jetzt Epaphroditus zu euch zurück, damit ihr euch freut, ihn wohlbehalten wiederzusehen, und ich selbst eine Sorge weniger habe. 29 Empfangt ihn als Bruder und nehmt ihn voll Freude auf. Solchen Menschen müsst ihr Achtung entgegenbringen. 30 Denn beim Einsatz für Christus wäre er fast zu Tode gekommen. Er hat sein Leben gewagt, um mir den Dienst zu leisten, den ihr selbst mir nicht leisten konntet.

Aufruf zur Freude

3 Im Übrigen, meine Brüder und Schwestern,[a] freut euch mit der Freude, die vom Herrn* kommt! Ich schreibe euch immer wieder dasselbe; aber mir ist das keine Last und euch macht es noch sicherer.

Menschliche Vorzüge und Leistungen zählen nicht

2 Nehmt euch in Acht vor diesen elenden Hunden, diesen falschen Missionaren, diesen Zerschnittenen! 3 Ich nenne sie so, denn die wirklich Beschnittenen* sind wir, die der Geist* Gottes befähigt, Gott in der rechten Weise zu dienen. Denn wir bauen nicht auf Vorzüge, die irdisch und menschlich sind,[b] sondern rühmen* uns allein damit, dass wir zu Jesus Christus gehören.

4 Auch ich könnte mich auf solche Vorzüge berufen. Wenn andere meinen, sie könnten mit irdischen Vorzügen großtun – ich hätte viel mehr Grund dazu. 5 Ich wurde beschnitten, als ich eine Woche alt war. Ich bin von Geburt ein Israelit aus dem Stamm Benjamin, ein Hebräer* von reinster Abstammung. Was die Stellung zum Gesetz* angeht, so gehörte ich zur strengen Richtung der Pharisäer*. 6 Mein Eifer ging so weit, dass ich die christliche Gemeinde verfolgte. Gemessen an dem, was das Gesetz vorschreibt, stand ich vor Gott ohne Tadel da.

7 Aber dies alles, was mir früher als Vorteil er-

a Siehe Anmerkung zu 1,12.

b Vorzüge, die ...: wörtlich *Fleisch**. Paulus denkt hier an die Vorzüge im religiösen Sinn, die nach Auffassung der Juden (und der judenchristlichen Missionare, die die Beschneidung fordern; Vers 2) eine Vorzugsstellung vor Gott begründen und die er in den Versen 5-6 im Einzelnen aufzählt.

2,13 1,6; Joh 15,5; Röm 7,18 **2,15** Dan 12,3; Mt 5,14; Eph 5,8 **2,16** (Ruhm) 2 Kor 1,14; 5,12; 1 Thess 2,19; 2 Thess 1,4; 1 Kor 1,31 S; (Tag) Phil 1,10 S; (nicht vergeblich) 1 Kor 15,2 S **2,17** (Opferdienst) Röm 15,16; 2 Tim 4,6; 1 Joh 3,16 **2,18** 3,1; 4,4 **2,19** 1 Kor 4,17 S **2,25** 4,18 **2,29** 1 Kor 16,16.18 **3,1** 2,18 S **3,2** 2 Kor 11,13; Gal 5,12 **3,3** Röm 2,28-29 S **3,4** 2 Kor 11,18.21 **3,5** Röm 11,1 S; Gen 17,9-14 S **3,6** Apg 8,3 S **3,7-8** Mt 13,44.46; Weish 7,8-10

schien, habe ich durch Christus als Nachteil erkannt. 8 Ich betrachte überhaupt alles als Verlust im Vergleich mit dem überwältigenden Gewinn, dass ich Jesus Christus als meinen Herrn* kenne. Durch ihn hat für mich alles andere seinen Wert verloren, ja, ich halte es für bloßen Dreck. Nur noch Christus besitzt für mich einen Wert.

9 Zu ihm möchte ich um jeden Preis gehören. Deshalb will ich nicht mehr durch mein eigenes Tun vor Gott als gerecht bestehen. Ich suche nicht meine eigene Gerechtigkeit*, die aus der Befolgung des Gesetzes* kommt, sondern die Gerechtigkeit, die von Gott kommt und denen geschenkt wird, die glauben. Ich möchte vor Gott als gerecht bestehen, indem ich mich in vertrauendem Glauben* auf das verlasse, was er durch Christus für mich getan hat.[a]

10 Ich möchte nichts anderes mehr kennen als Christus: Ich möchte die Kraft seiner Auferstehung* erfahren, ich möchte sein Leiden mit ihm teilen. Mit ihm gleich geworden in seinem Tod, 11 hoffe ich auch, zur Auferstehung der Toten zu gelangen.

Wir sind noch nicht am Ziel!

12 Ich meine nicht, dass ich schon vollkommen bin und das Ziel erreicht habe. Ich laufe aber auf das Ziel zu, um es zu ergreifen, nachdem Jesus Christus von mir Besitz ergriffen hat. 13 Ich bilde mir nicht ein, Brüder und Schwestern,[b] dass ich es schon geschafft habe. Aber die Entscheidung ist gefallen! Ich lasse alles hinter mir und sehe nur noch, was vor mir liegt. 14 Ich halte geradewegs auf das Ziel zu, um den Siegespreis zu gewinnen. Dieser Preis ist das ewige Leben, zu dem Gott mich durch Jesus Christus berufen hat.

15 So wollen wir denken – wenn wir uns zu den ›Vollkommenen‹ zählen.[c] Wenn ihr in irgendeiner Einzelheit anderer Meinung seid, wird euch Gott auch das noch offenbaren. 16 Aber lasst uns auf jeden Fall auf dem Weg bleiben, den wir als richtig erkannt haben.

17 Haltet euch an mein Vorbild, Brüder und Schwestern, und nehmt euch ein Beispiel an denen, die so leben, wie ihr es an mir seht. 18 Ich habe euch schon oft gewarnt und wiederhole es jetzt unter Tränen: Die Botschaft, dass allein im Kreuzestod von Christus* unsere Rettung liegt, hat viele Feinde. 19 Ihr Ende ist die ewige Vernichtung. Der Bauch ist ihr Gott.[d] Statt der Herrlichkeit bei Gott warten auf sie Spott und Schande. Sie haben nichts als Irdisches im Sinn.

20 Wir dagegen haben schon jetzt Bürgerrecht im Himmel, bei Gott. Von dort her erwarten wir auch unseren Retter, Jesus Christus, den Herrn*. 21 Er wird unseren schwachen, vergänglichen Körper verwandeln, sodass er genauso herrlich und unvergänglich wird wie der Körper, den er selber seit seiner Auferstehung hat. Denn er hat die Macht, alles seiner Herrschaft zu unterwerfen.

Ermahnung zu Eintracht, Freude und Streben nach dem Guten. Friedenswunsch

4 Also, meine geliebten Brüder und Schwestern,[e] nach denen ich mich sehne, meine Freude und mein Siegeskranz: Steht fest in der Kraft, die der Herr* euch schenkt, meine Lieben!

2 Ich ermahne Evodia und ich ermahne Syntyche, dass sie sich als Schwestern im Glauben vertragen. 3 Dich aber, mein bewährter Syzygus,[f] bitte ich, dass du ihnen dabei hilfst. Die beiden haben sich mit mir für die Verbreitung der Guten Nachricht* eingesetzt, zusammen mit Klemens und meinen anderen Mitarbeitern, deren Namen im Buch des Lebens stehen.

4 Freut euch immerzu, mit der Freude, die vom Herrn kommt! Und noch einmal sage ich: Freut euch! 5 Alle in eurer Umgebung sollen zu spüren bekommen, wie freundlich und gütig ihr seid. Der Herr kommt bald! 6 Macht euch keine Sorgen, sondern wendet euch in jeder Lage an Gott und bringt eure Bitten vor ihn. Tut es mit Dank für das, was er euch geschenkt hat. 7 Dann wird der Frieden* Gottes, der alles menschliche Begreifen weit übersteigt, euer Denken und Wollen im Guten bewahren, geborgen in der Gemeinschaft mit Jesus Christus.

a *indem ich mich …:* wörtlich *durch den Glauben, der sich auf Christus richtet;* vgl. Anmerkung zu Röm 3,22.
b Siehe Anmerkung zu 1,12; ebenso für Vers 17.
c Dazu neigten offenbar gewisse Leute in Philippi im Gefolge der falschen Missionare (Vers 2; vgl. dagegen Paulus in Vers 12-13).
d Mit *Bauch* bezeichnet Paulus in überspitzter Polemik das, was er in den Versen 4-6 aufgezählt hat und was mit der *Botschaft vom gekreuzigten Christus* (Vers 18) unvereinbar ist: Vertrauen auf das Gesetz* und auf seine Erfüllung und das Bewusstsein, in dieser Hinsicht »vollkommen« zu sein (Verse 12 und 15).
e Siehe Anmerkung zu 1,12.
f *Syzygus* bedeutet: Gefährte, Kamerad. Wahrscheinlich handelt es sich um den Eigennamen eines vertrauten Mitarbeiters von Paulus in Philippi, den Paulus auf diesen seinen Namen hin anspricht und in Pflicht nimmt.

3,9 Röm 1,17 **3,10-11** Röm 6,5.8-11; 2 Kor 4,10 S **3,12** (laufe) 1 Kor 9,24-25 S **3,14** (Siegespreis) 1 Kor 9,24-25 S **3,17** 1 Kor 4,16 S **3,18** Gal 6,12-15 **3,19** Röm 16,18 **3,20** Eph 2,6; Hebr 13,14 **3,21** (verwandeln) Röm 8,29; 1 Kor 15,43-53; Kol 3,4; (Macht) 1 Kor 15,25.28 **4,1** 1 Thess 2,17-20 **4,3** Offb 3,5 S **4,4** 2,18 S **4,5** (kommt bald) Röm 13,11-12; 1 Kor 16,22; Hebr 10,25; Jak 5,8; Offb 22,20 **4,6** Mt 6,25 par; 1 Petr 5,7; Ps 37,5 **4,7** Joh 14,27 S; Kol 3,15

8 Im Übrigen, meine Brüder und Schwestern:[a] Richtet eure Gedanken auf das, was schon bei euren Mitmenschen[b] als rechtschaffen, ehrbar und gerecht gilt, was rein, liebenswert und ansprechend ist, auf alles, was Tugend heißt und Lob verdient. 9 Lebt so, wie ich es euch gelehrt und euch als verbindliche Weisung weitergegeben habe und wie ihr es von mir gehört und an mir gesehen habt. Gott, der Frieden* schenkt, wird euch beistehen!

Dank für die Unterstützung

10 Es war mir eine große Freude und ein Geschenk vom Herrn*, dass eure Fürsorge für mich wieder einmal so richtig aufgeblüht ist. Ihr wolltet ja schon die ganze Zeit etwas für mich tun, aber es ergab sich keine Gelegenheit.

11 Ich sage das nicht, weil ich in Not war. Ich habe gelernt, in jeder Lage zurechtzukommen und nicht von äußeren Umständen abhängig zu sein:

12 Ich kann Not leiden,
ich kann im Wohlstand leben;
mit jeder Lage bin ich vertraut.
Ich kenne Sattsein und Hungern,
ich kenne Mangel und Überfluss.
13 Allem bin ich gewachsen
durch den, der mich stark macht.

14 Aber es war freundlich von euch, dass ihr an meiner Notlage Anteil genommen und mir geholfen habt. 15 Ihr wisst ja selbst, ihr in Philippi: Am Anfang meiner Missionstätigkeit, als ich die Gute Nachricht* von Mazedonien aus weitertrug, wart ihr die einzige Gemeinde, von der ich als Gegenleistung für meinen Dienst etwas annahm. 16 Schon nach Thessalonich habt ihr mir etwas für meinen Unterhalt geschickt und auch später bei der einen oder andern Gelegenheit.

17 Denkt nicht, dass es mir auf euer Geld ankommt! Mir liegt daran, dass sich euer eigenes Guthaben vermehrt – ich meine: dass euer Glaube einen Ertrag bringt, der euch bei Gott gutgeschrieben wird.[c]

18 Ich bestätige, dass ich durch Epaphroditus den ganzen Betrag erhalten habe. Es ist mehr als genug; ich habe nun wirklich alles, was ich brauche. Diese Gabe ist wie ein Opfer*, dessen Duft zu Gott aufsteigt und an dem er seine Freude hat.

19 Gott, dem ich diene, wird euch alles geben, was ihr braucht, so gewiss er euch durch Jesus Christus am Reichtum seiner Herrlichkeit* teilhaben lässt. 20 Unserem Gott und Vater, gehört die Herrlichkeit* für alle Ewigkeit. Amen.

Grüße und Schlusswunsch

21 Grüßt alle, die zur Gemeinde gehören – alle, die mit Jesus Christus verbunden sind![d] Die Brüder, die bei mir sind, lassen euch grüßen. 22 Es grüßen euch alle Christen hier am Ort, die ganze hiesige Gemeinde,[e] besonders die, die im kaiserlichen Dienst stehen.

23 Die Gnade des Herrn* Jesus Christus sei mit euch![f]

a Siehe Anmerkung zu 1,12.
b *schon bei euren Mitmenschen:* verdeutlichender Zusatz. Der Apostel nimmt hier Bezug auf Haltungen und Werte, die in weiten Kreisen der damaligen heidnischen Gesellschaft in hohem Ansehen standen.
c *Mir liegt daran ...:* wörtlich *Ich suche die Frucht, die sich mehrt zur Gutschrift auf euer Konto.*
d Wörtlich *Grüßt jeden Heiligen* in Christus Jesus.*
e Wörtlich *Es grüßen euch alle Heiligen*.*
f Wörtlich *mit eurem Geist;* siehe Anmerkung zu Gal 6,18.

4,9 1 Kor 4,16 S **4,11** 1 Tim 6,6-8 **4,12** 2 Kor 6,10 **4,13** 2 Kor 12,9-10 **4,15** 2 Kor 11,8-9 **4,16** (Thessalonich) Apg 17,1 **4,17** 1 Kor 9,11-12 **4,18** 2,25; (Opfer) Lev 3,5; Hebr 13,16

DER BRIEF DES APOSTELS PAULUS AN DIE GEMEINDE IN KOLOSSÄ
(Kolosserbrief)

Inhaltsübersicht

Eingangsgruß

1 Paulus, Apostel* von Jesus Christus nach
dem Willen Gottes, und der Bruder Timo-
theus schreiben diesen Brief. 2 Er richtet sich an
alle in Kolossä, die Gott für sich ausgesondert
hat,[a] die Brüder und Schwestern,[b] die durch
Christus zum Glauben an Gott gekommen sind.

Gnade und Frieden* sei mit euch von Gott,
unserem Vater!

Dank des Apostels für den lebendigen Glauben der Gemeinde

3 Immer, wenn wir für euch beten, danken wir
Gott, dem Vater unseres Herrn* Jesus Christus.
4 Wir haben von eurem Glauben gehört, der
durch Jesus Christus in euch lebt, und von eurer
Liebe zu allen Christen.[c] 5 Sie beide erwachsen
aus eurer festen Hoffnung auf das Leben, das
Gott im Himmel für euch bereithält. Er hat es
euch durch das Wort der Wahrheit*, die Gute
Nachricht*, zugesichert.

6 Diese Gute Nachricht ist nicht nur bei euch,
sondern in der ganzen Welt bekannt. Überall
breitet sie sich aus und bringt Frucht. Sie tut es
auch bei euch, seit dem Tag, an dem euch Gottes
Gnade verkündet worden ist und ihr von der
Wahrheit der euch verkündeten Botschaft über-
zeugt worden seid.

7 Unser geliebter Epaphras, der zusammen
mit uns Christus dient, hat euch mit dieser Bot-
schaft bekannt gemacht. Er ist treu in seinem
Dienst für Christus, den er an euch tut. 8 Durch
ihn haben wir auch von der Liebe gehört, die der
Geist* Gottes in euch geweckt hat.

Das Leben der Christen im Licht

9 Deshalb hören wir auch nicht auf, für euch zu
beten, seit wir von euch gehört haben. Wir bit-
ten Gott, dass er euch mit all der Weisheit und
Einsicht erfüllt, die sein Geist* euch schenkt, und
dass er euch erkennen lässt, was sein Wille ist.
10 Denn ihr sollt ja so leben, wie es dem Herrn*
Ehre macht, und stets tun, was ihm gefällt.

Dazu kommt es,
wenn euer Leben als Frucht gute Taten aller Art
hervorbringt,
wenn ihr darin ständig fortschreitet durch die
immer tiefere Erkenntnis dessen, was Gott für
euch getan hat,[d] –
11–12 wenn ihr, gestärkt von Gott mit seiner ganzen
Kraft und göttlichen Macht, geduldig und stand-
haft bleibt in allem, was ihr zu ertragen habt,
wenn ihr voll Freude dem Vater dankt, dass er
euch befähigt hat, teilzuhaben am Leben sei-
ner heiligen Engel[e] im Reich des Lichts.

13 Denn er hat uns aus der Gewalt der dunklen
Mächte* gerettet und uns unter die Herrschaft sei-
nes geliebten Sohnes* gestellt. 14 Durch den Sohn
und in dessen Machtbereich ist uns die Erlösung
zuteil geworden: Unsere Schuld ist uns vergeben.

Christus, Bild Gottes und Bringer des Friedens

15 Er ist das Bild des unsichtbaren Gottes,
der erstgeborene Sohn* des Vaters,
aller Schöpfung voraus und ihr weit überlegen.
16 Denn in ihm ist alles erschaffen worden,
was im Himmel und auf der Erde lebt,
die sichtbaren Geschöpfe auf der Erde
und die unsichtbaren im Himmel –
die Thronenden, die Herrschenden,
die Mächte, die Gewalten.[f]

a *Er richtet sich …:* wörtlich *an die Heiligen* in Kolossä.* b Siehe Anmerkung zu Philipper 1,12.
c Wörtlich *zu allen Heiligen**. d *Erkenntnis dessen …:* wörtlich *Erkenntnis Gottes.*
e Wörtlich *Heiligen;* nach dem Zusammenhang bezieht sich das Wort hier nicht auf die Christen.
f Die Ausleger sind sich weitgehend einig, dass Paulus in den Versen 15-20 ein altes Christuslied zitiert. Durch einzelne Zwischenbemerkungen (eingerückte Zeilen) setzt er es in Beziehung zu Themen, die ihm im Blick auf die Gemeinde in Kolossä besonders wichtig sind. Zu der Zwischenbemerkung in *Vers 16* vgl. 2,10.15.18.23 und Sacherklärung »Mächte«; zu der in *Vers 18* vgl. 1,24; 2,19 (ursprünglich ist an den Kosmos als »Leib« gedacht); zu der in *Vers 20* vgl. 1,22; 2,13-14 sowie Röm 5,1-10; 2Kor 5,14-21.

1,4 Eph 1,15 **1,5** 1 Petr 1,3-4; Eph 1,13 **1,7** (Epaphras) 4,12; Phlm 23 **1,9-10** Phil 1,9 **1,10** Phil 1,27 **1,11-12** Eph 1,18 **1,13** Eph 2,2; 1,21 S; Apg 26,18 S **1,14** Eph 1,7 **1,15** (Bild) 2 Kor 4,4; Hebr 1,3; Weish 7,26; (unsichtbar) 1 Tim 6,16 **1,16** Joh 1,3 S

Alles hat Gott durch ihn geschaffen,
und alles findet in ihm sein letztes Ziel.
17 Er steht über allem,
und alles besteht durch ihn.
18 Er ist das Haupt des Leibes,
das heißt: der Gemeinde.

Er ist der Anfang der neuen Schöpfung,
der Erstgeborene aller Toten,
der zuerst zum neuen Leben gelangt ist,
damit er in jeder Hinsicht der Erste sei.
19 Denn Gott gefiel es,
in ihm die ganze Fülle des Heils
Wohnung nehmen zu lassen.
20 Durch ihn wollte Gott alles versöhnen
und zu neuer, heilvoller Einheit verbinden.
Alles, was gegeneinander streitet,
wollte er zur Einheit zusammenführen,
nachdem er Frieden* gestiftet hat
durch das Blut*, das Jesus am Kreuz* vergoss;
alles, was auf der Erde und im Himmel lebt,
sollte geeint werden durch ihn
und in ihm als dem letzten Ziel.

Lebenswende durch die Gute Nachricht

21 Das gilt auch für euch. Einst standet ihr Gott
fremd und feindlich gegenüber und habt das
durch eure bösen Taten gezeigt. 22 Aber weil
Christus in seinem menschlichen Leib den Tod
auf sich nahm, hat Gott jetzt mit euch Frieden*
gemacht. Als sein heiliges* Volk steht ihr jetzt
rein und fehlerlos vor ihm da.

23 Ihr müsst jedoch im Glauben fest und un-
erschütterlich bleiben und dürft euch nicht von
der Hoffnung abbringen lassen, die euch durch
die Gute Nachricht* gegeben ist. Ihr habt sie
gehört, und sie ist in der ganzen Welt verkündet
worden. Mich, Paulus, hat Gott in seinen Dienst
genommen, damit ich sie überall bekannt
mache.

Der Dienst des Apostels

24 Ich freue mich, dass ich jetzt für euch leiden
darf. An den Leiden von Christus würde noch
etwas fehlen, wenn ich sie nicht durch das, was
ich selbst körperlich leide, ergänzen würde – sei-
nem Leib* zugute, der Gemeinde. 25 Zu ihrem
Dienst bin ich bestellt durch das Amt, das Gott
mir zu eurem Besten übertragen hat.
Seine Botschaft soll ich überall verbreiten.
26 Ich soll das Geheimnis enthüllen, das er seit
Urzeiten allen Generationen verborgen gehalten
hatte, jetzt aber denen offenbart hat, die er in
seine Gemeinschaft rief.[a] 27 Ihnen wollte er zei-
gen, welch herrlichen Reichtum dieses Geheim-
nis für euch, die nichtjüdischen Völker, in sich
birgt: Christus mitten unter euch, gerade euch!
Das bedeutet die sichere Hoffnung, dass Gott
euch Anteil gibt an seiner Herrlichkeit*!

28 Diesen Christus verkünden wir. Und wir hö-
ren nicht auf, jeden Einzelnen in der Gemeinde
zu ermahnen und jedem Einzelnen in der Ge-
meinde den Weg zu zeigen, den uns Christus ge-
wiesen hat.[b] Das tun wir mit der ganzen Weis-
heit, die uns gegeben ist. Denn wir möchten jeden
und jede in der Gemeinde dahin bringen, dass sie
vor Gott dastehen in der Vollkommenheit, die aus
der Verbindung mit Christus erwächst.

29 Eben dafür kämpfe ich und mühe mich ab,
und Christus selbst wirkt durch mich mit seiner
Kraft, die sich in mir als mächtig erweist.

Sorge um die Empfänger des Briefs

2 Es liegt mir daran, dass ihr wisst, wie sehr es
bei diesem meinem Kampf um euch in
Kolossä geht und auch um die Gemeinde in Lao-
dizea und überhaupt um alle, die mich persönlich
nicht kennen gelernt haben. 2 Ich möchte, dass
sie alle Mut bekommen und in Liebe zusammen-
halten und dass sie zur ganzen reichen Fülle des
Verstehens gelangen und Gottes Geheimnis
begreifen, nämlich Christus. 3 In ihm sind alle
Schätze der Weisheit und Erkenntnis* verborgen.

4 Ich sage das, damit euch niemand durch
Überredungskünste hinters Licht führt. 5 Ob-
wohl ich fern von euch bin, bin ich im Geist bei
euch und freue mich zu sehen, wie fest ihr zu-
sammenhaltet und wie unerschütterlich euer
Glaube an Christus ist.

Christus muss die Mitte bleiben

6 Ihr habt Jesus Christus als den Herrn* ange-
nommen; darum lebt nun auch in der Gemein-
schaft mit ihm und nach seiner Art! 7 Seid in ihm
verwurzelt und baut euer Leben ganz auf ihn.
Bleibt im Glauben fest und lasst euch nicht von
dem abbringen, was euch gelehrt worden ist.
Hört nicht auf zu danken für das, was Gott euch
geschenkt hat.

a Wörtlich *jetzt aber seinen Heiligen* offenbart hat.*
b *jedem Einzelnen den Weg ...:* wörtlich *jeden Menschen zu lehren.*

1,18 a (Haupt) Eph 1,22 S; (Leib) Eph 1,23 S **1,18 b** (der Erste) Apg 4,2 S; Offb 1,5; 1 Kor 6,14 S **1,19** 2,9; Eph 1,23 **1,20** 2 Kor 5,19; Eph 1,22 S; 1,7 S; (Frieden) Eph 2,14 S **1,21-22** Eph 2,12-13 **1,22** Röm 5,10; Eph 5,27 S **1,23** Gal 1,16 **1,24** (für euch leiden) Eph 3,13; 2 Kor 4,10-12; 2 Tim 2,10 **1,26-27** 2,2; 4,4; Eph 3,6 S **1,28** Eph 4,13 **1,29** Eph 3,20; Phil 4,13 **2,1** 4,13.15-16; Offb 3,14 **2,2** 1,26-27 S **2,3** 1 Kor 1,24.30 **2,4** Röm 16,18 **2,5** 1 Kor 5,3 **2,7** Eph 3,17

8 Gebt Acht, dass euch niemand mit der lee-
ren Vorspiegelung einfängt, euch die wahre Reli-
gion zu bringen.[a] Das beruht doch alles auf
Menschenlehren und hat nur mit den kosmi-
schen Mächten* zu tun, aber nicht mit Christus.
9 In Christus wohnt wirklich und wahrhaftig
die Heilsmacht Gottes in ihrer ganzen Fülle,
10 und durch ihn wird euch die Fülle des Heils zu-
teil, nicht durch irgendwelche anderen Mächte.
Denn Christus ist das Oberhaupt jeder Macht
und Gewalt im ganzen Kosmos.
11 Durch Christus seid ihr auch beschnitten*
worden – nicht am Körper, sondern so, dass ihr
den ganzen Körper, sofern er unter der Herr-
schaft der Sünde steht, abgelegt habt. Dies ge-
schah in der Christus-Beschneidung, 12 der Tau-
fe*. Als ihr getauft wurdet, seid ihr mit Christus
begraben worden, und durch die Taufe seid ihr
auch mit ihm zusammen auferweckt* worden.
Denn als ihr euch taufen ließt, habt ihr euch ja
im Glauben der Macht Gottes anvertraut, der
Christus vom Tod auferweckt hat.
13 Einst wart ihr tot, denn ihr wart unbe-
schnitten, das heißt in ein Leben voller Schuld
verstrickt. Aber Gott hat euch mit Christus zu-
sammen lebendig gemacht. Er hat uns unsere
ganze Schuld vergeben. 14 Den Schuldschein, der
uns wegen der nicht befolgten Gesetzesvor-
schriften belastete, hat er für ungültig erklärt. Er
hat ihn ans Kreuz* genagelt und damit für im-
mer beseitigt. 15 Die Mächte und Gewalten, die
diesen Schuldschein gegen uns geltend machen
wollten,[b] hat er entwaffnet und vor aller Welt
zur Schau gestellt, er hat sie in seinem Triumph-
zug mitgeführt – und das alles in und durch
Christus.

Über Christus hinaus brauchen wir nichts

16 Darum soll euch niemand verurteilen wegen
eurer Ess- und Trinkgewohnheiten oder weil ihr
bestimmte Festtage oder den Neumondstag*
oder den Sabbat* nicht beachtet. 17 Das alles ist
nur ein Schatten der kommenden neuen Welt;
doch die Wirklichkeit ist Christus, und die ist
schon zugänglich in seinem Leib*, der Ge-
meinde.[c]
18 Niemand soll euch das Heil absprechen, der
sich in Demutsübungen und Engelverehrung* ge-
fällt und das mit irgendwelchen visionären Erleb-
nissen begründet. Solche Menschen blähen sich
grundlos auf in ihrer rein irdischen Gesinnung,
19 statt sich an Christus zu halten, der doch der
Herr über alles ist und das Haupt des Leibes*,
der Gemeinde.[d] Von ihm her wird der ganze
Leib zusammengehalten und versorgt, damit
er zur vollen Größe emporwächst, wie es Gott
gefällt.
20 Wenn ihr mit Christus gestorben seid, seid
ihr den kosmischen Mächten* weggestorben.
Warum tut ihr dann so, als ob ihr noch unter
ihrer Herrschaft lebtet? Ihr lasst euch vorschrei-
ben: 21 »Dies sollst du nicht anfassen, das sollst
du nicht kosten, jenes sollst du nicht berühren!«
22 Alle diese Dinge sind doch zum Gebrauch und
Verzehr bestimmt! Warum lasst ihr euch dann
von Menschen darüber Vorschriften machen?
23 Es sieht nur so aus, als ob diese selbst ge-
wählte Verehrung, die Demutsübungen und die
Kasteiung des Körpers Zeichen besonderer Weis-
heit seien. In Wirklichkeit bringt das alles uns
Gott nicht näher, sondern dient nur der Befrie-
digung menschlicher Selbstsucht und Eitelkeit.

Ein neues Leben durch Christus

3 Wenn ihr nun mit Christus auferweckt seid,
dann orientiert euch nach oben, wo Christus
ist! Gott hat ihm den Ehrenplatz an seiner rech-
ten Seite gegeben.
2 Richtet also eure Gedanken nach oben und
nicht auf die irdischen Dinge! 3 Ihr seid doch ge-
storben, und euer Leben ist mit Christus bei Gott
verborgen. 4 Wenn einmal Christus, euer Leben,
allen sichtbar wird, dann werdet auch ihr mit
ihm zusammen in der ganzen Herrlichkeit sicht-
bar werden, die euch jetzt schon geschenkt ist.
5 Darum tötet alles, was an euch noch irdisch
ist: Unzucht, Ausschweifung, Leidenschaft, böse
Lust und die Habsucht. Habsucht ist so viel wie

a Wörtlich *dass euch niemand mit der Philosophie* und leerem Trug einfängt.*
b *die diesen Schuldschein ...:* verdeutlichender Zusatz. Vorausgesetzt ist hier offenbar die jüdische Anschauung, dass Engel (siehe Sacherklärung) das himmlische Schuldbuch führen, nach dem Gott im Endgericht urteilt; sie verbindet sich mit der Anschauung, dass überirdische Mächte dem Menschen feindlich sind und ihn vom himmlischen Heil ausschließen wollen.
c *doch die Wirklichkeit ...:* wörtlich *doch der Leib ist des Christus.* »Leib« bedeutet hier zunächst *Wirklichkeit* im Gegensatz zu *Schatten.* So betrachtet *ist* Christus der »Leib«. Da Paulus aber sagt »der Leib ist *des* Christus«, denkt er offenbar gleich weiter und bezieht die Gemeinde als den Leib von Christus mit ein (vgl. Vers 19).
d *statt sich an Christus ...:* wörtlich *und halten sich nicht an das Haupt.* Das Haupt-Sein von Christus gilt für den Kosmos mit seinen Mächten (vgl. Verse 10 und 15) und für die Gemeinde, seinen »Leib« (vgl. 1,18); es ist hier auf beides zu beziehen.

2,9 1,19; Eph 1,21 S **2,11** Eph 2,11; Röm 2,28-29 S **2,12** 3,1; Eph 2,6; Röm 6,3-4 S **2,13** Eph 2,1.5 **2,14** Eph 2,15-16; 1 Petr 2,24 **2,15** Eph 1,21 S **2,16** Röm 14,1-6; Gal 4,10; 1 Tim 4,3 **2,17** Hebr 8,5 S **2,18** 1,16; Eph 1,21 S **2,19** Eph 1,22 S; 1,23 S **2,20** Gal 4,3-5.9 **2,21-22** Mk 7,7 par; Hebr 13,9 S **3,1** 2,12 S; Apg 2,33 S **3,2** Mt 6,33 **3,4** 1,27; Phil 3,21; 1 Joh 3,2 **3,5-8** Gal 5,19-21 S **3,5** Röm 6,6.11; 8,13; Gal 5,24

Götzendienst. 6 Wegen dieser Dinge kommt das
Gericht Gottes.[a] 7 Auch ihr habt früher entspre-
chend gelebt, als ihr noch ganz dem Irdischen
verhaftet wart.
8 Aber jetzt müsst ihr das alles ablegen, auch
Zorn und Aufbrausen, Boshaftigkeit, Beleidigung
und Verleumdung. 9 Belügt einander nicht mehr!
Ihr habt doch den alten Menschen mit seinen
Gewohnheiten ausgezogen 10 und habt den
neuen Menschen angezogen: den Menschen,
der in der Weise erneuert ist, dass er nun Gott
erkennt und weiß, was Gott will – der erneuert
ist nach dem Bild dessen, der ihn am Anfang
nach seinem Bild geschaffen hat!
11 Wo diese Erneuerung geschehen ist, da
zählt es nicht mehr, ob jemand zu den Griechen
gehört oder zu den Juden, ob jemand beschnit-
ten* ist oder unbeschnitten, ob jemand zu einem
unzivilisierten Volk gehört oder gar zu einem
Stamm von Wilden,[b] ob jemand im Sklaven-
stand* ist oder frei. Was einzig noch zählt, ist
Christus, der in allen lebt und der alles wirkt.

Anweisungen für alle

12 Ihr seid von Gott erwählt, der euch liebt und
zu seinem heiligen Volk[c] gemacht hat. Darum
zieht nun wie eine neue Bekleidung alles an,
was den neuen Menschen ausmacht: herzliches
Erbarmen, Freundlichkeit, Bescheidenheit, Mil-
de, Geduld. 13 Ertragt einander! Seid nicht nach-
tragend, wenn euch jemand Unrecht getan hat,
sondern vergebt einander, so wie der Herr euch
vergeben hat. 14 Und *über* das alles zieht die Lie-
be an, die alles andere in sich umfasst. Sie ist das
Band, das euch zu vollkommener Einheit zusam-
menschließt.
15 Der Frieden*, den Christus schenkt, muss
euer ganzes Denken und Tun bestimmen. In die-
sen Frieden hat Gott euch alle miteinander ge-
rufen; ihr seid ja durch Christus *ein* Leib*.
Werdet dankbar! 16 Gebt dem Wort Raum, in
dem Christus bei euch gegenwärtig ist. Lasst es
seinen ganzen Reichtum unter euch entfalten.
Unterweist und ermahnt einander mit aller Weis-
heit. Singt Gott von ganzem Herzen Psalmen,
Hymnen, Loblieder, wie seine Gnade sie schenkt
und sein Geist* sie euch eingibt. 17 Alles, was ihr
tut und was ihr sagt, soll zu erkennen geben, dass
ihr Jesus, dem Herrn*, gehört. Euer ganzes
Leben soll ein einziger Dank sein, den ihr Gott,
dem Vater, durch Jesus Christus darbringt.

Anweisungen für einzelne Gruppen

18 Ihr Frauen, ordnet euch euren Männern unter!
So gehört es sich[d] – gerade in der Gemeinschaft
mit dem Herrn*.
19 Ihr Männer, liebt eure Frauen und seid
nicht rücksichtslos gegen sie.
20 Ihr Kinder, gehorcht euren Eltern in allem!
So ist es richtig – gerade in der Gemeinschaft mit
dem Herrn.
21 Ihr Väter,[e] behandelt eure Kinder nicht zu
streng, damit sie nicht entmutigt werden!
22 Ihr Sklaven* und Sklavinnen, gehorcht in
allem euren irdischen Herren und Herrinnen![f]
Tut es nicht nur äußerlich, um euch bei ihnen ein-
zuschmeicheln. Dient ihnen aufrichtig, als Men-
schen, die Christus als Herrn* ernst nehmen.
23 Alles, was ihr tut, tut von Herzen, als etwas,
das ihr für den Herrn tut und nicht für Men-
schen. 24 Seid euch bewusst, dass ihr dafür vom
Herrn das ewige Leben als Lohn bekommt. Dient
mit eurem Tun Christus, dem Herrn! 25 Denn
wer Unrecht tut, wird dafür die volle Strafe erhal-
ten. Gott ist ein unparteiischer Richter.
4 Ihr Herren und Herrinnen, behandelt eure
Sklaven und Sklavinnen, wie es recht und
billig ist! Seid euch bewusst, dass auch ihr einen
Herrn im Himmel habt!

Weitere Ermahnungen

2 Lasst nicht nach im Beten, werdet nicht müde
darin und tut es immer mit Dank! 3 Betet dabei
auch für uns, dass Gott uns eine Tür öffnet für seine
Botschaft. Wir sollen ja das Geheimnis bekannt
machen, das in Christus beschlossen ist.[g] Als Ver-
künder dieses Geheimnisses sitze ich hier im Ge-
fängnis. 4 Bittet Gott darum, dass ich es weiterhin
offenbar machen kann, wie es mein Auftrag ist.
5 Im Blick auf die, die nicht zur Gemeinde
gehören, und im Unterschied zu ihnen sollt ihr
leben wie Menschen, die wissen, worauf es an-

a In vielen Handschriften wird hinzugefügt: *über die Menschen, die Gott nicht gehorchen* (vgl. Eph 5,6).
b zu einem unzivilisierten ...: wörtlich *Barbar ist oder Skythe.*
c zu seinem heiligen Volk: wörtlich *heilig;* siehe Sacherklärung »Heilige«.
d gehört es sich: siehe Anmerkung zu Phil 4,8.
e Väter: mögliche, aber weniger wahrscheinliche Übersetzung *Eltern.*
f Im Griechischen steht jeweils nur ein Wort (*Sklaven* bzw. *Herren;* ebenso in 4,1), doch schließen die griechischen Mehrzahlformen Frauen mit ein (vgl. Sacherklärung »Sklave«). *g* Von diesem *Geheimnis* war in 1,26-27 die Rede.

3,6 Eph 5,6 S **3,7** Eph 2,3.11-12; 4,22; 5,8; Tit 3,3; 1 Kor 6,11 **3,9-10** Eph 4,22-24 **3,11** 2,11; Gal 3,27-28 S **3,12-15** Eph 4,2-4 **3,13** Eph 4,32 S **3,14** Eph 5,2 S **3,15** (Frieden) Phil 4,7.9; Eph 4,3; 1 Kor 7,15 S; (Leib) Eph 1,23 S **3,16-17** Eph 5,19-20; Hebr 13,15 **3,18** Eph 5,22-24 S **3,19** Eph 5,25-33 S **3,20** Eph 6,1-3 **3,21** Eph 6,4 **3,22-25** Eph 6,5-8 S **3,25** Röm 2,11 **4,1** Eph 6,9 **4,2** Lk 18,1 S **4,3** Röm 15,30 S **4,4** 1,26-27 S **4,5** 1 Thess 4,12; Eph 5,16

kommt, und sollt die Zeit, die euch noch ver-
bleibt, gut ausnutzen. 6 Wenn ihr Außenstehen-
den über euren Glauben Auskunft gebt, so tut es
immer freundlich und in ansprechender Weise.[a]
Bemüht euch, für jeden und jede die treffende
Antwort zu finden.

Empfehlungen, Grüße und Anweisungen

7 Über mein Ergehen wird euch Tychikus aus-
führlich berichten, der geliebte Bruder und treue
Sachwalter, der mit mir zusammen im Dienst für
den Herrn* steht. 8 Ich schicke ihn gerade des-
halb zu euch, damit er euch von uns berichtet
und euch Mut macht. 9 Mit ihm zusammen
schicke ich den treuen und geliebten Bruder
Onesimus, der ja zu euch gehört. Die beiden
werden euch alles erzählen, was hier vorgeht.

10 Es grüßt euch Aristarch, der mit mir im Ge-
fängnis ist, ebenso Markus, der Vetter von Barna-
bas. Seinetwegen habe ich euch ja schon Anweisun-
gen gegeben. Nehmt ihn freundlich auf, wenn er zu
euch kommt! 11 Auch Jesus mit dem Beinamen
Justus lässt euch grüßen. Diese drei sind die Einzi-
gen aus dem Judentum,[b] die noch mit mir zusam-
men für die Aufrichtung der Herrschaft* Gottes ar-
beiten. Sie sind mir ein wirklicher Trost gewor-
den. 12 Es grüßt euch Epaphras, der zu euch ge-
hört und im Dienst von Jesus Christus steht.
Ständig kämpft er in seinen Gebeten für euch,
dass ihr euch als reife Christen bewährt und
ganz davon erfüllt seid, in allem den Willen Got-
tes zu tun. 13 Ich kann bezeugen, wie viel Mühe
und Plage er für euch auf sich nimmt und ebenso
für die Glaubenden in Laodizea und Hiërapolis.

14 Es grüßen euch unser lieber Lukas, der
Arzt, und Demas.

15 Grüßt die Brüder und Schwestern[c] in Lao-
dizea, besonders Nympha und die Gemeinde in
ihrem Haus.

16 Wenn dieser Brief bei euch vorgelesen wor-
den ist, dann schickt ihn nach Laodizea, damit
er auch dort vor der Gemeinde verlesen wird.
Und lest auch ihr den Brief, den ich nach Lao-
dizea geschrieben habe.

17 Sagt Archippus: Sei treu im Dienst für den
Herrn* und erfülle den Auftrag, den du erhalten
hast!

18 Mit eigener Hand schreibe ich, Paulus, hier
meinen Gruß. Vergesst meine Ketten nicht!

Die Gnade sei mit euch!

DER ERSTE BRIEF DES APOSTELS PAULUS AN DIE GEMEINDE IN THESSALONICH

(1. Thessalonicherbrief)

Inhaltsübersicht

Eingangsgruß

1 Paulus, Silvanus und Timotheus schreiben
diesen Brief an die Gemeinde in Thessalo-
nich, die Gott, dem Vater, und Jesus Christus,
dem Herrn*, gehört.

Gnade und Frieden* sei mit euch!

Die Gemeinde in Thessalonich als Vorbild

2 Wir danken Gott immerzu für euch alle, wenn
wir in unseren Gebeten an euch denken. 3 Vor
unserem Gott und Vater erinnern wir uns stets
voll Dank daran, was als Frucht eurer Gemein-
schaft mit Jesus Christus, unserem Herrn*, bei
euch herangereift ist: wie bewährt euer Glaube
ist und wie aufopfernd eure Liebe und wie uner-
schütterlich eure Hoffnung.

4 Gott liebt euch, Brüder und Schwestern,[d]
und wir wissen, dass er euch dazu erwählt hat,
ihm zu gehören. 5 Denn als wir euch die Gute

a *in ansprechender Weise:* wörtlich *(euer Wort sei) mit Salz gewürzt.* b Wörtlich *aus der Beschneidung**.
c Siehe die folgende Anmerkung. d *Brüder und Schwestern* steht für ein einziges griechisches Wort, das als Mehrzahlform nicht nur, wie herkömmlich übersetzt, die »Brüder« bezeichnet, sondern auch je nach Zusammenhang die gesamte Gemeinde aus Männern und Frauen (siehe dazu die Sacherklärung »Bruder«).

4,6 Eph 4,29 S; 1 Petr 3,15 **4,7-8** (Tychikus) Eph 6,21 S **4,9** Phlm 10 **4,10** (Aristarch) Apg 19,29 S; (Markus) Apg 12,12 S **4,12** 1,7 S **4,13** 2,1 S **4,14** (Lukas) 2 Tim 4,11; Phlm 24; (Demas) 2 Tim 4,10; Phlm 24 **4,15** Röm 16,5 S **4,16** 1 Thess 5,27; Eph 3,4 **4,17** Phlm 2 **4,18** 1 Kor 16,21 S; Eph 3,1 S **1,1** (Silvanus) 2 Thess 1,1; 1 Petr 5,12; 2 Kor 1,19; Apg 15,22 S; (Timotheus) 1 Kor 4,17 S; (Thessalonich) Apg 17,1 **1,5** 2,13; 1 Kor 2,4; 4,20

Nachricht* verkündeten, geschah das nicht nur
mit Worten, sondern auch mit Taten, in denen
sich die Macht Gottes zeigte, mit dem Beistand
des Heiligen Geistes* und mit voller Überzeu-
gung. Ihr wisst ja, wie wir unter euch gelebt und
gewirkt haben, um euch die Rettung zu bringen.
6 Ihr aber seid unserem Vorbild gefolgt und
damit dem Vorbild unseres Herrn. Obwohl ihr
schwere Anfeindungen ertragen musstet, habt
ihr die Botschaft mit der Freude angenommen,
die der Geist Gottes schenkt. 7 So seid ihr ein
Vorbild für alle Glaubenden in Mazedonien und
Achaia* geworden.
8 Und nicht nur dorthin ist die Botschaft des
Herrn von euch aus gelangt; es hat sich auch überall
sonst herumgesprochen, dass ihr euch Gott zuge-
wandt habt. Wir brauchen niemand etwas davon
zu erzählen. 9 Wo wir auch hinkommen, sprechen
sie davon, was für ein segensreiches Wirken wir
unter euch entfalten konnten. Überall erzählen
sie, wie ihr euch von den Götzen abgewandt habt,
um dem wahren und lebendigen Gott zu dienen –
10 und wie ihr nun vom Himmel her seinen Sohn*
erwartet, den er vom Tod auferweckt* hat: Jesus,
der uns vor dem bevorstehenden Gericht rettet.

Die Glaubwürdigkeit der Verkündiger

2 Aber auch ihr selbst, Brüder und Schwestern,[a]
erinnert euch ja noch genau an das Wirken,
das wir unter euch entfaltet haben: dass es von
Gott gesegnet und nicht vergeblich war.[b] 2 Wie ihr
wisst, hatten wir zuvor in Philippi viel ausstehen
müssen und waren misshandelt worden. Trotzdem
fassten wir im Vertrauen auf unseren Gott den
Mut, euch seine Gute Nachricht* zu verkünden,
und ließen uns nicht davon abbringen, als es auch
bei euch zu harten Auseinandersetzungen kam.
3 Ihr könnt daran sehen: Wenn wir zum Glau-
ben an die Gute Nachricht aufrufen, folgen wir
nicht irgendwelchen Hirngespinsten. Wir tun es
auch nicht in eigennütziger und betrügerischer
Absicht. 4 Nein, Gott hat uns geprüft und zum
Dienst für die Gute Nachricht brauchbar gefunden
– deshalb und nur deshalb verkünden wir sie! Wir
wollen nicht Menschen gefallen, sondern ihm,
der unsere geheimsten Gedanken kennt.
5 Ich habe[c] euch nie nach dem Mund geredet
– ihr wisst es. Genauso wenig ging es mir jemals
insgeheim um den eigenen Vorteil – Gott kann
es bezeugen! 6 Ich wollte auch nicht von Men-
schen geehrt werden, weder von euch noch von
irgendjemand sonst.
7 Als Apostel* von Christus hätte ich meine
Autorität hervorkehren können; aber stattdessen
war ich sanft und freundlich zu euch,[d] wie eine
stillende Mutter zu ihren Kindern. 8 Ich hatte
eine solche Zuneigung zu euch, dass ich bereit
war, nicht nur Gottes Gute Nachricht mit euch
zu teilen, sondern auch mein eigenes Leben. So
lieb hatte ich euch gewonnen.
9 Ihr erinnert euch doch, Brüder und Schwes-
tern, dass ich keine Mühe gescheut habe. Wäh-
rend ich euch Gottes Gute Nachricht verkünde-
te, habe ich Tag und Nacht für meinen Lebens-
unterhalt gearbeitet, um niemand von euch zur
Last zu fallen. 10 Ich rufe euch selbst und Gott als
Zeugen an: Mein Verhalten gegen euch, die ihr
die Gute Nachricht annahmt, war gottgefällig,
redlich und untadelig. 11 Ihr wisst selbst: Ich war
zu euch allen, zu jedem und zu jeder, wie ein Va-
ter zu seinen Kindern. 12 Ich habe euch ermutigt
und angespornt und euch beschworen, ein Le-
ben zu führen, das Gott Ehre macht. Er hat euch
doch dazu berufen, in seiner neuen Welt[e] zu
leben und seine Herrlichkeit* mit ihm zu teilen.

Dank an Gott für die Annahme der Verkündigung in Thessalonich

13 Und auch deswegen danken wir Gott unauf-
hörlich, dass ihr die Botschaft, die wir euch
brachten, als Wort Gottes aufgenommen habt –
nicht als Menschenwort, sondern als Wort Got-
tes, das sie tatsächlich ist! Und als solches erweist
sie sich auch wirksam unter euch, die ihr dieser
Botschaft glaubt.
14 Das zeigt sich daran, Brüder und Schwes-
tern, dass es euch ebenso ergangen ist wie den
christlichen Gemeinden in Judäa.[f] Ihr habt von
euren Landsleuten dasselbe erduldet, was sie
von ihren jüdischen Landsleuten erdulden muss-
ten. 15 Diese haben schon Jesus, den Herrn*, ge-
tötet und ebenso die Propheten*, und auch uns

a Siehe Anmerkung zu 1,4; ebenso für die Verse 9, 14 und 17.
b *dass es von Gott …:* wörtlich *dass es nicht leer war.*
c Wörtlich *Wir haben* (und entsprechend bis Vers 12). Möglicherweise schließt sich Paulus durch die Wir-Form mit Silvanus und Timotheus als Mitabsendern des Briefs (1,1) zusammen. Der Inhalt der Aussagen (vgl. »Apostel« in Vers 7) weist jedoch eher darauf hin, dass es sich um eine bekannte Stilform handelt (vgl. Anmerkung zu 1 Kor 2,6).
d In der Mehrzahl der Handschriften heißt es: *waren wir* (d. h. ich) *unter euch wie Unmündige* (nur ein Buchstabe Unterschied).
e Wörtlich *in seiner Königsherrschaft*.*
f Wörtlich *wie den Gemeinden Gottes in Christus Jesus, die in Judäa sind.*

1,6 1 Kor 4,16 S **1,8** Röm 1,8 **1,9** Apg 14,15; Joh 17,3 **2,2** Apg 16,19-24; 17,1-9 **2,3** 2 Kor 2,17 S **2,4** Gal 1,10 **2,5** Apg 18,3 S **2,6** Joh 5,41.44 **2,7** 1 Kor 9,12 **2,8** 2 Kor 12,15 **2,9** Apg 18,3 S **2,10** 2 Kor 1,12 **2,11** Apg 20,31; 1 Kor 4,14-15; Gal 4,19; 1 Tim 1,2; 2 Tim 1,2; Tit 1,4 **2,12** Phil 1,27 S; (Herrlichkeit) Röm 5,2 S **2,13** 1,5; Gal 1,11-12 **2,14** Apg 17,5 **2,15** Apg 2,23; Mt 5,12 S; 2 Kor 11,23-29 S; Apg 14,19 S; Röm 11,28

haben sie verfolgt. Sie missfallen Gott und sind
allen Menschen feindlich gesinnt. 16 Denn sie
wollen verhindern, dass wir den anderen Völ-
kern[a] die Gute Nachricht* verkünden, die sie
retten kann. So machen sie fortgesetzt das Maß
ihrer Sünden voll. Aber das Strafgericht Gottes
hat sie schon in vollem Umfang erreicht.

Paulus in Sorge um die Gemeinde

17 Brüder und Schwestern! Wir sind richtig ver-
waist, wenn auch nur vorübergehend, seit wir
von euch getrennt sind. Wir sind es auch nur
äußerlich, nicht in unseren Herzen; aber wir
sehnen uns so sehr nach euch, dass wir nach einer
Möglichkeit suchten, euch wiederzusehen. 18 Wir
hatten die feste Absicht, zu euch zu kommen. Ich,
Paulus, versuchte es mehrere Male; aber der
Satan* hinderte uns daran. 19 Ihr seid doch unsere
Hoffnung und unsere Freude und unser Sieges-
kranz, auf den wir stolz sein können,[b] wenn
Jesus, unser Herr*, kommt. Ja, gerade auch
ihr! 20 Ihr seid doch unsere Ehre und unsere
Freude!

3 Schließlich hielt ich es nicht länger aus. Ich
beschloss, mit Silvanus[c] in Athen zu bleiben,
2 und schickte Timotheus zu euch, unseren
Bruder und Gottes Mitarbeiter bei der Ver-
breitung der Guten Nachricht* von Christus. Er
sollte euch in eurem Glauben stärken und er-
mutigen, 3 damit niemand von euch durch die
Verfolgungen in seinem Glauben wankend wird.

Ihr wisst ja selbst, dass wir Verfolgung erlei-
den müssen. 4 Schon als ich noch bei euch war,
haben wir euch vorausgesagt, dass sie uns verfol-
gen werden. Das ist nun eingetreten und ihr habt
es an euch selbst erlebt.

5 Darum hielt ich es auch nicht mehr aus und
schickte Timotheus zu euch, um zu erfahren,
wie es um euren Glauben steht. Ich war in Sorge,
der Versucher könnte euch zu Fall gebracht
haben und unsere ganze Arbeit könnte vergeb-
lich gewesen sein.

Beruhigung durch Nachrichten aus Thessalonich

6 Aber soeben ist nun Timotheus von euch
zurückgekehrt und hat uns gute Nachricht über
euren Glauben und eure Liebe gebracht. Er hat
uns erzählt, dass ihr immer an uns denkt, uns in
guter Erinnerung habt und euch ebenso sehr
nach uns sehnt, wie wir uns nach euch sehnen.

7 Ihr habt euren Glauben bewahrt, Brüder und
Schwestern,[d] und das hat uns mitten in unserer
Angst und Sorge neuen Mut gegeben. 8 Jetzt leben
wir wieder auf, weil wir wissen, dass ihr fest steht
in der Verbundenheit mit dem Herrn*.

9 Wir können unserem Gott nicht genug für
euch danken und für die große Freude, die er
uns an euch erleben lässt. 10 Tag und Nacht
bitten wir ihn von ganzem Herzen, dass wir
euch wieder sehen dürfen. Denn wir möchten
euch gerne helfen, dass an eurem Glauben nichts
mehr fehlt.

11 Wir bitten unseren Gott und Vater und
Jesus, unseren Herrn, uns den Weg zu euch zu
ebnen. 12 Der Herr lasse eure Liebe zueinander
und zu allen Menschen wachsen und überströ-
men, sodass sie so stark wird wie unsere Liebe
zu euch. 13 Er mache euch innerlich stark, damit
ihr vor unserem Gott und Vater in untadeliger
Heiligkeit* dasteht, wenn Jesus, unser Herr, mit
allen seinen Engeln* kommt. Amen.

Ein Leben, das Gott gefällt

4 Brüder, ihr habt von uns gelernt, wie ihr
leben sollt, um Gott zu gefallen; und ihr lebt
auch schon so. Nun bitten und ermahnen wir
euch im Namen von Jesus, dem Herrn*, dass ihr
darin auch weiterhin Fortschritte macht.

2 Ihr wisst, welche Anweisungen wir euch in
seinem Auftrag gegeben haben. 3 Gott will, dass
ihr heilig* seid: dass ihm euer ganzes Leben ge-
hört. Das bedeutet, dass ihr euch von Unzucht
fern halten sollt. 4 Jeder von euch Männern soll
lernen, mit seiner Frau so zusammenzuleben,
wie es Gott und den Menschen gefällt. 5 Ihr sollt
nicht blind eurer Leidenschaft folgen, wie die
Menschen,[e] die Gott nicht kennen. 6 Es soll sich
auch keiner Übergriffe erlauben und seinen Bru-
der bei Geschäften übervorteilen.[f]

Wir haben euch das schon früher gesagt, und
wir haben euch nachdrücklich gewarnt: Wer so
etwas tut, den wird der Herr bestrafen. 7 Gott hat
uns nicht dazu berufen, dass wir zügellos und
eigennützig leben, sondern dass wir sein heiliges

a Herkömmliche Übersetzung *den Heiden**. b Wörtlich *unser Siegeskranz des Rühmens**.
c Wörtlich *Wir beschlossen, allein in Athen zu bleiben (und schickten)*; vgl. 1,1. d Siehe Anmerkung zu 1,4.
e Wörtlich *die Menschen der nichtjüdischen Völker* (die sog. *Heiden**).
f Manche Ausleger beziehen den Satz noch auf das Vorhergehende und übersetzen: *und seinen Bruder in der* (= dieser) *Sache betrügen*, d.h. durch Ehebruch.

2,16 Mt 23,31-32 **2,17** 3,10 **2,19-20** Phil 2,16S; 4,1 **3,1** Apg 17,14 **3,2** 1 Kor 4,17S **3,3b** 2 Thess 1,4; Eph 3,13; 2 Tim 3,12 **3,4** Apg 14,22 **3,5** 1 Kor 15,2S **3,6** Apg 18,5 **3,10** 2,17 **3,12** Gal 6,10S **3,13** Phil 1,10S **4,1** Kol 1,10 **4,3** 1 Kor 6,13 **4,7** Phil 1,27S; 1 Petr 1,15-16

Volk sind und ihm Ehre machen. 8 Wer also diese
Anweisungen in den Wind schlägt, lehnt sich
nicht gegen einen Menschen auf, sondern gegen
Gott, der euch ja mit seinem Heiligen Geist* er-
füllt, damit ihr so leben könnt, wie es ihm gefällt.[a]
9 Über die Liebe zu den Brüdern und Schwes-
tern[b] brauchen wir euch nichts zu schreiben.
Gott selbst hat es euch ins Herz gegeben, einan-
der zu lieben. 10 Ihr erweist solche Liebe ja auch
allen Glaubensgeschwistern in ganz Mazedo-
nien. Wir bitten euch, dass ihr darin noch voll-
kommener werdet!
11 Betrachtet es als Ehrensache, ein geregeltes
Leben zu führen. Kümmert euch um eure eige-
nen Angelegenheiten und arbeitet für euren
Lebensunterhalt, wie wir euch das gesagt haben.
12 Lebt so, dass ihr denen, die nicht zur Gemein-
de gehören, keinen Anstoß gebt und niemand
zur Last fallt.

Was ist mit denen in der Gemeinde, die sterben, bevor Jesus wiederkommt?

13 Wir wollen euch nicht im Unklaren lassen, lie-
be Brüder und Schwestern,[c] wie es mit denen
aus eurer Gemeinde steht, die schon gestorben
sind. Dann braucht ihr nicht traurig zu sein wie
die übrigen Menschen, die keine Hoffnung
haben. 14 Wir glauben doch, dass Jesus gestorben
und auferstanden* ist. Ebenso gewiss wird Gott
auch die Verstorbenen durch Jesus und mit ihm
zusammen zum ewigen Leben führen.
15 Mit einem Wort des Herrn* sagen wir
euch: Die Brüder und Schwestern, die schon ge-
storben sind,[d] werden gegenüber uns, die beim
Kommen des Herrn noch am Leben sind, nicht
benachteiligt sein. 16 Wenn Gottes Befehl ergeht,
der oberste Engel* ruft und die himmlische
Posaune* ertönt, wird Christus, der Herr, selbst
vom Himmel kommen. Zuerst werden dann alle,
die im Vertrauen auf ihn gestorben sind, aus
dem Grab auferstehen. 17 Danach werden wir,
die noch am Leben sind, mit ihnen zusammen
auf Wolken in die Luft gehoben und dem Herrn
entgegengeführt werden, um ihn zu empfangen.
Dann werden wir für immer mit ihm zusammen
sein. 18 Macht euch also damit gegenseitig Mut!

Jederzeit bereit sein!

5 Über die Frage, wann das geschehen wird,
Brüder und Schwestern,[e] zu welchem nähe-
ren Zeitpunkt es eintreten wird, brauchen wir
euch nichts zu schreiben. 2 Ihr wisst selbst ganz
genau, dass der Tag des Herrn* so unvorhergese-
hen kommt wie ein Dieb in der Nacht. 3 Wenn
die Menschen sagen werden: »Alles ist ruhig und
sicher«, wird plötzlich Gottes vernichtendes
Strafgericht über sie hereinbrechen, so wie die
Wehen über eine schwangere Frau. Da gibt es
kein Entrinnen.
4 Ihr aber lebt ja nicht in der Dunkelheit, Brü-
der und Schwestern, sodass euch der Tag des
Herrn wie ein Dieb überraschen könnte. 5 Ihr
alle seid vielmehr Menschen, die dem Licht und
dem Tag gehören. Und weil wir nicht mehr der
Nacht und der Dunkelheit gehören, 6 wollen wir
auch nicht schlafen wie die anderen, sondern
wach und nüchtern sein.
7 Wer schläft, tut es in der Nacht, und wer
sich betrinkt, tut es in der Nacht. 8 Wir aber ge-
hören dem Tag und wollen deshalb nüchtern
sein. Wir wollen Glauben und Liebe als Panzer
anlegen und die Hoffnung auf Rettung als Helm.
9 Denn Gott hat uns nicht dazu bestimmt, dass
wir seinem Gericht verfallen, sondern dass wir
durch Jesus Christus, unseren Herrn, gerettet
werden.
10 Er, unser Herr, ist für uns gestorben, damit
wir zusammen mit ihm leben. Das gilt für uns
alle, ob wir noch am Leben sind, wenn er
kommt, oder ob wir schon vorher gestorben sind.
11 Macht also einander Mut und helft euch ge-
genseitig weiter, wie ihr es ja schon tut.

Abschließende Anweisungen

12 Brüder und Schwestern, wir bitten euch: Er-
kennt die an, die sich für euch abmühen und in
der Gemeinde des Herrn* Verantwortung über-
nehmen, um euch den rechten Weg zu zeigen.
13 Liebt sie wegen des Dienstes, den sie an euch
tun, und begegnet ihnen mit größter Achtung.
Lebt in Frieden und Eintracht miteinander!
14 Wir bitten euch weiter, liebe Brüder und

a *damit ihr …:* verdeutlichender Zusatz.
b Wörtlich *Über die Bruderliebe* (bzw. *Geschwisterliebe*); siehe Sacherklärung »Bruder«.
c Siehe Anmerkung zu 1,4.
d *Die Brüder …:* wörtlich *Die Entschlafenen.* Derselbe Ausdruck steht im Griechischen auch in den beiden vorangehenden Versen.
e Siehe Anmerkung zu 1,4; ebenso für die Verse 4, 12, 14, 25 und 27.

4,8 Ez 36,27; 37,14; 1 Kor 6,19-20 **4,9** Gal 6,10 S; (ins Herz) Jer 31,33-34 **4,11** 2 Thess 3,10.12; Eph 4,28; 1 Thess 2,9 **4,12** Kol 4,5 **4,13** Eph 2,12; 1 Kor 15,19 **4,14** Röm 14,8-9; 1 Kor 15,3-4.12.20 **4,15-16** Mk 13,26 S; 1 Kor 15,51-52 **4,17** (zusammen sein) Joh 12,26 S; Röm 5,17; Phil 1,23 **5,1** Mk 13,32 par **5,2** Mt 24,27 S; (wie ein Dieb) Mt 24,43 S **5,3** Jer 6,14-15; Mt 24,39 par **5,5-8** Röm 13,11-12; Eph 5,8-9 **5,8** 2 Kor 10,4 S **5,9** 1,10 **5,10** 4,14; Röm 14,8-9 **5,12** 1 Kor 16,15-18; 1 Tim 5,17 **5,13** (Frieden) Mk 9,50 S **5,14** 2 Thess 3,6.11-12.15

Schwestern: Weist die zurecht, die ein ungeregel-
tes Leben führen. Ermutigt die Ängstlichen.
Helft den Schwachen und habt Geduld mit allen.
15 Achtet darauf, dass niemand von euch Böses
mit Bösem heimzahlt. Bemüht euch vielmehr
stets, das Gute zu tun, im Umgang miteinander
und mit allen Menschen.

16 Freut euch immerzu! 17 Betet unablässig!
18 Dankt Gott in jeder Lebenslage! Das will Gott
von euch als Menschen, die mit Jesus Christus
verbunden sind.

19 Unterdrückt nicht das Wirken des Heiligen
Geistes*. 20 Verachtet nicht die Weisungen*, die
er euch gibt. 21 Prüft aber alles, und nehmt nur
an, was gut ist. 22 Von jeder Art des Bösen haltet
euch fern!

Schlusswort und Grüße

23 Gott aber, der uns seinen Frieden* schenkt,
vollende euch als sein heiliges* Volk und be-
wahre euch völlig unversehrt, fehlerlos an Geist,
Seele und Leib, für den Tag, an dem Jesus
Christus, unser Herr*, kommt. 24 Gott ist treu,
der euch berufen hat; er wird euch auch voll-
enden.

25 Betet auch ihr für uns, Brüder und Schwes-
tern! 26 Grüßt alle in der Gemeinde mit dem
Friedenskuss*. 27 Ich beschwöre euch bei dem
Herrn, diesen Brief vor allen Brüdern und
Schwestern zu verlesen.

28 Die Gnade unseres Herrn Jesus Christus sei
mit euch.

DER ZWEITE BRIEF DES APOSTELS PAULUS AN DIE GEMEINDE IN THESSALONICH

(2. Thessalonicherbrief)

Inhaltsübersicht

Eingangsgruß

1 Paulus, Silvanus und Timotheus schreiben
diesen Brief an die Gemeinde in Thessalo-
nich, die Gott, unserem Vater, und dem Herrn*
Jesus Christus gehört.

2 Gnade und Frieden* sei mit euch von Gott,
unserem Vater, und von Jesus Christus, dem
Herrn.

Christus kommt zum Gericht

3 Wir müssen Gott immerzu für euch danken,
Brüder und Schwestern![a] Wir haben allen
Grund dazu, denn euer Glaube wächst, und die
gegenseitige Liebe nimmt bei euch allen, bei
jedem Einzelnen von euch, zu. 4 Mit Stolz erzäh-
len wir in den Gemeinden Gottes von eurer
Standhaftigkeit und Treue in all den Verfolgun-
gen und Leiden, die ihr zu ertragen habt. 5 Diese
Verfolgungen erinnern euch daran, dass Gott ein
gerechtes Gericht halten und euch ehrenvoll in
seine neue Welt[b] aufnehmen wird, für die ihr
ja leidet. 6 Denn es entspricht der Gerechtigkeit
Gottes, dass er die, die euch Leiden bereiten,
selbst leiden lässt 7 und dass er euch, die ihr jetzt
leiden müsst, mit uns zusammen von allen
Leiden befreit.

Das wird geschehen, wenn Jesus, der Herr*,
vom Himmel kommt und alle ihn sehen werden.
Er kommt mit den Engeln*, die seine Befehle
vollstrecken, 8 und in loderndem Feuer, um
Vergeltung zu üben an allen, die Gott nicht
ehren und die Gute Nachricht* von Jesus, unse-
rem Herrn, nicht gehorsam annehmen. 9 Als
Strafe verhängt der Herr in seiner Macht und
Herrlichkeit* ewiges Verderben über sie. 10 Das
geschieht an dem Tag, an dem er kommt, um
von allen, die ihm gehören,[c] von allen, die zum
Glauben* an ihn gekommen sind, geehrt und

a Siehe Anmerkung zu 1 Thess 1,4.
b Wörtlich *in die Königsherrschaft* Gottes.*
c Wörtlich *von seinen Heiligen**.

5,15 Röm 12,17 S **5,16** Phil 2,18 S **5,17** Lk 18,1 S **5,19-20** 1 Kor 14,39 **5,21** 1 Kor 14,29; 1 Joh 4,1; Eph 5,10 **5,23** 2 Kor 13,11 S; Phil 1,10 S **5,24** 1 Kor 1,8-9; Phil 1,6; 2 Thess 1,11; 3,3 **5,25** Röm 15,30 S **5,26** Röm 16,16 S **5,27** Kol 4,16 S **1,1** 1 Thess 1,1 **1,4** Phil 2,16 S; 1 Thess 3,3b **1,5** Phil 1,28 **1,6** Röm 12,19; Offb 18,6 **1,7b** Mt 25,31 S; 1 Thess 4,16-17 **1,8** Jes 66,15; Röm 2,8; 1 Petr 4,17

umjubelt zu werden – auch von euch, denn ihr
habt ja der Botschaft geglaubt, die wir euch ge-
bracht haben.
11 Im Blick darauf beten wir auch immer für
euch. Wir bitten unseren Gott, euch würdig zu
machen für das ewige Leben, zu dem er euch be-
rufen hat. Durch seine Macht führe er alle eure
guten Vorsätze und euer Wirken aus dem Glau-
ben heraus zur Vollendung. 12 So soll der Name*
unseres Herrn Jesus durch euch zu Ehren kom-
men – und ebenso auch ihr durch ihn. Die
Gnade unseres Gottes und Herrn Jesus Christus[a]
wird euch dazu verhelfen!

Was zuvor noch geschehen muss: Das Auftreten des Antichrist

2 Ihr wartet darauf, Brüder und Schwestern,[b]
dass Jesus Christus, unser Herr*, kommt und
wir mit ihm vereinigt werden. Wir bitten euch
aber: 2 Lasst euch nicht so rasch verwirren oder
erschrecken durch die Behauptung, der Tag, an
dem der Herr kommt, stehe unmittelbar bevor.
Glaubt es nicht, auch wenn sich jemand auf eine
Eingebung des Heiligen Geistes* beruft oder auf
irgendeinen Ausspruch oder auf einen Brief von
uns. 3 Lasst euch durch nichts und niemand täu-
schen: Erst muss es dahin kommen, dass viele
ihrem Glauben untreu werden. Der Feind Gottes
muss auftreten, der alles Böse in sich vereint[c]
und der zum Untergang bestimmt ist. 4 Er wird
sich gegen alles auflehnen und sich über alles er-
heben, was als göttlich und verehrungswürdig
gilt. Ja, er wird seinen Thron im Tempel Gottes
aufstellen und wird behaupten, er sei Gott!
5 Erinnert ihr euch nicht, dass ich euch dies
angekündigt habe, als ich noch bei euch war?
6 Inzwischen wisst ihr aber auch, wodurch das
noch aufgehalten wird. Der Feind Gottes kann
erst hervortreten, wenn die Zeit dafür reif ist.
7 Die geheimnisvolle Macht der Auflehnung ist
zwar schon am Werk; doch der, der sie bisher
noch zurückhält, muss ihr erst den Weg freige-
ben.
8 Dann wird der Feind Gottes[d] offen hervor-
treten. Aber Jesus, der Herr*, wird in Herrlich-
keit kommen und ihn mit dem Hauch seines
Mundes töten; durch sein bloßes Erscheinen
wird er ihn vernichten.

Die Gefährdung durch den Antichrist

9 Der Feind Gottes wird bei seinem Auftreten
vom Satan* unterstützt, sodass er Aufsehen er-
regende Wunder vollbringen und die Menschen
damit blenden kann. 10 Alle, die verloren gehen,
wird er durch seine bösen Künste täuschen. Sie
erliegen ihnen, weil sie ihr Herz nicht der Wahr-
heit* geöffnet haben, die sie retten könnte.
11 Deshalb liefert Gott sie dem Irrtum aus, sodass
sie der Lüge Glauben schenken. 12 Alle, die der
Wahrheit nicht geglaubt haben, sondern am Bö-
sen Gefallen hatten, werden so ihre Strafe finden.

Aufruf zur Standhaftigkeit an die Erwählten

13 Doch für euch, Brüder und Schwestern,[e] müs-
sen wir Gott immerzu danken. Ihr seid von
Jesus, dem Herrn*, geliebt. Von allem Anfang an
hat Gott euch dazu erwählt,[f] dass ihr gerettet
werdet. Und das werdet ihr, weil Gottes Geist*
euer Leben bestimmt und euch heilig* macht
und weil ihr der Wahrheit* Gottes glaubt.
14 Durch die Gute Nachricht*, die wir euch ge-
bracht haben, hat Gott euch dazu berufen, an
der Herrlichkeit* unseres Herrn Jesus Christus
teilzuhaben.
15 Steht also fest, Brüder und Schwestern, und
haltet euch an die Überlieferungen, an alles, was
wir euch mündlich oder brieflich gelehrt haben.
16 Gott, unser Vater, hat uns seine Liebe erwie-
sen und uns in seiner Gnade einen ewig gültigen
Trost und eine sichere Hoffnung geschenkt. Wir
bitten ihn und unseren Herrn Jesus Christus,
17 euch getrost und mutig zu machen und euch
Kraft zu geben zu allem Guten, in Wort und Tat.

Abschließende Bitten und Wünsche

3 Im Übrigen: Betet für uns, Brüder und
Schwestern! Bittet darum, dass die Botschaft
des Herrn* sich rasch verbreitet und überall so
wie bei euch mit Dank gegen Gott angenommen
wird. 2 Bittet auch darum, dass Gott uns vor den
Anschlägen böser und schlechter Menschen ret-
tet. Denn nicht alle nehmen den Glauben an.
3 Doch der Herr ist treu. Er wird euch stärken
und vor dem Bösen beschützen. 4 Er gibt uns
auch das Vertrauen zu euch, dass ihr jetzt und in

a Möglich auch die Deutung *unseres Gottes und des Herrn Jesus Christus.* b Siehe Anmerkung zu 1 Thess 1,4.
c *der Feind …:* wörtlich *der Mensch der Gesetzlosigkeit;* siehe Sacherklärung »Antichrist«.
d Hier heißt er *der Gesetzlose.* e Siehe Anmerkung zu 1 Thess 1,4; ebenso für Vers 15 und für 3,1.6.13.
f Nach anderer Überlieferung *Gott hat euch als Erstlingsfrucht (seiner neuen Schöpfung) erwählt;* siehe Sacherklärung »Erstling«.

1,11 1 Thess 5,25; 5,24 S **2,1-2** 1 Thess 4,15–5,3 **2,3** 1 Tim 4,1; 1 Joh 2,18 S **2,4** Dan 11,31.36 **2,8** Jes 11,4; Offb 19,15 **2,9** Mt 24,24 S **2,13** Röm 8,30 **2,14** 1 Thess 5,9 **2,16** Röm 8,39 S; 1 Thess 1,4 **3,1** Röm 15,30 S **3,3** Joh 17,15 S; 1 Thess 5,24 S; 1 Kor 10,13

Zukunft meinen Anweisungen folgen werdet.
5 Der Herr richte euer ganzes Denken und Wol-
len darauf, dass ihr Gott liebt und standhaft zu
Christus haltet.

Spezielle Mahnung: Die Pflicht zur Arbeit

6 Brüder und Schwestern! Wir befehlen euch im
Namen unseres Herrn* Jesus Christus: Meidet den
Umgang mit allen in der Gemeinde, die die Anwei-
sungen missachten, die sie von uns erhalten ha-
ben, und ihre täglichen Pflichten vernachlässigen.
7 Ihr wisst doch selbst, wie ich[a] bei euch ge-
lebt habe. Das muss euch ein Vorbild sein. Ich
habe mich nicht vor der Arbeit gedrückt 8 und
bei niemand umsonst mitgegessen. Ich habe
keine Mühe gescheut und habe Tag und Nacht
für meinen Lebensunterhalt gearbeitet, um kei-
nem von euch zur Last zu fallen. 9 Dabei hätte
ich sehr wohl das Recht gehabt, Unterstützung
von euch zu verlangen. Aber ich wollte euch ein
Beispiel geben, dem ihr nachleben sollt. 10 Wir
haben es euch ja auch ausdrücklich gesagt, als
wir bei euch waren: Wer nicht arbeiten will, soll
auch nicht essen.
11 Nun hören wir, dass es einige unter euch
gibt, die ein ungeregeltes Leben führen. Sie
arbeiten nicht, sondern treiben sich unnütz
herum. 12 Wir ermahnen sie im Namen des
Herrn Jesus Christus mit allem Nachdruck, dass
sie einer geregelten Arbeit nachgehen und ihren
Lebensunterhalt selbst verdienen.
13 Brüder und Schwestern, werdet nicht
müde, das Gute zu tun! 14 Wenn jemand unseren
Anweisungen in diesem Brief nicht folgen will,
so merkt ihn euch und geht ihm aus dem Weg,
damit er sich schämt. 15 Behandelt ihn aber nicht
wie einen Feind, sondern ermahnt ihn als Bru-
der oder Schwester.[b]
16 Der Herr selbst aber, von dem aller Frie-
den* kommt, schenke euch jederzeit und auf
jede Weise seinen Frieden. Der Herr stehe euch
allen bei!

Eigenhändiger Gruß

17 Zum Schluss mein persönlicher Gruß! Ich,
Paulus, schreibe ihn mit eigener Hand. Dies ist
meine Handschrift. Daran sind alle meine Briefe
zu erkennen.
18 Die Gnade unseres Herrn* Jesus Christus
sei mit euch allen.

DER ERSTE BRIEF DES APOSTELS PAULUS AN TIMOTHEUS

(1. Timotheusbrief)

Inhaltsübersicht

GEFAHR DURCH FALSCHE LEHREN UND AUFTRAG AN TIMOTHEUS

(Kapitel 1)

Eingangsgruß

1 Diesen Brief schreibt Paulus, Apostel* von
Jesus Christus durch einen Auftrag von Gott,
der unser Retter ist, und von Jesus Christus, auf
den wir hoffen. 2 Ich schreibe an Timotheus, der
mir ein richtiger Sohn geworden ist, weil ich ihn
zum Glauben geführt habe.
Gnade, Erbarmen und Frieden* sei mit dir
von Gott, dem Vater, und von Jesus Christus,
unserem Herrn*!

Die Irrlehrer in Ephesus und der Auftrag an Timotheus

3 Es gilt noch, Timotheus, was ich dir aufgetra-
gen habe, als ich nach Mazedonien abreiste! Da-
mals habe ich dich gebeten, in Ephesus zurück-
zubleiben und dafür zu sorgen, dass bestimmte
Leute dort keine falschen Lehren verbreiten.
4 Sie sollten sich nicht mit uferlosen Spekulatio-
nen über die Anfänge der Welt und die ersten

[a] *ich:* wörtlich *wir* (und entsprechend bis Vers 9); siehe Anmerkung zu 1 Thess 2,5. [b] Wörtlich: *als Bruder**.

3,6 3,12; 1 Thess 5,14 **3,8** Apg 18,3 S **3,9** 1 Kor 9,4.15; 4,16 S **3,10.12** 1 Thess 4,11 S **3,11** 1 Tim 5,13 **3,13** Gal 6,9 **3,15** 1 Thess 5,14; Mt 18,15-17 **3,16** 2 Kor 13,11 S **3,17** 1 Kor 16,21 **1,2** (Timotheus) 1 Kor 4,17 S; (Sohn) 1 Thess 2,11 S; Tit 1,4 **1,3-7** (falsche Lehren) 4,1-10; 6,3-5.20-21; 2 Tim 2,16-18.23-26; Tit 1,10-16; 3,9-11 **1,3** (Ephesus) Apg 20,1 **1,4** (Spekulationen) 4,7; 2 Tim 4,4; Tit 1,14; 3,9

Geschlechterfolgen[a] befassen; denn das führt nur zu unfruchtbaren Spitzfindigkeiten, anstatt dem Heilsplan Gottes zu dienen, der auf den Glauben* zielt.

[5] Jede Unterweisung der Gemeinde muss nämlich zur Liebe hinführen, die aus einem reinen Herzen, einem guten Gewissen und einem aufrichtigen Glauben kommt. [6] Davon haben sich einige abgewandt und haben sich in leeres Gerede verloren. [7] Sie wollen Lehrer des göttlichen Gesetzes* sein; aber sie wissen nicht, was sie sagen, und haben keine Ahnung von dem, worüber sie so selbstsicher ihre Behauptungen aufstellen.

[8] Wir dagegen wissen: Das Gesetz, das Gott gegeben hat, ist gut, wenn es in der rechten Weise gebraucht wird. [9] Wir dürfen nämlich eines nicht vergessen: Das Gesetz ist nicht für Menschen da, die tun, was Gott will, sondern für solche, die sich um Recht und Ordnung nicht kümmern. Es ist für Sünder bestimmt, die Gott und seine Gebote verachten, für Leute, die Vater und Mutter töten, Mord [10] und Unzucht begehen und als Männer mit Knaben oder ihresgleichen verkehren, für Menschenhändler und solche, die lügen und falsche Eide schwören oder sonst etwas tun, was im Widerspruch zur gesunden Lehre steht.

[11] Diese Lehre entspricht der Guten Nachricht*, die mir anvertraut worden ist – der Botschaft, in der die Herrlichkeit des in sich vollkommenen Gottes aufleuchtet.

Dank für Gottes Erbarmen

[12] Ich bin voll Dank gegenüber Jesus Christus, unserem Herrn*, der mir für meinen Auftrag die Kraft gegeben hat. Denn er hat mich für vertrauenswürdig erachtet und in seinen Dienst genommen, [13] obwohl ich ihn doch früher beschimpft, verfolgt und verhöhnt habe. Aber er hat mit mir Erbarmen gehabt, weil ich nicht wusste, was ich tat. Ich kannte ihn ja noch nicht. [14] Er, unser Herr, hat mir seine Gnade im Überfluss geschenkt und mit ihr den Glauben und die Liebe, die aus der Verbindung mit ihm erwachsen.

[15] Es ist ein wahres Wort und verdient volles Vertrauen: Jesus Christus ist in die Welt gekommen, um die Sünder zu retten. Unter ihnen bin ich selbst der Schlimmste. [16] Deshalb hatte er gerade mit mir Erbarmen und wollte an mir als Erstem seine ganze Geduld zeigen. Er wollte mit mir ein Beispiel aufstellen, was für Menschen künftig durch den Glauben* – das Vertrauen auf ihn – zum ewigen Leben kommen können. [17] Gott, dem ewigen König, dem unsterblichen, unsichtbaren und einzigen Gott, gehört die Ehre und Herrlichkeit* für alle Ewigkeit! Amen.

[18] Mein Sohn Timotheus, ich lege dir erneut den Auftrag ans Herz, mit dem ich dich zurückließ.[b] Er entspricht den prophetischen Worten, die über dich ergangen waren. Erinnere dich an sie und schöpfe aus ihnen Kraft für den guten Kampf, den du zu kämpfen hast.

[19] Bewahre den Glauben und ein reines Gewissen! Manche haben in ihrem Glauben Schiffbruch erlitten, weil sie nicht auf die Stimme ihres Gewissens gehört haben. [20] Hymenäus und Alexander gehören zu ihnen. Ich habe sie dem Satan* übergeben, damit er sie bestraft. So sollen sie lernen, Gott nicht mehr mit ihrem Gerede zu beleidigen.

WEISUNGEN FÜR DAS LEBEN DER GEMEINDE (Kapitel 2–3)

Das Gebet für alle Menschen, besonders die Regierenden

2 Das Erste und Wichtigste, wozu ich die Gemeinde aufrufe, ist das Gebet, und zwar für alle Menschen. Bringt Bitten und Fürbitten und Dank für sie alle vor Gott! [2] Betet für die Regierenden und für alle, die Gewalt haben, damit wir in Ruhe und Frieden leben können, in Ehrfurcht vor Gott und in Rechtschaffenheit.

[3] So ist es gut und gefällt Gott, unserem Retter. [4] Er will, dass alle Menschen zur Erkenntnis der Wahrheit* kommen und gerettet werden. [5] Denn dies ist ja unser Bekenntnis:[c]

Nur einer ist Gott,
und nur einer ist auch der Vermittler
zwischen Gott und den Menschen:
der Mensch Jesus Christus.
[6] Er gab sein Leben,

a *mit uferlosen ...:* wörtlich *mit Mythen und endlosen Genealogien.* Wahrscheinlich ist an Ausdeutungen des 1. Mosebuches (Genesis) gedacht, wo die Urgeschichte der Menschheit und Israels am Leitfaden der Abstammungsverhältnisse geschildert wird (vgl. Tit 1,14; 3,9).
b *ich lege dir ...:* wörtlich *diesen Auftrag* (vgl. Vers 3) *übergebe ich dir.* c Wörtlich *Denn.*

1,5 Röm 12,9S; (Gewissen) 1 Tim 1,19; 2 Tim 1,3; 2,22; Tit 1,15 **1,6** 6,4.20; Tit 1,10 **1,8** Röm 7,12.16 **1,9-10** Gal 5,19-21 S **1,10** (gesunde Lehre) 6,3; 2 Tim 1,13; 4,2-3; Tit 1,9; 2,1.7-8 **1,13** Apg 8,3 S **1,15** Röm 5,8; Lk 15,2; 19,10 S **1,16** 1 Kor 15,9-10 S **1,18** 4,14; (Kampf) 6,12; 2 Tim 4,7-8; 1 Kor 9,24-25 **1,19** 1,5 S **1,20** (Hymenäus) 2 Tim 2,17; (Alexander) 2 Tim 4,14; (Satan) 1 Kor 5,5 **2,1** Eph 6,18-19 S **2,2** Esra 6,10 S **2,4** Ez 18,23; 2 Petr 3,9; 2 Tim 2,25b **2,5** 1 Kor 8,6 **2,6** Gal 1,4 S; Hebr 9,28 S

um die ganze Menschheit
von ihrer Schuld loszukaufen.

Das gilt es zu bezeugen in dieser von Gott vorher-
bestimmten Zeit. 7 Um es öffentlich zu verkün-
den, hat Gott mich zum Apostel* eingesetzt. So ist
es; ich sage die reine Wahrheit. Er hat mich zum
Lehrer der nichtjüdischen Völker[a] gemacht, da-
mit ich sie zum Glauben und zur Wahrheit führe.

Das Verhalten von Männern und Frauen im Gottesdienst

8 Ich will, dass überall in den Gottesdiensten die
Männer reine Hände zu Gott erheben, im Her-
zen frei von Zorn oder Streitsucht.
9 Ebenso will ich, dass die Frauen im Gottes-
dienst passend angezogen sind. Sie sollen sich
mit Anstand und Schamgefühl schmücken an-
statt mit auffallenden Frisuren, goldenem
Schmuck, Perlen oder teuren Kleidern. 10 Gute
Taten sollen ihre Zierde sein. So gehört es sich
für Frauen, die zeigen wollen, dass sie Gott
ehren.
11 Die Frauen sollen still zuhören und das Ge-
hörte in sich aufnehmen; sie müssen sich völlig
unterordnen. 12 Ich lasse nicht zu, dass sie vor
der Gemeinde sprechen oder sich über die Män-
ner erheben. Sie sollen sich ruhig und still verhal-
ten. 13 Denn zuerst wurde Adam geschaffen,
dann erst Eva. 14 Es war auch nicht Adam, der
vom Verführer getäuscht wurde; die Frau ließ
sich täuschen und übertrat das Gebot Gottes.
15 Eine Frau soll Kinder zur Welt bringen;
dann wird sie gerettet.[b] Sie muss aber auch an
Glauben und Liebe festhalten und in aller Beson-
nenheit ein Leben führen, wie es Gott gefällt.

Voraussetzungen für das Amt des Gemeindeleiters

3 Es ist ein wahres Wort: »Wenn jemand die
Leitung einer Gemeinde erstrebt, dann sucht
er eine große und schöne Aufgabe.«
2 Der Gemeindeleiter[c] soll ein Mann sein, an
dem es nichts auszusetzen gibt. Er darf nur ein-
mal verheiratet sein. Er muss ein nüchternes Ur-
teil haben, besonnen und charakterfest sein. Er
muss gastfreundlich und ein guter Lehrer* sein.
3 Er soll kein Trinker oder gewalttätiger Mensch
sein, sondern ein freundlicher und friedlieben-
der Mann. Er darf auch nicht am Geld hängen.
4 Er muss die Pflichten eines Familienober-
haupts vorbildlich erfüllen und Kinder haben,
die ihn achten und ihm gehorchen. 5 Denn wenn
jemand seine eigene Familie nicht zu leiten ver-
steht, wie kann er dann die Sorge für die Ge-
meinde Gottes übernehmen?
6 Er darf nicht erst vor kurzem Christ gewor-
den sein; sonst wird er stolz, und der Teufel wird
im letzten Gericht gegen ihn auftreten, sodass
Gott ihn verurteilen muss.[d] 7 Auch außerhalb
der Gemeinde muss er in gutem Ruf stehen; es
darf nichts Belastendes gegen ihn vorgebracht
werden können. Sonst kann ihm der Teufel dar-
aus einen Strick drehen.

Anforderungen an die Diakone

8 Auch die Diakone* müssen ehrbare Männer
sein. Auf ihr Wort muss man sich verlassen kön-
nen. Sie dürfen nicht übermäßig Wein trinken
und nicht darauf aus sein, sich zu bereichern.
9 Sie sollen durch ein untadeliges Leben dem Ge-
heimnis des Glaubens Ehre machen. 10 Zuerst ist
zu prüfen, ob sie auch geeignet sind. Nur wenn
ihnen niemand etwas nachsagen kann, dürfen
sie zum Dienst zugelassen werden.
11 Auch die Diakoninnen[e] müssen ehrbar
sein, nicht klatschsüchtig, sondern nüchtern im
Urteil und in allem zuverlässig.
12 Ein Diakon darf nur einmal verheiratet
sein. Er muss seine Kinder zum Guten anhalten
und sein Hauswesen ordentlich führen. 13 Wer
seinen Diakonendienst gut versieht, verschafft
sich damit Ansehen in der Gemeinde. Er kann
im Umgang mit ihr offen und freimütig auftreten
als einer, dessen Glaube an Jesus Christus sich in
der Ausübung seines Dienstes bewährt hat.

Die Gemeinde als Zeugin für Gottes Geheimnis

14 Dies alles schreibe ich dir, obwohl ich hoffe,
dich bald besuchen zu können. 15 Aber für den
Fall, dass mein Kommen sich hinauszögert, sagt

a Herkömmliche Übersetzung *die Heiden**. *b* Die Rolle, die hier den Frauen zugewiesen wird, entspricht einerseits (Vers 11-12) einem bestimmten Idealbild der damaligen Gesellschaft sowie den Verhaltensnormen in den jüdischen Synagogengemeinden. Andererseits (Vers 15) ist sie zu erklären aus der Abwehr von Lehren, die im Geborenwerden ein Verhängnis sahen und deshalb jede Mitwirkung dabei untersagten (vgl. 4,3 und Sacherklärung »Gnosis«).
c Griechisch *episkopos,* wovon das deutsche Wort »Bischof« abgeleitet ist; vgl. Sacherklärung »Gemeindeleiter«.
d und der Teufel...: wörtlich *er wird dem Gericht/Urteil des Teufels verfallen.* Zum Teufel als himmlischem »Staatsanwalt« vgl. Sacherklärung »Satan«.
e Wörtlich *die Frauen.* Formulierung und Aussage sprechen nicht dafür, dass es sich um die Ehefrauen der Diakone handelt; vgl. auch Röm 16,1.

2,7 Röm 1,5S **2,8-9** 1 Petr 3,7.3-5 **2,10** 5,10 **2,11-12** 1 Kor 14,34-35S **2,13** Gen 2,7.21-22; 1 Kor 11,8-9 **2,14** Gen 3,1-6.13; 2 Kor 11,3 **2,15** 5,14; Tit 2,4-5 **3,2-7** Tit 1,6-9; 1 Petr 5,1-4 **3,2** Hebr 13,2S **3,11** Tit 2,3 **3,15** Eph 2,19-22

dir dieser Brief, wie wir uns in Gottes Hausge-
meinschaft verhalten sollen. Diese Hausgemein-
schaft ist die Gemeinde des lebendigen Gottes,
der Pfeiler und das Fundament der Wahrheit*.
16 Niemand kann es bestreiten: Groß und ein-
zigartig ist die geheimnisvolle Wahrheit unseres
Glaubens:

In der Welt erschienen als schwacher Mensch,
im Himmel in seiner göttlichen Würde bestätigt –
so wurde Christus den Engeln* gezeigt
und den Völkern der Erde verkündet.
Überall in der Welt fand er Glauben,
und im Himmel erhielt er die höchste Ehre.

WEISUNGEN FÜR DIE AMTSFÜHRUNG VON TIMOTHEUS (4,1–6,10)

Abwehr falscher Lehren

4 Der Geist* Gottes sagt durch den Mund von
Propheten[a] klar und deutlich voraus, dass in
den letzten Tagen dieser Welt manche den Glau-
ben preisgeben werden. Sie werden sich Leuten
anschließen, die sie mit ihren Eingebungen in
die Irre führen, und werden den Lehren dämoni-
scher Mächte folgen.
2 Diese Leute sind scheinheilige Lügner; ihre
Schande ist ihrem Gewissen eingebrannt.
3 Sie lehren, dass man nicht heiraten darf, und
verbieten, bestimmte Speisen zu essen. Dabei
hat doch Gott diese Speisen geschaffen, damit
sie von denen, die an ihn glauben und die
Wahrheit erkannt haben,[b] mit Dank verzehrt
werden.
4 Denn alles, was Gott geschaffen hat, ist gut.
Wir brauchen nichts davon abzulehnen, sondern
dürfen es alles gebrauchen – wenn wir es nur
mit Dank aus der Hand Gottes empfangen.
5 Denn durch das Wort Gottes[c] und durch unser
Dankgebet wird es rein und heilig*.
6 Wenn du dies den Brüdern und Schwes-
tern[d] klar machst, bist du ein guter Diener von
Jesus Christus. Du bewährst dich dann als einer,
der sich vom überlieferten Glauben nährt, von
der wahren Lehre, die du dir zur Richtschnur ge-
nommen hast.
7 Die gottlosen und kindischen Spekulationen
über die Anfänge der Welt[e] dagegen musst du
ablehnen. Übe dich vielmehr darin, den Willen
Gottes zu tun! 8 Sich in körperlichen Entbehrun-
gen zu üben bringt nur wenig Nutzen. Aber sich
im Gehorsam gegen Gott zu üben ist für alles
gut; denn es bringt Gottes Segen für dieses und
für das zukünftige Leben.
9 Dies ist ein wahres Wort und verdient volles
Vertrauen. 10 Auf dieses Ziel hin mühen wir uns
ja und setzen unsere Kräfte ein; denn wir haben
unsere Hoffnung auf den lebendigen Gott ge-
setzt. Er ist der Retter aller Menschen, und be-
sonders derer, die zum Glauben* gekommen
sind. 11 Das sollst du allen gut einschärfen.

Timotheus als Vorbild, Lehrer und Seelsorger

12 Niemand soll dich verachten, weil du noch
jung bist. Sei allen Glaubenden ein Beispiel mit
deinem Reden und Tun, deiner Liebe, deinem
Glauben und deiner Reinheit.
13 Bis ich komme, lies wie bisher aus den Hei-
ligen Schriften* vor, predige und unterrichte.
14 Vernachlässige nicht die Gabe, die Gott dir ge-
schenkt hat, als die Ältesten* dir aufgrund pro-
phetischer Weisungen* die Hände auflegten.
15 Mühe dich um das, was dir aufgetragen ist,
damit deine Fortschritte allen sichtbar werden.
16 Achte auf dein Leben und auf deine Lehre;
überprüfe sie beide ständig. Dann wirst du dich
selbst retten und die, die dir zuhören.

5 Fahre einen Älteren nicht hart an. Wenn du
ihn zurechtweisen musst, dann sprich zu
ihm, als ob er dein Vater wäre. Ebenso sollst du
die jungen Männer ermahnen wie Brüder,
2 die älteren Frauen wie Mütter und die jungen
Frauen wie Schwestern, mit der gebotenen
Zurückhaltung.

Die Witwen in der Gemeinde – ihre Versorgung und ihr Dienst

3 Sorge dafür, dass Witwen für ihren Dienst in
der Gemeinde entlohnt werden, sofern sie tat-
sächlich darauf angewiesen sind. 4 Wenn eine
Witwe jedoch Kinder oder Enkel hat, muss sie
von diesen unterstützt werden. Die jüngeren
Familienmitglieder sollen lernen, zuerst einmal

a durch den Mund ...: verdeutlichender Zusatz (vgl. Offb 2,7; 19,10; 22,6).
b Die Irrlehrer beanspruchten, die wahre »Erkenntnis« zu haben; vgl. 6,20-21 und Sacherklärung »Gnosis«.
c Wort Gottes: Es ist unsicher, ob ein Segenswort im Namen Gottes oder die heilbringende Botschaft der Guten Nachricht* gemeint ist. *d* Siehe Anmerkung zu 1 Thess 1,4. *e* Siehe Anmerkung zu 1,4.

3,16 Röm 1,3-4; Phil 2,6-11; (Mensch) Joh 1,14; (bestätigt) Apg 2,33 S; 2,36; Eph 1,20; (gezeigt) Hebr 1,6; (verkündet) 1 Tim 2,7; 2 Tim 4,17; Mt 28,18-19; Mk 16,20; (Glauben) Kol 1,6.23; (Ehre) Lk 24,50-51 S; Eph 1,21; Hebr 1,13; 2,9 **4,1** 2 Tim 3,1 S; Mt 24,10 S **4,3** (heiraten) 1 Kor 7,1; (Speisen) Hebr 13,9 S; (Dank) 1 Kor 10,30 S **4,4** Gen 1,31; Mk 7,15 S **4,7** 1,4 S **4,8** 6,6 **4,10** (Retter) Tit 3,4 S **4,12** Tit 2,7 **4,13** 2 Tim 3,15 **4,14** 1,18; Apg 6,6 S **5,1** Lev 19,32

ihre Pflichten gegenüber den eigenen Angehöri-
gen zu erfüllen und ihrer Mutter oder Groß-
mutter zu vergelten, was sie an ihnen getan hat.
So gefällt es Gott.
5 Eine Witwe, die keine Angehörigen hat und
ganz allein steht, setzt ihre Hoffnung einzig auf
Gott und hört nicht auf, Tag und Nacht zu ihm
zu beten. 6 Wenn eine dagegen ein ausschwei-
fendes Leben führt, ist sie schon tot, auch wenn
sie noch lebt. 7 Schärfe das allen Witwen ein, da-
mit ihr Lebenswandel keinen Anstoß erregt.
8 Kümmert sich aber jemand nicht um die Not
leidenden Witwen der eigenen Familie, beson-
ders wenn sie im selben Haus wohnen, dann hat
ein solcher Mensch den Glauben verleugnet und
steht weit unter den Ungläubigen.
9 Eine Frau soll erst dann in das Verzeichnis
der Witwen eingetragen werden, wenn sie über
sechzig Jahre alt ist. Außerdem darf sie nur ein-
mal verheiratet gewesen sein. 10 Sie muss für ihre
guten Taten bekannt sein: dass sie ihre Kinder
ordentlich erzogen hat und gastfrei gewesen ist,
dass sie den Mitchristen, die bei ihr zu Gast wa-
ren,[a] die Füße gewaschen und denen geholfen
hat, die in Schwierigkeiten waren; kurz, dass sie
sich auf jede Weise bemüht hat, Gutes zu tun.
11 Jüngere Witwen nimm nicht in das Ver-
zeichnis auf. Wenn ihr sinnliches Verlangen sie
dazu treibt, geben sie die ausschließliche Bin-
dung an Christus preis und wollen wieder heira-
ten. 12 Dann verfallen sie dem göttlichen Gericht,
weil sie ihr Treuegelöbnis gebrochen haben.[b]
13 Außerdem gewöhnen sie sich ans Nichtstun
und gehen von Haus zu Haus – und nicht nur
das: Sie werden geschwätzig, mischen sich in
fremde Angelegenheiten und verbreiten falsche
Lehren. 14 Deshalb möchte ich, dass die jüngeren
Witwen wieder heiraten, Kinder haben und sich
um ihren Haushalt kümmern. Dann geben sie
unseren Gegnern keine Gelegenheit, schlecht
über uns zu reden. 15 Denn schon haben sich
einige solche Witwen von Christus abgewandt
und folgen dem Satan*.
16 Wenn eine vermögende Christin Witwen
in ihr Haus aufgenommen hat, soll sie auch wei-
terhin für sie sorgen und die Last nicht der Ge-
meinde aufbürden. Die Mittel der Gemeinde sol-
len den Witwen zugute kommen, die sonst keine
Versorgung haben.

Die Ältesten der Gemeinde

17 Älteste*, die leitend in der Gemeinde tätig sind
und ihren Dienst gut versehen, haben doppelten
Lohn verdient, besonders wenn sie sich mit gan-
zer Kraft als Prediger und Lehrer* einsetzen.
18 In den Heiligen Schriften* heißt es: »Einem
Rind, das zum Dreschen* eingespannt wird,
darfst du das Maul nicht zubinden.« Es heißt
auch: »Wer arbeitet, hat ein Anrecht auf seinen
Lohn.«
19 Eine Klage gegen einen Ältesten höre nur
an, wenn sie von zwei oder drei Zeugen bestätigt
wird. 20 Wenn einer sich wirklich etwas zuschul-
den kommen ließ, dann sollst du ihn vor den an-
deren Ältesten zurechtweisen, damit auch sie ge-
warnt sind. 21 Ich beschwöre dich bei Gott, bei
Jesus Christus und bei den höchsten Engeln*,
dass du in solch einem Fall völlig unparteiisch
vorgehst. Sei nicht voreingenommen gegen ir-
gendjemand, aber begünstige auch keinen.
22 Lege niemand zu schnell die Hände auf,
um ihn in das Ältestenamt einzusetzen; sonst
machst du dich mitschuldig, wenn er sich ver-
fehlt. Sieh zu, dass du nicht in so etwas verstrickt
wirst.

Warnung vor asketischer Übertreibung

23 Trinke in Zukunft nicht nur Wasser! Nimm ein
wenig Wein dazu, um deinen Magen zu stärken
und weil du so oft krank bist.

Am Ende wird alles offenbar

24 Die Sünden mancher Menschen sind so offen-
kundig, dass sie ihnen gleichsam zum Gericht
Gottes vorauslaufen; bei anderen sind sie schwe-
rer zu erkennen – sie laufen ihnen dann eben
hinterher. 25 Ebenso offenkundig sind die guten
Taten, und wenn es einmal nicht der Fall ist,
können sie doch nicht auf die Dauer verborgen
bleiben.

Die Sklaven und Sklavinnen

6 Sklaven* oder Sklavinnen, die nichtchristli-
chen Herren oder Herrinnen[c] dienen müs-
sen, sollen diesen mit aller schuldigen Achtung
begegnen. Sie sollen niemand Anlass geben,
schlecht über Gott und unsere Lehre zu reden.
2 Wenn ein Sklave einen Christen zum Herrn

a Wörtlich *den Heiligen**. Zu denken ist an durchreisende Christen, vielleicht an solche, die im Predigt- und Missionsdienst unterwegs sind (3 Joh 5-8; Phil 2,29; Röm 16,1; vgl. Mt 10,40-42). Zur Fußwaschung vgl. die Sacherklärung.
b Die Aufnahme in den Kreis der »echten« Witwen, die von der Gemeinde unterstützt wurden, war offenbar mit dem Gelübde künftiger Ehelosigkeit verbunden und verpflichtete zu einem Leben, das dem Gebet gewidmet war (Vers 5).
c Vgl. Anmerkung zu Eph 6,5; ebenso für den Einschub im folgenden Vers.

5,5 Lk 2,37; 18,7 **5,10** 2,10; (gastfrei) Hebr 13,2 S; (Füße waschen) Joh 13,14 **5,13** 2 Thess 3,11 **5,14** 1 Kor 7,9 **5,17** 1 Thess 5,12 **5,18** *zit* Dtn 25,4; 1 Kor 9,9.12-14; Mt 10,10 par **5,19** Mt 18,16 S **5,20** Gal 2,14 **5,22** Apg 6,6 S **6,1-2 a** Eph 6,5-8 S

hat – und dasselbe gilt für eine Sklavin gegen-
über ihrer Herrin –, darf er ihn deshalb nicht we-
niger achten, weil er sein Bruder ist. Er muss
ihm sogar noch besser dienen, gerade *weil* sein
Herr Christ ist und von Christus geliebt wird und
sich deshalb Mühe gibt, anderen Gutes zu tun.

So sollst du lehren, in diesem Sinn sollst du
alle ermahnen.

Gewinnsucht als Beweggrund der Irrlehrer

3 Wenn jemand etwas anderes lehrt und sich
nicht an die gesunden Worte unseres Herrn*
Jesus Christus und die allgemeine christliche
Lehre hält, 4 dann ist er aufgeblasen und versteht
nichts. Er hat einen krankhaften Hang zu spitz-
findigen Untersuchungen und Wortgefechten.
Daraus entstehen Neid und Streit, Beleidigun-
gen, böse Verdächtigungen 5 und fortwährender
Zank. Solche Menschen haben ihren gesunden
Verstand verloren. Sie sind so weit von der Wahr-
heit abgeirrt, dass sie meinen, Gott zu dienen sei
ein Mittel, um reich zu werden.

6 Gewiss bringt es großen Gewinn, Gott zu
dienen – wenn jemand nur sein Herz nicht an
irdischen Besitz hängt. 7 Was haben wir denn in
die Welt mitgebracht? Nichts! Was können wir
aus der Welt mitnehmen? Nichts! 8 Wenn wir
also Nahrung und Kleidung haben, soll uns das
genügen.

9 Die, die unbedingt reich werden wollen,
geraten in Versuchung. Sie verfangen sich in
unsinnigen und schädlichen Wünschen, die sie
zugrunde richten und ins ewige Verderben stür-
zen. 10 Denn Geldgier ist die Wurzel alles Bösen.
Manche sind ihr so verfallen, dass sie vom Glau-
ben abgeirrt sind und sich selbst viele Qualen be-
reiteten.

ERMAHNUNG ZUR TREUE IM AUFGETRAGENEN DIENST (6,11-21)

Treue zum übernommenen Auftrag

11 Du aber gehörst Gott, deshalb fliehe vor all-
dem! Jage dagegen der Gerechtigkeit nach, der
Gottesfurcht, dem Glauben, der Liebe, der Ge-
duld und der Freundlichkeit! 12 Kämpfe den
guten Kampf des Glaubens, damit du das ewige
Leben gewinnst, zu dem Gott dich berufen hat.
Zu diesem Kampf hast du dich in besonderer
Weise verpflichtet,[a] als du vor vielen Zeugen das
gute Bekenntnis abgelegt hast.

13 Ich befehle dir vor Gott, von dem alles
Leben kommt, und vor Jesus Christus, der vor
Pontius Pilatus für das gute Bekenntnis eingetre-
ten ist: 14 Erfülle den Auftrag, der dir gegeben ist,
so zuverlässig, dass dich kein Tadel trifft, und
bleibe darin treu, bis Jesus Christus, unser Herr*,
vor aller Welt in Erscheinung tritt. 15 Zur vor-
bestimmten Zeit wird Gott das herbeiführen,

er, der in sich vollkommene und alleinige
Herrscher,
der König der Könige und Herr aller Herren,
16 der allein Unsterblichkeit besitzt,
der in einem unzugänglichen Licht wohnt,
den kein Mensch je gesehen hat
und kein Mensch jemals sehen kann.
Ihm gehören Ehre und ewige Macht. Amen.

Mahnung an die Reichen in der Gemeinde

17 Ermahne die, die im Sinne dieser Welt* reich
sind, nicht überheblich zu werden. Sie sollen ihr
Vertrauen nicht auf etwas so Unsicheres wie den
Reichtum setzen; vielmehr sollen sie auf Gott
vertrauen, der uns alles reichlich gibt, was wir
zum Leben brauchen. 18 Sie sollen Gutes tun,
freigebig sein und ihren Reichtum gerne mit an-
deren teilen. Wenn sie an guten Taten reich wer-
den, 19 schaffen sie sich einen sicheren Grund-
stock für die Zukunft, damit sie das wirkliche
Leben gewinnen.

Letzte Mahnung an Timotheus

20 Timotheus, bewahre unverfälscht, was dir an-
vertraut worden ist! Hab nichts zu schaffen mit
dem gottlosen Geschwätz dieser Leute und den
fragwürdigen Behauptungen, die sie im Namen
einer fälschlich so genannten ›Erkenntnis‹[b] auf-
stellen. 21 Schon manche, die sich darauf ein-
gelassen haben, sind vom Weg des Glaubens ab-
gekommen.

Die Gnade sei mit euch!

a *Zu diesem Kampf ...:* verdeutlichender Zusatz. Die Fortsetzung will Timotheus offensichtlich an die Einsetzung in sein Amt erinnern, bei der er vor der Gemeinde oder den Ältesten (*vielen Zeugen;* vgl. 2 Tim 2,2) ein besonderes (Glaubens-) *Bekenntnis* ablegte.
b Siehe Sacherklärung »Gnosis«.

6,3 1,10 S **6,4** 2 Tim 2,14 **6,6** 4,8; Hebr 13,5 **6,7** Ijob 1,21 S **6,9** Spr 28,22 **6,11** 2 Tim 3,17 **6,12** 1,18 S; 4,14 **6,13** Mt 27,11-26; Joh 18,28–19,16 **6,14** 1,3.18 **6,15** Apg 1,7 **6,16** (Licht) Ps 104,2; (sehen) Ex 33,20 S; Joh 1,18 S **6,17** Ps 62,11; Lk 12,15.20; Jak 5,1 **6,19** Mt 6,20 par; Lk 16,9 **6,20** 2 Tim 1,14; 1 Tim 1,4 S; 6,4 **6,21** 1,6; 2 Tim 2,18

DER ZWEITE BRIEF DES APOSTELS PAULUS AN TIMOTHEUS

(2. Timotheusbrief)

Inhaltsübersicht

TREUE ZUR GUTEN NACHRICHT AUCH IN VERFOLGUNG (1,1–2,13)

Eingangsgruß

1 Diesen Brief schreibt Paulus, zum Apostel* von Jesus Christus bestimmt durch den Willen Gottes und dazu beauftragt, das Leben zu verkünden, das uns durch Jesus Christus versprochen ist. 2 Ich schreibe an Timotheus, meinen lieben Sohn.

Gnade, Erbarmen und Frieden* sei mit dir von Gott, dem Vater, und von Jesus Christus, unserem Herrn*!

Dank des Apostels für Timotheus

3 Wenn ich an dich denke, bin ich voll Dank gegen Gott, dem ich mit reinem Gewissen diene, wie es schon meine Vorfahren taten. Tag und Nacht denke ich unablässig an dich in meinen Gebeten. 4 Ich erinnere mich an deine Abschiedstränen und sehne mich danach, dich wiederzusehen, damit ich mich so recht von Herzen freuen kann. 5 Ich habe deinen aufrichtigen Glauben vor Augen, denselben Glauben, der schon in deiner Großmutter Loïs und deiner Mutter Eunike lebte und der nun – da bin ich ganz sicher – auch in dir lebt.

Ermahnung zur Treue

6 Darum ermahne ich dich: Lass die Gabe wieder aufleben, die Gottes Geist* in dich gelegt hat und die dir geschenkt wurde, als ich dir die Hände auflegte! 7 Denn Gott hat uns nicht einen Geist der Feigheit gegeben, sondern den Geist der Kraft und der Liebe und der Besonnenheit.

8 Bekenne dich also offen und ohne Scheu zur Botschaft von unserem Herrn*! Schäme dich nicht meinetwegen, weil ich für ihn im Gefängnis sitze, sondern sei bereit, mit mir für die Gute Nachricht* zu leiden. Gott gibt dir die Kraft dazu.

9 Er hat uns gerettet und uns dazu berufen,
ihm ganz als sein Eigentum zu gehören –
nicht wegen unserer guten Taten,
sondern aus seinem eigenen freien Entschluss.
Ihm gehören wir aus reiner Gnade,
wie er sie uns durch Jesus Christus geschenkt hat
schon vor aller Zeit.
10 Jetzt aber ist diese Gnade offenbar geworden,
als Jesus Christus, unser Retter, auf der Erde
erschien.
Er hat dem Tod die Macht genommen
und das unvergängliche Leben ans Licht
gebracht.

Darum geht es in der Guten Nachricht*, 11 die ich als Apostel* und Lehrer* öffentlich bekannt zu machen habe.

12 Darum muss ich auch dies alles erleiden. Aber ich stehe dazu; denn ich weiß, wem ich Glauben geschenkt habe, und bin überzeugt, dass er die Macht hat, bis zum Tag des Gerichts sicher zu bewahren, was er mir anvertraut hat.

13 Halte dich an die gesunden Worte, die du von mir gehört hast. Nimm dir daran ein Beispiel, wie du selber reden sollst. So hast du teil an dem Glauben und der Liebe, wie sie durch Jesus Christus in uns leben. 14 Bewahre die Lehre, die dir anvertraut worden ist! Der Geist Gottes, der uns geschenkt wurde, wird dir die Kraft dazu geben.

Schlechte und gute Erfahrungen mit Mitarbeitern

15 Du weißt ja, dass alle in der Provinz Asien* mich im Stich gelassen haben, auch Phygelus und Hermogenes. 16 Der Herr* schenke den Angehörigen von Onesiphorus sein Erbarmen. Er hat mich oft ermutigt. Dass ich im Gefängnis bin, hat ihn nicht abgeschreckt, er hat sich nicht

1,2 1 Kor 4,17 S; 1 Thess 2,11 S **1,3** (Gewissen) 1 Tim 1,5 S; (Vorfahren) Röm 11,1 S **1,5** Apg 16,1 **1,6** Apg 6,6 S **1,7** Röm 8,15 **1,8** Röm 1,16; 2 Tim 2,9; Eph 3,1 S **1,9** Eph 2,9 S **1,10** (Retter) Tit 3,6 S **1,11** Röm 1,5 S **1,13** 3,14 **1,14** 1 Tim 6,20 **1,15** 4,16 **1,16-18** (Onesiphorus) 4,19

ängstlich von mir zurückgezogen. 17 Sobald er hier in Rom ankam, hat er nach mir gesucht, bis er mich fand. 18 Und was er in Ephesus alles für die Gemeinde getan hat, weißt du besser als ich. Unser Herr möge ihm helfen, am Tag des Gerichts bei Gott Erbarmen zu finden!

Aufforderung zu ganzem Einsatz in der Weitergabe des Glaubens

2 Du aber, mein Sohn, werde stark durch die Gnade, die dir durch Jesus Christus geschenkt ist! 2 Was ich dir vor vielen Zeugen als die Lehre unseres Glaubens übergeben habe, das gib in derselben Weise an zuverlässige Menschen weiter, die imstande sind, es anderen zu vermitteln.

3 Nimm es auf dich, als treuer Soldat im Dienst von Jesus Christus zusammen mit mir für ihn zu leiden. 4 Niemand, der in den Krieg zieht, kümmert sich noch um seine Alltagsgeschäfte, sondern es geht ihm einzig darum, die Anerkennung seines Befehlshabers zu finden. 5 Ein Sportler, der an einem Wettkampf teilnimmt, kann den Preis nur gewinnen, wenn er sich streng den Regeln unterwirft. 6 Der Bauer, der sich müht und plagt, hat auch als Erster das Anrecht, vom Ertrag des Feldes zu essen. 7 Du verstehst, was ich damit sagen will. Der Herr* wird dir in allem das rechte Verständnis geben.

Zusage für treues Aushalten in Kampf und Leiden

8 Halte dir Jesus Christus vor Augen, auferweckt* vom Tod, aus der Nachkommenschaft Davids*, wie es der Guten Nachricht* entspricht, die ich verkünde! 9 Um ihretwillen leide ich; sie haben mich sogar wie einen Verbrecher in Fesseln gelegt – aber das Wort Gottes kann nicht in Fesseln gelegt werden. 10 Ich ertrage das alles für die Menschen, die Gott erwählt hat, damit auch sie durch Jesus Christus gerettet werden und die ewige Herrlichkeit erhalten.

11 Es ist ein wahres Wort:

Wenn wir mit Christus gestorben sind,
werden wir auch mit ihm leben.
12 Wenn wir mit ihm geduldig leiden,
werden wir auch mit ihm herrschen.
Wenn wir aber nicht zu ihm halten,
wird auch er nicht zu uns halten.
13 Und doch bleibt er treu,
auch wenn wir ihm untreu sind;
denn er kann sich selbst nicht untreu werden.

ZUR AUSEINANDERSETZUNG MIT DER IRRLEHRE (2,14–3,9)

Vom Verhalten gegenüber den Irrlehrern

14 Erinnere alle, die in der Gemeinde Verantwortung tragen,[a] an dieses Wort und beschwöre sie bei Gott, dass sie sich vor der Gemeinde nicht in fruchtlose Diskussionen einlassen, die den Zuhörenden nur Schaden bringen. 15 Bemühe dich, dass du vor Gott bestehen kannst – mit deiner Lebensführung und deinem unbeirrbaren Wirken, als einer, der das Wort der Wahrheit*, die Gute Nachricht* von Jesus Christus,[b] klar und unverkürzt verkündet.

16 Auf das gottlose Geschwätz gewisser Leute lass dich nicht ein! Sie werden sich immer noch weiter von Gott entfernen, 17 und ihre Lehre wird wie ein Krebsgeschwür um sich fressen. Ich denke zum Beispiel an Hymenäus und Philetus, 18 die von der Wahrheit der Guten Nachricht abgeirrt sind, wenn sie behaupten, unsere Auferstehung sei bereits geschehen.[c] Damit bringen sie manche vom wahren Glauben ab.

19 Aber das sichere Fundament, das Gott gelegt hat, ist unverrückbar. Es trägt den Abdruck von Gottes Siegel, auf dem zu lesen ist: »Der Herr kennt die, die zu ihm gehören.« Und: »Wer sich zum Namen* des Herrn bekennt, muss aufhören, Unrecht zu tun.«

20 In einem großen Haushalt gibt es eben nicht nur Gefäße aus Gold und Silber, sondern auch solche aus Holz oder Ton. Die einen sind für ehrenvolle Anlässe bestimmt, die andern dienen als Behälter für den Abfall. 21 Wer sich von solchen Lehren fern und rein hält, wird ein Gefäß zu ehrenvollem Gebrauch, ein heiliges* Gefäß, dem Hausherrn von Nutzen und fähig zu jeder guten Tat.

Vom Verhalten gegenüber denen, die der Irrlehre verfallen sind

22 Hüte dich vor den Leidenschaften, die einen jungen Menschen in Gefahr bringen. Bemühe dich um Gerechtigkeit, Glauben, Liebe und Frieden, zusammen mit allen, die sich mit reinem

a *alle, die ...:* verdeutlichender Zusatz im Blick auf die Fortsetzung.
b *die Gute ...:* verdeutlichender Zusatz; entsprechend in Vers 18. c Siehe Sacherklärung »Gnosis«.

2,2 1 Tim 1,18; 4,14 **2,3** 1 Tim 1,18 S **2,5** 1 Kor 9,24-27 S **2,8** Mt 1,1 S; 1 Kor 15,4 S **2,9** Eph 3,1 S; Phil 1,12-14 **2,10** Kol 1,24 S **2,11** Röm 6,8 **2,12** Röm 5,17 S; Mt 10,32-33 par **2,13** Röm 3,3-4 S **2,14-18** 1 Tim 1,3-7 S **2,14** 1 Tim 6,4.20 **2,16** 1 Tim 1,3-7 S **2,17** (Hymenäus) 1 Tim 1,20 **2,19** (der Herr kennt) *nach* Num 16,5; Joh 10,14 **2,20** Röm 9,21 S **2,21** 3,17 **2,22** 1 Tim 6,11; 1,5 S

Gewissen zum Herrn* bekennen. 23 Lass dich nicht auf die unsinnigen und fruchtlosen Spitzfindigkeiten dieser Leute ein; du weißt, dass das nur zu Streitigkeiten führt. 24 Ein Mensch, der dem Herrn dient, soll aber nicht streiten, sondern allen freundlich begegnen. Er muss in der Lage sein, ihnen die wahre Lehre zu vermitteln. Er darf sich nicht provozieren lassen, 25 sondern muss die Gegner verständnisvoll auf den rechten Weg weisen.

Vielleicht gibt Gott ihnen die Gelegenheit zur Umkehr und lässt sie zur Besinnung kommen, sodass sie die Wahrheit erkennen. 26 Dann können sie sich aus der Schlinge befreien, in der sie der Teufel gefangen hatte, um sie für seine Absichten zu missbrauchen.

Die Zeit vor dem Ende der Welt und das Treiben der Irrlehrer

3 Du musst wissen: In der letzten Zeit vor dem Ende der Welt stehen uns schlimme Zustände bevor. 2 Die Menschen werden selbstsüchtig, geldgierig, prahlerisch und eingebildet sein. Sie werden Gott lästern, ihren Eltern nicht gehorchen und vor nichts mehr Ehrfurcht haben. Sie sind undankbar, 3 lieblos und unversöhnlich, verleumderisch, unbeherrscht und gewalttätig, sie hassen das Gute, 4 sind untreu und unzuverlässig und aufgeblasen vor Überheblichkeit. Sie kümmern sich nicht um das, was Gott Freude macht, sondern suchen nur, was ihre eigene Lust vermehrt. 5 Sie geben sich zwar den Anschein der Frömmigkeit, aber von der wahren Lehre, von der Kraft, aus der echte Frömmigkeit lebt,[a] wollen sie nichts wissen. Halte dich von diesen Menschen fern!

6 Aus diesen Kreisen kommen nämlich die Leute, die sich in die Häuser einschleichen. Sie suchen gewisse Frauen für sich zu gewinnen, die mit Sünden beladen sind und von allen möglichen Leidenschaften umgetrieben werden, 7 solche, die immerfort lernen wollen und doch nie zur Erkenntnis der Wahrheit durchdringen können.

8 So wie die ägyptischen Zauberer Jannes und Jambres[b] sich Mose widersetzten, so widersetzen sich diese Verführer der Wahrheit*. Diese Menschen haben den gesunden Verstand verloren und taugen zu nichts, was den Glauben betrifft. 9 Aber sie werden keinen großen Erfolg haben; es wird noch allen offenbar werden, dass sie im Unverstand handeln, genauso wie sich das bei den Ägyptern gezeigt hat.

DAS VORBILD DES APOSTELS (3,10–4,8)

Orientierung am Vorbild des Apostels, an der überlieferten Lehre und an den Heiligen Schriften

10 Du aber hast dich an meiner Lehre, meiner Lebensführung und meinem Lebensziel ausgerichtet. Du hast dich an das Vorbild meines Glaubens, meiner Geduld und meiner Liebe gehalten. Du kennst meine Standhaftigkeit 11 in allen Verfolgungen und Leiden; du hast es in Antiochia, Ikonion und Lystra miterlebt und weißt, was ich dort alles durchstehen musste – und aus all diesen Gefahren und Leiden hat mich der Herr gerettet.

12 Alle, die in der Bindung an Jesus Christus ein Leben führen wollen, das Gott gefällt, werden Verfolgungen erleiden. 13 Die Verführer und Schwindler dagegen bringen es noch weit – auf dem Weg ins Verderben! Betrüger sind sie und selbst Betrogene!

14 Du aber bleibe bei dem, was du gelernt und worauf du dein Vertrauen gesetzt hast. Du weißt, wer deine Lehrer waren, 15 und du kennst auch seit deiner Kindheit die Heiligen Schriften*. Sie können dich den Weg zur Rettung lehren, die dir zuteil wird durch den Glauben, der sich auf Jesus Christus gründet. 16 Sie dienen dir aber auch bei deiner Aufgabe als Lehrer der Gemeinde.[c] Denn jede Schrift, die von Gottes Geist* eingegeben wurde, ist nützlich für die Unterweisung im Glauben, für die Zurechtweisung und Besserung der Irrenden, für die Erziehung zu einem Leben, das Gott gefällt. 17 Mit den Heiligen Schriften in der Hand ist der Mensch, der sich Gott zur Verfügung gestellt hat, ausgerüstet für alle Aufgaben seines Dienstes.

Das Testament des Apostels

4 Ich ermahne dich nachdrücklich vor Gott und vor Jesus Christus, der alle Menschen richten wird, die Lebenden und die Toten! Ich beschwöre dich, so gewiss Christus erscheinen und seine Herrschaft* aufrichten wird: 2 Verkün-

a *von der wahren …:* wörtlich *von ihrer Kraft.*
b Nach der jüdischen Überlieferung heißen so die Ägypter, die Mose vor dem Pharao mit ihren Künsten zu widerlegen suchten (vgl. Ex 7,11.22).
c *Sie dienen …:* verdeutlichender Zusatz im Blick auf die Fortsetzung, wo es wörtlich heißt *ist auch (!) nützlich.*

2,25 b 1 Tim 2,4 S **3,1** 1 Tim 4,1; 2 Petr 3,3; Jud 18; 1 Joh 2,18 S **3,2-4** Gal 5,19-21 S **3,8** Ex 7,11.22; 8,3.14 **3,10** 1 Kor 4,16 S **3,11** Ps 34,20; (Antiochia) Apg 13,50; (Ikonion) Apg 14,5; (Lystra) Apg 14,19; (Leiden) 2 Kor 11,23-29 S **3,12** Apg 14,22; 1 Thess 3,3b S **3,15-16** 1 Tim 4,13; 2 Petr 1,21; Röm 15,4 **3,17** 2,21 **4,1** Apg 10,42 S **4,2** Apg 20,20

de den Menschen die Botschaft Gottes, gleich-
gültig, ob es ihnen passt oder nicht! Rede ihnen
ins Gewissen, weise sie zurecht und ermutige
sie! Werde nicht müde, ihnen den rechten Weg
zu zeigen!

3 Denn es wird eine Zeit kommen, da werden
sie die gesunde Lehre unerträglich finden und
sich Lehrer nach ihrem Geschmack aussuchen,
die sagen, was ihnen die Ohren kitzelt. 4 Sie wer-
den nicht mehr auf die Wahrheit hören, sondern
sich fruchtlosen Spekulationen[a] zuwenden. 5 Du
aber musst in jeder Hinsicht ein klares Urteil be-
halten. Mach dir nichts daraus, wenn du dafür
leiden musst. Erfülle deinen Auftrag als Verkün-
der der Guten Nachricht;[b] tu deinen Dienst mit
ganzer Hingabe.

6 Für mich ist nun die Zeit gekommen, dass
mein Blut wie ein Trankopfer* ausgegossen wird
und ich aus diesem Leben scheide. 7 Ich habe
den guten Kampf gekämpft. Ich bin am Ziel des
Wettlaufs, zu dem ich angetreten bin. Ich habe
den Glauben bewahrt und unversehrt weiterge-
geben. 8 Nun wartet auf mich der Siegeskranz*,
mit dem der Herr*, der gerechte Richter, mich
an seinem Gerichtstag belohnen wird – und
nicht nur mich, sondern alle, die sehnlich darauf
gewartet haben, dass er kommt.[c]

PERSÖNLICHE MITTEILUNGEN (4,9-22)

Anweisungen und Mitteilungen. Der Apostel vor Gericht

9 Komm so bald wie möglich zu mir! 10 Demas
hat mich verlassen und ist nach Thessalonich ge-
gangen, weil ihm mehr an dieser Welt* gelegen
ist als an der kommenden; Kreszens ging nach
Galatien und Titus nach Dalmatien. 11 Nur Lukas
ist noch bei mir. Bring Markus mit; er kann mir
gute Dienste leisten. 12 Tychikus habe ich nach
Ephesus geschickt.

13 Bring, wenn du kommst, meinen Mantel
mit, den ich in Troas bei Karpus zurückgelassen
habe. Bring auch die Buchrollen* mit, vor allem
die aus Pergament.[d]

14 Alexander, der Schmied, hat mir viel Böses
angetan. Der Herr* wird ihm nach seinen Taten
das Urteil sprechen. 15 Nimm auch du dich vor
ihm in Acht; er hat sich unserer Lehre und Wei-
sung besonders hartnäckig widersetzt.

16 Als ich mich das erste Mal vor Gericht ver-
teidigte, hat niemand zu mir gehalten. Alle ha-
ben mich im Stich gelassen – Gott möge es ihnen
nicht anrechnen! 17 Doch der Herr stand mir bei
und gab mir Kraft. Denn durch mich soll ja die
Verkündigung seiner Botschaft zum Ziel kom-
men: Alle Völker sollen sie hören.[e] Und so hat er
mich noch einmal aus dem Rachen des Löwen
gerettet.

18 Der Herr wird mich auch künftig vor allen
bösen Anschlägen retten und mich sicher in sein
himmlisches Reich bringen. Ihm gehört die Herr-
lichkeit* für alle Ewigkeit! Amen.

Schlussgrüße und Segenswünsche

19 Grüße das Ehepaar Priska und Aquila und die
Angehörigen von Onesiphorus. 20 Erastus blieb
in Korinth, Trophimus habe ich in Milet gelas-
sen, weil er krank war. 21 Sieh zu, dass du noch
vor Anbruch des Winters hier bist.

Eubulus, Pudens, Linus und Klaudia lassen
grüßen, ebenso alle anderen Brüder und Schwes-
tern.[f]

22 Der Herr* sei mit dir![g]

Die Gnade sei mit euch allen!

a Wörtlich *Mythen;* siehe Anmerkung zu 1 Tim 1,4. *b* Wörtlich *als Evangelist*.*

c *die sehnlich ...:* wörtlich *die sein Erscheinen geliebt haben.* Damit kann das zweite, endgültige Kommen von Jesus gemeint sein (vgl. Vers 1; 1 Tim 6,4; Tit 2,13), aber auch sein erstes Kommen mit all seinen Folgen für die Rettung der Menschen (vgl. 1,10; Tit 2,11; 3,4).

d *Pergament* ist gegenüber Papyrus das wertvollere Schreibmaterial. Bei beiden Arten von Rollen handelt es sich wohl um Abschriften von Büchern des Alten Testaments.

e Wahrscheinlich denkt Paulus nicht an eine weitere Missionstätigkeit (vgl. Verse 6-8), sondern sieht das *Ziel* darin, dass sein öffentlicher Prozess vor dem kaiserlichen Gerichtshof in der Welthauptstadt Rom und sein eventueller Zeugentod (Vers 18) alle Völker der Welt mit der Guten Nachricht von Jesus Christus konfrontieren.

f Siehe Anmerkung zu 1 Thess 1,4. *g* Wörtlich *mit deinem Geist;* siehe Anmerkung zu Gal 6,18.

4,3 1 Tim 4,1; Sir 32,17 **4,4** 1 Tim 1,4 S **4,5** 2,3 **4,6** Phil 2,17 S **4,7-8** 1 Kor 9,24-25 S; 1 Tim 1,18 S **4,10** Phil 2,21; (Demas) Kol 4,14 S; (Titus) 2 Kor 2,13 S **4,11** (Lukas) Kol 4,14 S; (Markus) Apg 12,12 S **4,12** (Tychikus) Eph 6,21 S **4,14** (Alexander) 1 Tim 1,20 **4,16** 1,15 **4,17** Apg 23,11; 1,8; (Rachen) Dan 6,21; Ps 22,22 **4,18** Mt 6,13 S; 2 Kor 1,10 **4,19** (Priska und Aquila) Apg 18,2 S; (Onesiphorus) 2 Tim 1,16-18 **4,20** (Erastus) Apg 19,22; Röm 16,23; (Trophimus) Apg 21,29 S

DER BRIEF DES APOSTELS PAULUS AN TITUS
(Titusbrief)

Inhaltsübersicht

Paulus im Dienst der Guten Nachricht

1 Diesen Brief schreibt Paulus, ein Diener Got-
tes und Apostel* von Jesus Christus.
Ich, Paulus, soll die Menschen, die Gott er-
wählt hat, zum Glauben und zur wahren Gottes-
verehrung führen. 2 Sie sollen wissen, dass sie
auf ein ewiges Leben hoffen dürfen. Das hat
Gott, der nicht lügt, schon vor unendlich langer
Zeit versprochen; 3 jetzt aber, zum vorherbe-
stimmten Zeitpunkt, hat er seine Zusage öffent-
lich bekannt machen lassen. Mit ihrer Bekannt-
machung bin ich durch einen Auftrag von Gott,
unserem Retter, betraut.
4 Ich schreibe an Titus, der im Glauben wie
ein echter Sohn mit mir verbunden ist.
Gnade und Frieden* sei mit dir von Gott, dem
Vater, und von Jesus Christus, unserem Retter!

Die Einsetzung von Ältesten

5 Ich habe dich, Titus, in Kreta zurückgelassen,
damit du tust, was ich selbst nicht mehr ausfüh-
ren konnte: In jeder Stadt solltest du Älteste* ein-
setzen. Denk dabei an meine Anweisungen!
6 Einem Ältesten darf niemand etwas nachsagen
können. Er darf nur einmal verheiratet sein.
Auch seine Kinder sollen sich zur Gemeinde hal-
ten; sie dürfen nicht in dem Ruf stehen, lieder-
lich oder ungehorsam zu sein.
7 Denn der Gemeindeleiter[a] darf als Hausver-
walter Gottes keinerlei Anlass zum Tadel geben.
Er soll nicht anmaßend oder jähzornig sein, auch
kein Trinker oder gewalttätiger Mensch. Er darf
nicht darauf aus sein, sich zu bereichern, 8 son-
dern soll gastfreundlich sein und das Gute lie-
ben. Er soll besonnen sein, gerecht, untadelig
und beherrscht. 9 Er muss sich an die zuverlässi-
ge Botschaft halten, wie sie ihn gelehrt worden
ist. Dann wird er in der Lage sein, die Gemeinde
auf dem rechten Weg zu halten und den Geg-
nern ihren Irrtum nachzuweisen.

Gegen das Treiben der Irrlehrer

10 Es gibt viele Schwätzer und Verführer, die sich
der Wahrheit nicht unterordnen wollen, beson-
ders unter den bekehrten Juden. 11 Du musst
ihnen das Wort verbieten; denn durch ihre ver-
werflichen Lehren bringen sie ganze Familien
vom rechten Weg ab, und das nur in der schänd-
lichen Absicht, sich zu bereichern.
12 Einer von ihren eigenen Landsleuten hat
als Prophet über sie gesprochen, als er sagte:
»Die Kreter lügen immer. Sie sind Raubtiere,
liegen auf der faulen Haut und denken nur ans
Fressen.« 13 Er hat die Wahrheit gesagt. Darum
musst du diese Leute hart anfassen, damit ihr
Glaube wieder gesund wird.
14 Sie sollen sich nicht mit jüdischen Spekula-
tionen über die Anfänge der Welt[b] beschäftigen
und sich nicht von Leuten, die der Wahrheit den
Rücken gekehrt haben, vorschreiben lassen, was
rein* und was unrein ist. 15 Für die, die ein
reines Gewissen haben, ist alles rein. Für die da-
gegen, die durch Schuld befleckt sind und den
Glauben aufgegeben haben, ist nichts rein; ihr
ganzes Denken und Fühlen ist beschmutzt.
16 Diese Leute behaupten, Gott zu kennen, aber
durch ihre Taten beweisen sie das Gegenteil. Sie
sind zu verabscheuen, denn sie wollen nicht
hören und sind unfähig, irgendetwas Gutes zu tun.

Die Pflichten von Männern, Frauen und Sklaven

2 Du aber lehre alle in der Gemeinde, so wie
es der gesunden Lehre entspricht!
2 Die älteren Männer fordere auf, nüchtern im

a Vgl. Anmerkung zu 1 Tim 3,2. *b* Wörtlich *mit jüdischen Mythen;* vgl. Anmerkung zu 1 Tim 1,4.

1,2 1 Petr 1,3-5; (versprochen) Gal 3,6.17-18 **1,3** 1 Tim 2,6-7 **1,4** (Titus) 2 Kor 2,13 S; (Sohn) 1 Thess 2,11 S **1,5** Apg 14,23 **1,6-9** 1 Tim 3,2-7 S **1,9** 1 Tim 1,10 S **1,10-16** 1 Tim 1,3-7 S **1,14** 1 Tim 1,4 S **1,15** 1 Tim 1,5 S; Mk 7,15 S; Röm 14,14.20 **1,16** 1 Tim 6,20; 2 Tim 3,5 **2,1** 1 Tim 1,10 S **2,2** 1 Tim 5,1

Urteil, ehrbar und besonnen zu sein, gesund im
Glauben, in der Liebe und in der Standhaftigkeit.
3 Ebenso sage den älteren Frauen, dass ihre
Lebensführung der Würde des Christenstandes[a]
entsprechen muss. Sie sollen nicht andere ver-
leumden oder dem Trunk verfallen sein. Als
Lehrmeisterinnen eines guten Lebenswandels
4 müssen sie die jüngeren Frauen dazu anleiten,
dass sie ihre Männer und Kinder lieben, 5 beson-
nen und zuchtvoll leben, ihren Haushalt ordent-
lich führen und ihren Männern gehorchen, da-
mit Gottes Botschaft nicht in Verruf kommt.
6–7 Entsprechend fordere die jungen Männer
auf, in allem besonnen und beherrscht zu sein.
Sei du selbst ihnen ein Vorbild im Tun des Guten.
Lehre die Wahrheit unverfälscht und mit gebüh-
rendem Ernst, 8 in gesunden und unanfechtba-
ren Worten. Dann können unsere Gegner uns
nichts Schlechtes nachsagen und müssen sich be-
schämt zurückziehen.
9 Die Sklaven* und Sklavinnen sollen ihren
Herren oder Herrinnen[b] in allem gehorchen und
ihnen zu Willen sein. Sie sollen ihnen nicht
widersprechen 10 und nichts unterschlagen, son-
dern ihnen treu und zuverlässig dienen. Mit al-
lem, was sie tun, sollen sie der Lehre Gottes, un-
seres Retters, Ehre machen.

Die Rettung gilt allen Menschen und verpflichtet die Gemeinde zu vorbildlichem Leben

11 Denn die rettende Gnade Gottes ist offenbar
geworden, und sie gilt allen Menschen. 12 Sie
bringt uns dazu, dass wir dem Ungehorsam gegen
Gott den Abschied geben, den Begierden, die uns
umstricken, und dass wir besonnen, gerecht und
fromm in dieser Welt leben, 13 als Menschen, die
auf die beseligende Erfüllung ihrer Hoffnung war-
ten und darauf, dass unser großer Gott und Retter
Jesus Christus[c] in seiner Herrlichkeit* erscheint.
14 Er hat sein Leben für uns gegeben, um uns von
aller Schuld zu befreien und sich so ein reines
Volk zu schaffen, das nur ihm gehört und alles
daran setzt, das Gute zu tun.
15 In diesem Sinn sollst du lehren, ermahnen
und zurechtweisen. Tu es mit allem Nachdruck!
Niemand darf deine Autorität anzweifeln.

Das Verhalten zu Staat und Mitmenschen und seine Begründung

3 Erinnere alle in der Gemeinde daran, sich
der Regierung und den staatlichen Behörden
unterzuordnen. Sie sollen ihnen gehorchen und
darüber hinaus bereit sein, bei allem Guten mit-
zuwirken.
2 Ermahne sie, über niemand schlecht zu
reden und nicht zu streiten, sondern friedfertig
zu sein und allen Menschen freundlich zu be-
gegnen.
3 Wir wollen nicht vergessen, dass wir selbst
früher unverständig und ungehorsam waren.
Wir waren vom rechten Weg abgeirrt und wur-
den von allen möglichen Wünschen und Leiden-
schaften beherrscht. Wir lebten in Bosheit und
Neid, waren hassenswert und hassten uns gegen-
seitig.
4 Aber dann erschien die Freundlichkeit und
Menschenliebe Gottes, unseres Retters. 5 Wir
selbst hatten keine guten Taten vorzuweisen,
mit denen wir vor ihm hätten bestehen kön-
nen. Nein, aus reinem Erbarmen hat er uns ge-
rettet durch das Bad der Taufe – das Bad, in
dem wir zu einem neuen Leben geboren wur-
den, erneuert durch den Heiligen Geist*.[d] 6 Ihn
hat er in reichem Maß über uns ausgegossen
durch Jesus Christus, unseren Retter. 7 Durch
dessen Gnade können wir vor Gott als gerecht*
bestehen, und darum sind wir auch eingesetzt
zu Erben des ewigen Lebens, auf das wir nun
hoffen dürfen.

Zusammenfassender Appell an Titus

8 Diese Botschaft ist wahr und vertrauenswürdig.
Ich erwarte, dass du mit Nachdruck für sie ein-
trittst und sie weitergibst. Du musst darauf hin-
wirken, dass alle, die zum Glauben an Gott ge-
kommen sind, sich ernsthaft darum bemühen,
das Gute zu tun. Das ist recht und bringt den
Menschen Nutzen.
9 Dagegen beteilige dich nicht an den sinn-
losen Untersuchungen über die Geschlechter-
folgen der Urväter[e] und an Streitigkeiten über
das jüdische Gesetz*. Das ist nutzlos und führt
zu nichts.

a *der Würde ...:* wörtlich *dem Heiligen/Heiligtum.* b Siehe Anmerkung zu Eph 6,5.
c *unser großer Gott ...:* möglich auch die Deutung *der große Gott und unser Retter Jesus Christus.*
d *durch das Bad der Taufe ...:* wörtlich *durch das Bad der Wiedergeburt und Erneuerung durch den Heiligen Geist.* Zur Verbindung von Taufe und Geistempfang siehe Sacherklärung »Taufe«.
e Siehe Anmerkung zu 1 Tim 1,4.

2,3-5 1 Tim 3,11; Eph 5,22-24 S **2,6** 1 Joh 2,14 **2,7** 1 Kor 4,16 S; 1 Tim 4,12 **2,9-10** Eph 6,5-8 S **2,11** 1 Tim 2,4 **2,13** 1 Kor 1,7 **2,14** (rein) Ez 37,23; Eph 5,26; Hebr 9,14; 1 Joh 1,7.9; (Volk) Gal 1,4 S **3,1** Röm 13,1 S **3,3** Kol 3,7 S **3,4** 1,3; 2,11; 1 Tim 2,3; 4,10 **3,5** Eph 2,9 S; Röm 6,4 S; Eph 5,26 S; Joh 3,5; 1 Petr 1,3 **3,6** (Geist) 1 Kor 6,11; Röm 8,9-16; Gal 5,25; (ausgegossen) Apg 2,33 S; (Retter) Tit 2,13; 2 Tim 2,10; Phil 3,20; 1 Joh 4,14 **3,7** Röm 3,24; 5,1-11 **3,9** 1 Tim 1,4 S

10 Wer solche Irrlehren verbreitet, den sollst
du zurechtweisen, einmal und noch ein zweites
Mal. Hört er dann immer noch nicht auf dich, so
musst du ihn aus der Gemeinde ausschließen.
11 Du siehst ja, dass ihm nicht mehr zu helfen ist.
Wenn er weiter auf dem falschen Weg bleibt,
dann tut er es bewusst und spricht sich selbst das
Urteil.

Persönliche Aufträge und Briefschluss

12 Sobald ich Artemas oder Tychikus zu dir
schicke, komm möglichst schnell zu mir nach
Nikopolis. Ich habe beschlossen, den Winter
dort zu verbringen. 13 Sorge gut für Zenas, den
Rechtskundigen, und für Apollos, damit sie
alles bekommen, was sie für ihre Weiterreise
brauchen. 14 Auch unsere Gemeinden[a] müssen
lernen, Gutes zu tun, wo es nötig ist, sonst bringt
ihr Glaube keine Frucht.
15 Alle, die bei mir sind, lassen dich grüßen.
Grüße die, die durch den Glauben in Liebe mit
uns verbunden sind.
Die Gnade sei mit euch allen!

DER BRIEF DES APOSTELS PAULUS AN PHILEMON
(Philemonbrief)

Eingangsgruß

Paulus, der für Jesus Christus im Gefängnis ist,
und der Bruder Timotheus schreiben diesen
Brief. Er richtet sich an Philemon, der von Gott
und von uns geliebt und unser Mitarbeiter ist,
2 sowie an unsere Schwester Aphia, unseren Mit-
streiter Archippus und die Gemeinde in Phile-
mons Haus.
3 Gnade und Frieden* sei mit euch von Gott,
unserem Vater, und von Jesus Christus, dem
Herrn*.

Glaube und Liebe Philemons

4 Ich danke meinem Gott immer, Philemon,
wenn ich in meinen Gebeten an dich denke.
5 Denn ich höre von deiner Liebe und deinem
Glauben: dem Glauben an Jesus, den Herrn*,
und der Liebe, die du allen Christen[b] erweist.
6 Und meine Bitte an Gott ist: Der Glaube, an
dem du Anteil hast, möge sich bei dir dahin aus-
wirken, dass du all das Gute erkennst, das unter
uns im Blick auf Christus und zu seiner Ehre zu
tun ist.
7 Es war mir wirklich eine große Freude und
hat mir Mut gemacht, von der Liebe zu hören,
die du den Brüdern und Schwestern[c] erweist.
Du hast ihren Herzen wohl getan, lieber
Bruder!

Paulus verwendet sich für Onesimus

8 Deshalb möchte ich auch nicht von meiner
Vollmacht Gebrauch machen. Ich könnte dir ja
unter Berufung auf Christus einfach befehlen,
was du zu tun hast; 9 aber um der Liebe Raum zu
geben, bitte ich dich nur. Ich, Paulus, als ein
Mann von Alter und Autorität, dazu jetzt auch
noch ein Gefangener für Jesus Christus, 10 ich
bitte dich für meinen Sohn, den ich hier im Ge-
fängnis gezeugt, das heißt zum Glauben geführt
habe: für Onesimus! 11 Früher hattest du an ihm
nur einen Nichtsnutz, aber jetzt kann er dir und
mir von Nutzen sein.[d]
12 Ich schicke ihn hiermit zu dir zurück – was
sage ich: Ich schicke dir mein eigenes Herz!
13 Ich hätte ihn gerne bei mir behalten, damit er
mir an deiner Stelle Dienste leistet, jetzt, da ich
für die Gute Nachricht* im Gefängnis sitze.
14 Aber ohne deine Zustimmung wollte ich nichts
entscheiden. Du sollst die gute Tat ja nicht unter
Zwang, sondern aus freiem Willen tun!
15 Vielleicht ist er ja nur deshalb eine Zeit lang

a Die jüdischen Gemeinden, die es im ganzen Osten des Römischen Reiches gab, verfügten über ein gut organisiertes System gegenseitiger Hilfeleistung.
b Wörtlich *allen Heiligen**. *c* Wörtlich *den Heiligen**.
d Paulus verwendet ein zweifaches Wortspiel, einmal mit dem Namen Onesimus = »der Nützliche«, zum anderen mit dem Doppelsinn »unbrauchbar – gut brauchbar« und »unchristlich – gutchristlich« (das griechische Wort *chrestos* = »brauchbar« wurde damals schon wie *christos* = »Christus/christlich« ausgesprochen).

3,10 Mt 18,15-17 **3,12** (Tychikus) Eph 6,21-22 S **3,13** (Apollos) Apg 18,24 S **3,14** (Frucht) Gal 5,22-23; Kol 1,10
1 (Timotheus) 1 Kor 4,17 S **2** (Archippus) Kol 4,17; (Hausgemeinde) Röm 16,5 S **7** Röm 12,10 **9** Eph 3,1 S **10** (Onesimus) Kol 4,9; (Sohn) 1 Thess 2,11 S **13** Phil 2,25.30 **14** (nicht unter Zwang) 2 Kor 9,7

von dir getrennt worden, damit du ihn nun für alle Zeiten zurückhast, [16] und das nicht als Sklaven, sondern als viel mehr: als geliebten Bruder. Das ist er jedenfalls für mich in höchstem Maße; aber wie viel mehr muss er es dann für dich sein, im täglichen Leben und in der Gemeinde des Herrn*!

[17] Wenn es stimmt, dass wir beide für Christus arbeiten und ich also gewissermaßen dein »Geschäftspartner« bin,[a] dann nimm ihn auf, als ob ich es selber wäre. [18] Wenn er dich geschädigt hat oder dir etwas schuldet, dann rechne es *mir* an. [19] Ich, Paulus, schreibe hier mit eigener Hand: Ich werde es dir erstatten. Ich könnte auch sagen: Rechne es *dir* an; denn du bist mir ja schließlich dich selber schuldig![b]

[20] Ja, lieber Bruder, ich möchte gerne, dass du mir eine Freude machst, so gewiss wir durch den Herrn verbunden sind! Tu meinem Herzen wohl durch die Liebe, die von Christus kommt![c]

[21] Ich schreibe dir im Vertrauen darauf, dass du dich mir nicht widersetzen wirst. Ich bin sicher, du wirst sogar noch mehr tun, als ich erbitte. [22] Halte auch schon ein Quartier für mich bereit! Denn ich rechne zuversichtlich damit, dass Gott eure Gebete erhört und ich euch wiedergeschenkt werde.

Grüße

[23] Epaphras lässt dich grüßen, der hier mit mir für Jesus Christus im Gefängnis sitzt; [24] ebenso grüßen meine Mitarbeiter Markus, Aristarch, Demas und Lukas.

[25] Die Gnade unseres Herrn* Jesus Christus sei mit euch![d]

DER BRIEF AN DIE HEBRÄER
(Hebräerbrief)

Inhaltsübersicht

GOTTES OFFENBARUNG IN SEINEM SOHN (1,1–4,13)

Gott hat durch seinen Sohn gesprochen

1 In der Vergangenheit hat Gott in vielfältigster Weise durch die Propheten* zu unseren Vorfahren gesprochen. [2] Aber jetzt, am Ende der Zeit, hat er zu uns gesprochen durch den Sohn*.

Ihn hat Gott dazu bestimmt,
dass ihm am Ende alles als sein Erbbesitz gehören soll.
Durch ihn hat er auch am Anfang die Welt geschaffen.
[3] Die ganze Herrlichkeit* Gottes leuchtet in ihm auf;
in ihm hat Gott sein innerstes Wesen sichtbar gemacht.
Durch sein machtvolles Wort sichert er den Bestand des Weltalls.
Nachdem er sein Leben zum Opfer gebracht hat,
um uns von unseren Sünden zu reinigen,
hat er sich im Himmel an die rechte Seite der göttlichen Majestät gesetzt.
[4] Er steht so hoch über den Engeln*,
wie der Sohnesname, den Gott ihm verliehen hat,
den Engelnamen an Würde übertrifft.

Der Sohn steht über den Engeln (Sieben Belege aus den Heiligen Schriften)

[5] Hat Gott etwa je zu einem Engel* gesagt:
»Du bist mein Sohn,
heute habe ich dich dazu gemacht«?

Oder auch:

»Ich will sein Vater sein,
und er soll mein Sohn sein«?

a Wörtlich *Wenn du mich nun zum Teilhaber hast.* Paulus verwendet offenbar bewusst einen Ausdruck, der sowohl geistlich als auch geschäftlich verstanden werden kann.
b Weil Philemon dem Apostel seinen Glauben und damit das ewige Heil verdankt.
c *durch die Liebe ...:* wörtlich *in Christus;* vgl. Vers 7.
d Wörtlich *mit eurem Geist;* siehe Anmerkung zu Gal 6,18.

16 1 Kor 7,22 **19** 1 Kor 16,21 S **23** (Epaphras) Kol 1,7 S **24** (Markus) Apg 12,12 S; (Aristarch) Apg 19,29 S; (Demas und Lukas) Kol 4,14 S **1,2** (Sohn) 3,6 S; (geschaffen) Joh 1,3 S **1,3** (leuchtet) Kol 1,15 S; (Seite) Hebr 8,1 S **1,4** Phil 2,9 S **1,5** *zit* Ps 2,7; Apg 13,33; Mt 3,17 S; Hebr 5,5; *zit* 2 Sam 7,14

6 Und er sagt doch auch, wenn er ihn mit allen
Rechten des Erstgeborenen[a] in die Welt einführt
– in die himmlische und zugleich die künftige
irdische:[b]

»Alle Engel Gottes sollen sich vor ihm
niederwerfen.«

7 Von den Engeln heißt es:

»Gott macht seine Engel zu Stürmen
und seine Diener zu flammendem Feuer.«

8 Aber zum Sohn sagt er:

»Gott, dein Thron bleibt bestehen in alle
Ewigkeit!
Dein königliches Zepter bürgt für gerechte
Herrschaft.
9 Du hast das Recht geliebt und das Unrecht
gehasst;
darum, Gott, hat dein Gott dich erwählt
und dir Ehre und Freude gegeben,[c]
mehr als allen, die zu dir gehören.«

10 Von ihm heißt es auch:

»Am Anfang hast du, Herr, die Erde gegründet
und die Himmel* mit eigenen Händen geformt.
11 Sie werden vergehen, du aber bleibst.
Sie werden alt und zerfallen wie Kleider.
12 Du wirst sie zusammenrollen wie einen
Mantel;
sie werden ausgewechselt wie ein Gewand.
Du aber bleibst derselbe,
und deine Jahre enden nicht.«

13 Niemals hat Gott zu einem Engel gesagt:

»Setze dich an meine rechte Seite!
Ich will dir deine Feinde unterwerfen,
sie als Schemel unter deine Füße legen.«

14 Die Engel sind doch alle nur Geister, die Gott
geschaffen hat zum Dienst an den Seinen. Er
schickt sie denen zu Hilfe, die Anteil an der end-
gültigen Rettung haben sollen.

Die große Rettungstat nicht missachten!

2 Darum müssen wir uns erst recht nach dem
richten, was wir gehört haben, damit wir
nicht am Ziel vorbeitreiben. 2 Schon die Bot-
schaft, die einst Mose von Engeln* überbracht
wurde, war verbindlich, und wer nicht auf sie
hörte und gegen sie verstieß, erhielt die ver-
diente Strafe. 3 Wie sollten dann *wir* heil davon-
kommen, wenn wir jetzt das große Rettungs-
werk Gottes missachten?

Dieses Rettungswerk hat damit angefangen,
dass der Herr* es verkündet hat, und es ist uns
bestätigt worden von denen, die ihn gehört ha-
ben. 4 Gott selbst hat dazu seine Beglaubigung
gegeben durch Staunen erregende Wunder und
vielerlei machtvolle Taten und durch die Gaben
des Heiligen Geistes*, die er nach seinem Willen
ausgeteilt hat.

Jesus als Retter der Menschen musste den Menschen gleich werden

5 Die kommende Welt, von der ich spreche, hat
Gott nicht der Herrschaft von Engeln* unter-
stellt. 6 Vielmehr heißt es an einer Stelle in den
Heiligen Schriften*:

»Was ist der Mensch, dass du an ihn denkst?
Was der Sohn eines Menschen, dass du dich um
ihn kümmerst?
7 Du hast ihn – den Menschensohn* – für eine
kurze Zeit erniedrigt,
ihn tiefer gestellt als die Engel.
Dann aber hast du ihn gekrönt mit Ruhm und
Ehre
8 und hast ihm alles unterworfen.«

Obwohl es heißt, dass Gott ihm alles unterwor-
fen hat und nichts davon ausgenommen ist,
sehen wir jetzt noch nicht, dass er über alles
herrscht. 9 Aber wir sehen, wie Jesus, der für
kurze Zeit tiefer gestellt war als die Engel, wegen
seines Sterbens mit Ruhm und Ehre gekrönt
worden ist. Denn Gott hat in seiner Gnade ge-
wollt, dass er allen Menschen zugute den Tod er-
leidet.

10 Weil Gott wollte, dass viele Kinder Gottes
in sein herrliches Reich aufgenommen werden,
hat er den, der sie zur Rettung führen sollte,
durch Leiden zur Vollendung gebracht. Das war
der angemessene Weg für Gott, den Ursprung
und das Ziel von allem. 11 Denn der Sohn*, der
die Menschen Gott weiht, und die Menschen,
die von ihm Gott geweiht werden, stammen alle
von demselben Vater. Darum schämt der Sohn

a *ihn mit allen …:* wörtlich *den Erstgeborenen* . Das Wort ist im Licht von Kol 1,15.18 zu sehen (vgl. Röm 8,29; Offb 1,5).
b *in die himmlische …:* verdeutlichender Zusatz. Bei *Welt* ist zunächst an die himmlische Welt gedacht (vgl. 1 Tim 3,16; Phil 2,10; Offb 5,8-13), doch ist diese als Anfang und Urbild der endgültigen irdischen Wirklichkeit mit dieser in eins gesehen (vgl. 2,5). c *erwählt und …:* wörtlich *dich mit Öl der Freude gesalbt* .

1,6 Ps 89,28; *nach* Ps 97,7 **1,7** *nach* Ps 104,4 **1,8-9** *nach* Ps 45,7-8 **1,10-12** *zit* Ps 102,26-28 **1,13** *zit* Ps 110,1; Hebr 8,1 S **1,14** Ps 34,8 S **2,2** Apg 7,53 S **2,3** 10,29; 12,25; (angefangen) Mk 1,1 S **2,4** (Wunderzeichen) Joh 2,11 S; (Geistesgaben) 1 Kor 12,4-11 S **2,6-8** *nach* Ps 8,5-7 **2,8** 1 Kor 15,27 **2,9** Phil 2,8-9 **2,10** 12,2; Röm 11,36; 8,29 **2,11** Mt 25,40; Mk 3,35 par; Joh 20,17

sich nicht, sie seine Brüder zu nennen. 12 Er sagt
zu Gott:

»Ich will dich meinen Brüdern bekannt
machen;
in der Gemeinde will ich dich preisen.«

13 Er sagt auch:

»Ich will mein Vertrauen auf Gott setzen!«,

und fährt fort:

»Hier bin ich mit den Kindern, die Gott mir
gegeben hat.«

14 Weil diese Kinder Menschen von Fleisch und
Blut sind, wurde der Sohn ein Mensch wie sie, um
durch seinen Tod den zu vernichten, der über den
Tod verfügt, nämlich den Teufel. 15 So hat er die
Menschen befreit, die durch ihre Angst vor dem
Tod das ganze Leben lang Sklaven gewesen sind.
16 Nicht für die Engel setzt er sich ein, son-
dern für die Nachkommen Abrahams*. 17 Des-
halb musste er in jeder Beziehung seinen Brü-
dern und Schwestern[a] gleich werden. So konnte
er ein barmherziger und treuer Oberster Pries-
ter* für sie werden, um vor Gott Sühne* zu leis-
ten für die Sünden des Volkes. 18 Weil er selbst
gelitten hat und dadurch auf die Probe gestellt
worden ist, kann er nun den Menschen helfen,
die ebenfalls auf die Probe gestellt werden.

Jesus steht über Mose

3 Darum, meine Brüder und Schwestern, die
ihr Gott geweiht und zur Teilhabe an der
himmlischen Welt berufen seid, schaut auf Jesus,
den bevollmächtigten Gesandten[b] Gottes und
Obersten Priester*, zu dem wir uns bekennen.
2 Er war dem, der ihn eingesetzt hat, genauso
treu wie Mose, von dem gesagt wird: »Er war
Gott treu in seinem ganzen Haus« – nämlich
dem »Haus« Gottes, dem Volk Israel.[c] 3 Doch
wie der Erbauer eines Hauses mehr geehrt wird
als das Haus selbst, so verdient Jesus viel größere
Ehre als Mose. 4 Jedes Haus wird von jemand er-
baut. Der aber, der alles erbaut hat, ist Gott.
5 Mose war ein Hinweis auf Dinge, die erst in
Zukunft verkündet werden sollten. Er war treu
»*in* seinem ganzen Haus«, als *Diener.* 6 Christus
aber ist der *Sohn* *, der *über* Gottes Haus gestellt
ist. Sein »Haus«, Gottes Haus, sind wir, die Ge-
meinde, wenn wir mit Zuversicht und freudigem
Stolz an dem festhalten, worauf wir hoffen.

Die Ruhe Gottes für sein Volk

7 Darum gilt, was Gott durch den Heiligen Geist*
sagt:

»Seid heute, wenn ihr *seine* Stimme hört,
8 nicht so verstockt wie damals eure Vorfahren,
die sich gegen mich, Gott, auflehnten
an jenem Tag der Prüfung in der Wüste.
9–10 Sie haben mich herausgefordert
und mich auf die Probe gestellt,
nachdem sie vierzig Jahre lang gesehen hatten,
was ich tat.
Diese Generation hat mich angewidert;
ich sagte: ›Alles, was sie wollen, ist verkehrt;
nie haben sie meine Wege verstanden.‹
11 Schließlich schwor ich in meinem Zorn:
›In meine Ruhe nehme ich sie niemals auf!‹«[d]

12 Achtet darauf, liebe Brüder und Schwestern,
dass niemand von euch ein widerspenstiges, un-
gehorsames Herz hat und sich von dem lebendi-
gen Gott abwendet. 13 Ermahnt euch gegenseitig
jeden Tag, solange jenes »Heute« gilt, damit nie-
mand von euch dem Betrug der Sünde erliegt
und sich dem Ruf dieser Stimme verschließt.
14 Wir gehören erst wirklich zu Christus, wenn
wir die Zuversicht, die uns am Anfang geschenkt
wurde, bis zum Ende unerschütterlich festhal-
ten!
15 Wenn es heißt:

»Seid heute, wenn ihr seine Stimme hört,
nicht so verstockt wie damals eure Vorfahren,
die sich gegen Gott aufgelehnt haben«,

16 so stellt sich doch die Frage: Wer waren denn
die, die einstmals »die Stimme gehört« und sich
dann »gegen Gott aufgelehnt« haben? Es waren

a Brüder und Schwestern gibt ein einziges griechisches Wort wieder, das als Mehrzahlform nicht nur, wie herkömmlich übersetzt, die »Brüder« bezeichnet, sondern auch je nach Zusammenhang die gesamte Gemeinde aus Männern und Frauen (siehe dazu Sacherklärung »Bruder«); entsprechend in 3,1.12.

b Wörtlich *Apostel** .

c nämlich dem »Haus« Gottes ...: verdeutlichender Zusatz; entsprechend *Gottes Haus* in Vers 6 (beim zweiten Vorkommen).

d Nach Ps 95,11 sollte das in der Wüste umherziehende Volk Israel im Land Kanaan *Ruhe* finden. Der Verfasser des Briefes verbindet die Psalmstelle mit der Aussage von Gen 2,2-3 über die Ruhe Gottes nach der Schöpfung und versteht diese Ruhe als ein eigenes Schöpfungswerk, nämlich die Erschaffung der »ewigen Ruhe«, der kommenden neuen Welt Gottes (vgl. 4,3b-10).

2,12 *zit* Ps 22,23 **2,13** *nach* Jes 8,17-18 **2,14** Joh 1,14 S; Röm 8,3; 1 Joh 3,8 **2,15** Röm 8,21 **2,16** Jes 41,8-9 **2,17** 5,2; Phil 2,7; 1 Joh 2,2 **2,18** 4,15 S **3,1** 4,14 S **3,2** *nach* Num 12,7 **3,6** (Sohn) 1,2; 4,14; 6,4-6; 7,3.28; 10,29; Joh 1,34 S; (Haus) Hebr 10,21; Eph 2,21; 1 Kor 3,16 S **3,7-11** *zit* Ps 95,7-11 **3,8** Ex 17,7; Num 20,2-5 **3,9-10** Num 14,33 S **3,11** Num 14,21-23

alle, die Mose aus Ägypten geführt hatte! [17] Wer
waren denn die, die Gott »vierzig Jahre lang an-
gewidert« haben? Es waren die, die gesündigt
hatten und dann tot in der Wüste lagen! [18] Wer
waren denn die, denen Gott »schwor«: »In meine
Ruhe nehme ich sie niemals auf!«? Es waren die,
die sich ihm widersetzt hatten! [19] Wir sehen: Sie
konnten nicht in die Ruhe Gottes gelangen, weil
sie Gott das Vertrauen verweigert hatten.

4 Darum dürfen wir nicht leichtfertig sein,
sondern müssen darauf achten, dass nicht
womöglich jemand von uns zurückbleibt. Denn
Gottes Zusage, Menschen in seine Ruhe aufzu-
nehmen, gilt ja weiter. [2] Genauso wie den Leu-
ten damals in der Wüste ist auch uns die Gute
Nachricht* verkündet worden, die Botschaft,
dass wir in Gottes Ruhe aufgenommen werden
sollen.[a] Aber denen hat diese Botschaft nichts
genützt; sie ist ihnen nicht in Fleisch und Blut
übergegangen – was durch die Kraft ihres Ver-
trauens hätte geschehen müssen.[b]

[3a] So werden auch wir nur in die Ruhe Gottes
hineinkommen, wenn wir im Vertrauen festblei-
ben; sonst gilt, was Gott von den anderen gesagt
hat:

»Ich schwor in meinem Zorn:
›In meine Ruhe nehme ich sie niemals auf!‹«

Gottes Ruhe – die Zusage, die weiterhin offen steht

[3b] Dabei stehen doch Gottes Werke schon seit
Vollendung der Weltschöpfung fertig da – auch
seine Ruhe! [4] Es heißt vom siebten Schöpfungs-
tag: »Am siebten Tag ruhte Gott von aller seiner
Arbeit aus.«

[5] An der vorher genannten Stelle heißt es je-
doch: »In meine Ruhe nehme ich sie niemals
auf!« [6] Dann muss es also noch Leute geben, die
aufgenommen werden, nachdem die anderen,
die die Gute Nachricht* zuerst gehört haben,
durch ihren Ungehorsam ausgeschlossen blie-
ben.

[7] Deshalb setzt Gott aufs Neue einen Tag fest,
ein neues »Heute«! Nach so langer Zeit lässt er –
ich habe es schon angeführt – durch David aus-
rufen:

»Seid heute, wenn ihr seine Stimme hört,
nicht so verstockt!«

[8] Denn hätte schon Josua das Volk in die Ruhe
hineingeführt, dann würde Gott nicht noch von ei-
nem anderen Tag *danach* sprechen. [9] Folglich steht
die versprochene Ruhe, der große Sabbat*, dem
Volk Gottes erst noch bevor. [10] Denn wer in die
Ruhe Gottes gelangt ist, ruht auch selbst aus von
seiner Arbeit, so wie Gott ausruht von der seinen.

[11] Wir wollen also alles daransetzen, zu dieser
Ruhe zu gelangen! Niemand soll – nach dem ab-
schreckenden Beispiel, das damals das Volk in
der Wüste gab – durch Ungehorsam zu Fall kom-
men und von ihr ausgeschlossen bleiben.

[12] Das Wort Gottes ist lebendig, es ist eine wir-
kende Macht. Es ist schärfer als das schärfste
beidseitig geschliffene Schwert. So wie ein
Schwert tief einschneidet, die Gelenke durch-
trennt und das Mark der Knochen freilegt, so
dringt das Wort Gottes ins Innerste von Seele
und Geist. Es deckt die geheimen Wünsche und
Gedanken des Menschenherzens auf und hält
über sie Gericht. [13] Es gibt niemand, dessen Inne-
res vor Gott verborgen wäre. Alles liegt nackt
und bloß vor den Augen dessen da, dem wir
Rechenschaft schuldig sind.

JESUS ALS UNSER OBERSTER PRIESTER (4,14–10,18)

Jesus, unser Oberster Priester, tritt bei Gott für uns ein

[14] Lasst uns also festhalten an der Hoffnung, zu
der wir uns bekennen.[c] Wir haben doch einen
überragenden Obersten Priester*, der alle Him-
mel* durchschritten hat und sich schon bei Gott,
im himmlischen Heiligtum, befindet:[d] Jesus, den
Sohn* Gottes.

[15] Dieser Oberste Priester ist nicht einer, der
kein Mitgefühl für unsere Schwächen haben
könnte. Er wurde ja genau wie wir auf die Probe
gestellt – aber er blieb ohne Sünde. [16] Darum
wollen wir mit Zuversicht vor den Thron unseres
gnädigen Gottes treten. Dort werden wir, wenn
wir Hilfe brauchen, stets Liebe und Erbarmen
finden.

5 Jeder Oberste Priester wird *aus* den Men-
schen genommen und *für* die Menschen ein-
gesetzt, um ihre Angelegenheiten vor Gott zu

a *die Botschaft …:* verdeutlichender Zusatz.
b *sie ist ihnen nicht …:* Nach dem besser bezeugten Text müsste übersetzt werden *da sie nicht durch vertrauenden Glauben mit denen verbunden waren, die es gehört hatten.*
c Wörtlich *festhalten an dem Bekenntnis* (vgl. 10,23).
d *und sich schon …:* verdeutlichender Zusatz.

3,17 Num 14,29; 1 Kor 10,5.10 **4,4** *nach* Gen 2,2 **4,8** Dtn 31,7; Jos 22,4 **4,12** 1 Petr 1,23; Jes 55,11 S; (Schwert) Jes 49,2; Eph 6,17; Weish 18,16; Offb 1,16 S **4,14** 2,17-18; 3,1; 5,5-6.10; 7,24-28; 8,3.6; 9,11; (bei Gott) 8,1 S; (Sohn) 3,6 S **4,15** 2,18; 5,2; (ohne Sünde) 7,26; 9,12; 1 Joh 3,5 S **4,16** 10,19 S

vertreten: Er soll Gaben und Opfer* für ihre Sün-
den darbringen. 2 Weil er selbst ein schwacher
Mensch ist, kann er mitfühlen mit den Un-
wissenden und Irrenden. 3 Weil er in seiner
Schwachheit selber sündigt, muss er sogar für
sich selbst Opfer darbringen, nicht nur für das
Volk.

4 Auch nimmt sich niemand selbst die Würde,
Oberster Priester zu sein. Er erhält sie vielmehr
durch Gottes Berufung, so wie Aaron*. 5 So hat
sich auch Christus nicht selbst die Würde des
Obersten Priesters genommen, sondern Gott hat
sie ihm gegeben, der zu ihm sagte:

»Du bist mein Sohn,
heute habe ich dich dazu gemacht.«

6 Und an einer anderen Stelle sagt Gott:

»Du bist Priester auf ewig,
nach der Art Melchisedeks.«

7 Als er noch auf der Erde lebte, hat Jesus sich im
Gebet mit Bitten und Flehen an Gott gewandt,
der ihn vom Tod retten konnte; mit lautem Rufen
und unter Tränen hat er seine Not vor ihn ge-
bracht. Weil er treu zu Gott hielt, ist er schließ-
lich auch erhört worden.

8 Und doch: Obwohl er Gottes Sohn war, hat
er zunächst durch das, was er durchmachen
musste, Gehorsam gelernt. 9 Nachdem er nun
das Ziel erreicht hat, ist er für alle, die ihm gehor-
chen, zum Begründer ihrer endgültigen Rettung
geworden. 10 Denn Gott hat ihn zum Obersten
Priester ernannt – und zwar zum Obersten Pries-
ter »nach der Art Melchisedeks«.

Der Zustand der Angeschriebenen und die Größe des Themas

11 Hierüber muss ich nun einiges sagen. Das ist
nicht leicht, zumal ihr stumpf geworden seid
und Mühe habt, zuzuhören und mitzudenken.
12 Ihr solltet inzwischen längst andere unterrich-
ten können; stattdessen habt ihr wieder jemand
nötig, der euch ganz von vorne das ABC der Bot-
schaft Gottes erklärt. Ihr braucht wieder Milch
statt fester Nahrung.

13 Wer Milch braucht, ist ein kleines Kind,
das die Sprache der Erwachsenen noch nicht
versteht. 14 Erwachsene aber brauchen feste
Nahrung – solche Leute nämlich, die durch
beharrliche Übung ihr Wahrnehmungsvermögen
geschärft haben, um Gut und Böse zu unter-
scheiden.

6 Deshalb wollen wir jetzt die Anfangslektio-
nen der christlichen Botschaft hinter uns
lassen und uns dem zuwenden, was für die im
Glauben Erwachsenen bestimmt ist. Ich will
mich also nicht noch einmal mit den grundlegen-
den Themen befassen wie der Abkehr vom Göt-
zendienst und der Hinwendung zum wahren,
lebendigen Gott, 2 der Taufe[a] und der Handauf-
legung, der Auferstehung* der Toten und dem
letzten Gericht. 3 Ich werde jetzt vielmehr wei-
tergehen, und wenn Gott will, wird es euch von
Nutzen sein.

4-6 Denn es ist unmöglich, Menschen, die
Gott *einmal* mit seinem Licht erfüllt hat und die
ihm dann den Rücken kehren, dahin zu brin-
gen, dass sie sich Gott wieder zuwenden. Sie
haben doch schon die Gaben des Himmels ge-
kostet und den Heiligen Geist* empfangen. Sie
haben erfahren, wie zuverlässig Gottes Wort ist,
und haben schon die Kräfte der kommenden
Welt gespürt. Und dann haben sie trotzdem Gott
den Rücken gekehrt und haben damit den Sohn
Gottes noch einmal ans Kreuz* genagelt, sich
selbst zum Gericht, und ihn öffentlich zum Ge-
spött gemacht.[b]

7 Gott segnet den Boden, der den reichlich auf
ihn fallenden Regen aufnimmt und Pflanzen
wachsen lässt für die, die den Boden bebauen.
8 Aber der Boden, der nur Dornen und Disteln
trägt, ist nichts wert. Ihm droht, dass er von Gott
verflucht und zum Schluss verbrannt wird.

Ermutigung zum Durchhalten

9 Aber auch wenn ich so hart rede, meine Lie-
ben, bin ich doch überzeugt, dass es um euch so
schlimm nicht steht und dass ihr gerettet werdet.
10 Denn Gott ist nicht ungerecht. Er vergisst
nicht, was ihr getan habt. Ihr habt anderen
Christen[c] geholfen und tut es noch. Damit be-
weist ihr eure Liebe zu ihm. 11 Ich wünsche nur

a Wörtlich *der Lehre von den Taufen.* Die Mehrzahl *Taufen* ist vielleicht daher zu erklären, dass in der *Lehre* nicht zuletzt auch das Verhältnis zwischen Johannestaufe (siehe Sacherklärung »Täufer«) und christlicher Taufe* zu behandeln war (vgl. Joh 3,25-26; Apg 19,1-6). Die Mehrzahl könnte aber auch ein Hinweis auf ein dreimaliges Untergetauchtwerden des Täuflings sein, wie es sich sehr früh in der Kirche herausbildete.

b Die Verse 4-6 entspringen der leidvollen Erfahrung mit abgefallenen Christen und wollen die Gemeinde eindringlich warnen (vgl. Verse 7-8; 10,26-27). Sie dürfen nicht verstanden werden als Aufruf zu selbstquälerischen Zweifeln (siehe Vers 9).

c Wörtlich *den Heiligen**.

5,2 2,17-18; 4,15; 7,28 **5,3** 7,27; 9,7; Lev 9,7; 16,6 **5,4** Ex 28,1 **5,5** 1,5 **5,6** *zit* Ps 110,4; Hebr 6,20 S **5,7** Mk 14,32-42 par **5,8** 3,6 S; 4,15; Phil 2,8 **5,9** 7,27 S **5,10** 4,14 S; 6,20 S **5,12-13** 1 Kor 3,1-2; 1 Petr 2,2 **5,14** 13,9; Röm 16,19; 1 Kor 14,20; Eph 4,14 **6,4-6** 10,26-29; 12,25; 2 Petr 2,20 **6,8** Mk 4,7.18-19 **6,10** 10,32-34

sehnlichst, dass jeder und jede von euch genau
denselben Eifer auch an den Tag legt, wenn es
darum geht, die Hoffnung auf das, was Gott uns
versprochen hat, mit voller Kraft bis zum Ende
durchzuhalten. 12 Ihr dürft darin nicht nach-
lassen! Nehmt euch ein Beispiel an denen, die
Vertrauen und Ausdauer bewahrt und darum
empfangen haben, was Gott versprochen hat.

Gott ist zuverlässig und treu

13 Gott machte Abraham* eine Zusage und
schwor bei seinem eigenen Namen, da er bei
nichts Höherem schwören konnte als bei sich
selbst. 14 Er sagte: »Ich gebe dir mein Wort, dass
ich dich überaus segnen und dir viele Nachkom-
men geben werde.« 15 Und so wartete Abraham
beharrlich und erhielt, was Gott ihm verspro-
chen hatte.

16 Menschen schwören beim Namen eines
Größeren, und der Eid dient dazu, die Aussage
zu bekräftigen und jeden Zweifel zu beseitigen.
17 So bekräftigte auch Gott seine Zusage mit
einem Eid. Damit wollte er den Menschen, de-
nen die Zusage galt, die feste Gewissheit geben,
dass seine Absicht unumstößlich ist. 18 Er wollte
uns doppelte Sicherheit geben: durch die Zusage
und durch den Eid; und da Gott nicht lügen
kann, ist auf beide unbedingt Verlass.

Das soll uns einen starken Ansporn geben,
dass wir unsere Zuversicht nicht preisgeben und
an der Hoffnung auf die uns zugesagte Erfüllung
festhalten. 19 Diese Hoffnung ist für uns wie ein
sicherer und fester Anker, der hineinreicht bis
ins innerste Heiligtum, in das Allerheiligste* hin-
ter dem Vorhang im himmlischen Tempel.
20 Dorthin ist Jesus uns vorausgegangen, um uns
den Weg zu bereiten; denn so wurde er zum
Obersten Priester* nach der Art Melchisedeks,
und das heißt: auf ewig.

Jesus Christus, Priester auf ewig nach der Art Melchisedeks (7,1–10,18)

Melchisedek*, das Bild des Sohnes Gottes

7 Dieser Melchisedek nämlich war König von
Salem und Priester des höchsten Gottes. Er
ging Abraham* entgegen, als der vom Sieg über
die Könige heimkehrte, und segnete ihn. 2 Ihm
gab Abraham den zehnten* Teil von allem, was
er erbeutet hatte. Sein Name bedeutet »König
der Gerechtigkeit«; er heißt aber auch »König
von Salem«, und das bedeutet »König des Frie-
dens*«. 3 Er hat weder Vater noch Mutter; einen
Stammbaum von ihm gibt es nicht. Seine Lebens-
zeit hat weder Anfang noch Ende – darin gleicht
er dem Sohn* Gottes.

Dieser Melchisedek also bleibt Priester auf
ewig.

Melchisedek* steht über Abraham und den Priestern aus dessen Nachkommenschaft

4 Wie groß dieser Melchisedek ist, seht ihr daran,
dass sogar der Stammvater Abraham* ihm den
zehnten Teil von allen wertvollen Stücken seiner
Beute gab.

5 Nun sammeln ja die unter den Nachkom-
men von Levi*, denen das Priestertum übertra-
gen wurde, den Zehnten* vom Volk Israel ein.
Sie erheben den Zehnten von ihren Brüdern,
obwohl diese genau wie sie selbst Nachkom-
men Abrahams sind; sie haben durch das
Gesetz* den Auftrag dazu. 6 Aber Melchisedek,
der abstammungsmäßig überhaupt nichts mit
Levi zu tun hat, nimmt sogar von Abraham den
Zehnten! Und er *segnet* Abraham, dem doch
Gott seine Zusagen gegeben hat. 7 Wer segnet,
ist ohne Zweifel größer als der, der gesegnet
wird.

8 Und hier, im Fall der Nachkommen von
Levi, sind es sterbliche Menschen, die den
Zehnten entgegennehmen. Dort aber, im Fall
von Melchisedek, ist es einer, von dem in den
Heiligen Schriften* bezeugt wird, dass er ewig
lebt!

9 Um es geradeheraus zu sagen: Als Abraham
Melchisedek den Zehnten gab, da gab ihn zu-
gleich auch Levi, dessen Nachkommen in Israel
den Zehnten einsammeln. 10 Denn Levi war da-
mals schon im Samen seines Ahnvaters Abraham
gegenwärtig, als der mit Melchisedek zusam-
mentraf.

Das Priestertum der Nachkommen Levis abgelöst durch das Priestertum nach der Art Melchisedeks*

11 Dem Volk Israel wurde das Priestertum* der
Nachkommen Levis gegeben; es wurde durch
das Gesetz* angeordnet, und das Gesetz steht
und fällt mit ihm.

Hätte nun durch dieses Priestertum die Voll-
endung des Volkes vor Gott erreicht werden kön-
nen, dann wäre es ja nicht nötig gewesen, noch
einen anderen Priester aufzustellen, einen »nach

6,12 11,1–12,1 **6,13-14** *nach* Gen 22,16-17 **6,18** (nicht lügen) Num 23,19 S **6,19** (Allerheiligstes) 9,3 S **6,20** 4,14 S; (Melchisedek) Gen 14,17-20; Ps 110,4; Hebr 5,6.10; 7,1-4 **7,1-4** 6,20 S **7,5** Num 18,21

der Art Melchisedeks« und nicht nach der Art
Aarons*! 12 Wenn aber das Priestertum sich
ändert, bedeutet das notwendig, dass auch das
Gesetz sich ändert.

13 Und in der Tat: Der, auf den sich dies alles
bezieht, gehört einem anderen Stamm an als
dem Stamm Levi, einem Stamm, aus dem noch
nie jemand als Priester am Altar gestanden hat.
14 Unser Herr* ist bekanntlich aus dem Stamm
Juda hervorgegangen, den Mose nie erwähnt
hat, wenn er vom Priestertum sprach.

15 Aber noch viel deutlicher zeigt sich die Ver-
änderung an Folgendem: Es wird ein Priester
aufgestellt, der wie Melchisedek von ganz ande-
rer Art ist – 16 der nicht Priester ist aufgrund
einer menschlich-irdischen Bestimmung des Ge-
setzes, sondern aufgrund der Macht seines un-
vergänglichen Lebens. 17 In den Heiligen Schrif-
ten* heißt es: »Du bist Priester auf ewig, nach
der Art Melchisedeks«!

18 Die frühere Bestimmung wird außer Kraft
gesetzt, weil sie schwach und nutzlos war.
19 Denn in keiner Hinsicht hat das Gesetz es ge-
schafft, dass die Menschen vor Gott vollkommen
und untadelig dastehen können. An die Stelle
des vom Gesetz verordneten Priestertums tritt
deshalb eines, das eine bessere Hoffnung be-
gründet: das uns die Möglichkeit eröffnet, *wirk-
lich* Gott nahen und vor ihm bestehen zu kön-
nen.

Das neue Priestertum – eidlich bestätigt und von ewigem Bestand

20 Das neue Priestertum ist außerdem durch
einen Eid eingeführt worden. Als die anderen zu
Priestern eingesetzt wurden, hat Gott nicht
geschworen. 21 Jesus aber wurde mit einem
Schwur zum Priester eingesetzt; ihm gilt das
Wort:

»Der Herr hat geschworen,
und er wird es nicht zurücknehmen:
›Du bist Priester auf ewig.‹«

22 Deshalb ist Jesus auch der Garant für einen
besseren Bund*.

23 Es gibt noch einen weiteren Unterschied:
Von den anderen Priestern gab es viele, weil sie
sterben mussten und der Tod sie hinderte, Pries-
ter zu bleiben. 24 Jesus aber lebt in alle Ewigkeit,
und sein Priestertum ist deshalb unvergänglich.
25 Darum kann er auch vollständig und für im-
mer alle retten, die sich durch ihn an Gott wen-
den. Er lebt für immer, um bei Gott für sie einzu-
treten.

Lobpreis auf Jesus als Obersten Priester

26 Jesus ist der Oberste Priester*, den wir brau-
chen: Er ist heilig, an ihm ist nichts Verwerf-
liches, er hat keinen Fehler. Er ist ganz anders
als wir sündigen Menschen und wurde über
alle Himmel* erhoben. 27 Er muss nicht wie die
Obersten Priester vor ihm täglich zuerst für die
eigenen Sünden und dann für die des Volkes
opfern. Er sühnte die Sünden aller ein für alle
Mal, als er sich selbst zum Opfer brachte.
28 Das Gesetz* Moses machte Menschen voller
Fehler zu Priestern; der göttliche Schwur, der
nach dem Gesetz ergangen ist, ernannte dazu
den Sohn*, der für ewig zur Vollendung ge-
langt ist.

Alter und neuer Priesterdienst

8 Dies ist der Punkt, auf den alles ankommt:
Wir haben einen Obersten Priester*, der
Platz genommen hat zur rechten Seite Gottes
auf dem Thron der göttlichen Majestät im Him-
mel. 2 Dort versieht er den priesterlichen
Dienst im himmlischen Allerheiligsten*, in
dem einzig wahren Heiligen Zelt*, das von
Gott und nicht von einem Menschen errichtet
worden ist.

3 Jeder Oberste Priester wird dazu eingesetzt,
Gott Gaben und Opfer* darzubringen. Auch
unser Oberster Priester muss darum etwas zu
opfern haben.

4 Wäre er nun auf der Erde, so könnte er nicht
einmal Priester sein, denn hier gibt es ja Priester,
die nach den Vorschriften des Gesetzes* Opfer-
gaben darbringen. 5 Sie verrichten ihren Dienst
allerdings in einem Heiligtum, das nur einen
Schatten, nur eine unvollkommene Nachbildung
des wahren Heiligtums darstellt, das im Himmel
ist. Denn als Mose daranging, das Heilige Zelt zu
errichten, erhielt er von Gott die Weisung: »Gib
Acht, dass alles genau nach dem Urbild ange-
fertigt wird, das ich dir hier auf dem Berg ge-
zeigt habe.«

6 Nun ist aber Jesus zu einem viel höheren
Priesterdienst berufen worden als die Priester
auf der Erde. Sein Priesterdienst ist um so viel

7,14 Gen 49,10; Mt 2,6; Apg 13,23; Offb 5,5 S **7,17** *zit* Ps 110,4; Hebr 5,6 **7,19** 9,9; Röm 3,20 S **7,22** 8,6 S **7,25** 10,14; Röm 8,34; 1 Joh 2,1 **7,26** 4,15 S **7,27** 5,3; (ein für alle Mal) 5,9; 7,25; 9,12.26.28; 10,10.12; Röm 6,10; 1 Petr 3,18 **7,28** 3,6 S **8,1** 4,14 S; (rechte Seite) 1,3.13; 10,12; 12,2; Apg 2,33 S; Ps 110,1 **8,5** (Schatten) 9,9; 10,1; Kol 2,17; (Zelt) Hebr 9,2; *zit* Ex 25,40 **8,6** (neuer Bund) 7,22; 8,13; 9,15; 12,24; Lk 22,20 S

höher, als der Bund* besser ist, der durch Vermittlung von Jesus zwischen Gott und den Menschen geschlossen wurde. Dieser Bund gründet auf besseren Zusagen als der erste.

Alter und neuer Bund

7 Wäre am ersten Bund* nichts auszusetzen gewesen, so hätte es keinen zweiten gebraucht. 8 Aber Gott musste sein Volk tadeln; er sagte ja zu ihnen:

»Die Zeit kommt, da werde ich mit dem Volk von Israel und dem Volk von Juda einen neuen Bund schließen. 9 Er wird nicht dem Bund gleichen, den ich mit ihren Vorfahren geschlossen habe, als ich sie bei der Hand nahm und aus Ägypten herausführte. Sie haben sich nicht an diesen Bund gehalten; darum habe ich sie sich selbst überlassen.«

Und weiter sagte der Herr: 10 »Der neue Bund, den ich dann mit dem Volk Israel schließen will, wird völlig anders sein: Ich werde ihnen meine Gesetze nicht auf Steintafeln, sondern in Herz und Gewissen schreiben. Ich werde ihr Gott sein und sie werden mein Volk sein. 11 Niemand muss dann noch seinen Mitbürger belehren oder zu seinem Bruder sagen: ›Lerne den Herrn kennen!‹ Denn alle werden dann wissen, wer ich bin, von den Geringsten bis zu den Vornehmsten. 12 Ich will ihnen ihren Ungehorsam vergeben und will nie mehr an ihre Sünden denken.«

13 Wenn Gott von einem »neuen Bund« spricht, dann hat er damit den ersten für veraltet erklärt. Was aber veraltet und verbraucht ist, wird bald verschwinden.

Der Gottesdienst des alten Bundes

9 Nun hatte auch schon der erste Bund* Vorschriften für den Gottesdienst und er hatte das irdische Heiligtum. 2 Da war ein Zelt aufgerichtet mit zwei Räumen: Der vordere Raum hieß »das Heilige«; in ihm befanden sich der Leuchter und der Tisch und auf dem Tisch die geweihten Brote*. 3 Hinter dem zweiten Vorhang lag der andere Raum, genannt »das Allerheiligste*«. 4 Darin standen der goldene Altar, auf dem Weihrauch* verbrannt wurde, und die Bundeslade*, die ganz mit Gold überzogen war. In ihr befanden sich der goldene Krug mit dem Manna*, der Stab Aarons*, an dem Blüten gewachsen waren, und die Steintafeln mit dem Bundesgesetz*. 5 Über der Lade waren die Keruben*, die auf die Gegenwart Gottes hinwiesen.[a] Sie breiteten ihre Flügel aus über der Deckplatte, auf der die Sünden gesühnt wurden. Aber davon soll jetzt nicht im Einzelnen die Rede sein.

6 Das Heiligtum besteht also aus zwei Teilen. In den vorderen Teil des Zeltes gehen die Priester jeden Tag und verrichten dort ihren Dienst. 7 Den hinteren Teil darf nur der Oberste Priester* betreten, und das auch nur einmal im Jahr. Dabei nimmt er Blut* mit und opfert es für sich und für die Menschen, die ohne bösen Willen schuldig geworden sind.

8 Der Heilige Geist* weist mit alldem auf Folgendes hin: Solange noch der vordere Teil des Zeltes besteht und der Zugang zum hinteren Teil den genannten Einschränkungen unterliegt,[b] ist dies ein Zeichen dafür, dass der Zugang zum eigentlichen – himmlischen – Allerheiligsten noch nicht eröffnet worden ist. 9 Der vordere Teil des Zeltes ist ein Sinnbild für die gegenwärtige Zeit und den in ihr herrschenden Zustand: Da werden Opfer* und Gaben dargebracht, die nicht die Kraft haben, die Menschen, die sie darbringen, in ihrem Innern vollkommen zu machen, sodass ihr Gewissen sie nicht mehr anklagt. 10 Da geht es allein um Vorschriften über Essen und Trinken und über religiöse Waschungen, also um äußerliche, irdisch-vergängliche Vorschriften, die nur auferlegt waren bis zu dem Zeitpunkt, an dem Gott die wahre Ordnung aufrichten würde.

Der Gottesdienst des neuen Bundes

11 Jetzt aber ist Christus gekommen als der Oberste Priester*, dessen Opfer* uns in Gottes Augen wirklich vollkommen gemacht hat.[c] Er ist durch den vorderen Teil des Zeltes hindurchgegangen – des Zeltes, das größer und vollkommener ist, weil es nicht von Menschen errichtet wurde, und das heißt: nicht zu dieser Welt* ge-

a Wörtlich *die Keruben der Herrlichkeit**.
b *und der Zugang …:* verdeutlichender Zusatz.
c Wörtlich *der Oberste Priester der (Wirklichkeit) gewordenen Güter.* Zahlreiche Handschriften haben *der zukünftigen* Güter.

8,8-12 *zit* Jer 31,31-34; Hebr 10,16-17 **9,2** (Zelt) 8,5; Ex 26,1-3; (Leuchter) Ex 25,31-39; (Tisch) Ex 25,23-30 **9,3** (Allerheiligstes) Ex 26,31-33; Lev 16,1-2; Hebr 6,19; 9,7.12; 10,20 **9,4** (Altar) Ex 30,1-10; (Bundeslade) Ex 25,10-22; (Manna) Ex 16,31-34; (Stab) Num 17,21-26; (Steintafeln) Ex 25,16 **9,5** Ex 25,18-22 **9,6** Num 18,2-4 **9,7** 9,25; 13,11; Lev 16,1-19 **9,9** 8,5S; 7,19 **9,10** Lev 11,1-47; 15,1-33; Num 19,1-22 **9,11** 4,14S

hört. 12 Und er ist ein für alle Mal hineingegangen in das eigentliche, das himmlische Allerheiligste*. Das tat er nicht mit dem Blut von Böcken und jungen Stieren, sondern mit seinem eigenen Blut.* Und so hat er uns für immer von unserer Schuld befreit.

13 Menschen, die im Sinn der religiösen Vorschriften unrein* geworden sind, werden durch Besprengung mit dem Blut von Böcken und Stieren und der Asche einer Kuh äußerlich von ihrer Befleckung gereinigt. Wenn das Blut der Tiere diese Kraft hat, 14 um wie viel mehr wird dann das Blut von Christus uns im Innern reinigen von den Folgen unseres Götzendienstes, sodass wir dem lebendigen Gott dienen können! Denn in der Kraft des ewigen göttlichen Geistes hat Christus sich selbst als fehlerloses Opfer Gott dargebracht.

Der neue Bund – rechtskräftig durch Tod und Blut von Jesus

15 Deshalb kommt auch durch Christus der neue Bund* zustande, damit alle, die Gott berufen hat, das zugesagte ewige Erbe empfangen. Christus ist in den Tod gegangen, um sie von den Folgen ihres Ungehorsams unter dem ersten Bund zu erlösen.

16 Wenn ein Testament wirksam werden soll, muss erst der Tod dessen nachgewiesen werden, der es aufgesetzt hat. 17 Denn erst durch seinen Tod tritt es in Kraft; solange er lebt, hat es keine Bedeutung.[a]

18 So wurde ja auch schon der erste Bund durch Blut* in Kraft gesetzt. 19 Mose teilte zunächst dem ganzen Volk die einzelnen Gebote mit, wie sie im Gesetz* festgelegt sind. Dann vermischte er das Blut der Jungstiere und Böcke mit Wasser, tat Ysop* und rote Wolle hinzu und besprengte damit zuerst das Gesetzbuch und dann das ganze Volk. 20 Dabei sagte er: »Durch dieses Blut wird der Bund besiegelt, den Gott mit euch geschlossen hat.« 21 Ebenso besprengte Mose mit dem Blut auch das Zelt und alle Geräte, die beim Gottesdienst gebraucht werden. 22 Nach dem, was im Gesetz steht, gibt es fast nichts, was nicht durch Blut gereinigt* werden muss. Und es gilt in der Tat: Schuld wird nicht vergeben, wenn nicht Blut dafür fließt.

Christus das einmalige und endgültige Opfer

23 Alle Nachbildungen der himmlischen Wirklichkeit müssen auf solche Weise gereinigt werden; aber für die himmlischen Urbilder selbst sind bessere Opfer nötig.

24 Christus ging nicht in ein Allerheiligstes*, das Menschen errichtet haben und das doch nur eine unvollkommene Nachbildung des wirklichen Allerheiligsten ist. Er ging in den Himmel selbst, um von jetzt an ständig in der Gegenwart Gottes zu verweilen und bei ihm für uns einzutreten.

25 Der Oberste Priester* des jüdischen Volkes muss Jahr für Jahr aufs Neue in das Allerheiligste* hineingehen, mit fremdem Blut, dem Blut von Böcken und Jungstieren. Doch Christus ist nicht in den Himmel gegangen, um sich immer wieder selbst zu opfern; 26 er hätte dann ja seit Anfang der Welt schon viele Male den Tod erleiden müssen. Nein, jetzt, am Ende der Zeiten, ist er erschienen, um ein für alle Mal die Sünde der Welt dadurch fortzuschaffen, dass er sich selbst zum Opfer brachte.

27 So wie jeder Mensch nur einmal sterben muss, danach kommt er vor Gottes Gericht, 28 so wurde auch Christus nur einmal geopfert, um die Sünden aller Menschen wegzuschaffen. Wenn er zum zweiten Mal erscheint, dann nicht nochmals wegen der Sünde, sondern nur noch, um alle, die auf ihn warten, endgültig zu retten.

Die endgültige Sündenvergebung

10 Im Gesetz* zeigt sich nur ein Schatten von dem, was Gott künftig schenken will – ein Schatten, nicht die eigentliche Gestalt. Deshalb kann das Gesetz die Menschen, die im irdischen Heiligtum vor Gott treten, auch niemals zur Vollendung führen – obwohl nach Anordnung des Gesetzes Jahr für Jahr immer wieder dieselben Opfer* für sie dargebracht werden. 2 Wenn die Menschen durch das Gesetz und die von ihm vorgeschriebenen Opfer ein für alle Mal von ihren Sünden gereinigt werden könnten, dann hätten sie doch einmal mit dem Opfern aufhören müssen, weil sie sich nicht mehr schuldig gefühlt hätten. 3 Doch durch diese Opfer werden sie nur Jahr für Jahr aufs Neue an ihre Sün-

a Das Wort, das in der griechischen Übersetzung des Alten Testaments zur Wiedergabe von »Bund*« verwendet worden war, wurde in der Griechisch sprechenden Welt zur Zeit der Apostel nur noch in der Bedeutung von »Testament« verwendet. Doch gerade in dieser Bedeutung konnte das Wort für die Menschen von damals Licht werfen auf den unlösbaren Zusammenhang zwischen dem Tod von Jesus und dem Zustandekommen des neuen Bundes.

9,12 7,27 S; (eigenes Blut) 9,25; 12,24; 13,12.20; Röm 3,25-26 S; 1 Petr 1,18-19 **9,13** Num 19,1-10.17 **9,14** 9,28 S **9,15** 8,6 S **9,19-20** *nach* Ex 24,6-8; (Ysop) Num 19,6 **9,22** Lev 17,11 **9,23** 8,5 S **9,26** 7,27 S **9,28** 9,14.26; 10,10.12.14; Gal 1,4 S; (aller Menschen) Mk 10,45 par; Joh 1,29; 1 Tim 2,6; 1 Joh 2,2 **10,1** 7,19; 8,5 S **10,3** 9,7

den erinnert! 4 Denn das Blut* von Stieren und
Böcken kann niemals die Schuld beseitigen.
5 Darum sagte Christus, als er in die Welt
kam, zu Gott:

»Opfer und Gaben hast du nicht verlangt;
aber du hast mir einen Leib gegeben.
6 Über Brandopfer* und Sühneopfer* freust du
dich nicht.
7 Da habe ich gesagt: ›Hier bin ich, Gott!
Ich will tun, was du von mir verlangst,
wie es in den Heiligen Schriften* über mich
vorausgesagt ist!‹«

8 Zuerst sagte er: »Opfer und Gaben hast du
nicht verlangt, über Brandopfer und Sühneopfer
freust du dich nicht«, obwohl alle diese Opfer
vom Gesetz vorgeschrieben sind. 9 Dann aber
hat er gesagt: »Hier bin ich, Gott! Ich will tun,
was du von mir verlangst.«

So hebt Christus die alte Ordnung auf und setzt
die neue in Kraft. 10 Durch das, was Gott »verlangt«
hat, nämlich dadurch, dass Jesus Christus
seinen eigenen »Leib« zum Opfer brachte, sind
wir nun ein für alle Mal von jeder Schuld gereinigt
und zu Gottes Eigentum geworden.

11 Jeder Priester verrichtet Tag für Tag seinen
Dienst und bringt wieder und wieder die gleichen
Opfer, die doch niemals die Sünden wegschaffen
können. 12 Christus dagegen hat nur ein
einziges Opfer für die Sünden gebracht und dann
für immer den Platz an Gottes rechter Seite eingenommen.
13 Dort wartet er nur noch darauf,
dass Gott ihm seine Feinde als Schemel unter die
Füße legt. 14 Denn mit einem einzigen Opfer hat
er alle, die Gottes Eigentum werden sollen, für
immer zur Vollendung geführt.

15 Auch der Heilige Geist* bezeugt uns das in
den Heiligen Schriften*. Nachdem der Herr zunächst
gesagt hat:

16 »Der Bund, den ich dann mit ihnen schließen
werde, wird völlig anders sein«,

fährt er fort:

»Ich werde ihnen meine Gesetze nicht auf Steintafeln,
sondern in Herz und Gewissen schreiben,
17 und ich will nie mehr an ihre Sünden und an
ihre bösen Taten denken.«

18 Wenn aber die Sünden vergeben sind, ist ein
Opfer nicht mehr nötig.

DAS GOTTESVOLK AUF DEM WEG DES GLAUBENS (10,19–13,17)

Die Hoffnung nicht aufgeben und Gemeinschaft halten!

19 Liebe Brüder und Schwestern![a] Wir haben
also freien Zutritt zum Allerheiligsten*! Jesus hat
sein Blut* geopfert 20 und uns den Weg durch
den Vorhang hindurch frei gemacht, diesen
neuen Weg, der zum Leben führt. Der »Vorhang«
aber, das ist er selbst, so wie er in einem
irdischen Leib gelebt hat. 21 Wir haben also
einen ganz unvergleichlichen Obersten Priester*,
der über das Haus Gottes gesetzt ist.

22 Darum wollen wir vor Gott hintreten mit
offenem Herzen und in festem *Glauben;* unser
Gewissen wurde ja von aller Schuld gereinigt
und unser Leib in reinem Wasser gewaschen.

23 Wir wollen an der *Hoffnung* festhalten, zu
der wir uns bekennen, und wollen nicht
schwanken; denn Gott, der die Zusagen gegeben
hat, steht zu seinem Wort.

24 Und wir wollen aufeinander Acht geben
und uns gegenseitig zur *Liebe* und zu guten
Taten anspornen.

25 Einige haben sich angewöhnt, den Gemeindeversammlungen
fernzubleiben. Das ist nicht
gut; vielmehr sollt ihr einander Mut machen.
Und das umso mehr, als ihr doch merken müsst,
dass der Tag näher rückt, an dem der Herr*
kommt!

Warnung vor der Abkehr von der erkannten Wahrheit

26 Wir haben die Wahrheit kennen gelernt.
Wenn wir jetzt wieder vorsätzlich sündigen, gibt
es kein Opfer mehr, um unsere Sünden gutzumachen.
27 Wir müssen dann ein schreckliches
Gericht fürchten; denn wie ein Feuer wird Gottes
Zorn alle vernichten, die sich gegen ihn auflehnen.

28 Wer gegen das Gesetz* Moses verstößt,
wird ohne Mitleid getötet, wenn seine Schuld
durch zwei oder drei Zeugenaussagen festgestellt
ist. 29 Um wie viel schlimmer wird dann bestraft
werden, wer den Sohn* Gottes mit Füßen tritt
und das Blut* des Bundes, das ihn rein und heilig
gemacht hat, wie eine gewöhnliche Sache abtut

a Siehe Anmerkung zu 2,17.

10,5-7 *nach* Ps 40,7-9 **10,10** 7,27 S **10,11** Ex 29,38 **10,12** 8,1 S **10,13** Ps 110,1; 1 Kor 15,25 **10,16-17** *nach* Jer 31,33-34; Hebr 8,10-12 **10,19** 4,16; 9,8; Röm 5,2; Eph 3,12 **10,20** (Vorhang) 9,3; Mt 27,51; (Weg zum Leben) Hebr 9,14-15 **10,21** 4,14 S; (Haus) 3,6 S **10,22** 4,16; Ez 36,25 S; Eph 5,26 S **10,23** 4,14 **10,24** 13,1 S **10,25** Phil 4,5 S **10,26-29** 6,4-6 **10,27** Jes 26,11 **10,28** Dtn 19,15 S **10,29** (Blut) 9,12; (beleidigen) 2,3; Mk 3,29 par

und den Geist* beleidigt, dem er die Gnade ver-
dankt!
30 Wir kennen doch den, der gesagt hat: »Ich
werde Vergeltung üben und sie für alle Bosheit
hart bestrafen.« Es heißt an derselben Stelle
auch:[a] »Der Herr wird seinem Volk das Urteil
sprechen.« 31 Dem lebendigen Gott in die Hände
zu fallen ist schrecklich!

Beispiele tapferen Vertrauens aus der Anfangsgeschichte der eigenen Gemeinde

32 Erinnert euch doch an die Zeiten, als ihr ge-
rade mit dem göttlichen Licht erleuchtet worden
wart und dann sogleich einen harten, leidvollen
Kampf durchstehen musstet! 33 Die einen wur-
den öffentlich beleidigt und misshandelt, die
andern standen denen treu zur Seite, die dies er-
tragen mussten. 34 Ihr habt mit den Gefangenen
gelitten, und wenn euch euer Eigentum weg-
genommen wurde, habt ihr das mit Freude
ertragen; denn ihr wusstet, dass ihr einen viel
besseren Besitz habt, der euch nicht genommen
werden kann.
35 Werft nur jetzt eure Zuversicht nicht weg,
die doch so reich belohnt werden soll! 36 Ihr
braucht Kraft zum Durchhalten, damit ihr wei-
terhin tut, was Gott von euch will, und so auch
bekommt, was er versprochen hat. 37 Es heißt ja
in den Heiligen Schriften*:

»Noch eine kurze, ganz kurze Zeit, dann kommt
der, den Gott angekündigt hat. Er wird sich nicht
verspäten. 38 Wer mir im Glauben vertraut und
das Rechte tut, wird durch sein Vertrauen am
Leben bleiben. Wer aber mutlos aufgibt, mit
dem will ich nichts zu tun haben.«

39 Wir gehören doch nicht zu den Menschen, die
den Mut verlieren und deshalb zugrunde gehen!
Vielmehr gehören wir zu denen, die Gott im
Glauben vertrauen und das Leben gewinnen.

Beispiele vorbildlichen Vertrauens aus der Geschichte des Gottesvolkes

11 Glauben* heißt Vertrauen, und im Ver-
trauen bezeugt sich die Wirklichkeit des-
sen, worauf wir hoffen. Das, was wir jetzt noch
nicht sehen: im Vertrauen beweist es sich
selbst.[b] 2 In diesem Vertrauen haben unsere Vor-
fahren gelebt und dafür bei Gott Anerkennung
gefunden.
3 Durch solches Vertrauen gelangen wir zu
der Einsicht, dass die ganze Welt durch das Wort
Gottes geschaffen wurde und alle sichtbaren
Dinge aus Unsichtbarem entstanden sind.
4 Aus solchem Vertrauen brachte *Abel* Gott
ein besseres Opfer* als sein Bruder Kain. Denn
weil Abel Gott vertraute, nahm Gott sein Opfer
an und bestätigte damit, dass Abel vor ihm als ge-
recht* bestehen konnte. Durch sein Vertrauen
spricht er noch heute zu uns, obwohl er doch
längst gestorben ist.
5 In solchem Vertrauen lebte *Henoch;* deshalb
wurde er zu Gott entrückt und musste nicht ster-
ben. In den Heiligen Schriften* heißt es von
ihm: »Niemand konnte ihn finden, weil Gott ihn
weggeholt hatte.« Und bevor dies berichtet wird,
wird ihm das Zeugnis ausgestellt, dass Gott an
ihm Gefallen hatte. 6 Es ist aber unmöglich, dass
Gott an jemand Gefallen hat, der ihm nicht ver-
traut. Wer zu Gott kommen will, muss ja fest da-
mit rechnen, dass es ihn gibt und dass er die
Menschen belohnt, die ihn suchen.
7 In solchem Vertrauen befolgte *Noach* die
Anweisungen Gottes, obwohl von der angekün-
digten Katastrophe noch nichts zu sehen war. Er
gehorchte Gott und baute die Arche*, in der er
mit seiner ganzen Familie gerettet wurde. Durch
sein Vertrauen sprach er der Welt* und ihrem
Unglauben das Urteil und erhielt dafür von Gott
den Lohn, der den Gerechten für ihr Vertrauen
zugesagt ist.
8 In solchem Vertrauen gehorchte *Abraham*,*
als Gott ihn rief. Er brach auf in das Land, das er
als Erbbesitz bekommen sollte, und verließ seine
Heimat, ohne zu wissen, wohin er kommen wür-
de. 9 Und in solchem Vertrauen lebte er in dem
Land, das Gott ihm zugesagt hatte, als ein Frem-
der und in Zelten, zusammen mit Isaak und
Jakob, die dieselbe Zusage bekommen hatten.
10 Denn er wartete auf die Stadt mit festen
Grundmauern, die Gott selbst entworfen und ge-
baut hat.

a *an derselben Stelle:* verdeutlichender Zusatz. Die hier angeführte Aussage von Dtn 32,36 meint im ursprünglichen Zusammenhang: »Der Herr wird sein Volk richten = richtend für es eintreten«; sie wird hier im gegenteiligen Sinn verstanden: »richtend gegen sein Volk auftreten«.

b Wörtlich *Der Glaube ist ein Festsein des Erhofften und ein Beweis der unsichtbaren Dinge.* Die verbreitete Deutung *Der Glaube ist eine feste Zuversicht (auf das Erhoffte) und ein Überzeugtsein (von den unsichtbaren Dingen)* scheint zwar vom Zusammenhang her passender, ist jedoch von den griechischen Wortbedeutungen her nicht zu rechtfertigen. Der Verfasser will offenbar den festen Grund benennen, der den Glauben trägt und der sich im unerschütterlichen Vertrauen der Glaubenden *als* dieser tragende Grund bezeugt.

10,30 *zit* Dtn 32,35; *nach* Dtn 32,36 **10,34** 11,26; 13,14 **10,35-36** 3,14; 6,11-12 **10,37-38** *nach* Hab 2,3-4 **10,38** Röm 1,17; Gal 3,11 **10,39** 1 Petr 1,9 **11,1** Röm 8,24-25; 2 Kor 4,18; 5,7 **11,3** Gen 1,1 S; Ps 33,6.9; 2 Makk 7,28; Röm 4,17 **11,4** Gen 4,3-10 **11,5** Gen 5,21-24; Sir 44,16; Weish 4,10 **11,7** Gen 6,13-22; 1 Petr 3,20 **11,8** Gen 12,1-5 **11,9** Gen 35,27 **11,10** 13,14 S

11 In solchem Vertrauen bekam Abraham die Kraft, mit *Sara*, seiner unfruchtbaren Frau, einen Nachkommen zu zeugen, obwohl beide schon sehr alt waren. Er hielt Gott, der ihm einen Sohn versprochen hatte, für vertrauenswürdig.[a] 12 So bekam dieser eine Mann, der fast schon tot war, so viele Nachkommen, wie es Sterne am Himmel oder Sandkörner am Meeresstrand gibt.

13 In solchem Vertrauen sind sie alle gestorben – Abraham, Isaak und Jakob.[b] Sie haben zu Lebzeiten nicht bekommen, was Gott ihnen versprochen hatte. Doch sie sahen es aus der Ferne und freuten sich darauf. Sie bekannten sich offen dazu, dass sie Gäste und Fremde auf der Erde waren.

14 Wenn sie so etwas sagen, bringen sie damit zum Ausdruck, dass sie ihre wahre Heimat erst noch suchen. 15 Wenn sie nämlich unter »Heimat« das Land verstanden hätten, aus dem sie weggezogen waren, dann hätten sie Gelegenheit gehabt, dorthin zurückzukehren. 16 Doch sie sehnten sich nach einer besseren Heimat, nach der himmlischen, und deshalb schämt Gott sich auch nicht, ihr Gott – der Gott Abrahams, Isaaks und Jakobs[c] – zu heißen. Er hatte ja auch schon eine Stadt für sie gebaut.

17 In solchem Vertrauen brachte Abraham, als Gott ihn auf die Probe stellte, seinen Sohn Isaak zum Opfer. Er war bereit, Gott seinen einzigen Sohn zu geben, obwohl ihm Gott doch die Zusage gemacht 18 und gesagt hatte: »Durch Isaak wirst du Nachkommen haben.« 19 Denn Abraham rechnete fest damit, dass Gott auch Tote zum Leben erwecken* kann. Darum bekam er auch seinen Sohn lebendig zurück – als bildhaften Hinweis auf die künftige Auferweckung.[d]

20 In solchem Vertrauen segnete *Isaak* seine Söhne Jakob und Esau. Er rechnete fest damit, dass die Segensworte einst in Erfüllung gehen würden.[e]

21 In solchem Vertrauen segnete *Jakob* vor seinem Tod die beiden Söhne Josefs und gab jedem seinen besonderen Segen. Gestützt auf seinen Wanderstab neigte er sich vor Gott und betete ihn an.

22 In solchem Vertrauen erinnerte *Josef* vor seinem Tod an den von Gott angekündigten Auszug der Israeliten aus Ägypten und gab Anweisungen, was dann mit seinen Gebeinen geschehen sollte.

23 In solchem Vertrauen hielten die *Eltern von Mose* ihr Kind nach dessen Geburt drei Monate lang versteckt. Sie sahen seine Schönheit und ahnten, dass Gott Großes mit ihm vorhatte.[f] So hatten sie keine Angst, dem Befehl des Königs zu trotzen.

24 In solchem Vertrauen wehrte sich *Mose*, als er erwachsen war, dagegen, dass die Leute ihn »Sohn der Königstochter« nannten. 25 Er zog es vor, mit dem Volk Gottes misshandelt zu werden, anstatt für kurze Zeit gut zu leben und dabei Schuld auf sich zu laden. 26 Er war sicher, dass alle Schätze Ägyptens nicht so viel wert waren wie die Schande, die wir zusammen mit Christus ertragen. Denn er blickte auf die künftige Belohnung.

27 In solchem Vertrauen verließ Mose Ägypten[g] und fürchtete sich nicht vor dem Zorn des Königs. Er hatte den unsichtbaren Gott vor Augen, als ob er ihn wirklich sehen würde, und das gab ihm Mut und Ausdauer.

28 In solchem Vertrauen führte Mose das Passafest* ein und befahl, die Türpfosten und Türbalken mit Blut zu bestreichen, damit der Todesengel die erstgeborenen Söhne der Israeliten verschone.

29 In solchem Vertrauen konnten *die Israeliten* das Rote Meer* durchqueren wie trockenes Land. Als die Ägypter das auch versuchten, ertranken sie.

30 Solches Vertrauen brachte die Mauern von Jericho zum Einsturz, nachdem die Israeliten sieben Tage lang um die Stadt gezogen waren.

31 Solches Vertrauen rettete der Hure *Rahab* das Leben. Sie hatte die israelitischen Kundschafter freundlich aufgenommen; deshalb wurde sie nicht zusammen mit den anderen getötet, die sich Gott widersetzten.

a Weniger wahrscheinliche Deutung von Vers 11: *Weil auch sie solches Vertrauen hatte, bekam Sara trotz ihrer Unfruchtbarkeit die Kraft, einen Nachkommen zur Welt zu bringen, und dies noch in ihrem Alter. Denn sie hielt ...*
b sie alle ...: wörtlich *diese alle.* *c der Gott Abrahams ...:* verdeutlichender Zusatz.
d als bildhaften Hinweis ...: wörtlich *als Gleichnis*. *e Er rechnete ...:* wörtlich *im Blick auf die kommenden Dinge*.
f Sie sahen ...: wörtlich *Sie sahen, dass es ein schönes Kind war* (vgl. Ex 2,2). Schönheit ist hier als Kennzeichen des Erwähltseins durch Gott verstanden (vgl. 1 Sam 9,2; 16,12).
g Dass Mose Ägypten *verließ* (vgl. Ex 2,15), wird von der hier herangezogenen frühjüdischen Tradition positiv gesehen: als erster Schritt zur Gottesbegegnung von Ex 3 und zur Befreiung des Volkes aus Ägypten.

11,11 Gen 17,19; 18,11-14; 21,2; Röm 4,19-20 **11,12** Gen 12,2S; Sir 44,21; 2 Kor 1,9S **11,13** Gen 23,4; 47,9; Ps 39,13 **11,16** 13,14S; (Gott Abrahams) Ex 3,6; Mk 12,26 par **11,17** Gen 22,1-14; Jak 2,21 **11,18** *zit* Gen 21,12 **11,19** 2 Kor 1,9S **11,20** Gen 27,27-29.39-40 **11,21** Gen 47,31–48,20 **11,22** Gen 50,24-25; Ex 13,19 **11,23** Ex 2,2; 1,22 **11,24** Ex 2,10-12 **11,26** 12,2; 13,13 **11,27** Ex 11,4-8; 12,51; 13,21-22 **11,28** Ex 12,1-14 **11,29** Ex 14,21-29 **11,30** Jos 6,12-21 **11,31** Jos 6,23S

32 Soll ich noch mehr aufzählen? Die Zeit
würde nicht ausreichen, um von *Gideon* und
Barak und *Simson* und *Jiftach,* von *David* und
Samuel und den *Propheten** zu erzählen. 33 In
solchem Vertrauen kämpften sie gegen König-
reiche und trugen den Sieg davon. Sie sorgten
für Recht und durften erleben, dass Gott seine
Zusagen erfüllt. Sie verschlossen den Rachen
von Löwen 34 und löschten glühendes Feuer.
Sie entrannen dem Tod durch das Schwert. Sie
waren schwach und wurden stark. Im Kampf
wuchsen ihnen Heldenkräfte zu, sie trieben
fremde Heere zurück.

35 In solchem Vertrauen bekamen Frauen ihre
Toten als Auferstandene lebendig zurück. Doch
andere in Israel ließen sich zu Tode foltern, sie
weigerten sich, die angebotene Freilassung anzu-
nehmen; denn sie wollten zu einer weit besseren
Auferstehung* gelangen.

36 Andere wiederum wurden verspottet und
ausgepeitscht*, gefesselt und ins Gefängnis ge-
worfen. 37 Sie wurden gesteinigt*, zersägt und
mit dem Schwert hingerichtet. Sie zogen in
Schaf- und Ziegenfellen umher, Not leidend, be-
drängt, misshandelt. 38 Wie Flüchtlinge irrten sie
durch Wüsten und Gebirge und lebten in Höhlen
und Erdlöchern. Die Welt war es nicht wert, dass
solche Menschen in ihr lebten.

39 Diese alle fanden durch ihr Vertrauen bei
Gott Anerkennung, und doch haben sie bis heute
noch nicht bekommen, was Gott den Seinen ver-
sprochen hat. 40 Gott hatte für uns noch etwas
Besseres vorgesehen, deshalb sollten sie erst zu-
sammen mit uns zur Vollendung gelangen.

Das Vertrauen auch im Leiden nicht aufgeben: Das Beispiel von Jesus

12 Alle diese Zeugen, die uns wie eine Wolke
umgeben, spornen uns an. Darum lasst
uns durchhalten in dem Wettlauf, zu dem wir an-
getreten sind, und alles ablegen, was uns dabei
hindert, vor allem die Sünde, die uns so leicht
umgarnt! 2 Wir wollen den Blick auf Jesus rich-
ten, der uns auf dem Weg vertrauenden Glau-
bens vorangegangen ist und uns auch ans Ziel
bringt. Er hat das Kreuz* auf sich genommen
und die Schande des Todes für nichts gehalten,
weil eine so große Freude auf ihn wartete. Jetzt
hat er den Platz an der rechten Seite Gottes ein-
genommen.

3 Denkt daran, welche Anfeindung er von
den sündigen Menschen erdulden musste! Das
wird euch helfen, mutig zu bleiben und nicht
aufzugeben.

Das Vertrauen auch im Leiden nicht aufgeben: Gott erzieht uns

4 In eurem Kampf gegen die Sünde ist es bis jetzt
noch nicht auf Leben und Tod gegangen. 5 Und
da habt ihr schon die ermutigenden Worte ver-
gessen, die Gott an euch, seine Kinder, gerichtet
hat:

»Nimm es an, mein Sohn, wenn der Herr dich
hart anfasst! Verlier nicht den Mut, wenn er dich
schlägt! 6 Denn wen der Herr liebt, den erzieht
er mit Strenge; und wen er als seinen Sohn an-
nimmt, dem gibt er auch Schläge.«

7 Ertragt also die Schläge! Gott behandelt euch
als seine Kinder! Gibt es einen Sohn, der von sei-
nem Vater nicht mit Strenge erzogen wird? 8 Alle
seine Kinder hat Gott so erzogen. Wenn es euch
anders erginge, dann wärt ihr ja sozusagen un-
ehelich geboren und nicht seine rechtmäßigen
Kinder.

9 Unsere leiblichen Väter erzogen uns mit
Strafen, und wir hatten Respekt vor ihnen. Erst
recht sollen wir uns unserem himmlischen
Vater[a] unterordnen, damit wir das ewige Leben
gewinnen. 10 Unsere leiblichen Väter straften
uns eine Zeit lang, wie es ihnen gerade gut
schien. Aber Gott handelt an uns zu unserem
Besten, damit wir an seiner Heiligkeit* Anteil
bekommen.

11 In dem Augenblick, in dem wir gestraft wer-
den, bereitet uns das nicht Freude, sondern
Schmerz. Aber später bringt es denen, die durch
diese Schule gegangen sind, als Frucht Frieden*
und die Annahme bei Gott.

Aufruf zu ernsthaftem Neubeginn

12 Macht also die erschlafften Hände wieder
stark, die zitternden Knie wieder fest! 13 Geht
auf rechten Wegen, damit die lahm gewordenen
Füße nicht auch noch verrenkt, sondern wieder
heil werden! 14 Bemüht euch um Frieden mit

a Wörtlich *dem Vater der Geister* (vgl. 1,14) im Gegensatz zu den *Vätern unseres Fleisches** (so wörtlich für *Unsere leiblichen Väter*).

11,32 Ri 6,11–8,32; 4,4–5,31; 13,2–16,31; 11,1–12,7; 1 Sam 16,1–1 Kön 2,11; 1 Sam 1,1–25,1 **11,33** (Löwen) Ri 14,6-7; 1 Sam 17,34-36; Dan 6,1-27 **11,34** (Feuer) Dan 3,23-25 **11,35** (Frauen) 1 Kön 17,17-24; 2 Kön 4,18-37; (foltern) 2 Makk 6,18–7,42 **11,36** Jer 20,2; 37,15 **11,37** Jer 26,23; 2 Chr 24,21 **11,38** 1 Makk 2,29-31; 2 Makk 6,11 **12,1** 1 Kor 4,16 S; 9,24-25 S **12,2** 2,10; 13,13; 8,1 S **12,5-6** *zit* Spr 3,11-12 **12,6** Offb 3,19 **12,7** Dtn 8,5 S **12,10** (Anteil) Mt 5,48; Jak 3,17; Röm 5,2 S **12,12** Jes 35,3 **12,13** Spr 4,26-27 **12,14** (Frieden) 12,11; 1 Kor 7,15 S; Ps 34,15; Mt 5,9

allen in der Gemeinde[a] und darum, dass ihr hei-
lig* seid und euer ganzes Leben Gott gehört.
Wer das versäumt, wird den Herrn nicht zu se-
hen bekommen.
15 Gebt aufeinander Acht, dass niemand die
Gnade Gottes verscherzt und dass nicht jemand
unter euch wie eine giftige Wurzel ausschlägt
und viele vergiftet. 16 Keiner von euch soll ein
ausschweifendes Leben führen wie Esau. Weil er
Gott nicht ehrte, verkaufte er das Vorrecht des
Erstgeborenen für eine einzige Mahlzeit. 17 Und
ihr wisst, als er später den Segen seines Vaters
und damit sein Erbe haben wollte, wurde er ab-
gewiesen. Es war zu spät zur Umkehr*, auch
wenn er noch so sehr und unter Tränen nach
einer Möglichkeit dazu suchte.

Noch einmal: Die Größe und der Ernst der Berufung

18 Ihr seid nicht zu dem Berg Sinai* gekommen,
den man berühren konnte. Ihr seid nicht zum
lodernden Feuer gekommen, zur Dunkelheit
und schwarzen Nacht, zum Sturm, 19 zum Schall
der Posaune* und zu der donnernden Stimme.
Als das Volk Israel diese Stimme hörte, bat es
darum, kein weiteres Wort hören zu müssen.
20 Denn sie konnten den Befehl nicht ertragen,
der lautete: »Auch kein Tier darf den Berg
berühren, sonst muss es gesteinigt* werden.«
21 Ja, so furchtbar war der Anblick, dass sogar
Mose sagte: »Ich zittere vor Angst!«
22 Ihr seid vielmehr zum Berg Zion* gekom-
men und zur Stadt des lebendigen Gottes. Diese
Stadt ist das himmlische Jerusalem mit seinen
vielen tausend Engeln*. 23 Ihr seid zu einer fest-
lichen Versammlung gekommen, zur Gemein-
de von Gottes erstgeborenen Söhnen und Töch-
tern,[b] deren Namen im Himmel aufgeschrie-
ben sind. Ihr seid zu Gott gekommen, der alle
Menschen richtet, und zu den seligen Geistern:
den Menschen, die den Willen Gottes getan
haben und schon vollendet sind.[c] 24 Ihr seid zu
Jesus gekommen, der als Mittler den neuen
Bund* in Kraft gesetzt hat, und zu dem reini-
genden Blut*, das – anders als Abels* Blut –
Vergebung zuspricht, nicht nach Vergeltung
ruft.[d]
25 Gebt also Acht und verweigert euch dem
nicht, der jetzt spricht! Das Volk, das am Berg
Sinai den nicht hören wollte, der auf der Erde
sprach, ist der Strafe nicht entgangen. Wie viel
weniger werden wir ungestraft davonkommen,
wenn wir den zurückweisen, der vom Himmel
spricht! 26 Damals erschütterte seine Stimme die
Erde, aber jetzt hat er angekündigt: »Noch ein-
mal werde ich die Erde zum Beben bringen und
den Himmel dazu!«
27 Die Worte »noch einmal« weisen darauf
hin, dass bei dieser Erschütterung die ganze
Welt, die Gott geschaffen hat, umgewandelt wer-
den soll. Nur das bleibt unverändert, was nicht
erschüttert werden kann.
28 Wir wollen dankbar sein, weil wir schon
jetzt Anteil an jener neuen Welt[e] bekommen,
die durch nichts erschüttert werden kann. Lasst
uns Gott in heiliger Scheu und Ehrfurcht danken
und ihm dienen, wie es ihm gefällt! 29 Denn
auch *unser* Gott ist ein verzehrendes Feuer!

Einzelne Ermahnungen

13 Hört nicht auf, einander als Brüder und
Schwestern zu lieben.[f] 2 Vergesst nicht,
Gastfreundschaft zu üben, denn auf diese Weise
haben einige, ohne es zu wissen, Engel* bei sich
aufgenommen. 3 Denkt an die Gefangenen, als
ob ihr selbst mit ihnen im Gefängnis wärt! Denkt
an die Misshandelten, als ob ihr die Misshand-
lungen am eigenen Leib spüren würdet!
4 Die Ehe soll von allen geachtet werden. Ihr
dürft das Ehebett nicht durch Untreue beflecken;
denn Gott wird alle verurteilen, die Unzucht
treiben und Ehebruch begehen.
5 Seid nicht hinter dem Geld her, sondern seid
zufrieden mit dem, was ihr habt. Gott hat doch
gesagt: »Niemals werde ich dir meine Hilfe ent-
ziehen, nie dich im Stich lassen.« 6 Wir dürfen
also getrost sagen:

»Der Herr steht mir bei;
nun fürchte ich nichts mehr.
Was könnte ein Mensch mir schon tun?«

a *in der Gemeinde:* verdeutlichender Zusatz; vgl. Röm 14,19; 2 Tim 2,22.
b *Söhnen und Töchtern:* wörtlich *Söhnen**.
c *zu den seligen ...:* wörtlich *zu den Geistern der vollendeten Gerechten;* siehe Sacherklärung »Seele«.
d *anders als ...:* wörtlich *besser* (oder *Besseres*) *redet als das Blut Abels.* e *neuen Welt:* wörtlich *Königsherrschaft**.
f *Hört nicht auf ...:* wörtlich *Die Bruderliebe* (bzw. *Geschwisterliebe*) *soll bleiben;* vgl. Sacherklärung »Bruder«.

12,15 Dtn 29,17; Gal 1,6 **12,16** Gen 25,29-34 **12,17** Gen 27,30-40 **12,18-19** Ex 19,16-22; 20,18-21 **12,20** *nach* Ex 19,12-13 **12,22** 13,14 S; Gal 4,26 **12,23** (Namen) Offb 3,5 S **12,24** 8,6 S; 9,12 S; Gen 4,10 **12,25** 2,2; 3,7-19; 6,4-6 **12,26** Ex 19,18; *nach* Hag 2,6.21 **12,28** 13,14 S **12,29** Dtn 4,24 S **13,1** 6,10; 10,24; 13,16; Gal 6,10 S; 1 Petr 1,22 S **13,2** (Gastfreundschaft) Röm 12,13; 1 Tim 3,2; 5,10; 1 Petr 4,9; 3 Joh 5-8; (Engel) Gen 18,1-8; 19,1-3 **13,3** 10,34; Mt 25,36 **13,4** 1 Kor 7,2-4; 1 Thess 4,3-7 **13,5** Phil 4,11-12; 1 Tim 6,7-10; *nach* Dtn 31,6.8 **13,6** *zit* Ps 118,6 **13,7** 1 Kor 4,16 S

7 Haltet das Andenken der Gemeindeleiter* lebendig, die euch in der Anfangszeit die Botschaft Gottes verkündet haben. Erinnert euch daran, wie sie gelebt haben und wie sie gestorben sind. Folgt dem Beispiel, das sie euch mit ihrer Glaubenstreue gegeben haben.

8 Jesus Christus ist derselbe gestern und heute und in alle Ewigkeit!

9 Lasst euch nicht durch alle möglichen fremden Lehren verführen. Gottes Gnade wird euch innerlich fest machen. Speisen können das nicht bewirken. Sie haben denen nichts genützt, die sich mit ihnen befassten.[a] 10 Wir haben einen Altar, von dem die, die noch dem alten Heiligtum dienen, nicht essen dürfen.

11 Die Leiber der Tiere, deren Blut der Oberste Priester* ins Allerheiligste* bringt, werden außerhalb des Lagers verbrannt. 12 So ist auch Jesus außerhalb der Stadt gestorben, um durch sein Blut* das Volk von aller Schuld zu reinigen. 13 Also lasst uns zu ihm vor das Lager hinausgehen und die Schande mit ihm teilen.[b] 14 Denn auf der Erde gibt es keine Stadt, in der wir bleiben können. Wir sind unterwegs zu der Stadt, die kommen wird.

15 Durch Jesus wollen wir Gott jederzeit und in jeder Lebenslage Dankopfer darbringen; das heißt: Wir wollen uns mit unserem Beten und Singen zu ihm bekennen und ihn preisen. 16 Vergesst nicht, Gutes zu tun und mit anderen zu teilen. Das sind die Opfer, an denen Gott Gefallen hat.

17 Gehorcht euren Gemeindeleitern und folgt ihren Anweisungen. Ihre Aufgabe ist es, über euch zu wachen, und sie werden über ihren Dienst Rechenschaft geben müssen. Das sollen sie mit Freude tun können anstatt mit Seufzen und Stöhnen; denn das würde für euch böse Folgen haben.

BRIEFSCHLUSS (13,18-25)

Abschließende Bitten, Gebetswünsche, Mitteilungen und Grüße

18 Betet für mich! Ich bin sicher, dass ich ein reines Gewissen habe; denn ich will ja stets in allem das Rechte tun. 19 Umso mehr bitte ich euch: Betet zu Gott, dass ich euch möglichst bald wiedergegeben werde.

20 Gott ist es, der Frieden* bringt. Er hat den großen Hirten der Schafe aus dem Reich der Toten heraufgeführt, Jesus, unseren Herrn*, durch dessen Blut* er den ewigen Bund* in Kraft gesetzt hat. 21 Er mache euch fähig, all das Gute zu tun, das er haben will; er schaffe in uns durch Jesus Christus, was ihm gefällt. Ihm gehört die Herrlichkeit* für alle Ewigkeit! Amen.

22 Ich bitte euch, liebe Brüder und Schwestern,[c] nehmt dieses Wort der Ermahnung und Ermutigung bereitwillig an; ich habe mich ja so kurz wie möglich gefasst.

23 Ihr sollt noch wissen, dass unser Bruder Timotheus aus dem Gefängnis freigelassen wurde. Wenn er rechtzeitig hierher kommt, werde ich ihn mitbringen, wenn ich euch besuche.

24 Grüßt alle eure Gemeindeleiter* und alle, die zur Gemeinde gehören![d] Die Brüder aus Italien lassen euch grüßen.

25 Die Gnade sei mit euch allen!

a Die *fremden Lehren* könnten jüdischen Ursprungs gewesen sein und – in jüdischen Gemeinden außerhalb Palästinas – religiöse Mahlfeiern propagiert haben, die eine innerliche Beziehung stiften sollten zu den Opfern* auf dem Altar in Jerusalem und den dort gehaltenen Opfermählern und wie diese selbst religiöse Stärkung vermitteln sollten. Aber dies alles gehört der Vergangenheit an (vgl. 9,8-12). Der folgende Vers 10 stellt klar: Christen beziehen ihre Kraft von einem anderen *Altar* her: von Christus und seinem Opfer.

b Die Parallele zum Geschick der Opfertiere bringt das Schmachvolle am Sterben des Gekreuzigten *außerhalb der Stadt* in eine positive Verbindung mit seiner heilschaffenden Sühneleistung. Das kann die Christen, selbst Ausgestoßene in ihrer Umwelt, dazu ermutigen, ihr Geschick bewusst mit Jesus zu *teilen,* anstatt sich durch die *Schande* abschrecken zu lassen.

c Siehe Anmerkung zu 2,17. d Wörtlich *und alle Heiligen**.

13,8 Jes 41,4; Sir 42,21 **13,11** 9,7S **13,12-13** Mk 15,20-22 par **13,14** 11,9-10.13.16; 12,22.28; Phil 3,20; 1 Petr 2,11; Offb 21,2 **13,15** Eph 5,19-20; Ps 50,23 **13,16** 13,1S; Phil 4,18; Sir 35,4 **13,17** Ez 3,17; 1 Kor 16,16; Apg 20,28-31; 1 Petr 5,1-4 **13,18** Röm 15,30S; Hebr 10,22; Apg 24,16S **13,20** (Hirt) Jes 63,11; Joh 10,11S; (Bund) Hebr 9,12S; 8,6S **13,23** (Timotheus) 1 Kor 4,17S

DER BRIEF VON JAKOBUS
(Jakobusbrief)

Inhaltsübersicht

Briefeingang

1 Jakobus, der Gott und dem Herrn* Jesus Christus dient, grüßt die zwölf Stämme des Gottesvolks, die über die ganze Welt zerstreut sind.

Glaube in der Erprobung

2 Meine Brüder und Schwestern,[a] nehmt es als Grund zur Freude, zur reinsten Freude, wenn ihr in vielfältiger Weise auf die Probe gestellt werdet. 3 Denn ihr wisst: Wenn euer Glaube erprobt wird, führt euch das zur Standhaftigkeit; 4 die Standhaftigkeit aber soll zum Tun des Rechten und Guten führen, damit ihr in jeder Hinsicht untadelig seid und euch zur Vollkommenheit nichts mehr fehlt.

5 Wenn es aber unter euch welche gibt, die nicht wissen, was sie in einem bestimmten Fall tun müssen, sollen sie Gott um Weisheit bitten,[b] und Gott wird sie ihnen geben. Denn er gibt sie allen gerne, ohne ihnen Vorwürfe zu machen. 6 Sie müssen Gott aber in festem Vertrauen bitten und dürfen nicht zweifeln. Wer zweifelt, gleicht den Meereswogen, die vom Wind gepeitscht und hin und her getrieben werden. 7 Solche Menschen können nicht erwarten, dass sie vom Herrn etwas empfangen; 8 denn sie sind in sich gespalten und unbeständig in allem, was sie unternehmen.

Die Armen sollen sich rühmen!

9 Wenn Brüder oder Schwestern[c] arm und verachtet sind, sollen sie sich damit rühmen*, dass sie bei Gott hoch angesehen sind. 10 Wenn sie dagegen reich und mächtig sind, sollen sie sich bewusst sein, dass sie Gott damit keinen Eindruck machen können; denn wie eine Blume auf der Wiese werden sie vergehen. 11 Wenn die Sonne mit ihren sengenden Strahlen emporsteigt, verdorren die Blätter, und die Blüte fällt ab; ihre ganze Schönheit ist dahin. Genauso werden die Reichen zugrunde gehen, und mit all ihren Unternehmungen hat es ein Ende.

Woher die Versuchungen kommen

12 Freuen darf sich, wer auf die Probe gestellt wird und sie besteht; denn Gott wird ihm den Siegeskranz* geben, das ewige Leben, das er allen versprochen hat, die ihn lieben.

13 Wenn ein Mensch in Versuchung gerät, soll er nicht sagen: »Gott hat mich in Versuchung geführt.« So wie Gott nicht zum Bösen verführt werden kann, so verführt er auch niemand dazu. 14 Es ist die eigene Begehrlichkeit, die den Menschen ködert und einfängt. 15 Wenn jemand ihr nachgibt, wird die Begehrlichkeit gleichsam schwanger und gebiert die Sünde. Und wenn die Sünde ausgewachsen ist, bringt sie den Tod hervor.

16 Meine lieben Brüder und Schwestern,[d] lasst euch nicht irreführen! 17 Lauter gute Gaben, nur vollkommene Gaben kommen von oben, von dem Schöpfer[e] der Gestirne. Bei ihm gibt es kein Zu- und Abnehmen des Lichtes und keine Verfinsterung. 18 Aus seinem freien Willen hat er uns durch das Wort der Wahrheit*, durch die Gute Nachricht,[f] ein neues Leben geschenkt. So sind wir gleichsam die Erstgeborenen[g] seiner neuen Schöpfung.

a Herkömmliche Übersetzung *Meine Brüder,* doch siehe Anmerkung zu Hebr 2,17. Im Jakobusbrief stehen die *Schwestern* nicht so im Blick wie in den Paulusbriefen; sie sind jedoch über die Männer mitgemeint wie in den jüdischen Gemeinden, denen Jakobus nahe steht. Die Übersetzung erinnert daran von Fall zu Fall.

b Wörtlich *Wenn jemand Weisheit* fehlt, bitte er Gott.* *c* Siehe Anmerkung zu Vers 2.

d Siehe Anmerkung zu Vers 2; ebenso für Vers 19. *e* Wörtlich *Vater.*

f *durch die Gute Nachricht*:* verdeutlichender Zusatz. *g* Wörtlich *die ersten Früchte;* siehe Sacherklärung »Erstling«.

1,1 Mk 6,3 par; Apg 21,18 S; 1 Kor 15,7; Gal 2,9 **1,2-3** Röm 5,3-5; 1 Petr 1,6-7; 4,13 **1,5** Spr 2,6 **1,6** 5,13; Mt 7,7 S; Eph 4,14 **1,9** 2,5 **1,10-11** Jes 40,6-8; Ijob 14,2; Ps 90,5-6 **1,10** 5,1 **1,12** 5,11; 1 Kor 9,24-25 S; Weish 5,16 **1,13** Sir 15,11-20; 1 Kor 10,13 **1,14-15** 1 Joh 2,16-17; Röm 7,7-10; 6,19-21 **1,17** Mt 7,11 par; Gen 1,14-18 **1,18** Joh 1,13; 1 Petr 1,23; Röm 8,19-23

Hören und Tun

19 Denkt daran, liebe Brüder und Schwestern: Jeder soll stets bereit sein zu hören, aber sich Zeit lassen, bevor er redet, und noch mehr, bevor er zornig wird. 20 Denn im Zorn tut niemand, was vor Gott recht ist. 21 Legt also alles Gemeine und Schlechte ab und nehmt bereitwillig das Wort an, das Gott euch ins Herz gepflanzt hat. Es hat die Macht, euch zu retten.

22 Es genügt aber nicht, dieses Wort nur anzuhören. Ihr müsst es in die Tat umsetzen, sonst betrügt ihr euch selbst! 23 Wer die Botschaft Gottes nur hört, aber nicht danach handelt, ist wie ein Mensch, der in einen Spiegel blickt: 24 Er sieht sich, wie er ist, und betrachtet sich kurz. Aber dann geht er weg – und schon hat er vergessen, wie er aussah. 25 Anders der Mensch, der tief und anhaltend in das vollkommene Gesetz* Gottes blickt, das uns frei macht. Er hört nicht nur hin, um es gleich wieder zu vergessen, sondern handelt danach. Freuen darf sich, wer das wirklich tut.

Maßstäbe echter Frömmigkeit

26 Wenn jemand meint, Gott zu ehren, aber seine Zunge nicht im Zaum halten kann, ist seine ganze Gottesverehrung wertlos und er betrügt sich selbst. 27 Gott, der Vater, wird auf die rechte Art geehrt, wenn jemand den Waisen und Witwen in ihrer Not beisteht und sich nicht an dem ungerechten Treiben dieser Welt* beteiligt.

Keine Bevorzugung der Reichen!

2 Meine Brüder und Schwestern,[a] ihr glaubt an Jesus Christus, unseren Herrn*, der Gottes Herrlichkeit* teilt und dem allein alle Ehre zusteht.[b] Dann dürft ihr aber auch nicht Unterschiede machen, je nachdem, ob ein Mensch in der sozialen Rangordnung hoch oder niedrig steht!

2 Nehmt einmal an, ihr seid zum Gottesdienst versammelt, und es kommt ein Mann mit goldenen Ringen und in vornehmer Kleidung herein und ebenso ein Armer in Lumpen. 3 Und ihr sagt zu dem gut gekleideten Mann respektvoll: »Bitte, hier ist noch ein bequemer Platz!« Aber zu dem Armen sagt ihr: »Du kannst dort hinten stehen«, oder auch: »Setz dich hier neben meinen Stuhl auf den Boden!« 4 Trefft ihr da nicht höchst fragwürdige Unterscheidungen und urteilt nach verwerflichen Maßstäben?

5 Hört gut zu, meine lieben Brüder und Schwestern! Hat Gott nicht gerade die erwählt, die in den Augen dieser Welt* arm sind, um sie aufgrund ihres Glaubens reich zu machen? Sie sollen in Gottes neue Welt kommen,[c] die er denen versprochen hat, die ihn lieben. 6 Ihr aber verachtet die Armen! Und wer unterdrückt euch und bringt euch vor Gericht? Die Reichen! 7 Sind sie es nicht, die den hohen Namen* lästern, der bei der Taufe[d] über euch ausgerufen wurde?

8 Handelt nach dem wahrhaft königlichen Gesetz*, wie es in den Heiligen Schriften* steht: »Liebe deinen Mitmenschen wie dich selbst!« Dann tut ihr recht. 9 Wenn ihr aber dabei Unterschiede macht, begeht ihr eine Sünde und steht vor dem Gesetz als Übertreter da. 10 Denn wer das gesamte Gesetz befolgt, aber gegen ein einziges Gebot verstößt, hat gegen alle verstoßen und ist vor dem ganzen Gesetz schuldig geworden. 11 Derselbe Gott, der gesagt hat: »Brich nicht die Ehe!«, hat auch gesagt: »Morde nicht!« Wenn du also keinen Ehebruch begehst, aber jemand umbringst, bist du ein Übertreter des Gesetzes.

12 Redet und handelt als Menschen, die einst vor Gott nach dem Gesetz beurteilt werden sollen, das wahrhaft frei macht. 13 Wer selbst kein Erbarmen gehabt hat, über den wird auch Gott erbarmungslos Gericht halten. Wenn aber jemand barmherzig war, dann gilt:[e] Das Erbarmen triumphiert über das Gericht.

Glaube hat Folgen

14 Meine Brüder und Schwestern,[f] was hat es für einen Wert, wenn jemand behauptet: »Ich vertraue auf Gott, ich habe Glauben*!«, aber er hat keine guten Taten vorzuweisen? Kann der bloße Glaube ihn retten? 15 Nehmt einmal an, bei euch gibt es einen Bruder oder eine Schwester, die nichts anzuziehen haben und hungern müssen. 16 Was nützt es ihnen, wenn dann jemand von euch zu ihnen sagt: »Ich wünsche euch das Bes-

a Siehe Anmerkung zu 1,2; ebenso für Vers 5.
b Wörtlich *an unseren Herrn Jesus Christus (den Herrn) der Herrlichkeit.*
c Wörtlich *Sie sollen die Königsherrschaft* erben.*
d *bei der Taufe*:* verdeutlichender Zusatz. Durch Ausrufen des Namens (in diesem Fall von Jesus) wurde eine Person oder Sache zum Eigentum des Namensträgers erklärt.
e *Wenn aber …:* verdeutlichender Zusatz.
f Siehe Anmerkung zu 1,2. In Vers 15 wird die *Schwester* auch im griechischen Text genannt.

1,19 3,2; Sir 5,11; Koh 7,8-9 **1,21** Kol 3,8 **1,22** (Tat) Mt 7,24.26 par; Jak 2,17 S **1,25** 2,12 S; 2,24; Joh 13,17 **1,26** 3,2.8-10; Ps 141,3 S **1,27** Jes 1,17 S; Ps 10,14.18; 1 Joh 2,15-17 **2,1** (Unterschiede) 2,9; Dtn 1,17; 16,19; Ps 82,2-3; Spr 17,15 S; Röm 2,11 S **2,5** 1,9; Lk 6,20-21; 1 Kor 1,26-28 **2,8** *zit* Lev 19,18; Mk 12,31 S **2,9** 2,1 S **2,10** Mt 5,19; Gal 3,10; 5,3 **2,11** *zit* Ex 20,14.13 **2,12** 1,25 **2,13** Mt 5,7; 18,32-35 **2,14** Mt 7,21

te; ich hoffe, dass ihr euch warm anziehen und
satt essen könnt!« –, aber er gibt ihnen nicht,
was sie zum Leben brauchen? 17 Genauso ist es
auch mit dem Glauben: Wenn er allein bleibt
und aus ihm keine Taten hervorgehen, ist er tot.

18 Aber vielleicht wendet jemand ein: »Hast du
überhaupt Glauben?« Darauf antworte ich: Ich
habe die Taten! Zeig mir doch einmal *deinen*
Glauben, wenn du mir nicht die entsprechenden
Taten zeigen kannst! Aber ich will dir *meinen*
Glauben aus meinen Taten beweisen. 19 Du
glaubst, dass nur *einer* Gott ist? Gut! Das glauben
die bösen Geister* auch – und zittern vor Angst.

20 Du gedankenloser Mensch! Willst du nicht
einsehen, dass ein Glaube, der nicht zu Taten
führt, nutzlos ist? 21 Wurde nicht unser Ahnvater
Abraham* aufgrund seines Tuns von Gott als ge-
recht* anerkannt – nämlich weil er seinen Sohn
Isaak als Opfer auf den Altar legte? 22 Du siehst
also: Sein Glaube und seine Taten wirkten zu-
sammen; sein Glaube wurde durch sein Tun voll-
kommen.

23 Auf diese Weise bestätigte sich das Wort in
den Heiligen Schriften*: »Abraham glaubte Gott,
und dies rechnete Gott ihm als Gerechtigkeit*
an.« Er wird sogar Freund Gottes genannt. 24 Ihr
seht also, dass ein Mensch aufgrund seiner Taten
von Gott als gerecht anerkannt wird und nicht
schon durch bloßen Glauben.

25 War es nicht ebenso bei der Hure Rahab?
Auch sie wurde doch aufgrund ihrer Taten als ge-
recht anerkannt – weil sie die Kundschafter bei
sich aufnahm und auf einem geheimen Flucht-
weg aus der Stadt entkommen ließ. 26 Genauso
wie der menschliche Leib ohne den Lebensgeist
tot ist, so ist auch der Glaube ohne entsprechen-
de Taten tot.

Die gefährliche Macht der Zunge

3 Meine Brüder, nicht zu viele von euch soll-
ten Lehrer* der Gemeinde werden wollen.
Ihr wisst ja, dass wir Lehrer vor Gottes Gericht
strenger beurteilt werden als die anderen.

2 Wir alle sind in vieler Hinsicht fehlerhafte
Menschen. Wer nie ein verkehrtes Wort redet,
ist ein vollkommener Mensch; er ist fähig, auch
seinen ganzen Leib im Zaum zu halten. 3 Wir le-
gen den Pferden das Zaumzeug ins Maul, damit
sie uns gehorchen; so lenken wir das ganze Tier.
4 Oder denkt an ein Schiff: Es ist groß und wird
von starken Winden getrieben; trotzdem wird es
mit einem winzigen Ruder gesteuert, wohin der
Steuermann es haben will. 5 Ebenso ist es mit
der Zunge: Sie ist nur klein und bringt doch ge-
waltige Dinge fertig.

Denkt daran, wie klein die Flamme sein
kann, die einen großen Wald in Brand setzt!
6 Auch die Zunge ist ein Feuer. Sie ist eine Welt
voller Unrecht und beschmutzt den ganzen Men-
schen. Sie setzt unser Leben von der Geburt bis
zum Tod[a] in Brand mit einem Feuer, das aus der
Hölle* selbst kommt. 7 Der Mensch hat es fertig
gebracht, alle Tiere zu bändigen: Raubtiere, Vö-
gel, Schlangen und Fische. 8 Aber die Zunge hat
noch niemand bändigen können, diesen ruhelo-
sen Störenfried, voll von tödlichem Gift.

9 Mit der Zunge loben wir Gott, unseren
Herrn und Vater – und mit ihr verfluchen wir
unsere Mitmenschen, die nach Gottes Bild ge-
schaffen sind. 10 Aus demselben Mund kommen
Segen und Fluch. Meine Brüder und Schwes-
tern,[b] das darf nicht sein! 11 Eine Quelle lässt
doch nicht aus der gleichen Öffnung genießbares
und ungenießbares Wasser fließen. 12 Meine Brü-
der und Schwestern, auf einem Feigenbaum
wachsen doch keine Oliven, an einem Wein-
stock hängen keine Feigen, und eine salzige
Quelle kann niemals Süßwasser hervorbringen!

Die Weisheit, die von Gott kommt

13 Will jemand unter euch als klug und weise gel-
ten? Dann zeige er das in der ganzen Lebens-
führung, mit der Bescheidenheit, die den Weisen
ansteht! 14 Wenn ihr dagegen bittere Eifersucht
und Streit in euren Herzen hegt, dann rühmt
euch nicht eurer Weisheit* und verdreht damit
die Wahrheit!

15 Diese Art von Weisheit kommt nicht von
oben, sie ist irdisch, sinnlich und teuflisch. 16 Wo
Eifersucht und Streit herrschen, gibt es Unord-
nung und jede Art von Gemeinheit. 17 Aber die
Weisheit von oben ist zuerst einmal rein und
klar; sodann ist sie friedliebend, freundlich,
nachgiebig. Sie ist voller Erbarmen und bringt
viele gute Taten hervor. Sie kennt weder Vorur-
teil noch Verstellung. 18 Die Saat der Gerechtig-
keit, von Gott gesät, geht nur bei denen auf, die
auf Frieden* aus sind, und nur bei ihnen bringt
sie Frucht.[c]

a *unser Leben ...:* wörtlich *das Rad/den Kreis des Lebens/Werdens.* b Siehe Anmerkung zu 1,2; ebenso für Vers 12.
c Vers 18 wörtlich *Die Frucht der Gerechtigkeit wird in Frieden gesät für die, die Frieden schaffen.*

2,17 Gal 5,6; 1 Joh 3,18 **2,19** Dtn 6,4; (böse Geister) Mk 1,24 par **2,21** Gen 21,9.12; Hebr 11,17 **2,23** *zit* Gen 15,6; 2 Chr 20,7 S **2,24** Röm 3,28; 4,2-5 **2,25** Jos 6,23 S **3,2-10** Ps 141,3 S; Spr 13,3 S **3,2** 1,26; Sir 14,1 **3,3** Ps 32,9 **3,6** Spr 16,27; Mk 7,15.20-23 par **3,8** Ps 140,4 **3,9** (Gottes Bild) Gen 1,26-27 **3,12** Mt 7,16 par **3,14** 1 Kor 3,1-3; Gal 5,20 **3,15** 1,5.17 **3,17** Mt 5,48; 1 Kor 13,4-7; Gal 5,22-23 **3,18** Mt 5,9

Vom Unfrieden in der Gemeinde, seinen Ursachen und seiner Überwindung

4 Woher kommen denn die Kämpfe und Streitig-
keiten zwischen euch? Doch nur aus den Lei-
denschaften, die ständig in eurem Innern toben!
2 Ihr verzehrt euch nach etwas, was ihr gerne hät-
tet. Ihr mordet[a] und seid eifersüchtig, aber das
bringt euch dem ersehnten Ziel nicht näher. Ihr
versucht es mit Kampf und Gewalt; aber ihr be-
kommt trotzdem nicht, was ihr wollt, weil ihr Gott
nicht darum bittet. 3 Und wenn ihr ihn bittet, be-
kommt ihr es nicht, weil ihr nur in der Absicht bit-
tet, eure unersättliche Genusssucht zu befriedigen.

4 Eure Liebe gehört nicht Gott, ihr handelt an
ihm wie Ehebrecher! Wisst ihr denn nicht:[b]
Freundschaft mit dieser Welt* bedeutet Feind-
schaft gegen Gott. Wer sich also mit der Welt be-
freunden will, verfeindet sich mit Gott. 5 Es heißt
nicht umsonst in den Heiligen Schriften:[c] »Mit
Leidenschaft erhebt Gott Anspruch auf den Geist,
den er, der Schöpfer, in uns wohnen ließ.« 6 Aber
in seiner Gnade will er uns noch viel mehr schen-
ken; denn es heißt auch: »Gott widersetzt sich
den Überheblichen, aber denen, die gering von
sich denken, wendet er seine Liebe zu.«

7 Deshalb ordnet euch Gott unter! Leistet dem
Teufel Widerstand, und er wird vor euch fliehen.
8 Nähert euch Gott, und er wird sich euch nä-
hern. Reinigt eure Hände von Schuld, ihr Sün-
der! Gebt eure Herzen Gott hin, ihr Unentschlos-
senen! 9 Klagt über euren Zustand, trauert und
weint! Nicht mehr lachen sollt ihr, sondern wei-
nen. Euer Jubel soll sich in Jammer verkehren
und eure Freude in Trauer. 10 Beugt euch tief vor
dem Herrn, dann wird er euch hoch erheben!

Nicht verurteilen

11 Liebe Brüder und Schwestern, verleumdet ein-
ander nicht! Wer seinen Bruder oder seine
Schwester[d] verleumdet oder verurteilt, verleum-
det und verurteilt damit das Gesetz* Gottes, das
ein solches Verhalten untersagt. Anstatt das Ge-
setz zu befolgen, wirft er sich zum Richter auf.
12 Aber nur Gott, der das Gesetz gegeben hat,
darf richten. Er allein kann verurteilen oder frei-
sprechen. Für wen hältst du dich, dass du deinen
Mitmenschen verurteilst!

Warnung vor Selbstsicherheit und Überheblichkeit

13 Nun zu euch, die ihr sagt: »Heute oder morgen
werden wir in die und die Stadt reisen! Dort wer-
den wir ein Jahr lang Geschäfte machen und viel
Geld verdienen.«

14 Woher wisst ihr denn, was morgen sein
wird? Was ist euer Leben? Es gleicht einem
Dampfwölkchen, das aufsteigt und sich sogleich
wieder auflöst. 15 Sagt lieber: *»Wenn der Herr es
will,* werden wir noch leben und dies oder jenes
tun.« 16 Ihr aber seid stolz und überheblich; und
ein solcher Stolz ist verwerflich.

17 Im Übrigen gilt: Wer die Zeit und die Mittel
hat, Gutes zu tun, und es nicht tut, macht sich
schuldig.

Warnung an die Reichen

5 Und nun zu euch, ihr Reichen! Weint und
jammert über das Elend, das euch erwartet
am Tag, an dem Gott Gericht hält! 2 Eure Reich-
tümer werden dann verfault sein, eure Kleider
von den Motten zerfressen, 3 und eure Schätze[e]
verrostet. Und dieser Rost wird euch anklagen
und euer Fleisch wie Feuer verzehren.

Ihr habt in den letzten Tagen der Welt Reich-
tümer angehäuft. 4 Ihr habt den Leuten, die auf
euren Feldern gearbeitet und eure Ernte einge-
bracht haben, den verdienten Lohn vorenthal-
ten. Das schreit zum Himmel! Ihre Klage ist bis
zu den Ohren des Herrn, des Herrschers der
Welt,[f] gedrungen.

5 Euer Leben auf der Erde war mit Luxus und
Vergnügen ausgefüllt. Während der Schlachttag
schon vor der Tür stand, habt ihr euch noch ge-
mästet.[g] 6 Ihr habt den Schuldlosen verurteilt
und umgebracht, der sich nicht gegen euch ge-
wehrt hat!

Geduldig warten

7 Liebe Brüder und Schwestern,[h] haltet geduldig
aus, bis der Herr* kommt! Seht, wie der Bauer
voller Geduld auf die kostbare Frucht der Erde

a *Ihr mordet:* Was damit gemeint ist, wird in 5,4-6 gesagt; vgl. Sir 34,25-27 sowie 1 Joh 3,15; Mt 5,21-22.
b *Eure Liebe ...:* wörtlich *Ehebrecher! Wisst ihr nicht.* Zu dem hier gebrauchten Bild siehe Sacherklärung »Hurerei«.
c Das Zitat stammt aus einer uns unbekannten Schrift. d Wörtlich *Liebe Brüder* und *Wer seinen Bruder;* siehe Anmerkung zu 1,2. e Wörtlich *euer Silber und Gold;* vgl. Sir 29,10. f Wörtlich *des Herrn Zebaot*.*
g Wörtlich *Ihr habt eure Herzen gemästet am Schlachttag.* Mit dem *Schlachttag* ist entweder der Tag des göttlichen Gerichts gemeint (vgl. Verse 3 und 8-9) oder ein Unglückstag, an dem die Armen »geschlachtet« werden sollen.
h Siehe Anmerkung zu 1,2; ebenso für Vers 10, 12 und 19.

4,1 Röm 7,5 **4,4** Mt 6,24 par; 1 Joh 2,15 **4,6** *nach* Spr 3,34; 1 Petr 5,5; Mt 23,12 S **4,7** Eph 6,12; 1 Petr 5,8-9 **4,8** Sach 1,3; Mal 3,7; (Hände) Jes 1,16; Ps 18,21.25 **4,10** 1 Petr 5,6 **4,11** Lev 19,16; Weish 1,11; Ps 101,5 **4,12** 1 Kor 4,5; Röm 14,4; Mt 7,1 par **4,13-14** Spr 27,1; Lk 12,18-20 **4,14** Ijob 7,9 **4,15** Apg 18,21; 1 Kor 4,19; 16,7 **4,16** 1 Joh 2,16 **4,17** Lk 12,47 **5,1** 1,10; Lk 6,24 **5,2-3a** Mt 6,19 par **5,4** Lev 19,13 S **5,5** Jer 12,3 **5,7** 2 Petr 3,3

wartet. Er weiß, dass sie zum Wachsen den
Herbstregen und den Frühjahrsregen* braucht.
8 Auch ihr müsst geduldig ausharren! Fasst Mut;
denn der Tag, an dem der Herr kommt, ist nahe.
9 Klagt nicht übereinander, sonst muss Gott euch
verurteilen. Der Richter steht schon vor der Tür.
10 Liebe Brüder und Schwestern, denkt an die
Propheten*, die im Auftrag des Herrn geredet
haben. Nehmt euch ein Beispiel daran, wie
standhaft sie alles ertrugen, was man ihnen an-
tat. 11 Sie alle, die durchgehalten haben, preisen
wir glücklich. Ihr habt gehört, wie geduldig Ijob*
die Proben ertrug, die ihm auferlegt wurden,
und wisst, wie der Herr ihn am Ende belohnt
hat. Der Herr ist voller Liebe und Erbarmen.

Nicht schwören

12 Vor allem, meine Brüder und Schwestern, lasst
das Schwören, wenn ihr irgendetwas beteuern
wollt. Schwört weder beim Himmel noch bei der
Erde noch bei sonst etwas. Euer Ja muss ein Ja
sein und euer Nein ein Nein. Sonst verfallt ihr
dem Gericht Gottes.

Beten in jeder Lage. Das Gebet für die Kranken

13 Wer von euch Schweres zu ertragen hat, soll
beten. Wer von euch glücklich ist, soll Loblieder
singen.
14 Wer von euch krank ist, soll die Ältesten*
der Gemeinde rufen, damit sie für ihn beten und
ihn im Namen des Herrn mit Öl salben. 15 Ihr
vertrauensvolles Gebet wird den Kranken retten.
Der Herr wird die betreffende Person wieder auf-
richten und wird ihr vergeben, wenn sie Schuld
auf sich geladen hat.

Gegenseitiges Sündenbekenntnis und Gebet füreinander

16 Überhaupt sollt ihr einander eure Verfehlun-
gen bekennen und füreinander beten, damit ihr
geheilt werdet. Das inständige Gebet eines Men-
schen, der so lebt, wie Gott es verlangt, kann viel
bewirken. 17 Elija war auch nur ein Mensch wie
wir. Er flehte zu Gott, es nicht regnen zu lassen,
da fiel dreieinhalb Jahre kein Tropfen auf das
Land. 18 Dann betete er nochmals; da schenkte
der Himmel Regen, und die Erde brachte wieder
ihre Früchte hervor.

Sorge um die Irrenden

19 Meine Brüder und Schwestern, wenn jemand
unter euch vom rechten Weg abirrt und ein an-
derer bringt ihn zur Umkehr, 20 dann soll der
wissen: Wer einen Menschen, der sündigt, von
seinem Irrweg abbringt, rettet ihn vor dem Tod
und macht viele eigene Sünden gut.

DER ERSTE BRIEF DES APOSTELS PETRUS
(1. Petrusbrief)

Inhaltsübersicht

LEBEN IN DER HOFFNUNG (1,1–2,10)

Eingangsgruß

1 Diesen Brief schreibt Petrus, der Apostel*
von Jesus Christus, nach Pontus, Galatien*,
Kappadozien, Asien* und Bithynien.
Ich schreibe an die Erwählten Gottes, die dort
als Fremde in dieser Welt* leben, mitten unter
Ungläubigen. 2 Gott, der Vater, hat euch erwählt,
wie er es von Anfang an beschlossen hatte. Er
hat euch durch den Heiligen Geist* ausgesondert
und zubereitet, damit ihr euch Jesus Christus im
Gehorsam unterstellt und durch sein Blut* rein
gemacht werdet.
Gnade und Frieden* sei mit euch in immer
reicherem Maß!

Hoffnung auf eine herrliche Zukunft

3 Gepriesen sei der Gott und Vater unseres
Herrn* Jesus Christus! In seinem großen Erbar-

5,8 Phil 4,5 S; Mt 24,27 S **5,9** Mt 7,1-2 par **5,10** Mt 5,12 S **5,11** 1,12; (Ijob) Ijob 1,21-22; 2,10; 42,10-17; (Erbarmen) Ex 34,6 S **5,12** Mt 5,33-37 S **5,13** 1,5-6; Apg 16,25 **5,14** Mk 6,13 **5,15** Mk 16,18 S **5,16** Ps 32,3-5; Spr 28,13; 1 Joh 1,8-9 **5,17** 1 Kön 17,1 S; Lk 4,25 **5,18** 1 Kön 18,41-45 **5,19** Gal 6,1 **5,20** 1 Petr 4,8 **1,1** (Fremde) 2,11 S; Jak 1,1 **1,2** (erwählt) 1 Petr 2,9 S; (rein gemacht) Hebr 12,24 **1,3** 2 Kor 1,3 S; 1 Petr 1,23; Tit 3,5 S

men hat er uns neu geboren und mit einer leben-
digen Hoffnung erfüllt. Diese Hoffnung gründet
sich darauf, dass Jesus Christus vom Tod auf-
erstanden* ist. 4 Sie richtet sich auf das neue
Leben, das Gott schon jetzt im Himmel für euch
bereithält als einen Besitz, der niemals vergeht
oder verdirbt oder aufgezehrt wird. 5 Wenn ihr
Gott fest vertraut, wird er euch durch seine
Macht bewahren, sodass ihr die volle Rettung
erlangt, die am Ende der Zeit offenbar wird.

6 Deshalb seid ihr voll Freude, auch wenn ihr
jetzt – wenn Gott es so will – für kurze Zeit lei-
den müsst und auf die verschiedensten Proben
gestellt werdet. 7 Das geschieht nur, damit euer
Glaube sich bewähren kann, als festes Vertrauen
auf das, was Gott euch geschenkt und noch ver-
sprochen hat.[a] Wie das vergängliche Gold im
Feuer auf seine Echtheit geprüft wird, so wird
euer Glaube, der viel kostbarer ist als Gold, im
Feuer des Leidens geprüft. Wenn er sich als echt
erweist, wird Gott euch mit Ehre und Herrlich-
keit belohnen an dem Tag, an dem Jesus Christus
sich in seiner Herrlichkeit* offenbart.

8 Ihn liebt ihr, obwohl ihr ihn nie gesehen
habt. Auf ihn setzt ihr euer Vertrauen, obwohl
ihr ihn jetzt noch nicht sehen könnt. Und darum
jubelt ihr mit unaussprechlicher und herrlicher
Freude. 9 Denn ihr wisst, dass euer Vertrauen,
euer Glaube, euch die endgültige Rettung brin-
gen wird.

10 Nach dieser Rettung schauten schon die
Propheten* aus. Sie haben euch angekündigt,
welches Gnadengeschenk Gott euch zugedacht
hat, 11 und sie haben eifrig gesucht und geforscht,
um herauszufinden, wann und wie dies alles ein-
treffen sollte. Der Geist*, den wir durch Christus
empfangen haben, war schon in ihnen wirksam
und zeigte ihnen im Voraus die Leiden, die
Christus erdulden musste, und die Herrlichkeit,
die ihm daraufhin zuteil wurde.

12 Gott ließ sie erkennen, dass sie ihre Offen-
barungen nicht für sich selbst empfangen hatten,
sondern für euch, denen dies alles jetzt verkün-
det worden ist. Die Boten der Guten Nachricht*
haben es euch bekannt gemacht, ausgerüstet mit
dem Heiligen Geist, den Gott ihnen vom Himmel
gesandt hat. Sogar die Engel* brennen darauf,
etwas davon zu erfahren.

Aufruf zu einem Leben, das Gott gefällt

13 Darum seid wach und haltet euch bereit![b]
Bleibt nüchtern und setzt eure ganze Hoffnung
auf die Gnade, die Gott euch schenken wird,
wenn Jesus Christus in seiner Herrlichkeit*
erscheint. 14 Lebt als gehorsame Kinder Gottes
und nicht mehr nach euren selbstsüchtigen Wün-
schen wie damals, als ihr die Wahrheit noch
nicht kanntet. 15 Euer ganzes Tun soll ausgerich-
tet sein an dem heiligen* Gott, der euch berufen
hat. 16 In den Heiligen Schriften* heißt es ja: »Ihr
sollt heilig sein, denn ich bin heilig.«

17 Ihr ruft Gott im Gebet als »Vater« an – ihn,
der jeden Menschen als unbestechlicher Richter
für seine Taten zur Rechenschaft ziehen wird.
Führt darum, solange ihr noch hier in der Frem-
de seid, ein Leben, mit dem ihr vor ihm bestehen
könnt!

18 Ihr wisst, um welchen Preis ihr freigekauft
worden seid, damit ihr nun nicht mehr ein so
sinn- und nutzloses Leben führen müsst, wie ihr
es von euren Vorfahren übernommen habt.
Nicht mit Silber und Gold seid ihr freigekauft
worden – sie verlieren ihren Wert –, 19 sondern
mit dem kostbaren Blut* eines reinen und fehler-
losen Opferlammes, dem Blut von Christus.
20 Ihn hatte Gott schon zu diesem Opfer be-
stimmt, bevor er die Welt schuf. Jetzt aber, am
Ende der Zeit, hat er ihn euretwegen in die Welt
gesandt. 21 Durch ihn habt ihr zum Glauben ge-
funden an Gott, der ihn von den Toten aufer-
weckt* und ihm göttliche Herrlichkeit gegeben
hat. Darum setzt ihr nun euer Vertrauen und
eure Hoffnung auf Gott.

22 Ihr habt die rettende Wahrheit* im Gehor-
sam angenommen und dadurch euer Denken
und Fühlen gereinigt, um eure Brüder und
Schwestern aufrichtig lieben zu können.[c] Hört
also nicht auf, einander aus reinem Herzen zu
lieben! 23 Ihr seid doch als neue Menschen wie-
dergeboren worden, aber diesmal nicht gezeugt
durch den Samen von sterblichen Menschen,
sondern durch das Wort Gottes, das lebt und für
immer bestehen bleibt.

24 Ihr wisst ja: »Alle Menschen sind vergäng-
lich wie das Gras; mit all ihrer Herrlichkeit er-

a *als festes Vertrauen ...:* verdeutlichender Zusatz.
b Wörtlich *Darum umgürtet die Hüften eures Sinnes* (= Denkens und Wollens).
c *um eure Brüder ...:* wörtlich *zu ungeheuchelter Bruderliebe* (bzw. *Geschwisterliebe;* vgl. Sacherklärung »Bruder«).

1,6-7 2 Kor 4,17; Jak 1,2-3 **1,7** Jes 48,10 S **1,8** 2 Kor 5,7; Joh 20,29 **1,10-11** 2 Petr 1,19-21 **1,12** Eph 3,10 **1,14** Röm 12,2 **1,16** *zit* Lev 19,2b **1,17** (Vater) Jer 3,4 S; Mt 6,9 par; Röm 8,15 S; (unbestechlicher Richter) Röm 2,11 S; (Rechenschaft) Röm 2,6 S; (Fremde) 1 Petr 2,11 S **1,18** Mk 10,45 S **1,19** (Blut) Hebr 9,12 S; (Opferlamm) Joh 1,29 S; 1 Kor 5,7 **1,20** Eph 1,4-5; Apg 2,23 **1,22** 2,17; 3,8; 4,8; Hebr 13,1 S; 2 Petr 1,7 **1,23** 1,3; Jak 1,18 S; Hebr 4,12 **1,24-25** *zit* Jes 40,6-8 **1,24** Jak 1,10-11 S

geht es ihnen wie den Blumen auf der Wiese.
Das Gras verdorrt, die Blumen verwelken;
25 aber das Wort des Herrn bleibt für ewig in
Kraft.«

Und eben dieses Wort ist euch als die Gute
Nachricht* verkündet worden.

Der lebendige Stein und das heilige Volk

2 Macht darum Schluss mit allem, was unrecht
ist! Hört auf zu lügen und euch zu verstellen,
andere zu beneiden oder schlecht über sie zu re-
den. 2 Wie neugeborene Kinder nach Milch
schreien, so sollt ihr nach dem unverfälschten
Wort Gottes verlangen, um im Glauben zu wach-
sen und das Ziel, eure Rettung, zu erreichen.
3 Ihr habt doch schon gekostet, wie gütig Chris-
tus, der Herr*, ist.

4 Kommt zu ihm! Er ist der lebendige Stein,
den die Menschen als unbrauchbar weggewor-
fen haben; aber bei Gott ist er ausgesucht und
wertvoll. 5 Lasst euch selbst als lebendige Steine
zu einem geistigen Haus erbauen, zu einer Pries-
terschaft, die Gott geweiht ist und die ihm, ver-
mittelt durch Jesus Christus, Opfer* darbringt,
Opfer geistiger Art, an denen er Gefallen hat,
nämlich den Opferdienst des ganzen Lebens.[a]

6 In den Heiligen Schriften* heißt es: »Auf
dem Zionsberg* lege ich einen Stein, einen aus-
gesuchten, wertvollen Grundstein. Wer auf ihn
vertraut, wird nicht zugrunde gehen.«

7 Wertvoll ist dieser Stein für euch, die ihr auf
Jesus Christus vertraut. Aber für die, die ihn ab-
lehnen, gilt:

»Der Stein, den die Bauleute als wertlos
weggeworfen haben,
ist zum Eckstein* geworden.
8 An ihm stoßen sich die Menschen.
Er ist zum Felsblock geworden,
an dem sie zu Fall kommen.«

An ihm stoßen sich alle, die dem Wort Gottes
nicht gehorchen. Doch so hatte es Gott für sie be-
stimmt.

9 Ihr aber seid das erwählte Volk, das Haus
des Königs, die Priesterschaft, das heilige* Volk,
das Gott selbst gehört. Er hat euch aus der Dun-
kelheit in sein wunderbares Licht gerufen, damit
ihr seine machtvollen Taten verkündet. 10 Früher
wart ihr nicht sein Volk; aber jetzt seid ihr das
Volk, das Gott gehört. Früher galt euch nicht sein
Erbarmen; aber jetzt habt ihr sein Erbarmen er-
fahren.

VORBILDLICHES VERHALTEN IN DER WELT (2,11–4,11)

Frei zum Tun des Guten

11 Ihr wisst, meine Lieben, dass ihr Gäste und
Fremde in dieser Welt* seid. Darum ermahne
ich euch: Gebt den Leidenschaften nicht nach,
die aus eurer selbstsüchtigen Natur aufsteigen[b]
und die ständig mit eurem guten Willen im Streit
liegen. 12 Euer Leben mitten unter den Men-
schen, die Gott nicht kennen,[c] muss einwand-
frei sein. Wenn sie euch alles mögliche Böse
nachsagen, sollen sie eure guten Taten sehen
und von ihren eigenen Augen eines Besseren be-
lehrt werden. Vielleicht kommen sie dann zur
Besinnung und preisen Gott für ihre Rettung am
Tag seines Gerichts.

13 Fügt euch um des Herrn willen jeder von
Menschen gesetzten Ordnung. Ordnet euch
dem Kaiser unter, der an höchster Stelle steht.
14 Ordnet euch seinen Vertretern unter, die er
eingesetzt hat, um alle zu bestrafen, die unrecht
tun, und alle mit Anerkennung zu belohnen, die
das Rechte tun.

15 Denn Gott will, dass ihr durch eure guten
Taten alle zum Schweigen bringt, die aus Dumm-
heit und Unwissenheit gegen euch reden. 16 Han-
delt als freie Menschen; aber missbraucht eure
Freiheit nicht, um ein zuchtloses Handeln damit
zu entschuldigen. Denkt daran, dass ihr nur frei
seid, weil Gott euer Herr geworden ist.[d] 17 Ehrt
alle Menschen, liebt die Gemeinschaft der Brü-
der und Schwestern,[e] fürchtet Gott, ehrt den
Kaiser!

Christus als Beispiel

18 Ihr Sklaven* und Sklavinnen, ordnet euch
euren Herren und Herrinnen unter, und er-

a *nämlich ...:* verdeutlichender Zusatz.
b *Gebt den Leidenschaften ...:* wörtlich *Gebt den fleischlichen Begierden nicht nach;* vgl. Sacherklärung »Fleisch«.
c *Menschen, die ...:* herkömmliche Übersetzung *Heiden**. d *Denkt daran ...:* wörtlich *sondern (verhaltet euch) als Sklaven Gottes.* e Wörtlich *liebt die Bruderschaft;* vgl. Sacherklärung »Bruder«.

2,1 Jak 1,21; 4,11; Eph 4,25 **2,2** 1 Kor 3,2 S **2,3** Ps 34,9 **2,4** Ps 118,22; Jes 28,16 **2,5** 1 Kor 3,16; Eph 2,21-22; (Priesterschaft) 1 Petr 2,9; Jes 61,6; (Opfer) Röm 12,1 **2,6** *nach* Jes 28,16; Röm 9,33 **2,7** *zit* Ps 118,22; Mk 12,10-11 par; Apg 4,11 **2,8** *nach* Jes 8,14; Röm 9,33; Lk 2,34 **2,9** 2,5; (erwähltes Volk) 1,1-2; Ex 19,5-6 S; (Gott als König) 1 Tim 1,17; 6,15; (heiliges Volk) Lev 19,2; Dtn 14,2; Tit 2,14; (Licht) Apg 26,18 S **2,10** Hos 2,25; Röm 9,25 **2,11** (Fremde) 1,1.17; Ps 39,13 S; Hebr 13,14 S; (Streit) Röm 7,15.17-23; Gal 5,17 **2,12** Mt 5,16 S **2,13-14** Röm 13,1 S **2,15** 3,16 **2,16** Gal 5,13 S **2,17** 1,22 S; Phil 2,12; Mk 12,17 par; Spr 24,21 **2,18-21** Eph 6,5-8 S

weist ihnen den schuldigen Respekt,[a] nicht
nur den guten und freundlichen, sondern auch
den launischen. 19 Es ist eine Gnade Gottes,
wenn jemand ohne Schuld nur deshalb Krän-
kungen erfährt und leiden muss, weil er im Ge-
wissen an Gott gebunden ist. 20 Habt ihr etwa
Grund, euch zu rühmen, wenn ihr ein Unrecht
begangen habt und dafür geschlagen werdet?
Aber wenn ihr das Rechte getan habt und da-
für leiden müsst, ist das eine Gnade von Gott.
21 Und eben dazu hat er euch berufen. Ihr wisst
doch:

Christus hat für euch gelitten
und euch ein Beispiel gegeben,
damit ihr seinen Spuren folgt.
22 Ihr wisst: »Er hat kein Unrecht getan;
nie ist ein unwahres Wort aus seinem Mund
gekommen.«
23 Wenn er beleidigt wurde,
gab er es nicht zurück.
Wenn er leiden musste,
drohte er nicht mit Vergeltung,
sondern überließ es Gott,
ihm zum Recht zu verhelfen.
24 Unsere Sünden hat er ans Kreuz*
hinaufgetragen,
mit seinem eigenen Leib.
Damit sind wir für die Sünden tot
und können nun für das Gute leben.
Durch seine Wunden seid ihr geheilt worden!
25 Ihr wart wie Schafe, die sich verlaufen
haben;
jetzt aber seid ihr auf den rechten Weg
zurückgekehrt
und folgt dem Hirten, der euch leitet und
schützt.

Anweisungen für Eheleute

3 Für euch Frauen gilt dieselbe Regel: Ihr
müsst euch euren Männern unterordnen, da-
mit die von ihnen, die das Wort der Guten Nach-
richt* nicht hören wollen, durch eure Lebens-
führung auch ohne Wort für den Glauben ge-
wonnen werden. 2 Das kann geschehen, wenn
sie sehen, dass ihr ihnen Respekt erweist und ein
vorbildliches Leben führt.[b]

3 Putzt euch nicht äußerlich heraus mit auf-
wendigen Frisuren, kostbarem Schmuck oder
prächtigen Kleidern. 4 Eure Schönheit soll von
innen kommen! Freundlichkeit und ein aus-
geglichenes Wesen sind der unvergängliche
Schmuck, der in Gottes Augen Wert hat.

5 Auf diese Weise haben sich auch früher die
frommen Frauen geschmückt, die ihre Hoffnung
auf Gott setzten. Sie haben sich ihren Männern
untergeordnet, 6 wie zum Beispiel Sara, die Abra-
ham gehorchte und ihn ihren »Herrn« nannte.[c]
Ihre Töchter seid ihr, wenn ihr das Rechte tut
und euch davon durch keine Drohung abbringen
lasst.

7 Ihr Männer müsst euch entsprechend ver-
halten. Seid rücksichtsvoll zu euren Frauen! Be-
denkt, dass sie der schwächere Teil sind. Achtet
und ehrt sie; denn sie haben mit euch am ewigen
Leben teil, das Gott schenkt. Handelt so, dass
nichts euren Gebeten im Weg steht.

Für die Gerechtigkeit leiden ...

8 Euch allen schließlich sage ich: Haltet in dersel-
ben Gesinnung zusammen und habt Mitgefühl
füreinander! Liebt euch gegenseitig als Brüder
und Schwestern![d] Seid gütig und zuvorkom-
mend zueinander!

9 Vergeltet Böses nicht mit Bösem, und gebt
Beleidigungen nicht wieder zurück! Im Gegen-
teil, segnet eure Beleidiger, denn Gott hat euch
dazu berufen, seinen Segen zu empfangen. 10 Ihr
wisst ja:

»Wer nach dem wahren Leben verlangt
und glückliche Tage sehen will,
der nehme seine Zunge gut in Acht,
dass er nichts Schlechtes und Hinterhältiges sagt.
11 Er kehre sich vom Bösen ab und tue das Gute.
Er mühe sich mit ganzer Kraft darum,
mit allen Menschen in Frieden zu leben.
12 Denn der Herr hat ein offenes Auge für die,
die das Rechte tun,
und ein offenes Ohr für ihre Bitten.
Aber er wendet sich gegen alle, die Böses tun.«

13 Kann euch überhaupt jemand Böses antun,
wenn ihr euch mit ganzer Hingabe darum be-

a *und erweist ...:* wörtlich *in aller Furcht;* andere mögliche Übersetzung *aus Ehrfurcht vor Gott* (vgl. Vers 17). Zu *Sklavinnen/Herrinnen* siehe Anmerkung zu Eph 6,5.
b Oder *sehen, dass ihr ein vorbildliches Leben in Ehrfurcht vor Gott führt;* wörtlich *wenn sie euer reines Leben in Furcht sehen* (vgl. 2,18).
c In Gen 18,12 heißt es wörtlich *und mein Herr* (= Ehemann) *ist auch schon alt.*
d Wörtlich *Seid bruderliebend* (bzw. *geschwisterliebend*); vgl. Anmerkung zu 1,22.

2,19-20 5,12 **2,20** 4,14 S **2,21 b** 3,18; Mt 10,38-39 S; Phil 2,5 S **2,22** *zit* Jes 53,9; Joh 8,46; Hebr 4,15 S **2,23** 3,9; Jes 53,7; Mk 14,48-49.65 par; 15,5.16-20 par **2,24** Röm 6,10-11; Kol 2,4; (geheilt) Jes 53,5 **2,25** Jes 53,6; Ez 34,5-6.16; Joh 10,11 S **3,1-6** Eph 5,22-24 S **3,1** 1 Kor 7,16 **3,3** 1 Tim 2,9 **3,7** Eph 5,25-33 S; 1 Tim 2,8 **3,8** 1,22 S; Eph 4,2-3; Phil 2,2-3 **3,9** 2,23; Röm 12,17 S **3,10-12** *nach* Ps 34,13-17; Jak 1,26 **3,13** Röm 13,3

müht, das Gute zu tun? 14 Wenn ihr aber trotzdem leiden müsst, weil ihr tut, was Gott will, dann dürft ihr euch glücklich preisen. Habt keine Angst vor Menschen; lasst euch nicht erschrecken! 15 Christus allein ist der Herr; haltet ihn heilig* in euren Herzen und weicht vor niemand zurück![a]

Seid immer bereit, Rede und Antwort zu stehen, wenn jemand fragt, warum ihr so von Hoffnung erfüllt seid. 16 Antwortet taktvoll und bescheiden und mit dem gebotenen Respekt[b] – in dem Bewusstsein, dass ihr ein reines Gewissen habt. Dann werden alle beschämt sein, die euch verleumden, wenn sie sehen, was für ein einwandfreies Leben ihr in Verbindung mit Christus führt. 17 Wenn Gott es aber anders beschlossen hat und es auf sie keinen Eindruck macht,[c] ist es auf jeden Fall besser, für gute Taten zu leiden als für schlechte.

... so wie Christus es getan hat. Die Reichweite seines Heilswirkens

18 Auch Christus hat ja für die Sünden der Menschen gelitten, der Gerechte für die Schuldigen, ein für alle Mal. So sollte er euch – als Mensch getötet, aber durch den Geist* Gottes zum Leben erweckt – den Zugang zu Gott eröffnen.

19 In der Kraft dieses Geistes ging er auch zu den Geistern im Gefängnis und verkündete ihnen seinen Sieg.[d] 20 Sie waren ungehorsam gewesen zur Zeit Noachs, als Gott in seiner Geduld mit der Strafe noch wartete, solange Noach die Arche* baute. Nur wenige Menschen, nämlich acht, wurden damals in die Arche aufgenommen und durch das Wasser gerettet, das die Arche trug.

21 Das ist ein Hinweis auf das Wasser der Taufe*, die euch jetzt rettet. Denn der Sinn der Taufe ist ja nicht, dass der Körper vom Schmutz gereinigt wird. Wer sich taufen lässt, bittet damit Gott, sein Gewissen von aller Schuld zu reinigen. Das ist möglich, weil Jesus Christus von den Toten auferstanden* 22 und zum Himmel aufgestiegen ist. Dort hat er den Ehrenplatz an Gottes rechter Seite eingenommen, und die Engel* und alle überirdischen Mächte und Gewalten sind ihm unterworfen.

Ein neues Leben

4 Christus also hat gelitten, und zwar körperlich. Darum rüstet auch ihr euch mit seiner Gesinnung aus, wenn ihr seinetwegen leiden müsst![e] Denn wer einmal wegen Christus körperlich zu leiden hatte, in dem ist die Sünde abgestorben, 2 und er wird sich für den Rest seines Lebens in dieser Welt* nicht mehr von menschlichen Leidenschaften fortreißen lassen, sondern nur noch tun, was Gott will.

3 Ihr habt euch ja lange genug an dem Treiben der Menschen beteiligt, die Gott nicht kennen;[f] ihr habt euch hemmungsloser Gier und Ausschweifung hingegeben, habt an wüsten Fress- und Saufgelagen teilgenommen und an einem abscheulichen Götzendienst.

4 Jetzt wundern sich die anderen, dass ihr bei ihrem zügellosen Treiben nicht mehr mitmacht, und beschimpfen euch deswegen. 5 Aber sie werden sich vor dem verantworten müssen, der schon bereitsteht, um über die Lebenden und die Toten das Urteil zu sprechen.

6 Deshalb wurde sogar den schon Verstorbenen die Gute Nachricht* verkündet, damit sie wie alle Menschen für ihre Taten zur Rechenschaft gezogen werden können, aber auch die Möglichkeit erhalten, zum Leben bei Gott zu gelangen.

Gute Verwalter der Gaben Gottes

7 Das Ende der Welt ist nahe. Seid besonnen und nüchtern, damit nichts euch am Beten hindert. 8 Vor allem lasst nicht nach in der Liebe zueinander! Denn die Liebe macht viele Sünden wieder gut. 9 Nehmt einander gastfreundlich auf, ohne zu murren.

10 Dient einander mit den Fähigkeiten, die Gott euch geschenkt hat – jeder und jede mit der eigenen, besonderen Gabe! Dann seid ihr gute Verwalter der vielfältigen Gnade Gottes. 11 Wenn jemand die Gabe der Rede hat, soll Gott durch ihn zu Wort kommen. Wenn jemand die Gabe

a *Christus allein ...:* wörtlich *Vielmehr den Herrn*, Christus, heiligt in euren Herzen.* Hier und in der zweiten Hälfte von Vers 14 *(Habt keine Angst vor Menschen ...)* wird auf Jes 8,12-13 angespielt und die Stelle auf Christus bezogen.
b Oder *und in der Furcht vor Gott* (vgl. 2,18; 3,2 und Anmerkungen dort).
c *und es auf sie ...:* verdeutlichender Zusatz.
d *zu den Geistern im Gefängnis:* siehe Sacherklärung »Gefängnis«; *seinen Sieg:* verdeutlichender Zusatz.
e *wenn ihr seinetwegen ...:* verdeutlichender Zusatz, ebenso *wegen Christus* im folgenden Satz. Es geht um das Ertragen von Leiden, die aus dem Bekenntnis zu Christus folgen, nicht um Krankheit.
f Vgl. Anmerkung zu 2,12.

3,14 4,14S **3,15b** Kol 4,5-6; (Hoffnung) 1 Petr 1,3-5 **3,16** 2,15 **3,18** 2,21S; Röm 5,6-8; Hebr 7,27S; (der Gerechte) Apg 3,14S **3,19** 4,6 **3,20** Gen 6,5-22; 2 Petr 2,5 **3,21** Röm 6,3-4S; Eph 5,26S; Apg 2,33S **3,22** Apg 1,9S; Eph 1,21S **4,1** 2 Kor 4,10S **4,2** 2,21S **4,3** Gal 5,19-21S; Eph 2,3; Tit 3,3 **4,5** Apg 10,42S **4,6** 3,19 **4,7** (nahe) 1 Kor 7,29.31; 10,11; 1 Joh 2,18; Jak 5,8S **4,8** 1,22S; Jak 5,20 **4,9** Hebr 13,2S **4,10** Röm 12,6-8S **4,11** (Rede) 1 Kor 12,8; (Tat) Röm 12,7; (zur Ehre Gottes) 1 Kor 10,31

der helfenden Tat hat, soll er aus der Kraft handeln, die Gott ihm verleiht.

Alles, was ihr tut, soll durch Jesus Christus zur Ehre Gottes geschehen. Ihm gehört die Herrlichkeit* und die Macht für alle Ewigkeit! Amen.

BEWÄHRUNG IM LEIDEN (4,12–5,14)

Mit Christus leiden

12 Meine Lieben, wundert euch nicht über die
harte Probe, die wie ein Feuersturm über euch
gekommen ist. Sie kann euch nicht unerwar-
tet treffen; 13 denn ihr leidet ja nur etwas von
dem mit, was Christus gelitten hat. Freut euch
vielmehr darüber, denn wenn er in seiner
Herrlichkeit erscheint, werdet ihr erst recht
von Freude und Jubel erfüllt sein. 14 Ihr könnt
euch glücklich preisen, wenn ihr beschimpft
werdet, nur weil ihr euch zu Christus be-
kennt; denn dann ist der Geist* Gottes bei
euch, in dem Gottes Herrlichkeit* gegenwär-
tig ist.
15 Natürlich darf es nicht sein, dass jemand
von euch als Verbrecher leidet, als Mörder oder
Dieb oder Aufrührer.[a] 16 Aber wer einzig wegen
Christus[b] leidet, soll sich nicht schämen, son-
dern sich ohne Scheu zum Christennamen be-
kennen und Gott dadurch ehren.
17 Denn jetzt ist die Zeit, in der das Gericht
Gottes bei seiner Gemeinde den Anfang nimmt.
Wenn es aber bei uns anfängt, wie wird es dann
am Ende denen ergehen, die Gottes Gute Nach-
richt* ablehnen? 18 Ihr wisst doch: »Sogar wer
Gott gehorcht, wird nur mit knapper Not geret-
tet. Was wird dann aus dem Sünder, der Gott ver-
achtet?« 19 Darum sollen alle, die nach dem Wil-
len Gottes zu leiden haben, sich ganz ihrem
Schöpfer anvertrauen und nicht davon ablassen,
das Rechte zu tun.

Vom Zusammenleben in der Gemeinde

5 Ich wende mich nun an die Ältesten* unter
euch. Ich bin selbst Ältester der Gemeinde,
und ich habe teil an den Leiden von Christus wie
an seiner Herrlichkeit*, die bald offenbar wer-
den wird. Deshalb ermahne ich euch: 2 Leitet die
Gemeinde, die Herde Gottes, die euch anvertraut
ist, als rechte Hirten! Kümmert euch um sie,
nicht weil es eure Pflicht ist, sondern aus inne-
rem Antrieb, so wie es Gott gefällt. Tut es nicht,
um euch zu bereichern, sondern aus Hingabe.
3 In eurem Verantwortungsbereich führt euch
nicht als Herren auf, sondern gebt euren Ge-
meinden ein Vorbild. 4 Dann werdet ihr, wenn
der oberste Hirt kommt, den Siegeskranz* erhal-
ten, der nie verwelkt.
5 Euch Jüngeren aber sage ich: Ordnet euch
den Ältesten unter! Überhaupt müsst ihr – das
sage ich allen – im Umgang miteinander jede
Überheblichkeit ablegen. Ihr wisst doch: »Gott
widersetzt sich den Überheblichen, aber denen,
die gering von sich denken, wendet er seine
Liebe zu.«
6 Beugt euch also unter Gottes starke Hand,
damit er euch erhöhen kann, wenn die Zeit ge-
kommen ist.
7 Alle eure Sorgen werft auf ihn, denn er sorgt
für euch.
8 Seid wachsam und nüchtern! Euer Feind,
der Teufel, schleicht um die Herde wie ein hung-
riger Löwe. Er wartet nur darauf, dass er jemand
von euch verschlingen kann. 9 Leistet ihm
Widerstand und haltet unbeirrt am Glauben fest.
Denkt daran, dass die Gemeinschaft eurer
Brüder und Schwestern[c] in der ganzen Welt die
gleichen Leiden durchzustehen hat.
10 Ihr müsst jetzt für eine kurze Zeit leiden.
Aber Gott hat euch in seiner großen Gnade dazu
berufen, in Gemeinschaft mit Jesus Christus für
immer in seiner Herrlichkeit zu leben. Er wird
euch Kraft geben, sodass euer Glaube stark und
fest bleibt und ihr nicht zu Fall kommt. 11 Ihm ge-
hört die Macht in Ewigkeit. Amen.

Abschließende Grüße

12 Ich habe euch diesen kurzen Brief mit Hilfe
von Silvanus geschrieben, den ich als treuen Bru-
der schätze. Ich wollte euch ermutigen und euch
bezeugen, dass ihr gerade in eurem Leiden[d] die
wahre Gnade Gottes erlebt. Bleibt fest in dieser
Gnade!

a *(als) Aufrührer:* vielleicht auch *wegen Einmischung in fremde Angelegenheiten.*
b *einzig wegen Christus:* wörtlich *als Christ;* vgl. Anmerkung zu Apg 11,26.
c *die Gemeinschaft …:* wörtlich *eure Bruderschaft* bzw. *Geschwisterschaft;* vgl. Anmerkung zu 1,22.
d *gerade in eurem Leiden:* verdeutlichender Zusatz; vgl. 2,19.

4,12 1,6-7 **4,13** 5,1; 2 Kor 4,10 S; (Herrlichkeit) Röm 5,2 S **4,14** 2,20; 3,14; Mt 5,10-12 **4,16** 2 Tim 1,8 **4,17** Jer 25,29 S; 2 Thess 1,8 **4,18** *nach* Spr 11,31 **4,19** Ps 31,6 **5,2** Joh 21,15-17 S; 1 Tim 6,5 **5,3** 2 Kor 1,24; 1 Kor 4,16 S **5,4** 1,4; 1 Kor 9,24-25 S **5,5** Eph 5,21; *zit* Spr 3,34; Jak 4,6 S **5,6** Jak 4,10 **5,7** Ps 55,23; Phil 4,6 S **5,8** 1 Thess 5,5-8; 2 Kor 2,11; Ps 22,14; Sir 27,10 **5,9** Eph 6,11-12; Jak 4,7 **5,10** Röm 5,2 S **5,12** (Silvanus) 1 Thess 1,1 S

13 Eure Schwestergemeinde hier in Babylon,[a]
die so wie ihr von Gott erwählt wurde, grüßt
euch; ebenso mein Sohn Markus. 14 Grüßt
einander mit dem heiligen Kuss, dem Zeichen
eurer Verbundenheit als Brüder und Schwes-
tern![b]

Frieden* sei mit euch allen, die ihr mit Chris-
tus verbunden seid!

DER ZWEITE BRIEF DES APOSTELS PETRUS

(2. Petrusbrief)

Inhaltsübersicht

Eingangsgruß

1 Simon Petrus, der als Apostel* Jesus Christus
dient, schreibt diesen Brief an alle, die auf-
grund der Gerechtigkeit unseres Gottes und Ret-
ters Jesus Christus den gleichen kostbaren Glau-
ben empfangen haben wie wir Apostel selbst.

2 Gnade und Frieden* werde euch in reichem
Maß zuteil durch die Erkenntnis Gottes und
unseres Herrn* Jesus!

Ein Ziel, das jede Mühe wert ist

3 Ja, so ist es: Gott in seiner Macht hat uns alles
geschenkt, was wir zu einem Leben in wahrer
Frömmigkeit brauchen. Er hat es dadurch getan,
dass er uns Jesus Christus erkennen ließ, ihn, der
uns in seiner Herrlichkeit und Kraft berufen hat.
4 Durch ihn haben wir wertvolle, unüberbiet-
bare Zusagen erhalten: Wir sollen der Vernich-
tung entrinnen, der diese Welt* durch ihre Lei-
denschaften verfallen ist, und an der göttlichen
Unsterblichkeit teilhaben.

5 Setzt deshalb alles daran, dass aus eurem
Glauben sittliche Bewährung erwächst, aus der
sittlichen Bewährung Erkenntnis*, 6 aus der Er-
kenntnis Selbstbeherrschung, aus der Selbstbe-
herrschung Standhaftigkeit, aus der Standhaftig-
keit echte Frömmigkeit, 7 aus der Frömmigkeit
Liebe zu den Glaubensgeschwistern,[c] aus der
Liebe zu den Glaubensgeschwistern Liebe zu
allen Menschen.

8 Wenn ihr dies alles habt und ständig darin
zunehmt, wird sich das auswirken und Frucht
bringen in einer vertieften Erkenntnis unseres
Herrn* Jesus Christus. 9 Wer dagegen all das
nicht hat, ist kurzsichtig und geistlich blind. Ein
solcher Mensch hat völlig vergessen, was es
bedeutet, dass er von seinen früheren Sünden
gereinigt worden ist.

10 Deshalb, meine Brüder und Schwestern,[d]
setzt alles daran, so zu leben, dass eure Berufung
und Erwählung gefestigt wird. Dann werdet ihr
niemals zu Fall kommen, 11 und Gott bereitet
euch einen herrlichen Einzug in das ewige Reich
unseres Herrn und Retters Jesus Christus.

Der Brief als Testament des Apostels

12 Darum werde ich euch immer wieder an diese
Zusammenhänge erinnern. Ihr wisst zwar Be-
scheid und seid fest in der Wahrheit gegründet,
die euch bekannt gemacht worden ist. 13 Aber
ich halte es für meine Pflicht, euch zu erinnern
und euch wach zu halten, solange ich noch bei
euch lebe.

14 Ich weiß allerdings, dass das Zelt meines
Körpers bald abgebrochen wird; unser Herr*
Jesus Christus hat es mir angekündigt. 15 Darum
schreibe ich dies für euch nieder, damit[e] ihr auch
nach meinem Tod jederzeit die Möglichkeit
habt, euch alles in Erinnerung zu rufen.

Unsere Hoffnung auf das Kommen des Herrn ist fest gegründet

16 Wir haben uns keineswegs auf geschickt erfun-
dene Märchen gestützt, als wir euch ankündig-
ten, dass Jesus Christus, unser Herr*, wieder-
kommen wird, ausgestattet mit Macht. Vielmehr
haben wir ihn mit eigenen Augen in der hohen

a Wahrscheinlich ein Deckname für Rom (vgl. Offb 17 und Sacherklärung »Babylon«).
b *dem heiligen Kuss …:* wörtlich *dem Kuss der Liebe.* Die Formulierung findet sich nur hier; gemeint ist dasselbe wie in Röm 16,16 und an den dort angegebenen Vergleichsstellen (siehe Sacherklärung »Friedenskuss«).
c Siehe Anmerkung zu Hebr 13,1. *c* Siehe Anmerkung zu Hebr 2,17. *d* Wörtlich *Ich will aber Sorge tragen, dass.*
5,13 (Markus) Apg 12,12 S **1,2** Jud 2 **1,3** 1,16-17 **1,4** Jak 1,14-15 S; (teilhaben) Röm 5,2 S **1,7** Gal 6,10 S **1,9** Eph 5,26 S **1,11** 2 Tim 4,18; (Retter) 2 Petr 2,20; 3,18; Tit 3,6 S **1,14** 2 Kor 5,1; Joh 21,18-19

Würde gesehen, in der er künftig offenbar wer-
den soll.[a] 17 Denn er empfing von Gott, seinem
Vater, Ehre und Herrlichkeit – damals, als Gott,
der die höchste Macht hat, das Wort an ihn erge-
hen ließ: »Dies ist mein Sohn*, ihm gilt meine
Liebe, ihn habe ich erwählt.« 18 Als wir mit ihm
auf dem heiligen Berg waren, haben wir diese
Stimme vom Himmel gehört.

19 Dadurch wissen wir nun noch sicherer,
dass die Voraussagen der Propheten* zuverlässig
sind, und ihr tut gut daran, auf sie zu achten.
Ihre Botschaft ist für euch wie eine Lampe, die in
der Dunkelheit brennt, bis der Tag anbricht und
das Licht des Morgensterns* eure Herzen hell
macht.

20 Ihr müsst aber vor allem Folgendes beden-
ken: Keine Voraussage in den Heiligen Schrif-
ten* darf eigenwillig gedeutet werden; 21 sie ist ja
auch nicht durch menschlichen Willen entstan-
den. Die Propheten sind vom Geist* Gottes er-
griffen worden und haben verkündet, was Gott
ihnen aufgetragen hatte.

Falsche Lehrer und ihre Bestrafung

2 Aber genauso wie im Volk Israel falsche
Propheten aufgetreten sind, werden auch
unter euch falsche Lehrer auftreten, die gefähr-
liche Irrlehren verkünden. Durch ihre Lebens-
führung werden sie den erhabenen Herrn ver-
leugnen, der sie freigekauft hat. Damit werden
sie sehr schnell ihren eigenen Untergang herbei-
führen.

2 Viele werden dem Beispiel ihres ausschwei-
fenden Lebens folgen, und so wird ihretwegen
die wahre Glaubenslehre in Verruf geraten. 3 In
ihrer Habgier werden sie euch mit erfundenen
Geschichten einzufangen suchen. Aber ihre Be-
strafung ist bei Gott schon seit langem beschlos-
sene Sache; ihr Untergang wird nicht auf sich
warten lassen.

4 Gott hat ja auch die Engel*, die sich gegen
ihn vergangen hatten, nicht geschont, sondern
sie in den tiefsten Abgrund* geworfen. Dort lie-
gen sie gefesselt in der Finsternis und warten auf
den Tag des Gerichts.

5 Er hat auch die frühere Welt zur Zeit Noachs
nicht geschont, sondern hat die große Flut über
die Welt der gottlosen Menschen kommen las-
sen. Nur acht hat er gerettet: Noach*, der die
Menschen zum Gehorsam gegen Gott aufgeru-
fen hatte, und sieben andere mit ihm.

6 Auch die Städte Sodom* und Gomorra hat
Gott verurteilt und sie in Schutt und Asche sin-
ken lassen. Er hat an diesem Beispiel gezeigt,
wie es allen ergehen wird, die Gott nicht ernst
nehmen. 7 Nur einen hat er gerettet: den recht-
schaffenen Lot*, der unter dem zügellosen Le-
ben der anderen zu leiden hatte. 8 Denn täglich
musste er unter seinen Mitbürgern Dinge sehen
und hören, die ihm Qualen bereiteten.

9 Der Herr weiß, wie er die, die ihn ehren,
aus der Bedrängnis herausreißt. Aber alle, die
Unrecht tun, lässt er warten, bis sie am Tag des
Gerichts ihre Strafe bekommen. 10a Besonders
hart werden die bestraft, die ihren schmutzigen
Begierden folgen und den Gedanken frech von
sich weisen, dass Gott ihr Herr und Richter ist.[b]

Abrechnung mit den falschen Lehrern

10b Diese falschen Lehrer sind frech und an-
maßend. Sie haben keine Hemmungen, überir-
dische Mächte zu lästern. 11 Sogar hohe Engel*,
die noch stärker und mächtiger sind als diese
Mächte, bringen vor Gott keine beleidigenden
Anklagen gegen sie vor. 12 Aber diese falschen
Lehrer handeln unvernünftig wie die wilden
Tiere, die nur geboren werden, damit man sie
fängt und tötet. Sie beschimpfen das, wovon sie
keine Ahnung haben. Sie werden auch wie wil-
de Tiere vernichtet werden. 13 Für das Unrecht,
das sie tun, bekommen sie den verdienten
Lohn.

Sie lieben es, schon am hellen Tag zu schlem-
men. Als Schmutz- und Schandflecken schwel-
gen sie in Täuscherei,[c] wenn sie es sich an euren
Tischen wohl sein lassen. 14 Ihre Augen halten
ständig Ausschau nach einer Frau, die bereit ist,
sich mit ihnen einzulassen; ständig sind sie auf
der Suche nach Gelegenheiten, zu sündigen.
Wohltrainiert in Besitzgier, suchen sie Menschen
zu ködern, die im Glauben nicht gefestigt sind –
die Strafe ist ihnen sicher![d]

15 Sie haben sich vom geraden Weg abgewen-
det und die Richtung verloren; sie sind dem Weg

a *in der er ...:* verdeutlichender Zusatz. Gedacht ist hier und im Folgenden an das Erlebnis der drei Jünger auf dem Berg der »Verklärung« nach Mk 9,2-8 par.

b *und den Gedanken ...:* wörtlich *und die Herrschaft verachten.*

c *in Täuscherei:* Durch einen Anklang im griechischen Wortlaut werden aus den Liebesmählern* (so wörtlich; *agapai*) von Jud 12 »Täuschungsmähler« (*apatai* = Täuschungen), d. h., die Gemeinschaft des Mahls ist nur eine vorgetäuschte.

d *die Strafe:* wörtlich *(sie sind) Kinder des Fluches.*

1,19 Röm 1,2; 13,12; 1 Petr 1,10-11; Ps 119,105 **1,21** 2 Tim 3,15-16 S **2,1-22** Jud 4-13 **2,1** Mt 7,15 **2,3** 1 Tim 6,5 **2,4** 1 Petr 3,19-20 **2,5** 3,6; 1 Petr 3,20 S **2,6** Gen 19,24-25 S **2,7** Gen 19,1-16 **2,9** Mt 6,13; 1 Kor 10,13; Offb 3,10; Ijob 4,7 S **2,14** Mt 5,28; 2 Tim 3,6-7; 1 Tim 6,5 **2,15** Num 22,7.17

gefolgt, den Bileam*, der Sohn Beors, gegangen
ist. Er liebte das Geld, das er als Lohn für seine
böse Tat erhalten sollte; 16 aber er musste sich
sein Unrecht vorhalten lassen: Ein Esel, der doch
eigentlich nicht reden kann, sprach mit mensch-
licher Stimme und hinderte den Propheten dar-
an, sein unsinniges Vorhaben auszuführen.

17 Diese Menschen sind wie Quellen, die kein
Wasser geben, wie Nebelschwaden, die der
Sturm vor sich hertreibt. Gott hat ihnen einen
Platz in der tiefsten Finsternis bestimmt. 18 Sie re-
den hochtrabende, leere Worte und ziehen durch
die Verlockungen eines ausschweifenden Lebens
Menschen an sich, die eben erst mit knapper Not
dem Leben im Irrtum entkommen sind.

19 Freiheit versprechen sie ihnen – wo sie
doch selbst Sklaven der Vergänglichkeit sind.
Denn jeder ist ein Sklave dessen, der ihn besiegt
hat. 20 Sie haben unseren Herrn* und Retter
Jesus Christus kennen gelernt und waren da-
durch schon einmal aus der Verstrickung in den
Schmutz der Welt* freigekommen. Aber dann
sind sie wieder von ihren alten Gewohnheiten
eingefangen und besiegt worden. Darum sind sie
am Ende schlimmer dran als am Anfang.

21 Es wäre besser gewesen, sie hätten den
rechten Weg nie kennen gelernt, anstatt ihn ken-
nen zu lernen und sich danach wieder von der
verbindlichen göttlichen Weisung abzuwenden,
die ihnen übergeben wurde. 22 Es ist ihnen er-
gangen, wie das Sprichwort sagt: »Der Hund
frisst wieder, was er erbrochen hat.« Oder wie
ein anderes Sprichwort sagt: »Die gebadete Sau
wälzt sich wieder im Dreck.«

Christus wird wiederkommen

3 Meine Lieben, dies ist schon der zweite
Brief, den ich euch schreibe. Mit beiden rufe
ich euch längst Bekanntes ins Gedächtnis, aber
ich will euch dadurch wach halten und in eurer
unverdorbenen Gesinnung bestärken. 2 Erinnert
euch an das, was die heiligen Propheten* voraus-
gesagt haben, und ebenso an die verbindliche
Weisung unseres Herrn* und Retters, die euch
die Apostel* übergeben haben!

3 Ihr müsst euch vor allem darüber im Klaren
sein: In der letzten Zeit werden Menschen auf-
treten, die nur ihren eigenen selbstsüchtigen
Wünschen folgen. Sie werden sich über euch
lustig machen 4 und sagen: »Er hat doch verspro-
chen wiederzukommen! Wo bleibt er denn?
Inzwischen ist die Generation unserer Väter ge-
storben; aber alles ist noch so, wie es seit der
Erschaffung der Welt war!«

5 Sie wollen nicht wahrhaben, dass es schon
einmal einen Himmel und eine Erde gab. Gott
hatte sie durch sein Wort geschaffen. Die Erde
war aus dem Wasser aufgestiegen, und auf dem
Wasser ruhte sie. 6 Durch das Wort und das Was-
ser wurde sie auch zerstört, bei der großen Flut.
7 Ebenso ist es mit dem jetzigen Himmel und der
jetzigen Erde: Sie sind durch dasselbe Wort Gottes
für das Feuer bestimmt worden. Wenn der Tag
des Gerichts da ist, werden sie untergehen und
mit ihnen alle, die Gott nicht gehorcht haben.

8 Meine Lieben, eines dürft ihr dabei nicht
übersehen: Beim Herrn gilt ein anderes Zeitmaß
als bei uns Menschen. Ein Tag ist für ihn wie tau-
send Jahre, und tausend Jahre wie ein einziger
Tag. 9 Der Herr erfüllt seine Zusagen nicht zö-
gernd, wie manche meinen. Im Gegenteil: Er hat
Geduld mit euch, weil er nicht will, dass einige zu-
grunde gehen. Er möchte, dass alle Gelegenheit
finden, von ihrem falschen Weg umzukehren.

Ein neuer Himmel und eine neue Erde

10 Doch der Tag des Herrn* kommt unvorherge-
sehen wie ein Dieb. Dann wird der Himmel un-
ter tosendem Lärm vergehen, die Himmelskör-
per verglühen im Feuer, und die Erde und alles,
was auf ihr ist, wird zerschmelzen.[a]

11 Wenn ihr bedenkt, dass alles auf diese Wei-
se vergehen wird, was für ein Ansporn muss das
für euch sein, ein heiliges Leben zu führen, das
Gott gefällt! 12 Lebt in der Erwartung des großen
Tages, den Gott heraufführen wird! Tut das Eure
dazu, dass er bald kommen kann. Der Himmel
wird dann in Flammen vergehen, und die Him-
melskörper werden zerschmelzen. 13 Aber Gott
hat uns einen neuen Himmel und eine neue Erde
versprochen. Dort wird es kein Unrecht mehr ge-
ben, weil Gottes Wille regiert. Auf diese neue
Welt warten wir.

Ermutigung und Warnung

14 Meine Lieben, weil ihr darauf wartet, darum
setzt auch alles daran, dass eure Gemeinschaft
mit dem Herrn durch nichts beeinträchtigt wird.
Bemüht euch, rein und fehlerlos vor ihm zu ste-
hen, wenn er kommt. 15 Begreift doch: Unser

a zerschmelzen: Der griechische Text ist in verschiedenen Fassungen überliefert. Die bestbezeugte lautet: *wird gefunden werden,* was ohne willkürliche Ergänzungen unverständlich ist. Den Untergang im Feuer bezeugen die Verse 7 und 12.

2,16 Num 22,28-33 **2,19** Joh 8,34 S **2,20** (Retter) 1,11 S; (schlimmer) Mt 12,45 par **2,21** Lk 12,47-48 **2,22** Spr 26,11 **3,2-3** Jud 17-19 **3,3** 2 Tim 3,1 S **3,4** Mt 24,27 S; 24,48-51; Jer 17,15; Ez 12,22 **3,5** Gen 1,6-9; Hebr 11,3 **3,6** 2,5; Mt 24,37-39 par **3,8** Ps 90,4 **3,9** Röm 2,4 S; Weish 11,23 S; 1 Tim 2,4 S **3,10** Mt 24,27 S; 24,43 S; Jes 24,4 S **3,13** (neuer Himmel – neue Erde) Offb 21,1 S; (kein Unrecht) Offb 21,27 S; Jes 60,21 **3,15** Röm 2,4 S

Herr zögert nur aus Geduld, damit ihr gerettet
werdet!

Genau das hat euch auch unser lieber Bruder
Paulus geschrieben, dem Gott viel Weisheit gege-
ben hat. 16 Er sagt das in allen seinen Briefen,
wenn er über dieses Thema schreibt. Es gibt in
ihnen allerdings einige schwierige Stellen. Die
werden von unverständigen Leuten missdeutet,
die im Glauben nicht gefestigt sind. Aber so ver-
fahren diese Leute ja auch mit den übrigen Heili-
gen Schriften*. Sie verurteilen sich damit selbst
zum Untergang.

17 Ihr, meine Lieben, wisst das jetzt alles im
Voraus. Seid auf der Hut und lasst euch nicht von
denen in die Irre führen, die jede Ordnung ver-
achten. Sonst verliert ihr den festen Stand und
kommt zu Fall. 18 Lebt immer mehr aus der Gna-
de unseres Herrn* und Retters Jesus Christus
und lernt ihn immer tiefer erkennen. Ihm gehört
die Ehre, jetzt und in Ewigkeit! Amen*.

DER ERSTE BRIEF VON JOHANNES

(1. Johannesbrief)

Inhaltsübersicht

Leben in der Gemeinschaft mit Gott	Kap	1–2
Die Stunde der Verführung		2–3
Glaube und Liebe auf dem Prüfstand		4–5
Gebet um Sündenvergebung		5

LEBEN IN DER GEMEINSCHAFT MIT GOTT (1,1–2,17)

Das Leben bringende Wort

1 Was von allem Anfang an da war,
was wir gehört haben,
was wir mit eigenen Augen gesehen haben,
was wir angeschaut haben
und betastet haben mit unseren Händen,
nämlich das Wort*, das Leben bringt –
davon reden wir.
2 Denn das Leben ist offenbar geworden,
und wir haben es gesehen;
wir sind Zeugen dafür
und verkünden euch das unvergängliche Leben,
das beim Vater war
und sich uns offenbart hat.
3 Was wir so gesehen und gehört haben,
das verkünden wir euch,
damit ihr in Gemeinschaft mit uns verbunden
seid.
Und die Gemeinschaft, die uns miteinander
verbindet,
ist zugleich Gemeinschaft mit dem Vater
und mit Jesus Christus, seinem Sohn*.
4 Das erfüllt uns mit großer Freude.[a]
Und wir schreiben euch diesen Brief,
damit unsere Freude vollkommen wird.

Gott ist Licht

5 Von ihm, Jesus Christus, dem offenbar gewor-
denen Wort*, haben wir die Botschaft gehört,
die wir euch weitersagen: Gott ist Licht, in ihm
gibt es keine Spur von Finsternis. 6 Wenn wir be-
haupten: »Wir haben Gemeinschaft mit Gott«,
und gleichzeitig im Dunkeln leben, dann lügen
wir und gehorchen nicht der Wahrheit*. 7 Leben
wir aber im Licht, so wie Gott im Licht ist, dann
haben wir Gemeinschaft untereinander, und das
Blut*, das Jesus, sein Sohn*, für uns vergossen
hat, reinigt uns von jeder Schuld.

Niemand ist ohne Sünde

8 Wenn wir behaupten: »Wir sind ohne Schuld«,
betrügen wir uns selbst und die Wahrheit* lebt
nicht in uns. 9 Wenn wir aber unsere Verfehlun-
gen eingestehen, können wir damit rechnen,
dass Gott treu und gerecht ist: Er wird uns dann
unsere Verfehlungen vergeben und uns von aller
Schuld reinigen. 10 Wenn wir behaupten: »Seit
wir Christen sind, haben wir nie mehr Unrecht
getan«,[b] machen wir Gott zum Lügner und sein
Wort lebt nicht in uns.

2 Meine lieben Kinder, ich schreibe euch dies,
damit ihr kein Unrecht tut. Sollte aber je-
mand schuldig werden, so haben wir einen, der
beim Vater für uns eintritt: Jesus Christus, den

a Verdeutlichender Zusatz. *b* Wörtlich *»Wir haben kein Unrecht getan«.* Im Abschnitt 1,8–2,2 geht es um die nüchterne Anerkennung der Tatsache, dass auch Christen sündigen (trotz 3,6.9; 5,18), und die Gewissheit, dass Gott solche Sünden, die es an sich gar nicht mehr geben dürfte, vergibt (vgl. 1,7; 2,1-2; 5,16-17; Joh 20,23).

3,17-18 Jud 24-25 **3,17** 1 Kor 10,12; Mk 13,5 par **3,18** (Retter) 1,11 S **1,1-2** Joh 1,1-2.14; (Leben) Joh 4,14; 6,35; 8,12; 11,25; (Zeugen) Joh 15,27 S **1,4** Joh 15,11 S **1,5** 1 Tim 6,16 **1,6** 2,4 S **1,7** Jes 2,5; (Blut) Hebr 9,12 S; Offb 1,5; 5,9; 7,14 **1,9** Ps 32,3-5 S **2,1** Röm 8,34; Hebr 7,25; (Gerechte) Apg 3,14 S

Gerechten, der ohne Schuld ist.[a] 2 Durch seinen
Tod hat er Sühne für unsere Schuld geleistet, ja
sogar für die Schuld der ganzen Welt.

Wahre Gotteserkenntnis: sein Wort befolgen

3 Ob wir Gott wirklich kennen, erkennen wir dar-
an, dass wir auf seine Befehle hören. 4 Wer behaup-
tet: »Ich kenne Gott«, ihm aber nicht gehorcht, ist
ein Lügner und die Wahrheit* lebt nicht in ihm.
5 Wer aber Gottes Wort befolgt, bei dem hat die
göttliche Liebe ihr Ziel erreicht. Und daran erken-
nen wir, dass wir Gemeinschaft mit ihm haben.
6 Wer behauptet, ständig Gemeinschaft mit
ihm zu haben, muss so leben, wie Jesus gelebt
hat.

Das neue Gebot

7 Ihr Lieben, was ich euch schreibe, ist kein neu-
es Gebot, sondern das alte, das ihr von Anfang
an kennt. Es ist die Botschaft, die ihr gehört habt.
8 Und doch ist es ein stets neues Gebot – so wie
Christus es verkündet und selbst erfüllt hat und
wie er es euch gegeben und euch zu seiner Erfül-
lung befähigt hat.[b] Denn die Dunkelheit weicht
zurück und das wahre Licht leuchtet schon.

9 Wer behauptet, im Licht zu leben, aber sei-
nen Bruder oder seine Schwester[c] nicht liebt, ist
immer noch im Dunkeln. 10 Nur wer seine Glau-
bensgeschwister liebt, lebt wirklich im Licht.
Und im Licht gibt es nichts, wodurch jemand zu
Fall kommen könnte.[d] 11 Wer aber seinen Bruder
oder seine Schwester nicht liebt, lebt in der Dun-
kelheit. Ein solcher Mensch tappt im Dunkeln
und weiß nicht, wo sein Weg endet; denn die
Dunkelheit hat ihn blind gemacht.

Absage an die gottfeindliche Welt

12 Ihr Kinder, ich gebe es euch schriftlich:[e] Eure
Verfehlungen sind vergeben; das verbürgt der
Name Jesus Christus.

13 Ihr Väter und Mütter,[f] ich gebe es euch
schriftlich: Ihr habt den erkannt, der von Anfang
an da ist.

Ihr jungen Leute,[f] ich gebe es euch schrift-
lich: Ihr habt den Teufel besiegt.

14 So habt ihr es jetzt schwarz auf weiß,[g] ihr
Kinder: Ihr habt den Vater erkannt!

Ihr habt es schwarz auf weiß, ihr Väter und
Mütter: Ihr habt den erkannt, der von Anfang an
da ist!

Ihr habt es schwarz auf weiß, ihr jungen
Leute: Ihr seid stark, denn das Wort Gottes ist in
euch lebendig und ihr habt den Teufel besiegt!

15 Liebt nicht die Welt* und das, was zu ihr
gehört! Wer die Welt liebt, in dessen Herz gibt es
keine Liebe zum Vater. 16 Die Welt ist erfüllt von
der Gier der Triebe und Sinne, von der Gier der
Augen, vom Prahlen mit Geld und Macht. Das
alles kommt nicht vom Vater, sondern gehört zur
Welt. 17 Die Welt vergeht und mit ihr die ganze
Lust und Gier. Wer aber tut, was Gott will, wird
ewig leben.

DIE STUNDE DER VERFÜHRUNG (2,18–3,24)

Die Boten des Antichrist

18 Meine Kinder, die letzte Stunde ist da! Ihr habt
gehört, dass der Antichrist* kommen wird, und
er ist schon da: Viele »Antichristen« sind aufge-
treten, und daran erkennen wir, dass es die letzte
Stunde ist. 19 Sie waren früher mit uns zusam-
men; aber sie gehörten nicht wirklich zu uns,
sonst wären sie bei uns geblieben. Sie haben
sich von uns getrennt, damit sie allesamt bloß-
gestellt würden als solche, die nie zu uns gehört
haben.

20 Ihr aber habt von Christus den Heiligen
Geist* empfangen,[h] und ihr alle habt die wahre
Erkenntnis. 21 Ich schreibe euch also nicht, weil

a Wörtlich *den Gerechten*;* siehe Apg 3,14 und Vergleichsstellen dort.
b Wörtlich *Und doch schreibe ich euch ein neues Gebot, etwas, das wahr ist in ihm und in euch.* Es ist *wahr,* sofern es Wirklichkeit ist (in Christus, seiner Lebenshingabe) und Wirklichkeit schafft (in uns; vgl. Joh 15,5-17); siehe Sacherklärung »Wahrheit«. Stets *neu* bleibt es, weil es durch nichts überholt werden kann.
c Wörtlich *Bruder;* entsprechend im gesamten Brief, der nirgends ausdrücklich die »Schwestern« erwähnt; auch »Glaubensgeschwister« ist durchgehend Wiedergabe von *Bruder* (Einzahl). Zur Übersetzung siehe Sacherklärung »Bruder«.
d Möglich ist auch die Übersetzung *Und an ihm* (der im Licht lebt) *ist nichts, wodurch andere zu Fall kommen könnten.*
e Wörtlich *Ich schreibe euch;* so auch in Vers 13.
f *Väter und Mütter* und *jungen Leute:* wörtlich *Väter* und *jungen Männer;* so auch in Vers 14. In Vers 12-14 sind wohl nicht Geschlecht und natürliche Altersstufen im Blick, sondern Reifestufen im Glaubensleben der Adressaten.
g Wörtlich *Ich habe euch geschrieben;* so auch in den folgenden Sätzen.
h Wörtlich *habt das Salböl von dem Heiligen.* Mit *Salböl* (bzw. der Salbung damit) ist die Ausrüstung der Empfänger für ihren Auftrag gemeint; vgl. Joh 14,26; 16,13. Zu Christus als *dem Heiligen* vgl. Apg 3,14.

2,2 4,10; Joh 1,29 **2,4** 1,6; 4,6; Joh 8,44 **2,5** (befolgt) 2,17; 5,3; 2Joh 6; Joh 14,15S **2,6** Joh 13,15; 15,4-5S **2,7-8** Joh 13,34S **2,7** 2,24; 3,11 **2,8** Joh 8,12S; Röm 13,12 **2,9** 3,10.15; 4,20 **2,12** 3,5S; Apg 4,12S **2,15** Jak 4,4 **2,16** Röm 13,14; Eph 2,3 **2,17** 1Kor 7,31; 1Joh 2,5S **2,18** 4,3; 2Joh 7; 2Thess 2,3-4 **2,19** Apg 20,30 **2,20** 2,27S

ich meine, dass ihr die Wahrheit noch nicht
kennt. Ihr kennt sie sehr wohl und wisst deshalb
auch, dass aus der Wahrheit keinerlei Lüge kom-
men kann.

22 Wer ist der Lügner? Der, der verneint, dass
in Jesus der Sohn Gottes erschienen ist.[a] Das ist
der Antichrist; er verneint mit dem Sohn* auch
den Vater. 23 Wer den Sohn leugnet, hat auch
keine Verbindung mit dem Vater. Wer sich aber
zum Sohn bekennt, ist auch mit dem Vater ver-
bunden.

24 Bewahrt also in eurem Herzen die Bot-
schaft, die ihr von Anfang an gehört habt. Wenn
das, was ihr von Anfang an gehört habt, in
eurem Herzen bleibt, dann werdet auch ihr
stets mit dem Sohn und dem Vater verbunden
bleiben. 25 Und das ist es auch, was Christus uns
versprochen hat: ewiges Leben.

26 So viel über die Leute, die euch irreführen
wollen. 27 Ihr aber habt von Christus den Heili-
gen Geist[b] empfangen. Solange dieser Geist in
euch bleibt, habt ihr keinen anderen Lehrer
nötig. Denn er belehrt euch über alles. Was er
sagt, ist wahr und keine Lüge. Tut darum, was
der Geist euch lehrt: Bleibt mit Christus vereint!

Mahnung zur Treue

28 Bleibt also mit ihm vereint, meine Kinder!
Dann werden wir voll Zuversicht sein, wenn er
erscheint, und müssen nicht als Schuldige vor
ihm stehen, wenn er kommt. 29 Ihr wisst doch,
dass Christus nie etwas Unrechtes getan hat.
Dann wisst ihr auch, dass jeder, der das Rechte
tut, genau wie Christus Gott zum Vater hat.

Kinder Gottes und Kinder des Teufels

3 Seht doch, wie sehr uns der Vater geliebt
hat! Seine Liebe ist so groß, dass er uns seine
Kinder nennt. Und wir sind es wirklich: Gottes
Kinder! Deshalb kennt uns die Welt* nicht; sie
hat ja auch ihn nicht erkannt.

2 Ihr Lieben, wir sind schon Kinder Gottes.
Was wir einmal sein werden, ist jetzt noch nicht
sichtbar. Aber wir wissen, wenn es offenbar
wird, werden wir Gott ähnlich sein; denn wir
werden ihn sehen, wie er wirklich ist.

3 Alle, die das voller Zuversicht von ihm er-
warten, halten sich von allem Unrecht fern, so
wie Christus es getan hat. 4 Wer sündigt, lehnt
sich gegen Gott auf, denn Sünde ist nichts ande-
res als Auflehnung gegen Gott. 5 Ihr wisst doch,
dass Christus auf die Erde gekommen ist, um die
Sünden der Menschen wegzuschaffen. In ihm
gibt es keine Spur von Sünde. 6 Wer mit ihm ver-
bunden bleibt, sündigt nicht mehr. Wer aber sün-
digt, hat ihn nie gesehen und kennt ihn nicht.

7 Lasst euch von niemand irreführen, meine
Kinder! Wer das Rechte tut, kann wie Christus
vor dem Urteil Gottes bestehen. 8 Wer sündigt,
stammt vom Teufel, denn der Teufel hat von An-
fang an gesündigt. Der Sohn Gottes aber ist auf
die Erde gekommen, um die Werke des Teufels
zu zerstören.

9 Wer Gott zum Vater hat, sündigt nicht, weil
das Erbgut seines Vaters in ihm wirkt.[c] Ein sol-
cher Mensch kann gar nicht sündigen, weil er
von Gott stammt. 10 Aber wer Unrecht tut oder
seinen Bruder und seine Schwester[d] nicht liebt,
stammt nicht von Gott. Daran sind die Kinder
Gottes und die Kinder des Teufels zu erkennen.

Ihr sollt einander lieben!

11 Die Botschaft, die ihr von Anfang an gehört
habt, lautet: Wir sollen einander lieben! 12 Wir
sollen nicht sein wie Kain*, der vom Teufel
stammte und seinen Bruder ermordete. Warum
hat er ihn ermordet? Weil seine eigenen Taten
schlecht waren, aber die seines Bruders gut.

13 Wundert euch also nicht, meine Brüder
und Schwestern, wenn die Welt* euch hasst.
14 Wir wissen, dass wir den Tod hinter uns ge-
lassen und das unvergängliche Leben erreicht
haben. Wir erkennen es daran, dass wir unsere
Glaubensgeschwister lieben.

Wer dagegen nicht liebt, bleibt im Tod. 15 Wer
seinen Bruder oder seine Schwester hasst, ist ein
Mörder, und ihr wisst, dass in keinem Mörder
ewiges Leben sein und bleiben kann.

16 Christus gab sein Leben für uns hin; daran
haben wir erkannt, was Liebe ist. Auch wir müs-
sen deshalb unser Leben für unsere Brüder und
Schwestern einsetzen. 17 Angenommen, jemand
hat alles, was er in der Welt braucht. Nun sieht er
seinen Bruder oder seine Schwester Not leiden,

a *dass in Jesus ...:* wörtlich *dass Jesus der Christus ist.* Die Aussage ist im Sinn von Joh 11,27; 20,31 zu verstehen; vgl. die anschließenden Sätze.

b Wörtlich *das Salböl,* ebenso für *Geist* in der Fortsetzung; siehe dazu Anmerkung zu Vers 20.

c Wörtlich *weil sein Same in ihm bleibt.* *d* Wörtlich *Bruder;* entsprechend in Vers 13-17; siehe Anmerkung zu 2,9.

2,22 4,2-3; 2 Joh 7 **2,23** 4,15; 2 Joh 9 **2,24** 2,7 S **2,25** Joh 5,24 S **2,27** Joh 14,16 S **2,28** Joh 15,4-5 S; 1 Joh 3,21 S **2,29** 3,7.10 **3,1** 3,10; 4,6; Joh 1,12 S; Röm 8,14-17 **3,2** 1 Kor 13,12; 2 Kor 3,18; Phil 3,21; Kol 3,4 **3,5** (Sünden wegschaffen) 1,7.9; 2,2.12; 4,10; Joh 1,29; 1 Petr 2,24 S; (ohne Sünde) 1 Petr 2,22 S; 3,18; 2 Kor 5,21 **3,6** 3,9; 5,18; Joh 15,4-5 **3,8** Joh 8,44 S; Mt 12,26-29 par **3,10** 2,9.29 **3,11** Joh 13,34 S; 1 Joh 4,11 S **3,12** Gen 4,8; Jud 11 S **3,13** Joh 15,18-19 S **3,14** Joh 5,24 **3,15** Mt 5,21-22; Offb 21,8 **3,16** Gal 1,4 S; Joh 15,13 S **3,17** Dtn 15,7

verschließt aber sein Herz vor ihnen. Wie kann da die Liebe Gottes in ihm bleiben und er in ihr?

Wer liebt, darf auf Erbarmen hoffen

18 Meine Kinder, unsere Liebe darf nicht nur aus schönen Worten bestehen. Sie muss sich in Taten zeigen, die der Wahrheit* entsprechen: der Liebe, die Gott uns erwiesen hat. 19 Daran werden wir erkennen, dass die Wahrheit Gottes unser Leben bestimmt. Damit werden wir auch unser Herz vor Gott beruhigen können, 20 wenn es uns anklagt, weil unsere Liebe doch immer Stückwerk bleibt. Denn wir dürfen wissen: Gott ist größer als unser Herz und weiß alles, er kennt unser Bemühen wie unsere Grenzen.[a]

21 Ihr Lieben, wenn unser Herz uns nicht mehr anklagt, dann können wir mit Zuversicht zu Gott aufschauen. 22 Wir erhalten von ihm, worum wir bitten, weil wir seine Gebote befolgen und tun, was ihm gefällt. 23 Sein Gebot ist: Wir sollen uns zu seinem Sohn* Jesus Christus bekennen[b] und einander so lieben, wie er es uns befohlen hat. 24 Wer Gottes Gebot befolgt, bleibt mit Gott verbunden und Gott mit ihm. Durch den Geist*, den er uns gegeben hat, wissen wir, dass Gott in uns lebt.

GLAUBE UND LIEBE AUF DEM PRÜFSTAND (4,1–5,12)

Unterscheidung der Geister

4 Ihr Lieben, glaubt nicht allen, die vorgeben, Botschaften des Geistes* zu verkünden![c] Prüft sie, ob der Geist Gottes aus ihnen redet. Denn diese Welt* ist voll von falschen Propheten*.

2 An folgendem Merkmal könnt ihr erkennen, ob es sich um den Geist Gottes handelt: Wer bekennt, dass Jesus Christus ein Mensch von Fleisch und Blut wurde, hat den Geist Gottes. 3 Wer das leugnet,[d] aus dem redet nicht der Geist Gottes, sondern der Geist des Antichrist*. Ihr habt gehört, dass er in die Welt kommen soll, und er ist schon da.

4 Aber ihr, meine Kinder, stammt von Gott und habt die falschen Propheten besiegt. Er, der in euch wirkt, ist mächtiger als der, der diese Welt* regiert. 5 Sie stammen aus der Welt und reden die Sprache der Welt. Deshalb hört die Welt auf sie. 6 Aber wir stammen von Gott, und wer Gott kennt, hört auf uns. Wer nicht von Gott stammt, hört nicht auf uns. So können wir den Geist der Wahrheit* vom Geist des Irrtums unterscheiden.

Gottes Liebe zu uns: Quelle der brüderlich-schwesterlichen Liebe

7 Ihr Lieben, wir wollen einander lieben, denn die Liebe kommt von Gott! Wer liebt, hat Gott zum Vater und kennt ihn. 8 Wer nicht liebt, hat Gott nicht erkannt; denn Gott ist Liebe.

9 Dadurch ist Gottes Liebe unter uns offenbar geworden, dass er seinen einzigen Sohn[e] in die Welt sandte. Durch ihn wollte er uns das neue Leben schenken. 10 Das Einzigartige an dieser Liebe ist: Nicht wir haben Gott geliebt, sondern er hat uns geliebt. Er hat seinen Sohn gesandt, damit er durch seinen Tod Sühne leiste für unsere Schuld.

11 Ihr Lieben, wenn Gott uns so sehr geliebt hat, dann müssen auch wir einander lieben. 12 Niemand hat Gott je gesehen. Aber wenn wir einander lieben, lebt Gott in uns. Dann hat seine Liebe bei uns ihr Ziel erreicht. 13 Dass wir in Gott leben und er in uns, wissen wir, weil er uns Anteil an seinem Geist* gegeben hat.

14 Wir haben es selbst gesehen und sind Zeugen dafür, dass der Vater seinen Sohn gesandt hat als den Retter der Welt. 15 Wer sich zu Jesus als dem Sohn Gottes bekennt, in dem lebt Gott und er lebt in Gott. 16 Wir jedenfalls haben erkannt und halten im Glauben daran fest, dass Gott uns liebt. Gott ist Liebe. Wer in der Liebe lebt, lebt in Gott und Gott lebt in ihm.

17 Auch darin hat die Liebe Gottes bei uns ihr Ziel erreicht, dass wir dem Tag des Gerichts voller Zuversicht entgegensehen; denn so wie Christus mit dem Vater verbunden ist, so sind ja auch wir es in dieser Welt*. 18 Die Liebe kennt keine Angst. Wahre Liebe vertreibt die Angst. Wer Angst hat und vor der Strafe zittert, bei dem hat die Liebe ihr Ziel noch nicht erreicht.

19 Wir lieben, weil Gott uns zuerst geliebt hat. 20 Wenn jemand behauptet: »Ich liebe Gott«,

a *er kennt …:* verdeutlichender Zusatz, ebenso zuvor *weil unsere Liebe immer Stückwerk bleibt.* Zu *weiß alles* vgl. Joh 21,17.
b *zu seinem Sohn …:* wörtlich *an den Namen* seines Sohnes … glauben*.*
c Wörtlich *glaubt nicht jedem Geist;* damit ist hier der Geist der Menschen gemeint, der vom Geist Gottes oder vom Teufel inspiriert sein kann. d Zu den im 1. Johannesbrief bekämpften Irrlehrern siehe Sacherklärung »Gnosis«.
e Siehe Sacherklärung »eingeboren(er Sohn)«.

3,18 Jak 2,15-17 **3,21** 2,28; 4,17 **3,22** Joh 15,16 S **3,23** Joh 6,29; 13,34 S **3,24** Joh 15,4-5 S; 1 Joh 4,13 S **4,1** 1 Thess 5,21 S; 1 Joh 2,18 S; Mt 7,15 S **4,2** 1 Kor 12,3 S; Joh 1,14 **4,3** 2,18 S; 2,22 **4,4** 5,5 **4,6** 3,1 S; 2,4 S **4,9-10** Joh 3,16 S **4,10** 2,2; 3,5 S **4,11** 3,11; 4,21; 2 Joh 5; Joh 13,34 S **4,12** Joh 1,18; 1 Joh 2,5; 4,17 **4,13** Joh 14,16 S; Röm 8,4-6.9.14 **4,14** Joh 15,27 S; Joh 4,25 S **4,15** 2,23 **4,16** Joh 15,4-5 S **4,17** 4,12; 3,21 S; Joh 3,18; 5,24-25 **4,20** 2,9 S

und dabei seinen Bruder oder seine Schwester[a]
hasst, dann lügt er. Wenn er seine Glaubensge-
schwister, die er sieht, nicht liebt, dann kann er
Gott, den er nicht sieht, erst recht nicht lieben.
21 Gott gab uns dieses Gebot: Wer ihn liebt, muss
auch seinen Bruder und seine Schwester lieben.

Der Sieg des Glaubens über die Welt

5 Wer glaubt, dass in Jesus der Sohn Gottes er-
schienen ist,[b] hat Gott zum Vater. Und wer
den Vater liebt, der ihn gezeugt hat, wird auch alle
anderen lieben, die vom selben Vater stammen.

2 Doch ob wir die Kinder Gottes auch wirklich
lieben, das erkennen wir daran, dass wir *Gott* lie-
ben, und das heißt: seine Gebote befolgen. 3 Die
Liebe zu Gott ist nur echt, wenn wir nach seinen
Geboten leben. Und seine Gebote sind nicht
schwer zu befolgen; 4 denn alle, die Gott zum
Vater haben, siegen über die Welt.

Der Sieg über die Welt ist schon errungen –
unser Glaube ist dieser Sieg! 5 Denn wer kann
die Welt besiegen? Nur wer im Glauben daran
festhält, dass Jesus der Sohn* Gottes ist!

Drei Zeugen für Jesus Christus

6 Jesus Christus kam zu uns mit dem Wasser sei-
ner Taufe und mit dem Blut seines Todes. Er kam
nicht allein mit dem Wasser, sondern mit Wasser
und mit Blut.[c] Der Geist* bezeugt dies, und der
Geist sagt die Wahrheit.

7 Es gibt also drei Zeugen: 8 den Geist, das
Wasser und das Blut. Die Aussagen dieser drei
Zeugen stimmen überein.

Gott selbst als Zeuge

9 Wenn wir schon die Zeugenaussage von Men-
schen annehmen, dann hat die Zeugenaussage
Gottes noch viel mehr Gewicht. Es ist die Aussa-
ge, mit der Gott für seinen Sohn* eingetreten ist.

10 Wer den Sohn Gottes anerkennt,[d] trägt die-
ses Zeugnis in seinem Herzen. Wer Gott nicht
glaubt, macht ihn zum Lügner; denn er verwirft
die Aussage, die Gott über seinen Sohn gemacht
hat. 11 Diese besagt: Gott hat uns ewiges Leben
gegeben, und wir erhalten dieses Leben durch
seinen Sohn. 12 Wer den Sohn Gottes hat, hat
auch das Leben. Wer aber den Sohn nicht hat,
hat auch das Leben nicht.

BRIEFSCHLUSS UND NACHTRAG
(5,13-21)

Briefschluss

13 Ich habe euch diesen Brief geschrieben, damit
euch aufs Neue bewusst wird: Ihr habt das ewige
Leben, so gewiss ihr euch zu seinem Sohn Jesus
Christus bekennt.[e]

Nachtrag: Das Gebet um Sündenvergebung

14 Wir sind Gott gegenüber voller Zuversicht,
dass er uns hört, wenn wir ihn um etwas bitten,
das seinem Willen entspricht. 15 Und wenn wir
wissen, dass er uns hört bei allem, was wir
bitten, dann wissen wir auch, dass wir schon
haben, worum wir ihn bitten.

16 Wenn jemand sieht, dass sein Bruder oder
seine Schwester[f] eine Sünde tut, eine solche, die
nicht zum Tod führt, dann soll er zu Gott beten,
und Gott wird dem Bruder oder der Schwester
das Leben geben. Das betrifft die, deren Sünden
nicht zum Tod führen.

Es gibt eine Sünde, die den Tod bringt. In ei-
nem solchen Fall sage ich nicht, dass ihr beten
sollt. 17 Jedes Unrecht ist Sünde. Aber nicht jede
Sünde führt zum Tod.

18 Wir wissen: Wer Gott zum Vater hat, sün-
digt nicht; denn der Sohn des Vaters schützt ihn,
und der Teufel kann ihm nicht schaden. 19 Wir
wissen, dass wir von Gott stammen; doch die
ganze Welt ist in der Gewalt des Teufels.

20 Wir wissen aber: Der Sohn* Gottes ist ge-
kommen und hat uns die Augen geöffnet, damit
wir den einzig wahren Gott erkennen. Wir sind
mit dem einzig wahren Gott verbunden, so ge-
wiss wir verbunden sind mit seinem Sohn Jesus
Christus. Der ist der einzig wahre Gott, der ist
das ewige Leben.

21 Meine Kinder, hütet euch vor den falschen
Göttern!

a Wörtlich *seinen Bruder,* ebenso in den folgenden Sätzen; siehe Anmerkung zu 2,9.
b *dass in Jesus ...:* wörtlich *dass Jesus der Christus ist.* Vgl. Anmerkung zu 2,22.
c Im ersten Satz wörtlich *kam durch Wasser und Blut.* Die Aussage richtet sich gegen die in dem Brief bekämpften Irrlehrer. Nach ihnen war es für die Rettung der Menschen allein wichtig, dass der Sohn Gottes in die Welt kam und dort als solcher offenbar wurde (durch die Himmelsstimme bei der Jordantaufe: *Wasser*); der schmachvolle Tod am Kreuz *(Blut)* hatte für sie keinerlei Heilsbedeutung (vgl. Sacherklärung »Gnosis«).
d Wörtlich *Wer an den Sohn Gottes glaubt*.* e *zu seinem Sohn ...:* wörtlich *an den Namen* seines Sohnes ... glaubt*.*
f Wörtlich *sein Bruder,* entsprechend in der Fortsetzung; siehe Anmerkung zu 2,9.

4,21 Mk 12,29-31 par; 1 Joh 4,11 S **5,1** Joh 4,25 S **5,3** Mt 11,30 **5,4** Joh 16,33 **5,5** 4,4; Röm 8,37-39 **5,6** Joh 19,34; 16,13 **5,10** Röm 8,16; Gal 4,6 **5,11-12** Joh 5,24 S **5,13** Joh 20,31 **5,14-15** Joh 15,16 S **5,15** Mk 11,24 **5,16** Mk 3,28-29 par; Joh 16,9; 17,6-9; 1 Joh 3,14-15; Hebr 6,4-6 S; Offb 3,1-2 **5,18** 3,6; (Teufel) Joh 17,15 S **5,19** Joh 12,31; Gal 1,4 **5,20** Joh 1,14.18; 17,3; (der wahre Gott) Joh 20,28 **5,21** 1 Kor 10,14

DER ZWEITE BRIEF VON JOHANNES
(2. Johannesbrief)

Eingangsgruß

1 Vom Ältesten* an die von Gott erwählte Herrin und ihre Kinder:[a] an die Gemeinde, die ich liebe, weil wir miteinander verbunden sind durch die Wahrheit*, die von Gott kommt. Und nicht nur ich allein liebe sie, sondern alle, die Gottes Wahrheit kennen. 2 Denn diese Wahrheit bleibt in uns und wird bei uns sein in Ewigkeit.

3 Gnade, Erbarmen und Frieden* werden mit uns sein von Gott, dem Vater, und von Jesus Christus, dem Sohn* des Vaters, sodass wir auch untereinander in der Wahrheit und in der Liebe verbunden bleiben.

Aufruf zur gegenseitigen Liebe

4 Ich habe mich sehr gefreut, unter deinen Kindern einige zu finden, die in der Wahrheit* leben, nämlich nach dem Gebot, das wir vom Vater empfangen haben. 5 Deshalb bitte ich dich, liebe Herrin, dieses Gebot auch weiterhin zu befolgen. Ich schreibe dir damit nicht ein neues Gebot; es ist ja dasselbe, das wir von Anfang an gehabt haben, und es lautet: Wir sollen einander lieben! 6 Darin besteht die Liebe, dass wir nach den Geboten des Vaters leben, und sein Gebot ist dasselbe, das ihr von Anfang an gehört habt; danach sollt ihr nun auch leben.

Kein »Fortschritt« über Christus hinaus!

7 In der Welt sind nämlich neuerdings viele Verführer unterwegs. Sie leugnen, dass Jesus Christus ein Mensch von Fleisch und Blut wurde.[b] In ihnen ist der große Verführer, der Antichrist*, schon erschienen.

8 Nehmt euch in Acht, damit ihr nicht verliert, was ihr erarbeitet habt,[c] sondern den vollen Lohn bekommt. 9 Wer nicht bei dem bleibt, was Christus gelehrt hat, sondern darüber hinausgeht, hat keine Verbindung mit Gott. Wer sich aber an das hält, was Christus gelehrt hat, hat den Vater und auch den Sohn*.

10 Wenn also jemand zu euch kommt und euch etwas anderes lehrt, dann lasst ihn nicht in euer Haus. Ihr sollt ihn nicht einmal grüßen;[d] 11 denn wer ihn grüßt, ist an seinen schlechten Taten mitbeteiligt.

Briefschluss

12 Ich hätte euch noch viel zu sagen, aber ich möchte es nicht schriftlich tun. Ich hoffe, euch zu besuchen und persönlich mit euch zu sprechen. Dann wird an unserer gemeinsamen Freude nichts mehr fehlen.

13 Die Kinder eurer von Gott erwählten Schwester[e] lassen euch grüßen.

a *Herrin* ist eine ehrenvolle Bezeichnung für die Gemeinde, wie sie damals auch für politische Gemeinwesen gebraucht wurde; die *Kinder* sind die Mitglieder der Gemeinde (so auch in den Versen 4, 5 und 13).
b Vgl. 1 Joh 4,2-3 und Sacherklärung »Gnosis«. *c* Einige Handschriften haben stattdessen *was wir erarbeitet haben.*
d Der Gruß wurde als Segenswunsch verstanden und ausgesprochen: »Frieden sei mit dir!«
e Gemeint ist die Schwestergemeinde; vgl. Vers 1.

1 3 Joh 1 **4** 3 Joh 3 **5-6** 1 Joh 4,11 S; 2,7 **6** 1 Joh 2,5; Joh 14,15 S **7** 1 Joh 4,1-3; 2,18 S **9** (Christus gelehrt) Joh 7,16-17; 12,49; 14,10; 1 Joh 2,23 **10** Röm 16,17 S **12** 3 Joh 13-14

DER DRITTE BRIEF VON JOHANNES
(3. Johannesbrief)

Eingangsgruß

1 Vom Ältesten* an den geliebten Gaius, den ich
liebe, weil wir miteinander verbunden sind
durch die Wahrheit*, die von Gott kommt.
2 Mein Lieber! Ich wünsche dir, dass es dir in
jeder Hinsicht gut geht und du gesund bist, so
wie ich das von deinem inneren Leben weiß.
3 Als unsere Brüder zurückkamen,[a] haben sie
bezeugt, wie treu du zur Wahrheit stehst und in
ihr lebst. Darüber habe ich mich sehr gefreut.
4 Nichts macht mich glücklicher, als zu hören,
dass meine Kinder der Wahrheit gemäß leben.

Aufnahme und Unterstützung wandernder Glaubensboten

5 Mein Lieber, du bist sehr treu in deinen Bemü-
hungen für die Brüder, auch wenn sie aus frem-
den Gemeinden kommen. 6 Die Brüder aus der
unseren[b] haben vor versammelter Gemeinde
von deiner Liebe berichtet. Wenn sie nun erneut
zu euch kommen, dann hilf ihnen, dass sie ihre
Reise so fortsetzen können, wie es Gottes würdig
ist, in dessen Dienst sie stehen. 7 Sie haben sich
auf den Weg gemacht, um die Botschaft von
Christus zu verkünden,[c] und nehmen von den
Ungläubigen keine Unterstützung an. 8 Darum
sind wir verpflichtet, solche Menschen zu unter-
stützen. So helfen wir mit, die Wahrheit* zu ver-
breiten, die von Gott kommt.

Harte Kritik an Diotrephes und Empfehlung für Demetrius

9 Ich habe der Gemeinde einen Brief geschrie-
ben. Aber Diotrephes, der sich für den Wich-
tigsten hält, verweigert die Annahme und ver-
hindert, dass er vorgelesen wird. 10 Wenn ich
komme, werde ich ihm alles vorhalten, was er
getan hat. Er lügt und erzählt unglaubliche Dinge
über uns. Aber das ist noch nicht alles. Er nimmt
die durchreisenden Brüder nicht auf! Und wenn
andere sie aufnehmen wollen, verbietet er es
ihnen und schließt sie aus der Gemeinde aus.
11 Mein Lieber, nimm dir nicht das Schlechte
zum Vorbild, sondern das Gute! Wer Gutes tut,
stammt von Gott. Wer Schlechtes tut, hat ihn nie
gesehen.
12 Demetrius stellen alle ein gutes Zeugnis
aus; die Wahrheit selbst empfiehlt ihn. Auch ich
kann nur das Beste über ihn sagen, und du
weißt, dass meine Empfehlungen immer wahr-
heitsgemäß sind.

Schlussworte

13 Ich hätte dir noch viel zu sagen, aber ich will
es nicht schriftlich tun. 14 Ich hoffe, dich bald zu
sehen, und dann werden wir uns persönlich
über alles aussprechen.
15 Ich wünsche dir Frieden*! Die Freunde hier
lassen grüßen. Grüße die Freunde dort, jeden
persönlich!

a Wörtlich *Als (die) Brüder kamen;* siehe Anmerkung zu Vers 6.
b Wörtlich *Sie.* Im folgenden Satz ist *Wenn sie nun ... kommen* verdeutlichender Zusatz, der der wahrscheinlichsten Deutung entspricht. Wandernde Missionare aus der Gemeinde des »Ältesten« waren von Gaius gastlich aufgenommen worden und sollen das auch künftig werden.
c *um die Botschaft ...:* wörtlich *um des Namens* willen.*

1 2Joh 1 **3** 2Joh 4 **5-8** Hebr 13,2S **6** Tit 3,13 **11** 1Joh 2,29 **13-14** 2Joh 12

DER BRIEF VON JUDAS
(Judasbrief)

Eingangsgruß

1 Judas*, der Jesus Christus dient, ein Bruder von Jakobus, schreibt diesen Brief an alle, die Gott, der Vater, berufen hat und liebt und die er bewahrt für den Tag, an dem Jesus Christus wiederkommt.

2 Erbarmen und Frieden* und Liebe mögen euch in reichem Maß von Gott zuteil werden!

Falsche Lehrer

3 Meine Lieben, eigentlich drängt es mich, euch etwas über die Rettung zu schreiben, auf die wir gemeinsam hoffen. Doch ich sehe, es ist dringlicher, dass ich euch ermahne und euch aufrufe: Tretet entschieden für den überlieferten Glauben ein, der dem heiligen Volk Gottes[a] ein für alle Mal anvertraut worden ist. 4 Denn gewisse Leute haben sich bei euch eingeschlichen, Menschen, die Gott nicht ernst nehmen. Sie deuten die Botschaft von der Gnade unseres Gottes als Freibrief für ein zügelloses Leben und verraten damit Jesus Christus, der allein unser Herr* und Herrscher ist. Gott hat schon längst die Strafe für sie festgesetzt.

5 Obwohl ihr über alles Bescheid wisst, möchte ich euch daran erinnern, dass der Herr zwar zuerst sein Volk aus Ägypten gerettet hat, danach aber hat er alle vernichtet, die ihm nicht glaubten. 6 Denkt auch an die Engel*, die ihre Herrscherwürde preisgegeben und den Wohnsitz verlassen haben, den Gott ihnen angewiesen hatte. Gott hält sie mit dauerhaften Fesseln in tiefer Finsternis gefangen bis zum großen Tag des Gerichts. 7 Und vergesst nicht Sodom* und Gomorra und die umliegenden Städte! Ihre Bewohner haben sich auf ganz ähnliche Weise vergangen wie jene Engel und wollten mit Wesen anderer Art geschlechtlich verkehren.[b] Als warnendes Beispiel für alle sind sie mit ewigem Feuer bestraft worden.

8 Ebenso schänden auch diese Träumer ihre eigenen Körper. Sie wollen nichts davon wissen, dass Gott ihr Herr und Richter ist, und lästern die überirdischen Mächte. 9 Das tat nicht einmal der Engelfürst Michael*, als er dem Teufel gegenüberstand, der ihm den Leichnam Moses streitig machen wollte. Er wagte es nicht, ihn mit beleidigenden Worten zu verurteilen, sondern sagte nur: »Der Herr soll dich strafen!«[c]

10 Aber diese Menschen lästern über alles, wovon sie nichts verstehen – und wovon sie allein etwas verstehen, das bringt ihnen den Untergang: die naturhaften Triebe und Instinkte, die sie mit den vernunftlosen Tieren teilen!

11 Weh ihnen! Sie haben den Weg Kains* eingeschlagen. Des Geldes wegen sind sie auf denselben Abweg geraten wie Bileam*. Wie Korach* haben sie sich durch ihre Auflehnung zugrunde gerichtet.

12 Sie sind ein Schandfleck[d] für eure Liebesmähler*, an denen sie unverfroren teilnehmen und es sich wohl sein lassen. Sie sind wie Hirten, die nur für sich selber sorgen, wie Wolken, die vom Wind vorbeigeweht werden und keinen Regen bringen. Sie sind wie Bäume, die zur Erntezeit ohne Früchte dastehen, Bäume, die abgestorben sind und auch noch umgehauen werden, völlig entwurzelte Bäume! 13 Sie gleichen den Wogen auf dem Meer: Ihre schändlichen Taten treten hervor wie der Schaum auf der Brandung. Sie sind wie aus der Bahn geratene Sterne. Gott hält ihnen einen Platz in der tiefsten Finsternis bereit, wo sie auf ewig bleiben müssen.

14 Henoch, der siebte Nachkomme Adams, hat auch ihnen die Strafe angekündigt, als er

a Wörtlich *den Heiligen**.
b Während die »Gottessöhne« (= Engel) von Gen 6,1-3 Menschenfrauen heirateten, haben in Sodom umgekehrt Menschen den Verkehr mit Engeln gesucht (mit den Boten, die bei Lot eingekehrt waren; Gen 19,5-11).
c Judas bezieht sich hier auf eine jüdische Überlieferung (sog. »Himmelfahrt Moses«), von der in der Bibel sonst nichts erwähnt wird. Zum ganzen Zusammenhang siehe Sacherklärung »Engel«.
d Oder *sind gefährliche Klippen (für euch bei euren …)*.

1 (Judas) Mk 6,3 par **2** 2 Petr 1,2 **3** 1 Tim 1,18 **4-13** 2 Petr 2,1-22 **4** Gal 5,13 **5** Ex 12,51; Num 14,29-30; 1 Kor 10,5 **6** Gen 6,1-3; 1 Petr 3,19-20 **8** Eph 1,21 **9** (Michael) Dan 10,13 S; (strafen) Sach 3,2 **11** (Kain) Gen 4,3-8; 1 Joh 3,12; Hebr 11,4; (Bileam) Num 22,7.17; (Korach) Num 16,1-34 **12** (Hirten) Ez 34,8 **13** Jes 57,20 **14** (Henoch) Hebr 11,5 S; (Engel) Mt 25,31 S

sagte: »Gebt Acht! Der Herr kommt mit vielen
tausend heiligen Engeln, 15 um über alle Men-
schen Gericht zu halten. Alle, die nicht nach
Gott gefragt haben, werden dann verurteilt für
die Taten, mit denen sie sich gegen ihn aufge-
lehnt, und für die frechen Reden, mit denen sie
ihn beleidigt haben.«[a]

16 Diese Menschen haben ständig etwas zu
murren und sind unzufrieden mit ihrem Schick-
sal. Sie folgen ihren Begierden, machen große
Worte und sagen den Menschen Schmeiche-
leien, um sich Vorteile zu verschaffen.

Ermahnung zur Treue und Verhaltensregeln

17 Ihr aber, meine Lieben, sollt euch daran er-
innern, was euch die Apostel* unseres Herrn*
Jesus Christus im Voraus gesagt haben. 18 Sie
haben euch immer wieder eingeschärft: »In der
letzten Zeit werden Spötter auftreten, denen
nichts heilig ist und die nur ihren eigenen
schlimmen Begierden folgen.« 19 Diese Leute
sind es, die Spaltungen hervorrufen. »Sinnes-
menschen«[b] sind sie, den Geist* Gottes haben
sie bestimmt nicht!

20 Ihr aber, meine Lieben, gründet euch auf
den hochheiligen Glauben, den ihr angenom-
men habt. Baut auf diesem Fundament weiter!
Betet in der Kraft des Heiligen Geistes! 21 Bleibt
im Schutz der Liebe Gottes und wartet geduldig
darauf, dass Jesus Christus, unser Herr, wieder-
kommt und euch in seinem Erbarmen das ewige
Leben schenkt.

22 Mit denen, die im Glauben unsicher gewor-
den sind, habt Erbarmen und kümmert euch um
sie.[c] 23 Andere könnt ihr vielleicht gerade noch
aus dem Feuer des Gerichts retten. Mit wieder
anderen sollt ihr zwar Erbarmen haben und für
sie beten, nehmt euch aber in Acht und meidet
jeden Kontakt mit ihnen, selbst mit der von ihrer
sündigen Natur infizierten Kleidung.

Abschließender Lobpreis

24 Gott hat die Macht, euch vor dem Versagen zu
bewahren und dahin zu bringen, wo ihr fehler-
los und voll Freude seine Herrlichkeit sehen wer-
det. 25 Ihm, dem einzigen Gott, der uns rettet
durch Jesus Christus, unseren Herrn*, gehören
Herrlichkeit, Hoheit, Macht und Herrschaft von
Ewigkeit her, jetzt und in alle Ewigkeit! Amen*.

a Zitat aus einer dem Patriarchen Henoch (vgl. Gen 5,21-24) zugeschriebenen jüdischen Schrift aus dem 2./1. Jh. v. Chr. (Äthiop. Henoch 1,9).

b Wörtlich *Psychiker.* So nannten die Anhänger der sog. Gnosis (siehe Sacherklärung) die gewöhnlichen Christen, die nicht über eine höhere Erkenntnis verfügten. Sich selbst betrachteten sie als »Geistmenschen« (Pneumatiker). Für solche Geistmenschen hielten sich vermutlich auch die hier bekämpften Irrlehrer, während sie sich aufgrund ihres Lebenswandels als das genaue Gegenteil erweisen.

c *und kümmert ...:* verdeutlichender Zusatz, ebenso *und für sie beten* im folgenden Vers. Das geforderte Erbarmen soll ganz konkret sein, aber die Grenzen einhalten.

15 Röm 2,6 S **17-19** 2 Petr 3,2-3 **18-19** 2 Tim 3,1 S; 3,2-8; (Geist) Gal 5,22-25 **20** Kol 2,7 **23** Sach 3,2 **24** 1 Thess 5,23; Phil 1,10; 2 Petr 3,14

DIE OFFENBARUNG AN JOHANNES
(Offenbarung)

Inhaltsübersicht

Über dieses Buch

1 In diesem Buch ist die Offenbarung aufgeschrieben, die Jesus Christus von Gott empfangen hat, damit er denen, die ihm dienen, zeigt, was sich in Kürze ereignen muss.

Jesus Christus sandte seinen Engel* zu seinem Diener Johannes und machte ihm dies
alles bekannt. 2 Johannes bezeugt hier die Botschaft, die von Gott kommt und für die Jesus Christus als Zeuge einsteht: alles, was er gesehen hat.

3 Freuen darf sich, wer die prophetischen Worte in diesem Buch anderen vorliest, und freuen dürfen sich alle, die sie hören und beherzigen; denn die Zeit ist nahe, dass alles hier Angekündigte eintrifft.

BRIEFLICHE ERÖFFNUNG (1,4-20)

Grüße an die sieben Gemeinden

4 Johannes schreibt an die sieben Gemeinden in der Provinz Asien*.

Gnade und Frieden* sei mit euch von Gott
– von ihm, der *ist* und der *war* und der *kommt* –
und von den sieben Geistern vor seinem Thron [a]
5 und von Jesus Christus, dem treuen Zeugen,
der als erster von allen Toten
zu neuem Leben geboren worden ist
und über die Könige der Erde herrscht.
Ihm, der uns liebt,
ihm, der sein Blut* für uns vergossen hat,
um uns von unseren Sünden freizukaufen,
6 der uns zu Königen [b] gemacht hat
und zu Priestern,
die seinem Gott und Vater dienen dürfen:
Ihm gehört die Herrlichkeit* und Macht
für alle Ewigkeit! Amen.

7 Gebt Acht, er kommt mit den Wolken! Alle werden ihn sehen, auch die, die ihn durchbohrt haben. Alle Völker der Erde werden seinetwegen jammern und klagen; das ist gewiss. Amen*!

8 »Ich bin das A und das O [c] – der *ist* und der *war* und der *kommt*, der Herrscher der ganzen Welt«, sagt Gott, der Herr.

Der Auftrag an Johannes

9 Ich, Johannes, euer Bruder, teile mit euch die Bedrängnis und die Hoffnung auf Gottes neue Welt [d] und die Standhaftigkeit, die Jesus uns schenkt. Ich wurde auf die Insel Patmos verbannt, weil ich die Botschaft Gottes verkündet habe, alles, wofür Jesus als Zeuge einsteht.

10 Am Tag des Herrn [e] nahm der Geist* Gottes
von mir Besitz. Ich hörte hinter mir eine laute
Stimme, die wie eine Posaune* klang. 11 Sie
sagte: »Schreib das, was du siehst, in ein Buch, und schicke es an die sieben Gemeinden in Ephesus, Smyrna, Pergamon, Thyatira, Sardes, Philadelphia und Laodizea!«

a Die Zahl Sieben deutet auf Vollständigkeit (Wochentage; vgl. Gen 2,1-3); die *sieben Geister* sind bildhafter Ausdruck für die Fülle des *einen* Gottesgeistes (siehe Sacherklärung »Geist Gottes«). *b* Wörtlich *zum Königtum*. Dass es um die Berufung zur Herrschaft geht, zeigt sich in 5,10, wo der gleiche Ausdruck steht und erweitert wird. Vgl. auch Ex 19,6; Jes 61,6; 1 Petr 2,9.
c Wörtlich *das Alpha und das Omega*. Alpha ist der erste und Omega der letzte Buchstabe des griechischen Alphabets.
d die Hoffnung ...: wörtlich *die Königsherrschaft**. *e Tag des Herrn:* wörtlich *der dem Herrn* (= Christus) *gehörende/geweihte Tag;* später die allgemein übliche Benennung des christlichen Sonntags.

1,1 (in Kürze) 22,6 **1,3** 14,13 **1,4** (ist/war/kommt) 1,8; 4,8; 11,17; 16,5; (sieben Geister) 3,1; 4,5; 5,6 **1,5** (erster) Kol 1,18 S; (Blut) 1 Joh 1,7 S **1,6** 20,4.6; 22,5; Röm 5,17; (Priester) Ex 19,6; Jes 61,6; 1 Petr 2,5.9; Offb 5,10; 7,15; 20,6; 22,3b **1,7** Mk 13,26 S; (durchbohrt) Sach 12,10; Joh 19,34.37 **1,8** Jes 44,6 S; Offb 1,17; 2,8; 21,6; 22,13 **1,10** 4,2; 17,3; 21,10; Ez 8,3

12 Ich wandte mich um und wollte sehen, wer
zu mir sprach. Da erblickte ich sieben goldene
Leuchter. 13 In ihrer Mitte stand jemand, der aus-
sah wie der Sohn eines Menschen.[a] Er trug ein
langes Gewand und hatte ein breites goldenes
Band um die Brust. 14 Sein Kopf und sein Haar
strahlten wie weiße Wolle, ja wie Schnee.[b] Seine
Augen brannten wie Flammen. 15 Seine Füße
glänzten wie gleißendes Gold, das im Schmelz-
ofen glüht, und seine Stimme klang wie das
Tosen des Meeres. 16 Er hielt sieben Sterne in
seiner rechten Hand,[c] und aus seinem Mund
kam ein scharfes, beidseitig geschliffenes
Schwert. Sein Gesicht leuchtete wie die Sonne
am Mittag.

17 Als ich ihn sah, fiel ich wie tot vor seinen
Füßen zu Boden. Er legte seine rechte Hand auf
mich und sagte: »Hab keine Angst! Ich bin der
Erste und der Letzte. 18 Ich bin der Lebendige!
Ich war tot, doch nun lebe ich in alle Ewigkeit.
Ich habe Macht über den Tod und die Toten-
welt*.[d]

19 Schreib alles auf, was du soeben gesehen
hast und was dir noch offenbart wird über die
Gegenwart und über das, was in Zukunft gesche-
hen wird.

20 Du siehst die Sterne in meiner rechten
Hand und die sieben goldenen Leuchter. Ich sage
dir, was sie bedeuten: Die sieben Sterne sind die
Engel* der sieben Gemeinden und die sieben
Leuchter sind die Gemeinden selbst.«

MAHNUNG FÜR DIE GEGENWART: BRIEFE AN DIE SIEBEN GEMEINDEN (Kapitel 2–3)

An die Gemeinde in Ephesus

2 »Schreibe an den Engel* der Gemeinde in
Ephesus:

So spricht Er, der die sieben Sterne in seiner
rechten Hand hält und zwischen den sieben gol-
denen Leuchtern einhergeht:

2 Ich weiß von all dem Guten, das ihr tut: von
eurem Einsatz und eurer Ausdauer. Von eurem
Einsatz: Ihr duldet niemand unter euch, der
Böses tut; und die Leute, die sich als Apostel*
ausgeben, aber keine sind, habt ihr geprüft und
als Lügner entlarvt. 3 Und von eurer Ausdauer:
Um meinetwillen habt ihr gelitten und doch
nicht aufgegeben.

4 Aber etwas habe ich an euch auszusetzen:
Eure Liebe ist nicht mehr so wie am Anfang.
5 Bedenkt, von welcher Höhe ihr herabgestürzt
seid! Kehrt um und handelt wieder so wie zu Be-
ginn! Wenn ihr euch nicht ändert, werde ich zu
euch kommen und euren Leuchter von seinem
Platz stoßen. 6 Doch eins spricht für euch: Ihr hasst
das Treiben der Nikolaïten* genauso wie ich.

7 Wer Ohren hat, soll hören, was der Geist*
den Gemeinden sagt!

Allen, die durchhalten und den Sieg erringen,
gebe ich vom Baum des Lebens zu essen, der im
Garten Gottes steht.«

An die Gemeinde in Smyrna

8 »Schreibe an den Engel* der Gemeinde in
Smyrna:

So spricht Er, der der Erste und der Letzte ist,
der tot war und wieder lebt:

9 Ich weiß, dass ihr unterdrückt werdet und
dass ihr arm seid. Aber in Wirklichkeit seid ihr
reich! Ich kenne auch die üblen Nachreden, die
von Leuten über euch verbreitet werden, die sich
als Angehörige des Gottesvolkes[e] ausgeben.
Aber das sind sie nicht, sondern sie gehören zur
Synagoge des Satans*. 10 Habt keine Angst we-
gen der Dinge, die ihr noch erleiden müsst. Der
Teufel wird einige von euch ins Gefängnis wer-
fen, um euch auf die Probe zu stellen. Zehn Tage
lang werden sie euch verfolgen. Haltet in Treue
durch, auch wenn es euch das Leben kostet.
Dann werde ich euch als Siegespreis ewiges
Leben schenken.

11 Wer Ohren hat, soll hören, was der Geist*
den Gemeinden sagt!

Allen, die durchhalten und den Sieg erringen,
wird der zweite und endgültige Tod nichts an-
haben.«

An die Gemeinde in Pergamon

12 »Schreibe an den Engel* der Gemeinde in Per-
gamon:

So spricht Er, der das scharfe, beidseitig
geschliffene Schwert hat:

13 Ich weiß, wo ihr wohnt: dort, wo der Thron

a Vgl. Dan 7,13 und die Anmerkung dort. *b* Mit diesen Worten wird in Dan 7,9 Gott beschrieben.
c Vgl. Sacherklärung »Morgenstern«; ebenso in 2,1 und 3,1.
d *Macht über...:* wörtlich *die Schlüssel des Todes und der ...*
e Wörtlich *als Juden.*

1,12 Sach 4,2.10b **1,13** Dan 7,13 S; Offb 14,14 **1,15** Ez 1,24; 43,2 **1,16** (Schwert) 2,12.16; 19,15.21; Hebr 4,12 S **1,17** Dan 8,17 S; Offb 1,8 S **1,18** Röm 14,9; 1 Kor 15,25-26 **1,19** 4,1 **2,1** 1,16.20; Eph 1,1 S **2,2** 2 Kor 11,13; 1 Joh 4,1 **2,7** (Baum des Lebens) 22,2.14.19; Gen 2,8-9; 3,22 **2,8** 1,8 S; 1,18 **2,9** Jak 2,5; 2 Kor 6,10; (Satan) Offb 3,9; 2 Kor 11,14-15 **2,10** Mt 10,28 par; 1 Kor 9,24-25 S **2,11** (zweiter Tod) 20,6.14; 21,8 **2,12** 1,16 S

des Satans[a] steht. Und doch haltet ihr am Bekenntnis zu meinem Namen fest und habt euren Glauben an mich nicht widerrufen, nicht einmal, als mein treuer Zeuge Antipas bei euch getötet wurde, dort, wo der Satan wohnt.

14 Trotzdem habe ich einiges an euch auszusetzen: Bei euch gibt es Anhänger der Lehre Bileams*. Der stiftete Balak an, die Israeliten zur Sünde zu verführen. Da aßen sie Fleisch vom Götzenopfer* und trieben Unzucht. 15 Solche Leute gibt es auch bei euch – solche, die der Lehre der Nikolaïten* folgen. 16 Kehrt um! Sonst komme ich in Kürze über euch und werde gegen diese Leute mit dem Schwert aus meinem Mund Krieg führen.

17 Wer Ohren hat, soll hören, was der Geist* den Gemeinden sagt!

Allen, die durchhalten und den Sieg erringen, werde ich von dem verborgenen Manna* zu essen geben. Jeder und jede von ihnen wird einen weißen Stein bekommen; darauf steht ein neuer Name, den nur die kennen, die ihn empfangen.«

An die Gemeinde in Thyatira

18 »Schreibe an den Engel* der Gemeinde in Thyatira:

So spricht der Sohn* Gottes, dessen Augen wie Feuer glühen und dessen Füße glänzen wie gleißendes Gold:

19 Ich weiß von all dem Guten, das ihr tut: von eurer Liebe, eurer Glaubenstreue, eurem Dienst füreinander, eurer Standhaftigkeit. Ich weiß auch, dass ihr in all dem jetzt noch eifriger seid als früher.

20 Aber eins habe ich an euch auszusetzen: Ihr duldet diese Isebel*, die sich als Prophetin* ausgibt. Mit ihrer Lehre verführt sie meine Diener und Dienerinnen,[b] Unzucht zu treiben und Fleisch von Tieren zu essen, die als Götzenopfer* geschlachtet worden sind. 21 Ich habe ihr Zeit gelassen, sich zu ändern; aber sie will ihr zuchtloses Leben nicht aufgeben.[c] 22 Darum werde ich sie aufs Krankenbett werfen. Alle, die sich mit ihr eingelassen haben, werden Schlimmes durchmachen müssen, wenn sie nicht den Verkehr mit dieser Frau abbrechen. 23 Denn auch sie alle[d] werde ich töten durch die Pest. Dann werden alle Gemeinden wissen, dass ich die geheimsten Gedanken und Wünsche der Menschen kenne. Ich werde mit jedem von euch nach seinen Taten verfahren.

24 Den anderen in Thyatira, die dieser falschen Lehre nicht gefolgt sind und die so genannten ›Tiefen des Satans‹[e] nicht kennen gelernt haben, sage ich: Ich will euch keine weiteren Einschränkungen auferlegen.[f] 25 Aber haltet fest, was ihr habt, bis ich komme!

26 Allen, die den Sieg erringen und sich bis zuletzt an das halten, was ich gelehrt und vorgelebt habe, werde ich Macht über die Völker geben; 27 sie werden die Völker mit eisernem Zepter regieren und zerschlagen wie Tontöpfe. 28 Es ist dieselbe Macht, die ich von meinem Vater bekommen habe; und als Zeichen dieser Macht werde ich ihnen den Morgenstern* geben.

29 Wer Ohren hat, soll hören, was der Geist* den Gemeinden sagt!«

An die Gemeinde in Sardes

3 »Schreibe an den Engel* der Gemeinde in Sardes:

So spricht Er, dem die sieben Geister* Gottes dienen und der die sieben Sterne in der Hand hält:

Ich kenne euer Tun. Ich weiß, dass ihr in dem Ruf steht, eine lebendige Gemeinde zu sein; aber in Wirklichkeit seid ihr tot. 2 Werdet wach und stärkt den Rest, der noch Leben hat, bevor er vollends stirbt. Was ich bei euch an Taten vorgefunden habe, kann in den Augen meines Gottes nicht bestehen.

3 Erinnert euch daran, wie ihr die Botschaft anfangs gehört und aufgenommen habt! Richtet euch nach ihr und lebt wieder wie damals! Wenn ihr nicht aufwacht und wach bleibt, werde ich euch wie ein Dieb überraschen; ihr werdet nicht wissen, in welcher Stunde ich über euch komme.

4 Aber einige von euch in Sardes haben sich[g] nicht beschmutzt. Sie werden weiße Kleider tragen und immer bei mir sein; denn sie sind es wert.

5 Alle, die durchhalten und den Sieg erringen,

a In Pergamon gab es viele Tempel, die griechischen Göttern geweiht waren. Beim *Thron des Satans** geht es aber vermutlich um Tempel zu Ehren der Stadt Rom und des römischen Kaisers. Durch diesen Kult waren die Christen besonders gefährdet.
b Wörtlich *Diener;* dabei ist jedoch die ganze christliche Gemeinde im Blick.
c Der Vorwurf ist derselbe wie in Vers 14; vgl. Sacherklärung »Nikolaïten«.
d Wörtlich *ihre Kinder.*
e Die Angegriffenen nahmen vermutlich in Anspruch, die »Tiefen der Gottheit« zu erforschen. Johannes bezeichnet ihre Erkenntnis als Teufelswissen.
f Entgegen dem Treiben der Irrlehrer (Vers 20) sollen die in Apg 15,28-29 genannten *Einschränkungen* verbindlich bleiben.
g Wörtlich *ihre Gewänder;* das Gewand ist das Sichtbare am Menschen und steht für die ganze Person (vgl. unsere Redewendung »eine reine Weste haben«).

2,14 2,20; Num 31,16; 25,1-3 **2,15** 2,6 **2,16** 3,11 S; 1,16 S **2,17** Ps 78,23-25; Joh 6,48-51 **2,18** 1,14-15 **2,20** 1 Kön 16,31; 2 Kön 9,22; (Götzenopfer) Num 25,1-8; Apg 15,20 S **2,23** 22,12 S **2,25** 3,11 S **2,26-27** 12,5; 19,15; Ps 2,8-9 **2,28** 22,16 **3,1** 1,4 S; 1,16 **3,3** Mt 24,43 S **3,4-5** 6,11 S **3,5** (Buch) 13,8; 17,8; 20,12b.15; 21,27; Ex 32,32 S; Phil 4,3; Hebr 12,23

werden solch ein weißes Kleid tragen. Ich will ihren Namen nicht aus dem Buch des Lebens streichen. Vor meinem Vater und seinen Engeln* werde ich mich offen zu ihnen bekennen.

6 Wer Ohren hat, soll hören, was der Geist* den Gemeinden sagt!«

An die Gemeinde in Philadelphia

7 »Schreibe an den Engel* der Gemeinde in Philadelphia:

So spricht Er, der heilig ist und Treue hält, Er, der den Schlüssel Davids* hat – wo Er öffnet, kann niemand zuschließen, und wo Er zuschließt, kann niemand öffnen –, Er lässt euch sagen:

8 Ich kenne euer Tun. Ich habe euch eine Tür geöffnet, die niemand zuschließen kann. Eure Kraft ist nur klein. Trotzdem habt ihr euch nach meinem Wort gerichtet und das Bekenntnis zu mir nicht widerrufen.

9 Hört zu! Ich werde Menschen zu euch schicken, die zur Synagoge des Satans* gehören. Sie behaupten, dass sie zum Volk Gottes zählen;[a] das stimmt aber nicht, sie lügen. Ich werde dafür sorgen, dass sie sich vor euch niederwerfen und anerkennen, dass ich euch erwählt habe und liebe.

10 Ihr habt mein Wort beherzigt, mit dem ich euch zum Durchhalten aufrief. Darum werde ich euch in der Zeit der Versuchung bewahren, die demnächst über die ganze Erde kommen und alle Menschen auf die Probe stellen wird. 11 Ich komme bald! Haltet fest, was ihr habt, damit euch niemand den Siegeskranz* streitig macht!

12 Alle, die durchhalten und den Sieg erringen, werde ich zu einer Säule im Tempel meines Gottes machen, und sie werden immer darin bleiben. Ich werde den Namen meines Gottes auf sie schreiben und den Namen der Stadt meines Gottes. Diese Stadt ist das neue Jerusalem, das von meinem Gott aus dem Himmel herabkommen wird. Ich werde auch meinen eigenen neuen Namen auf sie schreiben.

13 Wer Ohren hat, soll hören, was der Geist* den Gemeinden sagt!«

An die Gemeinde in Laodizea

14 »Schreibe an den Engel* der Gemeinde in Laodizea:

So spricht Er, der Amen* heißt, der treue und wahrhaftige Zeuge, der vor allem da war, was Gott geschaffen hat:

15 Ich kenne euer Tun: Ihr seid weder warm noch kalt. Wenn ihr wenigstens eins von beiden wärt! 16 Aber ihr seid weder warm noch kalt; ihr seid lauwarm. Darum werde ich euch aus meinem Mund ausspucken. 17 Ihr sagt: ›Wir sind reich und bestens versorgt; uns fehlt nichts.‹ Aber ihr wisst nicht, wie unglücklich und bejammernswert ihr seid, elend, blind und nackt.

18 Ich rate euch: Kauft von mir Gold, das im Feuer gereinigt wurde; dann werdet ihr reich! Kauft euch weiße Kleider, damit ihr nicht nackt dasteht und euch schämen müsst! Kauft euch Salbe für eure Augen, damit ihr sehen könnt! 19 Alle, die ich liebe, weise ich zurecht und erziehe sie streng. Macht also Ernst und kehrt um!

20 Gebt Acht, ich stehe vor der Tür und klopfe an! Wenn jemand meine Stimme hört und die Tür öffnet, werde ich bei ihm einkehren. Ich werde mit ihm das Mahl halten und er mit mir.

21 Alle, die durchhalten und den Sieg erringen, erhalten von mir das Recht, mit mir auf meinem Thron zu sitzen, so wie ich selbst den Sieg errungen habe und nun mit meinem Vater auf seinem Thron sitze.

22 Wer Ohren hat, soll hören, was der Geist* den Gemeinden sagt!«

BLICK IN DIE ZUKUNFT: DAS GERICHT ÜBER DIE ALTE WELT UND DIE ERSCHAFFUNG DER NEUEN (4,1–22,5)

4 Danach blickte ich auf, da sah ich im Himmel eine offene Tür. Die Stimme, die vorher zu mir gesprochen hatte und die wie eine Posaune* klang, sagte: »Komm herauf! Ich werde dir zeigen, was in Zukunft geschehen muss.«

Vorspiel im Himmel (1): Der Schöpfer der Welt steht bereit, seine Herrschaft in der Welt endgültig durchzusetzen

2 Sofort nahm der Geist* von mir Besitz und ich sah: Im Himmel stand ein Thron, und auf dem Thron saß einer. 3 Er strahlte wie die Edelsteine Jaspis und Karneol. Über dem Thron stand ein Regenbogen, der leuchtete wie ein Smaragd. 4 Um den Thron standen im Kreis vierundzwanzig andere Throne, darauf saßen vierundzwanzig Älteste*. Sie trugen weiße Kleider und gol-

a Wörtlich *dass sie Juden seien.*

3,7 Jes 22,22; Mt 16,19 **3,9** 2,9 S **3,10** Lk 21,19; 2 Petr 2,9 S **3,11** (bald) 2,16; 22,7.12.20; (Siegeskranz) 1 Kor 9,24-25 S **3,12** (Name Gottes) 14,1; 22,4; (Stadt) 21,2 S **3,14** 2 Kor 1,20; (Zeuge) Offb 1,5 **3,17** 1 Kor 4,8 **3,18** 6,11 S **3,19** Hebr 12,5-6 S **3,20** Joh 14,23; Mt 8,11 par **3,21** 1,6 S; Hebr 8,1 S **4,1** 19,11; 1,10; (in Zukunft) 1,19 **4,2** 1,10 S; (Thron) 5,7 S; Ps 11,4 S **4,4** (Älteste) Jes 24,23; Offb 5,5.8.10; 7,11.13; 11,16; 14,3; 19,4; (weiß) Offb 6,11 S

dene Kronen*. 5 Von dem Thron gingen Blitze
aus und dröhnende Donnerschläge. Vor dem
Thron brannten sieben Fackeln, das sind die sie-
ben Geister* Gottes. 6 Im Vordergrund war et-
was wie ein gläsernes Meer, so klar wie Kristall.

In der Mitte, in einem inneren Kreis um den
Thron, waren vier mächtige Gestalten*, die nach
allen Seiten voller Augen waren. 7 Die erste sah
aus wie ein Löwe, die zweite wie ein Stier, die
dritte hatte ein Gesicht wie ein Mensch, und die
vierte glich einem fliegenden Adler. 8 Jede der
vier Gestalten hatte sechs Flügel, die innen und
außen mit Augen bedeckt waren. Tag und Nacht
rufen sie unaufhörlich:

»Heilig, heilig, heilig ist der Herr,
der Gott, der die ganze Welt regiert,
der war und der ist und der kommt!«

9–10 Immer wieder riefen die vier mächtigen Ge-
stalten Preis, Ehre und Dank aus für den, der auf
dem Thron sitzt und in alle Ewigkeit lebt. Und
jedes Mal, wenn sie das taten, warfen sich die
vierundzwanzig Ältesten nieder vor dem, der
auf dem Thron sitzt, und beteten den an, der in
alle Ewigkeit lebt. Sie legten ihre Kronen vor
dem Thron nieder und sagten:

11 »Würdig bist du,
unser Herr und Gott,
dass alle dich preisen und ehren
und deine Macht anerkennen.
Denn du hast die ganze Welt geschaffen;
weil du es gewollt hast, ist sie entstanden.«

Vorspiel im Himmel (2): Die Buchrolle mit den sieben Siegeln und die Ermächtigung des Lammes, die Siegel zu lösen

5 In der rechten Hand dessen, der auf dem
Thron saß, sah ich eine Buchrolle*. Sie war
innen und außen beschrieben und mit sieben
Siegeln verschlossen. 2 Und ich sah einen mächti-
gen Engel*, der mit lauter Stimme fragte: »Wer
ist würdig, die Siegel aufzubrechen und das Buch
zu öffnen?« 3 Aber es gab niemand, der es öffnen
und hineinsehen konnte, weder im Himmel
noch auf der Erde noch unter der Erde.

4 Ich weinte sehr, weil niemand gefunden
wurde, der würdig war, das Buch zu öffnen und
hineinzusehen. 5 Da sagte einer der Ältesten* zu
mir: »Hör auf zu weinen! Der Löwe aus dem
Stamm Juda und Nachkomme[a] Davids* hat den
Sieg errungen. Er ist würdig; er wird die sieben
Siegel aufbrechen und das Buch öffnen.«

6 Da sah ich direkt vor dem Thron, umgeben
von den vier mächtigen Gestalten* und vom
Kreis der Ältesten, ein Lamm stehen. Es sah aus,
als ob es geschlachtet wäre. Es hatte sieben
Hörner und sieben Augen; das sind die sieben
Geister* Gottes, die in die ganze Welt gesandt
worden sind.

7 Das Lamm ging zu dem, der auf dem Thron
saß, und nahm die Buchrolle aus seiner rechten
Hand. 8 Und als es sie genommen hatte, warfen
sich die vier mächtigen Gestalten und die vier-
undzwanzig Ältesten vor dem Lamm nieder.
Jeder Älteste hatte eine Harfe und eine goldene
Schale mit Weihrauch*; das sind die Gebete der
Menschen, die zu Gottes heiligem Volk ge-
hören.[b] 9 Sie sangen ein neues Lied:

»Du bist würdig, das Buch zu nehmen
und seine Siegel aufzubrechen!
Denn du wurdest als Opfer* geschlachtet,
und mit deinem vergossenen Blut*
hast du Menschen für Gott erworben,
Menschen aus allen Sprachen und Stämmen,
aus allen Völkern und Nationen.
10 Zu Königen hast du sie gemacht
und zu Priestern für unseren Gott;
und sie werden über die Erde herrschen.«

11 Dann sah und hörte ich Tausende und Aber-
tausende von Engeln, eine unübersehbare Zahl.
Sie standen rund um den Thron und die vier
mächtigen Gestalten und die Ältesten 12 und
riefen mit lauter Stimme:

»Würdig ist das geopferte Lamm,
Macht zu empfangen, Reichtum und Weisheit,
Kraft und Ehre, Ruhm und Preis!«

13 Und alle Geschöpfe in der Luft, auf der Erde,
unter der Erde und im Meer – alles, was in der
Welt lebt – hörte ich laut mit einstimmen:

»Preis und Ehre, Ruhm und Macht
gehören ihm, der auf dem Thron sitzt,
und dem Lamm, für alle Ewigkeit.«

14 Die vier mächtigen Gestalten antworteten:
»Amen!« Und die Ältesten fielen nieder und
beteten an.

a Wörtlich *Wurzel(spross)*; vgl. Jes 11,1.10. b Wörtlich *die Gebete der Heiligen**.

4,5 (Blitze) Ex 19,16; Ez 1,13-14; Offb 8,5; 11,19; 16,18; 17,9; (sieben) Offb 15,1 S; Sach 4,2.10b; (Geister) Offb 1,4 S **4,6** 15,2; Ez 1,22 **4,7** Ez 1,5-12; 10,14 **4,8** Jes 6,2-3; Ez 1,18; 10,12-13 **5,1** 5,7 S; Ez 2,9-10; Dan 12,4 **5,5** (Älteste) 4,4 S; (Löwe) Gen 49,9; (Nachkomme Davids) Mt 20,30-31 S **5,6** (Lamm) 5,9.12; 6,1-17; 7,17; 12,11; 13,8; Joh 1,29 S **5,7** (der auf dem Thron) 4,2.9; 5,1.13; 6,16; 7,10.15; 19,4; 20,10; 21,5; 1 Kön 22,19 S; Ez 1,26-28 **5,8** 8,3-4; Ps 141,2 **5,9** Ps 96,1 S **5,10** 1,6 S **5,11** Dan 7,10; Hebr 12,22 **5,13** Phil 2,10; Ps 150,6

DIE ÖFFNUNG DER SIEBEN SIEGEL (6,1–8,5)

Die Öffnung der ersten sechs Siegel

6 Dann sah ich, wie das Lamm das *erste* von den sieben Siegeln aufbrach. Und ich hörte, wie eine der vier mächtigen Gestalten* mit Donnerstimme sagte: »Komm!« 2 Ich schaute hin, da kam ein weißes Pferd. Sein Reiter hatte einen Bogen und erhielt eine Krone*. Als Sieger zog er aus, um zu siegen.

3 Dann brach das Lamm das *zweite* Siegel auf. Ich hörte, wie die zweite der mächtigen Gestalten sagte: »Komm!« 4 Da kam ein anderes Pferd hervor, ein feuerrotes. Sein Reiter wurde ermächtigt, den Frieden von der Erde zu nehmen, damit sich die Menschen gegenseitig töteten. Dazu wurde ihm ein großes Schwert gegeben.

5 Dann brach das Lamm das *dritte* Siegel auf. Ich hörte, wie die dritte der mächtigen Gestalten sagte: »Komm!« Ich schaute hin, da kam ein schwarzes Pferd. Sein Reiter hielt eine Waage in der Hand. 6 Aus dem Kreis der vier mächtigen Gestalten hörte ich eine Stimme rufen: »Eine Ration Weizen oder drei Rationen Gerste für den Lohn eines ganzen Tages.[a] Nur Öl und Wein zum alten Preis!«

7 Dann brach das Lamm das *vierte* Siegel auf. Ich hörte, wie die vierte der mächtigen Gestalten sagte: »Komm!« 8 Ich schaute hin, da kam ein leichenfarbenes Pferd. Sein Reiter hieß Tod, und die Totenwelt* folgte ihm auf den Fersen. Ein Viertel der Erde wurde in ihre Macht gegeben. Durch das Schwert, durch Hunger, Seuchen und wilde Tiere sollten sie die Menschen töten.

9 Dann brach das Lamm das *fünfte* Siegel auf. Da sah ich am Fuß des Altars die Seelen* der Menschen, die man umgebracht hatte, weil sie an Gottes Wort festgehalten hatten – an all dem, wofür Jesus Christus als Zeuge einsteht. 10 Sie riefen mit lauter Stimme: »Herr, du bist heilig und hältst, was du versprichst! Wie lange soll es noch dauern, bis du die Bewohner der Erde vor Gericht rufst und Vergeltung an ihnen übst, weil sie unser Blut vergossen haben?« 11 Sie alle erhielten weiße Gewänder, und es wurde ihnen gesagt: »Gebt noch für kurze Zeit Ruhe, denn eure Zahl ist noch nicht voll. Von euren Brüdern und Schwestern,[b] die Gott dienen genau wie ihr, müssen noch so viele getötet werden, wie Gott bestimmt hat.«

12 Ich sah, wie das Lamm das *sechste* Siegel aufbrach. Da gab es ein gewaltiges Erdbeben. Die Sonne wurde schwarz wie ein Trauerkleid und der ganze Mond wurde blutrot. 13 Wie unreife Feigen, die ein starker Wind vom Baum schüttelt, fielen die Sterne vom Himmel auf die Erde. 14 Der Himmel verschwand wie eine Buchrolle*, die zusammengerollt wird.[c] Weder Berg noch Insel blieben an ihren Plätzen. 15 Alle Menschen versteckten sich in Höhlen und zwischen den Felsen der Berge: die Könige und Herrscher, die Heerführer, die Reichen und Mächtigen und alle Sklaven und Freien. 16 Sie riefen den Bergen und Felsen zu: »Fallt auf uns und verbergt uns vor dem Blick dessen, der auf dem Thron sitzt, und vor dem Zorn des Lammes! 17 Der große Tag, an dem sie Gericht halten, ist gekommen. Wer kann da bestehen?«

Die 144 000 mit dem Siegel Gottes Gekennzeichneten auf der Erde …

7 Danach sah ich an den vier Enden der Erde vier Engel* stehen. Sie hielten die vier Winde zurück, damit kein Wind auf der Erde, auf dem Meer und in den Bäumen wehte.

2 Von dorther, wo die Sonne aufgeht, sah ich einen anderen Engel emporsteigen, er hatte das Siegel des lebendigen Gottes in der Hand. Mit lauter Stimme wandte er sich an die vier Engel, denen Gott die Macht gegeben hatte, dem Land und dem Meer Schaden zuzufügen, 3 und sagte: »Verwüstet weder das Land noch das Meer noch die Bäume! Erst müssen wir die Diener und Dienerinnen[d] unseres Gottes mit dem Siegel auf der Stirn kennzeichnen.«

4 Und ich hörte, wie viele mit dem Siegel gekennzeichnet wurden. Es waren hundertvierundvierzigtausend aus allen Stämmen des Volkes Israel:

5 zwölftausend vom Stamm Juda,
zwölftausend vom Stamm Ruben,
zwölftausend vom Stamm Gad,
6 zwölftausend vom Stamm Ascher,
zwölftausend vom Stamm Naftali,

a *Ration/Rationen:* Das griechische Wort bezeichnet die Tagesration für einen Einzelnen. Verglichen mit den damals üblichen Preisen ergibt sich eine acht- bis zwölffache Verteuerung.

b *Brüdern und Schwestern* steht für ein einziges griechisches Wort, das als Mehrzahlform nicht nur, wie herkömmlich übersetzt, die »Brüder« bezeichnet, sondern auch je nach Zusammenhang die gesamte Gemeinde aus Männern und Frauen (siehe dazu Sacherklärung »Bruder«).

c Den Himmel stellte man sich als Gewölbe oder Zelt über der Erde vor.

d Wörtlich *Diener;* siehe Anmerkung zu 2,20.

6,2-8 Sach 1,8; 6,1-7; Offb 19,11.14 **6,8** Jer 24,10 S **6,9** 12,11; (Zeuge) 1,2.9; 12,17; 19,10; 20,4 **6,10** Ps 13,2-3 S **6,11** (weißes Gewand) 3,4-5.18; 4,4; 7,9.13; 15,6; 19,8.14 **6,12-13** 8,12; Joël 2,10 S; Mt 24,29 S **6,14** Jes 34,4; Hebr 1,12 **6,15** Jes 2,10.19.21; Jer 4,29 **6,16** Lk 23,30 S; Offb 5,7 S **6,17** Joël 2,11; Mal 3,2; Nah 1,6; Zef 1,14-18 **7,1** Jer 49,36; Dan 7,2 **7,2-3** (Siegel) 9,4; 14,1.3; 22,4; Ez 9,4.6 **7,4** 14,1.3 **7,5-8** 21,12-13 S

zwölftausend vom Stamm Manasse,
7 zwölftausend vom Stamm Simeon,
zwölftausend vom Stamm Levi,
zwölftausend vom Stamm Issachar,
8 zwölftausend vom Stamm Sebulon,
zwölftausend vom Stamm Josef,
zwölftausend vom Stamm Benjamin.

... und die unzählbar große Schar der schon Vollendeten im Himmel

9 Danach sah ich eine große Menge Menschen,
so viele, dass niemand sie zählen konnte. Es
waren Menschen aus allen Nationen, Stämmen,
Völkern und Sprachen. Sie standen in weißen
Kleidern vor dem Thron und dem Lamm und
hielten Palmzweige in den Händen.
10 Mit lauter Stimme riefen sie: »Der Sieg ge-
hört unserem Gott, der auf dem Thron sitzt, und
dem Lamm!«
11 Alle Engel* standen im Kreis um den Thron
und um die Ältesten* und um die vier mächti-
gen Gestalten*. Sie warfen sich vor dem Thron
zu Boden, beteten Gott an 12 und sprachen: »Das
ist gewiss: Preis und Herrlichkeit, Weisheit und
Dank, Ehre, Macht und Stärke gehören unserem
Gott für alle Ewigkeit! Amen.«
13 Einer der Ältesten fragte mich: »Wer sind
diese Menschen in weißen Kleidern? Woher
kommen sie?«
14 Ich antwortete: »Ich weiß es nicht, Herr.
Du weißt es!«
Da sagte er zu mir: »Diese Menschen haben die
große Verfolgung durchgestanden. Sie haben ihre
Kleider gewaschen und im Blut* des Lammes weiß
gemacht. 15 Darum stehen sie vor dem Thron Got-
tes und dienen ihm Tag und Nacht in seinem Tem-
pel. Er, der auf dem Thron sitzt, wird bei ihnen
wohnen. 16 Sie werden keinen Hunger oder Durst
mehr haben; weder die Sonne noch irgendeine
Glut wird sie versengen. 17 Das Lamm, das in der
Mitte des Thrones steht, wird ihr Hirt sein und sie
an die Quellen führen, deren Wasser Leben spen-
det. Und Gott wird alle ihre Tränen abwischen.«

Die Öffnung des siebten Siegels

8 Als das Lamm das *siebte* Siegel aufbrach,
wurde es im Himmel ganz still, etwa eine
halbe Stunde lang.
2 Dann sah ich, wie die sieben Engel*, die immer
vor Gott stehen, sieben Posaunen* erhielten.
3 Ein anderer Engel kam mit einer goldenen
Räucherpfanne* und stellte sich an den Altar. Er
erhielt eine große Menge Weihrauch, um ihn auf
dem goldenen Altar vor Gottes Thron als Opfer
darzubringen, zusammen mit den Gebeten aller
Menschen in Gottes heiligem Volk.[a] 4 Aus der
Hand des Engels, der vor Gott stand, stieg der
Weihrauch in die Höhe, zusammen mit den Ge-
beten der Menschen.
5 Dann nahm der Engel die Räucherpfanne,
füllte sie mit Feuer vom Altar und warf es auf die
Erde. Da blitzte und donnerte und dröhnte es
heftig, und die Erde bebte.

DAS BLASEN DER SIEBEN POSAUNEN (8,6–11,19)

6 Darauf machten sich die sieben Engel* bereit,
die sieben Posaunen* zu blasen.

Die ersten vier Posaunen

7 Der *erste* Engel blies seine Posaune. Da ent-
standen Hagel und Feuer und wurden mit Blut
gemischt auf die Erde geschleudert. Ein Drittel
der Erde und ein Drittel aller Bäume verbrann-
ten, auch alles Gras verbrannte.
8 Dann blies der *zweite* Engel seine Posaune.
Etwas, das wie ein großer brennender Berg aus-
sah, wurde ins Meer geworfen. Ein Drittel des
Meeres wurde zu Blut. 9 Ein Drittel aller Meeres-
tiere starb und ein Drittel aller Schiffe wurde ver-
nichtet.
10 Dann blies der *dritte* Engel seine Posaune.
Ein großer Stern, der wie eine Fackel brannte,
stürzte vom Himmel. Er fiel auf ein Drittel der
Flüsse und auf die Quellen. 11 Der Stern heißt
»Wermut«.[b] Ein Drittel des Wassers wurde bit-
ter. Viele Menschen starben an diesem Wasser,
weil es vergiftet war.
12 Dann blies der *vierte* Engel seine Posaune.
Ein Drittel der Sonne, des Mondes und der
Sterne wurden durch Schläge getroffen. Ihr Licht
verlor ein Drittel seiner Helligkeit, und ein Drit-
tel des Tages und der Nacht wurden finster.
13 Dann sah ich einen Adler, der hoch am
Himmel daherflog, und hörte ihn mit lauter
Stimme rufen: »Schrecken, Schrecken, Schre-
cken![c] Wenn erst die anderen drei Engel ihre
Posaunen blasen, wird es denen, die auf der Erde
leben, schrecklich ergehen!«

a Wörtlich *den Gebeten aller Heiligen**; entsprechend in Vers 4. *b* Der bittere Wermut galt als giftig; vgl. Jer 9,14; 23,15; Klgl 3,19. *c* Wörtlich *Wehe, wehe, wehe;* entsprechend in 9,12 und 11,14.

7,9 (Kleider) 6,11 S; (Palmzweige) Lev 23,40 **7,14** (Verfolgung) Dan 12,1; Mk 13,19 par; (gewaschen) Offb 1,5; 22,14; Ps 51,9 **7,15** 5,7 S; 21,3 **7,16-17** Jes 49,10; Lk 6,21 **7,17** (Hirt) Joh 10,11 S; (Wasser) Offb 21,6 S; (Tränen) Offb 21,4; Jes 25,8; Ps 126,5-6 **8,2** (Posaunen) Mt 24,31 **8,3** 5,8; Ex 30,1.7-8 **8,5** Ez 10,2 **8,7-12** (Drittel) 9,15.18; Ez 5,2.12 **8,7** Ex 9,23-25 **8,8** 16,3-4 S **8,12** 6,12; Jes 13,10 S

Die fünfte Posaune

9 Dann blies der *fünfte* Engel* seine Po-
saune*. Ich sah einen Stern,[a] der vom Him-
mel auf die Erde gestürzt war. Dieser Stern er-
hielt die Schlüssel zu dem Schacht, der in den
Abgrund* führt. 2 Er öffnete den Schacht, da
quoll Rauch daraus hervor wie aus einem großen
Ofen und verdunkelte die Sonne und die Luft.

3 Aus dem Rauch kamen Heuschrecken auf
die Erde, denen die Kraft von Skorpionen gege-
ben war. 4 Sie durften weder dem Gras noch den
Bäumen noch anderen Pflanzen Schaden zufü-
gen; sie sollten nur die Menschen quälen, die
nicht mit dem Siegel Gottes auf der Stirn gekenn-
zeichnet waren. 5 Es war ihnen verboten, diese
Menschen zu töten; sie durften sie nur fünf Mo-
nate lang quälen. Die Menschen sollten solche
Schmerzen leiden, wie wenn ein Skorpion sie ge-
stochen hätte. 6 Während dieser fünf Monate
werden die Menschen den Tod suchen, ihn aber
nicht finden. Sie möchten dann gerne sterben,
aber der Tod wird vor ihnen fliehen.

7 Die Heuschrecken sahen aus wie Pferde, die
in die Schlacht ziehen. Auf ihren Köpfen trugen
sie goldene Kronen*, und sie hatten Gesichter wie
Menschen. 8 Ihr Haar war wie Frauenhaar und
ihre Zähne wie Löwenzähne. 9 Ihre Brust war wie
mit einem eisernen Panzer bedeckt. Ihre Flügel
machten einen Lärm, als ob viele mit Pferden be-
spannte Wagen in die Schlacht rollten. 10 Sie hat-
ten Schwänze und Stacheln wie Skorpione. In
ihren Schwänzen steckte die Kraft, die Menschen
fünf Monate lang zu quälen. 11 Der Engel, der für
den Abgrund zuständig ist, herrscht als König
über sie. Auf Hebräisch* heißt sein Name Abad-
don, auf Griechisch Apollyon (Zerstörer).

12 Der erste Schrecken ist damit vorüber; es
werden noch zwei weitere folgen.

Die sechste Posaune

13 Dann blies der *sechste* Engel* seine Posaune*.
Ich hörte eine Stimme, die von den vier Hör-
nern* des goldenen Altars kam, der vor Gott
steht. 14 Die Stimme sagte zu dem sechsten Engel
mit der Posaune: »Lass die vier Engel frei, die am
Eufrat, dem großen Strom, in Fesseln liegen!«

15 Die vier Engel wurden freigelassen. Sie waren
auf das Jahr, den Monat, den Tag und die Stunde ge-
nau für diesen Zeitpunkt dazu bereitgestellt, ein
Drittel der Menschheit zu töten. 16 Man nannte
mir die Anzahl ihrer berittenen Truppen; es waren
Millionen und Abermillionen.[b]

17 Und so sah ich sie in der Vision, die Reiter
mit ihren Pferden: Ihr Brustpanzer war feuerrot,
rauchblau und schwefelgelb. Die Pferde hatten
Köpfe wie Löwen und aus ihren Mäulern kamen
Feuer, Rauch und Schwefel. 18 Feuer, Rauch und
Schwefel sind die drei Katastrophen, durch die
ein Drittel der Menschen vernichtet wurde.
19 Die tödliche Wirkung der Pferde geht von
ihren Mäulern aus und von ihren Schwänzen.
Die Schwänze sind wie Schlangen mit einem
Schlangenkopf am Ende. Mit ihnen fügen sie
den Menschen Schaden zu.

20 Aber die Menschen, die nicht durch diese
Katastrophen getötet wurden, änderten sich
nicht. Sie hörten nicht auf, die Dämonen und die
Götzen aus Gold, Silber, Bronze, Stein und Holz
anzubeten, diese selbst gemachten Götter, die
weder sehen noch hören noch gehen können.
21 Nein, sie änderten sich nicht; sie hörten nicht
auf zu morden, Zauberei und Unzucht zu treiben
und zu stehlen.

Der Engel mit der Buchrolle und erneuter Auftrag für den Propheten

10 Dann sah ich einen anderen mächtigen
Engel* vom Himmel auf die Erde herab-
steigen. Er war von einer Wolke umgeben und
der Regenbogen stand über seinem Kopf. Sein
Gesicht war wie die Sonne, und seine Beine gli-
chen Säulen aus Feuer. 2 Er hielt eine kleine
Buchrolle* geöffnet in der Hand. Seinen rechten
Fuß setzte er auf das Meer und seinen linken
Fuß auf das Land. 3 Er rief mit einer Stimme, die
sich wie Löwengebrüll anhörte, und auf seinen
Ruf antworteten die sieben Donner mit Gebrüll.
4 Ich wollte aufschreiben, was sie sagten; aber
ich hörte eine Stimme vom Himmel: »Was die
sieben Donner gesagt haben, sollst du geheim
halten! Schreib es nicht auf!«

5 Dann hob der Engel, den ich auf dem Meer
und dem Land stehen sah, seine rechte Hand
zum Himmel. 6 Er schwor bei dem, der in alle
Ewigkeit lebt, der den Himmel, die Erde, das
Meer und alle ihre Bewohner geschaffen hat,
und sagte: »Die Frist ist abgelaufen! 7 Wenn der
Tag gekommen ist, dass der *siebte* Engel seine
Posaune* bläst, wird Gott seinen geheimen Plan

a Auch bei dem *Stern* handelt es sich um einen Engel, der einen Auftrag Gottes ausführt.
b Wörtlich *20000-mal 10000*. Zehntausend (= 1 Myriade) ist im Griechischen das höchste Zahlwort; es handelt sich also um eine unermessliche Menge.

9,1 (Abgrund) 20,1; 11,7; Lk 8,31; Ijob 26,6 **9,2** Gen 19,28 **9,3-11** Ex 10,12-20 **9,4** 7,2-3 S **9,6** Ijob 3,21 S **9,7** Joël 2,4 **9,13** 8,3 **9,14** 7,1 **9,15** 8,7-12 S **9,20-21** 16,9 **9,20** (Götzen) Dan 5,4.23; Ps 115,4-8; 135,15-17; Jes 44,9-20 S **10,1** 4,3 **10,3** Jer 25,30-31 **10,6** Dan 12,7; Offb 6,11 **10,7** (Propheten) 22,6; Am 3,7-8

ausführen, so wie er es seinen Dienern, den Propheten*, angekündigt hat.«

8 Dann sprach die Stimme aus dem Himmel, die ich zuvor gehört hatte, noch einmal zu mir: »Geh und nimm die offene Buchrolle aus der Hand des Engels, der auf dem Meer und dem Land steht!«

9 Ich ging zu dem Engel und bat ihn, mir die Buchrolle zu geben. Er sagte zu mir: »Nimm sie und iss sie auf! Sie wird dir bitter im Magen liegen, aber in deinem Mund wird sie süß sein wie Honig.«

10 Ich nahm die kleine Buchrolle aus seiner Hand und aß sie auf. Sie schmeckte wie Honig. Aber als ich sie hinuntergeschluckt hatte, lag sie mir bitter im Magen.

11 Dann sagte mir jemand: »Du musst noch ein weiteres Mal als Prophet verkünden, was Gott mit den Völkern, Nationen, Stämmen und Königen vorhat.«

Die tödliche Bedrohung der Gemeinde und das Auftreten der zwei Zeugen

11 Dann erhielt ich ein Rohr, das wie ein Messstab war, und jemand sagte: »Steh auf und miss den Tempel* Gottes aus und den inneren Vorhof, in dem der Altar steht.[a] Zähle, wie viele Menschen dort beten. 2 Den äußeren Vorhof lass weg! Dort brauchst du nicht zu messen, weil er den Fremden preisgegeben wird. Zweiundvierzig Monate lang werden sie die Heilige Stadt* verwüsten. 3 Ich werde meine zwei Zeugen beauftragen. Sie sollen Trauerkleidung tragen und während dieser zwölfhundertsechzig Tage prophetisch reden.«

4 Diese beiden Zeugen sind die zwei Ölbäume und die zwei Leuchter, die vor dem Herrn der Erde stehen. 5 Wenn jemand versucht, gegen sie einzuschreiten, kommt Feuer aus ihrem Mund und verbrennt ihre Feinde. Auf diese Weise werden alle getötet, die ihnen Schaden zufügen wollen. 6 Sie haben die Macht, den Himmel zu verschließen, sodass es nicht regnet, solange sie ihre prophetische Botschaft ausrichten. Sie haben auch die Macht, alle Gewässer in Blut zu verwandeln und die Erde mit allen möglichen Katastrophen zu erschüttern, sooft sie wollen.

7 Wenn sie ihre Botschaft vollständig ausgerichtet haben, wird das Tier aus dem Abgrund* kommen und gegen sie kämpfen. Es wird sie besiegen und sie töten. 8 Ihre Leichen werden auf dem Platz mitten in der großen Stadt liegen, in der auch ihr Herr gekreuzigt wurde. Geistlich gesprochen heißt diese Stadt »Sodom*« und »Ägypten«. 9 Menschen aus aller Welt, aus allen Völkern, Stämmen und Sprachen werden kommen und sich dreieinhalb Tage lang die beiden Toten ansehen; sie werden nicht zulassen, dass sie beerdigt werden. 10 Alle Menschen auf der Erde werden sich über den Tod dieser beiden freuen, sie werden jubeln und sich gegenseitig Geschenke schicken; denn diese Propheten waren ihnen lästig geworden.

11 Doch nach dreieinhalb Tagen kam der Lebensgeist Gottes wieder in die beiden Propheten, und sie standen auf. Alle, die das sahen, erschraken sehr. 12 Dann hörten sie eine mächtige Stimme vom Himmel, die den beiden befahl: »Kommt herauf!« Und vor den Augen ihrer Feinde stiegen sie in einer Wolke zum Himmel hinauf. 13 In diesem Augenblick gab es ein heftiges Erdbeben. Ein Zehntel der Stadt wurde zerstört; siebentausend Menschen kamen bei dem Erdbeben ums Leben. Die Überlebenden waren zu Tode erschrocken und erwiesen Gott im Himmel Ehre.

14 Der zweite Schrecken ist damit vorüber, doch der dritte Schrecken wird bald folgen!

Die siebte Posaune

15 Dann blies der *siebte* Engel* seine Posaune*. Da erhoben sich im Himmel laute Stimmen, die sagten: »Jetzt gehört die Herrschaft über die Erde unserem Gott und seinem gesalbten* König,[b] und Gott wird in alle Ewigkeit regieren!«

16 Die vierundzwanzig Ältesten*, die vor Gott auf ihren Thronen sitzen, warfen sich zu Boden und beteten Gott an. 17 Sie sagten:

»Wir danken dir, Herr, unser Gott,
du Herrscher der ganzen Welt,
der du bist und der du warst!
Du hast deine große Macht gebraucht
und die Herrschaft angetreten!
18 Die Völker lehnten sich gegen dich auf;
darum bist du zornig geworden.
Jetzt ist die Zeit gekommen,
Gericht zu halten über die Toten.
Nun ist die Zeit der Belohnung da
für deine Diener, die Propheten*,
und für dein ganzes heiliges Volk,[c]

a *den inneren ...:* wörtlich *den Altar.*
b *unserem Gott ...:* wörtlich *unserem Herrn und seinem Christus**.
c Wörtlich *für die Heiligen**.

10,9-10 Ez 2,8-3,3 **11,1** 21,15 S; 1 Kor 3,16 S **11,2** (42 Monate) 12,6.14; 13,5; Dan 8,14 S **11,4** Sach 4,1-3.11-14 **11,5** Jer 5,14; 2 Kön 1,10 **11,6** 1 Kön 17,1; Ex 7,17-19 **11,7** 13,1-2 S; 9,1 S **11,8** Lk 13,33-34; (Sodom) Gen 18,20 S **11,12** 2 Kön 2,11; Apg 1,9 **11,15** Dan 2,44 S **11,16** 4,4 S **11,18** Ps 2,1-5

alle, die deinen Namen* ehren,
Hohe und Niedrige.
Nun ist die Zeit der Bestrafung gekommen
für alle, die die Erde zugrunde richten:
Jetzt werden sie selbst zugrunde gerichtet.«

19 Die Türen am Tempel Gottes im Himmel wur-
den geöffnet, sodass die Lade* mit den Zeichen
des Bundes zu sehen war. Zugleich blitzte es und
donnerte und dröhnte; die Erde bebte und
schwerer Hagel fiel nieder.

DER DRACHE UND DAS LAMM: DER KAMPF DER WELTMACHT GEGEN DIE GOTTESGEMEINDE (Kapitel 12–14)

Was vorausgeht: Die Erhöhung des versprochenen Retters, der Sturz des Drachen und seine Wut

12 Darauf zeigte sich am Himmel eine ge-
waltige Erscheinung: Es war eine Frau,
die war mit der Sonne bekleidet und hatte den
Mond unter ihren Füßen und trug auf dem Kopf
eine Krone* von zwölf Sternen. 2 Sie stand kurz
vor der Geburt und die Wehen ließen sie vor
Schmerz aufschreien.

3 Dann zeigte sich am Himmel eine andere Er-
scheinung: ein großer, feuerroter Drache* mit
sieben Köpfen und zehn Hörnern. Jeder Kopf
trug eine Krone. 4 Mit seinem Schwanz fegte der
Drache ein Drittel der Sterne vom Himmel und
schleuderte sie auf die Erde. Er stand vor der
Frau, die ihr Kind gebären sollte, und wollte es
verschlingen, sobald es geboren wäre.

5 Die Frau brachte einen Sohn zur Welt, der
alle Völker der Erde mit eisernem Zepter regieren
wird. Das Kind wurde sofort nach der Geburt
weggenommen und zu Gott, zum Thron Gottes,
gebracht. 6 Die Frau aber flüchtete in die Wüste;
dort hatte Gott ihr einen Zufluchtsort geschaf-
fen, an dem sie zwölfhundertsechzig Tage lang
mit Nahrung versorgt werden sollte.

7 Dann brach im Himmel ein Krieg aus.
Michael* mit seinen Engeln* kämpfte gegen den
Drachen. Der Drache mit seinen Engeln wehrte
sich; 8 aber er konnte nicht standhalten. Samt
seinen Engeln musste er seinen Platz im Himmel
räumen. 9 Der große Drache wurde hinunter-
gestürzt! Er ist die alte Schlange, die auch Teufel
oder Satan* genannt wird und die ganze Welt
verführt. Er wurde auf die Erde hinuntergestürzt
mit allen seinen Engeln.

10 Dann hörte ich eine mächtige Stimme im
Himmel sagen:

»Jetzt ist es geschehen: Unser Gott hat gesiegt!
Jetzt hat er seine Gewalt gezeigt
und seine Herrschaft angetreten!
Jetzt liegt die Macht in den Händen des Königs,
den er gesalbt und eingesetzt hat! [a]
Der Ankläger unserer Brüder und Schwestern [b]
ist gestürzt;
er, der sie Tag und Nacht vor Gott beschuldigte,
ist nun aus dem Himmel hinausgeworfen.
11 Unsere Brüder und Schwestern
haben ihn besiegt
durch das Blut* des Lammes
und durch ihr standhaftes Bekenntnis.
Sie waren bereit, dafür ihr Leben zu opfern
und den Tod auf sich zu nehmen.
12 Darum freue dich, Himmel,
mit allen, die in dir wohnen!
Ihr aber, Land und Meer, müsst zittern,
seit der Teufel dort unten bei euch ist!
Seine Wut ist ungeheuer groß;
denn er weiß, er hat nur noch wenig Zeit!«

13 Als der Drache sah, dass er auf die Erde gewor-
fen war, begann er, die Frau zu verfolgen, die
den Sohn geboren hatte. 14 Aber die Frau erhielt
die beiden Flügel des großen Adlers, um an ihren
Zufluchtsort in der Wüste zu fliehen. Dort sollte
sie dreieinhalb Jahre mit Nahrung versorgt wer-
den und vor der Schlange sicher sein.

15 Die Schlange schickte aus ihrem Rachen ei-
nen Wasserstrom hinter der Frau her, um sie fort-
zuschwemmen. 16 Aber die Erde kam der Frau zu
Hilfe: Sie öffnete sich und schluckte den Strom,
den der Drache aus seinem Rachen ausstieß.

17 Da wurde der Drache wütend über die Frau
und ging fort, um ihre übrigen Nachkommen zu
bekämpfen. Das sind die Menschen, die Gottes
Gebote befolgen und festhalten an dem, wofür
Jesus als Zeuge einsteht.

Das Tier aus dem Meer: Die religiös überhöhte Weltmacht

18 Der Drache* trat ans Ufer des Meeres.
13 Und ich sah ein Tier aus dem Meer herauf-
steigen, das hatte zehn Hörner und sieben

a *Jetzt liegt ...:* wörtlich *und die Macht gehört seinem Christus**.
b *und Schwestern:* siehe Anmerkung zu 6,11; ebenso bei Vers 11.

11,19 15,5; (Lade) Ex 25,9-20 **12,2** Jes 7,14 **12,3** 12,9 S **12,4** Dan 8,10 **12,5** 2,26-27 S **12,6** Mt 2,13; (1260) Offb 11,2 S
12,7 Dan 10,13 S **12,9** (Drache) 13,2; 16,13; 20,2; Lk 10,18 S; Gen 3,1 **12,10** 11,15; Sach 3,1 S **12,11** 1 Joh 2,14; 5,4; 1,7 S; Offb 5,6 S
12,14 (dreieinhalb Jahre) 11,2 S **12,17** 11,7; 13,7; (Zeuge) 6,9 S **13,1-2** (Tier) 11,7; 13,11-17; 16,10; 17,3.7-13; 19,20; Dan 7,3

Köpfe. Auf jedem Horn trug es eine Krone, und auf seine Köpfe waren Herrschertitel geschrieben, die Gott beleidigten.

2 Das Tier, das ich sah, war wie ein Leopard, hatte Füße wie Bärentatzen und einen Rachen wie ein Löwe. Der Drache verlieh dem Tier seine eigene Kraft, seinen Thron und seine große Macht. 3 Einer der Köpfe des Tieres sah aus, als hätte er eine tödliche Wunde erhalten; aber die Wunde wurde geheilt.

Die ganze Erde lief dem Tier staunend nach. 4 Alle Menschen beteten den Drachen an, weil er seine Macht dem Tier verliehen hatte. Sie beteten auch das Tier an und sagten: »Wer kommt diesem Tier gleich? Wer kann es mit ihm aufnehmen?«

5 Das Tier durfte unerhörte Reden halten, mit denen es Gott beleidigte, und es konnte zweiundvierzig Monate lang seinen Einfluss ausüben. 6 Es öffnete sein Maul und lästerte Gott und seinen Namen, ebenso seine himmlische Wohnung und alle, die dort im Himmel bei Gott wohnen. 7 Gott ließ zu, dass es mit seinem heiligen Volk[a] Krieg führte und es besiegte; es bekam Macht über alle Völker und Nationen, über die Menschen aller Sprachen. 8 Alle auf der Erde werden es anbeten, alle, deren Namen nicht seit der Erschaffung der Welt im Lebensbuch des geopferten Lammes stehen.

9 Wer Ohren hat, soll gut zuhören: 10 Wer dazu bestimmt ist, gefangen zu werden, kommt in Gefangenschaft. Wer dazu bestimmt ist, mit dem Schwert getötet zu werden, wird mit dem Schwert getötet. Dann braucht Gottes heiliges Volk Standhaftigkeit und Treue!

Ihre Propaganda: Das Tier aus der Erde

11 Dann sah ich ein anderes Tier aus der Erde heraufsteigen. Es hatte zwei Hörner wie ein Lamm, aber es redete wie ein Drache. 12 Unter den Augen des ersten Tieres übte es dessen ganze Macht aus. Es brachte die Erde und alle ihre Bewohner dazu, das erste Tier mit der verheilten Todeswunde anzubeten.

13 Das zweite Tier tat große Wunder: Vor allen Menschen ließ es sogar Feuer vom Himmel auf die Erde herabfallen. 14 Durch die Wunder, die es im Dienst des ersten Tieres tun konnte, täuschte es alle Menschen, die auf der Erde lebten. Es überredete sie, ein Standbild zu errichten zu Ehren des ersten Tieres, das mit dem Schwert tödlich verwundet worden und wieder ins Leben zurückgekehrt war. 15 Das zweite Tier bekam sogar die Macht, das Standbild des ersten Tieres zu beleben, sodass dieses Bild sprechen konnte und dafür sorgte, dass alle getötet wurden, die es nicht anbeteten.

16 Dieses Tier hatte alle Menschen in seiner Gewalt: Hohe und Niedrige, Reiche und Arme, Sklaven und Freie. Sie mussten sich ein Zeichen auf ihre rechte Hand oder ihre Stirn machen. 17 Nur wer dieses Zeichen hatte, konnte kaufen oder verkaufen. Das Zeichen bestand aus dem Namen des ersten Tieres oder der Zahl für diesen Namen.

18 Hier braucht es Weisheit! Wer Verstand hat, kann herausfinden, was die Zahl des Tieres bedeutet, denn sie steht für den Namen eines Menschen. Es ist die Zahl sechshundertsechsundsechzig.[b]

Das Lamm und seine Gefolgschaft

14 Dann schaute ich das Gegenbild:[c] Das Lamm stand auf dem Zionsberg*. Bei ihm waren hundertvierundvierzigtausend Menschen. Sie trugen seinen Namen und den Namen seines Vaters auf ihrer Stirn.

2 Und ich hörte einen Schall aus dem Himmel. Es klang wie das Tosen des Meeres und wie lautes Donnerrollen, aber zugleich hörte es sich an wie Musik von Harfenspielern. 3 Vor dem Thron und vor den vier mächtigen Gestalten* und den Ältesten* sangen die Engel[d] ein neues Lied. Dieses Lied konnten nur die hundertvierundvierzigtausend Menschen lernen, die von der Erde losgekauft worden sind. 4 Es sind die, die sich rein gehalten haben vom Verkehr mit Frauen[e]; sie folgen dem Lamm überallhin. Sie sind aus der übrigen Menschheit losgekauft worden als Eigentum[f] für Gott und das Lamm. 5 Nie hat jemand aus ihrem Mund ein unwahres Wort gehört, es ist kein Fehler an ihnen.

a Wörtlich *mit den Heiligen*;* entsprechend in Vers 10.
b Die Buchstaben des Alphabets haben im Hebräischen und Griechischen Zahlenwert. Die Zahl 666 wurde schon früh auf den Kaiser Nero bezogen. *c das Gegenbild:* verdeutlichender Zusatz. *d* Wörtlich *sangen sie;* vgl. 5,11.
e Die Deutung dieser Aussage ist unsicher. Vielleicht handelt es sich bei *Verkehr mit Frauen* um die bekannte bildliche Umschreibung des Götzendienstes (siehe Sacherklärung »Hurerei«).
f Wörtlich *als Erstlinge*.*

13,2 12,3; 2 Thess 2,9 **13,5-6** Dan 7,25; 11,36; Offb 11,2S **13,8** 3,5S; 5,6S **13,10** Jer 15,2; Offb 14,12S **13,11** Mt 7,15 **13,13** 16,14S **13,14-15** (Standbild) 14,9.11; 15,2; 16,2; 19,20; 20,4; Dan 3,5 **13,16-17** 14,9; 19,20; 20,4 **14,1** (Zionsberg) Jes 4,5; Joël 3,5; (144 000) Offb 7,3-14 **14,3** 4,4.6; 5,9S **14,4** 2 Kor 11,2; Mt 10,38; Joh 10,4 **14,5** Jes 53,9; Zef 3,13; (kein Fehler) Ex 12,5; Hebr 9,14; 1 Petr 1,19

Androhung des Gerichts für die Anbeter des Tieres

6 Dann sah ich einen anderen Engel* hoch am Himmel fliegen. Er hatte eine Botschaft, die niemals ihre Gültigkeit verlieren wird. [a] Die sollte er allen Bewohnern der Erde verkünden, allen Völkern und Nationen, den Menschen aller Sprachen. 7 Er rief mit lauter Stimme: »Fürchtet euch vor Gott und gebt ihm die Ehre! Die Zeit ist gekommen: Jetzt hält er Gericht! Betet ihn an, der den Himmel, die Erde, das Meer und die Quellen geschaffen hat!«

8 Dem ersten Engel folgte ein zweiter und sagte: »Gefallen! Gefallen ist das mächtige Babylon*, das alle Völker gezwungen hatte, den todbringenden Wein seiner Unzucht* zu trinken!«

9 Ein dritter Engel folgte ihnen. Er rief mit lauter Stimme: »Wer das Tier und sein Standbild verehrt und das Zeichen des Tieres auf seiner Stirn oder seiner Hand anbringen lässt, 10 wird den Wein Gottes trinken müssen. Es ist der Wein seiner Entrüstung, den er unverdünnt in den Becher seines Zornes gegossen hat. Wer das Tier verehrt, wird vor den Augen des Lammes und der heiligen Engel mit Feuer und Schwefel gequält. 11 Der Rauch von diesem quälenden Feuer steigt in alle Ewigkeit zum Himmel. Alle, die das Tier und sein Standbild verehren und das Kennzeichen seines Namens tragen, werden Tag und Nacht keine Ruhe finden. 12 Hier muss Gottes heiliges Volk [b] Standhaftigkeit beweisen, alle, die Gottes Gebote befolgen und den Glauben an Jesus bewahren.«

13 Dann hörte ich eine Stimme vom Himmel, die sagte: »Schreib auf: Freuen dürfen sich alle, die für ihr Bekenntnis zum Herrn* sterben müssen – von jetzt an!«

»So ist es«, antwortet der Geist*, »sie werden sich von ihrer Mühe ausruhen; denn ihre Taten gehen mit ihnen und sprechen für sie.«

Vorblick auf das letzte, allgemeine Gericht

14 Dann blickte ich auf, und ich sah eine weiße Wolke; darauf saß einer, der aussah wie der Sohn eines Menschen. [c] Er hatte eine goldene Krone* auf dem Kopf und eine scharfe Sichel in der Hand. 15 Dann kam wieder ein Engel* aus dem Tempel. Er rief dem, der auf der Wolke saß, mit lauter Stimme zu: »Lass deine Sichel schneiden und bring die Ernte ein! Die Stunde für die Ernte ist gekommen, die Erde ist reif!« 16 Da warf der, der auf der Wolke saß, seine Sichel über die Erde, und die Ernte wurde eingebracht.

17 Dann sah ich einen anderen Engel aus dem Tempel im Himmel kommen; auch er hatte eine scharfe Sichel. 18 Ein weiterer Engel kam vom Altar. Es war der Engel, der für das Feuer zuständig ist. Er rief dem mit der scharfen Sichel mit lauter Stimme zu: »Lass deine scharfe Sichel schneiden und schneide die Trauben am Weinstock der Erde ab! Sie sind reif!« 19 Der Engel warf seine Sichel über die Erde, die schnitt die Trauben vom Weinstock. Er warf die Trauben in die große Weinpresse, die den Zorn Gottes bedeutet. 20 Außerhalb der Stadt wurden sie in der Presse ausgedrückt. Da kam ein Blutstrom aus der Weinpresse, der stieg so hoch, dass er den Pferden bis an die Zügel reichte, und floss sechzehnhundert Wegmaße [d] weit.

DIE AUSGIESSUNG DER SIEBEN SCHALEN (Kapitel 15–16)

15 Dann sah ich eine weitere große und Staunen erregende Erscheinung am Himmel: sieben Engel*, die sieben Katastrophen bringen. Dies sind die letzten Katastrophen, denn mit ihnen geht Gottes Zorn zu Ende.

Vorspiel im Himmel

2 Ich sah etwas wie ein gläsernes Meer, das mit Feuer vermischt war. Auf diesem Meer sah ich alle die stehen, die den Sieg über das Tier erlangt hatten und über sein Standbild und die Zahl seines Namens. Sie hielten himmlische Harfen in den Händen. 3 Sie sangen ein Lied, das das Siegeslied Moses, des Bevollmächtigten* Gottes, noch weit überbietet, das Siegeslied des Lammes: [e]

»Herr, unser Gott, du Herrscher der ganzen Welt,
wie groß und wunderbar sind deine Taten!
In allem, was du planst und ausführst,

a *eine Botschaft ...:* wörtlich *ein ewiges Evangelium**.
b Wörtlich *müssen die Heiligen**. c Vgl. Dan 7,13 und die Anmerkung dort.
d *Wegmaße:* griechische Maßangabe *Stadien**. Die Strecke ist hier nicht umgerechnet; denn die Zahl ist symbolisch zu verstehen (40 × 40) und soll das furchtbare Ausmaß des Strafgerichts ausdrücken.
e *Sie sangen ...:* wörtlich *Sie sangen das Lied Moses, des Dieners Gottes, und das Lied des Lammes.*

14,8 18,2S; 17,2S **14,9** 13,14-15S **14,10** 15,7; 16,1.19; Jer 25,15S **14,11** 19,3S **14,12** 13,10; Lk 8,15; Röm 15,4 **14,13** Jes 57,1-2; (freuen) Offb 1,3; 16,15; 19,9; 20,6; 22,7.14; (ausruhen) Hebr 4,9-10 **14,14-20** (Ernte) Joël 4,13S **14,14** 1,7.13 **14,19** 19,15; Jes 63,1-6 **15,1** (sieben) 1,4S; 8,2.6; 15,7; 17,1; 21,9 **15,2** 4,6; 13,14-15S; 13,18 **15,3** (Lied Moses) Ex 15,1-18; (Taten) Ps 111,2

bist du vollkommen und gerecht,
du König über alle Völker!
4 Wer wollte dich, Herr, nicht fürchten
und deinem Namen keine Ehre erweisen?
Du allein bist heilig.
Alle Völker werden kommen
und sich vor dir niederwerfen;
denn deine gerechten Taten
sind nun für alle offenbar geworden.«

5 Danach sah ich, wie im Himmel der Tempel,
das Heilige Zelt*, geöffnet wurde. 6 Die sieben
Engel mit den sieben Katastrophen kamen aus
dem Tempel. Sie waren in reines, weißes Leinen
gekleidet und trugen ein breites goldenes Band
um die Brust. 7 Eine von den vier mächtigen Ge-
stalten* gab den sieben Engeln sieben goldene
Schalen. Sie waren bis an den Rand gefüllt mit
dem Zorn des Gottes, der in alle Ewigkeit lebt.

8 Der Tempel füllte sich mit Rauch, der von
der Herrlichkeit und Macht Gottes ausging.
Keiner konnte den Tempel betreten, solange
nicht die sieben Katastrophen zu Ende waren,
die von den sieben Engeln gebracht wurden.

Das Ausgießen der sieben Schalen

16 Dann hörte ich eine mächtige Stimme aus
dem Tempel, die sagte zu den sieben
Engeln*: »Geht und gießt die sieben Schalen mit
dem Zorn Gottes über die Erde aus!«

2 Der *erste* Engel ging und goss seine Schale
auf die Erde. Da bekamen alle, die das Kenn-
zeichen des Tieres trugen und sein Standbild
anbeteten, ein schmerzhaftes und schlimmes
Geschwür.

3 Der *zweite* Engel goss seine Schale ins Meer.
Da wurde das Wasser zu Blut wie von Toten, und
alle Lebewesen im Meer gingen zugrunde.

4 Der *dritte* Engel goss seine Schale in die
Flüsse und Quellen, da wurden sie zu Blut.

5 Ich hörte, wie der Engel, der für das Wasser
zuständig ist, sagte: »Du Heiliger, der du bist und
warst, in diesen Urteilen hast du dich als gerech-
ter Richter erwiesen. 6 Allen, die das Blut des
heiligen Gottesvolkes[a] und seiner Propheten*
vergossen haben, hast du Blut zu trinken ge-
geben. Sie haben es verdient!« 7 Und ich hörte
vom Fuß des Altars her Stimmen, die riefen: »So
ist es, Herr, unser Gott, du Herrscher der ganzen
Welt; deine Urteile sind wahr und gerecht!«

8 Der *vierte* Engel goss seine Schale auf die
Sonne. Da wurde der Sonne erlaubt, die Men-
schen mit glühenden Feuerstrahlen zu quälen.
9 Und die Menschen wurden von glühender
Hitze versengt. Sie verfluchten den Namen Got-
tes, der Verfügungsgewalt hat über solche Kata-
strophen; aber sie änderten sich nicht und
wollten Gott nicht die Ehre geben.

10 Der *fünfte* Engel goss seine Schale auf den
Thron des Tieres. Da wurde es im ganzen Herr-
schaftsbereich des Tieres dunkel. Die Menschen
zerbissen sich vor Schmerzen die Zunge. 11 Sie
verfluchten den Gott des Himmels wegen ihrer
Qualen und ihrer Geschwüre; aber sie hörten
nicht auf mit ihren schändlichen Taten.

12 Der *sechste* Engel goss seine Schale in den
Eufrat, den großen Strom; da trocknete er aus.
So wurde den Königen, die von Osten her ein-
brechen, der Weg gebahnt. 13 Dann sah ich, wie
aus den Mäulern des Drachen*, des Tieres und
des falschen Propheten drei unreine Geister her-
vorkamen, die aussahen wie Frösche. 14 Es sind
dämonische Geister, die Wunder tun. Sie suchen
alle Könige der Erde auf, um sie zum Kampf zu
sammeln für den großen Tag Gottes, des Herr-
schers der ganzen Welt.

15 »Gebt Acht, ich werde kommen wie ein
Dieb! Freuen dürfen sich alle, die ihre Kleider
anbehalten. Sie müssen dann nicht nackt um-
herlaufen, sodass ihre Schande allen offenbar
wird.«

16 Die drei Geister versammelten die Könige
an einem Ort, der auf Hebräisch* Harmagedon*
heißt.

17 Der *siebte* Engel goss seine Schale in die
Luft. Da kam eine mächtige Stimme aus dem
Tempel, vom Thron Gottes her, die sagte: »Es ist
alles ausgeführt!« 18 Es blitzte und donnerte und
dröhnte, und die Erde bebte heftig. Seit Men-
schengedenken hat es auf der Erde noch nie ein
so schweres Erdbeben gegeben. 19 Die große Stadt
wurde in drei Teile gespalten, und die Städte aller
Völker wurden zerstört. Gott rechnete ab mit
dem großen Babylon*: Es musste den Wein aus
dem Becher trinken, der mit seinem glühenden
Zorn gefüllt war. 20 Alle Inseln entflohen, und
von den Bergen war keine Spur mehr zu sehen.
21 Es hagelte zentnerschwere Eisbrocken vom
Himmel auf die Menschen. Sie verfluchten Gott
wegen dieses Hagels, denn er war schrecklich.

a Wörtlich *der Heiligen**.

15,4 Jes 2,2-3S **15,5** 11,19 **15,6** 6,11S; Dan 10,5 **15,7** 14,10S **15,8** Jes 6,4S; Ex 40,34-35 **16,1** 15,1 **16,2** 13,14-15S; Ex 9,10 **16,3-4** 8,8; Ex 7,17-21 **16,6** 17,6; 18,24; 19,2; Ps 79,10 **16,7** 6,9-11 **16,9** 9,20-21 **16,10** (Tier) 13,1-2S; (dunkel) Ex 10,21-22 **16,12** Jes 11,15; Jer 51,36 **16,13-14** Ex 8,2; (Drache) Offb 12,9S **16,14** (Wunder) 13,13-14; 19,20; Mk 13,22par; 2Thess 2,9; (Kampf) Offb 19,11-21 **16,15** Mt 24,43S **16,17-21** 16,1 **16,18** 4,5S; 6,12-13 **16,19** 18,2S; 14,10S **16,21** 11,19; 16,9

GOTTES GERICHT ÜBER DIE WELTSTADT BABYLON (17,1–19,10)

Die Hure Babylon und das Tier

17 Einer der sieben Engel*, die die sieben
Schalen trugen, kam zu mir und sagte:
»Komm! Ich werde dir zeigen, wie die große
Hure bestraft wird, die Stadt, die an vielen Was-
serarmen erbaut ist! 2 Die Könige der Erde haben
sich mit ihr eingelassen. Alle Menschen sind
betrunken geworden, weil sie sich am Wein
ihrer Unzucht* berauscht haben.«

3 Der Geist* Gottes nahm Besitz von mir, und
der Engel trug mich in die Wüste. Dort sah ich
eine Frau. Sie saß auf einem scharlachroten Tier,
das über und über mit Namen beschrieben war,
die Gott beleidigten. Das Tier hatte sieben Köpfe
und zehn Hörner. 4 Die Frau trug ein purpur-
und scharlachrotes Gewand und war mit Gold,
kostbaren Steinen und Perlen geschmückt. In
ihrer Hand hielt sie einen goldenen Becher. Er
war gefüllt mit den abscheulichen Gräueln ihrer
Unzucht. 5 Auf ihrer Stirn stand ein geheimnis-
voller Name: »Babylon*, die Große, die Mutter
aller Hurerei und allen Götzendienstes auf der
Erde«. 6 Ich sah, dass die Frau betrunken war
vom Blut der Menschen aus Gottes heiligem
Volk.[a] Sie hatte das Blut aller getrunken, die als
Zeugen für Jesus getötet worden waren. Ich war
starr vor Entsetzen, als ich sie sah.

7 »Warum bist du so entsetzt?«, fragte mich
der Engel. »Ich verrate dir das Geheimnis dieser
Frau und das Geheimnis des Tieres mit den sie-
ben Köpfen und den zehn Hörnern, auf dem sie
sitzt. 8 Das Tier, das du gesehen hast, es war ein-
mal und ist nicht mehr. Und es wird wieder aus
dem Abgrund* auftauchen – um in seinen Un-
tergang zu rennen. Die Menschen auf der Erde –
alle, deren Namen nicht seit Erschaffung der
Welt im Buch des Lebens stehen – werden stau-
nen, wenn sie das sehen: Das Tier, das da war
und dann nicht mehr da war, das ist wiederge-
kommen!

9 Hier ist Weisheit gefragt und ein Verstand,
der zu deuten versteht! Die sieben Köpfe bedeu-
ten ebenso viele Hügel: die sieben Hügel, auf
denen die Frau sitzt. Sie stehen aber auch für
sieben Könige. 10 Davon sind fünf gefallen, einer
herrscht noch, und der letzte ist noch nicht er-
schienen. Wenn er kommt, darf er nur kurze Zeit
bleiben. 11 Das Tier, das war und nicht mehr ist,
ist ein achter König. Es ist aber auch einer von
den sieben Königen und rennt in seinen Unter-
gang.[b]

12 Die zehn Hörner, die du gesehen hast, sind
zehn Könige, deren Herrschaft noch nicht be-
gonnen hat. Eine Stunde lang werden sie zusam-
men mit dem Tier königliche Macht bekommen.
13 Diese zehn verfolgen dasselbe Ziel und überge-
ben ihre Macht und ihren Einfluss dem Tier.
14 Sie werden gegen das Lamm kämpfen. Aber
das Lamm wird sie besiegen. Denn es ist der
Herr über alle Herren und der König über alle
Könige, und bei ihm sind seine treuen Anhänger,
die es erwählt und berufen hat.«

15 Der Engel sagte weiter zu mir: »Du hast das
Wasser gesehen, an dem die Hure sitzt. Das sind
Völker und Menschenmassen aller Sprachen.
16 Die zehn Hörner, die du gesehen hast, und
das Tier werden die Hure hassen. Sie werden
ihr alles wegnehmen, sogar die Kleider vom
Leib. Sie werden ihr Fleisch fressen und sie ver-
brennen. 17 Denn Gott hat ihr Herz so gelenkt,
dass sie seine Absichten ausführen. Sie handeln
gemeinsam und überlassen dem Tier ihre
Herrschaftsgewalt, bis sich Gottes Voraussagen
erfüllen.

18 Die Frau, die du gesehen hast, ist die große
Stadt, die die Könige der Erde in ihrer Gewalt
hat.«

Der Untergang Babylons

18 Danach sah ich einen anderen Engel* aus
dem Himmel herabkommen. Er hatte
große Macht und sein Glanz erhellte die ganze
Erde. 2 Er rief mit mächtiger Stimme: »Gefallen!
Gefallen ist Babylon*, die große Stadt! Von jetzt
an wird sie nur noch von Dämonen und unrei-
nen Geistern* bewohnt werden. Alle Arten von
unreinen* und abscheulichen Vögeln werden in
ihren Mauern hausen. 3 Denn alle Völker haben
von ihrem Wein getrunken, dem schweren Wein
ausschweifender Unzucht*. Die Könige der Erde
haben es mit ihr getrieben. Die Kaufleute der
Erde sind durch ihren ungeheuren Wohlstand
reich geworden.«

a Wörtlich *vom Blut der Heiligen**.
b In den Versen 8-17 wird auf Erwartungen Bezug genommen, die sich am Schicksal des Kaisers Nero entzündeten; siehe Sacherklärung »Nero«.

17,1 Jer 51,13 **17,2** 14,8; 18,3; Jer 51,7 **17,3** 1,10 S; (Tier) 13,1-2 S **17,4** 18,3.16 **17,5** Jer 2,20 S **17,6** 16,6 S **17,7-8** 13,1-2 S **17,8** 13,14; (war/ist nicht/wird) 1,4 S; (Buch) 3,5 S **17,9** 13,18 **17,12** Dan 7,7.24 **17,14** 19,19; (Herr) 19,16; 1 Tim 6,15 **17,15** 17,1 **17,16** Ez 23,29; Hos 2,5 **17,17** 17,13 **18,2** (gefallen) 14,8; 16,19; Jes 21,9 S; (Dämonen) Zef 2,14 S **18,3** 17,2 S

4 Dann hörte ich aus dem Himmel eine ande-
re Stimme, die sagte: »Auf, mein Volk! Verlasst
diese Stadt! Sonst werdet ihr mitschuldig an
ihren Sünden und bekommt Anteil an ihren
Strafen. 5 Denn Gott hat ihr schändliches Tun
nicht vergessen. Ihre Sünden häufen sich bis an
den Himmel! 6 Behandelt sie so, wie sie es mit
euch getan hat; zahlt ihr alles zweifach heim.
Gießt ein Getränk in ihren Becher, das doppelt
so stark ist wie das, was sie für euch bereithielt.
7 Gebt ihr so viel Schmerzen und Trauer, wie sie
sich Glanz und Luxus geleistet hat. Sie sagt zu
sich selbst: ›Als Königin sitze ich hier! Ich bin
keine Witwe, und Trauer werde ich niemals ken-
nen lernen!‹ 8 Deshalb werden an einem ein-
zigen Tag alle Katastrophen über sie herein-
brechen, Pest, Unglück und Hunger, und sie
wird im Feuer umkommen. Denn Gott, der Herr,
der sie verurteilt hat, ist mächtig.«

9 Wenn die Könige der Erde, die mit ihr Un-
zucht getrieben und im Luxus gelebt haben, den
Rauch der brennenden Stadt sehen, werden sie
ihretwegen jammern und klagen. 10 Sie werden
sich in weiter Entfernung halten, weil sie Angst
vor den Qualen der Stadt haben. Sie werden
klagen: »Wie schrecklich! Wie furchtbar! Du
große Stadt! Babylon, du mächtige Stadt! Inner-
halb einer Stunde ist das Gericht über dich
hereingebrochen!«

11 Auch die Kaufleute auf der Erde werden um
sie weinen und trauern; denn niemand kauft
jetzt mehr ihre Waren: 12 Gold und Silber, kost-
bare Steine und Perlen, feinstes Leinen, Seide,
purpur- und scharlachrote Stoffe; seltene Hölzer,
Gegenstände aus Elfenbein, Edelholz, Bronze,
Eisen und Marmor; 13 Zimt, Salbe, Räucherwerk,
Myrrhe und Weihrauch; Wein, Öl, feines Mehl
und Weizen, Rinder und Schafe, Pferde und
Wagen und Sklaven, ja: lebende Menschen.

14 »Das Obst, das du über alles liebtest,
bekommst du nicht mehr. All dein Glanz und
dein Reichtum, sie kommen nie mehr zurück.«

15 Die Kaufleute, die durch ihre Geschäfte in
dieser Stadt reich geworden sind, werden sich in
weiter Entfernung aufhalten, weil sie Angst
haben vor den Qualen der Stadt. Sie werden
trauern und klagen 16 und sagen: »Wie schreck-
lich! Wie furchtbar für diese mächtige Stadt! Sie
war es gewohnt, sich in feinstes Leinen, in
Purpur- und Scharlachstoffe zu kleiden. Sie
schmückte sich mit Gold, kostbaren Steinen und
Perlen. 17 Und innerhalb einer einzigen Stunde
hat sie den ganzen Reichtum verloren!«

Die Kapitäne und die Reisenden, die Matro-
sen und alle, die ihren Unterhalt auf See verdie-
nen, hielten sich in weiter Entfernung. 18 Als sie
den Rauch der brennenden Stadt sahen, riefen
sie: »An diese großartige Stadt kam keine heran!«
19 Sie streuten Staub auf ihre Köpfe, weinten und
jammerten laut: »Wie schrecklich! Wie furchtbar
für diese große Stadt! Durch ihre Schätze sind
alle reich geworden, die Schiffe auf dem Meer
haben. Und innerhalb einer einzigen Stunde ist
sie vernichtet worden!«

20 »Himmel, freu dich über ihren Untergang!
Freu dich, heiliges Gottesvolk;[a] freut euch, ihr
Apostel* und Propheten*! Gott hat sie verurteilt
für alles, was sie euch angetan hat.«

21 Dann hob ein starker Engel einen Stein auf,
der war so groß wie ein Mühlstein*. Der Engel
warf ihn ins Meer und sagte: »Babylon, du
mächtige Stadt! Genauso wirst du mit aller Kraft
hinuntergeworfen, nichts wird von dir übrig
bleiben! 22 Die Harfenspieler und Sänger, die
Flötenspieler und Trompetenbläser werden nie
mehr in dir zu hören sein. Kein Handwerker,
der irgendein Handwerk betreibt, wird jemals
wieder in dir leben. Das Geräusch der Mühle
wird verstummen. 23 Niemals mehr wird in dir
eine Lampe brennen. Der Jubel von Braut und
Bräutigam wird in dir nicht mehr zu hören
sein. Deine Kaufleute führten sich auf als Herren
der Erde, und mit deiner Zauberei hast du alle
Völker verführt! 24 Das Blut der Propheten*
und der Menschen aus Gottes heiligem Volk ist
in dieser Stadt geflossen. Sie ist für das Blut aller
Menschen verantwortlich, die auf der Erde
ermordet worden sind.«

Siegeslieder im Himmel ...

19 Danach hörte ich im Himmel das laute
Rufen einer großen Menge:

»Halleluja – Preist den Herrn!
Der Sieg und die Herrlichkeit* und die Macht
gehören unserem Gott!
2 Seine Urteile sind wahr und gerecht.
Er hat die große Hure verurteilt,
die mit ihrer Unzucht* die Erde zugrunde
gerichtet hat.

a Wörtlich *(Freut euch) ihr Heiligen*;* entsprechend in Vers 24 *(Blut der) Heiligen.*

18,4 Jer 51,45S; 2 Kor 6,17 **18,5** Gen 18,20 **18,6** Jer 25,14S **18,7-8** Jes 47,8-9S **18,8** 17,16 **18,9-10** Ez 26,16-17; 27,30-36 **18,12-13** Ez 27,12-24 **18,15** Jes 47,15S **18,16** 17,4 **18,18-19** Ez 27,29-34 **18,20** Jer 51,48 **18,21** Jer 51,63-64 **18,22** Jes 24,8; Ez 26,13 **18,23** Jer 7,34S; (Kaufleute) Jes 23,8; (verführt) Jes 47,12 **18,24** 16,6S; Mt 23,35.37; Jer 51,49; Jes 26,21; Ez 24,7-8 **19,2** 16,6S; Dtn 32,43

Er hat das Blut seiner Diener und Dienerinnen[a]
gerächt,
das an ihren Händen klebte.«

[3] Und wieder riefen sie:

»Halleluja – Preist den Herrn!
Der Rauch der brennenden Stadt steigt in alle
Ewigkeit zum Himmel!«

[4] Die vierundzwanzig Ältesten* und die vier
mächtigen Gestalten* warfen sich nieder und be-
teten Gott an, der auf dem Thron saß. Sie riefen:
»Amen! Halleluja!«

... und auf der Erde

[5] Dann sprach eine Stimme vom Thron her:

»Preist unseren Gott,
ihr seine Diener und Dienerinnen,
ihr alle, die ihr ihn verehrt,
Hohe und Niedrige miteinander!«

[6] Dann hörte ich das Rufen einer großen Menge.
Es klang wie das Tosen des Meeres und wie
lautes Donnerrollen. Sie riefen:

»Halleluja – Preist den Herrn!
Der Herr hat nun die Herrschaft angetreten,
er, unser Gott, der Herrscher der ganzen Welt!
[7] Wir wollen uns freuen und jubeln
und ihm die Ehre geben!
Der Hochzeitstag des Lammes ist gekommen;
seine Braut hat sich bereitgemacht.
[8] Ihr wurde ein herrliches Kleid gegeben
aus reinem, leuchtendem Leinen!«

Das Leinen steht für die gerechten Taten der
Menschen in Gottes heiligem Volk.[b]

[9] Dann sagte der Engel zu mir: »Schreib auf:
Freuen dürfen sich alle, die zum Hochzeitsmahl
des Lammes eingeladen sind.« Und er fügte
hinzu: »Dies alles sind Worte, die von Gott kom-
men; auf sie ist Verlass.«

[10] Ich warf mich vor ihm nieder, um ihn
anzubeten. Aber er sagte zu mir: »Tu das nicht!
Ich bin nur ein Diener wie du und wie deine
Brüder und Schwestern[c], die festhalten an dem,
wofür Jesus als Zeuge einsteht. Bete Gott an!«

Wofür Jesus als Zeuge einsteht: das ist es, was die Propheten* in der Kraft des Geistes* verkünden.[d]

DAS ENDE DER ALTEN WELT
(19,11–20,15)

Das machtvolle Erscheinen des Retters. Sein Sieg über das Tier und dessen Verbündete

[11] Dann sah ich den Himmel weit geöffnet. Und
ich sah ein weißes Pferd, auf dem saß einer, der
heißt der Treue und Wahrhaftige. Er urteilt und
kämpft gerecht. [12] Seine Augen waren wie Flam-
men und auf dem Kopf trug er viele Kronen. Ein
Name stand auf ihm geschrieben, den nur er
selbst kennt. [13] Sein Mantel war blutgetränkt,
und sein Name ist »Das Wort Gottes«. [14] Die
Heere des Himmels folgten ihm. Alle ritten auf
weißen Pferden und waren in reines weißes
Leinen gekleidet.

[15] Aus seinem Mund kam ein scharfes
Schwert, mit dem er die Völker besiegen sollte.
Er wird sie mit eisernem Zepter regieren und sie
zertreten, wie man die Trauben in der Wein-
presse zertritt. So vollstreckt er den glühenden
Zorn Gottes, des Herrschers der ganzen Welt.
[16] Auf seinem Mantel und auf seinem Schenkel
stand sein Name: »König der Könige und Herr
der Herren«.

[17] Dann sah ich einen Engel*, der stand in der
Sonne. Er rief allen Vögeln, die hoch am Himmel
flogen, mit lauter Stimme zu: »Kommt, versam-
melt euch für Gottes großes Festmahl! [18] Kommt
und fresst das Fleisch von Königen, Heerführern
und Kriegern! Fresst das Fleisch der Pferde und
ihrer Reiter, das Fleisch von allen Menschen, von
Sklaven und Freien, von Hohen und Niedrigen!«

[19] Dann sah ich das Tier zusammen mit den
Königen der Erde. Ihre Heere waren angetreten,
um gegen den Reiter und sein Heer zu kämpfen.
[20] Das Tier wurde gefangen genommen und
auch der falsche Prophet, der unter den Augen
des Tieres die Wunder getan hatte. Durch diese
Wunder hatte er alle verführt, die das Zeichen
des Tieres angenommen und das Standbild des
Tieres angebetet hatten. Das Tier und der falsche
Prophet wurden bei lebendigem Leib in einen
See von brennendem Schwefel geworfen. [21] Alle
Übrigen wurden durch das Schwert vernichtet,
das aus dem Mund dessen kommt, der auf dem
Pferd reitet. Alle Vögel wurden satt von ihrem
Fleisch.

a Wörtlich *Diener;* siehe Anmerkung zu 2,20; ebenso in Vers 5. *b* Wörtlich *der Heiligen**.
c Siehe Anmerkung zu 6,11. *d* Wörtlich *Das Zeugnis von Jesus ist der Geist der Prophetie.*

19,3 (Rauch) 14,11; 18,9.18; Jes 34,10 **19,4** 4,4 S; 4,6; 5,7 S **19,7** (Braut) 21,2 S **19,8** 6,11 S **19,9** Mt 22,2; Lk 14,15-16; Jes 25,6 **19,10** 22,8-9; (Zeuge) 6,9 S **19,11** Mt 3,16 S **19,12** 1,14-15 **19,13** Jes 63,1-6; Joh 1,1 **19,14** 6,11 S **19,15** (Schwert) 1,16 S; (Zepter) 2,26-27 S; (Trauben) Jes 63,1-6 **19,16** 17,14 S **19,17-18** Ez 39,4.17-19 **19,19** 17,12-14; Ps 2,2; Sach 14,2; Ez 38,2-9.14-16 **19,20** 13,1-2 S; 13,14-15 S; (Schwefel) 20,10 S **19,21** 1,16 S

Die vorläufige Fesselung des Satans und die tausendjährige Herrschaft des Retters und der Menschen, die für ihn ihr Leben ließen

20 Danach sah ich einen Engel* aus dem
Himmel herabkommen, der hatte den
Schlüssel zum Abgrund* und eine starke Kette in
der Hand. 2 Er packte den Drachen*, die alte
Schlange, die auch Teufel und Satan* genannt
wird, und fesselte ihn für tausend Jahre. 3 Der
Engel warf ihn in den Abgrund, schloss den
Eingang ab und versiegelte ihn. So konnte der
Drache die Völker tausend Jahre lang nicht mehr
verführen. Wenn sie um sind, muss er für eine
kurze Zeit freigelassen werden.

4 Dann sah ich Thronsessel. Denen, die dar-
auf Platz nahmen, wurde die Vollmacht erteilt,
Gericht zu halten. Weiter sah ich die Seelen* der
Menschen, die enthauptet worden waren, weil
sie an der Botschaft Gottes festhielten, an all
dem, wofür Jesus als Zeuge einsteht. Ich sah auch
die Seelen der Menschen, die weder das Tier
noch sein Standbild angebetet hatten und auch
nicht das Kennzeichen des Tieres auf ihrer Stirn
oder ihrer Hand trugen. Sie alle wurden wieder
lebendig und herrschten zusammen mit Christus
tausend Jahre lang. 5 Die übrigen Toten wurden
noch nicht wieder lebendig; das wird erst gesche-
hen, wenn die tausend Jahre um sind.

Dies ist die erste Auferstehung. 6 Freuen dür-
fen sich die Auserwählten, die an der ersten Auf-
erstehung teilhaben. Der zweite Tod, der endgül-
tige, kann ihnen nichts anhaben. Sie werden
Gott und Christus als Priester dienen und tau-
send Jahre lang mit Christus herrschen.

Die endgültige Überwindung des Satans

7 Wenn die tausend Jahre um sind, wird der Sa-
tan* aus seinem Gefängnis freigelassen. 8 Er wird
ausziehen, um die Völker an allen vier Enden der
Erde zu überreden – das sind Gog und Magog.[a]
Sie sind so zahlreich wie der Sand am Meer, und
der Satan wird sie alle zum Kampf sammeln. 9 Sie
zogen herauf von den Enden der Erde und um-
stellten das Lager des heiligen Gottesvolkes[b] und
die von Gott geliebte Stadt. Aber es fiel Feuer
vom Himmel und verbrannte sie alle.

10 Dann wurde der Teufel, der sie verführt
hatte, in den See von brennendem Schwefel ge-
worfen, in dem schon das Tier und der falsche
Prophet waren. Dort werden sie in alle Ewigkeit
Tag und Nacht gequält.

Das Ende der alten Welt und das Gericht über alle Toten. Der Tod des Todes

11 Dann sah ich einen großen weißen Thron und
den, der darauf sitzt. Die Erde und der Himmel
flohen bei seinem Anblick und verschwanden
für immer.

12 Ich sah alle Toten, Hohe und Niedrige,
vor dem Thron stehen. Die Bücher wurden
geöffnet, in denen alle Taten aufgeschrieben
sind.[c] Dann wurde noch ein Buch aufgeschla-
gen: das Buch des Lebens. Den Toten wurde das
Urteil gesprochen; es richtete sich nach ihren
Taten, die in den Büchern aufgeschrieben waren.
13 Auch das Meer gab seine Toten heraus, und
der Tod und die Totenwelt* gaben ihre Toten
heraus. Alle empfingen das Urteil, das ihren
Taten entsprach.

14 Der Tod und die Totenwelt wurden in den
See von Feuer geworfen. Dieser See von Feuer
ist der zweite, der endgültige Tod. 15 Alle, deren
Namen nicht im Buch des Lebens standen, wur-
den in den See von Feuer geworfen.

DIE NEUE WELT GOTTES (21,1–22,5)

Der neue Himmel und die neue Erde

21 Dann sah ich einen neuen Himmel und
eine neue Erde. Der erste Himmel und die
erste Erde waren verschwunden und das Meer
war nicht mehr da.

2 Ich sah, wie die Heilige Stadt, das neue Jeru-
salem, von Gott aus dem Himmel herabkam. Sie
war festlich geschmückt wie eine Braut für ihren
Bräutigam. 3 Und vom Thron her hörte ich eine
starke Stimme rufen: »Dies ist die Wohnstätte
Gottes bei den Menschen! Er wird bei ihnen
wohnen, und sie werden seine Völker sein. Gott
selbst wird als ihr Gott bei ihnen sein. 4 Er wird
alle ihre Tränen abwischen. Es wird keinen Tod
mehr geben und keine Traurigkeit, keine Klage

a Ezechiël (Kap 38–39) spricht von dem Fürsten Gog aus dem Land Magog, der als Feind des Gottesvolkes aus dem Norden heranzieht. Hier stehen *Gog und Magog* als symbolische Namen für die Völker, die aus allen vier Himmelsrichtungen die Heilige Stadt angreifen.

b Wörtlich *der Heiligen**.

c *in denen ...:* verdeutlichender Zusatz, der den Schluss des Verses aufnimmt.

20,1 10,1; 18,1; (Abgrund) 9,1 S **20,2** 12,9 S **20,4** Dan 7,9.22; Röm 5,17 S; (Zeuge) 6,9 S **20,6** 2,11 S; (Priester) 1,6 S **20,8** Ez 38,2.10-15 **20,9** Ez 38,22 **20,10** (Schwefel) 19,20; 20,14; 21,8; 14,10; Mt 25,41; Jud 7 **20,11** 5,7 S; (verschwanden) 6,14; 21,1; Mk 13,31 par; 2 Petr 3,10 **20,12 b** 3,5 S **20,13** 2,23; Röm 2,6 S **20,14** 2,11 S **20,15** 3,5 S **21,1** Jes 65,17 S; 2 Petr 3,13 **21,2** 21,9–22,5; 3,12; Jes 52,1; Gal 4,26; Hebr 11,16; 12,22; (Braut) Offb 21,9 S **21,3** Sach 2,9; 2 Kor 6,16; Lev 26,12 S **21,4** (Tränen) 7,17 S; (Tod) Jes 26,19 S

und keine Quälerei mehr. Was einmal war, ist
für immer vorbei.«
5 Dann sagte der, der auf dem Thron saß:
»Gebt Acht, jetzt mache ich alles neu!« Zu mir
sagte er: »Schreib dieses Wort auf, denn es ist
wahr und zuverlässig.« 6 Und er fuhr fort: »Es ist
bereits in Erfüllung gegangen!
Ich bin das A und das O,[a] der Anfang und das
Ende. Wer durstig ist, dem gebe ich umsonst zu
trinken. Ich gebe ihm Wasser aus der Quelle des
Lebens. 7 Alle, die durchhalten und den Sieg er-
ringen, werden dies als Anteil von mir erhalten:
Ich werde ihr Gott sein und sie werden meine
Söhne und Töchter sein.[b] 8 Aber die Feiglinge
und Treulosen, die Abgefallenen, Mörder und
Ehebrecher, die Zauberer, die Götzenanbeter und
alle, die sich nicht an die Wahrheit hielten, fin-
den ihren Platz in dem See von brennendem
Schwefel. Das ist der zweite, der endgültige Tod.«

Die neue Stadt Jerusalem, ihre Mauern und Tore

9 Einer von den sieben Engeln*, die die sieben
Schalen mit den sieben letzten Katastrophen
getragen hatten, trat zu mir und sagte: »Komm!
Ich werde dir die Braut zeigen, die Frau des
Lammes!«
10 Der Geist* nahm von mir Besitz, und in der
Vision trug mich der Engel auf die Spitze eines
sehr hohen Berges. Er zeigte mir die Heilige Stadt
Jerusalem, die von Gott aus dem Himmel herab-
kam. 11 Sie strahlte die Herrlichkeit Gottes aus
und glänzte wie ein kostbarer Stein, wie ein
kristallklarer Jaspis.
12 Sie war von einer mächtigen, hohen Mauer
mit zwölf Toren umgeben. Die Tore wurden von
zwölf Engeln bewacht, und die Namen der zwölf
Stämme Israels waren an die Tore geschrieben.
13 Nach jeder Himmelsrichtung befanden sich
drei Tore, nach Osten, nach Norden, nach Süden
und nach Westen. 14 Die Stadtmauer war auf
zwölf Grundsteinen errichtet, auf denen die
Namen der zwölf Apostel* des Lammes standen.

Ihre Ausmaße und Baustoffe

15 Der Engel, der zu mir sprach, hatte einen gol-
denen Messstab, um die Stadt, ihre Tore und ihre
Mauern auszumessen. 16 Die Stadt war viereckig
angelegt, ebenso lang wie breit. Der Engel maß
die Stadt mit seinem Messstab. Sie war zwölftau-
send Wegmaße[c] lang und ebenso breit und hoch.
17 Er maß auch die Stadtmauer. Nach dem Men-
schenmaß, das der Engel gebrauchte, war sie
hundertvierundvierzig Ellen dick.
18 Die Mauer bestand aus Jaspis. Die Stadt
selbst war aus reinem Gold erbaut, das so durch-
sichtig war wie Glas. 19 Die Fundamente der
Stadtmauer waren mit allen Arten von kostbaren
Steinen geschmückt. Der erste Grundstein ist ein
Jaspis, der zweite ein Saphir, der dritte ein Chal-
zedon, der vierte ein Smaragd, 20 der fünfte ein
Sardonyx, der sechste ein Karneol, der siebte ein
Chrysolith, der achte ein Beryll, der neunte ein
Topas, der zehnte ein Chrysopras, der elfte ein
Hyazinth und der zwölfte ein Amethyst. 21 Die
zwölf Tore waren zwölf Perlen. Jedes Tor be-
stand aus einer einzigen Perle. Die Hauptstraße
der Stadt war aus reinem Gold, so durchsichtig
wie Glas.

Ihr Licht, ihr Reichtum, ihre Reinheit

22 Einen Tempel sah ich nicht in der Stadt. Gott,
der Herrscher der ganzen Welt, ist selbst ihr
Tempel, und das Lamm mit ihm. 23 Die Stadt
braucht weder Sonne noch Mond, damit es hell
in ihr wird. Die Herrlichkeit* Gottes strahlt in
ihr und das Lamm ist ihre Leuchte.
24 In dem Licht, das von der Stadt ausgeht,
werden die Völker leben. Die Könige der Erde
werden ihren Reichtum in die Stadt tragen.
25 Ihre Tore werden den ganzen Tag offen
stehen, mehr noch: Sie werden nie geschlossen,
weil es dort keine Nacht gibt. 26 Pracht und
Reichtum der Völker werden in diese Stadt
gebracht. 27 Aber nichts Unreines* wird Einlass
finden. Wer Götzen anbetet und sich nicht an
die Wahrheit hält, kann die Stadt nicht betreten.
Nur wer im Lebensbuch des Lammes auf-
geschrieben ist, wird in die Stadt eingelassen.

Die Stadt als das wiederhergestellte Paradies

22 Der Engel zeigte mir auch den Strom mit
dem Wasser des Lebens, der wie Kristall

a Wörtlich *Ich bin das Alpha und das Omega;* vgl. Anmerkung zu 1,8.
b Wörtlich *meine Söhne* (im Griechischen in der Einzahl formuliert: *mein Sohn*); vgl. dazu Sacherklärung »Söhne«.
c Vgl. Anmerkung zu 14,20. Die Maßangabe enthält die Symbolzahl 12 für das Volk Gottes (12 Stämme Israels, 12 Apostel), dasselbe gilt für die 144 Ellen* in Vers 17.

21,5 5,7S; (neu) 21,1; Jes 65,17S; 2 Kor 5,17S **21,6** 1,8S; (Wasser) 22,1; 7,17; Sach 14,8S; Joh 7,37 **21,7** 2 Sam 7,14S; Ez 11,20S **21,8** 21,27S; 20,10S; 2,11S **21,9–22,5** Jes 54,1-17S; Tob 13,9-18 **21,9** 15,1; (Braut) 19,7; 21,2; 22,17 **21,10** 1,10S; Ez 40,2 **21,11** Jes 60,1-3.19; Ez 43,2 **21,12** 7,5-8; Gen 35,22b-26; Ex 28,21; Ez 48,30-35 **21,14** Hebr 11,10; Eph 2,20 **21,15** 11,1; Ez 40,3 **21,16** Ez 48,16-17 **21,18-21** Jes 54,11-12S; Ez 28,13 **21,23** 22,5; Jes 60,1-2.19-20S **21,24-26** Jes 60,3.11 **21,27** 21,8; 22,15; 1 Kor 6,9-10; 2 Petr 3,13; Jes 35,8; 52,1; Ez 44,9; (Lebensbuch) Offb 3,5S **22,1-2** Ez 47,1-12S

funkelt. Der Strom entspringt am Thron Gottes
und des Lammes 2 und fließt entlang der Haupt-
straße mitten durch die Stadt. An beiden Seiten
des Flusses wachsen Bäume: der Baum des Le-
bens aus dem Paradies.[a] Sie bringen zwölfmal
im Jahr Frucht, jeden Monat einmal. Ihre Blätter
dienen den Menschen aller Völker als Heilmittel.
3 In der Stadt wird es nichts mehr geben, was
unter dem Fluch Gottes steht.

Der Thron Gottes und des Lammes wird in
der Stadt stehen. Alle, die dort sind, werden Gott
als Priester dienen, 4 sie werden ihn sehen, und
sein Name wird auf ihrer Stirn stehen. 5 Es wird
keine Nacht mehr geben und sie brauchen weder
Lampen- noch Sonnenlicht. Gott, der Herr, wird
über ihnen leuchten, und sie werden in alle
Ewigkeit als Könige herrschen.

ABSCHLIESSENDE ZUSICHERUNGEN UND MAHNUNGEN (22,6-21)

Der Engel, der Seher Johannes und Jesus selbst verbürgen die Wahrheit dieses Buches

6 Der Engel[b] sagte zu mir: »Diese Worte sind
wahr und zuverlässig. Gott, der Herr, der den
Propheten seinen Geist* gibt, hat seinen Engel*
gesandt, um denen, die ihm dienen, zu zeigen,
was sich in Kürze ereignen muss.«

7 »Gebt Acht! Ich komme bald!« – sagt Jesus
Christus[c] – »Freuen darf sich, wer die propheti-
schen Worte dieses Buches beherzigt.«

8 Ich, Johannes, bin es, der das alles gehört
und gesehen hat. Als es vorüber war, warf ich
mich vor dem Engel, der mir diese Dinge gezeigt
hatte, nieder, um ihn anzubeten. 9 Er aber sagte:
»Tu das nicht! Ich bin ein Diener Gottes wie du
und deine Brüder, die Propheten*, und wie alle,
die sich nach den Worten dieses Buches richten.
Bete Gott an!«

10 Dann sagte Jesus zu mir: »Du darfst das
Buch, in dem diese prophetischen Worte stehen,
nicht für später versiegeln; denn die Zeit ihrer
Erfüllung ist nahe. 11 Wer Unrecht tut, mag es
weiterhin tun. Wer den Schmutz liebt, mag sich
weiter beschmutzen. Wer aber recht handelt,
soll auch weiterhin recht handeln. Und wer
heilig ist, soll weiter nach Heiligkeit streben.

12 Gebt Acht, ich komme bald, und euren
Lohn bringe ich mit. Jeder empfängt das, was
seinen Taten entspricht. 13 Ich bin das A und
das O,[d] der Erste und der Letzte, der Anfang und
das Ende.

14 Freuen dürfen sich alle, die ihre Kleider
reinwaschen.[e] Sie empfangen das Recht, die
Frucht vom Baum des Lebens zu essen und
durch die Tore in die Stadt hineinzugehen.
15 Aber die Verworfenen, die Zauberer, die Ehe-
brecher und die Mörder müssen draußen vor der
Stadt bleiben, und die Götzenanbeter und alle,
die die Lüge lieben und entsprechend handeln.

16 Ich, Jesus, habe meinen Engel gesandt, um
euch, den Propheten,[f] zuverlässig mitzuteilen,
was auf die Gemeinden zukommt. Ich bin der
Wurzelspross[g] und Nachkomme Davids*. Ich
bin der leuchtende Morgenstern*.«

17 Der Geist und die Braut antworten:
»Komm!« Wer dies hört, soll sagen: »Komm!«
Wer durstig ist, soll kommen, und wer von dem
Wasser des Lebens trinken will, wird es ge-
schenkt bekommen.

Warnung und Zusage. Brieflicher Abschluss

18 Ich, Johannes, warne alle, die die propheti-
schen Worte aus diesem Buch hören: Wer diesen
Worten etwas hinzufügt, dem wird Gott die Qua-
len zufügen, die in diesem Buch beschrieben
sind. 19 Wenn aber jemand von diesen Worten
etwas wegnimmt, wird Gott ihm seinen Anteil
an der Frucht vom Baum des Lebens und an der
Heiligen Stadt* wegnehmen, die in diesem Buch
beschrieben sind.

20 Der aber, der dies alles bezeugt, sagt:
»Ganz gewiss, ich komme bald!«

Amen*, komm, Herr* Jesus!

21 Die Gnade unseres Herrn Jesus sei mit
allen!

a und fließt ...: wörtlich *zwischen ihrer Hauptstraße (ihrem Hauptplatz) und dem Fluss, diesseits und jenseits (von ihm): Holz des Lebens.* Die beiden Bilder aus Gen 2,9 und Ez 47,7.12 gehen ineinander über. Zu »Holz des Lebens« vgl. 2,7 und die Vergleichsstellen dort.

b Wörtlich *Er.* Gemeint ist der Engel von 21,9. Im weiteren Verlauf des Verses und in den Versen 8 und 16 ist von dem Engel aus 1,1 die Rede. *c* Erläuternde Einfügung.

d Wörtlich *Ich bin das Alpha und das Omega;* vgl. Anmerkung zu 1,8. *e* Vgl. 7,14 und Anmerkung zu 3,4.

f den Propheten: verdeutlichender Zusatz; vgl. 22,6.9. *g* Vgl. Anmerkung zu 5,5.

22,3 b (Priester) 1,6 S **22,4** Ps 17,15 S; Mt 5,8; (Stirn) Offb 14,1 **22,5** 21,23 S; (herrschen) 1,6; Dan 7,18.27 **22,6** (zuverlässig) 19,9; 21,5; (Propheten) 10,7; Apg 11,27 S; 1 Kor 14,1; (in Kürze) Offb 1,1.3 **22,7** (bald) 3,11 S; (freuen) 1,3 **22,8-9** 19,10 **22,10** Dan 12,4 **22,11** Dan 12,10; Jes 56,1 **22,12** (Taten) 2,23; 6,10; 16,6; 19,2; 20,12-13; Mt 16,27 S **22,13** 1,8 S **22,14** 7,14 S; (Baum) 2,7 S; (hineingehen) Ps 118,19-20 **22,15** 21,27 S; Eph 5,5 **22,16** 5,5 S; (Morgenstern) 2,28; Num 24,17 **22,17** (Braut) 21,9 S; (Wasser) 21,6 S **22,18-19** Dtn 4,2 S **22,18** Dtn 29,19-20 **22,19** 2,7 S **22,20** 3,11 S; 1 Kor 16,22

ANHANG

INHALT

NACHWORT

Zum Charakter dieser Übersetzung

Von einer Übersetzung wird erwartet, dass sie die Aussagen ihrer Vorlage unverfälscht, genau und verständlich wiedergibt. Bei der Verschiedenheit der Sprachen ist dieses Ziel nicht einfach dadurch zu erreichen, dass die fremdsprachige Vorlage Wort für Wort in die eigene Sprache umgesetzt wird. Auch die Forderung, einen Begriff der fremden Sprache jeweils mit ein und demselben Begriff der eigenen Sprache wiederzugeben, geht an der Sprachwirklichkeit vorbei. Sowenig der Satzbau in den verschiedenen Sprachen übereinstimmt, sowenig decken sich die oftmals breit gefächerten Bedeutungen eines Begriffs in der einen Sprache völlig mit denen eines entsprechenden Begriffs in der anderen. Wie beim Satzbau, so muss der Übersetzer daher auch bei der Wortwahl den Gesetzen der eigenen Sprache Rechnung tragen und aus den möglichen Bedeutungen eines fremdsprachigen Begriffs diejenige zum Ausdruck bringen, die im jeweiligen Zusammenhang des Originals beabsichtigt ist.

Das gilt in besonderem Maß für eine Übersetzung, die – soweit irgend möglich – für Leserinnen und Leser ohne besondere Vorkenntnisse und zusätzliche Erklärungen verständlich sein möchte. Ihr oberster Grundsatz heißt: Der *Sinngehalt* des fremdsprachigen Textes muss einen der eigenen Sprache *angemessenen Ausdruck* finden. Eine sklavische Bindung an formale Eigentümlichkeiten des fremdsprachigen Textes ist hier nicht am Platz (z. B. die Voranstellung der Negation »Nicht sollst du stehlen« in 2 Mose/Exodus 20,15 oder Genitivkonstruktionen wie »Straßen der Rechtheit« statt »sichere Wege« in Psalm 23,3).

Die sprachliche *Form* des Originaltextes muss notfalls preisgegeben werden, damit sein *Inhalt* in unserer Sprache angemessen und unmittelbar verständlich wiedergegeben werden kann. Ein solcher Übersetzungstyp wird »kommunikativ« genannt, weil er auf Kommunikation angelegt ist, d. h. sich an den Verstehensmöglichkeiten einer breitgestreuten Zielgruppe orientiert.

Eine Übersetzung, die nach diesem Grundsatz verfährt, vereint die selbstverständliche Treue zum Original mit dem Bemühen um größtmögliche Verständlichkeit. Sie kann genauer als eine »wörtliche« Übersetzung angeben, was die Aussage des Textes an einer bestimmten Stelle ist. Sie *entfaltet* den originalen Sinn einer Aussage und schöpft ihn aus, so gut das beim heutigen Stand unserer Erkenntnis möglich ist; aber sie fügt ihm keine willkürlichen, textfremden Deutungen hinzu. Wo die Wiedergabe sich, um den Text verständlich zu machen, sehr weit von einer wörtlichen Übersetzung entfernen muss, wird diese in einer Fußnote angeführt, so dass die Lesenden den Umsetzungsvorgang nachvollziehen können.

Ein Beispiel für die Entfaltung eines Begriffs bietet die Wiedergabe von »Himmelreich« oder »Reich Gottes«. Die wörtliche Übersetzung wird heute von den meisten missverstanden – als ginge es um ein Reich, das im Himmel ist; gemeint ist aber in der Bibel: das Herrsein Gottes, der Bereich, in dem dieses Herrsein sich verwirklicht, und alles, was der Mensch aufgrund dieses Herrseins erwarten darf. Je nach dem Textzusammenhang sind deshalb in der vorliegenden Bibelübersetzung verschiedene Entsprechungen gewählt worden: im Blick auf die Gegenwärtigkeit des Gottesreiches »Gott richtet seine Herrschaft auf«; im Blick auf seine Zukunftsdynamik »Wenn Gott sein Werk vollendet …«; im Blick auf das Vollendungsziel: »Gottes neue Welt« (vgl. die Sacherklärung »Königsherrschaft Gottes«).

Es gibt allerdings Fälle, in denen die Form des Textes ein wesentliches Moment der Aussage, des Inhalts, darstellt. Das gilt vor allem für die biblische Bildersprache und die dichterisch geformten Stücke des Alten Testaments. Hier gilt es, nicht nur den Inhalt wiederzugeben, sondern zugleich ein *passendes Gegenstück für die Form* zu finden: das entsprechende Bild, den angemessenen Rhythmus. Wo die Übersetzung Texte in Versform wiedergibt, ahmt sie nicht einfach die metrische Form des Originals nach, sondern bedient sich entsprechender Formen aus unserem eigenen Kulturkreis, weil unsere Reaktion auf sprachliche Formen durch eben diese Kultur bedingt ist. Aus diesem Grund wurde bei der Über-

setzung der Prophetenbücher auf die Versform sogar weitgehend verzichtet, obwohl im Original die meisten Prophetensprüche metrisch geformt sind. Im altisraelitischen Kulturkreis verlieh die poetische Form einer Aussage erhöhten Nachdruck, während sie ihr für unser Sprachgefühl den Charakter des Subjektiven oder gar Erdichteten aufprägt. Und das würde dem Anspruch der prophetischen Botschaft genau widersprechen.

Die gründliche Überarbeitung der »Guten Nachricht« 1997 war von der Absicht geleitet, den Textsinn noch genauer und treffender wiederzugeben, aber auch die in Bildwahl und Sprachform der Originaltexte beschlossene Information noch besser zu berücksichtigen. Um nur ein Beispiel zu nennen: Es macht eben auch einen Unterschied im Informationsgehalt, ob ich in den Prophetenbüchern einfach formuliere »Der Herr sagt« oder dem Original entsprechend »Das Wort des Herrn erging« und »So spricht der Herr«.

Durchgängig wurde die straffende Wiedergabe breit und wiederholungsreich formulierter Texte auf ihre Angemessenheit geprüft und in vielen Fällen eine ausführlichere Fassung gewählt. Auch auf zahlreiche Umstellungen in der Informationsabfolge konnte verzichtet werden. Als Nebenergebnis dieser veränderten Übersetzungsstrategie hat sich die Anzahl der in der Zählung zusammengefassten Verse um mehr als ein Drittel verringert.

Ganz bewusst wurde bei der Überarbeitung auch wieder die Brücke zu vertrauten Begriffen geschlagen. So werden die Grundwörter der Theologie des Apostels Paulus, Glaube und Gerechtigkeit, jetzt beibehalten und zugleich in entfaltender Wiedergabe verdeutlicht (vgl. Römer 1,16-17; 3,21-31; siehe die Seiten 194 und 197 im Neuen Testament).

Nicht zuletzt ist es ein Anliegen der neubearbeiteten »Guten Nachricht«, eine Sprachform zu finden, die Frauen nicht diskriminiert oder ausgrenzt. Dabei geht es nicht um die kurzsichtige Anpassung an einen Modetrend, sondern um einen Akt der Gerechtigkeit. Dass die Bibel aus einer patriarchalisch bestimmten Welt kommt, ist eine Tatsache, die sich in Sprache und Inhalt vielfältig niederschlägt. Die Übersetzung darf und will dies in keiner Weise vertuschen. Aber daneben gibt es den oft verkannten Anteil von Frauen an Werden und Geschichte des Volkes Israel, und es gibt unübersehbare Impulse zu einer Neuorientierung im Sinne der Gleichwertigkeit von Mann und Frau im Kreis der Menschen, die sich Jesus anschlossen, sowie in den frühen christlichen Gemeinden. Diese Impulse sind durch männerzentrierte Auslegungs- und Übersetzungstraditionen verschüttet worden, wie sich beispielhaft an der Anrede »Brüder« in den Paulusbriefen erkennen lässt (siehe dazu die Sacherklärung »Bruder«).

In Anknüpfung an diese Impulse sucht die Übersetzung eine Sprache zu finden, die Männer und Frauen in gleicher Weise anspricht. Es werden Anstöße aus dem Weg geräumt wie das gedankenlos viel zu häufig gebrauchte Wörtlein »man«; es wird aber zugleich darauf bestanden, dass der nach der grammatischen Form »männliche« Plural für Personengruppen (Griechen, Juden usw.) nach allgemeinem deutschem Sprachgebrauch Frauen prinzipiell einschließt und nicht der disjunktiven Ausfaltung (in »Griechen und Griechinnen« usw.) bedarf.

Die Textgrundlage der Übersetzung

Übersetzt wurde aus den hebräischen, aramäischen und griechischen Grundtexten nach den jeweils neuesten wissenschaftlichen Ausgaben. Für das Alte Testament liegt zugrunde die älteste vollständig erhaltene hebräisch-aramäische Handschrift, der Codex Leningradensis aus dem Jahr 1008 n. Chr., der in der *Biblia Hebraica Stuttgartensia* abgedruckt ist. Er bietet die Textform, die von den jüdischen Überlieferern, den sog. Masoreten, zwischen 750 und 1000 n. Chr. einheitlich festgelegt worden ist.

Da der Zeitpunkt dieser Festlegung von der Abfassungszeit der betreffenden Schriften viele Jahrhunderte entfernt ist, können Übermittlungsfehler nicht ausgeschlossen werden. Tatsächlich ist es immer wieder möglich, unverständliche oder schwer verständliche Stellen mit Hilfe älterer Handschriften (z. B. aus Qumran) sowie der alten Übersetzungen zu erhellen.

Die alten Übersetzungen (vor allem die griechische, syrische und altlateinische) können als Zeugen für einen ursprünglicheren Text herangezogen werden, weil sie zum Teil lange vor der Festlegung des Textes durch die Masoreten angefertigt worden sind, auf der Grundlage von älteren hebräischen Handschriften, die uns nicht erhalten blieben. Die Übersetzung geht jedoch nur in gut begründeten Fällen vom Text der Masoreten ab und verzeichnet solche Abweichungen regelmäßig in einer Fußnote.

In der Beurteilung der Textüberlieferung schließen sich die Übersetzer weitgehend dem Urteil einer Gruppe von Fachleuten der alttestamentlichen Wissenschaft an, die im Auftrag des

Weltbundes der Bibelgesellschaften Entscheidungshilfen für Bibelübersetzer erarbeitet haben (*Preliminary and Interim Report on the Hebrew Old Testament Text Project*, Band 1 bis 5, United Bible Societies, Stuttgart 1976–1980 und *Dominique Barthélemy, Critique textuelle de l'Ancien Testament*, Band 1 bis 3 [Orbis Biblicus et Orientalis 50/1 bis 50/4], Fribourg/Schweiz und Göttingen 1982, 1986, 1992, 2005).

Für das Neue Testament wurde der griechische Text zugrunde gelegt, wie er in der 27. Auflage des *Novum Testamentum Graece* von Nestle-Aland und der 4. Auflage des *Greek New Testament* der United Bible Societies gleichlautend vorliegt. Diese Textfassung wurde von einem internationalen und interkonfessionellen Team von Fachleuten im Auftrag der Bibelgesellschaften erarbeitet. Wenn die Übersetzung gelegentlich einmal eine andere überlieferte Lesart bevorzugt, geben auch hier die Fußnoten darüber Rechenschaft.

Für die »Spätschriften des Alten Testaments«, die nicht in allen Ausgaben dieser Bibelübersetzung enthalten sind, wurde die Septuaginta-Ausgabe von Alfred Rahlfs und, soweit sie vorliegt, die große Göttinger Septuaginta-Ausgabe zugrunde gelegt. Diese Spätschriften, die vollständig nur in griechischer Sprache überliefert sind, zählten zur Zeit der Entstehung des Neuen Testaments zu den Heiligen Schriften des Judentums in der griechisch sprechenden Welt und wurden von der Urchristenheit zusammen mit allen Schriften des Alten Testaments als ihre Heilige Schrift übernommen.

Am Ende des ersten Jahrhunderts n. Chr. haben die jüdischen Schriftgelehrten – auch in Abgrenzung gegen die Christen – den »Kanon« ihrer Heiligen Schriften auf die Bücher beschränkt, die seither als »Hebräische Bücher« (Biblia Hebraica, hebräisches Altes Testament) überliefert werden.

Die Kirche hat jedoch die vom Judentum ausgeschiedenen Schriften bis zur Reformationszeit weiterhin ihrer Heiligen Schrift zugezählt. Erst Martin Luther, der als Erster das Alte Testament aus dem hebräischen Grundtext ins Deutsche übersetzte, hat die nur griechisch überlieferten Schriften des Alten Testaments herausgezogen und ihnen einen Platz direkt vor dem Neuen Testament gegeben als Schriften, die nach seiner Auffassung »der Heiligen Schrift nicht gleich gehalten und doch nützlich und gut zu lesen sind«.

In der katholischen und den orthodoxen Kirchen sind sie bis heute vollwertiger Bestandteil des Alten Testaments. Sie werden auch in evangelischen Kreisen zunehmend beachtet als wichtiges Bindeglied zwischen Altem und Neuem Testament und als Voraussetzung für ein besseres Verständnis der neutestamentlichen Schriften.

Aufgrund einer Vereinbarung zwischen dem Weltbund der Bibelgesellschaften und dem vatikanischen Sekretariat für die Einheit der Christen über die Erarbeitung und Herausgabe interkonfessioneller Bibelübersetzungen (1968) werden sie in dieser Bibelübersetzung nach Luthers Vorbild vor dem Neuen Testament eingeordnet.

In der katholischen Kirche werden diese Schriften als »Deuterokanonische Schriften«, in den evangelischen Kirchen als »Apokryphen« bezeichnet. Für diese Bibelausgabe wurde aufgrund einer Vereinbarung zwischen den evangelischen und katholischen Bibelgesellschaften bzw. Bibelwerken des deutschsprachigen Raums die leichter verständliche Bezeichnung »Spätschriften des Alten Testaments« eingeführt, auch wenn es darunter Schriften gibt, die in etwa gleichzeitig mit den spätesten Teilen des hebräischen Schriftenkanons entstanden sind.

Mit der besonderen Geschichte dieser Spätschriften hängt es auch zusammen, dass sie in den verschiedenen Bibelausgaben nach unterschiedlichen Textgrundlagen und mit gelegentlich abweichender Kapitel- und Verszählung wiedergegeben werden. Insbesondere geht die Fassung Luthers aufgrund einer unzulänglichen Textvorlage eigene Wege. Die Kapitel- und Verszählung richtet sich in der Gute Nachricht Bibel nach den erwähnten griechischen Textausgaben, bei Abweichungen nach der Göttinger Ausgabe. Die Reihenfolge der betreffenden Schriften orientiert sich in dieser Bibel an der Abfolge der Schriftengruppen im Alten Testament: geschichtliche Bücher – Bücher in dichterischer Form (speziell Weisheitsschriften) – prophetische Bücher. Innerhalb der geschichtlichen Bücher wird die historische Abfolge (der dargestellten Ereignisse, nicht der Abfassung) gewählt. Eine tabellarische Übersicht der Abfolge und Zählung in den verschiedenen deutschen Bibelausgaben findet sich in dem Taschenbuch »Bibelkunde im Überblick«, das 1997 bei der Deutschen Bibelgesellschaft erschienen ist.

Von manchen Spätschriften gibt es in der griechischen Überlieferung verschiedene Textfassungen. Das Buch Tobit wird in dieser Bibelübersetzung (anders als in den meisten deutschen Bibelübersetzungen bisher) nach der ausführlicheren Fassung des Codex Sinaiticus wiedergegeben,

die Zusätze zum Buch Daniel nach der Fassung von Theodotion. Vom Buch Sirach sind außer der griechischen Fassung auch hebräische Fragmente bekannt, die jedoch nur in den Fußnoten berücksichtigt werden. Dieses Verfahren wurde gewählt, da das griechische Buch Sirach, das allein vollständig vorliegt, nicht eine einfache Übersetzung, sondern eine bewusste Bearbeitung darstellt und in dieser Form in die Heilige Schrift der Alten Kirche aufgenommen wurde.

Entstehung der Übersetzung und an der Übersetzung Beteiligte

Die Übersetzung ist ein Gemeinschaftswerk von Theologen aus der evangelischen und aus der katholischen Kirche sowie aus dem Raum der evangelischen Freikirchen. Sie wurde erarbeitet im Auftrag der Bibelgesellschaften und Bibelwerke aller deutschsprachigen Länder Europas.

Nach einer Vorstufe unter dem Titel *Gute Nachricht für Sie – NT 68,* die sich stark an der amerikanischen Übersetzung *Good News for Modern Man* (Today's English Version) orientierte, erschien 1971 das Neue Testament *Die Gute Nachricht* in einer stark überarbeiteten, selbständigen Fassung, dann 1977 eine umfangreiche Auswahl aus dem Alten Testament. Die vollständige Bibel mit abermals verbessertem Neuem Testament erschien 1982 unter dem Titel *Die Bibel in heutigem Deutsch – Die Gute Nachricht des Alten und Neuen Testaments.*

An diesen Textfassungen waren zahlreiche Übersetzer, auch aus der damaligen DDR, beteiligt. Die Endfassung des Textes von 1982 wurde durch einen Redaktionskreis verantwortet, dem als Übersetzer Hellmut Haug, Rudolf Kassühlke und Joachim Lange angehörten, dazu als Vorsitzender Siegfried Meurer (Deutsche Bibelgesellschaft, Stuttgart), als Übersetzungsberater des Weltbundes der Bibelgesellschaften Jan de Waard, als Vertreter des Bibelwerks in der DDR für das Alte Testament Jürgen Reich und für das Neue Testament Ekkehard Runge. Die Übersetzer wurden beraten durch Fachleute der alttestamentlichen Wissenschaft, deren Namen im Nachwort der Ausgabe von 1982 aufgeführt sind.

Die Revision von 1997 lag in den Händen der drei Hauptübersetzer von 1982, dazu trat für das Alte Testament Rolf Schäfer. Beraten wurden die Übersetzer durch Vertreter der Bibelgesellschaften und Bibelwerke sowie durch namhafte Fachleute der Bibelwissenschaft, die kritische Gutachten zu einzelnen Büchern beisteuerten: Alfons Deissler (Freiburg), Hubert Frankemölle (Paderborn), Heinz Giesen (Hennef), Walter Groß (Tübingen), Klaus Haacker (Wuppertal), Wilhelm Hemecker (Graz), Hans-Joachim Kittel (Erfurt), Hans-Josef Klauck (Würzburg), Friedrich Lang (Tübingen), Jürgen Roloff (Erlangen), Rudolf Schnackenburg (Würzburg), Heinz Schwantes (Gera), Harald Schweizer (Tübingen), Michael Theobald (Tübingen), Erich Zenger (Münster). Die biblischen Vergleichsstellen wurden von Klaus D. Fricke neu durchgeprüft und ergänzt.

Neu ins Blickfeld trat bei der Revision von 1997 der Gesichtspunkt einer frauengerechten Wiedergabe. Es ging dabei nicht um ein Zugeständnis an den »Zeitgeist«, sondern um das berechtigte Anliegen heutiger Frauen, sich durch die Sprachform der Übersetzung nicht ausgegrenzt zu sehen; außerdem waren traditionelle Fehlübersetzungen aufgrund der früher vorherrschenden männerzentrierten Sichtweise auf den Prüfstand zu stellen (herausragende Beispiele dafür werden in den Sacherklärungen zu »Bruder«, »geweiht (2)« und »Junia« erläutert).

Um die Übersetzer in dieser Frage zu sensibilisieren, wurden im Rahmen der Evangelischen Frauenarbeit in Deutschland sieben Frauengruppen gebildet, die 1988/89 fast den gesamten Text der Bibelausgabe von 1982 durcharbeiteten, Anstöße notierten und Verbesserungsvorschläge machten. Kritik und Vorschläge wurden zusammengefasst von der Initiatorin dieser Aktion, Hildburg Wegener, in Band 1 der Reihe »Bibel im Gespräch«: *Die vergessenen Schwestern. Frauengerechte Sprache in der Bibelübersetzung,* Stuttgart 1993; dort sind auch die Namen der beteiligten Frauen verzeichnet. Während der Revisionsarbeit wurden die Übersetzer beraten durch Susanne Gillmayr-Bucher, Monika Fander, Hannelore Jahr, Renate Jost und Beate Stemmer. (Der Niederschlag im Text von 1997 wird erörtert in Band 5 der erwähnten Reihe: *Die neue Gute Nachricht Bibel*, Stuttgart 1998, S. 41 ff., 62 ff.)

Die Gedichtfassung des »Weinbergliedes« in Jesaja 5 wurde im Rahmen einer Ausschreibung in der Zeitschrift *Bibelreport* (1974, Heft 4, Seite 13) von Almuth Mayer geschaffen.

An der Erfassung und wiederholten Korrektur der Texte haben mitgewirkt Christine Hertel, Thea Hertlein und Brigitte Reichel; um die Korrektur der Fassung 2000 in neuer Rechtschreibung hat sich insbesondere Claus Keller verdient gemacht.

SACHERKLÄRUNGEN

Erklärt werden die Wörter, die im Bibeltext einen Stern (*) tragen. Zu den Abkürzungen der biblischen Bücher siehe in den blauen Farbseiten vorn Seite 4 sowie die Seiten 12–13, zu den Kürzeln für die farbigen Landkarten siehe Seite 441 des Anhangs. Ein Pfeil (→) vor einem Wort verweist auf die entsprechende Sacherklärung.

A

Aaron Der Bruder von → Mose (Ex 4,14; 6,20). Er steht beim Auszug aus Ägypten als Helfer und während der Wüstenwanderung als Priester neben der prophetischen Führergestalt Mose und ist in späterer Sicht der erste → Oberste Priester und Ahnherr der legitimen Jerusalemer Priesterschaft. Im Neuen Testament wird er zum Vor- und Gegenbild des wahren Obersten Priesters Christus (Hebr 5,4; 7,11).

Abba Aramäisch »(lieber) Vater«, als Anrede im Familienkreis gebraucht. Jesus verwendete das Wort in der Gebetsanrede an Gott (Mk 14,36) und brachte damit die innige Verbundenheit mit seinem himmlischen Vater zum Ausdruck. Der → Geist, den Jesus den Seinen schenkt, gibt ihnen Anteil an dieser vertrauten Gottesnähe, wenn er sie ermächtigt und ermutigt, im geistgetragenen Gebet Gott genau wie Jesus als »Abba« anzurufen (Röm 8,15; Gal 4,6). Auch im damaligen Judentum ist die vertraute Anrede gelegentlich bezeugt, gebräuchlich war jedoch das feierliche »Ab«.

Abel → Kain.

Abendmahl → Mahl des Herrn.

Abendopfer Im → Tempel in Jerusalem wurde täglich am Morgen und am Abend ein → Brandopfer dargebracht (Ex 29,38-42; Num 28,3-8), wobei laut jüdischer Überlieferung der Abend um 15 Uhr begann.

Abgrund Der unterirdisch gedachte Aufenthaltsort dämonischer Mächte (Lk 8,31; Offb 9,1.11) und des → Antichrist vor seinem Auftreten (Offb 11,7; 17,8), aber auch das Verlies, in dem der → Satan gefangen gehalten wird (Offb 20,1-3).

Abib (»Ährenmonat«) Althebräischer Monat, später → Nisan; etwa Mitte März bis Mitte April.

Abraham Stammvater Israels (zum Namen vgl. Gen 17,4-5). Wer zum erwählten Volk Israel gehört, ist »Sohn« oder »Tochter« Abrahams (Lk 13,16; 19,9; Mt 3,9 par). Erwartet wurde, dass die Nachkommen Abrahams bzw. die unter ihnen, die im letzten Gericht als → gerecht anerkannt werden, mit ihm am Festmahl in Gottes neuer Welt teilnehmen dürfen (Mt 8,11 par; Lk 16,22). Im Neuen Testament ist Abraham Vorbild des Glaubens (Röm 4; Hebr 11,8-19; vgl. Gen 15,6) und Vater des neuen Gottesvolkes, der Glaubenden aus allen Völkern (Röm 4,11-12).

Achaia Römische Provinz im südlichen Teil des heutigen Griechenland mit der Hauptstadt Korinth. An sie und die Hafenstadt Kenchrea (Röm 16,1) ist gedacht, wenn Paulus von den Christen »in Achaia« spricht.

Achortal Der Name bedeutet Unglückstal. Die Lage ist umstritten, entweder am Nordwestende des Toten Meeres (Karte LA, C6) oder im Nordwesten von Jericho in der Nähe der Stadt Ai (Karte LA, B1). Das Tal spielt im Zusammenhang der Inbesitznahme des Landes → Kanaan eine Rolle: Hier wurde Achan, der sich an gebanntem Gut (→ Bann) vergriffen hatte, mit seiner gesamten Familie gesteinigt und damit vom Besitz des Landes ausgeschlossen (Jos 7,24-26). Bei Hosea (Hos 2,17) wandelt sich das »Unglückstal« zum Hoffnungszeichen, wenn Israel durch eben dieses Tal zum zweiten Mal von Gott in sein Land geführt wird.

Adam Nach Gen 2–3 der erste von Gott geschaffene Mensch (ursprünglich kein Eigenname, sondern einfach das hebräische Wort für »Mensch«; vgl. die Anmerkungen zu Gen 2,7 und 3,17). Er übertrat Gottes Verbot, aß von der Frucht, die ihm ein Gott vorbehaltenes Wissen vermitteln würde, und wurde zur Strafe aus dem → Paradies vertrieben. Nach Paulus hat Adam mit seinem Ungehorsam das Schicksal der ganzen Menschheit geprägt. Seither ist das menschliche Leben durch Sünde und Tod bestimmt, ein Verhängnis, in das jeder Mensch hineingeboren wird; doch trägt er zugleich die

volle Verantwortung, denn jeder Mensch will sein eigener Herr sein, sich selbst behaupten – auch und gerade Gott gegenüber. Christus hat dieser Verstrickung von Verhängnis und Schuld ein Ende gesetzt. Er ist der »zweite Adam«, der eine neue Menschheit eingeleitet hat. Er holt die Menschen aus ihrer Gottferne in die Gemeinschaft mit Gott zurück, sodass sie Gott gehorsam sein und das wahre Leben gewinnen können (Röm 5,12-21; 1 Kor 15,21-22).

Adar Der 12. Monat nach dem babylonischen → Kalender, etwa Mitte Februar bis Mitte März.

Agrippa → Herodes (5, 6).

Alarmhorn → Widderhorn.

Allerheiligstes Der innerste Raum des → Heiligen Zeltes und des Jerusalemer → Tempels, der als Gottes »Wohnung«, der Ort seiner unsichtbaren Gegenwart, ihm allein vorbehalten war. Der dunkle, fensterlose Raum – im Jerusalemer Tempel ein Kubus von 5 m Seitenlänge – enthielt die → Bundeslade mit den Gesetzestafeln und der Deckplatte, an der einmal im Jahr am → Versöhnungstag vom → Obersten Priester die Sühnehandlung vollzogen wurde (Lev 16,11-17); sonst durfte dieser Raum nicht betreten werden.

Aloë (1) Kostbares Parfüm, das aus dem indischen Adlerholzbaum gewonnen wurde (Ps 45,9; Hld 4,14; Spr 7,17).
(2) Wohlriechendes Öl, das aus den fleischigen Blättern der Aloe-Pflanze gewonnen und unter anderem beim Einbalsamieren von Toten verwendet wurde (Joh 19,39).

Alraunfrucht Die Frucht der Alraune ist klein, scharf riechend und ähnelt einem Apfel. Sie galt als Mittel zur Förderung der Fruchtbarkeit.

Altar Opfertisch im Freien aus Erde oder Stein (Ex 20,22-26), auf dem Opfertiere verbrannt wurden (→ Opfer). Kleinere Altäre dienten der Verbrennung von Weihrauch (→ Räucheropfer →Räucheraltar, → Räuchersäule). Wenn im Zusammenhang mit dem → Heiligen Zelt oder dem Jerusalemer → Tempel vom Altar ohne nähere Kennzeichnung gesprochen wird, ist der → Brandopferaltar gemeint. – Am Altar eines Heiligtums konnten Verfolgte Schutz finden (»Asyl«; Ex 21,13-14; 1 Kön 1,50-51; 2,28-30).

Älteste Die Stellung der Ältesten gründete ursprünglich in der Würde des Alters: In Familie und Sippe gilt die Autorität der Alten. Obwohl im Grundsatz alle Familienoberhäupter den gleichen Rang hatten, übten im größeren Verband des Stammes die Häupter der mächtigsten Familien die Autorität aus, im Krieg als Anführer und im Frieden durch Rechtsprechung. Sie bildeten eine Art Adel.
Aus Vertretern dieser Stammesältesten bildete sich vermutlich das gesamtisraelitische Gremium der »Ältesten Israels« (2 Sam 5,3; 1 Kön 8,1). In den Städten entwickelte sich aus der Ältestenverfassung eine Art Stadtaristokratie, die als lokale Behörde die Ortschaft verwaltete und Recht sprach. Unter dem Königtum verloren die Ältesten an Einfluss, gewannen ihn aber neu im babylonischen → Exil (Jer 29,1) und nach der Rückkehr (→ Ältestenrat). In den jüdischen Gemeinden außerhalb Palästinas war die Verwaltung zumindest der → Synagoge einem Ältestenrat unterstellt.
Nach jüdischem Vorbild wurde auch ein Teil der christlichen Gemeinden ursprünglich von einer Gruppe von Ältesten geleitet (Apg 14,23; 20,17; 1 Tim 5,17-22; Tit 1,5). Diese Leitungsform scheint in der Jerusalemer Urgemeinde ihre Wurzeln zu haben (Apg 11,30; 15,4.6; 21,18). Zur weiteren Entwicklung → Gemeindeleiter.
In der Offenbarung (Offb 4–5) sind die 24 Ältesten eine Art himmlischer Thronrat mit zugleich königlichen und priesterlichen Funktionen.

Ältestenrat Das leitende Gremium der jüdischen Gemeinde nach der Rückkehr aus dem babylonischen → Exil (vgl. Esra 5,9; 10,8). In der Makkabäerzeit wird es mehrfach neben den führenden Männern aus der Makkabäerfamilie erwähnt. In der römischen Zeit ist es als Synedrium (in dieser Übersetzung »Jüdischer → Rat«) bekannt.

Amalek(iter) Nomadenstamm auf der nördlichen Sinaihalbinsel, in der Frühzeit gefährlicher Feind Israels (Ex 17,8-16; Ri 3,13; 6,3.33; 1 Sam 15; 27,8; 30,1-20; 1 Chr 4,43).

Amen Das (hebräische) Wort hat den Sinn von »So ist es/So sei es!«, wenn es von der Gemeinde zur Bestätigung von Segen oder Fluch ausgerufen wird (Dtn 27,15-26) oder die Gemeinde sich mit diesem Wort hinter das Gebet eines Einzelnen stellt (1 Kor 14,16). Im Neuen Testament gewinnt das Gebet wie auch das abschließende Amen seine besondere Zuversicht und Festigkeit aus der in Christus erfahrbar gewordenen Treue Gottes und aus der Tatsache, dass Christus selbst das Gebet seiner Gemeinde mitträgt (2 Kor 1,20; an dieser Stelle wird darauf angespielt, dass das Gemeindegebet schließt mit den Worten »durch Jesus Christus, unseren Herrn, Amen«).
Die Einleitung von Jesusworten mit »Amen« drückt aus, dass Jesus selbst die Wahrheit seines

Wortes verbürgt. In dieser Übersetzung wird das Wort nur beibehalten, wo es im Grundtext verdoppelt steht (*Amen, Amen* = »Amen, ich versichere euch«), sonst wird es durch die Formel »Ich versichere euch« wiedergegeben.

Ammon(iter) Nachbarvolk Israels im südlichen Ostjordanland mit der Hauptstadt Rabba bzw. Rabbat-Ammon (Karte LA, D5/D6). Von David unterworfen, später wieder selbstständig, dann unter der Herrschaft der → Babylonier und ihrer Nachfolgereiche.

Amoriter »Amoriterland« (Amurru) ist die frühbabylonische Bezeichnung für Palästina und Syrien. In der Bibel Bezeichnung für die vorisraelitische Bevölkerung Gesamtpalästinas, aber auch für einen Einzelstamm in Mittelpalästina (neben anderen kleinen Volksgruppen wie u. a. den Girgaschitern, Hiwitern, Perisitern und den in Jerusalem ansässigen Jebusitern; vgl. Dtn 7,1).

Amtsschurz Wichtiges Stück der Amtskleidung des → Obersten Priesters: ein schurzähnliches Kleidungsstück mit breiten Schulterbändern, das vermutlich über dem Priesterhemd und dem Obergewand getragen wurde (Ex 28,6-14; vgl. 28,31.39).

Anakiter, Anakssöhne Als riesenhaft geltende Sippen in Hebron und Umgebung, die den israelitischen Kundschaftern Angst einjagten (Num 13,33) und von Josua und Kaleb vernichtet wurden (Jos 11,21-22; 15,13-14).

ändern → Umkehr.

Angriffsrampe → Rammbock.

Antichrist Eine Gestalt, in der die Macht des Bösen und der Gottfeindlichkeit in der Endzeit, vor dem endgültigen Sieg Gottes und seines gesalbten Königs (→ Christus), persönlich auftritt und die Menschen zu verführen sucht (2 Thess 2,3; das »Tier aus dem Abgrund« von Offb 11,7; 13,1). Der Begriff »Antichrist« kommt nur in 1 Joh 2,18; 4,3 und 2 Joh 7 vor, wo gesagt wird, dass in den Irrlehrern bereits viele kleine »Antichristen« erschienen sind.

Apostel Der Titel »Apostel« (= Ausgesandter) ist von der jüdischen Einrichtung des »Gesandten« herzuleiten, der für bestimmte Aufträge mit der Vollmacht des Sendenden ausgestattet wurde (vgl. Mt 10,40; Joh 13,20).

(1) Im Urchristentum ist der Titel zunächst auf die Männer angewandt worden, die vom auferstandenen Herrn dazu berufen wurden, die → Gute Nachricht zu verkünden. Hierzu zählen Petrus und die → Zwölf (1 Kor 15,5) sowie ein weiterer Personenkreis (1 Kor 15,7; vgl. Röm 16,7), zu dem – als Letzter und doch die anderen weit überragend – auch Paulus gehört (1 Kor 15,8-10; 9,1).

(2) Im Lukas-Evangelium und in der Apostelgeschichte wird der Titel auf den Kreis der Zwölf eingegrenzt (Lk 6,13). Die Zeugen der Auferstehung sollen zugleich Zeugen des Erdenlebens von Jesus sein und die Verlässlichkeit der Jesus-Überlieferung von ihrem ersten Anfang an garantieren können (Apg 1,21-26).

(3) In Apg 14,4.14 folgt Lukas einem weiter gefassten Sprachgebrauch, der offenbar in der Gemeinde von Antiochia ausgebildet worden war und nach dem der Aposteltitel die vom → Geist Gottes Berufenen und von der Gemeinde ausgesandten Missionare bezeichnet (vgl. Apg 13,1-3; hierher gehören auch 1 Kor 12,28; Eph 4,11).

(4) Der Titel des »Apostels«, vor allem in der unter (3) skizzierten Form, konnte leicht missbraucht werden von Leuten, deren geistliche Qualifikation und gemeindliche Herkunft und Legitimation fragwürdig waren. Mit solchen falschen »Aposteln« hatte Paulus sich in Korinth auseinander zu setzen (2 Kor 11–12; siehe v. a. 11,5.13; 12,11; vgl. auch Offb 2,2).

In der Alten Kirche hat sich recht bald der Apostelbegriff von Lukas (2) durchgesetzt (siehe schon Offb 21,14). Doch wurde auch Paulus stets als Apostel anerkannt und wegen seiner überragenden Bedeutung an die Seite von Petrus gestellt.

Aram (Aramäer, -land) (1) Bezeichnung für das Aramäerreich von Damaskus (→ Syrer).

(2) Aram-Naharajim (Aramäerland; eigentlich »Aram zwischen den beiden Strömen«). Im Hebräischen Bezeichnung für das obere Mesopotamien (so die Übersetzung) als Heimat der Aramäer, semitischer Volksgruppen, zu denen auch Abraham und seine Nachkommen zählten (vgl. Gen 25,20; Dtn 26,5).

Aramäisch Diplomaten- und Schriftsprache im Babylonischen und Persischen Reich, dialektverwandt mit dem → Hebräischen, das als Volkssprache im Land Israels nach dem → Exil zunehmend vom Aramäischen abgelöst wurde.

Arche Lehnwort vom lateinischen *arca,* das wie das entsprechende hebräische Wort (Gen 6,14 usw.) »Kasten« bedeutet. Bezeichnung für das kastenartige Schiff, in dem die Familie Noachs und die Tiere vor der → Sintflut gerettet wurden.

Archelaus Sohn von Herodes dem Großen; → Herodes (2).

Areopag Das Wort bedeutet »Areshügel«. Dort tagte in alten Zeiten der Oberste athenische Gerichtshof. In der römischen Zeit hatte er seine

Sitzungen in der Königshalle am Markt (Forum), seine Befugnisse erstreckten sich nur noch auf Religion und Erziehung. Ob Paulus vor dieser Behörde oder nur am altehrwürdigen einstigen Ort ihrer Zusammenkünfte sprach, lässt sich aus Apg 17,19.22 nicht entnehmen.

Aretas Aretas IV., 9 v. bis 38 n. Chr., König über das östlich-südöstlich von Palästina gelegene Reich der → Nabatäer, das seinen Einfluss zeitweise bis nach Damaskus ausdehnte (2 Kor 11,32).

Artemis Griechische Göttin (lateinisch Diana). Anders als die genuin griechische Artemis, die Göttin der Wälder und der Jagd, gehört die kleinasiatische Artemis von Ephesus zum Göttertyp der sog. Großen Mutter, der Spenderin der Fruchtbarkeit in der Natur. Ihr Kultbild mit vielen Brüsten stand in einem prunkvollen Tempel in Ephesus, der als eines der Sieben Weltwunder galt.

Asasel Name eines Wüstendämons, von dem über Lev 16,10 hinaus nichts bekannt ist. Nach Lev 16,21-22 geht es darum, dass die Sünden des Volkes an einen Ort gebracht werden, wo sie für das Volk keine schädlichen Folgen mehr haben können.

Aschera Eine im phönizisch-kanaanitischen Bereich beheimatete Fruchtbarkeits- und Muttergöttin. Sie galt ursprünglich als Partnerin des Hauptgottes El und damit als Mutter der anderen kanaanitischen Götter. Nach späterer Vorstellung stand sie jedoch neben → Baal als dessen Schwester oder Partnerin. Aufgerichtete hölzerne Gegenstände, möglicherweise auch bestimmte heilige Bäume, symbolisierten die Gegenwart der Göttin und wurden anbetend verehrt. Diese Verehrung wird an verschiedenen Stellen des Alten Testaments als »Hurerei/ Prostitution« bezeichnet. Vermutlich handelte es sich jedoch nicht um sexuelle Rituale, sondern um bestimmte Bräuche (z. B. 2 Kön 23,7: Weben von Decken), die als Untreue gegenüber dem alleinigen Gott Israels bewertet und deshalb bildlich als → Hurerei verurteilt wurden (→ geweiht 2).

Asien Die römische Provinz Asia umfasste den westlichen Teil von Kleinasien mit der Hauptstadt Ephesus (Karte RP, E2/E3). Hier lagen die sieben Gemeinden, an die die Briefe von Offb 2–3 gerichtet sind.

Asphalt, Asphaltgruben Asphalt als festes oder zähflüssiges Gemisch aus Bitumen und Mineralstoffen entsteht auf natürliche Weise aus Erdöl durch Verdunstung und Oxidation (Erdharz). Ein wichtiger Fundort war im Altertum der Südteil des Toten Meeres (Gen 14,10). Es wurde u. a. als Mörtel benutzt (Gen 11,3) sowie zum Abdichten von Schiffen (Gen 6,14) und Gefäßen (Ex 2,3).

Assur, Assyrien Land am Oberlauf des Tigris, in der Gegend des heutigen Mossul. Größte Städte: Assur (daher der Name; Karte AO, E3/F3), Kalah, Ninive. Sie waren zu verschiedenen Zeiten auch Hauptstädte. Geschichtlich bedeutsam wurde Assyrien schon Anfang des 2. Jahrtausends v. Chr. Vom 10. bis 6. Jh. war es eine Großmacht, die sich vor allem durch rücksichtslose Machtpolitik verhasst machte. Das Reich endete völlig um 600 v. Chr.

Der Name bezeichnet gelegentlich auch spätere Reiche: das Babylonische (Klgl 5,6), das Persische (Esra 6,22; Sach 10,10 und vielleicht Jes 23,13) und wahrscheinlich das Reich der → Seleuziden (Jes 19,23-25; 27,13).

Astarte Westsemitische Fruchtbarkeits- und Liebesgöttin, deren Kult möglicherweise mit sexuellen Riten verbunden war. Salomo ließ ihr aus politischen Gründen – als Göttin der → Phönizier, von denen er wirtschaftlich abhängig war – ein Opferheiligtum errichten (2 Kön 23,13).

Asylstädte Zufluchtsorte, an denen im alten Israel jemand Asyl finden konnte, der unabsichtlich einen Menschen getötet hatte (Num 35,9-28; Jos 20). Wenn er seine Unschuld glaubhaft machen konnte, war er damit vor der → Blutrache geschützt.

Äthiopien Mit der alten griechischen Übersetzung Wiedergabe des hebräischen Ländernamens → Kusch. In neutestamentlicher Zeit das Reich von Meroë im nördlichen Sudan, das jeweils von der → Königsmutter regiert wurde (Apg 8,27).

auferstehen, Auferstehung Nach dem Alten Testament besitzt Gott Macht auch über Tod und → Totenreich (Dtn 32,39; 1 Sam 2,6). Doch herrscht im Allgemeinen die Auffassung, dass der Aufenthalt im Totenreich für immer von Gott und vom Leben trennt (siehe Ps 6,6 und Vergleichstellen dazu). Auch Ijob rechnet nicht mit einer Auferstehung; das macht seinen Appell an Gottes Gerechtigkeit ja gerade so dringlich (Ijob 19,25-27). Nur selten kommt die Hoffnung auf, dass Gott den einzelnen Frommen auch jenseits des Todes Leben – sogar noch ein erfüllteres Leben – zu schenken vermag (Ps 16,8-11; 49,16; 73,23-26; vgl. Weish 2,21–5,16).

Der Glaube an die Auferstehung der Toten findet sich zum ersten Mal in der Zukunftsschau des Daniel-Buches (Dan 12,2-3.13; vgl. 2 Makk 7,9.11.14; 12,43-44; dagegen ist in Jes 26,19 und

Ez 37,1-14 noch bildhaft von der Wiederherstellung des Volkes Israel die Rede). Die Erwartung blieb noch lange Zeit uneinheitlich (Auferstehung nur der Gerechten Lk 14,14; der Gerechten und der Ungerechten Apg 24,15). In jedem Fall aber ist an einen Vorgang im Rahmen der Endereignisse gedacht. Das Leben, zu dem die Gerechten erweckt werden, ist als ewiges Leben in der Gemeinschaft mit Gott in einer neuen Welt vorgestellt, nicht als Rückkehr in das alte Leben unter den Bedingungen der alten, vergangenen Welt.

Die Auferstehung von Jesus wird im Neuen Testament vor dem Hintergrund dieser Erwartung als endzeitliches Ereignis, als Beginn der allgemeinen Totenauferweckung und damit als Gewähr unserer eigenen Auferweckung verstanden und verkündet (1 Kor 15,1-28; Kol 1,18b; 1 Thess 4,13-14; Apg 4,2; Joh 11,25-26). Mit der Auferweckung von Jesus hat sich Gott zu dem Gekreuzigten bekannt und ihn als den bestätigt, an dem sich das Heil der Menschen entscheidet (Mt 28,18-20; Apg 2,36; Röm 1,4; 4,25).

auferwecken → auferstehen

Aufseher, Aufsichtsbeamte Amtsträger mit bestimmten polizeilichen Vollmachten, die u. a. bei der Rechtsprechung, beim Aufgebot des Volksheeres und bei der Beaufsichtigung öffentlicher Arbeiten mitwirkten. Ihre Befugnisse sind Teil der vorstaatlichen Stammesorganisation Israels.

Augustus Titel von Gaius Octavius, dem Adoptivsohn Caesars. Er bedeutet »Erhabener«. Augustus wurde als Weltheiland gefeiert, da seine Regierungszeit als römischer Kaiser (27 v. bis 14 n. Chr.) in ihren späteren Abschnitten eine Zeit allgemeinen Friedens war.

auspeitschen Die örtlichen Synagogengerichte (→ Synagoge) konnten bei Verstößen gegen die vom → Gesetz vorgegebene Ordnung die Strafe der Auspeitschung verhängen (Mk 13,9; Apg 5,40; 22,19). Das Höchstmaß war auf vierzig Hiebe begrenzt (Dtn 25,3); um die Grenze nicht aus Unachtsamkeit zu überschreiten, wurden im Höchstfall neununddreißig verabreicht (2 Kor 11,24). – Römische Behörden gebrauchten gegenüber Nichtrömern die Auspeitschung als abschreckende Maßnahme (Lk 23,16; Joh 19,1) und um Geständnisse zu erpressen (Apg 22,24-25).

Aussatz Eine Sammelbezeichnung für verschiedene Hautkrankheiten, zu denen nicht nur die Lepra zählt, die erst in der Alexanderzeit aus Indien eingeschleppt wurde, sondern z. B. auch die Psoriasis, die Schuppenflechte. Aussatz galt als etwas Unheimliches und wurde dämonischer Einwirkung zugeschrieben, deshalb machte er kultisch unrein (→ rein). Der Unreine wurde aus der Gemeinschaft der Gesunden, der Reinen, ausgesondert (Lev 13,45-46). Wenn eine Heilung stattfand, galt der Priester als Sachverständiger, der sie bestätigen musste (Lev 13,2-44; 14,1-3). – Als »Aussatz« bezeichnet und entsprechend behandelt wurde auch Pilz- und Schimmelbefall an Häusern und Gebrauchsgegenständen (Lev 13,47-59; 14,33-53).

B

Baal Ein palästinisch-syrischer Fruchtbarkeitsgott, gegen dessen Verehrung im alten Israel der Prophet Elija kämpfte (1 Kön 18–19; Röm 11,4). Der Wortsinn ist eigentlich »Herr« oder »Besitzer«. Im Lauf der Zeit wurde das Wort zu einem Göttertitel und schließlich zum Namen des kanaanitischen Wettergottes. Im Wettergott Baal sahen die → Kanaaniter den Herrn über Donner und Blitz, Wolken, Regen und Schnee. Er wurde oft als Krieger mit gehörntem Helm dargestellt, in der einen Hand eine Keule, in der andern ein Bündel Blitze.

Das Absterben der Pflanzendecke während der sommerlichen Trockenperiode erklärte man mit Baals Abstieg in die → Totenwelt, das Wiederaufleben der Natur am Beginn der Regenzeit mit seiner Rückkehr von dort. Als Herr über den lebenswichtigen → Regen (ein entscheidender Faktor für die Fruchtbarkeit des Landes) stand Baal in enger Verbindung mit der Muttergottheit → Aschera und der Fruchtbarkeits- und Liebesgöttin → Astarte. Im Nordreich → Israel, das sich aufgrund seiner geographischen Lage mehr als Juda mit den kanaanitischen Kulten auseinander setzen musste, spielte der Baalskult zeitweise eine wichtige Rolle. Er wurde von manchen Königen sogar gefördert (1 Kön 16,31-32), von andern wie auch von den → Propheten heftig bekämpft (1 Kön 18; 2 Kön 10,18-28).

Die Verehrung Baals als Macht der Fruchtbarkeit war völlig unvereinbar mit Israels Glauben an Gott, den alleinigen Schöpfer und Herrn der Welt. Die Teilnahme am kanaanitischen Fruchtbarkeitskult, den man sich jedoch kaum als ein sexuelles Ritual vorzustellen hat (→ Aschera), war Israel untersagt, weil dieser Kult ein Geschenk Gottes – die Fruchtbarkeit von Land, Menschen und Vieh – an die Stelle Gottes, die Gabe an die Stelle des Gebers setzt. Im Sprachgebrauch Israels bekam deshalb der Göttername »Baal« immer mehr den Sinn von »Götze«.

Wenn in der Mehrzahl von »den Baalen« die Rede ist, sind entweder allgemein die fremden Götter gemeint, oder es ist an die zahlreichen Baalsheiligtümer im Land gedacht.

Baal-Sebub → Beelzebul.

Babylon (Babel) Stadt am Eufrat (Karte AO, F3), seit dem 2. Jahrtausend v. Chr. Herrschaftszentrum des Vorderen Orients (→ Babylonien; als Name für die Provinz Babylonien innerhalb des Babylonischen und Persischen Reiches wird in der Übersetzung ebenfalls »Babylon« verwendet; Dan 2,49; 3,1).

Im Neuen Testament wird der Name der alten mesopotamischen Hauptstadt als Deckbezeichnung für die römische Weltmacht und ihre Hauptstadt Rom gebraucht (1 Petr 5,13; Offb 18). Vergleichspunkt ist die Feindschaft gegen das Gottesvolk: Der römische Kaiser lässt die Christen verfolgen; die Babylonier haben Jerusalem und seinen Tempel zerstört und die Oberschicht des Landes in die Verbannung geführt.

Babylonien, Babylonier Das Schwemmland um Eufrat und Tigris südöstlich des heutigen Bagdad (Karte AO, F3-F4) mit dem Hauptort → Babylon bzw. dessen Bewohner. Zuerst ist diese Gegend vermutlich im 5. Jahrtausend v. Chr. besiedelt worden. In der Bibel zugleich Bezeichnung für das Neubabylonische Reich, dessen Herrscher Nebukadnezzar (604–562 v. Chr.) Juda besiegte, Jerusalem zerstören und die Oberschicht des Landes nach Babylonien deportieren ließ (→ Exil).

Bann Der Begriff gehört in den Zusammenhang des sog. »Heiligen Krieges« und bedeutet, dass die gesamte Kriegsbeute menschlichem Gebrauch und menschlicher Verfügung entnommen ist und Gott als dem eigentlichen Kriegsherrn gehört. Im strengsten Fall wurden die Siedlungen mit Feuer zerstört und alles Lebendige mit dem Schwert vernichtet. Aus den biblischen Berichten lässt sich erkennen, dass diese Form des Krieges nur aus besonderen Anlässen und mit eng begrenzten Zielen (z. B. als Strafaktion) geübt wurde. Die generelle Forderung des 5. Mose-Buches (Deuteronomium) nach Ausrottung aller vorisraelitischen Bewohner → Kanaans ist in der Praxis nicht durchgeführt worden (vgl. Ri 1; 2,1-3; 3,1-6). In ihr spiegelt sich das Bestreben, Israel vor fremden Einflüssen zu schützen, die seinem Glauben gefährlich werden konnten und, wie der Kampf der Propheten (Hosea, Jeremia, Ezechiël) zeigt, auch tatsächlich wurden.

Baschan Hochebene von sprichwörtlicher Fruchtbarkeit im nördlichen Ostjordanland (Karte LA, D-E 3-4). Wenn bei Amos (Am 4,1) die Frauen von Samaria mit Baschanskühen verglichen werden, dann karikiert das den üppigen Wohlstand der Oberschicht.

Bdelliumharz (Num 11,7) Das in Form durchscheinender Kügelchen ausgeschwitzte Gummiharz des in Südarabien heimischen Balsambaums.

Beelzebul Ursprünglich Baal-Sebul (vermutlich »Herr der hohen Wohnung«; → Baal), ein Gott der → Philister. Der Name wird von den Israeliten in »Herr der Fliegen« umgedeutet (= Baal-Sebub in 2 Kön 1,2). Im Judentum Bezeichnung für den Obersten der bösen → Geister (Mt 10,25; 12,24).

Befreier → Löser.

Bel Anderer Name für den babylonischen Hauptgott Marduk.

Belagerungsturm Fahrbarer Holzturm, der auf einer Rampe an die Mauer einer belagerten Stadt herangefahren wurde. Er war mit Truppen bemannt, die von oben auf die Belagerten schießen und über Fallbrücken die Mauern erstürmen konnten.

Berg Berge spielen in den Religionen vieler Völker eine herausragende Rolle – als Sitz der Götter, als Orte der Gottesnähe und der Gottesoffenbarung (→ Götterberg). In den Überlieferungen Israels sind es maßgeblich der → Sinai und der → Zion.

Wenn in den Evangelien wiederholt von »dem« Berg gesprochen wird, auf den Jesus geht (ohne dass er identifiziert wird oder für uns identifizierbar wäre; vgl. Mt 5,1; 15,29; 28,16; Mk 3,13; Lk 9,28; Joh 6,3), dann ist dies nicht ein Hinweis auf einen bestimmten Berg, sondern auf Jesus und seine Bedeutung: Er betet und handelt auf dem Berg, d. h., er lebt und wirkt aus einer besonderen Gottesnähe heraus und verkörpert Gottes letzte, entscheidende Offenbarung.

Bergpredigt Die Bergpredigt ist uns in zweifacher Gestalt überliefert: bei Matthäus (Kap 5–7) und bei Lukas (Lk 6,20-49). Nach Mt 5,1 fand sie *auf* dem → Berg statt, nach Lk 6,17 *am Fuß* des Berges (daher auch »Feldrede« genannt).

Die Fassung der Rede bei *Lukas* ist wesentlich kürzer als die bei Matthäus, doch tritt in ihr gerade deshalb das Gebot der Feindesliebe als Hauptthema stark hervor (Lk 6,27-36). Die Angeredeten sind mehr als bei Matthäus als materiell Notleidende gesehen (6,20-26).

Die Fassung der Rede bei *Matthäus* ist maßgeblich bestimmt durch die Frage nach der Geltung und rechten Auslegung des Mose-Gesetzes (Mt

5,17-20; 7,12): Jesus deckt den eigentlichen Willen Gottes auf, der hinter den Gebotsformulierungen steht, und fordert – in Auseinandersetzung mit damaligen Fehlformen der Frömmigkeit, die sich stets wiederholen können – dazu auf, diesen Gotteswillen radikal zu erfüllen (5,21-48; 7,15-23).

Feindesliebe und Verzicht auf Wiedervergeltung sind das Herzstück der Bergpredigt bei Matthäus (5,43-48) wie bei Lukas. Die Jünger und Jüngerinnen von Jesus haben im Umgang mit anderen die selbstlose, verzeihende Liebe Gottes zu bezeugen, die ihnen selbst in Jesus begegnet ist und die die Erfüllung einer solchen Forderung erst möglich macht.

(1) Mt 5,3-4: → Seligpreisungen.

(2) Mt 5,43: »hasse deinen Feind«: Dies wird im Alten Testament nicht gefordert. Jesus nimmt hier Bezug auf die Art, in der zu seiner Zeit die Geltung des angeführten Gebots aus Lev 19,18 von religiös engagierten Kreisen gerne eingegrenzt wurde (→ Mitmensch). Die Gemeinschaft von → Qumran sah es als religiöse Pflicht ihrer Mitglieder an, »alle Söhne des Lichtes (= die Mitglieder der Qumrangemeinde) zu lieben ... und alle Söhne der Finsternis (= das abtrünnige Israel und die nichtjüdischen Völker) zu hassen«. Eine solche Haltung kann sich allerdings auf das Alte Testament berufen; vgl. etwa Ps 139,19-22; 149,6-9.

Auch das Gebot, die Feinde zu lieben, hat seine alttestamentliche Vorgeschichte; vgl. Ex 23,4-5; Lev 19,33-34; Ijob 31,29-30; Spr 24,17; 25,21-22. Doch hat Jesus angesichts des bevorstehenden Anbrechens der → Königsherrschaft Gottes das Liebesgebot in dieser uneingeschränkten Form ganz betont in die Mitte gerückt und seine Erfüllung zum Kennzeichen der Zugehörigkeit zum Kreis seiner Jünger und Jüngerinnen erhoben.

(3) Mt 5,48: Das Wort »vollkommen« meint von seinem hebräischen Ursprung her nicht sittliche Vollkommenheit, sondern Ungeteiltsein: dass jemand etwas ganz und ungeteilt tut oder ist. Vers 48 will im Licht von Vers 20 gelesen werden und erhält seine inhaltliche Füllung vom unmittelbar Vorausgehenden her (Verse 43–47, besonders Vers 45).

(4) Mt 6,23: Das »böse Auge« ist ein in der Bibel öfter verwendetes Bild für Missgunst, Neid, Habgier. In Lk 11,34-36 erscheint die in Mt 6,22-23 vorliegende Folge von Bildworten in einem anderen Zusammenhang und einer anderen Deutung.

Beschneidung, beschneiden, beschnitten Die Beschneidung ist für Israel Zeichen des → Bundes zwischen Gott und seinem Volk. Vollzogen wird sie durch das Abtrennen der Vorhaut am männlichen Glied, nach Gen 17,9-14 am 8. Tag nach der Geburt.

Dass Gott mehr erwartet als nur die äußere Beschneidung, lehrt der Aufruf zu einer »Beschneidung des Herzens« (Jer 4,4; Kol 2,11). In den frühen judenchristlichen Gemeinden entstand die Frage, ob Nichtjuden, die Christen werden wollten, beschnitten und damit zuerst in das Judentum aufgenommen werden müssten (vgl. Apg 15,1-33; Gal 2,1-10; 5,2-6).

Besessener → Geist, böser.

Betrüger → Zolleinnehmer.

Bevollmächtigter Das Wort steht in dieser Übersetzung für »Knecht (Gottes)«, v. a. in den sog. »Gottesknechts-Liedern« Jes 42,1-4; 49,1-6; 50,4-11; 52,13–53,12.

»Knecht« bezeichnet im Alten Testament nicht nur den → Sklaven; es ist zugleich ehrende Bezeichnung für höchste Würden- und Vollmachtsträger. Hohe Beamte, Minister, Feldherrn sind die bevorzugten »Knechte« des Königs; Abraham, Mose, David sind die bevorzugten »Knechte« Gottes (in dieser Übersetzung zumeist »Diener«).

Der »Knecht« in den genannten Abschnitten des Jesaja-Buches ist eine einzigartige Gestalt. Seine vertraute Nähe zu Gott (Jes 42,1; 49,1-3; 50,4), die Größe seines Auftrags an Israel und darüber hinaus an den nichtjüdischen Völkern (49,6), sein Leiden und Sterben und die Weise, wie Gott durch ihn seine Pläne verwirklicht (52,13–53,12), das alles hat im Alten Testament nicht seinesgleichen. Ob die Aussagen über den Knecht = Bevollmächtigten Gottes ursprünglich auf eine Gestalt aus der Zeit des Propheten oder auf diesen selbst gingen, lässt sich nicht entscheiden. Offenkundig ist jedoch, dass sie »gezielt« auf Jesus, seine Sendung und sein Geschick, passen. Schon früh sahen deshalb die christlichen Gemeinden in der Gestalt des »Bevollmächtigten« einen prophetischen Hinweis auf Jesus Christus und fanden darin insbesondere den Schlüssel für das Verständnis seines Leidens und Sterbens (vgl. Mt 12,17-21; Apg 8,30-35). Wenn Jesus ohne nähere Erläuterung als »Knecht/Bevollmächtigter Gottes« bezeichnet wird (Apg 3,13.26; 4,27.30), ist jeweils an diese prophetischen Zusammenhänge zu denken.

Bileam Der Magier, der Israel verfluchen soll (Num 22–24), gilt im Neuen Testament als Vorbild geldgieriger Irrlehrer (vgl. Num 22,7.37) und wegen Num 31,16 als Beispiel eines Verführers (Offb 2,14).

Block (1) Foltergerät: ein Balkengerüst, in das Gefangene unter Verdrehung des Körpers eingespannt wurden (Jer 20,2-3; 29,26).
(2) Gerät zur Fluchtverhinderung: ein hölzerner Block, in den die Füße der Gefangenen eingeschlossen wurden (Ijob 13,27 [Anmerkung]; Apg 16,24).

Blut Das Blut gilt als Quelle und Sitz des Lebens. Da Gott der Lebensspender ist, gehört es ihm und darf von Menschen nicht gegessen oder getrunken werden. Das führt in Israel zu der Forderung, nur solches Fleisch zu essen, in dem keinerlei Blut zurückgeblieben ist (Gen 9,4), und damit zu einer Form des Schlachtens, bei der das gesamte Blut des Tieres ausfließt (Schächtung). Bei der rituellen Schlachtung (Opferung) wird das Blut der Opfertiere aufgefangen und an den Altar gegossen. Außerdem wird bei bestimmten Opferarten (→ Opfer) das Opferblut als Sühnemittel verwendet, um die verunreinigende Wirkung menschlicher Verfehlungen aufzuheben. Von daher wird im Neuen Testament der Opfertod von Jesus als → Sühne für die Sünden der Menschen verstanden (Hebr 9–10). In anderem Zusammenhang dient das Blut von Opfertieren zur Besiegelung des → Bundes zwischen Gott und seinem Volk (Ex 24,6-8). Auf diesem Hintergrund deutet Jesus seinen Tod als Inkraftsetzung des neuen Bundes (Lk 22,20).
Im Alten Testament wird das Blut (= Leben) des Menschen unter Gottes besonderen Schutz gestellt (Gen 9,5). Vergossenes Menschenblut schreit zum Himmel um Rache (Gen 4,10) und fordert den Tod des Mörders (→ Blutrache); wenn keine Sühne dafür geleistet wird, bringt es Unheil über das Land (Dtn 21,1-9).

Blutbräutigam Der Ausdruck ist – wie der ganze Bericht in Ex 4,24-26 – schwer zu deuten; doch scheint er auf einen urtümlichen Zusammenhang zwischen Beschneidungsakt und Hochzeit hinzuweisen.

Blutrache, Bluträcher Nach uraltem Rechtsempfinden fordert jeder Mord Sühne (vgl. Gen 9,5; → Blut). Bevor es eine öffentliche Gerichtsbarkeit gab, oblag diese Sühne dem Sippenverband. Der nächste männliche Verwandte des Ermordeten (der »Bluträcher«) hatte die Pflicht, den Mörder oder an seiner Stelle ein Mitglied von dessen Sippe zu töten. Schon im Alten Testament findet sich das Bestreben, dem Missbrauch der Sippenrache entgegenzuwirken (vgl. Num 35,9-28; Jos 20; → Asylstädte und Ex 21,23-25). Das Neue Testament führt darüber hinaus zum grundsätzlichen Verzicht auf Rache (Mt 5,38-39; Röm 12,19-21).

Blutschande Das Alte Testament nennt in Lev 18,6-18 eine Reihe von Verwandtschaftsgraden, die eine eheliche Verbindung ausschließen. Im gleichen Zusammenhang findet sich das Verbot des Götzenopfers (17,7), das Verbot des Blutgenusses (17,10-12) und des Genusses von ungeschächteten Tieren (17,13-16). Alle diese Vorschriften gelten nicht nur für die Israeliten, sondern ebenso für die Fremden, die unter ihnen leben (17,8-10.13.15; 18,26). Nach Apg 15,20 wurden sie auch den Christen aus nichtjüdischen Völkern auferlegt – offensichtlich aus Rücksicht auf die gesetzestreuen Judenchristen, die sich sonst durch den Umgang mit ihnen verunreinigt hätten (→ rein).

Bocksgeister Dämonische Wesen in Bocksgestalt, wie sie der Volksglaube auch anderenorts kennt (vgl. den griechischen Gott Pan).

Brandopfer Opferart, bei der das Opfertier mit Ausnahme der Haut bzw. des Fells vollständig auf dem → Altar verbrannt wurde (→ Opfer).

Brandopferaltar Altar im Freien, auf dem → Brandopfer dargebracht wurden. Im Jerusalemer → Tempel befand er sich im innersten Vorhof vor dem Eingang des Tempelhauses.

Brautführer Vertrauensperson des Bräutigams bei Werbung und Hochzeit und wichtigster Hochzeitsgast; auch Freund des Bräutigams genannt (Joh 3,29).

Brautgeld, Brautpreis Der Betrag, den der Vater des Bräutigams oder dieser selbst dem Vater der Braut zu bezahlen hatte. Er konnte auch in Form von Naturalien und Dienstleistungen (Arbeit oder Kriegsdienst) erbracht werden.

Brot, ungesäuertes Brot ohne → Sauerteig in Form von Fladen (→ Fladenbrot). Brot, das mit Sauerteig gebacken wurde, durfte im Opferdienst nicht verwendet werden. Eine herausragende Bedeutung hat das ungesäuerte Brot beim → Passafest.

Brotbrechen Brot war nicht nur Grundnahrungsmittel, sondern auch Grundbestandteil einer jeden Mahlzeit in Palästina. So kann »das Brot essen« (so wörtlich in Lk 14,1.15) als Bezeichnung für eine ganze Mahlzeit stehen. Jedes gemeinsame Mahl wurde außerdem vom Hausvater oder Tischältesten mit einem Segensgebet über einem Stück Brot eröffnet, das dann zerbrochen und als Erstes an die Mahlteilnehmer ausgeteilt wurde. Nach diesem Mahleröffnungsritus, der in den Speisungsberichten besonders hervorgehoben wird (Mk 6,41 par; 8,6 par) und beim letzten Abendmahl eine herausragende Rolle spielte (Mk 14,22 par; → Passamahl), wird das → Mahl des Herrn in ältester

Zeit auch »Brotbrechen« genannt (Apg 2,42.46; 20,7.11; vgl. Lk 24,30.35).

Brote, Fest der Ungesäuerten Festwoche im Anschluss an das → Passafest, während der Brot nur ungesäuert gegessen werden darf (Mazzenfest von hebräisch Mazzot; → Brot, ungesäuertes). Das Korn der neuen Ernte soll nicht mit dem Alten → Sauerteig in Berührung kommen, der deshalb vorher beseitigt werden muss (darauf spielt Paulus in 1 Kor 5,6-8 an).

Brote, geweihte Das Brot, das nach der Vorschrift von Ex 25,30 ständig in zwölf Laiben auf einem Opfertisch im zentralen Heiligtum der Israeliten ausgelegt sein musste.

Bruder »Bruder« bezeichnet in der Sprache des Alten Testaments nicht nur den leiblichen Bruder oder Stiefbruder, sondern auch allgemeiner den Blutsverwandten (z. B. Neffen: Gen 13,8) und des Weiteren den Angehörigen desselben Stammes oder Volkes (Ex 2,11; Dtn 15,3.7; → Mitmensch). Im 5. Mose-Buch (Deuteronomium) findet sich das Wort gehäuft, um die geschwisterliche Zusammengehörigkeit der Glieder des Gottesvolkes zum Ausdruck zu bringen bzw. an sie zu appellieren.

Im Neuen Testament bezeichnet »Bruder« den Mitchristen. Die durch den → Heiligen Geist bestätigte gemeinsame Zugehörigkeit der Gemeindemitglieder zu Christus und dem gemeinsamen Vater im Himmel kommt in dieser Bezeichnung zum Ausdruck (Mt 23,8; vgl. Röm 8,12-17).

Weil dabei im Neuen Testament die weiblichen Gemeindemitglieder nicht ausgeschlossen, sondern in aller Regel eingeschlossen zu denken sind, spricht die Übersetzung dort, wo dies eindeutig der Fall ist, von »Brüdern und Schwestern«. Wenn Paulus in seinen Briefen das Wort als Anrede gebraucht, ist zu beachten, dass das griechische Wort in der Mehrzahl sowohl »Brüder« als auch »Brüder und Schwestern« bedeuten kann (Mehrzahl *adelphoi;* die Formen für Bruder und Schwester haben im Griechischen ohnehin denselben Stamm: *adelph-os/ adelph-e*). Der Zusammenhang entscheidet jeweils darüber, welche Bedeutung zutrifft. Dass Paulus in der Regel die Frauen mit im Blick hat, ergibt sich deutlich aus Phil 4,1-2 oder Röm 16,17 nach 16,3-15. Dasselbe gilt natürlich für das Wort »Bruderliebe« *(phil-adelphia),* das korrekterweise mit »Geschwisterliebe« übersetzt werden müsste. So wie die Einzahl »Bruder« für den Mitchristen, findet sich auch öfter die Einzahl »Schwester« für die Mitchristin (z. B. Röm 16,1; Phlm 2).

Wenn die Übersetzung die Reihenfolge »Brüder und Schwestern« wählt, hält sie sich damit an die Abfolge, die immer dort anzutreffen ist, wo im Neuen Testament neben den »Brüdern« ausdrücklich auch die »Schwestern« genannt werden (u. a. Mk 3,35; 10,29-30; Lk 14,26; Jak 2,15).

Buchrolle (Schriftrolle) Bücher wurden im Altertum auf Papyrus oder präparierte Tierhäute (Pergament) in nebeneinander stehenden Spalten geschrieben, die »Blätter« seitlich aneinander geheftet und die so entstehende lange Bahn zu einer Rolle eingerollt. Die uns heute geläufige Form des »Buches« mit gehefteten Blättern kommt erst im 1. Jh. n. Chr. auf.

Bul Althebräischer Monat, etwa Mitte Oktober bis Mitte November.

Bund Das Wort bezeichnet ursprünglich ein Rechtsverhältnis auf Vertragsbasis unter Gleichberechtigten oder einen Vasallenvertrag zwischen einem stärkeren und einem schwächeren Partner. Der Bund zwischen Gott und seinem Volk ist nicht ein Vertrag zwischen gleichgestellten Partnern. Immer geht die Initiative von Gott aus, der mit einem Einzelnen oder dem ganzen Volk Israel in ein besonderes Verhältnis tritt. Dieses Verhältnis umfasst von Gott her die Zusicherung von Heil und Segen (z. B. Land- und Nachkommenschaftszusage), vom Menschen her die Verpflichtung zur Treue gegenüber Gott und seinen Geboten.

Auf die Erfahrung, dass Israel durch Götzendienst und soziale Ungerechtigkeit den Bund mit Gott immer wieder gebrochen hat und zu einer dauerhaften Umkehr von sich aus nicht fähig ist, antwortet die prophetische Zusage des »neuen Bundes«, bei dem Gott selbst die Voraussetzungen schafft, dass die Menschen die Bundesverpflichtungen erfüllen (Jer 31,31-34). Diese Zusage sieht das Neue Testament in Jesus Christus erfüllt: Er ist durch seinen Tod am Kreuz der Begründer des neuen Bundes geworden, der nicht nur dem Volk Israel, sondern Menschen aus allen Völkern gilt (1 Kor 11,25; Hebr 8,6-13; 9,15).

Bundesgesetz Der → Bund zwischen Gott und seinem Volk fordert vom menschlichen Bundespartner die Einhaltung von Verpflichtungen, die im Bundesgesetz niedergelegt sind. Die Mose-Bücher enthalten eine Fülle von Gesetzesbestimmungen, die in diesem Zusammenhang zu sehen sind (→ Gesetz). Als geschlossenes Bundesgesetz stellt sich uns das 5. Mose-Buch (Deuteronomium) dar, das unter König Joschija zu einer Erneuerung des Bundes führte (2 Kön 22–23). Speziell sind als »Bundesgesetz«

zu betrachten die → Zehn Gebote, die auf Tafeln geschrieben in die → Bundeslade gelegt wurden.

Bundeslade Die »Lade« war ein an Stangen tragbarer hölzerner »Kasten« mit goldener Deckplatte, die als Thronsitz des unsichtbaren Gottes gedeutet werden kann und von zwei → Keruben als Thronwächtern flankiert wird (Ex 25,10-22). Dieses tragbare hochheilige Gerät (vgl. 1Sam 6,19; 2Sam 6,6-9) wurde von den Israeliten bei ihren Wanderungen und Kriegszügen (Num 10,35-36; 1Sam 4,3; 2Sam 11,11) mitgeführt und im → Allerheiligsten ihres Heiligtums aufgestellt (1Kön 8,1-9). Sie ist seit der Zerstörung des Jerusalemer → Tempels 587 v. Chr. verschwunden.

Der Name der »Deckplatte« erinnert an die hebräische Wendung vom »Bedecken (= Unschädlichmachen) der Schuld«. Tatsächlich wurde an der Deckplatte am → Versöhnungstag die jährliche Sühnehandlung vollzogen (Lev 16,11-16). Sie galt als der Ort, an dem der heilige, unnahbare Gott für sein Volk gnädig gegenwärtig ist (Ex 25,22; Lev 16,13).

Bürger, Bürgerrecht Das römische Bürgerrecht hatten ursprünglich nur die Stadtrömer und die Bewohner einiger weniger römischer Provinzen sowie der als → Kolonien gegründeten Städte. Später konnte es als Belohnung oder gegen Bezahlung von jedermann erworben werden. Ein römischer Bürger hatte Anrecht auf ein besonderes Rechtsverfahren, er war gegen die Willkür der Provinzbehörden in mancher Hinsicht geschützt und konnte an den Kaiser als obersten Richter appellieren (Apg 25,11).

Bußfeier, Bußtag Bußtage, d.h. Volksfasttage und Volkstrauertage, wurden angesetzt, um eine drohende Not abzuwenden oder eine Beleidigung Gottes zu sühnen. Fand man einen Schuldigen heraus, sei es mit Hilfe eines Gottesurteils oder durch Zeugenaussagen, dann musste er hingerichtet werden; sein Besitz verfiel dem König. In 1Kön 21,9 missbraucht die Königin Isebel einen solchen Bußtag zu einem offenbaren Justizmord.

Nach der Zerstörung Jerusalems 587 v. Chr. wurden regelmäßige Fasttage eingeführt, an denen das Volk in gottesdienstlichen Feiern sein Schicksal beklagte, seine Schuld bekannte und die Hilfe Gottes anrief (Sach 7,1-6; 8,18-19).

Bußübungen Um Trauer über die eigene Schuld oder die Schuld des Volkes zu bekunden und Gott gnädig zu stimmen, wurden → Bußtage ausgerufen und durch strenges → Fasten und stundenlange Gebete in hingestreckter Gebetshaltung (vgl. Neh 8,6) begangen. Solche »Bußübungen« gehören vor allem zum → Versöhnungstag.

C

Chaldäa, Chaldäer Name für ein Gebiet und dessen Bewohner im südlichen Babylonien (Karte AO, F4-G4). Seit Nebukadnezzar II., dessen Dynastie chaldäischer Herkunft ist, wird der Name für das ganze Babylonien gebraucht.

Christus Das Wort bedeutet »der Gesalbte« (von griechisch *christos*, hebräisch *maschiach*) und bezeichnet ursprünglich den durch → Salbung im Auftrag Gottes eingesetzten König Israels (1Sam 12,3; 16,6; 24,7 usw). Als der vorbildliche König in jeder Hinsicht galt → David. Ihm sind durch Prophetenmund große Zusagen gemacht worden: Seine Dynastie soll für immer Bestand haben; seine Nachkommen, die Könige von Juda, sollen den Status von »Söhnen Gottes« haben (2Sam 7,11b-16). In der Herrschaft dieser »Gesalbten« realisiert sich Gottes heilbringende Herrschaft über Israel. Und weil der Gott Israels der Herr der ganzen Welt ist, dürfen sich die Könige aus dem Haus Davids zugleich berufen wissen, die Herrschaft Gottes weltweit durchzusetzen (vgl. die zum Teil mit der Thronbesteigung des Königs verbundenen Psalmen 2; 45; 72; 110; 132).

Die Könige aus dem Haus Davids sind selten auch nur annähernd dieser unerhört großen Berufung gerecht geworden. Doch hat Israel nie aufgehört zu glauben und zu hoffen, dass Gott zu seinen Zusagen steht und eines Tages den eigentlichen »Sohn Davids« senden wird, *den* Gesalbten (Messias), in dem alle diese Zusagen ihre Erfüllung finden werden, voll und für immer.

Die Hoffnungen, die sich zur Zeit von Jesus mit dem Titel des »Gesalbten« verbanden, waren überwiegend machtpolitischer Art: der Messias werde vor allem einmal das Joch der heidnischen Weltmacht Rom zerbrechen. Jesus ist deshalb nicht als Messias/Christus aufgetreten, und wo er den Titel aus dem Mund anderer akzeptiert, stellt er immer zugleich die Bedeutung klar, die er für ihn hat (Mt 11,2-6; Mk 8,29-33; 14,61-62; Joh 18,36-37). Die kurzschlüssigen politischen Hoffnungen werden von ihm abgewiesen (Mk 12,13-17; Lk 13,1-3). Dennoch gelang es der jüdischen Führung, Jesus beim römischen Statthalter als Messias im politisch-revolutionären Sinn zu verklagen und seine Hinrichtung als angeblichen »König der Juden« durchzusetzen (Mk 15,26 par).

Von seinem Kreuzestod her hat der Christus-Titel für die frühe christliche Gemeinde seine entscheidende inhaltliche Füllung erhalten. Im Licht der Ostererfahrung bekennt sie: Gerade als der Gekreuzigte ist Jesus der Messias/Christus (1 Kor 1,18-25; Gal 6,12-16). Durch sein Sterben am Kreuz hat er sein eigentliches messianisches Werk vollbracht: die Schuld aller Menschen gesühnt (→ Sühne) und den Weg geebnet für ihrer aller Begnadigung im letzten Gericht.

Nach diesem urchristlichen Denken geschah die Inthronisation von Jesus als Messias/Christus und »Sohn Gottes« in seiner Auferweckung und → Erhöhung zu Gott (Apg 2,36; Röm 1,3-4); die entsprechenden Verse der alten Thronbesteigungspsalmen waren sozusagen die ersten Osterlieder der Christenheit (Apg 2,34-36; 13,32-33). Die Herrschaft dieses Messias/Christus setzt sich durch in der weltweiten christlichen Mission (Apg 1,6-8) und wird vollendet bei seiner Wiederkunft am Ende der Geschichte (Apg 3,20-21; 1 Kor 15,24-28).

Der Titel »Christus« wurde schon sehr bald – gefüllt mit dem beschriebenen neuen Inhalt – wie eine Art Beiname für Jesus gebraucht: »Jesus Christus«.

D

Dämonen Für biblisches Denken in frühjüdischer und neutestamentlicher Zeit ist es ausgemacht, dass die Götter, denen die nichtjüdischen Völker ihre Opfer bringen, gar nicht existieren. Dennoch ist es nicht ungefährlich, sich solchen »Phantomen« zuzuwenden. Ihr Platz nämlich ist besetzt von widergöttlichen, dämonischen Mächten, die darauf aus sind, die Phantomverehrer an sich zu binden und aus der Gemeinschaft mit dem wahren und einzig wirklichen Gott zu lösen (Bar 4,7; 1 Kor 10,20).

Dan Sohn Jakobs und israelitischer Stamm, der nach einer ersten Siedlungszeit westlich von Juda dem Druck der → Philister weichen musste und seinen endgültigen Wohnsitz am oberen Jordanlauf fand (Ri 18).

Daniel Neben dem Empfänger der Visionen des Daniel-Buches gibt es einen anderen Träger dieses Namens (eigentlich in der leicht abweichenden Form *Danel*), der in Ez 14,14-20 neben Noach und Ijob als vorbildlich Gerechter genannt wird. Eine Danielgestalt mit dieser Eigenschaft ist aus → kanaanitischer Tradition bekannt. Ezechiël nennt offenbar bewusst drei vorbildliche Gestalten, die nicht zu Israel gehörten.

Dankopfer Tieropfer zum Dank für Gottes Hilfe, dargebracht in der mit einem Opfermahl verbundenen Form des → Mahlopfers (vgl. Ps 22,26-27). Zum Dankopfer gehört das Ausgießen eines → Trankopfers (der in Ps 116,13 erwähnte »Becher«; vgl. Num 15,8-10).

David, Sohn Davids David war der bedeutendste altisraelitische König (um 1000 v. Chr.). Im Judentum zur Jesuszeit war man weitgehend der Auffassung, dass der erwartete Retter und Heilbringer ein Nachkomme (»Sohn«) Davids sein und dessen Reich wiederherstellen werde (vgl. Mt 21,9; Mk 11,10). So wird »Sohn Davids« zu einem Christustitel (→ Christus).

Wer den Schlüssel Davids hat (Offb 3,7), verfügt über den Zugang zur neuen Welt Gottes, dem himmlischen Jerusalem (Jerusalem = Stadt Davids). Das Neue Testament zitiert David außerdem als Verfasser der ihm zugeschriebenen Psalmen.

Davidsstadt Name der von David eroberten Jebusiterstadt (alter Kern Jerusalems; → Zion).

Dedan Arabischer Wüsten- und Händlerstamm an der Gold- und Weihrauchstraße (Karte AO, D5).

Diakon, Diakonin Von Männern (1 Tim 3,8.12) wie auch von Frauen (Röm 16,1; 1 Tim 3,11) ausgeübtes Amt, dem der »Dienst an den Tischen« (so am Ende von Apg 6,2 wörtlich) anvertraut war, d. h. die Sorge für die Bedürftigen der Gemeinde und damit letztlich die Verwaltung ihrer materiellen Güter. Ob die Diakone und Diakoninnen darüber hinaus am Dienst der Verkündigung und Lehre beteiligt waren, ist unter den Auslegern umstritten (→ Gemeindeleiter).

Drache Bild für die gottfeindliche Macht. Aus dem Alten → Babylon kennen wir die Vorstellung, dass die zentrale Schöpfungstat Gottes in der Besiegung des Chaosdrachens bestand. Auch in Gen 1,2 wird Schöpfung als Überwindung des Chaos verstanden, das mit dem → Meer in Verbindung gesehen wird (vgl. den Meeresdrachen Leviatan in Ps 74,13-14). → Leviatan). In der Endzeit wird die widergöttliche Macht endgültig besiegt (Jes 27,1; Offb 12,3-9).

Dreißig Helden Die alten Kampfgefährten Davids (2 Sam 23,18-39 par), die später offenbar eine in Jerusalem kasernierte Elitetruppe bildeten (Neh 3,16).

Dreschen (Dreschplatz, Dreschschlitten) Gedroschen wurde im alten Israel, indem man einen »Schlitten« (d. h. ein auf der Unterseite mit scharfen Steinen gespicktes Brett) von Zug-

tieren über die Ähren ziehen ließ, die auf dem festgestampften Boden ausgebreitet waren. Anschließend warf man das gedroschene Getreide mit der → Worfschaufel in die Luft, damit der Wind die Spreu davontragen konnte. Wegen des Windes wurden Dreschplätze bevorzugt auf Berghöhen angelegt (vgl. 1 Chr 21,18-20; 22,1). Hos 9,1 scheint darauf hinzudeuten, dass damit auch eine räumliche Nähe zu Opferstätten → Baals mit den entsprechenden Fruchtbarkeitsriten gegeben war.

E

Eckstein Ein Stein, der durch seine besondere Beschaffenheit für das Bauwerk unverzichtbar ist, entweder als besonders großer Grundstein, der das Gebäude trägt, oder als Stein, der zwei aneinander stoßende Mauern verbindet, oder auch als besonders behauener krönender Schlussstein, der das Gewölbe trägt oder die Mauerkrone ziert. Beim bildhaften Gebrauch des Wortes klingen alle diese Eigenschaften an.

Eden Obwohl der Garten Eden als Ursprung tatsächlich existierender Flüsse, wie des Eufrat, beschrieben wird (Gen 2,10-14), ist es nicht möglich, seine Lage geographisch festzulegen. Der Name klingt an das hebräische Wort für »Wonne« an. In der alten griechischen Übersetzung steht dafür *paradeisos,* wovon unser → »Paradies« abgeleitet ist.

Edom(iter) Nachbarvolk Israels, das auf Jakobs Bruder Esau zurückgeführt wird (Gen 36,1-9). Es wohnte südlich des Toten Meeres in dem Seïr genannten Bergland östlich des Jordangrabens (Karte AO, C4). Unterwerfung durch Israel (zuerst unter David; 2 Sam 8,13-14) und Selbstständigkeit wechselten mehrfach ab. Nach der Zerstörung Jerusalems 587 v. Chr. machten sich die Edomiter die Schwäche Judas zunutze (vgl. Obd 10-14; Ps 137,7) und drangen in Südjuda ein. Um 300 v. Chr. entrissen ihnen die aus der Wüste kommenden → Nabatäer das alte Stammland östlich des Jordans und drängten sie ganz in das nun nach ihnen Idumäa genannte südjudäische Gebiet (Karte LN, A7-C7).

Efa Hohlmaß für Getreide (dies wurde in Israel nicht gewogen, sondern abgemessen), wahrscheinlich ca. 22 Liter. 10 Efa ergeben 1 Kor (oder Homer = Eselsladung). Bei der Umrechnung der Gewichte in der Übersetzung werden folgende Werte zugrunde gelegt: für Getreidekörner 1 Efa = 16–17 kg (1 l = 750 g); für Mehl 1 Efa = 10–12 kg (1 l = 500–600 g).

Efraïm Jüngster Sohn Josefs. Als wichtigster Stamm des Nordreichs → Israel (Karte LA, C5-C6) kann Efraïm auch für das ganze Nordreich stehen (z. B. Jes 7,8-9; Hos 11,8-9).

Ehebruch Ehebruch, wie er in den Zehn Geboten untersagt wird (Ex 20,13; Dtn 5,18), ist nach dem Alten Testament nicht jeder Seitensprung eines oder einer Verheirateten, im strengen Sinn kann er nur von einer verheirateten Frau oder von einem verheirateten oder unverheirateten Mann mit einer Verheirateten begangen werden. In diesen Fällen wird das »Besitzrecht« des betreffenden Ehemannes angetastet und die Reinheit der Nachkommenschaft gefährdet. Auf Ehebruch stand für beide Beteiligten die Strafe der Steinigung (Lev 20,10; Dtn 22,22-27).
Jesus verharmlost den Ehebruch nicht; auch seine Stellungnahme zum Fall der Ehebrecherin von Joh 8,1-11 darf nicht dahin missverstanden werden (vgl. vielmehr Mt 5,27-30). Im Licht der anbrechenden → Königsherrschaft Gottes sind eheliche Liebe und Treue so ernst zu nehmen, wie Gott sie von Anfang an gedacht und gewollt hat; in diesem Sinn spricht er sich gegen die jüdische Lizenz zur Ehescheidung aus (→ Scheidungsurkunde).
Seit den Propheten des Alten Testaments ist Ehebruch ein Bild, unter dem die Untreue des Gottesvolks gegenüber seinem Gott angeprangert wird (Hos 2,4 f.; 3,1; Jer 2,2 f.; 3,8 f.; 13,27; Ez 16; 23; vgl. im Neuen Testament Mt 12,39; 16,4; Mk 8,38; Jak 4,4; → Hurerei). Nachdem Gott die menschliche Untreue durch sein Liebeshandeln in Jesus Christus überwunden und gesühnt hat, können und sollen nun Liebe und Treue das Verhältnis der Menschen zu Gott wie das der Menschen untereinander bestimmen.

Eiche Das Hebräische hat vier ähnlich klingende Bezeichnungen für einen »großen, hohen Baum« *(ela, elon, alla, allon).* Im Land der Bibel kommen dafür verschiedene Eichenarten und die Terebinthe *Pistazia atlantica* in Frage (im Wuchs der Eiche ähnlich, nur mit gekerbten Blättern). Eine sichere Zuordnung der Bezeichnungen ist nicht möglich. Nur bei *allon* besteht eine gewisse Wahrscheinlichkeit, dass es sich um die Eiche handelt. An den entsprechenden Stellen (z. B. Jes 2,13) wird deshalb das Wort ohne ein hochgestelltes Sternchen gedruckt, das sonst auf die Sacherklärung und damit zugleich auf die alternative Übersetzungsmöglichkeit »Terebinthe« hinweist.

Eichental → Eiche.

eingeboren(er Sohn) Herkömmliche Übersetzung des griechischen Wortes *monogenēs* (in

dieser Übersetzung »einzig«). Es bedeutet »der Art bzw. Abstammung nach einzig und einzigartig«. Häufig dient das Wort in der griechischen Übersetzung des Alten Testaments als Wiedergabe des hebräischen *jachid* und gewinnt dadurch die zusätzliche Bedeutung »einziggeliebt«. Im Johannes-Evangelium wird das Wort verwendet, um das einzigartige Verhältnis auszudrücken, in dem Jesus Christus zu Gott, dem Vater, steht (»eingeborener Sohn«; Joh 3,16.18; vgl. 1 Joh 4,9), auch dort, wo dieses Verhältnis nicht ausdrücklich angesprochen ist (Joh 1,14.18).

Eingebungen, prophetische → Prophet (3).

Elam(iter) Land und Volk östlich von → Babylonien mit der Hauptstadt Susa (Karte AO, G3/G4), nacheinander unter assyrischer, medischer und schließlich persischer Oberherrschaft. In kriegerischen Zusammenhängen werden die Elamiter als Bogenschützen erwähnt (Jes 22,6; Jer 49,35).

Elija Prophet der israelitischen Frühzeit (1 Kön 17–21; 2 Kön 1,1–2,18), der in einer Zeit des Abfalls von Gott den wahren Gottesdienst wiederherstellte. Entsprechend der Prophetie von Mal 3,23-24 erwartet das Judentum, dass Elija vor dem Endgericht und dem Anbruch der → Königsherrschaft Gottes noch einmal auftritt. Für Jesus ist diese Erwartung mit dem Erscheinen des → Täufers Johannes erfüllt (Mt 11,13-14; 17,10-13). Von seiner endzeitlichen Rolle abgesehen wurde Elija auch als der große Nothelfer seines Volkes angerufen (Mk 15,35-36 par).

Elischa (1) Als Prophet der Nachfolger von → Elija. Er heilte einen höheren Offizier des syrischen Nachbarreiches vom Aussatz (2 Kön 5).
(2) Name der Insel Zypern.

Elle Hebräisches Längenmaß, das wie unsere Elle am menschlichen Unterarm abgemessen wurde; ca. 46 cm, die Großelle ca. 52 cm (vgl. Anmerkung zu Ez 40,5). Sie wird unterteilt in die Spanne ($^1/_2$ Elle) und die Handbreite ($^1/_3$ Spanne).

Elul Der 6. Monat des Jahres nach dem babylonischen → Kalender, etwa Mitte August bis Mitte September.

Emmaus In Lk 24,13 wahrscheinlich Ammaus (heute Kulonje) 6,5 km westlich von Jerusalem. Das im 1. Makkabäer-Buch mehrfach genannte Emmaus (= heute Amwas; Karte LN, B6) liegt mit 33 km zu weit entfernt.

Engel Das entsprechende hebräische Wort bedeutet »Bote/Gesandter«. In den älteren Schriften des Alten Testaments ist wiederholt vom »Engel des → Herrn« oder vom »Engel Gottes« die Rede. Dabei handelt es sich um einen Boten mit einem ganz bestimmten Auftrag, der hinter dem Auftrag völlig zurücktritt. Manchmal identifiziert sich dieser Engel so sehr mit Gott, dass der Eindruck entsteht, Gott selbst zeige sich hier in sichtbarer Gestalt (Gen 16,7-13; 22,11; 31,11.13; Ex 3,2; 23,20-23; Ri 2,1; 6,11-24; 13,3-23).
Die Bezeichnung »Engel« wird auch für die himmlischen Wesen verwendet, die zur Umgebung Gottes gehören. Gott wird dabei als König gedacht; die Engel bilden seinen »Hofstaat«, der die Herrlichkeit Gottes preist und seinen Willen ausführt (→ Gottessöhne). Sie können unterschiedlichen Gruppen oder »Klassen« zugewiesen (Eph 3,15) und in unterschiedlichen Gestalten vorgestellt werden (→ Kerub, → Seraf).
Nach jüdischer Auffassung wurde Mose am Berg Sinai das → Gesetz durch Engel übergeben (Apg 7,38.53; Gal 3,19; Hebr 2,2). Den verschiedenen Bereichen der Schöpfung sind Engel als göttliche Beauftragte und Sachwalter zugeordnet (Offb 7,1-2; 14,18; 16,5), ebenso den Völkern (Dan 10,13.20-21; 12,1) und auch jedem einzelnen Menschen (Mt 18,10; Apg 12,15); dasselbe ist in Offb 2–3 auch für jede christliche Gemeinde vorausgesetzt.
Engel können sich auch gegen Gott stellen und als Mächte des Bösen die Menschen unterjochen (Röm 8,38; 2 Kor 12,7; Offb 12,7.9; → Mächte, → Satan). Am Ende der Welt wird über sie Gericht gehalten werden (1 Kor 6,3; 15,24).
Der Engelglaube kann zu einer Überbewertung der Macht und Bedeutung der – guten wie gottfeindlichen – Engel führen und entsprechend zu einer Minderbewertung der Macht und Bedeutung von Jesus Christus. Das Neue Testament verkündet, dass Christus allen Engeln weit überlegen ist (Phil 2,10; Hebr 1,4-14; 2,5-18; 1 Petr 3,22) und dass insbesondere die gottfeindlichen Engelmächte durch ihn besiegt und entmachtet wurden (Röm 8,37-39; 1 Kor 15,24-25; Eph 1,20-22; Kol 2,8-10.15).

Engelfürst Nach dem Daniel-Buch (Dan 10,20-21) haben ganze Völker und Reiche ihren → Engel, der entsprechend seiner erweiterten Verantwortung einen höheren Rang einnimmt (als Fürst unter den Engeln bzw. »Erzengel«). Darin spiegelt sich die Überzeugung, dass sich in der Menschengeschichte nicht nur ein irdisches Geschehen abspielt, sondern zugleich eine Auseinandersetzung zwischen überirdischen Mächten.

Engelverehrung → Philosophie.

Epilepsie, Epileptiker Das in Mt 4,24; 17,15 verwendete griechische Wort ist von »Mond« abgeleitet (»mondsüchtig«). Die antike Medizin brachte epileptische Anfälle mit dem Mondwechsel in Verbindung.

Erbbesitz Der dem einzelnen Israeliten gehörende Anteil am Gesamtbesitztum seiner Sippe. Er kann nicht einfach veräußert werden, da er sonst dem Gesamteigentum der Sippe verloren ginge. Wenn er aus Not verkauft werden muss, soll er vom Nächstverwandten erworben werden (→ Löser). Der von den Vorfahren ererbte Besitz ist geradezu geheiligt, sodass der Erwerb durch einen Fremden, gleichgültig wen, schlimmstes Unrecht wäre (vgl. 1 Kön 21,3).

erhöhen, Erhöhung Die Auferstehung und die Erhöhung von Jesus in die himmlische Herrlichkeit werden an vielen Stellen des Neuen Testaments als ein einheitlicher Vorgang gesehen (z. B. Röm 8,34; Eph 1,20 f.; 1 Petr 1,21); nur Lukas berichtet von einer gesonderten »Himmelfahrt« am Ende des Ostertages (Lk 24, 50-53) bzw. vierzig Tage nach Ostern (Apg 1,9). »Erhöhung« bedeutet die Einsetzung in die messianische Würde (→ Christus) als himmlische Machtstellung; der nach bildhafter Vorstellung auf den Platz an der rechten Seite Gottes »Erhöhte« ist der → Herr über alle irdischen und himmlischen Mächte (Phil 2,9-11) und der Weltrichter, an dem sich das ewige Schicksal der Menschen entscheidet (Mt 28,18; Phil 2,9; → Menschensohn); für die Glaubenden ist er der himmlische Fürsprecher, der ihnen Gottes Liebe verbürgt (Röm 8,34.38 f.).
Die Gute Nachricht nach Johannes geht noch einen Schritt weiter und sieht nicht erst in der Auferstehung, sondern schon in der im Doppelsinn als »Erhöhung« bezeichneten Kreuzigung den Antritt der himmlischen Würdestellung (Joh 3,13 f.; 8,28; 12,32).

Erkenntnis Das hebräische Wort für Erkenntnis meint nicht durch Nachdenken – mit dem Verstand – gewonnene Erkenntnis, sondern durch Umgang und Erfahrung gewonnene Einsicht. Erkenntnis dieser Art setzt ein inneres Angerührtsein von der Sache oder eine gewisse Selbsterschließung der Person voraus, um deren »Erkenntnis« es geht. Daher gilt Erkenntnis in Dingen des christlichen Glaubens als eine der wichtigsten Gaben des → Geistes Gottes (1 Kor 1,5; 12,8; 14,6; 2 Kor 8,7) – die freilich auch Gefahren und Probleme mit sich bringen kann: Eine »Erkenntnis«, die dazu verführt, dass man gegen die Liebe verstößt (1 Kor 8; 13,2) oder sich über zentrale Inhalte apostolischer Verkündigung hinwegsetzt (1 Kor 1,17-25; 2 Tim 2,14-18; 1 Joh 2,20-25), hat mit dem Geist Gottes nichts mehr zu tun. Solche fehlgeleitete »Erkenntnis« wird schon an einzelnen Stellen des 1. Korintherbriefes, vor allem aber im Johannes-Evangelium, dem 1. Johannesbrief, dem Judasbrief und in den Pastoralbriefen (1 Tim 6,20) bekämpft (es handelt sich hier um Frühformen der → Gnosis).

Erlassjahr In jedem 49. Jahr sollte im alten Israel die ursprüngliche Besitzordnung wiederhergestellt werden. Denn im Ideal galt Grundbesitz als unveräußerlich (→ Erbbesitz). Ebenso sollten → Sklaven israelitischer Volkszugehörigkeit in diesem Jahr die Freiheit wiedererlangen (Lev 25; nach Ex 21,2 schon im 7. Jahr).

Erstgeburt Zum Zeichen, dass alles Leben eigentlich Gott gehört, wurden in Israel die männlichen Erstgeburten des (→ reinen) Viehs Gott als → Opfer dargebracht. Beim Menschen wurde die Erstgeburt durch ein Ersatzopfer ausgelöst. Das konnte bei jedem Priester im Land geschehen; wenn Jesus nach Lk 2,22 dazu in den → Tempel gebracht wurde, so deutet dies an, wo er hingehört (vgl. Lk 2,49).

Erstgeerntetes → Früchte, erste; → Erstling.

Erstling, Erstlingsgabe Erster Teil der Ernte (→ Früchte, erste) oder → Erstgeburt beim Vieh, die Gott als Gabe oder → Opfer dargebracht wurden (Ex 23,19; 13,11-12), zum Zeichen dafür, dass ihm die gesamte Ernte bzw. der ganze Nachwuchs der Tiere gehört. Im übertragenen Sinn werden die Erstbekehrten christlicher Gemeinden (Röm 16,5; 1 Kor 16,15 wörtlich) so bezeichnet, auch die Christen insgesamt als »Erstlinge« der Völker (Offb 14,4 wörtlich) und als »Erstlinge« von Gottes neuer Schöpfung (Jak 1,18 wörtlich; 2 Thess 2,13 [Anmerkung]). Wenn Christus »Erstling der Toten« genannt wird (1 Kor 15,20.23 wörtlich), wird damit die Gewissheit zum Ausdruck gebracht, dass alle Verstorbenen, die im → Glauben mit Christus verbunden waren, so wie er Gott gehören und zum neuen Leben auferweckt werden.

erwecken → auferstehen.

Esau Zwillingsbruder von → Jakob, der sein Erstgeburtsrecht um ein Linsengericht an seinen Bruder abtrat. Die Umkehrung der natürlichen Rangordnung wird der Mutter Rebekka schon vor der Geburt ihrer Söhne von Gott vorausgesagt (Gen 25,23; Röm 9,11-12). Die Rivalität der Brüder setzt sich fort in der zwischen Israel und → Edom, als dessen Stammvater Esau gilt (Gen 36,1.9.15.19).

Essig Bei dem Getränk, das Jesus am → Kreuz gereicht wurde (Mk 15,36 par), handelt es sich

um sauren Wein oder Weinessig, der zum nachhaltigen Stillen starken Durstes besonders geeignet ist und deshalb das normale Getränk der Soldaten war. Davon zu unterscheiden ist das Getränk, das die Soldaten Jesus unmittelbar vor der Kreuzigung reichen wollten (Mt 27,34; Mk 15,23). Hier handelt es sich um Wein mit einem betäubenden Zusatz (→ Myrrhe oder Weihrauch), der die Schmerzen lindern sollte. Einen solchen Betäubungstrank vor der Hinrichtung zu reichen entsprach jüdischer Sitte. Jesus hat diesen Trunk abgelehnt.

Etanim Der 1. Monat des althebräischen Jahres (→ Kalender), etwa Mitte September bis Mitte Oktober.

Eunuch Vor allem die Haremswächter, aber auch andere Hofbeamte waren in vielen Teilen der Alten Welt Eunuchen, d.h. künstlich zeugungsunfähig gemacht. Ein solcher Eingriff war für das Empfinden des antiken Menschen deshalb schwerwiegend, weil er das Fortleben in den Nachkommen unmöglich machte. In Israel war die Kastration bei Mensch und Tier verboten; zudem war der Eunuch vom Tempelgottesdienst ausgeschlossen (Lev 22,24; Dtn 23,2), allenfalls durfte er den äußeren Vorhof des → Tempels betreten. Ein sich anbahnender Wandel zeigt sich in Jer 39,16 10 (vgl. 38,7-13); Jes 56,3-5; Weish 3,14. Wenn Gott sich in Jesus Christus der gesamten Menschheit zuwendet, werden auch die Verschnittenen einbezogen. Dies gibt dem Einzelfall der Taufe des Eunuchen aus Äthiopien (Apg 8,27-39) seine grundsätzliche Bedeutung.

Evangelist Neben den → Aposteln, → Propheten (3) und → Lehrern gab es in der ersten Christenheit auch Männer, die eine besondere Gabe zur Verkündigung des Evangeliums, der → Guten Nachricht, besaßen (Apg 21,8; Eph 4,11).

Evangelium In dieser Bibelausgabe gewöhnlich mit → »Gute Nachricht« übersetzt. In Offb 14,6 handelt es sich dem Zusammenhang nach jedoch nicht um die Botschaft von Gottes Liebe in Jesus Christus, sondern eher um einen allerletzten Bußruf an die Menschheit.

Exil (Verbannung, Wegführung) Zur »Befriedungspolitik« der altorientalischen Herrscher gehörte es seit dem 2. Jahrtausend v.Chr., die Oberschichten (Priester, Kaufleute, Handwerker) eroberter Provinzen untereinander auszutauschen. In der Bibel wird von zwei Deportationen berichtet:
(1) Die assyrische: Im 8. Jh. v.Chr. eroberte der Assyrerkönig Sargon II. Samaria und deportierte die Oberschicht des Nordreiches nach Gosan im oberen Mesopotamien (Karte AO, E2). Im Gegenzug ließ er Leute aus → Babylonien und → Elam ansiedeln (→ Samariter).
(2) Die babylonische Verbannung: Im 6. Jh. v.Chr. eroberte der Babylonierkönig Nebukadnezzar II. Juda und deportierte 597 und 587 v.Chr. die Oberschicht nach Babylonien, ohne eine neue Oberschicht in Juda anzusiedeln. Die Verbannten konnten in geschlossenen Siedlungen am Kanal Kebar nördlich von → Babylon wohnen (vgl. Ez 3,15), sodass der nationale Zusammenhalt gewahrt blieb und sich die Hoffnung auf Rückkehr erhalten konnte, die sich dann nach dem Sieg des Perserkönigs Kyrus erfüllte (Esra 1).

F

Familie, königliche In den Diadochenreichen, die aus dem Kriegszug Alexanders d.Gr. entstanden waren, wurde die Zugehörigkeit zur königlichen Familie als ein Ehrentitel an hohe Würdenträger verliehen, die in einem besonderen Vertrauensverhältnis zum König standen (→ Freund des Königs).

Fasten Verzicht auf Essen und Trinken wurde in Israel als → Sühne für eigene oder fremde Sünden geübt, aber auch aus Trauer und zur Unterstützung eines Gebetes. Üblicherweise dauerte ein Fasten einen Tag (24 Stunden), bei besonderen Anlässen auch länger. Zur Zeit von Jesus war es bei manchen Frommen Sitte geworden, zweimal wöchentlich zu fasten (Lk 18,12; Mk 2,18). Der einzige offizielle und das ganze Volk verpflichtende Fasttag war jedoch der → Versöhnungstag.
Jesus nimmt in Mt 6,16-18 Stellung zur Fastenpraxis. Für seine Jünger lehnt er das Fasten ab, solange er bei ihnen ist (Mk 2,18-20 par). Die Leiter der Gemeinde fasten vor der Aussendung von Missionaren (Apg 13,1-3) und der Einsetzung von → Ältesten (Apg 14,23).

Fasttag → Bußtag.

Fladenbrot Brot wurde in Form von → Ringbroten und Rundbroten (Rundlaiben) gebacken. Am verbreitetsten war jedoch die Fladenform. Fladenbrot wurde auf Backplatten oder in der heißen Aschenglut gebacken. Die Fladen waren im Durchmesser etwa 20–50 cm groß und 0,2 bis 1 cm dick. Das Mehl wurde mit Wasser angerührt und ungesäuert (ohne Treibmittel) gebacken. Fladenbrot wurde nicht geschnitten, sondern gebrochen (Mk 14,22).

Fleisch »Fleisch« ist im Hebräischen ein grundlegender Begriff zur Bezeichnung der Seinsart des Menschen. Er wird in dieser Übersetzung

je nach Zusammenhang unterschiedlich wiedergegeben.
Zunächst bezeichnet »Fleisch« den ganzen Menschen als leiblich-seelische Einheit. So sind Mann und Frau in ihrer Verbindung »*ein* Fleisch« (und nicht nur *ein* Leib; Gen 2,24); »alles Fleisch« bedeutet: alle Menschen. Im übertragenen Sinn bezeichnet »Fleisch«:
(1) den Bereich des Irdischen, Menschlichen und Leiblichen, der der Vergänglichkeit unterworfen ist (Jes 40,6 wörtlich: »Alles Fleisch ist Gras«). In diesen Bereich trat der → Sohn Gottes ein, als er Mensch wurde (Joh 1,14; Röm 8,3).
(2) Im negativen Sinn ist dagegen der Begriff »Fleisch« gebraucht, wenn Paulus mit ihm beschreibt, dass Denken, Wollen und Handeln des Menschen nicht von Gott und seinem Willen bestimmt wird, sondern nur vom Irdischen, vom Menschlich-Allzumenschlichen, ja von der menschlichen Selbstsucht, der Sünde (Röm 8,1-17; Gal 5,13-26; Eph 2,3; Phil 3,3-4). Fleisch beschreibt hier den Tatbestand, dass die Sünde sich des Menschen und seiner Glieder so bemächtigt, dass sein »Fleisch« wie eine fremde Macht sein ganzes Wesen bestimmt und ihn in den Tod führt (Röm 7,5-25). Im Gegensatz dazu steht der → Geist, durch den Gott in Christus rettend den Menschen ergreift, ihn zum Handeln in Rechtschaffenheit und selbstloser Liebe bewegt und zum ewigen Leben führt.

Fluch Für hebräisches Denken ist das gesprochene Wort eine wirkende Macht. Es gibt den bedingungslosen Fluch, der den Adressaten unter allen Umständen trifft, und den bedingten, der über ihm vorerst nur schwebt, ihn aber trifft, wenn er sich zuschulden kommen lässt, wovor in der Verfluchung gewarnt wurde (Lev 5,1; Dtn 27,14-26). Der Fluch dringt in den Menschen ein (Ps 109,18-19), zerstört dessen Familie und wirkt sich über Generationen aus (Gen 9,25; Num 22,6.12), wie entsprechend der → Segen Einzelnen und ihren Familien über Generationen Glück und Gedeihen schenkt.

Fluchwort Was es heißt, dass jemand oder etwas »zum Fluchwort wird«, geht aus Jer 29,22 hervor: Sein Schicksal wird anderen durch einen Fluch angedroht (als positives Gegenstück vgl. Gen 26,4; 48,20).

Fremdarbeiter Wenn Ausländer oder Menschen aus einem anderen Stamm irgendwo in Israel – für kürzer oder länger – Aufnahme fanden, waren sie auf ihre Arbeitskraft angewiesen. Sie befanden sich in einer halbabhängigen Stellung, die für uns von der des → Lohnarbeiters schwer zu unterscheiden ist. Im Unterschied zu den Schutzbürgern (→ Fremde) hatten sie so gut wie keine Rechte.

Fremder Mit »Fremder/Fremde« (zu unterscheiden von den → Fremdarbeitern) wird in dieser Übersetzung das hebräische *ger* wiedergegeben, das im Alten Testament Menschen bezeichnet, die als Volksfremde dauerhaft im Gebiet eines der Stämme Israels Aufnahme fanden. Sie hatten als »Schutzbürger« bestimmte Rechte, waren jedoch den israelitischen Vollbürgern nicht gleichgestellt, konnten z. B. nicht an der Rats- und Gerichtsversammlung im Tor teilnehmen.

Freund des Kaisers Möglicherweise handelt es sich in Joh 19,12 um den Titel, der römischen Senatoren von Amts wegen zustand, aber auch anderen hervorragenden Männern vom Kaiser persönlich verliehen wurde.

Freund des Königs Ehrentitel für königliche Würdenträger (→ Familie, königliche).

Frieden Anders als im abendländischen Denken ist Frieden im orientalisch-biblischen nicht einfach die Abwesenheit von Krieg, sondern ein viel weiterer und vornehmlich positiv gefüllter Begriff. »Frieden« (hebräisch *schalom*) meint: umfassendes Glück, Wohlergehen des Einzelnen und der Gemeinschaft, gelungenes Leben in gelungenen Beziehungen – zueinander, zu sich selbst, zur Umwelt, zu Gott. Ein Idealbild dessen, was »Frieden« in diesem Sinne heißt, zeichnet Ps 72, wo das Wort an zentralen Stellen, in Vers 3 und in Vers 7 (dort mit »Wohlstand« übersetzt), vorkommt.
Für biblisches Denken hat die gelungene Beziehung zu Gott grundlegende Bedeutung für alle anderen Beziehungen. Heilvolles Leben in allen Dimensionen, die das Leben ausmachen, ist nur möglich, wo Gott geehrt wird und seine Rechts- und Lebensordnungen bewahrt werden (Ps 85,9-14; 119,165; 147,10-14; Jes 32,15-18; 48,18; 54,13; 57,21).
Im Neuen Testament ist »Frieden« vor allem die Wiederherstellung des durch die Sünde gestörten Verhältnisses zu Gott und das daraus erwachsende umfassende Heil (Lk 1,79; 2,14; Apg 10,36). Jesus Christus »ist unser Frieden« (Eph 2,14; vgl. Mi 5,4), weil aufgrund seines Opfertodes das gestörte Verhältnis der Menschen zu Gott wieder in Ordnung gebracht ist.
Die Menschen des Alten wie auch des Neuen Testaments begrüßen und verabschieden sich, indem sie einander »Frieden« wünschen. Wenn dies die von Jesus ausgesandten Boten tun sollen (Lk 10,5), so geht es um den Frieden, den

Gott durch die Aufrichtung seiner → Königsherrschaft in Jesus Christus ermöglicht und schafft. Wenn der vom Tod auferstandene Jesus seinen Jüngern den Frieden wünscht (Lk 24,36; Joh 20,19.21.26), wenn Paulus dies zu Beginn seiner Briefe den Gemeinden gegenüber tut (z. B. Röm 1,7; 1 Kor 1,3), so geht es um den Frieden, den Gott der Welt erschlossen hat im Leben, Sterben und Auferstehen von Jesus.

Der Friedenswunsch, der im Friedensgruß ausgesprochen wird, ist nach biblischem Denken nicht nur ein – ohnmächtiger – Wunsch, sondern bringt von Gott bzw. von Christus her diesen Frieden mit für alle, die ihr Herz dafür öffnen (Mt 10,12-13; Lk 10,5-6).

Friedenskuss Wörtlich »heiliger Kuss«. Zeichenhafter Ausdruck der Gemeinschaft zwischen Menschen, die den von Gott durch Christus geschenkten → Frieden zur Grundlage ihres Lebens gemacht haben. Der Friedenskuss scheint fester Bestandteil jeder gottesdienstlichen Versammlung der frühen christlichen Gemeinden gewesen zu sein. Dass jeweils am Ende eines Briefes dazu aufgefordert wird, dieses Zeichen zu setzen, lässt vermuten, dass es seinen Platz am Ende des ersten Teils der Versammlung hatte (dem »Wortgottesdienst«, in dessen Verlauf der Brief vorgelesen wurde) bzw. zu Beginn des zweiten Teils, der Mahlfeier (→ Mahl des Herrn).

Fronarbeit, Frondienst Unentgeltliche zwangsweise Dienstleistung für den Grund- oder Landesherrn. Öffentliche Arbeiten wurden im Altertum (wie noch im Mittelalter) vielfach in Fronarbeit ausgeführt.

Früchte, erste (erstgeerntete) Als Dank an Gott, den Geber der Ernte, und als Zeichen dafür, dass ihm eigentlich die ganze Ernte gehört, wurden die zuerst geernteten Früchte (z. B. die erste Garbe eines Feldes) ans Heiligtum abgeliefert (→ Erstgeburt).

Frühjahrsregen → Regen.

Fußwaschung Das Gehen in Sandalen auf heißen, staubigen Straßen machte das Waschen der Füße beim Betreten eines Hauses zu einer Notwendigkeit oder doch einer großen Wohltat. Der Gastgeber ließ dies in der Regel durch einen Sklaven erledigen. Nach Joh 13 leistete Jesus vor dem letzten Mahl seinen Jüngern diesen Dienst, um ihnen deutlich zu machen, dass in seiner Gemeinde die Liebe über jeder Rangordnung steht. Auch im wörtlichen Sinn wurde offenbar sein Beispiel in den frühen Gemeinden befolgt (1 Tim 5,10; vgl. Joh 13,14-17).

Zum Verständnis von Joh 13,9-10: Wer zu einem Festmahl eingeladen war, pflegte vorher zu Hause ein Bad zu nehmen; im Haus des Gastgebers brauchten nur noch die vom Weg staubig gewordenen Füße gewaschen zu werden. Unter Hinweis auf diesen Brauch weist Jesus die Bitte von Petrus zurück. Es geht im jetzigen Augenblick allein um den Sklavendienst der Fußwaschung, den Jesus den Jüngern leistet – zeichenhafter Ausdruck für die bevorstehende äußerste Erniedrigung im Kreuzestod und für die Zueignung der Rettung, die aus dieser Erniedrigung erwächst. Das vorhergehende »Bad«, durch das die Jünger »rein« sind, ist als Bild für die reinigende Wirkung des Umgangs mit Jesus in der nun zurückliegenden Zeit zu verstehen (vgl. Joh 15,3). In der altkirchlichen Auslegung wurde dieses Bad gern mit der → Taufe gleichgesetzt, und die Fußwaschung lebte (in manchen Kirchen bis heute) fort im Fußwaschungsritus der Gründonnerstagsliturgie.

G

Gabriel In der jüdischen Engellehre wird Gabriel zu den so genannten → Engelfürsten, den »Erzengeln«, gezählt, die zur engsten Umgebung Gottes gehören.

Galatien Kleinasiatische Landschaft (Karte RP, F2-G2), die seit dem 3. Jh. v. Chr. von keltischen Stämmen bewohnt wurde (sprachlich mit dem Landschaftsnamen verwandt ist Gallien und gälisch). Die Römer schufen nach der Eroberung dieses Gebietes eine Provinz mit dem gleichen Namen, die aber außer dieser Landschaft auch noch Teile von Phrygien, Pisidien, Pamphylien, Lykaonien und Isaurien umfasste. Wer die Adressaten des Galaterbriefs sind, ist in der Auslegung umstritten. Größere Wahrscheinlichkeit spricht für die Bewohner der Landschaft Galatien (Apg 16,6; 18,23).

Galbanum Ein in Syrien heimisches wohlriechendes Arzneikraut, dessen Saft für die im Gottesdienst gebrauchte → Weihrauchmischung verwendet wurde.

Galiläa Das Gebiet zwischen dem See → Gennesaret und der Küstenebene, ursprünglich Siedlungsgebiet der Stämme Ascher, Sebulon und Naftali (LA/LN C3-C4). Es wurde 733 v. Chr. Provinz des → Assyrerreichs und stand von da an unter der Oberherrschaft der verschiedenen Nachfolgereiche. Seit 104 v. Chr. wieder unter jüdischer Herrschaft; Einwanderer aus → Judäa stärkten das jüdische Element, neben dem es jedoch geschlossene heidnische Bevölkerungsgruppen gab. Zur Zeit von Jesus

ist Galiläa Basis militanter nationalistischer jüdischer Gruppen (Apg 5,37; → Zeloten).

Gamaliël Gamaliel I., berühmter → Gesetzeslehrer, zu dessen Schülern auch Paulus zählte.

Gebetsriemen Aufgrund von Dtn 6,8 und ähnlichen Stellen befestigen die Juden während des Gebets Kapseln mit bestimmten Schriftstellen durch Riemen an Stirn und linkem Oberarm. Zur Zeit von Jesus trugen viele Fromme die Gebetsriemen den ganzen Tag.

Gefängnis (Geister im Gefängnis) Nach jüdischer Überlieferung werden die → Engel, die sich nach Gen 6,2 durch den Verkehr mit Menschenfrauen vergangen hatten, zur Strafe an einem finsteren Ort auf oder unter der Erde gefangen gehalten. Diese Anschauung wird offensichtlich in 1 Petr 3,19-20 (infolge des engen Zusammenhangs von Gen 6,1-4 mit 6,5-8) auf die Menschen übertragen, die – durch das Tun dieser Engel verführt und verdorben – in der → Sintflut untergingen. Nach 1 Petr 3,19-20 hat Jesus nach seiner Auferstehung sogar dieser exemplarisch bösen Generation – nach 1 Petr 4,6 dann auch *allen* Toten – seinen Sieg über Sünde und Tod verkündet und ihnen damit die Chance gegeben, im letzten Gericht doch noch die Rettung zu erlangen.

Geißel Die bei den Römern übliche Geißel, bestehend aus Lederriemen, die mit Knochen- und Metallstücken versehen waren, wurde im Rahmen der Geißelung angewandt, die der Kreuzigung eines Verbrechers vorauszugehen pflegte und so auch an Jesus vollzogen wurde (Mk 15,15 par; → Kreuz). Eine solche Geißelung konnte schon für sich allein genommen den Tod zur Folge haben.

Geist, böser Dämonische Macht, die von einem Menschen Besitz ergreift und ihn völlig beherrscht. Die Tatsache solcher »Besessenheit«, wie sie das Neue Testament bezeugt, zeigt an, in welcher Lage sich die Menschheit befindet: Sie ist oft nicht ihr eigener Herr, sondern zerstörerischen Mächten ausgeliefert. Wenn Jesus die Dämonen »austreibt«, bekundet sich darin, dass Gott seine → Königsherrschaft aufzurichten beginnt (Mt 12,28; Lk 11,20). Auch bestimmte Krankheiten, vor allem psychisch krankhaftes Verhalten, wurden auf den Einfluss böser Geister zurückgeführt. Diese Geister werden gelegentlich als »unrein« bezeichnet (so wörtlich z. B. Mt 10,1; Mk 1,23; Lk 4,33), und zwar deshalb, weil sie unrein machen, d. h. die von ihnen Besessenen von der Teilnahme am Gottesdienst ausgeschlossen sind (→ rein).

Geist Gottes → Heiliger Geist.

geistlich »Geistlich« ist im biblischen Sinn, was vom → Geist Gottes kommt (Röm 15,27; 1 Kor 9,11). Es kann letztlich nur von Menschen erfasst und angeeignet werden, die ihrerseits vom Geist Gottes bestimmt sind (1 Kor 2,10–3,4; vgl. Joh 3,3-7; 6,52-65).

»Geistlich« werden in 1 Kor 10,1-4 auch Dinge und Vorgänge des Alten Testaments genannt, die auf ihre Weise bereits damals etwas von der geistlichen Wirklichkeit vermittelten, die jetzt, im Neuen Testament, unter ganz ähnlichen zeichenhaften Dingen und Vorgängen vermittelt wird. So weisen Wolke und Meer (Ex 14,19-22) auf die → Taufe, das → Manna (Ex 16,13-18.35-36) auf das → Mahl des Herrn voraus. Dass der Fels, aus dem Mose mit seinem Stab Wasser schlug (Num 20,7-11), dem Volk auf der Wüstenwanderung folgte, wurde aus Num 21,16 gefolgert.

Geld → Mammon.

Geldwechsler Wechsler gab es im → Tempel, weil die → Tempelsteuer in tyrischen Schekeln, der damals wertvollsten Währung, bezahlt werden musste. Ebenso wie die Händler, die Tauben, Schafe und Rinder für das → Opfer verkauften, hatten sie ihren Platz im äußeren Vorhof des Tempels (siehe Skizze Jerusalem II).

Gelübde Versprechen an Gott in einer Notlage. Zu Apg 21,23: Es handelt sich hier offenbar um ein »Nasiräergelübde«, durch das jemand u. a. auf den Genuss von Alkohol verzichtete (Num 6,13-20). Wer auf Zeit ein solches Gelübde ablegte, musste als Abschluss ein ziemlich kostspieliges Opfer darbringen. In diesem Zusammenhang steht die Aufforderung an Paulus, die Opferkosten für arme Nasiräer zu übernehmen und dadurch zugleich seine eigene Gesetzestreue zu beweisen. Damit er aber auch selbst an den Opferhandlungen im → Tempel teilnehmen kann, muss er, da er durch seinen Auslandsaufenthalt → unrein geworden ist, sich zuvor den sieben Tage dauernden Reinigungszeremonien unterziehen. Auch hierzu wird Paulus in Apg 21,24 aufgefordert. (Die verkürzte und unklare Darstellung wird daher rühren, dass Lukas bzw. schon sein Gewährsmann als Heidenchristen mit den jüdischen Gebräuchen nicht genügend vertraut waren.) → Nasiräer.

Gelübdeopfer Ein aufgrund eines → Gelübdes Gott versprochenes Opfer (→ Dankopfer).

Gemeinde → Heilige.

Gemeindeältester → Gemeindeleiter.

Gemeindeleiter Die frühchristlichen Gemeinden wurden zu Beginn teils nach jüdischem Vorbild von einer Gruppe von → Ältesten gelei-

tet, teils – wohl in Anlehnung an bestimmte Ämter im griechischen Vereinswesen – von Gemeindeleitern (griech. *episkopoi*) und → Diakonen/Diakoninnen (Phil 1,1; 1 Tim 3,8.11). Wo beide Formen der Gemeindeleitung aufeinander trafen, wurde zwischen der Aufgabe der Ältesten und der der Gemeindeleiter nicht unterschieden (vgl. Apg 20,17 mit 20,28, wo »Aufsicht und Leitung« *episkopoi* wiedergibt, oder Tit 1,5 mit 1,7). Auch die Gemeindeleiter nahmen zunächst ihre Aufgabe als Kollegium wahr (Phil 1,1). Erst in nachneutestamentlicher Zeit finden wir die verschiedenen Formen der Gemeindeleitung ganz miteinander verschmolzen und die altkirchliche Ämterordnung voll ausgeprägt: *ein* Gemeindeleiter (*episkopos*/Bischof), unter ihm das Kollegium der Gemeindeältesten (*presbyteroi*/Priester), dazu die Diakone/Diakoninnen (*diakonoi*). – Im Hebräerbrief (Hebr 13,7.17.24) ist von »Führern« oder »Leitern« der christlichen Gemeinde die Rede (*hegumenoi*); sie werden in dieser Übersetzung wie die *episkopoi* mit »Gemeindeleiter« wiedergegeben.

Gennesaret Ort südwestlich von Kafarnaum und nach ihm benannter See in → Galiläa (Karte LN, D3), im Alten Testament Kinneret genannt (Karte LA, D3; in dieser Übersetzung jedoch ebenfalls »Gennesaret«).

gerecht, Gerechter Als »gerecht« wird im Deutschen ein Mensch bezeichnet, der sich so verhält, wie es dem allgemeinen Rechtsempfinden entspricht. »Gerecht« im Sinn des Alten Testaments ist der Mensch, der sich nach dem → Gesetz richtet, in dem Gott seinem Volk seinen Willen kundgetan hat. Verschiedentlich meldet sich jedoch schon im Alten Testament das Bewusstsein, dass letztlich kein Mensch vor Gott als »gerecht« bestehen kann (z. B. Ijob 4,17; 15,14; Ps 143,2). Im Frühjudentum wird der »gerechte« Mensch zum Gegenstand endzeitlicher Hoffnung; der Messias (→ Christus) wird als der »Gerechte« erwartet und ersehnt. Vom Erscheinen dieses Gerechten hängt die Rettung Israels ab (Jes 53,11). Diese Schriftstellen und Traditionen stehen im Hintergrund, wenn Jesus im Neuen Testament als »gerecht« (so wörtlich in Lk 23,47; 1 Joh 2,29; 3,7) oder als »der Gerechte« bezeichnet wird (Apg 3,14; 7,52; 22,14; 1 Petr 3,18; 1 Joh 2,1).
Durch sein Sterben und Auferstehen hat Gott den Menschen einen Weg eröffnet, auf dem auch sie vor ihm »als gerecht bestehen« können: den Weg des vertrauenden → Glaubens (siehe dazu v. a. → Gerechtigkeit).
In der altisraelitischen Weisheitsliteratur (→ Weisheit) findet sich ein Verständnis von »gerecht sein«, das dem nahe kommt, was wir heute »Solidarität« nennen: ein Verhalten auf Gegenseitigkeit, das sich an lebensdienlichen Ordnungen orientiert (siehe die ausführliche Anmerkung zu Spr 1,1 auf Seite 597).

Gerechtigkeit (→ gerecht) Im Gegensatz zum deutschen Begriff »Gerechtigkeit«, der auf die Erfüllung einer formalen Rechtsnorm zielt, geht es beim biblischen Verständnis von »Gerechtigkeit« immer um die Beziehung zwischen Personen, die in dem »rechten«, beiden Seiten gerecht werdenden Verhältnis zueinander stehen sollen. Gerecht ist, wer sich der idealen Form einer solchen Beziehung – sei es zwischen Menschen oder zwischen Gott und Mensch – »entsprechend« verhält.
Im Verhältnis zwischen Gott und seinem Volk ist die Grundlage der gegenseitigen Beziehung der → Bund, in dem Gott den Menschen Heil zusagt und dafür von ihnen Dank und Gehorsam erwartet (Ps 50,5-6). Gottes »Gerechtigkeit« ist demnach seine Treue und Verlässlichkeit, die Einlösung seiner Zusagen, sein rettendes, heilschaffendes Handeln (Ps 36,6-8). Die Übersetzung verwendet dafür im Allgemeinen nicht das missverständliche Wort »Gerechtigkeit«, sondern drückt das Gemeinte direkt und eindeutig aus, z. B. Treue (Ps 7,18; 40,11; 71,16.19), Einlösung von Versprechen (Ps 11,7; 103,6), rettendes Eingreifen (Jes 45,8; 59,16).
Vom Menschen her ist »Gerechtigkeit« zentral die Erfüllung der Gebote Gottes. In diesem Sinn – als Gehorsam gegen Gott und sein → Gesetz – versteht auch Jesus bei Matthäus das Wort. Vor allem in der → Bergpredigt geht es ihm darum, dass der Wille Gottes im Gesetz radikal erfasst und erfüllt wird (Mt 5,6.17-20; vgl. 3,15).
Bei Paulus liegt alles Gewicht darauf, dass der allein auf sich selbst gestellte Mensch mit seinem Bemühen um die »Gerechtigkeit« letztlich scheitern muss (Röm 7,7-25; Gal 3,10-12). Paulus hat erkannt, dass Gott durch Tod und Auferstehung von Jesus einen neuen Weg zur »Gerechtigkeit« geschaffen hat: den Weg des vertrauenden → Glaubens. Weil der Mensch trotz allen Strebens nach dem Guten von sich aus nicht fähig ist, Gottes Willen zu erfüllen, ist Gott bereit, ihm den Gehorsam des Menschen Jesus Christus anzurechnen (Röm 4,25; 1 Kor 1,30). Wer für sich Gottes Urteil über die Sünde anerkennt und den stellvertretenden Tod von Jesus für sich gelten lässt, gilt vor Gott als »gerecht« (Röm 3,19-28). Auf der Grundlage dieser geschenkten

Gerechtigkeit, von ihr im Innersten angerührt und verwandelt, ist der Mensch dann auch fähig, den Willen Gottes zu tun (Röm 6,1-23).

Gerichtspolizisten Wörtlich »Diener/Gehilfen«. In entsprechenden Zusammenhängen höchstwahrscheinlich die Vollzugsgehilfen des jüdischen → Rats.

Gerstenfladen Aus Gerstenmehl hergestelltes → Fladenbrot.

gesalbter (König) → salben.

Geschwister → Bruder.

Gesetz Das Judentum bezeichnete die fünf Mosebücher als »Gesetz« (Tora = Weisung) und umschrieb das Alte Testament mit »das Gesetz und die Propheten« (Mt 5,17; 7,12; 22,40). Der Begriff »Gesetz« konnte aber auch auf das ganze Alte Testament ausgedehnt werden. Seit der Zeit Esras (vgl. Neh 8–10) bestimmte das Mosegesetz das gesamte Leben des jüdischen Volkes und grenzte es streng gegen die übrigen Völker ab. Von besonderer Bedeutung wurden dafür die Gesetze über die → Beschneidung und den → Sabbat sowie die Reinheitsvorschriften (→ rein). Die Frage nach der bleibenden Geltung des Mosegesetzes führte in der Urchristenheit zu ernsten Auseinandersetzungen (Apg 15; Gal 2).

Gesetzbuch → Bundesgesetz, → Gesetz. Als »Gesetzbuch Moses« wird gelegentlich speziell das 5. Mose-Buch (Deuteronomium) angesprochen (Jos 8,31; 2 Kön 22,8.11; 23,2.21.24).

Gesetzeslehrer (in anderen Übersetzungen »Schriftgelehrte«) Ausgebildete und ordinierte jüdische Theologen, deren Aufgabe das Studium und die Auslegung des → Gesetzes war. Da die fünf Mose-Bücher auch als Gesetzessammlung für das bürgerliche Leben galten, waren diese Theologen zugleich Juristen. Sie traten erst in der Zeit nach dem babylonischen → Exil auf, als das religiöse Gesetz für das Leben der Juden eine immer größere Bedeutung gewann. Ihr großes Vorbild war Esra (vgl. Esra 7,6.10.25; → Lehrer 1); erste schriftliche Erwähnung finden sie in den Makkabäer-Büchern (1 Makk 7,12; 2 Makk 6,18).
Die meisten Gesetzeslehrer der neutestamentlichen Zeit gehörten der religiösen Gemeinschaft der → Pharisäer an. Sie hatten ein engmaschiges Netz von Bestimmungen ausgearbeitet, die sicherstellen sollten, dass die göttlichen Gebote (etwa das Ruhegebot am → Sabbat) auf keinen Fall übertreten wurden (vgl. Mk 2,23–3,6). In den Schulen der Gesetzeslehrer hatten sich im Lauf der Zeit feste Auslegungstraditionen herausgebildet, die zum Teil für nicht weniger verbindlich gehalten wurden als das geschriebene Gotteswort selbst (Mk 7,3; Gal 1,14). Nach Mt 13,52; 23,34 gab es auch in der christlichen Gemeinde Gesetzeslehrer, die wohl die Aufgabe hatten, die Auslegung des Gesetzes durch Jesus, wie sie u. a. in der → Bergpredigt (Mt 5–7) vorliegt, auf die aktuelle Situation der Gemeinden anzuwenden.

Gestalten, mächtige Bei den vier »lebenden Wesen« (so wörtlich) vor Gottes Thron in Offb 4 und 5 handelt es sich offenbar um Engelwesen, die den Thron bewachen. Sie erinnern an die → Serafen in Jes 6,2 und die entsprechenden Gestalten in Ez 1.

gesund → rein.

Getsemani Der Name bedeutet »Ölkelter« und bezeichnet einen Garten mit Olivenbäumen am Fuß des westlichen Ölbergabhangs mit einer (vielleicht verfallenen?) Ölpresse.

Gewaltiger Wiedergabe der hebräischen Gottesbezeichnung *Schaddai* (oder *El Schaddai*), deren genaue Bedeutung nicht mehr bekannt ist. Die Wiedergabe mit »der Gewaltige« folgt dem Vorbild der alten griechischen Übersetzung, die *Schaddai* vermutlich mit einem hebräischen Wort für »überwältigen« in Zusammenhang gebracht und meist mit »der Allherrscher« wiedergegeben hat. Nach neuerer Auffassung bedeutet *Schaddai* möglicherweise »Bergbewohner«; in diesem Sinne würde es den Gott bezeichnen, der auf dem → Götterberg wohnt und von dort aus über die Welt herrscht.

geweiht, Geweihte(r) (1) → Nasiräer.
(2) Als »Geweihte« wurden in Israel Männer und Frauen bezeichnet, die sich in besonderer Weise dem Dienst einer fremden Gottheit geweiht hatten; nach Dtn 23,18 war dies in Israel verboten. In der Sprache des Alten Testaments wird die Beteiligung der Geweihten an fremden Kulten → Hurerei genannt. Früher wurde daraus häufig der Schluss gezogen, die Geweihten seien eine Art Tempelprostituierte, die sich an sexuellen Ritualen und Ausschweifungen beteiligten. Dies ist jedoch sehr zweifelhaft. In Hos 4,14 werden Prostituierte und Geweihte zwar miteinander verglichen, gleichzeitig ist aber klar, dass man mit der Prostituierten »beiseite geht«, mit der Geweihten dagegen »Opferfleisch isst«. Die Bezeichnung der Geweihten als »Prostituierte« ist wahrscheinlich bildhaft gemeint, als abwertendes Urteil über Leute, die sich fremden Gottheiten hingeben und damit dem Gott Israels untreu werden.
(3) Personen oder Gegenstände können Gott

unwiderruflich »geweiht« werden und gehören dann ihm bzw. seinem Heiligtum (vgl. → Bann).

Gihon-Quelle → Schiloach.

Gilead Bezeichnung für eine bergige Landschaft im mittleren Ostjordanland mit der gleichnamigen Stadt (Karte LA, D4-D5), gelegentlich für das gesamte Ostjordanland.

Glaube (Vertrauen) »Glaube(n)« ist ein vieldeutig schillerndes Wort. Im Sprachgebrauch der Bibel bezeichnet es nicht ein Wissen mit geringerem Sicherheitsgrad, sondern das unerschütterliche Vertrauen auf Gott und seine Heilszusagen. Von solchem Vertrauen kündet schon das Alte Testament (Gen 15,6; Ex 14,31; Ps 27,13-14; 116,10; Jes 7,9; 28,16), im Neuen wird es zum beherrschenden Thema. Es wird dort in verschiedener Weise entfaltet:

(1) Jesus weckt in den Menschen, die ihm begegnen, das Vertrauen, dass er helfen, d. h. von den Mächten der Krankheit, der → Besessenheit und Sünde befreien kann (Mk 2,5; 5,34; 9,23-24; 10,52; Mt 8,10; Lk 7,50). In Jesus spüren die Menschen Gottes Nähe, seine rettende Zuwendung; deshalb »glauben« sie ihm.

(2) Bei Johannes begegnet Jesus den Menschen darüber hinaus mit dem direkten Anspruch, in ihm den von Gott gesandten Heilbringer zu erkennen und anzuerkennen: den Einen, in dem sich für die Menschen ewiges Leben oder ewiger Tod entscheiden (Joh 3,15-16; 6,47-51; 11,25-26). Es geht jedoch nicht darum, einen Glaubenssatz über Jesus für wahr zu halten (etwa, dass er der → »Sohn Gottes« sei), sondern das Heil in entschiedenem Vertrauen anzunehmen, das er in Person ist (→ Ich-bin-Worte).

(3) Bei Paulus steht nicht die Person von Jesus, sondern das Handeln Gottes durch und an Jesus im Mittelpunkt: Durch seinen Tod und seine Auferweckung hat Gott eine Heilswirklichkeit geschaffen, die allen Menschen zuteil wird, die sie in vertrauendem Glauben für sich gelten lassen. Seine Zuspitzung erhält der Glaube bei Paulus durch den strikten Gegensatz gegen die »Werke des → Gesetzes«, durch die Absage an jeden Versuch, auf der Grundlage eigener Leistungen, und seien sie noch so »gottgefällig« (Röm 10,1-4; Phil 3,6-11), vor Gott bestehen zu wollen (Röm 3,21-30; → Gerechtigkeit). Glaube bedeutet den rückhaltlosen Verzicht, vor Gott noch mit irgendetwas auftrumpfen zu wollen (→ rühmen), und ein Vertrauen, das schlechthin alles von Gottes Gnade erwartet (1 Kor 4,7; 2 Kor 12,9).

(4) Beginnend schon zu Lebzeiten von Jesus (Mk 8,27-29), sich entfaltend in der Situation nach Ostern (Apg 2,36; Röm 10,9; 1 Kor 15,1-5.11; 1 Thess 4,14), nimmt Glaube auch die Gestalt des »Glaubens, *dass* ...« an, verstärkt durch die Auseinandersetzung mit Irrlehrern (1 Joh 2,22-24; 4,2-3.15; 2 Joh 7; → Gnosis). Doch bleibt die Grundbedeutung von Glaube als Vertrauen auch hier immer erhalten. Es geht nicht in erster Linie um das Für-wahr-Halten bestimmter Tatsachen, sondern um das Sichgründen auf das Handeln Gottes, von dem die betreffenden Bekenntnissätze sprechen (vgl. für den Glauben an Gott als Schöpfer Röm 4,17 und Hebr 11,3).

Gleichnis Das Wort bezeichnet die verschiedensten Formen bildlicher Rede. Ein *Gleichnis im engeren Sinn* ist ein als Erzählung ausgeführter Vergleich, wobei regelmäßig wiederkehrende Vorgänge des alltäglichen Lebens als Bild benutzt werden (z. B. Saat und Ernte in Mk 4,26-32, Suchen und Finden in Lk 15,4-10). Eine *Parabel* dagegen nimmt als Vergleichsgröße einen einmaligen, außergewöhnlichen Fall (z. B. Mt 20,1-15; Lk 15,11-32; 16,1-8). Bei Gleichnis und Parabel kommt es darauf an, jeweils den Vergleichspunkt oder »springenden Punkt« zu finden; es sollen nicht alle Einzelzüge des Bildes ausgedeutet werden (z. B. das Auskehren des Hauses in Lk 15,8!).

Bei der *Allegorie* dagegen besitzt die Erzählung Einzelzüge, die jeweils als Einzelne eine bestimmte Bedeutung tragen. Für das Verständnis der Gesamtaussage ist es hier wichtig, den Sinn dieser Einzelzüge zu kennen (z. B. Mk 12,1-12 die Bedeutung des Weinbergs, des Besitzers, der Pächter usw.). Manche Gleichnisse von Jesus sind schon früh als Allegorien verstanden und allegorisch ausgedeutet worden (vgl. Mk 4,3-9 mit Mk 4,13-20 oder Lk 14,16-24 mit Mt 22,1-14).

Eine eigene Gruppe bilden die *Beispielerzählungen:* Erzählungen, die die gemeinte Sache an einem praktischen Fall vorführen, der je nachdem als einladendes oder abschreckendes Beispiel dient (z. B. Lk 10,29-37; 12,16-21; 16,19-31; 18,9-14).

Die Gleichnisse von Jesus sind ganz geprägt vom drängenden Ernst seiner Verkündigung vom nahen Anbruch der → Königsherrschaft Gottes und stehen in ihrem Dienst. Sie sind ein Appell, der die Hörer zum Mitdenken, Weiterdenken und Umdenken auffordert.

Gnosis Bezeichnung für eine spätantike Geistesströmung, die sich seit dem Ende des 1. Jh. auch auf christliche Gemeinden auszuwirken be-

ginnt und im 2. Jh. der am bittersten bekämpfte Feind der Alten Kirche wurde (vgl. 1 Tim 6,20-21). Sie ist bestimmt von einer tief pessimistischen Einstellung gegenüber der Materie und der Leiblichkeit. Diese gelten als die minderwertige Schöpfung eines niederen, bösen Geistes (z.T. mit dem Gott des Alten Testaments gleichgesetzt). Das Innerste und Eigentliche des Menschen gehört nicht dieser schlechten Welt an, ist vielmehr ein Lichtfunke, der aufgrund eines urzeitlichen Sündenfalls – oder eigentlich eines kosmischen Unglücksfalls – in die Materie verbannt wurde. Der Mensch kennt von sich aus nicht den Grund seines Elends, er empfindet es oft nicht einmal und hat kein Bewusstsein seiner wahren Herkunft und Seinsart. Ein Bote aus dem Lichtreich muss kommen, ihn aus dem Schlaf der Selbstvergessenheit aufwecken und ihm die Erkenntnis darüber bringen, wer er dem Wesen nach ist, woher er gekommen ist und wohin er eigentlich gehört.

In solcher Erkenntnis (griechisch »Gnosis«) liegt schon die »Erlösung«; sie realisiert sich in der Rückbesinnung auf die eigene göttliche Seinsart und vollendet sich in der Rückkehr in das Reich des Lichtes, in das der göttliche Bote den Weg bahnt. »Erlösung« hat für den Gnostiker also nichts zu tun mit Einsicht in persönliche Schuld und mit Lossprechung von dieser Schuld aufgrund des Kreuzestodes von Jesus; es geht vielmehr um das Durchschauen und Rückgängigmachen des »kosmischen Betriebsunfalls«. Sofern Erlösung in diesem Sinne die radikale Herauslösung des Seelenfunkens aus der materiellen Welt ist, verliert der Gedanke einer leiblichen → Auferstehung seinen Sinn, und die Gnostiker können behaupten, die als zukünftig erwartete Auferstehung sei an ihnen schon geschehen, indem sie zur »Erkenntnis« ihres wahren Wesens gelangt sind (vgl. 2 Tim 2,18).

Die zu dieser Art »Erkenntnis« Erwachten verachten die Materie und lehnen es ab, sich für die Ordnungen der gegenwärtigen Welt zu interessieren und sich für ihren Fortbestand zu engagieren; sie entziehen sich jeder innerweltlichen Verantwortung. In diesem Sinn fühlen sich »christliche« Gnostiker den Weisungen des alttestamentlichen → Gesetzes gegenüber frei und überlegen; stammt dieses doch von dem niederen Geist, der mit dessen Hilfe sein mangelhaftes Schöpfungswerk funktionsfähig halten will. Die Welt- und Leibverachtung des Gnostikers äußert sich teils – nach außerbiblischen Zeugnissen überwiegend – in rigoroser Askese, besonders auch in Ehe- und Geschlechtsfeindlichkeit (vgl. 1 Tim 4,1-5), teils in deren Gegenteil, d.h. in einem Libertinismus, der bewusst die sittlichen, dem Leben dienenden Ordnungen ignoriert und zu zerstören sucht (vgl. Jud 7–8.18).

Für gnostisch infizierte Christen ist es ausgemacht, dass der Erlöser Jesus, aus der Sphäre Gottes herabsteigend, sich unmöglich mit der Materie verbunden haben und wirklich Mensch geworden sein kann. Vielmehr hat er sich – in der Taufe am Jordan – nur äußerlich und zum Schein mit einem Menschenleib verbunden, den er vor der Passion wieder verließ. Die »Erlösung« hat er vollbracht, indem er den Menschen die »Erkenntnis« (Gnosis) brachte; das Sterben am → Kreuz trägt dazu nichts bei. Diese Verbiegung und Entleerung der christlichen Botschaft wird bekämpft in Joh 1,14; 1 Joh 4,2-3; 2 Joh 7; vgl. auch 1 Tim 2,5-6; 3,16.

Goldstück Ein Goldstück (Mine) entspricht 100 Silberstücken (Denar, Drachme). Das Silberstück ist zur Zeit des Neuen Testaments der durchschnittliche Tageslohn eines Arbeiters (Mt 20,2).

Götterberg Wie die Griechen sich ihre Götter auf dem Olymp wohnend vorstellten, so gibt es im Alten Orient die Anschauung von einem Götterberg im Norden. Israel brachte den Glauben an die Überlegenheit des eigenen Gottes dadurch zum Ausdruck, dass gesagt wurde, der → Zionsberg in Jerusalem sei der wahre Götterberg (Ps 48,3).

Götterfiguren → Hausgötter.

Gottesberg Der Berg → Sinai (oder Horeb) als Ort der Gegenwart Gottes (→ Götterberg).

Gottesfürchtiger → Proselyt.

Gottessöhne »Sohn« bezeichnet im Hebräischen nicht nur die leibliche Abstammung, sondern auch allgemeiner ein Verhältnis der persönlichen Nähe und zugleich Unterordnung (vgl. Spr 2,1; 3,1; Mk 2,5). »Gottessöhne« nannte man Himmelswesen, die zur Umgebung Gottes gehören wie der Hofstaat zu einem König (Ijob 1,6). Auch die Gottessöhne von Gen 6,1-2 sind solche Zwischenwesen, vielleicht Götter zweiter Ordnung des alten → kanaanitischen Götterhimmels, die wie die griechischen Götter geschlechtliche Verbindungen mit Menschen eingehen.

Gottesurteil Entscheidung Gottes über Schuld oder Unschuld durch das Los oder ein anderes Zeichen.

Gottgeweihte → Nasiräer.

Götzenopfer → Opferfleisch.

Grenze, ägyptische Als Grenze Ägyptens galt ursprünglich vermutlich das Wadi (= Tal mit nur zeitweiser Wasserführung) Besor, das südlich von Gaza ins Mittelmeer mündet (Karte LA, A7; vgl. 1 Sam 30,9-10), in nachexilischer Zeit das etwa 75 km weiter südlich gelegene Wadi el-Arisch.

Gute Nachricht (Evangelium, griechisch *euangelion*) Das Wort hat innerhalb der Bibel seine Vorgeschichte in der Heilsverkündigung im zweiten Teil des Jesaja-Buches (Jes 52,7-10; 40,9-11). Im Neuen Testament wird es zuerst und vor allem auf die Botschaft von der Auferweckung und Erhöhung des gekreuzigten Jesus angewandt (1 Kor 15,1-5; Röm 1,1-4) bzw. auf die Botschaft von dem dadurch erschlossenen Heil (Röm 1,16-17; 1 Thess 1,10; Apg 5,42; 17,18; 20,24). In Jesus Christus, vornehmlich in seinem Tod und in seiner Auferweckung, hat Gott seine endzeitliche → Königsherrschaft aufgerichtet (vgl. Jes 52,7) und lässt dies in der »Guten Nachricht« verkünden.
Der Verfasser des Markus-Evangeliums bezieht den Begriff »Gute Nachricht/Evangelium« dann auch auf das vorösterliche öffentliche Auftreten von Jesus, auf seine Worte und Taten und seine Verkündigung der anbrechenden Gottesherrschaft (Mk 1,1.14-15). Von Mk 1,1 her wurden später auch die Schrift des Markus selbst sowie die anderen gleich gearteten Schriften (von Matthäus, Lukas und Johannes) »Gute Nachricht/Evangelium« genannt.

H

Handmühle → Mühlstein.

Harmagedon Wörtlich »Berg von Megiddo«. Die geheimnisvolle Bezeichnung für den Ort des endzeitlichen Entscheidungskampfes (Offb 16,16) ist wohl durch eine Verbindung verschiedener alttestamentlicher Ortsangaben entstanden, die in Erinnerung oder Verheißung mit dem Sieg Gottes über seine Feinde verknüpft waren (vgl. neben Ri 5,19 und Sach 12,11 den geheimnisvollen Berg von Jes 14,13, dessen hebräischer Name *harmo(g)ed* = »Berg der Versammlung« lautet.

Hasidäer Hebräisch *hasidim* = die Frommen. Eine Sammlungsbewegung gesetzestreuer Juden in der Makkabäerzeit (1 Makk 2,42). Aus ihr gingen später die → Pharisäer hervor.

Hauptmann, Hauptleute In den folgenden Fällen handelt es sich um die Wiedergabe von Rangbezeichnungen, die dem lateinischen Centurio (= »Hundertschaftserster«) entsprechen:
(1) Hauptmann von Kafarnaum (Mt 8,5 par).
(2) Hauptmann unter dem Kreuz (Mk 15,39.44 par).
(3) Hauptmann Kornelius von Cäsarea (Apg 10,1.22).
(4) Hauptleute der römischen Garnison in Jerusalem (Apg 21,32 usw.).
(5) Hauptmann am Amtssitz des → Statthalters in Cäsarea (Apg 24,23).
(6) Hauptmann, der Paulus nach Rom begleitet (Apg 27,1 usw.).
Zu den Hauptleuten der Tempelwache → Tempelwache.
Jerusalem hatte in neutestamentlicher Zeit eine ständige römische Garnison, bestehend aus einer Kohorte (ca. 1000 Mann) unter dem Befehl eines *Chiliarchen* = »Tausendschaftserster«, in dieser Übersetzung »der Kommandant (der römischen Garnison)«; vgl. Joh 18,12; Apg 21,31-33; 22,26-29 usw. Die Kohorte war untergebracht in der Burg Antonia an der Nordwestecke des äußeren Tempelvorhofs (die »Kaserne« in Apg 21,34 usw.).

Hausgemeinschaft Das Wort »Haus« bezeichnet in der Bibel nicht nur ein Gebäude, sondern auch und vor allem die Menschen, die darin leben: die Familie, das gesamte Hausgesinde eingeschlossen (vgl. Ex 20,17). Das Wort kann auch das Herrscherhaus, die Dynastie, bezeichnen (»Haus Davids«: 2 Sam 7,11-16; Am 9,11).

Hausgott Hausgötter, d. h. kleine Götterfiguren, die als gute Geister das Haus beschützen sollen, sind aus vielen Kulturen bekannt und in älterer Zeit auch in Israel verbreitet (2 Kön 23,24).

Hebräer Der Name wird als Bezeichnung für die Israeliten zunächst überwiegend von Außenstehenden und gegenüber Außenstehenden gebraucht (Gen 14,13; 40,15; Ex 3,18; 1 Sam 4,6; 13,3; 29,3). Seine Bedeutung ist nicht gesichert. Man bringt ihn in Verbindung mit den Apiru, die in ägyptischen und assyrischen Quellen des 2. Jahrtausends v. Chr. erwähnt werden und die u. a. vom 15. bis 12. Jh. als Fremdarbeiter in Ägypten bezeugt sind. In den Samuel-Büchern ist damit vermutlich ein bestimmter Teil der Bevölkerung gemeint, der mit wenig Macht und geringen Rechten ausgestattet war und außerhalb der kanaanitischen Städte, im Bergland und an den Rändern des Kulturlandes, lebte. Das frühe Israel gehörte zu diesen Hebräern, aber nicht alle Hebräer gehörten zu Israel.
In der Zeit nach dem babylonischen → Exil wird das Wort zum Ehrennamen und zur jüdischen Selbstbezeichnung (Jona 1,9). Speziell und im Unterschied zu »Israeliten« (als dem erwählten Gottesvolk allgemein) bezeichnet

dann »Hebräer« den Diasporajuden palästinischer Herkunft oder den Juden reiner Abstammung, der die Traditionen der Vorfahren streng bewahrt (2 Kor 11,22; Phil 3,5; vgl. 2 Makk 7,31).

hebräisch (→ Hebräer) Als Name für die Sprache kann »hebräisch« sowohl das Althebräische als auch die spätere Umgangssprache → Aramäisch bezeichnen. In der Offenbarung (Offb 9,11; 16,16) ist jeweils Hebräisch, im Johannes-Evangelium (Joh 5,2; 19,13.17.20; 20,16) jeweils Aramäisch gemeint.

Heiden Unter »Heiden« verstehen wir heute Menschen oder Völker, die nicht den christlichen Glauben teilen. Im Ansatz gibt es diesen Sprachgebrauch schon im Neuen Testament (1 Petr 2,12; 3 Joh 7 [Übersetzung: »Ungläubige«]). Vorherrschend ist dagegen vom Alten Testament her die Vorstellung einer Zweiteilung der Menschheit in das Gottesvolk Israel und die übrigen »Völker« (so die wörtliche und genaue Übersetzung; doch wird für diese Völker ein anderes Wort gebraucht als für das »Volk« Israel, nämlich *gojim*). Was das Gottesvolk von all diesen Völkern trennt, ist, dass es den einen Gott kennt und verehrt und sein → Gesetz besitzt und befolgt (vgl. Röm 9,1-5), kurz: dass es das von Gott »erwählte Volk« ist. Durch Jesus Christus ist diese Zweiteilung der Menschheit an ihr Ende gekommen: Das Heil wird allen Völkern angeboten (Röm 1,16), und auch dem Gottesvolk Israel wird es nur durch das neue Gnadenangebot Gottes zuteil (Röm 3,19-20; 11,32; Gal 2,16-17). Deshalb werden durch Christus »Juden und Heiden« zu dem einen neuen Gottesvolk (Eph 2,11-18).

heilig, heiligen, Heiligkeit »Heilig« ist im Alten Testament alles, was Gott und der göttlichen Sphäre zugehört. Das ist aus priesterlicher Sicht der → Tempel und dort wieder in besonderem Maße die heiligen Geräte, die Altäre, die → Bundeslade und der innerste Raum des Tempels, der das »Allerheiligste« heißt. Nur wer selbst geheiligt (geweiht) ist, kann sich dieser Sphäre nahen, ohne Schaden zu nehmen (Num 4,15; Ex 30,29). Die → Opfer, die Gott dargebracht werden, sind in abgestuftem Maße heilig, und entsprechend dürfen unterschiedliche Personenkreise einen Anteil davon verzehren: beim Mahlopfer die ganze Gemeinde (Lev 7,15-21), bei den Erntegaben ans Heiligtum und bei bestimmten Opferanteilen alle Angehörigen der Priesterfamilien (Num 18,11-19), bei den Sühneopfern die Priester allein (Lev 6,19-22).

Es gehört zum Dienst der Priester, genau zu unterscheiden – und das Volk unterscheiden zu lehren – zwischen »heilig« und »unheilig« (profan), also die Grenze zu wahren zwischen der Sphäre des heiligen Gottes und des unheiligen Menschen (Lev 10,10). Zugleich aber haben die Priester zwischen beiden Sphären zu vermitteln, damit die Menschen imstande sind, Gott heilige Gaben darzubringen, und damit von dem heiligen Gott dafür Heil in das Leben der Menschen einströmen kann.

Was von den übrigen Menschen als Voraussetzung für die Teilnahme am Tempelgottesdienst erwartet wird, ist, dass sie in kultischem Sinn → rein sind. Ein wichtiger Schritt wird mit der Erkenntnis vollzogen, dass die äußerliche Reinheit nicht genügt, sondern dass Gottes Heiligkeit von dem Menschen, der ihr begegnen will, die Reinheit des Herzens und das Tun des Rechten verlangt (vgl. Ps 15). »Ihr sollt heilig sein; denn ich, der HERR, euer Gott, bin heilig« (Lev 19,2) – so steht es über dem Kapitel, in dem sich der berühmte Satz findet: »Liebe deinen Mitmenschen wie dich selbst.«

Eine letzte Vertiefung und Radikalisierung findet der Begriff der Heiligkeit im Neuen Testament. Es geht jetzt um die Heiligkeit, die es ermöglicht, in der neuen Welt Gottes (→ Königsherrschaft Gottes) und der darin gewährten unmittelbaren Gottesnähe zu leben. In Betracht kommt hier nur noch die Reinheit und Heiligkeit des Herzens (Mt 5,8; Mk 7,1-23), und zwar in einer Qualität, wie sie durch menschliches sittliches Streben letztlich nicht zu erreichen und erst recht nicht durch die Opfer und Riten des alttestamentlichen Opferdienstes herzustellen ist. Nach christlichem Bekenntnis kommt die hierzu erforderliche Reinheit und Heiligkeit einzig aus dem Opfertod, den Jesus allen zugute auf sich genommen hat (Röm 3,25; Hebr 9,13-14; 10,10.14.29; 13,12), und sie wird denen geschenkt, die in → Glauben und → Taufe das heiligende Handeln Gottes in Jesus Christus an sich geschehen lassen und den Heiligen (und heiligmachenden) → Geist empfangen (1 Kor 6,11; Eph 5,25-26; Tit 3,5-7). Die den Christen in der Taufe geschenkte Heiligkeit und Reinheit will jedoch in der verbleibenden Zeitspanne dieses Lebens mit der Hilfe Gottes und seines Geistes bewahrt und bewährt werden (Röm 6,19-22; 1 Thess 3,13; 4,3-7).

Heilige(r) Im Alten Testament wird die Bezeichnung »der Heilige« am häufigsten für Gott selbst gebraucht (z. B. Jes 1,4; 30,11; Hos 11,9), sodann auch für Wesen, die Gott besonders nahe stehen und sozusagen zu seiner Sphäre gehören: die Engel (wie die Übersetzung in die-

sem Fall direkt sagt) und die Glieder des Volkes, das er für sich ausgesondert hat (Dan 7,18).
Im Neuen Testament wird Jesus als »der Heilige« bezeichnet (Apg 3,14; vgl. Lk 1,35) oder als »der Heilige Gottes« (Mk 1,24; Joh 6,69), vor allem aber werden die Christen »Heilige« genannt (z. B. Röm 1,7; 1 Kor 1,2; Kol 3,12). »Die Heiligen« heißen sie – in Anlehnung an Aussagen über das Volk Israel (Ex 19,6) – als das endzeitliche Gottesvolk (vgl. Dan 7,18.22.25.27). Demgemäß spricht die Übersetzung häufig von »Gottes heiligem Volk«. Damit nicht das Missverständnis entsteht, die Christen seien »heilig« aufgrund eigenen Strebens und eigener Vollkommenheit, spricht Paulus in den Briefeingängen (wörtlich) von »berufenen Heiligen«: zu Gottes Volk gehörend aufgrund von Gottes Ruf; und er stellt klar, dass ihre »Heiligkeit« in der Verbindung mit Jesus Christus gründet (1 Kor 1,2.30; Phil 1,1 wörtlich: »Heilige/Geheiligte in Christus Jesus«; → heilig).

Heiliger Geist Das hebräische Wort für Geist bedeutet ursprünglich »Wind, Hauch«. Gemeint ist damit das Lebensprinzip, das der Schöpfung zugrunde liegt (Gen 1,2), das Gott seinen Geschöpfen verliehen hat und über das er jederzeit verfügt (vgl. Ps 104,29-30). Vom Geist Gottes gehen aber auch spezielle Wirkungen auf bestimmte Menschen aus: Der Geist kommt über einen Menschen und treibt ihn zu einer bestimmten Tat (Ri 3,10; 13,25). Er beseelt die ekstatischen Prophetengemeinschaften (1 Sam 10,10-12) und kann einen → Propheten ganz real an einen anderen Ort versetzen (1 Kön 18,12; vgl. Ez 8,3). Wenn der Geist Gottes für dauernd von einem Menschen Besitz ergreift wie von David (1 Sam 16,13) oder einer prophetischen Gestalt (Jes 42,1; 61,1), ist dies das Zeichen einer besonderen Verbundenheit mit Gott und Beauftragung durch ihn (vgl. Joh 1,32-34).
Propheten des Alten Testaments haben für die Zukunft eine Ausgießung des Gottesgeistes über das ganze Volk verkündet (Ez 36,27; Joël 3,1-2). Sie ist nach dem Zeugnis des Neuen Testaments durch Jesus Wirklichkeit geworden. Jesus war nicht nur selbst seit seiner Taufe vom Geist Gottes erfüllt (Mk 1,10; Lk 4,1.18), ja ganz und gar ein Geschöpf dieses Geistes (Mt 1,18-23; Lk 1,30-35), sondern hat diesen Geist auch den Seinen vermittelt (Lk 24,49; Apg 2,32-33; Joh 14,16; 15,26). Mit der → Taufe (z.T. auch Handauflegung; Apg 8,17; 19,6) wird allen Glaubenden der Geist verliehen. Seine Einwohnung ist Zeichen und Gewähr dafür, dass sie an der neuen Welt Gottes teilhaben (Eph 1,13-14). Der Geist äußert sich in zahlreichen Geistesgaben und gibt durch sie der Gemeinde Wachstum, Form und Halt (Röm 12,3-8; 1 Kor 12,1-11; Eph 4,7-13). Aber schon dass jemand Christus als den → Herrn erkennen und an ihn glauben kann, ist das Werk des Geistes (1 Kor 12,3).

Heilige Schriften Die Bücher, die heute in unserem Alten Testament zusammengefasst sind, waren für das Judentum zur Zeit von Jesus und ebenso für die frühe Christenheit die »Heilige Schrift«. Doch wurden zu ihr auch noch eine Reihe von sehr spät entstandenen Büchern gerechnet, die von den Juden des 1. Jh. n. Chr. aus dem »Kanon« ihrer Heiligen Schriften ausgeschieden worden sind. Diese Spätschriften des Alten Testaments – wie die Deuterokanonischen Schriften bzw. Apokryphen in dieser Bibelausgabe heißen – blieben in der christlichen Kirche bis zur Reformationszeit allgemein als Heilige Schrift anerkannt. (In der katholischen Kirche und den orthodoxen Kirchen sind sie es weiterhin; in den evangelischen Kirchen werden sie unterschiedlich beurteilt.) Im Neuen Testament werden darüber hinaus sogar noch weitere frühjüdische Schriften als »heilige« zitiert (vgl. Jak 4,5; Jud 14-15).
Die neutestamentlichen Schreiber sprechen von »der (heiligen) Schrift« als einem einheitlichen Gotteswort in der Einzahl. Die Übersetzung verwendet trotzdem die Mehrzahl »Schriften«, da »die Heilige Schrift« für heutige Christen die Bibel aus Altem und Neuem Testament bezeichnet.

Heilige Stadt Jerusalem als die Stadt, in der für Israel Gott durch seinen → Tempel in besonderer Weise gegenwärtig war.

Heiliges Zelt Transportables Zeltheiligtum der Israeliten während der Wanderzeit (Ex 26; 40,16-35; vgl. Skizze Seite 83 AT). Die hebräische Bezeichnung lautet wörtlich »Zelt der Begegnung« (Gottes mit seinem Volk; vgl. Ex 29,42-43). Nach der Sesshaftwerdung des Volkes im Land → Kanaan verlor das Heilige Zelt seine Bedeutung. Nach Jos 18,1; 19,51 stand es in Schilo. Von weiteren Stationen wissen 2 Chr 1,3 und 1 Kön 8,4. Das Zelt, in dem David die → Bundeslade aufgestellt hat (2 Sam 6,17 par), lässt keinen Zusammenhang mit dem Heiligen Zelt der Wüstenzeit erkennen. – Die Vorschriften für den Priester- und Opferdienst am Heiligen Zelt im 2.–4. Mose-Buch gelten sinngemäß für den → Tempel in Jerusalem.

Heiligkeit → heilig.

Helden, die Dreißig → Dreißig Helden.

Heldenlieder Das »Buch der Heldenlieder« (Jos

10,13; 2 Sam 1,18) stellte wahrscheinlich eine Sammlung von Geschichtsdokumenten in poetischer Form dar, die uns nicht erhalten ist.

Helfer (Joh 14,16.26; 15,26; 16,7.13) Das griechische Wort *parákletos* hat die Bedeutung »Helfer, Fürsprecher, Beistand, Anwalt vor Gericht«. Dies alles ist zunächst Jesus selbst für seine Jünger, wie aus Joh 14,16 hervorgeht. Doch verspricht Jesus an eben dieser Stelle, der Vater werde ihnen einen »anderen Helfer« geben, den → Heiligen Geist. Seine Aufgabe wird es sein, die Stelle von Jesus einzunehmen (sein »Stellvertreter« zu sein) und sein Werk weiter und zu Ende zu führen.

Hellenisten (Apg 6,1) Zur Zeit des Neuen Testaments gab es in Jerusalem viele Juden, die irgendwo in der weltweiten jüdischen Diaspora geboren und aufgewachsen waren oder lange Zeit dort gelebt hatten, dann aber – meist aus religiösen Gründen – wieder nach Jerusalem gezogen waren (vgl. Apg 2,5-11). Die Weltsprache Griechisch war inzwischen für sie zur Muttersprache geworden. Sie bildeten in Jerusalem auf landsmannschaftlicher Basis eigene → Synagogengemeinden (Apg 6,9).

Juden, die aus diesen Kreisen zur christlichen Gemeinde stießen, werden auch in dieser eine relativ eigenständige Gruppe gebildet haben. Als Menschen, die in Jerusalem immer noch neu und fremd waren und auch keinen Rückhalt mehr fanden in ihrer speziellen Synagogengemeinde, waren sie mehr als ortsansässige Judenchristen auf Hilfe und Unterstützung durch die Gemeinde angewiesen.

Nach Meinung vieler Ausleger erhält diese Griechisch sprechende Gruppe in den sieben Männern, die dann gewählt werden (Apg 6,2-6), nicht so sehr Garanten für die gerechte Berücksichtigung bei der Lebensmittelverteilung, sondern so etwas wie ein eigenes Leitungsgremium. Es fällt auf, dass von keinem aus dem Kreis dieser Sieben berichtet wird, er habe sich im diakonischen Dienst betätigt. Stattdessen treten zwei von ihnen – Stephanus und Philippus – als überragende Verkünder der Christusbotschaft hervor (vgl. Apg 6,8–7,60; 8,5.26.40).

Hermes Bei den alten Griechen der Bote, der die Aufträge des Götterkönigs → Zeus überbringt.

Herodes (1) Herodes der Große war von 37–4 v. Chr. römischer Vasallenkönig in Palästina. In seine Regierungszeit fällt die Geburt von Jesus (Mt 2,1; Lk 1,5).

(2) Herodes Archelaus, Sohn von Herodes (1), herrschte 4 v.–6 n. Chr. als Ethnarch (= Volksfürst) über Judäa, Samarien und Idumäa (Mt 2,22). Sein Gebiet wurde danach einem römischen → Statthalter unterstellt.

(3) Herodes Antipas, Sohn von Herodes (1), herrschte 4 v. –39 n. Chr als Tetrarch (= Viertelsfürst) über Galiläa und Peräa, wurde jedoch volkstümlich als »König« bezeichnet (Mk 6,14; Joh 4,46). Er ließ den → Täufer Johannes hinrichten (Mk 6,14-29). Wird auch erwähnt in Mt 14,1; Lk 3,19; 8,3; 9,7; 23,6; Apg 13,1.

(4) Philippus, Sohn von Herodes (1), herrschte 4 v.–34 n. Chr. als Tetrarch über Gaulanitis und Trachonitis (Lk 3,1). Er gründete die Stadt Cäsarea Philippi (Mk 8,27).

(5) Agrippa I., Enkel von Herodes (1), wird volkstümlich »Herodes« genannt, da er kurze Zeit (41–44 n. Chr.) das Reich seines Großvaters unter seiner Herrschaft vereinigte. Er ließ den Apostel Jakobus, den Bruder von Johannes, hinrichten (Apg 12,1-23).

(6) Agrippa II., Sohn von Agrippa I., Bruder von Berenike (die 48–69 n. Chr. bei ihm lebte) und von Drusilla, hatte eine kleine Herrschaft nördlich von Palästina (50–94 n. Chr.). Als römischem Vertrauensmann für Angelegenheiten des Jerusalemer → Tempels und Schwager des Statthalters Felix lässt Festus ihm den Gefangenen Paulus vorführen (Apg 25,13–26,32).

Herodias Frau von Herodes Antipas (→ Herodes 3). Aus politischem Ehrgeiz hatte sie sich von dessen Halbbruder Herodes Philippus (nicht identisch mit Herodes 4) getrennt und Antipas zur Verstoßung seiner ersten Frau veranlasst.

Herr »Herr« in der Schriftart HERR ist in dieser Übersetzung (im Anschluss an eine alte Tradition) Wiedergabe des hebräischen Gottesnamens, der mit großer Wahrscheinlichkeit *Jahwe* gelautet hat. Gesichert sind lediglich die Konsonanten JHWH (das auslautende *H* ist stumm). Da die jüdischen Gelehrten, die den hebräischen Text mit Vokalen versahen, den Gottesnamen aus Scheu nicht mehr aussprachen, haben sie statt der ursprünglichen Vokale die Vokale des hebräischen Wortes für »Herr« eingesetzt, das beim Vorlesen an dieser Stelle gesprochen werden sollte (*adonaj*; das anlautende *a* in der Schreibung verkürzt zu *e*). Durch ein Missverständnis ist später daraus das Kunstwort JeHoVaH geworden. Die ursprüngliche Form des Gottesnamens lässt sich erschließen aus der Kurzform *Jah,* die z. B. in Hallelu-Jah (Preist Jahwe) enthalten ist, sowie aus alten griechischen Texten.

Nach den Grundsätzen dieser Übersetzung wird die Schreibweise HERR nicht mechanisch für ein JHWH im hebräischen Text eingesetzt, sondern sinngemäß angewandt. Sie steht also auch dort, wo aus übersetzungstechnischen Gründen ein hebräisches *er* im Deutschen durch den vollen Namen wiedergegeben wird oder wo die Übersetzung bei Prophetenworten zur Verdeutlichung die Einleitungsformel »Der HERR sagt(e)« hinzufügt. Umgekehrt kann der hebräische Gottesname im Deutschen auch durch bloßes *er* wiedergegeben werden. Wenn »Herr« in normaler Schreibweise erscheint, steht es (wörtlich oder sinngemäß) für hebräisches *adonaj* = »Herr«.

Mit dem Gottesnamen verbundene erweiterte Gottesbezeichnungen werden folgendermaßen wiedergegeben: *adonaj JHWH* = »der HERR, der mächtige Gott«; *JHWH zebaot* = »der HERR, der Herrscher der Welt«; *JHWH elohe (= Gott) zebaot* und ähnliche Erweiterungen = »der HERR, der Herrscher der ganzen Welt«. Die fast nur in Gen 1–3 vorkommende Zusammenstellung *JHWH elohim (= Gott)* wird durch »Gott, der HERR« wiedergegeben.

Jahwe ist ein Eigenname, der den Gott Israels von anderen Göttern unterscheidet. Erst im Lauf der Zeit setzt sich die Erkenntnis durch, dass er der einzige Gott ist und alle anderen Götter »tote Götzen« sind (Ps 96,5; vgl. 1 Kor 8,4-6). Die Bedeutung des Namens Jahwe ist umstritten. In Ex 3,13-15 wird eine Deutung aus dem Zeitwort *sein* gegeben, die das Wesen des Gottes Israels als *Dasein für sein Volk* sehr gut zum Ausdruck bringt.

Herr (Jesus Christus) Unter den Würdetiteln, die zum Ausdruck bringen, was Jesus für das Heil der Menschen bedeutet (→ Christus, → Menschensohn), nimmt der Titel »Herr« eine herausragende Stellung ein. Er kann ganz allgemein als Anrede an Höhergestellte gebraucht werden; in der »heidnischen« Umwelt des Neuen Testaments wurden die verschiedensten Götter mit diesem Titel bedacht (vgl. 1 Kor 8,5). Ihnen gegenüber ist Jesus in einzigartiger Weise »der Herr« (1 Kor 8,6). Für die inhaltliche Füllung dieses Titels ist jedoch entscheidend, dass das Wort »Herr« in der griechischen Übersetzung des Alten Testaments an die Stelle des Gottesnamens *Jahwe* getreten ist (→ HERR). Damit ist die Möglichkeit gegeben, Aussagen des Alten Testaments über Gott direkt auf Jesus zu beziehen (z. B. Joël 3,5 in Apg 2,21 und in Röm 10,9-13 oder Jes 45,23-24 in Phil 2,10-11) und so – ohne Jesus mit Gott gleichzusetzen – seine entscheidende Heilsbedeutung zum Ausdruck zu bringen.

Da das Wort »Herr« sich im Neuen Testament sowohl auf Gott als auch auf Christus beziehen kann, lässt sich manchmal schwer entscheiden, welche Möglichkeit gemeint ist. Bei eindeutigem Bezug auf Christus wird das Wort in der Übersetzung beim ersten Vorkommen innerhalb eines Abschnitts mit einem Stern versehen. (Die Schreibung HERR bei Bezug auf Gott, den Vater, kann nur im Alten Testament angewendet werden, da sie den hebräischen Gottesnamen vertritt, für den im Neuen Testament bei Zitierung aus dem Alten eben das griechische Wort für »Herr« steht.)

Herrlichkeit Das zugrunde liegende hebräische Wort bezeichnet im Alten Testament das, was einer Person oder Sache Gewicht und Ansehen verleiht und damit auch Macht und Autorität. Wo von der »Herrlichkeit des → HERRN« die Rede ist, geht es zusätzlich um die sichtbare Erscheinung der göttlichen Majestät (Ex 16,10; Lev 9,6.23; Ez 1,27-28a), die als strahlender Lichtglanz zu denken ist. Nach Ex 33,18-23 und anderen Stellen ist der Anblick dieser Lichterscheinung für sterbliche Menschen tödlich. Aber in prophetischen Visionen wird sie von Jesaja (Kap 6) und Ezechiël (Kap 1–3) geschaut und beschrieben.

Im Neuen Testament bezeichnet der Ausdruck Gottes unvergängliches Leben, an dem nicht nur der auferstandene Christus, sondern durch ihn auch die Gemeinde teilhat. Nach Joh 1,14; 2,11 war diese Herrlichkeit an Jesus schon während seines Erdenlebens wahrnehmbar.

Herrschaft (Gottes) → Königsherrschaft (Gottes).

Herrscher dieser Welt Der → Satan (siehe auch → Welt).

Het, Hetiter Von ihrem Stammland im Inneren Kleinasiens aus gründeten die Hetiter im 2. Jahrtausend v. Chr. ein bedeutendes Reich. Als es um 1200 v. Chr. zerbrach, bildeten sich aus seinen Resten in Nordsyrien neue Königreiche. Deren Bewohner und mit ihnen auch die Bewohner Palästinas wurden in der assyrischen Geschichtsschreibung »Hetiter« genannt. Daher erklärt sich wohl das Vorkommen der Bezeichnung für einen Teil der vorisraelitischen Bevölkerung des Landes → Kanaan. In diesem Sinn erscheint in der Völkertafel in Gen 10,15 *Het*, der Stammvater der Hetiter, als Sohn → Kanaans.

Himmel Das entsprechende hebräische Wort steht grammatisch in der Mehrzahl, bezeichnet aber ursprünglich nicht eine Vielzahl von »Himmeln«. Es steht für das, was über der Erde

und dem Meer ist, auch den Luftraum, für den das Hebräische kein eigenes Wort hat (→ Himmelsgewölbe). Der so verstandene »Himmel« ist – wie die Erde – Schöpfung Gottes (Gen 1,1). Gott ist über ihn wie über die ganze Schöpfung hoch erhaben (1 Kön 8,27). Wenn dennoch vom Himmel als dem Wohnbereich Gottes gesprochen wird (Ps 2,4; 11,4; 14,2; Mt 6,9), so ist dies der menschlich-bildhafte Versuch, Gottes absolute Weltüberlegenheit auszudrücken.

Dass auch der Himmel Gott nicht »fassen« kann, wird in 1 Kön 8,27 dahin zugespitzt, dass selbst »der Himmel des Himmels« (so wörtlich; ebenso in Dtn 10,14) es nicht vermag. Als man später im Judentum die Mehrzahlform beim Wort zu nehmen begann, wurde aus solchen Ansätzen die Vorstellung von verschiedenen »Stockwerken« des Himmels, wobei man sich im obersten – man rechnete mit drei, sieben, zehn Himmeln – den gegenwärtigen Ort des → Paradieses dachte (2 Kor 12,2-4). Die unteren Zonen des »Himmels« stellte man sich in bestimmten Kreisen als von dämonischen Mächten beherrscht vor (→ Mächte).

Himmelsgewölbe, -kuppel Der Himmel wurde im Alten Orient als eine riesige Kuppel oder Schale vorgestellt. Darüber befand sich nach dieser Anschauung der Himmelsozean, von dessen Wasser der Regen gespeist wird, und über diesem die Wohnung Gottes (Gen 1,6-8; Ps 29,3.10; 104,1-3; → Himmel).

Himmelskönigin Gottheit, die wahrscheinlich der babylonischen Ischtar ähnlich war und vor allem von Frauen verehrt wurde, auch im Juda der späteren Königszeit (Jer 44,17). Ihre Symbole waren Mondsichel und Venusstern.

Himmelsozean → Himmelsgewölbe.

Himmelswelten → Himmel.

Hin Flüssigkeitsmaß, etwas mehr als 3,5 l. Die nächsthöhere Einheit, das Bat, fasste die sechsfache Menge (ca. 22 l).

Hinnom-Tal Tal westlich und südlich von Jerusalem, das in das Kidrontal mündet. Bis zur Reform des Königs Joschija (639–609 v. Chr.; 2 Kön 23,10) war dort eine Opferstätte, an der Kinder geopfert wurden (→ Moloch). Nach der Zerstörung und Entweihung durch Joschija wurde das Tal als Ausländerfriedhof und Schuttabladeplatz benutzt. In der Form Gehinnom oder Gehenna (Ge = Tal) ist der Name des Tals zum Inbegriff der → Hölle geworden.

Hochzeit, heilige Die im Alten Orient verbreitete rituelle Verbindung eines hoch gestellten Menschen mit einer Gottheit durch deren menschlichen Repräsentanten (z. B. die Priesterin). Der ursprüngliche religiöse Sinn (Hochzeit von Himmel und Erde zur Weckung und Steigerung der Lebenskräfte eines Volkes und Landes) ist mit der Zeit verblasst und hat die Tür geöffnet zu Missbräuchen, von denen 2 Makk 1,14 ein Beispiel gibt.

Hölle, Höllenstrafe Im Neuen Testament wie im frühen Judentum Strafort für die Verdammten nach dem letzten Gericht. »Hölle« ist Wiedergabe des griechischen Wortes *ge'enna* (Gehenna), hinter dem das hebräische *gehinnom* steht (→ Hinnom-Tal; vgl. Jes 66,24).

Horeb In einem Teil der alttestamentlichen Schriften Name für den Berg der Gottesoffenbarung, der sonst → Sinai genannt wird.

Horn → Widderhorn.

Hörner Das Horn (des Stiers) ist Sinnbild der Kraft und Macht (1 Kön 22,11), auch der politischen Macht (Sach 2,2). Die Hörner an den vier Ecken des → Brandopferaltars sind Sinnbild der göttlichen Macht und Gegenwart, darum Gegenstand von Sühnehandlungen (Ex 29,12; 30,10; Lev 16,18; → Blut) sowie Zufluchtsstätte (→ Altar).

Horoniter Sanballat, der Statthalter der persischen Provinz → Samarien, wird vermutlich nach seinem Heimatort Horoniter genannt. Zu denken ist an den Doppelort Bet-Horon (LA, A1 und B6), der demnach nicht nur von Juden besiedelt war.

Hurerei So wie die Ehe im Alten Testament als Bild der intakten Beziehung zwischen Gott und seinem Volk dient (Hos 2,16-22), wird die Prostitution zum Bild für den Treubruch Israels gegenüber seinem Gott (Hos 2,4-15; Jer 3,6-10; Ez 16; 23). Zur Frage religiös motivierter Prostitution → Aschera; → geweiht (2).

I

Ich-bin-Worte Worte im Johannes-Evangelium, in denen Jesus in besonders hoheitsvoller und anspruchsvoller Weise von sich selbst spricht. Sie bestehen im Allgemeinen aus drei Elementen: 1. einer Selbstvorstellung (»Ich bin«), in der Jesus die Formel verwendet, mit der im Alten Testament Gott von sich spricht und sich seinem Volk gegenüber als den alleinigen Retter und Herrn der Welt bezeichnet (vgl. Jes 41,4.10.13; 48,12; 51,12 usw.); 2. einem Bildwort (z. B. »das Licht für die Welt«); 3. einer Zusage, die an eine Bedingung geknüpft wird (z. B. »Wer mir folgt, tappt nicht mehr im Dunkeln, sondern ...«; Joh 8,12).

Die verwendeten Bilder sind solche, in denen seit je und überall die Sehnsucht der Menschen

nach erfülltem Leben ihren Ausdruck gefunden hat: Brot (für Lebenserhaltung), Licht (für Orientierung), Weinstock (für Freude) usw. Alles, was unter diesen Sinnbildern von der Menschheit ersehnt und erstrebt wird, ist in Jesus – und nur in ihm – zu finden und will sich den Menschen schenken, die dieses Angebot im → Glauben annehmen.

Ijob (Hiob, Job) Er gilt als Beispiel geduldigen Leidens, auf das am Ende eine große Belohnung folgt (Jak 5,11; vgl. Ijob 1–2 und 42).

Instrument, gatitisches Die Vortragsanweisung der Psalmen 81, 84 usw. ist nicht sicher zu deuten. Entweder ist von einem Musikinstrument aus der Philisterstadt Gat (Karte LA, B6) die Rede, oder es handelt sich um eine Melodieangabe: »Zu singen nach der Weise der Keltertreter« (hebr. *gat* = Kelter).

Isai Vater des Königs → David.

Isebel Königstochter aus der phönizischen Stadt Tyrus, Frau des Königs Ahab von Israel (1 Kön 16,31), förderte die Verehrung des Gottes → Baal.

In Offb 2,20 Schimpfname für eine Frau, die sich in der Gemeinde von Thyatira als → Prophetin ausgab und die Christen dort durch eine falsche Ausdeutung der christlichen Freiheit auf Abwege führte.

Israel Beiname des israelitischen Stammvaters → Jakob, den er nach dem nächtlichen Kampf mit Gott bzw. seinem → Engel am Jabbok erhielt (Gen 32,29; vgl. 35,10). Der Name bedeutet »Gott kämpft (für sein Volk)« oder noch wahrscheinlicher »Gott herrscht«. Als Volksname bezeichnet er einerseits das gesamte Zwölf-Stämme-Volk, andererseits seit der Trennung von Juda (1 Kön 12,1-24) das Nordreich Israel, das nach seinem Hauptstamm auch Efraïm genannt wird. In dem Maß, in dem der Name seine politische Bedeutung verliert, wird er zum Ehrennamen des Gottesvolkes (Jes 48,1; Röm 9,4; 2 Kor 11,22; Gal 6,16).

J

Jakob Enkel von → Abraham und neben diesem der eigentliche Stammvater des Volkes → Israel. Er trägt auch selbst den Namen Israel (vgl. Gen 32,29; 35,10); zur Deutung des Namens Jakob siehe Anmerkung zu Gen 25,26.

Jeremia Im 7./6. Jahrhundert v. Chr. → Prophet in Jerusalem.

Jesaja Im 8. Jahrhundert v. Chr. → Prophet in Jerusalem.

Jeschurun Ehrenname für das Volk → Israel (Dtn 32,15; 33,5.26; Jes 44,2), dessen Bedeutung nicht sicher ist, vielleicht »der Redliche« als Gegenbildung zu »Jakob«, der als »Betrüger« verstanden werden kann (siehe Anmerkung zu Gen 25,26).

Jesus Griechische Namensform des hebräischen Namens Jeschua, dessen Langform Jehoschua im Griechischen mit Josua wiedergegeben wird. Beide Namensformen bedeuten »der HERR rettet«. In Mt 1,21 wird die »Rettung« mit Bezug auf Ps 130,8 auf die Errettung aus den Sünden und ihren Folgen gedeutet.

Joch Das Querholz, das den paarweise vor Pflug oder Wagen gespannten Zugtieren über den Nacken gelegt und mit Stricken am Hals befestigt wurde. In der Mitte war es mit der Wagendeichsel oder dem Pflug verbunden. »Unter dem Joch sein« wird von daher zum Bild für Sklaverei, Unterdrückung und Fremdherrschaft; »das Joch auf sich nehmen« bezeichnet aber auch die Übernahme von Verpflichtungen, den Gehorsam gegenüber dem → Gesetz oder einem Lehrer (vgl. Anmerkung zu Mt 11,29).

Jona, Zeichen Jonas Im Jona-Buch des Alten Testaments wird erzählt, dass der flüchtige Prophet drei Tage im Bauch des Fisches verbrachte, bis dieser ihn an Land spie. Jesus vergleicht sich in Mt 16,4; Lk 11,30 in doppelter Hinsicht mit Jona: als wunderbar vom Tod Erretteter und als einer, der das Gericht bringt. Wie Jona aus dem Fischbauch als Verkünder des Gerichts nach Ninive kam, so wird Jesus als der vom Tod Auferstandene wiederkommen zum Gericht über die, die ihm nicht geglaubt haben. Auch in Mt 12,39-40 werden die Grabesruhe von Jesus und seine Auferweckung am dritten Tag den Gegnern nicht als ein »Beweis« in dem von ihnen erwünschten Sinn in Aussicht gestellt, sondern als Auftakt der Ereignisse, die für sie das Gericht bedeuten.

Josua Nachfolger von → Mose, unter dessen Führung das Volk Israel das Land → Kanaan in Besitz nahm.

Juda (1) Sohn Jakobs mit Lea und Stammvater des gleichnamigen Stammes.

(2) Gebiet des Stammes Juda (Karte LA, B-C 6-7).

(3) Königreich Juda (2 Sam 2,1-4; 1 Kön 12,19-20; 14,21 usw.).

(4) Persische Provinz Juda, seit der Übernahme der Herrschaft in → Babylon durch Kyrus 539 v. Chr. (Kartenskizze unten Seite 445).

(5) Zur weiteren Entwicklung → Judäa.

Judäa Griechische Form von → Juda (4). Auch unter griechischer Herrschaft (→ Seleuziden) Name der Provinz bzw. Unterprovinz, wurde

Judäa unter den → Makkabäern zur Bezeichnung für das ganze jetzt unter jüdischem Einfluss stehende Gebiet (ab 104 v. Chr. Königreich), ebenso ab 37 v. Chr für das Königreich von → Herodes d. G.; beide Königreiche erreichten annähernd den Umfang von Davids Großreich. Nach dem Tod von Herodes 4 v. Chr. wurde sein Reich aufgeteilt; über die Schicksale des Kernlandes Judäa (Karte LN, B6-C6) informiert die Zeittafel unten Seite 419/20. Zu den politischen Verhältnissen in römischer Zeit → Statthalter.

Judas (1) Einer aus dem Jüngerkreis von Jesus, der durch seinen Verrat die heimliche Gefangennahme von Jesus ermöglichte (Iskariot).
(2) Ein anderer Jünger von Jesus (Lk 6,16; Joh 14,22; Apg 1,13).
(3) Angesehenes Mitglied der Urgemeinde (Barsabbas; Apg 15,22).
(4) Ein Bruder von Jesus (Mk 6,3; wahrscheinlich auch in Jud 1 gemeint).
(5) Der Galiläer, der zur Zeit der in Lk 2,1 erwähnten Volkszählung eine Widerstandsbewegung gegen die römische Fremdherrschaft anführte (Apg 5,37), aus der dann die Partei der → Zeloten erwuchs.

Juden (bei Johannes) Im Johannes-Evangelium ist immer wieder von »den« Juden die Rede. Die Redeweise ist auffallend, auch wenn sich dem Zusammenhang in der Regel entnehmen lässt, wer des Näheren gemeint ist. Es sind die führenden Kreise, die verantwortlich sind für die Hinrichtung von Jesus, oder das Volk, das ihm nach der Darstellung von Johannes großenteils kritisch, ja feindlich gegenübersteht, in dem es aber auch solche gibt, die sich positiv zu Jesus stellen (Joh 10,19-21; 11,45; 12,11).
Wenn hier ganz pauschal von »den« Juden gesprochen wird und der negative Ton dabei spürbar überwiegt, so spiegelt sich darin die Tatsache, dass die christlichen Gemeinden, aus denen das Johannes-Evangelium stammt und für die es geschrieben ist, inzwischen ihren formellen Ausschluss aus der → Synagoge erfahren mussten (vgl. schon Joh 9,22; 12,42; 16,2-3). Ihre Erfahrungen mit dem Judentum sind inzwischen nur noch negative. »Die Juden« repräsentieren für sie eine Welt – genauer »die« Welt, die sich dem Angebot Gottes in Jesus Christus und der Herausforderung durch ihn entzieht und widersetzt. Die unheilvollen Auswirkungen, die das nicht mehr differenzierende und negativ besetzte Reden von »den« Juden später und bis in unsere Tage gehabt hat, liegen auf der Hand und müssen den Christen eine bleibende Warnung sein.

Jünger Ähnlich wie die → Gesetzeslehrer (vgl. Mt 22,16; Mk 2,18) und der → Täufer Johannes (Mt 11,2; Mk 2,18; Lk 11,1; Joh 1,35) hatte auch Jesus »Schüler« (so wörtlich), die ihm auf seinen Wanderungen folgten und sich seiner Autorität unterstellten. Jünger von Jesus sind im Neuen Testament nicht nur die zwölf → Apostel, sondern darüber hinaus noch ein weiterer Kreis von Männern (Mk 2,15). Auch viele Frauen befanden sich im Gefolge von Jesus; der geprägte und für die Jüngerschaft typische Ausdruck »Nachfolge/nachfolgen« wird auf sie ebenso angewandt wie auf die Männer (Mk 15,41 par). Wo Lukas von der »großen Menge der Jünger« spricht (Lk 6,17; 19,37), sind sie zweifellos mitgemeint (siehe Anmerkung zu Lk 6,17), und in der Apostelgeschichte von Lukas wird »die Jünger« vollends zur Bezeichnung für die Gemeinde als Ganze, Männer und Frauen, weshalb diese Übersetzung die Frauen einschließende Mehrzahlform hier auch mit »Jünger und Jüngerinnen« wiedergibt (vgl. Apg 6,1 und Anmerkung dort; siehe ferner Mt 28,19 und Anmerkung).
Beim jüdischen → Rabbi gehörten die Schüler/Jünger für die Zeit ihrer Ausbildung zum Haushalt ihres Lehrers und bildeten mit ihm eine Lern- und Lebensgemeinschaft. Bei öffentlichen Auftritten ging der Meister voran, seine Schüler »folgten ihm« in angemessenem Abstand. Wenn Jesus durch das Land zog, muss sein Erscheinungsbild in vielem dem eines solchen Rabbis mit dem Kreis seiner Jünger geglichen haben. Doch hatte Jesus keinen festen »Haushalt«, und seine Jünger waren angewiesen, seine Heimatlosigkeit und Ungeborgenheit zu teilen (Mt 8,19-20 par). Sie mussten für ihre Ausbildung auch nichts bezahlen, und wie ihr Meister und zusammen mit ihm lebten sie in äußerster materieller Anspruchslosigkeit, ganz vertrauend auf die Fürsorge Gottes (Mt 6,11.25-34), der für sie in besonderer Weise zum »Vater« wurde, wie er es für Jesus war (→ Abba; Mt 6,9).
Während die Jünger eines Rabbis sich um Aufnahme in dessen Schülerkreis bewerben, ergreift Jesus die Initiative und »beruft« seine Jünger (Mk 1,16-20 par), und zwar ausdrücklich, »wen er will« (Mk 3,13; vgl. Joh 15,16). Der Ruf löst aus allen weltlichen Sicherungen und aus tiefsten menschlichen Bindungen und kann geltende, ja »heilige« menschliche Rechte, Ansprüche, Pflichten souverän außer Kraft setzen (Mk

2,13-14; 10,21 par; Lk 9,59-62). Wer den Ruf annimmt, muss mit seinem Leben abgeschlossen haben (Mk 8,35 par; Lk 14,26); er muss »sich und seine Wünsche aufgegeben« haben und damit rechnen, in dieser Welt verkannt, verachtet und möglicherweise wie ein Verbrecher hingerichtet zu werden (Mk 8,34 par).

Wie die Wunder, die Jesus vollbringt (Mt 12,28 par), ist der Jüngerkreis von Jesus ein Zeichen der anbrechenden → Königsherrschaft Gottes, und in diesem Sinn ist er »Salz für die Erde« und »Licht für die Welt« (Mt 5,13-16). Die Jünger werden darüber hinaus von Jesus auch ausgesandt, um durch Wort und Tat das Kommen der Herrschaft Gottes zu verkünden und zu bezeugen; sie werden an Auftrag und Werk von Jesus beteiligt (Mk 3,13-15; Lk 9,1-6; 10,1-12.16).

Im Sinn des erweiterten Jüngerbegriffs, wie er sich bei Lukas findet, weist der Auferstandene in Mt 28,19 die Apostel an, Menschen aller Völker »zu Jüngern« zu machen. Mit solcher Jüngerschaft ist nicht unbedingt die buchstäbliche Nachahmung der Existenz der ersten Jesusjünger – mit Besitzverzicht, Heimatlosigkeit, eventuell Ehelosigkeit und Zeugentod – verbunden, wohl aber eine Neuorientierung des ganzen Lebens nach den Maßstäben und aus den Kräften der kommenden Welt Gottes, wie sie in der → Taufe begründet ist und sich auslebt in der Befolgung dessen, was Jesus seine Jünger und Jüngerinnen »gelehrt« hat (Mt 28,19-20; dabei ist vornehmlich an die Weisungen der Bergpredigt Mt 5–7 zu denken). Jüngerschaft ist nicht die Sonderexistenz besonders Erwählter und Geforderter, sondern – wie der Sprachgebrauch der Apostelgeschichte deutlich macht – die Lebensform der Christen überhaupt, die »sich und ihre Wünsche aufgeben« (Mk 8,34) und in den Spuren von Jesus gehen.

Jüngerinnen → Jünger.

Junia Der griechische Text in Röm 16,7 ist sprachlich nicht eindeutig: Der Name steht im Akkusativ (Wenfall), der je nach Betonung eine Frau *(Junían)* oder einen Mann *(Juniân)* bezeichnen kann. Betonungszeichen fehlen in den frühen Bibelhandschriften, doch die kirchlichen Schriftsteller der ersten Jahrhunderte haben stets einen Frauennamen angenommen. Entsprechend wurde in den Bibelhandschriften vom 7./8. Jh. ab *Junían* geschrieben. Für eine Frau spricht auch, dass der Frauenname Junia in der außerbiblischen antiken Literatur vielfach belegt ist, ein Männername Junias aber bis heute nicht nachgewiesen werden konnte. Die Ansicht, dass es sich bei der betreffenden Person um einen Mann namens Junias handle, wird zum ersten Mal im 13. Jh. in der lateinisch sprechenden Kirche des Westens vertreten. Sie wird hier sehr schnell Allgemeingut der Ausleger und ist es bis heute geblieben, während die orthodoxen Kirchen des Ostens immer noch an der althergebrachten Auffassung festhalten. Wenn es sich um eine Frau handelt, ist sie möglicherweise die Ehefrau von Andronikus (vgl. das Ehepaar Aquila und Priska/Priszilla in Apg 18,2 und an den dort angegebenen Vergleichsstellen). Beide sind sie »Apostel«, offenbar in demselben Sinn wie Paulus (→ Apostel 1).

K

Kain Erster Sohn von Adam und Eva, der seinen Bruder Abel erschlug (Gen 4,1-16; 1 Joh 3,12; Jud 11).

Kalender Das altisraelitische Jahr begann im Herbst. Im 8. Jh. v. Chr. wurde für Handel und Verkehr der assyrische Kalender übernommen, bei dem das Jahr im Frühjahr beginnt, doch wurde das Neujahrsfest nach wie vor – und wird von den Juden bis heute – im Herbst begangen (Num 29,1). Seit dem babylonischen → Exil wurden die babylonischen Monatsnamen gebraucht; von den älteren Bezeichnungen haben sich nur vier erhalten (sie haben jeweils eigene Sacherklärungen, ebenso die babylonischen Monatsnamen). Der Monatsbeginn fällt nicht mit dem heutigen zusammen, außerdem gab es Schaltmonate, um den Mondkalender (Monat = Mondperiode) mit dem Sonnenjahr in Übereinstimmung zu bringen. Die Bedeutung des Mondes für die Zeitrechnung kommt in der wichtigen Rolle des → Neumondstages zum Ausdruck.

Kalmus Wohlriechendes Rohr oder Gras aus dem Jemen oder aus Vorderindien, das zur Herstellung des heiligen Salböls (Ex 30,23-25) benutzt wurde.

Kanaan(iter) (griechisch Kanaanäer) Die Kanaaniter waren die Bewohner des Landes Kanaan (Palästina), bevor es von den Israeliten in Besitz genommen wurde, und bildeten auch unter deren Herrschaft noch einen bestimmten Anteil der Landesbewohner (Ri 1,27-33). Der Name bezeichnet jedoch gelegentlich auch nur einen Teil der vorisraelitischen Bevölkerung neben anderen Volksgruppen (→ Amoriter). Abstammungsmäßig und kulturell zählen zu den Kanaanitern auch die Bewohner → Phöniziens bis zum Orontes (vgl. Gen 10,15-18). Die Ostgrenze Kanaans bildete der Jordan (Jos 22,9-

10). Gegenüber dem Hirten- und Bauernvolk der Israeliten werden die Kanaaniter gelegentlich als Händlervolk angesprochen (Hos 12,8).

Kassia Wohlriechende Blüten und Blätter des ostasiatischen Baumes, dessen innere Rinde das Zimtgewürz (Ps 45,9) liefert.

Kaufvertrag Ein Kaufvertrag, wie er in Jer 32,10-14 erwähnt wird, war auf ein Stück Pergament geschrieben, das eingerollt und versiegelt wurde. Die Abschrift blieb unversiegelt und konnte jederzeit eingesehen werden, war aber zugleich durch die versiegelte Fassung vor Änderungen geschützt.

Kedar Nomadisierende Händler in der arabischen Wüste, als Kämpfer gefürchtet (Karte AO, D4).

Kelter (-treter) Die Weintrauben wurden im alten Israel durch Stampfen mit den bloßen Füßen ausgepresst. Von daher erklärt sich das Bild vom Keltertreter in Jes 63,1-6.

Kemosch Hauptgott der → Moabiter. Bis zur Zeit des Königs Joschija gab es östlich von Jerusalem einen Altar dieses Gottes (2 Kön 23,13; vgl. 1 Kön 11,7). Der moabitische König Mescha erwähnt um 840 v. Chr. den Gott in einer Inschrift, in der er beschreibt, wie viele israelitische Ortschaften er für ihn mit dem → Bann belegt, d. h. ausgerottet hat.

Keniter Mit den Israeliten verwandter → midianitischer Stamm, der halbnomadisch im Bereich des judäischen Stammesgebietes umherzog (Ri 1,16) und später sogar zu Juda gerechnet wurde (1 Sam 15,6; 27,10; 30,29).

Kephas Beiname des Apostels Simon, griechische Form des → aramäischen *kefa,* was »Stein« bedeutet (→ Petrus).

Kerub(en), Kerubenfiguren Geflügelte Wesen, aus Tier- und Menschengestalt gemischt. Solche Wesen sind als Wächterfiguren in bildlichen Darstellungen aus dem Alten Orient bekannt. In der Bibel finden sie sich als Wächter vor dem Paradies, die die Rückkehr der Menschen in den Garten → Eden verhindern sollen (Gen 3,24). Zwei Keruben standen als Wächter bei der → Bundeslade im → Allerheiligsten des Tempels (1 Kön 6,23-27) bzw. waren auf der Deckplatte der Bundeslade angebracht (Ex 25,18-22). Wenn von dem Gott Israels gesagt wird, dass er »über den Keruben thront« (1 Sam 4,4; Ps 80,2), dann erinnert dies an ihre Funktion als Trägerfiguren von Herrscherthronen in bildlichen Darstellungen. Auch die Vision des Propheten Ezechiël von Gott auf seinem »Thronwagen« entspricht diesem Bild (Ez 1,5-12; die »geflügelten Gestalten« von dort werden in 10,1 Keruben genannt).

Kewan (und Sakkut) Assyrisch-babylonische Sterngötter, Erscheinungsformen des Saturn. Die Überlieferer des hebräischen Textes (Masoreten) gaben den beiden Namen, damit sie beim Vorlesen nicht ausgesprochen wurden, die Vokale des hebräischen Wortes für Scheusal *(schikkuz);* so entstanden die Formen Kiwun bzw. Kijun und Sikkut.

Kislew Der 9. Monat des babylonischen Jahres (→ Kalender), etwa Mitte November bis Mitte Dezember.

Kittäer Die Bewohner der Insel Zypern (nach der Stadt Kition).

Klagelied → Totenklagelied.

Klaudius Römischer Kaiser 41–54 n. Chr.

Kolonie, römische Eine Ansiedlung römischer Bürger (ausgediente Soldaten oder Verbannte) außerhalb Italiens. Die Bewohner einer »Kolonie« besaßen das römische → »Bürgerrecht«.

Königsherrschaft (Gottes) Wörtliche Übersetzung des herkömmlich mit »Reich Gottes« wiedergegebenen Begriffs und zentraler Gegenstand der Verkündigung Jesu. Wenn Jesus den baldigen Anbruch der »(Königs-)Herrschaft Gottes« ansagt, dann antwortet er damit auf Erwartungen, die zu seiner Zeit im Judentum lebendig waren. Israel hatte die staatliche Selbständigkeit verloren und stand seit dem babylonischen → Exil unter der Herrschaft fremder Reiche; nach dem Intermezzo der makkabäischen Erhebung und der kurzen Blüte eines neuen Königtums wurde die Herrschaft der Römer nur umso drückender empfunden. Die Hoffnungen richteten sich auf einen Heilskönig (→ Christus), der das Reich → Davids wiederherstellen und Israel zum politischen Mittelpunkt der Welt machen sollte Noch weiter gehende Hoffnungen richteten sich auf ein Eingreifen Gottes, das diese ganze von Unrecht, Leiden und Tod beherrschte Welt verwandeln und anstelle der Weltreiche ein »Reich Gottes« heraufführen würde (Dan 7–11); diese Erwartungen waren mit der Gestalt des → Menschensohns verbunden. In der gegenwärtigen Welt – so das Empfinden der Frommen – war von einer »Herrschaft Gottes«, vom Erweis seines Herrseins und von dem Heil und → Frieden, die er durch seinen → Bund seinem Volk versprochen hatte, nicht das mindeste zu spüren.

Jesus knüpft mit seiner Botschaft vom bevorstehenden Anbrechen der »Herrschaft Gottes« an diese weiter gehende Erwartung an; von einer politischen Zukunftsvision ist bei ihm nirgends etwas zu finden (→ Christus). Gottes »Reich«

ist der Weltzustand, in dem die Menschen Gott die Ehre erweisen und einander nach seinem Willen lieben (vgl. die drei ersten Bitten des Vaterunsers; Mt 6,9-10), in dem aber auch Leiden und Tod ein Ende haben (vgl. die Seligpreisungen Mt 5,3-9). Im Blick darauf gibt Jesus dem Willen Gottes im → Gesetz die radikale Zuspitzung auf das Liebesgebot (Mt 5,21-48); im Blick darauf nimmt er die »verlorenen Schafe« des Volkes Israel in seine Gemeinschaft auf (Lk 15) und gibt in seinen Heilungen und Dämonenaustreibungen einen Vorgeschmack von Gottes kommender neuer Welt (Mt 11,2-6; 12,28 par).

Mit Jesus und seinem Wirken ist das Gottesreich schon mitten in der gegenwärtigen Welt im Anbrechen (Lk 17,20-21) und zieht die Menschen, die sich Jesus anschließen, in radikaler Weise in diesen Prozess hinein (Mt 13,44-46; Mk 8,34-38; Lk 14,25-33). Der Frage, ob und wie sich Gottes Herrschaft durchsetzen werde, begegnet Jesus mit den sog. »Kontrastgleichnissen« (z.B. Mk 4,2-8.26-29.30-32; Mt 13,33). Sie besagen: Der entscheidende Anfang ist gemacht. Auch wenn er geringfügig und ohnmächtig erscheinen mag in dieser Welt: Gott wird sein Werk vollenden! Dies ist nicht das Ergebnis eines kontinuierlichen, positiv fortschreitenden innerweltlichen Prozesses; vgl. vielmehr Mk 13,7-20 par; Mt 24,37-44.

Die Übersetzung sucht der Bedeutungsfülle des Begriffs der »(Königs-)Herrschaft Gottes« gerecht zu werden, indem sie jeweils verdeutlicht, welcher Gesichtspunkt bzw. welche »Phase« im Blickpunkt steht: der maßgebliche Anfang in der Verkündigung und den Taten von Jesus (= »Gott richtet seine Herrschaft auf«), die endgültige Durchsetzung im Gericht und der Neuschaffung der Welt (= »Gott vollendet sein Werk«) oder das Vollendungsziel (= »Gottes neue Welt«).

Statt von der »Herrschaft Gottes« spricht das Matthäus-Evangelium, um nach jüdischer Sitte das Wort »Gott« möglichst nicht auszusprechen, vorwiegend von der »Herrschaft des Himmels«, was in dieser Übersetzung, da es für uns missverständlich ist, nicht nachgeahmt wird.

Königsmutter Die Mutter des regierenden Königs hatte im Königshaus Davids (also im Südreich → Juda) wegen der erblichen Thronfolge eine bedeutende Stellung. Die Bezeichnung meint also nicht einfach einen Verwandtschaftsgrad, sondern einen Würdetitel (1 Kön 15,13; Jer 13,18; 22,26).

Korach In Jud 11 ein Beispiel für Auflehnung gegen Gottes Ordnungen (vgl. Num 16,1-11).

Korban Das Wort, das im Alten Testament das Gott dargebrachte → Opfer bezeichnet, leitet im frühen Judentum die in Mk 7,11 zitierte Gelöbnisformel für Weihegeschenke ein. Mit dieser Formel konnte man den Jerusalemer → Tempel zum alleinigen Erben seines Besitzes einsetzen. Der auf solche Weise Gott »geweihte« Besitz durfte von seinen Besitzern nicht mehr veräußert werden; auch die Nutznießung blieb auf den Besitzer selbst beschränkt, bis mit dessen Tod alles dem Tempel verfiel. Auf solche Weise konnte sich ein Sohn unter dem Vorwand der Frömmigkeit der Sorgepflicht gegenüber seinen Eltern entziehen.

Krankheit Nach biblischem Verständnis besteht zwischen Leiden durch Krankheit einerseits und Sünde andererseits eine Verbindung, auch wenn diese nicht immer offensichtlich und direkt zu Tage liegt. Im Zusammenhang mit dem Sündenfall ist zum ersten Mal von Schmerz die Rede (Gen 3,16f). Den Israeliten wird versprochen, dass sie von Krankheit verschont bleiben sollen, wenn sie Gott ohne Einschränkung gehorchen (Ex 15,26; Lev 26,14-16). Für den Ungehorsam werden ihnen alle möglichen Krankheiten angedroht (Dtn 28,15.22.27.58-61). In der neuen Schöpfung wird es keinen Schmerz und keine Krankheit mehr geben (Jes 35,10; Offb 21,4; 22,2). Zum Zeichen dafür heilte Jesus viele Kranke und ermächtigte seine Jünger, das Gleiche zu tun (Mt 10,1; Lk 9,2). Gelegentlich wird der innere Zusammenhang von Krankenheilung und Sündenvergebung direkt angesprochen (Ps 38,4-6.22-23; 103,3; Jes 33,24; Mk 2,1-12 par; Jak 5,14-16).

Kreuz, Kreuzigung Aus Persien stammende Hinrichtungsart, die von den Römern an Sklaven, Räubern und Aufrührern vollstreckt wurde. Das griechische *stauros* (mit »Kreuz« übersetzt) bezeichnet zunächst nur den senkrecht in der Erde befestigten »Pfahl«. An diesem wurde zur Hinrichtung ein Querholz aufgehängt, an dem die ausgestreckten Arme zuvor festgebunden bzw. (wie im Fall von Jesus: Joh 20,25) an der Handwurzel angenagelt worden waren; die Füße wurden danach am Pfahl angebunden oder festgenagelt. Das Querholz – und nur dies – hatte der Hinzurichtende selbst zum Richtplatz zu tragen (Mk 15,21 par; 8,34 par). Der Tod trat bei Gekreuzigten durch Durst, Erschöpfung und Kreislaufkollaps ein, oft erst nach Tagen (vgl. Mk 15,44-45). Um ihn schneller herbeizuführen, konnten die Unterschenkel zertrümmert werden (Joh 19,31-32). Wenn die Fußstützung wegfiel und das ganze Gewicht des

Körpers an den Armen hing, trat sehr bald der Erstickungstod ein.

Kriegshorn → Widderhorn.

Krone Als herrscherliche Kopfzier in der Offenbarung (Offb 4,4; 9,7; 12,1 usw.) der goldene Stirnreif, wie ihn antike Könige trugen.

Kusch Das Land südlich von Ägypten; nach der griechischen Übersetzung des Alten Testaments mit »Äthiopien« wiedergegeben. In der Völkertafel in Gen 10,6-7 steht Kusch einerseits in enger Beziehung zu Ägypten (Mizraim), andererseits über das Rote Meer hinweg mit Arabien (Seba usw.). Mit Kusch in Gen 10,8 sind dagegen wahrscheinlich die Kassiter (babylonisch *kasch*) gemeint, ein kaukasisches Reitervolk, das im 2. Jahrtausend v. Chr. nach Mesopotamien einwanderte.

Im 8. und 7. Jh. v. Chr. konnten sich die Kuschiter zeitweilig der Herrschaft über Ägypten bemächtigen und aus dieser Machtposition heraus sogar gegen → Assyrien antreten (2 Kön 19,9; Jes 20; 37,9). Man findet Kuschiter als Söldner in den ägyptischen Armeen, aber auch im Dienst der Könige von Juda (2 Sam 18,21-23; Jer 38,7-13). Für die römische Zeit siehe unter »Äthiopien«.

Kusch galt im Altertum als das fernste Land, als das Ende der Welt. Doch auch bis dahin reicht die Macht des Gottes Israels (Am 9,7; Jes 11,11), und auch die Kuschiter werden sich einst dem Gott Israels zuwenden und ihn anbeten (Jes 18,7; Zef 3,9-10; Ps 68,32; 87,4; vgl. Apg 8,26-39).

L

Ladanum Genannt neben Mastix und Tragakant. Alle drei sind Gewürzstoffe aus dem Harz gewisser Bäume oder Sträucher, auch zum Räuchern gebraucht.

Lade → Bundeslade.

Lampe Im Normalfall zunächst eine kleine flache Tonschale (»Lichtschale«), mit Öl gefüllt, am Rand an einer Stelle ausgebuchtet oder zusammengekniffen, damit der Docht eingelegt werden kann. In späterer Zeit und zur Zeit des Neuen Testaments ist das Tongefäß geschlossen und hat nur zwei Öffnungen: eine größere zum Nachfüllen des Öls (vgl. Mt 25,3-4.8) und eine kleinere für den Docht.

Laubhüttenfest Wichtigstes, abschließendes Erntefest, eines der drei israelitischen Hauptfeste. Es wurde mit einer Wallfahrt nach Jerusalem im Herbst (Anfang Oktober) gefeiert und dauerte etwa eine Woche (Ex 23,16; Num 29,12-38; Dtn 16,13-15). Neben dem Wohnen in »Laubhütten« (Lev 23,42-43; Neh 8,14.17) bestand der Brauch, dass von Priestern täglich Wasser aus dem Teich → Schiloach geschöpft und zum Morgenbrandopfer auf den → Altar gegossen wurde (vgl. Joh 7,37-38). Jede Nacht wurde der Tempel festlich beleuchtet, wobei im Frauenvorhof vier große Leuchter aufgestellt wurden, die die Umfassungsmauern des Tempels überragten und so ihr Licht über ganz Jerusalem breiteten (vgl. Joh 8,12 im Zusammenhang mit 7,37).

legen (sich zu Tisch legen) Bei festlichen Anlässen folgten die Juden zur Zeit von Jesus der griechisch-römischen Sitte und tafelten im Liegen. Man lag auf Polstern schräg zu dem niedrigen Tisch in der Mitte, die Füße nach hinten gestreckt (vgl. Lk 7,36-38), stützte sich auf den linken Ellenbogen und langte mit der rechten Hand zu. Der rechte Tischnachbar befand sich mit seinem Kopf jeweils etwa auf der Höhe der Brust oder des Schoßes seines linken Tischnachbarn. Der Platz rechts vom Gastgeber oder Tischherrn galt als Ehrenplatz (vgl. Joh 13,23.25; Lk 16,23). Die Übersetzung spricht nur dort von »liegen«, wo es wie in Lk 7,36 zum Verständnis der Situation nötig ist (also auch nicht beim letzten Mahl von Jesus; Joh 13,23.25).

Legion Größte Abteilung des römischen Heeres, 4000–6000 Mann. Ausdruck für eine hohe Zahl.

Lehrer (1) Der Titel, der Esra beigelegt wird, lautet wörtlich »Schreiber«, ergänzt durch den Zusatz »kundig im Gesetz Moses« (Esra 7,6; vgl. 7,11-12). Der Zusatz stellt klar, dass Esra dieses → Gesetz nicht geschrieben, sondern studiert hat, um auf seiner Grundlage das Leben der Juden in der persischen Provinz Juda zu ordnen (Esra 7,25-26; 9–10; Neh 8). Esra wurde auf diese Weise zum Urbild der späteren → Gesetzeslehrer.

(2) Schüler (→ Jünger) um sich zu versammeln ist Sache des »Lehrers«. Jesus gleicht darin den → Gesetzeslehrern seiner Zeit, und wie sie wird er oft mit → »Rabbi« angeredet (z. B. Mk 9,5; 11,21; Joh 1,38.49; 3,2) bzw. mit dem entsprechenden »Lehrer« (z. B. Mt 8,19; Mk 4,38). Für die Jünger – und für seine Gemeinde – ist er »der« Lehrer (Mt 23,8; vgl. 28,19; Mk 14,14).

(3) In den frühchristlichen Gemeinden gab es neben → Aposteln und → Propheten auch Lehrer (1 Kor 12,28-29; Eph 4,11; vgl. Apg 13,1). Von Gottes → Geist berufen, war es wohl ihre Aufgabe, die den Glauben an Christus begründende Überlieferung (z. B. 1 Kor 15,3-5; Röm 1,3-4; 1 Kor 11,23-25) wie auch die Weisungen, die das sittliche Leben der Christen betreffen (→ Berg-

predigt), zu bewahren und in der Gemeinde lebendig zu erhalten. Grundlegend geschah diese Art von Unterweisung bei der Vorbereitung der Täuflinge auf die → Taufe (vgl. Röm 6,17). Die Lehrer hatten auch die Aufgabe, die Schriften des Alten Testaments im Licht des Christusglaubens auszulegen (vgl. 2 Tim 3,14-17).

Lehrer, ehrwürdiger → Rabbi.

Lehrmeister Im Unterschied zu dem aramäischen Wort → »Rabbi«, das einen Lehrer jüdischer Prägung bezeichnet, meint das in Mt 23,7-8 verwendete griechische Wort *kathegetes* einen Lehrer, der von griechischer Geistigkeit geprägt ist. Dieser Typ von Lehrern galt damals wahrscheinlich in manchen Kreisen als besonders »modern«.

Leib (von Christus) Paulus nennt die Gemeinde den »Leib von Christus«. In 1 Kor 12,12-31 ist »Leib« ein Bild für die Einheit eines aus verschiedenen Teilen bestehenden Ganzen (Organismus). Es handelt sich jedoch um mehr als ein Bild. Die Kirche ist nicht nur *wie* der Leib, sie ist *der* Leib von Christus (1 Kor 12,27). Im Epheser- und Kolosser-Brief wird dagegen zwischen Christus als Haupt und der Gemeinde als Leib unterschieden (Eph 1,10; 4,15-16; Kol 1,18; 2,19).

Wahrscheinlich ist diese für uns heute schwierige Vorstellung so zu verstehen: Beim Abendmahl (Eucharistie) hat die Gemeinde Anteil am Leib von Christus, der für sie in den Tod gegeben wurde (1 Kor 10,16). Durch diese Anteilhabe wird die Gemeinde aber selbst »Leib von Christus« (1 Kor 10,17), d.h. der Bereich, in dem Christus herrscht. Bei der → Taufe wird der Christ in den Leib von Christus »eingegliedert« (1 Kor 12,13). Er wird in die ihm voraus bestehende, in Christus gegründete Gemeinde aufgenommen. In der Gemeinde, dem Leib von Christus, sind schon heute die natürlichen und sozialen Unterschiede unter den Menschen, die in der Welt noch gelten, aufgehoben (1 Kor 12,13; Gal 3,28).

Leibgarde Eine Söldnertruppe von König David, die aus Nichtisraeliten bestand. Der Name »Kereter und Peleter« (davon unser »Krethi und Plethi«!) lässt an Leute aus Kreta und dem → Philisterland denken.

Lendenschurz Ein leinenes Kleidungsstück, das von den Männern direkt auf dem Leib getragen und praktisch nie abgelegt wurde. Wer nur mit dem Lendenschurz bekleidet ist, wird als »nackt« bezeichnet.

Levi Sohn von → Jakob und israelitischer Stamm. Die Nachkommen von Levi stellten die → Priester und die → Leviten.

Leviatan Bildliche Verkörperung der Mächte, die sich Gottes Schöpfermacht entgegenstellen und von ihm besiegt werden. Der Leviatan wird vorgestellt als Seeungeheuer (→ Drache) mit mehreren Köpfen, das sich zusammen mit der Urflut gegen Gott auflehnt (Ps 74,13-14; → Meer). Die Schilderung in Ijob 40,25–41,26 zeichnet deutlich das Krokodil, doch mit den Farben eines Urdrachen.

Leviten Sie gelten ebenso wie die → Priester als Nachkommen des Stammvaters Levi (Gen 29,34; Ex 6,16-25). Im System der zwölf Stämme erhalten sie keinen Landanteil, sondern werden für den Dienst am Heiligtum ausgesondert (Num 18,20-24). Ursprünglich hatten sie offenbar auch den Priesterdienst an den → Opferstätten im Land ausgeübt (vgl. Ri 17,7-13; Ez 44,9-14). Mit der Zentralisierung des Opferdienstes nach dem unter König Joschija aufgefundenen → Gesetzbuch (1 Kön 22; vgl. 2 Kön 23,8b-9 mit Dtn 12,4-7) wurden die Leviten zu Helfern der Jerusalemer Priesterschaft ohne priesterliche Rechte. Nach 1 Chr 25–26 sind ihnen spezielle Dienste im → Tempel anvertraut: als Sänger, Torhüter, Schatzmeister; dazu tritt die Aufgabe der religiösen Unterweisung (Neh 8,7-8).

Lichtschale → Lampe.

Liebesmahl (Agape) Bezeichnung für die Mahlfeiern der urchristlichen Gemeinden, die anfangs fest mit mit dem Abendmahl/eucharistischen Mahl verbunden waren (→ Mahl des Herrn). Durch das gemeinsame Essen kam die Verbundenheit der Gemeindemitglieder, die sich wie eine große Familie fühlten, zum Ausdruck. Doch zeigten sich auch schon früh böse Missstände (1 Kor 11,17-34; Jud 12), die später zur Trennung von Sättigungsmahl und sakramentalem Mahl führten.

liegen (zu Tisch) → legen.

Lohnarbeiter (Tagelöhner) Wer weder Grundbesitz noch andere Einkünfte besaß, musste seine Arbeitskraft verdingen. Neben den unfreien »leibeigenen« → Sklaven steht der freie Arbeiter, der – als Nichtgrundbesitzer – nur eingeschränkte bürgerliche Rechte besaß. Er wurde für kürzere oder längere Zeit angeheuert und nach einem Tagessatz (nach Mt 20,2 = ein → Silberstück) entlohnt.

Los; Lose, heilige In der Brusttasche des → Obersten Priesters befanden sich die »Urim und Tummim«, die wahrscheinlich als Lose zur Klärung wichtiger und schwieriger Fragen

verwendet wurden. Auch sonst wurden Entscheidungen durch das Los herbeigeführt; es wurde als Mittel gebraucht, um den Willen Gottes zu erkennen oder Verborgenes zu enthüllen. Die Wendung vom »Werfen« oder »Fallen« des Loses deutet an, wie der Vorgang des Auslosens zu denken ist: Das Ja- und das Nein-Los (1 Sam 14,41-42) oder auch die Losstäbchen für mehrere Gruppen (Jos 7,14-18; 1 Sam 10,20-21; Jona 1,7) oder Personen (Apg 1,26) werden in einem Behälter geschüttelt, bis eines herausfällt; das Los wird also nicht »gezogen«.

Löser Der »Löser« ist der nächststehende männliche Verwandte, der einem in Not geratenen Sippenangehörigen beizustehen hat. Dies kann geschehen durch »Auslösung« verpfändeten oder verkauften Grundbesitzes (Lev 25,25) oder durch Freikauf aus Schuldsklaverei (Lev 25,48-49). In Rut 3,12; 4,1-6 kommt zur Auslösung von Grundbesitz die Pflicht zur Heirat der Witwe eines kinderlos verstorbenen Verwandten hinzu (vgl. Dtn 25,5-10).
In übertragenem Sinn hofft Ijob darauf, dass Gott für ihn als »Löser« eintritt (Ijob 19,25), und den Verbannten im babylonischen → Exil sagt Gott zu, dass er als ihr »Löser«, ihr Befreier und Erlöser, handeln wird, indem er sie aus der Gewalt der Babylonier befreit (Jes 41,14; 43,3.14; 49,7.26; 54,5.8; »erlösen« bedeutet hier grundlegend »freikaufen«, vgl. jedoch Jes 45,13).

Lot Neffe von → Abraham. Er wurde mit seiner Familie aus dem zum Untergang bestimmten → Sodom gerettet (Gen 19,12-22). Seine Frau blickte gegen das Verbot zurück und erstarrte zur Salzsäule (19,26).

Lud In der Völkertafel in Gen 10,22 den Nachkommen von Sem zugerechnet und wohl identisch mit den kleinasiatischen Lydern; sonst Hilfsvolk der Ägypter und deshalb eher in Nordafrika zu suchen (Jes 66,19; Jer 46,9; Ez 30,5).

M

Mächte Nach jüdischer Auffassung sind den verschiedenen Bereichen der Schöpfung → Engel als göttliche Beauftrage und Sachwalter zugeordnet. Solche Engel können sich gegen Gott stellen, ihren Auftrag verraten und nur noch darauf aus sein, in dem ihnen anvertrauten Bereich eine Gegen-Herrschaft gegen Gott aufzurichten. Ihr Bestreben ist es dann, die Menschen von Gott fern zu halten und unter der eigenen angemaßten Herrschaft, im eigenen usurpierten Machtbereich festzuhalten. Nach verbreiteter Anschauung haben diese gottfeindlichen Engelmächte in den unteren Himmelsschichten (→ Himmel) und dem Luftraum zwischen Himmel und Erde ihren Ort; von dorther üben sie ihre Herrschaft aus (Eph 6,12). Doch ist ihre Herrschaft im tiefsten schon überwunden, seit der auferstandene Christus bei seiner → Erhöhung alle diese Räume sieghaft durchschritten und hoch über ihnen den Platz an der rechten Seite Gottes eingenommen hat (Eph 1,20-22; 4,8-10; Phil 2,9-11; Kol 2,15; 1 Petr 3,22).
Für Paulus ist das → Gesetz in der Hand solcher Engelmächte zu einem Instrument geworden, um Menschen zu versklaven und sie von Gott und der Rettung, die er ihnen in Jesus Christus zugedacht hat, fern zu halten (Gal 4,1-5.8-11).

Mächtiger → Gewaltiger.

Magier In Apg 13,6-11 steht im Griechischen dasselbe Wort wie für die → Sterndeuter in Mt 2,1. Hier handelt es sich um eine jener schillernden Gestalten, die damals die religiös haltlos gewordenen Massen mit ihrem »übernatürlichen« Wissen und Können beeindruckten und ihr Brot oft als »Hofastrologen« verdienten (vgl. auch Apg 8,9-24).

Mahl des Herrn Die Mahlfeier der christlichen Gemeinde geht zurück auf das letzte Mahl von Jesus mit seinen Jüngern (Mk 14,22-24 par), ist aber auch zu sehen auf dem Hintergrund der Tischgemeinschaft, die Jesus mit den »Zolleinnehmern und Sündern« (so wörtlich in Mk 2,16; Lk 15,2) gepflegt hat. In Fortführung dieser Mahlgemeinschaft wurde das Abendmahl/eucharistische Mahl in den ersten Christengemeinden noch zusammenhängend mit einer gemeinsamen Mahlzeit aller Gläubigen gefeiert (→ Liebesmahl). Missstände, die dabei auftraten (1 Kor 11,17-34), führten später zu einer Trennung.

Mahlopfer Das Mahlopfer wird als Dankopfer oder → Gelübdeopfer gefeiert. Mit ihm stattet das Volk oder ein Einzelner mit seinen Angehörigen und Freunden Gott seinen Dank für Rettung aus schwerer Not ab. Nachdem die Fettstücke, die als wertvollster Teil des Opfertieres gelten, auf dem → Brandopferaltar für Gott verbrannt worden sind (Lev 3) und der Opferpriester den ihm zustehenden Anteil erhalten hat (Lev 7,28-34), wird der Rest des Opfertieres von der feiernden Gemeinde im Tempelbereich verzehrt (Lev 7,15-21). Wie die Tischgemeinschaft Menschen in besonderer Weise verbindet, so stiftet das Opfermahl an der Stätte der Gegenwart Gottes Gemeinschaft zwischen Gott und den Menschen, die hier sozusagen Gäste an Gottes Tisch sind.

Makkabäer Der Beiname des jüdischen Befreiungskämpfers Judas in 1 Makk 2,4; 3,1 bedeutet »der Hammer« (aramäisch *makkaba*). Er ging später auf die ganze Nachkommenschaft seines Vaters Mattatias (1 Makk 2) über, die als Familie und dann Dynastie der »Makkabäer« bezeichnet wird.

Mam(m)on Das aramäische Wort *mamon* ist Bezeichnung für den Besitz (in Geld und in Sachwerten). Besitz kann den Menschen so an sich binden, dass er all sein Sinnen und Trachten auf ihn richtet, sein Herz an ihn hängt und sein ganzes Vertrauen darauf setzt. So wird der »Mammon« zu einem Herrn, neben dem für Gott im Herzen und im Handeln eines Menschen kein Platz mehr ist. Die versklavende Macht dieses »Herrn« wird illustriert durch die in Mk 10,17-27 par überlieferte Begebenheit.

Manna Wunderbare Speise der Israeliten auf ihrem Wüstenzug (»Brot vom Himmel«; Ps 78,24-25; Joh 6,31). Nach der Beschreibung in Ex 16,31 handelt es sich möglicherweise um die Absonderungen einer Schildlaus, die sich vom Saft der Manna-Tamariske ernährt. Die Beduinen benutzen sie heute noch als Honigersatz.

Männer, führende → Juden.

Mantel → Übergewand.

Maranata (1 Kor 16,22) Wohl als Gebetsruf aus der → aramäisch sprechenden Urgemeinde übernommen. Es bedeutet »Unser Herr, komm!« oder »Unser Herr kommt!« (vgl. Offb 22,20). Der Gebetsruf wie die vorangehende Fluchformel haben nach späteren Zeugnissen ihren Platz in der Liturgie des Herrnmahls (Abendmahl/Eucharistie), das wohl im Anschluss an Briefverlesung und → Friedenskuss (1 Kor 16,20) gefeiert wurde. Der Ruf lässt erkennen, wie sehr das → Mahl des Herrn ausgerichtet ist auf das endgültige Erscheinen des Herrn (vgl. Mk 14,25 par; 1 Kor 11,26-32).

Maulbeerbaum Baum, der dafür bekannt ist, dass er sich nur schwer entwurzeln lässt (Lk 17,6).

Maulbeerfeigenbaum Baum, der hauptsächlich als Bauholz verwendet wurde. Seine Früchte sind, wenn sie unbehandelt bleiben, klein und ungenießbar. Werden sie kurz vor der Ernte mit dem Messer eingeritzt, setzen sie Äthylengas frei, das das Wachstum stimuliert: Innerhalb von drei Tagen vergrößert sich die Frucht um das Zehnfache.

Meder, Medien Iranischer Stamm, der das medisch-persische Hochland bewohnte. Er war zuerst den → Assyrern tributpflichtig, unterstützte 612 v. Chr. die → Babylonier bei der Eroberung von → Ninive und wurde unter Kyrus ein Teil des großen Persischen Reiches.

Meer Das Meer ist nach alter gemeinsemitischer Vorstellung Sinnbild der gottfeindlichen, die Schöpfung und ihre Ordnung bedrohenden Macht. Der Schöpfungsvorgang selbst kann darum als Kampf gegen das »Urmeer« beschrieben werden, das im Meerdrachen (→ dem Leviatan) persönliche Gestalt annimmt (Ijob 26,12-13; 38,8-11). Wenn Jesus den Sturm auf dem (wörtlich) »Meer« stillt, bekundet sich in seinem herrscherlichen Wort die Macht, der alle Urgewalten gehorchen (Mk 4,39; vgl. Jes 44,27; Ps 89,10-11; 93,3-4).

Meer, Rotes In den Spätschriften des Alten Testaments und im Neuen Testament Bezeichnung für das → Schilfmeer.

Meile In Mt 5,41 steht das lateinische Lehnwort *milion* (von *mille* = »tausend«, nämlich Schritte), eine Strecke von knapp 1,5 km (= 8 → Stadien). Die Aussage von Mt 5,41 bezieht sich auf Dienstleistungen wie wegkundige Begleitung oder Lastentragen, zu denen römische Soldaten die Bevölkerung jederzeit zwingen konnten (vgl. Mk 15,21 par).

Melchisedek Der alttestamentliche Priesterkönig (Gen 14,17-20), dem sich Abraham – und mit ihm die Priesterschaft aus seinen Nachkommen (Hebr 7,6-10) – unterordnete, dient dem Verfasser des Hebräerbriefs dazu, die unvergleichliche Priesterwürde von Jesus Christus zu veranschaulichen (Hebr 7). Schlüsselstelle ist dabei das in Hebr 7,17.21 angeführte Wort aus Ps 110,4.

Meni (und Gad) Es handelt sich wahrscheinlich um Gestirngötter, also schicksalbestimmende Mächte; Gad ist als syrische, Meni als arabische Gottheit bezeugt.

Menschensohn Bei dem »Menschensohn«, dessen Kommen von frommen jüdischen Kreisen zur Zeit des Neuen Testaments erwartet wurde, handelt es sich nach dem Daniel-Buch – anders als das Wort vermuten lässt – um eine übermenschlich-himmlische Gestalt, der nach dem letzten Gericht von Gott die Weltherrschaft übertragen werden soll (Dan 7,13-14). Nach einer außerbiblischen Schrift – und ebenso dem Zeugnis des Neuen Testaments – wird der Menschensohn selbst in Gottes Auftrag das letzte Gericht abhalten.

Jesus hat schon in seinem Erdenleben die Vollmacht des Menschensohnes in Anspruch genommen, als er entschied, was vor Gott zu tun erlaubt ist und was nicht (Mk 2,28), und als er Menschen die Vergebung ihrer Schuld zusprach

(Mk 2,10). Die himmlische Machtstellung des Menschensohnes wurde Jesus zuteil, als Gott ihn vom Tod auferweckte (vgl. Mt 28,18-20 mit Dan 7,14). Der kommende Menschensohn, von dem Jesus zunächst wie von einem Dritten sprechen konnte (Lk 12,8-9; Mk 8,38), wird also niemand anderes sein als der auferstandene Herr selbst (Mk 13,26; 14,62).
Im äußersten Kontrast zu seiner künftigen Machtstellung hat Jesus als dieser »Menschensohn« auf der Erde ein Leben in Niedrigkeit und Verachtung geführt (Mt 8,20; 11,19). Mit Gottes Vorauswissen und nach Gottes Willen ist es geschehen, dass der »Menschensohn« zunächst »den Menschen ausgeliefert«, dass der von Gott bestellte Weltrichter vor ein menschliches Gericht gestellt und zum Tod verurteilt wurde (Mk 8,31; 9,31; 10,33-34). Nach Mk 10,45 ist Jesus ein Menschensohn, der sein Leben als Lösegeld für die Menschen hingab – der Richter gibt sein Leben für diejenigen, die einst vor seinem Gericht stehen werden!

Meschech, Meschech-Tubal Meschech und Tubal waren zwei kleinasiatische Völker, die ihren Wohnsitz zunächst in Zilizien und Phrygien hatten und dann von den Kimmeriern (biblisch = Gomer; Ez 38,5-6) zum Schwarzen Meer hin abgedrängt wurden.

Messias Griechische Form des hebräischen *maschiach* = »der Gesalbte« (→ salben). Ursprünglich Bezeichnung des israelitischen Königs (1 Sam 12,3; 16,6; 24,7 usw.), verbindet sich mit dem Begriff nach dem Ende des Königtums die Erwartung eines neuen, Israel von der Fremdherrschaft befreienden endzeitlichen Königs, des »Messias« (→ Christus).

Michael Einer der → Engelfürsten oder »Erzengel«; Schutzengel des Gottesvolkes (Dan 10,20-21). Als Anführer der Engelheere kämpft er gegen den → Satan (Offb 12,7).

Midian(iter) Das Stammesgebiet der Midianiter lag im Nordwesten der arabischen Halbinsel. Sie waren Kamelnomaden und durch ihre Beweglichkeit, die sie zu weitausgreifenden Raubzügen befähigte (Ri 6,1-5), ihren Gegnern überlegen.

Millo Wahrscheinlich eine Aufschüttung zur Befestigung Jerusalems, vielleicht im Nordosten der alten → Davidsstadt, beim Übergang zum Tempelbezirk (siehe Kartenskizze Jerusalem I).

Mitmensch Als »Nächster« – so die verbreitete deutsche Übersetzung – wird im Alten Testament jeder Angehörige des eigenen Volkes bezeichnet (Lev 19,13.16-18). Aber auch die → Fremden, die in den Dörfern oder Städten mit den Israeliten zusammenleben, werden einbezogen, wenn geboten wird, sie – genau wie den »Nächsten« – zu lieben »wie dich selbst« (Lev 19,33-34). Im Verlauf schwerer Kämpfe um die Bewahrung des Glaubens Israels und um die rechte Auslegung des → Gesetzes hatte sich der Begriff des »Nächsten« in den beiden Jahrhunderten v. Chr. jedoch so verengt, dass er zur Zeit von Jesus in der Praxis so viel bedeutet wie »Glaubensgenosse« oder politisch-religiöser »Gesinnungsgenosse« (Parteifreund). Das hatte für die vom Gesetz ursprünglich gemeinte und geforderte Mitmenschlichkeit Folgen, die Jesus in Mt 5,43-48 und Lk 10,30-37 kritisiert.

Moab(iter) Mit Israel verwandtes Volk (Gen 19,36-37). Von guten Beziehungen zeugen Rut 1,1; 1 Sam 22,3-4; von Spannungen Num 22–24; Ri 3,12-30. Ursprüngliches Siedlungsgebiet war das fruchtbare Hochland südlich des Arnons (Karte LA, D7-D8). David unterwarf die Moabiter (2 Sam 8,2); in der Mitte des 9. Jh. v. Chr. gewann König Mescha die Selbständigkeit zurück und dehnte seine Herrschaft auf das Gebiet nördlich des Arnons aus, wobei nach einer Inschrift Meschas der Stamm Gad aufgerieben wurde. Seit Mitte des 8. Jh. assyrischer und dann babylonischer Vasallenstaat; Ende des 5. Jh. ins Reich der → Nabatäer eingegliedert.

Moloch Ein Gott Moloch, dem Kinder geopfert wurden, ist außerhalb der Bibel nicht bezeugt; jedoch ist aus Phönizien ein Begriff für eine Opferart *(mlk)* bekannt, der damit in Zusammenhang stehen könnte. In Apg 7,43 wird Am 5,25-27 nach der griechischen Übersetzung zitiert, in der »Moloch« für die assyrische Sterngottheit Sakkut eingesetzt ist. Die Namensform »Moloch« stammt aus der alten griechischen Übersetzung; die jüdischen Überlieferer haben zu den Konsonanten *mlk* die Vokale des Wortes Schande *(boschet)* hinzugefügt, so dass die Form »Molech« entstanden ist (vgl. Anmerkung zu 1 Chr 8,33). Dass Gott eigentlich jeder erstgeborene Sohn »gehört«, ist auch in Israel anerkannt, doch wird dafür ein Ersatztier geopfert (Ex 13,1.11-13; vgl. Gen 22,13).

Morgenopfer → Abendopfer.

Morgenstern Sterne in der Hand eines Gottes oder eines menschlichen Herrschers sind auf antiken bildlichen Darstellungen Sinnbild für Macht und Herrschaft. Das gilt auch für die »sieben Sterne« (wahrscheinlich das Sternbild des Kleinen Bären) von Offb 1,16; 2,1; 3,1 und ebenso für den »Morgenstern« (= Planet Venus) von Offb 2,28.

In Offb 22,16, wo Jesus selbst als »der leuchtende Morgenstern« bezeichnet wird, ist wahrscheinlich auf die Prophetie von Num 24,17 Bezug genommen. In 2 Petr 1,19 bezieht sich das Bild auf die Wiederkunft von Christus.

Mose (hebräisch Mosche, griechisch-lateinisch Moses) Von Gott aus dem »brennenden Dornbusch« heraus berufen (Ex 3), führt er das Volk Israel aus Ägypten (Ex 5–14) und empfängt am Berg → Sinai von Gott die Zehn Gebote und weitere Gesetze für sein Volk. Sein Name ist für immer mit dem Gesetz (hebräisch Tora) verbunden, dem das Judentum seine religiöse Identität verdankt (→ Bund, → Gesetz).

Mühlstein Das Korn für den täglichen Bedarf wurde auf einem muldenförmig vertieften Stein (Unterstein) mit einem dazu passenden Reibstein (Oberstein) zerquetscht und zerrieben. Die Handmühle gehörte zu jedem Haushalt und durfte als lebenswichtig nicht gepfändet werden (Dtn 24,6). Der Oberstein (»Mühlstein«) eignete sich als Wurfgeschoss (Ri 9,53; 2 Sam 11,21). Die von Eseln getriebene Mühle (seit römischer Zeit) hat einen entsprechend größeren Oberstein (Mk 9,42 par wörtlich »Eselsmühlstein«; Offb 18,21 »großer Mühlstein«).

Myrrhe Duftendes Harz eines immergrünen Baumes, das sehr begehrt war und zur Herstellung von Parfüm, Salböl, Gewürz sowie als Wohlgeruch bei der Bestattung verwendet wurde (Joh 19,39), außerdem als betäubender Zusatz zum Wein (Mk 15,23).

N

Nabatäer Aus der arabischen Wüste kommend, wurden die Nabatäer im 5./4. Jh. v. Chr. im früheren → edomitischen Gebiet um Petra sesshaft. Sie gründeten ein Reich, das das ganze Ostjordanland umfasste und zeitweise bis nach Damaskus reichte (2 Kor 11,32).

Nabel der Erde Als Mittelpunkt der Erde (oder des Landes?) gilt der seit alters heilige Berg Garizim (Karte LA/LN C5). Auch andere berühmte Heiligtümer tragen diesen Namen. In Ez 38,12 wird die Bezeichnung auf Jerusalem oder auf das ganze Land Israel übertragen.

Nachricht, Gute → Gute Nachricht.

Nahrungsvorschriften Da es Juden verboten ist, das Fleisch bestimmter Tiere (vgl. Lev 11 par) oder → Blut von irgendeinem Tier zu genießen, darüber hinaus bei der Zubereitung und beim Verzehr aller Speisen auf Reinheit (→ rein) der Töpfe und Schalen (vgl. Mk 7,4; Mt 23,25) geachtet werden muss, ist es ihnen kaum möglich, am Tisch eines Nichtjuden – der diese Vorschriften nicht kennt und nicht befolgt – mitzuessen (vgl. Dan 1,8; Tob 1,10-11; Jdt 10,5; 12,1-4.17-19; Apg 10,9-15; 11,3). Auf jeden Fall ist es in solcher Lage erforderlich, auf das Essen von Fleisch zu verzichten.

Wenn in der Bibel stellenweise Fleischkost abgelehnt wird, geschieht es demnach nicht aus einem grundsätzlichen Vegetarismus. Das gilt auch für das Verhalten der Christen in den frühen Gemeinden, die damit rechnen mussten, dass das Fleisch, das ihnen bei Einladungen angeboten und auf dem Markt verkauft wurde, von einem Götzenopfer stammte (→ Opferfleisch).

Name (von Gott, von Jesus) Für biblisches Denken ist der Name nicht eine austauschbare Äußerlichkeit (Faust: »Schall und Rauch«), sondern aufs engste mit der Person des Namensträgers, dessen Wesen und Wirken verbunden. Es hat deshalb eine entscheidende Bedeutung, dass Gott im Alten Testament, wie alle Götter des Altertums, einen Eigennamen trägt (Jahwe; → Herr). Durch das betende Anrufen und feierliche Aussprechen des Gottesnamens wird Gott selbst gegenwärtig, z. B. im Segenszuspruch der Priester (Num 6,22-27) oder wenn der Name als Akt der Besitzergreifung über etwas ausgerufen wird (Jes 43,7; Jer 14,9; Am 9,12). In älterer Zeit wurde der Name Gottes zur Beteuerung der Wahrheit einer Aussage im Schwur angerufen, später aus Scheu vor Missbrauch (Ex 20,7) überhaupt nicht mehr ausgesprochen, nur noch vom → Obersten Priester bei der Erteilung des in Num 6,22-26 überlieferten Segens (Sir 50,20). Wenn der → Tempel in Jerusalem als Wohnsitz für Gottes »Namen« bezeichnet wird (Dtn 12,5), so bedeutet dies, dass Gott dort für sein Volk zu finden ist und ihm seine ganze Heils- und Segensfülle zuwenden will (1 Kön 8,27-53).

Das Entsprechende gilt im Neuen Testament vom Namen Jesus: Der Name steht für die Person. Was »in seinem Namen« getan wird, geschieht also nicht etwa nur im Auftrag oder in der Vollmacht von Jesus, sondern wirklich durch ihn, den auferstandenen, erhöhten Herrn, der in und durch seinen Namen seiner Gemeinde zugewandt und gegenwärtig ist, um in ihrer Verkündigung und durch ihr Handeln zur Wirkung zu kommen. »Im Namen von Jesus« ist daher oft gleichbedeutend mit »durch Jesus«; für »Name von Jesus« könnte oft einfach »Jesus« gesagt werden. Zur Taufe »auf den/im Namen von Jesus« → Taufe.

Narde, Nardenöl Ein schnell verdunstendes Fett, das mit dem Wurzelextrakt einer im Himalaja wachsenden Pflanze parfümiert wurde. Durch ihre Einfuhr aus einem so fernen Land war die Narde sehr teuer (Mk 14,3-5; Joh 12,2-5).

Nasiräer (von hebräisch *nasir* = Geweihter) Gottgeweihte heißen im Alten Testament Menschen, die sich als für Gott ausgesondert verstehen und dies durch eine bestimmte Lebensweise kundtun. Es kam vor, dass solche Gottgeweihten ihr ganzes Leben in dieser Ausnahmesituation verbrachten, wie z. B. Simson (Ri 13,5). Häufiger scheint es jedoch gewesen zu sein, dass sich jemand für eine begrenzte Zeitspanne dem ausschließlichen Dienst Gottes weihte. Bestandteil des Gelübdes war die Enthaltung von bestimmten Nahrungsmitteln, vor allem aber alkoholischen Getränken. Zum Zeichen ihrer »Weihe« ließen die Nasiräer in der Regel ihr Haupthaar nicht schneiden (Num 6,1-8).

Wenn jemand auf Zeit ein solches Gelübde ablegte, musste er als Abschluss ein ziemlich kostspieliges Opfer darbringen (Num 6,13-20). In diesem Zusammenhang steht die Aufforderung an Paulus (Apg 21,23-26), die Opferkosten für arme Nasiräer zu übernehmen und dadurch zugleich seine eigene Gesetzestreue zu beweisen. Damit er aber auch selbst an den Opferhandlungen im → Tempel teilnehmen kann, muss er, da er durch seinen Auslandsaufenthalt → unrein geworden ist, sich zuvor den sieben Tage dauernden Reinigungszeremonien unterziehen. Auch hierzu wird Paulus in Apg 21,24 aufgefordert. (Die verkürzte und unklare Darstellung wird daher rühren, dass Lukas bzw. schon sein Gewährsmann als Heidenchristen mit den jüdischen Gebräuchen nicht genügend vertraut waren.)

Natur (menschliche, selbstsüchtige) → Fleisch.

Nazoräer Häufiger noch als »Nazarener« – d. h. »der aus Nazaret« – wird Jesus im Neuen Testament als »Nazoräer« bezeichnet (z. B. Mt 26,71; Joh 18,5.7; Apg 2,22). Beides könnte zumindest später als gleichbedeutend gebraucht worden sein; doch verbirgt sich hinter dem Ausdruck »Nazoräer« möglicherweise eine alte Bezeichnung für Jesus als Messias (→ Christus), deren Anklang an Nazaret einen erwünschten Doppelsinn ergab. Nach Mt 2,23 geht die Bezeichnung »Nazoräer« auf die alttestamentlichen Propheten zurück. Vielleicht ist sie von Jes 11,1 herzuleiten, wo von dem »Spross« (hebräisch *nezär*) die Rede ist, der aus dem Baumstumpf Isai hervorwächst. Vielleicht spielen auch die »Gottgeweihten« (hebräisch *nesir;* → Nasiräer) des Alten Testaments als prophetische Hinweise auf den Messias/Christus eine Rolle (vgl. Ri 13,5.7; 16,17).

Nebo (1) Ortsangabe: Berg, von dem aus Mose in das Land Kanaan schauen durfte (Dtn 32,49; 34,1); Stadt in Moab (Jes 15,2) und in Juda (Esra 2,29).

(2) Babylonischer Gott, der als Sohn des babylonischen Hauptgottes Marduk galt (Jes 46,1; der Name ist z. B. in Nebukadnezzar enthalten: Nebo, behüte meinen Sohn!).

Nero Als Kaiser Nero 68 n. Chr. im Alter von 32 Jahren Selbstmord begangen hatte, konnten und wollten viele im Römischen Reich dies nicht glauben. Es bildete sich die Vorstellung, der Kaiser sei nicht tot, vielmehr habe er sich zu den Parthern jenseits der Ostgrenze des Reiches begeben und werde an der Spitze der Partherheere zurückkehren, um an seinen Feinden und der ganzen Stadt Rom grausam Rache zu nehmen. Später wandelte sich die Erwartung dahin, dass Nero aus der Totenwelt wiederkehren und mit dämonischer Macht die Stadt Rom heimsuchen werde. Für bestimmte *jüdische Kreise* war es ausgemacht, dass es der Teufel sei, der in der Gestalt Neros erscheinen und Rom vernichten werde um dann selbst vom Messias Israels besiegt und vernichtet zu werden.

Unter *Christen* hatte Nero bereits Züge des → Antichrist angenommen, seitdem er 64 n. Chr. im Stadtgebiet von Rom die erste systematische Christenverfolgung durchgeführt hatte. Für den Seher von Offenbarung 17 (vgl. auch schon 13,3.12.14.18: der Kopf bzw. das Tier mit der verheilten tödlichen Wunde) verbindet sich dieses negative Nerobild mit der Erwartung vom wiederkehrenden Nero. Mit den fünf bereits »gefallenen« »Königen« in 17,10 dürften die römischen Kaiser Caligula (37–41 n. Chr.), Claudius (41–54), Nero (54–68), Vespasian (69–79) und Titus (79–81), mit dem, der »noch herrscht«, Domitian (81–96) gemeint sein. Der Seher, der zur Zeit Domitians schreibt, erwartet – damit die Siebenzahl voll wird – noch einen weiteren »König« (= Kaiser), und danach erscheint als achter jener, der, mit dem Tier zur Einheit verschmolzen, zugleich einer der verflossenen sieben ist: der aus dem »Abgrund« wiederkehrende Nero (17,11; vgl. 17,8). Er, die Verkörperung des Antichrist, wird »in den Untergang rennen« (17,11; vgl. 17,8), denn Christus wird ihn bei seiner endgültigen Ankunft

besiegen (17,14; vgl. 19,11-21). Vorher jedoch wird Nero – den Absichten Gottes entsprechend – zusammen mit seinem Verbündeten aus dem Osten das Gericht an der Stadt Rom vollstrecken (17,12-13.16-17;18).

Neumondfest, Neumondstag Der Tag, an dessen Vorabend der zunehmende Mond wieder sichtbar wurde, galt als Monatsbeginn (→ Kalender). Der Mond war in der altorientalischen Welt jedoch nicht nur für den Kalender bedeutsam, sondern zog auch vielfach göttliche Verehrung auf sich. In Israel war der Gestirnkult zwar untersagt, doch wurde der Neumondstag besonders feierlich begangen (vgl. Ps 81,4; 1 Sam 20,5.24-27). Dass solche Feste häufig entarteten, geht aus Hos 2,13 hervor.

Nikolaïten Ihr Name wird mit Nikolaus von Antiochia (Apg 6,5) in Verbindung gebracht; über ihre Lehre ist nicht viel bekannt. Wahrscheinlich fühlten sie sich als Christen hoch erhaben über alles Irdische und meinten, auch Unzucht und Teilnahme an den Götzenopfern (→ Opferfleisch) könne ihnen nicht mehr schaden (Offb 2,6.14-15).

Ninive Eine Stadt von sprichwörtlicher Größe und Sündhaftigkeit (Jona 1,2; Mt 12,41 par), Hauptstadt des Assyrischen Reiches (Karte AO, E2/F2; → Assyrien).

Nisan Frühlingsmonat, etwa Mitte März bis Mitte April; der Jahresbeginn nach dem babylonischen Kalender, den die Juden nach dem → Exil übernahmen.

Noach (Noah) Als vorbildlich → Gerechter mitten in der verdorbenen Menschheit wurde er mit seiner Familie vor der → Sintflut (und durch sie hindurch; 1 Petr 3,20) in der → Arche gerettet (Gen 6,5–8,22).

Norden Die geheimnisvoll-unbestimmte Ankündigung eines Feindes »aus dem Norden« spielt in der biblischen Prophetie vor allem bei Jeremia eine Rolle (siehe Jer 1,14 und Vergleichsstellen dazu). Feindliche Heere konnten Israel/Juda aufgrund der geographischen Gegebenheiten nur von Süden (Ägypter) oder Norden (Assyrer, Babylonier) erreichen; im Osten bildete die syrisch-arabische Wüste eine unüberwindliche Barriere.

O

Obergewand (Oberkleid) Das Obergewand bestand in der Regel aus einem großen rechteckigen Stück Woll- oder Leinenstoff. Beim Tragen wurde das eine Ende so über die linke Schulter gelegt, dass ein Teil des Tuches die linke Vorderseite des Körpers bedeckte; der andere, größere Teil des Tuches wurde um den Rücken und unter der rechten Achsel hindurch nach vorne geführt, wo sein Ende entweder mit der linken Hand festgehalten oder über die linke Schulter nach hinten geworfen wurde. Eine andere Form des Obergewands bestand aus zwei knapp körperlangen rechteckigen Stoffbahnen, die oben und an der Seite zusammengenäht waren, mit Öffnungen für Kopf und Arme. Die Seitennähte und der untere Saum waren gelegentlich mit Borten oder → Quasten verziert.
Das Obergewand diente auch zum Transport trockener Güter wie z. B. Getreide (Rut 3,15) und als Unterlage (Dtn 22,17) bzw. Decke (Ex 22,25-26). Zum Zeichen der Trauer und des Entsetzens wurde in Israel das Obergewand »zerrissen«, worunter ein mehr oder weniger tief gehender Einriss zu verstehen ist.

Oberster Priester (in anderen Bibelübersetzungen »Hoherpriester«) Schon vor dem babylonischen → Exil gab es in Jerusalem und an anderen Heiligtümern im Land »Oberpriester«, von denen einzelne – in nachexilischer Berichterstattung – auch schon als »Oberster Priester« bezeichnet werden (2 Kön 12,11; 22,4.8; 23,4). Doch wird das Amt des Obersten Priesters in seiner alles andere Priestertum überragenden Bedeutung erst nach dem Exil, d. h. dem Ende des Königtums greifbar. Der erste namentlich bekannte nachexilische Oberste Priester ist Jeschua (Hag 1,1; 2,2; Sach 3; 6,9-15). In persischer und frühhellenistischer Zeit wurde der Oberste Priester mehr und mehr auch das politische Haupt der jüdischen Gemeinde; die Priester aus dem Geschlecht der → Makkabäer legten sich die Königswürde bei. Von den Römern wurden die Befugnisse des Amtes zurückgeschnitten; doch blieb auch zu dieser Zeit der Oberste Priester der Vorsitzende des jüdischen → Rates und oberster Repräsentant der jüdischen Gemeinde.

Oberteufel → Beelzebul.

Ochsenstachel Zum Antreiben der Rinder verwendete man einen Stab mit einer scharfen Spitze.

Ofel Teil des Südosthügels von Jerusalem, zwischen dem Tempelberg und der alten → Davidsstadt gelegen.

offenbaren, Offenbarung Das hebräische Wort, das früher oft mit »schauen/Vision« übersetzt wurde, ist ein spezifischer Ausdruck für den prophetischen Offenbarungsempfang, und zwar gerade auch für die Wortoffenbarung. Er kennzeichnet diesen Vorgang als Erfahrung

in einem besonderen Bewusstseinszustand, der dem tiefen Schlaf verwandt – deshalb gelegentlich mit Nacht und Traum verbunden – und doch zugleich hellwach ist. Visionen sind bei den biblischen → Propheten die Ausnahme (Jes 6,1-7; Jer 1,9-13; Ez 1; Am 7,1-9; 8,1-3; Sach 1,7–6,8).

Ofir Goldland, wahrscheinlich in Südwest-Arabien. Zur Zeit Salomos fuhren die Goldschiffe vom Golf von Akaba (Elat; Karte AO, C4) nach Ofir.

Ölberg Seit alter Zeit für heilig gehaltener Berg etwa 1 km östlich von Jerusalem. Er gehört zu einem Höhenzug, der Jerusalem von Norden und Osten umgibt.

Onyx (1) Edelstein (Ex 28,20 u.ö.)
(2) → Räucherklaue.

Opfer, Opfergaben Das Opfer ist eine bei allen Völkern des Altertums verbreitete, besonders wichtige und feierliche Form des Gottesdienstes, mit dem Sinn, der Gottheit Verehrung darzubringen, ihre Gunst zu gewinnen oder ihre Strafe abzuwenden. Es gibt blutige und unblutige Opfer. Zu den unblutigen zählen Früchte, Getreide, Brot, Wein, Öl, Weihrauch, für die blutigen sind geeignet Rinder, Kälber, Schafe, Ziegen, Tauben.
Wichtigstes Opfer ist das → *Brandopfer* (Lev 1), das in Israel in der Regel zweimal täglich, als Morgen- und → Abendopfer, dargebracht und bei dem das Opfertier ganz und gar auf dem Altar verbrannt wurde.
Die gewöhnlichste Opferart ist das *Mahlopfer* (Lev 3); jede Schlachtung war ursprünglich ein solches Opfer. Die Innereien und die Fettstücke wurden zusammen mit einem Brandopfer dargebracht, während das Fleisch des geschlachteten Tieres beim *Opfermahl* im Bereich des Heiligtums von der Familie oder Gemeinde verzehrt wurde. Der hebräische Ausdruck könnte am besten als »Gemeinschaftsopfer« übersetzt werden,· weil durch das Mahl Gemeinschaft zwischen den Essenden und Gott gestiftet wurde, dessen Anteil man auf dem Altar verbrannte (Lev 7,28-31). Mahlopfer sind meist *Dankopfer* eines Einzelnen oder einer Gruppe, die aus besonderem Anlass (Rettung aus Krankheit und Not) dargebracht werden.
Zur → Sühne von schwer wiegenden Verstößen gegen das göttliche → Gesetz dient das → *Sühneopfer,* bei dem der Priester mit dem Blut des Opfertieres bestimmte Sühnehandlungen vornimmt und die Fettstücke auf dem Altar verbrennt (Lev 4). Das Fleisch wurde von den Priestern verzehrt (Lev 6,17-23). Die Sühnewirkung dieses Opfers betraf Verfehlungen, die unbeabsichtigt und unwissend begangen wurden. Mit dem Sühneopfer verwandt ist das *Wiedergutmachungsopfer,* mit dem eine über das Opfer hinausgehende Wiedergutmachung verbunden ist und durch das auch bestimmte wissentlich und willentlich begangene Verfehlungen gesühnt werden konnten (Lev 5,14-26).
Das *Speiseopfer* (Lev 2) bestand in einer Naturalabgabe: Mehl oder Backwaren mit Öl oder auch Getreide von → Erstlingsabgaben. Es konnte als selbstständiges Opfer (Lev 6,13-16; Num 5,15) oder in Verbindung mit anderen Opfern (Num 28–29) dargebracht werden. Eine Hand voll wurde mit Weihrauch auf dem Altar verbrannt; der Rest fiel dem Priester zu (Lev 6,7-11).
Das *Trankopfer,* bei dem roter Wein am Altar ausgegossen wurde, steht immer in Verbindung mit anderen Opfern, vor allem dem Brandopfer (Num 28-29).
Für das *Räucheropfer* wurde eine besondere Mischung von → Weihrauch und verschiedenen anderen Bestandteilen hergestellt (Ex 30,34-38). Die Weihrauchmischung wurde auf Räucherpfannen (Lev 10,1) oder auf dem Räucheraltar im Innern des Heiligtums (Lk 1,9) verbrannt.
Seit der Zerstörung des zweiten Jerusalemer → Tempels im Jahr 70 n. Chr. wird der Opferdienst nicht mehr ausgeübt. Die christliche Gemeinde sieht ihn in seinem eigentlichen Sinn erfüllt und abgelöst durch das Opfer, das Jesus mit seinem Sterben gebracht hat (Röm 3,25-26; Eph 5,2; Hebr 8,1–10,18). Als Antwort darauf ist sie gehalten, ihr ganzes Leben Gott zum Opfer zu weihen (Röm 12,1). Der → Apostel Paulus versteht seine Missionsarbeit unter den nichtjüdischen Völkern als einen Opferdienst für Gott (Röm 15,16; Phil 2,17).

Opferfleisch Ursprünglich war jede Schlachtung eines Tieres ein → Opfer. Opferschlachtungen in heidnischen Tempeln und anschließende Mahlzeiten spielten zur Zeit des Neuen Testaments bei Nichtjuden eine große Rolle. Das den Götzen geweihte Fleisch wurde auch auf dem Markt verkauft. Dies stürzte manche Christen in Gewissensnöte (1 Kor 8–10).

Opferlamm In dem Bild von Jesus als (wörtlich) »Lamm Gottes« mischt sich das Bild von dem geduldig (und stellvertretend) leidenden Lamm aus Jes 53,4-7 mit dem Bild von Jesus als dem neutestamentlichen → Passalamm (1 Kor 5,7; 1 Petr 1,19).

Opfermahl → Mahlopfer, → Opfer.

Opferstätte Wiedergabe eines hebräischen Begriffs, der wörtlich »Höhe« bedeutet und einen umgrenzten heiligen Bezirk mit Opferaltar oder auch eine größere Opferstätte mit einem Tempelbau bezeichnet (1 Kön 3,4; 2 Kön 23,15). Das Wort wird für die im Land verstreuten Opferplätze gebraucht (1 Kön 3,27; 2 Kön 12,4; 14,4 usw.), die es nach Dtn 12,2-4 in Israel nicht geben durfte und die von Hiskija und Joschija beseitigt wurden (2 Kön 18,4; 23,8.19).

Orakeltasche → Lose, heilige.

P

Palast → Prätorium.

Paradies Lehnwort aus dem Persischen, wo es einen herrschaftlichen Park bezeichnet. In der griechischen Übersetzung des Alten Testaments steht es für den Garten → Eden. Jüdische Kreise erwarteten, dass das Paradies mit dem Lebensbaum (Gen 2,8-9; 3,24) in der Endzeit wiederkehren werde (vgl. Offb 22,2.14.19). In der Gegenwart dagegen ist es verborgen, und zwar im dritten → Himmel (2 Kor 12,2-4). Es galt nach jüdischem Glauben als Aufenthaltsort der verstorbenen Frommen in der Zeit zwischen ihrem Tod und der allgemeinen → Auferstehung am Ende der Welt (vgl. Lk 23,43).

Passafest, Passamahl Frühjahrsfest zur Erinnerung an den Auszug Israels aus Ägypten (Ex 12,1-28). Der Name »Passa« (hebräisch *pesach*, aramäisch *pas'cha;* so auch die griechisch-lateinische Wiedergabe), über dessen ursprünglichen Sinn sich nichts Sicheres sagen lässt, wird in Ex 12,27 als gnädiger, die Israeliten verschonender »Vorübergang« des Herrn gedeutet.

Nach der Gottesdienstreform von König Joschija mit ihrer Zentralisation des Opfergottesdienstes im Sinne von Dtn 12 wurde das Passa nicht mehr an den Wohnsitzen, sondern nur noch als Wallfahrtsfest in Jerusalem gefeiert (2 Kön 23,21-23). Das Passalamm – nunmehr als → Opfer verstanden – durfte nur im Tempel geschlachtet, sein Fleisch nur innerhalb der Mauern Jerusalems verzehrt werden; sein Blut wurde am Fuß des → Brandopferaltars ausgegossen.

Für das Passamahl mussten die Hausbesitzer Jerusalems den Pilgern Räume zur Verfügung stellen. Hauptbestandteil der Mahlzeit war das Schaf- oder Ziegenböckchen. Als Beigaben wurden eine Art bitterer Salat und Fruchtmus genossen, dazu Brot, wie es zu jeder Mahlzeit gehört (in diesem Fall jedoch ungesäuert, d. h. ohne → Sauerteig gebacken). Dem eigentlichen Hauptmahl ging eine Art Vormahl voraus, bei dem die Geschichte vom Auszug aus Ägypten erzählt wurde. Hierzu wurde ein Becher mit Wein gereicht (vgl. Lk 22,17). Die Hauptmahlzeit wurde wie jedes jüdische Mahl dadurch eröffnet, dass der Hausvater ein kurzes Lobgebet über einem Stück Brot sprach, dieses dann zerbrach und an alle austeilte. Ebenso wurde das Passamahl wie jedes jüdische Festmahl dadurch beschlossen, dass der Hausvater über einem Becher mit Wein das Dankgebet sprach und dieser Becher dann die Runde machte. An diese Formen konnte Jesus bei der Stiftung des Abendmahls/der Eucharistie anknüpfen (Mk 14,22-24 par; → Brotbrechen).

Bis heute wird das Passa im Judentum in dieser Form gefeiert, jedoch seit der Zerstörung des Jerusalemer → Tempels 70 n. Chr. ohne das Passalamm, an das nur noch ein Knöchelchen erinnert. Wie schon zur Zeit von Jesus wendet sich der Blick von der einst geschehenen zur künftig zu erwartenden endgültigen Befreiung (vgl. Mk 14,25 par; 1 Kor 11,26; → Maranata). Zum Abschluss werden die Psalmen 114–118 gesungen.

Das Passafest geht unmittelbar in das siebentägige Fest der → Ungesäuerten Brote über, das nicht nur in Jerusalem, sondern überall an den Wohnsitzen gefeiert wurde.

Passalamm → Passafest.

Passaopfer Das Schlachten der Passalämmer geschah am Nachmittag vor dem Passafest im → Tempel in Jerusalem, wobei das Blut als Opfer an den → Altar geschüttet wurde.

Paulus → Saulus.

Perser, Persien Die Perser sind ein iranischer Volksstamm, der zu weltgeschichtlicher Bedeutung aufgestiegen ist. Die achämenidischen Könige schufen seit etwa 640 v. Chr. das Persische Weltreich, das nach Siegen über die → Elamiter, die → Assyrer und die → Babylonier den gesamten Vorderen Orient umspannte. Erst Alexander d. Gr. konnte das Perserreich im Jahr 330 v. Chr. besiegen.

Petrus Beiname des → Apostels Simon (Mt 4,18). Die latinisierte Form des griechischen *Petros* ist die Übersetzung des aramäischen *kefa(s);* beides bedeutet »Stein« (vielleicht ursprünglich gemeint im Sinn von »Edelstein«). Maßgeblich wurde die Deutung, die dieser Beiname in Mt 16,18, in dem dort vorliegenden Wortspiel, gefunden hat: »Du bist *Petros* (griechisch = Stein), und auf diese *petra* (griechisch = Fels) werde ich meine Gemeinde bauen.« Der Beiname in dieser Deutung hebt nicht eine be-

sondere Charakterstärke seines Trägers hervor, die Petrus im Gegenteil öfter vermissen lässt (vgl. insbesondere Mk 14,66-72 par), vielmehr bezeichnet er die Funktion, die dem Namensträger von Jesus zugedacht ist (Mt 16,18).

Pfahl, geweihter → Aschera.

Pfeilschlange Sie hat ihren Namen von der Fähigkeit, aus eingerollter Stellung wie ein Pfeil auf ihr Opfer loszuschießen. Auch die Tatsache, dass sie sich nicht um ihre Jungen kümmert, mag dazu beigetragen haben, dass sie als unheimlich galt und in Jes 34,15 zusammen mit dämonischen Wesen genannt wird (→ Bocksgeister).

Pfingstfest Im alten Israel das mittlere der drei großen Jahres- und Wallfahrtsfeste, das dem Abschluss der Weizenernte folgte (»Erntefest«; Ex 23,16). Weil es sieben Wochen nach dem → Passafest gefeiert wurde, erhielt es nach dem griechischen Wort für fünfzig den Namen Pfingsten (*pentekoste* = 50. Tag). Wurde am Passafest der Auszug aus Ägypten gefeiert, so gedachte das Judentum seit dem 1. Jh. n. Chr. am Pfingstfest besonders der Gabe des → Gesetzes am → Sinai. Der Bericht von Ex 19,16-19 wurde im Lauf der Zeit in dem Sinne ausgeschmückt, dass Gott in einer Sprache wie aus Feuer dem Volk die Gebote mitgeteilt habe. Auch sollen die Gebote damals in allen siebzig Sprachen der Welt ergangen sein. Vor diesem Hintergrund verkünden die Ereignisse des ersten christlichen Pfingstfestes (Apg 2,1-13) die endzeitliche Vollendung dessen, was einst am Sinai geschah: Jetzt wird, wie von den Propheten angekündigt, Gottes Volk von Gottes → Geist ergriffen und in der Kraft dieses Geistes neu geschaffen (Joël 3,1-5; Ez 36,26-27).

Pharao Titel der altägyptischen Könige. In Röm 9,17 ist der Pharao gemeint, der Mose und die Israeliten nicht aus Ägypten ziehen lassen wollte.

Pharisäer Das Wort bedeutet »Abgesonderte«. Seit den Makkabäerkriegen die stärkste religiöse Partei, die das Erbe Israels in Ehren hielt und mit leidenschaftlichem Eifer für die pünktliche Beobachtung des → Gesetzes bis in die Kleinigkeiten des alltäglichen Lebens hinein kämpfte. Ihr Ziel war es, durch Gesetzestreue die Vorbedingung für die Erfüllung der messianischen Verheißungen zu schaffen. (Überlieferter Ausspruch eines jüdischen Rabbis: »Wenn die Israeliten nur zwei Sabbate vorschriftsmäßig halten würden, so würden sie sofort erlöst werden.«)

Die Pharisäer suchten die Reinheitsvorschriften, wie sie für die Dienst tuenden Priester im Jerusalemer → Tempel galten, für das ganze Volk in seinem alltäglichen Leben verbindlich zu machen. Ganz Israel sollte als ein priesterlich → reines, auch und gerade in diesem Sinn → heiliges Volk dem Kommen des → Messias und der → Königsherrschaft Gottes entgegenleben. Dabei galt es, nicht nur das im Gesetz Moses Niedergeschriebene, sondern auch die mündlich überlieferten genauen und strengen Anwendungsregeln zu beachten, die von den früheren Gesetzeslehrern aufgestellt worden waren (vgl. Mk 7,5 par; Gal 1,14).

Den Zusagen Gottes vertrauend, glaubten die Pharisäer im Unterschied zu den → Sadduzäern an die → Auferstehung der Toten und an die Existenz von → Engeln (vgl. Apg 23,8).

Zunächst eine Laienbewegung, waren die Pharisäer doch bald eng verbunden mit dem Stand der ordinierten → Gesetzeslehrer. Nach der Eroberung Jerusalems durch die Römer 70 n. Chr. wurden sie die für die Neugestaltung des Judentums entscheidende Kraft.

Vor allem im Matthäus-Evangelium wird den Pharisäern formalistische Gesetzeserfüllung, Blindheit für den eigentlichen Willen Gottes, Scheinheiligkeit und Hochmut vorgeworfen (Mt 23). Ihre minutiöse Behandlung aller nur denkbaren Einzel- und Grenzfälle führe nur dazu, den elementaren Gotteswillen, der in den Geboten laut wird, zu verdunkeln und das von Gott her Gemeinte – besten Gewissens – gerade *nicht* zu tun (Mt 23,23-24). Damit wird eine Gefahr angesprochen, in der gerade Fromme stehen, die es mit dem Willen Gottes sehr ernst nehmen, und in der auch Christen oftmals stehen. Das Pharisäertum zur Zeit von Jesus darf jedoch nicht allein von solchen Auswüchsen her beurteilt werden. Der ehemalige Pharisäer Paulus gibt den Blick auf ein Pharisäertum anderer Art frei (Phil 3,5-6; Röm 10,2).

Philister Etwa gleichzeitig mit Israel aus dem ägäischen Raum über Kreta und Zypern in den Vorderen Orient eingewandert (vgl. Jer 47,4; Am 9,7). Lange Zeit hatte Israel unter ihrer Übermacht zu leiden. Sie bildeten einen Städtebund, die später so genannte Pentapolis (= Fünf-Städte), zu dem Gaza, Gat, Aschdod, Aschkelon und Ekron gehörten, die jeweils von einem »Fürsten« regiert wurden. Von den Philistern (hebräisch *pelischtim*) hat die gesamte Landschaft ihren Namen »Palästina« erhalten. Zum ersten Mal finden wir die Bezeichnung in diesem Sinn bei dem griechischen Ge-

schichtsschreiber Herodot (5. Jh. v. Chr.); die Römer gebrauchten sie nach der Niederschlagung des zweiten jüdischen Aufstands 132–135 n. Chr. als Provinznamen, um die bisherige Bezeichnung → Judäa durch einen neutralen Begriff zu ersetzen, an dem sich keine nationalistischen Leidenschaften entzünden konnten.

Philosophie In der Spätantike wird der Begriff so umfassend gebraucht, dass er religiöse Weltbilder und Heilslehren einschließt. In diesem Sinn handelt es sich bei der »Philosophie«, vor der im Kolosserbrief (Kol 2,8) gewarnt wird, um eine Anleitung, sich aus der Bindung an die Materie zu befreien, um nach dem Tod – verstanden als Ablegen des Körpers – in die himmlische Welt aufsteigen zu können. Als Vorbedingung dazu gelten vor allem → Fasten und Verehrung der → Engel als der Mächte, die der entkörperten Seele den Weg freigeben sollen (Kol 2,16.18.20-23). Paulus setzt dem entgegen, dass die Glaubenden mit Christus schon jetzt an der himmlischen Welt teilhaben und dafür keine besonderen Leistungen erbringen müssen (Kol 1,11-13; 2,9-12; 3,1-4).

Phönizien, Phönizier Die Phönizier waren die Bevölkerung der bedeutenden Handelsstädte Tyrus und Sidon und ihres Hinterlands (Karte LA, C1-C2). Zu Israel bestanden Handelsbeziehungen und vor allem in der älteren Zeit eine gute Nachbarschaft (1 Kön 5,15; Esra 3,7; vgl. jedoch Am 1,9-10; Ez 26,2; Joël 4,4-8).

Posaune → Widderhorn.

Prätorium Der Begriff begegnet im Neuen Testament in verschiedenen Zusammenhängen:

(1) Im Prozess gegen Jesus (Mk 15,16 par) bezeichnet er den Amtssitz des römischen → Statthalters Pontius Pilatus in Jerusalem (wahrscheinlich nicht die Burg Antonia im Nordwesten des Tempelplatzes, sondern der herodianische Königspalast am Westrand der Stadt).

(2) In Apg 23,35 bezeichnet Prätorium den Palast von → Herodes d. Gr. in Cäsarea am Mittelmeer, der als offizieller Sitz des römischen Statthalters diente.

(3) In Phil 1,13 hängt die Deutung vom Abfassungsort des Briefes ab. In Ephesus wäre Prätorium die Residenz des Statthalters für die Provinz → Asien, in Rom vermutlich die Kaserne der Prätorianergarde, in Cäsarea am Mittelmeer der Palast von Herodes.

Priester, Priesterdienst, Priestertum Im Alten Testament Personen, die aufgrund ihrer Familienzugehörigkeit und ihrer besonderen Weihe dazu bestimmt waren, die Gottesdienste zu leiten, → Opfer darzubringen und den Willen Gottes zu deuten. Nach dem → Gesetz durften nur Nachkommen Aarons den Priesterdienst verrichten (Ex 40,12-15; Num 18,1-7), während die → Leviten für die übrigen Dienste im Heiligtum zuständig waren. Die Priester wurden in 24 Dienstgruppen eingeteilt (1 Chr 24,1-19), die sich in festgelegter Reihenfolge im Tempeldienst ablösten. An der Spitze der Priesterschaft stand in der Zeit nach dem → Exil der → Oberste Priester (herkömmlich »Hoherpriester«).

Priester, führende Die führende Gruppe des jüdischen → Rates, die zugleich dessen Exekutivkomitee bildete, bestehend aus Mitgliedern der vornehmsten priesterlichen Familien (→ Sadduzäer), aus denen auch der → Oberste Priester gewählt wurde. Diese Gruppe stellte außerdem den Befehlshaber der → Tempelwache, der zugleich Stellvertreter des amtierenden Obersten Priesters war (Apg 4,1).

Priester, Oberster → Oberster Priester.

Priesterschurz (hebräisch Efod)

(1) Leinenes Kleidungsstück als Bestandteil der Amtskleidung der → Priester; zu unterscheiden vom → Amtsschurz des Obersten Priesters. Über das Aussehen lässt sich nichts Sicheres sagen.

(2) Prächtig verzierter Schurz ähnlich dem → Amtsschurz des Obersten Priesters, zu dem eine Tasche mit → Losen zur Orakelerteilung gehört. Wenn er nicht vom Priester zu diesem Zweck getragen wurde, wurde er im Heiligtum »aufgestellt« (Ri 17,5; 1 Sam 21,10 [Anmerkung]).

Prophet (→ Prophetin)

(1) *Prophetie in Israel:* Nach unserem Sprachgebrauch ist ein Prophet jemand, der die Zukunft kennt. Das Wesentliche beim biblischen Prophetentum liegt jedoch nicht in der Zukunftsschau. Der Prophet ist ein Mensch, den Gott (oder der → Geist Gottes) zu seinem Sprecher gemacht hat. Die Propheten verkünden dem Volk Gottes oder Einzelnen aus diesem Volk, besonders den führenden Kreisen, was Gott ihnen in einer bestimmten Situation zu sagen hat. Das kann Mahnung, Gerichtsdrohung, aber auch Trost und Ermutigung sein.

In der Frühzeit Israels war das Prophetentum mit ekstatischen Erscheinungen verbunden. Der Geist ergriff vom Propheten Besitz wie eine fremde Macht, die über ihn kam (1 Sam 10,5-6.10-12). Bezeichnend für diese Stufe ist auch, dass die Propheten in der Regel kollektiv auftraten (→ Prophetengemeinschaft).

In der Königszeit Israels traten neben dem fortbestehenden Prophetentum der älteren Art Propheten auf, die über diesen Rahmen weit hin-

auswuchsen. Als Einzelne, die Gott berufen hatte, prangerten sie die herrschenden Zustände an. Sie maßen die Verhältnisse der Gegenwart und das Verhalten der Verantwortlichen am Rechtswillen Gottes, wie er im → Gesetz gegeben war. Ebenso unerbittlich prangerten sie die Entartung des Glaubens (→ Baal) und des Gottesdienstes an. Und sie sahen die nationale Katastrophe kommen, die durch das Verhalten des Volkes und seiner Führer unweigerlich herbeigerufen werden musste (→ Exil). Aber auch die neue Zukunft, die dem Volk danach noch einmal geschenkt werden soll, wird von den Propheten angekündigt. Sie wird geschaut im Bild eines umfassenden Friedens, der auch die anderen Völker umgreift und teilweise mit der Gestalt eines Friedensbringers verknüpft ist (→ Messias).

Die Propheten richteten ihre Botschaft in der Regel mündlich aus; erst später wurden ihre Worte (zum Teil von ihnen selbst) aufgeschrieben.

Die großen Propheten des 8. bis 6. Jahrhunderts v. Chr. standen oft in heftiger Auseinandersetzung mit dem Berufsprophetentum, das sich sowohl am Jerusalemer → Tempel als auch in Bet-El, dem Reichsheiligtum Nordisraels, herausgebildet hatte. Propheten dieser Art verkündeten in der Regel eher das, was dem Volk, insbesondere dem König, gefiel und was ihnen selbst Gewinn brachte (vgl. 1 Kön 20,10-13; Am 7,14). Mit solchen Propheten müssen sich die »echten« Propheten des Öfteren auseinander setzen (Jes 28,7; Jer 6,13-15; 23,9-32; 28,1-17; Ez 13,1-16).

(2) *Jesus als Prophet:* Die Frage, wer Jesus ist, hat nicht nur seine Jünger beschäftigt. Jesus steht beim Volk im Ansehen eines Propheten (vgl. Mt 21,11.46; Lk 7,16; 24,19; Joh 4,19). Die Leute meinen, in ihm sei einer der großen alttestamentlichen Propheten wiedererstanden (Mk 8,28) oder sogar »der Prophet« erschienen, den Mose in Dtn 18,15.18 – nach dem frühjüdischen Verständnis dieser Stelle – angekündigt hatte (Joh 6,14; 7,40). Die letztere Auffassung wird von der nachösterlichen Gemeinde ausdrücklich geteilt (Apg 3,22-23; 7,37).

(3) *Prophetie im frühen Christentum:* In den ersten christlichen Gemeinden ist »Prophetie« eine Gabe des → Heiligen Geistes neben anderen Geistesgaben. Der Prophet verkündet, was Gott ihm offenbart hat (1 Kor 14,26-32). Zur prophetischen Rede können Weissagungen für die Zukunft gehören (Apg 11,27-28; Offb 1,1-2); die neutestamentlichen Propheten haben aber vor allem die Aufgabe, die gegenwärtige Lage im Licht des Willens Gottes zu beleuchten, der Gemeinde Weisungen ihres Herrn zu übermitteln und sie zu ermutigen und zu trösten. Paulus gibt der prophetischen Rede den Vorrang vor der Rede in unbekannten → Sprachen, weil der Prophet mit verständlichen Worten redet und dem Aufbau der Gemeinde dient (1 Kor 12–14). Gleichwohl soll auch die prophetische Rede von der Gemeinde geprüft werden (1 Thess 5,20-21). Dies gilt insbesondere im Blick auf die Gefahr, die von falschen Propheten ausgeht (Mt 7,15; 24,11.24; 1 Joh 4,1; Offb 2,20).

In der frühen Kirche waren → Apostel, Propheten und → Lehrer die wichtigsten Träger der Verkündigung der Guten Nachricht von Jesus Christus (1 Kor 12,28; Eph 4,11-12; 2,20; vgl. auch Mt 23,34).

Prophetengemeinschaft In der Frühzeit des Alten Testaments traten die → Propheten in der Regel in Gruppen auf, die in ordensähnlichen Gemeinschaften zusammenlebten (1 Sam 10,10-12; 19,18-21; 2 Kön 2,3-7; 4,1.38-44; 6,1).

Prophetenjünger Mitglied einer → Prophetengemeinschaft.

Prophetin (→ Prophet 1, 3) Im Alten wie im Neuen Testament haben auch Frauen teil am prophetischen Dienst. Im Alten Testament werden als Prophetinnen genannt: Mirjam (Ex 15,20), Debora (Ri 4,4), Hulda (2 Kön 22,14), Noadja (Neh 6,14), die Frau des Propheten Jesaja (Jes 8,3); auch Hanna in Lk 2,36 gehört noch hierher. Für das Neue Testament vgl. Apg 2,17-18; 21,9; 1 Kor 11,5.

Proselyt (griechisch: der Hinzugekommene) Ein Nichtjude, der durch Beschneidung rechtsgültig zum Judentum übergetreten und zur Einhaltung des ganzen → Gesetzes verpflichtet ist.

Vom Proselyten ist zu unterscheiden der *Gottesfürchtige,* ein Nichtjude, der am jüdischen Synagogengottesdienst teilnimmt und das Mose-Gesetz teilweise einhält.

Provinz Asien → Asien.

Purim-Fest Ein im Diasporajudentum entstandenes jüdisches Fest, von dessen Ursprung das Ester-Buch erzählt (Est 9). In seiner heutigen Form enthält es Elemente, die bestimmten Zügen unseres Faschings/Karnevals entsprechen (Verkleidung, Verspottung von Strohpuppen).

Put Volk, das für Ägypten Hilfstruppen stellte und im Zusammenhang mit Libyen genannt wird (Jes 66,19; Jer 46,9; Ez 30,5; Nah 3,9).

Q

Quasten Nach Num 15,38-40 sollten die Israeliten an den vier Zipfeln des aus einem rechteckigen Stück Tuch bestehenden → Obergewands Quasten anbringen, um sich an die Gebote Gottes zu erinnern. Durch besonders lange Quasten brachten die → Pharisäer offenbar zum Ausdruck, dass sie es mit der Befolgung des → Gesetzes sehr ernst nahmen (vgl. Mt 23,5).

Quirinius Publius Sulpicius Q. war kaiserlicher Beauftragter (Legat) für den Orient. Als im Jahr 6/7 n. Chr. → Judäa (mit Idumäa und Samarien) römische Präfektur wurde, wurden unter Quirinius die Bewohner des Landes und ihr Besitz für die Erhebung von Steuern registriert. Vielleicht bezieht sich Lk 2,1-3 darauf; vielleicht ist aber auch eine um 8/7 v. Chr. beginnende erste Erfassung gemeint.

Qumran Klosterähnliche Niederlassung nordwestlich des Toten Meeres, die um 150 v. Chr. gegründet und 68 n. Chr. von den Römern zerstört wurde. Die Wurzeln der Qumran-Gemeinde liegen, wie die der → Pharisäer, in den Kreisen der → Hasidäer, die dem Einfluss (und der zwangsweisen Einführung) griechischer Sitte und Religion um 170 v. Chr. Widerstand leisteten (in ihrem Namen »Essener« oder »Essäer« lebt die Bezeichnung »Hasidäer« fort). Die Emigration in die Wüste erfolgte als Protest dagegen, dass der Makkabäer Jonatan (aus dem niederen Landpriestergeschlecht der Hasmonäer) 153 v. Chr. das Amt des → Obersten Priesters und 151/150 auch königliche Würden übernahm (1 Makk 10,15-21.65).
Streng endzeitlich ausgerichtet, erwartete die Qumran-Gemeinde einen messianischen Obersten Priester aus dem Geschlecht Aarons und den messianischen König aus dem Geschlecht Davids. Die Gemeinde betrachtete sich als das einzig wahre Israel und als zwischenzeitlichen Ersatz für den → Tempel, der ihnen als entweiht galt. Unter strengster Beachtung des → Gesetzes, insbesondere auch seiner → Reinheitsvorschriften (beides wurde in Qumran noch weit strenger ausgelegt als bei den Pharisäern), lebte die Gemeinde dem als nahe erwarteten Anbruch der → Königsherrschaft Gottes entgegen, vor dem aber noch der Endkampf der »Söhne des Lichts« (= Qumran-Gemeinde) mit den »Söhnen der Finsternis« (= das abtrünnige Israel und die Heidenvölker) auszufechten war.
Jesus unterscheidet sich durch seine Verkündigung von der anbrechenden → Königsherrschaft Gottes, seine grundsätzliche Offenheit für ganz Israel und auch für die Heiden sowie durch seine Einstellung zum → Gesetz, speziell zu den Reinheitsvorschriften, radikal von Qumran und der dort herrschenden Geistigkeit. Auch Ehe- und Besitzverzicht sind bei Jesus von der Wurzel her anders begründet als in Qumran, wo Fragen der Reinheit für den priesterlichen Dienst und den zu erwartenden »heiligen Krieg« für beides den Ausschlag gaben.

R

Rabbi Aramäisch »mein Herr/mein Meister«; wörtlich »mein Großer«. Ehrende Anrede für die → Gesetzeslehrer, die auch Jesus gegenüber gebraucht wird (→ Lehrer).

Rabbuni Eine Steigerung der schlichten Anrede → »Rabbi«. In Mk 10,51 gilt sie Jesus als dem Sohn → Davids, in Joh 20,16 dem Auferstandenen.

Rächer → Bluträcher.

Rahab (1) Name der Prostituierten, die die israelitischen Kundschafter aufnahm (Jos 2).
(2) Name für das mythische Seeungeheuer als Inbegriff der widergöttlichen Macht (gleichbedeutend mit → Leviatan). Er wird auch auf Ägypten als den Feind des Gottesvolkes übertragen (Jes 30,7 wörtlich).

Rahelgrab Rahel, die Mutter Josefs und Ahnfrau der Hauptstämme des Nordreichs (vgl. Dtn 33,13-17) sowie des Stammes Benjamin, war nach 1 Sam 10,2 in der Nähe von Rama im Gebiet von Benjamin bestattet worden (Karte LA, B1). Eine andere Überlieferung (Gen 35,19; 48,7) sucht Rahels Grab bei Betlehem in Juda. Unter Voraussetzung dieser zweiten Lokalisierung findet Matthäus in der Klage von Jer 31,15 einen prophetischen Hinweis auf das Schicksal von Müttern in Betlehem nach der Geburt von Jesus (Mt 2,16-18).

Rammbock Gepanzerter Wagen mit einer Rammspitze, mit der die Mauer einer belagerten Stadt berannt wurde, um sie zum Einsturz zu bringen. Er konnte auch mit dem → Belagerungsturm zu einer Art Mehrzweckwaffe verbunden werden. An die Mauer herangeführt wurden beide auf einer aufgeschütteten Rampe.

Rat, jüdischer (Rat der Juden) Zur Zeit von Jesus die oberste Behörde des Judentums unter dem Vorsitz des → Obersten Priesters. Sie wurde gebildet durch 71 Männer aus den Kreisen der vornehmsten Priester, der führenden → Gesetzeslehrer und der → Ratsältesten, angesehener Männer aus dem Laienstand. Die Römer hatten

die weltliche Vollmacht des Rates eingeschränkt, erkannten jedoch seine Autorität in religiösen Entscheidungen an.

Ratsältester, Ratsmitglied Nichtpriesterliche und nichttheologische Mitglieder des jüdischen → Rates (vgl. → Älteste).

Räucheraltar → Räucheropfer.

Räucherklaue (griechisch Onyx; Sir 24,15) Eine Meeresschnecken-Art, deren Gehäuse beim Verbrennen einen stark riechenden, beißenden Rauch entwickelt.

Räucheropfer, -pfanne Als Duftopfer für die Gottheit wurde im Altertum → Weihrauch oder eine Weihrauchmischung verbrannt (→ Opfer). Für den Gott Israels geschah dies im → Heiligen Zelt und im → Tempel in Jerusalem auf dem speziell dafür bestimmten Räucheraltar im Innern des Heiligtums oder auf bronzenen Räucherpfannen vor dem → Brandopferaltar.

Räuchersäule Säulenförmiger Aufsatz auf dem Altar, auf dem Weihrauch verbrannt wurde.

Regen Im Vorderen Orient regnet es nur im Winterhalbjahr. Hauptregenzeit ist Oktober bis Februar; gewitterartige »Frühregen« gibt es ab Mitte September. Die letzten leichten Niederschläge erfolgen im März/April (Frühjahrsregen, wörtlich »Spätregen«); sie sind wichtig für die Entwicklung der Getreidekörner in den Ähren des Wintergetreides.

Reichsfürst Das Persische Weltreich war in mehr als 20 Reichsländer und rund 120 Provinzen eingeteilt. An der Spitze der Reichsländer (Satrapien) standen als Stellvertreter des Großkönigs die Reichsfürsten (Satrapen).

rein (unrein) Wegen der → Heiligkeit Gottes muss der Mensch, der sich ihm naht – sei es in der anbetenden Gemeinde, sei es beim Privatopfer –, rein sein. Dabei ist »rein« zunächst kein moralischer Begriff, sondern bezieht sich auf körperliche Vorgänge, die von der Nähe Gottes fern zu halten sind – vermutlich weil sie zur Einflusssphäre dämonischer Naturmächte gehören, denen sich die Menschen der Frühzeit ausgesetzt sahen. Dazu zählt alles, was mit den Bereichen von Tod und Sexualität zu tun hat, aber auch Hautkrankheiten (→ Aussatz). Auch jede Berührung mit Menschen, die die Reinheitsvorschriften des → Gesetzes nicht beachteten, machte »unrein«. Ein wichtiges Gebiet waren die Bestimmungen über reine und unreine Speisen (→ Nahrungsvorschriften).

Die Gesetzestreuen zur Zeit des Neuen Testaments dehnten diese Bestimmungen, die für → Priester und jeden, der den → Tempel betreten wollte, verbindlich waren, auf den ganzen Alltag aus und verschärften sie. Wenn die → Pharisäer also nichts mit ungewaschenen Händen aßen und streng die Reinheitsgesetze einhielten (Mk 7,1-4; vgl. Joh 2,6), dann nicht aus hygienischen, sondern aus religiösen Gründen: Sie wollten sich als Gottes erwähltes Volk rein bewahren.

Umso befremdlicher und bedenklicher erschien die Haltung und das Verhalten von Jesus in dieser Sache, wenn er alle äußeren Reinheitsvorschriften der Reinheit des Herzens unterordnete (Mk 7,1-23). Noch bei den jungen christlichen Gemeinden drohte zeitweilig die Einheit zu zerbrechen über der Frage, ob Christen nichtjüdischer Herkunft, die sich nicht an die Reinheitsvorschriften des Mose-Gesetzes hielten, mit Christen jüdischer Herkunft, die dies weiterhin taten, zusammenleben und z. B. das → Mahl des Herrn gemeinsam feiern könnten (Gal 2,11-16; vgl. Apg 15,20-21; → Blutschande).

Reinheitsvorschriften, reinigen, Reinigung → rein.

Reinigungseid Bei einem Gerichtsverfahren wurde solch ein Eid als Beweismittel angenommen, wenn keine Zeugen die Unschuld des Angeklagten beweisen konnten (vgl. Ex 22,10; Lev 5,21-22).

Reinigungsopfer (Lk 2,24) Wenn eine Frau durch die Geburt eines Kindes für eine bestimmte Zeit unrein wurde (→ rein), musste nach Ablauf dieser Frist ein → Opfer zur Wiederherstellung der Reinheit dargebracht werden (Lev 12).

Reinigungswasser Mischung aus Wasser und einer auf bestimmte Weise hergestellten Asche, mit der Menschen und Gegenstände besprengt wurden, die unrein geworden waren (→ rein). Die Zubereitung und Anwendung ist in Num 19 beschrieben.

Retter, der versprochene → Christus.

richten → Richter.

Richter Die großen Richter des Richter-Buches sind gottbegnadete Volksführer, während die kleinen Richter (Ri 10,1-5; 12,8-14), die Könige und auch Männer wie Josua und Samuel den Richtertitel im allgemein üblichen Wortsinn tragen.

Ringbrot Eigentlich »Lochbrot«: runder Brotlaib, der in der Mitte durchstochen ist und so auf einer Stange aufgehängt werden kann, zum Schutz gegen Schimmel und Tierfraß.

Rogel-Quelle Grundwasserbrunnen südöstlich von Jerusalem an der Grenze zwischen den Stämmen Juda und Benjamin (Jos 15,7; 18,16;

siehe Kartenskizze Jerusalem I). Der Name bedeutet »Walker-Quelle«, was darauf hinweist, dass dort die Walker (Tuchmacher) von Jerusalem ihrer Arbeit nachgingen (→ Schiloach). Nach 1 Kön 1,9 könnte es sich um eine alte Kultstätte handeln.

Rotes Meer → Meer, Rotes.

rühmen, Ruhm Es ist natürlich, dass ein Mensch sich seiner Vorzüge und Leistungen »rühmt«. Vor Gottes Urteil wird solcher Ruhm relativiert oder zunichte, sofern nicht anerkannt wird, dass alles, was Menschen von sich rühmen, Geschenk der Gnade ist (1 Kor 4,7; Röm 3,27-28). Deshalb ist das rechte Rühmen ein solches, das die Taten Gottes rühmt (1 Kor 1,31 nach Jer 9,22-23; Gal 6,14). Weil Paulus von einer Tat Gottes weiß – und von einer in ihr begründeten Hoffnung –, die alles, was Menschen leisten und erreichen können, verblassen lässt, »rühmt« er sich paradoxerweise seiner Leiden und Schwächen, weil die Kraft Gottes über sie, ja gerade in ihnen triumphiert (Röm 5,3-5; 2 Kor 12,9-10). Er kann aber auch voller Stolz auf sein Missionswerk blicken und in den Gemeinden, die er Christus als ein heiliges Volk zuführt, seinen »Ruhm« vor dem Richterstuhl Gottes sehen (Phil 2,16; 1 Thess 2,19) – einen Ruhm, den er letztlich nicht sich selbst zuschreibt, sondern der Gnade Gottes, die durch ihn gewirkt hat (Röm 15,17-19; 2 Kor 10,13-18).

S

Saba Land und Volk in Südarabien im Gebiet des heutigen Jemen. Intensive Landwirtschaft mit Hilfe von Bewässerungsanlagen; großer Wohlstand durch Handel mit Indien und Afrika (Weihrauch, Gold, Edelsteine, Elfenbein). Anfangs Priesterstaat, später Königtum.

Sabbat Der Sabbat ist der Schlusstag der siebentägigen Woche, die erstmals bei den Israeliten nachweisbar ist. Zunächst ist für diesen Tag lediglich Arbeitsruhe vorgeschrieben (Ex 20,9-11 par). Doch wurde der Tag, vielleicht mitbestimmt durch die an diesem Tag gehaltenen Gottesdienste, im Bewusstsein der Israeliten mehr und mehr zu einem ausschließlich Gott geweihten Tag und in der Zeit nach dem babylonischen → Exil neben der → Beschneidung zu einem Unterscheidungsmerkmal Israels von anderen Völkern und zu einem Zeichen des → Bundes zwischen Israel und seinem Gott (Neh 10,32; 13,15-22; Jes 56,1-8).

Zur Zeit des Neuen Testaments hatten die → Gesetzeslehrer bis ins Einzelne festgelegt, welche Tätigkeiten am Sabbat verboten und welche allenfalls erlaubt waren. So durfte man z. B. nur einen »Sabbatweg«, d. h. etwa 900 Meter weit, gehen. Bereits das Abreißen von Ähren galt als verbotene Erntearbeit (Mk 2,23-24). Nur wenn ein Leben auf dem Spiel stand, war es erlaubt, am Sabbat zu heilen. Indem Jesus gegen solche Festlegungen verstößt (Mk 2,28), bringt er den ursprünglichen Sinn des Sabbats wieder zur Geltung: Er ist ein Tag, an dem der Mensch vor Gott aufatmen darf und Gottes Güte für ihn erfahrbar wird (Mk 2,27; 3,4). Während die → Pharisäer durch rigorose Handhabung des Sabbatgebots bemüht sind, dem Kommen der → Königsherrschaft Gottes vorzuarbeiten, bricht in den Heilungen, die Jesus oft gerade an einem Sabbat vollbringt, Gottes Herrschaft schon zeichenhaft herein.

Sabbatjahr Wie der Mensch an jedem siebten Tag seine Arbeit ruhen lassen muss, so soll im alten Israel das Land in jedem siebten Jahr einen → Sabbat halten, d. h. unbebaut bleiben und brachliegen (Lev 25,1-7). Israelitische Sklaven sollen in diesem Jahr die Freiheit erhalten (Ex 21,2-6; nach Lev 25,39-43 in jedem 49. Jahr), und es sollen alle Schulden erlassen werden (Dtn 15,1-3). Die Vorschriften über das Sabbatjahr wurden offenbar vielfach nicht beachtet (Lev 26,34-35; 2 Chr 36,21; Jer 34,8-22), von der nachexilischen Gemeinde jedoch neu übernommen (Neh 10,32b).

Sack Zur Bekundung der Trauer über den Verlust nahe stehender Menschen, aber auch als Zeichen der Trauer vor Gott über eigene Verfehlungen oder solche des ganzen Volkes (→ Bußfeier) trugen Männer und Frauen im alten Israel den Sack, d. h. ein einfaches Kleidungsstück, das aus dunklem Ziegen- oder Kamelhaar gewoben war und vielleicht die Form eines Lendenschurzes hatte. Es konnte auch unter dem – zum Zeichen der Trauer zerrissenen – Obergewand getragen werden (vgl. 2 Kön 6,30; Jdt 8,5).

Sadduzäer Eine jüdische Religionspartei, der die vornehmen Priestergeschlechter und Vertreter der weltlichen Aristokratie angehörten. Die Sadduzäer lehnten alle Lehren ab, die über das wörtlich im → Gesetz (den fünf Mose-Büchern) Enthaltene hinausgingen, so z. B. den Glauben an die → Auferstehung der Toten und die Existenz von → Engeln (vgl. Apg 23,8). Der Name leitet sich wahrscheinlich von dem Priester Zadok her, den Salomo zum Oberpriester am Jerusalemer → Tempel machte (1 Kön 2,35; 1 Chr 29,22; Ez 44,15-16). Als führende Fraktion

im jüdischen → Rat trugen sie politisch die Hauptverantwortung. Sie waren auf den Ausgleich mit den Römern bedacht, um dem jüdischen Volk die letzten Reste politischer Freiheit zu wahren.

salben, Salbung Die Salbung wurde durch Einreiben oder Begießen des Kopfes und Leibes mit Öl (Olivenöl) vorgenommen. Sie war ein Zeichen der Lebensfreude und des Wohlstandes; deswegen unterließen Trauernde die Salbung. Außerdem hatte sie ihren besonderen Platz im religiösen Leben. Bestimmte Gegenstände und Personen wurden von Propheten oder Priestern gesalbt und damit für den Dienst Gottes geweiht: heilige Steine (Gen 28,18), das → Heilige Zelt, der → Altar (Ex 30,26-29), Propheten (1 Kön 19,15-16), Priester (Ex 30,30) und Könige (1 Sam 10,1; 16,1.13; → Christus).

Salomohalle Eine Säulenhalle an der Ostseite des äußeren Vorhofs in dem von Herodes d. Gr. (→ Herodes 1) errichteten Neubau des Jerusalemer → Tempels. Sie war auch Nichtjuden zugänglich und wurde für die religiöse Unterweisung benutzt.

Samarien, Samariter Nach der Eroberung des Nordreiches → Israel durch die → Assyrer errichteten diese auf dem alten Reichsgebiet eine Provinz, die nach Samaria, der bisherigen Hauptstadt des Landes, den Namen Samarien erhielt (2 Kön 17,24). Sie bestand in allen Nachfolgereichen der Assyrer bis hin zu den → Seleuziden als Provinz bzw. Verwaltungseinheit weiter und ging dann im Königreich der → Makkabäer und später von → Herodes d. Gr. auf. Zur Zeit von Jesus ist das Gebiet zusammen mit → Judäa und Idumäa Teil einer römischen Präfektur (→ Statthalter sowie die Zeittafel unten Seite 419/20).

Als Samariter bezeichnet man die Mischbevölkerung, die seit der Assyrerzeit dieses Gebiet bewohnte. Sie entstand durch Ansiedlung unterworfener Völkerschaften aus dem syrisch-mesopotamischen Raum, die sich offenbar mit Resten der israelitischen Bevölkerung vermischten und deren Religion, die Verehrung des »Landesgottes«, übernahmen (2 Kön 17,24-41).

Von den aus dem babylonischen → Exil zurückgekehrten Judäern wurden sie nicht als Israeliten anerkannt, und ihre Mithilfe beim Wiederaufbau des → Tempels wurde zurückgewiesen (Esra 4,2-3; Hag 2,10-14). Zur Zeit von Jesus galten sie bei den Juden als Ketzer, weil sie nur die fünf Mose-Bücher (das → Gesetz) als → Heilige Schriften anerkannten und ihnen der Berg Garizim und nicht der → Zion als der in Dtn 12,5-12 vorgeschriebene *eine* Ort für den Gottesdienst galt. Sie und ihr Land wurden von den Frommen verachtet und gemieden.

Sara Frau von → Abraham und Ahnfrau des Volkes Israel (Gen 17,15-19; Jes 51,2), die noch im Alter den von Gott versprochenen Sohn gebar (Gen 18,9-14; 21,1; Röm 4,19; Hebr 11,11).

Satan In der israelitischen Rechtspraxis der Ankläger (»Staatsanwalt«), der die Vergehen des Beschuldigten aufzählt (Ps 109,6; vgl. Sach 3,1-2). In der Zeit nach dem babylonischen → Exil kennt man auch einen Ankläger beim himmlischen Gericht, der vor Gottes Thron die Sünden der Menschen vorbringt. Im Buch Ijob (1,6; 2,1) wird er zu den → »Gottessöhnen«, d. h. zum himmlischen Hofstaat, gezählt. Doch wird hier schon deutlich, dass er Welt und Menschen vor Gott zu verleumden und schlecht zu machen und sie in die Rebellion gegen Gott zu treiben sucht. In neutestamentlicher Zeit ist der Satan schließlich zum Gegenspieler Gottes geworden, dem Teufel, der als Herr dieser → Welt gilt, aber endlich von Gott überwunden und vernichtet wird.

Sauerteig Als Treibmittel wurde beim Brotbacken ein Stück gegorener Teig verwendet, der vom letzten Backen aufgehoben worden war. So war stets Sauerteig im Haus; nur aufs → Passafest musste aller Sauerteig entfernt werden (vgl. 1 Kor 5,6-8). Auch für → Speiseopfer und bei → Mahlopfern durfte kein Sauerteig verwendet werden, wahrscheinlich weil die Gärung als eine Art Fäulnisprozess die unversehrte Ursprünglichkeit und Reinheit der Gabe verletzt (→ rein).

Sauerteig hat die Eigenschaft, »ansteckend« zu sein; darauf beruht das Gleichnis vom Sauerteig (Mt 13,33) und auch die Warnung in Mk 8,15 par, sich nicht von der Lehre der → Pharisäer beeindrucken zu lassen.

Säulen Ehrenname für Jakobus, Petrus und Johannes als Führer der Jerusalemer Urgemeinde. Er erinnert an das Bild von der Gemeinde als → Tempel Gottes (1 Kor 3,16; Offb 3,12) und bezeichnet die drei als tragende Glieder der Gemeinschaft (vgl. das Bild vom Fundament in Eph 2,20). Mit Jakobus ist der Bruder von Jesus gemeint (Mk 6,3 par).

Saulus Der jüdische Name des Apostels Paulus (Apg 7,58; 8,1.3; 9,1; 11,25; 13,1); = Saul mit griechisch-lateinischer Endung; vgl. 1 Sam 13,1. Paulus ist sein zweiter Name, den er als römischer → Bürger trug. In der Apostelgeschichte wird von 13,9 an nur noch der Name Paulus verwendet, d. h. von dem Augenblick an, wo Paulus

erstmals als der große geisterfüllte und vollmächtige Verkünder der → Guten Nachricht in der nichtjüdischen Welt hervortritt.

Schear-Jaschub Prophetischer Name, den Jesaja offenbar auf Gottes Befehl seinem Sohn gegeben hat (Jes 7,3). Der Sinn ist nicht eindeutig: »Nur (oder: Wenigstens) ein Rest kehrt um (oder: kehrt zurück)«. Der Gedanke eines Restes findet sich auch in Jes 10,21-22; 8,16-18.

Schebat Der 11. Monat des babylonischen Jahres (→ Kalender); etwa Mitte Januar bis Mitte Februar.

Scheidungsurkunde Die Vorschrift von Dtn 24,1 wurde gegeben, um die Willkür des Mannes zu begrenzen und der geschiedenen Frau ein erträgliches Weiterleben zu ermöglichen. Ihr Sinn wird verkehrt, wenn Männer sie als »Erlaubnis« (vgl. Mk 10,2.4 par) ansehen, ihre Frauen zu entlassen. Nach dem Zusammenhang von Mk 10,2-9/Mt 19,3-8 ist diese Vorschrift sozusagen im Zorn gegeben worden für ein Volk, das nicht bereit und kaum noch fähig ist, zu erkennen und zu tun, was Gott eigentlich will. Sie ist gegeben »mit Rücksicht auf« die Hartherzigkeit des Volkes – nicht in erster Linie seine Fühllosigkeit gegen Mitmenschen, sondern die fehlende Bereitschaft, Gott und seinem heilsamen Willen zu folgen. Dass es die Vorschrift gibt und dass sie praktiziert werden muss, stellt demnach ein ständiges Belastungszeugnis gegen dieses Volk dar und beweist, dass es ein abtrünniges Volk ist. Der letzte Beweis dieser »Verstocktheit« ist es, wenn die Vorschrift zur Schadensbegrenzung als Freibrief für die menschliche (männliche) Willkür verstanden wird (siehe dazu auch → Unzuchtsklausel).

Schekel Gewicht, mit dem Metalle, aber auch Gold und Silber als Zahlungsmittel gewogen wurden (→ Silberstück). Wert nach gefundenen Gewichten ca. 11,5 g, der königliche Schekel (2Sam 14,26) ca. 13 g. Der Schekel wird unterteilt in 20 Gera (ca. 0,5 g); 50 Schekel = 1 Mine (ca. 575 g), 3000 Schekel oder 60 Minen = 1 »Zentner« von ca. 34,5 kg.

Scheusal, entsetzliches Der Ausdruck geht in Mt 24,15 und Mk 13,14 auf das Daniel-Buch zurück (Dan 9,27; 11,31; 12,11). Wörtlich lautet er »Gräuel der Verwüstung«, wobei »Gräuel« alles bezeichnet, was unrein ist und unrein macht (→ rein). Er bezieht sich bei Daniel auf die Entweihung des Jerusalemer → Tempels durch Antiochus IV. Epiphanes. Dieser ließ 168 v. Chr. auf dem großen → Brandopferaltar vor dem Tempelhaus einen kleinen Altar aufstellen, auf dem Opfer für den Griechengott → Zeus dargebracht wurden. Dadurch wurde das ganze Heiligtum »verwüstet«, d. h. kultisch unrein, sodass der jüdische Opfergottesdienst unmöglich gemacht und Priester und Gemeinde vertrieben wurden; das Tempelgebiet verödete (1 Makk 1,54.59). Diese religionspolitische Maßnahme war Teil der Bemühungen, die Einheit des → Seleuzidenreiches zu festigen (1 Makk 1,41-53).
In Mt 24,15/Mk 13,14 muss der Ausdruck nicht auf eine genaue Wiederholung dieses Vorgangs deuten, bezeichnet aber auf jeden Fall Maßnahmen, die ihm entsprechen. Der Höhepunkt endzeitlicher Verfolgungen wird dadurch erreicht, dass der Staat die Religion völlig sich und seinen Zwecken dienstbar macht – zuletzt so sehr, dass er und seine Vertreter praktisch die Stelle Gottes selbst einnehmen und keinen Gottesdienst mehr dulden, der nicht ihnen gilt (vgl. 2Thess 2,3-4; Offb 13).

Schilfmeer Hebräische Bezeichnung für das Rote Meer, eingeschlossen den Golf von Akaba (Elat; Karte AO, C4) und den Golf von Suez mit dessen nördlicher Fortsetzung in den Bitterseen entlang des heutigen Suezkanals. Die Beschreibung der Marschroute der ausziehenden Israeliten in Ex 13,17–14,9 legt nahe, dass der »Durchzug durchs Meer« im Bitterseengebiet stattfand und mit dem »Meer« einer der flachen Schilfseen jener Gegend gemeint ist. Wenn trotzdem vom »Meer« gesprochen wird, lässt sich daran ablesen, dass Israel seine Rettung vor der Streitmacht des Pharaos als Entsprechung zum Vorgang der Weltschöpfung verstand, die in sinnbildlicher Sprache als Besiegung des → Meeres gefeiert wurde (vgl. Jes 51,9-10).

Schilo (Silo) In der Vorkönigszeit ein wichtiges Heiligtum im Bergland Efraïm (Karte LA, C5), an dem die → Bundeslade aufbewahrt wurde (1Sam 4,3). Es wurde etwa um 1050 v. Chr. zerstört, vermutlich von den → Philistern.

Schiloach (-kanal, -teich) (Siloah) Das hebräische Wort bedeutet »Sender« (von Wasser) und kann einen Kanal oder eine Art Wasserleitung bezeichnen. In Jes 8,6 ist von dem Kanal die Rede, der das Wasser der außerhalb Jerusalems am Abhang zum Kidron-Tal entspringenden → Gihon-Quelle am Fuß der Stadtmauer entlang nach Süden zu einem Teich führte, der vermutlich der Bewässerung der königlichen Gärten diente (der »alte Teich« von Jes 22,11, der später zwischen alter und neuer Mauer zu liegen kam). Der im Neuen Testament erwähnte und bis

heute so genannte Teich Schiloach wird von derselben Quelle gespeist, jedoch durch den unter König Hiskija (725–697 v. Chr.) durch den Fels geschlagenen 533 m langen Tunnel, der im 19. Jh. wieder entdeckt wurde (2 Kön 20,20; vgl. Kartenskizze Jerusalem I: Jerusalem in alttestamentlicher Zeit).

Bei dem »oberen Teich« von 2 Kön 18,17; Jes 7,3 handelt es sich entweder um ein Sammelbecken für Regenwasser im Nordwesten der → Davidsstadt oder um den »alten« oder einen anderen Teich im Süden bei den königlichen Gärten. (Das erwähnte Tuchmacherfeld könnte wegen des Wasserbedarfs für das Walken und Bleichen des Leinens bei der → Rogel-Quelle = »Walker-Quelle« gelegen haben.)

Schinar Bezeichnung für die Landschaft Babylonien, die eng mit der Geschichte vom Turmbau in Babel (Gen 11,1-9) verknüpft ist und deshalb Babylonien als ein Land charakterisieren kann, von dem alle Auflehnung gegen Gott ihren Ausgang nahm (Sach 5,11).

Schlacken Die Gewinnung und Läuterung von Edelmetallen wird in der Bibel zum Bild für die Prüfung des Glaubenslebens auf seine Echtheit und die Läuterung des Gottesvolkes und einzelner Frommer durch Strafgerichte und Leiden. Insbesondere geht es dabei um die Ausscheidung von Verunreinigungen, wie sie durch das Erhitzen von Gold und Silber geschieht (Spr 17,3; 27,21; Sach 13,9; 1 Petr 1,7).

In spezieller Weise dienen die Vorgänge bei der Silbergewinnung zum Vergleich. Als Ausgangsstoff wurde hier in alter Zeit silberhaltiger Bleiglanz verwendet. Ihm wurden in einem ersten Schmelzvorgang durch Beigabe anderer Metalle die Schwefelbestandteile entzogen; anschließend wurde das Blei (durch Oxidation zu Bleiglätte) vom Silber getrennt. In beiden Phasen fielen »Schlacken« an. Der zweite Vorgang war jedoch besonders schwierig und konnte leicht misslingen, sodass nur silberhaltige Bleiglätte (»silbrig glänzende Schlacke«; Jes 1,22) oder minderwertiges Silber (Jer 6,29-30) dabei herauskam. So musste dieser zweite Arbeitsgang unter Umständen wiederholt werden (Jes 1,25).

In Ez 22,18 werden die beiden Phasen des Schmelzvorgangs nicht streng auseinander gehalten, da der Prophet nur am Abfallprodukt interessiert ist; außerdem nimmt er offenbar einen total misslungenen Schmelzprozess an, der anschließend wiederholt werden muss (Verse 19-21): Das Abfallprodukt »Schlacke« muss nochmals in den Schmelzofen!

Schlange Die Schlange im Paradies ist nicht eine Verkörperung des Teufels, sondern – wie der Text Gen 3,1 eindeutig sagt – ein Geschöpf Gottes. Die biblische Erzählung kann so verstanden werden, dass sich im Gespräch Evas mit der Schlange ein innerer Vorgang (Dialog) im Menschen selbst spiegelt (vgl. Jak 1,13-14). An der Frage nach dem Ursprung des Bösen ist der biblische Erzähler nicht interessiert.

Schmelzofen Rundofen aus Ton zur Metallgewinnung aus Erzen (→ Schlacken).

Schriften, Heilige → Heilige Schriften.

Schutzengel Der Schutzengel, den jeder Mensch nach jüdischem Glauben hat (→ Engel), wird in Apg 12,15 als sein Doppelgänger verstanden, der ihm täuschend ähnlich sieht.

Schweinefleisch → rein.

Schwester → Bruder.

Seele Nach biblischer Vorstellung besteht der Mensch nicht aus Körper und Seele, sondern ist als ganzer, je nach Blickpunkt, entweder → Fleisch oder »Seele«, d. h. Träger von Leben (der *nefesch* als dem Lebensprinzip/Lebenshauch/Lebensatem; Gen 2,7). Doch konnte im Frühjudentum, als das ewige Schicksal des Menschen in den Blick trat, der Begriff *nefesch* den Menschen bezeichnen, sofern Gott ihm die Vollendung in einem »ewigen Leben« zugedacht hat (Mt 10,28 wörtlich: »Fürchtet euch nicht vor denen, die nur den Körper, aber nicht die Seele töten können. Fürchtet euch vor Gott, der Körper und Seele ins ewige Verderben schicken kann«). In derselben Bedeutung kann das Wort → Geist gebraucht werden (z. B. Hebr 12,23). Nicht von einer unsterblichen Seele ist dabei die Rede, sondern von dem »Lebenshauch«, den Gott in den Menschen gelegt hat, dem innersten Wesen, dem »Selbst« des Menschen, das jedoch ohne Körper nicht leben kann, weshalb eine leibliche, leibhaftige Auferstehung erwartet wird (vgl. 1 Kor 15,35-49; 2 Kor 5,1-5).

In der Zwischenzeit zwischen Tod und Auferweckung wird dieser für sich allein nicht lebensfähige Kern des Menschen bei Gott »aufbewahrt« (Weish 3,1-9). Der Aufbewahrungsort konnte verschieden angegeben werden (vgl. Offb 6,9; Hebr 12,23). Es konnte auch auf jede bestimmte Vorstellung verzichtet werden im Gedanken an das einzig Wichtige, dass die Seelen bei Gott bzw. bei Christus sind (Röm 14,8-9). Ebenso konnte die ausdrückliche Feststellung, dass es sich »nur« um die Seelen/Geister der Verstorbenen handle und ihr Zustand

ein ganz vorläufiger sei, unterbleiben (z. B. Lk 23,43).
Über den Grad der Bewusstheit und »Seligkeit«, in dem sich die Verstorbenen in diesem Zwischenzustand befinden, wurde unterschiedlich gedacht. Die Vorstellungen reichen von einem unbewussten, schlafähnlichen Zustand (so vielleicht 1 Thess 4,13-18; wörtlich »die Schlafenden/Entschlafenen«) bis zu einem vorwegnehmenden Kosten der endgültigen Seligkeit (Lk 23,43; Hebr 12,23). Wichtiger als solche Vorstellungen ist für das Neue Testament die Gewissheit, ja Erfahrung, dass die Gemeinschaft mit dem auferstandenen Christus schon jetzt eine Seligkeit gewährt, die der Tod nicht unterbrechen kann (Röm 8,38; 14,8-9; 2 Kor 5,6-8; Phil 1,21-23; Joh 11,25-26).

Seeschlange → Leviatan.

Segen Er wird als Übertragung von lebenwirkender und lebenerhaltender Kraft verstanden, ebenso wie der → Fluch zerstörende Wirkung hat. Die Wirkung des Segens hängt aber auch von Art und Bedeutung der sprechenden Persönlichkeit ab. Bestimmte Menschen sind mit besonderer Segensmacht begabt. Das kann bei Sterbenden mit der Todesnähe zusammenhängen (Jakob in Gen 40), es kann Folge einer besonderen Begabung sein (wie bei Bileam in Num 22–24), aber auch in einer Amtsstellung und Weihe gründen wie bei den → Priestern, die zum Abschluss des Gottesdienstes die Gemeinde segnen (Num 6,22-27). In Israel ist letztlich Gott der Geber des Segens, auch wenn er ihn durch Worte und Hände von Menschen weitergibt.

Seher Altertümliche Bezeichnung der → Propheten, die auf die Fähigkeit der Hellsichtigkeit, des »zweiten Gesichts«, anspielt.

Seïr (hebräisch »behaart/bewaldet«) Ein Bergland im Gebiet von → Edom. Als die Edomiter sich nach der Zerstörung Jerusalems 587 v. Chr. im Bergland westlich der Senke zwischen Totem und Rotem Meer festsetzten, erhielt auch dieses Gebiet den Namen Seïr (vgl. Jos 11,17; 12,7, wo dieser spätere Sprachgebrauch vorliegt).

Seleuziden Griechisches Geschlecht, das nach dem Tod Alexanders d. Gr. eines seiner Nachfolgereiche beherrschte, die Nachkommen von Seleukus I. (312–280 v. Chr.). Das Reich der Seleuziden reichte zur Zeit seiner größten Ausdehnung vom Bosporus bis an die indische Grenze. Mit dem ägyptischen Reich der Ptolemäer kämpften die Seleuziden verschiedentlich um Syrien/Palästina. Durch die Politik des Seleuziden Antiochus IV. (175-164 v. Chr.), der die griechische Kultur und Religion als einigendes Band seines Reiches überall durchzusetzen versuchte, wurden die Makkabäerkämpfe ausgelöst (1 Makk 1–2).

Seligpreisungen Was für die → Bergpredigt als ganze gilt, gilt speziell auch für die Seligpreisungen: Lukas bietet eine wesentlich kürzere Fassung als Matthäus (vgl. Lk 6,20-23 mit Mt 5,3-12); bei Lukas stehen materiell Notleidende im Blickpunkt, während bei Matthäus mehr bestimmte Frömmigkeitshaltungen angesprochen werden.
(1) Mt 5,3: »die nur noch von Gott etwas erwarten«: wörtlich »die Armen in Bezug auf den Geist«. Entsprechend der Bedeutungsbreite von »arm« und »Geist« im Hebräischen überlagern und durchdringen sich zwei Bedeutungen: »arm/arm an Lebenskraft« aufgrund wirtschaftlicher Not und gesellschaftlicher Ausgrenzung (= mutlos, verzweifelt) und: »gebeugt/gottergeben in der Gesinnung« (= demütig, alles von Gott erhoffend). Der Ausdruck »arm in Bezug auf den Geist« spielte damals in der Gemeinschaft von → Qumran eine wichtige Rolle.
(2) Mt 5,4: »die unter dieser heillosen Welt leiden«: wörtlich »die Trauernden«. Im Blickpunkt stehen nicht so sehr Menschen, die durch persönliche Not oder persönliche Schicksalsschläge niedergebeugt sind, sondern solche, die unter der Gottlosigkeit, der Verborgenheit Gottes in der Welt, insbesondere unter der notvollen Situation des Gottesvolkes, der Gemeinde, leiden (im Hintergrund stehen Stellen wie Jes 61,2-3; 66,10-13). Wenn es in der zweiten Vershälfte heißt (wörtlich): »denn sie werden getröstet werden«, so ist damit das rettende, heilschaffende Eingreifen Gottes am Ende der Geschichte gemeint.

Seraf Die → Engel, die in Jes 6,2 den Thron Gottes umgeben, werden im Hebräischen *serafim* (Einzahl *saraf*) genannt. Das Wort hängt mit »brennen« zusammen und kann Schlangen bezeichnen (wegen ihres brennenden = giftigen Bisses; Num 21,6.9), speziell unheimliche Wüstentiere (»Drachen«; Jes 14,29; 30,6). Schlangenartig könnten auch die Serafen von Jes 6,2 vorzustellen sein, als geflügelte Schlangen oder als Mischwesen mit menschlichem Gesicht, Schlangenkörper und Vogelflügeln, wie wir sie von altorientalischen Bildwerken kennen.

Siegeskranz Die Sieger in den Olympischen und anderen Wettkämpfen wurden durch einen auf dem Kopf getragenen Kranz aus Ölbaum- oder Lorbeerzweigen geehrt.

Signalhorn → Widderhorn.

Silbermünze, Silberstück Der hebräische Schekel, der römische Denar oder die griechische Drachme. Bevor es geprägte Münzen gab, wurden die Silberstücke gewogen (→ Schekel). Zur Zeit des Neuen Testaments ist ein Silberstück der übliche Tageslohn eines → Lohnarbeiters (Mt 20,2).

Sinai Der Berg, an dem Gott sich seinem Volk Israel geoffenbart und seinen → Bund mit ihm geschlossen hat (Ex 19–24; anderer Name Horeb). Seine genaue Lage ist aus der Bibel nicht zu entnehmen.

Sintflut Bezeichnung für die Verderben bringende Flut, aus der Noach und die Seinen in der → Arche gerettet wurden (Gen 6,5–8,22). Das deutsche Wort bezeichnet eine »große Flut« und hat sprachlich nichts mit »Sünde« zu tun, so richtig es der Sache nach wäre, die Flut als Strafe für die Sünden der Menschheit zu bezeichnen.

Siw Der 8. Monat des althebräischen Jahres (→ Kalender), etwa Mitte April bis Mitte Mai.

Siwan Der 3. Monat des babylonischen Jahres (→ Kalender), etwa Mitte Mai bis Mitte Juni.

Sklave, Sklavin Sklaverei gab es in der ganzen Alten Welt in mannigfachen Formen und unter den verschiedensten Bedingungen. In Israel wurde unterschieden zwischen volksfremden Sklaven und solchen aus dem eigenen Volk. Ein Israelit konnte zum Sklaven eines anderen werden, wenn er stark verschuldet war oder sich ihm in einer Notlage freiwillig verkaufte; auch Eltern verkauften ihre Kinder in solchen Fällen. Ein israelitischer Sklave durfte jedoch nicht für entwürdigende Dienste gebraucht werden; er musste wie ein → Lohnarbeiter behandelt und im → Sabbatjahr freigelassen werden. Für als Sklaven verkaufte Mädchen erlässt das Gesetz besondere Schutzbestimmungen (Ex 21,7-11).

Ausländische Sklaven wurden im Krieg erbeutet oder auf dem Sklavenmarkt (z. B. in Tyrus) gekauft. Sie zählten praktisch zur Familie, mussten jedoch die niederen Dienste verrichten und konnten auch weiterverkauft werden, was bei den israelitischen Sklaven untersagt war, die im 7. Jahr freigelassen werden mussten (Ex 21,2; siehe jedoch 21,5-6).

In der griechisch-römischen Welt konnten Sklaven zu bedeutenden Stellungen aufsteigen; aber es gab daneben ein Heer von namenlosen Haus- und Arbeitssklaven. In den frühen christlichen Gemeinden war der Anteil dieser Sklaven und Sklavinnen offenbar hoch. Sie waren innerhalb der Gemeinde den Freien völlig gleichgestellt (Gal 3,28); doch bestehen die Schreiber der neutestamentlichen Briefe darauf, dass die Sklaven und Sklavinnen im Alltagsleben ihre Pflichten erfüllen und an der bestehenden Sozialordnung nicht rütteln (Eph 6,5-9; Kol 3,22; 1 Tim 6,1-2). Der Brief des Apostels Paulus an Philemon zeigt jedoch, dass die Brüderlichkeit in der Gemeinde ansatzweise auch zu einer gesellschaftlichen Neuorientierung führen kann.

Sodom (und Gomorra) Kanaanitische Städte, die nach Gen 19,12-29 wegen ihrer Sünden vernichtet wurden. Vielleicht am Südwestufer des Toten Meeres gelegen, sind sie wahrscheinlich schon in der mittleren Bronzezeit durch eine Naturkatastrophe untergegangen. Beide Städte gelten als Symbol der Verruchtheit; die Art ihrer Schuld wird unterschiedlich angegeben (siehe Vergleichsstellen zu Gen 18,20).

Sohn Davids → David.

Sohn Gottes (→ Söhne) Im Alten Testament konnte ganz Israel, im Frühjudentum auch der einzelne exemplarisch → Gerechte in Israel »Sohn Gottes« genannt werden (Ex 4,22-23; Hos 11,1; Weish 2,17-20). Das Neue Testament sieht in beidem einen prophetischen Hinweis auf Jesus Christus, in dem dieser Titel seine wahre Erfüllung finden sollte (vgl. Mt 2,15; 27,43).

Vor allem aber galt im Alten Testament der König Israels als Gottessohn (vgl. 2 Sam 7,14). Bei seiner Thronbesteigung wurde er zum »Sohn Gottes« eingesetzt (Ps 2,7), d. h., er sollte an Gottes Stelle über das Volk regieren. Es ist daher möglich, dass schon das Judentum den erhofften König der Endzeit, den Messias, als Gottessohn bezeichnet hat. Nach frühen urchristlichen Bekenntnissen ist Jesus zum »Sohn Gottes« im Sinn von Ps 2,7 mit seiner Auferstehung geworden (Röm 1,3-4; Apg 13,33; → Christus).

Tiefer und umfassender ist die Sohn-Gottes-Bezeichnung, wie sie z. B. in Gal 4,4; Kol 1,13-18; Joh 1,14; Hebr 1,2-3 vorliegt. Sie ist vor dem Hintergrund der Aussagen über die »Weisheit« Gottes zu verstehen, führt aber zugleich weit darüber hinaus (→ Weisheit).

Neben der Bezeichnung »Sohn Gottes« gibt es für Jesus auch die Bezeichnung »der Sohn« bzw. »der → eingeborene Sohn« (v. a. bei Johannes). Während sich die erste Bezeichnung aus der Messias-Vorstellung (→ Christus) herleitet und an 2 Sam 7,14; Ps 2,7 anknüpft, bringt die zweite die Würde von Jesus als → Menschensohn und auf Erden erschienene → Weisheit Gottes zum Ausdruck. An vielen Stellen

durchdringen sich die Vorstellungen gegenseitig und sind ihre Inhalte miteinander verschmolzen.
Jesus selbst hat seine einzigartige Nähe zum Vater in der Gebetsanrede »Abba« zum Ausdruck gebracht (→ Abba).

Söhne (Gottes) Nach frühjüdischem Denken bewährt sich der einzelne Israelit als → »Sohn Gottes«, je mehr er in der Nachahmung Gottes, seines Vaters, Fortschritte macht und die Art seines Vaters annimmt, z. B. etwa wie dieser → Frieden schafft (Mt 5,9, wo die Zusage der Sohnschaft zweifellos nicht allein den »Söhnen« = Männern gilt). Grundsätzlich ist Sohnschaft/Kindschaft nicht etwas, was sich der Mensch verdienen kann, sondern sie ist Gottes Geschenk (Gal 3,26-27; 1 Joh 3,1-2).
Im israelitischen Erbrecht spielen die Söhne als die zuerst und eigentlich Erbberechtigten (Ausnahme Num 27,1-11; 36,1-13) eine maßgebliche Rolle. Von daher ist es zu verstehen, wenn im Neuen Testament, sobald vom Geschenk des ewigen Heils unter dem Bild des »Erbes« und des »Erbens« gesprochen wird, öfter von »Söhnen« die Rede ist (Röm 8,14-17; Gal 3,26–4,7), obwohl Frauen mit Sicherheit eingeschlossen sind, was die Übersetzung in solchen Fällen zum Ausdruck bringt.

Sonntag Die Übersetzung gebraucht unsere Wochentagsbezeichnung, wo es nach jüdischem Brauch wörtlich heißt »der Tag nach dem → Sabbat« bzw. »der erste Tag der Woche« (Mt 28,1; Mk 16,2; Lk 24,1; Joh 20,1.19; Apg 20,7). Dieser Tag ist der Tag der Entdeckung des leeren Grabes und – nach Lukas und Johannes – auch des ersten Erscheinens des Auferstandenen. Die Christen nannten ihn den »Tag des Herrn«, d. h. des auferstandenen → Herrn Jesus Christus (Offb 1,10), und feierten an ihm das → Mahl des Herrn (Apg 20,7).

Speiseopfer Naturalien (Getreide, Backwerk, Feldfrüchte) als selbständiges Opfer oder Beigabe zu anderen Opfergaben (→ Opfer).

Speisevorschriften → Nahrungsvorschriften.

Sprachen, unbekannte (Sprachen des Geistes) Die Wirkung des → Heiligen Geistes zeigte sich in der frühen Kirche unter anderem im sog. Zungenreden (1 Kor 12,10), das noch heute bzw. heute wieder in christlichen Kreisen anzutreffen ist. Nach den gegenwärtigen Erfahrungen geschieht dieses Sprechen bei vollem Bewusstsein, jedoch so, dass der Sprechende sich dem Wirken des Geistes öffnet. Es kann sich dabei um eine dem Sprechenden unbekannte verständliche Sprache handeln (wie in Apg 2,4) oder um eine völlig unbekannte Ausdrucksweise. Paulus geht in 1 Kor 14 auf diese Gabe ausführlich ein, weil sie in der dortigen Gemeinde anscheinend überbewertet wurde.

Spross Bezeichnung für den → Messias, der aus der Wurzel der Familie Davids »entsprießt« (Jes 11,1). Er scheint zuerst in Jer 23,5 so genannt worden zu sein (wörtlich: »Tag, an dem ich David einen gerechten Spross erwecken werde«). Sacharja nimmt diese Bezeichnung in seiner Prophetie auf (Sach 3,8; 6,12; → Nazoräer).

Stadie Griechisches Wegmaß, je nach Maßstab zwischen 175 und 200 m.

Stakte Unbekannter Bestandteil der Weihrauchmischung des Heiligtums. Stakte ist die griechische Wiedergabe des betreffenden hebräischen Wortes und bedeutet »Tropfen«.

Statthalter Im Römischen Reich gab es senatorische Provinzen, die einem vom römischen Senat eingesetzten Prokonsul unterstanden (Apg 13,7; 18,12), und imperatorische Provinzen, die einem vom Kaiser (Imperator) eingesetzten Legaten unterstellt waren (Lk 2,2).
Im Unterschied dazu standen → Judäa, → Samarien und Idumäa (→ Edom) und 44–66 n. Chr. vorübergehend ganz Palästina unter einem Präfekten (nach 41 n. Chr. trägt er den Titel Prokurator), der in Cäsarea residierte. Die Präfektur in Judäa, Samarien und Idumäa war eingerichtet worden, nachdem es unter der Regierung des Herodessohnes Archelaus (→ Herodes 2) zu ständigen Konflikten zwischen ihm und den Juden gekommen war. Der Präfekt bzw. Prokurator hatte vor allem das Steuerwesen zu überwachen und in wichtigen Fällen als Richter zu wirken; ihm war es vorbehalten, Todesurteile auszusprechen und vollstrecken zu lassen. Er verfügte über eine Truppenmacht. Zu besonderen Anlässen – vor allem an den hohen jüdischen Festen, wo wegen der in Jerusalem zusammenströmenden Volksmassen besondere Vorsichtsmaßregeln nötig waren – kam er von Cäsarea nach Jerusalem hinauf und brachte Verstärkung für die dortige römische Garnison mit.
Erwähnt werden im Neuen Testament der Präfekt Pilatus (26–36 n. Chr.) und die Prokuratoren Felix (52–60) und Festus (60–62).
Schon im Neuen Testament selbst werden die Titel größtenteils nicht unterschieden: Präfekt und Prokuratoren ebenso wie der Legat in Lk 2,2 werden »Statthalter« (griechisch *hegemon*) genannt; nur in Apg 13,7-8.12; 18,12; 19,38 erscheint die Bezeichnung »Prokonsul« (griechisch *anthypatos*). Die Übersetzung gebraucht

ohne Unterschied den Begriff »Statthalter« (in Apg 19,38 »Behörden«).

Staub (von den Füßen schütteln) Wenn Juden aus nichtjüdischem Gebiet nach Israel zurückkehrten, pflegten sie den Staub von den Füßen zu schütteln, um nichts »Verunreinigendes« (→ rein) in das Heilige Land mitzuschleppen. Im Zusammenhang der Aussendung der → Jünger (Mk 6,11 par) und der urchristlichen Mission (Apg 13,51; ähnlich 18,6) bedeutet es Abbruch der Beziehungen und Überantwortung an Gottes Gericht.

Steige Steiler Weg, der einen Gebirgsanstieg hinauf- bzw. hinabführt.

Stein, heiliger → Steinmal.

steinigen, Steinigung Die Steinigung war eine Form der Todesstrafe, die bei besonders schweren Vergehen als feierliche Form des Ausschlusses aus dem Gottesvolk angewandt (Lev 24,10-14; Dtn 17,2-7; 21,18-21), aber auch als Lynchjustiz geübt wurde. In neutestamentlicher Zeit wurde eine offizielle Steinigung in folgender Form vollzogen: Der zu Steinigende wurde durch einen »Zeugen« (Apg 7,58) von einem Felsen oder einer Mauer rückwärts hinabgestürzt; wenn er noch lebte, ließ der zweite »Zeuge« einen schweren Stein auf seine Brust fallen.

Steinmal Ein aufrecht hingestellter heiliger Stein: (a) als Denkstein für einen Vertragsschluss und Grenzstein (Gen 31,45); (b) als Grabstein (Gen 35,20); (c) als Gedenkstein an heiliger Stätte (Gen 28,18); (d) anstelle eines Götterbildes oder in Verbindung mit Götterbildern, darum in Israel streng verboten (Ex 34,13; Lev 26,1; Dtn 7,5; 12,3) und trotzdem immer wieder errichtet (1 Kön 14,23; 2 Kön 3,2).

Sterndeuter Das so übersetzte griechische Wort (*magoi* = unser »Magier«) bezeichnete zunächst die Mitglieder einer persischen Priesterkaste (vgl. Dan 1,20), die sich mit Sternkunde und Astrologie befassten, sodann allgemein babylonische und sonstige Astrologen.

Stierbild Die im Alten Testament erwähnten Stierbilder (»goldenes Kalb«) waren keine Götterbilder. Sie wurden nicht angebetet, sondern galten als Träger des unsichtbar auf ihnen thronenden Gottes (1 Kön 12,28-30; Hos 8,5-6). Trotzdem lag die Verwechslung zwischen Bild und Gott nahe (Ex 32,4).

Streitwagen Eine zugleich bewegliche und »schwere« Waffengattung. Der Streitwagen war in der Regel mit zwei Mann besetzt, dem Wagenlenker und dem Bogenschützen; gelegentlich kam noch ein Schildhalter dazu.

Sühne Gott muss nach biblischem Verständnis nicht von Menschen durch → Opfer oder Leistungen »versöhnt« werden, vielmehr ist er es, der die schuldig gewordenen Menschen mit sich versöhnt (2 Kor 5,18-20). Er tut dies nicht durch eine einfache Absichtserklärung, sondern im Alten Testament ursprünglich dadurch, dass er den Opferdienst stiftet, durch den diese Versöhnung wirksam werden kann (→ Versöhnungstag, → Sühneopfer). Dies entspricht der alttestamentlichen Vorstellung von einem Unheilszusammenhang, der durch die Sünde hervorgerufen wird (vgl. Ps 7,15-17; Jes 5,18; 9,17-20) und der nur aufgehoben werden kann, wenn er sich an einem Ersatzopfer ausgewirkt hat. Entscheidend für die Wirkung des Opfers ist jedoch, dass Gott es annimmt (vgl. Gen 4,4-5).
Nach dem Vorbild alttestamentlicher Sühnehandlungen versteht das Neue Testament den Tod von Jesus als ein Opfer, das ein für alle Mal die Schuld der Menschen gesühnt hat (Röm 3,25; Hebr 9,28).

Sühneopfer Opfer zur → Sühne für unbeabsichtigt und unwissend begangene Verfehlungen (→ Opfer).

Synagoge (griechisch »Versammlung«) Versammlungsstätte jüdischer Gemeinden, wo am Sabbat ein Wortgottesdienst mit Gebet, Schriftlesung, Predigt und abschließendem Segen abgehalten wird. Jeder in den → Heiligen Schriften kundige jüdische Mann kann aufgefordert werden, die Schriftlesung vorzunehmen und eine Auslegung zu geben (vgl. Lk 4,16-21; Apg 13,15).
Die Verwaltung der äußeren und inneren Angelegenheiten einer Synagogengemeinde lag in den Händen eines Kollegiums von → Ältesten. An Synagogenbeamten gab es den Synagogenvorsteher, der für die ordnungsgemäße Abwicklung des Synagogengottesdienstes zu sorgen hatte, und den Synagogendiener, der ihm dabei zur Hand ging (Lk 4,20).
In der Synagoge tagte in neutestamentlicher Zeit – und noch lange darüber hinaus – das örtliche Synagogengericht. Auf den Spruch von drei Richtern hin konnte es gegenüber Juden, die gegen Vorschriften des → Gesetzes verstoßen hatten, die Strafe der Auspeitschung verhängen (Dtn 25,2-3), die vom Synagogendiener auszuführen war (Mk 13,9; Apg 22,19; 2 Kor 11,24; → auspeitschen).

Synagogengemeinde Gemeinde, die sich um eine bestimmte lokale → Synagoge scharte (→ Hellenisten), aber auch das in der Form von Synagogengemeinden religiös-rechtlich verfasste Judentum seit dem 1. Jh. n. Chr.

Mit dem »Ausschluss aus der Synagogengemeinde« (Joh 9,22.35; 12,42; 16,2; Lk 6,22) ist nicht der sog. »Synagogenbann« gemeint, eine Besserungsstrafe, die, auf Zeit verhängt, mancherlei Einschränkungen im Verkehr mit den jüdischen Volks- und Glaubensgenossen auferlegte. Vielmehr geht es um die völlige, unwiderrufliche Verstoßung aus der jüdischen Volks- und Religionsgemeinschaft. Die so Verstoßenen wurden in jeder Hinsicht gemieden und boykottiert, eine Maßnahme, die oftmals an den Lebensnerv der Betroffenen rührte.

Synagogengericht → Synagoge.

Synagogenvorsteher → Synagoge.

Syrer, Syrien Der Name »Syrien« ist aus einer Verkürzung des Namens → Assyrien durch griechische Schriftsteller entstanden und bezeichnet das Gebiet um Damaskus vom Eufrat bis zur Nordgrenze Palästinas. In dieser Übersetzung ist er zumeist Wiedergabe von »Aram«, was im Alten Testament für das Reich der → Aramäer von Damaskus steht. Die Aramäer/Syrer waren die unmittelbaren Nachbarn des Nordreichs → Israel; zwischen beiden gab es andauernd kriegerische Konflikte, dann aber auch Bündnisse gegen den gemeinsamen Feind Assyrien (→ Syrisch-Efraïmitischer Krieg). Die politische Selbständigkeit endete etwa gleichzeitig mit der des Nordreichs Israel.

Syrisch-Efraïmitischer Krieg Mit dem Regierungsantritt von Tiglat-Pileser III. (745 v. Chr.) setzte eine neue Phase assyrischer Expansionspolitik ein. In den eroberten Gebieten musste der assyrische Staatsgott als Erster der Götter verehrt werden; die staats- und kulturtragende Oberschicht wurde verpflanzt und durch eine fremde ersetzt. Angesichts dieser Bedrohung machte eine Reihe von syrisch-palästinischen Kleinstaaten den Versuch, sich gemeinsam gegen die → Assyrer zu behaupten. Führend in dem antiassyrischen Bündnis waren → Syrien und das Nordreich Israel (Efraïm). Da König Ahas von Juda sich weigerte, dem Bündnis beizutreten, zogen die verbündeten Könige Rezin von Damaskus und Pekach von Samaria im Jahr 733 v. Chr. gegen Jerusalem, um ihn abzusetzen und einen Mann ihres Vertrauens als neuen König einzusetzen. Anstatt nach der Botschaft des Propheten Jesaja (Jes 7,1-9) auf Gottes Eingreifen zu vertrauen, rief Ahas den Assyrerkönig zu Hilfe und unterwarf sich ihm durch eine Tributzahlung. Diese Politik führte zwar zu dem von Ahas gewünschten Erfolg; die Verbündeten zogen von Jerusalem ab. Doch aufs Ganze gesehen war sie verhängnisvoll: Tiglat-Pileser trennte noch im selben Jahr → Galiläa und das Ostjordanland von Nordisrael ab und machte 732 Syrien zur assyrischen Provinz. Juda wurde zum assyrischen Vasallenstaat, in dem der assyrische Staatskult eingeführt werden musste (2 Kön 16,10-18).

T

Tammus (Ez 8,14; Dan 11,37) Sumerischer Hirtengott, der mehr und mehr zum Gott der jährlich sterbenden und wieder erstehenden Vegetation wurde. Der Tammuskult drang im 8./7. Jh. v. Chr. bis nach Palästina vor. Beweint wird Tammus während des Wartens auf den → Regen im Herbst, und zwar von den Frauen, die sinnbildlich an der Stelle der auf Befruchtung durch den »Himmelstau« wartenden Erde stehen. Die sog. »Adonisgärtchen« (Jes 17,10-11) gehören zur Verehrung eines ähnlichen Gottes, des phönizischen Adon (griechisch Adonis): Rasch aufgehende Samen sollen seine Auferstehung sinnbildlich darstellen und in magischer Weise die Lebenskraft derer steigern, die sie ausgesät haben.

Tarschisch Wahrscheinlich die phönizische Kolonie Tartessus an der spanischen Mittelmeerküste mit bedeutenden Silberminen (Jer 10,9). Die großen Handelsschiffe der → Phönizier, die u. a. bis dorthin fuhren, trugen den Namen Tarschisch-Schiffe.

Taufe (1) *Ursprung, Bedeutung, Vollzug:* Von allem Anfang an wurden Menschen – und zwar ausschließlich – durch die Taufe in die christliche Gemeinde aufgenommen. In der christlichen Taufe lebt die Taufe fort, die der → Täufer Johannes geübt hat, und demgemäß ist auch mit ihr die Forderung radikaler → Umkehr verbunden. Doch im Übrigen hat sich die Bedeutung der Taufe tief greifend gewandelt aufgrund des Sterbens und Auferstehens von Jesus und nicht zuletzt, weil er selbst sich hat taufen lassen und diese seine Taufe »gelebt« hat (→ Taufe 2). Die christliche Taufe stellt deshalb die Vergebung der Sünden nicht nur für den Tag des Gerichts in Aussicht, vielmehr spricht sie dem Täufling hier und jetzt diese Vergebung wirksam zu – um des Todes willen, den Jesus auf sich genommen hat. Auch die Rettung im Gericht und die Teilhabe am Leben in Gottes neuer Welt (→ Königsherrschaft Gottes) verspricht sie nicht nur für die Zukunft, sondern gibt schon jetzt ersten, entscheidenden Anteil daran durch das Geschenk des → Heiligen Geistes. Sie stellt in die Lebensgemeinschaft mit dem auferstandenen Jesus und stiftet Gemeinschaft mit allen, die gleichfalls durch die Taufe zu

Christus gehören (1 Kor 12,13). In der Taufe schafft Gott durch Jesus Christus in der Kraft des Heiligen Geistes die neutestamentliche Gemeinde, den Anfang der neuen Welt und Menschheit (→ Erstling).

Diese Taufe wird gespendet (wörtlich) *im Namen* oder *auf den Namen von Jesus Christus* (Apg 2,38; 10,48; 19,5; nach Mt 28,19 *auf den Namen des Vaters und des Sohnes und des Heiligen Geistes*). Entsprechend der damaligen Bedeutung dieser Ausdrucksweise heißt das: Sie wird vollzogen *im Auftrag von Jesus Christus und zur Übereignung an ihn.*

In neutestamentlicher Zeit und in der Alten Kirche – in manchen Kirchen und christlichen Gemeinden bis heute – wird die Taufe in der Regel durch Untertauchen des ganzen Menschen im Wasser gespendet. Diese Praxis vor Augen, kann Paulus in Röm 6,3-11 von einem »Eingetauchtwerden in Christus« sprechen, einem »Mitsterben (des alten Menschen) mit ihm«.

Die Taufe setzt beim Täufling → Glauben (Mk 16,16; Apg 2,41; 18,8) und → Umkehr (Apg 2,38; 3,19; 17,30; 26,20) voraus und ist nicht »übertragbar«. Die in 1 Kor 15,29 erwähnte Praxis einer stellvertretenden Taufe wird von Paulus nicht gutgeheißen, sie dient ihm nur als Argument dafür, dass die Angesprochenen die Hoffnung auf die endzeitliche → Auferstehung der Toten doch offenbar sehr ernst nehmen. Dass bei der Taufe ganzer → Hausgemeinschaften (Apg 16,15.33; 18,8; 1 Kor 1,16) gelegentlich auch Kleinkinder mitgetauft wurden, lässt sich nicht ausschließen, aber auch nicht beweisen.

(2) *Taufe von Jesus:* Wenn Jesus sich der Taufe durch Johannes unterzieht, gewinnt sie für ihn eine ganz eigene Bedeutung. Nicht Umkehrwille und Sündenvergebung stehen im Blick (vgl. 2 Kor 5,21; Hebr 4,15; 1 Joh 3,5); die Berichte über dieses Ereignis (Mk 1,9-11 par) stellen vielmehr klar, dass Jesus mit der Übernahme dieser Taufe öffentlich seinen Dienst als Messias (→ Christus) angetreten hat – einen Dienst, der zuletzt darauf hinausläuft, für die Sünden der Menschen zu sterben und ihnen so den Zugang zum Leben bei Gott zu öffnen (Joh 1,29-31.35-36; Lk 12,50; Mk 10,38). Weil Jesus diesen Weg im Gehorsam (vgl. Hebr 5,8) beschritten hat, wird er von der Himmelsstimme zum → Sohn Gottes erklärt, als den ihn die Gemeinde nach seinem Tod und seiner Auferstehung erkennen und bekennen wird.

Nach Mt 3,15 hat Jesus seine Taufe verstanden als Auftakt zu einem Leben, in dem er – angesichts der nahen Gottesherrschaft und entsprechend der Umkehrforderung des → Täufers – den Willen Gottes ohne Abstriche erfüllen wollte.

Täufer (Johannes) Im Vorfeld des Auftretens von Jesus kündigte Johannes das Kommen der → Königsherrschaft Gottes an und rief zu radikaler → Umkehr auf. Die Taufe, die er spendete (das griechische Wort bedeutet »Eintauchen/Untertauchen«), unterscheidet sich von allen rituellen Waschungen und Tauchbädern jener Zeit, z. B. auch in → Qumran. Während diese »Taufen« von den Menschen an sich selbst und wiederholt vollzogen wurden und auf kultische Reinheit (→ rein) abzielten, handelt hier der Täufer in prophetischer Vollmacht an den Täuflingen, und die Taufe ist ein einmaliger Akt, mit dem die zu Taufenden sich angesichts des bevorstehenden Gottesgerichts als Sünder bekennen, zur Umkehr bereit erklären und durch das Untertauchen im Wasser schon vorweg zeichenhaft dem Gericht unterwerfen, damit ihnen, wenn es dann wirklich kommt, Vergebung ihrer Sünden und Rettung zuteil werden.

Der Täufer weist – ursprünglich wohl drohend – auf den »Mächtigeren« hin, der nach ihm kommt (Mk 1,7 par). Damit meint er offenbar den zum Gericht kommenden → Menschensohn, der die Menschen »mit Geist und Feuer taufen« werde (Mt 3,11; Lk 3,16). Im Mund des Täufers ist »taufen« hierbei ein Bild für den Vollzug des Gerichts, und »Geist« meint wahrscheinlich »Sturm« (das griechische wie das entsprechende hebräische Wort kann beides bedeuten). Sturm und Feuer sind Bilder für die Wucht, mit der das Endgericht alles Gottwidrige treffen und vernichten wird. (Die Christen hätten, wenn diese Annahmen zutreffen, aufgrund ihrer Erfahrung mit Jesus und dem von ihm gesandten Geist in dem Täuferwort einen Hinweis auf die Ausgießung des → Heiligen Geistes entdeckt; vgl. Apg 2,2-4.)

Das Auftreten von Jesus, in dem die Gnade Gottes das Gericht sozusagen überholte und Gottes Herrschaft ganz anders aufleuchtete, konnte der Täufer offenbar nicht verstehen, ohne durch eine schwere innere Krise zu gehen (vgl. Mt 11,2-6 par). In den Augen von Jesus ist er dennoch von allen Menschen, die bis dahin gelebt hatten, der bedeutendste (Mt 11,2-6 par).

Tebet Der 10. Monat des babylonischen Jahres (→ Kalender), etwa Mitte Dezember bis Mitte Januar.

Teich, oberer → Schiloach.

Tempel Der Tempel in Jerusalem war – wie

schon das → Heilige Zelt – nicht Versammlungshaus der Gemeinde, sondern Wohnung Gottes (Ex 40,34; 1 Kön 8,13). Der Tempel Salomos war ein Langhausbau, der aus drei Teilen bestand: Vorhalle, Heiliges und → Allerheiligstes, und der mit 30 m Gesamtlänge etwa die Größe einer Dorfkirche hatte (ausführliche Beschreibung in 1 Kön 6; die Einrichtung entspricht der des Heiligen Zeltes in Ex 40). Der Tempel war von zwei Vorhöfen umgeben: einem inneren, in dem der große → Brandopferaltar stand, und einem äußeren, dessen Umfassungsmauer den südlich des Tempels gelegenen Königspalast mit einschloss. Nebukadnezzar zerstörte den ersten Tempel 587 v. Chr. Nach der Rückkehr der Judäer aus der Verbannung wurde er an der alten Stelle in bescheidenerer Ausstattung wieder aufgebaut (Tempelweihe 515 v. Chr.).

Herodes d. Gr. (→ Herodes 1) ersetzte diesen Tempel durch einen großartigen Neubau, wobei jedoch die Grundmaße des Heiligen und des Allerheiligsten unverändert blieben. Dabei wurde der innere Vorhof neu gegliedert (Vorhof der Priester, der Männer, der Frauen; siehe Skizze unten Seite 448) und der äußere erheblich erweitert und mit großartigen Säulenhallen umgeben. Der äußere Vorhof war für jedermann, auch für Nichtjuden, zugänglich. In einem begrenzten Bereich dieses riesigen Platzes hat man sich auch die Stände der Geldwechsler vorzustellen und der Händler, die Opfertiere zum Kauf anboten (Mk 11,15 par).

Der Jerusalemer Tempel wurde 70 n. Chr. bei der Eroberung Jerusalems durch Titus zerstört und nie wieder aufgebaut.

Tempeldiener Wörtlich »die (dem Heiligtum) Geschenkten«. Sklaven, die die niederen Dienste am → Tempel zu verrichten hatten (vgl. Jos 9,26-27). Den Aufgaben nach sind sie kaum von den »Sklaven Salomos« im selben Textzusammenhang (Esra 2,43-58 par) zu unterscheiden.

Tempelsteuer Jeder erwachsene Jude hatte jährlich einmal eine Steuer für den → Tempel in Jerusalem zu zahlen; nur → Priester und zum Teil auch → Gesetzeslehrer waren davon befreit. Die Steuer wurde auf Ex 30,11-16 zurückgeführt und war in tyrischen Schekeln, der damals wertvollsten Währung, zu entrichten. Einem halben tyrischen Schekel (vgl. Ex 30,13) entspricht in griechischer Währung eine Doppeldrachme (= 2 Drachmen; römisch 2 Denare; 1 Drachme/1 Denar ist der Tageslohn eines Arbeiters). Die Münze, die in Mt 17,24-27 erwähnt wird (1 Stater = 4 Drachmen), entspricht dem Steuersatz für zwei Personen.

Tempelwache In Lk 22,4.52 werden neben den »führenden« → Priestern die Hauptleute der Tempelwache genannt. Es handelt sich um Offiziere der Tempelpolizei, einer unter jüdischem Befehl stehenden Polizeitruppe, die für die äußere Ordnung im Tempelbereich zuständig war. Ihr »Befehlshaber« (Apg 4,1), der oberste Verantwortliche für diese Truppe, stammte aus den führenden Priesterkreisen und folgte rangmäßig unmittelbar auf den → Obersten Priester.

Theudas Ein jüdischer Widerstandskämpfer dieses Namens ist 44–46 n. Chr. aufgetreten und durch den römischen Prokurator Fadus enthauptet worden.

Timotheus Der vertrauteste aller Mitarbeiter des Apostels Paulus (Phil 2,19-22) stammte aus einer – nach jüdischer Anschauung unerlaubten – jüdisch-heidnischen Mischehe (Apg 16,1). Wegen der jüdischen Mutter galt der Sohn dennoch als Jude und musste → beschnitten werden. Paulus tut es (Apg 16,3) entsprechend den Grundsätzen von 1 Kor 9,20 und Gal 6,15. Im Fall von Timotheus liegen die Dinge anders als im Fall des gebürtigen Nichtjuden Titus, dessen Beschneidung für Paulus – gerade im Blick auf entsprechende Forderungen bestimmter judenchristlicher Kreise – nicht in Frage kam (Gal 2,3).

Töchter (Gottes) → Söhne (Gottes).

Tod → Totenwelt, Totenreich.

Tofet Opferstätte im → Hinnom-Tal, an der Kinder geopfert wurden (→ Moloch).

Torhüter Drei hoch gestellte → Priester, die unmittelbar auf die beiden höchsten Priester folgten. Vermutlich mussten sie am Tempeleingang die kultische Reinheit der Besucher prüfen, bevor diese in das Heiligtum gehen durften (→ rein); außerdem hatten sie die Abgabe der → Tempelsteuer zu überwachen. Ihre ursprüngliche Aufgabe war wohl, dafür zu sorgen, dass niemand auf die Schwelle trat (daher wörtlich »Hüter der Schwelle«).

Totenklage Die Trauer um einen Verstorbenen wurde im Altertum durch laut ausgestoßene Klagerufe zum Ausdruck gebracht (Mk 5,38-39). Die persönliche Klage wurde verstärkt und unter Umständen stellvertretend übernommen von eigens dafür bestellten Personen (Jer 9,16). Die normale Dauer der Totenklage betrug sieben Tage, für besonders angesehene Verstorbene dreißig Tage (Dtn 34,8). Ein Beispiel für eine ganz knapp formulierte Klage bietet Jer 22,18, für ein ausführliches → Totenklagelied 2 Sam 1,17-27.

Totenklagelied Beim Tod wohlhabender oder bedeutender Persönlichkeiten trat neben die einfache → Totenklage ein von Musik begleitetes Lied, das die Verdienste des Verstorbenen rühmte und sein Los und das seiner Hinterbliebenen beklagte. Die → Propheten (besonders Ezechiël) bedienen sich dieser Form als eines prophetischen Stilmittels: Sie stimmen die Klage nicht über einen Verstorbenen, sondern über einen noch Lebenden an.

Totenwelt, Totenreich Unterirdischer Aufenthaltsort der Verstorbenen, die dort in schattenhafter Weise weiterleben. In der Offenbarung (Offb 1,18; 20,13) ist die Totenwelt das Reich, in dem der Tod herrscht, und der Aufenthaltsort der Toten bis zur → Auferstehung (siehe auch → Hölle).

Tragakant → Ladanum.

Trankopfer Als Trankopfer wurde roter Wein am Altar ausgegossen, stets in Verbindung mit anderen → Opfern.

Trauerbräuche (-brot) Die Trauer um einen Verstorbenen wird im alten Israel außer durch die → Totenklage durch eine Anzahl auffallender Trauerbräuche zum Ausdruck gebracht. Die Menschen zerrissen die Kleidung, banden den → Sack um, nahmen den Turban ab und ließen Haar und Bart ungepflegt. Auf den Kopf streuten sie sich Staub und Asche, schlugen sich auf Brust oder Hüften (Frauen auf die entblößten Brüste), rauften sich das Haar oder schnitten es ab und fügten sich Schnittwunden zu. Ähnlich ist das Verhalten bei einem persönlichen oder öffentlichen Unglücksfall. Das »Trauerbrot« wurde als Gabe der Nachbarn und Freunde in das Trauerhaus gebracht, um nach einer Zeit des Fastens die Trauernden in die Welt der Lebenden zurückzuholen (Jer 16,7; Ez 24,17).

Tubal → Meschech.

U

Überapostel Missionare mit einem besonderen Anspruch, die sich Paulus überlegen dünkten (→ Apostel 4).

übereignen, symbolisch Opferteile, die den Priestern zustanden, wurden vorher durch einen Darbietungsritus Gott als dem eigentlichen Empfänger des → Opfers sinnbildlich zugeeignet (Emporheben oder Schwingen in Richtung auf den Altar).

Umkehr Das deutsche Wort »umkehren« entspricht genau der Grundbedeutung des hebräischen Wortes *schub*. Gemeint ist die Umkehr auf einem Weg, der in die Irre oder ins Verderben führt, und der Neubeginn auf dem rechten, heilvollen Weg. In der Bibel wird mit diesem Wort dazu aufgefordert, Gott erneut ganz ernst zu nehmen, sich aus gottwidrigen Bindungen zu lösen und künftig nur seinen Willen zu tun. Es geht um ein radikales Umdenken, das ein neues Handeln einschließt und zur Folge hat.

»Umdenken« *(metanoia)* ist das griechische Wort, das im Neuen Testament an die Stelle des genannten hebräischen tritt und dessen Gehalt auf typisch griechische Weise vermittelt. Seine herkömmliche Wiedergabe mit »Buße« lässt an Bußleistungen und »Trauerarbeit« denken; dagegen ist Umkehr nach biblischem Verständnis zuerst und vor allem Aufbruch in ein neues, erfülltes Leben.

umkehren → Umkehr.

unbeschnitten, Unbeschnittene Die → Beschneidung gilt in Israel als Zeichen des → Bundes mit Gott (Gen 17,9-14). »Unbeschnitten« kann deshalb zu einem Schimpfwort für Angehörige von Völkern werden, die nicht wie Israel in einem besonderen Verhältnis zu Gott stehen. Es kann sogar auf Völker angewandt werden, die selbst die Beschneidung geübt haben (Ägypter und Phönizier; so in Ez 32,21.30 wörtlich). Entstanden ist das Schimpfwort wahrscheinlich in der Auseinandersetzung mit den → Philistern, die Israel als dessen nächste Nachbarn lange Zeit schwer zu schaffen machten (vgl. 1 Sam 17,26).

ungesäuert → Brot, ungesäuertes.

Ungesäuerte Brote → Brote, Fest der Ungesäuerten.

Ungläubige → Heiden.

unrein, Unreinheit → rein.

Unzucht Das Wort bezeichnet vor allem den Verkehr mit Prostituierten, aber darüber hinaus in einem umfassenden Sinn Vergehen im Bereich der Sexualität. Im übertragenen Sinn bezeichnet es Götzendienst (Jer 3,6; Offb 14,8; → Hurerei).

Unzuchtsklausel Während in Lk 16,18 und Mk 10,11 die Ehescheidung, d. h. die Entlassung der Frau durch den Mann (→ Scheidungsurkunde), uneingeschränkt untersagt wird, findet sich in Mt 5,32; 19,9 dieselbe Aussage mit der Einschränkung: »abgesehen vom Fall einer Unzuchtssache«. Wie ist sie zu verstehen? Manche Ausleger denken bei »Unzucht« an die verbotenen Verwandtschaftsgrade von Lev 18,6-18, die auch in der Regelung von Apg 15,19-21 eine Rolle spielen (→ Blutschande); es wäre dann zu übersetzen: »Wer sich von seiner Frau trennt, außer

er hat mit ihr in einer vom Gesetz verbotenen Verbindung gelebt ...«
Näher liegend ist es, an den Fall des Ehebruchs der Frau zu denken. Die Einschränkung steht dann im Zusammenhang mit der Diskussion, die die → Gesetzeslehrer zur Zeit von Jesus über diese Frage führten, wobei es um die Deutung der Scheidungsbedingung in Dtn 24,1 ging. Die Formulierung dort, nach der der Mann die Frau entlassen kann, wenn er (wörtlich) »eine schandbare/widerwärtige Sache an ihr findet«, wurde von der Schule des Rabbi Hillel in einem weiten, von der Schule des Rabbi Schammai in einem engen Sinn ausgelegt. Nach der weiten Deutung konnte die anstößige »Sache« in einer Kleinigkeit bestehen, nach der engen kam ausschließlich »Ehebruch« in Frage; in diesem Fall bestand allerdings sogar die gesetzliche Pflicht, die Frau zu entlassen (wie dies Josef in Mt 1,19 erwägt). Versteht man die »Unzuchtssache« in diesem Sinn, so haben wir in der »Unzuchtsklausel« bei Matthäus genau die Formulierung von Dtn 24,1, wie die Schule von Schammai sie verstand: »abgesehen er findet eine schandbare Sache = Unzuchtssache = Ehebruch an ihr«.

V

Verbannung → Exil.

verlobt, Verlobung Die jüdische Verlobung stellt ein rechtsverbindliches Eheversprechen dar. Die eheliche Gemeinschaft wird erst nach der Heimholung der Braut durch den Bräutigam (also nach der Hochzeit) aufgenommen. Die Mutter von Jesus musste demnach aufgrund ihrer Schwangerschaft als Ehebrecherin angesehen werden (Mt 1,18-25). Josef hätte das Recht gehabt, sie anzuklagen, was möglicherweise zum Todesurteil über sie geführt hätte (vgl. Dtn 22,20-21).

Versöhnungstag (hebräisch Jom kippur) Der große Feiertag, der am 10. Tag des 7. Monats, fünf Tage vor dem → Laubhüttenfest, im alten Israel begangen wurde und im Judentum noch heute als jährlicher Bußtag begangen wird. In umfassenden Sühneriten wurden, solange der → Tempel in Jerusalem bestand, Priester, Volk und Heiligtum von der Befleckung durch Sünden gereinigt. Der → Oberste Priester brachte dabei das Opferblut in das → Allerheiligste des Tempels, das er nur an diesem Tag betrat, und der »Sündenbock« wurde, beladen mit den Sünden der ganzen Gemeinde, in die Wüste getrieben (Lev 16). Der Hebräerbrief sieht in der jährlichen Darbringung des Opferbluts einen prophetischen Hinweis auf das einmalige Opfer, das Jesus am Kreuz für die Sünden der Menschen vollbracht hat (Hebr 9,1–10,18; → Sühne).

vertrauen → glauben.

verunreinigen → rein.

Völker, nichtjüdische → Heiden.

Vorderasien (wörtlich »Asien«) Das Gebiet des → Seleuzidenreiches, das zur Zeit seiner größten Ausdehnung von Kleinasien bis zum Indus reichte.

Vorhang Mit dem Tempelvorhang, der beim Sterben von Jesus zerriss (Mk 15,38 par), dürfte der Vorhang vor dem → Allerheiligsten gemeint sein. Das Zeichen ist wahrscheinlich im Licht von Mk 15,29; 14,58; 13,2 zu verstehen; es bedeutet den Untergang des → Tempels. Dieser Tempel kann und soll – nach allem, was Jesus und damit Gott angetan worden ist – nicht mehr der Ort sein, an dem Gott seinem Volk nahe ist, das Volk seine Gottesdienste feiert und Versöhnung erfährt (→ Versöhnungstag); dieser »Ort« wird in Zukunft allein noch Jesus sein, der Gekreuzigte und Auferstandene (vgl. Mk 14,58; Joh 2,19-22).

Vorhof Das → Heilige Zelt und der Jerusalemer Tempel waren von »Vorhöfen« umgeben, die zusammen den heiligen Bezirk bildeten (→ Tempel).

W

Wahrheit Mit den Wörtern »wahr/Wahrheit« bezeichnen wir in der Regel die Übereinstimmung zwischen einer Aussage und dem entsprechenden Sachverhalt, denken also an ein Verhältnis zwischen der Wirklichkeit und unserem Denken und Sprechen über sie. Nach hebräischer Auffassung ist Wahrheit jedoch eine Eigenschaft, die eine Sache oder Person oder ein Wort selbst hat oder nicht hat. »Wahr« ist etwas, wenn es hält, was es verspricht. Wahrheit meint Zuverlässigkeit, eine vor allem im Verlauf der Geschichte immer neu erfahrene Zuverlässigkeit, also: Beständigkeit, Treue, haltgebende Wirklichkeit (so wie wir von einem »wahren Freund« oder einem »wahren Wort« sprechen).
Diese Art von Wahrheit kommt vor allem Gott zu. Gelegentlich muss das Wort in diesem Zusammenhang geradezu mit »Zuverlässigkeit« und »Treue« übersetzt werden (Röm 3,7; 15,8).
Sie kommt auch dem Wort der Verkündigung zu, sofern darin die rettende und haltgebende Liebe Gottes bekannt gemacht wird (Eph 1,13; Kol 1,5; 2 Thess 2,10.12).
Vor allem im Johannes-Evangelium und in den

Johannes-Briefen spielt das Wort »Wahrheit« eine Rolle. Es bezeichnet die in Jesus zugänglich gewordene Wirklichkeit Gottes, die für den Menschen »Freiheit« (Joh 8,31-32), »Licht« (3,21) und »Leben« (14,6) bedeutet, aber nicht jedermann ohne weiteres bewiesen werden kann (18,37-38). Nach Tod und Auferstehung von Jesus bleibt die »Wahrheit« zugänglich durch den → Geist Gottes, ja, sie wird jetzt erst recht erschlossen (16,12-15). Deshalb wird der Geist auch »Geist der Wahrheit« genannt (14,16-17; 15,26). Durch Jesus vermittelt und durch den Geist voll erschlossen, muss diese »Wahrheit« das Leben der Glaubenden bestimmen (4,23-24; 1 Joh 1,6.8; 2,4).

waschen, die Füße → Fußwaschung.

Wasserschacht Eine Schachtanlage, durch die man von Jerusalem zur außerhalb gelegenen → Gihon-Quelle hinabsteigen konnte (nicht zu verwechseln mit dem später durch den Fels gehauenen → Schiloachkanal). Vermutlich drangen die Männer Davids durch diesen Schacht in die Stadt ein (2 Sam 5,8).

Weberbaum (1 Sam 17,7; 2 Sam 21,19) So heißen die Querstangen an den beiden Enden des Webstuhls, an denen die Kettfäden befestigt wurden. Sie mussten eine beträchtliche Dicke haben.

weihen (Lk 2,22) → Erstgeburt.

Weihrauch Ein weißes Baumharz, dessen Verbrennung einen kräftigen, würzigen Duft verbreitet. Zum »Räuchern« im Jerusalemer Tempel wurde eine besondere Weihrauchmischung verwendet (Ex 30,34-38). Gold, Weihrauch und → Myrrhe (Mt 2,11) sind Gaben, die eines Königs würdig sind.

Weiser, Weisheit Als weise gilt im alten Israel, wer geübt und fähig ist, etwas richtig, meisterhaft zu tun. So zeigt sich Weisheit schon in der Beherrschung irgendeiner geistigen und handwerklichen Fähigkeit (Ex 31,1-11; Jer 9,16 wörtlich). Vor allem aber zeigt sie sich in der Fähigkeit, den Zusammenhang von Ursachen und Wirkungen im eigenen Leben und im Zusammenleben der Menschen zu erkennen und das eigene Leben und das der Gemeinschaft diesen Erkenntnissen entsprechend zu gestalten. Letztlich geht es der Weisheit darum, zu erkennen, wie Welt und Leben eigentlich geordnet sind und wie der Mensch sich diesen Ordnungen am besten einzufügen hat – zum eigenen Wohl und zum Wohl aller.

Israel wetteiferte mit den großen Kulturvölkern seiner Zeit in der Formulierung und Sammlung entsprechender Einsichten (siehe v. a. die biblischen Bücher »Sprichwörter« und »Sirach«). Wie David als urbildlicher Psalmsänger, so galt Salomo als »Vater« dieser Weisheitsdichtung. (Was über seine sprichwörtlich gewordene Weisheit in 1 Kön 5,12-13 gesagt wird, bezieht sich allerdings auf eine Art von Sprüchen, die in der Bibel nicht überliefert sind und die naturkundliches Wissen zum Inhalt haben.) Ungeachtet der internationalen Verflechtung stand für Israel immer fest: Alle Weisheit kommt letztlich von Gott; und Gott ernst zu nehmen ist aller Weisheit Anfang (Ijob 28,28; Spr 1,7; Sir 1,14.16). Zu vergleichen ist hier auch die ausführliche Anmerkung zu Spr 1,1 auf Seite 597.

Das Verhältnis der Weisheit zu Gott wird im Lauf der Zeit immer mehr durchdacht und gedanklich entfaltet. Gott ist der Ursprung aller Weisheit (Spr 2,6; Weish 8,21; Sir 1,1). In Weisheit hat er die Welt geschaffen (Spr 3,19-20), und seine Weisheit trägt sie und hält sie im Innersten zusammen (Sir 1,9-10; Weish 8,1). Gottes Weisheit ist in den großen Königen, → Propheten und Weisen seines Volkes am Werk (1 Kön 3,11-12.28; Esra 7,25; Dan 1,17; Weish 7,27; 9,9-18). Ihre vollkommenste Offenbarung aber ist das → Gesetz Moses (Sir 24,23-29; Bar 4,1-4). Die Weisheit kann als Person gedacht werden. Vor aller Schöpfung war sie bei Gott, und durch sie wurde alles geschaffen (Spr 8,22-31; Weish 8,3-4; Sir 24,1-6). Durch sie offenbart sich Gott den Menschen und ruft sie zu einem vollkommenen, erfüllten Leben (Spr 1,20-33; 8,32-36; 9,1-6). Die Weisheit sucht Wohnung auf Erden und findet sie in Israel (Sir 24,7-13; vgl. Bar 3,15-38). »Sie ist ein Hauch, der von dem allmächtigen Gott ausgeht, ein reiner Ausfluss seiner Herrlichkeit ... Sie ist der Abglanz des ewigen Lichtes, der ungetrübte Spiegel von Gottes Macht, das Abbild seiner Vollkommenheit« (Weish 7,25-26). Der jüdische Philosoph Philo von Alexandria bezeichnet die Weisheit als den »Erstgeborenen Sohn Gottes«, als »Bild Gottes«, als »Anfang der Schöpfung«.

So wurden in der Beschäftigung mit der göttlichen Weisheit im Judentum die Bilder und Begriffe bereitgestellt, mit deren Hilfe die ersten Christen die einzigartige Würde von Jesus Christus erfassen und angemessen ausdrücken konnten (Joh 1,1-18; Kol 1,15-18; Hebr 1,1-3; → Sohn Gottes, → Wort); denn in Jesus Christus ist Gottes Weisheit in Person auf der Erde erschienen (vgl. Mt 11,19.28-30; Lk 7,35; 11,49; 1 Kor 1,18-25.30).

Weisungen, prophetische → Prophet (3).

Welt, diese Die neutestamentliche Redeweise von »dieser Welt« bezeichnet die Menschenwelt als eine, die sich von Gott abgewandt hat und seinen → Sohn, in dem er der Welt seine Liebe zugewandt hat (Joh 3,16), abweist. Dadurch wird der Bereich, in dem die Menschen leben, zu einer Welt, die unter Gottes Gericht steht (Joh 3,19) und vom Bösen beherrscht ist (Gal 1,4; Eph 6,12; → Herrscher dieser Welt). Menschen, die durch Christus von ihren Sünden befreit und neugemacht worden sind, sind schon jetzt der Macht des Bösen entrissen und zählen nicht mehr zu »dieser Welt«, auch wenn sie noch in ihr leben. Sie zeigen das durch ein gewandeltes Verhalten (Röm 12,2; 1 Kor 5,9-11), warten aber zugleich auf die neue Welt, in der das Gute die einzige Macht ist (2 Petr 3,13).

Welt, Gottes neue → Königsherrschaft (Gottes).

Widderhorn (hebräisch Schofar) Die gewundenen Hörner des männlichen Fettschwanzschafs *(Ovis ammon aries)* wurden nach Entfernung des Marks als Blashörner gebraucht. Sie geben einen dumpfen, durchdringenden Ton und dienten als Signal-, Alarm- und Kriegshörner. Auch festliche Anlässe wurden durch Hörnerblasen gefeiert und bekannt gemacht (Lev 25,8-9; 1 Kön 1,34.39; 1 Chr 15,28; Ps 81,4). Wenn die Übersetzung von der »Posaune« spricht, die Gottes Kommen – am Berg → Sinai und zum letzten Gericht – ankündigt, ist wörtlich ebenfalls von diesem »Widderhorn« die Rede (Ex 19,16-19; 1 Thess 4,16; 1 Kor 15,52; Offb 1,10; 4,1; 8,2 usw.).

Wiedergutmachungsopfer Eine Art des Sühneopfers, die mit einer zusätzlichen Wiedergutmachungsleistung gekoppelt ist (→ Opfer).

worfeln, Worfschaufel Mit einer Worfschaufel wurde bei Wind das gedroschene Getreide in die Luft geworfen, um es von der Spreu zu trennen (→ Dreschen).

Wort »Am Anfang war das Wort«: Das Lied, mit dem das Johannes-Evangelium eröffnet wird, bedient sich bestimmter Vorstellungen damaliger jüdischer Religion und außerjüdischer Philosophie, um Würde und Bedeutung von Jesus angemessen zu verkünden. Es ist zunächst im Licht von Gen 1 zu lesen: Gottes Wort hat die Welt ins Dasein gerufen (»Gott sprach«). Eben diese Macht, der die Welt Dasein, Licht und Leben verdankt, ist als ein Mensch von Fleisch und Blut inmitten der Welt erschienen (Joh 1,1-4.14).
Noch mehr erschließt sich das Lied im Zusammenhang der Vorstellungen, die im Judentum über die göttliche → Weisheit ausgebildet worden waren. Diese Weisheit, die vor aller Schöpfung da war, durch die alles geschaffen wurde (Weish 9,1-2), die schon lange zu dieser Welt, speziell aber zu Israel in spannungsreicher, wechselvoller Beziehung stand (Joh 1,5.10-12), ist in Jesus persönlich auf den Plan getreten (Joh 1,14). Indem jedoch nicht von der »Weisheit«, sondern vom »Wort« gesprochen wird, ist bewusst jener Begriff (griechisch *logos*) gewählt, der in der damaligen Philosophie die alles durchwaltende göttliche Weltvernunft bezeichnet. Diese steht in der Person von Jesus vor aller Welt da. Auf diese Weise wird sein Rang und Anspruch auch der nichtjüdischen Welt gegenüber deutlich gemacht.
Im Unterschied zu den Vorstellungen, auf die das Lied Bezug nimmt und denen es seine Bilder und Begriffe entleiht, wird in ihm jedoch betont, dass das »Wort«, das in Jesus ein Mensch wurde, nicht ein Geschöpf – und sei es auch das erste und vornehmste –, sondern selbst *Gott* ist (Joh 1,1-2; vgl. 1,18; 20,28; 1 Joh 5,20) und dass es in Jesus wirklich und wahrhaftig *Mensch,* ein Mensch von Fleisch und Blut, wurde (1,14; vgl. 1 Joh 4,2-3; → Gnosis).

Wunderzeichen Alle Wunder, die Jesus wirkt, haben den Charakter von »Zeichen«: Sie weisen voraus auf das Heil der im Kommen begriffenen → Königsherrschaft Gottes und lassen von ihr schon etwas erfahrbar werden in der gegenwärtigen Welt. Sie können → Glauben wecken (Joh 2,11) oder den Glauben stärken, sie sind aber auch immer so oder so »erklärbar« (vgl. Mk 3,22; Apg 2,12-13). Sie taugen also nicht als zwingender Beweis und sind auch niemals so gemeint. Jesus lehnt es ab, sich und seine Botschaft den Gegnern gegenüber durch Wunder zu legitimieren (Mk 8,11-13). Andererseits sind seine Taten insgesamt eindeutig genug, sodass denen, die Jesus ablehnen und nur immer neue Beglaubigungswunder verlangen, das Gericht droht (Lk 11,16.29-30).
Im Johannes-Evangelium sind sieben Wunder von besonders anspruchsvoller Art und großer zeichenhafter Aussagekraft ausgewählt (2,1-10; 4,46-54; 5,1-9; 6,1-15; 6,16-21; 9,1-7; 11,17-44), um gerade im Anschluss an sie den hohen Anspruch von Jesus und das Problem Glaube-Unglaube zu thematisieren (vgl. insbesondere 2,11; 5,9b-47; 6,22-71; 9,8-41; 11,45-53).

X

Xanthikus Griechisch-mazedonischer Monat, etwa Mitte Februar bis Mitte März.

Y

Ysop Ein Strauch, dessen Büschel bei der kultischen Reinigung zur Besprengung gebraucht wurden. Wahrscheinlich handelt es sich bei dem Ysopkraut, das bei kultischen Handlungen verwendet wurde (Ex 12,22; Lev 14,4; Num 19,6), nicht um den echten Ysop, der in Palästina nicht vorkommt, sondern um eine Origano-Art (den Zwergstrauch *Origanum syriacum* bzw. *Majorana syriaca*).

Z

Zebaot Das hebräische Wort *zebaot* bedeutet »Heerscharen/Heeresmacht«. Es ist in Genitivverbindung mit »Gott« oder dem Gottesnamen (»Gott/HERR der Heerscharen«) im Alten Testament der am häufigsten gebrauchte »Titel« für Gott. Er bringt Gottes königliche Würde zum Ausdruck, die er als Herrscher über die »Heere«, d.h. über alle Mächte im Himmel und auf der Erde, hat. »JHWH Zebaot« ist der Name, unter dem Gott am Jerusalemer Tempel verehrt wurde (zu seiner Übersetzung → HERR).

Zebojim (Adma und Zebojim) Die Städte Adma und Zebojim werden zusammen mit → Sodom und Gomorra genannt, deren Schicksal sie teilten und in deren Nachbarschaft sie vermutlich lagen (Dtn 29,21-22; vgl. Hos 11,8).

Zehn Gebote Israel hat die »Zehn Gebote« als Urkunde des → Bundes verstanden, den Gott mit seinem Volk schloss (Dtn 4,12-13). Diese Gebote gelten deshalb als eine Art Verfassung oder Grundgesetz. Sie sind in Ex 20 und in Dtn 5 überliefert. Beide Fassungen stimmen im Grundbestand überein. Bemerkenswerte Abweichungen sind die unterschiedliche Begründung für den Ruhetag (→ Sabbat) und die in Dtn 5,21 gegenüber Ex 20,17 veränderte Reihenfolge von »Frau« und »Haus«.
In den einzelnen Religionsgemeinschaften kam es zu unterschiedlichen Zählungen der Gebote: In der römisch-katholischen Kirche und in den evangelisch-lutherischen Kirchen werden die beiden ersten Gebote (Verbot der Verehrung fremder Götter und Verbot von Gottesbildern) zu einem einzigen zusammengefasst; zum Ausgleich wird am Ende das Verbot des Begehrens in zwei Gebote aufgeteilt. Die griechisch-orthodoxe Kirche und die reformierten Kirchen zählen Fremdgötter- und Bilderverbot als 1. und 2. Gebot und belassen das Verbot des Begehrens ungeteilt als 10. Gebot. Das Judentum fasst einerseits Fremdgötter- und Bilderverbot zu einem Gebot zusammen, lässt andererseits aber auch das Verbot des Begehrens ungeteilt und zählt dafür die Einleitung »Ich bin der HERR, dein Gott« als 1. Gebot. Der hebräische Text enthält keine Zählung der Gebote; die Übersetzung fügt in Klammern die beiden kirchlichen Zählungen hinzu, an erster Stelle die katholisch-lutherische, an zweiter die orthodox-reformierte.

Zehn Städte (griechisch Dekapolis) Zur Zeit des Neuen Testaments ein Verbund von ursprünglich zehn überwiegend ostjordanischen Städten mit hauptsächlich nichtjüdischer Bevölkerung und hellenistischer Kultur (Karte LN, D-E 3-6; im Neuen Testament werden erwähnt Gadara und Gerasa). Das Gebiet galt als heidnischer Fremdkörper im Heiligen Land.

Zehnter, zehnter Teil Der zehnte Teil vom Ernteertrag (Korn, Wein, Öl) musste als Gabe an Gott und zum Unterhalt der → Priester und → Leviten ans Heiligtum abgeliefert oder zum Geldwert zuzüglich 20% abgelöst werden (Num 18,20-32; Dtn 14,22-29). Auch vom Vieh sollte der Zehnte entrichtet werden (Lev 27,32-33; 2 Chr 31,6). Dahinter steht wie bei der Abgabe der Erstgeburt und der ersten Früchte der Gedanke, dass aller Ernte- und Viehsegen Gott zu verdanken ist.
Weil die Zehntgesetze im 4. Mose-Buch (Num 18,20-32) und noch einmal im 5. Mose-Buch (Dtn 14,22-29) überliefert sind, wurde im Judentum die Erhebung eines zweiten und sogar dritten Zehnten eingeführt (Tob 1,6-8). Die → Pharisäer gaben den Zehnten selbst vom Ertrag der kleinsten Gartenkräuter (Mt 23,23) und auch von dem, was sie einkauften (Lk 18,12) – für den Fall, dass der Erzeuger landwirtschaftlicher Produkte es versäumt hatte, den Zehnten abzuführen.

Zeloten Diese jüdische Partei der »Eiferer« verweigerte aus religiösen Gründen die Unterwerfung unter das heidnische Römerreich und lehnte es ab, den Römern Steuern zu bezahlen (vgl. Mk 12,13-17 par). Sie erwarteten ein nationales Reich unter einem neuen → David. Den Anbruch dieses messianischen Reiches versuchten sie durch gewalttätige Aktionen herbeizuzwingen. Sie standen hinter den Aufständen gegen Rom, die 70 n. Chr. zur Zerstörung Jerusalems durch die Römer führten.
Unter den Jüngern von Jesus gab es zumindest einen, der wahrscheinlich früher dieser Bewegung angehört oder nahe gestanden hatte: Simon mit dem Beinamen »der Zelot« (Lk 6,15) bzw. »der Kananäer« (von aramäisch *kananaja* = Eiferer/Zelot; Mt 10,4). – Der Beiname »Iska-

riot« für den Verräter Judas kann auf dreierlei Weise erklärt werden: Mann aus Kariot (= Kerijot; Jos 15,25), Heuchler/Verräter (von aramäisch *iskarja*) und »Sikarier«. Die Sikarier (Dolchmänner; von lateinisch *sica* = Dolch) bildeten eine besonders radikale Gruppe innerhalb der zelotischen Bewegung. – Der Beiname »Barjona« für Simon Petrus in Mt 16,17 ist wahrscheinlich als »Sohn von Johannes« zu verstehen (vgl. Joh 1,42); doch ist auch die Deutung »Aufrührer« (aramäisch *barjon*) nicht auszuschließen.

Zelt, Heiliges → Heiliges Zelt.

Zeltmacher Die Tätigkeit des »Zeltmachers« war sicher nicht auf Zelte beschränkt. Da diese in der Regel aus Leder (Tierhäuten) angefertigt wurden, ist außerdem nicht an einen textil-, sondern eher an einen Leder verarbeitenden Beruf zu denken: Lederarbeiter, Sattler. – Paulus legt Wert darauf, dass er sich seinen Unterhalt mit eigener Hand verdient (siehe Vergleichsstellen zu Apg 18,3).

Zentner Das in der Übersetzung mit »Zentner« wiedergegebene hebräische Maß (kikkar, griechisch Talent) hat nur etwa 34,5 kg. Damit in der deutschen Übersetzung runde und gelegentlich symbolische Zahlen nicht in völlig andere Zahlenwerte umgesetzt werden müssen, wird in vielen Fällen das hebräische Maß nicht in moderne Werte umgerechnet. In solchen Fällen wird in den entsprechenden Zusammenhängen das Wort »Zentner« beim ersten Vorkommen mit einem Stern versehen, in den übrigen Fällen gilt: 1 Zentner = 50 kg. In dem Gleichnis in Mt 25,14-30 handelt es sich um eine Geldsumme, die 10 000 → Silberstücken entspricht.

Zeus In der griechisch-römischen Religion oberster Gott, Beherrscher von Himmel und Erde und Göttervater.

Zimbel Lärminstrument in Tellerform. Bestandteil der Tempelmusik.

Zimmermann Das griechische Wort meint einen Handwerker, der Holz und Steine bearbeitet, also etwa »Bauhandwerker«.

Zion (Zionsberg, -stadt) Ursprünglicher Name der von David eroberten Jebusiterfestung, die dann »Davidsstadt« genannt wurde (2 Sam 5,6-9; siehe Kartenskizze Jerusalem I). Später ging der Name auf den Tempelberg über und wurde schließlich zur Bezeichnung für ganz Jerusalem und seine Bewohner (Beispiele für die verschiedenen Bedeutungen im Stichwortverzeichnis unten Seite 440). In der Kreuzfahrerzeit wurde der Name irrtümlich auf den Westhügel der Stadt übertragen.
Nach hebräischem Brauch werden Städte und Länder als Frauengestalten personifiziert; entsprechend wird von Jerusalem als der »Tochter/Jungfrau Zion« gesprochen. Die Übersetzung setzt dafür teils den Namen Jerusalem ein, teils die Umschreibung »Zionsstadt« (so z. B. in Jes 12,6; Mt 21,5; Joh 12,15).

Zoba Königreich nördlich von Damaskus, verbündet mit den → Syrern, von David besiegt (2 Sam 8,3-12; 10,6-19).

Zölesyrien (wörtlich »das niedrig gelegene Syrien«) Der nordwestliche Teil des Reiches der → Seleuziden, zwischen oberem Eufrat und Mittelmeer.

Zolleinnehmer Zur Zeit des Neuen Testaments wurden in Palästina Zölle eines Bezirks, wie Marktzölle, Grenzzölle usw., verpachtet, wahrscheinlich an den Meistbietenden. Die Pächter ihrerseits hatten wieder Unterpächter angestellt. Auch sie mussten einen festgelegten Betrag abliefern, kassierten jedoch den Zoll in die eigene Tasche. Es gab zwar feste Tarife, doch verleitete dieses System zum Betrug. Kein Wunder, dass die Zolleinnehmer Dieben und Räubern gleichgestellt wurden. Da sie überdies im Dienst der heidnischen (römischen) Besatzungsmacht standen und durch ihren Beruf häufig mit Nichtjuden in Berührung kamen, galten sie als »unrein« (→ rein). Von den Frommen wurden sie verachtet und gehasst; der Umgang mit ihnen wurde gemieden.

Zwölf Die Einsetzung eines speziellen Kreises von zwölf → Jüngern, die Jesus in besonderer Weise an seiner Sendung und Vollmacht teilhaben lässt (Mk 3,13-19), hat den Charakter einer prophetischen Zeichenhandlung: Mit ihr macht Jesus seinen Anspruch auf das Zwölf-Stämme-Volk Israel geltend (vgl. Mt 10,5-15). Sofern von den ursprünglich zwölf Stämmen nach dem → Exil nur noch zwei übrig geblieben waren, Juda und Benjamin, schließt die Zwölfzahl zugleich die Ankündigung der endzeitlichen Wiederherstellung und Vollendung Israels ein (vgl. Offb 7,4-8).
Die Zwölf gehören zu den ersten Zeugen des Auferstandenen (1 Kor 15,5) und sind damit auch die ersten »Apostel«. Nach Lk 6,13 hat Jesus sie sogleich bei ihrer Berufung als solche bezeichnet (Lukas möchte überhaupt nur sie als Apostel gelten lassen; → Apostel 1, 2).

ZEITTAFEL ZUR GESCHICHTE ISRAELS UND ZU DEN ANFÄNGEN DES CHRISTENTUMS

Israels Frühzeit

Israel	*Assyrien/Tyrus*	*Ägypten*
um 1230 Sesshaftwerden israelitischer Stämme im Land Kanaan	1274–1244 Salmanassar I.	1290–1224 Ramses II. 1224–1204 Merenptah
etwa 1200–1012 Richterzeit bis auf Samuel; Philisterkämpfe	1115–1077 Tiglat-Pileser I.	
1012–1004 Saul		
1004 Schlacht am Gebirge Gilboa		
1004–998 David König in Hebron		
997–965 David König in Jerusalem	973–942 Hiram v. Tyrus 966–935 Tiglat-Pileser II.	
965–926 Salomo		946–925 Schoschenk I. (Schischak)
962–955 Tempelbau		
926 Teilung des Reiches	932–910 Assurdan II.	

Das geteilte Reich

Juda	*Israel*	*Umwelt*
926–910 Rehabeam	926–907 Jerobeam I.	922 Palästinischer Feldzug Schischaks von Ägypten
910–908 Abija	907–906 Nadab	
908–868 Asa	906–883 Bascha	
	883–882 Ela	
	882–878 Kampf zwischen Tibni und Omri	
	882–871 Omri	
	876 Gründung Samarias	
868–847 Joschafat	871–852 Ahab Prophet Elija	873–842 Ittobaal von Tyrus 858–824 Salmanassar III. von Assyrien
	853 Ahab kämpft bei Karkar gemeinsam mit Damaskus gegen Salmanassar III.	
852 Joram Mitregent	852–851 Ahasja	
847–845 Joram	851–845 Joram	
845 Ahasja	845 Revolution Jehus	
845–840 Atalja	845–818 Jehu	
840–801 Joasch	841 Tribut Jehus an Salmanassar III.	845–801 Hasaël von Damaskus
	818–802 Joahas	
801–787 (773) Amazja	802–787 Joasch	nach 801 Benhadad von Damaskus
um 788 Kampf zwischen Amazja und Joasch		

Juda	*Israel*	*Umwelt*
787–736 Asarja (Usija)	787–747 Jerobeam II.	
756–741 Jotam Mitregent und König	Prophet Amos Prophet Hosea	
	747 Secharja (6 Monate)	
	747 Schallum (1 Monat)	
	747–738 Menahem	745–727 Tiglat-Pileser III. (Pul) von Assyrien
741–725 Ahas Mitregent und König	738 Tribut an Tiglat-Pileser III.	
736 Tod Usijas, Berufung des Propheten Jesaja	737–736 Pekachja	
	735–732 Pekach	734 Züge gegen die Philister, Damaskus und Israel
	732 Revolution Hoscheas	
725–697 Hiskija	731–723 Hoschea	
	722 Eroberung Samarias, Ende des Reiches Israel	726–722 Salmanassar V. von Assyrien

Juda bis zur Zerstörung Jerusalems

Juda	*Umwelt*
725–697 Hiskija	721–705 Sargon von Assyrien
	711 Feldzug gegen die Philister (Jesaja 20,1)
701 Belagerung Jerusalems durch Sanherib Prophet Micha	704–681 Sanherib von Assyrien
696–642 Manasse	690–663 Tirhaka von Ägypten
	680–669 Asarhaddon von Assyrien; erobert 671 Ägypten (Memfis)
641–640 Amon	
639–609 Joschija Prophet Zefanja	
628 Beginn der Reform Joschijas	
627 Berufung des Propheten Jeremia	
622 Auffindung des Gesetzbuches; Zentralisation des Opferkultes in Jerusalem	612 Eroberung Ninives durch Babylonier und Meder
609 Joschija fällt im Kampf gegen Necho bei Megiddo; Joahas König	609–594 Necho von Ägypten
608–598 Jojakim	
605 Niederschrift der Reden des Propheten Jeremia	605 Sieg des Kronprinzen Nebukadnezzar über die Ägypter bei Karkemisch
	604–562 Nebukadnezzar von Babylonien
604 Jojakim unterwirft sich Nebukadnezzar	604 Zug gegen Syrien; Einnahme Aschkelons (Jeremia 36,9)
601 Abfall Jojakims	601 Unentschiedener Kampf Nebukadnezzars gegen Ägypten
etwa 6.12.598 bis 16.3.597 Jojachin	
16.3.597 Einnahme Jerusalems, Gefangennahme Jojachins; 1. Exil	597 Zug Nebukadnezzars gegen Jerusalem
597–587 Zidkija	
594 Koalition gegen Babylonien (Jeremia 27)	594–588 Psammetich II. von Ägypten
593 Berufung des Propheten Ezechiël	
589 Erneuter Abfall von Babylonien	
Mitte Jan. 588 Beginn der Belagerung Jerusalems durch Nebukadnezzar	
588 Die Ägypter unter Hofra von den Babyloniern zurückgeschlagen	588–569 Hofra von Ägypten
etwa Aug. 587 Jerusalem erobert; 2. Exil	
März 560 Freilassung Jojachins	561–560 Amelmarduk (Ewil-Merodach)

Juda in persischer Zeit

Juda	*Persien*
	558 Kyrus König von Persien; seit 553 König von Medien
Prophet Deuterojesaja	29.10.539 Einzug in Babylon
538 Edikt von Kyrus, erste Rückkehr der Weggeführten nach Jerusalem, Beginn des Tempelbaus	24.3.538–Aug. 530 Kyrus König in Babylon 12.4.529–522 Kambyses; erobert 525 Ägypten
520 Statthalter Serubbabel, Oberster Priester Jeschua, Propheten Haggai und Sacharja	521–486 Darius I.
1.4.515 Tempelweihe	
Prophet Maleachi	485–465 Xerxes (Ahasveros)
458 Esra	464–424 Artaxerxes (Artahsasta)
445–433 Nehemia; Mauerbau	

Die Zwischenzeit zwischen Altem und Neuem Testament

Palästina	*Das Reich Alexanders*
332 Alexander in Jerusalem	336 Alexander d. Gr. wird König von Mazedonien
332–323 Palästina unter mazedonischer Herrschaft	332 Alexander erobert Tyrus und besetzt Syrien und Ägypten
	331 Gründung von Alexandria. Einnahme Babylons durch Alexander
	330 Tod Darius' III. Kodomanus. Ende des Perserreiches
	323 Tod Alexanders
323–312 Palästina unter der Herrschaft verschiedener Nachfolger Alexanders	323–301 Verwaltung und nachfolgende Aufteilung des Alexanderreiches durch seine Nachfolger, die sog. Diadochen

Palästina	*Ägypten*	*Syrien/Mesopotamien*
312–198 Palästina unter ägyptischer Herrschaft	323–283 Ptolemäus I. Lagi, Begründer der Dynastie der Ptolemäer (bis 30 v. Chr.)	312–280 Seleukus I. Nikator, Begründer der Dynastie der Seleuziden (bis 64 v. Chr.)
	305 Ptolemäus I. König von Ägypten	309/8 Seleukus I. König von Babylon
	285–246 Ptolemäus II. Philadelphos	280–261 Antiochus I. Soter
	274–271 Erster Syrischer Krieg um den Besitz von Palästina	
	260–253 Zweiter Syrischer Krieg	261–246 Antiochus II. Theos
	246–221 Ptolemäus III. Euergetes	246–226 Seleukus II.
	246–241 Dritter Syrischer Krieg	226–223 Seleukus III.
218–217 Palästina unter syrischer Herrschaft	221–205 Ptolemäus IV. Philopator	223–187 Antiochus III. der Große

Palästina	*Ägypten*	*Syrien/Mesopotamien*
217 Ptolemäus IV. besiegt Antiochus III. bei Rafia und zwingt ihn zur Aufgabe Palästinas	205–181 Ptolemäus V. Epiphanes	
198 Schlacht bei Paneas. Palästina endgültig unter syrischer Herrschaft		190 Antiochus III. unterliegt den Römern in der Schlacht bei Magnesia
175 Einsetzung Jasons als Oberster Priester	181–145 Ptolemäus VI. Philometor	187–175 Seleukus IV. Philopator

Palästina	*Syrien/Mesopotamien*
171 Menelaus wird Oberster Priester	175–164 Antiochus IV. Epiphanes
169 Antiochus IV. beraubt den Jerusalemer Tempel	169 Erster Feldzug gegen Ägypten
168 Apollonius plündert und zerstört Jerusalem. Bau der sog. Akra (Festung). Verbot des jüdischen Gottesdienstes und Darbringung heidnischer Opfer im Tempel	168 Zweiter Feldzug gegen Ägypten
166 Beginn des jüdischen Widerstandes gegen die syrische Religionspolitik	
166–161 Judas Makkabäus Führer des jüdischen Kampfes gegen die Syrer	
166/65 Antiochus IV. beauftragt den Reichsverweser Lysias mit der Leitung des Kampfes gegen die Juden	
165 Lysias schließt Frieden mit Judas. Übergabe Jerusalems außer der Festung an die Juden. Reinigung und Wiederweihe des Tempels	164–162 Antiochus V. Eupator
163/62 Judas und seine Brüder kämpfen gegen syrische Truppen in verschiedenen Gegenden des Landes. Antiochus V. und Lysias ziehen gegen Jerusalem. Alkimus wird Oberster Priester	162–151/50 Demetrius I.
161 Judas besiegt Nikanor, fällt jedoch bald danach gegen Bakchides. Jonatan, Bruder von Judas, übernimmt die Leitung des Kampfes	
153 Jonatan übernimmt das Amt des Obersten Priesters	153 Alexander Balas erhebt sich gegen Demetrius
151/50 Jonatan wird als abhängiger Teilherrscher anerkannt	151/50–146/45 Alexander II. Balas
	148/47 Demetrius, Sohn Demetrius' I., tritt gegen Alexander auf
	146/45–139 Demetrius II. Nikator
143 Ermordung Jonatans durch Tryphon	145–140 Machtkämpfe zwischen Demetrius und Tryphon, dem Vormund Antiochus' VI.
143/42 Simeon, Bruder von Jonatan und Judas, Oberster Priester und Fürst der Juden. Anerkennung der Unabhängigkeit durch Demetrius II.	
141 Simeon durch Volksbeschluss erblicher Oberster Priester, Feldherr und Fürst. Dynastie der Makkabäer bzw. Hasmonäer	140 Demetrius gerät in parthische Gefangenschaft
	139–128 Antiochus VII. Sidetes
135 Ermordung Simeons	

	Palästina		*Syrien/Mesopotamien*
135–104	Johannes I. Hyrkan, Sohn Simeons, unterwirft die Idumäer und Samariter	133	Pergamon fällt an Rom
		129	Die Parther besetzen Babylon
104–103	Aristobul I., Sohn Hyrkans, nimmt den Königstitel an		
103–76	Alexander Jannäus, Bruder Aristobuls, kämpft gegen die Nabatäer und Pharisäer	86	Eroberung Athens durch die Römer
76–67	Salome Alexandra, Witwe von Aristobul und Jannäus, Königin. Ihr Sohn Hyrkan II. Oberster Priester. Die Pharisäer werden zur herrschenden Partei		
67–63	Aristobul II., Bruder Hyrkans II., Oberster Priester und König	64	Pompejus macht den syrischen Reststaat zur römischen Provinz Syria
63	Hyrkan und der Idumäer Antipater (Vater von Herodes d. Gr.) verbünden sich mit den Nabatäern. Pompejus nimmt Aristobul gefangen und erstürmt den Tempel. Hyrkan II. erneut Oberster Priester unter römischer Oberaufsicht. Ende des makkabäischen Königtums, Palästina unter römischer Herrschaft		

Zeit des Neuen Testaments

	Römische Kaiser		*Palästina*		*Jesus. Urgemeinde*
30 v.–14 n.	Augustus	4	v. Tod Herodes d. Gr. Archelaus wird Herrscher in Judäa, Samarien und Idumäa, Herodes Antipas in Galiläa und Peräa, Philippus im nördlichen Ostjordanland und Lysanias im Antilibanosgebiet (s. Beischrift zur Farbkarte LN)	etwa 7 v.	Geburt Jesu
		6	n. Verbannung von Archelaus. Sein Gebiet wird römische Präfektur		
14–37	Tiberius	26–36	Pontius Pilatus Präfekt in Judäa, Samarien und Idumäa	28	Auftreten Johannes des Täufers
				um 30	Tod Jesu
		34	Philippus stirbt kinderlos. Sein Gebiet wird der römischen Provinz Syrien einverleibt	35 (32)	Bekehrung von Paulus
37–41	Kaligula	37	Herodes Agrippa I. erhält als Günstling Kaligulas die ehemaligen Herrschaftsbereiche von Philippus und Lysanias	37/38 (34/35)	1. Aufenthalt von Paulus in Jerusalem (Galater 1,18-19), anschließend Wirksamkeit in Syrien und Zilizien
		39	Absetzung von Herodes Antipas. Galiläa und Peräa fallen an Herodes Agrippa I.		

Römische Kaiser	*Palästina*	*Jesus. Urgemeinde*
41–54 Klaudius	41 Herodes Agrippa I. erhält auch das bisher von römischen Präfekten verwaltete Gebiet von Judäa, Idumäa, Samarien	43/44 Verfolgung der Gemeinde in Jerusalem. Tod des Apostels Jakobus
	44 Tod von Herodes Agrippa I. Sein Gebiet wird römische Prokuratur	um 47 sog. 1. Missionsreise (Apg 13–14)
49 Vertreibung von Juden aus Rom	50 Herodes Agrippa II., Sohn von Herodes Agrippa I., erhält vom Kaiser das kleine Königreich Chalkis, dazu das Recht der Aufsicht über den Jerusalemer Tempel, wenig später auch die ehemaligen Territorien von Philippus und Lysanias. Judäa, Idumäa, Samarien, Galiläa und Peräa bleiben römische Prokuratur	48 (50) Zusammenkunft der Apostel in Jerusalem (Apg 15) 48/49–51/52 (50–52) 1. Reise von Paulus nach Kleinasien und Griechenland (2. Missionsreise; Apg 15,36–18,22) 51 (52) In Korinth Zusammentreffen von Paulus mit dem Statthalter der Provinz Achaja, L. Iunius Gallio (Apg 18,12-17) 51/52–55/56 (52–54) 2. Reise von Paulus nach Kleinasien und Griechenland (3. Missionsreise; Apg 18,23–21,17)
54–68 Nero	52–60 (53–55) Antonius Felix ist Prokurator von Judäa, Idumäa, Samarien, Galiläa und Peräa	
	um 55 Kaiser Nero schenkt Agrippa I. Teile von Galiläa und Peräa	57 Paulus zu Pfingsten in Jerusalem 57–60 Gefangenschaft von Paulus in Jerusalem und Cäsarea (Apg 21,33–26,33)
	60 (55) Porzius Festus wird Nachfolger von Antonius Felix	60/61 (55/56) Überführung von Paulus nach Rom (Apg 27,1–28,16) 62 (58) Ende des lukanischen Berichts (Apg 28,30)
64 Brand Roms. Christenverfolgungen	66 Beginn des Jüdischen Aufstandes 70 Belagerung und Zerstörung Jerusalems	

Die Zeittafel wurde von Alfred Jepsen (†) zur Verfügung gestellt. Manche Daten sind umstritten, andere können nur vermutungs- oder annäherungsweise angegeben werden.

HERRSCHER IN DER MAKKABÄERZEIT

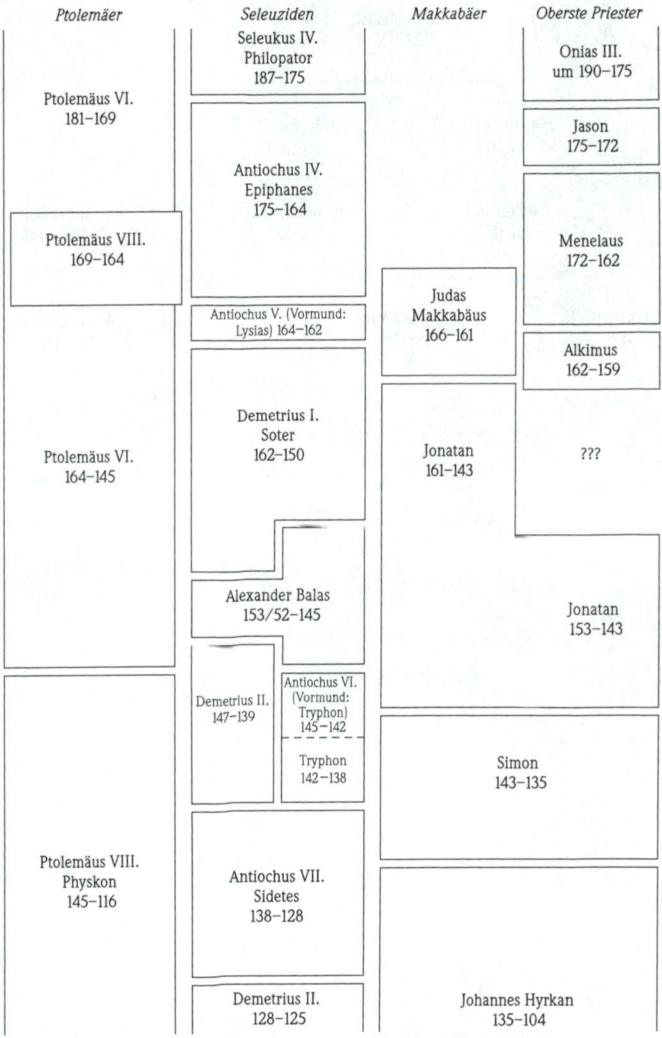

DIE SELEUZIDISCHEN HERRSCHER IN PALÄSTINA

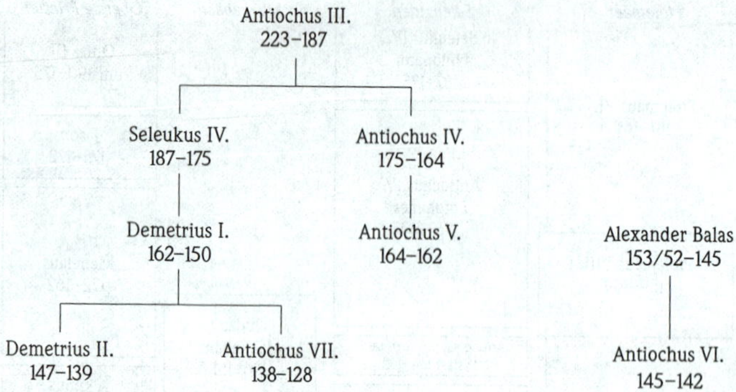

STICHWORTVERZEICHNIS

Das Verzeichnis enthält wichtige Namen und Orte sowie Hinweise auf zentrale Themen. Bestimmte Sach- und Personengruppen sind zur besseren Übersicht unter umfassenderen Stichwörtern zusammengefasst (z.B. Könige, Priester, Propheten, Gleichnisse, Wunder); bei bedeutenden Personen findet sich eine Übersicht über die Lebensdaten.

Die angeführten Stellen bilden in der Regel eine Auswahl. Wenn ein Wort oder eine Geschichte mehrfach überliefert ist, wird nur eine Stelle angegeben und durch ein zugesetztes p (= parallele Überlieferung) auf die übrigen hingewiesen. Zur Zitierweise und zu den Abkürzungen der biblischen Bücher siehe die Einführung am Anfang dieser Bibel.

ORTSREGISTER ZU DEN LANDKARTEN IN FARBE

AO = Der Alte Orient zur Zeit des Alten Testaments
LA = Das Land der Bibel zur Zeit des Alten Testaments
LN = Das Land der Bibel zur Zeit des Neuen Testaments
RP = Die Reisen des Apostels Paulus

Beispiele

Aram AO D2-D3 = Die Gebietsbezeichnung »Aram« findet sich in den Quadraten D2 bis D3 der Karte AO

Maon LA B7/C7 = Die Ortsbezeichnung »Maon« findet sich auf der Grenze der Quadrate B7 und C7 der Karte LA

Nikopolis RP C2; D1; G3/H2 = Die Ortsbezeichnung »Nikopolis« findet sich in der Karte RP dreimal: die gesuchte Stadt ist entweder die im Quadrat C2 oder die im Quadrat D1 oder die auf der Grenze der Quadrate G3 und H2

Dan LA D2 (2-mal) = Die Bezeichnung »Dan« findet sich im Quadrat d2 der Karte LA zweimal – einmal als Orts- und einmal als Gebietsbezeichnung

LANDKARTEN IN FARBE

Bearbeitung Karl Elliger
Revision Siegfried Mittmann (zuletzt 1997)
Gestaltung Deutsche Bibelgesellschaft, Stuttgart
und Kartographisches Institut Helmut Fuchs, Leonberg

KARTENSKIZZEN

Israel und seine Nachbarn unter Saul und David

Bibeltexte: 1 Samuel 8–31; 2 Samuel 1–24; 1 Könige 1–2

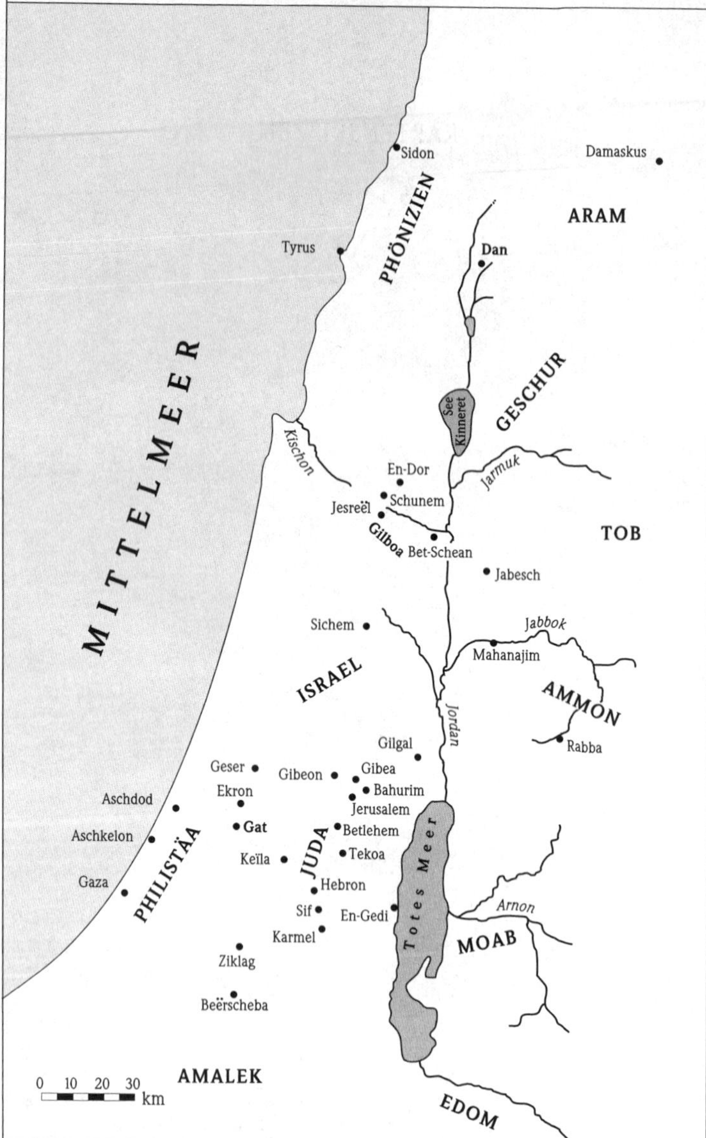

Die persische Provinz Juda (um 440 – 332 v. Chr.)

Bibeltexte: Esra, Nehemia

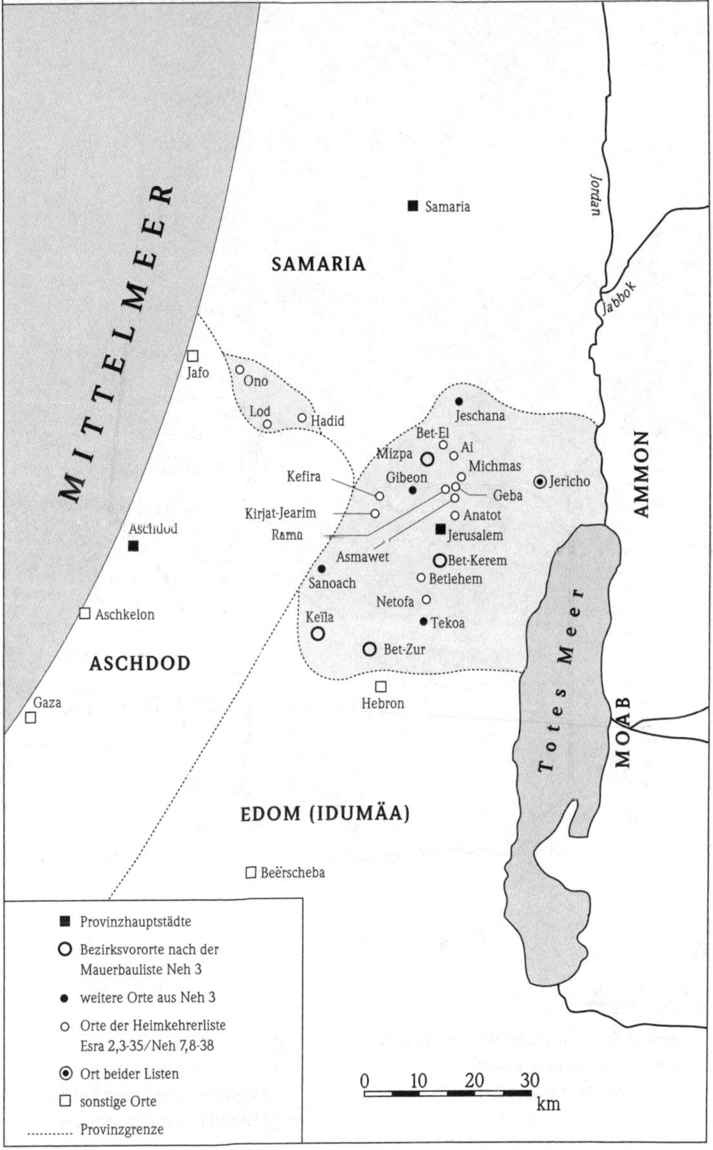

Jerusalem I: alttestamentliche Zeit

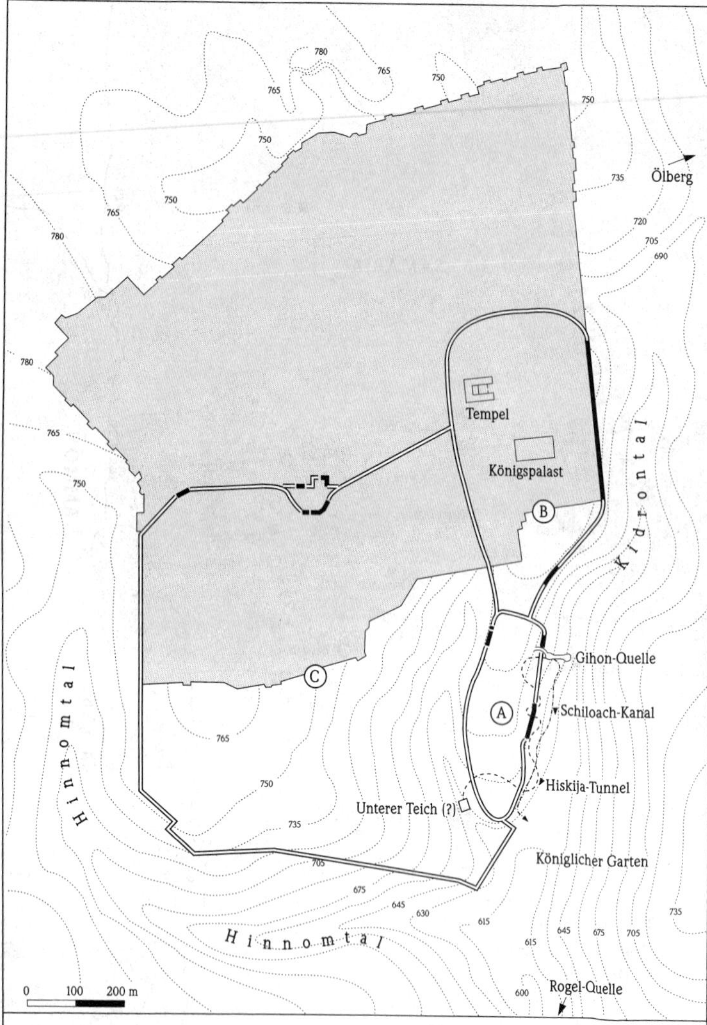

antike Bebauung archäologisch gesichert
antike Bebauung vermutet
Gebiet der heutigen Altstadt

(A) Davidsstadt
(B) Stadterweiterung unter Salomo
(C) Stadterweiterung unter Hiskija
(A)(B) Stadtgebiet zur Zeit Nehemias

Jerusalem II: neutestamentliche Zeit

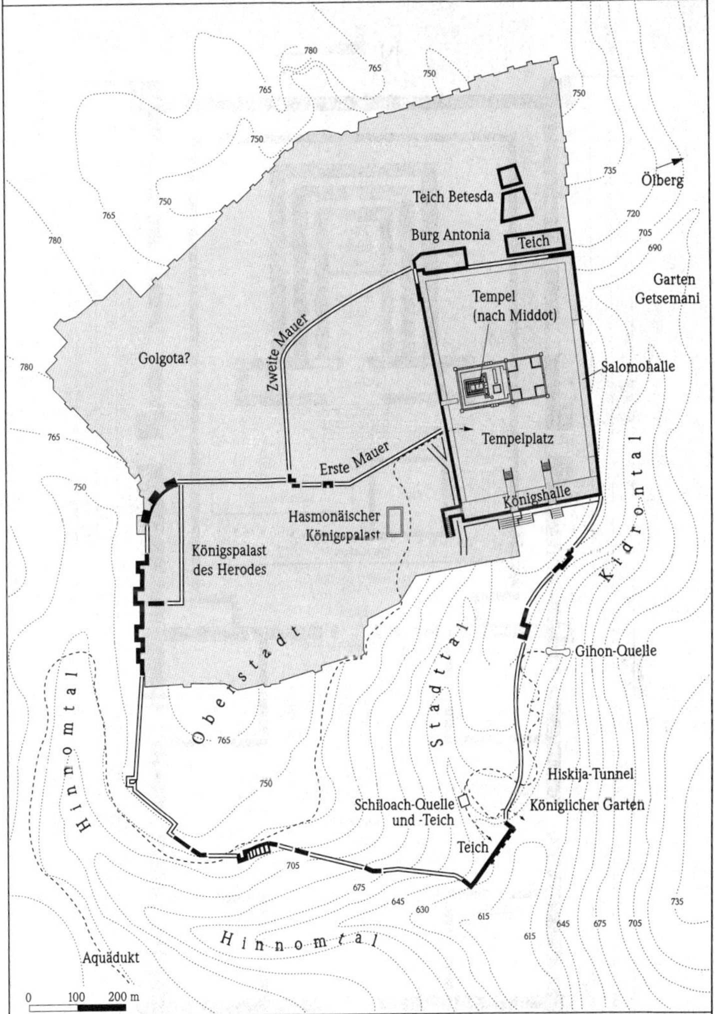

antike Bebauung archäologisch gesichert

antike Bebauung vermutet

Gebiet der heutigen Altstadt

Plan des herodianischen Tempels in Jerusalem (Rekonstruktion)

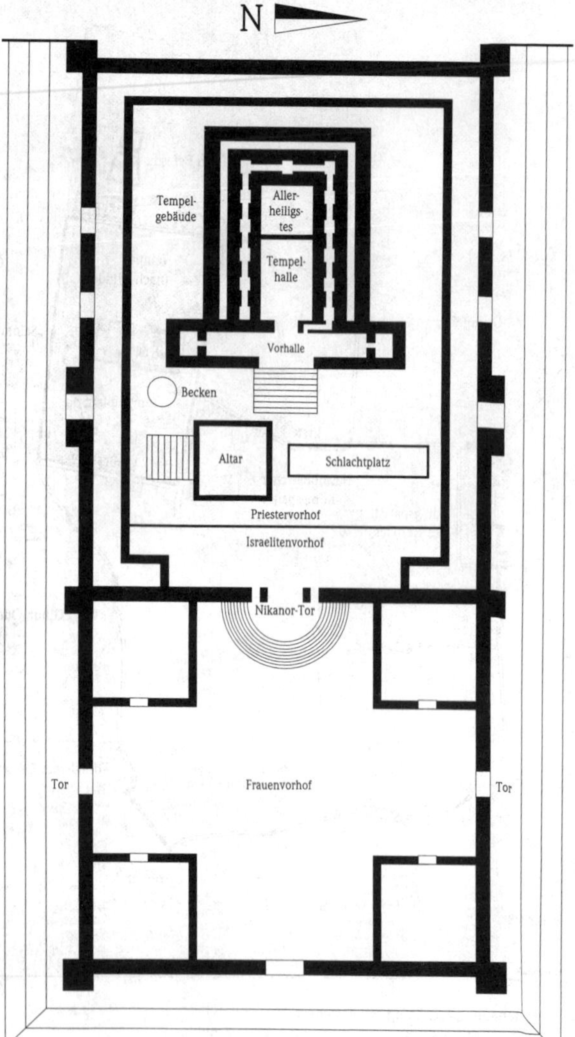

DIE REISEN DES
POSTELS PAULUS
Maßstab 1 : 14 000 000
0 100 200
Kilometer
Erste Reise
Zweite Reise
Dritte Reise
Reise nach Rom
unter 0
0 bis 200
200 bis 500
500 bis 1000
1000 bis 2000
2000 bis 3000
über 3000
Zahlen geben die Höhen
MITTELMEER
Pontus
Bithynien
ASIA
GALATIA
Galatien
Kappadozien
Mysien
Lydien
Phrygien
Lykaonien
Pisidien
Pamphylien
Zilizien
Karien
Lyzien
Griechenland
Achaja
Epirus
Sizilien
Kreta
Zypern
Phönizien
Syrien
Arabien
Ägypten
Libyen
Zyrene
Große Syrte
Rhegion
Syrakus
Malta
Nikopolis
Amphipolis
Apollonia
Samothrake
Troas
Assos
Adramyttion
Lesbos
Mitylene
Pergamon
Thyatira
Sardes
Chios
Smyrna
Philadelphia
Hierapolis
Ephesus
Laodizea
Kolossä
Samos
Milet
Patmos
Korinth
Athen
Kenchreä
Kos
Knidos
Rhodos
Patara
Myra
Attalia
Perge
Antiochia
Ikonion
Lystra
Derbe
Tarsus
Ankyra
Pessinus
Tavium
Eufrat
Nikopolis
Antiochia
Seleuzia
Salamis
Paphos
Phönix
Lasäa?
Guthafen
Salmone?
Kauda
Palmyra
Damaskus
Sidon
Tyrus
Ptolemaïs
See Gennesaret
Cäsarea
Antipatris
Jerusalem
Totes Meer
Petra
Alexandria
Saïs
Heliopolis
Memphis
Nil

Illyrien
Dalmatien
Mazedonien
Thrazien
Nikopolis
Philippi
Thessalonich
Italien
Rom
Tres Tabernae
Forum Appii
Puteoli